Argentinien

Sandra Bao

Gregor Clark, Bridget Gleeson,

Andy Symington, Lucas Vidgen

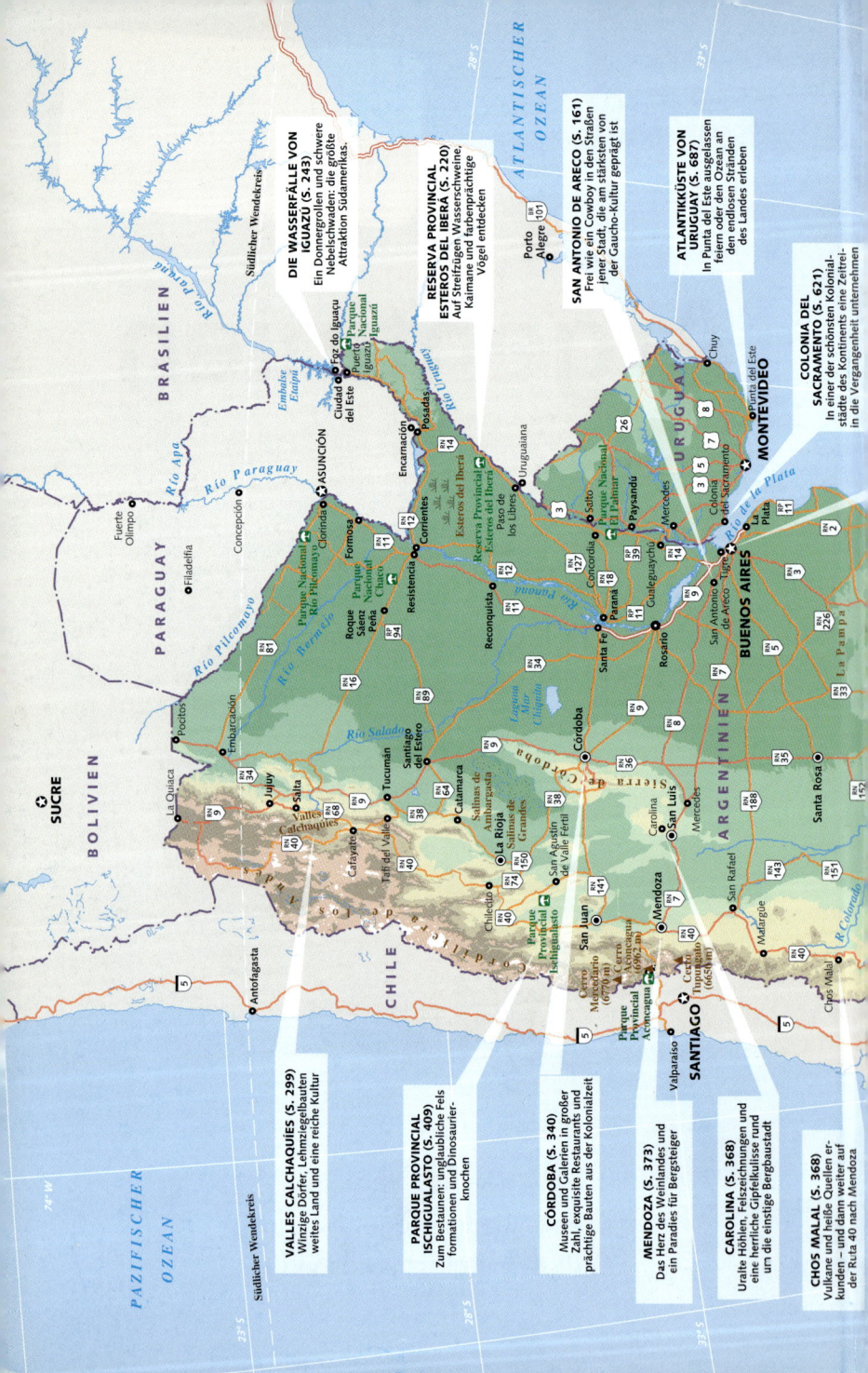

DIE WASSERFÄLLE VON IGUAZÚ (S. 243)
Ein Donnergrollen und schwere Nebelschwaden: die größte Attraktion Südamerikas.

RESERVA PROVINCIAL ESTEROS DEL IBERÁ (S. 220)
Auf Streifzügen Wasserschweine, Kaimane und farbenprächtige Vögel entdecken

SAN ANTONIO DE ARECO (S. 161)
Frei wie ein Cowboy in den Straßen jener Stadt, die am stärksten von der Gaucho-Kultur geprägt ist

ATLANTIKKÜSTE VON URUGUAY (S. 687)
In Punta del Este ausgelassen feiern oder den Ozean an den endlosen Stränden des Landes erleben

COLONIA DEL SACRAMENTO (S. 621)
In einer der schönsten Kolonialstädte des Kontinents eine Zeitreise in die Vergangenheit unternehmen

VALLES CALCHAQUÍES (S. 299)
Winzige Dörfer, Lehmziegelbauten weites Land und eine reiche Kultur

PARQUE PROVINCIAL ISCHIGUALASTO (S. 409)
Zum Bestaunen: unglaubliche Felsformationen und Dinosaurierknochen

CÓRDOBA (S. 340)
Museen und Galerien in großer Zahl, exquisite Restaurants und prächtige Bauten aus der Kolonialzeit

MENDOZA (S. 373)
Das Herz des Weinlandes und ein Paradies für Bergsteiger

CAROLINA (S. 368)
Uralte Höhlen, Felszeichnungen und eine herrliche Gipfelkulisse rund um die einstige Bergbaustadt

CHOS MALAL (S. 368)
Vulkane und heiße Quellen erkunden – und dann weiter auf der Ruta 40 nach Mendoza

Höhenangaben

	5000 m
	4000 m
	3000 m
	2000 m
	1000 m
	600 m
	200 m
	0

LEGENDE

Mautstraße
Autobahn
Hauptstraße
Landstraße
Nebenstraße
unbefestigte Straße

0   400 km

BUENOS AIRES (S. 87)
Top-Läden und Restaurants, der
Antiquitätenmarkt von San Telmo,
der Friedhof von Recoleta und
Tango, Tango, Tango...

BEAGLE-KANAL (S. 580)
Vom Schiff aus die geheimnisvollen Inseln Feuerlands betrachten

**DAS ARGENTINISCHE
SEENGEBIET (S. 411)**
Wandern und Skifahren in einer
überwältigend schönen Landschaft

EL CHALTÉN (S. 525)
In der kältesten Bergstadt des
Landes Kräfte sammeln, bevor
es hinaufgeht auf den Fitz Roy

**PERITO-MORENO-
GLETSCHER (S. 540)**
Zusehen, wie riesige
Gletscherstücke in den eisi-
gen Lago Argentino stürzen

ATLANTISCHER
OZEAN

PAZIFISCHER
OZEAN

FALKLANDINSELN
(Islas Malvinas)

Stanley

Mar del Plata
Necochea
Bahía Blanca
Sierra de la Ventana
Parque Nacional Lihué Calel
Viedma
San Antonio Oeste
Península Valdés
Parque Faunística Península Valdés
Puerto Madryn
Rawson
Trelew
Reserva Provincial Punta Tombo
Neuquén
San Martín de los Andes
Parque Nacional Nahuel Huapi
Bariloche
Zapala
Parque Nacional Lanín
El Bolsón
Esquel
Puerto Montt
Valdivia
Osorno
Parque Nacional Lago Puelo
Parque Nacional Los Alerces
Río Chubut
Comodoro Rivadavia
Caleta Olivia
Fitz Roy
Puerto Deseado
Lago Colhué Huapi
Lago Buenos Aires
Lago Musters
Puerto San Julián
Santa Cruz
Río Gallegos
Gobernador Gregores
Perito Moreno
El Calafate
El Chaltén
Puerto Natales
Parque Nacional Torres del Paine
Parque Nacional Los Glaciares
Glaciar Perito Moreno
Punta Arenas
Porvenir
Isla Grande de Tierra del Fuego
Río Grande
Parque Nacional Tierra del Fuego
Ushuaia
Isla de los Estados
Cabo de Hornos (Kap Horn)
Beagle Channel

RN 35
RN 228
RP 88
RN 3
RN 251
RN 22
RN 20
RN 23
RN 237
RN 40
RN 25
RN 26
RP 43
RP 20
RN 3
RN 281
RN 3
RP 25
RP 9
RN 40
RN 288
RN 40
RP 5
RN 3

Unterwegs

SANDRA BAO
Hauptautorin

Von einem Hotel ins nächste zu marschieren – so sieht der Recherchealltag aus. Da habe ich mir einfach eine Pause gegönnt und mich aufs Pferd geschwungen, um die Pampa aus der Gaucho-Perspektive zu erleben. Ganz menschenleer ist sie allerdings nicht, wenn gleich 10 Touristen mitreiten, aber es war trotzdem großartig.

BRIDGET GLEESON

Als wir im Parque Nacional Los Glaciares (S. 540) ins Boot stiegen, fiel der Schnee schon ziemlich heftig. Ringsum war alles weiß, man sah die Hand vor Augen nicht, und die Passagiere stießen einander die Schirme ins Gesicht. Dann teilten sich die Wolken, und vor unseren Augen leuchtete der Perito-Moreno-Gletscher im Licht der Sonne.

GREGOR CLARK

Zugegeben: Ich liebe Jungtiere. Da ist Uruguay im Frühling ein echtes Paradies. Wer ein Kälbchen oder ein Lamm füttern möchte, muss nur in einer der *estancias turísticas* nachfragen und bekommt sofort seine eigene Milchflasche in die Hand gedrückt.

LUCAS VIDGEN

Die Argentinien-Reise im Winter hatte den Vorteil, dass die Ski-Resorts noch geöffnet waren. Hier stehe ich also beim harten Recherche-Job in Los Penitentes (S. 390), Mendoza. Die Schneeverhältnisse? Eisiger Firn. Und die Aussicht? Einfach unglaublich.

ANDY SYMINGTON

Von Chilecito (S. 334) aus kann man etwas über die Industriegeschichte des Nordwestens lernen. Auf steilen, holprigen Straßen gelangt man im Geländewagen zur aufgelassenen Mine von La Mejicana – in den Bergen auf fast 5000 m Höhe. Die raue Landschaft ist spektakulär!

Mehr über die Autoren auf S. 714

HIGHLIGHTS

Stellt man einmal all die Höhepunkte zusammen, die Argentinien zu bieten hat – den Wein, den Fisch, den Tango, das Bergsteigen, das Skifahren, die Literatur, das Rindfleisch, die Architektur, die Clubszene –, dann kommen schon mehr als genug Anregungen für die aufregendste Reise, die man jemals unternommen hat, zusammen. Ganz im Ernst: „Aufregend" ist fast noch untertrieben, das meiste ist schlicht und einfach überwältigend. Und die Autoren haben das Beste vom Besten für Sie zusammengestellt.

MICHAEL TAYLOR

Argentinien klassisch

Ob es nun um *dulce de leche* geht, also um jenen köstlichen Milchkaramell, mit dem alles in Argentinien überzogen wird, oder um so komplizierte Rituale wie den Tango: Es gibt ein paar Dinge, die einfach typisch sind für dieses Land. Ein Klischee? Mag sein, doch dahinter verbergen sich trotzdem großartige Urlaubserlebnisse.

Tipp des Autors
Bei Nachtfahrten im Erster-Klasse-Bus gibt es Wein zum Abendessen. Der ist zwar nicht übel, aber häufig handelt sich dabei doch eher um eine recht einfache Sorte. Also besser eine eigene Flasche und einen Korkenzieher mitbringen. Das Essen schmeckt dann gleich um einiges besser, und die Fahrt geht noch entspannter vorüber. Gute Nacht!

❶ Die Anden

Diese eindrucksvolle Gebirgskette, die sich den Westen des Landes entlangzieht, hat viel zu bieten: hoch gelegene Wüsten (S. 298), herrliche Seen (S. 411), spektakuläre Wanderwege (S. 529) und den höchsten Gipfel des Kontinents, den Cerro Aconcagua (S. 391).

❷ Fußball

90 Minuten lang eine Achterbahnfahrt der Emotionen miterleben – intensiver als in Europa. Hoffentlich fallen dabei viele Tore (S. 143)!

❸ Gauchos

Gaucho – das ist nicht zuletzt ein innerer Zustand und gleichzeitig eine Art kulturelles Urbild. Um das zu erleben, fährt man am besten einfach einmal hinaus in die Pampas und in Städte wie San Antonio de Areco (S. 161), wo die Tradition noch sehr lebendig wirkt.

❹ Tango

Einfach ausprobieren! Der Tango ist einer der anspruchsvollsten Tänze der Welt (S. 56) und alles andere als langweilig. Ideal, um gut durch die lange Nacht von Buenos Aires zu kommen.

❺ Estancias

Die berühmten *estancias* sind schon sehr argentinisch: Ländereien ohne trennende Zäune bis zum Horizont, Ruhe und Frieden und leckeres Essen aus der Farmküche. Hier gibt es viele Möglichkeiten, das Landleben einmal selbst auszuprobieren (S. 681).

❻ Pinguine

Es gibt etliche Orte, an denen man die possierlichen Tiere aus nächster Nähe beobachten kann, darunter Punta Tombo (S. 486), Cabo Dos Bahías (S. 487), Parque Nacional Monte León (S. 499) und Ushuaia (S. 583). Ihr eigentlicher Lebensraum ist allerdings die Antarktis (S. 582 f.).

❼ Missionsstationen der Jesuiten

Wer im Nordosten Argentiniens (oder auch in Paraguay) unterwegs ist, entdeckt dort noch viele bemerkenswerte Ruinen der alten Jesuitenkirchen (S. 239). Einheimische Arbeiter hatten sie im 17. Jh. errichtet.

❽ Argentinier

Sie sind extrem freundlich, hilfsbereit und warmherzig: Keine Frage, die Argentinier selbst sind eines der Highlights einer jeden Reise durch dieses Land. Schon die Frage nach dem Weg kann in ein anregendes Gespräch münden.

Wunder der Natur

Argentinien reicht von den Tropen bis zur Antarktis. Bei dieser enormen Ausdehnung des Landes ist der unglaublich vielfältige Reichtum an Natur eigentlich kein Wunder. Wie kaum irgendwo sonst auf Erden stehen die Menschen hier sprachlos und ergriffen vor der Schönheit unseres Planeten. Auch wenn die Anreise lang ist: Die Fahrten sind nicht sonderlich beschwerlich, und die Erlebnisse sind einfach unvergesslich.

❶ Glaciar Perito Moreno

Was die Iguazú-Fälle im Reich des Wassers sind, das ist Perito Moreno (S. 540) in der Welt aus Eis und Schnee. Der Gletscher kalbt mit Urgewalt ins stahlblaue Wasser des Lago Argentino – diesen Anblick und den Donner der stürzenden Eismassen vergisst man nie wieder.

❷ Tierra del Fuego

Vielleicht liegt es am südlichen Licht oder an der Gewissheit, hier dicht an die Antarktis herangerückt zu sein. Jedenfalls ist es ein erhebendes Gefühl, auf diesen geheimnisvollen Inseln (S. 568) zu stehen, die von der Welt im Norden durch die Magellanstraße getrennt sind.

❸ Reserva Faunística Península Valdés

Die herrliche Küstenlandschaft (S. 472) ist ein Paradies für alle Naturfreunde: Hier gibt es Seelöwen, See-Elefanten, Guanakos, Nandus, Magellanpinguine, Seevögel und die ebenso berühmten wie bedrohten südlichen Glattwale.

❹ Quebrada de Humahuaca

Das spektakuläre Andental (S. 278) unweit der Grenze zu Bolivien bietet Dörfer im traditionellen Stil, großartige Landschaften, köstliche Speisen – und reichlich Beweise für die These, die Erosion sei die größte Künstlerin unter der Sonne. Kein Wunder also, dass es dieses Tal sogar auf die Unesco-Liste des Welterbes gebracht hat!

❺ Iguazú-Fälle

Es gibt Wasserfälle – und es gibt Iguazú (S. 243). Der Anblick derart gewaltiger Wassermassen, die hier im Dschungel donnernd in die Tiefe stürzen, lässt sich einfach mit nichts anderem vergleichen.

❻ Reserva Provincial Esteros del Iberá

Riesige Sumpfgebiete, im Licht rot leuchtender Sonnenuntergänge schimmernde Lagunen, Gauchos, Wasserschweine, Sumpfhirsche, Kaimane, Vögel – das weitläufige Schutzgebiet (S. 220) ist wirklich ein Traum. Neben der Tierwelt beeindruckt aber auch die traditionelle Lebensweise der Menschen.

❼ Valles Calchaquíes

In diesem ausgedehnten Netz aus Tälern (S. 299) findet man einige der reizvollsten Szenerien des Landes – von rehbraunen Guanakos, die unter riesigen kadelaberförmigen Kakteen weiden, bis hin zu den traditionellen Adobe-Dörfern Cachi und Molinos.

❽ Valle de Calingasta

Es wirkt vielleicht ein wenig komisch, wenn der Besucher plötzlich am Straßenrand anhält, aus dem Wagen klettert, die Arme in die Luft wirft und aus purer Begeisterung umhertanzt – doch wer das hier tut, ist sicherlich nicht der erste. Dieser Abschnitt der Anden (S. 403) ist einfach umwerfend schön.

Argentinisches Aroma

Die Argentinier haben es beim Grillen und bei der Zubereitung von Rindfleisch zu einer ungewöhnlichen Perfektion gebracht. Argentinischer Rotwein, Weißwein und Sekt schmecken fabelhaft. Die Pizzen können sich mit denen in Neapel messen. Und die Pasta-gerichte? Vorzüglich. Der Kaffee? Exzellent. Trotz der Inflation kann hier jeder hervorragend essen gehen, ohne dabei arm zu werden, denn die Preise sind immer noch moderat.

Ausländer tun sich mitunter etwas schwer mit den Dingen, die Argentinier so gern auf den Grill legen: Innereien, Blutwurst, Nieren, Rippchen oder Steaks aus dem unteren Rippenbereich. Wer in dieser Hinsicht heikel ist, sollte sich lieber ein Stück vom besten Teil des Rinds, aus der Lende, auswählen (s. S. 68).

❶ Wein

Eine Weinreise durch Argentinien führt den Gaumen von den Malbecs und Cabernets in Mendoza (S. 368) hin zu den frischen Torrontés-Weinen von Cafayate (S. 305) und zum Syrah von San Juan (S. 399). Eine Flasche pro Tag – das ist doch ein gutes Motto für unterwegs!

❷ Speiseeis

Argentinisches Eis stellt italienische Eiscreme spielend in den Schatten – egal, ob es in Buenos Aires oder in Patagonien geschleckt wird. Die *heladerías* (Eisdielen; S. 131) der Hauptstadt sind ideal zum Kennenlernen.

❸ Mate

Viele Besucher bekommen ihren ersten Schluck *mate* nur mit Mühe herunter. Doch diesen starken grünen Tee aus den Blättern eines Stechpalmengewächses mit einem Metallstrohhalm gemeinsam mit anderen aus einer Kürbisflasche zu trinken ist ein ganz besonderes Erlebnis (S. 72).

❹ Rindfleisch

Ob man sich sein Steak nun in einer *parrilla* in Buenos Aires einverleibt oder ob man das saftige, würzige Grillfleisch irgendwo in einem kleinen Lokal genießt: Das berühmteste Gericht des Landes schmeckt überall köstlich (S. 68).

❺ Cafés

In einem altmodischen Kaffeehaus, etwa in Buenos Aires (S. 133), ist der Espresso einfach unvergleichlich. Kultivierter Kaffeegenuss ist aus dem Leben der Argentinier nicht wegzudenken.

Stadtleben

Buenos Aires ist da natürlich unübertroffen, doch auch die anderen Städte des Landes sind ein Genuss, wenn auch aus anderen Gründen. Viele Großstädte verströmen nämlich noch richtige Kleinstadtatmosphäre. Alles ist freundlich und anheimelnd – vom Tanzparkett im Nachtclub bis zur *parrilla,* dem Grillrestaurant.

❶ Buenos Aires

Die argentinische Hauptstadt (S. 87) ist eine der aufregendsten Städte der Welt. Hier gibt es Kunstwerke und wunderschöne Viertel, köstliches Essen und viele Menschen, die gern ausgehen – und zwar die ganze Nacht hindurch.

❷ Córdoba

Die zweitgrößte Stadt Argentiniens (S. 340) besitzt die schönste koloniale Altstadt des Landes mit einem prächtigen Hauptplatz und herrlichen Bauten der Jesuiten. Und die Menschen sind unglaublich freundlich.

❸ Mendoza

Den Korkenzieher einpacken und dann nichts wie hinein ins Zentrum der Weinregion. Das sonnenverwöhnte Mendoza (S. 373) am Fuße der höchsten Andengipfel wird von schattigen Bäumen geprägt – und natürlich vom Wein.

❹ Salta

Ein abendlicher Bummel durchs alte Zentrum von Salta ist großartig. Nur eines ist noch schöner: an einem warmen Sommerabend draußen in einem der Cafés zu sitzen und ein kühles Bier zu genießen (S. 287).

1 VIVIANE PONTI 2 OLIVIER CIRENDINI

Inhalt

Regionalkarten

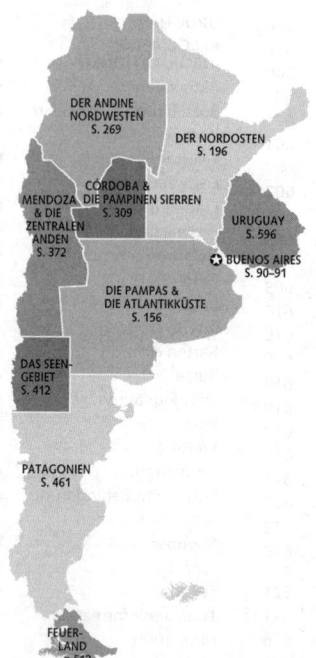

DER ANDINE
NORDWESTEN
S. 269

DER NORDOSTEN
S. 196

CÓRDOBA &
DIE PAMPINEN SIERREN
S. 309

MENDOZA
& DIE
ZENTRALEN
ANDEN
S. 372

URUGUAY
S. 596

BUENOS AIRES
S. 90–91

DIE PAMPAS &
DIE ATLANTIKKÜSTE
S. 156

DAS SEEN-
GEBIET
S. 412

PATAGONIEN
S. 461

FEUER-
LAND
D 512

Reiseziel Argentinien

Wer einfach einmal ein paar Leute auffordert, spontan aufzuzählen, was ihnen beim Namen „Argentinien" so alles einfällt, merkt schnell, warum gerade dieses Land die Reisenden schon seit langem fasziniert: Tango, Patagonien, Rindfleisch, Fußball, Feuerland, Leidenschaft, die Anden ... Schon ein paar Stichwörter dieser Art wecken sofort die Reiselust.

Also am besten einfach hinfahren. Wer in Buenos Aires ankommt, fühlt sich wie in einem schnell dahinrasenden Zug. Während der Fahrt über die Autobahn in Richtung Innenstadt fällt beim Blick aus dem Fenster des Taxis zunächst ein Mosaik aus öden Apartmenthäusern und ziemlich nichtssagender Architektur ins Auge. Der Taxifahrer fährt vermutlich viel zu schnell, raucht ununterbrochen und spricht von nichts anderem als von der korrupten Regierung. Dann verlässt er die Autobahn, und die Menschen kommen ins Bild, die Cafés, die Gehsteige mit blühenden Bäumen und die eleganten Bewohner der Hauptstadt, die *porteños*. Die hübschen Fassaden ringsum stammen aus dem frühen 20. Jh.

Obwohl die argentinische Hauptstadt riesig groß ist (immerhin 30 % der Landesbevölkerung lebt hier!), passen sich Besucher schnell dem Rhythmus dieser Stadt an, lassen sich ein auf Kunst, Musik, Cafés, auf Geschäfte und das pulsierende Nachtleben bis zum Morgengrauen. Der Schock folgt erst, wenn es hinaus aus der Hauptstadt geht: Von ein paar Städten wie Rosario, Córdoba, Mendoza und La Plata einmal abgesehen, ist Argentinien ziemlich menschenleer. Die besiedelten Flächen sind alle überschaubar, und Provinzhauptstädte verströmen meist ein friedliches Kleinstadtflair. Natürlich können diese Städte auch um ihrer selbst willen besucht werden, für die meisten sind sie aber eher das Sprungbrett für eine Reise zur spektakulärsten Attraktion des Landes: der unberührten Natur.

Von den gewaltigen Iguazú-Fällen im subtropischen Norden bis zum imposanten Perito-Moreno-Gletscher im Süden ist Argentinien nämlich ein einziges Wunderland der Natur. Hier gibt es einige der höchsten Andengipfel, von denen manche – bei Mendoza und San Juan – sogar die 6000-m-Marke überragen. Tief unten findet man Feuchtgebiete, die an das berühmte Pantanal in Brasilien heranreichen, weitläufige Eisflächen in Patagonien, es gibt farbige Berge, Wüsten voller Kakteen, den von Flechten bewachsenen Regenwald der gemäßigten Zone, es gibt Gletscherseen, Salzseen in den Anden, überhaupt ein erstaunliches Seengebiet, Pinguine, Flamingos, Kaimane, Wasserschweine und vieles mehr.

Die reiche Natur ist aber nur die eine Seite eines sehr komplexen Gebildes. Besucher merken rasch, dass dieses Land nicht mit sich selbst im Reinen ist: ein wirtschaftlicher Gigant, der seine Kräfte oft nicht zu gebrauchen weiß. Dass Argentinien alle zehn bis zwölf Jahre von einer Wirtschaftskrise in die nächste stolpert, treibt viele Menschen zur Verzweiflung. Abzulesen ist dies auch an der schwindenden Zufriedenheit mit Cristina Kirchner, der ersten vom Volk gewählten Präsidentin, die ihrem Ehemann Nestor Kirchner 2007 im Amt nachfolgte. Das Land ist angeschlagen – aber es wird nicht aufgeben. Argentinier betrachten die Welt mit einer gewissen Nüchternheit und Skepsis, sie setzen aber trotz allem darauf, dass ihr Land gestärkt aus dieser Schwächephase hervorgehen und den Kreislauf der Krisen endgültig hinter sich lassen wird.

Wenn man als Urlauber ein wenig genauer hinschaut, entdeckt man ein Land voller Leidenschaften und Schönheit, ein Land mit vielen liebenswerten und begeisterungsfähigen Menschen, die sich über jeden Besucher aus dem Ausland von Herzen freuen. Wer sich auf dieses Land einlässt, hat deshalb die Chance, den Menschen, ihrem Land und ihrer Kultur wirklich nahezukommen. Kein Wunder also, dass viele Gäste sich schon nach ihrem ersten Besuch unsterblich verliebt haben – in Argentinien.

KURZINFOS

Fläche: 2,8 Mio. km²

Bevölkerung: 40 150 000

Hauptstadt: Buenos Aires

Amtssprache: Spanisch

Weitere Sprachen: u. a.
Quechua, Aymara, Toba
(Qom)

Zeit: MEZ minus 4 Std.

Bruttoinlandsprodukt pro
Kopf: 8235 US$

Inflationsrate: 15 %, stark
schwankend

Arbeitslosigkeit: 9–10 %

Rindfleischkonsum pro
Kopf: 70 kg pro Jahr

Bevor es losgeht

Am besten, man vergisst erst einmal alles, was man über abenteuerliche Reisen in Südamerika bisher gehört hat. Argentinien ist nämlich in dieser Hinsicht völlig anders. Reisen ist dort ziemlich unkompliziert. Bequeme Busse fahren über Land und richten sich sogar nach Fahrplänen, Kleinkriminalität ist nicht allzu weit verbreitet (vielleicht abgesehen von Buenos Aires), Nachtbusse sind luxuriös ausgestattet, und auf den Straßen kann sich jeder ziemlich sicher fühlen. Natürlich hat auch Argentinien seine typischen Eigenheiten, aber auf die kann sich jeder vorab bereits gut einstellen.

Hier also ein paar grundlegende Tipps zur Reisezeit („Was, Skifahren im August?"), zu den Ausgaben (die Preise sind leider ziemlich in die Höhe geschossen) und zu weiterführenden Informationen (da gibt es im Internet eine ganze Menge). Eine Argentinienreise ist auch heute noch äußerst attraktiv und finanzierbar, egal, ob jemand mit kleinem Geldbeutel reist oder den Luxusurlaub sucht. Es hängt ganz davon ab, was sich jeder unter seiner Reise vorstellt.

REISEZEIT

Argentiniens Jahreszeiten sind denen auf der Nordhalbkugel entgegengesetzt. Buenos Aires ist im Frühling (September bis November) besonders schön, blühen die prächtigen Jacaranda-Bäume, und die Temperaturen sind noch erträglich; der Herbst geht natürlich auch (März bis Mai). Im Sommer (Dezember bis Februar) ist es in der Hauptstadt heiß und feucht. Mendoza, Córdoba und das Seengebiet wirken dagegen im Herbst am allerschönsten: Die Blätter leuchten dann in den herrlichsten Farben, die Temperaturen sind angenehm – und die Anzahl der Besucher hält sich noch in Grenzen.

Ideal ist der argentinische Sommer vor allem für Fahrten nach Patagonien: Dann ist es dort deutlich milder, und die meisten Einrichtungen sind geöffnet. In allen anderen Jahreszeiten wird das Reisen durch Patagonien etwas anstrengender, vor allem mit öffentlichen Verkehrsmitteln: Viele Linien fahren dann deutlich seltener als im Sommer. Nordargentinien dagegen ist im Sommer unerträglich heiß, für eine Reise dorthin ist der Frühling am besten geeignet. Doch auch im Herbst und im Winter (Juni bis August) kann es im Norden noch sehr schön sein.

Die Skisaison dauert von Mitte Juni bis Mitte Oktober; vor allem im Juli und August sind die meisten Resorts überfüllt und teuer, weil dann praktisch jeder porteño (Eigenbezeichnung der Bewohner von Buenos Aires), der auf Brettern stehen kann, die Pisten unsicher macht.

Weitere Infos zum Klima siehe S. 673..

AN ALLES GEDACHT?

■ Einreisebestimmungen geprüft (s. S. 682)?

■ Tampons – gibt's nämlich in kleineren Orten nur selten

■ Verschließbare Frischhaltebeutel – zum Schutz der technischen Geräte

■ Isolierband – einfach um den Bleistift oder ums Feuerzeug wickeln

■ Papiertaschentücher – z. B. für lange Nachtfahrten mit dem Bus

■ Schweizer Taschenmesser – möglichst mit Korkenzieher!

■ Ohrstöpsel

■ Universalstöpsel – um in jedem Becken auch Wäsche waschen zu können

PREISSTEIGERUNGEN

Lonely Planet möchte eine möglichst klare Vorstellung davon vermitteln, wie viel man ganz konkret vor Ort für welche Leistung bezahlt. Statt also Hotels und Restaurants irgendwelchen vagen Preiskategorien zuzuweisen (womit das Rätselraten ja nicht beseitigt ist), nennen wir in unseren Büchern immer die exakten Preise, die während der Recherche für eine Auflage zu ermitteln waren. Das Problem besteht natürlich darin, dass Preise normalerweise ansteigen, vor allem in Ländern wie Argentinien, wo die Inflationsrate sehr hoch ist. Aus vielen Rückmeldungen von Lesern wissen wir aber, dass die meisten trotzdem konkrete Preisangaben bevorzugen: Vor Ort lassen sich die aktuellen Preise halbwegs zuverlässig durch kleine „Hochrechnungen" ermitteln oder abschätzen. So etwas ist immer noch brauchbarer als grobe Preiskategorien.

So spottbillig wie vor 2005 ist Argentinien inzwischen nicht mehr, aber ziemlich günstig ist der Urlaub dort trotzdem immer noch. Wo sonst bekommt man ein vorzügliches Steakgericht mit einer Flasche gutem Wein für weniger als 16 €? Oder eine Riesenportion Eiscreme für weniger als 2,50 €? In Europa mit Sicherheit nicht mehr! Leider werden die Preise wohl weiter ansteigen; die Angaben in diesem Buch waren zur Zeit der Recherche korrekt, könnten aber inzwischen schon überholt sein. Ein Tipp: Wer seine Kosten im Voraus grob kalkulieren möchte, sollte am besten auf der Homepage einiger der hier genannten Hotels oder Reiseanbieter nachschauen und die Angaben vergleichen, damit lässt sich ein Gefühl für die tatsächlichen Preissteigerungen bekommen.

In den argentinischen Ferienmonaten (also im Januar, Februar und im Juli) ist es natürlich überall am teuersten.

PREISE

In der Wirtschaftskrise 2001/02 hatte Argentinien den Peso abgewertet – und das Land wurde schlagartig für Besucher aus dem Ausland sehr erschwinglich: Argentinien war geradezu unschlagbar preiswert. In den letzten Jahren hat die Wirtschaft sich wieder erholt, aber auch die Inflation hat eingesetzt und treibt die Preise langsam in die Höhe. Ganz so billig wie vor einigen Jahren ist das Land also nicht mehr, aber das Preis-Leistungs-Verhältnis ist immer noch ausgezeichnet, und mit dem Euro durch Argentinien zu reisen ist auf jeden Fall ein großer Vorteil.

Wer preiswert reisen möchte, kommt (außerhalb von Patagonien) mit 80 bis 100 Arg$ zurecht, vorausgesetzt, er übernachtet in Schlafsälen von Hostels oder preiswerten Hotels und isst in den günstigen Restaurants (die normalerweise nicht auf Touristen eingestellt sind). Unternimmt man geführte Touren, zusätzliche Fahrten oder kauft sich die eine oder andere Eintrittskarte, wird es natürlich teurer. Außerhalb von Buenos Aires und Patagonien ist ein Mittelklasse-Urlaub für rund 180–200 Arg$ pro Tag zu haben – mit Übernachtungen in recht komfortablen Hotels und Einkehr in ganz annehmbaren Restaurants – und sofern man nicht allein reist.

Buenos Aires und ganz besonders Patagonien sind allerdings deutlich teurer als der Rest des Landes. Doppelzimmer in einem guten Hotel in der Hauptstadt sind im günstigsten Fall für 200 Arg$ zu bekommen. Für das etwa gleich ausgestaltete Zimmer zahlt man außerhalb von Buenos Aires vielleicht 160 Arg$, für 50 Arg$ mehr wird einem dort schon eine sehr gehobene Qualität geboten.

Für ein Pastagericht werden in einem einfachen Familienrestaurant nur etwa 8 Arg$ pro Person berechnet, für ein Gourmetgericht in einem exklusiven Restaurant kommen aber auch schon einmal 100 Arg$ zusammen – beides außerhalb von Patagonien, versteht sich. In Patagonien kostet nämlich schon ein einfaches Essen im Restaurant mindestens 25 Arg$.

VERANTWORTUNGSVOLL REISEN

Seit den Anfängen von Lonely Planet 1973 hat Lonely Planet die Leser immer wieder dazu ermutigt, die Welt auf eigene Faust zu entdecken – aber sich unterwegs

WAS KOSTET WIE VIEL?

Mittelklasse-Hotel
180–250 Arg$

5-stündige Busfahrt
75 Arg$

Ein Stück Pizza 4 Arg$

Sirloin-Steak 30 Arg$

Taxifahrt im Stadtbereich
durchschnittlich 20 Arg$

TOP PICKS

NATIONALPARKS

Argentinien ist ein Paradies für alle Naturliebhaber, und die traumhaft schönen Nationalparks gehören sicherlich zu den wichtigsten Gründen für eine Argentinien-Reise. Eine komplette Liste steht auf S. 82, die folgenden Parks gehören dagegen zum absoluten Pflichtprogramm:

- Parque Nacional Los Glaciares (S. 529)
- Parque Nacional Iguazú (S. 245)
- Reserva Provincial Esteros del Iberá (S. 220)
- Reserva Faunística Península Valdés (S. 472)
- Parque Provincial Ischigualasto (S. 409)

SCHRÄG & SKURRIL

Keine Frage: Jedes Land hat seine bizarren Orte. Wer hier vorbeischaut, merkt schnell, wie bemerkenswert Argentinien eigentlich ist. ¡Que raro!

- Museo Rocsen (S. 362) Ein Museum mit einer wirklich kunterbunt zusammengewürfelten Sammlung
- Difunta-Correa-Schrein (S. 403) Zu Ehren der argentinischen Übermutter
- Tierra Santa (S. 111) Religiöser Themenpark ganz ohne Achterbahn
- Schreine für den Gaucho Antonio Gil (S. 220) Sie erinnern an den argentinischen Robin Hood
- Parque El Desafío, Gaiman (S. 484) Ein Recyclinghof für Kunst – oder einfach ein Schrottplatz

FILME

Argentinien hat etliche herausragende Filme hervorgebracht oder zumindest inspiriert. Hier eine ganz persönliche und keineswegs vollständige Hitliste:

- *El Bonaerense* (2002), Regie Pablo Trapero (s. S. 52)
- *Die Reise des jungen Che* (2004), Regie Walter Salles
- *Histórias mínimas* (2002), Regie Carlos Sorin
- *La ciénaga* (2001), Regie Lucrecia Martel (s. S. 52)
- *Nueve reinas (Nine Queens;* 2000), Regie Fabián Bielinsky
- *El secreto de sus ojos* (2009), Regie Juan José Campanella
- *Pizza birra, faso* (1998), Regie Adrián Caetano und Bruno Stagnaro

LITERATUR

Die hier genannten Bücher – ob sie nun von argentinischen Autoren stammen oder von Ausländern, die über Argentinien schreiben – sind eine ideale Beschäftigung für die endlos langen Busreisen durch die argentinische Pampa.

- *Der Kuss der Spinnenfrau* (1976) von Manuel Puig
- *Hopscotch* (1963) von Julio Cortázar
- *Spiegel und Maske: Erzählungen 1970–1983* von Jorge Luis Borges
- *Der Tunnel* (1948) von Ernesto Sábato
- *In Patagonien: Reise in ein fernes Land* (1977) von Bruce Chatwin
- *Der Honorarkonsul* (1973) von Graham Greene

auch verantwortungsvoll zu verhalten. Der internationale Tourismus hat seither in atemberaubendem Tempo zugenommen; wir sind aber immer noch davon überzeugt, dass Reisen einen großen Wert hat. Die Auswirkungen des Reiseverkehrs auf die globale Umwelt wie auf die verschiedenen Wirtschaftssysteme, die Kulturen und Ökosysteme müssen aber mehr als noch vor etlichen Jahren im Auge behalten werden.

Im Lonely Planet GreenDex (S. 736) werden deshalb Unternehmen aufgeführt, die erwiesenermaßen einen nachhaltigen Tourismus fördern. Wer die Wahl hat, sollte diese Bemühungen unbedingt unterstützten. Überhaupt sollten Reisende nach Möglichkeit eher Restaurants oder Geschäfte vor Ort aufsuchen statt sich für Filialen großer internationaler Ketten zu entscheiden: So kann jeder seinen Beitrag dazu leisten, dass das Geld auch wirklich dort bleibt. Wer in die Natur aufbricht, ob nun als Wanderer, Bergsteiger oder auf sonst eine Weise, sollte sich streng an die weltweit gültige Grundregel halten: Leave no Trace – Keine Spuren in der Natur hinterlassen! Nur so können die Auswirkungen auf Natur und Umwelt so gering wie möglich gehalten werden (www.lnt.org).

Im Unterschied zu den Andenstaaten weiter im Norden besitzt Argentinien keine nennenswerten Gebiete, in denen noch Ureinwohner leben. Trotzdem gibt es auch hier Siedlungen indigener Völker, vor allen in der Chaco-Region (S. 265) und im Seengebiet (S. 411). Wer dort unterwegs ist, sollte den Menschen und ihren Bräuchen mit großem Respekt begegnen.

Und nicht vergessen: Ein paar Brocken Spanisch helfen beim Reisen ungemein! Auch wenn es ziemlich holprig klingen mag – schon der Versuch allein sichert einem Sympathien.

Weitere Hinweise zum nachhaltigen Reisen siehe S. 78.

REISELEKTÜRE

Lange Jahre war das Buch vergriffen, nun wurde Lucas Bridges' Klassiker *Uttermost Part of the Earth* (1947) endlich wieder neu aufgelegt (in englischer Sprache). Bridges schildert sein Leben unter den Ureinwohnern von Feuerland sehr anschaulich – ein absolutes Muss für alle, die eine Fahrt in den äußersten Süden des Landes geplant haben.

An eine über 50 Jahre zurückliegende Fahrt erinnert das vor wenigen Jahren veröffentlichte *Tagebuch einer Motorradreise* 1951/52 (2003) von Ernesto „Che" Guevara. Der junge Medizinstudent beschreibt darin seine Erlebnisse während einer Motorradtour durch Argentinien, Chile, Brasilien, Venezuela, Peru und Kolumbien.

In *Bad Times in Buenos Aires* (1999) berichtet Miranda France von ihren Erlebnissen als Journalistin in Buenos Aires in den 1990er-Jahren. Sie lässt wirklich kein Thema aus – weder argentinische Kondome noch die Psychoanalyse. Manchmal wirkt alles etwas zu negativ.

Für jene, die nach Patagonien reisen wollen, aber auch für alle anderen, empfiehlt sich Bruce Chatwins Reisebericht *In Patagonien: Reise in ein fernes Land* (1977): Er ist eine kenntnisreiche Beschreibung der Menschen und Landschaften Südamerikas.

Bergsteiger interessiert sicher auch *Enduring Patagonia* (2001) von Gregory Crouch; darin berichtet der Autor von seinen waghalsigen Klettertouren, z. B. von der Besteigung des Cerro Torre über die schwierige Westseite. Nick Redings Buch *The Last Cowboys at the End of the World. The Story of the Gauchos of Patagonia* (2001) handelt zwar überwiegend von den Verhältnissen in Chile, gilt aber sicherlich auch für das argentinische Patagonien.

Müßige Tage in Patagonien (1893) von William Henry Hudson ist eine romantische Darstellung im Stil des 19. Jhs. Der berühmte Naturkundler berichtet darin von der abenteuerlichen Suche nach Vögeln. Lesenswert sind auch *The Purple Land* (1885) und *Far Away and Long Ago* (1918).

INFOS IM INTERNET

Websites zu sehr speziellen Themen (etwa zu Hostels, zur Einwanderung nach Argentinien oder zu Angeboten für Schwule und Lesben) finden sich unter den entsprechenden Rubriken im Kapitel „Allgemeine Informationen" (S. 666). Internet-Angebote über Buenos Aires siehe S. 100.

Die folgenden Websites eignen sich gut als Ausgangspunkte (sie sind entweder in englischer Sprache gehalten oder enthalten zumindest englische Links):

Argentimes (www.theargentimes.com) Eine von Ausländern betreute Zeitung in Buenos Aires mit zahllosen teilweise sehr detailreichen Artikeln über Argentinien.

Argentine Post (www.argentinepost.com) Gute, lesenswerte Artikel über Buenos Aires und Argentinien.

Argentina's Travel Guide (www.argentinastravel.com) Reichlich Informationen, aber auch Unterhaltsames über das Land.

Argentina Turística (www.argentinaturistica.com) Viel Wissenswertes über Argentinien und argentinische Städte – und noch etliches mehr.

Auswärtiges Amt der Bundesrepublik Deutschland (www.auswaertiges-amt.de) Das Auswärtige Amt bietet auf seiner Homepage landeskundliche und politische Infos, aber auch aktuelle Reiseinformationen. Besonders nützlich sind die Sicherheitshinweise.

Bloggers in Argentina (www.bloggersinargentina.blogspot.com) Eine Ansammlung argentinischer Blogger – und damit eine gute Möglichkeit, sehr persönliche Einblicke ins Land zu gewinnen.

Buenos Aires Herald (www.buenosairesherald.com) Ein Blick auf Argentinien und die Weltpolitik auf der Website der hervorragenden und wichtigsten englischsprachigen Zeitung in Buenos Aires.

Latin American Network Information Center (www.lanic.utexas.edu/la/argentina/) Ein umfangreiches Verzeichnis argentinischer Websites. Mit Sicherheit nicht vollständig, trotzdem dürfte jeder hier einigermaßen fündig werden.

Lonely Planet (www.lonelyplanet.com) Knappe Darstellungen über Reisen an praktisch jeden Ort der Erde, Postkarten von anderen Reisenden und schließlich das Thorn Tree Forum, wo jeder vor der Abreise Fragen stellen kann und nach der Rückkehr selbst Ratschläge gibt.

Festkalender

Zwar feiert man in Argentinien nicht so ausgelassen wie in anderen südamerikanischen Ländern, aber es gibt einige große Feste, die man nach Möglichkeit bei der Reiseplanung berücksichtigen sollte. Über die unten genannten hinaus finden in fast jeder Stadt lokale Feste statt – viele davon werden in den jeweiligen Regionalkapiteln vorgestellt. Die nationalen Feiertage stehen auf S. 668.

JANUAR

FESTIVAL NACIONAL DEL FOLKLORE
Ende Januar

In Cosquin unweit von Córdoba findet in der letzten Januarwoche das größte Folklorefest des Landes statt (S. 668; www.aquicosquin.org, auf Spanisch).

FEBRUAR–MÄRZ

CARNAVAL
Ende Februar–Anfang März

Der Karneval wird zwar in Argentinien nicht ganz so turbulent gefeiert wie in Brasilien, doch im Nordwesten des Landes geht es dennoch sehr ausgelassen zu – vor allem in Gualeguaychú (S. 225) und Corrientes (S. 215). Im Nordwesten liegt der Schwerpunkt allerdings auf der traditionellen Musik und dem Tanz – ganz besonders in der Quebrada de Humahuaca. Auch in Montevideo, der Hauptstadt Uruguays, geht es sehr lebendig zu (s. S. 611).

FIESTA NACIONAL DE LA VENDIMIA
Ende Februar–Anfang März

Das National Wine Harvest Festival (S. 379) in der Stadt Mendoza beginnt mit Umzügen, Folkloredarbietungen und der Krönung einer Weinkönigin – all das zu Ehren des berühmten Mendoza-Weines. Genauere Informationen finden sich unter www.vendimia.mendoza.gov.ar, auf Spanisch.

MAI

DÍA DE VIRGEN DE LUJÁN
8. Mai

An diesem Tag begeben sich Tausende von Gläubigen zu Ehren der Jungfrau Maria auf eine 65 km lange Pilgerreise nach Luján (S. 160) in den Pampas. Weitere Pilgerreisen nach Luján finden Anfang Oktober, Anfang August, Ende September und am 8. Dezember statt.

JULI–AUGUST

EXPOSICIÓN RURAL
Ende Juli–Anfang August

Hier erlebt man die ganz besondere Beziehung der Argentinier zu Rindern, Pferden, Schafen und Geflügel.

Gauchos gehen ihren traditionellen Aufgaben nach, es gibt eine Ausstellung landwirtschaftlicher Geräte und jede Menge Fleisch zu essen.

FESTIVAL Y MUNDIAL DE TANGO
Mitte–Ende August

Die besten Tangotänzer von Buenos Aires zeigen während des 14-tägigen Tango-Festivals (S. 118) ihre Kunst an verschiedenen Schauplätzen der Stadt. Parallel dazu findet ein hochkarätiger Wettbewerb mit Tangoseminaren und Workshops statt.

SEPTEMBER

SOUTH AMERICAN MUSIC CONFERENCE
Wechselnde Termine

Die größte Veranstaltung in Buenos Aires in Sachen Elektronische Musik (S. 118), auf der sich die Crème de la crème der Branche trifft. Tagsüber finden Network-Konferenzen statt, am Abend folgen rauschende Partys mit bis zu 50 000 Teilnehmern.

OKTOBER

FIESTA NACIONAL DE LA CERVEZA/ OKTOBERFEST
Anfang Oktober

In den Zentralen Sierren geht es auf Argentiniens größtem Bierfest, dem Oktoberfest in Villa General Belgrano (S. 359), hoch her. Einzelheiten dazu finden sich unter http://elsitiodelavilla.com/oktoberfest.

EISTEDDFOD
Ende Oktober

Dieses fröhliche Fest mit walisischen Wurzeln findet alljährlich in Patagoniens Städten Trelew (S. 480) und Trevelin (S. 513) statt. Es gibt viel zu essen und jede Menge Chormusik.

NOVEMBER

DÍA DE LA TRADICIÓN
Anfang–Mitte November

Das Fest ist den Gauchos gewidmet und wird besonders prächtig in San Antonio de Areco (S. 162), einer der klassischen Gaucho-Städte, gefeiert. Ein ebenso bedeutendes, aber weitaus weniger touristisches Gaucho-Fest findet im Bergort San José de Jáchal (S. 407) in der Provinz San Juan statt.

MARCHA DEL ORGULLO GAY
Mitte November

Während der Gay Pride Parade in Buenos Aires (S. 118) treffen sich Tausende von Schwulen, Lesben und Transsexuelle und ziehen unter lauter Musik von der Plaza de Mayo zum Congreso.

Reiserouten
KLASSISCHE ROUTEN

NÖRDLICHE RUNDREISE

Zwei bis vier Wochen / Mendoza,
Von Buenos Aires zum Nationalpark Iguazú

Die mehr als 4000 km lange Nordtour führt in vier der schönsten argentinischen Städte, durch die fast vergessenen Valles Calchaquíes zu jahrhundertalten Dörfern und zu einem der eindrucksvollsten Naturschauspiele ganz Lateinamerikas, den Iguazú-Fällen.

Die Route beginnt im lebhaften **Buenos Aires** (S. 87) und führt zunächst nach **Mendoza** (S. 373), ins Zentrum der Weinregion. Von dort geht die Reise weiter nach **Puente del Inca** (S. 390) und zum **Cristo-Redentor-Monument** (S. 393). Dann fährt man mit dem Nachtbus bis nach **Córdoba** (S. 340) weiter und bestaunt dort die Kolonialarchitektur.

Die Fahrt nach **Tucumán** (S. 308) lohnt sich wegen der bunt gemischten Baustile in dieser Stadt – und weil es dort auf den Straßen ungewöhnlich munter zugeht. Dann führt der Weg in nordwestlicher Richtung zum zauberhaften Seeufer von **Tafí del Valle** (S. 315) und von dort nach einem Tag Aufenthalt in das schöne **Cafayate** (S. 304), wo man den örtlichen Torrontés-Wein genießen sollte. Wenn man wieder nüchtern ist, geht es weiter durch den eindrucksvollen Canyon **Quebrada de Cafayate** (S. 308) bis nach **Salta** (S. 287), dessen zentrale Plaza als eine der schönsten in ganz Argentinien gilt. Von dort führt die Route durch die fast überirdisch wirkenden **Valles Calchaquíes** (S. 302) zu den Adobe-Häusern von **Cachi** (S. 300) und **Molinos** (S. 302). Unweit davon erstrecken sich die faszinierenden Felsformationen des Andentales **Quebrada de Humahuaca** (S. 278), wo sich der müde Reisende im netten Ort **Tilcara** (S. 280) ein passendes Nachtquartier sucht.

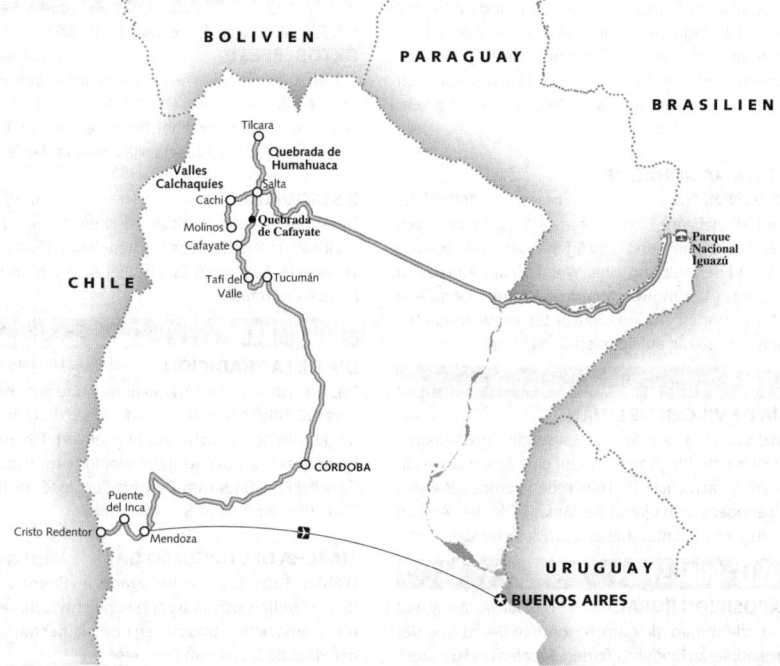

Dann geht es zurück nach Salta und von dort entweder mit dem Bus quer durch den Chaco oder mit dem Flugzeug via Buenos Aires zum großen Reisefinale: zwei Tage im **Parque Nacional Iguazú** (S. 245).

DIE GROSSE RUNDFAHRT
**Sechs bis zwölf Wochen /
Von Buenos Aires zum Ausgangsort zurück**

Unterwegs von **Buenos Aires** (S. 87) aus in südlicher Richtung, bietet sich in der **Reserva Faunística Península Valdés** (S. 472) die Gelegenheit zur Walbeobachtung. Nach einer längeren Busfahrt geht es schließlich nach **Ushuaia** (S. 576) in Feuerland (Tierra del Fuego). Unterwegs kann man in der **Reserva Provincial Punta Tombo** (S. 486) Pinguine, in der **Reserva Natural Ría Deseado** (S. 496) Delfine und im **Parque Nacional Monte León** (S. 499) Seevögel beobachten.

Sobald Ushuaia erreicht ist, sollte sich jeder einige Tage Zeit für Erkundungen nehmen, ehe man sich auf den zweiwöchigen Weg durch Patagonien (S. 28) macht und hinauffährt zum **Seengebiet** (S. 411), am besten mit einem Zwischenaufenthalt in **Bariloche** (S. 439). Wieder hinab geht es dann über die von Seen gesäumte **Ruta de los Siete Lagos** (Sieben-Seen-Route; S. 439) bis zum beliebten Ferienort **San Martín de los Andes** (S. 429) unweit des waldreichen **Parque Nacional Lanín** (S. 426).

Von San Martín aus geht es weiter nach **Aluminé** (S. 422) zum Rafting oder Fliegenfischen und dann bis ins prächtige kleine **Villa Pehuenia** (S. 423), wo Bewegungshungrige ein oder zwei Tage wandern können oder sich einfach nur ausruhen kann. Nächste Station ist **Malargüe** (S. 396) inmitten einer atemberaubenden Vulkanlandschaft. Weiter nördlich erreicht man schließlich die „Weinhauptstadt" **Mendoza** (S. 373) mit ihrer nicht weniger atemberaubenden Andenkulisse. Von Mendoza aus führt die Route via **San Juan** (S. 399) zum **Parque**

Die Große Rundfahrt ist über 8800 km lang. Sie führt von Feuerland und Los Glaciares im Süden durch das herrliche Seengebiet bis zu den uralten Dörfern inmitten der Andenlandschaft im Nordwesten des Landes. Falls man einige Teilstrecken mit dem Flugzeug bewältigt, kann man Zeit sparen.

Provincial Ischigualasto (S. 409) und von dort aus in östlicher Richtung ins kolonialzeitlich geprägte **Córdoba** (S. 340).

Von Córdoba aus geht es weiter nach **Tucumán** (S. 308) und anschließend durch den zerklüfteten Canyon **Quebrada de Cafayate** (S. 308) bis nach **Salta** (S. 287). Von Salta aus sollten Besucher einige Tage lang die **Quebrada de Humahuaca** (S. 278) erkunden, ehe sie nach Überquerung des felsigen Chaco in der **Reserva Provincial Esteros del Iberá** (S. 220) eintreffen. Bei der Weiterfahrt in nordöstlicher Richtung lohnen die **Jesuitenmissionen** (S. 239) bei Posadas einen Besuch, bevor man sich schließlich den Wasserfällen im **Parque Nacional Iguazú** (S. 245) nähert. Endlich wieder zurück in Buenos Aires, bleibt sicher noch Zeit, einmal ins Nachtleben der Hauptstadt einzutauchen.

UNBEKANNTE ROUTEN

RUTA NACIONAL 40

**Vier bis acht Wochen /
Von Abra Pampa nach Torres del Paine**

Die RN 40, eine Straße mit ganz zentraler Bedeutung für Argentinien, durchquert die argentinischen Anden auf ihrer gesamten Länge und führt durch einige der abgelegensten Regionen des Landes. Die Straße ist streckenweise nicht asphaltiert, und das Fahren erfordert Ausdauer, Zeit und Selbstvertrauen. Wer hier entlangfährt, bekommt ein Argentinien zu sehen, das selbst den meisten Argentiniern unbekannt ist. Ein Großteil der Strecke ist bequem mit Bussen befahrbar, aber auf manchen Abschnitten benötigt man ein eigenes Fahrzeug.

Die RN 40 beginnt südlich von **Abra Pampa** (S. 285) im Nordwesten; die steilen Streckenabschnitte bis **Cachi** (S. 300) durch die wildromantischen **Valles**

Die RN 40 ist mehr als 5000 km lang und durchquert Argentinien fast vollständig, von der bolivianischen Grenze im Norden bis nach Feuerland im tiefen Süden. Einige Streckenabschnitte sind mit normalem Pkw zu bewältigen, andere erfordern einen Wagen mit Allradantrieb (oder ansonsten reichlich Abenteuerlust, gutes Schuhwerk und ausreichende Essens- und Wasservorräte).

Calchaquíes (S. 299) sind aber nur mit einem Allradantrieb zu schaffen. Alternativ kann man auch von Cachi aus losfahren, zunächst bis zum reizvollen **Cafayate** (S. 306) und dann in das winzige **Huaco** (S. 409) und von dort weiter nach **San José de Jáchal** (S. 408). Nun ist es Zeit für eine Verschnaufpause in **Mendoza** (S. 373), denn schließlich dauert die Fahrt schon eine Woche. Anschließend lädt die Vulkanlandschaft rund um **Malargüe** (S. 396) zu Wanderungen ein. Um nicht vor gesperrten Straßen umkehren zu müssen, sollte die Gegend südlich von Malargüe nur im Sommer befahren werden.

In Richtung Süden kommt man ins behäbige **Buta Ranquil**, von wo aus die Lagunen und heißen Quellen rund um **Chos Malal** (S. 421) locken. Empfehlenswert ist ein Abstecher zu den Nationalparks **Nahuel Huapi** (S. 449) und **Lanín** (S. 449), wo Bergwandern möglich ist, ehe man **Bariloche** (S. 439) ansteuert. Von dort aus geht es Richtung Süden nach **El Calafate** (S. 534) und zum majestätischen Perito-Moreno-Gletscher. Ein weiterer Abstecher führt nach **El Chaltén** (S. 524), wo die Gipfel des Fitz Roy eine ideale Wanderkulisse abgeben. Bei der Weiterfahrt auf der RN 40 empfiehlt sich ein Abstecher nach **Puerto Natales** (S. 565) in Chile. Von hier aus lässt sich der **Parque Nacional Torres del Paine** (S. 561) erforschen, ehe die kurvenreiche Strecke bis nach **Río Gallegos** (S. 500) weiterführt, wo das Flugzeug nach Buenos Aires wartet (es sei denn, man fährt auf der RN3 noch weiter bis Ushuaia – weiter nach Süden führt kein Highway der Welt).

EINSAME ANDEN & NATIONALPARKS   Zwei bis drei Wochen / Von San Luis nach Corrientes

Abseits der bekannten Touristenpfade bietet Argentinien kleine Dörfchen, leere Straßen und kaum besuchte Provinzparks. Ausgangspunkt ist das winzige **San**

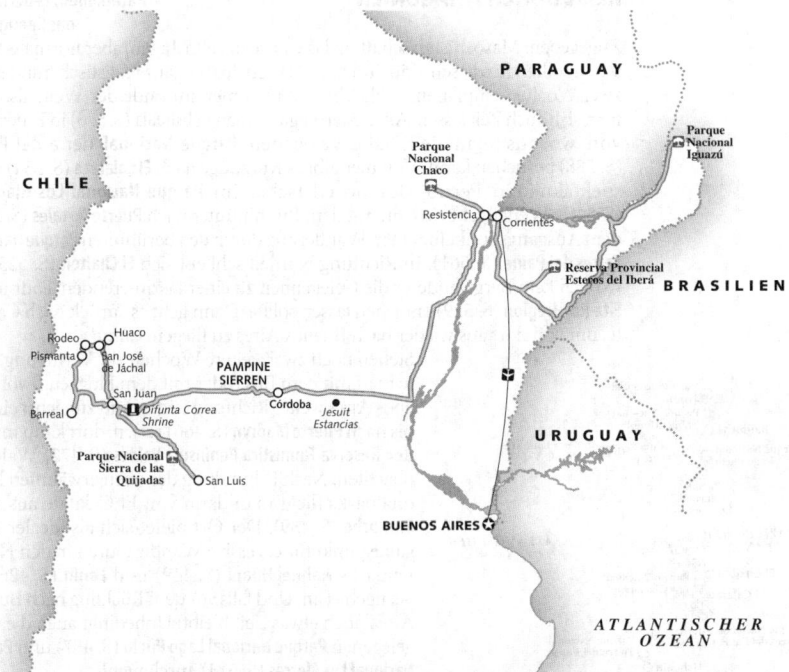

Dass die überwiegende Mehrheit der Besucher andere Routen bevorzugt, bedeutet nicht, dass es an dieser 2850 km langen Strecke keine Sehenswürdigkeiten gäbe. Tatsächlich entdeckt man entlang dieser ungewöhnlichen Route auf abgelegenen Straßen und durch selten besuchte Dörfer und Naturparks ein Argentinien, das selbst viele Argentinier kaum kennen.

Luis (S. 364). Von dort ist es nicht weit zum **Parque Nacional Sierra de las Quijadas** (S. 367) mit einer von der Erosion geformten Mondlandschaft, die dem Parque Provincial Ischigualasto ähnelt – nur ohne Menschen. Weiter geht es dann mit dem Bus nach **San Juan** (S. 399). Hier am besten ein Auto mieten und ab in die Berge: nach **Barreal** (S. 404) in das atemberaubende Valle de Calingasta – ideal zum Wandern, Raften und Klettern. Der Weg führt weiter über die RP 412 zu den noch ganz traditionellen kleinen Städten **Rodeo** (S. 408), **San José de Jáchal** (S. 408) und **Huaco** (S. 408). Unterwegs gibt das Thermalbad von **Pismanta** (S. 408) einen guten Zwischenstopp ab. Die RN 40 führt zurück nach San Juan. Von hier ist der faszinierende **Difunta-Correa-Schrein** (S. 403) mit dem Bus erreichbar. Hier opfert jeder dem Schutzpatron der Truck-Fahrer eine Wasserflasche (vor allem jene, die trampen möchten).

Von San Juan nimmt man den Nachtbus nach **Córdoba** (S. 340). Nach ein bis zwei Erkundungstagen in der Stadt und in den jesuitischen *estancias* der **Pampinen Sierren** (S. 350) geht es mit dem Nachtbus weiter nach **Resistencia** (S. 257), dem besten Ausgangspunkt für den abwechslungsreichen **Parque Nacional Chaco** (S. 261). In **Corrientes** (S. 214) können die Besucher dem *chamamé* (Volksmusik des nordöstlichen Argentiniens) live lauschen, bevor es zur **Reserva Provincial Esteros del Iberá** (S. 220) geht.

Sehnsucht nach Menschen? Dann mischt man sich entweder unter die Massen an den **Iguazú-Wasserfällen** (S. 245), sie liegen eine Tagesreise entfernt. Es gibt auch einen Flug von Corrientes zurück nach Buenos Aires.

MASSGESCHNEIDERTE TOUREN

REISE DURCH PATAGONIEN

Patagonien, Feuerland & das Seengebiet

Zugegeben: Masochisten schaffen das Ganze in zehn Tagen, aber normale Menschen sollten für diesen Trip durch die Nationalparks ganz realistisch mindestens zwei Wochen einplanen. Schließlich ist man hier am Ende der Welt, also darf man sich auch Zeit lassen. Am besten beginnt man in **Ushuaia** (S. 576) in Feuerland, von wo aus man den nahe gelegenen **Parque Nacional Tierra del Fuego** (S. 588) besuchen kann. Von hier gibt es Kurzflüge nach **El Calafate** (S. 534) beim spektakulären Perito-Moreno-Gletscher im **Parque Nacional Los Glaciares** (S. 546). Weiter geht es dann mit dem Bus hinunter nach **Puerto Natales** (S. 565), dem Ausgangspunkt für einen Wanderung durch den berühmten **Parque Nacional Torres del Paine** (S. 561). In Richtung Norden schließt sich **El Chaltén** (S. 525) an, wo sich kein Bergwanderer die Gelegenheit zu einer faszinierenden Tour in der **Fitz-Roy-Region** (S. 529) entgehen lassen sollte. Dann geht es zurück nach Calafate, um von dort aus wieder nach Buenos Aires zu fliegen. *Chau!*

Parque Nacional Lanín
Parque Nacional Nahuel Haupi
Bariloche
Parque Nacional Lago Puelo
Puerto Madryn
Reserva Faunística Península Valdés
Parque Nacional Los Alerces
PAZIFISCHER OZEAN
FITZ ROY AREA
ATLANTISCHER OZEAN
El Chaltén
Parque Nacional Los Glaciares
El Calafate
Parque Nacional Torres del Paine
Puerto Natales
Parque Nacional Tierra del Fuego
Ushuaia

Stehen noch zwei weitere Wochen zur Verfügung, sollte man mit dem Bus (oder mit dem Flugzeug) von Buenos Aires weiter Richtung Süden und zunächst einmal bis nach **Puerto Madryn** (S. 466) reisen; dort kann man in der **Reserva Faunística Península Valdés** (S. 472) Wale beobachten. Nach Erkundung der oben erwähnten Nationalparks fliegt man dann von El Calafate aus nach **Bariloche** (S. 439). Der Ort bietet sich als idealer Ausgangspunkt für exzessive Wandertouren in den Nationalparks **Nahuel Huapi** (S. 449) und **Lanín** (S. 426) im Seengebiet an. Und falls vor dem Rückflug nach Buenos Aires noch etwas Zeit bleibt: Unbedingt auch die nahe gelegenen **Parque Nacional Lago Puelo** (S. 457) und **Parque Nacional Los Alerces** (S. 514) anschauen!

WEINREISE   Mendoza, San Juan & die nordwestlichen Anden

Die Weintour führt nicht nur zu den besten Tropfen des Landes, sondern bietet gleichzeitig interessante Ausblicke auf eine spannende Region. Der Korken ploppt zum Auftakt im schönen **Mendoza** (S. 373), Argentiniens Weinhauptstadt in den Anden. Man sollte auch unbedingt einen Zwischenstopp in **Bodega La Rural** (S. 387) einlegen; hier steht Südamerikas größtes (und bestes) Weinmuseum! Ein Tagesausflug auf der RN 7 führt zu den Thermalbädern von **Puente del Inca** (S. 390) und zu den atemberaubenden Höhen des **Cristo Redentor** (S. 393) an der chilenischen Grenze.

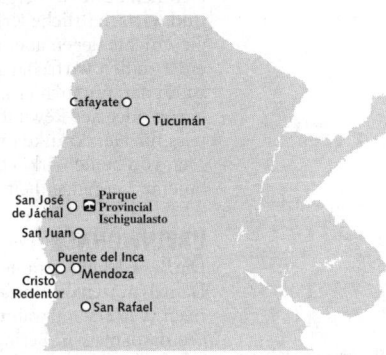

Im Morgengrauen geht's mit dem Bus nach **San Rafael** (S. 393) und dort mit dem Mietfahrrad weiter in die Weinkellereien der Stadt mit **Bianchi Champañera** (S. 394) als letztem Trinkstopp. Am nächsten Tag warten in **San Juan** (S. 399) der exzellente Syrah und regionale Weißweine, die in der Nähe dieser grünen Provinzhauptstadt gekeltert werden. Wer noch etwas Zeit hat, sollte in den **Parque Provincial Ischigualasto** (S. 409) oder, die RN 40 hinauf, nach **San José de Jáchal** (S. 408) fahren. Von San Juan fährt der Nachtbus nach **Tucumán** (S. 310), und von dort kommt man am nächsten Tag ins hübsche **Cafayate** (S. 304), um seinen Geschmacksknospen in den Weinkellereien einmal den hiesigen *Torrontés*-Weißwein zu gönnen. Zurück geht's dann nach Tucumán und von dort per Flugzeug nach Buenos Aires.

Geschichte

Wie alle lateinamerikanischen Länder blickt auch Argentinien auf eine ziemlich bewegte Vergangenheit zurück – Zeiten der Diktatur, Korruption und wirtschaftliche Krisenjahre haben ihre Spuren hinterlassen. Über der Geschichte liegen aber nicht nur dunkle Schatten: Argentinien gehörte einst zu den wirtschaftlich dynamischsten Ländern der Welt, hier entstand der Tango, hier kamen weltberühmte Persönlichkeiten wie Evita Perón oder der Revolutionär Che Guevara zur Welt, hier wurden der Bypass für Herzkranke und der Kugelschreiber erfunden. Wer das Argentinien von heute wirklich verstehen will, muss zunächst einmal in die turbulente Vergangenheit des Landes eintauchen.

UREINWOHNER

Die Besiedelung des amerikanischen Kontinents begann vor etwa 30 000 Jahren. Damals nutzen die Vorfahren der heutigen indianischen Ureinwohner den niedrigen Wasserstand während des Pleistozäns und wanderten über eine Landbrücke, die damals die Beringstraße passierbar machte, von Sibirien nach Alaska. Im heutigen Argentinien trafen sie dann aber erst um 10 000 v. Chr. ein.

Ein Zeugnis aus der ersten Siedlungsphase ist gleichzeitig eine der ältesten und eindrucksvollsten archäologischen Stätten in Argentinien: die Cueva de las Manos (Höhle der Hände; S. 610) in Patagonien. Hier fand man geheimnisvolle Höhlenmalereien, auf denen hauptsächlich die Konturen linker Hände dargestellt sind; datiert werden sie auf die Zeit um 7370 v. Chr.

Als die Spanier auftauchten, war ein großer Teil des heutigen Argentiniens von Nomaden bevölkert. Diese machten Jagd auf das Guanako (einen wilden Verwandten des Lamas) und den Nandu (einen großen Laufvogel, der dem Emu ähnelt). Sie jagten sie mit Pfeil und Bogen und mit *boleadoras*– schweren Riemen, die sie bis zu 90 m weit werfen konnten und die sich um das Beutetier wickelten. (Heute werden Imitationen dieser *boleadoras* überall in Argentinien in Andenken- und Kunsthandwerksläden angeboten. Wer sich solche Riemen gekauft hat, sollte damit einmal auf unbewegliche Gegenstände zielen: Dann ahnt man, wie viel Geschicklichkeit nötig war, um damit ein ausgewachsenes Guanako in die Knie zu zwingen!)

Die argentinischen Pampas wurden von den Querandí bewohnt, Jägern und Sammlern, deren mutiger Widerstand gegen die Spanier noch heute legendär ist. Die Guaraní in der Region zwischen dem nördlichen Zweistromland über Corrientes bis hinein nach Paraguay und Brasilien waren halbnomadische Ackerbauern, die Süßkartoffeln, Mais, Maniok und Bohnen pflanzten und in den Flüssen Fische fingen.

Eine Zeitreise zurück zu den ersten Siedlern in Patagonien und in die spätere Geschichte der Region bietet das Buch Patagonia. Natural History, Prehistory and Ethnography at the Uttermost End of the Earth (1997) von Colin McEwen und anderen.

ZEITACHSE

10 000 v. Chr.	7370 v. Chr.	4000 v. Chr.
Nachfahren der Menschen, die rund 20 000 Jahre zuvor die Beringstraße überquert hatten, erreichen das heutige Argentinien. Damit endet eine der größten Wanderungen in der Geschichte der Menschheit.	In der berühmten Cueva de las Manos hinterlassen Angehörige der Toldense-Kultur ihre ersten Bilder von menschlichen linken Händen. Anhand dieser Bilder lässt sich die Besiedlung der Region recht genau datieren.	Die Yaghan, auch bekannt als Feuerland-Indianer, lassen sich auf den südlichsten Inseln nieder. Damit war die Wanderung Richtung Süden abgeschlossen; weiter konnten Menschen nicht mehr vordringen.

Am weitesten entwickelt war der heutige argentinische Nordwesten. Mehrere Stämme der Ureinwohner, vor allem die Diaguita, beherrschten den Ackerbau mit künstlicher Bewässerung in den Tälern der östlichen Andenvorgebirge. Die Einwohner dieser Region waren vom Reich der Tiahuanaco in Bolivien und dem großen Inkareich beeinflusst, das sich seit den frühen 1480er-Jahren südlich von Peru bis ins heutige Argentinien erstreckte. In der Provinz Salta ist die steinerne Ruinenstadt Quilmes (S. 319) eine der am besten erhaltenen Stätten aus der Präinkazeit. Hier lebten rund 5000 Quilmes, Angehörige der Diaguita-Kultur, die widersetzten sich der Inkainvasion. Weiter nördlich, in Tilcara (S. 316), steht eine vollständig restaurierte *pucará* (befestigte Stadt).

In der Seenregion und in Patagonien lebten die Pehuenche und Puelche, Jäger und Sammler, die sich vor allem von den Kernen der Araukarie ernährten. Ihren Namen verdanken sie den Mapuche, die von Westen in die Region kamen, als die Spanier nach Süden drängten. Heute gibt es viele Mapuche-Reservate, vor allem rund um Junín de los Andes (S. 424).

Bis zur Ausrottung durch die Europäer lebten viele Ureinwohner sogar weit im Süden, in Feuerland, wo die Selk'nam, Haush, Yaghan und Alacaluf als wandernde Jäger und Sammler heimisch waren. Trotz des oft rauen Wetters waren sie kaum oder gar nicht bekleidet; stets brennende Feuer hielten sie jedoch (sogar in ihren barkenförmigen Kanus) warm und gaben der Region ihren Namen: Tierra del Fuego (Feuerland).

> Das argentinische Nationalbier Quilmes ist nach einem – mittlerweile arg dezimierten – Indianerstamm im Nordwesten des Landes benannt.

ANKUNFT DER SPANIER

Über ein Jahrzehnt nachdem Christoph Kolumbus (Cristóbal Colón) zufällig den amerikanischen Kontinent „entdeckt" hatte, zogen die ersten Spanier die Flussmündung des Río de la Plata hinauf. (Kolumbus selbst war zwar gebürtiger Italiener, aber er segelte unter spanischer Flagge.) Auslöser für die Erkundungen der Region waren Gerüchte über große Silbervorkommen. Der Spanier Sebastian Cabot nannte den Fluss hoffnungsvoll „Río de la Plata" (Silberfluss), und euphorisch taufte man Teile des neuen Territoriums auf das lateinische Wort für Silber *(argentum)*. Die wertvollen Bodenschätze, die die Spanier im Inkareich von Peru fanden, wurden hier, in diesem falsch benannten Land, allerdings niemals entdeckt.

Den ersten Versuch einer Siedlungsgründung an der Flussmündung unternahm 1536 der spanische Adelige Pedro de Mendoza. Er landete im heutigen Buenos Aires – und gab dem Außenposten etwas großspurig den Namen Puerto Nuestra Señora Santa María del Buen Aire (Hafen unserer heiligen Jungfrau Maria der Guten Winde). Nachdem die Siedler versucht hatten, von den eingeborenen Querandí Nahrungsmittel zu stehlen, zeigten die Eingeborenen sich mitleidlos: Nach weniger als vier Jahren floh Mendoza zurück nach Spanien – und zwar ohne ein einziges Gramm Silber. Die zurückgelassenen Truppen zogen weiter in die friedlichere Umgebung von Asunción, der heutigen Hauptstadt von Paraguay.

> Das umfassenste Buch über die argentinische Geschichte *Argentina 1516-1987: From Spanish Colonization to Alfonsín* (1987) stammt von David Rock. Es ist zwar nicht ganz leicht zu lesen, aber es lohnt sich.

1480 n. Chr.	1536	1553
Das Reich der Inka erstreckt sich bis in die Anden im Nordwesten des heutigen Argentiniens. Damals blühten hier die am weitesten entwickelten indigenen Kulturen des Landes.	Pedro de Mendoza gründet Puerto Nuestra Señora Santa María del Buen Aire am Ufer des Río de la Plata. Allerdings verderben es sich die Spanier mit den Ureinwohnern, die die Siedler schnell wieder verjagen.	Francisco de Aguirre gründet Santiago del Estero und betreibt die spanische Kolonisierung Argentiniens von Alto Perú aus. Der Ort gilt heute als älteste durchgehend bewohnte Stadt im ganzen Land.

DIE ÜBERLEGENHEIT DES NORDWESTENS

Obwohl die spanische Armee Buenos Aires 1580 neu gründete, blieb diese Siedlung im Vergleich zu den Neugründungen in den Anden tiefste Provinz. Die Siedlungen in den Anden wurden von einer anderen spanischen Truppe gegründet, die von Alto Perú (heute Bolivien) aus nach Süden vorrückte. Dank enger Verbindungen zur Festung von Lima, der Hauptstadt des Vizekönigreichs von Peru, und mit genügend Geld durch die Silbermine von Potosí, konnten die Spanier zwei Dutzend Städte gründen, darunter auch das weit südlich gelegene Mendoza (1561). Dies alles geschah in der zweiten Hälfte des 16. Jhs. Santiago del Estero von 1553 ist die älteste dauerhafte Siedlung des Landes.

Die zwei wichtigsten Siedlungszentren jener Zeit waren Tucumán (gegründet 1571) und Córdoba (gegründet 1573). Tucumán lag im Herzen einer reichen Agrarregion und versorgte Alto Perú mit Getreide, Baumwolle und Vieh. Córdoba wurde zum wichtigen Wissenschaftszentrum, und die Jesuitenmissionare gründeten *estancias* (riesige Farmen) in den Sierras der Umgebung, um Alto Perú mit Maultieren, Essen und Wein zu versorgen. Córdobas Manzana Jesuítica (Jesuitenblock; S. 342) ist heute das am besten erhaltene Ensemble von Kolonialgebäuden im ganzen Land. Einige jesuitische *estancias* in den Pampinen Sierren (S. 350) sind ebenfalls gut erhalten – zusammen mit den Hauptplazas von Salta (gegründet 1582) und Tucumán zählen sie zu den schönsten und eindrucksvollsten Werken der Kolonialarchitektur in Argentinien.

DIE JESUITEN

Argentiniens Nordosten rund um die Flüsse Uruguay und Paraná wurde später mit Hilfe der Jesuitenmissionare kolonisiert. Sie führten die Guaraní in Siedlungen zusammen. Ab 1609 richteten die Jesuiten 30 Missionsstationen ein, darunter das wunderbar erhaltene San Ignacio Miní (S. 240).

Rund 100 000 Ureinwohner lebten in den Jesuitensiedlungen. Diese glichen anderen spanischen Kolonialstädten, waren aber politisch und wirtschaftlich autonom. Den Spaniern blieben der wachsende Reichtum und die zunehmende Macht des Ordens in Argentinien nicht verborgen. 1767 ließ der König die Jesuiten ausweisen; die Missionsgemeinden lösten sich schnell auf, die Städte verfielen fast vollständig.

BUENOS AIRES: VOM SCHWARZHANDEL ZUR REICHEN METROPOLE

Während der Nordwesten aufblühte, litt Buenos Aires fast zwei Jahrhunderte lang unter den Handelsbeschränkungen der spanischen Krone. Da der Hafen für den Handel geeignet war, begannen frustrierte Kaufleute mit dem Schmuggel, der illegale Handel mit dem portugiesischen Brasilien und den nicht-spanischen europäischen Mächten florierte. Der zunehmende Reichtum trieb das Wachstum der Stadt voran.

Mit dem Niedergang der Silberminen in Potosí im späten 18. Jh. war die spanische Krone gezwungen, Buenos Aires Bedeutung im transatlantischen

Die Universidad Nacional de Córdoba ist die älteste Universität in ganz Südamerika. Gegründet wurde sie 1613, ihren Status als Hochschule erhielt sie 1622.

Der Film *Mission* (1986) mit Robert De Niro und Jeremy Irons in den Hauptrollen handelt vom Leben in den Jesuitenmissionen des 18. Jhs. in Südamerika. Eine perfekte Vorbereitung auf eine Reise zu den Missionsstationen im Norden des Landes!

1561	**1565**	**1573**
Spanier, die von Santiago in Chile aus nach Westen vordringen, gründen Mendoza. Sie suchen nach einem Zugang zum Río de la Plata, der eine Versorgung mit Nachschub und Truppen gewährleisten soll.	Diego de Villarroel gründet die Stadt San Miguel de Tucumán (heute oft nur noch Tucumán genannt), die drittälteste Stadt Argentiniens. 120 Jahre später wird Villarroel weiter nach Osten verlagert.	Der Gouverneur von Tucumán, Jerónimo Luis de Cabrera, gründet die Stadt Córdoba. Der Ort wird zum wichtigen Knotenpunkt der Handelsstraßen zwischen Chile und Alto Perú.

Handel anzuerkennen: Spanien musste die Beschränkungen aufweichen und ernannte Buenos Aires 1776 sogar zur Hauptstadt des neuen Vizekönigreichs Río de la Plata, zu dem auch Paraguay, Uruguay und die Minen in Potosí gehörten. Obwohl das neue Reich des Vizekönigs innenpolitisch wegen Handels- und Kontrollfragen heftig zerstritten war, hielten die Einwohner zusammen, als die Briten 1806 und 1807 die Stadt überfielen. Die Bürger warfen sie ohne spanische Hilfe aus der Stadt.

Im späten 18. Jh. traten die später legendären Gauchos der Pampas (s. Kasten S. 164) in Erscheinung. Sie waren quasi das südamerikanische Gegenstück zum nordamerikanischen Cowboy. Gauchos fingen wildes Vieh ein und zähmten Wildpferde, die bei früheren Expeditionen zum Río de la Plata zurückgelassen worden waren und sich anschließend kräftig vermehrt hatten.

UNABHÄNGIGKEIT & INNERE UNRUHEN

Gegen Ende des 18. Jhs. wuchs unter den *criollos* (den in Argentinien geborenen Siedlern) die Unzufriedenheit; ihre Geduld mit den spanischen Autoritäten war verbraucht. Die Vertreibung der britischen Truppen aus Buenos Aires gab den Menschen des Río de la Plata neues Selbstvertrauen und die Gewissheit, auch ohne Spanien existieren zu können. Nachdem Napoleon 1808 in Spanien eingefallen war, erklärte Buenos Aires am 25. Mai 1810 seine Unabhängigkeit. Zur Erinnerung an diesen Tag wurde der Hauptplatz der Stadt in Plaza de Mayo umbenannt.

Die Unabhängigkeitsbewegungen in ganz Südamerika waren sich schließlich einig in dem Wunsch, die Spanier ganz loszuwerden. Unter der Führung von General José de San Martín und anderen erklärten die Vereinten Provinzen von Río de la Plata (der Vorläufer der Republik Argentinien) offiziell am 9. Juli 1816 in Tucumán ihre Unabhängigkeit.

Trotz ihres neuen Status gehörten die Provinzen nur dem Namen nach zusammen. Es gab keine Zentralgewalt, und die regionalen Unterschiede innerhalb Argentiniens, die unter spanischer Herrschaft weniger auffällig gewesen waren, wurden unübersehbar. Lokale Machthaber gewannen zunehmend an Einfluss; sie widersetzten sich Buenos Aires genauso heftig, wie Buenos Aires sich Spanien widersetzt hatte.

In Argentiniens Politik gab es zwei Parteien – die Föderalisten, die für eine Autonomie der Provinzen eintraten, und die Unitaristen in Buenos Aires, die für eine starke Zentralgewalt waren. Fast zwei Jahrzehnte lang gab es blutige Konflikte zwischen den beiden Fraktionen.

DIE HERRSCHAFT ROSAS'

Juan Manuel de Rosas wurde in der ersten Hälfte des 19. Jhs. in der Provinz Buenos Aires als Caudillo bekannt. Er vertrat die Interessen der ländlichen Eliten und der Landeigentümer, seit 1829 im Amt des Gouverneurs dieser Provinz. Zwar machte er sich für den Föderalismus stark, setzte sich aber auch dafür ein,

Über die Rolle des Gauchos in der argentinischen Geschichte informiert Richard W. Slattas Buch *Gauchos and the Vanishing Frontier* (1983).

1580	**1609**	**1767**
Spanische Truppen gründen die Siedlung Buenos Aires ein zweites Mal. Im Vergleich zu den Festungen Mendoza, Tucumán und Santiago del Estero bleibt die spätere Hauptstadt aber noch relativ unbedeutend.	Die Jesuiten beginnen im Nordosten des Landes mit dem Bau von Missionsstationen, darunter San Ignacio Miní (1610), Loreto (1632) und Santa Ana (1633). Die dort lebenden Guaraní werden in sogenannten *reducciones* angesiedelt.	Die spanische Krone vertreibt die Jesuiten aus ihren südamerikanischen Besitzungen; die Missionsgemeinden verfallen hierauf schnell.

KLEINES WHO'S WHO DER ARGENTINISCHEN GESCHICHTE

- **José de San Martín** (1778–1850) Argentinischer Nationalheld: Er führte das Land und das südliche Südamerika in die Unabhängigkeit vom Mutterland Spanien. Zitat: „Ich brauche nur Löwen in meinem Regiment."

- **Domingo Faustino Sarmiento** (1811–88) Argentinischer Schriftsteller, Pädagoge und Präsident (1868–74). Zitat: „Man sollte einmal spaßeshalber England ein Verkaufsangebot machen – einfach nur, um zu sehen, wie viel Musselin und Baumwolle ihnen diese Ebenen von Buenos Aires wohl wert wären."

- **General Julio Argentino Roca** (1843–1914) Kriegsminister (1877–79), Präsident (1898–1904). 1879 rottete er einen großen Teil der patagonischen Ureinwohner bei der „Eroberung der Wüste" aus.

- **Raúl Alfonsín** (1927–2009) Erster demokratisch gewählter Präsident des Landes (1983–89). Sein bekanntester Ausspruch: „Das Haus ist wohlbestellt."

- **Ernesto Guevara de la Serna** (1928–67) Der in Rosario in Argentinien geborene Ernesto wurde später als „Che Guevara" zum vermutlich weltweit bekanntesten Revolutionär in der zweiten Hälfte des 20. Jhs. Zitat: „Ich mache mir nichts daraus, wenn ich sterbe, solange nur ein anderer mein Gewehr aufhebt und weiterschießt."

- **Juan Domingo Perón** (1895–1974) Präsident von Argentinien (1946–55), Ehemann der berühmten Evita Perón. Zitat: „Die Menschen dieses Landes sind meine einzigen Nachkommen."

- **María Eva Duarte de Perón** (1919–52) Bekannt unter dem Namen „Evita"; setzte sich als Präsidentengattin für sozialen Fortschritt ein. Zitat: „Sollte ich stürzen, dann mit einem Donnerschlag. Niemand wird dann noch übrig bleiben."

- **Jorge Rafael Videla** (geb. 1925) Ehemaliger General und verantwortlich für den Putsch von 1976, bei dem Isabel Perón ihr Amt verlor; faktisch bis 1981 Präsident des Landes.

Domingo Faustino Sarmientos Life in the Argentine Republic in the Days of the Tyrants (1868) ist eine der bekanntesten zeitgenössischen Darstellungen des Landes aus den Jahren nach der Trennung von Spanien. Sehr lesenswert ist aber auch sein Klassiker Barbarei und Zivilisation: Das Leben des Facundo Quiroga (1845).

die politische Macht in Buenos Aires zu zentralisieren. So verlangte er, dass der internationale Handel über Buenos Aires laufen müsse. Er hielt sich über 20 Jahre an der Macht (bis 1852), und manche seiner „Errungenschaften" waren erste Vorboten für die unheilvolle Zukunft des Landes: Er gründete die Geheimpolizei, die berüchtigte *mazorca*, und führte die Folter ein.

Unter Rosas beherrschte Buenos Aires den neuen Staat. Doch seine Radikalität brachte viele gegen ihn auf, darunter seine ehemals wichtigsten Verbündeten. Schließlich stellte ein rivalisierender Caudillo namens Justo José de Urquiza eine mächtige Armee zusammen und vertrieb den Gouverneur. Urquizas erste Amtshandlung war die Ausarbeitung einer Verfassung, die am 1. Mai 1853 in Santa Fe angenommen wurde. Spätestens die Verfassung (die heute noch gilt, auch wenn sie zwischenzeitlich immer wieder außer Kraft gesetzt wurde) machte klar, dass sich die Unitaristen durchgesetzt hatten; die wirtschaftliche Entwicklung der folgenden Jahrzehnte stärkte die Macht von Buenos Aires.

1776	1806/07	1810
Spanien ernennt Buenos Aires zur Hauptstadt des neuen Vizekönigreichs Río de la Plata. Das Staatsgebiet umfasst Teile der heutigen Länder Paraguay und Uruguay und die Bergwerke von Potosí in Bolivien.	Zur Zeit der Koalitionskriege versucht Großbritannien, sich die spanischen Besitzungen in Südamerika einzuverleiben. 1806 und 1807 greifen britische Truppen Buenos Aires an, sie werden aber zurückgeschlagen.	Am 25. Mai erklärt Buenos Aires seine Unabhängigkeit von Spanien, auch wenn es noch ein paar Jahre dauern wird, bis die Unabhängigkeit wirklich auf allen Ebenen umgesetzt ist.

- **Carlos Menem** (geb. 1930) Präsident (1989–1999). Bekämpfte nach dem Ende des Schmutzigen Krieges die Inflation, verscherbelte aber auch Staatsunternehmen; in seiner Amtszeit kam es zu zahllosen Fällen von Korruption.
- **Domingo Cavallo** (geb. 1946) Wirtschaftsminister unter Carlos Menem. Hat den Peso 1991 an den Dollarkurs gekoppelt und 2001 den freien Zugriff der Bürger auf ihre Sparkonten beschränkt.
- **Alfredo Yabrán** (1944–1998) Einflussreicher argentinischer Geschäftsmann mit guten Beziehungen bis hinein in die Regierung unter Menem. Wurde bei Ermittlungen im Zusammenhang mit dem Mord am Journalisten José Luis Cabezas tot in seinem Wohnhaus aufgefunden. Ein Schuss hatte ihn direkt ins Gesicht getroffen und bis zur Unkenntlichkeit entstellt.
- **José Luis Cabezas** (1962–97) Der Journalist wurde ermordet, nachdem er geheime Fotos von Alfredo Yabrán geschossen hatte.
- **Fernando de la Rúa** (geb. 1937) 1999–2001 Präsident von Argentinien; trat während der schweren Wirtschaftskrise von seinem Amt zurück. Zitat aus seiner Wahlkampagne: „Sie glauben, ich sei ein Langweiler."
- **Eduardo Duhalde** (geb. 1941) Nach dem Rücktritt von Fernando de la Rúas 2002/03 einer der Übergangspräsidenten. Seine wichtigste Entscheidung: die Abwertung des Pesos 2002.
- **Roberto Lavagna** (geb. 1942) 2002–05 Wirtschaftsminister unter Präsident Eduardo Duhalde. Bedeutender Beitrag zur Politik des Landes: umsichtiges Handeln während der Wirtschaftskrise und Verhandlungen mit dem IWF über ein Aussetzen der argentinischen Schuldentilgung.
- **Nestor Kirchner** (geb. 1950) 2003–07 Präsident von Argentinien. Spitznamen: „K" und „El Pingüino" („der Pinguin", denn er stammt aus Patagonien).
- **Cristina Fernández de Kirchner** (geb. 1953) Zunächst als Ehefrau Nestor Kirchners die First Lady, anschließend selbst Präsidentin.

EIN KURZES AUFBLÜHEN

Bartolomé Mitre, der 1862 zum ersten offiziellen Präsidenten der Republik Argentinien gewählt wurde, wollte den Aufbau der Nation vorantreiben und die Infrastruktur des Landes stärken. Diese Ziele musste er jedoch dem Tripel-Allianzkrieg gegen Paraguay (1865–1870) unterordnen. Erst als Domingo Faustino Sarmiento, ein Pädagoge und Journalist aus San Juan, das Präsidentenamt übernahm, ging die Entwicklung tatsächlich zügig voran. Bis heute zollt man Sarmiento Respekt für seine Bemühungen um den Aufbau eines Schulwesens, und das Haus in San Juan, in dem er als Kind gewohnt hat, wurde als Museum eingerichtet (S. 399). Auch in Buenos Aires hat man ihm zu Ehren ein Museum eröffnet (S. 112).

Buenos Aires' Wirtschaft boomte, Einwanderer strömten aus Spanien, Italien, Deutschland und Osteuropa ins Land. Die Einwohnerzahl der Stadt versiebenfachte sich zwischen 1869 und 1895. Die Newcomer schufteten im Hafen

9. Juli 1816	**1829**	**1852**
Nachdem die Unabhängigkeitsbestrebungen überall in Südamerika erfolgreich waren, lösen sich auch die Vereinigten Provinzen von Río de la Plata in Tucumán formell von Spanien.	Caudillo Juan Manuel de Rosas wird Gouverneur der Provinz Buenos Aires und damit faktisch Regent der argentinischen Konföderation. 20 Jahre lang führt er ein strenges Regiment.	Rosas' ehemaliger Verbündeter Justo José de Urquiza besiegt den Gouverneur in der Schlacht von Caseros. 1853 erhält Argentinien seine erste Verfassung; Urquiza wird Präsident einer zweigeteilten Republik.

und lebten in engen Mietskasernen. In Bordellen und verrauchten Nachtclubs am Hafen entstand der berühmte Tango (s. Kasten S. 137). Basken und irische Flüchtlinge begründeten in Argentinien die Schafzucht; die Anzahl der Schafe wie auch der Wollexport verzehnfachten sich zwischen 1850 und 1880.

Damals war ein Großteil der südlichen Pampas und Patagoniens für Siedler aber immer noch unzugänglich, denn die dort heimischen Mapuche und Tehuelche leisteten den Neuankömmlingen erbitterten Widerstand. Nicolás Avellaneda, 1874 zum Präsidenten gewählt, kümmerte sich allerdings persönlich um dieses Problem: 1879 führte sein Kriegsminister, General Julio Argentino Roca, einen gnadenlosen Feldzug zur Vernichtung der Ureinwohner, der als Conquista del Desierto („Eroberung der Wüste") in die Geschichte des Landes einging. Auf einen Schlag verdoppelte der Staat damit die von ihm kontrollierte Fläche – und Patagonien gehörte ab sofort den Siedlern und ihren Schafherden. Die Gedenkstätte Vía Cristi (S. 425) in Junín de los Andes erinnert eindrucksvoll an die vielen Opfer, die dieser Feldzug unter den Mapuche forderte.

Zu Beginn des 20. Jhs. besaß Argentinien ein hoch entwickeltes Eisenbahnnetz (vor allem durch britisches Kapital finanziert), das sich von Buenos Aires in alle Richtungen erstreckte. Allerdings wurden erste bedrohliche Anzeichen für die Verletzbarkeit der Wirtschaft sichtbar. Wegen der ungleichen Landverteilung war auch der Wohlstand im späten 19. Jh. extrem ungleich verteilt. Die Industrie konnte nicht alle Einwanderer beschäftigen, in der Arbeiterschaft rumorte es. Da mehr importiert als exportiert wurde, entwickelte sich die wirtschaftliche Lage kritisch. In den sozialen Unruhen der Weltwirtschaftskrise übernahm schließlich das Militär die Macht. Ein obskurer, aber seltsam visionärer Oberst, Juan Domingo Perón, war der erste Führer, der die wirtschaftliche Krise in den Griff bekam.

> Das Buch *Women in Argentina* (2001) von Monica Szurmuk wirft einen sehr persönlichen Blick auf die argentinische Geschichte. Es handelt sich um eine Sammlung von Reiseberichten, verfasst von (argentinischen und auch ausländischen) Frauen, die das Land zwischen 1850 und 1930 bereist haben.

DAS JAHRZEHNT PERÓNS

Juan Perón trat erstmals in den 1940er-Jahren in die Öffentlichkeit. Er sollte zu Argentiniens am meisten verehrten, aber gleichzeitig auch verhasstesten politischen Figur aufsteigen. Zum ersten Mal fiel er als Leiter der Nationalen Abteilung für Arbeit auf, nachdem ein Militärputsch von 1943 die Zivilregierung entmachtet hatte. In dieser Position half er sehr erfolgreich den Opfern eines großen Erdbebens in San Juan. Bei diesem Einsatz traf er auch die Radiosprecherin Eva (Evita) Duarte (s. S. 37). Sie wurde seine zweite Frau und leistete später ihren eigenen Beitrag zur argentinischen Geschichte (s. Kasten gegenüber). Mit Evitas Unterstützung kandidierte Perón für die Präsidentschaft und gewann sie 1946.

Bei seinen Reisen durch das faschistische Italien und Deutschland hatte Perón gelernt, wie wichtig Großauftritte im öffentlichen Leben waren, und so entwickelte er seinen eigenen Faschismus-Stil in sehr lockerer Anlehnung an Mussolini. Vom Balkon der Casa Rosada herab nahm er riesige Truppenparaden ab, die gleichermaßen charismatische Evita stets an seiner Seite. Obwohl sie überwiegend mittels Erlassen regierten und keinen politischen Konsens suchten,

> Eine faszinierende, mit Fiktion angereicherte Lebensgeschichte des Präsidenten Juan Perón gipfelt schließlich in seiner Rückkehr nach Buenos Aires 1973: Genau das ist Tomás Eloy Martínez' *The Peron Novel* (1998).

1862	1865	1865–1870
Bartolomé Mitre wird zum Präsidenten der neuen Republik Argentinien gewählt. Er lässt ein Schienennetz anlegen, sorgt für die Einrichtung einer Post und gründet eine Armee.	Mehr als 150 Immigranten aus Wales erreichen an Bord der *Mimosa* die Küste Patagoniens; in der Provinz Chubut entsteht die erste walisische Kolonie auf argentinischem Boden.	Es kommt zum Tripel-Allianz-Krieg zwischen Paraguay auf der einen und Argentinien, Brasilien und Uruguay auf der anderen Seite. Der Krieg endet mit einer Niederlage Paraguays.

EVITA, DIE HOFFNUNG

„Ich komme wieder, und ich werde Millionen sein." *Eva Perón, 1952*

Eva María Duarte de Perón, eine Frau aus einfachen Verhältnissen aus den Pampas, stieg an der Seite von Präsident Juan Perón bis in die höchste Spitze der Macht auf. Sie gehört ohne Zweifel zu den meistverehrten politischen Gestalten des letzten Jahrhunderts. Die von ihren Landsleuten liebevoll „Evita" genannte First Lady überstrahlt heute in vieler Hinsicht sogar die Erinnerung an ihren Mann, der Argentinien zwischen 1946 und 1955 regierte.

Im Alter von 15 Jahren verließ Eva Duarte ihre Heimatstadt Junín und zog nach Buenos Aires, um dort Arbeit als Schauspielerin zu finden. Nach Jobs bei Theater und Film erhielt sie eine Anstellung beim Hörfunk. 1944 nahm sie in Buenos Aires an einem Benefizkonzert für die Opfer des Erdbebens von San Juan teil. Bei dem Konzert traf sie zum ersten Mal auf Juan Perón, den Chef des argentinischen Arbeitsministeriums, der gleich von ihr fasziniert war. Sie heirateten ein Jahr später. Kurz nachdem Perón 1946 die Präsidentschaft gewonnen hatte, wurde Evita im Arbeits- und Sozialministerium aktiv. Während der zwei Amtsperioden Peróns unterstützte sie ihren Ehemann durch ihr Charisma und ihre Fürsorge für die Armen, von denen sie sehr verehrt wurde. Sie gründete die Fundación Eva Perón, die Häuser für Bedürftige baute, sie richtete Hilfsprogramme für Kinder ein und erweiterte die Sozialhilfeausgaben, sie gab Kleidung und Essen auch direkt an arme Familien. Evita setzte sich auch nachhaltig für die Armen ein und drängte ihren Ehemann Juan, besondere Rechte für die Alten in die Verfassung aufzunehmen und (erfolgreich) ein Gesetz durchzusetzen, das alten Menschen in Not eine Rente zusichert. Außerdem schuf sie den Partido Peronista Femenino (Peronista-Frauenpartei) und setzte sich 1947 erfolgreich für das Frauenwahlrecht ein.

Während Perón 1952 seinen Wahlkampf für eine zweite Amtszeit führte, forderten Tausende in den Straßen von Buenos Aires, Evita solle als Vizepräsidentin antreten. Sie akzeptierte diese Forderung zunächst öffentlich, verzichtete dann aber in einer Radioansprache wegen der Widerstände in der Militärregierung. Am 26. Juli desselben Jahres starb die erst 33-Jährige an Krebs.

Zwar verbindet man mit Evitas Namen vor allem soziale Gerechtigkeit für jene Bevölkerungsgruppen, die sie die *descamisados* („die Hemdlosen") nannte, doch ihre gemeinsame Regierungszeit mit Perón blieb nicht unumstritten: Zusammen beherrschten sie das Land mit eiserner Faust, ließen Oppositionelle einsperren und kritische Zeitungen schließen. Als das amerikanische *Time Magazine* sie einmal als „unehliches Kind" bezeichnete, ließ sie dieses Heft kurzerhand verbieten. Bei ihrer Europareise 1947 wurde sie im Buckingham Palace nicht empfangen. Dennoch lässt sich nicht bestreiten, dass sie die Gleichberechtigung der argentinischen Frauen auf alle Ebenen der Gesellschaft ausdehnte und den Armen des Landes wirklich half. Als sie einmal in einer Rede kurz vor ihrem Tod sagte, sie würde „als Millionen" zurückkehren, konnte sie kaum ahnen, wie prophetisch dieser Satz war: denn Evita genießt heute fast Heiligenstatus (viele Argentinier haben sich beim Vatikan für ihre Heiligsprechung eingesetzt). Und spätestens seit dem Hollywood-Musical *Evita* mit Madonna in der Hauptrolle ist sie zu einer Pop-Ikone aufgestiegen – auch wenn man in Argentinien großen Anstoß an Madonna als Evita nahm. Überall in der Welt wird sie heute verehrt, und in Argentinien war sie für viele „unsere Liebe Frau der Hoffnung".

Wer mehr über Evita wissen möchte, sollte im Museo Evita (S. 111) vorbeischauen oder ihr Grab auf dem Recoleta-Friedhof (S. 109) besuchen.

Eva Perón selbst kommt in ihrer mit Hilfe eines Ghostwriters verfassten Autobiografie *La Razón de Mi Vida* (Die Mission meines Lebens; 1951) zu Wort. Ein Muss für alle Evita-Fans!

1868	1869–1895	1872–1879
Domingo Faustino Sarmiento aus San Juan wird zum Präsidenten gewählt. Er wirbt international um Zuwanderer, reformiert das Bildungswesen und bemüht sich, den europäischen Charakter des Landes zu festigen.	Die argentinische Wirtschaft boomt, und der Zustrom von Einwanderern aus Italien und Spanien schwillt an. Die Einwohnerzahl von Buenos Aires wächst von 90 000 auf 670 000. In der Hauptstadt kommt der Tango in Mode.	José Hernández veröffentlicht sein Epos *El Gaucho Martín Fierro* in zwei Teilen (*El Gaucho Martín Fierro, La Vuelta de Martín Fierro*). General Julio Roca führt seinen Vernichtungsfeldzug gegen die Ureinwohner.

Mit *Odessa. Die wahre Geschichte. Fluchthilfe für NS-Kriegsverbrecher* (2002) hat der argentinische Autor Uki Goñi ein dunkles Kapitel in der argentinischen Geschichte gründlich aufgearbeitet: Argentinien hatte unter Perón Nazis und Kriegsverbrechern aus dem Deutschen Reich eine sichere Zuflucht geboten.

Einen Einblick ins Leben der in Argentinien hochverehrten Eva Perón bietet Julie M. Taylors *Eva Perón: The Myths of a Woman* (1979)

Der Film *Funny Dirty Little War* (1983) von Hectór Olivera ist eine hervorragende schwarze Komödie mit ernstem Hintergrund. Der Film spielt in einer fiktiven Stadt, und zwar kurz vor dem Militärputsch von 1976.

legalisierten die Peróns die Gewerkschaftsbewegung, stärkten die politischen Rechte der Arbeiter, sicherten den Frauen das Wahlrecht und öffneten geeigneten Bewerbern aus allen Schichten der Bevölkerung den Zugang zu einem Universitätsstudium.

Wirtschaftliche Schwierigkeiten und eine steigende Inflation überschatteten 1952 Peróns Start in seine zweite Amtszeit. Evitas Tod im selben Jahr war ein schwerer Schlag für das ganze Land – wie auch für die Beliebtheit des Präsidenten. Nach einem Militärputsch schickte man ihn 1955 ins spanische Exil. Es folgten fast drei Jahrzehnte schlimmer Militärherrschaft.

PERÓNS EXIL & RÜCKKEHR

Im Exil planten Perón und seine engsten Vertrauten ihre Rückkehr nach Argentinien. Ende der 1960er-Jahre bestimmten wirtschaftliche Probleme, Streiks, politisch motivierte Entführungen und ein Guerrillakrieg den argentinischen Alltag. Inmitten dieser Wirren kam schließlich 1973 Peróns Chance zur Rückkehr, weil das in politischer Führung überforderte Militär seine Einwände gegen Peróns Justizialisten-Partei (bekannt als Peronisten) aufgab und der Peronist Hector Cámpora zum Präsidenten gewählt werden konnte. Cámpora trat nach Peróns Heimkehr zurück und machte damit den Weg für Neuwahlen frei, die Perón mit Leichtigkeit gewann.

Nach 18 Jahren Exil verkörperte JUan Domingo Perón noch einmal für kurze Zeit die Einheit Argentiniens, seine Regierung war jedoch ohne Substanz. Der chronisch kranke Perón starb schon Mitte 1974 und hinterließ das in Trümmern liegende Land seiner schlecht qualifizierten dritten Frau, die auch Vizepräsidentin war – Isabel.

DER SCHMUTZIGE KRIEG & DIE VERSCHWUNDENEN

In den späten 1960er- und frühen 1970er-Jahren verschärfte sich die Stimmung gegen die Regierung, aus Straßenprotesten wurden schwere Unruhen. Bewaffnete Guerrillaorganisationen wie der Ejército Revolucionario del Pueblo (ERP) und die Montoneros entwickelten sich zu radikalen Gegnern des Militärs und der Oligarchen, und sie kämpften gegen den Einfluss der USA in Lateinamerika. Peróns Witwe Isabel schuf gemeinsam mit ihrem Berater, José López Rega, die Alianza Argentina Anticomunista, die sogenannte Todesschwadron, die sich speziell die revolutionären Gruppen vornehmen sollte. Die fortschreitende Korruption und Isabelitas Inkompetenz führten Argentinien ins Chaos.

Am 24. März 1976 kommandierte Armeegeneral Jorge Rafael Videla einen Militärputsch und übernahm die Staatskontrolle. Damit läutete er eine Epoche des Terrors und der Gewalt ein. Videlas erklärtes Ziel war die Vernichtung der Guerrillabewegungen und die Herstellung der gesellschaftlichen Ordnung. Ein Großteil der argentinischen Presse und Öffentlichkeit unterstützte ihn. Während dieser Zeit fand der vom Regime euphemistisch so bezeichnete „Prozess der Nationalen Reorganisation" statt. Gemeint waren übers Land ziehende Militär-

1926	1946	1952
Ricardo Güiraldes veröffentlicht *Don Segundo Sombra*, ein Werk, das schon bald zum Klassiker der Gaucho-Literatur avanciert. Das Buch verdeutlicht die Bedeutung des Gauchos für die argentinische Gesellschaft.	Tatkräftig unterstützt von seiner Ehefrau Eva, gewinnt Juan Perón die Präsidentschaftswahl; er setzt rasch einschneidende Reformen der politischen Strukturen durch. Eva engagiert sich für Frauen und Kinder der Armen.	Eva Perón stirbt am 26. Juli im Alter von 33 Jahren an Krebs, nur ein Jahr nach Beginn der zweiten Amtszeit ihres Ehemannes. Der Tod seiner populären Frau schwächt Juan Perón auch in politischer Hinsicht.

einheiten, die jeden einsperrten, folterten, vergewaltigten und töteten, der auf ihrer Liste verdächtiger Linker stand.

Zwischen 1976 und 1983, in einer Zeit, die heute Guerra Sucia, „Schmutziger Krieg" genannt wird, „verschwanden" laut Schätzungen rund 30 000 Menschen. „Verschwinden" bedeutete: gewaltsam entführt, verschleppt, gefoltert und ermordet, ohne Hoffnung auf ein rechtsstaatliches Verfahren.

Der Schmutzige Krieg endete erst, als das argentinische Militär einen echten Krieg führte: den Versuch, die britischen Falklandinseln (Islas Malvinas) zu annektieren.

DER KRIEG UM DIE FALKLANDINSELN (MALVINAS) & DIE FOLGEN

Mit Argentiniens Wirtschaft ging es unter der Militärherrschaft weiter bergab bis zum völligen Zusammenbruch. Zu einer wirksamen „Nationalen Reorganisation" kam es nicht. Ende 1981 wurde General Leopoldo Galtieri neuer Präsident.

Um sich trotz der Wirtschaftskrise und der sozialen Unruhen an der Macht zu halten, spielte Galtieri die nationalistische Karte aus und startete im April 1982 eine Invasion der Falklandinseln, um die Briten endgültig von einem Terrain zu vertreiben, das Argentinien schon seit 150 Jahren als Islas Malvinas für sich allein beanspruchte.

Über Nacht löste dieser Militärschlag eine nationale Euphorie aus, die aber fast ebenso schnell wieder abklang. Galtieri hatte die entschlossene Reaktion der britischen Premierministerin Margaret Thatcher unterschätzt; nach nur 74 Tagen mussten die kaum ausgebildeten, schlecht motivierten und hauptsächlich aus Teenagern bestehenden Truppen kläglich aufgeben. Das Militärregime brach nach der Niederlage in sich zusammen, und 1983 wurde Raúl Alfonsín zum Präsidenten gewählt.

DIE FOLGEN DES SCHMUTZIGEN KRIEGES

In seinem erfolgreichen Präsidentschaftswahlkampf versprach Alfonsín 1983, alle Offiziere zur Verantwortung zu ziehen, denen eine Verletzung von Menschenrechten während des Schmutzigen Krieges nachgewiesen werden konnte. Er ließ hochrangige Angehörige der einstigen Militärjunta festnehmen, darunter sogar Ex-Präsident Galtieri, Videla und Roberto Viola sowie den ehemaligen Admiral Emilio Massera; die Anklage lautete auf Entführung, Folter und Mord. Als die Regierung diese Strafverfolgung dann aber auch auf jüngere Offiziere auszuweiten begann, setzten diese sich zur Wehr, und es kam in mehreren Landesteilen zu Unruhen. Die eingeschüchterte Regierung gab den Forderungen der Militärs nach und erließ das sogenannte Ley de la Obediencia Debida („Gesetz der übergeordneten Pflicht"), das Offiziere von niedrigem Rang die Möglichkeit einräumte, sich schlicht und einfach auf ihre Gehorsamspflichten und die Befolgung von dienstlichen Anordnungen zu berufen. In einem Ley de Punto Final wurde zudem ein Stichtag festgelegt, nach dessen Ablauf die Täter von weiteren straf- und zivilrechtlichen Untersuchungen verschont bleiben sollten. Diese Re-

Jacobo Timerman, ein argentinischer Verleger und Journalist, hatte sich während der Zeit der Militärjunta (1976–83) kritisch über die Machthaber geäußert; daraufhin wurde er selbst inhaftiert und gefoltert. Von diesen Erfahrungen berichtet er in seinen lesenswerten Memoiren *Prisoner Without a Name, Cell Without a Number* (1981). Auf Deutsch ist von Timerman erschienen: *Wir brüllten nach innen. Folter in der Diktatur heute* (1982).

1955	1976–1983	1982
Als die Wirtschaft in eine Phase der Rezession gerät, verliert Präsident Perón weiter an Rückhalt; nach einem Militärputsch wird er seines Amtes enthoben und ins spanische Exil verabschiedet.	Unter General Jorge Videla übernimmt eine Militärjunta die Regierungsgewalt in Argentinien und entfacht den sogenannten Schmutzigen Krieg. Innerhalb von acht Jahren „verschwinden" schätzungsweise 30 000 Menschen.	Als die Wirtschaft wieder einmal vor dem Zusammebruch steht, besetzt General Leopoldo Galtieri die britischen Falklandinseln (Islas Malvinas). Im Überschwang nationaler Begeisterung vergessen viele die Misere des Landes.

LAS MADRES DE LA PLAZA DE MAYO

1977 waren unter General Jorge Rafael Videla besonders viele brutale Menschenrechtsverletzungen in Argentinien zu beklagen. Eines Tages zogen 14 Mütter gemeinsam zur Plaza de Mayo in Buenos Aires: Sie wussten sehr genau, dass die Militärregierung öffentliche Versammlungen strikt untersagt hatte und wirkliche oder vermeintliche Dissidenten keine Gnade zu erwarten hatten – Folter und Tod waren allgegenwärtig. Die Mütter aber versammelten sich trotzdem und verlangten Aufklärung über das Schicksal ihrer Kinder, die im Zuge der Ausschaltung jeglicher Opposition einfach verschwunden waren.

Die Gruppe, die sich selbst den Namen „Las Madres de la Plaza de Mayo" (Die Mütter von der Plaza de Mayo) gab, wurde bald zur Keimzelle einer mächtigen sozialen Bewegung. Die Mütter waren die einzige politische Organisation, die den Generälen offen trotzte. Ihr Protest war gerade deshalb so wirkungsvoll, weil sie in ihrer Rolle als Mütter auftraten – das machte sie in der argentinischen Kultur praktisch unangreifbar. Hier zeigten Frauen erstmals sehr entschieden ihre Macht; heute geht man davon aus, dass nicht zuletzt dieser Protest einen wichtigen Beitrag zur Ablösung der Militärdiktatur geleistet hat.

Auch nachdem Argentinien 1983 wieder von einer zivilen Regierung geleitet wurde, blieb das Schicksal vieler Verschollener ungeklärt, die Mütter setzten ihre Protestzüge fort und forderten weiter Aufklärung und Vergeltung. 1986 teilte sich die Bewegung in zwei Gruppierungen: Eine davon, die den Gründerinnen näher stand, setzte sich für die Suche nach den sterblichen Überresten der Verschleppten ein und forderte vehement, die Täter vor Gericht zu stellen. Die zweite Gruppe, bekannt als **Asociación Madres de Plaza de Mayo** (www.madres.org), hielt im Januar 2006 den letzten ihrer alljährlichen Protestzüge ab, denn die Mütter gaben sich damit zufrieden, dass der Präsident nun auf ihrer Seite stand. Allerdings versammeln sich jeden Donnerstagnachmittag noch immer Angehörige beider Gruppen zum stillen Gedenken an die Opfer der Junta – und aus Protest gegen andere soziale Ungerechtigkeiten.

Weitere Informationen siehe auch unter www.abuelas.org.ar.

Nunca Más (Nie wieder; 1984) betitelte die Kommission über die Verschwundenen ihren offiziellen Abschlussbericht. Darin sind die vom Militär im sogenannten Schmutzigen Krieg von 1976 bis 1983 verübten Grausamkeiten und Gewalttaten akribisch festgehalten.

gelungen verhinderten damals auch die Verfolgung einschlägig bekannter Täter wie des Marinekapitäns Alfredo Astiz, der in die Entführung eines schwedisch-argentinischen Jugendlichen und in die international bekanntgewordene Ermordung zweier französischer Nonnen verwickelt war. 2003 wurden Ley de la Obediencia Debida und Ley de Punto Final allerdings wieder aufgehoben, und 2005 urteilte der Oberste Gerichtshof, dass beide Gesetze der Verfassung des Landes widersprachen. Die Akten mit den Verbrechen aus der Zeit des Schmutzigen Krieges konnten also wieder herausgeholt und geöffnet werden – darunter auch die von Astiz.

Während des Präsidentschaftswahlkampfes von 1995 rückten die Zeiten des Schmutzigen Krieges noch einmal auf spektakuläre Weise in den Blickpunkt der Öffentlichkeit. In seinem Buch *Die Flucht* (1996) präsentierte der Journalist Horacio Verbitsky die Ergebnisse seiner Gespräche mit dem ehemaligen Marinekapitän Adolfo Scilingo. Scilingo hatte ihm gegenüber zugegeben, politische Gefangene betäubt, aber bei lebendigem Leib einfach in den Atlantik geworfen zu haben. 2005 wurde Scilingo wegen zahlreicher Menschenrechtsverletzungen verurteilt; er war der erste Amtsträger aus der Zeit des

1983	**1989–1999**	**1999–2000**
Nach dem Scheitern des Falklandkrieges und angesichts einer kollabierenden Wirtschaft übernimmt Raúl Alfonsín das Präsidentenamt – als erster Zivilist seit 1976.	Carlos Menem ist Präsident. Während seiner Amtszeiten bindet er den Kurs des Peso an den US-Dollar, verkauft Staatsbetriebe und beschwört die Wirtschaftskrise des Jahres 2002 herauf.	Fernando de la Rua ist als Menems Amtsnachfolger mit einer angeschlagenen Volkswirtschaft konfrontiert. Die Agrarexporte gehen zurück. Der IWF gewährt Argentinien einen Kredit von 40 Mio. US$.

Schmutzigen Krieges, dessen Fall vor einem ausländischen Gericht (in Spanien) verhandelt wurde.

Erst in jüngster Vergangenheit wurden einige weitere Offiziere wegen ihrer Verbrechen im Schmutzigen Krieg verurteilt. Im Dezember 2007 stand Héctor Febres von der Marineschule in Buenos Aires, einem berüchtigten Konzentrationslager (jetzt eine Gedenkstätte), unmittelbar vor seiner Verurteilung; wenige Tage vor der Urteilsverkündung fand man ihn tot in seiner Zelle – er hatte mit Hilfe von Zyanid Selbstmord begangen. 2008 wurde Luciano Benjamin Menendez, ein ehemaliger General, zu lebenslanger Haft verurteilt, weil er vier Dissidenten ermordet hatte; sieben weitere Offiziere wurden inhaftiert. 2009 befand man einen weiteren General, Santiago Omar Riveros, der Beihilfe zur Folterung und Ermordung eines 15-jährigen Jugendlichen für schuldig. Fernando Verplaetsen und vier weitere Offiziere wurden ebenfalls zu Haftstrafen verurteilt.

Doch trotz all dieser Erfolge der Rechtssprechung leben die meisten Täter immer noch ziemlich unbehelligt – entweder in Argentinien selbst oder im Ausland. Denn so schlimm dieses Kapitel im Buch der jüngeren Geschichte des Landes auch ist, die meisten Argentinier sind sich heute ziemlich sicher, dass sich Gräueltaten wie der Schmutzige Krieg in ihrem Land niemals wieder ereignen können.

DIE JAHRE UNTER CARLOS MENEM

Carlos Menem, der wegen seiner syrischen Herkunft auch den Spitznamen „El Turco" („der Türke") trug, wurde 1989 ins Präsidentenamt von Argentinien gewählt. Rasch setzte Menem eine Politik der radikalen Deregulierung von Märkten ins Werk. Indem er den Wechselkurs des Peso an den US-Dollar band, erzeugte er eine ökonomische Scheinstabilität; diese Entwicklung kam damals der Mittelschicht zugute, die von einem ungeahnten Aufschwung profitierte. Die vermeintlich stabilen Jahre gelten aber mittlerweile als eine der Ursachen für den Zusammenbruch der argentinischen Wirtschaft im Jahr 2002; damals musste der Peso drastisch abgewertet werden.

Glaubt man dem Urteil der BBC, waren zwei Entwicklungen charakteristisch für die Präsidentschaft Menems: eine grassierende Korruption innerhalb der Regierung und die Privatisierung von Staatsbetrieben. Menem verkaufte die staatliche Ölgesellschaft YPF, die staatliche Telefongesellschaft, die Post und die Fluggesellschaft Aerolíneas Argentinas. Die Käufer waren ausländische Unternehmen; von staatlichen Einnahmen aus den Verkaufserlösen war dann allerdings kaum die Rede. Menem ließ sogar eigens die Verfassung ändern, um für eine zweite Amtszeit kandidieren zu können (die er 1995 tatsächlich erhielt). 1999 versuchte er es sogar noch ein drittes Mal, dann allerdings ohne Erfolg. Als die Korruptionsvorwürfe nicht mehr zu überhören waren, zog er sich schließlich aus der Politik zurück.

Als hätte er noch nicht für genügend Skandale gesorgt, heiratete Menem die Chilenin Cecilia Bolocco, eine ehemalige Miss Universum, die 35 Jahre jünger

Imagining Argentina (1991) von Lawrence Thornton handelt von einem Bühnenautor in Buenos Aires in der Zeit des Schmutzigen Krieges; dieser Mann erhält plötzlich die Gabe, die *desaparecidos* zu sehen: die Verschwundenen, die heimlich vom Militär abgeholt und verschleppt worden sind.

2001	2002	2003
Die Talfahrt der Wirtschaft ist nicht mehr aufzuhalten; der Präsident schränkt deshalb den Zugriff von Privatkunden auf ihre Sparkonten ein. Schwere Unruhen zwingen ihn schließlich zum Amtsverzicht.	Präsident Eduardo Duhalde wertet den Peso ab und stellt die Tilgung der internationalen Verbindlichkeiten in Höhe von 140 Mrd. US$ ein. Es handelt sich um die wohl größte Insolvenz der Weltgeschichte.	Nachdem Carlos Menem sich nach anfänglichen Erfolgen aus dem Rennen um eine erneute Präsidentschaft zurückgezogen hat, wird Néstor Carlos Kirchner zum Präsidenten des Landes gewählt.

war als er. 2001 wurde er wegen illegalen Waffenhandels mit Kroatien und Ecuador angeklagt und unter Hausarrest gestellt. Fünf Monate dauerte die juristische Prüfung, dann wurde die Anklage fallengelassen – und schon am Tag darauf erklärte Menem prompt, er würde erneut für das Präsidentenamt kandidieren. Diese Ankündigung setzte er 2003 auch wirklich in die Tat um, nach dem ersten Wahlgang zog er allerdings seine Kandidatur zurück. 2007 kandidierte er immerhin in seiner Heimatprovinz La Rioja für das Amt des Gouverneurs, das ihm allerdings verwehrt blieb. Seither scheint er seine politischen Ambitionen weitgehend aufgegeben zu haben.

„LA CRISIS"

1999, am Ende der zweiten Amtszeit von Präsident Menem, stand Argentinien vor einer drohenden Wirtschaftskrise. Sein Amtsnachfolger Fernando de la Rua übernahm ein schweres Erbe: eine extrem instabile Wirtschaftslage und 114 Mrd. US$ Auslandsschulden. Da der Peso ja fest an den Dollarkurs gebunden war, konnten argentinische Unternehmen sich international nicht mehr behaupten, der Export ging drastisch zurück. Gleichzeitig fielen die Preise für Agrarprodukte auf dem Weltmarkt – ein schwerer Schlag für ein Land, das stark von Agrarexporten abhängig war.

In *We are Millions* (2003) setzt sich Marcela López Levy mit der argentinischen Wirtschaftskrise in den Jahren 2000–2002 auseinander. Ihrer Ansicht nach war vor allem der neoliberale Kurs des IWF schuld an der Misere.

2001 taumelte die argentinische Wirtschaft bereits am Rande des Abgrunds. Wirtschaftsminister Domingo Cavallo ergriff erste Maßnahmen, um die Staatsausgaben drastisch einzuschränken und die Verschuldung in den Griff zu bekommen, wobei er auch Gehalts- und Pensionszahlungen antastete. Als dann erste Gerüchte über eine Abwertung des Peso die Runde machten, leerten viele Argentinier augenblicklich ihre Bankkonten. Cavallo reagierte schnell und begrenzte den Zugriff auf Privatkonten; Argentinier durften plötzlich nicht mehr als 250 US$ pro Woche abheben. Das war der Anfang vom Ende.

Bis Mitte Dezember erreichte die Arbeitslosenquote 18,3 %, die Gewerkschaften riefen zu einem landesweiten Streik auf. Die Krise erreichte am 20. Dezember ihren Höhepunkt, als die Mittelschicht auf die Straße ging und sich lautstark mit Töpfen und Pfannen Gehör verschaffte – diese Form des Protests nannte sich bald *cacerolazo* (von *cacerola*, „Pfanne"). Im ganzen Land kam es zu Aufständen mit über 25 Toten; schließlich legte Präsident De la Rua sein Amt nieder.

Noch drei Interimspräsidenten führten jeweils für ein paar Tage die Amtsgeschäfte, bevor Eduardo Duhalde im Januar 2002 zum Präsidenten gewählt wurde – als fünfter Präsident innerhalb von zwei Wochen. Duhalde ließ den Peso noch im gleichen Monat abwerten und erklärte, Argentinien werde seinen Zahlungsverpflichtungen gegenüber dem Ausland in Höhe von 140 Mrd. US$ nicht nachkommen – eine Bankrotterklärung von gigantischem Ausmaß. Für die Argentinier war dies *la crisis* – ein kompletter Zusammenbruch der Wirtschaft. Die Armut nahm drastisch zu, ausländische Investoren ergriffen panikartig die Flucht.

2005	2007	2009
Der Oberste Gerichtshof verwirft das Amnestiegesetz, das ehemalige Offiziere bis dahin vor einer Strafverfolgung im Zusammenhang mit Menschenrechtsverletzungen während der Militärdiktatur (1973–1986) bewahrt hatte.	Die Präsidentengattin Cristina Fernández de Kirchner wird zur neuen Präsidentin von Argentinien gewählt. Ex-Präsidentin Isabel Perón wird in Spanien wegen Verstrickungen in den Schmutzigen Krieg verhaftet.	Raul Alfonsín stirbt. Cristina Kirchners Beliebtheit sinkt, während die Wirtschaft auf Talfahrt geht. Der Eigenverbrauch kleiner Mengen von Marihuana wird legalisiert. Argentinien toleriert als erstes lateinamerikanisches Land gleichgeschlechtliche Ehen.

DIE JAHRE UNTER DEN KIRCHNERS

Wirtschaftsminister Roberto Lavagna gelang es schließlich, mit dem IWF eine Lösung auszuhandeln, wonach Argentinien seine Schuldentilgung weiter aussetzte und nur die fälligen Zinsen zahlen sollte. Die Abwertung des Peso wirkte sich sofort aus: Argentinische Waren waren auf dem Weltmarkt wieder konkurrenzfähig, und schon 2003 setzte ein Exportboom ein. Das Bruttoinlandsprodukt wuchs um erstaunliche 9 %, doch die Inflation setzte den Menschen weiter zu: Die Mittelschicht verarmte weiter, und die wirklich Bedürftigen gerieten in eine ausweglose Lage.

Aus den Präsidentschaftswahlen im April 2003 ging der Gouverneur von Santa Cruz, Nestor Kirchner, problemlos als Sieger hervor, nachdem sein Widersacher Carlos Menem aufgegeben hatte. Menem hatte zwar in der ersten Runde mehr Stimmen als Kirchner erhalten, doch bald darauf zeichnete sich eine verheerende Niederlage für ihn ab.

Nach wenigen Jahren galt „K", wie Kirchner allgemein genannt wird (sein deutscher Name wird „kirtschner" ausgesprochen), als einer der beliebtesten Präsidenten in der Geschichte des Landes. Er ließ sich vom Militär nicht einschüchtern und hob die Amnestiesetzte auf, mit denen sich die Mitglieder der Militärjunta von 1976–83 Straffreiheit für die Verbrechen während des Schmutzigen Krieges gesichert hatten; bis 2008 wurden tatsächlich einige hochrangige Verbrecher inhaftiert, angeklagt und in Argentinien und Spanien verurteilt. Kirchner ging entschlossen gegen die Korruption vor, ließ zwei Richter des Obersten Gerichtes aus dem Amt entfernen und zwang einen dritten zum Rücktritt. Kirchner beendete auch die enge wirtschaftliche Bindung an die USA – er orientierte sich stärker an den südamerikanischen Nachbarländern. 2005 zahlte er schließlich auf einen Schlag Argentiniens gesamte Staatsschulden an den IWF zurück. Am Ende seiner Amtszeit (2007) lag die Arbeitslosenquote bei unter 9 % – fünf Jahre zuvor waren es noch 25 % gewesen!

Trotz der großen Erfolge dieses Präsidenten und trotz eines spürbaren Optimismus im Lande bleibt die Bedrohung durch Armut und Inflation bestehen. Viele Angehörige der Mittelschicht haben wirtschaftlich wieder Fuß fassen können, anderen ist der Wiederaufstieg aber noch nicht geglückt, und viele leben immer noch unterhalb der Armutsgrenze.

Bei der Präsidentschaftswahl 2007 zeigten die Argentinier deutlich, wie sehr sie mit Kirchners Politik zufrieden waren: Sie wählten seine Frau, die bekannte Senatorin Cristina Fernández de Kirchner, ins oberste Staatsamt. Cristinas Vorsprung betrug 22 % auf den nächstplatzierten Kandidaten– ein wirklich eindrucksvoller Sieg.

ARGENTINIEN HEUTE

Als Cristina „la Presidenta" wurde, stand sie vor zwei großen Herausforderungen: Sie musste die Armut bekämpfen und die Inflation in den Griff bekommen (die nach inoffiziellen Schätzungen bei mindestens 15 % lag). Im Unterschied zu der ihres Gatten war ihre eigene Präsidentschaft allerdings von internen Problemen überschattet: von Skandalen, Streitereien mit der Steuerbehörde und sinkenden Umfragewerten.

Kaum hatte sie ihr Amt angetreten, wurde ein Venezueler mit amerikanischer Staatsbürgerschaft an der argentinischen Grenze mit 800 000 US$ ertappt, über deren Herkunft er keine klare Auskunft geben wollte. Die Zeitschrift *Time* behauptete unter Berufung auf US-Anwälte, es handle sich um Hugo Chavez' Wahlkampfhilfe für Frau Kirchner, was der Präsident von Venezuela allerdings dementieren ließ.

Im März 2008 setzte Kirchner die Ausfuhrsteuer für Sojabohnen herauf; Farmer demonstrierten aufgebracht gegen dieses Handelshindernis und blockierten Autobahnen. Die Steuererhöhung wurde kurz darauf stillschweigend

The Argentina Reader (2002), herausgegeben von Gabriella Nouzeilles und Graciela Montaldo, passt vielleicht nicht so gut ins Reisegepäck. Es enthält aber viele lesenswerte Essays, Auszüge aus größeren Werken und umfangreiche Darstellungen zur argentinischen Geschichte und Kultur.

zurückgenommen. Im Juni 2009 verlor Frau Kirchner dann auch noch ihren wichtigsten Rückhalt: Bei Wahlen während der laufenden Legislaturperiode verlor ihre Regierungspartei in beiden Häusern des Kongresses die Mehrheit. Kurz darauf erließ sie eine höchst umstrittene Verfügung zur Zerschlagung der Medienholding Clarín; Journalisten aus diesem Haus hatten sich besonders oft kritisch über ihre Amtsführung ausgelassen (s. S. 50).

Und die Kette der bedenklichen Entscheidungen reißt nicht ab: Anfang 2010 entließ Cristina Kirchner Martin Redrado, den Vorstand der Landeszentralbank, der die Herausgabe von Rücklagen in Höhe von 6,5 Mrd. US\$ verweigert hatte; die Präsidentin wollte damit ihre internationalen Schulden begleichen.

Was mag wohl als Nächstes anstehen? Während die Regierung sich optimistisch über die Lage der Wirtschaft äußert, dürfte der allmähliche Niedergang in Wahrheit wohl noch längere Zeit anhalten. Argentinien muss zunächst einmal das Vertrauen der internationalen Märkte zurückgewinnen und seine Schulden bei privaten Investoren abtragen. Wer immer die nächste Präsidentschaftswahl gewinnt, wird also eine große Portion Glück gebrauchen können.

Kultur

Sei es nun der weltberühmte Tango oder argentinischer Rock 'n' Roll, die Bilder eines Antonio Berni oder die Prosa eines Jorge Luis Borges – Argentinien ist durchaus eine Art Schatzkammer kultureller Werte.

MENTALITÄT

In ganz Lateinamerika stehen die Argentinier im Ruf, ein bisschen überheblich zu sein. Ein ständig wiederholter Witz geht so: „Wie begeht ein Argentinier Selbstmord?" – „Er springt von seinem Ego."

Wer nach Argentinien kommt, wird man rasch feststellen, dass in diesem Scherz mit gewisser Einschränkung ein Körnchen Wahrheit steckt. Hält man sich jedoch länger im Land auf, erlebt man sehr schnell auch die andere Seite des argentinischen Nationalcharakters – nämlich viel Wärme, Zuwendung, Freundlichkeit und ein ausgesprochen geselliges Naturell; Eigenschaften, die mindestens genauso typisch für Argentinier sind. Ohne Zweifel gehören die Argentinier zu den gastfreundlichsten, umgänglichsten und liebenswertesten Menschen auf diesem Planeten.

Eigenwillig, draufgängerisch und hitzig, wie sie nun einmal sind, stürzen sich die meisten Argentinier schnell und gern in jedes Gespräch, sei es beim Essen oder beim Kaffee, und sie reden dann gern bis in die frühen Morgenstunden. Die argentinischen Gewohnheiten sind in jeder Hinsicht sozialer Natur – sei es beim *mate*-Trinken (S. 72) oder beim heiß geliebten *asado*, dem gemeinsamen Grillen. (S. 68).

Argentinier sind zwar freundlich und begeisterungsfähig, aber sie neigen durchaus auch zum Grüblerischen, vor allem die *porteños* (die Einwohner von Buenos Aires). Dieser Wesenszug wurzelt in einem Pessimismus, den sich die Argentinier im Lauf der Geschichte ihres Landes angewöhnt haben. Denn ihr Land, im 19. und frühen 20. Jh. eine der führenden Wirtschaftsmächte, stand Ende des 20. Jhs. infolge einer immensen internationalen Verschuldung kurz vor dem Staatsbankrott. Auf dem Weg dorthin haben die Argentinier diverse Militärputsche und staatliche Unterdrückung erlebt und zusehen müssen, wie ihr geliebtes Argentinien von korrupten Politikern ausgeplündert wurde.

Aber diese mitunter düstere Stimmungslage ist nur ein Teil des Bildes. Man muss alles zusammen sehen, denn dann erst erkennt man die Argentinier, wie sie wirklich sind: fröhlich, wild, eigenwillig und stolz. Und man wird lernen, sie dafür zu lieben.

LEBENSART

Obwohl über ein Drittel der Gesamtbevölkerung in Buenos Aires lebt, unterscheidet sich die Hauptstadt doch überraschend deutlich vom Rest Argentiniens, wenn nicht Lateinamerikas. Die Viertel der Innenstadt, vor allem Microcentro, ähneln eher New York als Caracas. Wie überall in Argentinien wird der individuelle Lebensstil meist vom Geldbeutel bestimmt: Ein modernes Apartment einer jungen Kreativen im Viertel Las Cañitas von Buenos Aires steht im krassen Gegensatz zu einem Familienhaus in einem der verarmten Stadtteile der Metropole, wo bereits Strom und sauberes Wasser Luxus sind und die Straßenkriminalität zum Alltag gehört.

Auch Geografie und ethnische Herkunft spielen eine wichtige Rolle: Denn das Leben in Buenos Aires hat wenig mit dem einer indianischen Familie zu tun, die in einem Lehmziegelhaus in einem einsamen Tal der nordöstlichen Anden lebt. Dort wird die Existenz noch durch Subsistenzlandwirtschaft gesichert, und die Erdgöttin Pachamama ist viel präsenter als beispielsweise die

Der gebürtige Ungar László Biró entwickelte in Argentinien den ersten funktionstüchtigen Kugelschreiber der Welt. Daran erinnern bis heute die englische Bezeichnung *biro* und in Argentinien das Wort *birome*.

Ähnlich wie in Australien oder in der Türkei besteht in Argentinien Wahlpflicht; allerdings kann man sich davon befreien lassen, wenn man über 70 ist.

ETIKETTE

Was Etikette in Argentinien angeht, kann man nicht allzu viel falsch machen. Einige Kleinigkeiten sollte man aber schon im Auge behalten.

Zu empfehlen

■ Trifft man jemanden, begrüßt man ihn mit *buenos días* (Guten Morgen), *buenas tardes* (Guten Tag) oder *buenas noches* (Guten Abend).

■ Gegenüber älteren Menschen und bei eher förmlichen Treffen sollte man für das „Sie" das spanische *usted* benutzen.

■ Man kleidet sich dem Anlass entsprechend.

■ Wangenküsse (*besos*) sind üblich; da sollte man sich also nicht zieren.

■ Gepäckträger und das Reinigungspersonal in WC-Räumen erwarten ein Trinkgeld.

■ Das Gleiche gilt für Zimmermädchen im Hotel.

■ In kleinen Ortschaften sollte man auch fremde Menschen auf der Straße und in Geschäften stets freundlich grüßen.

■ Man sollte sich so oft wie möglich beim Eisessen sehen lassen, vor allem in Nordargentinien.

Besser nicht

■ Nie die Islas Malvinas Falklandinseln nennen – und dieses Thema sowieso am besten meiden!

■ Nie die falsche Fußballmannschaft am falschen Ort bejubeln!

■ Niemals den Salzstreuer über den Tisch reichen, wenn man darum gebeten wird, sondern ihn vor den Bittsteller auf den Tisch stellen. Das gebietet ein Aberglaube.

■ Niemals behaupten, dass italienische oder amerikanische oder gar deutsche Pizza besser schmeckt als argentinische.

Kultfigur Evita. In Regionen wie La Pampa, der Provinz Mendoza oder in Patagonien wird der Alltag noch stark von der Natur geprägt, und die Menschen sind bodenständig und freundlich.

Gemessen an lateinamerikanischen Maßstäben, gibt es in Argentinien einen starken Mittelstand, der allerdings seit der dramatischen Wirtschaftskrise ab 1999 ziemlich geschrumpft ist. Zwar gibt es nach wie vor im ganzen Land die ruhigen und von Bäumen gesäumten Mittelstandsviertel, aber große Teile der Bevölkerung warten noch immer auf eine wirtschaftliche Erholung. Andererseits ziehen noch immer erstaunlich viele wohlhabende Stadtbewohner in sogenannte *countries*, strikt abgeschottete Wohnsiedlungen nach US-amerikanischem Vorbild. Dabei stellt sich allerdings die Frage, ob und inwieweit diese Flucht aus den Städten mit ihren Cafés und dem intensiven sozialen Leben die kulturelle Landschaft verändern wird.

Eines jedenfalls ist allen Argentiniern gemeinsam: die starke Familienverbundenheit. Eine normale Angestellte aus Buenos Aires besucht zum Beispiel regelmäßig am Wochenende ihre Familie, und ein Cafébesitzer in San Juan trifft sich sonntags häufig mit seinen Cousins und Freunden draußen auf der Familien-Estancia zum Grillen. Und vor allem in den ärmeren Familien des Landes wohnen die Kinder normalerweise bei den Eltern, bis sie selbst heiraten.

Die argentinische Kultur war lange Zeit für ihren Machismo und die damit verbundene Frauenfeindlichkeit bekannt. Aber da sind Veränderungen im Gange. Immer mehr junge Frauen auch außerhalb der Hauptstadt verweigern sich mittlerweile dem althergebrachten Rollenbild – und immer mehr Männer finden sich klaglos damit ab. Schon heute stellen Frauen 40 % aller Berufstätigen,

---

Ob Männer oder Frauen – Argentinier begrüßen sich fast immer mit einem Wangenkuss (*beso*). Natürlich nicht bei Behördengängen oder in geschäftlichen Angelegenheiten. Da belassen es selbst Argentinier bei einem Händedruck.

und ein Drittel der Sitze im Kongress wird bereits von Frauen eingenommen. 2007 wurde zum ersten Mal eine Frau zur Präsidentin gewählt, Cristina Fernández de Kirchner.

WIRTSCHAFT

Seit der Kolonialzeit basiert die argentinische Wirtschaft weitgehend auf landwirtschaftlichen Produkten aus der fruchtbaren Pampa; dazu zählen Leder, Wolle, Rindfleisch und Getreide. Bis Ende des 19. Jhs. ähnelte die argentinische Wirtschaft weitgehend jener der anderen lateinamerikanischen Länder, wobei das Land und seine Erträge sich zu einem großen Teil in den Händen weniger reicher Großgrundbesitzer befanden. Seit Argentinien ab 1870 von seinen Exporten profitieren konnte, setzte ein kleines Wirtschaftswunder ein. Das endete allerdings mit dem Ausbruch des Ersten Weltkriegs, als die ausländischen Investitionen versiegten und die Exporte drastisch zurückgingen. Die weltweite Depression im Jahr 1929 versetzte der argentinischen Wirtschaft dann einen beinahe tödlichen Stoß.

Erst Juan Perón (S. 36) gelang eine Wiederbelebung der argentinischen Wirtschaft durch die gezielte Förderung halbstaatlich betriebener Unternehmen. Doch schon nach kurzer Zeit verfielen diese Unternehmen der Korruption; es entstand ein wahres Heer von ñoquis, fingierten Angestellten. Als Folge dieser Misswirtschaft erreichte die Inflationsrate oft bis zu 50% – pro Monat.

Das Inflationschaos wurde endgültig erst durch die Präsidentschaft von Carlos Menem (1989–1999; s. S. 41) beseitigt. Er verkleinerte den öffentlichen Sektor wieder, privatisierte Staatsbetriebe, schränkte gewerkschaftliche Tätigkeiten ein und koppelte den Peso an den US-Dollar. Dieses Vorgehen war zunächst ziemlich erfolgreich, weil kurzfristige Zahlungsdefizite beseitigt wurden, führte aber während seiner zweiten Amtszeit in ein neuerliches Chaos. Erst nach der Abwertung des Peso im Jahr 2002 war Argentinien auf dem Weltmarkt wieder konkurrenzfähig und erlebte sogar einige Jahre lang einen Wirtschaftsaufschwung.

Die Weltfinanzkrise am Ende des ersten Jahrzehnts des 21. Jhs. hat auch Argentinien nicht verschont. Ein Rückgang der Rohstoffpreise hat der Exportwirtschaft zugesetzt, und die Produktion von Rindfleisch leidet unter der schwersten Dürreperiode seit 50 Jahren. Demzufolge gingen die Steuereinnahmen zurück, während die Inflationsrate und die Zahl der Arbeitslosen weiterhin in einem nicht ungefährlichen Bereich verharren. Auch die Tourismusbranche musste einen Rückgang verkraften, und viele Anbieter von Freizeitveranstaltungen sowie Restaurants klagen über einen Besucherrückgang infolge der Schweinegrippe. Dennoch sehen viele Argentinier die Entwicklung mit Fassung – dass die Wirtschaft ihres Landes sich quasi auf einer Achterbahnfahrt befindet, ist für sie ja nichts Neues.

BEVÖLKERUNG

Die Mehrheit der Argentinier lebt in Städten: Von 40 Mio. Einwohnern wohnen allein 13 Mio. im Großraum Buenos Aires. Die zweitgrößte Stadt des Landes ist Córdoba (1,53 Mio.), es folgen Rosario (1,16 Mio.), Mendoza (929 000, mit dem Großraum Mendoza), Tucumán und La Plata. Der Rest des Landes besteht aus riesigen, ziemlich menschenleeren Gebieten (die man eigentlich immer durchqueren muss – egal wohin die Reise geht).

Im Vergleich zu Ländern wie Bolivien, Peru und Ecuador gibt es in Argentinien nur wenige Ureinwohner, die an den dünn besiedelten Küsten und in den Pampas lebten. Unter den Spaniern starben viele an der harten Arbeit oder an Krankheiten, andere kamen während der Conquista del Desierto (Eroberung der Wüste; s. S. 38) ums Leben. Im Gegensatz zu anderen lateinamerikanischen Ländern wurde Argentinien weitgehend von europäischen Arbeitskräften vor

Drei Argentinier haben Nobelpreise für Naturwissenschaften verliehen bekommen, zwei den Friedensnobelpreis: Carlos Saavedra Lamas (1936) und Adolfo Perez Esquivel (1980).

allem aus Italien und Spanien aufgebaut, weniger von Indianern oder afrikanischen Sklaven. Deutlich sichtbar ist die indianische Kultur heute vor allem im Seengebiet, in den nordwestlichen Anden und im Chaco.

SPORT

Fútbol (Fußball) ist die große Leidenschaft der Argentinier und bei weitem der populärste Sport des Landes. Die Nationalmannschaft stand viermal im Endspiel einer Fußballweltmeisterschaft und gewann zweimal, 1978 und 1986, schied allerdings 2010 im Viertelfinale gegen Deutschland aus. Bei den Olympischen Spielen von 2004 und 2008 holte das argentinische Team jeweils die Goldmedaille. Argentinier beschäftigen sich intensiv mit den Boca Juniors und den anderen Mannschaften; selbst das Verhalten der *hinchas* oder *barra brava* steht dem der

FUSSBALL & DIEGO MARADONA *Andy Symington*

Man braucht nicht lange in Argentinien unterwegs zu sein, um zu merken, dass sich hier alles um Fußball dreht. Nahezu überall wird herumgekickt, und die Fan-Artikel von Boca Juniors, River Plate und anderen großen, meist in Buenos Aires ansässigen Fußballclubs sind allgegenwärtig. Das ganze Land ist ein einziger Fußball-Talentschuppen. Viele der einigermaßen ausgereiften Talente zieht es allerdings schon bald nach Europa, weil man dort als Fußballer mehr verdienen kann. Das schwächt zwar die argentinische Liga, aber der Fußballleidenschaft tut es keinen Abbruch.

Der argentinische Fußball zeichnete sich durch südamerikanische Angriffslust aus, gepaart mit raubeiniger italienischer Defensiv-Taktik. Diese Spielweise hat dem Land immerhin schon zwei Weltmeistertitel eingebracht. Berühmt geworden sind außer den Abwehrrecken Daniel Passarella, Oscar Ruggeri und Roberto Ayala so begnadete Mittelfeldspieler und Stürmer wie der Dribbelkünstler Osvaldo Ardiles und der legendäre Gabriel Batistuta, neuerdings auch das unberechenbare Genie Juan Román Riquelme, der muskulöse Carlos Tévez und der quirlige Lionel Messi.

Schon seit längerer Zeit gibt es heiße Debatten darüber, wer der beste Fußballer aller Zeiten war. Die meisten behaupten, der Lorbeer gebühre dem brasilianischen Star Pelé, aber fast genauso viele würden ihn Diego Armando Maradona verleihen, Argentinier sowieso.

Seine Laufbahn war von Glanz und Elend geprägt. Er wurde 1960 in einem Elendsviertel in Buenos Aires geboren und trat erstmals mit 16 Jahren bei den Argentinos Juniors als Fußballprofi auf. Dann wechselte er zu seinen heiß geliebten Boca Juniors, wo er bald eine große Rolle spielte. Nach einem starken Auftritt bei der WM 1982 wechselte er erst zum FC Barcelona und von dort nach Neapel, wo er seine ganz große Zeit erlebte. Mit Neapel gewann er zweimal den italienischen Meistertitel, und 1986 bei der WM entschied er quasi eigenhändig ein Spiel zugunsten Argentiniens. Im Viertelfinale gegen England schoss er nämlich zwei Tore – das erste mit der Hand (später sprach er dann von der „Hand Gottes"), das zweite mit seinen Füßen nach einem fulminanten Sololauf durch die gesamte wie erstarrte englische Abwehrreihe. Dieses Tor gilt seither laut FIFA als beeindruckendstes Tor des letzten Jahrhunderts.

Doch während dieser Zeit des Ruhmes ruinierte sich Maradona auch selbst. Er verdiente Unsummen an Geld, verfiel aber dem Kokaingenuss und dem High-Society-Leben. Er ruinierte seinen Körper, stand mehrmals vor den Schranken des Gerichts, hatte enorme Gewichts- und andere Probleme. Bei seinem endgültigen Rücktritt als Fußballer im Jahr 1997 war der Star von einst nur noch ein Schatten seiner selbst.

Auch nach seinem Rücktritt tauchte Maradona immer wieder in den Schlagzeilen der Weltpresse auf: mit Rauschgiftexzessen, Herzattacken, einer eigenen TV-Sendung, gescheiterten Freundschaften, Anfeindungen – ein nahezu tragisches Schicksal. 2008 kehrte er schließlich in die Welt des Fußballs zurück – als Trainer der argentinischen Nationalmannschaft. Mit dieser Entscheidung hatten nur wenige gerechnet, und die Verantwortlichen wurden scharf dafür kritisiert, denn zeitweise schien es, als würde ausgerechnet Argentinien an der Qualifikation für die Fußballweltmeisterschaft 2010 scheitern. Die Nationalmannschaft löste dann aber doch das Ticket zur WM in Südafrika, wo sie durchaus erfolgreich auftrat, bis sie im Viertelfinale nach einem 0:4 gegen Deutschland ausschied. Kritiker sahen die Schuld vor allem beim unerfahrenen Trainer, der deshalb nach der WM aus seinem Amt entlassen wurde. Doch wie unglücklich auch immer Maradona gelegentlich agieren mag – die magischen Momente, die er als Spieler im Trikot mit der Nummer 10 heraufbeschworen hat, haben ihm schon jetzt für alle Zeiten die Unsterblichkeit gesichert.

europäischen Hooligans in nichts nach. Ausländische Besucher, die etwas mehr über den Fußball des Landes erfahren möchten, informieren sich am besten zunächst auf der Homepage der Argentinos Juniors, www.handofdan.com.

Seit die argentinische Nationalmannschaft Los Pumas 2007 in der Vorrunde und im Halbfinale der Rugby-WM die französische Mannschaft geschlagen hat, befindet sich Argentinien im Rugby-Taumel. Wie populär Rugby seither geworden ist, zeigt sich auch daran, dass sogar hochklassige Fußballspiele ausnahmsweise verschoben wurden, um nicht etwa auf den Tag eines Viertelfinales zu fallen.

Weitere populäre Sportarten in Argentinien sind Pferderennen, Polo und Boxen, gefolgt von Tennis, Golf, Basketball und Autorennen. 2009 und 2010 fand die nach Südamerika verlegte Rallye Paris–Dakar weitgehend auf argentinischem Boden statt. Und in Sachen Polo zählen einige Spieler und Pferde des Landes heute zur Weltspitze.

Zu den bekanntesten Sportlerpersönlichkeiten zählen die Fußballlegenden Diego Maradona und Gabriel Batistuta und mittlerweile bereits Lionel Messi (den die FIFA zum Weltfußballer des Jahres 2009 wählte), außerdem die verstorbenen Boxer Oscar Bonavena and Carlos Monzón, der frühere Formel-1-Fahrer Juan Manuel Fangio (s. S. 190) und der Rennfahrer Carlos Reutemann sowie die Basketball-Legende Emanuel Ginóbili, der mit den San Antonio Spurs Triumphe feierte.

Tennisstars sind Guillermo Vilas, Gabriela Sabatini und David Nalbandian. 2009 besiegte der Argentinier Juan Martín del Potro den Schweizer Roger Federer im Finale der US Open. 2007 hat der argentinische Golfprofi Ángel Cabrera die US Open gewonnen, 2009 sicherte er sich den Spitzenplatz beim Masters-Turnier.

Der traditionelle Sport des Landes ist allerdings der Pato, ein Pferdesport, bei dem sich Elemente aus Polo und Basketball mischen. Ursprünglich spielte man mit einer Ente, die aber heutzutage glücklicherweise durch eine Art Lederball ersetzt wurde. Trotz der langen Tradition dieser Sportart gibt es nicht mehr sehr viele aktive Pato-Spieler.

MULTIKULTURELLES ARGENTINIEN

Mehr als 95 % der Argentinier behaupten, europäischer Abstammung zu sein, größtenteils spanischer und italienischer. Ein genauerer Blick zeigt allerdings, dass Argentinien durchaus von zahlreichen kulturellen Einflüssen geprägt worden ist – Einflüssen, die überall im Land tiefe Spuren hinterlassen haben.

Mitte des 19. Jhs. begann der Einwanderungsstrom von Italienern, Basken, Engländern, Ukrainern und anderen Europäern nach Argentinien. Deshalb findet man zum Beispiel in der Provinz Chubut viele walisische Argentinier, in der Provinz Misiones deutsche Namen, Nachfahren bulgarischer und jugoslawischer Einwanderer in der Provinz Roque Sáenz Peña und Argentinier ukrainischer Abstammung in der Provinz La Pampa. Argentinien hat auch einen großen jüdischen Bevölkerungsanteil, immerhin 300 000 (s. S. 232). Einwanderer aus dem Nahen Osten sind zwar weniger zahlreich, haben aber relativ großen politischen Einfluss gewonnen – herausragendes Beispiel ist der ehemalige Präsident Carlos Menem, ein Mann mit syrischer Herkunft.

Einwanderer aus Asien sind in Buenos Aires unübersehbar und ziehen inzwischen auch ins Hinterland. Die ersten japanischen Einwanderer kamen bereits im Zuge der frühen Einwanderungswelle Ende des 19. Jhs. Mittlerweile bilden sie mit rund 30 000 Mitgliedern die am besten integrierte asiatische Gemeinschaft des Landes. Etwas später eingewandert sind 20 000 Koreaner. Die größte Einwanderergruppen stellen allerdings die argentinischen Chinesen mit 65 000 Menschen; es gibt eine kleine Chinatown in der Nähe des Bahnhofs Belgrano in Buenos Aires.

Jimmy Burns' *Die Hand Gottes. Das Leben des Diego Armando Maradona* (1997) ist das Buch schlechthin über die argentinische Fußballlegende. Es ist selbst für Nicht-Fußballfans lesenswert.

Gabriel Batistuta wird wohl für immer im Schatten von Maradona stehen, obwohl er 56 Tore für die argentinische Nationalmannschaft erzielt hat und Maradona nur 34.

Mit fast 350 000 Mitgliedern ist die jüdische Gemeinde in Buenos Aires die größte in ganz Lateinamerika

Argentinier haben keine Scheu vor dem Gebrauch von Stereotypen. Hellhaarige Menschen heißen einfach *rusos* (Russen), Asiaten sind einfach *chinos* (Chinesen), und wenn jemand übergewichtig ist, gilt er einfach als *gordo* (fett).

KIRCHNER GEGEN CLARÍN

Bei Nachwahlen im Juni 2009 hat Cristina Kirchner ihren parteipolitischen Rückhalt verloren – vor allem in der Provinz Buenos Aires, ihrem ehemals wichtigsten Machtzentrum. Schon vor dem Verlust der Kongressmehrheit hatte sie öffentlich die Clarín-Gruppe, der die meistgelesene Tageszeitung des Landes gehört, wegen negativer Berichterstattung attackiert. Dann machte sie ernst und setzte ein „Ley de Medios K" durch – ein Gesetz gegen Monopolbildungen im Medienbereich, von dem Kritiker behaupten, es richte sich vor allem gegen Clarín, denn diese Firmengruppe besitzt mehrere Zeitungen, Zeitschriften sowie Fernseh- und Radioprogramme. Viele Argentinier befürworten durchaus den Versuch, große Medienkonzerne zu entflechten, andere sehen eher die Gefahr, dass die geplante Regulierungsbehörde der Regierung einen unangemessenen Einfluss auf die Medien einräumen könnte. Diese Gegner des Gesetzes sprechen von einem puren Einschüchterungsversuch der Präsidentin, die sich gerade in einer schwierigen Phase ihrer Amtszeit befindet.

Laut Indec (dem argentinischen Statistikamt) leben in Argentinien etwa 600 000 offiziell anerkannte Angehörige indigener Minderheiten. Den größten Bevölkerungsanteil unter den mehr als 30 anerkannten *pueblos indígenas* stellen die Mapuche im nördlichen Patagonien mit 200 000 Angehörigen. Im nordwestlichen Argentinien leben etwa 50 000 Kolla, in der nordwestlichen Provinz Chaco annähernd so viele Toba. Die nächstgrößere indigene Gruppe sind die Wichí in der Provinz Chaco, die Mocoví in Santa Fe sowie die Guaraní im nordöstlichen Argentinien, außerdem die Huarpe in Zentralargentinien und die Tehuelche in Nordpatagonien.

Weitere Informationen über indigene Völker im Gran Chaco finden sich auf S. 265, über die Mapuche in Nordpatagonien informiert S. 435.

MEDIEN

Seit dem Ende der Militärdiktatur im Jahr 1983 gibt es in Argentinien wieder eine freie Presse. Insgesamt ist Argentinien heute stolz auf 100 Tageszeitungen, Hunderte von Rundfunksendern und mehr als 40 Fernsehsender. Fast alle sind in Privatbesitz, viele davon politisch engagiert und durchaus kritisch. Zwar befinden sich viele TV-Sender und Zeitungen in der Hand weniger großer Unternehmen, aber vor allem die kleineren Printmedien lassen durchaus kontroverse Meinungen zu. Bei den größeren Medienhäusern allerdings findet häufig eine Art Selbstzensur statt, die Informationen werden also gefiltert und manchmal verzerrt.

RELIGION

Der römisch-katholische Glaube ist die offizielle Landesreligion, auch wenn nur ein relativ kleiner Prozentsatz von Argentiniern regelmäßig zur Messe geht. Dennoch prägt die Kirche einen großen Teil der Kultur; bis vor kurzem musste beispielsweise der Präsident katholisch sein. Wie auch im restlichen Lateinamerika kommt es manchmal zu faszinierenden Mischungen aus katholischer Lehre und alten, einheimischen Traditionen: Mit Wasserflaschen und Autoteilen bestückte Schreine ehren z. B. die heilige Difunta Correa (s. S. 406) und bilden an den Straßen im ganzen Land bunte Farbtupfer. Häufig sieht man auch Schreine, die mit roten Flaggen geschmückt sind. Sie sind dem wie ein Heiliger verehrten ‚Gauchito' Antonio Gil (S. 220) gewidmet, einer Art Robin Hood unter den Viehhütern der Pampas.

In Argentinien lebt eine beachtliche jüdische Bevölkerungsgruppe, und in Buenos Aires existiert eine große und intakte jüdische Gemeinde. Weitere nennenswerte Religionsgemeinschafte sind Protestanten, Zeugen Jehovas, Hare Krishnas und Mormonen.

Wer die Friedhöfe Recoleta und Chacarita in Buenos Aires aufsucht, wird dort viele Besucher an den Gräbern von Juan und Eva Perón, bei der mystischen

Gemäß der alten Verfassung des Landes musste Carlos Menem vom Islam zum Katholizismus konvertieren, um Präsident werden zu können.

Madre María und beim Tangosänger Carlos Gardel antreffen. Die meisten beten an den Gräbern und hinterlassen Votivgaben.

FRAUEN IN ARGENTINIEN

Wie überall in Lateinamerika hat der Katholizismus bis vor kurzem großen Einfluss auf die Stellung der Frauen in der Gesellschaft genommen. Während der letzten Jahrzehnte haben die argentinischen Frauen allerdings große Fortschritte gemacht in ihrem Kampf um Gleichberechtigung und Unabhängigkeit. Dennoch existiert der männliche argentinische Machismo nach wie vor, obwohl die Männer inzwischen Frauen als Kolleginnen am Arbeitsplatz ernstnehmen müssen, weil sie sich dort längst als gleichwertig entpuppt haben. Dennoch versucht die Männerwelt natürlich auch heute noch, gewohnte Rollenspiele oder soziale Barrieren aufrechtzuerhalten, und in den Führungsetagen sind die „Jungs" noch oft genug unter sich.

Im Reich der Politik haben argentinische Frauen teilweise bemerkenswerte Spuren hinterlassen – zum Beispiel Eva Perón (Evita), die imer noch als eine Art politische Ikone des Landes gilt. Mittlerweile gehören dazu auch die Madres de la Plaza de Mayo (S. 43), die sich als Mütter der Verschwundenen immer wieder politisch zu Wort gemeldet haben. Und schließlich wurde 2007 viel beachtet erstmals eine Frau gewählte Präsidentin Argentiniens: Cristina Fernández de Kirchner.

Hinweise auf Probleme, mit denen weibliche Argentinienreisende rechnen müssen, finden sich auf S. 668.

KUNST

Was die Kunst betrifft, ist Argentinien ein ausgesprochen bemerkenswertes Land mit einem reichen literarischen, musikalischen und überhaupt künstlerischen Erbe. Und keineswegs zufällig zieht Argentinien viele Menschen an, die so gut und ausdrucksstark tanzen möchten wie die Argentinier, was natürlich nicht ganz einfach ist.

Literatur

Zum Begründer der argentinischen *Gauchesco*-Literatur wurde der Dichter, Journalist und Politiker José Hernández (1831–1886) mit seinem erfolgreichen Epos *Martín Fierro*, das den Gaucho-Mythos im Land begründete. Trotz einer faszinierenden Geschichte erreichte die argentinische Literatur aber erst in den 1960er- und 1970er-Jahren ein internationales Publikum, als die Werke von Autoren wie Jorge Luis Borges, Luisa Valenzuela, Julio Cortázar, Ernesto Sábato, Adolfo Bioy Casares und Silvina Ocampo erstmals in viele Sprachen übersetzt wurden.

Jorge Luis Borges (1899–1986) war Argentinier jüdisch-englischer Abstammung, wuchs in Europa auf und war umfassend gebildet – beeinflusst war er von der Kabbala, H. G. Wells, Cervantes, Kafka und vielen anderen. Seine paradoxen und dennoch klaren *ficciones* haben teilweise Essay- und teilweise Erzählcharakter; in ihnen verschwimmt der Unterschied zwischen Mythos und Wahrheit, die wahrgenommene Realität wird infrage gestellt zugunsten vieler nebeneinander existierender Realitätsformen. Borges' frühe Erzählungen behandeln argentinische Themen in einem metaphysischen Kontext, während seine späteren Werke wie *Lotterie in Babylon*, *Die kreisförmigen Ruinen* und *Der Garten der Pfade, die sich verzweigen* eher der phantastischen Literatur zuzuordnen sind.

Ein weiterer berühmter argentinischer Autor ist Julio Cortázar (1914–1984), der von Borges entdeckt wurde und anfangs sehr von ihm beeinflusst war, sich später aber ganz anders entwickelt hat. Seine Erzählungen und Romane sind eher anthropologisch fundiert und beschäftigen sich mit normalen Menschen

Die argentinische Alphabetisierungsrate von 97,2 % entspricht in etwa der in den USA.

Zu den Erzählungen von Jorge Luis Borges zählen auch *Labyrinthe*, *Das Aleph*, *Eine Universalgeschichte der Niedertracht*; vieles ist natürlich auch in Sammelbänden erschienen.

in einer Welt, in der das Surreale schon fast alltäglich geworden ist. Sein berühmtestes Buch trägt den Titel *Rayuela*. Man muss es allerdings zweimal lesen, um es wirklich zu verstehen.

Victoria Ocampo (1890–1979) war eine berühmte Schriftstellerin, Journalistin und Intellektuelle. Sie hat *Sur* gegründet, in den 1930er-Jahren eine wichtige Kulturzeitschrift. Mehr über sie findet man im Kasten auf S. 135. Ihr ehemaliges Haus in der Nähe von Buenos Aires (s. 1517) steht Besuchern offen.

Die heutige Generation argentinischer Autoren ist eher realitiätsbezogen, behandelt häufig den Einfluss der Volkskultur und setzt sich mit der politischen Wirklichkeit Argentiniens in der 1970er-Jahren auseinander. Eine ihrer herausragenden Gestalten ist Manuel Puig, Autor von *Der Kuss der Spinnenfrau*. Wie viele andere argentinische Autoren auch, hat Puig viele seiner Werke im Exil geschrieben, weil er in der Perón-Ära flüchten musste und sich schließlich in Mexiko niederließ.

Osvaldo Soriano (1943–1997) war der wohl beliebteste zeitgenössische argentinische Autor; seine bekanntesten Werke heißen *A Funny Dirty Little War* (1986) und *Winterquartiere* (1989). Als Verfasser von Kurzgeschichten und Kriminalromanen hat sich Juan José Saer (1937–2005) einen Namen gemacht. Der jüngste unter den argentinischen Erfolgsautoren ist Rodrigo Fresán (geb. 1963), dessen Roman *The History of Argentina* zum internationalen beachteten Bestseller wurde.

Zu den bemerkenswerten Autoren der Gegenwart zählen außerdem noch Federico Andahazi, Ricardo Piglia und der 2010 verstorbene Tomás Eloy Martínez (*Santa Evita* oder *Der Tangosänger*).

Film

Seit Ende der Militärdiktatur hat sich der argentinische Film zu einer der herausragenden argentinischen Kunstformen entwickelt und auch internationales Format erreicht.

Wer mehr über die Anfänge und die Geschichte des argentinischen Films erfahren möchte: www.surdel sur.com/cine/cinein/index ingles.html.

Der Film *Die offizielle Geschichte* (1985) von Luis Puenzo zum Beispiel, der sich mit dem kontroversen Thema des Schmutzigen Krieges befasst, hat einen Oscar für den besten fremdsprachigen Film gewonnen. Ebenfalls zu einem Oscar gebracht hat es 1985 der Film *Der Kuss der Spinnenfrau* von Héctor Babenco, einer Verfilmung von Puigs gleichnamigem Erfolgsroman, der von zwei Gefängnisinsassen handelt.

Eine erfolgreiche Regisseurin des argentinischen Films ist Lucrecia Martel, die in *La Ciénaga* (2001) die Krise zwischen zwei Familien in der Provinz Salta erzählt. 2004 kam ihr Film *La Niña Santa* in die Kinos. In Pablo Traperos Film *El Bonaerense* (2002) wird die Geschichte eines jungen Schlossers vom Land erzählt, der notgedrungen seine Familie verlassen muss, um sich bei der notorisch korrupten Polizei in Buenos Aires zu verdingen. Ansehen sollte man sich vielleicht auch noch den Film *El Hijo de la Novia (Der Sohn der Braut)* von Juan José Campanella, der 2002 für einen Oscar als bester ausländischer Film nominiert war.

Ein weiterer prominenter argentinischer Regisseur ist Mariano Llinás, dessen Film *Balnearios* (2002) aufzeigt, wie sehr die Anwesenheit von Fremden Leben und Denken der Einheimischen in kleinen Touristenorten verändert. Zwei Filme von Carlos Sorín – *Historias mínimas* (2002)und *El Perro* (2004) – vermitteln einen Eindruck vom Leben in der Landschaft Patagoniens. Tristán Bauers preisgekrönter Film *Illuminados por el Fuego* (2005) hingegen erzählt die Geschichte des Falklandkrieges aus der Sicht eines jungen Soldaten. 2005 gewann Juan Diego Solanas mit *Nordeste (Ein weiter Weg zum Glück)* den Hauptpreis beim Filmfestival von Stockholm; der Film handelt von brisanten sozialen Fragen, z.B. vom Kinderhandel.

Das bedeutendste argentinische Filmfestival ist das Buenos Aires International Festival of Independent Film (Bafici) im April. Weitere Informationen unter: www.bafici.gov.ar.

Neueren Datums sind Damián Szifrons *Tiempo de valientes* (2005) und Daniel Burmans *Derecho de familia* (2006), Adrián Caetanos *Crónica de una Fuga* (2006) und Lucía Puenzos *XXY* (2007). Campanellas *El Secreto de sus Ojos* war 2009 der größte Kinoerfolg des Landes.

Zu weiteren argentinischen Filmen siehe S. 20.

Musik & Tanz

Musik und Tanz sind untrennbar mit Argentinien verknüpft, vor allem natürlich der Tango. Aber in erster Linie gehört er zu Buenos Aires. Im restlichen Argentinien (und teilweise in Buenos Aires selbst) hört man zumeist ganz andere Klänge – den *chamamé* in Corrientes, den *cuarteto* in Córdoba oder die *cumbia villera* in den Armenvierteln von Buenos Aires.

TANGO

Wer in den Zauber des Tango eintauchen möchte, sollte das mit Hilfe der Tango-Legende Carlos Gardel (1887–1935) versuchen. Anschließend sollte man sich auf die Musik des Violonvirtuosen Juan d'Arienzo stürzen, dessen Orchester in den 1930er-Jahren und bis Anfang der 1940er-Jahre den Tango beherrschte, bis er von den Bandleadern Osvaldo Pugliese und Héctor Varela abgelöst wurde. Der eigentliche Held der Tango-Szene jener Jahre war allerdings der *Bandoneón*-Spieler Aníbal Troilo mit seinem akkordeonartigen Instrument.

Der Star von heute ist Astor Piazzolla, der den Tango als Erster aus den Tanzsälen in die Konzerthallen geholt hat. Sein *tango nuevo* richtet sich vor allem an Zuhörer, auch ohne Tanz. Piazolla war damit auch ein Vorläufer elektronischer Tango-Musikgruppen, darunter sind Gotan-Projekt und Bajofondo Tango Club zu nennen.

Wer sich als Tango-Interessierter in Buenos Aires aufhält, sollte auf das Orquesta Típica Fernández Fierro (www.fernandezfierro.com) achten, das die althergebrachten Tango-Stücke auf ganz neue Weise interepretiert, aber auch eigene Neukompositionen zur Aufführung bringt. Einen Besuch wert ist aber auch das junge Orquesta Típica Imperial (www.oqeustaimperial.com), das regelmäßig in den *milongas* von Buenos Aires auftritt.

Bedeutende Tango-Sänger sind heute Susana Rinaldi, Daniel Melingo und Adriana Varela.

FOLKMUSIK

Folkmusik heißt in Argentinien entweder *folklore* oder *folklórico u*nd umfasst ein breites Spektrum unterschiedlicher Musikrichtungen – sei es *chamamé, chacarera, carnavalito* oder *copla. Jede von ihnen ist allgemein beliebt und hat eine eigene Fangemeinde quer du*rch alle Altersklassen. Die Gruppe Los Chalchaleros zum Beispiel hat es in 50 Jahren auf mehr als 40 Alben gebracht. Einer der größten argentinischen Folklórico-Musiker ist der Akkordeonspieler Chango Spasiuk, ein Vertreter der *Chamamé-Musik*. Peteco Carabajal, ein Vertreter der *Chacarera*-Musik, León Gieco (der argentinische Bob Dylan) und der Charang-Spieler Jaime Torres sind ebenfalls große Namen des *Folklórico.*

Als Folk-Sänger hat sich Horacio Guarany einen großen Namen gemacht. 2004 wurde sein Album *Cantor de Cantores* für den renomierten musikpreis Latin Grammy in der Kategorie „Beste Folk-Alben" nominiert. Überstrahlt werden sie alle aber von Atahualpa Yupanqui (1908–1992), dem zweifellos bedeutendsten zeitgenössischen Folklore-Musiker Argentiniens. Seine besondere Art von Musik hat sich aus der Musik-Bewegung des *nueva canción* („neues Lied") entwickelt, die in den 1960er-Jahren ganz Lateinamerika überschwemmte. Diese neue Musikrichtung war tief in der Folklore-Musik verwurzelt und behandelte in ihren Texten oft soziale und politische Themen der damaligen Zeit. Ihre Grande Dame war die Argentinierin Mercedes Sosa (1935–2009), auch außerhalb Südamerikas eine der bekanntesten argentinischen Folk-Sängerinnen; sie hat mehrere Latin Grammys gewonnen.

ROCK & POP

In der gesamten Spanisch sprechenden Welt ist Argentinien berühmt für seinen *rock en español.* Musiker wie zum Beispiel Charly García, Fito Páez und Luis

Alberto Spinetta sind beinahe schon nationale Symbolfiguren. In den 1980er-Jahren beherrschten Soda Stereo, Sumo, Los Fabulosos Cadillacs und Los Pericos die Rockszene und erfreuen sich noch immer großer Beliebtheit. Auch Bersuit Vergarabat, die ihr erstes Album 1992 herausbrachten, gelten noch immer als eine der besten argentinischen Rockbands mit einer faszinierenden musikalischen Bandbreite. Ratones Paranóicos hat es 1995 ins Vorprogramm der Rolling Stones geschafft, und La Portuaria, eine Gruppe, die lateinamerikanischen Rhythmen mit Jazz, Rock und Pop verschmilzt, ist 2006 mit David Byrne aufgetreten.

Weitere bekannte und beliebte argentinische Rockgruppen sind die Babasónicos, die Punkrocker Ataque 77, die Rocker Los Piojos, Los Redonditos de Ricota, Divididos, Catupecu Machu und Gazpacho, außerdem die „metal-meets-hip-hop"-Gruppe Illya Kuryaki und die Valderramas. Hörenswert ist auch die Musik des argentinisch-amerikanischen Sängers Kevin Johansen, der in beiden Sprachen auftritt.

Der in Córdoba Anfang der 1940er-Jahre entstandene *cuarteto* ist Argentiniens ursprüngliche Popmusik. Vom Bürgertum und der Oberschicht wird sie wegen ihrer starken Rhythmen und des Off-beat (*tunga-tunga*) verachtet, ebenso natürlich wegen der proletarischen Liedtexte. Es ist also eher eine Musik vom Rand der Gesellschaft. Zwar ist der Stil eindeutig *cordobés* (aus Córdoba), die Musik wird aber in Arbeiterkneipen, Clubs und Stadien überall im Land gespielt. Die bekannteste Gruppe dieser Stilrichtung ist La Barra.

Cumbia villera ist eine relativ neue argentinische Musikrichtung, ein Mix aus *cumbia* (eine kolumbianische Art Tanzmusik), Gangsta, Punk und Reggae. Ihr Ursprung liegt in den Armenvierteln von Buenos Aires, was ihre teilweise aggressiven Texte erklärt, die sich mit Themen wie Marginalisierung, Armut, harten Drogen, Sex und der argentinischen Wirtschaftskrise auseinandersetzen.

Und schließlich gibt es noch *murga*, eine Art athletisches Musiktheater, an dem Schauspieler und Schlagzeuger mitwirken. *Murga* stammt eigentlich aus Uruguay; bei der argentinischen Version tritt der Gesang gegenüber dem Tanz in den Hintergrund. Dieses interessante Genre ist vor allem im Karneval zu bewundern (s. S. 610).

ELECTRÓNICA

Electrónica ist eine Art Tanzmusik, die in 1990er-Jahren in Argentinien Furore machte und seither einige Wandlungen erlebt hat. Mix-Gruppen wie die *bandas electrónicas* orientieren sich dabei an Gruppen wie Intima, Mujik und Adicta. Immer populärer wird auch DJ- und Tanzmusik.

Zu den Schwergewichten dieser Richtung zählen beispielsweise Hernán Cattáneo, Ricky Ryan, Bad Boy Orange (der König des argentinischen drum 'n' bass), DiegoRo-K („Maradona der argentinischen DJs"), Fabian Dellamonica und Zucker.

KLASSISCHE MUSIK & BALLETT

Das Teatro Colón (S. 106) in Buenos Aires gilt als eines der führenden Opernhäuser der Welt. An Eintrittskarten kommt man allerdings nur schwer heran, weil viele der 3500 Theatersitze von argentinischen Abonnenten okkupiert sind. 2010 wurden Renovierungsarbeiten abgeschlossen; ob die Chancen auf Karten gestiegen sind, sollte man vor Ort erfragen.

Im Teatro Colón ist regelmäßig einer der bedeutendsten Tänzer des 20. Jhs. aufgetreten, der Argentinier Julio Bocca. Schon mit 19 Jahren gehörte er zum American Ballet Theatre unter Michal Baryschnikow; 1990 gründete er sein eigenes Ensemble, das Ballet Argentino, das seinen Ruhm in Argentinien begründete. 2006 gab er hier seine Abschiedsvorstellung, 2007 zog er sich aus dem Theaterbetrieb zurück.

Charly Garcías Version der argentinischen Nationalhymne klang so ähnlich wie die Fassung von The Star Spangled Banner von Jimi Hendrix und brachte ihm eine Anklage wegen „mangelndem Respekt gegenüber nationalen Symbolen" ein.

Für den argentinischen *Playboy* hat sich der berühmte Ballettänzer Julio Bocca zusammen mit seiner langjährigen Tanzpartnerin Eleonora Cassano einmal sogar splitternackt ablichten lassen.

Architektur

In Argentinien ist nur wenig erhalten von der präkolumbischen Kultur der Andenregion, lediglich in den nordwestlichen Anden existieren noch einige bemerkenswerte Beispiele dafür. Dort findet man auch noch etliche erhaltene Baudenkmäler der spanischen Kolonialarchitektur, insbesondere in Städten wie Salta und Tucumán oder in abgelegenen Gegenden wie in der Quebrada de Humahuaca. Die meisten der spanischen Kolonialbauten sind in Córdoba (S. 340) erhalten geblieben, dessen historische Altstadt zu den schönsten in ganz Argentinien zählt. Ebenfalls erhalten sind Kolonialbauten in Carmen de Patagones. Auch in Buenos Aires finden sich vereinzelt noch kolonialzeitliche Bauwerke, aber ansonsten ist diese Mega-Metropole geprägt von der Architektur des frühen 20. Jhs. mit vorwiegend französischem Einschlag.

Der Katholizismus hat in Argentinien einige eindrucksvolle Baudenkmäler hinterlassen, seien es nun die malerischen Kirchen in den nordwestlichen Anden, die Kathedrale in Córdoba im Kolonialstil, die neugotischen Basiliken in Luján and La Plata oder die Ruinen jesuitischer Bauten in der Provinz Misiones. Ganz im Gegensatz dazu steht die heutige Architektur mit ihrer Tendenz zum Großspurigen und Unpersönlichen in Form von modernistischen Stahl-Beton-Bauten mit einer Fassade aus verspiegeltem Glas, wie sie zum Beispiel das Stadtviertel Puerto Madeiro in Buenos Aires prägen.

Malerei & Bildhauerei

Obwohl die Schönen Künste im Laufe der Jahre nahezu verblichen sind, haben sie ihre Bedeutung doch nie gänzlich verloren – auch in Argentinien nicht. Zwei der bedeutendsten argentinischen Maler waren Lino Spilimbergo (1896–1964) und Antonio Berni (1905–1981). Um einen Eindruck von ihrer Arbeitsweise zu gewinnen, sollte man sich die Deckengemälde in den Galerías Pacífico (s. S. 103) in Buenos Aires ansehen.

Benito Quinquela Martín (1890–1977) brachte die Lebensbedingungen der Arbeiterklasse im *barrio* La Boca an der Küste von Buenos Aires mit seinen leuchtenden Ölfarben eindrucksvoll ins Bild. Ein schwer klassifizierbares künstlerisches Phänomen war Xul Solar (1887–1963; s. S. 110), der u. a. mit farbenfrohen Kandinsky- und Klee-Adaptionen bekannt wurde. Weitere nennenswerte argentinische Künstler sind der in Tucumán geborene Víctor Hugo Quiroga und der Porteño-Maler Guillermo Kuitca. Zu den interessanten Zeitgenossen zählen die Multimedia-Künstlerin Graciela Sacco und Liliana Porter, der Konzeptkünstler Roberto Jacoby und die Fotografen Arturo Aguiar und Sebastián Friedman.

In den Straßen von Buenos Aires trifft man überall auf Graffiti und Wandmalereien an diversen Gebäuden, die mitunter ebenso sehenswert sind wie das, was an den Museumswänden hängt. Eine eher traditionelle, aber neuerdings wiederbelebte Form der volkstümlichen Malerei in Buenos Aires ist *filete*, eine vom Jugendstil beeinflusste Ornamentalkunst, die zurückgeht auf Malereien, die früher Pferdekutschen, Busse und Trucks zierte. Inzwischen gibt es diese Kunstform auch zur Verzierung von Werbesprüchen.

Entsprechend französischen Traditionen tendieren die öffentlichen Aufträge, was Skulpturen betrifft, zum Pompösen und Monumentalen, etwa zu riesigen Reiterstandbildern. Eine wohltuende Ausnahme sind die Werke des verstorbenen Rogelio Yrurtia, die teilweise Szenen aus der argentinischen Arbeiterbewegung darstellen, wie zum Beispiel sein *Canto al Trabajo* auf der Plazoleta Olazábal in San Telmo. Eine noch extremere Ausnahme stellt die Pop-Künstlerin Marta Minujin dar, die in der Hauptstadt einige riesige Skulpturen geschaffen hat – einige davon aus Lebensmitteln. Die Arbeiten von León Ferrari dagegen greifen umstrittene antireligiöse und politische Themen auf und sorgen immer wieder für heftige Debatten.

Um herausragende Werke zeitgenössischer Malerei in Buenos Aires zu bewundern, muss man nicht einmal irgendein Gebäude betreten – man muss nur Ausschau halten nach den allgegenwärtigen Straßenmalereien (www.bsassten cil.org) und den Grafitti (www.bagraff.com).

Der legendäre argentinische Zeichner Florencio Molina Campos (1891–1959) skizzierte comic-artige Gaucho-Szenen mit komischen Pointen. Wer seine Kunst näher kennenlernen möchte, sollte das Centro Cultural Usina Vieja (s. S. 162) in San Antonio de Areco aufsuchen.

DER TANGO

In der schweren, dunklen Luft hängt Zigarettenqualm, ab und zu wandert ein diffuser Lichtstrahl über eine weite, offene Fläche. Eine Frau in einem geschlitzten Kleid und High Heels sitzt mit übergeschlagenen Beinen an einem der kleinen Tische rund um die Tanzfläche. Ihr Blick mustert die Leute um sie herum, sie wartet auf das richtige Zeichen. Ihre Augen streifen über mehrere Tische, bis sie einen Fremden direkt und intensiv anschaut – und plötzlich gibt er ihr das Signal, das *cabezazo*, eines schnelles Nicken mit dem Kopf. Sie überlegt kurz, ob sie das Angebot annehmen soll, und nickt ihrerseits mit einem leichten Lächeln. Der Mann nähert sich, sie erhebt sich ebenfalls, das Paar begibt sich auf die Tanzfläche.

Der Tango war zwar nicht immer so geheimnisvoll, aber der Tanz blickt auf eine lange und komplexe Geschichte zurück. Die genauen Ursprünge sind heute nicht mehr zu ermitteln, sicher ist nur, dass der Tanz in den 1880er-Jahren in Buenos Aires entstanden ist. Tausende europäischer Einwanderer, die meisten von ihnen Männer der Unterschichten, strömten nach Buenos Aires, wo sie ganz neu beginnen wollten. Die meisten vermissten natürlich ihre Heimat und ihre dort zurückgelassenen Frauen. In den Cafés und Bordellen versuchten sie ihre Einsamkeit zu vergessen; die Männer amüsierten sich mit Kellnerinnen und Prostituierten und tanzten mit ihnen: Es war eine kraftvolle Mischung aus Machismo, Leidenschaft und Verlangen, verzweifelt und aggressiv.

Bald spielten kleine Bands zu diesem Urtango, sie spielten Melodien, die von den *Milonga*-Liedern der Pampas, spanischen und italienischen Liedern und den afrikanischen *Candombe*-Trommeln beeinflusst waren. (Das *bandoneón*, eine Art kleines Akkordeon, ein noch heute in Tango-Orchestern gespieltes Instrument, wurde um diese Zeit eingeführt.) Hier wurde auch der Tangogesang geboren: Er spiegelte die neuen Erfahrungen der Einwanderer in der Großstadt wider und erinnerte voller Wehmut an ein aufgegebenes Leben.

Die Lieder handeln von starken Gefühlen, den Veränderungen im Stadtviertel, von den Müttern, der Freundschaft zwischen Männern und dem Verrat der Frauen. Manchmal wurden auch schlüpfrige Verse hinzugedichtet.

Die „besseren Kreise" der Gesellschaft lehnten den vermeintlich vulgären Tanz ab, doch manche jungen Männer der Oberschicht erlernten den Tango und brachten ihn nach Paris. Dort wurde Tango rasch zum Kult: ein Tanz als Ausdruck für menschliches Verlangen, getanzt in den schicken Bars und Cafés Europas. Der Trend erfasste den alten Kontinent und schließlich auch die USA. 1913 galt vielen als das Jahr des Tangos: Der erfolgreiche, weiterentwickelte Tanz fand seinen Weg zurück nach Buenos Aires, wo der elegante und berühmte Tango endlich die Anerkennung fand, die er verdiente. Die goldenen Jahre des Tangos hatten begonnen.

Gardel & der Tango

Im Juni 1935 beging eine junge kubanische Frau in Havanna Selbstmord, gleichzeitig versuchten zwei andere Frauen in New York und Puerto Rico, sich das Leben zu nehmen. Und das alles nur wegen eines Mannes – eines Mannes, den keine von ihnen jemals getroffen hatte. Der Mann war der Tangosänger Carlos Gardel, El Zorzal Criollo, die goldene Stimme aus Buenos Aires, und er war gerade bei einem Flugzeugabsturz in Kolumbien tödlich verunglückt.

Gardel stammte zwar aus Frankreich, galt aber als Inbegriff des eingewanderten *porteño*. Als er drei Jahre alt war, zog seine verarmte, alleinstehende Mutter nach Buenos Aires. Gardel arbeitete dann später in verschiedenen Hilfsjobs und unterhielt seine Nachbarn mit seinem Gesang. Er schloss Freundschaft mit José Razzano, und nun begann seine Karriere als Sänger. Sie traten als Duo auf, bis Razzano 1917 seine Stimme verlor und Gardel allein weitermachen musste.

Carlos Gardel spielte für die Entwicklung des Tango-*Canción* (Gesang) eine entscheidende Rolle. Es gelang ihm fast ohne Hilfe, den Stil aus den Armenvierteln von Buenos Aires in Paris und New York populär zu machen. Seine schmachtende Stimme und sein Charisma machten ihn in den lateinamerikanischen

Zu den argentinischen Bildhauern gehören außerdem Lucio Fontana, Enio Iommi, Alberto Heredia, Juan Carlos Distéfano und Yoël Novoa. Bei den Frauen wären Norma d'Ippolito, Lucia Pacenza und Claudia Aranovich zu nennen.

In der argentinischen Hauptstadt sollte man nach der großen Metallblume *Floralis Genérica* auf der Plaza de las Naciones Unidas (S. 110) im nördlichen

Ländern sofort zum Star. So wurde er in den 1920er- und 1930er-Jahren, der Blütezeit des Tangos, zur Tangostimme schlechthin. Seine spätere Filmkarriere wurde durch einen Flugzeugabsturz, bei dem er ums Leben kam, beendet.

Noch heute strömen jeden Tag Fans von Carlos Gardel zu dessen Grabstätte im Cementerio de la Chacarita in Buenos Aires, wo oft eine angezündete Zigarette zwischen den Fingern seiner lebensgroßen Metallstatue glimmt. Seine große, engagierte Fangemeinde, bekannt als *gardelianos*, verbringt keinen Tag ohne seine Lieder oder Filme. So erklärt sich vielleicht auch die argentinische Redewendung „Gardel singt von Tag zu Tag besser". Da hat sogar Elvis Presley das Nachsehen!

Tango in einem Milonga von heute

Trotz seiner langen Entwicklung ist der Tango noch immer ein sehr sinnlicher und erotischer Tanz. Die Oberkörper bleiben dabei gerade und dicht aneinandergepresst, sodass sich die Gesichter fast berühren. Die Hand des Mannes hält die Frau am Rücken und führt sie. Die andere Hand hält die Hand des Partners oder bleibt frei in der Luft. Doch am schwierigsten wird es unten: Die Hüfte der Frau schwingt, ihre Beine müssen zwischen kurzen oder langen Schwüngen und schnellen Schrittfolgen wechseln, manchmal zwischen den Beinen des Mannes. Da der Mann führt, ist das nicht ganz einfach, denn er muss der Musik folgen, die Frau führen und sich gleichzeitig ihren Schritten anpassen – und außerdem noch an den anderen Paaren vorbeitanzen. Der Tanz ist eine höchst schwierige, Konzentration erfordernde Angelegenheit. Kein Wunder, dass die Paare meistens mit ernsten Gesichtern tanzen. Gelächelt und gesprochen wird eigentlich nur zwischen den Tänzen.

In einem richtigen *milonga* (Tangotanzsaal) ist vor allem die Partnerwahl eine sehr komplizierte Angelegenheit mit versteckten Zeichen, Regeln und Signalen, denen die Tänzer folgen müssen. Schließlich möchte keine echte Tänzerin mit jemandem gesehen werden, der ihr auf die Füße tritt (oder auf die teuren Tangoschuhe). Einige Männer fordern eine ihnen unbekannte Frau erst nach dem zweiten Lied auf, damit man nicht vier Tangostücke lang (also eine ganze Tanzfolge) mit ihr zusammenbleiben muss. Es gilt als höflich, wenigstens zwei Lieder mit einem Partner zu tanzen – wer schon nach dem ersten Tanz ein kurzes „*gracias*" erntet, hat sich damit von diesem Partner verabschiedet.

Auch die Position rund um die Tanzfläche kann wichtig sein: In einigen der älteren Milongas haben die besseren Tänzer reservierte Tische. Idealerweise sitzt man dort, wo der Zugang zur Tanzfläche einfach ist und man von den anderen Tänzern gesehen werden kann. Manchmal sitzen Paare auch weiter hinten zusammen, Singles sitzen weiter vorn. Kommt ein Mann gemeinsam mit einer Frau in das Tanzlokal, ist sie für diesen Abend seine Partnerin. Paare, die auch getrennt mit anderen tanzen wollen, kommen daher separat in den Saal, oder der Mann zeigt seine Absicht, indem er eine andere Frau zum Tanzen auffordert. Seine Partnerin kann dann von anderen Männern ebenfalls aufgefordert werden.

Der *cabezazo* – ein rasches Nicken des Kopfes, Augenkontakt oder hochgezogene Augenbrauen – wird auch am anderen Ende des Raums gesehen. Die Frau, der ein Cabezazo gilt, nickt dann ihrerseits oder tut so, als habe sie es gar nicht bemerkt. Wenn sie tanzen möchte, steht der Mann auf, geht zu ihr hinüber und führt sie auf die Tanzfläche. Wer eine Milonga besucht und mit niemandem tanzen will, sollte seine Blicke kontrollieren, sonst bricht er vielleicht so manches Frauen- (oder Männer-)herz.

Was macht den Tango eigentlich so anziehend? Erfahrene Tänzer sagen, es sei der Adrenalinstoß nach einem gelungenen Tanz – eben wie bei einer erfolgreichen Eroberung: Man schwebt im siebten Himmel!

Aber Vorsicht: Der Tanz kann so süchtig machen wie eine Droge. Denn wer einmal die Leidenschaft und die Schönheit des Tangos genossen hat, wird den Rest seines Lebens versuchen, einmal den wirklich perfekten Tango zu tanzen. Der wahre *tanguero* bemüht sich, diesen Weg so elegant und leidenschaftlich wie nur möglich zu gehen.

Stadtteil Recoleta Ausschau halten; geschaffen wurde sie vom Architekten Eduardo Fernando Catalano (1917–2010). Außerhalb von Buenos Aires ist vor allem die Stadt Resistencia (S. 257) berühmt *capital* der nordöstlichen Provinz Chaco für ihre im Freien aufgestellten Skulpturen – es sind insgesamt mehr als 500.

Theater

Das Theater spielt in Argentinien eine große Rolle, nicht nur im kosmopolitischen Buenos Aires. Zu den berühmtesten argentinischen Schauspielern zählen Lola Membrives, Luis Sandrini und und Federico Luppi, zu den berühmten zeitgenössischen Theaterautoren und -regisseuren Juan Carlos Gené, Ciro Zorzoli, Lorena Vega, Ricardo Bartis, José Muscari und Daniel Veronese.

In Buenos Aires existiert aber auch eine rege Szene kleiner, unabhängiger Theater, die einen Besuch lohnen (s. S. 142). Die offizielle Spielzeit geht von Juni bis August, aber entlang der Avenida Corrientes und in kleineren Theatern der Stadt finden fast das ganze Jahr über irgendwelche Vorstellungen statt. Im Sommer werden im Badeort Mar del Plata, wo auch ein internationales Filmfestival abgehalten wird, hervorragende Aufführungen inszeniert (s. S. 189).

Outdoor-
Aktivitäten

An der Laguna Capri im Norden des Parque Nacional Los Glaciares (S. 529)

GARETH MCCORMACK

Argentinien zieht schon lange die Outdoor-Enthusiasten in seinen Bann. Für jeden mit etwas Mut zum Risiko und Liebe zur Natur ist das Land ein Paradies. Bergsteigen, Wandern und Angeln waren die Klassiker, doch heute – und das gilt für Einheimische wie für Urlauber – ist die Bandbreite größer als jemals zuvor. Wer will, kann in den Anden mit einem Drachen fliegen oder in der Nähe von Bariloche snowboarden, in den Pampinen Sierren Paragliden und in Esteros del Iberá Kaimane beobachten.

WANDERN & TREKKEN

Das argentinische Seengebiet ist wahrscheinlich die beste Wanderregion des Landes und bietet Ein- und Mehrtagestouren in verschiedenen Nationalparks, etwa im Nahuel Huapi mit Start in Bariloche (S. 449) und im Nationalpark Lanín (S. 426) mit San Martín de los Andes als Ausgangspunkt.

Wunderbar wandern kann man auch in Patagonien. El Bolsón (S. 453), südlich von Bariloche, dient als Ausgangspunkt für Wanderungen in den umliegenden Wäldern oder im Parque Nacional Lago Puelo (S. 457). Wunderbar sind auch die Wandermöglichkeiten im Parque Nacional Los Glaciares; dort dient El Chaltén (S. 525) als idealer Ausgangspunkt (wobei auch die heimischen Brauereien nicht zu verachten sind).

Wer so weit südlich gekommen ist, hat sicher auch Lust, in den chilenischen Parque Nacional Torres del Paine (S. 561) zu fahren, dort sind einige der schönsten Wanderungen Südamerikas möglich. Auch Feuerland bietet einige atemberaubende Routen, am bequemsten erreichbar sind sie im Parque Nacional Tierra del Fuego (S. 588).

Und dann locken da noch die hohen Andengipfel westlich von Mendoza (S. 378): Hierher zieht es vor allem die hochalpinen Bergsteiger, aber das Gebiet bietet auch einige gute Trekkingmöglichkeiten. Eine weitere Destination sind die nördlichen Anden um die Schluchten der Quebrada de Humahuaca (S. 278).

Tour durch den Parque Nacional Los Glaciares (S. 529)
GARETH MCCORMACK

Die Clubs Andino sind oftmals gute Anlaufstellen, um sich mit Insidertipps, Karten und aktuellen Informationen (Wegbeschaffenheit etc.) einzudecken. Die Adressen werden in den Kapiteln genannt; Bariloche, Junín de los Andes, El Bolsón und Ushuaia sind einige der Orte mit Bergsteigerclubs.

Trekking in the Patagonian Andes von Lonely Planet ist eine gute Informationsquelle für all diejenigen, die größere Trekkingtouren planen.

BERGSTEIGEN

Die Anden sind der Traum eines jeden Bergsteigers – besonders die Provinzen San Juan und Mendoza, in denen einige der höchsten Gipfel der westlichen Hemisphäre in den Himmel ragen. Die berühmteste Hochgebirgstour führt auf den Aconcagua (S. 391), den höchsten Berg

Berge, Seen und üppiges Grün im Parque Nacional Nahuel Huapi (S. 449)

ANDREW BAIN

Nord- und Südamerikas. Es gibt hier aber noch andere hohe Andengipfel – von denen viele interessanter und technisch herausfordernder sind. Nahe Barreal (S. 404) bietet der Cordón de la Rameda fünf Gipfel über 6000 m, dazu gehört der Cerro Mercedario mit 6770 m. Die Region ist weniger überlaufen als der Aconcagua, hat schwierigere Anstiege und wird von vielen Bergsteigern bevorzugt. In der Nähe erstreckt sich die Cordillera de Ansilta (S. 404) mit sieben Gipfeln zwischen 5130 und 5885 m. Die Gipfelkette des Fitz Roy (S. 529) im Parque Nacional los Glaciares in Südpatagonien zählt zu den besten Bergsteigerzielen der Welt. Die Berge des Parque Nacional Nahuel Huapi (S. 449) bieten Spaß auf allen Niveaus.

Klettern

Im patagonischen Parque Nacional Los Glaciares (S. 529) befinden sich mit dem Cerro Torre und Cerro Fitz Roy zwei der weltweit wichtigsten Kletterziele. Der Cerro Torre zählt zu den fünf schwierigsten Gipfeln auf Erden. Die nahe Stadt El Chaltén ist eine echte Kletterhochburg, und mehrere Läden bieten Unterweisungen an oder verleihen Ausrüstung. Wer weder Zeit noch Talent für eine Besteigung des Cerro Torre hat, kann hier aus vielen anderen Angeboten auswählen.

Los Gigantes (S. 352) in den Pampinen Sierren entwickelt sich mit seinen eindrucksvollen Granithängen allmählich zur argentinischen Haupstadt des sportlichen Kletterns. Veranstalter in Córdoba (S. 345) offerieren Kurse inklusive Anreise. Auch in Carolina (S. 367) zu Füßen des Cerro Tomalasta gibt es Möglichkeiten zu klettern.

In der Provinz Mendoza bietet sich der kleine Ort Los Molles (S. 398) als angenehmer Ausgangspunkt für Klettertouren an, noch mehr Möglichkeiten gibt es im nahen Chigüido (bei Malargüe). Rund um Mendoza locken Los Arenales und El Salto.

Der Cerro Otto im Parque Nacional Nahuel Huapi (S. 449) besitzt populäre Kletterstrecken. Selbst in den Pampas gibt es einige Möglichkeiten, etwa im hügelartigen Gelände um Tandil (S .165) und außerhalb des Seebades Mar del Plata (S. 182).

ANGELN UND FISCHEN
Anglerparadiese

Patagonien und das Seengebiet gehören weltweit zu den bekanntesten Destinationen der Fliegenfischer. Eingesetzte Forellenarten (Bach-, See-, Regenbogenforelle) und der nicht-wandernde Atlantische Lachs erreichen in den landschaftlich schön gelegenen Kaltwasserflüssen respektable Größen. Im argentinischen Seengebiet liegt Junín de los Andes (S. 424), das sich selbst zur Forellenmetropole Argentiniens ernannt hat. Einheimische Führer bringen Sportangler zu den hervorragenden Lachsflüssen des Parque Nacional Lanín. Ganz in der Nähe strömen die Angler nach Aluminé (S. 422) an den Ufern des Río Aluminé, der zu den besten Forellenflüssen des Landes zählt. Auch Bariloche (S. 439) ist ein sehr guter Standort.

Angeln in Feuerland (S. 568)

MICHAEL TAYLOR

Noch weiter südlich wartet der Parque Nacional Los Alerces (S. 514) mit herrlichen Seen und Flüssen auf, und Besucher können Tagesausflüge zum Lago del Desierto bei El Chaltén oder zur Laguna Larga (S. 531) unternehmen. Der Río Grande auf der feuerländischen Isla Grande (S. 571) ist berühmt für besonders kapitale Meerforellen. Zu wichtigen Anglerflüssen in Patagonien zählen der Río Negro, Río Gallegos und Río Santa Cruz. Hier gibt es sogar eine *estancia* (Landgut) für die Petrijünger (S. 503). In Camarones (S. 487) ist Hochseefischen angesagt.

Im subtropischen Nordostargentinien lockt der breite Río Paraná (S. 197) Fliegenfischer und Angler mit der Rolle oder dem Blinker aus der ganzen Welt an. Sie ziehen riesige Flussfische an Land, etwa den *surubí* (einen schweren Wels) und den *dorado* (einen Sportfisch aus der Gruppe der Salmoniden). Der Dorado, nicht zu verwechseln mit dem Meeresfisch Mahi-Mahi, ist ein kampfstarker Schwimmer und einer der aufregendsten Fische beim Fang mit der Fliege.

Auch in Mendoza (S. 378), Uspallata (S. 388) und Barreal (S. 404) in den zentralen Anden gibt es gute Angelmöglichketen.

Führungen & Sonderleistungen

Wer im patagonischen Seengebiet reist, sollte eine zusammenlegbare Rute dabei haben. Angler mit Lizenz finden hier überall Möglichkeiten, die Schnur auszuwerfen. Für Anspruchsvollere bietet sich allerdings ein ortskundiger Führer an. In kleineren Städten wie Junín de los Andes ist das Touristenbüro die erste Anlaufstelle. Dort erhält man eine Liste mit Angelführern. Eine weitere gute Anlaufstelle für Angler, die im Seengebiet ohne Gruppe reisen, ist die **Asociación de Guías Profesionales de Pesca del Parque Nacional Nahuel Huapi y Patagonia Norte** (www.guiaspatagonicos.com.ar). Sie hält eine Liste und Kontaktdaten von lizensierten Führern in Nordpatagonien und im Seengebiet bereit.

In Nordargentinien, das keine derart komfortable touristische Infrastruktur wie das Seengebiet besitzt, braucht man einen Angelführer und meist auch ein Boot.

Weitere Auskünfte zum Fliegenfischen erteilt die **Asociación Argentina de Pesca con Mosca** (☎ in Buenos Aires 011-4773-0821; www.aapm.org.ar). Zum Angeln in Feuerland siehe S. 574.

Gesetzliche Regelungen

Im Seengebiet und in Patagonien beginnt die Angelsaison am 1. November und endet zwischen Mitte und Ende April. Im Nordosten Argentiniens darf zwischen Februar und Oktober gefischt werden. Bestimmte Seen und Bäche in Privatbesitz haben teilweise eine längere Saison.

Forellenangeln ist an Vorschriften gebunden: In Patagonien (einschließlich dem Seengebiet) müssen einheimische Fischarten immer zurück ins Gewässer gesetzt werden. Meist handelt es sich um Kleinfische wie *perca* (eine Barschart), *puyen* (wissenschaftlich Galaxias, ein kleinwüchsiger Fisch der Südhalbkugel), der patagonische *pejerrey* und die seltene *peladilla*.

Angellizenzen sind überall in entsprechenden Zubehörläden erhältlich, außerdem bei der Ortsgruppe des *club de caza y pesca* (Jagd- und Fischereiverein) und manchmal in den Touristeninformationen und YPF-Tankstellen. Im Großteil des Landes zahlt man 75 Arg$ pro Tag, 250 Arg$ pro Woche und 350 Arg$ für eine ganze Angelsaison. Schleppangelfischen kostet extra. In Feuerland liegen die Preise höher. Hier zahlt man noch eine Extragebühr für ein bestimmtes Angelrevier.

SKIFAHREN & SNOWBOARDEN

Obwohl die Skigebiete nicht so bekannt sind wie die des Nachbarlandes Chile, gibt es doch einige lohnende Destinationen. Fast alle bieten tollen Pulverschnee, ausreichende Schneehöhen und viel Sonnenschein. Viele Wintersportorte unterhalten Skischulen mit Skilehrern aus aller Welt.

Die drei wichtigsten Wintersportgebiete sind: Mendoza, das Seengebiet und Ushuaia. In Mendoza liegt Argentiniens Top-Resort, der Ort Las Leñas (S. 398) mit dem besten Schnee und den längsten Abfahrten. Im Seengebiet gibt es einige preisgünstige Orte wie Cerro Catedral (S. 450) bei Bariloche und Cerro Chapelco (S. 435) bei San Martín de los Andes. Obwohl der Pulverschnee hier weniger ideal liegt, sind die Ausblicke denen in Las Leñas weit überlegen. Und Esquel, noch weiter südlich in Patagonien, wartet im Ort La Hoya mit einem Traumpulverschnee auf.

Die weltweit südlichsten Orte mit kommerziellem Wintersport liegen bei Ushuaia (s. S. 581). Die Skisaison reicht überall meist von Mitte Juni bis Mitte Oktober.

MUSH!

Niemand kann behaupten, er habe schon alle Sportarten ausprobiert, bevor er nicht mit Schlittenhunden unterwegs war. Argentinien eignet sich hervorragend für einen Versuch. Veranstalter in der Nähe von Caviahue (S. 418) und San Martín de los Andes (S. 429) halten Gespanne bereit. Und wäre eine Hundeschlittenfahrt am Ende der Welt, in Ushuaia (S. 580), nicht ein besonderes Abenteuer? Die Aktivität beschränkt sich natürlich auf die Zeiten, wenn Schnee liegt, also die Wintermonate von Juni bis Oktober (in Ushuaia kann die Saison länger dauern).

Schussfahrt im Pulverschnee von Las Leñas (S. 398)

CHRISTIAN ASLUND

RADFAHREN

Straßenradfahren ist beliebt bei den Argentiniern – Radler in windschnittiger Kluft sind ein allgegenwärtiger Anblick. Radwege fehlen dagegen völlig. Es gibt einige hervorragend asphaltierte Fahrradrouten, vor allem im Seengebiet und (weniger ausgedehnt) im andinen Nordwesten.

Im Parque Nacional Nahuel Huapi (S. 449) im argentinischen Seengebiet gibt es mehrere hervorragende Rundstrecken (z. B. der Circuito Chico), die an den phantastischen Seen vor einer patagonischer Traumkulisse entlangführen. Manche Radler nehmen ihre Räder mit auf die Cruce-de-Lagos-Tour (S. 448), eine berühmte Zweitages-Boot- und Busreise über die Anden nach Chile. Wahre Rad-Enthusiasten verzichten dabei allerdings auf den Bustransfer und radeln stattdessen die Strecke.

Im Nordwesten liegen weitere ausgezeichnete Straßenrouten, etwa der Highway von Tu-

Durch das Weinland von Mendoza (S. 376)
ANDREW PEACOCK

cumán nach Tafí del Valle, die Direktverbindung von Salta nach Jujuy und – wohl die spektakulärste Strecke – die Quebrada de Cafayate (S. 308). Auch die Pampinen Sierren (S. 350) bieten gute Radstrecken: Das Netz an zumeist befestigten Straßen zieht sich durch eine Landschaft, die teilweise an Schottland erinnert. Mendoza bietet wunderschöne Straßen durch die Anden, für die aber eine gewisse Erfahrung und Kondition notwendig sind. Wem das zu anstrengend ist, der kann sich auch zwischen den Weingütern von Maipú (S. 386) auf den Radsattel schwingen.

Weitere Information zur entsprechenden Logistik siehe S. 689.

Mountainbiken

Die Möglichkeiten zum Mountainbiken sind schier unbegrenzt. Das Wegenetz hat allerdings seine Mängel, und es gibt kaum speziell gespurte Routen. Aber selbst wer sein Rad zu Hause lässt, findet genügend Möglichkeiten, sich eines auszuleihen. In den meisten Outdoor-Hochburgen wie Bariloche kann jeder individuell für einen Tag mountainbiken oder in der geführten Gruppe in die Pedale treten – ideal, um an sonst unerreichbare Plätzchen zu kommen. Zu den Orten mit Mountainbikeverleih zählen Córdoba (S. 350), Alta Gracia (S. 359), La Cumbrecita (S. 360), La Cumbre (S. 354) und Villa General Belgrano (S. 360) in der Provinz Córdoba; Villa la Angostura (S. 438), Bariloche (S. 439), El Bolsón (S. 454), Esquel (S. 509) und Junín de los Andes (S. 424) im Seengebiet; Mendoza (S. 373), San Rafael (S. 393) und Uspallata (S. 388) in der Provinz Mendoza; Barreal (S. 406) in der Provinz San Juan und im andinen Nordwesten Cafayate (S. 304), Catamarca (S. 282), Huma-

SEGELN OHNE WASSER

Im Parque Nacional El Leoncito (S. 408) in der Provinz San Juan entwickelt sich die Pampa El Leoncito zum Zentrum des *carrovelismo* (Landsegeln). Hier zischen die Sportler in Segelwagen über den Grund eines ausgetrockneten Sees unterhalb hoher Andengipfel. Interessenten sollten sich geradewegs nach Barreal (S. 406) aufmachen.

huaca (S. 282) sowie Tilcara (S. 280). Puerto Madryn (S. 466) an der Atlantikküste und Rosario (S. 197) in Nordostargentinien haben ebenfalls Fahrradverleihstationen.

WILDWASSER- & KAJAK FAHREN

Obwohl die Wildwasserstrecken im benachbarten Chile besser sind, besitzt auch Argentinien ein paar reizvolle Flussabschnitte. Das gilt gegenwärtig vor allem für den Río Mendoza und Río Diamante in der Provinz Mendoza (s. S. 378) sowie für den Río Juramento bei Salta (S. 392) und den Río Atuel (s. S. 396).

Die Flüsse Patagoniens bieten die spektakulärste Landschaft. Der Río Hua Hum und der Río Meliquina bei San Martín de los Andes (s. S. 430) sowie der Río Limay und Río Manso bei Bariloche (s. S.443) ermöglichen großartige Fahrten. Das gilt auch für den Río Aluminé beim Städtchen Aluminé (S. 422). Von der patagonischen Stadt Esquel (S. 509) bietet sich die Teilnahme an einer Raftingtour auf dem unglaublich schönen, von Gletschern gespeisten Río Corcovado an. Eine relativ unbekannte Flussstrecke liegt bei Barreal (S. 405), wobei zugegebenermaßen die Andenszenerie mehr beeindruckt als die Stromschnellen. Gute Fahrten der Klasse II bis III sind auf den meisten der genannten Flüsse durchführbar, Klasse IV bieten die Flüsse Ríos Mendoza, Diamante, Meliquina, Hua Hum und Corcovado. Bei organisierten Touren können auch Unerfahrene teilnehmen.

Kajakfahrten sind auf vielen der genannten Flüsse möglich, außerdem bei Ushuaia (rund ums Kap Hoorn! – s. S. 580), El Chaltén (S. 531), Viedma (S. 464), Puerto Madryn (S. 468), Paraná (S. 213), Gualeguaychú (S. 225), Rosario (S. 201) und Salta (S. 292).

GLEITSCHIRMFLIEGEN & FALLSCHIRMSPRINGEN

Gleitschirmfliegen ist in Argentinien sehr populär, und man kann an Tandem- oder Gruppenflügen teilnehmen. Die Durchführung ist einfach und preiswert, und viele Plätze sind ganz hervorragend geeignet. In Bariloche (S. 444) mit seinen herrlichen Aussichten bieten viele Veranstalter Paragliden an. Tucumán (S. 311) und Salta (S. 292) verfügen über ähnliche Angebote im andinen Nordwesten. Die vielleicht beste Anlaufstelle ist jedoch La Cumbre (S. 354) in den Pampinen Sierren von Córdoba.

Sowohl in La Cumbre als auch in Alta Gracia (S. 359) in der Provinz Córdoba sind Absprünge mit dem Fallschirm machbar. An der Küste bietet dies Mar del Plata (S. 186).

HART AM WIND

Die Wind- und Kitesurfer der ganzen Welt drängen zum isoliert liegenden Stausee Dique Cuesta del Viento (S. 408) in den zentralen Anden. Der Stausee beim winzigen Dörfchen Rodeo in der Provinz San Juan steht im Ruf, eine der besten Wind- und Kitesurfing-Destinationen des Planeten zu sein. Der beständig und kraftvoll wehende Wind stellt sich von Oktober bis Anfang Mai jeden Nachmittag ein – darauf ist Verlass! Schon manchen Surfer hat es hier allerdings ordentlich davongeweht.

Mit dem Gleitschirm am Cerro Otto (S. 449)
CHRISTIAN KAPTEYN / ALAMY

Ein echtes Abenteuer: mit dem Boot hinein in den „Teufelsschlund" der Iguazú-Fälle (S. 245)

Essen & Trinken

Argentinier lieben das Essen. Ein großer Teil des gesellschaftlichen und des politischen Lebens findet an einem Tisch statt – bei einem Kaffee, einer einfachen Mahlzeit oder einem eleganten Abendessen. Bei einem argentinischen Essen kommt es vor allem auf zwei Dinge an: die ausreichende Menge und ein gutes Preis-Leistungs-Verhältnis, die Kultiviertheit der Küche ist weniger wichtig. Rindfleisch und Nudeln sind die zwei tragenden Säulen der nationalen Speisekarte. Was aber trotzdem nicht heißt, dass auf Raffinesse kein Wert gelegt wird. Im Gegenteil: Nicht nur in Buenos Aires, sondern auch in allen anderen großen argentinischen Städten gibt es schicke internationale Restaurants – japanische, mexikanische, brasilianische, arabische und asiatische –, in denen hervorragend gekocht wird. Aber die traditionelle argentinische Küche ist anspruchsloser und in erster Linie italienisch und spanisch geprägt.

> Die Argentinier verspeisen eine Menge Rindfleisch, pro Kopf sind es jährlich 70 kg. Zum Vergleich: 43 kg in den USA, 37 kg in Australien.

Was Getränke betrifft, so denkt man mittlerweile bei Argentinien mehr und mehr an Wein, und zwar guten Wein. Die Anzahl der Kellereien und Weinberge ist überwältigend, nicht nur in der Region Mendoza (dem Herzland des argentinischen Weinanbaus), sondern auch im nordwestlichen Argentinien und sogar im nördlichen Patagonien. Und trotz steigender Inflation und wirtschaftlicher Instabilität ist guter Wein in Argentinien ein erschwinglicher Luxus, den man sich durchaus leisten kann.

Einzelheiten über Essen und Trinken in Uruguay finden sich auf S. 600.

TYPISCHES & SPEZIALITÄTEN

Die meisten Besucher (falls sie nicht gerade Vegetarier oder gar Veganer sind) verhalten sich bei ihrer Ankunft in Argentinien nach dem gleichen Muster: Kaum gelandet, stürzen sie sich auf das berühmte argentinische Rindfleisch. Doch spätestens ab dem vierten Tag sehnen sie sich nach etwas anderem – egal was, Hauptsache, es ist kein Rindfleisch!

Rindfleisch

„Rindfleisch" ist das zentrale Schlüsselwort der argentinischen Küche. Es gilt als das beste der Welt, und der Pro-Kopf-Verbrauch in Argentinien liegt höher als sonstwo in der Welt. Ehe man in Argentinien Fleisch bestellt, sollte man sich allerdings über die Unterschiede informieren zwischen den *prime cuts* (Sirloin, Tenderloin, Ribeye usw.) und einigen anderen, häufig gegrillten Varianten. Erstere sind in der Regel zart und saftig und entsprechen den kulinarischen Erwartungen des Argentinien-Reisenden. Zu Letzteren gehören u.a. Shortribs und T-Bone-Steaks, aber auch Innereien, jeweils mit viel Fett und so lange gegrillt, dass alles zwar hervorragend schmeckt, aber auch gründlich gekaut werden muss – nicht jedermanns Sache. Wem das nicht behagt, bestellt also lieber *prime cuts*. Weitere Einzelheiten über Rindfleisch finden sich im Kasten auf S. 68.

> Die *mollejas* (Kalbsbries) sind eine wahre Delikatesse und etwas für Kenner. Beim ersten Bissen schmecken sie ein wenig fettig, aber sie sind zart und sehr geschmackvoll.

Italienische Einflüsse

Die argentinische Küche ist undenkbar ohne die kulinarischen Einflüsse, die in der zweiten Hälfte des 19. Jhs. mit der Flut italienischer Einwanderer nach Argentinien kamen. Denn außer ihrer beredten Gebärdensprache brachten die italienischen Einwanderer auch ihre Liebe (und die zugehörigen Rezepte) für Pasta, Pizza, Gelato, Olivenöl und andere italienische Köstlichkeiten mit in ihre neue Heimat.

> Überall in Argentinien kann man gut italienisch essen, weil früher so viele Italiener eingewandert sind, vor allem aus Genua.

Viele Restaurants machen ihre Nudeln selbst – sie werden dann *pasta casera* (Pasta nach Art des Hauses) genannt. Sollte das nicht der Fall sein, dann werden die Nudeln zumindest frisch zubereitet anderswo zugekauft – seien es *ravioles*

RINDFLEISCH SATT

Der Gast betritt eine traditionelle *parrilla* (Steakrestaurant), schlendert am ausgestopften Bullen und dem brutzelnden *asado* (offener Grill) am Eingang vorbei, setzt sich hungrig an einen Tisch, Messer und Gabel schon in der Hand. Er spricht kein einziges Wort Spanisch und hatte bisher eigentlich nur die Wahl zwischen ein oder zwei verschiedenen Steakarten – aber auf der Speisekarte stehen mindestens zehn unterschiedliche Steaks. Was also tun? Keine Panik! Hier gibt es ein paar wichtige Tipps.

Woher kommt eigentlich das berühmte argentinische Rindfleisch? Als die ersten Spanier aus Europa nach Argentinien kamen, um das neu gefundene Land zu kolonisieren, brachten sie auch einige Rindviecher mit. Leider ließen sich die dickköpfigen Ureinwohner nicht so leicht beherrschen, sodass dieser spanische Kolonisierungsversuch erst einmal fehlschlug. Die Spanier mussten ihre Rinder am Ende in den Pampas zurücklassen, wo die Herden im siebten Rinderhimmel lebten: Viel saftig grünes Gras und nur wenige natürliche Feinde. Doch mit dem traumhaften Leben der Rinder war es vorbei, als die Europäer begannen, die Pampas erneut zu besiedeln und die Rinder wieder einzufangen. (Die Gauchos hatten sich allerdings schon längst an dem guten und kostenlosen Rindfleisch bedient.)

Die Kreuzung mit anderen europäischen Rinderrassen hat dafür gesorgt, dass es heute sehr schmackhaftes Rindfleisch gibt. Und warum schmeckt es so gut? Ein Argentinier würde behaupten, es liege an den frei grasenden argentinischen Kühen, die das nahrhafte Gras der Pampas fressen, und eben daran, dass man auf die in Europa und den USA üblichen großen Mengen an Weizen, Antibiotika und Wachstumshormonen verzichtet. Das macht das Fleisch magerer und natürlicher im Geschmack (wobei mittlerweile auch in Argentinien ein Wandel sichtbar wird: Teilweise werden Herden gegen Seuchen geimpft, und auch der automatisierten Fütterung stehen viele Viehhalter nicht mehr so ablehnend gegenüber wie früher; s. S. 173).

Der Durchschnittsargentinier verputzt im Jahr rund 70 kg Rindfleisch, immerhin schon deutlich weniger als früher. Das meiste Fleisch wird daheim gegrillt – eine beliebte Sonntagsbeschäftigung. (Wer Glück hat und zu einem solchen Familienfest eingeladen wird, sollte auf jeden Fall hingehen!) Das Rindfleischgrillen hat sich hier zu einer perfekten Kunstform entwickelt: Dabei wird meist über einem offenen Kohlengrill gegrillt und das Fleisch nur mit Salz gewürzt. Auf dem (oft hüfthoch aus Ziegelsteinen gemauerten)

(Ravioli), *sorrentinos* (große runde Nudeln mit Füllung, die den Ravioli ähneln), *ñoquis* (Gnocchi), *fideos* (Spaghetti) oder *tallerines* (Fettuccine). Dazu gibt es meistens die Standardsoße *tuco* (Tomatensoße), *estofado* (Rindereintopf, wird vor allem zu Ravioli gereicht) und *salsa blanca* (Béchamelsoße). Zum Ärger für alle, die aufs Reisebudget schauen müssen, werden die Soßen in Restaurants manchmal extra berechnet.

Und dann gibt es natürlich noch die Pizza: Fast überall in den zahllosen *pizzerías* im Land werden große, ofenheiße und vor Käse überquellende *porciones* (Pizzastücke) oder ganze Pizzas verkauft. Am beliebtesten und wohl auch am leckersten sind sie in Buenos Aires.

Die Pizza krönen die Argentinier bevorzugt mit einer Scheibe *fainá* aus Kichererbsenteig, sie liegt wie eine Art zweite Teigschicht oben auf der Pizza. Dazu wird ein Glas *moscato* (Muskateller-Weißwein) getrunken. Viele *pizzerías* bieten auch einige *empanadas* auf ihrer Karte an.

Shirley Lomax Brooks' Buch *Argentina Cooks! Treasured Recipes from the Nine Regions of Argentina* hält, was sein Titel verspricht.

Spanische Einflüsse

Spanische Küche ist zwar nicht so verbreitet wie die italienische, aber ebenfalls ein Grundpfeiler der argentinischen Küche – etwa mit Paella und anderen spanischen Gerichten mit Meeresfrüchten, die allerdings oft eher mittelmäßig zubereitet werden. Die meisten der *guisos* und *pucheros* (Eintopfgerichte) sind jedenfalls spanischen Ursprungs.

Zwar behaupten viele italienischstämmige Argentinier, die empanadas (Teigtaschen) stammten eigentlich von der italienischen calzone ab, in Wirklichkeit gehen sie aber auf die Spanier zurück. *Empanadas* werden im ganzen Land und recht unterschiedlich zubereitet – in der nördlichen Andenregion zum Beispiel

Grill wird das überschüssige Fett über Schrägen nach außen abgeleitet, damit es nicht ins Feuer tropft und dort Stichflammen verursacht. Der Grillrost kann je nach gewünschter Hitze in der Höhe verstellt werden.

Die Steakrestaurants haben sich aus dieser Familientradition entwickelt und produzieren eine gemischte Steakplatte. Eine *parrillada* umfasst eine Mischung aus *chorizo* (Würstchen aus Schweinefleisch), *pollo* (Hähnchen), *costillas* (Spare Ribs) und *carne* (Rindfleisch). Serviert werden auch exotische Gerichte wie *chinchulines* (kleine Innereien), *tripa gorda* (große Innereien), *molleja* (Kalbsbries), *ubre* (Kuheuter), *riñones* (Nieren) und *morcilla* (Blutwurst). Man kann eine *parrillada* für eine unbegrenzte Zahl an Gästen bestellen, das Restaurant passt die Zusammenstellung stets an die Gruppengröße an.

Statt einer Grillplatte kann man allerdings auch eine der argentinischen Steak-Spezialitäten bestellen. Im Folgenden ein kleiner Sprachführer:

- **bife de chorizo** – Lendenstück, dick und saftig
- **bife de costilla** – T-Bone; vom Knochen abgelöst, auch *chuleta* genannt
- **bife de lomo** – Filetstück, dünn geschnitten, deshalb eher zart im Geschmack
- **cuadril** – Rumpsteak, ebenfalls dünn geschnitten
- **ojo de bife** –Ribeye, also ein kleineres Stück aus der Hochrippe
- **tira de asado** – Shortribs; dünne Streifen Fleisch von der Rippe, quer geschnitten
- **vacío** – Flankenstück; durchwachsen, aber sehr schmackhaft

Wenn man keinen speziellen Wunsch äußert, wird das Steak *a punto* (medium) serviert. Falls man es zartrosa möchte, bestellt man es *jugoso* (leicht angebraten). *Vuelta y vuelta* oder *poco hecho* bedeutet ebenfalls „roh" bzw. „blutig", *bien hecho* ist „durchgebraten". Nicht vergessen sollte man, dazu *chimichurri* zu bestellen, eine schmackhafte Soße, hergestellt aus Tomatenwürfeln, Knoblauch und Petersilie. Sehr schmackhaft ist auch *salsa criolla* mit Tomatenwürfeln, Zwiebeln und Petersilie, die man aber nicht überall bekommt.

als gut gewürzte Rinderhack-Empanadas, in Buenos Aires mit Schinken und Käse. Beides eignet sich gut für eine Zwischenmahlzeit.

Landesküche

Obwohl Rindfleisch in Argentinien eine Art Grundnahrungsmittel ist, haben viele Gerichte einen regionalen Einschlag. Rinder lieben die Pampa – nicht die karge nordwestliche Andenregion, das Buschland des Chaco oder die windgepeitschte Steppe Patagoniens. Deshalb sollte man außerhalb der Provinzen Buenos Aires, Santa Fe, Córdoba und La Pampa – das sind die großen Viehzuchtgebiete Argentiniens – doch lieber gleich die regionalen Spezialitäten bestellen.

Obwohl der Terminus *comida típica* in Zusammenhang mit allen möglichen regionalen Gerichten auftaucht, wird er vor allem für die Küche aus dem bergigen Nordwesten verwendet. Die Gerichte aus diesem Landesteil haben ihre Wurzeln in präkolumbischen Zeiten und zeigen größere Gemeinsamkeiten mit der bolivianischen und peruanischen als mit der europäisierten Küche im restlichen Argentinien.

Das Essen ist meist stark gewürzt bzw. scharf (dank der großzügigen Verwendung von Chili) und damit eine Ausnahme in einem Land, in dem alles, was über eine Prise schwarzen Pfeffers hinaus geht, schon als sehr scharf empfunden wird. Zu den typischen Gerichten zählen *locro* (ein herzhafter und hervorragend schmeckender Getreideeintopf mit Fleisch), aber auch *tamales* sowie *humitas* (süße Tamales) und gebratene *empanadas*.

In Patagonien steht Lamm viel häufiger als Rindfleisch auf der Speisekarte. An der Küste isst man gern Fischgerichte, Austern und Königskrabben, im Seengebiet Wild, Wildschwein und Forelle. Im Westen brüsten sich die Provinzen

Torta galesa (walisischer Kuchen) ist ein köstlicher Obstkuchen, den es in Wales selbst nicht gibt. Walisische Einwanderer haben ihn „erfunden", um über die strengen patagonischen Winter zu kommen.

Mendoza, San Juan und La Rioja mit ihrem *chivito*, dem Fleisch junger Ziegen. Im Nordosten werden oft *dorado, pacu* (Verwandte der Piranhas) und *surubí* (eine Art Wels) angeboten.

Mahlzeiten

Vom Frühstücken halten die Argentinier nicht allzu viel, wer es gewohnt ist, morgens ausgiebig zu frühstücken, wird hier schnell wieder hungrig werden. Ein typisch argentinisches Frühstück besteht lediglich aus *café con leche y medialunas* (Milchkaffee und Croissants), wobei Hotels ihren Gästen häufig auch amerikanisches Frühstück anbieten. Die Croissants gibt es *dulce* (süß) oder *salada* (ungesüßt), die Alternative sind *tostadas* (Toast) mit *manteca* (Butter) und/oder *mermelada* (Marmelade). Zu den beliebten Zwischenmahlzeiten zählen *facturas* (süßes Gebäck), die in jeder *confitería* und in vielen Bars angeboten werden.

Als Ersatz für das bescheidene Frühstück dient den Argentiniern das Mittag- oder Abendessen, wobei dreigängige Mittagessen heutzutage etwas außer Mode gekommen sind. Die meisten Restaurants bedienen ab Mittag, die eigentliche Mittagessenszeit beginnt aber erst um 13 bzw. 13.30 Uhr. Das Abendessen wird frühestens um 20 Uhr serviert, Argentinier beginnen jedoch selten vor 21 Uhr, meist sogar erst um 22 Uhr. Das Essen selbst kann sich, vor allem an Wochenenden, bis weit nach Mitternacht hinziehen.

Zwischenmahlzeiten

In den großen argentinischen Städten ist es kein Problem, irgendwo einen Snack zu bekommen. *Kioscos* (Kioske) sind über die ganze Stadt verteilt und locken mit Süßigkeiten, Keksen, Speiseeis und gut verpackten Sandwiches. In vielen Straßen bieten Straßenhändler ihre *panchos* (Hotdogs) und *garapiñadas* (süße, geröstete Erdnüsse) an. Ein weiterer beliebter und schon erwähnter Snack sind die billigen und sättigenden *empanadas*, die entweder *al horno (gebacken)* oder *frito* (gebraten) verkauft werden.

Sandwiches de miga (dünne Weißbrot-Scheiben ohne Kruste, meist mit Käse und Schinken) sind vor allem als kleine Zwischenmahlzeit am Nachmittag sehr beliebt; man bekommt sie beim Bäcker. *Pebetes* sind etwas herzhaftere Sandwiches, in diesem Fall rechteckige Brötchen. *Lomitos* (Steak-Sandwiches) sind mit Abstand die Krönung unter den argentinischen Sandwiches. Und nichts in der Welt kann einen wirklich guten, vor Cholesterin nur so strotzenden *super lomito* übertrumpfen (mit einer Scheibe Schinken und einem Spiegelei auf dem Fleisch) – höchstens noch ein *choripán*, ein Sandwich-Klassiker, der aus zwei Teilen besteht: *chorizo* (Wurst aus Schweine- oder Rindfleisch) und *pan* (Brot). Das Ganze wird dann noch gekrönt mit einer *Chimichurri*-Soße, und schon ist man satt für den Rest des Tages!

Desserts & Süßigkeiten

Kaum irgendwo sonst auf der Welt ist der Pro-Kopf-Verbrauch an Süßigkeiten so hoch wie in Argentinien – die Süßigkeitsstände entlang der Straßen quellen über von Schokoriegeln und *dulce de leche* (Milchkaramell).

Alle Argentinier sind außerdem scharf auf *alfajores* (runde, keksähnliche Sandwiches, die mit allem Möglichen – von Apfelmus bis hin zu *dulce de leche* – gefüllt sind). In jeder Region Argentiniens schmecken sie anders; viele halten allerdings die Alfajores aus der Provinz Santa Fe für die besten.

Dank des italienischen Einflusses ist *helado*, die argentinische Eiscreme, im ganzen Land und vor allem in Buenos Aires besonders lecker. Es gibt drei Grundtypen: die großen Marken wie Frigor (Nestle), die etwas besseren Sorten von Ketten wie Freddo und die feinen, kleinen Eiskreationen, die vor Ort in den Eiscafés *(heladerías)* hergestellt werden. Helados werden das ganze Jahr über geschleckt, und die Bandbreite an Geschmacksrichtungen ist riesig. Das beste Eis

Chimichurri ist eine klassische Würze zu Steaks und Wurst. Einer allerdings eher an den Haaren herbeigezogenen Legende nach geht der Name zurück auf den Ausruf britischer Soldaten in argentinischen Restaurants des 19. Jahrhunderts: „Che, mi Curry!" – „Hey, mein Curry!"

Wegen seiner stark europäisch beeinflussten Geschichte gilt Bariloche (S. 439) als argentinische „Schokoladen-Hauptstadt". Wer es nicht glaubt, braucht nur einen Riegel Águila in irgendeinem Supermarkt zu kaufen.

stellt angeblich Jauja in Bariloche (S. 446) her, aber auch das Eis im Una Altra Volta und im Persicco in Buenos Aires (S. 132) hat einen guten Ruf.

In den Restaurants finden sich Eis und Obstsalat fast immer auf der Speisekarte. Flan ist eine gebackene Eiscreme, serviert wir er entweder mit Sahne oder mit *dulce de leche*. Ein *Queso y dulce* besteht aus frischem Scheibenkäse mit kandierter *membrillo* (Quitte) oder *batata* (Süßkartoffel). Ersteres ist typisch für Nordargentinien und kann hervorragend schmecken.

GETRÄNKE
Alkohol

Im vergangenen Jahrzehnt ist Argentinien wie ein Komet in der internationalen Weinlandschaft aufgestiegen – argentinische Weine werden angesichts ihrer Qualität weltweit immer beliebter. Preislich reicht das Spektrum von sehr billigen bis zu sehr teuren Weinen. Die argentinische Weinhauptstadt ist nach wie vor Mendoza, aber auch in den Provinzen San Juan, La Rioja und Salta (vor allem rund um Cafayate) wird hervorragender Wein produziert. Mendoza ist bekannt für seinen Malbec, San Juan für seinen Syrah und Cafayate für seinen Torrontés, einen fruchtigen, trockenen Weißwein.

Die Weinkarte heißt in Argentinien *la carta de vinos* und liegt in den meisten besseren Restaurants aus. Sommeliers gibt es allerdings nur wenige. Weitere Details zum Thema Wein finden sich auf S. 383.

Sofern es ein argentinisches Nationalbier gibt, so ist es Quilmes, dicht gefolgt von Isenbeck, Warsteiner, Andes und dem brasilianischen Brahma. Wer im *porrón* bestellt, bekommt eine Halbliterflasche, ein *chopp* ist ein Glas sehr kaltes Fassbier. Zum Bier gibt es meist etwas zu knabbern, etwa Erdnüsse oder Kartoffelchips (außer wenn das Bier zur Mahlzeit bestellt wird). Bei den hochprozentigen Alkoholika dreht sich in Argentinien alles um Fernet Branca, den berühmten italienischen Magenbitter (45%). Ursprünglich als eine Art Medizin getrunken, bevorzugen die Argentinier heutzutage *Fernet con Coke*, also Fernet mit Coca Cola gemischt. Ihrer Meinung nach bekommt man davon keinen Kater, aber das stimmt definitiv nicht!

Ein weiteres, in Argentinien beliebtes (und kopfschmerztechnisch eher harmloses) Getränk ist *gancia*, ebenfalls italienischen Ursprungs. Pur schmeckt es wie eine Körperverletzung, aber vermischt mit Mineralwasser und Zitronensaft wird daraus der erfrischende Sommerdrink *Gancia batido*. Eher auf dem Land als in den Städten beliebt sind auch noch *caña* (aus Zuckerrohr) und ein lokaler Gin *(ginebra)* von Bols und Llave.

Nichtalkoholische Getränke

Argentinier sind leidenschaftliche Kaffeetrinker, und sie trinken ihren Kaffee gern stark. Morgens schlürfen sie ihn mit Milch, tagsüber unzählige Tassen *café solo* (ein schwacher Espresso) oder als stärkere Variante den Espresso *ristretto*. Ein *café cortado* ist ein Espresso mit einem Schuss Milch, ein *lágrima* Milch mit ein oder zwei Tropfen Kaffee. *Cafe de filtro* ist normaler Filterkaffee, den man in in Cafés aber nur selten trinkt.

Man bekommt in Argentinien aber auch schwarzen Tee und Kräutertee, zum Beispiel *manzanille* (Kamille) und *peperina* (Pfefferminz) – und selbstverständlich Mate-Tee. Bei kühlerem Wetter ist *submarino* zu empfehlen, das ist ein Schokoriegel in einem Glas heißer Milch, in dem er ganz langsam schmilzt.

Zwar wird auf den Märkten jede Menge frisches Obst angeboten, aber in Bars und *confiterías* kann man meistens nur *exprimido de naranja* (frisch gepressten Orangensaft) und *pomelo* (Grapefruit) bestellen. Ein *licuado* besteht aus püriertem Obst mit Milch oder Wasser.

Gaseosas (Softdrinks) sind in Argentinien ausgesprochen beliebt – von Cola über *amargos Serrano* (mit Kräuterzutat) bis zu aromatisiertem Mineralwasser.

Eiscreme ist in Argentinien ausgesprochen beliebt und ähnelt eher dem italienischen Gelato als der amerikanischen oder französischen Variante

Wer argentinischen Wein mag, aber die schweren Flaschen nicht mit nach Hause schleppen will, sollte die Website www.anuva wines.com besuchen. Man kann sich auch zunächst an einer Weinprobe in Buenos Aires beteiligen und dann vor Ort Sorten für den Versand in das jeweilige Heimatland aussuchen, falls sich der Aufwand lohnt

Angesichts all der Edelkellereien und der neuen argentinischen Rebsorten sollte man nicht vergessen, dass eigentlich der Vasco Viejo der klassische argentinische Tafelwein ist. Mit rund 8 Arg$ pro Flasche ist er zudem ziemlich preisgünstig.

DAS RITUAL UM DEN MATE

Es gibt wohl nichts, was die Grundidee der *argentinidad*, des Argentinierseins, so gut auf den Punkt bringt wie die Zubereitung und der Genuss von *mate*. Es ist wahrscheinlich die einzige kulturelle Tradition, die alle Volksgruppen, Klassen und Berufe in Argentinien miteinander vereint. Mate ist mehr als nur ein Getränk, das man in der Familie, mit Freunden und Arbeitskollegen gemeinsam genießt. Im Grunde geht es dabei vor allem um den Akt des Teilens an sich!

Yerba mate sind die getrockneten, kleingehackten Blätter der *Ilex paraguayensis*, einer Verwandten der europäischen Stechpalme. Die Pflanze war früher auch als paraguayischer Tee bekannt; sie entwickelte sich in der Kolonialzeit auf den Plantagen der Jesuitenmissionen am oberen Río Paraná zu einer wichtigen Anbaupflanze. Die Europäer freundeten sich schnell mit dem koffeinhaltigen Getränk an und sprachen ihm gleich eine ganze Reihe wohltuender, weil anregender, Wirkungen zu. Der österreichische Jesuitenpater Martin Dobrizhoffer schrieb einmal, dass Mate „einen leichten Schweiß hervorruft, den Appetit anregt, rasch die durch das heiße Klima entstehende Mattigkeit vergessen lässt und Hunger und Durst stillen kann." Nach der Vertreibung der Jesuiten 1767 ging die Produktion zurück, doch seit dem frühen 20. Jh. hat der Anbau wieder enorm zugenommen.

Argentinien ist der weltweit größte Hersteller und Konsument von *yerba mate*. Argentinier trinken durchschnittlich 5 kg davon pro Jahr, das Vierfache des Kaffeeverbrauchs. Das Getränk ist auch in Teilen von Chile, im südlichen Brasilien, in Paraguay und vor allem in Uruguay beliebt, wo der Pro-Kopf-Verbrauch sogar doppelt so hoch ist wie in Argentinien.

Die Zubereitung von Mate ist ein Ritual. Früher hielten sich die reichen Familien sogar einen Sklaven oder Diener nur für die Zubereitung und das Servieren des Getränks. Heute gießt der *cebador* (Gastgeber) die Mate-Kalebasse fast bis zum Rand mit Yerba voll, erhitzt das Wasser, das nicht kochen darf, in einer *pava* (Teekanne) und gießt es dann in die Gläser. Man schlürft den Tee dann geräuschvoll durch eine *bombilla*, eine Art (meist) silbernen Strohhalm mit einer siebähnlichen Verbreiterung am unteren Ende, die verhindern soll, dass sich die angesaugten Blätter im Trinkröhrchen festsetzen.

Es gibt eine Art Trinkordnung. Der *cebador* gießt langsam Wasser in die Kalebasse. Dann geht sie im Uhrzeigersinn reihum. Ein guter *cebador* schafft es, den Mate weiter zu reichen, ohne die Yerbablätter allzu schnell auszutauschen. Jeder Gast leert die Kalebasse bis auf den letzten Tropfen. Ein schlichtes *gracias* zeigt dem Gastgeben, dass man verzichtet. Allerdings sollte man sich beim Mate-Trinken nicht zu lange aufhalten, sonst bekommt man zu hören: „*No es un microfono*" („*Das ist kein Mikrofon!*").

Eine Einladung zum Mate-Trinken sollte man auf keinen Fall ausschlagen, obwohl er beim ersten Mal etwas bitter schmeckt und ziemlich heiß ist. Weil Mate-Trinken eine ziemlich komplizierte Prozedur ist, bekommt man ihn selten in Cafés und Restaurants, außer vielleicht in der Teebeutel-Variante. Deshalb hat schon so mancher Argentinien-Reisende das Land wieder verlassen, ohne jemals Mate gekostet zu haben. Am besten sollte man es so halten wie Argentinier auf Reisen: Man kauft sich eine Thermosflasche in einem x-beliebigen Laden, eine Mate-Schale, eine *bombilla* und eine Tüte mit Gewürzen.

Bevor man das erste Mal aus der Kanne trinkt, muss man sie behandeln und vorbereiten, indem man sie mit heißem Wasser und Yerba füllt und das Ganze 24 Stunden lang einweichen lässt. Ist der Tee fertig, füllt man damit die Thermoskanne – in fast allen Restaurants, Hotels und Cafés ist man daran gewöhnt, solche Thermoskannen zu füllen (manchmal gegen eine kleine Gebühr). Einfach die Kanne auspacken und fragen: „*¿Podía calentar agua para mate?* („Können Sie bitte Wasser für meinen Mate heiß machen?"). Sogar Tankstellen unterhalten riesige Behältnisse mit genau richtig temperiertem Wasser für Teetrinker auf Reisen: Hat man sich an der Tankstelle das Wasser geholt, kann man sich im Park zu den Einheimischen in den Schatten setzen und in Ruhe seinen Mate mit ihnen schlürfen.

Wer mehr über Mate erfahren möchte, kann sich in einem Mate-Museum genauer informieren, zum Beispiel in Tigre (S. 153) oder in Posadas (S. 235).

Selbst in großen Städten wie Buenos Aires ist *agua de canilla* (Leitungswasser) ohne weiteres trinkbar. In Restaurants bestellen die meisten Gäste aber in Flaschen abgefülltes Mineralwasser, entweder *agua con gas* (mit Kohlensäure) oder *agua sin gas* (ohne Kohlensäure). In älteren, traditionell orientierten Restaurants wird Sodawasser *(un sifon de soda)* in Siphonflaschen serviert, es wird von Argentiniern gern mit billigem Wein vermischt.

FESTESSEN

An argentinischen Festtagen kommen ähnliche Gerichte wie in Europa und Nordamerika auf den Tisch. In der Weihnachtszeit findet man in diesem südamerikanischen Land typische Weihnachtsartikel der Nordhalbkugel in den Schaufenstern – und das, obwohl es hier brütend heiß ist, denn auf der Südhalbkugel herrscht zu Weihnachten Hochsommer. In der Karwoche (*Semana Santa*) gibt es vor allem Fisch und Meeresfrüchte, zu den meisten Gelegenheiten steht jedoch *asado*, also Grillfleisch, ganz oben auf der Karte. An Festtagen empfiehlt es sich, im Restaurant rechzeitig zu reservieren.

WOHIN ZUM ESSEN?

Argentinier gehen gern essen, und dafür gibt es eine Menge Möglichkeiten. Auch Bars und Pubs, oft mit britischem Ambiente, haben die gewohnten burgerlastigen Snacks auf der Speisekarte stehen.

Confiterías haben meist rund um die Uhr geöffnet und außer allen Arten von Getränken auch argentinische Spezialitäten wie Pasta, Pizza und Fleischgerichte im Angebot. Besonders lebendig ist die Café-Szene in Buenos Aires, wo so manches Privat- oder Geschäftsgespräch im Kaffeehaus geführt wird. Die besten Fleischgerichte bekommt man jedoch in einer *parilla* (Steak-Restaurant). Siehe dazu auch den Kasten auf S. 68.

Typische Restaurants haben meist nur zu den Essenszeiten geöffnet, also von 13 Uhr bis 15.30 oder 16 Uhr (Mittagessen) und von 21 Uhr bis 1 oder 2 Uhr (Abendessen). In Buenos Aires, vor allem im Viertel Palermo Viejo, gibt es viele Restaurants mit internationaler Küche, darunter chinesische, japanische, nahöstliche, indische, brasilianische und mexikanische. Außerhalb der Hauptstadt muss man sich eher mit den üblichen Standardgerichten wie Pasta, Pizza und Fleischgerichten zufriedengeben.

Ein *tenedor libre* ist ein „All-you-can-eat"-Restaurant. Bei großem Hunger sind diese Lokale zu empfehlen, ihr Angebot ist reichhaltig, und fast immer gibt es eine Salatbar und einen Grill (*asado*). Die Qualität ist allerdings häufig nur mittelmäßig, Getränke kosten extra.

Tischreservierungen werden angenommen, aber wirklich notwendig sind sie nur in den Restaurants der gehobenen Kategorie und an Wochenenden, vor allem in Stoßzeiten und an Orten wie Mar del Plata oder Bariloche. Wer sich unsicher ist, ruft natürlich am besten trotzdem vorher an. Beim Essen sollte man sich Zeit lassen und auch den Kaffee oder das Getränk zum Ausklang nicht vergessen. In der Regel kommt die Rechnung erst, wenn man sie verlangt: „*La cuenta, por favor.*" Der Kellner heißt *mozo*, die Kellnerin *señorita* (oder *moza*).

Es gibt zwei unterschiedliche Speisekarten: Eine normale und die Karte fürs *menú fijo* oder *menú del día* mit Festpreisen, manchmal inklusive Getränk. Viele Speisekarten beinhalten eine englische Übersetzung, die aber meist etwas holprig oder gar komplett unverständlich geraten ist.

In schickeren Restaurants enthält die Schlussrechnung meist einen Betrag für *cubierto*, also einem kleinen Betrag für Brot und Gedeck – nicht zu verwechseln mit dem Trinkgeld, das bei etwa 10 % liegt. Seit 2007 gilt in ganz Argentinien in Restaurants ein Rauchverbot, das auch strikt durchgesetzt wird.

VEGETARISCH & VEGANISCH

Seit einiger Zeit werden auch in argentinischen Städten Gesundheitsnahrung und Bioprodukte verkauft. Vegetarische Restaurants sind allerdings außerhalb von Buenos Aires nach wie vor eine Rarität. Auf den meisten Speisekarten stehen aber einige vegetarische Angebote, fast überall sind Pasta-Gerichte bestellbar. In den Parrillas sind die Salate, Backkartoffeln und *provoleta* (eine dicke Scheibe gegrillter Provolone-Käse) eine gute fleischlose Alternative. Fündig werden Vegetarier auch in den zahlreichen *pizzerías* und *empanaderías*. Dort sind die

---

Wenn man im Restaurant ein Bier bestellt, muss man damit rechnen, eine Flasche mit 0,75 l serviert zu bekommen, *tres quartos* genannt. Kleinere Flaschen gibt es so gut wie nicht.

Einige Jesuitenpriester versuchten früher, den Guaraní das Mate-Trinken während des Gottesdienstes zu verbieten, und zwar mit der Begründung, das Trinken verursache Drang Harn zu lassen und lenke somit von der Predigt ab.

Vor allem in Buenos Aires sollte man um Weihnachten herum Ausschau halten nach *panettone*, großen Muffin-ähnlichen Kuchen mit italienischem Ursprung. Sie sehen nicht nur hübsch aus, sondern schmecken auch köstlich.

In vielen gehobenen Restaurants wird pro Person, ähnlich wie in Italien, ein *cubierto* verlangt, ein Zuschlag für Brot und das Gedeck. Unabhängig davon wird natürlich noch ein Trinkgeld erwartet.

fleischlosen Empanadas, die mit *acelga* (Schweizer Mangold) und *choclo* (Mais) zubereitet werden, zu empfehlen.

Sin carne bedeutet „fleischlos", den Hinweis *soy vegetariano* – („Ich bin Vegetarier") – versteht auch der steakliebende Argentinier.

Veganer haben es in Argentinien noch schwerer als Vegetarier. Denn in den oft hausgemachten Pizzas sind meistens Eier enthalten oder in Schweinefett gebratenes Gemüse. Für „veganisch" gibt es Argentinien keinen Ausdruck. Als Veganer bedeutet das schon fast eine Überlebensfrage. Einige Tipps: *fugazza* ist eine Pizza ohne Käsebelag, die oft in Pizzerias angeboten wird. Und es gibt auch etliche indische Restaurants in Buenos Aires. Viel Glück!

Weitere Tipps zum Thema finden sich auf S. 127.

FÜR KLEINE ESSER

Argentinier lieben Kinder; man nimmt die lieben Kleinen gerne ins Restaurant mit. Einige Restaurants bieten auch Kinderteller an; alle (vielleicht nicht die 5-Sterne-Restaurants) werden besondere Kinderwünsche berücksichtigen – von der halben Portion bis hin zu speziellen Gerichten.

SPRACHFÜHER ESSEN

Wer nicht versehentlich Rinderinnereien oder Ähnliches bestellen will, sollte sich einen kleinen kulinarischen Sprachschatz zu Eigen machen. Hier ist er; weitere Einzelheiten auf S. 702 und 706.

Essglossar
FLEISCH

achuras	a-*tschu*-ras	Innereien
bife	*bi*-fe	für Steak im Allgemeinen (*bife de chorizo* ist dick und ohne Knochen, ähnlich wie ein Filetsteak)
cabrito	ka-*bri*-to	Ziege (Zicklein)
carbonada	kar-bo-*na*-da	typischer Eintopf mit Rindfleisch, Mais, Kürbis und Gemüse und Pfirsichen (in der Saison)
centolla	sen-*to*-scha	Königskrabbe aus dem Süden
cerdo	*ser*-do	Schweinefleisch
chinchulines	kin-tschu-*li*-nes	kleinere Innereien
chivito	ki-*vi*-to	junge Ziege (Zicklein)
choripán	tscho-ri-*pan*	Argentiniens Antwort auf den Hotdog, mit würziger Chorizo-Wurst
chorizo	tscho-*ri*-zo	Würstchen (auch *salchicha* und *morcilla*)
churrasco	tschu-*ras*-ko	gegrilltes Rindfleisch
ciervo	*sier*-vo	Wildbret
cordero patagónico	kor-*der*-o pa-ta-*go*-ni-ko	Patagonisches Lamm, bekannt für sein mageres, mit Kräutern gewürztes Fleisch
criadillas	kri-a-*di*-schas	Hoden
empanada	em-pa-*na*-da	Pastete bzw. Teigtasche, meist mit Rindfleisch gefüllt und gebraten
hígado	*i*-ga-do	Leber
jamón	cha-*mon*	Schinken
langostino	lan-gos-*ti*-no	Garnele
lechón	le-*kon*	Spanferkel
lengua	*len*-gua	Zunge
matambre	ma-*tam*-bre	Steak von der Flanke oder Hüfte, meist gefüllt, gerollt und kalt gegessen

mollejas	mo-*sche*-chas	Kalbsbries (Thymus oder Bauchspeicheldrüse), beliebter Teil eines *asado*
morcilla	mor-*si*-scha	Blutwurst
panceta	pan·*se*·ta	Speck, Schinkenspeck
pavo	*pa*-vo	Truthahn
pejerrey	pe-che-*rai*	delikater Süßwasserfisch
pollo	po-scho	Hühnchen
salpicón	sal-pi-*kon*	ein Gemüse-und-Fleischsalat (Hühnchen, Thunfisch oder Rind), wird kalt serviert
sesos	*se*·sos	Hirn
surubí	su-*ru*-bi	großer, wohlschmeckender Süßwasser fisch
ternera	ter-*ner*-a	Kalbfleisch
ubre	*u*-bre	Kuheuter

SONSTIGES

alfajor	al-fa-*chor*	ein Sandwichbiskuit (Keks), meist gefüllt mit *dulce de leche*
arroz	a-*ros*	Reis
budin de choclo	bu-*din* de *tschok*-lo	ein Maissoufflé
chimichurri	ki-mi-*tschu*-ri	argentinische Kräutermarinade, wird auch als Dressing verwendet
dulce de batata	*dul*-se de ba·*ta*-ta·	Süßkartoffeln, oft mit Käse überbacken
dulce de leche	*dul*-se de *le*-ke	karamellisierte Milch, Argentiniens beliebteste Süßspeise
dulce de membrillo	*dul*-se de mem-*bri*-scho	eingelegte Quitten, oft mit Käse gegessen
escabeche	es-ka-*be*-tsche	Öl-, Essig- und Kräutermarinade
helado	el-*a*-do	Eiscreme
mantecol	man-te-*kol*	Süßigkeit mit gemahlenen Erdnüssen und Zucker
medialuna	me-dia-*lu*-na	Croissant
morron	mo-*ron*	rote Paprika
palta	*pal*-ta	Avocado
pan dulce	pan *dul*-se	süßes Brot mit Trockenfrüchten, Nüssen und etwas Brandy; ähnlich wie Panettone
puchero	pu-*tscher*-o	argentinische Version des französischen *pot au feu* oder des spanischen *cocido*
torta galesa	*tor*-ta ga-*le*-sa	ein nahrhaftes Früchtebrot, Spezialität der walisischen Kolonie in Patagonien

Natur & Umwelt

Jeder, der mit *National Geographic* und Abenteuergeschichten aufgewachsen ist, hat seine festgefügten Argentinienbilder im Kopf: die Magellanpinguine der patagonischen Küste, die sturmumtoste, geheimnisvolle Landschaft Feuerlands, die unendliche Leere der Pampas, die Gipfel der Anden und die rauschenden Iguazú-Fälle.

Das von den Subtropen bis zum Rand Antarktikas reichende Land besitzt Naturwunder ohnegleichen.

DAS LAND

Argentinien ist groß – *wirklich* groß. Mit einer Gesamtfläche von 2,8 Mio. km² – die Inseln im Südatlantik und den von Argentinien beanspruchten Teil der Antarktis nicht mal mit eingerechnet – ist Argentinien das achtgrößte Land der Erde, nur wenig kleiner als Indien. Es erstreckt sich von La Quiaca an der bolivianischen Grenze, wo die Sommer brütend heiß sein können, bis Ushuaia in Feuerland, einem Ort, an dem nur wahrhaft hartgesottene Einheimische und ein paar verrückte Reisende den Winter aushalten. Dazwischen liegen fast 3500 km und ganz unterschiedliche Landschaften und Geländeformen.

Die Andenkette durchzieht Argentinien von der Grenze zu Bolivien im Norden bis zum Südatlantik, wo sie dann mit den Inseln Feuerlands ins Meer abtaucht und „verschwindet".

Die Zentralen & die Nördlichen Anden

Im äußersten Norden des Landes liegt der südliche Ausläufer des bolivianischen *Altiplano*, eine nur dünn besiedelte Hochebene zwischen 3000 und 4000 m, die von noch höheren Vulkanen überragt wird. Obwohl es hier tagsüber erstaunlich heiß werden kann (in diesen Höhen kann sich tatsächlich leicht einen Sonnenbrand holen, wer nicht wirklich sehr vorsichtig ist), fallen die Temperaturen nachts fast immer unter den Gefrierpunkt. Der andine Nordwesten Argentiniens (S. 303) wird auch als Puna bezeichnet.

Weiter südlich, in den trockenen Provinzen San Juan und Mendoza (S. 371), erreichen die Anden mit 6962 m im Cerro Aconcagua (S. 391) ihre größte Höhe. Der Gipfel, der wegen der Winde keine Eiskappe trägt, ist gleichzeitig auch der höchste Berg der westlichen Hemisphäre (Halbkugel).

Im Winter zeigen sich die Gipfelgrate schneebedeckt. Die Regenmenge an den Osthängen reicht zwar nicht aus, um Nutzpflanzen anzubauen, bringt aber beständig wasserführende Bäche und Flüsse hervor, mit denen die Weinbaugebiete in der Region Cuyo (d. h. die Provinzen Mendoza, San Juan und San Luis) bewässert werden. Der Winter in der Provinz San Juan ist die Jahreszeit der *zonda*: Der heiße, von den Andengipfeln fallende trockene Wind lässt die Temperaturen dramatisch ansteigen (s. S. 399).

Der Chaco

Östlich der Anden und ihrer Vorgebirge besteht ein Großteil Nordargentiniens aus subtropischen Niederungen. Diese heiße Region, bekannt als argentinischer Chaco, ist Teil der viel größeren Region Gran Chaco (S. 261), einer sehr zerklüfteten, meist unbewohnten Landschaft, die sich bis nach Bolivien, Paraguay und Brasilien zieht. Der Gran Chaco mit seinen Trockenwäldern und Savannen grenzt im Süden an die Pampa.

Der argentinische Chaco erstreckt sich über die Provinzen Chaco, Formosa und Santiago del Estero, den Westen der Provinzen Jujuy, Catamarca und Salta sowie die nördlichsten Teile der Provinzen Santa Fe und Córdoba.

An seiner Mündung ist der Río de la Plata ganze 200 km breit und wäre damit der breiteste Fluss der Welt. Je nach Auffassung physischer Geografie gehört die Mündung aber zum Meer, zum Fluss oder ist ein eigener Bereich.

Der Chaco hat eine ausgeprägte Wintertrockenzeit, die Sommer sind dort überall brutal heiß. Von Osten nach Westen nimmt die Regenmenge ab. Der feuchte Chaco – der Ostteil der Provinzen Chaco und Formosa und der Nordosten der Provinz Santa Fe – erhält mehr Regen als der trockene Chaco. Er erstreckt sich wiederum über das Zentrum und den Westen der Provinz Chaco, die Provinz Formosa, einen Großteil der Provinz Santiago del Estero und Teile der Provinz Salta.

Mesopotamia

Die Region wird auch als Litoral (Küstenrand) bezeichnet und umfasst den Nordosten Argentiniens (S. 195) zwischen Río Paraná und Río Uruguay. Wie schon der Name andeutet, prägen die zwei Flüsse die Landschaft. Hier ist das Klima mild – in den Provinzen Entre Ríos und Corrientes, aus denen Mesopotamia im Wesentlichen besteht, fällt der Niederschlag in großen Mengen. Heiß und feucht ist es in Misiones, einer politisch wichtigen Provinz, die an drei Seiten von Brasilien und Paraguay eingerahmt wird.

Hier liegen Teile der Iguazú-Fälle, die vom südbrasilianischen Paraná-Plateau herabstürzen. Kleinere sommerliche Überflutungen sind in ganz Mesopotamia und im östlichen Chaco an der Tagesordnung, im Westen werden jedoch nur die unmittelbaren Flussniederungen überschwemmt. Regen fällt in Mesopotamia das ganze Jahr über gleichmäßig.

Die Iguazú-Fälle bestehen aus 275 einzelnen Fällen, die aus Höhen bis zu 80 m hinabstürzen. Ihre Ausdehnung beträgt fast 3 km – sie gelten zu Recht als spektakulärste Wasserfälle der Erde.

Die Pampas & die Atlantikküste

Die Pampas (S. 155) sind Argentiniens landwirtschaftliches Kernland. Sie werden vom Atlantik und Patagonien begrenzt und erstrecken sich fast bis in die Provinz Córdoba und die Pampinen Sierren. Verwaltungspolitisch umfasst die Region die Provinzen Buenos Aires und La Pampa sowie (kleine) südliche Teile der Provinzen Santa Fe und Córdoba.

Das Gebiet teilt sich in die eher feuchten Pampas an der Küste und die trockenen Pampas im westlichen Landesinneren und im Süden. Über ein Drittel der argentinischen Bevölkerung lebt in und um Buenos Aires, dessen feuchtes Klima dem von Sydney oder New York im Frühjahr, Sommer und Herbst ähnelt. Der Jahresniederschlag liegt bei 900 mm, doch schon einige hundert Kilometer Richtung Westen misst diese Säule nur noch die Hälfte. Die Winter in Buenos Aires sind verhältnismäßig mild.

Die Pampas sind eine vom Wind geformte Ebene aus Löß (feinkörniger Ton oder Lehm) und Flusssedimenten. Da die Landschaft sehr flach ist, kommt es in der Nähe der wenigen Flüsse häufig zu Überschwemmungen. Nur die aus Granitgestein bestehende Sierra de Tandil (484 m; S. 165) und die Sierra de la Ventana (1273 m; S. 169) im Südwesten der Provinz Buenos Aires sowie die Sierra de Lihué Calel (S. 175) lockern das ansonsten eher eintönige Landschaftsbild der von Gras bedeckten Ebene ein wenig auf.

Von der argentinischen Hauptstadt südwärts finden sich in der Provinz Buenos Aires entlang der Atlantikküste sandige, oft von Dünen eingerahmte Strände mit Badeorten wie Mar del Plata und Necochea.

Landeinwärts herrscht wieder das Grasland der Pampas vor. Südlich von Viedma tauchen Klippen auf, aber sonst bleibt die Landschaft bis nach Patagonien insgesamt eher eintönig.

Der größte bislang gefundene Dinosaurier war der Argentinosaurus huinculensis, *der in der Provinz Neuquén entdeckt wurde. Der Pflanzenfresser maß gewaltige 40 m und war 18 m hoch.*

Patagonien & die Seenregion

Das immer aufs Neue lockende Patagonien beginnt südlich des Río Colorado, der vom Südostabhang der Anden kommt und nördlich an der Stadt Neuquén vorbei Richtung Meer fließt. Die Seenregion ist ein Teil Patagoniens, zu dem die Provinzen Neuquén, Río Negro, Chubut und Santa Cruz gehören. Die Anden trennen es vom chilenischen Patagonien.

GRÜNES ARGENTINIEN *Sarah Gilbert*

Wer sich lange genug in Argentinien aufhält, hört bestimmt einen erschöpften oder resignierten Einheimischen sagen, die Wurzel aller Übel im Lande liege im: *'No hay control de nada!'* Mit anderen Worten: Nichts ist organisiert, und nichts wird kontrolliert. Schon ein Blick auf den Unrat, der in Buenos Aires in den Río Riachuelo fließt oder auf die ungezügelte Stadtentwicklung, mit der sich das Land seine Küstenlinie verbaut, bestätigen diese Theorie.

Die Ironie bei der Geschichte: Argentinien verfügt über eines der besten Umweltschutzprogramme Südamerikas, aber die Erlasse werden nur sehr zögerlich durch- und umgesetzt. Besorgte Stimmen meinen, dies allein sei das größte Problem für die Natur des Landes.

Argentinien ist ein Entwicklungsland: Etwa 10 Mio. Menschen leben in Armut – ein Drittel davon sogar in extremer Armut. Auf der anderen Seite besitzt das Land große natürliche Ressourcen und viel Wildnis. Diese Kombination stürzt das Land in einen Zwiespalt, den es mit vielen Staaten in ähnlicher Position teilt. Wie können die Bewohner ihren Alltag bestreiten und ihre Grundbedürfnisse sichern, und dabei die vorhandenen Ressourcen nutzen, ohne der Umwelt zu viel Schaden zuzufügen? Natürlich ist nachvollziehbar, dass sich Argentinien wirtschaftlich entwickeln möchte, um den Lebensstandard seiner Bewohner zu erhöhen, aber geht das zumindest derzeit nicht selten zu Lasten der Umwelt. Gleichzeitig erscheinen die Reinigung der Flüsse und der Schutz der Wälder weniger dringlich als die brisanten (sozialen) Probleme, mit denen sich die Politik auseinandersetzen muss. Und wie praktisch überall auf der Welt erscheinen auch hier die künftig anfallenden Kosten für unterlassenen Umweltschutz nicht in den Bilanzen.

Natürlich haben nicht nur der öffentliche Haushalt und die Wirtschaftsentwicklung einen Einfluss auf die Natur. Auch der weltweite Klimawandel ist spürbar, was sich vor Allem beim Anblick der schmelzenden Gletscher Patagoniens in Schlagzeilen offenbart. Argentinien ist bereits der zweitgrößte Emittent für Karbongase in Südamerika und eine immer schnellere (wirtschaftliche) Entwicklung schafft immer höhere Ansprüche hinsichtlich des Energiekonsums. Laut Greenpeace verschwindet durch Rodung wertvoller einheimischer Wälder jede Stunde ein Waldstück von der Größe eines Fußballfeldes!

Naturschutz in Argentinien

Die Biodiversität ist immens hoch – Argentinien hat 18 verschiedene Ökozonen, 20 000 Pflanzenarten, 700 Fischarten, 150 Arten von Amphibien, 250 Reptilien-, 350 Säuger- und 1000 Vogelarten. Die Argentinier sind zu Recht stolz auf diesen natürlichen Reichtum und auf das Netzwerk von Nationalparks und Schutzgebieten, die diesen Reichtum bewahren helfen sollen.

Blickt man zurück, wurden Argentiniens Ressourcen seit Ankunft der Europäer innerhalb von 300 Jahren zu stark ausgebeutet und zunehmend mehr gefährdet. Zu Beginn des 20. Jhs. gab es noch 1,05 Mio. km² ursprünglicher Wälder. Davon sind noch 320 000 km² übrig geblieben – und dieser Rest ist auch schon verändert worden. Wälder, Fischbestände, Wasser und Boden – alles wurde und wird übernutzt. Und das Umweltbewusstsein innerhalb der Bevölkerung ist nach wie vor ziemlich gering.

Positiv erwähnt werden muss, dass in Argentinien sehr wenige heimische Arten ausgestorben sind und das Land –verglichen mit vielen anderen – immer noch reich an wilden, unberührten Landschaften ist. Inzwischen gibt es außerdem eine große und kreative Umweltschutzbewegung. Argentiniens Vorreiterin unter den Umweltorganisationen, die **Fundación Vida Silvestre** (www.vidasilvestre.org.ar), hat ihr eigenes Netz an Schutzgebieten etabliert, die gelegentlich die staatlichen Nationalparks berühren. Vida Silvestre arbeitet eng mit privaten Landbesitzern, denen große Grundstücke gehören, zusammen, um *refugios* (gemeinsam unterhaltene Schutzgebiete) zu schaffen, die ihren Beitrag dazu leisten, die heimische Tier- und Pflanzenwelt im ganzen Land zu schützen.

Umweltverträgliches Reisen

Seit der Währungskrise 2001, die Argentinienreisen für viele erst erschwinglich machte, hat der Tourismus stark zugenommen. Das bedeutet natürlich vor allem ein Plus für die heimische Wirtschaft, aber auch in vielerlei Hinsicht für die Umwelt. Argentiniens außergewöhnliche Naturschönheiten sind seine Hauptattraktion und der wesentliche Grund für viele, das südamerikanisch Land zu besuchen. Die hohe Zahl der Besucher beweist, dass sich der Schutz der ursprünglichen Landschaften sowohl ökonomisch als auch aus umweltpolitischen Gründen lohnt. Andererseits stellen die hohen Besucherzahlen eine große Belastung für die empfindlichen Ökosysteme in den Nationalparks dar.

Umweltverträgliches Reisen und Ökotourismus sind in Argentinien relativ neue Konzepte, werden jedoch noch häufig missverstanden. Wer ein „Öko"-Zeichen bei einer Reisegruppe oder an einer Lodge sieht, kann lediglich davon ausgehen, dass die Sache „irgendwie mit Natur zu tun hat". Es gibt bislang keine offizielle Deklaration für einen ohnehin verschwommenen Begriff, und jeder der will, kann ein entsprechendes Etikett an beliebiger Stelle anbringen. Die Einschätzung, wer oder was als umweltverträglich anzusehen ist, hängt vom persönlichen Gespür ab.

Während Öko-Lodges noch dünn gesät sind, gibt es genügend Reisemöglichkeiten in Argentinien, die zum Wohlergehen und Lebensunterhalt der Bevölkerung beitragen und das kulturelle Erbe und die Natur schützen helfen. Das kann ein Aufenthalt in einer historischen *estancia* (Landgut) sein oder der Kauf von Biowein bei einem heimischen Winzer.

Zum verantwortungsbewussten Reisen zählen auch der sparsame Umgang mit Energie und alle Kohlendioxid reduzierenden Maßnahmen. Wo immer möglich, ist ein Fahrrad oder Pferd dem Auto vorzuziehen. Populäre Aktivitäten wie Quadbiken und Jetski fahren wirken sich negativ auf die Natur aus und erzeugen Lärm. Auch wenn die Einheimischen es nicht immer verstehen werden, wer umweltbewusst reisen will, kann achtsam mit seinem Müll umgehen. Oft ist es auch möglich, im Hotelzimmer einen Fächer statt der Klimaanlage zu benutzen und Handtücher mehrere Tage lang zu verwenden.

Ein riesiges Problem für Umweltbewusste ist das Wissen, dass Überseeflüge das größte Übel darstellen. Oft sind in einem Land von der Größe Argentiniens auch Inlandflüge notwendig, denn es gibt kein schnelles und verlässliches Eisenbahnsystem. Karbon-Ausgleichsprojekte bieten eine Möglichkeit, die negativen Auswirkungen der eigenen Flüge zu mildern (s. S. 686).

Umwelt-Hoffnungsträger

Die Beliebtheit von Urlaub auf dem Land, die Widerstandsfähigkeit der indigenen Gemeinschaften und die unternehmerische Kreativität der Argentinier tragen dazu bei, dass jeder sehr wohl Möglichkeiten zu einem umweltschonenden Reisen finden kann. Um einen Anfang zu machen, lohnt ein Blick in den GreenDex (S. 736).

Argentinien hat eine reiche landwirtschaftliche Vergangenheit – überall im Land finden sich als Teil des Kulturerbes historische *estancias,* die oft zusätzlich große Flächen von Pampas und Wald bewahren. Einige nutzen alternative Energien und sie gehören Argentiniern, die Angestellte aus der Region einstellen und Produkte von Farmern vor Ort kaufen.

Überall in diesem Führer finden sich Hinweise auf solche Landgüter wie etwa die hervorragend ausgestattete **Estancia y Bodega Colomé** (s. S. 303), wo alternative Energie und Argentiniens älteste Reben bei der Erzeugung von exzellentem Biowein helfen. Die **Estancia Santa Catalina** (S. 357) steht mit Gebäuden und Land sogar auf der Unesco-Welterbeliste. Ihre Besitzer haben es geschafft, Tourismus und die Bewahrung des historischen Erbes in Einklang zu bringen. Gerne vermitteln sie ihren Gästen etwas vom Reichtum der argentinischen Geschichte.

Argentiniens indigene Bevölkerung ist zurückhaltender als die Gemeinschaften in den Nachbarstaaten Peru und Bolivien, aber in vielen Regionen, besonders im Norden, hält auch die argentinische Urbevölkerung an ihren Traditionen fest. Reisende können die Gemeinschaften wirtschaftlich unterstützen, indem sie z. B. Kunsthandwerk direkt beim Kunsthandwerker kaufen, einige haben eigene Kooperativen gegründet. Andere Gruppen wie z. B. die Mapuche haben eigene Unternehmen gegründet, in diesem Fall den **Batea Mahuida Ski Park** (S. 423). **Anda Responsible Travel** (s. S. 102) veranstaltet Touren, deren Erlös indigenen Gemeinschaften in ganz Argentinien zugute kommen.

Die Nationalparks des Landes (s. S. 84) bieten ein Kaleidoskop spektakulärer Landschaften, die Provinz- und städtischen Parks schützen ebenfalls grüne Bereiche oder einzigartige Ökosysteme. Laut Fundación Vida Silvestre bedroht der Tourismus fast alle argentinischen Parks. Der sogenannte Erfolg eines Naturschutzgebietes wird zu häufig an der Höhe der Besucherzahlen gemessen, die negativen Einflüsse auf Flora und Fauna werden dabei nicht berücksichtigt. Das schlimmste Beispiel ist Iguazú mit über 1 Mio. Besuchern pro Jahr, deren Einfluss auf das Ökosystem nicht gemessen wird. Manche sagen, der Nationalpark gefinde sich auf dem Weg zum Rummelplatz. Ein positives Beispiel ist die **Reserva Provincial Esteros del Iberá** (S. 220): Hier man sich des negativen Einflusses zu vieler Besucher bewusst - alle Bootstouren durch die Sümpfe werden deshalb kontrolliert und überwacht.

In vielen Parks steht Infomaterial zur Verfügung. Veranstalter von Ökotouren geben sich große Mühe, ihren Gästen die Schönheit und die Verletzlichkeit einer Region näher zu bringen. Empfehlenswert ist **Seriema Nature Tours** (www.seriemanaturetours.com), die eng mit der argentinischen ornithologischen Gesellschaft zusammenarbeitet. Die Gesellschaft bietet Touren für Hobbyornithologen, Botaniker und Naturfotografen an.

Umwelt- & soziale Organisationen

Greenpeace (www.greenpeace.org.ar, auf Spanisch) und die argentinische Umweltorganisation **Fundación Vida Silvestre** (www.vidasilvestre.org.ar, auf Spanisch) arbeiten landesweit. Greenpeace betreibt seine bekannt kritische Öffentlichkeitsarbeit und versucht, Interessengruppen für sich zu gewinnen. Vida Silvestre arbeitet stärker an der Basis mit Landbesitzern und engagierten Naturfreunden zusammen und schützt auf diese Weise wichtige Ökosysteme im ganzen Land.

Nichtstaatliche Organisationen sind auch im sozialen Bereich tätig. **Responde** (www.responde.org.ar, auf Spanisch) unterstützt kleine Dörfer beim Aufbau einer tragfähigen Existenzgrundlage. In der Hauptsache geschieht dies mit Hilfe des nachhaltigen Tourismus, der die Ortskulturen erhalten und der Landflucht entgegen wirken soll. In den Slums von Buenos Aires richten andere Organisationen ihr Interesse darauf, das soziale Klima in der Stadt zu verbessern.

Informationen zur Freiwilligenarbeit in NGOs finden sich auf S. 669.

Die Kordillere der Anden ragt so hoch auf, dass die Stürme vom Pazifik das meiste ihrer Niederschlagsfracht bereits auf der chilenischen Seite abgeladen haben. Am südlichsten Rand von Patagonien gibt es allerdings so viel Eis und Schnee, dass hier die größten Gletscher der südlichen Hemisphäre außerhalb der Antarktis entstehen konnten.

Östlich der Anden-Vorgebirge weiden auf den trockenen und kühlen Steppen Patagoniens zahlreiche Schafherden, die Wolle wird fast vollständig nach Europa und in textilverarbeitenden Staaten exportiert. Für eine so weit südlich gelegene Gegend sind die Temperaturen jedoch relativ gemäßigt, sogar im Winter, wenn gleichmäßiger Luftdruck die stürmischen Winde, die sonst fast das ganze Jahr über wehen, etwas abmildert.

Außerhalb von Städten wie Comodoro Rivadavia (Zentrum der Erdölindustrie) und Río Gallegos (Drehscheibe der Woll- und Fleischverarbeitung) ist Patagonien nur sehr dünn besiedelt. Die starken Gezeiten an der Atlantikküste lassen keine größeren Häfen zu. Im Tal des Río Negro und an der Flussmündung des Río Chubut (unweit der Stadt Trelew) wird Obst angebaut.

Feuerland (Tierra del Fuego)

Das südlichste dauerhaft besiedelte Gebiet der Welt ist Feuerland (Tierra del Fuego), das aus einer großen Insel (Isla Grande). Das Gebiet zwischen Chile und Argentinien ist eher ungleich aufgeteilt (der chilenische Westteil ist mehr als doppelt so groß) und besteht aus vielen kleinen Inseln. Einige dieser kleineren Inseln sorgten lange Zeit immer wieder für Streit zwischen beiden Ländern.

Als Europäer zum ersten Mal die Magellanstraße durchquerten (sie trennt die Isla Grande vom patagonischen Festland), erhellten die vielen Feuerstellen der Yaghan-Indianer die Küste. Heute wird hier das Erdgas in den Ölfeldern der Region weithin sichtbar abgefackelt.

Die nördliche Hälfte der Isla Grande, die den patagonischen Steppen ähnelt, gehört ganz den grasenden Schafen, die südliche Hälfte hingegen ist bergig und teilweise von Wäldern und Gletschern bedeckt. Ähnlich wie in Patagonien sind die Winter nur selten hart – wandern und im Freien zelten sollten trotzdem nur erfahrene Wanderer, die auch gewohnt sind, außerhalb von Gebäuden zu schlafen. Noch abschreckender als die Wetterbedingungen sind für die meisten Besucher die wenigen Stunden Tageslicht in dieser Jahreszeit.

FLORA & FAUNA

Ein so riesiges und vielfältiges Land wie Argentinien bietet natürlich eine artenreiche Tier- und Pflanzenwelt Der subtropische Regenwald, die Palmensavannen, die Wüsten der Hochebenen, die flachen Steppen, das feuchte Weideland, alpiner und subantarktischer Wald und die Küstengebiete besitzen jeweils eine ganz eigene Flora und Fauna, die den meisten Besuchern zunächst vollkommen unbekannt sein dürften – zumindest all jenen von der Nordhalbkugel.

Das Capybara (Wasserschwein) ist zum Beispiel das größte Nagetier der Welt, der Nadelbaum Araukarie (*pehuén*) wird wegen seiner ungewöhnlichen Form auch Andentanne genannt und kann bis zu 50 m hoch werden. Araukariengewächse zählen zu den ältesten Baumfamilien der Welt. Um die Umwelt zu schützen, hat Argentinien etliche National- und Provinzparks (S. 84) eingerichtet, sie bieten oft die beste Möglichkeit, die Natur kennenzulernen.

Der *carpincho* oder Capybara ist das weltweit größte Nagetier und wiegt bis zu 75 kg. Aus der Haut gewinnt man ein schönes, getüpfeltes Leder, das Fleisch schmeckt wie Schweinefleisch. Zwar sind die Nager in manchen Gegenden überjagt, aber dank ihrer Vermehrungsfreude nirgendwo ernsthaft bedroht!

Tiere

Argentiniens Nordosten bietet die vielfältigste Tierwelt des ganzen Landes. Eine der besten Regionen Südamerikas, um Tiere in freier Wildbahn zu beobachten, sind die sumpfigen Esteros del Iberá (S. 220), ein Reserva Natural in der Provinz Corrientes, wo man überall Tiere wie Zackenhirsche, Wasserschweine und Kaimane sowie etliche Zugvögel oder den seltsamen Wehrvogel zu Gesicht bekommt. Das Gelände ist vergleichbar mit dem berühmten Pantanal in Brasilien – landschaftlich vielleicht sogar noch schöner!

Im trockeneren Nordwesten ist das auffälligste Tier ein Haustier, nämlich das Lama, aber seine wilden Verwandten, Guanako und Vicuña, bekommt man ebenfalls zu sehen. Bei einer Fahrt nach Salta durch den Parque Nacional Los Cardones (S. 290) ist die Chance am größten, diese Tiere mit dem markanten rötlich ockergelben Fell zu erspähen.

Viele Vögel, darunter Flamingos, leben an den hoch gelegenen Salzseen im Nordwesten der Anden.

In weniger dicht besiedelten Gebieten, zu denen die trockenen Pampas der Provinz La Pampa gehören, sind Guanakos und Füchse nicht ungewöhnlich. Die vielen Gewässer bieten der Vogelwelt einen hervorragenden Lebensraum.

Vor allem in Patagonien und Feuerland gibt es viele frei lebende Wildtiere – von den Magellanpinguinen, Kormoranen, Tölpeln und Möwen bis hin zu Seelöwen, Pelzrobben, See-Elefanten und sogar Walen und Orcas. In mehreren Küstenschutzgebieten von der Provinz Río Negro bis nach Feuerland fühlen sich unzählige Tiere sicher.

CAPYBARAS Andy Symington

An der Grenze zwischen niedlich und hässlich bewegt sich das Wasserschwein oder Capybara. Der Flussbewohner ist ein riesiger Nager mit Schwimmhäuten, dem man mit ziemlicher Sicherheit in den Feuchtgebieten von Iberá begegnet. Der *carpincho*, wie sein spanischer Name lautet, wiegt bis zu 75 kg und ist damit größer als jedes andere Nagetier.

Das sanftmütige und etwas komisch wirkende Tier bewohnt gleichermaßen Land und Wasser, und frisst in riesigen Mengen sowohl das am Ufer stehende Gras als auch Wasserpflanzen. Die kleinen Herden werden von einem Männchen angeführt, dass vier bis sechs Weibchen um sich sammelt. Männliche Tiere sind an einer Stirnbeule erkennbar, mit deren Geruchsabsonderung sie ihr Revier markieren. Die niedlichen pummligen Jungen werden im Frühjahr geworfen.

In Iberá ist das Capybara geschützt. Anderswo wird es wie ein Haustier gehalten oder wegen seiner Haut, die ein weiches, elastisches Leder liefert, bejagt. Das Fleisch wird von traditionellen Gemeinschaften gerne gegessen.

Auf Peninsula Valdés (S. 472) kommt es vor, dass sich Orcas (Schwertwale) auf den Strand werfen, um Seelöwen zu jagen. Ein Verhalten, das allerdings nur ganz selten zu beobachten ist.

NATIONALPARKS & SCHUTZGEBIETE

Park	Merkmale	Aktivitäten	Beste Besuchs- zeit
Monumento Natural Laguna de los Pozuelos (S. 287)	Natürlicher Hochgebirgssee; reiches Vogelleben, darunter drei Flamingoarten	Vogel- und Tierbeobachtung, Wandern	Nov.–März
Parque Nacional Baritú (S. 278)	Fast ursprünglicher subtropischer Bergwald	Wandern, Tierbeobachtung, Besuch indigener Gemeinschaften	Juni–Sept.
Parque Nacional Calilegua (S. 276)	Übergangszone, subtropischer Bergwald und subalpine Wiesen	Wandern, Tierbeobachtung, Vogelbeobachtung	Mai–Nov.
Parque Nacional Los Cardones (S. 300)	Bergwüstenpark mit spektakulären Cardón-Kakteen, umherziehende Guanakos	Wandern, Fotografieren, Geologie	Sept.–Mai
Parque Nacional El Rey (S. 277)	Üppiger subtropischer Wald und Anden-Nadelwald	Wandern, Tierbeobachtung, Vogelbeobachtung	Mai–Nov.
Parque Nacional Río Pilcomayo (S. 267)	Subtropische Sümpfe und Palmensteppe, farbenprächtige Vögel, Kaimane und nachtaktive Säuger	Mit Piranhas schwimmen, Bootsausflüge, Vogel- beobachtung	Juni–Sept.
Parque Nacional Chaco (S. 261)	Dichter subtropischer Dornwald, Sümpfe, Palmsavanne und farben- prächtige Vögel; leicht zugänglich, aber wenige Besucher	Wandern, Allradfahrten, Baumexkursionen	April–Okt.
Parque Nacional Iguazú (S. 245)	Spektakuläre Iguazú-Wasserfälle; auch subtropischer Regenwald und viele Vögel, Säugetiere und Reptilien	Wandern, Bootsausflüge	Okt.–März
Parque Nacional Mburucuyá (S. 219)	Quebracho und Palmwälder, Fluss- mündungen und Inseln; Capybaras, Füchse, Riesenotter und Sumpfhirsche	Wandern, ganzjährige Tier- beobachtung, Vogelbeobachtung	Ganzjährig
Reserva Provincial Esteros del Iberá (S. 220)	Ruhiges Feuchtgebiet; sicherlich besser als das berühmte Pantanal	Bootsausflüge, Tiere, Vogel- beobachtung	März–Dez
Parque Nacional El Palmar (S. 230)	Am Río Uruguay; Heimat der letzten Bestände der Yatay-Palmsavanne	Wandern, Reiten, ganzjähriges Radfahren, Baumexkursionen	Ganzjährig
Parque Nacional Talampaya (S. 337)	Prächtige Wüstenszenerie und außer- gewöhnliche geologische, paläontolo- gische und archäologische Stätten	Geologie, Radfahren, Allradausflüge, Wandern	Sept.–Nov. & März–Mai
Parque Nacional Copo (S. 323)	Dichter, trockener Chaco-Wald, meist flach, letzte Vorkommen bedrohter Tiere	Wandern, Tier- und Vogel- beobachtung	April–Okt.
Parque Provincial Ischigualasto (S. 409)	Bekannt als „Tal des Mondes"; surreale, urzeitliche Landschaft mit zerklüfteten Felsformationen	Wandern, Radtouren, Vollmond-Touren	April–Sept.
Parque Nacional El Leoncito (S. 407)	760 km² großes Areal mit kahlen Andenvorbergen, Heimat von Guanakos, Füchsen und Wanderfalken	Wandern, ganzjährig Land- segeln, Astronomie	Ganzjährig
Parque Nacional Quebrada del Condorito (S. 361)	Beeindruckende Felssteppe der Pampa de Achala in der Sierra Grande; zahlreiche Kondore	Wandern, Kondorbeobachtung	April–Sept.
Parque Nacional Sierra de las Quijadas (S. 367)	Bunte Wüstenschluchten und wichtige Dinosaurierfunde; wundervoll ruhig	Fotografie, Paläontologie, Wandern	April–Sept.
Parque Provincial Aconcagua (S. 391)	Hier erhebt sich der Aconcagua, mit 6960 m der höchste Gipfel der westlichen Hemisphäre	Trekking, Wandern, Bergsteigen	Dez.–März
Parque Provincial Volcán Tupungato (S. 393)	Zentrales Highlight: Gipfel des Tupun- gato – ein anspruchsvoller Aufstieg als der auf den nahe gelegenen Aconcagua	Wandern, Bergsteigen	Dez.–März

Park	Merkmale	Aktivitäten	Beste Besuchszeit
Parque Nacional Lihué Calel (S. 175)	Rosafarbene Gipfel, einsame Täler, Felszeichnungen und eine erstaunliche Tier- und Pflanzenvielfalt	Wandern, Tierbeobachtung, Pflanzen bestimmen	Sept.–Okt., März–April
Parque Provincial Payunia (S. 398)	Mit die weltweit höchste Vulkandichte (über 800 Vulkankegel)	ganzjährig Wandern, Fotografie, Vogelbeobachtung	ganzjährig
Parque Nacional Laguna Blanca (S. 418)	Einsamer See mit viel Nichts um ihn herum; alte Vulkane und Lavaströme, Brutkolonien von Schwarzhalsschwänen und Andenflamingos	Wandern, Fotografie, Vogelbeobachtung	Sept.–Dez.
Parque Nacional Lanín (S. 426)	Ausgedehnte Araukarienwäldern und Südbuchen vor dem Hintergrund des perfekten Kegels des Volcán Lanín	Wandern, Fotografie, Mapuche-Gemeinwesen	Dez.–März
Parque Nacional Nahuel Huapi (S. 449)	Ein 7580 km² großes Gebiet rund um den schönen Lago Nahuel Huapi; Seen, Ausblicke, Bäume, Spaß – und eine Menge Leute	Wandern, Wintersport, Angeln	Dez.–März
Parque Nacional Los Arrayanes (S. 438)	Winziger Park innerhalb des Parque Nacional Nahuel Huapi; schützt Bestände des einzigartigen Arrayán-baumes	Wandern, Fotografie, Bootstouren	Dez.–März
Parque Nacional Lago Puelo (S. 457)	Der aquamarinblaue Lago Puelo ist ein Tieflandsee zwischen hohen Andengipfeln	Angeln, Bootfahren, Wandern	Dez.–März
Parque Nacional Los Alerces (S. 503)	Einzigartiger valdivianischer Wald mit Beständen der mammutbaumähnlichen Alerce	Wandern, Bootfahren, Angeln	Nov.–April
Reserva Faunística Península Valdés (S.472)	Ein Traum für Naturfreunde; Wale, Seelöwen, Magellanpinguine	Tierbeobachtung, Tauchen, Bootstouren	Juni–Dez.
Reserva Provincial Punta Tombo (S. 486)	Bekannt für seine riesige Brutkolonie an Magellanpinguinen	Tierbeobachtung, Wandern	Sept.–März
Parque Nacional Perito Moreno (S. 523)	Phantastische Gletscherseen, alpine Gipfel, patagonischer Andenwald und Guanakos; abseits ausgetretener Pfade	Wandern, Tierbeobachtung, Ausritte	Nov.–März
Monumento Natural Bosques Petrificados (S. 497)	Abgelegener Park mit reichen Beständen versteinerter Proaraucaria	Wandern, Fossiliensuche	ganzjährig
Parque Nacional Monte León (S. 500)	Argentiniens erster Küstennationalpark vor Feuerland	Wandern, Tierbeobachtung, Vogelbeobachtung	ganzjährig
Parque Nacional Los Glaciares (S. 529 & S. 540)	Argentiniens Hauptsehenswürdigkeit: er berühmte Glaciar Perito Merino und die eindrucksvollen Gipfel der Fitz-Roy-Kette	Wandern, Gletscher, Trekkingtouren, Klettern	Nov.–März
Parque Nacional Tierra del Fuego (S. 588)	Argentiniens erster Nationalpark an der Küste außerhalb von Feuerland: alpine Gletscher und Gipfel, Meeressäuger, Küstenvögel, und ausgedehnte Südbuchenwälder	Wandern, Kajakfahren	Nov.–März

* Die Nennung der Parks erfolgt soweit möglich von Nord nach Süd und West nach Ost

Die südlichen Küsten zählen zu den größten Besucherattraktionen der jeweiligen Region. Im Inneren der patagonischen Steppe wie auch im Nordwesten ist das lamaähnliche Guanako heimisch. Flugunfähige, straußenähnliche Nandus eilen in kleinen Gruppen über die Ebenen.

Zu den Meerestieren in Patagonien siehe auch Kasten S. 478.

Pflanzen

Die vielfältigste Pflanzenwelt findet sich im Nordosten Argentiniens, in der Seenregion, in den patagonischen Anden und den subtropischen Wäldern des Nordwestens. In den hohen nördlichen Anden besteht die Vegetation aus spärlichen Grashorsten (*ichu*) und niedrigen, weitläufig verteilten Büschen, die unter dem Sammelnamen *tola* zusammengefasst werden. In den Provinzen Jujuy und La Rioja wachsen hingegen riesige, säulenförmig verzweigte *cardón*-Kakteen, die der sonst leeren Landschaft einen eigentümlichen Reiz verleihen. In der Anden-Vorkordillere – zwischen dem Chaco und den eigentlichen Anden – liegt ein Streifen dichten, subtropischen Nebelwalds, die sogenannten *yungas*.

In Teilen der Provinzen Salta, Jujuy und Tucumán gedeihen die Yungas dank des Sommerregens sehr üppig und zählen zu den Regionen mit der höchsten Biodiversität des Landes. Die Yungas werden in drei Nationalparks geschützt: Parque Nacional Calilegua (S. 276), Parque Nacional Baritú (S. 278) und Parque Nacional El Rey (S. 277).

Der feuchte Chaco besteht aus Grasland und Galeriewäldern mit vielen Baumarten, etwa dem *quebracho colorado* und der Carandaypalme. Der trockene Chaco trägt trotz seiner Ausgedörrtheit immer noch eine reiche Vegetation. Zu den höheren Baumarten zählen Quebracho Colorado, *que-bracho blanco*, *algarrobo* und *palo santo*, außerdem gibt es einen dichten Unterwuchs aus niedrigem Dorngebüsch. Sowohl die Quebracho- als auch die Algarrobobäume liefern geschätzte, auch für Wasserbauten geeignete Harthölzer, was in beiden Teilen des Chaco zur Entwaldung geführt hat.

Im regenreichen Mesopotamia wächst Sumpfwald, und zwar sowohl in den Niederungen als auch in der höher gelegenen Savanne. Die ursprüngliche Vegetation der Provinz Misiones besteht meist aus dichten subtropischen Wäldern, in den höheren Lagen wachsen Araukarien.

Die vormals dicht mit Gras überzogenen argentinischen Pampas haben durch Überweidung und den großflächigen Anbau von Feldfrüchten, wie Sojabohnen, gelitten. Heute gibt es kaum noch natürliche Vegetation – außer an Wasserläufen wie dem Río Paraná.

Ein Großteil von Patagonien liegt im Regenschatten der chilenischen Anden, sodass die Steppen im südöstlichen Argentinien den kargen Weiden des trockenen Andenhochlands ähneln. Zur Grenze hin stößt man auf dichte Ansammlungen von *Nothofagus* (Südbuche in mehreren Arten) und auf Nadelwälder der Araukarie, die ihre Existenz den Winterstürmen verdanken, die über die Kordilleren fegen. Der Norden von Feuerland ist praktisch eine Fortsetzung der patagonischen Steppe, die starken Niederschläge an den Bergen im Süden lassen dort Wälder mit Südbuchen gedeihen.

NATIONALPARKS & PROVINZPARKS

Argentiniens Nationalparks ziehen Besucher aus aller Welt an. Das argentinische Nationalparksystem entstand schon zu Beginn des 20. Jhs. und ist damit eines der ältesten in Lateinamerika. Den Anfang machte der Entdecker und Landvermesser Francisco P. Moreno, der dem Staat 75 km² Land in der Nähe von Bariloche schenkte – unter der Bedingung, dass der Landstrich für alle Argentinier erhalten bleiben sollte.

Dieses Gebiet ist heute Teil des Parque Nacional Nahuel Huapi (S. 518) in der Seenregion der Anden.

Die attraktive *Araucaria araucana* (Araukarie) wächst im chilenischen und argentinischen Seengebiet (S. 426) als Waldbaum. Sie hat lange, geschuppte Zweige, die Nüsschen in den Zapfen sind essbar.

Conservación Patagónica (www.patagonialandtrust.org) hat Hunderte von Quadratkilometern Land in Patagonien und den Esteros del Iberá erworben, um sie unter Schutz zu stellen.

Fundación Vida Silvestre (www.vidasilvestre.org.ar, auf Spanisch) ist eine der führenden Umweltorganisationen Argentiniens. Die Partnerschaft mit dem WWF besteht seit 1988.

Seitdem hat der Staat viele andere Parks und Reservate eingerichtet, vor allem in den Anden. Auch die Provinzen haben eigene bedeutende Parks und Reservate geschaffen, z. B. die Reserva Faunística Península Valdés (S. 472), die nicht zum Nationalparksystem gehört, aber einen Abstecher lohnt. Die Nationalparks sind stärker besucherorientiert als die Provinzparks; Ausnahmen sind der Parque Nacional Perito Moreno mit wenigen Besuchereinrichtungen und die Península Valdés mit guten Angeboten.

Vor dem Besuch der Parks sollten Touristen in Buenos Aires bei der **Administración de Parques Nacionales** (Nationalparkverwaltung; ☎ 4311-6633; www.parquesnacionales.gov. ar; Santa Fe 690) nach Karten und Broschüren fragen, denn in den Parks selbst sind sie oft Mangelware. In der Regel ist der Besuch der Nationalparks kostenlos, manche verlangen eine Eintrittsgebühr von etwa 25 Arg$. Die attraktivsten Parks kosten am meisten: Parque Nacional (PN) Iguazú und PN Tierra del Fuego verlangen zum Beispiel 50 Arg$ und PN Los Glaciares 75 Arg$. (Argentinier und Kinder zahlen weniger.)

Die Eintrittsgelder der Provinzparks variieren von kostenlos bis 40 Arg$, aber die offiziellen Angaben können täuschen. In einigen Parks müsste man Leuchtkugeln abschießen, um jemanden zu finden, bei dem es möglich wäre, den geforderten Eintrittspreis zu entrichten. In anderen wie dem Parque Provincial Ischigualasto in San Juan müssen Besucher einen Führer anheuern, was den Preis mindestens um 20–220 Arg$ pro Person erhöht. Der Parque Provincial Aconcagua erhebt Wandergebühren von 150–300 Arg$ und Klettergenehmigungen von 500–1500 Arg$. Für eine Liste der Parks siehe S. 82–83.

FAKTEN ZUR UMWELT

Obwohl Argentinien mit einem der ausgedehntesten Systeme von Parks und Reservaten in ganz Südamerika wirbt, sind viele dieser Gebiete bedroht – ganz zu schweigen von den Pufferzonen rund um und zwischen den Schutzgebieten. Der Chaco ist durch Entwaldung bedroht: Der Anbau genmanipulierter Sojabohnen und Sonnenblumen sowie von in der Erbsubstanz veränderten Nutzholz bedrohen die Gesundheit des Waldes. Dasselbe gilt für die Yungas und subtropischen Regenwälder von Misiones, wo Teeplantagen und Holzfällerei weiterhin an der Zerstörung eines der biologisch vielfältigsten Gebiete Argentiniens arbeiten. Als Resultat existieren Schutzzonen nur noch als Inseln, besonders im Gran Chaco und Mesopotamien.

Der wirtschaftliche Zusammenbruch Argentiniens und die Probleme, im internationalen Wettbewerb mitzuhalten, haben zu einer raketenartigen Zunahme des Sojaanbaus geführt – Soja ist das Ausfuhrgut, das die größten Gewinne erzielt. Überall in den Pampas pflanzen die Farmer nur noch transgene Sojabohnen an, die zwar kein Unkrautvernichtungsmittel mehr brauchen, dafür aber den Boden auslaugen, die Entwaldung beschleunigen und dazu führen, dass der Boden hochgradig mit Herbiziden vergiftet ist.

Auf der positiven Seite ist zu verbuchen, dass 2007 das Ley de Bosques (nationales Waldschutzgesetz) verabschiedet wurde. Dadurch kam es landesweit zu einem einjährigen Stillhalteabkommen, was die Rodung ursprünglicher Wälder betraf. In dieser Zeit wurden Regeln zur Holznutzung erarbeitet. Das Gesetz, weitgehend ein Projekt von Greenpeace Argentina und der Fundación Vida Silvestre (s. Kasten S. 78), gehörte zu den wesentlichen Erfolgen der Umweltschützer. Jedoch verzögerte Cristina Kirchner über ein Jahr lang seine Anwendung, im Februar 2009 setzten Aktivisten endlich die Einlösung durch.

Ein weiterer brisanter Faktor ist die Erderwärmung, die Wissenschaftlern zufolge ganz wesentlich zum Abschmelzen des südpatagonischen Eisfeldes beiträgt. Es schmilzt heute wesentlich schneller ab als vor 1990. Ironischerweise führen die Katastrophenmeldungen über Erderwärmung und den Rückgang des Gletschereises dazu, dass die Zahl an Tourbuchungen zu Argentiniens und Ant-

Dem amerikanischen Umweltschützer Doug Tompkins, Gründer der Bekleidungsfirmen The North Face und Esprit, gehören etwa 8000 km² Land in argentinischen und chilenischen Patagonien sowie in Nordost-Argentinien. Der Großteil seiner Ländereien steht unter Naturschutz.

Die meisten patagonischen Gletscher schrumpfen mit einer alarmierenden Geschwindigkeit, eine Ausnahme ist der Perito-Moreno-Gletscher (S. 546). Er gilt als stabil und wächst ungefähr mit derselben Geschwindigkeit wie er kalbt.

UNESCO-WELTERBESTÄTTEN

Die UN Educational, Scientific and Cultural Organization (Unesco) hat die folgenden Plätze in Argentinien zu Welterbestätten deklariert. Am Anfang stand der Parque Nacional Los Glaciares (1981), die jüngste Ernennung war die herrliche Quebrada de Humahuaca (2003).

▨ Cueva de las Manos (S. 522)

▨ Jesuitische *estancias* (Landgüter) der Provinz Córdoba: (S. 357, S. 358 und S. 357)

▨ Jesuitische Missionen der Guaraní: San Ignacio Miní (S. 240), Santa Ana (S. 239) und Loreto (S. 239)

▨ Manzana Jesuítica (Gebäude der Jesuiten), Córdoba (S. 344)

▨ Parque Nacional Iguazú (S. 245)

▨ Parque Nacional Los Glaciares (S. 529 und S. 540)

▨ Parque Nacional Talampaya (S. 337)

▨ Parque Provincial Ischigualasto (S. 409)

▨ Quebrada de Humahuaca (S. 278)

▨ Reserva Faunística Península Valdés (S. 472)

Argentinien rangiert unter den Erzeugern von Soja nach den USA und Brasilien an dritter Stelle. Dabei verzehrt kaum jemand im Land Sojaprodukte. Mehr als 90 % der Ernte werden deshalb exportiert.

arktikas Gletschern immer mehr zunimmt. Kommen die Leute, um die Gletscher zu sehen ... bevor es zu spät ist? Eine große Besucherattraktion sind beispielsweise die spektakulären Abbrüche des Perito-Moreno-Gletschers; riesige Eisblöcke stürzen dort donnernd in das eisige Wasser des Lago Argentino. Tatsächlich gehört der Perito-Moreno-Gletscher zu den wenigen Gletschern, die immer noch wachsen. Das spricht aber leider nicht gegen die bedrohlichen Szenarien der Klimaerwärmung, denn der Gletscher wächst sehr viel langsamer als früher; zu Abbrüchen an der Gletscherzunge wird es also vermutlich in immer größeren Abständen kommen.

Während die internationale Gemeinschaft eher besorgt nach Süden blickt, fokussieren sich die nationale Bedenken Richtung Norden. Dort wurde die Papierfabrik Botnia 2007 gegenüber von der argentinischen Stadt Gualeguaychú (S. 224) am uruguayischen Ufer des Río Uruguay in Betrieb genommen wurde. Das Vorgehen der uruguayischen Fabrik in finnischem Firmenbesitz hat in Argentinien zu massiven Protestkundgebungen mit Straßenblockaden gegen das umweltzerstörende Unternehmen geführt (s. S. 599).

Die kanadische Firma Barrick Gold betreibt gegenwärtig eine riesige Goldmine in der Provinz San Juan, die erhebliche Tribute an Land und Leuten fordert. Zusammen mit Einheimischen, etwa den Winzern der Provinz, haben Umweltschützer in und nahe der Stadt San José de Jáchal (S. 408) heftig gegen Barricks Einsatz hochgiftiger Blausäure protestiert. Diese kontaminiert sowohl Boden als auch Grundwasser. Ende 2009 begann die Firma an der argentinisch-chilenischen Grenze mit dem Bau der stark umstrittenen Gold- und Silbermine Pascua Lama. Die Produktion soll 2012 beginnen. Nachdem Berichte enthüllten, dass Barrick drei Andengletscher an einen anderen Ort „versetzen" wollte, kam es zu heftiger Kritik. Man schätzt, dass 20 ha eines Eisfeldes hätten beseitigt werden müssen, um mit dem Abbau im Bergwerk zu beginnen. Chile stimmte der Errichtung zu, verbat aber den Eingriff in den Gletscher. Barrick hat jetzt versichert, dass kein Eis von der Stelle bewegt wird.

Buenos Aires

Man nehme eine wunderschöne, europäisch anmutende Stadt samt sympathischen Einwohnern – sie nennen sich übrigens *porteños* –, eine Gourmetküche vom Feinsten, hervorragende Einkaufsmöglichkeiten, ein ausgeflipptes Nachtleben und andere verlockende Aktivitäten, mische alles – und schon hat man Buenos Aires, eine kosmopolitische Metropole mit Schickimicki-Vierteln, aber auch recht heruntergekommenen Gegenden. Buenos Aires ist elegant, hat etwas Verführerisches, aber eben auch seine Ecken und Kanten. Obwohl diese Mixtur noch spürbar europäisch geprägt ist, wirkt sie dennoch ganz modern und lateinamerikanisch. Buenos Aires verströmt etwas seltsam Vertrautes, lässt sich aber trotzdem mit keiner anderen Stadt der Welt vergleichen.

Zwischen hypermodernen Designer-Boutiquen, Nobelvierteln und großen Parks finden sich ungepflegte Straßen voll von stinkenden Bussen und hektischem Treiben. Daneben existiert das klassische Buenos Aires: Kaffeehäuser, die auch in Wien stehen könnten, Kolonialarchitektur, bunte Märkte im Freien sowie Gemeinden ganz unterschiedlicher Nationalität. Mit den einst Reichen und Schönen lässt sich im Friedhof von Recoleta Bekanntschaft schließen, wobei man allerdings auf die allgegenwärtigen Hundehaufen auf den Gehwegen aufpassen muss – der reinste Hürdenlauf. Den Magen schlägt man sich dann in einer *parrilla* voll, um anschließend im angesagtesten Club von Palermo Viejo die ganze Nacht zu tanzen. Spaß macht es auch, in einem staubigen Laden in San Telmo nach einer antiken Gemme zu suchen oder samstags dem beliebten Markt des *barrios* einen Besuch abzustatten. Wer will, lernt, zu den melancholischen Klängen des Tangos das Tanzbein zu schwingen, um sich dann später noch ein *fútbol*-Spiel anzuschauen – da knistert es nur so vor Spannung, wenn River gegen Boca antritt. Die Stadt bietet ihren Besuchern unvergessliche Abenteuer: also nichts wie rein ins Vergnügen!

Wer nach Buenos Aires kommt, versteht sofort, warum sich so viele Leute in diese erstaunliche Stadt verliebt haben – und dann oft für immer geblieben sind. Ob man zu den Infizierten gehört, muss jeder für sich selbst herausfinden.

HIGHLIGHTS

- Auf dem **Friedhof Recoleta** (S. 109) Zwiesprache mit den reichen und berühmten Toten halten.

- Sich bei einer Tangoshow in **San Telmo** (S. 136) von den schwindelerregenden Schrittfolgen beeindrucken lassen.

- In den witzigen und schicken Designerboutiquen von **Palermo Viejo** (S. 143) nach Herzenslust einkaufen.

- Im Viertel **Las Cañitas** (S. 131) von Palermo die saftigen Steaks und exotischen Gerichte genießen.

- In den schicken und ultracoolen Clubs von **Palermo** (S. 138) die ganze Nacht Party feiern.

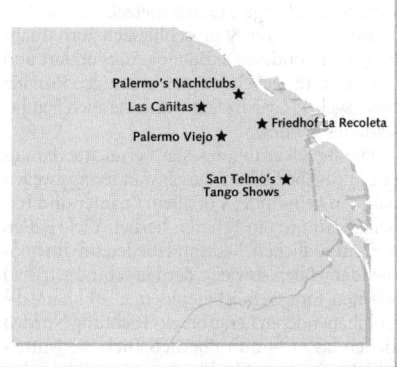

- VORWAHL: 011   - EINWOHNER: 3 MIO.   - FLÄCHE: 200 KM²

GESCHICHTE

Buenos Aires wurde 1536 von Pedro de Mendoza gegründet, einem spanischen Adeligen und Abenteurer, der seine Expedition nach Südamerika aus eigener Tasche finanzierte. Der Mangel an Lebensmitteln und die Überfälle indigener Gruppen zwangen Mendoza 1537 zu einer überstürzten Abreise. Das Schicksal meinte es nicht gut mit ihm: Auf dem Heimweg verstarb Mendoza auf hoher See. Unterdessen verließen andere Expeditionsteilnehmer die Siedlung, segelten 1600 km flussaufwärts und gründeten Asunción, die heutige Hauptstadt von Paraguay.

Um 1541 war die ursprüngliche Siedlung eine Geisterstadt. 1580 segelte dann ein neuer Trupp Siedler unter der Führung von Juan de Garay von Asunción flussabwärts, um den einst verlassenen Außenposten Mendozas wiederzubeleben.

In den folgenden 196 Jahren war Buenos Aires ein Dorf und aufgrund der Handelsbeschränkungen, die das Mutterland Spanien auferlegt hatte, Schmugglerparadies. Dennoch lebten hier um 1776 – als Spanien den Ort zur Hauptstadt seines riesengroßen Vizekönigtums am Río de la Plata erkor – an die 20 000 Personen. Plötzlich war Buenos Aires eine wichtige Stadt – aus dieser Zeit rührt auch die hohe Meinung vieler *porteños* von sich selbst und auch von ihrer Stadt.

Nachdem 1806 und 1807 britische Invasionen mit Erfolg abgewehrt werden konnten, gingen die *porteños* davon aus, dass sie auch ohne die Hilfe – oder Übergriffe – von Spanien klarkommen würden. Als Napoleon 1808 Spanien eroberte, kappte der *cabildo* (Stadtrat) von Buenos Aires im Mai 1810 die Bande zum Mutterland. Es folgten Jahrzehnte, in denen Buenos Aires und andere ehemalige Provinzen des Vizekönigreichs um die Macht kämpften, mehr als einmal kam es zum Bürgerkriegsgemetzel.

1880 wurde die Stadt schließlich zum unabhängigen Bundesstaat Buenos Aires erklärt und aus der sie umgebenden gleichnamigen Provinz herausgelöst. Gleichzeitig wurde sie auch Hauptstadt des Landes.

Die Bevölkerung der Stadt erreichte damals fast eine halbe Million, die Einwanderungswellen nahmen kein Ende: Vor allem Spanier und Italiener strömten in Scharen herbei. Viele ließen sich am südlichen Stadtrand nieder, um im boomenden Hafen sowie in der Fleischindustrie zu arbeiten. Eine Gelbfieberepidemie 1871 hatte die wohlhabenderen Leute bereits Richtung Norden ziehen lassen – nun überließ auch die Mittelschicht die Viertel La Boca und San Telmo den vielen Neuankömmlingen.

Der Export an Agrarprodukten schnellte zwischen 1880 und 1914 in schier schwindelerregende Höhen, der Reichtum der Stadt wuchs immens. Gut gestellte *porteños* ließen sich protzige Herrschaftshäuser im französischen Stil erbauen, und die Regierung investierte mit vollen Händen in öffentliche Parkanlagen, prachtvolle Verwaltungsgebäude und eine U-Bahn-Linie. Ein Großteil des heutigen einzigartigen Stadtbilds geht auf diese Epoche zurück; lediglich die Umgestaltung der Avenida 9 de Julio zu einem Mega-Boulevard von der Breite eines Blocks fand erst Ende der 1930er-Jahre statt.

Doch der Boom sollte nicht ewig anhalten. Der Zuwanderungsstrom riss nicht ab, aber die Exportpreise gingen in den Keller, und die Arbeiter reagierten mit Frust und Gewalt. Der Börsencrash an der Wall Street 1929 gab den Finanzmärkten im Land dann den Rest, und schon bald kam es zum ersten Militärputsch, dem noch viele weitere folgen sollten. Für das Land Argentinien war damit das Ende des Goldenen Zeitalters angebrochen.

Nach wie vor zogen viele nach Buenos Aires, doch kamen jetzt aus den anderen argentinischen Landesteilen vor allem *mestizos*, Argentinier halb indianischer, halb spanischer Abstammung. Elendssiedlungen entstanden, gleichzeitig nahmen die sozialen Probleme zu, denn die Stadt konnte die steigende Bevölkerung nicht mehr aufnehmen. Die Hauptstadt war zwar das Wirtschaftszentrum des Landes, doch als es mit dem Wohlstand bergab ging, gab es keine anderen Wirtschaftszentren im Land, die diesen Niedergang in irgendeiner Form auffangen konnten.

Die Problemfelder Umweltverschmutzung, Armut, Arbeitslosigkeit und die immer schlechter werdende Infrastruktur standen im 19. Jh. ständig auf der Tagesordnung. Selbst heute noch lebt im Großraum Buenos Aires ein Drittel der Gesamtbevölkerung Argentiniens. Extreme Regierungen und die Achterbahnfahrt der Wirtschaft setzten dem Land ununterbrochen zu. Erst im späten 20. Jh. vollzog sich ein politischer Richtungswechsel im Land. Gegen Ende des ersten Jahrzehnts des 21. Jhs. waren dann allerdings auch die Auswirkungen der Weltfinanzkrise zu spüren. Weitere Details zu den Höhen und Tiefen der argentinischen Geschichte siehe S. 30.

ORIENTIERUNG

Buenos Aires ist eine Riesenstadt, doch die meisten touristisch interessanten Sehenswürdigkeiten konzentrieren sich auf ein paar gut zu erreichende Stadtviertel.

Im Herzen der Stadt liegt das Microcentro, das zentral gelegene Geschäftsviertel – es ist nicht sonderlich groß und lässt sich einfach zu Fuß erkunden. Ein Stück südlich schließt sich San Telmo an, das für den Tango und seinen Antiquitätenmarkt auf der Plaza Dorrego am Sonntag bekannt ist. Noch weiter südlich folgt das *barrio* La Boca, dessen farbenfrohe Wellblechhäuser weltberühmt wurden.

Westlich des Microcentro liegt Congreso, kein eigener Stadtbezirk und Sitz der Regierung (mit dem wichtigsten Zug- und Busbahnhof der Stadt). In Richtung Norden folgen Retiro und gen Nordwesten Recoleta – Nobelviertel mit Museen, Wohnbauten wohlhabender Personen und schicken Geschäften. Noch weiter nördlich schließen sich die Vorstädte Palermo und Belgrano an, beide bieten weitläufige Parks und viele Einkaufsmöglichkeiten: Hier ist die Mittelschicht zu Hause. In Belgrano spürt man noch Einflüsse der deutschen Auswanderer.

Informationen zur Ankunft am Flughafen Ezeiza, der rund 35 km südlich vom Stadtzentrum liegt, siehe Kasten S. 149. Der Aeroparque Jorge Newbery liegt nordwestlich der Innenstadt von Buenos Aires.

PRAKTISCHE INFORMATIONEN
Bibliotheken
Biblioteca Lincoln (Karte S. 92–93; ☎ 5382-1536; www.bcl.edu.ar; Maipú 672) Die Bibliothek befindet sich im Instituto Cultural Argentino-Norteamericano (ICANA); gute Adresse für englische Zeitungen, Zeitschriften und Bücher.
Biblioteca Nacional (Karte S. 96–97; ☎ 4806-9764; Agüero 2502) Die bedeutendste Bibliothek der Stadt ist schlichtweg scheußlich; gelegentlich finden hier Lesungen statt.

Die Alianza Francesa, das British Arts Centre sowie das Goethe-Institut haben ebenfalls eine Bibliothek, die Titel in der jeweiligen Sprache (s. 101) bereithält.

Buchläden
El Ateneo (Karte S. 92–93; ☎ 4325-6801; Florida 340; ☺ Mo–Fr 9–22, Sa 9–17 Uhr) Moderner Buchladen mit mehreren Filialen; s. auch S. 146.
Walrus Books (Karte S. 92–93; ☎ 4300-7135; Estados Unidos 617; ☺ Di–So 12–20 Uhr) Das beste Geschäft für hochwertige neue und gebrauchte Bücher (in englischer Sprache) im Bereich Belletristik und Sachbuch.

Concierge-Service
BA Cultural Concierge (☎ 011-15-5457-2035; www.baculturalconcierge.com) Der Concierge-Service von Madi Lang hilft bei der Planung von Reiserouten, organisiert

den Transfer zum Flughafen, besorgt ein Handy, übernimmt Botengänge, reserviert Theaterkarten, verschickt ein Care-Paket, macht eine freie Wohnung ausfindig und erledigt noch Zigtausend weitere Dinge, damit die Reise so problemlos wie möglich verläuft.

Einwanderung
Einwanderungsbehörde (Karte S. 92–93; ☎ 4317-0200; Antártida Argentina 1355; ☺ Mo–Fr 7.30–13.30 Uhr) Ermöglicht die Verlängerung des 90-Tage-Touristenvisums, Kosten: 300 Arg$.

Geld
Banken und *cambios* (Wechselstuben) finden sich in der Innenstadt an jeder Ecke. In den Banken sind die Warteschlangen länger und die Öffnungszeiten kürzer, dafür ist der Wechselkurs oft besser. Einen Bogen sollte man um die zweifelhaften Gestalten in der Avenida Florida machen, die den Passanten „*cambio, cambio, cambio*" anbieten. Die Dienste dieser inoffiziellen Geldwechsler sind nicht empfehlenswert! Außerdem ist Falschgeld in Umlauf.

Die beste Möglichkeit, in Argentinien an Pesos zu kommen, sind Geldautomaten – sie finden sich überall. Oft besteht beim Abheben eine Höchstgrenze, aber dafür kann man mehrmals am Tag abheben. Manche Automaten zahlen einen Betrag bis zu 1000 Arg$ auf einmal aus. Bei der Nutzung eines Geldautomaten nimmt die Bank vor Ort eine Gebühr von 11,46 Arg$ (die eigene Bank zu Hause schlägt dann noch ein zweites Mal zu). Immer daran denken: Die genannte Gebühr wird pro Transaktion fällig!

Selbst in Buenos Aires gestaltet sich das Wechseln von Reiseschecks nicht so einfach. Nur ein paar Hotels und Banken nehmen sie an, zu einem schlechten Wechselkurs. Eine Ausnahme macht American Express, entsprechend lange muss man dort Schlange stehen.

Die folgenden Vertretungen vor Ort sind beim Ersatz von gestohlenen oder verlorenen Karten behilflich:
American Express (Karte S. 92–93; ☎ 0810-555-2639; Arenales 707) Wechselt auch Reiseschecks: Mo–Fr 10–15 Uhr.
MasterCard (Karte S. 92–93; ☎ 4340-5700; Perú 151)
Visa (Karte S. 92–93; ☎ 4379-3400; Corrientes 1437, Untergeschoss)

Infos im Internet
Die folgenden Websites widmen sich alle Buenos Aires; sie sind entweder auf Englisch aufgebaut

(Fortsetzung auf Seite 100)

BUENOS AIRES

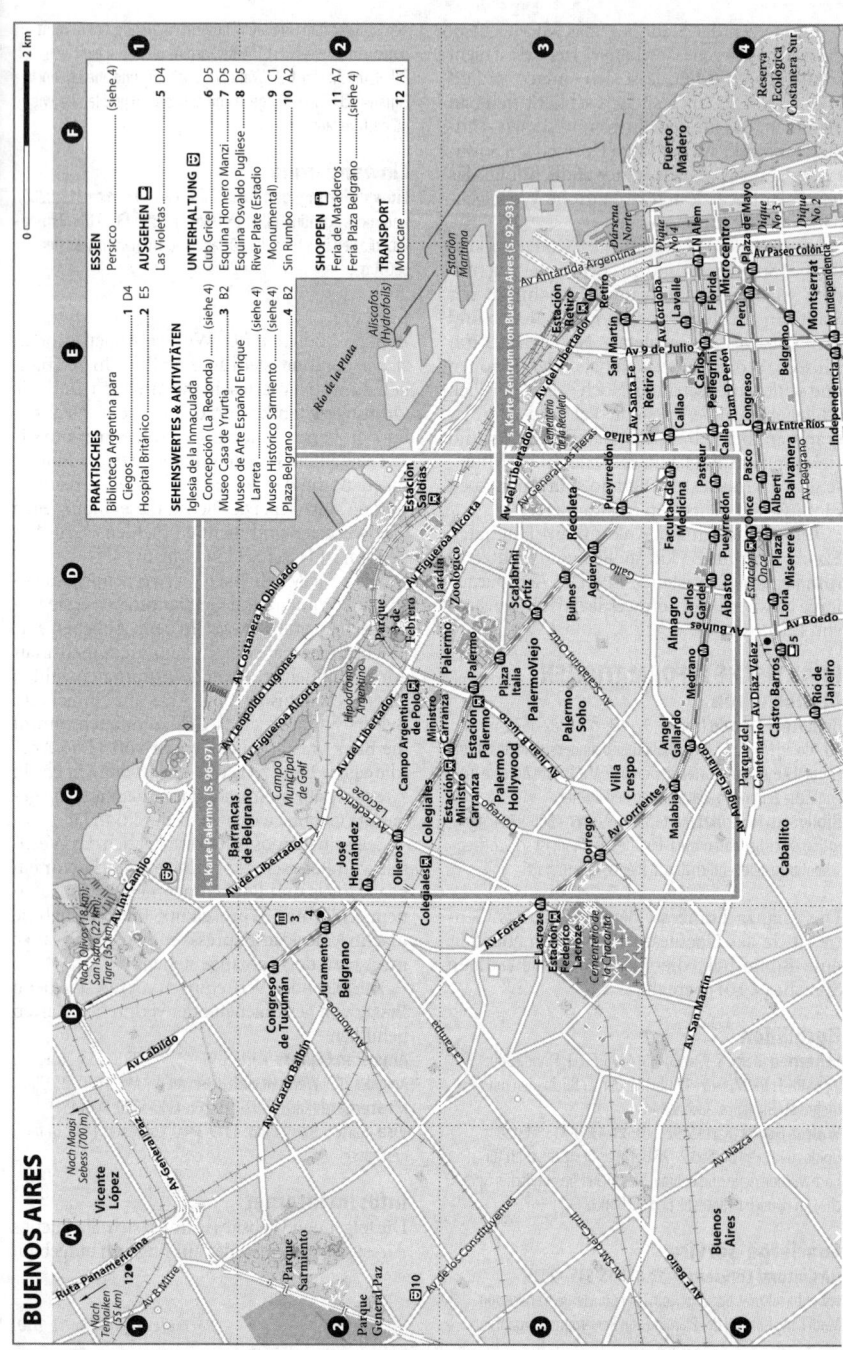

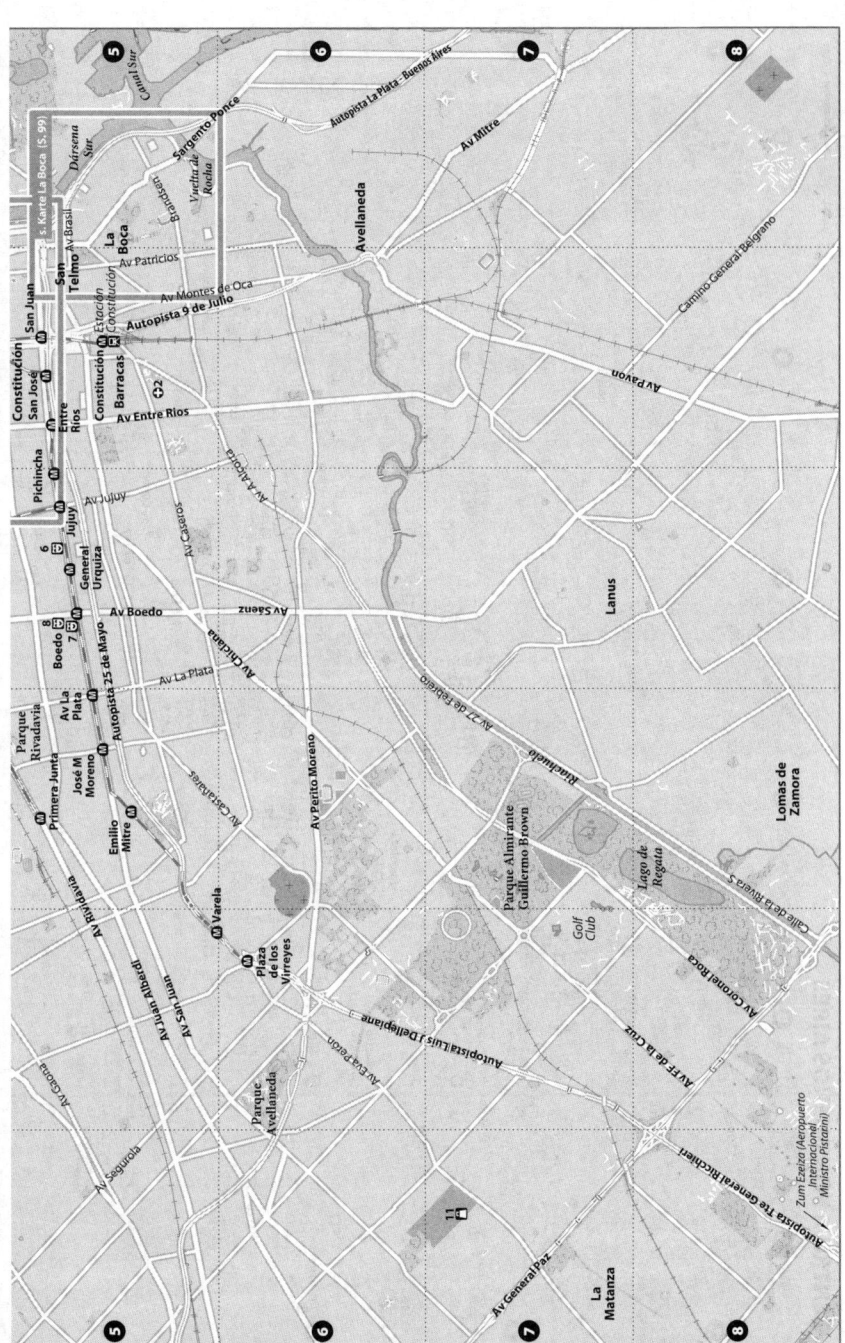

BUENOS AIRES

ZENTRUM VON BUENOS AIRES

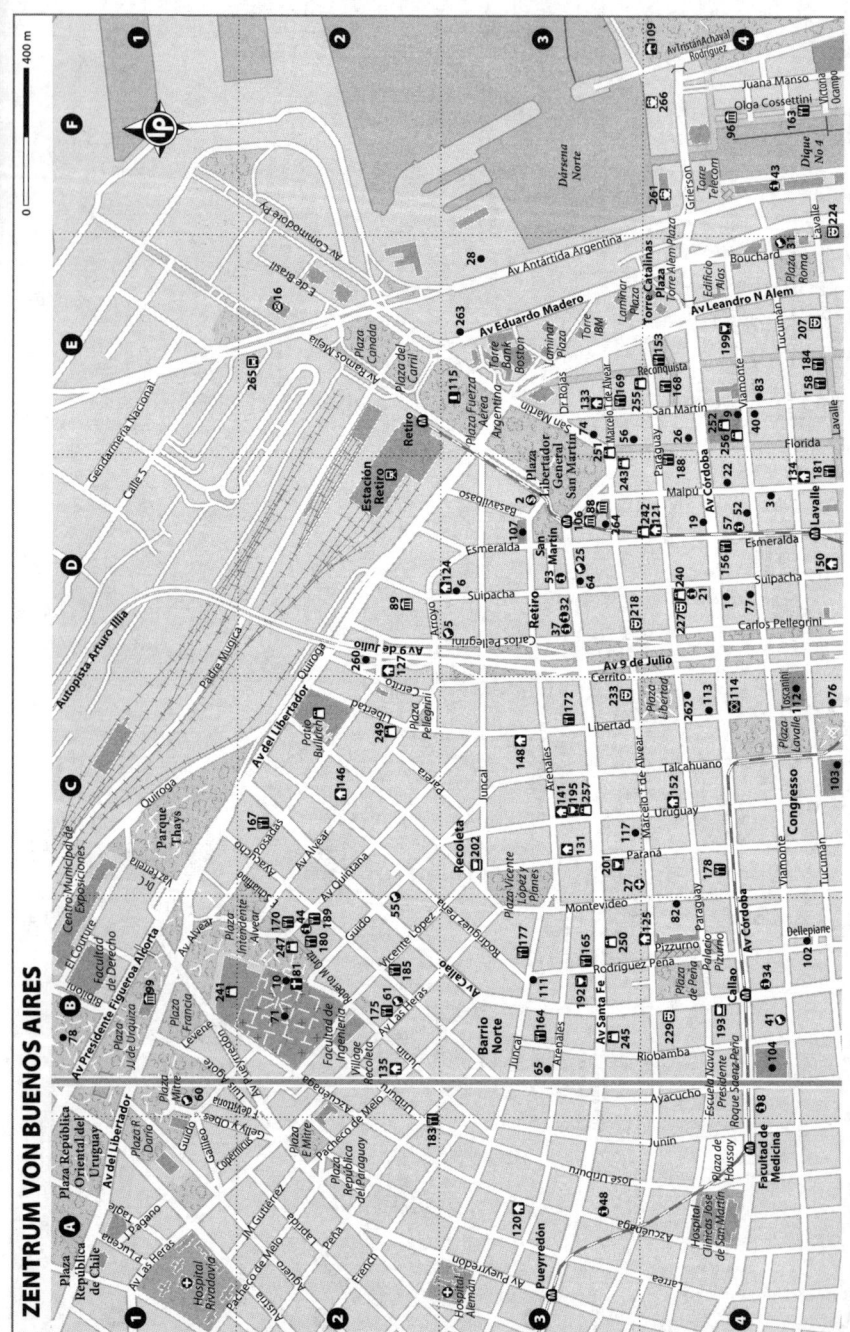

BUENOS AIRES

ZENTRUM VON BUENOS AIRES (S. 92–93)

ZENTRUM VON BUENOS AIRES (S. 92–93)

PALERMO

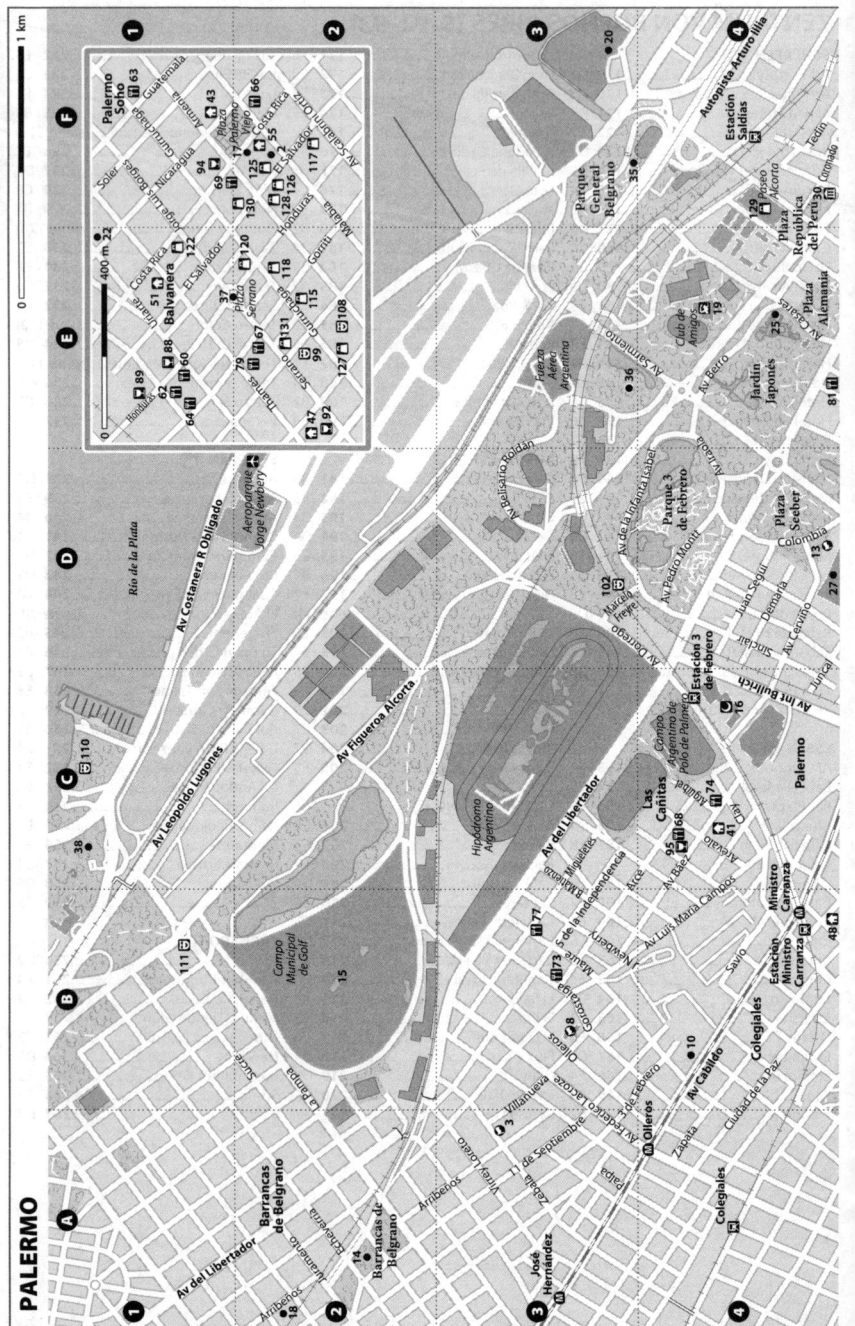

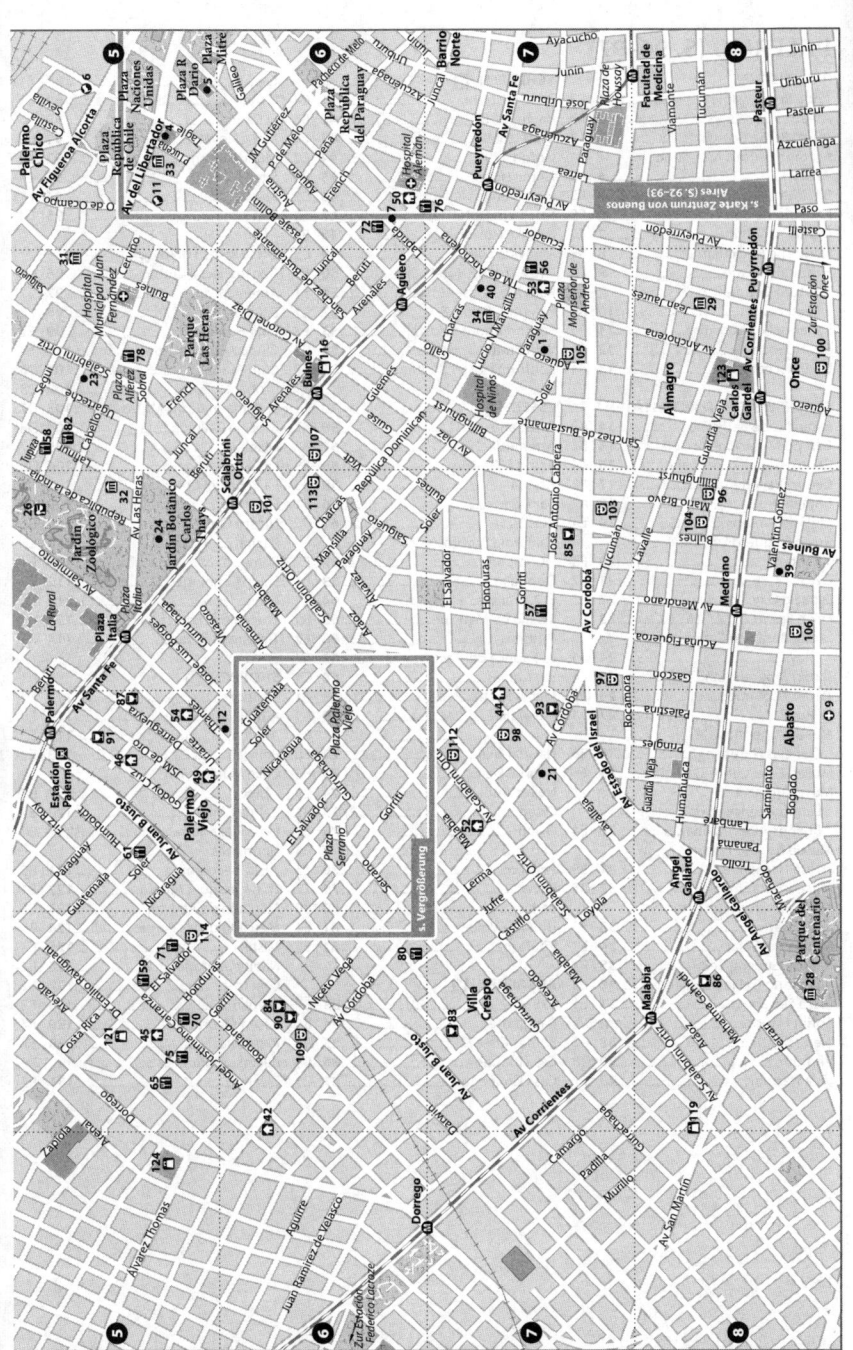

PALERMO (S. 96–97)

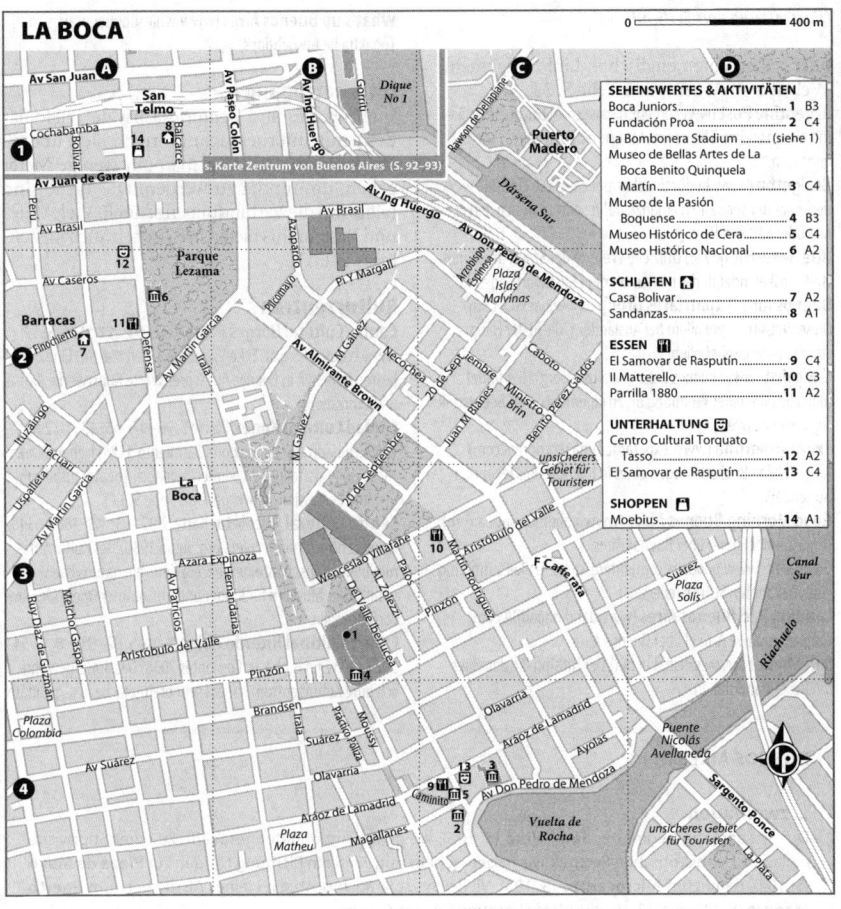

LA BOCA

SEHENSWERTES & AKTIVITÄTEN	
Boca Juniors	1 B3
Fundación Proa	2 C4
La Bombonera Stadium	(siehe 1)
Museo de Bellas Artes de La Boca Benito Quinquela Martín	3 C4
Museo de la Pasión Boquense	4 B3
Museo Histórico de Cera	5 C4
Museo Histórico Nacional	6 A2

SCHLAFEN	
Casa Bolívar	7 A2
Sandanzas	8 A1

ESSEN	
El Samovar de Rasputín	9 C4
Il Matterello	10 C3
Parrilla 1880	11 A2

UNTERHALTUNG	
Centro Cultural Torquato Tasso	12 A2
El Samovar de Rasputín	13 C4

SHOPPEN	
Moebius	14 A1

(Fortsetzung von Seite 89)

oder haben einen englischen Link. Allgemeine Websites zu Argentinien siehe S. 22.

Argentine Post (www.argentinepost.com) Nützliche Artikel mit einem breiten Themenspektrum zu Buenos Aires und Argentinien.

Budgetba (www.budgetba.blogspot.com) Die Einträge werden zwar nur sporadisch ergänzt, dafür spart man sich den einen oder anderen Peso.

Bue (www.bue.gov.ar) Offizielle Website der Stadt; den Veranstaltungskalender findet man unter dem Stichwort „agenda".

Buenos Aires Expatriates Group (www.baexpats.org) Diese Website ist vor allem bei Ausländern, die in der Hauptstadt wohnen, sehr beliebt.

Craigslist (www.buenosaires.en.craigslist.org) Hier findet man alles von einer Wohnung bis zu einem Job – im Bedarfsfall sogar einen Lover.

Expatargentina (www.expatargentina.wordpress.com) Ausgefallene Beobachtungen eines in Buenos Aires lebenden Ausländers.

Good Morning Buenos Aires (www.goodmorningba.com) Umfassender Führer über Buenos Aires.

Goodairs (www.goodairs.com) Interessante Artikelsammlung eines bekannten Schriftstellers.

Landing Pad Buenos Aires (www.landingpadBA.com) Gute, alternative Artikel über Buenos Aires.

Salt Shaker (www.saltshaker.net) Der Hit sind die detailliertesten Restaurantkritiken.

What's up Buenos Aires (www.whatsupbuenosaires.com) Topaktuelle Ausgehtipps.

Internetzugang

Internetcafés und *locutorios* (private Telefonläden) mit Internetzugang finden sich überall im Zentrum. Oft muss man nur wenige Meter gehen, um fündig zu werden. Die Tarife sind billig und die Verbindungen schnell. Viele Cafés und Restaurants bieten inzwischen auch kostenloses WLAN.

Kulturzentren

Centro Cultural Borges (Karte S. 92–93; ☎ 5555-5359; www.ccborges.org.ar; Ecke Viamonte & San Martín) Eine der besten Adressen in Buenos Aires: preiswerte Kunstwerke, Musik und Workshops.

Ciudad Cultural Konex (Karte S. 96–97; ☎ 4864-3200; www.ciudadculturalkonex.org; Sarmiento 3125) Neben Workshops und Ausstellungen werden hier auch Theateraufführungen und Percussion-Shows gezeigt; siehe S. 143.

Centro Cultural Recoleta (Karte S. 92–93; ☎ 4807-6340; www.centroculturalrecoleta.org; Junín 1930) Das Kulturzentrum bietet Kunstausstellungen, ein Kino, ein naturwissenschaftliches Museum für Kinder und im Sommer Open-Air-Filmvorführungen.

Centro Cultural Ricardo Rojas (Karte S. 92–93; ☎ 4954-5523; www.rojas.uba.ar; Corrientes 2038) Das außergewöhnlich gute Kulturzentrum hat ein sehr breitgefächertes, qualitativ

---

BUENOS AIRES IN ...

... zwei Tagen

Der Spaziergang beginnt in **San Telmo** (S. 106), wo einige Antiquitätengeschäfte zu einer Stippvisite einladen. Der historischen Perspektive wegen geht es nun weiter in Richtung Norden zur **Plaza de Mayo** (S. 104), dann zum **Microcentro** (S. 103). Vielleicht ist ja auch noch ein kleiner Abstecher zum **Puerto Madero** (S. 105) machbar – die ideale Location für eine Pause.

Anschließend bummelt man in Richtung Norden nach **Retiro** (S. 108) und **Recoleta** (S. 109) mit einem Zwischenstopp im **Museo Nacional de Bellas Artes** (S. 110), wo vor allem die Impressionisten locken. Auf alle Fälle sollte der **Cementerio de la Recoleta** (S. 109) auf dem Programm stehen, wo die Elite der Stadt ihre letzte Ruhe gefunden hat. In Sachen Abendessen und Nachtleben ist dann **Palermo Viejo** (S. 110) kaum zu überbieten.

Am zweiten Tag lohnt das Stadtviertel **Congreso** (S. 106) einen Besuch, aber auch **La Boca** (S. 107). Es macht Spaß, in der **Avenida Santa Fe** (S. 143) oder in **Palermo Viejo** (S. 143) einzukaufen und dann abends noch eine **Tangoshow** (S. 136) oder eine Vorstellung im **Teatro Colón** (S. 139) anzusehen.

... vier Tagen

Nach den ersten beiden Tagen in der Stadt können am dritten Tag ein Ausflug nach **Tigre** (S. 152) oder **Colonia** (S. 621) in Uruguay auf dem Programm stehen. Am vierten Tag bieten sich gleich mehrere Alternativen an: Man kann sich einige Museen anschauen, eine **Tangostunde** (s. Kasten S. 137) nehmen, und – falls gerade Wochenende ist – die **Feria de Mataderos** (s. Kasten, S. 147) besuchen. Auch ein Bummel durch die **Parks von Palermo** (S. 110) ist reizvoll. Für das Abschiedsessen sollte man sich auf jeden Fall noch ein gutes Steak-Restaurant gönnen.

hochwertiges Angebot, es bietet u.a. auch preiswerten Unterricht.
Centro Cultural San Martín (Karte S. 92–93; ☎ 4374-1251; www.ccgsm.gov.ar; Sarmiento 1551) Eine hervorragende Kultureinrichtung mit vielen kostenlosen oder preiswerten Angeboten.

Es gibt noch weitere ausländische Kulturzentren, die alle eine Bibliothek haben und Kulturveranstaltungen und Unterricht anbieten:
Alianza Francesa (Karte S. 92–93; ☎ 4322-0068; www.alianzafrancesa.org.ar; Av Córdoba 946)
British Arts Centre (Karte S. 92–93; ☎ 4393-2004; www.britishartscentre.org.ar; Suipacha 1333)
Instituto Goethe/Goethe-Institut (Karte S. 92–93; ☎ 4318-5600; www.goethe.de/buenosaires; Av Corrientes 319)

Medien
Die beliebtesten Zeitungen der Stadt sind der unterhaltsame *Clarín* (ein Boulevardblatt) sowie die etwas moderatere und gehobenere *La Nación*. *Página 12* bietet eine linke Perspektive und bringt oft wichtige Nachrichten. *Ámbito Financiero* ist zwar in erster Linie eine Wirtschaftszeitung, überzeugt jedoch auch mit guter Berichterstattung im Bereich Kultur.

Die englischsprachige Tageszeitung *Buenos Aires Herald* berichtet über Argentinien und die Welt aus internationaler Perspektive, während die lebhaftere *Argentimes* (ebenfalls auf Englisch) weniger Artikel druckt, die dafür aber mehr Tiefgang haben. Für deutsche Urlauber interessant ist das *Argentinische Tageblatt*. Alle genannten Zeitungen sind im Internet abrufbar. Internationale Zeitungen wie die *New York Times*, der *Guardian* und *Le Monde* werden an vielen Zeitungskiosken verkauft, das gilt natürlich auch für Zeitschriften wie *Time*, *Newsweek* und den *Economist*.

Das Kabelfernsehen erfreut sich in Buenos Aires eines großen Zuspruchs. Zu den internationalen Kanälen zählen CNN, BBC und ESPN. Und es fehlt natürlich nicht an unzähligen Reality-Shows, Tanzpartys mit Animateuren und *tele novelas* (Seifenopern).

Dutzende FM-Radiosender beschallen Buenos Aires: auf FM 92.7 dudelt Tango, 95.1 wartet mit unterhaltsamen Meldungen und Tanz auf, und auf 98.3 dröhnt argentinischer Rock.

Medizinische Versorgung
Dental Argentina (☎ 4828-0821; www.dental-argentina.com.ar; Uruguay 292, 9B) Zahnbehandlungen von Profis, die Englisch sprechen. Auch in der Laprida 1621, 2B.

BÜRO BENÖTIGT – FÜR EINE STUNDE ODER EINEN TAG?
Einer der vielen Expat-Unternehmer in Buenos Aires, **Areatres** (Karte S. 96–97; ☎ 4120-3333; www.areatresworkplace.com; Malabia 1720), hat sich etwas Tolles einfallen lassen: ein sicheres Büro, in dem man einen Schreibtisch, einen Arbeitsplatz, ein Büro oder einen Konferenzraum mieten kann. Fax- und Kopiergeräte sind natürlich vorhanden, dazu Internet und WLAN-Verbindungen, Organisation von gesellschaftlichen Ereignissen, eine Business-Lounge, ein großer Präsentationsraum und sogar ein Patio mit Zen-Atmosphäre für Leute, die sich vom Stress erholen müssen. Die Einrichtungen sind topaktuell – alles vom Feinsten!

Hospital Británico (Karte S. 90–91; ☎ 4304-1081; www.hospitalbritanico.org.ar; Perdriel 74) Das englische Krankenhaus unterhält eine zweite Klinik in der Marcelo T de Alvear 1573 (Karte S. 92–93).
Hospital Italiano (Karte S. 96–97; ☎ 4959-0200; www.hospitalitaliano.org.ar; Gascón 450) Hochangesehenes Krankenhaus.
Medicalls (☎ 4823-5999, 011-15-5156-8384; www.medicalls.com.ar) Auf Touristen ausgerichtete medizinische Versorgung durch englischsprachige Ärzte und Zahnärzte; auf Wunsch auch Hausbesuche und Unterstützung bei Klinikaufenthalten.

Notfall
Krankenwagen (☎ 107)
Polizei (☎ 911)
Touristenpolizei (Comisaría del Turista; Karte S. 92–93; ☎ 4346-5748, 0800-999-5000; Av Corrientes 436; 24 Std.) Stellt Dolmetscher bereit und hilft Opfern von Überfällen und Diebstählen.

Post
Die Post hat in der ganzen Stadt Filialen.
Correo Internacional (Karte S. 92–93; ☎ 4316-1777; Av Antártida Argentina; Mo–Fr 10–17 Uhr) Nur zur Versendung von Paketen über 2 kg ins Ausland.
DHL Internacional (Karte S. 92–93; ☎ 4314-2996; www.dhl.com.ar; Av Córdoba 783)
Federal Express (Karte S. 92–93; ☎ 0810-333-3339; www.fedex.com; Maipú 753)
OCA (Karte S. 92–93; ☎ 4311-5305; www.oca.com.ar; Viamonte 526) Für Paketsendungen innerhalb Argentiniens.

Reisebüros
Die im folgenden genannten Reisebüros organisieren alle Touren in Buenos Aires und Argen-

tinien; das Personal spricht Englisch. Mehr zum Thema Stadtführungen siehe S. 117.

Anda Responsible Travel (Karte S. 96–97; ☎ 3221-0833; www.andatravel.com.ar; Agüero 1131, 1. St.) Organisiert Touren in Buenos Aires und Argentinien unter dem Gesichtspunkt der „Nachhaltigkeit"; die Teilnehmer lernen einheimische Gemeinden, Fair-Trade-Organisationen und soziale Projekte kennen.

HI Travel (Karte S. 92–93; ☎ 4511-8723; www.hihostels. com; Florida 835, Erdgeschoss) Das Reisebüro von Hostelling International.

Say Hueque (Karte S. 92–93; ☎ 5199-2517; www.sayhu eque.com; Viamonte 749, 6. Stock) Nettes Unternehmen, das „unabhängige" Pauschalangebote in Buenos Aires und Umgebung sowie in Argentinien anbietet. Auch in Palermo in der Avenida Guatemala 4845, 1. Stock (Karte S. 96–97).

Tangol (Karte S. 92–93; ☎ 4312-7276; www.tangol.com; Florida 971, Suite 31) Bietet u.a. Stadtführungen, Tangoshows, Ausflüge zu Fútbol-Spielen mit Führer, Flugtickets und Pauschalarrangements im ganzen Land an.

Wow Argentina (Karte S. 92–93; ☎ 5239-3019; www. wowargentina.com.ar; Av Santa Fe 882, 12F) Kleines Reisebüro für Kunden der Mittel- und Oberschicht.

Telefon

Die einfachste Möglichkeit, in Buenos Aires zu telefonieren, ist ein *locutorio* (kleiner Telefonladen). Für öffentliche Telefone auf der Straße sind Münzen oder *tarjetas telefónicas* (Telefonkarten, an vielen Kiosken erhältlich) erforderlich. Ein Fax zu senden, ist billig und in den meisten *locutorios* und Internetcafés kein Problem. Weitere Informationen zu Telefondiensten (einschließlich Handy) siehe S. 678.

Touristeninformationen

In Buenos Aires gibt es mehrere kleine staatliche Touristeninformationen oder Kioske; die Öffnungszeiten wechseln mit der Saison. Die offizielle Tourismus-Website der Stadt Buenos Aires ist www.bue.gov.ar, die staatliche Website www. buenosaires.gov.ar. Viele Regionen Argentiniens unterhalten in Buenos Aires eine eigene Touristeninformation; siehe S. 678.

Florida Tourist Kiosk (Karte S. 92–93; Diagonal Norte & Perú)

Puerto Madero Tourist Kiosk (Karte S. 92–93; ☎ 4315-4265; Dique 4)

Recoleta Tourist Kiosk (Karte S. 92–93; Quintana 596)

Retiro Tourist Office (Karte S. 92–93; ☎ 4313-0187; ☽ Mo–Fr 7.30–14.30 Uhr) Im Busbahnhof Retiro.

Secretaría de Turismo de la Nación (Karte S. 92–93; ☎ 4312-5550; www.turismo.gov.ar; Av Santa Fe 883; ☽ Mo–Fr 9–17 Uhr) Informationen über Buenos Aires, wobei das Hauptgewicht allerdings auf Argentinien liegt.

South American Explorers (Karte S. 92–93; ☎ 5275-0137; www.saexplorers.org; Roque Saénz Peña 1142, 7A; ☽ Mo–Fr 10–17, Sa 10–13 Uhr) Eine Fülle an Informationen und Dienstleistungen für Leute, die auf eigene Faust unterwegs sind; es ist allerdings eine Jahresmitgliedschaft erforderlich.

GEFAHREN & ÄRGERNISSE

In den letzten Jahren hat der Ruf von Buenos Aires arg gelitten. Natürlich gibt es hier Kriminalität wie in jeder anderen Großstadt auch, aber es macht sich schnell bemerkbar, dass die *porteños* sehr sensibilisiert in Sachen Sicherheit sind. Generell lässt sich festhalten, das Buenos Aires relativ sicher ist. In vielen Gegenden kann man selbst spät in der Nacht noch unbesorgt herumlaufen, sogar allein als Frau. Die Einheimischen bleiben ewig lang aus, und so sind zu allen Tageszeiten noch andere Leute unterwegs.

In einigen Vierteln ist jedoch abends und nachts durchaus Vorsicht geboten, das gilt vor allem für Constitución (rund um den Bahnhof), für das südliche Ende von San Telmo sowie für La Boca: Hier sollte man sich auch tagsüber außerhalb der bekannten touristischen Routen nur mit größter Vorsicht durch die Seitenstraßen bewegen.

Auswärtige Besucher werden in Buenos Aires vor allem Opfer von Kleinkriminellen: Taschendiebe treiben auf überfüllten Märkten und in vollen Bussen ihr Unwesen. Manch Unaufmerksamen wurde schon die ganze Tasche entrissen, doch vor derartigen Delikten kann sich eigentlich jeder schützen. Ein beliebter Trick: Jemand deutet auf einen schmierigen Fleck auf der Kleidung des Besuchers (den ein Komplize dort hinterlassen hat); er hilft beim Säubern – und lässt bei der Gelegenheit gleich Geldbörse oder Brieftasche mitgehen.

Ärgerlich ist der Mangel an Respekt oder Rücksichtnahme, den die hauptstädtischen Autofahrer gegenüber Fußgängern an den Tag legen, die laschen Kontrollen in Sachen Umweltverschmutzung sowie der enorm hohe Lärmpegel fast überall. Hinweise zum Verhalten gegenüber Taxifahrern siehe S. 151.

Wer bestohlen wurde, wendet sich am besten sofort an die Touristenpolizei (s. S. 102). Um Besucher, die beraubt oder auf andere Weise schlecht behandelt wurden, kümmert sich auch die **Defensoría del Turista** (Karte S. 92–93; ☎ 4302-7816, 011-15-4046-9682; Defensa 1250; ☽ Di–Fr 11–18 Uhr).

Jedenfalls ist es generell ratsam, stets seine sieben Sinne beisammen zu halten: die Wertsachen nicht sichtbar durch die Gegend tragen, nicht betrunken herumtorkeln, immer ein Auge auf die Umgebung haben und stets den Eindruck erwecken, als wüsste man ganz genau, wo man hin will – selbst wenn es nicht stimmt. Wer halbwegs vorsichtig ist, wird bestenfalls beim Wechselgeld geprellt, stolpert über ein paar lockere Bordsteine, latscht in einen der allgegenwärtigen Hundehaufen oder wird von einem irren Busfahrer überfahren. Deshalb: Augen auf!

SEHENSWERTES
Microcentro

Hier ist man am Puls der Zeit: Unzählige Geschäftsmänner und -frauen reden unentwegt in ihre Handys, während sie im Schatten der Wolkenkratzer und europäisch anmutender Gebäude recht wichtigtuerisch durch die schmalen Straßen hasten.

Die langgezogene Florida wurde zur Fußgängerzone erklärt und ist so etwas wie die Hauptschlagader des Viertels. Hier drängen sich tagsüber die Geschäftsleute, Touristen und all jene, die ihre Einkäufe erledigen, alle schätzen es natürlich, ohne Verkehr, Busabgase und hupende Taxis von Nord nach Süd zu gelangen. Straßenmusikanten, Bettler und fliegende Händler nutzen die Gunst der Stunde und sorgen für zusätzliches Lokalkolorit, aber natürlich auch für Lärm.

Restaurierte alte Gebäude wie die wunderschönen Galerías Pacífico (Florida und Avenida Córdoba) verleihen dem Viertel heute einen Hauch von Eleganz.

Weiter südlich liegt das Finanzviertel von Buenos Aires mit mehreren lohnenswerten Museen. Anschließend kommt die Plaza de Mayo: Hier nutzen viele die Bänke für eine Ruhepause oder schießen Fotos von den historischen Gebäuden, die den Platz säumen.

GALERÍAS PACÍFICO

Das wunderschöne **Einkaufszentrum** (Karte S. 92–93; ☎ 5555-5110; ☾ Mo–Sa 10–21, Sa 12–21 Uhr) im französischen Stil nimmt einen ganzen Block ein und wurde 1889 errichtet. Innen finden sich Gewölbedecken mit Gemälden der Muralisten Antonio Berni, Juan Carlos Castagnino, Manuel Colmeiro, Lino Spilimbergo und Demetrio Urruchúa, sie wurden von den Künstlern 1954 angefertigt. Alle Genannten gehören der argentinischen Stilrichtung *nuevo realismo* (neuer Realismus) an. Der Komplex war lange Jahre fast unbewohnt, dann restaurierte ein Team von Argentiniern und Mexikanern 1992 das Gebäude samt der Wandmalereien.

Das prachtvolle Gebäude erstrahlt nachts im Licht vieler Lichterketten und ist heute ein Treffpunkt mit edlen Geschäften und einem riesigen Foodcourt. Vor den Galerías werden in der Fußgängerzone Florida (ziemlich touristische) Tangoshows gezeigt. Im obersten Stockwert residiert das hervorragende Centro Cultural Borges.

MUSEO MITRE

Bartolomé Mitre – er wurde 1862 Präsident von Argentinien – lebte in diesem Kolonialgebäude; es ist heute ein **Museum** (Karte S. 92–93; ☎ 4394-8240; San Martín 336; Eintritt 5 Arg$; ☾ Mo, Di, Do & Fr 14–19.30 Uhr). Nach dem Ende seiner Regierungszeit gründete Mitre die einflussreiche Tageszeitung *La Nación*, bis heute eine Institution in der Hauptstadt. Das Museum bietet einen guten Überblick über das Leben der Oberschicht im 19. Jh. Es ist vollgestopft mit persönlichen Gegenständen von Mitre wie Möbeln, zahlreichen Erinnerungsstücken und Nippes.

MUSEO DE LA POLICÍA FEDERAL

Das **Museum** (Karte S. 92–93; ☎ 4394-6857; San Martín 353, 7. St.; Eintritt frei; ☾ Di–Do 8–19 Uhr) im Herzen des Finanzviertels präsentiert jede Menge Uniformen, Medaillen, Gewehre, Drogen-Utensilien sowie Exponate zum Thema Glücksspiel. Mit Kindern sollte man den Raum ganz hinten lieber nicht besuchen – die Fotos aus der Gerichtsmedizin samt Attrappen von Mordopfern sind extrem grausam.

MUSEO HISTÓRICO DR ARTURO JÁURETCHE

Dieses **Museum** (Karte S. 92–93; ☎ 4331-1775; Sarmiento 364; Eintritt frei; ☾ Mo–Fr 10–18 Uhr, Führung nach Vereinbarung) erklärt die chaotische Wirtschaftsgeschichte Argentiniens. Mit Sicherheit studieren die Geldfälscher von BA die gut ausgeleuchteten Exponate zum Thema Geldscheine und Fälschungen. Der Eine-Million-Peso-Schein aus dem Jahr 1981 vermittelt einen Eindruck von der rasanten Inflation, mit der die *porteños* klar kommen mussten.

CORREO CENTRAL

Das wuchtige Jugendstilgebäude (Karte S. 92–93) nimmt einen ganzen Block ein und war früher das Domizil der Hauptpost von Buenos Aires. Die Bauzeit des dem New Yorker Hauptpostamt nachempfundenen Bauwerks betrug 20 Jahre. Ende 2009 wurde das Gebäude für die Zweihundertjahrfeier Argentiniens zu Büros und Ausstellungsräumen umgebaut. Unbedingt vorbeischauen, um herauszufinden, was gerade angesagt ist.

PLAZA DE MAYO

Zwischen der Casa Rosada, dem Cabildo und der wichtigsten Kathedrale der Stadt erstreckt sich die begrünte Plaza de Mayo (Karte S. 92–93): Hier finden immer die Protestkundgebungen der Hauptstadt statt. In der Mitte der Plaza ragt ein kleiner Obelisk, die **Pirámide de Mayo**, auf. Er wurde errichtet, um den ersten Jahrestag der Unabhängigkeit Argentiniens von Spanien gebührend zu würdigen. An der Nordseite der Plaza liegt die beeindruckende **Banco de la Nación** (1939) – ein Werk des renommierten Architekten Alejandro Bustillo.

Heute lockt der Platz wild herumfotografierende Touristen an, den einen oder anderen Dieb, der einen Fotoapparat zu klauen versucht, sowie alle möglichen Aktivisten. Donnerstags um 15.30 Uhr erinnern die Madres de la Plaza de Mayo mit einem Marsch um den Platz an ihre während der Militärdiktatur verschwundenen Kinder (s. S. 38).

CABILDO

Das Rathaus (Mitte 18. Jh.) ist heute ein **Museum** (Karte S. 92–93; ☎ 4342-6729; Bolívar 65; Eintritt 1 Arg$; ☽ Di–Fr 10.30–17, So & Feiertage 11.30–18 Uhr) und wegen der Straßen, die hier gebaut wurden, nicht mehr so groß wie früher. Aber der Teil mit der *recova* (Arkade), die einst um die ganze Plaza de Mayo verlief, blieb erhalten. Die Exponate im Museum sind eher dürftig, interessant ist dafür der bunte Handwerkskunstmarkt, der donnerstags und freitags im Patio abgehalten wird. Und das Café ist ein nettes Plätzchen für eine Pause.

CASA ROSADA

Die komplette Ostseite der Plaza de Mayo wird von der unverwechselbaren rosa Fassade der Casa Rosada (Rosa Haus; Karte S. 92–93) beherrscht. Hier liegen die Amtsräume der „Presidenta" Cristina Kirchner; die Präsidentenresidenz selbst befindet sich im ruhigen Vorort Olivos, nördlich der Innenstadt.

Die Seite des Palastes, die zur Plaza de Mayo hinausgeht, ist eigentlich die Rückansicht des Gebäudes. Von den Balkonen haben aber Juan und Eva Perón, General Leopoldo Galtieri, Raúl Alfonsín und andere Politiker ihre legendären Ansprachen an Scharen von euphorischen Argentiniern gehalten. Die Popikone Madonna schauspielerte hier für ihren Musicalfilm *Evita*, der vor allem durch den Song *Don't cry for me Argentina* bekannt ist.

Die lachsfarbene Fassade der Casa Rosada (sie leuchtet besonders intensiv bei Sonnenunter-

gang) lässt sich als Symbol für die Friedensbemühungen von Präsident Sarmiento während seiner Amtszeit von 1868 bis 1874 deuten: Das Rot der Föderalisten ergibt mit dem Weiß der Unitarier gemischt die Farbe Rosa. Eine andere Theorie besagt, dass die Farbe von dem Rinderblut stammt, mit dem der Palast gestrichen wurde – nichts Ungewöhnliches für das 19. Jh.

Samstags und sonntags werden von 10 bis 18 Uhr kostenlose **Führungen** (☎ 4344-3600; 20 Minuten, auf Spanisch) angeboten; man geht einfach hinein und schließt sich der nächsten Gruppe an, die auf eine Führung wartet. Das **Museo de la Casa Rosada** an der Südseite des Gebäudes wurde während der Recherchen zu diesem Reiseführer noch renoviert, müsste jedoch bald wieder öffnen.

CATEDRAL METROPOLITANA

Die in ihrem Inneren barocke, nach außen hin aber klassizistische **Kathedrale** (Karte S. 92–93; ☎ 4331-2845; Ecke Av Rivadavia & San Martín; ☽ Mo–Fr 8–19, Sa & So 9–19.30 Uhr) ist ein bedeutendes religiöses und architektonisches Wahrzeichen des Landes. Durch ihren vorgelagerten Portikus und die mächtige Kuppel bildet sie einen baulichen Akzent im Stadtbild. Für das Nationalbewusstsein beinahe noch wichtiger ist allerdings das Grab von General José de San Martín – dem meistverehrten Helden Argentiniens. Vor der Kathedrale brennt eine ewige Flamme, die seinen Geist lebendig halten soll.

Von Montag bis Samstag finden stets um 15.30 Uhr Führungen durch die Kirche inkl. Krypta statt; Führungen ausschließlich in die Krypta finden montags bis freitags um 11.30 Uhr statt. Alle Führungen werden nur in spanischer Sprache gehalten. Wer Glück hat, erlebt eines der gelegentlich veranstalteten Gratis-Chorkonzerte (Hinweise dazu auf der Website).

MANZANA DE LAS LUCES

Zur Manzana de las Luces (Block der Erleuchtung) gehört auch die älteste Jesuitenkirche der Stadt, die Iglesia San Ignacio aus der Kolonialzeit. Sie war damals ein Zentrum der Bildung und Gelehrsamkeit und symbolisiert bis heute das hohe kulturelle Niveau der Hauptstadt. Die Jesuiten waren die Ersten, die den Block für sich in Anspruch nahmen; zwei der ursprünglich fünf Gebäude ihrer Procuraduría sind noch erhalten. Sie stammen von 1730; es gehören auch Verteidigungstunnel dazu, die 1912 entdeckt wurden. Seit der Unabhängigkeit, also seit 1810, gehört der Block zur Universidad de Buenos Aires. **Eine Führung** (Karte S. 92–93; ☎ 4331-9534; Perú 272; 7 Arg$) in spanischer Sprache wird angeboten, die Termine erfährt man vor Ort.

MUSEO DE LA CIUDAD

Es lohnt sich, die Dauer- und Wechselausstellungen über den Alltag und die Geschichte von Buenos Aires im **Stadtmuseum** (Karte S. 92–93; ☎ 4343-2123; Defensa 219; Eintritt 1 Arg$, Mi frei; ☺ 11 bis 19 Uhr) zu besuchen. Alte Türen und Haushaltsgegenstände haben nebenan im Anbau des Museums ein Zuhause gefunden. Gleich in der Nähe, an der Ecke Defensa, befindet sich die **Farmacia de la Estrella**: Die homöopathische Apotheke mit wunderschönen Schnitzarbeiten und kunstvollen Deckengemälden aus dem späten 19. Jh. ist noch in Betrieb.

MUSEO ETNOGRÁFICO JUAN B AMBROSETTI

Das kleine, aber feine **Anthropologische Museum** (Karte S. 92–93; ☎ 4345-8196; Moreno 350; Eintritt 3 Arg$; ☺ Di–Fr 13–19, Sa & So 15–19 Uhr) zeigt Sammlungen aus den nordwestlichen Anden, Patagonien und anderen Regionen Südamerikas. Es gibt herrliche indigene Artefakte, darunter kunstvoller Schmuck und Mapuche-Ponchos, zu sehen; im Saal mit afrikanischer und asiatischer Kunst finden sich weitere unbezahlbare Schätze. Führungen werden auf Spanisch und Englisch durchgeführt (die genaue Uhrzeit telefonisch erfragen).

BASÍLICA DE SANTO DOMINGO

Ein Stück weiter südlich blickt die **Dominikanerbasilika** (Ecke Defensa & Av Belgrano) aus dem 18. Jh. auf eine schillernde Geschichte zurück. Am linken Turm sind noch die rekonstruierten Einschusslöcher von Schrapnells zu sehen; sie wurden auf die britischen Truppen abgefeuert, die sich während der Invasion von 1806 hier verbarrikadiert hatten. Im **Museum** (Karte S. 92–93; ☎ 4331-1668; Spende erbeten; ☺ nach Voranmeldung) sind die Flaggen ausgestellt, die den Briten damals abgenommen wurden.

Puerto Madero

Das neueste und unkonventionellste der offiziell 48 Stadtviertel von BA ist Puerto Madero, östlich vom Microcentro gelegen. Heute kann man hier entspannt zwischen ehemaligen Lagerhallen bummeln, die zu schicken neuen Lofts, Büros und Nobelrestaurants umgestaltet wurden. Früher war dies kein besonders attraktives Viertel, doch heute sind die Immobilienpreise in Buenos Aires nirgendwo höher als in Puerto Madero.

Mitte des 19. Jhs., als der internationale Handel in Argentinien in die Gänge kam, wurde über den besten Standort für einen moderneren Hafen gestritten. Die Wahl fiel schließlich auf Puerto Madero; aus der Wattlandschaft wurde nach den Vorstellungen der ehrgeizigen kosmopolitischen Elite ein modernes Hafenbecken. 1898 war alles fertig, doch der Hafenbau hatte das Budget weit überschritten, und nun folgte ein Skandal auf den anderen – es ging um Wertsteigerungen und fragwürdige Landverkäufe in der Umgebung. Und die praktische Seite des Projekts lief auch nicht wie geplant: 1910 war das Frachtaufkommen schon zu hoch für den Hafen, und die schlechte Verbindung zum Bahnhof an der Plaza Once machte alles noch schlimmer. Erst als 1926 der Puerto Nuevo von Retiro fertiggestellt wurde, waren diese Probleme gelöst.

MUSEO FORTABAT

Das extravagante **Kunstmuseum** (Karte S. 92–93; ☎ 4310-6600; www.coleccionfortabat.org.ar; Olga Cossettini 141; Eintritt 15 Arg$; ☺ Di–Fr 12–21, Sa & So 10–21 Uhr) macht mit seinem hypermodernen Gebäude dem MALBA in Palermo durchaus Konkurrenz. Präsentiert wird die Sammlung der Multimillionärin Amalia Lacroze de Fortabat, der reichsten Frau Argentiniens. In den großzügigen Ausstellungsräumen sind Werke von berühmten Künstlern aus dem In- und Ausland zu sehen – so etwa Warhols Darstellung von Amalia Fortabat. Bewegliche Aluminiumplatten über dem Dach öffnen und schließen sich, um die Sonne von der Glasdecke fernzuhalten. Wer an einer Museumsführung auf Englisch teilnehmen möchte, sollte vorher anrufen.

FRAGATA SARMIENTO

Über 23 000 Schiffskadetten und Offiziere aus Argentinien haben an Bord dieses 85 m langen **Schiffes** (Karte S. 92–93; ☎ 4334-9386; Dique No 3; Eintritt 2 Arg$; ☺ 10–20 Uhr) ihre Ausbildung absolviert. Das Schiff ist von 1899 bis 1938 40-mal um die ganze Welt gesegelt, hat jedoch nie an irgendwelchen Seegefechten teilgenommen. An Bord befinden sich Aufzeichnungen über diese Fahrten, nautische Geräte sowie die ausgestopften Überreste von Lampazo, dem Schiffshund.

RESERVA ECOLÓGICA COSTANERA SUR

Der **Naturschutzpark** (Karte S. 92–93; ☎ 4893-1588; Av Tristán Achával Rodríguez 1550; ☺ Di–So 8–19 Uhr) schützt ein Feuchtgebiet, das vor allem bei Wochenendausflüglern beliebt ist. Hunderte von Familien, Radfahrern und Picknickfans stellen sich dann ein, um die frische Luft und die schöne Natur zu genießen. Mit etwas Glück bekommt man sogar eine Flussschildkröte oder einen Fischotter zu Gesicht. Wer gern Vögel beobachtet, freut sich über gut 200 Arten, die hier eine Rast einlegen (private Touren zu Flora und Fauna siehe Seriema Nature Tours, S. 117). Es besteht zudem die Möglichkeit, an Wochenenden am Parkeingang ein Fahrrad zur Erkundung des Parks zu mieten (im Sommer tgl.).

Congreso

Congreso ist eine Mischung aus altmodischen Kinos und Theatern, pulsierendem Geschäftsviertel und harter Politik. Die Gebäude haben europäisches Flair, aber irgendwie wirkt alles eine Spur urtümlicher als im Microcentro – das Viertel hat mehr Lokalkolorit und verblichene Eleganz, außerdem tummelt sich hier weniger Schickimicki-Volk.

Die Avenida 9 de Julio trennt das Viertel vom Microcentro, die stolzen *porteños* prahlen gern damit, dass sie „die breiteste Straße der Welt" sei. Das kann mit 16 Fahrspuren an der breitesten Stelle durchaus stimmen – die Seitenstraßen Cerrito und Carlos Pellegrini lassen den Boulevard sogar noch breiter wirken – es sollen 140 m sein. An der Kreuzung der Avenidas 9 de Julio und Corrientes ragt der berühmte, 67 m hohe **Obelisco** auf; er wurde 1936 in nur einem Monat erbaut. Hier versammeln sich die Sportfans, wenn es einen großen Sieg für Argentininien zu feiern gibt.

Die Plaza Lavalle säumen die düstere neoklassizistische **Escuela Presidente Roca** (1902), der **Palacio de Justicia** (1904) im französischen Stil sowie das Wahrzeichen der Stadt, das **Teatro Colón.** Gleich in der Nähe liegt der **Templo de la Congregación Israelita**, die größte Synagoge Argentiniens. Etwa zehn Blocks weiter südlich von der Plaza Lavalle ist der **Palacio del Congreso** samt Plaza und dem obligatorischen Denkmal erreicht.

TEATRO COLÓN

Das **Teatro Colón** (Karte S. 92–93; ☎ 4378-7344; www. teatrocolon.org.ar; Cerrito 618) wurde von 1880 bis 1908 erbaut und ist nicht nur ein bedeutendes Wahrzeichen der Stadt, sondern der Kulturtempel schlechthin in Sachen Oper, Ballett und klassische Musik. Das Colón war lange Jahre das größte Theater der südlichen Halbkugel, bis dann 1973 das Opernhaus von Sydney gebaut wurde. Eröffnet wurde das Colón mit Verdis *Aida,* und es begeistert bis heute die Zuschauer immer wieder aufs Neue. Selbst in wirtschaftlich schlechten Zeiten hat das Colón einen enorm hohen nationalen Stellenwert.

Wegen Renovierungsarbeiten waren die hervorragenden Führungen, die in mehreren Sprachen angeboten werden, eine Zeitlang nicht möglich; zum Zeitpunkt der Recherche für dieses Buch war ein Ende der Bauarbeiten aber für 2010 in Aussicht gestellt.

PALACIO DEL CONGRESO

Der **Palacio del Congreso** (Karte S. 92–93; ☎ 4010-3000, Nebenstelle 2410; Hipólito Yrigoyen 1849) ist ein Monumentalbau mit einer grünen Kuppel und einer Freitreppe aus Granit, die die Anden symbolisieren soll. Sein Bau wurde doppelt so teuer wie kalkuliert und ist damit zum Präzedenzfall in Sachen öffentliche Projekte in Argentinien avanciert. Das Gebäude ist dem Capitol in Washington, DC, nachempfunden, fertiggestellt wurde es 1906. Gegenüber ehrt das **Monumento a los Dos Congresos** die Kongresse von 1810 in Buenos Aires und Tucumán (1816): Beide bereiteten den Weg für Argentiniens Unabhängigkeit.

Der **Senado** im Kongressgebäude kann im Rahmen einer kostenlosen Führung besichtigt werden. Sie findet werktags außer mittwochs um 11 und 16 Uhr statt. Der Eingang liegt in der Hipólito Yrigoyen. Ausweis oder Pass mit aktuellem Foto mitbringen.

PALACIO DE LAS AGUAS CORRIENTES

Etwa sechs Blocks westlich der Plaza Lavalle erheben sich die prachtvollen, von einem Schweden entworfenen Wasserwerke (1894). Die Mansardendächer wurden im französischen Stil gestaltet und mit 170 000 glasierten Kacheln und 130 000 emaillierten Ziegeln verziert. Wer ein Faible für spleenige Museen hat, sollte im kleinen **Museo del Patrimonio** (Karte S. 92–93; ☎ 6319-1104; Ecke Córdoba & Riobamba; Eintritt frei; ☺ Mo–Fr 9–13 Uhr) im 1. Stock vorbeischauen: Zu sehen sind jede Menge Rohrleitungen und alte Toiletten. Im Rahmen einer Führung kann auch ein Blick hinter die Kulissen auf die Innenanlagen des Gebäudes geworfen werden (Termine erfragen). Der Eingang liegt in der Riobamba, Besucher müssen einen Ausweis bzw. Pass vorzeigen.

San Telmo

San Telmo ist eines der schönsten und geschichtlich interessantesten Viertel von BA und hat seinen ganz besonderen Charme. Die schmalen Kopfsteinpflastergassen mit niedrigen Kolonialgebäuden haben das Flair der guten alten Zeit bewahrt. Inzwischen bringen die Dollars der Touristen natürlich auch ein paar Veränderungen mit sich.

Früher einmal fanden in San Telmo brutale Straßenkämpfe statt. Das war die Zeit, als britische Truppen, die gegen Spanien Krieg führten, 1806 in die Stadt einfielen. Die Briten rückten bis Defensa vor, wurden aber dann durch einen erfolgreichen Gegenangriff zu ihren Schiffen zurückgetrieben. Dieser Sieg gab den *porteños* recht viel Selbstbewusstsein gegenüber Spanien; die Unabhängigkeit der Stadt folgte dann drei Jahre später.

Später kam San Telmo als Nobelviertel in Mode, doch dann brach gegen Ende des 19. Jhs. eine Gelbfieberepidemie aus, und die Reichen sahen sich gezwungen, ins heutige Recoleta zu ziehen. Viele ältere Herrschaftshäuser wurden unterteilt und zu *conventillos* (Mietskasernen) umgebaut, in die dann arme Familien zogen. Vor ein paar Jahren lockten diese *conventillos* zahlreiche Künstler und Bohemiens an, denn die Mieten waren billig. Heute finden sich hier eher ausgefallene Geschäfte, neue Hostels, schwule Paare oder reiche Neueinwanderer aus dem Ausland.

Das Herz von San Telmo schlägt an der **Plaza Dorrego**; dort wird sonntags der berühmte Antiquitätenmarkt abgehalten (s. Kasten S. 147). Gleich in der Nähe steht die barocke, neokoloniale **Iglesia Nuestra Señora de Belén** (Karte S. 92–93; Humberto Primo 340), das einstige Jesuitenkolleg wurde 1767 vom Bethlehem-Orden übernommen. Einen kurzen Blick lohnt auch der **Mercado San Telmo**, ein alter Obst- und Gemüsemarkt, der bis heute von den Anwohnern gut besucht wird. Er befindet sich in der Mitte des Blocks, der von den Straßen Estados Unidos, Bolívar, Carlos Calvo und Defensa umgeben ist.

EL ZANJÓN DE GRANADOS

So ziemlich einzigartig in Buenos Aires ist diese sehenswerte **architektonische Stätte** (Karte S. 92–93; ☎ 4361-3002; Defensa 755; 30 Min./1 Std. Führung 25/40 Arg$; ☺ Führung jeweils zur vollen Stunde Mo–Fr 11–15, So alle 30 Min. 13–18 Uhr). Unter den Überresten eines Herrschaftshauses wurden diverse alte Tunnel, Abwasserkanäle und Brunnen entdeckt, die von 1730 stammen. Man hat sie Stein für Stein akribisch rekonstruiert und sehr eindrucksvoll in Szene gesetzt, sodass dieses „Museum" nun einen faszinierenden Einblick in die architektonische Vergangenheit der Stadt ermöglicht. Unter der Woche werden einstündige Führungen angeboten, am Sonntag dauern sie nur 30 Minuten. Alle Besucher, die einen englischsprachigen Führer brauchen, sollten vorher anrufen und reservieren.

MUSEO HISTÓRICO NACIONAL

Das **Museum für Landesgeschichte** (Karte S. 99; ☎ 4307-1182; Defensa 1600; Eintritt frei; ☺ 11–18 Uhr) befindet sich just an der Stelle, an der Pedro de Mendoza 1536 die Stadt gegründet haben soll. Bedeutende Persönlichkeiten aus den verschiedenen Epochen der argentinischen Geschichte wie San Martín, Rosas und Sarmiento werden vorgestellt, dazu einige Artefakte und Gemälde. Die Exponate sind relativ spärlich, dafür sind aber die Sicherheitsbestimmungen umso umfangreicher – wer sich hier umschauen will, sollte sich seelisch schon mal darauf einstellen, die Tasche abzugeben.

MUSEO PENITENCIARIO

Gleich bei der Plaza befindet sich das **Gefängnismuseum** (Karte S. 92–93; ☎ 4361-0917; Humberto Primo 378; Eintritt 2 Arg$; ☺ Mi–Fr 14.30–17.30, So 13–19 Uhr) in einem Gebäude, das früher zunächst ein Nonnenkloster und später dann ein Frauengefängnis beherbergte. Die Kanister mit Tränengas kamen zum Einsatz, um Aufstände unter Kontrolle zu bekommen. Einen Blick lohnen auch die Tennisbälle, in denen Drogen versteckt wurden, sowie die Puppen, die die damalige Gefängnismode präsentieren. Auch die Gefängniszellen sind sehenswert.

MUSEO DE ARTE MODERNO

Das geräumige **Museum** (Karte S. 92–93; Av San Juan 350) in einem ehemaligen Tabaklager zeigt Werke zeitgenössischer Künstler aus Argentinien, aber auch Sonderausstellungen. 2009 war das Museum wegen Umbaumaßnahmen geschlossen; es ist geplant, das alte Filmmuseum nebenan zukünftig mitzunutzen.

MUSEO DEL TRAJE

Das kleine **Museum für Kleidung** (Karte S. 92–93; ☎ 4343-8427; Chile 832; Eintritt frei; ☺ Di–So 15–19 Uhr) wechselt ständig die Garderobe. Einmal bekommt man Klamotten aus den wilden 1960er-Jahren zu sehen, dann viktorianische Kleider, Hippiegewänder oder auch Torrerokostüme. Einfach vorbeikommen und schauen, was gerade das Thema ist.

La Boca

In dem Arbeiterviertel wohnen hauptsächlich Einheimische. Mitte des 19. Jhs. wurde La Boca zur neuen Heimat vieler spanischer und italienischer Einwanderer, die sich am Riachuelo niederließen, dem Fluss, der die Stadt von der Provinz Buenos Aires trennt. Viele kamen zur

Zeit des Booms in den 1880er-Jahren und arbeiteten dann in den vielen Konservenfabriken und Lagerhäusern, wo das für Argentinien lebenswichtige Rindfleisch verarbeitet wurde. Nachdem sie die Frachtkähne aufgemöbelt hatten, spritzten die Hafenbewohner die restliche Farbe auf die Wellblechwände ihrer Häuser – was La Boca später ungeahnten Ruhm verschaffte. Manche leuchtend bunten Farben stammen aber leider nur von den Industrieabwässern im Fluss.

Caminito am Südrand von La Boca ist die bekannteste Straße im Viertel, und am Wochenende bringen Busse Scharen von Touristen hierher, die ihre Fotos machen und auf dem kleinen Kunsthandwerksmarkt herumstöbern. Tangotänzer zeigen dann für ein paar Münzen ihre Künste. Bei einem Spaziergang am Fluss entlang riecht man den Riachuelo aus nächster Nähe. Wer das nicht mag, kann sich aber auch ein paar Museen anschauen.

Vier Blocks landeinwärts liegt das Fußballstadion **La Bombonera** (Brandsen), wo die Mannschaft Boca Juniors zu Hause ist – der ehemalige Club des Superstars Diego Maradona.

FUNDACIÓN PROA

Die elegante **Kunststiftung** (Karte S. 99; ☎ 4104-1000; www.proa.org; Av Don Pedro de Mendoza 1929; Eintritt 10 Arg$; ☽ Di–So 11–19 Uhr) zeigt Werke von ausnahmslos hochkarätigen zeitgenössischen Künstlern aus dem In- und Ausland; verwendet werden traditionelle wie auch eher unkonventionelle Materialien. Die Dachterrasse mit einer traumhaften Aussicht lohnt ebenfalls einen Besuch. Und im ausgefallenen Restaurant kann man gut essen oder einfach nur etwas trinken.

MUSEO DE BELLAS ARTES DE LA BOCA BENITO QUINQUELA MARTÍN

In diesem modernen **Museum** (Karte S. 99; ☎ 4301-1080; Av Don Pedro de Mendoza 1835; erbetene Spende 5 Arg$; ☽ Di–Fr 10–18, Sa & So 11–19 Uhr) sind die Werke von Benito Quinquela Martín ausgestellt – sie drehen sich alle um die Geschichte des Hafens von La Boca. Außerdem werden Gemälde von zeitgenössischen Künstlern aus Argentinien präsentiert; die kleine, aber feine Sammlung von bemalten Kielfiguren lohnt allemal einen Blick.

WEITERE MUSEEN

Das **Museo de la Pasión Boquense** (Karte S. 99; ☎ 4362-1100; www.museoboquense.com; Brandsen 805; Eintritt 20 Arg$; ☽ 10–19 Uhr) gibt sich hochmodern und durchgestylt. Es präsentiert die Geschichte des Fußballstadions La Bombonera, den Werdegang

einiger berühmter Fußballidole, die Highlights vergangener Zeiten (viele Videos), die Meisterschaften, Trophäen und natürlich die Tore. Das Museum befindet sich direkt unter dem Stadion; für ein paar Pesos mehr können die Besucher auch einen interessanten Blick auf das Spielfeld werfen.

Nachbildungen aus Wachs von historischen Persönlichkeiten (genauer gesagt von ihren Köpfen) und Dioramen mit Szenen aus der argentinischen Geschichte sind die Spezialität des kleinen und arg schäbigen **Museo Histórico de Cera** (Karte S. 99; ☎ 4301-1497; www.museodecera.com.ar; Del Valle Iberlucea 1261; Eintritt 10 Arg$; ☽ Mo–Fr 10–18, Sa & So 11–20 Uhr). Gezeigt werden u.a. ausgestopfte Schlangen und gruselige Gliedmaßen aus Wachs (inkl. Bisswunden) – all das ist den Eintrittspreis allerdings kaum wert.

Retiro

Das Viertel ist günstig gelegen und sicher eines der edelsten von Buenos Aires – doch das war nicht immer so: Im 17. Jh. befanden sich hier ein Kloster und später der Landsitz *(retiro)* von Agustín de Robles, einem spanischen Gouverneur. Seitdem beherbergte die heutige **Plaza Libertador General San Martín** – sie liegt an einem Steilhang – einen Sklavenmarkt, eine Militärfestung und sogar eine Stierkampfarena. Die Zeiten haben sich geändert und mittlerweile geht es hier allerdings viel ruhiger und exklusiver zu.

Der französische Landschaftsarchitekt Carlos (Charles) Thays entwarf die begrünte Plaza San Martín. Das obligate Reiterstandbild von José de San Martín sticht gleich ins Auge. Rund um die Plaza liegen mehrere wichtige öffentliche Gebäude, u. a. der **Palacio San Martín**, ein Jugendstil-Anwesen, das ursprünglich für die elitäre Familie Anchorena gedacht war (und manchmal zur

Besichtigung offen steht), außerdem der riesige, wunderschöne **Palacio Paz** sowie das 120 m hohe **Edificio Kavanagh** (1935), einst das höchste Gebäude Südamerikas.

Die 76 m hohe **Torre de los Ingleses** auf der anderen Seite der Avenida del Libertador an der Plaza San Martín wurde der Stadt von der reichen britischen Gemeinde geschenkt. Gegenüber der Plaza liegt der ebenso beeindruckende wie betriebsame **Bahnhof Retiro** (Estación Retiro). Das Gebäude wurde 1915 errichtet, als die Briten die Eisenbahn des Landes unter ihrer Kontrolle hatten. Hinter dem Bahnhof sollte man lieber nicht herumlaufen – dort liegt ein Elendsviertel.

PALACIO PAZ
Der prachtvolle **Palast** (Karte S. 92–93; ☎ 4311-1071, Nebenstelle 147; Santa Fe 750; Führungen auf Spanisch 18 Arg$; ☾ Führungen Di–Fr 11 & 15, Sa 11 Uhr), auch Círculo Militar genannt, war früher das Privatdomizil von José C. Paz, dem Begründer der bis heute existierenden Zeitung La Prensa. Innen sind verschwenderisch ausgestaltete Räume, Salons und Korridore zu sehen – es fehlt hier weder an Parkettböden noch an glänzenden Marmorwänden und vergoldetem Zierrat. Fast alles wurde in Europa bestellt und vor Ort zusammengesetzt. Führungen auf Englisch (34 Arg$) finden mittwochs und donnerstags um 15.30 Uhr statt.

MUSEO DE ARMAS
Wer ein Faible für Waffen hat, sollte sich dieses extravagante **Museum** (Karte S. 92–93; ☎ 4311-1071; Santa Fe 702; Eintritt 6 Arg$; ☾ Mo–Fr 13–19 Uhr) nicht entgehen lassen. Zu sehen sind über 2000 Bazookas, Granatabschussrampen, Maschinengewehre, Lanzen und Schwerter – sogar die Gasmaske für ein Kriegspferd ist ausgestellt. Die japanischen Kampfanzüge sind ebenfalls sehenswert.

MUSEO DE ARTE HISPANOAMERICANO ISAAC FERNÁNDEZ BLANCO
Das neokoloniale Anwesen wurde in ein **Museum** (Karte S.92–93; ☎ 4327-0228; Suipacha 1422; Eintritt 1 Arg$, Do frei; ☾ Di–Fr 14–19, Sa & So 11–19 Uhr) umfunktioniert und beherbergt nun einige wunderschöne Stücke aus Silber, religiöse Gemälde, Plastiken von Jesuiten sowie Antiquitäten – alles befindet sich in hervorragendem Zustand. Ein Versuch, die Exponate in ihren historischen Kontext einzuordnen, wurde bislang leider nicht unternommen. Der hübsche Garten ist eine Oase der Ruhe. Wer gern an einer Führung auf Deutsch, Englisch oder Französisch teilnehmen möchte, sollte vorher anrufen.

TEATRO NACIONAL CERVANTES & MUSEO NACIONAL DEL TEATRO
Sechs Blocks westlich der Plaza San Martín ist das prachtvoll verzierte **Teatro Cervantes** (Karte S. 92–93; ☎ 4815-8883; www.teatrocervantes.gov.ar; Av Córdoba 1155) nicht zu übersehen. Das auffällige Gebäude von 1921 beherbergt ein historisches Theater mit einem edel gefliesten Foyer und roter Samtbestuhlung. Im Rahmen einer Führung (die Zeiten sind telefonisch zu erfragen) lässt sich die – etwas verblichene – Eleganz am besten bewundern.

Die Exponate im bescheidenen, winzigen **Museo Nacional del Teatro** (Karte S. 92–93; ☎ 4815-8883, Nebenst. 156; Ecke Córdoba & Libertad; Eintritt frei; ☾ Mo–Fr 10–18 Uhr) zeichnen die Geschichte des argentinischen Theaters von seinen Ursprüngen in der Kolonialzeit bis heute nach. Zu sehen ist das Gaucho-Kostüm, das einst Carlos Gardel trug, aber auch das *bandoneón*, das Paquita Bernardo gehörte: Sie war die erste Musikerin in Argentinien, die dieses akkordeonartige Instrument gespielt hat.

Recoleta & Barrio Norte
Die reichsten Bürger von Buenos Aires leben in Recoleta, dem exklusivsten und schicksten Wohnviertel der Stadt. In den 1870er-Jahren zogen viele *porteños* der Oberschicht während einer Gelbfieberepidemie von San Telmo hierher um. Heute lässt sich der große Reichtum des Luxusviertels am besten in der **Avenida Alvear** erkennen, in der viele alte Herrschaftshäuser – und neuere Boutiquen mit teuren internationalen Labels – zu Hause sind.

Recoleta mit seinen weitläufigen Parks, den hochkarätigen Museen und der französischen Architektur ist vor allem für seinen **Cementerio de la Recoleta** bekannt. Gleich neben dem Friedhof ragt die **Iglesia Nuestra Señora del Pilar** auf, eine koloniale Barockkirche aus dem Jahr 1732 mit einem kleinen **Museum** (Spende 4 Arg$; ☾ Mo–Sa 10.30–18.15, So 14.30–18.15 Uhr) im Obergeschoss links, während auf der **Plaza Intendente Alvear** direkt davor die beliebteste *feria artesanal* (Markt für Kunsthandwerk s. Kasten S. 147) der Stadt abgehalten wird. Ein kleines Stück weiter nördlich findet sich die geschwungene Blumenskulptur **Floralis Genérica:** Ihre gigantischen Blütenblätter aus Metall schließen sich nachts – sofern die Schaltung nicht gerade defekt ist.

CEMENTERIO DE LA RECOLETA
Die Zeit vergeht wie im Flug bei einem Spaziergang über diesen außergewöhnlichen **Friedhof**

(Karte S. 92–93; ☎ 4803-1594; Ecke Junín & Guido; Eintritt frei; ☿ 7–18 Uhr)! Die „Straßen" sind von eindrucksvollen Statuen und Marmorsarkophagen gesäumt, in den Krypten ruhen die sterblichen Überreste der Elite von Buenos Aires, darunter ehemalige Präsidenten, Kriegshelden, einflussreiche Politiker sowie die Reichen und Berühmten. Das Grab von Evita lohnt in jedem Fall einen Besuch. Und den Fotoapparat sollte man auch einstecken – es bieten sich hier einige wirklich tolle und außergewöhnliche Motive. Dienstags und donnerstags finden um 11 Uhr Führungen auf Englisch statt (zur Sicherheit lieber vorab telefonisch nachfragen!). Wer eine hervorragende Karte plus Informationen haben möchte, bestellt unter www.recoletacemetery.com die Karte von Robert Wright (pdf).

MUSEO NACIONAL DE BELLAS ARTES

Das zweifelsohne landesweit beste **Museum der Schönen Künste** (Karte S. 92–93; ☎ 5288-9900; www.mnba.org.ar; Av del Libertador 1473; Eintritt frei; ☿ Di–Fr 12.30–20.30, Sa & So 9.30–20.30 Uhr) ist ein klares Muss für alle Kunstfreunde. Präsentiert werden Werke von Renoir, Monet, Gauguin, Cézanne und Picasso, außerdem Arbeiten vieler klassischer Künstler aus Argentinien wie Xul Solar und Edwardo Sívori. Sehenswerte Sonderausstellungen, ein kleiner Museumsladen und ein Kino ergänzen das Museum.

MUSEO XUL SOLAR

Xul Solar war Maler, Erfinder und Dichter. In diesem **Museum** (Karte S. 96–97; ☎ 4824-3302; www.xulsolar.org.ar; Laprida 1212; Eintritt 10 Arg$; ☿ Di–Fr 12–20, Sa 12–19 Uhr, Jan. geschl.) sind über 80 seiner bizarren, surrealen und oft cartoonartigen Gemälde zu bewundern. Der Künstler war eine ganz besondere Persönlichkeit; eigentlich hieß er Schulz Solari und lebte von 1887 bis 1963.

Palermo

Palermo ist der Himmel auf Erden für die Mittelschicht von Buenos Aires. Die weitläufigen Parks mit ihren Grünflächen sind großzügig mit Denkmälern geschmückt und ein beliebtes Ziel für Wochenendausflüge. Dann flanieren viele Familien auf den schattigen Wegen, bevölkern die Radwege und paddeln über die beschaulichen Seen. Im Viertel liegen einige bedeutende Museen und elegante Botschaften, und ein paar Straßenzüge sind inzwischen angesagte Destinationen für Einkaufswütige und Nachteulen.

Die Grünflächen von Palermo waren jedoch nicht immer für die Massen gedacht. Das Gebiet um den **Parque 3 de Febrero** (Karte S. 96–97) war im 19. Jh. ursprünglich im Privatbesitz des Diktators Juan Manuel de Rosas und wurde erst nach seinem Sturz der Öffentlichkeit zugänglich gemacht. In den Grünanlagen befindet sich der **Jardín Japonés** (Karte S. 96–97; ☎ 4804-4922; www.jardinjapones.org.ar; Ecke Avs Casares & Berro; Eintritt Mo–Di 5 Arg$, Sa & So 8 Arg$; ☿ 10–18 Uhr, Sa & So bis 19 Uhr) – eine Oase der Ruhe mit Koi-Teichen, einem Teehaus und verschiedenen Kulturangeboten. Der erstaunlich gepflegte **Jardín Zoológico** (s. S. 111) ist der bedeutendste Zoo der Stadt, der **Jardín Botánico Carlos Thays** gleich in der Nähe ein beliebtes Ziel von Pflanzen- und Katzenfreunden: Hier geben sich jede Menge streunender Katzen ein Stelldichein. Eine weitere Attraktion ist das **Planetario Galileo Galilei** (Karte S. 96–97; ☎ 4771-9393; www.planetario.gov.ar; Ecke Avs Sarmiento & Belisario Roldán), in dem die ganze Woche über Sternen-Shows präsentiert werden. Im Sommer können Besucher durch das Teleskop in den Himmel schauen. Gleich südlich vom Zoo liegt die bekannte **Plaza Italia**, der wichtigste Verkehrsknotenpunkt von Palermo.

Palermo Viejo (s. Kasten unten) bietet schöne Läden und Restaurants und ist ideal zum abendlichen Ausgehen.

PALERMO VIEJO

Trendsetter **Palermo Viejo** (Karte S. 96–97) wird – grob – von der Avenida Santa Fe, der Avenida Scalabrini Ortiz, der Avenida Córdoba sowie der Avenida Dorrego begrenzt und teilt sich auf in Palermo Hollywood (nördlich der Bahngleise) und Palermo Soho (südlich der Bahngleise). In beiden Bezirken stehen jede Menge schöne alte Gebäude, die Gehsteige sind begrünt und die Straßen aus romantischem Kopfsteinpflaster. Viele ultramoderne Ethno-Restaurants sorgen für das Wohl ihrer Gäste, denen der Sinn nach japanischen, vietnamesischen, griechischen oder norwegischen Genüssen steht; Spitzenreiter ist allerdings die moderne internationale Küche (s. S. 131). Es gibt hier aber auch tolle Gästehäuser, Bars und Clubs. Am Wochenende ist abends die **Plaza Serrano** das Epizentrum, auf der so richtig gefeiert wird. Und erst die Einkaufsmöglichkeiten! Die angesagtesten Designer der Stadt haben hier Dutzende Boutiquen eröffnet, daneben finden sich schicke Haushaltswarengeschäfte und Läden mit einfallsreichen, witzigen Artikeln. Einkaufswütige können hier stunden-, wenn nicht gar tagelang bummeln!

Eine weiteres Viertel in Palermo ist ebenso beliebt, jedoch längst nicht so weitläufig: **Las Cañitas** ein Stück weiter gen Norden. Unmengen an Restaurants und Nachtlokalen locken abends Einheimische und Besucher in solchen Scharen an, dass es wegen der Staus in der Avenida Báez kein Durchkommen mehr gibt. Südöstlich von Las Cañitas liegt das renommierte **Centro Islámico Rey Fahd** (☎ 4899-0201; www.ccislamicoreyfahd.org.ar; Av Int Bullrich 55), das von Saudi-Arabern auf einem von Ex-Präsident Carlos Menem gestifteten Grundstück erbaut wurde. Dienstags und donnerstags um 12 Uhr finden Führungen statt (vorher telefonisch bestätigen lassen), die Teilnehmer sollten konservative Kleidung tragen.

Selbst überzeugte Katholiken sind der Meinung, dass **Tierra Santa** (Karte S. 96–97; ☎ 4784-9551; www.tierrasanta-bsas.com.ar; Av Costanera R Obligado 5790; Eintritt 25 Arg$; ☾ Öffnungszeiten telef. erfragen) arg geschmacklos ist. Der erste religiöse Themenpark der Welt wirbt mit seinen animierten Dioramen, darunter auch *Adam und Eva* sowie *Das Letzte Abendmal*. Stein des Anstoßes ist jedoch ein gigantischer Jesus, der mit ausgebreiteten Armen auf einem künstlichen Berg steht – nun denn: die Auferstehung im 30-Minuten-Takt eben.

MUSEO DE ARTE LATINOAMERICANO DE BUENOS AIRES (MALBA)

Hinter einer Glas- und Betonfassade liegt das großzügig konzipierte **Museum für moderne Kunst** (Karte S. 96–97; ☎ 4808-6511; www.malba.org.ar; Av Figueroa Alcorta 3415; Eintritt 15 Arg$, Mi 5 Arg$; ☾ Do–Mo 12–20, Mi 12–21 Uhr) – Buenos Aires absolute Topadresse in Sachen Kunst. Der Kunstmäzen Eduardo Costantini zeigt hier seine nicht übermäßig umfangreiche, jedoch sehr exquisite Sammlung.

Zu seinen Sammlerstücken zählen Werke der Argentinier Xul Solar und Antonio Berni, außerdem einige Arbeiten der Mexikaner Diego Rivera und Frida Kahlo. Das angeschlossene Kino zeigt Filmkunst und ein Café ist auch vorhanden – inklusive Blick auf die schönen Kunstbeflissenen der Welt.

JARDÍN ZOOLÓGICO

Künstliche Seen, hübsche Spazierwege und über 350 Tierarten garantieren angenehme Unterhaltung in diesem relativ gut gepflegten **Zoo** (Karte S. 96–97; ☎ 4011-9900; www.zoobuenosaires.com.ar; Ecke Avs Las Heras & Sarmiento; Eintritt 22 Arg$; ☾ Okt.–März Di-So 10–18 Uhr, April–Sept. bis 17 Uhr). Die meisten Gehege bieten den Tieren ausreichenden Platz; einige der gut hundert Jahre alten Gebäude sind an sich schon einen Blick wert – z. B. das beeindrucken-

de Elefantenhaus. Ein Aquarium, eine Affeninsel, ein Streichelzoo und eine große Vogelvoliere zählen zu den weiteren Attraktionen.

MUSEO NACIONAL DE ARTE DECORATIVO

Das **Museum** (Karte S. 96–97; ☎ 4802-6606; www.mnad.org; Av del Libertador 1902; Eintritt ab 5 Arg$; ☾ Di–So 14–19 Uhr) liegt im Palacio Errázuriz, einem Jugendstilgebäude (1911). Zu besichtigen sind edle Stücke aus dem Besitz des chilenischen Adeligen Matías Errázuriz – von sakralen Gemälden aus der Zeit der Renaissance über Porzellan bis hin zu Skulpturen aus Italien und Werken von El Greco und Rodin. An einem sonnigen Tag macht es Spaß, sich ins Café mit Tischen im Freien zu setzen. Die Eintrittspreise sind unterschiedlich hoch und hängen von der jeweils gezeigten Ausstellung ab.

MUSEO EVITA

Jeder von Rang und Namen hat in Argentinien sein eigenes Museum, und Eva Perón macht da natürlich keine Ausnahme. Im **Museo Evita** (Karte S. 96–97; ☎ 4807-9433; Lafinur 2988; Einheimische/Ausländer 3/10 Arg$; ☾ Di–So 11–19 Uhr) wird Eva durch Videos, historische Fotos, Bücher, alte Plakate und die Schlagzeilen diverser Zeitungen unsterblich – sogar ihre Fingerabdrücke sind vorhanden. Die schönsten Erinnerungsstücke sind aber wohl ihre Garderobe: Kleider, Schuhe, Handtaschen, Hüte und Blusen werden stolz hinter spiegelnden Glasscheiben präsentiert – für immer und ewig gebügelt und makellos schön.

MUSEO DE ARTE POPULAR JOSÉ HERNÁNDEZ

Das eher kleine **Museum** (Karte S. 96–97; ☎ 4803-2384; Av del Libertador 2373; Eintritt 3 Arg$, Mi & Sa 1 Arg$, So frei; ☾ Mi–Fr 13–19, Sa & So 10–20 Uhr) zeigt eine Dauerausstellung mit Handwerkskunst der Mapuche, darunter edle Ponchos und – am anderen Ende des Spektrums – schrille Karnevalskostüme.

Die diversen Wechselausstellungen reichen von Volkskunst bis hin zu modernem Spielzeug.

Belgrano

In der Avenida Cabildo mit ihrer Mischung aus Lärm und Neon schlägt das Herz von Belgrano rasend schnell. Die Straße wird in beiden Richtungen befahren, links und rechts reihen sich zahlreiche Geschäfte mit Klamotten, Schuhen und Haushaltswaren für die konsumwütigen Porteños aneinander. Wer es ein bisschen ruhiger und beschaulicher mag, findet ein paar Schritte abseits vom Boulevard ein grünes Viertel mit Museen, Parks und guten Lokalen.

Nur einen Block östlich der Avenida Cabildo findet an der **Plaza Belgrano** (Karte S. 90–91) ein eher bescheidener, aber dennoch sehr unterhaltsamer Wochenendmarkt statt (s. Kasten S. 147). In der Nähe der Plaza ragt die **Iglesia de la Inmaculada Concepción** im italienischen Stil auf. Die beliebte Kirche wird wegen ihrer imposanten Kuppel auch „La Redonda" genannt.

Gleich gegenüber der Plaza befindet sich das **Museo de Arte Español Enrique Larreta** (Karte S. 90–91; ☎ 4784-4040; Juramento 2291; Eintritt 1 Arg$; ☽ Mo–Fr 14–20, Sa & So 10–20 Uhr), die die tolle Kunstsammlung des bekannten Romanciers zeigt. Ebenfalls in der Nähe befindet sich das **Museo Histórico Sarmiento** (Karte S. 90–91; ☎ 4782-2354; Juramento 2180; Eintritt 5 Arg$, Do frei; ☽ Mo–Fr 13–18, Sa & So 14–18 Uhr) mit einer Ausstellung von Erinnerungsstücken von Domingo F. Sarmiento, einem der berühmtesten und fortschrittlichsten Präsidenten des Landes.

An die fünf Blocks weiter nördlich ehrt das **Museo Casa de Yrurtia** (Karte S. 90–91; ☎ 4781-0385; O'Higgins 2390; Eintritt 5 Arg$; ☽ Di–Fr 15–19, So 13–19 Uhr) den bekannten argentinischen Bildhauer Rogelio Yrurtia. Sein ehemaliges Haus mit Garten ist vollgestopft mit seinen großen Skulpturen, aber auch mit Werken anderer Künstler. Unbedingt nach dem Bild *Rue Cortot, Paris* von Picasso Ausschau halten!

Vier Blocks nordöstlich von der Plaza Belgrano wusste der Landschaftsarchitekt Carlos Thays die geografischen Gegebenheiten der **Barrancas de Belgrano** (Karte S. 96–97) zu nutzen, um auf einem der wenigen natürlichen Hügel der Stadt einen attraktiven, mit Bäumen bestandenen Park anzulegen. Am Sonntagabend findet am Musikpavillon immer eine *milonga* (Tangoball; s. Kasten S. 137) statt.

Von den Barrancas auf der anderen Seite der Juramento (und der Bahngleise) nimmt die kleine **Chinatown** (Karte S. 96–97) von Belgrano nur ein paar wenige Blocks ein. Doch die chinesischen Restaurants (Mo meist geschl.) sind ganz ordentlich, und alle möglichen Billigwaren gibt es hier auch noch zu kaufen.

Once & Umgebung

Das ethnisch bunteste Viertel der Hauptstadt ist Once mit seinen beachtlichen Bevölkerungsgruppen an Juden, Peruanern und Koreanern. Auf dem Billigmarkt rund um den Bahnhof Once (Karte S. 90–91) ist immer viel los: Händler verkaufen am Gehsteig ihre Waren, überall drängt sich die Menschenmenge, sodass es ein echtes Erlebnis ist, hier eine Runde zu drehen. Das **Museo Casa Carlos Gardel** (Karte S. 96–97; ☎ 4964-

2071; Jean Jaurès 735; Eintritt 1 Arg$; ☽ Mo & Mi–Fr 11–18, Sa & So 10–19 Uhr) gleich in der Nähe vermittelt Tangofans Einblicke in das Leben des berühmtesten Tangosängers aller Zeiten.

Hochkarätige Einkaufsfreuden garantiert der **Mercado de Abasto**, eine Shoppingmall (s. S. 146); die Unterhaltungsmöglichkeiten für Kinder sind hier besonders gut. Westlich von Once liegt Caballito, ein ruhiges Wohnviertel. Dort befindet sich das **Museo Argentino de Ciencias Naturales** (Karte S. 96–97; ☎ 4982-6595; Ángel Gallardo 490; Eintritt 3 Arg$; ☽ 14–19 Uhr), ein gutes naturwissenschaftliches Museum, das allein schon wegen des Saals mit den ausgestopften Tieren und imposanten Skeletten einen Blick lohnt.

AKTIVITÄTEN

Die weitläufigen Grünanlagen von Palermo sorgen für viel Erholungsflächen – vor allem am Wochenende, wenn die Ringstraße um den Rosengarten für den Verkehr gesperrt wird. Recoleta kann auch mit Parks aufwarten, aber Achtung vor den Hundehaufen! Am schönsten ist sicher die Reserva Ecológica Costanera Sur (S. 105): Es eignet sich ideal, um Spaziergänge zu unternehmen, zu joggen, mit dem Rad zu fahren und Tiere in freier Wildbahn zu beobachten, es gibt hier sogar Caracaras (Greifvögel).

Fitnesscenter

Einige Fitnesscenter verlangen vor der Nutzung einen Gesundheits-Check beim Arzt.

Spitzenreiter unter den Fitnesscentern ist das **Megatlon** (Karte S. 92–93; ☎ 4322-7884; www.megatlon. com; Reconquista 335; Tag/Woche/Monat 82,50/180/330 Arg$) mit rund 15 Zweigstellen in der ganzen Stadt. Die Fitnesseinrichtungen sind in Ordnung, Glei-

---

WELLNESS IN BUENOS AIRES

Einfach die tote Haut abschrubben – das hat sich wirklich jeder verdient! Neben den hier aufgeführten Wellnessanlagen bieten auch einige Hotels in der Stadt solche Einrichtungen, so z. B. das **Four Seasons** (S. 123), das **Palacio Duhau – Park Hyatt** (S. 124) und das **Home Hotel** (S. 125).

Aqua Vita Spa (Karte S. 92–93; ☎ 4812-5989; www.aquavitamedicalspa.com; Arenales 1965)

Espacio Oxivital (Karte S. 96–97; ☎ 4775-0010; www.espaciooxivital.com.ar; Nicaragua 4959)

Evian Spa (Karte S. 96–97; ☎ 4807-4688; www.aguaclubspa.com; Cerviño 3626)

ches gilt für die unterschiedlichen Kurse; einige Filialen bieten zusätzlich ein Hallenbad. Die Öffnungszeiten gestalten sich bei jeder Zweigstelle anders. Weitere empfehlenswerte Fitnesscenter sind **Le Parc** (Karte S. 92–93; ☎ 4311-9191; www.leparc.com; San Martín 645; Tagesgebühr 80 Arg$), der **Sport Club Cecchina** (Karte S. 92–93; ☎ 5199-1212; www.sportclub.com.ar; Bartolomé Mitre 1625; Tagesgebühr 40 Arg$) und das **YMCA** (Karte S. 92–93; ☎ 4311-4785; www.ymca.org.ar; Reconquista 439; Tagesgebühr 35 Arg$).

Golf & Tennis

Der angenehmste Golfplatz der Stadt ist der **Campo Municipal de Golf** (Karte S. 96–97; ☎ 4772-7261; Av Tornquist 1426; ☺ Di–So, manchmal auch Mo) mit 18 Löchern. Sein langes Spiel kann jeder auf der **Costa Salguero Driving Range** (Karte S. 96–97; ☎ 4805-4732; Ecke Avs Costanera & Salguero) trainieren, zu der auch ein Golfgeschäft, ein Café und ein familienfreundlicher 9-Loch-Platz gehören.

Acht Sandplätze können im **Parque General Belgrano** (Karte S. 96–97; ☎ 4807-7879; Salguero 3450; Eintritt 3 Arg$) stundenweise gemietet werden; die Gebühr beträgt 20–25 Arg$/Std. Es empfiehlt sich, 48 Stunden im Voraus zu reservieren; die Ausrüstung ist mitzubringen. Der **Club de Amigos** (Karte S. 96–97; ☎ 4801-1213; www.clubdeamigos.org.ar; Figueroa Alcorta 3885; Eintritt 20 Arg$, Platzmiete 66–76 Arg$) hat ebenfalls Tennisplätze.

Radfahren

Radwege durchziehen den Parque 3 de Febrero (Karte S. 96-97),man kann sich dort auch ein Rad mieten (Av de la Infanta Isabel). Im Winter besteht das Angebot nur am Wochenende, im Sommer natürlich täglich. Die Reserva Ecológica Costanera Sur (S. 105) bietet ebenfalls einen Fahrradverleih zu etwa

den gleichen Konditionen und hat darüber hinaus auch geführte Touren im Programm.

Wer mit der ganzen Familie sicher Rad fahren möchte, macht sich auf zum Nuevo Circuito KDT im **Parque General Belgrano** (Karte S. 96–97; ☎ 4807-7700; Salguero 3450; Eintritt 2 Arg$) von Palermo. Hier kann man bei **Sprint Haupt** (☎ 4807-6141; Salguero 3450; ☺ Di–So) ein Fahrrad mieten (Pass mitnehmen), das dann auf dem 1200 m langen, ebenen Betonradweg zum Einsatz kommt. Gleich in der Nähe liegt ein recht heruntergekommenes Radstadion, dort darf aber nur mit Spezialrädern gefahren werden. Die Einrichtungen befinden sich unter der Überführung bzw. jenseits der Fußgängerbrücke.

Informationen zu Radtouren siehe S. 117.

Reiten

Wer gern einmal ein paar Stunden lang der Stadt entrinnen sich auf ein Pferd setzen möchte, sollte die touristischen *estancias* (Ranches) vergessen und **Caballos a la Par** (☎ 011-15-5248-3592; www.caballos-alapar.com) ausprobieren. Etwa eine Autostunde von Buenos Aires entfernt werden in einem Provinzpark geführte Ausritte organisiert. Der Service ist professionell, die Ausrüstung qualitativ hochwertig. Es finden sogar Ausritte bei Mondschein statt.

Schwimmen

Einige Hotels im gehobenen Preissegment verfügen über einen anständigen Pool, aber sie knöpfen allen Nicht-Hotelgästen gesalzene Eintrittspreise für die Benutzung des Hotelpools und der sonstigen Einrichtungen ab – wenn sie Gäste von außerhalb überhaupt hereinlassen. Es ist deshalb sinnvoller, sich ein Fitnesscenter mit Hallenbad zu suchen (S. 112). Als Alternative

---

YOGA IM PARK?

Mal etwas ganz anderes: Der **Eco Yoga Park** (☎ 4901-0744; 011-15-6507-0577; http://ecoyogapark.blogspot.com) liegt rund 1½ Stunden westlich von Buenos Aires in der Nähe von Luján.

Der hübsche Rückzugsort auf dem Land steht unter der Leitung der freundlichen Hare Krishnas und bietet Rasenflächen, ökologische *cabañas* (einige aus Strohlehm), Gärten, in denen Biogemüse gezogen wird, ein Yogastudio, einen Kunstladen sowie einen Meditationssaal in der Form eines riesigen Bienenstocks. Im winzigen Restaurant kommen vegetarische Gerichte auf den Tisch, viele Zutaten stammen aus dem eigenen Garten. Einfacher Yogaunterricht findet täglich statt. Die **Unterbringung** (inkl. Mahlzeiten 110 Arg$, mit 4 Std. freiwilliger Mithilfe 60 Arg$) ist rustikal, aber gemütlich – sprich: Stockbetten wie im Hostel plus Gemeinschaftseinrichtungen. Von der freiwilligen Mithilfe und der Teilnahme am Yogaunterricht und der Meditation einmal abgesehen gibt es hier sonst nicht viel zu tun – Entspannung pur eben.

Teilnehmer aller Glaubensrichtungen sind im Yoga Park herzlich willkommen; einige Regeln gilt es dann allerdings doch zu beachten: Alkoholische Getränke, Drogen, Zigaretten und der Verzehr von Fleisch sind den Gästen in der Anlage nicht erlaubt.

bietet sich noch der **Club de Amigos** (Karte S. 96–97; ☎ 4801-1213; www.clubdeamigos.org.ar; Figueroa Alcorta 3885; Eintritt 20 Arg$, Pool extra) in Palermo an: Sein Pool ist von Dezember bis Februar geöffnet. Die Schwimmzeiten für Nichtmitglieder sollte der interessierte am besten vorher telefonisch erfragen.

Yoga & Pilates

Bei den meisten Fitnesscentern und auch in einigen Kulturzentren stehen Yoga- und Pilates-Stunden auf dem Programm. Und sogar einige gesundheitsbewusste Restaurants wie das Arte Sano (s. S. 127) oder das Natural Deli (S. 130) bieten Yoga, Tai-Chi und oft auch Meditation an. Die Ermäßigung für eine Wochen- oder Monatskarte ist erheblich.

ROUTENINFOS

Start: Plaza San Martín
Ziel: Heladería Cadore
Länge: 5 km
Dauer: etwa vier Stunden, je nach Länge der Pausen

Buena Onda Yoga (☎ 011-15-5423-7103; www.buenaondayoga.com; pro Unterrichtsstunde 40 Arg$) Eingewanderte Amerikanerinnen erteilen den Yogaunterricht und unterrichten an mehreren Orten in ganz Buenos Aires. Privatstunden sind ebenfalls möglich.

Centro Valletierra (Karte S. 96–97; ☎ 4833-6724; www.valletierra.com; Costa Rica 4562; pro Unterrichtsstunde 50 Arg$) Im hippen Studio in Palermo Viejo finden Hatha-, Iyengar- und Ashtanga-Yogaunterricht statt, außerdem auch Meditation.

Tamara Di Tella Pilates (Karte S. 92–93; ☎ 4813-1216; www.tamaraditella.com; Ecke Juncal & R Peña) Die „Königin des Pilates" hat über ein Dutzend Zweigstellen mit modernen Einrichtungen.

Vida Natural (Karte S. 96–97; ☎ 4826-1695; www.vidanatural.com.ar; Charcas 2852; pro Unterrichtsstunde 40 Arg$) Das Zentrum für Naturtherapie in Palermo bietet Ashtanga-, Hatha- und Iyengar-Yoga an. Therapeutische Massagen und harmonisierende Tibetische Kugeln werden zudem angeboten.

STADTSPAZIERGANG

Der Spaziergang beginnt an der begrünten **Plaza San Martín (1**; S. 108), die vom französischen Landschaftsarchitekten Carlos Thays entworfen wurde. Wer ein Faible für Gewehre, Schwerter und Kanonen hat, legt einen Zwischenstopp im

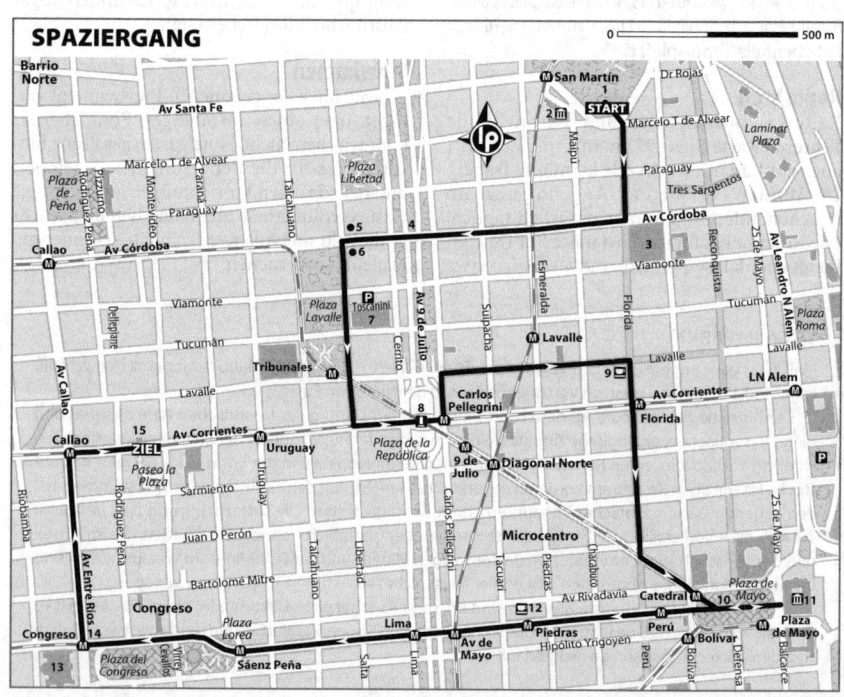

SPAZIERGANG

Museo de Armas (**2**; S. 109) ein. Ansonsten führt der Weg die Fußgängerzone Florida hinunter zu den eleganten **Galerías Pacífico** (**3**; S. 103), einem der prächtigsten Einkaufszentren der Stadt. Innen, in einem Haus von 1881, sind vor allem die Deckenmalereien sehenswert, draußen vor dem Gebäude die Tangoshows – wem sie gefallen, der wirft einen Obolus in den Hut.

Weiter geht es über die Córdoba in Richtung Westen, dabei muss die beeindruckend breite **Avenida 9 de Julio** (**4**) überquert werden. Dann kommt das hübsche **Teatro Cervantes** (**5**; S. 109) in Sicht, in der Nähe liegt auch der sehenswerte **Templo de la Congregación Israelita** (**6**). Gen Süden führt der Spaziergang über die Libertad nun zum **Teatro Colón** (**7**; S. 106), einem der beeindruckendsten Gebäude von Buenos Aires. Bei ausreichender Zeit lohnt eine Führung. Dann geht es weiter Richtung Süden, bis man links in die Avenida Corrientes abbiegen kann.

Schnell ist wieder die Kreuzung Avenida 9 de Julio erreicht, diesmal aber im Schatten des berühmten 67 m hohen **Obelisco** (**8**). Gleich nach der Überquerung der Kreuzung schwenkt man links in die Carlos Pellegrini hinein und dann rechts in die autofreie Lavalle, auf der es weiter bis zur Kreuzung Florida geht, einem Betonpfeiler von 1936.

Wem der Sinn nach einer Pause steht, besucht das klassische **Café Richmond** (**9**; S. 134) – mit seinem altmodischen Ambiente ist es unschlagbar schön. Nach einem *café con leche* (Kaffee mit Milch) folgt ein Bummel über die Florida, dann geht es die Diagonal Roque Sáenz Peña hinunter zur **Plaza de Mayo** (**10**; S. 104). Nach einer Führung in der **Casa Rosada** (**11**; S. 104) führt die Avenida de Mayo Richtung Westen am **Café Tortoni** (**12**; S. 138) vorbei, dem berühmtesten – und touristischsten – Kaffeehaus der Stadt.

Nächster Halt ist der **Palacio del Congreso** (**13**; S. 106). Die **Cafetería del Molino** (**14**) im Rokokostil ist leider inzwischen geschlossen und verfällt allmählich. Wer sich etwas Besonderes gönnen will, bummelt vier Blocks nach Norden und einen Häuserblock nach Westen zur **Heladería Cadore** (**15**; S. 131), das köstliches argentinisches Eis verkauft.

KURSE

In Buenos Aires hat man die Möglichkeit, so ziemlich alles zu lernen – von Spanisch über Kochen bis hin zu Tango (s. Kasten S. 137). Die meisten Kulturzentren (S. 100) bieten eine breite Palette an unterschiedlichen Kursen zu durchaus erschwinglichen Preisen.

Kochen

Wer schon flott Spanisch kann und auf der Suche nach einem langfristigen Kochkurs ist, sollte sich beim renommierten **Instituto Argentino de Gastronomía** (IAG; Karte S. 92–93; ☎ 5032-1414; www.iag.com.ar; Montevideo 968) oder bei **Mausi Sebess** (☎ 4791-4355; www.mausisebess.com; Av Maipú 594, Vicente López) nach dem Kursangebot erkundigen.

Für Rucksackreisende, die nur für einen kurzen Aufenthalt in Buenos Aires sind und bloß ein paar Brocken Spanisch sprechen, bieten sich Kochkurse in Klein- oder Privatgruppen an. Es gibt mehrere Alternativen, so z. B. bei eingewanderten Küchenchefs, die eines der „geschlossenen Restaurants" (s. S. 128) führen.

A Little Saigon (☎ 011-15-6056-8823; www.alittlesaigon.com) Der Küchenchef zeigt, wie anhand von alten Familienrezepten authentisches vietnamesisches Essen zubereitet wird.

Kochen mit Teresita (☎ 011-15-4293-5992; www.try2cook.com) Hier stehen argentinische und sonstige südamerikanische Gerichte im Vordergrund.

Dan Perlman (www.saltshaker.net/class-schedule) Der Ex-New Yorker Dan Perlman veranstaltet Kurse, in denen Rezepte aus der italienischen, mediterranen, asiatischen und vegetarischen Küche nachgekocht werden.

Norma Soued (☎ 011-15-4470-2267; www.argentinecooking.blogspot.com) Hier lernt man, wie typisch argentinische Gerichte – beispielsweise Empanadas und traditionelle Eintöpfe – zubereitet werden.

Samuel Warde (☎ 011-15-5740-9267; www.wynnwoods.com/classes) Auf individuelle Wünsche ausgerichteter Kochunterricht mit einem flotten Ex-Texaner. Alle möglichen Richtungen, darunter auch Vegetarisches und Rohkost.

Sprachen

Buenos Aires ist zu einer bedeutenden Destination für Leute geworden, die gern lernen wollen, und so machen ständig neue gute Sprachinstitute auf. Fast alle bieten zusätzlich zum Gruppenunterricht ein Freizeitprogramm, die Möglichkeit zum Aufenthalt in einer Gastfamilie sowie Privatunterricht. Im Folgenden ist nur eine Auswahl an Instituten aufgeführt; es macht also Sinn, sich nach den aktuellsten Empfehlungen umzuhören.

Wer etwas Besonderes ausprobieren möchte, sollte sich an **Español Andando** (☎ 5278-9886; www.espanol-andando.com) wenden. Bei diesem Konzept spazieren die Schüler mit einem Führer durch die Stadt und lernen in der Interaktion mit den *porteños* auf der Straße Spanisch. Spannend ist auch **Spanglish** (www.spanglishexchange.com), wo es wie beim Speeddating zugeht: Man spricht fünf Minuten Englisch und fünf Minuten Spanisch, dann wird der Partner gewechselt.

DWS (Karte S. 96–97; ☎ 4777-6515; www.danielawasser.com.ar; Av Córdoba 4382) Freundlich und mit kostenlosen PCs plus Internet.

Expanish (Karte S. 92–93; ☎ 4322-0011; www.expanish.com; Viamonte 927, 1. St., Suites A & B) Befindet sich in einem hübschen Gebäude und bietet einen guten Service.

Fundación Ortega y Gasset (☎ 4314-0011; www.ortega ygasset.com.ar; Viamonte 525, 3. St.) Renommiertes Institut im Centro Cultural de Borges, das mit Einzel- und Gruppenunterricht auf das international anerkannte Spanischdiplom DELE (Diploma de Español como Lengua Extranjera) vorbereitet; die Prüfung kann hier ebenfalls abgelegt werden.

IBL (Karte S. 92–93; ☎ 4331-4250; www.ibl.com.ar; Florida 165, 3. St.) Sehr zentral gelegen mit Spanischunterricht auf acht Leistungsniveaus.

One on One (Karte S. 92–93; ☎ 3528-4452; www.oneon oneargentina.com.ar; Rodríguez Peña 617, 4. St.) Kleine Schule mit maßgeschneiderten Kursen; es werden mehrere Sprachen unterrichtet.

University de Buenos Aires (UBA; Karte S. 92–93; ☎ 4343-5981; www.idiomas.filo.uba.ar; 25 de Mayo 221) Standard- und Intensivunterricht, zudem Langzeitkurse (1–4 Monate) Es werden Deutsch, Italienisch, Französisch, Portugiesisch und Japanisch unterrichtet. Billig, aber die Klassenzimmer wirken ziemlich angegammelt.

Verbum (Karte S. 96–97; ☎ 4861-7571; www.verbum.biz; Salguero 553) Bietet auch Traineeprogramme und Praktika für Leute, die gern in Argentinien bleiben wollen.

VOS (Karte S. 92–93; ☎ 4812-1140; www.vosbuenosaires.com; Marcelo T de Alvear 1459) Sehr herzliches Institut ein Stück von Recoleta entfernt.

BUENOS AIRES FÜR KINDER

Wer mit Kindern unterwegs ist, wird in Buenos Aires ein großes Angebot vorfinden. Am Wochenende geht es in den Parks von Palermo hoch her, dort treffen sich die Familien zum Spaziergang oder Picknick. Die Einkaufszentren sind voller Kinderwägen, aber auch die Zoos, Museen und Themenparks sind attraktive Ziele für Familien mit Kindern.

Zu den schönsten Grünflächen der Stadt zählt der **Parque 3 de Febrero** in Palermo (Karte S. 96–97). Am Wochenende dürfen hier auf der Ringstraße um den Rosengarten keine Autos fahren; dafür können in der Nähe Fahrräder, Boote und Inline-Skates gemietet werden.

Auch das Planetarium (S. 110), der Zoo (S. 111) und der Japanische Garten (S. 110) lohnen einen Besuch. Wem in der Innenstadt der Sinn nach einer Pause in der Natur steht, sollte die Reserva Ecológica Costanera Sur (S. 105) besuchen. In diesem Naturschutzpark lassen sich gut Vögel beobachten, außerdem ist alles autofrei.

Einkaufszentren eignen sich ebenfalls für einen Familienausflug an – vor allem an Regentagen. Die meisten bieten einen Spielplatz, Videoarkaden, ein Kino und Spielzeuggeschäfte. Der **Paseo Alcorta** (Karte S. 96–97; ☎ 5777-6500; Salguero 3172) ist entsprechend eingerichtet, **Abasto** (S. 146) bietet den Kindern sogar noch ein eigenes „Museum" (das eigentlich eher ein Nobelspielplatz ist) und einen Mini-Vergnügungspark.

In San Telmo liegt das Marionettenmuseum **Museo Argentino del Títere** (Karte S. 92–93; ☎ 4304-4376; Piedras 905; Eintritt frei; ◷ Di–So 15–18 Uhr). Die Wochenendvorstellungen sind sehr preiswert (Zeiten telefonisch erfragen).

In Recoleta bietet sich das **Museo Participativo de Ciencias** (Karte S. 92–93; ☎ 4806-3456; www.mpc.org.ar; Junín 1930; Eintritt 15 Arg$; ◷ 15.30 bis 19.30 Uhr) im Centro Cultural Recoleta (S. 100) an: Das Wissenschaftsmuseum garantiert mit seinen interaktiven Exponaten Spaß beim spielerischen Lernen. Die Öffnungszeiten sind weitgehend saisonabhängig, also sicherheitshalber vorher prüfen. Ein Stück außerhalb vom Zentrum im Stadtteil Caballito befindet sich noch das sehenswerte Museo Argentino de Ciencias Naturales (Naturwissenschaftliches Museum; S. 112).

Ein toller und abwechslungsreicher Tagesausflug führt nach Tigre (S. 152) im Norden der Innenstadt, spannend für Kinder ist schon die Anreise mit dem Tren de la Costa. Er hält direkt am Parque de la Costa, einem typischen Vergnügungspark mit verschiedenen Fahrgeschäften und sonstigen Aktivitäten. Wer will, fährt mit dem Boot ins Delta oder bummelt über den Markt (Obst und Haushaltsartikel).

Ein Stück außerhalb der Stadt liegt der ungewöhnliche Tierpark **Parque Temaikén** (☎ 03488-436-900; www.temaiken.com.ar; RP 25, Km 1, Escobar; Erw./Kind 3 bis 10 Jahre 48/35 Arg$; ◷ Dez.–Mitte März Di–So 10–19 Uhr, Mitte März–Dez. 10–18 Uhr). Hier gibt es richtig nette Tiere wie Meerkatzen, Zwergnilpferde und weiße Tiger zu sehen, sie streifen in naturnah gestalteten Gehegen frei umher. Das tolle Aquarium bietet Becken, in denen die Kinder die Tiere berühren dürfen, die interaktiven Bereiche wollen die Kinder zum Nachdenken anregen. Ein Taxi vom Zentrum dorthin kostet etwa 120 Arg$ (40 Min.). Auch die Buslinie 60 ab der Plaza Italia fährt dorthin, auf den Zielort „Escobar" achten.

Und wenn der Ruf nach Eis immer lauter wird: Rund ein Dutzend Eisdielen liegen über das Stadtgebiet verstreut (s. Kasten S. 131).

Einzelheiten zum Thema Reisen mit Kindern in Argentinien siehe S. 672.

GEFÜHRTE TOUREN

Das Angebot an organisierten Touren ist riesig und reicht von der Variante in großen Bussen über individuellere Autoausflüge bis hin zu geführten Radtouren und Stadtspaziergängen. Von den nachfolgenden Empfehlungen einmal abgesehen, bieten auch die meisten Reisebüros (S. 102) Touren an, die sie entweder vermitteln oder sogar selbst veranstalten.

Die Stadt Buenos Aires organisiert von August bis Dezember einmal pro Monat **kostenlose Stadtbesichtigungen** (☎ 4114-5791; www.bue.gov.ar); das Themenspektrum reicht von Kunst und historischen Bars bis hin zur Erkundung bestimmter Stadtviertel. In allen staatlichen Touristeninformationen (S. 101) liegen die genauen Programme aus.

Wer einen MP3-Player hat und auf eigene Faust unterwegs ist, sollte einen Blick auf die Website www.mptours.com werfen. Hier besteht die Möglichkeit, für je 12,50 US$ tolle Touren und Stadtpläne der einzelnen Viertel herunterzuladen und dann ganz nach Lust und Laune herumzuspazieren, anzuhalten und die Infos abzuhören. Die Stadt bietet ihren Besuchern ebenfalls Audiotouren (www.bue.gov.ar/audioguia); sie sind kostenlos und durch einen Handyanruf erhältlich.

Alle nachfolgend genannten Unternehmen bieten Touren auf Englisch (und oft auch in weiteren Sprachen) an; von den unter „Gruppentouren" aufgelisteten Veranstaltern führen einige auch Privattouren durch.

Gruppentouren

Anda Responsible Travel (☎ 3221-0833; www.andatravel.com.ar; Agüero 1131, 1. St.; pro Pers. ab 40 Arg$) Bekannt ist dieser Reiseveranstalter vor allem für seine La-Boca-Tour, bei der die Teilnehmer auch Organisationen vor Ort kennenlernen, die sich um die Verbesserung des Lebensstandards in La Boca bemühen.

BA Free Tour (☎ 011-15-6395-3000; www.bafreetour.com) Kostenloser Spaziergang (Trinkgeld!) am Morgen und am Nachmittag mit jungen Führern, die von ihrer Stadt begeistert sind. Auch wer zum Abschied keinen Schein lockermachen kann, ist willkommen.

BA Walking Tours (☎ 5773-1001; www.ba-walking-tours.com; pro Pers. 100 Arg$) Abwechslungsreiche Stadtspaziergänge unter historischen, kulturellen, politischen und architektonischen Gesichtspunkten.

Buenos Aires Bus (☎ 5239-5160; www.buenosairesbus.com; Fahrkarte 50 Arg$) Hier kann man nach Lust und Laune an einer der Dutzend Haltestellen in einen oben offenen Aussichtsbus ein- und aussteigen; der Bus verkehrt im 30-Minuten-Takt und fährt ausgewiesene Haltestellen (s. Website) an.

Cultour (☎ 011-15-6575-4593; www.cultour.com.ar; pro Pers. ab 55 Arg$) Gute Touren, die von Dozenten und Studenten der UBA (Universidad de Buenos Aires) durchgeführt werden und den Teilnehmern viel Informatives zur Geschichte und Kultur in Buenos Aires vermitteln.

Eternautas (☎ 5031-9916; www.eternautas.com; unterschiedliche Preise je nach Tour) Interessante Palette an Touren, die von Geschichtswissenschaftlern durchgeführt werden, einige mit Schwerpunkt Wirtschaft, Religion oder Kultur. Stadtspaziergänge (auf Spanisch) kosten pro Person ab 10 Arg$.

Graffitimundo (☎ 011-15-3683-3219; www.graffitimundo.com; pro Pers. 75 Arg$) Die Touren zu den besten Graffiti in Buenos Aires werden von Expats durchgeführt, die sich wirklich gut auskennen. Die Teilnehmer erfahren viel über die Geschichte der Künstler und die einheimische Graffitikultur (auch über Schablonenkunst).

La Bicicleta Naranja (Karte S. 92–93; ☎ 4362-1104; www.labicicletanaranja.com.ar; Pasaje Giuffra 308; Touren 105 Arg$, Fahrradvermietung Std. 10 Arg$) Das Unternehmen bietet unterschiedliche Fahrradtouren durch die Stadt an; im Preis inbegriffen sind der Fahrradhelm, das Fahrradschloss und der Führer.

Urban Biking (☎ 4568-4321; www.urbanbiking.com) Hat ähnliche Angebote wie La Bicicleta Naranja.

Privattouren

BA Local (☎ 011-15-4870-5506; www.balocal.com; Touren ab 450 Arg$) Die Ex-New Yorkerin Christina Wiseman hat sich auf private Einkaufstouren und Exkursionen abseits der ausgetretenen Touristenpfade (oder der ganz normalen Stadt) spezialisiert.

Bitch Tours (☎ 011-15-6157-3248; www.bitchtours.blogspot.com; Touren ab 380 Arg$) Ein Luder ist Agustina Menendey ja nun eigentlich nicht, aber sie bietet ungewöhnliche Privattouren an.

Bob Frassinetti (☎ 011-15-6965-1955; admin@frassinetti.com) Bohemien Bob führt seine Gäste zu Kunstgalerien, Ateliers, Secondhandläden und Märkten – und fahndet in ganz Argentinien nach tollen Kunstwerken und Antiquitäten.

Buenos Tours (☎ 011-15-3221-1048; www.buenostours.com; Touren ab 380 Arg$) Organisiert gute Stadtführungen, die von netten, verantwortungsbewussten Expats mit guten Kenntnissen durchgeführt werden.

Seriema Nature Tours (☎ 4312-6345; www.seriematours.com) Angeboten werden naturkundlich ausgerichtete Touren in ganz Südamerika; zu den beliebtesten Exkursionen in Buenos Aires zählen die zur Costanera Sur und zur Reserva Natural Otamendi. Besonders reizvoll ist auch die zweitägige Tour „Vögel der Pampas".

Sylvia Zapiola (☎ 4822-1187, 011-15-3555-3639; Touren ab 300 Arg$) Die resolute Argentinierin arbeitet hauptberuflich als Führerin und hat im Ausland gelebt; sie bietet allgemeine Stadtführungen an, aber auch Dienstleistungen wie einen Abholservice vom Flughafen.

BUENOS AIRES

FESTE & EVENTS

In Buenos Aires findet eigentlich immer irgendein Fest statt, und gefeiert wird so ziemlich alles: Tango, Pferde, Gauchos, Kino, Kunst, Wein, Mode und Bücher. Der Löwenanteil an Events konzentriert sich auf das Frühjahr. Über die genauen Termine – sie differieren von Jahr zu Jahr – weiß die Touristeninformation Bescheid. Im **La Rural** (dort: Predio Ferial; Karte S. 96–97; Av Santa Fe) in Palermo finden die meisten größeren Veranstaltungen statt.

Januar & Februar

Karneval (Ende Feb.) Die Leute werden mit Schaum vollgespritzt, während sie den afro-lateinamerikanischen *murga*-Rhythmen (Musiktheater) auf der Avenida de Mayo frönen. Beim Karneval von Buenos Aires geht es insgesamt ziemlich zahm zu, aber die Aussichten auf eine Schlacht mit wassergefüllten Luftballons stehen dann doch ganz gut.

Chinesisches Neujahrsfest (Termin richtet sich nach dem Mondkalender) In der winzigen Chinatown von Belgrano locken gutes Essen, Knaller und Festlichkeiten.

April

Feria del Libro (www.el-libro.org.ar; La Rural) Größte Bücherschau in ganz Lateinamerika, die drei Wochen lang (April–Mai) über 1 Mio. Bücherfans anlockt.

Festival International de Cine Independiente (www.bafici.gov.ar) Independent-Filmproduktionen aus dem In- und Ausland werden in unterschiedlichen Locations in der ganzen Stadt präsentiert.

Juni & Juli

arteBA (www.arteba.com; La Rural) Beliebter Event mit dem Hauptgewicht auf zeitgenössischer Kunst; es werden spannende junge Künstler sowie Topgalerien vorgestellt.

Exposición Rural (www.exposicionrural.com.ar; La Rural) Die Mutter aller Viehmärkte mit jeder Menge Rindern. Ende Juli bis Anfang August.

August

Fashion Buenos Aires (www.bafweek.com) Hier stehen die neuesten Designerklamotten und die heißesten Models im Rampenlicht. Die Herbstkollektion wird im Februar oder März präsentiert; beide Events finden im La Rural statt.

Festival y Mundial de Tango (www.mundialdetango.gov.ar; verschiedene Locations) Über die ganze Stadt verteilt finden meisterhafte Tango-Vorführungen, Unterricht, Seminare, Workshops und Wettbewerbe statt, außerdem werden Tangofilme gezeigt.

September

Vinos y Bodegas (www.expovinosybodegas.com.ar; La Rural) Ein Event, den Weinfreunde nicht verpassen sollten: Zur Auswahl stehen Jahrgangsweine aus über 100 argentinischen *bodegas* (Weinkellern).

Casa Foa (www.casafoa.com) Die absolute Topmesse in Sachen Architektur, Design und Einrichtung wird alljährlich in verschiedenen restaurierten (zumeist historischen) Gebäuden abgehalten, und zwar von September bis Oktober.

South American Music Conference (www.samc.net) Größte Party in Buenos Aires für elektronische Musik mit vernetzten Konferenzen (tagsüber) sowie 50 000 Partygästen am Abend.

November

Marcha del Orgullo Gay (www.marchadelorgullo.org.ar) Tausende schwule, lesbische und transsexuelle Bürger aus Buenos Aires marschieren stolz von der Plaza de Mayo zum Congreso.

Gran Premio Nacional Größtes Pferderennen des Landes und netter Event für die ganze Familie. Wird in Palermos prächtigem *hipódromo* im französischen Stil abgehalten.

Día de la Tradición Der „Tag der Tradition" findet in San Antonio de Areco (s. S. 161) statt, lohnt aber den Abstecher, wenn jemand ein Faible für Gauchos hat.

Dezember

Campeonato Abierto de Pato (www.fedpato.com.ar) Hier präsentiert sich Argentiniens schrulliger Traditionssport, bei dem die Reiter hoch zu Ross um einen Ball mit Griff kämpfen.

Campeonato Abierto de Polo (☎ 4343-0972; www.aapolo.com) Die besten Polospieler der Welt donnern den Poloplatz von Palermo rauf und runter.

Creamfields (www.creamfieldsba.com) Buenos Aires Pendant zur hippen E-Musik-Tanzparty, wie sie in Großbritannien gefeiert wird. Mit über 100 DJs und Bands – die ganze Nacht geht unter freiem Himmel die Post ab.

Festival Buenos Aires Danza Contemporánea (www.buenosairesdanza.com.ar) Alle zwei Jahre findet diese bedeutende Party in Sachen zeitgenössischer Tanz in diversen Kulturzentren und Theatern statt; außerdem werden Seminare und Wokshops abgehalten.

SCHLAFEN

In den letzten paar Jahren haben sich die Übernachtungsmöglichkeiten in Buenos Aires locker vervielfacht. Vor allem Boutiquehotels und Gästehäuser sind in Vierteln wie San Telmo und Palermo nur so aus dem Boden geschossen, auch Hostels gibt es zuhauf. Somit besteht für die Besucher der Stadt kein Problem, die gewünschte Unterkunft zu finden, aber es ist dennoch empfehlenswert, rechtzeitig zu reservieren, und zwar vor allem während der Ferien und in den Sommermonaten von November bis Januar, wenn hier Hochsaison herrscht.

Viele Quartiere sind beim Transfer vom und zum Flughafen behilflich – wenn eine

KURZZEIT- & LANGZEITVERMIETUNG

So ziemlich jedes Hotel, Hostel oder Gästehaus in Buenos Aires gewährt in der Regel bei einem Langzeitaufenthalt eine erhebliche Ermäßigung; es macht also Sinn, vor der Buchung entsprechend zu verhandeln. Zudem haben sich viele Gästehäuser auf Wochen- oder Monatsangebote spezialisiert, was das Wohnen persönlicher gestaltet. Wer sich für einen Aufenthalt bei einer Gastfamilie interessiert, wird unter www.coret.com.ar fündig, wer ein Zimmer mieten will, schaut unter www.sparerooms.com.ar nach.

Es ist üblich, dass ein Einheimischer als Bürge fungiert, wenn ein Auswärtiger eine Wohnung mietet. Mittlerweile sind jedoch so viele Ausländer nach Buenos Aires geströmt, die hier länger bleiben wollen, dass zig Mietagenturen und Websites bei der Suche nach einer Wohnung behilflich sind, ohne dass besagter Bürge erforderlich wäre. Allerdings hat dieser Service seinen Preis – die Monatsmiete kommt erheblich teurer. Einheimische mieten ihre unmöblierten Wohnungen für mindestens ein Jahr und zahlen deshalb weniger. Nützliche Websites:

www.adelsur.com
www.alojargentina.com.ar
www.apartmentsba.com
www.barts.com.ar
www.buenosaireshabitat.com
www.friendlyapartments.com (für Schwule)
www.oasisba.com
www.roomargentina.com
www.stayinbuenosaires.com
www.tucasargentina.com
www.yourhomeinargentina.com.ar

Besteht der Wunsch, dass jemand vor Abschluss des Mietvertrags ein kritisches Auge auf die Wohnung, ihre Lage und ihren Zustand werfen soll, so wendet man sich an Madi Lang unter www.baculturalconcierge.com. Auf diese Weise ist gewährleistet, dass die Wohnung nicht in einer lauten Straße, in einem abgelegenen Viertel oder in der Nähe einer Baustelle liegt.

Reservierung vorliegt. Die meisten teuren Hotels akzeptieren Kreditkarten, billigere Unterkünfte allerdings oft nicht – oder sie nehmen einen Aufschlag bei der Zahlung mit der Karte. Fast immer ist das Frühstück im Preis inbegriffen, ob nun klassisch serviert oder als Büffet. Gleiches gilt auch für den Internetzugang, WLAN und Klimaanlage.

In Hostels, die zu Hostelling International (HI) gehören, ist eine Ermäßigung auf die angegebenen Preise erhältlich, wenn eine Mitgliedskarte (60 Arg$) vorgelegt wird. Ein anderer Hostelclub ist www.minihostels.com. Bei den Spitzenklassehotels werden in diesem Reiseführer die Normalpreise genannt; die jeweilige Website gibt Auskunft über Sonderangebote.

Die im Folgenden aufgeführten Preise gelten für die Hochsaison, also etwa von November bis Februar. Die Tarife können zu Spitzenzeiten – Weihnachten und Ostern – in ungeahnte Höhen schnellen, in der Nebensaison dafür aber stark fallen.

Eine Übersicht mit Websites, die Mietwohnungen anbieten, findet sich im Kasten oben.

Microcentro

Microcentro liegt nicht nur sehr zentral, sondern kann auch noch mit den besten und meisten Quartieren aufwarten. In Richtung Norden ist es zu den Fußgängerzonen Florida und Lavalle nicht weit. Gleiches gilt für Retiro und Recoleta. Um die Plaza erstreckt sich das betriebsame Finanzviertel mit vielen historischen Gebäuden, San Telmo liegt in Laufweite. Den ganzen Tag über ist hier viel los, abends wird es schlagartig ruhiger, wenn die Geschäftsleute nach der Arbeit fluchtartig das Zentrum verlassen. Auf Restaurants mit besonders kreativer Küche sollte man hier nicht hoffen – dafür lohnt sich der Weg nach Palermo.

BUDGETUNTERKÜNFTE

LP Tipp **Portal del Sur** (Karte S. 92–93; ☎ 4342-8788; www.portaldelsurba.com.ar; Hipólito Yrigoyen 855; B 40–50 Arg$, EZ/DZ 160/180 Arg$; ⚇ 🖳 🛜) Das in einem hübschen alten Gemäuer untergebrachte Hostel zählt zu den besten der Stadt. Schöne Schlafsäle und luxuriöse Zimmer mit Hotelstandard gruppieren sich um einen offenen

Zentralbereich mit Küche und Essmöglichkeit. Die eigentliche Attraktion ist die hübsche Dachterrasse mit schöner Aussicht und einer luftigen Lounge. Zusätzlich gibt es für die Gäste kostenlose Tangostunden, Spanischunterricht und einen Spaziergang.

HI Obelisco Suites (Karte S. 92–93; ☎ 4328-4040; www. hihostels.com; Av Corrientes 830; B 45 Arg$, EZ/DZ 100/140 Arg$; ✗ ▯ ⬡) Das apartmentartige HI-Hostel kann mit großen Schlafsälen (4–8 Betten) und netten Zimmern aufwarten; drei Räume teilen sich jeweils ein Bad und eine Küchenzeile. An Gemeinschaftseinrichtungen sind eine schicke Bar-Lounge mit Billardtisch, ein Fernsehzimmer und ein weiterer kleiner Raum für den Spanischunterricht vorhanden. Es werden viele Freizeitaktivitäten angeboten, und gelegentlich gibt es auch mal ein kostenloses Abendessen.

Milhouse Youth Hostel (Karte S. 92–93; ☎ 4345-9604; www.milhousehostel.com; Hipólito Yrigoyen 959; B/DZ/ 48/210 Arg$; ✗ ▯ ⬡) Die beliebte Jugendherberge hat sich vor allem als Partyhochburg einen Namen gemacht und bietet eine Fülle von Freizeitaktivitäten und Dienstleistungen. Die Schlafsäle und Zimmer sind winzig, aber recht gepflegt; die meisten gruppieren sich um einen netten Patio. Die Gemeinschaftseinrichtungen sind großzügig und fetzig: Es gibt eine Bar im Untergeschoss, eine TV-Lounge im Zwischengeschoss und eine Terrasse auf dem Dach. Gleich nebenan befindet sich noch eine Dependance.

Hotel Alcázar (Karte S. 92–93; ☎ 4345-0926; Av de Mayo 935; EZ 120–150 Arg$, DZ 150–170 Arg$; ▯ ⬡) Als eine der besten Billigunterkünfte kann das alte Alcázar nun mit einfachen, renovierten Zimmern aufwarten (unbedingt um eines mit Fenster nach draußen bitten); sie sind fast alle klein, aber sauber und ihr Geld wirklich wert. Das Hotel liegt zentral und nur ein paar Schritte vom berühmten Café Tortoni entfernt, was recht praktisch ist, da das Frühstück nicht im Preis inbegriffen ist. Ganz hübsch sind auch die gefliesten Patios im Haus. Frühzeitig reservieren!

MITTELKLASSE- & SPITZENKLASSEHOTELS

Suipacha Inn (Karte S. 92–93; ☎ 4322-0099; www.hotel suipacha.com.ar; Suipacha 515; EZ 180 Arg$, DZ 200–240 Arg$; ✗) Das günstig gelegene Hotel im Microcentro bietet viel fürs Geld – und liegt nur ein paar Blocks vom Obelisco entfernt. Ein paar Schönheitsreparaturen könnten nicht schaden, aber die Gäste hier bekommen auf alle Fälle kleine, einfache und saubere Zimmer, die meisten ausgestattet mit Kühlschrank, Mikrowelle, Spüle und Safe. Wer sich etwas Gutes tun möchte,

gönnt sich eines der geräumigeren „Spezialzimmer" – sie kosten nur unwesentlich viel mehr.

Hotel Frossard (Karte S. 92–93; ☎ 4322-1811; www. hotelfrossard.com.ar; Tucumán 686; EZ/DZ 200/230 Arg$; ✗ ▯ ⬡) Das persönliche Hotel ist ein Kleinod mit 24 unterschiedlich großen Zimmern mit hoher Decke in einem hübschen älteren Gebäude. Die Einzelzimmer sind winzig, die Doppelzimmer ebenfalls nur klein geraten. Die Dreibettzimmer bieten dagegen deutlich mehr Luft zum Atmen. Die Lage ist super, denn die Fußgängerzonen in der Florida und in der Lavalle liegen bloß einen Block entfernt.

Moreno Hotel (Karte S. 92–93; ☎ 4334-3638; www. morenobuenosaires.com; Moreno 376; Zi. 750 Arg$; ✗ ▯ ⬡) Das an sich moderne, minimalistische Hotel befindet sich in einem stimmungsvollen, historischen Gebäude. Die Zimmer sind wunderschön – einige sind regelrecht gigantisch groß und haben sogar ein Loft. Aber wirklich sagenhaft ist die Dachterrasse im 6. Stock; außerdem gibt es noch ein modernes Restaurant. Wer 12 Arg$ pro Nacht „spendet", kann seinen Aufenthalt kohlenstoffneutral gestalten – aber keine Sorge, es geht auch ohne die Zuzahlung.

Tryp Hotel (Sol Meliá; Karte S. 92–93; ☎ 5222-9600; www. solmelia.com; San Martín 474; DZ 830 Arg$; ✗ ▯ ⬡) Das Tryp (ehemals Sol Meliá) ist ein großes, gutes und modernes Hotel im oberen Preissegment mit guter Lage im Zentrum. Es vermietet große, zeitgemäß eingerichtete Zimmer in Erdtönen, die mit Flachbildschirm-TVs, Glasschreibtischen und großen eleganten Konsolen, die das bequeme Bett einrahmen, eingerichtet sind. Geschäftsreisende schätzen den Konferenzraum mit angrenzender Dachterrasse.

NH City & Tower (Karte S. 92–93; ☎ 4121-6464; www. nh-hotels.com; Bolívar 160; DZ 950 Arg$; ✗ ▯ ⬡ ▣) Markenzeichen der Hotelkette NH ist ihr Minimalismus, der auf gedämpfte Erdtöne und natürliche Designakzente setzt. Vermietet werden edle, geschmackvolle Zimmer, der Service ist herausragend. Das Hotel bietet zusätzlich einen kleinen, aber wirklich schönen Pool auf dem Dach mit Blick über die Stadt. Die Preise der weiteren NH-Hotels in Buenos Aires können vom hier genannten abweichen.

Congreso

In Congreso und Tribunales sind viele der älteren Theater, Kinos und Kulturzentren der Stadt zu Hause. Die betriebsame Avenida Corrientes kann mit bescheidenen Geschäften, Dienstleistungsunternehmen und Buchläden aufwarten. Rund um die Plaza de Congreso ist immer viel los – oft finden hier (meist friedliche) Demonstrationen statt. Im Allgemeinen ist diese Gegend nicht so überfüllt wie das Microcentro und gibt sich auch nicht so geschäftig und touristisch, doch auch hier pulsiert das Leben Tag und Nacht.

BUDGETUNTERKÜNFTE

Sabatico Hostel (Karte S. 92–93; ☎ 4381-1138; www.sabaticohostel.com.ar; Mexico 1410; B 40–45 Arg$, Zi. 120–170 Arg$; 🍴 💻 📶) Das ungewöhnliche, gepflegte Hotel liegt abseits der Touristenpfade in einem stimmungsvollen Viertel. Die Zimmer sind klein, aber hübsch; zu den guten Gemeinschaftseinrichtungen gehören eine nette Küche, ein luftiger Patio und eine wunderschöne Dachterrasse samt Pool. Gelegentlich wird am Wochenende Livemusik gespielt.

Kilca Hostel (Karte S. 92–93; ☎ 4381-1966; www.kilcabackpacker.com; Mexico 1545; B 46 Arg$, EZ/DZ 115/145 Arg$; 💻 📶) Das künstlerisch angehauchte Kilca liegt im coolen Viertel Montserrat – es ist weniger touristisch und wirkt argentinischer als manch anderes Viertel der Stadt. Das Hostel mit lockerer, angenehmer Atmosphäre befindet sich in einem Haus, das um 1900 erbaut wurde; es hat hohe Decken mit Balken und unverputzte Wände. Eine flippige Küche gibt es auch noch, und in den kleinen begrünten Höfen kann man herrlich abhängen.

Hotel Sportsman (Karte S. 92–93; ☎ 4381-8021; www.hotelsportsman.com.ar; Av Rivadavia 1425; EZ/DZ ab 50/80 Arg$) Wer wissen will, wie Backpacker-Unterkünfte in Buenos Aires früher ausgesehen haben, sollte sich in diesem Dauerbrenner der Stadt einmieten. Das alte Hotel ist ein Klassiker mit knarrenden Holztreppen, einem in die Jahre gekommen schmiedeeisernen Lift und einem Gewirr an Korridoren, die zu einfachen, aber anständigen Zimmern (teilweise mit eigenem Bad) führen. Jedenfalls hat alles hier viel Atmosphäre. Eine Gemeinschaftsküche ist ebenfalls vorhanden – allerdings kann man darin nur Wasser heiß machen. Frühstück gibt es keines, nichtsdestotrotz ist das Hotel ein echtes Schnäppchen.

El Jardín del Tango (☎ 4952-9329; http://sites.google.com/site/jardindeltango; EZ/DZ ab 135/170 Arg$) Tangofan und Expat Rachel Stevenson betreibt im schillernden und sehr typischen Viertel Once (westlich von Congreso) gleich drei Gästehäuser. Alle verfügen über ein oder zwei Zimmer oder Apartments und sind anheimelnd und gemütlich eingerichtet. Rachel selbst wohnt in der Casa Rosa – mit ihren zwei Katzen. Ohne Reservierung geht hier gar nichts!

Hotel Reina (Karte S. 92–93; ☎ 4381-2496; www.reinahotel.com; Av de Mayo 1120; EZ 120–150 Arg$, DZ 150–200 Arg$; 🍴) Das charmante alte Gebäude weist eine dezente Eleganz auf, die sich in den großen Sälen, dem klassischen Lift und den originalen Beleuchtungskörpern bemerkbar macht. Einige Zimmer sind eher einfach, andere hingegen sehr hübsch eingerichtet – z.B. mit hoher Decke, Holzboden und Balkon zum Entspannen (um eines der Gästezimmer im 2. Stock bitten). Tangounterricht findet im luftigen Salon statt; das Frühstück ist gut.

MITTELKLASSE- & SPITZENKLASSEHOTELS

Yira Yira Guesthouse (Karte S. 92–93; ☎ 4812-4077; www.yirayira.com.ar; Uruguay 911 1B; EZ/DZ/3BZ 133/190/228 Arg$; 💻 📶) Das heimelige Apartment mit vier großen Zimmern, die auf einen Wohnbereich in der Mitte hinausgehen, wird von dem hilfsbereiten Paz gemanagt, der hier ebenfalls zu Hause ist. Das Quartier eignet sich gut, um andere Backpacker kennenzulernen, und liegt zudem sehr günstig mitten in der Innenstadt. Die Gäste müssen mindestens zwei Nächte bleiben, ohne schriftliche Buchung geht gar nichts.

Fiamingo Apart Hotel (Karte S. 92–93; ☎ 4374-4400; www.fiamingoapart.com.ar; Talcahuano 120; EZ/DZ 205/245 Arg$; 🍴 💻 📶) Das für Familien tolle Fiamingo bietet riesige Suiten, die eher gemütlich und praktisch als einfallsreich gestaltet sind. Alle haben eine Küchenzeile (kein Herd, nur Mikrowelle und Spülbecken); das Personal ist freundlich, die doppelt verglasten Fenster sorgen für Ruhe. Die Gäste bekommen hier viel für ihr Geld, unbedingt frühzeitig buchen!

Hotel Bonito (Karte S. 92–93; ☎ 4381-2162; www.bonitobuenosaires.com; Chile 1507, 3. St.; Zi. 266–418 Arg$; 🍴 💻 📶) Reizendes Boutiquehotel mit nur fünf künstlerisch gestalteten, tollen Zimmern, in denen sich Tradition und Moderne ein Stelldichein geben. Einige haben ein Loft, einen Erker mit Sitzmöbeln oder auch Jacuzzi; die Böden sind aus Holz oder geschliffenem Estrich. Herzliche Atmosphäre, kleine Bar und gutes Frühstück.

Design Suites (Karte S. 92–93; ☎ 4814-8700; www.designsuites.com; MT de Alvear 1683; Zi. 684–990 Arg$; 🍴 💻 📶) Die Design–Suites präsentieren sich in futuristischer Eleganz und lassen den in den Trendhotels von Buenos Aires heute so beliebten minimalistischen Stil sehen. Die Lage ist super, die Atmosphäre exklusiv. Alle Suiten haben TV mit Flachbildschirmen, sind toll gestaltet und bieten eine kleine Küchenzeile (kein Herd, nur Mikrowelle). Die Lounge unten ist elegant; leider darf man nicht in den Pool springen.

San Telmo & Umgebung

Südlich von Microcentro hat sich San Telmo viel traditionelles Ambiente bewahrt. Die Gebäude haben mehr Charme als im Nachbarviertel und sind wirklich noch älter als im Zentrum und meist auch nur wenige Stockwerke hoch. Viele Restaurants und schicke Boutiquen haben in den letzten Jahren hier eröffnet, dazu gesellen sich einige gute Bars, Tangokneipen und andere Nachtlokale. Die meisten Übernachtungsmöglichkeiten bieten Hostels, eher bescheidene Hotels oder gehobene Gästehäuser, 5-Sterne-Hotels fehlen in San Telmo eher.

BUDGETUNTERKÜNFTE

Garden House (Karte S. 92–93; ☎ 4305-0517; www.gardenhouseba.com.ar; San Juan 1271; B 36–40 Arg\$, EZ & DZ 125 bis 170 Arg\$; 🖳 🛜) Ein bisschen abseits der Touristenpfade liegt dieses freundliche Hostel mit zwei Schlafsälen (vier bzw. acht Betten), sechs Doppelzimmern (ein paar mit nettem Patio) sowie einigen legeren, aber gemütlichen Gemeinschaftsräumen. Die meisten Zimmer haben ein Gemeinschaftsbad. Das Hostel liegt etwasn weit vom Zentrum entfernt, aber das angenehme Ambiente macht das wett. Die preiswerten, aber hervorragenden *asados* (Grillfest) am Donnerstagabend finden auf der Terrasse statt.

Art Factory (Karte S. 92–93; ☎ 4343-1463; www.artfactoryba.com.ar; Piedras 545; B 38 Arg\$, EZ 105–125 Arg\$, DZ 120 bis 170 Arg\$; 🞄 🖳 🛜) Das edle Hostel sieht sich nett und kunstsinnig und ist wirklich etwas Besonderes. Außerdem vermietet es mehr Zimmer als die Konkurrenz. Alle Zimmer haben riesige Wandgemälde, die von verschiedenen Künstlern aus der ganzen Welt gemalt wurden – sogar die Korridore und Wassertanks sind wie bunte Cartoons gestaltet. Das alte Herrschaftshaus aus den 1850er-Jahren verleiht dem Ambiente zusätzlich einen eleganten Touch. Die Dachterrasse ist groß, und über eine Bar-Lounge können sich die Gäste hier zusätzlich freuen.

Sandanzas Hostel (Karte S. 99; ☎ 4300-7375; www.sandanzas.com.ar; Balcarce 1351; B 40–45 Arg\$, DZ 140–180 Arg\$; 🖳) Das nette Hostel verfügt gerade einmal über 28 Betten und wird von den fünf jungen Besitzern, allesamt Künstler oder Sozialarbeiter, mit großer Begeisterung und viel Elan betrieben. Das farbenfrohe Quartier bietet geräumige Schlafsäle und sechs Doppelzimmer (drei mit Bad). Gelegentlich finden auch Kulturevents statt. Das Sandanzas liegt in einem eher rauen Arbeiterviertel in der Nähe der Plaza Lezama. Ein nettes Plus ist der kostenlose Tangounterricht und die Fahrradvermietung.

Brisas del Mar (Karte S. 92–93; ☎ 4300-0040; Humberto Primo 826; EZ 60–70 Arg\$, DZ 70–80 Arg\$) Das Billighotel ohne jeglichen Luxus – vom Kabel-TV einmal abgesehen – existiert schon seit ewigen Zeiten. Die Zimmer sind einfach, aber ordentlich eingerichtet, einige wirken allerdings ein bisschen muffig; die unten liegenden Zimmer haben außerhalb des Hauses liegende Gemeinschaftsbäder. Die Zimmer oben sind heller; alle gehen auf geflieste Korridore mit Pflanzen hinaus.

MITTELKLASSE- & SPITZENKLASSEHOTELS

Lugar Gay (Karte S. 92–93; ☎ 4300-4747; www.lugargay.com.ar; Defensa 1120; B 95–133 Arg\$, EZ 152–228 Arg\$, DZ 190 bis 304 Arg\$; 🞄 🖳 🛜) In diesem persönlichen Gästehaus logieren nur schwule Männer. Zur Auswahl stehen acht kleine, aber elegante Zimmer – die Hälfte ist mit Gemeinschaftsbad ausgestattet. Von den meisten bietet sich ein hübscher Blick auf die Kirche hinter dem Haus. Das Hotel ist ein Labyrinth aus Gängen, Wendeltreppen und Sonnenterrassen (FKK erwünscht), plus einem Tangosalon, einem winzigen Café und einer Einbau-Küchenzeile. Zwei Whirlpools – einer drinnen, einer draußen – garantieren nächtlichen Badespaß.

Casa Bolivar (Karte S. 99; ☎ 4300-3619; www.casabolivar.com; Bolívar 1701; Zi. 373–612 Arg\$; 🞄 🖳 🛜) Die 14 geräumigen Studios und Loft-Apartments des bemerkenswerten Herrschaftshauses wurden liebevoll renoviert und präsentieren sich nun als attraktive, moderne Wohneinheiten. Bei einigen blieben die originalen geschnitzten Türstöcke sowie die ursprünglichen Deckengemälde erhalten. Die separaten Eingänge liegen an Korridoren, die sich durch den gesamten Komplex ziehen; hübsche Patios mit Gärten laden die Gäste zum Entspannen ein.

Mansion Dandi Royal (Karte S. 92–93; ☎ 4307-7623; www.hotelmansiondandiroyal.com; Piedras 922; EZ 368 Arg\$, DZ 506–620 Arg\$; 🞄 🖳 🛜 🐾) In dem herrschaftlichen Familienbesitz von 1903 logieren vor allem Tangofanatiker. Das Anwesen wurde zu einem luxuriösen Themenhotel mit Wandmalereien, Kristalllüstern und einer geschwungenen Treppe aus Holz umgestaltet. Die 29 Zimmer sind eine Wucht; die meisten sind mit Antiquitäten möbliert, im Bad steht eine Wanne mit Klauenfüßen, die hohen Decken sorgen zusätzlich für Flair. Auf dem Dach befinden sich ein kleiner, aber hübscher Pool sowie ein Sonnendeck. Die Tangostunden, *milongas* und Shows finden in den wunderschönen Studios im Untergeschoss des Hotels mit Parkettboden statt, alternativ auch nebenan im Salon.

Axel Hotel (Karte S. 92–93; ☎ 4136-9393; www.axelhotels. com; Venezuela 649; Zi. 1135–1965 Arg$; 🅇 📟 🅡) Das erste schwule 5-Sterne-Hotel in Buenos Aires ist ganz klar ein Vorzeigeobjekt, und zwar von unten bis oben. In der Lobby beeindruckt ein über mehrere Stockwerke reichender Brunnen in der Wand, in der obersten Etage der Pool. Die Treppen sind aus Glas, die Zimmer sehr modern mit Böden aus beschichtetem Estrich gestaltet. Hinter dem Gebäude befindet sich ein weitläufiger Garten mit einem weiteren Pool im Freien, außerdem gibt es für die Gäste zwei Bar-Lounges, ein Restaurant, Saunen, Whirlpools und einen Fitnessraum. Im Sommer finden sonntags Poolpartys statt, freitags Partys mit DJs. In jedem Fall lohnt ein Blick auf die Website, denn die Preise schwanken stark.

Retiro

Retiro ist toll und zentral gelegen – allerdings nur für Leute mit dem entsprechenden Kleingeld. Viele der teuren Top-Hotels der Hauptstadt sowie einige der betuchtesten Bürger sind hier zu Hause. Nicht weit entfernt befinden sich die begrünte Plaza San Martín, der Busbahnhof Retiro sowie viele hochkarätige Geschäfte und Dienstleistungsunternehmen. Recoleta und das Microcentro lassen sich mit ein paar Schritten zu Fuß erreichen.

MITTELKLASSE- & SPITZENKLASSEHOTELS

Hotel Central Córdoba (Karte S. 92–93; ☎ 4311-1175; www. hotelcentralcordoba.com.ar; San Martín 1021; EZ 150 Arg$, DZ 170–200 Arg$; 🅇 🅡) Das wohl erschwinglichste Hotel von Retiro ist das Central Córdoba. Die Zimmer sind ordentlich, haben gefliste Böden und einen Schreibtisch, bieten insgesamt jedoch nicht viel Bewegungsfreiheit. Wer es gern ruhig mag, sollte um ein Zimmer nach innen bitten. Die Lage ist vom Feinsten – einige angesagte Bars lassen sich sogar zu Fuß erreichen. Da das Hotel sehr beliebt ist, empfiehlt es sich, frühzeitig zu reservieren.

Dazzler Suites Arroyo (Karte S. 92–93; ☎ 5276-7700; www.dazzlersuitesarroyo.com.ar; Suipacha 1359; DZ ab 340 Arg$; 🅇 📟 🅡 🅡) Das Hotel in günstiger Lage, nicht weit von Recoleta entfernt, präsentiert sich stilvoll und elegant mit modernem Minimalismus. Hinter und seitlich der schicken Lobby liegt ein hübscher Patio. Die Zimmer bieten modernen Komfort, alle verfügen über eine Küchenzeile und einige sogar über zwei Schlafzimmer. Zu den Highlights zählen ein Pool im Freien, ein Fitnesscenter, das internationale Restaurant und das gute Frühstück.

Aspen Suites (Karte S. 92–93; ☎ 4313-9011; www.aspen suites.com.ar; Esmeralda 933; DZ ab 425 Arg$; 🅇 📟 🅡) Der Begriff Luxus ist bei diesem sechsstöckigen Gebäude wohl eher fehl am Platz – die Korridore könnten einen Eimer Farbe vertragen, und die Aussicht aus den Zimmern ist auch nicht überall berauschend. Aber die modernen, geräumigen Suiten verfügen alle über eine voll ausgestattete Küchenzeile sowie einen Essbereich. Größere „Deluxe-Suiten" und Ein-Zimmer-Apartments stehen außerdem zur Wahl und sind vor allem für Familien interessant.

Hotel Bel Air (Karte S. 92–93; ☎ 4816-0016; www.hotel belair.com.ar; Arenales 1462; Zi. ab 460 Arg$; 🅇 📟 🅡) Die Lobby-Bar hier ist ein sinnliches Erlebnis, und in der Lounge gleich daneben können die betuchten Urlauber und Geschäftsleute angenehm sitzen. Oben sind die Zimmer in warmen Tönen gehalten und modern gestaltet, allerdings nicht superluxuriös möbliert. Die Lage zwischen Retiro und Recoleta ist hervorragend.

Four Seasons (Karte S. 92–93; ☎ 4321-1200; www.four seasons.com/buenosaires; Posadas 1086; DZ ab 2415 Arg$; 🅇 📟 🅡 🅡) Wundern wird das ja nun sicher keinen – das Four Seasons bietet all den Schnickschnack, den ein 5-Sterne-Hotel ausmacht, sprich 1A-Service und weiße Frotteebademäntel. Die großen, wunderschönen Zimmer sind modern möbliert und gestaltet; die Nobel-Suiten (4600–36 800 Arg$!) befinden sich in einem luxuriösen alten Gebäude gleich nebenan. Das Hotel hat außerdem ein herrliches Kur- und Wellnesscenter sowie einen beheizten Pool im Freien.

Recoleta & Barrio Norte

Die meisten Unterkünfte in Recoleta (Barrio Norte ist eher ein Teil davon und kein eigenes Viertel) sind teuer, die paar preiswerteren Hotels in der Regel ausgebucht. Die Gebäude hier geben sich imposant und prachtvoll, aber das ist ja kein Wunder im reichsten Viertel der Stadt. Der berühmte Friedhof von Recoleta liegt gleich in der Nähe, und auch zu den hübschen Parks, Museen und Boutiquen ist es nicht weit.

BUDGETUNTERKÜNFTE & MITTELKLASSEHOTELS

Southernhouse Hostel (Karte S. 96–97; ☎ 4961-6933; www. southernhouseba.com; TM de Anchorena 1117; B 40 Arg$, EZ 100 Arg$, DZ 140–160 Arg$; 🅇 🅇 🅡) Das labyrinthartige Hostel ist eher unspektakulär; die Schlafsäle sind klein, weisen aber jeweils ein eigenes Bad auf. Dazu kommen noch ein Dutzend Zimmer und ein gefliester Patio. Die

Hauptattraktion des Hostels ist aber ganz klar die hervorragende Lage zwischen Palermo, Recoleta und Once.

Recoleta Hostel (Karte S. 92–93; ☎ 4812-4419; www.hirecoleta.com.ar; Libertad 12116; B 40–48 Arg$, Zi. 138–165 Arg$; 🅇 💻 🛜) Das eher unpersönliche Hostel in toller Lage gibt es schon seit ewigen Zeiten und wirkt – obwohl es ein HI-Hostel ist – ein bisschen abgewohnt. Frauen und Männer schlafen in getrennten Schlafsälen (4–10 Betten), zusätzlich gibt es sieben Zimmer, eine winzige Küche und eine sonnige Dachterrasse. Für die vielen Treppen ist einiges an Kondition erforderlich. Aus unerfindlichen Gründen werden freitags und samstags oft höhere Tarife verlangt.

Hotel Lion D'or (Karte S. 92–93; ☎ 4803-8992; www.hotel-liondor.com.ar; Pacheco de Melo 2019; EZ 150–180 Arg$, DZ 190–250 Arg$; 🅇 🛜) Die Gebäude – früher war darin eine Botschaft untergebracht – haben ja durchaus ihren Charme, aber die Qualität der Zimmer ist extrem unterschiedlich. Einige sind klein, einfach und dunkel, während andere wiederum echt toll und sogar manchmal mit einem (nicht funktionierenden) Kamin bestückt sind. Allen gemeinsam ist, dass sie sauber sind und viel fürs Geld bieten. Einige sind ein bisschen in die Jahre gekommen, doch die Mehrzahl wurde modernisiert. Manche Zimmer haben nur ein Gemeinschaftsbad. Das Marmortreppenhaus ist beeindruckend, und der Lift ebenfalls sagenhaft. Frühstück gibt es leider keines.

SPITZENKLASSEHOTELS

Art Hotel (Karte S. 92–93; ☎ 4821-4744; www.arthotel.com.ar; Azcuénaga 1268; EZ 285 Arg$, DZ 360–740 Arg$; 🅇 💻 🛜) Das Boutiquehotel mit einem kleinen überdachten Patio mit interessanten Spiegeln an den Wänden und einer herrlichen Dachterrasse mit Whirlpool und Holzsonnendeck ist einfach toll. Die Zimmer (einige klein) präsentieren sich in einer modernen Stilmischung – so findet man beispielsweise geschliffenen Estrich als Boden, Plasma-TV und schmiedeeiserne Ornamente, dazu romantische Himmelbetten und die hohen Originaltüren.

Onze Trendy Hotel (Karte S. 96–97; ☎ 4821-2873; www.onzehotelboutique.com; Ecuador 1644; DZ 380–570 Arg$; 🅇 💻 🛜) Wer könnte bei so einem Namen schon widerstehen? Das von A bis Z tolle Boutiquehotel bietet elf Zimmer mit individueller Note wie etwa Ankleidezimmern und traditionellen *mantas* (handgewebte Decken) als Dekoration. Um ein Zimmer im Obergeschoss bitten, denn sie sind interessanter und haben teilweise sogar einen Balkon. Das Hotel ist reizend und

überzeugt mit seinem hervorragenden Service und dem exklusiven Ambiente.

Marseille des Anges (Karte S. 92–93; ☎ 5219-2526; www.marseilledesanges.com; Arenales 1392; EZ/DZ 395/482 Arg$; 🅇 💻 🛜) Das günstig gelegene Hotel im schicken Recoleta ist eine hervorragende Entscheidung. Die Zimmer sind groß und komfortabel; am schönsten sind diejenigen mit Balkon oder Fenster nach vorne hinaus. Alle verfügen über ein tolles Bad mit hypermodernen Duschen samt vielfach verstellbaren Duschköpfen. Die Atmosphäre und der Service sind hier generell freundlich und persönlich, das Ambiente traditionell mit modernem Komfort.

Palacio Duhau – Park Hyatt (Karte S. 92–93; ☎ 5171-1234; www.buenosaires.park.hyatt.com; Av Alvear 1661; DZ ab 3015 Arg$; 🅇 💻 🛜 🐾) Das Park Hyatt ist eines der hübschesten 5-Sterne-Hotels der Stadt und besteht aus zwei Flügeln – einem neueren Gebäude in der Avenida Posadas sowie dem renovierten Palacio Duhau. Dazwischen erstreckt sich ein herrlicher terrassierter Garten mit Rasenflächen, Brunnen und Patios, auf den man vom großen Balkon des Palace-Restaurants hinunterschaut. Die Zimmer sind wunderschön und Luxus pur. Zu den Annehmlichkeiten zählen ein edles Kur- und Wellnesscenter, ein Hallenbad, eine Wein- und Käse-Bar, eine Kunstgalerie und das Teehaus.

Palermo

Auch wenn Palermo rund zehn Taxi-Minuten vom Zentrum entfernt liegt, ist das Viertel für viele Backpacker eine hervorragende Alternative. Hier gibt es nicht nur mehrere weitläufige Parks, die sich für Wochenendausflüge oder sportliche Aktivitäten anbieten, sondern auch haufenweise angesagte Restaurants, Designer-Boutiquen und topaktuelle Tanzclubs – und das alles direkt in fußläufiger Entfernung.

Viele dieser Adressen finden sich in Palermo Viejo, einer Art Stadtteilbezirk (S. 110). Überall besteht Anschluss an die Innenstadt mit Bus oder Subte (U-Bahn).

BUDGETUNTERKÜNFTE

Palermo House Hostel (Karte S. 96–97; ☎ 4832-1815; www.palermohouse.com.ar; Thames 1754; B 38–50 Arg$, DZ 133–152 Arg$; 🅇 💻 🛜) Der Grundriss mit der Rezeption im 3. Stock wirkt ein bisschen seltsam, die Gäste halten sich aber gerne dort auf. Der große Raum mit vielen Fenstern wirkt hell und einladend – und das Sonnendeck aus Metall ist eine willkommene Ergänzung. Gute Schlafsäle und Zimmer mit hohen Decken befinden sich eine Etage weiter unten.

Hostel Suites Palermo (Karte S. 96–97; ☎ 4773-0806; www.hostelsuites.com; Charcas 4752; B/DZ 49/195 Arg$; ❄ 💻 🛜) Dieses HI-Hostel in einem edlen alten Gemäuer zählt sicher zu den angenehmeren großen Billigunterkünften der Stadt und war früher eine geriatrische Einrichtung. Vielleicht erklärt das ja, weshalb hier nicht die großen Partys steigen, sondern eher Ruhe angesagt ist. Die Schlafsäle sind groß und anständig, elf kleine Zimmer werden zusätzlich vermietet. Auf der Dachterrasse können die Gäste relaxen, zudem werden viele Events angeboten.

Kapaké Hostel (Karte S. 96–97; ☎ 4773-1150; www.kapake.com.ar; Paraguay 5570; B 57–76 Arg$, EZ/DZ 170/266 Arg$; ❄ 💻 🛜) Das wunderschöne, eher etwas gehobene Hostel liegt am Rand von Palermo Hollywood und liegt gerade einmal 1½ Blocks von der nächsten U-Bahn-Haltestelle entfernt. Die Atmosphäre in den Gemeinschaftseinrichtungen ist super; die Gäste können sich über moderne Annehmlichkeiten wie TV mit Flachbildschirm freuen. Dazu locken ein netter Patio und eine Dachterrasse für *asados*. Die Doppelzimmer unbedingt frühzeitig reservieren – es gibt nämlich bloß zwei! Persönlich und sicher.

LP Tipp Zentrum Hostel Boutique (Karte S. 96–97; ☎ 4833-9518; www.zentrumhostel.com.ar; Costa Rica 4520; B 57 Arg$, Zi. 266–323 Arg$; ❄ 🛜) Das Zentrum hat etwas von einem kleinen Boutiquehotel – neben drei Zimmern gibt es ein viertes, in dem sechs Personen übernachten können. Eine Küche fehlt, aber das Holzsonnendeck oben ist wirklich toll, und die Lage direkt an der Plaza Palermo Viejo schlichtweg unschlagbar.

MITTELKLASSEHOTELS

Gorriti 4290 (Karte S. 96–97; ☎ 4862-8300; www.gorriti4290.com.ar; Gorriti 4290; DZ 190–304 Arg$; ❄ 💻 🛜) Wer eine persönliche Atmosphäre schätzt, ist in diesem kleinen, netten Hotel genau richtig. Es gibt nur vier Zimmer (drei mit Gemeinschaftsbad), die alle einfach gehalten, aber gemütlich und mit hochwertigen Betten und Bettwäsche ausgestattet sind. Der Gemeinschaftsbereich ist interessant gestaltet – über dem Speisesaal befindet sich eine Galerie, und zusätzlich es noch einen sonnigen Patio auf dem Dach. Die Besitzer wohnen im gleichen Gebäude – und servieren ein gutes Frühstück.

Kala Petit Hotel (Karte S. 96–97; ☎ 4773-1331; www.kalapetithotel.com; Thames 1263; DZ ab 228 Arg$; ❄ 💻 🐾) Der Familienbetrieb in einem alten Haus in Palermo ist in der mittleren Preislage ein wahres Schnäppchen – zumal den Gästen ein kleiner Garten mit Pool und ein *Asado*-Bereich

hinter dem Haus zur Verfügung stehen, plus eine nette Küche. Die Zimmer sind einfach, aber angenehm, und fast alle haben Gemeinschaftsbad. Gutes Frühstück.

Palermo Viejo B&B (Karte S. 96–97; ☎ 4629-4773; www.palermoviejobb.com; Niceto Vega 4629; EZ 285 Arg$, DZ 323–437 Arg$; ❄ 💻 🛜) Kleines B&B in einer restaurierten *casa chorizo* – einem langen, schmalen Haus in der Form eines Würstchens. Die sechs Zimmer gehen alle auf einen Korridor im Freien hinaus und sind einfach, aber recht gemütlich gehalten; zwei haben ein Loft. Alle sind mit einem Kühlschrank ausgestattet, auch das Frühstück ist lecker.

SPITZENKLASSEHOTELS

Craft Hotel (Karte S. 96–97; ☎ 4833-0060; www.crafthotel.com; Nicaragua 4583; Zi. 506–690 Arg$; ❄ 💻 🛜) Modernes Hotel mit klaren Linien und einem künstlerischen Touch. Vielfach wurden Recyclingmaterialien verwendet: So bestehen z. B. die Treppen aus alten bunten Holzpaneelen. Die Zimmer präsentieren sich in skandinavischer Ästhetik und haben TV mit Flachbildschirm, eine MP3-Dockingstation, Estrichboden, Duschen (oft *im* Zimmer!) und manchmal auch einen Balkon. Der eigentliche Clou an diesem Hotel ist jedoch der Lounge-Bereich auf dem Dach. Kostenlose Leihräder.

LP Tipp Miravida Soho (Karte S. 96–97; ☎ 4774-6433; www.miravidasoho.com; Darregueyra 2050; Zi. ab 508 Arg$; ❄ 💻 🛜) Das reizende Gästehaus unter der Leitung eines hilfsbereiten Kanadiers kann mit sechs wunderschön renovierten, eleganten Zimmern aufwarten. Alle sind sehr komfortabel möbliert, eines hat sogar eine Privatterrasse und einen Lüster über der Badewanne. Es gibt einen Weinkeller, eine Bar mit Tischen und Stühlen für die abendlichen Weinproben, einen kleinen Patio zum Entspannen und einen Lift. Am Morgen kommt ein üppiges (amerikanisches) Frühstück auf den Tisch.

248 Finisterra (Karte S. 96–97; ☎ 4773-0901; www.248finisterra.com; Av Báez 248; Zi. ab 574 Arg$; ❄ 💻 🛜) Mitten im Nachtleben von Las Cañitas befindet sich das elegante Boutiquehotel im Zen-Stil. Es gibt vier verschiedene Kategorien von minimalistischen Zimmern, die meisten sind angenehm groß und sehr modern eingerichtet. Der Hit ist jedoch die Dachterrasse mit Sitzgruppen aus Holz und einem Whirlpool. Der Service ist aufmerksam, die Sicherheit gut.

Home Hotel (Karte S. 96–97; ☎ 4778-1008; www.homebuenosaires.com; Honduras 5860; Zi. ab 598 Arg$; ❄ 💻 🛜 🐾) Das sehr persönliche Haus mit schickem skandinavischem Design ist ein kleines Paradies. In den herrlich gestalteten Zimmern mit einfachen, modernen Linien setzen nostalgische Tapeten einen Akzent. Die eigentliche Attraktion befindet sich jedoch im rückwärtigen Teil des Gebäudes: Hier warten eine hervorragende Bar und ein Garten mit einem phantastischen Pool inmitten einer Rasenfläche. Das Kur- und Wellnesscenter im Basement ist dann das Tüpfelchen auf dem i.

Vain Boutique Hotel (Karte S. 96–97; ☎ 4774-8246; www.vainuniverse.com; Thames 2226; Zi. ab 637 Arg$; ✖ 🖳 🛜) Das Vain, untergebracht in einem hübsch renovierten Gebäude ist das Paradebeispiel für den neuen Minimalismus, der momentan in den Boutiquehotels von Palermo Viejo angesagt ist. Die 15 Zimmer wurden geschmackvoll in aktuellem Design aufgemöbelt – schwarze Konsolen am Kopfende, weiße Bettüberwürfe und einfache Möblierung. Alle Zimmer haben hohe Decken und Holzböden. Bei der Ankunft werden die Gäste mit einem Willkommensdrink begrüßt.

ESSEN

In Buenos Aires zum Essen zu gehen, ist ohne Frage ein gastronomisches Highlight. Neben den landestypischen *parrillas* (Steakhäuser), in denen man zu Spottpreisen essen kann, bietet das Viertel Palermo Viejo viele unterschiedliche Stilrichtungen. Hier findet jeder seine Lieblingslandesküche: Es gibt hier Restaurants mit armenischer, brasilianischer, mexikanischer, indischer, japanischer, südostasiatischer und arabischer Küche, außerdem noch Fusionküche, sprich eine Mischung aus verschiedenen Stilrichtungen. Die meisten sind akzeptabel, manche auch wirklich außergewöhnlich gut.

Die Lokale in Microcentro haben sich auf Geschäftsleute spezialisiert, während sich im nahen Puerto Madero die eleganten und teuren Restaurants häufen. Das Viertel Congreso ist hinsichtlich der Küche recht traditionell, sieht man einmal von „Klein Spanien" ab. Recoleta ist ebenfalls ein teures Pflaster mit touristischen Lokalen in der Roberto M Ortiz (nicht weit entfernt vom Friedhof). In San Telmo eröffnen immer mehr Restaurants, die einen kulinarischen Besuch lohnen.

Im Allgemeinen ist es nicht notwendig, einen Tisch zu reservieren. Eine Ausnahme machen Lokale, die sehr beliebt sind, ansonsten sind höchstens die Wochenenden kritisch. Einen umfassenden Online-Führer zu allen Restaurants von Buenos Aires bieten die Homepages

www.guiaoleo.com (auf Spanisch) und www.saltshaker.net (Englisch).

Microcentro

Parrilla al Carbón (Karte S. 92–93; ☎ 4328-0824; Lavalle 663; Hauptgerichte 11–32 Arg$; ✌ Mittag- & Abendessen) So billiges Essen vom Grill gibt es nirgendwo sonst! Wer schnell etwas essen will, kauft sich am Tresen vor dem Grill ein *choripan* (Bratwurst im Brötchen; 6 Arg$). Gemütlicher ist es natürlich an einem der überfüllten Tische, von denen auch der Blick auf den Fernseher besser ist. Am Tisch bestellt man sich am besten eine halbe Portion *vacío* (ein leckeres durchwachsenes Hüftsteak).

California Burrito Company (CBC; Karte S. 92–93; ☎ 4328-3057; Lavalle 441; Hauptgerichte 22–36 Arg$; ✌ Mo–Fr 8.30–11 Uhr) In dieser modernen mexikanischen Kneipe werden Weizentortillas mit Fleisch nach Wahl sowie Reis, Bohnen und Soße gefüllt und dann zu so großen Burritos gerollt, wie man sie in Buenos Aires sonst selten zu sehen bekommt. An leichteren Gerichten gibt es Tacos und Salate, auch die Margaritas sind nicht von schlechten Eltern. Ein zweiter Laden befindet sich in Palermo im Godoy Cruz 1781 (Karte S. 96–97).

Broccolino (Karte S. 92–93; ☎ 4322-7754; Esmeralda 776; Hauptgerichte 24–45 Arg$; ✌ Mittag- & Abendessen) Die Gäste haben die Qual der Wahl unter 25 verschiedenen Soßen (darunter Tintenfischtinte!) für ihre Pasta – Rigatoni, Fusilli, Papardelle und alle möglichen gefüllten Varianten. Wer sich nicht entscheiden kann, sollte die köstliche sizilianische Soße mit pikanten roten Paprika, Tomaten und Knoblauch probieren. Die Portionen sind groß, und das Brot ist selbst gebacken.

Granix (Karte S. 92–93; ☎ 4343-4020; Florida 165, 1. Et.; All-you-can-eat 35 Arg$; ✌ Mo–Fr Mittagessen) Wer das große lacto-ovo-vegetarische Lokal betritt, fragt sich vielleicht, ob die *porteños* von ihren Steaks mittlerweile genug haben. Das Angebot an warmen Vorspeisen und Hauptgerichten ist jedenfalls gewaltig. Außerdem gibt es eine tolle Salatbar und eine Fülle an Nachspeisen. Das Lokal ist nur wochentags über Mittag geöffnet und befindet sich in einer Einkaufsmall. Alle Gerichte können auch mitgenommen werden.

Puerto Madero

Fresh Market (Karte S. 92–93; ☎ 5775-0335; Ecke Villaflor und Olga Cossettini; Hauptgerichte 45–52 Arg$; ✌ Frühstück, Mittag- & Abendessen) Das Lokal liegt nicht am Wasser, aber ein Tisch am Gehsteig leistet in diesem gehobenen Café-Restaurant gute Dienste. Serviert werden kurz angebratene Gemüse, Lachs vom Grill oder Brokkoli-Ravioli in Knoblauchsoße, die

FLEISCHLOS IN BUENOS AIRES

Die argentinische Küche ist international für ihr leckeres Fleisch vom Grill bekannt, aber das heißt nicht, dass Vegetarier – oder gar Veganer – das Nachsehen haben müssen.

Viele Restaurants (inkl. der *parrillas*) bieten ihren Gästen ein paar „vegetarische" Gerichte, z. B. grüne Salate, Omeletts, Pizzas und Pastagerichte. Bei einigen Begriffen ist allerdings Vorsicht geboten: Fleisch heißt generell *carne*. Am häufigsten wird Rindfleisch gegessen (*carne de res* oder *de vaca*) oder auch Ochsenfleisch (*buey*), aber auch *pollo* (Hühnchen), *cerdo* (Schweinefleisch) und *cordero* (Lamm) finden sich auf den Karten. *Sin carne* bedeutet „ohne Fleisch" – der Satz „Soy vegetariano/a" („Ich bin Vegetarier/in") ist praktisch, wenn man einem Argentinier erklären will, warum um alles in der Welt man kein *bife de chorizo* (Rumpsteak) bestellen will.

Zum Glück für alle, die kein Fleisch mögen, sind vegetarische Restaurants in Buenos Aires in letzter Zeit recht in geworden. Lokale im Stil einer Cafeteria nicht weit vom Microcentro sind das **Granix** (S. 126), das **Lotos** (Karte S. 92–93; ☎ 4814-4552; Córdoba 1577; Hauptgerichte 10–17 Arg$; Mo–Fr 11.30–18, Sa 11.30–16 Uhr) sowie das **Arte Sano** (Karte S. 96–97; ☎ 4963-1513; Lucio Mansilla 2740; Hauptgerichte 15–21 Arg$; Mo–Fr 8–22, Sa 9–20 Uhr). Im **Pura Vida** (S. 130) gibt es gesunde Säfte plus ein paar vegetarische Snacks.

Im Viertel Palermo Viejo finden sich teurere Lokale, darunter das **Bio** (S. 132), das **Meraviglia** (S. 131) und das **Artemesia** (Karte S. 96–97; ☎ 4863-4242; José Antonio Cabrera 3877; Hauptgerichte 25–40 Arg$; Di–Sa Abendessen). Das **Krishna** (S. 131) existiert schon seit ewigen Zeiten und ist eine Mischung aus Hippie- und indischem Lokal mit einer tollen Speisekarte.

Natürlich gibt es in Buenos Aires noch erheblich mehr vegetarische Lokale, außerdem jede Menge indische Restaurants. Eine Zusammenstellung findet sich auf der Website www.happycow.net. Aber Achtung: Einige der Restaurants unter der Rubrik Buenos Aires haben längst dicht gemacht!

man sich dann in der angenehmen Gesellschaft von wohlhabenden Anwohnern aus Puerto Madero munden lässt. Innen steht eine Vitrine mit opulenten Nachspeisen, die man sich nicht entgehen lassen sollte.

Siga la Vaca (Karte S. 92–93; ☎ 4315-6801; Av Alicia Moreau de Justo 1714; Mittagessen 49–61 Arg$, Abendessen 61–62 Arg$; Mittag- & Abendessen) In diese *parrilla* sollte nur seinen Fuß setzen, wer wirklich Hunger hat, denn die Losung lautet: Alles, was reingeht! So können sich die Gäste von der appetitanregenden Salatbar zum Grill vorarbeiten, wo ungeheure Mengen Fleisch brutzeln. Ein Getränk und ein Nachtisch sind im Preis inbegriffen; er variiert je nach Gericht und Tag.

Rodizio (Karte S. 92–93; ☎ 4334-3638; Av Alicia Moreau de Justo 838; All-you-can-eat 130 Arg$; Mittag- & Abendessen) Für Fleischfanatiker ist diese brasilianisch angehauchte *churrasquería* (All-you-can-eat-Restaurant) der wahre Himmel auf Erden. Man muss sich noch nicht einmal anstellen: Die Gäste nehmen einfach an einem der netten Tische Platz, und dann kommen auch schon die Ober mit gezücktem Messer vorbei, um von langen Bratspießen ein Stück Fleisch abzusäbeln, das sie einem dann auf den Teller legen. Da die Stücke immer anders ausfallen, lohnt es sich, abzuwarten und ruhig auch ein bisschen wählerisch zu sein. Im Preis inbegriffen sind ein riesiges Salatbüffet als Vorspeise und ein Dessert mit Kaffee.

Congreso

Pizzería Güerrín (Karte S. 92–93; ☎ 4371-8141; Av Corrientes 1368; Stücke 3–4,50 Arg$; 11–2 Uhr) Die Gäste deuten einfach mit dem Finger auf das entsprechende Stück gebackene Pizza in der Vitrine und essen dann im Stehen gemeinsam mit den anderen Gästen. Wer es etwas zivilisierter schätzt, setzt sich an einen der Tische und bestellt eine frisch gebackene Pizza – dann ist auch die Auswahl an Belägen größer. Empanadas und viele Nachspeisen können ebenfalls geordert werden.

Cervantes II (Karte S. 92–93 ☎ 4372-5227; Juan D Perón 1883; Hauptgerichte 19–38 Arg$; Mittag- & Abendessen) Das moderne, legere Lokal verströmt ein bisschen das Flair der Alten Welt. Die Einheimischen bestellen ein *agua de sifón* (Sodawasser) zu ihrem *bife de chorizo* (Rumpsteak) oder zu den *ravioles con tuco* (Ravioli mit Tomatensoße). An schnellen Gerichten werden *milanesas* (paniertes Schnitzel) und Omeletts serviert. Die Portionen sind groß, und der Service arbeitet schnell und effizient.

LP Tipp **Chan Chan** (Karte S. 92–93; ☎ 4382-8492; Hipólito Yrigoyen 1390; Hauptgerichte 22–33 Arg$; Di–So Mittag- & Abendessen) Ein willkommener Neuzugang in der Restaurantszene von Congreso ist dieses sehr beliebte, künstlerisch angehauchte peruanische Lokal. Die Palette an Gerichten reicht von Ente über Kaninchen bis hin zu Lamm (keine Sorge: keine Meerschweinchen!), außerdem gibt es natürlich köstliche Ceviches und alle möglichen Speisen mit Meeresfrüchten. Wie wäre es mit einem *chicha morron* – einem leckeren fruchtigen Getränk auf der Basis von Mais? Da Preis und Service in Ordnung sind, muss man häufig warten.

Chiquilín (Karte S. 92–93; ☎ 4373-5163; Sarmiento 1599; Hauptgerichte 28–45 Arg$; ☽ Mittag- & Abendessen) Das große komfortable Restaurant mit klassischem Ambiente und persönlicher Note in Form von an den Decken baumelnden Schinken ist seit mehr als 80 Jahren ein Renner in der Stadt. Am besten schmecken hier die *parrilla* und die Pasta, aber auch Meeresfrüchte, Omeletts und besondere Salatkreationen finden sich neben zig Desserts auf der Speisekarte.

San Telmo & Constitución

Bar El Federal (Karte S. 92–93; ☎ 4300-4313; Ecke Perú & Carlos Calvo; Snacks 15–30 Arg$; ☽ 8–2 Uhr) Die historische Bar mit klassischem Ambiente stammt von 1864. Ein Blick auf den Tresen samt Umgebung verrät die Spezialitäten des Hauses: Sandwiches (vor allem mit Putenbrust) und *picadas* (gemischte Vorspeisen). Aber es gibt auch Pasta, Salate und Nachspeisen. Die Tische am Straßenrand eignen sich perfekt, um das Leben in San Telmo an sich vorbeiziehen zu lassen.

Bar Plaza Dorrego (Karte S. 92–93; ☎ 4361-0141; Defensa 1098; Hauptgerichte 20–39 Arg$; ☽ So–Do 8–2, Fr & Sa 8–3 Uhr) Die Atmosphäre in dieser Traditionskneipe ist einfach unschlagbar. Es macht Spaß, am Panoramafenster einen *cortado* (Milchkaffee) zu schlürfen und draußen das muntere Treiben zu beobachten. Innen laden die Ober im Frack, die Tangomusik und die auf den Tresen gekritzelten Graffiti zu einer Zeitreise in die Vergangenheit ein – zumindest bis der bestellte Hamburger auf dem Tisch landet. Wieder ganz andere Erfahrungen macht, wer sich an einen der Tische am Gehsteig setzt.

Parrilla 1880 (Karte S. 99; ☎ 4307-2746; Defensa 1665; Hauptgerichte 20–45 Arg$; ☽ Di–So Mittag- & Abendessen) Diese gute, solide *parrilla* liegt ein Stück abseits des eher touristischen San Telmo. Die Atmosphäre strotzt nur so vor Geschichte, die Einheimischen kommen wegen der saftigen Fleischstücke vom offenen Grill vor dem Lokal. Eine halbe Portion *bife de chorizo* reicht für eine Person vollends aus. Ergänzt wird die Karte mit Pastagerichten, Omeletts und Salaten.

Gran Parrilla del Plata (Karte S. 92–93; ☎ 4300-8858; Chile 594; Hauptgerichte 21 36 Arg$; ☽ Mittag- & Abendessen) In dieser traditionellen *parrilla* findet sich kein Schnickschnack – altmodisches Ambiente und

gewaltige Portionen leckeren Fleisches vom Grill zu anständigen Preisen lautet die Losung. Mitgeschleppte Vegetarier freuen sich über die Pastagerichte. Die mit Kuhfellen bezogenen Stühle sorgen für das gewisse Etwas. Unübersehbar ist, dass das Lokal vor allem bei den Einheimischen sehr beliebt ist.

Mash (Karte S. 92–93; ☎ 011-15-5507-0572; Mexico 518; Hauptgerichte 25–37 Arg$; ☽ Di–Sa Abendessen) Das gemütliche Restaurant mit Bar in San Telmo wird von zwei exzentrischen Schwulen geführt – einem Briten und seinem argentinischen Partner (beide hatten schon Lokale in Europa). Die Speisekarte ist eher klein und übersichtlich, dafür sind die Gerichte aber exotisch und lecker. Die Palette reicht von Tandoori-Huhn über Fajitas bis hin zu grünem Thai Curry und Rogan Josh, einem Lammcurry aus Kaschmir

Café San Juan (Karte S. 92–93; ☎ 4300-1112; Av San Juan 450; Hauptgerichte 35–50 Arg$; ☽ Di–So Mittag- & Abendessen) Wem der Sinn nach internationaler Küche ist: Dieser Familienbetrieb zählt in dieser Hinsicht zu den besten in ganz San Telmo. Das Schweinefleisch *bandiola* ist köstlich und zart, auch die Shrimps mit gehackten Mandeln sind ein Gedicht – aber genau genommen ist hier eigentlich alles sehr lecker. Freunde von Meeresfrüchten kommen ebenfalls auf ihre Kosten: Die Schalentiere und Fische werden jeden Tag frisch aus Patagonien angeliefert.

Casal de Catalunya (Karte S. 92–93; ☎ 4361-0191; Chacabuco 863; Hauptgerichte 45–70 Arg$; ☽ Di–Sa Mittagessen, tgl. Abendessen) Dass dieses hervorragende katalanische Restaurant der Renner in Sachen Meeresfrüchte und Fisch ist, wird vermutlich niemanden überraschen. Auf der Speisekarte finden sich Shrimps in Knoblauchsoße, Miesmuscheln und Venusmuscheln in Tomatensoße, außerdem jeden Tag eine andere Fischspezialität mit *aioli* (Knoblauchmayonaise). Andere typisch spanische Gerichte sind *jamón serrano* (roher geräucherter Schinken), Paella mit Meeresfrüchten sowie Jungschwein-Braten. Die köstliche *crema Catalana* sollte sich zum Nachtisch keiner entgehen lassen.

La Boca

El Samovar de Rasputín (Karte S. 99; ☎ 4302-3190; De Valle Iberlucea 1251; Hauptgerichte 15–22 Arg$; ☽ Di–So 10–20 Uhr) An warmen Sommertagen macht es Spaß, sich in dieser stimmungsvollen alten Kneipe an einen der Tische im Freien zu setzen – sie sind eine hervorragende Gelegenheit, die vorbei flanierenden Touristen zu beobachten. Das Essen bietet nichts Neues – das übliche an Pasta,

DAS GEHEIMNIS IST GELÜFTET

In Buenos Aires gibt es kulinarische Senkrechtstarter, die in letzter Zeit auch in der Presse erwähnt werden. Die Rede ist von der „geschlossenen Restaurantszene" oder von *puertas cerradas*. Diese Restaurants haben nur ein paar Tage in der Woche geöffnet, es gelten Fixpreise, und die Gäste müssen klingeln, wenn sie Einlass in das Restaurant finden wollen. Die Lokale verraten meistens nicht einmal ihre Adresse; die Gäste erfahren diese erst bei der Reservierung. Wer jedenfalls das prickelnde Gefühl schätzt, etwas Neues abseits ausgetretener Pfade zu erkunden, oder wer einfach gern einem exklusiven Zirkel angehört, der ist in dieser Art Restaurant genau richtig.

So ein bisschen soll der Schleier aber nun doch gelüftet werden. Hier also einige Anhaltspunkte: In der **Casa Saltshaker** (www.casasaltshaker.com) speisen die Gäste in der Privatwohnung des Küchenchefs und Sommeliers Dan Perlman im Barrio Norte. Vegetarier sollten die **Casa Felix** (www.diegofelix.com) nicht versäumen; die Speisekarte basiert auf Fisch, aber auf Anfrage werden auch vegetarische oder veganische Gerichte gezaubert. Freunde edler Weine begeistern sich für die **Casa Coupage** (www.casacoupage.com.ar), die zwei nette Sommeliers aus Argentinien in ihrer Privatwohnung betreiben. Exotische Gaumenfreuden garantiert die **Cocina Sunae** (http://cocinasunae.blogspot.com); dort kommt sehr leckeres – und oft auch scharfes! – Essen aus ganz Asien auf den Tisch.

Alle genannten Restaurants sind ideal, um auch andere Gäste kennenzulernen, denn es sitzen in der Regel alle an einem Tisch, und die Atmosphäre ist entsprechend persönlich. Natürlich gibt es noch viele weitere Lokale dieser Art, die hier nicht erwähnt wurden. Wer ein bisschen Detektiv spielt, wird in der „Untergrund-Speiseszene" von Buenos Aires bestimmt tolle Entdeckungen machen!

Sandwiches, *milanesas* und *parrilla* –, aber die Rockmusik und der Blues um 22 Uhr (s. S. 140) lassen sich gut hören.

Il Matterello (Karte S. 99; ☎ 4307-0529; Martín Rodríguez 517; Hauptgerichte 25–40 Arg$; ◔ Di–So Mittagessen, Di–Sa Abendessen) Das Essen in dieser genuesischen Trattoria ist ein Gedicht. Besonders zu empfehlen sind *lasagne bolognese* und *tagliatelle alla rucola*. Die Spezialität des Hauses – die *tortelli verde* (kleine Teigtaschen mit Käse und Knoblauch gefüllt) – sind unübertroffen gut.

Retiro

Filo (Karte S. 92–93; ☎ 4311-0312; San Martín 975; Hauptgerichte 25–46 Arg$; ◔ Mittag- & Abendessen) In diesem künstlerisch angehauchten Restaurant ist eine Fehlentscheidung gar nicht möglich, so hervorragend sind die 20 verschiedenen Pizzas und die 15 Salatkreationen (z. B. mit Räucherlachs). Ebenfalls sehr empfehlenswert sind die *panini*, die Pasta- und Fleischgerichte sowie die vielen Nachspeisen.

Al Carbón (Karte S. 92–93; ☎ 4312-5604; Reconquista 875; Hauptgerichte 32–44 Arg$; ◔ Mo–Sa Mittag- & Abendessen) Das attraktive, moderne und gehobene *Parrilla*-Restaurant liegt in einer Straße in der Innenstadt, die in eine Fußgängerzone umgewandelt wurde. Auf dem Grill landet jede Menge gutes Rindfleisch, man kann aber auch Gerichte mit Lamm, Schweinefleisch und Fisch bestellen – alle sind auch optisch ein Genuss. Die hausgemachten Pastagerichte und die vielen unterschied-

lichen Nachspeisen runden die gelungene Speisekarte ab.

Gran Bar Danzón (Karte S. 92–93; ☎ 4811-1108; Libertad 1161; Hauptgerichte 34–65 Arg$; ◔ Abendessen) Hipper als dieses beliebte Lounge-Bar-Restaurant kann ein Lokal kaum sein. Dank eines ausgeklügelten Aufbewahrungssystems ist es möglich, den Gästen viele offene Weine kredenzen zu können; einer davon passt sicher zur Ente *confit* mit Taleggio, zu Kaninchen-Ravioli oder auch zum Risotto mit Königskrabben.

Empire Bar (Karte S. 92–93; ☎ 4312-5706; Tres Sargentos 427; Hauptgerichte 36–61 Arg$; ◔ Mo–Fr Mittag- & Abendessen, Sa Abendessen) Das Restaurant liegt voll im Trend und ist für seine leckere Thai-Küche bekannt, wobei die Gewürze allerdings den argentinischen Geschmäckern angepasst, sprich entschärft wurden. Aus der Küche kommen knusprige Wraps mit Shrimps, *paneng*-Schweinefleisch in rotem Curry sowie *tom ka gai* (Kokosmilchsuppe mit Huhn). Außerdem sind rund 80 Sorten Wodka erhältlich.

Sipan (Karte S. 92–93; ☎ 4315-0763; Paraguay 624; Hauptgerichte 40–70 Arg$; ◔ Mo–Sa Mittag- & Abendessen) Am besten kommt man, wenn der Magen knurrt (oder man bringt einen Freund mit), denn die Portionen in diesem attraktiven japanisch-peruanischen Restaurant sind eigentlich für zwei Leute gedacht. Sowohl traditionelle („criollo") als auch asiatisch inspirierte Kreativgerichte („chifa") stehen auf der Speisekarte. Besonders empfehlenswert sind die „Sipan Roll" (mit

Shrimps, Krabben, Avocado und Frischkäse) und die gut gewürzten Ceviches.

Recoleta & Barrio Norte

Pura Vida (Karte S. 92–93; ☎ 4806-0017; Uriburu 1489; Säfte 10–17 Arg$, Snacks 16–21 Arg$; ✆ Mo–Sa 9.30–22 Uhr) Nichts wie hinein in diese gesunde Saftbar, wenn einem die Lust auf einen gemixten Obstsaft oder ein Smoothie überfällt. Das Green Monster (Sellerie, Gurke und Apfel) ist besonders erfrischend, außerdem kann jeder noch ganz nach Gusto Weizengrassaft, Joghurt, Spirulina-Algen oder Bienenpollen hinzufügen. Sandwiches, Wraps und Salate lassen sich ebenfalls bestellen. Eine Filiale (Karte S. 92–93) wurde in der Innenstadt in der Reconquista 516 eröffnet.

El Sanjuanino (Karte S. 92–93; ☎ 4805-2683; Posadas 1515; Hauptgerichte 16–25 Arg$; ✆ Mittag- & Abendessen) Hier gibt es das günstigste Essen in Recoleta, und so lockt das Restaurant einheimische Pfennigfuchser ebenso wie auch knauserige Touristen an. Die Gäste können im Erdgeschoss oder im Basement Platz nehmen und pikante Empanadas, Tamales oder *locro* (scharfer Eintopf) bestellen, ihr Essen jedoch auch mitnehmen – die herrlichen Parks von Recoleta liegen bloß ein paar Blocks weit entfernt.

Cumaná (Karte S. 92–93; ☎ 4813-9207; Rodriguez Peña 1149; Hauptgerichte 18–27 Arg$; ✆ Mittag- & Abendessen) Das Cumaná hat sich auf köstliche Hausmannskost wie Eintöpfe spezialisiert, die mit Kürbis, Mais, Kartoffeln, Fleisch und anderen Zutaten gefüllt und gebacken werden. Beliebt sind auch die Pizzas, die Empanadas, Pastagerichte und Calzone. Wer einen Tisch haben will, muss frühzeitig kommen.

Rodi Bar (Karte S. 92–93; ☎ 4801-5230; Vicente López 1900; Hauptgerichte 20–36 Arg$; ✆ So–Sa Frühstück, Mittag- & Abendessen) Eine tolle und empfehlenswerte Adresse für bodenständiges Essen zu akzeptablen Preisen im teuren Recoleta. Das Traditionsrestaurant mit edlem Alte-Welt-Flair und einer umfangreichen Speisekarte hat für jeden etwas zu bieten – von preiswerten Combo-Tellern bis hin zu relativ ungewöhnlichen Gerichten wie die mit Nüssen gefüllte Leber. Macht schon früh am Morgen auf.

Grant's (Karte S. 92–93; ☎ 4801-9099; General Las Heras 1925; Mittagessen 22–30 Arg$, Abendessen 30–33 Arg$; ✆ Mittag- & Abendessen) Die Auswahl an Gerichten in diesem *tenedor libre* (All-you-can-eat) ist gewaltig, dass sich unmöglich alles aufzählen lässt. Auch die Auswahl an Grillgerichten und Nachspeisen ist eindrucksvoll und umfangreich. Der Preis hängt von der Mahlzeit und dem Wochentag ab. Ein Getränk zu bestellen ist Pflicht; es muss extra bezahlt werden.

Como en Casa (Karte S. 92–93; ☎ 4816-5507; www.tortascomoencasa.com; Riobamba 1239; Hauptgerichte 22–32 Arg$; ✆ Di–Sa Frühstück, Mittag- & Abendessen, So & Mo Frühstück & Mittagessen) Tolles Café-Restaurant im Barrio Norte mit elegantem Ambiente. Inmitten von Hochhäusern ist vor allem der schattige Patio mit einem großen Brunnen begehrt – ein Traum an warmen Tagen. In diesem Lokal werden auch abends einige Mahlzeiten angeboten; andere Zweigstellen (s. Website) offerieren vor allem Gebäck, Sandwiches, Salate oder Crèpes.

Natural Deli (Karte S. 96–97; ☎ 4822-1228; Laprida 1672; Hauptgerichte 24–30 Arg$; ✆ Mo–Sa 8–21.30, So 9–20.30 Uhr) Das moderne Deli kocht leckere Biogerichte. Die Gäste erwarten kreative Gourmet-Sandwiches und Wraps, frische Salate oder vegetarische Kuchen. Die gesunden Säfte und *licuados* sind mal mit Echinacea, mal mit Ginseng verfeinert; ein kleiner Bioladen mit Köstlichkeiten zum Mitnehmen ist ebenfalls vorhanden. Zur Filiale in der Gorostiaga 1776 (Karte S. 96–97) gehört sogar ein Yogastudio.

La Olla de Felix (Karte S. 92–93; ☎ 4811-2873; Juncal 1693; Hauptgerichte 30–42 Arg$; ✆ Mo–Fr Mittag- & Abendessen, Sa Abendessen) Das schöne französische Bistro wirkt sehr persönlich und gemütlich – auf jedem Tisch steht z. B. als Dekoration eine Suppenterrine. Felix Rueda, der rege Küchenchef, lässt sich oft in der Gaststube sehen, um seine Stammgäste zu begrüßen. Auf der täglich wechselnden Speisekarte finden sich gerade einmal fünf Gerichte – alle bestens zubereitet und lecker! Der Service ist sehr aufmerksam.

Munich Recoleta (Karte S. 92–93; ☎ 4804-3981; Ortiz 1871; Hauptgerichte 36–60 Arg$; ✆ Mi–Mo Mittag- & Abendessen) Das alte Traditionslokal hat sich, seit Borges hier Stammgast war, nicht groß verändert. Empfehlenswert sind die *brochettes* (Fleischspieße), der Lachs vom Grill oder die neun verschiedenen Sorten Ravioli. Wer einen empfindlichen Magen hat, bekommt vielleicht Probleme wegen der ausgestopften Tierköpfe, die als Dekoration von der Wand auf die Gäste herunterglotzen.

LP Tipp **Oviedo** (Karte S. 96–97; ☎ 4821-3741; Beruti 2602; Hauptgerichte 45–70 Arg$; ✆ Mittag- & Abendessen) Küchenchef Martin Rabaudino herrscht über eine der besten Küchen der Stadt. Das Restaurant ist sehr elegant und besticht mit seinem professionellen Service und seinem klassischen Ambiente. Spezialität sind die Fisch- und Fleischgerichte. Die Qual der Wahl hat, wer sich zwischen verführerischen, aber doch bodenständigen

Gerichten wie Wachtel mit Pilzen, dem Shrimp-Risotto oder der Meeresfrüchte-Paella entscheiden muss. Die Weinkarte ist hervorragend.

Palermo

La Fábrica del Taco (Karte S. 96–97; ☎ 4833-3534; Gorriti 5062; Tacos 7–13 Arg$; ⊙ Di–So Mittag- & Abendessen) In dieser sehr legeren, farbenfrohen Taco-Kneipe fühlen sich die Gäste in eine mexikanische Küstenstadt versetzt. Köche, die wirklich echte Mexikaner sind, flattern um den Grill herum und basteln die bekannt leckeren Tacos zusammen (*al pastor, carne asada, pollo con queso, vegetariano*). Es gibt sogar *aguas frescas de tamarindo*. Aber da auf der Speisekarte *chimichurri* (Soße aus Olivenöl, Knoblauch und Petersilie) stehen, ist dann doch klar, dass sich dieses Lokal in Buenos Aires befindet.

Meraviglia (Karte S. 96–97; ☎ 4775-7949; Ecke Gorriti & Angel J Carranza; Hauptgerichte 16–20 Arg$; ⊙ Mo–Sa 9 bis 20 Uhr) Das wunderbar luftige und helle vegetarische Café eine kleine, aber qualitativ hochwertige Speisekarte. Zum Frühstück schmeckt das Müsli mit Joghurt besonders lecker, mittags und am Spätnachmittag sind die gut zubereiteten Salate, Torten und Sandwiches ein netter Snack. Alles wird frisch – überwiegend mit Bioprodukten – zubereitet; ein paar der gesunden Sachen kann man auch kaufen.

El 22 Parrilla (Karte S. 96–97; ☎ 4833-7876; Gorriti 5299; Hauptgerichte 17–40 Arg$; ⊙ Mittag- & Abendessen) Im noblen Palermo Viejo ist eine billige, stinknormale *parrilla* gar nicht so einfach zu finden. Diese legere Familienkneipe macht da eine Ausnahme: Auf den Tisch kommen riesige Portionen zu Superpreisen. Die Mittagsgerichte bieten sogar noch mehr fürs Geld, und zwar vor allem, wenn

an einem Tisch im Freien gegessen wird. In Palermo gibt es diverse Filialen.

Krishna (Karte S. 96–97; ☎ 4833-4618; Malabia 1833; Hauptgerichte 18–27 Arg$; ⊙ Di–So Mittag- & Abendessen) Das Lokal ist in bunten Farben gehalten, die Tische sind niedrig, und dazu bietet das Krishna ein Esserlebnis in Sachen indische vegetarische Küche samt multireligiösen Themen – da trifft Ganesha auf Jesus, den Davidstern und sogar Jimi Hendrix. Besonders empfehlenswert sind das *thali*, die *koftas* (Klöße aus passiertem Gemüse) und die gefüllte Soja-*milanesa*. Mit einem chai, lassi oder alkoholfreien Bier lässt sich alles gut hinunterspülen.

Las Cholas (Karte S. 96–97; ☎ 4899-0094; Arce 306; Hauptgerichte 18–30 Arg$; ⊙ Mittag- & Abendessen) Das Las Cholas hält sich wie viele erfolgreiche Restaurant an die goldene Regel: qualitativ hochwertiges Essen, schickes Design und Schnäppchenpreise. Traditionelle Gerichte aus Argentinien wie *locro* und *cazuelas* (Eintopf mit Fleisch und Gemüse) sind einen Test wert, ebenfalls hervorragend ist die *parrilla*. Der Service ist allerdings nicht berauschend, außerdem müssen die Gäste viel Geduld mitbringen.

MITTELTEUER

Il Ballo del Mattone (Karte S. 96–97; ☎ 4776-4247; Gorriti 5934; Hauptgerichte 20–45 Arg$; ⊙ Tgl. Mittagessen, Di–Sa Abendessen) Mit den selbst gemachten Pastagerichten kann man Glück haben oder auch nicht, aber das Ambiente mit seinem total flippigen, künstlerischen Einschlag ist einfach unbezahlbar. Kein Wunder, dass der Besitzer Künstler ist und den kleinen Patio hinten mit einer Wandmalerei (Graffiti) verziert hat. Am Freitagabend wird es häufig knallvoll – denn da legt regelmäßig ein

---

MIT DER EISTÜTE IN DER HAND DURCH BUENOS AIRES

Sicher liegt es am italienischen Erbe, dass das *helado* (Eis) in Argentinien zu den weltweit besten zählt. Nichts wie hinein also in die nächste *heladería* (Eisdiele), eine Waffel bestellen (zuerst bezahlen), und schon wird die cremige Mischung kunstvoll zu einem Riesenberg aufgetürmt. Ein kleiner Tipp: *Granizado* bedeutet mit Schokoflocken.

Hier nun einige der leckersten *heladerías* der Stadt:

Dylan (Karte S. 92–93; ☎ 0810-3333-9526; Perú 1086, San Telmo)

Freddo (Karte S. 92–93; ☎ 0810-3337-3336; Ecke Quintana & RM Ortiz, Retiro) Viele Zweigstellen, die man unter www. freddo.com.ar (auf Spanisch) findet.

Heladería Cadore (Karte S. 92–93; ☎ 4374-3688, Av Corrientes 1695, Congreso)

Persicco (☎ 0810-333-7377) Belgrano (Karte S. 90–91; Vuelta de Obligado 2092); Las Cañitas (Karte S. 96–97; Migueletes 886); Palermo (Karte S. 96–97; Salguero 2591)

Una Altra Volta (Karte S. 96–97; ☎ 4805-1818; Av del Libertador 3060, Palermo) Ebenfalls an der Ecke Quintana/Ayacucho in Recoleta (Karte S. 92–93).

Vía Flaminia (Karte S. 92–93; ☎ 4342-7737; Av Florida 121, Microcentro)

DJ auf. Im dazugehörigen Café ein paar Türen weiter geht es beschaulicher zu.

LP Tipp **Sarkis** (Karte S. 96–97; ☎ 4772-4911; Thames 1101; Hauptgerichte 22–38 Arg$; ☽ Mittag- & Abendessen) Es gibt einen ganz einfachen Grund, weshalb dieses Restaurant mit nahöstlicher Küche schon so lange existiert: Das Essen ist schlichtweg super! Als Vorspeise locken die *boquerones* (marinierte Sardinen) und die *hojas de repollo rellenas* (gefüllte Weinblätter). Anschließend sollte man das Lamm in Joghurtsoße probieren. Abends liest eine Wahrsagerin den Gästen aus dem Kaffeesatz.

Don Julio (Karte S. 96–97; ☎ 4832-6058; Guatemala 4699; Hauptgerichte 22–45 Arg$; ☽ Mittag- & Abendessen) Diese *parrilla* ist wegen ihrer außergewöhnlichen Fleischgerichte sehr empfehlenswert. Die Nachbarlokale sind ebenfalls nicht schlecht, aber dieses Restaurant begeistert mit seinem traditionellen Flair. Auch die Lage an der Ecke mit Tischen im Freien ist nett; die überdurchschnittliche Weinkarte ist ein weiteres Plus.

Bio (Karte S. 96–97; ☎ 4774-3880; Humboldt 2199; Hauptgerichte 23–36 Arg$; ☽ tgl. Mittagessen, Di–So Abendessen) Gesundheitsapostel sollten sich schnurstracks in diese lässige Eckkneipe aufmachen, die sich auf gesundes, vegetarisches Bioessen spezialisiert hat. Quinoa-Risotto, Seitan-Curry, kurz angebratene Pilze und Senf-Tofu mit Yamani-Reis sind nur eine kleine Auswahl.

Bar Uriarte (Karte S. 96–97; ☎ 4834-6004; Uriarte 1572; Hauptgerichte 25–48 Arg$; ☽ Mittag- & Abendessen) Eines der trendigsten und besten Restaurants von Palermo und wirklich superschön! Die Gäste bestellen mariniertes Rindfleisch mit Ingwer und Salbei aus dem Lehmofen – in dem übrigens auch die Gourmetpizza gebacken wird. Weitere Köstlichkeiten sind das Lamm-Carpaccio und die *noquis de ricotta*.

Mama Racha (Karte S. 96–97; ☎ 4833-4950; Costa Rica 4602; Hauptgerichte 26–33 Arg$; ☽ Frühstück, Mittag- & Abendessen) Wer an einem heißen Tag auf der Dachterrasse mit Blick auf die Plaza Palermo Viejo Platz nimmt, hat das Gefühl, dass das Leben kaum schöner sein könnte. Doch wenn dann der Lachs-Ruccolasalat mit Zitronenmarinade aufgetragen wird, steht fest, dass sich dieses Lebensgefühl durchaus noch steigern lässt. Die umfangreiche Speisekarte bietet auch leckere Salatkreationen und verschiedene Frühstücksvarianten; der Service ist allerdings oft arg langsam.

Novecento (Karte S. 96–97; ☎ 4778-1900; Av Báez 199; Hauptgerichte 30–49 Arg$; ☽ Frühstück, Mittag- & Abendessen) In diesem eleganten Eckrestaurant kommt ein komplettes Frühstück auf den Tisch – in Buenos Aires eine Seltenheit! Lecker sind der French Toast, die Eggs Benedikt oder auch die Waffeln mit Feigensirup. Am Wochenende wird ein Brunch angeboten, bei dem die einzelnen Gerichte an den Tisch gebracht werden (All-you-can-eat; 90 Arg$ für 2 Pers.). Als Abendessen empfehlen sich Köstlichkeiten wie Carpaccio vom Rind oder Lachs-Farfalle.

Voulezbar (Karte S. 96–97; ☎ 4802-4817; Cerviño 3802; Hauptgerichte 33–49 Arg$; ☽ Mo–Sa Frühstück, Mittag- & Abendessen) Der weite Weg nach Palermo Chico lohnt sich für dieses beliebte Eckcafé. Die frische, kreative Küche bietet z. B. Forelle aus Patagonien und Shrimp-Risotto. Wer weniger teuer und leichter essen möchte, sollte mittags kommen: Die Baby-Calamari, der Tintenfisch vom Grill und die Salate mit Räucherlachs sind ein absolutes Gedicht! Aber auch ein Burger oder die *ceviche lohnen sich*.

TEUER

Miranda (Karte S. 96–97; ☎ 4771-4255; Costa Rica 5602; Hauptgerichte 37–52 Arg$; ☽ Mittag- & Abendessen) Das Miranda, eine schicke, moderne *parrilla* mit unverputzten Wänden, hohen Decken und rustikalen Holzmöbeln ist vor allem für seine erschwinglichen Steaks bekannt. Das Fleisch ist hochwertig und perfekt gegrillt, und wer an einem schönen Tag auch noch einen Tisch im Freien ergattert, könnte es als Fleischliebhaber gar nicht besser treffen.

Olsen (Karte S. 96–97; ☎ 4776-7677; Gorriti 5870; Hauptgerichte 37–54 Arg$; ☽ Di–Sa Mittag- & Abendessen, So 10.30–20 Uhr) Das Olsen hat sich mit seinem Brunch am Sonntag einen Namen gemacht, doch auch abends isst man hier gut. Besonders empfehlenswert sind die Ravioli mit Manchego-Käse oder das langsam gegarte Lamm mit Grünkohl. Die Mittagsgerichte (mit Festpreis) sind am günstigsten, außerdem lässt sich der beschauliche Garten besser genießen. In der beliebten Bar locken über 50 Sorten Wodka, die gewissenhaft bei einer Temperatur von -18 °C gelagert werden.

Astrid & Gastón (Karte S. 96–97; ☎ 4802-2991; Lafinur 3222; Hauptgerichte 40–70 Arg$; ☽ Mo–Sa Mittag- & Abendessen) Das peruanische Restaurant ist sicher das hippste in ganz Buenos Aires! Wie wäre es mit einer Shrimp-Cremesuppe, Krabben mit Avocado und Cherry-Tomaten, Ente in dunkler Biersoße und – wie könnte es anders sein? – mehreren Arten köstlicher *ceviche*? Die Pisco Sours sind ebenfalls hervorragend, wenn auch einen Tick zu teuer, die Nachspeisen ebenfalls vom Feinsten und der Service überaus freundlich und zuvorkommend.

Azema (Karte S. 96–97; ☎ 4774-4191; AJ Carranza 1875; Hauptgerichte 42–58 Arg$; ☙ Mo–Sa Abendessen) Dieses Restaurant unter der Leitung des exzentrischen Küchenchefs Paul Jean Azema – er hat u. a. schon für Kurt Cobain den Löffel geschwungen – bringt „französische Kolonialküche" auf den Tisch; eine interessante Fusion aus asiatischen, französischen und argentinischen Elementen. Die Vielfalt ist gewaltig: Es gibt alles von vietnamesischen Frühlingsrollen über Tandoori-Hähnchensalat bis hin zu Kaninchen in Dijon-Senf und Chardonnay. Die Speisen mit Meeresfrüchten sind der Hammer, die Köche greifen beherzt zu allen möglichen Gewürzen.

AUSGEHEN
Cafés

Kaffeehäuser sind ein nicht wegzudenkender Bestandteil des Lebens in Buenos Aires, wer also in der Stadt ist, sollte in einen der beliebten Treffpunkte der Einheimischen gehen und mit ihnen eine gepflegte Tasse Kaffee trinken und die wirklich köstlichen Gebäckstücke probieren.

Es gibt Unmengen Cafés, fast unwillkürlich stolpert man über eines – und hat die perfekte Ausrede, um eine Pause einzulegen. Einige der Kaffeehäuser sind Klassiker, die zu einer Art Zeitreise in die Vergangenheit des frühen vorigen Jahrhunderts einladen.

Viele Cafés beschränken sich nicht auf Kaffee und Kuchen, sondern bieten zu jeder Tageszeit Gerichte an: Frühstück, Brunch, Mittagessen, einen Nachmittagstee, Abendessen und kleinere Gerichte spät nachts. Einige Hintergrundinformationen zu diesem Erbe der argentinischen Sozialgeschichte bietet der Kasten unten.

Café de los Angelitos (Karte S. 92–93; ☎ 4952-2320; Rivadavia 2100) Ursprünglich hieß diese Bar Rivadavia und war früher ein Treff von Dichtern, Musikern und durchaus auch Leuten mit Dreck am Stecken. Das historische Café wurde unlängst in altem Glanz restauriert und präsentiert sich nun als elegante Location. Die Tangoshows für Touristen sind eine moderne Neuerung. Am schönsten ist es, tagsüber dem Café einen Besuch abzustatten, eine Tasse Tee zu bestellen und die düstere Vergangenheit eine Weile auf sich wirken zu lassen.

Clásica y Moderna (Karte S. 92–93; ☎ 4812-8707; Av Callao 892) Das gemütliche, persönliche Café mit Buchladen ist bereits seit 1938 um das Wohl eines literarisch ambitionierten Völkchens bemüht; bis heute verströmen die rohen Ziegelwände viel historisches Flair. Das Café ist schön ausgeleuchtet, bietet jede Menge Lesestoff und bringt auch noch gehobene Gerichte auf den Tisch. Es treten regelmäßig Musiker auf, die Folk, Jazz, Bossa Nova und Tango spielen.

El Gato Negro (Karte S. 92–93; ☎ 4374-1730; Av Corrientes 1669) Nischen aus Holz, an denen Tee aufgereiht ist, und ein würziges Aroma begrüßen den Gast in diesem netten kleinen Paradies, das sich für ein Tässchen Kaffee oder Tee empfiehlt. Zum Importkaffee oder Tee am Morgen schmeckt ein feines *sandwich de miga* (Sandwich aus dünngeschnittenem Weißbrot). Der Tee wird nach Gewicht verkauft, auch eine Auswahl an exotischen Kräutern und Gewürzen ist im Sortiment.

La Biela (Karte S. 92–93; ☎ 4804-0449; Av Quintana 600) Das Café ist eine Institution in Recoleta und sorgt schon seit den 1950er-Jahren für das Wohl der Elite von Buenos Aires – damals kamen noch

---

KAFFEEHÄUSER

Dank seines europäischen Erbes hat Buenos Aires eine ausgeprägte Kaffeehauskultur. Die *porteños* vertrödeln Stunden mit einem einzigen *café cortado* (Kaffee mit Milch) und ein paar *medialunas* (Croissants) und diskutieren dabei über Wirtschaft, Politik oder das letzte Fußballspiel.

Einige der Kaffeehäuser bestehen schon seit mehr als 100 Jahren – viele haben sich ihren alten Charme bewahrt. Traditionsgemäß werden sie von Politikern, Anarchisten, Intellektuellen, Künstlern und literarischen Größen besucht. Das **London City** (S. 134) behauptet mit Stolz, dass Julio Cortázar sein Meisterwerk *Die Gewinner* an einem der Tische verfasst hat, während das **Richmond** (S. 134) damit prahlt, dass Jorge Luis Borges hier seine heiße Schokolade getrunken hat. Am berühmtesten ist sicher das **Café Tortoni** (S. 136); es ist ein Augenschmaus, aber mittlerweile ziemlich touristisch geworden.

Die meisten Cafés haben ein erstaunlich breites Angebot an Speisen und Getränken; man kann sich ebenso locker ein Steak bestellen wie einen *cortado*. Manche der Kaffeehäuser wiederum gleich noch als Buchladen oder als Bühne, auf der Livemusik, Tangoshows und andere Kulturevents stattfinden. Jedenfalls gehört es zum Pflichtprogramm eines Aufenthalts in der Hauptstadt, auch einmal eine Weile in einem nostalgischen Kaffeehaus zu sitzen. Außerdem verlangen die müden Füße während der Sightseeingtour zwischendurch unweigerlich nach einer Pause.

Autorennfahrer hierher, um sich den nötigen Koffeinkick zu verpassen! An einem sonnigen Nachmittag ist die Terrasse im Freien einfach unschlagbar schön, und zwar vor allem am Wochenende, wenn gleich in der Nähe die *feria* (Straßenmarkt) auf Hochtouren läuft – dann müssen die Gäste allerdings auch 20 % mehr bezahlen.

La Puerto Rico (Karte S. 92–93; ☎ 4331-2215; Adolfo Alsina 416) Eines der historischen Cafés der Stadt, das bereits seit 1887 der Renner ist. Es befindet sich einen Block südlich von der Plaza de Mayo und lockt seine Gäste mit einem sehr guten Kaffee und frisch gebackenem Gebäck aus dem eigenen Ofen. Die alten Fotos an den Wänden erzählen von der interessanten Vergangenheit und von den spanischen Filmen, die hier gedreht wurden. Ein richtig schönes Kaffeehaus, und noch nicht so touristisch!

LP Tipp **Las Violetas** (Karte S. 90–91; ☎ 4958-7387; Rivadavia 3899) Das historische Kaffeehaus wurde bereits 1884 eröffnet und 2001 renoviert. Hübsche Markisen, prächtige Buntglasfenster, hohe Decken, cremefarbene ionische Säulen und vergoldeter Zierrat machen das Las Violetas zu einem der schönsten Cafés der Stadt. Man kann hier frühstücken, zu Mittag und zu Abend essen, auch der Nachmittagstee ist Luxus pur. Das Violets liegt in Almagro.

London City (Karte S. 92–93; ☎ 4343-0328; Av de Mayo 599) Das protzige, klassische Café bemüht sich schon seit über 50 Jahren um das Wohl von Koffeinsüchtigen und behauptet, dass Julio Cortázar hier seinen ersten Roman geschrieben hat. Weniger schön ist die Qual der Wahl aus einem verlockenden Sortiment köstlicher Kuchen zum frisch gebrühten Kaffee!

Nucha (Karte S. 92–93; ☎ 4813-9507; Paraná 1343) Die Kuchentheke des schnuckeligen Cafés bietet für jeden etwas: Käsekuchen, *medialunas* (Croissants) oder Baumkuchen. Alles schmeckt wunderbar zum importierten Tee, zum eisgekühlten Kaffee oder zum Mate. Die Gäste strömen in Scharen herbei, um nachmittags ihren Tee zu genießen oder mittags ein leckeres Sandwich zu vertilgen, selbst ein Frühstück bekommt man um diese Zeit noch serviert.

Richmond (Karte S. 92–93; ☎ 4322-1341; Florida 468) Lust, einmal einen Einheimischen zu einer Partie Billard oder Schach herauszufordern? Dann nichts wie hinunter ins Basement des Traditionscafés! Noch eindrucksvoller ist allerdings ein Abstecher in den Hauptraum, wo man sich in einen Ledersessel sinken lässt, um die niederländischen Lüster und das englisch angehauchte Ambiente zu genießen. Dazu schlürft man eine heiße Schokolade – genau wie einst der gute alte Jorge Luis Borges.

Bars

In einer Stadt, die nie schläft, lässt sich ein anständiger Drink (oder eine Tasse Tee) mühelos auftreiben. Egal, ob jemand eher ein Faible für eine schicke Lounge, ein irisches Pub, ein traditionelles Kaffeehaus oder eine Sportbar hat: In Buenos Aires findet er alles.

Die Argentinier schauen nicht sonderlich tief ins Glas – nur selten trifft man einen Einheimischen, der so richtig sturzbetrunken ist. Eines tun die *porteños* aber mit Sicherheit: bis in die Puppen aufbleiben. Die meisten Bars und Cafés haben bis 2 oder 3 Uhr morgens geöffnet, am Wochenende sogar bis um 5 Uhr – oder aber auch so lange, bis der letzte Gast sich auf den Heimweg macht.

Wem der Sinn nach einer Party mit jungen Leuten aus aller Herren Länder steht, sollte mal das **Buenos Aires Pub Crawl** (☎ 011-15-5464-1886; www.

WEINPROBEN

Ein Faible für Wein? Groß sind die Möglichkeiten, die besten Trauben Argentiniens zu testen. Wie wäre es zum Beispiel im Rahmen einer Weinprobe?

Casa Coupage (Karte S. 96–97; ☎ 4833-6354; www.casacoupage.com.ar; Güemes 4382) Unter der Leitung eines netten einheimischen Paares – beide Sommeliers. Die Probe findet in ihrer wunderschönen Wohnung in Palermo Soho statt, zu den edlen Tropfen werden die passenden Speisen serviert.

Anuva Wines (☎ 4777-4661; www.anuvawines.com) Der gebürtige Amerikaner Daniel Karlin organisiert Weinproben, sie schließen fünf Boutique-Jahrgangsweine mit jeweils passenden Gerichten ein. Alle probierten Weine werden auch ins Ausland geschickt (mit Sicherheit der günstigste Service der Stadt hinsichtlich Weinexport).

Nigel Tollerman (☎ 4966-2500; www.0800-vino.com) Der Brite veranstaltet mit Begeisterung private Weinproben in seinem stimmungsvollen Keller. Außerdem liefert er edle Tropfen aus ganz Argentinien ins Hotel und bietet auch die Lagerung von Premium-Weinen an – eine hervorragende Sache.

pubcrawlba.com; pro Pers. 60 Arg$) ausprobieren. Der Transfer zu verschiedenen Bars und Nachtclubs ist im Preis inbegriffen, ebenfalls die kostenlose Pizza und das Glas Wein oder Bier.

ZENTRUM VON BUENOS AIRES

Casa Bar (Karte S. 92–93; ☎ 4816-2712; Rodríguez Peña 1150) Die Casa Bar untersteht der Leitung eines ehemaligen Piloten aus den USA, der Jahre damit verbracht hat, ein altes Gemäuer in eine stimmungsvolle Bar umzuwandeln. 50 verschiedene Biersorten können hier bestellt werden, im TV läuft vorzuhsweise American Football, am Wochenende gibt es Pfannkuchen sowie die besten und pikantesten Chicken Wings der Stadt. Raucher können ihre Sucht im rückwärtigen winzigen Patio ausleben.

Debar (Karte S. 92–93; ☎ 4381-6876; Av Rivadavia 1132) Beliebte Bar in einer Gegend, die für ihr Nachtleben nicht gerade bekannt ist. Hier wummern Rock- und Hip-Hop-Rhythmen. Geschäftsleute kommen auf einen *trago* (Drink) nach der Arbeit vorbei, Backpacker und Expats lassen sich etwas später am Abend blicken. Die allabendlich stattfindende Happy Hour bis Mitternacht macht alle glücklich – das gilt auch für das Mittagessen unter der Woche.

El Alamo (Karte S. 92–93; ☎ 4813-7324; Uruguay 1175) Das El Alamo lockt mit American Football und Baseball auf den Fernsehschirmen vor allem Studenten aus den USA und Expats an. Aus den Lautsprechern dröhnt Rock, die Hungrigen mampfen ihr Pub Food. Und die Besitzer wissen, wie sich Frauen anlocken lassen: Von 12–24 Uhr bekommen die Mädels hier kostenlos ihr Bierchen. Eine wahrlich lange Happy Hour!

Gibraltar (Karte S. 92–93; ☎ 4362-5310; Perú 895) Das Gibraltar ist eine der klassischen Kneipen für hier ansässige Amerikaner, die Atmosphäre ist gemütlich und sehr angenehm für Alleinreisende. Super ist auch das exotische Essen: Es gibt großzügig portionierte Thai-, indische und englische Gerichte. Jeden Sonntag ist Sushi angesagt. Wer Lust auf ein Spiel hat, findet im Hinterzimmer einen Billardtisch, das Bier dazu wird zu vernünftigen Preisen verkauft.

Le Cigale (Karte S. 92–93; ☎ 4312-8275; 25 de Mayo 722) Die schwüle, kapriziöse Lounge in der Innenstadt ist bei Auswärtigen und *porteños* gleichermaßen beliebt. Jeden Abend wird eine andere Musikrichtung gespielt, am Donnerstag treten Bands auf, samstags heizen DJs ein. Am beliebtesten ist jedoch der „französische Dienstag", wenn E-Musik und französische Drinks die Leute in Scharen anlocken.

Milión (Karte S. 92–93; ☎ 4815-9925; Paraná 1048) Die elegante Bar hat sich in einem renovierten Herrschaftshaus etabliert. Die besten Plätze befinden sich auf dem weitläufigen Balkon, der auf den rückwärtigen Garten hinausgeht – ein grünes Paradies! Zum breiten Angebot an Cocktails (zuerst bezahlen, dann die Aufmerksamkeit des Barkeepers auf sich lenken) munden die stilvollen Tapas. Im Restaurant unten werden internationale Gerichte serviert.

Puerta Roja (Karte S. 92–93; ☎ 4362-5649; Chacabuco 733) Ein Schild gibt es keines, und die Gäste müssen um Einlass läuten – aber wer erst einmal drinnen ist, kann die heiße Musik und das coole Ambiente aus vollen Zügen genießen. Im Hauptraum stehen niedrige Lounge-Möbel, hinten scharen sich die Spieler um einen Billardtisch. Es lohnt sich, früh zu kommen, dann ergattert man nicht nur einen guten Platz, sondern kann auch gleichzeitig preiswert, gut und ohne Platzprobleme essen – später wird es nämlich arg eng. Lust auf ein Abenteuer? Wie wäre es dann vielleicht mit einem Chili-Bomb-Cocktail?

PALERMO

Viele Hotels und Restaurants in Palermo haben ihre eigene (tolle) Bar; besonders empfehlenswert sind das Home Hotel (S. 125), die **Casa Cruz** (Karte S. 96–97; ☎ 4833-1112; Uriarte 1658) oder das **Banga-lore** (Karte S. 96–97; ☎ 4779-2621; Humboldt 1416). Die mit Abstand hippste Szene der Stadt konzentriert sich rund um die Plaza Serrano (in Palermo Viejo), wo sich jede Menge In-Kneipen befinden.

878 (Karte S. 96–97; ☎ 4773-1098; Thames 878) Nichts wie hinein in dieses Wunderland mit den eleganten, niedrigen Lounge-Möbeln und unverputzten Ziegelwänden. Whiskeyfans können unter 100 verschiedenen Sorten wählen. Die leckeren klassischen und originellen Cocktails halten die Meute in Schwung, die zu Jazz, Bossa Nova und guter alter Rockmusik munter feiert.

Congo (Karte S. 96–97; ☎ 4833-5857; Honduras 5329) Die eigentliche Attraktion dieser schönen Trendbar ist der rückwärtige Patio – in einer heißen Sommernacht der Ort schlechthin, um gesehen zu werden. Die Musik ist super, fast jeden Abend legen DJs auf. Und innen stehen elegante niedrige Lounge-Möbel in einem kreativen Ambiente. Dazu gibt es noch eine komplette Speisekarte plus diverse leckere, hochprozentige Cocktails.

El Carnal (Karte S. 96–97; ☎ 4772-7582; Niceto Vega 5511) Die Dachterrasse mit Rattan-Lounge und sich bauschenden Vorhängen ist in einer lauen Sommernacht schlichtweg unschlagbar, um so richtig zu chillen. Donnerstags sind günstige Club-Drinks angesagt, freitags dröhnt Reggae, und der Samstag ist vor allem Pop und Musik aus den 80er-Jahren vorbehalten.

Kim y Novak (Karte S. 96–97; ☎ 4777-9081; Güemes 4900) Die inime Bar an der Ecke mit einer guten *onda* (Schwingung) ist bei Schwulen und Expats sehr beliebt. Wer sich unterhalten möchte, sollte vor 2 Uhr morgens kommen, denn später wird es knallvoll – vor allem Richtung Wochenende, wenn unten die Tanzfläche öffnet. Unbedingt den Drink des Hauses probieren: JoJo heißt er und besteht aus Wodka, Ingwer, Limonensaft und Zucker.

Mundo Bizarro (Karte S. 96–97; ☎ 4773-1967; Serrano 1222) Die schicke Loungebar macht futuristisch auf Retro und hat am Wochenende die ganze Nacht geöffnet. Gespielt wird alles, von amerikanischen Oldies bis hin zu Jazz. Donnerstags ist Ladies' Night. Wer in Feierlaune ist, schwingt sich aufs Podium, um eine Dosis Aufmerksamkeit auf sich zu ziehen. Für die Hungrigen gibt es Hamburger und jeden Montag Sushi.

Sugar (Karte S. 96–97; ☎ 011-15-6894-2002; Costa Rica 4619; ☻ Di–So) Die Soho-Bar von Palermo ist wegen ihrer Happy Hour sehr beliebt – sie fängt um 20 Uhr an und dauert bis Mitternacht! Ein Glas Wein oder Bier, aber auch Mixgetränke kosten gerade einmal 5 Arg$. Das Sugar lockt Studenten aus dem Ausland und Expats an, denn einer der Besitzer ist selbst ein Amerikaner, der sich in der Stadt niedergelassen hat. Alle Kellner sprechen zumindest ein bisschen Englisch. Super extravagante Musikmischung von James Brown bis zu den Killers. Wer nicht gern Schlange steht, sollte frühzeitig kommen; am Wochenende ist ein Drink Pflicht.

Van Koning (Karte S. 96–97; ☎ 4772-9909; Av Báez 325) Wegen der rustikalen Aufmachung kommen sich die Gäste dieses heimeligen, beliebten Pubs in Las Cañitas wie in einem Boot vor. Thema ist die Seefahrt im 17. Jh., umgesetzt wird es mit dunklen Holzbalken, flackernden Kerzen und klotzigen Holzmöbeln. Am ersten Mittwoch im Monat treffen sich hier viele Expats aus den Niederlanden.

UNTERHALTUNG

Buenos Aires bietet rund um die Uhr endlos viele Möglichkeiten, sich zu amüsieren. Dutzende Theater überzeugen mit hochkarätigen Vorstellungen, es gibt kommerzielles Kino und Filmkunst, heißblütige Tangoshows, ausgeflippte Tanzpartys und zahlreiche spannende Sportveranstaltungen.

Die meisten Zeitungen haben freitags eine Beilage mit dem aktuellen Veranstaltungsprogramm; der *Buenos Aires Herald* bietet eine auf Englisch: *Get Out.*

Außerdem lohnt sich ein Blick auf die Website www.whatsupbuenosaires.com.

Für wichtige Veranstaltungen ist es oft notwendig, Eintrittskarten bei Ticketek (☎ 5237-7200; www.ticketek.com.ar) zu reservieren. Die Gebühr beträgt etwa 10 % vom Kaufpreis. Die *carteleras* (Extraschalter für ermäßigte Eintrittskarten) verkaufen Tickets für diverse Veranstaltungen, sie liegen 20–50 % unter dem Normalpreis. Hier drei Anbieter:

Cartelera Baires (Karte S. 92–93; ☎ 4372-5058; www.cartelerabaires.com; Av Corrientes 1382) Im Cine Lorange.

Cartelera Espectáculos (Karte S. 92–93; ☎ 4322-1559; www.123info.com.ar; Lavalle 742) Direkt in der Fußgängerzone Lavalle.

Cartelera Vea Más (Karte S. 92–93; ☎ 6320-5319; www.veamasdigital.com.ar; Local 2)

Tango

Für Touristen konzipierte Tangoshows mit viel Sensationshascherei sind an der Tagesordnung, werden von Puristen jedoch als nicht authentisch abgelehnt. Das muss allerdings noch lange nicht bedeuten, dass sie wirklich nichts taugen. Bescheidenere Shows sind persönlicher und kosten erheblich weniger, dafür geht es nicht so professionell zu, die Kostüme werden nicht so häufig gewechselt, und insgesamt ist der optische Eindruck weniger imposant. Für einige Shows können ermäßigte Eintrittskarten bei den *carteleras* gekauft werden. Noch neu, aber mit Potenzial ist die Website www.tangotix.com: Sie bietet Infos zu Tangoshows.

Kostenlose Tangodarbietungen (d. h. Spende erbeten!) finden jeden Tag vor den Galerías Pacíficos in der Fußgängerzone statt. Sonntags können auch in San Telmo Tanzpaare auf der Plaza Dorrego bewundert werden. (Aber Achtung: Die Zuschauermengen ziehen auch zahlreiche Taschendiebe an!) Eine andere gute Alternative ist am Wochenende der Caminito in La Boca: Die Tänzer sind alle sehr gut – also nicht vergessen, auch hier ein paar kleine Münzen in den Hut zu werfen!

Tango-Führungen finden sich auf der Website www.tangofocus.com. Nachfolgend findet sich eine Liste mit Tangoshows zusammengestellt; Adressen für Unterricht und *milongas* stehen im Kasten S. 137.

Bar Sur (Karte S. 92–93; ☎ 4362-6086; Ecke Estados Unidos & Balcarce; Show & Abendessen 220 Arg$ nur Show 150 Arg$)

MILONGAS & TANGOUNTERRICHT

Der Tango erlebt eine Renaissance, und zwar bei Amateur- wie auch bei Profitänzer aller Altersgruppen. Kurse finden an jeder Ecke statt – von Jugendherbergen über Kulturzentren bis hin zu all den *milongas* (Tangobälle); und häufig wird sogar in englischer Sprache unterrichtet. Gruppenunterricht kostet etwa 15–40 Arg$ – je nach Lehrer. Privatunterricht kann natürlich erheblich teurer werden.

Milongas beginnen nachmittags oder abends. Sie sind preiswert und kosten meist 10–30 Arg$. Manchmal finden an einem Ort und Tag gleich mehrere *milongas* statt. Da jede *milonga* von einem anderen Veranstalter organisiert wird, hat jede ihr ganz eigentümliches Flair, ihren besonderen Stil – sowohl hinsichtlich der Musikauswahl als auch der Anordnung der Tische. Außerdem hat jede Veranstaltung ihr eigenes Publikum mit bestimmtem Alter und Tanzerfahrung. Eine lange Liste mit *milongas* und Kursen enthält der kostenlose *Caserón Porteño Tango Map Guide*, aber auch Zeitschriften wie *El Tangauta* (www.eltangauta.com) oder *BA Tango* (www.londontango.wordpress.com) helfen hier weiter. Man kann sie in vielen Geschäften erstehen, in denen Tangoschuhe verkauft werden, außerdem in Tangolokalen sowie in der Touristeninformation. Ein Blick auf die Website www.buenosairesmilongas.com hilft ebenfalls weiter.

Ein einzigartiges Erlebnis sind die Open-Air-Veranstaltungen am Musikpavillon im Park Barrancas de Belgrano, wo am Sonntagabend ab etwa 20 Uhr die *milonga* „La Glorieta" in lockerer Atmosphäre stattfindet (mit kostenlosem Einführungskurs, bevor es losgeht).

Club Gricel (Karte S. 90–91; ☎ 4957-7157; www.clubgriceltango.com.ar; La Rioja 1180) Das Lokal ist ein bewährter Klassiker (weit vom Zentrum entfernt, mit dem Taxi hinfahren) und lockt ein älteres, gut gekleidetes Publikum an. Das Lokal hat einen wunderbaren alten Parkettboden, manchmal wird auch Live-Musik gespielt.

Confitería Ideal (Karte S. 92–93; ☎ 5265-8069; www.confiteriaideal.com; Suipacha 384, 1. St.) Die Mutter aller historischen Tangosäle mit vielen Kursen und *milongas*, die regelmäßig stattfinden. Die Tänzer tanzen oft zu Musik von Orchestern. Fast jeden Abend gibt es eine Show. Gute Adresse für Anfänger.

El Beso (Karte S. 92–93; ☎ 4953-2794; Riobamba 416) Eine weitere traditionelle und beliebte Location, in der sich viele sehr gute Tänzer sehen lassen. Das Lokal befindet sich im Obergeschoss und hat etwas Intimes. Die Bar am Eingang kommt auch gelegen.

La Catedral (Karte S. 96–97; ☎ 011-15-5325-1630; Sarmiento 4006, 1. St.) Wenn Tango aktuell und hip ist, dann sicher hier. Die etwas heruntergekommene Lagerhalle ist sehr leger; an den Wänden hängen flippige Kunstwerke, die Leute tanzen in Jeans. Eine super Location vor allem für junge Leute, die gern Tango lernen möchten.

La Marshall (Karte S. 92–93; ☎ 4912-9043; www.lamarshall.com.ar; Maipú 444, 1. St.) Am Mittwoch ist an der Plaza Bohemia jeder herzlich willkommen; seinen Namen hat sich La Marshall aber eigentlich als schwule *milonga* gemacht. Um 22 Uhr fängt der Unterricht an, um 11.30 Uhr dann die *milonga*.

La Viruta (Karte S. 96–97; ☎ 4774-6357; www.lavirutatango.com; Armenia 1366) Das Lokal befindet sich im Untergeschoss des Gebäudes der Asociación Cultural Armenia. *Milongas* finden immer mittwochs bis sonntags statt, und zwar am Abend. Eine gute Adresse für alle, die den „tango nuevo" schätzen – ein Musikstil mit Elementen aus Rock, Salsa und Folk.

Niño Bien (Karte S. 92–93; ☎ 4147-8687; Humberto Primo 1462, 1. St.) Das Lokal im Centro Región Leonesa zieht donnerstags *aficionados* (Tanzbegeisteter) aller Couleurs an. Die Atmosphäre im großen Ballsaal ist phantastisch, auch die Tanzfläche ist vom Feinsten. Da es enorm voll wird, sollte man früh und auch gut gekleidet kommen! Das Lokal liegt weit außerhalb vom Zentrum – am besten fährt man mit dem Taxi dorthin.

Salon Canning (Karte S. 96–97; ☎ 4832-6753; Av Scalabrini Ortiz 1331) Hier in diesem Traditionslokal mit hervorragender Tanzfläche treffen sich einige der besten Tänzer der Stadt – oft spielen auch Orchester. Auch die renommierte Tangotruppe **Parakultural** (www.parakultural.com.ar) tritt hier auf.

Sin Rumbo (Karte S. 90–91; ☎ 4571-9577; Tamborini 6157) Das Lokal zählt zu den ältesten und traditionellsten Tangokneipen der Stadt und hat schon mehrere berühmte Tangotänzer hervorgebracht. Das Sin Rumbo lockt vor allem Profitänzer aus dem Stadtviertel an. Am meisten ist freitags los. Da sich das Lokal weit vom Zentrum entfernt in Villa Urquiza befindet, setzt man sich am besten in ein Taxi.

Natürlich gibt es noch viele weitere beliebte Tangolokale, so z. B. das Porteño Bailarín, die Villa Malcolm, das Sunderland und den Nuevo Salón Argentina (mit El-Arranque-*milongas*).

Wirklich super ist hier das intime, traditionelle Ambiente – es stehen nur etwa ein Dutzend Tische im Raum, sodass die Tänzer überall gut zu sehen sind. Die Zeiten sind sehr flexibel: Die Shows beginnen um 20.30 Uhr und dauern die ganze Nacht bis 2 Uhr morgens. Neugierige können also jederzeit vorbeischauen; wer einen Tisch will, sollte allerdings besser reservieren.

Café Tortoni (Karte S.92–93; ☎ 4342-4328; www.cafe tortoni.com.ar; Av de Mayo 829; Show 60–70 Arg$) Das Café ist eines der Wahrzeichen von Buenos Aires und wird von Touristen schier überrollt, aber die Tangoshows sind recht gut und noch immer erschwinglich. Jeden Abend finden bis zu vier Shows statt. Trotzdem empfiehlt es sich, zu reservieren, denn voll wird es auf alle Fälle.

Centro Cultural Torquato Tasso (Karte S. 99; ☎ 4307-6506; www.torquatotasso.com.ar; Defensa 1575; Shows 50–120 Arg$) Das Kulturzentrum ist eine der besten Locations für Livemusik in Buenos Aires, denn hier finden hochkarätige Veranstaltungen mit Tangomusik statt. Das Centro lockt Gruppen an, die alle möglichen Musikgenres mischen, und so entsteht dann Fusiontango mit Folklore- oder Rockelementen. Unbedingt schauen, ob La Chicana, das Sexteto Mayor oder Fernández Fierro gerade auftreten.

El Balcón (Karte S.92–93; ☎ 4362-2354; Humberto Primo 461, 1. St.) Das Restaurant im Obergeschoss an der Plaza Dorrego veranstaltet kostenlose Tangoshows, allerdings müssen die Zuschauer etwas zum Essen bestellen, wenn sie zuschauen wollen. Die Shows finden samstags um 22 Uhr und sonntags von 13 Uhr bis Mitternacht statt.

El Querandí (Karte S. 92–93; ☎ 5199-1770; www.que randi.com.ar; Perú 302; Show & Abendessen 330 Arg$, nur Show 190 Arg$) Die große Tangolocation an der Ecke ist gleichzeitig auch ein elegantes, gehobenes Restaurant. Die hervorragende Show zählt zu den besten der Stadt; die Zuschauer können hier die Entwicklung des Tango im Lauf seiner Geschichte nachvollziehen. Ein Plus ist die erhöhte Bühne, die eine gute Sicht auf das Geschehen ermöglicht.

Esquina Homero Manzi (Karte S. 90–93; ☎ 4957-8488; www.esquinahomeromanzi.com.ar; Av San Juan 3601; Show & Abendessen 270–310 Arg$) Homero Manzi war einer der berühmtesten Tangodichter Argentiniens, das alte Café wurde beeindruckend renoviert. Inzwischen kann man hier auch Tangounterricht nehmen, anschließend setzt man sich dann gemütlich hin und genießt die Show.

Esquina Osvaldo Pugliese (Karte S. 90–91; ☎ 4931-2142; Boedo 909; Show 25–28 Arg$) Das legere Café ist auch unter dem Namen Recuerdo Café bekannt und hat eine kleine schlichte Bühne. Nur ein paar Tänzer zeigen ihre kunstvollen Schritttechniken, aber dafür wird auch nur ein Bruchteil des Eintrittspreises verlangt, der für die erheblich raffiniertere Show im nur einen Block entfernten Homero Manzi fällig wird. Die Shows werden immer freitags und samstags gezeigt.

Los 36 Billares (Karte S. 92–93; ☎ 4381-5696; www. los36billares.com.ar; Av de Mayo 1265) Das Lokal mit viel Flair ist eine Mischung aus Restaurant, Café, Bar und Billardsalon und existiert schon an die 100 Jahre. Tischfussball wird hinten gespielt, Billardtische stehen im Untergeschoss. Kostenlose Tangoshows werden von Montag bis Donnerstag gezeigt; freitags und sonntags sind mindestens 20 Arg$ zu berappen, samstags kosten die Shows 20 Arg$ (bei 20 Arg$ Minimalverzehr). Das Essen ist allerdings nicht berauschend.

Piazzolla Tango (Karte S. 92–93; ☎ 4344-8201; www. piazzollatango.com; Florida 165; Show & Abendessen 320 Arg$, nur Show 210 Arg$) Das wunderschöne Jugendstiltheater war früher ein Sex-Kabarett. Die hier gezeigte Show ist eine Mischung aus Alt und Neu. Sie gründet sich auf Tradition, aber einige Elemente sind so akrobatisch, dass sie eher an Zirkusnummern erinnern.

Taconeando (Karte S. 92–93; ☎ 4307-6696; www.taco neando.com; Balcarce 725; Dinnershow 180 Arg$, nur Show 140 Arg$) Kleinere Show zu einem eher erschwinglichen Preis in gehobenem Ambiente. Nach den Profis schwingt dann auch das Publikum das Tangotanzbein. Shows werden nur donnerstags und sonntags präsentiert.

Nachtclubs

Die *boliches* (Diskotheken) sind das Herz des legendären Nachtlebens der Hauptstadt. Wer cool ist, kreuzt vor 2 Uhr in der Früh gar nicht erst auf – oder besser gleich 3 Uhr – und zieht sich so aufgestylte Klamotten wie nur möglich an. Wer die ganze Nacht durchmachen will, sollte vor dem Abendessen ein Nickerchen einlegen … Teilweise ist im Eintrittspreis bereits ein Getränk enthalten, Frauen zahlen normalerweise weniger als Männer. Sowohl der Eintritt in die Diskos wie auch die Getränke sind in der Regel sofort bar zu bezahlen.

Die Website www.whatsupbuenosaires.com verrät, was aktuell gerade angesagt ist. Da in Buenos Aires immer viele Last-Minute-Partys stattfinden, lohnt es sich also, sich ein bisschen umzuhören. Zu den alljährlich abgehaltenen Eventpartys mit enormem Zulauf zählen die South American Music Conference (s. S. 118) und Creamfields (s. S. 118).

Eine der größten und wirklich einzigartigen Partys von Buenos Aires ist **La Bomba de Tiempo** (www.labombadetiempo.com): Sie steigt jeden Montag um 19 Uhr im Ciudad Cultural Konex (S. 142).

Bahrein (Karte S. 92–93; ☎ 4314-8886; www.bahreinba. com; Lavalle 345; ☼ Di–Sa) Das Bahrein ist wegen seiner Drum-'n'-Bass-Partys am Dienstagabend sehr beliebt, Stamm-DJ Bad Boy Orange motzt sie mit schnellen, aggressiven elektronischen Rhythmen auf. Trance, House und Pop runden das musikalische Menü ab, wobei ein elegantes Restaurant im Obergeschoss zusätzlich für die erforderliche Energiezufuhr sorgt. Der Club war früher eine Bank – auf jeden Fall einen Blick ins „Kellergewölbe" werfen.

Club Aráoz (Karte S. 96–97; ☎ 4832-9751; www.club araoz.com.ar; Aráoz 2424; 🕙 Do–Sa) Der kleine Club ist auch unter dem Namen „Lost" eingeführt. Seine Sternstunde ist der Donnerstag, wenn Hip-Hop angesagt ist und die Stammgäste so gegen 2 Uhr in der Früh mit Breakdance anfangen. Der Club ist besonders bei jungen Amis beliebt, Dresscode gibt es keinen – was auch gut ist, denn man schwitzt schnell in der Hitze. Echt lässiger Club, um mit Freunden abzuhängen, auch die Getränkepreise sind okay.

Crobar (Karte S. 96–97; ☎ 4778-1500; Ecke Paseo de la Infanta Isabel & Freyre; 🕙 Fr & Sa) Das Crobar ist momentan der Liebling der Clubszene. Am Freitagabend stellen internationale DJs die aktuellste Auswahl an E-Musik zusammen, samstags dudelt dann Kommerzielleres (entsprechend mehr junge Leute sind dann da). Außerdem gibt es noch ein Hinterzimmer für Freunde des klassischen Rock, Remixes aus den 1980er-Jahren und ab und zu Livemusik. Die Räumlichkeiten sind mit Zwischenschossen und Galerien durchzogen, die einen Superblick auf das Geschehen ermöglichen.

Maluco Beleza (Karte S. 92–93; ☎ 4372-1737; www. malucobeleza.com.ar; Sarmiento 1728; 🕙 Mi & Fr–So) Das beliebte brasilianische *boliche* befindet sich in einem alten Herrschaftshaus. Hier wird es gesteckt voll mit Leuten, die es zu Samba-Fusion-Musik krachen lassen und den halbnackten, lasziven Tänzerinnen auf der Bühne zuschauen. Im Obergeschoss ist alles dunkler und entspannter. Wem der Sinn nach brasilianischer Küche steht, sollte mittwochs um 22 Uhr zum Abendessen kommen.

Museum (Karte S. 92–93; ☎ 4771-9628; www.museum-club.com.ar; Perú 535; 🕙 Mi, Fr & Sa) Diese höhlenartige Disko hat sich vor allem mit ihrer After-Office-Party (im Klartext: Fleischbeschau) am Mittwoch ab 20 Uhr einen Namen gemacht. Das Museum ist riesengroß, hat diverse Balkone und ein super Soundsystem. Die Lightshows am Samstagabend samt Techno und House sind irre. Und das Gebäude selbst ist auch einen Blick wert: Die alte Fabrik wurde von Eiffel entworfen, genau jenem Gustave Eiffel, von dem bekanntlich auch der Turm in Paris stammt.

Niceto Club (Karte S. 96–97; ☎ 4779-9396; www. nicetoclub.com; Niceto Vega 5510; 🕙 Do–Sa) Als einer der größten und zugkräftigsten Publikumsmagneten ist der Club 69 nach ein paar Jahren Kunstpause nun wieder voll angesagt. Von halbnackten Breakdancern bis hin zu exaltierten Drag Queens in kunstvollen Kostümen ist so ziemlich alles geboten; jedenfalls ist der Club der Hit in der Schwulenszene. Die besten DJs von Buenos Aires heizen richtig ein, ein besonderer Leckerbissen sind die topaktuellen internationalen Acts, die hier ab und zu auftreten. Im El Carnal (S. 135) gleich gegenüber kann man sich schon mal in Stimmung bringen.

Pachá (Karte S. 96–97; ☎ 4788-4280; www.pachabueno saires.com; Nähe Ecke Av Costanera Norte & La Pampa; 🕙 Fr & Sa) Berühmte DJs aus dem Ausland heizen dem jungen, aufgebrezelten und versnobten Volk in dem riesigen Electronica-Club (schon jenseits der besten Tage, aber immer noch unterhaltsam) ein. Laser-Lightshows und ein irres Soundsystem versetzen die verzückten Massen in Trance. Am tollsten ist es am Samstagabend, aber erst nach 4 Uhr – dann kann nämlich beim Partyfeiern auch gleich noch der Sonnenaufgang auf der Terrasse beobachtet werden (Sonnenbrille nicht vergessen).

Rumi (Karte S. 96–97; ☎ 4782-1307; www.rumiba.com; Av Figuero Alcorta 6442; 🕙 Di–Sa) Wem der Sinn nach Glamour, Mode und womöglich sogar ein paar Stars steht, für den ist das ultracoole, hochgezechene Rumi das reinste Eldorado. Gut anziehen, damit die Türsteher einen durchlassen, und dann nichts wie rein ins Wunderland aus E-Musik, Hip-Hop und House. Am Mittwochabend legen berühmte DJs auf, aber auch die Jungs am Wochenende können sich sehen – und hören – lassen. Schwule kommen donnerstags.

Klassische Musik

Teatro Colón (Karte S. 92–93; ☎ 4378-7344; www.teatro co lon.org.ar; Libertad 621) In Sachen Theater ist das Colón die Top-Adresse schlechthin. Hier standen schon musikalische Größen wie Placido Domingo und Luciano Pavarotti auf der Bühne. Es finden auch Ballett- und Opernaufführungen und gelegentlich sogar kostenlose Klassikkonzerte statt (s. S. 118).

La Scala de San Telmo (Karte S. 92–93; ☎ 4362-1187; www.lascala.org.ar; Pasaje Giuffra 371) In der kleinen Scala in San Telmo werden Konzerte mit klassischer und zeitgenössischer Musik (Klavier, Tango, Musical) veranstaltet, außerdem finden hier Workshops statt, die sich in irgendeiner Form mit Musik beschäftigen.

Teatro Avenida (Karte S. 92–93; ☎ 4384-0519; www.balirica.org.ar; Av de Mayo 1222) In dem wunderschönen Theater von 1906 finden klassische Musik-, Ballett- und Flamencoaufführungen statt – die eigentliche Attraktion sind aber die hervorragenden Opernaufführungen.

Teatro San Martín (Karte S. 92–93; ☎ 0800-333-5254; www.teatrosanmartin.com.ar; Av Corrientes 1530) In dem großen Theaterkomplex ist ein Klassikensemble zu Hause, außerdem werden hier Kunstausstellungen, Ballettaufführungen, Fotoausstellungen, Kinoabende und Theateraufführungen veranstaltet.

Teatro Coliseo (Karte S. 92–93; ☎ 4816-3789; www.fundacioncoliseo.com.ar; MT de Alvear 1125) Hier wird vor allem klassische Kunst gezeigt, aber es gibt durchaus auch einmal einen Überraschungsgast wie den argentinisch-amerikanischen Rockstar Kevin Johansen.

Livemusik
ROCK & BLUES
Nachfolgend sind einige kleinere Locations aufgelistet, in denen vor allem einheimische Gruppen spielen. Internationale Stars treten bevorzugt in den Fußballstadien oder im Luna Park (s. unten) auf. Blues ist in Buenos Aires im Allgemeinen nicht so beliebt wie Rock, hat aber durchaus seine treue Fangemeinde.

El Samovar de Rasputín (Karte S. 99; ☎ 4302-3190; Del Valle Iberlucea 1232; ☽ Sa) Das Lokal befindet sich gegenüber der ursprünglichen Kneipe (dort hängen Fotos von Napo, dem Hippie-Besitzer, mit Keith Richards, Eric Clapton und Pavarotti). Bands aus Argentinien unterhalten meist mit Rock und Blues. Von der Innenstadt ist das Lokal mit der Buslinie 29 erreichbar.

La Trastienda (Karte S. 92–93; ☎ 4342-7650; www.latrastienda.com; Balcarce 460; ☽ jeden Abend) In dem großen Theater hinter dem Restaurant können sich über 700 Personen amüsieren; die Gruppen spielen in der Regel Rock oder Reggae. Mit etwas Glück treten gerade Charlie Garcia, Los Dividos, Marilyn Manson oder die Wailers auf.

Luna Park (Karte S. 92–93; ☎ 5279-5279; www.lunapark.com.ar; Ecke Bouchard & Corrientes) Das riesige Stadion war früher ein Boxring mit Platz für 15 000 Zuschauer und der schicksalhafte Ort, an dem sich einst Juan Perón und Eva Duarte (genannt Evita) kennenlernten und Fußballstar Maradona geheiratet hat.

Mitos Argentinos (Karte S. 92–93; ☎ 4362-7810; Humberto Primo 489; ☽ Fr & Sa) Das gemütliche alte Ziegelgebäude in San Telmo bietet viele Tische, eine Bühne in genau der richtigen Größe und einen kleinen Balkon darüber. Das Lokal ist für seine Verdienste in Sachen *rock nacional* (sprich: Rockbands aus Argentinien) bekannt. Immer wieder werden hier neue Talente entdeckt. Für die Hungrigen gibt es eine kleine Auswahl an Gerichten.

ND/Ateneo (Karte S. 92–93; ☎ 4328-2888; www.ndateneo.com.ar; Paraguay 918; ☽ jeden Abend) Theater mit guter Akustik und hochwertigen Konzerten, vor allem Rock, Jazz und Folk. Es werden auch Filme, Theaterstücke und kunstvolle Shows gezeigt; außerdem fand hier 2008 das Buenos Aires International Jazz Festival statt.

JAZZ
Im Café Clásica y Moderna (S. 133) treten gelegentlich Jazzgruppen auf.

Notorious (Karte S. 92–93; ☎ 4815-8473; www.notorious.com.ar; Av Callao 966; ☽ jeden Abend) Das schicke, intime Notorious gilt als eine der Topadressen der Stadt in Sachen Jazz. Vorne befindet sich das Geschäft, hinten werden im Restaurant-Café (mit Blick auf einen üppigen Garten) allabendlich Jazzveranstaltungen geboten.

Thelonious Bar (Karte S. 96–97; ☎ 4829-1562; www.theloniousclub.com.ar; Salguero 1884; ☽ jeden Abend) Die schwach beleuchtete, intime und künstlerisch angehauchte Bar befindet sich im 1. Stock eines alten Anwesens, hat hohe Ziegeldecken und ein sehr gutes Soundsystem. Die Jazzevents sind toll, nach den Musikern übernehmen DJs bis zum Morgengrauen das Kommando. Wer etwas essen möchte und auf gute Plätze Wert legt, sollte frühzeitig kommen.

FLAMENCO & FOLK
Da sich so viele *porteños* auf ihre spanische Herkunft berufen, ist es kein Wunder, dass es in der Stadt zahlreiche Flamenco-Lokale gibt. Die meisten liegen in Congreso, einem spanischen Viertel (in der Nähe der Kreuzung Salta und Avenida de Mayo).

Música folklórica hat in Buenos Aires ebenfalls ihren Platz. Es gibt mehrere *peñas* (Folkclubs), aber auch in einigen anderen Lokalen treten hin und wieder Gruppen, die Volksmusik darbieten, auf – also: Augen auf!

Ávila Bar (Karte S. 92–93; ☎ 4383-6974; Av de Mayo 1384; Dinner-Shows 90 Arg$; ☽ Mi–Sa) Das gemütliche spanische Restaurant mit teuren Shows gibt es schon seit ewigen Zeiten. Das leckere Essen ist im Preis inbegriffen – die Drinks allerdings nicht! Am Wochenende unbedingt reservieren.

Cantares (Karte S. 92–93; ☎ 4381-6965; www.cantarestablao.com.ar; Av Rivadavia 1180; Shows 80 Arg$; ☽ Mi–Sa)

SCHWULEN- & LESBENSZENE IN BUENOS AIRES

Die Schwulenszene von Buenos Aires ist umtriebig und flippig, und seit Dezember 2002 geht hier so richtig die Post ab, denn damals legalisierte Buenos Aires als erste Hauptstadt Lateinamerikas homosexuelle Partnerschaften; im Dezember 2009 heirateten dann zwei schwule Argentinier und waren somit das erste offiziell verheiratete homosexuelle Ehepaar Lateinamerikas. Vermutlich ist das auch der Grund, weshalb Buenos Aires mittlerweile Rio als Schwulen-Destination Nummer eins den Rang abgelaufen hat. Die **Marcha del Orgullo Gay** (Schwulenparade; www.marchadelorgullo.org.ar) im November in Buneos Aires ist nicht mehr sonderlich prickelnd, dafür haben sich andere Schwulen-Events etabliert – beispielsweise ein jährlich abgehaltenes **Filmfestival** (www.diversa.com.ar) und sogar ein **Tangofestival** (www.festivaltangoqueer. com.ar). Und nicht zu vergessen ist natürlich, dass 2007 in Buenos Aires schwule Fußballmeisterschaften ausgetragen wurden.

Allgemeine Informationen erteilt **Lugar Gay** (S. 122) in San Telmo. Dabei handelt es sich um ein legeres B&B, das nicht nut als Unterkunft, sondern auch als Infocenter fungiert und Freizeitaktivitäten für Gäste, aber auch Leute, die nicht hier wohnen, organisiert. Stadtführungen bietet die **Comunidad Homosexual Argentina** (CHA; ☎ 4361-6382; www.cha.org.ar) an. Eine weitere gute Informationsquelle ist die **Grupo Nexo** (☎ 4374-4484; www.nexo.org). Schwule Websites auf Englisch sind www.thegayguide.com.ar und www.buenosaires.queercity.info.

Die Auswahl an Unterkünften unter schwuler Leitung ist recht anständig; da sind z. B. **Axel Hotel** (S. 123), **Lugar Gay** (S. 122) und **Bayres B&B** (Karte S. 96–97; www.bayresbnb.com). Informationen zu schwulenfreundlichen Apartments bieten die beiden oben genannten Websites sowie www.friendlyapartments. com; siehe auch S. 118.

Literatur, die auf ein schwules Publikum abzielt, gibt es zuhauf, so z. B. *La Otra Guía* (www.laotraguiaweb. com.ar), *Gay Maps* (www.gaymaps.org) und *The Ronda* (www.theronda.com.ar); diese Publikationen sind alle in vielen Geschäften erhältlich. Einige Kioske verkaufen offensivere Zeitschriften wie *Imperio*.

Das Nachtleben ist so endlos, dass „Mann" die ganze Nacht gut beschäftigt ist. An schwulenfreundlichen Restaurants lohnen das **Chueca** (Karte S. 92–93; ☎ 4115-7214; Olga Cossetini 1545), die **Empire Bar** (S. 129) und das **Rave** (Karte S. 96–97; ☎ 4833-7832; Gorriti 5092) einen Besuch.

Beliebte Schwulenbars sind das mondäne **Bulnes Class** (Karte S. 96–97; ☎ 4861-7492; Bulnes 1250), das laute **Sitges** (Karte S. 96–97; ☎ 4861-3763; Av Córdoba 4119) und das legere **Flux** (Karte S. 92–93; ☎ 5252-0258; MT de Alvear 980). Das **Pride Café** (Karte S. 92–93; ☎ 4300-6435; Balcarce 869) und das **Casa Brandon** (Karte S. 96–97; ☎ 4858-0610; www. brandongayday.com.ar; LM Drago 236; ⊙ Mi–So) sich als Kombination von Restaurant, Bar, Galerie und Kulturzentrum präsentiert. Wer mit jeder Menge Alkohol so richtig einen draufmachen will, schaut im **Out & About Pub Crawl** (www.outandaboutpubcrawl.com) vorbei.

Zum Abtanzen empfehlen sich das fetzige **Amerika** (Karte S. 96–97; ☎ 4865-4416; Gascón 1040; ⊙ Do–So) sowie das sexy **Glam** (Karte S. 96–97; ☎ 4963-2521; José Antonio Cabrera 3046; ⊙ Do–Sa), sie zählen zu den besten traditionellen Nachtclubs. Am Freitagabend ist das **Crobar** (S. 96–97) bei Schwulen der Renner; im Sommer veranstaltet das **Axel Hotel** (s. S. 92–93) sonntags Poolpartys, die DJ-Partys am Freitagabend finden ganzjährig statt. Nach den heißesten Cruising Spots und Partys wie am Freitagabend im **Fiesta Plop** (www.facebook.com/fiestaplop) erkundigt man sich am besten vor Ort.

Lesben kommen in Buenos Aires nicht annähernd so gut auf ihre Kosten wie Schwule. Seit ewigen Zeiten existiert schon die intime **Bach Bar** (Karte S. 96–97; JA Cabrera 4390), zum Tanzen wartet das schicke **Verona** (Karte S. 92–93; ☎ 011-15-5427-2962; Hipólito Yrigoyen 968; ⊙ Fr & Sa). Der beste Tag für einen Besuch im Verona ist der Samstag, denn dann haben ausschließlich lesbische Frauen Zutritt. Weitere Infos zur Lesbenszene gibt es im **La Fulana** (www.lafulana.org.ar), einer Art Kulturzentrum für Lesben.

Und zu guter Letzt: Tangounterricht für Schwule und auch *milongas* finden im **La Marshall** (www. lamarshall.com.ar) statt, im **Tango Queer** (Karte S. 96–97 und Karte S. 92–93; www.tangoqueer.com) sowie im **Lugar Gay** (S. 122).

In diesem intimen Flamenco-Lokal war schon der spanische Dichter Federico García Lorca zu Gast! Die Tanzdarbietungen sind sehr authentisch – wer will, kann auch Unterricht nehmen.

Guayana (Karte S. 92–93; ☎ 4381-4350; Lima 27; ⊙ tgl., Shows Fr & Sa) Wer einen Abstecher ins Arbeitermilieu unternehmen möchte, sollte diese eher unscheinbare *confitería* (Café, das kleinere Gerichte serviert) besuchen. Hier gibt es billiges Essen und sehr gute Musik! Am Freitag- und Samstagabend wird ab 22 Uhr live Tango und Folk gespielt. Vor allem samstags sollte man einen Tisch reservieren.

La Peña del Colorado (Karte S. 96–97; ☎ 4822-1038; Güemes 3657; ☯ jeden Abend) Die Folkloreshows, die jeden Abend in der rustikalen Restaurant-Bar mit Stuck und Ziegeln stattfinden, sind einfach sagenhaft. Anschließend greifen Gäste zur Gitarre und machen selbst Musik. Das leckere nordargentinische Essen lässt sich übrigens gut mit einem *mate* hinunterspülen.

Tiempo de Gitanos (Karte S. 96–97; ☎ 4776-6143; www. tiempodegitanos.com.ar; El Salvador 5575; Dinner-Shows 70–90 Arg$; ☯ Mi–So) Das Restaurant in Palermo Hollywood mit intimer Atmosphäre bietet gute Flamencoshows, im Gegensatz zu den Tanzdarbietungen sind die Tapas und die Meeresfrüchte-Paella aber alles andere als authentisch. Rechtzeitig reservieren.

Theater

Die Avenida Corrientes (zwischen der Avenida 9 de Julio und der Callao) gilt traditionell als das Theaterviertel, doch inzwischen gibt es Dutzende weiterer Locations über die Stadt verteilt. Die nachfolgend aufgelisteten Bühnen zeigen traditionelle wie auch Avantgarde-Produktionen. Siehe auch Teatro Colón (S. 106 und S. 139) und Teatro San Martín (S. 140).

Abasto Social Club (Karte S. 96–97; ☎ 4862-7205; www. abastosocialclub.com.ar; Humahuaca 3649) Eine kleine Bühne mit Vorstellungen und Konzerten am Wochenende sowie einer Café-Bar. Verschiedene Kurse und Workshops.

Ciudad Cultural Konex (Karte S. 96–97; ☎ 4864-3200; www.ciudadcultural.org; Sarmiento 3131) Hier lassen sich interdisziplinäre Vorstellungen erleben, die oft Kunst, Kultur und Technik verbinden. Hier findet jeden Montagabend eine hörenswerte Percussionshow statt: La Bomba de Tiempo.

El Camarín de las Musas (Karte S. 96–97; ☎ 4862-0655; www.elcamarindelasmusas.com.ar; Mario Bravo 960) Szenebühne, die zeitgenössischen Tanz, Theaterstücke und Theater-Workshops bietet. Davor befindet sich ein gutes Café-Restaurant.

Espacio Callejón (Karte S. 96–97; ☎ 4862-1167; www. callejonteatro.com.ar; Humahuaca 3759) Kleine, unabhängige Bühne, die neues Theater, Musik und Tanz zeigt und Kurse anbietet.

Teatro Nacional Cervantes (Karte S. 92–93; ☎ 4816-4224; www.teatrocervantes.gov.ar; Libertad 815) Das architektonisch beeindruckende Theater präsentiert sich mit drei Sälen, einem großartigen Foyer und

roter Samtbestuhlung – alles inzwischen aber etwas in die Jahre gekommen. Die Produktionen zu erschwinglichen Preisen sind sehenswert und gut (s. auch S. 109).

Teatro Gran Rex (Karte S. 92–93; ☎ 4322-8000; Av Corrientes 857) Im riesigen Theater mit 3500 Plätzen finden viele unterschiedliche Musikevents statt – von Cyndi Lauper bis Kenny G.

Teatro Presidente Alvear (Karte S. 92–93; ☎ 4374-6076; www.teatrosanmartin.com.ar; Av Corrientes 1659) Das 1942 eröffnete Theater ist nach einem argentinischen Präsidenten benannt, dessen Frau Opernsängerin war: 700 Zuschauer haben hier Platz. Auf dem Programm stehen die unterschiedlichsten Musikproduktionen, darunter auch Tango.

Kino

Buenos Aires hat unzählige Kinos, und zwar altmodische Lichtspielhäuser wie auch ultramoderne Kinokomplexe mit vielen Sälen. Das traditionelle Kinoviertel befindet sich in der Fußgängerzone Lavalle (westlich der Florida) und in der Avenida Corrientes.

Die neueren Kinocenter sind über die ganze Stadt verstreut; fast jedes Einkaufszentrum hat eines davon.

Die Eintrittskarten kosten 15–20 Arg$; Matineen und Vorstellungen zur Wochenmitte sind am billigsten.

Der *Buenos Aires Herald* verrät, welche Kinofilme im englischen oder anderssprachigen Original laufen. Generell werden die meisten Filme in der jeweiligen Originalsprache mit spanischen Untertiteln gezeigt; nur Kinderfilme sind synchronisiert.

Sport

Fútbol ist die nationale Leidenschaft, und es gehört eigentlich zum Sightseeing-Pflichtprogramm, sich auch einmal ein Spiel live anzusehen (s. Kasten S. 143). Näheres in Sachen argentinischer Fußball verraten die gut gestalteten Websites www.afa.org.ar und www.futbolargentino.com.ar (beide auf Spanisch).

Die beliebtesten Clubs sind **Boca Juniors** (Karte S. 99; ☎ 4362-2260; www.bocajuniors.com.ar; Brandsen 805) und **River Plate** (Karte S. 90–91; ☎ 4789-1200; www. cariverplate.com.ar; Presidente Figueroa Alcorta 7597), dazu kommen aber insgesamt zwei Dutzend weitere Fußball-Profimannschaften – damit stellt Buenos Aires alle anderen Städte weltweit deutlich in den Schatten.

Beliebte Zuschauersportarten sind Rugby, Basketball, Polo und Feldhockey. *Pato* („Rugby zu Pferd) sollte der Ehre halber auch erwähnt werden, denn es handelt sich um eine Traditionssportart des Landes.

SHOPPEN

Auch wenn in den letzten Jahren die Kaufkraft des argentinischen Peso rasant gefallen ist, frönen die *porteños* dem Einkaufen, als gäbe es kein Morgen – ein Blick ins nächstgelegene Einkaufszentrum am Wochenende bestätigt das. Manch einer wird sich dann die Frage stellen, wie Leute, die so wenig verdienen, so viel Geld ausgeben

können. Das erklärt ein argentinisches Sprichwort: „Der Argentinier verdient einen Peso – und gibt zwei aus".

Die Fußgängerzone in Microcentro heißt Florida, dort wimmelt es nur so von Kaufwütigen. Die Avenida Santa Fe gibt sich nicht ganz so fußgängerfreundlich, ist aber ebenfalls eine der Haupteinkaufsstraßen der Stadt. San Telmo ist die beste Adresse für Antiquitäten, und die Avenida Pueyrredón in der Nähe des Bahnhofs Once gilt wiederum als die Location für billige (aber auch minderwertige) Kleidung. Juweliere

---

AUF ZU EINEM FÚTBOL-SPIEL *David Labi*

In einem Land, in dem Maradona wie ein Gott verehrt wird, hat der Besuch eines *Fútbol*-Spiels schon etwas von einer religiösen Erfahrung. Das *Superclásico*-Spiel, die Begegnung der beiden klassischen *porteño*-Mannschaften Boca Juniors und River Plate, gilt als der Sport-Event schlechthin, den vor dem Tod ein jeder Fußballfan miterlebt haben muss. Aber auch weniger hochkarätige Spiele vermitteln einen guten Einblick in diese nationale Leidenschaft.

Vor den beiden Spielpausen im Sommer (Januar und Februar) und Winter (Juli und August) bieten zwei Ligen und zwei internationale Meisterschaften jede Menge Gelegenheit, die ausgebufften Ballkunststücke samt dem zugehörigen blumigen Vokabular kennenzulernen, das sich mit Sicherheit in keinem regulären Wörterbuch findet lässt.

Wer gern einen *clásico* sehen möchte – ein Spiel der beiden wichtigsten Mannschaften –, braucht gar nicht erst versuchen, beim Stadion eine Eintrittskarte zu erstehen. Die Fans warten hier die ganze Nacht, die Stimmung lässt sich nicht gerade als freundlich umschreiben. Außerdem bietet Boca seine Tickets für wichtige Spiele gar nicht öffentlich zum Verkauf an: Sämtliche Eintrittskarten gehen an *socios* (Mietglieder). Es ist somit sinnvoller, sich an Agenturen wie Tangol (s. S. 102) oder www.vamosalacancha.com zu wenden. Für einen *clásico* sind etwa 250 Arg$ hinzublättern, ein *superclásico* kostet 400 Arg$. Billig ist das natürlich nicht, aber die erheblich einfachere – und sicherere! – Methode, an ein Ticket zu kommen.

Für weniger hochkarätige Spiele kann man die Eintrittskarte problemlos selbst erstehen. Ein Blick auf die Website der Clubs genügt, dann ist klar, wann und wo genau die Tickets verkauft werden. Boca verkauft Eintrittskarten am Morgen des jeweiligen Spieltages, während River gern drei Tage im Voraus die Tickets verhökert. Einige Eintrittskarten lassen sich auch online unter www.ticketek.com.ar erwerben.

Der offizielle Preis für eine Karte der Kategorie *popular* (Stehtribühne/unüberdachte Zuschauertribüne) liegt bei 30–35 Arg$; die Kategorie *platea* (nummerierte Sitzplätze) kostet 60 bis 200 Arg$ – im VIP-Bereich sogar noch mehr.

Wenn der große Tag dann endlich gekommen ist, kleidet man sich am besten unauffällig und erweckt einen möglichst harmlosen Eindruck. Es empfiehlt sich, nur so viel Geld mitzunehmen, wie unbedingt erforderlich ist, und auch ein wachsames Auge auf seinen Fotoapparat zu haben. Eine Wasserflasche darf in der Regel nicht mit ins Stadion hineingenommen werden, Essen und Getränke sind nicht besonders gut, aber teuer! Bei einem normalen Spiel reicht es, etwa eine Stunde vor Anpfiff da zu sein, bei einem wichtigen Event rund drei oder vier Stunden früher. Es ist unglaublich zu beobachten, wie die Spannung der Fußballnarren sich vor Spielbeginn immer mehr steigert. Doch am wichtigsten ist: Auf keinen Fall die Farben der gegnerischen Mannschaft tragen! Auf der sicheren Seite ist also, wer sich für ein dezentes und neutrales Grau entscheidet...

Mit all diesen Überlegungen im Hinterkopf steht einem tollen Fußballerlebnis nun nichts mehr im Weg. Der *superclásico* ist zu Recht das renommierteste Spiel. Man spürt förmlich, wie das Boca-Stadion erbebt, wenn die Menschenmassen plötzlich aufspringen; wegen seiner Form trägt es übrigens den schönen Spitznamen „La Bombonera" (Pralinenschachtel). Und vielleicht lässt sich ja sogar ein Blick auf „Gott" selbst erhaschen – wie er auf seinem Ehrenplatz über einem gigantischen Porträt gerade sein Trikot über dem Kopf schwenkt. Das ist Maradona, nur für den Fall, dass noch Zweifel bestehen...

Mehr über *fútbol* und Maradona siehe S. 48.

finden sich in der Libertad südlich der Corrientes. Lederjacken und Taschen kauft man besonders preiswert in der Calle Murillo (Block 600) in Villa Crespo.

Wer wirklich ausgefallene Avantgardemode sucht, ist in Palermo Viejo richtig. Hier haben junge, aufstrebende Designer ihre Geschäfte neben schicken Boutiquen eröffnet – wen überraschen da die unzähligen Szene-Restaurants? Und das Beste dabei: Die Mode hier ist nicht nur kreativ und schön, sondern im Vergleich zu Europa auch zu Schnäppchenpreisen zu haben.

Wie in allen Geschäften der westlichen Welt ist es in der Regel nicht üblich, zu handeln. Bei teuren Artikeln wie Schmuck oder Lederjacken sind Ausnahmen möglich, vor allem wenn man gleich mehrere Stücke kauft. Auf den Straßenmärkten lässt sich manchmal ein günstigerer Preis aushandeln – aber man sollte dabei im Hinterkopf behalten, dass die Künstler ihre Ware häufig höchstpersönlich verkaufen – und nicht zu den Gutverdienenden zählen. Eine Ausnahme stellt lediglich der Antiquitätenmarkt von San Telmo dar: Hier gelten überzogene Touristenpreise.

Wichtig ist auch, immer nachzufragen, ob die Waren in Pesos oder in Dollar ausgezeichnet sind. Die meisten Händler geben Pesos an, aber Ganoven wechseln manchmal einfach zu Dollar über, sobald der Handel perfekt ist.

Antiquitäten & Kunst

Appetite (Karte S. 92–93; ☎ 4331-5405; Chacabuco 551; ☯ Mo–Sa 14–19 Uhr) Wer wissen will, was in der zeitgenössischen Welt der erotischen Kunst gerade angesagt ist, sollte einen Blick in die schmuddelige Galerie werfen und sich auf Werke einstellen, die Fantasy, Sex und oft auch Gewalt zum Thema haben.

En Buen Orden (Karte S. 92–93; ☎ 011-15-5936-2820; Defensa 894; ☯ 11–18.30 Uhr) Hier kann man herrlich und stundenlang in endlosen Regalen mit Krimskrams wie altem Schmuck, kleinen Medaillen, alter Spitze, modrigen Schuhen und antiken Figürchen herumstöbern.

Galería Ruth Benzacar (Karte S. 92–93; ☎ 4313-8480; Florida 1000; ☯ Mo–Fr 11.30–20 Uhr) Als erste Galerie für zeitgenössische Kunst in Buenos Aires zeigt Ruth Benzacar im Untergeschoss international anerkannte Künstler aus Argentinien, z. B. Leandro Erlich, Jorge Macchi, Flavia Darin und Nicola Costantino. Interessierte sind herzlich eingeladen, vorbeizukommen und sich in aller Ruhe umzuschauen.

Gil Antiguedades (Karte S. 92–93; ☎ 4361-5019; Humberto Primo 412; ☯ Di–So 11–13 & 15–19 Uhr) Antiquitäten gibt es hier in Hülle und Fülle, darunter Babypuppen, Porzellanteller, alte Lampen, Fächer aus Federn, Jesusfiguren und riesige Glasflaschen. Die eigentliche Attraktion ist jedoch das Untergeschoss: Hier türmen sich nostalgische Klamotten und Accessoires.

Imhotep (Karte S. 92–93; ☎ 4862-9298; Defensa 916; ☯ So Fr 11–19 Uhr) In diesem exzentrischen Geschäft stapelt sich der flippigste alte Krimskrams, den man sich überhaupt vorstellen kann! Wie wäre es mit indischen Statuetten, Totenköpfen aus Keramik, chinesischen Schnupftabakdosen, Figuren und Wasserspeier aus Edelstein? Zu den größeren Trophäen zählen ein Eberkopf und ein Spielautomat.

Mercado de las Pulgas (Karte S. 96–97; Ecke Álvarez Thomas & Dorrego; ☯ Di–So 10–18 Uhr) Auf dem staubigen, überdachten und etwas düsteren Flohmarkt findet man Antiquitäten wie alte Möbel, Sodaflaschen aus Glas, Keramikvasen, Gemälde, Vogelkäfige, elegante Spiegel und schmiedeeiserne Gartenmöbel.

Bekleidung & Accessoires

Bolivia (Karte S. 96–97; ☎ 4832-6284; Gurruchaga 1581; ☯ Mo–Sa 11–20, So 15–20 Uhr) Hier gibt es nichts, was das hippe – und womöglich auch schwule? – Bruderherz nicht begeistern würde: von gestreiften knappen Cowboyhemden über Puma-Turnschuhe mit Blümchenmuster bis hin zu mexikanischen Gürteln aus PVC. Metrosexuell bis zum Anschlag und das wahre Eldorado für Männer, die keine Angst vor Mustern, Schottenkaros oder Pastelltönen haben! In der Stadt gibt es insgesamt drei Filialen.

Gabriella Capucci (Karte S. 92–93; ☎ 4815-3636; Av Alvear 1477; ☯ Mo–Sa 10.30–20 Uhr) Die sich ständig wandelnde Girly-Boutique ist vollgestopft mit Pailletten-T-Shirts, zarten Schals, nostalgischen Tops, Samtkissen und ausgefallenen Accessoires. Häkelblumen zieren Tarn-, Satin- und Tierdrucke, der Modeschmuck ist flippig.

Hermanos Estebecorena (Karte S. 96–97; ☎ 4772-2145; El Salvador 5960; ☯ Mo–Sa 11–20 Uhr) Die Brüder Estebecorena lassen sich mit ihrer kreativen Ader originale, topmodische und sehr funktionale Männerbekleidung einfallen, bei denen Bohemientypen groß herauskommen. Die Auswahl an Kleidungsstücken ist begrenzt, aber schließlich zählt, was zu haben ist.

Moebius (Karte S. 99; ☎ 4361-2893; Defensa 1356; ☯ Di–Sa 10.30–13.30 & 15–20.30, So 12–20.30 Uhr) Die Hauptattraktionen hier sind die originellen

Taschen, der Retro-Krimskrams, der handgearbeitete Schmuck und die Damenbekleidung mit wirklich genialem Design. Was wann im Angebot ist, weiß leider keiner je vorherzusagen. Die Artikel aus recyceltem Material sind immer am originellsten.

Nadine Zlotogora (Karte S. 96–97; ☎ 4831-4203; El Salvador 4683; ◷ Mo–Sa 11–20 Uhr) Die tollen Kleider und Tops von Nadine kombinieren einen femininen Stil mit zauberhaften Stoffen; das Ergebnis sind romantische Klamotten, die sich hervorragend tragen lassen. Die dicken, gebauschten Textilien, eine Art Grundgarderobe, sind mit Tüllspitze und Seidenpaspeln versehen – ein Fest fürs Auge und für die Haut obendrein!

Objeto (Karte S. 96–97; ☎ 4771-4934; Gurruchaga 1335; ◷ Mo–Sa 11–20 Uhr) Die Designer kreieren einige der abgefahrensten und flippigsten Fun-Klamotten der ganzen Stadt! Die Outfits sind weniger verspielt als die der meisten anderen Designerkollegen der Hauptstadt. Und das sieht dann so aus: Kleider in Mustermix, bei denen Cartoons oder schemenhafte Figuren Akzente setzen. Super Klamotten zum Abfeiern auf einer der zahlreichen Partys.

Rapsodia (Karte S. 96–97; ☎ 4833-5814; El Salvador 4757; ◷ 10–21 Uhr) Die Materialien reichen von Leinen bis Leder, man findet lässige Straßenbekleidung genau so wie Pailletten-Outfits. Für Modefreaks ist der Laden ein Muss! Es gibt hypermoderne Jeans, verwegene Bikinis und sogar einige Sachen für Kinder – und obendrein Sofas, auf denen die Begleiter bequem warten können. Mehrere Filialen in der Stadt.

Campingausrüstung

Camping Center (Karte S. 92–93; ☎ 4314-0305; Esmeralda 945; ◷ Mo–Fr 10–20, Sa 10–17 Uhr) In dem modernen Geschäft ist neue, qualitativ hochwertige Camping-, Bergsteiger- und Kletterausrüstung erhältlich, außerdem alles, was der Backpacker im Allgemeinen so braucht. Dazu kommt jede Menge Outdoor-Kleidung aus den USA – alles teure Markenware.

Montagne (Karte S. 92–93; ☎ 4312-9041; Florida 719; ◷ Mo–Sa 10–20.30, So 12–20 Uhr) Das Geschäft verkauft Outdoor-Bekleidung, die schick und qualitativ gut ist und aus Argentinien stammt. Im Obergeschoss wird außerdem eine begrenzte Auswahl an Zelten, Rucksäcken und Campingausrüstung angeboten. Das Geschäft hat mehrere Filialen.

Wildlife (Karte S. 92–93; ☎ 4381-1040; Hipólito Yrigoyen 1133; ◷ Mo–Fr 10–20, Sa 10–13 Uhr) Steigeisen, Messer, Zelte, Rucksäcke, Kletterseile und Bekleidung

für schlechtes Wetter sind hier im Sortiment. Wer will, kann hier auch seine eigenen Sachen, die er nicht mehr benötigt, verkaufen.

Einkaufszentren

Alto Palermo (Karte S. 96–97; ☎ 5777-8000; Av Coronel Díaz 2098; ◷ 10–22 Uhr) In dieser beliebten, spiegelnden Mall sind Dutzende Bekleidungsgeschäfte, Buchläden, Juweliere sowie Elektro- und Haushaltswarengeschäfte versammelt. Klangvolle Namen wie Timberland, Lacoste, Hilfiger und Levis – plus viele argentinische Labels – geben sich hier ein Stelldichein. Zum Servicebereich gehören ein Foodcourt, ein Kinokomplex sowie ein Bereich für Kinder (3. Stock).

Buenos Aires Design (Karte S. 92–93; ☎ 5777-6000; Av Pueyrredón 2501; ◷ Mo–Sa 10–21, So 12–21 Uhr) Hier finden sich die trendigsten und edelsten Möbelgeschäfte unter einem Dach! Das Einkaufszentrum ist ideal, um nach einem ausgefallenen Beleuchtungskörper, einer stromlinienförmigen Toilette oder nach der Reproduktion eines asiatischen Stuhls Ausschau zu halten. Artikel des täglichen Bedarfs und Haushaltswaren werden hier neben hübschen Dekowaren und Nippes verkauft.

Galerías Pacífico (Karte S. 92–93; ☎ 5555-5110; Ecke Florida & Av Córdoba; ◷ Mo–Sa 10–21, So 12–21 Uhr) Die wunderschöne Shoppingmall mit Deckengemälden liegt zentral in der Fußgängerzone Florida und ist immer voll mit Einheimischen und Touristen, die hier dem Einkaufen frönen. Vor dem Gebäude werden häufig Tangoshows gezeigt. Weitere Informationen siehe S. 103.

Galería Bond (Karte S. 92–93; Av Santa Fe 1670; ◷ Mo–Sa 10–21 Uhr) Das Shopping-Center ist in Sachen heiße Tatoos und Piercings nicht zu überbieten.

Selbsternannte Skateboardgrößen und Punker kommen her, um den neuesten Stil oder Sound zu erstehen. Hier gibt's alles von Hello Kitty bis Heavy Metal.

Mercado de Abasto (Karte S. 96–97; ☎ 4959-3400; Ecke Corrientes & Anchorena; ☺ 10–22 Uhr) Die Mall ist eine der schönsten in Buenos Aires. In dem restaurierten alten Markt finden sich über 200 Geschäfte, ein großes Kino, eine überdachte Plaza, ein koscherer McDonald's, ein gutes Museum für Kinder und sogar ein kleiner Vergnügungspark.

Haushaltsartikel

Calma Chicha (Karte S. 96–97; ☎ 4831-1818; Honduras 4909; ☺ Mo–Fr 10–20, Sa 11–20, So 12–20 Uhr) Dieser Haushaltswarenladen ist sehr witzig, denn es gibt hier alle möglichen Butterfly-Stühle und Läufer aus knallrotem Kuhfell. Ein Muss sind die Krüge in Pinguinform, die geblümten Plastiktischdecken und die dicken Schaffelle.

Cualquier Verdura (Karte S. 92–93; ☎ 4300-2474; Humberto Primo 517; ☺ Do–So 12–20 Uhr) Das nette Geschäft befindet sich in einem hübsch restaurierten Gemäuer. Verkauft werden ausgesuchte Artikel, von nostalgischer alter Kleidung über amüsante Seifen bis hin zu recycelten Lampen aus Floppy-Discs und dem neuesten Schrei an Spielzeug. Und schau einer an: Der Buddha über dem Brunnen im Patio trinkt gerade einen Mate.

Kinder

Owoko (Karte S. 96–97; ☎ 4502-9905; El Salvador 4694; ☺ Mo–Sa 11–20, So 15–19 Uhr) Jeder Einkauf in diesem kleinen Bekleidungsgeschäft für Kinder wird mit einem kostenlosen Büchlein belohnt: Planet Owoko und seine bunten Figuren, die – wie praktisch! – auch auf den hübschen T-Shirts, Hosen und Accessoires verewigt sind.

Recursos Infantiles (Karte S. 96–97; ☎ 4834-6177; JL Borges 1766; ☺ Mo 15–20, Di–So 8–20 Uhr) Klein, aber fein: Das Kindergeschäft kann mit einigen wirklich ausgefallenen Spielsachen aufwarten, die alle in Argentinien hergestellt wurden. Und Mama findet zusätzlich noch eine Auswahl an spanischen Büchern und einen kleinen Ständer mit netten Klamotten. Ein winziges Café sorgt für das Wohl der hungrigen Kunden.

Kunsthandwerk & Souvenirs

Arte y Esperanza (Karte S. 92–93; ☎ 4343-1455; Balcarce 234; ☺ Mo–Fr 10–18 Uhr) Das Geschäft verkauft handgemachte Fair-Trade-Produkte, viele stammen von indigenen Kunsthandwerkern aus Argentinien. Die Objekte, darunter Schmuck,

Töpferei, Textilien, *Mate*-Gefäße, Körbe, Webtaschen und Tiermasken (sowie andere Schnitzereien) sind gut gemacht. Auch in Retiro in der Suipacha 892 (Karte S. 92–93).

Atípica (Karte S. 96–97; ☎ 4833-3344; El Salvador 4510; ☺ Mo–Fr 14–20, Sa 11–19 Uhr) Das winzige Geschäft bietet argentinische Handwerkskunst von Künstlern, die mit den Techniken der Ureinwohner arbeiten. Alle Arbeiten sind handgemacht und Einzelstücke, darunter Bilderrahmen, Wandteppiche, Nachbildungen von Masken, Kalebassen-Gefäße aus Kürbis, kleine Schachteln, Textilien und Schmuck. Die Qualität ist hoch, und die Preise sind dem auch angemessen.

Kelly's Regionales (Karte S. 92–93; ☎ 4311-5712; Paraguay 431; ☺ Mo–Fr 10–20, Sa 10–15 Uhr) Kuhfelle, Mapuche-Ponchos, Tiermasken, Alpakamesser und *Mate*-Utensilien zählen zum Ethnoangebot des großen Andenkenladens, aber es finden sich auch jede Menge kleiner hübscher Mitbringsel in den Regalen.

Musik

El Ateneo (Karte S. 92–93; ☎ 4325-6801; Florida 340; ☺ Mo–Fr 9–22, Sa 9–17 Uhr) Das legendäre Buchgeschäft in Buenos Aires verkauft auch einige englischsprachige Bücher und bietet eine gute und umfangreiche Auswahl an Musik-CDs. Es gibt in der Stadt mehrere Filialen, darunter auch die wunderschöne Zweigstelle im Gran Splendid, einem alten renovierten Kino (Karte S. 92–93; Av Santa Fe 1860). Die Öffnungszeiten variieren von Laden zu Laden.

Zival's (Karte S. 92–93; ☎ 5128-7500; www.tangostore. com; Av Callao 395; ☺ Mo–Sa 9.30–22 Uhr) Eine der besseren Musikhandlungen der Stadt, und zwar vor allem für Tango, Jazz und klassische Musik. Die Hörstationen sowie ein riesiges Regal mit Sonderangeboten sind ein Riesenplus, außerdem versendet das Geschäft auch CDs, DVDs und Noten ins Ausland (s. Website). Eine Filiale befindet sich in Palermo Viejo in der Avenida Serrano 1445 (s. Karte S. 96–97).

Schuhe & Lederwaren

28 Sport (Karte S. 96–97; ☎ 4833-4287; Gurruchaga 1481; ☺ Mo–Sa 11–20 Uhr) Das Geschäft hat sich auf ein Produkt und auf eine Stilrichtung fixiert: sportliche Herrenschuhe der 1950er-Jahre. Wichtig sind das handwerkliche Können und die Qualität. Inspiration liefern Fußball-, Box- und Bowlingschuhe. Von jedem Design werden nur zwölf Paar Schuhe gefertigt.

Casa López (Karte S. 92–93; ☎ 4311-3044; MT de Alvear 640/658; ☺ Mo–Fr 9–20, Sa 9.30–19, So 10–18 Uhr) Rein ins

STRASSENMÄRKTE

Das vielleicht beste Kunsthandwerk und die schönsten Andenken werden in Buenos Aires auf den vielen Straßenmärkten verkauft – oft von den Künstlern höchstpersönlich. Zunächst heißt es aber, sich durch Unmengen Kitsch und Krempel zu kämpfen, zwischen denen per Zufall kreative und originelle Kunst zu finden ist. Ein Plus ist die kostenlose Unterhaltung, für die Musikanten und sonstige Künstler sorgen. Dabei nicht vergessen, Geld in den Hut zu werfen!

Feria Artesanal (Karte S. 92–93; Plaza Intendente Alvear; 🕙 10–19 Uhr) Der beliebte Markt mit Hunderten von Ständen und einer breiten Auswahl findet in Recoleta direkt vor dem Friedhof statt. Hier drängt sich ein buntes Volk aus Hippies, Straßenkünstlern und Touristen. Die Restaurants in der Nähe laden zu einer Pause ein. Am Wochenende ist am meisten los.

Feria de Mataderos (Karte S. 90–91; ☎ 4342-9629, 4687-5602; www.feriademataderos.com.ar; Ecke Avs Lisandro de la Torre & de los Corrales; 🕙 April–Dez. So & Feiertage 11–20 Uhr, Jan.–März Sa 18–24 Uhr) Der einzigartige Markt liegt weit weg vom Schuss im Viertel Mataderos. Das Unterhaltungsprogramm bietet Reitervorführungen und Volkstänze, an den unzähligen Ständen wird billiger, aber authentischer Krimskrams verkauft. Von der Innenstadt fahren die Buslinien 155, 180 und 126 (1 Std.) dorthin. Ein Taxi kostet mindestens 50 Arg$. Einige Stunden vor der Fahrt anrufen; im Januar ist der Markt manchmal geschlossen.

Feria de San Telmo (Karte S. 92–93; Plaza Dorrego; 🕙 So 10–17 Uhr) Einheimische und Touristen lieben den Markt gleichermaßen: Im Sammelsurium finden sich antike Seltzer-Flaschen, Schmuck, Kunst, Klamotten aus Großmutters Zeit und Sammlerobjekte; für Unterhaltung sorgen u. a. Tangoshows. Jede Menge Spaß ist also garantiert – aber Achtung vor den dreisten Taschendieben! Einige Verkäufer sind bereits am Samstag tätig.

Feria Plaza Belgrano (Karte S. 90–91; Ecke Juramento & Cuba; 🕙 Sa & So 10–20 Uhr) Der hübsche Markt in Belgrano ist vor allem an einem sonnigen Wochenende ein wunderbares Erlebnis. Hier wird hochwertige, kreative Handwerkskunst, aber auch kitschiger Trödel verkauft. Ein guter Tipp für Familien: Hier geht es etwas ruhiger und weniger touristisch zu als auf den meisten anderen *ferias*.

Feria Plaza Serrano (Karte S. 96–97; Plaza Serrano; 🕙 Fr & So 12–19 Uhr) Nach Kundenwünschen gefertigter Schmuck, handgestrickte Tops, spleenige Klamotten, Hippie-Umhängebeutel und Leder-Accessoires einheimischer Kunsthandwerker stapeln sich an den Verkaufsständen. Der Markt ist klein, aber gut besucht und wird auf der schicken Plaza Serrano in Palermo Viejo abgehalten.

Auto und dafür sorgen, dass innen genügend Platz ist für einige der schönsten und edelsten Lederjacken, Koffer, Taschen und Accessoires der Stadt! Was manchmal nervt, ist der fast schon zu aufmerksame Service. Eine Zweigstelle befindet sich in den Galerías Pacífico (S. 103).

Mishka (Karte S. 96–97; ☎ 4833-6566; El Salvador 4673; 🕙 Mo–Sa 11–20 Uhr) Der renommierte Designer Chelo Cantón war in seinem früheren Leben Architekt, designt nun aber schillernde Schuhe mit niedrigem Absatz, die allesamt einen retrohippen, femininen und fast schon konservativen Touch haben. Geldbörsen und Taschen hat er ebenfalls im Sortiment. In der Paseo Alcorta Shoppingmall (s. S. 116) befindet sich eine Filiale mit gleichem Angebot.

Rossi y Carusso (Karte S. 92–93; ☎ 4814-4774; Av Santa Fe 1377; 🕙 Mo–Fr 9.30–20, Sa 10–19 Uhr) Edle Lederwaren füllen die Regale dieses exklusiven Geschäfts. Zur Auswahl stehen einfallsreiche Stiefel, Gürtel, Taschen, Sattel, Gaucho-Messer und hin und wieder auch ein *Mate*-Gefäß aus Silber. Alles ist hier aus einheimischen Materialien gefertigt und beeindruckt mit einem exklusiven Design.

Wein

Hinweise, wo Weinproben stattfinden und edle Tropfen sogar nach Hause geliefert werden, stehen auf S. 134.

Lo de Joaquin Alberdi (Karte S. 96–97; ☎ 4832-5329; www.lodejoaquinalberdi.com.ar; JL Borges 1772; 🕙 11 bis 21.30 Uhr) Hervorragendes Weingeschäft in Palermo Soho, das nur argentinische Marken vertreibt. Donnerstags finden Weinproben statt, zu denen auch das passende Essen gereicht wird.

AN- & WEITERREISE

Bus

Wer vorhat, die Stadt zu verlassen, muss höchstwahrscheinlich den modernen **Busbahnhof Retiro** (Karte S. 92–93; Av Antártida Argentina) aufsuchen. Der Gebäudekomplex ist 400 m lang, drei Stockwerke hoch und hat Haltebuchten für 75 Busse. Unten befinden sich der Frachtgutversand und die Gepäckaufbewahrung, ganz oben sind die Fahrkartenschalter, und in der Mitte gibt es alles andere. Die Mitarbeiter der **Infokiosks** (☎ 4310-0700; 🕙 24 Std.) helfen, für das jeweilige Fahrziel das richtige Busunternehmen ausfindig zu machen, der Kiosk liegt neben den Aufzügen am südlichen Ende des Busbahnhofs. Die **Touristeninformation** (☎ 4313-0187; ⊙ Mo–Fr 7.30–14.30 Uhr) hat ihren Schalter in der Nähe der Puente 3 im Hauptgeschoss unter dem Busschalter 105. Außerdem gibt es im Busbahnhof Telefonläden (einige mit Internetzugang, für den man Münzen benötigt), Cafés und viele kleine Geschäfte.

Im Busbahnhof Retiro findet man Fahrkarten für praktisch jedes Ziel in Argentinien; die beliebtesten Destinationen werden häufig angefahren. Reservieren muss man nur in der Hochsaison im Sommer sowie zur Urlaubszeit (Januar, Februar und Juli). Aber Achtung: Immer das Gepäck im Auge behalten!

Nachfolgend sind exemplarisch einige Fahrziele aufgelistet; die Preise der Fahrkarten hängen vom jeweiligen Busunternehmen, von der Klasse, der Saison und auch der Inflation ab und variieren deshalb stark.

Reiseziel	Fahrpreis (Arg$)	Fahrzeit (Std.)
Bariloche	245	20
Comodoro Rivadavia	308	24
Córdoba	150	10
Foz do Iguaçu (Brasilien)	200	19
Mar del Plata	90	6
Mendoza	250	13
Montevideo (Uruguay)	140	9
Puerto Iguazú	280	19
Puerto Madryn	270	20
Punta del Este (Uruguay)	159	12
Rosario	50	4
Santiago (Chile)	260	22

Der Busbahnhof Retiro ist an das lokale Bussystem angeschlossen, das allerdings ziemlich verwirrend ist, sodass kaum jemand durchblickt. Gleich in der Nähe befinden sich eine Subte-Haltestelle und der Zugbahnhof Retiro. Viele Taxis warten auf Kundschaft – *remises* (Ruftaxis) gelten im Allgemeinen aber als sicherer. Zwei kleine *Remise*-Stände finden sich unweit von den Haltebuchten 8 und 9; sie haben rund um die Uhr geöffnet.

Flugzeug

Buenos Aires ist Argentiniens internationales Drehkreuz und wird von allen Kontinenten und den anderen Hauptstädten Südamerikas regelmäßig angeflogen.

Fast alle internationalen Flüge kommen am Flughafen Ezeiza an; er liegt rund 35 km südlich der Innenstadt. Ezeiza ist ein moderner Flughafen mit guter Infrastruktur wie Geldautomaten, Restaurants und Duty-free-Geschäften. Auch ein übertevertes Internetcafé und ein eher zweifelhaftes Wireless-Gerät fehlen nicht. Einzelheiten hinsichtlich Ankunft in Ezeiza siehe Kasten S. 147.

Die meisten Inlandsflüge landen auf dem Aeroparque Jorge Newbery – der Flughafen befindet sich nur ein kurzes Stück von der Innenstadt entfernt. Informationen zu beiden Flughäfen sind auf Spanisch und Englisch unter ☎ 5480-6111 oder www.aa2000.com.ar abrufbar.

Schiff

Von Buenos Aires gibt es regelmäßige Schiffsverbindungen von und nach Colonia (S. 619) und Montevideo (S. 602), die beide in Uruguay liegen. Die Fähren legen am **Buquebus-Terminal** (Ecke Avenidas Antártida Argentina & Córdoba) ab. In den Sommermonaten, wenn viel los ist, bestehen noch zahlreiche andere Schiffsverbindungen.

Zug

Privat betriebene Bahnen verbinden die Innenstadt von Buenos Aires mit den Vorstädten und umliegenden Provinzen. Die drei wichtigsten Bahnhöfe liegen an der Subte (s. S. 150). Hier einige Fahrziele außerhalb von Buenos Aires:

Reiseziel	Bahnhof	Kontakt
Bahía Blanca/Carmen de Patagones*	Constitución (Karte S. 90–91)	(☎ 4304-0028; www.ferrobaires. gba.gov.ar)
Concordia/Posadas	Federico Lacroze** (Karte S. 90–91)	(www.trenesdel litoral.com.ar)
La Plata***	Constitución (Karte S. 90–91)	(☎ 0800-1-2235-8736)
Luján***	Once (Karte S. 90–91)	(☎ 0800-333-3822; www. tbanet.com.ar)
Mar del Plata oder Tandil oder Pinamar	Constitución (Karte S. 90–91)	(☎ 4304-0028; www.ferrobaires. gba.gov.ar)
San Isidro/Tigre/ Rosario/Córdoba oder Tucumán	Retiro (Karte S. 92–93)	(☎ 0800-333-3822; www. tbanet.com.ar, www.ferrocentral sa.com.ar)
San Isidro/Tigre	Olivos**** (außerhalb Karte S. 90–91)	www.trendela costa.com.ar

* Auf der wöchentlich befahrenen Teilstrecke Bahía Blanca–Carmen de Patagones geht es arg langsam voran, immer wieder werden Züge auch einfach gestrichen.

** Der Bahnhof Federico Lacroze ist mit der Subte-Linie B erreichbar.

*** La Plata lässt sich mit der Vorstadtlinie Roca erreichen, Luján mit der Linie Sarmiento.

**** Der Bahnhof Olivos ist mit der Mitre-Linie ab Retiro erreichbar.

UNTERWEGS VOR ORT

Auto

Jeder, der mit dem Gedanken spielt, sich in Buenos Aires selbst hinters Lenkrad zu klemmen, sollte sich klarmachen, dass die meisten Einheimischen rücksichtslos, aggressiv und oft sogar bewusst riskant fahren. Sie kümmern sich weder um Geschwindigkeitsbegrenzungen noch um Straßenschilder, geschweige denn um Straßenmarkierungen und Ampeln. Es wird gnadenlos dicht aufgefahren und wild gehupt, bevor die Ampel überhaupt auf Grün schaltet. Die Busse sind der reinste Albtraum, die Straßen sind voller Schlaglöcher, der Verkehr ist grauenhaft, und das Parken ein Stress. Außerdem scheinen es manche Fußgänger regelrecht darauf anzulegen, überfahren zu werden.

Warum auch Autofahren? Die öffentlichen Verkehrsmittel sind hervorragend, und es gibt jede Menge billige Taxis.

Wer nach all diesen Warnungen dennoch ein Auto mieten möchte, sollte sich seelisch auf einen Preis von 190 Arg$ pro Tag einstellen. Man muss mindestens 21 Jahre alt sein und einen gültigen Führerschein besitzen; ein internationaler Führerschein wird in der Regel nicht verlangt. Allerdings sind Kreditkarte und Pass vorzulegen.

Avis (Karte S. 92–93; ☎ 4326-5542; www.avis.com.ar; Cerrito 1527)

Hertz (Karte S. 92–93; ☎ 4816-8001; www.hertzargentina. com.ar; Paraguay 1138)

New Way (Karte S. 92–93; ☎ 4515-0331; www.newway rentacar.com; Marcelo T de Alvear 773)

Victory (Karte S. 92–93; ☎ 4381-4731; victory_renta car@ hotmail.com; Lima 509)

Bus

Buenos Aires verfügt über ein gigantisches, kompliziertes Bussystem. Wer es ergründen will, sollte sich einen *Guia T* kaufen. Dieser Busführer ist an allen Zeitungskiosken erhältlich, allerdings macht es mehr Sinn, die praktischere Taschenbuchausgabe (8 Arg$) zu kaufen. Die Anwendung ist leicht: Man sucht im Gitternetz das Planquadrat, in dem man sich gerade befindet, dann das Planquadrat, wo man hinwill, und sucht dann die übereinstimmende Busnummer heraus. Leute, die sich in Buenos Aires auskennen, schauen unter www.xcolectivo.com.ar nach. Die meisten Routen (aber nicht alle) werden rund um die Uhr befahren.

Unbedingt Kleingeld horten, denn es ist Gold wert! In den Stadtbussen werden nämlich keine Geldscheine angenommen. Die Fahrkartenautomaten im Bus geben auf Münzen heraus. Die meisten Fahrten in der Stadt kosten 1,25 Arg$. Älteren Leuten, Schwangeren und Frauen mit Kindern bietet man seinen Sitzplatz an.

Strecke	Busnummer
Microcentro nach Palermo Viejo	111
Microcentro zur Plaza Italia (Palermo)	29, 59, 64
Retiro zur Plaza de Mayo/nach San Telmo	22
Recoleta nach Congreso/San Telmo/La Boca	39
Plaza Italia zum Microcentro/nach San Telmo	29
Plaza Italia nach Once/zur Plaza de Mayo/ nach La Boca	64
Plaza Italia nach Retiro/zur Plaza de Mayo/ nach La Boca	152, 29
Plaza Italia nach Recoleta/Microcentro/ Constitución	59

FLUGHAFEN EZEIZA: TIPPS FÜR ANKUNFT & ABFLUG

Seit Januar 2010 müssen Staatsbürger verschiedener Länder bei der Landung in Ezeiza eine „Gegenseitigkeitsgebühr" *(tasa de reciprocidad)* entrichten. Sie entspricht dem Betrag, den Argentinier für ihr Visum bezahlen müssen, wenn sie in die entsprechenden Länder reisen. Bürger aus Deutschland, Österreich oder aus der Schweiz müssen derzeit keine solche Gebühr bezahlen (Stand: Mai 2010); um Überraschungen zu vermeiden, lohnt jedoch ein Blick ins Internet.

Wer in Ezeiza Geld wechseln will, sollte keinesfalls ins nächstbeste *cambio* (Wechselstube) stürzen – die Wechselkurse dort sind schlecht. Es ist besser, an den diversen Ständen der Transportunternehmen vorbei und durch die Tür in die Eingangshalle zu gehen, wo sich dann scharf rechts eine kleine Filiale der Banco de la Nación befindet. Sie ist rund um die Uhr geöffnet und verfügt auch über einen Geldautomaten (ein weiterer befindet sich neben der Apotheke, ein dritter ein gutes Stück hinter den Schaltern der Fluggesellschaften).

Shuttlebusse und Taxis von Ezeiza in die Innenstadt siehe S. 148. Gleich hinter dem Taxistand befindet sich eine hilfreiche kleine **Touristeninformation** (Kiosk, ☟ 24 Std.).

Passagiere, die Ezeiza mit einem internationalen Flug verlassen, mussten früher eine Abflugsteuer entrichten. Seit März 2009 ist diese Steuer im Preis für das Flugticket enthalten.

Fahrrad

Buenos Aires bietet sich zum Radfahren nicht gerade an. Der Verkehr ist gefährlich, und Autofahrer gehen nicht gerade zimperlich mit Radfahrern um. Das größere Fahrzeug hat Vorfahrt, und Räder haben da ganz schlechte Karten. Dennoch schreien einige Orte geradezu danach, mit dem Rad erkundet zu werden, so z. B. die Parks von Palermo und das Schutzgebiet Reserva Ecológica Costanera Sur. Am Wochenende und manchmal auch unter der Woche lassen sich hier Fahrräder mieten. Außerdem kann man an einer Radtour durch die Stadt (S. 117) teilnehmen; diese Touranbieter betreiben häufig auch einen Fahrradverleih.

Zum/vom Flughafen

Wer alleine unterwegs ist, nimmt von Ezeiza am besten den Shuttlebus einer Transferfirma wie **Manuel Tienda León** (MTL; Karte S. 92–93; ☎ 4315-5115; www.tiendaleon.com; Ecke Av Eduardo Madero & San Martín). Der Stand hinter der Zollkontrolle am Ausgang ist gar nicht zu übersehen. Der Shuttlebus kostet pro Strecke 40 bis 45 Arg$; die Busse verkehren im 30-Minuten-Takt von 6 bis 24 Uhr und brauchen, je nach Verkehr, rund 40 Minuten (zwei Personen zahlen 70 Arg$). Die Busse halten am Büro der Firma (dort ein Taxi nehmen) sowie an einigen großen Hotels in der Innenstadt. Vom Flughafen mit dem Taxi in die Innenstadt zu fahren, ist nicht ratsam, denn mit 146 Arg$ ist dies total überteuert.

Wer dennoch ein Taxi nehmen möchte, sollte einfach an der Lobby vorbei und durch die Tür in den Empfangsbereich gehen – und um alle Schlepper einen Riesenbogen machen! Dort befindet sich ein Stand mit Citytaxis (blaues Schild mit der Aufschrift „Taxi Ezeiza"): Die Fahrt mit den Citytaxis in die Innenstadt kostet 98 Arg$. Wer noch 3 Arg$ sparen will, tritt vor die Türen des Flughafens, wo ich ein weiterer Taxistand – von GCBA (gelbes Schild) – befindet. Tipps, wie sich überteuerte Preise vermeiden lassen, stehen auf S. 151.

Wer direkt zum Aeroparque (Inlandsflughafen) möchte, muss für ein Taxi von Ezeiza rund 115 Arg$ hinblättern, für einen Shuttlebus von MTL 45 Arg$.

Hartgesottene können natürlich auch den normalen öffentlichen Bus 8 nehmen. Die Fahrkarte kostet 2 Arg$, dafür kann es passieren, dass man bis zur Gegend um die Plaza de Mayo satte zwei Stunden unterwegs ist. Der Bus fährt vor den Terminals von Aerolíneas Argentinas ab,

150 m vom internationalen Terminal entfernt. Für den Bus ist Kleingeld erforderlich, aber hinter dem Zoll befindet sich die Banco de la Nación, wo man Geld wechseln kann.

Wer nicht aufs Geld schauen muss, den holt der Amerikaner Fred von **Silver Star Transport** (☎ aus dem Ausland 011-54-911-6826-8876, in Argentinien 011-15-6826-8876; www.silverstarcar.com) mit seinem Lincoln in Ezeiza ab (295 Arg$ für die Fahrt zum Hotel). Fred bietet auch Stadtrundfahrten an.

In Ezeiza gibt es zudem diverse Mietwagenfirmen; in Buenos Aires selbst mit dem Auto zu fahren, ist allerdings generell nicht zu empfehlen.

Wer vom Aeroparque in die Innenstadt möchte, nimmt den öffentlichen Bus 33 oder 45 (nicht die Straße überqueren; in den Bus in Richtung Süden einsteigen). MTL bietet Shuttlebusse ins Zentrum für 15 Arg$; wer ein Taxi nimmt, zahlt rund 25 Arg$.

Motorrad

Wer ein Motorrad mieten möchte, muss mindestens 25 Jahre alt sein. Ein empfehlenswertes Unternehmen ist **Motocare** (Karte S. 90–91; ☎ 4782-1500; www.motocare.com.ar; Esteban Echeverria 738, Vicente Lopez). Honda Transalps 650 oder 700 kosten hier etwa 420 Arg$ pro Tag, wobei die Mietdauer bei fünf Tagen liegt (billiger wird es erst ab einem Monat). Ein Helm und sonstige Ausrüstung muss jeder selbst mitbringen. Es ist erlaubt, nach Chile, Uruguay, Paraguay und Brasilien zu fahren; für die letzt genannten drei Länder ist allerdings eine spezielle Genehmigung erforderlich. Geld spart langfristig, wer sich in der Stadt ein Motorrad kauft und mit Motocare einen Rückverkauf aushandelt. Das Personal spricht Englisch. Der Autoverleih Victory vermietet ebenfalls Motorräder.

Subte (U-Bahn) & Zug

Die **Subte** (☎ 4555-1616; www.subte.com.ar) von Buenos Aires ging 1913 in Betrieb und ist die schnellste Möglichkeit, sich in der Stadt fortzubewegen; während der Rushhour kann es allerdings heiß und voll werden. Die U-Bahn besteht aus den Líneas (Linien) A, B, C, D, E und H. Vier Linien verkehren parallel von der Innenstadt in die Vorstädte im Westen und Norden, die Línea C fährt von Norden nach Süden und verbindet die beiden größten Bahnhöfe Retiro und Constitución. Die Línea H verkehrt von Once in Richtung Süden zur Avenida Caseros und soll noch ausgebaut werden.

Magnetkarten für eine U-Bahnfahrt kosten 1,10 Arg$. Zeit und Ärger erspart sich, wer gleich mehrere Fahrten auf einmal kauft, denn die Schlangen sind oft lang. Wer vorhat, sich länger in Buenos Aires aufzuhalten, ist mit der **Carta Monedero** (www.monedero.com.ar) gut bedient: Diese wiederaufladbare Karte gilt für die Subte, außerdem kann sie für den Einkauf in den Bahnhöfen verwendet werden und bietet gewisse Ermäßigungen.

In einigen Bahnhöfen befinden sich die Bahnsteige genau gegenüber – es macht deshalb Sinn, sich vor dem Passieren des Drehkreuzes zu vergewissern, ob auch die Richtung stimmt.

Die Subte verkehrt montags bis samstags von 5 bis etwa 22.30 Uhr, sonntags und an Feiertagen von 8 bis 22 Uhr. Unter der Woche fahren viele Subtes, am Wochenende ist mit längeren Wartezeiten zu rechnen.

Das Netz an Vorstadtzügen ist für Stadtbesucher wenig nützlich:

Belgrano-Linie (www.ferrovias.com.ar) Vom Bahnhof Retiro in die nördlichen Vororte.

Mitre-Linie (www.tbanet.com.ar) Von Retiro nach Belgrano, San Isidro, Tigre und weiter.

Roca-Linie Vom Bahnhof Constitución in die südlichen Vororte und nach La Plata.

San Martín-Linie Von Retiro in die nördlichen Vororte.

Sarmiento-Linie (www.tbanet.com.ar) Vom Bahnhof Once in die südwestlichen Vororte sowie nach Luján.

Taxi & Remise

Taxis gibt es in Buenos Aires in Hülle und Fülle (rund 38 000!), sie sind billig und an ihrer schwarz-gelben Farbe zu erkennen. Das Taxameter sollte stets eingeschaltet sein. Etwa alle zwei Blocks springt der Zähler während der Fahrt weiter; er läuft allerdings auch gnadenlos im Stau. Es ist üblich, dem Fahrer ein paar Münzen Wechselgeld als Trinkgeld zu geben. Dass ein Taxi frei ist, lässt sich am roten Licht rechts oben an der Windschutzscheibe erkennen.

Fast alle Taxifahrer verdienen ihren Lebensunterhalt mit ehrlicher Arbeit, aber ein paar schwarze Schafe gibt es natürlich immer unter ihnen. Aus diesem Grund ist es ratsam, nicht mit großen Geldscheinen zu bezahlen. Den Fahrern fehlt meist nicht nur das nötige Geld zum Herausgeben, sondern es wurden auch schon große Scheine durch kleinere ausgetauscht (oder durch Falschgeld). Deshalb sollte man immer vorab fragen, ob der Fahrer auf den zu zahlenden Geldschein auch herausgeben kann, etwa: „¿Tiene usted cambio de un veinte – Können Sie auf 20 herausgeben?

Achtung auch vor Falschgeld! Nachts sollte man den Fahrer bitten, das Licht einzuschalten (prender la luz), damit das Wechselgeld nachgezählt und überprüft werden kann (unbedingt schauen, ob die Scheine auch tatsächlich ein Wasserzeichen haben).

Gut fährt man, wenn man eine gewisse Ortskenntnis hat (oder vortäuschen kann). Einige Taxifahrer bieten sonst die „malerische" Strecke an. Aber Achtung: Es gibt unglaublich viele Einbahnstraßen in der Stadt. Eine gute Möglichkeit ist, dem Fahrer eine Kreuzung zu nennen und nicht die exakte Adresse. Wenn es ganz klar ist, dass man Tourist ist oder zu einem touristischen Ziel will (oder auch zurück), sollte man sich nicht vor Antritt der Faht nach dem Fahrpreis erkundigen – denn dann geht der Preis garantiert in die Höhe oder das Taxameter wird oftmals gar nicht erst eingeschaltet.

Wichtig ist, darauf zu achten, ein „offizielles" Taxi zu erwischen: Sie sind in der Regel durch ein Licht auf dem Dach gekennzeichnet, und die Lizenz steht auf den Türen. Offizielle Taxifahrer müssen zudem eine Genehmigung auf dem Rücksitz oder am Armaturenbrett gut sichtbar anbringen. So kann sich jeder während der Fahrt für den Fall eines Problems die entsprechenden Angaben zum Taxi aufschreiben (falls man etwas liegen lässt oder es sonstige Beanstandungen gibt).

Die meisten *porteños* empfehlen, sich ein *remise* kommen zu lassen und kein Taxi am Straßenrand anzuhalten. *Remises* sehen wie ganz normale Autos aus und haben kein Taxameter. Sie kosten etwas mehr, sind dafür aber auch sicherer, denn sie werden von bekannten Firmen geschickt. Die meisten Hotels und Restaurants holen den Gästen auf Wunsch ein *remise*.

RUND UM BUENOS AIRES

Wer tagelang durch die lauten, vollen Straßen der Hauptstadt gelaufen ist und sämtliche Sehenswürdigkeiten und Gerüche erkundet hat, verspürt vielleicht Lust, abseits der Hauptstadt mal eine ganz andere Erfahrung zu machen und Ruhe und Beschaulichkeit in der Umgebung zu genießen. Aber wohin?

Zum Glück bieten sich gleich mehrere Ziele als Tagesausflüge an. Wer etwas mehr Zeit, kann sogar noch ein bischen weiter fahren: Luján (S. 160) gilt als Eldorado der Frommen, während San Antonio de Areco (S. 161) Beschaulichkeit und gelegentlich auch Gaucho-Romantik verspricht. La Plata (S. 157) mit seiner sehenswerten Kathedrale präsentiert sich als Buenos Aires im Miniaturformat.

Wer einen Szenewechsel braucht, schippert über den Río de la Plata ins benachbarte Uruguay. In der lockeren Hauptstadt Montevideo (S. 602) nimmt alles einen geruhsameren Gang; Colonia (S. 621) mit seinem Kopfsteinpflaster verströmt viel Flair der guten alten Zeit. Der hochkarätige Badeort Punta del Este (S. 654) verspricht Sonne, Sand und Stars – alles, was Rang und Namen hat, tummelt sich hier!

Nun aber einige Ausflugsmöglichkeiten in der Nähe von Buenos Aires.

SAN ISIDRO

Rund 22 km nördlich von Buenos Aires liegt das beschauliche San Isidro, eine reizende Vorstadt, deren Kopfsteinpflasterstraßen von hübschen Häusern gesäumt werden. Das historische Zentrum bildet die Plaza Mitre mit ihrer herrlichen neugotischen Kathedrale; am Wochenende geht es hier beim Kunsthandwerksmarkt immer hoch her. An der Plaza befindet sich auch eine **Touristeninformation** (☎ 4512-3209; Libertador 16362; ☼ Mo–Fr 8–17, Sa & So 10–18 Uhr).

Auf einem Spaziergang durch das Straßengewirr hinter der Kathedrale bekommt man einige herrschaftliche Luxusanwesen zu sehen, aber natürlich auch viele bescheidenere Häuser – und gelegentlich auch einmal einen Blick aufs Meer. Gleich in der Nähe befindet sich der Bahnhof von San Isidro für den Tren de la Costa samt einer schicken Shoppingmall.

Das **Museo Histórico Municipal General Pueyrredón** (☎ 4512-3131; Rivera Indarte 48; Eintritt frei; ☼ Di & Do 10–18, Sa & So 14–18 Uhr) in einer alten Kolonialvilla in einem weitläufigen Grundstück mit Blick auf den fernen Río de la Plata war einst im Besitz von General Pueyrredón, einer der Galeonsfiguren Argentiniens. Einen Blick lohnt der Algarrobo-Baum, unter dem Pueyrredón und San Martín einst ihre Strategien gegen die Spanier planten. Von der Kathedrale aus geht man fünf Blocks über die Avenida Libertador, biegt dann links in die Peña ein und nach zwei Blocks rechts in die Rivera Indarte.

Noch prächtiger ist die **Villa Ocampo** (☎ 4732-4988; Elortondo 1837; Eintritt Do & Fr 6 Arg$, Sa & So 15 Arg$; ☼ Do–So 12.30–18 Uhr), eine Unesco-Welterbestätte. Das herrlich restaurierte Anwesen erinnert an eine längst vergangene Epoche: Die Intellektuelle Victoria Ocampo war Schriftstellerin und Publizistin, die mit literarischen Größen wie Borges, Cortázar, Sabato und Camus freundschaftliche Beziehungen pflegte. Wunderschön sind auch die Gärten. Wer will, kann an einer Führung teilnehmen, auch ein Café ist vorhanden.

An- & Weiterreise

Die beste Möglichkeit, San Isidro zu erreichen, ist der **Tren de la Costa** (www.trendelacosta.com.ar); in Buenos Aires befindet sich der Bahnhof Maipú in der Vorstadt Olivos.

Die Busse 59 und 152 fahren zu diesem Bahnhof, außerdem einige Busse der Linie 60 – einfach den Fahrer fragen. Züge der Linie Mitre verkehren vom Bahnhof Retiro in der Innenstadt ebenfalls nach Maipú (Bahnhof Mitre). Zudem fahren die Busse 60 und 168 direkt nach San Isidro.

TIGRE & DAS DELTA

Das Städtchen Tigre und das umliegende Delta liegen 35 km nördlich von Buenos Aires und sind das beliebteste Wochenendausflugsziel der gestressten *porteños*. Der Ort selbst bietet einige ganz nette Sehenswürdigkeiten, die eigentliche Attraktion ist jedoch das Delta. Das Wasser sieht hier aus wie Milchkaffee, seine Farbe verdankt es dem vielen Eisen, das die Bäche aus den Wäldern im Landesinneren zum Atlantik transportieren. Ein blaues (Wasser-) Paradies sollte also keiner erwarten, aber die Sumpfregion bietet auf ihre Art viele Überraschungen: Bei einer Bootsfahrt durchs Delta lässt sich ein Blick auf einheimische Pfahlbauten und stattliche Kolonialhäuser werfen, die Alternative ist einer der beschaulichen Wanderwege. In der ganzen Region finden sich viele Lodges, die sich für einen längeren Aufenthalt eignen. Außerdem bietet die Küste viele Wassersportmöglichkeiten: Die Bandbreite reicht vom Kajakfahren über Wakeboarden bis hin zu Rudern.

Praktische Informationen

Touristeninformation (☎ 4512-4497; www.tigre.gov.ar; ☼ 8–18 Uhr) Sie befindet sich hinter McDonald's und ist behilflich bei der Erkundung der komplexen Deltaregion. Ein kleinerer Infokiosk (☎ 4512-4547) befindet sich im Bahnhof.

Sehenswertes & Aktivitäten

Tigre, das sich locker zu Fuß erkunden lässt, hat gleich mehrere Sehenswürdigkeiten zu bieten. Unbedingt anschauen sollte man sich den **Puerto de Frutos** (Sarmiento 160; ☼ 10–18.30 Uhr): Dort verkaufen die Händler vor allem Haushaltsartikel, Rattankörbe und getrocknete Blumen, aber auch ein bescheidenes Sortiment an Obst. Am Wochenende macht ein Besuch besonderen Spaß, denn dann findet auch noch ein großer Handwerkermarkt statt. Gleich in der Nähe liegt der Vergnügungspark von Tigre, der **Parque de la Costa** (☎ 4002-6000; www.parquedelacosta.com.ar; Eintritt

38–49 Arg$). Die genauen Öffnungszeiten können telefonisch erfragt werden.

Das **Museo Naval** (Marinemuseum; ☎ 4749-0608; Paseo Victorica 602; Eintritt 3 Arg$; ☺ Mo–Fr 8.30–17.30, Sa & So 10.30–18.30 Uhr) spürt der Geschichte der argentinischen Marine mit Hilfe einer interessanten Sammlung von historischen Fotos, Schiffsmodellen, Flugzeugen, Exponaten der Artillerie und Meeresgetier nach. Wer das Besondere sucht, stattet dem **Museo del Mate** (☎ 4506-9594; www.elmuseodelmate.com; Lavalle 289; Eintritt 10 Arg$; ☺ Di–So 10–18 Uhr) einen Besuch ab: Alle der über 2000 Objekte haben in irgendeiner Form etwas mit dem Nationalgetränk zu tun. Und selbstverständlich gibt es auch ein *Mate*-Café.

Das eindrucksvollste Museum in Tigre ist das **Museo de Arte Tigre** (☎ 4512-4093; Paseo Victorica 972; Eintritt 5 Arg$; ☺ Mi–Fr 9–19, Sa & So 12–19 Uhr). Das wunderbare Kunstmuseum befindet sich in einem alten Club (1912) und präsentiert berühmte argentinische Künstler des 19. und 20. Jhs. Allein schon das herrliche Museumsgebäude ist einen Abstecher wert!

Die Wasserstraßen im Delta ermöglichen einen Blick auf das Leben der Einheimischen, die an den friedlichen Kanälen leben und auf ihre Boote als Transportmittel angewiesen sind. Von der Estación Fluvial (hinter der Touristeninformation) fahren regelmäßig Schiffe zu den verschiedenen Siedlungen im Delta (Rundfahrt 17–31 Arg$). Ein beliebtes Ziel ist die Siedlung **Tres Bocas**. Von Tigre aus dauert die Fahrt nur 30 Minuten. Ein Spaziergang bietet einen kleinen Einblick in den Alltag der Einheimischen – Pfade und Brücken, die über die schmalen Kanäle führen, erschließen die Siedlung. Vor Ort gibt es mehrere Restaurants und die Möglichkeit, zu übernachten. Die Gegend um **Rama Negra** ist ruhiger, ursprünglicher und weniger deutlich erschlossen; die Fahrt dorthin dauert allerdings eine Stunde.

Mehrere Unternehmen bieten preiswerte Bootsausflüge an (30–45 Arg$, 1½ Std.). Wer mit den öffentlichen Booten unterwegs ist, hat den Vorteil, nach Lust und Laune aussteigen zu können. Vor Ort kann man einen Spaziergang unternehmen oder in einem der Restaurants im Delta zu Mittag essen.

Geführte Touren

Bonanza Deltaventura (☎ 4728-1674; www.deltaventura.com) Bietet Spaziergänge, Kanu- und Fahrradausflüge, Ausritte und *asados*.

El Dorado Kayak (☎ 011-15-6503-6961; www.eldoradokayak.com) Veranstaltet Kajaktouren weit hinein ins Innere des Deltas; die gesamte Ausrüstung wird gestellt, auch das Mittagessen ist inbegriffen.

Floating Tours (☎ 4572-5078; www.tigredeltatours.wordpress.com) Bietet einen Tür-zu-Tür-Service von Buenos Aires nach Tigre, dazu Bootsausflüge in Kleingruppen mit Führern, die Englisch sprechen.

Schlafen & Essen

Das riesige Delta bietet Dutzende von Übernachtungsmöglichkeiten – von Campingplätzen bis zu B&Bs, *cabañas* und Strandhotels, aber auch Unterkünfte, die sich auf bestimmte Freizeitaktivitäten spezialisiert haben. Je weiter weg von Tigre sie liegen, desto beschaulicher und ruhiger gestaltet sich der Aufenthalt. Was auf keinen Fall fehlen darf, ist der Mückenschutz!

Da die einzelnen Unterkünfte relativ schwierig zu erreichen sind – die Gäste kommen in der Regel mit dem Boot –, sorgen die meisten Häuser auch gleich noch für das leibliche Wohl ihrer Gäste.

Die Touristeninformation von Tigre hat Unterlagen mit Fotos aller Unterkünfte vorliegen; viele davon sind auch auf der Website www.vivitigre.com.ar aufgeführt. Die nachstehend genannten Unterkünfte befinden sich in Tigre selbst. Die angegebenen Preise gelten für eine Übernachtung am Samstagabend, an dem auch immer frühzeitig reserviert werden sollte. Unter der Woche fallen die Preise bis zu 30 %.

Tigre Hostel (☎ 4749-4034; www.tigrehostel.com.ar; B 60 Arg$, EZ 120–180 Arg$, DZ 240–300 Arg$; ▢ □) Das Hostel in einem alten Herrschaftshaus bietet große Schlafsäle und nette Etagenbetten, die Küche ist nichts Besonderes. Die Zimmer sind geräumig, einige haben Gemeinschaftsbad. Im großen Garten mit Terrasse lässt es sich super abhängen, in der Dependance gleich in der Nähe sind weitere Zimmer vorhanden.

Casona La Ruchi (☎ 4749-2499; www.casonalaruchi.com.ar; Lavalle 557; EZ/DZ 160/210 Arg$; ▢ □ ▨) Das B&B, ein Familienbetrieb, befindet sich in einem wunderschönen Anwesen von 1893, dem sein Alter auch anzusehen ist. Die meisten der fünf romantischen Zimmer haben Balkon; alle außerdem ein Gemeinschaftsbad mit den originalen alten Bodenfliesen. Hinter dem Haus liegen ein Pool und ein weitläufiger Garten.

Hotel Villa Victoria (☎ 4731-2281; www.hotelvillavictoria.com; Liniers 566; Zi 350–535 Arg$; ▨ ▢ ▨) Das Boutiquehotel unter der Leitung einer argentinisch-schwedischen Familie wirkt eher wie ein schickes Gästehaus. Sechs einfache, aber dennoch elegante Zimmer warten auf Gäste, hinter dem Haus befinden sich ein Tennisplatz (Sandplatz) und ein Pool. Es wird Schwedisch, Französisch und Englisch gesprochen.

La Soñada (☎ 4731-4004; www.bybtigre.com.ar; Anastasio El Pollo 1786; Zi. 380–590 Arg$ 🅿 🖵 🕸) Der legere Familienbetrieb hat etwas Anheimelndes. Die fünf Zimmer sind komfortabel, aber nicht luxuriös eingerichtet, im großen Garten mit Rasenflächen gibt es einen Pool und einen überdachten Essbereich.

Was die kulinarischen Freuden angeht, ist Tigre nicht gerade Spitze, aber ein paar stimmungsvolle Lokale finden sich dann doch. Am besten bummelt man über den Paseo Victorica, die hübsche Flusspromenade. Wem der Sinn nach einem eher exklusiven Essen steht, probiert das **Maria Luján** (☎ 4731-9613; Hauptgerichte 36–55 Arg$; 🕐 Frühstück, Mittag- & Abendessen): Vom schönen Patio bietet sich ein toller Blick über den Fluss!

An- & Weiterreise

Im Wesentlichen gibt es vier Möglichkeiten, von Buenos Aires nach Tigre zu fahren. Vom Bahnhof Retiro in der Innenstadt besteht eine Direktverbindung nach Tigre (1 Std.), außerdem fährt die Buslinie 60 (mit dem Schild „Panam") direkt nach Tigre (1½ Std.).

Ein echtes Erlebnis ist die Anreise mit dem **Tren de la Costa** (www.trendelacosta.com.ar; Einheimische/Auswärtige 7/12 Arg$; Züge alle 30 Min.), einem netten Elektrozug mit hübschen Bahnhöfen und hin und wieder einem Blick aufs Wasser. Dieser Zug fährt in der Vorstadt Olivos ab: Vom Bahnhof Retiro in Buenos Aires nimmt man den Zug (Mitre-Linie) und steigt am Bahnhof Mitre aus. Dann geht man ein paar Schritte über die Brücke zum Tren de la Costa. Die Buslinien 59, 60 und 152 fahren ebenfalls zum Tren de la Costa.

Als Alternative bietet sich noch das Shuttleboot **Sturla** (Karte S. 92–93; ☎ 4731-1300; www.sturlaviajes.com.ar; Ecke Grierson & Juana Manso) von Puerto Madero direkt nach Tigre an. Es verkehrt allerdings lediglich ein Schiff pro Tag (Mo-Fr 18.30 Uhr; 15 Arg$, 1 Std.).

Die Pampas & die Atlantikküste

Die „Hemdlosen", die Evita besonders am Herzen lagen, der gesetzlose, romantisch verklärte Gaucho, der reiche Grundbesitzer mit seinem prachtvollen Landsitz, der unerschrockene Indianer – all diese klassischen argentinischen Charaktere haben ihren Ursprung in den Pampas. In den frühen Jahren war Argentinien praktisch gleichbedeutend mit den Pampas – der Unabhängigkeitskampf ging vom Río de la Plata aus, und viele europäische Einwanderer ließen sich in den Städten der Pampas nieder.

Die scheinbar endlose, fruchtbare Graslandschaft dieser Region finanzierte Argentiniens goldene Jahre, denn die Weidewirtschaft und das leicht zu rodende Land warfen riesige Erträge ab. Die Provinz Buenos Aires ist immer noch das wirtschaftliche und politische Machtzentrum des weiten Landes – von dort kommen die saftigen Steaks, und hier leben etwa 40 % der argentinischen Wähler.

Von den Besuchern oft übersehen, gibt es in den Pampas einige versteckte und lohnenswerte Sehenswürdigkeiten, die von Buenos Aires aus gut zu erreichen sind. Die hübsche Stadt San Antonio de Areco ist das Zentrum der Gauchokultur, und die Berge von Tandil und die Sierra de la Ventana sind eine malerische Mischung aus wilder Bergwelt und friedlicher Weidelandschaft mit zahlreichen Möglichkeiten zum Wandern und Klettern. Auch wenn die Strände nicht mit denen Brasiliens vergleichbar sind, bieten sie doch Zuflucht vor der drückenden Sommerhitze in den Städten.

Wer die Pampas kennenlernen möchte, sollte mindestens einen Tag auf einer der zahlreichen historischen *estancias* verbringen, um den weiten Himmel und die saftigen grünen Ebenen, die beeindruckende Reitkunst der Gauchos und die verblichene Eleganz der einstigen Belle Époque Argentiniens zu bewundern.

HIGHLIGHTS

- Auf der Spitze des **Cerro de la Ventana** (S. 172) durch ein natürliches „Felsenfenster" schauen

- In **Mar del Plata** (S. 182), der größten Stadt an der Atlantikküste, entspannt Sonne tanken

- Im hübschen **Tandil** (S. 165) ländliches Leben sowie Fleisch- und Käsespezialitäten genießen

- In **San Antonio de Areco** (S. 161), der schönsten Stadt der Pampas, einmal für kurze Zeit Gaucho spielen

- In **Mar Chiquita** (S. 181) in den Dünen wandern, die Lagune erkunden sowie Flamingos aufspüren

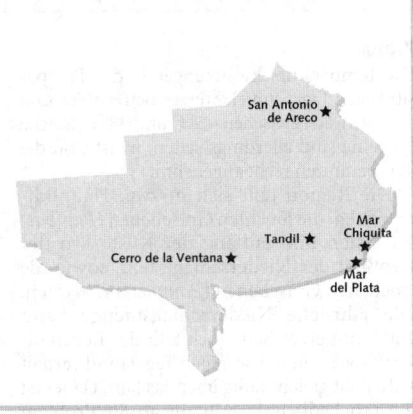

- EINWOHNER: 15,4 MIO.
- FLÄCHE: 451 011 KM²

DIE PAMPAS & DIE ATLANTIKKÜSTE

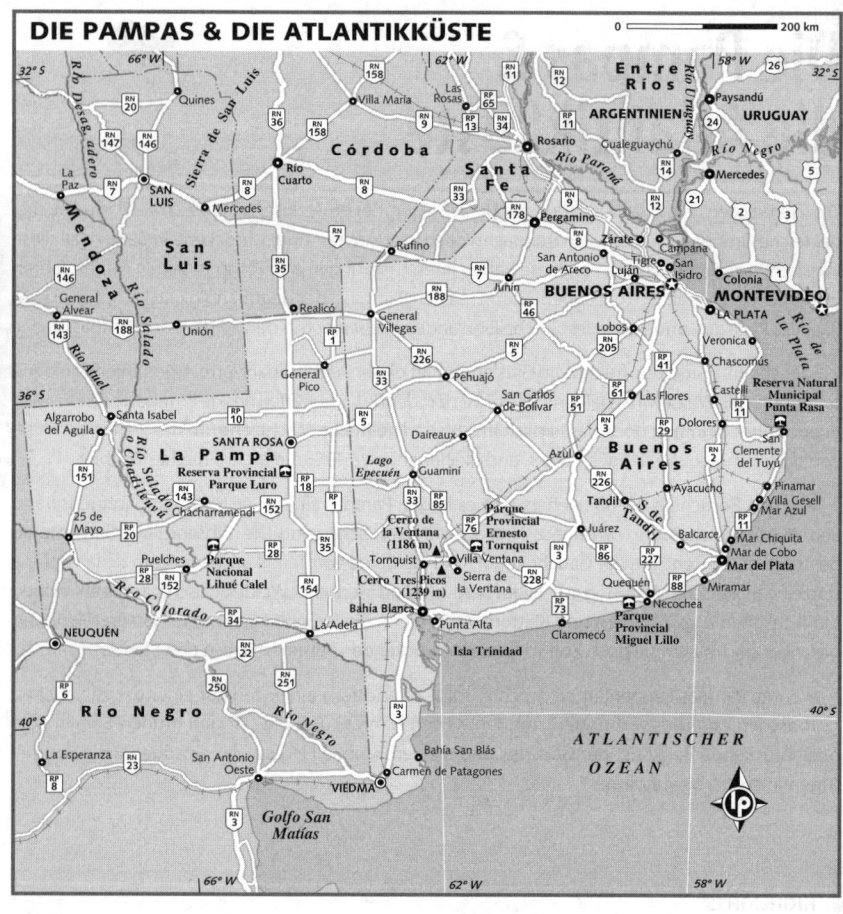

Klima

Die Temperaturschwankungen in den Pampas sind nach Tages- und Jahreszeit beträchtlich und bewegen sich zwischen –6° C und 38° C. Solche Extreme sind allerdings selten, meist sind die Temperaturen recht angenehm.

Die Region teilt sich in zwei Hauptklimazonen: die feuchten Grasebenen (*Pampas*) im Osten und entlang der Küste, wo der Großteil der Niederschläge fällt, sowie die trockenen Grasebenen (*Pampas*) im Westen. Die jährliche Niederschlagsmenge kann 1000 mm erreichen, doch fällt der Regen oft sintflutartig in nur wenigen Tagen und verteilt sich nicht gleichmäßig über das Jahr. Daher ist die Trockenheit das weitaus größte Problem der örtlichen Farmer.

National- & Provinzparks

In den Pampas und an der Küste liegen einige wenige, aber sehr sehenswerte Schutzgebiete. Der Parque Provincial Ernesto Tornquist (S. 172) ist ein Paradies für Wanderer und bietet Ausblicke auf die fernen Pampas. Zu den Highlights zählen die Besteigung des Cerro de la Ventana (1186 m) und die atemberaubende Schlucht Garganta del Diablo („Teufelskehle"). Der Parque Nacional Lihué Calel (S. 175) liegt in einer fast wüstenartigen Landschaft mit surrealen Granitformationen: Hier lebt ein großer Teil aller in der Provinz vorkommenden Tierarten wie etwa Guanakos, Gürteltiere und Maras. Etwas gemäßigter zeigt sich der Parque Provincial Miguel Lillo (S. 190), eine grüne Oase in der Nähe des Stadtzentrums von Necochea.

An- & Weiterreise

Es gibt Flüge von Buenos Aires nach Santa Rosa, Bahía Blanca und Mar del Plata. Busse fahren von nahezu jeder Stadt in fast alle Destinationen des Landes. Logischerweise hat man von den größeren Städten wie Santa Rosa, La Plata und Mar del Plata die besseren Verbindungen, auch zu Zielen in den Pampas. Züge fahren vom Bahnhof Constitución in Buenos Aires nach La Plata, Luján, Bahía Blanca, Sierra de la Ventana, Pinamar, Tandil und Mar del Plata; sie halten auch in kleineren Städten entlang der Strecke.

NÖRDLICHE PAMPAS

Der Name „Pampas" ist sowohl die geografische Bezeichnung für die ausgedehnte Region mit den fruchtbaren Ebenen als auch der Name der Provinz westlich von Buenos Aires. Die *provincia* La Pampa mit der Hauptstadt Santa Rosa de Toay ist überwiegend eine dünn besiedelte, trockene Steppe. Die Pampas erstrecken sich über Mittelargentinien südlich des Río de la Plata bis zum Ufer des Río Negro, reichen in westlicher Richtung bis zu den Anden, nach Norden etwa bis in die südlichen Teile der Provinzen Córdoba und Sante Fe und umfassen die Provinzen Buenos Aires und La Pampa.

Der fruchtbare Boden und die saftige Graslandschaft der nördlichen Pampas eignen sich hervorragend zur Rinderzucht. Duch den Export von Fellen, Rindfleisch, Wolle und Weizen ist Argentinien zu einem weltweit wichtigen Wirtschaftsfaktor geworden.

Seit Mitte des 19. Jhs. ist die Provinz Buenos Aires das unbestrittene politische und wirtschaftliche Zentrum des Landes. Als die Stadt Buenos Aires zur Hauptstadt Argentiniens avancierte, wurde die Provinz der Landesregierung untergeordnet, ist jedoch nach wie vor sehr einflussreich. Nach einem kurzen Bürgerkrieg ergriff die Provinz in den 1880er-Jahren die Eigeninitiative und errichtete mit der Modellstadt La Plata eine eigene Provinzhauptstadt.

LA PLATA

☎ 0221 / 800 000 Ew.

Kaum eine Stunde von Buenos Aires entfernt, wartet diese Universitätsstadt wie Buenos Aires mit Belle-Époque-Architektur, prachtvollen Gebäuden, schattigen Parks und einem ansprechenden Nachtleben auf, alles nur in etwas kleinerem Rahmen. Hauptanziehungspunkte für Besucher sind das Naturkundemuseum, eines der besten des Landes, und die eindrucksvolle neogotische Kathedrale.

Als Buenos Aires Argentiniens neue Hauptstadt wurde, gründete der Gouverneur Dardo Rocha im Jahre 1882 La Plata, um auch der Provinz Buenos Aires eine Hauptstadt zu geben. Rocha entschied sich für den wohldurchdachten Stadtplan des Ingenieurs Pedro Benoit, der durch seine Ausgewogenheit ein markantes Sternenmuster, das die großen Plätze auf harmonische Weise miteinander verband. Was auf den Blaupausen so schön aussah, stiftet im Alltag an vielen Kreuzungen Verwirrung. Von einigen gehen bis zu acht Straßen in alle Himmelsrichtungen ab. Wie auch immer: La Plata gilt als die erste komplett durchgeplante Stadt Südamerikas.

Orientierung

La Plata liegt 56 km südöstlich von Buenos Aires, die RP 14 führt dorthin. Die Kathedrale und viele der öffentlichen Gebäude liegen an der Plaza Moreno mit der graffitibeschmierten Piedra Fundacional. Dieser Grundstein kennzeichnet exakt das geografische Zentrum der Stadt. Die Orientierung ist nicht immer einfach, weil einige Kreuzungen unregelmäßig gebaut sind und mehr als vier Ecken haben. Am besten ist es, sich an den Straßenschildern zu orientieren, um nicht versehentlich in eine falsche Straße einzubiegen.

In jedem Block enden die Hausnummern übrigens bei 50 anstatt, wie sonst üblich, bei 100.

Praktische Informationen

ACA (Automóvil Club Argentina; ☎ 482-9040; Ecke Av. 51 & Calle 9) Der argentinische Automobilclub ist eine gute Quelle für Straßenkarten.

Städtische Touristeninformation (☎ 427-1535; www. laplata.gov.ar; ☽ Mo–Fr 9–18, Sa & So 9–16 Uhr) Direkt an der Plaza San Martín.

Post (Ecke Calle 4 & Av. 51)

Sehenswertes

La Platas Hauptsehenswürdigkeiten sind alle bequem zu Fuß erreichbar: An der Plaza Moreno steht die neogotische **Kathedrale** (☎ 423-3931; ☽ 10–19 Uhr), mit deren Bau bereits 1885 begonnen wurde; ihre Weihe fand jedoch erst im Jahr 1932 statt. Die Bauherren der Kathedrale mit schönen Buntglasfenstern und polierten Granitböden orientierten sich an gotischen Vorbildern in Köln und Amiens. Führungen (tgl. um 10.30, 14.30 und 16 Uhr) kosten 10 Arg$. Im Preis enthalten sind der Eintritt für das Museum und eine Fahrt mit dem Aufzug in die Turmspitze. Es gibt auch einen Souvenirladen und ein Café.

Gegenüber der Kathedrale befindet sich der **Palacio Municipal**, den der Hannoveraner Architekt Hubert Stiers im Stil der deutschen Renaissance entworfen hat. Die Westseite der Plaza nimmt das **Museo y Archivo Dardo Rocha** (☎ 427-5591; Calle 50, Nr. 933; Eintritt frei; ✆ Mo–Fr 9–17, Sa & So 15–18 Uhr) ein, das dem Stadtarchitekten als Ferienhaus diente. Gezeigt werden Stilmöbel und diverser persönlicher Krimskrams.

Zwei Blocks weiter nordöstlich steht das **Teatro Argentino** (☎ 0800-666-5151; www.teatroargentino. ic.gba.gov.ar; Av. 51, zwischen Calle 9 & Calle 10), ein hässlicher Stahlbetonbau mit ausgezeichneter Akustik und sehr guten Ballett-, Symphonie- und Opernaufführungen. Zwei Blocks weiter nordöstlich – vor der Plaza San Martín – befindet sich der kunstvolle **Palacio de la Legislatura**, der ebenfalls im deutschen Renaissancestil gebaut wurde. Ganz in der Nähe folgt der **Pasaje Dardo Rocha** im Stil der französischen Klassik. Der einstige Hauptbahnhof von La Plata beherbergt heute das größte Kulturzentrum der Stadt mit zwei Museen. Ebenfalls in der Nähe stößt man auf die im flämischen Renaissancestil erbaute **Casa de Gobierno**, heute Sitz des Provinzgouverneurs und seiner Mitarbeiter. Einige Blocks weiter nordwestlich treffen die Besucher auf der Originalgebäude des **Rectorado de la Universidad Nacional** (1905): In dem einstigen Bankgebäude ist heute die Universitätsverwaltung untergebracht. Hoch her geht es auf dem sonntäglichen Kunsthandwerksmarkt **Feria Artesanal** auf der Plaza Italia.

Eukalyptus, Gingko, Palmen und subtropische Harthölzer säumen den **Paseo del Bosque**, ein zum Stadtpark umfunktioniertes Stück Land, das einst zu einer *estancia* gehörte und während der Stadtgründungsphase enteignet wurde. Heute vergnügen sich hier Familien, Liebespaare und schwitzende Jogger. Über den Park verteilt liegen einige interessante Sehenswürdigkeiten, z. B. das **Anfiteatro Martín Fierro** (als Teatro de Aire Libre ausgeschildert), ein Open-Air-Veranstaltungsort für Musik- und Theateraufführungen; das **Observatorio Astronómico** (☎ 423-6593; Öffnungszeiten telef. erfragen); der bescheidene **Jardín Zoológico** (☎ 427-3925; Eintritt 5 Arg$; ✆ 10–18 Uhr, Mo geschl.) sowie das **Museo de La Plata** (☎ 425-7744; Eintritt 6 Arg$; ✆ 10 bis 18 Uhr, Mo geschl.). Das bei Schulgruppen beliebte Museum beherbergt paläontologische, zoologische, archäologische und anthropologische Sammlungen des patagonischen Forschers Francisco P. Moreno. Zahlreiche Ausstellungsräume

bieten für jeden etwas: ägyptische Grabreliefs, Kunstwerke der Jesuiten, witzige Tierkörperpräparate, Skelette, Mumien sowie antike Töpferwaren, furchterregende Insekten und rekonstruierte Dinosaurier. Das Museum unterhält ein eigenes Café. Geführte Rundgänge in Englisch sollten am besten im Voraus organisiert werden.

Schlafen

Frankville Hostel (☎ 482-3100; www.frankville.com.ar; Calle 46, Nr. 781; B 40–45 Arg$, DZ 10 Arg$; 🖥 📶) Gegenwärtig La Platas einziges Hostel und dazu noch ein recht ordentliches. Die Zimmer sind klein (die Gemeinschaftsbäder liegen außerhalb), aber sauber und sind mit Schließfächern bestückt. Der Innenhof eignet sich hervorragend, um mit anderen Gästen ins Gespräch zu kommen. Inhaber der Hostelling-International-Karte erhalten ermäßigte Preise.

Hotel García (Calle 2, Nr. 525; EZ 50–65 Arg$, DZ 85 Arg$) Das freundliche, saubere und günstige Hotel in der Nähe des Busbahnhofs vermietet 20 kleine, einfache Zimmer. Die Duschen haben keine Vorhänge, sodass alles nass wird – als Entschädigung dafür gibt es Kabelfernsehen.

Benevento Hotel (☎ 423-7721; www.hotelbenevento. com.ar; Calle 2, Nr. 645; EZ 161–203 Arg$, DZ 242 Arg$; 📺 🖥 📶) Das hübsch renovierte Hotel bietet schöne Zimmer mit hohen Decken und Kabelfernsehen. Die meisten Zimmer haben Holzböden und einen Balkon mit Blick auf die belebte Straße.

Hotel Corregidor (☎ 425-6800; www.hotelcorregidor. com.ar; Calle 6, Nr. 1026; EZ/DZ 303/340 Arg$; 📺 🖥 📶) Das auf Geschäftsleute spezialisierte Hotel bietet keine großen Überraschungen – die modernen, adretten Zimmer sind alle mit Teppichen ausgelegt und recht komfortabel. Einige Zimmer haben Terrassen, außerdem gibt es kleines Fitnessstudio. Von März bis Mitte Dezember empfiehlt es sich, vorher zu reservieren.

Essen & Trinken

Wilkenny (☎ 483-1772; Ecke Calle 11 & Calle 50; 21–39 Arg$; ✆ Mo–Fr Frühstück, tgl. Mittag- & Abendessen) Beliebtes Restaurant im traditionellen irischen Pubstil mit einer guten Auswahl an Gerichten, z. B. Salate, Sandwiches und Pastagerichte. Freitags und samstags wird abends häufig Livemusik gespielt.

LP Tipp **Cervecería Modelo** (☎ 421-1321; Ecke Calle 5 & Calle 54; Gerichte 25–35 Arg$; ✆ Frühstück, Mittag- & Abendessen) Im Restaurant – es wurde 1894 eröffnet – hängen Schinken malerisch von der Decke. Hier treffen sich die Einheimischen auf ein kühles Bier; sitzen kann man sowohl draußen als

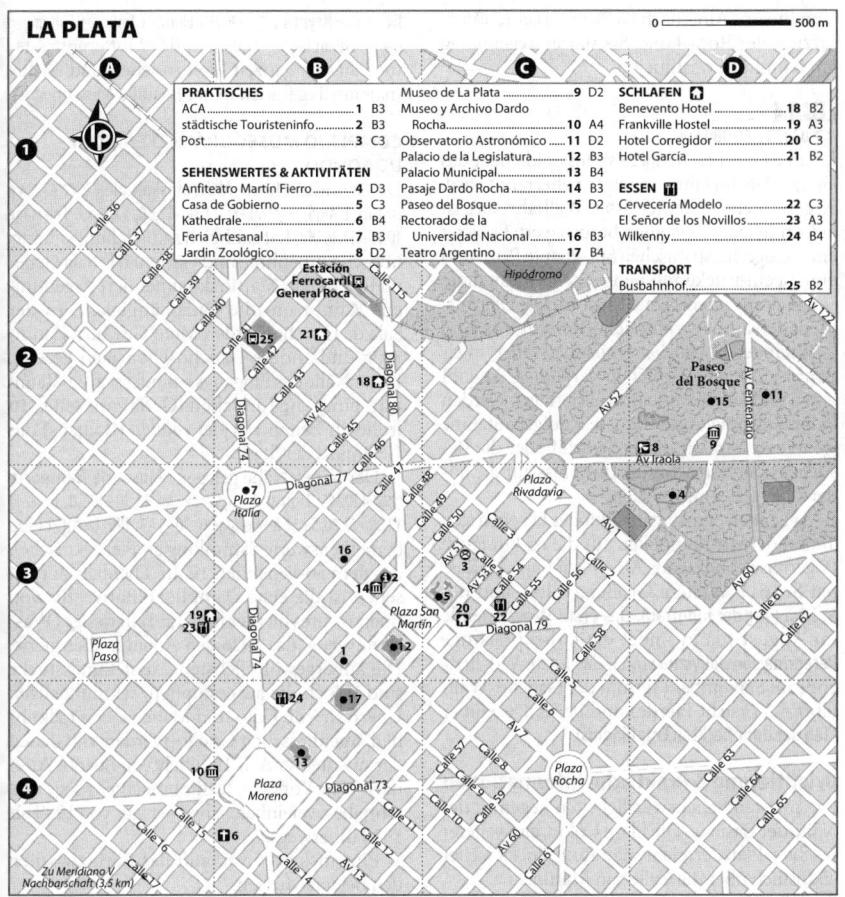

LA PLATA

0 ⸺ 500 m

PRAKTISCHES		Museo de La Plata **9** D2	SCHLAFEN	
ACA.................................**1** B3		Museo y Archivo Dardo	Benevento Hotel **18** B2	
städtische Touristeninfo.........**2** B3		Rocha.................................**10** A4	Frankville Hostel.................**19** A3	
Post.................................**3** C3		Observatorio Astronómico **11** D2	Hotel Corregidor **20** C3	
		Palacio de la Legislatura......**12** B3	Hotel García.................**21** B2	
SEHENSWERTES & AKTIVITÄTEN		Palacio Municipal.................**13** B4		
Anfiteatro Martín Fierro..........**4** D3		Pasaje Dardo Rocha **14** B3	ESSEN	
Casa de Gobierno.................**5** C3		Paseo del Bosque.................**15** D2	Cervecería Modelo.................**22** C3	
Kathedrale.................**6** B4		Rectorado de la	El Señor de los Novillos.........**23** A3	
Feria Artesanal.................**7** B3		Universidad Nacional **16** B3	Wilkenny.................**24** B4	
Jardín Zoológico.................**8** D2		Teatro Argentino **17** B4		
			TRANSPORT	
			Busbahnhof.................**25** B2	

**DIE PAMPAS &
DIE ATLANTIKKÜSTE**

---

auch drinnen. Das Restaurant hat einen Großbildfernseher und einen Internetzugang.

El Señor de los Novillos (☎ 422-5553; Calle 46, zwischen Calle 10 und Calle 11; Gerichte 25–36 Arg$; ☾ Do–So Mittagessen, Di–So Abendessen) Eine moderne, exklusive und dennoch unprätentiöse *parrilla* mit angenehmem Ambiente und vernünftigen Preisen.

Etwa zehn Minuten mit dem Taxi vom Stadtzentrum entfernt liegen im Künstlerviertel Meridiano V die **Bar Imperio** (Calle 17, zwischen Calle 70 & Calle 71), das **Mirapampa** (Ecke Calle 17 & Calle 71) und das **Ciudád Vieja** (Ecke Calle 17 & Calle 71). In allen drei Kneipen wird von Donnerstag bis Sonntag Livemusik gespielt. Das Viertel ist bei Studenten sehr beliebt. Sonntags findet ein Markt statt, auf dem die Modedesigner von La Plata ihre neuesten Kreationen ausstellen.

An- & Weiterreise

Die Plaza-Busse der Linie 129 fahren alle 20 Minuten von Buenos Aires nach La Plata (8,50 Arg$, 1 Std.). Sie starten vor dem Bahnhof Retiro auf der Martín Zuvería und halten auch entlang der Avenida 9 Julio sowie am Bahnhof Constitución.

Vom Busbahnhof in La Plata fahren zahlreiche Busse in andere Landesteile, darunter:

Reiseziel	Fahrpreis (Arg$)	Fahrzeit (Std.)
Bahía Blanca	132–143	8–10
Bariloche	230	23
Córdoba	120	12
Mar del Plata	86–95	5
Mendoza	190	18

Von Buenos Aires nach La Plata verkehren Vorortzüge der Roca-Linie. Sie starten regelmäßig am Bahnhof Constitución.

LUJÁN
☎ 02323 / 80 000 Ew.

Luján ist ein beschauliches Flussstädtchen, das einige Male im Jahr von Pilgern überrannt wird. Argentiniens bedeutendster Wallfahrtsort ist jedoch zu jeder Zeit einen Besuch wert: Er bietet eine riesige, im spanischen Stil erbaute Plaza und eine beeindruckende neogotische Kathedrale sowie einige interessante Museen. Die Uferpromenade säumen zahlreiche Restaurants und Grillstände, die *choripan* (pikante Wurst) in einem knusprigen Brötchen verkaufen. Es gibt einen Paddelbootverleih, an Feiertagen werden außerdem Spiele und Karussells aufgebaut. Eine weitere Attraktion ist der Sessellift, der die Besucher über den schmutzigen Fluss auf die andere Uferseite transportiert.

Am ersten Samstag im Oktober begeben sich Tausende von Katholiken auf die 65 km lange Pilgerreise von Buenos Aires nach Luján (s. Kasten S. 161). Weitere Großereignisse sind der 8. Mai (**Tag der Jungfrau**), das erste Wochenende im August (dann findet die farbenprächtige **Peregrinación Boliviana** statt), das letzte Wochenende im September (Termin der Gaucho-Wallfahrt – Vorsicht Pferde) und der 8. Dezember (**Tag der Unbefleckten Empfängnis**).

Orientierung & Praktische Informationen
Die meisten Sehenswürdigkeiten liegen in der Nähe der Basilika. Die Plaza Colón, ein weiterer belebter Platz, erreicht man fünf Blocks weiter südöstlich über die Calle San Martín.

Post (Mitre 575)

Touristeninformation (☎ 427082; ☽ Mo–Fr 8–17, Sa & So 10–18 Uhr) Befindet sich ganz in der Nähe des Flusses am Westende der Lavalle in einem überdachten gelben Gebäude.

Sehenswertes
BASÍLICA NUESTRA SEÑORA DE LUJÁN
Jedes Jahr besuchen über 5 Mio. Pilger aus ganz Argentinien die Stadt, um die Heilige Jungfrau mit Fürbitten um Frieden, Gesundheit, Vergebung und Trost anzubeten. Endpunkt der Reise ist die beeindruckende **Basilika**, die von 1887–1935 errichtet wurde. Als Baumaterial der neogotischen Kirche wurde wunderschöner rosafarbener Stein verwendet, der bei Sonnenuntergang leuchtet. Die Statue der Heiligen Jungfrau aus dem Jahre 1630 befindet sich in einem erhöhten Raum hinter dem Hauptaltar. Unter der Basilika

liegt die **Krypta** (☎ 420058; Eintritt 3 Arg$; ☽ Führungen mehrmals am Tag 10–17 Uhr), in der Muttergottesstatuen aus der ganzen Welt zu sehen sind. Mehrmals am Tag finden in der Basilika Messen statt.

COMPLEJO MUSEOGRÁFICO ENRIQUE UDAONDO
Der wunderschöne **Museumskomplex** (☎ 420245; Eintritt 1 Arg$; ☽ Mi–Fr 14.30–17.30, Sa, So & Feiertage 10.30–17.30 Uhr) hat zahlreiche Ausstellungsräume, hübsche Innenhöfe und Gärten. Die Sala General José de San Martín dokumentiert Argentiniens Kampf um die Unabhängigkeit. In der Sala de Gaucho werden *Mate*-Geschirr, Zaumzeug und andere Gaucho-Utensilien gezeigt. In der Nähe des Eingangs befindet sich ein Raum mit einer historischen Gefängniszelle. In früheren Zeiten war der *cabildo* (Rathaus) das Gefängnis der Stadt.

Das in der Nähe gelegene **Museo de Transporte** (☎ 420245; Eintritt 1 Arg$; ☽ Mi 13.30–17.30, Do & Fr 12.30–17.30, Sa, So & Feiertage 10.30–17.30 Uhr) besitzt eine bemerkenswerte Sammlung an Pferdekutschen aus dem ausgehenden 19. Jh. Ebenfalls dort zu sehen ist die erste Dampflokomotive, die von Buenos Aires hierher fuhr, und ein riesiges Wasserflugzeug, das 1926 den Atlantik überquerte. Die außergewöhnlichsten Ausstellungsstücke sind jedoch die ausgestopften, schmuddeligen Überreste von Gato und Mancha, den tollkühnen argentinischen Criollo-Pferden, mit denen der Abenteurer A. F. Tschiffely von Buenos Aires nach New York ritt. Dafür brauchte er sage und schreibe zweieinhalb Jahre – er war von 1925 bis 1928 unterwegs!

Eintrittskarten verkauft das Büro zwischen den beiden Museen.

Schlafen
Am besten lässt sich Luján im Rahmen eines Tagesausflugs von Buenos Aires aus besichtigen. Wer am Wochenende hier übernachten will, sollte besser vorher reservieren. Während der Woche sind die Preise wesentlich niedriger.

Hostel Estación Luján (☎ 429101; www.estacionlujan hostel.com.ar; 9 de Julio 978; B 60 Arg$, Zi. 150–170 Arg$; ✖ ▯ ☏) Das kleine, moderne Hostel, das von einer freundlichen Familie geführt wird, liegt nur wenige Schritte von der Basilika entfernt. Es hat lediglich vier Zimmer, die alle blitzsauber gepflegt sind. Einige haben einen Balkon und eine Küche, außerdem gibt es noch einen weiträumigen Gemeinschaftsraum.

Hotel Hoxón (☎ 429970; www.hotelhoxon.com.ar; 9 de Julio 760; EZ 128–145 Arg$, DZ 218–230 Arg$; ✖ ▯ ☏ ☏)

UNSERE LIEBE FRAU VON LUJÁN

Argentiniens Schutzheilige ist überall – ihr Poster hängt beim Metzger, ihre Statue steht in den Kirchen, ihr Bild klebt auf den Armaturenbrettern der Taxis in Buenos Aires. Man erkennt sie an ihrem steifen dreieckigen Kleid, dem Halbmond zu ihren Füßen und dem Heiligenschein über ihrer Krone.

Ihre Legende beginnt 1630, als ein portugiesischer Siedler in Tucumán einen Freund in Brasilien darum bat, ihm für seine neue Kapelle eine Statue der Muttergottes zu schicken. Der Freund war sich nicht sicher, welche Art Muttergottes gewünscht wurde, und schickte ihm zwei, darunter eine der Maria Immaculata, die die Hände zum Gebet gefaltet hatte. Nach dem Abladen der Statuen im Hafen von Buenos Aires blieb auf der Weiterfahrt der Karren mit der Fracht in der Nähe des Flusses Luján im Sumpf stecken und konnte erst weiterfahren, nachdem die Statue der Immaculata abgeladen war. Für den Besitzer war das ein Zeichen, die Statue in Luján zurückzulassen und dort eine Kapelle zu errichten. Die zweite Statue hingegen fuhr nach Nordwesten weiter.

Seitdem wurden der Muttergottes eine Reihe von Wundern zugeschrieben. Unter anderem hat sie angeblich Tumore geheilt, die ersten Siedler in Nebel gehüllt, um sie vor den kriegführenden Indianern zu schützen, und die Provinz vor einer Choleraepidemie gerettet. 1886 wurde sie für ihre Wundertaten belohnt. Papst Leo XIII. verlieh ihr eine Goldkrone, die mit 500 Perlen und Edelsteinen besetzt war.

Am ersten Samstag im Oktober findet eine große Wallfahrt zur Basilika statt, wo die Statue bis heute verehrt wird. Zahllose Gläubige treten den 65 km langen Fußmarsch von Liniers bei Buenos Aires nach Luján an und benötigen dafür bis zu 18 Stunden. Wer am ersten Sonntag im Oktober (zum Día de Virgen de Luján) hier ankommt, findet zahlreiche erschöpfte Pilger vor, die auf der Plaza ein Nickerchen halten, am Fluss grillen oder ihre Plastikflaschen mit heiligem Wasser aus dem Brunnen füllen.

Das beste und größte Hotel der Stadt hat moderne, saubere und komfortable Zimmer, die etwas teureren Räume sind mit Teppich, Kühlschrank und Klimaanlage ausgestattet. Der Pool hat ein Sonnendeck.

Hotel del Virrey (☎ 420797; www.hoteldelvirreylujan.com.ar; San Martín 129; Zi. 200 Arg$; ❄ 📶) Das moderne Hotel in der Nähe der Basilika bietet kleine, aber gute Zimmer.

Essen

Pilger werden in Luján bestimmt nicht verhungern – in den Straßen San Martín, 9 de Julio und an der Uferpromenade reiht sich ein Restaurant an das andere.

Cervecería Berlin (☎ 426767; San Martín 151; Gerichte 10–20 Arg$; 🕑 Mittag- & Abendessen) An warmen Tagen lässt es sich auf der kleinen Terrasse gut aushalten. Es gibt Hamburger, Sandwiches und Waffeln – eigentlich nichts Besonderes, aber dafür eine große Auswahl an Getränken.

Café La Basilica (☎ 428376; San Martín 101; Gerichte 21–45 Arg$5; 🕑 Mo–Do 8–19, Fr & Sa 8–24, So 8–19 Uhr) Diese klassische Eckbar bietet gute hausgemachte Nudel- und Fleischgerichte. Die Speisekarte liegt auch in Englisch vor.

L'Eau Vive (☎ 421774; Constitución 2112; 3-Gang-Menü 45 Arg$; 🕑 Di–Sa Mittag- & Abendessen, So nur Mittagessen) Das freundliche französische Restaurant liegt nur 2 km vom Zentrum entfernt und wird von Karmeliterinnen aus der ganzen Welt geführt. Eine Taxifahrt dorthin kostet unter 10 Arg$. Auch die Buslinie 501 fährt vom Zentrum in die Gaststätte.

An- & Weiterreise

Lujáns **Busbahnhof** (Av. de Nuestra Señora de Luján & Almirante Brown) liegt nur drei Straßenblocks nördlich der Basilika. Von der Plaza Italia in Buenos Aires fahren Busse der Transportes Atlántida (Linie 57) alle halbe Stunde nach Luján (10 Arg$, 2 Std.). Wer einen der täglich am Hauptbahnhof Estación Once in Buenos Aires abfahrenden Züge nimmt, muss in Moreno umsteigen.

SAN ANTONIO DE ARECO

☎ 02326 / 23 000 Ew.

Umgeben von grünen Feldern, ist San Antonio de Areco wahrscheinlich die schönste Stadt der Pampas. Problemlos von der Hauptstadt aus erreichbar, ist dieser Ort Ziel vieler *porteños* (Einwohner von Buenos Aires), die die beschauliche Atmosphäre und die malerischen Straßen der Altstadt zu schätzen wissen. Die Stadt wurde Anfang des 18. Jhs. gegründet und hat bis zum heutigen Tage viel von der alten Criollo- und Gaucho-Tradition bewahrt. Dies gilt insbesondere für die Kunsthandwerker, die feine Silberarbeiten und Sattelzeug herstellen. Gauchos aus dem gesamten Gebiet der Pampas kommen im November zusammen, um den Día de la Tradición zu feiern. Dann zeigen sie sich in ihrer ganzen Pracht und stolzieren mit ihren Pferden die kopfsteingepflasterten Straßen hinunter.

San Antonio de Arecos geschlossen wirkendes Zentrum und die ruhigen Straßen laden zum Bummeln ein. Um die Plaza Ruiz de Arellano, die nach dem *estanciero* (Besitzer eines Landguts), der die Stadt gründete, benannt wurde, liegen mehrere historische Gebäude, darunter auch die *iglesia parroquial* (Pfarrkirche).

Der *puente viejo* (Alte Brücke; 1857) führt über den Río Areco und folgt der ursprünglichen Kutschenstraße ins nördliche Argentinien. Früher befand sich hier eine Mautstelle, heute führt die Fußgängerbrücke zur Hauptattraktion der Stadt, dem Museo Gauchesco Ricardo Güiraldes. Auf dem Fluss kann man **Kajak fahren**.

Orientierung

San Antonio de Areco liegt 113 km westlich von Buenos Aires an der RN 8. Das Herz der Stadt ist die V Alsina. Auch in den umliegenden Straßen gibt es viele interessante Geschäfte und Sehenswürdigkeiten.

Praktische Informationen

Einige Banken rund um die Plaza Ruiz de Arellano haben Geldautomaten.

Cyber Play (Ruiz de Arellano 285) Internetzugang.

Post (Ecke Alvear & Av. Del Valle)

Touristeninformation (☎ 453165; Ecke E Zerboni & Ruiz de Arellano; ☺ Mo–Fr 8–19, Sa & So 8–20 Uhr)

Sehenswertes

MUSEO GAUCHESCO RICARDO GÜIRALDES

Das **Museum** (☎ 455839; Ecke R Güiraldes & Sosa; Eintritt 8 Arg$; ☺ Mi–Mo 11–17 Uhr) im Parque Criollo wurde 1938 – ein Jahrzehnt nach dem Tod von Ricardo Güiraldes, Autor des Gauchoromans *Don Segundo Sombra* (s. Kasten S. 164) – eingeweiht. Es ist eine Art Gaucholand mit restaurierten oder neu errichteten Gebäuden, darunter eine alte Mühle, eine nachgebaute *pulpería* (Taverne) und eine Kapelle im Kolonialstil. Die Hauptattraktion der der Nachbau eines *casco* (Ranchhaus) aus dem 18. Jh. mit dem Holzbett, das einst Juan Manuel de Rosas gehörte (Rosas war ein berüchtigter argentinischer *caudillo*). Zu sehen gibt es außerdem eine Menge Zaumzeug und verschiedene Gauchokunstwerke. Zwei Räume sind Güiraldes gewidmet.

MUSEO Y TALLER DRAGHI

Das kleine **Museum mit Werkstatt** (☎ 454219; Lavalle 387; Eintritt 10 Arg$; ☺ Mo–Sa 10.30–12.30 & 13–16, So 10.30–12.30 Uhr) beherbergt eine außergewöhnliche

Sammlung silberner *facónes* (Gauchomesser), schönes Zaumzeug und reich verzierte *Mate*-Utensilien sowie einige Schmucksachen und Handtaschen aus Leder. Die ausgestellten Artikel sind käuflich.

CENTRO CULTURAL USINA VIEJA

Das **Centro Cultural Usina Vieja** (☎ 456202; V Alsina 660; Eintritt 1,50 Arg$; ☺ Di–So 11–17 Uhr) von 1901 ist in einem alten Kraftwerk untergebracht. Es birgt eine bunte Sammlung alter Radios, Schreibmaschinen, Nähmaschinen und Plattenspieler. Auch Farmgeräte, Skulpturen, ein alter Lebensmittelladen und sogar ein kleines Flugzeug sind hier zu sehen.

Außerdem kommen Wechselausstellungen hinzu, die Werke von Künstlern aus der Umgebung zeigen, sowie einige witzige Karikaturen von Florencio Molina Campos, der sich über das Gaucholeben lustig macht.

Feste & Events

San Antonio de Areco ist das symbolische Zentrum der argentinischen Gauchokultur, die langsam ausstirbt. Am **Día de la Tradición** (Anfang bis Mitte Nov.; den genauen Zeitplan kennt die Touristeninformation) findet hier das größte Gauchofestival des Landes statt. Wer gerade in der Gegend ist, sollte es sich unbedingt ansehen! In einer Prozession ziehen die Reiter durch die Stadt und demonstrieren ihre Reitkünste. Es werden Volkstänze aufgeführt, Kunsthandwerksausstellungen gezeigt und Führungen zu historischen Stätten organisiert. Die Hauptveranstaltungen finden im Parque Criollo statt.

Schlafen

San Antonio ist ein beliebtes Ziel für Tagesausflüge von Buenos Aires aus, doch lohnt es sich durchaus, hier etwas länger zu verweilen, denn die Stadt hat einige wirklich schöne Hotels. Am Wochenende empfiehlt es sich, im Voraus zu reservieren.

Hostel Gaucho (☎ 453625; www.hostelgaucho.com.ar; Zerboni 308; B/Zi. 50/120 Arg$; ☐ ☎) Das einzige Hostel in Areco ist ein recht gutes. Die Schlafsäle und Zimmer sind zwar klein, aber sehr schön eingerichtet. Zum Hostel gehört auch ein Garten mit Rasen und Grillplatz. Es gibt einen Fahrradverleih und die Möglichkeit, Ausflüge zu buchen. Samstags kostet ein Zimmer 150 Arg$.

Hostal de Areco (☎ 456118; www.hostaldeareco.com.ar; Zapiola 25; EZ/DZ 100/140 Arg$) Die Unterkunft liegt neben zwei etwas unpersönlichen Hotels, die aber beide einen Pool haben. Das Hostal hat

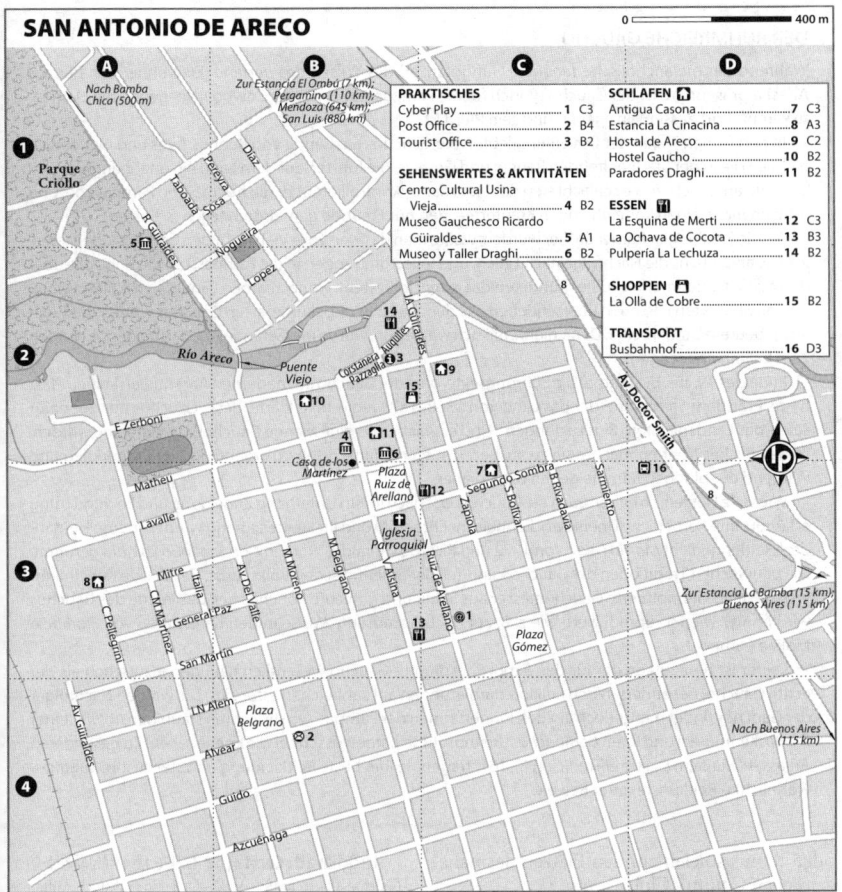

SAN ANTONIO DE ARECO

0 —— 400 m

PRAKTISCHES
Cyber Play	**1** C3
Post Office	**2** B4
Tourist Office	**3** B2

SEHENSWERTES & AKTIVITÄTEN
Centro Cultural Usina Vieja	**4** B2
Museo Gauchesco Ricardo Güiraldes	**5** A1
Museo y Taller Draghi	**6** B2

SCHLAFEN
Antigua Casona	**7** C3
Estancia La Cinacina	**8** A3
Hostal de Areco	**9** C2
Hostel Gaucho	**10** B2
Paradores Draghi	**11** B2

ESSEN
La Esquina de Merti	**12** C3
La Ochava de Cocota	**13** B3
Pulpería La Lechuza	**14** B2

SHOPPEN
La Olla de Cobre	**15** B2

TRANSPORT
Busbahnhof	**16** D3

DIE PAMPAS & DIE ATLANTIKKÜSTE

---

einen schönen Aufenthaltsraum und einen großen Garten mit Rasen. Am Wochenende kosten
Einzel- und Doppelzimmer 160 Arg$.

LP Tipp Antigua Casona (☎ 456600; www.antigua
casona.com; Segundo Sombra 495; EZ 150–180 Arg$, DZ 200 bis
250 Arg$; ✗) Das restaurierte Hotel im alten Stil
hat fünf wunderschöne Zimmer mit hohen
Decken, die sich alle um einen Innenhof gruppieren. Das Hotel bietet außerdem einen Fahrradverleih.

Paradores Draghi (☎ 455583; www.paradoresdraghi.
com.ar; Matheu 380; Zi. 280 Arg$; ✗ ▢ 🛜 ▣) Das ru-
hige Hotel hat fünf große, wunderschöne Zimmer (zwei davon sogar mit Kochnische). Zum
Entspannen gibt es einen Garten mit Rasen und
einen hübschen Pool, einen Frühstücksraum
und zwei Terrassen.

ESTANCIAS
Estancia La Cinacina (☎ 452045; www.lacinacina.com.ar; B
Mitre 9; Tagesaufenthalt 120 Arg$, Zi. 304–380 Arg$; 🌙 Di &
Fr–So; ✗ ▣) Die Estancia liegt am Stadtrand in
einem hübsch angelegten Park und hat komfor-
table Zimmer.

Bamba Chica (☎ 15-5893-7412, 15-5893-7413; www.
bambachica.com.ar; Ruta 8, Km 116; Tagesaufenthalt 160 Arg$,
EZ/DZ 550/650 Arg$; ✗ ▣) Bamba Chica liegt 500 m
vom Museo Gauchesco in Areco entfernt. Etwas
gehobener ist die dazu gehörige *Estancia La
Bamba* (www.la-bamba.com.ar).

El Ombú (☎ 02326-492080, in Buenos Aires 011-4737-
760/1216 Arg$; ✗ ▣) Die 300 ha große alte Estan-
cia liegt rund 20 km von Areco entfernt. Im Preis
inbegriffen sind alle Mahlzeiten, Getränke und
die meisten Freizeitaktivitäten wie Reiten, Golf

DER RUHMREICHE GAUCHO

Während der melancholische *tanguero* (Tangotänzer) das Wesen des *porteño* (Einwohner von Buenos Aires) repräsentiert, ist der Gaucho typisch für die Pampas: ein einsamer Cowboy, der gegen die Elemente kämpft und dessen einziger Freund sein Pferd ist.

In den frühen Tagen der Besiedlung lebten die Gauchos am Rande von Buenos Aires und hielten sich nicht an die in der Stadt geltenden Regeln und Gesetze. Sie führten auf dem Land ein unabhängiges und oft grausames Leben. Sie schlachteten das Vieh, das unkontrolliert über die fruchtbaren Pampas zog, und tranken *mate*, einen koffeinhaltigen Kräutertee, den nur Freunde gemeinsam teilen (s. Kasten S. 72).

Als die Siedlungen immer größer wurden, wollte man das wertvolle Vieh nicht den Gauchos überlassen. Im Ausland wuchs die Nachfrage nach Fellen, und Investoren zogen in die Pampas, um die Kontrolle über den Markt zu übernehmen. Sie gründeten das *estancia*-System, wonach große Ländereien einigen wenigen privilegierten Personen überschrieben wurden. Aus den unbekümmerten Gauchos wurden dadurch ausgebeutete Landarbeiter. Denjenigen, die sich weigerten, wurde mit Gefängnis gedroht oder sie wurden zum Militär eingezogen.

Ende des 19. Jhs. bestimmte die Führungselite, dass der Gaucho im modernen Argentinien keinen Platz hätte. Präsident Sarmiento (der das Land von 1868–1874 regierte) erklärte, dass „Gauchos nur gut dafür seien, das Land mit ihrem Blut zu düngen". Und es war bereits eine Menge Gauchoblut vergossen worden. Ihr reiterliches Können machte sie zu ausgezeichneten Infanteristen im argentinischen Bürgerkrieg und während der blutigen Kämpfe gegen die Indianer.

Wie viele Helden, so haben auch die Gauchos erst nach ihrem Untergang Zuneigung und Bewunderung erfahren. Ihre körperliche Unerschrockenheit, ihr Ehrgefühl und ihr Freiheitsdrang wurden in José Hernández' Heldengedicht *Martin Fierro* von 1872 und Ricardo Güiraldes' Roman *Don Segundo Sombra* gerühmt. Die bäuerlichen Traditionen der Gauchos sind Teil der argentinischen Volkskunst. Geschickte Kunsthandwerker stellen komplizierte Gauchomesser aus Silber und gewebte Ponchos her. Das Image des Gauchos wird immer wieder reproduziert, wie z. B. auf höchst amüsante Weise in den Karikaturen von Florencio Molina Campos.

Leider ist heutzutage der für den Export bestimmte Gaucho wesentlich häufiger anzutreffen als der echte Gaucho, besonders in den Folkloredarbietungen auf zahlreichen *estancias*. Die wahren Nachfolger der Gauchos findet man jedoch auf den Rinderfarmen der Pampas, wo sie in ihren staubigen *boinas* (einer Art Baskenmütze) und ihren *bombachas* (Reithosen) selbstbewusst über die Ebene reiten. Zu besonderen Anlässen wie dem Día de la Tradición (S. 161) tragen sie ihre beste Reitkleidung und stellen ihre außergewöhnlichen Reitkünste unter Beweis.

---

oder Tennis spielen auf den Plätzen des nahe gelegenen Country Club.

Weitere Estancias in der Provinz werden im Kasten S. 168 genannt.

Essen

San Antonio de Areco bietet eine ganze Reihe charakteristischer Cafés und Restaurants. Einige veranstalten am Wochenende *peñas* (Abende mit Volksmusik) – nähere Informationen erhält man bei den Einheimischen oder der Touristeninformation.

Pulpería La Lechuza (☎ 454542; Costanera Aquiles Pazzaglia, zwischen Ruiz de Arellano & E Zerboni; Gerichte 18–35 Arg$; nur Fr & Sa Mittag- & Abendessen) Im Schatten der Bäume lassen sich die Gäste riesige Empanadas und Grillgerichte schmecken. Die Alternative ist *choripan* zum Mitnehmen, z. B. ans nahe gelegene Flussufer. Abends finden Volkstanzveranstaltungen statt (Eintritt 12 Arg$).

La Ochava de Cocota (☎ 452176; Ecke V Alsina & LN Alem; Gerichte 18–36 Arg$; ☾ Mi–Sa & Mo Frühstück, Mittag- & Abendessen, So nur Abendessen) Das Café verkauft tagsüber hausgemachte Kuchen und Quiches, abends werden in der Cocktailbar Käseplatten und Pizzas serviert. In der entspannten Atmosphäre fühlen sich die Gäste sofort wie zu Hause.

La Esquina de Merti (☎ 456705; Ruiz de Arellano 147; Snacks 5–15 Arg$; ☾ Frühstück, Mittag- & Abendessen) Das einzige Restaurant in Areco, das nachmittags geöffnet bleibt – glücklicherweise hat es eine großartige Atmosphäre. Abends gibt es die typischen *parrillas*, nachmittags hauptsächlich Sandwiches und Empanadas.

Shoppen

San Antonio de Arecos Kunsthandwerker sind im ganzen Land berühmt. *Mate*-Zubehör, *rastras* (silberbeschlagene Gürtel) und die kunstvoll gearbeiteten *facónes* der Silberschmiede gehören zu den typischen Souvenirs der Stadt. Die Touristeninformation hat eine ausführliche Liste mit Adressen von Künstlern und ihrem jeweiligen Gewerbe vorliegen.

Wer z. B. kunstvoll gefertigte Schokolade oder *alfajores* (ein keksartiges Sandwich) verschenken möchte, geht am besten zu **La Olla de Cobre** (☎ 453105; Matheu; ☼ Mo & Mi–Fr 10–13 & 15.30–20.30, Sa & So 10–13 & 14.30–20.30 Uhr, Di geschl.), das auch Kaffee und Kakao ausschenkt.

An- & Weiterreise

Die Busgesellschaften General Belgrano und Chevallier bieten regelmäßige Verbindungen von Buenos Aires nach Areco (27 Arg$, 2 Std.) sowie einige Langstreckenverbindungen.

SÜDLICHE PAMPAS

Von der Hauptstadt erstrecken sich die Pampas in südliche Richtung über die Grenzen der Region Buenos Aires hinaus und nach Westen bis in die Provinz La Pampa.

Im südlichen Teil der Provinz Buenos Aires wird die endlos weite Ebene von Sierras (Hügeln) unterbrochen. Die Sierras de Tandil sind uralte Gebirgszüge bestehend aus gerundeten Hügeln, deren Gipfel nicht höher als 500 m sind. Etwas weiter westlich erreichen die zackigen Gipfel der Sierra de la Ventana 1300 m und sind damit ein attraktives Ziel für Wanderer und Bergsteiger.

Noch weiter westlich in der Provinz La Pampa ragen die bescheidenen Granithügel des Parque Nacional Lihué Calel auf.

Die in den Hügeln gelegenen Städte Tandil und Sierra de la Ventana bieten eine Menge Sportmöglichkeiten und eine entspannte Atmosphäre. Beide sind ideal für Abstecher von Buenos Aires aus. Die Provinzhauptstadt Santa Rosa ist für Touristen nicht besonders interessant, bietet sich aber als Verschnaufpause auf dem Weg zu bekannteren Reisezielen im Westen und Süden des Landes an.

CHASCOMÚS
☎ 02241 / 47 000 Ew.

Die hübsche Stadt liegt am Ufer der Laguna Chascomús, einem beliebten Anglertreff. Die breite, von Jacarandas gesäumte Hauptstraße Avenida Lastra führt von der RN 2 in Richtung Mar del Plata direkt zur Lagune. Wer will, kann sich am Ufer Pferde und Fahrräder mieten. Um die Lagune herum führt ein asphaltierter Weg (34 km). Karten und Informationen über Unterkünfte und Freizeitaktivitäten gibt es bei der **Touristeninformation** (☎ 430405; ☼ Mo–Fr 8–19, Sa & So 9–19 Uhr) am Pier in der Nähe der Stadt. Am Busbahnhof befindet sich eine weitere **Touristeninformation** (☎ 426300; ☼ Fr 13–17, Sa & So 9–14 Uhr).

Sehenswert ist das ausgezeichnete **Museo Pampeano** (☎ 430982; Av. Lastri & Muñiz; Eintritt frei; ☼ Di–Fr 9–15, Sa & So 10.30–16.30 Uhr), das Gegenstände aus dem täglichen Leben der Bewohner dieser Gegend – Ureinwohner, Gauchos, wohlhabende Landbesitzer – zeigt. Interessant ist der aus Tierknochen gefertigte Stuhl. Ebenfalls einen Besuch wert sind die historischen Gebäude im Zentrum, darunter die **Capilla de los Negros** (Av. Costanera & Presidente Perón). Weniger bekannt ist die Tatsache, dass die Provinz Buenos Aires und die Hauptstadt einstmals Heimat einer bedeutenden afrikanischen Bevölkerungsgruppe waren, die im 19. Jh. jedoch verschwand. Als Grund für ihr Verschwinden wird vermutet, dass alle Männer in den Krieg gegen Paraguay eingezogen wurden. In Chascomús wurde den Schwarzen der Zugang zur Kathedrale verwehrt, daher errichteten sie diese Kapelle. Die Verschmelzung des Katholizismus mit dem afrikanischen Glauben ist immer noch sichtbar.

In der Nähe des Sees liegen einige Campingplätze, der schönste ist der **Camping 6 de Septiembre** (☎ in Buenos Aires 011-15-5182-3836; www.seisdeseptiembre.com.ar; pro Pers. 20 Arg$, Zelt 20 Arg$; ⊠). Wer nicht zelten will, kann eines der kleinen Häuser für vier Personen (250 Arg$) mieten. Der Campingplatz liegt 8 km vom Busbahnhof entfernt.

Am Ufer stehen einige Hotels, darunter das **La Posada** (☎ 423503; laposadachascomus@hotmail.com; Av. Costanera España 18; Zi. 220–270 Arg$; ✉ ☎). Das Hotel hat vier große, komfortable Zimmer mit Kochnische und Terrasse. 12 km weiter um den See herum liegt die **Estancia La Alameda** (☎ in Buenos Aires 011-15-5228-2817; www.estancialaalameda.com; Tagesaufenthalt 100 Arg$, EZ/DZ 495/660 Arg$; ✉ ☎ ☎), ein Landsitz, der die typischen Estancia-Aktivitäten *Asado*-Mittagessen, Folkloredarbietungen und Reiten anbietet.

Der Busbahnhof von Chascomús liegt 3 km von der Stadt entfernt (eine Taxifahrt kostet 6 Arg$). Mehrmals am Tag fahren Busse von Buenos Aires aus hierher (27 Arg$, 2 Std.).

TANDIL
☎ 02293 / 140 000 Ew.

Die hübsche Stadt Tandil liegt am nördlichen Rand der Sierras de Tandil, einer 2,5 Mio. Jahre alten Bergkette. Durch Erosion entstanden sanfte, grasbewachsene Hügel und Felsvorsprünge,

DIE PAMPAS & DIE ATLANTIKKÜSTE

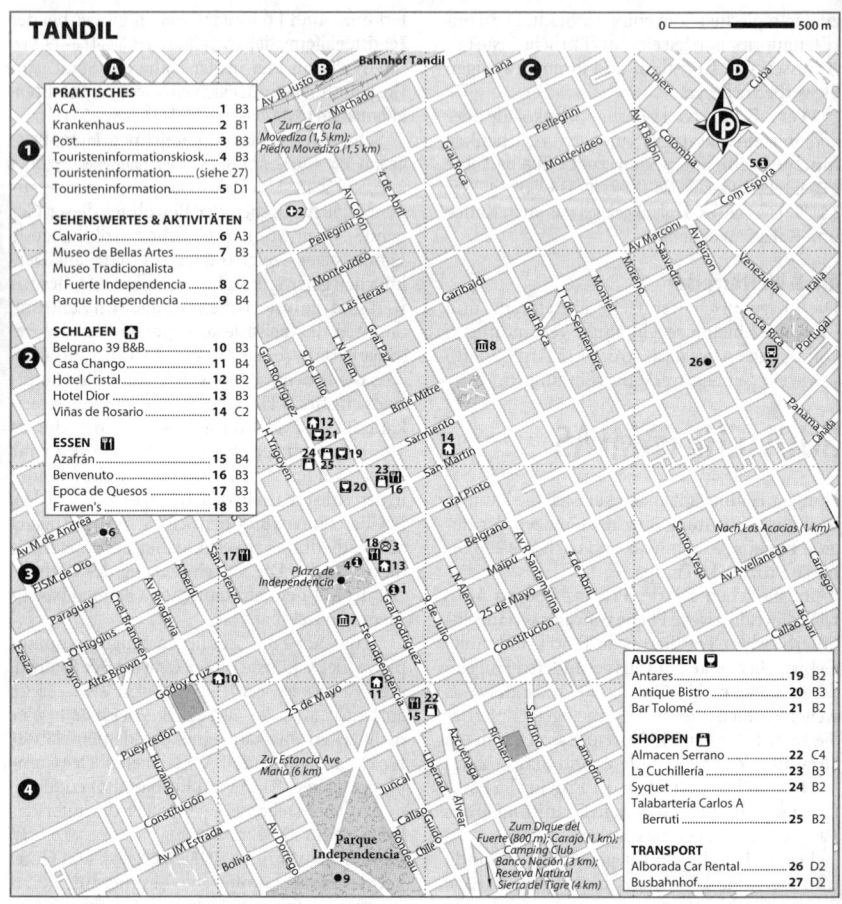

TANDIL

0 —————— 500 m

PRAKTISCHES
ACA	**1**	B3
Krankenhaus	**2**	B1
Post	**3**	B3
Touristeninformationskiosk	**4**	B3
Touristeninformation	(siehe 27)	
Touristeninformation	**5**	D1

SEHENSWERTES & AKTIVITÄTEN
Calvario	**6**	A3
Museo de Bellas Artes	**7**	B3
Museo Tradicionalista Fuerte Independencia	**8**	C2
Parque Independencia	**9**	B4

SCHLAFEN
Belgrano 39 B&B	**10**	B3
Casa Chango	**11**	B4
Hotel Cristal	**12**	B2
Hotel Dior	**13**	B3
Viñas de Rosario	**14**	C2

ESSEN
Azafrán	**15**	B4
Benvenuto	**16**	B3
Epoca de Quesos	**17**	B3
Frawen's	**18**	B3

AUSGEHEN
Antares	**19**	B2
Antique Bistro	**20**	B3
Bar Tolomé	**21**	B2

SHOPPEN
Almacen Serrano	**22**	C4
La Cuchillería	**23**	B3
Syquet	**24**	B2
Talabartería Carlos A Berruti	**25**	B2

TRANSPORT
Alborada Car Rental	**26**	D2
Busbahnhof	**27**	D2

die zum Klettern und Mountainbiken geradezu ideal sind. Zum Reiz der Stadt gehört die Mischung aus dörflichem Charme und der Energie einer Großstadt. Im grünen Stadtzentrum herrscht eine entspannte Atmosphäre, viele Geschäfte schließen über die mittägliche Siesta. Abends hingegen drängen sich die Einheimischen auf den Straßen und Plätzen, gehen shoppen oder besuchen kulturelle Veranstaltungen in der Stadt. Und ganz nebenbei brachte Tandil eine beachtliche Anzahl argentinischer Tennisstars hervor – zuletzt Juan Martin del Potro.

Die Stadt entwickelte sich aus dem Fuerte Independencia, einem militärischen Vorposten, der 1823 von Martín Rodríguez gegründet wurde. In den frühen 1870er-Jahren fand hier einer der berüchtigsten Zwischenfälle in der Geschich-

te der Provinz statt: Eine Gruppe abtrünniger Gauchos, Anhänger des exzentrischen Heilers Gerónimo de Solané (besser unter dem Namen Tata Dios bekannt), hatte sich in den Hügeln verschanzt, um gegen die Landbesitzer und Einwanderer vorzugehen und sie zu ermorden. Die Einwanderer konnten überlebten – ihre Kochkünste, die sie aus Europa mitbrachten, machten die Gegend zum Zentrum kulinarischer Spezialitäten: In zahlreichen Restaurants und Geschäften der Stadt kann man verschiedene Käsesorten sowie gepökeltes Fleisch probieren.

Orientierung

Tandil liegt 384 km südlich von Buenos Aires (via RN 3) an der RN 226. Nach Mar del Plata – 170 km südöstlich der Stadt – führt die RN 226.

Die Haupteinkaufsstraßen sind die Gral Rodríguez und die 9 de Julio; als Zentrum der gesellschaftlichen Aktivitäten fungiert abends die Plaza de Independencia. Sie erstreckt sich über zwei Blöcke, die von den Straßen Gral Rodríguez, Belgrano, Chacabuco und Gral Pinto begrenzt werden.

Praktische Informationen

ACA (Automóvil Club Argentina; ☎ 425463; Gral Rodríguez 399) Eine gute Quelle für Straßenkarten ist der örtliche Automobilclub.

Krankenhaus (Hospital Municipal Ramón Santamarina; ☎ 422210; Gral Paz 1406)

Post (Gral Pinto 621)

Touristeninformation (☎ 432225; www.tandil.gov.ar; Av. Com Espora 1120; ☻ Mo–Fr 9–20, Sa 9–18, So 9–15 Uhr)

Touristenschalter (Plaza Independencia, Ecke Grals Pinto & Rodríguez; ☻ Mo 10–18, Di–Sa 9-20, So 9–12.30 & 15.30 bis 18 Uhr) Wird wahrscheinlich in nächster Zeit umziehen.

Am Busbahnhof gibt es eine weitere **Touristeninformation** (☎ 432092).

Sehenswertes

Zu den Museen von Tandil zählt das historische **Museo Tradicionalista Fuerte Independencia** (☎ 435573; 4 de Abril 845; Eintritt 5 Arg$; ☻ März–Nov. 14 bis 18 Uhr, Dez.–Feb. 16–20 Uhr) mit einer umfangreichen Sammlung zur Stadtgeschichte. Fotografien mit spanischen Bildunterschriften erinnern an bedeutende Ereignisse. Das Museum steckt voller Erinnerungsstücke an die Geschichte, die von ortsansässigen Familien gespendet wurden: Das Spektrum reicht von Kutschen bis hin zu Damenhandschuhen. Das **Museo de Bellas Artes** (☎ 432067; Chacabuco 353; Eintritt nur per Spende; ☻ Di–Fr 8.30–12.30 & 17–21, Sa & So 17–21 Uhr) zeigt in Dauerausstellungen argentinische und internationale Kunstwerke.

Der Spaziergang von der südwestlichen Ecke der Innenstadt zum **Parque Independencia** bietet eine wunderschöne Aussicht über die Stadt, insbesondere bei Nacht. Auf der **Plaza de Independencia**, die von öffentlichen Gebäuden und der Kirche gesäumt wird, tummeln sich abends die Einheimischen. Manchmal spielen dort auch Musikkapellen.

Am nördlichen Stadtrand, wo Tata Dios vor über einem Jahrhundert seine Anhänger versammelte, befand sich einst die Piedra Movediza, ein 300 t schwerer, gefährlich schwankender Steinblock auf dem **Cerro La Movediza**, der 1912 schließlich herabstürzte. 2007 wurde dort eine unverrückbare Nachbildung des Steinblocks errichtet. Buslinie 503 (blau) fährt zum Cerro.

Jedes Jahr zu Ostern zieht der **Calvario** (Kalvarienberg), der an die Kreuzigung Jesu erinnert, zahlreiche Besucher an. Zu dieser Zeit wird auch ein Passionsspiel aufgeführt.

Südlich der Stadt am Ende der Calle Suiz und in der Nähe der Avenida Don Bosco befindet sich die **Reserva Natural Sierra del Tigre** (Eintritt 6 Arg$; ☻ Sommer 9–19.30 Uhr, Winter 9–18 Uhr, Mi und an Regentagen geschl.). Hier kann man herrlich auf den Felsen herumklettern; die Gipfel bieten einen schönen Ausblick auf die Stadt und die Farmen der Pampas, die sich wie ein bunter Flickenteppich aneinanderreihen. Im Frühling ist das Naturschutzgebiet mit duftenden Wildblumen übersät. Der Park beherbergt eine ungewöhnliche Sammlung an Tieren, darunter Lamas und Esel. Leider muss der Puma, der natürlicher Jäger dieser Tiere, sein Leben im Käfig verbringen.

Aktivitäten

Wer in der Reserva Natural Sierra del Tigre oder den umliegenden Gegenden reiten möchte, sollte sich an **Gabriel Barletta** (☎ 427725, 02293-15-509609; cabalgatasbarletta@yahoo.com.ar; Halbtagsausflug pro Pers. 100 Arg$) wenden. Räder vermietet **Sergio** (☎ 452454, 02293-15-647234).

Verschiedene Agenturen bieten eine ganze Palette an Freizeitaktivitäten in der Stadt und den Sierras an. Die sehr gut ausgebildeten Führer von **Chao Tandil** (☎ 432542; www.chaotandil.com.ar) unternehmen mit ihren Gästen beispielsweise Trekkingtouren, Kanufahrten, Abseil-, Mountainbike- und Klettertouren.

Schlafen

Während der Sommermonate, in der Osterwoche und an Ferienwochenenden sind Reservierungen unbedingt notwendig. Für diejenigen, die mit dem eigenen Auto anreisen, bieten die vielen Cabañas auf der Avenida Don Bosco eine gute Übernachtungsmöglichkeit – bei der Touristeninformation gibt es eine Liste der voll ausgestatteten Häuschen, von denen viele über einen Pool verfügen.

Camping Club Banco Nacion (☎ 423125; www.campingcbntandil.com.ar; Av. Don Bosco & Yugoslavia; 20 Arg$ pro Pers. ☙) Dieser etwas außerhalb der Stadt in Richtung *reserva* gelegene Campingplatz bietet schlafsaalähnliche Unterkünfte, außerdem gibt es *parrillas* und die Möglichkeit zu verschiedenen Aktivitäten im Freien.

Casa Chango (☎ 422260; www.casa-chango.com.ar; 25 de Mayo 451; B/EZ/DZ 50/80/130 Arg$; ☐ ☏) Nettes Hostel in einem weitläufigen alten Gebäude mit interessanten alten Fliesen, einem hübschen Garten und baufälliger Terrasse. Die Gäste können zwi-

DÍA DE CAMPO

Die beste Art, die Weite der Pampas zu genießen, ist der Besuch einer Estancia, eines Landguts mit Viehzucht. Während der Belle Epoque des ausgehenden 19. Jhs. ließen die wohlhabenden Landbesitzer ihre Güter mit großzügigen, oft phantasievollen Häusern und kunstvoll angelegten Gärten ausstatten, die ihnen als Rückzugsort dienten.

Diese glorreichen Zeiten sind längst vorüber, und viele der Häuser stehen nun den Touristen zur Besichtigung offen. Der *día de campo* – „Tag auf dem Land" – umfasst in der Regel ein reichhaltiges *asado*, ein Mittagessen vom Grill mit Getränken, und einen Rundgang durch das Haus. Außerdem können die Gäste Pferde und Fahrräder ausleihen und den Pool benutzen. Manchmal findet eine *gauchesco* statt, mit Folkloretänzen und Darbietungen der traditionellen Reitkunst sowie Polospielen. Estancias sind eine ausgezeichnete Möglichkeit für nachhaltigen Tourismus. Sie leisten einen wichtigen Beitrag zur Erhaltung gewachsener Tradition des Landes, während gleichzeitig die Umwelt geschont wird. Im Preis sind normalerweise die Übernachtung sowie sämtliche Mahlzeiten und Aktivitäten enthalten.

Die nachfolgenden Landgüter sind sehr empfehlenswert (Preise pro Person einschließlich sämtlicher Mahlzeiten):

La Candelaria (☎ 02227-424404; www.estanciacandelaria.com; RN 205, 114,5 km, Lobos; Tagesaufenthalt 200 Arg$, Zi. ab 400 Arg$; 🏊) Die ursprünglichen Besitzer gingen während des Baus ihres im französischen Stil erbauten Schlosses pleite. Die Außenanlagen wurden von Charles Thays gestaltet, der auch für viele öffentliche Parks in Buenos Aires verantwortlich zeichnete. Heute finden hier häufig Poloturniere statt.

Santa Rita (☎ 02227-495026; www.santa-rita.com.ar; RN 205, Lobos; Tagesaufenthalt 160 Arg$, Zi. 305 Arg$; 🏊) Das Haus aus der Kolonialzeit mit der ältesten Kapelle der Provinz blieb dank einer eher ungewöhnlichen Renovierung erhalten.

Bella Vista de Guerrero (☎ 02245-481234; www.bellavistadeguerrero.com; RP 2, Castelli; Tagesaufenthalt 300 Arg$, EZ/DZ1525/2180 Arg$; 🏊) Das wunderschön restaurierte Herrenhaus bietet Gourmetküche, mehrere Luxuszimmer und einen Wellnessbereich.

El Roble (☎ in Buenos Aires 011-4807-3450; www.insidethepampas.com; RN 47 bei Luján; Tagesaufenthalt 270 Arg$, Zi. 380 Arg$) Diese in den herrlichen Pampas gelegene Rinderfarm wird von einem jungen britisch-argentinischen Paar geführt. Angeboten werden Ausritte in die Umgebung, Viehhüten und der Besuch von Gauchofestivals.

Weitere Möglichkeiten zum Besuch von Estancias in der Provinz s. Antonio de Areco (S. 164) oder unter www.estanciasargentinas.com.

---

schen riesigen Schlafsälen und winzigen Privatzimmern wählen.

Hotel Cristal (☎ 443970; hotelcristal_tandil@yahoo.com.ar; Gral Rodríguez 871; EZ/DZ 100/148 Arg$; 🖥) Einfaches, aber komfortables Hotel; die Gäste können ihr Frühstück im sonnigen Garten genießen.

Belgrano 39 B&B (☎ 426989, 02293-15-607076; Belgrano 39; Zi. 280 & 400 Arg$; 🏊) Das Hotel, das von einer Engländerin geleitet wird, hat nur zwei Zimmer – ein komfortables Doppelzimmer und ein riesiges Dachzimmer. Zum Hotel gehören ein wunderschöner großer Garten und ein Pool. Unbedingt vorher anrufen.

Las Acacias (☎ 423373; www.posadalasacacias.com.ar; Brasil 642; EZ/DZ 270/340 Arg$; 🖥 🛜 🏊) Das reizvolle Hotel im Gebäude einer früheren Molkerei hat neun Zimmer, die sich alle zum Garten hin orientieren und rustikal und geschmackvoll eingerichtet sind. Außerhalb der Sommermonate werden sie günstiger vermietet.

Hotel Dior (☎ 431901; www.hoteldior.com; Gral Rodríguez 475; Zi. 320 Arg$; 🍴 🖥 🛜) Die gemütlichen Zimmer des 3-Sterne-Hotels haben bequeme Betten und geräumige Bäder. Die Balkone bieten einen schönen Ausblick auf den Platz und die außerhalb der Stadt gelegenen Berge.

Viñas del Rosario (☎ 444776; www.vinasdelrosario.com; Gral Paz 625; DZ/3BZ 350/470 Arg$; 🍴 🖥 🛜) Schönes altes Gebäude in zentraler Lage mit drei einfachen, aber hübschen Zimmern und einem kleinen Garten mit Rasen und Whirlpool.

Estancia Ave Maria (☎ 422843; www.avemariatandil.com.ar; EZ/DZ ab 610/850 Arg$; 🖥 🛜 🏊) In dieser wunderschönen historischen Estancia gibt es gute Hausmannskost und elegante, komfortable Zimmer, einige mit Blick auf die Berge. Halbpension und Freizeitaktivitäten wie Reiten sind im Preis inbegriffen. Einfach die Juan B Justo im Westen der Stadt 6 km hinunterfahren.

Essen

Frawen's (☎ 426339; Gral Rodríguez 499; Gerichte 15–26 Arg$; 🕑 Frühstück, Mittag- & Abendessen) Wer auf der Plaza frühstücken will, ist hier genau richtig. Das Lokal ist sonnig und hell und bietet viele Sitzplätze im Freien – kurzum: ein großartiger Ort, um den Tag zu beginnen.

Carajo (☎ 436669; Ecke Saavedra Lamas & García; Gerichte 17–36 Arg$; ☾ Di–Sa Mittag- & Abendessen, So nur Abendessen, Mo geschl.) Das Lokal hat eine schöne Terrasse mit Blick auf den Dique del Fuerte und ist an einem warmen, sonnigen Tag einfach unschlagbar. Die Fleischgerichte sind hervorragend.

Benevento (☎ 447001; Ecke San Martín & L N Alem; Nudelgerichte 20–24 Arg$; ☾ Di–So Mittag- & Abendessen) Hier gibt es nur Nudelgerichte – und zwar besonders gute. Alles ist hausgemacht und frisch zubereitet. Köstlich sind die *tallarines* mit geräuchertem Schinken, Spargel und einer Wodkasoße. Alle Gerichte können auch mitgenommen werden.

LP Tipp **Epoca de Quesos** (☎ 448750; Ecke San Martín & 14 de Julio; Gerichte 21–34 Arg$; ☾ 9–22 Uhr) Am Wochenende wimmelt es hier von Touristen. Das Restaurant verkauft über 130 lokale Käsesorten und viel Pökelfleisch. Die Gäste können ihr Gericht an der Theke oder in dem hübschen Garten hinter dem Restaurant verzehren. Dazu sollte man sich eine der vielen Biersorten bestellen.

Azafrán (☎ 436800; Ecke Fte Independencia & Constitución; Gerichte 26–34 Arg$; ☾ Mi–Mo Mittag- & Abendessen) Das kleine, elegante Restaurant serviert leckere Gourmetgerichte wie Tagliatelle mit Pilzen oder Forelle mit Zitronensauce und Duftreis. Es empfiehlt sich, im Voraus zu reservieren.

Ausgehen

Für eine Kleinstadt überraschend, bietet Tandil einige wirklich hervorragende Bars.

Antares (☎ 446636; 9 de Julio 758; ☾ 18.30 Uhr bis spät nachts) Das attraktive, moderne Pub-Restaurant mit kupfernden Zapfzylindern hinter der Bar ist ein Ableger der Antares-Kette. Am Wochenende wird Livemusik gespielt.

Bar Tolomé (☎ 422951; Ecke Gral Rodríguez & Bmé Mitre; ☾ 19.30 Uhr bis spät nachts) Unter der Woche ist hier kaum etwas los, am Wochenende dafür umso mehr (laute Livemusik). Für diejenigen, denen ein Bier nicht ausreicht, gibt es in dieser zwanglosen Bar Pizzas und Sandwiches.

Antique Bistro (☎ 449339; Gral Rodríguez 687; ☾ 19 Uhr bis spätnachts) In dieser winzigen, altmodischen Piano-Bar herrscht ein niveauvolles Ambiente. Von Donnerstag (ab 23.30 Uhr) bis Samstagnacht spielen Folk- oder Tangobands.

Shoppen

Tandil ist für Aufschnitt und Käse berühmt, aber es gibt auch viele kunstvoll gefertigte Gauchomesser, die zum Salamischneiden äußerst nützlich sind.

La Cuchillería (☎ 444937; San Martín 780; ☾ Mo–Sa 9–13 & 17–21 Uhr) Das erstklassige Messergeschäft verkauft alles – angefangen von 8 cm großen Schnitzmessern bis hin zu 36 cm langen *facónes* – und bietet außerdem eine große Auswahl an handgefertigten Qualitätsklingen.

Talabartería Carlos A Berruti (☎ 425652; Gral Rodríguez 787; ☾ Mo–Sa 9.15–13 & 16.30–20.30 Uhr) Besonders empfehlenswert sind die Lederwaren, man findet aber auch das für die Mate-Zubereitung notwendige Zubehör sowie Messer, Silberwaren und Ponchos.

Almacen Serrano (☎ 448102; Ecke Av. Avellaneda & Gral Rodríguez; ☾ Mo–Do 9–13 & 16.30–21, Fr & Sa 9–21, So 10–21 Uhr) Verkauft werden Käse, Salami und Schinken aus der Region sowie vor Ort gebrautes Bier und Süßigkeiten.

Syquet (☎ 422122; Ecke Bmé Mitre & Gral Rodríguez; ☾ Di–Do 9–13 & 17–21, Fr–Mo 9–21 Uhr) Auch hier werden Käse, Fleisch und Bier angeboten, außerdem eine gute Auswahl an *dulce de leche* (Süßigkeiten aus Milch), Marmelade sowie ein Speziallikör, der aus Schokolade und Honig hergestellt wird.

An- & Weiterreise

Der Busbahnhof von Tandil ist vom Zentrum aus leicht zu Fuß zu erreichen (12 Blocks). Eine Taxifahrt kostet rund 7 Arg$.

Beliebte Langstreckenziele:

Reiseziel	Fahrpreis (Arg$)	Fahrzeit (Std.)
Buenos Aires	74	5¼
Córdoba	174	16
Mar del Plata	32	3
Mendoza	250	16
Necochea	25	3
Rosario	125	11

Vom Bahnhof Constitución in Buenos Aires aus fahren Züge nach Tandil.

Unterwegs vor Ort

Tandils ausgezeichnetes öffentliches Transportsystem erreicht alle wichtigen Sehenswürdigkeiten. Der Bus Nr. 500 (gelb) fährt nach Dique del Fuerte, der Bus Nr. 501 (rot) zum Busbahnhof und der Bus Nr. 503 (blau) nach Cerro La Movediza, zur Universität und zum Busbahnhof.

Mietwagen verleiht das Unternehmen **Alborada** (☎ 441950; Ecke Gral Pinto & Saavedra).

SIERRA DE LA VENTANA

☎ 0291 / 5000 Ew.

Der Río Sauce durchfließt diese grüne Stadt, Wochenendziel zahlreicher Familien aus der

Provinz, die den Ort der hübschen Bademöglichkeiten im Fluss und malerischen Berge wegen aufsuchen.

Sierra de la Ventanas Hauptattraktion sind die zahlreichen Freizeitmöglichkeiten: Bergwandern, Angeln, Baden, Reiten, Radfahren, Jeeptouren und Klettern.

Von Bahía Blanca (125 km südlich) führt der Weg zunächst auf der RN 33 nach Tornquist und dann über die RP 76 nach Sierra de la Ventana. Der Río Sauce Grande teilt die Stadt in zwei Hälften mit unterschiedlichem Gesicht: Villa Tivoli ist das Geschäfts- und Dienstleistungszentrum, Villa Arcadia die Wohngegend.

Praktische Informationen

Banco Provincia (San Martín 260) Sie ist die einzige Bank in der Stadt, ein Geldautomaten ist vorhanden.

Cyber Intersierra (Av. San Martín 403) Bietet Internetzugang; nach der gestreiften Markise Ausschau halten.

Post (Ecke Av. Roca & Alberdi)

Touristeninformation (☎ 491-5303; Av. del Golf; ☺ 8–20 Uhr) Gegenüber vom Bahnhof.

Aktivitäten

Die Gegend bietet viele Freizeitmöglichkeiten, die man auch auf eigene Faust wahrnehmen kann. Wer sich einen Führer nehmen möchte, sollte sich an **Luan & Ventur** (☎ 491-5005; luan_ventur@hotmail.com; Av. San Martín 140) wenden. Die Firma bietet Touren zur Garganta del Diablo (S. 172) an – die einzige Art und Weise übrigens, um die Schlucht zu besichtigen! Die Agentur organisiert auch Wanderungen zum Gipfel des Cerro Tres Picos (S. 171) und Aktivitäten wie Abseilen und Reiten.

Eco Ventania (☎ 491-0245; www.ecoventania.com.ar; Siete Colores, zwischen Pillahuinco & Cruz del Sur, Villa Ventana) in Villa Ventana bietet vergleichbare Aktivitäten an, zusätzlich aber auch Jeeptouren und Fotosafaris. **Campo Equino** (☎ 0291-15-643-1582; campoequino@celt.com.ar; RP 76, Km 230) hat sich auf umweltverträgliche Ausritte spezialisiert.

Sergio Rodriguez (☎ 491-5355; sergiorodriguezturismo@infovia.com.ar; Ecke Av. San Martín & Iguazú), auch unter dem Namen GeoTur bekannt, organisiert Ausflüge zu einer Weinkellerei, einer *estancia* sowie weiteren Sehenswürdigkeiten in der Umgebung.

Fahrräder verleiht **El Tornillo** (☎ 0291-15-431-1812; Roca 142; ☺ 10–9 Uhr, an heißen Tagen nachmittags geschl.).

Schlafen

In den Sommermonaten und an langen Wochenenden empfiehlt es sich, die Zimmer im Voraus zu reservieren.

Camping El Paraíso (☎ 0291-15-407-4530; camping_el paraiso@yahoo.com.ar; Los Tilos 150; Zeltplätze 15 Arg$ pro Pers., EZ, DZ, DBZ, Cabañas 45/70/85/95 Arg$) Dieser gut ausgestattete Campingplatz liegt sehr zentral, bietet viel Schatten und verschiedene Dienstleistungen. Die kleinen Cabañas haben Schlafräume, die Badezimmer liegen im Freien.

Hostería Maiten (☎ 491-5073; Iguazú 93; EZ/DZ 60/120 Arg$) Das freundliche Hotel im Familienbesitz vermietet sechzehn einfache, aber saubere Zimmer, die alle von einem sehr grünen Garten umgeben sind.

Aihuen Parque Hotel (☎ 491-5074; www.com-tur.com.ar/aihuen; Tornquist; EZ/DZ 75/150 Arg$; ⛏) Das charmante Hotel im alten Stil mit Garten findet man ungefähr vier Blocks vom Zentrum Tornquists entfernt, ganz in der Nähe des Flusses. Mit seinen knarzenden Holzböden gehört es nicht unbedingt zur Luxusklasse, bietet aber dennoch eine Menge Atmosphäre.

Hotel Atero (☎ 491-5002; Ecke Av. San Martín & Güemes; EZ/DZ 120/180 Arg$; ⛏ ▯ ☂) Das Mittelklassehotel direkt im Zentrum hat gemütliche, komfortable Zimmer mit Balkon zur Straßenseite sowie ein eigenes Restaurant.

Hotel Provincial (☎ 491-5024; hotelprovincialsierradelaventana@yahoo.com.ar; Drago 130) Prachtvolles altes Hotel, dessen Renovierung kurz bevorsteht. Daher besser vorher anrufen.

Estancia El Retiro (☎ 491-5034; www.golfyestancias.com.ar; 380 Arg$ p. Pers.; ⛏) Die 70 ha große *estancia* wurde im Stil eines normannischen Schlosses errichtet und bietet einen atemberaubenden Blick auf die Sierras. Hier können die Gäste Forellen angeln und Vögel beobachten. Einfach rund 3 km die RP 72 hinunterfahren: Das Gelände der Estancia beginnt 3 km südlich der Stadt.

Essen

Außerhalb der Sommermonate Dezember bis März sind einige Restaurants an einem Wochentag geschlossen.

Parrilla Rali-Hué (☎ 491-5220; San Martín 307; Gerichte 18–25 Arg$; ☺ Mittag- & Abendessen) In diesem Restaurant mit Plastiktischdecken gibt es nur Rindfleischgerichte. Einheimische essen gerne die *parrillada* (gemischte Grillplatte) für zwei Personen – zum Superpreis von 46 Arg$.

Sol y Luna (☎ 491-5316; Av. San Martín 393; Gerichte 18 bis 35 Arg$; ☺ Mittag- & Abendessen) Hier gibt es alles von Nudelgerichten und Pizzas bis hin zu Grilltellern und frischen Forellen. Vegetarier lieben die Sojaburger und die anderen fleischlosen Spezialitäten.

La Rueda (☎ 491-5359; Av. San Martín 256; Gerichte 20 bis 37 Arg$; ☺ Frühstück, Mi–Mo Mittag- & Abendessen) freundliches Restaurant mit dem typischen Angebot an Fleisch- und Nudelgerichten. Lecker sind die Schweinekoteletts mit Apfelmus. Das Lokal hat schöne rustikale Möbel und Tische draußen auf dem Gehsteig.

An- & Weiterreise

Condor Estrella (☎ 491-5091) Die Busse nach Buenos Aires (105 Arg$, 8 Std., 6-mal wöchentl.) und Bahía Blanca (25 Arg$, 2 Std., 1- bis 2-mal tgl.) fahren an der Avenida San Martín ab, direkt neben dem kleinen Kiosk in der Nähe der YPF-Tankstelle. Die örtlichen Langstreckenbusse (combis) von **Ventana Bus** (☎ 0291-15-468-5101) fahren nach Bahía Blanca.

Von Buenos Aires aus (34–55 Arg$) fahren mehrmals pro Woche Züge hierher, einige halten auch im 48 km entfernten Tornquist.

Die Minibusse der **Transporte Silver** (☎ 491-5533; Av. San Martín 156) verkehren zwischen Sierra de la Ventana und Tornquist (13 Arg$, 1 Std.) mit Zwischenstopps in Villa Ventana (9 Arg$, 25 Min.) und Parque Provincial Ernesto Tornquist (11 Arg$, 40 Min.). Sie fahren zwei bis drei Mal täglich (in den Sommermonaten Dez.–März auch häufiger).

RUND UM SIERRA DE LA VENTANA
☎ 0291

Die Sierra de la Ventana ist Argentiniens älteste Gebirgskette. In der wärmeren Jahreszeit lässt es sich hier wunderbar picknicken und den zahlreichen Outdoor-Aktivitäten, insbesondere Wandern und Reiten, nachgehen. Während der Schulferien und am Wochenende sind die Wanderwege überfüllt, und in der Hauptsaison ist es schwierig, eine Unterkunft zu finden.

Villa Ventana

Nur 17 km nordwestlich von Sierra de la Ventana liegt der immer größer werdende Ort Villa Ventana, ein deutlich ruhigerer Ausgangspunkt für die Erkundung der Sehenswürdigkeiten der Region. Hohe Bäume säumen die unbefestigten Straßen und Vogelgezwitscher erfüllt die Luft. An langen Wochenenden und in den Schulferien ist es jedoch schnell mit der Ruhe vorbei.

Am Stadteingang befindet sich eine **Touristen-information** (☎ 491-0795; ⏱ Mo–Do 8–14 & 15.30–18, Fr–So 8–19 Uhr).

SCHLAFEN & ESSEN
In der Stadt gibt es zwar einige Campingplätze, Camper fahren jedoch besser zum Campamento Base, der Platz liegt außerhalb des Parks (S. 172).

Hosteria La Peninsula (☎ 491-0012; Ecke Golondrina & Cruz del Sur; EZ/DZ 50/100 Arg$; ☼) Villa Ventanas ältestes Hotel direkt neben der Touristeninformation ist ziemlich einfach, die Zimmer sind jedoch sehr komfortabel. Ein Pluspunkt ist der Pool (wenn er mal gefüllt ist).

Cabañas La Ponderosa (☎ 491-5491; www.villalaponderosa.com.ar; Cruz del Sur; Cabañas ab 200 Arg$) Das zentral gelegene Hotel an der Plaza bietet geräumige, gemütliche und sehr komfortable Holzhäuschen mit Kochnischen. Einige haben sogar ein Loft unter dem Dach. Die Häuschen bieten Platz für zwei bis fünf Personen.

LP Tipp Posada Agua Pampas (☎ 491-0210; www.aguapampas.com.ar; Ecke Calle Las Piedras & Canario; Zimmer ab 260 Arg$; ☼ ⏹ ☎ ☼) Mit Sicherheit das beste Hotel in Villa Ventana! Es ist aus örtlichen Steinen und aus recyceltem Holz erbaut – sogar die Badewannen sind aus hohlen Holzblöcken gefertigt. Die großen Rasenflächen werden mit Brauchwasser bewässert. Das heißt aber nicht, dass der Luxus für die Gäste hier zu kurz kommt: Die Zimmer sind wunderschön eingerichtet, jedes hat seine eigene Terrasse. Es gibt herrliche Innen- und Außenpools, einen Wellnessbereich und ein Restaurant.

Rancho Villa (☎ 491-0235; Ecke Cruz del Sur & Zorzal; Gerichte 10–25 Arg$; ⏱ Frühstück, Mittag- & Abendessen) Das kleine Teehaus, eines von mehreren in der Stadt, bietet Tische im Freien. Serviert werden die vor Ort hergestellten *alfajores* und Fastfood, z. B. Steak-Sandwiches.

Da Roberto (☎ 0291-15-468-1459; Ecke Cruz del Sur & Carpintero; Gerichte 32–48 Arg$; ⏱ Fr–Di Mittagessen, Do–Di Abendessen) Der Besitzer des Lokals, ein italienischer Koch, wurde von der Slowfood-Bewegung inspiriert. Es gibt leckere Nudelgerichte und Pizzas. Das Lokal hat eine vertraute, rustikale Atmosphäre.

AN- & WEITERREISE
Zwei- bis dreimal am Tag fahren Minibusse der Transportes Silver (7,50 Arg$, 20 Min.) von Sierra de la Ventana nach Villa Ventana. Eine *remise* (Taxi) kostet rund 35 Arg$. Von Bahía Blanca (23 Arg$, 2 Std.) aus fahren Busse nach Sierra de la Ventana. Fahrgäste können am Bergwanderweg zum Cerro de la Ventana, der auf dem Weg liegt, aussteigen.

Cerro Tres Picos
Der 1239 m hohe Cerro Tres Picos südwestlich von Villa Ventana (erreichbar über die RP 76) ist ein lohnendes Ausflugsziel. Da er zum Privateigentum der Estancia Funke gehört, wird ein

Eintrittsgeld von 15 Arg$ verlangt. Dafür können die Gäste den ganzen Tag wandern, mittags grillen und schwimmen (falls es denn genügend geregnet hat). Wer den zehnstündigen Aufstieg zum Cerro Tres Picos unternehmen und sein Zelt in einer Höhle aufschlagen möchte, zahlt 25 Arg$. Es gibt dort auch eine einfache Unterkunft mit Küchenbenutzung (35 Arg$ mit eigenem Schlafsack, 45 Arg$ ohne Schlafsack). Kontaktperson ist **Monica Silva** (☎ 494-0058; www.funketurismo.com). Obwohl es vor Ort einige Lebensmittel zu kaufen gibt, sollten Wanderer ihren eigenen Proviant mitbringen.

Parque Provincial Ernesto Tornquist

Der 67 km² große **Park** (☎ 491-0039; Eintritt 10 Arg$; ◉ Dez.–März 8–17 Uhr, April–Nov. 9–17 Uhr) liegt 25 km von Sierra de la Ventana entfernt und ist ein Anziehungspunkt für Besucher aus der ganzen Provinz. Er hat zwei Eingänge. Der erste liegt 5 km westlich von Villa Ventana und beherbergt das **Centro de Visitantes** mit einer kleinen Ausstellung zum Umweltschutz in der Region. Die Hauptwanderung führt zum **Cerro Bahía Blanca** (3 Std. hin & zurück) mit grandiosen Ausblicken. Wer ein Auto hat, kann sich in der Stadt einen Führer nehmen (bei der Touristeninformation nachfragen) und zur **Reserva Integral** (4–5 Std. hin & zurück) fahren, um die dortigen Höhlenmalereien zu bewundern.

Das Highlight des Parks liegt jedoch am anderen Eingang 4 km weiter westlich: Die fünfstündige Wanderung (hin & zurück) zum 1186 m hohen **Cerro de la Ventana** führt zu einem fensterartigen Felsgebilde in der Nähe des Gipfels, dem der Gipfel seinen Namen verdankt. Von oben bietet sich ein überwältigender Ausblick auf die umliegenden Hügel und die in der Ferne liegenden Pampas. Wer den Gipfel besteigen will, sollte sich vor 11 Uhr bei den Rangern anmelden. Da unterwegs keine Quellen liegen sollten Parkbesucher unbedingt ausreichend Wasser und Sonnenschutzmittel mitnehmen!

Für diejenigen, die nicht so viel Energie haben, gibt es einige kürzere Strecken, z. B. nach **Piletones** (hin & zurück 3 Std.) und zur **Garganta Olvidada** (1 Std. hin & zurück). Wer die Schlucht **Garganta del Diablo** (6 Std. hin & zurück) besichtigen will, muss sich allerdings einer geführten Tour (S. 170) anschließen.

Von Sierra de la Ventana (11 Arg$, 40 Min.) und Villa Ventana (6 Arg$, 15 Min.) aus fahren zwei- oder dreimal täglich Minibusse von Transportes Silver zum Park (im Sommer, also von Dezember bis Februar häufiger).

SCHLAFEN

Campamento Base (☎ 0291-491-0999; RP 76, Km 224; Stellplatz 22 Arg$ pro Pers.) Ein Campingplatz am Fuß des Cerro de la Ventana mit schattigen Plätzen und einfachen Schlafsälen mit Küche (30 Arg$).

Hotel El Mirador (☎ 0291-494-1338; www.complejoelmirador.com.ar; RP 76, Km 226; EZ/DZ ab 225/270 Arg$, Hütten ab 540 Arg$; 🅿 🄐 ⏚) Die Hotelanlage in der Nähe des Cerro de la Ventana bietet schöne, geräumige Hütten (für bis zu acht Personen) und ein großes Hotel mit zahlreichen Annehmlichkeiten wie z. B. einem ganztägig geöffneten Restaurant, das u.a. Fleisch- und Nudelgerichte serviert.

SANTA ROSA

☎ 02954 / 110 000 Ew.

Ungefähr 600 km von Buenos Aires und ziemlich weit von den anderen Ortschaften entfernt, ist Santa Rosa nur als Durchgangsort für Überlandbusse interessant. Die Stadt mit freundlichen Bewohnern und einer (ziemlich hässlichen) Kathedrale wirkt immer noch sehr kleinstädtisch. Lohnenswert ist die Erkundung des 220 km südwestlich von Santa Rosa gelegenen Parque Nacional Lihué Calel, ein etwas abseits gelegener, aber reizvoller Park, der für seine überraschend große Vielfalt an Pflanzen und Tieren bekannt ist.

Santa Rosa wurde 1892 von französischen, spanischen und italienischen Einwanderern gegründet, die mit dem Ausbau der Eisenbahn hierher kamen. Ein Hinweis auf die nach wie vor isolierte Lage und Bedeutungslosigkeit der Stadt ist die Tatsache, dass das Umland bis 1951 nur den Status eines Territoriums, nicht aber einer offiziellen Provinz hatte.

Santa Rosa ist auch Universitätsstadt. An der Universität von La Pampa studieren junge Leute aus der ganzen Region.

Orientierung

Nördlich der Avenida España prägt das übliche Gitternetz das Stadtbild. Alle Straßen sind auf die saubere, aber fast schattenlose Plaza San Martín ausgerichtet. Die meisten Geschäfte liegen an diesem Platz und in den umliegenden Straßen. Das moderne Centro Cívico sieben Häuserblocks östlich an der Avenida Pedro Luro gelegen, ist ein weiterer Anziehungspunkt.

Praktische Informationen

Im Stadtzentrum finden Touristen gleich mehrere Bankautomaten.

ACA (☎ 422435; Av. .San Martín 102) Argentiniens Automobilclub an der Plaza ist eine gute Adresse unter Anderem für den Kauf von Straßenkarten.

SIND MASTBETRIEBE DIE LÖSUNG?

Schon immer gehörten sie zu den Haupttouristenattraktionen Argentiniens – saftige, leckere Steaks von frei grasenden argentinischen Rindern. Aber langsam verschwindet diese Tradition. Heute werden die Tiere eingepfercht und mit Getreide gefüttert. Ungefähr 40 % der jährlich geschlachteten Rinder – rund 15 Mio. – verbringen ihre letzten Monate in Mastbetrieben.

Nicht immer war Fleisch in Argentinien Massenware. Die weiten und landwirtschaftlich ergiebigen Pampasebenen eigneten sich hervorragend zur Rinderzucht. Bis zum Jahre 2001 fraßen etwa 90 % der Rinder ausschließlich natürliches Futter, nämlich Gras. In letzter Zeit hat sich das leider geändert: Die Preise für Feldfrüchte, wie z. B. Sojabohnen – Argentinien gehört international zu den Hauptanbauländern – sind sprunghaft gestiegen, und es ist jetzt viel lukrativer, diese Hülsenfrüchte anzubauen, als Grasflächen für Rinder zu schaffen. Darüber hinaus wurde die Fleischindustrie in den letzten Jahren von einer großen Dürre betroffen, was sich nachteilig auf die Geburtenrate bei Rindern auswirkte.

Am verheerendsten für die grasfressende Rinder sind jedoch die Subventionen der Regierung für Mastbetriebe mit der Absicht, Rindfleisch rascher als bisher zu produzieren. Es ist weniger profitabel geworden, ein mit Gras gefüttertes Rind bis zur Schlachtreife aufzuziehen als eines, das mit Getreide gefüttert wird. Die argentinische Regierung hat außerdem ein Gesetz verabschiedet, wonach die Preise für Rindfleisch künstlich niedrig gehalten werden und gleichzeitig Exportsteuern erhoben werden, um Farmer davon abzuhalten, einen Gewinn durch den Export von Rindfleisch zu machen. (Bei einem Pro-Kopf-Verbrauch von über 70 kg – einem der höchsten der Welt – essen die Argentinier sowieso das meiste im Land produzierte Fleisch selbst.) Um überleben zu können, gehen immer mehr Farmer dazu über, auf dem ehemaligen Weideland Soja oder Getreide anzubauen.

Trotz des Rückgangs bei den Preisen für Landwirtschaftserzeugnisse und Subventionszahlungen wird das Mastbetriebssystem beibehalten werden und wahrscheinlich noch ausgeweitet werden. Schätzungen zufolge werden bis 2015 75 % der argentinischen Rinder die letzten Tage ihres Lebens in Viehpferchen fristen, wo ihre Bewegungsfreiheit eingeschränkt ist und sie für Rinder untypisches Futter fressen müssen. Sie werden mit Impfstoffen und Antibiotika vollgepumpt, die für die Behandlung von Krankheiten, die als Folge dieser unnatürlichen Haltungsbedingungen entstehen, unerlässlich sind. Ihr Fleisch ist weniger schmackhaft und nahrhaft, aber aufgrund des niedrigeren Prozentsatzes an Muskelmasse und des höheren Fettanteils zarter. Die moderne Welt der kommerziellen Fleischerzeugung hat auch vor Argentinien nicht haltgemacht. Dadurch verschwindet ein Teil seiner Geschichte, seines Ansehens und des berühmten argentinischen Stolzes.

Post (Hilario Lagos 258)
Städtische Touristeninformation (☎ 436555; Luro 365; 🕑 Mo–Fr 8–19, Sa & So 10–14 & 17–19 Uhr) Im Busbahnhof; nicht mit der ganz in der Nähe liegenden (und sichtbareren) Touristeninformation am Bahnhof verwechseln, die rund um die Uhr geöffnet ist.

Touristeninformation (☎ 424404; www.turismolapampa.gov.ar; Ecke Luro & San Martín; 🕑 Mo–Fr 7–19, Sa & So 9.30–21 Uhr) Gegenüber vom Busbahnhof.

Sehenswertes & Aktivitäten

Das **Museo Provincial de Historia Natural** (☎ 422693; Quintana 116; Eintritt frei; 🕑 Mo–Fr 8–12, So 19–22 Uhr) zeigt zahlreiche ausgestopfte Tiere, darunter Vögel aus den Pampas. Ergänzt wird die Sammlung durch einige lebende Schlangen sowie Dinosaurierfossilien aus der Region.

Das **Museo Provincial de Artes** (☎ 427332; Ecke 9 de Julio & Villegas; Eintritt frei; 🕑 Mo–Fr 8–20, Sa & So 18 bis 21.30 Uhr) präsentiert Werke lokaler und nationaler Künstler. Einige Räume zeigen Wechsel-

ausstellungen. Das **Teatro Español** (☎ 455325; Hilario Lagos 54) stammt von 1927 und ist Santa Rosas wichtigstes Theater.

Die **Laguna Don Tomás** liegt 1 km westlich des Stadtzentrums. Die Einheimischen fahren zum Bootfahren, Schwimmen, Sporttreiben und Spazierengehen dorthin.

Schlafen & Essen

Camping Municipal Don Tomás (☎ 434568; Av. Uruguay; Stellplatz 3 Arg$ pro Pers.) Einfacher, aber ordentlicher Campingplatz mit Picknicktischen. Vom Busbahnhof am westlichen Ende der Avenida Uruguay fährt der örtliche Bus am Platz vorbei (eine Taxifahrt kostet 15 Arg$).

Residencial Atuel (☎ 422597; www.atuel.aehglp.org.ar; Luro 356; EZ/DZ 100/120 Arg$; 🔀) Die freundliche Unterkunft liegt nur wenige Schritte vom Busbahnhof entfernt. Die Zimmer sind etwas heruntergekommen, aber sauber, und haben alle Kabelfernsehen. Eine Nacht lässt es sich hier also gut aushalten.

Hotel San Martín (☎ 414814; www.hsanmartin.com.ar; Ecke Alsina & Pelligrini; EZ/DZ 120/190 Arg$; 🛏 💻 🛜) Das Hotel liegt in zentraler Lage gegenüber vom stillgelegten Bahnhof und zeichnet sich durch saubere, ruhige Zimmer aus.

Hotel Calfucurá (☎ 433303; www.hotelcalfucura.com; San Martín 695; EZ/DZ 175/235 Arg$; 🛏 🛜 🖥) Das beste Hotel der Stadt liegt in der Nähe des Busbahnhofs. Es hat eine moderne Atmosphäre und äußerst komfortable, mit Teppichen ausgestattete Zimmer.

La Recova (☎ 424444; Ecke Yrigoyen & Avellaneda; Gerichte 12–32 Arg$; 🕒 Frühstück, Mittag- & Abendessen) Das hervorragende, moderne Restaurant auf der Plaza San Martín ist gleichzeitig eine sehr gute *confitería* (Café).

Arándalo (☎ 560200; Yrigoyen 731; Menü 58 Arg$; 🕒 Mo–Sa Mittag- & Abendessen) Das gehobene, schöne Restaurant in der Nähe des betriebsamen Busbahnhofs lässt besondere Überraschungen auf seiner Speisekarte vermissen. Das Menü umfasst eine Vorspeise, das Hauptgericht, eine Nachspeise und ein Getränk.

AN- & WEITERREISE

Aerolíneas (☎ 433076) fliegt einmal pro Woche nach Buenos Aires. Der Flughafen liegt 3 km außerhalb der Stadt, eine Taxifahrt dorthin kostet 20 Arg$.

Den **Busbahnhof** (Luro 365) findet man sieben Häuserblocks von der Plaza entfernt. Von hier aus fahren Busse nach Bahía Blanca (62 Arg$, 5 Std.), Neuquén (120 Arg$, 7 Std.), Buenos Aires (150 Arg$, 8 Std.), Puerto Madryn (120 Arg$, 10 Std.), Mendoza (180 Arg$. 12 Std.) und Bariloche (170 Arg$, 12 Std.).

Rent Auto (☎ 450040; Ecke Av. Luro & Av. Harris) vermietet Leihwagen.

RESERVA PROVINCIAL PARQUE LURO
☎ 02954

Das 7500 ha große **Naturschutzgebiet** (☎ 499000; www.parqueluro.gov.ar; Eintritt 4 Arg$; 🕒 9–19 Uhr) ist Heimat vieler importierter und einheimischer Tierarten sowie über 150 verschiedener Vogelarten. In diesem wunderschönen Park kann man, auch mit Kindern, leicht einige Stunden verbringen. Wochentags geht es hier etwas ruhiger zu, während der Park am Wochenende Tausende von Menschen aus Santa Rosa anzieht, die hier picknicken.

Der verworrenen Geschichte des Parks ist die große Artenvielfalt zu verdanken. Ende des 19. Jhs. schuf Doctor Pedro Luro, ein wohlhabender Bürger Santas Rosas und leidenschaftlicher Jäger, in den Wäldern bei Santa Rosa Argentiniens erstes Jagdrevier und importierte exotische Wildtiere, etwa Rothirsche aus den Karpaten und das europäische Wildschwein; einheimische Hirscharten sind längst nicht so stattlich, Wildschweine fehlen ganz, dafür gibt es Pekaris. Er errichtete ein großes Herrenhaus im französischen Stil (heute ein Museum), in dem seine europäischen Gäste logierten. Nachdem die Sportjagd aus der Mode gekommen war und die europäischen Adeligen unter den Folgen des Ersten Weltkriegs und der Weltwirtschaftskrise litten, ging Luro Bankrott. Das Schutzgebiet wurde verkauft und sich selbst überlassen. Viele Tiere entkamen durch den Zaun oder wurden Opfer von Wilderern.

Seit seiner Übernahme durch die Provinzregierung 1965 ist der Parque Luro ein Zufluchtsort für einheimische Tiere wie den Puma, den Azarafuchs (*aguarachay*) und darüber hinaus für viele exotische Zugvögel sowie Flamingos. Vom Eingang führt ein Pfad zum **Centro de Interpretación**. Dort gibt es viele nützliche und interessante Informationen über die Ökologie der Region und die frühen Formen der Waldbewirtschaftung sowie Karten mit verschiedenen Wanderwegen im Park.

Führungen durch das **Castillo Luro** (8 Arg$ pro Pers.), so der Name des Museums, bieten interessante Eindrücke vom luxuriösen, exzentrischen Lebensstil argentinischer Großgrundbesitzer in der ersten Hälfte des 20. Jhs. Bemerkenswert ist der Kamin aus Walnussholz – ein Faible von Pedro-Luro –, den er nur bekam, indem er ein komplettes Pariser Restaurant aufkaufte.

Außer dem Museum gibt es einen schönen Picknickbereich, ein Restaurant und die **Sala de Caruajes** – eine Sammlung von Kutschen aus der Zeit um 1900. **Camping** (☎ 02954-15-590606; Stellplatz 10 Arg$ pro Pers.) ist hier möglich. Es gibt zwar einen kleinen Laden, es empfiehlt sich jedoch, den eigenen Proviant mitzubringen. In den hübschen **Cabañas** (☎ 02954-15-590330; 180 Arg$) können bis zu vier Personen übernachten.

Der Parque Luro liegt ungefähr 35 km südlich von Santa Rosa und ist ohne Auto ziemlich schwer zu erreichen. Wer kein Auto hat, nimmt vom Busbahnhof aus den Dumascat-Bus bis General Acha (16 Arg$) und bittet den Busfahrer, am Parkeingang zu halten. Unbedingt nach den Abfahrtszeiten nach Santa Rosa erkundigen! Eine Taxifahrt kostet pro Strecke 70 Arg$ (vorher die Rückfahrzeit vereinbaren). **Rent Auto** (☎ 450040; Ecke Av. Luro & Av. Harris) in Santa Rosa vermietet Autos.

PARQUE NACIONAL LIHUÉ CALEL

☎ 02952

In der Sprache der Pehuenche, den Ureinwohner, bedeutet Lihué Calel „Sierra de la Vida" – Bergkette des Lebens und beschreibt eine Reihe kleiner, isolierter Bergketten und Täler, die aus der ansonsten eher gleichförmigen Pampaslandschaft herausragen.

Der wüstenähnliche **Park** (☎ 436595; www.lihue-calel.com.ar; Eintritt frei) ist eine Oase für einheimische Wildkatzen wie Pumas und Jaguarundis. Die Besucher können Gürteltiere, Guanakos, Maras (hasenähnliche Meerschweinchenverwandte) und Vizcachas sehen. Zu den zahlreichen Vogelarten zählen der Nandu und viele Greifvögel wie der Carancho (Haubencaracara). Es ist zwar unwahrscheinlich, auf die hochgiftigen Grubenvipern, die auch Yarará genannt werden, zu stoßen (wenn man nicht gerade einen Stein herumdreht), aber Vorsicht ist dennoch geboten.

Obwohl Lihué Calel nur 400 mm Niederschlag im Jahr erhält, formt Wasser die Landschaft. Plötzlich aufkommende Stürme schaffen kurzfristig fließende, aber eindrucksvolle Wasserfälle, die über die Felsblöcke in der Nähe des Besucherzentrums stürzen. Selbst wenn der Himmel wolkenlos ist, speisen die unterirdischen Ströme in den Tälern den *monte*, einen Buschwald mit erstaunlich abwechslungsreicher Pflanzenwelt. Im 10 km² großen Park wurden 345 verschiedene Pflanzenarten nachgewiesen – fast die Hälfte aller in der gesamten Provinz vor-kommenden Arten.

Bis zu General Rocas Eroberung der Wüste (s. S. 36) verteidigten die Araucaner die Gegend erfolgreich gegen europäische Eindringlinge. Archäologische Funde wie Felszeichnungen legen Zeugnis von ihrer Existenz und dem Leben ihrer Vorfahren ab. Die Berge von Lihué Calel waren der letzte Zufluchtsort des Araucanerführers Namuncurá, der sich den argentinischen Truppen viele Jahre lang erfolgreich widersetzen konnte, bevor er schließlich aufgeben musste.

Der Nationalpark liegt 220 km südwestlich von Santa Rosa, die lachsfarbenen Granitfelsen erreichen maximal 600 m Höhe. Sie bieten dennoch ausgezeichnete Wandermöglichkeiten und eine wunderschöne Landschaft, die sich je nach Jahreszeit deutlich verändert.

Weitere Informationen hält das **Besucherzentrum** bereit; dort gibt es auch ein kleines Museum.

Sehenswertes & Aktivitäten

Am Campingplatz im Park beginnt ein ausgeschilderter Naturpfad, der einem an einigen Stellen unterbrochenen Fluss folgt und durch einen dichten Dornwald mit Caldén-Bäumen und anderen typischen Baumarten führt. Die Felszeichnungen am Ende des Pfades wurden leider mutwillig zerstört. Die freundlichen, sachkundigen Ranger begleiten die Besucher, wenn sie Zeit haben.

Ein markierter, leicht ansteigender Wanderweg führt auf den 589 m hohen Gipfel mit dem hübschen Namen **Cerro de la Sociedad Científica Argentina** „Gipfel der wissenschaftlichen Gesellschaft Argentiniens".

Schön sind die blühenden Kakteen, z.B. *Trichocereus candicans*, die zwischen den Felsen wachsen. Wenn es geregnet hat, können die Granitfelsen sehr glitschig sein. Vom Gipfel bieten sich herrliche Ausblicke auf die Sierra, das umliegende Marschland und die Solare, meist trocken liegende Salzseen, darunter die Laguna Urre Lauquen im Südwesten.

Etwa 8 km vom Besucherzentrum entfernt liegt **Viejo Casco**, die Ruine des Farmhauses der ehemaligen Estancia Santa María. Die Provinzregierung enteignete die Estancia, später wurde sie in den Nationalpark eingegliedert. Eine weitere Option ist der Rundwanderweg durch das **Valle de las Pinturas**, wo es noch einige (unzerstörte) Felszeichnungen gibt. Die Ranger erklären gern den Weg dorthin.

Schlafen

In der Nähe des Besucherzentrums befindet sich ein komfortabler, kostenloser Campingplatz mit schattigen Bäumen, Feuerstellen (Holz muss mitgebracht werden), Picknicktischen, Toiletten und Duschen. Camper sollten sich vor der Abfahrt mit Proviant und Getränken eindecken. Das nächste vernünftige Lebensmittelgeschäft liegt in der Stadt Puelches, 35 km weiter südlich.

Die beste Unterkunftsmöglichkeit bieten die *hospedaje* (im Haus einer Familie) in Puelches. Die Touristeninformation gegenüber dem Busbahnhof in Santa Rosa vermittelt Unterkünfte und Transport zum Park.

AN- & WEITERREISE

Es ist nicht einfach, zum Parque Nacional Lihué Calel zu gelangen. Täglich um 18 Uhr fährt ein Minibus nach (30 Arg\$, 3 Std.), der Camper am Park absetzen kann. Die Touristeninformation gibt Auskunft über eventuelle neue Transportmöglichkeiten.

Am besten ist es, mit dem Auto zum Park zu fahren. Bei **Rent Auto** (☎ 450040; Ecke Av. Luro & Av. Harris) gibt es Mietwagen.

ATLANTIKKÜSTE

Argentinien kann mit Recht behaupten, den höchsten Berg (Cerro Aconcagua), die breiteste Straße (9 de Julio in Buenos Aires) und vielleicht auch die schönste Hauptstadt Lateinamerikas zu haben, die Strände brechen allerdings keinen Superlativ. Es gibt keine Sandstrände, oft weht ein stürmischer Wind und das Wasser ist eher trüb als türkisfarben. Nichtsdestotrotz lässt es sich im Sommer an Argentiniens Stränden gut aushalten: Im Januar und Februar strömen Zehntausende gut betuchter *porteños* hierher, um der unbarmherzigen Hitze der Großstadt zu entfliehen. Die Küste ist so stark bevölkert, dass man kaum genug Platz hat, um sein Handtuch auszubreiten.

Wer also die vielen Menschen nicht scheut, ist an der Atlantikküste genau richtig. Mar del Plata ist eine geschäftige Stadt mit einer Menge Kultur, jedes Jahr findet hier ein großartiges Filmfestival statt. Pinamar indes zieht eher die coolen Typen an. Der kleine Ort Mar Chiquita ist stolz auf sein Vogelreservat. Wer auf die Massen an Urlaubern in der Hauptsaison keine Lust hat, sollte zwischen Dezember und März hierherkommen, denn dann ist es noch warm genug, um die Strände und Freizeitaktivitäten zu genießen. Im Winter sind die Küstenstädte allerdings völlig ausgestorben und das Wetter kann sehr deprimierend sein. Eine Ausnahme ist Mar de Plata: Die größte argentinische Hafenstadt bietet Besuchern als Seebad das ganze Jahr über Abwechslung und Unterhaltung.

Je nach Saison variieren die Unterkunftspreise an der Küste erheblich. Von Mitte Dezember bis Februar, also der Hauptsaison, steigen sie drastisch an. Einige Hotels verlangen von ihren Gästen dann sogar eine Mindestaufenthaltsdauer. Im März fallen die Preise, steigen jedoch um Ostern nochmals an. Nach den Osterferien schließen die meisten Unterkünfte bis November. In den kühleren Monaten bieten die verbliebenen offenen Hotels viele Schnäppchenpreise.

Die in diesem Kapitel aufgeführten Preise und Öffnungszeiten beziehen sich auf die Hauptsaison Januar bis Februar. Für die restliche Zeit des Jahres verkürzen sich die Öffnungszeiten, insbesondere die der Touristeninformationen und Restaurants.

SAN CLEMENTE DEL TUYÚ
☎ 02252 / 13 000 Ew.

Das familienfreundliche San Clemente hat nichts von dem Glamour der anderen Urlaubsorte an der Küste und ist deshalb vor allem bei denjenigen beliebt, die es bodenständig und ruhig mögen. Das Angebot an Hotels und Restaurants ist zwar kleiner als in den benachbarten größeren Orten, aber dennoch gut genug für eine kurze Erholungspause vom Trubel der argentinischen Hauptstadt.

Die Hauptstraße Calle 1 befindet sich nur einen Block vom Strand entfernt. Die **Touristeninformation** (☎ 423-249; Ecke Av. Costanera & 63; 🕑 9–21 Uhr) liegt gegenüber der Strandpromenade.

Sehenswertes & Aktivitäten

Ein paar Kilometer nördlich von San Clemente del Tuyú befinden sich einige Naturschutzgebiete, darunter die **Reserva Natural Municipal Punta Rasa**, die von der halb privaten Organisation **Fundación Vida Silvestre** (☎ in Buenos Aires 011-4331-3631) geleitet wird. An der Spitze von Cabo San Antonio, wo der Río de la Plata in den Atlantik mündet, geht der Park in einen Strand mit feuchtem Pampa-Weideland über. Ein Pfad führt durch den Park, der jedes Jahr von über 100 000 Zugvögeln besucht wird – einige fliegen sogar von Alaska hierher. Das Gebiet und die angrenzenden Parks gehören zu den letzten unter Naturschutz stehenden Gegenden der Provinz. Zum Park, der 10 km vom Stadtzentrum entfernt ist, fahren keine öffentlichen Verkehrsmittel, und es gibt auch kein Besucherzentrum. Eine *remise* kostet ca. 26 Arg$. Diejenigen, die gerne Vögel beobachten, können bei **Seriema Nature Tours** (☎ in Buenos Aires 011-4312-6345; www.seriemanaturetours.com) zweitägige Touren buchen.

Der **Parque Nacional Campos del Tuyú,** 26 km westlich von San Clemente del Tuyu, wurde Ende 2007 zum Nationalpark ernannt und ist der einzige Nationalpark in der Provinz Buenos Aires. Bei Redaktionsschluss war der Park für Besucher noch nicht zugänglich, das soll sich aber in absehbarer Zeit ändern. Über den aktuellen Stand informiert **National Parks** (☎ in Buenos Aires 011-4311-0303; 🕑 Mo–Fr 9–17 Uhr).

Der **Mundo Marino** (☎ 430300; www.mundomario. com.ar; Eintritt 66 Arg$; 🕑 10–20 Uhr) liegt 3 km nordwestlich von San Clemente. Er ist Südamerikas größter Meerespark und beherbergt viele Meeres- und Landsäugetiere. Interessant sind die Vorführungen mit Robben und Delfinen.

Das beliebte Erholungszentrum **Termas Marinas** (☎ 423000; www.termasmarinas.com.ar; Eintritt 43 Arg$; 🕑 10–19 Uhr) liegt im Norden der Stadt in einem schönen grünen Park. Hauptattraktion sind die mineralreichen Thermalbäder, daneben gibt es auch ein Café und eine Schönheitsfarm.

Schlafen

Hotel 5 Avenue (☎ 421035; Calle 5, Nr. 1561; EZ/DZ 55/100 Arg$) Das freundliche Hotel befindet sich anderthalb Blocks vom Strand entfernt und in angenehmer Entfernung von den lauten Bars und Diskotheken der Innenstadt. Die günstigen Zimmer sind ziemlich heruntergekommen und haben winzige Bäder.

Hotel Top (☎ 522005; www.hoteltopsanclemente.com.ar; Av. Costanera 1657; EZ/DZ 65/130 Arg$) Das günstige Hotel mit 24 kleinen, aber sauberen Zimmern und Kabelfernsehen liegt direkt am Strand. Am besten vorher nachfragen, ob die Preise gleich geblieben sind.

Campamento ACA (☎ 421124; www.acasanclemente.com.ar; Av. 2; Zeltplatz für 2 Pers. mit Zelt 67 Arg$) Der riesige Campingplatz in der Nähe des Strands liegt nur ein paar Blocks vom Stadtzentrum entfernt und bietet einen Laden, ein Restaurant und einen Kinderspielplatz. Die vielen Stellplätze haben jeweils eine eigene Grillstelle und einen Tisch. Im Januar ist der Platz ausschließlich für Mitglieder des ACA reserviert.

Brisas Marinas (☎ 522219; www.brisas-marinas.com.ar; Calle 13, Nr. 50; Zi. 180–200 Arg$; 🖳 🛜) Das Hotel nur wenige Schritte vom Strand entfernt bietet einfache, schöne und saubere Zimmer, einige mit Balkon nach vorne heraus. Vor den frühen Abendstunden wird den Gästen ein Nachmittagstee serviert.

Gran Hotel Fontainebleau (☎ 421187; www.fontainebleau.com.ar; Calle 3, Nr. 2290; EZ/DZ 310/350 Arg$; 🔀 🖳 🛜 🍽) Unter den Hoteltürmen am Strand ist das Fountainebleau sicher das beste Hotel mit schönen, wenn auch nicht gerade luxuriösen Zimmern. Viele Zimmer haben einen Balkon mit Meerblick.

Essen

Balneario Eden (☎ 526342; Ecke Av. 11 & Strand; Gerichte 14–30 Arg$; 🕑 Frühstück, Mittag- & Abendessen) Das Balneario bietet eine Terrasse mit Blick auf den Strand. Es gibt Hamburger und Snacks sowie viele günstige Fischgerichte und *parrillas*.

Confitería La Marca (☎ 521125; Calle 1, Nr. 2385; Ge-richte 20–30 Arg$; 🕑 Frühstück, Mittag- & Abendessen) Moderne, attraktive *confitería* mit gutem Kaffee, köstlichen hausgemachten Kuchen und den üblichen Hauptgerichten (Pizzas, Fleischgerichte). Ein Fernseher überträgt täglich Sportprogramme.

La Parrillita (☎ 526300; Calle 1, Nr. 2178; Gerichte 28 bis 44 Arg$; 🕑 Mittag- & Abendessen) Das Restaurant direkt an der Hauptstraße serviert San Clementes bestes *parrillas*, darüber hinaus hausgemachte Nudelgerichte. Außerhalb der Sommermonate (Dez.–März) ist es allerdings nur von Freitag bis Sonntag geöffnet.

El Vaskito (☎ 421268; Ecke Av. Costanera & Calle 19; Gerichte 30–50 Arg$; 🕑 Mittag- & Abendessen) Das Restaurant serviert erstklassigen gegrillten Fisch und andere frische Fischgerichte, auf der Karte finden sich aber auch Nudel- und Fleischgerichte. Sehr zu empfehlen ist der Fischeintopf.

AN- & WEITERREISE

Der **Busbahnhof** (Ecke Av. Talas & Av. Naval) liegt ungefähr 25 Blocks vom Stadtzentrum entfernt; Stadtbusse und Taxis (15 Arg$) fahren von dort ins Zentrum. Mehrmals täglich bestehen Busverbindungen nach Buenos Aires (80 Arg$, 4½ Std.), Pinamar (16 Arg$, 2½ Std.) und Mar del Plata (39 Arg$, 4½ Std.).

PINAMAR

☎ 02254/40 000 Ew.

Pinamar liegt ungefähr 120 km nordöstlich von Mar del Plata und ist ein beliebter Ferienort der hauptstädtischen Mittelklasse. Das Meer ist hier angenehm warm. Die beiden Hauptstraßen sind die Avenida Libertador (zieht sich parallel zum Strand) und die Avenida Bunge, die senkrecht dazu verläuft. In den Sommermonaten herrscht hier ein reges Treiben. Etwas ruhiger geht es in den südlichen Bezirken Ostende und Valeria zu, die nicht so zentral gelegen sind, dafür aber wesentlich preiswertere Übernachtungsmöglichkeiten bieten. Noch weiter südlich liegt der waldreiche Ort Cariló, Argentiniens exklusivster Badeort mit teuren Villen, schicken Boutiquen und eleganten Restaurants.

Pinamar wurde 1944 von Architekt Jorge Bunge geplant und erbaut. Es gelang ihm, die Wanderdünen durch das Anpflanzen von Pinien, Akazien und Pampasgras zu stabilisieren. Der Ort war lange Zeit das Refugium der Oberen Zehntausend des Landes, ist aber inzwischen nicht mehr so exklusiv. Die gut Betuchten fahren inzwischen eher nach Punta del Este (S. 644) in Uruguay und überlassen Pinamar den etwas weniger reichen Urlaubern.

Im März findet hier das Filmfestival **Pantalla Pinamar** (www.pantallapinamar.com) statt; in der Zeit um Neujahr werden am Strand Konzerte und Partys veranstaltet.

Praktische Informationen

ACA (☎ 482744; Del Cazón 1365) Argentiniens Automobilclub; eine gute Quelle für Straßenkarten.

Städtisches Krankenhaus (☎ 491770; Shaw 250)

Städtische Touristeninformation (☎ 491680; Ecke Av. Bunge & Shaw; ☷ 8–21 Uhr)
Post (Jasón 524)

Aktivitäten

Die Hauptaktivität in Pinamar besteht darin, sich zu entspannen und an dem von *balnearios* gesäumten Strand neue Kontakte zu knüpfen. Der Strand erstreckt sich vom Norden der Stadt bis hinunter nach Cariló. Die Gegend bietet viele Möglichkeiten zur sportlichen Betätigung – die Bandbreite reicht von Windsurfen und Wasserski bis hin zu Reiten und Angeln. Radfahrer können entweder in der waldreichen Gegend in der Nähe des Golfplatzes oder durch die grünen Straßen von Cariló fahren.

Fahrräder vermietet **Leo** (☎ 488855; Av. Bunge 1111; Std./Tag 10/30 Arg$; ☷ 9–20 Uhr). Wer Kitesurfen lernen möchte, sollte bei Sport Beach, dem letzten *balneario* rund 5 km nördlich der Avenida Bunge, nachfragen. Wer einmal Sandsurfen ausprobieren möchte, geht am besten zur Firma **Aventura Pinamar** (☎ 493531; www.aventurapinamar.com.ar): Die Agentur bietet auch Jeeptouren an und vermietet Geländefahrzeuge. Über weitere Aktivitäten informiert die Touristeninformation.

Schlafen

Pinamar hat nur wenige wirklich preiswerte Übernachtungsmöglichkeiten – daher fährt man besser weiter nach Ostende und Valeria, die etwa abseits der belebten Avenida Bunge günstige Unterkünfte in Strandnähe bieten. Im Januar, wenn einige Hotels eine Minimumaufenthaltsdauer von einer Woche verlangen, sind Reservierungen unbedingt notwendig. Die angegebenen Preise gelten nur im Sommer, in der Nebensaison fallen sie um bis zu 40 %.

Albergue Bruno Valente (☎ 482908; Ecke Mitre & Nuestras Malvinas, Ostende; Schlafsaal 50 Arg$) Die hässliche, aber preiswerte Jugendherberge in einem verfallenen alten Gebäude in Ostende liegt rund zehn Blocks südlich des Stadtzentrums von Pinamar. Ein Plus ist die Nähe zum Strand. Wer keinen großen Wert auf Service legt und nur übernachten möchte, ist hier genau richtig.

Camping Saint Tropez (☎ 482498; www.sainttropez pinamar.com.ar; Ecke Quintana & Nuestras Malvinas, Ostende; Zeltplatz für Pers. mit Zelt 52 Arg$; ☷ Okt.–April) Aufgrund seiner ausgezeichneten Lage direkt am Strand ist der kleine Platz im Sommer rasch mit Zelten überfüllt. Es werden auch Apartments (ab 200 Arg$) vermietet.

Hospedaje Acacia (☎ 485175; Del Cangrejo 1358; DZ 180 Arg$) Einfache, aber gute und preiswerte Unterkunft einige Blocks von der Touristeninformation in Pinamar entfernt. Zum Strand sind es von hier aus 15 Minuten zu Fuß. Zum Hotel gehört eine kleine Gartenterrasse.

Hosteria Candela (☎ 486788; Nicolas Jorge 434, Valeria; Zimmer 200 Arg$) Das ausgezeichnete Hotel liegt nur zwei Blocks vom Strand in Valeria entfernt und vermietet geräumige Zimmer. Sehr angenehm ist auch der schöne Garten.

Hotel Trinidad (☎ 48983; hoteltrinidad@telpin.com.ar; Del Cangrejo 1370; Zi. 230 Arg$); ☎) Das preiswerte Hotel direkt neben der Hospedaje Acacia vermietet ordentliche, allerdings etwas dunkle Zimmer mit kleinen Bädern und Kabel-TV. Im Februar kostet ein Zimmer 180 Arg$.

Hotel Mojomar (☎ 407300; www.hotelmojomar.com.ar; Burriquetas 247; DZ ab 340 Arg$) Das minimalistische neue Hotel hat eine schöne Lage rund drei Blocks von der Avenida Bunge und nur einen Block vom Strand entfernt. Sofort ins Auge fällt die reich gestaltete Empfangshalle, vermietet werden kleine, aber komfortable Gästezimmer sowie größere Suiten.

Hotel Las Calas (☎ 405999; www.lascalashotel.com.ar; Av Bunge 560; Zi. 460 Arg$; ☒ ☐) Das Hotel direkt an der geschäftigen Hauptstraße hat schöne, geschmackvolle Zimmer mit breiten Doppelbetten, die größeren Zimmer haben ein Loft. Zum Hotel im Boutique-Stil gehören ein Sonnendeck, ein Spieleraum und ein Fitnessstudio.

Neben der Hosteria Candela befinden sich die **Posada Amarela** (☎ 487428; www.posadaamarela.com.ar) und die **Hosteria la Sirena** (☎ 486714), die ähnliche Preise verlangen.

Essen

Am Strand gibt es eine ganze Reihe von Restaurants, die frische, preiswerte Gerichte wie gebratene Calamari und Burger verkaufen.

Acqua & Farina (☎ 570278; Ecke Cerezo & Boyero, Cariló; Gerichte 20–35 Arg$; ☷ Mittag- & Abendessen) Die besten und hauchdünnen Pizzas backt dieses Restaurant in Cariló. Frische Salate und hausgemachte Pastagerichte finden sich ebenfalls auf der Karte.

Cantina Tulumei (☎ 488696; Bunge 64; Gerichte 20 bis 38 $; ☷ Mittag- & Abendessen) Eine gute Wahl für preisgünstige, ausgezeichnete Fischgerichte! Der Fisch wird in mindestens neun verschiedenen Saucen mariniert. Köstlich sind auch die Garnelensuppe, der Tintenfischsalat sowie die hausgemachten Nudelgerichte.

Halles Bistro (☎ 407300; Burriquetas 247; Gerichte 20 bis 50 Arg$; ☷ Mittag- & Abendessen) Direkt unter dem Hotel Mojomar liegt dieses einfache Restaurant, das von Fernando Lo Coco, dem Koch, höchstpersönlich geführt wird. Aus frischen, lokalen Produkten zaubert er kreative Gerichte wie Kürbisravioli mit Mandel-Sahne-Sauce. Als Nachtisch unbedingt ein Stück von dem köstlichen Kuchen bestellen!

Tante (☎ 494949; De las Artes 35; Gerichte 26–46 Arg$; ☽ Frühstück, Mittag- & Abendessen) Das elegante Restaurant mit Bar und Teestube war das Haus einer bekannten Sopranistin, die in den 1950er-Jahren im Teatro Colón Riesenerfolge feierte. Das Restaurant bietet Gourmet-Fleischgerichte und europäische Spezialitäten wie Fondues.

AN- & WEITERREISE

Der Busbahnhof von Pinamar liegt rund acht Blocks nördlich des Stadtzentrums in der Nähe der Avenida Bunge. Von hier aus fahren Busse nach Buenos Aires (80 Arg$, 5 Std.), Mar del Plata (24 Arg$, 2½ Std.) und San Clemente del Tuyú (16 Arg$, 2½ Std.) sowie ins nahe gelegene Villa Gesell (5 Arg$, 30 Min.).

Von Buenos Aires' Bahnhof Constitución fahren Züge direkt zur Estación Divisadero: Der Bahnhof liegt rund 2 km nördlich von Pinamar.

VILLA GESELL
☎ 02255 / 30 000 Ew.

Der etwas kleinere und im Vergleich zu den Nachbarorten Pinamar und Mar del Plata weniger protzige Küstenort Villa Gesell ist bei jungen Leuten nach wie vor sehr beliebt. Als einziger Küstenort bietet Villa Gesell eine Strandpromenade aus Holz, was das Gehen im Sand erheblich erleichtert. Die Stadt ist bekannt für ihre Choraufführungen und Rock 'n' Roll- bzw. Folk-Konzerte, die alle im Sommer stattfinden. Außerdem gibt es Möglichkeiten zu zahlreichen Freizeitaktivitäten. Die meisten Geschäfte liegen an der Hauptstraße, der Avenida 3 – drei Blocks vom Strand entfernt.

In den 1930er-Jahren entwarf der Kaufmann, Erfinder und Naturliebhaber Carlos Gesell diesen Ort mit seinen charakteristischen Zickzack-Straßen. Zur Befestigung der Wanderdünen ließ er Akazien, Pappeln, Eichen und Kiefern anpflanzen. Obwohl ihm eine Stadt vorschwebte, die mit dem ebenfalls von ihm angelegten Wald verschmelzen sollte, dauerte es nicht lange, bis die ersten Hochhausbauten entstanden und die Bäume verschwanden.

Praktische Informationen

ACA (☎ 462273; Av. .3, zwischen den Paseos 112 & 113) Argentiniens Automobilclub ist eine gute Anlaufstelle für den Kauf von Straßenkarten.

Hospital Municipal Arturo Illía (☎ 462618; Ecke Paseo 123 & Av. 8)

Post (Ecke Av. 3 & Paseo 108)

Touristeninformation (☎ 478042; Av. 3, Nr. 820; ☽ 8–24 Uhr) Zentrale Lage. Weniger günstig liegt die Hauptfiliale in der Nähe des Stadteingangs (Av. Buenos Aires beim Camino de los Pioneros).

Sehenswertes & Aktivitäten

Auf der **Muelle de Pesca** (Playa & Paseo 129), dem 15 m langen Pier von Gesell, kann man das ganze Jahr über Makrelen, Rochen, Haie und andere Fische aus der Brandung angeln.

Surfausrüstungen verleiht **Windy** (☎ 474626; www.windyplayabar.com.ar; Paseo 104) direkt am Strand. Fahrräder vermietet **Casa Macca** (☎ 468013; Ecke Av. 3 & Paseo 126). Eine weitere beliebte Sportart in Villa Gsell ist Reiten.

Aventura Faro Querandí (☎ 468989; Ecke Av. 3 & Paseo 132) organisiert vierstündige Jeeptouren zu einem nahe gelegenen Leuchtturm.

Eine völlig andere Atmosphäre herrscht in **Mar de las Pampas**, einem exklusiven bewaldeten Vorort weiter südlich, das vom Busbahnhof in Villa Gesell in einer Viertelstunde erreicht ist. Hier gibt es sandige Wege, teure Unterkünfte (die im Sommer aber nur wochenweise vermietet werden) und einen exklusiven Service. Auch am Strand geht es deutlich ruhiger zu. Hinter Mar de las Pampas befindet sich **Mar Azul**, ein weiterer, allerdings weniger exklusiver Küstenort.

Schlafen

Die Campingplätze verlangen rund 30–35 Arg$ pro Person und Übernachtung. Die meisten schließen zum Saisonende in den letzten Märztagen, aber drei Campingplätze an der Avenida 3 am südlichen Ende der Stadt (direkt am Strand) sind das ganze Jahr über geöffnet: **Camping Casablanca** (☎ 470771; www.autocampingcasablanca. com), **Camping Mar Dorado** (☎ 470963; www.mardorado. com.ar) und **Camping Monte Bubi** (☎ 470732; www. montebubi.com.ar). Alle bieten Unterkünfte im Cabaña-Stil und viele Dienstleistungen. Der Bus nach Mar Azul fährt hier direkt vorbei.

La Deseada Hostel (☎ 473276; www.ladeseadahostel. com.ar; Ecke Av. 6 & Paseo 119; B 75 Arg$; 💻) Eine der schönsten Jugendherbergen an der Küste liegt sechs Blocks vom Strand und einen 15-minütigen Fußmarsch vom Zentrum entfernt. Die Schlafsäle haben acht Betten. Mit Ausnahme des Januars zahlen die Gäste hier 50–60 Arg$.

Hospedaje Villa Gesell (☎ 466368; www. hospedajevillagesell.8k.com; Av. 3, Nr. 812; DZ/3BZ100/150 Arg$)

Zentraler und preiswerter geht es wirklich nicht! Die einfache Unterkunft vermietet zehn preisgünstige Zimmer und hat eine (ziemlich ungepflegte) Terrasse.

Los Médanos (☎ 463205; Av. 5, Nr. 549; DZ 130 Arg$) Die Zimmer im Erdgeschoss sind etwas moderner gestaltet, die besten liegen mit Blick in den Garten. Es gibt auch einen Schlafsaal ausschließlich für Frauen mit insgesamt dreizehn Betten (45 Arg$) – eine umgebaute Garage. Mit beschränkter Küchenbenutzung.

Hotel Tamanacos (☎ 468753; tamanacos@gesell.com.ar; Ecke Paseo 103 & Av. 1; EZ/DZ 160/270 Arg$; 🛜) Das nette Hotel in Strandnähe bietet schöne Sitzbereiche, vor allem auf der vorderen Terrasse. Die Zimmer sind klein und die Badezimmer winzig, und die Strandschirme werden dafür kostenlos zur Verfügung gestellt.

Residencial Viya (☎ 462757; www.gesell.com.ar/viya; Av. 5, Nr. 582, zwischen Paseos 105 & 106; DZ 170 Arg$) Das vom Besitzer geführte *residencial* liegt an einer ruhigen Straße. Die Zimmer sind einfach, aber komfortabel; die Badezimmer haben offene Duschen. Die besten Zimmer liegen zum Garten hin.

Costa Bonita (☎ 462457; www.gesellcostabonita.com.ar; Av. 4, Nr. 648; Zimmer 210 Arg$; 🖥 🛜) Das kleine Gästehaus in einem Wohngebiet in Zentrumsnähe hat vierzehn geschmackvoll eingerichtete Zimmer mit hohen Decken. Die Zimmer im oberen Stockwerk sind heller. Es gibt auch einen kleinen Garten, der für alle da ist.

Hotel Merimar (☎ 462243; www.gesell.com.ar/hotelmerimar; Ecke Paseo 107 & Playa; Zi. 320 Arg$; 🍴) Die Teppiche in den Zimmern sind alt, die Möbel altmodisch, aber wer ein Zimmer mit Balkon erwischt (im Voraus buchen!), kann einen phantastischen Blick aufs Meer werfen. Zum Trost für alle nicht so Glücklichen: Auch vom Frühstückssaal bieten sich schöne Ausblicke und man ist immer noch in Strandnähe.

Belle Maison (☎ 462335; www.bellemaison.com.ar; Calle 4, zwischen Paseos 106 & 107; Zi. ab 350 Arg$; 🖥 🛜) Das Hotel im Boutique-Stil liegt in einem Wohngebiet in der Nähe des Zentrums und vermietet fünf wunderschön eingerichtete Zimmer. Zum Hotel gehören ein kleiner Garten und eine Theke im Innern des Hotels.

Essen

La Pachamama (☎ 468727; Av. 2, Nr. 411; Empanadas 3 Arg$; Pizzas 17–25 Arg$; 🌙 Mittag- & Abendessen) Das Lokal serviert köstliche Empanadas, gefüllt nach Salta-Art und frische Pizzas – hervorragend für eine schnelle, preiswerte Mahlzeit. Vor dem Lokal sind Stehtische aufgebaut.

Sutton 212 (☎ 460674; Ecke Paseo 105 & Av. 2; Gerichte 18–35 Arg$; 🌙 9.30 Uhr bis spätnachts) Das lebhafte Restaurant serviert gute klassische Gerichte wie Burger und gebratene Wok-Nudeln. Zum Abendessen spielen Live-Bands Bossa Nova und Jazz, spätnachts legt ein DJ auf. Dann geht so richtig die Post ab.

La Delfina (☎ 465863; Ecke Paseo 104 & Av. 2; Gerichte 20–31 Arg$; 🌙 Mittag- & Abendessen) Die beliebte *parrilla* mit Riesen-Speisekarte bietet etwas für jeden Geschmack. Wer zusätzliche Proteine braucht, probiert am besten das *bife de chorizo* „El Supremo" – dahinter verbirgt sich ein Steak mit zwei Eiern und Schinken. Es gibt aber auch jede Menge kalorienarme Gerichte.

LP Tipp **Las Margaritas** (☎ 456377; Av. 2, Nr. 484, zwischen Paseos 104 & 105; Gerichte 30–49 Arg$; 🌙 Abendessen) Das ruhige, gemütliche Restaurant serviert ausgezeichnete hausgemachte Nudelgerichte, u. a. Garnelen- und Tintenfisch-Ravioli. Die Tiramisú ist ein Hit! Im Sommer unbedingt vorher reservieren.

Unterhaltung

In den Sommermonaten gibt es in Villa Gesell eine Menge Livemusik– von Rock bis Chormusik – zu hören.

Cine Teatro Atlas (☎ 462969; Paseo 108, zwischen Av. 3 & 4) Rock-and-Roll-Größen wie Charly García und Los Pericos sind in diesem kleinen Theater schon aufgetreten. Im Winter werden hier auch Kinofilme gezeigt (www.cinesdelacosta.com).

Anfiteatro del Pinar (☎ 467123; Ecke Av. 10 & Paseo 102) Im Januar, Februar und der Semana Santa (Karwoche) finden hier Aufführungen statt. In diesem hübschen Amphitheater treffen sich außerdem jedes Jahr die Encuentros Corales, die besten Chöre des Landes.

Pueblo Límite (☎ 452845; www.pueblolimite.com; Av. Buenos Aires 2600; Eintritt 12–30 Arg$) Eine Kleinstadt-Mega-Disko mit drei Tanzclubs, einem Restaurant, zwei Bars und einigen preiswerten Imbissständen vor dem Gebäude.

Shoppen

Feria Artesanal, Regional y Artística (FARA; Av. 3 zwischen Paseos 112 & 113; 🌙 jeden Abend Mitte Dez.–Mitte März) Ausgezeichneter Kunsthandwerksmarkt mit handgefertigtem Schmuck, dekorativen Gegenständen aus geschnitztem Holz und Glas, Gemälden und den üblichen Souvenirs.

AN- & WEITERREISE

Der Busbahnhof (Ecke Av. 3 & Paseo 140) liegt 30 Blocks südlich des Stadtzentrums. Eine Busfahrt ins Zentrum dauert 20 Minuten.

Es bestehen Verbindungen nach Buenos Aires (88 Arg$, 6 Std.), Mar del Plata (19 Arg$, 2 Std.) und Pinamar (5 Arg$, 30 Min.). Bustickets erhält man auch bei der **Central de Pasajes** (Ecke Av. 3 & Paseo 107) direkt im Zentrum.

MAR CHIQUITA
☎ 0223 / 400 Ew.

Obwohl dieser Ort *chiquita* (sehr klein) ist, gehört er zu den besten Reisezielen für Naturliebhaber und liegt überdies nicht weit von Buenos Aires entfernt. Hier gibt es keine Hochhäuser, keine *balnearios* und keinen Stress! Erholungssuchende kommen stattdessen zum Angeln und Windsurfen. Mar Chiquitas Lagune ist ein einzigartiges Ökosystem, ein Lebensraum für viele unterschiedliche Fisch- und Vogelarten sowie andere Strandbewohner!

Die Stadt liegt 34 km von Mar del Plata entfernt – vom Highway sind es rund 2 km bis zum Strand. Die meisten Häuser sind Ferienhäuser, deren Besitzer in Mar del Plata wohnen; in den Sommermonaten steigt am Wochenende die Bevölkerungszahl entsprechend drastisch an. Das **Besucherzentrum** (☎ 469-1158; Ecke Belgrano & Rivera del Sol; ☼ variabel) bietet eine schöne Aussicht auf den See. Sollte es geschlossen sein, empfiehlt es sich, die **Touristeninformation** (☎ 460-2433) in Santa Clara anzurufen. Unbedingt bares Geld in nicht zu großen Scheinen mitbringen – es gibt hier weder Banken noch Geldautomaten.

Sehenswertes & Aktivitäten
Die meisten Besucher zieht es in die **Reserva Mar Chiquita**, ein Biosphärenreservat der Unesco. Das Naturschutzgebiet umfasst ganz unterschiedliche Landschaften und Ökosystemen wie etwa die Graslandschaft der Pampas und die im Norden gelegenen Dünen. Hauptattraktion ist jedoch die **Albúfera Mar Chiquita**, eine 35 km lange Lagune, die einzige dieser Art in Argentinien und eine der wenigen weltweit.

Die Lagune wird von kleinen Flüssen aus den Sierras von Tandil gespeist und durch eine Kette von Sanddünen zum Meer hin geschützt. Das Wasser der Lagune fließt – je nach Gezeiten – entweder ins Meer ab oder landeinwärts. Durch den Wechsel von Süß- und Salzwasser entstand ein einzigartiges Ökosystem mit einer großen Artenvielfalt. Die Lagune ist dadurch ein Paradies für Vogelliebhaber: Hier trifft man über 220 verschiedene Vogelarten, darunter 86 Zugvogelarten. Darüber hinaus tummeln sich in der Lagune chilenische Flamingos, verschiedene Arten von Schwänen, Kiebitze und Wasserläufer.

Über 55 Fischarten ziehen im Widerspruch zum Naturschutz Angler aus dem ganzen Land an.

Je nach Wetterlage beginnen täglich um 9 Uhr die Ausflugsfahrten in das Gebiet (ab Besucherzentrum; 35 Arg$ pro Person, im Voraus buchen). Die Agentur **Marcelo Gustavo Pons** (☎ 687-9084) organisiert Bootstouren, die ebenfalls abhängig von den Gezeiten und dem Wetter sind.

Die Lagune eignet sich zudem hervorragend zum Wind- und Kitesurfen. Ausrüstung und Unterricht erhält man in der Hostería Bariloche (S. 181). Wer reiten will, setzt sich am besten mit **Pedro** (☎ 0223-15-455-4985) auf der Estancia Nahuel Rucá in Verbindung.

Das nur 6 km südlich von Mar Chiquita gelegene **Mar de Cobo** bietet einen wunderbar ruhigen Strand, der von Dünen eingefasst wird. Die glatten Felsen eignen sich hervorragend als Strandmöbel. Bislang ist der Ort von Urlauberhorden verschont geblieben. Es gibt einige recht gemütliche *hosterías* (kleine Häuschen), u. a. die **Posada del Solar** (☎ 469-1252; www.posadadelsolar.com; Av. M Cobo & La Costa; DZ 150 Arg$; ▣).

Schlafen und Essen
Einer von mehreren Campingplätzen ist der **Camping Santa Rosa** (☎ 469-1300; Ecke River del Sol & Lugones; Zeltplätze 20 pro Pers.).

Hostería Bariloche (☎ 469-1254; mchpao@hotmail.com; Ecke Beltran & Echeverría; EZ/DZ ab 80/120 Arg$; ▣) Das freundliche, familiengeführte Hotel vermietet zehn gemütliche Zimmer und Apartments, es hat einen Aufenthaltsraum mit Meerblick und einen großen *Parrilla*-Bereich. In der Nebensaison können die Gäste hier auch essen. Paula, die Wirtin, kennt sich außerdem hervorragend in der Gegend aus.

Hotel Mar Chiquita (☎ 469-1046; www.hotel-marchiquita.com.ar; Echeverría; Zi. 320 Arg$; ▣) Größeres Hotel mit einfachen Zimmern, einige haben einen Balkon, von dem sich ein schöner Ausblick auf den Strand bietet. Zum Hotel gehören ein Restaurant und ein Pool.

Mar Chiquita hat nur einige wenige Restaurants, die alle an der Rivera del Sol mit Blick auf die Lagune liegen. Außerhalb der Sommermonate sind sie nur am Wochenende geöffnet.

Lo de Pedro (Rivera del Sol 1400; Gerichte 20–45 Arg$; ☼ Mittag- & Abendessen) Gutes Restaurant für hausgemachte Nudel- und Fischgerichte.

AN- & WEITERREISE
Rápido del Sud unterhält regelmäßige Busverbindungen entlang der Küste. Die Fahrgäste können am Highway 2 km außerhalb von Mar

**DIE PAMPAS &
DIE ATLANTIKKÜSTE**

Chiquita aussteigen (der Bus fährt nicht in die Stadt hinein). Buslinie 221 (5 Arg$, 1½ Std.) fährt dagegen direkt in die Stadt, im Sommer aber nur alle zwei Stunden nach Mar del Plata und zurück. Am besten den Fahrer fragen, da einige Busse der Linie 221 kurz vor Mar del Plata halten, sodass Mar Chiquita nicht weit wäre.

MAR DEL PLATA
☎ 0223 / 700 000 Ew.

Wer einmal einen sommerlichen Wochenend-Kurztrip nach Mar del Plata („Mardel") gemacht hat, beschwert sich nie wieder, dass irgendein anderer Strand zu voll sei. Doch immer noch gibt es einige wenige Stellen, wo man ein paar Schwimmzüge im Meer unternehmen kann, ohne seinen Mitschwimmern beim Kraulen oder Plantschen ein blaues Auge zu verpassen. In der Regel quetscht man sich aber Schulter an Schulter wie die Sardinen neben all die anderen sonnenhungrigen, wenig kontaktscheuen Porteños. Wochentags (vor allem außerhalb der Sommersaison) wird es deutlich leerer, die Hotelpreise gehen runter und die ganze Stadt scheint erst einmal durchzuatmen.

Der erste Eindruck der Stadt mit ihren fürchterlichen Auswüchsen ist meist deprimierend. Doch wer einige Tage durchhält, kann den absurd vollen Stränden, den Straßenkünstlern auf der Plaza Colón direkt am Meer oder dem Treiben im Hafen etwas Positives abgewinnen. Kaum einer wird sich der Bewunderung, die die Argentinier diesem Ort entgegenbringen, ganz entziehen können. Wer partout einen weiten Bogen um die Urlaubermassen machen möchte, sollte lieber im Frühjahr oder Herbst vorbeischauen: Dann sind die Preise niedrig und die Sehenswürdigkeiten in der Natur, etwa der Lagune, lassen sich weitaus besser genießen.

Geschichte
Die Europäer besiedelten den Küstenabschnitt nur zögerlich, was auch für Mar del Plata gilt. Erst 1747 versuchten Jesuitenmissionare, die Ureinwohner der südlichen Pampas zu „bekehren". Die einzige Erinnerung an ihre Bemühungen ist der See Laguna de los Padres.

Über ein Jahrhundert später gründeten portugiesische Landprospektoren El Puerto de Laguna de los Padres. Angesichts wirtschaftlicher Probleme in den 1860er-Jahren verkauften sie das Ganze an Patricio Peralta Ramos, der 1874 Mar del Plata gründete. Peralta Ramos bemühte sich zunächst um die wirtschaftliche und industrielle Entwicklung der Stadt – und später

um ihre Etablierung als Seebad. Um 1900 besaßen viele Familien der hauptstädtischen Oberschicht Sommerhäuser in Mar del Plata – einige stehen heute noch im Barrio Los Troncos.

Seit den 1960er-Jahren hat die „Perle des Atlantiks" viel von ihrer Exklusivität verloren, denn die Reichen und Schönen des Landes sind in andere Ferienorte wie das 120 km noröstlich gelegene Pinamar oder nach Punta del Este in Uruguay geflüchtet. Doch noch immer ist Mar del Plata die umtriebigste argentinische Strandmetropole des Landes.

Orientierung
Mar del Plata liegt 400 km südlich von Buenos Aires und ist über die RN 2 erreichbar. Der Ort hat eine 8 km lange Küste; die meisten Sehenswürdigkeiten befinden sich jedoch im Zentrum. Auf den Straßenschildern heißt die Küstenstraße Avenida Peralta Ramos, die Einheimischen nennen sie jedoch Boulevard Marítimo. Weiter südlich heißt sie dann Avenida Martínez de Hoz.

Der Peatonal San Martín ist die Fußgängerzone im Zentrum. Während der Sommermonate ist die Rivadavia für Autos gesperrt. Südlich des Zentrums liegt ganz im Grünen das exklusive Wohnviertel Los Troncos. An der Avenida LN Alem gibt es ein kleines Einkaufszentrum.

Praktische Informationen
GELD
An der San Martín und der Rivadavia gibt es einige Wechselstuben.
Jonestur (San Martín 2574)
La Moneta (Rivadavia 2623)

KULTURZENTREN
Alianza Francesa (☎ 494-0120; La Rioja 2065; ☺ Mo, Mi & Fr 13.30–20.30, Di & Do 9.30–20.30, Sa 9.30–12.30 Uhr) Französisches Kulturinstitut.
Asociación Argentina de Cultura Inglesa (☎ 495-6513; San Luis 2498) Hier gibt es eine Bibliothek mit Zeitungen, Zeitschriften und Büchern in englischer Sprache. Gelegentlich finden auch Filmaufführungen und Lesungen statt.
Centro Cultural Osvaldo Soriano (☎ 499-7877; Ecke Catamarca & 25 de Mayo) Bietet eine Reihe von preisgünstigen Unterhaltungsmöglichkeiten, u. a. Film- und Theateraufführungen bis hin zu Pop- und Jazzkonzerten, Folklore und Tango.

MEDIZINISCHE VERSORGUNG
Krankenhaus (☎ 477-0960; JB Justo 6700, zwischen Tres Arroyos & Calle 164)

POST
Post (Av. Luro 2460 & Santiago del Estero)

MAR DEL PLATA

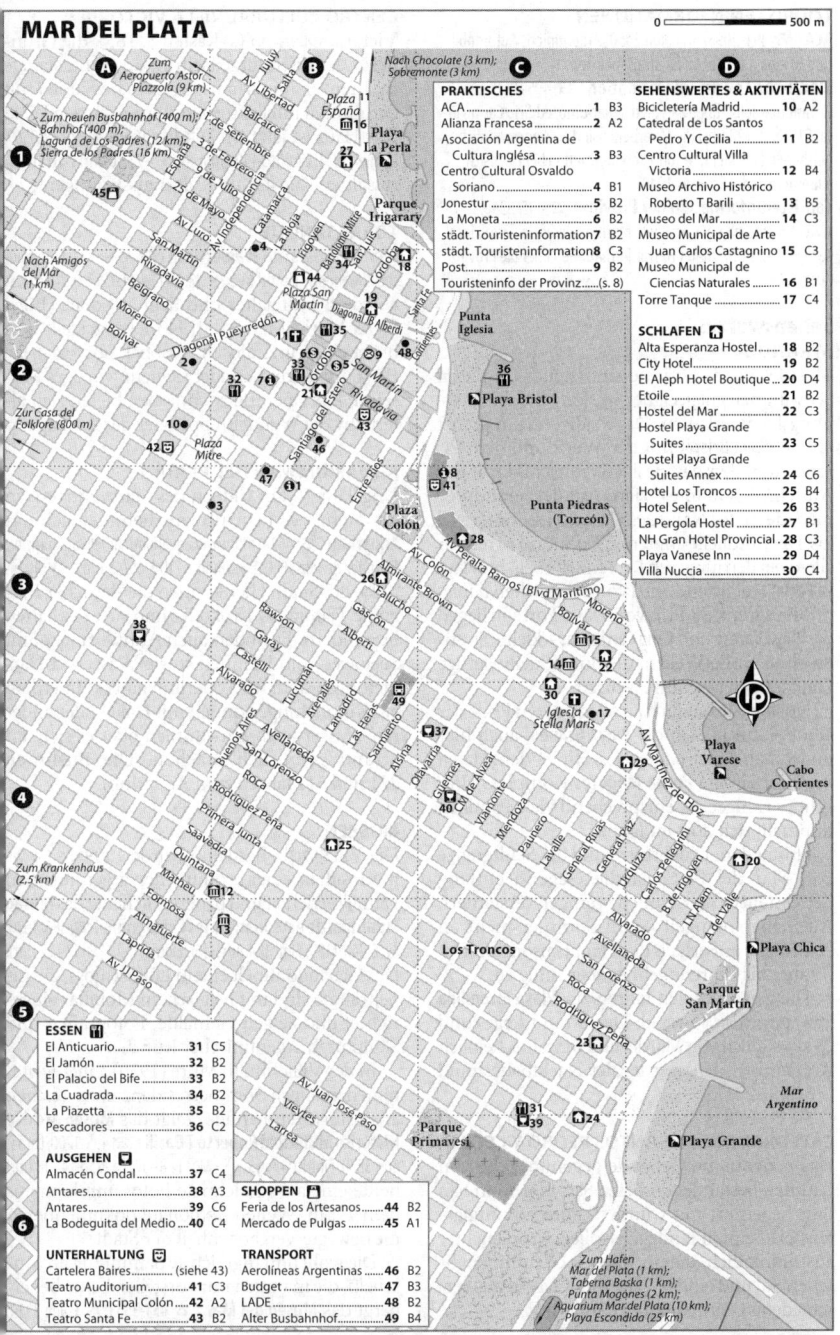

0 ————— 500 m

**DIE PAMPAS &
DIE ATLANTIKKÜSTE**

TOURISTENINFORMATIONEN

ACA (☎ 491-2096; Av. Colón 2450) Argentiniens Automobilclub ist eine gute Quelle für Straßenkarten.

Städtische Touristeninformation (☎ 495-1777; www.turismomardelplata.gov.ar; Blvd... Marítimo, edificio Casino local 51; ☾ 8–22 Uhr) Die Mitarbeiter sind außergewöhnlich hilfsbereit. Eine kleinere Touristeninformation befindet sich außerdem in der San Luis 1949.

Touristeninformation der Provinz (☎ 495-5340; www.turismo.gba.gov.ar; Blvd.. Marítimo, edificio Casino local 48; ☾ 8–21 Uhr) Bietet Basisinformationen über die Provinz Buenos Aires.

Sehenswertes

STRÄNDE

Mar del Platas Strände sind sicher und zum Schwimmen gut geeignet, im Sommer aber hoffnungslos überlaufen. Das Stadtzentrum grenzt an die **Playa Bristol** mit der Werft und dem Fischerclub, den das riesige Neonschild mit der Aufschrift „Quilmes" ziert. Auf der Strandpromenade in der Nähe des Casinos ist immer viel los. Der nördliche angrenzende Strand ist die vor allem bei den jüngeren Leuten sehr beliebte **Playa La Perla:** Der Strand wird von zahlreichen *balnearios* gesäumt. Südlich von Playa Torreón liegen die **Playa Varese** und **Cabo Corrientes** – kleine Strände ohne große Wellen, die durch kleine felsige Landzungen geschützt werden.

Noch weiter südlich am eleganteren Ende der Stadt erstreckt sich die **Playa Grande**, auch hier findet man einige *balnearios*. Hinter dem Hafen liegt der riesige **Punta-Mogotes**-Komplex: Hier geht es ruhiger zu, entsprechend viele Familien tummeln sich dort im Januar.

Hinter dem Leuchtturm und der Stadtgrenze von Mar del Plata ist die Gegend entlang der **Costanera Sur** deutlich weniger verstädtert. Auch hier mangelt es im Sommer nicht an *balnearios*, außerhalb der Hauptsaison von Dezember bis Februar geht es aber ruhig zu.

Die ganz Mutigen fahren zur **Playa Escondida** (www.playaescondida.com.ar): Der Strand liegt rund 25 km südlich von Mardel und ist wahrscheinlich Argentiniens einziger legaler Nacktbadestrand (Buslinie 221).

CATEDRAL DE LOS SANTOS PEDRO Y CECILIA

Das neogotische Gebäude gegenüber der von Bäumen bestandenen Plaza San Martín in San Luis begeistert mit wunderschönen Buntglasfenstern, einem eindrucksvollen Kronleuchter aus Frankreich, einem Kachelboden im englischen Stil und einer Decke mit Kacheln aus verschiedenen europäischen Ländern.

CENTRO CULTURAL VILLA VICTORIA

Victoria Ocampo (s. Kasten S. 185), die Gründerin der Literaturzeitschrift *Sur*, veranstaltete in ihrem Sommerhaus literarische Salons mit berühmten Intellektuellen aus der ganzen Welt. Das Haus ist jetzt ein **Kulturzentrum** (☎ 492-0569; Matheu 1851; Eintritt 3–10 Arg$; ☾ 17–21.30 Uhr) mit interessanten Kunst- und Kulturausstellungen.

TORRE TANQUE

Der interessante **Wasserturm** (☎ 451-4681; Ecke Falucho & Mendoza; Eintritt frei; ☾ Mo–Fr 8–14.45 Uhr) stammt aus dem Mittelalter und liegt auf dem Hügel Stella Maris. Er wurde 1943 fertiggestellt und bietet einen grandiosen Ausblick über Mar del Plata. Im Turm befindet sich ein winziges Museum. Für einen Blick von oben bieten sich alternativ die Wendeltreppe oder der Aufzug an.

AQUARIUM MAR DEL PLATA

Ungefähr 10 km südlich des Stadtzentrums in der Nähe des Leuchtturms befindet sich das **Aquarium** (☎ 467-0100; www.aquariummardelplata.com; Av.. Martínez de Hoz 5600; Erw./Kind 3–10 J. 65/45 Arg$; ☾ 10 bis 20 Uhr) der Stadt. Hier können die Besucher Pinguine, Flamingos, Krokodile und viele Fischarten bewundern. Es finden auch Aufführungen mit Seelöwen und Delfinen sowie Wasserski-Darbietungen statt. Im Aquarium gibt es außerdem ein Kino. Mutige können mit Haien oder anderen Wassertieren schwimmen oder es sich am Strand gemütlich machen. Die Buslinien 221 und 511 fahren zum Aquarium.

MUSEEN

Die Villa Ortiz Basualdo wurde 1909 als Sommerresidenz einer prominenten argentinischen Familie errichtet und beherbergt heute das **Museo Municipal de Arte Juan Carlos Castagnino** (☎ 486-1636; Av. Colón 1189; Eintritt 4 Arg$, Mi. Eintritt frei; ☾ 17–22 Uhr). Das Gebäude ähnelt einem Loireschloss, die Innenräume sind mit belgischem Mobiliar eingerichtet und zeigen Gemälde, Fotografien und Skulpturen argentinischer Künstler.

In der Villa Emilio Mitre (1930), einer weiteren ehemaligen Sommerresidenz einer reichen argentinischen Familie, zeigt das **Museo Archivo Histórico Municipal Roberto T Barili** (☎ 495-1200; Lamadrid 3870; Eintritt 4 Arg$; ☾ Mo–Fr 8–17, Sa & So 14–18 Uhr) heute eine ausgezeichnete Fotosammlung aus dem 19. Jh. Weitere Exponate dokumentieren die bewegte Vergangenheit der Stadt.

Die wohl umfangreichste Sammlung an Muscheln, die man sich nur vorstellen kann, beherbergt das **Museo del Mar** (☎ 451-3553; Av. Colón 1114;

DIE LITERATIN VON MAR DEL PLATA

Nach den Worten des französischen Autors Pierre Drieu war sie die „schönste Kuh der Pampas", und Jorge Luis Borges nannte sie „die argentinischste aller Frauen". In den 1920er- und 1930er-Jahren lud Victoria Ocampo jeden Sommer Schriftsteller und Intellektuelle aus der ganzen Welt in ihr Haus in Mar del Plata ein, um literarische und künstlerische Salons abzuhalten.

Victoria (1890–1979) war die Tochter einer jener zur Oberschicht gehörenden argentinischen Familien, die in den Sommermonaten vor der drückenden Hitze aus Buenos Aires an die Atlantikküste flohen. Entsprechend der zu dieser Zeit weit verbreiteten Vorliebe für die europäische Kultur importierten die Ocampos ihr *veraneo* (Sommerhaus), die Villa Victoria (s. S. 184), Stück für Stück aus Skandinavien. Im Laufe der Jahre waren dort Künstler wie Jorge Luis Borges, Gabriela Mistral, Igor Stravinsky, Le Corbusier und Rabindranath Tagore zu Gast.

Victoria besuchte nie eine Universität (nach Auffassung der Gesellschaftsschicht, der ihre Eltern angehörten, war Bildung für Frauen überflüssig), aber aufgrund ihres unersättlichen Wissensdurstes und ihrer Liebe zur Literatur wurde sie zur führenden Schriftstellerin Argentiniens. Sie gründete die Literaturzeitschrift *Sur*, die argentinischen Lesern Schriftsteller wie Virginia Woolf und T. S. Eliot nahe brachte. Sie war unermüdlich auf Reisen und leistete Pionierarbeit auf dem Gebiet des Feminismus angesichts all der unverbesserlichen *machistas*.

Ocampo nahm keine Rücksicht auf Konventionen und wurde aus diesem Grunde ebenso verachtet wie geliebt. Sie erregte großen Anstoß in der Gesellschaft, als sie ihr eigenes Auto fuhr, ein bei Damen der gehobenen Gesellschaft unerhörtes Benehmen. Victoria war eine heftige Gegnerin des Peronismus, hauptsächlich wegen Peróns Einmischung in die intellektuelle Freiheit. Sie wurde in der Villa Victoria verhaftet und im Alter von 63 Jahren ins Gefängnis gesteckt, wo sie ihren Mitgefangenen aus Romanen vorlas und ihnen Filmszenen vorspielte.

Während sich Victoria als Essayistin und Schirmherrin der Schriftsteller hervortat, war ihre jüngere Schwester Silvina das eigentliche schriftstellerische Talent. Sie verfasste sowohl Kurzgeschichten als auch Gedichte und gewann mehrere Literaturpreise. 1940 heiratete sie Adolfo Bioy Casares, einen berühmten argentinischen Schriftsteller, der mit Jorge Luis Borges befreundet war.

Die Tradition des *veraneo*, des Sommerhauses, wird heute noch gepflegt. Viele wohlhabende Familien haben herrschaftliche Häuser im grünen Los Troncos, wo sich auch die Villa Victoria befindet. Zur Sommerzeit brechen alle Argentinier, egal welcher Gesellschaftsschicht sie angehören, zur Küste auf, verschwenden Urlaubszeit und Geld, um sich mit unzähligen anderen auf ein Stück Strand zu quetschen, sei es im eher bescheidenen San Clemente del Tuyú oder dem mondänen Cariló, und verbringen den Sommer damit, ständig jemandem zu begegnen, den sie kennen.

Eintritt 18 Arg$; ⏰ 10–22 Uhr, April–Dez. kürzere Öffnungszeiten): Hier lagern über 30 000 Schalen von 6000 verschiedenen Muschelarten aus der ganzen Welt. Zum Museum gehören auch ein Gezeitentümpel, ein Aquarium und ein Café.

Kinder (und alle, die sich für Naturwissenschaften interessieren) sollten das **Museo Municipal de Ciencias Naturales** (☎ 473-8791; Av. Libertad 3099; Eintritt 4 Arg$, Mi Eintritt frei; ⏰ Mo & Mi–Fr 9–16.30, Sa & So 15 bis 18.30 Uhr) besuchen: Das kleine Naturkundemuseum bietet ein kleines Aquarium, Spinnen, viele Schmetterlinge und Dinosaurier-Knochen.

PORT MAR DEL PLATA

Mar del Plata ist einer der wichtigsten argentinischen Fischereihäfen und daher auch ein bedeutendes Zentrum der Fisch verarbeitenden Industrie. Auf der **Baquina de Pescadores** – dem malerischen Kai rund 5 km südlich vom Zentrum

Mardels – arbeiten die Fischer und Hafenarbeiter Tag für Tag auf ihren orangefarbenen Holzbooten. Dabei schaut ihnen eine ganze Kolonie von männlichen Seelöwen zu, die es sich auf der *escollera sur* (südlichen Mole), rund zehn Minuten zu Fuß von den Fischerbooten entfernt, in einem hässlichen Industriegebiet gemütlich gemacht haben. Wer nicht so weit gehen möchte, kann die Seelöwen mit etwas Glück auch direkt bei den Booten beobachten.

In den frühen Morgenstunden laden die Fischer – völlig unbeeindruckt von der kalten Meeresbrise – ihre Netze und Kisten auf die Boote und arbeiten den ganzen Tag auf hoher See, ständig begleitet von den Seelöwen. Gegen 17 Uhr wird es an der Mole laut und hektisch: Dann sortieren und verpacken die zurückgekehrten Fischer ihren Fang. Man feilscht um den besten Preis und verteilt die Ausrüstung an

Bord. Auch die Seelöwen sind zurückgekehrt, ruhen sich aus oder kämpfen um den besten Schlafplatz in der Kolonie. Wer den enormen Gestank der Tiere erträgt, kann hier tolle Fotos machen: Nur ein einfacher Zaun trennt die ganz nah liegenden Tiere von den Objektiven der Fotografen.

Gleich hinter der Seelöwenkolonie liegen einige **Schiffswracks**, die halb unter Wasser, halb in der Sonne vor sich hin rosten. Die über 2 km weit ins Meer ragende *escollera sur* bietet eine tolle Aussicht auf die ganze Stadt. Wer die gelbe Leiter hinaufklettert und auf dem Damm entlanggeht, hat den besten Ausblick. Von hier geht es zu Fuß zurück zum **Centro Comercial del Puerto**, wo man den Tag in einem der ausgezeichneten Restaurants beschließen kann.

Die städtischen Buslinien 221, 511, 522, 551, 562 und 593 fahren alle vom Zentrum zu den Hafenanlagen. Eine Taxifahrt kostet 20 Arg$.

LAGUNA DE LOS PADRES
Der See ist ein beliebtes Wochenend-Ausflugsziel für die *marplatenses*. Die Umgebung ist ländlich und bietet eine ganze Reihe von Freizeitmöglichkeiten, z. B. Vogelbeobachtung, Angeln, Wassersport, Radfahren, Wandern und Felsklettern. Hier entstand 1746 eine Jesuitenmission, die sich zum Ziel gesetzt hatte, die nomadischen Stämme der Gegend um sich zu sammeln. Am Seeufer steht eine Nachbildung der ursprünglichen Kapelle. Am See liegt heute ein Campingplatz; die ganz in der Nähe gelegene hübsche Stadt Sierra de los Padres bietet viele ausgezeichnete Restaurants.

Der See befindet sich 12 km außerhalb von Mardel an der RN 226, die Stadt folgt 4 km weiter. Buslinie 717 (ab Avenida Luro in Mardel) fährt nach **Sierra de los Padres**, allerdings nicht über die Nebenstraße, die zum See führt. Die Fahrgäste müssen deshalb an der Schnellstraße aussteigen und den restlichen Kilometer bis zum Ufer laufen oder nach Sierra de los Padres fahren und von dort eine *remise* nehmen.

Aktivitäten

Mar del Plata und seine Umgebung bieten eine große Auswahl an Unterhaltungs-, Freizeit- und Sportmöglichkeiten.

Am besten und auch am umweltfreundlichsten lässt sich die Stadt mit dem Fahrrad erkunden. Die Straßen von Los Troncos sind ziemlich ruhig und eigenen sich von daher sehr angenehm zum Radfahren. Fahrräder verleiht **Bicicletería Madrid** (☎ 494-1932; Yrigoyen 2249, Plaza Mitre; Std./

Tag 10/40 Arg$; ☺ Mo–Fr 9.30–13 & 15.30–19.30, Sa 9.30–20, So 10–20 Uhr).

Die **Escuela Argentina de Surfistas Profesionales** (☎ 0223-15-400-2072) am Strand in der Nähe des Yachtclubs bietet Surfstunden an und verleiht im Sommer an der Playa Grande Surfbretter.

Die malerischen Hügel von Sierra de los Padres sind ideal zum Reiten. Nähere Auskünfte erteilt die **Estancia Ituzaingó** (☎ 460-0797, 0223-15-527-6317; www.estanciaituzaingo.com.ar; Ruta 226, Km 10).

Wie die Seelöwen bestätigen können, ist Mar del Plata eine der besten Fischgründe Argentiniens. Gute Angelplätze sind die Felsspitze bei **Cabo Corrientes** nördlich von Playa Grande sowie die beiden Hafendämme **Escollera Norte** und **Escollera Sur**. Auch die Laguna de los Padres (S. 186) ist bei Anglern beliebt. **Mako Team** (☎ 493-5338; www.makoteam.com.ar) organisiert Angelausflüge auf dem Meer. **Complejo Recreativo Islas Malvinas** (☎ 0223-15-562-5430) direkt am See verleiht die notwendige Angelausrüstung.

Die Felsen an der Küste und die Berge der Sierra de los Padres eignen sich hervorragend zum Klettern und Abseilen. **Acción Directa** (☎ 474-4520; www.acciondirecta.com.ar) betreibt eine Schule und organisiert Touren mit dem Mountainbike sowie Kanufahrten und Campingausflüge mit Übernachtung.

Für die ganz Mutigen bietet der außerhalb der Stadt gelegene **Aeroclub Mar del Plata** (☎ 464-2151; RP 88, Km 96) je nach Wetterlage jeden Tag Fallschirmsprünge an.

Geführte Touren

Crucero Anamora (☎ 489-0310; www.anamoracrucero.com.ar) mit diesem 30 m langen Boot werden einstündige Hafenrundfahrten (39 Arg$) durchgeführt – im Sommer mehrmals täglich und im Winter am Wochenende zweimal täglich. Startpunkt ist die Dársena B am Hafen.
Städtische Touristeninformation (Blvd.. Marítimo) Emtur organisiert kostenlose Stadtrundfahrten (die sogenannten „Paseos Para Gente Inquieta").

Festivals & Events

Dank der guten touristischen Infrastruktur der Stadt finden das ganze Jahr hindurch viele Events statt. Einen Besuch wert ist das **Internationale Filmfestival** (www.mardelplatafilmfest.com) im November. 1950 ins Leben gerufen, musste es wegen der politischen und wirtschaftlichen Krisen des Landes jahrzehntelang ausfallen. Heute zählt es zu den bedeutendsten Filmfestivals Südamerikas und zieht Teilnehmer aus der ganzen Welt an.

Im Januar feiert Mar del Plata die **Fiesta Nacional del los Pescadores**, das Fest der Fischer. Zu diesem Anlass kochen die Einheimischen feine Fischgerichte; im Rahmen einer Prozession wird eine Marienstatue, die Schutzpatronin der Fischer, durch die Straßen getragen.

Ein weiteres großes Fest ist die im Februar stattfindende **Fiesta Nacional del Mar** (Meerfest), auf dem die „Meereskönigin" und ihre Prinzessinnen gewählt und gekrönt werden.

Schlafen

Es muss immer wieder darauf hingewiesen werden, dass die Preise im November und Dezember stark steigen. Nach der Hochsaison im Januar und Februar fallen sie dann im März wieder. In der Nebensaison schließen viele Hotels und *residenciales* in Mar del Plata komplett.

BUDGETUNTERKÜNFTE

Die Preise auf den fast immer überfüllten Campingplätzen von Mar del Plata (meist im Süden der Stadt) liegen bei etwa 17 Arg$ pro Person. Die Touristeninformation druckt Besuchern gerne eine Liste mit Detailinformationen über die Campingplätze aus.

Hostel del Mar (☎ 486-3112; www.hosteldelmar.com.ar; Av. Colón 1051; B 50–60 Arg$; EZ/DZ 80/160 Arg$; 🖳 🛜) Zwangloses kleines Hostel nur 1½ Blocks vom Strand entfernt mit schönem grünen Garten. Die Gäste können sich Räder und Surfbretter ausleihen und Surfstunden nehmen. Die beiden winzigen Doppelzimmer haben jedoch nur Platz für Etagenbetten.

Alta Esperanza Hostel (☎ 495-8650; www.altaesperanzahostelfrentealmar.blogspot.com; Av. Peralta Ramos 1361; B 60–70 Arg$; 🖳 🛜) Das Hostel, ein interessantes Gebäude im Tudor-Stil, war das erste Hostel in Mardel, am Wasser eröffnete. Es hat ausschließlich Schlafsäle mit sechs bis zehn Betten und wendet sich an Gäste, die es lieber ruhig mögen. Hin und wieder finden Kunstausstellungen und kulturelle Events statt.

La Pergola Hostel (☎ 493-3695; www.lapergolahostel.com.ar; Yrigoyen 1093; Schlafsaal 50–60 Arg$; 🖳 🛜) Ordentliches Hostel in einem phantastischen alten Gebäude im Tudor-Stil mit schönen Schlafsälen, deren Fußböden Holzböden tragen. Einige haben einen Balkon mit Meerblick, schön ist auch die Terrasse mit Pergola. Leider liegen Speise-, Aufenthalts- und Spielerraum im „kühlen" Untergeschoss. In der Nebensaison werden auch Privatzimmer vermietet.

Hostel Playa Grande Suites (☎ 451-2396; www.hostelplayagrande.com.ar; Quintana 168; B 65 Arg$, Zi. 200 Arg$; 🖳 🛜) Das etwas gehobenere Hostel mit gemütlichem Gemeinschaftsbereich zum Entspannen

liegt in der Nähe exklusiver Geschäfte, Restaurants und Bars. Die Gäste können Surfbretter mieten und Unterricht nehmen. Das Personal organisiert Freizeitaktivitäten, z. B. Ausritte, Gleitschirmflüge, Sporttauch-Ausflüge und Klettertouren. Das Hotel vermietet vornehmlich Zimmer, im Nebengebäude zwei Blocks weiter übernachtet man zumeist in Schlafsälen.

MITTELKLASSE- & SPITZENKLASSEHOTELS

Playa Vanese Inn (☎ 451-1813; www.playavareseinn.com.ar; Gascón 715; EZ/DZ 130/270 Arg$; 🖳 🛜) Diese kleine nette *hostería* vermietet fünfzehn einfache, komfortable und geräumige Zimmer mit kahlem Fußboden und Kabelfernsehen. Sie liegt nur 1½ Blocks vom Strand entfernt. Unbedingt im Voraus reservieren, da es sich um eine sehr beliebte Unterkunft handelt.

City Hotel (☎ 495-3018; www.cityhotelmardelplata.com; Diagonal JB Alberdi 2561; DZ 250–310 Arg$) Das zu einer Kooperative gehörende Hotel hat eine etwas altmodische Atmosphäre und einen wunderschönen Garten. Es lohnt sich, für die „besseren" Zimmer etwas mehr hinzulegen, denn sie sind größer und haben einen Balkon. In allen Bädern steht eine Badewanne!

Hotel Selent (☎ 494-0878; www.hotelselent.com.ar; Arenales 2347; DZ 280 Arg$; 🖳 🛜) Das freundliche, familiengeführte Hotel liegt in der Nähe des Strandes abseits der Straße. Die einfachen, sauberen Zimmer haben geflieste Böden, die Atmosphäre ist ruhig und entspannt.

Etoile (☎ 493-4968; Santiago del Estero 1869; DZ 280 Arg$; 🛜) Die zentrale Lage, die geräumigen Zimmer (jedes hat einen langgestreckten „Eingangsbereich" oder Flur mit Sofa) sind ihren Preis wert. Die Zimmer nach hinten hinaus sind ruhiger, aber trotzdem hell.

Hotel Los Troncos (☎ 451-8882; www.hotellostroncos.com.ar; Rodríguez Peña 1561; DZ 290 Arg$; 🖳 🛜) Das kleine Hotel, das in vielem an ein Gästehaus erinnert, liegt in einem grünen Wohnviertel ziemlich weit vom Strand entfernt. Als Entschädigung bietet es einen schönen großen Garten mit vielen Liegemöglichkeiten. Die Zimmer sind sehr schön und komfortabel eingerichtet.

LP Tipp **El Aleph Hotel Boutique** (☎ 451-4380; www.elalephmdq.com.ar; LN Alem 2542; Zi. 330–400 Arg$; 🍴 🖳 🛜) Sechs hübsche Zimmer und Suiten gruppieren sich um einen überdachten Gang aus Holz und einen grünen Garten – ein wahres Paradies! Hier herrscht eine exklusive, entspannte Atmosphäre. Die Gäste können nachmittags Tee trinken und Wein verkosten. Kinder unter 16 Jahren sind nicht zugelassen; es wird nur Barzahlung akzeptiert. Alle Räume unbedingt im Voraus reservieren!

Villa Nuccia (☎ 451-6593; www.villanucia.com.ar; Almirante Brown 1134; DZ 350–420 Arg$; 🖵 🖳 🛜) Wunderschönes Hotel im Boutique-Stil in einem alten, renovierten Gebäude: Die Zimmer sind einfach, aber elegant und geräumig eingerichtet, einige haben zusätzlich einen Balkon. Hinter dem Hotel befindet sich eine große Rasenfläche mit Pool und Jacuzzi. Nachmittags wird Tee serviert. Das Hotel wird von einem jungen argentinischen Ehepaar geführt.

NH Gran Hotel Provincial (☎ 499-5900; www.nhgrand hotelprovincial.com; Blvd.. Marítimo 2502; Zi. ab 620 Arg$; 🔀 🖵 🛜 🖳) Eines der besten Hotels in Mardel im typischen NH-Stil – elegant und minimalistisch zugleich. Die Zimmer sind selbstverständlich wunderschön, die meisten bieten einen Ausblick auf den Strand und das Meer. Zum Hotel gehören ein Außenpool, ein Innenpool (geplant) sowie ein Kasino.

Essen

Mar del Platas zahllose Restaurants, Pizzerien und Imbisse haben in der Zeit von Dezember bis März oft mit ungeduldigen Kunden zu kämpfen, häufig bilden sich lange Schlangen. Am Hafen südlich der Stadt bietet eine Reihe von Restaurants täglich frische Fischgerichte an.

El Jamón (☎ 493-7447; Ecke Bolívar & Bartolomé Mitre; Gerichte 20–26 Arg$; 🕑 Mo–Sa Mittag- & Abendessen) Von der Decke des beliebten Lokals mit leider nur wenig Atmosphäre baumeln Plastikpflanzen. Das schreckt die Einheimischer aber in keinster Weise ab: Sie genießen hier Lammbraten, Tintenfisch frittiert, auf spanische Art, oder Nudeln mit Rindfleisch (täglich wechselndes Menü).

Piedra Buena (☎ 480-1632; Centro Comercial Puerto, Port Mar del Plata; Gerichte 20–32 Arg$; 🕑 Jan. tgl. Abendessen, Feb.–Dez. Mi–So Mittag- & Abendessen) Eines der besten Fischrestaurants am Hafen, dazu noch mit der besten Atmosphäre der Stadt. Es gibt eine Riesenauswahl an Fischgerichten sowie eine köstliche Fischsuppe. Gegenüber liegt das Santa Rita, wo es etwas zwangloser zugeht. Es ist aber dennoch empfehlenswert.

La Cuadrada (☎ 494-6949; 9 de Julio 2737; Gerichte 20 bis 45 Arg$; 🕑 Abendessen) Das Restaurant ist Teehaus, Kulturzentrum, Restaurant und Theater in einem. Es gibt eine ganze Reihe von Teesorten sowie frisches Gebäck. Abends wird gutes, preiswertes Essen serviert. Manchmal finden auch Dinner-Shows mit Folklore, Tango und Murga-Musik statt.

Pescadores (☎ 493-1713; Blvd.. Marítimo & Av. Luro; 24–38 Arg$; 🕑 Mittag- & Abendessen) Das Fischrestaurant direkt am Pier (unter dem riesigen "Quilmes"-Schild) bietet einen wunderschönen Ausblick aufs Meer – besonders vom 2. Stockwerk aus. Auf der Speisekarte stehen die für Mardel typischen Gerichte wie Fleisch, Pasta und Fisch, die Gäste kommen jedoch hauptsächlich hierher, um die weite Sicht hinaus auf den Ozean zu genießen.

La Piazetta (☎ 494-5113; San Luis 1652; Gerichte 24–39 Arg$; 🕑 Mittag- & Abendessen) Das bei den Einheimischen äußerst beliebte Restaurant serviert leckere hausgemachte Nudelgerichte, aber auch Fleisch- und Fischgerichte sowie eine große Auswahl an Salaten. Das Mittagessen für 38 Arg$ ist für den Preis wirklich ausgezeichnet.

El Palacio del Bife (☎ 494-7727; Córdoba 1857; Gerichte 25–39 Arg$; 🕑 Mittag- & Abendessen) Eine empfehlenswerte elegante *parrilla* mit umfangreicher Speisekarte! Ideal für den großen Hunger und all diejenigen, die gerne Fleisch essen … Doch auch die hausgemachten Pastagerichte sind sehr zu empfehlen! Gerichte zum Mitnehmen kosten 20 Prozent weniger.

Taberna Baska (☎ 480-0209; 12 de Octubre 3301; Gerichte 30–52 Arg$; 🕑 Mittag- & Abendessen) Nur ein paar Blocks landeinwärts befindet sich dieses bekannte baskische Restaurant. Es hat eine altmodische Atmosphäre und serviert köstliche Gerichte wie etwa Knoblauchgarnelen, Fischeintopf, Fischgerichte mit sehr verschiedenen Soßen sowie kleine Tintenfische in Safran.

Amigos del Mar (☎ 491-6054; Guido 2056; Gerichte 45–60 Arg$; 🕑 Abendessen, Ostermontag bis Nov. geschl.) Bei der Ankunft werden die Gäste mit einem herzlichen *„buenas noches"* begrüßt. Das japanische Restaurant mit Trennwänden aus Bambus und typischer Hintergrundmusik ist wirklich ein Knüller. Allein die Sushi-Sashimi-Platte lohnt die Anreise 1,5 km Richtung Westen (15 Arg$ verlangen die Taxifahrer).

El Anticuario (☎ 451-6309; Bernardo de Irigoyen 3819; Gerichte 50–80 Arg$; 🕑 Abendessen) Die Inhaber dieses gehobenen Restaurants und Anhänger der Slowfood-Philosophie. Es gibt ausgezeichnete Speisen aus dem Mittelmeerraum sowie Gerichte mit Meerestieren wie schwarzen Heilbutt in Austernsauce, Paella aus Reis und Fisch oder Königskrabben in Knoblauchsoße.

Ausgehen

Die Gegend am Stadtende, wo die Playa Grande beginnt, eignet sich besonders gut zum Ausgehen, ebenso die Straßen Bernardo de Irigoyen und LN Alem zwischen Almafuerte und Rodríguez Peña.

Antares (☎ 492-4455; Córdoba 3025; ☽ 20 Uhr bis spätnachts) Zu den acht Biersorten vom Fass, die in Mar del Platas einziger Kleinbrauerei gebraut werden, gehören Imperial Stout, helles Bier und Gerstenwein – genau das richtige Mittel gegen den dicken Kopf, den Quilmes verursacht! Es gibt auch etwas zu essen und an den meisten Wochenenden wird Livemusik gespielt. Eine Zweigstelle befindet sich an der Irigoyen 3851.

La Bodeguita del Medio (☎ 486-3096; Castelli 1252; ☽ 19 Uhr bis spätnachts) Das Lokal wurde nach einem Lieblingslokal von Hemingway benannt. Die Mojitos in diesem stilvollen Lokal machen ihm alle Ehre, zwischen 19 und 21 Uhr gibt es zwei zum Preis von einem. Die kubanischen Gerichte und Barsnacks sind ebenfalls sehr lecker. Manchmal wird Livemusik gespielt.

Almacén Condal (☎ 451-3460; Ecke Alsina & Garay; ☽ 9 Uhr bis spätnachts) Wer eine traditionelle, altmodische Atmosphäre mag, ist in dieser flippigen Eckbar genau richtig. An der langen Theke beim Verzehr des Imbisses lässt sich gut mit den Einheimischen plauschen – eine interessante Reise in die Vergangenheit!

Unterhaltung
NACHTCLUBS
Wenn die Argentinier den lieben Tag lang in der Sonne gebrutzelt haben, zeigen sie ihre knackigen, gebräunten Körper am Abend gerne in den Clubs und tanzen dort die ganze Nacht hindurch. Die beliebtesten Diskotheken liegen an der Avenida Constitución, etwa 3 km vom Stadtzentrum entfernt. Hier geht es erst nach 1 Uhr morgens so richtig los. Der Bus Nr. 551 fährt aus dem Stadtzentrum die Avenida entlang. Manchmal werden tagsüber Flyer an der San Martín und Rivadavia verteilt, die als ermäßigte Eintrittskarten gelten.

Sobremonte (☎ 479-2600; Av. Constitución 6690; ☽ Dez.–März ab Mitternacht bis zum frühen Morgen, April–Nov. Do–Sa ab Mitternacht bis zum frühen Morgen) Das Sobremonte ist im Sommer der In-Treff für die eleganten Clubgänger der Stadt und besteht aus drei dröhnenden Diskotheken, einem mexikanischen Restaurant und einer Lounge – allesamt unter einem Dach.

Chocolate (☎ 479-4848; Av. Constitución 4451; ☽ Dez.–März ab Mitternacht bis zum frühen Morgen, April–Nov. Do–Sa 24 Uhr bis zum frühen Morgen) Ein weiterer beliebter Klassiker mit zwei Stockwerken, Innenhof und eingängiger Musik von Techno bis *rock nacional* (argentinischer Rock).

LIVEMUSIK
Die Touristeninformation gibt Auskunft über aktuelle Veranstaltungen.

Casa del Folklore (☎ 472-3955; San Juan 2543; ☽ 21 Uhr bis spätnachts, Fr & Sa nur im Winter) Musik wird hier meist erst nach 23 Uhr gespielt. In dieser quirligen *peña* (Folkmusikclub) nordwestlich des Stadtzentrums wird reichlich gegessen, getrunken und getanzt.

THEATER
Wenn Buenos Aires im Januar in den Winterschlaf fällt, ziehen viele Produktionen aus der Hauptstadt nach Mar del Plata. In den *carteleras* (Theaterkassen mit ermäßigten Tickets) bekommt man Kino- und Theatertickets zum halben Preis; Tickets gibt es bei **Cartelera Baires** (Santa Fe 1844, Local 33).

Teatro Auditorium (☎ 493-6001; Blvd.. Marítimo 2280) Das Theater gehört zum Kasinokomplex und bietet gutes Musicaltheater.

Weitere Veranstaltungsorte sind das **Teatro Municipal Colón** (☎ 499-6555; Yrigoyen 1665) und das **Teatro Santa Fe** (☎ 492-0856; Santa Fe 1854).

Shoppen
Mar del Plata ist für seine Pullover und Jacken berühmt. Die Geschäfte an der Avenida JB Justo, die den Spitznamen „Avenida del Pullover" trägt, bieten fast schon Großhandelspreise. Etwas teurere Geschäfte finden sich auf der Calle Güemes.

Feria de los Artesanos (Plaza San Martín) Jeden Nachmittag im Sommer errichten die Verkäufer ihre Stände auf der Plaza San Martín und verkaufen alles von *Mate*-Kalebassen und Messern bis hin zu Pullovern und Silberarbeiten.

Mercado de Pulgas (Plaza Rocha; ☽ Do–So 11–18 Uhr) Der Flohmarkt, der alles (selbst Spülbecken) verkauft, findet auf der 20 de Septiembre statt. Sie liegt zwischen der San Martín und der Avenida Luro, sieben Blocks nordwestlich der Plaza San Martín.

AN- & WEITERREISE
FLUGZEUG
Aerolíneas Argentinas (☎ 496-0101; Moreno 2442) bietet mehrmals am Tag Flüge nach Buenos Aires (ab 285 Arg$). **LADE** (☎ 491-1484; Corrientes 1537) hat günstigere Tarife, dafür aber weniger Flüge.

BUS
Der Busbahnhof von Mar del Plata wird wohl in Kürze in die Nähe des Bahnhofs ziehen, er liegt dann rund 2 km nordwestlich des Strands. Die örtlichen Busse werden wahrscheinlich bis ins

Stadtzentrum fahren (die Alternative sind Taxis). Darüber hinaus gibt es viele Verbindungen in andere Städte Argentiniens, zum Beispiel:

Reiseziel	Fahrpreis (Arg$)	Fahrzeit (Std.)
Bahía Blanca	90	7
Bariloche	300	18–20
Buenos Aires	100	5½
Comodoro Rivadavia	280	24
Córdoba	210	16–18
Mendoza	295	20
Necochea	25	2¼
Pinamar	24	2½
Puerto Madryn	220	16½
Tandil	32	3
Villa Gesell	19	2

ZUG

Der **Bahnhof** (☎ 475-6076; Av. Luro 4700 an der Italia; ☽ 6–24 Uhr) liegt etwa 2 km vom zentralen Strand entfernt.

Freitags fährt der *El Marplatense* von Buenos Aires nach Mar del Plata, sonntags zurück (90 Arg$). Zweimal am Tag verkehrt ein regulärer Zug von Buenos Aires nach Mardel (52 bis 69 Arg$, 7 Std.). Plätze und Karten im Sommer unbedingt im Voraus reservieren!

Unterwegs vor Ort

Der **Aeropuerto Astor Piazzola** (☎ 478-3990; RN 2, Km 396) liegt 10 km nördlich der Stadt. Die Buslinie 542 fährt von der Ecke Boulevard Marítimo und Belgrano dorthin; ein Taxi oder eine *remise* kosten etwa 25 Arg$.

Obwohl Mar del Plata so weitläufig ist, fahren die Busse recht häufig und in fast jeden Winkel der Stadt. Die meisten Busse akzeptieren, um die Fahrt nicht aufzuhalten, nur Magnetkarten, die zuvor an *kioskos* gekauft werden und wieder aufladbar sind. Buslinie 221 bildet da eine Ausnahme, auf dieser Linie kann man mit Münzen oder Scheinen zahlen. Die Touristeninformation hat weitere Informationen.

Autos vermietet **Budget** (☎ 495-2935; Córdoba 2270); das preisgünstigste Modell kostet pro Tag 200 Arg$ einschließlich einer Kilometerpauschale von 200 km.

BALCARCE

Das **Museo del Automovilismo Juan Manuel Fangio** (☎ 02266-425540; www.museofangio.com; Ecke Dardo Rocha & Mitre, Balcarce; Erw./Kind 6–18 J. 20/12 Arg$; ☽ 10–19 Uhr) wurde nach dem bekanntesten Rennfahrer Argentiniens benannt und zählt zu den besten des Landes. Das in Fangios Geburtsort Balcarce, 70 km nordwestlich von Mar del Plata gelegene Museum beherbergt eine Sammlung klassischer Automobile und Rennwagen im Wert von mehreren Millionen Dollar. Es betont naturgemäß die weltweiten Heldentaten Fangios und seiner Zeitgenossen, bemüht sich aber auch, die Automobilgeschichte in einem globalen Kontext zu dokumentieren.

Die Busse des Unternehmens El Rápido fahren regelmäßig von Mar del Plata zum Museum (12 Arg$, 1½ Std.).

NECOCHEA

☎ 02262 / 89 000 Ew.

Im Sommer tobt hier das Leben, im Winter hingegen fällt die Stadt in einen Dornröschenschlaf. Necocheas Strandort-Flair wird durch die aus dem Boden schießenden Hochhäuser (noch) nicht beeinträchtigt: An dem 70 km langen Strand findet jeder ein ungestörtes Plätzchen! Hier gibt es die besten Wellen der gesamten Küste, daher zieht der Ort das ganze Jahr über zahlreiche Surfer an. Weitere Highlights sind der bewaldete Parque Provincial Miguel Lillo sowie die guten Wander- und Reitmöglichkeiten im Westen der Stadt. Auch einige der preiswertesten Unterkünfte der gesamten Küste finden sich hier.

Die meisten Dienstleistungsunternehmen wie Post, Banken sowie der Busbahnhof liegen etwa 3 km vom Strand entfernt etwas landeinwärts.

Praktische Informationen

ACA (☎ 422106; Av. 59, Nr. 2073) Argentiniens Automobilclub ist eine gute Quelle für Straßenkarten.
Städtisches Krankenhaus (☎ 422405; Av. 59, zwischen Calles 100 & 104)
Städtische Touristeninformation (☎ 438333; Ecke Av. 2 & 79; ☽ 8–21 Uhr) Direkt am Strand.
Post (Calle 6, Nr. 4065)

Sehenswertes & Aktivitäten

Die dichten Kiefernwälder im **Parque Provincial Miguel Lillo**, einen weitläufigen Grüngürtel direkt am Strand, laden zum Radfahren, Reiten, Wandern und Picknicken ein. Pferde und Fahrräder werden direkt im Park ausgeliehen.

Der Río Quequén Grande ist reich an Regenbogenforellen und Makrelen und die Wasserfälle **Saltos del Quequén** eignen sich hervorragend zum Raften. Im Dorf **Quequén** an der Flussmündung liegen einige Schiffwracks unter den zerklüfteten Felsen – eine gute Gelegenheit, hier mit einem Fotoapparat auf Entdeckungsreise zu gehen. Eine weitere Sehenswürdigkeit der Gegend ist der **Faro** (Leuchtturm).

Necochea hat die höchsten Wellen an der Atlantikküste und ist daher bei Surfern sehr beliebt. Auf dem **Monte Pasuvio Campingplatz** (☎ 451482, 02262-15-530975; Calle 502, Nr. 1160) auf der anderen Flussseite in Quequén gibt es eine Surfschule, die unterrichtet und das ganze Jahr über Surfbretter verleiht.

Schlafen

Einige Unterkünfte sind nur von Dezember bis Ostern geöffnet, daher unbedingt vorher anrufen! Die nachstehenden Häuser liegen alle rund vier Blocks vom Strand entfernt.

Jamming Hostel (☎ 450753; www.jamminghostel.com. ar; Calle 502, Nr. 1685; B/Zi. 50/150 Arg$) Das interessante Hostel im Adobe-Stil befindet sich in der Nähe des Strands in Quequén, 1 km entfernt auf der anderen Seite des Flusses, der die beiden Städte voneinander trennt. Zum Bahnhof sind es 6 km (eine Taxifahrt kostet ca. 12 Arg$). Einige Zimmer haben Meerblick. Das Hostel hat sich auf Skateboardfahren und Surfen spezialisiert (ganz in der Nähe liegt eine Surfschule).

Hospedaje La Casona (☎ 423345; lacasonahlc@yahoo. com.ar; Calle 6, Nr. 4356; DZ 100 Arg$) Das freundliche Hotel hat einfache Zimmer, einen großen Garten mit einer *parrilla*, einem Spieleraum und einer kleinen Bibliothek. Es gibt auch Apartments mit Küchenzeile (160 Arg$).

Hotel Mirasol (☎ 525158; www.mirasolhotel.com.ar; Calle 4, Nr. 4133; DZ 160 Arg$) Das Hotel in ausgezeichneter Lage direkt am Platz bietet preiswerte, komfortable Zimmer, einige sind mit einem Kühlschrank und einem Fernseher ausgestattet. Das Hotel ist ganzjährig geöffnet.

Hotel Flamingo (☎ 420049; flamingoneco@hotmail.com; Calle 83, Nr. 333; DZ 180 Arg$; 🗑) Das Hotel hat drei verschiedene Kategorien, was zur Vorsicht mahnt: einfache Zimmer, dunkle, muffige Zimmer und große, helle und moderne Zimmer (letztere liegen im Obergeschoss).

Hotel España (☎ 422896; www.hotel-espana.com.ar; Calle 89, Nr. 215; DZ 250–275 Arg$; 🗑) Das kleine Hotel einen halben Block vom Strand entfernt hat komfortable, mit Teppichen ausgelegte Zimmer (einige haben einen Balkon). Die Zimmer sind unterschiedlich groß.

Hostería del Bosque (☎ 420002; www.hosteria-del-bosque.com.ar; Calle 89, Nr. 350; DZ 280–390 Arg$; 🗑 🖥 🗑) Die *hostería* hat von allen Hotels in der Stadt die meiste Atmosphäre. Die Zimmer sind groß und komfortabel, einige bieten Ausblick auf den Parque Lillo auf der anderen Straßenseite. Zum Hotel gehört auch ein schöner Garten, der hinter dem Gebäude liegt.

Essen & Ausgehen

Um die Plaza San Martín herum gibt es zahlreiche Restaurants. Viele *balnearios* haben Strandlokale, in denen man etwas zu essen bekommt. In der Nebensaison sind viele Restaurants nur am Wochenende geöffnet.

Chimichurri Asador (☎ 420642; Calle 83, Nr. 345; Gerichte 16–30; Arg$ 🍽 Mittag- & Abendessen) Diese *parrilla* ist aufgrund der leckeren Fleischgerichte bei den Einheimischen sehr beliebt.

Sotavento (☎ 02262-15-406442; Pinolandia; Gerichte 20–38 Arg$; 🍽 Mittag- & Abendessen) Modernes Restaurant direkt am Strand mit gutem Service, leckeren Gourmetspeisen und Blick aufs Meer. Es befindet sich rund 1 km südlich der Calle 89.

Taberna Española (☎ 525126; Calle 89, Nr. 360; Gerichte 25–55 Arg$; 🍽 Mittag- & Abendessen) Wer schon herzhafte Fischgerichte essen will, ist in diesem beliebten Restaurant gerade richtig. Zum „Spezial"-Menü gehören Vor-, Haupt- und Nachspeise (37 Arg$). Unbedingt vorher reservieren!

Antares (☎ 421976; Calle 4, Nr. 4266; Gerichte 20–45 Arg$; 🍽 Di–So Abendessen) Eine Zweigstelle der schönen Bar-Restaurant-Kette. Es gibt eine gute Auswahl an einfachen Gerichten und verschiedene Biersorten, die in Mar del Plata gebraut werden.

Wer einen Drink nehmen möchte, sollte die Bars auf der Calle 87 zwischen Calles 4 und 6 probieren.

AN- & WEITERREISE

Der **Busbahnhof** (Av. 58, zwischen Calle 47 & Av. 45) liegt 3,5 km vom Strand entfernt (eine Taxifahrt kostet 8 Arg$, auch Buslinie 513 fährt dorthin). Es bestehen Busverbindungen nach Buenos Aires (111 Arg$, 7 Std.), Mar del Plata (25 Arg$, 2¼ Std.), Tandil (25 Arg$, 3 Std.) und Bahía Blanca (45 Arg$, 5 Std.).

BAHÍA BLANCA
☎ 0291 / 325 000 Ew.

Eindrucksvolle Gebäude, eine attraktive Plaza und schattige, von Bäumen und Palmen gesäumte Boulevards verleihen Bahía Blanca, das von Reisenden oft links liegengelassen wird, das Flair einer Mini-Metropole. Die Stadt dient hauptsächlich als Zwischenstopp auf dem Weg von Buenos Aires nach Patagonien, aber es gibt hier eine ganze Menge zu sehen und viele gute Restaurants und Unterhaltungsmöglichkeiten.

Die vielen Militärs, die hier auf Südamerikas größter Marinebasis stationiert sind, zeugen von Bahía Blancas Ursprüngen als Militärstützpunkt. Um auch die Randzonen der Pampas militärisch zu kontrollieren, errichtete Oberst

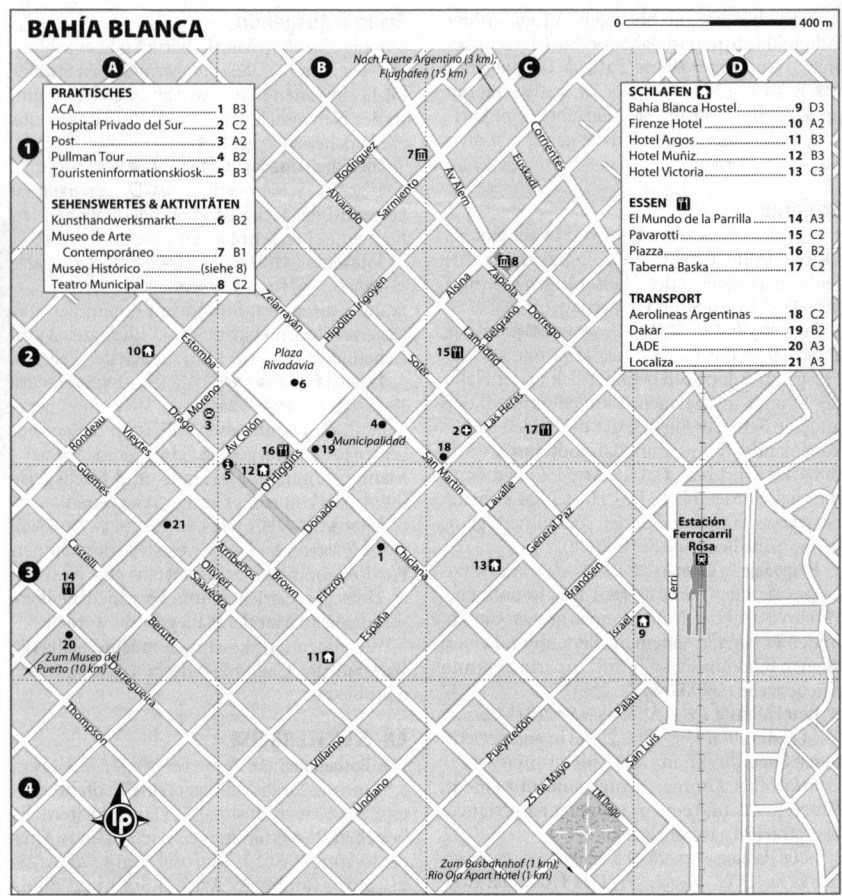

BAHÍA BLANCA

0 —————— 400 m

PRAKTISCHES
ACA.....................................**1** B3
Hospital Privado del Sur...........**2** C2
Post....................................**3** A2
Pullman Tour......................**4** B2
Touristeninformationskiosk.....**5** B3

SEHENSWERTES & AKTIVITÄTEN
Kunsthandwerksmarkt...............**6** B2
Museo de Arte
  Contemporáneo **7** B1
Museo Histórico ....(siehe 8)
Teatro Municipal....................**8** C2

Nach Fuerte Argentino (3 km);
Flughafen (15 km)

SCHLAFEN
Bahía Blanca Hostel...................**9** D3
Firenze Hotel **10** A2
Hotel Argos **11** B3
Hotel Muñiz............................**12** B3
Hotel Victoria.........................**13** C3

ESSEN
El Mundo de la Parrilla **14** A3
Pavarotti **15** C2
Piazza...................................**16** B2
Taberna Baska **17** C2

TRANSPORT
Aerolíneas Argentinas **18** C2
Dakar **19** B2
LADE.....................................**20** A3
Localiza **21** A3

Plaza
Rivadavia
●6

Municipalidad

Estación
Ferrocarril
Rosa

Zum Museo del
Puerto (10 km)

Zum Busbahnhof (1 km);
Río Oja Apart Hotel (1 km)

Ramón Estomba im Jahr 1828 am Naturhafen von Bahía Blanca die etwas großspurig betitelte Fortaleza Protectora Argentina, die trutzige Festung und Beschützerin des Landes.

Orientierung

Bahía Blanca liegt 654 km südwestlich von Buenos Aires (via RN 3) und 278 km nördlich von Viedma (über die RN 3). Bahía Blanca hat die Angewohnheit, seine Straßennamen öfters mal zu ändern, z. B. an der Avenida San Martín/Zelarrayán und der Avenida Colón/Hipólito Irigoyen.

Praktische Informationen

ACA (☎ 455-0076; Chiclana 305) Argentiniens Automobilclub – eine gute Quelle für Straßenkarten.
Hospital Privado del Sur (☎ 455-0270; Las Heras 164)

Post (Moreno 34)
Pullman Tour (☎ 455-3344; San Martín 171) Geldwechsel und Einlösung von Reiseschecks.
Touristeninformation (☎ 456-2668; Alsina 370; ◷ Mo–Fr 8–15 Uhr) Am Busbahnhof gibt es ebenfalls eine Touristeninformation (7–13 Uhr geöffnet), vorgesehen ist außerdem ein Informationsschalter an der Drago nördlich der O'Higgins.

Sehenswertes & Aktivitäten

Am Stadtrand liegt das **Museo del Puerto** (☎ 457-3006; Guillermo Torres 4131; Eintritt Spende; ◷ Mo–Fr 8–13.30, Sa & So 17–21 Uhr) Das Museum, untergebracht im früheren Zollgebäude, ist zwischen den riesigen Getreideaufzügen und dem an ein Fort erinnernden Kraftwerk von Puerto Ingeniero White kaum zu erkennen. Es widmet sich der Geschichte der Einwanderer und ihrem Erbe. Dazu gehört auch ein Archiv mit Dokumenten, Fotografien und Tonbandaufzeichnungen. Am schönsten ist es hier am Wochenende, wenn zum Nachmittagstee verschiedene Einwanderergruppen traditionelle Köstlichkeiten anbieten. Jede Woche steht eine andere Gruppe im Mittelpunkt. Zu den Erfrischungen gibt es oft auch Livemusik. Der Bus Nr. 500 fährt von der Plaza zum Museum del Puerto.

Das neoklassizistische **Teatro Municipal** (Ecke Alsina & Zapiola Dorrego) ist das bedeutendste Theater der Stadt. Im selben Gebäude befindet sich auch das **Museo Histórico** (☎ 456-3117; Eintritt frei; ☽ Di–So 16–20 Uhr). Ausgestellt werden Artefakte der Ureinwohner sowie Exponate, die an wichtige Ereignisse in der Region erinnern, etwa an die Gründung als Militärstützpunkt und den Bau der Eisenbahn. Sehenswert ist auch das **Museo de Arte Contemporáneo** (☎ 459-4006; Sarmiento 454; Eintritt frei; ☽ Di–Fr 14–20, Sa & So 16–20 Uhr), das die Werke einheimischer und nationaler Künstler zeigt.

Von donnerstags bis sonntags findet nachmittags auf der Plaza Rivadavia gegenüber der Municipalidad ein **Kunsthandwerksmarkt** statt.

Schlafen

Viele Hotels sind auf Geschäftsreisende spezialisiert, daher sind die Unterkünfte in Bahía Blanca häufig teurer als in anderen argentinischen Städten vergleichbarer Größe. Aber es gibt auch günstige Angebote.

Bahía Blanca Hostel (☎ 452-6802; www.bahiablanca hostel.com; Soler 701; B 38 Arg$; EZ 45–60 Arg$; DZ 75–85 Arg$; ☒ ☽) Das in einem alten Gebäude untergebrachte Hotel ist nicht gerade gemütlich, dafür jedoch freundlich und preiswert. Es gibt jede Menge einfacher Zimmer, die meisten liegen in einem alten Innenhof. Die preiswertesten haben Gemeinschaftsbäder.

Firenze Hotel (☎ 455-7746; www.firenzehotel.com.ar; Rondeau 39; EZ/DZ 80/130 Arg$; ☽) Gutes Preis-Leistungs-Verhältnis. Das kleine Hotel in einem renovierten alten Gebäude hat siebzehn hübsche, einfache Zimmer.

Hotel Victoria (☎ 452-0522; General Paz 84; EZ/DZ 110/150 Arg$; ☽) Das gepflegte alte Haus hat gute, komfortable Zimmer, die sich alle um einen Innenhof gruppieren.

Hotel Muñiz (☎ 456-0060; www.hotelmuniz.com.ar; O'Higgins 23; EZ 125–190 Arg$, DZ 185–250 Arg$; ☒ ☒ ☽) Das Hotel liegt sehr zentral in einem schönen historischen Gebäude. Es hat drei verschiedene Zimmerkategorien und ein wunderbar altmodisches Ambiente.

Rio Oja Apart Hotel (☎ 481-9922; www.aparthotel rio-oja.com.ar; Estados Unidos 65; EZ/DZ 165/200 Arg$; ☒ ☽) Wer sich auf der Durchreise befindet, ist in diesem modernen Hotel direkt am Busbahnhof genau richtig. Die Zimmer sind ordentlich und haben alle eine kleine Kochnische.

Hotel Argos (☎ 455-0404; www.hotelargos.com; España 149; EZ/DZ 250/300 Arg$; ☒ ☒ ☽) Das beste Hotel in Bahía Blanca. Die Zimmer sind groß, mit Teppichen ausgelegt und sehr ruhig. Das Frühstück ist üppig, der Fitnessraum modern und der Service äußerst professionell.

Essen

Piazza (☎ 452-2707; Ecke O'Higgins & Chiclana; Gerichte 18 bis 35 Arg$; ☽ Frühstück, Mittag- & Abendessen) Ein beliebtes Café mit einfallsreicher Speisekarte (es gibt auch Pizzas und Salate) und einer gut bestückten Bar. Unbedingt die Schokoladenmousse probieren (11 Arg$)!

Taberna Baska (☎ 450-2500; Lavalle 284; Gerichte 25 bis 48 Arg$; ☽ Mo–Sa Mittag- & Abendessen) Fischgerichte und Klassiker wie spanische Tortilla (Kartoffelomelett) sind hier sehr zu empfehlen. Das Restaurant mit sehr entspannter Atmosphäre gehört zum baskischen Social Club.

Pavarotti (☎ 450-0077; Belgrano 272; Gerichte 28 bis 47 Arg$; ☽ Mittag- & Abendessen) Das Restaurant serviert anspruchsvolle Gerichte wie Fischeintopf, kulinarisch verfeinerte Pastagerichte, große Fleisch- und Käseplatten sowie den Ensalada „9 de Julio" (gemischter Salat mit Käse, Nüssen, Oliven und Rostbrotwürfel).

El Mundo de la Parrilla (☎ 454-6446; Av. Colón 379; Gerichte 35–42 Arg$; ☽ So–Fr Mittag- & Abendessen, Sa nur Abendessen) Nach Aussagen der Einheimischen ist diese *parrilla* das beste Lokal der Stadt. Daher unbedingt vorher reservieren! Beim *tenedor libre* (Frauen zahlen 45 Arg$, Männer 48 Arg$!) folgt ein köstliches Grillgericht aufs andere, dazu gibt es Salat und Getränke.

Ausgehen

Wer abends noch etwas erleben will, sollte am besten das **Fuerte Argentino** ungefähr neun Blocks nordöstlich der Plaza Rivadavia ansteuern. Hier reihen sich in einer Sackgasse die *boliches* (Nachtclubs) und Bars aneinander. In der Nähe gibt es einen hübschen Skulpturengarten zum Verschnaufen.

AN- & WEITERREISE
FLUGZEUG

Der Flughafen von Bahía Blanca liegt 15 km östlich der Stadt. **Aerolíneas Argentinas** (☎ 456-0561;

San Martín 298) fliegt von hier nach Buenos Aires (435 Arg$). **LADE** (☎ 452-1063; Darragueira 21) zum Preis von rund 300 Arg$ ebenfalls in die Hauptstadt, aber nur alle 15 Tage.

BUS

Bahía Blancas **Busbahnhof** (Brown 1700) befindet sich ca. 2 km südöstlich der Plaza Rivadavia. Eine Taxifahrt zum Stadtzentrum kostet zwischen 12 und 15 Arg$. Es gibt auch Busse, aber die Fahrgäste müssen zunächst beim *kiosco* eine Magnetkarte kaufen.

Einige Geschäfte, z. B. *locutorios* (privater Telefonanbieter) und das Reisebüro **Dakar** (Chiclana 102) am südlichen Ende der Plaza Rivadavia, verkaufen Bustickets. So erspart man sich den Gang zum Busbahnhof. Sämtliche Geschäfte verkaufen die Tickets verschiedener Busunternehmen. Wer Informationen zu Fahrplan, Busgesellschaft oder Preis benötigt, sollte sich daher einfach vor Ort informieren.

Die Busunternehmen Condor Estrella und Expreso Cabildo fahren zwei- oder dreimal täglich nach Sierra de la Ventana.

Nachstehend einige Fernverbindungen:

Reiseziel	Fahrpreis (Arg$)	Fahrzeit (Std.)
Bariloche	143	12–14
Buenos Aires	125–160	9
Córdoba	160–192	13–15
Mar del Plata	85	7
Mendoza	210–265	16
Neuquén	70–95	7½
Sierra de la Ventana	23	2
Trelew	122–135	10–12

AUTO

Wer von Bahia Blanca aus die nahe gelegenen Bergketten der Sierras und die Küste erkunden will, mietet sich am besten bei **Localiza** (☎ 456-2526; Av. Colón 194) ein Auto.

ZUG

Vom Bahnhof **Estación Ferrocarril Roca** (☎ 452-9196; www.ferrobaires.gba.gov.ar; Av. Cerri 750) fahren von Montag bis Samstag gegen 19 Uhr Züge nach Buenos Aires (40–66 Arg$, 12–15 Std.). Einmal pro Woche zuckelt eine Bummelbahn ins südlich gelegene Carmen de Patagones, die Schwesternstadt von Viedma in Patagonien. Hin und wieder fällt der Zug aber auch aus.

Der Nordosten

Wasser ist das beherrschende Element im Nordosten Argentiniens. Mächtige Ströme fließen südwärts und fluten das flache, grüne Weideland, das Dröhnen der Wasserfälle hallt aus dem Urwald wider, und ökologisch sensible Feuchtgebiete bilden die Heimat unzähliger Vögel, hungriger Kaimane und zutraulicher Wasserschweine. Der friedliche Río Iguazú, der sich durch den Urwald zwischen Brasilien und Argentinien schlängelt, verändert wenige Kilometer vor seiner Vereinigung mit dem Río Paraná sein Gesicht und wird zum machtvollsten Wasserfall der Welt – ein überwältigendes Erlebnis.

Danach mündet der Fluss in den Paraná und bildet später nach seinem Zusammenfluss mit dem Río Uruguay den Mündungstrichter Río de la Plata bei Buenos Aires. An den Ufern des Río Paraná liegen einige der interessantesten Städte des Landes: das elegante Corrientes, das koloniale Santa Fe, das boomende Rosario und Posadas, das Tor zur verfallenen Pracht der Jesuitenmissionen: Erinnerung an eine soziale Utopie inmitten der Wildnis, die rasch wieder zerbrach. Der Río Paraguay mündet in den Río Paraná. Auf der Westseite der beiden Flüsse erstreckt sich das Buschland des Chaco – seine abgelegenen Bereiche werden „El Impenetrable" genannt. Am Schluss bekommt der Paraná weitere Verstärkung vom Río Uruguay, der entlang der Grenze zu Uruguay verläuft und nur einmal von den phantastischen Moconá-Fällen unterbrochen wird. An den Ufern des Río Uruguay liegen einige Städte mit entspanntem Fluss-Flair, dazu zählen das reizvolle Colón und Gualeguaychú, in dem wochenlang ausgelassen Karneval gefeiert wird.

In der Region wurden mehrere großartige Schutzgebiete und Nationalparks angelegt, die stellvertretend für die biologische Vielfalt des gesamten Landesteils stehen. Die seichten Seen der Esteros del Iberá beherbergen einen wirklich überwältigenden Reichtum an Tier- und Pflanzenarten.

DER NORDOSTEN

HIGHLIGHTS

- Die herrlichen **Wasserfälle von Iguazú** bewundern (S. 243)
- Den mächtigen Río Parana im liebens- und lebenswerten **Rosario** (S. 197) erleben
- Die Wasserschweine in der **Reserva Provincial Esteros del Iberá** (S. 220) beobachten
- Köstlichen Süßwasserfisch aus dem Río Uruguay im hübschen **Colón** (S. 228) probieren
- Die Ruinen der **Jesuitenmissionen** – ein Experiment in Sachen Menschlichkeit (S. 235) – besichtigen

Iguazú-Fälle

Jesuitenmissionen

Reserva Provincial
Esteros del Iberá

Colón

Rosario

■ EINWOHNER: 7,52 MIO.   ■ FLÄCHE: 501 487 KM²

DER NORDOSTEN

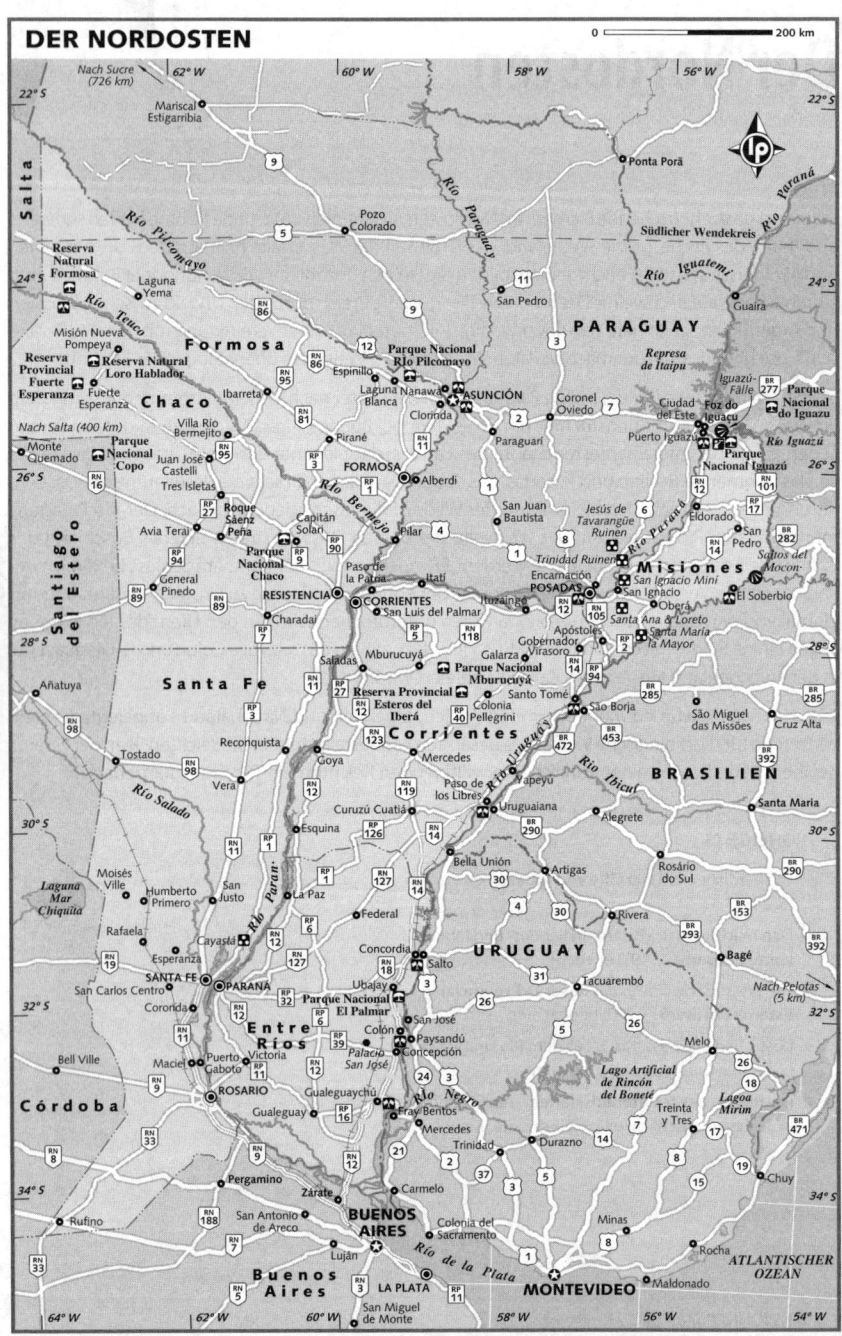

Klima

Natürlich variieren die Temperaturen innerhalb eines so großen Gebietes beträchtlich, nach Norden zu wird das Klima immer tropischer. In den Städten am Fluss nördlich von Rosario herrscht hohe Luftfeuchtigkeit, der Chaco dagegen ist sehr trocken. Der Winter im südlichen Teil der Region kann recht kalt werden, gelegentlich sinken die Temperatur sogar unter den Gefrierpunkt. Die kühle Jahreszeit fällt in die Monate Juni, Juli und August.

Nationalparks & Schutzgebiete

In der Region liegen einige sehenswerte Nationalparks, sie schützen die trockenen Savannen des Chaco ebenso wie die Regenwälder in der Provinz Misiones: Im fernen Nordosten liegen der brasilianische Parque Nacional do Iguaçu (S. 247) und der argentinische Parque Nacional Iguazú (S. 245) mit den spektakulären Iguazú-Wasserfällen. Beide Nationalparks sind ein wichtiger Lebensraum für Orchideen, Raubkatzen wie etwa Jaguar und Ozelot sowie Vögel und andere Tiere und Pflanzen.

Nirgendwo sonst trifft man auf so viele unterschiedliche Wildtiere vom Sumpfhirsch bis zum Kolibri wie in den Feuchtgebieten der Reserva Provincial Esteros del Iberá (S. 220) und ihrem Pendant, dem nahe gelegenen Nationalpark Mburucuyá (S. 219). Was den Nationalpark El Palmar (S. 230) dagegen unvergesslich macht, ist die Eleganz seiner Yatay-Palmen.

Große Bereiche des Chaco wurden gerodet, daher sind der Buschwald und die Feuchtgebiete des Nationalparks Chaco (S. 261) und des Nationalparks Río Pilcomayo (S. 267) heute von ganz besonderer ökologischer Bedeutung, ebenso wie die Schutzgebiete weiter westlich in der Region; siehe dazu den Kasten S. 263.

An- & Weiterreise

Von Buenos Aires aus werden Flüge nach Rosario, Santa Fe, Posadas, Puerto Iguazú, Resistencia, Corrientes und Formosa angeboten. Busverbindungen bestehen von den meisten Städten zu Zielorten im ganzen Land. Vereinzelt fahren auch Züge von Buenos Aires nach Rosario und Posadas.

ENTLANG DEM RÍO PARANÁ

Der mächtige Río Paraná beherrscht mit seinen knapp 4000 km als zweitlängster Fluss des Kontinents die Geografie des argentinischen Nordostens. Zahlreiche sehenswerte Städte liegen an seinen Ufern, und Fluss und Menschen beeinflussen sich wechselseitig. Zwar wurden die Stadtzentren in sicherer Entfernung oberhalb der Uferbefestigungen angelegt, doch das gesellschaftliche Leben findet beinahe überall an der *costanera* (Flussufer) statt. Noch immer ist der Fluss von zentraler Bedeutung für den Handel; große Überseeschiffe befahren ihn bis Rosario, einer Stadt mit freundlichen, erfrischend optimistischen Einwohnern, die schon für sich alleine eine Reise wert sind.

Santa Fe und Paraná machen einen entspannten, etwas verschlafenen Eindruck – kein Wunder, bei der Feuchtigkeit, die vom Paraná aufsteigt. In beiden Städten begeistert die traditionelle Architektur. Das hübsche Corrientes ist die Heimat des *chamamé* (eine lokale Musikrichtung, die sich aus der Polka entwickelt hat) und Ausgangspunkt für einen Ausflug in die einzigartigen Sumpfgebiete der Esteros del Iberá. Der Paraná versorgt die Einwohner mit riesigen Flussfischen wie Surubí, Dorado und Pacú, die Angler aus der ganzen Welt begeistern – ihr unverwechselbarer Geschmack bereichert die Speisekarten in den Restaurants der Region.

ROSARIO

☎ 0341 / 1,2 Mio. Ew.

Rosario, wichtiger Flusshafen sowie Geburtsort der argentinischen Flagge und Che Guevaras, erlebt gerade einen Aufschwung. Die verfallenen Gebäude entlang der Costanera wurden in Galerien, Restaurants und Skaterparks umgestaltet, an den Stränden und auf den Flussinseln pulsiert das Leben. Das Zentrum ist eine seltsame Mischung aus wuchtigen Bauten des frühen 20. Jhs., die von hässlichen Apartmenthäusern überschattet werden, doch wirkt es angenehm belebt, und die Einwohner, die bodenständigen *rosarinos*, sind unglaublich sympathisch. Alle sind sehr stolz auf ihren gegenwärtig berühmtesten Sohn der Stadt: Lionel Messi, der legendäre Fußball-Nationalspieler, wurde in Rosario geboren.

Geschichte

Die ersten europäischen Einwohner ließen sich um 1720 ohne offizielle Erlaubnis der spanischen Krone in *rosario* nieder. Nach der Unabhängigkeit überflügelte Rosario in ökonomischer Hinsicht schon bald Santa Fe, doch zur Verärgerung der Rosarinos behielt die Provinzhauptstadt weiter ihre politische Vorrangstellung.

Die zentralargentinische Handelsgesellschaft brachte Landarbeiter und Siedler aus

DER NORDOSTEN

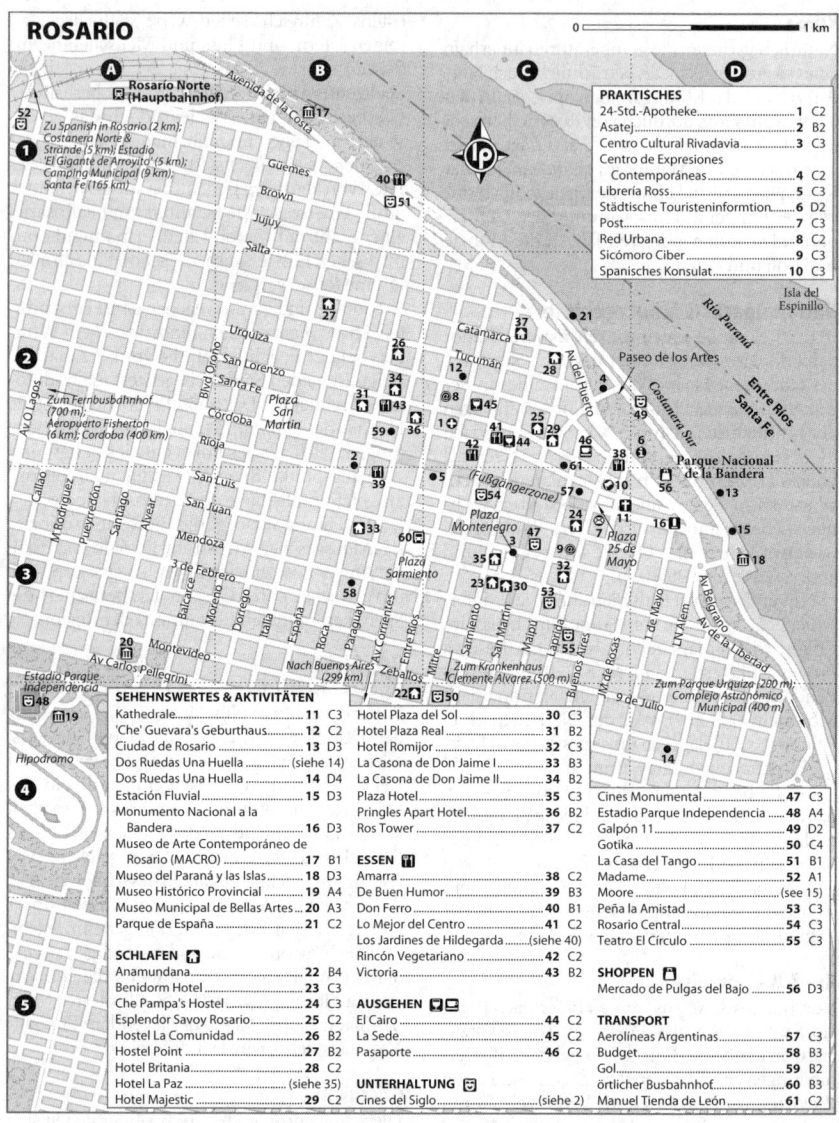

ROSARIO

0 — 1 km

PRAKTISCHES
24-Std.-Apotheke	1 C2
Asatej	2 B2
Centro Cultural Rivadavia	3 C3
Centro de Expresiones Contemporáneas	4 C2
Librería Ross	5 C3
Städtische Touristeninformtion	6 D2
Post	7 C3
Red Urbana	8 C2
Sicómoro Ciber	9 C3
Spanisches Konsulat	10 C3

SEHEHNSWERTES & AKTIVITÄTEN
Kathedrale	11 C3
'Che' Guevara's Geburtshaus	12 C2
Ciudad de Rosario	13 D3
Dos Ruedas Una Huella	(siehe 14)
Dos Ruedas Una Huella	14 D4
Estación Fluvial	15 D3
Monumento Nacional a la Bandera	16 D3
Museo de Arte Contemporáneo de Rosario (MACRO)	17 B1
Museo del Paraná y las Islas	18 D3
Museo Histórico Provincial	19 A4
Museo Municipal de Bellas Artes	20 A3
Parque de España	21 C2

SCHLAFEN
Anamundana	22 B4
Benidorm Hotel	23 C3
Che Pampa's Hostel	24 C3
Esplendor Savoy Rosario	25 C2
Hostel La Comunidad	26 B2
Hostel Point	27 B3
Hotel Britania	28 C3
Hotel La Paz	(siehe 35)
Hotel Majestic	29 C2
Hotel Plaza del Sol	30 C3
Hotel Plaza Real	31 B2
Hotel Romijor	32 C3
La Casona de Don Jaime I	33 B3
La Casona de Don Jaime II	34 B2
Plaza Hotel	35 C3
Pringles Apart Hotel	36 B2
Ros Tower	37 C2

ESSEN
Amarra	38 C2
De Buen Humor	39 B3
Don Ferro	40 B1
Lo Mejor del Centro	41 C2
Los Jardines de Hildegarda	(siehe 40)
Rincón Vegetariano	42 C2
Victoria	43 B2

AUSGEHEN
El Cairo	44 C2
La Sede	45 C2
Pasaporte	46 C2

UNTERHALTUNG
Cines del Siglo	(siehe 2)
Cines Monumental	47 C3
Estadio Parque Independencia	48 A4
Galpón 11	49 D2
Gotika	50 C4
La Casa del Tango	51 B1
Madame	52 A1
Moore	(see 15)
Peña la Amistad	53 C3
Rosario Central	54 C3
Teatro El Círculo	55 C3

SHOPPEN
Mercado de Pulgas del Bajo	56 D3

TRANSPORT
Aerolíneas Argentinas	57 C3
Budget	58 B3
Gol	59 B2
örtlicher Busbahnhof	60 B3
Manuel Tienda de León	61 C2

Europa nach Rosario. Von 1869 bis 1914 wuchs die Bevölkerung der Stadt schließlich um das knapp Zehnfache auf 223 000 Einwohner an, womit sie zahlenmäßig die Hauptstadt überflügelte. Die landwirtschaftlichen Exporte der Stadt und ihre wirtschaftliche Verbindung zum Rindermarkt der Chicagoer Warenterminbörse trugen Rosario übrigens den Spitznamen „Chicago Argentino" ein – das argentinische Chicago.

Der Niedergang der Wirtschaft und der Schifffahrt in den 1960er-Jahren führte zu sinkenden Einwohnerzahlen und einem stetigen Machtverlust. Doch noch immer wurde Rosarios Bedeutung als Handelshafen nur von Buenos Aires selbst übertroffen. Ihr Titel als zweitwich-

tigste Stadt Argentiniens allerdings wurde ihr
später von Córdoba abspenstig gemacht – eine
Tatsache, die die *rosarinos* bis heute als Herausforderung empfinden.

Patriotische Argentinier ehren Rosario
als „Cuna de la Bandera" – Wiege der Flagge;
denn die Stadt hat der argentinischen Flagge
ein Denkmal gesetzt.

Orientierung

Rosario zeigt einen größtenteils rasterförmigen
Grundriss, nur dort, wo das Steilufer eine grad-
linige Straßenführung unmöglich macht, haben
sich die Straßen dem Uferverlauf angepasst. Das
städtische Leben konzentriert sich auf die Plaza
25 de Mayo, doch die meisten Geschäfte liegen
in den Fußgängerzonen (*peatonales*) San Martín
und Córdoba. Eine große Grünfläche hat die
Stadt auch zu bieten: den Parque Independencia
südwestlich der Innenstadt nämlich.

Praktische Informationen

BUCHLÄDEN

Librería Ross (☎ 448-5378; www.libreriaross.com.ar;
Córdoba 1347) Führt eine kleine Auswahl an Klassikern in
englischer Sprache.

GELD

Banken und Geldautomaten gibt es überall in
der Stadt, am größten ist die Dichte an der Santa Fe in der Nähe der Plaza 25 de Mayo. Wechselstuben befinden sich an der San Martín und
an der Córdoba, sie tauschen Reiseschecks
(gegen Gebühr) und Bargeld um. Vorsicht!
Geldwechsler auf der Straße drehen ihren Kunden schon mal Falschgeld an.

INTERNETZUGANG

Es gibt zahlreiche Läden, um online zu gehen;
außerdem besteht an vielen Stellen kostenloses
WLAN, u. a. an der von Platanen beschatteten
Plaza 25 de Mayo (Netzwerk: mr_gratuita).
Red Urbana (Av. Corrientes 563; Std. 2,50 Arg$; ☾ 24 Std.)
Sicómoro Ciber (Laprida 966; Std. 2,50 Arg$; ☾ 8 Uhr bis
spätabends, So ab 14 Uhr)

KULTURZENTREN

Centro Cultural Rivadavia (☎ 480-2401; San Martín
1080) Im Zentrum an der Plaza Montenegro gibt es gute Infos,
was in der Stadt gerade los ist. Die hauseigenen Galerien stellen
den örtlichen Künstlern Ausstellungsräume zur Verfügung.
Centro de Expresiones Contemporáneas (☎ 480-
2243; www.cecrosario.org.ar; Ecke Av. del Huerto & Paseo de
los Artes) Die umgestalteten historischen Gebäude werden für
Sonderausstellungen genutzt.

MEDIZINISCHE VERSORGUNG

Im Stadtzentrum gibt es mehrere Apotheken mit
24-Stunden-Service, u. a. an der Ecke San Lorenzo und Entre Ríos.
Hospital Clemente Alvarez (☎ 480-8111; Rueda 1110)
Südwestlich des Stadtzentrums.

POST & TELEFON

Im Stadtzentrum finden sich viele *locutorios*
(private Telefonläden).
Postamt (Córdoba 721)

REISEBÜROS

Asatej (☎ 425-6002; www.asatej.com; Shopping del Siglo,
2. Stock, Roca 848) Gemeinnütziges Reisebüro für Studenten.

TOURISTENINFORMATION

Städtische Touristeninformation (☎ 480-2230; www.
rosarioturismo.com; Av. del Huerto; ☾ Mo–Sa 9–19, So 9 bis
18 Uhr) In Ufernähe. Ein weiteres Büro gibt es am Terminal für
Fernbusse.

Sehenswürdigkeiten & Aktivitäten

MUSEO DEL PARANÁ Y LAS ISLAS

Vor allem die bezaubernden romantischen
Wandmalereien des ortsansässigen Malers Raúl
Domínguez machen das **Museum** (☎ 439-8679; Estación Fluvial; Eintritt frei; ☾ Sa/So 13–19 Uhr) im Obergeschoss der Estación Fluvial am Flussufer so sehenswert. Das Leben auf den Inseln des Paraná
faszinierte Domínguez so sehr, das er dieses kleine Museum einrichtete – mit Fotos, Artefakten,
historischen Dokumenten und eigenen Bildern.

PLAZA 25 DE MAYO

Rosarios **Kathedrale** (☾ Mo–Sa 7.40–12.30 & 16.30 bis
20.30, So 8–13 & 17–21.30 Uhr) ist ein schlanker ein-
schiffiger, hoher Bau mit einer Kuppel, die mit
Buntglasscheiben geschmückt ist. Abgebildet
sind Szenen aus dem Leben der Jungfrau Maria.
Die Kirche ist eines von mehreren sehenswerten
Gebäuden rund um diesen Platz, dem eigentlichen Zentrum des alten Rosario.

In der Nähe ruht Manuel Belgrano, Schöpfer
der argentinischen Nationalflagge, in einer Krypta unter dem 78 m hohen, wuchtigen **Monumento
Nacional a La Bandera** (☎ 480-2238; Santa Fe 581; Eintritt
2 Arg$; ☾ April–Sept. Di–So 9–18, Mo 14–18 Uhr, Okt.–März
tgl. bis 19 Uhr). Der erbarmungslos in Stein gehaue-
ne nationalistische Bau lässt den Betrachter frös-
teln, aber das Denkmal hat auch sein Gutes,
nämlich den Standort unweit des Paraná: Der
Blick vom Turm auf den Fluss und seine Inseln
ist grandios – ein Aufzug ist vorhanden, allerdings ohne behindertengerechten Zugang.

MUSEO HISTÓRICO PROVINCIAL

Die gut präsentierte Sammlung des **Museums** (☎ 472-1457; Parque Independencia; Eintritt 1 Arg$; ☽ Di–Fr 9–17, Sa & So 14–18 Uhr) zeigt vielfältige Ausstellungsstücke aus der Zeit nach der Unabhängigkeit und ausgezeichnete Schaubilder über indigene Kulturen aus ganz Lateinamerika. Besonders interessant ist die Sammlung religiöser Kunst des Barock, die aus den südlichen Anden stammt. Die Erläuterungen sind ausschließlich in Spanisch gehalten.

MUSEO MUNICIPAL DE BELLAS ARTES

Das **Museum** (☎ 480-2542; Ecke Av. Carlos Pellegrini & Blvd Oroño; Eintritt 4 Arg$; ☽ Mo & Mi–Fr 14–20, Sa & So 13–19 Uhr) lohnt auf jeden Fall einen Besuch: Faszinierend ist die einfallsreiche Gegenüberstellung von Kunstwerken vergangener Epochen – darunter etliche herausragende europäische Gemälde – mit zeitgenössischer Kunst aus der MACRO-Sammlung. So kontrastiert ein *Hl. Andreas* von Riberar ganz wunderbar mit einem eindringlichen Fotoporträt von Pierre Gonnord.

MUSEO DE ARTE CONTEMPORÁNEO DE ROSARIO (MACRO)

Das **Museum** (☎ 480-4981; www.macromuseo.org.ar; Av . de la Costa bei Blvd. Oroño; Spende 3 Arg$; ☽ Do–Di 14–20 Uhr) findet man in einem leuchtend bunt gestrichenen Getreidesilo am Flussufer – es ist Teil der eindrucksvollen Neugestaltung des Flussufers in Rosario. In kleinen Galerien, die sich über acht Stockwerke hinziehen, werden Wechselausstellungen von Arbeiten überwiegend junger einheimischer Künstler gezeigt. Die Qualität der einzelnen Ausstellungen variiert. Vom *mirador* (Aussichtspunkt) auf dem Dach hat man einen schönen Blick auf die Flussinseln; unten wartet die einladende Café-Bar Davis.

LA COSTANERA

Zu den attraktivsten Orten Rosarios zählt das Flussufer. Einst beherrschten heruntergekommene Lagerhäuser und Eisenbahnschienen das Bild, heute befindet sich hier ein Erholungsareal, das sich über 15 km vom südlichen Ende der Stadt (beim Parque Urquiza) bis zum Embarcadero Costa Alta am nördlichen Stadtrand erstreckt. Ganz in der Nähe überspannt eine Hängebrücke das Wasser, die in die Provinz Entre Ríos führt. Hier lässt es sich herrlich spazieren gehen und die Umwelt beobachten – angefangen bei den Vögeln, bis hin zu improvisierten Fußballspielen und mächtigen Frachtern, die auf dem breiten Fluss vorbeiziehen.

An der grasbewachsenen **Costanera Sur** in der Nähe des Zentrums sammeln sich Jogger und Liebespaare. Hier liegt auch das Gebäude La Fluvial (Estación Fluvial), an dem Boote zu den Inseln ablegen. Das Gebäude beherbergt zahlreiche exklusive Lokale sowie das Museo del Paraná y las Islas (S. 199).

Weiter nördlich folgt der **Parque de España** mit seinem mausoleumsartigen Gebäude. Dahinter liegt ein Bereich mit Bars und Restaurants, am Wochenende stets gut besucht sind, sowie das Museo de Arte Contemporáneo de Rosario (MACRO; s. linke Spalte).

Im Sommer zieht aber vor allem die **Costanera Norte** (rund 5 km nördlich des Stadtzentrums) die Scharen an – kein Wunder, denn in diesem Abschnitt in der Nähe der Inseln liegen die besten Badegelegenheiten. Der Bereich entlang der belebten Avenida Carrasco nördlich der Avenida Puccio bietet am meisten, darunter die **Rambla Cataluña**, ein von Bäumen gesäumter Uferbereich mit kleinen Sandstränden, Cafés, Bars, Volleyballnetzen und jeder Menge knackiger Sonnenanbeter.

Der breiteste Strand liegt weiter nördlich beim **Balneario La Florida** (Eintritt 2 Arg$; ☽ Okt.–April): Hier gibt es Duschen, Sonnenschirme und Bars. Der Gehweg endet bei La Florida und setzt sich erst am nördlichen Ende der **Costa Alta** fort, wo es weitere Strände sowie einen Bootsanleger zu den Inseln gibt.

Buslinie 153 fährt vom Stadtzentrum aus zur Rambla Cataluña. Die Strecke verläuft 6 km Richtung Norden bis zur Avenida Puccio, dann biegen die Busse landeinwärts ab.

FLUSSINSELN

Rosario liegt auf einer Bank im oberen Delta des Río Paraná. Meist unbewohnte subtropische Inseln und mäandrierende *riachos* (Wasserläufe) prägen die Landschaft. **Isla Invernada** und **Isla del Espinillo**, die beiden Hauptinseln in Sichtweite von Rosario, können im Sommer per Boot besucht werden. Außerhalb der Saison ist das nur im Rahmen einer Kajaktour mit einem Veranstalter möglich (s. Ausflüge, S. 201).

Boote von Costa Alta legen im Sommer zwischen 9 und 20 Uhr alle 20 Minuten ab (hin & zurück 3 Arg$); sie fahren zu den verschiedenen *balnearios* (Badeständen) am Westufer der Isla Invernada. Große Unterschiede gibt es nicht, denn alle haben einen Sandstrand. Im Sommer tummeln sich hier Horden von Badegästen zwischen Cafés, Eisbuden, Sonnenschirmverleihern, Musik, Reklametafeln und dümpelnden Booten

DER NORDOSTEN

vom Festland. Unbedingt an ausreichend Sonnenschutz denken.

Von der **Estación Fluvial** (Fähranleger; ☎ 447-3838; www.lafluvialrosario.com.ar) fahren am Wochenende stündlich und im Sommer täglich Boote (hin & zurück 15 Arg$) zu den südlichen *balnearios* von Vladimir, Oasis und Costa Esperanza (dort ist alles möglich – vom Quadbikefahren bis hin zu Bootsausflügen). Im Sommer kann man an diesem Ticketschalter auch Bootstouren und Segeltörns auf Yachten buchen.

Ganz in der Nähe bietet die **Ciudad de Rosario** (☎ 449-8688; www.barcocr1.com) zweistündige Fahrten auf dem Paraná für 19 Arg$ an; Abfahrt ist am Wochenende und an Feiertagen um 14.30 und 17 Uhr, im Sommer um 17 und 19.30 Uhr.

COMPLEJO ASTRONÓMICO MUNICIPAL

Wer sich für die Sterne interessiert, sollte das Planetarium im **Städtischen Observatorium** (☎ 480-2554; Parque Urquiza; Eintritt frei) besuchen. Es zeigt von Mai bis September Sternen-Shows (5 Arg$; Sa und So 17 & 18 Uhr). Wenn der Himmel nicht bedeckt ist, können Besucher den Sternenhimmel durch ein 2250-mm-Linsenteleskop und ein 4500-mm-Spiegelteleskop betrachten (Mi–Fr 20 Uhr). Jeden Donnerstag und Freitag haben die Besucher zusätzlich die Möglichkeit, einen näheren Blick auf die Sonne zu werfen (12–14 Uhr).

„CHE" GUEVARAS GEBURTSHAUS

Das Apartmenthaus Entre Ríos 480 wurde von Alejandro Bustillo entworfen. Hier lebten Ernesto Guevara Lynch und Celia de la Serna 1928 nach der Geburt ihres Sohnes Ernesto Guevara de la Serna, besser bekannt als „Che". Nach Angaben seines Biografen Jon Anderson wurde Ernestos Geburtsurkunde gefälscht (er wurde über einen Monat vor dem offiziellen Geburtstag am 14. Juli geboren). Mit Sicherheit aber war das Haus, wenn auch nur für kurze Zeit, Ches erstes Zuhause. Die Wohnung befindet sich in Privatbesitz und kann nicht besichtigt werden. Eingefleischte Fans des legendären Revolutionärs lassen sich von einem Blick auf das Gebäude aber nicht abhalten, Gleiches gilt für Guevaras Zuhause in Córdoba (S. 359).

Festivals & Events

Im Juni begeht Rosario alljährlich die **Semana de la Bandera** (Woche der Flagge). Höhepunkt sind die Feiern am 20. Juni, dem Todestag von Manuel Belgrano, dem Schöpfer der Nationalflagge. Von Mitte Oktober bis Anfang November steigt an verschiedenen Orten in der Stadt das **Festival de Jazz**. Eine Übersicht über alle Veranstaltungen bietet das Magazin *AC* (Agenda Cultural), das in der Touristeninformation ausliegt. Ebenfalls im November wird mit festlichen Kostümen, Musik und Imbissständen das nationale **Encuentro de Colectividades** zu Ehren der Einwanderer des Landes gefeiert.

Kurse

Rosario ist eine schöne Stadt für einen längeren Aufenthalt – **Spanish in Rosario** (☎ 437-2860; www.spanishinrosario.com; Carrasco 1260) bietet für Langzeiturlauber kurzweilige Sprachprogramme. Der Anbieter vermittelt außerdem Unterkünfte in Familien und Plätze in der Freiwilligenarbeit.

Geführte Touren

Dos Ruedas Una Huella (☎ 0341-15-571-3812; www.bikerosario.com.ar; Zeballos 327) ist eine freundliche, professionell arbeitende Einrichtung, die empfehlenswerte Fahrradtouren durch die Stadt (75 Arg$, 3½ Std.) und Kajakausflüge auf dem Río Paraná (115 Arg$, 3½ Std.) in mehreren Sprachen veranstaltet. Beides lässt sich auch zu einem Tagesausflug kombinieren (165 Arg$, 6 Std.). Oder wie wäre es mit einer zweitägigen Kajaktour – inklusive Camping und *asado*?

Schlafen

Das boomende Rosario verfügt über eine riesige Zahl an Unterkünften. Es gibt allein über 30 Hostels (bei der Touristeninformation nach der Liste fragen) und ein stetig wachsendes Angebot an Mittelklassehotels.

BUDGETUNTERKÜNFTE

Der **Camping Municipal** (☎ 471-2806; Ecke Lisandro de la Torre & Costanera; Stellplatz pro Pers. 9 Arg$; 🐾) in Granadero Baigorria liegt 9 km nördlich des Stadtzentrums idyllisch am Flussufer und ist bei jungen Argentiniern beliebt. Vom Zentrum (z. B. der Plaza Sarmiento) fährt die Buslinie 35 dorthin. Im Sommer ist das Zelten auch auf etlichen Plätzen auf den Flussinseln möglich; verlassen sollte man sich allerdings nicht darauf, weil Mitglieder Vorrang haben.

Hostel La Comunidad (☎ 424-5302; www.lacomunidad hostel.com; Roca 453; B/DZ 35/110 Arg$; 🖳 🛜) Das Hostel ist in einem prächtigen alten Gebäude untergebracht; die hohen Decken sorgen für eine luftige angenehme Atmosphäre und friedliche Stimmung. Die Schlafsäle sind mit bequemen Betten und Dielen aus Holz ausgestattet; auch ein gemütliches Doppelzimmer steht den Gästen zur

Verfügung. Außerdem gibt es eine Bar und einen Lounge-Bereich.

La Casona de Don Jaime I und II (www.youthhostel
rosario.com.ar; 🖵 🛜) | (☎ 527-9964; Roca 1051; B/DZ ohne
Bad 38/110 Arg$); || (☎ 530-2020; San Lorenzo 1530; B/DZ 42/
140 Arg$) In den beiden freundlichen Hostels bekommen die Gäste für ihre Pesos viel geboten. Das Original an der Roca (La Casona I) eignet sich für Leute, die Party machen wollen. Rund um den hübschen zentralen Innenhof reihen sich dunkle Schlafsäle, das Bar-Restaurant Roots nach vorne hinaus steuert laute Reggae-Musik bei. Der Ableger (La Casona II) ist etwas ruhiger und sauberer, das Thema Tango durchzieht sowohl die Schlafsäle mit hohen Decken als auch die Zimmer mit eigenem Bad. Preisnachlässe gibt es in der Wochenmitte und für Hostelling-International-Mitglieder.

Che Pampa's Hostel (☎ 424-5202; www.chepampas.
com; Rioja 812; B/DZ 40/125 Arg$; 🔀 🖵 🛜) Das mit viel Einsatz und Energie gestaltete Hostel zählt zu den schönsten im Land. Plüschige Farben und stilvolle Details kennzeichnen die gemütlichen Schlafräume, die allerdings etwas unter dem Straßenlärm leiden. Es gibt auch Doppelzimmer sowie fast alle Annehmlichkeiten (DVDs, ausgezeichnete Küche, Grillbereich, Patio), die man sich so wünschen könnte. Und die engagierten Mitarbeiter sind die Krönung dieser ausgezeichneten Unterkunft.

Hostel Point (☎ 440-9337; www.hostelpoint.com.ar;
Catamarca 1837; B 40–45 Arg$, 2BZ 100 Arg$; 🖵 🛜)
Das ziemlich neue Hostel mit superfreundlichen Inhabern und einer Dachterrasse für *parrillas* (gemischte Grillplatte) liegt günstig unweit des Trubels am Flussufer. Die Schlafräume sind schlicht, aber gemütlich eingerichtet; es lohnt sich, die fünf Peso Aufpreis für die etwas ruhigeren und geräumigeren Zimmer mit fünf Betten zu zahlen.

Anamundana (☎ 424-3077; www.anamundanahostel.
com; Montevideo 1248; B/DZ 45/120 Arg$; 🔀 🖵 🛜) Das Hostel liegt einen Block von der Pellegrini-Fressmeile entfernt. Punkte sammelt es mit bequemen Matratzen, herzlichem Service und einem attraktiven Doppelzimmer. Das Frühstück ist überdurchschnittlich, in der Wochenmitte wird ein Preisnachlass gewährt.

Hotel Britania (☎ 440-6036; San Martín 364; EZ/DZ
80/100 Arg$) Das sympathische alte Gebäude unweit von Fluss und der Touristeninformation überzeugt durch gastfreundliche Besitzer und vielfältige Zimmer (einige haben allerdings kein Fenster) mit TV und ordentlichem Bad. Alles ist sauber, aber besonders an den Wochenenden leiden empfindliche Gäste unter dem Lärm der benachbarten Bars.

Hotel Romijor (☎ 421-7276; Laprida 1050; EZ/DZ 90/
120 Arg$; 🔀) Großzügige, eher dunkle Zimmer und ein warmherziger Service sind die Merkmale des altmodischen, zentral gelegenen Hotels. Es vermietet auch ein paar billigere Zimmer ohne TV und Heizung.

Hotel La Paz (☎ 421-0905; www.hotellapazrosario.com.
ar; Barón de Maua 36; EZ/DZ 110/140 Arg$; 🔀 🖵 🛜) Das einladende Hotel, günstig gelegen an der Plaza Montenegro, sieht auch nach 60 Dienstjahren noch gut aus. Es hat in den letzten Jahren Preissprüngen widerstanden und bietet deshalb ein ausgezeichnetes Preis-Leistungs-Verhältnis. Die Familienzimmer vorne haben Balkone mit Blick auf die Plaza Montenegro.

MITTEL- & SPITZENKLASSEHOTELS

Pringles Apart Hotel (☎ 447-4050; www.pringlesapart.com.
ar; Santa Fe 1470; EZ/DZ 210/230 Arg$; 🔀 🛜 🖵) Einfach jeden Gedanken an Chips beiseiteschieben und die Vorausbuchung für diese spitzenmäßige Unterkunft auf den Weg bringen. In den geräumigen Apartments können bis zu drei Leute übernachten. Sehr angenehm sind auch die Küche, die bequemen Betten und der kleine Balkon.

Plaza Hotel (☎ 421-6446; www.hotelesplaza.com; Barón
de Maua 26; EZ/DZ 258/269 Arg$; 🔀 🖵 🛜) In der Lobby dieses Hotels sieht es aus wie in den 1970er-Jahren. Wer auf Blumenmuster allergisch reagiert, sollte sich also eine andere Unterkunft suchen. Davon abgesehen ist es ein komfortables Hotel in toller Lage an der Plaza Montenegro. Die Mitarbeiter sind hilfsbereit.

Hotel Plaza del Sol (☎ 421-9899; www.hotelesplaza.com;
San Juan 1055; Zi. 316 Arg$; 🔀 🖵 🛜 🖵) Die Zimmer mit Balkon in diesem hübschen Hotel sind nicht gerade aufregend, aber geräumig, gut ausgestattet und durch die Gemeinschaftsbereiche vom allgemeinen Trubel abgeschirmt. In der 11. Etage gibt es einen fabelhaften Pool mit Sonnendeck. Der Service ist gut, das Angebot am Frühstücksbüffet riesig.

LP Tipp Esplendor Savoy Rosario (☎ 429-6000; www.
esplendorsavoyrosario.com; San Lorenzo 1022; Zi. 600 Arg$;
🔀 🖵 🛜 🖵) Unter den vielen eleganten Gebäuden in Rosario, die Anfang des 20. Jhs. gebaut wurden, sticht dieses Jugendstil-Juwel besonders hervor. Nach einer Komplettrenovierung hat es kürzlich neu eröffnet. Die Zimmer verfügen nun über modernen Komfort, der sich dennoch gut in die hundertjährige Umgebung einfügt. Ein überdachter Pool, eine elegante Café-Bar und der Dachgarten sind nur einige der weiteren

Bonbons. Der hier gennante Preis ist der Standardpreis; online oder direkt vor Ort sind die Zimmer günstiger zu haben.

Ebenfalls empfehlenswert sind die folgenden Adressen:

Benidorm Hotel (☎ 421-9368; www.hotelbenidorm.com. ar; San Juan 1049; EZ/DZ 80/130 Arg$; ⌓) Solide, schnörkellose Unterkunft hinter dem Plaza Montenegro.

Hotel Majestic (☎ 440-5872; www.hotelmajestic.com.ar; San Lorenzo 980; EZ/DZ/Suite 220/260/302 Arg$; ▨ ▣ ⌓) Stilvolle Zimmer in einem zentral gelegenen, stattlichen alten Gebäude. Die Suiten sind sehr viel geräumiger als die anderen Zimmer.

Hotel Plaza Real (☎ 440-8800; www.plazarealhotel.com; Santa Fe 1632; Zi. Standard/gehoben/Luxusausstattung 360/425/550 Arg$; ▨ ▣ ⌓ ▤) Luxuriöse Zimmer, Apartments und Suiten in einem modernen Gebäude mit Pool auf der Dachterrasse. Dazu kommen eine schicke Einrichtung, ein üppiges Frühstück und ein zuvorkommender Service.

Ros Tower (☎ 529-9000; www.rostower.com.ar; Mitre 295; Zi. 600 Arg$; ▨ ▣ ⌓ ▤) Ein toller Service und eine tolle Ausstattung prägen das neue schicke Business-Spa-Hotel mit Spitzenblick auf den Fluss (nicht aus allen Zimmern).

Essen

Wenn es Zeit fürs Abendessen wird, wirkt das Zentrum von Rosario wie ausgestorben. Das liegt daran, dass sich die halbe Stadt auf der Avenida Carlos Pellegrini drängelt. Zwischen Buenos Aires und Moreno gibt es eine unüberschaubare Zahl von familienfreundlichen Lokalen, darunter etliche scheunenartige *parrillas* (Steak-Restaurants), Dutzende Pizzerien, mehrere Läden mit All-you-can-eat-Büfett sowie Eisdielen. Nicht gerade originell, aber hier geht es eben jeder hin. Am besten schlendert man einmal hindurch und sucht sich das Passende aus. Die meisten Lokale haben eine Terrasse zur Straße hin.

De Buen Humor (☎ 449-0999; Rioja 1560; Eis ab 6 Arg$; ⌚ 10–20 Uhr) Das Eis in diesem Laden, so heißt es, stammt von glücklichen Kühen, was sich schwer überprüfen lässt. Aber wer Süßes mag, wird zufrieden muhen angesichts der Einrichtung, der Sitzgelegenheiten im Innenhof und der leckeren Waffeln, Mixturen und Obstsalate.

Victoria (☎ 425-7665; Ecke San Lorenzo & Roca; leichte Mahlzeiten 10–28 Arg$; ⌚ Mo–Sa ab 7.30, So ab 20 Uhr) Das lebhafte Café mit Bar und viel Atmosphäre findet man in einem alten Backsteinbau. Angebote werden ein Mittagstisch für 22 Arg$ und köstliche Salate. Auch wer lediglich ein Bier trinken möchte, ist hier richtig. Das Lokal hat WLAN.

Rincón Vegetariano (☎ 411-0833; Mitre 720; All you can eat 13 Arg$; ⌚ Mo–Sa Mittag- & Abendessen) Mit über 50 vegetarischen kalten und warmen Gerichten

(auch zum Mitnehmen) ist das Lokal ein wahres Paradies für alle, die nicht auf Grillfleisch stehen. Es gibt auch Angebote für zwei Personen.

Los Jardines de Hildegarda (☎ 426-1168; Flussufer nahe España; Gerichte 11–21 Arg$; ⌚ Di–So ab 12 Uhr) Das unkonventionelle Lokal direkt am Fluss bietet eine kleine Karte mit Pasta, Muscheln, Pizzas und Kartoffelgerichten, außerdem leckere *licuados* und jede Menge Entspannung. Die Lage ist himmlisch – manch ein Gast findet sie besser als das Essen. Neben dem Restaurant Don Ferro geht es per Lift nach unten.

LP Tipp **Lo Mejor del Centro** (☎ 421-9983; Santa Fe 1171; Hauptgerichte 16–32 Arg$; ⌚ Mittag- & Abendessen) Als diese *parrilla* Pleite machte, standen die Angestellten vor dem Nichts. Die Lokalverwaltung erlaubte ihnen zum Glück die Wiedereröffnung in Form einer Kooperative. Und die hat ihren Job wirklich gut gemacht. Bessere Fleischgerichte erhält man in Rosario nirgendwo, dazu kommen hausgemachte Pastagerichte und tolle Salatkreationen. An den dicht besetzten Tischen herrscht eine warme, gesellige Atmosphäre.

Don Ferro (☎ 421-1927; Flussufer nahe España; Hauptgerichte 17–56 Arg$; ⌚ Mittag- & Abendessen) Im früheren Bahnhof von Rosario residiert nun diese sehr ansehnliche *parrilla* mit einer angenehmen Terrasse auf dem Bahnsteig, ausgezeichnetem Service und wirklich köstlichen Fleischgerichten.

Amarra (☎ 447-7550; Ecke Buenos Aires & Av. Belgrano; Hauptgerichte 25–40 Arg$; ⌚ Mo–Sa Mittag- & Abendessen) Das Restaurant gegenüber der Touristeninformation ist schick, aber dennoch entspannt. Die Räumlichkeiten mit einer modernen Einrichtung verteilen sich auf versetzte Ebenen. Serviert werden sehr phantasievolle Gerichte, die wunderbar zubereitet und angerichtet sind. Spezialität des Hauses ist Fisch, aber auch das Fleisch ist köstlich. Eine riesige Paella für zwei Personen kostet 60 Arg$; der Mittagstisch unter der Woche ist sein Geld wert.

Ausgehen

In Rosario gibt es jede Menge *restobares*, eine Mischung aus Café und Bar, in denen im Allgemeinen die Standardauswahl an Snacks und kleinen Gerichten serviert wird. Viele dieser Lokale eignen sich ebenso gut für den Morgenkaffee wie für ein Glas Wein am Abend – oder alles, was dazwischen liegt.

La Sede (☎ 425-4071; Entre Ríos 599) In einem auffälligen modernistischen Gebäude liegt dieses sehr argentinische Café mit literarischem Touch. Die Gäste können ein Buch lesen, die Kuchen und Quiches genießen oder, am Wochenende, eine ungewöhnliche Live-Performance der einen oder anderen Art mitnehmen.

El Cairo (☎ 449-0714; Ecke Sarmiento & Santa Fe; ☺ Mo bis Do 7–1, Fr & Sa 7–3, So 16–1 Uhr) Das klassische Café ist elegant, hat hohe Decken und riesige Glasfenster, hinter denen sitzend man herrlich die Passanten beobachten kann (Gleiches gilt natürlich auch umgekehrt). Das El Cairo hat zu jeder Tageszeit seinen Reiz, besonders aber am Abend, denn dann werden hier gute Cocktails gemixt und argentinisches Kneipenessen aufgetischt.

Pasaporte (☎ 448-4097; Ecke Maipú & Urquiza; ☺ Mo bis Sa ab 8 Uhr) Ein unglaublich gemütliches Lokal mit einer hübschen Terrasse und abgewetzten Holzmöbeln, einschließlich kleiner Fensterseparees. Das Pasaporte ist genau der richtige Ort, um den Morgenkaffee in Gemeinschaft mit den Angestellten vom Zollamt gegenüber zu genießen. Aber auch abends herrscht hier eine tolle, heimelige Atmosphäre – vor allem, wenn es draußen schüttet.

Unterhaltung

KINO & THEATER

Cines del Siglo (☎ 425-0761; www.holidaycines.com.ar; Roca 848; Karten 10–12 Arg$) Im Einkaufszentrum del Siglo.

Cines Monumental (☎ 530-7070; www.cinesmonumental.com.ar; San Martín 997; Karten 12–14 Arg$) Das Multiplex-Kino liegt in der Fußgängerzone an der San Martín. Das Popcorn ist schon aus einem Block Entfernung zu erschnuppern. Dienstags gelten halbe Preise.

Teatro El Círculo (☎ 448-3784; www.teatro-elcirculo.com.ar; Laprida 1235) Der wichtigste Veranstaltungssaal der Stadt für darstellende Künste liegt in einem hübschen Gebäude von 1904.

LIVEMUSIK

Galpón 11 (☎ 480-2946; Flussufer bei Cabral) Der große schmucklose Rockschuppen hat seinen Platz in einem alten Lagerhaus am Flussufer.

La Casa del Tango (☎ 480-2415; Flussufer bei der España) Das neue Tango-Zentrum informiert über Veranstaltungen in der Stadt, veranstaltet am Freitagabend Spaß-Unterricht für nur 7 Arg$ und bringt diverse Events auf die Bühne, darunter eine Tango-Show samstags um 21 Uhr (13 Arg$). Außerdem gibt es ein gutes Café und ein Restaurant, in dem die Kellner von Mittwoch bis Samstag zur Abendessenszeit Tango tanzen.

Peña la Amistad (☎ 411-0339; Maipú 1111; ☺ Fr & Sa ab 22 Uhr) Wer abends mal was ganz anderes erleben möchte, ist in diesem volkstümlichen Lokal gut aufgehoben. Ein Duo aus Harfe und Gitarre erzeugt traditionelle Musik, untermalt vom Duft

nach gebratenem Fleisch, von stampfenden Füßen und knallenden Korken.

NACHTCLUBS

Die Clubs öffnen ihre Türen kurz nach Mitternacht, aber bis 2 Uhr bleibt es meist gähnend leer; erst dann bilden sich allmählich Schlangen. Nordwestlich der Innenstadt entlang der Rivadavia und rund um die Costanera Norte gibt es mehrere Clubs.

Gotika (www.gotikacityclub.com.ar; Mitre 1539; Eintritt 10–20 Arg$; ☺ Fr–So) Hinter der imponierenden Fassade einer ehemaligen Kirche verbirgt sich ein Club, der am Wochenende mit vielfältiger Musik von Drum'n' bass bis House richtig durchstartet.

Moore (Estación Fluvial; Eintritt 10 Arg$; ☺ März–Nov. Fr/Sa) Das Moore, einer der wenigen Nachtclubs im Zentrum, liegt im Estación-Fluvial-Gebäude und bietet seinen Gästen eine Terrasse unter freiem Himmel. Die Tanzfläche im Obergeschoss ist immer proppenvoll.

Madame (Ecke Brown & Francia; Eintritt 15 Arg$; ☺ Fr/Sa 23–5.30 Uhr) Als einer der größeren Clubs Südamerikas zieht das Madame am Wochenende Leute aus Buenos Aires an. Freitags gilt ein Mindestalter von 25 Jahren.

SPORT

In Rosario gibt es zwei rivalisierende Fußballteams: **Newell's Old Boys** (☎ 421-1180; www.nob.com.ar) spielt in rot-schwarzen Trikots im **Estadio Parque Independencia**, dort hat auch der Club seine Vereinsräume. Aus seinen Reihen sind große argentinische Fußballer hervorgegangen.

Rosario Central (☎ 421-0000; www.rosariocentral.com; Mitre 857) spielt in gelb-blau gestreiften Trikots im **Estadio 'El Gigante de Arroyito'** (☎ 438-9595; Ecke Blvd. Avellaneda & Génova). Tickets sind bei den Stadien oder im Büro des Rosario Central Club erhältlich.

Shoppen

Mercado de Pulgas del Bajo (Av Belgrano; ☺ Sa & So ab 16 Uhr) Auf dem kleinen Flohmarkt unweit der Touristeninformation verkaufen Händler alles von Silberarbeiten bis zu Lederwaren.

An- & Weiterreise

BUS

Das **Terminal für Fernbusse** (☎ 437-3030; www.terminalrosario.com.ar, auf Spanisch; Cafferata & Santa Fe) befindet sich 25 Querstraßen westlich des Stadtzentrums. Zu erreichen ist es von dort mit jedem Bus entlang der Santa Fe.

Rosario ist ein wichtiger Verkehrsknotenpunkt und bietet täglich Direktverbindungen zu fast allen größeren Zielen, darunter grenzüberschreitende Busverbindungen nach Paraguay, Brasilien, Chile und Uruguay.

Manuel Tienda de León (☎ 0810-888-5366; www. tiendaleon.com.ar; San Lorenzo 935) bietet eine Direktverbindung zum und vom internationalen Flughafen Buenos Aires für 140 Arg$ (mit Abholservice vom Hotel).

Hier eine Auswahl an Fahrzielen:

Reiseziel	Fahrpreis (Arg$)	Fahrzeit (Std.)
Buenos Aires	58	4
Córdoba	71	7
Corrientes	118	12
Mar del Plata	95	7½
Mendoza	140	11
Paraná	32	2
Posadas	160	16
Resistencia	114	10
Salta	150	16
Santa Fe	28	2
Santiago del Estero	109	10
Tucumán	132	12

FLUGZEUG

Aerolíneas Argentinas (☎ 420-8138; Córdoba 852) fliegt den Airport in Rosario nicht mehr an. **Sol** (☎ 0810-444-4765; www.sol.com.ar) fliegt täglich nach Buenos Aires (360 Arg$) und steuert auch Mendoza, Córdoba und Tucumán an. **Gol** (☎ 530-1150; www.voegol.com; Santa Fe 1515) bedient Porto Alegre und die brasilianische Hauptstadt Brasilia.

ZUG

Vom **Bahnhof Rosario Norte** (Av. del Valle 2700; www. tbanet.com.ar) gibt es eine unzuverlässige Verbindung nach Buenos Aires (40 Arg$, 7 Std.): Der Zug fährt montags bis freitags um 4.45 Uhr ab, die Rückkehr ist jeweils um 18.43 Uhr. Pro Woche verkehren vier weitere Züge, alle von der Bahngesellschaft **Ferrocentral** (www.ferrocentralsa.com. ar). Sie legen in Rosario auf der Fahrt von Buenos Aires nach Córdoba bzw. auf der interessanteren Strecke Buenos Aires – Tucumán (s. S. 315) einen Zwischenstopp ein.

Zum Bahnhof Rosario Nork fährt der Bus 138 von San Juan und Mitre.

Unterwegs vor Ort

Zum **Aeropuerto Fisherton** (Flughafen Fisherton; ☎ 451-1226), 8 km westlich der Stadt, kommt man per *remise* (Taxi). Die Fahrt kostet 30 bis 35 Arg$. Ein verlässliches *Remise*-Unternehmen ist **Primera Clase** (☎ 454-5454).

Vom örtlichen Busbahnhof an der Plaza Sarmiento gibt es praktisch überallhin Verbindungen (s. www.rosariobus.com.ar). Den Fahrpreis von 1,75 Arg$ sollte man abgezählt bereithalten oder eine *tarjeta magnética* (Bus-Magnetkarte) kaufen, die es an jedem Kiosk gibt (3,20/ 9,30 Arg$ für 2/6 Fahrten). Vom Terminal für Fernbusse fahren Busse mit den Zielen „Centro" oder „Plaza Sarmiento" in die Innenstadt. Eine Taxifahrt kostet um die 10 Arg$.

Mietwagen gibt es bei **Budget** (☎ 449-4500; www. budget.com.ar; Mendoza 1547) oder einer der zahlreichen Leihwagenfirmen am Flughafen.

Als Fahrradverleih ist **Dos Ruedas Una Huella** (☎ 0341-15-571-3812; www.bikerosario.com.ar; Zeballos 327; halber Tag/Tag/Woche 40/50/150 Arg$) empfehlenswert, das gut ausgestattete Stadträder bereithält. Zum Anmieten sind der Pass und eine Kaution von 150 Arg$ erforderlich.

SANTA FE

☎ 0342 / 454 238 Ew.

Es gibt einen meilenweiten Unterschied zwischen Santa Fes entspannter Innenstadt, in der die Kolonialbauten in feuchter Hitze anmutig verwittern, und einer Freitagnacht in Santra Fes Stadtteil Recoleta, in der die Studenten in Dutzenden von Bars die Nacht zum Tag machen. Für Santa Fe, die Provinzhauptstadt mit ihrer kleinstädtischen Atmosphäre, sollte man am besten ein oder zwei Tage einplanen.

Santa Fe de la Veracruz, wie die Stadt mit ihrem vollen Namen heißt, wurde im Jahr 1651 von Cayastá aus 76 km weiter nach Norden verlegt. Das ursprüngliche Santa Fe wurde 1573 von Juan de Garay gegründet, doch Mitte des 17. Jhs. zeigte sich, dass der Standort für die spanischen Siedler nicht zu halten war: Zermürbt von den ständigen Angriffen der Indios, von Überflutungen und der isolierten Lage, entschlossen sich die spanischen Siedler, die Stadt an ihren jetzigen Standort an einem Zufluss des Río Paraná zu verlegen. Aus der Gründerzeit sind noch einige malerische Kolonialbauten erhalten.

1853 wurde hier Argentiniens erste Verfassung ratifiziert – auf dieses Ereignis sind die Einwohner noch heute sehr stolz. Santa Fe geriet 2003 erneut in die Schlagzeilen, als eine verheerende Flut die Region verwüstete. Etwa 100 000 Menschen mussten dabei evakuiert werden und 24 Menschen starben.

Orientierung

Die noch bestehenden Kolonialbauten in Santa Fe liegen alle in fußläufiger Entfernung von der

SANTA FE

0 —— 400 m

PRAKTISCHES
Lavadero Junín	1	C2
Städtische Touristeninformation	(s. 34)	
Post	2	B2
Touristeninfo der Provinz	3	B4
Telepública	4	C2

SEHENSWERTES & AKTIVITÄTEN
Casa de Gobierno	5	B4
Kathedrale	6	B4
Convento y Museo de San Francisco	7	B4
Iglesia de la Compañía	8	B4
Museo Etnográfico y Colonial Provincial	9	B4
Museo Histórico Provincial	10	B4

SCHLAFEN
Conquistador Hotel	11	C2
Hostal Santa Fe de la Veracruz	12	C2
Hostel Santa Fe	13	C1
Hotel Constituyentes	14	B4
Hotel Emperatriz	15	C2
Hotel España	16	C2
Hotel Galeón	17	C2
Hotel Royal	18	C2
Hotel Zavaleta	19	C2

ESSEN
Bodegas del Castelar	20	B4
Círculo Italiano	21	C2
Club Social Sírio Libanés	22	C2
El Brigadier	23	B4
La Victoria	24	C1
Las Delicias	25	C2
Merengo	26	B3
Merengo	(siehe 20)	
Restaurante España	(siehe 16)	

AUSGEHEN
El Sheik	27	C1
Morrison Bar	28	C1
Suite	29	C1

UNTERHALTUNG
Passage	30	C1
Teatro Municipal Primero de Mayo	31	B3

TRANSPORT
Aerolíneas Argentinas	32	B3
Avis	33	B3
Busbahnhof	34	C2

Nach Granja La Esmeralda (4 km)

Nach El Quincho de Chiquito (5 km); Cayastá (75 km)

Nach El Brigadier Estanislao López-Stadion (500 m)

Zum Brigadier Estanislao López-Stadion (500 m)

Zum Aeropuerto Sauce Viejo (7 km)

Zum Hospital Provincial José María Cullen (2 km)

Plaza 25 de Mayo, dem modernen Zentrum der Stadt. Die Avenida San Martín nördlich der Plaza ist die Haupteinkaufsstraße; ein Teil davon ist als attraktive, von Palmen gesäumte *peatonal* (Fußgängerzone) für den Autoverkehr gesperrt.

Im Osten führt eine Brücke über den Fluss, danach verbindet ein Tunnel unter dem Río Paraná Santa Fe mit seiner Zwillingsstadt Paraná in der Provinz Entre Ríos.

Praktische Informationen
Möglichkeiten Ferngespräche zu führen gibt es am Busbahnhof und in den *locutorios* der Innenstadt. Mehrere Banken mit Geldautomaten finden sich entlang der Fußgängerzone *(peatonal)*.
Hospital Provincial José María Cullen (☎ 457-3340; Av. Freyre 2150)

Lavadero Junín (☎ 452-1096; Av. Rivadavia 2834; Mo–Sa) Wäscherei.
Städtische Touristeninformation (☎ 457-4124; www.santafeciudad.gov.ar; Belgrano 2910; 7–20 Uhr) Im Busbahnhof.
Touristeninformation der Provinz (☎ 458-9476; www.turismo-santafe.org.ar; Ecke Amenábar & Av. San Martín; Mo, Mi & Do 7–18, Di & Fr 7–13 Uhr) Hilfreich zur Erkundung der Provinz.
Telepública (Rivadavia 2871) Telefonladen und Internet.

Sehenswertes
CONVENTO Y MUSEO DE SAN FRANCISCO
Die wichtigste historische Sehenswürdigkeit der Stadt ist das Franziskanerkloster mit einem **Museum** (☎ 459-3303; Amenábar 2257; Eintritt auf Spendenbasis; Sommer: 8–12 & 16–19 Uhr, Winter 15.30–18.30 Uhr,

So außerhalb der Gottesdienstzeiten geschl.). Das Kloster wurde 1680 gebaut; die Wände sind mehr als 1 m dick und tragen ein Dach, das aus paraguayaischem Zedernholz und Hartholzbalken errichtet wurde. Der Museumsteil ist nichts Besonderes, aber die Kirche lohnt eine Besichtigung: Sie hat eine herrliche Holzdecke und einen schön gearbeiteten Christus vom spanischen Meister Alonso Cano. Seine Königin schickte den Christus nach Santa Fe als Zeichen ihres Mitgefühls für die Siedler, die ihre Stadt verlegen mussten. Beachtenswert ist auch das Grabmal von Padre Magallanes. Der Priester wurde von einem Jaguar getötet, als die Raubkatze 1825 während einer der Überschwemmungen des Paraná Schutz, in der Kirche suchte. Der Kreuzgang besitzt eine geschnitzte Balustrade aus Holz und Blumenduft ist allgegenwärtig. Im Kloster lebt noch immer ein Mönch, der von drei Priestern unterstützt wird.

MUSEO HISTÓRICO PROVINCIAL

Das **Museum** (☎ 457-3529; Av. San Martín 1490; Eintritt 1 Arg$; ☺ April–Sept. Di–Fr 8.30–19, Sa & So 15–18 Uhr; Okt.–Dez. Di–Fr 8.30–12 & 15–19.30, Sa & So 16.30–19.30 Uhr, Jan.–März Di–Fr 8.30–12 & 16.30–20.30, Sa & So 17.30 bis 20.30 Uhr) ist in einem liebenswürdigen Gebäude aus dem 17. Jh. untergebracht. Zu sehen gibt es vielfältige Besitztümer und Erinnerungsstücke verschiedener Provinzgouverneure und caudillos (Meinungsführer), außerdem religiöse Kunst und schöne antike Möbel, darunter eine Sänfte, die den Vizekönig von Río de la Plata beförderte.

MUSEO ETNOGRÁFICO Y COLONIAL PROVINCIAL

Die Verantwortlichen führen ihr **Museum** (☎ 457-3550; 25 de Mayo 1470; Eintritt 1 Arg$; ☺ Mitte Dez.–Feb. Di–Fr 8.30–12 & 15.30–20.30, Sa & So 17.30–20.30 Uhr, März–Mitte Dez. Di–Fr 8.30–12 & 14–19, Sa & So 16–19 Uhr) mit großer Leidenschaft. Es zeigt in chronologischer Abfolge Steinwerkzeuge, Guaraní-Keramik, Schmuck, verzierte Ziegel und Objekte aus der Kolonialzeit. Zu den Highlights zählen ein Satz *tablas* – ein Spiel aus der Kolonialzeit, das Backgammon entspricht – und ein maßstabsgetreuer Nachbau des ursprünglichen Santa Fe.

PLAZA 25 DE MAYO

Zentrum des kolonialen Santa Fe ist eine friedliche Plaza, die von vielen edlen Gebäuden gesäumt wird. Die riesige **Casa de Gobierno** (Regierungssitz) wurde 1909 errichtet und ersetzte den koloniale *cabildo* (Stadtratsgebäude), Sitz der verfas-

sungsgebenden Versammlung von 1853. An der Ostseite der Plaza liegt die Jesuitenkirche **Iglesia de la Compañía** – außen schlicht, innen jedoch reich verziert. Sie wurde 1696 errichtet und ist die besterhaltene Kolonialkirche der Provinz. Auf der Nordseite befindet sich die **Kathedrale** (Mitte des 18. Jhs.) – im Vergleich zur Iglesia ist sie jedoch nicht sonderlich interessant.

GRANJA LA ESMERALDA

Niemand schaut sich gern Wildtiere an, die auf engem Raum eingesperrt sind, doch dieser **Experimentiezoo** (☎ 457-9202; Av. Aristóbulo del Valle 8700; Eintritt 5 Arg$; ☺ Mo–Fr 8–19.30, Sa & So 10–19.30 Uhr) wirkt wild und bewaldet und unterscheidet sich damit von den meisten anderen Zoos des Landes. Vor allem die einheimische Fauna der Provinz ist hier vertreten, darunter Tukan, Puma, Jaguar und Großer Ameisenbär. Viele der Tiere wurden aus ihrem natürlichen Lebensraum gerettet, in dem sie Probleme hatten. Die Buslinie „10 bis" fährt ab der Avenida Rivadavia zu der Farm.

Schlafen

Die günstigsten Hotels liegen im etwas heruntergekommenen Gebiet rund um den Busbahnhof. Gefährlich ist die Gegend nicht – aber sie ist dennoch ein Zentrum diverser zwielichtiger Transaktionen. Viele Hotels gewähren bei Barzahlung Rabatt.

Hostel Santa Fe (☎ 455-4000; www.santafe-hostel.com; Blvd. Gálvez 2173; B/DZ 40/120 Arg$; ☐ ☎) Hinter einem Reisebüro namens Latitud Sur versteckt liegt dieses neue Hostel. Es verfügt über zwei stickige, aber nicht allzu volle Schlafsäle mit abschließbaren Schränken. Dazu kommen noch ein Doppelzimmer und ein kleiner Pool. Die Unterkunft liegt, was das Nachtleben in Recoleta angeht, sehr günstig.

Hotel Constituyentes (☎ 452-1586; www.hotel constituyentes.com.ar; San Luis 2862; EZ/DZ mit Bad 100/120 Arg$, ohne Bad 60/80 Arg$; ☒ ☐ ☎) In dieser entspannten Unterkunft unweit des Busbahnhofs bekommt man viel für sein Geld. Die Zimmer sind geräumig und haben Kabel-TV und heiße Duschen, aus denen ein Wasserstrahl mit ausreichendem Druck strömt. Die Räume nach vorne leiden allerdings unter Straßenlärm. Das Frühstück kostet ein paar Pesos extra.

Hotel Emperatriz (☎ 453-0061; emperatrizhotel@arnet. com.ar; Irigoyen Freyre 2440; EZ/DZ 102/145 Arg$; ☒ ☎) *Mate* schlürfen und mit dem höflichen alten Herrn am Empfang plaudern – da ist es nicht schwer, sich in diese Unterkunft aus einer anderen Zeit zu verlieben. Luxuriös ist sie nicht, aber sie ist ein Stückchen Argentinien, das es in einigen Jahren nicht mehr geben wird.

Hostal Santa Fe de la Veracruz (☎ 455-1740; www. hostalsf.com; Av. San Martín 2954; EZ/DZ Standard 169/270 Arg$, EZ/DZ gehobene Ausstattung 235/290 Arg$; ✗ ⌨ ☎) Das mit indianischen Motiven dekorierte Hotel bietet geräumige Zimmer für gehobene Ansprüche und ordentliche Standardzimmer zu einem fairen Preis. Allerdings wird es allmählich Zeit für eine Renovierung: Die Beigetöne in allen Schattierungen – ein Dutzend dürften es sein – wirken leicht antiquiert. Siesta-Fans werden sich für den Checkout bis 18 Uhr begeistern.

Hotel Galeón (☎ 454-1788; www.hotelgaleon.com.ar; Belgrano 2759; EZ/DZ 176/232 Arg$; ✗ ⌨ ☎) Hell, ungewöhnlich und voller geschwungener Flächen und seltsamer Ecken – dieses witzige Hotel kommt einem wie eine frische Brise vor. Es gibt die unterschiedlichsten Zimmer, keines davon hat eine konventionelle Form; die Betten sind wirklich bequem, die Badezimmer angenehm eingerichtet. Ein weiterer Pluspunkt des Hotels ist die Nähe zum Bus.

Conquistador Hotel (☎ 400-1195; www.lineaverdede hoteles.com.ar; 25 de Mayo 2676; EZ/DZ 270/318 Arg$; ✗ ⌨ ☎ ⛲) Das Conquistador lässt seinen Charme spielen und bietet seinen Gästen neben einem bequemen Bett auch Sauna, Hydromassage, kuschelige Bademäntel, einen Fitnessraum und ein gigantisches Frühstücksbüffet. Die Betten in den Zweibett- und Einzelzimmern sind großzügig bemessen. Der Pool liegt unter freiem Himmel, ist also nur im Sommer geöffnet. Etwas günstigere Zimmer bietet das Hotel España gegenüber, das ansonsten aber mit dem gleichen Komfort aufwartet.

Außerdem zu empfehlen:

Hotel Royal (☎ 452-7359; Irigoyen Freyre 2256; Zi. ohne Bad 60 Arg$) Einfache Unterkunft mit düsteren Zimmern; dafür ist sie billig und liegt in der Nähe des Busbahnhofs ... für eine Nacht allemal in Ordnung.

Hotel Zavaleta (☎ 455-1841; www.zavaletahotel.com.ar; Hipólito Yrigoyen 2349; EZ/DZ Standard 135/180 Arg$, EZ/DZ gehobene Ausstattung 180/216 Arg$; ✗ ⌨ ☎) Einladendes Haus an der Plaza unweit des Busbahnhofs.

Essen

Auf der Belgrano, gegenüber dem Busbahnhof, servieren mehrere sehr gute, preisgünstige Lokale argentinische Standards wie Empandas, Pizza und *parrillada* (gemischte Grillplatte einschließlich Steak).

Merengo (☎ 459-3458; Av. General López 2634; Alfajores ab 1,50 Arg$; ☾ 9–18 Uhr) Seit 1851 macht das kleine Merengo einige der besten *alfajores santafesinos*

(Santa Fes mit Zucker überzogene Variante des Lieblingssnacks des Landes) der Stadt. Eine Filiale befindet sich an der Avenida San Martín.

Las Delicias (☎ 453-2126; Av. San Martín 2882; Kuchen & Gebäck ab 2 Arg$, Snacks 10–19 Arg$; ☾ 8–24 Uhr) Wunderbar altmodisch und elegant mit einer tollen, schattigen Terrasse, bietet diese Bäckerei einige der sündhaftesten Gebäcke und Kuchen, die man sich vorstellen kann; außerdem serviert sie Frühstück, Nachmittagstee und Sandwiches. Die Bedienung ist traditionell und korrekt.

La Victoria (Ecke 25 de Mayo & Santiago del Estero; Pizza 10–20 Arg$, All-you-can-eat-Pizza 16,90 Arg$; ☾ Mittagessen & ab 20 Uhr) Mitten im Bezirk La Recoleta, in dem das Nachtleben um 3 Uhr früh noch in vollem Gange ist, bietet das Victoria Gelegenheit, um vor, nach oder zwischen den Barbesuchen etwas zu trinken und mit einer guten Pizza und Snacks den Hunger zu stillen.

Club Social Sirio Libanés (25 de Mayo 2740; Gerichte 15–30 Arg$; ☾ Di–So Mittag- & Abendessen) In einem wahrhaft aristokratischen Speisesaal servieren aufmerksame Kellner gut zubereitete orientalische Gerichte; das Lokal fällt damit angenehm aus dem Rahmen. Der Eingang liegt am Ende eines Durchgangs.

Restaurante España (Av. San Martín 2644; Hauptgerichte 15–46 Arg$) Das Hotelrestaurant hat eine riesige Speisekarte mit einer Auswahl an Süß- und Salzwasserfischen, Steaks, Pasta, Huhn und Crêpes. Um den Namen zu rechtfertigen, sind ein paar spanische Gerichte eingestreut. Die Weinkarte ist ein weiterer Pluspunkt.

Círculo Italiano (☎ 456-3555; Hipólito Yrigoyen 2457; Gerichte 20–35 Arg$; ☾ Mittag- & Abendessen) Der Círculo Italiano, in dem sich viele Italiener der Stadt treffen, serviert einen guten Mittagstisch zu moderaten Preisen (Mo–Fr 25–30 Arg$), außerdem leckere Pastagerichte. Die Gäste kommen wegen der Atmosphäre, wegen der Kellner in weißen Jacken, der Pâté auf Kosten des Hauses oder der umfangreichen Weinkarte... und sie bleiben wegen der klassischen Rockmusik aus der Musikanlage.

El Brigadier (☎ 458-3367; San Martín 1670; Hauptgerichte 20–35 Arg$; ☾ Mittag- & Abendessen) Das frisch renovierte Restaurant einen halben Block von der Plaza 25 de Mayo entfernt bietet eine elegante Inneneinrichtung, leckeres Fleisch und überzeugend zubereitete Flussfische; nur der Service pflegt ein paar seltsame Spleens.

Bodegas del Castelar (☎ 452-2229; Av. San Martín 1601; Hauptgerichte 25–45 Arg$; ☾ Mittag- & Abendessen) Das Restaurant gehört zum vornehmen Hotel gleichen Namens. Hauptattraktion ist die Terrasse an der herrschaftlichen Plaza 25 de Mayo – ein reizvoller Ort für einen Drink bei Sonnenuntergang. Erwähnenswert sind aber auch der ausgezeichnete Service und die teuren, aber hochwertigen Gerichte. Dazu zählen etliche Fondues (50–70 Arg$ für 2 Pers.) und eine üppige Platte mit Käse und Fleisch (52 Arg$). Ergänzt wird das Angebot um günstigere Snacks und einige Weinsorten zum Probieren.

El Quincho de Chiquito (☎ 460-2608; Ecke Brown & Obispo Vieytes; Festpreismenü 35 Arg$; ☽ Mittag- & Abendessen) Das legendäre Lokal ist eine lokale Institution und *der* Ort, um Flussfisch zu essen. Es liegt an der *costanera* etwa 6 km nördlich der Innenstadt. Der Service macht nicht viele Umstände, alle Gäste erhalten das gleiche Essen: Die vier oder fünf Gänge mit köstlichem Surubí, Sábalo oder Pacú werden direkt an den Tisch gebracht. Eines ist sicher: Hier steht bestimmt niemand hungrig wieder auf! Getränke kosten extra, sind aber billig. Dazu kommen 10 Arg$ pro Fahrt mit dem Taxi (die Angestellten rufen eines für die Rückfahrt). Die Buslinie 16 fährt von jedem beliebigen Punkt an der Uferstraße zum Restaurant.

Ausgehen

Santa Fes Nachtleben konzentriert sich an der Ecke 25 de Mayo und Santiago del Estero, das Areal wird auch „La Recoleta" genannt. An den Wochenenden wird hier nachts ausgelassen gefeiert – ein verrückter Kontrast zu dem eher behäbigen Tempo in der Innenstadt. Beliebtheit und Namen der Lokale wechseln hier rasch, also am besten mitten hinein ins Vergnügen und sich selbst in den Dutzenden von Bars umsehen. In vielen wird ein Gedeck berechnet, das mit einem Getränk verrechnet wird. Für den Anfang hier ein paar Tipps:

Morrison Bar (25 de Mayo 3426; ☎ Mi–Sa ab 20 Uhr) Attraktive Bar, an die ein beliebter Nachtclub angeschlossen ist.

El Sheik (25 de Mayo 3452) Entspannte, aber nicht zu ruhige Atmosphäre. Das Lokal zieht mit seinen billigen Getränken und seiner guten Musik die jungen Leute in Scharen an.

Passage (☎ 453-3435; Av. San Martín 3243; Eintritt 5 Arg$) Hier laufen seit Jahren Rockmusik, Electronica und Latin Grooves.

Suite (25 de Mayo 3249) Schickes Design und eine Dachterrasse sind die Hauptattraktionen dieses netten Preclubs.

THEATER

Teatro Municipal Primero de Mayo (☎ 459-7777; Av. San Martín 2020) Das Theater wurde – wie so viele Gebäude der Jahrhundertwende in Argentinien – im Stil der französischen Neo-Renaissance gebaut. Das Theater zeigt sowohl Theater- als auch Tanzvorstellungen.

SPORT

Die beste Fußballmannschaft der Stadt – **Colón** (☎ 459-8025; www.clubcolon.com.ar) – spielt in der obersten Spielklasse Primera División. Die Spiele finden im **Estadio Brigadier Estanislao López** (Ecke Dr Zavalla & Pietrarana) statt, wo auch die Tickets verkauft werden.

An- & Weiterreise

BUS

Vom **Busbahnhof** (☎ 457-2490; www.terminalsantafe. com; Belgrano 2940) bestehen Verbindungen ins ganze Land. Nachfolgend einige Beispiele mit Preisangaben:

Reiseziel	Fahrpreis (Arg$)	Fahrzeit (Std.)
Buenos Aires	77	6
Córdoba	63	5
Corrientes	92	9
Mendoza	165	13
Paraná	4	40 Min.
Paso de los Libres	60	9
Posadas	156	14
Resistencia	94	9
Rosario	28	2
Salta	188	16
Tucumán	134	11

FLUGZEUG

Aerolíneas Argentinas (☎ 452-5959; 25 de Mayo 2287) bietet fünf Flüge in der Woche nach Buenos Aires (373 Arg$) an. **Sol** (☎ 0810-444-4765; www.sol. com.ar) fliegt dieselbe Route von Montag bis Samstag (290 Arg$).

Unterwegs vor Ort

Aeropuerto Sauce Viejo (☎ 457-0642) liegt 7 km südlich der Stadt an der RN 11. Eine Fahrt mit der *remise* kostet um die 30 Arg$. Mietwagen können z. B. bei **Avis** (☎ 458-3123; www.avis.com.ar; 9 de Julio 2003) geliehen werden.

CAYASTÁ

Von Santa Fe bietet sich ein faszinierender Tagesausflug zum ursprünglichen Standort der Stadt an: Die **Ruinen von Cayastá** (Santa Fe la Vieja; Eintritt 1 Arg$; ☽ April–Sept. Di–Fr 9–13 & 14–18, Sa & So 12–18 Uhr, Okt.–März Di–Fr 9–13 & 15–19, Sa & So 10–13 & 16–19 Uhr) liegen malerisch am Ufer des Río San Javier, der inzwischen einen guten Teil von ihnen unterspült hat.

DER NORDOSTEN

IN DER PROVINZ SANTA FE

Abgesehen von einem Zwischenstopp in Rosario oder Santa Fe ist diese faszinierende Region für die meisten Reisenden oft nur Durchgangsstation zu den nördlicher gelegenen Attraktionen des Landes. Dabei lohnt es sich durchaus, etwas mehr Zeit einzuplanen und in der Provinz auf Streifzug zu gehen: Es gibt spannende Sehenswürdigkeiten zu entdecken, die allesamt per Bus oder mit dem Auto leicht von Santa Fe aus erreichbar sind.

Etwa 43 km südlich der Stadt liegt **Coronda**, das berühmt ist für seine Erdbeeren *(frutillas)*. Vielerorts kann man die Früchte probieren und kaufen. In dieser Gegend gibt es auch einige schöne Flussstrände.

Weiter im Süden in **Puerto Gaboto** liegen die gut erhaltenen Ruinen des ältesten spanischen Forts des Landes, Sancti Spíritu (1527). Man sieht sie einige Kilometer östlich der Hauptstraße – am besten bei Maciel aus dem Bus steigen.

40 km nordwestlich von Santa Fe befindet sich die Stadt **Esperanza** mit ihrer interessanten Vergangenheit. Sie war die erste von vielen Agrarkolonien, die in Argentinien Mitte des 19. Jhs. errichtet und von Immigranten aus Zentraleuropa besiedelt wurden. Ein spannendes Museum führt in die Geschichte der Siedlung ein. Ganz in der Nähe liegt auch das **San Carlos Centro**, das ebenfalls einen Besuch lohnt: Hier gibt es eine Glockenwerkstatt. Die Glocken (meist für Kirchen) werden in einem faszinierenden Verfahren sorgfältig handgefertigt, auch Glaswaren produziert die Handwerksgemeinschaft.

Westlich von Esperanza geht es Richtung Norden zu der blühenden Ortschaft Rafaela. Von dort aus lassen sich das Dorf **Humberto Primero** und seine Käseherstellung sowie die jüdischen Traditionen von **Moisés Ville** erkunden (s. Kasten S. 233). In Esperanza gibt es einige Hotels, im Umland stehen den Urlaubsgästen Übernachtungsmöglichkeiten auf Farmen zur Verfügung. Genaueres ist bei der **Touristeninformation für die Provinz** (☎ 458-9476; www.turismo-santafe.org.ar; Ecke Amenábar & Av San Martín; ☽ Mo, Mi & Do 7–18, Di & Fr 7–13 Uhr) in Santa Fe zu erfahren.

Die archäologischen Ausgrabungen laufen noch immer (ebenso wie eine Kampagne, den Unesco-Status zu erlangen). Die faszinierendste Entdeckung an diesem Ort war mit Sicherheit die Iglesia de San Francisco: Innerhalb der Kirche waren die spanischen Einwohner sowie die Mestizen des alten Santa Fe beerdigt worden – inzwischen hat man im Boden der Kirche beinahe 100 Gräber freigelegt, darunter auch das Grab von Hernando Arias de Saavedra (bekannt als „Hernandarias"). Er war der erste vor Ort geborene Gouverneur der Provinz Río de la Plata und liegt hier zusammen mit seiner Frau Gerónima de Contrera begraben. Sie war die Tochter von Juan de Garay, dem Gründer von Santa Fe und Buenos Aires.

Auch die Überreste zweier weiterer Kirchen können besichtigt werden, außerdem der *cabildo* und ein Haus, das im Stil der damaligen Zeit wieder aufgebaut (und möbliert) wurde. In der Nähe des Eingangs zur Grabungsstätte befindet sich ein hervorragendes Museum, in dem die Fundstücke der Stätte ausgestellt sind, darunter feine Keramik der Ureinwohner mit Papageien- und menschlichen Motiven.

Letzter Einlass für Besucher der Ausgrabung ist strikt eine Stunde vor Schließung.

Auf dem Gelände gibt es ein mittelmäßiges Restaurant und in der Stadt ein paar ordentliche *parrillas*. Mehrere Häuser bieten einfache Unterkünfte und Bootsausflüge auf dem Fluss. **Cabañas Cayastá** (☎ 03405-493300; www.cayasta.com; Hütte für 2/4 Leute 200/300 Arg$; ☒ ☒) ist eine Anlage am Flussufer mit Hütten zum Übernachten und einem Spa.

Cayastá liegt 76 km nordöstlich von Santa Fe an der RP 1. Das Busunternehmen Paraná Medio fährt regelmäßig vom Busbahnhof in Santa Fe dorthin (14 Arg$, 1½ Std.). Am besten bittet man den Fahrer, bei „las ruinas" 1 km vor Cayastá aussteigen zu dürfen.

PARANÁ
☎ 0343 / 247 310 Ew.

Angenehm heruntergekommen, schlicht und sympathisch wie es ist, scheint Paraná selbst überrascht zu sein, dass es die Hauptstadt der Provinz Entre Ríos ist. Es kauert als eher verschlafene Stadt am hügeligen Ufer des gleichnamigen Flusses. Der schönste Teil der Stadt liegt am Fluss: Hier erstreckt sich ein hübscher Park bis hinunter zur *costanera*, wo man auf Strände, Bars und Hunderte von Joggern trifft. Auch Bootsausflüge sind möglich.

Nach der Niederlage des Diktators Juan Manuel Rosas bei der Schlacht von Caseros war Paraná von 1853 bis 1861 Hauptstadt der Confederación Argentina (zu der allerdings nicht Buenos Aires gehörte).

Orientierung

Paraná liegt auf einem Hang hoch über dem Ostufer des Río Paraná und etwa 500 km nördlich von Buenos Aires. Ein Tunnel unterhalb des Hauptkanals des Paraná verbindet die Stadt mit Santa Fe.

Der Stadtplan ist unregelmäßiger als in vielen argentinischen Städten: Hier gibt es viele Diagonalen, kurvenförmige Boulevards und komplizierte Kreuzungen. Die Plaza 1 de Mayo ist das Stadtzentrum und wird von der *peatonal* José de San Martín gekreuzt. Am nördlichen Ende von San Martín wurden die Uferböschungen zum hübsch angelegten Parque Urquiza umgestaltet.

Praktische Informationen

An den Straßen rund um die Plaza 1 de Mayo gibt es mehrere Banken mit Geldautomaten.

Hospital San Martín (☎ 423-4545; www.hospitalsan martin.org.ar; Presidente Perón 450)

Lavadero Belgrano (Av Belgrano 306) Wäscherei.

Städtische Touristeninformation (www.turismoen parana.gov.ar; ⊙ 8–20 Uhr) Hauptbüro (☎ 423-0183; Buenos Aires 132); Zweigstelle am Fluss (☎ 420-1837; Ecke Av. Doctor Laurencena & José de San Martín); Zweigstelle am Busbahnhof (☎ 420-1862; Av, Ramírez 2300) Gute Broschüren und hilfsbereite Mitarbeiter.

Tech Lan (Av Urquiza 1071; pro Std. 2,50 Arg$) Ein Laden unter Dutzenden, die Internetzugang und Telefonservice bieten.

Touristeninformation für die Provinz (☎ 422-2100; www.turismo.entrerios.gov.ar; Laprida 5; ⊙ 8–20 Uhr) Die Öffnungszeiten sind nicht verlässlich. Am Santa-Fe-Tunnel gibt es eine Zweigstelle.

Sehenswertes & Aktivitäten

MUSEO HISTÓRICO DE ENTRE RÍOS

Das moderne **Museum** (☎ 420-7869; Buenos Aires 286; Eintritt 2 Arg$; ⊙ Di–Fr 8–12.30 & 15–20, Sa 9–12 & 17–19, So 9–12 Uhr) an der Plaza Alvear ist voller Lokalstolz und informiert über die kurzlebige Republik von Entre Ríos und die Schlacht von Monte Camperos. Zu sehen sind außerdem *Mate*-Utensilien und zahlreiche stabile Holztische und Porträts von Urquiza. Ein Großteil der Exponate stammt aus der Sammlung eines ortsansässigen Dichters.

Eine kleine, sehenswerte Dauerausstellung mit Ölgemälden, Illustrationen und Skulpturen von Künstlern aus der Provinz wird durch Wechselschauen im **Museo de Bellas Artes** (☎ 420-7868; Buenos Aires 355; Eintritt variiert; ⊙ Di–Fr 8–12 & 16–20, Sa 10–12 & 16–19, So 10–12 Uhr) an der Plaza Alvear ergänzt.

MUSEO Y MERCADO PROVINCIAL DE ARTESANÍAS

Das sympathische kleine **Museo y Mercado Provincial de Artesanías** (☎ 420-8891; Av. Urquiza 1239; Eintritt frei; ⊙ Mo–Fr 8–13 & 16–19, Sa 8–13, So 9–12 Uhr) fördert das Kunsthandwerk in der Provinz. Der Kurator ist gern zu Erklärungen bereit; die Komplexität einiger Arbeiten, z. B. Hüte aus dicht verwobenen Palmfasern, ist wirklich erstaunlich. Im Dezember wird im Garten Volksmusik gespielt.

Traditionelle *artesanías* (Kunsthandwerk) zeigt und verkauft das **Centro de Artesanos** (☎ 422-4493; Ecke Av. 9 de Julio & Carbó; ⊙ im Sommer 17–21 Uhr, übrige Zeit 9–12 & 16–20 Uhr).

AKTIVITÄTEN AM FLUSS

Am nördlichen Rand der Innenstadt fallen die Hänge des Parque Urquiza steil zum Ufer des Río Paraná ab. Während der Sommermonate wimmelt es hier von Menschen, die spazieren gehen, angeln und schwimmen. Aber Vorsicht: Im Sommer sind auch die lästigen *jejenes* (Stechmücken) unterwegs.

Westlich des **Paraná Rowing Club** (☎ 431-2048) gibt es einen Strand, an dem Gäste für 40 Arg$ pro Tag Zugang zu allen Einrichtungen erhalten, u. a. zum Privatstrand (nur Strand 5 Arg$), den Schwimmbecken und Duschen. Außerdem gibt es am Wasser ein Café-Restaurant.

Schöner ist allerdings der Strand **Playas de Thompson:** Dieser liegt etwa 1 km weiter östlich jenseits des Hafens.

Verschiedene Anbieter haben Bootsausflüge im Programm. Der Beste ist **Baqueanos del Río** (☎ 423-4893, 0343-15-611-2170): Er veranstaltet Exkursionen in Holzbooten und weiß viel über den Fluss und sein Ökosystem. Die Ausflüge kann man telefonisch oder per E-Mail buchen (Std. 20 Arg$). Die Boote legen bei der Touristeninformation am östlichen Ende der *costanera* ab. **Paraná en Kayak** (☎ 422-7143; www.paranaenkayak.com. ar) bietet leichte Kajakfahrten auf dem Fluss.

Festivals & Events

Jedes Jahr im Februar ist Paraná Gastgeber der **Fiesta Nacional de Música y Artesanía Entrerriana** mit regionaler Volksmusik und Kunsthandwerk aus der Provinz.

Schlafen

Paraná Hostel (☎ 422-8233; www.paranahostel.com.ar; Pazos 159; B/DZ/4BZ 39/90/160 Arg$; 🖳 ♨) Die Kombination von zentraler Lage und Ruhe (wenn die nahe Disko nicht gerade dröhnt) ist in diesem Hostel an neuem Standort wirklich toll. Darüber

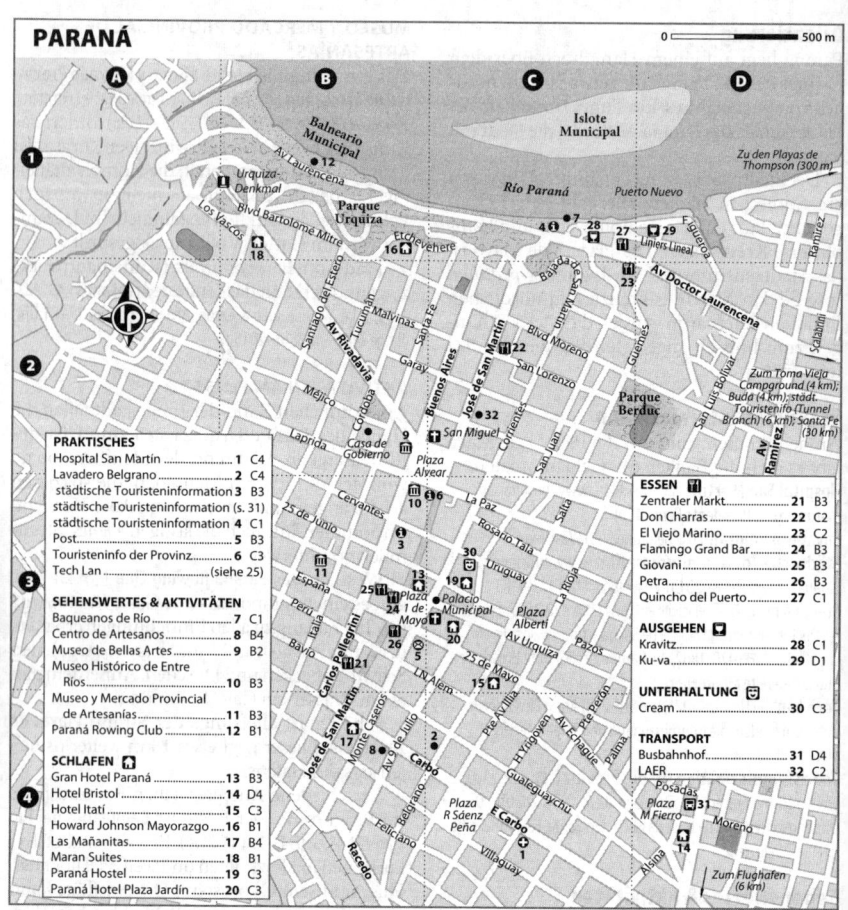

PARANÁ   0 ___ 500 m

hinaus bietet es einen von Bäumen beschatteten Hinterhof und Garten, außerdem hübsche Möbel, gute Gemeinschaftseinrichtungen und gemütliche Schlafräume. Der Preis beinhaltet auch das Frühstück, die Küchenbenutzung, *mate* und den Internetzugang.

Hotel Itatí (☎ 423-1500; hoteles_itati@hotmail.com; Belgrano 135; EZ/DZ 55/85 Arg$; 🞫 🖵) Der freundliche Empfang macht in dem etwas kurios eingerichteten Billighotel die abgetretenen Teppiche und fadenscheinigen Laken wieder wett. Die Heizung kostet einen kleinen Aufschlag, ebenso der Internetzugang. Die dunklen Zimmer mit winzigem Bad bieten für den Preis dennoch einen ordentlichen Gegenwert.

LP Tipp Las Mañanitas (☎ 421-8324; www.lasmanianitas.com.ar; Carbó 62; EZ/DZ 100/130 Arg$; 🞫 🖵 🛜 🞫)

In diesem angenehm entspannten, kleinen Gebäude stellt sich gleich ein Sommerhaus-Gefühl ein. Es gibt neun Zimmer entlang des Innenhofs und des Gartens mit Pool. Die Räumlichkeiten sind nichts Besonderes, aber preiswert; vor allem aber machen Leichtigkeit und Anmut des ganzen Ensembles die Unterkunft zu einem Gewinn.

Gran Hotel Paraná (☎ 422-3900; www.hotelesparana. com.ar; Av. Urquiza 976; EZ 150–280 Arg$, DZ 200–350 Arg$; 🞫 🖵 🛜) Der gute Service ist einer der Pluspunkte des großen Hotels am Hauptplatz. Statt der unscheinbaren Standardzimmer ist eher ein „Plus"-Zimmer oder einer der – sehr viel größeren – grundrenovierten Räume mit gehobener Ausstattung zu empfehlen. Wen ein bisschen Verkehrslärm nicht stört, sollte es mit einem Zimmer mit Balkon zum Platz hin versuchen.

Das Hotel bietet ein Spa und ein hochklassiges Restaurant. Das Frühstücksbüffet ist super.

Paraná Hotel Plaza Jardín (☎ 423-1700; www.hotel esparana.com.ar; Av. 9 de Julio 60; Zi. Standard/gehobene Ausstattung 175/225 Arg$; ✗ 🖵 ☎) Das Hotel in einem hübschen alten Kolonialbau besitzt einen friedlichen Patio, der vor allem für die Siesta über die Mittagshitze gerne aufgesucht wird. Die Zimmer mit gehobener Ausstattung sind sehr viel geräumiger und schicker, von daher lohnt sich ein Upgrade. Außerhalb der Sommersaison ist es deutlich billiger.

Maran Suites (☎ 423-5444; www.maran.com.ar; Ecke Av Rivadavia & Blvd Bartolomé Mitre; EZ 295 Arg$, DZ 395–440 Arg$; ✗ 🖵 ☎ ☎) Das schicke moderne Hotel, das die Westseite des Parque Urquiza überragt, besitzt eine seltene Kombination aus Stil und warmherzigem Service. Wegen des Ausblicks auf die Stadt oder den Fluss empfiehlt sich ein möglichst weit oben gelegenes Zimmer. Alle Zimmer sind sehr geräumig und geschmackvoll eingerichtet; die „Präsidentensuiten" (978 Arg$) sind groß genug, um sich darin zu verlaufen, und bieten einen unvergesslichen Blick übers Wasser.

Außerdem sind zu empfehlen:

Toma Vieja Campground (☎ 433-1721; Av. Blas Parera; Stellplatz 10 Arg$) Am landschaftlich schön gelegenen Standort der alten Wasserwerke mit Blick auf den Fluss. Zu erreichen mit Buslinie 5 vom Busbahnhof oder Linie 1 von der Plaza.

Hotel Bristol (☎ 431-3961; bristolpna@yahoo.com.ar; Alsina 221; EZ/DZ mit Bad 65/105 Arg$, ohne Bad 45/65 Arg$; ✗) Direkt am Busbahnhof, gepflegt und ruhig.

Howard Johnson Mayorazgo (☎ 420-6800; www.hjmayorazgo.com.ar; Etchevehere s/n; Zi. 360–400 Arg$; ✗ 🖵 ☎ ☎) Die lange geschwungene Fassade des neu gestalteten 5-Sterne-Hotels dominiert von oben das Flussufer. Toller Blick aus großen Fenstern und ein Casino.

Essen

Auf dem **Zentralmarkt** (Ecke Carlos Pellegrini & Bavio) können Selbstversorger vormittags gut Lebensmittel einkaufen.

Flamingo Grand Bar (☎ 431-1711; Ecke Urquiza & José de San Martín; kleine Gerichte 10–20 Arg$; ☀ 8–22 Uhr) Schicke Sitzgelegenheiten und die Lage an der Plaza machen das Lokal den ganzen Tag über zu einem attraktiven Pausenziel. Auf der Karte finden sich Croissants und Säfte am Morgen, *lomitos* (Steak-Sandwiches), Mittagsspezialitäten, ordentliche À-la-carte-Gerichte und *picadas* (gemischter Vorspeisenteller).

El Viejo Marino (☎ 432-9767; Av. Doctor Laurencena 341; Hauptgerichte 15–25 Arg$; ☀ Mi–Mo Mittag & Abendessen) In dem strohgedeckten und hell ausgeleuchteten Restaurant unweit des Flusses herrscht eine unkomplizierte, fröhliche Atmosphäre. Auf der Karte finden sich u.a. *milanesas* (panierte Fischfilets), ganze oder filettierte Flussfische und eine *parrillada* für 26 Arg$, von der zwei Personen locker satt werden.

Giovani (☎ 423-0527; Av .Urquiza 1045; Pastagerichte 9–20 Arg$, Hauptgerichte 19–40 Arg$; ☀ Mittag- & Abendessen) Das stilvolle Restaurant im Stadtzentrum serviert ausgezeichnete Fleischgerichte von der *parrilla* und köstliche Pasta. Fisch zählt dagegen nicht zu den starken Seiten. Der Service ist genau wie er sein sollte, dazu kommen Annehmlichkeiten wie der kostenlose Kaffee.

Quincho del Puerto (☎ 423-2045; Av. Doctor Laurencena 350, Fischgerichte 20–33 Arg$; ☀ Di–So Mittag- & Abendessen) Das beliebte Lokal für Liebhaber von Flussfischen findet man gleich hinter der *costanera*. Zu empfehlen ist beispielsweise der schmackhafte (aber grätenreiche) Pacú und der Surubí.

Petra (☎ 423-0608; 25 de Mayo 32; Mittag-/Abendessen 23/24 Arg$; ☀ Mittag- & Abendessen) Der respektable All-you-can-eat-Laden steht direkt am Platz; die Speisekarte umfasst eine breite Auswahl an überwiegend chinesischen Gerichten. Der Standard ist deutlich höher, als man vielleicht erwartet – und deshalb ein richtiges Schnäppchen. Getränke werden separat berechnet.

Don Charras (☎ 422-5972; Ecke José de San Martín & San Lorenzo; Hauptgerichte 25–39 Arg$; ☀ Di–So Mittag- & Abendessen) Die strohgedeckte *parrilla* mit viel Atmosphäre ist in Paraná sehr beliebt. Freitags und samstags werden über offenem Feuer Lamm, Ziege und Rindfleisch gebraten, außerdem gibt es die übliche Auswahl an Fleischgerichten vom Holzkohlengrill. Der Service ist aufmerksam.

Ausgehen & Unterhaltung

Unter der Woche geht es in Paraná sehr ruhig zu, Freitag- und Samstagabend kommt aber Leben in die Bude. Am meisten ist am östlichen Ende des Flussufers beim Hafen los. Hier spielt das **Kravitz** (www.kravitzdance.com.ar; Figueroa s/n; ☀ Fr & Sa ab 23 Uhr) den üblichen Mix aus Mainstream-*marcha*, House und Salsa. Nicht weit entfernt bietet **Ku-va** (Ecke Güemes & Liniers Lineal; ☀ Di–So ab 20 Uhr) jede Menge Atmosphäre in einem attraktiven alten Postgebäude. Im **Cream** (www.creampa-rana.com.ar; Uruguay 190; ☀ Do–Sa), einem trendigem Lokal, fühlt sich jeder Gast über 30 uralt.

An- & Weiterreise

BUS

Der **Busbahnhof** (☎ 422-1282; Av Ramírez) liegt gegenüber der Plaza Martín Fierro. Die Buslinien 1, 4,

5 und 9 verbinden den Busbahnhof mit dem Stadtzentrum, der Fahrpreis beträgt 1,75 Arg$. Paraná ist ein Knotenpunkt für Busverbindungen in die Provinz, für Fernverbindungen ist dagegen Santa Fe der günstigere Startpunkt. Busse nach Santa Fe (4 Arg$, 40 Min.) fahren alle 30 Minuten.

Zielorte sind u. a. folgende:

Reiseziel	Fahrpreis (Arg$)	Fahrzeit (Std.)
Buenos Aires	77	6½
Colón	39	4–5
Concordia	42	4–5
Córdoba	66	6
Corrientes	96	10
Gualeguaychú	39	4–5
Paso de los Libres	60	6
Rosario	32	3

FLUGZEUG

Der Flughafen liegt 6 km südlich der Stadt, zu erreichen ist er nur per *remise* (25 Arg$). **LAER** (☎ 0810-777-5237; www.laersa.com.ar; José de San Martín 918) fliegt an Wochentagen nach Buenos Aires.

CORRIENTES

☎ 03783 / 316 782 Ew.

Das stattliche Corrientes liegt unterhalb des Zusammenflusses des Río Paraná und des Río Paraguay, am gegenüberliegenden Ufer befindet sich die Zwillingsstadt Resistencia. Corrientes ist eine der ehrwürdigsten Städte des Landes – mit eleganten Gebäuden aus der Jahrhundertwende vom 19. zum 20 Jh., die den bunten Straßen einen verwitterten Anstrich verleihen. Wie in den meisten Flussstädten zieht es alle Einwohner an die Costanera, um zu bummeln, Eis zu essen oder Mate mit Freunden zu schlürfen.

Die Stadt ist vor allem für zwei Dinge bekannt: Einmal für ihren Karneval, dessen farbenfrohe Paraden große Menschenmengen anziehen, und dann als Schauplatz für Graham Greenes Roman *Der Honorarkonsul*.

Corrientes ist eine gute Adresse für alle, die regionales Indio-Kunsthandwerk lieben und ein paar Souvenirs erstehen wollen. Künstler verkaufen ihre Ware abends auf der Plaza JB Cabral und im Museo de Artesanías. Die Guaraníkultur ist hier allgegenwärtig.

Ursprünglich hieß Corrientes nach ihrem Gründer Juan Torres de Vera y Aragón und den *corrientes* (Strömungen) des Paraná Vera de los Siete Corrientes. Im Laufe der Kolonialzeit erlebte die Stadt wiederholt Indioaufstände, bevor es sich als erste spanische Siedlung in der Region etablieren konnte.

Orientierung

Corrientes ist rasterförmig aufgebaut, allerdings ist das Zentrum ausgedehnter als in den meisten anderen argentinischen Städten. Die Plaza 25 de Mayo in der Nähe des Flusses – mit einer lebendigen Costanera – ist eine der beiden großen Plazas der Stadt; die andere ist die Plaza JB Cabral. Von hier aus erstreckt sich die Peatonal Junín, die Fußgängerzone, mit ihren zahlreichen Geschäften in grob westlicher Richtung. Auf der Westseite der Stadt sorgt der Puente Belgrano für eine reibungslose Verbindung über den Río Paraná nach Resistencia.

Praktische Informationen

Locutorios und Internetcafés sind leicht zu finden. An der 9 de Julio zwischen La Rioja und Córdoba gibt es viele Banken mit Geldautomat.

Hospital Escuela San Martín (☎ 420697; Av. 3 de Abril 1251)

Laverap (Pasaje González 1071) Wäscherei.

Städtische Touristeninformation (☎ 474733; www. ciudaddecorrientes.gov.ar; Busbahnhof; ☼ 7–22 Uhr) Weitere Filialen befinden sich an der Ecke Junín und San Juan sowie an der Costanera am Ende der Junín.

Touristeninformation der Provinz (☎ 427200; www. corrientesturistica.gov.ar; 25 de Mayo 1330; ☼ Mo–Fr 7–21, Sa & So 8–20 Uhr)

Sehenswertes

MUSEO DE ARTESANÍAS TRADICIONALES FOLCLÓRICAS

Das faszinierende **Museum** (Quintana 905; Eintritt frei; ☼ Mo–Sa 8–21 Uhr) ist in einem umgestalteten Kolonialbau mit Innenhof untergebracht. Es gibt zwei kleine Ausstellungen mit erlesener traditioneller *artesanía* (Kunsthandwerk) sowie einen guten Laden, der das am Ort Hergestellte verkauft. Doch das wirklich Spannende hier ist etwas ganz anderes: Das Beobachten der Schüler, die von den Meistern ihres Faches lernen, mit Leder, Silber und Holz umzugehen. In anderen Räumen rund um den Innenhof verkaufen Kunsthandwerker ihre Stücke persönlich. Die hilfsbereiten Museumsführer sind begeistert bei der Arbeit.

WANDMALEREIEN

Auf der Ostseite der Calle San Juan zwischen Plácido Martínez und Quintana zeigt eine Reihe historischer **Wandbilder**, die auf einer Länge von 100 m um die Ecke in die Quintana verlaufen, die Stadtgeschichte seit der Kolonialzeit in mehreren Szenen. Ein Denkmal ehrt Corrientes

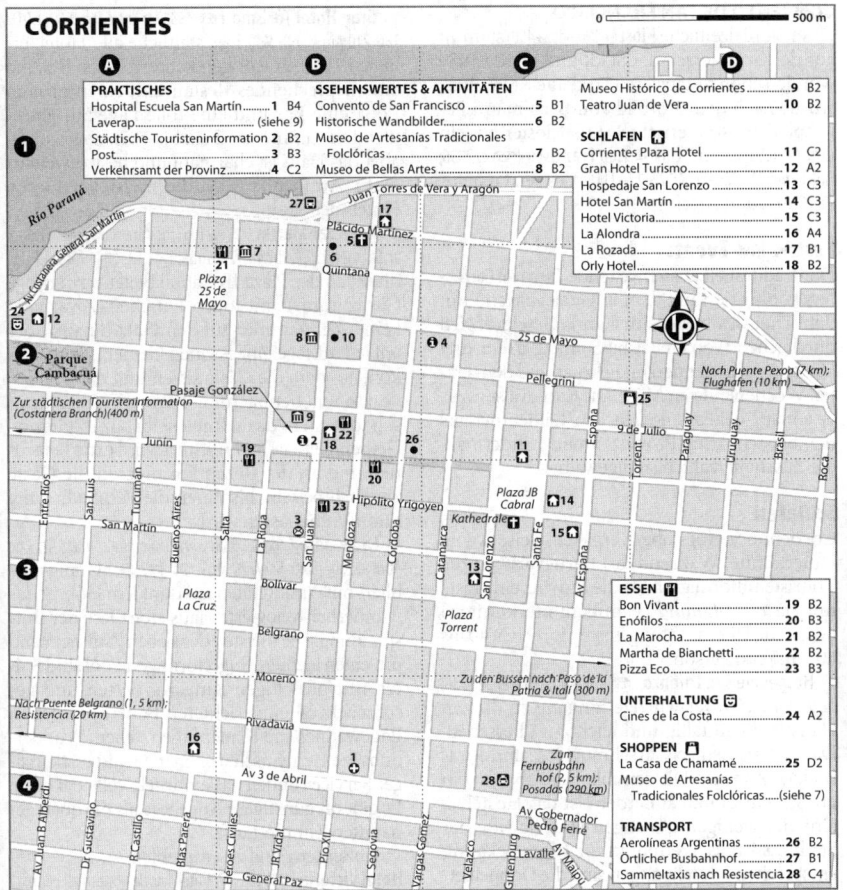

CORRIENTES

0 ———— 500 m

PRAKTISCHES
Hospital Escuela San Martín........**1** B4
Laverraj .... (siehe 9)
Städtische Touristeninformation **2** B2
Post..**3** B3
Verkehrsamt der Provinz............**4** C2

SEHENSWERTES & AKTIVITÄTEN
Convento de San Francisco **5** B1
Historische Wandbilder.................**6** B2
Museo de Artesanías Tradicionales
  Folclóricas.................................**7** B2
Museo de Bellas Artes **8** B2

Museo Histórico de Corrientes............**9** B2
Teatro Juan de Vera **10** B2

SCHLAFEN
Corrientes Plaza Hotel **11** C2
Gran Hotel Turismo........................**12** A2
Hospedaje San Lorenzo **13** C3
Hotel San Martín............................**14** C3
Hotel Victoria.................................**15** C3
La Alondra.....................................**16** A4
La Rozada......................................**17** B1
Orly Hotel......................................**18** B2

ESSEN
Bon Vivant **19** B2
Enófilos...**20** B3
La Marocha....................................**21** B2
Martha de Bianchetti.....................**22** B2
Pizza Eco.......................................**23** B3

UNTERHALTUNG
Cines de la Costa **24** A2

SHOPPEN
La Casa de Chamamé.....................**25** D2
Museo de Artesanías
  Tradicionales Folclóricas.....(siehe 7)

TRANSPORT
Aerolíneas Argentinas **26** B2
Örtlicher Busbahnhof...............**27** B1
Sammeltaxis nach Resistencia.**28** C4

DER NORDOSTEN

große italienische Gemeinde, die sich noch sprachlich bemerkbar macht.

MUSEO DE BELLAS ARTES

Bei diesem **Museum** (☎ 436722; San Juan 634; Eintritt frei; Di–Sa 9–12 & 18–21 Uhr) sind sowohl das alte Gebäude, in dem das Museum untergebracht ist, als auch die Ausstellung sehenswert. Die beiden vorderen Räume zeigen eine erlesene Dauerausstellung; die Werke der jungen einheimischen Künstler dagegen tendieren Richtung Avantgarde. Gegenüber liegt ein auffallendes Bauwerk aus der Belle Époque: das **Teatro Juan de Vera** (☎ 427743; San Juan 637). Wer sich für die Inneneinrichtung interessiert, kann am Kartenschalter des Theaters fragen, ob er einen Blick hineinwerfen darf. In der Regel dürfen der wunderschöne Innenraum

mit seinen drei Galerien und der prächtig bemalten Decke besichtigt werden. Die Kuppel kann geöffnet werden, wenn eine Aufführung unter freiem Sternenhimmel stattfinden soll.

MUSEO HISTÓRICO DE CORRIENTES

Das **Museum** (☎ 475916; 9 de Julio 1044; Eintritt frei; Di–Fr 8–12 & 16–20, Sa 9–12 & 16–19 Uhr) liegt rund um einen hübschen Patio und zeigt Waffen, antikes Mobiliar, Münzen und religiöse und städtische historische Exponate.

Die Zusammenstellung wirkt ein bisschen wie Kraut und Rüben, aber das Personal ist stolz auf die Ausstellung und hält gerne ein Schwätzchen. Am interessantesten ist der Ausstellungsraum über den Krieg der Dreier-Allianz.

CONVENTO DE SAN FRANCISCO

Das kolonialzeitliche **Kloster** (Mendoza 450) stammt aus der Gründerzeit der Stadt und wurde 1939 wunderschön restauriert. Die kleine Kolonnade wurde nach dem Vorbild von Bernini am Petersplatz in Rom errichtet. Das Kloster hat ein eigenes Museum, das **Museo Francisco** (☎ 422936; Eintritt frei; ⌚ Mo–Fr 8–12 & 17–21 Uhr), es zeigt religiöse Kunst und Artefakte.

Festivals & Events

Der traditionell ausschweifende **Carnaval Correntino** konkurriert mit dem in Gualeguaychú um den Titel des besten im Land. Gefeiert wird durchgehend von Freitag bis Sonntag an den drei letzten Wochenenden im Februar und dem ersten Wochenende im März. Die Karnevalsumzüge entlang der *costanera* locken Teilnehmer aus den benachbarten Provinzen und Ländern an, die Zuschauerzahlen sind gewaltig.

Schlafen

Corrientes verfügt über vergleichsweise wenig Unterkünfte. Während des Karnevals hält die Touristeninformation für die Provinz eine Liste mit *casas de familia* (Familienunterkünften) bereit; die Übernachtung kostet dort etwa 40 bis 50 Arg$ pro Person.

Hospedaje San Lorenzo (☎ 421740; San Lorenzo 1136; DZ 90 Arg$; ✖) Der winzige Eingang zu diesem Haus ist unauffällig und leicht zu übersehen. Dahinter verbergen sich schmucklose und etwas stickige Zimmer. Die zentrale Lage aber ist ein großer Pluspunkt, außerdem ist das Hostel eine der wenigen günstigen Unterkünfte der Stadt. Es ist als Treffpunkt für Paare bekannt, entsprechend durchgelegen sind die Doppelbetten. Ein Frühstück wird nicht serviert.

Corrientes Plaza Hotel (☎ 466500; www.hotel-corrientes.com.ar; Junín 1549; EZ/DZ 170/250 Arg$; ✖ 🖥 🛜 🍴) Das Plaza hat sehr geräumige Zimmer in etwas gewöhnungsbedürftigen Pastellfarben und sehr freundliche Mitarbeiter. Insgesamt ist das Hotel eine gute Adresse, das gilt insbesondere für Barzahler (10 % Rabatt). Gutes Frühstück.

Orly Hotel (☎ 420280; www.hotelorlycorrientes.com.ar; San Juan 867; EZ/DZ Standard 172/222 Arg$, Zi. gehobene Ausstattung 352 Arg$; ✖ 🖥 🛜) Sehr adrett und supersauber – so präsentiert sich das professionell geführte, angenehme 3-Sterne-Haus mit Blick auf eine kleine Plaza. Die Zimmer mit Minibar sind zwar eher klein, aber gemütlich eingerichtet. Wer größer, besser und moderner ausgestattet übernachten will, sollte eines der Zimmer im neuen Flügel nehmen.

Gran Hotel Turismo (☎ 433174; Entre Ríos 650; EZ/DZ 180/210 Arg$; ✖ 🍴) Das stattliche alte Hotel, erbaut 1948 im niedrigen kalifornischen Stil, hat ein ansprechendes Restaurant, einen großen Pool, eine Bar und eine tolle Lage am Flussufer. Die Zimmer sind ein bisschen abgewohnt, aber das Haus ist charmant und besitzt weitaus mehr Atmosphäre als die meisten anderen Hotels der Stadt.

Hotel San Martín (☎ 421061; hsanmartin@impsat1.com.ar; Santa Fe 955; EZ/DZ 185/230 Arg$; ✖ 🖥 🛜) Das Haus direkt an der Plaza JB Cabral bietet vernünftige Gästezimmer mit tollen Duschen. Zwar geht keines der Zimmer auf den Platz hinaus, aber auf jeder Etage gibt es einen Gemeinschaftsbalkon, auf dem die Gäste sitzen und das Treiben von oben beobachten können. Allerdings schadet sich das Hotel selbst mit kleinen Gemeinheiten: Das Frühstück wird extra berechnet, und an der Rezeption müssen die Gäste ziemlich betteln, bis ihnen die Fernbedienung fürs TV überlassen wird.

La Alondra (☎ 430555; www.laalondra.com.ar; Av. 3 de Abril 827; DZ/Suite 544/726 Arg$; ✖ 🛜 🍴) Üppig möbliert mit Antiquitäten aus dunklem Holz ist das wunderbar renovierte Haus eine Oase der Entspannung. Die meisten der sieben Zimmer rund um einen kleinen, fingerförmigen Pool sind Suiten mit plüschigen Kingsize-Betten und geschmackvoll eingerichteten Bädern, in denen Badewannen mit Klauenfüßen stehen. Wunderhübsche Gemeinschaftsbereiche und erstklassiger Service runden das eindrucksvolle Paket ab. Es gibt oft günstigere Angebote als die oben genannten Zimmertarife.

Außerdem sind zu empfehlen:

Hotel Victoria (☎ 435547; hotelvictoria1@hotmail.com; Av. España 1050; EZ/DZ 115/130 Arg$; ✖ 🖥 🛜) Eines von zwei ordentlichen nebeneinanderliegenden günstigen Unterkünften unweit der Plaza JB Cabral.

La Rozada (☎ 433001; www.larozada.com; Plácido Martínez 1223; Zi. 385 Arg$; ✖ 🖥 🛜) Diese faszinierende neue Unterkunft in einem feldgrauen historischen Gebäude unweit des Flussufers bietet hübsche, künstlerisch gestaltete Zimmer und Zwei-Raum-Apartments.

Essen

Es lohnt sich, *mbaipú* zu probieren, ein traditionelles *Correntino*-Gericht aus gebratenem Rindfleisch und Zwiebeln, garniert mit geröstetem Mehl und Käse.

Martha de Bianchetti (☎ 423008; Ecke 9 de Julio & Mendoza; Gebäck ab 3 Arg$; ⌚ Mo–Sa 8–13 & 16–23 Uhr) Die altmodische Bäckerei mit Café im italienischen Stil serviert traumhaft gutes Gebäck und einen

DER NORDOSTEN

ausgezeichneten Kaffee; zu jeder Tasse werden *chipacitos* (kleines Käsegebäck) serviert. Wenn der Laden morgens öffnet, sind all die Köstlichkeiten noch warm.

Pizza Eco (☎ 425900; Hipólito Yrigoyen 1108; Pizza 12–26 Arg$; ☻ 7–13 & 17–3 Uhr) Sowohl die Atmosphäre als auch die Pizza dieses freundlichen Lokals in einem schönen Eckgebäude haben gute Noten verdient. Die leckeren Empanadas sind ebenfalls ein Lob wert.

Bon Vivant (☎ 467902; Junín 918; Hauptgerichte 13–32 Arg$; ☻ Mittag- & Abendessen) Nach der knalligen Hitze eine *Correntino*-Tages ist es toll, draußen bei Sonnenuntergang zu essen. Mit einer Terrasse mitten im *peatonal*, guten Steaks, Pizzas, warmherzigem Service und überaus fairen Preisen hat dieses Lokal die Nase ganz weit vorn. Die Jugend trifft sich hier gerne auf ein Bier.

La Marocha (☎ 438699; Ecke Salta & Quintana; Gerichte 15–30 Arg$; ☻ Mittag- & Abendessen) Das knuffige kleine Restaurant mit Bar direkt an der Plaza 25 de Mayo bietet eine über das Übliche hinausgehende Auswahl an Salaten, Fleischgerichten und ausgezeichnete Tagesgerichte. Auch das Angebot an Weinen und Cocktails lässt sich sehen.

LP Tipp **Enófilos** (☎ 439271; Junín 1260; Hauptgerichte 25–45 Arg$; ☻ Mo–Sa Mittag- & Abendessen) *Enófilo* bedeutet Weinliebhaber, deshalb verdient der Keller dieses angenehmen Restaurants im Obergeschoss am *peatonal* besondere Aufmerksamkeit. Die Weinkarte ist in einem kleinen Tempel in der Raummitte ausgestellt; traditionelle *Correntino*-Zutaten wie fleischige Surubí (Flussfische) werden kreativ zubereitet; gutes Fleisch kommt mit exquisiten Saucen und frischem Gemüse kombiniert auf den Tisch. Ein tolles Lokal, um

mal etwas anderes als Pizza, Pasta und *parrilla* zu genießen. An den Wochentagen gibt es ein Fixpreismenü zu 50 Arg$.

Ausgehen & Unterhaltung

Die Gegend in der Nähe der Kreuzung Junín und Buenos Aires besitzt etliche Bars und Clubs, in denen am Wochenende die Post abgeht. Auch an der *costanera* gibt es einiges an Action, in der neuen Costanera-Sur-Zone südlich der Brücke nach Resistencia sogar mehrere Bars und *boliches* (Nachtclubs).

Puente Pexoa (☎ 451687; RN 12 am Kreisverkehr Virgen de Itatí; ☻ Fr & Sa ab 20.30 Uhr) Corrientes ist das Kernland des *chamamé* (s. Kasten unten); eine Live-Aufführung des lebhaften Tanzes zu ebensolcher Musik anzusehen, ist wirklich ein Erlebnis. Das legere Restaurant zeigt jedes Wochenende *Chamamé*-Vorführungen, die von überschäumender Freude begleitet werden. Männer und Frauen treten in vollem Gaucho-Ornat auf; jeden Abend spielen bis zu vier *conjuntos* (Bands). Beginn ist normalerweise gegen 23 Uhr. Ein Taxi dorthin kostet um 25 Arg$, die Alternative ist die Buslinie 102.

Cines de la Costa (☎ 460360; Ecke 25 de Mayo & Av. Costanera General San Martín) Das Kino im Casino-Komplex an der *costanera* zeigt Hollywood-Hits, aber auch alternative Streifen.

Shoppen

Museo de Artesanías Tradicionales Folclóricas (Quintana 905; ☻ Mo–Sa 8–12 & 16–21 Uhr) Der Laden, der dem Museum angeschlossen ist, verkauft eine breite Auswahl an traditionellem, vor Ort gefertigtem Kunsthandwerk.

DER NORDOSTEN

CHAMAMÉ

Tango? Was ist das? Hier oben tanzen sie den *chamamé*, eine der mitreißendsten Musikrichtungen des Landes. Sie hat ihre Wurzeln in der Polka, die von europäischen Immigranten eingeführt wurde, ist aber auch stark beeinflusst von der Musik und Sprache der Ureinwohner, den Guaraní. Bestimmendes Instrument ist das Akkordeon, traditionellerweise begleitet von der Gitarre, dem *guitarrón* (Bassinstrument aus der Familie der Gitarren, ohne Bünde), dem größeren *bandoneón* (Akkordeon) und dem *contrabajo* (Kontrabass). Natürlich ist so eine Band (*conjunto*) nicht vollständig ohne einen oder auch zwei Sänger.

Chamamé ist sowohl ein Tanz als auch eine Musikrichtung, und zwar eine sehr lebhafte. Üblicherweise ist es ein Paartanz, bis auf die Momente, wenn der Mann sein Solo *zapateo* (folkloristischer Stepptanz) aufführt. Die Provinz Corrientes ist die Heimat des Chamamé, und wer eine Live-Aufführung sehen will, hat hier die besten Chancen. Ein Abend mit der typischen Musik und den Tänzen ist eines der Highlights der Provinz und unbedingt empfehlenswert.

Wer sich vertiefend informieren will, findet Interessantes auf der spanischsprachigen Website www.corrienteschamame.com; dort kann man schon mal online Melodien hören, um sich auf solch einen Chamamé-Abend einzustimmen.

La Casa de Chamamé (Pellegrini 1790) Der CD-Laden ist auf Musik aus Corrientes spezialisiert. Vor dem Kauf kann man die Scheiben anhören.

An- & Weiterreise
BUS & ZUG
Der **Bahnhof für Fernbusse** (Av Maipú, zwischen Manatiales & Nicaragua) liegt 3 km östlich des Stadtzentrums. Von der nahe gelegenen Stadt Resistencia hat man bessere Fernbusverbindungen nach Westen und Nordwesten (s. S. 261). Busse nach Resistencia (2,50 Arg$, 40 Min.) starten regelmäßig am **lokalen Busbahnhof** (Ecke Av. Costanera General San Martín & La Rioja). Schneller geht es mit den Gemeinschaftstaxis, die für 3 Arg$ nach Resistencia flitzen. Sie fahren an derselben Kreuzung ab, außerdem noch an der Ecke Avenida 3 de Abril und Santa Fe. Minibusse nach Paso de la Patria (6 Arg$) und Itatí (12 Arg$) starten hinter dem Markt an der Ecke Belgrano und Roca. Im Folgenden sind weitere Ziele und Preisbeispiele genannt:

Reiseziel	Fahrpreis (Arg$)	Fahrzeit (Std.)
Buenos Aires	165	12
Concordia	89	7
Córdoba	140	14
Mercedes	30	3½
Paraná	98	10
Paso de los Libres	44	6
Posadas	55	4
Puerto Iguazú	100	9
Rosario	118	12
Salta	130	14
Santa Fe	98	9

FLUGZEUG
Aerolíneas Argentinas (☎ 428678; Junín 1301) fliegt täglich nach Buenos Aires (577 Arg$) und dreimal wöchentlich nach Asunción (1179 Arg$) in Paraguay. Auch vom nahe gelegenen Resistencia fliegt die Gesellschaft beide Ziele an.

Unterwegs vor Ort
Die lokale Buslinie 105 (1,75 Arg$) fährt zum **Flughafen** (☎ 458684), er liegt etwa 10 km östlich der Stadt an der RN 12. Buslinie 6 pendelt zwischen dem lokalen Busbahnhof und dem Terminal für Fernbusse an der Avenida Maipú. Buslinie 103 verbindet das Fernbusterminal mit der Innenstadt; ein Taxi kostet 12–15 Arg$.

RUND UM CORRIENTES
Paso de la Patria
☎ 09783 / 3498 Einwohner
Der herrlich entspannte Ort mit relativ hoher Luftfeuchtigkeit erstreckt sich am Ufer des Río Paraná 38 km nordöstlich von Corrientes. Die Stadt ist ein beliebtes Sommer- und Wochenendziel und kennt vor allem einen Daseinszweck: Angeln. Die jährliche **Fiesta Internacional del Dorado** Mitte August dreht sich um ein zweitägiges Wettangeln auf den Raubfisch Dorado, der wegen seines kämpferischen Wesens auch der „Tiger vom Paraná" genannt wird.

Die **Touristeninformation** (☎ 494400; www.pasodelapatriaturismoypesca.com; 25 de Mayo 425; ◷ 7–21 Uhr) arrangiert Ausflüge auf dem Fluss und Unterkünfte. Ein ganzer Angeltag mit allem Drum und Dran kostet für zwei Personen etwa 250 bis 350 Arg$, ein einstündiger Bootsausflug, bei dem die Fische unbehelligt bleiben, um die 25 Arg$. Die beste Wahl in Sachen Unterkunft sind die vielen Häuser entlang des Flusses, die tage- oder wochenweise vermietet werden. Die Preise beginnen bei 100 Arg$ pro Tag für ein kleines Haus. Es gibt mehrere gut ausgestattete Campingplätze und Hotels, die allerdings oft mit großen Angelgruppen belegt sind.

Busse fahren alle zwei Stunden von und nach Corrientes (4 Arg$, 1 Std.). Zwei Anbieter, **Silvitur** (☎ 494260; Espana 926) und **Mir** (☎ 494654; Rioja & 12 Octubre), schicken stündlich Minibusse (6 Arg$, 40 Min.), die Fahrgäste unterwegs jederzeit ein- oder aussteigen lassen. Eine Vorausbuchung lohnt sich. In Corrientes fahren sie an der Ecke Belgrano und Roca ab. Ein Taxi von Corrientes nach Paso kostet 55 Arg$.

Itatí
Eine der am stärksten verehrten Figuren in Argentinien ist die **Jungfrau von Itatí**; sie steht 68 km von Corrientes entfernt hinter Paso de la Patria. Die Legende besagt, dass eine Gruppe Guaraní die Figur 1615 oben auf einer Steinsäule fand; sie sei von überirdischem Licht und Musik umgeben gewesen. Am Fundort wurde daraufhin eine Mission errichtet. Andere sagen, die hölzerne Figur sei von Guaraní in der Mission geschnitzt worden. Wie auch immer sie entstanden ist: Heute wallfahrten jährlich bis zu 2 Mio. Menschen dorthin. Die Statue hat ihre Heimstatt inzwischen in einer wuchtigen, 1950 vollendeten **Basilika** gefunden. In diesem abgelegenen Ort am Flussufer bietet sie einen ziemlich surrealen Anblick. Das ganze Jahr über finden Pilgerreisen verschiedener Gruppen statt, ungewöhnlich ist die Wallfahrt am 9. Juli: Dann reisen die Pilger aus San Luis del Palmar mit Pferd und Wagen an. Minibusse (12 Arg$, 1 Std.) fahren regelmäßig von Corrientes (Ecke Belgrano und Roca) nach Itatí.

PARQUE NACIONAL MBURUCUYÁ
☎ 03782

Ungefähr 180 km südöstlich von Corrientes befindet sich der 176 km² große **Nationalpark** (☎ 498907; informesmburucuya@apn.gov.ar). Er gehört zur gleichen Ökozone wie Esteros del Iberá, hat aber eine wesentlich größere Artenvielfalt, allerdings eine weit weniger gut entwickelte Besucherinfrastruktur aufzuweisen.

Der Park hat Anteil an drei Landschaftszonen: Den Chaco prägen Palmen, Johannisbrotbäume und Quebracho-Wälder, Weideland und Flussmündungen. Typisch für den Paraná-Wald sind die Magote-Insel, Pindó-Palmen und das Tacuarazú-Rohr. Typisch für die dritte Zone sind die Xeróphilo-Wälder, Yatay-Palmen und Grasland. Die Tierwelt ist einzigartig: 150 verschiedene Vogelarten wurden ausfindig gemacht, aber auch Capybaras (Wasserschweine), Kaimane, Füchse, Sumpfhirsche und der fast ausgestorbenen Mähnenwolf, ein sehr hochbeiniger Wildhund zwischen Wolf und Fuchs.

Zurzeit gibt es nur zwei Pfade im Nationalpark. Der 2,5 km lange Sendero Yatay führt durch Wälder und Grasland mit Yatay-Palmen zu einem Aussichtspunkt auf dem Estero Santa Lucía. Entlang des 1,2 km langen Sendero Aguará Popé reihen sich interessante Infoschilder, er kreuzt einen kleinen Fluss, in dem man öfters einmal Kaimane sieht. Das **Besucherzentrum** (🕑 9–17 Uhr) liegt 9 km vom Parkeingang entfernt direkt im Park. Beide Pfade beginnen hier.

Schlafen & Essen
Das Zelten ist innerhalb des Parks die einzige Übernachtungsmöglichkeit. Es gibt einen kleinen, urigen **Campingplatz** (Zelten kostenlos) mit Toiletten und Trinkwasser neben dem Besucherzentrum. In Mburucuyá, 12 km westlich des Parks, werden einfache Zimmer vermietet, dort gibt es auch schlichte Lokale, einen kleinen Supermarkt und ein *chamamé*-Museum.

An- & Weiterreise
Viermal täglich fahren Busse von Corrientes nach Mburucuyá (20 Arg$, 3 Std.), dort warten zahlreiche *remises* auf der Plaza auf Fahrgäste. Die halbstündige Fahrt zum Besucherzentrum kostet etwa 50 Arg$ oder etwas mehr, wenn der Fahrer bis zur Rückkehr warten soll. Unbedingt daran denken, dass der Zugangsweg zum Park nicht geteert ist. Nach schweren Regenfällen ist der Weg selbst in einem Wagen mit Vierradantrieb nicht passierbar. Also vor der Abfahrt im Besucherzentrum anrufen und sich nach dem Straßenzustand erkundigen.

MERCEDES
☎ 03773 / 30961 Ew.

Mercedes ist eine sympathische Gaucho-Stadt mit unbeschwertem Lebensgefühl – und das Haupteinfallstor zum faszinierenden Feuchtgebiet Esteros del Iberá. Vor allem aber bezieht der Ort seinen Ruhm aus dem – surrealen – Schrein für Gaucho Antonio Gil, der 9 km westlich der Stadt am Straßenrand steht. Dieses religiöse Phänomen erfreut sich einer ungeheure Popularität bei den Argentiniern (s. Kasten S. 220).

Am Busbahnhof gibt es eine unregelmäßig besetzte Touristeninformation. Das HI-Hostel der Stadt unterhält dort ebenfalls einen hilfreichen **Informationsstand** (🕑 9–11 & 15.30–19 Uhr); wenn er geschlossen ist, kann man sich direkt ans Hostel wenden.

In der Nähe der Plaza gibt es mehrere Telefon- und Internetläden sowie diverse Banken mit Geldautomat.

Schlafen & Essen
Delicias del Iberá (☎ 423167; www.deliciasdelibera.com; Rivas 688; B/EZ/DZ 43/80/120 Arg$; 🍴) Das einladende Hostel zwei Querstraßen nördlich der Plaza ist eine wertvolle Informationsquelle für das Reservat, egal ob man dort übernachtet oder nicht. Die gemütlichen, ruhigen Schlafsäle und Zimmer führen auf einen zentralen Patio. Nach hinten raus geht es an der Küche vorbei in einen grasbewachsenen Garten. Das Hostel bezahlt das Taxi ab dem Busbahnhof. HI-Mitglieder erhalten 20 % Rabatt.

Hotel Itá Pucú (☎ 421015; Batalla de Salta 647; Zi. pro Pers. 50 Arg$; 🍴) Das freundliche Hotel zwei Blocks östlich der Plaza erinnert mit seinem niedrigen Dach ein bisschen an das Ambiente von Italo-Western. Die Zimmer sind in Ordnung und führen in einen grasbewachsenen Garten. Das Frühstück kostet extra.

Hotel Sol (☎ 420283; San Martín 519; EZ/DZ 80/120 Arg$; 🍴 📶) Gleich um die Ecke vom Itá Pucú bietet dieses einladende Haus gute Zimmer, die ihren Preis wert sind. Das Highlight ist aber der tolle Patio – eine Mischung aus Pflanzen, Vogelgezwitscher und glänzenden Fliesen mit Schachbrettmuster.

Mercedes Gran Hotel (☎ 421820; mercedesgranhotel@ fibertel.com.ar; Guazú 750; EZ/DZ 100/190 Arg$; 🍴) Das einstmals einladende Hotel an der Nordseite der Stadt ist in letzter Zeit ziemlich heruntergewirtschaftet worden. Technisch gesehen ist es

DER NORDOSTEN

DER NORDOSTEN

„GAUCHITO" GIL

Wer einige Tage irgendwo auf den Straßen im Nordosten Argentiniens unterwegs ist, wird früher oder später an der Straße einen Schrein mit roten Fahnen und Geschenken sehen: Diese Schreine ehren Antonio Gil, eine Art Robin Hood Argentiniens. Sein Mahnmal und Grab gleich außerhalb von Mercedes wird alljährlich von Zehntausenden Pilgern besucht.

Über El Gauchito, wie man ihn in der Gegend um Mercedes nach wie vor liebevoll nennt, gibt es nur wenige gesicherte Fakten – aber wo diese fehlen, hält man sich an romantisch verklärte Geschichten. Bekannt ist jedenfalls, dass er im Jahr 1847 geboren wurde und der Armee im Krieg gegen die Dreier-Allianz beitrat. Manchen Geschichten zufolge entkam er damit dem Zorn eines örtlichen Polizisten, dessen Verlobte sich angeblich in Gil verliebt hatte.

Nach Kriegsende sollte El Gauchito in die Bundesarmee einberufen werden, doch er desertierte zusammen mit zwei anderen. Die drei Kameraden zogen fortan durchs Land, klauten dabei keck den reichen Landbesitzern Vieh und teilten es mit den armen Leuten in den Dörfern, die ihnen zum Dank dafür Unterkunft und Schutz gewährten.

Doch irgendwann holte sie das Gesetz ein, und El Gauchito wurde kopfüber an einem Espinillo-Baum, der noch heute neben seinem Grab steht, aufgehängt und geköpft.

Aber wie konnte dieser Schnorrer, Viehdieb, Taugenichts und Deserteur eigentlich einen solchen heiligenähnlichen Status und Bekanntheitsgrad erlangen? Einige Augenblicke vor seinem Tod sagte El Gauchito seinem Henker, dass sein Sohn schwer erkranken würde. Gil prophezeite dem Soldaten, dass das Kind – würde er begraben werden (was damals bei Deserteuren eigentlich unüblich war) –, wieder gesunden würde.

Nachdem Gil geköpft worden war, brachte der Henker seinen Kopf zurück nach Goya, wo dem Toten richterlicher Ablass gewährt wurde. Als der Henker erfuhr, dass sein Sohn tatsächlich todkrank war, kehrte er umgehend zur Hinrichtungsstätte zurück und begrub den Leichnam: Prompt wurde sein Sohn wieder gesund. Die Geschichte sprach sich herum, und die Legende war geboren.

An „Gauchito" Gils Grab stehen heute etliche Kapellen und ganze Warenlager, in denen Tausende Geschenke und Opfergaben aufbewahrt werden: T-Shirts, Fahrräder, Pistolen, Messer, Nummernschilder, Fotos, Zigaretten, Haarspangen und ganze Kleiderbügel mit Hochzeitskleidern – alles Geschenke von Menschen, die an die Wundertat von El Gauchito glauben. Der 8. Januar, sein Todestag, ist alljährlich der Höhepunkt der Verehrung.

Wer auf einer Autofahrt an einem der Schreine vorbeifährt, sollte unbedingt laut hupen: Der Legende nach gerät der Fahrer ansonsten schon bald in einen Stau oder kommt möglicherweise niemals an seinem Ziel an, so der Volksglaube ...

---

trotzdem noch das beste Hotel in Mercedes. Eher kleine Zimmer werden durch große Balkone und das grüne, ruhige Gelände aufgewertet. Der Unterhalt des Pools war offenbar zu aufwendig, deshalb ist er jetzt außer Betrieb.

Sabor Único (☎ 420314; San Martín 1240; Hauptgerichte 12–28 Arg$; ☾ Mittag- & Abendessen) Die wohl beste Option der Stadt in punkto Essengehen bietet die üblichen Klassiker und eine Reihe typischer *Correntino*-Gerichte.

An- & Weiterreise

Der **Busbahnhof** (☎ 420165; Ecke San Martín & Perreyra) liegt sechs Häuserblocks westlich der Plaza; die Busse pendeln regelmäßig in beide Richtungen. Angefahren werden Buenos Aires 135 Arg$, 9 Std.), Paso de los Libres (12–20 Arg$, 3 Std.), Resistencia (32 Arg$, 4 Std.) und Corrientes (30 Arg$, 3½ Std.).

Für weitere Informationen über die Strecke nach Colonia Pellegrini und nach Esteros del Iberá siehe S. 223.

RESERVA PROVINCIAL ESTEROS DEL IBERÁ

Das beeindruckende Feuchtgebiet ist Heimat einer Vielzahl von Vögeln und anderen Tieren und einer der besten Plätze in ganz Südamerika, um Tiere in freier Wildbahn zu beobachten. Obwohl der Tourismus in den letzten Jahren deutlich zugenommen hat, blieb Esteros del Iberá verhältnismäßig unberührt. Ausgangspunkt für Besuche der Sümpfe ist das verschlafene Dorf **Colonia Pellegrini** 120 km nordöstlich von Mercedes: Es bietet eine Vielzahl ausgezeichneter Übernachtungsmöglichkeiten sowie Ausflüge ins Schutzgebiet. Auch *estancias*, also Landgüter in der Region, bieten manchmal gute

Übernachtungsmöglichkeiten und eignen sich vorzüglich als Quartier.

Die Seen und *esteros* (Mündungen) sind seicht – sie werden nur vom Regenwasser gespeist – und völlig überwuchert. Wasserpflanzen und andere Vegetation sammeln sich hier zu sogenannten *embalsados*: dichten, schwimmenden Inseln. Diesen fruchtbaren Lebensraum teilt sich eine verblüffende Reihe von Lebewesen: Kaimane, finster wie die Nacht, aalen sich in der Sonne, und geschäftige Wasserschweine (s. Kasten S. 81) fressen ungestört um sie herum. Andere hier lebende Säugetiere sind der orangefarbene Sumpfhirsch, der Brüllaffe (offiziell das lauteste Tier der Welt), der seltene Mähnenwolf, Nutria, Langschwanzotter und zahlreiche Fledermausarten.

Etwa 350 Vogelarten sind im Schutzgebiet gezählt worden, darunter farbenprächtige Eisvögel, zarte Kolibris, Papageien, Rosalöffler, verschiedene Greifvögel und Neuweltgeier, etliche Reiherarten sowie Kormorane, Enten, Kardinale und der gewaltige Halsband-Wehrvogel, auch Tschaja genannt. Das Buch *Ibera: Vida y Color* (20 Arg$) gibt es unter anderem in La Cabaña zu kaufen. Hier sind die meisten Vögel, Pflanzen und sonstigen Tiere abgebildet, die man mit ein bisschen Glück in den Sümpfen zu Gsicht bekommen kann.

Praktische Informationen

Die sehr engagierte **Städtische Touristeninformation** (7.30–19.30 Uhr) liegt am Eingang des Dorfes hinter dem Damm (wenn man von Mercedes kommt) und ist die beste Quelle für allgemeine Informationen. Das **Besucherzentrum** (7.30–12 & 14–18 Uhr) des Reservats auf der Mercedes zugewandten Seite des Damms bietet eine Ausstellung, eine audiovisuelle Präsentation und einige kurze Naturpfade.

Achtung: In Colonia Pellegrini gibt es bislang weder Bank noch Geldautomaten; Besucher sollten also genug Bargeld dabei haben. Internetzugang ist derzeit noch auf die teureren Unterkünfte beschränkt.

Aktivitäten & Geführte Touren

Am besten lässt sich das Gebiet vom Boot aus würdigen. Der klassische Trip ist ein 2- bis 2½-stündiger Ausflug in einer *lancha* (kleines Motorboot; 60–80 Arg$), das eine Rundfahrt durch die Laguna Iberá und ihre *embalsados* macht. Dabei gibt es unzählige Vogelarten und Wildtiere zu sehen, außerdem anmutige Seerosen, Wasserhyazinthen und weitere Wasserpflanzen. Kaimane und Wasserschweine gibt es im Überfluss, und möglicherweise bekommen die Ausflügler auch Sumpfhirsche, Fischotter, Sumpfbiber und Brüllaffen zu sehen. Zu den

DER NORDOSTEN

ÖKOLOGISCHE FRAGEN IN DER IBERÁ

Die Wetterlagen über dem argentinischen Weideland werden zunehmend unberechenbar. Da überrascht es nicht, dass die artenreichen Feuchtgebiete der Esteros del Iberá aus einer Vielzahl von Gründen bedroht sind. Gelegentlich wird in Argentinien das Wasser knapp, doch das illegale Abpumpen zur Bewässerung landwirtschaftlicher Flächen ist noch das geringste Problem des Gebietes.

Die *esteros* sind ein empfindliches Ökosystem; Umweltschützer sind verständlicherweise darauf bedacht, dass es nicht beeinträchtigt wird. Deshalb hat der US-Unternehmer Doug Tompkins große Parzellen Land rund um das Schutzgebiet aufgekauft und angekündigt, er werde sie der argentinischen Regierung schenken, wenn diese für das Gebiet den Status als Nationalpark garantiert.

Viele Einheimische fühlen sich durch Tompkins' Erwerbungen nicht nur von traditionellen Wege- und Bewässerungsrechten abgeschnitten, sie fürchten auch, dass der ausländische Investor ganz andere Absichten hegt. Denn unter diesem Teil von Nordargentinien – mit Ausläufern nach Brasilien, Uruguay und Paraguay – liegt der Acuifero Guaraní, ein gewaltiger unterirdischer Süßwasserspeicher. Da sich Trinkwasser weltweit wahrscheinlich zu einer immer wertvolleren Ressource entwickeln wird, dürfte die Kontrolle darüber große politische Bedeutung gewinnen. Nationalbewusste Argentinier (von denen es sehr viele gibt) glauben, der Wasserspeicher könnte auf Dauer dem Land wieder zu einer bedeutsamen Rolle auf der Weltbühne verhelfen und betrachten die Einmischung anderer Nationen mit Misstrauen (was angesichts der beklagenswerten Geschichte Südamerikas in Bezug auf die Ausbeutung von außen verständlich ist). Wenn es um solche Interessen geht, fällt es schwer, die Zukunft der Wasserschweine und Kaimane optimistisch zu sehen.

Informationen zu Tompkins' Position sind im Internet unter www.theconservationlandtrust.org (auf Englisch und Spanisch) nachzulesen, solche zu aktuellen Fragen von Wasserdiebstahl unter www.salvemosalibera.org (auf Spanisch).

Vogelarten zählen Kormorane, Lappentaucher, Fisch- und Silberreiher, Rallen, Eisvögel und Enten. Der Führer steuert das Boot bemerkenswert nah an die Tiere heran. Auch Abendfahrten sind möglich, auf denen allerdings reichlich Insektenschutz erforderlich ist!

Der kurze Naturpfad gegenüber dem Besucherzentrum bietet gute Chancen, Brüllaffen aus der Nähe zu sehen. Die übrigen Pfade führen zu den verschiedenen Pflanzen und Lebensräumen des Feuchtgebietes. Auch längere geführte Wanderungen und Ausritte (40 Arg$) sind möglich. Bei letzteren steht allerdings das Reiten gegenüber dem Entdecken von Wildtieren im Vordergrund. Etliche der Hütten bieten einen *día del campo* – einen Tagesausflug zu einer Ranch, inklusive Reiten, *asado* und anderen Gaucho-Beschäftigungen.

Die Laguna Iberá ist nur ein kleiner Teil des 13 000 km² großen Gebiets der *esteros*. Etwa 80 km nördlich, bei Galarza, liegen die Laguna Galarza und die größere Laguna de Luna, die ebenfalls per Boot erkundet werden können.

Viele Hütten können die genannten Ausflüge organisieren; für Übernachtungsgäste sind sie normalerweise im Preis inbegriffen. Andernfalls gibt es viele Alternativen. Am besten verabredet man Bootsfahrten vom Campingplatz aus – dort starten ohnehin die meisten Ausflüge. Im Ort gibt es mehrere selbstständige einheimische Führer; die Touristeninformation hat eine Liste. Allerdings sprechen nur wenige Führer eine Fremdsprache – wer also einen anderssprachigen Guide möchte, sollte sich am besten an eine der Hütten wenden.

Schlafen
COLONIA PELLEGRINI
In Colonia Pellegrini schießen die Unterkünfte wie Pilze aus dem Boden; bei der letzten Zählung waren es über 20. Sie entfallen auf zwei Kategorien: *hospedajes,* meist einfache Zimmer hinter einem Privathaus, und Posadas (Gasthäuser) oder *hosterías,* bequeme Hütten mit Vollpension (drei Mahlzeiten pro Tag plus Nachmittagstee). Die meisten bieten zwei kostenlose Ausflüge täglich an und stellen ihren Gästen Fahrräder, Kanus oder Kajaks zur Verfügung. Alle buchen außerdem auf Anfrage den Transfer von Mercedes oder Posadas in den Ort.

Camping Iberá (☎ 03773-15-629656; www.colonia pellegrini.gov.ar; Mbiguá s/n; pro Pers. 1. Tag/Folgetage 25/15 Arg$) Der städtische Campingplatz direkt am See ist die richtige Anlaufstelle für Bootsausflüge zum Beobachten von Wildtieren. Es lohnt sich, im Voraus einen Zeltplatz zu reservieren, denn das Angebot ist knapp. Fast alle Plätze haben einen eigenen *quincho* (Strohdachhütte) mit Tischen und Stühlen rund um den Grill.

Hospedaje San Cayetano (☎ 03773-15-400929; www. iberasancayetano.com.ar; Ecke Yacaré & Aguapé; Zi. pro Pers. 30–40 Arg$, DZ 120 Arg$; 🏊) Die freundliche Budgetunterkunft mit Rasen, Tauchbecken, einfacher Küche und *parrilla* bietet verschiedenartige Zimmer. Das Spektrum reicht von der schlichten Bleibe mit Gemeinschaftsbad bis hin zu hübschen Zweibett-, Doppel- und Familienzimmern mit guten Betten und Duschen. Die Preise sind in gewissem Umfang verhandelbar. Der Chef veranstaltet lohnenswerte Bootsausflüge und übernimmt den Transfer.

Hospedaje Los Amigos (☎ 03773-15-493753; hospeda jelosamigos@gmail.com; Ecke Guasú Virá & Aguapé; EZ/DZ 40/80 Arg$) Die *hospedaje* ist unter den günstigen Unterkünften eine tolle Wahl und hat einen sehr freundlichen Besitzer. Vermietet werden blitzsaubere Zimmer mit großen Betten und ordentlichen Bädern – und das gleichsam für ein Taschengeld. Außerdem kann man hier einfach, aber gut essen.

Hostería Ñandé Retá (☎ 03773-499411; www.nande reta.com; EZ/DZ 160/254 Arg$, 3 Tage & 2 Nächte inkl. Vollpension EZ/DZ 990/1500 Arg$; 🛜 🏊) Diese Unterkunft existiert schon länger als jede andere am Ort und Zeit und sie ist immer noch die angenehmste. Inmitten von Pinien und Eukalyptus vermittelt sie eine Atmosphäre friedlicher Abgeschiedenheit, die geradezu süchtig macht. Die Hosteria ist äußerst familienfreundlich, die Zimmer sind farbenfroh gestaltet, der Service ist ausgezeichnet, und der Pool hat eine vernünftige Größe.

Posada Aguapé (☎ 03773-499412; www.iberaesteros. com.ar; Yacaré s/n; EZ kleines/großes Zi. 188/269 Arg$, inkl. Vollpension 464/576 Arg$, DZ 221/322 Arg$, inkl. Vollpension 804/1040 Arg$; 🛜 🏊) Die luxuriöse Posada im Kolonialstil liegt wunderschön oberhalb des Sees. Sie bietet mehr Annehmlichkeiten als jede andere Unterkunft im Ort, einschließlich eines abwechslungsreichen Ausflugsprogramms. Das hervorragende Servicepersonal ist mehrsprachig und sehr hilfsbereit.

Irupé Lodge (☎ 03752-438312; www.irupelodge.com.ar; Yacaré s/n; EZ/DZ Standard 237/288 Arg$, EZ/DZ gehobene Ausstattung 368/448 Arg$; 🛜 🏊) Die rustikale Lodge am See in der Nähe des Damms wirkt sehr einladend. Die Zimmer sind zufriedenstellend, kunstvolle Holzmöbel, ein Pool und der Blick aufs Wasser sind die Highlights. Die Hütten mit gehobener Ausstattung haben eine eigene Veranda und sind größer geschnitten.

Posada Ypa Sapukai (☎ 03773-420155; www.ibera turismo.com.ar; Mburucuyá s/n; EZ/DZ inkl. Bootsausflug 256/320 Arg$, EZ/DZ inkl. Vollpension 832/1040 Arg$; 🛜 🛁) Die urige Posada liegt recht abgeschieden, das Gelände (mit Hängematten und Stühlen zum Faulenzen) erstreckt sich bis zum See hinunter. Die kleinen Zimmer bieten ein gutes Preis-Leistungs-Verhältnis. Zusatzpunkte gibt es für den Namen: Der bedeutet „Schrei des Sees".

Posada de La Laguna (☎ 03773-499413; www.posa dadelalaguna.com; Guasú Virá s/n; EZ/DZ 136/178 US$, inkl. Vollpension 225/300 US$; 🅿 🛜 🛁) Schlicht und elegant präsentiert sich die Posada am Ortsrand auf einem weiten Gelände am See. In den Zimmern hängen Bilder des Besitzers. Der Schwerpunkt liegt auf ländlicher Ruhe und Entspannung (so gibt es beispielsweise kein TV). Die Mitarbeiter runden das Ganze mit einem freundlichem Service und tollen geführten Ausflügen ab. Das Essen ist ausgezeichnet.

Außerdem sind zu empfehlen:

Corazón del Iberá (☎ 03773-431526; www.corazondel ibera.com.ar; Ecke Ñangapiry & Yaguareté; EZ/DZ 70/120 Arg$) Hübsche saubere Zimmer und eine kleine Veranda. Bietet schöne Ausritte.

Hospedaje Jabirú (☎ 03773-15-413750; Yaguareté s/n; EZ/DZ 70/120 Arg$) Blitzsaubere Zimmer für bis zu fünf Übernachtungsgäste in einem hübschen Lehmziegel-Bungalow. Betreiber sind die netten Leute vom Restaurant Yacarú Porá nebenan.

WEITER DRAUSSEN

Estancia Rincón del Socorro (☎ 03782-497073; www.rincondelsocorro.com; Zi. pro Pers. inkl. Vollpension & Exkursionen 220 US$; 🛁 🛜) 31 km südlich von Pellegrini und etwas abseits der Straße nach Mercedes liegt die Ranch des Aktivisten Doug Tompkins – der richtige Ort, um den weiten Himmel und den Überfluss an Wildtieren und Pflanzen rundherum zu genießen. Nicht Luxus, sondern rustikal-ländlicher Komfort prägt die Unterkunft. Die hübschen Zimmer gehen ineinander über, was vor allem für Familien sehr angenehm ist. Außerdem gibt es frei stehende Hütten für jeweils zwei Personen. Rund um den Komplex gehen riesige Rasenflächen in Weideland über. Wem das noch nicht abgelegen genug ist, der kann sich zur Schwester-Estancia San Alonso aufmachen, die nur per Flugzeug erreichbar ist.

Estancia San Lorenzo (☎ 03756-481292; www.estanci asanlorenzo.com; DZ pro Pers. inkl. Vollpension & Exkursionen 837 Arg$) Die himmlische kleine Estancia mit vier Zimmern in Galarza hat außergewöhnlich freundliche Besitzer, die kochen, reden, Ausritte begleiten und mit den Gästen über die nahe ge-legenen Lagunen fahren, um Kaimane und Wasserschweine zu entdecken. Das Essen, durchweg hausgemacht, ist herausragend (und anscheinend unerschöpflich). Ohne Fahrzeug mit Allradantrieb ist die Farm nur schwer zu erreichen, aber die Besitzer holen die Gäste (hin & zurück 500 Arg$) auch von Gobernador Virasoro (80 km entfernt) ab, das von Posadas leicht per Bus über Ituzaingó zu erreichen ist.

Hotel Puerto Valle (☎ 03786-425700; www.hotel puertovalle.com; RN 12, Km 1282; DZ inkl. Vollpension 327 bis 375 US$; 🅿 🛜 🛁) Diese Luxus-Option steht am Ufer des Paraná unweit der Nordostspitze der *esteros*. Sie protzt mit fünf makellosen Zimmern auf einem weitläufigen Gelände, zu dem auch eine Kaiman-Farm gehört. Das Essen ist ausgezeichnet.

Essen

Alle Unterkünfte der Mittel- und Spitzenklasse bieten ihren Gästen auch Mahlzeiten an. Wenn man vorher freundlich fragt und genug Platz ist, dürfen auch Nicht-Hotelgäste mitessen. Außerdem gibt es im Ort weitere einfache Lokale.

La Cabaña (Ecke Yaguareté & Curupí; Lomitos 6–10 Arg$) Der winzige *artesanía*-Laden verkauft leckere *lomitos* (Steak-Sandwiches) und einigermaßen kaltes Bier.

Yacarú Porá (☎ 03773-15-413750; Ecke Caraguatá & Yaguareté; Hauptgerichte 12–22 Arg$; 🕙 10–24 Uhr) Charme und Leidenschaft der Betreiber garantieren einen warmen Empfang in dem ansehnlichen Bungalow mit Blechdach. Das Essen wird auf Bestellung zubereitet. Auf den Tisch kommen großzügige Fleischportionen mit leckeren Saucen, Geflügelgerichte, Empanadas, Omeletts und *milanesas* (panierte Schnitzel).

An- & Weiterreise

Die Straße von Mercedes nach Colonia Pellegrini (120 km) ist nicht asphaltiert; die Verkehrsanbindung ist begrenzt, die Busverbindungen sind unzuverlässig und nervtötend langsam. Theoretisch fährt aber von Montag bis Samstag täglich um 12.30 Uhr in Mercedes ein Bus nach Colonia Pellegrini (40 Arg$, 4–5 Std.) ab; im Informationsbüro am Busbahnhof aber lieber nochmals nachfragen.

Schneller und zuverlässiger klappt die Verbindung mit einem Transport im Kombi oder Allradfahrzeug. Das kostet 300 Arg$ pro Fahrzeug. Arrangieren lässt sich der Transport über das Hostel in Mercedes oder über **Beto** (☎ 03773-15-515862), der gegenüber der Hostería Ñandé Retá in Colonia Pellegrini wohnt. Eventuell besteht auch die Möglichkeit, sich einer schon geplanten Fahrt anzuschließen.

So schlecht wie alle behaupten, ist die Straße nach Mercedes gar nicht. Außer nach schweren Regenfällen ist sie mit einem normalen Auto durchaus befahrbar. Die Straße von Posadas ist in schlechterem Zustand (wer mit einem normalen Auto unterwegs ist, sollte den Abzweig zwischen Gobernador Virasoro und Santo Tomé nehmen). Fahrer berechnen 600 Arg$ für den Transfer nach Posadas bzw. 450 Arg$ nach Gobernador Virasoro. Von dort aus fahren regelmäßig Busse ins 80 km entfernte Posadas.

In Pellegrini gibt es keine Tankstellen; die nächsten sind in Mercedes und an der Hauptstraßenkreuzung nahe Santo Tomé. Also unbedingt rechtzeitig volltanken. Notfalls kann man aber an einigen Stellen in Pellegrini Benzin und Diesel kaufen.

ENTLANG DEM RÍO URUGUAY

Der zweite der großen Ströme, die oberhalb von Buenos Aires zusammenfließen und schließlich den Río de la Plata bilden, ist der Río Uruguay. Er stellt zugleich die natürliche Grenze zwischen Uruguay und Argentinien dar und ist teilweise Grenzstrom zu Brasilien. Brücken verbinden die Nachbarländer miteinander, ihr Einfluss und jener der indigenen Bevölkerung und der Immigranten haben sich untrennbar miteinander vermischt. Die Städte am Fluss bieten viel und sind bei den *porteños* in den Sommermonaten ein beliebtes Reiseziel.

GUALEGUAYCHÚ

☎ 03446 / 75 516 Ew.

In Gualeguaychú, einer heiteren kleinen Stadt am Fluss, geht es außerhalb der Saison sehr ruhig zu: Es gibt nicht viel zu tun, außer am Fluss oder im grünen Parque Unzué spazieren zu gehen – für alle, die gerade aus Buenos Aires kommen, eine schöne und erholsame Abwechslung. Argentinische Urlauber fallen hier im Dezember ein. Mit der Ruhe ist es im Januar und Februar schlagartig vorbei: Dann stürzt sich die ganze Stadt in eine der verrücktesten und wildesten Karnevalspartys des Landes.

Orientierung

Etwa 220 km nördlich von Buenos Aires liegt Gualeguaychú am Ostufer des gleichnamigen Flusses, einem Zufluss des Uruguay. Die Plaza

San Martín hat die Größe von vier Wohnblocks und bildet den Mittelpunkt des gitterförmig angelegten Straßennetzes; jeder Block umfasst eher 50 als 100 Hausnummern. In der Nähe führt die mautpflichtige Brücke General Libertador San Martín in die uruguayische Stadt Fray Bentos – wenn sie nicht blockiert ist (s. Kasten S. 598).

Praktische Informationen

Entlang der Avenida 25 de Mayo gibt es mehrere Banken, die meisten mit Geldautomat.

Laverap (Bolívar 702) Wäscherei.

Telecentro (25 de Mayo 570; Std. 2,50 Arg$; ☿ 7.30–23 Uhr) Telefon und Internet.

Touristeninformation (☎ 423668; www.gualeguaychuturismo.com; Plazoleta de los Artesanos s/n; ☿ Sommer 8–22 Uhr, Winter 8–20 Uhr) Strohgedeckte Hütte an der Avenida Costanera, südlich der Plaza Colón. Eine Außenstelle am Busbahnhof hat die gleichen Öffnungszeiten.

Sehenswertes & Aktivitäten

Eine Handvoll Kolonialbauten blieben in Gualeguaychú noch erhalten, etliche neuere Gebäude spielen für die politische und literarische Geschichte Argentiniens eine Rolle. Das städtische **Museo Aedo** (San José 105; Eintritt 2 Arg$; ☿ Mi–Sa 9–11.45 & 16–19, So 9–11.45 Uhr) unweit der Plaza San Martín ist im ältesten Haus der Stadt (um 1800) untergebracht. Es präsentiert vor allem antike Möbel und Waffen. Angeboten wird eine kostenlose Führung in rasend schnellem Spanisch.

Aus dem frühen 20. Jh. stammt die ungewöhnliche **Casa de la Cultura** (☎ 427989; 25 de Mayo), die gelegentlich öffentliche Ausstellungen zeigt. Ansonsten ist sie Anlaufstelle für Interessierte, die eines der historischen Gebäude der Stadt besichtigen möchten – das gilt auch für das Museum, wenn dort während der Öffnungszeiten niemand ist.

Südwestlich des Zentrums liegt der **Corsódromo** (Blvd. Irazusta), der wichtigste Schauplatz des ausgelassenen Karnevals von Gualeguaychú.

Das Glanzstück von Gualeguaychú ist der **Parque Unzué**, ein ansehnlicher, großzügiger Park am Flussufer, den man vom Zentrum kommend über eine Brücke erreicht. Hier kann man baden, picknicken, zelten, angeln und entspannen. In der Nähe des Parks liegen die beliebten **Termas de Gualeguaychú** (☎ 499167; www.gualeguaychutermal.com. ar; RP 42, Km 2,5; Eintritt 20 Arg$; ☿ 8–24 Uhr). Der Komplex besteht aus seichten, unterschiedlich temperierten Thermalbecken.

Ein Spaziergang entlang der Avenida Costanera eröffnet Blicke über den Fluss hinweg auf den Park sowie verschiedene Zuflüsse. Es gibt

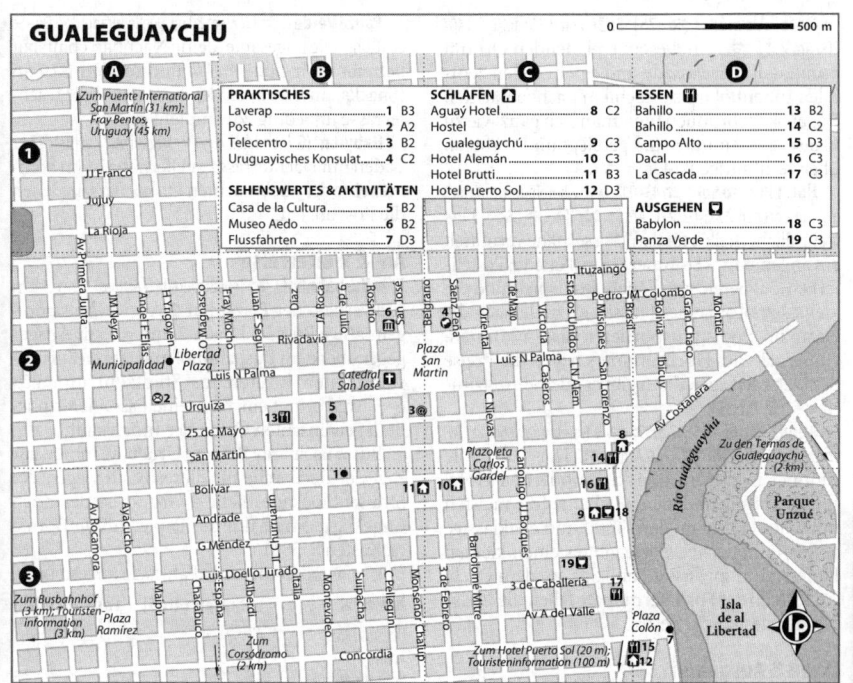

GUALEGUAYCHÚ

0   500 m

PRAKTISCHES		
Laverap	1	B3
Post	2	A2
Telecentro	3	B2
Uruguayisches Konsulat	4	C2

SEHENSWERTES & AKTIVITÄTEN		
Casa de la Cultura	5	B2
Museo Aedo	6	B2
Flussfahrten	7	D3

SCHLAFEN		
Aguaý Hotel	8	C2
Hostel		
Gualeguaychú	9	C3
Hotel Alemán	10	C3
Hotel Brutti	11	B3
Hotel Puerto Sol	12	D3

ESSEN		
Bahillo	13	B2
Bahillo	14	C2
Campo Alto	15	D3
Dacal	16	C3
La Cascada	17	C3

AUSGEHEN		
Babylon	18	C3
Panza Verde	19	C3

diverse Angebote für Flussfahrten, sie dauern ein bis sechs Stunden. Der Anbieter **Litoral Aventura** (☎ 1563-2266; www.litoralaventura.com.ar) hat auch Kajakfahrten im Programms

Festivals & Events

Der sommerliche **Karneval** von Gualeguaychú ist ein großes, grelles Ereignis. Ein Zwischenstopp in der Stadt an einem der Wochenenden zwischen Mitte Januar und Ende Februar lohnt sich. Der Zutritt zum Corsódromo kostet 25 Arg$, für weitere 10–20 Arg$ wird ein Sitzplatz garantiert.

Jedes Jahr im Oktober, am Wochenende des Día de la Raza, bauen Oberstufenschüler Festwagen und fahren diese in einer Parade anlässlich der **Fiesta Provincial de Carrozas Estudiantiles** durch die Stadt. Zu den lokalen Festivitäten zählen außerdem zahlreiche *jineteadas* (Rodeos), die das ganze Jahr hindurch stattfinden.

Schlafen

Entlang der Bolívar zwischen der Bartolomé Mitre und der Monseñor Chalup finden sich einige ordentliche Budgethotels, außerdem gibt es in der Stadt drei Hostels. Die Preise liegen außerhalb der Saison deutlich niedriger. Am

Ostufer des Flusses am Parque Unzué stehen mehrere Gruppen von Hütten und Bungalows. Für die einfachsten werden um die 120 Arg$ für zwei bis vier Personen verlangt. Die Touristeninformation hält eine Liste bereit. Mehrere Zeltplätze im Parque Unzué und am Flussufer nördlich der Brücke haben im Sommer geöffnet und berechnen 15–20 Arg$ pro Person. Ordentlich Insektenschutzmittel einpacken!

Hostel Gualeguaychú (☎ 424371; www.hostel gualeguaychu.com.ar; G Méndez 290; B inkl. Frühstück 40 Arg$; ✂) Die entspannte Unterkunft in Wassernähe setzt auf argentinische Folklore: Die vorhandenen Musikinstrumente dürfen gespielt werden, und die Besitzer unterhalten nebenan einen eindrucksvollen Laden mit kunstgewerblichem *Mate*-Zubehör. Den Gästen steht eine Küche zur Verfügung, zum sommerlichen Nachtleben ist es nicht weit.

Hotel Brutti (☎ 426048; Bolívar 591; EZ/DZ 70/120 Arg$; 🛜) Das Haus ist nicht nur bei Handelsvertretern über 50 beliebt, sondern auch eine der verlässlichen, billigen Unterkünfte der Stadt. Die Zimmer nach vorne raus sind heller, dafür leidet man morgens etwas unter dem Lärm, der vom Markt gegenüber herübertönt.

DER NORDOSTEN

Hotel Alemán (☎ 426153; Bolívar 535; EZ/DZ 140/200 Arg$; ⊠ ☎) An diesem einladenden Ort mit pseudo-alpiner Fassade und einem hellen zentralen Innenhof mitsamt einem nachgemachten Renaissancebrunnen fühlt man sich ganz wie zu Hause. Die Zimmer sind gepflegt und verfügen über vernünftige Bäder.

Hotel Puerto Sol (☎ 434017; www.hotelpuertosol.com.ar; San Lorenzo 477; DZ 210 Arg$; ⊠ ▫ ☎ ▪) Das freundliche, helle Hotel in Wassernähe vermittelt ein angenehmes Sommercamp-Feeling: Pastellfarben, Sitzbereich im Freien, Brettspiele und ein kleiner Pool auf einer Flussinsel, zu der sich die Gäste im Boot transportieren lassen können. Außerhalb des Hochsommers liegen die Preise deutlich niedriger, dann gibt es auch Einzelzimmer (162 Arg$).

Aguaý Hotel (☎ 422099; www.hotelaguay.com.ar; Av. Costanera 130; EZ/DZ 240/350 Arg$; ⊠ ▫ ☎ ▪) Alle Zimmer in diesem schicken modernen Hotel sind geräumig und haben Balkone (die meisten mit tollem Blick auf den Fluss) und erstklassige Bäder. Für sportive Gäste gibt es einen kleinen Fitnessraum sowie Pool und Spa auf dem Dach. Außerhalb der Sommermonate fallen die Preise um mindestens 50 Pesos.

Essen & Ausgehen

Bahillo (Eiswaffel ab 3,50–7 Arg$; ☉ 10–21 Uhr) In beiden Filialen (Ecke Avenida Costanera und San Lorenzo sowie Ecke Díaz und 25 de Mayo) gibt es erstklassiges Eis.

La Cascada (☎ 432451; Av. Costanera nahe Av. A del Valle; Hauptgerichte 11–28 Arg$; ☉ Mittag- & Abendessen) Das schlichte, aber geräumige Lokal mit fröhlicher Atmosphäre bringt Gerichte aus Entre Ríos gut zubereitet auf den Tisch. Billige *parrillada*, sämtliche klassischen Flussfische (in der Speisekarte sind Fotos von einem Monster-Surubí zu sehen) und eine Auswahl an Salaten – alles ist vorhanden!

Campo Alto (☎ 429593; Ecke San Lorenzo & Concordia; Hauptgerichte 15–32 Arg$, All you can eat 26 Arg$; ☉ Mittag- & Abendessen) Strohgedeckte Bungalows, gelegentlich Livemusik und angenehm schattige Sitzgelegenheiten im Freien machen diesen *asador libre* (All-you-can-eat-Grill) zu einem der angenehmsten Lokale der Stadt.

Dacal (☎ 427602; Ecke San Lorenzo & Andrade; Hauptgerichte 15–40 Arg$; ☉ Mittag- & Abendessen) Das Dacal zählt zu den besseren Restaurants der Stadt, es bietet eine lange Speisekarte, einen Essbereich unter freiem Himmel und einen Speisesaal. Es hat außerdem direkten Blick über die *costanera* auf den Fluss und serviert guten Fisch sowie Pasta- und Fleischgerichte.

Panza Verde (Ecke LN Alem & Luis Doello Jurado; ☉ Do–So ab 18 Uhr) Die angesagte kleine Nachbarschaftsbar betreibt auch eine *parrilla* und serviert *picadas* (Snacks). In klaren, milden Nächten ist die Dachterrasse unbedingt zu empfehlen.

Babylon (G Méndez 276; ☉ Dez.–Feb. nachts) Der Laden mit Dachterrasse in Ufernähe ist im Sommer eine der gut besuchten Disko-Bars, in denen die Post abgeht.

An- & Weiterreise

Der **Busbahnhof** (☎ 440688; Jurado & Artigas) liegt 3 km südwestlich der Plaza. Für 2 Arg$ halten unregelmäßige Busse – Linien 2 und 3 – am Artigas gegenüber dem Busbahnhof und fahren auf umständlichen Routen ins Stadtzentrum. Für 6–7 Arg$ bringt ein Taxi seine Passagiere zu jedem gewünschten Ort in der Innenstadt.

Busse nach Fray Bentos (Uruguay) fuhren zur Zeit der Recherche für dieses Buch wegen der Straßenblockade nicht – Grund ist der noch ungeklärte Streit um die Papiermühle Botnia (s. Kasten S. 586).

U. a. werden folgende Fahrziele angesteuert:

Reiseziel	Fahrpreis (Arg$)	Fahrzeit (Std.)
Buenos Aires	47	3½
Colón	15	2
Concepción	11	1¼
Concordia	26	4
Paraná	39	4-5
Paso de los Libres	49	7
Rosario	61	7½
Santa Fe	41	5½

CONCEPCIÓN

☎ 03442 / 65 954 Ew.

Concepción del Uruguay, wie die Stadt mit vollem Namen heißt, wurde rund um eine stattliche Plaza errichtet. Sie ist eine typische Flussstadt, etwas verloren und ziellos, seit der Handel auf dem Río Uruguay eingeschlafen ist, aber ein guter Zwischenstopp auf dem Weg nach Norden.

Die Stadt bietet zahlreiche hervorragende Übernachtungsmöglichkeiten und als Sehenswürdigkeit den prachtvollen Palacio San José außerhalb der Stadt.

Orientierung & Praktische Informationen

Die parallel verlaufenden Straßen Rocamora, Galarza und 9 de Julio führen in östlicher Richtung durch das Stadtzentrum bis zum Fluss. Die Rocamora wird unterwegs zur Fußgängerzone und verläuft einen Häuserblock nördlich der Plaza General Francisco Ramírez, die Galarza hingegen verläuft am nördlichen Rand der Plaza und die 9 de Julio führt mitten durch den Platz und setzt sich auf der anderen Seite fort.

Einen Geldautomaten gibt es am Busbahnhof, die Shell-Tankstelle gegenüber bietet rund um die Uhr Internetzugang.

Städtische Touristeninformation (☎ 425820; www. concepcionturismo.gov.ar; 9 de Julio 844; ✆ Mo–Fr 7–20, Sa & So 7–22 Uhr) Gut ausgestattet und hilfreich, aber nicht eindeutig beschildert; liegt zwei Querstraßen westlich der Plaza.

Telecentro Uruguay (3 de Febrero 63; Std. 3 Arg$) Internet und Telefonladen unweit der Plaza.

Sehenswertes

Die Hauptsehenswürdigkeiten konzentrieren sich rund um den noblen Hauptplatz, der von der in Pink bemalten **Basilika** (✆ 8–12 & 17–20 Uhr) dominiert wird. Die Krypta auf der linken Seite des Altars (sie ist nach dem Vorbild der Napoleon-Krypta im Pariser Invalidendom gestaltet) birgt die sterblichen Überreste von Justo José de Urquiza, dem ersten Präsidenten Argentiniens. Das **Museo Casa de Delio Panizza** (Ecke Entrerriano & Galarza; Eintritt 2 Arg$; ✆ 9–12 & 16–19 Uhr) ganz in der Nähe stammt aus dem ausgehenden 18. Jh. und präsentiert eine Sammlung von Nippes aus demselben Jahrhundert.

Concepción besitzt einen langen Uferabschnitt, der allerdings sehr wenig zu bieten hat; Pläne für einen Ausbau sind allerdings in Vorbereitung. Die schöneren Strände liegen nordöstlich der Stadt.

Die Hauptattraktion der Region ist der **Palácio San José**, 33 km westlich der Stadt (s. S. 228).

Schlafen

Residencial Centro (☎ 427429; www.nuevorescentro.com. ar; Moreno 130; 2BZ/DZ 70/80 Arg$; ✆ ✆) Die beste günstige Unterkunft der Stadt vermietet verschiedene Zimmer rund um einen Innenhof. Sie variieren etwas im Preis (je nach Größe und Vorhandensein einer Klimaanlage); die Zimmer im oberen Stock sind heller.

Antigua Fonda (☎ 433734; www.antiguafonda.com.ar; España 172; EZ/DZ 80/120 Arg$; ✆ ✆) Die netten Besitzer haben in einem Teil eines historischen Hotels in Concepción (obwohl das nicht zu erkennen ist) diese neue Unterkunft geschaffen. Die in Cremefarben gehaltenen, angenehmen Zimmer gruppieren sich um einen kleinen grasbewachsenen Garten mit künstlerischen Details und einer entspannten Atmosphäre. Weitere Verbesserungen sind in Arbeit – zur Zeit der Recherche gab es kein Frühstück, aber die Gäste konnten die Küche benutzen. Das Haus liegt einen Block westlich und drei Blocks südlich der Plaza.

Grand Hotel Casino (☎ 425586; www.grandpalaciotexier. com.ar; Ecke Eva Perón & Rocamora; EZ/DZ 160/250 Arg$; ✆ ✆ ✆) Der stattliche alte Bau am Ende der Fußgängerzone besitzt den Zauber vergangener Zeiten. Das Preis-Leistungs-Verhältnis ist gut, auch wenn manche Räume etwas beengt wirken. Das angrenzende Casino stellt man sich am besten so vor, wie es einst gewesen sein muss, ohne die hässlichen Spielautomaten, die ihm heute seine Würde nehmen.

LP Tipp **Antigua Posta del Torreón** (☎ 432618; www. postadeltorreon.com.ar; Almafuerte 799; EZ/DZ 170/240 Arg$; ✆ ✆ ✆) Das Nobelhotel mit der intimen Atmosphäre einen Block westlich und vier Blocks südlich der Plaza ist ein wahres Paradies für einen entspannten Aufenthalt. Untergebracht ist es in einem geschmackvoll renovierten Herrenhaus aus dem 19. Jh.; die Zimmer liegen rund um einen Innenhof, der wie ein Postkartenidyll wirkt und mit einem Brunnen und einem kleinen Schwimmbecken ausgestattet ist.

Essen

Café de la Plaza (☎ 433292; Ecke Urquiza & Galarza; kleine Speisen 6–18 Arg$; ✆ 8–14 & ab 16 Uhr) Das unkonventionelle Lokal an der Nordwestecke der Plaza bietet von jedem ein bisschen. Es gibt eine Terrasse, Fliesen im Schachbrettmuster, leckeren Kaffee, Sitzgruppen aus Holz, Essen und regelmäßig Livemusik (10 Arg$ Eintritt). Die Einrichtung verbindet Tradition und modernes Design und ist stimmig.

El Conventillo de Baco (☎ 433809; España 193; Gerichte 15–45 Arg$; ✆ Mittag- & Abendessen) Das neue Restaurant in der Nähe des Hotels Antigua Posta del Torreón hat Tische drinnen und draußen in einem anziehenden Patio stehen. Es hat sich auf gut zubereiteten Flussfisch und Meeresfrüchte spezialisiert, zu den Spezialitäten zählen Calamari-Auflauf und glasiertes Schwein.

Anreise & Unterwegs vor Ort

Der **Busbahnhof** (☎ 422352; Ecke Galarza & Chiloteguy) liegt zehn Blocks westlich der Plaza. Buslinie 1 (1,50 Arg$) verbindet beide, eine *remise* kostet 4–5 Arg$.

U. a. werden folgende Zielorte angefahren:

Reiseziel	Fahrpreis (Arg$)	Fahrzeit (Std.)
Buenos Aires	51	4½
Colón	6	¾
Concordia	22	3
Gualeguaychú	11	1¼
Paraná	41	5
Paso de los Libres	40	6-7
Paysandú (Uruguay)	13	1½

DER NORDOSTEN

PALACIO SAN JOSÉ
☎ 03442

Justo José de Urquizas prunkvoller, rosafarbener **Palast** (☎ 432620; RP 39, Km 30; Erw./Kind 5/1 Arg$; ☺ Mo–Fr 8–19, Sa & So 9–18 Uhr) liegt inmitten von herrlichen Gärten 33 km westlich von Concepción an der RP 39. Er wird von Zwillingstürmen überragt, hat einen zentralen Patio mit eleganten Rundbögen und einen dahinter liegenden, ummauerten Garten. Der Palast wurde eigentlich nur gebaut, um Urquizas Erzrivalen Juan Manuel de Rosas in Buenos Aires neidisch zu machen und um mit der Macht und dem Reichtum der Provinz Entre Ríos zu prahlen. Urquiza, der große caudillo der Region, befehligte eine Armee aus Loyalisten, Unitariern, Brasilianern und Uruguayern und war ganz wesentlich für den Sturz Rosas 1852 verantwortlich. Dessen Fall machte den Weg frei für Argentiniens moderne Verfassung. Urquiza wurde in der Folge der erste Präsident Argentiniens

Mitunter dinierten Verbündete wie Domingo Sarmiento und Bartolomé Mitre an Urquizas 8,5 m langer prächtiger Tafel und nächtigten in den palastartigen Schlafgemächern. Das Schlafzimmer, in dem Urquiza durch einen von Ricardo López Jordán aufgehetzten Mob ermordet wurde, ist heute eine Gedenkstätte. Eingerichtet hat sie Urquizas Witwe.

Wer sich nicht scheut, die letzten 3 km zum Palast zu Fuß zu gehen, kann von Concepción einen Bus Richtung Caseros nehmen und den Fahrer bitten, an der Abzweigung aussteigen zu dürfen. Unkomplizierter ist die Fahrt aber mit einer *remise* direkt von Concepción. **Sarbimas** (☎ 427777) befördert für 65 Arg$ bis zu vier Personen hin und zurück (und wartet vor Ort 2 Std. auf die Fahrgäste). Im Palast gibt es ein mittel-

---

EINREISE NACH URUGUAY

Es gibt drei Hauptgrenzübergänge, die Argentinien mit seinem östlichen Nachbarn Uruguay (s. S. 595) verbinden. Von Süden nach Norden sind dies Gualeguaychú–Fray Bentos, Colón–Paysandú und Concordia–Salto. Alle drei sind theoretisch rund um die Uhr geöffnet; zur Zeit der Recherche war jedoch der Übergang Gualeguaychú wegen anhaltender Proteste gegen die Botnia-Papiermühle noch immer blockiert (s. Kasten S. 586). Zu den Einreisebedingungen nach Uruguay stehen Infos im Abschnitt Visa, S. 682.

---

mäßiges Restaurant, aber viele malerische Flecken für ein Picknick.

COLÓN
☎ 03447 / 19 288 Ew.

Das attraktivste Ziel in der Provinz Entre Ríos ist Colón, die Stadt ist ein bei den Argentiniern beliebter Urlaubsort während der Sommermonate. Im Januar verdoppelt sich quasi die Bevölkerung, doch die hübsche Stadt hat sich inzwischen darauf eingestellt. Mit seinen zahlreichen Übernachtungsmöglichkeiten, einer blühenden Kunsthandwerksszene und lohnenden, ausgefallenen Restaurants ist Colón ein großartiges Reiseziel in dieser Region. Außerdem ist es ein gutes Sprungbrett für Besuche im Parque Nacional El Palmar (S. 230).

Colón ist einer der drei Hauptgrenzübergänge der Provinz Entre Ríos nach Uruguaya, die Puente Internacional General Artigas verbindet Colón mit der Stadt Paysandú auf der anderen Seite des Flusses. Das Zentrum Colóns ist die Plaza San Martín, einen Häuserblock vom Fluss entfernt, und die dort hinführende Straße 12 de Abril.

Praktische Informationen

Ciber Barnet (Lavalle 32; Std. 2,50 Arg$) Internetzugang einen halben Block vom Hauptgeschehen entfernt.

Touristeninformation (☎ 421996; www.colon.gov.ar; Ecke Gouchón & Av. Costanera; ☺ Mo–Fr 6–20, Sa & So 8–20 Uhr) Im ehemaligen Zollgebäude untergebracht, das von Urquiza erbaut wurde. Außerdem gibt es eine Außenstelle im Busbahnhof, die aber nur an Feiertagen geöffnet hat.

Sehenswertes & Aktivitäten

Die schönste Unternehmung in dieser Kleinstadt ist ein Bummel am Flussufer und durch die ruhigen, baumbestandenen Straßen. Ein „Muss" ist der Bummel durch die wunderschöne Calle Alejo Peyret, die parallel zum Fluss verläuft: Hier stehen noch viele gut erhaltene Gebäude aus dem 19. Jh. mit den für sie traditionellen grünen Dächern und Fensterläden. Straßenlaternen im alten Stil sorgen abends für einen romantischen Schimmer. Am Südrand der Stadt liegt der hübsche, ruhige **Parque Quirós**.

Am nördlichen Rand der Stadt bieten die Thermalbäder **Termas de Colón** (☎ 424717; www.termasdeentrerios.gov.ar; Ecke Lavalle & Sabatier; Eintritt 10 Arg$; ☺ 9–20 Uhr) zehn Außen- und Innenbecken mit Wassertemperaturen zwischen 33 und 40 °C. Gespeist werden sie aus einem 1500 m tiefen Brunnen, der die riesige geothermische Wasserschicht der Region anzapft.

Im Februar ist die Stadt Schauplatz der **Fiesta Nacional de la Artesanía**. Die Messe für Kunsthandwerk findet im Parque Quirós statt und präsentiert live folkloristische Unterhaltung auf hohem Niveau.

In Colón gibt es zahllose *artesanía*-Läden, die alles von *mate*-Kalebassen bis zu eingelegtem Nutriafleisch vorrätig haben. **La Casona** (☎ 425097; www.artesanoslacasona.com; 12 de Abril 106; ⌚ 9–12 & 17–20 Uhr), an der Ecke der Plaza, ist eine Kooperative, die eine breite Auswahl handgemachter Waren verkauft.

Zur Erkundung des Flusses und der Islas Vírgenes werden verschiedene Bootsausflüge angeboten. Der Preis für eine ein- bis zweistündige Exkursion liegt bei 25–35 Arg$.

Auch das Dorf **San José**, 8 km nordwestlich, lohnt einen Besuch: Dort gründeten europäische Siedler 1857 die zweite landwirtschaftliche Kolonie des Landes. Ein interessantes **Regionalmuseum** (☎ 470088; Urquiza 1127; Eintritt 2 Arg$; ⌚ Di–So 9–12 & 15–18 Uhr) zeigt Werkzeuge und Erinnerungsstücke aus dieser Zeit.

Schlafen

Im Sommer werden zahlreiche Zeltplätze (für ein Zwei-Personen-Zelt zahlt man ca. 30 Arg$), Hütten, Bungalows und Wohnungen vermietet. Die Touristeninformation händigt auf Anfrage eine Liste aus.

Hotel Futuro (☎ 423712; Urquiza 168; EZ/DZ 80/130 Arg$; ❄) Trotz des Namens fehlt es einrichtungsmäßig an Zukunftsvisionen – es sei denn, dass verschiedene Schattierungen von Hellgrün demnächst ganz groß in Mode kommen. Der Familienbetrieb ist aber sehr gemütlich und liegt günstig in der Nähe der Plaza. Die Qualität der Zimmer variiert ziemlich, einige haben sogar ein geräumiges Bad.

LP Tipp Hostería „Restaurant del Puerto" (☎ 422698; www.hosteriadecolon.com.ar; Alejo Peyret 158; DZ 220 Arg$; ❄ 💻 📶 🏊) Gut möglich, dass dies das schönste Haus (an der schönsten Straße) in Colón ist. Die Einrichtung ist auf das Gebäude von 1880 abgestimmt; die Zimmer besitzen nicht nur viel Charakter, sie haben auch riesige Fenster und sind mit sehr viel Holz und edlen Rustikalmöbeln eingerichtet. Besonders die Familienzimmer (320 Arg$) bieten ein gutes Preis-Leistungs-Verhältnis, in der Wochenmitte kosten die Zimmer regelmäßig nur den halben Preis. Die Zimmer liegen rund um einen Patio, der vom Duft der Gestern-Heute-Morgen-Pflanze (so benannt wegen der verschiedenfarbigen Blüten) beherrscht ist; außerdem gibt es einen beheizten Pool und ein Jacuzzi. Ein Restaurant ist das Haus aber trotz des Namens nicht.

Hotel Plaza (☎ 421043; www.hotel-plaza.com.ar; Ecke 12 de Abril & Belgrano; DZ Standard/gehobene Ausstattung 250/460 Arg$; ❄ 💻 📶 🏊) Das Haus, in Colón geradezu eine Institution, hat schon einiges hinter sich; so wie heute hat es aber garantiert noch nie ausgesehen. Nach einer Renovierung wirkt es modern und glitzernd, was aber nicht für alle Zimmer gilt. Diejenigen mit gehobener Ausstattung sind neu und haben hochwertige Bäder. Die Kombination von Standort an der Plaza (in jeder Kategorie haben einige Zimmer Balkone) und vernünftig dimensioniertem beheizten Pool im Hinterhof ist ein starker Pluspunkt des Hotels.

Essen & Ausgehen

In Colón gibt es viele Esslokale. Wer sich traditionell argentinisch verköstigen möchte, ist in der Urquiza am richtigen Ort; ausgefallenere Restaurants finden sich an der Alejo Peyret.

Juanes (☎ 421942; Ecke 12 de Abril & Paso; Mahlzeiten 12–45 Arg$; ⌚ ab 10 Uhr) Das Lokal bietet nicht nur Tische unter freiem Himmel rund um eine Ecke der Plaza, sondern auch erstklassige *licuados*, Salate und *lomitos* für alle, die nur einen Snack brauchen. Für den großen Hunger gibt es vollständige Mahlzeiten und eine solide Weinauswahl. Gute *tragos* (Drinks) bis ziemlich spät in die Nacht machen das Ganze zu einem Favoriten für jede Tageszeit.

El Sótano de los Quesos (☎ 427163; Ecke Chacabuco & Av. Costanera; gemischter Teller für 1/2 Pers. 20/38 Arg$; ⌚ Di–Fr 15.30–21, Sa & So 10.30–21 Uhr) Das faszinierende Lokal in der Nähe der Touristeninformation serviert eine breite Auswahl handgemachter Käsesorten und anderer Köstlichkeiten an hübschen, überdachten Tischen auf einem Rasen mit Blick auf den Hafen. Auf Lager sind außerdem lokaler Wein und Bier; ergänzt wird das Ganze durch einen Kellerladen, dessen Aromen die Kunden geradezu zum Kauf zwingen.

La Cosquilla del Ángel (☎ 423711; Alejo Peyret 180; Hauptgerichte 25–50 Arg$; ⌚ Mittag- & Abendessen) Das beste Restaurant von Colón bietet eine gemütliche, aber schicke Einrichtung, ein herzliches Willkommen und einen Spitzenservice. Eher unkonventionell sind die Namen mancher Gerichte und des Restaurants selbst. Das heißt übersetzt „Das Kitzeln des Engels" Viele Gerichte kombinieren süße und herzhafte Geschmacksrichtungen; wer das mag, sollte die *mollejitas* (oder *mollejas*; Kalbsbries) probieren. Die Pastagerichte sind ebenfalls sehr zu empfehlen, und die Weinkarte mit gutem Angebot liegt deutlich über dem Durchschnitt.

Anreise & unterwegs vor Ort

Colóns **Busbahnhof** (☎ 421716; Ecke Rocamora & 9 de Julio) liegt vom Fluss aus sieben Blocks landeinwärts (grob Richtung Westen) und acht Blocks nördlich der Haupteinkaufsstraße und Ausgehmeile 12 de Abril. Eine *remise* ins Zentrum kostet 5 bis 6 Arg$.

Busverbindungen bestehen u. a. nach Buenos Aires (55 Arg$, 5 Std.), Gualeguaychú (15 Arg$, 2 Std.) über Concepción (6 Arg$, 40 Min.), Concordia (17 Arg$, 2½ Std.) über Ubajay (8 Arg$, 1½ Std.) und Paysandú in Uruguay (10 Arg$, 45 Min.).

Angaben über die Einreise nach Uruguay finden sich im Kasten auf S. 228.

PARQUE NACIONAL EL PALMAR

☎ 03447

Am Westufer des Río Uruguay – auf halbem Weg zwischen Colón und Concordia – schützt der 8500 km² große **Parque Nacional El Palmar** (☎ 493049; www.elpalmarapn.com.ar; RN 14, Km 199; Argentinier/Ausländer/Auto 8/25/4 Arg$) den letzten großflächigen Bestand der Yatay-Palme in der argentinischen Uferzone. Im 19. Jh. bedeckte die einheimische Yatay weite Teile von Entre Ríos, Uruguay und Südbrasilien. Doch die Intensivierung von Land-, Weide- und Forstwirtschaft in der Region hat einen Großteil der Palmensavanne zerstört. Die Mehrzahl der Palmen im Nationalpark sind Reliktpflanzen und über zwei Jahrhunderte alt. Durch den Schutz vor weidendem Vieh und Feuer konnten inzwischen junge Pflanzen nachwachsen. Die Bäume werden bis zu 18 m hoch und haben einen Stammdurchmesser von bis zu 40 cm. Die größeren Exemplare stehen über den Park verteilt und bilden eine beeindruckende subtropische Landschaft und ein tolles Fotomotiv. Die Savanne und die Galeriewälder entlang des Flusses und seiner Nebenflüsschen bieten Vögeln, Säugetieren, Reptilien und Amphibien einen sicheren Lebensraum.

Die Eintrittgebühr für den Nationalpark (48 Std. gültig) wird von 7–19 Uhr am Eingang an der RN 14 kassiert, das Tor steht aber rund um die Uhr offen.

Sehenswertes & Aktivitäten

Alle wesentlichen Einrichtungen des Parks liegen 12 km vom Eingang entfernt und sind über eine gute Schotterstraße erreichbar. Hier zeigt das **Besucherzentrum** (☉ 8–19 Uhr) Schautafeln zur Naturgeschichte, lassen sich Kanufahrten, Fahrradtouren und Ausritte durch den Park organisieren. Alle kosten 30–60 Arg$ je nach Route und Dauer. Unbefestigte Straßen (in gutem Zustand) führen von der Hauptzugangsstraße zu drei Aussichtspunkten. Der Wasserlauf **Arroyo Los Loros**, eine kurze Strecke über eine Schotterstraße vom Campingplatz entfernt, ist ein guter Platz, um Wildtiere zu beobachten. Südlich des Besucherzentrums verläuft der Arroyo El Palmar, ein hübscher Bach, der an zwei Aussichtspunkten zugänglich ist: **La Glorieta** und **El Palmar**. Dort beginnen jeweils kurze markierte Stichstraßen. Letztgenannter Aussichtspunkt ist sogar mit einem Unterstand zum Vögelbeobachten ausgestattet. In der Nähe des Besucherzentrums gibt es drei weitere kurze Naturpfade, unweit des Río Uruguay noch einen Unterstand zum ungestörten Beobachten der Vögel. Geführte Wanderungen sind nach vorheriger Absprache möglich.

Der frühe Morgen und die Zeit kurz vor Sonnenuntergang sind die besten Zeiten, um Wildtiere zu entdecken. Der auffälligste Vogel ist der Nandu, darüber hinaus leben hier zahllose Sittiche, Kormorane, Silberreiher, Fischreiher, Störche, Karakaras, Spechte und Eisvögel. Unter den Säugetieren sind Wasserschweine und Viscachas regelmäßig zu sehen, es gibt aber auch Füchse, Waschbären und Wildschweine. Letztere sind eine eingeführte Tierart, die die Palmen schädigt und deshalb reduziert wird.

Viscachas bewohnen den Campingplatz; ihr nächtliches Quietschen und die reflektierenden Augen erschrecken die Gäste. Sie sind aber genauso harmlos wie die riesigen Kröten, die nächtens in die Duschen und Toiletten eindringen. Das gilt allerdings nicht für die Yararáó-Schlange, eine tödliche Grubenotter, die die Savannen bewohnt. Die Tiere beißen selten, als Vorsichtsmaßnahme sollte man beim Wandern lange Hosen und hohe Stiefel tragen und darauf achten, wohin man tritt. Die Mitarbeiter empfehlen, sich an die markierten Wege zu halten.

Am Campingplatz gibt es einen ausgezeichneten Zugang zum Fluss, um dort zu baden oder Boot zu fahren.

Schlafen & Essen

Im Gebäudekomplex des Busbahnhofs in Ubajay gibt es einfache Zimmer und weitere billige Unterkünfte.

Camping El Palmar (☎ 423378; Zeltplätze pro Pers./Zelt 12/10 Arg$) Der gesellige Campingplatz gegenüber vom Parkplatz des Besucherzentrums ist die einzige Übernachtungsmöglichkeit innerhalb des Parks. Er bietet schattige, ebene Zeltplätze, heiße Duschen und Strom. Der zugehörige Laden verkauft Snacks und Lebensmittel, z. B. gewaltige Rindfleischportionen zum Grillen. Neben dem Besucherzentrum auf der anderen Seite befindet sich ein Restaurant, das leckere Komplettmahlzeiten auf den Tisch bringt.

La Aurora del Palmar (☎ 421549; www.auroradelpalmar. com.ar; RN 14, Km 202; Stellplätze 6 Arg$ plus 12 Arg$ pro Erw.; DZ ohne Dusche 140 Arg$, DZ/4BZ 200/250 Arg$; ☯ ☒) Das riesige Anwesen, auf dem Rinder gezüchtet und Zitrusfrüchte angebaut werden, liegt zwischen Ubajay und dem Parkeingang. Auf dem Grund liegt ein geschützter Palmenwald, der mindestens so sehenswert ist wie diejenigen im Nationalpark. Die ungewöhnliche Anlage ist gepflegt und bietet schattige Zeltplätze, Familien-Doppelzimmer in einem hübschen Bungalow und rustikale Unterkünfte in umgebauten Eisenbahnwaggons, hinzu kommen ein gutes Schwimmbecken und ein Restaurant. Zum Angebot gehören Kanufahrten, Ausritte und Palmensafaris (jeweils 40 Arg$ bzw. 100 Arg$ für alle drei). Diverse Pakete sind im Angebot; in der Wochenmitte ist es billiger.

An- & Weiterreise

El Palmar liegt an der wichtigen Nationalstraße RN 14; in Nord-Süd-Richtung gibt es deshalb regelmäßige Busverbindungen. Alle Busse, die nordwärts Richtung Concordia fahren, lassen Passagiere am Parkeingang (12 km vom Besucherzentrum entfernt) aussteigen. Von dort geht es zu Fuß oder per Autostopp weiter. Oder man bleibt noch weitere 6 km bis Ubajay im Bus sitzen; eine *remise* von dort zum Besucherzentrum kostet 40 bis 50 Arg$. Im Telecentro neben dem Busbahnhof kann man ein Taxi rufen lassen. Ein Schulbus fährt an Wochentagen um 12 Uhr in den Park hinein und kommt nachmittags von Ubajay und nimmt Fahrgäste mit, sofern Platz ist.

Mehrere Reiseagenturen in Colón bieten Halbtagesausflüge in den Park an, zu denen eine geführte Wanderung gehört. **LHL** (☎ 422222; lhlcolon@arnet.com.ar; 12 de Abril 119) nahe der Plaza ist eine davon: Der Trip kostet je nach Teilnehmerzahl 40 bis 55 Arg$, plus Eintritt zum Park.

CONCORDIA

☎ 0345 / 138099 Ew.

Die hübsche Stadt am Río Uruguay, die von Dienstleistungen für die Landwirtschaft lebt, fesselt ihre Besucher nicht gerade wochenlang, aber für eine Nacht ist sie ein angenehmer Aufenthalt. Concordia ist anzumerken, dass hier die

CONCORDIA

PRAKTISCHES
Lavasped................................**1** A4
Städtische Touristeninfo.........**2** A3
Post.....................................**3** B3
Telecentro.............................**4** B3

SEHENSWERTES & AKTIVITÄTEN
Catedral San Antonio de Padua.................................**5** A3
Museo Judío de Entre Rios.....**6** A4
Museo Regional de Concordia.......................(siehe 7)
Palacio Arruabarrena...............**7** A1

SCHLAFEN
Hotel Concordia......................**8** B4
Hotel El Palmar......................**9** A4
Hotel Pellegrini.....................**10** B4
Hotel Salto Grande.................**11** A3

ESSEN
Cristóbal Café........................**12** B3
El Reloj.................................**13** B3
Malaika.................................**14** B3

Arbeit und nicht der Tourismus an erster Stelle steht; die Stadt besitzt aber eine schöne zentrale Plaza, eine interessante Kathedrale, Strände und Angelplätze am Flussufer. Außerdem befindet sich hier ein Grenzübergang zur uruguayischen Stadt Salto, der Weg führt am Wasserkraftwerk Represa Salto Grande vorbei.

Die lokale Wirtschaft stützt sich vor allem auf den Anbau von Zitrusfrüchten, deren Duft mitunter die Luft erfüllt.

Praktische Informationen

In der Nachbarschaft der Plaza 25 de Mayo gibt es mehrere Banken mit Geldautomaten.

Lavasped (☎ 422-4375; Urquiza 502) Wäscherei.

Städtische Touristeninformation (☎ 421-2137; turismo@concordia.gov.ar; Urquiza 636; ☯ 8–21 Uhr) Neben der Kathedrale. Der Informationsschalter am Busbahnhof erteilt auch touristische Auskünfte.

Telecentro (Pellegrini an der Plaza 25 de Mayo; Std. 2,50 Arg$) Für Telefonate und Internetzugang.

Sehenswertes & Aktivitäten

Auf der Westseite der Plaza 25 de Mayo liegt die **Catedral San Antonio de Padua** aus dem 19. Jh. Das Wahrzeichen der Stadt ist eine der interessantesten Kathedralen der Region, mit einem kunstvollen *retablo* (Altargemälde) und buntem Fensterglas, das Szenen aus dem Leben Christi zeigt.

Gegenüber der Plaza Urquiza an der Ecke Entre Ríos und Ramírez steht der berühmte **Palacio Arruabarrena** (1919), in dessen Baustil sich die französische Neorenaissance mit Jugendstilelementen verbindet. Er beherbergt das **Museo Regional de Concordia** (☎ 421-1883; Eintritt frei; ◷ Mo–Fr 8–13 & 14–20, Sa & So 9–18 Uhr). Die Ausstellung befasst sich überwiegend mit der italienischen Einwanderung in der Region, aber es gibt auch sehr schöne Möbelstücke, darunter ein Spiegel, der Urquiza gehörte. Die Innenräume schreien geradezu nach einer Renovierung, aber die Stadtverwaltung von Concordia – das von der Wirtschaftskrise schwer getroffen ist – hat keinen Cent dafür übrig.

Das **Museo Judío de Entre Ríos** (☎ 421-4088; www.museojudioer.org.ar; Entre Ríos 476; Eintritt 10 Arg$; ◷ So–Fr 8.30–12.30 Uhr) umfasst drei Räume. Dargestellt werden Ankunft und Mühen der jüdischen Gauchos (s. Kasten S. 242), ihre Lebensweise und der Holocaust aus der Sicht eines Betroffenen. Ein weiterer Raum steht für wechselnde Ausstellungen zur Verfügung.

Im Parque Rivadavia am Flussufer am nordöstlichen Stadtrand stehen die Ruinen des **Castillo San Carlos** (1888). Es wurde von einem französischen Industriellen errichtet, der den Besitz Jahre später aufgab – niemand weiß warum. Der französische Schriftsteller Antoine de Saint-Exupéry lebte kurze Zeit in dem Gebäude; in der Nähe steht das Denkmal *Der kleine Prinz*. Es kostet nichts, die Ruinen zu besichtigen, aber die Kinder sollte man im Auge behalten.

Concordia besitzt ein schönes Thermalbad, den **Complejo Termal Concordia** (☎ 425-1963; www.termasconcordia.com.ar; Eintritt 35 Arg$; ◷ 9–22 Uhr) nördlich der Stadt. Buslinie 7 fährt alle halbe Stunde von San Lorenzo, vier Querstraßen westlich des Busbahnhofs, dorthin.

Festivals & Events

In der ersten Dezemberwoche veranstaltet die Stadt ihre **Fiesta Nacional de Citricultura** (Nationales Zitrusfest). Die **Karnevalsfeiern** in Concordia (Februar oder März) sind ebenfalls ausgelassen. Haupttag ist der Karnevalsdienstag, 47 Tage vor Ostersonntag.

Schlafen

Hotel Pellegrini (☎ 422-7137; Pellegrini 443; EZ/DZ 65/120 Arg$) Der freundliche Familienbetrieb ist bei weitem die beste Wahl unter den günstigen Unterkünften, man findet sie drei Querstraßen südlich der Plaza. Vermietet werden blitzsaubere Zimmer mit TV und Bad. Gäste sollten im Voraus buchen, denn die Zimmer sind gefragt.

Hotel Concordia (☎ 421-6869; La Rioja 518; EZ/DZ 80/110 Arg$; ✷) In der billigen, fröhlichen Unterkunft in einem höhlenartigen Gebäude variieren die Zimmer in puncto Helligkeit, Größe und Matratzenqualität. Manche der ordentlichen Badezimmer sind über eine Treppe im Zimmer zu erreichen.

Hotel El Palmar (☎ 421-6050; www.palmarhotel.com.ar; Urquiza 517; EZ/DZ Standard 154/180 Arg$, EZ/DZ gehobene Ausstattung 230/280 Arg$; ✷ ▯ 🛜) Das Palmar, einige Blocks südlich der Plaza, bietet enge Zimmer mit Balkon, die ein bisschen überteuert erscheinen. Sie werden nach und nach renoviert – die Zimmer mit gehobener Ausstattung bieten inzwischen sehr viel mehr Platz und modernen Komfort, die Standardzimmer weisen dagegen noch das unverkennbare Flair des allmählichen Verfalls auf, das so viele argentinische Hotels kennzeichnet.

Hotel Salto Grande (☎ 421-0034; www.hotelsaltogrande.net; Urquiza 581; EZ/DZ 171/203 Arg$; ✷ ▯ 🛜 🍽) Das gepflegte moderne Hotel gleich südlich der Hauptplaza bietet einen ausgezeichneten Service und ein ebensolches Preis-Leistungs-Verhältnis – zumindest zur Zeit der Recherche waren die Preise schon eine Weile konstant. Die Luxuszimmer haben einen schöneren Blick und eine Minibar, im übrigen sind sie aber nicht viel besser als die Standardzimmer.

San Carlos Inn (☎ 431-0725; www.hotelsancarlosinn.com.ar; Parque San Carlos; Zi. Standard/gehobene Ausstattung 275/315 Arg$; ✷ ▯ 🛜 🍽) Auf dem Gelände des üppigen Parque Rivadavia liegt das resortartige San Carlos Inn, ein ruhiges Fleckchen zum Ausruhen. Die Zimmer mit gehobener Ausstattung haben Balkon, Blick auf den Fluss, bessere Betten und vernünftige Fernsehgeräte, und sie kosten nicht viel mehr als die einfachen Zimmer.

Essen

Cristóbal Café (☎ 421-5736; Ecke Pellegrini & 1 de Mayo; Mahlzeiten 10–30 Arg$; ◷ Frühstück, Mittag- 6 Abendessen)

DER GAUCHO JUDÍO

Der Gaucho ist eines der archetypischen Bilder Argentiniens; wenig bekannt ist jedoch die Tatsache, dass viele Gauchos jüdischer Herkunft waren. Die erste Masseneinwanderung von Juden nach Argentinien ist für das ausgehende 19. Jh. bezeugt. Damals trafen 800 russische Juden auf der Flucht vor der Verfolgung durch Zar Alexander III. in Buenos Aires ein.

Die Jewish Colonization Association, gegründet von einem wohlhabenden deutschen Philanthropen, verteilte jeweils 100 ha große Parzellen Land in den Provinzen Entre Ríos, Santa Fe, Santiago del Estero, La Pampa und Buenos Aires an die Immigrantenfamilien.

Die erste größere Kolonie lag in Moisés Ville in der Provinz Santa Fe, die zu dieser Zeit das Jerusalem Argentiniens genannt wurde. Heute leben nur noch etwa 300 jüdische Einwohner in der Stadt (15% der Bevölkerung), aber viele jüdische Traditionen blieben erhalten: Der kleine Ort verfügt über vier Synagogen, die Bäckerei verkauft Sabbatbrot, und die Kinder auf der Straße benutzen jiddische Wörter wie „schlep" und „schlock".

Diese Juden vom Land integrierten sich bereitwillig in die argentinische Gesellschaft und vermischten ihre Traditionen mit denen ihres neuen Heimatlandes. Es war also nichts Ungewöhnliches, einen Menschen zu Pferde mit weiten Hosen, Leinenschuhen und Jarmulke zu sehen, der gerade dabei war, ein Stück Kuh auf den *asado* (Grill) zu werfen. Viele ihrer Nachfahren sind inzwischen auf der Suche nach einer besseren Ausbildung und größeren Chancen in die Städte gezogen. Die Zahl der argentinischen Juden liegt heute bei etwa 300 000 – sie sind damit die größte jüdische Gemeinde Lateinamerikas.

Mehr über die *gauchos judíos* ist bei einem Besuch im Museum in Concordia (S. 232) zu erfahren.

Die Terrasse mit Regiestühlen und Palmen ist das Beste an dem populären Lokal an der Plaza. Die Speisekarte ist interessant – wenn auch überteuert –, die Innenräume leiden stark unter zu viel Musik und Fernsehen. Die Tische stehen so dicht, dass man unweigerlich die Gespräche an den Nachbartischen hört.

El Reloj (☎ 422-2822; Pellegrini 580; Pizza 15–25 Arg$; ◷ Mittag- & Abendessen) Die geräumige Pizzeria mit Ziegelwänden bietet eine angenehme Atmosphäre und eine erstaunlich große Auswahl an Pizzas. Sie ist von daher ein Paradies für Unentschlossene, denn das Personal grummelt nicht, wenn jede Hälfte mit einem anderen Belag bestellt wird. Auch eine *parrilla* gehört dazu.

Malaika (☎ 422-4867; 1 de Mayo 59; Gerichte 18–42 Arg$; ◷ 8–2 Uhr) Mit der sympathischen Café-Bar an der Plaza nach Concordia hat eine trendige Esskultur Einzug in der Stadt gehalten. Serviert werden leckere Speisen wie Salate, Pizzas, Tapas, Snacks und raffiniertere Gerichte, darunter viele vegetarische Optionen und Tagesgerichte. Vernünftige Weine, ein aufmerksamer, freundlicher Service und eine romantische Stimmung runden die Sache ab. Die Mittagsgerichte kosten 22 Arg$.

An- & Weiterreise

Der **Busbahnhof** (☎ 421-7235; Ecke Justo & Hipólito Yrigoyen) liegt 13 Blocks nördlich der Plaza 25 de Mayo. Täglich (außer So) fahren vier Busse nach Salto in Uruguay (15 Arg$, 1¼ Std.).

Weitere Zielorte:

Reiseziel	Fahrpreis (Arg$)	Fahrzeit (Std.)
Buenos Aires	75	5½
Colón	17	2½
Concepción	20	3
Corrientes	89	7
Gualeguaychú	26	4
Paraná	42	4½
Paso de los Libres	32	4
Posadas	100	8

Vom Hafen hinter dem östlichen Ende der Carriego setzen regelmäßig Barkassen über den Fluss nach Salto (10 Arg$, 15 Min., Mo–Sa 9–18 Uhr, 4-mal tgl.).

Die Zugstrecke Buenos Aires–Posadas führt durch Concordia. Infos zur Einreise nach Uruguay stehen im Kasten auf S. 228.

Unterwegs vor Ort

Buslinie 2 (1,75 Arg$) fährt vom Busbahnhof die Yrigoyen entlang Richtung Süden ins Zentrum. Auf der Rückfahrt Richtung Norden halten die Busse an der Pellegrini vor der Banco de la Nación. Ein Taxi vom Zentrum zum Busbahnhof kostet etwa 6 Arg$.

PASO DE LOS LIBRES
☎ 03772 / 40 494 Ew.

Der Name („Durchfahrt der Freien") ist noch das romantischste an dieser Grenzstadt an den Ufern des Río Uruguay. Der Blick fällt auf die wesentlich größere, brasilianische Stadt Uruguaiana in Rio Grande do Sul am gegenüberliegenden Ufer, mit der Paso de los Libres durch eine gut befahrene Brücke verbunden ist. Die Stadt bietet nicht viel zur Unterhaltung der Reisenden, außer einer malerische Plaza im Zentrum und einer Reihe ganz guter, empfehlenswerter Übernachtungsmöglichkeiten.

Orientierung & Praktische Informationen

Paso de los Libres am Westufer des Uruguay weist den üblichen gitterförmigen Grundriss auf. Das Zentrum bildet die Plaza Independencia; Hauptgeschäftsstraße ist die Avenida Colón, eine Querstraße weiter westlich. Hier gibt es gute Einkaufsmöglichkeiten, was auch am blühenden Grenzverkehr liegt. Die internationale Brücke nach Uruguaiana in Brasilien liegt etwa zehn Häuserblocks südwestlich.

Eine Touristeninformation gibt es nicht, aber das Büro des ACA (Automóvil Club Argentino) in der Nähe des Grenzgebäudes vor der Brücke oder die Intendencia (Rathaus) an der Plaza erteilen Informationen. Überall im Zentrum sind Stadtpläne aufgestellt. Eine Bank mit Geldautomat befindet sich an der Plaza.

Libres Cambio (Av. Colón 901) Wechselt Geld.

Telecentro (Madariaga 660; Std. 2,50 Arg$) Internet- und Telefonladen, einen halben Block von der Plaza entfernt.

Schlafen & Essen

Hotel Las Vegas (☎ 423490; Sarmiento 554; EZ/DZ 90/140 Arg$; 🐾 🛜) Trotz der dunkelroten Teppiche und des 1970er-Jahre-Feelings ist das Hotel im Zentrum der Stadt ziemlich neu. Die Zimmer sind dunkel, aber bequem und haben Bäder mit guten Duschen. Die oberen Zimmer nach hinten bieten mehr Licht und Platz.

Hotel Alejandro Primero (☎ 424100; Coronel López 502; EZ/DZ 165/280 Arg$; 🐾 🖥 🛜 🍴) Das überraschend gute Hotel verfügt über eine schicke Lobby und einen ebensolchen Restaurantbereich sowie etwas weniger eindrucksvolle aber sehr geräumige Zimmer. Am schönsten sind diejenigen mit Blick auf den Fluss und das brasilianische Uruguaiana am anderen Ufer.

El Nuevo Mesón (☎ 03772-15-468117; Colón 587; Hauptgerichte 15–30 Arg$; 🕑 Mittag- & Abendessen) Es gibt hier zwar nichts Außergewöhnliches zu sehen, aber das Lokal bietet wirklich gut zubereitete Gerichte und einen aufmerksamen Service. Auf der Karte stehen Pizza, *parrilla* und aufwendigere Kreationen, alles zu günstigen Preisen und wirklich sehr lecker. Bei schönem Wetter empfiehlt sich ein Tisch im Freien.

An- & Weiterreise

Der **Busbahnhof** (☎ 425600) liegt an der Ecke Avenida San Martín und Santiago del Estero. Täglich steuern mehrere Busse Buenos Aires (98 Arg$, 9½ Std.) und Posadas (56 Arg$, 6 Std.) an. Einige fahren über Concordia, Colón, Concepción und Gualeguaychú. Etliche Busse umfahren die Stadt, lassen aber Passagiere auf Wunsch an der Esso-Tankstelle an der RN 14 aussteigen; von dort muss man für die letzten 16 km in die Innenstadt ein Taxi nehmen.

Tata/El Rápido bietet über Mercedes (12 bis 20 Arg$, 3 Std.) eine Verbindung nach Corrientes (44 Arg$, 6 Std.); von dort aus kann man die Esteros del Iberá besuchen.

Busse nach Uruguaiana in Brasilien (2 Arg$) fahren regelmäßig ab 7 Uhr morgens; sie halten an der Avenida San Martín, der Avenida Colón und gegenüber vom Busbahnhof (dem schlossartigen Gebäude).

Informationen über Visabestimmungen bei der Einreise nach Brasilien finden sich im Kasten auf S. 248. Der Grenzübergang ist rund um die Uhr geöffnet.

Unterwegs vor Ort

Der Bereich zwischen Busbahnhof und Innenstadt ist nachts ein bisschen verrucht. Minibusse (1,50 Arg$) fahren von der Ecke in der Nähe des Busbahnhofs ins Zentrum. Ein Taxi in die Innenstadt kostet 10 Arg$.

YAPEYÚ

☎ 03772 / 1650 Ew.

Hier vibriert die Erde vom Klang der Hufe, wenn die Pferde abends über die rote Erde stampfen. Yapeyú wurde 1626 als südlichste der Jesuitenmissionen gegründet: Zu ihrer Glanzzeit lebten hier mehr als 8000 Guaraní, die 80 000 Rinder betreuten. Nachdem der Orden 1767 vertrieben wurde, begann die Mission langsam zu verfallen und wurde im frühen 19. Jh. von brasilianischen Plünderern zerstört. Viele der heutigen Häuser wurden aus den roten Sandsteinblöcken der ehemaligen Mission gebaut. Noch eine historische Anmerkung: Hier wurde 1778 José de San Martín, Argentiniens größter Nationalheld und bekannt als „el libertador", geboren. In Yapeyú kann man herrlich ausspannen: Es ist einer der Orte, in denen ein Fremder von den Einheimischen auf der Straße gegrüßt wird.

Sehenswertes & Aktivitäten

Alles in der Stadt befindet sich in fußläufiger Distanz zur zentralen Plaza San Martín. Auf ihrer Südseite liegt zwischen den Ruinen der ehemaligen Kirche und dem Kloster das **Museo de la Cultura Jesuítica** (Eintritt frei; ⏲ Di–So 8–12 & 15–18 Uhr). Für alle, die Spanisch können, ist es ein informatives Museum. Es gibt einen guten Überblick über die Missionen in Argentinien, Brasilien und Paraguay und liefert detaillierte Informationen über die Jesuitengemeinschaften. Die ausgestellten Fotos sind eine gute Einführung für eine Reise in das Missionsgebiet.

Als Zeichen ihrer Verehrung haben die Argentinier ihrem *libertador* die **Casa de San Martín** (Eintritt frei; ☎ 8–12 & 14.30–18 Uhr) errichtet. Das Gebäude schützt das Geburtshaus des „Befreiers", in dem er 1778 geboren wurde und in dem er seine ersten drei Lebensjahre verbrachte. Vom Haus sind kaum mehr als die Grundmauern stehen geblieben: Ursprünglich gehörte das Haus zu den Jesuitenbauten und stammt somit aus dem frühen 17. Jh. Die sterblichen Überreste von San Martíns Eltern liegen hier begraben, und es läuft gegenwärtig eine (jedoch wenig aussichtsreiche Kampagne), den Helden hierher zu überführen (momentan ruht er in der Kathedrale von Buenos Aires). In der Nähe des Geburtshauses erinnert der unvollständige Bogen an den Falklandkrieg: Er soll Argentinien ohne die Falklandinseln symbolisieren.

Am südlichen Ende der Stadt – vier Häuserblocks südlich der Plaza – beherbergen die Armeekasernen ein weiteres Museum: das **Museo Sanmartiniano** (Eintritt frei; ⏲ 8–22 Uhr). Neben zahlreichen San-Martín-Devotionalien zeigt es auch einige Objekte aus der Jesuitenzeit, darunter eine hölzerne Christusfigur, die im Flussschlamm gefunden wurde. Charmanterweise und typisch für argentinische Provinzmuseen finden sich hier auch eine ganze Reihe von Exponaten ohne wirkliche Aussage oder Bezug zu irgendetwas von Wichtigkeit: hier z. B. ein ungewöhnlich gekrümmter Eukalyptusbaumast.

Auf der Westseite der Plaza steht die **Pfarrkirche**, sie wurde 1899 errichtet und enthält einige bedeutende Bilder aus der Jesuitenzeit.

Schlafen & Essen

Hotel San Martín (☎ 493120; Sargento Cabral 712; EZ/DZ 70/110 Arg$; ❄) Das einzige richtige Hotel von Yapeyú liegt günstig gleich an der Plaza sowie unweit der Jesuitenruinen und San Martíns Geburtshaus. Die Zimmer verfügen über TV und öffnen sich auf einen etwas hallenden Innenhof; wer für sich sein möchte, muss auf natürliches Licht weitgehend verzichten. Zum Hotel gehört ein einfaches Restaurant.

El Paraíso Yapeyú (☎ 493056; www.termasdeyapeyu.com.ar; Ecke Paso de los Patos & San Martín; Bungalow für 1/2/6 Pers. 110/165/350 Arg$; ❄ 🅿) Die Anlage mit komfortablen modernen Bungalows (bis zu sechs Schlafplätze) bietet ein ausgezeichnetes Preis-Leistungs-Verhältnis und einen tollen Standort am Flussufer – der Uruguay ist hier sehr eindrucksvoll. Es gibt einen Pool und ein *parrilla*-Restaurant am Fluss.

Comedor del Paraíso (☎ 03772-15-433983; Gregoria Matorras s/n; Hauptgerichte 10–17 Arg$; ⏲ 7–24 Uhr) Das schlichte, freundliche Lokal liegt gleich unterhalb der Casa de San Martín an einer Straße, die nach der Mutter des *libertadors* benannt ist. Eine richtige Speisekarte gibt es nicht, sondern nur eine begrenzte Auswahl an Gerichten mit Zutaten, die gerade zur Verfügung stehen. Die Portionen sind klein, aber sehr billig. Wer sich ein paar Stunden vorher anmeldet, kann sich auch andere Gerichte wünschen. Die Gäste schauen auf den Fluss, und vor dem Haus steht ein großer, 300 Jahre alter Florettseidenbaum, in dem – so heißt es – San Martín als Kind gespielt haben soll.

An- & Weiterreise

Der kleine Busbahnhof liegt zwei Querstraßen westlich der Plaza. Täglich fahren vier bis fünf Busse (5–12 Arg$, 1 Std.) nach Paso de los Libres, einige davon weiter nach Concordia und darüber hinaus. In der anderen Richtung gibt es täglich Verbindungen nach Posadas (48 Arg$, 5 Std.). Weitere Busse halten an der Fernstraße am Stadtrand.

POSADAS & DIE JESUITENMISSIONEN

Die schmale, nordöstliche Provinz Misiones erstreckt sich wie ein Finger zwischen Brasilien und Paraguay. Sie wurde nach den Jesuitenmissionen (s. Kasten S. 242) benannt, die in der Region errichtet wurden – ihre Ruinen sind heute die Hauptattraktion des Gebiets. Die am besten rekonstruierte Ruine ist die Mission San Ignacio Miní; sie und weitere Missionen (auch jenseits der Grenze in Paraguay; s. Kasten S. 240) sind gut von Posadas aus zu erreichen. Die Busse durchqueren Misiones auf dem Weg zu den Iguazú-Wasserfällen im Norden. Wer Zeit für einen kleinen Umweg hat, kann andere, ebenfalls sehr spektakuläre Wasserfälle wie die Saltos del Moconá am Río Uruguay (s. Kasten S. 244) besichtigen.

Eine Attraktion für sich ist die Landschaft selbst: Wer sich Misiones vom Süden her nähert, erlebt, wie das flache Land langsam in sanfte Hügel übergeht, die mit Bambuswäldchen und Papaya- und Maniokplantagen bestanden sind. Die Straße führt an Tee- und mate-Pflanzungen vorbei, die in der für die Gegend typischen tropischen Roterde wachsen, deren Farbe von Eisenanreicherungen herrührt: Die Provinz ist der Hauptproduzent von *mate*, bekanntlich dem Lieblingsgetränk der Argentinier.

POSADAS
☎ 03752 / 279 961 Ew.

Die Hauptstadt der Provinz Misiones ist ein schöner Ausgangspunkt für einen Besuch der Jesuitenmissionen: Vom modernen Teil der Stadt fällt der Blick über den breiten Río Paraná nach Encarnación in Paraguay. Bunte Straßenschilder schreien auf den geschäftigen, feuchten Straßen nach Aufmerksamkeit; Bäume beschatten die zahlreichen Parks und Plätze. Posadas ist vor allem ein Zwischenstopp auf dem Weg in den Norden des Landes, nach Paraguay oder zu den Iguazú-Fällen. Doch auch für sich genommen hat die Stadt viel Charme, wenn auch nicht ganz so viele Sehenswürdigkeiten.

Von Posadas aus wurden die neu gegründeten Landwirtschaftssiedlungen im Inneren von Misiones erschlossen, 1912 sorgte die Urquiza-Bahn für die Anbindung an Buenos Aires. 1997 wurde das großes Yacyretá-Wasserkraftwerk vollendet, das den Río Paraná aufstaut: Der steigende Wasserpegel machte damals die Umsiedlung von 40 000 Menschen notwendig, auch einige tiefer liegende Areale der Stadt versanken in den Fluten.

Orientierung
Posadas liegt am Südufer des Río Paraná, 300 km südlich von Puerto Iguazú. Eine hübsche Brücke verbindet Posadas mit der paraguayischen Stadt Encarnación.

Die Plaza 9 de Julio liegt im Zentrum des gitterförmigen Straßennetzes und der Stadtmitte. Die eindrucksvolle Fassade der Casa de Gobierno zieht sich über fast die gesamte Ostseite der Plaza. Nach Süden begrenzt die Avenida Bartolomé Mitre das Stadtzentrum und führt Richtung Osten zur internationalen Brücke.

Praktische Informationen
Rund um die Plaza gibt es etliche Geldautomaten, Telefon- und Internetläden sind ebenfalls nicht weit.

ACA (Automóvil Club Argentina; ☎ 436955; Ecke Córdoba & Colón) Karten und Routeninfos.

Cambios Mazza (Bolívar) Löst Reiseschecks ein.

Guayrá (☎ 433415; www.guayra.com.ar; San Lorenzo 2208) Sehr hilfreiche Reiseagentur; eine von vielen, die Halbtagestouren zu den Jesuitenmissionen (150–200 Arg$ für bis zu vier Missionen), den paraguayischen Missionen, Saltos del Moconá und weiteren Zielen anbieten.

Hospital General R Madariaga (☎ 447775; Av. López Torres 1177) Etwa 1 km südlich der Innenstadt.

Su Lavandería (☎ 03752-15-353479; La Rioja 1778; Füllung 20 Arg$; ⏲ 8–20 Uhr) Schnelle Wäscherei.

Touristeninformation für die Provinz (☎ 447539; www.turismo.misiones.gov.ar; Colón 1985; ⏲ 7–20 Uhr) Gut informierte Mitarbeiter. Am Busbahnhof gibt es eine zweite Niederlassung mit den gleichen Öffnungszeiten.

Sehenswertes
Guayrá (s. S. 236) organisiert geführte Touren zu den nahe gelegenen Missionen (s. S. 239).

Die Hauptsehenswürdigkeit in Posadas ist der mächtige Fluss Paraná – daneben gibt es noch ein paar eher uninteressante Museen. Zu empfehlen ist aber der Besuch des **Palacio del Mate** (☎ 449974; Rivadavia 1846; ⏲ 9–20 Uhr), eine kürzlich wieder eröffnete Kunstgalerie mit wechselnden Ausstellungen und einigen Schautafeln, die über den *mate*-Anbau informieren.

Die Kultur der Guaraní ist in diesem Teil Argentiniens stark vertreten – überall im Zentrum verkaufen Guaraní-Künstler ihre Waren. Besonders schöne Exemplare zeigt und verkauft die **Fundación Artesanías Misioneras** (☎ 441229; fundacion artesaniasmisioneras@gmail.com; Ecke Alvarez & Arrechea; ⏲ Mo–Sa 9–12.30 & 17–20 Uhr).

Festivals & Events
Posadas feiert den **Karneval** im Februar (oder März) mit großer Begeisterung. Die Kostüme übertrumpfen in ihrer Spärlichkeit (wenig Stoff auf nackter Haut) selbst die Karnevalskostüme in den anderen nördlichen Städten Argentiniens wie Guaaleguaychú.

Schlafen
Reisende sollten sich erkundigen, ob das **Hotel de Turismo** (Bolívar 2176), das zur Zeit der Recherche für eine umfassende Modernisierung geschlossen war, schon wieder geöffnet hat.

BUDGETUNTERKÜNFTE
Vuela El Pez Hostel (☎ 438706; www.vuelaelpez.com.ar; 25 de Mayo 1216; B/2BZ 30/95 Arg$, DZ ohne Bad 75 Arg$; ⚄ 🖥 📶 📺) Oben an einem Hang nahe der *costanera* steht ein nicht beschildertes Gebäude,

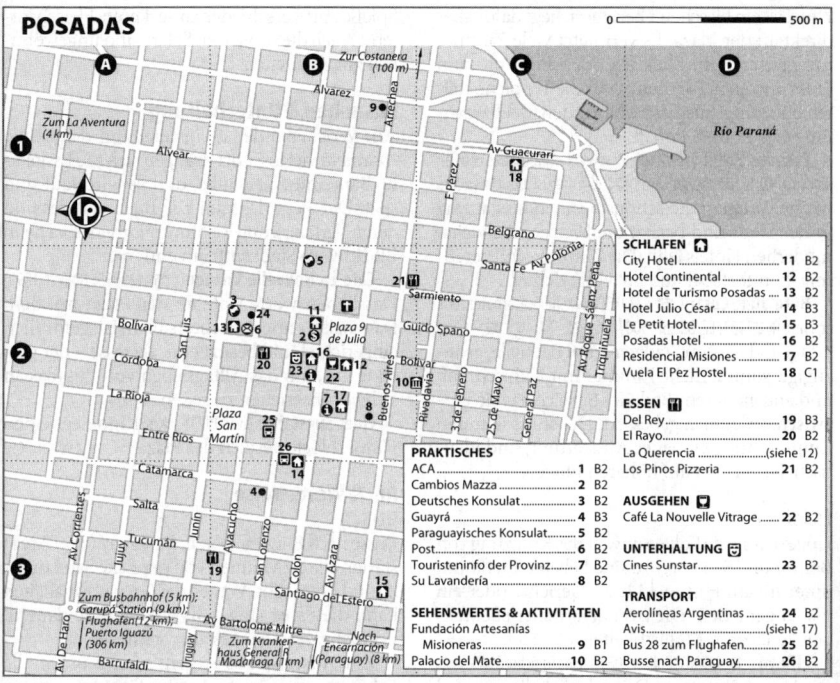

POSADAS

0 — 500 m

SCHLAFEN
City Hotel	11 B2
Hotel Continental	12 B2
Hotel de Turismo Posadas	13 B2
Hotel Julio César	14 B3
Le Petit Hotel	15 B3
Posadas Hotel	16 B2
Residencial Misiones	17 B2
Vuela El Pez Hostel	18 C1

ESSEN
Del Rey	19 B3
El Rayo	20 B2
La Querencia	(siehe 12)
Los Pinos Pizzeria	21 B2

AUSGEHEN
Café La Nouvelle Vitrage	22 B2

UNTERHALTUNG
Cines Sunstar	23 B2

TRANSPORT
Aerolineas Argentinas	24 B2
Avis	(siehe 17)
Bus 28 zum Flughafen	25 B2
Busse nach Paraguay	26 B2

PRAKTISCHES
ACA	1 B2
Cambios Mazza	2 B2
Deutsches Konsulat	3 B2
Guayrá	4 B3
Paraguayisches Konsulat	5 B2
Post	6 B2
Touristeninfo der Provinz	7 B2
Su Lavandería	8 B2

SEHENSWERTES & AKTIVITÄTEN
Fundación Artesanías Misioneras	9 B1
Palacio del Mate	10 B2

das ein sehr entspanntes Hostel beherbergt. Ordentliche Schlafräume und dunkle, aber ihren Preis werte Zimmer liegen rund um einen kleinen Pool. Zu den weiteren Kennzeichen zählen eine Küche, ein DVD-Player und eine schöne Atmosphäre.

La Aventura (☎ 465555; www.complejolaaventura.com; Ecke Av. Urquiza & Zapiola; B 35 Arg$, Hütten ab 170 Arg$; 🞪 🖳 🖭) 4 km vom Zentrum entfernt (Buslinien 3 oder 13 ab Ayacucho oder Taxifahrt für 7 Arg$) liegt eine Art Feriencamp, das dem HI angeschlossen ist. Die Hütten bieten bis zu vier Schlafplätze; außerdem gibt es Betten im Schlafsaal und Hotelzimmer. Das weitläufige und üppig bewachsene Gelände hat einiges zu bieten: einen Strand am Fluss, ein gutes Restaurant, einen Pool, einen Tennisplatz, Minigolf und noch vieles mehr.

Residencial Misiones (☎ 430133; Av. Azara 1960; EZ/DZ 50/60 Arg$) Wer es mit der Hygiene nicht so supergenau nimmt, für den bietet diese Budgetunterkunft billige Zimmer in einem stilvollen, zentral gelegenen Gebäude. Die Matratzen sind schlecht, weder die fast unbenutzbare Küche noch die Bäder machen viel her. Pluspunkte sind die niedrigen Preise und die aufmerksame Haltung der

Mitarbeiter. Die Zimmer sind von sehr unterschiedlicher Qualität, am besten schaut man sie sich vorher an.

City Hotel (☎ 439401; www.misionescityhotel.com.ar; Colón 1754; EZ/DZ 102/170 Arg$; 🞪 🖳 🛜) Direkt an der Plaza protzt das City in einer Stadt der großen Reklameschilder mit dem wohl größten Schild. Die Zimmer sind unterschiedlich, manche wenig aufregend mit Linoleumboden, andere wie die im 10. und 11. Stock haben viel Luft und bieten einen sehr schönen Blick vom so ziemlich höchsten Punkt der Stadt. In der Nebensaison fallen die Preise.

Le Petit Hotel (☎ 436031; www.hotellepetit.com.ar; Santiago del Estero 1630; EZ/DZ 120/170 Arg$; 🞪 🛜) Das friedvolle, charmante kleine Hotel vermietet helle, saubere und angemessene Zimmer mit großem Bad und einem mit Pflanzen bewachsenen Patio. Das Betreiberpaar ist nett und hilfsbereit; die Gäste fühlen sich gleich wie zu Hause. Eine tolle Unterkunft!

MITTEL- & SPITZENKLASSEHOTELS

Hotel Continental (☎ 440990; www.hotelramisiones.com. ar; Bolívar 1879; EZ/DZ Standard 193/237 Arg$, EZ/DZ gehobene Ausstattung 249/309 Arg$; 🞪 🖳 🛜) Das weitläufige

Hotel ist ein bisschen überteuert, liegt dafür aber direkt an der Plaza. Es vermietet viele Zimmer mit großartigem Blick über den Platz bis zum Fluss und nach Paraguay. Nur die Teppiche sollten unbedingt ausgetauscht werden. Bei Barzahlung gibt es 10 % Rabatt.

Posadas Hotel (☎ 440888; www.hotelposadas.com.ar; Bolívar 1949; EZ/DZ 200/245 Arg$; 🛏 💻 🛜) Das Posadas hat bei Weitem die schönste Innenausstattung in der Stadt und besitzt die Würde, die vielen modernen Hotels fehlt. Die Zimmer sind geräumig, komfortabel und gut eingerichtet.

Hotel Julio César (☎ 427930; www.juliocesarhotel.com.ar; Entre Ríos 1951; EZ/DZ 250/300 Arg$; 🛏 💻 🛜 🐾) Das 4-Sterne-Haus im Stadtzentrum hat helle, großzügige, sommerliche Zimmer mit Kühlschrank und angenehmem Bad; der Service hat sich inzwischen deutlich gebessert. Die etwas teureren Zimmer mit gehobener Ausstattung sind identisch, liegen aber auf höheren Etagen.

Essen

Ungezwungene Lokale unweit der Kreuzung von Bolívar und San Lorenzo sind beliebte Treffs, um unter freiem Himmel kleine Gerichte oder ein Eis zu genießen. Die *costanera* bietet ebenfalls eine Reihe von Möglichkeiten.

El Rayo (☎ 439901; Bolívar 2089; kleine Gerichte 6–15 Arg$; 🍴 Mittag- & Abendessen) Das schnörkellose Lokal ist um die Mittagszeit proppenvoll – kein Wunder angesichts der köstlichen Empanadas, *lomitos* und der preiswerten Pizza. Die freundliche Bedienung hat ebenfalls immer ein Lächeln auf den Lippen.

Los Pinos Pizzeria (☎ 423713; Ecke Buenos Aires & Sarmiento; Pizza 12–27 Arg$; 🍴 ab 16 Uhr) Der richtige Ort, um Pizza oder Empanadas essen zu gehen oder ein Bier vom Fass zu trinken. Die Bar ist gut bestückt, unter der Woche schallt klassische Musik aus den Lautsprechern; am Wochenende geht es etwas lebhafter zu. Das hübsche alte Gebäude war früher eine Apotheke.

Del Rey (☎ 436798; Ecke Tucumán & Ayacucho; Hauptgerichte 15–25 Arg$; 🍴 Mittag- & Abendessen) In dieser geselligen Nachbarschafts-Parrilla bekommen die Gäste viel für ihr Geld, z. B. eindrucksvolle Mengen an gegrilltem Huhn und Rindfleisch oder sogar eine gemischte Grillplatte zum Mitnehmen. An manchen Tagen gibt es All-you-can-eat-Specials.

La Querencia (☎ 437117; Bolívar 322; Hauptgerichte 18–40 Arg$; 🍴 Mittag- & Abendessen) Die Spezialität der vornehmen *parrilla* an der Plaza heißt *galeto* (köstliche Hühnchenteile mit Füllung). Ebenfalls in Erinnerung bleiben die Brochettes (riesige

Spieße mit verschiedenen leckeren Fleischsorten). Auch die servierten Salate sind ungewöhnlich gut zubereitet.

Ausgehen & Unterhaltung

Am Wochenende ist vor allem an der neuen *costanera* viel los; dort drängen sich die Esslokale, Bars und Nachclubs, und es wird laut und spät. Der Weg dorthin: Die Buenos Aires und deren Verlängerung Richtung Norden etwa neun Blocks vom Stadtzentrum entfernt.

Café La Nouvelle Vitrage (☎ 429619; Bolívar 1899) Das liebenswerte Café an der Plaza mit dem französisch angehauchten Flair ist gemütlich eingerichtet und besitzt eine Terrasse – der perfekte Ort, um das Alltagsleben von Posadas an sich vorüberziehen zu lassen.

Cines Sunstar (Bolívar 1981) Das Kino liegt einen Häuserblock westlich der Plaza.

An- & Weiterreise

BUS

Busse nach Encarnación in Paraguay (3,50 Arg$) starten alle 20 Minuten von der Ecke San Lorenzo und Entre Ríos. Wegen der Grenzformalitäten kann die Fahrt länger als eine Stunde dauern, normalerweise geht es aber schneller.

Zur Ausreise aus Argentinien müssen alle Fahrgäste aussteigen. Der Bus fährt auch schon mal weiter, ohne alle Passagiere wieder mitzunehmen, deshalb Ticket festhalten und auf den nächsten warten. Das Gleiche passiert auf der paraguayischen Seite. Gleich bei der paraguayischen Einreisestelle liegt eine Touristeninformation, dort hängen auch offizielle Geldwechsler herum. Reisende sollten darauf achten, dass sie kleine Scheine bekommen: Es ist ein ziemlicher Akt, eine 100 000-Guaraní-Note zu wechseln. Zur Entstehungszeit des Buches wurden 4630 Guaraní für 1 US$ bzw. 1200 Guaraní für 1 Arg$ gezahlt.

Der Betrieb der Barkassen (3 Arg$) über den Río Paraná nach Encarnación war zur Zeit der Recherche ausgesetzt.

Angaben zur Beförderung von Posadas zu den Esteros del Iberá finden sich auf S. 223.

Der **Busbahnhof** (☎ 425800; RN 12 & Av Santa Catalina) von Posadas ist von der Innenstadt aus mit den Buslinien 8, 15, 21 oder 24 erreichbar (1,40 Arg$). Die Taxifahrt zum Busbahnhof kostet um die 16 Arg$.

Die folgenden Ziele werden mindestens einmal täglich angefahren, die meisten sogar mehrmals pro Tag. Die Fahrzeiten sind nur ungefähre Angaben.

Reiseziel	Fahrpreis (Arg$)	Fahrzeit (Std.)
Buenos Aires	165	14
Corrientes	55	4
Paso de los Libres	56	6
Puerto Iguazú	45	5
Resistencia	60	5
Rosario	160	16
Santa Fe	156	14
Tucumán	210	18
Yapeyú	48	5

Busverbindungen nach San Ignacio (8 Arg$, 1 Std.) bestehen ab 5.15 Uhr mit halbstündlichen Abfahrten.

FLUGZEUG
Aerolíneas Argentinas (☎ 422036; Ayacucho 1728) fliegt fünfmal pro Woche nach Buenos Aires (610 Arg$).

ZUG
Vom **Bahnhof Garupá** (☎ 491101; www.trenesdellitoral. com.ar), 10 km von Posadas entfernt, fährt sonntags um 18 Uhr der schon ziemlich abgenutzte Gran Capitán zum Bahnhof Federico Lacroze in Buenos Aires; zurück fährt der Zug am Freitag um 22 Uhr. Theoretisch braucht der Zug 27 Stunden, in der Regel benötigt er aber erheblich länger. Die billigste Klasse kostet 65 Arg$, eine Schlafkoje ist für 225 Arg$ zu haben.

Unterwegs vor Ort
Buslinie 28 (1,40 Arg$) fährt von San Lorenzo (zwischen La Rioja und Entre Ríos) zum Flughafen. Eine *remise* kostet etwa 30 Arg$. **Avis** (☎ 430050; www.avis.com.ar; Azará 1908) ist ein empfehlenswerter Autoverleiher.

RUND UM POSADAS
Santa Ana & Loreto
Die beiden stimmungsvollen Jesuitenmissionen im feuchten Urwald sind seit Langem der Überwucherung und dem Verfall preisgegeben. Sie liegen abseits der RN 12 zwischen Posadas und San Ignacio, einer weiteren, besser restaurierten Mission.

Santa Ana (☯ 7–18 Uhr) wurde bereits im Jahr 1633 gegründet, aber erst 1660 hierher verlegt. Um die Siedlung, in der zeitweise 2000 christianisierte Guaraní-Indianer lebten, wieder sichtbar zu machen, musste teilweise der dichte tropische Regenwald gerodet werden. Der gigantische Platz zeugt von der einstigen Bedeutung der Anlage.

Die dicken Wände der Kirche werden von innen mit einem Gerüst gestützt, auf denen einige fotogene Würgefeigen wachsen. Sie geben dem Ganzen, das einmal ein sehr imposantes Gebäude gewesen sein muss, einen dramatischen Anstrich. Von den früheren Ornamenten an der Fassade blieb nichts erhalten. Entworfen wurde die Kirche vom italienischen Architekten Brasanelli, der übrigens auch an der Entstehung der Kirche San Ignacio mitbeteiligt war.

Rechts der Kirche liegt der Friedhof, auf dem die Einwohner ihre Toten bis in die zweite Hälfte des 20. Jhs. bestatteten. Heute sind die Grabstätten vernachlässigt, und Grufte mit weit geöffneten Türen geben den Blick frei auf Särge, die von ihren Ablageplatten gefallen und geborsten sind. Wer hier keine Gänsehaut kriegt, der hat noch nicht genug Horrorfilme gesehen.

Hinter der Kirche erinnern ein erhalten gebliebener Kanal und ein Wasserreservoir als einzige Überreste an ein einstmals recht ausgeklügeltes Bewässerungssystem.

Loreto (☯ 7–18.30 Uhr) wurde 1632 gegründet. Hier blieb noch weniger als in Santa Ana erhalten, sodass sich die Anfahrt mit öffentlichen Verkehrsmitteln eigentlich nicht lohnt. Die alte Lehmziegellatrine und eine Kapelle wurden teilweise restauriert, doch inzwischen hat der Urwald wieder die Oberhand gewonnen. Es ist schwierig, die durcheinander liegenden, moosigen Steine zwischen den Bäumen richtig zu interpretieren. Der unberührte Ort im Dschungel erzählt zwar nur wenig über das Missionsleben, hat aber eine ganz eigene, verwunschene Atmosphäre. Loreto war dereinst eine der bedeutenderen Missionen des Landes. Hier wurde sogar eine Druckerpresse gebaut – die erste überhaupt im südlichen Teil des südamerikanischen Kontinents.

Für Loreto und Santa Ana gibt es ein **Kombi-Ticket** (Argentinier/Lateinamerikaner/andere Nationalitäten 15/20/25 Arg$), das auch für San Ignacio Miní und Santa María la Mayor gilt. In Santa Ana wie in Loreto bieten kenntnisreiche Studenten empfehlenswerte Führungen an, die im Eintrittspreis inbegriffen sind. Am Eingang jeder Mission befinden sich ein kleines Museum und ein Kiosk.

AN- & WEITERREISE
Busse, die von Posadas Richtung Norden fahren, halten jeweils an den Abzweigungen zu beiden Stätten an der RN 12. Die für Santa Ana befindet sich bei Km 43; von dort bis zu den Ruinen läuft man noch 1 km. Nach Loreto geht es bei Km 48 ab, hier beträgt der Fußweg 3 km. Es kann sehr, sehr heiß werden, also reichlich Wasser mitnehmen! Für den Rückweg kann man even-

DER NORDOSTEN

DIE MISSIONEN IN PARAGUAY

Von Posadas aus empfiehlt sich ein Tagestrip zu zwei Jesuitenmissionen in Paraguay. Die verfallenen, aber majestätisch wirkenden Kirchen bei Trinidad und Jesús de Tavarangüe wurden sorgfältig restauriert, und so blieb einiges von diesem sagenhaften Mauerwerk erhalten.

Von Posadas aus geht es mit dem Bus hinüber nach Encarnación (s. S. 238) und zum dortigen Busbahnhof. Von dort aus fahren Busse (meist mit Schild „Ciudad el Este") etwa halbstündlich nach Trinidad (5000 G, 40 Min.). Man kann den Fahrer bitten, an der Abzweigung zu den Ruinen zu halten; dann sind es nur noch 700 m zu Fuß.

Die **Ruinen von Trinidad** (Eintritt 5000 G; ⊙ 7–19 Uhr, Winter 7–17.30 Uhr) sind spektakulär: Die rot-braunen Steine der Kirche bilden einen starken Kontrast zum saftigen Grün der umgebenden Hügel. Im Gegensatz zu den argentinischen Missionen blieb hier viel schmückendes Beiwerk erhalten; in den muschelförmigen Nischen stehen noch immer verwitterte Skulpturen, und der Taufstein sowie die fein gearbeitete, barocke Kanzel sind recht eindrucksvoll. Die Türöffnungen sind übersät von fein gemeißelten Motiven. Wer will, kann auf eine der Mauern hinaufklettern, doch Vorsicht mit Kindern: Hier oben gibt es keine Sicherungen. Auch eine noch ältere Kirche und ein Glockenturm wurden restauriert. In der Nähe der Ruinen liegen ein Hotel und ein Restaurant.

Wer nach **Jesús de Tavarangüe** möchte, muss die Hauptstraße zurücklaufen und sich dann nach rechts wenden. Dort befindet sich in 100 m Entfernung an der Abzweigung zum 12 km entfernten Jesús eine Tankstelle. Sammeltaxis (5000 G) warten hier auf Fahrgäste, und Busse (4000 G) verkehren im 2-Stunden-Takt. Es gibt auch Taxis nach Jesús de Tavarangüe, die dort warten und die Fahrgäste zur Abzweigung zurückbringen; der Fahrer verlangt um die 20 000 G.

Die restaurierte Kirche (Eintritt 5000 G; ⊙ 7–19 Uhr, Winter 7–17.30 Uhr) wurde nie fertiggestellt. Die spektakulären Kleeblattbögen (eine Reminiszenz an die maurische Vergangenheit Spaniens) und die gemeißelten Motive von gekreuzten Schwertern und Schlüsseln machen sie zu der vielleicht malerischsten aller Jesuitenruinen. Die dreischiffige Kirche, auf deren Boden das Gras wächst, ist von ähnlich monumentaler Größe wie in Trinidad. Vom Turm aus eröffnet sich ein schöner Ausblick auf die Umgebung.

Die Hauptstraße erreicht man auf dem Rückweg mit dem Bus oder Taxi; Busse nach Encarnación halten bei der Tankstelle. Letzter Halt ist der Busbahnhof; Busse nach Posadas fahren von der Bushaltestelle außerhalb des Bahnhofes ab (gegenüber der Schule).

tuell eine Mitfahrgelegenheit im Schulbus ergattern – in der Mission Loreto nachfragen. Etwa 70 Arg$ kostet die Anfahrt mit der *remise* von San Ignacio zu beiden Stätten, die Wartezeit ist im Preis enthalten. Wer im Zentrum keinen Wagen entdeckt, kann **Andi** (☎ 03752-15-273747) anrufen, der viel über die Gegend weiß.

Santa María la Mayor

Die weiter entfernt liegende vierte Mission auf der Kombi-Eintrittskarte für San Ignacio, Santa Ana und Loreto präsentiert sich mit einer recht großen Plaza und einer verfallenen Kirche. Die Siedlung war groß, sie besaß eine Druckerpresse und ein Gefängnis; die Kapelle wurde im 20. Jh. errichtet. Santa María ist ein angenehmer Ort mitten im Dschungel und bietet großartige Möglichkeiten, Vögel zu beobachten – Tukane und Trogone sind hier leicht zu entdecken. Das Besucherzentrum hält ein hilfreiches Bestimmungsheft für Vögel bereit.

Die Ruinen liegen direkt an der Straße RP 2 zwischen Concepción de la Sierra und San Javier,

110 km südöstlich von Posadas. Für die Anreise nimmt man am besten einen Bus von Posadas nach Concepción de la Sierra. Dort steigt man in einen Bus Richtung San Javier um und bittet den Fahrer, bei den Ruinen zu halten – sprich nach ungefähr 25 km. Von Posadas kann man aber auch einen Bus direkt nach San Javier nehmen, sollte sich aber vorab vergewissern, dass er auch tatsächlich an den Ruinen vorbeifährt – manche Busfahrer nehmen eine andere Route.

SAN IGNACIO
☎ 03752 / 6312 Ew.

Die am besten erhaltene unter den argentinischen Missionen ist San Ignacio Miní, sie ist auch die Hauptattraktion in der kleinen Stadt San Ignacio nördlich von Posadas. Wer die Mission besuchen will, kann entweder direkt von Posadas dorthin fahren oder auf dem Weg nach Iguazú einen Halt einlegen. Empfehlenswert ist aber eine Übernachtung vor Ort: Die Hotels sind komfortabel, außerdem können so die Licht-und-Ton-Shows bei den Ruinen und bei

Quirogas Haus ins Programm aufgenommen werden – sie sind beide lohnenswert.

San Ignacio liegt 56 km nordöstlich von Posadas unweit der RN 12. Von der Abzweigung an der Schnellstraße führt die breite Avenida Sarmiento zum Zentrum des Ortes. Von hier aus gelangt man auf der Rivadavia in nördlicher Richtung zu den Ruinen. An der Abzweigung bei der Schnellstraße befindet sich eine **Touristeninformation** (☾ 7–21 Uhr).

Sehenswertes

SAN IGNACIO MINÍ

Diese **Missionsruinen** (☎ 470186; www.misiones-jesuiticas. com.ar; Eingang Calle Alberdi s/n; Argentinier/Lateinamerikaner/andere Nationalitäten 15/20/25 Arg$; ☾ 7–19 Uhr) sind die am besten erhaltenen in Argentinien. Nicht nur die Vielzahl der noch erkennbaren gemeißelten Ornamente beeindruckt, auch der Aufwand, mit dem hier Restaurierungsarbeiten betrieben werden, ist beachtlich. Dächer blieben nicht erhalten, dafür wurden aber viele Wohnquartiere und Werkstätten wiederaufgebaut.

Zunächst 1610 in Brasilien gegründet, wurde die Siedlung San Ignacio nach wiederholten Angriffen von Sklavenjägern 1696 an ihren aktuellen Ort verlegt. Die Mission florierte noch bis zur Verbannung der Jesuiten im Jahre 1768. Die erst 1897 entdeckten Ruinen wurden zwischen 1940 und 1948 restauriert und zeigen sich heute in einem Stil, der als „Guaraní-Barock" bekannt wurde. Zu ihrer Blütezeit im Jahr 1733 lebten in der *reducción* annähernd 40 000 Guaraní.

Der Eingang liegt an der Nordseite der Calle Alberdi, von dort ist es nicht weit zum **Besucherzentrum** mit seiner eindrucksvollen Ausstellung. Es bietet viele sorgfältig und sensibel zusammengestellte Informationen (auf Spanisch und Englisch) über die Missionen, bei der sowohl die Perspektive der Jesuiten als auch die Sicht der Guaraní beleuchtet wird. Es wird Guaranímusik gespielt (darunter einige religiöse Stücke, die innerhalb der Missionen komponiert wurden) und ein virtuelles Modell des einstigen San Ignacio gezeigt.

An den Ruinen sind interaktive Tafeln mit mehrsprachigen Infos angebracht. Ebenfalls informativ sind die kostenlosen Führungen; die Führer sprechen Englisch, manche auch Deutsch und Französisch. Auf dem Weg zur Plaza geht es durch Reihen von Guaraní-Häusern hindurch. An einer Seite der Plaza steht eine gewaltige Kirche aus Buntsandstein, die alleine schon durch ihre Dimensionen beeindruckt und den Mittelpunkt der Siedlung bildet. Der rotbraune Stein ist sehr malerisch, ursprünglich waren die Gebäude jedoch weiß getüncht. Bevor Kalk problemlos zu beschaffen war, wurde er durch das Verbrennen von Schneckengehäusen gewonnen.

Im Kreuzgang neben der Kirche sind einige prächtig gearbeitete Balustraden erhalten geblieben, in angrenzenden Räumen ist noch der Originalfußboden zu sehen. Direkt vor dem Ausgang befindet sich ein weiteres Museum, das einige schön gemeißelte Pflastersteine enthält.

Im Sommer ist von einem Besuch zwischen 10 und 13 Uhr dringend abzuraten, denn dann wird es dort durch Besuchergruppen besonders voll.

Theoretisch steigt in den Ruinen von Mitte September bis März jeden Abend und sporadisch in den übrigen Monaten eine Ton-und-Licht-Show *(Luz y Sonido)*. Sie ist im Ticketpreis inbegriffen, die Anfangszeit schwankt zwischen 19 und 20 Uhr.

Die Eintrittskarte ist 15 Tage lang gültig und schließt den Eintritt für die nahe gelegenen Ruinen in Santa Ana und Loreto (S. 239) sowie die etwas weiter entfernt liegende Mission Santa María la Mayor (S. 240) ein.

CASA DE HORACIO QUIROGA

Der uruguayische Romancier und Dichter Horacio Quiroga war ein Naturverehrer, der seine Muse im raubeinigen Lebensstil der hinterwäldnerischen Missionen fand. Sein schlichtes **Haus** (☎ 470124; Av Quiroga s/n; Eintritt 7 Arg$; ☾ 8–18.45 Uhr) am Südrand der Stadt (20–30 Min. zu Fuß) hat er selbst aus Stein gebaut.

Ein Pfad durch Zuckerrohrfelder führt zu seinem Haus, unterwegs stehen Tafeln, auf denen (auch auf Englisch) Ereignisse seines zutiefst tragischen Lebens wiedergegeben sind.

Der großartige Blick auf den Paraná (wenn die Vegetation hoch ist, muss man sich allerdings dafür den Hals verrenken) inspirierte Quiroga zu seinen Erzählungen mit viel regionalem Bezug. Zeit und Ort werden darin überwunden, ohne aber den Schauplatz zu verleugnen. Einige seiner Erzählungen liegen in deutscher Übersetzung vor, z. B. im Band *Die Wildnis des Lebens*.

Neben dem Steingebäude steht ein Nachbau seines ursprünglichen Holzhauses, der für die filmische Biografie *Historias de Amor, de Locura y de Muerte* (Geschichten von Liebe, Wahnsinn und Tod) 1996 errichtet wurde.

Schlafen & Essen

Adventure Hostel (☎ 470955; www.sihostel.com; Independencia 469; B/DZ 34/140 Arg$; ☽ ▯ ⛶ ▰) Das neue Hostel steht unweit der Plaza zwei Querstraßen

DER NORDOSTEN

EIN TRIUMPH DER MENSCHLICHKEIT

Von 1609 an begann für eineinhalb Jahrhunderte eines der größten sozialen Experimente der Welt, ausgeführt im Dschungel Südamerikas von den Jesuiten. Die Priester siedelten sich in abgeschiedenen Gebieten an und errichteten *reducciones* (Missionen), in denen sie Guaraní-Gemeinschaften gründeten. Die Guaraní wurden durch die Priester missioniert und bekamen eine Ausbildung; damit wurden sie vor Sklaverei und dem schädlichen Einfluss der Kolonialgesellschaft geschützt. Es war eine Utopie, die Voltaire dazu veranlasste, sie als „einen Triumph der Menschlichkeit, welcher die Grausamkeiten der ersten Eroberer sühnt" zu beschreiben.

Für die Guaraní, denen man die Möglichkeit bot, in den Missionen ein neues Leben zu beginnen, gab es viele greifbare Vorteile wie Sicherheit, Nahrungsmittel und Wohlstand. Die Sterblichkeitsrate sank augenblicklich, und die Bevölkerung in den Missionen wuchs rasch. Zu ihren Glanzzeiten gab es 30 Jesuiten-*reducciones* in den Regionen, die heute zu Argentinien, Brasilien oder Paraguay gehören; mehr als 100 000 Guaraní lebten hier. In jeder Mission gab es ein Minimum an europäischen Einwohnern: Üblich waren zwei Priester. Die Guaraní verwalteten sich selbst unter der geistigen Führung der Jesuiten. Die Jesuiten zwangen die Guaraní nicht, Spanisch zu sprechen, sondern versuchten lediglich, jene Aspekte der Guaraní-Kultur zu ändern (etwa Polygamie oder gelegentlichen Kannibalismus), die mit der katholischen Lehre kollidierten. Jede Guaraní-Familie bekam ein eigenes Haus, und die Kinder wurden von den Jesuiten unterrichtet.

Die typische *reducción* bestand aus einer großen, zentralen Plaza, die dominiert wurde von der Kirche und vom *colegio*, in dem die Priester wohnten (und auch Kunsthandwerksräume und Abstellkammern beherbergte). Die Häuser der Guaraní, die in gepflegten Reihen standen, machten den Rest der Siedlung aus. Weitere Gebäude waren manchmal noch ein Krankenhaus für die medizinische Versorgung, ein *cotiguazú* (großes Haus), das Witwen und verlassenen Ehefrauen Unterschlupf bot, und ein *cabildo*, in dem der gewählte Anführer der Guaraní lebte.

Die Siedlungen waren autark; die Guaraní wurden in der Landwirtschaft unterwiesen und Nahrungsmittel gerecht verteilt. Im Laufe der Zeit und mit der Ausdehnung der Missionen ersetzte man die ursprünglichen Holzgebäude durch Steinbauten. Die Kirchen, entworfen von Stararchitekten mit utopischen Träumen, wuchsen sich zu atemberaubenden Bauwerken mit verschlungenen barocken Steinarbeiten und Skulpturen aus.

Tatsächlich lag die vielleicht größte Leistung der Missionen in der künstlerischen Natur. Die Guaraní übernahmen die Kunst und Musik, die ihnen hier nähergebracht wurde, und begannen, europäische Stilrichtungen mit ihren eigenen Traditionen zu verweben. Heraus kamen wunderbare Musik, Skulpturen, Tänze und Gemälde im sogenannten „Guaraní-Barock". Möglicherweise war es die Kirchenmusik der Jesuiten, die die Guaraní zum Katholizismus hinzog.

Dennoch hatte das Leben in den Missionen zwangsläufig einen kriegerischen Aspekt. *Bandeirantes* (Plünderer) aus Brasilien suchten immer wieder Sklaven für ihre Zuckerrohrplantagen, und die Jesuiten wurden sowohl von den spanischen als auch vom portugiesischen Kolonialbehörden misstrauisch beäugt. Es gab regelmäßige Kämpfe, bis 1641 ein deutlicher Sieg über eine Armee von 3000 Sklavenjägern bei Mbororó eine Zeit relativer Sicherheit einläutete.

Die Epoche der Missionen fand schließlich ein abruptes Ende: Unterschiedliche Faktoren – der Neid der kolonialen Obrigkeit und der Siedler sowie das Gefühl, die Jesuiten wären ihren eigenen Idealen gegenüber loyaler als denen der Krone – veranlasste Carlos III. von Spanien, sie 1767 aus seinem Herrschaftsgebiet zu verbannen (womit er dem Beispiel von Portugal und Frankreich folgte). Als die Priester fort waren, wurden die Gemeinschaften noch verletzbarer, und so verstreuten sich die Guaraní nach und nach in alle Winde. Die dem Verfall preisgegebenen Missionen wurden in den Kriegen des frühen 19. Jhs. endgültig zerstört.

Der 1986 gedrehte Film *The Mission* handelt von den letzten Tagen der Missionen. Am fesselndsten ist das Casting eines kolumbianischen Stammes – dem der Waunana – als Guaraní. Diese hatten zuvor praktisch keinen Kontakt mit der Kultur der Weißen.

Von vielen der 15 Missionen in Argentinien gibt es kaum Überreste, doch San Ignacio Miní (S. 241), Loreto und Santa Ana (S. 239), Yapeyú (S. 234) und Santa María la Mayor (S. 240) lohnen einen Besuch. Die sagenhaften Missionen bei Jesús de Tavarangüe und Trinidad in Paraguay bieten sich für einen schönen Tagesausflug von Posadas aus an (s. Kasten S. 240). Es gibt noch weitere, ebenfalls sehenswerte Missionen im Süden Brasiliens.

südlich der Kirche. Schlafsäle und Zimmer sind eher dunkel und wirken etwas jugendherbergsmäßig (gekalkte Ziegel), aber bequem, die Einrichtungen und Anlagen sind ausgezeichnet. Von Tischtennis und DVD bis zu Schaukeln auf dem weitläufigen Gelände ist alles vorhanden, die Mitarbeiter bestellen auf Wunsch auch Essen.

Hotel San Ignacio (☎ 470047; hotelsanignacio@arnet. com.ar; Ecke Sarmiento & San Martin; EZ/DZ 70/100 Arg$, 5-Pers.-Cabana 150 Arg$; 🍴 🖳) Im Stadtzentrum in der Nähe der Bushaltestellen präsentiert sich die empfehlenswerte Unterkunft mit sauberen, ruhigen und komfortablen Zimmern, großen Bädern sowie Bar und Internetcafé. Die dreieckigen Hütten hinter dem Haus bieten Gruppen ein tolles Preis-Leistungs-Verhältnis. Die Bar serviert einfaches, leckeres Essen.

Hotel Portal del Sol (☎ 470005; www.portaldelsolhotel. com; Rivadavia 1115; EZ/DZ 90/115 Arg$; 🍴 🖳 🛜 📺) Die Unterkunft zwischen Stadtzentrum und Ruinen ist um einiges besser als sie aussieht. Das Restaurant ist mittelmäßig, aber die Zimmer recht ansehnlich, die helle Bettwäsche kontrastiert schön mit den dunklen Holzmöbeln. Die Gäste können den Pool des nahe gelegenen Zeltrestaurants Carpa Azul nutzen.

La Aldea (Los Jesuitas s/n; Gerichte 12–25 Arg$; 🕐 8–24 Uhr) In dem scheunengroßen Lokal unweit der *artesanía*-Stände am Ausgang der Ruinen stehen Tische vor der Tür, im Innenraum und auf der hinteren Terrasse. Serviert werden ausgezeichnete Pizzas und *minutas* (Snacks). Das Aldea ist eines der wenigen Lokale, die noch spätabends geöffnet haben.

Don Valentín (☎ 03752-15-647961; Alberdi 444; Hauptgerichte 14–30 Arg$; 🕐 8–17.30 Uhr) Unter den Fließbandbetrieben, die in dieser Gegend Besuchergruppen versorgen, ist das Don Valentín gegenüber dem Eingang zu den Ruinen der Einäugige unter Blinden. Es besitzt eine schattige Terrasse und bietet einen herzlichen Service, leider hat es abends nicht mehr geöffnet.

An- & Weiterreise

Schnellbusse halten auf der RN 12 am Bogen an der Hauptstraße, direkt am Eingang zur Stadt. Es fahren jedoch auch etliche Busse nach San Ignacio mit Halt auf der Avenida Sarmiento im Stadtzentrum bei der Kirche. Es gibt regelmäßige Verbindungen zwischen Posadas (8 Arg$, 1 Std.) und Puerto Iguazú (40 Arg$, 4–5 Std.).

Wer nicht übernachten will, kann sein Gepäck für ein paar Pesos bei den freundlichen Kioskleuten neben der Kirche deponieren – da, wo die Busse halten.

WASSERFÄLLE VON IGUAZÚ

Die Iguazú-Fälle gehören zu den überwältigendsten Naturschauspielen unserer Erde. Ein Besuch der Wasserfälle ist eine Urerfahrung – die unglaubliche Kraft und die Lautstärke des tosenden Wassers bleiben dem Betrachter für immer in Erinnerung. Auch die Landschaft für sich ist spektakulär: Die Fälle liegen zwischen Brasilien und Argentinien in einem Nationalpark, der zu großen Teilen aus Regenwald besteht. In ihm leben Tausende Insektenarten, Hunderte verschiedene Vogelarten sowie viele Säugetiere und Reptilien.

Die Wasserfälle sind von Argentinien, Brasilien und Paraguay aus leicht zu erreichen. Die meisten Besucher entscheiden sich für einen Aufenthalt im brasilianischen Foz do Iguaçu oder in Argentiniens Puerto Iguazú. Beide Orte bieten eine große Auswahl an Übernachtungsmöglichkeiten.

Geschichte, Natur & Umwelt

Álvar Núñez Cabeza de Vaca und sein Expeditionsteam waren die ersten Europäer, die die Wasserfälle 1542 erblickten. Nach einer Legende der Guaraní entstanden die Wasserfälle, als ein Indianerkrieger namens Caroba den Zorn eines Waldgottes auf sich zog, weil er mit der jungen Naipur (in die der Waldgott verliebt war) flussabwärts in einem Kanu fliehen wollte. Voller Wut ließ der Gott das Flussbett vor den Augen

DER NORDOSTEN

WEITERE WASSERFÄLLE

Iguazú ist nicht der einzige Ort in der Provinz Misiones mit spektakulären Wasserfällen: Auch die ungewöhnlichen **Saltos del Moconá** hinterlassen eine bleibende Erinnerung. Eine Verwerfung im Bett des Río Uruguay teilt den Fluss der Länge nach. Das Wasser ergießt sich über die Schwelle zwischen beiden Hälften und erzeugt dabei einen rund 3 km langen und je nach Wasserstand bis zu 15 m hohen Wasserfall.

Die Wasserfälle liegen am Ostrand der Provinz Misiones, ungefähr auf halbem Weg zwischen Posadas und Puerto Iguazú. Von Posadas fahren mehrmals täglich Busse nach El Soberbio (4 Std.); von hier sind es 75 km zu den Wasserfällen, überwiegend auf asphaltierten Straßen. Bei niedrigem Wasserstand können Besucher vom Ende der Straße zu Fuß zu den Fällen gehen. Eindrucksvoller erlebt man dieses Naturschauspiel aber im Rahmen einer Bootstour.

Blockhütten organisieren Ausflüge zu den Wasserfällen und den verschiedenen Parks und Reservaten, die diese Zone schützen. Zu den Anbietern zählt auch der freundliche **Yabotí Jungle** (☎ 03755-495266, 03755-15-652853; mocona4x4@yahoo.com.ar; Av. Corrientes 481, El Soberbio), der 130 Arg$ für einen vierstündigen Ausflug verlangt (Minimum 390 Arg$); die Tour mit dem Speedboat durch die brasilianischen und argentinischen Regenwaldschutzgebiete zu beiden Seiten ist schon an sich ein Erlebnis. Veranstalter in Posadas und Puerto Iguazú bieten ebenfalls solche Touren an – sie haben auch Ausflüge zu abgelegenen *aldeas* (Dörfer) der Guaraní für 80 Arg$ im Programm.

Ganz wichtig: Die Wasserfälle sind nicht immer zu sehen. Wenn der Pegel des Flusses hoch ist, haben die Besucher Pech gehabt. Am besten vorher anrufen und fragen. Die beste Zeit für einen Besuch ist normalerweise die Zeit von Dezember bis März.

El Soberbio ist schon an sich ein interessanter Ort, ein Dienstleistungszentrum für ein üppiges landwirtschaftliches Gebiet, in dem Tabak, Zitronengras und Maniok angebaut werden. Es gibt eine Fähre nach Brasilien – und viele blonde Köpfe – ein Erbe der deutschen und osteuropäischen Einwanderer, die sich hier mit der einheimischen Guaraní-Bevölkerung vermischt haben.

Mehrere Übernachtungsmöglichkeiten stehen zur Verfügung, darunter das **Hostal Del Centro** (☎ 03755-495133; Ecke Rivadavia & San Martín; Zi. pro Pers. 50 Arg$), das sich im Stadtzentrum um einen grasbewachsenen Innenhof gruppiert; die Zimmer sind ihren Preis wert, die Gäste dürfen die Küche benutzen.

Die auf einem Hügel gelegene **Hostería Puesta del Sol** (☎ 03755-495161; www.h-puestadelsol.com.ar; Suipacha s/n; EZ/DZ 95/180 Arg$; ☒ ☎ ☒) bietet ordentliche Zimmer in einer legeren Anlage mit atemberaubendem Blick und einem riesigen (Sommer-) Pool. Die Halbpension kostet pro Person 25 Arg$, und es gibt Bungalows für Gruppen.

Mehrere Blockhütten im Regenwald stehen näher an den Wasserfällen. Die Gäste werden dort normalerweise in schicken rustikalen Hütten mit tollem Panorama untergebracht. Mahlzeiten sind im Preis inbegriffen (außer bei Aldea Yaboty).

Aldea Yaboty (☎ 03755-15-553069; www.aldeayaboty.com; Zi./Hütte 200/300 Arg$)
Don Enrique Lodge (☎ 011-4743-2070; www.donenriquelodge.com.ar; EZ/DZ 180/260 US$)
Posada la Bonita (☎ 03755-15-680380; www.posadalabonita.com.ar; EZ/DZ 342/532 Arg$)
Posada La Misión (☎ 011-5199-0185; www.lodgelamision.com.ar; DZ 530 Arg$)

der Liebenden zusammenbrechen: Eine Reihe von Wasserfällen entstand, die über Naipur zusammenstürzten, um sie dann am Fuß der Wasserfälle in einen Felsen zu verwandeln. Caroba überlebte als Baum, der fortan auf seine herabgestürzte, steinerne Geliebte blicken musste.

Geologen sind da etwas nüchterner, was den Ursprung der Wasserfälle angeht: In Südbrasilien fließt der Río Iguaçú über ein Basaltplateau, das abrupt etwas östlich vom Zusammenfluss des Río Iguaçú mit dem Río Paraná abbricht. Dort, wo der Lavafluss endet, stürzen nun Tausende Kubikmeter Wasser in der Sekunde bis zu 80 m tief in ein Sedimentbecken. Bevor der Iguaçú die Wasserfälle erreicht, teilt er sich in zahlreiche Kanäle mit versteckten Riffen, Felsen und Inseln. Sie sind für die vielen, ganz unterschiedlichen Kaskaden verantwortlich und bilden gemeinsam die berühmten *cataratas* (Wasserfälle). Alle Einzelfälle zusammengerechnet sind die Wasserfälle über 2 km breit.

Besichtigung der Wasserfälle

Die brasilianische und die argentinische Seite bieten einen jeweils völlig unterschiedlichen Blick auf die Fälle, und es lässt sich darüber streiten, welche der beiden Seiten den besseren Blick auf die Wasserfälle bietet. Wer sich nicht entscheiden kann, besucht die Fälle am besten in beiden Ländern – am besten (falls möglich) an einem klaren Tag und zunächst in Brasilien.

Es macht schon einen gewaltigen Unterschied, ob die Sonne scheint oder der Himmel bewölkt ist – nicht nur wegen der Regenbögen und der flatternden Schmetterlinge, die es an sonnigen Tagen zu sehen gibt. Wer es ermöglichen kann, sollte mehrere Tage bleiben, dann gelingt sicher ein Bilderbuchfoto.

Auf der argentinischen Seite mit ihren zahlreichen Wanderpfaden und Bootsfahrten ist es leichter, den einzelnen Wasserfällen sehr nahe zu kommen. Die brasilianische Seite punktet dafür mit einem Panoramablick, der einen besseren Eindruck von der unglaublichen Dimension der Wasserfälle bietet. Beide Orte haben viele Übernachtungsmöglichkeiten, die jeweils andere Seite lässt sich bequem im Rahmen von Tagesausflügen besichtigen.

Nationalparks

Parque Nacional do Iguaçu und Parque Nacional Iguazú – sowohl die brasilianische als auch die argentinische Seite der Wasserfälle liegen in Nationalparks. Hohe Temperaturen, viel Niederschlag und hohe Feuchtigkeit sorgen für eine immense Artenvielfalt: Im subtropischen Regenwald wurden über 2000 Pflanzenarten, zahllose Insektenarten, 400 Vogelarten sowie viele Säugetiere, Reptilien und Amphibien nachgewiesen.

Die Wälder an den Wasserfällen ähneln dem tropischen Regenwald des Amazonas weiter nördlich. Die Bäume wachsen in Stockwerken, das höchste bildet einen geschlossenen Baldachin, der über 30 m hoch aufragen kann. Unterhalb des Baldachins gibt es mehrere Stockwerke und einen dichten Unterwuchs, bestehend aus Büschen und Kräutern. Eine der interessantesten Pflanzen ist die Guapoy, eine Würgefeige aus der Gruppe der Epiphyten. Sie wächst solange an großen Bäumen entlang, bis sie ihren Wirtsbaum erstickt hat.

Säugetiere und andere Tiere zeigen sich in beiden Nationalparks eher selten, da sie entweder nachtaktiv oder menschenscheu sind: Das dichte Unterholz bietet ihnen ausreichend Schutz. Das trifft zum Beispiel für Raubkatzen wie den Puma oder den Jaguar zu. Das größte Säugetier des Regenwalds ist der Tapir, ein entfernter Verwandter des Pferds. Häufiger zu sehen sind die Coati oder Nasenbären. Auch Leguane sind oft anzutreffen. Und Vorsicht vor den Schlangen!

Tropische Vogelarten sorgen für Farbtupfer: Sowohl Tukane als auch Papageien sitzen meist gut erkennbar in den Bäumen. Sie lassen sich am besten frühmorgens am Wasser oder im Wald von den Pfaden aus beobachten.

Obwohl das von offizieller Seite bestritten wird, hat der massive Besucherstrom viele Tiere tiefer in den Wald hineingetrieben; wer sie dennoch sehen will, sollte sich – mit der entsprechenden Rücksichtnahme – weiter in den Park hineinbegeben.

Gefahren & Ärgernisse

Die Strömungen des Río Iguaçu sind stark und schnell; schon so mancher Tourist wurde flussabwärts gerissen und ertrank vor der Isla San Martín. Also besser nie zu nahe an die Wasserfälle herantreten! Hitze und Feuchtigkeit sind in der Nähe der Fälle oft intensiv, und es gibt viele, viele hungrige Stechinsekten und Blutegel hier.

Wer – was eher unwahrscheinlich ist – auf eine Wildkatze trifft, sollte niemals weglaufen und auf keinen Fall dem Tier den Rücken zudrehen. Wichtig ist: Ruhig, aber laut zum Tier sprechen und immer versuchen, sich größer als das Tier zu machen.

Viel häufiger (sogar ziemlich sicher auf dem Paseo Inferior im argentinischen Park) ist die Begegnung mit einer Bande bettelnder Coatis oder Nasenbären, die sich inzwischen (leider) an Menschen gewöhnt haben. Obwohl die witzigen Allesfresser recht zahm wirken, können sie beim Füttern (oder wenn sie mit Futter angelockt werden) ziemlich aggressiv werden und zubeißen. In beiden Parks gibt es einen Rettungsdienst, der im Falle eines Angriffs hilft.

Die Gischt der Wasserfälle macht alles nass oder zumindest feucht: Bargeld, Ausweise und Kamera sollten deshalb am besten in einer Plastiktüte geschützt werden.

PARQUE NACIONAL IGUAZÚ

☎ 03757

Auf der argentinischen Seite hat dieser **Park** (☎ 491469; www.iguazuargentina.com; Erw./Kind 6–12 Jahre 60/30 Arg$, Pers. aus Mercosur-Staaten 30 Arg$, Argentinier 20 Arg$; ☼ April–Sept. 8–18 Uhr, Okt.–März 7.30–18.30 Uhr) viel zu bieten, u. a. eine ganze Reihe von Spazierwegen. In der weitläufigen Anlage am Eingang gibt es verschiedene Einrichtungen, z. B. Schließfächer, einen Geldautomaten und ein Restaurant. Die Ausstellung **Ybyrá-retá** beschäftigt sich mit dem Park und dem Leben der Guaraní und richtet sich vor allem an Schülergruppen. Am Ende des Komplexes liegt der Bahnhof. Von dort

---

SIGHTSEEING MIT NERVENKITZEL

Wer glaubt, dass man auf den Stegen an den Iguazú-Wasserfällen die beste Sicht genießt, hat sich getäuscht und versäumt vielleicht einen Schnappschuss, den man nur einmal im Leben so hinkriegt – und dann gewiss nie wieder.

In der Frühzeit des Wasserfall-Tourismus konnte man einen Einheimischen anheuern, der seine Kunden mit einem Ruderboot an die Abbruchkante des Wasserfalls fuhr. Dort ruderte er wie verrückt gegen die Strömung an, während die Fahrgäste Fotos schossen, einmal hinunterspuckten und all das machten, was Touristen eben so an Wasserfällen zu tun pflegen.

Aber irgendwann passierte natürlich das Unvermeidliche: 1938 war die Strömung eines Tages stärker als der Ruderer, und das Boot – an Bord waren sieben Deutsche – sauste über den Rand und den Wasserfall hinunter. Es gab – wie nicht anders zu erwarten – keine Überlebenden, die Bootsfahrten wurden umgehend verboten.

Das ist das Ende der Geschichte, und es war das Ende einer törichten, aber im wahrsten Sinne des Wortes atemberaubenden Sightseeingtour.

---

fährt alle halbe Stunde ein Zug zur Station Cataratas (wo der Weg zum Wasserfall beginnt) und zur Garganta del Diablo. Wer lieber zu Fuß geht: Auf dem Pfad „Sendere Verde" sind es nur 650 m bis zum Bahnhof Cataratas und weitere 2,3 km bis zur Garganta; unterwegs lassen sich häufig Kapuzineraffen sehen.

Die Attraktionen des Parks reichen für einen mehrtägigen Besuch; der Eintritt reduziert sich um die Hälfte, wenn man am nächsten Tag wiederkommt. Einzige Bedingung: Die Eintrittskarte muss beim Hinausgehen abstempelt werden.

Sehenswertes

Um ein umfangreichen Eindruck von den **Wasserfällen** zu bekommen, ist es am besten, das Wegenetz abzuwandern: Jeder Weg bietet verschiedene Perspektiven auf die Kaskaden. Und es lohnt sich wirklich, vor 9 Uhr morgens dort zu sein: Die Laufstege sind schmal, und entsprechend wenig Spaß macht es, bei sengender Hitze und hoher Luftfeuchtigkeit inmitten der Besuchergruppen festzustecken.

Zwei Rundgänge, der **Paseo Superior** (650 m) und der **Paseo Inferior** (1400 m), bieten die besten Ausblicke: Sie bestehen aus mehreren Pfaden, Brücken und *pasarelas* (Laufstegen). Der Paseo Superior verläuft durchgehend flach und bietet großartige Blicke auf das obere Ende von mehreren Kaskaden. Der Paseo Inferior führt zum Fluss hinunter (für Rollstühle ungeeignet) und verläuft spektakulär nahe an einigen weiteren Fällen vorbei.

Am Ende des Pfades wartet ein Boot, das die Besucher gratis das kurze Stück zur **Isla San Martín** übersetzt: Auf der Insel wurde ein weiterer Pfad angelegt, der den allernächsten Blick auf einige der Fälle ermöglicht, u. a. auf den **Salto San Martín**, einen gigantischen Hexenkessel. Die Leeseite der Insel eignet sich gut für ein Picknick und ein Bad, doch auch hier gilt: Im Wasser nicht zu weit vom Strand wegschwimmen!

Vom Bahnhof Cataratas geht es per Zug oder zu Fuß 2300 m weit zur Haltestelle Garganta del Diablo. Von dort führt ein 1100 m langer Steg über den gemächlich dahinfließenden Río Iguazú zu einem der spektakulärsten Anblicke unseres Planeten, zum Blick auf die **Garganta del Diablo** (Teufelsschlund). Die Aussichtsplattform liegt direkt über der mächtigen Sturzflut, einer ohrenbetäubend tosenden Kaskade, die sich ins Bodenlose zu ergießen scheint; ein Gischtschleier, der die Betrachter durchnässt, vernebelt den Grund und erhebt sich zu einer Dunstwolke, die oft noch kilometerweit zu sehen ist. Es ist ein majestätischer, Ehrfurcht einflößender Ort, den man sich für den Schluss des Besuchs aufheben sollte. Der letzte Zug zur Garganta fährt um 17 Uhr ab – ein guter Zeitpunkt, denn dann ist es dort nicht mehr so voll wie in den Stunden zuvor. Wer lieber zu Fuß geht, wird um diese Tageszeit auch sehr viel mehr Wildtiere zu Gesicht bekommen.

Aktivitäten

Nur wenige Besucher wagen sich aus der unmittelbaren Umgebung der Wasserfälle hinaus, um die Waldlandschaft und die Tierwelt des Parks zu erleben, aber die Mühe lohnt sich. Auch auf den Wasserfallpfaden trifft man auf große Echsen, Nasenbären und zahlreiche Vogelarten, aber viel mehr ist auf den (wenigen) Pfaden durch den dichter werdenden Wald zu sehen.

Direkt an der Straße hinter dem Besucherzentrum (sie ist auch über einen Pfad vom Ausgangspunkt der Estación Central erreichbar) beginnt der Naturpfad **Sendero Macuco**, der durch dichten Wald zu einem verborgenen Wasserfall führt, dem **Salto Arrechea**. Die ersten 3 km des Weges bis zum oberen Teil des Wasserfalls sind beinahe durchgehend eben, dann führt ein steiler, 650 m langer Seitenpfad hinunter zum Fuß des Wasserfalls und weiter zum Río Iguaçu. Dieser Teil des Weges ist matschig und glitschig – hier ist größte Vorsicht geboten. Für den Hin- und Rückweg sollten insgesamt zweieinhalb Stunden eingeplant werden. Am frühen Morgen sind die Chancen am größten, Tukane, Gruppen von Kapuzineraffen und andere Tiere zu sehen. Auf keinen Fall Insektenschutz vergessen!

Iguazú Jungle Explorer (☎ 421696; www.iguazujungl explorer.com) ist eine gut organisierte Firma, die folgende drei Ausflüge anbietet: Eine Fahrt mit dem Speedboat zum Fuß mehrerer Wasserfälle, inklusive Dusche unter dem Sturzbach San Martín (75 Arg$, 15 Min.), eine ruhige Schlauchboot-Tour auf dem oberen Iguazú (35 Arg$, 30 Min.) sowie einen Ausflug, der die Fahrt auf dem Sendero Yacaratiá hinunter zum Fluss im Pritschenwagen mit einer Tour flussaufwärts durch die Stromschnellen bis zu den Wasserfällen kombiniert (150 Arg$, 1 Std.). Wer mehrere Ausflüge bucht, bekommt Rabatt.

An fünf aufeinanderfolgenden Nächten werden **Vollmondwanderungen** (☎ 491469; www.iguazu argentina.com; 130 Arg$) zur Garganta del Diablo angeboten. Die Touren starten dreimal pro Nacht: Um 20 Uhr sieht man den Vollmond aufgehen, bei der letzten Tour um 21.30 Uhr leuchtet der Mond über den Wasserfällen. Begegnungen mit Tieren sind dabei aber eher unwahrscheinlich. Im Preis sind der Eintritt und nach der Wanderung ein Cocktail und ein Abendessen enthalten. Die Mondspaziergänger werden mit Extrabussen in Puerto Iguazú abgeholt.

Schlafen & Essen

Innerhalb des Park gibt es nur ein Hotel. Die zahlreich vertretenen Snackbars offerieren erwartungsgemäß überteuerte Snacks und Getränke. Das Essen ist schrecklich; von daher empfiehlt es sich, ein Picknick mitzubringen oder in einem der beiden Restaurants, La Selva oder Fortín, zu essen.

Sheraton International Iguazú (☎ 491800; www. sheraton.com/iguazu; Zi. mit Aussicht auf den Wald/die Wasserfälle 1100/1330 Arg$; ❄ 🖵 🛜 🐾) Hinsichtlich Lage und Standort mit Blick flussaufwärts auf den spektakulärsten Teil der Wasserfälle genießt das Sheraton Privilegien, die es mit professionellem Service und geräumigen Zimmern mit Balkon

noch untermauert. Teile des Hotels bräuchten jedoch ganz augenscheinlich mal wieder eine Generalüberholung. Hier zahlen die Gäste ohnehin für den Blick – warum also nicht auch gleich etwas mehr in ein Zimmer mit Blick auf die Wasserfälle investieren? Dafür ist man ja schließlich da! Die Zimmer sind bei Online-Buchung normalerweise deutlich billiger. Leser waren vom Angebot des hoteleigenen Restaurant enttäuscht.

Fortín (☎ 491040; All-you-can-eat 50 Arg$; ❄ 10–17 Uhr) Das Lokal liegt günstig in der Nähe des alten Hotels (heute das medizinische Zentrum des Parks) und bietet ein ordentliches Büfett, das mit eher mittelmäßigen *parrilla*-Gerichten bestückt ist. Dennoch ist es das Lokal, das bei den Spaziergern zu den Fällen für ein Mittagessen am nächsten liegt und akzeptable Preise verlangt. In den Karten vom Park ist es nicht eingezeichnet.

La Selva (☎ 491459; All-you-can-eat 55 Arg$; ❄ 11–15.30 Uhr) Für dieses Restaurant wird so sehr die Werbetrommel gerührt, dass man aufs Schlimmste gefasst ist. Dabei ist es überraschenderweise ganz in Ordnung, es gibt ein ordentliches Büffet mit kalten und warmen Speisen und eine All-you-can-eat-*parrillada*. Die Informationskioske in der Anlage geben manchmal Gutscheine aus, die für saftigen Rabatt sorgen.

An- & Weiterreise

Der Nationalpark beginnt 20 km südöstlich von Puerto Iguazú. Vom dortigen Busbahnhof fährt zwischen 6.40 und 19.40 Uhr alle halbe Stunde ein Bus zum Park (5 Arg$, 40 Min.), auf dem Rückweg verkehren die Busse zwischen 7.20 und 20.20 Uhr. Die Busse halten auf Handzeichen der Passanten an bestimmten Stellen an der Fernstraße. Eine Taxifahrt von der Stadt zum Parkeingang kostet 50 Arg$.

PARQUE NACIONAL DO IGUAÇU (BRASILIEN)

Auf der brasilianischen Seite betritt man den Park (☎ 3521-4400; www.cataratasdoiguacu.com.br; Kinder ab 7 Jahre 21,15 R$, Pers. aus Mercosur-Staaten 18,15 R$, Brasilianer 13,65 R$; ❄ Sommer 9–18, Winter 9–17 Uhr) durch ein riesiges Besucherzentrum mit Snackbar, Geldautomat, großen Schließfächern (3 R$) und weiteren Annehmlichkeiten. Das Parken kostet hier 12 R$, am Parque das Aves gegenüber steht man kostenlos.

Eintrittskarten können in brasilianischer, argentinischer, paraguayischer und US-Währung bezahlt werden, letzter Einlass ist eine Stunde vor Schließung. Nach dem Ticketkauf führt der

EINREISE NACH BRASILIEN

Für Tagesausflügler sind die Grenzformalitäten minimal. Argentinische Beamte stempeln bei der Ausreise lediglich den Pass.

Wer eine Weile bleiben oder die Reise in Brasilien fortsetzen möchte, benötigt einen Einreisestempel. Dafür muss man an der brasilianischen Grenze den Bus verlassen (und für die Weiterfahrt den nächsten nehmen). Deutsche, Österreicher und Schweizer brauchen für einen Aufenthalt bis zu 90 Tagen kein Visum. Der Reisepass muss bei der Einreise mindestens noch sechs Monate gültig sein.

Wer sich länger in Brasilien aufhält, muss eventuell bei der Rückkehr nach Argentinien eine Gebühr entrichten.

Weg durch eine Ausstellung, die (auf Portugiesisch, Englisch und Spanisch) über Geologie, Geschichte und Biodiversität der Wasserfall-Region informiert. Hinter dem Gebäude warten Doppeldeckerbusse darauf, die Besucher in den eigentlichen Park zu fahren. Unterwegs lassen sich viele Tiere beobachten.

Der erste Halt erfolgt am **Trilha do Poço Preto** (☎ 3529-9627; www.macucoecoaventura.com.br; pro Person 100 R$). Hier startet eine 9 km lange geführte Wanderung durch den Dschungel zu Fuß oder per Fahrrad. Der Pfad endet auf Taquara Island, dort können Besucher Kajak fahren oder eine Bootsfahrt nach Porto Canoas unternehmen. Oder sie können über den Bananeiras Trail zum Ausgangspunkt zurücklaufen.

Der zweite Stopp liegt am Ausgangspunkt der zweistündigen **Macuco Safari** (☎ 3574-4244; www.macucosafari.com.br; pro Pers. 140 R$). Dazu gehören eine 3 km lange Fahrt im Pritschenwagen durch den Dschungel, ein 600 m langer Spaziergang zu einem kleinen Wasserfall und dann eine Bootsfahrt in Richtung Wasserfälle. (Achtung, nicht verwechseln: Auf der argentinischen Seite gibt es den Macuco-Pfad.) Hier steigt man aus, wenn man den **Bananeiras Trail** (☎ 3529-9627; www.macucoecoaventura.com.br; pro Pers. 80 R$) laufen will. Der 2 km lange Weg führt an Lagunen vorbei, in denen sich Wassertiere beobachten lassen, und endet an einem Anleger, von dem aus Bootstouren oder stille Ausflüge in Kajaks zum Porto Canoas möglich sind. Wer eine dieser Touren unternehmen möchte, sollte sich mit einem der Agenten unterhalten, die im Besucherzentrum dafür werben; sie können für einen Preisnachlass sorgen. Ganztagespakete einschließlich Mittagessen werden für etwa 228 R$ angeboten; sie sollten am Vortag reserviert werden.

Der dritte und wichtigste Haltepunkt liegt am Hotel Tropical das Cataratas (s. S. 249). Hier startet der Pfad zum Hauptwasserfall. Gleich am Anfang läuft man am **Cânion Iguaçu** (☎ 3529-6040; www.campodedesafios.com.br) vorbei, einem Sport-

zentrum, das Rafting (70 R$), Abseilen (50 R$), Felsklettern (40 R$) und eine Baumwipfeltour (50 R$) im Programm hat.

Hier beginnt ein 1,5 km langer und gepflasterter **Weg** mit spektakulären Ausblicken auf die argentinische Seite der Fälle, in den Wald und den unten fließenden Fluss. Jede Biegung des Weges eröffnet einen noch umwerfenderen Blick, der Pfad endet schließlich direkt unterhalb des majestätischen Salto Floriano. Wem heiß geworden ist, bekommt dank der Gischt gleich eine erfrischende kostenlose Abkühlung geliefert. Ein Steg führt hinaus auf eine Plattform, mit spektakulärem Blick auf die nahe gelegene Garganta del Diablo und in die andere Richtung den Fluss hinunter. Wenn das Wasser hoch steht, bietet sich an klaren Tagen in der Nachmittagssonne ein bekannter Postkartenblick: ein Regenbogen in der aufsteigenden Gischt.

Ein Aufzug bringt die Besucher zur Aussichtsplattform über den Wasserfällen bei Porto Canoas, dem letzten Halt der Doppeldeckerbusse. Hier gibt es einen Souvenirladen, mehrere Snackbars (Burger 4–7 R$) und ein ausgezeichnetes Büfett-Restaurant (s. S. 250).

Park und Restaurant öffnen einmal monatlich in der Vollmondnacht auch abends.

Aktivitäten

Dem Parkeingang gegenüber bietet **Helisul** (☎ 3529-7474; www.helisul.com) zehnminütige Flüge über die brasilianische Seite der Fälle an, geflogen wird 450 m über den Fällen. Die Kritik an den negativen Auswirkungen auf die Umwelt halten an (aus diesem Grund hat auch Argentinien den Service eingestellt), aber zweifellos ist es eine gigantische Erfahrung. Die Helikopter sind mit Öffnungen zum Fotografieren ausgestattet, der Flug kostet 190 R$ pro Person. Wer sich für einen Flug entscheidet, sollte ihn sich bis ganz zum Schluss seines Besuchs aufheben. Der Helikopter kann auch für einen 35-minütigen Flug gechartert werden, und auf diese Weise ist es möglich, auch den Itaipú-Damm und die Dreiländergrenze anzufliegen.

Gegenüber Helisul liegt der **Parque das Aves** (☎ 3529-8282; www.parquedasaves.com.br; Eintritt 25 R$; ☾ 8.30–17.30 Uhr), ein großer, bewaldeter Vogelpark. Er beherbergt eine große Menge einheimischer Vogelarten und vermittelt interessante Informationen auf Englisch und Spanisch. Höhepunkt des Parks sind die begehbaren Volieren, in denen die Besucher quasi persönlichen Kontakt mit Tukanen, Aras und Kolibris aufnehmen können.

Schlafen & Essen

Hotel das Cataratas (☎ 2102-7000; www.hoteldascataratas. com; Zi. Standard/gehobene Ausstattung/Luxus 921/1017/ 1181 R$; ☒ ▯ ☲) Das elegante blassrosa Hotel, das nicht so alt ist, wie es wirkt, steht im Park in der Nähe der Wasserfälle. Die Lage ist einfach spitzenmäßig, die Zimmer sind schick, aber viel mehr auch nicht; nur eine Handvoll hat Blick auf die Wasserfälle. Mitarbeiter und Ausstattung sind jedoch lobenswert. Größere Renovierungsarbeiten, die noch bis 2011 andauern, sollen dem weiterhin geöffneten Hotel zu einem Facelifting verhelfen. Ein Tipp: Unbedingt den Aussichtsturm besteigen.

Porto Canoas (☎ 3521-4400; Büffet 35 R$; ☾ Di–So 11.30–16 Uhr) Nach dem Besuch der Wasserfälle haben sich Mensch und Auslösefinger für die Kamera eine Pause verdient. Das Lokal ist überraschend gut; es hat eine langgestreckte, angenehme Terrasse mit Blick auf den Fluss, kurz bevor dieser zum Strudel wird. Ein toller Ort für ein Bier, für den Hunger gibt es ein lohnendes Mittagsbüfett mit vielen Salaten und leckeren warmen Gerichten.

Anreise & Unterwegs vor Ort

Busse mit Ziel „Parque Nacional" fahren zwischen 6 und 19 Uhr alle 22 Minuten und dann bis Mitternacht jede Stunde vom städtischen Busbahnhof in Foz do Iguaçu (das Fahrgeld wird beim Betreten des Bahnhofs bezahlt) zum Parkeingang (2,20 R$, 45 Min.) und halten unterwegs an der Avenida Juscelino Kubitschek und der Avenida das Cataratas.

Ein Taxi von Foz zum Parkeingang kostet um die 35 R$.

Um von Puerto Iguazú zum brasilianischen Teil des Parks zu gelangen, nimmt man den Bus nach Foz do Iguaçu, steigt aber schon einige Haltestellen hinter der internationalen Brücke aus (der Fahrer sagt es an). Hier überquert man die Straße und wartet an der Haltestelle gegenüber auf den Parque-Nacional-Bus. Auf dem Rückweg wird dieser Vorgang an derselben Haltestelle einfach umgekehrt. Für Besucher, die nur einen Tagesausflug zum Park unternehmen möchten, sind die Grenzformalitäten minimal (s. Kasten S. 248).

PUERTO IGUAZÚ
☎ 03757 / 31 515 Ew.

Das kleine Puerto Iguazú liegt am Zusammenfluss von Río Paraná und Iguazú, von dort schaut man hinüber nach Brasilien und Paraguay. Viele vermissen hier die Atmosphäre argentinischer Städte: Es fehlt an einem Zentrum und an Gemeinschaftsgefühl – alle sind nur hier, um entweder die Wasserfälle zu sehen, oder aber um Geld mit ihnen zu verdienen. Trotzdem ist Puerto Iguazú ruhig, sicher, hat eine gute Verkehrsanbindung und viele ganz hervorragende Übernachtungsmöglichkeiten und Restaurants.

Orientierung

Die Stadt liegt etwa 300 km nordöstlich von Posadas an der RN 12. Der Grundriss der Stadt ist unregelmäßig, da sie aber nicht groß ist, fällt die Orientierung leicht. Die Hauptstraße ist die Avenida Victoria Aguirre – alles, was die Besucher brauchen, liegt nördlich davon in einem undurchschaubaren Gewirr aus Straßen, die in den seltsamsten Winkeln aufeinandertreffen.

Praktische Informationen

Argecam (☎ 423085; Av. Victoria Aguirre 1164) Wechselt Geld.

Banco de la Nación (Av. Victoria Aguirre s/n) Hat einen Geldautomaten.

Hospital (☎ 420288; Ecke Av Victoria Aguirre & Ushuaia)

Internet (Bompland 127; 4 Arg$ pro Std.) Mit Headsets ausgestattet.

Lavandería Central (P Moreno 215) Wäscherei.

Macro (Ecke Av. Misiones & Bompland) Geldautomaten.

Touristeninformation (☎ 420800; www.iguazuargentina.com; Av Victoria Aguirre 396; ☾ Mo–Fr 7–13 & 14–21, Sa & So 8–12 & 16–20 Uhr) Eine Zweigstelle befindet sich am Flughafen.

Sehenswertes

In der Stadt selbst gibt es wenig zu sehen, doch 1 km westlich des Zentrums steht auf der Avenida Tres Fronteras der **Hito Argentino**. Der Obelisk am Zusammenfluss von Río Paraná und Río Iguazú markiert die argentinische Landesgrenze. Brasilien und Paraguay haben beide jeweils ähnliche Markierungspunkte auf ihrer Seite des Zusammenflusses.

DER NORDOSTEN

DER NORDOSTEN

PUERTO IGUAZÚ

PRAKTISCHES		Che Lagarto	14 C2
Argecam	1 C2	Hostel Irupé	15 D2
Banco de la Nación	2 C2	Hostel Peter Pan	16 D2
Brasilianisches Konsulat	3 D2	Hostel Sweet Hostel	17 D2
Krankenhaus	4 C2	Hotel Esturión	18 B2
Internet	5 C2	Hotel La Sorgente	19 D1
Lavandería Central	6 C2	Hotel Lilian	20 D2
Macro	7 C2	Hotel Saint George	21 D2
Paraguayisches Konsulat	8 D2	Los Troncos	22 D2
Post	9 C2	Marco Polo Inn	23 D2
Touristeninformation	10 C2	Residencial Lola	24 D2

SEHENSWERTES & AKTIVITÄTEN		ESSEN
Kunsthandwerksmarkt	(siehe 11)	Color	25 D2
Hito Argentino	11 A1	El Quincho de Tío
Venteveo Turismo	(siehe 37)	Querido	26 C2
		Feria	27 C1
SCHLAFEN		La Esquina	(siehe 21)
Boutique Hotel de la		La Misionera	(siehe 6)
Fonte	12 A2	La Rueda	28 D3
Casa Blanca	13 D2	María Preta	29 C2

		AUSGEHEN
Plaza Pueblo	30 C2	Cuba Libre	32 C2
Terra	31 D2	Jackie Brown Bar	33 C2
		La Tribu	34 C2
		TRANSPORT
		Aerolíneas Argentinas	35 C2
		Andes	36 C2
		Busbahnhof	37 D2
		Four Tourist Travel	38 D3

Zum Iguazú Grand Hotel (3 km); Camping El Pindó (3 km); Hostel Inn (5 km); GüiráOga (5 km); Brasilianische Grenze (6 km); Parque Nacional Iguazú (15 km); Flughafen (18 km)

5 km außerhalb der Stadt, auf dem Weg zum Nationalpark, liegt das **GüiráOga** (☎ 03757-15-465011; www.guiraoga.fundacionazara.org.ar; Eintritt 30 Arg$; ⏱ 8.30–18 Uhr, Einlass bis 16.30 Uhr), eine Tier- und Rehaklinik für verletzte Wildtiere. Von hier aus werden auch beachtenswerte Forschungsarbeiten in der Umgebung von Iguazú durchgeführt, außerdem gibt es ein Aufzuchtprogramm für bedrohte Tierarten. Ein Biologe fährt mit den Besuchern durch den Park, sie erleben so die Tiere in ihrer natürlichen Umgebung. Eine Fahrt dauert rund 80 Minuten und ist sehr zu empfehlen. Das dazugehörige Reservat lockt Ornithologen mit so seltenen Arten wie dem Fledermausfalken, der in der Dämmerung und nachts fliegende Flattertiere jagt.

Geführte Touren

Zahlreiche lokale Veranstalter bieten organisierte Tagestouren auf die brasilianische Seite der Wasserfälle an (50–110 Arg$ je nach Umfang), einige schließen den Besuch des Itaipú-Damms mit ein. **Venteveo Turismo** (☎ 424062; www.venteveoturismo.com.ar) ist einer von vielen Anbietern, die ein Büro am Busbahnhof haben und von Lesern empfohlen werden.

Schlafen

Es gibt viele Übernachtungsmöglichkeiten für jeden Geldbeutel, darunter eine Kette resortartiger Hotels zwischen Stadt und Nationalpark.

BUDGETUNTERKÜNFTE

Hostel Sweet Hostel (☎ 424336; www.hostelsweethostel.com.ar; El Mensú 38; B/DZ 30/100 Arg$; ✂ 🖥 🛜 🎦) In dieser liebenswerten Unterkunft mit ordentlichem Pool im Hinterhof und Chill-out-Bereich mit Billardtisch geht alles ganz lässig zu. Schlafräume und Zimmer haben ungewöhnliche Formen, sind aber gemütlich und mit Bad ausgestattet; TV kostet einen kleinen Aufschlag extra. Die Lässigkeit gilt auch für die Reservierungsabteilung, sodass eine Buchung nicht unbedingt in Stein gemeißelt ist. Auch das Frühstück ist gut.

Hostel Peter Pan (☎ 423616; www.peterpanhostel.com; Av. Córdoba 267; B/DZ 35/140 Arg$; ✂ 🖥 🛜 🎦) Das günstig zum Busbahnhof gelegene Hostel verfügt über gemütliche (wenn auch etwas stickige) Schlafräume mit Schließfächern und gute Zimmer. Highlight ist ein ansehnliches Schwimmbecken in einem mit Hängematten ausgestatteten Patio.

Marco Polo Inn (☎ 425559; www.marcopoloinniguazu.com; Av. Córdoba 158; B/DZ 40/140 Arg$; 🔣 🖳 🛜 🍴) Wie ein Motel ist das freundliche und geräumige Hostel direkt gegenüber vom Busbahnhof gebaut. Die Schlafsäle sind ziemlich dunkel, dafür aber mit Schließfächern und Bad ausgestattet, und es gibt eine Menge zusätzlicher Annehmlichkeiten wie Tischtennis und Pool. Die Unterkunft ist beliebt, also im Voraus buchen. HI-Mitglieder bekommen einen erheblichen Rabatt.

Hostel Inn (☎ 421823; www.hostel-inn.com; RN 12, Km 5; B/Zi 45/170 Arg$; 🔣 🖳 🛜 🍴) Das hier ist eher ein Resort als ein Hostel, und die Gäste bekommen wirklich viel für ihre Pesos: Die blitzsaubere Unterkunft steht auf einem ausgedehnten Gelände; sie hat einen großen Pool und alle backpackerfreundlichen Einrichtungen, die man sich nur vorstellen kann. Die Schlafräume sind geräumig und mit Klimaanlage ausgerüstet. Die meisten Leser waren schwer begeistert. Es liegt 5 km außerhalb der Stadt, aber die Busse halten auf dem Weg zu den Wasserfällen (1 Arg$ zum Stadtzentrum) direkt davor. HI-Rabatt.

Residencial Lola (☎ 423954; Av. Córdoba 255; EZ/DZ 50/80 Arg$; 🖳) In Puerto Iguazú gibt es jede Menge Preisabsprachen, aber die enden an Lolas Haustür. Die billige, fröhlich geführte Unterkunft liegt sehr nahe am Busbahnhof und bietet kompakte, saubere Zimmer mit Bad gleichsam für ein Taschengeld.

Hotel Lilian (☎ 420968; hotellilian@yahoo.com.ar; Fray Luis Beltrán 183; EZ/DZ 115/155 Arg$; 🔣 🖳) Die freundliche Unterkunft wird von einer gastfreundlichen Familie betrieben. Sie bietet helle, einladende Zimmer rund um einen Patio. Die Zimmer mit gehobener Ausstattung kosten nur etwa 15 Arg$ mehr, haben aber Balkon und massenhaft natürliches Licht. Alle Bäder sind geräumig und pieksauber.

Weitere empfehlenswerte Budgetunterkünfte in Puerto Iguazú sind:

Camping El Pindó (☎ 421795; elpindo@yahoo.com.ar; pro Zelt/Pers. 15/10 Arg$; 🍴) Der Platz bei Km 3,5 an der RN 12 am Südrand der Stadt ist mit dem Bus gut zu erreichen.

Hostel Irupé (☎ 03757-15-453606; Misiones 80; B/EZ/DZ 30/70/80 Arg$; 🖳) Gutes Preis-Leistungs-Verhältnis bei den Zimmern. Die nach hinten zu sind heller.

Che Lagarto (☎ 422206; www.chelagarto.com; Av. Brasil 24; B/DZ 40/140 Arg$; 🔣 🖳 🛜 🍴) Die neue Iguazú-Filiale der beliebten Hostelkette befand sich zur Zeit der Recherche noch im Bau; schön sind die zentrale Lage, die große Terrasse und der Platz zum Entspannen.

Casa Blanca (☎ 421320; www.casablancaiguazu.com.ar; Av. Guaraní 121; EZ/DZ 150/160 Arg$; 🔣 🖳 🛜 🍴) Ein bisschen düster, aber supersauber und einladend.

MITTEL- & SPITZENKLASSEHOTELS

Eine Luxusoption im Parque Nacional Iguazú ist das Sheraton International Iguazú (S. 247).

Hotel La Sorgente (☎ 424252; www.lasorgentehotel.com; Av Córdoba 454; EZ/DZ 264/310 Arg$; 🔣 🖳 🛜 🍴) Wer es sich in dieser schicken, aber behaglichen Posada gutgehen lassen möchte, sollte im Voraus buchen. Unbeschwerter als hier inmitten des grünen Gartens kann das Leben nicht sein – und wem der Weg um den Pool zu weit ist, der benutzt einfach die Brücke, die darüber führt. Zweibettzimmer haben überdurchschnittlich große Betten; die gemütlichen Doppelzimmer im Obergeschoss schauen auf den Pool und Bananenpflanzen. Auch das Frühstück, das im authentisch italienischen Restaurant serviert wird, bekommt ein Gütesiegel.

LP Tipp **Los Troncos** (☎ 424337; www.hotellostroncos iguazu.com; San Lorenzo 154; DZ 305 Arg$; 🔣 🖳 🛜 🍴) Die zehn urwüchsigen, zweistöckigen Apartments erklimmen wie eine Art Treppe im Wald einen Hügel und besitzen alle einen eigenen Balkon, der auf üppiges Grün hinausgeht. Der geschickte Einsatz von Holz ist hier auffallend; geradezu zum Verlieben sind die Bar und der Terrassenbereich. Hier ist schon mancher länger als geplant geblieben.

Hotel Saint George (☎ 420633; www.hotelsaintgeorge.com; Av. Córdoba 148; EZ/DZ Standard 327/408 Arg$, EZ/DZ gehobene Ausstattung 425/488 Arg$; 🔣 🖳 🛜 🍴) Das Saint George steht seit Jahren für verlässlichen Komfort, Service und gute Organisation. Es liegt gleich gegenüber dem Busbahnhof (das bedeutet etwas Lärm) und bietet ausgezeichnete Einrichtungen, z. B. einen Garten und einen neuen Wellness-Komplex. Die Zimmer mit gehobener Ausstattung sind deutlich größer und mit zwei großen Doppelbetten bestückt. Ein Aufpreis von 50 Pesos verschafft Zugang zum Abend-Büfett.

Boutique Hotel de la Fonte (☎ 420625; www.bhfbou tiquehotel.com; Ecke Corrientes & 1 de Mayo; Zi. 380–600 Arg$; 🔣 🖳 🛜 🍴) Die ungewöhnliche neue Unterkunft präsentiert sich mit individuell gestalteten Zimmern und Suiten rund um einen baumbestandenen Innengarten, der abends romantisch beleuchtet wird. Geleitet wird sie voller Enthusiasmus von einem Paar, das den Gästen das Gefühl vermittelt, sie gehörten zur Familie. Es gibt ein erstklassiges italienisch angehauchtes Restaurant sowie einen Salzwasser-Pool und einen Whirlpool zwischen den Palmen.

Hotel Esturión (☎ 420100; www.hotelesturion.com; Av. Tres Fronteras 650; Zi./Apt. 600/1200 Arg$; 🔣 🖳 🛜 🍴) Das Esturión liegt in einem großzügigen Landschaftsgarten in der Nähe des Dreiländer-

DER NORDOSTEN

Aussichtspunktes. Es besitzt ein großes Pool-Areal, einladende Gemeinschaftsbereiche und etliche Tennisplätze. Die Zimmer sind in unterschiedlich gutem Zustand, manche wirken etwas abgenutzt. Der Service ist spitzenmäßig. Im Blockhütten-Anbau auf der anderen Straßenseite gibt es zehn hochelegante *cabaña*-Apartments (www.esturionlodges.com).

Iguazú Grand Hotel (☎ 498050; www.casinoiguazu.com; RN 12, Km 1640; Zi. ab 1532 Arg$; 🐾 💻 🛜 📺) Von der geschmacklosen Werbung für das angeschlossene Casino sollte man sich nicht abschrecken lassen: Das Haus kurz vor der Brücke nach Brasilien ist wirklich erstklassig und ohne Weiteres das nobelste Hotel beiderseits der Wasserfälle mit ausgezeichnetem Service, hübschem Gelände und dem besten Restaurant der Stadt.

Essen

Restaurants in Puerto Iguazú sind eher teuer, aber qualitativ gut. Sie öffnen abends relativ früh, um die Touristen zu verköstigen.

Ein wirklich netter Platz ist die *feria* im Norden der Stadt. Auf dem Markt mit seinen vielen Ständen werden argentinische Weine, Würste, Oliven und Käse an die Besucher aus Brasilien verkauft, etliche bieten für sehr wenige Pesos gemischte Aufschnittteller an, andere leichte regionale Gerichte und kaltes Bier. Leser empfehlen Ramonas *barraca*, aber die Auswahl an guten Ständen ist wirklich groß.

La Misionera (☎ 424580; P Moreno 207; Empanadas 2 Arg$; 🕙 10–24 Uhr) In der angesehenen, zentral gelegenen Bäckerei gibt es ausgezeichnete Empanadas mit verschiedenen Füllungen und ordentliche Pizzas.

Plaza Pueblo (☎ 424000; Av. Victoria Aguirre s/n; Snacks 12–25 Arg$; 🕙 10–22 Uhr) Die Innenhofterrasse liegt mitten im Herzen der Stadt, aber etwas abseits der Straße, deshalb geht es hier ganz ruhig zu. Serviert werden Bier, Pizza und Burger und *lomitos*, ein Lächeln gibt's gratis dazu.

Color (☎ 420206; Av Córdoba 135; Hauptgerichte 20–48 Arg$; 🕙 Mittag- & Abendessen) In dieser neu gestalteten Pizza'n'*parrilla* sitzen die Gäste dicht an dicht an den eng stehenden Tischen – also kein Ort, um Staatsgeheimnisse zu besprechen. Die Preise sind aber fair für diese Gegend, und das Fleisch duftet stark nach dem Rauch von Holzfeuer; empfehlenswert ist die *picaña*, ein zartes Rumpsteak. Eine *parrillada* für vier Personen kosten 90 Arg$, ein gemischter Flussfischteller vom Grill ist für 70 Arg$ zu haben.

Terra (Av. Misiones 125; Hauptgerichte 24–32 Arg$; 🕙 Mo–Sa Abendessen) Myriaden zufriedener Gäste

haben sich mit Kreide an den Wänden dieses coolen Restaurants mit Bar verewigt. Spezialisiert ist das Lokal auf gut zubereitete Wokgerichte, weitere Optionen sind Pasta und Salate. Auf der Terrasse zur Straßenseite wird es schnell voll.

María Preta (☎ 420441; Av. Brasil 39; Hauptgerichte 25–50 Arg$; 🕙 Mittag- & Abendessen) Die Tische drinnen und draußen und der Gitarrist, der abends aufspielt, machen den Laden zu einem beliebten Lokal für das Abendessen. Steaks werden hier genau so zubereitet, wie die Gäste es wünschen. Dazu kommt eine breite Auswahl an argentinisch-spanischen Gerichten – oder lieber etwas Bissiges? Zum Beispiel ein Kaimanfilet?

El Quincho de Tío Querido (☎ 420151; Bompland 110; Hauptgerichte 30–55 Arg$; 🕙 Abendessen) Die beliebte *parrilla* steht bei Touristen wie Einheimischen hoch im Kurs. Geboten werden neben den üblichen Grillstandards (eine *parrillada* für zwei Personen kostet 67 Arg$) riesige „Baby-beef"-Steaks und eine Reihe interessanter Spezialitäten mit gelegentlich unfreiwillig komischen Übersetzungen. Es gibt Livemusik und eine begrenzte Zahl von Sitzgelegenheiten unter freiem Himmel. Die Weine auf der Weinkarte sind teuer.

La Esquina (☎ 420633; Ecke Av. Córdoba & P. Amarante; Hauptgerichte 36–52 Arg$; Büfett 55 Arg$; 🕙 Mittag- & Abendessen) Mit einer schnuckeligen, sanft beleuchteten Terrasse und einzigartigem Service ist das La Esquina der richtige Ort für ein romantisches Dinner, wobei das tolle Essen ein Übriges dazu tut. Es gibt hier einige ungewöhnliche Geschmackskombinationen mit ausgezeichneten Ergebnissen. Als Vorspeise wäre z. B. der Salat aus Papaya, Karotten, Orange und Palmenherzen zu empfehlen.

La Rueda (☎ 422531; Av. Córdoba 28; Hauptgerichte 34–67 Arg$; 🕙 Mittag- & Abendessen) Als eines der Lokale mit gehobener Esskultur in Puerto Iguazú bietet das La Rueda einfallsreich kombinierte Salate und empfehlenswerte Flussfischkreationen (Dorado, Pacú und Surubí). Die hausgemachte Pasta ist günstiger als der Fisch, aber dennoch gut. Der Service ist in Ordnung, aber langsam. Als einzige Kreditkarte wird Amex akzeptiert.

Ausgehen & Unterhaltung

Dank des stetig wachsenden Besucherstroms und der Brasilianer aus Foz, die sich hier wegen des schwächelnden Pesos einen preiswerten Ausgeh-Abend gönnen, ist das Nachtleben in Puerto Iguazú recht lebhaft. Das Geschehen konzentriert sich in der Avenida Brasil, z. B. im **La Tribu** (Av. Brasil 149) mit teuren Drinks, aber

DER NORDOSTEN

attraktiver Terrasse. Die Jackie Brown Bar gegenüber zieht die Wochenendgäste an, während das schmucklose Cuba Libre um die Ecke von den Amüsierwilligen aus Brasilien gestürmt wird, die auf der Tanzfläche so richtig aufdrehen.

An- & Weiterreise

Aerolíneas Argentinas (☎ 420168; Av. Victoria Aguirre 295) fliegt von Iguazú fünfmal täglich nach Buenos Aires (687 Arg$). **LAN** (☎ 424296) bedient die Strecke (663 Arg$) dreimal täglich und ist verlässlicher. **Andes** (☎ 425566; www.andesonline.com; Av Victoria Aguirre 279) pendelt montags bis nach Salta und Córdoba.

Vom **Busbahnhof** (☎ 420854; Ecke Av. Córdoba & Misiones) gibt es Verbindungen ins ganze Land. Die folgenden Angaben sind Preisbeispiele; der Wettbewerb hält die Tarife auf den vielbefahrenen Strecken niedrig.

Reiseziel	Fahrpreis (Arg$)	Fahrzeit (Std.)
Buenos Aires	215	19
Córdoba	296	23
Corrientes	100	9
Paraná	212	15
Posadas	45	5
Resistencia	100	10
San Ignacio	40	4
Santa Fe	180	13

Es gibt auch grenzüberschreitende Verbindungen und – auf der anderen Seite der Grenze in Foz do Iguaçu – innerbrasilianische Fahrten (S. 256). Einige Busse zu Zielen in Brasilien wie Curitiba oder São Paulo starten ebenfalls am Busbahnhof in Puerto Iguazú.

Unterwegs vor Ort

Four Tourist Travel (☎ 422962; M. Moreno 58) unterhält einen Shuttle-Dienst zum Flughafen für 15 Arg$ pro Person; er muss im Voraus gebucht werden. Eine *remise* kostet 60 Arg$.

Regelmäßig fahren von der lokalen Seite des Busbahnhofs Busse hinüber nach Foz do Iguaçu (5 Arg$/3 R$, 35 Min.) und nach Ciudad del Este in Paraguay (5 Arg$/ 3 R$/6000 G, 1 Std.). Alle halten in der Nähe des Kreisverkehrs am Stadtrand.

Für Gruppen, die beide Seiten der Wasserfälle (und den Itaipú-Damm) besuchen möchten, lohnt sich möglicherweise ein Taxi oder eine *remise*; zu rechnen ist dabei mit Kosten bis zu 250 Arg$ für einen ganzen Besichtigungstag. Die Touristeninformation kann solche Arrangements eventuell auch günstiger vermitteln. Ein Taxi nach Foz do Iguaçu kostet etwa 50 Arg$; zu den brasilianischen Wasserfällen sind es (mit Wartezeit) 120 Arg$.

Informationen zur Einreise nach Brasilien finden sich im Kasten auf S. 247.

FOZ DO IGUAÇU (BRASILIEN)
☎ 045 / 308 900 Ew.

Das hügelige Foz ist Ausgangspunkt für die brasilianische Seite der Wasserfälle und vermittelt außerdem einen guten Eindruck vom Leben in einer brasilianischen Stadt. Es ist viel größer und kosmopolitischer als Puerto Iguazú und hat einen bodenständigen Touch, der seinem argentinischen Gegenpart fehlt. Andererseits ist es hier lauter und chaotischer, und die Kriminalitätsrate ist höher: Foz ist kein hübscher Ort, hat aber trotzdem seine Reize.

In den 1970er-Jahren führte der Bau des Wasserkraftwerks von Itaipú zu einer Bevölkerungsexplosion, die damalige Zahl von 34 000 Einwohnern hat sich vervielfacht. Dazu trugen auch die wirtschaftlichen Möglichkeiten auf der anderen Flussseite in Ciudad del Este bei, viele neue ethnische Gruppen zogen nach Foz. Heute leben in der Stadt eine Menge Libanesen und kleinere Gemeinschaften von Japanern und Koreanern.

Orientierung

Foz do Iguaçu liegt am Zusammenfluss von Río Iguaçu und Río Paraná: Der Ponte Tancredo Neves verbindet die Stadt mit Puerto Iguazú auf der anderen Seite des Río Iguaçu in Argentinien; der Ponte da Amizade über den Río Paraná sorgt für eine bequeme Verbindung nach Ciudad del Este in Paraguay. 15 km stromaufwärts liegt Itaipú, das derzeit größte arbeitende Wasserkraftwerk der Welt.

Foz do Iguaçus kompaktes, hügeliges Zentrum hat ein relativ gleichmäßiges gitternetzförmiges Raster. Die Avenida das Cataratas führt zu den 20 km entfernten Wasserfällen; an der Straße liegt auch die Abzweigung zur argentinischen Grenze. Die BR 277 führt in westlicher Richtung nach Ciudad del Este und nordöstlich nach Curitiba (und weiter). Die Hauptstraße in der Innenstadt ist die Avenida Juscelino Kubitschek, oft auch schlicht „JK" (scho-ta-*ka*) genannt. Parallel dazu verläuft die angenehmere Einkaufsstraße Avenida Brasil.

Praktische Informationen

Hotels und Restaurants in der Stadt akzeptieren US-Dollar, paraguayische Guaraníes und argentinische Pesos, aber es ist immer billiger, mit

DER NORDOSTEN

FOZ DO IGUAÇU (BRASILIEN)

0 — 500 m

Nach Paraguay (2 km);
Itaipú-Damm (12 km)

Nach Curitiba (635 km);
São Paulo (1047 km)

Zum Fernbus-
bahnhof (3 km);
Städtische Touris-
teninformation (3 km)

Av República Argentina

Zoo

PRAKTISCHES
Argentinisches Konsulat..........1	B4
Guia Mara Lavanderia.............2	B2
HSBC....................................3	C3
Städtische Touristinfo..........4	B4
Städtische Touristeninfo....(siehe 23)	
Paraguayisches Konsulat.........5	C3
Phoenix Cyber......................6	C4
Post....................................7	B4
Safira Turismo.....................8	C2

SCHLAFEN
Hotel Del Rey.......................9	B2
Hotel Rafain Centro.............10	C3
Hotel Tarobá Xpress.............11	B1
Paudimar Falls Hostel...........12	C4
Pousada da Laura.................13	B2
Pousada Sonho Meu..............14	B1

ESSEN
Armazém.............................15	C3
Búfalo Branco......................16	B2
Muffato..............................17	B1

AUSGEHEN
El Capitão...........................18	C4

UNTERHALTUNG
Vícius e Manias....................19	B4

TRANSPORT
Busse nach Argent., Paraguay 20	B1
Busse nach Itaipú.................21	B1
Central de Passagens............22	B2
Busbahnhof (Busse zu den	
Iguazú-Fällen)...................23	ú

Rua Duarte da Costa

Rua Mem de Sá

Rua Rebouças

Rua Xavier da Silva

Rua Rui Barbosa

Rua Bartolomeu de Gusmão

Rua Jorge Samways

Travessa Julio Passa

Rua Quintino Bocaiuva

Rua Edmundo de Barros

Praça Rio Branco

Rua Barão do Rio Branco

Praça Getúlio Vargas

Av Jorge Schimmelpfeng

Rua Berlamindo de Mendonça

Rua António Raposo

Av Juscelino Kubitschek
Rua Naipí
Rua Tarobá
Av Brasil
Rua Almirante Barroso
Rua Marechal Floriano Peixoto
Rua Marechal Deodoro da Fonseca
Rua Santos Dumont
Rua Pres. Castelo Branco
Rua Patrulheiro Vemarno
Av Paraná

Nach Argentinien (10 km); Flughafen (18 km);
Städtische Touristeninformation (18 km);
Iguaçu-Fälle (22 km)

Rio M. Botcy
Av das Cataratas
Av General Meira

brasilianischen Reais zu zahlen. Im Muffato-Supermarkt (S. 256) unweit des lokalen Busbahnhofs gibt es nützliche Geldautomaten für ausländische Karten.

Guia Mara Lavanderia (☎ 3523-9641; Rua Tarobá 834) Wäscherei.

HSBC (Av. Brasil 1131) Eine von mehreren Banken mit Geldautomat in dieser Gegend.

Paraguayisches Konsulat (☎ 3523-2898; Rua Marechal Deodoro da Fonseca 901, ☻ Mo–Fr 0.30 12.30 & 13.30–15.30 Uhr)

Phoenix Cyber (Rua Barão do Rio Branco 616; 2 R$ pro Std.) Einer von vielen Internetläden.

Postamt (Ecke Juscelino Kubitschek & Rua Barão do Rio Branco)

Safira Turismo (☎ 3523-9966; Av, Brasil 567) Löst Reiseschecks ein (6 % Kommission) und wechselt Bargeld.

Städtische Touristeninformation (☎ 3521-1455; www.iguassu.tur.br; Praça Getúlio Vargas; ☻ 7–22 Uhr); lokaler Busbahnhof (☻ 7–18 Uhr); Bahnhof für Fernbusse (☎ 3522-2590; ☻ 7–18 Uhr) Die hilfsbereiten Mitarbeiter verteilen einen nützlichen Stadtplan und ein Info-Blatt. Auch am Flughafen gibt es einen Stand, der bis zum letzten Flug geöffnet hat.

Teletur (☎ 0800-451516; ☻ 7–23 Uhr) Unterhält einen gebührenfreien Informationsservice mit Englisch sprechenden Mitarbeitern.

Gefahren & Ärgernisse

Reisende sollten auf einen Spaziergang hinunter zum Río Paraná verzichten: Das Viertel rund um die *favela* dort unten ist für Ausländer nicht sicher. In Foz hat es schon Überfälle auf Touristen gegeben; deshalb ist es besser, spätabends mit dem Taxi zu fahren.

Sehenswertes

Mit einer Kapazität von 14 000 MW ist der binationale **Itaipú-Damm** (Usina Hidrelétrica Itaipú) einstweilen immer noch das größte Wasserkraftwerk der Welt. Es ist ein überaus kontroverses Projekt, hat es doch Brasilien in die Verschuldung getrieben und zu großflächigen Zerstörungen des Regenwaldes und zur Umsiedlung von 10 000 Menschen geführt. Andererseits deckt es auf saubere Weise fast den gesamten Energiebedarf Panamas und 20 % des brasilianischen Strombedarfs.

Der Bau ist wirklich eindrucksvoll; mit etwa 8 km Länge und 200 m Höhe ist die Staumauer ein unvergesslicher Anblick, besonders, wenn der Fluss Hochwasser führt und sich ein gewaltiger Sturzbach über das Entlastungswehr ergießt. Das **Centro de Recepção de Visitantes** (☎ 0800-645-4645; www.itaipu.gov.br; Tancredo Neves 6702; ☼ So–Do 8–18, Fr & Sa 8–21 Uhr) steht 10 km nördlich von Foz. Hier starten geführte Touren (*visita panorâmica*; 19 R$), und zwar täglich um 8, 9, 10, 14, 15 und 15.30 Uhr. Ausführlichere Besichtigungen (*circuito especial*; 36 R$), die auch in das eigentliche Kraftwerk hineinführen, starten täglich um 8.30, 9, 10.30, 11, 14, 14.30, 16 und 16.30 Uhr. Am Wochenende gibt es weitere Termine (darunter auch abendliche Führungen bei Flutlicht) sowie eine Vielzahl von weiteren Attraktionen innerhalb der Anlage, darunter Museum, Wildtierpark und Strände am Flussufer.

Gegenüber vom lokalen Busbahnhof in der Innenstadt von Foz fahren an der Avenida Juscelino Kubitschek Conjunto C Norte-Busse (2,20 R$) von 5.30 bis 23 Uhr alle zehn Minuten Richtung Norden. Es empfiehlt sich, den Bus erst an der Straße und nicht im Busbahnhof zu besteigen, denn von dort fährt er zunächst eine große Schleife durch die Stadt und kommt erst dann an der Haltestelle gegenüber vom Bahnhof vorbei.

Geführte Touren

In Foz gibt es zahlreiche Reiseagenturen, auch die meisten Hotels haben einen Schalter für Ausflüge. Alle können für ihre Gäste Touren auf beide Seiten der Wasserfälle, Besuche des Itaipú-Staudamms und Bootsausflüge buchen.

Schlafen

Hotels und Posadas in Foz senken ihre Preise deutlich, wenn sie nicht ausgebucht sind. Einfach nachfragen!

Paudimar Falls Hostel (☎ 3028-5503; www.paudimar falls.com.br; Rua Antônio Raposo 820; B 23–25 R$, Zi. 75 R$; ⊠ 🖥 🛜 🕹) Das ausgezeichnete HI-Hostel am Südrand der Stadt präsentiert sich mit massenhaft Einrichtungen, hilfsbereiten Mitarbeitern und einer lebhaften Atmosphäre. Auch Zelten ist hier möglich. Eine Zweigstelle liegt 13 km außerhalb der Stadt auf einem großen Gelände unweit der Straße zu den Wasserfällen.

Pousada da Laura (☎ 3523-0101; www.pousadalaura. com; Rua Naipi 671; B/DZ 30/80 R$; 🖥) Das Urgestein unter den Budgetunterkünften könnte nicht entspannter und einladender sein. Luxus gibt es hier nicht, dafür aber saubere, ruhige, helle Zimmer mit Bad, ein leckeres Frühstück und angenehme Mitbewohner. All das sorgt für eine Ausstrahlung, die weit über die ersten Erwartungen hinausgeht.

LP Tipp **Pousada Sonho Meu** (☎ 3573-5764; www. sonhomeufoz.com.br; Rua Mem de Sá 262; EZ/DZ 80/120 R$; ⊠ 🖥 🛜 🕹) Was von außen wie ein Verwaltungsgebäude wirkt, wird innen zu einer angenehmen kleinen Oase nur 50 m vom lokalen Busbahnhof entfernt. Die Gäste können die Küche und den Billardtisch nutzen und sich ganz besonders willkommen fühlen. Die Zimmer sind künstlerisch mit Bambus dekoriert. In der Nebensaison fallen die Timmerpreise fast um die Hälfte.

Hotel Del Rey (☎ 3523-2027; www.hoteldelreyfoz.com. br; Rua Tarobá 1020; EZ/DZ 120/165 R$; ⊠ 🖥 🛜 🕹) Eine kürzlich erfolgte Auffrischung hat das freundliche, blitzsaubere und zweckmäßig eingerichtete Hotel aufgewertet. Die Gästezimmer sind geräumig und komfortabel, die Einrichtungen ausgezeichnet und das Frühstücksbüffet hervorragend.

Hotel Tarobá Xpress (☎ 2102-7700; www.hoteltaroba. com.br; Rua Tarobá 1048; EZ/DZ 120/170 R$; ⊠ 🖥 🛜 🕹) Für die beliebte Unterkunft, die günstig zum Busbahnhof liegt, sollte man sicherheitshalber reservieren. Das Preis-Leistungs-Verhältnis ist hier wirklich gut angesichts der Extras und der professionellen Mitarbeiter; die gefliesten Zimmer sind hell und geräumig und haben alle Minikühlschränke und Kabel-TV. Außerdem gibt es eine Sauna und einen kleinen Fitnessraum. Das Frühstück ist ausgezeichnet.

Hotel Rafain Centro (☎ 3521-3500; www.rafaincentro. com.br; Rua Marechal Deodoro da Fonseca 984; EZ/DZ 179/225 R$; ⊠ 🖥 🛜 🕹) Das Rafain ist sehr viel ansprechender als einige der klotzigen Megahotels in der Stadt – eine tolle 4-Sterne-Unterkunft mit viel Stil, künstlerischen Details und Personal vom Feinsten. Die Zimmer haben große Balkone und sind sehr gut ausgestattet. Gut möglich, dass man die Zimmer auch günstiger erhält.

DER NORDOSTEN

Essen

Es ist leicht, in Foz preiswert zu essen. Viele Lokale servieren schon für 2 R$ einen Softdrink und *salgado* (gebackener oder gebratener Snack), dazu kommen billige Läden, in denen ein Mittagessen vom Büfett 7–12 R$ kostet. Dank der großen libanesischen Gemeinde vor Ort gibt es Dutzende Shawarma- (Kebab-) Lokale (5 R$).

Muffato (☎ 2102-1800; Av. Juscelino Kubitschek 1565; 14,90 R$ pro kg; ✆ 8.30–22 Uhr) Wer einmal dort essen möchte, wo die Einheimischen einkehren, sollte das Muffato besuchen. In einem hässlichen Megamarkt unweit des Busbahnhofs befindet sich ein Lokal mit wenig Atmosphäre, das aber ein sehr typisches, sehr leckeres und billiges brasilianisches Büfett bietet. Bezahlt wird nach Gewicht (dem der Ware, nicht des Essers).

Armazém (☎ 3572-0007; www.armazemtrapiche.com.br; Rua Edmundo de Barros 446; Hauptgerichte 18–45 R$; ✆ tgl. Abendessen, Sa & So Mittagessen) Einen Häuserblock von der Avenida Schimmelpfeng entfernt serviert das gut besuchte Restaurant brasilianisches Essen vom Feinsten. Neben verschiedenen Huhn- und Rindfleischgerichten (alle so riesig, dass sie locker für zwei Leute reichen) mit einer Vielzahl von leckeren Saucen bietet es auch ausgefallenere Gerichte wie Wildschwein, Strauss und Kaiman. Es gibt eine Terrasse unter freiem Himmel und am Wochenende Livemusik.

Búfalo Branco (☎ 3523-9744; Rua Rebouças 530; Tenedor libre 47 R$; ✆ 12–23.30 Uhr) Der geräumige Foz-Klassiker lockt mit erstklassigem *rodízio* – köstlichem Grillfleisch, darunter ausgezeichnetem Rind. Das *rodízio* und ungewöhnlichere Gerichte wie Hühnerherzen und Putenklöße locken Einheimische und Touristen gleichermaßen an. Die wirklich ausgezeichnete Salatbar bietet u. a. leckere libanesische Häppchen und Sushi-Röllchen. Außerdem gibt es eine gute, wenn auch überteuerte Auswahl an brasilianischen Weinen. Wer vor der Restauranttür zögerlich dreinschaut, bekommt möglicherweise einen Preisnachlass.

Ausgehen & Unterhaltung

Diese klassische brasilianische Erfahrung darf nicht fehlen: eine eiskalte Flasche Skol, serviert in einer isolierenden Plastikhülse in einer schmucklosen lokalen Bar mit roten Plastikstühlen. Unschlagbar! Wer es gesünder mag, hat in einer der vielen Saftbars Gelegenheit, leckere exotische Früchte wie *acerola*, *açaí* oder *cupuaçu* zu probieren.

Das Nachtleben spielt sich im Wesentlichen im Stadtzentrum an der Avenida Jorge Schimmelpfeng, einige Querstraßen östlich der Touristeninformation, ab.

El Capitão (☎ 3572-1512; Av. Jorge Schimmelpfeng s/n; Pizza 25 R$) Der lebhafte, freundliche Laden hat eine große Terrasse, gut eingeschenktes *chopp* (Bier) und eine Karte mit Pizza und anderen Gerichten.

Vícius e Manias (☎ 523-9161; Rua Benjamin Constant 107; ✆ Do–So 22–5 Uhr) Beliebte *discoteca* in zentraler Lage und Getränken zu vernünftigen Preisen. Verlangt werden Eintritt oder ein Mindestkonsum von 5–15 R$, Frauen kommen aber oft umsonst rein.

An- & Weiterreise

Gol (www.voegol.com.br) und **TAM** (www.tam.com.br) bieten täglich Flüge nach Rio de Janeiro, Curitiba und São Paulo in Brasilien.

Zu den Fernbuszielen, die täglich von Foz angefahren werden, zählen Curitiba (90 R$, 10 Std.), São Paulo (140 R$, 16 Std.) und Rio de Janeiro (193 R$, 22 Std.). Tickets gibt es gegen eine kleine Gebühr in vielen Reiseagenturen in der Innenstadt, z. B. bei **Central de Passagens** (☎ 3523-4700; www.centraldepassagens.com; Av. Juscelino Kubitschek 526).

Unterwegs vor Ort

Zum Flughafen oder zu den Wasserfällen geht es mit dem Bus Richtung „Aeropuerto/Parque Nacional", er fährt am lokalen Busbahnhof ab und hält an mehreren Haltestellen an der Avenida Juscelino Kubitschek; die Fahrt dauert 30 Minuten und kostet 2,20 R$, die beim Betreten des Busbahnhofs zu zahlen sind. Ein Taxi kostet um die 35 R$.

Der **Bahnhof für Fernbusse** (rodoviária; ☎ 3522-3336; Costa e Silva) liegt 5 km nordöstlich der Innenstadt. Ein Taxi in die City kostet von dort 12 R$, alternativ kann man hügelabwärts zur Bushaltestelle gehen und den Bus Richtung „Centro" (2,20 R$) besteigen.

Busse nach Puerto Iguazú (3 R$) fahren auf der Rua Mem de Sá neben dem lokalen Busbahnhof alle halbe Stunde von 8 bis 20 Uhr ab und halten entlang der Juscelino Kubitschek (JK). Busse nach Ciudad del Este in Paraguay (3 R$) fahren alle 15 Minuten (So halbstündl.) los, einsteigen kann man an der JK gegenüber dem lokalen Busbahnhof. Wegen der paraguayischen Grenzformalitäten kann es für die Fahrgäste an der Brücke zu erheblichen Verzögerungen kommen.

DER GRAN CHACO

Der Gran Chaco ist ein flaches Schwemmland, das sich von den nördlichen Rändern der Provinzen Santa Fe und Córdoba nordwärts über die ganze Provinz Chaco bis ins westliche Paraguay, das östliche Bolivien und den südwestlichen Zipfel von Brasilien erstreckt. Im Westen gehören weite Teile der Provinz Santiago del Estero zum Gran Chaco: Hier wird er mit jedem Kilometer trockener und streift noch den südöstlichen Rand der Provinz Salta. Die Westseite, der Chaco Seco („trockener Chaco"), wird auch als die „Undurchdringbare" bezeichnet, da die endlose Ebene mit ihren nahezu undurchdringlichen Dornbüschen fast kein Wasser hat.

Der Chaco Húmedo („feuchter Chaco") im Osten ist da wesentlich interessanter, vor allem für Natur- und Vogelliebhaber. In den Galeriewäldern, den ausgedehnten Sümpfen und den Palmsavannen des Parque Nacional Chaco und des subtropischen Sumpflandes im Parque Nacional Río Pilcomayo an der paraguayischen Grenze lassen sich hervorragend Vögel beobachten. Die beste Reisezeit für diese Regionen sind stets die kühleren, trockeneren Monate April bis November.

Resistencia mit ihrem einzigartigen Engagement für die Bildhauerei ist die interessanteste Stadt der Region und ein guter Ort, wenn man etwas über die Kultur der hier ansässigen Toba erfahren möchte.

Die Durchquerung des Gran Chaco von Formosa nach Salta entlang der nördlichen RN 81 ist eine brutale Erfahrung: Die Fahrt kann fast zwei Tage dauern … Auf der RN 16 ab Resistencia geht es deutlich schneller.

Geschichte

Während der Kolonialzeit mieden die Europäer den heißen, öden Chaco. Die wenigen dort von der Jagd und dem Sammeln lebenden Ureinwohner widersetzten sich zwar den Europäern, waren aber nicht zahlreich genug, als dass sich ihre Unterjochung für die *encomiendas* (das koloniale Arbeitssystem) gelohnt hätte. Heute leben noch etwa 85 000 Guaycurú (Toba, Mocoví) und Mataco in der unwirtlichen Region.

Frühe spanische Siedlungen wurden bald wieder aufgegeben, da die Ureinwohner erheblichen Widerstand leisteten. Später fanden die Jesuiten etwas Zugang, doch die Vertreibung des Ordens 1767 verzögerte weitere europäische Ansiedlungen.

Mitte des 19. Jhs. erreichten Holzfäller aus Corrientes die Wälder der Region, sie kamen, um das kostbare Hartholz des Quebracho-Baumes zu schlagen. Wörtlich übersetzt bedeutet der Name des Baumes „Axtbrecher". Plötzlich wurde die Region attraktiv. Auf die Holzfäller folgten zahlreiche Farmer, die auf dem Land Baumwolle anbauten oder ihr Vieh weiden ließen. Viele neue Siedler kamen außerdem ab den 1930er-Jahren aus Mitteleuropa.

Die Entwaldung setzt sich immer noch fort, weite Bereiche werden heute im Chaco abgeholzt, um Soja anzubauen. Inzwischen ist Argentinien der größte Sojaproduzent weltweit – ein schwerer Schlag für das Volk der Toba, deren traditionelles Umfeld zerstört wird.

RESISTENCIA

☎ 03722 / 359 590 Ew.

Die Provinzhauptstadt liegt am Rand der kaum bevölkerten Wildnis des Chaco. Eigentlich vermutet man nicht, dass Resistencia um den Titel des künstlerischen Zentrums in Nordargentinien wetteifert, aber genau solche Ambitionen hegt die brütend heiße Stadt – ihre Straßen sind mit Skulpturen gespickt (es sind über 500), und es besteht ein starker Hang zur Bohème-Kultur, die in totalem Gegensatz zum harten, einsamen Leben zwischen Vieh und Staub steht, das diese Provinz sonst charakterisiert.

Die 1750 gegründete Siedlung wuchs rasch mit der Entwicklung der Gerbstoffindustrie und dem daraus resultierenden Fortschritt der Landwirtschaft. Ihren Namen erhielt die Stadt wegen des erfolgreich geleisteten Widerstands gegen zahlreiche Angriffe der Ureinwohner im Verlauf des 19. Jhs.

Die Museen und Kulturzentren von Resistencia lohnen sich besonders für Reisende, die sich für die indigene Toba-Kultur interessieren (s. Kasten S. 266)

Orientierung

Die riesige Plaza 25 de Mayo ist der Mittelpunkt der Innenstadt. Hier befinden sich Springbrunnen und zahlreiche Skulpturen. Quebracho, Ceibo, Lapacho und andere einheimische Baumarten des Gran Chaco wurden hier gepflanzt. Die Straßennamen ändern sich an der Plaza. Von der RN 16 kommend ist die Avenida Sarmiento die Hauptzufahrtsstraße in die Stadt. Die RN 16 führt Richtung Osten nach Corrientes und westlich nach Roque Sáenz Peña sowie über den Chaco nach Salta und Santiago del Estero. Die Avenida 25 de Mayo führt nordwestlich von der

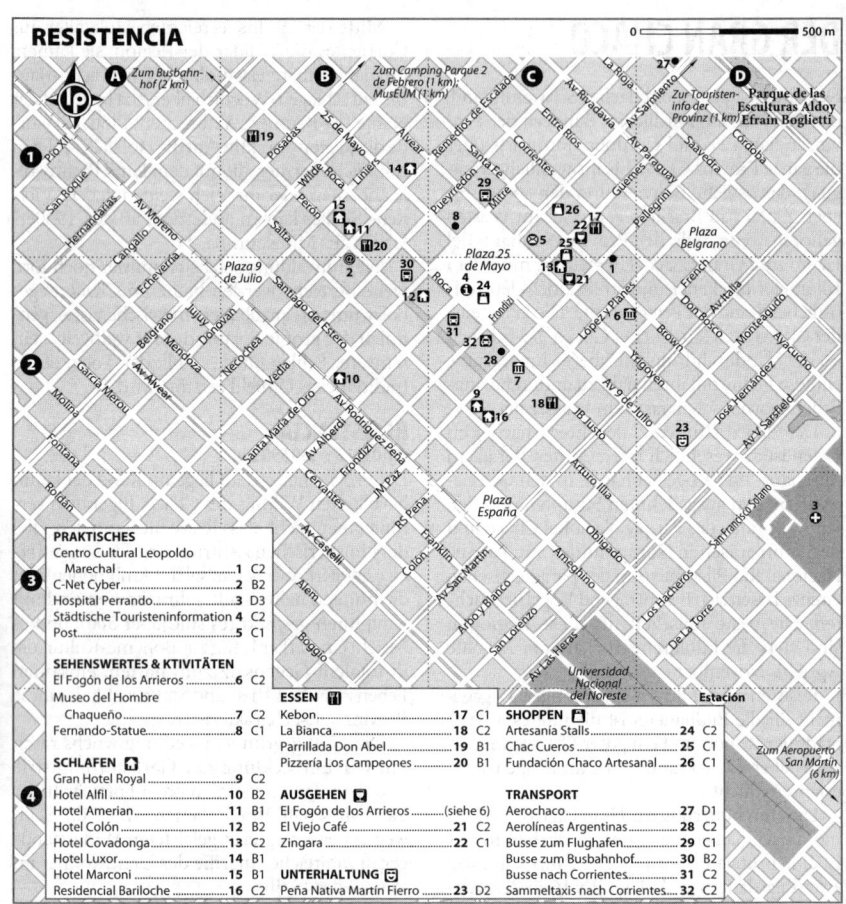

RESISTENCIA

0 ————— 500 m

Plaza zur RN 11, die Richtung Norden hinauf in die Provinz Formosa und zur paraguayanischen Grenze nach Clorinda führt.

Praktische Informationen

Rund um die Plaza 25 de Mayo gibt es mehrere Geldautomaten.

Centro Cultural Leopoldo Marechal (☎ 452738; Pellegrini 272; ⏲ Mo–Sa 9–12 & 16–20 Uhr) Der richtige Ort, um etwas über die Angelegenheiten der Ureinwohner zu erfahren und Toba-Gemeinden zu besuchen.

C-Net Cyber (Ecke Perón & Necochea; Std. 2 Arg$) Schnelles Internet und Telefon.

Hospital Perrando (☎ 452583; Av. 9 de Julio 1099)

Städtische Touristeninformation (☎ 458289; www.mr.gov.ar; Plaza 25 de Mayo; ⏲ Mo–Fr 7–13 & 14–20, Sa 8–12 & 15–19, So 18–21 Uhr) In einem Kiosk auf der Süd-

seite der Plaza informieren hilfsbereite und kenntnisreiche Mitarbeiter; gute zweisprachige Infos über die Stadt.

Touristeninformation für die Provinz (☎ 423547; www.chaco.gov.ar/turismo; Sarmiento 1675; ⏲ Mo–Fr 7–20.30, Sa & So 8–13 & 14–19 Uhr) Gute Infos über den Chaco und Touren in den Impenetrable, den undurchdringlichen Trockenwald.

Sehenswertes
SKULPTUREN

Bei der letzten Zählung gab es über 500 Skulpturen in der Stadt, eine Zahl, die mit jeder kommenden Biennale steigen wird (s. S. 259). Die Straßen sind voll davon, vor allem rund um die Plaza und in nördlicher Richtung auf der Avenida Sarmiento konzentrieren sie sich. Die Calle Perón/Arturo Illia einen Häuserblock südlich der Plaza ist ebenfalls gut bestückt. Zu jeder Biennale wird eine neue Broschüre mit einem Skulpturen-Rundweg durch die Stadt gedruckt. Wer die neuesten Werke sehen will, sollte sich zum **MusEUM**(☎ 415020; www.bienaldelchaco.com; Eintritt frei; ☽ Mo–Sa 8–12 & 15–20 Uhr) begeben: Ein Open-air-Workshop auf der Nordseite des Parque 2 de Febrero zeigt die beeindruckendsten Stücke. Während der Biennale, aber oft auch zu anderen Zeiten, arbeiten die Bildhauer hier vor Ort.

EL FOGÓN DE LOS ARRIEROS

1942 wurde das Kulturzentrum mit Kunstgalerie und Bar gegründet, das jahrzehntelang treibende Kraft hinter den künstlerischen Bemühungen der Stadt und Förderer der Kunst im öffentlichen Raum war. Noch immer ist es ein Grundstein der regionalen Kunstszene, heute ist es aber vor allem für seine ausgesuchte Sammlung an Kunstobjekten aus dem Chaco und dem übrigen Argentinien berühmt. Das **Museum** (☎ 426418; Brown 350; Eintritt 5 Arg$; ☽ Mo–Sa 8–12 Uhr) präsentiert außerdem Holzschnitzarbeiten des lokalen Künstlers und Kulturaktivisten Juan de Dios Mena. Bemerkenswert sind die respektlosen Epitaphe für tote Gönner im Erinnerungsgarten, der „Colonia Sálsipuedes" genannt wird. Ihn sollte man sich auf jeden Fall anschauen.

MUSEO DEL HOMBRE CHAQUEÑO

Das kleine, aber ausgezeichnete **Museum** (Museum des Chaco-Bewohners; ☎ 453005; JB Justo 280; Eintritt frei; ☽ Mo–Sa 8–12 & 16–20 Uhr) wird von enthusiastischen Mitarbeitern betreut (von denen einige Englisch sprechen). Sie erklären gern die Schautafeln zu den drei wesentlichen Säulen der Bevölkerung des Chaco: Ureinwohner (es gibt hier einige phantastische Keramiken und Musik-instrumente der Toba), *criollos*, die aus Verbindungen zwischen den europäischen Eindringlingen und der einheimischen Bevölkerung stammen, und „Gringos" – meist europäische Einwanderer, die hier seit Ende des 19. Jhs. in Wellen eingetroffen sind. Das Beste ist der Mythologie-Raum im Obergeschoss: Dort begegnen Besucher verschiedenen sonderbaren Charakteren der populären *chaqueño*-Religion.

Festivals & Events

In geraden Jahren während der dritten Juliwoche bringt die **Bienal de Escultura** (www.bienaldelchaco.com) zehn renommierte argentinische und internationale Bildhauer nach Resistencia. Sie richten sich rund um den Brunnen im Freilichtmuseum im Parque 2 de Febrero ein und haben dann sieben Tage Zeit, um unter den Augen des Publikums eine Skulptur zu vollenden. Jedes Mal wechselt das Medium, und es läuft ein Parallelwettbewerb für Studenten.

Schlafen

Camping Parque 2 de Febrero (☎ 458366; Av. Avalos 1100; Stellplatz 10 Arg$) Der personell gut ausgestattete Campingplatz verfügt über zahlreiche Einrichtungen und bietet außerdem viel Schatten. In der Hochsaison kann er aber sehr voll und laut werden – nicht zuletzt wegen der Tanzclubs auf der anderen Straßenseite. Buslinie 9 fährt von der Nordseite der Plaza dorthin.

Hotel Luxor (☎ 447252; camorsluxor@hotmail.com; Remedios de Escalada 19; EZ/DZ 46/68 Arg$; ▨) Das billigste Angebot der Stadt ist ein zentral gelegenes ordentliches Hotel, in dem sich Handelsvertreter und die ein oder anderen Backpacker einmieten. Häufige Gäste sind außerdem einheimische Paare, die einige romantische Stunden ungestört

---

DER BESTE FREUND EINER STADT

Streunende Hunde lösen in den Straßen südamerikanischer Städte mitunter Furcht, ja sogar Panik aus. Nicht so in Resistencia – Ende der 1950er-, Anfang der 1960er-Jahre gewann dort ein streunender Hund die Zuneigung der ganzen Stadt. Víctor Marcheses Standbild an der Calle Mitre vor der Casa de Gobierno macht ihn unsterblich.

Sein Name war Fernando. Wie es heißt, durchstreifte er die Straßen, schlief in Hauseingängen und freundete sich schließlich mit einem Bankmanager an. Der lud Fernando schließlich jeden Morgen zum Frühstück in sein Büro ein. Bald hatte der Hund die ganze Innenstadt für sich eingenommen, und die Anwohner ließen sich durch seine alltäglichen, harmlosen Abenteuer rund um die Plaza 25 de Mayo zu Tagträumen inspirieren. In einer Stadt, die den Künsten verpflichtet ist, galt Fernando als eine (haarige) Art Künstlerexistenz, und er war gerngesehener Stammgast im El Fogón de los Arrieros (s. oben). Als Fernando 1963 starb, spielte das städtische Orchester einen Trauermarsch, und überall in der Stadt schlossen die Menschen aus Respekt ihre Fensterläden. Beigesetzt wurde er am El Fogón de los Arrieros. Eine weitere Skulptur von Marchese markiert dort sein Grab.

und abseits der missbilligenden elterlichen Blicke genießen möchten. Frühstück, TV und Klimaanlage kosten extra.

Hotel Alfil (☎ 420882; Santa María de Oro 495; EZ/DZ 60/90 Arg$; 🍴) Die vernünftige Budgetunterkunft liegt einige Querstraßen südlich der Plaza. Die innenliegenden Zimmer sind dunkel, aber ruhig – im Gegensatz zu den äußeren Zimmern (mit unzugänglichen Balkonen), die unter dem Straßenlärm leiden. Klimaanlage kostet 10 Arg$ extra, ansonsten ist das Alfil ein solides Angebot – mal abgesehen vom fehlenden Frühstück.

Hotel Colón (☎ 422861; hotelcolon@gigared.com.ar; Santa María de Oro 143; EZ/DZ 105/155 Arg$, Apt. 190 Arg$; 🍴 🖥 🛜) Jugendstilfans sollten sich diesen Klassiker aus den 1920er-Jahren, einige Schritte südlich der Plaza, nicht entgehen lassen. Das überraschend große Gebäude verströmt viel Atmosphäre und besticht mit einigen verlockenden Merkmalen seiner Epoche. Die Zimmer verbergen ihr Alter nicht, die renovierten Apartments sind dagegen tipptopp in Schuss.

Hotel Covadonga (☎ 444444; www.hotelcovadonga.com.ar; Güemes 200; EZ/DZ 215/255 Arg$; 🍴 🖥 🛜 🖥) Das noble Hotel mit seiner ausgezeichneten Lage nahe der Plaza und den Restaurants hat sehr gute Einrichtungen, darunter Pool, Sauna und Jacuzzi – und sympathische Mitarbeiter. Die öffentlichen Bereiche sind geschickt möbliert; die kürzlich renovierten Zimmer haben Balkone zur Straße hin und ansehnliche Holzböden.

Hotel Amerian (☎ 452400; www.hotelcasinogala.com.ar; Perón 330; EZ/DZ 385/424 Arg$, Suite 626–1980 Arg$; 🍴 🖥 🛜 🖥) Das elegante Casino-Hotel ist die nobelste Option in der Stadt. Es bietet Zimmer verschiedener Qualitätsstufen und hat einen professionellen Service. Neben Spielautomaten gibt es auch eine Sauna, einen Fitnessraum und einen separaten Wellnessbereich.

Empfehlenswert sind außerdem:

Residencial Bariloche (☎ 421412; Obligado 239; EZ/DZ 70/90 Arg$; 🍴) Die schlichte Unterkunft verfügt über vernünftige Zimmer zu niedrigen Preisen, und das verblüffend nah an der Plaza.

Gran Hotel Royal (☎ 439694; www.granhotelroyal.com.ar; Obligado 211; EZ/DZ 115/159 Arg$; 🍴 🛜) Das Hotel hat tadellos saubere und komfortable Zimmer, die allerdings ziemlich langweilig wirken.

Hotel Marconi (☎ 421978; Perón 352; EZ/DZ 100/130 Arg$; 🍴 🛜) Einfach, sauber und zentral.

Essen

La Bianca (☎ 449230; Colón 102; Gerichte 12–25 Arg$; ☾ Mi–Mo Mittag- & Abendessen) Sehr lebhaft geht es in dem Restaurant zu, das seit Langem zu den lokalen Favoriten zählt; die Gäste kommen wegen Pasta, Pizza und Soufflés zu günstigen Preisen. Auf der Karte finden sich auch Fleischgerichte und Salate in großzügigen Portionen.

Parrillada Don Abel (☎ 449252; Perón 698; Mahlzeiten 15–33 Arg$; ☾ Mittag- & Abendessen, So abends geschl.) Die *parrilla* liegt in einem gemütlichen *quincho* (Strohdachhaus) und bringt neben dem üblichen gebratenen Rindfleisch große Portionen Pasta und gegrillten Surubí auf den Tisch. Am Wochenende herrscht hier geselliger Familientrubel.

Kebon (☎ 422385; Don Bosco 102; Hauptgerichte 17–48 Arg$; ☾ Mo–Sa Mittag- & Abendessen) Das Eckrestaurant ist beliebt und hält die Qualität hoch. Die Auswahl an Fisch- und Fleischgerichten ist groß, auch eine ganze Reihe raffinierter Saucen stehen zur Wahl. Der Service ist aufmerksam, und die Portionen sind großzügig bemessen, aber es mangelt dem Lokal ein bisschen an Atmosphäre. Die *rotisería* mit Gerichten zum Mitnehmen nebenan ist ein Schnäppchen.

Pizzería Los Campeones (☎ 443864; Perón 300; Pizza 18–32 Arg$; ☾ Mittagessen & 18–2 Uhr) Die bodenständige Pizzeria mit Tischen auf dem Gehsteig liegt an einer sehr belebten Straße und verkauft unschlagbare Pizzastücke zu 3 bis 4 Arg$.

Ausgehen & Unterhaltung

El Fogón de los Arrieros (☎ 426418; Brown 350; ☾ 21.30–1 Uhr) Ein Besuch in der freundlichen Bar vom El Fogón – seit Jahrzehnten eine lokale Institution – ist geradezu ein Muss. Das angeschlossene Kulturzentrum präsentiert gelegentlich Livemusik und kleine Theater-Events, z. B. Tango am Donnerstagabend.

El Viejo Café (☎ 459399; Pellegrini 109; ☾ So–Do ab 19, Fr & Sa ab 13 Uhr) In einem eleganten alten Gebäude mit sorgfältig eingerichteten Innenräumen ist das Café zu jeder Tageszeit eine gute Wahl. Die Terrasse ist nett für einen Drink bei Sonnenuntergang, am Wochenende kommt am späten Abend richtig Leben in die Bude.

Zingara (☎ 452059; Güemes 282; ☾ 18–3 Uhr) Die peppige Bar liegt zentral und hat eine belebte Terrasse. Die Betreiber sind nicht nur klasse, sondern sorgen auch für eine breite Musikauswahl. Und sie mixen ordentliche Drinks. Sehr zu empfehlen!

Peña Nativa Martín Fierro (☎ 423167; Av. 9 de Julio 695) Freitagabend ab 21 Uhr gibt es hier Volksmusik live und dazu *parrillada*.

Shoppen

Auf der Südseite der Plaza wird an mehreren Ständen Kunsthandwerk verkauft.

DER NORDOSTEN

Chac Cueros (☎ 433604; Güemes 186) Chac Cueros ist auf hochwertige Waren, die aus den Häuten von Wasserschweinen gefertigt werden, spezialisiert. Besonders geschätzt ist das Wildleder, das aus ihrer gegerbten, natürlich gewarzten Haut hergestellt wird.

Fundación Chaco Artesanal (☎ 448427; Av. Sarmiento 234) Bietet eine gute Auswahl an indigenem Kunsthandwerk sowie CDs vom Toba-Chor (s. Kasten S. 266).

An- & Weiterreise

BUS

Von Resistencias **Busbahnhof** (☎ 461098; Ecke MacLean & Islas Malvinas) gibt es Verbindungen in alle Richtungen. Busse machen den ganzen Tag über in regelmäßigen Abständen die Runde zwischen Corrientes und Resistencia (2,50 Arg$, 40 Min.). Auch vom Stadtzentrum, an der Avenida Alberdi gleich südlich der Plaza, fährt ein Bus nach Corrientes. Die bessere Option sind Sammeltaxis (3 Arg$, 20 Min.), die an der Frondizi nahe Plaza 25 de Mayo zusammenkommen.

Zu den folgenden Zielen gibt es täglich regelmäßige Verbindungen:

Reiseziel	Fahrpreis (Arg$)	Fahrzeit (Std.)
Asunción (Paraguay)	32	5
Buenos Aires	138	13
Córdoba	144	12
Formosa	25	2
Mendoza	240	24
Mercedes	32	4
Posadas	60	5
Puerto Iguazú	100	10
Roque Sáenz Peña	27	2
Rosario	114	10
Salta	126	10
Santa Fe	94	9
Santiago del Estero	121	7½
Tucumán	138	12

FLUGZEUG

Aerolíneas Argentinas (☎ 446802; JB Justo 184) fliegt nach Buenos Aires Aeroparque (582 Arg$, 6-mal wöchentl.). An Wochentagen gibt es Flüge nach Asunción/Paraguay (1187 Arg$, 1 Std.). **Aerochaco** (☎ 0810-345-2422; www.aerochaco.net; Av. Sarmiento 715) bedient von Resistencia aus Buenos Aires, Córdoba, Salta, Puerto Iguazú und weitere Ziele.

Unterwegs vor Ort

Der Aeropuerto San Martín liegt 6 km südlich der Stadt an der RN 11; Buslinie 2 fährt von der Nordwestecke der Plaza dorthin. Eine Taxifahrt vom Stadtzentrum zum Busbahnhof kostet 10 Arg$, alternativ besteigt man die Buslinien 3 oder 10 gegenüber dem Hotel Colón. Stadtbusse kosten 1,75 Arg$.

PARQUE NACIONAL CHACO

Der gut erreichbare **Park** (☎ 03725-499161; Eintritt frei; Besucherzentrum 9 bis 19 Uhr) umfasst ganz verschiedene Ökosysteme, die die feinen Unterschiede in Höhe, Bodenart und Niederschlagsmenge spiegeln. Der große Nationalpark schützt den feuchten, östlichen Chaco und liegt 115 km nordwestlich von Resistencia. Die RN 16 und die RP 9 führen hin.

Ökologisch gesehen gehört der Nationalpark zur Gran-Chaco-Subregion „Flussmündung und Galeriewald", doch er schützt viele verschiedene Sumpflandschaften, offenes Grasland, Palmsavannen, Buschwald und dichte Galeriewälder. Die am weitesten verbreitete Landschaftsform ist der *monte fuerte* („starker Berg"): Im Chaco-Wald stehen Quebracho-, Algarrobo- und Lapacho-Bäume. Ausgewachsene Exemplare werden über 20 m hoch. Die niedrigeren, noch nicht ausgewachsenen Bäume und Sträucher bilden in verschiedenen Höhenstufen Lebensräume für Pflanzen und Tiere. Der Quebracho Colorado ist ein Hartholz und war ursprünglich in weiten Teilen Nordargentiniens verbreitet, doch die extreme Abholzung führte zu seinem beinahe vollständigen Verschwinden.

Buschwälder bilden eine Übergangszone zu den saisonal überfluteten Savannen, aus denen Caranday- und Pindó-Palmen herausragen. Das offene Grasland, das inzwischen immer weniger wird, wurde traditionellerweise durch menschliche Eingriffe offen gehalten, u. a. durch das Abbrennen der Grasflur oder durch weidendes Vieh. Sumpfland und Galeriewälder nehmen zwar die kleinsten Flächen ein, sind aber biologisch gesehen am produktivsten. Der mäandrierende Río Negro hat einige flache Altwasserseen hinterlassen, an denen eine dichte Ufervegetation wächst.

Die wenigen Säugetiere, die im Park vorkommen, zeigen sich nur selten, dafür sehen die Besucher aber viele Vögel wie Nandus, den Jabirú (eine große Storchenart), Rosalöffler, Kormoran, Caracaras (Geierfalken) und noch viele Arten weniger auffallender Vögel. Die häufigsten Insekten sind Moskitos – ein Grund mehr, den Nationalpark im eher trockenen, kühlen Winter zu besuchen. Ausreichend Insektenschutzmittel hilft gegen die lästigen Plagegeister.

DER NORDOSTEN

Aktivitäten

Wandern und Vogelbeobachtung sind hier die vorrangigen Aktivitäten – am besten am frühen Morgen oder gegen Sonnenuntergang. Einige Gebiete sind nur mit dem Fahrrad oder zu Pferd zu erreichen. Informationen über Fahrrad- oder Pferdeverleih und das Anheuern eines Führers gibt es in Capitán Solari, 6 km östlich des Parks; dort im *municipalidad* (Rathaus) nachfragen.

Schlafen & Essen

Die *municipalidad* in Capitán Solari gibt Auskunft über Einheimische, die zu einem fairen Preis Zimmer an Reisende vermieten. Eine davon ist **Señora Nilda Ocampo** (☎ 03725-15-458977), die pro Person 25 Arg$ berechnet. Zelten ist innerhalb des Parks die einzige Möglichkeit, zu übernachten. Es gibt einige schattige Zeltplätze mit Kaltwasserduschen, Toiletten und Feuergruben mit Holz – und das kostenlos.

An den Wochenenden kann es sehr voll werden, aber zu anderen Zeiten hat man den Park quasi für sich allein. An lebhaften Wochenenden verkauft ein Händler aus Resistencia fertig zubereitetes Essen, aber es ist besser, alles für den eigenen Bedarf mitzubringen.

An- & Weiterreise

Capitán Solari liegt 2½ Busstunden von Resistencia entfernt. La Estrella betreibt täglich fünf Busse in jede Richtung (15,50 Arg$).

Die Parkinformation ist eventuell in der Lage, den Transport von Capitán Solari aus in den Park zu organisieren; ansonsten kann man die 5 km bis zum Park wandern, trampen oder in einer *remise* (15 Arg$) zurücklegen. Bei nassem Wetter ist die Straße unter Umständen für motorisierte Fahrzeuge unpassierbar.

ROQUE SÁENZ PEÑA

☎ 03732 / 76 794 Ew.

Presidencia Roque Sáenz Peña, wie der Ort mit seinem vollen, etwas sperrigen Namen heißt, hat etwas von einer Grenzstadt. Es liegt weit draußen im Chaco und bildet das Tor zum dahinter liegenden undurchdringlichen Teil des Chaco („Impenetrable"). Bekannt ist die Stadt für ihre Thermalbäder, deren Quellen 1937 zufällig von Bohrarbeitern auf der Suche nach Trinkwasser entdeckt wurden. Sie ist ein netter Zwischenstopp, ein unverfälschter und freundlicher Ort.

Roque ist in erster Linie ein Dienstleistungszentrum für die regionalen Baumwoll- und Sonnenblumenpflanzer. Da in der Provinz Chaco beinahe zwei Drittel der gesamten Baumwoll-

ernte im Land angebaut wird, veranstaltet der Ort die **Fiesta Nacional del Algodón** (Nationales Baumwoll-Festival) im Mai.

Orientierung & Praktische Informationen

Die Stadt liegt zu beiden Seiten der RN 16, die Resistencia mit Salta verbindet. Zentrum des regelmäßig angeordneten Straßengitters ist die von Weiden beschattete Plaza San Martín; die Haupteinkaufsstraße heißt Avenida San Martín.

An der Avenida San Martín stehen mehrere Banken mit Geldautomaten und zahlreiche Läden, in denen man telefonieren oder ins Internet gehen kann.

Postamt (Belgrano 602, in Mitre)

Touristeninformation (Brown 541; ☼ 6.30–11.30 & 14.30–20 Uhr) In der Thermalbad-Anlage.

Sehenswertes

Roques **Complejo Termal Municipal** (Thermalbäderkomplex; ☎ 430030; www.elchacotermal.com.ar; Brown 545; ☼ 6.30–11.30 & 14.30–20 Uhr) bezieht sein Salinenwasser aus 150 m Tiefe. Die Anlage, die seit den 1930er-Jahren besteht, ist in einem Spitzenzustand. Zur Auswahl stehen Thermalbäder (7 Arg$), Sauna und ein türkisches Bad (8 Arg$); während der Öffnungszeit am Vormittag ist der Eintritt jeweils etwas verbilligt. Zu den angebotenen Behandlungen zählen Kinesiologie, Massage und Aromatherapie.

An der Kreuzung von RN 16 und RN 95, 4 km östlich der Innenstadt, liegt der weitläufige, landesweit renommierte **Parque Zoológico** (☎ 424284; Erw./Kind 4/1 Arg$; ☼ Mo–Fr 9–18, Sa & So 8–18 Uhr) mit einem Botanischen Garten. Den Schwerpunkt setzt er bei Vögeln und Säugetieren aus der Chaco-Region; daneben gibt es einige Löwen, Tiger und Bären zu sehen. Zu den Stars zählen der Tapir und der Jaguar, aber es gibt auch Krokodile, Lamas, Affen und ein verblüffend großes Hühnergehege, außerdem Schlangen, Kondore und Geier.

Der Zoo hat zwei künstliche Seen, an denen Wasservögel häufig auf ihrem Vogelflug rasten. Eine kleine Snackbar hat geöffnet, aber die Gerüche der Gehege im Umkreis sind doch ziemliche Appetitzügler. Buslinie 2 fährt von der Calle Moreno zum Zoo (1 Arg$), eine *remise* kostet etwa 15 Arg$; wenn es nicht zu heiß ist, ist der Park auch gut zu Fuß erreichbar.

Schlafen

Orel Hotel (☎ 429645; Ecke Saavedra & San Martín; EZ/DZ 80/120 Arg$; ✖ ▢) Die Zimmer sind einfach, sau-

VORDRINGEN INS UNDURCHDRINGLICHE

Wer gerne mal die ausgetretenen Wege verlässt, wird sich von den entlegenen Gebieten des Chaco angezogen fühlen. Wichtigstes Zugangstor zum Impenetrable (der „Undurchdringliche") ist die Stadt **Juan José Castelli**, 115 km nördlich von Roque Sáenz Peña, die zweimal täglich von Resistencia (20 Arg$, 5 Std.) via Roque mit dem Bus angefahren wird. Von Juan José Castelli geht es Richtung Westen auf Schotterstraßen zum abgelegenen Fuerte Esperanza (Sammeltaxis befahren diese Route), in dessen Nachbarschaft zwei Naturschutzgebiete liegen – die **Reserva Provincial Fuerte Esperanza** und die **Reserva Natural Loro Hablador**. Beide bewahren die typische trockene Chaco-Landschaft mit Algarrobo- und Quebrachobäumen, Gürteltieren, Nabelschweinen und vielen Vogelarten. **Loro Hablador**, 40 km von Fuerte Esperanza entfernt, besitzt einen schönen Zeltplatz und kurze Wanderwege mit Rangern. Fuerte Esperanza hat zwei einfache *hospedajes* (Privatunterkünfte). Die **Misión Nueva Pompeya** weiter nördlich wurde 1899 von Franziskanern gegründet, die unter harten Bedingungen eine Missionsstation für die Matacos aufbauten. Das Hauptgebäude mit einer Kirche mit rechteckigem Turm ist an diesem entlegenen Ort ein überraschender Anblick.

Verschiedene Veranstalter bieten Exkursionen und Tourpakete an, die Besuche der Schutzgebiete, der Misión Nueva Pompeya und indigener Gemeinschaften in dem Gebiet umfassen. **Carlos Aníbal Schumann** (☎ 03732-471473; www.ecoturchaco.com.ar; Av. San Martín 500, Juan José Castelli) ist einer von ihnen. Er betreibt auch einen Campingplatz und eine Hütte in Villa Río Bermejito, einer Siedlung am Flussufer, 67 km nordöstlich von Juan José Castelli entfernt. **Tantanacuy** (☎ 03722-15-640705; http://chacoagreste.com.ar) ist eine *hostería* (Gasthaus) zwischen Castelli und Fuerte Esperanza, die Tourpakete einschließlich Unterkunft, Transfers und Ausflügen anbietet.

Von Roque Sáenz Peña führt die RN 16 Richtung Westen an der Zufahrt zum Parque Nacional Copo (S. 323) vorbei, der zur selben Ökoregion gehört.

---

ber und farbenfroh gestaltet und haben Kabel-TV. Zimmer mit Fenster zur Straße hin leiden unter dem Lärm, andere haben lediglich ein Fenster zum Treppenhaus (und leiden unter der fehlenden Privatsphäre). Trotzdem ist das Haus keine schlechte Wahl.

Hotel Familiar (☎ 429906; Moreno 486; EZ/DZ 80/120 Arg$; ✿) Das einladende kleine Haus liegt einen Block von der Hauptgeschäftsstraße entfernt. Die Zimmer sind sauber und ruhig, wenn auch dunkel, und die Angestellten interessieren sich für ihre Gäste.

Hotel Presidente (☎ 424498; San Martín 771; EZ/DZ 120/170 Arg$; ✿ ▢ ☞) Der rote Plüschteppich und die überall, auch an den Zimmertüren, aufgehängten Spiegel lassen das Hotel wie eine Kreuzung aus der Villa eines kolumbianischen Drogenhändlers und einem Edelbordell aus den 1970er-Jahren wirken. In Wahrheit ist es aber eine sehr angenehme Unterkunft im Herzen der Stadt mit freundlichem Personal und, für den Preis, ausgezeichneten Zimmern mit Minibar und großen bequemen Betten.

Hotel Gualok (☎ 420715; San Martín 1198) Gleich neben dem Wellness-Komplex wurde zur Zeit der Recherche die in die Jahre gekommene einstige Perle der Stadt in ein 5-Sterne-Luxus-Hotel verwandelt. Wenn das Buch erscheint, dürfte das Haus wieder eröffnet haben.

Essen

Ama Nalec (☎ 420348; Moreno 601; Eiscreme ab 3 Arg$; ⏱ 10–13 & ab 17 Uhr) Das geschäftige Ecklokal stellt verführerische kleine Gebäckstücke und sehr leckeres Eis her – ein Geschenk des Himmels in der lähmenden Hitze von Roque. Einige Geschmacksrichtungen sind allerdings ungewöhnlich – Feigen in Cognac ist aber durchaus einen Versuch wert.

Saravá (Ecke San Martín & 25 de Mayo; Gerichte 8–18 Arg$; ⏱ 8–24 Uhr) Das beliebte Lokal serviert die üblichen Klassiker wie Steaks, Huhn, Burger und Sandwiches, außerdem eiskalte Frucht-Licuados. Das Saravá hat eine komplette Bar und liegt an einer belebten Ecke im Herzen der Stadt, am besten versucht man einen Tisch vor der Tür zu ergattern.

Bien, José! (☎ 431725; 25 de Mayo 531; Hauptgerichte 8–20 Arg$; ⏱ Abendessen) Warmherziger, persönlicher Service paart sich in diesem preiswerten Restaurant mit köstlichen Fleisch-Empanadas und soliden *parrilla*-Gerichten. Hier heißt jede Generation José, also fragt man am besten einen von ihnen nach dem aktuellen Tagesgericht und lässt es sich schmecken. 20 m weiter die Straße hinauf tischt Rovetti riesige *milanesas* für 20 Arg$ auf.

Giuseppe (☎ 425467; Moreno 680; kleine Pizza 9–20 Arg$, Hauptgerichte 9–23 Arg$; ⏱ Mittag- & Abendessen) Das

Lokal wirkt von der Ausstattung her recht farblos, ist aber wegen der leckeren Pizza und den interessanten Pasta-Kombinationen abends sehr beliebt. Die Tische an der Seite sind nicht zu empfehlen – die Küche strahlt eine derartige Hitze aus, dass man sich nicht über Schwefelwolken und gehörnte Kellner wundern würde.

An- & Weiterreise

Der **Busbahnhof** (☎ 420280; Petris, zw. Avellaneda & López) liegt sieben Querstraßen östlich des Stadtzentrums von Roque, zu erreichen ist er mit der Buslinie 1 ab Mitre. Regelmäßig fahren Busse nach Resistencia (27 Arg$, 2 Std.) und JJ Castelli. Busse, die Richtung Westen nach Tucumán, Santiago del Estero und Salta unterwegs sind, halten hier ebenfalls.

FORMOSA

☎ 03717 / 198 074 Ew.

Reisende, die nach Formosa wollen, ernten vielleicht ein verwirrtes „Warum?" von anderen Argentiniern, dabei ist es eine ganz nette Kleinstadt. Die Hauptstadt der Provinz liegt in einer hufeisenförmigen Biegung des Río Paraguay. Außerdem ist die Stadt eine nette Zwischenstation auf dem Weg nach Paraguay oder zum Parque Nacional Río Pilcomayo – viel besser als Clorinda! Es ist allerdings unsäglich heiß im Sommer, die Luftfeuchtigkeit ist dann extrem hoch. Ein Trost: Sobald die Sonne untergegangen ist, kann man wunderbar am Flussufer entlangbummeln. Wer will, kann sogar kurz über den Fluss übersetzen, um paraguayische Luft zu schnuppern.

Orientierung

Formosa liegt 169 km nördlich von Resistencia und 113 km südlich von Clorinda (an der Grenze zu Paraguay) an der RN 11. Zentrum der Stadt ist die Plaza San Martín, ein vier Block großer öffentlicher Park, hinter dem die Avenida 25 de Mayo, das Herz der Stadt, bis ans Ufer des Río Paraguay führt.

Praktische Informationen

An der Avenida 25 de Mayo zwischen der Plaza und dem Fluss gibt es einige Banken mit Geldautomaten.

Postamt (Plaza San Martín an der 9 de Julio)

Touristeninformation der Provinz (☎ 425192; turismo @formosa.gov.ar; Uriburu 820; ☿ Mo–Fr 7–20 Uhr) An der Plaza. Pro Woche kommt ungefähr ein Ausländer vorbei. Auch im Busbahnhof gibt es einen Schalter, der touristische Informationen anbietet.

Telecom (Av. 25 de Mayo 245; Std. 2,50 Arg$) Internet und Telefongespräche.

Sehenswertes & Aktivitäten

Das **Museo Histórico** (Ecke Belgrano & Av 25 de Mayo; Eintritt frei; ☿ Mo 8–12, Di–Fr 9–12 & 18–20, Sa & So 9–12 & 18–20 Uhr) in der Casa Fotheringham beschäftigt sich mit der Gründung und der Entwicklung von Formosa. Das Museum ist klein, aber gut gemacht. Die Provinz war Teil des paraguayischen Chaco bis zum Krieg der Tripelallianz im 19. Jh. – das Museum zeigt aus dieser Zeit Uniformen, Waffen und Relikte. Dazu kommen noch ein paar schöne alte Webarbeiten der Ureinwohner.

6 km südlich der Stadt liegt die **Laguna Oca**, ein Feuchtgebiet mit einem beliebten Strand, mit Imbissständen und Kanuverleih. Ein Tipp: Wer sich ein Stück von den Wochenendbesuchern entfernt, kann die vielfältige Vogelwelt in Ruhe beobachten.

Festivals & Events

Formosas alljährliche **Fiesta del Río** findet Mitte November statt und wird eine Woche gefeiert. Höhepunkt ist eine eindrucksvolle nächtliche Prozession, bei der 150 Boote von Corrientes den Río Paraguay hinaufsegeln.

Im April findet das **Encuentro de Pueblos Originarios de América,** ein Treffen von Delegationen zahlreicher indigener Gruppen aus Argentinien, Paraguay, Bolivien und von noch weiter her, in der Stadt statt: Das Nebeneinander ganz unterschiedlicher Kulturen ist auch für Besucher sehr eindrucksvoll.

Schlafen & Essen

Hotel San Martín (☎ 426769; Av. 25 de Mayo 380; EZ/DZ 90/120 Arg$; ✸) Für den Preis in Ordnung, ansonsten aber uninteressant: Das San Martín ist überraschend ruhig für seine zentrale Lage. Einige Zimmer sind definitiv besser als andere, also nach Möglichkeit vorher anschauen.

Hotel Plaza (☎ 426767; www.hotelplazaformosa.com.ar; Uriburu 920; EZ/DZ 120/140 Arg$; ✸ ▢ ☇ ▨) Der Name stimmt: Das Hotel liegt direkt an der Plaza und wirkt einladend. Die Zimmer sind nichts Besonderes, aber es gibt für die Gäste ein kleines Schwimmbecken und ein gutes Restaurant.

Hotel Internacional de Turismo (☎ 437333; hotelde turismo@hotmail.com; Ecke Av. 25 de Mayo & San Martín; EZ/DZ 200/230 Arg$; ✸ ▢ ☇ ▨) Das große und irgendwie unpersönliche Hotel glänzt mit dem Blick auf den Fluss und dem hübschen stillgelegten Bahnhof. Von den gut eingerichteten Zimmern aus kann man nach Paraguay schauen. Große Balkone und ein ausgezeichneter Pool sowie ein Sonnendeck sind ebenfalls vorhanden.

Raíces (☎ 427058; Av. 25 de Mayo 65; Hauptgerichte 15–42 Arg$; ☽ Mittag- & Abendessen) Das Restaurant ist raffiniert und erstklassig und kocht neben vielen anderen ebenfalls lecker zubereiteten Speisen eine schöne Auswahl an Surubí-Gerichten. Auch die Weinkarte ist gut.

El Tano Marino (☎ 420628; Av. 25 de Mayo 55; Hauptgerichte 13–36 Arg$; ☽ Mittag- & Abendessen, So Abend geschl.) Das Restaurant, das sich neben dem Raíces befindet, hat einen italienischen Touch, bringt aber auch viele der üblichen argentinischen Standardgerichte und Flussfisch auf den Tisch. Der Service ist korrekt. Auch eine ordentliche Weinauswahl ist vorhanden.

Shoppen

Casa de las Artesanías (San Martín 82; ☽ Mo–Sa 8–13 & 16–20 Uhr) In einem historischen Gebäude in der Nähe des Flusses verkauft die Kunsthandwerker-Kooperative Holzschnitzereien, Webarbeiten und andere Dinge von kitschig bis wunderschön. Die Erlöse fließen an die indigenen Gemeinschaften (die Mataco, Toba und Pilaga), die die Stücke auch herstellen.

An- & Weiterreise

BUS

Formosas **Busbahnhof** (☎ 451766; Ecke Gutñiski & Antártida Argentina) liegt 15 Blocks westlich der Plaza. Folgende Zielorte werden u. a. angefahren:

Reiseziel	Fahrpreis (Arg$)	Fahrzeit (Std.)
Asunción (Paraguay)	24	2
Buenos Aires	150	16
Clorinda	19	1¾
Laguna Blanca	19	3
Resistencia	25	2

FÄHRE

Vom Flusshafen setzen Boote in flottem Tempo nach Alberdi über, das sich vor allem als paraguayischer Markt für Billigwaren mit dem typischen Chaos präsentiert. Die Fähre kostet auf der Hinfahrt 5 Arg$, auf der Rückfahrt 4 Arg$.

FLUGZEUG

Aerolíneas Argentinas (☎ 429314; Av. 25 de Mayo 601) fliegt fünfmal pro Woche nach Buenos Aires (601 Arg$).

Unterwegs vor Ort

Der Flughafen liegt 4 km südlich der Stadt auf der RN 11, ein Taxi ist also nicht teuer. Der Bus

Tejón fährt am Busbahnhof vorbei auf seinem Weg zum Flughafen. Ein Taxi zwischen Bahnhof und Zentrum kostet 6 bis 8 Arg$.

CLORINDA

☎ 03718 / 47 004 Ew.

Das geschäftige Clorinda wirkt mit seinen Straßenmärkten und der intensiven Hitze bereits sehr paraguayisch. Tatsächlich kommen die meisten Reisenden auch nur hierher, um über die Grenzbrücke Puente Internacional San Ignacio de Loyola nach Asunción in Paraguay auszureisen. Obwohl die Betriebsamkeit in der Stadt für kurze Zeit ansteckend wirkt, gibt es hier nicht viel zu tun oder zu sehen. Zwei Fußgängerbrücken über den Fluss führen hinüber zu der ähnlichen paraguayischen Stadt Nanawa.

Eine billige Übernachtungsmöglichkeit bietet das **Hotel San Martín** (☎ 421211; 12 de Octubre 1150; Ez/DZ 60/80 Arg$; ✱). Es hat mit seinen unverputzten Ziegelwänden und der unaufdringlichen Ausstattung fast schon wieder Stil. **La Pupuruchi** (☎ 425291; San Martín 548; Hauptgerichte 8–16 Arg$; ☽ Mittag- & Abendessen) ist ein sehr beliebtes Mittagslokal, das sich an der Hauptstraße befindet, das Salatbüfett ist phantastisch.

Es gibt mehrere Busbahnhöfe in Clorinda; für Reisende am interessantesten sind die Bahnhöfe der Busgesellschaft Godoyan an der San Martín und an der Avenida Paraguay. Sie bieten regelmäßige Grenzfahrten nach Asunción an sowie Südverbindungen nach Formosa (19 Arg$, 1¾ Std.), Resistencia (42 Arg$, 3¼ Std.) und Buenos Aires (165 Arg$, 18 Std.).

LAGUNA BLANCA

☎ 03718 / 6508 Ew.

Der bequemste Ausgangspunkt, um den Parque Nacional Río Pilcomayo (s. S. 267) zu besichtigen, ist Laguna Blanca. In der weitläufigen Siedlung fällt auf, wie langsam sich die Menschen hier bewegen – meist auf Rollern und Rädern. Wirtschaftliche Einnahmequellen des Ortes sind Rinder, Pferde, Bananen und Zitrusfrüchte – die Stadt ist außerdem berühmt für ihre Grapefruits, die während der **Fiesta del Pomelo** Mitte Juli gefeiert werden. Im Süden der Stadt liegt ein großes Schutzgebiet, das den Toba gehört.

Laguna Blanca liegt 55 km westlich von Clorinda und 126 km nordwestlich von Formosa. Die meisten Dienstleistungen findet man rund um die zentrale Plaza. Auf deren nordöstlicher Seite liegt eine Bank mit Geldautomat sowie Maxi Compras Plaza, ein Laden, vor dem die *remises* losfahren.

DER NORDOSTEN

INDIGENE BEVÖLKERUNGSGRUPPEN DES GRAN CHACO *Danny Palmerlee und Andy Symington*

Mit etwa 50 000 Zugehörigen sind die **Toba** des Gran Chaco eine der größten indigenen Ethnien Argentiniens, und doch scheinen sie mehr oder weniger unsichtbar zu sein. Proteste der Toba im Jahr 2009 warfen ein Licht auf die Tatsache, dass viele Gemeinschaften unter dem Wegfall von Regierungseinrichtungen leiden und dass mancherorts die Menschen tatsächlich verhungern. Nur wenige Argentinier hatten eine Vorstellung von der Not des *pueblo olvidado* (vergessenen Volkes).

Dem Reisenden kann es passieren, dass er durch das von der Sonne versengte Chaco reist, ohne die Anwesenheit der *indígenas* (Ureinwohner) überhaupt zu bemerken – vielleicht mit Ausnahme der Handwerksartikel, die in den Staatsläden oder am Straßenrand verkauft werden. In Resistencia leben die Toba in *barrios* (Vierteln), die vom Rest der Stadt isoliert sind. Und wer von ihnen nicht in der Stadt ist, lebt entweder in Orten, die Reisende nur selten besuchen (etwa in Juan José Castelli oder Quitilipi), oder tief im argentinischen „Impenetrable" – in Siedlungen, die lediglich über staubige Pisten erreicht werden können und in denen sich nur zurechtfindet, wer sich auskennt. Wer den Weg weiß (oder mit jemandem fährt, der ihn kennt), wird Toba-*asentamientos* (Siedlungen) entdecken, die anders sind als alles, was man sonst in Argentinien zu Gesicht bekommt. Die Menschen leben in extremer Armut (obwohl es immer ein Kirchengebäude gibt), bis auf eine manchmal von der Regierung errichtete Ambulanz sind beinahe alle Gebäude aus Lehm mit strohgedeckten Dächern gebaut.

Die Toba nennen sich selber Komlek (oder Qom-lik) und sprechen einen Dialekt aus der Guaycurú-Sprachfamilie, der vor Ort als Qom bekannt ist. Sie besitzen eine reiche musikalische Tradition – der Coro Toba Chelaalapi, ein 1962 gegründeter Toba-Chor, ist inzwischen zum Unesco-Welterbe ernannt worden. Bekannt sind die Toba für ihre Flechtkörbe und Keramik, aber auch für ihre Version der Fiedel, die sie aus Benzinkanistern erstellen.

Das zahlenmäßig größte indigene Gruppe sind die **Wichí** mit einer Bevölkerung von mehr als 60 000 Personen. Weil die Wichí extrem isoliert leben (fast 700 km von Resistencia entfernt im äußersten Nordwesten der Provinz Chaco sowie in den Provinzen Formosa und Salta), sind sie am stärksten von allen Gruppen ihrer Tradition verbunden. Sie bestreiten ihren Lebensunterhalt noch immer großenteils durch Jagen, Sammeln und Fischen. Die Wichí sind berühmt für ihren wilden Honig und ihre wunderschönen *yica*-Taschen, die sie aus Fasern der Chaguar-Pflanze flechten. Diese Bromelienart ist in den Trockenregionen des Chaco heimisch. Wie die Toba leben auch die meisten Wichí in einfachen Lehmhütten.

Die **Mocoví** sind mit einer Bevölkerungszahl von 17 000 die drittgrößte indigene Gruppe des Gran Chaco. Sie leben überwiegend im Süden der Provinz Chaco und in der Provinz Santa Fe. Wie die Toba sprechen die Mocoví einen Dialekt aus der Guaycurú-Sprachgruppe. Bis zur Ankunft der Europäer lebten die Mocoví hauptsächlich als Jäger und Sammler, heute stützen sie sich vorwiegend auf Landwirtschaft und Saisonarbeit. Sie sind berühmt für ihre polierten Töpferwaren – ihre Arbeiten sind die höchstentwickelten unter der indigenen Keramik des Chaco.

Weitere Informationen über die Toba, Wichí oder Mocoví sind im Centro Cultural Leopoldo Marechal in Resistencia (s. S. 258) zu erfahren. Die dortigen Ausstellungen von Kunsthandwerk werden von der Fundación Chaco Artesanal und hilfreichen Mitarbeitern unterstützt. Auch ein Besuch im Museo del Hombre Chaqueño (S. 259) hilft weiter. Nähere Angaben über eine Fahrt in den argentinischen Impenetrable zu einem Besuch der Toba oder Wichí stehen im Kasten S. 263.

Schlafen & Essen

Residencial Guaraní (☎ 470024; Ecke San Martín & Sargento Cabral; EZ/DZ 40/55 Arg$; 🏊) Eine von zwei Übernachtungsmöglichkeiten und in Laguna Blanca ein großartiges kleines Hotel mit komfortablen Zimmern (10 Arg$ extra für die Klimaanlage) und großen Bädern. Die Räume gruppieren sich rund um einen wunderschönen Patio mit einem Brunnen und Mangobäumen. Auf dem Gelände liegt das beste Restaurant der Stadt (Gerichte 8–22 Arg$, Mittag- und Abendessen), das die Erwartungen bei Weitem übertrifft.

El Monumental (25 de Mayo zw. RN 86 & San Martín; Gerichte 9–16 Arg$; 🕐 Mittag- & Abendessen) Ein freundliches Lokal mit einem einfachen Rezept: gutes, billiges Essen, kühles Bier, Plastiktische draußen und im Radio der lokale Radiosender mit klassischem Rock der 1980er-Jahre.

An- & Weiterreise

Godoy und Tres Destinos fahren fünfmal täglich von Laguna Blanca nach Formosa (19 Arg$); die Fahrt dauert 3 Stunden, die Fahrzeit ist über Riacho etwas kürzer als über Clorinda (7 Arg$,

1½ Std.). Gemeinschaftstaxis (12 Arg$) pendeln zwischen Clorinda und Laguna Blanca. Sie starten von der Avenida San Martín in Clorinda (einen Häuserblock westlich der Fußgängerbrücke) und von der Plaza in Laguna Blanca.

PARQUE NACIONAL RÍO PILCOMAYO

Östlich von Laguna Blanca liegt das artenreiche Sumpfgebiet des 600 km² großen Parque Nacional Río Pilcomayo. Sein Hauptattraktion ist die seichte, schimmernde **Laguna Blanca** (nicht zu verwechseln mit der gleichnamigen Stadt), wo Kaimane bei Sonnenuntergang an der Wasseroberfläche lauern. Andere Tiere sind mehr zu hören als zu sehen, etwa der Tapir, der Ameisenbär und der Mähnenwolf. Vögel sieht man dagegen in Massen, darunter Nandus, Papageien, Kormorane, Jabirús und Raubvögel. Auf den Grasflächen des Parks wachen Caranday-Palmen, dazu kommt noch eine dichte Ufervegetation.

Es gibt zwei unterschiedliche Bereiche im Park, die für Besucher interessant sind: Das Besucherzentrum **Estero Poí** liegt 11 km vom Stadtzentrum Laguna Blancas entfernt: Zunächst fährt man 3 km in östlicher Richtung auf der Schnellstraße und dann noch einmal 8 km Richtung Norden auf einer Staubpiste. Vom Besucherzentrum führt dann ein holperiger, 14 km langer Pfad hinunter zum Río Pilcomayo: Hier stehen die Chancen deutlich besser, wildlebende Tiere zu sehen.

Das Besucherzentrum in Laguna Blanca liegt 3 km nördlich der Hauptstraße (nach der Abzweigung 2 km westlich von Laguna Naick-Neck und 9 km östlich von Laguna Blanca Stadt). Hier führt ein Bohlenweg zum See mit einem wackeligen Beobachtungsturm und Plattformen auf dem Wasser. Ranger unternehmen mit Besuchern Ausfahrten mit den hier liegenden Booten. Das Wasser ist seicht, und die Kaimane weiter kein Problem, doch ein Schild empfiehlt das Schwimmen mit Schuhwerk, wegen der Piranhas... Gegen Abend ist es hier besonders ruhig und schön: Dann sind die Tagesausflügler wieder weg. Wegen der Myriaden von Moskitos unbedingt an Mückenschutz denken.

Schlafen & Essen

Sowohl in Estero Poí als auch in Laguna Blanca gibt es schattige, freie Campingmöglichkeiten mit ganz einfachen sanitären Anlagen und Grillplätzen mit Holzvorrat. Das Wasser in der Dusche ist salzhaltig, die meisten springen lieber in den See. Ein Laden direkt vor dem Parkeingang Laguna Blanca verkauft einfache Nahrungsmittel und kühle Getränke, es lohnt sich aber, seine Vorräte in Laguna Blanca (Stadt) oder Clorinda zu besorgen.

An- & Weiterreise

Busse zwischen Clorinda und Laguna Blanca lassen die Fahrgäste an den Abzweigungen zum Nationalpark aussteigen, von dort heißt es laufen oder trampen. Ein *remise* von Laguna Blanca (Stadt) zu einem der Besucherzentren kostet 30 Arg$ aufwärts – wenn es für die Heimfahrt warten soll, noch mehr. Maxi Compras Plaza in Laguna Blanca hilft weiter.

DER NORDOSTEN

Der andine Nordwesten

Im Gegensatz zum flachen und feuchten Tiefland im Nordosten des Landes liegt Argentiniens Nordwesten erhaben, trocken und rau am Rand der mächtigen Anden. Wunder aus Stein hat die Natur hier geformt, bizarre, grandiose Steinlandschaften, so weit das Auge reicht: von den imponierenden Felsformationen im Parque Nacional Talampaya im tiefen Süden bis zu den geschwungenen Sedimentschichten der Schlucht Quebrada de Cafayate, von den zerklüfteten Zacken der Valles Calchaquíes bis zur reichen Farbpalette der Quebrada de Humahuaca. Und im Westen tauchen immer wieder einige der beeindruckenden schneebedeckten Gipfel auf.

Argentiniens Nordwesten ist eine typische Andenregion mit traditionellem Kunsthandwerk und Menschen, die Quechua sprechen, eine Indiosprache, die bis nach Peru reicht. Sie schmückt sich mit Kokasträuchern, Lamas, dem Indioerbe, den Inkaruinen und der hoch gelegenen trockenen Puna, dem Hochland, das sich im Westen bis Chile und im Norden bis Bolivien erstreckt. Die Städte der Region sind die ältesten kolonialen Siedlungen in Argentinien und haben ein besonderes Flair. Die ruhige Vornehmheit von Santiago del Estero erinnert an vergangene Jahrhunderte, während Salta durch seine Schönheit besticht. Das städtisch geprägte Tucumán hingegen, eine Zuckerrohrkapitale, hat den Blick fest auf die Zukunft gerichtet.

Zur Erkundung der Region bieten sich mehrere beliebte Touren an. Von Salta aus kann man an den wie Wachtposten aufgereihten Kakteen des Parque Nacional Los Cardones entlang in das wunderschöne Cachi fahren und dann durch die traditionellen Weberorte der Valles Calchaquíes den Ort Cafayate ansteuern, wo einige der besten argentinischen Weine gedeihen. Eine andere Tour schwingt sich von Salta die Berge hinauf, erreicht den Bergbauort San Antonio de los Cobres in der Puna, und verläuft von dort weiter zur spektakulären, mit verdunsteter Natriumchloridlösung bedeckten Salzebene der Salinas Grandes und dann hinunter in die wunderbare und geschichtsträchtige Schlucht der Quebrada de Humahuaca.

DER ANDINE NORDWESTEN

HIGHLIGHTS

- Beim Besuch der **Quebrada de Humahuaca** über die Farbpalette der Natur staunen (S. 278)
- In den eindrucksvollen **Valles Calchaquíes** den Weberinnen bei der Arbeit zusehen (S. 299)
- Die frische Bergluft von **Tafí del Valle** genießen (S. 315)
- Im Wildwestort **Chilecito** (S. 334) vorbeischauen, er ist Ausgangspunkt für tolle Ausflüge in die umliegende Bergwelt
- In das koloniale Flair des mondänen **Salta** eintauchen (S. 287)

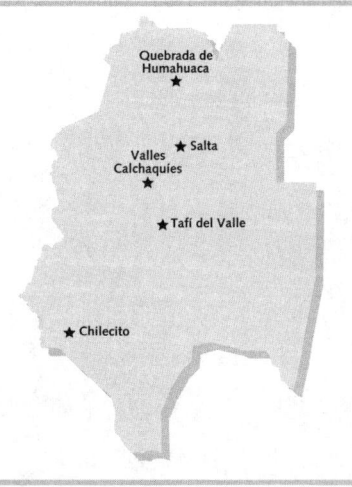

Quebrada de Humahuaca ★

★ Salta

Valles Calchaquíes ★

★ Tafí del Valle

★ Chilecito

- EINWOHNER: 4,46 MIO.
- FLÄCHE: 559 864 KM²

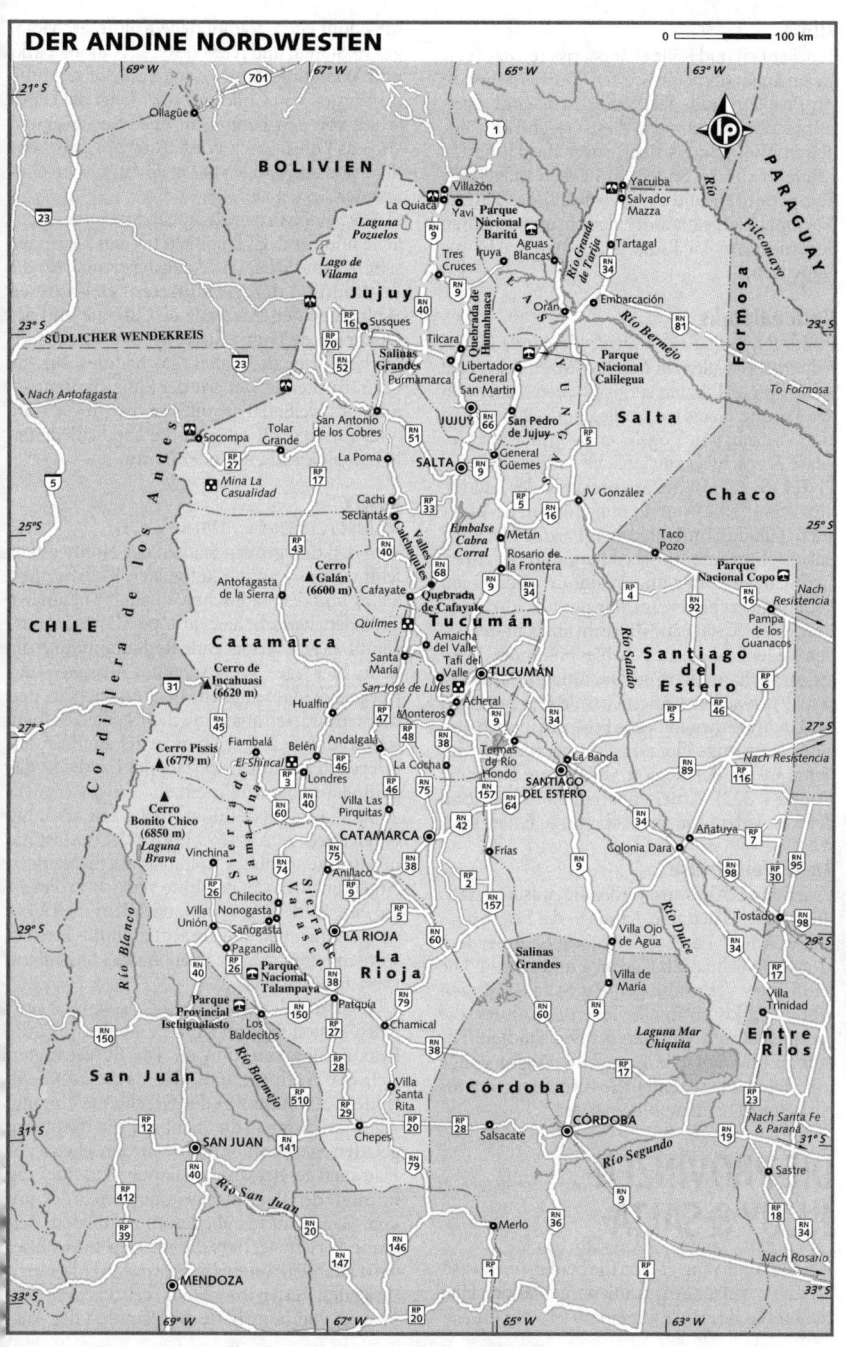

DER ANDINE NORDWESTEN

Klima

Trockenheit und Kälte charakterisieren das Wetter im äußersten Nordwesten. Dürre ist hier oft ein Problem und viele Landstriche sind regelrechte Wüsten. Obwohl diese Gegend am südlichen Wendekreis liegt, sorgt die Höhe für Kühle. Richtung Süden und Osten steigen die Temperaturen und im Nebelwald des Parque Nacional Calilegua oder dem brütend heißen Sommer von La Rioja gerät man leicht ins Schwitzen.

Nationalparks

In der Region gibt es einige bedeutende Nationalparks, vor allem in den Provinzen Jujuy und Salta. Im geschützten subtropischen Nebelwald des Parque Nacional Calilegua (S. 276) leben eine Vielzahl von Vögeln sowie Pumas und Jaguare. Der schwer zugängliche Parque Nacional El Rey (S. 277) ist der artenreichste des Landes, hier wimmelt es nur so von Vögeln, darunter auch Tukane. Im entlegenen Parque Nacional Baritú gibt es subtropischen Bergwald, der Affen, Großkatzen, Otter und Waldhörnchen einen Lebensraum bietet. Im Parque Nacional Los Cardones (S. 300) sind die dicht an dicht stehenden Säulenkakteen ein beliebtes Fotomotiv. Weiter südlich im Parque Nacional Talampaya (S. 337) erwarten die Besucher Felszeichnungen der Ureinwohner, fotogene Felsformationen und eine einzigartige Flora und Fauna, während im tiefen Osten der Region, im Parque Nacional Copo (S. 323), Ameisenbären, Papageien und der wunderbare Quebrachobaum zu finden sind.

An- & Weiterreise

Von Buenos Aires aus werden Inlandsflüge nach Jujuy, Salta, Tucumán, Santiago del Estero, Catamarca und La Rioja angeboten, außerdem Flüge von Salta nach Córdoba und Iguazú. Die häufigsten Verbindungen hat Salta. Buslinien gibt es praktisch in alle Teile des Landes, die meisten fahren von den großen Städten Tucumán und Salta ab. Langsame Regionalzüge mit vielen Zwischenhalten verbinden Buenos Aires und Tucumán miteinander.

DIE PROVINZEN JUJUY & SALTA

Wie Yin und Yang greifen die beiden nordwestlichen Provinzen Argentiniens ineinander. Hier treffen die Besucher auf eine Vielzahl von Naturschönheiten, traditionelle Kultur, archäologische Stätten und reizvolle Orte, Nationalparks und Weingüter. Im Norden von Bolivien und im Westen von Chile begrenzt, steigt die Landschaft von den Bergregen- oder Nebelwäldern von Las Yungas nach Westen bis zur Hochebene der Puna und einigen der majestätischsten Gipfeln der Anden an.

Die beiden Provinzhauptstädte, das beschauliche Jujuy und das koloniale, bei den Reisenden sehr beliebte Salta, sind Ausgangspunkte für die Erkundung der zerklüfteten vielfarbigen Schluchten der Quebrada de Cafayate und der Quebrada de Humahuaca, für die Kunsthandwerkerdörfer der Valles Calchaquíes, für die beeindruckende Szenerie der Puna, für den Genuss des weißen Torrontésweins von Cafayate oder für Expeditionen in die abgeschiedenen Nationalparks El Rey oder Baritú.

JUJUY

☎ 0388 / 278 336 Ew. / 1201 m

Von den drei großen Städten des Nordwestens fehlt es Jujuy an der kolonialen Kultiviertheit Saltas und der städtischen Vitalität Tucumáns. Trotzdem herrscht hier ein angenehmes Lebensgefühl, es gibt verlockende Restaurants, und die Leute hier legen Wert auf gutes Aussehen und pflegen die Geselligkeit. Im Vergleich zu den meisten anderen argentinischen Städten ist Jujuy sehr traditionell. Das Klima in der am höchsten gelegenen Provinzhauptstadt des Landes ist das ganze Jahr über frühlingshaft.

San Salvador de Jujuy (meist nur als Jujuy bezeichnet) wurde 1593 gegründet und ist die nördlichste spanische Kolonialstadt im heutigen Argentinien. Es war der dritte Versuch, in diesem Tal eine Stadt zu gründen, nachdem zwei Vorgängerinnen von aufgebrachten Indios zerstört worden waren, die ihre Erlaubnis zur Ansiedlung verweigert hatten.

Während der Unabhängigkeitskämpfe ordnete General Belgrano am 23. August 1812 die Evakuierung von Jujuy an. Die Bürger fügten sich der Aufforderung, die als *éxodo jujeño* (Flucht aus Jujuy) in die Geschichte einging. Alle Besitztümer, die nicht auf die Maultiere geladen werden konnten, wurden ebenso in Flammen gesetzt wie die Häuser – ein Rückzug im Sinne der Taktik der „verbrannten Erde", um dem Gegner nichts überlassen zu müssen. Belgrano berichtete, dass die meisten Einwohner einverstanden waren. Im Februar 1813 konnten sie zu den Resten ihrer Stadt zurückkehren. Die Provinz von Jujuy hatte die Hauptlast der Aus-

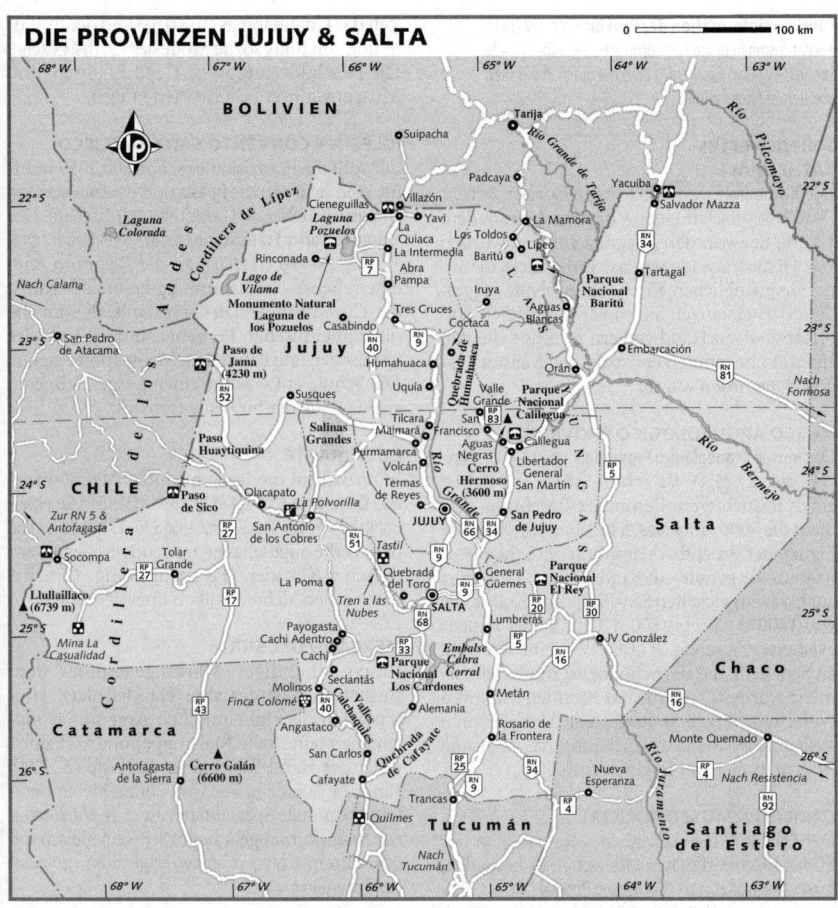

DIE PROVINZEN JUJUY & SALTA

DER ANDINE NORDWESTEN

einandersetzung zu tragen, in deren Verlauf die Kolonialmacht Spanien wiederholt vom heutigen Bolivien aus durch die Quebrada de Humahuaca einmarschierte.

Der Name der Stadt wird *chu-chui* mit geriebenem ch-Laut ausgesprochen. Klingt es wie ein Ausruf der Überraschung, ist die Aussprache richtig getroffen.

Orientierung

Jujuy liegt oberhalb des Überschwemmungsgebiets des Río Grande am Zusammenfluss mit dem kleineren Río Xibi Xibi. Die Stadt besteht aus zwei Teilen: der wie ein Schachbrett angelegten Altstadt zwischen dem Río Grande und dem Xibi Xibi sowie einem neueren Teil südlich des Xibi Xibi, der sich die nahen Hügel hinaufzieht.

Alle Sehenswürdigkeiten liegen in fußläufiger Entfernung vom Hauptplatz, der Plaza Belgrano.

Praktische Informationen

Es gibt viele Banken mit Geldautomaten, außerdem zahlreiche Möglichkeiten zum Telefonieren und zur Internetnutzung.

ACA (Automóvil Club Argentino; ☎ 422-2568; Ecke Av Senador Pérez & Alvear) Landkarten und Straßeninformationen.

Hospital Pablo Soria (☎ 422-1228; Ecke Patricias Argentinas & Av Córdoba)

La Zona (☎ 422-5233; Lavalle 340; Std. 2 Arg$) Gutes Cybercafé mit umfassender Ausstattung.

Laverap (Belgrano 1214) Wäscherei.

Städtische Touristeninformation (☎ 402-0254; Av Urquiza 354; ☾ 7–22 Uhr) Einfaches, freundliches Büro im alten Bahnhof. Am Busbahnhof gibt es ein weiteres Büro.

Touristeninformation der Provinz (☎ 422-1343; www.turismo.jujuy.gov.ar; Gorriti 295; ☺ Mo–Fr 7–22, Sa–So 8–22 Uhr) Exzellentes Büro mit guten Broschüren und netten Angestellten.

Sehenswertes

KATHEDRALE

Die **Kathedrale** von 1763 (Plaza Belgrano; ☺ 8–12.30, 17–20.30 Uhr) ersetzte einen Vorgängerbau aus dem 17. Jh., der von den Diaguita zerstört worden war. Herausragende Sehenswürdigkeit ist die aus der ursprünglichen Kirche stammende vergoldete Barockkanzel. Sie wurde vermutlich von ortsansässigen Handwerkern gefertigt, die von einem unbekannten europäischen Meister ausgebildet worden waren.

MUSEO ARQUEOLÓGICO PROVINCIAL

Das **Museo Arqueológico Provincial** (☎ 422-1315; Lavalle 434; Eintritt 2 Arg$; ☺ Mo–Fr 8–20, Sa & So 15–19 Uhr) ist einen Besuch wert. Besondere Beachtung verdient die 3000 Jahre alte, sehr lebendig wirkende Figur einer Fruchtbarkeitsgöttin mit Schlangenhaaren, die gerade ein Kind gebiert. Sie gehört zur hoch entwickelten San-Francisco-Kultur, die von 1400 v. Chr. bis 800 n. Chr. in Las Yungas existierte. Zu sehen ist außerdem eine Auswahl an Schädeln, die aus Schönheitsgründen deformiert wurden. Zudem sind Mumien mit ihren typischen Beigaben ausgestellt. Das Personal stellt ein Heftchen zur Verfügung, das auch gute Informationen auf Englisch enthält.

CABILDO & MUSEO POLICIAL

Der **Cabildo** (kolonialzeitliches Rathaus) an der Plaza präsentiert sich mit hübschen Kolonnaden, innen befindet sich das **Museo Policial** (☎ 423-7715; Eintritt frei; ☺ Mo–Fr 8–13 & 16–21, Sa–So 9–12 & 16–20 Uhr). Argentinische Polizeimuseen sind etwas eigenwillig – mit grausigen Fotos von Verbrechen, kritikloser Verherrlichung der Autorität und skurrilen Raritäten. So musste man beispielsweise 1876 eine Geldbuße von fünf Peso zahlen, wenn man eine sexuelle Beziehung zu einem Lama pflegen wollte.

MUSEO HISTÓRICO PROVINCIAL

Während des Bürgerkriegs durchdrang eine Kugel die wuchtige Holztür dieses Kolonialgebäudes. Sie tötete General Juan Lavalle, einen der Helden der Unabhängigkeitskriege. Seine Geschichte thematisiert das **Museo Histórico Provincial** (☎ 422-1355; Lavalle 256; Eintritt 2 Arg$; ☺ Mo–Fr 8–20, Sa & So 9–13 & 16–20 Uhr). Außerdem werden religiöse und koloniale Kunst, Gegenstände aus der

Zeit der Unabhängigkeitskriege und der Evakuierung von Jujuy sowie Mode des 19. Jhs. gezeigt. Die Beschilderung ist z. T. auf Englisch, und Museumsführer beantworten Fragen.

IGLESIA Y CONVENTO SAN FRANCISCO

Obwohl die Franziskaner schon seit 1599 in Jujuy sind, wurden die **Iglesia** und das **Convento San Francisco** (Ecke Belgrano & Lavalle) erst 1912 gebaut. Das **Museo Histórico Franciscano** (☎ 423-3434; Eintritt 2 Arg$; ☺ Mo–Fr 9–15 & 17–21 Uhr) an der Belgrano zeigt eine sehenswerte Sammlung kolonialer Kunst der Cuzco-Schule. Diese entstand, als Mönche die einheimischen Peruaner in der Kunst der spanischen und flämischen Meister unterwiesen. Die Schule entwickelte einen ausgezeichneten eigenen Stil, der bis heute fortwirkt.

CULTURARTE

In reizvollem modernem Ambiente präsentiert das **Culturarte** (☎ 424-9539; Ecke San Martín & Sarmiento; Eintritt frei; ☺ Mo–Fr 8.30–24, Sa–So 8.30–13 & 16.30–24 Uhr) die Werke angesehener zeitgenössischer argentinischer Künstler. Das dazugehörige Café hat einen tollen kleinen Balkon über der Straße.

MERCADO DEL SUR

Jujuys lebendiger Markt gegenüber dem Busbahnhof ist ein alter Handelsplatz. Hier schlürfen die einheimischen Argentinier *mazamorra* (eine kalte Maissuppe) und verkaufen unter der Hand Kokablätter (s. Kasten S. 274). Einfache Lokale in der Umgebung bieten herzhafte regionale Spezialitäten an, z. B. *chicharrón con mote* (kurz angebratenes Schweinefleisch mit gekochtem Mais) oder würzige *sopa de maní* (Erdnusssuppe).

Geführte Touren

Verschiedene Unternehmen bieten Touren in die Quebrada de Humahuaca, zu den Salinas Grandes, in den Parque Nacional Calilegua und zu anderen Orten der Provinz an. Die Touristeninformation der Provinz (siehe oben) informiert über das komplette Angebot.

Noroeste (☎ 423-7565; www.paisajesdelnoroeste.tur.ar; San Martín 136) Befindet sich im Club Hostel (s. S. 273) und bietet u. a. Fahrten in die Quebrada de Humahuaca und zu den Salinas Grandes an.

Feste & Events

Im August erinnert das größte Ereignis in Jujuy, die einwöchige **Semana de Jujuy,** an die Evakuierung der Stadt durch Belgrano während der Unabhängigkeitskriege. Das nächstgröße Fest ist

DER ANDINE NORDWESTEN

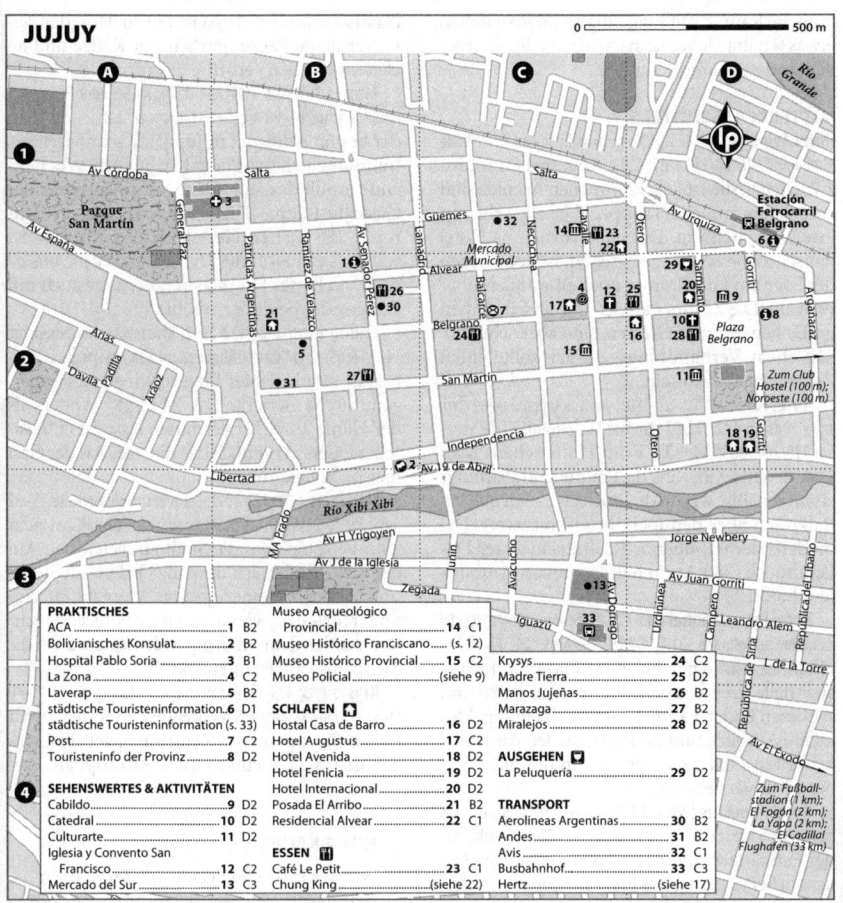

JUJUY

0   500 m

PRAKTISCHES

ACA	**1** B2
Bolivianisches Konsulat	**2** B2
Hospital Pablo Soria	**3** B1
La Zona	**4** C2
Laverap	**5** B2
städtische Touristinformation	**6** D1
städtische Touristinformation	(s. 33)
Post	**7** C2
Touristinfo der Provinz	**8** D2

SEHENSWERTES & AKTIVITÄTEN

Cabildo	**9** D2
Catedral	**10** D2
Culturarte	**11** D2
Iglesia y Convento San Francisco	**12** C2
Mercado del Sur	**13** C3

Museo Arqueológico

Provincial	**14** C1
Museo Histórico Franciscano	(s. 12)
Museo Histórico Provincial	**15** C2
Museo Policial	(siehe 9)

SCHLAFEN

Hostal Casa de Barro	**16** D2
Hotel Augustus	**17** C2
Hotel Avenida	**18** D2
Hotel Fenicia	**19** D2
Hotel Internacional	**20** D2
Posada El Arribo	**21** B2
Residencial Alvear	**22** C1

ESSEN

Café Le Petit	**23** C1
Chung King	(siehe 22)

Krysys	**24** C2
Madre Tierra	**25** D2
Manos Jujeñas	**26** B2
Marazaga	**27** B2
Miralejos	**28** D2

AUSGEHEN

La Peluquería	**29** D2

TRANSPORT

Aerolineas Argentinas	**30** B2
Andes	**31** B2
Avis	**32** C1
Busbahnhof	**33** C3
Hertz	(siehe 17)

DER ANDINE NORDWESTEN

die religiöse Wallfahrt am 7. Oktober, die auch unter dem Namen **Peregrinaje a la Virgen del Río Blanco** bekannt ist.

Schlafen
BUDGETUNTERKÜNFTE
In den geschäftigen Straßen rund um den Busbahnhof gibt es viele preiswerte *residenciales*.

Club Hostel (☎ 423-7565; clubhostel@noroestevirtual. ar; San Martín 134; B/EZ/DZ 35/70/120 Arg$; ⬚ ⬚) An einem neuen Standort auf der anderen Straßenseite hat dieses geschäftige Hostel gute Schlafsäle mit jeweils nur vier Betten, Spinden und Bädern. Die Privatzimmer mit Bad sind ebenfalls ganz in Ordnung; nach hinten hinaus gibt es eine Küche und ein kleines Jacuzzi. Besitzer eines Jugendherbergsausweises erhalten einen Rabatt.

Das freundliche Personal unterhält übrigens auch ein Reisebüro.

Hostal Casa de Barro (☎ 422-9578; www.casadebarro. com.ar; Otero 294; EZ/DZ ohne Bad 40/75 Arg$) Fröhlich und herzlich wie es ist, hat dieses originelle und angenehme Hostal helle, freundliche Räume und sehr saubere Etagenbäder. Das Wohngebäude ist durchgängig mit Felszeichnungsmotiven dekoriert und bietet einen behaglichen Aufenthaltsraum sowie eine Küche. Das Frühstück ist im Preis inbegriffen.

Residencial Alvear (☎ 422-2982; restaurantechunking@ arnetbiz.com.ar; Alvear 627; EZ/DZ mit Bad 78/95 Arg$, ohne Bad 38/76 Arg$) Die Räume hinter dem Restaurant Chung King (s. S. 274) sind angesichts des Preises ganz in Ordnung. Ein Stockwerk höher sollte man sich die Zimmer vorab anzusehen, denn manche Räume mit Etagenbad sind inzwischen etwas schäbig. Je weiter nach hinten die Zimmer liegen, desto ruhiger sind sie.

MITTELKLASSEHOTELS

Hotel Avenida (☎ 423-6136; www.quintar.com.ar; Av 19 de Abril 469; EZ/DZ 80/140 Arg$) Die Angestellten im inzwischen in die Jahre gekommenen Avenida sind eine eigentümliche Truppe, aber alle sehr um ihre Gäste bemüht. Das einst vornehme Hotel hat schon bessere Tage gesehen, ist aber wegen der Lage am Fluss immer noch eine annehmbare Wahl. Die Zimmer an der Vorderseite haben große Fenster zum Grünen, sind aber sehr laut. Mit etwas Verhandlungsgeschick sollte einen Preisnachlass drin sein.

Hotel Fenicia (☎ 423-1800; www.hotelfeniciajujuy.com. ar; Av 19 de Abril 427; EZ/DZ Standard 132/216 Arg$, EZ/DZ Superior 180/264 Arg$; 🍴 🖥) Vom Hotel schaut man über den Río Xibi Xibi, die Räume sind allerdings etwas schäbig, wegen des Blicks von den großen Balkonen aber dennoch ihren Preis wert. Die modernisierten Superior-Räume sind teurer. Das Penthouse (780 Arg$) hat den besten Ausblick überhaupt.

Hotel Internacional (☎ 423-1599; www.hinternacional jujuy.com.ar; Belgrano 501; EZ/DZ 150/190 Arg$; 🍴 🖥) Das Hochhaus an einer Ecke der Plaza hat kleine, aber helle, cremefarbene Räume, mit guten und sauberen Bädern. Einige Zimmer bieten spektakuläre Ausblicke auf die Plaza. Zu den Annehmlichkeiten zählt die unter der Tür durchgeschobene Morgenzeitung.

Hotel Augustus (☎ 423-0203; www.hotelaugustus.com. ar; Belgrano 715; EZ/DZ 182/230 Arg$; 🍴 🖥 🐾) Direkt an der Fußgängerzone bietet das Hotel mit persönlichem Service ein gutes Preis-Leistungs-Verhältnis. Die Matratzen sind neu und mit Fleur-de-Lis-Bettwäsche bezogen. Die Hälfte der Räume hat schöne Balkone. Hotelgäste können den Swimmingpool in einem 15 Taximinuten entfernten Hotel benutzen.

Posada El Arribo (☎ 422-2539; www.elarribo.com; Belgrano 1263; ES/DZ 210/255 Arg$; 🍴 🖥 🐾) Die familiär geführte Unterkunft ist eine Oase im Zentrum von Jujuy und ein Augenschmaus! Das aus dem 19. Jh. stammende, renovierte Herrenhaus hat hohe Decken und Holzböden, einen großen Patio und einen riesigen Garten. Der moderne rückwärtige Anbau ist auch nicht schlecht, schöner sind jedoch die Zimmer im Altbau.

Essen

Café Le Petit (Lavalle 415; Kuchen 5–8 Arg$; 🕙 9–20 Uhr) Ein herrschaftliches und beliebtes Café mit einer klassischen, edlen Ausstattung, in dem man seine verdiente Pause herrlich mit Kaffee und leckerem Kuchen verbringen kann.

Manos Jujeñas (☎ 424-3270; Av Senador Pérez 381; Hauptgerichte 14–26 Arg$; 🕙 Mittag- & Abendessen) Eine der besten Adressen in Jujuy für schnörkellose, traditionelle Slow-Food-Küche. Am Wochenende erfüllt das zufriedene Stimmengewirr der Gäste die Räume. Diese können zwischen mehreren klassischen Gerichten des Nordostens wählen – der Stolz des Hauses aber ist *picante de pollo* – scharfes Hühnchen (alternativ auch mit Zunge oder beides gemischt).

Chung King (☎ 422-2982; Alvear 627; Hauptgerichte 14–34 Arg$; 🕙 Mittag- & Abendessen) Das populäre Restaurant mit beliebter Pizzeria kredenzt viele argentinische Gerichte (18–24 Arg$). Anders als der Name zunächst vermuten lässt, ist chinesisches Essen so ziemlich das Einzige, was der Gast hier nicht bekommt.

Miralejos (☎ 422-4911; Sarmiento 368; Gerichte 15–32 Arg$; 🕙 8–24 Uhr) Das Restaurant an der Plaza zählt zum Feinsten, was die Stadt zu bieten hat. Auf der Karte findet sich die ganze Palette an Steaks und Pasta (mit einer großen Auswahl interessanter Soßen) sowie einige lokale Forellengerichte. Draußen kann man gut frühstücken, auch die Musikauswahl ist interessant.

Krysys (☎ 423-1126; Balcarce 272; Hauptgerichte 15–40 Arg$; 🕙 Mo–Sa Mittag- & Abendessen) Die beste *parrilla* (Steak-Restaurant) im Zentrum bietet alle Grillgenüsse in einer entspannten Atmosphäre. Auf

---

KOKA KAUEN

Wer weit in den Norden des Landes vordringt, trifft immer wieder auf Ladenschilder, die Coca und Bica anpreisen. „Coca" bezieht sich auf die Blätter des vor allem in Peru und Bolivien wachsenden Kokastrauchs – aus ihnen wird Kokain gewonnen. „Bica" steht für Bicarbonat, das die Andenbewohner traditionell zusammen mit den Kokablättern kauen. Es erzeugt im Mund ein alkalisches Milieu, setzt so die leicht stimulierende Wirkung der Blätter frei, die angeblich den Menschen gegen Müdigkeit und Hungergefühle hilft. Der Genuss von Koka und der Besitz kleiner Mengen für den persönlichen Gebrauch ist als traditionelles Genussmittel legal, allerdings nur in den Nordprovinzen Salta und Jujuy. Die Ausfuhr der Blätter in andere argentinische Provinzen und nach Chile ist illegal – es wird viel und sorgfältig gefilzt!

der Speisekarte finden sich aber auch eine große Auswahl leckerer Soßen, die zu Hühnchen, Schwein oder Rind gereicht werden, und viele appetitliche Vorspeisen mit Avocado. Die Preise sind angemessen und das Fleisch wird nach Wunsch zubereitet.

Marazaga (Av Senador Pérez 379; Hauptgerichte 32–45 Arg$; ☻ Abendessen) Hier werden traditionelle Andengerichte sowie Neukreationen gekocht. Die vegetarische Crêpe ist sättigend und lecker; das Schweinefleisch mit Honigsenfsauce könnte jedoch mit einer würdigeren Beilage als Pommes daherkommen. Aber wie beim Russischen Roulette liegt man öfter richtig als daneben.

LP Tipp **Madre Tierra** (☎ 422-9578; Belgrano 619; 4-Gänge-Menü 35 Arg$; ☻ Mo–Sa 7–16 Uhr) Das Lokal ist ein Highlight: Das vegetarische Essen – es gibt täglich ein Festpreismenü – ist exzellent, außerdem Salate, Crêpes und Suppen. Dazu trinkt man frisch gepresste Säfte. Das Essen ist bodenständig, die einfachen Hausmachergerichte bieten eine willkommene Abwechslung zum sonstigen kulinarischen Angebot der Stadt. Die Bäckerei an der Straße verkauft eine große Auswahl an Vollwertbrot.

Ausgehen

Die *peñas* (Folk-Clubs) von Jujuy liegen meist eine Taxifahrt vom Zentrum entfernt und öffnen nur an den Wochenenden. Eine der besten ist **El Fogón** (☎ 0388-15-588-2040; RN9; ☻ Sa 20 Uhr bis spätnachts) am südöstlichen Ende der Stadt, eine weitere heißt **La Yapa** (☎ 402-0637; Mejías 426, Barrio Malvinas; ☻ Fr–Sa 20 Uhr bis spätnachts). Auch die großen *boliches* (Nachtclubs) liegen an der RN9 südlich der Innenstadt. **La Peluquería** (Alvear 526; ☻ Do–So 20 Uhr bis spät nachts) ist kein Friseur, sondern ein großes, beliebtes Lokal im Zentrum mit einer erhöhten Bühne für Livemusik.

An-& Weiterreise
BUS
Am **Busbahnhof** (☎ 422-1375; Ecke Av Dorrego & Iguazú) starten Provinz- und Überlandbusse. Das größere Angebot gibt es aber in Salta.

Busse von Salta nach San Pedro de Atacama (160 Arg$) halten montags, mittwochs und freitags um 8.30 Uhr in Jujuy. Die Tickets sollten vorab bei Andesmar oder Pullman gekauft werden. Dienstags, donnerstags und sonntags bedient Geminis dieselbe Strecke.

Es gibt häufige Verbindungen nach Salta im Süden und nach Norden zur Quebrada de Humahuaca und der bolivianischen Grenze in La Quiaca. Einige Ziele und Preisbeispiele:

Reiseziel	Fahrpreis (Arg$)	Fahrzeit (Std.)
Buenos Aires	210	23
Catamarca	96	10
Córdoba	166	14
General Libertador San Martín	19	2
Humahuaca	13	3
La Quiaca	35	4–5
Mendoza	210–250	20
Purmamarca	9	1¼
Salta	23	2
Salvador Mazza	69	6–7
Susques	26	4-5
Tilcara	10	1¾
Tucumán	62	5

FLUGZEUG
Andes (☎ 431-0279; www.andesonline.com.ar; San Martín 1283) fliegt sechsmal wöchentlich über Salta (68 Arg$) nach Buenos Aires (712 Arg$) – mit Verbindungen nach Puerto Madryn und Iguazú. **Aerolíneas Argentinas** (☎ 422-7198; Av Senador Pérez 355) fliegt täglich in Buenos Aires den Aeroparque Jorge Newbery (827 Arg$) an.

Unterwegs vor Ort
Jujuys Flughafen El Cadillal liegt 33 km östlich des Zentrums. Ab dem Hotel Internacional wird ein Zubringerdienst um 12.30 Uhr angeboten – er richtet sich nach den Flügen (20 Arg$). Ein Taxi *(remise)* kostet 65 Arg$.

Für Mietwagen sind **Avis** (☎ 423-4938; www.avis.com; Güemes 865) oder **Hertz** (☎ 422-9582; www.hertz.com.ar; Belgrano 715) im Hotel Augustus die Ansprechpartner, sie haben aber auch zusätzliche Filialen am Flughafen.

RUND UM JUJUY
Die heißen Quellen **Termas de Reyes** befinden sich einem tiefen grünen Tal oberhalb eines meist trockenen Flussbetts knapp 19 km von Jujuy entfernt. Das mineralreiche Wasser hat eine natürliche Temperatur von 50 °C.

Die „königlichen" Thermalquellen wurden nach den Indiohäuptlingen benannt, die hier wegen der angenommenen zauberkräftigen Wirkung ein Bad nahmen.

Es gibt einen öffentlichen **Pool** (Eintritt 15 Arg$; 9–21.30 Uhr) und einen kostenlosen Campingplatz sowie das recht teure **Hotel Termas de Reyes** (☎ 0388-492-2522; www.termasdereyes.com; EZ/DZ 210/360 Arg$; ✶ ▢ ▨) mit mitteleuropäischer Atmosphäre, sehr komfortablen Räumen (diejenigen mit Ausblick kosten mehr) und einem Spa. Unter 16-Jährige sind als Gäste nicht willkommen.

DER ANDINE NORDWESTEN

Der Bus 1 C fährt stündlich an der Calle Gorriti nahe des Touristenbüros in Jujuy ab (1,75 Arg$, 45 Min.).

PARQUE NACIONAL CALILEGUA

☎ 03886

Las Yungas ist eine feuchte und fruchtbare subtropische Gegen im östlichen Teil der Provinz Jujuy, wo sehr viel Zuckerrohr angebaut wird. Hier weicht die aride, baumlose Altiplano dem dichten Nebelwald der Serranía de Calilegua, zu deren Schutz der 760 km² große Park gegründet wurde. Mit etwa 3600 m überragt der Cerro Hermoso als höchster Punkt des Parks den Wald und bietet einen sagenhaften Ausblick auf die Provinz Chaco im Osten. Die Vogelwelt ist artenreich und bunt. Von den wenigen hier beheimateten Säugetieren, etwa Pumas, Tapire und Jaguare, sehen Besucher meist nur die Spuren, kaum einmal die Tiere selbst.

Praktische Informationen

Die **Parkverwaltung** (☎ 422046; calilegua@apn.gov.ar; ☼ Mo–Fr 7–14 Uhr) befindet sich im Dorf Calilegua, rund 5 km nördlich der Stadt Libertador General San Martín. Hier gibt es grundlegende Informationen zum Park; der Ranger am **Parkeingang** (Eintritt frei; ☼ 9–18 Uhr) in Aguas Negra hat jedoch deutlich mehr Infos über die Wanderwege und die aktuelle Bedingungen im Park. In Mesada de las Colmenas, 13 km hinter Aguas Negras und 600 m höher gelegen, gibt es eine weitere Rangerstation. Die Wege sind gut gekennzeichnet.

Die jährliche Niederschlagsmenge, die zwischen 1000 bis 1800 mm liegt, und die winterliche Trockenzeit haben in Calilegua eine Vielzahl von Ökosystemen entstehen lassen. Die Übergangszone *selva* (Dschungel) liegt auf einer Höhe zwischen 350 und 500 m über NN und umfasst Baumarten, die für den Gran Chaco typisch sind, etwa der laubabwerfende Lapacho und der Palo amarillo. Zwischen 550 und 1600 m wachsen mehr als 30 m hohe Bäume als Nebelwald, ein dichtes, oft nebelverhangenes Blätterdach, nur von Farnen, Epiphyten und Lianen unterbrochen. Oberhalb von 1600 m bilden Koniferen, Aliso- und Queñoabäume den Bergwald. Ab 2600 m geht der Wald in feuchtes Grasland über, das in Richtung Westen zur Quebrada de Humahuaca immer trockener wird.

Zu den im Park heimischen 230 Vogelarten gehören der Kondor, die Sturzbachente und buntschnäblige Tukane. Auch einige Säugetiere wie der Gabelhirsch (*huemul*), Tapire, Pumas, Jaguare, Halsbandpekaris und Otter finden hier

einen Lebensraum. Wegen der Straße durch den Park, der nahe gelegenen Hydrostation sowie des regelmäßigen Kiesabbaus im Flussbett sind die Tiere von den Wegen bei Aguas Negras aus allerdings kaum einmal gut zu sehen.

AKTIVITÄTEN

Sowohl **Vögel** als auch **Säugetiere** lassen sich am besten frühmorgens oder kurz vor Einbruch der Dunkelheit in der Nähe der Flussläufe **beobachten**. Der steile, wilde und stark überwucherte Pfad von der Rangerstation Mesada de las Colmenas führt hinunter zu einem wunderschönen Flussbett. Eine Vielzahl an Tierspuren, auch von Großkatzen, lassen sich hier entdecken. Der Abstieg dauert etwa eine Stunde, der Aufstieg doppelt so lang.

Es gibt sieben Wanderwege im Park – von 20 Minuten langen Spaziergängen bis zu vier Stunden langen Wanderungen. Vom Campingplatz aus führt der Guaraníkulturpfad in den Tropenwald weiter unten. Der Weg ist mit ungewöhnlich anmutenden Schildern markiert. Wasservögel lassen sich in La Lagunita beobachten, auf einer etwa 1½-stündigen Wanderung von Aguas Negras aus erreichbar. Der La-Junta-Weg beginnt 3 km oberhalb der Straße von Aguas Negras und dauert etwa vier Stunden. Die anstrengenden Aufstiege des Rundwegs werden mit grandiosen Blicken über den Park belohnt.

Sofern es nicht regnet, kann der 23 km lange Park auch mit Fahrzeugen befahren werden. Die Straße bietet recht imposante Ausblicke auf den Cerro Hermoso und die nahezu undurchdringlichen Wälder in den steilen Schluchten.

Von Valle Grande aus lässt sich übrigens eine einwöchige **Wanderung** unternehmen, die außerhalb der westlichen Parkgrenzen entlang der Sierra de Zenta bis nach Humahuaca oder Tilcara führt.

Schlafen & Essen

Im Park selbst gibt es nur die Möglichkeit zu zelten. Der erschlossene **Zeltplatz** (Aguas Negras) liegt etwa 300 m vor der Rangerstation am Eingang entfernt. Er kostet nichts und bietet Dusche und Toiletten, ein Laden fehlt. Einfache Privatunterkünfte finden sich in San Francisco, 39 km von Aguas Negras entfernt.

Das nahe gelegene Libertador General San Martín ist eine ansehnliche Stadt, die hauptsächlich vom Zuckerrohr lebt, dessen süßlicher Geruch alles durchdringt. Zu den Übernachtungsmöglichkeiten zählt, ein Häuserblock von der Plaza entfernt, das **Hotel Los Lapachos** (☎ 423790;

ÜBER SALVADOR MAZZA NACH BOLIVIEN

Über Calilegua führt die RN 34 weiter nach Salvador Mazza (auch Pocitos genannt), der nördlichsten Siedlung Argentiniens und einer der beiden größeren Grenzübergänge nach Bolivien. Wer in den Nachbarstaat reisen will, kann hier die **Grenze** passieren (🕑 24 Std.) und ein Sammeltaxi ins 5 km entfernte Yacuiba nehmen. Von hier gibt es einmal wöchentlich Flüge nach La Paz sowie Busse nach Tarija (14 US$, 12 Std.) und Santa Cruz (11 US$, 15 Std.). Wer ein Visum braucht, muss sich dieses bereits in Jujuy oder Salta besorgen, da es vor Ort kein bolivianisches Konsulat gibt. Für EU-Bürger ist jedoch kein Visum erforderlich. Von Jujuy, Salta und anderen Städten im Norden fahren zahlreiche Busse nach Salvador Mazza. Bei der Ankunft in Bolivien muss man die Uhren um eine Stunde zurückstellen.

Zum Zeitpunkt der Recherche bekam man für einen argentinischen Peso (Arg$) 1,74 Bolivianos (B$), für einen US$ gab es 6,87 Bolivianos

Entre Ríos 400; EZ/DZ 80/100 Arg$; 🐱), das sich mit seinen muschelförmigen Waschbecken und den weinroten Teppichen die größte Mühe gibt, etwas Glanz zu verströmen. Abgesehen von dem vornehmen Hotel Posada del Sol außerhalb der Stadt sieht es mit dem Essen nicht gut aus. **Parador 34** (Ecke Belgrano & RN 34; Hauptgerichte 9–22 Arg$; 🕑 6–24 Uhr) an der Hauptstraße im Stadtzentrum wird von den Einheimischen zwar geschätzt, bietet aber eigentlich wenig – abgesehen von hellem Licht, Internet, einem großen Fernseher und verkochten Fleischgerichten wie Steak, Hühnchen oder Kaninchen.

Das kleine Calilegua (5 km nördlich) ist ein viel hübscherer Aufenthaltsort mit einer etwas heruntergekommenen tropischen Atmosphäre und ohrenbetäubendem Gezirpe baumbewohnender Zikaden. In der Nähe der Parkverwaltung liegt das **Jardín Colonial** (☎ 430334; San Lorenzo s/n; EZ/DZ ohne Bad 25/50 Arg$), ein hübscher Bungalow mit einer schattigen Veranda und einem grünen Garten voller Skulpturen.

AN- & WEITERREISE

Viele Busse halten auf ihrem Weg von Jujuy/Salta zur bolivianischen Grenze bei Salvador Mazza in Libertador General San Martín und Calilegua, manche lassen die Fahrgäste auch auf der Landstraße direkt an der Abzweigung zum Park aussteigen, 3 km nördlich von Libertador und 2 km südlich von Calilegua. Von hier aus sind es 8 km zur Rangerstation in Aguas Negras, und es herrscht in der Regel genug Verkehr, um per Anhalter zu fahren.

Täglich um 8.30 Uhr fährt ein Bus auf seinem Weg von Libertador General San Martín nach Valle Grande durch den Park (2 Std.). Um 9 Uhr kommt er an der Rangerstation Aguas Negras vorbei und macht hier Halt. Der Bus zurück fährt abends gegen 18 Uhr vorbei – optimal für einen Tagestrip durch den Park.

Auch mit dem Taxi kann man von Libertador oder von Calilegua aus nach Aguas Negras kommen (20–30 Arg$).

PARQUE NACIONAL EL REY

Der **Parque Nacional El Rey** (elrey@apn.gov.ar) östlich von Salta bildet das südliche Ende des subtropischen Korridors der Yungas und ist der biologisch vielfältigste Park des Staates. Er ist nach einer Estancia (Landgut mit Viehzucht) benannt, zu der dieses Naturareal früher gehörte und deren Enteignung der Gründung des Parks im Jahr 1948 vorausging.

Logo des Parks ist der Riesentukan – wegen der Vogelvielfalt sehr passend –, aber auch die Mücke hätte es getan (Besucher sollten sich außerdem noch auf Zecken untersuchen, auch wenn diese keine Krankheiten übertragen). Die Mehrzahl der in Calilegua und Baritú heimischen Säugetiere kommen auch hier vor.

Es gibt verschiedene, gut markierte Wanderwege, einige sind mit dem Auto befahrbar. An der **Laguna Los Patitos**, 2 km von der Parkverwaltung entfernt, lassen sich Wasservögel beobachten. Längere Wege (drei- bis vierstündige Wanderungen) führen zum moosbedeckten **Pozo Verde** ("grüner Brunnen"), einem Gebiet, das von Vögeln nur so wimmelt. Zwei weitere Wege haben die Länge eines Tagestrips; die Ranger empfehlen einen dreitägigen Aufenthalt, um den Park wirklich kennenzulernen. Da die Wege mehrfach Flüsse kreuzen, heißt es, besser wasserfeste Schuhe bzw. Gummistiefel tragen, oder sich am Ende nasse Füße holen.

Der Eintritt ist frei, die beste Zeit für einen Besuch sind die Monate von April bis Oktober, wenn wenig Regen fällt.

An der Parkverwaltung gibt es einen kostenlosen Campingplatz mit Toiletten, Trinkwasser, kalten Duschen und Strom, der von 19 bis 22 Uhr fließt, allerdings keinen Laden. Die **Nati-**

DER ANDINE NORDWESTEN

onalparkverwaltung (APN; ☎ 0387-431-2683; www.
parquesnacionales.gov.ar; España 366; ◷ Mo–Fr 8 bis 15 Uhr)
in Salta gibt aktuelle Informationen; nützlich ist
auch der Blog der Ranger (http://pnelrey.
blogspot.com).

Der Zugang ist schwierig. Die letzten 46 km
sind Schotterpiste *(ripio)*, die nach Regen fast
unpassierbar ist. Die letzte Tankstelle befindet
sich in General Güemes, 160 km vom Park entfernt – die Mitnahme eines Ersatzkanisters ist
deshalb empfehlenswert. Ohne Fahrzeug mit
Vierradantrieb ist es am einfachsten, sich in Salta einer geführten Tour anzuschließen (S. 292).
Öffentliche Verkehrsmittel fahren nur bis Lum-
breras, das 91 km vom Park entfernt liegt.

PARQUE NACIONAL BARITÚ

Baritú an der bolivianischen Grenze ist der nördlichste der drei Las-Yungas-Nationalparks und
schützt subtropischen Bergwald. Wie in Calilegua und El Rey leben auch hier viele bedrohte
Säugetiere wie schwarze Brüllaffen, Kapuzineraffen, Südliche Flussotter, Kleinfleckkatzen, Jaguare und Tapire. Das Logo des Parks zeigt das
Waldhörnchen, das den feuchten Wald oberhalb
von 1300 m bewohnt. Der Eintritt ist frei, Informationen gibt es bei der **Parkverwaltung** (☎ 03878-
450101; baritu@apn.gov.ar) oder bei der **Nationalparkverwaltung** (APN; ☎ 0387-431-2683; www.parquesnacionales.
gov.ar; España 366; ◷ Mo–Fr 8–15 Uhr) in Salta.

Hier war es, wo Che Guevaras geistesgestörter
Schüler Masetti 1963 versuchte, durch Infiltrati-
on von bolivianischer Seite aus die argentinische
Revolution anzuzetteln. Die einzige Straße nach
Baritú führt durch Bolivien. Von der RN 34 geht
es 90 km hinter Calilegua nach Orán und dann
Richtung Aguas Blancas und von da weiter nach
Bolivien. Der Weg begleitet das Nordufer des
Río Bermejo 113 km Richtung Westen, bevor er
bei La Mamora wieder nach Argentinien führt.
Nach 17 km erreicht man Los Toldos, nach wei-
teren 26 km Lipeo, ein Dorf an der nordwestli-
chen Ecke des Parks. Hier gibt es nur eine
Rangerstation, sonst nichts. Unterkünfte, Tele-
fon und ein Supermarkt befinden sich in Los
Toldos. Für die Fahrt zum abgelegenen Park im
Norden der Provinz Salta wird normalerweise
Vierradantrieb benötigt.

In Lipeo starten mehrere Wanderwege. Eine
Tour führt zu den zwei Stunden entfernten **heißen Quellen** von **Cayotal** und dem abgelegenen
Dörfchen **Baritú**, nach dem der Nationalpark
benannt wurde. Eine insgesamt vierstündige
Wanderung durchquert beeindruckenden Ze-
dernwald. Wer möchte, kann in Lipeo auch

Pferde für Ausritte mieten. In Lipeo und Baritú
bieten Einheimische außerdem Übernachtungsmöglichkeiten an.

QUEBRADA DE HUMAHUACA

Nördlich von Jujuy erstreckt sich die eindrucksvolle Quebrada de Humahuaca Richtung Bolivien. Es ist eine raue, aber lebendige Landschaft,
ein trockener Cañon, den ein Fließgewässer ge-
graben hat.

Die Sedimentschichten sind zu spektakulären,
wellenartigen Formationen in allen Farben ero-
diert. Die Palette wechselt ständig von Creme-
weiß bis zu einem tiefen Rot. Diese Wellen sind
die eigentliche Besonderheit der Schlucht. Die
Felsformationen, die zum Unesco-Welterbe gehören, erinnern bald an eine Kette aus Haifisch-
zähnen, bald an das knubbelige Rückgrat einer
furchterregenden Bestie. Die südlichen Ausläufer der Quebrada sind mit Kandelaberkakteen
wie mit Wachtposten bestanden. Diese bis zu
acht Meter hohen, dickarmigen *cardones* werden
hinter Humahuaca, wo die Straße ansteigt, dann
immer seltener.

Über das Tal verstreut liegen staubige, pittoreske Indiostädtchen mit einem großen Angebot
an Unterkünften, historischen Lehmziegelkir-
chen und heimeligen Restaurants, die Lamafilet
und *locro* servieren, einen Eintopf aus Mais,
Bohnen, Wurst, Rind- und Schweinefleisch. In
den letzten Jahren hat die Region einen touristischen Boom erlebt und ist im Sommer gut besucht, sodass die Preise für Unterkünfte in die
Höhe klettern.

Entlang der Poststraße, die in der Kolonialzeit
das bolivianische Potosí mit Buenos Aires verband, gibt es viele interessante Haltepunkte.
Etwa alle 40 Minuten kommt ein Bus vorbei,
sodass die Reisenden nach Bedarf aus- und einsteigen können. Die einzigen Autovermieter gibt
es in Jujuy oder weiter im Süden in Salta. Ihre
schönste Seite zeigt die Quebrada de Humahuaca am frühen Morgen, wenn die Farben besonders kräftig leuchten und es noch windstill ist.

Purmamarca
☎ 0388 / 510 Ew. / 2192 m

Das kleine Purmamarca, 3 km westlich der
Landstraße, liegt am Fuß des berühmten Cerro
de los Siete Colores (Hügel der sieben Farben),
der eine spektakuläre gezackte Form hat, die an
die Marzipanphantasie eines Konditors erinnert.
Das Dorf ist eine Postkartenschönheit mit ocker-
farbenen Adobehäusern und alten Algarrobo-
bäumen bei der schmucken Kirche aus dem

17. Jh. Deshalb und wegen der Nähe zu Jujuy ist es vermutlich touristischste Ort des Nordwestens. Wer ein authentisches Andendorf sucht, sollte deshalb gleich weiterfahren. Trotzdem ist Purmamarca eine gute Adresse, um Webwaren einzukaufen. Auf der Plaza wird täglich ein florierender Poncho-Markt abgehalten.

Es gibt eine Bank mit Geldautomaten und ein kleines **Informationsbüro** (8–13 & 14–17 Uhr), das Karten verkauft, die den leichten, aber spektakulären 3 km langen Weg rund um den Cerro de los Siete Colores beschreiben. Seine intensiven Farben lassen sich am besten in der Morgen- oder Abendsonne bewundern.

SCHLAFEN & ESSEN

Hostería Bebo Vilte (☎ 490-8038; Salta s/n; Stellplatz pro Pers. 20 Arg$, B/DZ ohne Bad 40/100 Arg$, mit Bad 150/220 Arg$) Die Hostería hinter der Kirche ist sehr beliebt und bietet gute, einfache Zimmer im Motelstil (mit Bad), außerdem schlichte fensterlose Räume und Schlafsäle mit Gemeinschaftsbad. Auch ein Campingplatz mit Grillplätzen ist vorhanden. Außerhalb des Hochsommers werden angemessene Preise verlangt, in der Hochsaison sind die Zimmer überteuert.

El Pequeño Inti (☎ 490-8089; elintidepurmamarca@hotmail.com; Florida s/n; EZ/DZ 90/110 Arg$) Dieses kleine, verlockende Haus ist eine gute Wahl ganz in der Nähe der Plaza. Die schmucklosen Räume bieten komfortable Betten und maritim dekorierte Bäder, die Doppelzimmer sind ihren Preis wert.

Huaira Huasi (☎ 490-8070; www.huairahuasi.com.ar; Ruta 52, Km 5; DZ/Apt. 260/500 Arg$;) Eines von einer Handvoll Hotels mit etwas Charakter – man findet es zusammen mit weiteren an der Hauptstraße oberhalb der Stadt. Zu seinen Pluspunkten zählt der schöne Ausblick über das Tal und die hübschen terrakottafarbenen Adobegebäude. Vermietet werden zwei Apartments mit fünf Betten, die mit lokalen Textilien und Kaktusholz geschmackvoll ausgestattet sind. Die Zimmer sind naturgemäß kleiner, aber ebenfalls sehr nett eingerichtet. Gutes Preis-Leistungs-Verhältnis.

Los Colorados (☎ 490-8182; www.loscoloradosjujuy.com.ar; Chapacal s/n; Apt. für 2/4 320/460 Arg$;) Wie aus einem Science-Fiction-Film sehen diese eigenartigen, aber einladenden Apartments aus, die sich scheinbar im *cerro* verstecken und mit ihm verschmelzen. Sie sind stilvoll und gemütlich eingerichtet und eine gute Adresse, um eine Weile zu bleiben.

Los Morteros (☎ 490-8002; Salta s/n; Hauptgerichte 30–45 Arg$; Mittag- & Abendessen) Das wohl beste Restaurant der Stadt besticht durch warme Beleuchtung und viel Stil. Hier gibt's Gerichte wie einheimische Forelle oder Lammeintopf mit Quinoa.

El Rincón de Claudia Vilte (Libertad s/n; Hauptgerichte 12–30 Arg$; Mittag- & Abendessen) In nahezu jedem Restaurant des Ortes werden die Gäste während des Abendessens mit Gesang verwöhnt – wer aber das komplette lokale Musikprogramm beim

---

ÜBER SUSQUES NACH CHILE

Von Purmamarca aus schraubt sich die Asphaltstraße vor einer spektakulären, kahlen Hochlandkulisse beharrlich zu einem 4150 m hohen Pass hinauf und quert dann das teilweise von den Salinas Grandes bedeckte Andenplateau. In **Susques** trifft man nach 130 km wieder auf Zivilisation; hier gibt es auch Treibstoff und einen Geldautomaten.

Ein Zwischenstopp in Susques lohnt sich wegen der beeindruckenden **Kirche** (Eintritt: Spende; 8–18 Uhr). Das Bauwerk von 1598 ist mit einem Strohdach gedeckt, hat eine Decke aus Kaktusholz und einen Fußboden aus Stampflehm. Die weiß gekalkten Lehmwände sind mit herzergreifenden naiven Heiligenbildern geschmückt. Die Touristeninformation liegt an der Hauptstraße, zu den einfachen Übernachtungs- und Einkehrmöglichkeiten zählt z.B. das freundliche **La Vicuñita** (☎ 03887-490207; lavicunita@arnet.com.ar; San Martín 121; EZ/DZ mit Bad 30/60 Arg$, Zi. ohne Bad pro Pers. 20 Arg$) gegenüber der Bank. Dort werden auch leckere einheimische Gerichte serviert.

AndesBus und Empresa Purmamarca fahren Di, Do, Sa und So von Jujuy über Purmamarca nach Susques (26 Arg$, 4–5 Std.).

Von Susques (unbedingt noch im Ort tanken!) aus geht es auf der Straße 154 km weiter zum Paso de Jama (4230 m) – eine spektakuläre Fahrt! Hier ist erst die chilenische Staatsgrenze erreicht, auch wenn die **Ausreise** aus Argentinien (8–22 Uhr) schon ein Stück davor erfolgt ist. Die Ausfuhr von Obst, Gemüse und Kokablätter nach Chile ist streng verboten – das wird auch kontrolliert. Die Asphaltstraße führt weiter nach San Pedro de Atacama, Calama und Antofagasta in Chile. Busse von Salta und Jujuy verkehren auf dieser Route. EU-Bürger und Schweizer brauchen für die Einreise nach Chile kein Visum.

Essen erleben möchte, sollte ins Rincón gehen: Hier ist die beste Folklore zu hören. Das Essen schmeckt dafür leider nur mittelmäßig.

AN- & WEITERREISE

Alle zwei oder drei Stunden fahren Busse nach Jujuy (9 Arg$, 1¼ Std.). Außerdem gibt es Verbindungen nach Tilcara (3 Arg$, 30 Min.) und Humahuaca (8 Arg$, 1¼ Std.). Schließlich fährt täglich ein Bus (außer Mo) über Salinas Grandes nach Susques (20 Arg$, 3–4 Std.).

Purmamarca hat keine Tankstelle, die nächste befindet sich 25 km weiter nördlich in Tilcara oder südlich in Volcán. Richtung Westen ist die nächste Tankstelle in Susques, der höchsten Stadt des Landes, das nach 130 km steiler Fahrt bergauf erreicht ist.

Tilcara

☎ 0388 / 4358 Ew. / 2461 m

Von der Abzweigung nach Purmamarca 23 km entfernt liegt talaufwärts das pittoreske Tilcara – für viele Reisende der Ort der Wahl für die Erkundung der Quebrada de Humahuaca. Das kleine Städtchen wartet mit einem breiten Angebot an Unterkünften vom luxuriösen Boutiquehotel bis zu Hostels auf. Eine interessante Mischung aus einheimischen Bauern mit ihrer jahrhundertealten Lebensweise und den vor dem Stadtleben geflohenen Künstlern, die hier ein ruhiges Leben suchen, prägt das Bild auf den staubigen Straßen der Stadt.

Tilcara ist durch eine Brücke mit der RN 9 verbunden. Die Hauptstraße, Belgrano, führt von der Zufahrtsstraße zur Plaza Prado und einen Block weiter zur Kirche.

PRAKTISCHE INFORMATIONEN

Es gibt mehrere Möglichkeiten, ins Internet zu kommen; eine Bank mit Geldautomat findet man unweit der Plaza auf der Lavalle.

Touristeninformation (☎ 495-5135; mun_tilcara@cootepal.com.ar; Belgrano 366; ♥ Mo–Fr 8–21, Sa 8–13 & 14–21, So 8–12 Uhr) Gute Informationen über Wanderungen und eine Liste von Unterkunftspreisen.

SEHENSWERTES
Pucará

Die rekonstruierte präkolumbische Festung **Pucará** (☎ 495-5073; Eintritt inkl. Archäologisches Museum 10 Arg$, Mo frei; ♥ 8–18 Uhr) befindet sich 1 km südlich des Zentrums jenseits einer Eisenbrücke. Das Fort liegt strategisch günstig und bewacht das Flusstal in beide Richtungen. Die Ruinen stammen aus dem 11. bis 15. Jh., der Ort wurde

jedoch zweifellos schon vorher genutzt. Die Rekonstruktion aus den 1950er-Jahren hat sich einige Freiheiten herausgenommen, die umstritten sind. Schlimmer ist jedoch das lächerliche Denkmal genau dort, wo eigentlich die Plaza hingehört, das die Pionierarbeit der Archäologen ehren soll. Nichtsdestotrotz gewährt die Stätte einen guten Eindruck, wie eine befestigte Stadt ausgesehen haben mag. Am interessantesten ist die „Kirche", ein Gebäude mit einem kurzen gepflasterten Weg, der zu einem Altar führte. Bemerkenswert ist die Nische an der längsseitigen Mauer. Der Ort bietet großartige Ausblicke, außerdem einen Kandelaberkaktus für jeden, der hier mal gelebt hat oder gestorben ist. Für weitere sukkulente Anregungen gibt es am Eingang einen Kakteengarten.

Museo Arqueológico

Die Universidad de Buenos Aires unterhält das **Museo Arqueológico** (☎ 495-5006; Belgrano 445; Eintritt inkl. pucará 10 Arg$, Mo frei; ♥ 9–18 Uhr), das regionale Artefakte präsentiert, darunter auch Exponate aus Pucará. Die Ausstellung vermittelt gute Einsichten in das Leben der Menschen in präkolumbischer Zeit. Besonders beeindruckend ist der Raum mit den Zeremonialmasken. Das Museum residiert an der Plaza Prado in einem eindrucksvollen Haus aus der Kolonialzeit.

AKTIVITÄTEN

Von den verschiedenen Wanderungen rund um Tilcara ist die zweistündige Tour zu dem hübschen Cañon und Wasserfall **Garganta del Diablo** die beliebteste. Der Weg führt Richtung Pucará, wendet sich dann nach links den Fluss entlang, bevor er die Brücke quert. Der Pfad zur Garganta verlässt die Straße nach links kurz nach dem Hinweisschild *„Cuide la flora y fauna"*. Wer dort **schwimmen** möchte, kann dies am besten morgens tun, wenn die Sonne auf das Wasser scheint.

Tilcara Mountain Bike (☎ 0388-15-500-8570; tilcarabikes@hotmail.com; Belgrano s/n; ♥ 8–19 Uhr) Die freundliche Fahrradvermietung findet man direkt hinter dem Busbahnhof. Der Laden verleiht gut erhaltene Mountainbikes (Std./Tag 8/40 Arg$) und stellt eine hilfreiche Karte für Ausflüge in die Umgebung zur Verfügung.

Es gibt mehrere Möglichkeiten, sich mit oder ohne Führer Pferde zu leihen. Telefonnummern für *cabalgatas* (Ausritte) sind überall zu finden, viele Unterkünfte organisieren solche Touren.

GEFÜHRTE TOUREN

In der Posada de Luz hat **Caravana de Llamas** (☎ 495-5326; www.caravanadellamas.com) sein Büro,

DER ANDINE NORDWESTEN

ein empfehlenswerter Veranstalter von Lama-Trekkingtouren. Er bietet Halbtagesausflüge rund um Tilcara an (140 Arg$), ganztägige Trips zu den Salinas Grandes (180 Arg$) sowie mehrtägige Exkursionen, z. B. einen fünftägigen Marathon von Las Yungas im Flachland bis nach Tilcara (1750–2600 Arg$). Der Führer ist freundlich und kennt sich in der Gegend gut aus. Die Lamas dienen als Lasttiere, die das Gepäck tragen, während man selbst wandert.

FESTE & EVENTS

Über das Jahr verteilt werden in Tilcara verschiedene Feste gefeiert, das bedeutendste ist im Januar der **Enero Tilcareño** mit sportlichen, musikalischen und kulturellen Darbietungen. Wie in allen Dörfern der Quebrada de Humahuaca sind der **Karneval** im Februar und die **Semana Santa**, die Karwoche, wichtige Daten im Festkalender. Sehenswert ist auch die Fiesta de **Pachamama**, das im August stattfindende Indiofest für die noch immer verehrte vorchristliche Erdgöttin.

SCHLAFEN

Neben vielen einfachen Hostels bietet sich noch eine weitere preiswerte Möglichkeit, die *casa de familia* – ein Zimmer in einem Privathaus mit Etagenbad. Solche Unterkünfte, meist mit Verköstigung, sind ausnahmslos gut gepflegt und kosten 20–30 Arg$ pro Person. Zu den Vermietern zählt auch **Genara de Vargas** (☎ 495-5399; Lavalle 439) gleich gegenüber vom Krankenhaus.

Casa los Molles (☎ 495-5410; www.casalosmolles.com. ar; Belgrano 155; B/DZ ohne Bad 38/90 Arg$; 🖳) Das von einem jungen Paar geführte Hostel liegt drei Blocks oberhalb der Plaza. Es hat eine rustikale Atmosphäre und bietet schöne Ausblicke und einen Garten zum Entspannen. Die Küche ist groß, Anschluss zu den anderen Gästen ist schnell gefunden.

Hostel Malka (☎ 495-5197; www.malkahostel.com.ar; San Martín s/n, Barrio Malka; B/EZ/DZ 50/150/220 Arg$, DZ ohne Bad 180 Arg$) Diese rustikale Anlage, Hostel und Hotel in einem, liegt drei Blocks westlich der Kirche einen Pfad hinauf. Die herzlichen Eigentümer, die abgeschiedene, schattige Lage, die durchdachten, unterschiedlichen Schlafsäle und die neuen, steinverkleideten Räume mit Hängematten und Liegestühlen davor machen es zu einem Ort, an dem man meist länger bleibt als vorgesehen. Das gute Frühstück ist im Preis eingeschlossen. Für Jugendherbergsmitglieder gibt es einen Rabatt.

Hotel de Turismo (☎ 495-5720; www.hoteldeturismo.8k. com; Belgrano 590; EZ/DZ 150/195 Arg$; 🌃 🖳 🐾) ACA-Hotels fehlt es immer etwas an Charakter, aber die Ausstattung ist für den Preis angemessen. Die Zimmer sind nicht groß, einige haben aber kleine Balkone. Die zentrale Lage, die Ausblicke auf die Berge und der schöne große Pool (nur im Sommer beschwimmbar) machen es zu einer guten Übernachtungsadresse. In der Nebensaison fallen die Preise.

Cerro Chico (☎ 495-5744; www.cerrochico.com; DZ/4BZ 220/280 Arg$; 🐾) Die attraktive Anlage liegt 2 km außerhalb des Zentrums an einer unbefestigten Straße. Die Hütten ziehen sich den Hügel hinauf und bieten großartige Blicke auf die Quebrada und eine erholsame Atmosphäre fern des Rummels. Die Standardhütten sind kompakt, aber hübsch, und der Poolbereich sehr ansprechend. Der Anfahrtsweg: Man überquert die Brücke nach Tilcara, hält sich dann sofort links und folgt den Hinweisschildern.

Posada de Luz (☎ 495-5017; www.posadadeluz.com.ar; Ambrosetti 661; Zi. 240–320 Arg$; 🐾) Mit seinem neo-rustikalen Charme ist dies ein phantastischer Ort, um ein paar Tage zu entspannen. Die teureren Zimmer haben eine Sitzecke, alle verfügen über dickbäuchige Öfen und separate Terrassen mit Liegestühlen und Blick übers Tal. Da es insgesamt nur sechs Zimmer gibt, ist eine Vorausbuchung zu empfehlen.

LP Tipp Rincón de Fuego (☎ 495-5130; www.rincon defuego.com; Ambrosetti 445; EZ 270–365 Arg$, DZ 305–415 Arg$; 🌃 🖳) Romantisch und einladend liegt diese Posada versteckt am oberen Ende der Stadt – ein guter Ort, um sich mit dem oder der Liebsten zurückzuziehen. Die wirkungs- und kunstvolle Verwendung von bloßem Stein und Adobeziegeln trägt viel zur besonderen Atmosphäre bei. Die Zimmer sind zwar ziemlich dunkel, aber einladend, und haben Holzöfen. Die Gemeinschaftsräume sind behaglich eingerichtet, das Frühstücksbrot wird frisch in einem Lehmofen im Patio gebacken.

ESSEN

Peña de Carlitos (☎ 495-5331; Lavalle 397; Gerichte 11–18 Arg$; ⏱ Mittag- & Abendessen) Das fröhliche, alte Restaurant, das jeden Abend ohne Eintritt Folkmusik live bietet, liegt an der Ecke der Plaza. Hier mischen sich mehr als anderswo die Einheimischen unter die auswärtigen Gäste. Die regionalen Gerichte sind preiswert.

El Patio (☎ 495-5044; Lavalle 352; Hauptgerichte 15–36 Arg$; ⏱ Mittag- & Abendessen) Versteckt zwischen Plaza und Kirche gelegen, hat das Lokal einen schönen, schattigen Patio und Tische im Garten stehen. Hier geht es angenehm ruhig zu, serviert werden viele leckere Salate und originelle Lamagerichte.

Los Puestos (☎ 495-5100; Ecke Belgrano & Padilla; Gerichte 16–40 Arg$; 🕓 Mittag- & Abendessen) Das Lokal ist ein wenig touristisch – der Darbietung von „Sounds of Silence" auf der Panflöte kann man sich selten entziehen. Doch das macht es mit seiner Einrichtung aus lokalem Stein und viel Holz wieder wett. Zu den regionalen Spezialitäten zählt das gegrillte Lama (24 Arg$), nett sind aber auch Kleinigkeiten wie die winzigen Brötchen direkt aus dem Lehmofen.

Escuela Gastronómica del Norte Argentino (☎ 495-5264; Bolívar 651; Hauptgerichte 25–29 Arg$; 🕓 Do–So Mittagessen, Mi–Sa Abendessen) Das Restaurant der Hotelfachschule bietet soliden Service und eine kleine, aber innovative Speisekarte mit zumeist aus der näheren Umgebung stammenden Zutaten wie Mais-Lasagne und einheimischer Forelle.

AN- & WEITERREISE

Der Busbahnhof liegt 500 m südlich des Stadtzentrums. Es fährt etwa alle 45 Minuten ein Bus nach Jujuy (10 Arg$, 1¾ Std.) sowie Richtung Norden nach Humahuaca (3 Arg$, 45 Min.) und La Quiaca (20 Arg$, 3½ Std.). Mehrmals täglich bestehen Verbindungen nach Purmamarca (3 Arg$, 30 Min.) und sechsmal am Tag in den Westen nach Salta (31 Arg$, 4 Std.).

Rund um Tilcara

Der Ort **Maimará**, 8 km südlich, ist eine typische Lehmsiedlung am Fuße eines spektakulären Hügels mit dem passenden Namen Paleta del Pintor (Palette des Malers). Nicht weit von der Hauptstraße befindet sich am Hügel gelegener Friedhof, ein wunderbares Fotomotiv. Das Fotografieren erfordert allerdings Respekt, schließlich beerdigen die Dorfbewohner hier ihre Angehörigen. Im Ort gibt es ein lohnendes anthropologisches und historisches Museum sowie Unterkünfte für jene, die über Nacht bleiben möchten.

Die sorgsam renovierte **La Posta de Hornillos** (Eintritt 3 Arg$; 🕓 8–18 Uhr), 11 km südlich von Tilcara, gehörte zu einer ganzen Kette von Poststationen, die zur Zeit des Vizekönigtums mit seiner komplizierten Verwaltungsgliederung („Ober-Perú") die Straße von Lima nach Buenos Aires säumten. Sie wurde bereits 1722 gegründet und war im Unabhängigkeitskrieg Schauplatz mehrerer wichtiger Schlachten. Bis 1908, als die La-Quiaca-Eisenbahn ihren Betrieb aufnahm, blieb sie ein wichtiger Zwischenstopp auf dem Weg

nach Bolivien. Unter den interessanten Ausstellungsstücken sind Lederkoffer, einige beeindruckend gefährlich aussehende Schwerter sowie eine schöne Kutsche aus dem 19. Jh.

Etwa 15 km nördlich von Tilcara kreuzt die Straße den **Wendekreis des Steinbocks.** Hier gibt es eine große Sonnenuhr, Stände, die Kunsthandwerk anbieten, sowie ein Alpaka-Paar, das sich gerne fotografieren lässt.

An allen diesen Sehenswürdigkeiten lassen die Busse, die von Norden nach Süden die Quebrada durchqueren, ihre Fahrgäste raus und sammeln sie auch wieder auf.

Uquía

☎ 03887 / 525 Ew. / 2818 m

Es kommt nicht allzu oft vor, dass die himmlischen Heerscharen mit Vorderladern bewaffnet dargestellt werden, aber dieses Straßendorf hat eine **Kirche** (Eintritt: Spende; 🕓 10–12 & 14–16 Uhr) aus dem 17. Jh., in der genau das der Fall ist. Eine Sammlung restaurierter Gemälde der Cuzco-Schule – die *ángeles arcabuceros* (Engel mit Hakenbüchsen) – zeigen Gabriel, Uriel und andere, die zwar auf Gott vertrauen, aber trotzdem darauf achten, dass ihr Pulver trocken bleibt. Daneben gibt es noch einen vergoldeten *retablo* (Altaraufsatz) mit schönen Tafelbildern.

Das **Hostal de Uquía** (☎ 490508; elportillo@cootepal.com. ar; EZ/2B/DZ 110/165/175 Arg$; 🖳) neben der Kirche ist ein netter Ort mit annehmbaren Zimmern und Restaurant.

Humahuaca

☎ 03887 / 7985 Ew. / 2989 m

Der größte Ort der Quebrada ist auch ihr schönster: Gepflasterte Straßen, Lehmhäuser und eine malerische Plaza sorgen für Atmosphäre. Hier lassen die frischen Nächte, die dünne Luft und die schweigsamen Quechua die Nähe zur Puna spüren. Humahuaca scheint weniger vom Tourismus berührt zu sein als die Orte weiter im Süden und ist deshalb umso schöner. Gute Kunsthandwerksläden bieten ihre Produkte an, und in den Restaurants singen und spielen oft Folkloremusiker.

ORIENTIERUNG & PRAKTISCHE INFORMATIONEN

In Humahuaca, das sich östlich der RN 9 entlang des Río Grande erstreckt, liegt alles in fußläufiger Entfernung. Das Zentrum liegt zwischen Landstraße und Fluss. Mitten durch die Stadt verlaufen die Schienen der stillgelegten Eisenbahn. Am Hauptplatz, der Plaza Gómez, stehen Kirche und *cabildo,* die Plaza San Martín befindet sich in der Nähe des Busbahnhofs.

Einen Block von der Plaza entfernt findet man an der Corrientes zwei Internetläden, die bis Mitternacht geöffnet haben.

Die **Touristeninformation** (Plaza Gómez s/n; ☺ Mo–Fr 10–21 Uhr) ist im *cabildo* untergebracht, an der Plaza gibt es zudem einen Geldautomaten. Die Touristeninformation an der Fernstraße ist gewöhnlich geschlossen, allerdings verkaufen junge Schlitzohren davor Infoblätter, die es in dem zu diesem Zweck bestimmten Büro eigentlich umsonst geben sollte.

SEHENSWERTES & AKTIVITÄTEN

Die 1641 erbaute **Iglesia de la Candelaria** (Buenos Aires) steht an der Plaza Gómez. Der liebenswerte **Cabildo** (Rathaus) daneben ist berühmt für seinen Uhrenturm, aus dem jeden Mittag eine lebensgroße Figur des San Francisco Solano heraustritt, um Segen zu spenden. Von der Plaza führt eine Treppe hinauf zum **Monumento a la Independencia**, einem recht vulgären Werk des hiesigen Bildhauers Ernesto Soto Avendaño. Das Denkmal ist ein Beispiel für den *indigenismo,* eine weit verbreitete Mode in der lateinamerikanischen Kunst, in der auf romantische, aber herablassende Art die Tugenden der indigenen Bevölkerung gepriesen werden, die vom Kolonialismus überrollt wurde.

Mehrtägige, spannende Touren mit Mulis zu den Nationalparks von Calilegua oder Baritú führt **Hasta las Manos** (☎ 421075; www.hlmexpeditions.com.ar; Av Ejército del Norte s/n) durch: Dahinter verbirgt sich die empfehlenswerte Organisation der Bergführer. Mit dem Erreichen des subtropischen Walds ändert sich das Gelände auf atemberaubende Weise. Die Bergführer bieten außerdem

in Abra Pampa Sandboarding (160 Arg$ pro Tag) sowie Hochgebirgswanderungen an.

Ser Andino (☎ 421659; Jujuy 221) vermietet Fahrräder für Ausflüge in die Umgebung.

FESTIVALS & EVENTS

Abgesehen vom **Karneval,** dem Carnaval Norteño, der im Februar überall in der Quebrada de Humahuaca zelebriert wird, begeht Humahuaca am 2. Februar den Tag der Stadtheiligen, der **Virgen de Candelaria**.

SCHLAFEN

Der Boutiquehotel-Boom ist in Humahuaca bis jetzt nicht angekommen. So geht es hier noch ganz normal zu, mit preiswerten familiengeführten Unterkünften und ein paar Mittelklassehotels. Die angegebenen Preise gelten für die Hochsaison im Sommer, während des Karnevals liegen sie höher, im übrigen Jahr niedriger.

Posada El Sol (☎ 421466; elsolposada@imagine.com.ar; Barrio Milagrosa s/n; B 41 Arg$; DZ mit/ohne Bad 180/116 Arg$ ⌨) Ein Schild weist auf das 800 m hinter der Flussbrücke gelegene ungewöhnliche Adobehostel hin. Die einladende und ruhige Unterkunft bietet Schlafsäle mit Spinden und hübsche Doppelzimmer mit traditionellen Rohrdecken. Einige Schlafräume sind allerdings sehr eng. Küchennutzung, Frühstück und ein Taxi vom Busbahnhof sind inklusive, außerdem wird ein HI-Rabatt gewährt.

Posada La Churita (☎ 421055; lachurita@argentina.com; Buenos Aires 456; Zi. pro Pers. 45 Arg$) Die warmherzige, mütterliche Olga führt dieses Haus, das zu den wenigen unbeheizten Billigunterkünften in dieser Straße gehört. Theoretisch sind die Räume für mehrere Gäste bestimmt, aber es kann vorkommen, dass man ein Zimmer für sich alleine

---

TOREO DE LA VINCHA

In Argentinien sind Stierkämpfe bereits seit dem 19. Jh. verboten, doch bei den Festlichkeiten von **Casabindo** steht ein *toro* (Stier) im Mittelpunkt des Geschehens. Casabindo, ein winziges Lehmdorf in der Puna, begeht Mariä Himmelfahrt am 15. August auf ganz besondere Weise, und Tausende machen sich auf den Weg, um bei diesem Haupt-Event dabei zu sein: Mensch und Tier messen in punkto Wendigkeit und Gewitztheit ihre Kräfte.

Die Hörner des Stiers sind mit einem roten Schweißband geschmückt, das drei Silbermünzen enthält. *Promesantes* – junge Männer aus dem Dorf –, deren einzige Waffe ein Stück rotes Tuch ist, versuchen das Tier abzulenken und ihm seine Krone zu rauben. Dem Torero, dem dies gelungen ist, bietet die Münzen der Jungfrau Maria dar. Der Stier bleibt unverletzt. Ähnliche Feste werden bekanntlich aber auch in Spanien und Frankreich gefeiert.

Der kleine, abgelegene Ort Casabindo liegt westlich von Quebrada und ist von Purmamarca aus über eine ziemlich schlechte Straße zu erreichen. Zur Fiesta organisieren Agenturen in Jujuy (S. 279) und Tilcara (S. 288) Ausflüge dorthin.

bekommt. Die Gemeinschaftsbäder sind sauber und es gibt immer heißes Wasser. Gäste können die Küche und einen für alle zugänglichen Bereich mit Tischen nutzen.

Inti Sayana (☎ 421917; www.intisayanahostal.com.ar; La Rioja 83; EZ/DZ 90/110 Arg$) Geräumige Zimmer mit anständigen Betten – gut für Gruppen und Familien – sammeln sich um den kleinen Innenhof des angenehmen Hostals. Der freundliche und hilfsbereite Eigentümer spielt Gitarre und gibt Tipps für Unternehmungen in der Stadt.

Naty Hostería (☎ 421022; www.hosterianaty.com.ar; Buenos Aires 488; EZ/DZ 90/120 Arg$) Ein freundlicher Chef führt das Hostel mitten im Zentrum des Orts, das mit Fotos der nahe gelegenen Sehenswürdigkeiten geschmückt ist. Die Zimmer haben unterschiedliche Größen und Zuschnitte, das Frühstück ist inklusive.

Hostal La Soñada (☎ 421228; hostallasonada@yahoo.com.ar; San Martín s/n; EZ/DZ 90/130 Arg$) Vom Zentrum auf der anderen Seite der Schienen gelegen, wird das Hostal von einem freundlichen Paar aus dem Ort geführt. Die Zimmer sind makellos sauber, ins Auge fallen die bunten Tagesdecken und gepflegten Bäder. Das Frühstück wird im einladenden Gemeinschaftsbereich serviert, als Gast fühlt man sich sehr willkommen.

ESSEN & AUSGEHEN

Casa Vieja (Ecke Buenos Aires & Salta; Hauptgerichte 14–30 Arg$; ⌚ Mittag- & Abendessen) Das anheimelnde und attraktive Eck-Restaurant hängt voller Korbwaren und Traumfänger. Es serviert einfache Gerichte aus Lamafleisch sowie einen leckeren Bohnen-Quinoa-Eintopf. Die Portionen sind großzügig bemessen. Abends ab 21 Uhr wird gute Livemusik gespielt.

El Portillo (☎ 424-9000; Ecke Tucumán & Corrientes; Hauptgerichte 14–30 Arg$; ⌚ 8–24 Uhr) Obwohl es attraktiv mit Kaktusholzmöbeln und Essnischen eingerichtet ist, ist der Service dieses beliebten Restaurants schwach und das Angebot eher schlicht. Es gibt vor allem Lama in sahnigen Saucen, die sich alle jedoch ähneln. Jeden Abend ab 20 Uhr wird Livemusik gespielt.

Aisito (Arías s/n; ⌚ 22 Uhr bis spätnachts) Das Lokal liegt vom Busbahnhof aus hinter den Schienen, am Fluss biegt man rechts ab. Einheimische versammeln sich im attraktiven Innenraum, um bis zum Morgengrauen gemeinsam Musik zu machen. Eine echte Entdeckung!

SHOPPEN

Auf dem Kunsthandwerksmarkt in der Nähe des Bahnhofs gibt es Wollwaren, Souvenirs und viel Atmosphäre. **Manos Andinos** (Buenos Aires 401) unweit der Plaza verkauft Fair-Trade-Kunsthandwerk.

AN- & WEITERREISE

Drei Blocks südlich der Plaza befindet sich der **Busbahnhof** (Ecke Belgrano & Entre Ríos). Regelmäßig fahren Busse nach Salta (36 Arg$, 4½ Std.), Jujuy (13 Arg$, 2¼ Std.) und La Quiaca (15 Arg$, 3 Std.). Dreimal täglich fahren Busse nach Iruya (14 Arg$, 3 Std.).

Iruya
☎ 03887 / 1070 Ew. / 2780 m

Das abgelegene Dorf Iruya hat etwas Märchenhaftes an sich: Nur 50 km von der RN 9 entfernt, ist es doch wie in einer anderen Welt. Genau das Richtige, um ein paar Tage auszuspannen. Von hier aus lässt sich die Region Quebrada de Humahuaca abseits der vielbefahrenen Landstraße erkunden.

Schon der Weg nach Iruya lohnt die Reise. 26 km nördlich von Humahuaca zweigt eine Piste von der RN 9 ab und führt auf den spektakulären, 4000 m hohen Pass hinauf, der die Grenze zwischen den Provinzen Jujuy und Salta markiert. Vorbeikommende Reisende legen hier Steine auf einen ständig wachsenden *apacheta*, einen Steinhaufen, was Glück bringen soll. Die unschönen Plastikflaschen stammen von Trankopfern an Pachamama (Mutter Erde).

Die Straße windet sich dann hinunter in ein weiteres Tal, in dem Kleinbauern Kartoffeln, Zwiebeln und Bohnen anbauen. Sie erreicht dann Iruya mit seiner hübschen gelb-blauen Kirche, steilen Straßen, Adobehäusern und einer atemberaubenden Sicht auf die Andengipfel, über denen nicht selten Kondore schweben. Das indigene Dorf pflegt traditionelle Werte, respektvolles Verhalten ist also angebracht.

Ein Plausch mit den freundlichen Dorfbewohnern ist für viele Reisende sicherlich das soziokulturelle Highlight dieses Ausflugs. Von hier aus bieten sich mehrere Wanderungen in die umliegenden Hügel an – mit einem einheimischen Führer – oder Fahrten in andere Dörfer des Tals.

Pablo Harvey (☎ 0387-15-458-8417; pharvey_ar@yahoo.com.ar) veranstaltet für 15 Arg$ pro Person ungewöhnliche, aber sehr empfehlenswerte Nachtwanderungen mit Sternbeobachtung – der Himmel zeigt sich hier sehr klar. Es gibt Musik und Andenlegenden.

In Iruya gibt es eine **Touristeninformation** (Calle San Martín), die aber nur unregelmäßig geöffnet ist – was fehlt, ist ein Geldautomat.

SCHLAFEN & ESSEN

Es gibt viele preiswerte Privatunterkünfte. Alle sind makellos und bieten ein gutes Preis-Leistungs-Verhältnis (20–30 Arg$ pro Pers. in einem Privatzimmer). Damit alle vom Wohlstand profitieren, werden hier keine Empfehlungen ausgesprochen.

Federico III (☎ 1562-9152; www.complejofederico.com. ar; Ecke San Martín & Salta; Zi. 100 Arg$ pro Pers.) Eine etwas teurere Option, gleich oberhalb der Plaza am Ende des Dorfs; die hübschen, weiß gekalkten Zimmer umschließen einen kleinen Hof. Einige Zimmer haben Ausblick.

Hostería Iruya (☎ 482002; www.hosteriadeiruya.com.ar; EZ/DZ 195/235 Arg$, mit Aussicht 240/275 Arg$) Das Haus liegt ganz oben im Dorf. Es hat helle, weiße Zimmer, einige Betten, einen großzügigen Gemeinschaftsbereich und eine malerische Steinterrasse mit unvergesslichen Ausblicken. Die Räume mit großen Fenstern bieten einen schönen Ausblick über das Tal und sind deswegen auch den etwas höheren Preis wert. Außerdem gibt es hier ein ordentliches Restaurant (Hauptgerichte 20–30 Arg$). Nur Barzahlung.

In mehreren einfachen *comedores* (Cafeterien) wird ortstypisch gekocht. Im **Comedor Iruya** (Ecke Lavalle & San Martín; Gerichte 5–15 Arg$; ☺ 10–21 Uhr) servieren Juan und Tina in einfacher, aber gemütlicher Atmosphäre köstliche Hausmannskost mit Fleisch und Salaten.

AN- & WEITERREISE

Busse von Humahuaca (14 Arg$, 3 Std.) fahren dreimal täglich, außerdem gibt es zweimal am Tag einen direkten Bus von Tilcara nach Iruya (19 Arg$, 4 Std.).

Die 50 km ab der RN 9 sind Piste und im Sommer wegen Regens oft unpassierbar. Viele Dorfbewohner trampen hier – eine gute Gelegenheit, Einheimische kennenzulernen. Am Ortseingang von Iruya wird manchmal eine Parkgebühr (2 Arg$) kassiert.

LA QUIACA
☎ 03885 / 13 761 Ew. / 3442 m

5171 km nördlich von Ushuaia (Feuerland) und damit wahrhaft „am anderen Ende" liegt La Quiaca, ein wichtiger Grenzübergang nach Bolivien. Es ist ein kalter, windiger Ort, in dem Reisende ganz gut übernachten und essen können, der aber sonst wenig zu bieten hat. Das meiste Leben bringen noch die erschöpften Bolivianer in die Stadt, die sich mit ihren schweren Taschen zwischen Grenze und Busbahnhof der früher geschäftigen Bahnhofsstadt hin- und herschleppen. Trotzdem ist der Ort nicht heruntergekommen, und stattliche Gebäude aus Stein erinnern an bessere Zeiten.

Die Straße nach La Quiaca ist faszinierend. Hinter der Quebrada de Humahuaca passiert die asphaltierte RN 9 **Abra Pampa,** eine gottverlassene windige Stadt 90 km nördlich von Humahuaca. Dann führt sie hinauf durch malerische, typische Altiplano-Landschaften. Da die häufigen Nachtfröste den Ackerbau erschweren, bestreiten die Menschen ihren Lebensunterhalt mit der Zucht von Lamas, Schafen und Ziegen, die von dem spärlichen Ichugras leben können. Manchmal ist abseits der Hauptrouten in der Puna das vom Aussterben bedrohte wilde Vicuña zu sehen, ein zierlich gebauter Verwandter des Lamas mit gelbrötlichem Fell.

La Quiaca wird von den stillgelegten Bahngleisen zerschnitten; die meisten Läden und Dienstleister liegen westlich der Schienen. Nördlich der Stadt verbindet eine Brücke über den oft

DER ANDINE NORDWESTEN

ÜBER VILLAZÓN NACH BOLIVIEN

Wer von La Quiaca ins bolivianische Villazón gelangen will, geht zu Fuß zur Brücke oder fährt mit Bus oder Taxi dorthin. Er quert die Brücke und erledigt die **Grenzformalitäten** (☺ 24 Std.). EU-Bürger brauchen für den Grenzübertritt kein Visum. Bolivien hält mehr, als Villazón verspricht, deshalb sollten Einreisende an den billigen Ständen vorbei direkt zum Busbahnhof oder zum Bahnhof marschieren. Wer eine Unterkunft braucht, wird am Busbahnhof und an der Plaza fündig: Die Angebote sind billig und auch ganz anständig. Die Busse fahren nach Tupiza (10 B$, 2¼ Std.) und nach La Paz (80–120 B$) über Potosí (40 B$, 10 Std.), Oruro und Tarija (40 B$, 8 Std.). Der Bahnhof liegt 1,5 km nördlich des Grenzübergangs – ein Taxi dorthin kostet 3 B$ pro Person. Viermal wöchentlich besteht ein Zugverbindung nach Tupiza (13–51 B$, 3 Std.), Uyuni (36–152 B$, 6 Std.) und Oruro (65–230 B$, 13 Std.).

Weitere Fahrplanhinweise unter www. fca.com.bo

Reisende, die aus Nordargentinien kommen, müssen in Bolivien die Uhr um eine Stunde zurückstellen.

Zum Zeitpunkt der Recherche bekam man für einen argentinischen Peso (Arg$) 1,74 Bolivianos (B$), für einen US$ gab es 6,87 Bolivianos.

nur spärlich Wasser führenden Fluss La Quiaca mit dem bolivianischen Villazón.

Praktische Informationen

Geld kann man auf der bolivianischen Seite der Grenze und am Busbahnhof wechseln. Im Ort gibt es viele Möglichkeiten zu telefonieren und ins Internet zu schauen.

ACA (Automóvil Club Argentino; Ecke Internacional & Bustamante) Karten und Autoservice.

Banco Macro (Árabe Siria 445) Hat einen Geldautomaten.

Informationskiosk (☼ 9.30–13.30, 16–19 Uhr) Von einem Hostel geführt. Es liegt gegenüber vom Busbahnhof und bietet vernünftige Informationen.

Touristeninformation (☎ 422644; turismo@laquiaca. com.ar; ☼ 7–19 Uhr) Filialen an der Grenze und an der südlichen Zufahrt zur Stadt.

Schlafen & Essen

Hospedaje Frontera (☎ 422269; Ecke Belgrano & Árabe Siria; EZ/DZ ohne Bad 30/50 Arg$) Die Nächte können hier etwas kühl werden, aber die relativ dunklen Zimmer im Motelstil sind sauber und ordentlich und liegen hinter einem beliebten Restaurant. Die Gemeinschaftsbäder haben heißes Wasser, das Management ist freundlich.

Copacabana Hostel (☎ 423875; www.hostelcopacabana. com.ar; Pellegrini 141; Zi. Pro Pers. ohne Bad 30 Arg$; ☐) Vom Zentrum aus gesehen, liegt das Hostel hinter den Schienen und einen Block die Straße hinauf, an deren Ecke die Banco de la Nación liegt. Die Räume mit Gemeinschaftsbad sind klein, recht nett, rosa gestrichen und beheizt. Das Personal ist ausgesprochen zuvorkommend.

Hotel de Turismo (☎ 422243; hotelmun@laquiaca.com. ar; Ecke Árabe Siria & San Martín; EZ/DZ 95/140 Arg$) Das freundliche Hotel hat hübsche, geheizte Zimmer mit Parkettböden und guten Bädern und ist das beste Haus im Ort.

Hostería Munay (☎ 423924; www.munayhotel.jujuy.com; Belgrano 51; EZ/DZ 100/135 Arg$) Etwas zurückgesetzt von der Fußgängerzone (aber man kann hinfahren und dort parken), ist dies eine gute Wahl mit fröhlichen Zimmern, die mit Kunsthandwerk dekoriert und mit kleinen Bädern, großen Betten und Heizung ausgestattet sind. Gäste, die nicht reserviert haben, bekommen unter Umständen bessere Tarife.

Das Hotel de Turismo ist eine gute Adresse: Das *bife de chorizo* mit Beilagen kostet 25 Arg$, ein Tagesmittagsmenü 20 Arg$. Das bodenständige **Frontera** (Hauptgerichte 11–21 Arg$) bietet Fleischgerichte, spanisches Omelett, ordentliche *tallarines al pesto* (Nudeln mit Pesto) sowie ein Tagesmittagsmenü für 14 Arg$.

An- & Weiterreise

Vom chaotischen **Busbahnhof** La Quiaca (Ecke Belgrano & España) gibt es viele Verbindungen nach Jujuy (35 Arg$, 4–5 Std.), Salta (65 Arg$, 8 Std.), Buenos Aires (190 Arg$, 27 Std.) sowie zu den Orten entlang der Strecken. Es gibt keine Busverbindungen nach Bolivien, aber einige argentinische Busse starten direkt ab dem Busbahnhof in Villazón.

YAVI

☎ 03887 / 207 Ew. / 3440m

Das malerische, stimmungsvolle indigene Yavi liegt 16 km östlich von La Quiaca, die asphaltierte RP 5 führt dorthin. Der Umweg lohnt sich, denn der Ort ist ein toller, kleiner Rückzugsort. Neben den Lehmgebäuden mit ihrem etwas marodem Charme sind im Ort noch zwei faszinierende Kolonialbauten erhalten geblieben.

Die **Kirche** von Yavi (Eintritt: Spende; ☼ Di–Fr 9–12 & 15–18, Sa–So 9–12, Mo 15–18 Uhr) ist vielleicht das faszinierendste Gotteshaus in Nordargentinien. Ein Marquis aus der Region ließ sie im späten 17. Jh. bauen. Erhalten blieben phantastische Altäre in schlichtem Barockstil, die mit Blattgold und hervorragenden Skulpturen und Gemälden geschmückt sind – meist im Stil der Cuzco-Schule –, aber auch ein schönes flämisches Original. Die Fenster aus durchsichtigem Onyx sind ebenfalls etwas ganz Besonderes.

Gegenüber befindet sich die **Casa del Marqués Campero**, das Wohnhaus eines spanischen Adligen (Marquis). Seine Familie spielte im 18. Jh. eine beherrschende wirtschaftliche Rolle in der Region. Heute ist das Haus ein **Museum** (Eintritt 3 Arg$; ☼ Mo–Fr 9–13 & 14–18, Sa–So 9–18 Uhr), in dem wunderschön restaurierte Möbel und Exponate über das Leben in der Puna ausgestellt sind. Dazu kommt eine nette Bibliothek.

In der Nähe von Yavi führen einige kürzere Wanderungen in den Cerros Colorados zu den Felsmalereien und Petroglyphen bei **Las Cuevas** und zu Quellen bei **Agua de Castilla**. Eine Wegbeschreibung gibt es im Museum oder in den Unterkünften.

Es gibt sowohl einen kostenlosen Campingplatz am Fluss als auch einige Unterkünfte. Das **Hostal de Yavi** (☎ 421659; www.hostaldejavi.blogspot.com; Güemes 222; B/DZ 25/120 Arg$) bietet einfache, gemütliche Zimmer und anständige Mahlzeiten (30 Arg$ pro Gericht) in einer zwanglosen Atmosphäre. Die **Hostería Pachamá** (☎ 03885-423235; www.pachamahosteria.net; Ecke Pérez & Ruta 5; EZ/DZ 60/100 Arg$) hat ansprechende Zimmer um einen Adobehof und einen hübschen Essbereich. Das net-

DER ANDINE NORDWESTEN

te **La Casona** (☎ 03885-422316; mccalizaya@hotmail.com; Ecke Pérez & San Martín; B 20 Arg\$, DZ mit/ohne Bad 80/50 Arg\$) mit knarzenden Holzböden vermietet rustikale Zimmer mit Öfen für kalte Winternächte. Sammeltaxis und Pick-ups (5 Arg\$, 20 Min.) nach Yavi fahren von 6 bis 18 Uhr häufig und danach etwas seltener vom Mercado Municipal an der Avenida Hipólito Yrigoyen in La Quiaca ab. Ansonsten bleibt nur das Taxi für rund 25 Arg\$.

MONUMENTO NATURAL LAGUNA DE LOS POZUELOS

Wasserhühner, Gänse, Enten, drei Flamingoarten und viele andere Vögel brüten an den kargen Ufern dieses 160 km² großen Sees, eines bedeutenden Feuchthabitats auf einer Höhe von fast 4000 m. In der Umgebung trifft man auch zahlreiche Vicuñas.

Den Park erreicht man am besten mit dem Auto, wer dies tut, sollte unbedingt vorher volltanken, denn ab Abra Pampa (auf halber Strecke zwischen Humahuaca und La Quiaca) gibt es keine Tankstelle mehr. Auch ausreichend Trinkwasser sollte mitgenommen werden. Starke Sommerregen können die Strecken abseits der asphaltierten Landstraße unpassierbar machen.

Südlich vom See, in Río Cincel, gibt es eine Rangerstation. Nicht weit von dort führt eine 7 km lange Straße nach Norden zu einem Parkplatz nahe am Seeufer. Manchmal ist der Weg zum See auch weiter; je nach Wasserstand, der im April am höchsten und im November am niedrigsten ist, können es bis zu 3 km sein, die bis zum See zurückzulegen sind. Es lohnt sich sehr, ein Fernglas mitzunehmen, denn zumeist sind die Flamingos ziemlich weit weg, Profis benutzen ein Fernrohr mit Stativ.

Von Abra Pampa starten jeden Vormittag Busse, die nach Rinconda westlich des Sees fahren, wo es auch einfache Unterkünfte gibt. Auf Wunsch setzt der Bus die Fahrgäste auch an der Rangerstation ab, dann geht es zu Fuß weiter zum See. Ein ungeschützt liegender Campingplatz mit einfachster Ausstattung findet sich an der Rangerstation.

Es gibt drei Hauptrouten zum See: Von Süden kommend biegt die Straße ein Stück nördlich von Abra Pampa Richtung Nordwesten ab (R 7), von La Quiaca kommend fährt man Richtung Westen nach Cieneguillas (R 5) und von dort weiter auf der R 69 zur Laguna de los Pozuelos. Die dritte Straße zur Laguna führt von La Intermedia (auf halber Strecke zwischen Abra Pampa und La Quiaca) westwärts über die Hügel ins Dorf Pozuelos (R 69).

SALTA

☎ 0387 / 468 583 Ew. / 1187 m

Das kultivierte Salta ist der Lieblingsort vieler Touristen, die hier dank der Vielzahl an Angeboten reichlich Zerstreuung finden. Wer nach geistiger Nahrung sucht, findet sie in den hervorragenden Museen, für die Romantiker gibt es Cafés an den Plätzen und Livemusik in den beliebten *peñas*. Die Vitalität einer Großstadt geht hier Hand in Hand mit kleinstädtischem Charme. Hier sind mehr Kolonialbauten erhalten als in anderen argentinischen Städten.

Salta ist der touristischste Ort Nordwestargentiniens, und das Angebot an Unterkünften ist naturgemäß groß. Das Zentrum wimmelt von Reisebüros; hier lässt sich die Weiterreise organisieren. Dennoch gibt es auch ärmere Viertel, die findet, wer sich Richtung Stadtrand aufmacht. Dort leben Indios, Bauern aus der Provinz oder aus Bolivien, die in der – oft trügerischen – Hoffnung auf ein besseres Leben in die große Stadt gekommen sind.

Geschichte

1582 gegründet, liegt Salta in einem Becken, umgeben von grünen Hügeln. Der hier ewig während Frühling lockte die Spanier an, die im Umland ihr Vieh weiden und Pflanzen anbauen konnten, die im kalten Hochland Boliviens nicht gediehen. Dort herrschte aber wegen des Bergbaus eine große Nachfrage nach Leder, Maultieren und Lebensmitteln.

Als der Ausbau der Belgrano-Eisenbahn es möglich machte, raffinierten Rohrzucker an die Einwandererstädte der Pampas zu verkaufen, erholte sich Salta von dem Niedergang, den es im 19. Jh. erlebt hatte.

In den vergangenen Jahren ist die Stadt gewachsen. Viele Familien lassen sich angesichts der schwierigen wirtschaftlichen Bedingungen auf dem Land hier nieder, um Arbeit zu finden. Andererseits gibt es Bestrebungen, die *campesinos* am Ort zu halten.

Orientierung

Obwohl Salta sich in alle Richtungen ausgedehnt hat, befinden sich die meisten Sehenswürdigkeiten in den Straßen rund um die zentrale Plaza 9 de Julio. Die nord-südlich verlaufenden Straßen haben nördlich und südlich des Platzes unterschiedliche Namen, die ost-westlichen Straßen heißen hingegen auf beiden Seiten des Platzes gleich. Östlich des Zentrums ragen der Cerro 20 de Febrero und der Cerro San Bernardo über der Stadt auf.

DER ANDINE NORDWESTEN

DER ANDINE NORDWESTEN

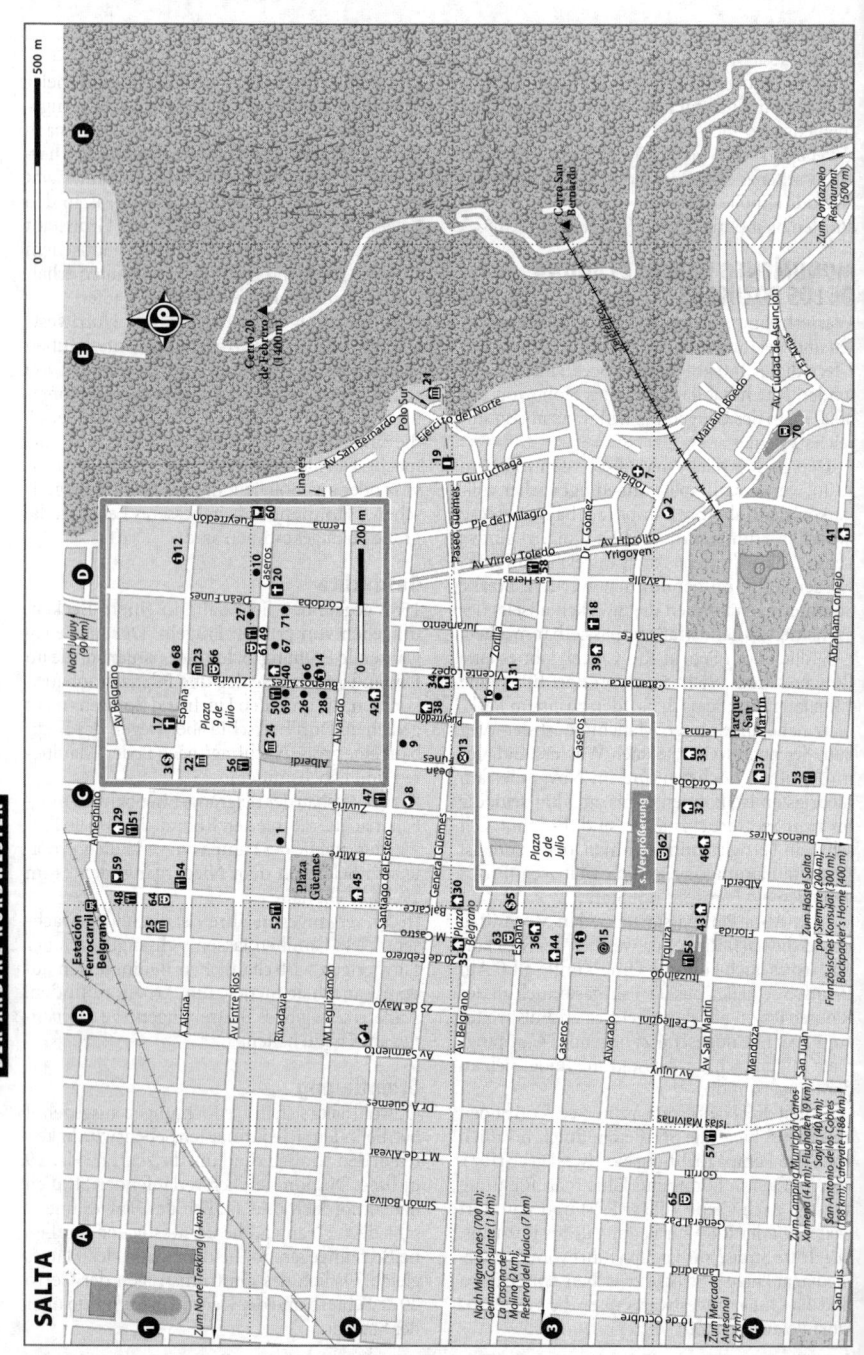

SALTA

Praktische Informationen

BUCHLÄDEN

Feria del Libro (☎ 421-0359; Buenos Aires 83) Große Auswahl an Büchern.

Librería San Francisco (☎ 431-8456; Caseros 362) Ordentliche Auswahl an englischen Büchern, vor allem Klassiker von Shakespeare bis Shaw.

EINWANDERUNGSBEHÖRDE

Migraciones (☎ 422-0438; Maipú 35; ◷ Mo–Fr 7–14 Uhr) Zwölf Blocks von der Plaza 9 de Julio entfernt, nahe der Avenida Caseros.

GELD

Cambio Dinar (B Mitre 101) Löst Travellerschecks (hohe Gebühren) ein und tauscht Bares um.

Citibank (Ecke España & Balcarce) Tauscht Euros und US-Dollars um, an ihrem Geldautomaten kann man höhere Beträge abheben.

INTERNETZUGANG & TELEFON

Es gibt Dutzende Internetcafés und Call-Center überall in der Stadt. Telefon und Internet bietet das zentral gelegene **Telecentro** (Alvarado 766; Std. 3 Arg$; ◷ 10–23 Uhr).

MEDIZINISCHE VERSORGUNG

Hospital San Bernardo (☎ 432-0445; Tobías 69)

POST

Postamt (Deán Funes 140)

REISEBÜROS

Es gibt zahlreiche Reisebüros entlang der Buenos Aires zwischen Caseros und Alvarado sowie überall im Zentrum, sie verkaufen Flug- und Bustickets. Reiseveranstalter siehe S. 292.

TOURISTENINFORMATIONEN

ACA (Automóvil Club Argentino; ☎ 431-0551; Ecke Rivadavia & B Mitre) Straßenkarten und Wegbeschreibungen.

Nationalparkverwaltung (APN; ☎ 431-2683; www.parquesnacionales.gov.ar; España 366; ◷ Mo–Fr 8–15 Uhr) Im 2. Stockwerk des Aduana-Gebäudes gelegen. Hier erhält man ausgezeichnete, wertvolle Informationen und hilfreiche Tipps zu den sehenswerten Nationalparks der Region, besonders zu Ausflügen in weit entlegene Nationalparks wie El Rey oder Baritú.

Städtische Touristeninformation (☎ 437-3340; www.saltalalinda.gov.ar; Caseros 711; ◷ 9–21 Uhr) Effiziente, mehrsprachige Mitarbeiter.

Touristeninformation der Provinz (☎ 431-0950; www.turismosalta.gov.ar; Buenos Aires 93; ◷ Mo–Fr 8–21, Sa–So 9–20 Uhr) Beste Noten für die freundlichen, effizienten und mehrsprachigen Angestellten! Reisende mit Mietwagen erhalten in der Touristeninformation Auskunft über den Straßenzustand.

DER ANDINE NORDWESTEN

ARCHAISCHE BRÄUCHE: DIE GEOPFERTEN KINDER

Der Begriff „Menschenopfer" klingt nach Sensationslust, doch wurden in der Inkakultur von Zeit zu Zeit Kinder von vornehmer Geburt den Göttern dargebracht, um deren Wohlwollen zu erlangen. Die Inka wollten mit solchen Opfern die Fruchtbarkeit ihres Volkes und des Landes sichern. Da die hohen Gipfel der Anden stets als heilig galten, wurden sie als Opferstätten gewählt. Nach Auffassung der Inka starben die Kinder auch nicht wirklich, sondern wurden zu ihren Vätern versammelt, die ihr Volk von den höchsten Gipfeln herab im Auge behielten.

Die sorgsam für diese Aufgabe auserwählten Kinder wurden nach Cuzco, in die zeremonielle Hauptstadt der Inka, gebracht und standen dort im Mittelpunkt großer Festlichkeiten, der *capacocha*. Zeremonielle Hochzeiten zwischen ihnen sollten die diplomatischen Verbindungen zwischen den Stämmen des Inkareichs festigen. Am Ende des Festes wurden sie zweimal in einer Parade um den Platz herumgeführt und mussten dann geradewegs nach Hause zurückgehen – eine beschwerliche Reise, die Monate dauern konnte. Wieder daheim, wurden sie gefeiert und willkommen geheißen, dann in die Berge gebracht. Sie bekamen zu essen, und es wurde ihnen eine festgelegte Menge *chicha* (ein alkoholisches Getränk aus fermentiertem Mais) zu trinken gegeben. Wenn sie das Bewusstsein verloren hatten, wurden sie auf den Gipfel des Bergs verbracht und dort einfach zurückgelassen: Aus dem Schlaf, den ihnen der Rausch bescherte, sollten sie voraussichtlich nie mehr erwachen.

Drei dieser Kinder wurden 1999 auf dem Gipfel des Llullaillaco gefunden, einem 6739 m hohen Vulkan etwa 480 km westlich von Salta an der Grenze zu Chile. Hier befindet sich die höchste archäologische Stätte der Welt. Durch die Kälte, den niedrigen Luftdruck und das Fehlen von Sauerstoff und Bakterien sind die Mumien sehr gut erhalten. Das Mädchen (Doncella) war zum Zeitpunkt des Todes etwa 15 Jahre alt. Sie war vielleicht eine *aclla* („Sonnenjungfrau") und bekleidete damit ein hoch geachtetes Amt in der Gesellschaft der Inka. Die beiden anderen, ein Junge von sechs und ein Mädchen von sieben Jahren, wiesen Schädeldeformationen auf, ein Zeichen dafür, dass sie hochgestellten Familien entstammten. Bei jedem der Verstorbenen fanden sich Grabbeigaben, sogenannte *ajuar*, darunter Textilien und kleine Figuren in Menschen- oder Lama-Gestalt. Der Körper des Mädchens wies Spuren eines Blitzschlags auf.

Die Überführung der Mumien nach Salta war Gegenstand heftigster Kontroversen. Viele meinten, sie sollten dort bleiben, wo sie entdeckt worden waren. Da der Fundort bekannt war, war dies jedoch ein Ding der Unmöglichkeit.

Was auch immer jeder Einzelne darüber und über die Rolle der Archäologen denken mag, die Mumien gewähren unleugbar einen faszinierenden Einblick in die Religion und Kultur der Inka.

WÄSCHEREI

Laverap (Santiago del Estero 363; Waschservice 15 Arg$) Einer von vielen; die meisten haben einen (teureren) Waschservice.

Sehenswertes

MUSEO DE ARQUEOLOGÍA DE ALTA MONTAÑA (MAAM)

Die Ausstellung des vielleicht besten Museums Nordargentiniens – dem **MAAM** (☎ 437-0499; www. maam.org.ar; B Mitre 77; Argentinier/Ausländer 10/30 Arg$, ☉ Di–So 11–19.30 Uhr) – ist seriös und informativ und konzentriert sich auf die Inkakultur. Ein Themenschwerpunkt sind die Kinder, die die Inka auf einigen der imposantesten Gipfel der Anden geopfert haben (s. Kasten oben).

Wichtigstes Exponat ist der mumifizierte Körper eines der drei Kinder (alle sechs Monate wird ein anderer gezeigt), am Gipfel des Llullaillaco während einer Expedition 1999 entdeckt wurden. Das Zeigen der Körper war umstritten – jeder Besucher kann heute für sich entscheiden, ob er sie sich ansieht oder nicht. Unbestreitbar ist es ein beeindruckendes Erlebnis, ihnen direkt gegenüberzustehen. Das aufwendig geflochtene Haar und die Kleidung sind perfekt erhalten. Wer weiß, was ihre Gesichter widerspiegeln? Eine weit entfernte Vergangenheit oder ein für Salta typisches Gesicht aus dem 21. Jh., einen friedlichen oder einen qualvollen Tod? Das muss der Betrachter persönlich entscheiden.

Die Grabbeigaben für die Kinder beeindrucken durch ihre Unmittelbarkeit und die Farben, die nichts von ihrer Frische verloren haben. Die *illas*, kleine Votivfiguren, die Tiere oder Menschen darstellen, bestehen aus Silber, Gold, Muscheln und Onyx, viele tragen Kleider aus Stoff. Ein besserer Einblick in die Kultur des präkolumbischen Südamerikas wird sich schwerlich finden lassen.

Ein weiteres interessantes Exponat ist die „Reina del Cerro", eine Mumie, die in den 1920er-Jahren aus einem Inkagrab geraubt wurde und nach einer turbulenten Reise hier landete. Videos liefern gute Hintergrundinformationen zu den Mumien und den Expeditionen. Die Texte auf den Tafeln bietet das Museum auch auf mehrsprachigen laminierten Blättern an. Jacke mitnehmen – Temperaturen, die Mumien angenehm sind, kommen dem Rest der Welt eher frostig vor. Neben einer Bibliothek gibt es noch eine gute Café-Bar mit Terrasse und WLAN.

PAJCHA – MUSEO DE ARTE ÉTNICO AMERICANO

Das aufschlussreiche private **Museum** (☎ 422-9417; www.museodearteetnico.com.ar; 20 de Febrero 838; Eintritt 10 Arg$; ❧ Mo–Sa 10–13 & 16–20 Uhr) ist ein Muss für alle, die sich für indigene Kunst und Kultur interessieren. Sechs hervorragend ausgestattete Räume präsentieren zeitgenössisches und neues Kunsthandwerk aus ganz Lateinamerika. Die Qualität der Stücke (u.a. phantastische Kreationen aus Arafedern, religiöse Skulpturen der Cuszco-Schule, Gerätschaften der *kallawaya*-Heiler und hochwertiger Mapuche-Silberschmuck) ist außergewöhnlich hoch und zeugt von der jahrzehntelangen Studien- und Sammlertätigkeit des Anthropologen, der das Museum gründete. Die Exponate werden von den englischsprachigen Museumsleuten mit viel Enthusiasmus verwaltet. Für 15 Arg$ bieten sie eine lohnenswerte Führung an.

MUSEO HISTÓRICO DEL NORTE

Im *cabildo* auf der Plaza befindet sich das **Museo Histórico del Norte** (☎ 421-5340; Caseros 549; Eintritt 3 Arg$, So frei; ❧ Di–Fr 9–18, Sa–So 9–13.30 Uhr) mit einer Sammlung, die von präkolumbischen Keramiken über religiöse Gemälde und Skulpturen aus der Kolonialzeit (sehenswert: die schöne Kanzel aus Saltas Jesuitenkirche) bis zu Exponaten zur Geschichte von Salta im 19. und 20. Jh. reicht. Die endlose Reihe der Porträts von Saltas Gouverneuren würde einem Bart-Museum alle Ehre machen! Zur Verkehrssammlung gehört auch ein düsterer Leichenwagen für Kinderbeerdigungen und ein großer Renault von 1911. Aber auch das Gebäude mit seinem gepflasterten Patio und dem Balkon über der Plaza ist wunderschön anzusehen.

MUSEO DE ARTE CONTEMPORÁNEO

Das **Museo de Arte Contemporáneo** (MAC; ☎ 437-0498; Zuviría 90; Eintritt 2 Arg$; ❧ Di–Sa 9–20, So 16–20 Uhr) zeigt die Werke zeitgenössischer Künstler aus Salta und anderen Teilen Argentiniens und der Welt. Die regelmäßig wechselnden Ausstellungen sind gut ausgeleuchtet, hervorragend kuratiert und meist von ausgezeichneter Qualität.

KATHEDRALE

Saltas rosafarbene Kathedrale (Ecke España & B. Mitre; ❧ 7–12, 16.30–20 Uhr) wurde 1878 geweiht und birgt die Asche von General Martín Miguel de Güemes, einem Helden des Unabhängigkeitskampfes und *salteño* (Bürger Saltas), und anderer ehrenwerter Bürger. Bis heute tragen die Gauchos in der Provinz Salta stolz ihre rot gestreiften, für Salta typischen *ponchos de güemes*. Sehenswert ist auch der hochbarocke Altar.

IGLESIA SAN FRANCISCO

Saltas beeindruckendstes Wahrzeichen ist die rot-gelb gestreifte **Iglesia San Francisco** (Ecke Caseros & Córdoba; ❧ 7.30–12, 17–21 Uhr) zwei Blocks östlich der Plaza. Über der üppig gestalteten Fassade erhebt sich ein schlanker Turm. Im Kirchenschiff soll die verschnörkelte Malerei Stuckarbeiten nachahmen. Viele Bildwerke in der Kirche werden hoch verehrt, darunter das Niño Jesús de Aracoeli, eine etwas unheimliche, bekrönte Figur. Es gibt einen wunderschönen Kreuzgang, der nur im Zuge einer Führung besichtigt werden kann (wird auf Nachfrage auf Spanisch durchgeführt, eine Spende wird erwartet), bei der auch ein mittelmäßiges Museum für sakrale Kunst und Schätze gezeigt wird.

CONVENTO DE SAN BERNARDO

Nur Karmeliterinnen dürfen das **Convento de San Bernardo** (Ecke Caseros & Santa Fe) aus dem 16. Jh. betreten, alle anderen können aber die Pforte des blendend weiß getünchten Adobegebäudes (Sonnenbrille mitnehmen!) bewundern, die im 18. Jh. aus Algorrobo-Holz geschnitzt wurde. Die Kirche ist an den Wochentagen in der Frühe sowie an Samstagabenden und Sonntagvormittagen geöffnet.

CERRO SAN BERNARDO

Die Fahrt mit der **Teleférico** (Seilbahn; ☎ 431-0641; einfach/hin & zurück 10/20 Arg$; ❧ 10–19 Uhr) vom Parque San Martín zur Spitze des Cerro San Bernardo garantiert einen phantastischen Blick auf Salta und Umgebung. Ein Wanderweg in die Hügel beginnt am Güemes-Denkmal oben am Paseo Güemes. Oben gibt es eine *confitería* (ein Café, das auch kleine Gerichte anbietet), deren Terrasse den besten Ausblick, einen Wasserlauf und Kunsthandwerksläden bietet.

Gleich oberhalb des Güemes-Denkmals, am Fuß des Cerro San Bernardo, liegt das nette **Mu-**

seo **Antropológico** (☎ 422-2960; www.antropologico.com.
ar; Ecke Ejército del Norte & Polo Sur; Eintritt 3 Arg$; ☺ Mo–Fr
9–19, Sa 10–18 Uhr). In attraktiven Räumen werden
schöne Beispiele regionaler Keramik, vor allem
aus den Ruinen von Tastil (Argentiniens größter
Stadt aus der Zeit vor den Inkas) gezeigt.

RESERVA DEL HUAICO

Dieser 60 ha große, geschützte Nebelwald
(☎ 0387-15-489-0118; www.reservadelhuaico.com.ar; Mariano
Moreno s/n, San Lorenzo; vierstündige geführte Tour 60 Arg$;
☺ 8–12 & 14–16 Uhr) liegt in San Lorenzo, 8 km
westlich von Salta, und wird von einer gemeinnützigen Naturstiftung geleitet. Einlass ist nur
nach Voranmeldung möglich, der Eintritt
schließt eine vierstündige, geführte Tour über
die 15 km langen Wanderwege des Naturschutz-
gebiets im Preis ein. Trotz der Nähe zu Salta
lassen sich hier ausgesprochen gut Vögel beobachten: Mehr als 205 Arten wurden erfasst, von
denen 100, darunter Guans, Tangaren, Papagei-
en, Kolibris und Spechte, recht häufig vorkommen. Ein Taxi von Salta zum Eingang kostet
20 Arg$. Wer mit dem Bus anreist, kann jeden
beliebigen Bus Richtung San Lorenzo nehmen
und am Stadthaus (*municipalidad*) aussteigen.
Von dort läuft man dann noch etwa 1 km entlang der Straße Mariano Moreno bis zum
Naturschutzgebiet.

Geführte Touren

Salta ist der Ausgangspunkt für eine Reihe inno-
vativer Touren, die von unterschiedlichen Veranstaltern angeboten werden. Städtefahrten
(60 Arg$) und Ausflüge in die Umgebung von
Salta bieten die Büros auf der Avenida Buenos
Aires (zwischen Caseros und Alvarado) an. Andere Touren führen nach Cafayate (120 Arg$),
Cachi (140 Arg$), San Antonio de los Cobres
(*Tren-a-las-Nubes*-Fahrten; 190 Arg$), Salinas
Grandes (290 Arg$) und Humahuaca
(150 Arg$). Verschiedene Veranstalter bieten
Ausritte, Rafting und Kajakfahren, Gleitschirmflüge, Abseiling, Klettern und Wandern an.

Einige Anbieter:

Clark Expediciones (☎ 497-1024; www.clarkexpediciones.
com) Professionelle Agentur, die Touren mit kompetenten,
englischsprachigen Führern in die Nationalparks und ins entlegene Hochland der Region anbietet. Im Programm sind auch
gute Vogelbeobachtungstrips – entweder halb- oder ganztägig
im Reserva Huaico (70/140 US$) oder zweitägig im Parque Na-
cional El Rey (US$ 340). Auch mehrtägige, auf die Kundenwün-
sche zugeschnittene Touren sind möglich. Früh buchen!

Norte Trekking (☎ 436-1844; www.nortetrekking.com;
Libertador 1151, Barrio Grand Bourg) Eines von vier Reisebüros,

die eine Genehmigung für Fahrten in den Nationalpark El Rey
haben. Das Unternehmen bietet verschiedene mehrtägige
Wanderungen an; einige der festen Termine finden sich auf der
Website.

Salta Rafting (☎ 421-4114; www.saltarafting.com; Buenos Aires 88) Veranstaltet 100 km von Salta entfernt zweistündige Wildwasser-Rafting-Trips auf dem Río Juramento (Grad III;
150 Arg$ inkl. Barbecue-Mittagessen; Transfer von/nach Salta
60 Arg$ extra). Am gleichen Ort gibt es spektakuläre, 400 m
lange Seilrutschen/Ziplines über einen Canyon (4/9 Seilrutschen
120/180 Arg$). Auch Mountainbiketouren werden angeboten.

Sayta (☎ 0387-15-683-6565; www.sayta.com.ar; Chicona)
Die *estancia* 40 km von Salta entfernt bietet ausgezeichnete
Ausritte an, wahlweise auch mit *asado* (Barbecue). So erhält
man einen kleinen Eindruck vom Leben der argentinischen
Gouchos. Ein halber Tag mit/ohne Mittagessen kostet 170/125
Arg$, eine Übernachtung mit Vollpension 230 Arg$ (mit Tages-
ausritt 345 Arg$). Die Anreise von Salsa ist im Preis inbegriffen.

Tastil (☎ 431-1223; www.turismotastil.com.ar; Caseros 468)
Einer der Anbieter mit unterschiedlichen Tages- und Mehrtagestouren. Für einige Fahrten kommt ein ausgefallener (und
teurer) offener Truck zum Einsatz (MoviTruck), ansonsten werden preiswertere Minibusse eingesetzt.

Turismo la Posada (☎ 421-6544; www.turismolaposada.
com.ar; Buenos Aires 94) Dieses mehrsprachige Unternehmen
hat eine gute Auswahl an Touren und bietet Ausritte, Wanderungen und Rafting an.

Kurse

Salta bietet sich für einen Spanischkurs an. **Bien
Argentino** (☎ 0387-15-475-8679; www.bien-argentino.com.
ar; Pje Zorrilla 239) ist einer der Anbieter in der Stadt.

Schlafen

BUDGETUNTERKÜNFTE

Camping Municipal Carlos Xamena (☎ 423-1341; Av
Libano; Stellplatz pro Pers./Zelt 3,20/4,80 Arg$; ☛) Einer der
besten Campingplätze Argentiniens mit
500 Stellplätzen und einem riesigen Pool, für
dessen Befüllen die Angestellten eine Woche
brauchen! Im Sommer ist es wie üblich laut.
Buslinie 3B fährt vom Ituzaingó zwischen San
Martín und Mendoza ab. In der Nähe des Campingplatzes gibt es einen Supermarkt.

Inti Huasi (☎ 431-0167; www.intihuasihostel.com.ar;
Abraham Cornejo 120; B/DZ 30/90 Arg$; ⌨ ☎) Einen kur-
zen Spaziergang vom Busbahnhof entfernt liegt
dieses Hostel mit einer sehr ansprechenden Atmosphäre. Die Küche und die Wiese im Innenhof sind gute Orte, viele Leute kennenzulernen.
Die Schlafsäle sind geräumig und gemütlich.

Correcaminos (☎ 422-0731; www.saltahostel.com; Vicente López 353; B/DZ ohne Bad 33/90 Arg$; ⌨ ☎) Das
„Roadrunner" ist ein preiswertes und freundliches Hostel mit einer gut besuchten Bar und

Billardtisch. Die Schlafsäle sind großzügig geschnitten, aber im Sommer etwas stickig, doch die Lage und die entspannte Stimmung gleichen das aus. Unter derselben Leitung gibt es direkt gegenüber noch ein weiteres Hostel mit einer moderneren Küche und weniger Betten in den Sälen, dafür fehlt der Innenhof.

Residencial Balcarce (☎ 431-8135; www.residencial balcarce.com.ar; Balcarce 460; EZ/DZ ohne Bad 35/60 Arg$, mit Bad 60/100 Arg$) Gleich südlich der Plaza Güemes versteckt sich hinter einem kleinen Eingang ein großes Haus, das sein Geld wert ist. Eigentlich ist es ein gewöhnliches *residencial* – mit schmucklosen Zimmern und ordentlichen Bädern, aber der freundliche Service, der mit Wein bewachsene schattige Innenhof und die Sauberkeit machen es zu einer guten Adresse.

Hostel Terra Oculta (☎ 421-8769; www.terraoculta.com; Córdoba 361; B/DZ 35/80 Arg$; 🖳 🛜) Praktisch zwischen Busbahnhof und Stadtmitte gelegen, ist dieses entspannte, labyrinthartige Haus ein etwas besseres Hostel. Die hellen, bequemen Schlafsäle liegen vernünftigerweise weit weg von der hervorragenden Dachbar, wo es nachts laut zugehen und spät werden kann.

Hostel Salta por Siempre (☎ 423-3230; www.saltapor siempre.com.ar; Tucumán 464; B/DZ 40/120 Arg$; 🖳 🛜) Der acht Blocks lange Weg von der Plaza zu diesem überaus freundlichen Hostel lohnt sich. Das ruhige, schöne Haus hat blitzsaubere, farbenfrohe Zimmer einschließlich Bad, Schlafsäle mit Betten oder Stockbetten, eine zweckmäßige Küche und schöne Gemeinschaftsräume. Das Frühstück ist im Preis inbegriffen.

Backpacker's Home (☎ 423-5910; www.backpackers salta.com; Buenos Aires 930; B/DZ 52/170 Arg$; 🖳 🛜 📺) Die Souvenirläden werden entlang des 1 km langen Wegs vom Zentrum hierher allmählich von Autowerkstätten abgelöst. Aber das Hostel lockt mit einer Bar und einem Pool – die Kontaktaufnahme zu den anderen Gästen fällt hier leicht. Frühstück und Abendessen sind im Preis inbegriffen, und HI-Karte gibt es einen Rabatt.

Residencial Elena (☎ 421-1529; Buenos Aires 256; EZ/DZ 80/130 Arg$; 🛜) Das neokoloniale Haus mit seinem charmanten Innenhof liegt etwas südlich der Plaza und hat eine erstklassige Lage. Trotz der viel befahrenen Straße ist es erstaunlich ruhig und von seinen spanischen Eigentümern hervorragend gepflegt.

Hostal El Alcázar (☎ 422-3800; www.hostalelalcazar.com; Balcarce 81; EZ/DZ 90/125 Arg$; 🖳 🛜) Verlässlich und zentral gelegen, bietet es saubere Zimmer mit Bad, bietet aber auch eine gut eingerichtete Küche. Die Atmosphäre ist locker, alle Gäste werden freundlich willkommen geheißen. Für Salta bietet das Alcázar ein wirklich gutes Preis-Leistungs-Verhältnis.

Munay Hotel (☎ 422-4936; www.munayhotel.jujuy.com; Av San Martín 656; EZ/DZ 100/135 Arg$; 🛜) Mit allem, was man sich von einem preiswerten Hotel nur wünschen kann: gute Lage, Angestellte, die sich auf ihre Gäste freuen, sowie gut eingerichtete, saubere Zimmer, Duschvorhänge und Frühstück. Hier sollte man vorbuchen.

MITTELKLASSEHOTELS

Provincial Plaza (☎ 432-2000; www.provincialplaza.com.ar; Caseros 786; EZ/DZ/2BZ 160/185/250 Arg$; 🈳 🖳 🛜 📺) Die Zimmer des 4-Sterne-Hauses sind eher praktisch als spektakulär, aber angesichts der Qualität ist der verlangte Preis fair. Zwei-Bett-Zimmer sind teurer als Doppelzimmer, dafür aber auch viel geräumiger. Superior und Executive-Zimmer befinden sich in den oberen Etagen und bieten tolle Ausblicke. Der Pool befindet sich auf dem Dach.

Aldaba Hotel (☎ 421-9455; www.aldabahotel.com; B. Mitre 910; EZ/DZ 170/260 Arg$; 🈳 🖳 🛜) Einen Block von der Geschäftigkeit der Calle Balcarce entfernt, ist dieses Sechs-Zimmer-Haus dennoch angenehm ruhig. Das Haus von persönlicher Note präsentiert sich mit zurückhaltender, moderner Eleganz, die Betten sind außerordentlich bequem, und der Service ist freundlich. Die Zimmer unterscheiden sich bei gleichem Preis allerdings sehr in der Größe. Im Erdgeschoss sind ein paar neue geplant.

LP Tipp **Bloomers B&B** (☎ 422-7449; www.bloomers-salta.com.ar; Vicente Lopez 129; EZ 200 Arg$, DZ 240–270 Arg$; 🈳 🖳 🛜) Um eines der fünf Zimmer in dieser stilvollen, doch lockeren und bequemen Pension zu bekommen, kann man schon mal ein paar oder alle zehn Gebote brechen. Hier steht das zweite B im Namen für den hervorragenden Brunch, den es bis mittags gibt. Die farblich abgestimmten Zimmer sind alle unterschiedlich gestaltet und bezaubernd. Die angenehme Gesellschaft und die entspannte Umgebung vermitteln das Gefühl, bei Freunden zu Gast zu sein – aber wer hat schon Freunde mit so einem schönen Haus?

Hotel Candela (☎ 422-4473; www.hotellacandela.com. ar; Pueyrredón 346; DZ 215–330 Arg$; 🈳 🖳 🛜 📺) Angelegt wie ein Landhaus mit einem L-förmigen Pool und einem Garten mit Wiese, verfügt das zentral gelegene Haus über ausgezeichnete Mitarbeiter, eine gute Ausstattung und gemütliche Zimmer, darunter ein Duplex-Apartment nach hinten hinaus. Die Zimmerpreise hängen vor

DER ANDINE NORDWESTEN

allem von der Raumgröße ab. Die Einrichtung ist von leichter Eleganz, an den Wänden finden sich unterschiedlichste Kunstwerke.

Hotel del Antiguo Convento (☎ 422-7267; www. hoteldelconvento.com.ar; Caseros 113; Zi. 230 Arg$; ✷ ▯ ◉ ▣) Hier ist nichts *antiguo* (alt) oder gar klösterlich: Die Zimmer sind modern und sonnig und hinter dem Haus gibt es einen tollen kleinen Pool. Das Duplex-Apartment bietet Platz für vier Gäste und kostet 340 Arg$.

Ebenfalls empfehlenswert:

Bonarda Boutique Hotel (☎ 421-5786; www.hotel bonarda.com; Urquiza 427; EZ/DZ 170/225 Arg$; ✷ ✷ ◉) Einige Teile dieses nicht ganz überzeugenden „Boutiquehotels" sind ansprechend, andere wirken billig gemacht. Die Zimmer orientieren sich zu einem großzügigen Innenhof, manche sind luftiger als andere.

Marilian Hotel (☎ 421-6700; www.hotelmarilian.com.ar; Buenos Aires 176; EZ/DZ 200/250 Arg$; ✷ ▯ ◉) Mitten zwischen den Reisebüros bietet dieses Hotel helle, weiß gefliese Zimmer mit an der Wand hängenden Kopfstützen und kleinen, aber neuen Bädern.

SPITZENKLASSEHOTELS

Carpe Diem (☎ 421-8736; www.carpediemsalta.com.ar; Urquiza 329; EZ/DZ 240/300 Arg$; ▯) Das B&B ist ein richtiges Zuhause für unterwegs mit vielen kleinen Aufmerksamkeiten wie selbst gebackenem Brot zum Frühstück, einladenden Ecken zum Lesen und Computern mit Internetanschluss in den attraktiven Zimmern. Die Einzelzimmer mit Gemeinschaftsbad im Garten sind klein, aber für 120 Arg$ ein Schnäppchen.

Hotel Salta (☎ 426-7500; www.hotelsalta.com; Buenos Aires 1; EZ/DZ Standard 248/350 Arg$, EZ/DZ Superior 339/430 Arg$; ✷ ▯ ◉ ▣) Für die phantastische Lage dieses stattlichen, traditionellen Hotels an der bildhübschen Ecke der zentralen Plaza bezahlt man hier etwas mehr. Ausstattung und Service sind gut, aber die Zimmer enttäuschen ein bisschen. Am besten sind diejenigen mit Blick auf die Kathedrale und den Cerro San Bernardo. Die Superior-Zimmer sind größer als die Standardzimmer und haben Badewannen.

Alejandro I (☎ 400-0000; www.alejandro1hotel.com.ar; Balcarce 252; Zi. Standard/Superior/Executive 415/478/550 Arg$; ✷ ▯ ◉ ▣) Astronauten, Kosmonauten und Fans von Google Earth wissen wahrscheinlich, ob man Saltas teuerstes Hotel aus dem All sehen kann – in der Stadt sieht man es notgedrungen von überall. Die Zimmer sind schmucklos und modern und werden mit jedem Stockwerk teurer und größer. Das Restaurant nennen wir auf eine Leserempfehlung hin, die Angestellten arbeiten schnell und effizient.

Design Suites (☎ 01-15-199-7465; www.designsuites. com; Belgrano 770; Zi./Suite 648/733 Arg$; ✷ ▯ ◉ ▣) Ob dieser Look aus Sichtbeton und städtisch-schickem Design in eine Kolonialstadt wie Salta passt, mag dahingestellt sein, aber dies ist auf jeden Fall ein attraktives Haus. Die fabelhaften, ruhigen Zimmer haben raumhohe Fenster; Pool und Whirlpool auf dem Dach bieten einen denkwürdigen Blick über das nächtliche Salta. Der Service bemüht sich.

Essen

Ob es die besten Empanadas Argentiniens in Salta oder Tucumán gibt, lässt sich nicht genau sagen, aber in beiden Städten sind sie sündhaft gut. Die Einwohner sind entweder Anhänger der gebratenen (aus der Pfanne und damit saftiger) oder der gebackenen Variante (aus dem Tonofen und dafür herzhafter). Viele Lokale haben sich auf sie spezialisiert, auch die *peñas*. Die Taxifahrer favorisieren den **Patio de la Empanada** (Ecke San Martín & Islas Malvinas; ◷ 10–24 Uhr), wo sich mehrere Verkaufsstände um einen innen und einen zweiten im Freien gelegenen Essbereich gruppieren. Ein Dutzend Empanadas kostet 15 Arg$.

Mercado Central (Ecke Florida & Av San Martín) Dieser große lebhafte Markt ist sehr interessant und zugleich einer der preisgünstigsten Orte der Stadt, um essen zu gehen. Frisches Obst und Gemüse ergänzen das Angebot von preiswerten Pizzas, Empanadas und *humitas* (gefüllte, süße Maisteigtaschen).

Bio's Diet (☎ 421-5771; Santiago del Estero 496; Gerichte 8–16 Arg$; ◷ Mo–Sa Mittag- & Abendessen) Das kleine Restaurant mit vor allem vegetarischer Küche ist eigentlich ein Take-away. Neben dem Straßenverkauf hat es aber auch einige einfache Holztische für einen schnellen Imbiss. Die Tagesgerichte sind in der Glastheke ausgestellt.

New Time Café (☎ 431-6461; Caseros 602; Snacks 8–19 Arg$; ◷ 8 Uhr bis spätnachts) Im Wettrennen um den Rang als bestes Plaza-Cafés liegt dieses zweigeschossige Eckcafé von Längen vorn. Es bietet (nachmittags) schattige Tische, tolle Ausblicke auf den *cabildo*, den Cerro San Bernardo sowie die Kathedrale und hat WLAN. Kaffee und Essen gibt es auch, wenn auch nicht billig. An manchen Abenden wird Livemusik gespielt.

Jovi II (☎ 432-9438; Balcarce 601; Hauptgerichte 15–30 Arg$; ◷ Mittag- & Abendessen) Die lange Terrasse oberhalb der Palmen der Plaza Güemes ist nur ein Grund, dieses beliebte Restaurant zu mögen. Es hat eine Riesenauswahl an guten, schnörkellosen Gerichten in großzügig bemessenen Portionen. Mehrere Kaninchengerichte, leckerer Fisch und ein hervorragendes Tagesgericht werden von einem exzellent geschulten Personal serviert.

La Céfira (☎ 421-4922; Córdoba 481; Pasta 16–29 Arg$; ☪ Fr–So Mittagessen, Di–Sa Abendessen) Der hübsch eingerichtete Speiseraum ein paar Blocks südlich des Zentrums lässt die sattsam bekannte Gnocchi-mit-vier-Käsesorten-Läden weit hinter sich. Unter den köstlichen selbst gemachten Pastagerichten finden sich einige Verlockungen wie schwarze Ravioli mit Krabben oder Spinatfettuccine mit Lachs und Kapernsoße. Leckere Salate runden das Angebot ab.

Entre Indyas (☎ 474-3879; Buenos Aires 44; Gerichte 18–25 Arg$; ☪ 10–15 & 18–23 Uhr) Das heimelige kleine Lokal lässt mit seiner guten vegetarischen Küche, die indianische und peruanische Traditionen verbindet, vergessen, dass es in einer Einkaufsmeile liegt. Es gibt keine Speisekarte, sondern jeden Tag nur drei oder vier Gerichte, z. B. Shitake-Ceviche, pfannengerührte Gemüse-Chapatis oder Salate mit Quinoa und Mais.

El Solar del Convento (☎ 421-5124; Caseros 444; Hauptgerichte 18–40 Arg$; ☪ Mittag- & Abendessen) Das touristische, verlässliche Lokal ist gemütlich eingerichtet und beliebt. Der Gratis-Aperitif ist ein weiterer Pluspunkt neben dem freundlichen Service und der vielseitigen Karte. Die Spezialitäten sind *lomo* (Rinderlende) mit schmackhaften Soßen und *parrillada* (Grillgerichte wie Steak). Die Weinkarte biete eine ganze Reihe (überteuerter) Weine aus der Provinz Salta.

Viejo Jack (☎ 422-3911; Av Virrey Toledo 145; Hauptgerichte für 2 22–36 Arg$; ☪ Mittag- & Abendessen) Weit genug vom Touristenrummel entfernt, um authentisch zu sein, aber immer noch gut zu erreichen: Dieses bodenständige Lokal wird wegen seiner *parrillada* und Pasta gerne von den Einheimischen besucht. Die Portionen sind riesig und für zwei gedacht, aber es gibt auch Einzelportionen.

La Leñita (☎ 421-4865; Ecke Balcarce & A Alsina; Hauptgerichte 28–42 Arg$; ☪ Mittag- & Abendessen) Die beliebte *parrilla* ist ein Volltreffer für Fleischesser und befindet sich in einer Straße voller unterschiedlich guter Restaurants. Es gibt gutes *carne* (Fleisch) in großer Auswahl und einen aufmerksamen Service, dem es egal ist, ob man in Anzug oder T-Shirt kommt. Die vielseitigen Angestellten singen den Gästen beim Essen Volkslieder aus Salta vor.

José Balcarce (☎ 421-1628; www.cocinadealtura.com.ar; Ecke Mitre & Necochea; Hauptgerichte 30–50 Arg$; ☪ Mo–Sa Abendessen) Freigelegtes Mauerwerk, ansprechende Musik und ein aufmerksamer Service bilden den Hintergrund für einen angenehmen kulinarischen Abend. Auf die Vorspeisen (z. B. Lama-

Carpaccio) könnte ein Wolfsbarsch mit Passionsfrucht und Ingwer folgen oder Hochlandgerichte mit Lamm oder Forelle. Zählt zu den besten Restaurants der Stadt.

Café del Tiempo (☎ 432-0771; Balcarce 901; Gerichte 33–45 Arg$; ☪ 19 Uhr bis spätnachts) Hat den Anspruch, einem Café in Buenos Aires zu ähneln und verlangt entsprechende Preise. Aber die elegante Terrasse im Herzen des Balcarce-Viertels macht es zu einem tollen Ort für einen Drink. Jeden Abend gibt es hier eine Veranstaltung, oft auch Livemusik. Die meisten Gerichte, zu denen auch internationale Klassiker wie Chopsuey, Sushi und Ceviche zählen, sind für mehrere Personen gedacht. Auch die *picadas* (Vorspeisenplatten) sind eine nette Idee für Gruppen.

Ausgehen

Der Kasten (S. 296) informiert über *peñas* – Saltas klassische Ausgehziele. Die beiden Blocks am Balcarce nördlich des Alsina bilden zusammen mit den umliegenden Straßenzügen das Zentrum des Ausgehviertels. Die Bars und Clubs folgen dem typischen Muster der Hochkonjunktur, sie schießen wie Pilze aus dem Boden und schließen genau so schnell wieder, um später unter neuem Namen erneut zu öffnen. Da bleibt nichts, als aus dem Bauch heraus und der Nase nach seine Entscheidung zu treffen.

Macondo (☎ 431-7191; Balcarce 980; ☪ 20 Uhr bis spät nachts) Nach der vielen Folklore in dieser Straße ist die Mischung aus Indie-Musik der 1990er- und 2000er-Jahre in dieser angesagten Bar für manchen eine echte Erleichterung. Beliebt bei Einheimischen und Touristen, geht es hier bis spät in die Nacht hoch her.

Plaza de Almas (☎ 422-8933; Pueyrredón 6; ☪ Mo–Sa 9 Uhr bis spät nachts) Die Mischung aus Kunsthandwerksläden, Bar, Lounge, Café und Restaurant kommt aus Tucumán und hat sich nahtlos in Salta eingefügt. Der stimmungsvollste Laden eignet sich bestens für einen Drink in der Nähe der Plaza.

Casa de Cultura (☎ 421-6042; Caseros 460) Das Kulturzentrum unweit der Plaza bietet regelmäßig Live-Events: Mal begeistert ein Zauberer, im Stil eines Houdini, mal steht klassisches Ballett auf dem Programm.

Cine Ópera (☎ 421-3520; Urquiza 560; Eintritt 10 Arg$) Das am zentralsten gelegene Kino der Stadt zeigt Hollywoodproduktionen, aber auch Programmkino in Originalsprache.

Teatro Provincial (☎ 422-4515; Zuviria 70) Tolles neues Theater in einem Gebäude aus den 1940er-Jahren an der Plaza.

PEÑAS IN SALTA

In ganz Argentinien ist Salta für seine *folklore* berühmt, eine Musik, die die ganze Nation mitreißt, beliebter noch als Tango. Eine *peña* ist eine Bar oder ein Club, wo die Leute essen, trinken und sich treffen, um Folklore zu spielen oder zuzuhören. Das Musizieren hat dabei traditionellerweise häufig den Charakter einer Jamsession.

Heutzutage ist der Besuch einer Peña in Salta eher eine touristische Angelegenheit, die durch Auftritte strikt nach Zeitplan, CD-Verkauf, Gruppenreisende und hohe Preise geprägt ist. Es ist schwierig, einen Ort zu finden, an dem es noch authentisch zugeht. Tatsächlich gibt es noch einige Peñas (Interessierte sollten sich durchfragen), wo sich die Musiker in der Freizeit treffen und spontan zu ihren Instrumenten greifen.

Trotzdem hält auch die Durchschnitts-Peña eine Menge Spaß bereit. Die traditionelle Verkostung besteht aus Empanadas und Rotwein. Viele Peñas bieten heute darüberhinaus zahlreiche weitere Speisen, auch *parrillada* (gemischte Grillplatte mit Steak) und Gerichte aus der „andinen Küche" mit Lamafleisch und Quinoa an.

Die meisten Peñas befinden sich zwischen der Alsina und dem Bahnhof an der Calle Balcarce, wo sich generell das Nachtleben von Salta abspielt. Sie sind zwischen den Restaurants, Bars und *boliches* (Nachtclubs) zu finden. Normalerweise geht es um 21.30 Uhr los, und es kann sehr spät werden, insbesondere am Wochenende.

Ein paar Peñas für den Anfang:

La Vieja Estación (☎ 421-7727; www.viejaestacion-salta.com.ar; Balcarce 885; Show 12–15 Arg$; Hauptgerichte 18–45Arg$; ✆ Di–So 20–3 Uhr) Unter den Peñas an der Balcarce die am besten eingeführte – mit einer Bühne, gemütlichen Holztischen und drei Live-Auftritten pro Abend. Leckere Empanadas, *locro* (ein Eintopf aus Mais, Bohnen, Rind- und Schweinefleisch und Würsten) und viele weitere Gerichte zur Auswahl.

La Casona del Molino (☎ 434-2835; Luis Burela 1; Hauptgerichte 18–35 Arg$; ✆ Di–So Mittagessen & 21–5 Uhr) Etwa 20 Straßen westlich der Plaza 9 de Julio steht diese alte Villa – ein Klassiker in Salta. Hier geht es am Wochenende bis spät nachts hoch her. In den verschiedenen großen Räumen treten Musiker auf – sie musizieren nicht auf der Bühne, sondern zwischen den Tischen.

Peña Boliche Balderrama (☎ 421-1542; www.boliche-balderrama.com.ar; Av San Martín 1126; Show 20 Arg$; ✆ 21–1.30 Uhr) Die Peña mit günstigem Essen (allerdings nichts Besonderes) ist die touristischste in Salta. Man kann viel Spaß haben, aber der Charme des Authentischen fehlt.

La Casa de Güemes (☎ 422-8978; España 730, Hauptgerichte 13–28 Arg$; ✆ Mittag- & Abendessen) In diesem alten Haus in zentraler Lage wohnte einst Güemes, ein aus Salta stammender Kämpfer für die Unabhängigkeit, der in der Gaucho- und Folklore-Kultur der Gegend noch heute präsent ist. Das Essen ist anständig und preislich in Ordnung, dazu kommt gute Musik von einheimischen Musikern.

Shoppen

Ein Kunsthandwerksmarkt erstreckt sich jeden Sonntag vom Busbahnhof aus ein paar Blocks die Balcarce entlang.

Mercado Artesanal (☎ 439-2808; Av San Martín 2555; ✆ 8–20.30 Uhr) Auf diesem von der Provinz geförderten Markt gibt es die besten Souvenirs, z. B. Handwerk aus heimischer Produktion wie Hängematten, Einkaufsnetze, Keramik, Körbe, Lederwaren und die für die Region typischen Ponchos. Die Buslinien 2, 3 und 7 fahren vom Stadtzentrum zum Markt.

An- & Weiterreise

AUTO

Viele Reisende mieten in Salta für ein paar Tage ein Auto, um die umliegende Berglandschaft und die Täler zu erkunden. Es gibt mehrere Autovermietungen. Die Konkurrenz ist groß, deswegen lohnt es sich, mehrere Preise einzuholen, weil es immer wieder mal Sonderangebote gibt. Die meisten Vermieter bringen die Autos zum Kunden an den Flughafen oder in die Stadt. Normalerweise kostet ein Wagen 170–220 Arg$ pro Tag (bei einer Wochenmiete); für ein Allradfahrzeug wird das Dreifache verlangt.

Die Strecken zwischen San Antonio de los Cobres und La Poma (auf dem Weg nach Cachi) und nördlich von Salinas Grandes in Richtung Abra Pampa sind nur für Allradfahrzeuge geeignet, die Piste zwischen San Antonio und Salinas Grandes lässt sich gewöhnlich mit einem normalen Auto befahren. Wichtig ist immer, sich vor der Abfahrt in der Touristeninformation der Provinz nach dem aktuellen Straßenzustand zu erkundigen.

Im Mietwagen darf man zwar nicht nach Bolivien, jedoch nach Chile reisen. Das muss der Autovermietung jedoch ein paar Tage zuvor mitgeteilt werden, damit die Mitarbeiter die entsprechenden Papiere vorbereiten können (ca. 300 Arg$ extra).

Einige Autovermietungen:

AndarSalta (☎ 431-0720; www.andarsalta.com.ar; Buenos Aires 88) Vernünftige Preise, Preisnachlass für Barzahler.

Asís (☎ 431-1704; www.asisrentacar.com.ar; Buenos Aires 68) Bodenständig mit fairen Preisen.

Europcar (☎ 421-8848; Córdoba 20; www.europcar.com.ar) Gute Wochenangebote.

Noa (☎ 431-7080; www.noarentacar.com; Buenos Aires 1) Im Hotel Salta.

BUS

Von Saltas **Busbahnhof** (☎ 401-1248; Av Hipólito Yrigoyen) südöstlich der Innenstadt fahren Busse in alle Landesteile. Der Informationsschalter liegt mitten in der Halle.

Zwei Busunternehmen – Andesmar und Pullman – fahren montags, mittwochs und freitags etwa um 7 Uhr nach San Pedro de Atacama in Chile. Geminis, ein weniger gutes Unternehmen, befährt die Strecke dienstags, donnerstags und sonntags. Die Fahrt geht über Jujuy und den Paso de Jama, dauert 10–11 Stunden und kostet 180 Arg$. Es lohnt sich, ein paar Tage zuvor zu reservieren. Die Busse fahren weiter nach Calama, Antofagasta, Iquique und Arica.

Ale Hermanos (☎ 427-1127) fährt täglich nach San Antonio de los Cobres (25 Arg$, 5½ Std.), während **Marcos Rueda** (☎ 421-4447) Cachi ansteuert (37 Arg$, 4½ Std.), Abfahrt ist täglich um 7 Uhr, weitere Fahrten finden Dienstag und Samstag um 13.30 Uhr, Donnerstag und 15.30 Uhr und Sonntag um 17 Uhr statt.

Preisbeispiele zu anderen Zielen:

Reiseziel	Fahrpreis (Arg$)	Fahrzeit (Std.)
Buenos Aires	210	22
Cafayate	35	4
Catamarca	91	8
Córdoba	160	14
Jujuy	23	2
La Quiaca	50	8
La Rioja	117	10
Mendoza	230	18
Puerto Iguazú	235	21
Resistencia	126	10
Río Gallegos	530	48
Salvador Mazza	72	6
San Juan	201	16
Santiago (Chile)	305	25
Santiago del Estero	68	6
Tucumán	55	4½

FLUGZEUG

Saltas **Flughafen** (SLA; ☎ 424-3115) liegt 9,5 km südwestlich der Stadt an der RP 51. **Andes** (☎ 437-3514; www.andesonline.com; España 478) fliegt 6-mal pro Woche nach Buenos Aires (660 Arg$) sowie nach Córdoba (402 Arg$), Puerto Iguazú (602 Arg$) und Jujuy (68 Arg$). In Buenos Aires gibt es Anschlussflüge nach Puerto Madryn. **Aerolíneas Argentinas** (☎ 431-1331; Caseros 475) fliegt dreimal täglich den Aeroparque Jorge Newbery in Buenos Aires an (813 Arg$); **LAN** (☎ 421-7330; www.lan.com; Buenos Aires 88) zweimal pro Tag auf derselben Route.

Aerosur (☎ 432-0149; www.aerosur.com; Buenos Aires 88) fliegt dreimal pro Woche nach Santa Cruz in Bolivien (537 Arg$).

Die Flüge sind sehr gefragt, entsprechend früh sollte man buchen.

ZUG

Salta wird außer vom *Tren a las Nubes* (siehe unten) von keinem Zug mehr angefahren.

Unterwegs vor Ort

Buslinie 6 von San Martín unweit der Buenos Aires fährt zum Flughafen (1,25 Arg$), sonst heißt es Taxifahren (*remise*) für 17 Arg$. Man kann sich auch von Shuttlebussen im Hotel abholen lassen (15 Arg$).

Die Buslinie 5 (1,25 Arg$) verbindet den Bahnhof mit dem Busbahnhof im Zentrum.

TREN A LAS NUBES

Argentiniens berühmtester Zug fährt nach einem unsicheren Start ins neue Jahrhundert nun wieder regelmäßig. Von Salta aus verlässt der „Zug in die Wolken" das Lerma-Tal und klettert in die vielfarbige Quebrada del Toro hinauf, dann fährt er weiter an den Ruinen von Tastil und San Antonio de los Cobres vorbei, bis der Höhepunkt der Reise erreicht ist: ein atemberaubendes, 64 m hohes und 224 m langes Viadukt. Es überspannt in 4220 m Höhe einen großen Wüstencanyon bei **La Polvorilla** und ist eine phantastische technische Ingenieursleistung, für die es allerdings keinen nachvollziehbaren wirtschaftlichen Grund gibt. Obwohl es auf den ersten Blick wenig spektakulär wirkt, ist doch jeder überwältigt, wenn der Zug näher heranfährt. Derzeit endet hier die Fahrt, die Schienen führen aber noch weiter zum hoch gelegenen Paso de Socompa an der chilenischen Grenze – 571 km westlich von Salta.

Die Reise ist sehr touristisch mit Folklorevorführungen, Karaoke und mehrsprachigen Kom-

DER ANDINE NORDWESTEN

mentaren. Und es ist ein langer Tag im Zug: Die Abfahrt in Salta ist um 7 Uhr, erst gegen 23 Uhr ist man wieder in der Stadt. Manche Passagiere steigen in San Antonio aus, übernachten dort und kommen auf anderem Weg wieder zurück. Der Zug fährt nur samstags, die Hin- und Rückfahrt kosten 120 US$, Frühstück und Snacks sind im Preis inbegriffen, für das Mittag- und Abendessen muss separat gezahlt werden. Wer nicht im Speisewagen essen will, kann sich ein Picknick mitnehmen.

Am Bahnhof Salta gibt es ein **Büro** (☎ 422-3033; www.trenalasnubes.com.ar; ☽ Mo–Fr 8–22, Sa ab 6 Uhr), das die Tickets verkauft, viele Reisebüros an der Calle Buenos Aires verkaufen ebenfalls Fahrkarten für den Zug.

Viele Veranstalter in Salta (s. S. 292) organisieren Touren über die parallel zu den Schienen verlaufende Straße, die ebenfalls einen spektakulären Weg nach oben nimmt. Die Touren schließen den Besuch des Viadukts ein und kosten um 190 Arg$.

SAN ANTONIO DE LOS COBRES
☎ 0387 / 4274 Ew. / 3775 m

Die staubige Bergarbeiterstadt liegt 168 km westlich von Salta in der Puna – und 2600 m höher. Der Ort hat stark unter dem Niedergang des Bergbaus gelitten und lebt heute dank des *Tren a las Nubes* vor allem vom Tourismus.

San Antonio de los Cobres ist eine typische Hochlandstadt mit den charakteristischen Lehmhäusern, verlassenen Straßen und einem merklichen Temperaturabfall, sobald die Sonne untergegangen ist. Nicht gerade für sein tobendes Nachtleben oder Street-Art bekannt, ist es jedoch genau das Richtige, um die verschiedenen Facetten des argentinischen und südamerikanischen Lebens kennenzulernen. Von hier aus geht die Straße nach Norden über Salinas Grandes und Purmamarca zur Quebrada de Humahuaca und zumindest während bestimmter Zeiten des Jahres auch noch ins südliche Cachi (s. S. 300).

In der Kolonialzeit wurden alle Waren aus dem Nordwesten Argentiniens auf Lasttieren transportiert. Eine dieser Transportrouten führte durch die Stadt San Antonio, querte dann die schroffen Höhen der Puna de Atacama zum Pazifik und verlief weiter nach Lima. Für die beschwerliche, 800 km lange Reise brauchten die Karawanen 20 Tage.

Nahe der Brücke im Stadtzentrum findet man eine Touristeninformation, ein weiterer kleiner Kiosk liegt am östlichen Ortseingang. Theoretisch sollten beide Informationen von 8 bis

20 Uhr geöffnet haben, felsenfest verlassen sollte man sich darauf aber nicht.

Sehenswertes
In der Stadt gibt es – einmal abgesehen von den spektakulären Sonnenuntergängen – nicht viel zu sehen. 16 km weiter westlich befindet sich das Viadukt bei La Polvorilla, der derzeitigen Endstation des *Tren a las Nubes*. Vom Parkplatz mit einigen Kunsthandwerksläden führt ein im Zickzack verlaufender Pfad hinauf zum Viadukt, das man überqueren kann. Die Fahrt hin & zurück mit *remises* kostet ab San Antonio de los Cobres derzeit etwa 30 Arg$.

Schlafen & Essen
Hostal del Cielo (☎ 490-9912; www.vivirenloscobres.org.ar; Belgrano s/n; B 35 Arg$) Das einfache, aber nette Hostel befindet sich am Ortsrand in Richtung Viadukt. Die Busse aus Salta halten auf Anfrage hier, bis zum Zentrum läuft man 1 km. Es gibt zwei tadellos gepflegte, gemütliche Schlafsäle, auch die Bäder werden sehr sauber gehalten. Für HI-Mitglieder ist das Frühstück im Preis inbegriffen. Nebenan befindet sich ein kleines volkskundliches Museum.

El Palenque (☎ 490-9019; hostalelpalenque@hotmail. com; Belgrano s/n; DZ ohne Bad 60 Arg$, 3BZ/4BZ mit Bad 90/120 Arg$) Das einladende, saubere Haus, ein paar Blocks vom Zentrum an der Kirche vorbei gelegen, ist eine gute Wahl. Von außen wirkt das familiengeführte Hostel geschlossen, der erste Eindruck täuscht aber. Die Zimmer sind gut isoliert und (relativ) warm, auch warmes Wasser ist vorhanden.

Hostería de las Nubes (☎ 490-9059; www.maresur.com; Caseros 441; EZ/DZ 160/200 Arg$) Das beste Haus am Platz zum Wohnen und Essen! Die Zimmer sind schlicht und bequem eingerichtet und haben Extras wie doppelt verglaste Fenster und eine Heizung. Die Zimmer unbedingt vorbuchen! Das Restaurant (Hauptgerichte 15–25 Arg$; 12–14 & 19–21.30 Uhr) hat eine kleine Karte mit gut zubereiteten und sehr sättigenden regionalen Gerichten.

Entlang der Belgrano liegen einfache Restaurants, in denen es gute Empanadas, *milanesas* (panierte Koteletts) und lokale Gerichte gibt.

An- & Weiterreise
Täglich kommen Ale-Hermanos-Busse aus Salta (25 Arg$, 5½ Std.) in der Stadt an; siehe auch *Tren a las Nubes* (S. 297). Über den Paso de Sico nach Chile gibt es zurzeit nur sehr wenige Verbindungen. Wer trampen möchte, sollte sich in

der Stadt erkunden, ob zufällig Lkws die Strecke befahren. Von San Antonio aus verläuft eine gute Piste 97 km nach Norden und führt an Salinas Grandes vorbei zur asphaltierten RP 52.

SALINAS GRANDES

Wer diese abgelegene Salzwüste in der Puna auf 3350 m besucht, sollte auf keinen Fall seine Sonnenbrille vergessen! Die 525 km² große Salzfläche, ein ehemaliger See, der bereits im Holozän vor rund 20 000 Jahren austrocknete, ist bis zu 50 cm dick. An einem klaren Tag ist der Kontrast zwischen dem strahlend blauen Himmel und dem Weiß der rissigen, krustigen Ebene besonders eindrucksvoll.

Die *salinas* (Salzwüsten) liegen in der Provinz Salta, sind aber von Purmamarca in der Provinz Jujuy über die asphaltierte RP 52 in Richtung Westen leichter zu erreichen. Rund 5 km westlich der Kreuzung von RP 52 und RN 40 (eine gute Piste, 97 km bis San Antonio de los Cobres) steht ein altes Salinengebäude. Gegenüber davon kann man in eine Saline fahren und sich die rechteckigen Becken ansehen, in denen das Salz regelmäßig gewonnen wird. Einige Handwerker verkaufen nette Steinmetzarbeiten und Lamas aus Salz; ein paar Läden an der Straße bieten etwas zu essen und zu trinken an.

Das unvermeidliche „Salzhotel" gibt es bisher noch nicht; die nächsten Übernachtungsgelegenheiten finden sich deshalb erst in San Antonio bzw. Susques. Die einzigen öffentlichen Verkehrsmittel zu den Salinen sind die Busse von Jujuy oder Purmamarca nach Susques. Unbedingt vor Fahrtantritt genau die Fahrpläne studieren: An manchen Tagen fährt ein paar Stunden später ein Bus zurück nach Purmamarca, an

anderen aber nicht. Es gibt aber genug Autos und Lkws auf der Straße, um zu trampen.

Die Alternative sind ein Mietwagen oder *remise* ab Purmamarca oder die Teilnahme an einer Ausflugsfahrt ab Jujuy oder Salta. Von Salta aus ist das allerdings eine sehr zeitaufwendige Angelegenheit, vor allem dann, wenn man nicht in Purmamarca übernachten will.

Die *salinas* sind zwar sehenswert, aber die überirdischen *salares* (Salztonwüsten) in Bolivien noch um einiges spektakulärer. Wer also dorthin unterwegs ist oder schon dort war, sollte sich in der Region lieber andere Sehenswürdigkeiten anschauen.

VALLES CALCHAQUÍES

Die Valles Calchaquíes gehören mit ihren imposanten, zerklüfteten Landschaften, dem traditionellen Kunsthandwerk, den pittoresken Lehmdörfern und einigen der besten Weine des Landes zu Argentiniens verführerischsten Gegenden abseits der ausgetretenen Pfade. Das kleine, aber mondäne Cafayate mit seinen Weinkellereien und der asphaltierten Straße bildet einen reizvollen Kontrast zu den etwas entlegeneren Orten wie Angastaco oder Molinos. Das beschauliche und beliebte Cachi ist von Salta aus über eine spektakuläre Straße zu erreichen, die den Parque Nacional Los Cardones durchquert. Die in diesen Orten übliche Bauweise verdient besondere Aufmerksamkeit: Selbst bescheidene Lehmhäuser schmücken sich mit neoklassischen Säulen oder maurischen Bögen.

Die in der Region lebenden Diaguita (Calchaquí) gehörten zu denjenigen, die sich am stärksten gegen die spanische Herrschaft auflehnten. Im 17. Jh. herrschte in der Kolonie mas-

---

DER WESTEN DER PROVINZ SALTA

Wer meint, dass San Antonio de los Cobres abgelegen sei, sollte noch einmal einen Blick auf die Karte werfen. Von hier aus erstreckt sich die Provinz Salta noch Hunderte Kilometer nach Westen. Über zwei Pässe gelangt man weiter nach Chile: den kahlen **Paso de Sico** und den **Socompa**, einen Bahn- und Straßenübergang. 60 km westlich von San Antonio liegt das höchste Dorf Argentiniens, **Olacapato**, auf 4090 m Höhe. Alle Siedlungen in der Gegend sind Bergarbeitercamps oder liegen an der Eisenbahnlinie, die zu den Bergwerken führt; viele sind heute verlassen.

Von Olacapato geht es Richtung Westen weiter zum Paso de Sico oder Richtung Südwesten durch die Salztonebenen nach **Tolar Grande**, wo es einige Privatzimmer gibt. Von hier aus sind es 139 km zum Paso de Socompa oder 131 km Richtung Süden bis zur aufgelassenen Mine La Casualidad, einem der abgelegensten Orte Argentiniens und Endpunkt der Straße. Wer diese Region erkunden möchte, sollte sich in San Antonio mit Sprit eindecken – es gibt dort 200-Liter-Kanister – und die Polizei über sein Vorhaben informieren. Rund um die Mina La Casualidad auf keinen Fall querfeldein laufen: Hier liegen noch immer ein paar Landminen, die auf eine Auseinandersetzung mit Chile 1970 zurückgehen.

siver Arbeitskräftemangel. Zweimal versuchten die spanischen Kolonialherren, die Diaguita zur Zwangsarbeit zu verpflichten. Sie mussten allerdings mit bewaffneten Truppen anrücken, um dafür zu sorgen, dass die Indios nicht ihre eigenen Felder bestellten und die Tragetierkolonnen der Spanier angriffen.

Der militärische Druck konnte das Arbeitskräfteproblem der Spanier nicht lösen. Das einzige, was ihnen einfiel, war die Zwangsumsiedlung der Diaguita ins ferne Buenos Aires. Dort trägt bis heute der Stadtteil Quilmes den Namen einer der zwangsweise umgesiedelten Bevölkerungsgruppen., Die letzten Nachkommen jener 270 Familien, die in die Hauptstadt des spanischen Vizekönigs verpflanzt worden waren, sind inzwischen gestorben oder haben sich nach Argentiniens Unabhängigkeit in alle Winde verstreut. Auf dem fruchtbaren Land, das die Diaguita jahrhundertelang ernährt hatte, errichteten die Spanier große Güter: die für die Anden typischen Haziendas.

Parque Nacional Los Cardones

Der 650 km² große Parque Nacional Los Cardones erstreckt sich beiderseits der RP 33, der Straße von Salta nach Cachi, die über die Cuesta del Obispo führt. Seinen Namen verdankt der Park dem *cardón*, dem säulenartig hohen, aber vielarmigen Kandelaberkaktus, der markantesten Pflanze des Parks.

In den baumlosen Andenausläufern und der Puna ist der *cardón* schon seit Jahrhunderten ein wichtiger Holzlieferant für Dachsparren, Türen, Fensterrahmen und Ähnliches. Man findet in der Gegend das Kaktusholz deshalb in vielen Häusern und Kirchen aus der Kolonialzeit. Laut Federico Kirbus, einem argentinischen Schriftsteller, kann eine Ansammlung von *cardónes* ein Hinweis auf mögliche archäologische Fundstätten sein: Früher aßen die Einheimischen die süßen schwarzen Samen der Kakteen, die nach ihrem Weg durch den Verdauungstrakt ausgeschieden wurden und rund um die Latrinen keimten und wuchsen. Tatsächlich ist so manche *pucará* (befestigte Siedlung) in der Gegend von diesen ungewöhnlichen Wächtern umgeben.

Der Eintritt zu Los Cardones ist frei, noch immer gibt es keine Besuchereinrichtungen. Immerhin ist man dabei, das Besucherzentrum an der Hauptstraße nach und nach zu renovieren. Es gibt jedoch ein **Rangerbüro** (☎ 03868-496005; San Martín s/n) in Payogasta, 11 km nördlich von Cachi. Auf jeden Fall viel Wasser und Sonnenschutz mitnehmen! Die Busse zwischen Salta und Cachi halten unterwegs an, die aktuellen Fahrzeiten sollte man vor Ort erfragen. Die meisten Leute steigen beim Valle Encantada aus, dem zugänglichsten und malerischsten Teil des Parks.

Cachi

☎ 03868 / 2189 Ew. / 2280 m

Das pittoreske Cachi ist der größte Ort in der Umgebung und doch nur wenig mehr als ein Dorf. Es liegt inmitten einer überwältigenden Landschaft. Im Schatten erhabener Berge bietet Cachi frische Hochlandluft, viel Sonnenschein untertags und klirrend kalte Nächte. Die gepflasterten Gassen, die Lehmhäuser, die beschauliche Plaza und natürlich die Möglichkeit, von hier aus die Umgebung zu erkunden, können dazu verleiten, ein paar Tage länger zu bleiben, als im sorgfältig ausgearbeiteten Zeitplan eigentlich vorgesehen war.

Auf der Westseite der Plaza befindet sich der **Mercado Artesanal** (☎ 491902; oficinadeturismo.cachi@gmail.com; Güemes s/n; ⏱ 8–20 Uhr) – er bietet sowohl einen Kunsthandwerksladen als auch eine Touristeninformation.

Gegenüber steht die schlichte, aber hübsche **Iglesia San José** (1796) mit ihren anmutigen Bögen und dem tonnenförmigen Dach aus dem Holz des Cardón-Kaktus. Aus dem gleichen Holz sind auch der Beichtstuhl und andere Einrichtungsgegenstände geschnitzt. Das Weihwasser befindet sich in einer *tinaja*, einem großen Tongefäß zur Aufbewahrung von Öl.

Nebenan bietet Cachis **Museo Arqueológico** (☎ 491080; statt Eintritt 5–10 Arg$ Spende; ⏱ Mo–Sa 10–19, So 10–13 Uhr) einen professionell arrangierten und gut präsentierten Überblick über die kulturelle Entwicklung der Umgebung mit guten Hintergrundinformationen zu archäologischen Methoden, jedoch ausschließlich auf Spanisch. Besonders sehenswert ist die Steinwand mit Petroglyphen im zweiten Innenhof.

2 km südwestlich des Zentrums, am Ortsrand, liegt das als Liebhaberei entstandene **Todo lo Nuestro** (☎ 0387-15-458-5668; jorgeafpark@hotmail.com; Eintritt 10 Arg$; ⏱ 9–19 Uhr), das Gebäudetypen aus unterschiedlichen geschichtlichen Phasen des Tals zeigt. Es ist ein faszinierendes Projekt, denn in manchen Gebäuden scheinen die Bewohner erst vor einer Minute aus dem Haus gegangen zu sein. Essen kann man in einem rustikal eingerichteten Restaurant.

AKTIVITÄTEN

Nur einen kurzen Fußweg von Cachis Plaza entfernt liegen auf dem Hügel ein Aussichtspunkt und dahinter der malerische Friedhof, überraschenderweise ganz in der Nähe einer Landebahn. Ein längerer Spaziergang (etwas über eine Stunde) führt nach **Cachi Adentro**. In dem winzigen Dorf kann man allerdings nicht viel mehr tun, als sich auf die kleine Plaza zu setzen und eine Limo im einzigen Laden bestellen. Der Spaziergang ist besonders im Sommer empfehlenswert, wenn die Bäche und Wasserfälle viel Wasser führen.

Zurück geht es auf einem längeren Weg (hin und zurück 26 km): Dafür an der Kirche links halten und dann nochmals links in die Straße Camino de las Carreras abbiegen. Diese Straße schlängelt sich durchs Tal und überquert schließlich den Fluss. Danach biegt man wieder links auf eine größere Straße ab (oder läuft nach rechts zum rund 2 km entfernten, wunderschönen Campingplatz von Algarrobal). Über das Dörfchen La Aguada führt die Route schließlich zurück nach Cachi.

Eine Hand voll eher unbedeutender archäologischer Stätten findet sich über das ganze Tal verteilt; sie sind ausgeschildert und auch auf der Touristenkarte der Gegend verzeichnet. Alle Ziele eignen sich gut für Wanderungen oder als Stopps auf einer Autofahrt.

Wer sportlich aktiver sein möchte und anspruchsvoller wandern will, sollte **Santiago Casimiro** (☎ 03868-15-638545; santiagocasimiro@hotmail.com; Barrio Cooperativa Casa 17) kontaktieren. Viele Bewohner vermieten **Pferde**; auf die Hinweisschilder achten oder in der Touristeninformation nachfragen. Wer sich nach einem anstrengenden Tag abkühlen will, kann sich ins kühle Nass des städtischen **Schwimmbads** stürzen.

SCHLAFEN

Camping Municipal (☎ 491902; cachi@salnet.com.ar; Stellplatz 15–20 Arg$; 🅿) Auf einem Hügel südwestlich der Plaza finden sich schattige, von Hecken umgebene Stellplätze mit eigenem Grill. Hier befindet sich auch das Schwimmbad der Stadt. Ein Hostel vermietet Betten in einfachen Schlafsälen (mit/ohne Bad 20/12 Arg$) und ein paar Hütten (125 Arg$). Reservierungen nimmt die Touristeninformation an.

Hotel Nevado de Cachi (☎ 491912; EZ/DZ mit Bad 60/80 Arg$, EZ ohne Bad 30 Arg$) In der Nähe der Plaza (gleich bei der Bushaltestelle) liegt dieses ordentliche und preiswerte Hotel mit Zimmern um einen Innenhof. Die Betten sind bequem, und die Bäder – im Zimmer und auf dem Flur – allesamt in Ordnung. Die Preise sind bis zu einem gewissen Grad verhandelbar und variieren von Zimmer zu Zimmer. Das Doppelzimmer oben (hinten hinaus) ist empfehlenswert.

ACA Hostería Cachi (☎ 491105; www.soldelvalle.com.ar; Av ACA s/n; EZ/DZ 203/302 Arg$; 🅿 🖥 📶 📺) Das familienfreundliche Hotel auf dem Hügel hat die besten Ausblicke auf die Stadt und es gibt Schlimmeres, als hier einen Tag am Pool zu entspannen und den Blick zu genießen. Die Zimmer sind gemütlich und unspektakulär, dafür aber malerisch um einen Innenhof gruppiert. Es gibt sogar einen kleinen Zoo.

El Cortijo (☎ 491034; www.elcortijohotel.com; Av ACA s/n; EZ/DZ ab 250/295 Arg$; 🅿 📶) Gegenüber dem Eingang zur ACA Hostería Cachi bietet dieses elegante kleine Hotel kleine, aber raffiniert eingerichtete Zimmer, von denen einige – besonders „Los Padres" mit eigener Terrasse und Liegestühlen (DZ 380 Arg$) – phantastische Ausblicke auf die Sierra bieten. Es gibt ein originelles Restaurant, weitere Neuerungen sind in Arbeit.

La Merced del Alto (☎ 490020; www.lamerceddelalto. com; EZ/DZ 599/701 Arg$; 🖥 📶 📺) Dieses Hotel auf der anderen Seite des Flusses wurde aus traditionellen, weiß getünchtem Lehmziegeln gebaut, hat geflieste Böden und Schilfrohrdecken und lehnt sich in seiner Bauweise an die historischen Klöster an. Die Ausstattung ist hervorragend, alles wirkt friedlich und ruhig. Die kühlen, dezent gestalteten Zimmer blicken Richtung Hügel hinter dem Haus (etwas teurer) oder in den Innenhof. Zu den Gemeinschaftsräumen zählt eine sehr einladende Lounge, ein gutes Restaurant sowie ein rustikales Spa, in dem Massagen, ein Pool und ein Sprudelbad mit Blick auf die Sierra warten. Der Service ist mehrsprachig und hervorragend.

El Molino de Cachi (☎ 491094; www.bodegaelmolino. com.ar; DZ 610 Arg$; 📺) Die umgebaute Mühle mit nur sechs Zimmern ist ein sehr entspannter, ländlicher Rückzugsort und schöner Ausgangspunkt für die Erkundung der Umgebung. Das 4 km außerhalb des Zentrums gelegene Anwesen ist auch ein Weingut. Man muss vorbuchen – unangemeldet werden keine Zimmer vermietet. Kinder sind nicht erwünscht, Kreditkartenzahlung ist ebenfalls nicht möglich.

Weitere Unterkünfte:

La Mamama (☎ 491305; Suárez 590; B/Zi. ohne Bad 20/40 Arg$) Ein einladender Ort an der Straße mit der Bushaltestelle. Vermietet wenige einfache Zimmer mit durchgelegenen Matratzen; sehr lässige Atmosphäre.

Hostal del Inkañan (☎ 491135; luisreicolque@hotmail. com; Güemes s/n; B/DZ ohne Bad 30/80 Arg$) Ordentliche Zimmer liegen um einen grasbewachsenen Innenhof; das Hostal steht oberhalb der Plaza.

ESSEN

Ortstypische Gerichte wie *locro* und *humitas* bekommt man am besten in den verschiedenen, schnörkellosen *confiterías* und *comedores* rund um die Plaza und gegenüber vom Hotel Nevado de Cachi.

Platos y Diseño (☎ 0387-15-513-3861; Güemes s/n; Gerichte 10–25 Arg$; ☽ Mittag- & Abendessen) Oberhalb der Plaza findet sich dieses Restaurant mit angenehmem Speiseraum, der mit Kunst aus der Region und Fotos dekoriert ist. Der Service ist langsam, aber freundlich, es gibt gute „Touristengerichte", die auf traditionelle Art zubereitet werden.

Ashpamanta (☎ 0387-15-451-4267; Bustamante s/n; Gerichte 15–35 Arg$; ☽ Mittag- & Abendessen) Kompakt und gemütlich – dieser liebenswerte kleine Laden hat eine kleine, aber feine Karte mit Pasta, Salaten und ein paar aufwendigeren Gerichten wie Quinoa-Risotto oder pfannengebratenen Filets mit Gemüse, die in einer offenen Küche hinter der Bar zubereitet werden.

Oliver (☎ 491903; Ruíz de los Llanos 160; Hauptgerichte 15–40 Arg$; ☽ 8–24 Uhr) Das gemütliche, mehrstöckige Restaurant mit Holztischen ist eine sichere Wahl, wenn man auf der Suche nach Pizza, Bruschetta und ein paar auf spezielle Art zubereiteten Fleischgerichten ist. Die Terrasse auf der Plaza ist außerdem genau der richtige Platz für einen Sundowner. Die Weinpreise sind eher zu hoch angesetzt.

AN- & WEITERREISE

Busse von **Marcos Rueda** (☎ 491063) pendeln zwischen Salta und Cachi. Die Strecke ist spektakulär und windet sich zum Pass Cuesta del Obispo hinauf, um danach durch die Kakteenlandschaft des Nationalparks Los Cardones zu verlaufen. Busse nach Salta (37 Arg$, 4½ Std.) fahren montags bis sonntags um 9.05 Uhr ab, montags, donnerstags und freitags auch um 15 Uhr sowie sonntags um 15.30 Uhr. Nach Seclantás fahren täglich Busse, nach Molinos fünfmal die Woche. Nach Cachi Adentro fahren montags bis samstags pro Tag drei Busse (2,20 Arg$, 30 Min.)

In Richtung Norden nach La Poma – eine alte Hacienda-Stadt und Endstation für öffentliche Verkehrsmittel – fahren vier Busse die Woche (17 Arg$, 1¼ Std.). Die Fahrt auf der Straße, die weiter nach San Antonio de los Cobres führt, ist anstrengend, aber sehr spektakulär: Die Straße schraubt sich zu einem 4895 m hohen Pass hinauf, unterwegs geht es an einsamen Ziegenfarmen vorbei und mehrmals über den Fluss. Zu bestimmten Jahreszeiten kommen allerdings nur Allradfahrzeuge durch (meist Sept.–Dez.); Auskunft erteilt die **Polizei** (☎ 0387-490-9051). Sollte die Passstraße nicht befahrbar sein, ist der lange Weg nach San Antonio die einzige Alternative.

Seclantás

☎ 03868 / 306 Ew. / 2100 m

Das charmante Seclantás ist ein ruhiger kleiner Ort, aus dem der für Salta typische Poncho stammt. Es gibt viele Webereien im Ort. Auch nördlich der Ortschaft an der Straße nach Cachi weisen Schilder auf Webereien hin, bei denen jeder mal reinschauen und stöbern kann. Dieser Straßenabschnitt wird **Route der Kunsthandwerker** genannt. Einer von ihnen, Señor Tero, ist in der Gegend besonders bekannt: Er hat einen Poncho gewebt, den der Papst Johannes Paul II. einmal getragen hat.

Die hübsche gelbe **Kirche** von Seclantás stammt aus dem Jahr 1835, der eindrucksvolle Friedhof liegt oben in der Stadt.

Unterkünfte finden sich in Seclantás rund um die Plaza, darunter auch die gastfreundliche und makellos saubere **Hostería La Rueda** (☎ 498041; Ecke Cornejo & Ferreyra; EZ/DZ mit Bad 70/90 Arg$, ohne Bad 50/70 Arg$) mit gemütlichen, hübschen Gemeinschaftsräumen und ordentlichen Zimmern. Der Campingplatz befindet sich gleich hinter der Kirche und hat ein für alle zugängliches Schwimmbad.

Täglich fährt ein Bus von Cachi nach Seclantás (12 Arg$, 1¼ Std., Sa 2-mal), der an manchen Tagen bis Molinos weiterfährt.

Molinos

☎ 03868 / 927 Ew. / 2020 m

Wer Cachi für entspannt gehalten hat, wird von Molinos überrascht sein, einem netten abgelegenen Ort mit beeindruckenden, langsam verfallenden Adobegebäuden – auf einem Spaziergang lassen sich echte Kleinode entdecken! Zu seiner malerischen Atmosphäre tragen auch die schattigen Straßen und tollen Unterkünfte bei. An der Plaza gibt es einen Geldautomaten.

Der Getreidemühle am Río Calchaquí, die noch immer in Betrieb ist, verdankt Molinos seinen Namen. Die restaurierte Kirche **Iglesia de San Pedro de Nolasco** im Cuzcostil hat zwei Glockentürme und traditionelle Dachziegel. Wie Angastaco war auch Molinos eine Station auf dem Weg über die Anden nach Chile und Peru. Bis weit ins 20. Jh. hinein zogen mit Häuten, Wolle und Holz beladene Lasttierkarawanen hier durch, um die Waren in Salta für den Weitertransport nach Buenos Aires zu verkaufen.

Etwa 1,5 km westlich befindet sich die **Criadero Coquera** (☎ 0387-15-407-1259), wo im Rahmen eines Forschungsprojekts der Regierung Vicunjas gezüchtet und (verletzungsfrei) geschoren werden. Nebenan steht die **Casa de Entre Ríos**, Teil der ehemaligen Estancia Luracatao: Auf einem schönen Kunsthandwerksmarkt werden u.a. tolle *ponchos de güemes* verkauft. Zum Übernachten stehen zwei einfache Zimmer (30 Arg$ pro Pers.) zur Verfügung.

In den *hospedajes* (Privatzimmer), die über den ganzen Ort verteilt liegen, wohnt man in Familien. **Los Cardones de Molinos** (☎ 494061; cardonesmolinos@hotmail.com; Ecke Sarmiento & San Martín; Zi. pro Pers. mit/ohne Bad 50/40 Arg$) ist eine hervorragende Wahl; die gemütlichen Zimmer sind mit Kaktusmöbeln eingerichtet. Gäste werden wie Familienmitglieder aufgenommen und können die Küche mitbenutzen. Der überaus freundliche und zuvorkommende Eigentümer hat viele gute Tipps parat. Das Frühstück ist in dieser Pension im Preis inbegriffen.

Gegenüber der Kirche steht das Adobehaus **Hacienda de Molinos** (☎ 494094; www.haciendademolinos. com.ar; Cornejo s/n; EZ/DZ Standard 300/380 Arg$, Zi. Superior 450–510 Arg$; 🖳 🛜 🖭), das nach Saltas letztem Gouverneur auch Casa de Isasmendi genannt wird. Dieser kam in der weitläufigen Residenz zur Welt und lebte und starb hier. Damals war Molinos eine Bastion des royalistischen Wider-

stands. Das Gebäude ist sehr schön restauriert worden, hat schlichte, hübsche Zimmer mit einladenden Betten, antiken Möbeln, Zuckerrohrdecken und tollen Bädern. Die Zimmer gruppieren sich um wunderschöne Patios. Die Hacienda liegt am Ortsrand, wo es vollkommen ruhig ist. Auch das hoteleigene Restaurant ist gut.

Montags, mittwochs, freitags, samstags und sonntags fährt ein Bus von Cachi nach Molinos (17 Arg$, 2 Std.); von dort fährt er dann montags, dienstags, donnerstags und samstags um 7 Uhr, sonntags um 14 Uhr zurück.

Angastaco
☎ 03868 / 881 Ew. / 1955 m

Das winzige Angastaco schmiegt sich entlang der Talroute dramatisch zwischen steil aufragende Felswände. 40 km südlich von Molinos und 54 km nördlich von San Carlos gelegen, gleicht der Ort den anderen kleinen Dörfern in den Valles Calchaquíes, die in regelmäßigen Abständen aufeinander folgen. Weinberge, Anis- und Kreuzkümmelfelder sowie die Ruinen einer uralten *pucará* erstrecken sich rund um das Dorf.

Angastaco hat zwar eine Tankstelle, aber dafür keine Bank. Auf dem Platz befinden sich eine Touristeninformation sowie ein **Archäologisches Museum** im Verwaltungsgebäude. Beide haben

---

FINCA COLOMÉ

Einige der besten argentinischen Weine stammen aus dem ökologischen Anbau dieser **Bodega** (☎ 03868-494044; www.bodegacolome.com; Weinprobe 30–50 Arg$; 🕙 10.30–18 Uhr). Sie liegt, wie der Volksmund sagt, dort, „wo der Teufel seinen Poncho verloren hat", d. h. etwa 20 km westlich von Molinos. Dorthin führt eine spektakuläre (und glücklicherweise nicht allzu unebene) *ripio* (Schotterstraße). Die Weingärten, in denen auch einige europäische Weine aus der Zeit vor der Reblauskatastrophe wachsen, sowie das Hotel liegen malerisch zwischen Hügeln und Bergen, die Stunde um Stunde ihre Farbe zu wechseln scheinen. Dass hier in sozialen, kulturellen und Umweltbelangen vorausschauend gedacht wird, ist offensichtlich: Der Komplex versorgt sich selbst mit Strom, hat Geld für eine substanzielle Verbesserung der Infrastruktur in der Gemeinde zur Verfügung gestellt und bietet seit kurzem ein eindrucksvolles **Museum** (Eintritt frei; 🕙 14–18 Uhr). In dem Entwurf des Künstlers James Turrell werden auch neun seiner Arbeiten ausgestellt. Es handelt sich um höchst eindrucksvolle Installationen, die mit Licht spielen und den Betrachter an die Grenzen seiner Wahrnehmung führen – ein unvergessliches Erlebnis. Der Besuch der Bodega und des Museums sollte per Telefon oder E-Mail im Voraus gebucht werden (museo@colomeargentina.com). In der Bodega wird ein leichtes Mittagessen mit Salaten und Baguettes (27–29 Arg$) serviert.

Das **Hotel** (www.estanciacolome.com; DZ 1486 Arg$; 🖭 🖳 🖭) bietet schicke, bequeme Zimmer, dazu einen exzellenten mehrsprachigen Service, einen malerischen von Weinbergen und Lavendelbeeten umgebenen Pool und viele weitere Annehmlichkeiten. Gäste können hier bei einem guten Buch und einem Glas Wein entspannen, aber auch einen Ausritt in die hügelige Umgebung auf einem der imposanten Criollo-Pferde unternehmen, die hier auf sehr schonende Weise abgerichtet wurden. Das Restaurant (reservieren!) steht Besuchern offen; auf der Karte finden sich allerdings lediglich zwei wechselnde Hauptgerichte (45–60 Arg$), darunter ein vegetarisches.

Die Bodega El Humanao in der Nähe von Colomé lohnt ebenfalls einen Besuch, nicht zuletzt wegen der Weine mit einer ausgewogenen Mischung aus Cabernet- und Malbec-Trauben.

DER ANDINE NORDWESTEN

unregelmäßige Öffnungszeiten, bei Fragen wendet man sich am besten an die Angestellten der *municipalidad* oder an die Polizei. **Ausritte** lassen sich problemlos über die Hostería Angastaco arrangieren.

Angastacos größtes Fest findet am 8. Dezember statt, am Tag der **Jungfrau des Tals**, der Schutzheiligen des Dorfes. Am 17. und 18. Februar werden die **Weinlese** und die Herstellung des fußgestampften *vino patero* mit einem Fest gefeiert.

Das **Hospedaje El Cardón** (☎ 0387-15-459-0021; Zi. pro Pers. mit/ohne Bad 30/20 Arg$) ist eine gute Wahl für das kleine Budget. Blickt man auf die Kirche, dann liegt es 50 m weiter rechts – es ist das Haus mit der tollen Veranda. Die **Hostería Angastaco** (☎ 491123; EZ/DZ 40/70 Arg$; 🏊) wirkt ein bisschen verlassen, bietet aber ein gutes Preis-Leistungs-Verhältnis: Die Zimmer sind mit kunsthandwerklichen Bettüberwürfen und Kaktusholz ausgestattet, außerdem gibt es ein Restaurant und einen Sommerpool.

Während der Recherche für dieses Buch gab es nur eine Busverbindung, und zwar montags bis freitags um 7 und sonntags um 16 Uhr nach Süden Richtung San Carlos und Cafayate (keine Busse am Sa!). Ins 40 km entfernte Molinos zu kommen, gestaltet sich schwierig. **Moisés López** (☎ 0387-15-410-2130) und **Miguel Pastrana** (☎ 0387-15-4819-0146) bieten Auto- oder Lkw-Fahrten für insgesamt 120 Arg$ an. Der Schulbus, der die Kinder am Wochenende vom Internat in Molinos nach Angastaco fährt (Fr ca. 17 Uhr, Mo ca. 6 Uhr retour), nimmt Touristen gratis mit, wenn Platz vorhanden ist. Ansonsten heißt es trampen oder laufen. Beim Trampen kommt man hier allerdings nur schlecht voran, also ausreichend Wasser mitnehmen!

San Carlos
☎ 03868 / 1887 Ew.

Das relativ große traditionelle Dorf San Carlos liegt 22 km nördlich von Cafayate, mit dem es eine asphaltierte Straße verbindet – für Reisende, die von Norden kommen, eine angenehme Überraschung. Die meisten Besucher fahren weiter nach Cafayate oder Angastaco, dabei gibt es hier einen ganz besonderen Ort zum Übernachten. Schilder an der Straße weisen auf die **Casa de los Vientos** (☎ 495073; Barrio Cemitigre; Zi. 120 Arg$) hin, die am Ortsende Richtung Cachi liegt. In der traditionellen Lehmbauweise errichtet und mit Terrakottafliesen und Rohrdecken ausgestattet, ist das Haus mit einigen genialen umweltfreundlichen Neuerungen versehen. Die Besitzer sind Töpfer, und die Zimmer sind sehr schön

mit rustikalem Flair und alle unterschiedlich eingerichtet.

CAFAYATE
☎ 03868 / 10 714 Ew / 1683 m

Cafayate ist Argentiniens zweitbedeutendstes Produktionszentrum für hochwertigen Wein und ein beliebtes Touristenziel. Trotzdem hat es sich die Atmosphäre einer ruhigen Kleinstadt erhalten. Es ist von Salta gut über die spektakuläre Quebrada de Cafayate zu erreichen und dient als Ausgangspunkt für die Tour durch die Valles Calchaquíes. Mit seiner Auswahl an hervorragenden Unterkünften für jedes Budget und mehreren Weingütern in und um die Stadt lädt es dazu ein, ein paar Tage zu bleiben und die Gegend zu erkunden. Hier gibt es auch viele Künstler und Handwerker, also lohnt ein Blick auf die *artesanía*.

Cafayate ist berühmt für seine Torrontés, eine Traube, aus der ein aromatischer und trockener Weißwein gewonnen wird. Die Bodegas stellen hier aber auch gute Rotweine wie Cabernet Sauvignon, Malbec und Tannat her.

Orientierung
Cafayate liegt in den Ausläufern der Valles Calchaquíes, nahe der Kreuzung der RN 40 (die Richtung Nordwesten nach Molinos und Cachi führt) mit der RN 68, über die man durch die Quebrada de Cafayate Salta erreicht. Durch den Ort führt die RN 40, namentlich als Avenida General Güemes bekannt.

Praktische Informationen
Banco de la Nación (Plaza San Martín) Geldautomat auf der Plaza, auch Geldwechsel.

La Red (Toscano 79; 3 Arg$ pro Std.) Bietet einen Internetzugang auf der Plaza.

Locutorio (Av General Güemes & Belgrano)

Kiosk der Touristeninformation (☎ 422442; Plaza San Martín; ⊗ 8–21 Uhr) An der nordöstlichen Ecke der Plaza.

Sehenswertes & Aktivitäten
MUSEEN

Das private **Museo Arqueológico** (☎ 421054; Ecke Colón & Calchaquí; Spende als Eintritt; ⊗ Mo–Fr 11.30–21, Sa 11.30–15 Uhr) lohnt einen Besuch. Es zeigt eine Sammlung, die der begeisterte Archäologe Rodolfo Bravo hinterlassen hat. Die Exponate stammen vorwiegend aus Grabstätten in einem 30-km-Radius um Cafayate, zu sehen sind u.a. einige schöne Keramikarbeiten. Das Spektrum reicht von den schwarzen und grauen Töpferarbeiten der Candelaria- und Aguadakulturen bis hin zu

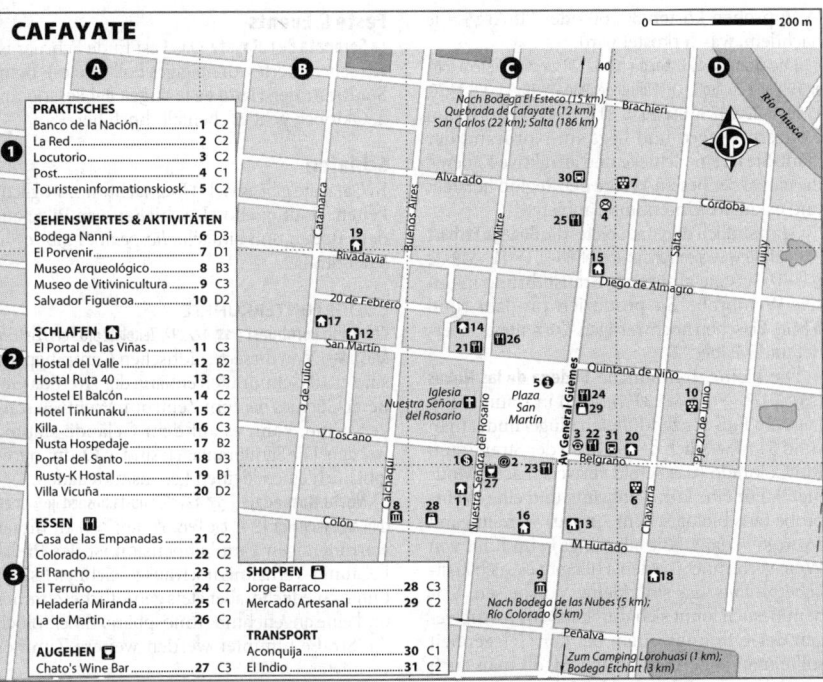

CAFAYATE

0 ⌁ 200 m

PRAKTISCHES
Banco de la Nación	1	C2
La Red	2	C2
Locutorio	3	C2
Post	4	C1
Touristeninformationskiosk	5	C2

SEHENSWERTES & AKTIVITÄTEN
Bodega Nanni	6	D3
El Porvenir	7	D1
Museo Arqueológico	8	B3
Museo de Vitivinicultura	9	C3
Salvador Figueroa	10	D2

SCHLAFEN
El Portal de las Viñas	11	C3
Hostal del Valle	12	B2
Hostal Ruta 40	13	C3
Hostel El Balcón	14	C2
Hotel Tinkunaku	15	C2
Killa	16	C3
Ñusta Hospedaje	17	B2
Portal del Santo	18	D3
Rusty-K Hostal	19	B1
Villa Vicuña	20	D2

ESSEN
Casa de las Empanadas	21	C2
Colorado	22	C2
El Rancho	23	C3
El Terruño	24	C2
Heladería Miranda	25	C1
La de Martin	26	C2

AUGEHEN
Chato's Wine Bar	27	C3

SHOPPEN
Jorge Barraco	28	C3
Mercado Artesanal	29	C2

TRANSPORT
Aconquija	30	C1
El Indio	31	C2

Map labels: Nach Bodega El Esteco (15 km); Quebrada de Cafayate (12 km); San Carlos (22 km); Salta (186 km); Brachieri; Río Chuscha; Córdoba; Alvarado; Catamarca; Buenos Aires; Mitre; Salta; Rivadavia; Diego de Almagro; 20 de Febrero; San Martín; Quintana de Niño; Iglesia Nuestra Señora del Rosario; Plaza San Martín; Av General Güemes; 9 de Julio; V Toscano; Belgrano; Pje 20 de Junio; Nuestra Señora del Rosario; Calchaquí; Chavarría; Colón; M Hurtado; Nach Bodega de las Nubes (5 km); Río Colorado (5 km); Peñalva; Zum Camping Lorohuasi (1 km); Bodega Etchart (3 km)

den Werken der späten Diaguta- und Inkatöpfer. All dies wird in zwei Räumen gut präsentiert. Obwohl es kaum Erklärungen gibt, sprechen die Stücke für sich.

Das **Museo de Vitivinicultura** (Av General Güemes; Eintritt 2 Arg$; 8–20 Uhr) informiert über die Weinproduktion in der Region und stellt eine Reihe von antiquierten Geräten für die Weinherstellung aus. Alles wirkt etwas verstaubt, aber es gibt ehrgeizige Pläne für einige neue, interaktive Ausstellungsbereiche – mittlerweile sind die ersten vielleicht schon fertig.

RÍO COLORADO

Ein 6 km langer Fußmarsch südwestlich der Stadt führt zum Río Colorado. Wandert man etwa 1½ Std. flussaufwärts, erreicht man einen 10 m hohen **Wasserfall**, in dessen Becken man schwimmen kann. Noch ein Stück weiter flussaufwärts gibt es einen zweiten Wasserfall. Auf dem Weg lassen sich auch versteckte Felsmalereien finden – für etwa 10 Arg$ zeigen die Kinder sie den Touristen. Wer mit dem Fahrrad bis zum Anfang des Wanderwegs fahren will, kann sein Rad für ein paar Pesos am Haus in der Nähe stehen lassen. Die Wanderung lässt sich auch mit dem Besuch der Bodega de las Nubes (S. 306) verbinden. Achtung: Wenn der Fluss nach den Regenfällen im Januar und Februar viel Wasser führt, ist der Weg zum Wasserfall anstrengend und gefährlich.

WEINKELLEREIEN

Mehrere Weinkellereien bieten Führungen und Weinproben in der Stadt und der Umgebung an. Manche sind klein und zwanglos, andere sind größer und bieten einen förmlicheren Empfang.

Führung und Weinprobe in der **Bodega Nanni** (☎ 421527; www.bodegananni.com; Chavarría 151; Führungen mit Weinprobe 5 Arg$; Mo–Sa 9.30–13 & 14.30–18.30, So 11–13 & 15–18 Uhr), einer kleinen, zentral gelegenen Kellerei mit einem schönen, grasbewachsenen Innenhof, sind kurz und unterhaltsam. Die gut trinkbaren Weine sind biologisch hergestellt.

Die winzige **Salvador Figueroa** (☎ 421289; Pje 20 de Junio 25; Weinprobe 5 Arg$; 9.30–12.30 & 15–19 Uhr) ist ein freundliches Familienunternehmen in der Stadt, das nur 5000 Flaschen Torrontés und Malbec pro Jahr von Hand abfüllt. In der Nachbarschaft konzentriert sich **El Porvenir** (☎ 422007; www.bodegaselporvenir.com; Córdoba 32) auf die Herstellung von Qualitätsweinen. Die Führung ist gratis, aber

Weinproben kosten 30, 60 oder 90 Arg$ – je nachdem, was verkostet wird.

Die **Bodega El Esteco** (☎ 421283; www.elesteco.com. ar; Führung 20 Arg$; ☽ Führungen Mo–Fr 10, 11, 12, 14.30, 15.30, 16.30 & 17.30 Uhr, So 10, 11 & 12 Uhr) gehört zum Konzern Diageo und liegt am Nordrand der Stadt. Sie ist eine schicke und attraktive Kellerei, die einige der besten Weine der Region herstellt und exklusive Unterkünfte anbietet.

3 km südlich der Stadt bietet die **Bodega Etchart** (☎ 421310; www.pernodricard.com.ar; RN 40; ☽ Mo–Sa 9–12 & 13–17 Uhr) eine amüsante Gratisführung inklusive Weinprobe. Sie produziert pro Jahr rund 6 Mio. Flaschen hochwertigen Torrentés, Cabernet und Malbec.

Die kleine, freundliche **Bodega de las Nubes** (☎ 422129; ☽ Mo–Sa 9.30–17.30 Uhr) in traumhafter Lage am Fuß der zerklüfteten Hügel findet man rund 5 km westlich der Stadt an der Straße zum Río Colorado (das Schild verweist nach „Mounier"). Für eine kurze Führung und eine Weinprobe (aus biologischem Anbau) werden rund 15 Arg$ verlangt, die allerdings beim Kauf von Wein verrechnet werden. Hier gibt es auch köstliche *picadas*, das sind kleine Vorspeisen. Vor dem Besuch lohnt sich durchaus ein Anruf wegen der Öffnungszeiten, bei der Gelegenheit sollte man außerdem mitteilen, ob man auch vor Ort essen möchte. Der Weinlesetag im März ist sehr lustig, freiwillige Erntehelfer sind jederzeit willkommen.

Geführte Touren

Die Standardtour mit dem Minibus in die Quebrada beginnt am Nachmittag, wenn die Farben am schönsten leuchten, und kostet rund 60 Arg$. Drei- oder vierstündige Wanderungen in die Quebrada (120 Arg$) und zum Río Colorado (80 Arg$) sind ebenfalls sehr beliebt. Die Tagesausflüge nach Cachi (225 Arg$) empfinden viele als ermüdend. Quilmes (75 Arg$) sollte man lieber (preiswerter) mit einem Taxi besuchen – das lohnt sich, sobald man zu zweit oder mit mehreren unterwegs ist.

Ausritte können ein paar Stunden (125 Arg$) bis zu einem ganzen Tag (250 Arg$) dauern. Außerdem gibt es mehrere Fahrradverleihe (Tag rund 35 Arg$).

Die Hauptanbieter haben ihre Büros an der Plaza. Die meisten Leser sind vom Service dieser Agenturen nicht gerade begeistert, andere Reisende können vielleicht bessere Tipps geben. Doch egal, wie die Touren letztendlich ablaufen: Die Landschaft der Quebrada de Cafayate ist eine Fahrt dorthin auf jeden Fall wert.

Feste & Events

La Serenata de Cafayate Das Fest Ende Februar ist ein sehenswertes, dreitägiges Folklorefest. Beim Stadtfest, der **Fiesta de la Virgen del Rosario** am 4. Oktober, geht es ebenfalls hoch her.

Schlafen

In Cafayate gibt es viele Übernachtungsmöglichkeiten, Boutiquehotels schießen wie Pilze aus dem Boden und einfache *hospedajes* gibt es in jeder Straße.

BUDGETUNTERKÜNFTE

Camping Lorohuasi (☎ 422292; Zeltplatz pro Pers./Zelt 5/6 Arg$; ☒) Von diesem städtischen Campingplatz sind es 10 Gehminuten entlang der Avenida General Güemes bis zum Zentrum. Weht ein starker Wind, kann es auf dem Gelände staubig werden. Die Sanitäranlagen sind in Ordnung, es gibt auch einen kleinen Lebensmittelladen.

Ñusta Hospedaje (☎ 421852; nusta.hospedaje@arnet. com.ar; Catamarca 15; Zi. pro Pers. 35 Arg$; ☎) In dieser warmherzigen Familienpension ist das Preis-Leistungs-Verhältnis noch ausgezeichnet: Es gibt unterschiedliche, aber stets gemütliche Zimmer und eine angenehme Atmosphäre. Einen Block die Straße hinunter werden weitere Zimmer vermietet.

Hostel El Balcón (☎ 421739; www.elbalconhostel.com. ar; 20 de Febrero 110; B 30–40 Arg$, DZ/3BZ 180/200 Arg$; ☒) Reisende lieben oder hassen dieses Hostel. Die Bar auf dem Dach ist toll, aber in den großen Schlafsälen ist der Lärmpegel am Wochenende sehr hoch. Das Ganze hat ein sehr geschäftstüchtiges Ambiente – so versuchen die Angestellten massiv, ihre Touren an den Mann zu bringen.

Rusty-K Hostal (☎ 422031; rustykhostal@gmail.com; Rivadavia 281; B 40 Arg$, DZ mit/ohne Bad 120/100 Arg$; ☒ ☎) Die Ruhe in diesem mit Wein bewachsenen Hofgarten wird nur ab und zu vom Tock-tock des Tischtennis unterbrochen. Nette Doppelzimmer und die ausgezeichnete Einstellung der Gastgeber machen diese Unterkunft zu Cafayates Juwel unter den günstigen Unterkünften. Unbedingt vorbuchen: Es gibt nur fünf Betten im Schlafsaal!

Hostel Ruta 40 (☎ 421689; www.hostel-ruta40.com; Av General Güemes 178; B/DZ 40/140 Arg$; ☒ ☎) Die Schlafsäle sind ziemlich dunkel und können etwas stickig sein, aber Ausstattung und Atmosphäre in diesem zentral gelegenen Hotel sind gut und die Zimmer mit Bad ein Schnäppchen. Das Frühstück ist im Preis inbegriffen, eine Küche ist außerdem vorhanden. HI-Mitglieder bekommen einen Rabatt.

El Portal de las Viñas (☎ 421098; www.portalvinias.com. ar; Nuestra Señora del Rosario 155; DZ 140 Arg$; ☒) Dank der Renovierungsmaßnahmen ist das El Portal in eine höhere Kategorie aufgestiegen, ohne etwas von seinem Charme einzubüßen. Zu den Highlights zählen der höfliche und sehr persönliche Empfang des interessanten Besitzers, die zentrale Lage und die allgemeine Ruhe. Die Zimmer haben terrakottageflieste Böden und geräumige Bäder und liegen rund um einen von Wein beschatteten Innenhof.

Hotel Tinkunaku (☎ 421148; Diego de Almagro 12; EZ/DZ 90/169 Arg$; ☒ 🛜 🖾) Diese preiswerte, wenn auch nicht besonders elegante Unterkunft vermietet saubere, moderne Räume in ruhiger, zentraler Lage. Die Atmosphäre ist locker und familiär, hinterm Haus sorgt ein riesiger Pool für Abkühlung.

MITTEL- & SPITZENKLASSEHOTELS

Hostal del Valle (☎ 421039; www.welcomeargentina.com/ hostaldelvalle; San Martín 243; EZ/DZ 124/186 Arg$; ☒ 🛜) Dieser verlockende Ort begeistert mit einer Unzahl von Topflumen, hübschen Zimmern mit großen, einladenden Betten und hervorragenden Bädern. Es gibt einige kleinere, dunklere Zimmer, die etwas preiswerter, aber immer noch gut sind. Das Frühstück wird in einem Wintergarten auf dem Dach, einer hellen Glasveranda, mit tollem Ausblick serviert.

Villa Vicuña (☎ 422145; www.villavicuna.com.ar; Belgrano 76; EZ/DZ 200/300 Arg$; ☒ 🖳 🛜) Dieser intime Rückzugsort bietet schöne, makellose Zimmer mit großen Betten und nachgemachten Antiquitäten, die sich einträchtig um zwei Innenhöfe gruppieren. Service und Frühstück sind gleichermaßen gut – man kann zudem Stunden damit verbringen, die ungewöhnliche Wandskulptur im Hof zu analysieren.

Portal del Santo (☎ 422400; www.portaldelsanto. ar; Chavarría 250; EZ/DZ 220/280 Arg$; 🖾 🛜) Dieses einladende Hotel zeichnet sich durch kühle, weiße Eleganz aus und ähnelt mit seinen Arkaden einem kolonialen Palast. Die unteren Zimmer gehen auf eine Terrasse und den einladenden Garten mit Pool hinaus, die Zimmer in der oberen Etage (DZ/Suite 320/500 Arg$) bieten Ausblicke auf die Berge und sind etwas größer geschnitten. Die Suite bietet Platz für vier Personen.

LP Tipp **Killa** (☎ 422254; www.killacafayate.com.ar; Colón 47; EZ/DZ/Suite 303/355/396 Arg$; ☒ 🖳 🛜 🖾) Hochklassig, bequem und gut geführt, vermittelt dieses Hotel im Kolonialstil eine warme Atmosphäre, die es dem kreativen Einsatz von natürlichem Holz, Stein und regionalem Kunsthand-

werk verdankt. Die fabelhaften Zimmer – alle ohne Fernseher – haben tolle Bäder. Von den großen Suiten im Obergeschoss mit jeweils eigenem Balkon (sie sind den kleinen Aufpreis unbedingt wert) öffnet sich ein unglaublicher Ausblick. Es gibt einen Poolbereich, der Service ist tadellos.

Essen

Heladería Miranda (Av General Güeme; Eis ab 4 Arg$; ☺ 10– 22 Uhr) Ein typisch argentinisches Dilemma beim Restaurantbesuch ist die Frage, ob man schweren roten Cabernet oder trockenen weißen Torrentés trinken soll – das erspart man sich in der Eisdiele natürlich. Sollte man meinen, stimmt aber hier nicht so ganz: Mirandas Weineis ist Cafayates ganzer Stolz.

Casa de las Empanadas (☎ 454111; Mitre 24; Gerichte 2–24 Arg$; ☺ Mittag- & Abendessen) In dieses schnörkellose, freundliche Lokal in einer Seitenstraße der Plaza kommen die Gäste wegen der leckeren regionalen Gerichte. Es gibt Empanadas, die über das übliche Rind-und-Huhn-Repertoire hinausgehen, sowie *humitas*, *locro* und *tamales*.

El Rancho (☎ 421256; www.elranchocafayate.com.ar; V. Toscano 4; Hauptgerichte 13–25 Arg$; ☺ Mittag- & Abendessen) Eine Klasse besser als die vielen unberechenbaren Lokale rund um die Plaza: Hier gibt es eine kleine, einfache Karte, auf der *locro* und ein paar gute Geflügelgerichte stehen. Es gehört zu einer Bodega, daher sind die Weine der Konkurrenz überteuert. Besonders schön ist es hier an Winterabenden, wenn das Kaminfeuer knistert, und an den Abenden, an denen ein blinder Gitarrist unaufdringlich *folklórica* spielt.

La de Martín (☎ 03868-15-455836; Mitre 25; Hauptgerichte 15–30 Arg$; ☺ Mittag- & Abendessen) Ziegeneintopf, regionale und gelegentlich Lamagerichte finden sich in diesem nicht allzu touristischen Lokal neben den verlässlich guten Grillspezialitäten auf der Karte. Die Kellner sind hilfsbereit, die Preise angemessen.

Colorado (☎ 421280; Belgrano 26; Hauptgerichte 24–42 Arg$; ☺ Mittag- & Abendessen) Bier aus der eigenen Brauerei, mexikanische Küche, Salat aus Spinat und Schimmelkäse sowie ein rotes Thaicurry gehören zu den Dingen, die dieses einladende Bar-Restaurant so interessant machen.

El Terruño (☎ 422460; Av General Güemes 30; Hauptgerichte 30–45 Arg$; ☺ Mittag- & Abendessen) Tische auf der Plaza und der freundliche Service werden vom Essen in diesem Restaurant ergänzt. Seltsamerweise gibt es zwei Karten, von denen eine sehr untraditionell Gerichte wie Lachs und Avocadosalat und Lammfilet vorschlägt.

DER ANDINE NORDWESTEN

Ausgehen

Chato's Wine Bar (Nuestra Señora del Rosario 132; ☻ 19–24 Uhr) Das unprätentiöse Lokal wird von einem höflichen, englisch sprechenden Chef geführt und ist Cafayates einzige echte Weinbar. Ein toller Ort, um aus der nahen Region stammenden Tropfen zu vernünftigen Preisen zu probieren und sich nett zu unterhalten.

Shoppen

Es gibt viele Kunsthandwerksgeschäfte an und um die Plaza. Die Kooperative des **Mercado Artesanal** (Av General Güemes; ☻ 9–22 Uhr) verkauft die Arbeiten vieler Einheimischer. Schönes Silber gibt es in der Werkstatt von **Jorge Barraco** (☎ 421244; Colón 157).

An- & Weiterreise

Drei bis vier Busse der Firma **El Indio** (Belgrano s/n) fahren täglich nach Salta (35 Arg$, 4 Std.). Es gibt außerdem täglich drei oder vier Verbindungen nach San Carlos (5 Arg$, 40 Min.) und einen Bus nach Angastaco (Mo–Fr 11, So 18.30 Uhr; 14 Arg$, 2 Std.). Die Busse von **Aconquija** (Ecke Av General Güemes & Alvarado) fahren drei- bis viermal täglich nach Tucumán (44 Arg$, 5–6½ Std.) über Amaicha del Valle und Tafí del Valle (24,50 Arg$, 4 Std.); drei Busse fahren nach Santa María (13 Arg$, 2 Std.)

Unterwegs vor Ort

Taxis warten rund um die Plaza und können praktisch sein, um zu den Bodegas außerhalb der Stadt zu fahren. Wenn keines da ist, ruft man ☎ 422128 an.

QUEBRADA DE CAFAYATE

Nördlich von Cafayate verläuft die Straße nach Salta durch die karge und spektakuläre Quebrada de Cafayate, eine wilde Landschaft aus Sandstein, die in kräftigen Farben leuchtet und zu unwirklichen Felsformationen verwittert ist. Der Río de las Conchas hat diese Schlucht in die Landschaft geschnitten und legt dabei Sedimentschichten frei, die nun eine Vielfalt an Farbtönen von tiefem Rot über Ocker bis hin zu Grün zeigen. Obwohl auch die Fahrt schon sehr spektakulär ist – die Straße gehört zu den bemerkenswertesten Strecken des Landes –, lohnt es sich doch, Teile der Schlucht aus der Nähe zu betrachten. Die beste Zeit dafür ist der späte Nachmittag, wenn die tief stehende Sonne die Farben noch intensiver leuchten lässt.

Nur eine kurze Strecke nördlich von Cafayate liegt das ausgedehnte Dünenfeld Los Médanos, hinter dem sich die eigentliche Schlucht erstreckt. Auf einige der bemerkenswertesten Felsformationen weisen Schilder an der Straße hin. Sehr markant sind etwa El Sapo („die Kröte") oder die nebeneinander liegenden Garganta del Diablo („Teufelsschlund") und Anfiteatro („Amphitheater") um den Kilometer 49 herum. Spalten im Fels bieten eine Zugangsmöglichkeit, um die bizarr geformten Steine aus der Nähe zu bewundern. Die erstaunlichen Muster der verschiedenen Schichten sind durch tektonische Verschiebungen entstanden.

Diese Sehenswürdigkeiten sind gut besucht. Manchmal folgen Einheimische den Touristen in der Hoffnung auf ein paar Pesos als Dank für eine kleine „Führung".

Verkäufer von *artesanía* und Musiker halten sich hier überall auf, dafür fehlt eine dringend benötigte Lokalität, in der man verlässlich Essen oder Wasser kaufen kann.

An- & Weiterreise

Es gibt mehrere Möglichkeiten, den Canyon zu erkunden. Touren von Salta aus sind kurz und reglementiert, es empfiehlt sich von daher, sie vom näher gelegenen Cafayate aus zu unternehmen (S. 304). In Salta kann man wiederum ein Auto mieten, in Cafayate nur Fahrräder. Die Kombination Busfahrt, Trampen und zu Fuß gehen ist ebenfalls möglich.

Hier sind die Infos für all diejenigen ohne Auto: Mit dem Leihfahrrad oder zu Fuß aus einem beliebigen El-Indio-Bus aussteigen, sich eine Weile umsehen und dann einen anderen Bus anhalten. Auf jeden Fall den Fahrplan für die Busse zwischen Salta und Cafayate anschauen und ausreichend Proviant und Wasser in diese heiße trockene Gegend mitnehmen. Ein guter Ausgangspunkt für eine Entdeckungstour ist die Garganta del Diablo. Von dort aus lassen sich auch einige weitere Sehenswürdigkeiten zu Fuß erreichen.

TUCUMÁN & UMGEBUNG

Tucumán ist Argentiniens zweitkleinste Provinz, spielt aber in der Geschichte des Landes eine wichtige Rolle. Hier erklärte sich das Land für unabhängig, und die ansässige Zuckerindustrie ist von immenser Bedeutung für die Wirtschaft des Landes. Durch die Monokultur konnte die Provinz eine weiterverarbeitende Industrie entwickeln, sie brachte aber auch eine höchst ungleiche Verteilung von Reichtum und Landbesitz

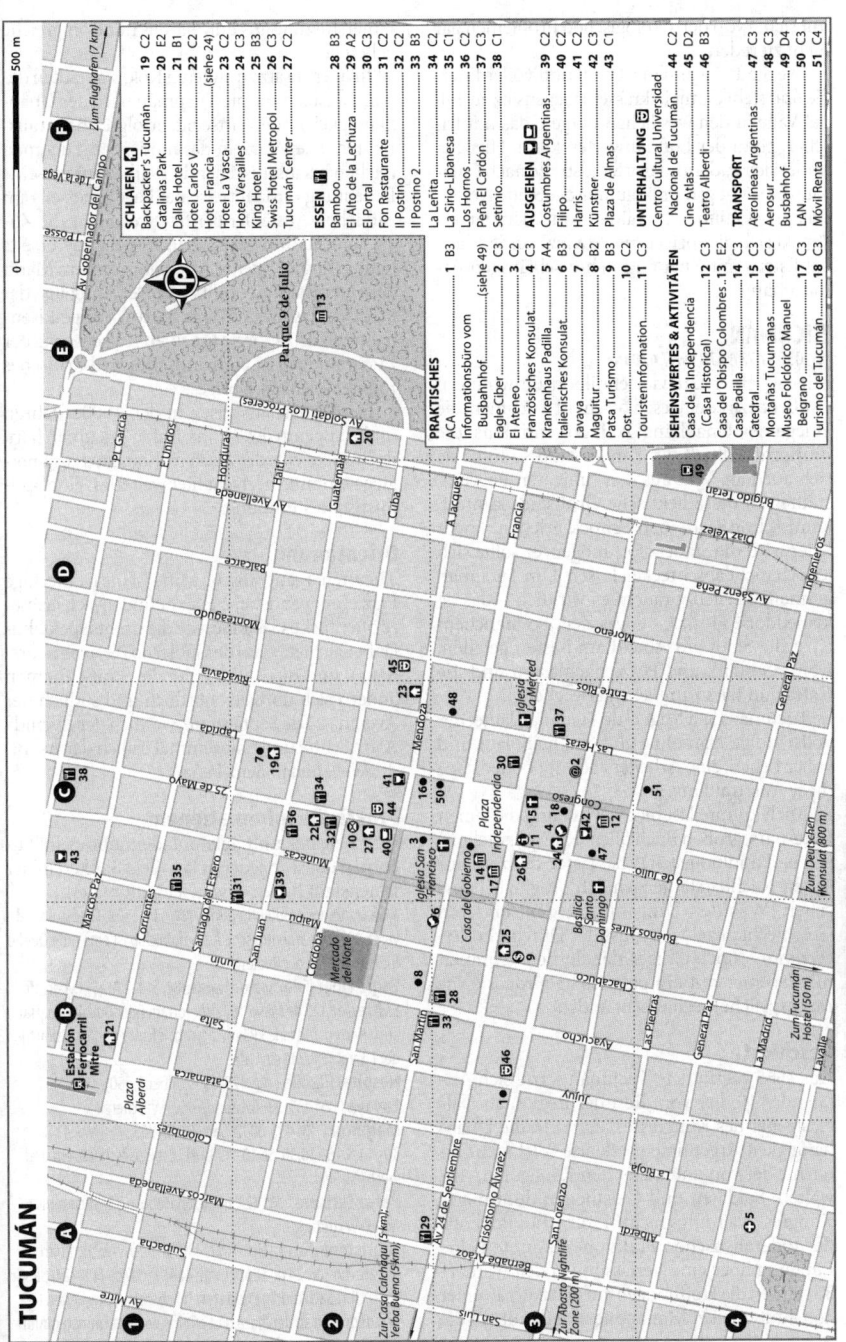

mit sich – von den ökologischen Problemen gar nicht zu reden.

Die Stadt Tucumán ist heiß und voller Energie und steht damit in krassem Gegensatz zu Tafí del Valle in den westlichen Bergen, das mit frischer, gesunder Luft aufwarten kann. Hier befindet sich zudem an der Landstraße nach Cafayate die wichtigste präkolumbische Stätte Argentiniens – Quilmes. Im Süden von Tucumán erstreckt sich die abgelegene Provinz von Santiago del Estero mit einer angenehm schläfrigen Atmosphäre.

TUCUMÁN

☎ 0381 / 738 479 Ew. / 420 m

Mit fast einer Dreiviertelmillion Einwohnern (Außenbezirke eingeschlossen) ist Tucumán, die Wiege der Unabhängigkeit Argentiniens, die fünftgrößte Stadt des Landes, und so fühlt sie sich auch an. Wer aus den ruhigeren Provinzstädten in diese hektische Großstadt kommt, kann schon fast einen Schock erleben. Nicht jeder wird die Stadt sofort mögen, er sollte sich jedoch nicht abschrecken lassen. Um Tucumán kennenzulernen, braucht es wirklich – das ist keine bloße Floskel – etwas Zeit. So manchem wird die Stadt am Abend am besten gefallen, wenn Gestank und Hitze nachlassen und die Cafés und Bars zum Leben erwachen.

Tucumán (San Miguel de Tucumán lautet der vollständige Name) ist glühend heiß, laut und voller Leben, eine Arbeiterstadt mit bodenständiger Ausstrahlung.

Auch kulturell ist hier viel los, und die feinen Café-Bars, großen Buchläden, Kunstausstellungen und traditionellen Peñas lassen die beschaulichen Nachbarstädte ziemlich provinziell aussehen. Was den Umgang mit dem anderen Geschlecht angeht, so muss der Durchschnitts-*tucumano* noch einiges dazulernen – Frauen müssen hier mit ein paar mehr *piropos* (Anmachsprüche) rechnen als anderswo.

Geschichte

Das 1565 gegründete Tucumán setzte sich Anfang des 19. Jhs. vom Rest der Region ab – als Gastgeber des Kongresses, der 1816 die Unabhängigkeit Argentiniens erklärte. Viel mehr erreichte der von unitaristischen Kaufleuten, Anwälten, Soldaten und Geistlichen dominierte Kongress allerdings nicht: Trotz eines Boykotts der föderalistischen Fraktionen konnte keine Einigung über eine Verfassung erzielt werden. So starben die Hoffnungen auf den Aufbau einer konstitutionellen Monarchie und damit auf die Unterstützung aus Europa, das nur Königreiche gelten ließ.

Im Gegensatz zu anderen Kolonialstädten des Nordwestens konnte Tucumán nach der Unabhängigkeit seine Wirtschaft erfolgreich neu ausrichten. Die Wurzeln des modernen Tucumán reichen bis ins ausgehende 19. Jh. zurück. Seine Bedeutung verdankt es seiner Lage: einerseits am südlichen Ausläufer der frostfreien, für die Zuckerproduktion geeigneten Zone, andererseits nahe genug an Buenos Aires, um von dem Markt der Hauptstadt zu profitieren. Der Anschluss der Stadt an das für den Transport wichtige Eisenbahnnetz 1874 sorgte für einen Aufschwung der Zuckerindustrie, einheimisches und britisches Kapital taten ein Übriges.

Die Wirtschaftskrisen in den 1960er-Jahren und zu Beginn des 21. Jhs. trafen Tucumán hart, doch angesichts des Zuckerrohranbaus zur Energiegewinnung herrscht hier weiterhin eine optimistische Stimmung.

Orientierung

Tucumáns geografische Mitte ist die rechteckige Plaza Independencia. Hier befinden sich größere öffentliche Gebäude, wie die nachts spektakulär beleuchtete Casa de Gobierno (Gouverneurshaus), und die Kathedrale; die Straßennamen ändern sich übrigens nördlich und südlich der Avenida 24 de Septiembre, westlich der Avenida Alem/Mitre und noch einmal östlich der Avenida Avellaneda/Sáenz Peña.

Praktische Informationen

Internetcafés und Telefonläden gibt es in Tucumán quasi an jeder Ecke. Viele Banken in der Innenstadt haben einen Geldautomaten.

ACA (Automóvil Club Argentino; ☎ 431-1522; Crisóstomo Álvarez 901) Der argentinische Automobilclub ist eine gute Quelle für Landkarten der Region.

Eagle Ciber (Crisóstomo Álvarez 381; Std. 2 Arg$) Cybercafe.

El Ateneo (25 de Mayo 182) Hervorragender Buchladen. Hat auch Karten und eine kleine Auswahl leichter englischsprachiger Literatur sowie ein Café.

Hospital Padilla (☎ 429-0969; Alberdi 550).

Lavaya (☎ 431-2366; Laprida 460) Wäscherei.

Maguitur (☎ 431-0032; San Martín 765; ◷ Mo–Fr 8.30–14 & 16–18.30, Sa 10–12 Uhr) Löst Reiseschecks ein und wechselt Geld.

Patsa Turismo (☎ 421-6806; Chacabuco 38) Tucumáns Amex-Vertretung.

Touristeninformation (☎ 430-3644; www.tucuman turismo.gov.ar; 24 de Septiembre 484; ◷ Mo–Fr 8–22, Sa–So 9–21 Uhr) Sachkundige und stets hilfsbereite Mitarbeiter. Neben dem Büro an der Plaza gibt es eine weitere Touristeninfor-

DER ANDINE NORDWESTEN

mation am Busbahnhof gegenüber von Bussteig 12 mit denselben Öffnungszeiten.

Sehenswertes
CASA PADILLA
Dieses teilweise restaurierte Haus aus der Mitte des 19. Jhs. befindet sich neben der Casa de Gobierno und gehörte zunächst dem Provinzgouverneur José Frías (1792–1874), später seinem Schwiegersohn, Bürgermeister Ángel Padilla. Das **Museum** (25 de Mayo 36; Eintritt frei; ☺ Di–So 9–13 Uhr) beherbergt eine Sammlung von europäischer Kunst, chinesischem Porzellan und Stilmöbeln aus der Zeit der Casa.

KATHEDRALE
Die klassizistische **Kathedrale** (☺ 8.30–13 & 16.30–22 Uhr) von Tucumán steht an der Plaza Independencia und macht mit ihrer dorischen Fassade einiges her. Die Darstellung des Exodus, des Auszugs des Volkes Israel aus Ägypten, im Giebel zeigt ungewöhnlicherweise Moses in der Wüste, der ein paar Weinreben erhält – eine Anspielung auf die fruchtbaren Böden in der Umgebung von Tucumán. Zur Innenausstattung gehören beispielsweise ein kleiner Chor aus Holz, lebendige Deckenmalereien und ein Gemälde hinter dem Altar, das Mariä Verkündigung darstellt.

CASA DE LA INDEPENDENCIA (CASA HISTORICAL)
In der strahlend weiß gekalkten **Casa de la Independencia** (☎ 431-0826; Congreso 151; Eintritt 5 Arg$; ☺ 10–18 Uhr) im späten Kolonialstil erklärten unitaristische Anwälte und Geistliche – die Föderalisten boykottierten die Zusammenkunft – am 9. Juli 1816 die Unabhängigkeit Argentiniens von Spanien. Porträts der Unterzeichner schmücken die Wände des Raums, in dem die Unabhängigkeitserklärung unterschrieben wurde. Es ist praktisch der einzige Teil des Gebäudes, der sich im Originalzustand befindet – alles andere ist wiederaufgebaut. Zur Vorgeschichte dieses denkwürdigen Ereignisses gibt es umfangreiche Informationen (allerdings auf Spanisch), es werden jedoch auch kostenlose Führungen auf Englisch angeboten.

Täglich außer am Donnerstagen findet um 20.30 Uhr eine Licht- und Tonschau statt (Eintritt Erw./Kinder 10/5 Arg$). Der Kartenverkauf beginnt 15 Minuten vor Beginn der jeweiligen Vorstellung.

Auf dem Freigelände neben dem Gebäude gibt es Kunsthandwerkerbuden und -stände, die auch traditionelle Speisen wie *locro* und *humitas* verkaufen.

MUSEO FOLCLÓRICO MANUEL BELGRANO
Das nette, in einem Kolonialhaus untergebrachte **Museo Folclórico Manuel Belgrano** (☎ 421-8250; Av 24 de Septiembre 565; Eintritt frei; ☺ Di–So 9–13 & 15–20 Uhr) beherbergt eine schöne Sammlung an traditionellen Pferdegeschirren der Gauchos, heimische Musikinstrumente (die aus dem Panzer des Gürteltiers gefertigten *charangos* verdienen besondere Beachtung), Webwaren sowie ein paar heimische Töpferwaren.

CASA DEL OBISPO COLOMBRES
Die **Casa del Obispo Colombres** (☎ 452-2332; Eintritt frei; ☺ 8–13 & 15–20 Uhr) liegt in der Mitte des Parque 9 de Julio auf dem Gelände der ehemaligen El-Bajo-Plantage von Bischof Colombres. Das Haus aus dem 18. Jh. beherbergt ein Museum zur Zuckerindustrie, zu deren Aufbau der umtriebige Geistliche (der auch in der Unabhängigkeitsbewegung eine wichtige Rolle spielte) maßgeblich beitrug. Die Informationstafeln sind ins Englische übersetzt.

Geführte Touren
Da die Provinz Tucumán ganz auf den Tourismus setzt, gibt es ein großen Angebot an organisierten Touren, die von gemächlichen Stadtspaziergängen und Kanufahrten bis zu anspruchsvollen Trekkingtouren und Gleitschirmflügen reichen; die Stadt war sogar schon Gastgeberin des Paragliding-Weltcups. Die Touristeninformation hält eine umfangreiche Angebotsliste bereit.

Besonders lohnend ist die schöne, nicht allzu schwierige viertägige Trekkingtour von Tucumán nach Tafí del Valle.

Hier einige Touranbieter:

Canoas y Aventuras (☎ 485-0814; canoasyaventuras@ yahoo.com.ar) Veranstaltet Kanuausflüge und eine lange Tageswanderung durch den subtropischen Wald zu einigen netten Wasserfällen (pro Pers. 90 Arg$).

Montañas Tucumanas (☎ 0381-15-609-3336; www. montanastucumanas.com; Laprida 196) Der freundliche und professionelle Veranstalter bietet u.a. Trekking-, Kletter-, Canyoning- und Abseiltouren an – sowohl in der Nähe von Tucumán als auch in weiter entfernten Gegenden.

Tucumán Parapente (☎ 0381-15-444-7508; www. tucumanparapente.com.ar) Gleitschirmflugkurse sowie wunderbare Tandemflüge über die Wälder der Yungas.

Turismo del Tucumán (☎ 422-7636; tucumantur@ sinectis.com.ar; Crisóstomo Álvarez 435) Die Agentur organisiert geführte Ausflüge zu interessanten Zielen der Provinz, darunter Tafí del Valle und Quilmes (210 Arg$) oder eine Rundfahrt in Las Yungas (100 Arg).

Walter ,Paco' Castro (pacoflight@hotmail.com) Von Lesern empfohlener Drachenfluglehrer, der Tandemflüge anbietet (pro Pers. 250 Arg$).

Feste & Events

Die Feiern zum **Día de la Independencia** (Argentiniens Unabhängigkeitstag) am 9. Juli werden in Tucumán, der Wiege der Unabhängigkeit, ganz besonders festlich begangen. Die *tucumanos* feiern auch die **Batalla de Tucumán** (Schlacht von Tucumán) am 24. September.

Schlafen

Die meisten Hotels in Tucumán sind überteuert; insbesondere bei Barzahlung lassen sich jedoch teils erhebliche Nachlässe aushandeln.

BUDGETUNTERKÜNFTE

Tucumán Hostel (☎ 420-1584; www.tucumanhostel.com.ar; Buenos Aires 669; B 35 Arg$, DZ mit/ohne Bad 95/85 Arg$; 🖵 🕿) Für dieses freundliche Hostel sieben Straßen südlich der Plaza spricht einiges: gute Betten im Schlafsaal, engagiertes Personal, penible Sauberkeit in Küche und Bädern und nicht zuletzt die Bar. Wer im hinteren Teil rund um den Pool wohnt, muss aufpassen, dass er die Avocados, die reif vom Baum fallen, nicht auf den Kopf bekommt.

Backpacker's Tucumán (☎ 430-2716; www.backpackerstucuman.com; Laprida 456; B 45 Arg$, EZ mit/ohne Bad 110/100 Arg$, DZ mit/ohne Bad 130/120 Arg$; 🖵) Von diesem vertrauenswürdigen Hostel sind es nur ein paar Schritte bis zur lebendigen Restaurantszene an der 25 de Mayo. Es hat einen lässigen Charme und bietet viele Annehmlichkeiten. Die Schlafsäle sind hoch, geräumig und mit Ventilatoren ausgestattet, die Zimmer zwar eng, aber komfortabel. Der kühle Patio ist an heißen Tagen ein angenehmer Aufenthaltsort. Rabatt gibt es für HI-Mitglieder.

Casa Calchaquí (☎ 425-6974; www.casacalchaqui.com; Lola Mora 92, Yerba Buena; B/EZ/DZ 45/100/140 Arg$; 🕿 🖵 🕿 🕿) Der angenehme Rückzugsort liegt 6 km westlich des Zentrums im vornehmen Wohnviertel Yerba Buena. Hängematten, weite Grünflächen, Bar-Service und ein kleiner Pool sorgen für Entspannung. Hinzu kommen bequeme Schlafkojen und Doppelzimmer, Küche und Grill sowie freundliche und sogar mehrsprachige Herbergseltern. In Yerba Buna gibt es viele gute Restaurants und Ausgeh-Adressen. Die Taxifahrt zur Casa kostet 15 Arg$, gegenüber vom Busbahnhof starten aber auch die Buslinien 102 und 118, die dorthin fahren. Casa Calchaquí verleiht auch Fahrräder.

Hotel La Vasca (☎ 421-1828; www.redcarlosv.com.ar; Mendoza 289; EZ mit/ohne Bad 76/63 Arg$, DZ mit/ohne Bad 100/83 Arg$; 🕿) Durch eine 3 m hohe Tür das Zimmer zu betreten – das hat was. Die Zimmer dieser zentral gelegenen Budgetunterkunft gruppieren sich um zwei Innenhöfe – diejenigen im 1. Stockwerk auf der Rückseite sind die beste Wahl – und sind mit Original-Ölgemälden des Besitzers ausgestattet. Freundliches Personal.

King Hotel (☎ 431-0211; Chacabuco 18; EZ/DZ 85/100 Arg$; 🕿) Viele Geschäftsleute steigen in diesem Hotel ab, weil es Komfort und Sauberkeit bietet und sehr zentral liegt. Für Tucumán-Verhältnisse sind die Preise sehr fair. Da das Hotel oft schon am frühen Nachmittag voll ist, ist eine Reservierung sinnvoll.

MITTEL- & SPITZENKLASSEHOTELS

Dallas Hotel (☎ 421-8500; www.dallashotel.com.ar; Corrientes 985; EZ/DZ 180/235 Arg$; 🕿) Dieser angenehme Ort mit freundlichem Betreiber hat viel zu bieten. Durch gepolsterte Türen gelangen die Gäste in große Zimmer mit anständigen Betten. In der Nähe finden sich viele beliebte Bar-Restaurants. Auch der hübsche Bahnhof um die Ecke ist sehenswert. Bei Barzahlung gibt es 10 % Rabatt.

Hotel Francia (☎ 431-0781; www.franciahotel.com; Crisóstomo Álvarez 467; EZ/DZ 190/239 Arg$; 🕿 🖵 🕿) Dieses einen Block von der Plaza entfernt liegende Hotel vermietet anständige moderne Zimmer mit französischen Drucken an den Wänden und guten Bädern. Wer spontan hereinschneit, muss in der Regel weniger zahlen als die oben angegebenen Zimmerpreise.

Hotel Versailles (☎ 422-9760; www.hotelversaillestuc.com.ar; Crisóstomo Álvarez 481; EZ/DZ 209/256 Arg$; 🕿) Das unauffällige, altmodische Hotel strahlt tatsächlich eine gewisse französische Eleganz aus. Die Räume sind nicht besonders groß und sehen für den Preis ein wenig abgenutzt aus, doch die Aufenthaltsräume wirken fast schon herrschaftlich. Auf Nachfrage werden oft erhebliche Preisnachlässe gewährt – wenn nicht, sollte man sich anderweitig umschauen.

Hotel Carlos V (☎ 431-1666; www.redcarlosv.com; 25 de Mayo 330; EZ/DZ 215/265 Arg$; 🕿 🖵) Die Zimmer hier sind zwar nicht riesengroß, haben aber einen gewissen Charme, vielleicht wegen der Wände im Pergamentton und der hellen Tagesdecken. Das Hotel überzeugt durch seine zentrale Lage, das nahezu klassische Ambiente und ein gut besuchtes Café-Restaurant – eine anständige Adresse in Tucumán.

Swiss Hotel Metropol (☎ 431-1180; www.swisshotel metropol.com.ar; 24 de Septiembre 524; EZ/DZ 346/438 Arg$; ❷ 🖳 🖭) Die modernen Zimmer mit geräumigen Bädern haben leider nur winzige Balkone, die lediglich Platz zum Stehen bieten, doch der phantastische Pool auf dem Dach macht vieles wett, ebenso die zentrale Lage.

Tucumán Center (☎ 452-5555; www.tucumancenterho tel.com.ar; 25 de Mayo 230; EZ/DZ 396/449 Arg$, Suite für 4 Pers. 1040 Arg$; ❷ 🖳 🖭) An diesem vornehmen Business-Class-Hotel mitten im Zentrum ist schwerlich etwas auszusetzen! Service und Einrichtungen, darunter ein kleiner Fitnessraum und ein Außenpool, sind Spitze, und die riesigen Betten bescheren höchsten Schlafkomfort. Die Suiten bieten viel (fast schon) überflüssigen Platz und eine Badewanne mit Sprudelwasser. Im Sommer erhält man einen großen Rabatt, weitere Sonderangebote finden sich auf der Website.

Catalinas Park (☎ 450-2250; www.catalinaspark.com; Av Soldati 380; EZ/DZ Standard 420/480, Superior 492/548 Arg$; ❷ 🖳 🖭) Manche Hotels in Tucumán fordern ziemlich übertriebene Preise für einen Komfort, der über den 3-Sterne-Standard meist nicht hinausgeht. Dieses Hotel beim großen Parque 9 de Julio ist jedoch eine rühmliche Ausnahme. Mit den geräumigen, fast schon riesigen Zimmern mit wunderbarer Aussicht, dem angenehmen Außenpool, dem Babysitter-Service, der Sauna und dem zuvorkommenden Personal lässt es keine Wünsche offen. Sogar ein Hubschrauber steht für schnellere Ausflüge auf dem Luftweg zur Verfügung.

Essen

Tucumán ist für seine wunderbaren Empanadas mit viel Ei berühmt, sie findet man hier überall. Die Calle 25 de Mayo, die „Fress-Meile", ist gesäumt von modernen Café-Bars, die heimische und internationale Küche in großer Vielfalt anbieten. Wer hier nicht auffallen möchte, sollte unbedingt eine Eistüte in der Hand halten; es gibt eine Unzahl von Eisdielen rund um den Platz, um sich damit einzudecken.

[LP Tipp] El Portal (☎ 422-6024; Av 24 de Septiembre 351; Gerichte 2.50–26 Arg$; 🕑 10–23 Uhr) Dieses rustikale, einen halben Block östlich der Plaza Independencia gelegene Lokal, in dem die Gäste drinnen und draußen essen können, hat eine winzige, aber exzellent zusammengestellte Speisekarte, in der sich alles um Empanadas, Locro und Ähnliches dreht. Alles ist sehr authentisch und köstlich zubereitet!

Il Postino (☎ 421-0440; Ecke 25 de Mayo/Córdoba; Pizzas & Pasta 10–25 Arg$; 🕑 7–2 Uhr) Hier werden Pizza und Pasta stilvoll in einer alten Lagerhalle aus Backstein serviert. Alle lieben das Lokal, weshalb man oft auf einen Tisch warten muss. Aber das lohnt sich: Insbesondere die Pizzas sind von erstklassiger Qualität; daneben gibt es auch diverse andere kleine Gerichte. In der Junín 86 existiert eine weitere Filiale.

Peña El Cardón (☎ 430-8506; Las Heras 50; Gerichte 10–24 Arg$; 🕑 Di–So Mittagessen, Di–Sa Abendessen) Diese historische und traditionelle peña vermittelt einen Eindruck davon, wie diese Stätten früher einmal aussahen, bevor sie zu Touristenshows mutierten. Es gibt regelmäßig Kulturveranstaltungen, einen hübschen Innenhof und leckere Empanadas. Freitags und samstags wird ab etwa 22 Uhr Live-Folklore geboten. Es kann dann spät werden und ziemlich zur Sache gehen.

El Alto de la Lechuza (☎ 400-7171; Av 24 de Septiembre 1199; Gerichte 12–26 Arg$; 🕑 Do–So 20 Uhr bis spätnachts) Diese 1939 gegründete peña, die sich selbst als älteste in Argentinien bezeichnet, bietet die übliche Parrilla- und Pastakost plus ein paar regionale Spezialitäten. Aber nicht deshalb, sondern wegen der Musik kommen die Leute an diesen Ort; viele argentinische Stars sind schon im El Alto aufgetreten.

Fon Restaurante (☎ 421-8715; Maipú 435; „all-you-can eat" 15 Arg$; 🕑 Mo–Sa nur Mittagessen) Das Mittagsbüfett in diesem vegetarischen Restaurant bietet vor allem chinesische Gerichte, dazu ein paar bei den Einheimischen beliebte Speisen wie Russischen Salat und Empanadas. Nicht unbedingt die erste Adresse für Gourmets, aber sehr sättigend.

La Sirio-Libanesa (Maipú 575; Menüs 19–28 Arg$; 🕑 Tgl. Mittagessen, Mo–Sa Abendessen) Das Restaurant der syrisch-libanesischen Gemeinde bietet schmackhafte Küche vom östlichen Mittelmeer und damit eine willkommene Abwechslung zur argentinischen Küche. Auf der Karte finden sich Auberginenmus, leckere *kipe naye* (mariniertes rohes Hackfleisch) und Tabouleh; das Mittagsmenü kostet 19 Arg$, es stehen mehrere Menüs zur Auswahl. Die Gäste können aber auch à la carte essen.

La Leñita (☎ 422-9196; 25 de Mayo 377; Hauptgerichte 28–39 Arg$; 🕑 Mittag- & Abendessen) Eines der besten Parrilla-Restaurants in diesem Teil der Welt – weniger wegen der Inneneinrichtung (wer ist bloß auf die Idee mit dem Sportkneipenlook gekommen?) als vielmehr wegen des Services und der Fleischqualität. Zu empfehlen sind *picanha* (Rumpsteak) oder köstliche *mollejitas* (Kalbsbries). Bei der Tischwahl ist Strategie gefragt, um dem eiskaltwehenden Wind der Klimaanlage zu entgehen.

Setimio (☎ 431-2792; Santa Fe 512; Gerichte 28–45 Arg$; ◷ Mo–Sa 9.30–1.30 Uhr) Weinflaschen schmücken in diesem eleganten Weinladen und Restaurant die Regale an den Wänden. Auf der kleinen Speisekarte stehen einige exquisite Salate, pfannengerührtes Hühnerfleisch, Lachs in einer Kruste aus Salz und andere verlockende Köstlichkeiten. Viele der erlesenen Weine werden auch offen angeboten. Jede der mehreren hundert Weinflaschen aus den Regalen kostet 6 Arg$ für das Entkorken.

Ebenfalls empfohlen:

Bamboo (☎ 497-8555; Junín 81; Smoothies 6 Arg$; ◷ Mo–Sa 7–20 Uhr) In diesem Örtchen in fröhlichem Apfelgrün gibt es ein leckeres Frühstück, Sandwiches, Fruchtsmoothies mit Eis und Salate zum Mitnehmen oder Essen vor Ort – dafür gibt es einen kleinen Innenhof.

Los Hornos (☎ 422-6066; San Juan 526; Hauptgerichte 13–26 Uhr; ◷ Mittag- & Abendessen) Gleich um die Ecke der Essmeile werden hier familienfreundliche *minutas* (Schnellgerichte) sowie schmackhafte Empanadas und Parrillas zu günstigen Preisen angeboten.

Ausgehen & Unterhaltung

Zentrum des Nachtlebens, das vor allem von Donnerstag bis Samstag ausgiebig zelebriert wird, ist die Gegend von Abasto auf der Calle Lillo. Von der Stadtmitte aus geht es auf der San Lorenzo Richtung Westen, drei Blocks westlich vom Rand der im Buch abgedruckten Karte ist man am Ziel. Es stehen Dutzende von Bars und Nachtclubs zur Auswahl. Andere beliebte *boliches* (Nachtclubs) finden sich in Yerba Buena, 6 km westlich des Zentrums.

Künstner (☎ 497-5597; Crisóstomo Álvarez 456; ◷ Mittagessen & 20 Uhr bis spätnachts) Welch eine Erleichterung, die lärmige, von Abgasen geschwängerte Straße zu verlassen und in den zarten Geruch von Hopfen und Malz einzutauchen! Vier schmackhafte Biere werden in dieser gastlichen Stätte gebraut, die auch gutes, preiswertes Essen wie *milanesas* (panierte Koteletts), Pasta und Pizza serviert.

Harris (Ecke Laprida/Mendoza; ◷ 8 Uhr bis spätnachts) Dieser Lieblingstreff elegant gekleideter *tucumanos* liegt an einer belebten Ecke. Die Inneneinrichtung besteht aus gepolsterten Sitzen und edlem dunklem Holz. Exzellente Mixgetränke und guter Kaffee; das Essen ist ebenfalls sehr empfehlenswert.

Filipo (Mendoza 501; Licuados 8 Arg$; ◷ 7–1 Uhr) Flackernde Teelichter auf Lampengestellen, die die Tische im Freien beleuchten, und Kellner mit Fliege geben diesem Café ein besonderes Flair. Der Espresso ist unübertrefflich, und die Apfel-Wasser-*licuados* (Fruchtmixgetränke) haben einen guten Preis verdient.

Plaza de Almas (Maipú 791; Hauptgerichte 11–22 Arg$; ◷ 19 Uhr bis spätnachts) Dieser intime, ansprechende Ort erfreut sich bei der jungen Künstlerszene von Tucumán großer Beliebtheit. Unter den vielen Kombinationen von Café-Bar, Restaurant und Kulturzentrum, die es in Tucumán gibt, ist die mehrstöckige Plaza de Almas eine der besten. Die kurze, aber interessante Speisekarte bietet neben anderem auch eine Auswahl an orientalischen Kebabs und Salaten.

Costumbres Argentinas (☎ 0381-15-6439576; San Juan 666; ◷ Mi–Sa 21.30–4 Uhr) Obwohl die Adresse ein Widerspruch in sich zu sein scheint, hat diese originelle, beliebte und angenehme Bar ein künstlerisches Flair und präsentiert hin und wieder Livemusik. Hinter dem Gebäude erstreckt sich auf zwei Stockwerken ein Biergarten, genau das Richtige für Sommernächte. Auch einige einfache Speisen sind hier erhältlich.

Centro Cultural Universidad Nacional de Tucumán (☎ 421-6024; 25 de Mayo 265) Kunstausstellungen, Verkaufsausstellungen für Kunsthandwerk, ein Café und regelmäßige Theateraufführungen und Konzerte.

Cine Atlas (☎ 422-0825; Monteagudo 250) Das letzte verbliebene Kino im Stadtzentrum.

Teatro Alberdi (☎ 422-9118; Ecke Jujuy & Crisóstomo Álvarez) Die wohl wichtigste Adresse der Theaterszene von Tucumán.

An- & Weiterreise

BUS

Der **Busbahnhof** (☎ Brígido Terán 350) ist eine riesige Anlage mit 60 Bussteigen, vielen Läden und großem Dienstleistungsangebot. Der **Infostand** (☎ 430-6400) über die möglichen Busverbindungen befindet sich außerhalb des Gebäudes neben dem Supermarkt, die hilfreiche Touristeninformation hat ihren Sitz gegenüber von Bussteig 12.

Die folgende Tabelle listet einige Zielorte mit Fahrpreisen und Fahrzeit auf:

Reiseziel	Fahrpreis (Arg$)	Fahrzeit (Std.)
Bariloche	374	33
Buenos Aires	180	16
Cafayate	44	6½
Catamarca	32	4
Córdoba	106	7
Jujuy	62	5
La Quiaca	115	11
La Rioja	59	6
Mendoza	165	13
Posadas	200	18

DER ANDINE NORDWESTEN

Resistencia	138	12
Río Gallegos	499	40
Salta	55	4½
Salvador Mazza	110	10
San Juan	138	12
Santiago del Estero	23	2
Tafí del Valle	22	2½–3
Termas de Río Hondo	15	1

FLUGZEUG

Maschinen von **Aerolíneas Argentinas** (☎ 431-1030; 9 de Julio 110) verkehren drei- bis viermal täglich zwischen Tucumán und dem Aeroparque Jorge Newbery in Buenos Aires (760 Arg$). **LAN** (☎ 422-0606; Laprida 176) fliegt Buenos Aires zweimal täglich an (743 Arg$), **Sol** (www.sol.com.ar) bietet eine Verbindung von Tucumán nach Rosario, **Aerosur** (☎ 453-9162; Rivadavia 137) fliegt dreimal wöchentlich nach Santa Cruz in Bolivien (537 Arg$).

ZUG

Die argentinische Bahn hat schon bessere Zeiten gesehen, doch zwischen der schönen **Estación Mitre** (☎ 430-9220; www.ferrocentralsa.com.ar) im Nordwesten von Tucumán und Buenos Aires verkehrt noch zweimal wöchentlich (über Santiago del Estero und Rosario) ein Zug. In der Regel dauert die Fahrt mehrere Stunden länger als im Fahrplan angezeigt, doch sie ist insofern ein Erlebnis, als man sich um Jahrzehnte zurückversetzt fühlt. Für alle, die keine Eile haben und aufs Geld achten müssen, ist die Bahnfahrt eine reizvolle Alternative zu Bus oder Flugzeug.

Bei Redaktionsschluss (evtl. sind die Informationen nicht mehr aktuell) verließen die Züge montags und freitags um 10.40 Uhr den Bahnhof Retiro in Buenos Aires und kamen am nächsten Tag um 11.40 Uhr in Tucumán an. Die Abfahrt aus Tucumán erfolgte am Mittwoch gegen 17.40 Uhr (Ankunft Do um 19.10 Uhr) und samstags – kein Scherz! – um 20.33 Uhr (die Ankunft war am Sonntag um 22 Uhr).

Die Fahrt kostet 45/70/130 Arg$ in der *Turista*-Klasse (2. Klasse)/1. Klasse/Pullman (Liegesitze) oder 400 Arg$ im Schlafwagen (für 2 Pers.).

Unterwegs vor Ort

Der **Aeropuerto Benjamín Matienzo** (TUC; ☎ 426-4906) liegt 8 km östlich der Innenstadt. Mit öffentlichen Verkehrsmitteln ist er nicht leicht zu erreichen, eine *remise* vom Stadtzentrum zum Flughafen kostet etwa 22 Arg$.

Bei den Bussen, die im Stadtgebiet verkehren (1,50 Arg$), sind die Zielorte vorne über die Windschutzscheibe deutlich angezeigt.

Die Angebote für Mietwagen sind zahlreich. Empfehlenswert ist etwa **Movil Renta** (☎ 431-0550; www.movilrenta.com.ar; San Lorenzo 370).

RUND UM TUCUMÁN

Bis 1767 waren die Ruinen von **San José de Lules**, 20 km südlich von Tucumán, eine Jesuiten-*reducción* der hier lebenden Lule-Indianer. Redducciónes wurden die von spanischen Missionaren erbauten indianischen Siedlungen genannt. Nach der Vertreibung der Jesuiten übernahmen die Dominikaner die Verantwortung für diesen Komplex. Die Ruinen stammen aus den Jahren um 1880 und waren damals eine Schule. Das Museum zeigt Reproduktionen alter Dokumente und haufenweise Büsten argentinischer Freiheitskämpfer. Busse nach Lules, einem netten Zielort für einen kleinen Ausflug, starten am Busbahnhof von Tucumán.

Wer der heißen, hektischen Stadt entfliehen möchte, kann auch einen schönen Tagesausflug in die fruchtbare, hügelige Gegend **Las Yungas** im Nordwesten von Tucumán unternehmen. Die Touristeninformation gibt Auskunft über reizvolle Ziele, etwa den Stausee **El Cadillal** (Dique Celestino Gelsi) mit Gelegenheit zum Campen, Schwimmen und Windsurfen, und den **Parque Sierra de San Javier**. Das Naturreservat steht unter der Leitung der Universität. Hier können sich Besucher geführten Wanderungen anschließen, etwa zum kleinen, aber hübschen Wasserfall des Río Noque.

Das Busunternehmen San Pedro (Schalter 69) fährt regelmäßig vom Busbahnhof von Tucumán nach El Cadillal (5.20 Arg$, 1 Std.), das Unternehmen San Javier (kein Fahrkartenschalter, Abfahrt von Bussteig 57/58) steuert den gleichnamigen Ort (wo es einige Unterkünfte gibt) und das Schutzgebiet an. Auch die meisten Tourveranstalter in Tucumán bieten Ausflüge dorthin an.

TAFÍ DEL VALLE

☎ 03867 / 3300 Ew. / 2100 m

Wenn die Tucumanos der sommerlichen Hitze entfliehen wollen, fahren sie traditionell in den hübschen Bergort Tafí. Allein die Fahrt dorthin ist eindrucksvoll. Die enge Schlucht des Río de los Sosas, die auf beiden Seiten mit dichtem, üppig grünem subtropischem Wald bestanden ist, öffnet sich 100 km nordwestlich von Tucumán zu einem oftmals im Dunst liegenden Tal. Die schneebedeckten Gipfel der Sierra del Aconquija bilden eine imposante Kulisse. Die steile Bergstraße bietet zahlreiche spektakuläre Ausblicke – die sich natürlich an einem Fensterplatz im Bus am besten genießen lassen.

Tafí ist ein nettes Plätzchen, um ein paar Tage auszuruhen: Die Luft ist frisch, es gibt viele Budgetunterkünfte, und die Einwohner sind sehr entspannt. Wer will, kann auch auf einer historischen Ranch übernachten.

Orientierung

Das Zentrum von Tafí besitzt die Form eines Dreiecks, begrenzt von drei Straßen. Die Avenida Miguel Critto, die Hauptstraße des Ortes, verläuft von Ost nach West. Wer sich am Busbahnhof nach links wendet, hat sie schnell erreicht. In der Avenida Perón ist am meisten los, die Belgrano führt von der Perón an der Kirche vorbei nach oben. Viele öffentliche Einrichtungen finden sich am oder in der Nähe des ungewöhnlichen halbkreisförmigen Platzes.

Praktische Informationen

Am Busbahnhof gibt es ein *locutorio*, einer der vielen Orte, an denen man telefonieren kann und Internetzugang hat.

Banco Tucumán (Av Miguel Critto) Im Gebäude der *Municipalidad*. Geldwechsel (US-$) und Geldautomat.

Touristeninformation (Av Miguel Critto; ☑ 8–21 Uhr) An der Einmündung der Fußgängerzone.

Sehenswertes & Aktivitäten

CAPILLA LA BANDA

Die **Jesuitenkapelle** (☎ 421685; Av José Frías Silva; Eintritt 2 Arg; ☑ 8–18 Uhr) aus dem 18. Jh. wurde nach der Vertreibung der Jesuiten von der Familie Frías Silva erworben und um 1830 erweitert. In den 1970er-Jahren wurde das Gebäude wieder in seinen ursprünglichen Zustand zurückversetzt. Interessant ist der Fluchttunnel in der Kapelle. Eine kleine archäologische Sammlung im benachbarten **Museum** zeigt hauptsächlich Urnen, die in Gräbern gefunden wurden.

Die Kapelle findet sich unweit des Zentrums. Nach Überqueren der Brücke über den Fluss folgt man der Straße und entdeckt nach 750 m linker Hand die Kapelle.

BERGTOUREN

Mit einigen Gipfeln und Zielen ringsum ist das Bergwandern um Tafí del Valle eine feine Sache. Der Aufstieg auf den 3000 m hohen **Cerro El Matadero** dauert vier bis fünf Stunden; weitere Wanderungen führen auf den 3600 m hohen **Cerro Pabellón** (6 Std.) und den 4500 m hohen **Cerro El Negrito**; Ausgangspunkt für diesen Aufstieg ist die Cristo-Redentor-Statue an der RN 307, die nach Acheral führt. Die Pfade sind schlecht markiert, außerdem mangelt es an Wanderkarten. Ein Bergführer verlangt rund 10 Arg$ die Stunde. Weitere Auskünfte gibt die Touristeninformation. Eine leichtere Wanderung führt auf den **Cerro Pelado** mit Blick auf die Stadt. Nach Überqueren der Brücke nach Capilla ist sofort links der Pfad zu erkennen. Der Aufstieg dauert 1¼ Stunden, abwärts geht es natürlich deutlich schneller.

REITEN

Rund um die Stadt bieten sich einige Möglichkeiten, ein Pferd zu leihen (Ausschau halten nach Schildern „alquilo caballos" oder „cabalgatas") und damit das Tal zu erkunden. Die Pferdehalter verlangen für eine halbe Stunde rund 10 Pesos. Leser haben die Einrichtungen gegenüber dem Busbahnhof empfohlen: Dort kann man auch Quads mieten.

Geführte Touren

La Cumbre (☎ 421768; www.lacumbretafidelvalle.com; Perón 120) lädt die Tourteilnehmer in Allradfahrzeuge und unternimmt zwei- bis dreistündige Ausflüge ins Tal, fährt zum Menhir-Park bei El Mollar und zu einer nach traditionellen Methoden arbeitenden Käserei (70–90 Arg$ pro Pers.).

Auch anspruchsvollere ganztägige Touren und Ausflüge zu den Ruinen von Quilmes sind im Angebot des Veranstalters.

Schlafen

Die Auswahl an Unterkünften ist groß. Dazu gehören mehrere Budgetunterkünfte, in denen ein Bett im Schlafsaal (ohne Bad) 30 Arg$ pro Person kostet. Im Januar, zu Ostern und im Juli, wenn es in Tafí richtig voll wird, steigen die Preise um etwa 25 %. In Zimmern ohne Heizung kann es verdammt kalt werden.

Hospedaje Celia (☎ 421170; Belgrano 443; B 28 Arg$ pro Pers.) Diese Unterkunft abseits der Straße liegt 100 m oberhalb der Kirche und bietet helle, freundliche Zimmer mit ausreichend Komfort und eigenem Bad an. Es sind kleinere Unannehmlichkeiten in Kauf zu nehmen – keine Steckdosen im Zimmer z.B. –, aber der Preis geht trotzdem in Ordnung.

Nomade Hostel (☎ 420179; www.nomadehostel.unlugar. com; Los Palenques s/n; B/DZ 30/80 Arg$; ☑) Rustikale, aber komfortable Schlafsäle mit Bad gruppieren sich um einen Hof mit Blick auf die Sierra, künstlerischen Steinkissen und Wagenrädern. Hier geht es sehr freundlich zu, das Frühstück ist im Preis inbegriffen, HI-Mitglieder erhalten eine

Ermäßigung. Vom Busbahnhof geht's auf der Critto an der Touristeninformation vorbei, dann biegt man in die erste Straße links ein: Das Hostel ist nach etwa 400 m auf dieser Straße erreicht.

Hostel la Cumbre (☎ 421768; www.lacumbretafidelvalle. com; Perón 120; B/DZ ohne Bad 40/80 Arg$) Das fröhliche Orange-Ocker im Hof und der Blick von der Dachterrasse sprechen für diese Unterkunft. Die Zimmer sind ziemlich eng, aber sauber. Es gibt eine bescheidene Küche und sehr freundliches Personal.

LP Tipp **Estancia Los Cuartos** (☎ 0381-1558-74230; www.estancialoscuartos.com; Critto s/n; EZ/DZ 125/189 Arg$) Diese schöne Unterkunft mit äsenden Lamas liegt zwischen Busbahnhof und Zentrum und hat viel Charakter. Die Besucher fühlen sich in dem zwei Jahrhunderte alten Anwesen wie in einem Museum. In den Regalen stehen alte Bücher, die authentisch eingerichteten Zimmer riechen nach altem Holz und Wolldecken. In den Zimmern im modernen Anbau sind die Betten bequemer, es fehlt aber ein wenig das historische Flair, wenngleich auch hier alles authentisch wirkt. Die Estancia produziert traditionellen Käse.

Hotel Tafí (☎ 421007; www.hoteltafiweb.com.ar; Belgrano 177; EZ/DZ 135/170 Arg$; 🏂) Nicht zweifeln – der Anblick von der Straße täuscht: Drinnen sieht alles besser aus. Das Hotel mit dem Flair einer Skihütte hat sehr hilfsbereites Personal. Zu den normal großen Zimmern gehören saubere Bäder, sie haben Holzböden, Blick auf die Berge und winzige Fernseher. Es gibt einen hübschen Steingarten, und an kühlen Abenden lockt die gemütliche Lounge mit einem riesigen Kamin.

Hostería Lunahuana (☎ 421330; www.lunahuana. ar; Av Miguel Critto 540; EZ/DZ 250/330 Arg$; 🏂 🖥) In diesem eleganten, familiär geführten Hotel sind die Zimmer mit viel Flair eingerichtet – einige haben sogar eine Wendeltreppe, die in ein Zwischengeschoss führt. Alles ist fein und geschmackvoll herausgeputzt, das Personal strahlt professionelle Freundlichkeit aus.

Las Tacanas (☎ 421821; www.estancialastacanas.com; Perón 372; EZ/DZ 280/310 Arg$; 🖥) Das sagenhafte historische Anwesen, einst die Jesuiten-Estancia, ist ein denkwürdiger Ort zum Übernachten, denn alles ist wunderbar restauriert und ausgestattet. Die über 300 Jahre alten Lehmgebäude beherbergen verschiedene geschmackvoll und rustikal eingerichtete Zimmer mit edlen Möbeln und Deckengewölbe. Obwohl die Estancia mitten in der Stadt liegt, fühlt man sich wie auf dem Lande. Die Familie, die hier seit Generationen lebt, heißt ihre Gäste sehr herzlich willkommen.

Weitere Angebote:

Camping Sauzales (☎ 421880; Los Palenques s/n; 10 Arg$ pro Pers. und pro Auto) Campingplatz am Fluss etwa 1 km westlich der Plaza.

La Posada (☎ 421841; jjmiaposada@hotmail.com; Av Belgrano s/n; EZ/DZ 50/100 Arg$) Die Posada gegenüber der Kirche (ein freundlicher Familienbetrieb mit guten Preisen) hat kleine, aber kuschelige Zimmer, einige mit Zugang zu einem Balkon.

Essen & Ausgehen

Bar El Paraíso (☎ 0381-15-5875179; Perón 176; kleine Mahlzeiten 10–20 Arg$, 🕒 Mittag- & Abendessen) In dieser gemütlichen Bar versammeln sich die Einheimischen, um preiswert zu essen und fernzusehen. Die Bar hat eine schöne Terrasse zur Straße.

Don Pepito (☎ 421764; Perón 193; Hauptgerichte 11–18 Arg$; 🕒 Mittag- & Abendessen) Sieht touristisch aus, der Service ist nicht immer gleich gut und die Extras sind zu teuer, aber das Fleisch ist wirklich hervorragend. Das Parrillada-Menü (für 1/2 Pers. 23/45 Arg$) lohnt nicht, wohl aber die Nieren, *bife de chorizo* oder *chivito* (Zicklein), die alle in großen Portionen serviert werden. Es wird oft Livemusik (2 Arg$ extra) gespielt.

El Rancho de Félix (☎ 421022; Ecke Belgrano & Juan de Perón; Hauptgerichte 15–25 Arg$; 🕒 Mittag- & Abendessen) In dem scheunengroßen, geheizten Gebäude trifft sich mittags die ganze Stadt. Auf der Speisekarte herrschen regionale Spezialitäten wie *locro* und *humitas* vor, es gibt aber auch *Parrilla* und Pasta. Wenn abends nichts los ist, wird gar nicht erst aufgesperrt.

Kkechuwa (Perón s/n; 🕒 10–24 Uhr) Das Essen ist nichts Besonderes, doch auf der netten Terrasse können die Gäste Bier aus heimischen Privatbrauereien probieren.

Das Bar-Restaurant am Busbahnhof ist erstaunlich nett: Hier treffen sich die Einheimischen auch ohne Reiseabsichten.

An- & Weiterreise

Der eindrucksvolle **Busbahnhof** (☎ 421031; Miguel Critto) von Tafí liegt 400 m östlich vom Stadtzentrum. Die Busse von Aconquija fahren neunmal täglich nach Tucumán (22 Arg$, 3 Std.). In die Gegenrichtung geht es nach Santa María (17 Arg$, 1½ Std., 4–6-mal tgl.) und Cafayate (24,50 Arg$, 3–4-mal tgl.) und zwar über Amaicha del Valle und die Abzweigung zu den Ruinen von Quilmes.

Die Straße nach Santa María, Quilmes und Cafayate führt spektakulär über den 3050 m hohen Pass Abra del Infiernillo ("Kleiner Höllenpass"). Auch die Straße von Tucumán bietet schöne Ausblicke.

Unterwegs vor Ort

Die Aconquija-Busse fahren im Sommer stündlich (im Winter alle 3 Std.) die Rundtour um den Cerro El Pelado, der in der Mitte des Tals liegt. Da ein Bus die südliche und ein anderer Bus die nördliche Route befährt, kann man die ganze Runde im Tal drehen, wenn man die Verbindungsstrecke zu Fuß läuft.

RUND UM TAFÍ DEL VALLE

Zu den zahlreichen Attraktionen im Tal rund um Tafí gehört der **Parque de los Menhires** (Eintritt 5 Arg$; ⏰ 8–18 Uhr), eine Ansammlung von mehr als 100 Menhiren, die in der Umgebung gefunden wurden und etwa 2000 Jahre alt sind. Diese Überreste der Tafí-Kultur haben allerdings dadurch, dass sie nicht mehr an ihrem Ursprungsort stehen, ein wenig ihre Würde verloren. Der Park liegt 12 km südlich von Tafí in der Nähe des Dorfes El Mollar.

Santa María

☎ 03838 / 10 800 Ew. / 1900 m

Das hübsche Städtchen liegt an der Strecke zwischen Tafí del Valle und Cafayate und ist der beste Übernachtungsort für die Besichtigung der Ruinen von Quilmes. Es liegt schon in der Provinz Catamarca und bietet sich für einen Zwischenstopp an.

Die Plaza im Zentrum befindet sich neun Blocks nördlich des Busbahnhofs. Die **Touristeninformation** (☎ 421083; ⏰ Mo–Fr 7–23, Sa–So 8–22 Uhr) befindet sich angenehm beschattet unter Bäumen direkt auf dem Platz. Die Leute dort sind ausgesprochen hilfsbereit, die Öffnungszeiten fast heldenhaft. An einer Ecke des Platzes residiert das empfehlenswerte **Museo Arqueológico Eric Boman** (Ecke Belgrano & Sarmiento; ⏰ Mo–Sa 9–19.30, So 10–13 Uhr) mit einer beachtlichen Sammlung an Keramik aus dieser archäologisch bedeutsamen Gegend. Es lohnt sich, nach einer Besichtigung des Hinterzimmers zu fragen, wo eine Menge weiterer kunstvoll geschmückter Bestattungsurnen aufbewahrt werden. Die *Artesanía*-Kooperative nebenan verkauft Webwaren und anderes Kunsthandwerk zu sehr günstigen Preisen. In der **Cabra Marca** (⏰ Mo–Sa 8–17 Uhr) am Stadtrand wird traditioneller Ziegenkäse hergestellt. Die kostenlose Führung ist empfehlenswert, zumal auch die Tiere selbst besucht werden.

Zahlreiche Unterkunftsmöglichkeiten gibt es in der Stadt, etwa das einladende Hotel **Residencial Pérez** (☎ 420257; hotelperez@hotmail.com; San Martín 94; EZ/DZ 50/80 Arg$) mit makellosen Zimmern um einen weinumrankten Hof. Man findet die Unterkunft hinter einem Café in der Nähe der Plaza (keine Beschilderung). Ebenfalls empfehlenswert ist das etwas surreal anmutende **Caasama** (☎ 421627; www.hotelcaasama.com.ar; Ecke Marcial & 25 de Agosto; EZ/DZ 135/160 Arg$; ✦ ✦) am Busbahnhof mit bequemen, aber ungewöhnlichen Zimmern. Die farbenfrohe, von der Provinz Catamarca betriebene Anlage bietet ihren Gästen einen großen Pool, einen Tennisplatz mit Flutlicht und eine lautstarke Bowlingbahn; im Sommer ist eine Reservierung nötig.

Zu den Einkehrmöglichkeiten an der Plaza zählt das **El Colonial del Valle** (☎ 420897; Ecke Esquiú & San Martín; Gerichte 7–20 Arg$; ⏰ Mittag- & Abendessen), eine traditionelle *confitería*, in der guter Kaffee und *tamales* serviert werden; im Speisesaal, der im 1. Stockwerk liegt, kann man auch größere Gerichte bestellen.

Mehrmals am Tag verkehren Busse über Tafí del Valle (17 Arg$, 1½ Std.) nach Tucumán (32 Arg$, 5 Std.), zweimal täglich über Quilmes nach Cafayate (13 Arg$, 2 Std.), dreimal wöchentlich über Hualfin nach Belén (20 Arg$, 5 Std.). Die Fahrt mit der *remise* vom Busbahnhof ins Zentrum kostet 2,50 Arg$.

Amaicha del Valle

☎ 03892 / 3214 Ew.

Diese staubige Siedlung an der Hauptstraße zwischen Tafí del Valle und Cafayate hat eine bemerkenswert indigene Ausstrahlung und ist für ihr **Pachamama**-Fest im Februar bekannt, zu dem nicht nur Musik und Tanz, sondern auch ein Lamaopfer gehört, mit dem der Segen der Ernte erfleht werden soll. Das reich geschmückte, originelle **Museo de Pachamama** (☎ 421004; Eintritt 10 Arg$; ⏰ 8–18 Uhr) präsentiert eine malerische, allerdings vor Ort umstrittene Sammlung indigener Kunst und Artefakte.

Für einen Besuch der Ruinen von Quilmes liegt Amaicha ganz praktisch; es gibt hier mehrere Unterkunftsmöglichkeiten, darunter Campingplätze und auch Hotels. Die Busse nach Tafí (14 Arg$, 1½ Std.) und Cafayate (14 Arg, 1½ bis 2½ Std.) halten hier.

Quilmes

☎ 03892

Die Ruinen von **Quilmes** (Eintritt Argentinier/Ausländer 5/10 Arg$; ⏰ 8–19 Uhr) sind die Überreste einer komplexen städtischen Siedlung, die um das Jahr 1000 entstand. Auf 30 ha Fläche wohnten damals etwa 5000 Menschen. Die Quilmes-Indianer überlebten noch den Kontakt mit den Inkas, die ab 1480 in die Gegend eindrangen, nicht aber die Belagerung durch die Spanier 1667, die die verbliebenen 2000 Einwohner nach Buenos Aires verschleppten.

Die dicken Mauern machen deutlich, dass die Anlage Verteidigungszwecken diente, doch Quilmes war weit mehr als eine *pucará (Festung)*. Die verschiedenen Grundrisse der Gebäude sind sogar für Laien gut zu erkennen. Eine enge Bebauung erstreckt sich nördlich und südlich des inneren Kerns. Um die Ruinen in voller Ausdehnung zu überblicken, lohnt ein Aufstieg auf den Trampelpfaden, die auf beiden Seiten des zentralen Kerns nach oben führen. Wie einst die Verteidiger der Siedlung, können auch die heutigen Besucher von oben das ganze Tal überblicken. Die Sonneneinstrahlung ist intensiv, es gibt keinen Schatten und extrem lästig sind die Fliegenschwärme, die sich bevorzugt auf menschlichen Gesichtern niederlassen.

In der Theorie gibt es bei der archäologischen Stätte ein schönes Hotel und eine *confitería* sowie ein Museum. Zum Zeitpunkt der Recherche waren die Regierung, die Gemeinde Diaguita und der Konzessionär jedoch in einen langwierigen Rechtsstreit verwickelt, weshalb alle Einrichtungen geschlossen waren. Ist die Anlage geöffnet, kümmern sich nette Leute um das Gepäck der Besucher und verkaufen regionale Keramik sowie kühle Getränke.

AN- & WEITERREISE

Die Busse von Cafayate nach Santa María oder Tafí del Valle lassen Passagiere an der Kreuzung aussteigen, von dort muss man aber noch 5 km zu den Ruinen laufen (oder trampen). Einfacher ist es, in Amaicha del Valle aus dem Bus zu steigen. Von dort kostet eine Fahrt mit dem Jeep nach Quilmes etwa 40 Arg$ inklusive der Wartezeiten an der Ruinenstätte. Häufig gibt es mehrere Interessenten, sodass der Einzelne nicht so viel zahlen muss. Taxis verlangen 40 Arg$ für den halbstündigen Trip von Santa María nach Quilmes, mit Wartezeit kostet es mehr. Von Cafayate aus muss man mit 70 Arg$ rechnen.

SANTIAGO DEL ESTERO

☎ 0385 / 327 974 Ew. / 200 m

In Santiago del Estero geht es sehr beschaulich zu. Der 1553 gegründete Ort kann sich mit dem Titel „Madre de Ciudades" (Mutter aller Städte) schmücken, war er doch die erste städtische Siedlung, die die Spanier auf dem Boden des heutigen Argentiniens gründeten. Bauwerke aus dieser Zeit sind nicht mehr erhalten. Der Ort bietet sich aber trotzdem gut für einen Zwischenstopp an.

Die Santiagueños (die Bewohner von Santiago del Estero) genießen landesweit den Ruf, Ruhe und Erholung höher zu schätzen als Arbeit. In einem gern erzählten argentinischen Witz heißt es, sie seien Weltmeister im Hammerwurf, weil sie sich so weit wie möglich von allem, was nach Arbeit aussieht, fernhalten. Nichtsdestotrotz ist im Zentrum einiges los, besonders am Abend, wenn die ganze Stadt auf den Beinen ist und auf der hübschen Plaza und in den Fußgängerzonen flaniert.

Orientierung

Im Herzen der Stadt liegt die Plaza Libertad. Von hier aus durchschneidet die Avenida Libertad die Stadt von Südwesten nach Nordosten. Auf beiden Seiten der Avenidas Libertad und Belgrano ändern sich die Straßennamen. Jenseits des Flusses liegt, über Brücken verbunden, die Zwillingsstadt La Banda.

Mehrere Banken in der Innenstadt verfügen über Geldautomaten; Internetzugang gibt es an jeder Ecke. Auf der Plaza steht WLAN kostenlos zur Verfügung.

Städtische Touristeninformation (☎ 422-9800; Plaza Libertad s/n; ◷ Mo–Fr 8–13 & 15–21, Sa 9–13 & 17–21 Uhr. In einem Kiosk auf dem Platz.

Touristeninformation der Provinz (☎ 421-3253; www. turismosantiago.gov.ar; Av Libertad 417; ◷ Mo–Fr 7–14 & 15–21, Sa–So 10–13 & 17–20 Uhr) An der Plaza; Ausstellung mit Werken regionaler Künstler.

Sehenswertes

Für Ende 2010 oder Anfang 2011 ist die Eröffnung des protzigen **Complejo Cultural Santiago del Estero** geplant. Neben Aufführungsstätten und einer Brücke zum Markt wird es drei Museen beherbergen – das historische Museum der Stadt, eine Kunstgalerie und das **Museo de Ciencias Antropológicas y Naturales** (☎ 421-1380; Avellaneda 355; Eintritt frei; ◷ Mo–Fr 8–20, Sa 10–19 Uhr). Die herausragende Sammlung, die zwei als Archäologen tätige Brüder aus Frankreich begründeten, ist zweifellos das Interessanteste, was die Stadt zu bieten hat. Es gibt ein stattliches Aufgebot an indigener Keramik – zumeist Begräbnisurnen von beachtlicher Größe, die für eine zweite Bestattung genutzt wurden (sie nahmen die sterblichen Überreste nach der Verwesung auf) –, dazu Schmuck, Flöten und einen großen Behälter mit kunstvoll verzierten Webgewichten. Einige eindrucksvolle Fossilien stammen von Glyptodonten, einer ausgestorbenen Familie von Tieren, die großen Gürteltieren mit einer Stachelkugel am Schwanzende ähnelten.

Der ausgedehnte, mit australischen Eukalyptusbäumen und Kasuarinen bestandene **Parque Aguirre**, der nach dem Stadtgründer benannt ist, liegt nur zehn Straßen von der Plaza Libertad entfernt. Er beherbergt einen kleinen Zoo, Zeltplätze und einen Swimmingpool. Weit draußen führt eine neue *costanera* (Küstenstraße) am unsteten Verlauf des Río Dulce entlang. Im Park lässt sich gut spazieren gehen. Es gibt ein paar *confiterías* und Bars, in denen es an Wochenenden abends hoch hergeht.

Geführte Touren

Sumaq (☎ 421-3055; www.sumaqturismo.com.ar; Tucumán 39), eine kompetente und professionelle Einrichtung, bietet derzeit als einziger Veranstalter Touren in den abgelegenen Nationalpark Copo an. Auch Ausflüge in andere Gegenden Nordwestargentiniens sind möglich. Das Büro ist im Gebäude des Hotel Savoy untergebracht: Nach Durchqueren des Restaurants muss man die enge Wendeltreppe hochsteigen.

Festivals & Events

Santiagos eher chaotischer **Karneval** im Februar ähnelt den Festlichkeiten in der Quebrada de Humahuaca. In der letzten Juliwoche feiern die Santiagueños die **Stadtgründung**. Im Mittelpunkt steht die Marcha de los Bombos, der Aufmarsch der Militärpauken, eine lautstarke Prozession ins Stadtzentrum, bei der an die 2000 Teilnehmer alle möglichen Trommeln und Schlaginstrumente bearbeiten.

Schlafen

Campamento las Casuarinas (☎ 421-1390; Parque Aguirre; Platz pro Pers./Zelt/Auto 1/3/1 Arg$) Der Campingplatz der Gemeinde liegt 1 km von der Plaza Libertad entfernt. Normalerweise ist er ein angenehmer, schattiger und sicherer Ort, doch an Wochenenden kann es hier unangenehm voll und laut werden.

Hotel Avenida (☎ 421-5887; avenidahotelsgo@yahoo.com.ar; Pedro León Gallo 405; EZ/DZ ohne Bad 40/60 Arg$, mit Bad 70/110 Arg$; ✸) Die Betreiber haben Mitgefühl verdient: Da eröffnen sie ein einladendes, hübsch mit indigener Kunst geschmücktes kleines Hotel direkt gegenüber vom Busbahnhof, und dann entschließt sich die Stadtverwaltung, ihn auf die andere Seite von Santiago zu verlegen. Der Weg ins Zentrum von Santiago del Estero ist aber immer noch kurz.

Palace Hotel (☎ 421-2700; www.palacehotelsgo.com; Tucumán 19; EZ/DZ 135/200 Arg$; ✸) Bei diesem Hotel in der Nähe der Plaza in der Fußgängerzone sind die Zimmer etwas stickig und die Bäder klein. Wen Straßenlärm nicht stört, kann um ein Zimmer nach vorne bitten, um wenigstens etwas Tageslicht zu ergattern.

Hotel Savoy (☎ 421-1234; www.savoysantiago.com.ar, auf Spanisch; Tucumán 39; EZ/DZ 150/210 Arg$; ✸) Dieses Hotel mit seinem prächtigen Eingang und der eindrucksvollen Wendeltreppe sieht auf den ersten Blick wie ein Palast aus. Leider gibt es keine Himmelbetten oder galante Tänzerinnen, die mit Pfauenfedern fächeln, doch die kleinen Zimmer sind komfortabel eingerichtet und haben anständige Duschen, und das Personal ist überaus aufmerksam. Exzellente Lage.

Hotel Carlos V (☎ 424-0303; hotelcarlosv@arnet.com.ar; Independencia 110; Standard-EZ/DZ 250/340 Arg$, Superior-DZ 450 Arg$; ✸ 🖳 🖳) Diese bei weitem luxuriöseste Unterkunft der Stadt lockt mit einer zentralen Lage und Zimmern in Business-Ausstattung: große, bequeme Betten und weiche Teppiche, bei denen allenfalls die Farbe zu kritisieren ist. Zu einigen Zimmern gehört ein Balkon, von dem aus sich der Blick über die Stadt genießen lässt. Die Superior-Zimmer sind größer und mit Tisch und Stühlen ausgestattet. Es gibt einen Fitnessraum, eine Sauna und einen Innenpool.

Ebenfalls empfohlen:

Residencial Emaus (☎ 421-5893; Av Moreno Sur 675; EZ/DZ 55/90 Arg$) Helle, luftige Zimmer mit TV und eine zuvorkommende Leitung.

Nuevo Hotel Santiago (☎ 421-4949; nuevohotelsantiago@arnet.com.ar; Buenos Aires 60; EZ/DZ 120/170 Arg$; ✸ 🖳) Gutes, etwas unpersönliches Hotel mit schönen Zimmern, man findet es einen Block von der Plaza entfernt.

Essen & Ausgehen

Mercado Armonía (Tucumán) Santiagos Großmarkthalle im Art-Déco-Stil bietet Essstände, günstige Lokale und im 1. Stock ein paar Kunsthandwerksläden.

Heladería Cerecett (Av Libertad 525; Eis ab 3 Arg$; ☯ 11–23 Uhr) Das Eis, das es in dieser *heladería* (Eisdiele) gibt, gehört zum Besten der Stadt. Serviert wird es in einer schlichten, schnörkellosen Umgebung.

Pizza-Pizzuela (☎ 424-1392; Absalón Rojas 78; Pizza 10–18 Arg$; ☯ Mittag- & Abendessen) Das Angebot in dieser Pizzeria in zentraler Lage kommt schnell und heiß ohne viel Gedöns auf den Tisch. Wer nicht allzu hungrig ist, sollte sich für eine Pizzeta (Minipizza; 5–7 Arg$) entscheiden.

Mía Mamma (☎ 429-9715; 24 de Septiembre 15; Hauptgerichte 15–34 Arg$; ☯ Mittag- & Abendessen) Die schicken Kellner des dezenten und seriösen Restaurants (etwas zurückversetzt an der Plaza) lesen

SANTIAGO DEL ESTERO

0 ———— 400 m

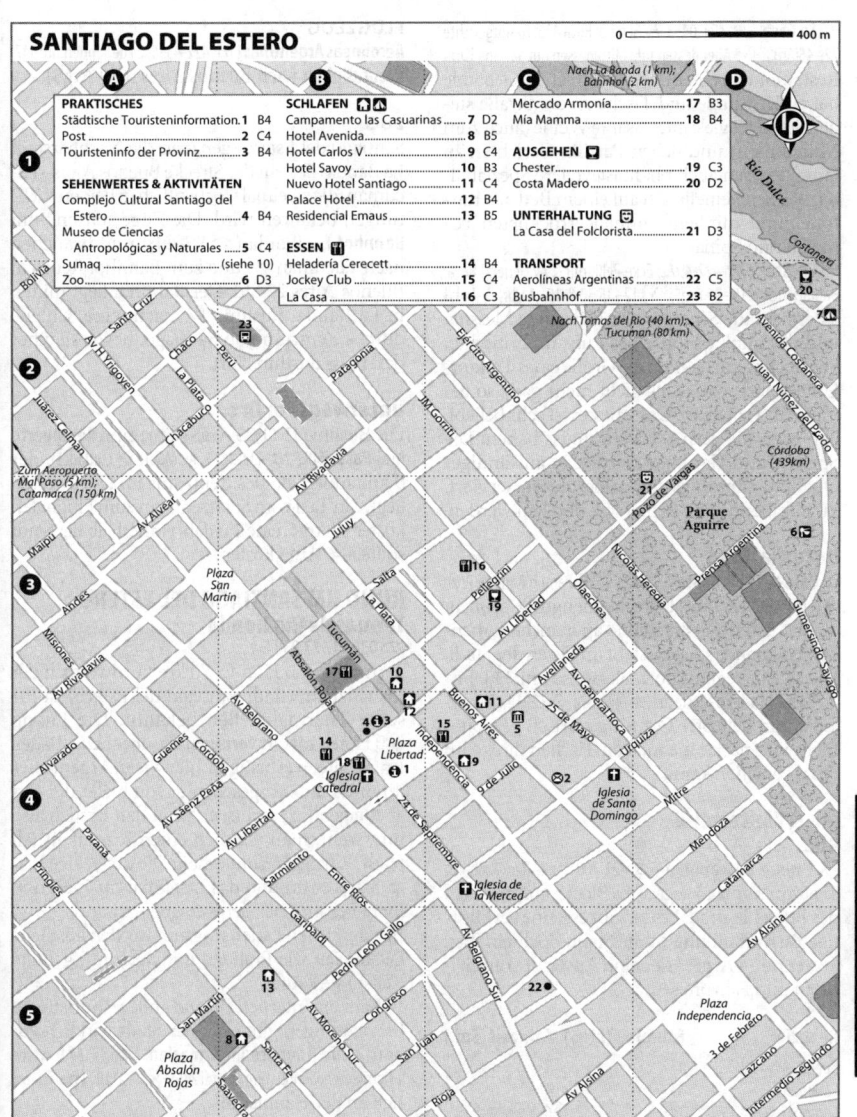

PRAKTISCHES
Städtische Touristeninformation. **1** B4
Post **2** C4
Touristinfo der Provinz **3** B4

SEHENWERTES & AKTIVITÄTEN
Complejo Cultural Santiago del
Estero **4** B4
Museo de Ciencias
Antropológicas y Naturales **5** C4
Sumaq .... (siehe 10)
Zoo **6** D3

SCHLAFEN
Campamento las Casuarinas **7** D2
Hotel Avenida **8** B5
Hotel Carlos V **9** C4
Hotel Savoy **10** B3
Nuevo Hotel Santiago **11** C4
Palace Hotel **12** B4
Residencial Emaus **13** B5

ESSEN
Heladería Cerecett **14** B4
Jockey Club **15** C4
La Casa **16** C3

Mercado Armonía **17** B3
Mía Mamma **18** B4

AUSGEHEN
Chester **19** C3
Costa Madero **20** D2

UNTERHALTUNG
La Casa del Folclorista **21** D3

TRANSPORT
Aerolíneas Argentinas **22** C5
Busbahnhof **23** B2

DER ANDINE NORDWESTEN

den Gästen jeden Wunsch von den Augen ab. Es gibt eine Salatbar mit viel Gemüse (18 bzw. 11 Arg$ in Kombination mit einem Hauptgericht) und eine umfangreiche Speisekarte mit Parrilla-Gerichten und einer leckeren *arroz a la valenciana* (vergleichbar mit einer Paella).

Jockey Club (☎ 421-7518; Independencia 68; Hauptgerichte 18–34 Arg$; ☽ Mittag- & Abendessen) Jockeys sind hier nicht wirklich anzutreffen. Die gesetzte Atmosphäre lässt den Jockey Club allerdings etwas angestaubt wirken. Dies gilt jedoch keinesfalls für Qualität und Vielfalt der Küche, die zu den besten von Santiago del Estero gezählt wird. Kunstvolle, schmackhafte Kreationen mit spanischem Einschlag werden formvollendet und herzlich serviert.

La Casa (☎ 421-0433; Av General Roca 475; Hauptgerichte 22–45 Arg$; ☺ Abendessen tgl.) Das Restaurant in einem herrschaftlichen Gebäude hat einige Stühle und Tische an der Straße stehen. Es bietet viele interessante Weine (auch zum Mitnehmen) und neben Parrilla-Gerichten zu fairen Preisen auch phantasievollere Spezialitäten wie Schweinefleisch auf einem Bett aus Kartoffelpüree mit Senf, sonnengetrockneten Tomaten und Spinat.

Chester (☎ 422-4972; Ecke Pelligrini & Av General Roca; Hauptgerichte 15–36 Arg$; ☺ 12–15.30 & 19–1 Uhr) Wohl jeder liebt die Séparées, das glänzende Messing und das dunkle Holz eines Pubs im britischen Stil, doch wenn das Pub die Größe eines Traktor-Unterstands hat, ist es nicht mehr ganz so gemütlich. Trotzdem: Das Chester ist sehr beliebt, bei jenen die gern Schulterschluss haben. Die Speisen und Getränke werden in anständiger Qualität, allerdings stark überteuert, serviert. Freitagabend kann es hier voll und laut werden.

Unterhaltung

La Casa del Folclorista (☎ 421-7518; Parque Aguirre, Pozo de Vargas; Eintritt 10 Arg$) Die scheunengroße *peña*, in der das Essen günstig ist und an manchen Abenden Folkbands spielen, steht im Osten der Stadt. Die Musik beginnt normalerweise um 23 Uhr.

Costa Madero (Costa del Río Dulce s/n; ☺ 20 Uhr bis spätnachts) Ein beliebter Ort für ein frisch gezapftes Bier und Snacks, die man an Tischen direkt am Fluss genießen kann.

An- & Weiterreise

BUS

Der neue **Busbahnhof** (☎ 422-7091; Ecke Perú & Chacabuco) von Santiago liegt sechs Blocks nordwestlich der Plaza Libertad. Leider gibt es keine vernünftige Busverbindung in die Stadt, doch ein Taxi kostet nur 4 Arg$. Hier eine Auswahl von Zielorten und Fahrpreisen:

Reiseziel	Fahrpreis (Arg$)	Fahrzeit (Std.)
Buenos Aires	157	13
Catamarca	35	4½
Córdoba	77	6
Jujuy	77	7
La Rioja	99	7
Mendoza	200	17
Resistencia	121	9
Rosario	109	10
Salta	68	6
San Juan	173	14
Termas de Río Hondo	8	1
Tucumán	23	2

FLUGZEUG

Aerolíneas Argentinas (☎ 422-4335; 24 de Septiembre 547) fliegt täglich nach Buenos Aires (689 Arg$).

ZUG

Santiago del Estero (genauer: die Nachbarstadt La Banda) liegt an der Strecke Buenos Aires–Tucumán, die zweimal wöchentlich in beiden Richtungen befahren wird. Die Züge starten vom **Bahnhof** La Banda (☎ 427-3918) und brauchen nach Tucumán 4½ und zum Bahnhof Retiro in Buenos Aires 22 Std. Der Bahnhof liegt mitten in La Banda; Buslinie 17 macht eine Schleife durchs Zentrum von Santiago, bevor sie über den Fluss dorthin fährt.

Unterwegs vor Ort

Die Buslinie 15 (1,25 Arg$) fährt zum **Aeropuerto Mal Paso** (SDE; ☎ 434-3651; Av Madre de Ciudades), der 6 km außerhalb des Zentrums im Nordwesten liegt. Ein Taxi vom Stadtzentrum zum Flughafen kostet 10 Arg$, eine Taxifahrt innerhalb der Stadt sollte 4–6 Arg$ kosten.

RUND UM SANTIAGO DEL ESTERO
Termas de Río Hondo
☎ 03858 / 27 838 Ew.

Termas de Río Hondo, 70 km nordwestlich der Provinzhauptstadt Santiago del Estero, ist für seine Thermalquellen bekannt. Die knapp 200 Hotels im Ort verfügen alle über heiße Bäder. Im Winter verbringen hier viele Argentinier ihren Urlaub. Abgesehen davon bietet der Ort aber eigentlich nichts, er lohnt den Besuch also nur, wenn man wirklich einen Kuraufenthalt plant. Einzige Besonderheit: Die dreieckige Plaza San Martín und das Denkmal für Juan und Evita Perón, eines der wenigen im Land.

In zahlreichen Läden ringsum werden köstliche Leckereien wie Pralinen und *alfajores* (gefüllte Kekse) verkauft.

Banken, Internetcafé und andere touristische Einrichtungen gibt es in der Stadt wirklich zuhauf. Die **Touristeninformation** (☎ 421571; www.lastermasderiohondo.com; Alberdi 245; ☺ 7–21 Uhr) befindet sich an der Hauptstraße.

Die Hauptstraße ist von zahlreichen Hotels und *hospedajes* gesäumt; die meisten schließen zwischen November und April, und diejenigen, die offen bleiben, senken in dieser Zeit drastisch ihre Preise.

Der **Busbahnhof** ☎ 421513; Las Heras) liegt sechs Blocks westlich der Plaza, hier halten alle Busse. Es gibt regelmäßige Busverbindungen nach Santiago del Estero (8 Arg$, 1 Std.) und Tucumán

(15 Arg$, 1 Std.); auch weiter entfernte Ziele werden angefahren.

Parque Nacional Copo

Im äußersten Nordosten der Provinz Santiago del Estero erstreckt sich an der Grenze zur Provinz Chaco dieser 1150 km² große Nationalpark, der im Jahr 2000 gegründet wurde. Ökologisch bedeutsam ist der Park, ebenso wie der Parque Nacional Chaco, weil hier einige stattliche Exemplare des Quebrachobaums wachsen. Die Vogelwelt, darunter mehrere Papageienarten, zeigt eine besondere Vielfalt. Auch einige seltene Tierarten, wie die vom Aussterben bedrohten Riesengürteltiere, baumbewohnende Zwergameisenbären und Jaguare, leben im Park. Ein ernüchternder Gedanke beim Besuch: Bis 1907 waren rund 80 % der Fläche in der Provinz von solchen Wäldern bedeckt. Weniger als ein Viertel davon ist übrig geblieben.

Vor dem Besuch des Parks sollte man im **Rangerbüro** (☎ 03841-491183; drnoa@apn.gov.ar; San Francisco Solano s/n) in Pampa de los Guanakos vorbeischauen, wo es auch einfache Unterkünfte gibt. Täglich halten hier Busse aus Santiago del Estero und Resistencia. Im Park selbst, der sich 24 km westlich von Pampa nach Norden erstreckt, gibt es ein einfaches Gelände zum Campen, allerdings ohne Sanitäranlagen.

Touren von Santiago del Estero zum Park siehe S. 319.

CATAMARCA & LA RIOJA

Die Erkundung dieser vergleichsweise selten von Touristen besuchten Provinzen ist interessant und kurzweilig, zumal sie landschaftlich viel zu bieten haben und den Traditionen noch stark verhaftet sind. Aus beiden Provinzen gingen einige bedeutende präkolumbische Kulturen hervor, wie zahlreiche archäologische Fundstätten von Rang belegen. Die Ureinwohner waren zumeist Maisbauern und entwickelten einzigartige Töpfertechniken und -stile.

Die Stadt Catamarca wirkt frisch und lebendig, und auch das ruhige Zentrum von La Rioja und die bewegte Tinkunaco-Feier dort haben es verdient, dass Fremde sie kennenlernen. Weiter in Richtung Sierra gelegen, werden in Belén Ponchos hergestellt – der abgelegene Ort scheint wie aus einer anderen Welt. Chilecito hat eine faszinierende Geschichte als Bergwerksort und ist Ausgangspunkt für etliche wunderbare Ausflüge in die hoch aufragenden Berge.

CATAMARCA

☎ 03833 / 171 923 Ew. / 530 m

Catamarca hat eine bemerkenswerte Ausstrahlung, ganz anders als die übrigen Städte der Region. Die örtlichen Behörden tun alles, um die Naturprodukte der Provinz zu vermarkten, und wenn auf Messen Wein, Walnüsse, Olivenöle und Marmeladen aus der Gegend präsentiert werden, sind die Unterkünfte oft ausgebucht.

San Fernando del Valle de Catamarca, so der vollständige Name der Stadt, hat eine schöne zentrale Plaza und vornehme Gebäude säumen die Straßen. Im Westen der Stadt befindet sich der Parque Navarro; dort ragen vor spektakulärer Bergkulisse riesige Eukalyptusbäume auf und erfüllen die Luft mit ihrem würzigen Duft.

Orientierung

Fast alles im Stadtzentrum ist gut zu Fuß erreichbar. Der Innenstadtbereich erstreckt sich über zwölf Häuserblocks und ist von vier breiten Avenidas umgeben – der Belgrano im Norden, der Alem im Osten, der Güemes im Süden und der Virgen del Valle im Westen. Herz der Stadt ist die schöne Plaza 25 de Mayo.

Im Zentrum bieten die großen Straßen zahlreiche Möglichkeiten zum Telefonieren und Internetzugang.

BBVA (Rivadavia 520) Hier lassen sich Reiseschecks einlösen, auch ein Geldautomat ist vorhanden.

Städtische Touristeninformation (☎ 437413; turismocatamarca@cedeconet.com.ar; Av República 446; 🕑 8–21 Uhr) Am Platz; hilfsbereite Mitarbeiter. Ein weiterer Schalter befindet sich im Busbahnhof.

Touristeninformation der Provinz (☎ 4437791; www. turismocatamarca.gov.ar; Av República 446; 🕑 Mo–Sa 7–21, Sa–So 8.30–21 Uhr) In der Nähe der Plaza. Das professionelle Personal weiß über die gesamte Provinz bestens Bescheid.

Sehenswertes

Catamarcas **Catedral Basílica de Nuestra Señora del Valle** (🕑 7–21 Uhr) wurde 1859 errichtet und beherbergt die Virgen del Valle, die Schutzpatronin von Catamarca. Das Bildnis genießt seit dem 17. Jh. besondere Verehrung. Zur Innenausstattung der stimmungsvollen Kathedrale gehören ein fein geschnitzter Altar für den heiligen Joseph, eine kunstvoll verzierte barocke Kanzel und eine Ausstellung mit Gemälden der „Jungfrau vom Tal". Die Kathedrale erhebt sich an der Plaza 25 de Mayo, einem wunderschönen, mit Jacarandas, Araukarien, Zitronenbäumen und Palmen bestandenen Platz.

Das bemerkenswerte **Museo Arqueológico Adán Quiroga** (☎ 437413; Sarmiento 450; Eintritt 4 Arg$; 🕑 Mo–Fr

7–12.30 & 15–20, Sa–So 9–20 Uhr) ist für all jene, die sich für die indigene Kultur Argentiniens interessieren, schon Grund genug, Catamarca zu besuchen. Gezeigt wird eine prächtige Sammlung präkolumbischer Keramik von unterschiedlichen Kulturen und aus verschiedenen historischen Epochen. Insbesondere die schwarze Aguada-Keramik mit den eingeritzten stilisierten Tierfiguren ist von bemerkenswerter Qualität. Einige auf 5000 m Höhe gefundene Mumien sind ebenso zu sehen wie ein fast schon gespenstischer Schrumpfkopf vom Amazonas und Gerätschaften zum Schnupfen von *rape* (fein gemahlenem Tabak). Je eine Abteilung widmet sich den Themen Religion und Kolonialzeit.

Geführte Touren

Yokavil Turismo (☎ 430066; www.yokavilturismo.com.ar; Rivadavia 916) arrangiert Touren zu den Sehenswürdigkeiten der Region, darunter die Gruta de la Virgen del Valle (75 Arg$), sowie Ausflüge nach Belén, Londres und den Ruinen von El Shincal (350 Arg$). Kinder können umsonst teilnehmen. Den Schalter der Agentur findet man etwas abseits unter einer Arkade.

Iskay Patatí (☎ 03833-15-531350; mharia23@hotmail.com) verleiht Fahrräder und unternimmt geführte Fahrradtouren, z. B. zum Heiligenbild in der Gruta de Choya (S. 327).

Feste & Events

Die **Fiesta de Nuestra Señora del Valle** findet nach Ostern statt und dauert insgesamt zwei Wochen. Das Fest ist ein beeindruckendes Zeugnis der Volksfrömmigkeit. Aus der Provinz Catamarca und anderen Andenprovinzen kommen die Pilger in Scharen, um der Virgen del Valle zu huldigen. An ihrem Namenstag, dem 8. Dezember, wird sie auf ähnliche Weise gefeiert.

Schlafen

BUDGETUNTERKÜNFTE

Autocamping Municipal (RP 4; Stellplatz/Pers. 5/3 Arg$; 🖳) Der nette Zeltplatz liegt 4 km westlich der Stadt am Río El Tala in den Ausläufern der Sierra de Ambato. An Wochenenden und in den Ferien ist es hier allerdings laut und voll, die Mücken sind eine echte Plage. Die Buslinie Nr. 101 (1,75 Arg$) fährt vom Convento de San Francisco dorthin.

Residencial Avenida (☎ 422139; Av Güemes 754; EZ ohne Bad 30 Arg$, DZ mit/ohne Bad 58/45 Arg$) Das nur wenige Meter vom Busbahnhof entfernte Avenida bietet viele, um einen Hof gruppierte Zimmer. Es ist ein schöner Ort, um die Füße hoch und

die gesparten Pesos beiseitezulegen. Bei den meisten Zimmern stimmt das Preis-Leistungs-Verhältnis, auch wenn die Möbel in einigen Räumen ein wenig klapprig sind.

San Pedro Hostel (☎ 454708; www.hostelsanpedro.com.ar; Sarmiento 341; B/DZ 30/100 Arg$; 🖳 🖳) Dieses Hostel – eines von dreien der Stadt – ist ein schönes Plätzchen. Im großen Garten finden sich ein Grill und ein winziger Pool. Die Schlafsäle sind in Ordnung (mit Schaumstoffmatratzen), alles in allem ist das Hostel sehr empfehlenswert, nicht zuletzt wegen der fröhlichen Stimmung. Wenn es hier voll ist, steht alternativ ein weiteres Hostel derselben Betreiber um die Ecke bereit. Für 10 Arg$ pro Tag werden Fahrräder verliehen.

Residencial Tucumán (☎ 422209; Tucumán 1040; EZ/DZ 70/100 Arg$; 🐾) Dieses gut geführte Hotel hat makellose Zimmer, bietet viel fürs Geld und liegt nur eine Minute vom Busbahnhof entfernt – Gründe genug, um zu reservieren. Die Preise für Zimmer mit Klimaanlage liegen etwas höher.

Sol Hotel (☎ 430803; solhotel@hotmail.com; Salta 1142; EZ/DZ 95/150 Arg$; 🐾) Das Sol ist sauber und einladend, und die hellen Zimmer heben unweigerlich die Laune. Da sie unterschiedlich ausfallen, sollte man sich zunächst einige ansehen. Wer in der Nähe des Busbahnhofs bleiben möchte, ist hier genau richtig.

Hotel Colonial (☎ 423502; Av República 802; EZ/DZ 120/160 Arg$; 🐾) Dieses bodenständige Hotel mit Lehmwänden und Kakteen präsentiert sich im Kolonialstil des Hochlandes und bietet einiges fürs Geld. Die Zimmer haben nichts Besonderes an sich, sind aber geräumig und tadellos in Schuss. Die Zimmer nach hinten raus sind ruhiger.

MITTEL- & SPITZENKLASSEHOTELS

Hotel Pucará (☎ 431569; www.hotelpucara.com.ar; Caseros 501; EZ/DZ 130/180 Arg$; 🐾 🖳) Nichts für Stilpuristen: Das friedliche Hotel im Westen der Stadt fällt durch seinen herrlich kitschigen pseudochinesischen Schnickschnack und die gekräuselten Bettüberwürfe aus dem Rahmen. Der chinesische Hund auf der Treppe lockt an, schreckt aber auch ab. Das Hotel bietet Komfort und ist gut geführt.

Hotel Ancasti (☎ 435951; www.hotelancasti.com.ar; Sarmiento 520; EZ/DZ 204/258 Arg$; 🐾 🖳) Auch für dieses gehobene Hotel im Zentrum gilt: Die hübsche, von einheimischer Kunst inspirierte Lobby ist schöner als die Zimmer. Sie sind zwar komfortabel, aber sparsam möbliert und mit Frottee-Tagesdecken geschmückt, wie sie eigentlich sonst eher in billigen *residenciales* zu finden sind. Gut

CATAMARCA

0 —————————— 400 m

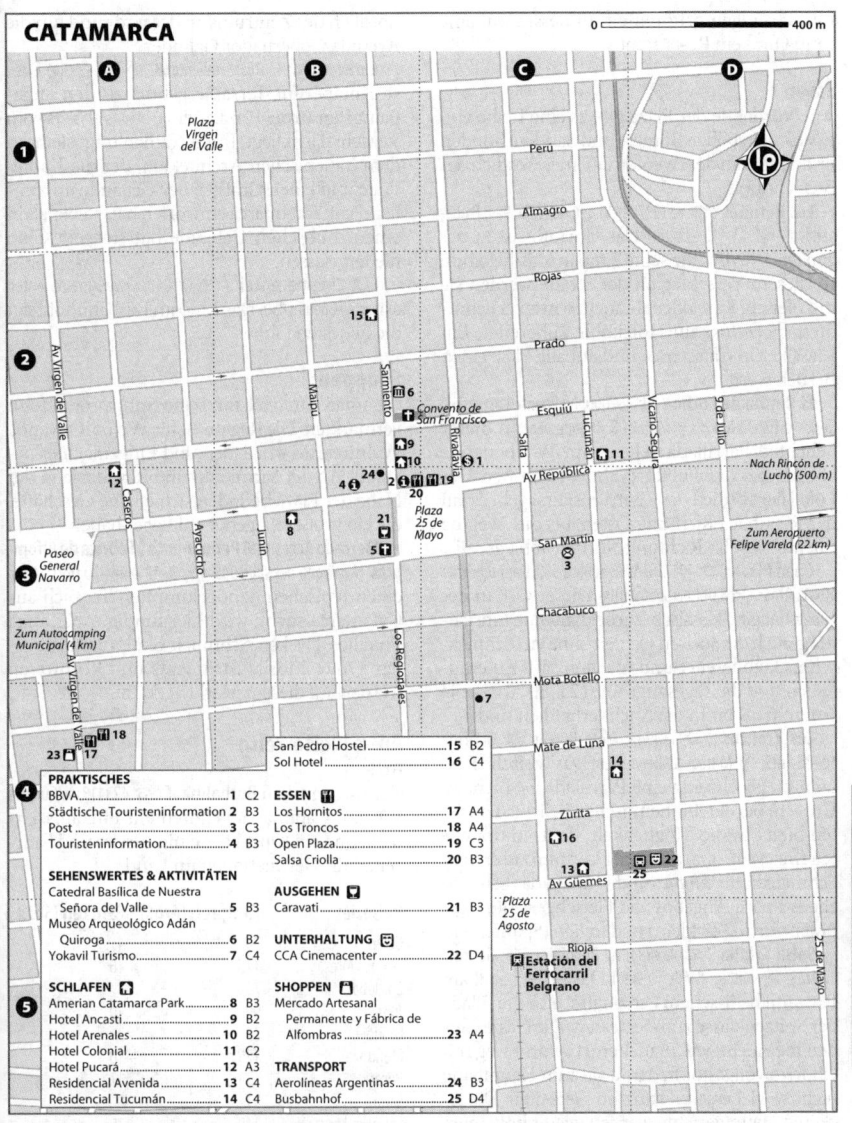

San Pedro Hostel....................15 B2
Sol Hotel..............................16 C4

PRAKTISCHES
BBVA....................................1 C2
Städtische Touristeninformation 2 B3
Post......................................3 C3
Touristeninformation..............4 B3

SEHENSWERTES & AKTIVITÄTEN
Catedral Basílica de Nuestra
  Señora del Valle...................5 B3
Museo Arqueológico Adán
  Quiroga...............................6 B2
Yokavil Turismo......................7 C4

SCHLAFEN
Amerian Catamarca Park..........8 B3
Hotel Ancasti.........................9 B2
Hotel Arenales.......................10 B2
Hotel Colonial........................11 C2
Hotel Pucará..........................12 A3
Residencial Avenida................13 C4
Residencial Tucumán...............14 C4

ESSEN
Los Hornitos..........................17 A4
Los Troncos...........................18 A4
Open Plaza............................19 C3
Salsa Criolla...........................20 B3

AUSGEHEN
Caravati................................21 B3

UNTERHALTUNG
CCA Cinemacenter...................22 D4

SHOPPEN
Mercado Artesanal
  Permanente y Fábrica de
  Alfombras............................23 A4

TRANSPORT
Aerolíneas Argentinas..............24 B3
Busbahnhof............................25 D4

DER ANDINE NORDWESTEN

gelauntes Personal, der Blick auf die Berge, ein
Fitnessraum und Sauna sowie tadellose Badezimmer können aber einiges wettmachen.

Hotel Arenales (☎ 430307; www.hotel-arenales.com.ar;
Sarmiento 542; EZ/DZ 220/265Arg$; ❄ ▢ ▨) Das
schnörkellose Arenales ist eher bodenständig als
spektakulär. Die Zimmer bräuchten etwas Farbe,
und bei einigen Fenstern lassen sich die Jalousi-

en nicht verstellen, doch insgesamt sind Komfort
und Service gut.

Amerian Catamarca Park (☎ 425444; www.amerian.
com; Av República 347; DZ 509 Arg$; ❄ ▢ ▨) Das vor-
nehme Hotel ist gut ausgestattet und strahlt eine
moderne Kühle aus. Wer ein Zimmer nach vorne hinaus mit Blick auf die Berge ergattert, wird
mit seinem Aufenthalt zufrieden sein. Zu den

Einrichtungen gehören ein Fitnessraum, eine Sauna und ein Restaurant.

Essen

Am Nordende der Plaza gibt es eine Reihe von Esslokalen; billige Burger- und Sandwichbuden finden sich an der Avenida Güemes westlich des Busbahnhofs.

Los Hornitos (☎ 451937; Av Virgen del Valle 924; Empanadas 2 Arg$; ☺ 10–22 Uhr) Das Hornitos ist in der ganzen Provinz für seine Empanadas bekannt: In diesem Verschlag an der Straße werden sie mit Fleisch, Käse oder Hähnchen in zwei Lehmöfen *(hornitos)* auf Holzkohle zubereitet. Ein Klassiker in Catamarca und auf alle Fälle einen Besuch wert!

El Rincón de Lucho (☎ 457000; Av Puente Castillo 65; Gerichte 10–32 Arg$; ☺ Mittag- & Abendessen) In dieser beliebten Parrillada geht es am Wochenende abends bei der Folklore-Show hoch her. Das Lokal liegt östlich des Zentrums: Erst geht es auf der República Richtung Osten, bis die Avenida Puento Castillo Richtung Norden abbiegt.

Open Plaza (☎ 404718; Av República 580; Hauptgerichte 10–32 Arg$; ☺ 8 Uhr bis spätnachts) Dieser Ort an der Plaza hat eine klassisch-zurückhaltende Einrichtung, auch die Speisen werden ohne viel Schnickschnack zubereitet und machen satt. Zu empfehlen sind die Tagesangebote (23–30 Arg$), die von mittags bis in die Nacht erhältlich sind.

Los Troncos (☎ 434944; Mota Botello 37; Gerichte 10–36 Arg$; ☺ Mittag- & Abendessen) Das typische Restaurant, gleichzeitig eine Parrillada, ist nicht zu Unrecht bei den Einheimischen beliebt. Touristen bietet es die Möglichkeit, die traditionelle Küche von Catamarca kennenzulernen. Schmackhafte *tamales* und Empanadas gehören ebenso zum Angebot wie Fleischgerichte, darunter *chivito* (Zicklein) und *lechón* (Spanferkel).

Salsa Criolla (☎ 433583; Av República 546; Gerichte 45 Arg$; ☺ Mittag- & Abendessen) Das helle Lokal am Platz mit beflissenem Personal ist eine Parrillada der Spitzenklasse zum Sattessen. Die Gäste werden hier nicht, wie mancherorts, vorneweg mit Chorizo vollgestopft, damit sie zum Hauptgang nicht so viel essen – ganz im Gegenteil: Die leckeren Hauptgerichte werden wiederholt angepriesen, auch wenn man längst Nein gesagt hat. Die Salatbar (20 Arg$) bietet allerdings nichts Besonderes.

Ausgehen

An der República westlich der Plaza öffnet am Wochenende eine Reihe von *boliches* (Nachtclubs), doch die eigentliche Kneipenzone liegt nördlich des Zentrums an der und rund um die Avenida Gobernador Galindez.

Caravati (☎ 426185; Sarmiento 683; ☺ 10–24 Uhr) Diese Kneipe mit Terrasse gehört zu den angenehmsten an der Plaza, weil sie etwas abseits vom Verkehrslärm liegt. Ihren Namen trägt sie nach dem italienischen Architekten, der die Kathedrale und einen Großteil der Gebäude im Zentrum von Catamarca entworfen hat. Nebenan in einem hübschen Gebäude hat sich ein Club niedergelassen.

CCA Cinemacenter (☎ 423040; www.cinemacenter. com.ar; Av Güemes 850) Das Kino im Busbahnhof zeigt die neuesten Filme.

Shoppen

Catamarca tut viel, um seine Naturprodukte zu vermarkten. Die Region ist für Weine, Olivenöl, Walnüsse, Marmeladen und Eingemachtes bekannt. An der Sarmiento und Ravadavia in der Nähe der Plaza befinden sich etliche Geschäfte, die ein großes Angebot auf Lager haben.

Mercado Artesanal Permanente y Fábrica de Alfombras (Av Virgen del Valle 945; ☺ 8–13 & 14–20 Uhr) Wer einen typischen handgeknüpften Teppich aus Catamarca sucht, wird hier fündig. Aber auch Ponchos, Decken, Schmuck, Skulpturen aus rotem Onyx, Musikinstrumente und Korbwaren werden auf diesem Markt verkauft.

An- & Weiterreise

BUS

Zum schmucken **Busbahnhof** (☎ 423415; Av Güemes 850) von Catamarca gehören ein Einkaufszentrum und ein Kino. Hier einige Preise und Fahrzeiten für Destinationen im Land.

Reiseziel	Fahrpreis (Arg$)	Fahrzeit (Std.)
Belén	20	4½
Buenos Aires	175	16
Córdoba	73	5
Jujuy	96	10
La Rioja	25	2
Mendoza	125	10
Rosario	135	11
Salta	91	8
Salvador Mazza	142	15
San Juan	98	8
Santiago del Estero	35	4½
Tucumán	32	4

FLUGZEUG

Aerolíneas Argentinas (☎ 424460; Sarmiento 589) fliegt dreimal wöchentlich nach Buenos Aires (975 Arg$) und La Rioja (211 Arg$). Passend zu den Flugzeiten fährt ein Minibus (23 Arg$) vom Hotel Arenales an der Sarmiento zum **Aeropuerto Felipe Varela** (☎ 430080, 435582; RP 33), der 22 km östlich der Stadt an der RP 33 liegt.

RUND UM CATAMARCA

Einer Legende zufolge wurde das Bildnis der Virgen del Valle im Jahr 1619 in der **Gruta de Choya** (⏲ Mo–Fr 8.30–19.30, Sa–So 8–12 Uhr) gesichtet. Die Höhle liegt 7 km nördlich der Innenstadt von Catamarca an der RP 32. Das Bildnis, das heute dort steht, ist eine Nachbildung der Statue in der Kathedrale von Catamarca. Die Grotte selbst wird durch eine Stützkonstruktion geschützt. Die Buslinie 104 der Gesellschaft Empresa Cotca fährt alle 40 Minuten vom Konvent San Francisco zu der Grotte (1,75 Arg$).

6 km westlich der Stadt können archäologisch Interessierte in der Nähe des Campingplatzes die Überreste des **Pueblo Perdido de la Quebrada** besichtigen, einer Siedlung aus dem 9. Jh. Erbaut wurde das Dorf von einer Gruppe, die – vielleicht wegen der extremen Klimabedingungen – aus der Puna nach Süden gezogen war. Viel zu besichtigen gibt es allerdings nicht, denn nur niedrige Grundmauern blieben erhalten. Der Bus mit der Nummer 101A (1,75 Arg$) fährt vom Kloster San Francisco aus zum Pueblo.

Wer über die RN 75 von Catamarca in das 29 km nördlich gelegene malerische **Villa Las Pirquitas** nahe dem gleichnamigen Damm fährt, kann unterwegs von der Straße aus die Sierra de Famatina sehen, die höchste Gebirgskette der Provinz. Die Fahrt führt durch kleine Dörfchen, die sich am Fuße der Sierra erstrecken und eine interessante Regionalarchitektur aufweisen. Die Bewohner sind sehr gastfreundlich.

Wer wild zelten will, kann dies am Flussstrand tun, das Wasser ist allerdings zum Schwimmen zu schlammig. Die schöne **Hostería Fray Mamerto Esquiú** (☎ 03833-492030; EZ/DZ 30/50 Arg$) ist auf jeden Fall ihr Geld wert. Die Zimmer sind sauber und komfortabel, das Essen ist sehr günstig, und es gibt eine Bar mit Pooltisch.

Jede Stunde fährt die Buslinie 101 der Gesellschaft Empresa Cotca nach Villa Las Pirquitas. Man kann an der Salta zwischen Esquiú und Prado einsteigen.

BELÉN

☎ 03835 / 11 000 Ew. / 1250 m
Im kleinen, beschaulichen Belén fühlt man sich weit entfernt von der übrigen Welt, und so ist es ja auch. Der freundliche Ort ist ideal für Reisende, die es gern überschaubar haben. Hier kann man einen geruhsamen Aufenthalt verbringen und sich mit Webwaren eindecken, insbesondere Ponchos. Überall in der Stadt finden sich *teleras* (Textilwerkstätten), die Produkte aus Lama-, Schaf- oder Alpakawolle verkaufen. Die Ruinen von El Shincal ganz in der Nähe sind ein weiterer Grund, der kleinen Stadt einen Besuch abzustatten.

Vor der Ankunft der Spanier Mitte des 16. Jhs. wurde die Gegend um Belén von Diaguita bewohnt und lag am Rande des Inkareichs. Nach dessen Niedergang wurde die Region der *encomienda* (einer Art Zwangsarbeitssystem) von Juan Ramírez de Velasco einverleibt, dem Gründer von La Rioja. Ihre Geschichte ist jedoch eng verwoben mit der des nahe gelegenen Londres, einer spanischen Siedlung, die wegen Überschwemmungen und Widerständen der Diaguita mehrmals verlegt werden musste. Mehr als ein Jahrhundert verging, bis der Priester José Bartolomé Olmos de Aguileradas das Land aufteilte und es einigen Veteranen der Diaguita-Kriege unter der Bedingung übereignete, dass sie sein Missionswerk unterstützten. Die Diaguita selbst sind inzwischen verschollen.

Orientierung & Praktische Informationen

Belén liegt im westlichen Hochland von Catamarca, 289 km nordwestlich der Provinzhauptstadt und 180 km südwestlich von Santa María.

Eine **Touristeninformation** (☎ 461304; turismo belencat@gmail.com; ⏲ Mo–Fr 7–13 & 14–22, Sa 8–22, So 9–22 Uhr) befindet sich neben dem Busbahnhof, eine weitere mit denselben Öffnungszeiten in der General Paz 180.

Sehenswertes

Die **Iglesia Nuestra Señora de Belén**, ein neoklassizistischer Backsteinbau, entstand 1907. Sie liegt an der Plaza Olmos y Aguilera, auf dem Pinien und riesige südamerikanische Pfefferbäume für Schatten sorgen. Von einer kleinen Shopping-Arkade geht es ein paar Stufen nach oben ins **Museo Cóndor Huasi** (Ecke Lavalle & Rivadavia; Eintritt 2 Arg$; ⏲ Mo–Fr 9–12 & 13–20 Uhr) mit einer gut präsentierten archäologischen Sammlung. Zu den Exponaten gehören einige schöne Bronzeäxte und Schmuck aus Blattgold. Eine bebilderte Tafel informiert (auf Spanisch) über den Gebrauch von Halluzinogenen durch die Diaguita.

Festivals & Events

Am 20. Dezember feiert die Stadt offiziell ihre Gründung, den **Día de la Fundación.** Allerdings beginnen die Feierlichkeiten mindestens eine Woche früher mit einem Tanz am Fuße des Cerro de la Virgen, drei Häuserblocks westlich der Plaza. Ein steiler und etwa 1900 m langer Weg führt hinauf zu einer 15 m hohen Statue der Jungfrau, neben der ein 4,5 m hohes Bild des Christuskindes steht.

Schlafen & Essen

Hotel Gómez (☎ 461250; Calchaquí 213; EZ/DZ 40/60 Arg$) Das Hotel, eines aus einer Hand voll Billigunterkünfte in der Stadt, liegt an der Hauptstraße und bietet einen begrünten Innenhof sowie schlichte Zimmer mit Bad und TV. Die Gäste werden nicht unbedingt überschwänglich empfangen, aber so ist halt das Leben.

Hotel Belén (☎ 461501; www.belencat.com.ar; Ecke Belgrano & Cubas; EZ/DZ 159/181 Arg$; 🕱 🖵) Es ist kaum zu glauben, dass es dieses supergestylte Hotel in Belén gibt (es verdankt seine Existenz einer mehrere Jahre zurückliegenden Initiative der Regierung von Catamarca) – und dazu noch zu diesen Preisen. Reisende sollten die Gelegenheit beim Schopfe ergreifen – egal, wie sehr sie auf ihre Reisebudget achten müssen. Die Bäder aus Naturstein mit Boden- und Wandmosaiken und die einer Grotte ähnelnden, äußerst komfortablen Zimmer sind ein Erlebnis.

El Único (Roca 74; Hauptgerichte 12–34 Arg$; 🕑 Mittag- & Abendessen) Die beste Parrilla der Stadt liegt einen Block westlich der Plaza. Das Restaurant wartet mit einer schönen *quincho* (Strohdachhütte) auf und bietet Spezialitäten aus der Region, z. B. *locro* (Eintopf), die wärmstens zu empfehlen *sind*.

1900 (☎ 461100; Belgrano 391; Hauptgerichte 14–26 Arg$; 🕑 Mittag- & Abendessen) Ein Service, der über die bloße Pflichterfüllung hinausgeht, ist das Geheimnis dieses erfreulichen Restaurants, das einen Block von der Plaza entfernt liegt. Es ist sehr beliebt. Da die Kellner niemanden abweisen möchten, werden die Tische immer wieder neu arrangiert und zusammengestellt. Die Preise sind sehr angemessen. Es gibt eine ganze Reihe von Gerichten, die auf großen Platten serviert werden und zum Teilen gedacht sind. Raffiniert zusammengestellte Salate und saftige Fleischspieße gehören zu den Highlights.

Shoppen

Stände mit Kunsthandwerk verkaufen in einem Zelt an der Plaza Ponchos, Kleidung aus Lama- oder Alpakawolle und Wein aus der Gegend.

Gewebtes für den gehobeneren Anspruch, etwa Teppiche und Läufer, gibt es im **Cuna del Poncho** (☎ 461091; Roca 144). Die Preise sind moderat, Kunden können mit Kreditkarten bezahlen, und die Besitzer kümmern sich um den Seetransport nach Hause.

An- & Weiterreise

Der **Busbahnhof** (Ecke Sarmiento & Rivadavia) von Belén liegt einen Block südlich und einen Block westlich der Plaza. Er wird leider wenig genutzt und bietet Fernfahrten zu vernünftigen Tageszeiten ausschließlich nach Catamarca (13 Uhr, 20 Arg$, 4–5 Std.). Es gibt Nachtbusse nach La Rioja (30 Arg$, 5 Std.) und Córdoba (83 Arg$, 14 Std.) und viermal wöchentlich einen Bus nach Santa María (20 Arg$, 4 Std.) über Hualfin. Wer nach Salta oder Tucumán will, muss in Catamarca oder Santa María umsteigen.

Hotel Belén und andere betreiben unregelmäßig Minibusse nach Catamarca.

RUND UM BELÉN
Londres & El Shincal

Das verschlafene Londres (2134 Ew.) liegt nur 15 km südwestlich von Belén und ist die älteste spanische Siedlung in der Provinz. Sie wurde 1558 gegründet, jedoch mehrmals verlegt, bis sie 1612 an ihren ursprünglichen Ort zurückkehrte. Während des Diaguita-Aufstands 1632 flohen die Bewohner erneut.

Der Name Londres (London) erinnert an die Eheschließung des spanischen Prinzen (und späteren Königs Philipp II.) mit der englischen Königin Maria Tudor 1555. In der ersten Februarhälfte findet hier das **Festival Provincial de la Nuez** (Fest zu Ehren der Provinz) statt.

Die 7 km westlich von Londres gelegenen Inka-Ruinen von **El Shincal** (Eintritt 5 Arg$; 🕑 8 Uhr bis Sonnenuntergang) lohnen einen Besuch. Die Stadt wurde 1470 in beherrschender Lage in den Ausläufern der Berge gegründet und wachte über das riesige Tal im Süden – eine eindrucksvolle Kulisse mit phantastischer Aussicht und viel Atmosphäre.

Im Zuge der Ausgrabungen des Jahres 1991 erlitt die Ruinenstätte Schaden, doch der *ushno* (Zeremonialplatz) und die *kallanka* (wahrscheinlich eine Kaserne) wurden wiederhergestellt. Auf beiden Seiten des Zentralplatzes lassen sich zwei kleine Hügel erklimmen. Sie sind nach Sonnenauf- und -untergang ausgerichtet und dienten wahrscheinlich als Ausguck und Altar gleichermaßen. Zum Eintrittspreis gehört normalerweise eine Führung durch ein Mitglied der freundlichen Familie, die hier lebt und die Stätte beaufsichtigt.

Montags bis samstags verkehren sieben Busse von Belén nach Londres (2 Arg$), die einen kleinen Fußmarsch von den Ruinen entfernt halten. Zwischen Londres und den Ruinen gibt es einen Zeltplatz und einen Komplex mit Campinghütten. Londres bietet außerdem ein paar einfache *residenciales*.

Wer mit dem Auto unterwegs ist oder eine Mitfahrgelegenheit hat, kann von Londres auf einer hervorragenden Straße Richtung Süden nach Chilecito fahren, das 200 km entfernt in der Provinz La Rioja liegt. Die Fahrt bietet spektakuläre Ausblicke auf die eindrucksvolle Sierra Famatina im Westen.

Hualfin

Über die spektakuläre RN 40 gelangen Reisende in das etwa 60 km nördlich von Belén gelegene Winzerdorf Hualfin, das inmitten der öden Landschaft erstaunlich grün und fruchtbar wirkt. Unterhalb eines kleinen Vorsprungs steht eine hübsche pinkfarbene Kapelle aus dem Jahr 1770. Über 142 Stufen gelangt man von dort auf einen Aussichtspunkt mit Panoramablick auf die umliegenden Felder und die Wüste in der Ferne. Neben der Kapelle befindet sich ein kleines archäologisches Museum.

2 km südlich und dann weitere 2 km westlich liegt das kleine Thermalbad **Termas de la Quebrada**. Von der Abzweigung ein kleines Stück weiter südlich ragen imposante rötliche Felsformationen über dem normalerweise ausgetrockneten Flusstal auf; die „Schneeverwehungen" auf

UNTERSCHLUPF IM WESTEN

Wer die ausgetretenen Pfade gerne mal verlässt, dem wird es im abgelegenen Puna-Dorf **Antofagasta de la Sierra** bestimmt gefallen. Es liegt in den Anden im äußersten Westen der Provinz Catamarca auf 3320 m Höhe – umgeben von einer spektakulären Landschaft mit Vulkanen, Bimssteinfeldern, Salzpfannen und Seen, an denen sich Flamingos und Guanakos versammeln. Besonders lohnend ist ein Besuch Anfang März, wenn hier die **Fiesta de la Puna** gefeiert wird, in der es ums Vieh und um traditionelle Kultur geht. Eine von mehreren Unterkünften ist die **Hostería de Antofagasta** (☎ 03835-471001; C Principal s/n; EZ/DZ 65/87 Arg$). Von Catamarca aus fahren mittwochs und freitags um 6.15 Uhr Busse nach Antofagasta (60 Arg$, 12 Std.); zurück geht es montags und freitags um 12 Uhr mittags.

den Bergen dahinter bestehen tatsächlich aus feinem weißem Sand.

Das **Hospedaje Alta Huasi** (☎ 03835-15-696275; Zi. pro Pers. 20 Arg$) – 1 km von der Kirche entfernt an der Straße nach Santa María – bietet einfache Unterkünfte. In der Stadt sollten Besucher eine lokale Spezialität probieren: sahnige Ziegenkäsescheiben, die mit Paprika aus der Gegend bestreut werden.

Montags bis freitags fahren zweimal täglich oft recht überfüllte Minibusse von Belén nach Hualfin (7 Arg$, 1½ Std.). Der viermal wöchentlich verkehrende Bus zwischen Belén und Santa María hält ebenfalls hier.

LA RIOJA

☎ 03822 / 143 684 Ew. / 500 m

Umgeben von den anmutigen Gipfeln der Sierra de Velasco, macht La Rioja an einem sonnigen Tag schon einiges her. Und es gibt hier viele Sonnentage: In der Sommerzeit klettert die Quecksilbersäule in dieser ruhigen und abgelegenen Provinzhauptstadt ziemlich weit nach oben. Selbst wer nur auf einer kurzen Tour die Highlights in Augenschein nehmen möchte, könnte hier – auf halbem Wege zwischen Mendoza und Salta – einen Aufenthalt in Erwägung ziehen, um einen Ausflug in die sehenswerten geologischen Nationalparks Talampaya und Ischigualasto zu unternehmen.

Juan Ramírez de Velasco gründete Todos los Santos de la Nueva Rioja im Jahr 1591. Die Diaguita, die hier lebten, wurden bekehrt und „befriedet" (s. Kasten S. 332). Sie ebneten den Weg für das spanische Kolonisierung dieses Landstrichs, den Vásquez de Espinosa „ein Stück vom Paradies" nannte.

Die Stadt spiegelt den Konflikt, aber auch das Aufeinanderzugehen der Kolonisatoren und Kolonisierten wider: Die lokale Architektur verbindet europäische Einflüsse mit traditionellen Techniken und Materialien der Region. Im Jahr 1894 zerstörte ein Erdbeben viele der historischen Gebäude.

Orientierung

Die Stadt liegt am Fuß der malerischen Sierra de Velasco und ist relativ klein: Alle wichtigen Sehenswürdigkeiten und die meisten Hotels befinden sich in zu Fuß zurücklegbarer Entfernung zueinander.

Nord-südlich verlaufende Straßen ändern ihren Namen an der San Nicolás de Bari, die in ost-westlicher Richtung behalten in La Rioja ihren Namen durchgehend.

Praktische Informationen

BBVA (Av San Nicolás de Bari 476) Hier kann man US-Dollar wechseln.

Mama Espuma (Av JD Perón 324; Maschine 15 Arg$) Wäscherei.

Touristenkiosk der Gemeinde (Plaza 25 de Mayo; ☽ 8–21.30 Uhr) Direkt auf der Plaza.

Touristeninformation der Provinz (☎ 426345; www.larioja.gov.ar/turismo; Pelagio Luna 345; ☽ 8–21.30 Uhr) Sehr hilfsbereit.

Telecentro (Av San Nicolás de Bari 502; 2,50 Arg$ pro Std.) Auf der Plaza. Internetanschluss und Telefoniermöglichkeit.

Sehenswertes

BEMERKENSWERTE GEBÄUDE

La Rioja ist ein sehr frommer Ort, fast alle auffallenden Gebäude sind Sakralbauten. Den malerischen **Convento de Santo Domingo** (Ecke Pelagio Luna & Lamadrid; ☽ Mo–Fr 9.30–12.30, 18–20 Uhr) erbauten die Diaguita 1623 unter der Leitung von Dominikanermönchen; es ist Argentiniens ältestes Kloster. Das Baudatum ist auch im geschnitzten Türrahmen aus Algaroba-Holz dauerhaft verewigt, ebenfalls ein Werk von indigenen Diaguita-Künstlern.

Der auffällige neogotische **Convento de San Francisco** (Ecke 25 de Mayo & Bazán y Bustos, ☽ 7–21 Uhr) birgt das Bildnis von Niño Alcalde. Diese Darstellung in Gestalt eines Jesuskinds gilt als symbolischer „Bürgermeister" *(alcalde)* der Stadt (s. Kasten S. 332).

Die riesige, spektakuläre **Kathedrale** (Ecke Av San Nicolás de Bari & 25 de Mayo), ein byzantinisch anmutender Bau von 1899, beherbergt das Bildnis des Stadtheiligen Nicolás de Bari, der von *riojanos* (den Einwohnern von La Rioja) ebenso verehrt wird wie von den (italienischstämmigen) Bewohnern der Nachbarprovinzen.

FOLKLOREMUSEUM

Das unbedingt sehenswerte **Museo Folklórico** (☎ 428500; Pelagio Luna 811; Eintritt: Spende; ☽ Di–Fr 9–13 & 16–20, Sa–So 9–13 Uhr) ist in einem wunderschönen Lehmbau aus dem beginnenden 17. Jh. untergebracht und widmet sich verschiedenen Aspekten der Regionalkultur: der *chaya* (der Musik aus La Rioja), dem Tinkunaco-Fest, der Webkunst (die traditionelle, mit Pflanzenfarben gefärbte Wandbehänge hervorbringt) und der Weinerzeugung. Ein interessantes Exponat ist der *lagar* (ein aufgespanntes Stück Leder, auf dem die Trauben mit den Füßen gestampft wurden). Auch der Raum zum Thema Mythologie zieht die Besucher in seinen Bann: Eine ganze Reihe anspruchsvoller Rituale ist erforderlich, um im

Jenseits die eigene Seele vom Teufel zurückzukaufen. Die Führung ist sehr informativ, aber nur für Besucher lohnend, die über ausreichende Spanischkenntnisse verfügen.

MUSEO INCA HUASI

Das bemerkenswerte **Museum** (Alberdi 650; Eintritt 2 Arg$; ☽ Di–Fr 9–13 & 16–20, Sa 9–13 Uhr) liegt ein paar Straßen von der Plaza entfernt und wird von Mönchen betrieben. Gezeigt wird eine beachtliche Sammlung von präkolumbischer Keramik unterschiedlicher, einst in der Gegend heimischer Kulturen.

Aktivitäten & geführte Touren

Mehrere Veranstalter organisieren Ausflüge in die Provinz, z. B. einen Besuch des Parque Nacional Talampaya, der unweigerlich einen Besuch des nahe gelegenen Parque Provincial Ischigualasto („Valle de la Luna") in der Provinz San Juan einschließt. Die Preise hängen von der Gruppengröße ab, doch in der Regel kostet der 13-stündige Tagesausflug zwischen 180 und 210 Arg$ pro Person. Diese Veranstalter haben auch Exkursionen und höher gelegene, weiter entfernte Teile der Anden im Westen der Provinz im Angebot (weitere Infos zu diesen Zielen s. Kasten S. 336).

Hier ein paar Veranstalter:

Corona del Inca (☎ 422142; www.coronadelinca.com.ar; Pelagio Luna 914)

Terra Riojana (☎ 427-4160; www.terrariojana.com.ar; H Yrigoyen 240)

Wegen der hohen Steilhänge und thermischen Winde eignet sich die Gegend von La Rioja großartig für Drachen- und Gleitschirmflieger: Hier wurden schon Weltrekorde für Langstreckenflüge aufgestellt.

Interessierte wenden sich am besten an **Hugo Ávila** (☎ 451635, 03822-15-663296; www.vuelosaguilablanca.com. ar; Av Ramírez de Velasco, 7km), der Einführungen und Tandemflüge anbietet.

Feste & Events

La Chaya, die hiesige Variante des Karnevals, zieht Leute aus allen Landesteilen an. Der Name ist vom Quechua-Wort für „jemanden nass machen" abgeleitet – damit ist klar, was hier abgeht, nämlich eine große Spritzerei. Chaya, ein für die Gegend typischer Musikstil, hat übrigens ebenfalls mit diesem Fest zu tun.

Das religiöse Ritual **El Tinkunaco** findet am Mittag des 31. Dezembers statt und gehört zu den interessantesten Zeremonien Argentiniens (s. Kasten S. 332).

DER ANDINE NORDWESTEN

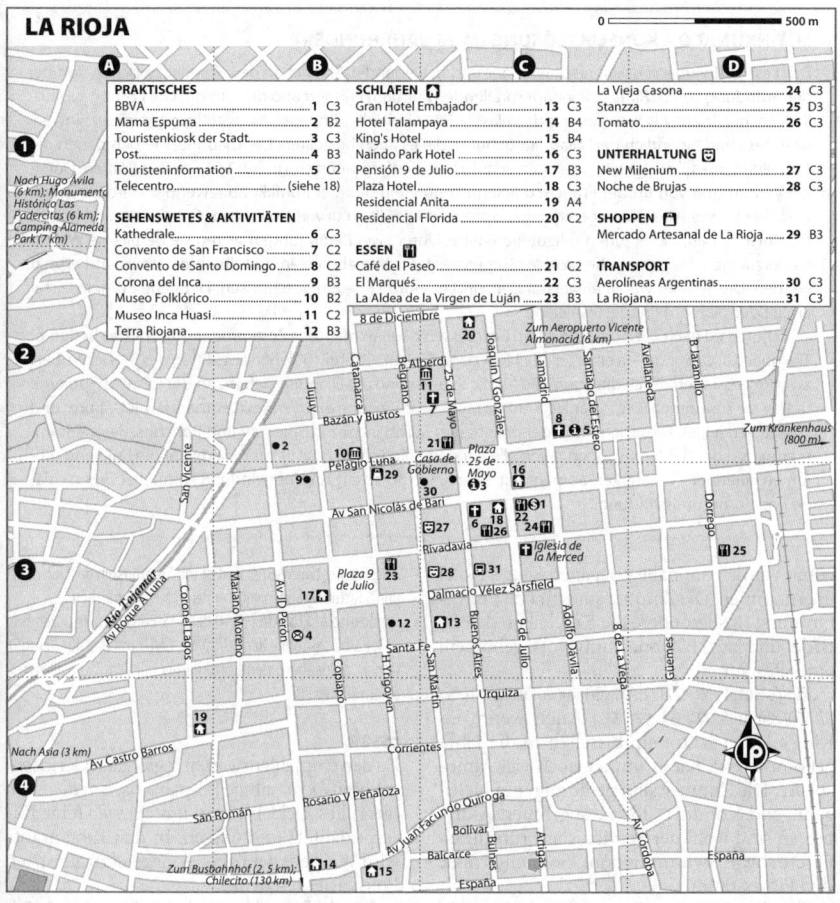

LA RIOJA

0 — 500 m

PRAKTISCHES		
BBVA	1	C3
Mama Espuma	2	B2
Touristenkiosk der Stadt	3	C3
Post	4	B3
Touristeninformation	5	C3
Telecentro	(siehe 18)	

SEHENSWERTES & AKTIVITÄTEN		
Kathedrale	6	C3
Convento de San Francisco	7	C2
Convento de Santo Domingo	8	C2
Corona del Inca	9	B3
Museo Folklórico	10	B2
Museo Inca Huasi	11	C2
Terra Riojana	12	B3

SCHLAFEN		
Gran Hotel Embajador	13	C3
Hotel Talampaya	14	B4
King's Hotel	15	B4
Naindo Park Hotel	16	C3
Pensión 9 de Julio	17	B3
Plaza Hotel	18	C3
Residencial Anita	19	A4
Residencial Florida	20	C2

ESSEN		
Café del Paseo	21	C2
El Marqués	22	C3
La Aldea de la Virgen de Luján	23	B3

La Vieja Casona	24	C3
Stanzza	25	D3
Tomato	26	C3

UNTERHALTUNG		
New Milenium	27	C3
Noche de Brujas	28	C3

SHOPPEN		
Mercado Artesanal de La Rioja	29	B3

TRANSPORT		
Aerolíneas Argentinas	30	C3
La Riojana	31	C3

Schlafen

Wer bar zahlt und sich aufs Feilschen einlässt, bekommt in den Hotels von La Rioja schon mal einigen Rabatt.

Residencial Anita (☎ 424836; Coronel Lagos 476; EZ/DZ 80/95 Arg$; 🖭 🖾) Das ruhige und ordentliche Anita liegt ein paar Häuserblocks vom Zentrum entfernt in einem Wohnbezirk und bietet viel fürs Geld. Die Zimmer sind sehr sauber, die Bäder makellos. Pluspunkte gibt es für den hübsch mit Pflanzen begrünten und mit Heiligenfiguren vollgestellten Innenhof und den etwas molligen Hund, der zum Haus gehört. Nicht die Sorte Unterkunft, die es gern sieht, wenn man erst um 4 Uhr morgens einläuft.

Pensión 9 de Julio (☎ 426955; Ecke Copiapó & Dalmacio Vélez Sársfield; EZ/DZ 80/100Arg$; 🖭 🖳) Hier wird in zentraler Lage eine Menge geboten. Die Zimmer sind sauber und angenehm, hinzu kommt ein von Weinlaub beschatteter Patio mit Blick auf die gleichnamige Plaza. Negativ schlägt nur der Verkehrslärm in den nach vorne ausgerichteten Zimmern zu Buche.

Gran Hotel Embajador (☎ 438580; www.granhotel embajador.com.ar; San Martín 250; EZ/DZ 95/130 Arg$; 🖭 🛜) Hier geht es fröhlich und sehr ordentlich zu. Die Zimmer im 1. Stockwerk sind größer und sonniger – eine gute Sache für alle, die von dunkelroten Farben aggressiv werden. Einige haben auch einen Balkon. Da das Preis-Leistungs-Verhältnis stimmt, ist das Hotel sehr beliebt und eine Reservierung empfehlenswert.

Hotel Talampaya (☎ 422005; Av JD Perón 1290; EZ/DZ 140/250 Arg$; 🖭 🖳 🛜 🖾) Das frühere Hotel Tu-

EL TINKUNACO – KONFLIKTLÖSUNG IM 16. JAHRHUNDERT

Das Fest El Tinkunaco ist ein faszinierender und bewegender Akt, der an den Konflikt zwischen den bei der Gründung von La Rioja aufeinanderprallenden Kulturen erinnert und die erfolgreiche Lösung symbolisch nachvollzieht. Als Juan Ramírez de Velasco 1591 die Stadt gründete, sah er großzügig darüber hinweg, dass das Land eigentlich den Diaguita gehörte, die es auch bestellten. Die Diaguita, die sich gegen die Aufteilung ihres Territoriums unter den spanischen Siedlern wehrten, griffen 1593 zu den Waffen. Durch die Vermittlung von Bruder Francisco Solano konnte ein blutiger Konflikt abgewendet werden. Später wurde er für seine Bemühungen heilig gesprochen. Die Diaguita vertrauten dem Geistlichen und hörten die Botschaft an, die er ihnen mitzuteilen hatte. Unter zwei Bedingungen waren sie bereit, die Waffen niederzulegen: Der spanische *alcalde* (Bürgermeister) sollte abdanken und durch das Jesuskind ersetzt werden. Die Spanier waren einverstanden, und es wurde Frieden geschlossen. Der neue Bürgermeister erhielt den Namen Niño Jesús Alcalde.

Schon bald nach diesen historischen Ereignissen begann man, des Zusammentreffens – das bedeutet Tinkunaco in Quechua – in einer Feierlichkeit zu gedenken. Alljährlich ziehen am Mittag des 31. Dezembers zwei Prozessionen durch die Stadt, die für die Spanier und die Diaguita stehen. An der Casa de Gobierno treffen sie zusammen. Die „Spanier" sind als religiöse Büßer und als *alféreces* (Leutnants) mit Uniform und Flagge verkleidet. Die „Diaguita" oder *aillis* tragen Stirnbänder mit Spiegeln und Ponchos. Beim Zusammentreffen der beiden Gruppen fallen alle vor dem Bildnis von Niño Jesús Alcalde auf die Knie und umarmen einander – ein starker Moment mit einer tiefen Botschaft zur Überwindung kultureller Unterschiede und Kompromissfindung.

rismo wurde vom nahe gelegenen King's Hotel übernommen. Die Zimmer sind für den Preis in Ordnung (insbesondere die EZ), haben schöne Bäder und laute Balkone. Zum Hotel gehört ein gutes Restaurant.

King's Hotel (☎ 422122; Av Juan Facundo Quiroga 107; EZ/DZ 160/280 Arg$; ⧉ ⊟ ≋ ⊠) Auch wenn das King's Hotel schon ein bisschen in die Jahre gekommen ist, hat es immer noch viel Atmosphäre. Die Zimmer sind geräumig und bieten genügend Komfort, doch die größten Aktivposten sind wohl der Service, das Frühstücksbüfett sowie Swimmingpool, Sonnenterrasse und Fitnessraum.

Plaza Hotel (☎ 425215; www.plazahotel-larioja.com.ar; Av San Nicolás de Bari 502; EZ/DZ Standard 228/261 Arg$, EZ/DZ Superior 320/341 Arg$; ⧉ ⊟ ≋ ⊠) Das Hotel direkt an der Plaza sieht von innen viel besser aus als von außen. Die Zimmer zum Platz hin sind deutlich netter als die rückwärtigen zum Lichtschacht. Die Superiorzimmer wirken frischer und haben Riesenbetten.

Naindo Park Hotel (☎ 470700; www.naindoparkhotel.com; Av San Nicolás de Bari 475; EZ/DZ 374/430 Arg$; ⧉ ⊟ ≋ ⊠) Das sicherlich beste Hotel von La Rioja beherrscht eindeutig den Platz; Service und Komfort entsprechen dem Preisniveau. Viele der ausgesprochen geräumigen Zimmer haben einen schönen Blick.

Ebenfalls empfohlen:

Camping Alameda Park (☎ 03822-15-501977; Ruta 75, km 9; Stellplatz pro Pers. 10 Arg$) Der beste und stadtnächste Zeltplatz liegt im Westen und ist mit Stadtbussen der Linien 2 und 5 Richtung Süden von der Perón aus zu erreichen.

Residencial Florida (☎ 03822-15-688170; 8 de Diciembre 524; EZ/DZ/2BZ ohne Bad 30/50/60, EZ/DZ mit Bad 40/70 Arg$) Dunkle, dafür aber ordentliche Zimmer mit Ventilator, alles zu einem Spottpreis.

Essen

Zu den empfehlenswerten regionalen Gerichten gehören *locro*, saftige Empanadas, *chivito asado* (gegrilltes Zicklein), *humitas*, *quesillo* (eine Käsespezialität) und Oliven. In den Restaurants wird Wein aus der näheren Gegend zu günstigen Preisen ausgeschenkt.

Café del Paseo (☎ 422069; Ecke Pelagio Luna & 25 de Mayo; leichte Mahlzeiten 7–22 Arg$; ⏰ Frühstück, Mittag- & Abendessen) Von einer Ecke des Platzes aus lässt sich hier gut beobachten, wie das Leben in La Rioja so abläuft. Hier treffen sich Jugendliche mit ihren Handys ebenso wie Familien, und an einigen Tischen sitzen alte Männer und lassen ohne viele Worte den Tag an sich vorbeiziehen. Ein guter Ort, um den Lieblings-Aperitif der Argentinier zu probieren – Fernet Branca mit Cola (sprich: Fernet con Coke).

El Marqués (Av San Nicolás de Bari 484; Gerichte 10–22 Arg$; ⏰ Mo–Sa 8–24 Uhr) Die Speisekarte des schlichten, aber gut funktionierenden Lokals ist nicht unbedingt originell, aber Pasta, Pizza, Omeletts und Grillgerichte sind gut zubereitet und auch preislich in Ordnung. Köstlich sind besonders die Frucht-*licuados*.

Tomato (☎ 424444; Rivadavia 569; Gerichte 15–25 Arg$; ☺ Mittag- & Abendessen) Deftige *lomitos* oder Steak-Sandwiches, anständige Pizzas und Pasta, kombiniert mit riesigen Flachbild-TV-Schirmen und Sitzmöglichkeiten im Freien – all das macht dieses Lokal in der Nähe des Hauptplatzes sehr beliebt. Auch der gute und günstige Rioja-Wein wird hier ausgeschenkt.

Stanzza (☎ 430809; Dorrego 1641; Hauptgerichte 15–34 Arg$; ☺ Di–So Mittag- & Abendessen) Das freundliche Restaurant um die Ecke serviert phantasievoll zubereiteten Fisch und Meeresfrüchte sowie italienische Küche. Das Ambiente ist sehr gemütlich. Eines der besten Lokale der Stadt.

La Aldea de la Virgen de Luján (☎ 460305; Rivadavia 756; Mittagsgerichte 18–25 Arg$; ☺ Mo–Sa 7–15 & 19–23, So 10–15 Uhr) Die Preise für das Frühstück sind korrekt, abends wird das Übliche geboten. Am besten kehrt der Gast aber mittags ein, denn dann kommen viele regionale Spezialitäten direkt auf den Tisch.

La Vieja Casona (☎ 425996; Rivadavia 457; Hauptgerichte 19–44 Arg$) In diesem Super-Restaurant mit gelungener Beleuchtung und geschmackvoller Einrichtung werden regionale Spezialitäten in großer Auswahl serviert. Hinzu kommen Empfehlungen des Hauses sowie viele Klassiker der argentinischen Küche – die Parrillada z. B. ist hervorragend. Auch die Liste mit Weinen aus Rioja ist lang.

Unterhaltung

Für alle, die sich auf eine lange Nacht freuen: Hier gibt es einige Diskos, in denen man den Einheimischen mal zeigen kann, wie richtig getanzt wird. Besonders beliebt sind das **Millennium** (San Martín, ☺ Fr–Sa) gegenüber vom Colegio Nacional und das immer gut gefüllte, fröhliche **Asia** (Av San Francisco, ☺ Fr–Sa). Das **Noche de Brujas** (San Martín 162) ist ein populärer, zentral gelegener Bar-Nachtclub mit einer Halloween-Ausstattung.

Shoppen

Die gewebten Stoffe aus La Rioja verbinden einheimische Webtechniken und -fertigkeiten mit spanischen Farbkombinationen und Motiven. Die typischen *mantas* (Bettüberwürfe) zeigen Blumenmuster auf durchgefärbtem Hintergrund. Der spanische Einfluss lässt sich auch bei Silberwaren (einschließlich Tischgeschirr), Ornamenten, religiösen Objekten und Pferdegeschirr ausmachen. Wie es sich für einen Ort gehört, der nach Spaniens berühmtester Weinregion benannt ist, haben die Weine von La Rioja den besten Ruf in Argentinien.

Kunsthandwerk aus La Rioja wird auf dem hervorragenden **Mercado Artesanal de La Rioja** (Pelagio Luna 792; ☺ Di–Fr 8–12 & 16–20, Sa–So 9–12 Uhr) verkauft. Auch andere Kunstgegenstände erhält man hier günstig, meist sind die Preise niedriger als in den vielen Souvenirläden.

An- & Weiterreise

BUS

Der **Busbahnhof** (☎ 427991; Barrio Evita s/n) von Rioja ist ein interessantes Gebäude vor malerischer Bergkulisse. Von der Innenstadt müssen Reisende sich auf einen langen Fußmarsch Richtung Süden gefasst machen.

Reiseziel	Fahrpreis (Arg$)	Fahrzeit (Std.)
Belén	37	5
Buenos Aires	173	22
Catamarca	25	2
Chilecito	22	3
Córdoba	54	6
Jujuy	121	11
Mendoza	100	8
Salta	117	10
San Juan	73	6
Santiago del Estero	99	7
Tucumán	59	6

Fünfmal täglich starten Minibusse des Unternehmens **La Riojana** (☎ 435279; Buenos Aires 154) von dessen Büro im Stadtzentrum aus nach Chilecito. Die Fahrt kostet 30 Arg$ und dauert 2½ Stunden, man ist also etwas schneller als mit dem Bus unterwegs.

FLUGZEUG

Aerolíneas Argentinas (☎ 426307; Belgrano 63) fliegt dreimal wöchentlich von und nach Buenos Aires (975 Arg$) – mit Zwischenlandung in Catamarca auf dem Weg nach La Rioja (211 Arg$).

Unterwegs vor Ort

Der **Aeropuerto Vicente Almonacid** (☎ 427239) liegt 7 km östlich der Stadt an der RP 5. Ein Taxi zum Flughafen kostet etwa 25 Arg$. Für eine Taxifahrt vom Busbahnhof ins Zentrum muss man mit etwa 12 Arg$ rechnen.

RUND UM LA RIOJA

Einer Legende zufolge hat San Francisco Solano viele Diaguita-Indianer am **Monumento Histórico Las Padercitas** bekehrt. Die von den Franziskanern gebaute Lehmkapelle liegt 7 km westlich der Stadt an der RN 75 und wird jetzt von einem Steintempel geschützt. Am zweiten Sonntag im

August pilgern Gläubige hierher, um den Heiligen zu verehren. Die Buslinien 2 und 5 halten beim Monumento (1,50 Arg$).

Hinter Las Padercitas steigt die RN 75 an und windet sich an attraktiven Sommerhäuschen, leuchtend roten Sandsteinklippen, dichter Vegetation und dunkelvioletten Gipfeln vorbei. Die Kakteen, die in tieferen Lagen in verschiedenen Arten wachsen, erinnern daran, dass die Gegend hier tatsächlich semiarid ist. Auf den Hängen stehen Algorrobo-Bäume (Hülsenfrüchtler).

CHILECITO

☎ 03825 / 29 453 Ew. / 1080 m

Das grandios zwischen niedrigen, felsigen Hügeln und imposanten, schneebedeckten Gipfeln gelegene Chilecito, ein Zwischenstopp auf der Ruta 40, ist die zweitgrößte Siedlung der bevölkerungsarmen Provinz und doch nur eine Kleinstadt. Hier gibt es einiges Interessante zu entdecken, darunter eine aufgegebene Seilbahn, die zu einer Mine hoch oben in der Sierra führt. Wegen der Hitze, der Bergbaustädten eigenen Atmosphäre und der vielen Kandelaberkakteen auf den Hängen ringsum hat Chilecito manchmal fast schon das Flair einer Westernstadt. Zweifellos ist es ein guter Ausgangspunkt für lohnende Ausflüge in die Sierra.

Chilecito wurde 1715 von Domingo de Castro y Bazán, dem die Landrechte verliehen worden waren, als Villa Santa Rita gegründet. Es war nicht mehr als ein Weiler, bis Ende des 19. Jhs. der Bergbau begann. Wegen der vielen Kumpel, die über die Anden kamen, um hier in den Bergwerken zu arbeiten, erhielt es den Namen Chilechito (Klein-Chile).

Praktische Informationen

An der Plaza gibt es drei Banken, die über Geldautomaten verfügen.

Städtische Touristeninformation (Plaza Sarmiento ; ☺ 8–21 Uhr) In einem Stand auf der Plaza mit hilfsbereitem, freundlichem Personal.

Telecentro (Plaza Sarmiento, Std. 2 Arg$) Telefonkabinen und Internetzugang.

Touristeninformation der Provinz (☎ 422688; D de Castro y Bazán 52; ☺ 8–21 Uhr) Engagierte Mitarbeiter, gutes Infomaterial. Es gibt auch einen kleinen Stand auf der Plaza Sarmiento.

Sehenswertes

MUSEO DEL CABLECARRIL

Das faszinierende **Museo del Cablecarril** (gewünschte Spende: 5 Arg$; ☺ 8.30–12.30 & 14.30–19.30 Uhr) ist in der Seilbahnstation untergebracht und dokumen-

tiert eine außergewöhnliche Ingenieurleistung, die zu Beginn des 20. Jhs. Chilecitos Entwicklung zur Bergbaustadt begründete. Um den Abbau von Gold, Silber und Kupfer aus der Sierra de Famatina zu ermöglichen, erhielt eine deutsche Firma den Auftrag, eine 40 km lange Seilbahn zu bauen. Diese sollte vom Ende der Eisenbahnlinie in Chilecito nach La Mejicana führen, das auf 4603 m Höhe und damit mit 3500 m oberhalb von Chilecito liegt. Das umfangreiche Projekt mit neun Stationen, einem Tunnel und 262 Stützen war 1904 vollendet. Etwa vier Stunden dauerte die Seilbahnfahrt, die die Arbeiter und Gerätschaften in die von einer britischen Firma betriebene Mine brachte. Der Erste Weltkrieg bedeutete das Ende dieser deutsch-englischen Kooperation, die Seilbahn begann zu verfallen; die Kumpel aus der Gegend nutzten sie jedoch noch bis in die 1930er-Jahre hinein.

Im malerischen Museum sind Fotos, Gerätschaften und Dokumente zur Seilbahn und zum Bergwerk aufbewahrt. Auch ein Vorläufer des Mobiltelefons, das damals als Kommunikationsmittel diente, ist ausgestellt. Die informative Führung in spanischer Sprache umfasst auch eine Besichtigung der Seilbahnstation – eine wacklige Wendeltreppe führt auf die Plattform, auf der die Loren, nebeneinander aufgereiht, auf einen neuerlichen Einsatz zu warten scheinen. Empfehlenswert ist vor allem ein Besuch am Spätnachmittag, wenn die Sonne das rostige Metallgebilde und die schneebedeckten Berge in ein sanftes Licht taucht.

Das Museum liegt am südlichen Ende der Stadt an der Hauptstraße, einen Block südlich vom Busbahnhof.

MUSEO MOLINO DE SAN FRANCISCO

Don Domingo de Castro y Bazán, der Gründer von Chilecito, war der Besitzer dieser Getreidemühle aus Kolonialzeiten. Das darin untergebrachte **Museo Molino de San Francisco** (J Ocampo 63; Eintritt 3 Arg$; ☺ 8–12.30 & 14.30–19.30 Uhr) birgt eine bunt zusammengewürfelte Sammlung von alten Werkzeugen, frühen Waffen, Dokumenten aus dem Beginn der Kolonisation, Mineralien, traditionellem Kunsthandwerk aus Holz und Leder, Banknoten und Gemälden.

SAMAY HUASI

Joaquín V. González, Schriftsteller und Begründer der berühmten Universidad de La Plata in Buenos Aires, nutzte die 2 km von Chilecito entfernte Finca **Samay Huasi** (☎ 422629; samayhuasi@

arnet.com.ar; Eintritt 5 Arg$; 8–18 Uhr) als Landsitz. Der fruchtbare Boden bildet einen reizvollen Kontrast zu den felsigen, mit Kakteen bestandenen Hügeln ringsum. Zu sehen sind González' Schlafzimmer sowie einige Zeugnisse aus seinem Leben. Interessanter ist die Gemäldesammlung lokaler Künstler, wobei Claro de Luna von González' Freund Alberto Alice besondere Beachtung verdient. Die Ausstellung zur Naturgeschichte, Archäologie und Mineralogie unten macht hingegen einen eher traurigen Eindruck.

Wer möchte, kann sich in der Finca für 70 Arg$ pro Person (mit Vollpension) einmieten; eine Reservierung ist erforderlich.

Der Weg zur Finca führt am Kakteengarten Chirau-Mita vorbei aus der Stadt heraus die Hauptstraße entlang. Nach der Rechtskurve taucht rechts das Gebäude auf.

WEINKELLEREI LA RIOJANA
La Rioja ist eine der besten Gegenden, um den fruchtigen Weißwein *torrontés* zu kosten. Er ist aber bei weitem nicht der einzige Tropfen, den die Provinz zu bieten hat. Die Weinkooperative **La Riojana** (423150; www.lariojana.com.ar; La Plata 646; Mo–Fr 8–18, Sa 9–13 Uhr) ist die größte Weinkellerei in der Gegend und ein Unternehmen von beachtlicher Größe. Eine kostenlose Führung durch die Bodega – die Gärung erfolgt in großen Metallbehältern und nicht in modrigen Holzfässern – mündet in eine großzügige Weinprobe. Sie ist auch in englischer Sprache möglich (telefonisch oder vor Ort einen Termin vereinbaren).

CHIRAU-MITA
Dieser eindrucksvolle Kaktusgarten mit nettem Museum war zum Zeitpunkt der Recherche für dieses Buch auf unbestimmte Zeit geschlossen, es lohnt sich aber nachzufragen.

Schlafen
Zum Zeitpunkt der Recherche für diesen Band wurde an der 19 de Februar 351 das Hotel Famatina, ein 5-Sterne-Schuppen mit Casino, hochgezogen, der – wen wundert es – dem örtlichen Gouverneur gehört.

Hostel Paimán (429135; El Maestro 188; B/EZ/DZ 35/50/80 Arg$) Das Hostel mit einem freundlichen Betreiber bietet einfache, komfortable Zimmer, die auf einen ruhigen Hof gehen – genau das Richtige zum Entspannen. Es gibt eine Küche und Gelegenheit zum Waschen; das Frühstück

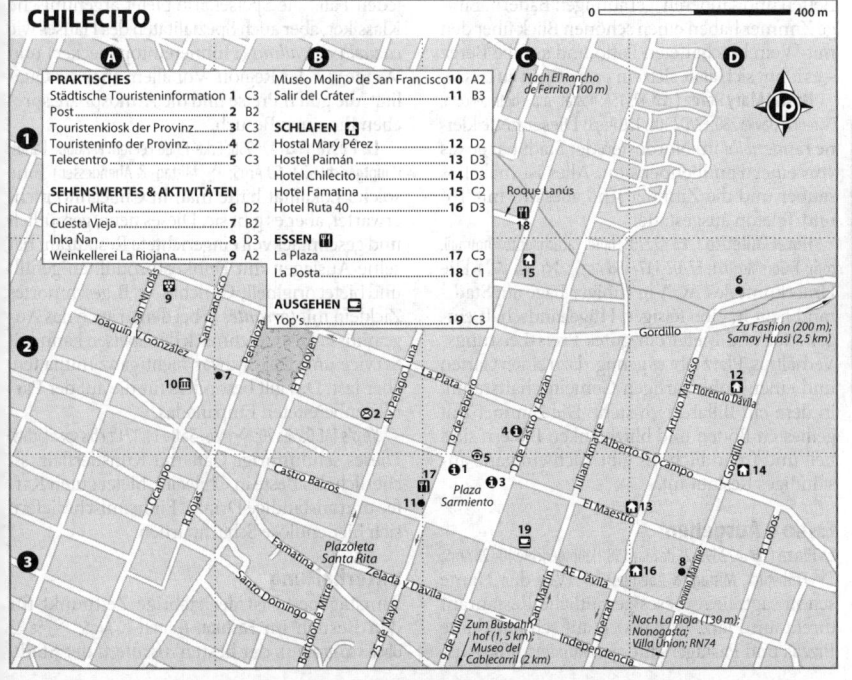

AUSFLÜGE RUND UM CHILECITO

Der westliche Teil der Provinz La Rioja ist faszinierend und bietet eine ganze Reihe von interessanten Zielen in der Sierra. Auch von Chilechito aus lässt sich eine Vielzahl ungewöhnlicher Ausflüge durchführen. Ein schöner Ausflug führt in den Parque Nacional Talampaya (S. 337); er schließt auch einen Besuch des Parque Provincial Ischigualasto (S. 409) ein und führt über den malerischen Miranda-Pass. Ausflüge auf der RN 40 Richtung Norden führen zu den Ruinen von El Shincal (S. 328) oder den abgelegenen heißen Quellen in Fiambalá. Wer ernsthafte Allrad-Ausflüge im Gebirge unternehmen möchte, sollte die aufgelassene Mine in La Mejicana (4603 m) ansteuern. Die Fahrt hinauf führt durch beeindruckende Landschaften in vielen unterschiedlichen Farben – auch ein gelber Fluss gehört dazu. Noch tiefer in der Sierra nahe der Grenze zu Chile liegt die Laguna Brava, ein relativ großer See mit vielen Flamingos inmitten einer schönen, kahlen Andenlandschaft. Noch höher, auf 5600 m, liegt der saphirblaue Kratersee Corona del Inca, der nur im Sommer zugänglich ist.

Agenturen in Chilechito wie **Salir del Cráter** (☎ 423854; www.salirdelcrater.com.ar; 25 de Mayo 87), **Inka Ñan** (☎ 423641; www.inkanan.com.ar; Martínez 49) und **Cuesta Vieja** (☎ 424874; www.cuestavieja.com; Joaquín V González 467) bieten diese Ausflüge an.

Die Touren kosten, abhängig von der Anzahl der Teilnehmer, etwa 150 bis 250 Arg$ pro Person. Die Mindestzahl für einen Ausflug liegt in der Regel bei zwei Personen, aber es lohnt sich auf jeden Fall, auch als Einzelperson zu fragen. Auch mehrtägige Touren werden auf Wunsch zusammengestellt.

---

ist im Preis inbegriffen. Wer möchte, kann hier für 20 Arg$ im Zelt schlafen.

Hotel Ruta 40 (☎ 422804; Libertad 68; EZ/DZ mit Bad 50/90 Arg$, ohne Bad 35/60 Arg$) Das komfortable Hotel liegt ein paar Straßen vom Platz entfernt und bietet eine Vielzahl an Räumen mit bequemen Betten und sauberen, geräumigen Bädern. Einige Zimmer haben einen schönen Blick über den mit Wein beschatteten Patio und auf die Berge – es lohnt sich also, sich ein paar zeigen zu lassen.

Hostal Mary Pérez (☎ 423156; hostal_mp@hotmail.com; Florencio Dávila 280; EZ/DZ 100/120 Arg$) Dieser nette kleine *residencial* im Nordosten der Stadt hat etwas von einer Familienpension. Alles ist makellos sauber und die Zimmer sind allesamt mit TV und Telefon ausgestattet.

Hotel Chilecito (☎ 422201; hotel_acachilecito@hotmail. com; T Gordillo 101; EZ/DZ 117/156 Arg$; 🖳 🔲 🐕) Die Unterkunft des ACA in ruhiger Lage am Stadtrand liegt in eine felsigen Hügellandschaft eingebettet und bietet ein gutes Preis-Leistungs-Verhältnis. Platz gibt es genug, dazu einen Garten und einen höhlenartigen Gemeinschaftsraum, in dem ein Billardtisch steht. Die Zimmer mit gefliesten Böden und blitzblanken Bädern sind hell und freundlich. Es gibt auch ein ganz anständiges Restaurant.

Essen & Ausgehen

La Plaza (☎ 422696; 25 de Mayo 58; Hauptgerichte 10–25 Arg$; 🕑 Frühstück, Mittag- & Abendessen) Wie der Name schon sagt, liegt dieses gemütliche Restaurant direkt am Platz. Es hat sich auf schmackhafte Pizzas und Pastagerichte spezialisiert. Zur Aus-

wahl stehen verschiedene Menüs für 24–32 Arg$ und Pasta zum Sattessen für 16 Arg$.

El Rancho de Ferrito (☎ 422481; Av Pelagio Luna 647; Hauptgerichte 13–26 Arg$; 🕑 Mittag- & Abendessen) Der Weg in dieses einladende Restaurant, das sieben Blocks von der Plaza entfernt liegt, lohnt sich auf jeden Fall. Die Speisekarte bietet argentinische Klassiker, aber auch Spezialitäten des Hauses wie *cazuela de gallina* (Hühnereintopf: lecker) und Weine aus der Region. Vor allem aber die Qualität, die guten Preise und die Atmosphäre sprechen für einen Besuch.

La Posta (☎ 425988; Ecke 19 de Febrero & Roque Lanús; Hauptgerichte 22–59 Arg$; 🕑 Mittag- & Abendessen) Eine solche Lokalität hätte man in Chilechito nicht erwartet, aber es gibt sie. Dieses neue, gemütlich und geschmackvoll eingerichtete Restaurant hat seine Auslagen mit Feinkostprodukten gefüllt und bietet originale Gerichte – z. B. geschmortes Zicklein mit *torrontés* –, bei denen auch das Auge mitisst. Der Geschmack der Speisen kann mit Service und Dekor zwar nicht ganz mithalten, aber fast. Das gilt besonders für die auf der Parrilla zubereiteten Empanadas.

Yop's (AE Dávila 70; 🕑 Mo–Sa 8–14, 17 Uhr bis spätnachts) Dieses schummrige Café mit Künstlerflair, sicherlich das Beste in Chilechito, bietet guten Kaffee und anständige Drinks. Einheimische liefern sich hier endlose Schachpartien.

Unterhaltung

Samstagabend ist der richtige Zeitpunkt für den Besuch im **Fashion** (Eintritt 10 Arg$; 🕑 Sa 23 Uhr bis spätnachts), der besten *discoteca* der Stadt,

DER ANDINE NORDWESTEN

die ein bisschen an eine Burg erinnert. Sie liegt etwa 1 km außerhalb in Richtung Samay Huasi. Frauen zahlen etwas weniger Eintritt. Mit etwas Glück kann man beim Gewinnspiel sogar ein Motorrad gewinnen.

An- & Weiterreise

Der neue Busbahnhof liegt 1,5 km südlich des Zentrums in der Nähe des Museo del Cablecarril. Es gibt regelmäßigen Busverkehr nach La Rioja (22 Arg$, 3 Std.) und darüber hinaus nach Rosario, Buenos Aires und in weitere Städte. Die Minibusse des Unternehmens **La Riojana** (☎ 424710; Maestro 61) fahren ebenfalls nach La Rioja. Die Fahrt kostet 8 Arg$ und dauert eine halbe Stunde kürzer. Es gibt keine Busse Richtung Norden nach Belén. Um den langen Rückweg über La Rioja und Catamarca zu vermeiden, können Touristen eine Tour nach Shinkal unternehmen und in Belén bleiben.

PARQUE NACIONAL TALAMPAYA

☎ 03825 / 1300 m

Der Quechua-Name Talampaya bedeutet „ausgetrockneter Fluss der Bäume“. Tatsächlich fließt heute nur noch ein Rinnsal durch die spektakulären Felsformationen und Schluchten dieses Nationalparks. In dieser Staubwüste sind die Tage häufig sengend heiß und die Nächte klirrend kalt. Im Sommer wird die Gegend hin und wieder von sintflutartigen Regenfällen und im Frühling von Sturmböen heimgesucht. Talampaya grenzt an den Parque Provincial Ischigualasto in der Provinz San Juan (S. 409).

Orientierung & Praktische Informationen

Talampaya liegt 141 km südwestlich von Chilecito und ist über die spektakuläre Route der Cuesta de Miranda (RN 40), die RP 18 und die RP 26 erreichbar. Wer die RP 26 nimmt, kommt 58 km südlich von Villa Unión und 58 km nördlich von Los Baldecitos zur Abzweigung in den Park Ischigualasto (Provinz San Juan).

Das **Besucherzentrum** des Talampaya-Parks (☎ 470356; www.talampaya.gov.ar; 🕑 8–18 Uhr) liegt direkt an der RP 26; Privatfahrzeuge dürfen nicht weiter in den Park hineinfahren. Hier wird auch der Eintritt in Höhe von 25 Arg$ kassiert (8 Arg$ für argentinische Staatsbürger), auch Führungen durch den Park lassen sich hier buchen.

Sehenswertes & Aktivitäten

Im Zentrum eines Besuchs steht meist der spektakuläre **Cañón de Talampaya**, ein normalerweise ausgetrockneter Wasserlauf, der von mächtigen Sandsteinfelsen eingefasst ist. Kondore lassen sich von der Thermik nach oben tragen, im Schatten der Algarrobobäume, die in verschiedenen Varietäten auf dem sandigen Grund des Canyons wachsen, lassen sich Guanakos, Nandus und Maras beobachten.

Die 2½ Stunden dauernde Standardführung (65 Arg$) legt den ersten Halt bei ein paar geheimnisvollen **Petroglyphen** ein, die in oxidierte Sandsteinplatten geritzt wurden. Im Canyon selbst folgen Highlights wie die **Chimenea del Eco** mit einem eindrucksvollen Echo, die Felsformation mit Namen **Catedral** und die an einen Mönch erinnernde Figur **El Monje**.

Die längeren, 4½-stündigen Ausflüge (95 Arg$) schließen auch die etwas abgelegenere Schlucht **Los Cajones** ein. Weitere Fahrten zu Sehenswürdigkeiten wie Ciudad Perdida und Los Chañares lassen sich im Park organisieren. Teilnehmer müssen nicht lange laufen, sollten sich aber trotzdem mit Wasser und ausreichend Sonnenschutz versorgen.

Geführte Wanderungen (40–80 Arg$) und Radtouren (35–45 Arg$) werden ebenfalls angeboten – vorausgesetzt, es ist nicht zu heiß. Bei angenehmem Wetter sind sie den Bustouren vorzuziehen.

Schlafen & Essen

Im Park selbst gibt es keine Unterkünfte, wohl aber eine Campingmöglichkeit beim Besucherzentrum (pro Pers. 7 Arg$). Schatten fehlt, dafür sind vernünftige Toiletten und Duschen vorhanden. Ein Café versorgt die Gäste mit Essen und kalten Getränken.

Einfache Unterkünfte gibt es 29 km nördlich in Pagancillo. Wer die Straße weitere 29 km hinausfährt, erreicht das größere Villa Unión mit einer reichen Auswahl an Übernachtungsmöglichkeiten in Hütten und Hotels, von denen einige recht stilvoll sind.

An- & Weiterreise

Die Busfahrer auf dem Weg von La Rioja nach Pagancillo und Villa Unión lassen Parkbesucher am Eingang aussteigen (22 Arg$, 3½ Std.); das Besucherzentrum liegt dann 500 m entfernt.

Der früheste Bus startet in La Rioja um 7 Uhr, sodass Tagesbesucher im Park ausreichend Zeit haben.

Es gibt auch eine tägliche Busverbindung zwischen dem 58 km entfernten Villa Unión und Chilecito (22 Arg$, 3 Std.), die über den spektakulären Miranda-Pass führt. Der Bus startet in Villa Unión um 15 Uhr.

Córdoba & die Pampinen Sierren

Die zweitgrößte Stadt Argentiniens sprüht vor Leben. Nicht weniger als sieben größere Universitäten haben hier ihren Sitz. Córdoba hat eine junge Bevölkerung, die für ein großartiges Nachtleben und für eine lebhafte Kulturszene sorgt. Kunst ist eine der Stärken der Stadt, und die vier größeren Galerien sind wirklich Weltklasse. Córdoba ist darüber hinaus das wirtschaftliche Zentrum der bevölkerungsreichsten Provinz und blickt auf eine faszinierende Geschichte zurück. Ihr architektonisches und kulturelles Erbe verdankt die Stadt den Jesuiten, die sich nach ihrer Ankunft in Argentinien am Ostrand der Sierra niederließen.

Außerhalb der Stadt ist das Hügelland der Pampinen Sierren mit Ortschaften gesprenkelt, in denen man mühelos sogar einen ganzen Monat zubringen könnte. Ein Stolz der Region sind die fünf Jesuitenmissionen, die von der Unesco zur Weltkulturerbestätte erklärt wurden. Sie liegen in altertümlichen kleinen Städten, die von der Provinzhauptstadt nur einen einfachen Tagesausflug entfernt sind.

Auch Abenteuerfans müssen nicht Däumchen drehen. In La Cumbre und Merlo gibt es ausgezeichnete Möglichkeiten zum Gleitschirmfliegen, und zu phantastischen Trekkingtouren laden zwei Nationalparks ein: die mit Fossilien reich gesegnete Sierra de las Quijadas und das Kondor-Schutzgebiet Quebrada del Condorito.

Weiter südwestlich finden sich Valle de Conlara und Sierras Puntanas – die richtigen Plätze, um den Massen zu entfliehen und ins Herz dieser Landschaft vorzustoßen. Zu den Highlights zählen Höhlen und Felskunst in Inti Huasi, das palmenbestandene Tal von Papagayos und das malerische ehemalige Bergarbeiterdorf Carolina. Auf öffentliche Verkehrsmittel ist in diesem Teil der Welt zwar kaum Verlass: Sie sind meist rar oder gar nicht vorhanden. Doch die reichen Erfahrungen und Erlebnisse, die den Reisenden hier erwarten, machen jede Schwierigkeit mehr als wett.

HIGHLIGHTS

- In die Kultur eintauchen und durch die wunderschönen Straßen der prächtigen Stadt **Córdoba** (S. 340) schlendern

- Uralte Höhlen, Höhlenmalereien und das umwerfende Hochlandpanorama rund um **Carolina** (S. 368) bestaunen

- Mit den Gleitschirmfans in **La Cumbre** (S. 354) ein Hoch erleben

- In der stimmungsvollen Jesuiten-*estancia* (Landgut) **Santa Catalina** (S. 357) aus dem 17. Jh. innehalten

- Die neuen Wanderschuhe zwischen den surrealen Felsformationen des **Parque Nacional Sierra de las Quijadas** (S. 367) einlaufen

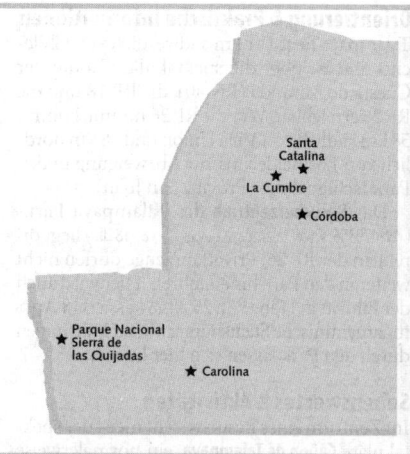

- EINWOHNER: 3,8 MIO.
- FLÄCHE: 242 069 KM²

CÓRDOBA & DIE PAMPINEN SIERREN

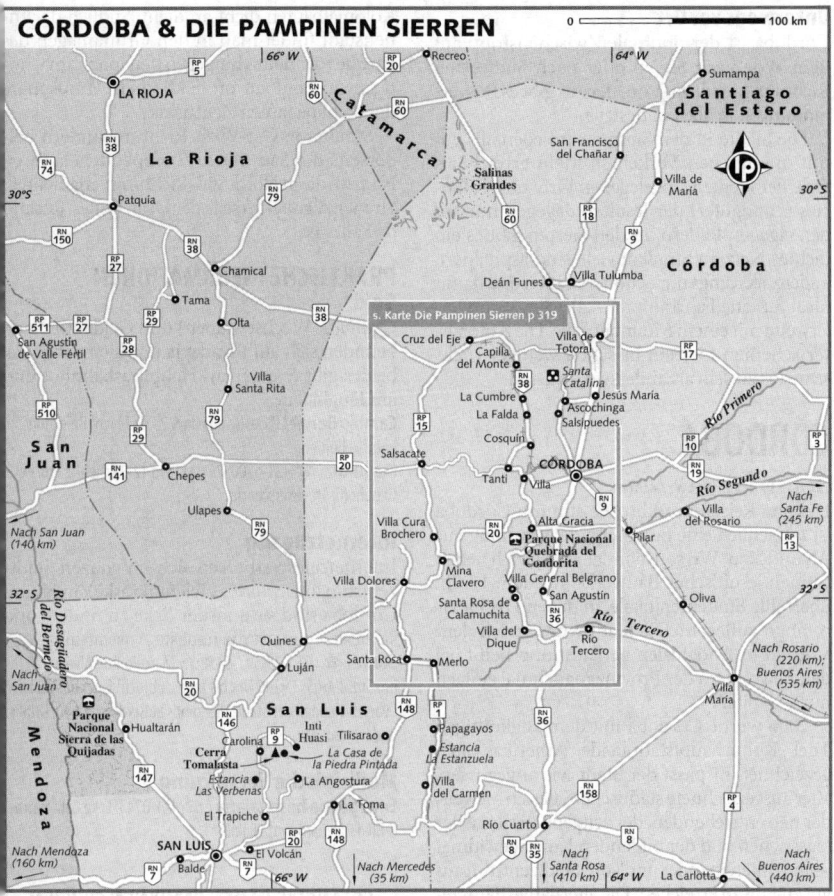

Klima

Generell sind die Monate von November bis Februar die heißesten Perioden in den Pampinen Sierren. Tagestemperaturen von 29 °C sind normal, selbst in den Nächten bleibt es angenehm warm. Es herrscht zwar Regenzeit, aber viele Tage sind so sonnig, dass den ganzen Sommer lang Horden von Sonnenanbetern in die Sierren einfallen. Der Winter ist kühl und weitgehend trocken – und dadurch die ideale Zeit für Unternehmungen im Freien. In höheren Lagen, z. B. in La Cumbre, sind leichte Schneefälle nichts Ungewöhnliches, sie reichen aber nicht zu Wintersportaktivitäten. Im Herbst und Frühjahr regnet es häufiger, dafür herrschen angenehme Temperaturen zum Wandern oder Radfahren.

Nationalparks

Der wenig besuchte Parque Nacional Sierra de las Quijadas (S. 367) in der Provinz San Luis ist eine hervorragende Alternative zum bekannteren Parque Provincial Ischigualasto (S. 409) in San Juan. Seine Vorteile: Er ist viel bequemer zu erreichen; der Nachteil: allein kann man sich in dem komplizierten Schluchtenlabyrinth noch leichter verirren – und man hat die Wüstencanyons und Felsformationen oft ganz für sich alleine. Der Parque Nacional Quebrada del Condorito (S. 361) lohnt für einen Tagesausflug von Córdoba. Zu den eindrucksvollsten Erlebnissen des Parkbesuchs zählen die gewaltigen Kondore, die hier einen Vorposten ihrer Verbeitung haben und an Felsabsätzen brüten und zu deren Schutz der Park eingerichtet wurde.

Unterwegs vor Ort

Córdoba ist der optimale Zwischenstopp auf dem Weg nach Süden oder nach Südwesten Richtung Mendoza. Von hier aus gibt es Busverbindungen in alle Landesteile.

Die Städte in den Sierren sind ebenfalls gut mit öffentlichen Verkehrsmitteln erreichbar, viele der kleinen, abgelegenen Orte und Estancias (Landgüter) der Jesuiten dagegen nur auf den eigenen Rädern. In den Sierren gibt es ein dichtes Netz an Straßen; viele sind asphaltiert, andere allerdings nur Schotterstraßen und damit ideal für eine Fahrradtour – allerdings sinnvollerweise mit einem Mountainbike. Die Autofahrer scheinen hier ein bisschen weniger rücksichtslos zu sein als anderswo im Land.

CÓRDOBA

☎ 0351 / 1,5 Mio. Ew. / 400 m

Das alte Reiseführerklischee stimmt: Córdoba ist tatsächlich eine faszinierende Mischung aus Alt und Neu. Wo sonst findet man gleich neben Ruinen jesuitischer Bauwerke aus dem 17. Jh. überfüllte Studentenlokale, in denen DJs Elektrotango auflegen? Die Stadt wurde nach dem Vorbild in Andalusien benannt und heißt bei den Bewohnern der Provinz manchmal einfach nur „ Capital".

2006 wurde Córdoba mit dem zugkräftigen Titel „Kulturhauptstadt beider Amerikas" ausgezeichnet. Er passt der Stadt wie angegossen. Vier ausgezeichnete städtische Galerien –jeweils der neu entstehenden, der zeitgenössischen, der klassischen und der bildenden Kunst gewidmet – sind untereinander und vom Stadtzentrum aus gut zu Fuß zu erreichen. Die alternative Filmszene ist überaus lebendig. Junge Designer und Kunsthandwerker präsentieren ihre Werke auf einem Wochenendmarkt, der sich über mehrere Blocks hinzieht und im Land als einer der besten seiner Art gilt. Und wem der ganze Trubel zu viel wird, erreicht nach einer kurzen Busfahrt malerische kleine Bergdörfer.

ORIENTIERUNG

Córdoba liegt 715 km nordwestlich von Buenos Aires. Die meisten Kolonialgebäude stehen im Viertel rund um die Plaza San Martín, dem urbanen Kern der Stadt. Das kommerzielle Zentrum liegt gleich westlich der Plaza: Hier kreuzen sich die wichtigsten Fußgängerstraßen der Stadt – die 25 de Mayo und die Rivera Indarte. An der Obispo Trejo südwestlich der Plaza stehen die Kolonialbauten dicht an dicht. Südlich der Innenstadt findet man in den Grünanlagen des Parque Sarmiento hingegen den manchmal nötigen Abstand zur oft hektischen Atmosphäre des dicht bebauten Zentrums.

Straßen in Ost-West-Richtung ändern beiderseits der San Martín/Independencia ihren Namen, die in Nord-Süd-Richtung verlaufenden Straßenzüge beiderseits der Deán Funes/Rosario de Santa Fe.

PRAKTISCHE INFORMATIONEN

Geld

Cambios (Wechselstuben) und Geldautomaten befinden sich auf Rivadavia nördlich der Plaza; beides gibt es auch am Hauptbusbahnhof und am Flughafen.

Cambio Barujel (Ecke Rivadavia & 25 de Mayo) Berechnet hohe Gebühren.

Maguitur (☎ 421-6200; 25 de Mayo 122) Erhebt 3 Prozent Gebühr für Travellerschecks.

Internetzugang

Internetcafés verbergen sich im ganzen Stadtzentrum in *locutorios* (Telefonkioske); in Nueva Córdoba sind sie an jeder Ecke zu finden, und sie besitzen meist die neueste Ausstattung.

Stone (☎ 0351-15-547-6458; Av Marcelo T de Alvear 370; pro Std. 3 Arg$; ☺ 10 Uhr bis Tagesanbruch) Einer der coolsten Cyber-Schuppen der Stadt. Hier gibt's außerdem Pizzen, Drinks und Empanadas.

Medizinische Versorgung

Emergencia hospitalaria (☎ 421-0243; Ecke Catamarca & Blvd Guzmán) Notfallklinik

---

ESTANCIAS IN DEN PAMPINEN SIERREN

Vom rustikalen kleinen Refugium zur ausladenden, stimmungsvollen Ranch – die Pampinen Sierren haben eine kleine, aber feine Auswahl an *estancias zu bieten.*

Estancia El Viejo Piquete (S. 355) Ein gemütliches Ranchhaus unweit von La Cumbre mit großartigem Ausblick über das Valle de Punilla.

Estancia La Estanzuela (S. 369) Wunderbar erhalten, auf einem üppig grünen Gelände.

Estancia Las Verbenas (S. 367) Am Rande einer wunderschönen Lichtung gelegen; ein wahrhaft rustikales Erlebnis.

La Ranchería de Santa Catalina (S. 367) In einem ehemaligen Sklavenquartier nächtigen.

Puesto Viejo (S. 356) *Estancia* Flair zu Rucksacktouristen-Preisen.

Post
Hauptpost (Av General Paz 201)

Reisebüros
Asatej (☎ 422-9453; www.asatej.com; Av Vélez Sársfield 361, Patio Olmos, Local 319) Im 3. Stock des Einkaufzentrums Patio Olmos; das Non-Profit-Studentenreisebüro mit seinen tollen Mitarbeitern ist für Kunden jeden Alters geeignet, ob Student oder nicht.

Touristeninformation
ACA (Automóvil Club Argentino; ☎ 421-4636; Ecke Av General Paz & Humberto Primo) Argentiniens Automobilclub; gute Bezugsquelle für regionale Straßenkarten.

Casa Cabildo Touristeninformation (☎ 428-5856; Independencia 30; ⏰ 8–20 Uhr) Die regionale und die städtische Touristenbehörde betreiben in der historischen Casa Cabildo zusammen ihr Hauptbüro.

Touristeninformation der Provinz Flughafen (☎ 434-8390; Aeropuerto Pajas Blancas; ⏰ 8–20 Uhr Mo–Fr); Busbahnhof (☎ 433-1980; ⏰ 8–21 Uhr)

Wäscherei
Trapitos (☎ 422-5877; Independencia 898; das volle Programm kostet ca. 15 Arg$)

SEHENSWERTES
In Córdoba gibt es viel zu sehen, man sollte also auf jeden Fall ein paar Tage für die Stadt einplanen. Die Kirchen sind in der Regel von 9 bis 12 und von 17 bis 20 Uhr geöffnet. Die Öffnungszeiten der Museen ändern sich regelmäßig – je nach Saison und Verwaltung.

Centro
Das Centro, die Innenstadt von Córdoba, strotzt nur so vor Kolonialbauten und anderen historischen Sehenswürdigkeiten.

IGLESIA CATEDRAL
Nachdem 1577 mit dem Bau der **Kathedrale** (Ecke Independencia & 27 de Abril; Eintritt mit Führung 10 Arg$; ⏰ 9–12.30 & 16.30–19 Uhr) von Córdoba begonnen worden war, zogen sich die Arbeiten mehr als zwei Jahrhunderte hin. Mehrere Baumeister waren beteiligt, darunter Jesuiten und Franziskaner. Obwohl jegliche architektonische Einheit fehlt, ist die Kathedrale doch ein wunderschönes Gebäude. Mit einer romanischen Kuppel bekrönt, überblickt sie die Plaza San Martín. Das prächtige Interieur wurde vom berühmten *Cordobés*-Maler Emilio Caraffa ausgestaltet. Führungen finden zwischen 9 und 17 Uhr stündlich statt und beginnen am Pasaje Santa Catalina 61, dem Eingang an der Nordseite der Kathedrale.

MUSEO DE LA MEMORIA
Das **Museum** (San Jerónimo s/n; Eintritt frei; ⏰ Di–So 9–12 & 14–20 Uhr) stellt den Exzessen der argentinischen Militärdiktatur ein abschreckendes Zeugnis aus. Das Museumsgebäude diente früher als geheimes Internierungs- und Folterlager der gefürchteten Geheimdienstabteilung (D2), einer in Córdoba stationierten Spezialeinheit, die sich der Entführung und Folterung mutmaßlicher politischer Agitatoren und der „Rückübertragung" ihrer Kinder auf weniger politisch verdächtige Familien verschrieben hatte. Das Museum betreibt Spurensuche.

Der Ausstellungsraum ist kahl und schmucklos. An den Wänden hängen vergrößerte Fotos von Menschen, die nach 30 Jahren noch immer „verschwunden" sind. Ein freudloser Ort, aber eine unerlässliche Erinnerung an eine Ära, die – wie Menschenrechtsorganisationen hoffen – nie in Vergessenheit geraten wird.

MANZANA JESUÍTICA
Córdobas wunderschöne **Manzana Jesuítica** (Jesuitenblock) wird wie der Gebäudekomplex in Buenos Aires auch Manzana de las Luces (Häuserblock der Erleuchtung) genannt und hatte ursprünglich enge Verbindungen zum recht einflussreichen Jesuitenorden.

Mit dem Bau der **Iglesia de la Compañía de Jesús** (Ecke Obispo Trejo & Caseros; Eintritt frei), ein Entwurf des Flamen Padre Philippe Lemaire, begann man 1645, vollendet wurde die Kirche aber erst 1671. Man merkt, dass Lemaire vorher Bootsbauer gewesen war: Das Dach aus Zedernholz ließ er in Form eines umgedrehten Schiffsrumpfes bauen. Im Innenraum befindet sich ein barockes Altarbild, das aus Spanischer Zeder, die in der Provinz Misiones wächst, geschnitzt wurde. Die **Capilla Doméstica** (Hauskapelle; Führung pro Pers. 6 Arg$; ⏰ 10, 11, 17, 18 Uhr), die 1644 vollendet wurde, steht gleich hinter der Kirche an der Caseros. Für die kunstvolle Decke wurde Rindsleder über ein Gerüst aus dicken Taguaro-Rohren (Taguaro ist eine Pflanze) gespannt und bemalt. Für die Farbpigmente wurde teilweise Knochenleim als Bindemittel verwandt. Führungen beginnen in der Universidad Nacional de Córdoba. 1613 gründete Fray Fernando de Trejo y Sanabria das Seminario Convictorio de San Javier, das 1622 den Status einer Universität erhielt und sich ab diesem Zeitpunkt **Universidad Nacional de Córdoba** (☎ 433-2075; Obispo Trejo 242; ⏰ 9–13, 16–20 Uhr) nannte. Sie ist die älteste Universität des Landes.

Neben anderen Nationalschätzen beherbergt sie Teile der Großen Jesuiten-Bibliothek und das

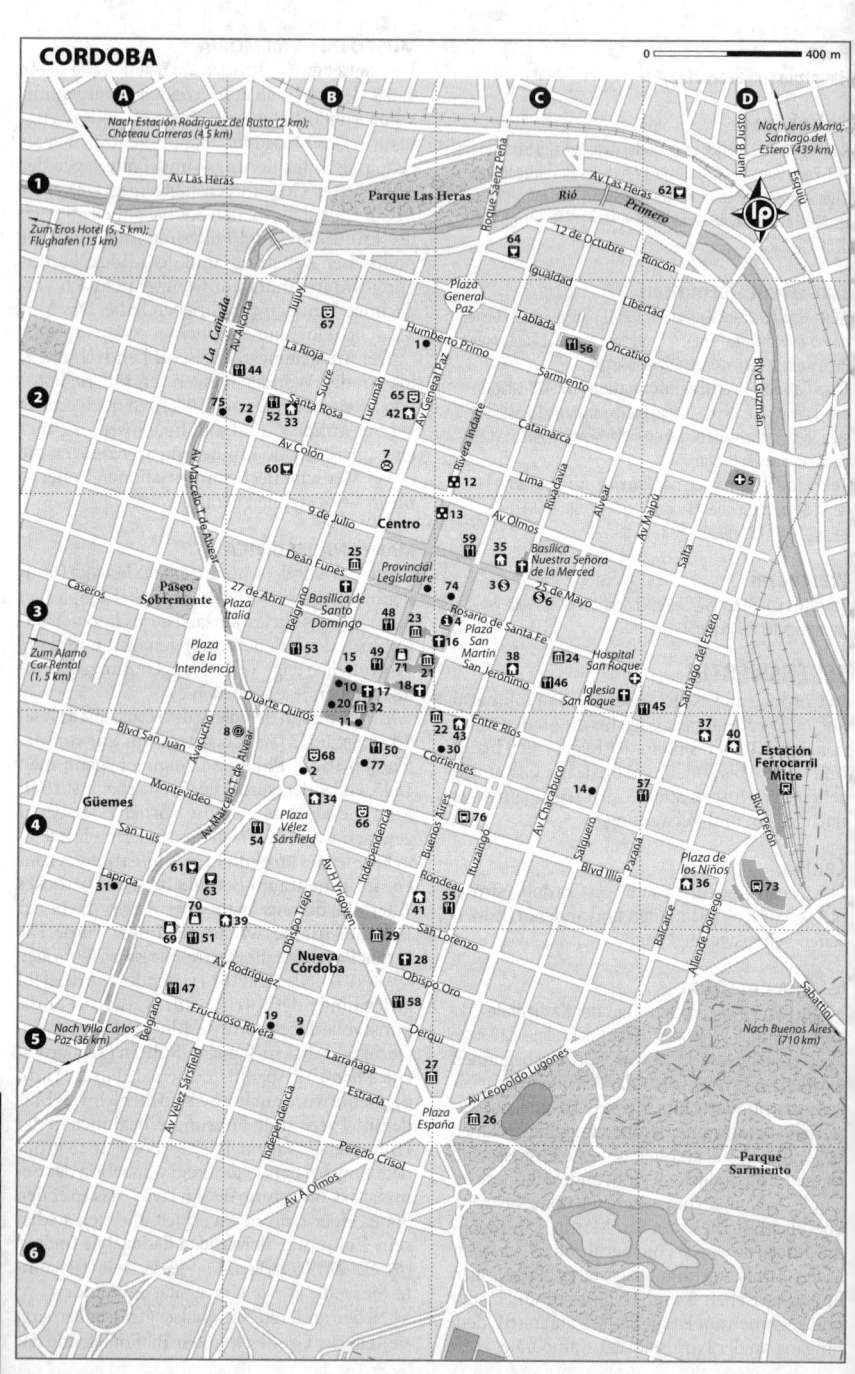

CORDOBA

0 — 400 m

Museo Histórico de la Universidad Nacional de Córdoba

(☎ 433–2075; Führung pro Pers. 10 Arg$; ☽ Di–So 10, 11, 17, 18 Uhr). Die Innenräume können nur im Rahmen einer Führung besichtigt werden, sie lohnt sich unbedingt! Auf diese Weise sieht man das Colegio und kann einen Blick in die Unterrichtsräume werfen, während die Studenten von einer Vorlesung zur nächsten laufen.

Das **Colegio Nacional de Monserrat** (Obispo Trejo 294) nebenan stammt von 1782. Gegründet wurde das Kolleg allerdings schon 1687. Nach der Vertreibung der Jesuiten bekam es eine neue Funktion. Die schönen Kreuzgänge sind noch original erhalten, aber die Fassade wurde 1927 vom restaurierenden Architekten Jaime Roca erheblich umgestaltet. Ihm verdankt das Gebäude sein heutiges barockes Erscheinungsbild.

2000 erklärte die Unesco die Manzana Jesuítica sowie Jesuiten-Estancias an verschiedenen Orten in der Provinz zum Weltkulturerbe: Jesús María, Santa Catalina und Alta Gracia.

MUSEO HISTÓRICO PROVINCIAL MARQUÉS DE SOBREMONTE

Ein Besuch in diesem **Historischen Museum** (☎ 433-1661/71; Rosario de Santa Fe 218; Eintritt 3 Arg$; ☽ Mo–Sa 9–14 Uhr), einem der bedeutendsten von ganz Argentininien, lohnt sich schon wegen des Gebäudes: Der Kolonialbau, ein Wohnhaus aus dem 18. Jh., gehörte einst Rafael Núñez, dem Kolonialgouverneur von Córdoba und späteren Vizekönig von Río de la Plata, dem Vorläufer Argentiniens. Das Haus besitzt 26 Räume, sieben Innenhöfe, meterdicke Wände und einen eindrucksvollen schmiedeeisernen Balkon, der auf geschnitzten Holzträgern ruht.

CRIPTA JESUÍTICA

Die Jesuiten bauten zu Beginn des 18. Jhs. die **Cripta Jesuítica** (Ecke Rivera Indarte & Av Colón; Eintritt 3 Arg$; ☽ Mo–Fr 9–15 Uhr). Sie war ursprünglich als Noviziat gedacht, wurde später aber als Krypta und Krematorium genutzt. Nach der Vertreibung der

Jesuiten wurde sie zerstört. Um 1829 verschwand sie dann völlig aus dem Stadtbild, als die Stadtoberen beim Ausbau der Avenida Volón das Dach in die unterirdischen Kirchenschiffe drückten und das Ganze überbauen ließen. Man vergaß die Krypta, bis 1989 die Telecom, die dort unterirdische Telefonkabel verlegte, zufällig auf die Gebäudereste stieß. Innerhalb der Stadtverwaltung hatte inzwischen ein Umdenken und eine Neubewertung der historischen Schätze stattgefunden: Die Verantwortlichen ließen die Krypta oder Unterkirche nun hervorragend restaurieren. Heute wird sie regelmäßig für Musik- und Theateraufführungen und Kunstausstellungen genutzt. Die Eingänge liegen auf beiden Seiten der Avenida Colón mitten in der Fußgängerzone Rivera Indarte.

MUSEO MUNICIPAL DE BELLAS ARTES DR GENARO PÉREZ

Dieses **Museum** (☎ 433-1512; Av General Paz 33; ◷ Di–So 10–20 Uhr) ist für seine Sammlung an Gemälden aus dem 19. und 20. Jh. bekannt. Chronologisch angeordnet stellen die Exponate – darunter Werke von Emilio Caraffa, Lucio Fontana, Lino Spilimbergo, Antonio Berni und Antonio Seguí – die Geschichte der Cordobeser Malerschule dar, deren bekanntester Vertreter Genaro Pérez selbst ist. Das Museum befindet sich im Palacio Garzón, einem ungewöhnlichen Gebäude aus dem späten 19. Jh., das nach seinem ursprünglichen Besitzer benannt ist. Hier werden auch herausragende Wechselausstellungen moderner Kunst gezeigt.

PLAZA SAN MARTÍN & UMGEBUNG

Córdobas hübsche und zentrale Plaza stammt aus dem Jahr 1577. Blickpunkt der westlichen Seite ist die weiße Arkadenreihe des restaurierten **Cabildo** (koloniales Stadtratsgebäude), das 1785 fertiggestellt wurde und neben drei Innenhöfen auch Gefängniszellen im Untergeschoss beherbergt. Alle diese Bereiche stehen Besuchern offen als Teil des **Museo de la Ciudad** (☎ 433-1543; Independencia 30; ◷ Di–So 9–13 & 15–19 Uhr), das sich einen Häuserblock südlich befindet.

Die **Iglesia de Santa Teresa y Convento de Carmelitas Descalzas de San José** (Ecke Caseros & Independencia; ◷ 6–20 Uhr) umfasst fast einen halben Häuserblock. Der Komplex wurde 1628 fertiggestellt und ist seither ein geschlossenes Kloster der Karmeliterinnen. Nur die Kirche ist für Besucher zugänglich. Das **Museo de Arte Religioso Juan de Tejeda** (☎ 423-0175; Independencia 122; ◷ Mi–Sa 9.30–12.30 Uhr) nebenan war einst Teil des Klosters.

Heute werden hier religiöse Artefakte sowie Gemälde Cordobeser Meister ausgestellt.

Nueva Córdoba & Güemes

Bevor die im Nordwesten gelegenen Viertel Chateau Carreras und Cerro de las Rosas mit ihren ruhigen Berghängen die Elite der Stadt anlockten, war Nueva Córdoba das Wohnviertel der Cordobeser Aristokratie. Heute leben hier vor allem Studenten, was auch erklärt, warum die Zahl der hoch aufragenden Mietshäuser aus Backstein so stark zugenommen hat. Doch noch heute spürt man beim Spaziergang entlang der breiten Avenida Yrigoyen beim Anblick der herrschaftlichen alten Wohnsitze die aristokratische Vergangenheit des Viertels.

Paseo del Buen Pastor (Av H Yrigoyen 325; ◷ 10 bis 22 Uhr) ist ein Kulturzentrum und Veranstaltungsraum. Das Gebäude entstand 1901 als Kombination aus Kapelle, Kloster und Gefängnis für Frauen. Mitte 2007 wurde es neu eröffnet und dient jetzt Córdobas junger, aufstrebender Kunstszene als Ausstellungsort. Im zentralen Patiobereich finden sich einige schicke Café-Bars – optimal zum Abschalten bei einem Appletini (Wodka/saurer Apfel). Die angrenzende Kapelle (die säkularisiert wurde) ist regelmäßig Schauplatz für Livemusikveranstaltungen – am besten vorbeischauen und ein Programm mitnehmen oder in der Donnerstagsausgabe der Lokalzeitung *La Voz del Interior* Genaueres erfahren.

Auf der anderen Straßenseite steht die großartige neogotische **Parroquia Sagrado Corazón de Jesús de los Capuchinos** (Ecke Buenos Aires & Obispo Oro). Diese Kirche wurde zwischen 1928 und 1934 erbaut und weist eine krasse Kuriosität auf: Einem der Kirchtürme fehlt die Spitze (um so die menschliche Unvollkommenheit zu symbolisieren). Zahlreiche Skulpturen schmücken die Fassade der Kirche, darunter auch Atlanten, die symbolisch darum kämpfen, die religiösen Figuren über ihnen von ihrer geistigen Last (und uns alle von Sünde und Schuld) zu befreien.

Nueva Córdoba Wahrzeichen, der **Palacio Ferrerya** (Av H Yrigoyen 551; ◷ Di–So 10–20 Uhr), wurde 1914 nach Plänen von Ernest Sanson im Louis-XVI.-Stil erbaut. Das Gebäude ist phantastisch und wurde kürzlich in ein Museum der Schönen Künste umgestaltet. Auf drei Geschossen werden über 400 Werke in zwölf Zimmern ausgestellt. Kunst- und Architekturliebhaber sollten sich diesen Palacio nicht entgehen lassen.

Eines der besten Museen für zeitgenössische Kunst in der Stadt ist das neoklassizistische **Museo**

Provincial de Bellas Artes Emilio Caraffa (☎ 433-3414; Av H Yrigoyen 651; ☺ Di–Fr 10–20, Sa & So 10.30–19 Uhr). Unübersehbar steht es auf der östlichen Seite der Plaza España. Von dem Architekten Juan Kronfuss als Museum konzipiert, wurde es 1916 eingeweiht. Die Ausstellungen wechseln monatlich. Südlich des Museums beginnt die größte unbebaute Fläche der Stadt, der **Parque Sarmiento**. Entworfen wurde er vom Architekten Charles Thays, der auch den Parque General San Martín in Mendoza schuf.

Das ehemalige Arbeiterviertel Güemes ist inzwischen für seine vielen verschiedenen **Antiquitätengeschäfte** und **Kunsthandwerksläden** bekannt, die die Hauptstraße Belgrano zwischen Rodríguez und Laprida säumen. Am Wochenende herrscht auf dem *Feria artesanal* (S. 348), einem der besten Märkte des Landes, ein lebhaftes Treiben mit Antiquitätenhändlern, Kunstgewerblern und natürlich auch einigen Cordobeser Hippies. Im selben Block liegt auch das **Museo Iberoamericano de Artesanías** (☎ 433-4368; Ecke Belgrano & Av Rodríguez; ☺ Mo–Fr 10–17 Uhr), das wunderschönes Kunsthandwerk aus ganz Südamerika ausstellt. Entlang **La Cañada**, einem in Stein gefassten künstlichen Wasserverlauf mit Bogenbrücken, der von Akazien gesäumt wird, führt ein schöner Weg zur Stadtmitte zurück.

SPRACHKURSE

In vielerlei Hinsicht ist die Studentenstadt Córdoba ein ausgezeichneter Ort, um Spanisch zu lernen. Einzelunterricht kostet etwa 60 Arg$ pro Stunde, Unterricht in Kleingruppen 600 bis 800 Arg$ pro Woche.

Escuela Superior de Yoga (☎ 427-0712; Salgüero 256) Bietet Yogakurse zu Monatsraten an.

Facultad de Lenguas (☎ 433-1073/5, Nebenstelle 30; Av. Vélez Sársfield 187) Gehört als Fakultätsgebäude zur Universidad Nacional de Córdoba.

SET Idiomas (☎ 421-1719; www.learningspanish.com.ar; Corrientes 21) Bietet gegen Aufpreis Unterkunft und Nachmittagsaktivitäten; bei längerer Kursdauer gibt es Rabatt.

Tsunami Tango (☎ 15-313-8746; www.tsunamitango. blogspot.com; Laprida 453) Dienstags bis samstags Tangokurse und *milongas* (Tangosäle). Die Zeiten stehen auf der Website.

GEFÜHRTE TOUREN

Stadtrundfahrten (auf Spanisch/Englisch 30/50 Arg$) Córdobas reichhaltige Geschichte lässt sich bestens auf einer der Stadtrundfahrten erleben. Sie starten dienstags bis sonntags um 16.30 Uhr an der Casa Cabildo (S.341). Die Touren auf Englisch besser einen Tag im Voraus buchen.

Latitud Sur (☎ 425-6023; www.latitudsurtrek.com.ar; Fructuoso Rivera 70) Das kleine Unternehmen wird von einem enthusiastischen jungen Paar betrieben, das ein schier unerschöpfliches Wissen über Sierren und die Stadt besitzt. Latitud Sur bietet Mountainbike-, Trekking- und Klettertouren sowie Ausritte in den Sierras de Córdoba an, darunter auch Tagestouren zu Los Gigantes und dem Parque Nacional Quebrada del Condorito (S. 361). Die Preise liegen zwischen 90 und 120 Arg$ und schließen Transport, Führung und Mittagessen ein. Die Stadtführungen sind richtig gut und kosten 25 Arg$ pro Pers.

FESTE & EVENTS

In den ersten drei Wochen im April veranstaltet die Stadt eine große **Kunsthandwerksmesse** (von den Einheimischen „FICO" genannt) auf dem städtischen Messegelände, das im Norden der Stadt unweit des Stadions Chateau Carreras liegt. Die Buslinie 31 startet an der Plaza San Martín in diese Richtung. Mitte September findet eine regionale Buchmesse, die **Feria del Libro**, statt.

SCHLAFEN

Die Lage der Hotels an und um die Plaza San Martín ist zwar bestens geeignet, um die Stadt zu erkunden, dafür müssen die Gäste allerdings zum Essen und Ausgehen ein paar Blocks laufen. Wer jedoch in den Hotels entlang der La Cañada und in Nueva Córdoba wohnt, findet Restaurants und Bars praktisch vor der Tür.

Centro

Aldea Hostel (☎ 426-1312; www.aldeahostel.com; Santa Rosa 447; B 32 Arg$, DZ mit/ohne Bad 120/90 Arg$; 🖳 🛜) Bietet schlichte, aber geräumige Zimmer in einer nicht ganz idealen Lage. Terrasse, Dachterrasse und Bar verströmen viel Atmosphäre, und es herrscht ein junges und freundliches Feeling vor.

Palenque Hostel (☎ 423-7588; www.palenquehostel. com.ar; Av General Paz 371; B 35 Arg$, DZ ohne Bad 100 Arg$; 🌐 🖳 🛜) Das Palenque ist eindeutig das hübscheste Hotel in Córdoba. Der Altbau im klassischen Stil besitzt noch viel von seinem ursprünglichen Charme. Hier gibt es ein umfangreiches Angebot, u. a. Waschküche, Klimaanlage und abendliche Kochkurse. Die großen Schlafsäale bieten viel Platz.

LP Tipp **Hotel Garden** (☎ 421-4729; www.gardenhotel.com.ar; 25 de Mayo 35; EZ/DZ Standard 80/110 Arg$, Deluxe 130/160 Arg$; 🌐 🛜) Zentraler geht's nicht. Das Preis-Leistungs-Verhältnis ist für die Standardzimmer völlig in Ordnung, aber die Deluxezimmer sind schon ein ganzes Stück besser und dafür eigentlich günstig.

Hotel Quetzal (☎ 426-5117; www.hotelquetzal.com.ar; San Jerónimo 579; EZ/DZ 110/150 Arg$; 🌐 🖳) Großzügige, minimalistisch eingerichtete, moderne Zimmer werden hier geboten. Wenn die scheinbar endlose Renovierung endlich fertig ist, müsste es hier sehr ruhig zugehen.

Hotel Sussex (☎ 422-9070; www.hotelsussexcba.com.ar; San Jerónimo 125; EZ/DZ 200/250 Arg$; 🞐 🛜 🛒) Noch eine wundervolle Lobby (diesmal mit gewölbter Decke, Flügel und Kunst an den Wänden), die allerdings zu alltäglicheren Zimmern führt. Bei diesen Preisen sollten Gäste auf einem Zimmer mit Plazablick bestehen.

Windsor Hotel (☎ 422-4012; www.windsortower.com; Buenos Aires 214; EZ/DZ ab 412/473 Arg$; 🞐 🛜 🛒) Mit seiner großartigen Lage mitten in der Stadt ist das Windsor eines der wenigen klassischen Hotels mit Stil. In der Lobby herrschen dunkles Holz und Messing vor, und die Zimmer sind geschmackvoll modernisiert worden.

Nueva Córdoba & La Cañada

Le Grand Hostel (☎ 422-7115; www.legrandshostel.com; Buenos Aires 547; B 39–50 Arg$, DZ 110 Arg$; 🞐 🛒 🛜) Von allen Hostels der Stadt sieht das Le Grand am schönsten aus. Wären tatsächlich alle 108 Betten gefüllt, würde es wohl einem Tollhaus gleichen, aber bis dahin ist es eine erstklassige Wahl. Wer eine Nacht ruhig durchschlafen möchte, sollte sich aber lieber etwas anderes suchen.

Hotel Viña de Italia (☎ 425-1678; www.hotelvinadeita lia.com.ar; San Jerónimo 611; EZ/DZ 110/150 Arg$; 🞐 🛒) Dieses Hotel mit 150 Zimmern versprüht nicht einen Hauch von Eleganz. Die mittelgroßen Zimmer haben TV, Klimaanlage und Heizung. Sie sind zwar bei weitem nicht so reizend wie die Lobby, aber trotzdem eindeutig ihr Geld wert.

Hotel Viena (☎ 460-0909; www.hotelviena.com.ar; Laprida 235; EZ/DZ 170/200 Arg$; 🞐 🛒 🛜) Dieses moderne Hotel im Herzen von Nueva Córdoba hat helle, saubere Zimmer und ein ausgezeichnetes Frühstücksbüffet zu bieten. Hinzu kommen viele Sitzecken in der Lobby und ein hoteleigenes Restaurant. Eine gute Wahl!

Hotel Heydi (☎ 422-2219; www.hotelheydi.com.ar; Blvd Illia 615; EZ/DZ 170/220 Arg$; 🞐) Von den Hotels am Busbahnhof das beste: modern, blitzsauber und mit freundlichem, professionellem Personal.

Amerian (☎ 420-7000; www.amerian.com; Blvd San Juan 165; ab 370 Arg$; 🞐 🛒 🛜 🛒) An der Grenze zwischen Neustadt und historischem Stadtkern gelegen präsentiert sich das Amerian als großes Businesshotel mit ausgezeichneter Lage und ausgestattet mit allen Schikanen. Ein Drink am Dachterrassenpool bei Sonnenuntergang ist eindeutig ein Muss.

LIEBE IM STUNDENTAKT

Keine Stadt in Argentinien ohne *hoteles por hora* („Stundenhotels"). Hier treffen sich heimliche Liebespaare für eine schnelle Nummer. Die Hotels gibt es in jeder Preislage: vom undurchschnittbaren *residencial* (billige Absteige) bis zum Liebesnest der Luxusklasse mit intimer Beleuchtung, verspiegelten Wänden, Sexfilmen rund um die Uhr, Jacuzzis und Roomservice der speziellen Art. Das Sexspielzeug, das man da nicht bestellen kann, muss erst noch erfunden werden. Über diese Luxusabsteigen spricht natürlich niemand offen. Ein Grund mehr, sich so ein Etablissement aus der Nähe anzuschauen (immer vorausgesetzt man reist mit jemandem, der diese Art von Spaß versteht).

Córdoba rühmt sich vier solcher exquisiter *Hoteles por Hora*, die alle auf dem Weg zum Flughafen liegen: die letzte Chance, sein Glück beim Schopf zu packen. Normalerweise kommen die Gäste mit dem eigenen Auto, aber mit dem Taxi geht es auch. Die Hotels funktionieren alle nach ein und demselben Prinzip.

Regel Nummer eins: Diskretion. In der Hotelgarage leuchtet ein Schild mit einer Nummer auf, das ist die Zimmernummer. Man fährt zum Garagentor mit dieser Nummer und macht es hinter sich zu; Taxifahrer lassen ihre Gäste am Garagentor aussteigen und ziehen wieder ab. Hinter der Garage befindet sich das Zimmer für das Zusammensein.

Fünf Minuten später klingelt das Telefon, der Zimmerkellner bietet einen Drink auf Kosten des Hauses an, der dann von ihr oder ihm durch eine winzige Durchreiche serviert wird, ohne dass man sich sieht. Wenn der Kellner anklopft, öffnet man, nimmt die Drinks an und bezahlt das Zimmer (75 Arg$ für 2 Std.). Der Rest ist Privatsache. Zehn Minuten vor Schluss ruft der Kellner noch einmal an, um die Gäste daran zu erinnern, dass die Zeit abläuft.

Das Beste der vier Etablissements ist das **Eros Hotel** (Camino al aeropuerto, Km 5,5; pro Std. 45 Arg$). Whirlpool im Zimmer, Sicherheitsruf am Bett, die richtigen Fernsehsender und die *komplette* Ausstattung. Und die Zimmer sind peinlich sauber.

Das Taxi kostet 20 Arg$ pro Fahrt. Am besten nimmt man eine *remise* (Funktaxi) und lässt sich später wieder abholen. Die Fahrer wissen alle, worum es geht – und machen in der Regel auch keine blöden Witze mit den üblichen Anzüglichkeiten.

ESSEN

Mercado Norte (Ecke Rivadavia & Oncativo; ⊗ Mo–Sa) Córdobas überdachter Markt bietet leckeres und preiswertes Essen, wie etwa Pizza, Empanadas und Meeresfrüchte. An den sauberen Ständen vorbeizuschlendern, die jede erdenkliche Fleischart feil bieten, darunter ganze *chivitos* (Zicklein) und Schweine, ist geradezu obligatorisch.

Bar San Carlos (Plazoleta San Roque, Salguero & San Jerónimo; Tagesmenü 12 Arg$; ⊗ Mittag- & Abendessen) Stadtteileigene *parrillas* (Steakrestaurants) verschwinden in Córdoba zwar zunehmend schnell von der Bildfläche, aber eines der besten, das San Carlos, hält sich standhaft. Wer relativ früh da ist, kann vor den alten Herrschaften einen Tisch an der kleinen, schattigen Plaza ergattern.

Verde Siempre Verde (☎ 421-8820; 9 de Julio 36; Hauptgerichte ab 15 Arg$; ⊗ Mittag- & Abendessen) Leckeres vegetarisches Buffet und Menüs.

La Parrilla de Raul (Jujuy 278; Hauptgerichte 15–30 Arg$; ⊗ Mittag- & Abendessen) Von allen *parrillas* in Córdoba ist dieses wohl das bekannteste. Ein *parrillada* (gemischter Grillteller) für zwei Personen kostet nur 30 Arg$ (ohne Extras wie Getränke oder Salat).

El Arrabal (☎ 460-2990; Belgrano 899; Hauptgerichte 18–30 Arg$; ⊗ Mittag- & Abendessen) Eines der wenigen traditionellen Restaurants in Nueva Córdoba (okay – es könnte auch ein Nachbau sein). Hier werden nicht ganz billige, einfallsreiche regionale Spezialitäten und restauranteigene Kreationen serviert. Bei den Tangokursen jeden Abend um 19 Uhr (15 Arg$) und der Tangoshow mit Abendessen donnerstags bis samstags um 23 Uhr (25 Arg$) ist es brechend voll. Reservierungen sind da notwendig.

El Ruedo (Ecke Obispo Trejo & 27 de Abril; Hauptgerichte um 20 Arg$; ⊗ 8–22 Uhr) Dieses Restaurant weicht nicht groß von der Steak-, Sandwich- und Pizzapalette ab. Dafür ist die Lage an der Plaza unter großen schattenspendenden Bäumen einfach klasse – ebenso wie die *limonadas con soda* (Zitronensaft mit Sodawasser) an heißen Tagen.

Qa'ra (Parana 206; Hauptgerichte ab 20 Arg$; ⊗ Mittag- & Abendessen) Die ausgezeichnete Küche des Nahen Ostens bietet eine willkommene Abwechslung. Im hübschen Innenhof lässt es sich an einem sonnigen Tag wunderbar aushalten, und die *picada* (Probierplatte) für zwei Personen (30 Arg$) ist ein kulinarischer Genuss.

LP Tipp Las Rías de Galicia (Montevideo 271; Mittagsmenü 20 Arg$; Hauptgerichte 25–50 Arg$; ⊗ Mittag- & Abendessen) Hinter diesem Namen verbirgt sich ein gehobenes spanisches Restaurant, dessen Mittagsmenü das beste Preis-Leistungs-Verhältnis

der Stadt bietet. Wer à la carte speist, kann zwischen vielen Köstlichkeiten auswählen, darunter ausgezeichnete Gerichte mit Meeresfrüchten, weshalb auch marisquería im Namen steht.

Bursatil (San Jerónimo & Ituzaingó; Hauptgerichte 25 bis 30 Arg$; ⊗ Frühstück, Mittag- & Abendessen) Inzwischen tauchen in der Altstadt stilvolle, moderne Cafés auf, und das Bursatil ist eines der schönsten. Neben einem frischen modernen Interieur bietet es guten Kaffee und eine kleine, asiatisch-angehauchte Karte.

Mega Doner (Ituzaingó 528; Menüs 27–40 Arg$; ⊗ Mittag- & Abendessen) Praktischerweise in Nueva Córdobas Lokalviertel gelegen, hat sich dieses Lokal auf Döner vom Spieß spezialisiert. Die täglichen Mittagsangebote sind günstig, und es gibt auch Tische draußen.

La Nieta 'e La Pancha (☎ 468-1920; Belgrano 783; Hauptgerichte 30–35 Arg$; ⊗ Di–Fr Abendessen, Sa & So 16.30–1 Uhr) Wunderbares Personal bereitet und serviert ein wechselndes Angebot an köstlichen regionalen Spezialitäten, ausgefallenen Pastagerichten und hauseigenen Kreationen. Und selber Schuld, wer für den Nachtisch keinen Platz lässt. Besonders schön: die hübsche Terrasse oben, wo sich immer ein Lüftchen regt und von der aus sich das Treiben auf der Straße bestens beobachten lässt.

Alcorta (☎ 424-7452; Av Alcorta 330; Hauptgerichte 30–55 Arg$; ⊗ Mittag- & Abendessen) Diese gehobene *parrilla* ist für ihre Grillgerichte bekannt (für viele die besten der Stadt), serviert aber auch köstliche Pasta- und Fischgerichte. Besonders zu empfehlen: *mollejitas al sauvignan blanc* (Kalbsbries in Weißweinsoße).

Sushi Club (Yrigoyen 419; Hauptgerichte 40 Arg$; ⊗ Mittag- & Abendessen) Sushi in Córdoba? Warum eigentlich nicht? Das Lokal ist hip, die Preise erschwinglich, und das Wasabi haut ganz authentisch rein.

Wer sich unter das Studentenvolk mischen will, sollte sich in eines der folgenden Lokale begeben, wo reichhaltig Empanadas, Bier und *locro* (herzhafter Eintopf mit Fleisch und Mais) auf den Tisch kommen.

La Alameda (Obispo Trejo 170; Empanadas 2,50 Arg$, Locro 12 Arg$; ⊗ Mittag- & Abendessen) Einfach auf einer Bank Platz nehmen, die selbst gemachten Empanadas mit eiskaltem Bier herunterspülen – und sich dann mit etwas Graffiti an der Wand verewigen.

La Candela (Duarte Quiros 67; Empanadas 2,50 Arg$, Locro 14 Arg$; ⊗ Mittag- & Abendessen) Rustikal und mit viel Charakter; die Betreiberinnen sind drei grantig-liebenswerte Señoras.

La Vieja Esquina (Ecke Belgrano & Caseros; Empanadas 2,50 Arg$, Locro 17 Arg$; ⊗ Mo–Sa Mittagessen) Ein gemütliches kleines Mittagslokal mit Barhockern und Fensterplätzen. Bestellt wird an der Theke.

AUSGEHEN

Angesagtester Drink in Córdoba ist Fernet (ein starker italienischer Kräuterschnaps, der nach Medizin schmeckt), in den allermeisten Fällen mit Cola gemixt. Wer sich vor dem Morgen danach nicht fürchtet, kann das Zeug ja mal probieren. Die alte Reklame war: Fernet Branca hilft gegen Vampire.

Das Nachtleben in Córdoba spielt sich im Wesentlichen in drei Bereichen ab: Die aufgeweckten jungen Hüpfer zieht es zum Barhopping nach Nueva Córdoba – ein Spaziergang nach Mitternacht entlang Rondeau zwischen den Avenidas H Yrigoyen und Chacabuco lässt die Wahl zwischen Dutzenden von Bars, von denen die meisten entspannte elektronische Musik spielen.

Nördlich des Zentrums zieht sich entlang dem Blvd Guzmán, nahe Ecke Avenida General Paz, eine Kette von Livemusik-Locations.

Am anderen Flussufer, an der Avenue Las Heras zwischen Roque Sáenz Peña und Juan B Justo (die Gegend wird vor Ort Abasto genannt), liegen die Diskos und Nachtclubs. Beim Vorbeischlendern wird dem Passanten wahrscheinlich der eine oder andere kostenlose Eintrittspass in die Hand gedrückt.

Los Infernadas (Belgrano 631) Eine entspannte Bar mit großer musikalischer Bandbreite. Livemusik von Donnerstag bis Sonntag und ein großer *patio cervecero* (Biergarten) sind die Pluspunkte gegenüber der Masse.

But Mitre (www.butmitre.com; Av Marcelo T de Alvear 635) Extrem populärer Tanzclub mit Bar an der La Cañada. Einfach ausprobieren, am besten am Donnerstagabend.

Beep! (Sucre 171; Eintritt inkl. Getränk 10 Arg$; ☾ Do–Sa 24 Uhr bis Sonnenaufgang) Der beste Schwulenclub im Zentrum ist bis zwei Uhr morgens normalerweise gähnend leer, dafür bis Sonnenaufgang brechend voll; da bleiben manchmal nur drei Stunden Zeit.

Ojo Bizarro (Igualdad 176; Eintritt 8–13 Arg$) Das Bizarro, in einem etwas zwielichtigen Viertel gelegen, zählt zu den unkonventionelleren Treffs der Stadt. Die Beleuchtung ist überaus stimmungsvoll, und in jedem der vier Räume legt ein anderer DJ auf.

El Barranco (Av Las Heras 58; Eintritt 6–12 Arg$) In der lebhaften Albasto-Szene ist dieser Livemusik-Club mit Disko ein guter Ausgangspunkt – schon deshalb, weil sich hier die Leute bereits vor ein Uhr morgens knubbeln. Freitags finden Latin-Tanzpartys statt, samstags spielen Livebands.

UNTERHALTUNG

La Voz del Interior, Córdobas größte Zeitung, enthält donnerstags immer einen recht umfangreichen Veranstaltungsteil mit Anfangszeiten und anderen Informationen.

Freitagabends steigt – wenn das Wetter mitspielt – der **Patio del Tango** (Eintritt 10 Arg$, mit Tanzunterricht 20 Arg$) draußen auf der Patio Mayor des historischen Cabildo; den Anfang macht ein zweistündiger Tangounterricht. Die Zeiten können variieren; besser daher bei der Casa Cabildo Touristeninformation (s. S. 341) nachfragen.

Cuarteto Musik (in Córdoba erfunden) steht hier natürlich hoch im Kurs und wird in vielen Lokalen live gespielt. Leider gilt sie aber auch als der Gangsta Rap der argentinischen Volksmusik und zieht daher auch eine weniger wünschenswerte Klientel an. **La Sala del Rey** (Humberto Primero 439) ist ein seriöses Lokal und sonntags der beste Ort, um eine Cuarteto-Show zu besuchen. Meist spielt dann die sehr populäre Band La Barra.

Centro Cultural Casona Municipal (☎ 428-5600; Ecke Av General Paz & La Rioja; ☾ So–Fr 8–20, Sa 10–22 Uhr) Das Zentrum stellt moderne und Avantgarde-Kunst aus, veranstaltet Konzerte und bietet Kunst- und Musikkurse an (Dauer: einen Monat).

Teatro del Libertador General San Martín (☎ 433-2319; Av Vélez Sársfield 365; Eintritt 25–160 Arg$; ☾ Kasse 9–21 Uhr) Es lohnt sich, hier eine Vorstellung zu besuchen – und sei es nur, um die ganze Pracht des ältesten Theaters Argentiniens zu bewundern. Es war möglich, den Boden des 1891 fertiggestellten Gebäudes mechanisch auf die Höhe der Bühne anzuheben. Die Sitze konnten dann entfernt werden, und schon hatte man Platz für die großen Feste der Adelsgesellschaften, die Anfang des 20 Jh. hier stattfanden.

Cineclub Municipal Hugo del Carril (☎ 433-2463; www.cineclubmunicipal.org.ar; Blvd San Juan 49; Eintritt 6 Arg$; ☾ Kasse 9 Uhr bis spät) Dieses städtische Lichtspielhaus bietet einen tollen Kinoabend (oder -tag). Hier läuft alles, von künstlerischen Streifen über prämierte lateinamerikanische Filme bis zu regionalen Filmen. Am besten ein Programm besorgen. Außerdem gibt es Livemusik sowie Theateraufführungen.

SHOPPEN

Antiquitätenläden säumen die Calle Belgrano im Barrio Güemes, wo auch ein **feria artesanal** (Kunsthandwerkmarkt; Ecke Rodriguez & Belgrano; ☾ Sa & So 17–22 Uhr) stattfindet, einer der besten des Landes. Mehrere Geschäfte in der Innenstadt verkaufen argentinisches Kunsthandwerk.

Paseo Colonial (Belgrano 795; ◷ Mo–Sa 10–21, So 17–22 Uhr) Wer wissen will, was die angesagten jungen Designer sich gerade einfallen lassen, sollte diese kleine Einkaufsgalerie aufsuchen. Verschiedene kleine Geschäfte bieten Klamotten, Deko und Schmuck an.

Talabartería Crespo (☎ 421-5447; Obispo Trejo 141; ◷ Mo–Sa) Waren aus *carpincho*-Leder (Wasserschwein), das wunderschön gesprenkelt ist, sind hier die Spezialität. Pullover, Messer und *mate*-(teeähnliches Getränk)Zubehör zieren außerdem die Regale.

AN- & WEITERREISE
Bus
Córdobas **Busbahnhof** (NETOC; ☎ 423-4199, 423-0532; Blvd Perón 300) liegt ca. 15 Gehminuten von der Innenstadt entfernt.

Rede Ticket (Obispo Trejo 327) verkauft ohne Aufpreis Fahrkarten für die Hauptbusgesellschaften. Da dieses Ticketbüro so zentral liegt, bietet es sich an, Bustickets im Voraus zu buchen.

Sierras del Córdoba, Sierras de Calamuchita und Transportes La Cumbre fahren alle Córdobas bergiges Hinterland an, einschließlich Villa General Belgrano (18 Arg$, 2 Std.) und Mina Clavero (35 Arg$, 3 Std.).

Ihre Verkaufsstellen befinden sich im obersten Stock des Busterminals. Andere nahe gelegen Orte in den Sierren sind besser und schneller vom Mercado Sud Minibusterminal aus zu erreichen.

Busse fahren mehrfach am Tag zu den folgenden Zielen. Am besten bei der **Touristeninformation am Busbahnhof** (☎ 433-1980) nach den besten Deals, den billigsten Tickets und den empfehlenswerten Busgesellschaften erkundigen.

Reiseziel	Fahrpreis (Arg$)	Fahrzeit (Std.)
Bahía Blanca	160	12
Bariloche	254	22
Buenos Aires	160	10
Catamarca	73	5-6
Corrientes	175	12
Esquel	375	25
Formosa	166	12
Jujuy	176	12
La Rioja	73	7
Mendoza	100	10
Merlo	45	5½
Montevideo (Uruguay)	190	15
Neuquén	200	17
Paraná	67	6
Puerto Iguazú	296	22
Puerto Madryn	260	18-20
Resistencia	140	13
Río Gallegos	430	40
Rosario	71	6
Salta	182	12
San Juan	105	14
San Luis	65	6
San Martín de los Andes	292	21
Santiago del Estero	77	6
Tucumán	106	8

Mehrere Busgesellschaften fahren auch chilenische Ziele an, darunter Santiago (180 Arg$, 16 Std.) und Valparaiso (100 Arg$, 16 Std.), meist aber mit umsteigen in Mendoza.

Flugzeug
Córdobas Flughafen **Ingeniero Ambrosio Taravella** (☎ 434-8390) erhebt eine Gebühr in Höhe von 116 Arg$ auf alle internationalen Abflüge.

Aerolíneas Argentinas/Austral (☎ /Fax 482-1025; Av. Colón 520) betreibt in der Innenstadt mehrere Büros und fliegt mehrmals am Tag nach Buenos Aires (ab 400 Arg$). **Lan** (☎ 452-3030; Av Alcorta 206) fliegt täglich nach Buenos Aires (366 Arg$) und Santiago, Chile (einfacher Flug 1600 Arg$). **Sol** (☎ 0810-122-7765; www.sol.com.ar) fliegt nach Rosario (264 Arg$), Tucumán (254 Arg$) und Mendoza (250 Arg$). **Andes Líneas Aéreas** (☎ 426-5809; www.andesonline.com; Colón 532) fliegt nach Salta (320 Arg$) und Puerto Iguazú (470 Arg$). **Aero Chaco** (☎ 0810-345-2422; www.aerochaco.net) fliegt nach Resistencia (341 Arg$) und plant, demnächst auch Flüge nach El Calafate und Iguazú anzubieten.

Minibus
Vom **Minibusbahnhof Mercado Sud** (Blvd. Illia, bei Buenos Aires) fahren häufig Minibusse ab. Während manche direkt ihre festgelegten Ziele ansteuern, halten andere in jedem Städtchen entlang des Wegs. Das kann die Fahrt um eine Stunde verlängern, also besser vorhererkundigen.

Im Sommer gibt es ggf. direkte Busverbindungen nach La Cumbrecita; schneller ist es aber über Villa General Belgrano.

Reiseziel	Fahrpreis (Arg$)	Fahrzeit (Std.)
Alta Gracia	7	1
Capilla del Monte	23	3
Cosquín	13	1¼
Jesús María	9	1
La Falda	17	3
La Cumbre	20	3
Mina Clavero	35	3
Villa Carlos Paz	6	1
Villa General Belgrano	18	2

Zug

Von Córdobas **Estación Ferrocarril Mitre** (☎ 426-3565; Blvd Perón s/n) aus fahren mittwochs und samstags um 16.20 und 20 Uhr Züge nach Rosario (22/35/70 Arg$ in *turista/primera*/Pullman, 8 Std.) und zum Bahnhof Retiro in Buenos Aires (30/50/90/150 Arg$ in *turista/primera*/Pullman/*camarote*, 15 Std.). Der Zug ist mit einem Speisewagen und einer Bar ausgestattet. Fahrkarten sind oft bereits Wochen im Voraus ausverkauft, vor allem die *camarote* (Schlafkabine für zwei Personen), deshalb so früh wie möglich buchen.

Züge nach Cosquín (6 Arg$, 2 Std.) starten täglich um 10.50 Uhr vom **Bahnhof Rodriguez del Busto** (☎ 568-8979; Cardeñosa 3500), der sich am nordwestlichen Stadtrand befindet.

Die Buslinien A4 und A7 fahren von der zentralen Plaza aus zum Bahnhof; die Taxifahrt kostet 18 Arg$.

UNTERWEGS VOR ORT

Der Flughafen liegt 15 km nördlich der Stadt via der Av, Monseñor Pablo Cabrera.

Intercórdoba fährt ab dem Hauptbusbahnhof zum Flughafen und zurück (3 Arg$).

Die Taxifahrt in die Stadt dürfte nicht mehr als 25 Arg$ kosten.

Für die Busse sind *cospeles* (Wertmünzen) nötig, die es für 1,50 Arg$ bei fast jedem Kiosk der Stadt zu kaufen gibt.

Beim Fahrradverleih **Córdoba Rent a Bike** (☎ 421-8012; cordobarentabike@gmail.com; San Martín 5) in der Lottozentrale kostet ein Rad pro halbem/ganzem Tag 30/50 Arg$ (Pfand 400 Arg$).

Ein Auto kann sehr nützlich sein, um die nahe gelegenen Jesuiten-*estancias* zu erreichen, zu denen kein Bus fährt. Je nach Jahreszeit kostet ein Mietwagen der Economy-Klasse um 200 Arg$ bei 200 Freikilometern.

Hier zwei nützliche Adressen:

Alamo (☎ 499-8436; Sheraton Hotel, Duarte Quirós 1300)
Europcar (☎ 422-4867, 481-7683; Entre Ríos 70) Im Hotel Dora.

DIE PAMPINEN SIERREN

Die Landschaft ist längst nicht so spektakulär und aufregend wie die der nahe gelegenen Anden, doch diesen „Makel" machen die Pampinen Sierren durch die Gastfreundlichkeit ihrer Bewohner mehr als wett.

Die Region ist mit kleinen Ortschaften übersät, die allemal einen Kurzbesuch oder einen längeren Aufenthalt wert sind, und sie verfügt über ein ausgezeichnetes Straßennetz mit regelmäßigen Busverbindungen.

Vom Hippie-Schick der Gleitschirmflieger-Kapitale La Cumbre zum überkandidelten Kitsch von Carlos Paz – Reisende müssten schon ziemlich übersättigt sein, wenn ihnen hier gar nichts gefällt.

Abschalten fällt leicht – das Dorf Mina Clavero am Flussufer ist dafür bestens geeignet, ebenso wie die früheren Jesuitenzentren von Alta Gracia und Jesús María.

Weiter südlich geht es ganz entschieden deutsch zu: Im autofreien La Cumbrecita locken Spätzle, „alpine" Spaziergänge und zudem noch gute Badestellen.

VILLA CARLOS PAZ

☎ 03541 / 81 670 Ew. / 600 m

Nicht jeder hat Gelegenheit, nach Las Vegas zu fahren. Doch auch in diesem Sommerurlaubsort, 36 km westlich von Córdoba, lässt sich das Bedürfnis nach Kitsch ein wenig stillen.

Villa Carlos Paz, am Ufer des sogenannten Lago San Roque (der in Wirklichkeit ein großer Stausee ist), hat einige architektonische Ausrutscher aufzuweisen, darunter Hotels, die wie die Pyramiden oder der Kreml aussehen, und der besondere Stolz der Stadt ist eine monströse Kuckucksuhr (*reloj cu-cu* für jene, die Spanisch sprechen).

Im Sommer bevölkern Horden von urlaubsreifen Argentiniern die sonst eigentlich idyllischen Seeufer von Carlos Paz, drängeln sich auf den Tanzflächen und gehen in Minizügen auf Stadtrundfahrt. Ausländische Besucher kennen das von früher und finden es im Allgemeinen weniger attraktiv.

Ein **telesilla** (Sessellift; ☎ 422254; Sanchez & San Antonio; hin & zurück 20 Arg$; ☯ 10–18 Uhr) bringt Besucher, die aus der Vogelperspektive auf die Stadt blicken möchten, auf den Gipfel des Cerro Carlos Paz. Hier oben gibt es auch ein teures Café und ein paar kurze, gut ausgeschilderte Wanderwege.

Die **Touristeninformation** (☎ 436430; Ecke San Martín & Yrigoyen; ☯ im Sommer 7–23, sonst bis 21 Uhr) hält nützliche Karten und Führer zu den örtlichen (und sehr vielfältigen) Angeboten bereit.

Carlos Paz besitzt ausgezeichnete Hotels, aber im Sommer sind sie immer ausgebucht. Das **Carlos Paz Hostel** (☎ 436023; www.carlospazhostel.com.ar; Lugones 72; B 40 Arg$; ☍ ☍) ist ein modernes Gebäude, das in ein Hostel umgebaut wurde. Es liegt auf dem Hügel hinter dem Busbahnhof. Die

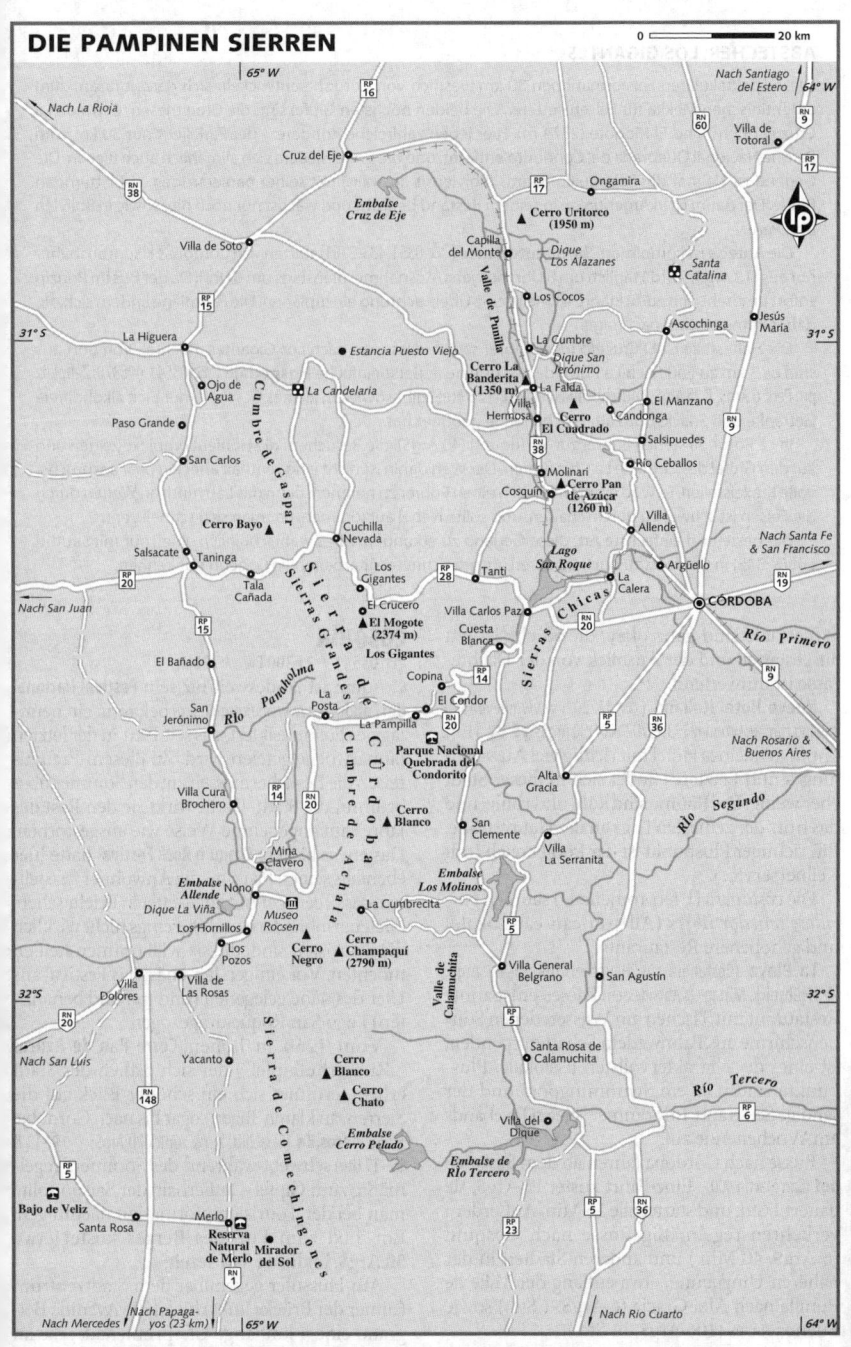

DIE PAMPINEN SIERREN

0   20 km

ABSTECHER: LOS GIGANTES

Diese spektakulären Felsformationen 80 km westlich von Córdoba entwickeln sich derzeit rasant zum argentinischen Mekka für Felsenkletterer. Die beiden höchsten Gipfel sind die Granitriesen Cerro de La Cruz (2185 m) und El Mogote (2374 m). Hier leben zahlreiche Kondore – der Park liegt nur 30 km vom Parque Nacional Quebrada del Condorito entfernt, und die Vögel siedeln sich allmählich auch hier an. Die Gegend ist Heimat des Tabaquillo-Baums (Polylepsis australis) mit seiner papierartigen, abblätternden Rinde. Der Baum ist in Argentinien in seinem Bestand bedroht und wächst nur noch hier sowie in Bolivien und Peru.

Die Anreise ist kompliziert. **Sarmiento**-Busse (☎ 0351-433-2161) starten von Córdobas Hauptbusbahnhof aus (18 Arg$, 2 Std.) täglich um 8 Uhr morgens (Ausnahme: dienstags um 6 Uhr). Da der Bus im Prinzip sofort umdreht und zurückfährt, ist meist eine Übernachtung einzuplanen. Die Fahrpläne ändern sich oft, daher immer vorher nachfragen.

Die Haltestelle ist El Crucero (dem Fahrer sagen, dass man nach Los Gigantes möchte). Von dort aus sind es 3 km zu Fuß nach La Rotonda, wo es eine äußerst einfache **Hospedaje** (☎ 03541-498370; Zeltplatz pro Pers. 6 Arg$, B 25 Arg$, Küchenbenutzung pro Pers. 5 Arg$) gibt sowie ein kleines Geschäft (nur Bier, alkoholfreie Getränke und Snacks), das am Wochenende geöffnet hat.

In La Rotonda stehen Führer zur Verfügung (40 Arg$), die Besuchern die Höhlenkomplexe zeigen und auf den Gipfel des Cerro de La Cruz führen. Der Weg dahin ist nicht lang , enthält aber ein paar anspruchsvolle Kraxelstellen. Es wird empfohlen, sich einen Führer zu nehmen, denn das Labyrinth an Wegen durch die Felsen ist schwer zu durchschauen, und sollte Nebel aufkommen, hat man sich schnell verirrt.

Die beste und einfachste Art, diese Gegend zu erkunden, ist es wahrscheinlich eine Tour mit Latitud Sur (S. 345) in Córdoba zu buchen, deren ausgezeichnete Mitarbeiter die Gegend gut kennen.

Schlafsäle sind ganz okay, die Küche ist gut ausgestattet, und der Ausblick von der Dachterrasse ist umwerfend.

Nuevo Hotel Italiano (☎ 422202; www.nuevohotel italiano.com.ar; Uruguay 253; EZ/DZ 100/130 Arg$; 🖳 🖳) Ein knuffiges kleines Hotel mit richtig viel Ausstrahlung – und Letzteres findet sich in dieser Stadt eher wenig. Die Räume sind kühl und ruhig, und das trotz der zentralen Lage an der Hauptstraße. Ein richtiger Pluspunkt ist der Poolbereich (mit Kellnerservice).

Die *costanera* (Uferpromenade) säumen *parrillas, tenedor libres* (All-you-can-eat-Lokale) und gehobenere Restaurants.

La Playa (Costanera s/n; Hauptgerichte 20–35 Arg$; 🕑 Frühstück, Mittag- & Abendessen) Dieses entspannte Restaurant mit Tischen am Wasser, denen Sonnenschirme aus Palmwedeln Schatten spenden, ist eines der charaktervollsten Esslokale. Pluspunkte sind u. a. ein Swimmingpool und der sandige Seestrand. Im Sommer spielen Livebands am Wochenende auf.

Busse nach Córdoba fahren ab dem **Busbahnhof** (San Martín 400). Eine Fahrt kostet 13 Arg$, sie dauert 1 Std. und startet alle 15 Min. Außerdem verkehren regelmäßig Busse nach Cosquín (6 Arg$, 40 Min.) und anderen Städten in der näheren Umgebung, etwa entlang der Valle de Punilla nach Alta Gracia (6 Arg$, 1 Std.) sowie Buenos Aires (106 Arg$, 11 Std.).

COSQUÍN

☎ 03541 / 21 300 Ew. / 720 m

Cosquín ist landesweit für sein **Festival Nacional del Folklore** (www.aquicosquin.org) bekannt, ein neuntägiges Folkmusikfest, das seit 1961 in der letzten Januarwoche gefeiert wird. Zu diesem Ereignis reisen die Besuchermassen an; den Sommer über brummt die Stadt. Dafür wirkt sie den Rest des Jahres auf angenehme Weise wie ausgestorben. Das etwas härtere **Cosquín Rock Festival** hatte hier ebenfalls seinen Platz, bis die Anwohner feststellten, dass Teenager mit angeketteten Brieftaschen, Nietenarmbändern und Piercings nicht wirklich die Touristen sind, die sie willkommen heißen möchten. Vor einigen Jahren ist das Festival uns Ufer des nahe gelegenen (und treffend benannten) Lago San Roque umgezogen.

Vom 1260 m hohen **Cerro Pan de Azúcar** („Zuckerhutgipfel") der sich östlich der Stadt erhebt, eröffnet sich ein schöner Blick auf die Sierren, an klaren Tagen sogar bis nach Córdoba. Eine **Aerosilla** (Sessellift; hin & zurück 20 Arg$; 🕑 9–13 & 15–17 Uhr) schwebt während des Sommers regelmäßig zum Gipfel – außerhalb der Saison sollte man bei der Touristeninformation nachfragen. Ein Taxi zum Fuß des Berges kostet etwa 50 Arg$, inklusive Wartezeit.

Am Flussufer gegenüber dem Stadtzentrum (hinter der Brücke links) bildet die Avenida Belgrano eine 4 km lange Uferpromenade, die an einem Sommertag zum Bummel einlädt – hier reiht sich eine Badestelle an die nächste, und wenn die Temperatur steigt, wird es voll.

Bei der **städtischen Touristeninformation** (☎ 453701; www.cosquin.gov.ar; San Martín 560; ✆ Mo–Fr 8–21, Sa & So 9–18 Uhr) ist ein nützlicher Stadtplan von Cosquín erhältlich.

Schlafen & Essen

Residencial Ale (☎ 450232; Tucumán 809; EZ/DZ 45/70 Arg$) Ein freundlicher Familienbetrieb für den kleineren Geldbeutel. Holzfußböden, alte Betten und absolut nichts an Extras.

Hospedaje Petit (☎ 451311; petithotel@infocosquin.com. ar; A Sabattini 739; EZ/DZ 80/100 Arg$) Hier gibt es betürmte Dächer und wunderschöne alte Bodenfliesen in der Lobby, dafür aber eher durchschnittliche, moderne Zimmer. Das Preis-Leistungs-Verhältnis ist jedoch ganz gut; außerdem ist die Unterkunft zentral gelegen und hat saubere und großzügige Zimmer.

Hostería Siempreverde (☎ 450093; hosteriasiempre verde.com; Santa Fe 525; EZ/DZ 100/120 Arg$) Dieses wunderschöne alte Haus bietet nach hinten heraus geräumige, moderne Zimmer. Ein großer, schattiger Garten und ein bequemer und stilvoller Frühstücks-/Loungebereich, der zum Verweilen einlädt, runden das Bild ab.

San Martín, zwischen der Plaza und dem Stadion gelegen, wird von Cafés, Restaurants und *parrillas* gesäumt.

Confitería Munich (Ecke San Martín & Sarmiento; Sandwiches ab 10 Arg$; ✆ Frühstück, Mittag- & Abendessen) Das Munich ist eine stimmungsvolle Café-Bar an der Plaza; wer sich am späten Nachmittag einen Tisch schnappt, kann ganz wunderbar zusehen, wie die Welt vorbeizieht.

Mama Rosa (Perón & Catamarca; Hauptgerichte 25-35 Arg$; ✆ Mittag- & Abendessen) Auch wenn sie aussieht wie eine Scheune, wird diese *parrilla* von ihren Gästen doch wärmstens empfohlen. Der ausgezeichnete Service und die gemütliche Atmosphäre tragen einiges dazu bei.

An- & Weiterreise

Täglich fahren zahlreiche Busse nach La Falda (6 Arg$, 45 Min.) und La Cumbre (8 Arg$, 1¼ Std.) im Norden sowie alle 20 Minuten nach Villa Carlos Paz (6 Arg$, 40 Min.) und Córdoba (10 Arg$, 1¼ Std.) im Süden. Mehrere Busse fahren auch nach Buenos Aires (107 Arg$, 11 Std.).

Jeden Tag startet um 14 Uhr ein Zug zum Bahnhof Estación Rodriguez del Busto (6 Arg$, 2½ Std.) in Córdoba.

LA FALDA
☎ 03548 / 16 300 Ew. / 934 m

Der malerische Ferienort La Falda ist geschäftiger und etwas weniger interessant als die anderen Orte der Region. Aber dennoch lohnt sich ein Besuch von ein bis zwei Tagen, um die umgebenden Berge und das Gelände des ehemaligen Hotels Eden zu erkunden.

Dank seiner Lage abseits der Hauptstraße strahlt La Faldas zentrale **Plaza** (Ecke Sarmiento & Rivadavia) einen ruhigen Charme aus. Das dürfte vor allem daran liegen, dass sie abseits der großen Straßen liegt. Am Wochenende bzw. im Sommer findet hier täglich ein **feria artesanal** (✆ bei Tageslicht) statt.

Die **Touristeninformation** (☎ 423007; www.lafalda. gov.ar; Av España 50; ✆ 8–20.30 Uhr) ist sehr hilfreich und führt ausgezeichnete Karten der Region.

Sehenswertes & Aktivitäten

Ein beliebter **Wanderweg** führt in ca. zwei Stunden auf den Gipfel des nahe gelegenen Cerro La Banderita (1350 m). Und wer schon einmal in der Stadt ist, sollte sich eine Führung durch das ehemals luxuriöse, inzwischen aber verfallende **Hotel Eden** (Eintritt inkl. Führung 20 Arg$; ✆ im Sommer 10–12 & 14–16, im Winter Fr–So 10–12 & 14–16 Uhr) nicht entgehen lassen. 1897 erbaut, stiegen hier Gäste wie Albert Einstein, der Fürst von Savoyen und mehrere Präsidenten Argentiniens ab. Im Hotel befindet sich ein **Miniatureisenbahnmuseum**, ein merkwürdig faszinierendes Museum, das sich – wie könnte es anders sein – sehr kleinen Eisenbahnen widmet. Der Weg zu **El Chorito**, einem Aussichtspunkt mit umwerfendem Ausblick über die Sierras Chicas, ist vom Hotel ausgeschildert.

Wenn es heiß wird, zieht es Einheimische und Besucher zu den **7 Cascadas** (Eintritt 5 Arg$; ✆ bei Tageslicht) mit den drei Pools und mehreren Badestellen unter Wasserfällen, die entstanden sind, als der örtliche Staudamm gebaut wurde. Die drei Kilometer Entfernung von der Stadt lassen sich zu Fuß oder per Taxi (Arg$ 12) absolvieren.

Schlafen & Essen

Hostería Marina (☎ 422640; Güemes 144; Zi. pro Pers. 40 Arg$; ✆) Trotz der etwas kleinen Zimmer eine ausgezeichnete Budgetunterkunft – sauber, ruhig und mit ordentlich großem Swimmingpool vor dem Haus.

Residencial Old Garden (☎ 422842; Capital Federal 28; EZ/DZ 120/150 Arg$; ✆) Dieser wunderschöne Altbau – definitiv eines der besseren Angebote landesweit – wird von den Besitzern, die auch im Haus wohnen, liebevoll in Schuss gehalten. Alles an diesem Gebäude ist reizend, sogar die wuscheligen Hunde, die durch den großen Garten toben.

LP Tipp **La Bordolesa** (Ecke Sarmiento & Saavedra; Hauptgerichte ab 20 Arg$; ☺ Mittag- & Abendessen) Eine lässige, moderne *parrilla* mit zwei Grills – einer drinnen und einer draußen. Wenn das Wetter schön ist, schnappt man sich am besten einen Tisch auf dem Rasen und eine *picadas*-Platte (Finger Food: 25 Arg$ für zwei Personen) – so vergehen ein paar wunderbare Stunden.

Wer Fleischgerichten gerne aus dem Weg geht, wird sich sehr über das **Pachamama** (Av Eden 127; ☺ 9–15 Uhr) freuen, ein vegetarisches Restaurant mit dazugehörigem Reformkostladen an der Hauptstraße.

An- & Weiterreise

Der Busbahnhof liegt an der RN 38, etwas nördlich der Avenida Eden. Busse und Minibusse fahren regelmäßig gen Süden nach Cosquín (6 Arg$, 45 Min.), Villa Carlos Paz (9 Arg$, 1¼ Std.) und Córdoba (17 Arg$, 2 Std.) sowie nördlich nach La Cumbre (4,50 Arg$, 30 Min.) und Capilla del Monte (6 Arg$, 1 Std.).

Außerdem gibt es regelmäßige Langstreckenverbindungen, z. B. nach Buenos Aires (ab 110 Arg$, 12 Std.).

LA CUMBRE

☎ 03548 / 9800 Ew. / 1141 m

Hierher ziehen sich die Einwohner Córdobas ebenso gern zurück wie die Gäste aus dem Ausland. La Cumbre bringt auf kleinem Raum viel Charakter unter. Die breiten Straßen und das milde Gebirgsklima machen den Aufenthalt angenehm, und in den Bergen ringsum warten zahlreiche Abenteuer. Weltweit berühmt wurde die Stadt als Austragungsort des World Paragliding Cup 1994. Anhänger der Sportart betrachten La Cumbre als ihre Heimat und geben der Stadt ein internationales Flair. Der Startplatz, 380 m über dem Río Pinto, verspricht eine spektakuläre Einführung in den Sport. Erfahrene Lehrer, die sowohl Kurse als auch Tandemflüge anbieten, gibt es reichlich.

Praktische Informationen

Banco de la Provincia de Córdoba (Ecke López y Planes & 25 de Mayo) Mit Geldautomat.

Touristeninformation (☎ 452966; www.lacumbre.gov. ar; Av Caraffa 300; ☺ April–Juni & Aug.–Nov. 9–21, Dez. bis-März & Juli bis 24 Uhr) Liegt gegenüber des Busbahnhofs im alten Bahnhofsgebäude. Die freundlichen Mitarbeiter geben gerne eine nützliche Karte der Stadt und Umgebung heraus.

Sehenswertes & Aktivitäten

Im Süden der Stadt liegt der **Camino de los Artesanos**. Entlang der „Straße der Künstler" wird in mehr als zwei Dutzend Häusern nur Selbstgemachtes verkauft: Das Angebot reicht von Marmelade und Chimichurri (argentinische Petersiliensauce) über Woll- und Lederwaren bis hin zu Silberschmuck und Gürtelschnallen. Die meisten Läden haben von 11 Uhr bis Sonnenuntergang geöffnet.

Vom **Cristo Redentor**, einer 7 m hohen Christusstatue auf einem 300 m hohen Hügel östlich der Stadt, hat man einen tollen Fernblick. Zu Fuß läuft man von der Plaza 25 de Mayo über den Fluss und dann weiter nach Osten auf der Córdoba Richtung Berge – der Pfad zum Gipfel beginnt nach der Überquerung der Cabrera, dem Weg für die Ziegenhirten, hinter einer scharfen Linksbiegung.

GLEITSCHIRMFLIEGEN & FALLSCHIRMSPRINGEN

Sich von der Abflugstelle am Cuchi Corral in die Lüfte zu stürzen (und nachher am Río Pinto abzuhängen) ist wirklich ein unvergessliches Erlebnis. Die Abflugstelle (La Rampa) liegt ca. 10 km westlich der Stadt und ist über eine ausgeschilderte unbefestigte Straße zu erreichen, die von der Hauptstraße abzweigt. Sowohl Pablo Jaraba (El Turco) am **Taller de las Nubes** (☎ 03548-15-570951; www.cuchicorral.com) als auch **Fechu** (☎ 03548-15-574568) bieten Tandemflüge und Unterricht an. Die Preise sind überall in etwa gleich: Tandemflüge kosten pro halbe Stunde 250 Arg$; ganze Kurse kosten 3000 Arg$.

Beim **Aeroclub La Cumbre** (☎ 452544; Camino a los Troncos s/n) kann man alles vom Tandemflug bis zum Ultraleichtflug buchen; Auskunft erteilen Andy Hediger (ein ehemaliger Weltmeister im Gleitschirmfliegen) oder Hernán Pitocco (Nr. 4 der Welt in der eher selten ausgeübten Disziplin Gleitschirmflug-Akrobatik).

Wer will, kann sein vermeintlich starkes Nervenkostüm bei **Nicolás López** (☎ 452544; www.redbullaerobatix.com, auf Spanisch) testen, er bietet Fallschirmsprünge an.

REITEN, TREKKING & MOUNTAINBIKING

La Chacra (☎ 451703; Pje Beiró s/n) und Estancia El Viejo Piquete (gegenüber) bieten Reitausflüge für die Dauer von ein paar Stunden bis zu ein paar Tagen an. Die Kosten betragen ca. 90 Arg$ für einen Halbtagesausritt und 450 Arg$ für zwei Tage, einschließlich einem richtigen *asado* (Grillen) in den Bergen.

Hacer Cumbre (☎ 452907; www.hacercumbre.com; Caraffa 270) vermietet gute Mountainbikes (60 Arg$ pro Tag) und bietet geführte Touren in die atemberaubende Landschaft um Cerro Ongamina an. Diese Touren lassen sich mit Trekking, Reiten und Offroadfahren im Geländewagen kombinieren. Tagestouren einschließlich Transfer und Verpflegung fangen bei 500 Arg$ für zwei Personen an und werden bei einer Gruppe für jeden Teilnehmer deutlich billiger.

Schlafen

Die Betreiber der folgenden Unterkünfte können alle Aktivitäten, die es in La Cumbre gibt, für ihre Gäste organisieren.

Camping El Cristo (☎ 451893; Monseñor P Cabrera s/n; Zeltplatz 10 Arg$) Liegt unterhalb der Cristo Redentor östlich der Stadt. Von der Stadtmitte ist es nur ein kurzer Fußweg zu diesem außergewöhnlichen Zeltplatz.

LP Tipp Hostel La Cumbre (☎ 451368; www.hostellacumbre.com; San Martín 186; B 40 Arg$; DZ mit/ohne Bad 130/120 Arg$; 🖳) Diese umgebaute englische Villa liegt nur ein paar Häuserblocks hinter dem Busbahnhof und ist eines der beeindruckendsten Hostels der Sierren. Der Ausblick vom vorderen Balkon ist atemberaubend.

Hostería Plaza (☎ 451252; www.hosteriaplaza.com.ar; Cuesta 538; EZ/DZ 100/120 Arg$; 🖳) Ein freundliches, familiengeführtes Hotel, das an einer ruhigen Straße mit Blick auf die Plaza liegt. Die Räume sind ausgesprochen großzügig und die Deko heimelig. Für ein kurzes Badevergnügen taugt der kleine Pool vor dem Haus durchaus.

Estancia El Viejo Piquete (☎ 03548-15-635948; elviejopiquete@yahoo.com.ar; via Calle Mons Pablo Cabrera; DZ mit Vollpension 360 Arg$) Wem der Sinn nach einem entspannenden Aufenthalt in einer zauberhaften Lage steht, sollte sich ein oder zwei Nächte in dieser entlegenen Drei-Zimmer-*estancia* ca. 2,5 km nördlich der Stadt gönnen Der Blick über das Valle de Punilla ist unverwerfend. Reiten, Wandern und andere Ausflüge werden für Gäste (und Besucher) angeboten.

Essen & Trinken

Casa Caraffa (Ecke Caraffa & Rivadavia; Hauptgerichte 20 bis 30 Arg$; 🕑 Mittag- & Abendessen) Ein ausgezeichnetes Restaurant an der Hauptstraße, das leckere hausgemachte Pasta serviert sowie ein göttliches *bife*

BEGEGNUNGEN DER DRITTEN ART

Es sind nicht nur die Freaks und Hippies. In Capilla del Monte erzählen selbst Leute, die ganz normal aussehen, Geschichten über seltsame Lichter, die am Nachthimmel über dem nahe gelegenen Cerro Uritorco erscheinen. Die Geschichten reichen außerdem weit zurück. 1935 berichtete Manuel Reina, er habe ein merkwürdiges Wesen in einem eng sitzenden Anzug bemerkt, als er eine Landstraße entlangging. 1986 sahen Gabriel und Esperanza Gómez ein Raumschiff. Es war so groß, dass seine Scheinwerfer die gesamte Umgebung erleuchteten. Am nächsten Tag entdeckte man eine 122 mal 64 m große Brandspur an der Stelle, an der es dem Bericht der beiden zufolge gelandet war.

Einige Jahre später bezeugten 300 Menschen ein weiteres Raumschiff, das eine Brandspur von 42 m Durchmesser hinterließ. Und 1991 fand man erneut eine Brandspur. Sie hatte einen Durchmesser von 12 m und wies eine Temperatur von 340 °C auf. Geologen wurden hinzugezogen. Sie stellten fest, dass die Felsen in der Nähe kurz zuvor auf 3000 °C aufgeheizt worden waren.

Warum all diese Ereignisse rund um Capilla del Monte? Jetzt wird es wirklich wunderlich. Eine Theorie besagt, dass *ovnis* (UFOs) die Gegend besuchen, weil der Ritter Parzival den Heiligen Gral und das Templerkreuz Ende des 12. Jhs. zum Cerro Uritorco gebracht habe. Er legte beides zu dem Zepter, das 8000 Jahre zuvor Voltán, dem Herrscher der Comechingones, gehört hatte.

Eine andere Erklärung: Die Außerirdischen fühlen sich deshalb angezogen, weil unterhalb des Uritorco die unterirdische Stadt Erks liegt. Nach Auffassung der „hermetischen Wissenschaftler" wird sich dort die Erneuerung der menschlichen Spezies vollziehen. Im Inneren wird man den Esfera-Tempel und die drei Spiegel finden, die zum Datenaustausch mit anderen Galaxien dienen und in denen in allen Einzelheiten das Leben jedes einzelnen Menschen zu sehen ist.

Die offizielle Erklärung? Die guten alten meteorologischen Phänomene, die von aufgeladenen Ionenpartikeln in der Atmosphäre hervorgerufen werden, gemischt mit einem ordentlichen Schuss Massen- und Medienhysterie.

Was man nun auch immer glauben mag, eines steht fest: Der ganze Hype schadet der kleinen Tourismusbranche von Capilla del Monte nicht im Geringsten. Noch vor gar nicht allzu langer Zeit kletterten Ziegenhirten und wenige interessierte Städter auf dem Uritorco herum. Heutzutage kommen pro Tag bis zu 1000 Besucher, die alle darauf hoffen, einen Blick auf die mysteriösen UFO-Lichter zu erhaschen.

de chorizo (Sirloin Steak) mit einer Soße aus Roquefortkäse (25 Arg$).

Kasbah (Alberdi & Sarmiento; Hauptgerichte ab 30 Arg$; Mittag- & Abendessen) Wer erwartet schon, hier draußen ein gutes Thai Curry zu finden, aber dieses putzige kleine, dreieckige Restaurant hat es drauf. Außerdem gibt's eine Palette an chinesischen und indischen Gerichten.

El Pungo (451378; www.elpungopub.com.ar; Camino de los Artesanos s/n; Gedeck ab 15 Arg$; Sa & So 12 Uhr bis spät) Diese legendäre Bar zieht Musiker aus dem ganzen Land an; auch die argentinischen Folkmusiker Charly Garcia und Fito Paez haben hier schon gespielt.

An- & Weiterreise
Busse fahren regelmäßig vom **Busbahnhof** (General Paz nahe Caraffa) in La Cumbre Richtung Norden nach Capilla del Monte (4 Arg$, 30 Min.) oder südwärts nach La Falda (4,50 Arg$, 30 Min.), Cosquín (6 Arg$, 1¼ Std.), Villa Carlos Paz (10 Arg$, 1½ Std.) und Córdoba (20 Arg$, 2½ Std.). Eine halbe Stunde eher ist man in der Provinzhauptstadt allerdings mit dem Minibus. Außerdem gibt es eine Direktverbindung nach Buenos Aires (115 Arg$, 12½ Std.).

RUND UM LA CUMBRE
Capilla del Monte
Diese attraktive Stadt auf 979 Metern Höhe liegt 18 km nördlich von La Cumbre an der RN 38. Umgeben ist sie von reizvoller Landschaft, die nicht nur Gleitschirmflieger und Outdoor-Enthusiasten anzieht. Angeblich statten auch UFOs (*ovnis*) oftmals dem nahe gelegenen Berg **Cerro Uritorco** (1950 m) (Eintritt 20 Arg$), dem höchsten Gipfel der Sierras Chicas, einen Besuch ab. Die 5 km lange Wanderweg zum Gipfel bietet spektakuläre Ausblicke. Die 3 km zum Fuß des Berges lassen sich per Taxi oder per pedes absolvieren. Ganz wichtig: vor Mittag, jedenfalls früh mit dem Anstieg beginnen und spätestens um 15 Uhr wieder absteigen.

Capilla del Monte selbst hat viele Restaurants und Unterkünfte zu bieten – die **Touristeninformation** (03548-481903; www.capilladelmonte.gov.ar; Ecke Av Pueyrredón & Buenos Aires) im alten Bahnhofsgebäude hält bergeweise Infomaterial bereit. Die ganzen UFO-Aktivitäten haben einige Esoteriker angezogen. Neben ihren Angeboten zu alternativen Behandlungen, Massage- und Yoga-Retreats treffen Besucher auch auf Zen- und Tantratempel. Infos zu den UFOs in der Region gibt's im **Centro de Informes Ovni** (482485; www.ciouritorco.org; 10–16 Uhr).

Es gibt eine regelmäßige Busverbindung gen Süden nach Córdoba (30 Arg$, 3 Std.), die in allen Städten entlang der RN 38 hält, sowie Fernverbindungen nach Buenos Aires.

Estancia Puesto Viejo
Laut Eigenwerbung ist dies die einzige Jugendherberge Argentiniens auf einer Estancia. Da die **Ranch** (03548-423809, 03548-15-566504; www.estancia puestoviejo.com; B/DZ 45/170 Arg$) bewirtschaftet wird, bietet sich hier die Gelegenheit, den Gaucho-Traum auszuleben, ohne jene Deluxe-Preise zu bezahlen, die normalerweise dazugehören. Sämtliche Aktivitäten des Farmlebens sind möglich – Rinder hüten, Reiten usw. Oder man lehnt sich einfach zurück und genießt die Landschaft. Es werden auch Geländewagenfahrten zu der wenig besuchten Jesuitenmission in La Candelaria, Goldminentouren und Trekking am Cerro Colorado angeboten. Einfache, deftige Mahlzeiten (55 Arg$ pro Tag) sind erhältlich, man kann aber auch die Küche benutzen.

Die Anreise ist etwas komplizier – von La Cumbre muss man ein Taxi nehmen (einfache Fahrt 120 Arg$, 24 km), doch am besten ruft man vorher an: Wenn die Besitzer gerade in der Stadt sind, nehmen sie Gäste mit.

JESÚS MARÍA
03525 / 28 300 Ew.

Das kleine, verschlafene Jesús María verdient seinen Platz auf der Landkarte als Standort einer der stimmungsvollsten Jesuiten-Estancias der Region, die sogar auf der Unesco-Liste verzeichnet steht – des **Museo Jesuítico Nacional de Jesús María** (420126; Eintritt 5 Arg$; Di–Fr 8–19, Sa & So 10–12 & 15–19 Uhr). Kirche und Kloster wurden 1618 erbaut und stehen auf gut in Schuss gehaltenem Grund. Nachdem die Jesuiten ihr Betriebskapital vor der brasilianischen Küste an Piraten verloren hatten, verkauften sie den hier erzeugten Wein, um ihre Universität im kolonialen Córdoba zu unterstützen. Das Museum besitzt gute archäologische Funde zu indigenen Gruppen aus ganz Argentinien, informative Karten über den Verlauf der Missionsbewegung und schön restaurierte Räume (deren Authentizität allerdings fraglich ist).

Jesús María ist außerdem Schauplatz der jährlichen **Fiesta Nacional de Doma y Folklore** (www.festivaljesusmaria.com). Zehn Tage lang werden dabei die Reitkünste und Gebräuche der Gauchos gefeiert; der Startschuss fällt am ersten Wochenende im Januar. Das Festival zieht Besucherscharen aus dem ganzen Land an, auch wenn Tierschutzorganisationen den Veranstaltern regelmäßig Tierquälerei vorwerfen. Ihrer Auffassung nach kommt der Brauch, mit Peitschen auf Pferde einzuschlagen, damit sie vor einer lärmenden Menge auf den Hinterbeinen hochgehen und im gleißenden Licht Kunststücke vorführen, der Folter gleich – oder der Gaucho-Kultur.

Die meisten Leute besuchen Jesús María im Rahmen eines Tagesausflugs von Córdoba aus. Fahrplanmäßig fahren Minibusse (9 Arg$, 1 Std.) täglich vom Mercado Sud in Córdoba und den wichtigsten Busbahnhöfen (s. S. 349).

ESTANCIA SANTA CATALINA
☎ 03525

Santa Catalina (☎ 421600; www.santacatalina.info; Eintritt 5–15 Arg$; ☉ Di–Fr 10–13 & 14–18 Uhr, Jan., Feb., Juli & Karwoche geschl.) zählt zu den schönsten Jesuiten-Estancias auf der Liste der Unesco-Welterbestätten. Der winzige, stille Ort liegt etwa 20 km nordwestlich von Jesús María und 70 km von Córdoba entfernt.

Der Dorfladen nimmt einen Teil der Estancia ein, und draußen auf den Bänken sitzen die alten Leute und schauen zu, wie ab und an ein Gaucho auf seinem Pferd vorbeireitet.

Ein Großteil der Estancia ist für Besucher gesperrt, aber es gibt **Führungen** (jeder Bereich 3 Arg$). Sie schließen Kapelle, Kreuzgänge und das Noviziat ein, in dem unverheiratete Sklavinnen untergebracht waren.

Das Gelände selbst, das sich heute nur noch über einen Bruchteil der ursprünglichen Fläche erstreckt, ist gut gepflegt. Wer dort umherwandert, vertrödelt schnell die eine oder andere Stunde. Auf der Rückseite der *estancia* befindet sich das originale, von den Jesuiten gebaute Staubecken, das allmählich von Wasserhyazin-

---

MYTHOS CHE GUEVARA

Der große Held der kubanischen Revolution, der in gewisser Weise sogar Fidel Castro in den Schatten stellt, war Argentinier. Ernesto Guevara (besser bekannt unter dem argentinischen Ausruf Che), wurde 1928 in Rosario geboren und verbrachte die ersten fünf Lebensjahre in Buenos Aires. 1932 empfahl der Arzt ein trockeneres Klima für den asthmakranken Jungen. Also zog die Familie in das Bergdorf Alta Gracia, wo der junge Guevara aufwuchs.

Zum Medizinstudium kehrte er in die Hauptstadt zurück. Eine sechsmonatige Motorrad-Tour durch ganz Südamerika (1952) veränderte sein Leben grundlegend. Zum ersten Mal bekam der junge Mann aus der Mittelschicht einen Einblick in das Elend der armen Bevölkerung. Seine Eindrücke hielt er in seinem Tagebuch fest, das erst Jahrzehnte später weltweit zum Bestseller wurde. In der gleichnamigen Verfilmung The Motorcycle Diaries (deutscher Titel: Die Reise des jungen Che, 2004) spielt der Mexikaner Gael García Bernal die Rolle des Che.

Zurück von seinem Trip, reiste Guevara nach Mittelamerika, wo ihn das Schicksal schließlich nach Mexiko verschlug. Dort traf er Fidel Castro und andere kubanische Exilanten. Auf einer klapprigen alten Yacht segelte die kleine Gruppe von Rebellen nach Kuba und rief dort die Revolution aus, die 1959 das Regime des Diktators Fulgencio Batista zu Fall brachte.

Die bürokratischen Aufgaben, die der Aufbau des kubanischen Sozialismus erforderte, waren nicht Che Guevaras Sache. Stattdessen versuchte er – ohne Erfolg – im Kongo, in Argentinien und in Bolivien die Revolution anzuzetteln. 1967 wurde er in Bolivien ermordet.

An seine klugen Schriften und eloquenten Reden erinnert sich heute kaum jemand mehr. Aber das berühmte Schwarz-Weiß-Porträt des Rebellen mit der Baskenmütze kennt jeder. Die Aufnahme des Fotojournalisten Alberto Korda stammt von 1960 und ziert bis heute alles nur Denkbare vom T-Shirt bis zum CD-Cover. Auch wenn diese Kommerzialisierung von Che dem globalen Kapitalismus nichts anhaben kann, sorgt sie doch wenigstens ab und zu für kleine Irritationen: Im Jahr 2000 verklagte Korda den Wodka-Produzenten Smirnoff, der mit dem Che-Porträt Werbung für seinen Fusel machen wollte. Und 1998 versetzte eine Taco-Bell-Reklame die kubanische Gemeinde von Miami in Rage. Die Fastfood-Kette hatte mit einem sprechenden Chihuahua geworben, der eine Baskenmütze auf dem Kopf trug und „Viva Gorditas" in eine jubelnde Menge bellte.

Zu seinem 30. Todestag erinnerte die argentinische Regierung 1997 mit einer Sondermarke an Ches Herkunft. Im kleinen, liebevoll eingerichteten Museo Casa de Ernesto Che Guevara (s. S. 358) in Alta Gracia sind neben der Briefmarke zahlreiche weitere Exponate und Erinnerungsstücke aus aller Welt ausgestellt. Das Museum wurde am 14. Juni 2001, Ches 73. Geburtstag, eröffnet.

then und hochstängigen Röhrichtgewächsen überwuchert wird.

Santa Catalina ist die einzige Welterbe-Estancia in Privatbesitz. Ein Teil der Familie besitzt und betreibt **La Ranchería de Santa Catalina** (☎ 424467, 03525-15-538957; Zi. ohne Bad pro Pers. 120 Arg$), eine hübsche Herberge samt Restaurant (Mahlzeiten etwa 25 Arg$) und Kunsthandwerksladen in der *ranchería*. Sie hat aber nur zwei Zimmer, die in der ehemaligen Sklavenunterkunft liegen.

Die Räume sind zwar klein, wurden aber sorgfältig hergerichtet und bewahren sogar noch die originalen Steinmauern. Drei weitere Zimmer mit Bad werden gerade gebaut – unter Verwendung traditioneller Techniken und Baustoffe. Ein freundliches Paar leitet den Betrieb, beide erzählen nur zu gern die erlauchte Geschichte der Estancia von der Zeit der jesuitischen Gründerväter bis zur Gegenwart.

Von Jesús María aus kostet eine Taxifahrt hierher etwa 75 Arg$.

ALTA GRACIA
☎ 03547 / 42 900 Ew. / 550 m

Rund um ein im 17. Jh. entstandenes Staubecken der Jesuiten wurde Alta Gracia angelegt – ein ruhiger, kleiner Gebirgsort mit gewundenen Straßen und schattigen Parks. Hauptattraktion ist die Jesuiten-Estancia aus dem 17. Jh. Sie liegt 104 km von jener in Santa Catalina entfernt. Die herrliche Kirche, die abendliche Beleuchtung und der hübsche Standort zwischen einem kleinen Staubecken und der zentralen Plaza machen sie zu einer der eindrucksvollsten unter den Welterbestätten Córdobas. Der Revolutionär Che Guevara verbrachte seine Jugend in Alta Gracia, sein ehemaliges Wohnhaus ist heute ein Museum. Vielen Besuchern genügt ein Tag, abends geht es zurück nach Córdoba.

Die **Touristeninformation** (☎ 428128; www.alta gracia.gov.ar; Reloj Público, Ecke Av del Tajamar & Calle del Molino; ☺ im Sommer 7–22.30, im Winter bis 19 Uhr) residiert im Uhrenturm.

Sehenswertes & Aktivitäten
JESUITEN-ESTANCIA
Von 1643 bis 1762 errichteten Jesuitenpatres die **Iglesia Parroquial Nuestra Señora de la Merced** (Westseite der Plaza Manuel Solares; Eintritt frei), das eindrucksvollste Gebäude der Estancia. Gleich südlich der Kirche liegen die kolonialen Werkstätten der Jesuiten, **El Obraje** (1643), heute eine öffentliche Schule. Neben der Kirche befindet sich das **Museo Histórico Nacional del Virrey Liniers** (☎ 421303; www. museoliniers.org.ar; Eintritt 10 Arg$, Mi frei; ☺ Di–Fr 13–19, Sa,

So & feiertags 9.30–12.30 & 15.30–18.30 Uhr), das nach dem ehemaligen Präsidenten Virrey Liniers benannt ist. Er war einer der letzten Vizekönige von Rio Plate. Wer sich für historische Details interessiert und besser Englisch als Spanisch versteht, kann sich einer Führung in englischer Sprache (pro Pers. 30 Arg$; 10, 11.30, 15.30 und 17 Uhr) anschließen – und sollte sich am besten am Vortag telefonisch anmelden.

Für die weniger Detailversessenen gibt es in jedem Raum ein Informationsblatt auf Englisch, das einen recht guten Eindruck der Ereignisse vermittelt.

Gleich nördlich des Museums, auf der anderen Seite der Avenida Belgrano, befindet sich der **Tajamar** (1659), einer der Staudämme, die im 17. Jh. erbaut wurden. Gemeinsam bildeten diese Staudämme ein umfassendes Bewässerungssystem für die Felder, das die Jesuiten geplant und angelegt hatten. Noch heute ist das Gebiet von Plantagen umgeben.

MUSEO CASA DE ERNESTO CHE GUEVARA
In den 1930er-Jahren zog die Familie des jungen Ernesto Guevara hierher, weil der Arzt das trockene Klima gegen sein Asthma empfohlen hatte (s. Kasten S. 357). Che lebte in verschiedenen Häusern – auch in seinem Geburtshaus in Rosario (S. 201) –, doch der Hauptwohnsitz der Familie war die Villa Beatriz, die kürzlich von der Gemeinde erworben und als **Museum** (☎ 428579; Avellaneda 501; Eintritt 5 Arg$, Di frei; ☺ Mo 14–19, Di–So 9–19 Uhr) hergerichtet worden ist. Die behagliche Einrichtung ist jetzt mit einer fotografischen Schau auf Ches Leben geschmückt, und eine Reihe riesiger Fotos erinnert an den kürzlichen Besuch von Fidel Castro und des venezolanischen Staatspräsidenten Hugo Chávez. Wer meint, er sei schon eine ganze Weile unterwegs, sollte sich die Karte anschauen, auf der Ches Reisen durch Lateinamerika in allen Einzelheiten verzeichnet sind – über die Politik des Mannes mag man denken, was man will, doch unbestreitbar war er für seine Idee weit gereist. Ein kleine Auswahl an Che-Devotionalien (darunter natürlich Zigarren) steht zum Verkauf.

ERLEBNISAKTIVITÄTEN
Rent a Bike (☎ 494194; www.altagraciarentabike.com.ar) macht was der Name schon sagt – und zwar für 50 Arg$ pro Tag. Alta Gracia bietet sich zum Radfahren an – nicht viel Verkehr, und die beiden Hauptsehenswürdigkeiten sind gerade so weit auseinander, dass es durchaus lohnt, sich auf's Rad zu schwingen.

Wen die Geschichte von Alta Gracia dazu inspiriert, sich aus einem Flugzeug stürzen zu möchten, kontaktiert am besten **Paracenter** (☎ 03525-15-5413816; www.paracenter.com.ar), das Tandemsprünge zu 500 Arg$ anbietet.

Schlafen & Essen

Ein paar coole Café-Bar-Restaurants mit Außen-Sitzgelegenheiten finden sich entlang der Avenida Belgrano in den drei Häuserblocks unterhalb des Jesuitenmuseums.

Alta Gracia Hostel (☎ 428810; www.altagraciahostel. com.ar; Paraguay 218; B 35 Arg$) Fünf kurze Blocks unterhalb des Jesuitenmuseums gelegen, bietet das Alta Gracia Hostel ein gutes Preis-Leistungs-Verhältnis. Die Schlafsäle sind groß genug, und die Küche enthält alles Notwendige. Einen bizarren Nachteil gibt es aber: Einchecken geht erst ab 12 Uhr mittags.

Hostal Hispania (☎ 426555; Av Vélez Sársfield 57; EZ/DZ 90/170 Arg$; 🌐 🖥) In einem stattlichen Holzhaus aus dem späten 19. Jh. untergebracht, kann diese Unterkunft mit geräumigen Zimmern punkten. Sie führen auf eine überdachte Veranda (mit Liegestühlen) mit Blick in den großen Garten. Das angeschlossene spanische Restaurant lohnt ebenfalls den Besuch.

Sol de Polen (☎ 427332; www.hectorcelano.com.ar; Avellaneda 529; Hauptgerichte 10-15 Arg$; 🕐 Mittag- & Abendessen) Nur ein paar Schritte vom Che Museum entfernt, tischt dieses Restaurant im kubanischen Stil neben den argentinischen Klassikern auch ein paar kubanische Gerichte auf. Freitagabends spielen Livebands, und wer sich hier wohlfühlt, kann gleich die Nacht über hier bleiben – im hinteren Teil befinden sich schlichte Doppelzimmer für 90 Arg$.

LP Tipp Morena (Ecke Sarmiento & Funes; Hauptgerichte 25–40 Arg$; 🕐 Mittag- & Abendessen) Ein paar der besten Gerichte der Stadt werden im wunderschönen Speiseraum dieses gehobenen Restaurant aufgetischt. Es liegt ein paar Blocks oberhalb des Stausees.

An- & Weiterreise

Minibusse fahren regelmäßig nach Córdoba (7 Arg$, 1 Std.), sie starten vor dem Uhrenturm nahe der Hauptplaza. Auch vom **Busbahnhof** (Tacuarí an der Perón) in der Nähe des Flusses gibt es Verbindungen nach Córdoba, außerdem nach Villa Carlos Paz (6 Arg$, 1 Std.) und Buenos Aires (160 Arg$, 13 Std.). Busse nach Villa General Belgrano halten jede Stunde an der RP 5, über die Avenida San Martín etwa 20 Blocks vom Zentrum entfernt.

VILLA GENERAL BELGRANO
☎ 03546 / 7400 Ew. / 820 m

Villa General Belgrano, eher eine kulturelle Kuriosität als eine vollwertige Touristenattraktion, trägt seine Entstehungsgeschichte groß zur Schau: Hier siedelten sich heimatlose Überlebende des deutschen Kriegsschiffs *Graf Spee* an, das während des Zweiten Weltkriegs bei Montevideo gesunken war.

Das jährliche **Oktoberfest** (1972 mit dem Status *Fiesta Nacional de la Cerveza*, also „Nationales Bierfest" versehen; http://elsitiodela villa.com/oktoberfest, auf Spanisch) steigt in den ersten beiden Oktoberwochen und zieht Bierfans aus aller Welt an. Im Sommer füllt sich das Dorf nach und nach mit Urlaubern, die die ruhigen Straßen und die grüne Landschaft ringsum zu schätzen wissen.

Wer seine Begeisterung für das Bier der ortsansässigen Brauereien, *torta selva negra* (Schwarzwälder Kirschtorte) und Gulasch gerade noch zügeln kann, für den reicht ein netter Tagesausflug von Córdoba oder vom nahe gelegenen La Cumbrecita völlig aus.

Trotz des entschieden deutschen Anstrichs spricht oder versteht kaum einer der heutigen Bewohner noch die Sprache der alten Heimat.

Einen Überblick über den Ort verschafft der Aufstieg auf den **Turm** (Eintritt 2 Arg$; 🕐 9 bis 20 Uhr) direkt bei der Touristeninformation.

Die **Touristeninformation** (☎ 461215; www.vgb.gov. ar; Plaza José Hernández; 🕐 8–20.30 Uhr) liegt an der Hauptstraße.

Aktivitäten

Wer reiten möchte, kann sich an Senor Martinez wenden, der im Sommer hinter dem Busbahnhof zu finden ist. Bei ihm kostet ein Ausritt um 25 Arg$ pro Stunde. Dann gibt's noch **Pituco Sanchez** (☎ 463142), der ganzjährig Reitausflüge zu ähnlichen Preisen anbietet. **Fiedrich** (Roca 224) vermietet Mountainbikes für 8/30 Arg$ pro Stunde/Tag.

Für einen kleinen Spaziergang bietet sich der wunderschöne Pfad an, der zwischen Corrientes und El Quebracho entlang dem Arroyo La Toma, einem Flüsschen ein Block unterhalb der Hauptstraße, verläuft.

Schlafen & Essen

In der Hauptsaison von Dezember bis März steigen die Hotelpreise, und die Zimmer gehen schnell weg. Wer nicht bereits Wochen vor dem Oktoberfest bucht, sollte einen Festivalbesuch eher als Tagesausflug von Córdoba aus planen.

Entlang der Hauptstraßen Julio A Roca und San Martín gibt es jede Menge Restaurants.

Albergue El Rincón (☎ 461323; rincon@calamuchitanet. com.ar; Zeltplatz 10 Arg$, B 30 Arg$, Zi. pro Pers. 36 Arg$) Dieses wunderschöne Hostel liegt im Wald. Es wird von Niederländern betrieben, hat ausgezeichnete, großzügige Schlafsäle, Kochmöglichkeiten drinnen wie draußen, eine *parrilla* und eine eigene Biofarm. Das exzellente Frühstück kostet 10 Arg$, Mittag- bzw. Abendessen 30 Arg$. Vom Busbahnhof aus ist es gut einen Kilometer bis zum Eingangstor; der Weg ist ausgeschildert.

Residencial Giovanni Luigi (☎ 462017; Ojo de Agua 35; EZ/DZ 70/90 Arg$) Eine ausgezeichnete, familiengeführte kleine Unterkunft. Die Räume könnten zwar größer sein, aber die Preise sind nicht zu toppen.

Posada Aitué (☎ 461476; www.elsitiodelavilla.com/aitue; Sársfield 75; EZ/DZ ab 140/170 Arg$; 🌐 💻 🐾) Ein gute Adresse im Stil eines alpinen Chalets, nur einen kurzen Fußweg von der Stadtmitte entfernt. Wer noch 60 Arg$ drauftut, bekommt ein Wohnzimmer, Küchenzeile und eine Badewanne mit Massagedüsen dazu.

Nissen (Julio A Roca 36; Hauptgerichte 15–25 Arg$; 🕑 Mittag- & Abendessen) Ein knuffiges kleines Café mit sonnigen Sitzgelegenheiten draußen. Die wechselnden Tagesmenüs (25 Arg$) sind günstig.

Blumen (Julio A Roca 373; Hauptgerichte um 40 Arg$; 🕑 Mittag- & Abendessen) Mit einer der umfangreichsten Karten der Stadt serviert das Blumen gute, leckere, wenn auch nicht ganz billige Gerichte. Hier kann man prima ein paar Drinks zu sich nehmen – der riesige, schattige Biergarten hat viele Holztische und pagodenähnliche Unterstände, Platz gibt es reichlich und das Bier aus der Mikrobrauerei fließt in Strömen.

An- & Weiterreise

Der **Busbahnhof** (Av Vélez Sársfield) liegt oberhalb der Hauptstraße San Martín. Stündlich fahren Busse nach Córdoba (18 Arg$, 2 Std.) sowie täglich nach Buenos Aires (150 Arg$, 11 Std.). Von **Pajargaro Blanco** (☎ 461709) aus geht es täglich nach La Cumbrecita (18 Arg$, 2 Std.).

LA CUMBRECITA

☎ 03546 / 320 Ew. / 1300 m

In diesem Dörfchen im alpinen Stil ticken die Uhren anders. Eingebettet in Wälder im Valle de Calamuchita verdankt es seine Beschaulichkeit vor allem der Tatsache, dass es autofrei ist. Hier lässt es sich wunderbar ein paar Tage aushalten, um die Waldwege zu erkunden, die zu Badestellen, Wasserfällen und wunderschönen Aussichtspunkten führen.

Besucher des Dorfes müssen ihre Autos auf dem unbefestigten Parkplatz (6 Arg$) abstellen und dann die Brücke über den Río del Medio zu Fuß überqueren.

Die hilfreiche **Touristeninformation** (☎ 481088; www.lacumbrecita.gov.ar; 🕑 Sommer 8.30–21, Winter 10 bis 18 Uhr) liegt linkerhand direkt hinter der Brücke.

Sehenswertes & Aktivitäten

Wandern ist der Hauptgrund für einen Besuch in La Cumbrecita. Die kurzen Wanderwege sind gut ausgeschildert, und die Touristeninformation hält eine grobe, aber dennoch nützliche Karte der Region parat. Ein 25-minütiger Spaziergang führt zu **La Cascada**, einem Wasserfall, der sich im Berghang versteckt. **La Olla**, die nächste Badestelle, ist von Granitfelsen umgeben. Wo das Wasser tief genug ist, springen Wagemutige von den Felsen aus hinein. **Cerro La Cumbrecita** (1400 m) ist der höchste Punkt des Ortes, etwa 20 Minuten von der Brücke entfernt. Außerhalb des Dorfes liegt **Cerro Wank** (1715 m), der höchste Berg der Gegend. Die Wanderung auf den Gipfel dauert etwa 40 Minuten.

Viviendo Montañas (☎ 481172; Las Truchas s/n), das ein Büro an der Hauptstraße des Ortes betreibt, bietet sowohl längere geführte Wandertouren in die Berge an als auch Ausritte (60 Arg$ für 3 Std.), Forellenangeln und Mountainbiking. Ebenfalls im Angebot: eine Tour auf den Gipfel des **Cerro Champaquí** (2790 m), dem höchsten Berg der Sierren (Kosten ca. 100 Arg$ pro Pers.).

Wem das disneylandhafte Ambiente von La Cumbrecita nicht reicht, hat sicherlich Spaß im **Peñon del Aguila** (☎ 0351-15-552-5232; www.penondela guila.com.ar; Erw./Kind 20/10 Arg$; 🕑 im Sommer tgl. 11–19 Uhr, sonst nur am Wochenende). Dieser Freizeitpark bietet „alpine Abenteuer", d. h. Abseilen, Ziplining (an Stahlseilen durch die Lüfte schweben), zahlreiche Holzstege, Naturpfade und Wasserfälle – und dazu freundliche Parkmitarbeiter in Tracht aus Salontirolern, die einen durch den Park führen. Höhepunkt beim abendlichen Sonnenuntergang ist eine Gesangs- und Tanzshow zu Ehren von Gambrinus, dem legendären König des Biers. Echt!

Schlafen & Essen

La Cumbrecita hat mehr als 20 Hotels und *cabañas* in den umgebenden Bergen anzubieten. Die Touristeninformation hilft bei der Suche weiter. Im Sommer (Januar und Februar), über Ostern und während des Oktoberfestes in Villa General Belgrano (s. S. 359) sollten Besucher auf jeden Fall im Voraus buchen.

Hostel El Viaje (☎ 15-573-5085; www.elviajelacumbre cita.com; Calle Principal s/n; B/DZ ohne Bad 45/110 Arg$) Das einzige Hostel der Stadt ist eine putzige, schlichte Unterkunft mit ein paar Drei-Bett-Schlafsälen und einem Privatzimmer.

Hospedaje Casa Rosita (☎ 481003; Calle Principal s/n; EZ/DZ ohne Bad 120/160 Arg$) Eine bescheidene kleine *hospedaje* (Pension) in einem bezaubernden Haus am Fluss, gleich am Dorfeingang. Wenn möglich, Zimmer Nr. 1 buchen, denn dieses hat ein Erkerfenster mit Blick auf den Fluss.

Hotel La Cumbrecita (☎ 481052; www.hotelcumbrecita. com.ar; EZ/DZ 130/260 Arg$; ⊠ ⊡) Wo sich heute dieses weitläufige Hotel mit seinen wunderbaren Ausblicken über das Tal befindet, stand einst das allererste Haus von La Cumbrecita. Die Zimmer sind nicht riesig, aber die meisten haben tolle Balkone. Das große Grundstück umfasst ein Fitnessstudio und Tennisplätze. Halbpension (Frühstück und Abendessen) gibt's für 30 Arg$.

Confitería Tante Liesbeth (☎ 481079; ⊙ im Sommer Do–So 16–19.30, im Winter Sa & So 16–19.30 Uhr) Auf der Nordseite des Dorfes in Richtung Cerro Wank liegt zwischen Bäumen am Bach das traditionellste Teehaus des Ortes. Vom Dorfeingang aus ist es in zehn Minuten zu Fuß zu erreichen.

El Paseo (Hauptgerichte 25–40 Arg$; ⊙ Do–So Mittag- & Abendessen) An der La Olla-Badestelle gelegen. Hier gibt's einen guten *parrilla* plus alte deutschen Klassiker wie Eisbein bis Schwarzwälder Kirsch. Ideal für ein Bier am Nachmittag.

Restaurante Bar Suizo (Calle Pública s/n; Hauptgerichte 15–35 Arg$; ⊙ Frühstück, Mittag- & Abendessen) Am besten eine Bank unter die Kiefer ziehen und ein paar der ausgezeichneten schweizerisch-deutschen Leckereien, wie etwa Spätzle mit Pilzsoße (20 Arg$), probieren.

An- & Weiterreise

Von Villa General Belgrano aus kommen Besucher mit **Transportes Pajaro Blanco** (☎ 461709; Ecke San Martín & Sarsfield), das etwas bergab gegenüber vom Busbahnhof liegt, nach La Cumbrecita (18 Arg$, 2 Std., Mo–Fr 7, 10, 12, 16 und 18.50 Uhr sowie Sa & So 8, 10, 12, 16 und 18.50 Uhr). Im Sommer fahren auch manchmal Minibusse vom Mercado Sud Terminal (s. S. 349) in Córdoba ab, was nur vor Ort zu erfragen ist.

PARQUE NACIONAL QUEBRADA DEL CONDORITO
1900–2300 m

Dieser Nationalpark schützt ein einzigartig schönes, mit Felsen durchsetztes Weideland, das sich quer durch die Pampa de Achala in den Sierras Grandes zieht. Das 37 km² große Schutzgebiet, und besonders die *quebrada* (Schlucht) selbst, sind ein wichtiges Brutgebiet für den Kondor, dessen Jungvögel im Nationalpark das Fliegen trainieren.

Vom Parkeingang in **La Pampilla** wandert man in zwei bis drei Stunden 9 km weit zum Balcón Norte („Nordbalkon"): Von der Klippe über der Schlucht lassen sich die riesigen Vögel gut dabei beobachten, wie sie sich in den thermischen Aufwinden der Schlucht nach oben schrauben, um das Gelände nach Fressbarem spähend zu erkunden. Der Nationalparkbesuch ist ein schöner Tagesausflug von Córdoba oder ein netter Zwischenstopp auf dem Weg nach Mina Clavero.

Alle Busse von Córdoba nach Mina Clavero halten auf Wunsch bei La Pampilla (18 Arg$, 1½ Std.), wo der Weg zur Schlucht beginnt. Um nach Córdoba zurückzukommen (oder weiter nach Mina Clavero), hält man den Bus an der Abzweigung an. Latitud Sur (S. 345) bietet empfehlenswerte Tagestouren in den Park an.

Mehr Infos zum Park gibt's bei **Intendencia del PN Quebrada del Condorito** (☎ 03541-433371; www.quebradacondorito.com.ar; Sabattini 33) in Villa Carlos Paz.

MINA CLAVERO
☎ 03544 / 7350 Ew. / 915 m

Im Sommer geht es in Mina Clavero recht turbulent zu, dafür ist in den übrigen Jahreszeiten kaum etwas los. Die wenigen Besucher können dann in ihrem ganz eigenen Tempo kristallklare Bäche, über Felsen hinabstürzende Wasserfälle, zahllose Badestellen und idyllische Gebirgslandschaften in Augenschein nehmen.

Mina Clavero liegt 170 km südwestlich von Córdoba, am Zusammenfluss des Río de Los Sauces und Río Panaholma im Valle de Traslasierra. Zu erreichen ist der Ort über die RN 20, den berühmten Nuevo Camino de las Altas Cumbres (Straße der hohen Gipfel).

Der Río Mina Clavero teilt das Städtchen in zwei Teile – wer am Busbahnhof ankommt und zum Andamundos Hostel oder La Casa de Pipa will, sollte die Fußgängerbrücke über den Fluss nehmen. Von da aus sind es zu Ersterem nur ein paar Blocks zu Fuß und zum Letzteren eine kurze Taxifahrt. Als Alternative gibt es nur einen langen Weg außen herum.

Die **Touristeninformation** (☎ 470171; www.minada vero.gov.ar; Av San Martín 1464; ⊙ Dez.–März 7–24, April–Nov. 9–21 Uhr) hält Standardbroschüren und einen nützlichen Stadtplan bereit.

Sehenswertes & Aktivitäten

Die *balnearios* (Schwimmgelegenheiten) in Mina Clavero sind im Sommer brechend voll, aber den Rest des Jahres dafür oft leer. Die beeindruckenden Schluchten mit den herabgefallenen Felsbrocken lassen sich gut erkunden. Inzwischen ist eine wunderschöne *costanera* erbaut worden, die von der Fußgängerbrücke aus bis zum **Nido de Aguila**, der besten Bademöglichkeit der Gegend, verläuft – ein richtig schöner Nachmittagsspaziergang. Wer von dort aus in westlicher Richtung dem Río de Los Sauces folgt, kommt zu **Los Elefantes,** einer Badestelle, die nach ihren elefantenförmigen Felsformationen benannt ist. Nach weiteren 3 km gen Süden führt der Flussweg zum Dorf **Villa Cura Brochero**, wo es die schwarze Töpferware gibt, die für diese Region typisch ist.

Traslasierra Aventura (☎ 471516; www.traslasierra. com/traslasierraaventura; San Martín 1241) bietet geführte Touren in die benachbarten Comechingones Berge an sowie Ausritte und Ausflüge zur Kondorbeobachtung.

Schlafen

Viele Unterkünfte schließen Ende März, wenn die Stadt fast schon die Bürgersteige hochklappt.

Andamundos Hostel (☎ 470249; www.andamundos hostel.com.ar; San Martín 554; B/DZ 35/80 Arg$; 🖳) Eine eher rustikale kleine Unterkunft in paar Blocks vom Ortskern gelegen. Der große Hinterhof zum Fluss hin ist eindeutig ein Pluspunkt.

Hotel Palace (☎ 470390; www.comprasvirtual.com/ hotelpalace; Mitre 847; EZ/DZ 100/130 Arg$) Das Highlight dieses 40-Zimmer-Hotels unter französischer Leitung ist der riesige hintere Garten, der zum Fluss hinabführt. Schattenspendende Bäume und Liegestühle erschweren den Besuchern zusätzlich die Entscheidung, den Garten zu verlassen. Die Zimmer sind etwas heruntergekommen, aber der Garten entschädigt dafür locker.

LP Tipp **La Casa de Pipa** (☎ 470480; www.lacasade pipa.com; Hernán Cortés at Colón; EZ/DZ 150/200 Arg$; 🏵 Mai & Juni geschl.; 🐾 🖳) Diese wunderschöne *hostería* (Pension) liegt auf einem leicht abschüssigen Gelände. Neben vielen schattigen Flecken gibt es einen schönen Pool, ein paar Grillplätze und einen wunderschönen sonnigen Frühstücksraum mit Blick auf die Berge. Die Pension liegt etwa fünf Blocks oberhalb von San Martín.

Hotel Rossetti (☎ 470012; www.hotelrossettiyspa.com. ar; Mitre 1434; All-inclusive-Angebote pro Pers. 250 Arg$; 🐾 🖳) Eine funkelnde Hotel-Wellness-Anlage in nicht ganz idealer Lage an einer vielbefahrenen Straße. Im Sommer sind Mahlzeiten, Getränke und Wellnessanwendungen im Preis inbegriffen. In der Nebensaison kosten Doppelzimmer 160 Arg$ (nur das Zimmer) und einzelne Wellnessanwendungen jeweils 30 Arg$.

Essen

Die meisten der Restaurants in Mina Clavero liegen an der San Martín.

Palenque (San Martín 1191; Hauptgerichte 15–30 Arg$; 🏵 Mittag- &Abendessen) Beliebtes Lokal mit flippiger Kunst an den Wänden und Livemusik am Wochenende. Ein gute Adresse, um einen Drink zu sich zu nehmen; die Snacks und Gerichte sind gut und günstig.

Cuba Bar (San Martín 1270; Hauptgerichte 20–35 Arg$; 🏵 Mittag- &Abendessen) Das Cuba hinter der Galeria Mina Clavero ist aus drei Gründen empfehlenswert – gute Musikauswahl, ein Billiardtisch und eine tolle Holzterrasse mit Flussblick.

Don Alonso (Ecke San Martín & Recalde; Hauptgerichte 20–35 Arg$; 🏵 Mittag- & Abendessen) Die am meisten empfohlene *parrilla* der Stadt. Hier werden leckere Empanadas und günstige Tagesmenüs serviert – und das direkt an der Plaza.

Rincón Suizo (Champaqui 1200; Hauptgerichte 25–35 Arg$; 🏵 Mittag- &Abendessen) Dieses gemütliche Teehaus am Fluss empfiehlt sich durch die hausgemachte Eiscreme, köstliche Schweizer und südfranzösische Gerichte (u. a. Fondue, Raclette, Ratatouille) und *torta selva negra*.

An- & Weiterreise

Der **Busbahnhof** (Mitre 1191) liegt, von der Stadtmitte aus gesehen, am anderen Ufer des Río Mina Clavero. Täglich fahren mehrere Busse nach Córdoba (31 Arg$, 3 Std.) und Villa Carlos Paz (21 Arg$, 2½ Std.) sowie mindestens drei nach Merlo (45 Arg$, 2½ bis 3 Std.). Wer den Minibus nutzt, ist schneller in Córdoba (30 Arg$, 2½ Std.). **TAC** (☎ 470420) bietet eine tägliche Verbindung nach Buenos Aires (130 Arg$, 13 Std.). Ziele in den San-Juan- und Mendoza-Provinzen lassen sich am besten vom benachbarten Villa Dolores (12 Arg$, 1 Std.) aus erreichen.

NONO & MUSEO ROCSEN

Das außergewöhnliche **Museum** (☎ 03544-498218; www.museorocsen.org; Eintritt 5 Arg$; 🏵 9 Uhr bis Sonnenuntergang) zeigt, wie verrückt die Welt wirklich ist. Unter den mehr als 11 000 Ausstellungsstücken findet man „antike" Motorräder, aufgespießte Schmetterlinge, Esso-Tanksäulen, menschliche Schädel, Buddha-Statuen, Filmprojektoren, katholische Altäre, Folterinstrumente aus dem 19. Jh., einen Schrumpfkopf und eine 1200 Jahre alte peruanische Mumie. Dieses Museum ist einmalig – für die Besichtigung sollte man sich also viel Zeit lassen.

Betreiber ist der Anthropologe, Kurator und leidenschaftliche Sammler Juan Santiago Bouchon, der 1950 als Kulturattaché der französischen Botschaft zum ersten Mal nach Argentinien kam.

Das Museum liegt 5 km außerhalb des Dörfchens **Nono**, einer ehemaligen indigenen Siedlung 8 km südlich von Mina Clavero. Regelmäßig fahren Minibusse von Mina Clavero zum Hauptplatz von Nono.

Wer das Museum besuchen will, kann ein Taxi nehmen (einfache Fahrt 15 Arg$) oder dorthin zu Fuß laufen. Mit den Taxifahrern sollte man sinnvollerweise eine Uhrzeit für die Rückfahrt vereinbaren. Eine Taxifahrt von Mina Clavero nach Nono kostet 20 Arg$.

SAN LUIS & UMGEBUNG

Die recht wenig besuchte Provinz San Luis besitzt überraschend viele Attraktionen, die zusätzlich dadurch gewinnen, dass man sie wahrscheinlich mehr oder weniger für sich allein hat.

Die Provinz wird allgemein La Puerta de Cuyo (Eingangspforte zum Cuyo) genannt. Das ist die Sammelbezeichnung für den zentralen Westen Argentiniens mit den Provinzen Mendoza, San Luis und San Juan (s. auch Kasten S. 373).

Der Superstar der Region ist zweifellos der Parque Nacional Sierra de las Quijadas. Doch auch die Bergorte entlang dem Valle de Conlara und die Sierras Puntanas sind für alle, die die ausgetretenen Touristenpfade verlassen möchten, einen Besuch wert.

MERLO
☎ 02656 / 14 400 Ew. / 890 m
Am Kopf des Valle de Conlara (s. S. 369) liegt der Bergort Merlo, ein expandierender Ferienort, der für sein mildes Mikroklima (derzeitiges Lieblingswort der hiesigen Tourismusbranche) in einer relativ trockenen Region bekannt ist. Die Stadt liegt 200 km nordöstlich von San Luis, ganz im Nordosten der San-Luis-Provinz.

Die **städtische Touristeninformation** (☎ 476078; www.villademerlo.gov.ar; Coronel Mercau 605; ☑ 8–20 Uhr) hält Karten sowie Infos zu Hotels und Campingplätzen bereit.

Sehenswertes & Aktivitäten
Ein ausladender Blick auf Stadt und Tal bietet sich vom Mirador del Sol. Er ist mit Bussen zu

erreichen, die vom alten Busbahnhof starten; die 40-minütige Fahrt kostet 4,50 Arg$. Wer seine Wanderschuhe schnüren will (oder sogar motorisiert ist), kann der Straße noch 12 km weiter folgen bis zum Mirador de los Condores. Er liegt weit oben auf einem Bergrücken und ermöglicht Ausblicke nach allen Seiten. Zur Stärkung gibt es hier oben eine **confitería** (Hauptgerichte 12–25 Arg$) und wenn die Windrichtung stimmt, kann man zusehen, wie sich die verrückten Gleitschirmflieger von der nahe gelegenen Absprungstelle in die Lüfte begeben.

In Rincon del Este, 2 km vom Zentrum entfernt auf der Straße zu den Miradors, befindet sich das **Reserva Natural de Merlo** (Eintritt frei; ☑ bei Tageslicht). Schöne Wege führen am Flussufer entlang zu ein paar Bademöglichkeiten. Die fast schon obligatorischen Zip Lines gibt es auch hier; für 30 Arg$ sausen Besucher durch die Baumkronen. Das **El Rincon del Paraiso** (Tagesmenü 15 bis 30 Arg$; ☑ Frühstück & Mittagessen), etwa 400 m vom Parkeingang entfernt gelegen, ist ein schönes, schattiges Restaurant mitten im Park – ideal für das Mittagessen oder für ein paar Drinks.

Volando Bajo (☎ 476248; Pringles 459) ist der erfahrenste der vielen Reiseveranstalter der Stadt. Er bietet Ausflüge zum nahe gelegenen archäologisch-paläontologischen Park in Bajo de Veliz (halber Tag 80 Arg$) an sowie eine Tour, die das Naturschutzgebiet und die Miradors de Sol bzw. de los Condores umfasst (halbtägig 60 Arg$). Hier kostet ein Gleitschirmtandemflug um die 200 Arg$; er dauert je nach Windbedingungen 20 bis 30 Minuten.

Schlafen
Merlo Hostel (☎ 476928; Av del Sol 1025; B 45 Arg$; ☑ ☑) Das putzige kleine Hostel befindet sich in einem ehemaligen Wohnhaus. Die Schlafsäle könnten zwar etwas größer sein, aber es gibt schöne Aufenthaltsmöglichkeiten. Die Lage ist ausgezeichnet, außerdem handelt es sich hier um eine der wenigen echten Budgetunterkünfte der Stadt.

Hostería Cerro Azul (☎ 478648; www.hosteriacerroazul. com.ar; cnr Saturno & Jupiter; EZ/DZ 120/150 Arg$; ☑) Dieses helle, neue Hotel unweit der Hauptstraße hat große Zimmer mit geräumigen Bädern und Mini-Fernsehern zu bieten. Der Lounge- und Essbereich ist mit seinen hohen kathedralenähnlichen Decken einfach traumhaft.

Hotel Casa Blanca (☎ 475320; www.casablancamerlo. com.ar; Av del Sol 50; EZ/DZ ab 220/250; ☑ ☑ ☑) Als dieser Reiseführer geschrieben wurde, befand sich das große Hotel im Business-Stil gerade in einer Generalüberholung. Es liegt inmitten von zwei

Hektar bewaldeten Geländes; wenn es wieder eröffnet, müsste es das beste Hotel am Ort sein.

Essen & Trinken

Cirano (Av del Sol 280; Hauptgerichte 15–30 Arg$; ☺ Mittag- & Abendessen) Ruhig die blinkenden Lichterketten ignorieren – hier sind einige günstige Gerichte im Angebot, ebenso ein ausgezeichnetes Mittags- oder Abendmenü für 20 Arg$.

Giorgio (Av del Sol 558; Hauptgerichte 25–40 Arg$; ☺ Mittag- & Abendessen) Das Restaurant bietet neben einigen ausgezeichneten Kreationen auch herzhafte Standardgerichte wie etwa Risotto mit Wildpilzen (28 Arg$) und *bife de chorizo* (25 Arg$). Nicht den Nachtisch vergessen und für das Tiramisu noch Platz lassen.

La Cerveceria (Av del Sol 515; ☺ ab 14 Uhr) Biertrinker aufgepasst: Hier gibt es acht verschiedene Biersorten aus der Mikrobrauerei im Angebot – plus die üblichen nationalen und importierten Marken, dazu Sitzmöglichkeiten draußen und einen kleinen Imbiss.

An- & Weiterreise

Fernbusse starten vom **neuen Busterminal** (RN 1 ab Calle de las Ovejas), das sich ca. acht Blocks südlich des Ortskerns befindet. Es gibt u. a. folgende Verbindungen:

Reiseziel	Fahrpreis (Arg$)	Fahrzeit (Std.)
Buenos Aires	120	12
Córdoba	43	6
El Volcán	17	4
La Toma	13	3
Mendoza	77	8
Mina Clavero	45	3
San Luis	35	4
Villa Carlos Paz	39	5

Unterwegs vor Ort

Regionale Busse fahren vom **alten Busbahnhof** (☎ 492858; Ecke Pringles & Los Almendres) in der Ortsmitte ab. Zu den Fahrtzielen gehören Mirador del Sol (5 Arg$, 40 Min.), Piedra Blanca (2 Arg$, 20 Min.), Bajo de Veliz (7 Arg$, 1 Std.), Papagayos (3,50 Arg$, 1 Std.) und das benachbarte Künstlerdorf Center de Oro (2 Arg$, 30 Min.).

Merlo Rent a Car (☎ 473949; www.merlorentacar.com.ar; Ecke Av del Sol & Pelligrini) lautet der Name der örtlichen Autovermietung.

SAN LUIS

☎ 02652 / 212 400 Ew. / 700 m

Sogar die Einwohner von San Luis selbst geben zu, dass die Highlights der Provinz außerhalb der Provinzhauptstadt liegen. So schlecht ist das Städtchen aber auch nicht – es gibt ein paar historische Sehenswürdigkeiten, und die zentrale Plaza Pringles ist eine der hübschesten des Landes. Die Avenida Illia, die Haupt-Ausgehmeile der Stadt, stellt mit einer hohen Konzentration an Bars, Cafés und Restaurants alles Nötige für einen netten Abend bereit.

Orientierung

San Luis liegt am Nordufer des Río Chorrillos. Von Mendoza aus sind es 260 km über die RN7, von Córdoba aus 456 km über die RN148.

Das Geschäftsviertel liegt entlang der parallel verlaufenden Straßen San Martín und Rivadavia zwischen der Plaza Pringles im Norden und der Plaza Independencia im Süden.

Praktische Informationen

Mehrere Banken, insbesondere an der Plaza Pringles, haben Geldautomaten.

ACA (Automóvil Club Argentino; ☎ 423188; Av Illia 401) Automobilclub; gute Quelle für Straßenkarten der Provinz.

Ciber Max (Ecke Pedrera & Caseros; 3 Arg$ pro Std.; ☺ 8–5 Uhr) Wer spätabends noch einmal E-Mails verschicken muss, findet in der Innenstadt zahlreiche weitere Cybercafés.

Las Quijadas Turismo (☎ 431683; San Martín 874) Geführte Touren zum Parque Nacional Sierra de las Quijadas, zu La Angostura und Inti Huasi.

Post (Ecke Av Illia & San Martín)

Regionalkrankenhaus (☎ 422627; Av República Oriental del Uruguay 150) An der Bolívar in östlicher Richtung.

Touristeninformation (☎ 423957, 423479; www.turismo.sanluis.gov.ar; Kreuzung von Junín, San Martín & Av Illia; ☺ 8–20 Uhr) Die freundlichen Mitarbeiter statten Besucher mit einem Stadtplan aus, der die Sehenswürdigkeiten enthält.

Sehenswertes & Aktivitäten

Das Herz der Stadt ist die schöne, baumbestandene Plaza Pringles. An ihrer Ostseite erhebt sich die **Kathedrale** (Rivadavia) aus dem 19. Jh. Aus Harthölzern der Provinz, z. B. vom Algarrobo-Baum, wurden Fenster und Rahmen der Kirche gefertigt, für die Treppen und Säulen wurde der aus hiesigen Steinbrüchen stammende weiße Marmor verwendet.

Auf der Nordseite der nahe gelegenen Plaza Independencia befindet sich die **Casa de Gobierno**, der Sitz der Provinzregierung. An der Südseite liegt die **Iglesia de Santo Domingo** (Ecke 25 de Mayo & San Martín), die wie auch das Kloster aus den 1930er-Jahren stammt, aber den maurischen Stil des Gebäudes aus dem 17. Jh. nachempfindet, das vorher hier stand. Es lohnt sich, die beeindruckenden *algarrobo*-Türen (Johannisbrotbaum) des benachbarten **Archivo Histórico Provincial** um die Ecke an der San Martín anzuschauen.

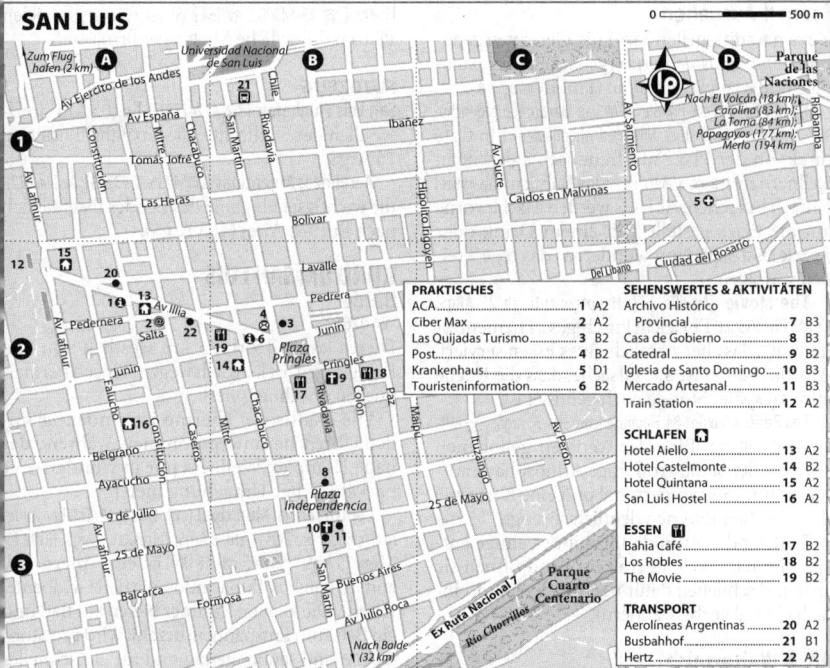

SAN LUIS

0 —————— 500 m

PRAKTISCHES	
ACA	**1** A2
Ciber Max	**2** A2
Las Quijadas Turismo	**3** B2
Post	**4** B2
Krankenhaus	**5** D1
Touristeninformation	**6** B2

SEHENSWERTES & AKTIVITÄTEN	
Archivo Histórico	
Provincial	**7** B3
Casa de Gobierno	**8** B3
Catedral	**9** B2
Iglesia de Santo Domingo ...	**10** B3
Mercado Artesanal	**11** B3
Train Station	**12** A2

SCHLAFEN	
Hotel Aiello	**13** A2
Hotel Castelmonte	**14** B2
Hotel Quintana	**15** A2
San Luis Hostel	**16** A2

ESSEN	
Bahia Café	**17** B2
Los Robles	**18** B2
The Movie	**19** B2

TRANSPORT	
Aerolíneas Argentinas	**20** A2
Busbahnhof	**21** B1
Hertz	**22** A2

Auf dem **mercado artesanal** (Ecke 25 de Mayo & Rivadavia; Mo–Fr 8–13 Uhr) neben der Iglesia de Santo Domingo verkaufen Dominikanermönche wunderbare handgemachte Wolldecken sowie Töpferwaren, Onyxgegenstände und Webarbeiten aus anderen Teilen der Provinz.

Es lohnt ferner, zum schönen ehemaligen **Bahnhof** (Avs Illia & Lafinur), der *estación de Ferrocarril*, zu schlendern, um sich das grüne Wellblechdach und die dekorative Eisenkonstruktion von 1884 anzuschauen.

Schlafen

Die gehobeneren Hotels in San Luis richten sich an Geschäftsreisende. Daher sind sie unter der Woche schnell voll, am Wochenende aber dann dafür billiger.

San Luis Hostel (☎ 424188; www.sanluishostel.com.ar; Falucho 646; B/ZBZ 35/100 Arg$; 🖳 🖂) Das beste und zentralste Hostel in San Luis bietet so ziemlich alles: vom Billiardtisch bis zur DVD-Sammlung, eine ausgezeichnete Küche und einen schattigen Hof mit Barbecue. Die Schlafsäle für 16 Personen (nach Geschlechtern getrennt) könnten zwar etwas mehr Charme besitzen, aber ansonsten ist die Unterkunft klasse.

LP Tipp **Hotel Castelmonte** (☎ 424963; Chacabuco 769; EZ/DZ 80/110 Arg$; 🖂 🖙) Ein Mittelklassehotel mit ausgezeichnetem Preis-Leistungs-Verhältnis. Die großzügigen Zimmer haben Parkettboden und Betten mit festen neuen Matratzen. Zwar zentral gelegen, befindet sich die Unterkunft jedoch nicht direkt an der Straße und ist somit schön ruhig.

Hotel Aiello (☎ 425609; www.hotelaiello.com.ar; Av. Illia 431; EZ/DZ 225/250 Arg$; 🖂 🖙 🖳) Mit seinem entspannten Hacienda-Feeling hat das Aiello das, was so viele Hotels in San Luis vermissen lassen – Charakter. Hier ist alles sehr gemütlich. Zu den verschiedenen Terrassen gesellt sich ein schöner Poolbereich mit Kinderbecken, ein ordentlich große Hauptpool und eine schattige Grasecke mit Liegestühlen. Wer also eine unterkunft nicht nur zum Schlafen sucht, ist im Hotel Aiello gut aufgehoben.

Hotel Quintana (☎ 438400; www.hotelquintana.com.ar; Av Illia 546; EZ/DZ 320/400 Arg$; 🖂 🖙 🖳) Von allen Hotels der Stadt am besten ausgestattet, ist das Quintana ganz auf Geschäftsleute ausgerichtet. Die ruhige Lobby führt zum Restaurant, den Bars und einem kleinen Pool. Die Zimmer sind bequem, aber nicht umwerfend.

Essen & Ausgehen

Zu den traditionellen San-Luis-Gerichten gehören *empanadas de horno* (gebackene Empanadas) und *cazuela de gallina* (Hühnersuppe).

Bahia Café (Ecke Pringles & Av San Martín; Hauptgerichte 15–25 Arg$; ☺ Frühstück, Mittag- & Abendessen) Ein Café direkt an der Plaza mit frenetisch agierenden Kellnern mittleren Alters – das Bahia muss man einfach besuchen. Abends werden Tische vorne auf die Plaza gestellt. Mit einem Drink oder Snack lässt sich dann wunderbar das rege Treiben verfolgen.

The Movie (Av Illia 177; Hauptgerichte ab 25 ARg$; ☺ 11 Uhr bis spät) Ein leicht kitschiges „Themenrestaurant", das aber ziemlich gutes Essen serviert. Am allerbesten ist die Tatsache, dass die Küche auch zu später Stunde noch geöffnet ist.

Los Robles (Colón 684; Hauptgerichte 30–50 Arg$; ☺ Mittag- & Abendessen) Eine der wenigen gehobenen *parrillas* der Stadt: großartige Atmosphäre, aufmerksames Servicepersonal und eine Karte, die den üblichen Rahmen deutlich sprengt.

Entlang der Avenida Illia gibt es einige entspannte Bars. Wie überall im Land öffnen sie spät und schließen dafür noch später. Also, einfach einmal vorbeiwandern.

An- & Weiterreise

BUS & AUTO

Sofern er nicht plötzlich zum alten Bahnhof (Ecke Avenidas Illia und Lafinur) umgezogen ist, liegt der **Busbahnhof** (☎ 424021; España, zwischen San Martín & Rivadavia) von San Luis ca. sechs Blocks nördlich der zentralen Plaza. Orte innerhalb der Provinz, u. a. Merlo (18 Arg$, 4 Std.), El Volcán (5 Arg$, 30 Min.), Carolina (12 Arg$, 2 Std.), Inti Huasi (15 Arg$, 2½ Std.), La Toma (8 Arg$, 1½ Std.) und Balde (4 Arg$, 45 Min.) werden von örtlichen Busunternehmern angesteuert. Fahrkarten gibt's in einem separaten Gebäude direkt vor dem Hauptterminal.

Fernbusse fahren täglich zu den Reisezielen in der folgenden Tabelle. Wer Orte wie Neuquén und Bariloche erreichen möchte, muss zunächst nach Mendoza oder San Rafael fahren.

Reiseziel	Fahrpreis (Arg$)	Fahrzeit (Std.)
Buenos Aires	150	11
Cordóba	70	7
Mar del Plata	240	19
Mendoza	40	5
Paraná	120	13
Rosario	120	9
San Juan	45	5
San Rafael	50	5
Santa Fe	150	12

Hertz (☎ 15-549002; Av Illia 305) ist wie an so vielen Plätzen die örtliche Mietwagenfirma.

FLUGZEUG

San Luis Flughafen (☎ 422427/57) liegt 3 km nordwestlich der Stadtmitte; die Taxifahrt kostet ca. 15 Arg$.

Aerolíneas Argentinas (☎ 425671, 437981; Av. Illia 472), die wichtigste Fluglinie des Landes fliegt täglich nach Buenos Aires (463 Arg$).

RUND UM SAN LUIS
Balde
☎ 02652

Dieses kleine Dorf, 35 km westlich von San Luis gelegen, ist lediglich wegen seiner Thermalquellen erwähnenswert.

Die städtische Therme ist eindeutig mit den Jahren heruntergekommen, während der neue Komplex Wellness pur in wunderbarer parkähnlicher Umgebung bietet.

Centro Termal Municipal (☎ 499319; Av Esteban Agüero s/n; Bäder pro Pers. 1 Std. 8 Arg$, Zeltplätze 6 Arg$, Hütte für 2 Pers. 75 Arg$; ☺ Bäder 8–18 Uhr) ist eine Alternative zum nahen Los Tamarindos, die den Geldbeutel schont. Die kleinen Zimmer bieten ein Bad und ein Bett zum Entspannen; bezahlt wird pro Stunde. Sie sind sauber genug und für ein schnelles Bad ganz günstig. Die Hütten (auf der anderen Straßenseite) bieten für zwei Personen ausreichend Platz und haben eine Kochgelegenheit. Allerdings kommt hier kein Thermalwasser direkt aus der Leitung.

Los Tamarindos (☎ 15-664-6628; Av Esteban Agüero s/n; EZ/DZ 200/260 Arg$, Hütten EZ/DZ 230/300 Arg$; ☺ Bäder 8–18 Uhr) ist dagegen ein wunderbarer Thermalbadkomplex. Er hat auch zwei öffentlich zugängliche Becken, die tagsüber genutzt werden können – das eine unter freiem Himmel mit 26 °C Wassertemperatur (15 Arg$ pro Pers.), das andere ein hübscher, sauberer Pool in der Halle (30 Arg$ für beide).

Die Zimmer entsprechen dem Standard, haben aber kleine Bäder, die mit heißem Quellwasser gespeist werden. Der wahre Luxus sind jedoch die Hütten – sie sind sehr viel geräumiger und verfügen über eine separate Wanne, in der man bis zum Hals im Wasser liegt. Für Hotelgäste ist der Zugang zu den heißen Bädern im Preis inbegriffen. Es gibt eine recht große Auswahl an Spa-Behandlungen (Schlammpackungen mit Fango, Massagen usw.). Der gesamte Komplex liegt auf einem baumbestandenen Gelände und gewährt pure Entspannung, vor allem während der Woche.

Regelmäßige Busverbindungen bestehen zum Busbahnhof in San Luis und in der Station in Balde (4 Arg$, 45 Min.). Von der Haltestelle sind die beiden Anlagen jeweils nur einen kurzen Fußweg entfernt.

El Volcán
☎ 02652 / 1480 Ew.

Das kleine Dorf El Volcán (es gibt hier übrigens keinen Vulkan), in die Hügellandschaft östlich von San Luis eingebettet, ist ein entspannter Rückzugsort für den Sommer. Hauptattraktion ist der Fluss, der mitten durch den Ort fließt. Dort bietet der Balneario La Hoya, eine Kette von Naturbecken im Fels, schattige Badestellen und Picknickplätze.

El Volcán liegt so nah bei San Luis, dass es im Rahmen eines Tagesausflugs leicht zu erreichen ist. Es werden hier aber auch viele Hütten vermietet, vor allem während des Sommers.

Hotel El Volcán (☎ 494044; Banda Norte s/n; EZ/DZ 180/200 Arg$; ▨ ▨) ist das einzige wirkliche Hotel des Dorfes. Der lang gestreckte Komplex steht auf einem schattigen Gelände, das bis zum Fluss hinunterreicht. Das Hotel ist außerhalb der Saison geschlossen – man sollte also vorher anrufen, um sich zu vergewissern, dass es geöffnet hat.

El Mantial (Balneario La Hoya; Hauptgerichte 15–22 Arg$; ⊙ Frühstück, Mittag- & Abendessen) bietet ordentliches Essen und einen tollen Blick über den Fluss. Die Portionen sind groß, und der Service ist schnell, wenn auch etwas unpersönlich.

Regelmäßige Busverbindungen bestehen zum Hauptbusbahnhof in San Luis (5 Arg$, 30 Min.).

PARQUE NACIONAL SIERRA DE LAS QUIJADAS
Fans der Road-Runner-Trickfilme werden sich zwischen den roten Sandsteinformationen dieses wenig besuchten **Nationalparks** (Eintritt 25 Arg$) erstaunlich wohlfühlen. Der Park umfasst 1500 km² an Canyons und ausgetrockneten Seebetten in der Sierra de las Quijadas, deren Gipfel bei Cerro Portillo 1200 m erreichen. Jüngste paläontologische Ausgrabungen durch die Universidad Nacional de San Luis und das New Yorker Museum of Natural History haben Dinosaurierspuren und Fossilien aus der Unteren Kreidezeit, vor etwa 120 Millionen Jahren, entdeckt.

Obwohl es hier nur wenige Besucher gibt, ist der Zugang zum Park ausgezeichnet. Busse von San Luis nach San Juan lassen Besucher auf Anfrage hinter dem Dorf Hualtarán beim Parkeingang und an der Ranger-Station aussteigen (20 Arg$, 1½ Std.). Diese Stelle liegt ca. 110 km nordwestlich von San Luis auf der RN 147 (San Juan wiederum liegt 210 km nordwestlich). Von hier aus führt eine 6 km lange unbefestigte Straße westlich zu einem Aussichtspunkt mit Blick auf die **Potrero de la Aguada**, eine landschaftlich attraktive Senke unterhalb der Sierragipfel. Dort sammelt sich viel Wasser, was der vielfältigen Tierwelt zugutekommt. An der Ranger-Station lassen sich Parkführer anheuern. Zweistündige, 3 km lange Wanderungen zu den berühmten Dinosaurierspuren finden zwischen 9 und 16 Uhr stündlich statt und kosten 22 Arg$ pro Person. Vierstündige Treks zu einem 150 m tiefen Canyon im Park starten um 13.30 Uhr und kosten 35 Arg$. In beiden Fällen muss die Gruppe mindestens zwei Personen umfassen.

Die anderen **Wandermöglichkeiten** im Park sind ebenfalls ausgezeichnet, aber die verzweigten Canyons erfordern einen ausgeprägten Orientierungssinn oder – noch besser – Hilfestellung durch einen ortskundigen Führer. Sogar erfahrene Wanderer sollten sich vor sommerlichen Regenfällen und plötzlich auftretenden Sturzfluten in Acht neben. Die Canyons können dann sehr gefährlich werden.

Neben dem Aussichtspunkt gibt es einen schattigen **Campingplatz** (frei) und ein kleines Geschäft, das neben Lebensmitteln und Getränken auch sehr willkommenes eiskaltes Bier verkauft.

Die Busse von San Juan nach San Luis kommen so etwa jede Stunde vorbei, halten aber nicht immer. Manchmal gibt es Mitfahrgelegenheiten vom Parkeingang zum Aussichtspunkt.

VALLE DE LAS SIERRAS PUNTANAS
Von San Luis windet sich die RP 9 nordwärts und folgt dabei dem Verlauf des Río Grande. Etliche der kleinen Dörfer entlang dem Weg entwickeln sich allmählich zu touristischen Zielen, bewahren aber auch noch viel von ihrem ursprünglichen Charakter. Die malerische Bergbaustadt Carolina und die nahe gelegene Inti-Huasi-Höhle sind die Highlights der Region. Die Landschaft im oberen Teil des Tals erinnert mit ihren sanfthügeligen Weiden und den Einfriedungen aus aufgeschichteten Steinen stark an das schottische Hochland.

Estancia Las Verbenas
Auf einer hinreißenden Lichtung im Valle de Pancanta liegt diese **Estancia** (☎ 02652-430918; RP 9, Km 68; pro Pers. mit Vollpension 108 Arg$). Mit reichlich deftigem Essen, das zwischen Tierfelldekorationen und grob behauenen Möbeln serviert wird, und einfachen, aber gemütlichen Zimmern gibt

sie sich so rustikal wie nur möglich. Zweistündige Ausritte (pro Pers. 30 Arg$) zu einem nahe gelegenen Wasserfall sind ganz gewiss ein Highlight des Aufenthalts. Der beschilderte Zugang zum Besitz liegt gleich hinter der Brücke an der Landstraße, von dort sind es 4 km bis zum Farmgebäude. Wer mit dem Bus kommt, kann vorher anrufen und wird dann vom Personal an der Landstraße abgeholt.

Carolina

☎ 02651 / 230 Ew. / 1610 m

Das kleine Dorf Carolina, das sich zwischen die Ufer des Río Grande und die Vorberge des Cerro Tomalasta (2020 m) schmiegt, ist mit seinen Steinhäusern und den unbefestigten Straßen richtig fotogen. Wenn man sich die Stromleitungen wegdenkt, glaubt man sich 100 Jahre in die Vergangenheit versetzt. Die Region erlebte 1785 einen Boom, als die Spanier die örtlichen Goldminen auszubeuten begannen, die einst von den Inkas genutzt worden waren. Niemand in Carolina nennt Straßen und Adressen – der Ort ist so klein, dass sie leicht verzichtbar sind.

SEHENSWERTES & AKTIVITÄTEN

Das **Museo de Poesia** (Eintritt frei; ☾ Di–Sa 10–18 Uhr), eines der schrulligeren Museen des Landes, ehrt den größten Sohn von San Luis, den Dichter Juan Cristofer Lafinur. Das Museum besitzt einige Artefakte aus dem Leben des Poeten sowie handgeschriebene Huldigungen von führenden Dichtern Argentiniens.

Vom Poesie-Museum geht es über das Flüsschen und etwas bergauf zu einer Hügelkuppe mit einem kleinen **Steinlabyrinth**. Ein Stündchen kann man sich damit schon unterhalten (Menschen mit wirklich schlechtem Orientierungssinn werden allerdings arg frustriert).

Huellas Turismo (☎ 02652-490224; www.huellasturismo. com.ar) ist der Reiseveranstalter vor Ort – er organisiert Touren zur örtlichen Goldmine (25 Arg$, 2 Std.), Ausflüge zum Felsklettern und Abseilen am Cerro Tomalasta und Besichtigungsfahrten nach Inti Huasi, La Casa de la Piedra Pintada und La Angostura.

SCHLAFEN & ESSEN

Die Unterkunftssituation in Carolina wird zwar besser, aber wer kein Bett findet, sollte in Restaurants nach einem *casa de familia* (Zimmer in einem Privathaushalt mit Gemeinschaftsbad) fragen, die es für ca. 25 Arg$ pro Person gibt.

Rincón del Oro Hostel (☎ 490212; Pringles s/n; B 30 Arg$) Auf einem kleinen Hügel mit Blick auf die Stadt gelegen, verströmt dieses tolle kleine Hostel noch rustikalen, gemütlichen Charme, obwohl es stolze 57 Betten zu bieten hat.

La Posta del Caminante (☎ 490223; www.lapostadelcaminante.com.ar; RP 9 s/n; EZ/DZ 150/180 Arg$; ☀) Carolinas einziges Hotel befindet sich in einem reizenden Steingebäude am Rande der Stadt. Dazu gehört ein schöner, halbnatürlicher Felsenpool. Das Hotel hat meist nur im Sommer auf; wer dort wohnen möchte, sollte vorab buchen.

La Tomalasta (Hauptgerichte 15-20 Arg$; ☾ Frühstück, Mittagessen & Abendessen) Günstige Hausmannskost. Wenn es geschlossen zu sein scheint, dann hintenrum zum Gemischtwarenladen gehen und um Einlass bitten.

AN- & WEITERREISE

Busse fahren regelmäßig von Carolina nach San Luis (10 Arg$, 2 Std.) und kommen dabei durch El Volcán. Einige fahren nach Inti Huasi (4 Arg$, 30 Min.) weiter.

Carolina und Umgebung
INTI HUASI

Die breite, flache **Höhle** (Eintritt frei; ☾ bei Tageslicht), deren Name auf Quechua „Haus der Sonne" bedeutet, ist einen Abstecher wert: sowohl wegen der hinreißenden Landschaft als auch wegen der Höhle selbst. Die Datierung durch die Radiokarbonmethode legt nahe, dass die Höhle vor etwa 8000 Jahren von den Ayampitín bewohnt wurde.

Nach Inti Huasi führt eine regelmäßige Busverbindung von San Luis (13 Arg$, 2½ Std.), die auch einen Stopp in Carolina (4 Arg$, 30 Min.) einlegt.

LA CASA DE LA PIEDRA PINTADA

Von Carolina kommend, geht von der Straße 3 km vor der Inti-Huasi-Höhle ein unbefestigter Weg nach Paso de los Reyes ab. Vom Abzweig sind es zu Fuß 5 km bis zur **La Casa de la Piedra Pintada** (Eintritt frei) – der Weg ist ausgeschildert und leicht zu bewältigen. Am Ziel sind in der Felsoberfläche über 50 eingeritzte Zeichnungen zu erkennen. Immer den Schildern folgend, gelangt man auf eine offene Weide am Fuß des Cerro Sololasta. Dort beginnt der neue, mit Seilen gesicherte Holzsteg, der die Klippe hinauf und auf das Gelände führt. Wer sich genug mit der Felskunst beschäftigt, kann anschließend weiter bergauf die spektakulären Ausblicke über die Sierras Puntanas genießen.

Wer unsicher ist, ob er hier allein zurechtkommt, findet normalerweise in Inti Huasi gegen eine geringe Gebühr einen Führer.

LA ANGOSTURA

Das Gelände, das sich 22 km nordöstlich von El Trapiche erstreckt, birgt eine der ausgedehntesten Sammlungen indigener Felskunst in der Region. Es gibt hier rund 1000 Beispiele, die auf die gewölbte Felsoberfläche gemalt oder darin eingeritzt sind. Einige sind sehr gut erhalten, andere verblassen durch die Witterungseinflüsse. Im Felsboden sind außerdem drei Mörserlöcher zu sehen: Sie dienten wahrscheinlich zum Mahlen von Korn.

Das Gelände ist selbst mit dem Auto schwierig zu erreichen. An der Straße El Trapiche–Paso de los Reyes zeigt ein Wegweiser nach rechts; dort geht es durch ein geschlossenes (nicht verschlossenes) Tor. Von dort führt eine sehr schlechte, unbefestigte Straße 2,5 km weit bis zu einem verlassenen Farmgebäude aus Stein. Hier endet die Straße.

Der Pfad zum Gelände ist nicht ausgeschildert. Wenn man sich nach rechts wendet und bergauf geht, erreicht man eine Steinklippe auf der Hügelkuppe, von der man einen ausgezeichneten Blick über das Tal hat. Auf der rechten Seite des Hangs geht es wieder hinunter; dort ist schließlich ein Drahtzaun zu sehen, der die Kunstwerke schützt.

Tour-Veranstalter in Carolina (s. gegenüber) und San Luis (s. S. 364), darunter das San Luis Hostel (S. 365), kommen hier heraus, aber es ist keine sehr beliebte Exkursion – also sollte man entweder selbst eine Gruppe zusammentrommeln oder mit hohen Preisen für eine Einzelführung rechnen.

VALLE DE CONLARA

In nordöstlicher Richtung von San Luis nach Merlo ändert sich die Landschaft dramatisch, während die Straße sich die Berge hinaufwindet. Um La Toma ist das Land trocken und wüstenartig, Papagayos hat einzigartige Ausblicke, nur von Palmen unterbrochen, zu bieten, während Merlo (S. 363) ein üppig grüner Bergort ist.

La Toma

☎ 02655 / 6660 Ew.

Die kleine, staubige Stadt La Toma, die wie hingeworfen neben der RP 20 liegt, verdankt ihre Existenz dem Mineralreichtum der umliegenden Hügel. Es ist der einzige Ort der Welt, an dem grüner Onyx abgebaut wird. Der Stein ist weich und schwierig zu bearbeiten, deshalb wird daraus nur wenig Schmuck hergestellt. Etliche Geschäfte in der Stadt verkaufen Andenken aus grünem Onyx und anderen lokalen Schmucksteinen.

Führungen durch die örtlichen Minen können durch das **Cooperativa Telefónica Büro** (☎ 421400; Belgrano & Moreno; zweistündige Touren 25 Arg$) organisiert werden. Die Touren beginnen um 10 Uhr (Mo bis Fr).

Wer die Werkstätten (und die dortigen Arbeitsbedingungen) besichtigen möchte, kann bei **Onix Olimpia** (☎ 421732; H Yrigoyen & Av Centenario) vorbeischauen und sich nach den kostenlosen Führungen erkundigen. Während die Besucher zuschauen, gestalten die Arbeiter in ganzen zwei Minuten den Kopf der Jungfrau Maria.

Hostería El Indio (☎ 421393; www.hosteriaelindio.com.ar; Ecke Av San Martín & 7 de Mayo; EZ/DZ 66/88 Arg$; ▣) ist die beste Unterkunft der Stadt. Hier gibt es große, angenehm temperierte Zimmer mit Tagesdecken im Leoparden-Look.

Italia Hotel (Belgrano 644; Hauptgerichte 20–28; ☾ Mittag- & Abendessen) ist das einzige Restaurant der Stadt. Es serviert ein paar anständige Menüs und leckere Empanadas.

Estancia La Estanzuela

Die prächtige **Estancia** ☎ 02656-420559; www.estanzuela.com.ar; pro Pers. mit Vollpension 220 Arg$; ▣) liegt auf dem Gelände einer Jesuitenmission von 1750. Sie ist weitgehend so belassen worden, wie sie als bewirtschaftete Farm war. Die Fußböden bestehen aus Holz oder Stein, die Wände aus meterdickem Lehm, und viele Decken sind im traditionellen Gaucho-Stil konstruiert. Das Haus ist wie ein Museum ausstaffiert, mit antiken Möbeln, Gemälden und Familienerbstücken in Hülle und Fülle. Ein kleiner Teich, den die Jesuiten zur Bewässerung angelegt haben, dient für romantische Ruderbootfahrten; als weitere Aktivitäten bieten sich Ausritte und Spaziergänge in der Natur an. Es ist ein besonderer – beinah magischer – Ort, und der Mindestaufenthalt von drei Übernachtungen sollte machbar sein.

Im Preis sind Mahlzeiten, Getränke und Aktivitäten inbegriffen. Der Besitz liegt, 2 km von der RP 1 entfernt, zwischen Villa del Carmen und Papagayos. Mit öffentlichen Verkehrsmitteln gelangt man von Merlo, einem Ort der als Station dient, nach Papagayos. Die Reservierung ist unabdingbar und muss mindestens zwei Tage im Voraus erfolgen. Wer kein eigenes Transportmittel besitzt, kann sich in Papagayos oder San Luis abholen lassen.

Papagayos

☎ 02656 / 420 Ew.

Ein palmenbestandenes Tal ist wahrscheinlich das Letzte, was man in diesem Teil der Welt er-

CÓRDOBA & DIE PAMPINEN SIERREN

wartet – und doch liegt diese kleine Stadt in einem solchen Tal. Sie breitet sich am Ufer des Arroyo Papagayos aus, umrahmt von riesigen Caranday-Palmen. Aus deren Stämmen und Zweigen werden kunsthandwerkliche Gegenstände angefertigt, denen die Stadt eine gewisse Berühmtheit verdankt.

Kleine Läden (meist an Werkstätten angeschlossen), die diese *artesanías en palma* verkaufen, sind über die gesamte Stadt verstreut. Rosa López (vor der Plaza) hat die beste Auswahl. Die Touristeninformation gibt Stadtpläne aus, in denen die Standorte aller Läden sowie andere lokale Sehenswürdigkeiten deutlich sichtbar eingetragen sind.

Das Flüsschen (*arroyo*) sorgt für Abkühlung – hier reiht sich eine Badestelle an die nächste. lieber in einem künstlichen Pool schwimmt, hat dazu im Balneario Municipal mit Schwimmbecken, Picknick- und Barbecuebereichen Gelegenheit.

Die Möglichkeiten für Ausritte und Wanderungen zu den örtlichen Wasserfällen und Badestellen außerhalb der Ortschaft kann man in der Touristeninformation oder bei der Hostería Los Leños erfragen.

Die **Oficina de Turismo** (☎ 480093; www.papagayos. gov.ar; RP 1 s/n; ☎ 8–20 Uhr) stellt Kontakt zu Führern her, arrangiert Ausflüge und hält vernünftige Stadtpläne bereit.

Hostería Los Leños (☎ 478289; www.hosterialoslenios. com.ar; Av Comechingones 555; Zi. 160 Arg$; ⬛) macht unter den Hotels der Stadt den besten optischen Eindruck. Die frischen, neuen Zimmer haben geräumige Bäder, und auch der Pool ist gut bemessen. Außerdem werden ausgezeichnete, frisch zubereitete Mahlzeiten (Hauptgerichte 20–30 Arg$) angeboten. Wer einen Tagesausflug machen möchte, kann sich mit einem Picknickkorb versorgen lassen.

Vom Hauptplatz in Papagayos fahren regelmäßig Busse nach Merlo (3,50 Arg$, 1 Std.).

Mendoza & die Zentralen Anden

Die Region ist kaum mehr als ein langer, schmaler Streifen Wüstenlandschaft vor den östlichen Vorbergen der Anden, und doch vereint sie alle positiven Merkmale, die Argentinien für Reisende so attraktiv macht. Hier werden, um es gleich als Erstes zu nennen, 70 % des argentinischen Weins erzeugt. Aber auch für Leute, die nur ein vorübergehendes Interesse am Wein haben, ist Mendoza ein obligatorischer Stopp auf der Reiseroute: eine lebendige, kosmopolitische Stadt, deren Probierstuben und Weinhandlungen im Land konkurrenzlos sind. In der Umgebung locken Hunderte von Weingütern mit interessanten Führungen – das bildet, ruiniert aber auf Dauer auch die Gesundheit.

Aber einmal abgesehen vom Wein gibt es hier noch sehr viel mehr zu tun und zu entdecken. Über den nahe gelegenen Anden erhebt sich majestätisch der Aconcagua, der höchste Gipfel Amerikas und Anziehungspunkt für Bergsteiger aus aller Welt. Einige Skiorte bieten Gelegenheit, sich mit Argentiniens Jetset im frischen Pulverschnee zu vergnügen oder abseits der Pisten eine Skiwanderung oder eine Hundeschlittenfahrt zu unternehmen. Wem das alles nicht zusagt, der findet in Mendoza jede Menge Angebote für Raftingabenteuer, Mountainbiketouren, Gleitschirmflüge und andere Freiluftaktivitäten.

Die Provinz San Juan im Norden wird oft übersehen. Aber sie ist einen Besuch wert – wegen der verhältnismäßig wenigen, aber bedeutenden Weingüter (die einige der besten Syrah- und Weißweine des Landes erzeugen) und wegen des Parque Provincial Ischigualasto: In den erodierten Felsformationen dieser fast schon surreal wirkenden Wüstenlandschaft finden sich Lebensformen, die bis in die Trias zurückreichen. Wem das noch nicht reicht, kann noch nach Rodeo fahren: Es ist einer der windigsten Orte der Welt und bietet Hochgeschwindigkeits-Windsurfen vom Feinsten.

HIGHLIGHTS

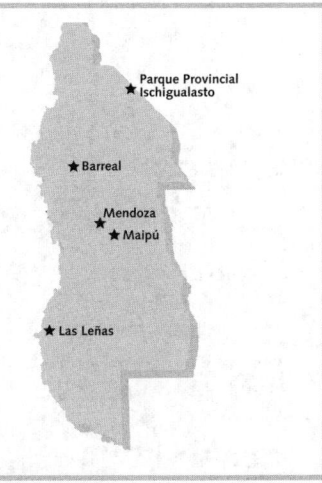

- Auf den Weltklassepisten von **Las Leñas** (S. 398) Spuren im frischen Pulverschnee hinterlassen

- In **Maipú** (S. 387) von einem Weingut zum nächsten reisen

- Die Massen hinter sich lassen und sich ins atemberaubende Valle de Calingasta in **Barreal** (S. 404) zurückziehen

- Im **Parque Provincial Ischigualasto** (S. 409) nach Saurierspuren in bizarr geformten Felsen suchen

- In den zahlreichen hippen Bars an der Avenida Arístides in **Mendoza** (S. 373) die Szene entdecken

- EINWOHNER: 2,45 MIO.
- FLÄCHE: 238 478 KM²

MENDOZA & DIE ZENTRALEN ANDEN

0 ——————— 100 km

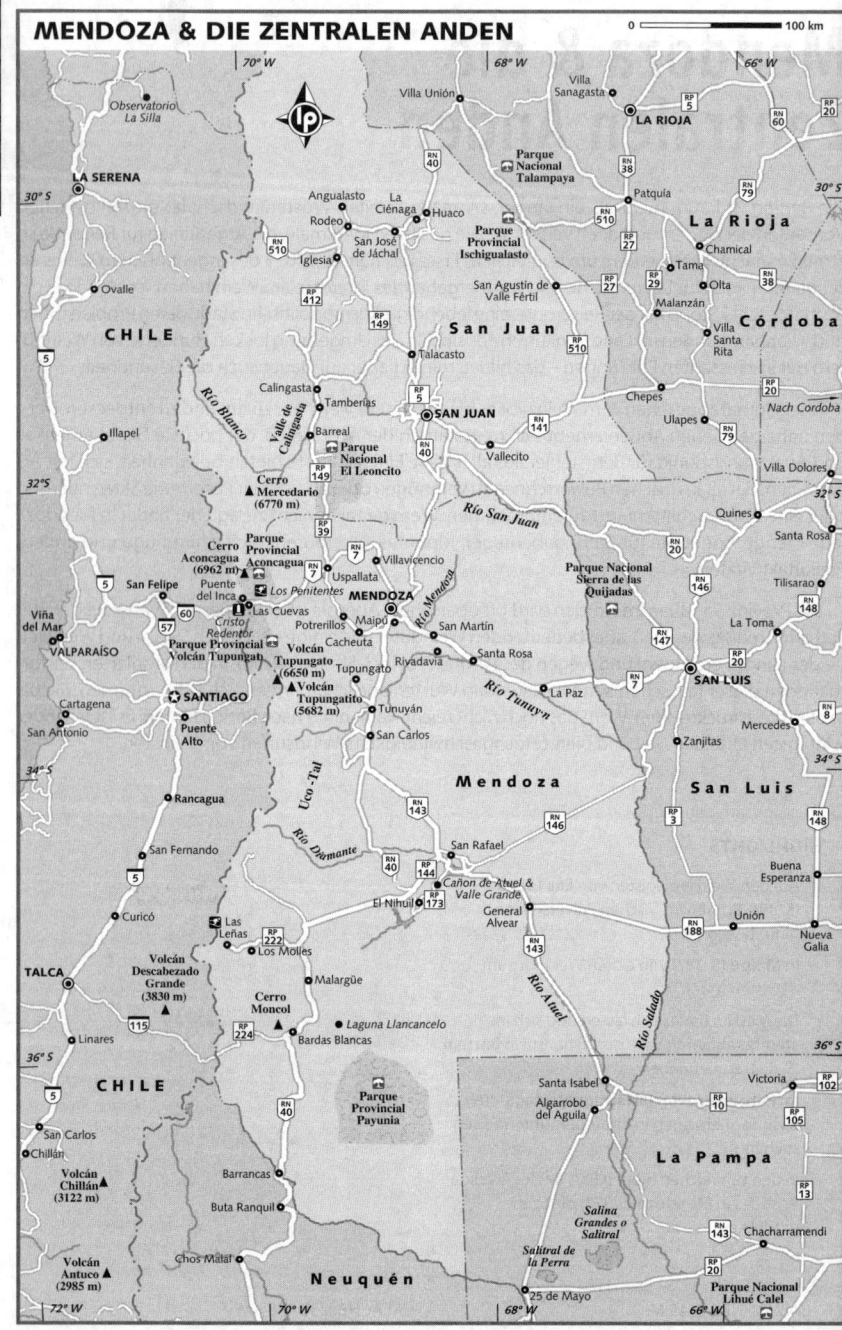

Klima

Mendoza und die zentralen Anden sind zu jeder Jahreszeit ein attraktives Ziel. Es regnet nur sehr selten in der Region; der südamerikanische Sommer (Dez.–März) ist in Mendoza heiß und trocken und damit die beste Zeit, um die höchsten Gipfel zu besteigen. Prächtig präsentiert sich der Herbst, wenn sich in Mendoza Bäume und Weinberge in üppiges Rot, Gelb und Braun färben. Im Winter (Juni–Aug.) ist dann Skifahren angesagt. Und obwohl es in den Städten Mendoza und San Juan nie schneit, sind die höchsten Andenpässe ins nahe gelegene Chile über die Wintermonate gesperrt. Der Frühling bezaubert mit warmen Tagen und kühlen Nächten.

National- & Provinzparks

Der berühmteste Park der Region ist der Parque Provincial Aconcagua (S. 391). Hier ragt der Cerro Aconcagua in den Himmel, mit 6962 m der weltweit höchste Gipfel außerhalb des Himalaya. Ein weiteres Dorado für Bergsteiger liegt ganz in der Nähe: der Parque Provincial Volcán Tupungato (S. 393). Sehr faszinierend ist auch die Vulkanlandschaft des weitgehend unbekannten Parque Provincial Payunia (S. 398) bei Malargüe. Der Parque Provincial Ischigualasto (S. 409) in der Nachbarprovinz San Juan ist weltberühmt für seine Dinosaurierfunde und die phantastischen Felsformationen.

Ebenfalls in der Provinz San Juan liegt der 76 km² große Parque Nacional El Leoncito (S. 407) in der trockenen Vorkordillere der Anden. Zu seinen Hauptattraktionen zählen die Observatorien – interessant für alle, die gerne in den Sternenhimmel schauen – und das Landsegeln auf den weiten Ebenen der nahen Pampa el Leoncito.

An- & Weiterreise

Mendoza besitzt den einzigen internationalen Flughafen der Region – dank der Flugverbindungen ins nahe gelegene Santiago de Chile. Von Buenos Aires fliegen regelmäßig Flugzeuge nach Mendoza, San Juan und San Luis. Während der Skisaison kommen noch Flüge nach Malargüe in der Nähe des Skigebiets Las Leñas dazu. Die Busverbindungen sind in der ganzen Provinz ausgezeichnet. Wer nach Süden in Richtung Seengebiet reisen möchte, fährt vermutlich am schnellsten über Neuquén; für alle ohne Zeitdruck ist der langsamere Weg über einen wenig befahrenen Abschnitt der RN 40 zwischen den Provinzen Mendoza und Neuquén ein lohnender Umweg.

MENDOZA

☎ 0261 / 929 000 Ew. / 703 m

Mendoza ist eine geschäftige Stadt mit breiten, baumbestandenen Alleen, stimmungsvollen Plätzen und kosmopolitischen Cafés. Wer (dummerweise) nur ein oder zwei Tage eingeplant hat, wird fast zwangsläufig hängenbleiben: Zu reizvoll ist die gemütliche Gangart und der angenehme Komfort.

Angeblich handelt es sich um eine Wüstenstadt, aber davon ist nichts zu merken – *acequias* (Bewässerungsgräben), die neben jeder Hauptstraße verlaufen, und grandiose Springbrunnen, die jeden größeren Platz schmücken, machen das Plätschern von fließendem Wasser zum fast allgegenwärtigen Hintergrundgeräusch.

Tagsüber geht es in der Stadt lebhaft zu, aber am Abend dreht sie richtig auf: Dann füllen sich die Bars, Restaurants und Cafés entlang der Avenida Arístides, und die Gäste belagern die Bürgersteige. Die Jugend trifft sich auf den Straßen, um zu sehen und gesehen zu werden.

In Argentinien (und unter Weinkennern in aller Welt) ist der Name Mendoza ein Synonym für Wein. Genau hier sollte man seine Zelte aufschlagen, wenn man Weingüter besichtigen und einige Dutzend Flaschen mit nach Hause nehmen möchte oder einfach nur nach einer guten Flasche zur abendlichen Pizza Ausschau hält.

Das große Angebot an Reiseveranstaltern macht die Stadt auch zu einem guten Platz, um Wildwasserfahrten, Skiausflüge und andere Outdoor-Abenteuer in den nahe gelegenen Anden vorzubereiten.

Orientierung

1050 km auf der RN 7 sind es von der argentinischen Hauptstadt in die Provinzhauptstadt

---

CUYO

Die Provinzen Mendoza, San Juan und Teile der Provinz San Luis (s. Kapitel Córdoba & Pampine Sierren) werden auch unter dem Sammelbegriff Cuyo zusammengefasst. Die Bezeichnung stammt aus der Sprache der Huarpe: Das Wort *cuyum* bedeutet „sandiger Boden". Die Huarpe waren die ersten, die hier Bewässerungslandwirtschaft betrieben – das Erbe der Ureinwohner ist bis heute in der Region unübersehbar. Auf den Begriff Cuyo stößt man immer wieder, sei es im Namen von Busunternehmen, Geschäften und Zeitungen oder in ganz normalen Gesprächen.

MENDOZA & DIE ZENTRALEN ANDEN

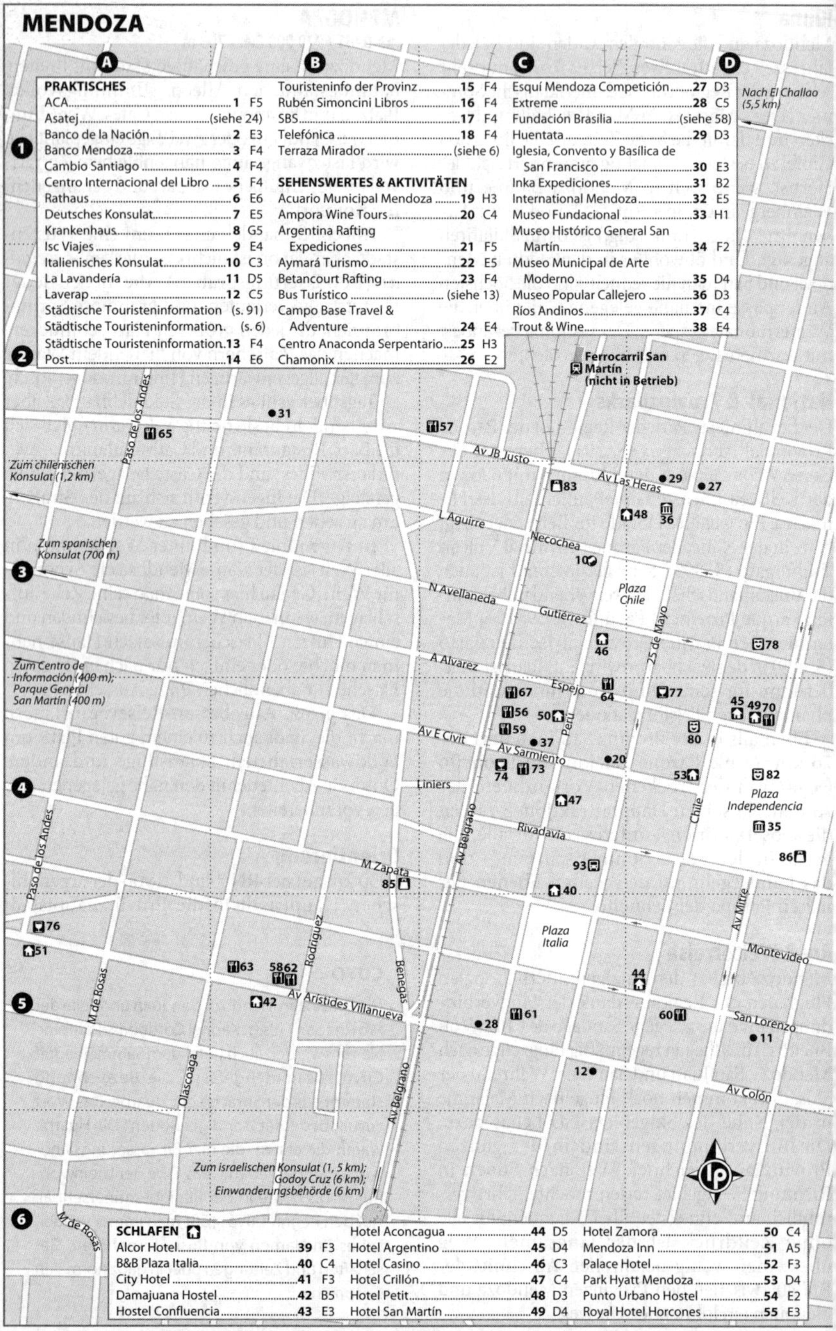

MENDOZA

Nach El Challao (5,5 km)

Zum chilenischen Konsulat (1,2 km)

Zum spanischen Konsulat (700 m)

Zum Centro de Información (400 m); Parque General San Martín (400 m)

Ferrocarril San Martín (nicht in Betrieb)

Paso de los Andes

Av JB Justo

Av Las Heras

L Aguirre

Necochea

N Avellaneda

Gutiérrez

Plaza Chile

25 de Mayo

A Álvarez

Espejo

Av E Civit

Av Sarmiento

Liniers

Rivadavia

Plaza Independencia

M Zapata

Av Belgrano

Av Mitre

Montevideo

Paso de los Andes

M de Rosas

Plaza Italia

Rodríguez

Benegas

Av Arístides Villanueva

Olascoaga

San Lorenzo

Av Colón

M de Rosas

Zum israelischen Konsulat (1,5 km); Godoy Cruz (6 km); Einwanderungsbehörde (6 km)

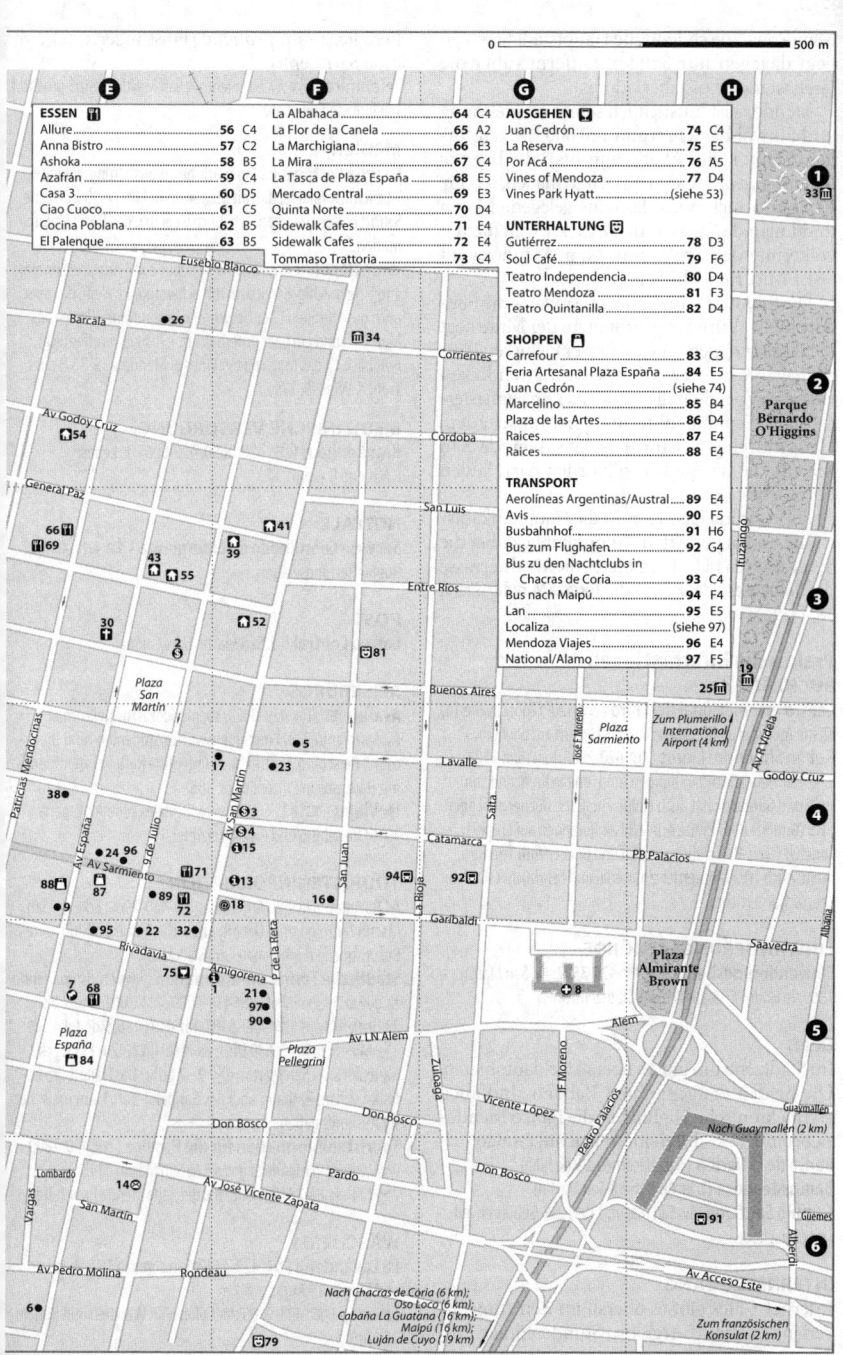

ESSEN

Allure	56	C4
Anna Bistro	57	C2
Ashoka	58	B5
Azafrán	59	C4
Casa 3	60	D5
Ciao Cuoco	61	C5
Cocina Poblana	62	B5
El Palenque	63	B5
La Albahaca	64	C4
La Flor de la Canela	65	A2
La Marchigiana	66	E3
La Mira	67	C4
La Tasca de Plaza España	68	E5
Mercado Central	69	E3
Quinta Norte	70	D4
Sidewalk Cafes	71	E4
Sidewalk Cafes	72	E4
Tommaso Trattoria	73	C4

AUSGEHEN

Juan Cedrón	74	C4
La Reserva	75	E5
Por Acá	76	A5
Vines of Mendoza	77	D4
Vines Park Hyatt	(siehe 53)

UNTERHALTUNG

Gutiérrez	78	D3
Soul Café	79	F6
Teatro Independencia	80	D4
Teatro Mendoza	81	F3
Teatro Quintanilla	82	D4

SHOPPEN

Carrefour	83	C3
Feria Artesanal Plaza España	84	E5
Juan Cedrón	(siehe 74)
Marcelino	85	B4
Plaza de las Artes	86	D4
Raíces	87	E4
Raíces	88	E4

TRANSPORT

Aerolíneas Argentinas/Austral	89	E4
Avis	90	F5
Busbahnhof	91	H6
Bus zum Flughafen	92	G4
Bus zu den Nachtclubs in Chacras de Coria	93	C4
Bus nach Maipú	94	F4
Lan	95	E5
Localiza	(siehe 97)
Mendoza Viajes	96	E4
National/Alamo	97	F5

Mendoza – die chilenische Hauptstadt Santiago liegt dagegen nur 340 km entfernt (über die Grenzstation Los Libertadores).

Mendoza ist hinsichtlich seiner Ausdehnung und Einwohnerzahl (rund 120 000 Ew.) eigentlich relativ klein. Aber wenn man die Bezirke (*departementos*) Las Heras, Guaymallén, Godoy Cruz und auch noch das nahe gelegene Maipú und Luján de Cuyo mitrechnet, schwillt die Bevölkerung des Großraums Gran Mendoza auf fast 1 Mio. Einwohner an.

Die fünf Plazas im Zentrum sind wie die Fünf auf einem Würfel angeordnet. In der Mitte liegt die Plaza Independencia, die vier kleineren Plätze liegen jeweils zwei Blocks von ihren Ecken entfernt. Vor allem die wunderschön gepflasterte Plaza España sollte man sich anschauen. Hauptdurchgangsstraße ist die Avenida San Martín, die die Stadt von Norden nach Süden durchschneidet.

Die Avenida Las Heras ist die Haupteinkaufsstraße. Einen perfekten Panoramablick über die Stadt und das Umland bietet die Dachterrasse des **Rathauses** (9 de Julio 500), die **Terraza Mirador** (Eintritt frei; 🕑 9–13 Uhr).

Praktische Informationen

BUCHLÄDEN

Centro Internacional del Libro (☎ 420-1266; Lavalle 14) Kleine Auswahl an Klassikern und Bestsellern auf Englisch.

Rubén Simoncini Libros (☎ 420-2988; San Juan 1108) Eine von vielen Buchhandlungen rund um die Kreuzung San Juan und Garibaldi; hat auch einige englische Bücher auf Lager.

SBS (Gutiérrez 54) Breite Auswahl an Romanen auf Englisch, Lonely-Planet-Reiseführer, Karten und Bücher zum Thema Wein. Auch TOEFL-Unterrichtsmaterial und Lehrbücher für den Spanischunterricht.

EINWANDERUNGSBEHÖRDE

Einwanderungsbehörde (☎ 424-3512; Av. San Martín 1859) In Godoy Cruz südlich des Stadtzentrums.

GELD

Im Stadtzentrum gibt es überall Geldautomaten. Die beiden erstgenannten Banken sind auch architektonische Highlights; die Banco Mendoza beeindruckt durch ihren wuchtigen Bau.

Banco de la Nación (Ecke Necochea & 9 de Julio)

Banco Mendoza (Ecke Gutiérrez & San Martín)

Cambio Santiago (Av. San Martín 1199) 2 % Gebühren auf Travellerschecks.

INTERNETZUGANG

Internet-Cafés gibt es überall im Zentrum; alle verlangen etwa 3 Arg$ pro Stunde. Einige grö-ßere liegen im *peatonal* (Fußgängerzone) Avenida Sarmiento.

Telefónica (Ecke Av. Sarmiento & San Martín; 3 Arg$ pro Std.) Telefonladen und Café.

MEDIEN

La Guía Der kostenlose monatliche Veranstaltungskalender ist ein Muss für alle, die mit Mendozas hektischer Kulturszene Schritt halten möchten. Erhältlich ist er in jeder Touristeninformation.

Wine Republic (www.wine-republic.com) Ausgezeichnetes englischsprachiges Magazin mit Schwerpunkt Wein, das aber auch gute Kritiken über Newcomer-Restaurants, Klatsch aus Mendoza und ein paar unterhaltsame Artikel veröffentlicht. Erhältlich ist das Magazin bei Vines of Mendoza (S. 382) oder Trout & Wine (S. 379).

MEDIZINISCHE VERSORGUNG

Krankenhaus (☎ 420-0600, 420-0063; Ecke José F. Moreno & Alem)

NOTFALL

Servicio Coordinado de Emergencia (☎ 428-0000) Ruf für Rettungswagen.

POST

Correo Central (Av. San Martín Ecke Colón)

REISEBÜROS

Asatej (☎ /Fax 429-0029/30; mendoza@asatej.com.ar; Av. Sarmiento 223) Empfehlenswertes Studenten- und Discount-Reisebüro. Vertritt auch Argentina Rafting Expediciones mit Hauptsitz in Potrerillos (S. 388).

Isc Viajes (☎ 425-9259; www.iscviajes.com; Av. España 1016) Reisebüro und Amex-Vertreter.

TOURISTENINFORMATION

ACA (Automóvil Club Argentina; ☎ 420-2900; Ecke Av. San Martín & Amigorena) Der argentinische Automobilclub; gute Bezugsquelle für regionale Straßenkarten.

Städtische Touristeninformation (www.turismo.mendoza.gov.ar) Busbahnhof (☎ 431-5000, 431-3001; 🕑 7 bis 23 Uhr); Rathaus (☎ 449-5185; Fax 449 5186; 9 de Julio 500; 🕑 Mo–Fr 8:30—13:30 Uhr); Garibaldi (☎ 420-1333; Ecke Garibaldi & Av San Martín; 🕑 9–21 Uhr) Das Hauptbüro befindet sich im Rathaus, aber das Garibaldi-Büro kann meist besser Auskunft geben.

Touristeninformation für die Provinz (☎ 420-2800; www.turismo.mendoza.gov.ar; Av San Martín 1143; 🕑 Mo–Fr 8–22 Uhr) Gute Karten, jede Menge Broschüren.

WÄSCHEREI

La Lavandería (☎ 429-4782; San Lorenzo 352; Waschen und Bügeln 15 Arg$)

Laverap (☎ 423-9706; Av. Colón 547; Waschen und Bügeln 15 Arg$)

Gefahren & Ärgernisse

Mendoza war lange eines der sichersten Reiseziele in Argentinien, doch auch hier gibt es wirtschaftliche Verwerfungen, die die Straßenkriminalität haben ansteigen lassen. Touristen sind nur selten betroffen, und die Stadt ist immer noch unglaublich sicher. Ein paar Vorsichtsmaßnahmen sind trotzdem nicht verkehrt. Handtaschenklau und Taschendiebstahl (besonders, wenn das Opfer beide Hände voll hat) nehmen zu, ebenso wie die Praxis, Joggern im Park den MP3-Player wegzureißen.

In den Gebieten rund um den Busbahnhof und auf dem Cerro de la Gloria (im Parque General San Martín) ist die Polizeipräsenz verstärkt worden; sie gelten abends aber noch immer als gefährlich. Erhöhte Vorsicht ist auch am frühen Nachmittag zu empfehlen, denn wie alle anderen halten die Polizisten gern eine Siesta.

Mehrfach ist berichtet worden, dass in Hostels Schränke aufgebrochen wurden – Wertsachen also lieber an der Rezeption abgeben oder, noch besser, in den Safe legen lassen.

Sehenswertes

MUSEO FUNDACIONAL UND UMGEBUNG

Mendozas **Museo Fundacional** (☎ 425-6927; Ecke Alberdi & Videla Castillo, Ciudad Vieja; Eintritt 10 Arg$; ❂ Mo–Sa 8–20, So 15–22 Uhr) zeigt die freigelegten Ruinen des kolonialen *cabildo* (Rathaus), das 1861 durch ein Erdbeben zerstört wurde. Nach dem Erdbeben verlagerte sich die geografische Mitte der Stadt nach Westen und Süden zu ihrem heutigen Standort. Eine Reihe kleiner Schaubilder schildert Mendozas Vergangenheit quer durch die komplette menschliche Evolution – als wäre die Stadt das Nonplusultra gewesen (oder war sie es tatsächlich?).

Wer den Weg vom Zentrum zum Museum zu Fuß geht, stößt in der Nähe vom **Parque Bernardo O'Higgins** auf ein paar Skurrilitäten. Dazu gehört das **Acuario Municipal Mendoza** (Städtisches Aquarium; ☎ 425-3824; Ecke Ituzaingó & Buenos Aires; Eintritt 7 Arg$; ❂ 9–21, im Sommer bis 22 Uhr): Seit der Einweihung 1945 hat sich an der kleinen Unterwasser-Freakshow offensichtlich nichts geändert (außer dem Algenpegel auf dem Glas). Stars – und an Stoizität kaum zu überbieten – sind die unbeweglichen, zungenlosen Albinofrösche und das „Panzerschwein", ein nicht gerade liebenswerter Fisch aus dem Río Paraná. Die Krokodilausstellung kann man sich schenken. Auf der anderen Seite der Straße, im **Centro Anaconda Serpentario** (☎ 425-1393; Ituzaingó 1420; Erw./Kind unter 12 Jahren 7/4 Arg$; ❂ 9.30–13, 15.30–20 Uhr), hausen rund 50 Schlangen (in winzigen Käfigen), darunter eine riesige gelbe burmesische Pythonschlange.

WEITERE MUSEEN

Das **Museo Municipal de Arte Moderno** (☎ 425-7279; Plaza Independencia; ❂ Di–Sa 9–20, So & Mo 16–20 Uhr) unter der Plaza Independencia ist ein relativ kleines, aber gut konzipiertes Haus, das sich auf moderne und zeitgenössische Kunst spezialisiert hat. Sonntags um 20 Uhr finden in den Museumsräumen häufig Konzerte oder Theateraufführungen mit freiem Eintritt statt; es lohnt sich also, einen Blick auf das Programm zu werfen.

Sehenswert ist auch das **Museo Popular Callejero** (Av. Las Heras, zwischen 25 de Mayo & Perú; ❂ 24 Std.). Das innovative Museum besteht einfach aus einer Reihe von Schaukästen auf dem Bürgersteig. Mit merkwürdigen Tonskulpturen schildert die Ausstellung die wechselvolle Geschichte dieser Hauptstraße, die 1830 über einem trockenen Flussbett erbaut wurde.

Das **Museo Histórico General San Martín** (☎ 425-7947; Remedios Escalada de San Martín 1843; Eintritt 5 Arg$; ❂ Mo–Fr 9–13 Uhr) erinnert an General José de San Martín, der Argentinien im 19. Jh. von den Spaniern befreite. Über seinen Namen stolpert man überall im Land – in Parks, auf Plätzen und Straßenschildern. Den *mendocinos* liegt der Libertador („Befreier") besonders am Herzen, weil er hier mit seiner Familie gelebt und seine Armee auf den Einmarsch nach Chile vorbereitet hat. Das Museum ist in einer kleinen Arkade an der Avenida San Martín untergebracht.

IGLESIA, CONVENTO & BASÍLICA DE SAN FRANCISCO

Viele *mendocinos* halten ihr Bild in dieser **Kirche** (Necochea 201; Eintritt 5 Arg$; ❂ Mo–Sa 9–13 Uhr) für wundertätig, denn die Jungfrau von Cuyo – Patronin von General San Martíns Andenarmee (Ejército de los Andes) – überstand 1968 das schreckliche Erdbeben in Mendoza unversehrt. In dem Halbrund, in dem sie steht, hinterlassen die Kirchenbesucher Gaben für die Muttergottes und für San Martín. In einem Mausoleum innerhalb des Gebäudes liegen die sterblichen Überreste von San Martíns Tochter, seinem Schwiegersohn und der Enkelin. Sie waren 1951 aus Frankreich in die Heimat überführt worden.

PARQUE GENERAL SAN MARTÍN

Am Seeufer entlangschlendern und im schattigen Rosengarten dösen – so lässt sich dieser wunderschöne 420 ha große Park, eines der Highlights der Stadt, aufs Angenehmste genießen. Zum Park geht es über die Avenida Sarmiento/Civit, vorbei an einigen der schönsten Häuser Mendozas. Parkpläne gibt es im **Centro de Información** (☎ 420-5052, Nebenstelle 22; Ecke Av. Los Platanos & Av. Libertador; ☺ 9–17 Uhr), gleich hinter den imposanten Eingangsportalen, die eigentlich für den türkischen Sultan Hamid II. geschmiedet und von England hierher verschifft worden waren. Charles Thays, der auch den Parque Sarmiento in Córdoba gestaltete, ließ den Park 1897 anlegen. Am berühmten **Cerro de la Gloria** erinnert ein Denkmal an San Martíns Andenarmee, die Argentinien, Chile und Peru von den spanischen Kolonialherren befreite. Besonders an klaren, sonnigen Tagen lohnt sich der Ausflug für den weiten Blick über das Tal.

Aktivitäten

Wer vom guten Wein und von der Stadtbesichtigung genug hat, sollte in die Anden aufbrechen. Mendoza ist nicht umsonst auch berühmt für das spektakuläre Bergpanorama, das wohl kaum übertroffen werden kann. Eine Reihe von Veranstaltern bietet Kletter- und Trekkingtouren, Flussrafting, Ausritte auf Maultieren und Fahrradtouren an. Adressen von Bergführern für den Cerro Aconcagua stehen auf S. 392.

Aymará Turismo (☎ 420-2064; www.aymaramendoza. com.ar; 9 de Julio 1023) Maultier- und Trekkingtouren, Rafting.

Betancourt Rafting (☎ 429-9665; www.betancourt.com. ar; Lavalle 35, Local 8) Rafting, Mountainbiking und Gleitschirmfliegen.

Cabaña La Guatana (☎ 15-668-6801; www.criollosla guatana.com.ar; Maza 8001, Lulunta, Maipú) Ausritte durch die Weinberge von Maipú.

Campo Base Travel & Adventure (☎ 425-5511; www. campobase.com.ar; Av. Sarmiento 229) Bietet die komplette Palette von Trekking über Gleitschirmfliegen (210 Arg$) bis zu ganz normalen Tagesausflügen.

Oso Loco (☎ 630-0026; www.argentinaskitours.com; Darragueira 558, Chacras de Coria) Voll organisierte Skitouren und Skiunterricht in Spanisch oder Englisch. Bester Skiausrüster der Stadt. Vermittelt auch Unterkünfte am Berg, von günstig bis luxuriös. Im Sommer wird auch Sandboarding im nahen Lavalle angeboten.

Ríos Andinos (☎ 429-5030; www.riosandinos.com.ar; Sarmiento 768) In Potrerillos stationierter Spezialist für Rafting auf dem Río Mendoza. Rafting 80 Arg$ (35 Min., Level I–II) bis 230 Arg$ (5 Std., Level III-IV). Eine kombinierte Rafting- und Trekkingtour kostet 230 Arg$ pro Tag.

KLETTERN & BERGSTEIGEN

Der Cerro Aconcagua ist der höchste Berg des amerikanischen Kontinents. Doch wer hier bergsteigen will, merkt schnell: Der majestätische Gipfel ist nur die Spitze des Massivs. Ganz in der Nähe kann das Cordón del Plata mit Gipfeln zwischen 5000 und 6000 m durchaus mithalten. Drei wichtige und bekannte Felsklettergebiete liegen ebenfalls in der Provinz: Los Arenales (bei Tunuyán), El Salto (bei Mendoza) und Chigüido (bei Malargüe).

Hilfreich ist der farbige spanische Routenführer von Maricio Fernandez, *Escaladas en Mendoza*, der bei **Inka Expediciones** (☎ 425-0871; www. inka.com.ar; Av. Juan B Justo 345, Mendoza) erhältlich ist. Aktuelle Informationen gibt die **Asociación Argentina de Guiás de Montaña** (www.aagm.com.ar) heraus. Auf S. 392 werden die erfahrensten Führer und Veranstalter der ganzen Provinz vorgestellt.

Kletter- und Wanderausrüstung verkauft und verleiht **Chamonix** (☎ 425-7572; www.chamonix-outdoor. com.ar; Barcala 267).

SKIFAHREN & SNOWBOARDEN

Los Penitentes (S. 390) ist das beste Skigebiet bei Mendoza, obwohl Las Leñas (S. 398) weiter südlich das beste Skigebiet ganz Südamerikas sein soll. Ski- und Snowboard-Ausrüstung verleihen **Esquí Mendoza Competició** (☎ 429-7944; Av. Las Heras 583), **Extreme** (☎ 429-0733; Av. Colón 733) sowie einige der Geschäfte entlang der Avenida Las Heras. Alle berechnen 40 bis 60 Arg$ pro Tag für Skier inklusive Stiefel und Stöcke und etwa 70 Arg$ pro Tag für ein Snowboard mit Stiefeln. Die meisten Anbieter verleihen auch Handschuhe, Jacken und Ketten fürs Auto. Für gute und sehr gute Skifahrer bietet Oso Loco (s. linke Spalte) die bessere Ausrüstung.

WILDWASSER-RAFTING

Die größten Flüsse sind der Mendoza und der Diamante bei San Rafael. Die meisten der oben angeführten Veranstalter bieten Touren von 35 Minuten (90 Arg$) bis zu halbtägigen Fahrten (ab 130 Arg$) oder sogar Ausflüge mit Übernachtung (ab 500 Arg$) an. Die angesehene **Argentina Rafting Expediciones** (☎ 429-6325; www. argentinarafting.com; Primitivo de la Reta 992, Local 4) ist in Potrerillos (S. 388) angesiedelt, vermittelt aber auch Touren von ihrem Mendoza-Büro aus.

Sprachkurse

Fundación Brasilia (☎ 423-6917; www.fundacionbrasilia. com.ar; Av. Arístides Villanueva 251) bietet verschiedene Sprachkurse in Spanisch für 432/816 Arg$ für je 10/20 Stunden.

Geführte Touren

Huentata (☎ 425-7444; www.huentata.com.ar; Av. Heras 699) ist eines von mehreren konventionellen

Reisebüros, die Ausflüge durch die Stadt und Umgebung organisieren. Angeboten werden Halbtagestouren durch die Innenstadt (45 Arg$), und Tagestouren durch den Cañon del Atuel (140 Arg$), nach Villavicencio (70 Arg$) oder in die Hochkordilliere rund um Potrerillos, Vallecito und Uspallata (110 Arg$).

Internacional Mendoza (☎ 423-2103; www.internacionalmendoza.com; San Martín 1020, Local 3) verleiht Fahrräder für 40 Arg$ je sechs Stunden, einschließlich Stadtkarte und MP3-Player mit einer Audio-Radrundfahrt durch die Innenstadt.

WEINTOUREN

Wer nur gelegentlich mal ein Glas Wein trinkt, wird wahrscheinlich mit einer Audio-Führung durch Maipú (s. Kasten S. 387) oder einer der Bodegatouren zufrieden sein, die verschiedene Reiseveranstalter in der Stadt anbieten. Einige Firmen in Mendoza offerieren darüber hinaus deutlich anspruchsvollere Deluxe-Weintouren, die nicht gerade billig sind, dafür aber einige Vorzüge haben: kleine Gruppen (normalerweise höchstens sechs Personen), kenntnisreiche, gut Englisch sprechende Reisebegleiter (zusätzlich zu den Führern der Weingüter, deren Englisch oft bruchstückhaft und gelegentlich gar nicht vorhanden ist) und Zugang zu exklusiveren (d. h. qualitativ besseren) Weinbergen. Bei diesen Führungen ist die Wahrscheinlichkeit auch größer, dass die Winzer für ihre Gäste den besseren Wein aus den Regalen holen. Die beiden unten aufgeführten Veranstalter bieten außerdem Ausflüge ins Valle de Uco (s. S. 389) an. Dieses wichtige neue Weinanbaugebiet 150 km südlich von Mendoza ist mit öffentlichen Verkehrsmitteln praktisch nicht erreichbar und taucht auf den Programmzetteln der Reiseagenturen auch noch gar nicht auf.

Trout & Wine (☎ 425-5613; www.troutandwine.com; Espejo 266) organisiert individuell zugeschnittene Tagestouren nach Luján de Cuyo (540 Arg$), nach Maipú (600 Arg$) und ins Valle de Uco (640 Arg$). Die Gruppenstärke liegt bei höchstens sechs Personen, bei Interesse werden auch Privattouren über die Grenze zu chilenischen Weingütern organisiert. Von November bis März sind auch Ausflüge zum Fliegenfischen im Valle de Uco für 920 Arg$ im Programm. Im Preis inbegriffen sind die Ausrüstung, ein Barbecue im Hochland und – nicht schwer zu erraten – einige sehr gute Weine.

Ampora Wine Tours (☎ 429-2931; www.mendozawinetours.com; Av Sarmiento 647) ist eine etablierte Firma, die auf Mittelklasse- und Spitzenweine spezialisiert ist. Jeden Tag gibt es Touren (manchmal auch zwei) nach Luján de Cuyo und Maipú (540 Arg$) und ins Valle de Uco (600 Arg$). Der Schwerpunkt liegt eher auf der Verkostung als auf den Methoden der Weinerzeugung.

Festivals & Events

Von Ende Februar bis Anfang März feiert Mendoza das größte Fest des Jahres, die **Fiesta Nacional de la Vendimia** (nationales Weinlesefest). Zur großen Parade auf der Avenida San Martín präsentiert sich jedes Departamento (Stadtbezirk) mit festlich geschmückten Wagen. Es gibt jede Menge Konzerte und Folkloreveranstaltungen. Aber der Höhepunkt ist die Krönung der Weinkönigin im Amphitheater des Parque General San Martín.

Schlafen

Die Übernachtungspreise in Mendoza gehen von Januar bis März nach oben, insbesondere während des Weinfestivals Anfang März. Einige Hostels in Mendoza vermieten nur Betten an Besucher, die auch ihre Touren buchen. Diese werden unten nicht aufgeführt.

BUDGETUNTERKÜNFTE

Punto Urbano Hostel (☎ 429-5281; www.puntourbanohostel.com; Av. Godoy Cruz 332; B/DZ 35/100 Arg$; 🖳) Gleich nördlich des Stadtzentrums gelegen, hat sich das Hostel trotz seiner Größe eine persönliche Atmosphäre bewahrt. Die Schlafsäle sind durchschnittlich, aber die Doppelzimmer haben ein extrem gutes Preis-Leistungs-Verhältnis: Sie sind geräumig und bieten Breitbandfernseher und geschmackvoll eingerichtete Bäder. Der große Hinterhof – gut geeignet zum Rauchen, Trinken, Grillen und allgemeinen Entspannen – ist ein zusätzlicher Bonus.

Mendoza Inn (☎ 438-0818; www.mendozahostel.com; Av. Arístides Villanueva 470; B/DZ ab 43/120 Arg$; 🖳 🛜 🍴) Großartige Lage und freundliches, mehrsprachiges Personal machen das Mendoza Inn zu einem der besseren Hostels in der Stadt. Die Gemeinschaftsräume sind großzügig bemessen und der große, schattige Hinterhof mit Pool sind definitiv ein Plus.

Damajuana Hostel (☎ 425-5858; www.damajuanahostel.com.ar; Av. Arístides Villanueva 282; B/DZ ab 50/150 Arg$; 🖳 🛜 🍴) Ebenfalls attraktiv ist dieses an der Arístides gelegene Hotel mit schönen Gemeinschaftsräumen, einem ausgezeichneten Pool- und Gartenbereich sowie funktionellen Schlafsälen und Doppelzimmern. Cooles Personal, das seine Coolness gerne durchblicken lässt.

Hotel Zamora (☎ 425-7537; www.hotelzamora.netfirms. com; Perú 1156; EZ/DZ 80/100 Arg$) Mit weit mehr Stil, als diese Preiskategorie normalerweise erwarten lässt, bietet dieses niedliche Familienhotel bequeme Zimmer, ein gutes Frühstücksbüfett und einen netten Innenhof mit Springbrunnen und spanischen Fliesen.

Hostal Confluencia (☎ 429-0430; www.hostalconfluen cia.com.ar; Av. España 1512; EZ/DZ 80/100 Arg$; ☒ ▯) Sowohl Hotel als auch Hostel, bietet das Confluencia schöne Zimmer mit Bad und Küchenmitbenutzung, eine weiträumige Lobby – und das alles in zentraler Lage.

City Hotel (☎ 425-1343; http://cityhotelmendoza.tripod. com; General Paz 95; EZ/DZ 90/130 Arg$) Ein schmuckloses kleines Familienhotel. Die Betten hängen ein wenig durch, aber die Bäder sind groß und wurden erst vor Kurzem renoviert.

MITTELKLASSEHOTELS

Hotel Casino (☎ 425-6666; Gutiérrez 668; EZ/DZ 100/120 Arg$; ☒) Das Hotel an der Plaza Chile hat ein paar gute, geräumige Zimmer, die anderen sind eher klein und gewöhnlich. Alle Zimmer sind sauber und bequem. Trotzdem sollten Gäste sie sich vorher ansehen, bevor sie sich entscheiden.

Hotel Petit (☎ 423-2099; www.petit-hoteles.com.ar; Perú 1459; EZ/DZ 100/120 Arg$; ☒ ▯) Ausgezeichnete zentrale Lage, ein freundlicher Empfang und das große Frühstücksbüfett entschädigen für die etwas engen Zimmer in diesem sauberen, aber alten Hotel.

Alcor Hotel (☎ 438-1000; www.alcorhotel.com.ar; General Paz 86; EZ/DZ 130/150 Arg$; ☒ ☎) Einen Block von der lebhaften Avenida Las Heras entfernt, hat das kürzlich renovierte Hotel einiges von seinem ursprünglichen Charme bewahrt. Die Zimmer sind groß, hell, gut geschnitten und wirken gemütlich. Bei Aufenthalt von mehr als drei Tagen gibt es Preisnachlässe.

Royal Hotel Horcones (☎ 425-0045; www.hotelhorco nes.com; Av. Las Heras 145; EZ/DZ 130/165 Arg$; ☒ ▯ ☎) Das „königliche" Hotel bietet ein gutes Preis-Leistungs-Verhältnis für die zentrale Lage der geräumige Zimmer. Die Tapeten wirken nicht ganz frisch, umso attraktiver sind dagegen die Parkettböden und das Sonnendeck.

Palace Hotel (☎ 423-4200; www.hotelpalace.com.ar; Av. Las Heras 70; EZ/DZ 130/220 Arg$; ☒) Den verblassenden Charme der 1970er-Jahre dieses stattlichen Hotels machen die großartige Lage und ein paar herrschaftliche Akzente aus der guten alten Zeit wett. Die Zimmer sind groß, und die nach vorne hinaus gelegenen bieten einen schönen Blick auf die belebte Avenida.

Hotel San Martín (☎ 438-0875; www.hsm-mza.com.ar; Espejo 435; EZ/DZ 190/230 Arg$; ☒ ▯ ☎ ☒) Das dreistöckige Backstein-Hotel an der Plaza bietet ein solides Preis-Leistungs-Verhältnis: geschmackvolle Fliesendekoration und geräumige, bequeme Zimmer mit modernen Bädern und großen Fenstern.

Hotel Crillón (☎ 429-8494; www.hcrillon.com.ar; Perú 1065; EZ/DZ 200/230 Arg$; ☒ ▯ ☎ ☒) Das moderne, unprätentiöse Hotel ist ausgestattet mit Dielenböden auf den Zimmern, Betten mit guten Matratzen, anständigen Bädern (inkl. Handtuchwärmer!) und einem großartigen Schwimmbecken auf der Straße gegenüber.

LP Tipp **Hotel Argentino** (☎ 405-6300; www.argen tino-hotel.com; Espejo 455; EZ/DZ 240/270 Arg$; ☒ ▯ ☎ ☒) Direkt an der zentralen Plaza gelegen, hat dieses Businessclass-Hotel einige Pluspunkte aufzuweisen wie große Zimmer und ein anständiges Schwimmbecken. Ein Balkon zur Plaza hinaus kostet extra.

B&B Plaza Italia (☎ 423-4219; www.plazaitalia.net; Montevideo 685; Zi. 320 Arg$; ☒) Das B&B mit sechs Zimmern ist in Sachen Freundlichkeit und köstlichem Frühstück kaum zu überbieten. Das Haus ist hübsch, die Englisch sprechenden Besitzer sind bezaubernd, und das Wohnzimmer ist zum Lesen bestens geeignet. Hier fühlt sich jeder Gast wie zu Hause.

SPITZENKLASSEHOTELS

Hotel Aconcagua (☎ 420-2083; www.hotelaconcagua.com; San Lorenzo 545; Zi. ab 308 Arg$; ☒ ▯ ☎ ☒) Das 4-Sterne-Hotel bietet alles: Maniküre und Friseur, Sauna und Pool und mehrsprachiges, freundliches Personal. Das zweitgrößte Haus der Stadt wurde 1978 für die Fußball-WM gebaut.

Park Hyatt Mendoza (☎ 441-1234; www.mendoza.park. hyatt.com; Chile 1124; Zi. ab 735 Arg$, Suite ab 1675 Arg$; ☒ ▯ ☎ ☒) Mendozas einziges 5-Sterne-Hotel an der Plaza Independencia ist eine echte Schönheit – und mit etwas Glück manchmal gar nicht mal so teuer. Komfort und Qualität sind Extraklasse und die Zimmer ultraschick.

Essen

In der Avenida Arístides Villanueva, der westlichen Verlängerung der Avenida Colón, befinden sich einige der besten Restaurants von Mendoza. Fast überall ist es möglich, draußen zu sitzen, das Publikum ist jung und gut drauf. In der Avenida Sarmiento westlich der Plaza Independencia reihen sich die traditionellen (aber auch touristischen) *parrillas* (Steakrestaurants) aneinander. Östlich der Plaza drängen sich am *peatonal* Sarmiento kleine Cafés mit ihren Tischen auf dem Bürgersteig. Die Cafés an der Avenida Sarmiento sind ein Muss für den Nachmittagskaffee. Auf dem renovierten **Mercado Central** (Ecke Av. Las Heras & Patricias Mendocinas; ☽ Mittag- & Abendessen) lässt sich gut nach preiswerten Pizzas, Empanadas (kleinen, gefüllten Pasteten) und belegten Sandwichs stöbern.

Ashoka (Av. Arístides Villanueva 275; Hauptgerichte 12–15 Arg$; ☽ Mittagessen) Ein winziges, nettes Lokal mit erstaunlich großer vegetarischer Speisekarte. Bestellt wird pro Kilo, zum Mitnehmen oder um dort zu essen.

Quinta Norte (Av. Mitre & Espejo; Menüs 12–30 Arg$; ☽ Mittag- & Abendessen) Hier stehen die Tische direkt auf dem Bürgersteig der Plaza gegenüber. Die Speisekarte ist nicht riesig, aber es gibt einige gute Gerichte. Das Mittagsgericht für 17 Arg$ ist das beste der Stadt. Ein netter Ort, um sich bei einem Kaffee zu regenerieren.

La Flor de la Canela (Av. Juan B Justo 426; Hauptgerichte 17–20 Arg$; ☽ Mittag- & Abendessen) Etwas Scharfes gefällig? Dieses einfache, authentisch peruanische Esslokal nur wenige Blocks vom Stadtzentrum entfernt macht den Mangel an Atmosphäre durch gute Würze wett.

Casa 3 (San Lorenzo 490; Menüs 18 Arg$; ☽ Mo–Sa Mittag- & Abendessen) Hippe kleine Restaurant-Bar, die auch in die Innenstadt von Barcelona passen würde. Auf dem Gehsteig stehen bequeme Sofas, dazu kommen Happy Hours und gute, phantasievolle Küche.

Ciao Cuoco (Perú 747; Hauptgerichte 20–30 Arg$; ☽ Mittag- & Abendessen) Der Vorhof dieses hübschen kleinen Pasta-Restaurants ist besonders an sonnigen Tagen sehr angenehm. Abends fühlen sich die Gäste im rustikalen Dekor des Lokals wohl. Eine gute Auswahl italienisch inspirierter Gerichte ist im Angebot.

La Albahaca (Espejo 659; Hauptgerichte 22–35 Arg$; ☽ Mittag- & Abendessen) In einem Land, das viel „italienische Küche" anbietet, die dann oft enttäuscht, ist dies der wahre Jakob. Die *fettuccine puttanesca* (26 Arg$) sind genau so, wie sie sein sollten.

Tommaso Trattoria (Av. Sarmiento 762; Hauptgerichte 22–35 Arg$; ☽ Mittag- & Abendessen) Eine ausgezeichnete, dreisprachige (Italienisch, Spanisch und Englisch) Karte bietet eine breite Auswahl an kreativen regional-italienischen Gerichten. Die Weinkarte ist beeindruckend, und die Tische vor dem Lokal sind der richtige Aufenthaltsort an einem milden Abend.

Cocina Poblana (Av. Arístides Villanueva 217; Gerichte 25–30 Arg$; ☽ Mo–Sa Mittag- & Abendessen)

Leckeres – und bezahlbares – Essen aus dem Nahen Osten (Hummus, Falafel, Dolmas) bietet eine angenehme Abwechslung zu all dem Steak. Die Kebab-Spieße mit Tabouleh-Salat sind unübertrefflich.

El Palenque (Av. Arístides Villanueva 287; Hauptgerichte 25–40 Arg$; ☽ Mo–Sa Mittag- & Abendessen) Dieses hervorragende und sehr populäre Restaurant darf man sich nicht entgehen lassen. Im Stil einer traditionellen *pulpería* (Taverne) wird der Hauswein hier in ehrwürdigen *pinguinos* (weißen Keramikkrügen in Form eines Pinguins) ausgeschenkt. Die Mahlzeiten und Appetithappen sind hervorragend, und die Tische draußen meist voll belegt.

La Tasca de Plaza España (☎ 423-3466; Montevideo 117; Hauptgerichte 25–40 Arg$; ☽ Abendessen) Hervorragende mediterrane Küche und spanische Tapas (meist Seafood), gute Weine, intime Atmosphäre, Kunst und freundlicher Service: La Tasca ist eines der besten Lokale in Mendoza.

La Marchigiana (Patricias Mendocinas 1550; Hauptgerichte 25–40 Arg$; ☽ Mittag- & Abendessen) Mendozas meistempfohlenes italienisches Restaurant. Die Einrichtung erscheint etwas kahl, aber der Service ist umso herzlicher. Die argentinische Note sorgt dafür, dass das klassische italienische Angebot nicht langweilig wird.

La Mira (Av. Belgrano 1191; Hauptgerichte 30–40 Arg$; ☽ Mittag- & Abendessen) Köstliche, innovative Gerichte in entspannter Atmosphäre. Einige Hauptgerichte werden sogar mit Gemüsebeilagen serviert. Die Weinkarte ist klein, kann sich aber sehen lassen.

LP Tipp **Anna Bistro** (Av Juan B Justo 161; Hauptgerichte 30–50 Arg$; ☽ Mittag- & Abendessen) Eines der schönsten Restaurants von Mendoza mit wunderbarem Gartenteil, cooler Musik und einigen wenigen sorgfältig und schmackhaft zubereiteten Kreationen aus der Küche.

Allure (Av. Belgrano 1169; Hauptgerichte 35–50 Arg$; ☽ Mittag- & Abendessen) Hervorragende, frisch zubereitete Gerichte in moderner, stiller Atmosphäre. Das Ambiente ist Hyper-Zen, doch das servierte Essen reicht nicht an die Kreativität der Einrichtung heran. Die Platte mit Geräuchertem (20 Arg$) und gemischte Kebabs (25 Arg$) lassen den Gästen jedoch das Wasser im Mund zusammenlaufen.

Azafrán (☎ 429-4200; Av. Sarmiento 765; Hauptgerichte 50–70 Arg$; ☽ Mo–Sa Mittag- & Abendessen) Schwer zu sagen, was hier am attraktivsten ist – die rustikale Einrichtung, die kleine, aber kreative Speisekarte oder die umfangreiche Weinkarte. Das Lokal ist ein „Gesamtgenuss".

Ausgehen

Wer einen tollen Abend in der Stadt erleben möchte, geht die Avenida Arístides Villanueva entlang: Dort reiht sich Bar an Bar. Im Sommer füllen sich ganze Straßenzüge mit Tischen und Menschen, die den Abend genießen.

Por Acá (☎ 420-0346; Av. Arístides Villanueva 557) Draußen dominieren Lila und Gelb, oben Pünktchenmuster. Die Bar mit Lounge wird um 2 Uhr morgens erst so richtig voll, und wenn die Nacht langsam ausklingt, tanzen die Menschen hier oft auf den Tischen. Gute Retro-Tanzmusik.

La Reserva (Rivadavia 34; Eintritt frei–15 Arg$) Dieses kleine Lokal, im Prinzip eigentlich eine Schwulenbar, wird von unterschiedlichen Gästen aufgesucht. Um Mitternacht laufen jede Nacht unglaubliche Drag-Shows ab, gefolgt von Hardcore-Techno.

WEINBARS

Wein gibt es so gut wie überall in Mendoza (sogar an Tankstellen), doch einige Bars haben sich darauf spezialisiert.

Vines of Mendoza (☎ 438-1031; www.vinesofmendoza. com; Espejo 567; ☻ 15–22 Uhr) Diese freundliche, zentral gelegene Weinbar (in der anscheinend jeder, selbst der Türsteher, Englisch spricht) bietet sogenannte flights (Verkostung von fünf ausgewählten Weinen) an sowie Privatverkostung von Spitzenqualitäten. Ebenfalls im Angebot sind Unterrichtsstunden im Weinkosten, in denen die Teilnehmer Weine erkennen lernen – eine gute Vorübung, bevor man sich durch die Bodegas arbeitet.

Juan Cedrón (Av. Sarmiento 786) Eine intime kleine Weinbar mit Weinhandlung. Hier gibt es gelegentliche Verkostung und ein paar Tischchen auf dem Gehsteig.

Vines Park Hyatt (Chile 1124; ☻ 11–24 Uhr) In der super-formellen Umgebung von Mendozas schönstem Hotel bietet diese entspannte und intime Weinbar offene Weine, Käseplatten und diverse Tapas.

Unterhaltung

In Touristeninformationen und Museen liegt *La Guía* aus, die Monatspublikation hat einen umfangreichen Veranstaltungskalender. *Los Andes*, das tägliche Anzeigenblatt, enthält ebenfalls gute Veranstaltungshinweise.

TANZCLUBS

Wer tanzen möchte, muss wohl oder übel die Innenstadt hinter sich lassen und entweder den nordwestlichen Vorort **El Challao** oder **Chacras de**

Coria entlang der RP 82 im Süden der Stadt aufsuchen. Nach El Challao fährt von der Avenida Sarmiento die Buslinie 115. Nach Chacras de Coria geht es ab der Haltestelle La Rioja mit der Linie 10 (*interno*/interne Liniennummer 19) oder ab 25 de Mayo/Ecke Rivadavia mit der Linie 10 (*interno* 15). Einfach den Fahrer nach *los boliches* (Nachtclubs) fragen, er setzt die Fahrgäste dann an der richtigen Stelle ab. In El Challao wie auch in Chacras de Coria liegen die Nachtclubs Tür an Tür. Man kann sich also aus der ständig wechselnden Auswahl das Richtige herauspicken. **Cariló** (Av Champagnat s/n, El Challao; Eintritt 10–40 Arg$; ☻ Mi–Sa) war zur Zeit der Recherche der heißeste und angesagteste Club der Stadt – mit etwas Glück hält er sich vielleicht noch eine ganze Weile.

Worauf Gäste achten sollten: Die Gesetze Mendozas verbieten, dass die Tanzclubs nach 2.30 Uhr noch Gäste einlassen. Es gilt, den richtigen Moment zu erwischen – nachdem das Lokal richtig voll wird (frühestens um 1 Uhr), aber noch vor dem Einlassverbot.

Viele Besucher Mendozas (und auch viele *mendocinos*) finden, dass die Anfahrt zu den Clubs im Verhältnis zum gebotenen Spaß viel zu aufwendig ist. Sie gehen lieber in die kleineren Bars entlang der Avenida Arístides Villanueva. Eine Ausnahme ist **Gutiérrez** (Gutiérrez 435; Eintritt 10–30 Arg$) mitten in der Innenstadt. Dieser große Tanzclub bietet verschiedene Themennächte, wie z. B. „hostel night" dienstags, und außerdem immer Livemusik.

THEATER & LIVEMUSIK

Soul Café (☎ 425-7489; San Juan 456; Eintritt 5–15 Arg$) Hier gibt es die ganze Bandbreite von *rock en español* (spanischsprachige Rockmusik) live bis zu Jazz und Theater. Die Veranstaltungen beginnen nach 22 Uhr.

Die großen Theaterbühnen der Stadt sind das **Teatro Quintanilla** (☎ 423-2310; Plaza Independencia), ganz in der Nähe das **Teatro Independencia** (☎ 438-0644; Ecke Espejo & Chile) und das **Teatro Mendoza** (☎ 429-7279; San Juan 1427).

Shoppen

KUNSTHANDWERK

In der Avenida Las Heras können Shopping-Enthusiaten in Kaufrausch verfallen: Hier lassen sich Souvenirs, Leder, Schokolade und jede Menge billiger argentinischer Schmuck erstehen. Außerdem gibt es hier alles Mögliche aus dem gefleckten braunen Wildleder des *carpincho* (Wasserschwein).

Plaza de las Artes (Plaza Independencia; 🕑 Fr–So 17–23 Uhr) Kunsthandwerk unter freiem Himmel wird freitags und wochenends an der Plaza Independencia angeboten.

Feria Artesanal Plaza España (Plaza España; 🕑 Fr–So 17–22 Uhr) Die Messe für Kunsthandwerk findet an der Plaza España statt. Nur mittelmäßige Qualität.

Raices (☎ 425-4118; Av. España 1092) Webstoffe in guter Qualität, *mates* (teeartige Getränke), Schmuck und mehr. Ein zweites Geschäft befindet sich nicht weit entfernt an der Avenida Sarmiento 162.

WEINHANDLUNGEN
Wer nicht gerade nach einem seltenen Jahrgang eines Spitzenweins sucht, ist beim Weinkauf im

Supermarkt **Carrefour** (Av Las Heras & Av Belgrano; 🕑 8–22 Uhr) in puncto Preis und Angebot bestens bedient. Die unten aufgelisteten Läden haben bessere Weine auf Lager, die Mitarbeiter sprechen zumindest etwas Englisch und können Flaschen für den Versand verpacken.

Juan Cedrón (Av. Sarmiento 786) In den Wandregalen lagert eine kleine, aber feine Auswahl. Der Weinladen ist auch eine Weinbar. Gelegentlich finden Weinproben statt, Tische stehen draußen auf dem Gehsteig.

Marcelino (www.marcelinonline.com; Ecke Benegas & M Zapata) Eine geradezu umwerfende Auswahl – überwiegend an Rotweinen – wird in dieser Weinhandlung geboten. Eines der ersten Geschäfte, die sich in den potenziell lukrativen Online-Vertrieb wagten.

WEIN-EINKAUFSLISTE FÜR MENDOZA

Zeit, das Bier abzustellen und zu erörtern, worum es bei dem ganzen Wirbel geht: Genau, die Rede ist vom Wein. Fast jedes Restaurant im Land hat irgendeine Weinkarte. Die Auswahl tendiert aber zum Niedrigpreissektor, und die Handelsspanne kann gewaltig sein. Einmal abgesehen von den vornehmsten Restaurants kann man überall selbst eine Flasche mitbringen, ein nominelles Korkengeld (5–10 Arg$) bezahlen und den guten Tropfen genießen.

Wer als Sammler vorhat, sich aus Argentinien Wein per Post in die Heimat schicken zu lassen, sollte sich eventuell vorab unbedingt bei einer Zollbehörde über die Bedingungen und die Höhe des zu zahlenden Zolls informieren.

Für den Transport von Wein empfiehlt sich der Kauf des edlen Tropfens in einer Weinhandlung (s. S. 382), denn dort können die Flaschen fachgerecht und vor allem bruchsicher verpackt werden. (Achtung: Der Transport von Flüssigkeiten im Handgepäck ist schon länger nicht mehr erlaubt!) Wer nur eine Flasche Wein fürs Abendessen sucht, für den halten die Supermärkte in der ganzen Stadt eine ausgezeichnete Auswahl in der Preisklasse unter 100 Arg$ bereit. Im Folgenden sind einige Spitzenweine aufgezählt. Um den Jahrgang braucht man sich nicht zu kümmern: Das beständige Wetter in Mendoza sorgt für eine recht gleichbleibende Qualität des Weins, unabhängig vom Jahr.

Rotweine

Sottano Malbec (20 Arg$) Eines der preisgünstigsten Angebote auf dem Markt, mit fruchtigen Aromen und einem sehr langen Abgang.

La Celia Cabernet Franc (40 Arg$) Dieser Wein von einem der ältesten Weingüter im Valle de Uco verwöhnt mit einer intensiven Beerennote und samtiger Struktur.

Prodigo Malbec Reserva (65 Arg$) Stark blumiges Bouquet und Anklänge an Schokolade und Vanille.

Ruca Malen Kinien (95 Arg$) Ein exquisiter, komplexer Wein, der einen Pflaumenton mit Beere und Pfeffer verbindet. Die Reifung in französischen Eichenfässern verleiht eine rauchige Note und Aromen von Schokolade am Gaumen.

Weißweine

Tempus Alba Tempranillo (48 Arg$) Mendozas *andere* berühmte Traube erfreut mit zarten, Kirscharomen und seidigem Biss.

Pulenta Estate La Flor Sauvignon Blanc (30 Arg$) Ein wunderbarer Sommerwein mit fein ausgewogenen Pampelmuse- und Zitrus-Noten.

Mil Piedras Sangiovese (25 Arg$) Anklänge von weißer Schokolade und reifen Früchten in diesem leichten, trockenen Weißwein.

Urban Uco Sauvignon Blanc (20 Arg$) Gras und Blumen mit Zitrus-Nuancen. Am Gaumen Aromen von Aprikose bei einem dichten Abgang mit feiner Eichennote.

An- & Weiterreise

BUS

Mendoza ist ein wichtiger Verkehrsknotenpunkt. Von hier aus ist fast jeder Ort im Land erreichbar. Vom **Busbahnhof** (☎ 431-5000, 431-3001; Ecke Av. R Videla & Av. Acceso Este, Guaymallén) fahren Busse ins In- und Ausland.

Inlandsverbindungen

Mehrere Unternehmen unterhalten tägliche Busverbindungen nach Uspallata (20 Arg$, 2 Std.) und Los Penitentes (48 Arg$, 4 Std.), einer Zwischenstation auf dem Weg zum Aconcagua.

Während der Skisaison fahren mehrere Gesellschaften direkt nach Las Leñas (um 80 Arg$, 7 Std.); **Mendoza Viajes** (☎ 461-0210; Sarmiento 129) starten an der Avenida Sarmiento und 9 de Julio anstatt vom Busbahnhof.

Verschiedene Busunternehmen bieten eine Vormittagsverbindung zum Difunta-Correa-Schrein (S. 403; hin und zurück 25 Arg$, Abfahrt 7.30 Uhr) in der Provinz San Juan an; die Fahrt dauert drei Stunden je Richtung, und der Bus wartet drei Stunden vor Ort. Busse nach Maipú fahren von der Haltestelle an der La Rioja zwischen Garibaldi und Catamarca ab.

Zu den nachfolgend genannten Zielorten fahren täglich Busse, häufig mehr als 10 bis 20 pro Tag. Die angegebenen Preise gelten für die Zwischensaison.

Reiseziel	Fahrpreis (Arg$)	Fahrzeit (Std.)
Bahía Blanca	210	16
Bariloche	240	20
Buenos Aires	200	13–17
Catamarca	140	10
Chos Malal	115	13
Córdoba	110	10
Jujuy	250	22
Maipú	1.50	45 Min.
Malargüe	45	5
Mar del Plata	280	19
Neuquén	160	10–12
Resistencia	250	24
Río Gallegos	626	41
Rosario	190	12
Salta	270	18
San Juan	22	2½
San Luis	40	3½
San Rafael	22	3
Santa Fe	170–210	14
Tucumán	180	14
Zapala	135	16

Internationale Verbindungen

Zahlreiche Busgesellschaften überqueren jeden Tag auf der RN 7 (Paso de Los Libertadores) die Anden nach Santiago de Chile (85 Arg$, 7 Std.), Viña del Mar (85 Arg$, 7 Std.) und Valparaíso (85 Arg$, 8 Std.).

Mitunter ist der Pass wegen schlechten Wetters gesperrt; bei extremen Wetterlagen heißt es also Warten (unter Umständen auch tagelang, denn die Busunternhmer wollen möglichst nichts riskieren).

Mehrere Unternehmen unterhalten Verbindungen in die peruanische Hauptstadt Lima (570 Arg$, 60–70 Std.), die Busse fahren via Santiago de Chile. Mindestens zweimal pro Woche fährt ein Bus nach Montevideo in Uruguay (ab 230 Arg$, 25 Std.), manchmal mit Anschlussverbindungen nach Punta del Este und Brasilien (mit einem Abstecher zum Foz de Iguazú).

Busse zu Auslandszielen fahren vom Hauptbusbahnhof ab, die Gesellschaften haben ihre Schalter im östlichen Teil des Bahnhofs.

FLUGZEUG

Aerolíneas Argentinas/Austral (☎ 420-4185; Av. Sarmiento 82) haben gemeinsame Niederlassungen; Aerolíneas fliegt mehrmals täglich nach Buenos Aires (ab 513 Arg$). **Sol** (☎ 0810-444-4765; www.sol.com.ar) fliegt nach Córdoba (450 Arg$) und Rosario (392 Arg$).

Lan (☎ 425-7900; Rivadavia 135) fliegt zweimal täglich nach Santiago de Chile (ab 1300 Arg$) – die einzigen internationalen Flüge von Mendozas Flughafen aus.

Unterwegs vor Ort

AUTO

Autovermietungen gibt es am Flughafen und an der Primitivo de la Reta.

Avis (☎ 447-0150; Primitivo de la Reta 914)

Localiza (☎ 429-6800; Primitivo de la Reta 936, Lokal 4)

National/Alamo (☎ 429-3111; Primitivo de la Reta 928). Mit Rabatt bei Online-Buchungen.

BUS

Mendozas **Busbahnhof** (☎ 431-5000, 431-3001; Ecke Av. R. Videla & Av Acceso Este, Guaymallén) liegt einen Katzensprung vor der Innenstadt entfernt. Zu Fuß sind es lediglich 15 Minuten ins Zentrum, am besten durch die Videla-Unterführung. Die Alternative ist der „Villa-Nueva"-Trolley (ist aber tatsächlich ein Bus), der vom Busterminal direkt in die City fährt.

In der Stadt kosten Bustickets 1,50 Arg$ – für längere Strecken zahlt man etwas mehr. Die Mendobus-Tickets mit Magnetstreifen gibt es an fast jedem Kiosk im Wert von 2 Arg$ (0,65 US$) oder 5 Arg$ (1,65 US$). Fast alle *lineas* (Buslinien) zeigen im Fenster zusätzliche *internos* (interne Liniennummern) an; beide Nummern sind wichtig, denn aus den Internos geht exakter hervor, wo genau der Bus entlang fährt!

VOM/ZUM FLUGHAFEN

Plumerillo International Airport (☎ 448-2603) liegt im Norden an der RN 40, nur 6 km von der Innenstadt entfernt. Die Buslinie 68 (mit der Aufschrift „Aeropuerto") fährt ab der Calle Salta direkt zum Terminal.

RUND UM MENDOZA

Die nachfolgend beschriebenen Ausflugsziele befinden sich in der unmittelbaren Umgebung von Mendoza. Aber auch die Orte Puente del Inca und Las Cuevas (an der chilenischen Grenze; s. S. 392) lassen sich von Mendoza aus an einem Tag besichtigen.

Weingüter

Ein kompliziertes und uraltes System von Aquädukten bringt Flusswasser in eine Landschaft, die einst eine Wüste war. Heute werden hier 70 % des argentinischen Weins angebaut. Die Provinz Mendoza ist Weinland: Viele Winzer rund um die Provinzhauptstadt laden zu Besichtigungen und Weinverkostungen ein. Zahlreiche Reisebüros bieten exakt durchorganisierte Tagesausflüge mit Abstechern zu mindestens zwei Weingütern an. Wer lieber auf eigene Faust loszieht, kann dafür z. B. ein Funktaxi (*remise*) benutzen. Besichtigung und Weinprobe sind meist kostenfrei, aber manche Winzer drängen zum Schluss doch zum Kauf. Den *wirklich* guten Wein tischen sie nur gegen Bares auf. Der beste argentinische Wein ist übrigens der Malbec.

Wer einen Tag Zeit hat, setzt sich in den Bus und gönnt sich die ganze Palette der schönsten Weingüter am Rand des nur 16 km entfernten Ortes Maipú. Infos über Führungen siehe Kasten S. 387. Wer sich informieren will, was es bei den Top-Weingütern Neues gibt, sollte sich ein Auto mieten und einen Ausflug in das Valle de Uco machen – siehe S. 389. Viele gute Winzer gibt es auch in der Gegend von Luján de Cuyo, das 19 km südlich von Mendoza liegt. Busse nach Maipú starten ab La Rioja, zwischen Garibaldi und Catamarca im Stadtzentrum; die Busse zu den Weingütern in Luján de Cuyo fahren ab Busbahnhof Mendoza.

In der Touristeninformation in der Garibaldi (Ecke Avenida San Martín) gibt es eine einfache Karte der Umgebung mit eingezeichneten Weingütern. Empfehlenswert ist aber auch das dreiteilige Kartenset *Wine Map: Wine und Tasting Tours* (Wine Map, 2004–05).

Bodega Escorihuela (☎ 0261-424-2744; www.escorihuela.com; Ecke Belgrano & Pte Alvear, Godoy Cruz; ⊙ geführte Touren 9.30, 10.30, 11.30, 12.30, 14.30 & 15.30 Uhr), die 1884 gegründete Kellerei, zählt zu den ältesten des Landes. Zum Gut gehören eine Kunstgalerie, ein Restaurant – und ein berühmtes französisches Weinfass aus Nancy. Es ist mit einer imposanten Skulptur des griechischen Gottes Dionysos verziert. Buslinie „T" fährt von der Haltestelle an der Avenida Sarmiento/Ecke Avenida San Martín aus in diese Richtung.

Luigi Bosca (☎ 0261-498-0437; www.luigibosca.com.ar; San Martín 2044, Luján de Cuyo; Führungen Mo–Sa mit Voranmeldung), der u. a. den Wein Finca La Linda erzeugt, ist einer der führenden Winzer von Mendoza. Wer sich für Weine interessiert, sollte unbedingt bei ihm vorbeischauen. Führungen gibt es in spanischer und englischer Sprache. Zu erreichen ist Luigi Bosca mit der Buslinie 380 (2 Arg\$, 1 Std.) von Bahnsteig 53 im Busbahnhof von Mendoza aus.

Die modernen **Bodegas Chandon** (☎ 0261-490-9900; www.bodegaschandon.com.ar; RN 40, Km 29, Agrelo, Luján de Cuyo; Führungen Mo–Sa, nur mit Anmeldung) sind bei Gruppen beliebt und berühmt für ihren Sekt. Führungen werden in Spanisch und Englisch angeboten. Die Buslinie 380 (2 Arg\$, 1 Std.) fährt dorthin ab Bahnsteig 53 am Busbahnhof von Mendoza.

Catena Zapata (☎ 0261-413-1100; www.catenawines.com; Calle Cobos 5519, Agrelo, Luján de Cuyo; Besichtigung/Führungen nach Voranmeldung Mo–Sa 10–18 Uhr) zählt zu den angesehensten Weingütern Argentiniens. Die Führungen sind recht banal, werden aber in Deutsch, Englisch und Spanisch angeboten. Weinproben – nur gegen Bares – sind dagegen sehr zu empfehlen. Das Gut ist mit dem Taxi erreichbar oder günstiger: den Bus nach Luján de Cuyo nehmen und von dort aus mit dem Taxi weiterfahren.

Cacheuta
☎ 02624 / 1237 m

Etwa 40 km südwestlich von Mendoza liegt Cacheuta im Bezirk Luján de Cuyo. Der kleine Ort ist vor allem für seine medizinisch wirksamen Thermalquellen und das angenehme Mikroklima bekannt.

Complejo Termal Cacheuta (☎ 429133; www.termascacheuta.com; RP 82, Km 41; Eintritt Mo–Sa 20 Arg\$, So 25 Arg\$; ⊙ 10–18 Uhr) Der ausgezeichnete Thermalbad-Komplex unter freiem Himmel ist dank der Vielfalt an Becken und der besonders schönen

WISSENSWERTES ZUM WEINANBAU IN MENDOZA

Schon vor über 500 Jahren pflanzten Jesuiten die ersten Reben im nördlichen Argentinien an. Der Weinanbau hat sich allerdings nur langsam entwickelt, und vor noch gar nicht langer Zeit waren argentinische Weine auf dem internationalen Markt kaum vertreten.

Qualitätsverbesserungen stellten sich erst im 19. Jh. ein, als französische, italienische und spanische Einwanderer ins Land kamen. Sie waren echte Weinbauern und brachten aus ihren Heimatländern verschiedene Rebsorten mit, die die „Criolla"-Reben der Jesuiten durch „edlere" Gewächse wie Merlot oder Cabernet Sauvignon ersetzten. Obwohl die neuen Traubensorten die Qualität des Weines ein wenig verbesserten, blieben die argentinischen Weine nach wie vor eher ein Produkt für den heimischen Markt, das oft nur mit einem guten Schuss Mineralwasser genießbar war.

Dann plötzlich hatten argentinische Weine aus dem Nichts heraus ihren großen Auftritt auf dem Weltmarkt, und ein Merlot aus Mendoza verfügt heute über genauso viele (wenn nicht sogar mehr) Qualitätsmerkmale wie ein chilenischer Rotwein derselben Preisklasse.

Verschiedene Gründe haben an diesem Aufschwung mitgewirkt: Zum einen hat sich der Weinanbau weiterentwickelt, zum anderen müssen sich die Weinbauern mehr am Export ausrichten, da der inländische Konsum zugunsten von Bier und – kaum zu glauben – Limonade zurückgeht. Heute exportieren über 300 Winzer der Region ihren Wein, während es in den 1960er-Jahren kaum eine Handvoll waren.

Auch Qualität spielt eine wichtige Rolle: Argentinische Weine sind gut und werden immer besser. Ein Schlüssel zum Erfolg des Weinanbaus ist die kontrollierte Bewässerung. So kann zum Beispiel ein starker Regen die gesamte Ernte zerstören, doch haben die Winzer im Wüstenklima von Mendoza ganz andere Probleme. So gut wie jeder Tropfen Wasser wird hier über Rohre hergeleitet – wobei oft auf Bewässerungstechniken der Huarpe zurückgegriffen wird – rein und frisch von der Schneeschmelze in den Anden.

Einen weiteren Vorteil bietet die Region durch die unterschiedlichen Höhenlagen. Bestimmte Traubensorten gedeihen am besten in bestimmten Höhen, und die Weinberge um Mendoza herum liegen zwischen 900 und 1800 m hoch. Die berühmteste Traube aus der Region wird wohl immer die Malbec bleiben, doch erzielen die Winzer vor Ort auch gute Resultate mit den Sorten Tempranilla, Bonarda, Syrah, Chardonnay und Sauvignon Blanc.

Weinberge in der Wüste haben noch einen weiteren Vorteil: die gewaltige Differenz zwischen Tages- und Nachttemperaturen. Warme Tage regen die Zuckerproduktion an und helfen den Trauben, eine schöne dicke Haut zu entwickeln. Kühle Nächte sorgen für einen guten Säuregehalt. Ein weiterer Pluspunkt ist die geringe Luftfeuchtigkeit. Käfer und Pilze fühlen sich unter solchen Bedingungen nicht wohl.

Die Gesamtqualität verbessert sich, wenn die Techniken verfeinert werden. Früher ging es vor allem um Quantität, heute achten die Winzer darauf, weniger Trauben von höherer Qualität zu erzeugen. Dafür sorgen bessere Hygienestandards und das Ersetzen der alten „Criollo"-Reben durch „edlere" Sorten wie Malbec, Cabernet Sauvignon, Merlot und Syrah. Aber auch die inzwischen gängige Methode, Weine in kleineren Eichenfässern mit einer Lebensdauer von wenigen Jahren statt in großen Fässern (die bis zu 70 Jahre lang verwendet wurden) reifen zu lassen, haben sämtlich positive Wirkung gezeigt.

Und man kann über argentinische Weine nicht sprechen, ohne das Preis-Leistungs-Verhältnis zu erwähnen. Der wirtschaftliche Zusammenbruch des Landes 2001 war für Exporteure ein Segen, weil die Preise in den Keller gingen und argentinische Weine plötzlich sehr konkurrenzfähig wurden. Land ist hier (relativ) billig und Arbeitskraft so günstig, dass fast jede Traube im Land von Hand gelesen wird. Das trifft in anderen Ländern nur auf die Spitzenweine zu.

Eine Liste empfehlenswerter Weine aus der Region Mendoza findet sich im Kasten S. 383.

Lage an einer Bergflanke einer der besten des Landes. Mitten in der Woche ist die günstigste Zeit für einen Besuch, denn am Wochenende wird es sehr voll. Dann planschen Kinder auf der Wasserrutsche und im Wellenbad, und die Luft ist vom Rauch Tausender *parrillas* erfüllt.

Unterkünfte gibt es im hübschen **Hotel & Spa Cacheuta** (☎ 490152/3; www.termascacheuta.com; RP 82, Km 38; EZ/DZ mit Vollpension ab 490/830 Arg$; ☒). Im Preis

inbegriffen sind die Benutzung des Schwimmbeckens, und der heißen Becken, Massage sowie auf Wunsch verschiedene Freizeitprogramme. Gäste, die nicht im Hotel übernachten, können die Bäder für den Preis von etwa 160 Arg$ pro Person nutzen.

Camper können ihr Zelt bei **Camping Termas de Cacheuta** (☎ 482082; RN 7, Km 39; pro Pers. 25 Arg$) aufschlagen.

MAIPÚ: EINE GOURMET-ERFAHRUNG

Die kleine Stadt Maipú unweit von Mendoza bietet so viele Weingüter, Olivenölfarmen und andere Gourmet-Firmen, dass man leicht an einem Tag fünf oder sechs davon besuchen kann. Alle bieten Führungen an, die über die Produkte und ihre Herstellung informieren und in den meisten Fällen mit einer kleinen, leckeren Kostprobe der eigenen Produkte enden.

Einige Firmen in Maipú haben sich darauf eingestellt und verleihen Fahrräder und Motorroller, mit dem man eine kulinarische Tour unternehmen kann. Ein solcher Tagesausflug im eigenen Tempo macht natürlich mehr Spaß als die straff durchorganisierten Halbtagestouren, die viele Veranstalter in Mendoza im Programm haben.

Die Buslinie 173 fährt ab der Haltestelle La Rioja in Mendoza nach Maipú, dort beim dreieckigen „Kreisverkehr" aussteigen. Der Konkurrenzkampf unter den Verleihfirmen ist groß (es kam schon zu Handgreiflichkeiten). Die wichtigsten Anbieter sind alle zu Fuß erreichbar, sodass es leicht fällt, im Vorbeigehen die Angebote zu vergleichen, so z. B. von **Coco Bikes** (☎ 0261-481-0862; Urquiza 1781; Fahrrad/Roller pro Tag 25/60 Arg$), **Hugo Bikes** (☎ 0261-497-4067; Urquiza 2228; Fahrrad pro Tag 25 Arg$) und **Bikes & Wines** (☎ 0261-410-6686; www.bikesandwines.com; Ecke Urquiza & Montecaseros; Fahrrad/Roller pro Tag 25/50 Arg$). Eine Gebietskarte (nicht sehr detailliert) gehört mit zur Ausrüstung, und einige Anbieter fahren ihre Kunden im Van zum entferntesten Punkt des geplanten Ausflugs, von dem aus dann noch etwa 12 km zurückzuradeln sind.

Alle nachfolgenden Unternehmen haben Montag bis Freitag von 10 bis 17 Uhr, und samstags von 10 bis 13 Uhr geöffnet. Eine Reservierung ist nirgendwo erforderlich.

Carinae (☎ 0261-499-0470; www.carinaevinos.com; Aranda 2899; Führungen 15 Arg$) liegt im äußersten Süden des Gebiets. Das kleine Weingut in französischem Besitz erzeugt einen wunderbaren Rosé und einige gute Rotweine. Die Gebühr für die Führung wird mit dem Weinkauf verrechnet.

Auf der anderen Straßenseite liegt **LAUR** (☎ 0261-499-0740; www.laursa.com.ar; Aranda 2850; Führungen 5 Arg$), eine 100 Jahre alte Olivenfarm. Die 15-minütige Führung informiert die Besucher über alles, was es zur Olivenölproduktion zu wissen gibt. Eine leckere Verkostung schließt sich an.

Zurück Richtung Urquiza geht es an einem großen Verkehrskreisel vorbei weiter nach Norden. Der erste Winzer am Weg heißt **Di Tomasso** (☎ 0261-499-0673; Urquiza 8136; Führungen 15 Arg$). Das schöne historische Weingut entstand im den 1830er-Jahren. Zur Führung gehört auch ein kurzer Gang durch den alten Weinkeller.

Weiter Richtung Norden geht es rechts auf der Moreno zu **Viña del Cerno** (☎ 0261-481-1567; www.elcerno.com.ar; Moreno 631; Führungen 20 Arg$), einem kleinen, altmodischen Weingut, das sich im Besitz von zwei Winzern befindet. Die unterirdischen Kellergewölbe besitzen viel Atmosphäre, aber die Weinproben verlaufen ein wenig gehetzt.

Zurück auf der Urquiza sind es knapp 3 km bis Zanichelli, wo man links abbiegt und nach einem weiteren Kilometer zur Farm **Almacen del Sur** (Zanichelli 709; Menüs 35–120 Arg$; ⏰ Mittagessen) gelangt. Die bewirtschaftete Farm erzeugt und exportiert Delikatessen, die vor Ort angebaut und verpackt werden. Kostenlose Führungen durch die Produktionsstätten werden angeboten. Ein ausgezeichnetes Restaurant in einem baumbestandenen Garten lädt zu köstlichen Menüs ein (bei den teureren sind lokale Weine im Preis inbegriffen).

Zurück zur Urquiza und weiter nach Norden stößt man auf einen großen Kreisverkehr. Hier geht es rechts ab und den Schildern nach zur kleinen Schokoladen- und Likör-Fabrik **Historia y Sabores** (Carril Gómez 3064), die von sieben Familien betrieben wird. Die Führungen sind zwar kurz, aber die hübsche, rustikale Umgebung und die gemütliche Bar, in der die Gäste zu einem Gläschen Gratislikör eingeladen werden, machen den Aufenthalt trotzdem zu einem Vergnügen.

Weiter auf der Urquiza Richtung Norden taucht schließlich die Stelle auf, an der der Bus gehalten hat. Dort geht es rechts hinein in die Montecaseros, die nach 500 m auf die **Bodega La Rural** (☎ 0261-497-2013; www.bodegalarural.com.ar; Montecaseros 2625; Führungen 10 Arg$; ⏰ Mo–Fr 9–13 & 14–17 Uhr) stößt. Die Weingut-Führungen sind standardmäßig (man kennt sich ja inzwischen aus), aber das Museum (Eintritt frei) ist faszinierend: Gezeigt wird eine Vielzahl von Winzergerätschaften aus verschiedenen Epochen, darunter eine Kelter, die aus einer ganzen Kuhhaut gefertigt wurde. Führungen auf Spanisch starten jeweils zur vollen Stunde. Für englischsprachige Touren vorher anrufen. Es ist aber auch möglich, sich auf eigene Faust zu orientieren.

Expreso Uspallata (☎ in Mendoza 0261-438-1092) unterhält tägliche Busverbindungen nach Cacheuta (8 Arg$, 1½ Std.).

Potrerillos
☎ 02624 / 1351 m

Potrerillos liegt oberhalb des neuen Stausees in der wunderschönen Vorkordillere der Anden. Es ist eines der Wildwasserreviere von Mendoza. Normalerweise buchen Besucher die Rafting-abenteuer als Tagesausflug.

Etwa 1 km oberhalb des ACA-Campingplatzes liegt **Argentina Rafting Expediciones** (☎ 482037; www.argentinarafting.com; Ruta Perilago s/n; Tagesausflüge inkl. Transfer von Mendoza 280 Arg$), die Rafting und Kajakfahrten auf dem Río Mendoza im Programm haben. Das Angebot reicht vom einstündigen Klasse-II-Float (5 km) bis zur fünfstündigen, 50 km langen Fahrt (Klasse II–IV), es gibt sogar Zwei-Tages-Ausflüge (500 Arg$). Die Buchung erfolgt über die **Niederlassung in Mendoza** (☎ 0261-429-6325; Primitivo de la Reta 992, Local 4) oder vor Ort in Potrerillos.

El Puesto Hostel (☎ 02624-15-655-9937; www.elpuesto hostel.com.ar; Av. Los Condores s/n; B 40 Arg$) Das relativ neue Hostel hat Schlafsäle mit vier bis sechs Betten in ruhiger Umgebung. Tischtennis und Dart-scheiben sorgen für Abwechslung. Außerdem gibt es auf Wunsch deftige traditionelle Mahlzeiten (25–40 Arg$).

Camping del ACA (☎ 482013; RN 7, Km 50; Campingplatz Mitglieder/Nichtmitglieder 15/18 Arg$, zusätzliches Zelt 8 Arg$) bietet schattige Zeltplätze in der Nähe des Stausees, gleich unterhalb der Neustadt.

Wer köstliche, traditionelle Küche genießen will, sollte das freundliche **El Futre** (☎ 482006; Ruta Perilago s/n; Hauptgerichte 15 Arg$) auf demselben Gelände wie Argentina Rafting besuchen.

Villavicencio
☎ 0261 / 1800 m

Wer in Argentinien in einem Restaurant oder Café ein Mineralwasser bestellt, bekommt fast immer eine Flasche Villavicencio auf den Tisch. Hier wird es direkt an den Quellen abgefüllt. Sie liegen in einer spektakulären Gebirgslandschaft, und einst, bis Mitte des 20. Jhs., suchte Argentiniens Elite das **Gran Hotel de Villavicencio** (Eintritt frei; ☽ 8–20 Uhr) auf. Seit mehr als zehn Jahren ist das Hotel geschlossen, doch es gibt immer wieder die Ankündigung, es „bald" wieder zu eröffnen.

Allein die Fahrt nach Villavicencio ist schon ein Erlebnis für sich. Um die Ausblicke unterwegs zu genießen, braucht es Nerven: Die Haarnadelkurven sind nicht ohne. Auf dem Gelände

der hübschen **Hostería Villavicencio** (☎ 439-6487; Mahlzeiten 20–50 Arg$) ist kostenloses Zelten möglich. Zimmer gibt es dort nicht, aber schmackhafte Mahlzeiten in angenehmer Umgebung.

Das Tal ist mit öffentlichen Verkehrsmitteln nicht zu erreichen. Fast jeder Reiseanbieter in Mendoza hat aber Halbtagestouren (70 Arg$) im Angebot; im Preis enthalten sind ein Besuch des Hotelgeländes, der Abfüllanlage für Mineralwasser und ein kurzer Spaziergang in der landschaftlich reizvollen Umgebung.

USPALLATA
☎ 02624 / 3550 EW. / 1751 m

Uspallata liegt an einer Kreuzung an der Straße zur chilenischen Grenze. Der bescheidene kleine Ort wirkt mit seinen Pappeln mitten in einem öden Wüstental wie eine Oase. Die vielfarbige Berglandschaft rund um die Stadt ähnelt dem Hochland Zentralasiens so sehr, dass Regisseur Jean-Jacques Annaud sie als Kulisse für sein Filmepos *Sieben Jahre in Tibet* auswählte.

Zunächst wurde der Ort als preisgünstige Übernachtungsalternative für das nahe gelegene Skigebiet Los Penitentes bekannt. In letzter Zeit hat er aber an eigenem Profil gewonnen. Einige Veranstalter bieten hier Trekking, Ausritte und Angelausflüge in die Umgebung an.

Im Ort gibt es ein Postamt und eine Filiale der Banco de la Nacion mit Geldautomat. Die winzige **Touristeninformation** (☎ 420009; RN 7 s/n; ☽ 9–20 Uhr) liegt gegenüber der YPF-Station. Sie informiert die Besucher über lokale Sehenswürdigkeiten und das Angebot an Aktivitäten und vertreibt einige einfache (aber trotzdem nützliche) Karten des Gebiets.

Sehenswertes & Aktivitäten

1 km nördlich der Hauptkreuzung in Uspallata führt eine beschilderte Abzweigung zu Ruinen und dem **Museo Las Bóvedas** (Eintritt 3 Arg$; ☽ Di–So 10–19 Uhr). Schon in präkolumbischer Zeit gab es hier Silberschmelzen. Ein leichter Spaziergang von 8 km führt nördlich aus der Stadt heraus zum Cerro Tunduqueral mit Panoramablick und Felsmalereien der Inkas.

Pizarro Expeditions (☎ 421-0003; www.pizarro expediciones.com.ar) bietet eine umfangreiche Auswahl an Outdoor-Aktivitäten, darunter Reiten, Mountainbiketouren, Klettern, Trekking und Geländewagentouren querfeldein. Die Preise bewegen sich je nach Gruppengröße um 90/160 Arg$ für Halbtages-/Tagesausflüge. Der Veranstalter verleiht außerdem Mountainbikes für 10 Arg$ pro Stunde.

TOUR DURCH DAS VALLE DE UCO

Echt abgelegen und schlecht zu finden ist das Valle de Uco, in dem einige der Top-Weingüter Mendozas liegen. Es empfiehlt sich, eine geführte Tour zu unternehmen. Wer genügend Zeit und Geduld hat, kann in Mendoza natürlich auch ein Auto anmieten. Folgende Winzereien, die in der Gegend ein „Muss" sind, erfordern eine Voranmeldung:

Pulenta Estate (☎ 0261-420-0800; www.pulentaestate.com; RP 86) Diese kleine Winzerei wurde von den ehemaligen Eigentümern der Marke Trapiche gegründet. Führungen durch die schönen, modernen Anlagen konzentrieren sich auf die Verkostung, nicht auf die Herstellung.

Andeluna Estate (☎ 02622-423226; RP 89, Km 11; ☫ Führungen 10.30, 12.30 & 15.30 Uhr) Die wunderbaren Weine dieses Gutes werden in einem bezaubernden Lokal im europäischen Stil verkostet. Von der Terrasse aus bietet sich ein weiter Blick über die Berge.

La Azul (☎ 02622-423593; www.bodegalaazul.com.ar; RP 89 s/n) Ein kleines Weingut, das hervorragende Malbec-Weine produziert. Die Führungen, die es nur auf Spanisch gibt, konzentrieren sich hauptsächlich auf die Verkostung – nach 20 Minuten ist alles vorbei.

Salentein (☎ 02622-429000; www.bodegasalentein.com; RP 89 s/n) Ein hochmodernes Weingut in niederländischem Besitz, das sich durch seine Galerie zeitgenössischer Kunst auszeichnet sowie durch seine ureigene Methode, Trauben und Saft von Hand oder durch Schwerkraft statt Maschinen zu transportieren.

Francois Lurton (☎ 0261-441-1100; www.francoislurton.com; RP 94, Km 21) Ultramoderne Anlage, die von zwei Brüdern einer berühmten französischen Winzerfamilie betrieben wird. Von hier stammen einige der besten Mendoza Torrontés auf dem Markt. Hervorragende Führungen mit beeindruckenden Räumlichkeiten für die Verkostung und für Weinfässer.

Von Mendoza aus lässt sich das Tal in einem Tagesausflug bereisen, doch gibt es dort auch atmosphärisch sehr schöne Übernachtungsmöglichkeiten, wie **Tupungato Divino** (☎ 02622-448948; www.tupungatodivino. com.ar; Ecke RP 89 & Calle los Europeos; EZ/DZ 495/570 Arg$; ☫ ▯), **Posada Salentein** (☎ 02622-429000; www. bodegasalentein.com; RP 89 s/n; EZ/DZ mit Vollpension 1242/1383 Arg$; ☫ ▯ ☎ ▣) und **Valle de Uco Lodge** (☎ 0261-429-6210; www.postalesdelplata.com/valledeuco.htm; Tabanera s/n, Tunuyán; Zi. ab 460 Arg$; ☫ ▯ ▣).

Für den kleinen Hunger am Mittag bieten die meisten der genannten Weingüter Feinschmeckergerichte an. Ansonsten gilt **Ilo** (Ecke Cabral & Belgrano, Tupungato; Hauptgerichte 35–50 Arg$; ☫ Mittag- und Abendessen) allgemein als beste Anlaufstelle in Tupungato. Die breite Auswahl an Fischgerichten und Meeresfrüchten ist bei den Winzern sehr beliebt.

Fototravesías 4x4 (☎ 420185; www.fototravesias4x4. com, auf Spanisch; Tagesausflug pro Pers. 50–100 Arg$), in der Nähe der großen Kreuzung ist auf Geländewagentouren in die Berge der Umgebung spezialisiert. Der Besitzer ist Fotograf und hat eine besondere Nase für gute Motive.

Schlafen & Essen

In der sommerlichen Hochsaison fallen Bergsteiger aus aller Welt hier ein. In diesen Monaten ist eine Reservierung sinnvoll.

Hostel Uspallata (☎ in Mendoza 0261-15-466-7240; www.hosteluspallata.com.ar; RN 7 s/n; B/DZ 40/140 Arg$) Freundliches Hostel 5 km östlich der Stadt, mit einfachen aber gemütlichen Zimmern, Tischtennis und einem Café. Ein guter Ausgangspunkt für Wanderungen. Wenn man den Busfahrer nett bittet, lässt er die Fahrgäste auf seiner Fahrt nach Uspallata direkt vor der Tür aussteigen.

Hospedaje Mi Casa (☎ 420358; hospedajemicasa@ hotmail.com; RN 7 s/n; EZ/DZ 60/90 Arg$) Eine entzückende kleine *hospedaje* (Pension) mit sehr gemütlichen Zimmern und ausgesprochen freundlichen Besitzern. Das Haus liegt ein paar hundert Meter von der Kreuzung entfernt neben der Post.

Hotel Viena (☎ 420046; Av Las Heras 240; EZ/DZ 100/140 Arg$) Das kleine Hotel wirkt auf den ersten Blick ziemlich gewöhnlich, in Wirklichkeit gibt es hier aber sehr hübsche Zimmer mit Holzmöbeln, einem großen Fernseher und echten Holzdielenböden. Die Bäder sind groß und modern.

Hostería Los Cóndores (☎ 420002; www.loscondores hotel.com.ar, auf Spanisch; Las Heras s/n; EZ/DZ 170/220 Arg$; ☫ ▣) Das beste Hotel in der Ortsmitte liegt in der Nähe der Kreuzung. Es gibt viel Platz und moderne Möbel. Im Preis inbegriffen ist ein üppiges Frühstücksbüfett.

Gran Hotel Uspallata (☎ 420006; www.granhotel uspallata.com.ar; RN 7, km 1149; Zi. ab 260 Arg$; ☫ ▣) Seit seinen glorreichen Tagen (in der Perón-Ära) hat sich das Urlaubshotel (etwa 1 km westlich der Kreuzung) etwas abgenutzt. Noch immer überzeugt aber die interessante Mischung aus argentinischer Touristik der alten Schule und der ernsthaften Haltung des Rezeptionspersonals. Die Flure sind fast einschüchternd groß, und in den Zimmern leuchten pinkfarbene Tagesdecken aus Chenille.

Café Tibet (Ecke RN 7 & Las Heras; Hauptgerichte 12–25 Arg$; ☺ Frühstück, Mittag- & Abendessen) Ein Besuch in Uspallata wäre unvollständig, ohne zumindest einen Kaffee in diesem skurrilen Lokal zu trinken. Das servierte Essen ist nichts Besonderes, aber die Einrichtung, die aus zurückgelassenen Filmrequisiten besteht, ist für Fans des Surrealen ein Muss.

El Rancho (Ecke RN 7 & Cerro Chacay; Hauptgerichte 20–30 Arg$; ☺ Mittag- & Abendessen) Die gemütlichste *parrilla* der Stadt, mit guten Standardgerichten und einem leckeren *chivo*-(Ziegen-)Braten.

An- & Weiterreise

Busse von **Expreso Uspallata** (☎ 420045) verkehren mehrmals täglich von und nach Mendoza (20 Arg$, 2½ Std.). Die Busse fahren weiter nach Las Cuevas (ab Uspallata 30 Arg$, 2 Std.) nahe der chilenischen Grenze und halten unterwegs in Los Penitentes, Puente del Inca und an der Abzweigung nach Laguna Los Horcones (Zufahrt zum Parque Provincial Aconcagua). Auf dem Rückweg von Las Cuevas nach Uspallata kann man überall zu- und aussteigen.

Andesmar fährt jeden Morgen in die chilenischen Städte Santiago (70 Arg$, 6 Std.) und Valparaíso (75 Arg$, 7 Std.).

Alle Busse starten am Büro von Expreso Uspallata im kleinen Einkaufszentrum unweit der Kreuzung.

LOS PENITENTES
☎ 02624

Die Gipfel hier gleichen einer Schar Büßer (*penitentes*) in einer Prozession – daher auch der Name **Los Penitentes** (☎ 420229; www.penitentes.com). Der Ort liegt nicht nur in einer traumhaft schönen Landschaft, sondern hat auch sicheren Schnee. Er liegt 165 km westlich von Mendoza an der RN 7. Im 2580 m hoch gelegenen Skigebiet kann man dem Abfahrt- und Langlaufvergnügen frönen. Lifte (75–155 Arg$ pro Tag) und alle Anlagen sind auf dem neuesten Stand, auf einigen der insgesamt 21 Abfahrten beträgt der Höhenunterschied mehr als 700 m. Zu den Einrichtungen zählen eine Skischule (Unterricht ca. 130 Arg$), ein Skiverleih (Skier 75 Arg$ pro Tag, Snowboards 95 Arg$ pro Tag) und jede Menge Restaurants und Cafeterias. Einzelheiten zum Transport s. oben.

Während der Skisaison im Winter (Juli und Aug.) und der Bergsteigersaison im Sommer (Dez.–März) sollten die folgenden Unterkünfte in Los Penitentes mindestens einen Monat im Voraus gebucht werden:

Hostel Los Penitentes (☎ 0261-429-0707; www.penitentes.com.ar; B 85 Arg$) Die gemütlich umgebaute Hütte im Besitz der Mendozas HI Campo Base bietet Platz für 38 Personen. Wenn die alle zusammenkommen, wird es allerdings extrem eng. Zur Ausstattung zählen die Küche, ein Holzofen und drei Gemeinschaftsbäder. Mit der richtigen Mischung an Leuten macht der Aufenthalt hier viel Spaß. Mittag- & Abendessen kosten jeweils 20 bis 30 Arg$.

Hostería Los Penitentes (☎ in Mendoza 0261-438-0222; DZ mit Halbpension 170 Arg$) Die bescheidene *hostería* (Gasthof) mit schlichten, gemütlichen Zimmern hat ein Restaurant, eine Bar und bietet Vollpension mit Skipass (2300 Arg$ pro Woche mit Vollpension und unbegrenztem Skilaufen).

Refugio Aconcagua (☎ in Mendoza 0261-424-1565; www.refugioaconcagua.com.ar; Zi. mit Halbpension pro Pers. 170 Arg$) Die Zimmer sind nichts Besonderes, aber von der Größe her in Ordnung. Für die Lage mitten im Feriengebiet, dazu ein eigenes Bad und zwei Mahlzeiten am Tag, ist das Preis-Leistungs-Verhältnis gut. Das dazugehörige Restaurant bringt deftige Menüs (25–40 Arg$) auf den Tisch und hat das ganze Jahr über geöffnet.

Hotel & Hostería Ayelén (☎ in Mendoza 0261-427-1123; www.ayelen.net; EZ/DZ Hostería 150/300 Arg$, Hotel 410/500 Arg$) Das 4-Sterne-Urlaubshotel bietet komfortable Unterkünfte im Haupthaus und billigere Zimmer in der *hostería* nebenan. Lobby und Restaurant sind Spitze, aber die Tapeten in den Zimmern könnten mal erneuert werden.

PUENTE DEL INCA
☎ 0264 / 2720 m

Zu den spektakulären Naturwundern Argentiniens zählt die steinerne Naturbrücke über den Río de las Cuevas: Ablagerungen des schwefelhaltigen Wassers sorgen für ein verblüffendes Farbenspiel in satten Orangetönen. Unterhalb der Steinformation stehen die Backsteinruinen eines alten Thermalhotels, das zum Ferienort gehörte und durch einen Erdrutsch zerstört wurde. Die Form der Mauerreste verschwimmen allmählich unter den Schwefelablagerungen des Flusses, dessen Wasser über, rund um und durch das Gebäude rieselt. Mittlerweile ist die Konstruktion allerdings instabil und brüchig geworden; die Brücke wurde daher gesperrt, und man kann nicht mehr hinübergehen und auch die heißen Natur-Pools nicht mehr betreten. Sehenswerte Fotos gelingen aber trotzdem noch.

Die Lage von Puente del Inca ist einfach traumhaft. Auch wer keine Ambitionen als Gipfelstürmer hat, kann die Gegend von hier aus hervorragend erkunden. Trekker wie Kletterer können Richtung Norden zum Fuß des Aconcagua, nach Süden zu den Bergspitzen von Los Penitentes, oder noch weiter südlich zum 6650 m hohen Tupungato (S. 392) aufbrechen.

Etwa 1 km vor Puente del Inca (gleich gegenüber von Los Puquios) liegt der kleine **Cementerio Andinista:** Auf dem Friedhof liegen die Bergsteiger begraben, die bei der Besteigung des Aconcagua verunglückt sind.

Im Sommer darf im nahen Mini-Skiort **Los Puquios** (☎ 0261-429-5007; www.lospuquios.com.ar) kostenlos gezeltet werden. In Puente del Inca gibt es noch zwei weitere Übernachtungsmöglichkeiten:

Refugio La Vieja Estación (☎ 0261-452-1103; B 40 Arg$; Mahlzeiten 30 Arg$) ist ein rustikales Hostel im alten hölzernen Bahnhof von Puente del Inca (Ende des 19. Jhs. erbaut). Während der Hochsaison ist das Hostel bei Bergsteigern beliebt, zu anderen Jahreszeiten ist es hier oft wunderbar ruhig. Wer etwas unternehmen will, kann die Mitarbeiter fragen: Sie gehen im Sommer mit den Gästen auf ein- bis dreitägige Trekkingtouren (80 Arg$ pro Tag) und informieren im Winter über das beste Tourenskigebiet: sechs Stunden Aufstieg für zwei Stunden Pulverschneeabfahrt.

Hostería Puente del Inca (☎ 420266; RN 7, Km 175; EZ/DZ 130/150 Arg$) hat gemütliche Zimmer und ein riesiges Restaurant (das allerdings penetrant nach billigem Raumspray riecht). Das Menü kostet 30 Arg$. Diese komfortabelste Unterkunft der Gegend ist während der Bergsteigersaison ziemlich schnell ausgebucht.

Einzelheiten zur Anreise siehe S. 390.

PARQUE PROVINCIAL ACONCAGUA

Nördlich der RN 7, dicht an der Grenze zu Chile, schützt der 710 km² große Parque Provincial Aconcagua das wildromantische Hochland rund um den höchsten Gipfel der westlichen Hemisphäre: den 6962 m hohen Cerro Aconcagua. Autofahrer (und alle, die ihre Busverbindungen gut geplant haben) sollten einen Halt in **Laguna Los Horcones** einlegen und den einzigartigen Gipfelblick genießen. Vom Parkplatz nördlich der Hauptstraße sind es 2 km zu Fuß dorthin.

Ranger stehen bei Laguna Los Horcones wochentags von 8 bis 21 Uhr und samstags von 8 bis 20 Uhr für Fragen zur Verfügung. Weitere Rangerstützpunkte befinden sich Kreuzung zur

Plaza Francia (5 km nördlich von Los Horcones), an der Plaza de Mulas an der Hauptaufstiegsroute zum Gipfel, beim Refugio Las Leñas an der Aufstiegsroute über den Glaciar de los Polacos (die in östlicher Richtung am Río de las Vacas entlangführt) und an der Plaza Argentina, dem letzten großen Zeltlager an der „Glaciar de los Polacos"-Aufstiegsroute.

Ganz wichtig: Nur wirklich hochgebirgserfahrene und sehr sichere Bergsteiger sollten ohne Begleitung eines einheimischen Bergführers den Gipfelsturm wagen!

Cerro Aconcagua

Das „Dach Amerikas", wie der Vulkan Aconcagua gern genannt wird, thront auf einem Sockel aus aufgefalteten Meeresablagerungen. Woher sein Name stammt, kann niemand genau sagen. Manche leiten ihn vom Quechua-Begriff Ackon-Cahuac („steinerner Wächter"), andere von der Mapuche-Redewendung Acon-Hue („was von der anderen Seite kommt") ab.

Der Schweizer Mathias Zurbriggen bezwang 1897 offiziell als Erster den Gipfel. Seitdem zieht der Aconcagua Bergsteiger aus aller Welt magisch an, obwohl er in technischer Hinsicht eine geringere Herausforderung darstellt als manch anderer Berg in der Nachbarschaft. 1985 entdeckten Mitglieder des Club Andinista aus Mendoza an der Südwestflanke des Berges in 5300 m Höhe eine Inkamumie. Sie gilt als Beweis für die Tatsache, dass hier in präkolumbischer Zeit Tote begraben wurden.

Um es ganz auf den knapp 7000 m hohen Gipfel zu schaffen, sind einschließlich der Akklimatisierung mindestens 13 bis 15 Tage nötig. Manche Bergsteiger bevorzugen die zwar längere, aber landschaftlich schönere, nicht so überlaufene und anspruchsvollere sogenannte polnische Gletscherroute.

Wer ernsthaft an eine Besteigung denkt, sollte sich den Bergführer Aconcagua (Seattle, The Mountaineers, 1999) des Gipfelexperten R. J. Secor kaufen. Zusätzliche Tipps auch im Internet unter www.aconcagua.com.ar sowie unter www.aconcagua.mendoza.gov.ar (Regierung von Mendoza).

Alle anderen können bis zu den **Basiscamps** und **refugios** (Schutzhütten) unterhalb der Schneegrenze trekken. An der Nordwest-Route bietet das **Hotel Refugio Plaza de Mulas** (☎ 02642-490442; www.refugioplazademulas.com.ar; B/Zi. pro Pers. 115/230 ARG$, mit Vollpension 390/500 Arg$; ☺ Nov.–März) relativ hohen Luxus. Es ist das höchstgelegene Hotel der Welt.

GENEHMIGUNGEN (PERMITS)

Sowohl für Trekkingtouren als auch für Bergbesteigungen braucht man im Parque Provincial Aconcagua von Dezember bis März eine schriftliche Genehmigung (Permit), ohne die die Parkranger an der Laguna Los Horcones niemanden einlassen. Die Gebühren sind saisonabhängig. Trekker zahlen in der Hauptsaison (15. Dez.–31. Jan.) für den Permit 170/300 Arg$ (3/7 Tage), Bergsteiger 1500 Arg$ (20 Tage). In der Zwischensaison (1. Dez.–14. Dez., 1. Feb.–20. Feb.) beträgt die Gebühr 150/220 Arg$ für Trekker und 1000 Arg$ für Bergsteiger. Für die Nebensaison (15. Nov.–30. Nov., 21. Feb.–15. März) sind es 150/220 Arg$ (Trekking) und 500 Arg$ (Bergsteiger). Argentinische Staatsbürger zahlen stets nur etwa 30 % der Gebühren, die ausländischen Besuchern in Rechnung gestellt werden. Übrigens steigen diese Gebühren von Jahr zu Jahr ziemlich steil an – den aktuellen Stand der Preisentwicklung findet man unter www.aconcagua.mendoza.gov.ar.

Bei den organisierten Trekkingtouren sind die Eintrittsgebühren nur selten im Preis inbegriffen. Gezahlt wird ausschließlich in argentinischen Pesos oder auch in US$, beim Bezahlen muss jeder seinen Reisepass vorzeigen. Der Permit wird an dem Tag gültig, an dem man den Park betritt.

Alle notwendigen Genehmigungen bekommt man nur in Mendoza bei der Touristeninformation der Provinz (S. 376).

AUFSTIEGSROUTEN

Drei Hauptrouten führen auf den Cerro Aconcagua. Am beliebtesten ist die **Ruta Noroeste** (Nordwest-Route), sie beginnt an der Plaza de Mulas in 4230 m Höhe. Von Los Horcones läuft man 40 km dorthin. Technisch extrem schwierig ist der **Pared Sur**, die Südflanke: Diese Aufstiegsroute beginnt im Basislager Plaza Francia, zu dem man 36 km von Los Horcones läuft.

Ausgangspunkt für die längere, aber landschaftlich reizvolle **Ruta Glaciar de los Polacos** („Polen-Route") ist die Punta de Vacas, 15 km südöstlich von Puente del Inca. Sie führt zunächst 76 km am Río de las Vacas entlang zum Basislager Plaza Argentina. Ohne eine komplette Hochgebirgsausrüstung, die Seile, Haken und Eispickeln miteinschließt, geht hier gar nichts. Zelt, Schlafsack, warme Kleidung und Plastikbergschuhe verstehen sich von selbst. Auf einem Großteil der Strecke werden sogar Maulesel benötigt, daher sind die Kosten ein ganzes Stück höher als auf den anderen Routen.

MAULESEL

Die Mietpreise für Maulesel, die etwa 60 kg tragen können, haben schwindelerregende Höhen erreicht: Die meisten Ausrüster verlangen 520 Arg$ für das erste Tier von Puente del Inca bis Plaza de Mulas, zwei Esel kosten aber nur 800 Arg$. Wer den Aufstieg in der Dreiergruppe macht, sollte mit insgesamt 1100 bis 1700 Arg$ für Hin- und Rückweg zum Basislager der polnischen Gletscherroute rechnen.

Ansprechpartner für den Mauleselverleih sind Rudy Parra von Aconcagua Trek oder Fernando Grajales (Adressen s. unten). Bei Pauschalangeboten sind die Tiere im Preis inbegriffen.

GEFÜHRTE BERGTOUREN

In und um Mendoza haben sich Anbieter auf Expeditionen und Hochgebirgstouren (s. S. 378) spezialisiert. Touren können auch mit Reiseveranstaltern in Übersee organisiert werden.

Die erfahrensten Anbieter vor Ort sind:

Daniel Alessio Expediciones (www.alessio.com.ar) in Mendoza; Kontakt über das Internet.

Fernando Grajales (www.grajales.net) Kontakt über das Internet.

Inka Expediciones (☎ 0261-425-0871; www.inka.com.ar; Juan B Justo 345, Mendoza) Standard- und individuell organisierte Touren. Die Kosten von Flughafen bis Flughafen: 8500 bis 11 000 Arg$.

Rudy Parra's Aconcagua Trek (☎ /Fax in Mendoza 0261-429-5007; www.rudyparra.com; Barcala 484) Telefonischen Kontakt mit Rudy aufnehmen. Rudy ist von Dezember–März im nahen Los Puquios (S. 391) stationiert.

Mehrere Bergführer der **Asociación Argentina de Guías de Montaña** (www.aagm.com.ar) leiten zweiwöchige Bergtouren zum Aconcagua, z. B. **Pablo Reguera** (pabloreguera@hotmail.com) und **Mauricio Fernández** (info@summit-mza.com.ar).

Führer und organisierte Bergtouren sollten online oder telefonisch mindestens einen Monat im Voraus gebucht werden. In der Hochsaison muss alles – vom Führer über den Maulesel bis zum Hotel – noch früher reserviert werden.

An- & Weiterreise

Beide Parkzugänge – Punta de Vacas und Laguna Los Horcones – liegen an der RN 7 und sind gut ausgeschildert. Die Ausfahrt Los Horcones zweigt 4 km hinter Puente del Inca ab. Wer mit einer organisierten Tour unterwegs ist, braucht sich um den Transport nicht zu kümmern. Wer auf eigene Faust reist, nimmt ab Mendoza frühmorgens einen Bus der Busgesellschaft Expreso Uspallata (s. S. 380). Alle Busse nach Chile halten in Puente del Inca. Mit dem Zusteigen kann es schwierig werden: Die Busse sind oft ziemlich voll mit Leuten, die durchfahren.

Von Los Horcones geht es zu Fuß auf der RN 7 zurück nach Puente del Inca oder direkt mit einem der Mendoza-Busse zurück in die Stadt.

LAS CUEVAS & CRISTO REDENTOR
☎ 02624 / 3200 m

Das zerklüftete, von eiskalten Winden umtoste Hochland der Anden bietet der berühmten Statue des Cristo Redentor die perfekte Kulisse. Der „Erlöser" erinnert an das friedliche Ende eines Grenzstreits zwischen Argentinien und Chile 1902. Der Ausblick von hier oben ist ein Muss – egal, ob man nun im Rahmen einer gebuchten Tour oder selbst mit dem Auto hierher fährt. Inzwischen hat ein Tunnel die Fahrt auf den Haarnadelkurven der Straße zur chilenischen Grenze entschärft.

Mit dem ersten Schnee im Herbst wird die Strecke allerdings unpassierbar. Wer kein Auto hat, kann auf Bergpfaden die 8 km zum El Cristo hinaufwandern.

Übernachtungsmöglichkeiten gibt es im nahen Örtchen Las Cuevas, das 10 km östlich der Grenze liegt. Nach Puente del Inca sind es 15 km. Das **Arco de Las Cuevas** (☎ 420185; www. arcodelascuevas.com.ar; Hauptgerichte 30 Arg$) bietet mit sehr einfachen Kojen (50 Arg$) und nur zwei Waschräumen (die auch die Restaurantgäste benutzen) gerade das Allernötigste. Dafür gibt es hier – Zitat eines Gastes – die „beste Linsensuppe auf der Welt".

PARQUE PROVINCIAL VOLCÁN TUPUNGATO

Der Tupungato (6650 m) ist ein eindruckvoller Vulkan, der teilweise von Schneefeldern und Gletschern bedeckt ist. Erfahrene Bergsteiger halten diesen Gipfel für eine weitaus größere Herausforderung als den Aconcagua. In das Gebiet gelangt man am besten über **Tunuyán.** Die Stadt liegt 82 km südlich von Mendoza an der RN 40.

Informationen gibt es in der **Touristeninformation** (☎ 02622-488097, 02622-422193; República de Siria & Alem). Viele der Agenturen, die Aconcagua-Treks organisieren, haben auch den Tupungato (s. S. 395) im Programm.

SAN RAFAEL
☎ 02627 / 116 280 Ew. / 690 m

Die Ankunft am heruntergekommenen Busbahnhof von San Rafael, der zweitgrößten Stadt in der Provinz Mendoza, hebt nicht gerade die Stimmung. Auf jeden Fall durchhalten! Einige Straßen weiter beginnt eine geschäftige moderne Stadt, deren Straßen von majestätischen alten Platanen und offenen Bewässerungskanälen gesäumt sind. Mit Mendoza kann San Rafael nicht konkurrieren, aber es geht schon in die Richtung.

In der Stadt (und das gehört zu ihrem Reiz) gibt es nichts zu tun, als durch schattige Straßen und über nette Plazas zu schlendern oder in einem der Cafés den Tag vorbeiziehen zu lassen. In Fahrraddistanz liegen einige renommierte Weingüter, die einen Besuch lohnen. Immer beliebter wird die Stadt auch als Ausgangspunkt für Ausflüge in den nahe gelegenen Cañon del Atuel (S. 395) und für Raftingtouren auf dem landschaftlich reizvollen Río Atuel.

Orientierung
San Rafael liegt 230 km südöstlich von Mendoza (Anreise über RN 40 und RN 143) bzw. 189 km nordöstlich von Malargüe (über RN 40). Die interessanteren älteren Viertel, die die Stadt aufzuweisen hat, liegen überwiegend nordwestlich der Kreuzung der Avenida H Yrigoyen mit der Avenida San Martín.

Praktische Informationen
Banco de Galicia (Av. H Yrigoyen 28) An der Av. H Yrigoyen gibt es mehrere Geldautomaten, z. B. bei der Banco de Galicia.
Cambio Santiago (Almafuerte 64) Wechselstube, verlangt 2,5 % für das Einlösen von Travellerschecks.
Hospital Teodoro J Schestakow (☎ 424490; Emilio Civit 151)
Städtische Touristeninformation (☎ 424217; www. sanrafael turismo.gov.ar; Av H Yrigoyen 745; ☉ 8–20 Uhr) Hilfreiche Mitarbeiter und nützliche Broschüren und Karten.
Post (Ecke San Lorenzo & Barcala)

Sehenswertes & Aktivitäten
San Rafael ist sehr flach (deshalb sind hier so viele Radfahrer unterwegs), was liegt also näher, als sich auch ein Rad auszuleihen? Einige Anbieter verleihen Rostesel, doch gute Räder gibt es bei **Risco Viajes** (☎ 436439; Av. H Yrigoyen 284; 80 Arg$ pro Tag), die auch standardmäßig Ausflüge ins Valle Grande und in die umliegenden Weingüter anbieten – neben Wildwasser-Rafting, Mountainbiketouren und weiteren Aktivitäten.

Drei Weingüter in der Nähe der Stadt sind zu Fuß oder mit dem Rad erreichbar. Sie bieten kostenlose Führungen und Weinverkostung an. Sie sind zu erreichen über den (man höre und staune) Fahrradweg entlang der RN 143 in Richtung Westen. Die moderne und renom-

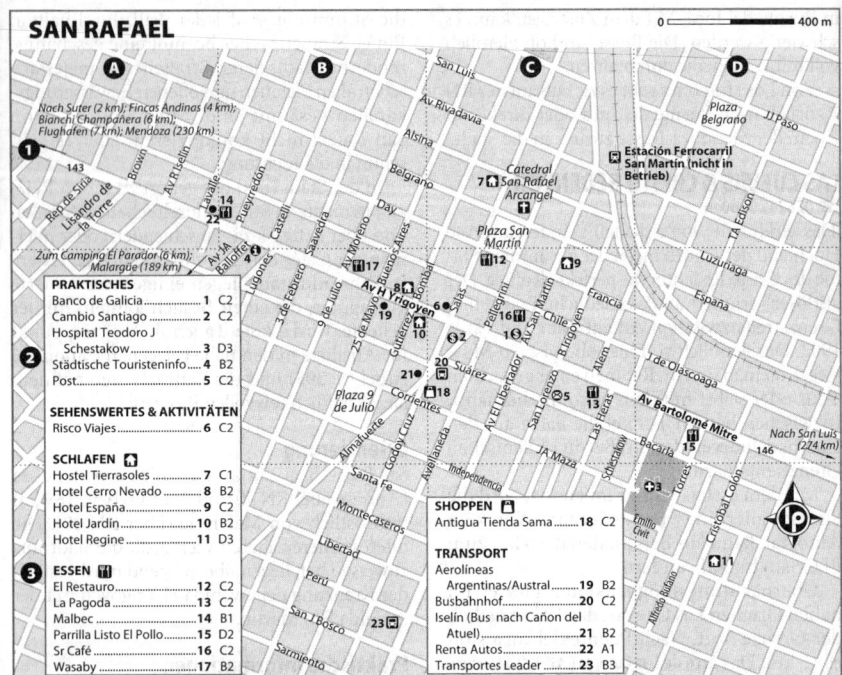

SAN RAFAEL

0 _____ 400 m

PRAKTISCHES
Banco de Galicia...............1 C2
Cambio Santiago 2 C2
Hospital Teodoro J
   Schestakow.......................3 D3
Städtische Touristeninfo...4 B2
Post...5 C2

SEHENSWERTES & AKTIVITÄTEN
Risco Viajes 6 C2

SCHLAFEN
Hostel Tierrasoles 7 C1
Hotel Cerro Nevado 8 B2
Hotel España 9 C2
Hotel Jardín 10 B2
Hotel Regine 11 D3

ESSEN
El Restauro 12 C2
La Pagoda 13 C2
Malbec 14 B1
Parrilla Listo El Pollo 15 D2
Sr Café 16 C2
Wasaby 17 B2

SHOPPEN
Antigua Tienda Sama 18 C2

TRANSPORT
Aerolíneas
   Argentinas/Austral..........19 B2
Busbahnhof.........................20 C2
Iselín (Bus nach Cañon del
   Atuel) 21 B2
Renta Autos........................22 A1
Transportes Leader 23 B3

mierte Kellerei **Bianchi Champañera** (☎ 435600; www.vbianchi.com; Ecke Ruta 143 & Valentín Bianchi; Mo–Fr 9–12 & 14–17 Uhr) liegt am weitesten westlich, trotzdem sind es nur 6 km dorthin. Die Führungen vermitteln einen interessanten Einblick in die Kunst des Sektkelterns. Die freundlichen Angestellten sprechen auch Englisch.

Nur etwa 4 km sind es von der Stadt zu den **Fincas Andinas** (Salafia; ☎ 430095; www.fincasandinas.com. ar; Av. H Yrigoyen 5800; Mo–Fr 9.30–16 Uhr). Das Weingut erzeugt ausgezeichneten Sekt sowie Malbec und Cabernet. Führungen alle halbe Stunde.

Zwischen Fincas Andinas und San Rafael liegt das Weingut **Suter** (☎ 421076; www.sutersa.com.ar, auf Spanisch; Av. H Yrigoyen 2850; kurze, kostenlose Führungen; Mo–Fr 9.30–12.30 & 13.30–17 Uhr), ein recht nüchterner und moderner Betrieb. Ein Besuch lohnt sich vor allem wegen der Sonderangebote. Für 150 Arg$ gibt es eine Halbtagestour; dabei führt ein kundiger Agronom durch die Weinberge, dann werden Spezialitätenweine probiert, und abschließend gibt es ein großes Mittagsmahl auf dem Weingut.

Wer weder auf Weingüter noch auf Fahrräder steht, für den gibt es von San Rafael aus einen leichten, landschaftlich reizvollen Tagesausflug zum nahe gelegenen Cañon del Atuel (S. 395).

Schlafen

Hostel Tierrasoles (☎ 433449; www.tierrasoles.com.ar; Alsina 245; B/DZ 40/110 Arg$;) Schlichtweg das schönste Hostel der Stadt mit anständigen Schlafsälen und angenehmen Aufenthaltsräumen. Der einladende Hinterhof (mit Barbecue für Gästebenutzung) rundet das Bild ab.

Hotel Cerro Nevado (☎ 423993; www.cerronevadohotel. com.ar; Av. H Yrigoyen 376; EZ/DZ 65/130 Arg$;) Das beste Hotel unter den Budgetunterkünften bietet ordentlich große Zimmer, hübsche Einrichtung und eine superzentrale Lage.

Hotel España (☎ 424055; www.hotelespanasrl.com.ar; Av. San Martín 270; EZ/DZ ab 85/110 Arg$) Vielleicht nicht besonders spanisch, aber einzigartig ist die an die 1960er-Jahre angelehnte Einrichtung ganz bestimmt. Die Zimmer im „kolonialen" Teil gehen auf einen angenehmen Patio-Bereich hinaus. Das macht sie attraktiver (auch preislich gesehen) gegenüber den geräumigen Zimmern im teureren „himmlischen" Teil.

Hotel Jardín (☎ /Fax 434621; www.hoteljardinhotel.com. ar; Av. H Yrigoyen 283; EZ/DZ 115/140 Arg$;) Das Hotel hat, wie der Name verspricht, tatsächlich einen Garten – oder besser gesagt, einen Innenhof – voll barocker Elemente wie Springbrunnen und nackter, griechischer Skulpturen. Die großen, etwas unpersönlichen Zimmer gehen auf den Hof hinaus.

LP Tipp Hotel Regine (☎ 421470; www.hotelregine.com.ar; Independencia 623; EZ/DZ 200/250 Arg$; ☒) Vom Zentrum aus ist das Hotel ein ganzes Stück entfernt, aber die großen, schicken Zimmer sind es wert. Der mit Palmen bestandene Pool-Café-Bar-Bereich ist ein weiterer Pluspunkt.

Camping El Parador (☎ 427983; Isla Río Diamante; Zeltplatz 23 Arg$) Liegt von der Innenstadt aus etwa 6 km Richtung Süden.

Essen & Ausgehen

Sr Café (Av. San Martín 49; Sandwichs 15 Arg$, Hauptgerichte 20–28 Arg$; ☺ Frühstück, Mittag- & Abendessen) Das schickste Café im Zentrum ist zu jeder Zeit ein guter Platz für Kaffee und ein Sandwich. Am Wochenende sollten Gäste versuchen, abends einen Tisch vor der Tür zu ergattern, um die Livemusik genießen zu können.

La Pagoda (Av. Bartolomé Mitre 188; Selbstbedienung 18 Arg$; ☺ Mittag- & Abendessen) Wer mit der „All-you-can-eat"-Szene in Argentinien vertraut ist, wird hier kaum Überraschungen erleben. Das Essen (argentinisch und chinesisch) ist aber frisch und reichlich. Früh kommen!

Wasaby (Av Moreno 31; Hauptgerichte 20–30 Arg$; ☺ Mittag- & Abendessen) „Asian food" bedeutet in dieser Gegend oft nur mittelmäßige chinesische Küche, aber dieses kleine Lokal bietet einige überraschend gute Gerichte, manche sogar an der japanischen Küche orientiert.

Malbec (Ecke Av. H Yrigoyen & Pueyrredón; Hauptgerichte 20–30 Arg$; ☺ Mittag- & Abendessen) Die meistempfohlene *parrilla* von San Rafael hält zwar keine Überraschungen bereit, hat aber eine gute Auswahl an Pastagerichten, Salaten und großen, saftigen Steaks.

Parrilla Listo El Pollo (Av. Bartolomé Mitre s/n; Parrilla 24 Arg$; ☺ Mittag- & Abendessen) *Parrillas* an der Straße sind ein argentinischer Klassiker, und diese hier ist ein besonders schönes Beispiel dafür. Also: einen Tisch auf dem Bürgersteig sichern und zusammen mit Taxifahrern große, preisgünstige Fleischbrocken vertilgen.

El Restauro (Ecke Salas & Day; Hauptgerichte 25–40 Arg$; ☺ Abendessen) Das feinste Lokal der Gegend bietet hervorragende Küche mit landesüblichen Zutaten nach regionalen Rezepten. Die anständige Weinkarte enthält beliebte Weine der Gegend, wie etwa Suter und Bianchi.

Shoppen

In der Stadt gibt es viele Läden mit Kunsthandwerk, die alle die üblichen Souvenirs auf Lager haben. Ein authentisches Mitbringsel sind ein Paar *bombachas* (ausgewaschene Reithosen im Gaucho-Stil mit geknöpftem Hosenaufschlag) für etwa 60 Arg$, die Beinkleider aus dicker Baumwolle verkauft der freundliche Laden **Antigua Tienda Sama** (Godoy Cruz 123). Sie sind so raffiniert geschnitten, dass man sie überall tragen kann.

Anreise & Unterwegs vor Ort

Aerolíneas Argentinas/Austral (☎ 438808; Av. H Yrigoyen 395) fliegt täglich außer Sonntag nach/von Buenos Aires (ab 510 Arg$).

In Richtung Patagonien fährt täglich ein Minibus vom Büro der **Transportes Leader** (☎ 421851; Perú 65) über Malargüe in der Provinz Neuquén nach Buta Ranquil (85 Arg$, 8 Std.). Abfahrt ist um 18 Uhr, die Plätze sind schnell ausverkauft. Am besten einige Tage im Voraus buchen (und bezahlen). Tramat unterhält donnerstags und sonntags reguläre Busverkehr auf dieser Route mit Endstation Chos Malal (85 Arg$, 10 Std.).

Busse zum Cañon del Atuel (8 Arg$, 1 Std.) starten vor dem **Iselín Büro** (Suárez 255) um 7.30, 12.40 und 18.30 Uhr, und zurück um 8.40, 14.40 und 19.40 Uhr.

San Rafaels **Busbahnhof** (Suárez) liegt günstig in der Innenstadt. Folgende Zielorte werden täglich angefahren:

Reiseziel	Fahrpreis (Arg$)	Fahrzeit (Std.)
Bariloche	200	16
Buenos Aires	215	14
Córdoba	88	11
El Nihuil	7	1
Las Leñas	24	3
Malargüe	22	3
Mar del Plata	260	16
Mendoza	22	3
Neuquén	110	9
San Luis	50	4

Renta Autos (☎ 424623; www.rentadeautos.com.ar; Av. H Yrigoyen 818) ist der günstigste Autoverleih der Stadt.

CAÑON DEL ATUEL & VALLE GRANDE

Südlich von San Rafael verläuft die RP 173 am Río Atuel entlang und durchquert eine vielfarbige Schlucht, die die Einheimischen mit dem Grand Canyon in Arizona vergleichen. Allerdings ist ein großer Teil des 67 km langen **Cañon del Atuel** durch vier Wasserkraftwerke geflutet worden. Im unteren Bereich der Schlucht ist dennoch Wildwasser-Rafting möglich. Mehrere Anbieter im Touristik-Komplex des **Valle Grande** (etwa in der Mitte des Canyons) veranstalten kurze, aber landschaftlich reizvolle Fahrten den Fluss hinunter sowie weitere Ausflüge.

Sport Star (☎ 02627-15-581068; www.sportstar.com.ar; RP 173, Km 35) bietet die größte Auswahl an Aktivitäten, darunter Trekkingtouren, Ausritte, Kajakfahrten, Mountainbiketouren und Kanufahrten und Abseil-Abenteuer.

Im Valle Grande selbst gibt es eine Reihe von Übernachtungsmöglichkeiten. Die meisten sind auf große Gruppen eingerichtet und wenig ansprechend. Eine Ausnahme bilden die **Cabañas Río Azul** (☎ 02627-423663; www.complejorioazul.com.ar; RP 173, Km 33; Platz 20 Arg$, Cabaña ab 180 Arg$) mit komfortablen cabañas sowie einer schönen Wiese oberhalb des Flusses.

In der „Stadt" Valle Grande bietet das 3-Sterne-**Hotel Valle Grande** (☎ 02627-423541; www.hotel vallegrande.com; RP 173, Km 35; EZ/DZ 233/280 Arg$, Cabaña ab 400 Arg$; 🅿 🛜 🛐) in schöner Lage am Fluss die beste Übernachtungsmöglichkeit. Das Restaurant ist ebenfalls gut.

Auf der Reise nach Valle Grande lohnt es sich, im Bus sitzen zu bleiben, bis er zum Damm hinauffährt und dort eine Weile wartet (lang genug für ein paar Fotos), bevor er wieder umkehrt. Das erspart 4 km Schinderei den Berg hinauf.

Die RP 173 wird hinter dem Damm bei Valle Grande zur unbefestigten Straße und führt durch den landschaftlich reizvollen Cañon del Atuel zum Dorf **El Nihuil**, das zwar nur 79 km von San Rafael entfernt, aber völlig hinter dem Mond liegt – die Strecke ist nur mit einem Privatfahrzeug oder im Rahmen einer organisierten Gruppenreise zu meistern.

Zahlreiche Veranstalter in San Rafael bieten Tagesausflüge zum Valle Grande an, die Preise beginnen bei 90 Arg$. Informationen zu Busverbindungen nach Valle Grande (8 Arg$, 1 Std.) s. S. 395. Busse, die nach El Nihuil unterwegs sind, fahren auf der Alternativstrecke RP 144, die nicht durch den Canyon führt.

MALARGÜE

☎ 02627 / 24 300 Ew. / 1400 m

Malargüe ist eine bescheidene kleine Stadt ohne besondere Attraktionen, die in erster Linie als Basis für Las Leñas, eines der schickeren Skigebiete in Argentinien, dient. Für Skiläufer ist es eine preisgünstige Übernachtungsalternative zu den Luxushotels auf dem Berg. Wer hier übernachtet, bekommt zudem 50 % Rabatt auf die Skipässe für die Liftbenutzung (Voucher stellen die Hotels aus) – vorausgesetzt, die Ausrüstung wird oben auf dem Berg entliehen. Die trockene Vorkordillere rund um die Stadt unterscheidet sich geologisch deutlich von den eigentlichen Anden und auch von den beiden Tierschutzgebieten Payén und Laguna Llancancelo ganz in der Nähe. Höhlenwanderungen sind in der Caverna de Las Brujas und in Pozo de las Animas möglich. Ebenfalls nicht weit entfernt befindet sich der Parque Provincial Payunia (S. 398), ein 4500 km^2 großes Schutzgebiet mit der weltweit höchsten Konzentration an Vulkankegeln.

Praktische Informationen

Banco de la Nación (Ecke Av. San Martín & Inalicán) Eine von mehreren Banken in der Innenstadt mit Geldautomaten.

Post (Ecke Adolfo Puebla & Saturnino Torres)

Touristeninformation (☎ 471659; www.malargue.gov. ar; RN 40, Parque del Ayer; ☽ 8–23 Uhr) Hilfreiche Touristeninformation mit Toiletten an der Landstraße am Nordrand der Stadt.

Sehenswertes

Malargües einsame Lage ermöglicht einen phantastischen Blick ins All und das neu eröffnete **Planetarium** (☎ 472116; Villegas & Aldeo; Führungen 10 Arg$; ☽ 17–21 Uhr) mit modernster Ausstattung und ungewöhnlichen Architekturelementen bietet verschiedene ganz unterhaltsame audiovisuelle Darbietungen.

Aktivitäten & Geführte Touren

Mehrere Veranstalter bieten ausgezeichnete Geländewagenfahrten und Ausritte an. Für alle, die ohne Auto unterwegs sind, ist dies im Allgemeinen die beste Möglichkeit, in die Berge in der Umgebung (s. S. 398) zu kommen. Ziele der Tagesausflüge sind z. B. die Caverna de Las Brujas (100 Arg$/Pers. einschließlich 20 Arg$ Eintrittsgebühr und Entgelt für den obligatorischen Führer), Los Molles (70 Arg$) und die großartige Laguna Llancancelo (80 Arg$). Ein besonders aufregendes Abenteuer ist die zwölfstündige Geländewagentour durch den Parque Provincial Payunia (230 Arg$). Es empfiehlt sich, genau zu checken, ob beim Angebot auch alle sehenswerten Plätze angefahren werden: Wenn der Payunia-Besuch mit der Laguna Llancancelo kombiniert wird, wird in Payunia nur an der Hälfte der interessanten Plätze angehalten.

Amulén (☎ 02627-15-604130; Rodríguez 120) bietet halbtägige Ausritte oder Wandertouren zum **Volcán Malacara** (100 Arg$) an, für alle Besucher ein Muss! Der Veranstalter hat außerdem eine Zweitagereise durch den Parque Provincial Pay-

...nia im Programm, inklusive *asado* – einem Grillgelage unterm Sternenhimmel.

Huarpes del Sol (☎ 02627-15-557878; www.huarpesdel sol.com.ar; Av. San Martín 85) wurden für ihre Ausflüge hochgelobt, und der Eigentümer von **Karen Travel** (☎ /Fax 470342; www.karentravel.com.ar; Av. San Martín 54) spricht Englisch – auch dieser Veranstalter wurde sehr gelobt.

Schlafen

Malargüe hat Unterkünfte im Überfluss, und dazu noch zu vernünftigen Preisen. Die hier angegebenen Preise beziehen sich auf die Skisaison (15. Juni–15. Sept.) – in den anderen Jahreszeiten liegen sie bis zu 40 % darunter. Wer in Las Leñas Ski laufen möchte, sollte sich vom Hotel einen Rabatt-Voucher für den Skipass ausstellen lassen. Während der Skisaison gibt es keine Einzelzimmer; im Normalfall richtet sich der Übernachtungspreis dann danach, wie viele Betten jeweils im Zimmer stehen.

Camping Municipal Malargüe (☎ 470691; Alfonso Capdevila s/n; Zeltplatz 15 Arg$) im Norden der Stadt, 800 m westlich der Avenida San Martín, liegt der nächste Campingplatz.

Hostel Kathmandú (☎ 02627-15-414899; www. hostel-kathmandu.com.ar; Torres 121; B 35 Arg$) Einen halben Block von der Plaza entfernt, bietet dieses heimelige kleine Hostel zahlreiche Annehmlichkeiten wie Hängematten, eine Tischtennisplatte und einen Kamin.

Hostería La Posta (☎ 472079; Av. San Martín 634; EZ/DZ 100/120 Arg$) Budgetunterkünfte sind in Malargüe dünn gesät, aber La Posta ist okay – die Zimmer sind groß und familienfreundlich, auch wenn die Matratzen etwas durchgelegen sind.

Hotel Bambi (☎ 471237; Av. San Martín 410; EZ/DZ Arg$120/155) Freundliches Hotel mit sauberen, vielleicht etwas abwohnten Zimmern und Bädern, die gerade mit dem Nötigsten ausgestattet sind. In der Innenstadt ist es aber die gemütlichste Unterkunft.

Hotel de Turismo (☎ 471042; Av. San Martín 224; EZ/DZ 120/160 Arg$) Das Turismo ist ein gutes Ausweichquartier – es hat viele (durchschnittliche) Zimmer und ist deshalb selten ausgebucht. Das Retaurant/Café im Erdgeschoss ist etwas netter ausgestattet und versöhnt mit dem Rest.

Hotel Pehuén (☎ 02627-15-587-7024; Ecke Ruibal & Puebla; EZ/DZ 150/180 Arg$) Obwohl schöner von außen als im Innern, hat das Pehuén immerhin einige gut geschnittene Zimmer mit ausgeblichenen Teppichen und Tagesdecken mit Blumenmuster. Sie sind aber so unterschiedlich, dass sich eine Vorbesichtigung lohnt.

Hotel El Cisne (☎ 471350; Ecke Civit & Villegas; EZ/DZ 180/200 Arg$; 🅿 🛜) Ein neues, ultramodernes Hotel in zentraler Lage. Die Gästezimmer sind groß, gut möbliert und haben attraktive holzvertäfelte Decken.

Essen & Ausgehen

LP Tipp **El Quincho de María** (Av. San Martín 440; Hauptgerichte 15–35 Arg$; 🕐 Mittag- & Abendessen) Das beste Essen der Innenstadt wird in dieser gemütlichen kleinen *parrilla* serviert, in der alles von den Gnocchi bis zu den Empanadas hausgemacht ist. Die Schisch Kebabs für 30 Arg$ lassen das Wasser im Mund zusammenlaufen.

Don Gauderio (Ecke Av. San Martín & Torres; Hauptgerichte 16–30 Arg$; 🕐 Frühstück, Mittag- & Abendessen) Eine hippe kleine rustikale Bar an der Plaza. Der Hit sind hier die Sandwiches, die so groß sind, dass jeder davon satt wird, aber auch die Pizzas und herzhaften Crêpes sind zu empfehlen.

La Posta (☎ 471306; Av. General Roca 374; Hauptgerichte 20–30 Arg$; 🕐 Mittag- & Abendessen) Als freundliche Nachbarschafts-*parrilla* vereint La Posta alles Gute, was in saftigen Steaks, einer Weinkarte und Fußballübertragungen so steckt.

Anreise & Unterwegs vor Ort

Charterflüge (1950 Arg$) von und nach Buenos Aires gibt es nur im Juli und August ab dem **Flughafen Malargüe** (☎ 470098) im Süden der Stadt. Sie werden normalerweise als Teil eines Gesamtpakets mit der Unterkunft in Las Leñas verkauft. Wenn Platz ist, können auch andere Reisende die Flüge buchen. Einzelheiten beim **Büro Las Leñas** (☎ in Buenos Aires 011-4819-6000; www.laslenas.com; Cerrito 1186, 8. Stock).

Von Malargües **Busbahnhof** (Ecke Av General Roca & Aldao) aus fahren täglich mehrere Direktbusse nach Mendoza (43 Arg$, 5 Std.). Hinzu kommen Verbindungen, bei denen die Reisenden in San Rafael (22 Arg$, 3 Std.) umsteigen müssen. Im Sommer gibt es außerdem täglich eine Abfahrt nach Los Molles (12 Arg$, 1 Std.) und Las Leñas (16 Arg$, 1½ Std.).

Transportes Leader (☎ 470519; Ecke Av. San Martín & Av. General Roca) hat einen Minibus, der Montag bis Samstag um 21 Uhr nach Buta Ranquil (65 Arg$, 5 Std.) in Neuquén fährt. Die Plätze sind schnell ausverkauft – es empfiehlt sich, mindestens zwei Tage im Voraus zu buchen (und zu bezahlen). Tramat fährt donnerstags und sonntags dieselbe Route ab dem Busbahnhof, mit Endstation Chos Malal (65 Arg$, 6 Std.).

Für den Transfer im Winter in die Skigebiete Los Molles und Las Leñas lohnt es sich, eines der

Reisebüros aus der Liste auf S. 396 f. zu kontaktieren. Sie bieten einen Shuttle-Service – das Ticket hin und zurück einschließlich Skiverleih kostet 60 bis 90 Arg$ pro Person.

RUND UM MALARGÜE
☎ 02627

Die bizarr geformte Vulkanlandschaft rund um Malargüe unterscheidet sich geologisch stark von den Anden und zählt auch deshalb zu den eindrücklichsten Erlebnissen einer Argentinienreise. Der Tourismus hat das Gebiet erst vor Kurzem entdeckt, das ist auch der Grund, warum man die folgenden Orte nur mit eigenem Auto besuchen kann. Allerdings arrangieren die ausgezeichneten Reisebüros in Malargüe Ausflüge zu allen interessanten Punkten.

Nur 200 km südlich von Malargüe (zu erreichen über die RN 40) liegt der spektakuläre **Parque Provincial Payunia**, ein 4500 km² großes Schutzgebiet mit der weltweit höchsten Konzentration an Vulkankegeln (über 800). Die Landschaft ist atemberaubend und gehört zum Pflichtprogramm in diesem Teil Argentiniens! Es lohnt sich wirklich, eine zwölfstündige Geländewagentour oder die dreitägige Exkursion zu Pferd zu buchen, beide werden von den meisten Agenturen in Malargüe (S. 396) angeboten.

Im gleichnamigen Tierschutzgebiet, das sich etwa 60 km südöstlich von Malargüe befindet, liegt die **Laguna Llancancelo**. Mehr als 100 Vogelarten, darunter zahlreiche Flamingos, besuchen diesen Hochgebirgssee.

Die **Caverna de Las Brujas** ist eine märchenhafte Kalksteinhöhle am Cerro Moncol, sie liegt 72 km südlich von Malargüe und 8 km nördlich von Bardas Blancas an der RN 40. Der Name lässt sich mit „Hexenhöhle" übersetzen. Der Höhlenkomplex erstreckt sich über 5 km, Führungen (Eintritt und Taschenlampen sind im Preis inbegriffen) dauern entsprechend 2 bis 3 Stunden. Die Touren starten ab zwei Teilnehmern – je mehr Leute zusammenkommen, desto niedriger wird der Preis pro Person.

Einzelheiten sind bei den Tour-Anbietern in Malargüe zu erfragen.

Los Molles

Bevor Las Leñas zum bedeutendsten Skiort der Region aufstieg, war Los Molles der einzige Ort mit Schleppliften weit und breit. Heutzutage ist Los Molles ein staubiges, windiges Dorf, das langsam in den Dornröschenschlaf sinken würde, wären da nicht die Unterkünfte mit ihren attraktiven Preisen. Sie sind eine Alternative für

all jene, die nicht direkt in Las Leñas übernachten möchten. Das gilt besonders für Bergsteiger, Wanderer und andere robuste Outdoor-Typen. Das Dorf liegt 55 km nordwestlich von Malargüe auf beiden Seiten der RP 222. Karen Travel in Malargüe (S. 397) bietet Aktivitäten in der dramatischen Landschaft um das Dorf herum an.

Hostel Piriá (☎ 15-516757; B 35 Arg$) Von der Landstraße aus geht es über die Brücke und dann das Tal hinauf zu diesem kleinen *refugio* mit ganz anständigen Schlafsälen, einem großen Gemeinschaftsbereich, billigen Mahlzeiten und Küchenbenutzung. Eine „Bergschule" auf dem Gelände unterrichtet je nach Saison Fels- oder Eisklettern.

Hotel Los Molles (☎ 499712; www.losmolleshotel.com.ar; RP 222, Km 30; Zi. pro Pers. 160 Arg$) Unter den Hotels am Ort ist dies das modernste und am besten ausgestattet. Es hat große Zimmer mit Balkonen und Blick über das Tal. Ein solides Restaurant serviert günstige Menüs (30 Arg$).

Busse nach Malargüe (12 Arg$, 1 Std.) und Las Leñas (5 Arg$, 30 Min.) halten im Dorf.

LAS LEÑAS
☎ 02627

Las Leñas (☎ 471100; www.laslenas.com; Mitte Juni bis Ende Sept.) war zunächst für wohlhabende Ausländer konzipiert worden und ist inzwischen Argentiniens selbstbewusstestes und repräsentativstes Skigebiet. Seit der Eröffnung 1983 lockt es ein internationales Publikum an, das die Tage auf den Pisten verbringt und sich dann bis Sonnenaufgang ins Partyleben stürzt. Seinen unglaublichen Pulverschnee verdankt das Skigebiet dem trockenen Klima.

Das 33 km² große Areal bietet den Ski-Enthusiasten 33 Pisten – die Talstationen liegen auf 2200 m, die Hänge führen aber bis auf 3430 m hinauf: Das ergibt einen maximalen Höhenunterschied von 1230 m! Außerhalb der Skisaison bemüht sich Las Leñas auch um Sommergäste. Für die gibt es Wochenpauschalen mit Aktivitäten wie Mountainbiketouren, Ausritten und Wanderungen.

Las Leñas liegt 445 km südlich von Mendoza und 70 km von Malargüe entfernt, beide über die RN 40 und RP 222 erreichbar.

Skipässe & Skiverleih

In der Skisaison variieren die Liftgebühren ziemlich stark. Kinder erhalten 30 % Rabatt. Tagestickets liegen zwischen 137 Arg$ in der Neben- und 210 Arg$ in der Hochsaison (Wochenpässe 734–1124 Arg$). Außerdem gibt es Skipässe für drei bis vier Tage, für zwei Wochen und für die ganze Saison. Wer in Malargüe logiert, bekommt die Skipässe 50 % billiger (unbedingt im Hotel einen Voucher ausstellen lassen).

Die Ausrüstung kann fast überall im Ort geliehen werden. Ein Paar Skier kostet pro Tag etwa 100 Arg$, Snowboards gibt es für 70 Arg$.

Schlafen & Essen

Zu Las Leñas gehört ein kleines Dorf mit vier Luxushotels und einer Gruppe von „Apart-Hotels", die alle vom selben Management geleitet werden. Normalerweise werden sie als Teil von Wochenpauschalen gebucht (Unterkunft, unbegrenztes Skifahren und zwei Mahlzeiten pro Tag). Trotz der wirtschaftlichen Schwierigkeiten des Landes haben sich die Preise für ausländische Besucher in Las Leñas kaum verändert. Alle Buchungen laufen entweder online unter www.laslenas.com oder zentral über **Ski Leñas** (☎ in Buenos Aires 011-4819-6000/60; ventas@ laslenas.com; Cerrito 1186, 8. Stock).

Hotel Acuario (pro Pers. 3500–8000 Arg$; 🖳) Das bescheidenste der Hotels hier ist immer noch sehr komfortabel, und mit „nur" 40 Zimmern gemütlicher als die anderen.

Hotel Escorpio (pro Pers. 3800–8250 Arg$; 🛜) Dieses 47-Zimmer-Hotel hat eigentlich nur drei Sterne, spielt aber immer noch ganz oben mit, und das Restaurant ist hervorragend. Gäste können die Einrichtungen im Hotel Piscis mitbenutzen.

Hotel Aries (EZ 5800-12 650 Arg$, DZ 7250-15 800 Arg$; 🛜 🖳) Ein 4-Sterne-Hotel mit Sauna, Fitnessbereich, Restaurant und luxuriös-komfortablen Zimmern.

Virgo Hotel & Spa (pro Pers. 6000–14 500 Arg$; 🛜 🖳) Das neueste Hotel im Dorf übertrifft alle anderen mit beheiztem Schwimmbecken im Freien, Sushi-Bar, Whirlpool und Kino.

Hotel Piscis (EZ 7330–10 000 Arg$, DZ 9160–21 380 Arg$; 🛜 🖳) Das Extravaganteste, was Las Leñas zu bieten hat: ein 5-Sterne-Hotel mit 99 Zimmern. Das noble Hotel besitzt Holzöfen, einen Fitnessbereich, Sauna, Hallenbad, das elegante Restaurant Las Cuatro Estaciones, eine Bar, ein Casino und einige Läden. Die Zimmerpreise ändern sich je nach Saison und gelten jeweils für eine Doppelbelegung.

Apart Hotel Gemenis (pro Woche/Person 4200 bis 5000 Arg$) und **Apart Hotel Delphos** (pro Woche/Person 4200–6000 Arg$) bieten ähnliche Pauschalen ohne Mahlzeiten an. Sie haben aber gut ausgestattete Kochnischen.

Es gibt außerdem kleine Apartments mit zwei bis sechs Betten und Gemeinschaftsbad, die so ausgestattet sind, dass Gäste sich selbst verpflegen können. Reisende mit kleinem Geldbeutel übernachten günstiger in Los Molles (20 km entfernt) oder Malargüe (70 km entfernt).

Die Restaurants im Dorf decken die ganze gastronomische Palette von Cafés über Sandwich-Läden und Pizzerias bis zu hochklassigen Hotel-Speisesälen ab. Einsame Spitze ist das Las Cuatro Estaciones im Hotel Piscis.

An- & Weiterreise

In Juli und August gibt es samstags Charterflüge (1950 Arg$) von Buenos Aires nach Malargüe inklusive Transfer nach und von Las Leñas. Sie werden zumeist als Teil der Unterkunftspauschale in einem der Hotels in Las Leñas gebucht.

Während der Saison gibt es einen Busservice aus Richtung Mendoza (40 Arg$, 6½ Std.), San Rafael (25 Arg$, 3 Std.) und Malargüe (16 Arg$, 1½ Std.).

NACH SÜDEN ENTLANG DER RN 40

Von Malargüe aus windet sich die RN 40 durch raue Wüstenlandschaften bis in die Provinz Neuquén hinein. Trotz gegenteiliger Aussagen *gibt* es öffentlichen Verkehr auf dieser Straße. Tramat unterhält zweimal die Woche einen regulären Busdienst zwischen Mendoza und Zapala, und Transportes Leader lässt montags bis samstags Minibusse zwischen San Rafael und Buta Ranquil fahren. Einzelheiten sind aufgeführt unter Mendoza (S. 384), San Rafael (S. 395) und Malargüe (S. 396). Von Buta Ranquil gibt es Verbindungen nach Neuquén und Chos Malal, doch ist es eventuell nötig, dort zu übernachten. Zu sehen ist dort eigentlich nichts, aber ein paar preisgünstige Hotels sind vorhanden, eine nette Privatunterkunft und genügend Restaurants und Cafés, um nicht hungrig und durstig ins Bett gehen zu müssen.

SAN JUAN

☎ 0264 / 460 200 Ew. / 650 m

Die Stadt lebt im Schatten eines Weltklassereiseziels wie Mendoza und tut sich entsprechend schwer. Den Bewohnern von San Juan muss man allerdings zugutehalten, dass sie gar nicht erst versuchen, mit Mendoza zu konkurrieren. Das Leben in der Provinzhauptstadt vollzieht sich im ganz eigenen Tempo, die Einheimischen sind in Bezug auf ihre kleine Stadt gleichermaßen stolz und bescheiden.

Die Weingüter von San Juan verrichten keineswegs schlechte Arbeit und geben sich neben dem Getue in Mendoza erfrischend zurückhaltend. Die übrigen Attraktionen der Provinz sind

MENDOZA & DIE ZENTRALEN ANDEN

NICHTS ALS HEISSE LUFT

Wer durch San Juan reist, besonders im Herbst und Winter, macht möglicherweise Bekanntschaft – wenn nicht durch eigene Erfahrung, dann durch Hörensagen – mit einem meteorologischen Phänomen: el zonda. Ähnlich wie der Föhn in den Alpen ist der Zonda ein trockener warmer Fallwind, der an einem kalten Tag die Temperatur vom Gefrierpunkt auf fast 20 °C hochschnellen lässt. Der Zonda entsteht, wenn Stürme vom Pazifik auf die Anden treffen, dort ihre Feuchtigkeit abgeben und als trockene Fallwinde die Osthänge der Berge hinabpeitschen und sich dabei erwärmen. Der (sanfte bis heulend stürmische) Wind hält mitunter mehrere Tage an. Sanjuaninos (Einwohner von San Juan) können vor die Tür treten und vorhersagen, wann er aufhört – und dass es dann kalt wird. Die regelmäßige Erscheinung verursacht vielen in der Region heftige Kopfschmerzen, besonders im Winter.

---

von der Hauptstadt alle leicht zu erreichen. Die meisten Gäste legen auf dem Weg zum Parque Provincial Ischigualasto (S. 409) einen Stopp in San Juan ein.

1944 zerstörte ein schweres Erdbeben das Stadtzentrum. Damals legte Juan Perón mit seinen Hilfsanstrengungen den Grundstein für seinen landesweiten Ruhm.

Im Sommer ist die Stadt wie ausgestorben, besonders sonntags, wenn alle Einwohner von San Juan an die Ufer des nahe gelegenen Sees Dique Ullum strömen, um dort Abkühlung und Entspannung zu suchen.

Orientierung

San Juan liegt 170 km nördlich von Mendoza an der RN 40. Von Buenos Aires sind es 1140 km in die Provinzhauptstadt. Wie in den meisten argentinischen Städten macht das gitterförmige Straßennetz die Orientierung leicht – zumal die Straßenschilder hier außerdem noch mit Himmelsrichtungen gekennzeichnet sind: norte (Norden), sur (Süden), este (Osten) und oeste (Westen).

Die west-östlich verlaufende Avenida San Martín und die nord-südlich verlaufende Calle Mendoza teilen die Stadt in vier etwa gleich große Quadranten. Die offizielle Stadtmitte liegt im Süden der Avenida San Martín, sie heißt auch Avenida Libertador.

Praktische Informationen

ACA (Automóvil Club Argentina; ☎ 422-3781; 9 de Julio 802) Argentiniens Autoclub; eine gute Quelle für regionale Straßenkarten.

Banco de San Juan (Ecke Rivadavia & Entre Ríos) Hat einen Geldautomaten.

Cambio Santiago (General Acha 52 Sur) Wechselstube.

Cyber Neo (Ecke Mitre & Entre Ríos; pro Std. 3 Arg$) Eines der vielen Internetcafés in San Juan.

Hospital Rawson (☎ 422-2272; Ecke General Paz & Estados Unidos)

Laverap (Rivadavia 498 Oeste; Waschen und Bügeln etwa 13 Arg$)

Post (Av. José Ignacio de la Roza 259 Este)

Regionale Touristeninformation (☎ 422-2431, 421-0004; www.turismo.sanjuan.gov.ar, auf Spanisch; Sarmiento 24 Sur; ☺ Mo–Fr 7–20, Sa & So 9–20 Uhr) Hält eine gute Straßenkarte der Stadt und Umgebung bereit sowie praktische Informationen über den Rest der Provinz, insbesondere den Parque Provincial Ischigualasto.

Sehenswertes & Aktivitäten

Kleiner Perspektivenwechsel gefällig? Dann nichts wie hinauf auf den **Aussichtsturm** (Ecke Mendoza & Rivadavia; Eintritt 2 Arg$; ☺ 9–13 & 17–21 Uhr) für einen grandiosen Panoramablick über die Stadt und deren Umgebung.

Meist gibt es eine Open-Air-milonga (Tanzhalle für Tango) im Parque de Mayo freitags ab 21 Uhr – die Touristeninformation gibt Auskunft, was im Moment läuft.

Die Öffnungszeiten der Museen ändern sich häufig; die Touristeninformation kennt aber die aktuellen Zeiten.

Die **Casa Natal de Sarmiento** (☎ 422-4603; www.casanatalsarmiento.gov.ar; Sarmiento 21 Sur; Eintritt 5 Arg$; ☺ Di–Fr 9–19, Sa 9–14, So 9–21 Uhr) ist nach Domingo Faustino Sarmiento benannt. Dessen umfassendes schriftstellerisches Werk als Politiker, Diplomat, Lehrer und Journalist hat ihn weit über Argentiniens Grenzen hinaus bekannt gemacht. Sarmientos Recuerdos de Provincia erzählen von seiner Kindheit in diesem Haus und geben seine Erinnerungen an seine Mutter Doña Paula Albarracín wieder. Heute ist das Haus ein Museum.

Das interessanteste Ausstellungsstück im **Museo de Ciencias Naturales** (Naturkundemuseum; ☺ 9 bis 13 Uhr) ist das Skelett eines Herrerasaurus aus Ischigualasto, dazu kommen jede Menge Mineralien, Fossilien und andere Ausstellungsstücke aus der Provinz. Das Museum liegt neben dem alten Bahnhof an der Avenida España bei Maipú

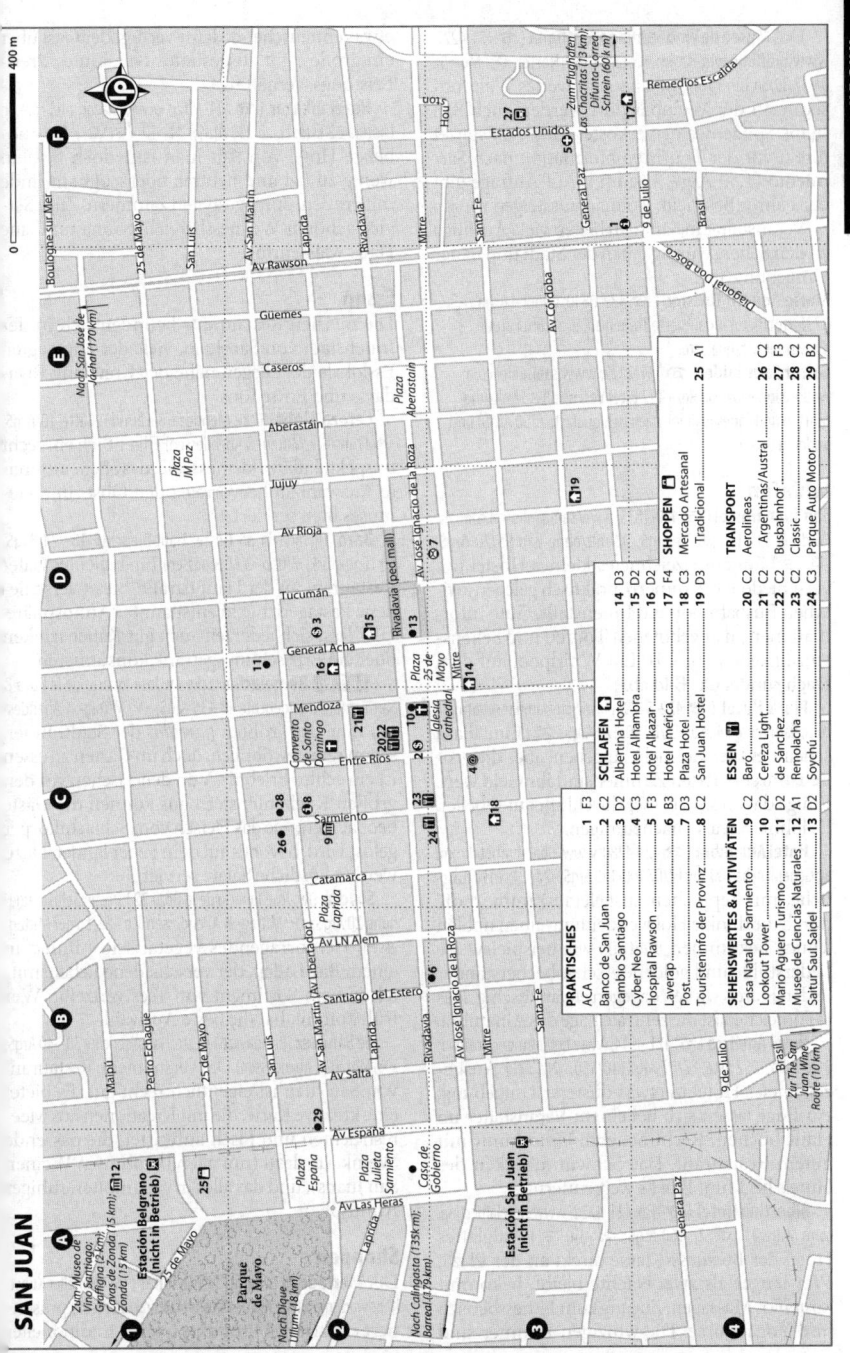

SAN JUAN

PRAKTISCHES

ACA	1 F3
Banco de San Juan	2 C2
Cambio Santiago	3 D2
Cyber Neo	4 C3
Hospital Rawson	5 F3
Laverap	6 B3
Post	7 D3
Touristeninfo der Provinz	8 C2

SEHENSWERTES & AKTIVITÄTEN

Casa Natal de Sarmiento	9 C2
Lookout Tower	10 C2
Mario Agüero Turismo	11 C2
Museo de Ciencias Naturales	12 A1
Saltur Saúl Saidel	13 D2

SCHLAFEN

Albertina Hotel	14 D3
Hotel Alhambra	15 D2
Hotel Alkazar	16 D2
Hotel América	17 F4
Plaza Hotel	18 C3
San Juan Hostel	19 D3

ESSEN

Baró	20 C2
Cereza Light	21 C2
de Sánchez	22 C2
Remolacha	23 C2
Soychú	24 C3

SHOPPEN

Mercado Artesanal Tradicional	25 A1

TRANSPORT

Aerolíneas Argentinas/Austral	26 C2
Busbahnhof	27 F3
Classic	28 C2
Parque Auto Motor	29 B2

Das **Museo de Vino Santiago Graffigna** (☎ 421-4227; www.graffignawines.com; Colón 1342 Norte; ☿ Mo–Sa 9–17.30, So 10–16 Uhr) ist ein sehenswertes Weinmuseum. In der Weinbar dort werden auch San Juans Spitzenweine verkostet. Bus 12A startet direkt vor der Touristeninformation nach Sarmiento (1,50 Arg$, 15 min.). Auf Anfrage gibt der Fahrer Bescheid, wo man aussteigen muss.

Veranstalter in San Juan bieten viele Ausflüge zu den Sehenswürdigkeiten der Stadt und in der Umgebung an.

Mario Agüero Turismo (☎ 422-0840; General Acha 17 Norte) Bietet organisierte Touren an, u. a. zum Parque Provincial Ischigualasto.

Saitur Saul Saidel (☎ 421-2222; www.saulsaidel.com; Av. José Ignacio de la Roza 112 Este) Veranstaltet Stadtrundfahrten und Tagesausflüge nach Ischigualasto (250 Arg$) und anderen Orten.

Schlafen

San Juan Hostel (☎ 420-1835; www.sanjuanhostel.com; Av. Córdoba 317 Este; B 35 Arg$; DZ mit/ohne Bad 95/70 Arg$; ▯ ☎) Ein ausgezeichnetes kleines Hostel mit verschiedenen Zimmern, praktisch gelegen zwischen Busbahnhof und Innenstadt. Gute Informationen zu angebotenen Touren und Sehenswürdigkeiten vor Ort. Ein Whirlpool auf dem Dach rundet das Bild ab.

Plaza Hotel (☎ 422-5179; plazahotelsanjuan@hotmail. com; Sarmiento 344 Sur; EZ/DZ 90/120 Arg$; ▧) Eine Plaza scheint es hier gar nicht zu geben, aber die großen, unrenovierten Zimmer sind ihr Geld wert. Einige davon sind besser durchlüftet und heller. Es lohnt sich also nachzufragen.

Hotel Alhambra (☎ 421-4780; www.alhambrahotel.com. ar; General Acha 180 Sur; EZ/DZ 100/140 Arg$; ▧ ☎) Behagliche, mit Teppichen ausgelegte Zimmer, die durch die dunkle Holzverkleidung einen noblen Touch bekommen. Details wie beispielsweise Lederstühle und goldene Aschenbecherständer in den Fluren wirken dagegen etwas kitschig. Das I-Tüpfelchen ist die zentrale Lage des Alhambra.

Hotel América (☎ 421-4514; www.hotel-america.com.ar; 9 de Julio 1052 Este; EZ/DZ Arg$110/130; ▧ ▨) Ausgezeichnetes Hotel in etwas düsterer Umgebung. Ausflüge lassen sich bei einem Veranstalter im Haus buchen. Recht beliebte Unterkunft mit gutem Restaurant. Das Schwimmbecken des Hotels liegt fünf Blocks weit entfernt.

Albertina Hotel (☎ /Fax 421-4222; www.hotelalbertina. com; Mitre 31 Este; Zi. 160 Arg$; ▧ ▯ ☎) Aalglattes Hotel der Business-Klasse direkt an der Plaza. Wer länger als zwei Nächte bleibt, bekommt kostenlos Massagen, Zugang zum Fitnessbereich und Yoga-Kurse. Die winzigen Zimmer sind etwas enttäuschend, dafür verfügt der Gast über ein großes, gut ausgestattetes Bad. Gutes Preis-Leistungs-Verhältnis.

Hotel Alkazar (☎ 421-4965; www.alkazarhotel.com.ar, Laprida 82 Este; Zi. ab 230 Arg$; ▧ ▯ ☎ ▨) Das nobelste Hotel von San Juan ist jedoch fast ein wenig zu fad und neutral, überzeugt am Ende mit großen, durchgestylten Zimmern. Zum Service gehören Wellnessbereich, Sauna und eine Haus-Masseurin.

Essen

Die meisten Restaurants befinden sich in der Innenstadt von San Juan, viele der angesagten Esslokale dort liegen nahe der Kreuzung Rivadavia und Entre Ríos.

Cereza Light (Ecke Mendoza & Laprida; Säfte 10 Arg$; ☿ Frühstück, Mittag- & Abendessen) Eigentlich ein recht unspektakuläres kleines Café, das aber eine breite Auswahl an hervorragenden Obst- und Gemüsesäften serviert.

Baró (Rivadavia 55 Oeste; Hauptgerichte 18–24 Arg$; ☿ Frühstück, Mittag- & Abendessen) Ein beliebtes Café/Restaurant an der Hauptstraße, bietet verschiedene Pastagerichte in entspannter Atmosphäre. Hier lässt sich jederzeit auch gut Kaffee trinken oder ein Erfrischungsgetränk konsumieren.

LP Tipp Remolacha (Ecke Av. José Ignacio de la Roza & Sarmiento; Hauptgerichte 18–35 Arg$; ☿ Mittag- & Abendessen) Eine der größten *parrillas* der Stadt. Innen schon sehr gewöhnlich, doch im Garten zu essen ist ein echtes Erlebnis. Von den Tischen vor den großen Küchenfenstern aus können die Gäste beobachten, wie das Fleisch vom Schlachtkörper gelöst wird, bevor es auf dem Feuer landet. Dazu werden köstliche Salate serviert.

Soychú (Av. José Ignacio de la Roza 223 Oeste; Selbstbedienung 20 Arg$; ☿ Mittag- & Abendessen Mo–Sa, So nur Mittagessen) Hervorragendes vegetarisches Bufett in einem Bio-Laden, der verschiedene Lebensmittel und ein Sortiment von Tees vertreibt. Wer früh kommt, hat die beste Auswahl.

de Sánchez (Rivadavia 61 Oeste; Hauptgerichte 30–40 Arg$; ☿ Mittag- & Abendessen) Das versnobteste Restaurant von San Juan ist eigentlich recht gut. Es bietet eine kreative Karte, die mit Kreationen aus Meeresfrüchten und Fisch aufwartet, die passende Weinkarte dazu (mit allen berühmten Weinen San Juans), und das alles in gedämpfter, ruhiger Atmosphäre.

Shoppen

Der **Mercado Artesanal Tradicional** (Traditioneller Kunsthandwerksmarkt; Centro de Difusión Cultural Eva Perón) präsentiert erstklassige Produkte lokaler traditioneller

Handwerkskunst, u. a. Ponchos und bunte *mantas* (Schals) aus Jáchal.

An- & Weiterreise

BUS

Vom **Busbahnhof** (☎ 422-1604; Estados Unidos 492 Sur) in San Juan aus fahren Überlandbusse nach Santiago (94 Arg$, 8 Std.), Viña del Mar und Valparaíso in Chile, wobei die Fahrgäste in Mendoza umsteigen müssen.

Im Sommer fahren einige Busse direkt durch, aber normalerweise muss man in Mendoza umsteigen, wenn Zielorte in Patagonien südlich von Neuquén angefahren werden. Die entsprechenden Fahrkarten gibt es aber schon in San Juan.

Verschiedene Buslinien fahren täglich die folgenden Zielorte an:

Reiseziel	Fahrpreis (Arg$)	Fahrzeit (Std.)
Barreal	36	4
Buenos Aires	210	14
Calingasta	33	3½
Catamarca	110	8
Córdoba	105	11
Huaco	30	3
Jujuy	220	20
La Rioja	80	7
Mendoza	22	3
Neuquén	185	15½
Pismanta	30	3
Rodeo	30	3½
Rosario	160	14
Salta	200	17
San Agustín de Valle Fértil	40	4½
San José de Jáchal	27	3
San Luis	40	5
Tucumán	150	13

FLUGZEUG

Aerolíneas Argentinas/Austral (☎ 421-4158; Av. San Martín 215 Oeste) fliegt zweimal täglich nach Buenos Aires (510 Arg$) außer sonntags (nur einmal).

Unterwegs vor Ort

Der **Flughafen Las Chacritas** (☎ 425-4133) liegt 13 km südöstlich der Stadt an der RN 20. Ein Taxi bzw. *remise* kostet 30 Arg$. Mietwagen gibt es bei **Classic** (☎ 422-4622; Av. San Martín 163 Oeste) oder **Parque Auto Motor** (☎ 422-6018; Ecke Av. San Martín & Av. España).

RUND UM SAN JUAN

Dique Ullum

Der 32 km² große Stausee liegt nur 18 km westlich von San Juan und ist ein Paradies für Wassersportler: Schwimmen, Angeln, Kajakfahren, Wasserskifahren, Windsurfen (ohne Verleih) –

alles ist möglich. Zahlreiche *balnearios* (Strandclubs) an den Ufern laden zum Faulenzen ein: Ein Tag hier in der Sonne gehört einfach zu einem Besuch in San Juan dazu. Abends verwandeln sich viele der *balnearios* in Tanzclubs.

Es gibt zwei Busverbindungen zum Stausee (stündlich): Linie 23 ab der Avenida Salta und Linie 29 ab Busbahnhof San Juan über die Avenida Córdoba.

Wallfahrtsort Difunta Correa

Wenn man eines in dieser Gegend wirklich nicht verpassen darf, dann ist es der Wallfahrtsort mit dem Schrein der Volksheiligen Difunta Correa in Vallecito, 60 km südöstlich von San Juan. Er ist eines der faszinierendsten kulturellen Phänomene des Landes.

Busse von Empresa Vallecito fahren montags bis samstags zweimal täglich um 8.30 Uhr und um 16 Uhr vom Busbahnhof in San Juan nach Vallecito (20 Arg$ hin & zurück, 1¼ Std. pro Strecke) und warten dort eineinviertel Stunde bis zur Abfahrt. Sonntags fahren Ausflugsbusse um 8, 10.30, 11.45, 15.30, 16.15 und 19 Uhr dorthin. Aber auch alle anderen Busse in Richtung Osten (La Rioja oder Córdoba) halten am Eingang von Vallecito. Weitere Verbindungen gibt es ab Mendoza (s. S. 384).

VALLE DE CALINGASTA

Das Calingasta-Tal ist ein landschaftlich reizvoller Streifen zwischen den Anden und der stark gefalteten und in vielen Farben leuchtenden Vorkordillere. Das Tal ist mit Sicherheit eine der schönsten Regionen in den beiden Provinzen San Juan und Mendoza.

Seit zwei neue Stauseen fertiggestellt wurden, ist der Teil der RP 12, der spektakulär am Felsabbruch entlangführt, gesperrt. Die meisten Karten zeigen noch die alte Straße, aber Autofahrer müssen inzwischen die RP 5 Richtung Norden nach Talacasto benutzen, dann auf die RP 149 wechseln (die sich Richtung Westen schlängelt) und dann Richtung Süden nach Calingasta fahren.

Calingasta

☎ 02648 / 8100 Ew. / 1430 m

Calingasta ist ein kleines Bauernstädtchen, das von Pappeln (*álamos*) an den Ufern des Río de los Patos beschattet wird. Es gibt hier wenig zu tun, allerdings bietet sich ein Besuch der **Capilla de Nuestra Señora del Carmen** als netter Zwischenstopp auf dem Weg nach Barreal an. Am Horizont – 7 km außerhalb des Ortes – ragt der **Cerro**

MENDOZA & DIE ZENTRALEN ANDEN

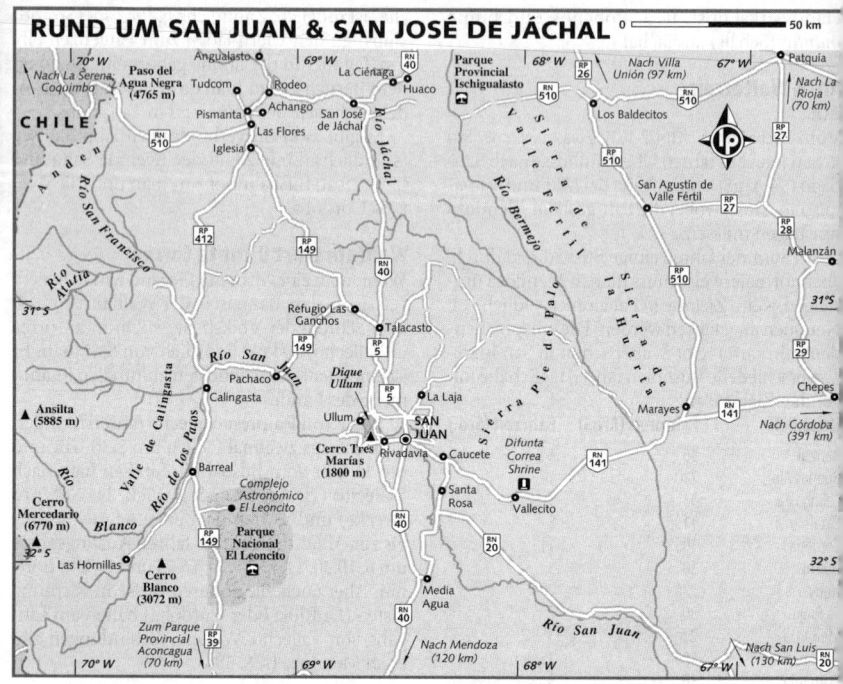

RUND UM SAN JUAN & SAN JOSÉ DE JÁCHAL   0 [====] 50 km

El Calvario auf. Hier wurden auf einem indigenen Friedhof mehrere Mumien gefunden. Wer sich dafür interessiert: Eine davon ist im kleinen **Archäologischen Museum** (Eintritt 4 Arg$; Di–Sa 10–13 & 16–20 Uhr) in der Nähe des Hauptplatzes in Calingasta ausgestellt.

Die Leute im Büro der **Touristeninformation** (441066; www.calingastaturismo.gov.ar; RP 12), von San Juan aus am Ortseingang, sind hilfsbereit, wenn es um Fragen zu den Sehenswürdigkeiten und Unterkünften geht.

Wer hier übernachten will, kann in der bescheidenen **Hospedaje Nora** (421027; Ecke Cantoni & Sarmiento; EZ/DZ 80/100 Arg$) schlafen. Die Zimmer in der Pension sind schlicht, aber geräumig. Die Räume im hinteren Gebäude haben ein besseres Preis-Leistungs-Verhältnis. Unten am Fluss gibt es einen **städtischen Campingplatz** (Zeltplatz 10 Arg$). Die Mahlzeiten bei **Doña Gorda** (Calle Principal; Hauptgerichte 15–30 Arg$) sorgen dafür, dass niemand verhungert – serviert werden schmackhaft zubereitete Empanadas und empfehlenswerte Menüs, die ihr Geld wert sind.

Pro Tag rollen zwei Busse durch den Ort – nach San Juan (33 Arg$, 3½ Std.) und nach Barreal (5 Arg$, 30 Min.).

Barreal

☎ 02648 / 1900 Ew. / 1650 m

Barreal hat eine paradiesische Lage, wie man sie sonst wohl nur selten findet. *Sauces* (Trauerweiden), *alamos* (Pappeln) und Eukalyptusbäume drapieren sich träge über unbefestigten Straßen, die sich durch den Ort schlängeln. Und der Blick auf die Cordillera de Ansilta – eine Gebirgskette der Anden mit sieben majestätisch aufragenden Gipfeln zwischen 5130 bis 5885 m – ist einfach atemberaubend. Wer die Kunst des süßen Nichtstuns nicht beherrscht, wird sie in Barreal bestimmt erlernen.

Die Presidente Roca, eine Verlängerung der RP 149 von Calingasta nach Barreal und weiter zum Parque Nacional Leoncito, führt einmal quer durch die Stadt. Die meisten Straßen haben keinen Namen; wer Probleme mit der Orientierung hat, fragt am besten die Einheimischen nach dem Weg.

PRAKTISCHE INFORMATIONEN

Banco de la Nación (Presidente Roca s/n) Hat einen Geldautomaten.

IWS Comunicaciones (San Martín s/n; pro Std. 3 Arg$) Internetzugang. Sehr langsam.

RUTA DEL VINO DE SAN JUAN

Der Weingut-Tourismus ist in San Juan weit weniger entwickelt als in Mendoza. Das ist in vielerlei Hinsicht auch gut so. Zum Beispiel sind deutlich weniger Leute unterwegs, die Führungen werden gelegentlich von den Winzern selbst geleitet. Einige Weingüter vermarkten sich gemeinsam in der Ruta del Vino de San Juan (San-Juan-Weinstraße). Wer alle an einem Tag besuchen möchte, sollte sich einen Mietwagen nehmen. Von der Innenstadt aus ist es eine 40-km-Rundfahrt mit Halt an den unten vorgestellten Weingütern. Die Weinstraße kann auch mit öffentlichen Verkehrsmitteln und Taxi abgefahren werden. Eine Reservierung ist bei keinem der angegebenen Weingüter erforderlich.

Das erste ist gleich eines der schönsten Weingüter der Region: **Las Marianas** (☎ 0264-423-1191; www.bodegasalasmarianas.com.ar; Calle Nuevo s/n; ⊙ 9–13 & 15.30–20 Uhr). Es wurde 1922 erbaut, 1950 aufgegeben und 1999 wieder in Betrieb genommen. Das prächtige Hauptgebäude hat dicke Lehmwände, überall stehen Gerätschaften zur Weinerzeugung. Der Blick über das Gut in Richtung Berge ist traumhaft. Wer mit dem Bus anreisen möchte, steigt in San Juan an der Ecke Santa Fe und Mendoza in die Linie 16 (1,30 Arg$, 40 Min.) und fährt bis zur Ecke Calle Aberastain und Calle Nuevo. Dort weist ein Hinweisschild den Weg zum Weingut (800 m zu Fuß).

Vom Gut geht es zurück zur Calle Aberastain, dann rechts einbiegen und der Straße 500 m Richtung Süden folgen bis zu **Viñas de Segisa** (☎ 0264-492-2000; www.saxsegisa.com.ar; Aberastain & Calle 15; ⊙ Mo–Sa 10–19, So 10–14 Uhr). Das herrschaftliche alte Weingut wirkt sehr viel musealer als die anderen. Die Führung durch die unterirdischen Kellergewölbe ist ausgezeichnet, Weinproben werden großzügig ausgeschenkt. Die Kellerei gehört zu den wenigen, die sich zum „chipping" bekennen (junge Weine werden durch Eichenchips aromatisiert).

Wer keine Lust auf einen längeren Spaziergang hat, sollte jetzt eine *remise* (Taxi) rufen. Wer seinen Rundgang aber zu Fuß fortsetzen möchte, läuft Richtung Norden zurück zur Calle 14, biegt rechts ein und folgt der Straße 5 km bis zur RN 40. Noch einmal nach links abbiegen, dann stößt man nach etwa 1 km auf **Fabril Alto Verde** (☎ 0264-421-2683; www.fabril-altoverde.com.ar; RN 40 zwischen Calle 13 & 14; ⊙ Mo–Fr 9–13 & 14.30–18.30 Uhr, Sa 9–13 Uhr). Die große, hypermoderne Weinkellerei exportiert 90 % ihrer Weine. Bei den Führungen – auf Englisch und Spanisch – wird ein ziemlich langweiliges Werbevideo gezeigt. Die preisgekrönten biologisch angebauten Weine von Buenas Ondas und Touchstone stammen von hier.

Mit der Buslinie 24 geht es weiter Richtung Norden auf der RN 40 bis zur Calle 11. Rechts einbiegen und etwa 300 m weit gehen bis zu **Miguel Mas** (☎ 0264-422-5807; miguelmas@infovia.com.ar; Calle 11 s/n; ⊙ Mo–Fr 9–17, Sa 9–13 Uhr). Die kleine Weinkellerei erzeugt biologisch angebauten Sekt und andere Weine. Die ganze Verarbeitung – mit Ausnahme des Verkorkens der Flaschen – erfolgt von Hand. Führungen (nur auf Spanisch) geleiten die Besucher durch den gesamten Produktionsablauf.

Zurück an der RN 40 kann durch Handzeichen ein Bus der Linie 24 für die Heimfahrt zum Busbahnhof in San Juan angehalten werden.

Wer nach der Rückkehr immer noch Durst hat, kann am Busbahnhof in die Linie 23 einsteigen, um eines der merkwürdigsten Weingüter Südamerikas zu besichtigen: die **Cavas de Zonda** (☎ 0264-494-5144; www.cavasdezonda.com; Ruta 12 s/n, Zonda; ⊙ Mo–Fr 9–17, Sa & So 11–17 Uhr) in einer Höhle bei der Stadt Zonda, etwa 16 km westlich von San Juan. Die Sektkellerei rühmt sich, den einzigen Weinkeller Südamerikas „mit einem Berg als Dach" zu haben. Ob wahr oder nicht, die Temperatur sind jedenfalls optimal, um ausgezeichneten Sekt zu keltern. (Und außerdem ist es ein sehr gutes Marketinginstrument.) Buslinie 23 fährt sechsmal pro Tag von Bahnsteig 20 im Busbahnhof von San Juan dorthin.

Touristeninformation (☎ 441066; turismo@calingasta.gov.ar; Presidente Roca s/n; ⊙ 9–13.30 & 15–20 Uhr) Liegt neben dem Hauptplatz und hat Adresslisten von Reiseveranstaltern und Unterkünften.

SEHENSWERTES & AKTIVITÄTEN

Wenn man zum **Río de los Patos** hinuntergeht, präsentieren sich das Tal und die **Cordillera de Ansilta** bei freiem Blick von ihrer schönsten Seite. Höchster Gipfel der Cordillera ist der **Ansilta**: Er ragt 5885 m hoch auf. Nach Süden zu sind **Aconcagua** und der Vulkan **Tupungato** zu erkennen, außerdem der Gipfel des **Cerro Mercedario**, der bis auf 6770 m Höhe aufragt.

Am südlichen Ende der Presidente Roca befindet sich eine Art dreieckiger Kreisverkehr. Die Straße nach Osten (weg von den Anden) führt hinauf in die Hügel; dort gibt es einen kleinen Schrein, wo Gläubige Opfergaben hinterlegen. Bei **Spaziergängen** in die Vorberge lassen sich

MENDOZA & DIE ZENTRALEN ANDEN

DIFUNTA CORREA

Die Legende erzählt von Deolinda Correa, die während des Bürgerkriegs in den 1840er-Jahren mit ihrem kleinen Sohn auf dem Arm dem Bataillon ihres kranken Mannes zu Fuß durch die Wüsten von San Juan folgte. Als ihr die mageren Vorräte und das Wasser ausgingen, starb sie vor Hunger, Durst und Erschöpfung. Vorbeiziehende Maultiertreiber fanden sie und sahen zu ihrer Überraschung, dass das Baby an der Brust seiner toten Mutter saugte. Zur Erinnerung an dieses Wunder wurde das Grabmal in Vallecito errichtet – und zwar angeblich an der Stelle, wo Deolinda einst gestorben sein soll.

Difunta bedeutet wörtlich „erloschen", und Correa ist der Familienname. Genau genommen ist sie weniger eine Heilige, sondern eher eine „Seele" – eine Verstorbene, die Wunder bewirkt und Fürsprache für die Menschen hält. Das Überleben ihres Kindes ist das erste einer Reihe von Wundern, die man ihr zuschreibt. Bis 1940 bestand das Grab nur aus einem einfachen Kreuz auf einem Hügel. Erst danach entstand hier ein kleines Dorf mit eigener Tankstelle, Schule, Postamt, Polizeistation und Kirche. Mittlerweile gibt es 17 Kapellen und Gedenkstätten, in denen die Gläubigen um Wunder beten und ihre Gaben hinterlassen. Außerdem gehören zwei Hotels, mehrere Restaurants, ein Einkaufszentrum mit Souvenirshops und die Verwaltung der gemeinnützigen Organisation (die sich um die Stätte kümmert) zum Ort.

Interessanterweise zählen die Lkw-Fahrer zu den andächtigsten Verehrern von Difunta. Von La Quiaca an der bolivianischen Grenze bis Ushuaia in Feuerland findet man an den Straßenrändern überall kleine Gedenkstätten, die Bilder der Difunta Correa zeigen. Daneben stehen zahlreiche Wasserflaschen, die ihren Durst stillen sollen. An manchen dieser Plätze liegt so viel Schrott herum, dass man fast ein ganzes Auto daraus bauen könnte!

Ohne öffentliche Unterstützung der Regierung und trotz des offenen Widerstands der katholischen Kirche breitet sich der Glaube an die Wundertätigkeit der Difunta Correa immer weiter im Land aus. Dasselbe gilt für die Grabstätte, zu der die Menschen das ganze Jahr über pilgern. Zu Ostern, am 1. Mai und Weihnachten versammeln sich hier bis zu 200 000 Gläubige. An Wochenenden ist in Vallecito immer mehr Betrieb als wochentags.

---

weitere faszinierende Ausblicke genießen. Wenn man der Straße weitere 3 km folgt, erreicht man ein Bergbaugelände: Durch das offene Tor im **Versteinerten Wald** gehen, der nach 1 km erreicht ist.

Hier wird ausgezeichnetes **Wildwasser-Rafting** geboten – allerdings eher wegen der Landschaft als wegen der Stromschnellen. Die meisten Trips starten 50 km flussaufwärts in **Las Hornillas. Condor Expediciones** (☎ 441144) ist der renommierteste Raftingveranstalter der Stadt.

Las Hornillas (dort gibt es zwei *refugios* und einen militärischen Außenposten) bietet außerdem **Bergsteigern** Zugang zum Cordón de la Rameda mit fünf Gipfeln über 6000 m, darunter auch zum Cerro Mercedario. Die Aufstiegsrouten sind technisch anspruchsvoller als die des Aconcagua, deshalb ziehen viele Bergsteiger dieses Gebiet vor. Der aus Barreal stammende Ramon Ossa ist als Bergführer und Exkursionsanbieter sehr empfehlenswert und kennt die Kordillere wie seine Westentasche. Er ist über die **Cabañas Doña Pipa** (☎ 441004; www.fortunaviajes.com.ar) erreichbar und kann Ausflüge zum Cerro Mercedario und Expeditionen über die Anden in den Fußstapfen von San Martín arrangieren – Maultiere und Ausrüstung inbegriffen.

Explora Parques (☎ 0264-503-2008; www.territorio sandinos.com.ar; Mariano Moreno s/n) bieten Touren durch den Nationalpark El Leoncito, Angelreisen und Geländewagentouren an.

Barreal ist hauptsächlich für **carrovelismo** (Landsegeln) bekannt, eine aufregende Sportart, bei der ein kleines Gefährt mit einem Segel ausgestattet wird. Fanatiker kommen von weit her, um auf dem windigen, verkrusteten Seebett bei Pampa El Leoncito herumzusausen. Das Gelände liegt etwa 20 km außerhalb der Stadt, neben dem Nationalpark. **Rogelio Toro** (☎ 0264-15-671-7196; dontoro.barreal@gmail.com) verleiht die notwendige Ausrüstung und gibt auch Unterricht.

Wer ins *refugio* möchte, Bergsteigerinformation, einen Führer oder einen **Mountainbikeverleiher** braucht, sucht am besten Maxi bei **Cabañas Kummel** (☎ 441206; Presidente Roca s/n) auf.

SCHLAFEN & ESSEN

Hostel Barreal (☎ 441144; Av. San Martín s/n; 6-Personen-Cabaña 150 Arg$) Einfache, aber nette kleine *cabañas* mit Küche, mitten im Grünen und unter vielen schattigen Bäumen.

Posada Don Lisandro (☎ 0264-15-505-9122; www. donlisandro.com.ar; Av. San Martín s/n; EZ/DZ mit Gemeinschaftsbad 70/100 Arg$) Diese neue *posada* (Gasthof) ist in einem hundertjährigen Haus untergebracht. Die Originaldecken aus Schilf und Lehm sind noch vorhanden, ebenso einige Originalmöbel in den Zimmern. Die Gäste können die Küche benutzen und es sich auf dem schönen, schattigen Gelände bequem machen.

El Alemán (☎ 441193; DZ 180 Arg$, 4-Personen-cabaña 260 Arg$; ☽ Frühstück, Mittag- & Abendessen) Unten am Fluss mit weitem Blick auf die Anden bietet die Anlage mit deutsch-argentinischen Besitzern einige der schönsten Zimmer der Stadt. Die Hütten sind eher schon kleine Häuser und vermitteln dank ihrer verstreuten Lage auf dem Gelände ein Gefühl ungestörten Privatlebens. Die Zimmer sind hübsch und gemütlich. Dazu gibt es ein ausgezeichnetes Restaurant (Hauptgerichte 30–50 Arg$), das deftige Gerichte und ein hervorragendes Frühstück aus ganz frischen Zutaten serviert.

Posada San Eduardo (☎ 441046; Ecke San Martín & Los Enamorados; EZ 130–150 Arg$, DZ 200–280 Arg$) Das attraktive kleine Gasthaus aus Lehmziegeln bietet kühle Zimmer mit gekalkten Wänden, die rund um einen wunderbar schattigen Innenhof liegen. Die Betten und Stühle aus Pappelholz verleihen den Zimmern stille Eleganz. Gegen einen kleinen Aufpreis gibt es sogar einen eigenen Kamin.

Pizzería Clif (Presidente Roca s/n; Hauptgerichte 12 bis 25 Arg$; ☽ Abendessen) Die Einrichtung ist auffällig bescheiden, aber die Pizzas sind anständig, und abends wird das Lokal zur Bar.

La Ramada (Presidente Roca s/n; Hauptgerichte 15–20 Arg$; ☽ Mittag- & Abendessen) Bietet die üblichen Fleisch- und Pastagerichte sowie leckere Fleisch-Empanadas. Dazu gibt es eine gute Auswahl an Weinen aus der Region von San Juan.

AN- & WEITERREISE

Die Ortschaft Barreal ist Endstation für die Buslinien, doch fahren täglich zwei Busse nach San Juan (36 Arg$, 4 Std.), die auch in Calingasta (5 Arg$, 30 Min.) halten.

Parque Nacional El Leoncito

Der 76 km² große Nationalpark Parque Nacional El Leoncito erstreckt sich über eine ehemalige *estancia* (Ranch) 22 km südlich von Barreal. Die Landschaft ist typisch für die Vorkordillere der Anden, auch wenn es hier trockener ist als im Tal nördlich von Barreal. Neueste Hauptattraktion ist die Pampa de Leoncito, wo sich ein ausgetrocknetes Seebett zum **Landsegeln** anbietet. In dem hoch gelegenen, trockenen und offenen Tal ist der Himmel nur selten bewölkt: ein ausgezeichnetes Terrain für Sterngucker. Der Park ist deshalb auch Standort des **Complejo Astronómico El Leoncito** (www.casleo.gov.ar), zu dem zwei bedeutende Observatorien gehören: **Observatorio El Leoncito** (☎ 02648-441088; Eintritt 7 Arg$; ☽ Führungen um 10, 11, 15, 16 & 17 Uhr) und **Observatorio Cesco** (☎ 02648-441087; Eintritt 6 Arg$; ☽ Führungen um 10, 12, 16 & 18 Uhr). Abendbesuche müssen im Voraus mit **Yafar Destinos** (☎ 0264-420-4052; Av. Rioja 428 Sur) in San Juan abgesprochen werden.

Camping ist hier nicht erlaubt, aber in der Nordwestecke des Parks befindet sich die **Cascada El Rincon**, ein hübscher kleiner Wasserfall in einem flachen Canyon. Wer ein nettes Plätzchen zum Picknicken sucht und an einem heißen Tag herumplanschen möchte, ist hier genau richtig.

Zum Park El Leoncito fahren keine öffentlichen Verkehrsmittel. Von Barreal liegt er 22 km entfernt, dann sind es noch einmal 17 km auf der Zufahrtstraße – also zu Fuß definitiv zu weit. Wer nicht mit dem Auto unterwegs ist, kann Kontakt zu Ramon Ossa in Barreal (S. 404) aufnehmen: Seine informativen Touren durch den Park wurden von Lesern schon oft wärmstens empfohlen.

SAN JOSÉ DE JÁCHAL
☎ 02647 / 21 000 Ew.

Jáchal wurde 1751 gegründet und liegt inmitten von Weinbergen und Olivenhainen. Zum Charme des Städtchens gehört die bunt gemischte Architektur aus alten Lehmhäusern und neuen Backsteingebäuden. *Jachalleros* (so nennen sich die Einwohner) sind treue Hüter eigener Bräuche ihres Berufsstandes und von Gaucho-Handwerkstraditionen. Seinen Ruf als „Cuna de la Tradición" (Wiege der Tradition) feiert Jáchal im November mit der **Fiesta de la Tradición**. Außerhalb der Festivalzeit finden sich Beispiele traditioneller Handwerkskunst allerdings eher in San Juan.

In der **Iglesia San José**, dem Nationaldenkmal gegenüber der großen Plaza, steht der **Cristo Negro** (Schwarze Christus), auch Señor de la Agonía (der Schmerzensmann) genannt. Die grusige Figur aus Leder, deren Kopf und Gliedmaßen beweglich sind, wurde zu Kolonialzeiten aus Potosí hierhergebracht.

Was Jáchal an Unterkünften zu bieten hat, ist nicht gerade umwerfend, aber das **Hotel San Martín** (☎ 420431; www.jachalhotelsanmartin.com; Echegaray 387; EZ/DZ 75/100 Arg$, mit Gemeinschaftsbad 40/60 Arg$; ☒ ☐), ein paar Querstraßen von der Plaza entfernt, ist ganz akzeptabel. Von außen sieht es weit neuer aus, als es ist, aber die Zimmer sind groß und behaglich und die Bäder modern.

ABSTECHER NACH HUACO

Die RN 40 führt von San José de Jáchal nach Norden durch eine faszinierende Landschaft reich an folkloristischen Traditionen, die kaum je von Fremden besucht wird. Östlich von Jáchal windet sich die RN 40 die steile **Cuesta de Huaco** hoch und gibt kurz vor **Huaco** den Blick auf den Damm von Los Cauquenes frei. Huaco ist ein verschlafenes Nest etwa 36 km von Jáchal entfernt. Allein die Viejo Molino (alte Mühle) lohnt den Abstecher dorthin. Nicht wenige Besucher sind fasziniert von der geisterhaften Landschaft und entrückten Atmosphäre. Nächtigen kann man in der **Hostería Huaco** (☎ 0264-421-9528; www.grupohuaco.com.ar; B/Zi. 35/120 Arg$; ✖ 🏊), einem schön gelegenen kleinen Hostel mit phantastischem Ausblick auf die Berge. Hinter dem Haus lockt ein Schwimmbecken.

Täglich fährt ein Bus von Huaco nach San Juan (30 Arg$, 4 Std.), der unterwegs auch in Jáchal (15 Arg$, 1 Std.) Halt macht.

Zurück zur RN 510 und dann Richtung Westen fährt man durch das Örtchen Rodeo und in den Bezirk Iglesia mit den Thermalbädern von **Pismanta** (s. unten) in der Vorkordillere. Die RN 510 führt Richtung Westen über den 4765 m hohen **Paso del Agua Negra** (nur im Sommer geöffnet) nach Chile. Südlich von Pismanta führt die RP 436 wieder zur RN 40 und nach San Juan.

La Taberna de Juan (San Martín s/n; Hauptgerichte 20 bis 25 Arg$; ✖ Mittag- & Abendessen) ist eine helle und freundliche *parrilla* an der Plaza. Der Schwerpunkt liegt auf Fleischgerichten, aber es gibt auch eine Auswahl guter Pastagerichte und Salate. Die Mittagsmenüs sind besonders preiswert.

Mehrmals täglich fahren Busse vom **Busbahnhof** (Ecke San Juan & Obispo Zapata) in Jáchal nach San Juan (27 Arg$, 3 Std.).

RUND UM SAN JOSÉ DE JÁCHAL
Rodeo
☎ 02647 / 2010 m

Rodeo ist ein kleiner heruntergekommener Ort 42 km westlich von San José de Jáchal. Seine malerischen Häuser aus Lehmziegeln sind typisch für diese Gegend. Es gibt mehrere *cabañas* und *hosterías* im Ort; Pismanta liegt nur etwa 20 km entfernt.

Rodeo ist in jüngster Zeit eine weltberühmte Destination der **Windsurfer** geworden. Die Stadt liegt nur 3 km von einem der besten Windsurfreviere des Planeten entfernt: **Dique Cuesta del Viento**. Der Stausee, auf dem von Mitte Oktober bis Anfang Mai die nachmittäglichen Windgeschwindigkeiten 120 km/h erreichen, zieht Surfer rund um den Globus an. Für alle anderen lohnt es sich, ein oder zwei Tage in Rodeo zu verbringen, rund um den Ort spazieren zu gehen und am Strand zu faulenzen. Dort kann man den spektakulären Ausblick genießen und den fanatischen Windsurfern zuschauen.

Im Rathaus von Rodeo hält die **Touristeninformation** (municipalidad_iglesia@yahoo.com.ar; ✖ 8–20 Uhr) für die Besucher der Ortschaft eine Liste mit Unterkünften und Informationen zu lokalen Sehenswürdigkeiten bereit.

An der Playa Lamaral, am Ufer des Stausees, bietet die Jugendherberge **Rancho Lamaral** (☎ 0264-15-660-1197; www.rancholamaral.com; B/DZ 40/100 Arg$) nicht nur schlichte Zimmer in einem renovierten Lehmziegelhaus, sondern auch Windsurfer-Kurse (3/5 Unterrichtsstunden 230/260 Arg$) und die dazu passende Ausrüstung an.

LP Tipp **50 Nudos** (☎ 011-15-5759-0525; www.50nudos.com; Puque s/n; EZ/DZ 120/180 Arg$) Der Weg zu 50 Nudos ist ab der Hauptstraße beschildert. Die kleineren Räume sind rustikal, aber nett eingerichtet. Alternativ dazu gibt es größere Räume mit Sitzecke, wo morgens das Frühstück serviert wird.

La Surfera (Santo Domingo s/n; Hauptgerichte 15–30 Arg$; ✖ Mittag- & Abendessen) An der Hauptstraße mitten in der Stadt liegt dieses entspannte Café-Restaurant mit Reggae-Bar, in dem sich Rodeos erstaunlich große Hippie-Gemeinde trifft. Die vegetarischen Gerichte sind natürlich gut; die Fleischgerichte könnten besser sein.

Vom Busbahnhof in San Juan aus wird Rodeo mehrmals täglich angefahren (30 Arg$, 5½ Std.).

Pismanta
☎ 02647

Die kürzlich neu gestalteten Thermalbäder sind Teil des **Hotel Termas de Pismanta** (☎ 497091/02; www.pismantahotel.com.ar; EZ/DZ 150/270 Arg$; 🏊). Die Zimmer in diesem Komplex sind schick, wenn auch etwas abgewirtschaftet. Die Bäder befinden sich alle im Haus in kleinen, sauber gekachelten Kabinen. Die Temperaturen variieren zwischen 38 und 45 °C. Wer nicht im Hotel wohnt, zahlt einen Preis von 10 Arg$ für die Bäder. Es werden einige Wellness-Behandlungen angeboten.

Wesentlich preisgünstiger wohnt es sich im **Hospedaje La Olla** (☎ 497003; Zi. pro Pers. 30 Arg$), einem einfachen Haus mit großen Zimmern, niedrigen Holzdecken und vielen Tierfellen, die überall herumliegen. Von den Thermalbädern aus liegt es auf der anderen Seite der Landstraße und dann eine Seitenstraße hinauf.

Minibusse von Iglesia SRL fahren viermal pro Woche vom Busbahnhof in San Juan über die RP 149 nach Jáchal mit Halt in Iglesia und Pismanta (30 Arg$, 3 Std.).

SAN AGUSTÍN DE VALLE FÉRTIL

☎ 02646 / 6800 Ew.

Zu erreichen ist San Agustín de Valle Fértil über seltsam wellenförmige Landstraßen, die die Wüstenlandschaft durchschneiden. Der Ort ist eine ausgezeichnete Ausgangsbasis für Ausflüge in die nahe gelegenen Parque Provincial Ischigualasto. Dass dieses semiaride Tal als „fruchtbar" gilt, liegt daran, dass die umliegende Landschaft noch viel trockener ist.

Abgesehen von einem Besuch im Park gibt es hier nicht viel zu sehen. Doch der gemächliche Gang der Menschen, die an Sommerabenden auf den Bürgersteigen sitzen und jeden Passanten grüßen, hat schon mehr als einen Besucher in seinen Bann gezogen.

Orientierung & Praktische Informationen

San Agustín liegt inmitten der Sierra Pampeanas – sanft geschwungene Berge aus Sedimentgestein, die von eindrucksvollen Canyons durchschnitten werden. Von San Juan sind es 247 km in nordöstlicher Richtung über die RN 141 und RP 510, die weiterführt nach Ischigualasto und La Rioja. San Agustín ist so klein, dass die Einwohner sich nicht mit Straßennamen abgeben. Es heißt also, sich durchzufragen.

Cámara de Turismo (Mitre, zwischen Entre Ríos & Mendoza) Private Touristeninformation mit einem Büro am Busbahnhof.

Städtische Touristeninformation (General Acha; ☺ Mo–Fr 7–13 & 17–22, Sa 8–13 Uhr) Liegt der Plaza gegenüber. Arrangiert Auto- oder Mauleseltouren in die Berg-Canyons und ins Hinterland. Führt auch eine aktuelle Liste der Hotelpreise.

Post (Ecke Laprida & Mendoza)

Turismo Vesa (☎ 420143; www.turismovesa.com; Mitre s/n) Für geführte Touren durch den Parque Provincial Ischigualasto, nach Talampaya, El Chiflón und für Ausritte.

Schlafen und Essen

Eco Hostel (☎ 420147; www.ecohostel.com.ar; Mendoza 42; B/DZ 30/80 Arg$; ☒) Eines der besseren Hostels der Stadt, hervorragend gelegen, nur einen halben Block von der Plaza entfernt. Ein Planschbecken ist auch vorhanden. Organisiert preiswerte Touren zu Sehenswürdigkeiten wie den Parque Provincial Ischigualasto.

Hostería & Cabañas Valle Fértil (☎ 420015; www. alkazarhotel.com.ar; Rivadavia s/n; EZ/DZ in der Hostería 170/ 200 Arg$, 4-Personen-cabaña 280 Arg$) Die angesagte Adresse für eine Unterkunft in der Stadt, mit einer schön gelegenen *hostería* oberhalb des Stausees und gut ausgestatteten *cabañas* in der Nähe. In der *hostería* befindet sich ein gutes Restaurant (Hauptgerichte für 20–35 Arg$), das von 6 bis 23 Uhr Essen serviert. Beide sind von Rivadavia über den Weg zum Fluss gut zu erreichen.

Die *hostería* besitzt außerdem den besten Campingplatz vor Ort, **Camping Valle Fértil** (Rivadavia s/n; Zeltplatz 20 Arg$). der von den einförmigen Kronen der Eukalyptusbäume beschattet wird. An langen Wochenende und in den Ferien wird er sehr voll, aber außerhalb der Saison und zur Wochenmitte geht es hier eher ruhig zu.

Wer nicht bis zur *hostería* laufen mag, findet gute, einfache Restaurants entlang der Rivadavia, die von der zentralen Plaza Richtung Westen führt. **La Florencia** (Ecke Mitre & Acha; Hauptgerichte 15–25 Arg$; ☺ Mittag- & Abendessen) an der Plaza serviert gute *parrillas*, einschließlich *chivito* (Zicklein – zwei Stunden im Voraus bestellen) und leckeres *lomo al roquefort* (Rindfleisch mit Roquefort-Käsesauce; 20 Arg$).

An- & Weiterreise

Von San Agustíns **Busbahnhof** (Mitre, zwischen Entre Ríos & Mendoza) aus fahren täglich Busse nach San Juan (40 Arg$, 4½ Std.).

PARQUE PROVINCIAL ISCHIGUALASTO

Der Park, der passenderweise auch **Valle de la Luna** (Tal des Mondes; www.ischigualasto.org; Eintritt 40 Arg$) genannt wird, leitet seinen Namen von dem Wort der Diaguitas für lebloses Land ab. Ein Besuch des Parks ist eine Fahrt in eine Welt voll surrealer Felsformationen, Dinosaurierspuren und glühend roter Sonnenuntergänge. Der Park ist in gewisser Weise mit nordamerikanischen Nationalparks wie Bryce Canyon oder Zion zu vergleichen, nur dass hier Zeit und Wasser eine Vielzahl von Fossilien freigelegt haben (einige stammen aus der Trias, sind also 180 Mio. Jahre alt). Zu den Versteinerungen gehören neben den bekannten Sauriern auch frühe Säugetiere, Farne und Schachtelhalme. Fossilierte Baumstämme weisen auf vorzeitlichen Waldbestand hin.

Das **Museum** des Parks zeigt verschiedenartige Fossilien, darunter den fleischfressenden Herrerasaurus (er ähnelt dem Tyrannosaurus rex), den Eoraptor Lunensis (der älteste bekannte Raubsaurier) sowie gute Dioramen von der Paläo-Umgebung des Parks.

Der 630 km² große Park liegt in einem Wüstental zwischen zwei Bergketten aus Sedimentgestein: den Cerros Colorados im Osten und dem Cerro Los Rastros im Westen. In Millionen von Jahren haben die Fluten des heute fast ausgetrockneten Río Ischigualasto Figuren aus dem roten Sandstein, dem einfarbigen Lehm und der vulkanischen Asche herausmodelliert. Sie haben auch hier die Phantasie der Menschen angeregt und heißen nun **Cancha de Bochas** (Ballfeld), **El Submarino** (U-Boot) und **El Gusano** (Wurm). Die Wüstenvegetation mit Algarrobo-Bäumen, Büschen und Kakteen fügt sich perfekt in die unwirkliche Landschaft ein.

Vom Besucherzentrum aus wandert man drei bis vier Stunden auf den einsamen Gipfel des 1748 m hohen **Cerro Morado**. Der Höhenunterschied beträgt fast 800 m, der Lohn der Mühe ist der einzigartige Ausblick. Viel Wasser und Energieriegel mitnehmen!

Geführte Touren

Alle Besucher des Parks müssen sich von einem Ranger begleiten lassen. Die beliebtesten Touren dauern drei Stunden und starten (mehr oder weniger pünktlich) zur vollen Stunde. Dazu wird ein Autokonvoi gebildet, der unterwegs an den interessantesten Stellen hält. Der Ranger erklärt jeweils genau, was dort zu sehen ist – allerdings nur auf Spanisch.

Ohne eigenen Wagen ist eine organisierte Tour die einzig praktikable Möglichkeit, den Park zu besuchen. In San Agustín lässt sich ein solcher Ausflug ohne Weiteres buchen. Die Alternative: In der dortigen Touristeninformation nach einem Mietwagen mit Fahrer fragen. Der Preis für eine Tour (ohne Eintrittsgelder) liegt bei etwa 220 Arg$ pro Person ab San Juan (über jedes Reisebüro in der Stadt buchbar) oder um die 80 Arg$ pro Person ab San Agustín. Touren von San Juan starten im Allgemeinen um 5 Uhr morgens, zurück sind die Ausflügler erst lange nach Einbruch der Dunkelheit.

Verschiedene andere Touren (20 Arg$ pro Pers.) können im hiesigen Besucherzentrum gebucht werden. Zur Auswahl stehen z. B. spektakuläre Vollmondtouren (2½ Std.) in den fünf Tagen rund um Vollmond, Wanderungen auf den Gipfel des Cerro Morado (3–4 Std.) und eine 12 km lange Rundfahrt durch den Park per Mountainbike.

Schlafen & Essen

Es gibt einen Camping-Bereich beim **Besucherzentrum** (Zeltplatz pro Pers. 5 Arg$), das außerdem eine *confitería* bietet, in der einfache Mahlzeiten (Frühstück und Mittagessen) und kalte Getränke serviert werden.

Verkauft werden auch Trockenfrüchte und eingelegte Oliven aus der Provinz. Es gibt Toiletten und Duschen, aber da das Wasser per Tankwagen herbeigeschafft werden muss, sollte man sich darauf nicht verlassen. Schatten gibt es auf dem Gelände nicht.

An- & Weiterreise

Ischigualasto liegt etwa 80 km nördlich von San Agustín und ist über die RP 510 und eine asphaltierte Nebenstraße Richtung Nordwesten erreichbar. In Anbetracht seiner Größe und Abgeschiedenheit kann man den Park praktisch nur mit dem eigenen Auto oder im Rahmen einer organisierten Tour besuchen. Achtung: Die Straßen, die durch den Park verlaufen, sind nicht asphaltiert und können sich nach Regenfällen zu unpassierbaren Sturzbächen entwickeln. Dann muss die Tour verkürzt werden.

Das argentinische Seengebiet

Das argentinische Seengebiet zieht mit seiner spektakulären Landschaft jedes Jahr Tausende von Besuchern an. Die Touristen kommen zum Skifahren, Fischen, Klettern oder Wandern. Sie genießen die frische Luft in den riesigen Wäldern, die Gletscherseen und die hübschen kleinen Dörfer. Und trotzdem ist die Gegend nicht überlaufen – es gibt so viel Platz, dass sich die Besucher meist nur in den Städten häufen.

Neuquén, die größte Stadt der Region, ist ein Verkehrsknotenpunkt, von dem aus sich alle Teile des Landes erreichen lassen – nicht gerade schön, doch bietet die Umgebung tolle Attraktionen. In Stadtnähe befinden sich einige weltbekannte paläontologische Fundstellen und herausragende Weingüter. Weit entfernt im Süden liegt am Ufer des Lago Nahuel Huapi die Stadt Bariloche, ein Postkartenidyll. Bariloche ist Ausgangspunkt für alle erdenklichen Outdoor-Aktivitäten, sowohl im Sommer wie im Winter. Die Stadt ist außerdem das Sprungbrett nach Südpatagonien und Chile und liegt nicht weit entfernt von El Bolsón, dem Hippieparadies.

Wer die ausgetretenen Pfade (und den Touristenrummel) hinter sich lassen möchte, ist im Seengebiet richtig. Die beiden Ferienorte Villa Traful und San Martín de los Andes, am See gelegen und von Araukarienwäldern (südliche Nadelbäume oder *pehuén*) eingefasst, sind zwar im Sommer gut besucht, sonst aber himmlisch ruhig. Im Norden liegt Chos Malal, die beschauliche frühere Provinzhauptstadt, in die sich kaum ein Besucher verirrt. Sie ist ein idealer Ausgangspunkt, um die nahe gelegenen Vulkane, Seen und heißen Quellen zu erkunden – und eine wichtige Zwischenstation für Reisende auf der RN 40 Richtung Mendoza.

HIGHLIGHTS

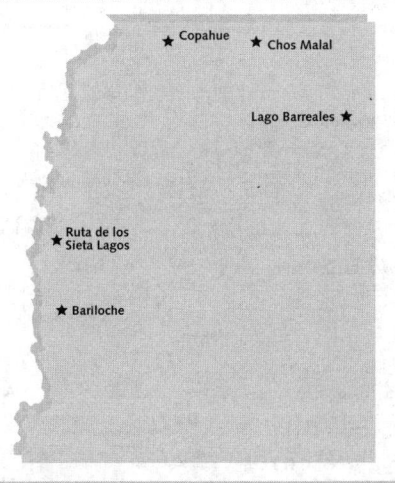

- Eine Rundfahrt auf der **Ruta de los Siete Lagos** (RN 234; S. 430), der spektakulären, kurvenreichen Straße zwischen Bergseen und Pehuén-Wäldern

- Ein blubberndes Schlammbad im Thermalort **Copahue** (S. 418) nehmen und alle Alltagssorgen hinter sich lassen

- Entspannte Tage in **Bariloche** (S. 439) verbringen und von dort die Berge erobern

- In **Chos Malal** (S. 421) die ausgetretenen Touristenpfade verlassen und die atemberaubende Umgebung erkunden

- Am **Lago Barreales** (S. 416) in den Spuren der Dinosaurier wandern

EINWOHNER: 693 300   FLÄCHE: 99 960 KM²

DAS ARGENTINISCHE SEENGEBIET

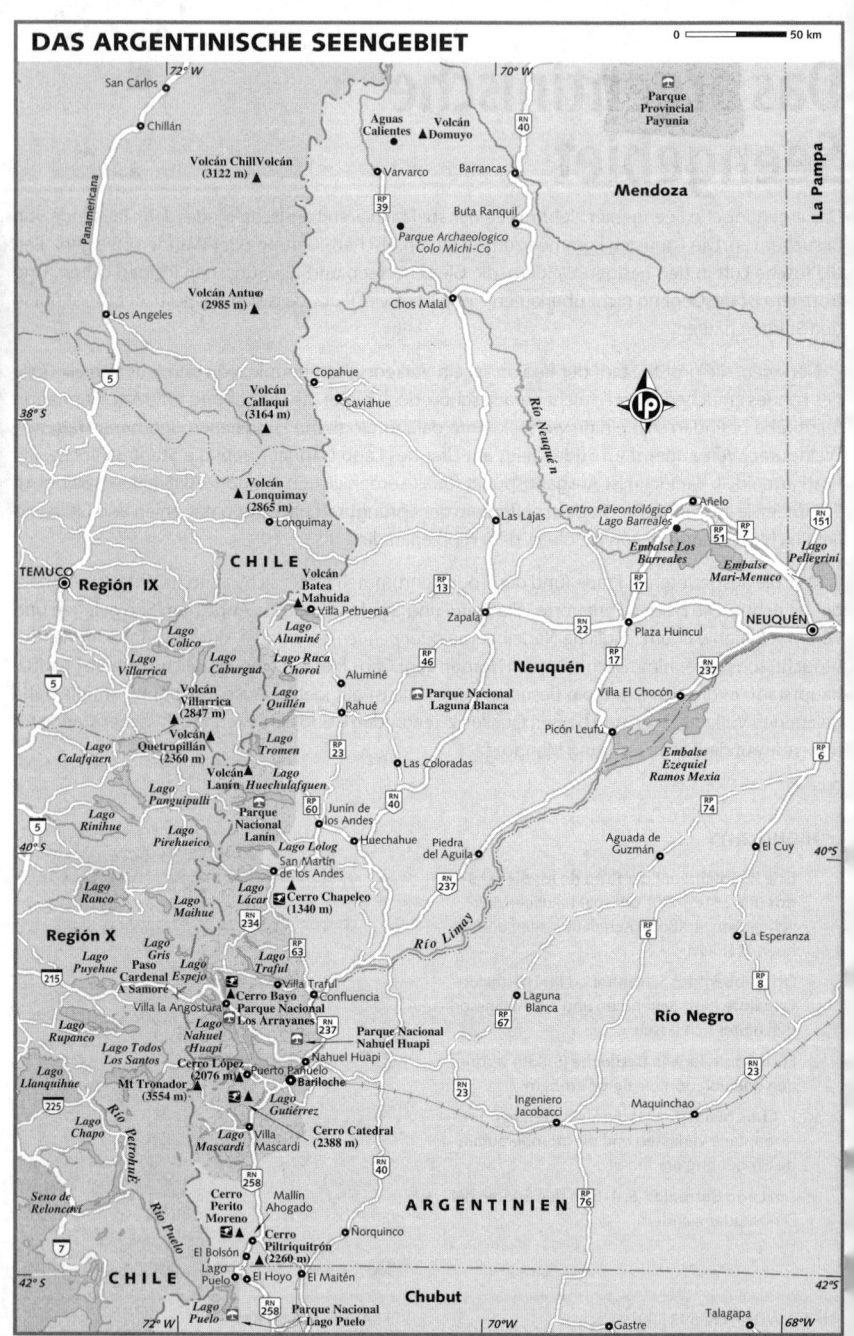

DAS ARGENTINISCHE SEENGEBIET

0 ⸻ 50 km

Klima

Außer dem Zentrum und dem Osten der Provinz Neuquén (d.h. rund um Neuquén und Zapala) sind weite Teile des Seengebietes von Juni bis August/September verschneit. Die meisten Panoramabergstraßen (einschließlich der Ruta de los Siete Lagos) sind in dieser Zeit geschlossen. Die höchsten Pässe werden oft erst wieder im Oktober geöffnet.

Der Herbst bringt milde Tage und kalte Nächte und ist wegen der wunderbar gefärbten Blätter und wegen der wenigen Besucher die vielleicht beste Reisezeit. Im Frühling kann man durch Blumenwiesen wandern und im Sommer ist es in der Regel tagsüber warm und nachts angenehm kühl.

Nationalparks

Der weltbekannte und daher leider oft überfüllte Parque Nacional Nahuel Huapi (s. S. 449) ist das Juwel unter den Nationalparks des Seengebietes. Nördlich davon liegt der weniger besuchte Parque Nacional Lanín (s. S. 426), der aber mit dem an den Fuji erinnernden Volcán Lanín und seinen hell wirkenden Pehuén-Wäldern (Araukarien) genauso spektakulär ist wie sein südlicher Nachbar. Ein lohnenswerter Tagesausflug ist der Besuch des kleinen Parque Nacional Arrayanes (s. S. 437) von Villa la Angostura aus: Hier wachsen die schönen, zimtfarbenen Arrayán-Myrtenbäumen in lichten Hainen. Mehr über die Nationalparks siehe S. 84.

An- & Weiterreise

Die wichtigsten Verkehrsknoten der Region sind Neuquén und Bariloche, wo alle Überlandbusse starten und ankommen. Beide Städte sowie San Martín de los Andes haben größere Flughäfen; kleinere Flugplätze gibt es noch in Zapala, Chos Malal und El Bolsón. Von allen genannten Flughäfen starten Flugzeuge nach Buenos Aires.

NEUQUÉN

☎ 0299 / 261 420 Ew. / 265 m

Es gibt nur zwei Gründe für einen Halt in Neuquén: die bedeutenden paläontologischen Fundstätten in der Umgebung und die drei ausgezeichneten Weingüter. Und doch ist die Stadt mit ihren breiten Alleen und den vielen Plätzen auch etwas attraktiv. Ein Bummel durch den Stadtpark (Parque Central) auf einer ehemaligen Eisenbahntrasse lohnt sich wegen der vielen Skulpturen, Brunnen und Galerien.

Die meisten Reisenden kommen auf dem Weg zu den Traumzielen in Patagonien oder im Seengebiet nach Neuquén – dem zentralen Verkehrsknotenpunkt mit guten Verbindungen nach Bariloche und anderen Destinationen im Seengebiet, in den Süden und nach Chile.

Orientierung

Neuquén, die östlichste Stadt der Provinz, liegt am Zusammenfluss von Río Neuquén und Río Limay. Von hier aus führen asphaltierte Straßen nach Osten ins Río-Negro-Tal, nach Zapala im Westen und Richtung Süden nach Bariloche.

Hauptdurchgangsstraße ist die in Ost-West-Richtung verlaufende RN 22, die jeder hier nur Félix San Martín nennt. Sie liegt ein paar Straßen südlich des Zentrums. Aber Vorsicht: Es gibt auch noch eine Avenida San Martín (ohne den Zusatz „Félix") zu Ehren von General San Martín, der als Freiheitskämpfer so etwas wie ein argentinischer Nationalheld ist. Die wichtigste Nord-Süd-Verbindung stellt die Avenida Argentina dar, die südlich des alten Bahnhofs Avenida Olascoaga heißt. Die Straßennamen wechseln auf beiden Seiten der Avenida Argentina und des alten Bahnhofs. Mehrere diagonal verlaufende Straßen schneiden das Gitternetz.

Praktische Informationen

EINWANDERUNGSBEHÖRDE
Dirección Nacional de Migración (☎ 442-2061; Santiago del Estero 466)

GELD
Mehrere Banken auf der Avenida Argentina (zwischen Parque Central und Roca) haben Geldautomaten.
Banca Nazionale del Lavoro (Ecke Av. Argentina & Rivadavia)
Cambio Olano (Ecke Juan B Justo & H Yrigoyen) Geldwechsel.
Cambio Pullman (Ministro Alcorta 144) Geldwechsel.

INTERNETZUGANG
Telecentro (Av. Argentina Ecke Ministro González; Std. 3 Arg$; ⊠ 24 Std.)
Telecentro del Comahue (Av. Argentina 147; Std. 2 Arg$)

MEDIZINISCHE VERSORGUNG
Bezirkskrankenhaus (☎ 443 1474; Buenos Aires 421)

POST
Post (Rivadavia & Santa Fe)

REISEBÜROS
Fast alle der zahllosen Reisebüros liegen im Zentrum der Stadt.
Turismo Arauquen (☎ 442-6476; www.arauquen.com;

H Yrigoyen 720) Veranstaltet Touren zu den paläontologischen Fundstellen Lago Barreales, Plaza Huincul und Villa El Chocón. Kostenpunkt: 100 Arg$ pro Pers. (mind. 4 Pers.), inklusive Taxifahrt. Mit dem eigenen Fahrzeug ist man billiger unterwegs. **Zanellato** (☎ 443-0105; www.zanellatoviajes.com.ar; Av. Independencia 366) Gut für den Kauf von Flugtickets u.a.

TOURISTENINFORMATION

ACA (Automóvil Club Argentino; ☎ 442-2325; Diagonal 25 de Mayo Ecke Rivadavia) Argentiniens Automobilclub verkauft gute Landkarten über die Provinz.

Touristeninformation der Provinz (☎ 442-4089; www. neuquentur.gov.ar; Félix San Martín 182; ⊗ 8–22 Uhr) Gute Landkarten und Broschüren.

WÄSCHEREI

Lavisec (Roca 137; Waschen & Trocknen 15 Arg$) Bedienung oder Selbstbedienung.

Sehenswertes

Außerhalb der Stadt befinden sich drei der bedeutendsten patagonischen Weingüter – **NQN** (☎ 489-7500; www.bodeganqn.com.ar; RP 7, Picada 15; ⊗ Mo–Fr 9–13 & 14–16, Sa & So 10.30–16.30 Uhr), **Fin del Mundo** (☎ 485-5004; www.bodegadelfindelmundo.com; RP 8, Km 9, San Patricio Del Chañar; ⊗ Mo–Fr 10–16, Sa 10–17 Uhr) und **Schroeder** (☎ 508-6767; www.familiaschroeder.com; Calle 7 Nte, San Patricio del Chañar; Eintritt 15 Arg$; ⊗ Mo–Fr 9–17, Sa & So 10.30–17.30 Uhr). Ohne ein eigenes Fahrzeug ist der Besuch der Weingüter fast unmöglich. Turismo Arauquen bietet Touren an, häufig kombiniert mit einem Abstecher zu den paläontologischen Stätten.

Das **Museo Nacional de Bellas Artes** (☎ 443-6268; Bartolomé Mitre & Santa Cruz; ⊗ Di–Sa 10–20, So 16–20 Uhr) zeigt regionale Kunst und initiiert Wechselausstellungen argentinischer und internationaler Künstler.

Schlafen

Die überwiegende Zahl der Hotels in Neuquén sind vor allem auf Geschäftsreisende spezialisiert, sie sind eher schlicht und ihr Geld nur bedingt wert.

Punto Patagonico (☎ 447-9940; www.puntopatagonico. com; Roca 1694; B/DZ 45/135 Arg$; 🛜) Das einzige Hostel im Ort vermietet gemütliche Räume – eigentlich keine schlechte Wahl, allerdings liegt es weit ab vom Zentrum. Wenn erst einmal das neue, zentraler gelegene **Nebengebäude** (Periodistas Neuquinas 94) in Betrieb geht, ist das Hostel eine super Adresse.

Hospedaje Alberdi (☎ 448-1943; JB Alberdi 176; EZ/DZ 80/140 Arg$) Toll gelegenes, kleines Hotel mit einfachen, aber gemütlichen Zimmern, die ihre

Geld wert sind. Im dazugehörigen Restaurant erhalten Hotelgäste 10 % Rabatt.

Parque Hotel (☎ 442-5806; Av. Olascoaga 271; EZ/DZ 130/180 Arg$) Die überwiegend geräumigen Zimmer sind zum Teil schon etwas verwöhnt, die meisten haben aber eine schöne Aussicht auf die etwas lebhafte Straße.

Hotel Ideal (☎ 442-2431; www.interpatagonia.com/hotelideal; Av. Olascoaga 243; EZ/DZ 150/200 Arg$; 🅿 🛜) Das Hotel gewinnt sicherlich keinen Designer-Preis, denn die Zimmer sind renovierungsbedürftig, aber alle sind sauber und bequem. Nach hinten hinaus ist es ruhiger.

Bardas Hotel (☎ 442-2403; www.bardashotel.com.ar; Roca 109; EZ/DZ 200/280 Arg$; 🅿 🛜) Das Hotel ist kleiner als die anderen, macht aber einen super Eindruck. Die modernen Zimmer sind ganz unterschiedlich geschnitten – die größeren Zimmer liegen im vorderen Bereich.

Essen & Ausgehen

An der Avenida Argentina gibt es viele *confiterías* (Cafés), in denen man frühstücken oder Kaffee trinken kann. Auch nördlich vom Parque Central und dort, wo sich die diagonal verlaufenden Straßen kreuzen, liegen zahlreiche Bars und Kaffeehäuser.

Confitería Donato (Ecke JB Alberdi & Santa Fe; Snacks 12–20 Arg$; ⊗ Frühstück, Mittag- & Abendessen) Traditionelle, altmodische Bar, in der man endlos lange sitzen kann. Die Speisekarte bietet, wie bei den meisten *confiterías*, die obligatorischen Sandwiches, Kuchen und Getränke. Am Wochenende wird Livemusik gespielt, manchmal findet sogar eine Tangovorstellung statt. Die Termine erfährt man in der Bar.

Moscato (Ecke JB Alberdi & Argentina; Hauptgerichte 20 bis 30 Arg$; ⊗ Frühstück, Mittag- & Abendessen) Das angesagteste Café der Stadt bezeichnet sich selbst als *café gourmet* – etwas übertrieben, aber die Tagesmenüs (20 Arg$) sind wirklich gut und die Atmosphäre ist nett.

La Nona Francesa (☎ 430-0930; 9 de Julio 56; Hauptgerichte 39–50 Arg$; ⊗ Mittag- & Abendessen) Diese französisch-italienische Trattoria ist eines der besten Restaurants in Neuquén. Die leckeren Nudelgerichte werden von den Forellen sogar noch übertroffen.

Olivetti (Brown 168; Hauptgerichte 40–60 Arg$; ⊗ Mittag- & Abendessen) Das Top-Restaurant der Stadt besitzt eine beeindruckende Weinkarte, die Küche ist ein Mix aus Elementen der französischen, italienischen und spanischen Küche. Die leckeren Mittagsmenüs (42 Arg$) sind ihr Geld auf jeden Fall wert.

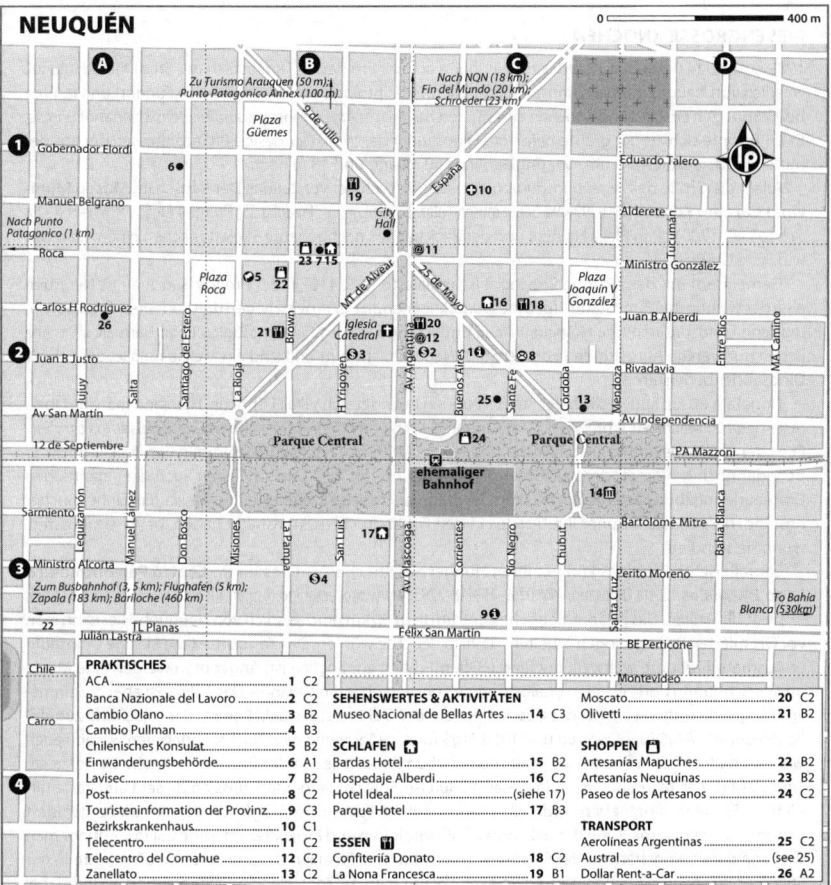

NEUQUÉN

0 — 400 m

PRAKTISCHES	
ACA	**1** C2
Banca Nazionale del Lavoro	**2** C2
Cambio Olano	**3** B2
Cambio Pullman	**4** B3
Chilenisches Konsulat	**5** B2
Einwanderungsbehörde	**6** A1
Lavisec	**7** B2
Post	**8** C2
Touristeninformation der Provinz	**9** C3
Bezirkskrankenhaus	**10** C1
Telecentro	**11** C2
Telecentro del Comahue	**12** C2
Zanellato	**13** C2

SEHENSWERTES & AKTIVITÄTEN	
Museo Nacional de Bellas Artes	**14** C3

SCHLAFEN	
Bardas Hotel	**15** B2
Hospedaje Alberdi	**16** C2
Hotel Ideal	(siehe 17)
Parque Hotel	**17** B3

ESSEN	
Confitería Donato	**18** C2
La Nona Francesca	**19** B1

Moscato	**20** C2
Olivetti	**21** B2

SHOPPEN	
Artesanías Mapuches	**22** B2
Artesanías Neuquinas	**23** B2
Paseo de los Artesanos	**24** C2

TRANSPORT	
Aerolíneas Argentinas	**25** C2
Austral	(see 25)
Dollar Rent-a-Car	**26** A2

Shoppen

Paseo de los Artesanos (Av. Independencia, Parque Central; Mi–So 10–21 Uhr) Das Outlet bietet die größte Auswahl an traditionellem Kunsthandwerk. Es liegt nördlich des alten Bahnhofs.

Artesanías Neuquinas (Brown 280) Die Provinzregierung unterstützt dieses Geschäft, das eine große Auswahl an hochwertigen Mapuche-Textilien und Holzschnitzereien anbietet.

Artesanías Mapuches (Roca 141) Auch hier gibt es qualitativ gutes Kunsthandwerk.

An- & Weiterreise

BUS

Neuquén ist ein wichtiger Verkehrsknotenpunkt für alle regionalen, nationalen und internationalen Busverbindungen. Der neue **Busbahnhof**

(445-2300; Ecke Solalique y Ruta 22) ist mit Restaurants, Souvenirläden und sogar einem Gepäckband gut ausgestattet; er befindet sich etwa 3,5 km westlich vom Parque Central. Ins Stadtzentrum fahren Taxis (15 Arg$) und Pehueche-Busse (1,50 Arg$), die Bus-Tickets erhält man im local 41.

Für Verbindungen nach Chile sorgen gleich mehrere Busunternehmen: **Plaza** (446-5975) verkehrt über Zapala und Paso Pino Hachado nach Temuco (120 Arg$, 11 Std.); **Andesmar** fährt täglich nach Osorno (160 Arg$, 11 Std.).

Neuquén ist das Einfallstor für alle Ziele im tiefen Süden Patagoniens. Wer nach Norden (Catamarca, San Juan, Tucumán, Salta, Jujuy) fahren will, muss in Mendoza umsteigen, kann aber das komplette Ticket in Neuquén kaufen.

DAS ARGENTINISCHE SEENGEBIET

RIESENGROSSE KNOCHEN

1989 entdeckte Guillermo Heredia aus Neuquén auf seinem Besitz 7 km östlich der Stadt Plaza Huincul, westlich von Neuquén, einen Dinosaurierknochen. Paläontologen untersuchten den Fundort und fanden bei Grabungen ein Dutzend Knochen eines Tieres, das später *Argentinosaurus huinculensis* genannt wurde. Es entpuppte sich als der größte bekannte Dinosaurier der Welt. Der riesige Pflanzenfresser, der aus der mittleren Kreidezeit stammte, war unglaubliche 40 m lang und 18 m hoch.

Allein die Größe des *Argentinosaurus huinculensis* ist schwer vorstellbar. Der Besuch im **Museo Municipal Carmen Funes** (☎ 0299-496-5486; museo@plazahuincul.gov.ar; Córdoba 55; Eintritt 4 Arg$; ☺ Mo–Fr 8–19, Sa & So 9.30–19.30 Uhr) in Plaza Huincul und der Blick auf das nachgebaute Skelett machen einem klar, was wirkliche Größe ist.

Gemeinsam mit dem Parque Provincial Ischigualasto (s. S. 410) in der Provinz San Juan ist Neuquén eine der wichtigsten Fundstätten für Dinosaurierknochen. In der Provinz liegen drei bedeutende paläontologische Fundstätten: Plaza Huincul, Villa El Chocón und Centro Paleontológico Lago Barreales. Sie alle liegen nur wenige Autostunden von der Stadt Neuquén entfernt und sind ein Mekka für alle, die sich für Dinosaurier begeistern.

Ungefähr 80 km südwestlich der Stadt Neuquén befindet sich Villa El Chocón. Hier fand man die Überreste des 100 Millionen Jahre alten, 14 m langen, 8 t schweren fleischfressenden *Giganotosaurus carolinii*. Er ist der größte bekannte Fleischfresser und wurde 1993 vom Fossilienjäger Rubén Carolini entdeckt. Er ist sogar noch größer als der bekanntere *Tyrannosaurus rex*. In El Chocón liegen auch die gigantischen Dinosaurierfußabdrücke entlang des Ufers des Stausees Embalse Ezequiel Ramos Mexía. (Ein Einheimischer gestand, dass Familien früher ihre Asados in den Fußabdrücken veranstaltet haben, bevor sie wussten, worin sie standen!)

Eingefleischte Dinofans können ihren Hunger auf Knochen am besten im **Centro Paleontológico Lago Barreales** (Costa Dinosaur; ☎ 0299-15-418-2295; www.proyectodino.com.ar; RP 51, Km 65; Eintritt 40 Arg$; ☺ 9–16 Uhr) stillen. Das Paläontologische Zentrum liegt 90 km nordwestlich von Neuquén. Hier kann man vor Ort mit den Paläontologen arbeiten – d. h. in der Erde wühlen. Das Zentrum ist die einzige Dinosaurier-Ausgrabungsstätte weltweit, die für die Öffentlichkeit zugänglich ist. Angeboten werden eine Museumsbesichtigung und eine eineinhalbstündige Führung über das Gelände. Das Tollste ist aber die einmalige Möglichkeit, direkt am Ort des Geschehens zu sein. Der Preis (das Geld kommt der Forschung zugute) liegen bei 400 Arg$ für einen Tag und 1050 Arg$ für zwei Tage und eine Nacht. Angeboten werden auch wissenschaftliche Exkursionen zu paläontologischen Fundstellen in der Provinz Neuquén. Das kürzeste Tour dauert vier Tage und kostet insgesamt 2800 Arg$ (Nicht vergessen, dass an dieser Fundstätte tatsächlich Forschung betrieben wird; selbst Tagesausflüge sollten also langfristig geplant und organisiert werden). Unter der Anleitung des bekannten Paläontologen und Projektleiters Jorge Calvo verbringt man die Tage damit, Knochen aus der Kreidezeit zu entstauben, Fossilien zu sammeln und die Nächte in der Stille der Wüste zu genießen. Wie Calvo sagt: „Wenn man anfängt, den Stein zu bearbeiten und dabei versteinerte Blätter und 90 Mio. Jahre alte Knochen findet, vergisst man den Rest der Welt – manche Leute vergessen sogar zu essen."

An- & Weiterreise

Die Busse der **Cooperativa El Petroleo** (☎ 0299-446-2572) fahren regelmäßig vom Busbahnhof in Neuquén nach Plaza Huincul (20 Arg$, 1¾ Std.), alle Busse, die zwischen Neuquén und Zapala verkehren, halten hier. Regelmäßige Busverbindungen bestehen auch zwischen Neuquén und Villa El Chocón (18 Arg$, 1¼ Std.). Das Centro Paleontológico Lago Barreales ist etwas schwieriger zu erreichen; eine Anfahrtsskizze und Informationen über Anreisemöglichkeiten finden Interessierte auf der Website (es gibt keine Linienbusverbindung). Von Neuquén aus gibt es auch organisierte Touren zur Ausgrabungsstätte (u. a. mit Turismo Arauquen, s .S. 413). Wer mit dem Fahrzeug kommt, sollte die RP 51, nicht die RN 7 nehmen.

Diese Tabelle zeigt die täglich angebotenen Verbindungen zu beinahe allen weiter entfernt liegenden Städten; alle Destinationen innerhalb der Provinz werden sogar mehrmals täglich angefahren.

Reiseziel	Fahrpreis (Arg$)	Fahrzeit (Std.)
Aluminé	43	6
Bahía Blanca	77	7½
Buenos Aires	215	17
Chos Malal	64	6

Córdoba	230	16
El Bolsón	90	7
Esquel	117	10
Junín de los Andes	64	6
Mendoza	180	13
Puerto Madryn	114	11
Río Gallegos	430	29
Rosario	200	17
San Martín de los Andes	70	6
San Rafael	112	10
Viedma	80	8
Villa la Angostura	75	7
Zapala	35	3

FLUGZEUG

Der **Flughafen** (☎ 444-0525) von Neuquén liegt westlich der Stadt an der RN 22. **Aerolíneas Argentina/Austral** (☎ 442-2409/10/11; Santa Fe 52) fliegt Montag bis Freitag viermal täglich nach Buenos Aires (ab 520 Arg$), am Wochenende zweimal täglich. **American Jet** (☎ 444-1085; www.americanjet.com.ar; Aeropuerto Presidente Perón) ist die regionale Gesellschaft und fliegt nach Chos Malal (180 Arg$) und Chapelco (205 Arg$) – der Flughafen liegt in der Nähe von San Martín del los Andes und Junín de los Andes.

Unterwegs vor Ort

Die Provinz Neuquén lässt sich gut mit dem Auto erkunden, Reisende sollten allerdings wissen, dass die RN 22 sowohl östlich entlang des Río-Negro-Tals als auch westlich Richtung Zapala in einem schlechten Zustand ist und stark von Lastwagen frequentiert wird. Wer trotzdem ein Auto mieten möchte, kann das bei **Dollar Rent-a-Car** (☎ 442-0875; Carlos H Rodríguez 518) tun, er ist der einzige Autovermieter im Ort.

ZAPALA

☎ 02942 / 32 200 Ew. / 1200 m

Bereits der Ortsname – das Mapuche-Wort *chapadla* bedeutet toter Sumpf – weist darauf hin, dass Zapala von jeher unter einem Imageproblem litt. Daran hat sich bis heute nicht viel geändert: Es ist ein verschlafenes Städtchen – das einzige Vergnügen seiner Bewohner besteht darin, über die Hauptstraße zu bummeln.

Hauptgrund für einen Stopp in der Stadt ist der Besuch des nahe gelegenen Parque Nacional Laguna Blanca (s. S. 418), der sich durch besonderen Vogelreichtum auszeichnet, und die guten Busverbindungen, die von hier in den kaum besuchten Norden des Seengebiets führen.

Zapalas **Centro Cultural** (San Martín & Chaneton; ⏱ 17–22 Uhr) liegt direkt an der Plaza und präsentiert Ausstellungen einheimischer Künstler, zeigt

die neue Kinohits aus Hollywood und veranstaltet auch Konzerte.

Orientierung & Praktische Informationen

Zapalas Hauptstraße, die Avenida San Martín, geht von der Kreuzung der RN 22 mit der RN 40 ab. Die RN 22 führt Richtung Osten nach Neuquén und Richtung Norden nach Las Lajas, die RN 40 Richtung Südwesten nach Junín de los Andes und Richtung Norden nach Chos Malal.

Banco de la Provincia del Neuquén (San Martín & Etcheluz) Bank und Geldautomat.

Touristeninformation (☎ 424296; RN 22, Km 1398; ⏱ 7–21 Uhr) Am Highway, 2 km westlich des Stadtzentrums.

Verwaltung des Parque Nacional Laguna Blanca (☎ 431982; lagunablanca@apn.gov.ar; Av. Ejercito Argentino 217; ⏱ Mo–Fr 8–15 Uhr) Informationen über den Parque Nacional Laguna Blanca.

Festivals

In der zweiten Novemberwoche findet in Zapala die **Feria de la Tradición** statt, die den Besuchern reichlich Folkmusik, Reitvorführungen, lokales Kunsthandwerk und einheimische Küche bietet.

Schlafen & Essen

In Zapala gibt es nur wenige Übernachtungsmöglichkeiten.

Hotel Pehuén (☎ 423135; Etcheluz & Elena de la Vega; EZ/DZ 85/150 Arg$) Seltsamerweise hat das Hotel nur zwei Sterne, dabei bietet es saubere Zimmer, eine schöne (fast schon noble) Lobby und ein gutes Restaurant. Dazu kommt die bequeme Lage dicht am Busbahnhof.

Hotel Hue Melén (☎ 432109; www.hotelhuemelen.com; Almirante Brown 929; EZ/DZ 180/270 Arg$; ⊠ 🛜) Das ruhige, elegante Hotel mit Spielsalon bietet breite Betten, Badewannen und moderne Kunst an den Wänden – toll, was man mit Gewinnen aus dem Glücksspiel so alles finanzieren kann.

El Chancho Rengo (☎ 422795; Av. San Martín & Etcheluz; Sandwiches 12–20 Arg$; ⏱ Frühstück, Mittag- & Abendessen) Hier trifft sich nahezu der halbe Ort, um einen Espresso zu trinken. Mit seinen Tischen vor der Tür, dem gutem Kaffee und den leckeren Sandwiches ist El Chancho Rengo der ideale Platz für eine kleine Pause.

Mayrouba (Monti & Etcheluz; Hauptgerichte 20–40 Arg$; ⏱ Frühstück, Mittag- & Abendessen) Das Essen entspricht dem gepflegten Ambiente. Einige Gerichte haben einen orientalischen Touch, gut schmeckt aber auch die geräucherte patagonische Forelle (35 Arg$). Gegen Abend sorgt eine überraschend große Auswahl an Cocktails für die Qual der Wahl.

An- & Weiterreise

Der **Busbahnhof** (☎ 421370; Etcheluz & Uriburu) liegt vier Blocks von der Avenida San Martín entfernt. Montags, freitags und sonntags fahren Busse nach Mendoza (165 Arg$, 16 Std.) und andere Orte entlang der RN 40. Im Sommer verkehren häufig Busse nach Copahue (42 Arg$, 4 Std.). Die unten angegebenen Destinationen werden täglich angefahren.

Reiseziel	Fahrpreis (Arg$)	Fahrzeit (Std.)
Aluminé	33	3½
Buenos Aires	235	18
Chos Malal	37	3
Coviahue	35	3
Junín de los Andes	35	3
Laguna Blanca	15	½
Neuquén	35	3
S. Martín de los Andes	38	3½
Temuco (Chile)	110	6
Villa Pehuenia	42	4½

PARQUE NACIONAL LAGUNA BLANCA

Inmitten der faszinierenden Vulkanwüste des Nationalparks liegt die Laguna Blanca auf 1275 m Höhe. Der See ist nur 10 m tief, er hat sich unterirdisch gebildet, als zwei kleine Bäche durch Lavaströme gestaut wurden. Für Fische ist das Wasser zu alkalisch (sauer), aber eine Vielzahl an Vogelarten nistet hier, darunter auch südamerikanische Blesshühner, Enten, Lappentaucher, Andengänse, Möwen und sogar ein paar Flamingos. Der 112,5 km² große Park (nur 30 km südwestlich von Zapala gelegen) wurde ganz wesentlich zum Schutz der Schwarzhalsschwäne geschaffen, die hier ganzjährig leben und brüten.

Rund 10 km südlich von Zapala beginnt die asphaltierte und gut beschilderte RP 46, die direkt durch den Park nach Aluminé führt. Wer mit dem Bus fährt, kann den Fahrer bitten, am Besucherzentrum zu halten (weitere Informationen zu den Busverbindungen s. oben). Wenn man nicht motorisiert ist, lohnt es sich auch, im Büro des Nationalparks in Zapala nachzufragen, ob man morgens mit einem Ranger mitfahren kann. Die Fahrt mit dem Taxi kostet 130 Arg$, inklusive zwei Stunden Wartezeit.

Im Park gibt es einen kleinen Campingplatz mit Windschutz, Verpflegung muss mitgebracht werden. Das Besucherzentrum hat vormittags geöffnet und bietet neben Informationen auch Wanderkarten, jedoch kein Restaurant.

COPAHUE

☎ 02948 / 2030 m

Der kleine Kurort liegt – umgeben von heißen Schwefelquellen – an der nordöstlichen Seite des gleichnamigen Vulkans. Die bekannteste ist **Laguna del Chancho** (☷ 8–18 Uhr; Eintritt 10 Arg$). Die Lage in einer Art natürlichem Amphitheater ist spektakulär, auch wenn der Ort ansonsten nichts zu bieten hat.

Copahue hat sich in den vergangenen Jahren zu einem beliebten Ziel argentinischer Touristen entwickelt, was auch die wachsende Infrastruktur widerspiegelt. Allerdings lässt sich der Ort nur von Anfang Dezember bis Ende April besuchen, in den übrigen Monaten ist Copahue eingeschneit.

Copahue wird von dem großen, modernen **Complejo Termal Copahue** (☎ 299-442-4140; www. termasdecopahue.com; Ortiz Velez; Bad 20 Arg$, Behandlungen ab 30 Arg$) dominiert, das die unterschiedlichsten Anwendungen anbietet.

Residencial Codihue (☎ 495151; codihue@futurtel.com. ar; Velez s/n; EZ/DZ 80/130 Arg$) ist die günstigste empfehlenswerte Unterkunft im Ort, sie bietet auch Vollpension an. Die einfachen Zimmer liegen in der Nähe des Thermalbads.

Das beste Hotel im Ort ist das **Hotel Termas** (☎ 495186; www.hoteltermascopahue.com.ar; Doucloux s/n; EZ/DZ ab 210/300 Arg$) mit modernen Zimmern und gepflegten Aufenthaltsräumen. Das ausgezeichnete Restaurant bietet klassische argentinische Küche und regionale Spezialitäten.

Parrillada Nito (Zambo Jara s/n; Hauptgerichte 20–50 Arg$; ☷ Mittag- & Abendessen) ist die beliebteste *parrilla* (Steakhaus) im Ort.

In den Sommermonaten fährt einmal täglich ein Bus über Zapala (42 Arg$, 4 Std.) nach Neuquén (73 Arg$, 7 Std.). Sonst gibt es keine planmäßigen Verbindungen.

CAVIAHUE

☎ 02948 / 580 Ew. / 1600 m

Am Westufer des Lago Caviahue und am Fuß des Volcán Copahue liegt der Skiort Caviahue. Der Ort ist hübscher als Copahue und erfreut sich bei den Touristen wachsender Beliebtheit, sodass die Infrastruktur schleunigst ausgebaut werden muss – der Lärm der Bauarbeiten erfüllt derzeit noch im Sommer die Luft.

Praktische Informationen

Cyber Caviahue (Las Lengas s/n; Std. 4 Arg$; ☷ 8–13 & 16–21 Uhr) Internetzugang.

Oficina de Turismo (☎ 495036; www.caviahue-copahue. gov.ar; 8 de Abril s/n) Befindet sich in der Municpalidad (Ge-

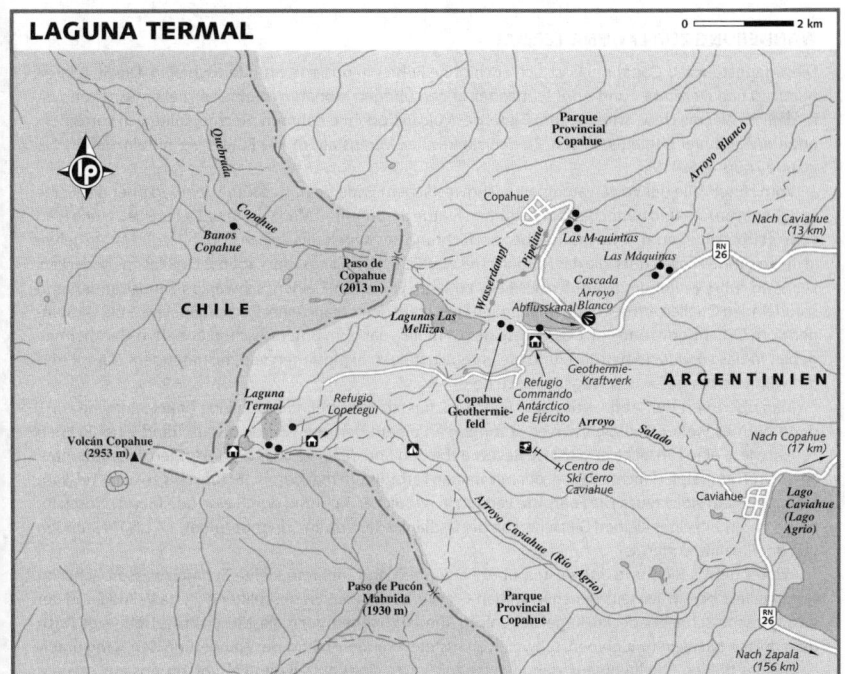

LAGUNA TERMAL

meindeverwaltung), bietet gute Karten und hat aktuelle Informationen über Unterkünfte im Ort.

Aktivitäten

Der Ort und seine Umgebung sind geradezu ein Wanderparadies! Eine beliebte Tagestour führt entlang des Wasserfalls Cascada Escondida zur Laguna Escondida. Eine andere Tour, die zu den vier Wasserfällen Cascadas Agrio führt, startet an der Brücke zum Ortseingang. Die Touristeninformation hat eine ausgezeichnete Karte für diese und andere Wanderungen.

Wer es abenteuerlicher liebt, kann bei **Caviahue Tours** (☎ 495138; www.caviahuetours.com; Av. Bialous Centro Comercial, local 11) Wanderungen zur Laguna Termal und zum Volcán Copahue buchen. **La Huella** (☎ 495116; viatursur@yahoo.com.ar; Bungalow Alpino Sur 2) verleiht im Sommer Mountainbikes für 50 Arg$ pro Tag und bietet im Winter sogar Hundeschlittenfahrten an.

Für jene, die sich lieber verwöhnen lassen möchten, gibt es im **Hotel Caviahue** Thermalbäder (20 Arg$) und Wellness-Anwendungen bereits ab 30 Arg$.

Knapp 2 km westlich von Caviahue entfernt liegt das Skigebiet **Centro de Ski Cerro Caviahue**
(☎ 495043; www.caviahue.com) mit sieben Sesselliften und vier Schleppliften, die die Skifahrer bis zum Gipfel des Volcán Copahue (2953 m) bringen. Skiausrüstung (Ski/Snowboard 70/80 Arg$ pro Tag) kann im Ort und am Berg ausgeliehen werden. Skipässe kosten für Erwachsene zwischen 92 und 168 Arg$ – je nach Saison.

Schlafen & Essen

Hebe's House (☎ 495238; www.hebeshouse.com.ar; Mapuche & Puesta del Sol; B/DZ 80/150 Arg$; ☺ Dez.–Sept.) Das einzige Hostel im Ort bringt seine Gäste in gemütliche, aber enge Schlafsäle unter. Das Gebäude im alpenländischen Stil bietet Küchenbenutzung und Waschmaschine und hält gute Informationen für Touristen bereit. Im Winter sollte man frühzeitig reservieren.

Hotel Caviahue (☎ 495044; hotelcaviahue@issn.gov.ar; 8 de Abril s/n; EZ/DZ 170/250 Arg$) Ein weitläufiges, altmodisches Hotel am Berg mit hervorragender Aussicht auf den Ort, den See und die Berge – und das einzige, das ganzjährig geöffnet hat. Außerhalb der Saison sinken die Preise um bis zu 30 %. Hier befindet sich auch das einzige, ganzjährig geöffnete Restaurant (Hauptgerichte 15–20 Arg$).

DAS ARGENTINISCHE SEENGEBIET

WANDERUNG ZUR LAGUNA TERMAL

Diese Tagestour (ab Copahue) lässt sich auch ohne Führer in gut acht Stunden schaffen. Die Strecke ist nur zwischen Dezember und April schneefrei, in den übrigen Monaten ist eine spezielle Ausrüstung erforderlich. Wer die Nebenstrecke zum Gipfel des Volcán Copahue nehmen möchte, sollte sich von einem erfahrenen Führer begleiten lassen. Zu den zahlreichen Veranstaltern, die Führer vermitteln, gehört Caviahue Tours (s. S. 419).

Vom Hotel Valle del Volcán am oberen (südwestlichen) Ende des Ortes führt der Weg über die kleine Fußgängerbrücke und hinter der lebensgroßen Statue der Jungfrau Maria bergauf. Der ausgetretene Pfad verläuft über eine kaum bewachsene Ebene in Richtung des Kegels des Volcán Copahue, die Hänge gehen in üppig grüne Wiesen über, die das Nordufer des westlichen „Zwillings" der Lagunas Las Mellizas bedecken. Der Weg führt weiter am Nordufer des Sees entlang, vorbei an kleinen, schwarzen Sandstränden und sprudelnden Quellen am gegenüberliegenden Ufer, bis er den Anfang einer Dampf-Pipeline, 1 bis 1¼ Stunden vom Ort entfernt, erreicht. Das Getöse des Dampfes, das vom unterirdischen Copahue-Geothermalgebiet in das *vapoducto* herrührt, und die unregelmäßigen Explosionen von austretendem Dampf sind fast während der gesamten Wegstrecke zu hören.

Man überquert den Abfluss des Sees (ein Stück flussabwärts befindet sich eine breite, einfache Furt), dann geht es weiter über Schneeverwehungen an einem Bergsee vorbei, bis am Rand einer kleinen Feuchtwiese eine Fahrpiste erreicht ist. Rechts abbiegen und der Piste links herum folgen (Eine Alternative ist ein Trampelpfad rechts davon, der mit weißen Farbtupfern markiert ist. Er führt bis zu einer Felskante unter einem Holzkreuz). Die Fahrpiste verläuft in westlicher Richtung durch eine öde Mondlandschaft, bis sie unterhalb eines kleinen Gletschers an der Ostflanke des Volcán Copahue endet, 1¼ bis 1½ Stunden von der Pipeline entfernt.

Weiter geht´s Richtung Südwesten über Felskanten und mehrere kleine Schmelzwasserbäche. Im Nordwesten, bereits jenseits der chilenischen Grenze, ist die vom Eis geschliffene Sierra Velluda und der idealtypische, schneebedeckte Kegel des Volcán Antuco zu sehen, der majestätisch in die Höhe ragt. Nach dem dritten Bächlein (mit gelben, schwefelverkrusteten Rändern) führt die Wanderung den Hang unterhalb einer heißen Quelle hinauf, dann weiter zur Spitze eines auffälligen Felsvorsprungs aus grauem Bimsstein, der an der Grenze liegt.

Auf diesem Fels geht es weiter, bis zu steil wird. Dann hält man sich rechts und überquert einen Geröllhang bis zu einer Spalte und erreicht Laguna Termal, 1¼ bis 1½ Stunden ab dem Ende der Fahrpiste (3½ bis 4¼ Stunden ab Copahue).

Der Laguna Termal, ein dampfender, heißer See füllt den östlichen Krater des Volcán Copahue. Gespeist wird der See von den Schmelzwässern eines Gletschers an seiner Rückseite. Häufig lassen die Schwefeldämpfe die Wanderer dem See nicht allzu nahe kommen, aber auf den steilen Hängen eröffnet sich eine wunderbare Sicht. In dem großen Talkessel zwischen dem hufeisenförmigen Lago Caviahue (Lago Agrio) und dem langgestreckten Lago Trolope Richtung Nordosten sieht man die beiden Orte liegen. Ausschließlich sehr erfahrene Wanderer können von hier aus auch den Gipfel des Volcán Copahue besteigen.

Der Rückweg nach Copahue führt über die gleiche Route. Wer allerdings eine zuverlässige Karte der Region mit dabei haben sollte, kann auch entlang des Arroyo Caviahue (Río Agrio) und der RN 26 zurück in die Stadt wandern.

Achtung

Besonders an windigen Tagen können die beißenden Dämpfe der Laguna Termal wegen ihres Schwefeldioxidgehalts eine Gefährdung für die Gesundheit darstellen; sie greifen die Atemwege an. Wanderer sollten sich dem See vorsichtig nähern – auf gar keinen Fall darin baden! Weniger erfahrene Wanderer sollten sich besser einer geführten Tour anschließen (s. S. 419).

An- & Weiterreise

Jeden Tag fährt ein Reisebus über Zapala (35 Arg$, 3½ Std.) nach Neuquén (68 Arg$, 6½ Std.). Wer dagegen nach Chos Malal reisen möchte, hat sogar die Möglichkeit die Fahrzeit verkürzen, indem er in Las Lajas (22 Arg$, 2½ Std.) umsteigt. Sie sollten aber unbedingt rechtzeitig Informationen über die Abfahrtszeiten bei der Busgesellschaft **Cono Sur** (☎ 02942-432607) einholen. Denn wenn man Pech haben sollte und erst einmal festsitzt, dann sollte das am besten in Zapala sein.

CHOS MALAL

☎ 02948 / 12 200 Ew. / 862 m

In der wüstenähnlichen Landschaft nördlich von Zapala erwarten Reisende nicht wirklich solch eine hübsche kleine Stadt. Chos Malal liegt am Zusammenfluss von Río Neuquén und Río Curi Leuvú und war bis 1904 Hauptstadt der Provinz Neuquén. Sicherlich erklärt das auch, warum es hier so viele stattliche Gebäude gibt, während sie in der heutigen Hauptstadt fehlen.

Die beiden wichtigsten Plätze der Stadt tragen die Namen der beiden großen argentinischen Helden – San Martín und Sarmiento. Eine Vielzahl historischer Gebäude befindet sich rund um die Plaza San Martín. Dazu gehört auch die Festung Fuerte IV Division, von deren Rückseite sich eine tolle Aussicht über das Tal bietet. Fünf Blocks südlich liegt die Plaza Sarmiento, um die sich die Banken und Geschäfte gruppieren.

Praktische Informationen

Banco de la Nación (Ecke Sarmiento & Urquiza) Hat einen Geldautomaten.

Krankenhaus Gregorio Avárez (☎ 421400; Ecke Entre Ríos & Flores) Man spricht englisch.

Laco (Sarmiento 280; Std. 3,50 Arg$; ☾ 9–20 Uhr) Internetzugang

Touristeninformation (☎ 421991; turnorte@neuquen. gov.ar; 25 de Mayo 89; ☾ 8–20 Uhr) Gute Karten von der Stadt und ihrer Umgebung.

Aktivitäten

Der einzige Reiseveranstalter im Ort ist **Tunduca** (☎ 422829; www.tunduca.com.ar; Jujuy 60). Er bietet alle erdenklichen Aktivitäten an: vom Fliegenfischen über Ausritte und Rafting bis hin zu Tagesausflügen, die zu den Geysiren und heißen Quellen nördlich der Stadt (s. S. 422) und zu den Höhlenzeichnungen im archäologischen Park Colo Michi-Co (s. S. 422) führen. Tunduca veranstaltet außerdem fünftägige Touren zum Gipfel des Volcán Domuyo (4710 m), dem höchsten Vulkan Patagoniens.

Schlafen & Essen

Die meisten Unterkünfte liegen zwischen den beiden Plazas.

Residencial Kallfü Küyen (☎ 421263; Jujuy 60; EZ/DZ 50/70 Arg$) Die günstigste Unterkunft des Ortes bietet saubere, große Zimmer in der Nähe der Plaza Sarmiento.

Hostería Don Costa (☎ 421652; hostdoncosta@hotmail. com; EZ/DZ 100/120 Arg$; ☒ ▢ ☜) Vermietet schöne, moderne Zimmer abseits der Straße – falls es in Chos Malal jemals laut werden sollte. Die Zimmer sind klein (man fällt praktisch von der Tür ins Bett), aber der Preis stimmt. Die Zimmer im oberen Stock verfügen über ein Balkon.

Die lokale Spezialität von Chos Malal sind Gerichte mit Ziegenfleisch bzw. Zicklein – probieren lohnt sich.

Bahia Café (Urquiza 305; Frühstück 5 Arg$, Hauptgerichte 18–30 Arg$; ☾ Frühstück, Mittag- & Abendessen) In diesem gemütlichen kleinen Café direkt hinter der Plaza Sarmiento soll es den besten Kaffee der Stadt geben, außerdem Hamburger, Sandwiches und Nudelgerichte.

El Viejo Caicallén (General Paz 345; Hauptgerichte 20 bis 35 Arg$; ☾ Mittag- & Abendessen) Die beste *parrilla* der Stadt serviert Fleischgerichte vom Grill, Pasta, Salate und Sandwiches, außerdem regionale Spezialitäten wie Forelle in zerlassener Butter (35 Arg$) und gegrilltes Zicklein (30 Arg$).

Anreise & Unterwegs vor Ort

American Jet (☎ 299-444-1085; www.americanjet.com.ar) fliegt zweimal in der Woche nach Neuqúen (180 Arg$).

Chos Malal ist so übersichtlich, dass Besucher alles zu Fuß erreichen können – es gibt auch kaum Taxis. Vom Busbahnhof in die Innenstadt führt der Weg zwei Blocks entlang der Neuquén und dann rechts in die 25 de Mayo. Die Plaza Sarmiento liegt sechs Blocks geradeaus.

Busse fahren nach Zapala (37 Arg$, 3 Std.), Neuquén (64 Arg$, 6 Std.) und Varvarco (30 Arg$, 3 Std.). Täglich verkehren zwischen 16.30 und 17 Uhr drei Minibusse nach Buta Ranquil (18 Arg$, 2 Std.). Jeden Montag und Freitag fahren Busse nach Mendoza (115 Arg$, 13 Std.) und andere Orte entlang der RN 40.

RICHTUNG NORDEN AUF DER RN 40

Nördlich von Chos Malal wird die Landschaft immer wüstenähnlicher, es gibt kleine, vom Sturm zerzauste Dörfer und endlose einsame Landstriche. Auch wenn viele das Gegenteil behaupten – es gibt öffentliche Verkehrsmittel entlang der RN 40!

Tramat bietet zweimal wöchentlich eine Verbindung zwischen Zapala und Mendoza; **Transportes Leader** (☎ in Buta Ranquil 02948-493268; Ecke Malvinas & Jadull) verkehrt montags bis samstags mit Minibussen zwischen Buta Ranquil und San Rafael. Von Neuquén und Chos Malal gibt es eine regelmäßige Verbindung nach Buta Ranquil, eventuell muss man hier einmal übernachten. Der Ort lohnt sich nicht, aber es gibt einige billige Hotels, außerdem ein sehr nettes Hotel und genügend Restaurants, um nicht zu verhungern.

DAS ARGENTINISCHE SEENGEBIET

ABSTECHER: NÖRDLICH VON CHOS MALAL

Die Gegend nördlich von Chos Malal bietet einige selten besuchte, aber lohnenswerte Attraktionen. Es gibt allerdings so gut wie keine öffentlichen Busverbindungen dorthin. Wer sich jedoch mit Zeit und Geduld auf den Weg macht, wird reich belohnt.

Parque Archaeologico Colo Michi-Co

Diese kleine archäologische Fundstätte bietet eine der wichtigsten Sammlungen von Höhlenzeichnungen der Pehuenche in Patagonien. Über 600 Zeichnungen zeigen figurale Symbole und abstrakte Muster. Der Park ist ohne Fahrzeug schwer zu erreichen. Freitags um 8 Uhr fährt ein Bus von Chos Malal nach Varvarco (30 Arg$, 3 Std.). Von dort geht es auf der RP 39 etwa 9 km in Richtung Süden zur Escuela Colo Michi-Co (die Busfahrer kennen die Haltestelle). Hier steht ein Wegweiser zum Park, zu dem ein 8 km langer Fußmarsch führt. Dort draußen gibt es keine Versorgungsmöglichkeit – jeder muss seinen eigenen Proviant und ausreichend Wasser mitnehmen.

Wem der Anmarsch zu mühsam ist, sollte **Señora La Gallega** (☎ 02948-421329) in Varvarco kontaktieren. Da es hier auch keine *remises* (Taxis) gibt, organisiert die Señora ein Auto mit Fahrer. Pro Kilometer kostet die Fahrt 5 Arg$, Wartezeiten kosten extra. Trampen geht auch, allerdings müssen dann lange Wartezeiten einkalkuliert werden.

Aguas Calientes

Diese heißen Quellen befinden sich in einem 2000 ha großen Areal am Fuß des Volcán Domuyo. Die Hauptquelle in Villa Aguas Calientes ist zum Baden geeignet; das Gebiet von Las Olletas ist lediglich eine Ansammlung von blubbernden Schlammlöchern. Los Tachos wartet mit Geysiren auf, die bis zu 2 m hoch schießen. Busse fahren allerdings nur bis Varvarco, von dort sind es noch 40 km bis zu den Quellen. Wer nicht motorisiert ist, sollte den Abstecher zu den Quellen mit Tunduca (s. S. 421) in Chos Malal unternehmen. Oder man setzt sich mit Señora La Gallega in Varvarco in Verbindung und mietet einen Fahrer.

Genauere Informationen zu den Busverbindungen stehen bei den Orten Zapala (s. S. 418) und Chos Malal (s. S. 421).

ALUMINÉ

☎ 02942 / 4300 Ew. / 400 m

In Aluminé scheint die Zeit wahrlich stehengeblieben zu sein. Auch wenn es sich mittlerweile zu einem wichtigen touristischen Ziel entwickelt hat, wird es doch weit weniger häufig besucht als andere Orte weiter südlich. Hier erlebt man noch das Flair einer „normalen" argentinischen Kleinstadt, vor allem an den Wochenenden, wenn sich hier die Familien treffen und die Plaza zum Leben erwacht. Die Häuser sind aus weiß getünchten Ziegeln gemauert und die meisten Straßen noch ungeteert. So gesehen ist es eine ganz nette Abwechslung zu Orten wie San Martín und Bariloche mit ihren von Chalets gesäumten Straßenzügen. Die Stadt liegt etwa 103 km nördlich von Junín de los Andes an der RP 23 und ist ein beliebtes Ziel für Fliegenfischer. Von Aluminé aus kommt man auch am besten in den selten besuchten Nordteil des Parque Nacional Lanín. Der Río Aluminé eignet sich außerdem hervorragend zum Wildwasser-Rafting und zum Kayakfahren.

Praktische Informationen

Banco del Provincia del Neuquén (Ecke Conrado Villegas & Torcuato Mordarelli) Bank und Geldautomat.

Nex Sur (☎ 496027; Av. RIM 26 848; Std. 4 Arg$) Internetzugang; hinter der Plaza bergauf.

Touristeninformation (☎ 496001; info@alumine.gov.ar; Christian Joubert, Plaza San Martín; ☼ Mitte März–Nov. 8 bis 20 Uhr, Dez.–Mitte März 9–21 Uhr) Karten und Informationen über die Umgebung, Angelerlaubnis, Straßenzustände etc.

Sehenswertes & Aktivitäten

Zu den nahen Mapuche-Dörfern **Aigo** und **Salazar** geht es 26 km auf einer staubigen Straße Richtung **Lago Ruca Choroi** (im Parque Nacional Lanín). Die Dorfbewohner verkaufen traditionelle Webwaren, Nüsse der Araukarien und im Sommer auch *comidas típicas* (regionale Speisen). Nach Salazar führen ein 12 km langer ausgeschilderter Wanderweg sowie eine Fahrradroute den Fluss entlang. Aigo liegt 14 km entfernt.

Rafting auf dem Río Aluminé (die beste Zeit ist November) sowie Kayak fahren, Fliegenfischen, Trekking und Klettern organisiert **Aluminé Rafting** (☎ 496322; www.interpatagonia.com/aluminerafting; Conrado Villegas 610).

Mali Viajes (☎ 496310) hat seinen Laden vor der Touristeninformation an der Plaza und verleiht für 12/50 Arg$ pro Std./Tag Fahrräder. Im Sommer können auch Ausflüge zu den Mapuche-Dörfern und Segeltörns auf dem Lago Ruca Choroi sowie Fahrten nach Villa Pehuenia gebucht werden.

Bei der Touristeninformation erhält man ein Verzeichnis der verfügbaren **Angelführer** und auch eine Angelerlaubnis (Tag/Woche/Saison 75/250/350 Arg$).

Schlafen & Essen

Für Gruppen und Familien hält die Touristeninformation ein Verzeichnis von Ferienhäusern in und um Aluminé bereit. Die Hauptsaison von November bis Ende April fällt mit der Hochsaison der Angler zusammen.

Nid Car (☎ 496131; nidcaralumine@yahoo.com.ar; Ecke Christian Joubert & Benigar; EZ/DZ 50/90 Arg$) Das preisgünstigste Hotel im Ort, direkt oberhalb der Plaza, mit relativ geräumigen Zimmern. Nicht die schlechteste Wahl.

Hostería Aluminé (☎ 496174; www.hosterialumine.com. ar; C Joubert 336; EZ/DZ mit Bad 120/160 Arg$, mit Gemeinschaftsbad 95/125 Arg$; ☎) Die Lobby und das Restaurant des einstigen Nobelhotels sind immer noch beeindruckend. Die Zimmer sind zweckmäßig, wirken aber inzwischen etwas heruntergekommen. Das angeschlossene Restaurant (Gerichte 18–30 Arg$) bietet aber gutes Essen. Ein gute Empfehlung sind die gemischten Nudeln mit *salsa de piñon y hongos* (Soße aus Pinienkernen und Pilzen).

Hotel de la Aldea (☎ 496340; www.hoteldelaldea. ar; RP 23 & Crouzielles; EZ/DZ ab 150/220 Arg$; ☒) Ein ausgedehnter Hotelkomplex am Highway, der nur zwei Minuten Fußweg vom Stadtzentrum entfernt liegt. Die Zimmer sind modern eingerichtet, aber leider etwas zu klein geschnitten. Die 40 Arg$ Aufschlag für die Aussicht auf den Fluss lohnen sich.

Los Araucarias (Ecke Candelaria & C Joubert; Hauptgerichte 22–35 Arg$; ☽ Mittag- & Abendessen) Eine klassische *parilla* (Grillrestaurant) mit urgemütlicher Atmosphäre und einer wirklich beeindruckenden Weinkarte.

Restaurante Sauco (Av. RIM 26 & Candelaria; Hauptgerichte 20–30 Arg$; ☽ Abendessen) Gemütliches kleines Restaurant, das oberhalb der Plaza gelegen ist. Auf der Karte stehen alle möglichen Arten von Forellengerichten (kein Wunder, der Besitzer ist ein begeisterter Fliegenfischer), einheimische Spezialitäten, patagonische Gerichte wie beispielsweise eingelegtes Kaninchen und die obligatorischen Nudelgerichte, Pizzas, Parilla-Gerichte und Sandwiches.

An- & Weiterreise

Aluminés **Busbahnhof** (☎ 496048) liegt direkt unterhalb der Plaza und nicht weit von den angegebenen Hotels entfernt. Aluminé Viajes und Albus fahren täglich nach Neuquén (43 Arg$, 6 Std.), Zapala (33 Arg$, 3–3½ Std.), Villa Pehuenia (20 Arg$, 1 Std.) und San Martín de los Andes (45 Arg$, 4½ Std.).

VILLA PEHUENIA
☎ 02942 / 560 Ew. / 1200 m

Villa Pehuenia ist ein idyllischer kleiner Ort am Ufer des Lago Aluminé. In der Nähe gibt es mehrere Mapuche-Dörfer, so auch Puel zwischen dem Lago Aluminé und dem Lago Moquehue. Villa Pehuenia liegt im Zentrum der Region Pehuen, die ihren Namen den überall wachsenden Pehuen-Bäumen (Araukarien) verdankt. Für Autofahrer lohnt sich der Circuito Pehuenia, eine vier- bis sechstündige Rundfahrt von Villa Pehuenia zum Lago Moquehue, Lago Ñorquinco, Lago Pulmari und zurück zum Lago Aluminé. Mali Viajes (s. S. 422) bietet im Sommer landschaftlich schöne Rundfahrten auf dieser Strecke an, die Tour startet in Aluminé.

Die Fahrt von Zapala hierher führt auf der RP 13 über Primeros Pinos und bietet spektakuläre Ausblicke über die Pampa de Lonco Luan: mit dem Volcán Lanín und der Doppelspitze des Volcán Llaima (3125 m, in Chile) als eindrucksvolle Bergkulisse im Hintergrund.

Orientierung & Praktische Informationen

Villa Pehuenia liegt 102 km nördlich von Junín de los Andes (über RP 23 und Aluminé) und 120 km westlich von Zapala (RP 13). Wer hier übernachten möchte, findet überall auf der Peninsula de los Coihues, die fast 2 km in den Lago Aluminé ragt, *hosterías* und *cabañas*. Das *centro comercial* oberhalb der Halbinsel bietet Geschäfte und Restaurants.

Banco de la Provincia del Neuquén (RP 13 s/n) In der Nähe der Polizeistation; Geldautomat.

Oficina de Turismo (☎ 498044; www.villapehuenia.gov. ar; RP 13 s/n) Am Ortseingang; sehr freundliche Mitarbeiter und gute Karten der Region.

Sehenswertes & Aktivitäten

Vom Gipfel des nahe gelegenen **Volcán Batea Mahuida** (2010 m) öffnet sich ein toller Blick auf acht weitere Vulkane (vom Lanín im Süden bis zum Copahue im Norden), die teils in Argentinien, teils in Chile liegen. Auf dem Batea Mahuida befindet sich ein kleiner Kratersee. Besucher können bis kurz unterhalb des Gipfels fahren (nur im Sommer) und von dort zwei weitere Stunden bis zum eigentlichen Gipfel laufen. Hier befindet sich der kleine, von Mapuche betriebene **Parque de Nieve Batea Mahuida** (☎ 02942-15-661527; www.cerrobateamahuida.com.ar; Skipass Tag 50–60 Arg$), der nur aus wenigen Pisten und zwei Schleppliften besteht. Allerdings sind Langläufer hier besser dran: Es gibt eine Loipe rund um den Park mit atemberaubender Aussicht auf den Vulkan und die Seen.

Schiffstouren auf dem Lago Aluminé (50 Arg$, 1½ Std.) bietet **Brisas del Sur** (☎ 02942-15-692737; www.brisasdelsur.8m.com) an; die Boote legen von der kleinen Halbinsel vor der Laguna El Manzano ab.

Bei **Los Pehuenes** (☎ 498029; www.pehuenes.com.ar; Centro Comercial) wartet das Abenteuer in Form von Rafting, Trekking, Ausritten und Off-road-Touren mit dem Jeep.

Schlafen & Essen

Viele Hotels und Restaurants in Villa Pehuenia schließen außerhalb der Saison; die hier genannten sind ganzjährig geöffnet.

Hostería de las Cumbres (☎ 498097; Zi. 170 Arg$) Die gemütliche kleine Hostería mit relativ kleinen Zimmern liegt im Ortszentrum und direkt am See. Vom vorderen Teil des Hauses haben die Gäste einen tollen Blick auf den See.

Hostería la Balconada (☎ 02942-15-473843; www.hosterialabalconada.com.ar; Zi. 395–425 Arg$; 🖭) Ein Haus zum Wohlfühlen und eines der besten im Ort! Zimmer mit Seeblick kosten 30 Arg$ extra, aber der Preis lohnt sich.

Iñaki (☎ 498047; Snacks ab 12 Arg$; 🍽 Mittag-& Abendessen) Nettes kleines Restaurant bzw. Tapas-Bar im Zentrum und nahe am See. An schönen Tagen können die Gäste draußen auf der Terrasse sitzen. Es gibt eine Auswahl an vegetarischen Gerichten und ein Tagesmenü.

Parrilla Los Troncos (☎ 498006; Centro Comercial; Hauptgerichte 20–35 Arg$; 🍽 Mittag- & Abendessen) Die beste Parilla im Ort bietet leckere Hamburger und ausgezeichnete Pommes. Außerdem gibt es Parilla-Gerichte und Sandwiches. Für Ausflüge über die Mittagszeit hinaus werden auch Lunchpakete vorbereitet.

Zwischen dem Geschäftszentrum und der Touristeninformation liegt die **Fabrica de Alfajores** (☎ 498090; RP 13 s/n; 🍽 Sommer tgl. 9–18 Uhr, sonst nur am Wochenende). Hier werden leckere *alfajores de piñon* (alfajores – Kekse – in diesem Fall aus Pinienkernmehl) verkauft, dazu gibt es guten Kaffee und heiße Schokolade.

An- & Weiterreise

Ohne Auto ist die Fortbewegung auch in diesem Teil der Welt schwierig, selbst wenn es im Sommer viele Tramper gibt. **Destinos Patagonicos** (☎ 498067; Centro Comercial) ist der Vertreter für Albus, die einzige Busgesellschaft, die hierher fährt. Täglich verkehren Busse nach Zapala (42 Arg$, 4½ Std.), Neuquén (80 Arg$, 7 Std.) und Aluminé (20 Arg$, 1 Std.).

JUNÍN DE LOS ANDES
☎ 02972 / 12 000 Ew. / 800 m

Die Stadt wirkt viel bescheidener als die anderen Orte im Seengebiet, ist aber bei den Fliegenfischern außerordentlich beliebt. Junín bezeichnet sich selbst als „Forellenhauptstadt der Provinz Neuquén". Übertriebenermaßen sind sogar die Straßenschilder in Forellenform gestaltet. Von hier aus lassen sich einige schöne Rundfahrten um den Lago Huechulafquen unternehmen, die zu Mapuche-Dörfern führen. Deren Bewohner zeichnen sich durch besondere Gastfreundlichkeit aus. Wer sich außerhalb der Hochsaison auf den Weg macht, fährt am besten mit dem eigenen Fahrzeug (gut trainierte Sportler schaffen die Touren locker mit dem Fahrrad). Doch bieten auch die lokalen Reiseveranstalter günstige Touren an.

Orientierung

Die asphaltierte RN 234, die innerörtlich Boulevard Juan Manuel de Rosas heißt, ist die Hauptdurchgangsstraße der Stadt. Sie führt südwärts nach San Martín de los Andes und über die RN 40 ins 116 km nordöstlich liegende Zapala. Im Norden der Stadt führt die Schotterpiste RP 23 zum Anglertreffpunkt Aluminé, mehrere kleinere Straßen erschließen den im Westen liegenden Nationalpark Parque Nacional Lanín.

Das Stadtzentrum liegt zwischen der RN 234 und dem Fluss. Die Avenida San Martín, die westlich der Plaza San Martín verläuft, ist nicht identisch mit der Félix San Martín zwei Straßenzüge weiter westlich.

Praktische Informationen
PRAKTISCHE INFORMATIONEN

Banco de la Provincia de Neuquén (Av. San Martín, zw. Coronel Suárez & General Lamadrid) Befindet sich gegenüber der Plaza.

Club Andino Junín de los Andes (Félix San Martín 358) Informationen über die Besteigung des Volcán Tromen und andere Exkusionen im Lanín Nationalpark.

Nationalparkbüro (☎ 491160; Domingo Milanesio Ecke Coronel Suárez; 🕙 Mo–Fr 9–20.30, Sa & So 14.30–20.30 Uhr)

In der Nähe der Touristeninformation. Informationen über den Parque Nacional Lanín.

Picurú Turismo (☎ 492829; www.picuruturismo.com.ar; Coronel Suárez 371) Empfehlenswerter Reiseveranstalter für Ausflüge in den Parque Nacional Lanín und zu den Mapuche-Dörfern.

Touristeninformation (☎ 491160, 492575; www.junindelosandes.gov.ar; Ecke Domingo Milanesio & Coronel Suárez; ☒ Nov.–Feb. 8–23 Uhr, März–Okt. 8–21 Uhr) Äußerst hilfsbereite Mitarbeiter. Angelerlaubnis und ein Verzeichnis der zugelassenen Angelführer.

AUSSERDEM

bits (Coronel Suárez 445 zw. Domingo Milanesio & Don Bosco; Std. 3 Arg$) Internetzugang.

Ciclismo Maui (Felix San Martín 415) Verleih von Mountainbikes (Std./Tag 10/50 Arg$).

Laverap Pehuén (Ginés Ponte 340) Wäscherei.

Locutorio (Domingo Milanesio 540) Telefoncenter gegenüber der Plaza.

Post (Ecke Coronel Suárez & Don Bosco)

Sehenswertes & Aktivitäten

Die Umgebung von Junín ist schöner als der Ort selbst. Lohnenswert ist jedoch das **Museo Mapuche** (Ecke Ginés Ponte & Joaquín Nogueira; ☒ Mo, Mi & Fr 10–12 & 16–20 Uhr), das Webarbeiten der Mapuche und archäologische Ausstellungsstücke zeigt.

Im Westen der Stadt, am Ende der Avenida Antártida Argentina, führt die Schotterpiste **Vía Cristi** zum kleinen Cerro de La Cruz (einfach dem Kreuz folgen). Eindrucksvolle Skulpturen, Basreliefs und Mosaiken schildern die Eroberung der Wüste, Mapuche-Legenden, christliche Themen und die regionale Geschichte der einheimischen Bevölkerung.

Das Gebiet rund um Junín ist geradezu ideal zum Forellenfischen. Besonders lohnenswert ist der Río Aluminé nördlich von Junín, wo man den besten Fang machen kann. Die Fische müssen allerdings im Anschluss wieder ins Wasser geworfen werden! Angelscheine (Tag/Woche/Saison 75/250/350 Arg$) sind bei der Touristeninformation erhältlich.

Feste & Events

Im Januar werden auf der **Feria y Exposición Ganadera** die besten Rinder, Pferde, Schafe, Geflügel und Kaninchen der Region gezeigt, außerdem finden Reitturniere und Handwerksausstellungen statt. Die Feria ist eine Schau der *estancieros* (Besitzer einer Estancia).

DAS ARGENTINISCHE SEENGEBIET

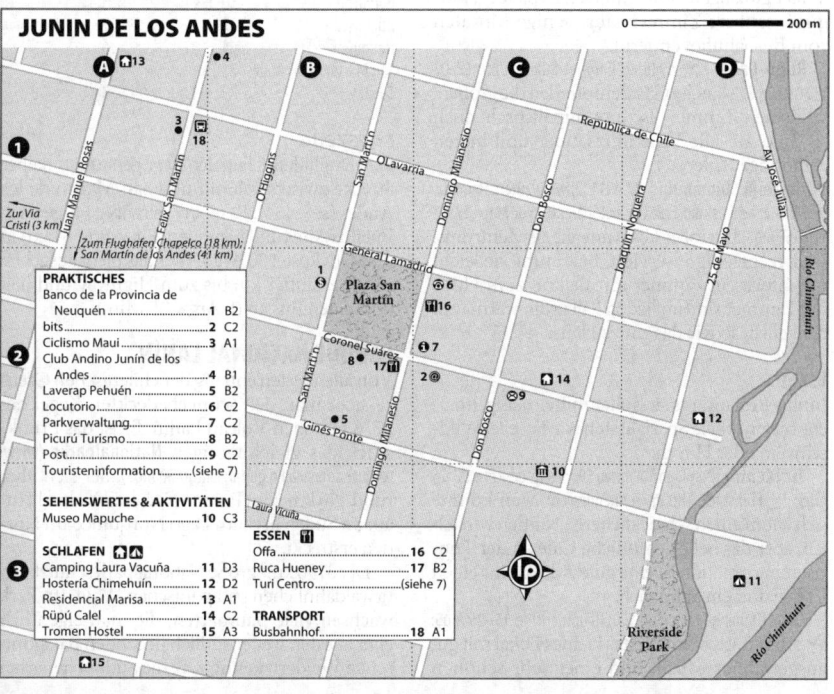

JUNIN DE LOS ANDES

0 —————— 200 m

PRAKTISCHES
Banco de la Provincia de Neuquén	1 B2
bits	2 C2
Ciclismo Maui	3 A1
Club Andino Junín de los Andes	4 B1
Laverap Pehuén	5 B2
Locutorio	6 C2
Parkverwaltung	7 C2
Picurú Turismo	8 B2
Post	9 C2
Touristeninformation	(siehe 7)

SEHENSWERTES & AKTIVITÄTEN
Museo Mapuche	10 C3

SCHLAFEN
Camping Laura Vacuña	11 D3
Hostería Chimehuín	12 D2
Residencial Marisa	13 A1
Rüpú Calel	14 C2
Tromen Hostel	15 A3

ESSEN
Offa	16 C2
Ruca Hueney	17 B2
Turi Centro	(siehe 7)

TRANSPORT
Busbahnhof	18 A1

Während der **Semana de Artesanía Aborígen**, die im Juli stattfindet, zeigen die Mapuche ihre Handwerkskunst.

Das **Nationale Forellenfest** findet alljährlich im November statt.

Schlafen

Die Haupturlaubszeit fällt mit der Angelsaison zusammen (Nov.–April). Die angegebenen Preise beziehen sich auf die Hauptsaison, in der Nebensaison sind die Preise niedriger.

Camping Laura Vicuña (Ginés Ponte s/n; Stellplatz pro Pers. 8 Arg$, Ferienhäuser 220 Arg$) Es gibt wohl kaum eine hübschere Lage für einen städtischen Campingplatz als diese auf einer Insel zwischen zwei plätschernden Bächen. Der Platz bietet die übliche Infrastruktur, außerdem werden gut ausgestattete Ferienhäuser vermietet (Minimumaufenthalt 3 Nächte).

Tromen Hostel (☎ 491498; tromen@fronteradigital.net.ar; Lonquimay 195; B/DZ 30/80 Arg$) Gemütliches kleines Hostel im Obergeschoss eines Einfamilienhauses. Sollten alle Zimmer belegt sein, wird es ziemlich eng; trotzdem ist es eine gute Wahl.

Residencial Marisa (☎ 491175; residencialmarisa@jdeandes.com.ar; Rosas 360; EZ/DZ 75/110 Arg$; ☎) Das Beste aller günstigen Hotels im Ort! Es bietet geräumige, saubere Zimmer; nur wenige Minuten vom Busbahnhof entfernt.

Rüpú Calel (☎ 491569; Coronel Suárez 560; EZ/DZ 120/150 Arg$) Manche Gäste empfinden die großen, schlichten Zimmer als zu minimalistisch, doch sie sind auf alle Fälle blitzsauber und bieten geräumige Bäder.

Hostería Chimehuín (☎ 491132; www.interpatagonia.com/hosteriachimehuin; Ecke Coronel Suárez & 25 de Mayo; EZ/DZ 110/150 Arg$) Ein tolles Haus unweit des Zentrums. Wer rechtzeitig reserviert, bekommt vielleicht mit Glück ein Zimmer mit Balkon zum Fluss. Die Zimmer sind auf jeden Fall groß, warm und behaglich, so wie das ganze Haus.

Essen

Juníns Restaurants sind eher mittelmäßig, manche bieten lokale Spezialitäten wie Forelle, Wildschwein oder Hirsch.

Turi Centro (Domingo Milanesio 590; Hauptgerichte 15–25 Arg$; ☺ Frühstück, Mittag- & Abendessen) Man könnte sich kaum einen schrecklicheren Namen vorstellen, aber das helle gemütliche Café an der Touristeninformation ist eine gute Adresse für einen Kaffee und ein Sandwich.

Offa (Domingo Milanesio 520; Hauptgerichte 15–25 Arg$; ☺ Mittag- & Abendessen) Nettes kleines Lokal mit gut ausgewählter Musik und einer sehr schönen

Atmosphäre. Es gibt eine große Auswahl an Pizzas, außerdem Hamburger.

Ruca Hueney (☎ 491113; Ecke Colonel Suárez & D Milanesio; Hauptgerichte 20–35 Arg$; ☺ Mittag- & Abendessen) Juníns ältestes Restaurant ist eine verlässliche Wahl. Die Speisekarte ist umfangreich, die Portionen großzügig bemessen, der Service jedoch gewöhnungsbedürftig. Wer lieber ein Picknick im Park machen möchte, findet nebenan den Imbiss mit Gerichten zum Mitnehmen.

An- & Weiterreise

BUS

Der **Busbahnhof** (☎ 492038; Olavarría & Félix San Martín) liegt nur drei Blocks von der Hauptplaza entfernt. Ko-Ko fährt nach Bariloche (30 Arg$, 4–6 Std.) und zwar sowohl über die asphaltierte Rinconada-Strecke (ganzjährig) als auch über die staubige, aber landschaftlich spektakuläre Siete-Lagos-Route (nur im Sommer). El Petróleo fährt drei Mal wöchentlich nach Aluminé (32 Arg$, 3 Std.). Reisende nach Mendoza müssen in Neuquén oder Zapala umsteigen. Täglich bestehen Verbindungen mit Bussen nach:

Reiseziel	Fahrpreis (Arg$)	Fahrzeit (Std.)
Bariloche	30	3
Buenos Aires	271	22
Neuquén	64	6
San Martín de los Andes	7	1
Zapala	35	3

FLUGZEUG

Der Flughafen Chapelco liegt genau auf halber Strecke zwischen Junín und San Martín de los Andes (s. S. 434). Es gibt regelmäßig Flüge nach Buenos Aires und Neuquén. Ein *remise* (Taxi) in die Stadt kostet 30 Arg$. Wer das nicht ausgeben möchte, läuft 1 km bis zum Highway und hält dort einen Bus an (8 Arg$, 25 Min.).

PARQUE NACIONAL LANÍN

Von allen Orten entlang der chilenischen Grenze sieht man den schneebedeckten Kegel des 3776 m hohen Volcán Lanín. Er ist das Prunkstück des gleichnamigen **Nationalparks** (www.parquenacionallanin.gov.ar; Eintritt 30 Arg$), der sich über rund 150 km vom Parque Nacional Nahuel Huapi im Süden bis zum Lago Ñorquinco im Norden erstreckt.

Der 3790 km² große Nationalpark schützt den urwaldähnlichen patagonischen Wald. Im Park wachsen viele Baumarten, die man eigentlich eher aus den weiter südlich liegenden patagonischen Wäldern kennt, z. B. die Südbuchenarten

Lenga (Nothofagus pumilio), Ñire (Nothofagus antárctica) und Coihue (Nothofagus dombeyi). Eine botanische Besonderheit der Gegend sind die ausgedehnten Bestände der breitblättrigen, laubabwerfenden Baumart Raulí (Nothofagus procera), ebenfalls eine Südbuchenart, und die Bestände der Pehuén/Araukarien (*Araucaria araucana*). Die pinienartige Konifere trägt Nüsse, die lange zu den Grundnahrungsmitteln der Pehuenches und Mapuches gehörten. Nur die Ureinwohner dürfen die *piñones* (Nüsse) der Araukarien sammeln.

Die Städte San Martín de los Andes, Junín de los Andes und Aluminé sind die besten Ausgangspunkte für den Besuch des Volcán Lanín, der Gletscherseen und des landschaftlich sehenswerten Hinterlandes.

Praktische Informationen

Das Nationalparkbüro (s. S. 430) in San Martín hält Broschüren bereit, die über Campingplätze und Möglichkeiten zum Wandern und Bergsteigen im Nationalpark informieren. Im Park selbst gibt es mehrere Rangerstationen, die aber meistens kein Infomaterial vorrätig haben. Die Website des Parks bietet ebenfalls viele nützliche Informationen.

Lago Tromen

Der nördliche Zugang zum **Volcán Lanín** liegt an der argentinisch-chilenischen Grenze. Hier beginnt auch die kürzeste Aufstiegsroute zum Vulkan, sie ist normalerweise auch als erste in der Saison für Wanderer und Bergsteiger geöffnet. Vor der Besteigung muss man sich im Nationalparkbüro (s. S. 430) oder bei der *gendarmería* (Grenzposten) in Junín die Erlaubnis besorgen. Beide wollen die komplette Ausrüstung, inklusive Plastikwerkzeuge, Steigeisen, Eispickel und Kleidung (mit Sonnenbrille, Sunblocker, Handschuhen, Hut und wattierter Jacke) begutachten.

Vom Startpunkt des Trails an der argentinischen Grenzstation läuft man zunächst fünf bis sieben Stunden bis zum **Refugio CAJA** am Camino de Mulas. Die Hütte auf 2600 m bietet Platz für 14 Bergsteiger, jenseits dieses Punktes geht nichts mehr ohne Schneeausrüstung. Eine kürzere, aber steilere Route führt entlang des Kamms (Espina del Pescado). Wer diese Route wählt, kann auf 2450 m Höhe im **Refugio RIM** (Platz für 20 Pers.) übernachten. Trekker können die Sierra Mamuil Malal durchqueren und entlang des Arroyo Rucu Leufu zum Lago Huechulafquen wandern (s. S. 428).

Andestrack (s. S. 431) in San Martín organisiert Besteigungen des Lanín. Die hochalpine Tour dauert normalerweise zwei Tage: Man bricht am frühen Morgen auf und übernachtet abends in der Hütte des RIM. Noch vor Sonnenaufgang beginnt am folgenden Tag der eigentliche Aufstieg zum Gipfel. Am gleichen Tag geht es wieder die komplette Strecke hinunter. Im Winter vermittelt Andestrack Bergführer, die mit den Kunden aufsteigen und dann zusammen mit ihnen auf Skiern oder Snowboards ins Tal abfahren.

Lago Quillén

Der abgelegene See liegt im dichtesten Pehuén-Wald des Nationalparks. Man erreicht ihn über eine Schotterpiste von Rahué aus, das 17 km südlich von Aluminé liegt. Am See gibt es viele

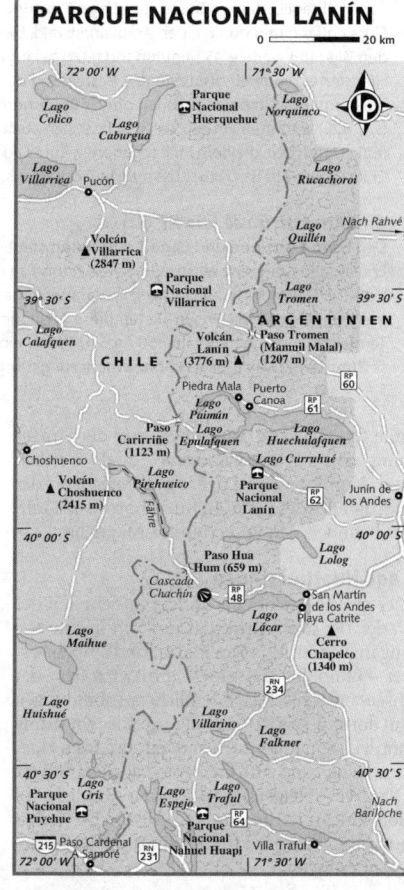

PARQUE NACIONAL LANÍN

0   20 km

AUSFLÜGE ZUM PARQUE NACIONAL LANÍN

Mehrmals am Tag starten im Sommer Busse am Busbahnhof in Junín und bringen ihre Fahrgäste zu Zielen im Nationalpark. Hier nimmt eine Reihe von Wanderwegen ihren Anfang, die zu landschaftlich reizvollen Stellen führen, wo man auch campen kann. Die Busse befahren drei Strecken und kosten 15 Arg$ für die Hin- und Rückfahrt.

Lago Huechulafquen & Puerto Canoa (via RP 61)

Ab Puerto Canoa an der Nordküste des Sees lassen sich drei lohnenswerte Wanderungen unternehmen. Dazu gehören eine eineinhalbstündige Tour zur Cascada del Saltillo und sowie ein siebenstündiger Rundkurs zur **Cara Sur de Lanín** (Südseite des Volcán Lanín). Für den Rundkurs haben die Parkranger als späteste Aufbruchszeit 11 Uhr festgelegt. Rangerstationen gibt es sowohl am Eingang Huechulafquen als auch bei Puerto Canoa. In Puerto Canoa kann man auch das Schiff **Jose Julian** (☎ 02972-429264, 428029; www.catamaranjosejulian.com.ar) besteigen und Törns auf dem See unternehmen. Die Busse fahren ab Junín zweimal vormittags (normalerweise 8 und 11 Uhr) und einmal am Nachmittag (gegen 16 Uhr). Wer nicht zelten will, sollte den letzten Bus nicht verpassen.

Circuito Tromen (via RN 23 & RP 60)

Zweimal täglich fahren Busse zum **Lago Tromen**. Dort führt eine eineinhalbstündige Wanderung am Fluss entlang und durch einen Araukarienwald. Der Weg bietet wunderbare Ausblicke auf den See. Wer den Weg um weitere 45 Minuten fortsetzt, gelangt zum Fuß des **Volcán Lanín Cara Norte** (Nordseite). Hier startet die zwei- bis dreitägige Besteigung des Vulkans. Die Parkranger prüfen die Ausrüstung und die Bergsteiger, die den Aufstieg ohne Führer unternehmen wollen. Die Touristeninformation in Junín (s. S. 425) vermittelt Führer. Von hier lässt sich auch der CAJA *refugio* (Schutzhütte) und zwei weitere Refugios erreichen, die dem Militär gehören. Zum Lago Tromen gelangt man auch mit jedem Bus, der nach Chile unterwegs ist; dazu muss man in Tromen aussteigen.

Circuito Curruhué (via RP 62)

Den **Lago Curruhué** und **Lago Epulafquen** steuern die Busse ein- oder zweimal täglich an. Vom Lago Epulafquen führt eine einstündige Wanderung zu den **Termas de Lahuen-Có** (☎ 424709; www.lahuenco. com). Die Thermen lassen sich auch im Rahmen organisierter Touren besuchen. Das Besucherzentrum und mehrere Veranstalter im Ort bieten diese Ausflüge an, sie kosten inklusive Transport, Mittagessen und Termalbehandlung ungefähr 550 Arg$. Und wer eine Nacht hier verbringen möchte, findet auch luxuriöse **Zimmer** (925 Arg$). Eine schöne Wanderung führt zum Krater des Volcán Achen Niyeu.

gute **Campingplätze**. Weitere Seen in der Umgebung sind der **Lago Rucachoroi** – direkt westlich von Aluminé –, und der **Lago Ñorquinco** an der Nordgrenze des Parks. In Rucachoroi und Quillén befinden sich Reservate der Mapuche.

Lago Huechulafquen

Der größte See des Parks liegt in dem Teil des Parks, der am zentralsten und am leichtesten zugänglich ist. Von San Martín und – noch besser – Junín de los Andes kommt man trotz der insgesamt schlechten öffentlichen Anbindungen gut dorthin. Die RP 61 zweigt an einer Kreuzung nördlich von Junín nach Westen zum Lago Huechulafquen und zum kleineren Lago Paimún ab. Die Strecke bietet unvergleichliche Ausblicke auf den Volcán Lanín. Entlang der Strecke liegen auch die Startpunkte für einige spektakuläre Wanderungen.

Von der Rangerstation bei **Puerto Canoa** führt ein lohnenswerter Wanderweg zu einem Aussichtspunkt am Hang des Lanín. Von dort kann man weiter zum Paso Tromen marschieren oder die Wanderung zu einer der beiden Schutzhütten fortsetzen: das **Refugio RIM** gehört dem Regimiento de Infantería de Montaña (RIM), das **Refugio CAJA** dem Club Andino Junín de los Andes (s. S. 424). Beide sind sehr einfache, aber gut gepflegte Schutzhütten und können als Ausgangspunkt für eine Gipfelbesteigung dienen (weitere Informationen, auch über Genehmigungen, Ausrüstung und *refugios* s. S. 427). Der Weg beginnt an einer verlassenen Straße und führt nach etwa 40 Minuten in den Wald, wo er sich am **Arroyo Rucu Leufu**, einem schönen Gebirgsfluss, entlang schlängelt. Auf halber Strecke zum *refugio* liegt ein ausgedehnter **Pehuén-Wald**. Die Bäume haben hier ihre südlichste Verbreitungsgrenze im Park. Für alle, die nicht genug Zeit für die ganze Wanderstrecke haben: Der Wald ist einer der Höhepunkte der Strecke! Der Weg zur 2450 m hochgelegenen Hütte des RIM dauert ungefähr sieben Stunden (einfach), zur Hütte des CAJA braucht man noch etwas länger.

Eine weitere lohnenswerte Wanderung durch das Hinterland führt rund um den **Lago Paimún**. Für die Gesamtstrecke muss man ab Puerto Canoa zwei Tage planen; der Rückweg zur Nordseite des Sees führt über eine Seilbrücke, die die Engstelle zwischen Huechulafquen und Paimún überwindet. Eine Alternative ist die kürzere Wanderung von dem schön gelegenen Campingplatz bei **Piedra Mala** zur **Cascada El Saltillo**; der Wasserfall liegt in einem gelegenen Wald. Ab der Stelle, wo die Treibholz-„Brücke" den Bach überquert, braucht man allerdings ein Allradfahrzeug. Wer keines hat, läuft ab hier nach Piedra Mala. Die Straße, die bis dorthin für normale Autos befahrbar ist, kann nach einem strengen Winter in einem sehr schlechten Zustand sein. In Piedra Mala werden auch Pferde vermietet. Die Busse von Transportes Ko-Ko fahren im Sommer täglich vom Busbahnhof in San Martín bis nach Piedra Mala (s. S. 434).

Entlang der Straße gibt es jede Menge Campingplätze; wer in freier Natur an den Engstellen zwischen den Seen und der Straße zeltet, muss eine Latrine graben und den Müll wieder mitnehmen. Besser ist es, auf die offiziellen Plätze zu gehen, die zwar nicht luxuriös sind, aber gepflegt werden. Damit unterstützt man gleichzeitig auch die Mapuche, die die Zeltplätze betreuen. Für sie ist es eine der wenigen Möglichkeiten, ein (wenn auch geringes) Einkommen auf dem Land zu verdienen, das ihnen der Staat vor hundert Jahren weggenommen hat. Empfehlenswerte Plätze sind **Camping Raquithue** (pro Pers. 12 Arg$) und **Bahía Cañicul** (15 Arg$).

Für Freunde eines ordentlichen Bettes gibt es die **Hostería Refugio Pescador** (☎ in Puerto Canoa 02972-490210, in Junín de los Andes 02972-491132; www.patagon-fly-fishing.com; Zi. pro Pers. mit Vollpension 260 Arg$) oder die 3-Sterne-**Hostería Paimún** (☎ 02972-491758; www.interpatagonia.com/hosteriapaimun; Zi. pro Pers. mit Vollpension 300 Arg$); beide organisieren auch Angelausflüge.

Lago Lácar & Lago Lolog

Von San Martín am Ostende des Lago Lácar fährt regelmäßig ein Bus auf der RP 48 am Ufer des Sees entlang zur chilenischen Grenze beim Paso Hua Hum. Man kann überall entlang des Sees aussteigen oder alternativ bis Hua Hum fahren und von dort zur Cascada Chachín wan-

dern – die Busfahrer kennen den Haltepunkt. Von der Straße führen eine 3 km lange Schotterpiste und dann ein Trampelpfad (weitere 20 Min.) zum Wasserfall. Ein wunderbarer Platz für ein Picknick!

Der Lago Lolog – 15 km nördlich von San Martín de los Andes – bietet gute Angelmöglichkeiten in unberührter Natur. Ein schöner Campingplatz ist der **Camping Puerto Arturo**. Transportes Ko-Ko fährt im Sommer viermal täglich von San Martín zum Lago Lolog (5 Arg$).

An- & Weiterreise

Der Nationalpark liegt zwar dicht bei San Martín und Junín, aber es gibt kaum öffentliche Verkehrsverbindungen dorthin. Weitere Informationen siehe S. 434 und links. Mit etwas Geduld ergibt sich in der Hauptsaison beim Trampen eine Mitfahrgelegenheit. Die Busse von San Martín und Junín, die über den Hua-Hum-Pass und den Tromen-Pass nach Chile fahren, halten auch unterwegs an, sind aber meistens voll besetzt.

SAN MARTÍN DE LOS ANDES

☎ 02972 / 28 000 Ew. / 645 m

San Martín wird ebenso wie Bariloche zweimal im Jahr von Urlaubern frequentiert: Im Winter kommen die Touristen zum Skifahren am Cerro Chapelco, im Sommer zum Wandern und Bergsteigen im nahen Parque Nacional Lanín. Ganz Mutige wagen sich auch in das eisige Wasser des Lago Lácar westlich der Stadt. Außerhalb dieser Zeiten ist San Martín ein ruhiger, kleiner Ort vor spektakulärer Kulisse, der viel von jenem Charme und der architektonischen Geschlossenheit behalten hat, die einst auch die Besucher von Bariloche fasziniert hat.

Eine Schifffahrt auf dem See ist ein Muss für alle Besucher. Wer die Stadt in der schneefreien Jahreszeit (ab November) Richtung Süden verlässt, sollte die landschaftlich sehr schöne Ruta de los Siete Lagos (RN 234) in Richtung Villa la Angostura, Lago Nahuel Huapi und Bariloche nehmen.

Orientierung

San Martín de los Andes liegt in einer traumhaften Bergszenerie an der RN 234, die nach Norden über Junín de los Andes nach Zapala führt. In San Martín de los Andes ist beinahe alles vom centro cívico (Verwaltungszentrum) aus zu Fuß zu erreichen. Der schattige Park am Seeufer und der Schiffsanleger sind wunderbare Plätze, um einen geruhsamen, entspannten Nachmittag zu verbringen. Die Avenida San Martín ist die

Haupteinkaufsstraße, sie verläuft vom See nordwärts zur Ausfallstraße.

Praktische Informationen

BUCHLÄDEN

Patalibro (☎ 421532; patalibro@yahoo.com.ar; Av. San Martín 866) Gute Auswahl an spanischen Büchern über Patagonien; außerdem findet man hier einige englische Lonely-Planet-Reiseführer und englische Romane. Auch die ausgezeichneten Nationalparkwanderkarten *Sendas Y Bosques* (15 Arg$) werden hier verkauft.

GELD

Andina Internacional (☎ 427871; Capitán Drury 876) Geldwechsel, auch Reiseschecks möglich.
Banco de la Nación (Av. San Martín 687) Geldautomat.

INTERNETZUGANG

Athos (☎ 429855; Av. San Martín 808; Std. 3 Arg$) Internetzugang in einem Kiosk; 1. Stock.

MEDIZINISCHE VERSORGUNG

Ramón Carrillo Hospital (☎ 427211; Ecke Coronel Rohde & Av. San Martín)

POST

Correo (Ecke Av. Roca & Coronel Pérez)

REISEBÜROS

Die hier erwähnten Reisebüros und viele andere an den Avenidas San Martín, Belgrano und Elordi bieten die üblichen Leistungen und organisieren Ausflüge.

TELEFON

Cooperativa Telefónica (Capitán Drury 761)

TOURISTENINFORMATION

ACA (Automóvil Club Argentino; ☎ 429430; Av. Koessler 2175) Der argentinische Automobilclub; hier gibt es sehr gute Regionalkarten.
Verwaltung des Parque Nacional Lanín (Intendencia del Parque Nacional Lanín; ☎ 427233; www.parquenacional lanin.gov.ar; Emilio Frey 749; ☺ Mo–Fr 8–14 Uhr) Nur eine begrenzte Anzahl an Landkarten und Broschüren, dazu Informationen über die Straßenverhältnisse auf der Strecke Ruta de los Siete Lagos.
Nieves de Chapelco (☎ 427825; www.cerrochapelco.com; Ecke M Moreno & Roca) Informationen und Liftkarten für das Skigebiet Cerro Chapelco.
Touristeninformation (☎ 425500, 427347; www. smandes.gov.ar; Ecke Av. San Martín & M Rosas; ☺ April–Nov. 8–21 Uhr, Dez.–März 8–22 Uhr) In dieser Touristeninformation erhält man überraschend ehrliche Informationen über Hotels und Restaurants, außerdem exzellente Broschüren und Karten.

WÄSCHEREI

Laverap (☎ 428820; Capitán Drury 880; alles inklusive ca. 15 Arg$)

Sehenswertes

MUSEO PRIMEROS POBLADORES

Das **Museum** (M Rosas; Eintritt 1 Arg$; ☺ Mo–Fr 14–19 Uhr) zeigt archäologische und ethnografische Exponate aus der Region, z. B. Pfeil- und Speerspitzen, Töpferwaren und Musikinstrumente. Das Museum liegt in der Nähe der Touristeninformation nahe der Avenida Roca.

RUTA DE LOS SIETE LAGOS

Von San Martín aus führt die RN 234 vorbei an zahlreichen Hochgebirgsseen nach Villa la Angostura. Die landschaftlich einzigartige Strecke führt über eine schmale und staubige Piste. Die Ruta de los Siete Lagos (Straße der sieben Seen) ist wegen ihrer spektakulären Szenerie eine der größten und Attraktionen der Region.

Im Winter werden regelmäßig Teile der Strecke wegen heftigen Schneefalls gesperrt – die beste Reisezeit ist von Dezember bis Mai, man sollte sich aber vorher über die Straßenverhältnisse informieren. Von San Martín, Villa la Angostura und Bariloche starten regelmäßig Tagestouren, die Route lässt sich aber auch mit dem öffentlichen Bus befahren (s. S. 434). Auch mit dem eigenen Auto oder Fahrrad ist die Strecke zu bewältigen (s. S. 433).

Aktivitäten

Mountainbikes sind hier ein ideales Fortbewegungsmittel – sei es, um die Umgebung zu erkunden oder sogar die Ruta de los Siete Lagos zu befahren. Räder verleiht **HG Rodados** (☎ 427345; Av. San Martín 1061) für 30–55 Arg$ pro Tag.

Ein 2,5 km langer steiler und staubiger Pfad führt zum **Mirador Bandurrias** (Eintritt 2 Arg$). Hier bietet sich eine atemberaubende Sicht auf den Lago Lácar. Trainierte Radfahrer schaffen die Strecke über Schotterpisten zum *mirador* (Aussichtspunkt) in ungefähr einer Stunde.

Die **Playa Catrite** liegt 4 km entfernt an der RN 234. Den geschützten Steinstrand, der sogar ein Restaurant mit Terrasse bietet, erreicht man zu Fuß oder mit dem Rad. Im Sommer fährt dreimal täglich ein Bus dorthin.

Wer lieber aufs Wasser will: Wildwasserrafting wird auf dem Río Meliquina südlich von San Martín oder dem Río Hua Hum im Westen angeboten. Veranstalter sind **El Claro Turismo** (☎ 428876; www.elclaroturismo.com.ar; Diaz 751) und **Lanín Turismo** (☎ 425808; www.laninturismo.com; Av. San

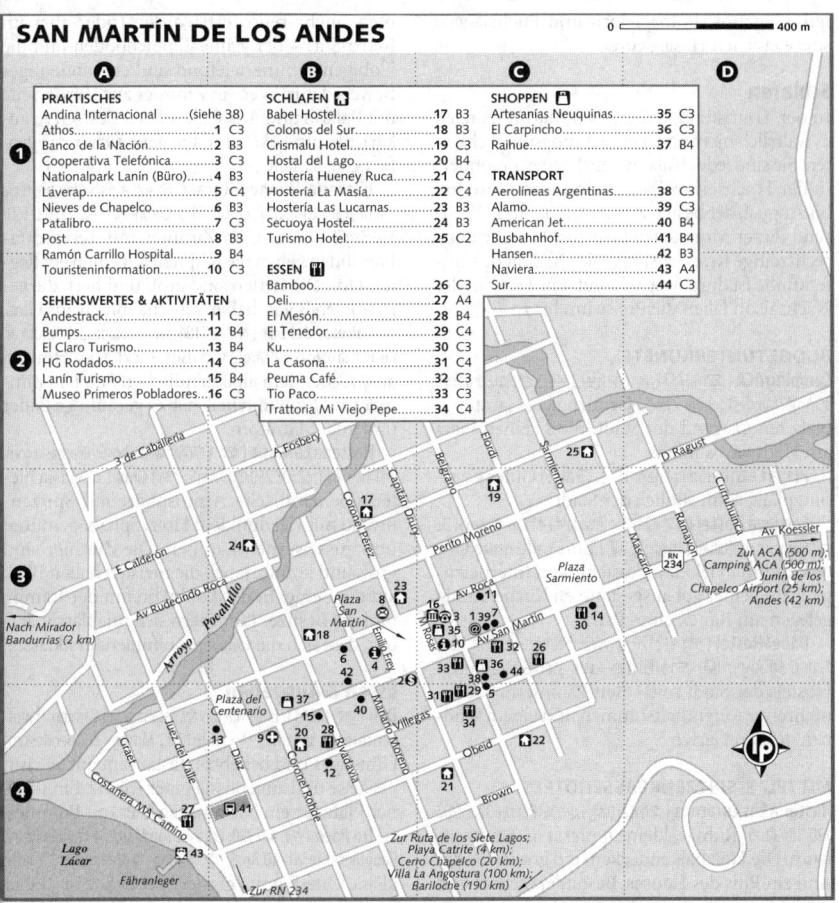

SAN MARTÍN DE LOS ANDES

0 _____ 400 m

PRAKTISCHES		SCHLAFEN		SHOPPEN	
Andina Internacional ......(siehe 38)		Babel Hostel.....................17 B3		Artesanías Neuquinas............35 C3	
Athos.....................................1 C3		Colonos del Sur....................18 B3		El Carpincho........................36 C3	
Banco de la Nación.................2 B3		Crismalu Hotel......................19 C3		Raihue.................................37 B4	
Cooperativa Telefónica...........3 C3		Hostal del Lago....................20 B4			
Nationalpark Lanín (Büro).....4 B3		Hostería Hueney Ruca........21 C4		TRANSPORT	
Laverap..................................5 C4		Hostería La Masía.................22 C4		Aerolíneas Argentinas.........38 C3	
Nieves de Chapelco................6 B3		Hostería Las Lucarnas...........23 B3		Alamo...................................39 C3	
Patalibro...............................7 C3		Secuoya Hostel.....................24 B3		American Jet..........................40 B4	
Post.......................................8 B3		Turismo Hotel.......................25 C2		Busbahnhof..........................41 B4	
Ramón Carrillo Hospital..........9 B4				Hansen.................................42 B3	
Touristeninformation............10 C3		ESSEN		Naviera.................................43 A4	
		Bamboo................................26 C3		Sur.......................................44 C3	
SEHENSWERTES & AKTIVITÄTEN		Deli......................................27 A4			
Andestrack............................11 C3		El Mesón...............................28 B4			
Bumps...................................12 B4		El Tenedor............................29 C4			
El Claro Turismo....................13 B4		Ku...30 C4			
HG Rodados..........................14 C3		La Casona.............................31 C4			
Lanín Turismo.......................15 C3		Peuma Café..........................32 C3			
Museo Primeros Pobladores..16 C3		Tio Paco...............................33 C3			
		Trattoria Mi Viejo Pepe........34 C4			

Martín 431). Beide verlangen 120 Arg$ für einen ganztägigen Ausflug inklusive Transfer. Die Flüsse sind spektakulär, aber trotzdem auch für Kinder geeignet.

Der Parque Nacional Lanín ist ein Mekka der Trekkingfreunde und Bergsteiger. **Andestrack** (☎ 420588; www.andestrack.com.ar; Roca 869) ist ein neuer, engagierter Veranstalter, der wegen seiner Mountainbike-Touren, Kanufahrten, Ausflüge mit Schneeschuhen und Hundeschlittenfahrten sehr zu empfehlen ist.

Wer einen Tag auf den Bergen verbringen möchte, ist bei **Miramas** (☎ 411344; www.miramas canopy.com.ar) an der richtigen Adresse. Der Ausgangspunkt für alle Touren, egal ob Canopy-Touren, Langlauf oder Schneeschuhe-Expeditionen, befindet sich 30 km von San Martín ent-

fernt. Das Basislager bietet auch einfache, aber zweckmäßige **Schlafsäle** (50 Arg$).

Ski- und Snowboardfahrer strömen im Winter in Massen zum nahen Skigebiet Cerro Chapelco (s. S. 435). Wer keine Ausrüstung hat, kann sie in San Martín unter anderem bei **Bumps** (☎ 428491; www.skienchapelco.com.ar; Villegas 459) ausleihen. Skier kosten 60–90 Arg$ pro Tag, Snowboards 60–80 Arg$. Im Skigebiet gibt es zudem weitere Anbieter.

Feste & Events

Jedes Jahr am 4. Februar feiert San Martín den Tag seiner Stadtgründung mit Reden, Umzügen und anderen Festivitäten. Die **Parade** ist ein faszinierendes, aber dennoch ein etwas seltsames Zusammentreffen von Soldaten, Feuerwehrleuten, Gauchos, Polospielern und Fuchsjägern sowie etlichen Hasardeuren.

Schlafen

In der Touristenhochburg San Martín mangelt es wahrlich nicht an Übernachtungsmöglichkeiten. Sie sind jedoch alle ziemlich teuer, besonders in der Hochsaison (Jan.–März) und Mitte Juli bis August, der besten Zeit zum Skifahren. Während dieser Monate geht gar nichts mehr ohne rechtzeitige Reservierung. Die Qualität der Unterkünfte ist durchweg sehr gut. Ein Trost: In der Nachsaison fallen die Preise um bis zu 40 %.

BUDGETUNTERKÜNFTE

Camping ACA (☎ 427332; Av. Koessler 2640; Stellplatz pro Pers. 30 Arg$; Mindestgebühr 2 Pers.) Großzügiger Campingplatz am Ostrand der Stadt. Bloß keinen Platz am Highway wählen!

Playa Catrite (Stellplatz pro Pers. 35 Arg$) Guter Campingplatz, 4 km südlich der Stadt.

Secuoya Hostel (☎ 424485; Rivadavia 411; B 45 Arg$, DZ mit Gemeinschaftsbad 110 Arg$; 🖳) Eine tolle neue Unterkunft mit viel Platz, kostenlosem Internetzugang und einer gut ausgestatteten Küche. Ruhig gelegen am Rande eines Parks.

Babel Hostel (☎ 412120; www.babelhostel.com.ar; Roca 720; B 50 Arg$; 🖳 🛜) Eines der großzügigeren Hostels der Stadt mit 4-Bett-Zimmern, Küche, mehreren Aufenthaltsräumen und einem schönen großen Garten.

MITTEL- & SPITZENKLASSEHOTELS

Hostería Las Lucarnas (☎ 427085; Coronel Pérez 632; EZ/DZ 120/150 Arg$) Ruhige, kleine *hostería* im Stadtzentrum. Die Holzbalkendecken und großen Bäder sind ein Plus des Hauses. Besonders schön sind die Zimmer im oberen Stockwerk.

Turismo Hotel (☎ 427592; www.interpatagonia.com/ hotelturismo; Mascardi 517; EZ/DZ 120/150 Arg$; 🛜) Ein typisches Skihotel aus den 1970er-Jahren mit einem ausgestopften Hirschkopf an der Wand und einem alten Poolbillard in der Lobby. Die Zimmer sind okay, aber wer kein knallgelb mag, sollte sich eine andere Unterkunft suchen.

Hostal del Lago (☎ 427598; Coronel Rhode 854; EZ/DZ 140/160 Arg$) Das kleine Haus im alpenländischen Stil wurde in ein gemütliches Hotel umgewandelt. Es gibt nur sechs Zimmer im Obergeschoss, die alle schräge Decken haben. Im Erdgeschoss befindet sich ein gemütlicher Aufenthaltsraum, die Mitarbeiter sind extrem freundlich.

Crismalu Hotel (☎ 427283; www.interpatagonia.com/ crismalu; Rudecino Roca 975; EZ/DZ 150/180 Arg$) Dieses große Hotel ist sicher seit den 1970er-Jahren

nicht mehr renoviert worden (oder aber im Retro-Stil) – der grüne Teppichboden und die klobigen Zimmertelefone sind ein eindeutiger Beweis dafür. Wer ein Zimmer zur Vorderseite mit Balkon und Ausblick auf den riesigen Araukarienbaum bekommt, hat ganz sicher das große Los gezogen.

Hostería Hueney Ruca (☎ 421499; www.hosteria hueneyruca.com.ar; Ecke Obeid & Coronel Pérez; EZ/DZ 160/ 190 Arg$) Die großen Zimmer mit Terracotta-Fußböden gehen nach hinten auf einen gepflegten Hof. Die Betten sind groß und hart, die geräumigen Bäder haben Duschkabinen aus Glas.

Colonos del Sur (☎ 427106; www.colonosdelsur.com.ar; Rivadavia 686; Zi. 220 Arg$) Großes, modernes Hotel in ansprechendem alpenländischen Stil. Die Zimmer sind groß und hell, haben geräumige Bäder und gute Matratzen.

Hostería La Masía (☎ 427688; www.hosterialamasia.com. ar; Obeid 811; EZ/DZ 250/300 Arg$; 🛜) Das La Masía bietet alpenländische Atmosphäre auf Spitzenniveau mit viel dunklem Holz, Spitzbogentüren und gusseisernen Lampen. Die Zimmer sind groß und komfortabel, die meisten haben Blick auf die Berge. In der Lobby brennt der Kamin, und die Besitzer kümmern sich unablässig darum, dass sich die Gäste wohlfühlen. Erstklassig!

Essen & Ausgehen

Deli (☎ 428631; Ecke Villegas & Costanera MA Camino; Hauptgerichte 15-35 Arg$; 🕑 Frühstück, Mittag- & Abendessen) Günstiges und beliebtes Restaurant am See mit Terrasse und zuverlässig guter Küche. Ein schöner Platz für ein Nachmittagsbier mit Pommes.

Tío Paco (☎ 427920; Ecke Av. San Martín & Capitán Drury; Hauptgerichte 20–40 Arg$; 🕑 Mittag- & Abendessen) Tolle kleine Café-Bar mit großer Speisekarte und einer hervorragenden Auswahl an Mixgetränken (auch Kaffee mit Schuss), Wein und Cocktails. Das Essen ist nicht besonders aufregend, aber an einem sonnigen Tag können die Gäste toll auf der Terrasse sitzen und das Treiben auf der Hauptstraße beobachten.

Peuma Café (Av. San Martín 853; Hauptgerichte 15–25 Arg$; 🕑 Mittag- & Abendessen) Wer ein typisches Lokal sucht, ist hier richtig. Hier treffen sich die Einheimischen, um zu plaudern oder gemeinsam Fußball im Fernsehen anzuschauen. Auf der Karte stehen Steaks, Pizzas und leckere Himbeerwaffeln (12 Arg$).

El Tenedor (Villegas 760; Tagesmenü 22 Arg$, „All you can eat" 45 Arg$; 🕑 Mittag- & Abendessen) San Martín's *tenedor libre* (Büfett-Restaurant) behauptet sich im Ort. Es gibt Hirsch und Forelle und empfehlenswerte Tagesmenüs.

AUF DER STRASSE DER SIEBEN SEEN

Es gibt zahlreiche Veranstalter, die Tagestouren auf der Ruta de los Siete Lagos, der spektakulären Strecke von San Martín de los Andes nach Villa la Angostura (s. Karte S. 449), anbieten. Wer die Tour aber wirklich genießen möchte, unternimmt sie am besten individuell. Die Strecke hat eine Länge von 110 km, ist also locker in einem Tag zu bewältigen. Die Landschaft ist jedoch viel zu spektakulär, um einfach hindurchzurasen. Einige nette *hosterías* (Herbergen) und mehrere Campingplätze laden zum Verweilen ein. Wer eine gute Kondition hat, kann die Tour auch mit dem Mountainbike unternehmen. Drei Tage gelten als Minimum, aber wer die atemberaubende Landschaft genießen will, sollte sich mehr Zeit nehmen. Auf jeden Fall muss man Wasser und Essen mitnehmen, und Camper sollten bedenken, dass es auch im Sommer nachts sehr kalt werden kann. Die besten Monate sind Oktober und November, da ist am wenigsten los und die Luft ist sehr klar. Aber auch März und April sind gut geeignet. Wer in einer Hostería übernachten will, sollte frühzeitig reservieren.

Die Fahrt beginnt in San Martín de los Andes. Auf der RN 234 verlässt man die Stadt und fährt vorbei am Lago Lácar und dem Mapuche-Dorf **Curruhuinca**. Nach 20 km ist der Aussichtspunkt am **Arroyo Partido** erreicht. Von hier aus geht es 5 km bergab bis zu einer Brücke über den Río Hermoso. Zwei kurze Steigungen und 5 km später taucht der dunkelblaue **Lago Machónico** auf.

Nach weiteren 5 km folgt eine Abzweigung nach rechts, dann führen 2 km Schotterpiste zum **Lago Hermoso** inmitten von Wäldern. Hier befindet sich auch die südlichste Stelle im Parque Nacional Lanín, an der Pehuén-Bäume gedeihen. Hirsche (und Jäger) sind in dieser Gegend häufig anzutreffen, beim Wandern im Wald sollte man also vorsichtig sein. Ein Highlight ist das reizende **Refugio Lago Hermoso** (☎ 02944-15-569176; www.refugiolagohermoso.com; B/Zi. mit Vollpension 225/450 Arg$; ☺ Nov.–April), das jeden denkbaren Komfort bietet: schöne heiße Duschen, ein gutes Restaurant und Ausflüge mit dem Kanu oder hoch zu Ross. In der Gegend gibt es auch eine Reihe von guten Campingplätzen.

15 km vom Eingang des Parque Nacional Nahuel Huapi entfernt, trifft man auf die **Cascada Vullignanco**, einen 20 m hohen Wasserfall des Río Filuco. 2 km weiter verläuft die Straße zwischen dem **Lago Villarino** und dem **Lago Falkner**, der mit einem schönen Sandstrand und kostenlosen Campingplätzen aufwartet. Die **Hostería Lago Villarino** (☎ 02972-427483; Zi. 280 Arg$; ☺ Nov.–März) am Ufer des Lago Falkner ist ein tolles Gasthaus mit gemütlichen Zimmern und Hütten mit Kamin. Nach weiteren 2 km folgt der **Lago Escondido**. Von hier führt ein 8 km langer Zickzackpfad den Berg hinab bis zu einer Abzweigung nach links. Wer auf diesem kleinen Pfad noch 2 km weiter geht, erreicht das Nordende des **Lago Traful**. Hier liegt eine sehr beliebte Stelle zum Campen oder Angeln, es gibt aber keinerlei Infrastruktur.

Zurück geht's zur Abzweigung. Dann heißt es Abschied nehmen vom Asphalt, und die Fahrt wird auf einer Schotterpiste fortgesetzt. Nach rund 30 km bergauf ist die Abzweigung nach **Villa Traful** (s. S. 436) erreicht. Bis dorthin sind es weitere 27 km, diesmal bergab auf einer ziemlich guten Piste und vorbei an schönen Campingplätzen, die direkt am See liegen.

Wer auf der Hauptstraße bleibt, erreicht nach 20 km eine Brücke und eine verlassene *hostería*. Direkt davor biegt man nach rechts ab und nimmt die Straße bergauf – sie endet nach 2 km am **Lago Espejo Chico**. Die Ufer dieses smaragdgrünen Sees sind mit Gras bewachsen und eignen sich gut zum Campen, es gibt aber keinerlei Infrastruktur.

Auf dem Weg nach Süden kann man bisweilen den **Lago Espejo Grande** rechts durch die Bäume schimmern sehen. Es gibt mehrere gute Aussichtspunkte entlang des Weges.

Nach weiteren 5 km folgt der **Lago Correntoso** mit Hütten und Hosterías. Wen es noch weiter treibt, der erreicht nach 15 km eine Kreuzung, an der man links abbiegt. Bis **Villa la Angostura** (s. S. 437) sind es nur noch 10 km auf einer Asphaltstraße.

Trattoria Mi Viejo Pepe (Villegas 725; Hauptgerichte 25–40 Arg$; ☺ Mittag- & Abendessen) Hier werden die besten selbst gemachten Nudeln der Stadt in jeder Form gekocht und mit jeder Art von Sauce verfeinert. Und für Weintrinker gibt es eine schier endlos lange Weinkarte.

La Casona (Villegas 744; Hauptgerichte 25–45 Arg$; ☺ Mittag- & Abendessen) Das Ambiente lässt nicht auf die vielfältige Speisekarte schließen, die viele regionale Spezialitäten bietet. Empfehlenswert ist vor allem Wildschwein in Schwarzbiersauce (37 Arg$) oder Risotto mit Lamm und Wildpilzen (34 Arg$).

Ku (San Martín 1053; Hauptgerichte 25–60 Arg$; ☺ Mittag- & Abendessen) Sehr beliebtes und schickes Restaurant mit einer großen Auswahl an Fleischgerich-

ten, selbst gemachten Nudeln und „alpenländi-
schen" Spezialitäten.

Bamboo (Ecke Belgrano & Villegas; Hauptgerichte 32 bis 60 Arg$; ☼ Mittag- & Abendessen) Ein Leser schrieb, in dieser Parilla gäbe es „das beste Fleisch Argenti-niens". Ob das wirklich der Tatsache entspricht, muss jeder für sich allein entscheiden. Einfach mal ausprobieren.

LP Tipp El Mesón (Rivadavia 888; Hauptgerichte 35 bis 40 Arg$; ☼ Mittag- & Abendessen) Nettes, kleines Res-taurant mit unglaublich kreativer Speisekarte. Es gibt viele Forellengerichte, Paella und einige vegetarische Spezialitäten.

Shoppen

Viele Geschäfte bieten einheimische Produkte und Kunsthandwerk an.

Artesanías Neuquinas (☎ 428396; M Rosas 790) Ma-puche-Genossenschaft, die hochwertige Web-arbeiten und Holzschnitzereien anbietet.

El Carpincho (Capitán Drury 814) Führt alles, was ein Gaucho so braucht.

Raihue (☎ 423160; Av. San Martín 436) Kunstvoll gestaltete Messer, Pullover, Leder, Portemon-naies und Ponchos.

An- & Weiterreise

BUS

Der **Busbahnhof** (☎ 427044; Ecke Villegas & Juez del Valle) befindet sich einen Block südlich vom Highway und dreieinhalb Blocks südwestlich der Plaza San Martín.

La Araucana fährt im Sommer täglich nach Villa Traful (25 Arg$, 2½ Std.). Wer in diesen Monaten nach Villa La Angostura oder Bariloche will, kann mit Transportes Ko-Ko über die landschaftlich schöne Ruta de los Siete Lagos (RN 234) fahren und muss nicht die Rinconda-Strecke nehmen, die länger, dafür aber weniger kurvenreich ist (23 Arg$, 2½ Std.).

Die Fahrt nach Aluminé geht nur mit Um-steigen in Zapala oder Junín de los Andes (drei-mal wöchentlich).

Montags, mittwochs und freitags fahren um 6 Uhr Busse von Igi-Llaima auf der RP 60 über Paso Tromen (Mamuil Malal) am majestätischen Volcán Lanín vorbei nach Temuco in Chile (70 Arg$, 6 Std.). Unbedingt versuchen, einen Platz auf der linken Seite zu bekommen – von dieser Seite hat man die bessere Sicht.

In den Sommermonaten wird eine Direkt-verbindung von San Martín über den Paso Car-denal A Samoré (Puyehue) nach Osorno und Puerto Montt in Chile angeboten. Der Bus fährt auf der RN 231.

Mehrere Verbindungen pro Tag gibt es zu allen unten genannten Zielen.

Reiseziel	Fahrpreis (Arg$)	Fahrzeit (Std.)
Bariloche	37	4½
Buenos Aires	280	20–23
Junín de los Andes	7	1
Neuquén	65	6
Villa la Angostura	45	4
Zapala	38	3½

FLUGZEUG

Flüge vom **Flughafen Chapelco** (☎ 428388; RN 234) nach Buenos Aires kosten mit **Aerolíneas Argenti-nas** (☎ 427003/04; Capitán Drury 876) 680 Arg$. **American Jet** (☎ 411300; www.americanjet.com.ar; San Martín 555 local 2) fliegt zweimal täglich (außer Mo und Do) nach Neuquén (205 Arg$).

SCHIFF

Die Schiffe von **Naviera** (☎ 427380; naviera@smandes. com.ar) legen täglich um 10 Uhr von den **Landungs-brücken** (Muelle de Pasajeros; Costanera MA Camino) ab und fahren nach Paso Hua Hum an der chilenischen Grenze. Zurzeit wird in Hua Hum eine Lan-dungsbrücke errichtet – die Passagiere werden dann auch dort an Land und über die Grenze gehen können. Im Moment muss man noch in Chachin von Bord gehen und von da ungefähr eine Stunde nach Hua Hum laufen. Die Ab-fahrtszeiten ändern sich jedes Jahr, die genauen Zeiten kennen die Reederei und die Touristen-information. Der Fahrpreis beträgt 80/150 Arg$ (einfach/hin- & zurück), dazu kommen 15 Arg$ für den Eintritt in den Nationalpark.

Unterwegs vor Ort

Der **Flughafen Chapelco** (☎ 428388; RN 234) befindet sich auf halber Strecke zwischen San Martín und Junín. **Al Sur** (☎ 422903) fährt von San Martín zum Flughafen; Reisende werden auf Anfrage vom Hotel abgeholt.

In der Nebensaison sind die Reisemöglichkei-ten eingeschränkt. Transportes Airen fährt im Sommer zweimal täglich nach Puerto Canoa am Lago Huechulafquen (17 Arg$) und hält an allen Campingplätzen auf der Strecke. Albus steuert mehrmals täglich den Strand bei Playa Catrite am Lago Lácar (5 Arg$) an, Transportes Ko-Ko verkehrt viermal täglich zum Lago Lolog (5 Arg$), allerdings nur im Sommer.

In San Martín gibt es viele Autovermieter.

Alamo (☎ 410811; Av. San Martín 836, 2. St.)
Hansen (☎ 427997; Av. San Martín 532)
Sur (☎ 429028; Villegas 830)

DIE MAPUCHE

Der größte indigene Volksstamm im Seengebiet, die Mapuche, kam ursprünglich aus Chile. Sie widerstanden mehreren Unterwerfungsversuchen der Inkas und kämpften beinahe 300 Jahre gegen die Herrschaft der Spanier. Ihre Übersiedlung nach Argentinien vollzog sich sehr langsam. Bereits im 17. Jh. unternahmen die chilenischen Mapuche häufig Wanderungen über die Anden, um Handel zu treiben; einige blieben auch. In den 1880er-Jahren verstärkte sich der Zuzug, da die chilenische Regierung die Mapuche von ihrem Land vertrieb.

Einer anderen Theorie zufolge drangen die Mapuche verstärkt nach Osten vor, weil für sie das *puelmapu* (östliche Land) eine besondere Bedeutung hat. Im Glauben der Mapuche kommt alles Gute (wie die Sonne) aus dem Osten.

Neben dem Handel lebten die Mapuche (in ihrer Sprache, Mapudungun, bedeutet der Name übrigens „die Leute des Landes") seit jeher von der Landwirtschaft und betätigten sich als Jäger und Sammler. Die Mapuche haben keine Zentralregierung – jede Großfamilie hat einen *lonko* (Häuptling) und in Kriegszeiten versammelten sich die Familien, um einen *toqui* (Axtträger) zu wählen, der sie anführte.

Der *machi* (Schamane) spielt bis heute eine wichtige Rolle bei den Mapuche. Normalerweise erfüllte diese Funktion eine Frau; zu ihren Aufgaben gehörte es, Krankheiten auszutreiben, Unheil abzuwehren und das Wetter, Ernten, soziale Kontakte und Träume zu beeinflussen. Der *machi* wusste auch Heilkräuter richtig anzuwenden. Leider sind diese Kenntnisse im Laufe der Jahre verlorengegangen, da die Mapuche immer weniger Land besitzen und auch die Artenvielfalt der Pflanzen abgenommen hat.

Genaue Angaben über die Zahl der in Argentinien ansässigen Mapuche schwanken je nach Quelle. Die offizielle Zählung liegt bei 300 000, die Mapuche selbst behaupten aber, dass ihre Zahl bei 500 000 liegt.

Sowohl in Chile als auch in Argentinien leben die Mapuche unter bescheidenen Umständen auf dem Land oder ziehen auf der Suche nach Arbeit in die großen Städte. Schätzungen zufolge gibt es in Chile immer noch 200 000 Menschen, die fließend Mapudungun sprechen. Hier werden außerdem große Anstrengungen unternommen, um die Sprache auch in der Schule wieder zu beleben. In Argentinien gibt es hingegen kein offizielles Programm, und es besteht die berechtigte Befürchtung, dass die Sprache hier in nicht allzu ferner Zukunft aussterben wird.

Neben dem Verlust der Sprache ist die größte Bedrohung für die Kultur der Mapuche der Verlust des Landes. Dieser Prozess ist bereits im Gang, seit ihr Landbesitz nach der „Conquista del Desierto" umverteilt wurde und viele Mapuche in Reservate umgesiedelt wurden. Die Böden in den Reservaten sind häufig sehr schlecht und außerdem ohne spirituelle Bedeutung für die Mapuche. Wie viele andere Ureinwohner haben auch die Mapuche eine spezielle Beziehung zu ihrem Land und glauben, dass Felsen, Berge und Seen eine spirituelle Bedeutung haben.

Obwohl die Mapuche in einer relativ gut organisierten Kampagne für mehr Land kämpfen, wird immer noch Mapuche-Land kommerziellen Interessen (Öl-, Rinder- und Waldindustrie) geopfert. Trotz all dieser Widrigkeiten scheint es, als würden die Mapuche, unnachgiebig wie sie sind, in nächster Zeit nicht von der Landkarte verschwinden. Ihrer Meinung nach ist ihr kulturelles Überleben stark an ihre wirtschaftliche Unabhängigkeit geknüpft, deswegen finden sich auch überall im Seengebiet Geschäfte und Einrichtungen, die von Mapuche betrieben werden und die auch in ihrem Besitz sind.

CERRO CHAPELCO

Das nur 20 km südöstlich von San Martín und 1920 m hoch gelegene Skigebiet **Cerro Chapelco** (☎ 02972-427845; www.cerrochapelco.com) zählt zu den wichtigsten Wintersportregionen Argentiniens und ist für Anfänger und Fortgeschrittene geeignet. Das alljährlich begangene Skifestival **Fiesta Nacional del Montañés** findet in der ersten Augusthälfte statt.

Die Preise für den Skipass ändern sich je nach Saison: Ein Tagesticket kostet zwischen 95 und 185 Arg\$ für Erwachsene und 80–145 Arg\$ für Kinder. Die Skipisten sind in der Regel von Mitte Juni bis Anfang Oktober in Betrieb. Als Nachsaison wird die Zeit von Mitte Juni bis Anfang Juli und vom 18. August bis Mitte Oktober angesehen, als Hauptsaison gelten die letzten beiden Wochen im Juli.

Das Informationszentrum des Skigebietes (s. S. 430) liegt unten im Ort, dort kann man auch Skipässe kaufen. Ausrüstung wird im Skigebiet und in San Martín vermietet (s. S. 430).

Die Busse von Transportes Ko-Ko fahren zweimal täglich (Sommer 3-mal tgl.; 15 Arg\$ hin & zurück) vom Busbahnhof in San Martín zum

Park. Die Reisebüros in San Martín bieten Pauschalangebote (inkl. Transport) oder auch Shuttledienste an (25 Arg$); die Gäste werden direkt am Hotel abgeholt.

VILLA TRAFUL
☎ 02944 / 540 Ew. / 720 m

Der kleine Ort besticht durch seine atemberaubend schöne Lage am südlichen Ufer des Lago Traful inmitten der Berge. Im Januar, Februar und zu Ostern ist Villa Traful geradezu überlaufen, deswegen ist es absolut empfehlenswert, einen Aufenthalt bereits etwa drei Monate vorher zu buchen. Während der übrigen Zeit ist es hier herrlich einsam. Vor allem November, Dezember, März und April sind phantastische Reisemonate.

Allein die Anreise lohnt den Abstecher hierher. Villa Traful liegt 80 km nördlich von Bariloche an der unbefestigten RP 65. Östlich von Traful verläuft die RP 65 entlang des Río Traful und trifft dann auf die RN 237. Dabei durchquert die Straße eine spektakuläre Landschaft mit grandiosen, steil aufragenden Felsen, die sich auffallend von den südlicheren Regionen unterscheidet.

Die **Touristeninformation** (☎ 479099; www.villatraful. gov.ar; ⌖ im Sommer tgl., im Winter Sa–Mi) befindet sich im Osten des Ortes.

Die Banco de la Provincia de Neuquén im Ortszentrum hat einen Geldautomat, der auch Visa und MasterCard akzeptiert.

Sehenswertes & Aktivitäten

Führer für Ausritte und Wanderungen in den umliegenden Bergen vermittelt die Touristeninformation. Während der Angelsaison (Nov.–April) und im Januar und Februar ist alles sehr schnell ausgebucht.

Eco Traful (☎ 479139; www.ecotraful.blogspot.com) ist ein empfehlenswerter Veranstalter, der Ausflüge nach Lagunas Las Mellizas (120/160 Arg$ pro Pers. zu Fuß/Pferd) und zum Cerro Negro (55 Arg$ pro Pers.) anbietet. Auch Boots- und Angeltouren werden organisiert.

CASCADAS DE ARROYO BLANCO & COA CÓ

Die beiden Wasserfälle liegen auf einem relativ einfachen zweistündigen Rundweg, der ohne Führer unternommen werden kann. Wanderer folgen der Straße, die neben dem *guardaparque* (Parkranger-Büro) den Berg hinaufführt. Der Weg ist ausgeschildert. Auf freiem Feld trifft man auf eine Gabelung. Um zu den 30 m hohen Cascadas Coa Có zu gelangen, nimmt man den

linken Weg und erreicht den Wasserfall nach 500 m. Wer auch die kleineren Cascadas de los Arroyos Blancos aufsuchen möchte, muss bis zur Gabelung zurückgehen und den anderen Weg nehmen. Nach 1 km taucht der Wasserfall auf. Viel beeindruckender als die Wasserfälle sind die Aussichtspunkte entlang der Strecke.

LAGUNAS LAS MELLIZAS

Die Tour, die auch für weniger geübte Wanderer geeignet ist, beginnt mit einer Bootsfahrt über den See. Danach folgt ein 2½-stündiger Aufstieg durch den Zypressenwald, der mit wunderbaren Blicken auf die Lagunas Azul und Verde (Blaue und Grüne Lagune) belohnt wird. Wer dann noch Kondition hat, durchquert einen Bach und gelangt in ein Gebiet, das mit einer Vielzahl gut erhaltener, ungefähr 600 Jahre alter Tehuelche-Felsmalereien aufwartet.

Essen & Schlafen

Es gibt nur wenige Unterkünfte, darunter einige *cabañas*; die Touristeninformation hat ein vollständiges Verzeichnis.

Albergue & Camping Vulcanche (☎ 479028; www. vulcanche.com; Stellplatz pro Pers. 15 Arg$, B 50 Arg$, DZ mit Gemeinschaftsbad 130 Arg$, Cabañas 180 Arg$) Die Anlage liegt in einem schön bewaldeten Areal am östlichen Ortsrand. Es gibt anständige Schlafräume, eine gute Küche und großzügige Aufenthaltsräume mit Blick auf den See und die Berge. Besonders zu empfehlen sind die Cabañas mit Kochnische und eigenem Bad.

Hostería Villa Traful (☎ 479005; cabanastraful@yahoo. com.ar; Zi. pro Pers. 120 Arg$) Eine kleine angenehme Familienpension am Westrand der Stadt. Die Zimmer sind etwas abgewohnt, aber gemütlich. Zur Hostería gehört ein gutes Restaurant. Die Besitzer organisieren Boots- und Angeltouren.

LP Tipp **Nancú Lahuén:** (Hauptgerichte 20–30 Arg$; ⌖ Mittag- & Abendessen) Ein nettes, kleines Restaurant im Ortszentrum. Die Spezialität des Hauses sind Forellengerichte (besonders lecker mit Mandelsauce), aber es gibt auch Parrilla und eine große Salatauswahl.

Zwischen den Bäumen liegen weitere Restaurants und ein Lebensmittelgeschäft.

An- & Weiterreise

Die Busse von La Araucana fahren täglich nach Villa la Angostura (23 Arg$, 2 Std.). Im Sommer besteht auch eine Verbindung nach San Martín de los Andes (25 Arg$, 2½ Std.). Ein Bus fährt jeden Tag, außer am Mittwoch, nach Bariloche (22 Arg$, 2 Std.).

VILLA LA ANGOSTURA
☎ 02944 / 11 000 Ew. / 850 m
Der exklusive Urlaubsort mit zahlreichen Hotels und guter Infrastruktur liegt am nordwestlichen Ufer des Lago Nahuel Huapi. Nicht weit ist es zum Cerro Bayo, einem kleinen, beliebten Wintersportgebiet.

Doch auch in der Sommerzeit lohnt sich ein Abstecher hierher. Man kann beispielsweise Boot fahren oder im kleinen, aber landschaftlich vielfältigen Parque Nacional Los Arrayanes – einer kleinen Halbinsel, die etwa 12 km in den See hineinragt – wandern. Villa la Angostura ist außerdem der südliche Ausgangspunkt, um die atemberaubende Fahrt auf der Ruta de los Siete Lagos (Straße der Sieben Seen; s. Kasten S. 433) zu unternehmen.

Der Ort besteht aus zwei Stadtteilen: El Cruce, das Geschäftszentrum am Highway, und La Villa, das etwa 3 km weiter südlich direkt am See liegt. La Villa ist in erster Linie eine Wohnsiedlung, aber es gibt hier auch Hotels, Geschäfte, verschiedene Dienstleistungsunternehmen und – im Gegensatz zu El Cruce – einen direkten Zugang zum See.

Orientierung
Villa la Angostura liegt unweit der Kreuzung der RN 231, die aus Bariloche kommt, und der RN 234, die ins 100 km entfernte San Martín de los Andes führt. Der Kreuzung verdankt das Geschäftszentrum auch seinen Namen: **El Cruce** (Kreuzung). Innerhalb des Ortes wird die RN 231 zur Avenida Arrayanes und Avenida Siete Lagos. Zum Ortsteil **La Villa** ist es ein 3 km langer Spaziergang auf dem Boulevard Nahuel Huapi in Richtung See.

Praktische Informationen
Banco de la Provincia (Calle Las Frambuesas zw. Cerro Belvedere & Nahuel Huapi, El Cruce) Geldautomat.
Büro der Nationalparkverwaltung (☎ 494152; Nahuel Huapi, La Villa)
HoraCero (☎ 495055; Av. Arrayanes 45, El Cruce; Internet Std. 4 Arg$) Pizzeria mit Internetzugang im Hinterzimmer.
Post (Las Fucsias 40, lvl 3, El Cruce)
Touristeninformation (☎ 494124; www.villalaangostura. gov.ar; Ecke Arrayanes & Av. Siete Lagos, El Cruce; ☺ 8.30–21 Uhr)

Sehenswertes & Aktivitäten
TREKKING-, MOUNTAINBIKETOUREN & AUSRITTE
Mehrere Veranstalter im Ort bieten Trekkingtouren, Ausritte und geführte Mountainbike-

Touren an. Die Touristeninformation verfügt über alle relevanten Adressen. Das Moutainbike ist ein großartiges Fortbewegungsmittel, um die nähere Umgebung zu entdecken. Gute Räder verleiht **Cycling** (Ecke Arrayanes & Las Mutisias) für 30/40 Arg$ pro halben/ganzen Tag. Bei **Cabalgatas Correntoso** (☎ 02944-15-510559; www.cabalgata correntoso.com.ar; Cacique Antriao 1850) ist Tero Bogani der richtige Ansprechpartner für diejenigen, die die Landschaft auf dem Pferderücken erkunden wollen. Die Preise beginnen bei 180 Arg$ für einen dreistündigen Ausritt, es gibt aber auch Halbtages- und auch mehrtägige Ritte. Segeltörns auf dem See, die an windigen Tagen schon mal aufregend sein können, veranstaltet **Vela Aventura** (☎ 494834; www.vela-aventura.com.ar). Ein dreistündiger Törn für bis zu vier Personen kostet normalerweise 400 Arg$.

Das **Museo Histórico Regional** (Nahuel Huapi & El Calafate; ☺ Di–Sa 9.30–17 Uhr, Führungen um 11, 13 & 15 Uhr) an der Straße nach La Villa lohnt einen Besuch. Es zeigt viel Wissenswertes über die Geschichte der Mapuche, historische Fotos vom Ort und alte Bergsteigerausrüstungen.

PARQUE NACIONAL LOS ARRAYANES
Dieser unbekannte, häufig übersehene **Park** (Fußgänger/Radfahrer 20/30 Arg$) umfasst die gesamte Halbinsel Quetrihué. Hier gibt es noch kleine Bestände an Arrayán-Bäumen, die in Hainen wachsen: Die niedrigen Myrtenbäume erkennt man an ihrer zimtfarbenen Rinde. In Mapudungun, der Sprache der Mapuche, bedeutet der Name der Halbinsel (Quetrihué) deswegen auch „Ort der Arrayanes".

Die Parkverwaltung befindet sich am südlichen Ende der Halbinsel in der Nähe von **El Bosque**, wo die meisten der *arrayanes* stehen. Eine 12 km lange Wanderung, die in etwa drei Stundin dauert, führt von La Villa zur Spitze der Halbinsel. Bei der Touristeninformation in El Cruce gibt es Broschüren zu diesem ausgezeichneten **Naturlehrpfad**, an dem zwei kleine Seen liegen. Sinnvoll ist es, nur eine Strecke zu laufen und dann mit der Fähre von der Landspitze (s. S. 439) zurückzufahren. Wer will, kann auch den umgekehrten Weg nehmen.

In den Parkvorschriften steht allerdings, dass alle Besucher den Park im Winter bis 16 Uhr und im Sommer zwischen 18 und 19 Uhr verlassen haben müssen.

Vom nördlichen Eingang des Nationalparks bei La Villa führt eine steile 20-minütige Wanderung zu zwei **Panorama-Aussichtspunkten** mit Blick auf den Lago Nahuel Huapi.

CERRO BELVEDERE

Der 4 km lange **Wanderweg** beginnt an der Avenida Siete Lagos (nordwestlich der Touristeninformation) und führt zu einem **Aussichtspunkt** mit guten Ausblicken auf den Lago Correntoso, Nahuel Huapi und die umliegenden Berge. Vom Aussichtspunkt sind es weitere 3 km zum 1992 m hohen Gipfel. Wer sich am Aussichtspunkt „sattgesehen" hat, läuft einige Schritte zu einer nahe gelegenen Kreuzung und biegt dann auf einen Pfad zur 50 m hohen **Cascada Inayacal** ab. Es lohnt sich, bei der Touristeninformation nach Wanderkarten zu fragen, denn die Wegführung ist etwas verwirrend.

CENTRO DE SKI CERRO BAYO

Von Juni bis September bringen Lifte die Skifahrer von der Talstation (1050 m) ins Skigebiet auf 1700 m. Der kleine, aber teure **Wintersportort** (☎ 494189; www.cerrobayoweb.com; Tagespass 94–165 Arg$) liegt etwa 9 km nordöstlich von El Cruce an der RP 66. Vor Ort bekommt man alles, was man braucht, u.a. auch die notwendige Skiausrüstung (56–76 Arg$).

Schlafen

Übernachten ist teuer in Angostura, es sei denn, man zeltet oder steigt in einem Hostel ab. Während des Sommers gibt es so gut wie keine Einzelzimmer – Alleinreisende müssen dann mit dem Preis für ein Doppelzimmer rechnen.

Camping Cullumche (☎ 494160; moyano@uncu.edu.ar; Blvd. Quetrihué s/n; Stellplatz pro Pers. 20–25 Arg$) Der abgeschiedene, große Campingplatz liegt direkt am See und ist ab dem Boulevard Nahuel Huapi gut ausgeschildert. In der Sommerzeit kann es sehr voll werden, außerhalb der Saison ist es dann wunderbar ruhig.

Italian Hostel (☎ 494376; www.italianhostel.com.ar; Los Marquis 215, El Cruce; B 45 Arg$; 🛜) Das beste Hostel im Ort bietet viel Platz und alle Annehmlichkeiten, die man erwartet. Die Küche ist gut ausgestattet, eine Parilla steht zur Verfügung, und die rustikale Lounge ist sehr gemütlich. Der einzige Haken ist der riesige Schlafsaal für 18 Leute.

Hostel La Angostura (☎ 494834; www.hostella angostura.com.ar; Barbagelata 157, El Cruce; B/DZ 55/170 Arg$; 🛜) Der kurze Marsch bergauf lohnt sich. Man ist mitten in der Natur, genießt eine tolle Aussicht vom Balkon, es gibt eine Bar, Tischtennisplatten, Fahrradverleih und vieles mehr. Die Schlafsäle sind beengt, aber okay und haben jeweils eigene Bäder.

Residencial Río Bonito (☎ 494110; riobonito@ciudad.com.ar; Topa Topa 260, El Cruce; EZ/DZ 120/150 Arg$) Hell und freundlich sind die Zimmer in dem früheren Einfamilienhaus, das nur einige Blocks vom Busbahnhof entfernt liegt. Pluspunkte sind der große, gemütliche Aufenthaltsbereich und die freundlichen Besitzer.

Verena's Haus (☎ 494467; verenashaus@infovia.com.ar; Los Taiques 268, El Cruce; EZ/DZ 150/200 Arg$; 🛜) Das ideale Hotel für verliebte Paare, die einen romantischen und ruhigen Ort suchen: Es gibt jede Menge Herzen und Blümchentapeten. Die makellosen Zimmer sind groß und gemütlich.

Hotel Angostura (☎ 494224; www.hotelangostura.com; Blvd. Nahuel Huapi 1911, La Villa; EZ/DZ 210/250 Arg$, Bungalow 400–600 Arg$; 🛜) Die Inneneinrichtung ist etwas seltsam, aber die Lage ein Traum. Das Hotel liegt auf einem Felsvorsprung mit atemberaubendem Blick auf den See und den Nationalpark.

Essen

In El Cruce reihen sich mehrere Restaurants und *confiterías* entlang der Los Arrayanes und ihrer Nebenstraßen.

Gran Nevada (Av. Arrayanes 106, El Cruce; Hauptgerichte 15–25 Arg$; ⏰ Mittag- & Abendessen) Die Einheimischen genießen die sättigenden und günstigen Tagesgerichte und schauen gemeinsam Sendungen im großen Fernseher an (meistens läuft Fußball). Hier geht niemand hungrig raus.

Los Troncos (Av. Arrayanes 67, El Cruce; Hauptgerichte 25–40 Arg$; ⏰ Frühstück, Mittag- & Abendessen) Spezialitäten des netten, kleinen Lokals sind so verlockende Sachen wie Hirschragout, Forelle in Mandelsoße und Ragout von Wildpilzen – alle Zutaten stammen aus der näheren Umgebung.

La Caballeriza (Av. Arrayanes 44, El Cruce; Hauptgerichte 25–50 Arg$; ⏰ Mittag- & Abendessen) Die beste Parrilla der Stadt bietet eine abwechslungsreiche Speisekarte, eine gepflegte Atmosphäre und erstaunlich zivile Preise.

La Encantada (☎ 495515; Cerro Belvedere 69, El Cruce; Hauptgerichte 30–50 Arg$; ⏰ Mittag- & Abendessen) Das einladende, gemütliche Restaurant bietet eine große Auswahl an patagonischen und argentinischen Spezialitäten. Das Essen wird sorgfältig zubereitet und hübsch serviert. Wer gerne Fleisch isst, wird vom *ojo de bife* (Filetsteak; 55 Arg$) für zwei Personen begeistert sein.

La Buena Vida (Arrayanes 167; Hauptgerichte 35–50 Arg$) Modernes Restaurant mit traditioneller Speisekarte und einigen „Exoten" – dazu gehören ungarisches Gulasch und Borscht, aber auch Crêpes und Risotto.

Tinto Bistro (☎ 494924; Nahuel Huapi 34, El Cruce; Hauptgerichte 50–70 Arg$; ⏰ Mittag- & Abendessen) Das Essen, regionale Küche mit europäischem Touch, ist ausgezeichnet. Der Besitzer Martín Zorreguieta ist übrigens der Bruder von Prinzessin Máxima der Niederlande – wenn das kein Grund für einen Besuch ist!

An- & Weiterreise

Der **Busbahnhof** (Ecke Av. Siete Lagos & Av. Arrayanes, El Cruce) von Villa la Angostura liegt gegenüber der Touristeninformation in El Cruce. Einige Busse halten hier auf ihrer Fahrt von Bariloche nach San Martín de los Andes.

Andesmar (☎ 495217) fährt über den Paso Cardenal Samoré nach Osorno, das in Chile liegt (80 Arg$, 3½ Std.).

Mehrmals täglich verkehren Busse nach Bariloche (15 Arg$, 1 Std.) und zweimal täglich nach Neuquén (70 Arg$, 7 Std.). Albus fährt in der Sommerzeit mehrmals täglich über die landschaftlich schöne Ruta de los Siete Lagos nach San Martín de los Andes (45 Arg$, 4 Std.). La Araucana fährt jeden Tag nach Villa Traful (23 Arg$, 2 Std.).

Unterwegs vor Ort

Den Ort und die Umgebung kann man sehr gut zu Fuß erkunden. Wer aber eine längere Wanderung unternehmen möchte, sollte sich am besten ein Taxi zu den Ausgangspunkten der Wandertouren gönnen, auch wenn einige von Bussen angesteuert werden. Sowohl Busse als auch Taxis starten am Busbahnhof an der Avenida Siete Lagos, direkt nördlich der Avenida Arrayanes.

Busse von Transportes 15 de Mayo verkehren stündlich vom Busbahnhof nach La Villa (1,30 Arg$, 15 Min.). Sie fahren über die Avenida Siete Lagos zum Lago Correntoso (1,30 Arg$, 15 Min.) und dann nach Süden auf der Avenida Arrayanes bis Puerto Manzano am Lago Nahuel Huapi (1,30 Arg$, 15 Min.). Von Juli bis Ende September und von Dezember bis Ende März fahren die Busse der Gesellschaft 15 de Mayo sechs- bis siebenmal täglich zum Skigebiet Cerro Bayo (10 Arg$, 1 Std.).

Zwei Reedereien bieten tägliche Fährverbindungen vom Hafen (am Hotel Angostura in La Villa) zur Spitze der Halbinsel Quetrihué im Parque Nacional Los Arrayanes (einfach 59–69 Arg$, hin- & zurück 118–138 Arg$, plus 20 Arg$ Parkeintritt). Eine schöne Kombination ist die Wanderung über die Halbinsel und die Fahrt zurück mit dem Schiff (oder umgekehrt). Es empfiehlt sich, die Schiffstickets vor der Wanderung zu kaufen, um auf jeden Fall einen sicheren Platz bei der Rückfahrt zu haben. Die Abfahrtszeiten ändern sich häufig – die Touristeninformation kennt den aktuellen Fahrplan. Die Fahrt dauert 45 Minuten; man kann sogar das Fahrrad mit aufs Schiff nehmen.

BARILOCHE

☎ 02944 / 102 800 Ew. / 770 m

Bariloche (offizieller Name: San Carlos de Bariloche) säumt das Ufer des Lago Nahuel Huapi, der sich in der Mitte des gleichnamigen Nationalparks erstreckt. Die Lage und die vielfältigen Outdooraktivitäten, die der Ort sommers wie winters zu bieten hat, haben dazu geführt, dass sich der Ort – manche sagen leider – zum Hauptanziehungspunkt des Seengebiets entwickelt hat.

Die steil aufragenden Gipfel der Cerros Catedral, López, Nireco und Shaihuenque (um nur einige zu nennen) – alle über 2000 m hoch – umringen die Stadt und sorgen für Postkartenmotive in jeder Himmelsrichtung.

Doch die Berge sind nicht nur zum Anschauen da. Die Schneebedingungen im Winter sind stets ideal (zum Ende der Saison können über 2 m Schnee liegen), sodass es Ski- und Snowboardfahrer aus der ganzen Welt hierher zieht.

Im Sommer laden die Berge zum Klettern und Wandern ein, man kann Forellen angeln und Touren mit dem Mountainbike oder hoch zu Ross unternehmen.

Argentiniens Studenten feiern hier traditionell ihre Abschlussparty. Und: Bariloche ist die Schokoladenhauptstadt Argentiniens. Die einzigen, die der frischen Schokolade die Plätze im Schaufenster streitig machen, sind die unzähligen, recht seltsamen Zwerge jeder Art und Größe, die in fast jedem Geschäft verkauft werden.

Bariloche wurde offiziell 1902 gegründet, doch zur touristischen Attraktion entwickelte sich die Stadt erst, als der südliche Streckenabschnitt der Bahnline Ferrocarril Roca 1934 bis Bariloche verlängert wurde. Zeitgleich begann Architekt Ezequiel Bustillo, eine Stadt nach europäischem Muster zu planen. Heute ist Bariloche für seine sogenannte alpenländische Architektur berühmt, die aber durch die Verwendung von einheimischen Harthölzern und besondere Steinkonstruktionen einen patagonischen Touch bekommen hat. Ein sehr gutes Beispiel dafür ist das Bürgerzentrum (*centro cívico*) von Ezequil Bustillo.

Die Kehrseite der wachsenden Beliebtheit ist das unkontrollierte Wachstum an seinen Rändern: Während der letzten 20 Jahre wurde das Bild des „historischen" Stadtzentrums durch viele Apartmenttürme und Wohnanlagen in den

DAS ARGENTINISCHE SEENGEBIET

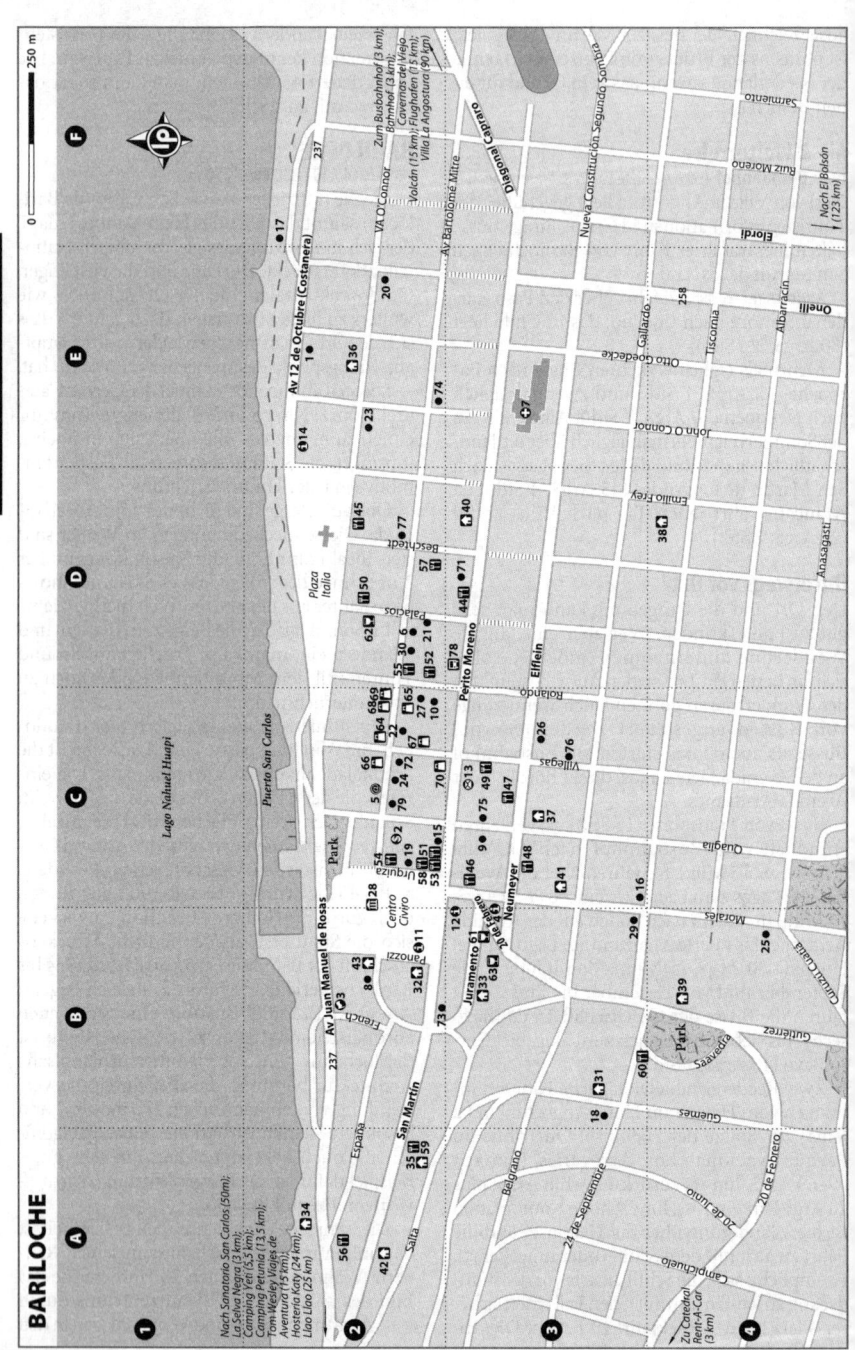

BARILOCHE

Lago Nahuel Huapi

Nach Sonatorio San Carlos (50m);
La Selva Negra (3 km);
Camping Yeti (1,5 km);
Camping Petunia (13,5 km);
Tom-Wesley Viajes de
Aventura (15 km);
Hostería Katy (24 km);
Liao Liao (25 km)

Plaza Italia

Centro Civico

Puerto San Carlos

Zum Busbahnhof (3 km);
Böhmhof (3 km);
Cervecería del Viejo
Volcán (15 km); Flughafen (1,5 km);
Villa La Angostura (90 km)

Nach El Bolsón
(123 km)

Zu Catedral
Rent-A-Car
(3 km)

DAS ARGENTINISCHE SEENGEBIET

angrenzenden Wohnvierteln verunstaltet. Immerhin sind die Unterkünfte nach wie vor bezahlbar geblieben.

Orientierung

Bariloche liegt 460 km südwestlich von Neuquén an der RN 237. Kommt man von Osten in die Stadt, wird die RN 237 zur Avenida 12 de Octubre (oder Costanera) und führt Richtung Westen weiter zum Ferienort Llao Llao am See. Die nach Süden führende Calle Onelli wird zur RN 258 und führt nach El Bolsón an der Grenze zur Provinz Chubut.

Das Geschäftszentrum liegt an der Avenida Bartolomé Mitre. Achtung: Die VA O'Connor (auch bekannt als Vicealmirante O'Connor oder Eduardo O'Connor) wird oft mit der John O'Connor verwechselt.

Die beiden Straßen kreuzen sich in der Nähe des Sees. Ein ähnliches Problem bereiten die Straßen Perito Moreno und Ruiz Moreno, die sich nahe der Diagonal Capraro am Ostende der Innenstadt treffen.

Praktische Informationen

EINWANDERUNGSBEHÖRDE
Einwanderungsbehörde (☎ 423043; Libertad 191)

GELD
Im Stadtzentrum gibt es überall Banken mit Geldautomaten.
Cambio Sudamérica (Av. Bartolomé Mitre 63) Umtausch von Bargeld und Reiseschecks.

INTERNETZUGANG
El Refugio (Av. Bartolomé Mitre 106, 1. St.; Std. 3 Arg$) Im 1. Stock, schnelle Verbindung.

MEDIZINISCHE VERSORGUNG
Hospital (☎ 426100; Perito Moreno 601) Lange Schlangen, aber eine kostenlose Behandlung.
Sanatorio San Carlos (☎ 429000/01/02, Notfall 430000; Av. Bustillo, Km 1; Untersuchung 50 Arg$) Ausgezeichnete Klinik.

POST
Correo (Perito Moreno 175)

REISEBÜROS
Hiver Turismo (☎ 423792; Av. Bartolomé Mitre 387) Eines der zahlreichen Büros an der Avenida Bartolomé Mitre und ihrer Nebenstraßen.

TOURISTENINFORMATION
ACA (Automóvil Club Argentino; ☎ 423001; Av. 12 de Octubre

785) Argentiniens Automobilclub; hier gibt es gute Straßenkarten der Provinz.

Club Andino Bariloche (☎ 422266; www.active patagonia.com.ar, www.clubandino.com.ar; 20 de Febrero 30; ☾ Dez.–März tgl. 9–13 & 16–20.30 Uhr, April–Nov. nur Mo–Fr) Die besten Informationen für Wanderungen im Nahuel Huapi. Nimmt Reservierungen vor und bietet Infos über Unterkünfte für Wanderer. Details zumPark siehe S. 449.

Nationalparkbüro Nahuel Huapi (Intendencia del Parque Nacional Nahuel Huapi; ☎ 423121; www.nahuelhuapi.gov.ar; San Martín 24; ☾ Mo–Fr 8–16, Sa & So 9–15 Uhr)

Städtische Touristeninformation (☎ 429850; www. barilochepatagonia.info; Centro Cívico; ☾ 8–21 Uhr) Hier erhält man nützliche Dinge wie Karten und auch den sehr kommerziellen, aber brauchbaren *Guía Busch*. Dieser Führer wird alle zwei Jahre neu aufgelegt und enthält jede Menge Informationen über Bariloche und seine Umgebung.

Touristeninformation der Provinz (☎ 423188/89; securm@bariloche.com.ar; Ecke Av. 12 de Octubre & Emilio Frey) Bietet Informationen über die Provinz inklusive einer exzellenten Karte. Es gibt auch nützliche Broschüren auf Englisch und Spanisch.

WÄSCHEREI

Laverap Quaglia (zwischen Perito Moreno & Elflein; Bedienung 12–16 Arg$); Rolando (☎ 432628; zw. Av. Bartolomé Mitre & Perito Moreno; Bedienung 15 Arg$)

Sehenswertes

Ein Bummel durch Bariloches **Centro Cívico** mit seinen wunderschönen Gebäuden aus Holz und Stein ist ein Muss. Die Entwürfe für die Häuser stammen vom Architekten Ezequiel Bustillo. Ebenfalls fast schon Pflicht ist ein Foto mit dem Bernhardiner, dem ein kleines Fass um den Hals hängt – ein klassisches Argentinienmotiv. Dazu kommt der phantastische Blick über den See. In den Gebäuden des Centro Cívico befinden sich die städtische Touristeninformation und das **Museo de la Patagonia** (☎ 422309; Centro Cívico; Eintritt: Spende; ☾ Di–Fr 10–12.30 & 14–17, Sa 10–18 Uhr). Es zeigt archäologische und ethnografische Ausstellungsstücke, lebensecht anmutende ausgestopfte Tiere und eine interessante historische Dokumentation des Mapuche-Widerstands gegen die Conquista del Desierto.

15 km von Bariloche entfernt befinden sich die **Cavernas del Viejo Volcán** (☎ 529909; Villegas 246, 1. St., Bariloche; mit/ohne Transport 60/46 Arg$; ☾ Führungen 11.30, 13.30 & 15 Uhr), ein Höhlenkomplex, der fast 8000 Jahre von den Mapuche und anderen Stämmen bewohnt wurde. An einigen Stellen sind noch ziemlich gut erhaltene Malereien zu sehen. Eine Führung ist obligatorisch. Die Tour führt 130 m in den Cerro Leones hinein, danach hoch

auf den Gipfel, von dem sich ein phantastischer Ausblick auf die Umgebung bietet. Wer sich keiner organisierten Tour anschließen will, kann die Höhlen auch mit Linienbussen erreichen (das ist aber preislich nicht viel günstiger). Auf jeden Fall müssen sich Besucher immer vorher anmelden – genauere Informationen erteilt das Büro in Bariloche.

Aktivitäten

Bariloche und die Region Nahuel Huapi zählen zu den wichtigsten argentinischen Zielen für Outdoor-Sportarten. Zahlreiche Veranstalter bieten die unterschiedlichsten Freizeitaktivitäten an – Ausritte, Moutainbiketouren und Wildwasser-Rafting. Die folgenden Adressen sind zu empfehlen:

Overland Patagonia (☎ 456327; www.overland patagonia.com; Villegas 195) Veranstaltet zahlreiche Trips durch ganz Patagonien. Auch Pendelverkehr für Skifahrer zu den Pisten für 16 Arg$ von jedem Hotel der Stadt.

Tom Wesley Viajes de Aventura (☎ /Fax 435040; Av. Bartolomé Mitre 385) Ausritte, Mountainbiketouren; durchgeführt von einem alteingesessenen Veranstalter. Auch an der Avenida Bustillo, Km 15,5.

ANGELN

Passionierte Fliegenfischer aus der ganzen Welt strömen in die gut erreichbaren Parks der patagonischen Anden zwischen Lago Puelo und Los Alerces im Süden und Lanín im Norden.

An größeren Seen wie dem Nahuel Huapi wird Schleppangeln (Trolling) bevorzugt, an den Flüssen überwiegt das Fliegenfischen. Die Saison dauert von Mitte November bis Mitte April. Wer weitere Informationen braucht, kann sich an die **Asociación de Pesca y Caza Nahuel Huapi** (Jagd- & Angelclub; ☎ 421515; www.apcnh.com; Ecke Costanera 12 de Octubre & Onelli) wenden. Leihausrüstung und einen Führer verleihen bzw. vermitteln Baruzzi Deportes oder Martín Pescador (s. S. 443). Beide bieten auch geführte Angeltouren für 1400 Arg$ pro Tag für ein bis zwei Personen an (der Preis ist jeweils der gleiche und schließt die Ausrüstung, das Essen, den Transport und den Führer mit ein). Die Veranstalter verkaufen auch die erforderliche Angelerlaubnis (Tag/Woche/Saison 75/250/350 Arg$).

BERGSTEIGEN & TREKKING

Im Nationalparkbüro bekommt man eine einfache Karte, die für eine erste Planung ausreicht. Die Wanderrouten sind in die Kategorien einfach, mittel oder schwer eingeteilt, außerdem werden mögliche Umwege/Schleifen vorgestellt.

Viele dieser Wanderungen werden detailliert im Lonely Planet-Wanderführer *Trekking in the Patagonian Andes* vorgestellt.

Der Club Andino Bariloche (s. S. 442) bietet ebenfalls eine Menge Informationen (auch übers Zelten) und stellt die vorgeschriebenen Permits für Trekkingtouren im Parque Nacional Nahuel Huapi aus. Für 20 Arg$ gibt es die *Mapa General de la Guía de Sendas y Picadas*. Die Karte ist zwar nur von mittelmäßiger Qualität, aber die Streckenbeschreibungen sind sehr gut und für die Planung unverzichtbar. Der Club verkauft noch drei weitere Trekkingkarten, in denen jeweils auch Mountainbikestrecken verzeichnet sind.

GLEITSCHIRMFLIEGEN

Die Berge rund um Bariloche eignen sich geradezu ideal zum Gleitschirmfliegen! Wer sich in die Lüfte schwingen will, zahlt rund 260 Arg$ für einen 20–30 minütigen Tandemsprung mit (unter anderem) **Luis Rosenkjer** (☎ 427588) oder **Parapente Bariloche** (☎ 15-552403; Cerro Otto base).

MOUNTAINBIKEN

Wer eine gute Kondition hat, kann den 60 km langen Circuito Chico (s. S. 450) mit dem Rad bezwingen, aber es gibt auch andere schöne Strecken. Die meisten Straßen sind asphaltiert, und auch die Schotterpisten sind gut. Die Leihgebühr für ein Mountainbike inklusive Handschuhe und Helm beträgt 40–60 Arg$ pro Tag. Gute Adressen sind **Bikeway** (☎ 424202; www.bikeway.com.ar; VA O'Connor 867) oder **Dirty Bikes** (☎ 425616; www.dirtybikes.com.ar; VA O'Connor 681). Organisierte Ausflüge mit zweisprachigen Führern kosten ungefähr 180 Arg$ pro Tag.

RAFTEN & KAJAK FAHREN

Rafting- und Kajaktouren auf dem Río Limay und dem Río Manso wurden in den letzten Jahren immer beliebter. Die beste Zeit dafür sind die Monate November bis Ende Februar, Raften kann man aber auch schon im Oktober und ab dann bis Ostern.

Seit 1991 bietet **eXtremo Sur** (☎ 427301; www.extremosur.com; Morales 765) verschiedene Streckenabschnitte auf dem Río Manso an: Die Strecke Manso Inferior (Schwierigkeitsgrad II–III, 195 Arg$ pro Pers.) ist für jedes Alter geeignet. Manso a la Frontera (Schwierigkeitsgrad III–IV, 250 Arg$ pro Pers., Alter mind. 14 Jahre) ist ein schöner Flussabschnitt kurz vor der chilenischen Grenze, auf dem man garantiert Spaß hat. Die Firma bietet auch eine Drei-Tages-Tour an, die sogenannte Expedición Río Manso (Schwierigkeitsgrad III–IV, 1350–1500 Arg$), wobei man unterwegs an schönen Uferplätzen zeltet. Dabei sind Getränke und Essen und die Asados im Preis inbegriffen.

Aguas Blancas (☎ 432799; www.aguasblancas.com.ar; Morales 564) hat ebenfalls einen ausgezeichneten Ruf und vergleichbare Angebote. Das Büro befindet sich in der Albergue Patagonia Andina.

Pura Vida Patagonia (☎ 15-414053; www.puravidapatagonia.com) bietet Kanufahrten auf dem Lago Nahuel Huapi an, und zwar Halbtagsausflüge ebenso wie Fahrten mit Übernachtung im Zelt, die den individuellen Fähigkeiten der Kundschaft angepasst sind.

REITEN

Die meisten Reisebüros auf der Avenida Bartolomé Mitre haben auch Ausritte in ihrem Programm. Wenn es etwas Besonderes sein soll, wendet man sich am besten an die liebenswerte Carol Jones von **Cabalgatas Carol Jones** (☎ 426508; www.caroljones.com.ar), die Halbtagsausritte von ihrer *estancia* außerhalb der Stadt für 220 Arg$ pro Pers. anbietet. Im Preis eingeschlossen sind der Transport von und zur Stadt sowie ein ausgezeichneter Asado unter freiem Himmel. Auch mehrtägige Ausritte (500 Arg$ pro Pers. und pro Tag) sind möglich. Carol spricht Englisch. Für einen Ausritt müssen sich allerdings mindestens zwei Personen anmelden.

SKIFAHREN

Nahuel Huapis Skigebiet **Cerro Catedral** (☎ 409000; www.catedralaltapatagonia.com) war früher das renommierteste Skigebiet Südamerikas, wurde aber inzwischen von Las Leñas (nahe Mendoza) und einigen Skiorten in Chile abgelöst. Denn Las Leñas hat den besseren Schnee (meistens trockener Pulverschnee) – dafür fehlt aber die Hauptattraktion von Catedral: die spektakuläre Aussicht. Der Panoramablick von den verschneiten Pisten über die glitzernden Seen von Nahuel Huapi ist unübertroffen.

Skipässe kosten je nach Saison zwischen 90 und 150 Arg$. Unterricht erhalten Interessierte in den Skischulen am Cerro Catedral oder beim Club Andino Bariloche (s. S. 442). Zwei Stunden Einzelunterricht kosten etwa 330 Arg$. **Baruzzi Deportes** (☎ 424922; Urquiza 250) oder **Martín Pescador** (☎ 422275; martinpescador@bariloche.com.ar; Rolando 257) verleihen Skiausrüstung, man bekommt sie aber auch im Skigebiet. Das Ausleihen von Ski, Schuhen und Stöcken kostet 54–70 Arg$, Ausrüstung zum Snowboarden 75–98 Arg$ pro Tag, abhängig von der Saison.

Sprachkurse

La Montaña (☎ 524-212; www.lamontana.com; Elflein 251) ist eine renommierte Sprachschule.

Geführte Touren

Zahlreiche Reisebüros an und nahe der Avenida Bartolomé Mitre, etwa Catedral Turismo (s. Kasten S. 448), bieten Minibustouren zum Nationalpark und weiter in den Süden bis El Bolsón an. Die Preisspanne bewegt sich zwischen 40 Arg$ für einen Halbtagsausflug auf dem Circuito Chico und 125 Arg$ für einen Abstecher nach San Martín de los Andes über die Ruta de los Siete Lagos.

Overland Patagonia (s. S. 442) hat einige sehr beliebte Campingtouren im Programm: Die Bandbreite reicht dabei von der viertägigen Safari Siete Lagos (900 Arg$, ohne Verpflegung) bis zur 18-tägigen Safari del Fin del Mundo (6200 Arg$, ohne Verpflegung), die bis nach Feuerland führt. Alle Angebote dieses Veranstalters sind im Vergleich zu den Touren anderer Agenturen immer um besondere Extras bemüht (z. B. Wanderungen etc.).

Adventure Center (☎ 428368; www.adventurecenter.com.ar; Perito Moreno 30) bietet für 500 Arg$ pro Person viertägige Touren auf der legendären RN 40, die bis nach El Calafate führen. Sie werden in der Zeit von Ende September bis April durchgeführt. Im Preis eingeschlossen ist die Unterkunft, aber nicht die Eintrittsgebühren im Nationalpark und die Verpflegung.

Bariloche Moto Tours (☎ 462687; www.barilochemototours.com) organisiert individuelle Motorradtouren von Südpatagonien bis Nordchile und sogar noch weiter.

Espacio (☎ 431372; www.islavictoriayarrayanes.com; Av. Bartolomé Mitre 139) kreuzt während des Sommers mit dem Katamaran *Cau Cau* auf dem Lago Nahuel Huapi. Plätze müssen zwei Tage im Voraus gebucht werden.

Tren a Vapor (☎ 423858; www.trenhistoricoavapor.com.ar; ☽ Nov.–März) veranstaltet ganztägige Rundfahrten (40 km) in einem historischen Dampfzug aus dem Jahr 1912, der lediglich aus fünf Waggons besteht. Der Zug hält außerdem an einigen Stellen zum Fotoshooting: An der Brücke über den Fluss Ñirihau und an der Bahnstation von Perito Moreno, dazu kommen zwei relativ kurze geführte Wanderungen zur Laguna Los Juncos und zum Cerro Elefante.

Tickets erhält man am Bahnhof in der Nähe des Busbahnhofs. Sie kosten 90/135/220 Arg$ für einen Erwachsenen in der 2./1./Spezial-Klasse sowie 65/100/140 Arg$ pro Kind.

Feste & Events

Im August feiert Bariloche zehn Tage lang die **Fiesta Nacional de la Nieve**, das Nationale Schneefest. Im Januar und Februar findet das **Festival de Música de Verano** (Sommer-Musikfestival) statt, dazu gehören ganz unterschiedliche Veranstaltungen wie das **Festival de Música de Cámara** (Kammermusikfestival), das **Festival de Bronces** (Blechbläserfestival) und das **Festival de Música Antigua** (Festival der alten Musik). Am 3. Mai wird die **Fiesta Nacional de la Rosa Mosqueta** zu Ehren der Hagebutte gefeiert, die in vielen einheimischen Delikatessen verwendet wird.

Schlafen

Vom Campingplatz und Privatunterkünften bis zum 5-Sterne-Hotel: In Bariloche findet sich für jeden etwas. Durch die große Konkurrenz lässt sich selbst in der Hochsaison etwas Akzeptables finden, obwohl Reservierungen immer empfehlenswert sind. Am teuersten sind die Unterkünfte während der Skisaison (Juli und Aug.), diese werden dann in der Hochsaison (Jan. und Feb.) etwas günstiger und fallen den Rest des Jahres noch weiter. Die nachfolgenden Preise gelten für die Hochsaison.

BUDGETUNTERKÜNFTE

In Bariloche gibt es viele ausgezeichnete Gasthäuser. Die hier genannten organisieren auch Touren in den Nahuel Huapi und veranstalten am Wochenende Asados.

La Selva Negra (☎ 441013; campingselvanegra@speedy.com.ar; Av. Bustillo, Km 2,9; Stellplatz pro Pers. 33 Arg$) Der Platz liegt 3 km westlich der Stadt an der Straße nach Llao Llao, ist aber trotzdem der stadtnächste. Die Infrastruktur ist gut und im Herbst kann man direkt vor dem Zelt Äpfel pflücken.

LP Tipp **Hostel Patanuk** (☎ 434991; www.patanuk.com; Av. JM Rosas 585; B./DZ 40/120 Arg$; ☎) Das einzige Gasthaus direkt am See ist ein Volltreffer. Die großen Fenster bieten einen tollen Blick auf das Wasser und die Berge. Holzfußböden, eine großzügige Küche und komfortable Aufenthaltsräume sind weitere Pluspunkte.

Hostel 1004 (☎ 432228; www.penthouse1004.com.ar; San Martín 127, 10. St., Bariloche Center; B 40 Arg$, DZ mit Gemeinschaftsbad 120 Arg$; ☎) Das Hostel hat die beste Aussicht von allen Hotels der Stadt, denn es liegt im 10. Stockwerk eines Gebäudes. Die Schlafräume mit drei oder gar sechs Betten sind großzügig geschnitten, und es gibt einen riesigen Aufenthaltsraum mit Sofas, Kamin und großen Holztischen. Allerdings weist kein Schild auf das Hotel hin. Wer dort sein Quartier beziehen möchte, betritt das Bariloche Center, fährt mit dem Lift in den 10. Stockwerk und sucht dann nach der Nummer 1004.

Hostel 41 Below (☎ 436-433; www.hostel41below.com; Juramento 94; B/DZ mit Gemeinschaftsbad 44/140 Arg\$; 🖳 🛜) Ein kleines und gemütliches Hostel mit sauberen Schlafräumen sowie schönen Doppelzimmern (mit toller Aussicht). Dazu kommen eine gepflegte Küche und ein schöner Aufenthaltsraum. Die neuseeländischen Besitzer bieten auch großzügige Zimmer in einem nahe gelegenen Apartment an (225/1350/4000 Arg\$ pro Tag/Woche/Monat).

Hostel Pudu (☎ 429738; www.hostelpudu.com; Salta 459; B/DZ 45/160 Arg\$; 🖳 🛜) Coole Unterkunft bei einem jungen Argentinier und einem irischen Pärchen. Das Haus ist etwas verwirrend, aber gemütlich und ruhig gelegen – und alle Zimmer haben eine tolle Aussicht. Super Atmosphäre, es gibt eine kleine Bar und einen kleinen Garten für Asados.

Hospedaje Wikter (☎ 423248; www.hospedajewikter. com.ar; Güemes 566; EZ/DZ 60/80 Arg\$; 🛜) Die kleine, freundliche *hospedaje* liegt etwas abseits des Zentrums den Berg hinauf und bietet geräumige Zimmer in einem hellen, modernen Haus. Die Bäder sind etwas größer wie es in dieser Preisklasse sonst üblich ist. Einige Zimmer besitzen außerdem eine tolle Aussicht.

Zwischen Bariloche und Llao Llao liegen u. a. die Campingplätze **Camping Yeti** (☎ 442073; Av. Bustillo, Km 5,6; Stellplatz 30 Arg\$) und **Camping Petunia** (☎ 461969; Av. Bustillo, Km 13,5; Stellplatz 32 Arg\$).

MITTEL- & SPITZENKLASSEHOTELS

Hostería Katy (☎ 448023; www.gringospatagonia.com; Av. Bustillo, Km 24,3; EZ/DZ 125/250 Arg\$; 🖳 🛜) Die Hostería ganz als am Nationalpark wird von den Eigentümern in ihrem netten Einfamilienhaus geführt. Die Zimmer sind komfortabel, haben große Bäder und gute Matratzen.

Hostería El Ciervo Rojo (☎ 435241; www.interpatagonia. com/elciervorojo; Elflein 115; EZ/DZ 140/180 Arg\$; 🖳) Wer hier unterkommen will, muss bereits frühzeitig reservieren! Die schön renovierte *hostería* ist sehr beliebt; sie besitzt gemütliche Zimmer mit Fußböden aus Schiefer und großzügigen Bädern. Die Zimmer im oberen Stockwerk sind die bessere Wahl. Tolle Lobby.

Hostería Ivalu (☎ 423237; Emilio Frey 535; EZ/DZ 150/180 Arg\$) Oben auf dem Berg mit Blick auf die Stadt. Die kleine, freundliche *hostería* bietet geräumige, aber etwas in die Jahre gekommene Zimmer, die von den netten Besitzern stets blitzsauber gehalten werden.

Hostería La Paleta del Pintor (☎ 422220; 20 de Febrero 630; EZ/DZ 150/180 Arg\$) Die Einrichtung des Hauses ist etwas verspielt, aber die Zimmer mit kleinen, aber sehr sauberen Bäder sind groß und luftig. Ein Plus sind die riesige Fernseher – wenn man denn Wert darauf legt.

Hostería Adquintue (☎ 522229; www.interpatagonia. com/adquintue; VA O'Connor 766; EZ/DZ 150/200 Arg\$) Diese Hostería besitzt großzügige, aber einfache Zimmer und liegt am Rand der quirligen Innenstadt. Guter Preis für diese Lage.

Hotel 7 de Febrero (☎ 422244; www.hotel7defebrero. com.ar; Perito Moreno 534; Zi. ab 250 Arg\$; 🛜) Das Hotel ist nicht besonders aufregend, hat aber große Zimmer mit neuer Ausstattung und günstige Zimmerpreise. Für 40 Arg\$ Aufschlag bekommt man ein Zimmer nach hinten hinaus mit toller Sicht auf den See.

Hotel Carlos V (☎ 425474; www.carlosvpatagonia.com. ar; Morales 420; EZ/DZ 216/285 Arg\$; 🖳 🛜) Auf den ersten Blick eine typische Unterkunft für Geschäftsleute, doch das Hotel hat jede Menge Charme, der sich erst beim zweiten Hinsehen erschließt. Dazu kommen die zentrale Lage und die geräumigen Zimmer – in dieser Preisklasse ist es fast unschlagbar.

Hotel Tirol (☎ 426152; www.hosteriatirol.com.ar; Libertad 175; EZ/DZ 230/250 Arg\$; 🖳 🛜) Das reizende kleine Hotel mit komfortablen, geräumigen Zimmern liegt direkt im Stadtzentrum. Die Zimmer nach hinten bieten ebenso wie der Frühstücks-/Aufenthaltsraum eine tolle Aussicht über den See bis zu den Bergen.

Hotel Panamericano (☎ /Fax 425850; www.panamericanobariloche.com; San Martín 536; Zi. ab 600 Arg\$; 🖳 🛜 🖳) Das größte Hotel in Bariloche zieht sich fast über drei Straßenzüge, Brücken verbinden die verschiedenen Teile. Das Hotel protzt mit allem, was man für diesen Preis erwartet darf – mehrere Restaurants, ein Spielcasino, Pianobar usw. Die Zimmer sind eigentlich dem Preis angemessen, überraschen aber mit kleinen Mängeln, beispielsweise mit gesprungenen Fliesen und ausgefransten Teppichen.

Essen

Die Köche in Bariloche gehören zu den Besten des Landes. Es würde Wochen dauern, alle lohnenswerten Restaurants auszuprobieren. Außerdem wäre die Brieftasche bald leer, der Gürtel zu eng, und der Magen würde rebellieren. Zu den regionalen Spezialitäten, die man probieren sollte, gehören *cordero* (über dem offenen Feuer gegrilltes Lamm), *jabalí* (Wildschwein), *ciervo* (Hirsch) und *trucha* (Forelle).

GÜNSTIG

Helados Jauja (Perito Moreno 14; Eis 3–7 Arg$) Wen immer man nach dem besten Eis der Stadt fragt, alle sagen: „Jauja." Es heißt, dass es das beste Eis Argentiniens sein soll.

Rock Chicken (San Martín 234; Hauptgerichte 15–25 Arg$; 10 Uhr bis spätnachts) Noch spätabends Heißhunger? Oder mittags Lust auf einen Hamburger oder Hähnchen? Das Essen hier ist sicherlich nicht preisverdächtig, aber es ist in Ordnung.

Huang Ji Zhong (Rolando 268; Hauptgerichte 18–30 Arg$; Mittag- & Abendessen) Es gibt nur einen Chinesen in der Stadt, aber der ist gar nicht mal schlecht. Die Karte bietet die üblichen Gerichte zu annehmbaren Preisen.

La Esquina (Urquiza & Perito Moreno; Hauptgerichte 18–35 Arg$; Frühstück, Mittag- & Abendessen) Die *confitería* mit viel Atmosphäre bietet guten Kaffee, günstige Sandwiches, Hamburger sowie einige leckere regionale Spezialitäten.

Corvina (VA O'Connor 511; Hauptgerichte 20–30 Arg$; Mittag- & Abendessen) Das beste vegetarische Restaurant weit und breit bietet eine kleine, aber abwechslungsreiche Karte mit einigen asiatisch angehauchten Gerichten. Es gibt auch günstige Mittagsmenüs (28 Arg$).

Los Tehuelches (Beschtedt 281; Hauptgerichte 20–30 Arg$; Mittag- & Abendessen) Hier bekommt man die beste Parrilla für sein Geld! In den einfachen Lokal kehren vorwiegend die Einheimischen ein. Es gibt viele Tagesmenüs und ein tolles *bife de chorizo* (Lendensteak) mit Salat für 25 Arg$. Den roten Hauswein sollte man besser nicht trinken, der nächste Tag könnte schrecklich werden.

La Trattoria de la Famiglia Bianchi (421596; España 590; Hauptgerichte 20–50 Arg$; Mittag- & Abendessen) Endlich einmal ein italienisches Restaurant mit einer etwas anderen Speisekarte: ausgezeichnete, einfallsreiche Nudelgerichte, eine gute Auswahl an Fleischgerichten und ein wunderbarer Risotto mit Meeresfrüchten und Wildpilzen (37 Arg$).

MITTELTEUER & TEUER

Map Room (Urquiza 248; Hauptgerichte 25–35 Arg$; 11 bis 1 Uhr) Gemütlicher kleiner Pub/Restaurant mit einer guten Auswahl an Bier und einer interessanten Speisekarte. Das amerikanische Frühstück (28 Arg$) schafft selbst der stärkste Esser nicht. Am Abend gibt es „After Work Happy Hours", dann kostet das Bier nur die Hälfte.

Familia Weiss (Palacios 167; Hauptgerichte 25–45 Arg$; Mittag- & Abendessen) Ein beliebtes Familienlokal mit regionalen Spezialitäten wie Hirsch, Forelle und Gulasch zu günstigen Preisen. Die Speise-

karte bietet für die, die des Spanischen nicht mächtig sind, hilfreiche Fotos. Die Atmosphäre ist gut und abends wird Livemusik gespielt.

La Marca (Urquiza 240; Hauptgerichte 25–55 Arg$; Mittag- & Abendessen) Ausgezeichnete Parrilla mit vernünftigen Preisen (für Bariloche). Das Restaurant bietet eine beeindruckende Auswahl an Brochettes (Schaschlik) – Rind, Huhn, Hirsch, Lamm und Lachs. Bei schönem Wetter können die Gäste draußen essen.

LP Tipp Tarquino (421601; 24 de Septiembre & Saavedra; Hauptgerichte 30–45 Arg$; Mittag- & Abendessen) Ganz aus patagonischem Zypressenholz gebaut, ähnelt dieses hochgeschätzte Restaurant mit seiner Holztreppe, der geschnitzten Holztür, dem Kamin und der trollähnlichen Architektur einem Hobbithaus. Die kleine Karte besteht zum größten Teil aus Grillgerichten (*parrillada*, einschließlich eines leckeren *cordero*), aber es gibt auch Nudel- und Forellengerichte. Eines der besten Restaurants in Bariloche.

Días de Zapata (423128; Morales 362; Hauptgerichte 30–50 Arg$; Mittag- & Abendessen) Einladendes, kleines mexikanisches Restaurant. Obwohl der Besitzer aus Mexiko City stammt, sind die Gerichte eher Tex Mex. Aber alles ist lecker, und die Portionen recht groß.

La Marmite (423685; Av. Bartolomé Mitre 329; Hauptgerichte 30–50 Arg$; Mittag- & Abendessen) Eine gute Wahl für patagonische Klassiker wie Forelle und Hirsch. Toll ist auch das Schokoladenfondue (70 Arg$ für zwei Pers.), falls man sich nicht bereits an Schokolade satt gegessen hat.

Cerros Nevados (Perito Moreno 338; „All you can eat" 35 Arg$; Mittag- & Abendessen) Jeder argentinische Ort hat mindestens einen *tenedor libre*; in Bariloche bietet jede Menge Parrilla-Gerichte, Nudeln, Salate und *fiambres* (kalter Braten).

El Boliche de Alberto (431433; Villegas 347; Hauptgerichte 35–50 Arg$; Mittag- & Abendessen) Es lohnt sich, in dieser beliebten Parrilla zu essen und sei es nur, um die erstaunten Gesichter der Touristen zu sehen, wenn ein Riesenstück Fleisch in der Größe eines Fußballs auf den Tisch kommt. Das *bife de chorizo* kostet 46 Arg$ (aber schon die Portion für 35 Arg$ ist reichlich). Falls kein Platz mehr frei ist, sollte man es in den nahegelegenen Dependancen Elfein 49 und 158 versuchen.

Ausgehen

Die kostenlose, wöchentlich erscheinende Zeitschrift *La Puerta* veröffentlicht neben Verkehrsinformationen und Touristik auch alle Termine von kulturellen Ereignissen sowie Konzerten. Sie liegt in Cafés und Bars aus.

Cruz Bar (Ecke Juramento & 20 de Febrero) Etwas abseits liegende Bar mit einer guten Auswahl an lokalen Bieren zu günstigen Preisen. Die Musik ist cool und die Ausstattung ungewöhnlich. Am Wochenende legen DJs Musik auf.

Pilgrim (Palacios 167) Dieser Pub ist ein guter Ort, um sich einige Bierchen in angenehmer Atmosphäre zu genehmigen. Die Cervezería-Blest-Biere vom Fass lohnen sich.

South Bar Lockere Kneipe, in der man sich beim Bier tatsächlich unterhalten kann. Wer will, kann Darts spielen.

Shoppen
SCHOKOLADE

Bariloche ist berühmt für seine Schokolade: Dutzende von Geschäften im Zentrum – von großen Ketten bis hin zu Tante-Emma-Läden – verkaufen Schokolade in jeder nur vorstellbaren Form. Die Qualität ist jedoch unterschiedlich, am billigen Zeug kann man sich jedoch leicht den Magen verderben.

Mamuschka (☎ 423294; Av. Bartolomé Mitre 298) Ganz einfach die beste Schokolade der Stadt. Im Ernst: Hier muss man zuschlagen!

Benroth (☎ 424491; Av. Bartolomé Mitre 150) Nach der unmaßgeblichen Meinung des Autors wohl die zweitbeste Adresse der Stadt. Auch hier gilt: unbedingt probieren.

La Mexicana (☎ 422505; Av. Bartolomé Mitre 288) Bariloches erstes Schokoladengeschäft wurde im Jahr 1948 von der Familie Ritter gegründet. Noch heute produziert das Geschäft eine köstliche Schokolade und leckere *dulces* (Marmeladen). Der Laden ist immer noch in Familienbesitz, allerdings werden die Kakaobohnen heute nicht mehr aus Mexiko, sondern aus Ecuador und Brasilien importiert.

Abuela Goye (☎ 433861; Av. Bartolomé Mitre 258) Eine weitere alte Schokoladenmanufaktur in Bariloche. Immer noch klein und einen Besuch wert.

KLEIDUNG & KUNSTHANDWERK

Arbol (☎ 423032; Av. Bartolomé Mitre 263; ☾ Mo–Sa) Das originelle Geschäft verkauft die neueste patagonische Mode. Hier werden wunderschöne Fleecekleidung, Wollsachen, Hüte und Jacken hergestellt, dazu kommen noch Keramik und hübsche Wohnaccessoires. Vor allem Frauen werden hier sicherlich fündig.

Huitral-Hue (☎ 426760; Villegas 250; ☾ Mo–Sa) Gute Auswahl an klassischen Ponchos, Kleidung und Wollpullovern.

Paseo de los Artesanos (Ecke Villegas & Perito Moreno) Einheimische Handwerker zeigen hier alles, was man aus Wolle, Holz, Leder, Silber und aus anderen Materialien herstellen kann.

An- & Weiterreise
BUS

Bariloches **Busbahnhof** (☎ 432860) und der Bahnhof befinden sich östlich der Stadt auf der anderen Seite des Río Ñireco an der RN 237. Die Preise variieren, häufig findet man Sonderangebote. Während der Hochsaison sollte man die Tickets mindestens einen Tag im Voraus kaufen. Das Büro der Touristeninformation im Busbahnhof ist sehr hilfsbereit.

Die Hauptstrecke nach Chile führt über den Pass Cardenal A Samoré (Puyehue) nach Osorno (80 Arg$, 5 Std.) und Puerto Montt (80 Arg$, 6 Std.). Dort hat man Anschlussverbindungen nach Nord- und Südchile. Mehrere Gesellschaften bedienen diese Strecke.

Nach San Martín de los Andes und Junín de los Andes fahren Albus, Transportes Ko-Ko und **Turismo Algarrobal** (☎ 427698) im Sommer oft über die reizvolle, aber staubige Ruta de los Siete Lagos (RN 234; s. S. 443), ansonsten über die längere, aber asphaltierte Ruta La Rinconada (RN 40).

Richtung Norden, z. B. nach San Juan, La Rioja, Catamarca, Tucumán, Jujuy und Salta, ist ein Umsteigen in Mendoza nötig. Wer nach Nordwesten reisen will, wird normalerweise in Buenos Aires umsteigen, es gibt aber auch Busse, die über Rosario fahren (mit vielen Anschlussverbindungen in den Nordosten).

Bei den folgenden Verbindungen fährt der Bus mindestens dreimal pro Tag ab.

Reiseziel	Fahrpreis (Arg$)	Fahrzeit (Std.)
Bahía Blanca	140	12–14
Buenos Aires	280	20–23
Córdoba	260	22
El Bolsón	25	2
Esquel	60	4½
Junín de los Andes	30	3
Mendoza	230	19
Neuquén	63	7
Puerto Madryn	175	14–18
Río Gallegos	320	28
Rosario	280	23–24
San Martín de los Andes	37	4
San Rafael	196	15
Trelew	220	13–19
Viedma	100	12
Villa la Angostura	14	1½

FLUGZEUG

Aerolíneas Argentinas (☎ 422425; Av. Bartolomé Mitre 185) fliegt montags bis mittwochs zweimal täglich

DIE CRUCE DE LAGOS

Eine der klassischen Touren in Argentinien ist die Cruce de Lagos, ein zwölfstündiger Trip mit Bus und Boot über die Anden nach Puerto Montt in Chile. Der einzige Veranstalter, der diese Tour anbietet, ist **Catedral Turismo** (☎ 425444; www.crucedelagos.cl; Palacios 263; pro Pers. 880 Arg$). Die Tour beginnt morgens um 8 Uhr (die Zeiten variieren) in Bariloche; mit einem Shuttle werden die Teilnehmer von Catedrals Geschäftsstelle nach Puerto Pañuelo beim Hotel Llao Llao gebracht. Die Personenfähre von Puerto Pañuelo fährt unmittelbar nach Ankunft des Busses ab, wer also im Hotel Llao Llao Tee trinken möchte, muss schon vorher auf eigene Faust anreisen (und das Ticket vorher gekauft haben). Im Sommer fahren Bus und Boot täglich, den Rest des Jahres nur an Wochentagen. Im Winter (Mitte April bis September) dauert die Tour zwei Tage, und die Reisenden müssen eine Nacht im chilenischen Peulla verbringen. Die Übernachtung im einzigen Hotel vor Ort kostet noch einmal 500 Arg$. Manchmal ist es auch möglich, im günstigeren **Hotel Puerto Blest** (☎ 425443; Zi. 320 Arg$) zu übernachten. Genauere Informationen hat Catedral Turismo. Wer nur nach Puerto Blest fährt (die Schiffe legen in Puerto Pañuelo ab) und nicht im Rahmen der zweitägigen Tour übernachtet, zahlt nur 220 Arg$; offensichtlich sind die Preise für alle, die die komplette Reise gebucht haben, höher.

Fahrräder sind auf dem Schiff erlaubt und manchmal auch im Bus (wenn man sie auseinander nimmt). Wer mit seinem Fahrrad nicht im Bus mitgenommen wird, muss auf den Strecken Bariloche bis Pañuelo (25 km), Puerto Blest bis Puerto Alegre (15 km), Puerto Frías bis Peulla (27 km) und Petrohué bis Puerto Montt (76 km) selbst in die Pedale treten. Die Touristeninformation weiß eventuell alternative Transportmöglichkeiten für erschöpfte Radfahrer, vor allem für die lange Strecke von Petrohué bis Puerto Montt.

Tickets für Teilstrecken werden im Winter nicht verkauft (außer für die Strecke Puerto Pañuelo bis Puerto Blest; 120 Arg$). Während des Sommers (von Dezember bis April) sind auch Tickets nur für die Bootstrecke (180 Arg$) erhältlich. Radfahrer bekommen von Catedral Turismo einen Preisnachlass, da sie nicht mit den Bussen fahren. Auch wenn die Tour selten ausverkauft ist, sollten Interessierte auf jeden Fall ein bis zwei Tage vorher buchen.

und den Rest der Woche dreimal täglich nach Buenos Aires (700 Arg$). Während der Hauptsaison kommen wöchentliche Direktflüge nach Córdoba und El Calafate hinzu, manchmal auch ein Flug nach Ushuaia.

LAN (☎ 431-077; www.lan.com; Av. Bartolomé Mitre 500) fliegt nach Chile und Buenos Aires, **LADE** (☎ 424-812; www.lade.com.ar; Villegas 480) dagegen bedient die Zielorte im Süden.

SCHIFF
Wer möchte, der kann mit Boot und Bus auch noch nach Chile fahren (mit Cruce de Lagos, s. Kasten S. 448).

ZUG
Der **Tren Patagonico** (www.trenpatagonico-sa.com.ar) hält im **Bahnhof** (☎ 423172; 12 de Octubre 2400, Innenstadtbüro B Mitre 125, local 5) auf der anderen Seite des Río Ñireco in der Nähe des Busbahnhofs. Donnerstags und sonntags fährt um 17 Uhr ein Zug nach Viedma (16 Std.); die Ticketpreise liegen zwischen 57 Arg$ (*economica)* und 229 Arg$ (*cama,* 1. Kl. Schlafwagen). Da sich die Abfahrtszeiten häufig ändern, sollte man in der Touristeninformation vorsichtshalber nach dem neuesten Fahrplan fragen.

Unterwegs vor Ort
AUTO
In Bariloche gibt es an allen Ecken und Enden Autovermieter, die Preise gehören wohl zu den günstigsten in Argentinien. Die Preise variieren je nach Saison und Nachfrage, normalerweise kostet ein Auto 200 Arg$ pro Tag bei insgesamt 200 Freikilometern.

Andes (☎ 431648; www.andesrentacar.com.ar; San Martín 162)

Budget (☎ 442482; www.budgetbariloche.com; B Mitre 717)

Catedral Rent-a-Car (☎ 441488; www.autoscatedral. com.ar; Pioneros 5645) Das Auto wird nach Anruf angeliefert.

Hertz (☎ 423457; www.milletrentacar.com.ar; Quaglia 352)

BUS
Von der größten Bushaltestelle der Stadt an der Perito Moreno (zwischen Rolando und Palacios) fahren Busse von Codao del Sur und Ómnibus 3 de Mayo stündlich die Strecke nach Cerro Catedral (1,50 Arg$ einfach).

Die Codao-Busse halten in der Avenida de los Pioneros, während die Busse von 3 de Mayo über die Avenida Bustillo fahren. Einige Bustickets sind billiger, wenn man sie am **Schalter von 3 de Mayo** (☎ 425648; Perito Moreno 480) kauft, wo man auch die *horarios* (Fahrpläne) für alle Destinationen bekommen kann.

Von 6 Uhr früh bis Mitternacht fährt die städtische Buslinie 20 von der Hauptbushaltestelle alle 20 Minuten in die hübschen Seebäder Llao Llao und Puerto Pañuelo (3 Arg$, 40 Min.). Die Buslinie 10 fährt insgesamt 14-mal am Tag zur Colonia Suiza (3 Arg$, 50 Min.).

In der Sommerzeit fahren drei der Busse (8.05, 12 und 17.40 Uhr) weiter nach Puerto Pañuelo und bieten so die Möglichkeit, den größten Teil des Circuito Chico (s. S. 450) mit öffentlichen Bussen zu fahren.

Die Abfahrtszeiten von Puerto Pañuelo zurück nach Bariloche über Colonia Suiza sind 9.40, 13.40 und 18.40 Uhr. Man kann allerdings auch ein Stück der Straße, die den See entlang-

führt zu Fuß laufen und erst dann den Bus an der Strecke anhalten.

Die Linien 50 und 51 von Ómnibus 3 de Mayo fahren alle 30 Minuten zum Lago Gutiérrez (6 Arg$). Im Sommer bietet die Gesellschaft drei tägliche „Línea Mascardi"-Verbindungen nach Villa Mascardi/Los Rápidos (3 Arg$) an. Die „Línea El Manso" von Ómnibus 3 de Mayo verkehrt freitags zweimal nach Río Villegas und El Manso (12 Arg$) an der südwestlichen Grenze des Parque Nacional Nahuel Huapi.

Die Buslinien 70, 71 and 83 halten an der großen Bushaltestelle und verbinden das Zentrum mit dem Busbahnhof (1,60 Arg$).

VOM/ZUM FLUGHAFEN

Bariloches **Flughafen** (☎ 405016) befindet sich 15 km östlich der Stadt an der RN 237 und RP 80. Ein *remise* kostet ungefähr 50 Arg$. Die Buslinie 72 (2,50 Arg$) fährt von der größten Bushaltestelle an der Perito Moreno ab (s. S. 448).

TAXI

Die Fahrt mit dem Taxi vom Busbahnhof ins Stadtzentrum kostet 12 Arg$. Innerhalb der Stadt sollte eine Taxifahrt normalerweise nicht mehr als 6 Arg$ kosten.

TRAMPEN

Auf der Avenida Bustillo ist Trampen bis Km 8 einfach, dahinter dünnt sich der Verkehr aus und es dauert entsprechend länger, bis einer anhält. In den Sommermonaten ist es normalerweise relativ einfach, den ganzen Circuito Chico per Anhalter abzufahren.

PARQUE NACIONAL NAHUEL HUAPI
☎ 02944

Nahuel Huapi ist einer der meistbesuchten Nationalparks in Argentinien. Das 7500 km² große Schutzgebiet liegt im gebirgigen Südwesten der Provinz Neuquén und im Westen der Provinz Río Negro. Die Kernzone des Parks ist der Lago Nahuel Huapi, ein Relikt der letzten Eiszeit: Er ist mehr als 100 km lang und bedeckt eine Fläche von rund 500 km². Im Westen markiert ein hoher Gebirgskamm die Grenze zwischen Argentinien und Chile. Der höchste Berg des Parks ist der 3554 m hohe Monte Tronador, ein erloschener Vulkan. Er macht seinem Namen („Donnerer") alle Ehre, wenn Eisbrocken unter großem Getöse von seinen Gletschern abbrechen. Während der Sommermonate sind die alpinen Wiesen farbenfroh mit Wildblumenteppichen übersät.

PARQUE NACIONAL NAHUEL HUAPI   0 ▭▭▭ 20 km

Der Nationalpark wurde zum Schutz der patagonischen Andenwälder und einiger seltener Tiere eingerichtet. Die Wälder ähneln denen des Parque Nacional Los Alerces (S. 514). Zu den hier heimischen Tieren gehören der *huemul* (Andenhirsch) und der Zwerghirsch *pudú*.

Besucher sehen sie eher selten, aber es gibt mehrere eingeführte Wildarten, etwa Rot- und Damhirsche sowie Rehe, die man häufiger zu Gesicht bekommt, Ähnliches gilt für die einheimischen Vögel.

Praktische Informationen

Ausgezeichnete Informationen über diesen Nationalpark bekommt man im Nationalparkbüro in Bariloche (s.S. 442).

Trekkingkarten und verschiedene Wanderungen bietet der Lonely-Planet-Reiseführer *Trekking in the Patagonian Andes* von Carolyn McCarthy. Für alle, die der spanischen Sprache mächtig sind, ist auch der Reiseführer *Las Montañas de Bariloche* von Toncek Arko und Raúl Izaguirre lesenswert. Er wird im örtlichen Buchhandel verkauft.

Circuito Chico

Einer der beliebtesten und landschaftlich reizvollsten Ausflüge, der Circuito Chico („Kleine Schleife"), beginnt an der Avenida Bustillo in den Außenbezirken von Bariloche und führt zunächst in den ruhigen Ferienort **Llao Llao**. Er ist nach dem „Indianerbrot"-Pilz benannt, der an den Coihue-Bäumen wächst. In **Cerro Campanario** (Av. Bustillo, Km 18) kann man mit dem Lift von **Aerosilla Campanario** (☎ 427274) für 25 Arg$ zu einem Aussichtspunkt mit Panoramablick über den Lago Nahuel Huapi fahren.

In Llao Llaos **Puerto Pañuelo** legen die Schiffe der kombinierten Bus- und Schiffsexkursion über die Anden nach Chile und die Ausflugsboote zum Parque Nacional Los Arrayanes auf der Halbinsel Quetrihué ab. Einfacher und billiger kommt man in den Nationalpark aber von Villa la Angostura (s. S. 437).

Auch wer nicht plant, eine Nacht in Argentiniens berühmtestem Hotel, dem **Hotel Llao Llao** (☎ 448530; www.llaollao.com.ar; DZ ab 1250 Arg$, Cabañas/ Studios 3300/3600 Arg$; ✶ ☐ ⓦ ☀), zu verbringen, sollte wenigstens einmal über das Gelände schlendern. Von Llao Llao bietet sich ein Schlenker nach **Colonia Suiza** an. Die „Schweizer Kolonie" ist nach ihren eidgenössischen Gründern benannt. Eine einfache *confitería* überrascht mit ausgezeichnetem Kuchen. In der Kolonie gibt es mehrere Campingplätze.

Am Circuito befindet sich auch der Ausgangspunkt des Wanderweges zum 2076 m hohen **Cerro López** (Aufstieg 3 Std.), danach führt die Straße nach Bariloche zurück. Auf dem Gipfel des Cerro López können die Wanderer im **Refugio López** (www.cerrolopezbariloche.com.ar; B 40 Arg$; ☽ Mitte Dez.–Mitte April), der Hütte des Club Andino Bariloche, übernachten und dort auch etwas essen.

Reisebüros bieten den Circuito Chico als Halbtagsausflug an (47 Arg$ bei den meisten Reisebüros in Bariloche). Die Runde lässt sich ebenso gut mit dem Linienbus abfahren. Und wer es sich zutraut, kann die 60 km auch mit dem Fahrrad zurücklegen (s. S. 443). Eine kürzere Radtour führt mit dem Bus bis Km 18 600, dort steigt man aus und mietet ein Fahrrad bei **Bike Cordillera** (☎ 524828; www.cordillerabike.com). Die Strecke ist nicht nur kürzer, sondern man vermeidet auch das Fahren auf der belebten Avenida Bustillo und kann trotzdem die landschaftlich reizvollen Abschnitte des Circuito genießen. Unbedingt vorher telefonisch ein Fahrrad reservieren.

Cerro Otto

Die 8 km lange Wanderung zum Cerro Otto (1405 m) führt über eine Schotterpiste, die westlich von Bariloche beginnt. Es sind aber auch genug Fahrzeuge zum Trampen unterwegs. Und ganz Hartgesottene bezwingen die steile, aber lohnenswerte Strecke mit dem Fahrrad. Der **Teleférico Cerro Otto** (☎ 441035; Av. de Los Pioneros, Km 5) bringt Erwachsene für 55 Arg$ und Kinder für 25 Arg$ auf den Gipfel. Ein kostenloser Bus verkehrt von Bariloche zur Talstation. Er startet an der Ecke Avenida Bartolomé Mitre/Villegas oder Perito Moreno/Independencia. Es lohnt sich, Essen und Trinken mitzubringen, denn die Preise in der Confitería auf dem Gipfel sind fast so schmerzhaft wie der Aufstieg.

Piedras Blancas (☎ 430417; www.piedrasblancasbariloche.com; Cerro Otto, Km 6) ist das stadtnäheste Skigebiet und im Sommer eine beliebte Wanderregion.

Von Piedras Blancas führt ein Wanderweg zum **Refugio Berghof** (☎ in Bariloche 422266; info@active patagonia.com.ar; B 40–50 Arg$). Die Hütte des Club Andino befindet sich auf 1240 m Höhe. Wer hier übernachten will, sollte unbedingt reservieren, da es nur 20 Betten gibt. Mahlzeiten werden ebenfalls gekocht. Im *refugio* ist das **Museo de Montaña Otto Meiling** (Führung 8 Arg$) untergebracht, das nach einem Bergsteigerpionier benannt ist.

Cerro Catedral

Der 2388 m hohe Gipfel (☎ 409000; www.catedral altapatagonia.com) 20 km südwestlich von Bariloche ist das wichtigste Skigebiet der Region. Es ist von Mitte Juni bis Mitte Oktober in Betrieb. Mehrere Sessellifte und die **Aerosilla Cerro Bellavista** (70 Arg$) bringen die Wintersportler bis auf 2000 m Höhe. Hier befindet sich eine *confitería* mit wunderbarem Panoramablick.

Cerro Catedral bietet eine gute Mischung aus leichten, mittleren und schweren Abfahrten. Die steilen Pisten für Könner liegen oben am Gipfel, einige baumbestandene Pisten am Bergfuß. In dem beliebten Skigebiet kann es manchmal zu Schlangen kommen, aber die Kapazitäten sind so ausgelegt, dass die Wartezeiten nicht zur Nervenprobe werden.

Die Preise für den Skipass variieren je nach Saison. Erwachsene zahlen in der Nebensaison 90 Arg$ pro Tag, in der Hauptsaison 150 Arg$ pro Tag, Kinder 75 Arg$ (Nebensaison) und 130 Arg$ (Hauptsaison). Der Wochenpass kostet zwischen 430 Arg$ und 750 Arg$ für Erwachsene und 380–650 Arg$ für Kinder. Eine einfache Skiausrüstung lässt sich günstig ausleihen. Wenn sie etwas besser sein soll, wird es auch gleich teurer. Im Skigebiet bieten verschiedene Skischulen Unterricht an.

Aerosilla Lynch (Erw./Kind 45/30 Arg$) transportiert im Sommer täglich außer montags zwischen 10 und 17 Uhr die Besucher auf den Gipfel. An der Bergstation starten mehrere Wanderwege. Eine relativ einfache vierstündige Wanderung führt zum **Refugio Emilio Frey** (☎ in Bariloche 527966; info@ activepatagonia.com.ar; B 30–40 Arg$), einer Hütte des Club Andino. Hier gibt es 40 Betten, man wird mit einfachen Mahlzeiten versorgt (25–35 Arg$). Selbstversorger können auch die Küche benutzen (10 Arg$). Das *refugio* liegt an exponierter Stelle. Es gibt auch einige geschützt gelegene Zeltplätze in der Umgebung, die als bestes **Klettergebiet** Argentiniens gilt. Auskünfte über Kletterrouten in diesem Gebiet und über geführte Touren sowie Ausleihmöglichkeiten für das notwendige Equipment erteilt der Club Andino in Bariloche (s. S. 442).

Die **Hostería Knapp** (☎ 460062; www.legendary skihotel.com; Zi. pro Pers. 280 Arg$; ⑳) liegt an der Talstation. Wer in Bariloche übernachten möchte, findet dort zahlreiche Unterkünfte. Die öffentlichen Busverbindungen sind ausgezeichnet, stündlich starten Busse von Ómnibus 3 de Mayo (s. S. 447) im Stadtzentrum.

Monte Tronador & Pampa Linda

Den **Ventisquero Negro** („schwarzen Gletscher") und den Bergfuß des Tronador (3554 m) erreicht man nach einer ganztägigen Fahrt auf einer einspurigen, aber häufig staubigen Piste, die am Seeufer des Lago Mascardi vorbei nach Pampa Linda führt.

Das Gebiet rund um den Tronador erinnert ein bisschen an das kalifornische Yosemite Valley – wichtiger noch als Hotels, Confiterias und Parkplätze sind die vielen Dutzend Wasserfälle, die an den Hängen der erloschenen Vulkane in die Tiefe stürzen.

Von Pampa Linda – dem Ausgangspunkt für mehrere ausgezeichnete Wanderungen – erreicht man zu Fuß das an der Schneegrenze liegende **Refugio Otto Meiling** (☎ Reservierung in Bariloche unter 422266; info@activepatagonia.com.ar; B 30 bis 40 Arg$) des Club Andino. Für die Wanderung sollte man vier bis sechs Stunden einplanen. Von der Hütte geht es über den **Paso de las Nubes** zur Laguna Frías: Die fünf- bis siebenstündige Wanderung führt bis auf 2000 m Höhe. Man kann diese Wanderung auch zu einer Rundwanderung erweitern, dann aber in entgegengesetzter Richtung: Dazu nimmt man zunächst die Cerro-Catedral-Fähre von Puerto Pañuelo nach Puerto Blest und wandert dann den Río Frías flussaufwärts zum Paso de las Nubes. Von dort steigt man wieder am Río Alerce entlang nach Pampa Linda ab. Im *refugio* gibt es ausgezeichnetes Essen (15–42 Arg$, Küchenbenutzung 15 Arg$) und einen hervorragenden Vorrat an gutem Wein und Bier. Die Hütte bietet auch Touren mit Bergführern an: Das Angebot reicht von der dreistündigen Wanderung zu einem nahegelegenen Gletscher bis zu einem mehrtägigen Aufstieg auf den Gipfel des Cumbre Argentina auf dem Tronador.

Bergsteiger, die den Tronador bezwingen wollen, sollten wissen, dass es sich hierbei um eine drei- bis viertägige anspruchsvolle Bergtour in einem Gebirgsmassiv handelt, die Erfahrung im Fels und auf Schnee und Eis voraussetzt. Die Hostería Pampa Linda (s. S. 452) veranstaltet Ausritte in der Umgebung.

Die Straße nach Pampa Linda führt an **Los Rápidos** vorbei und wird danach extrem schmal. Aus diesem Grund dürfen Fahrzeuge nur bis 14 Uhr nach Pampa Linda fahren, ab 16 Uhr wird die Straße in die entgegengesetzte Richtung geöffnet. Der Club Andino Bariloche (s. S. 442) bietet im Sommer (Ende Nov.–April) täglich um 8.30 Uhr eine Verbindung nach Pampa Linda an (60 Arg$ einfach), die Rückfahrt erfolgt gegen 17 Uhr. Die Busse fahren vor dem Club Andino in Bariloche ab und brauchen für die etwa 90 km lange Strecke ungefähr 2½ Stunden. Der Parkeintritt (30 Arg$) wird während der Fahrt an der

Rangerstation in Villa Mascardi (der Buss hält extra deswegen an) einkassiert.

Schlafen

Zusätzlich zu den Campingplätzen in der direkten Umgebung gibt es auch Zeltplätze am Lago Gutiérrez, Lago Mascardi, Lago Guillelmo, Lago Los Moscos, Lago Roca und Pampa Linda. Die Refugios kosten 25–40 Arg$ pro Nacht. Wer sie tagsüber nutzt, zahlt 10 Arg$ und manchmal 10 Arg$ extra für Küchenbenutzung. Die *refugios* sind von Dezember bis Ende April geöffnet.

Innerhalb des Parks gibt es eine Anzahl ziemlich luxuriöser Hotels. Eine Ausnahme ist die preislich akzeptable **Hostería Pampa Linda** (☎ 490517; www.hosteriapampalinda.com.ar; EZ/DZ 280/390 Arg$, mit Halbpension 380/450 Arg$). Ein besonderes Erlebnis ist ein Aufenthalt im einsam gelegenen **Hotel Tronador** (☎ 441062; www.hoteltronador.com; EZ/DZ ab 400/460 Arg$; ☼ Nov.–Mitte April), das sich am nordwestlichen Ende des Lago Mascardi an der Straße nach Pampa Linda befindet.

An- & Weiterreise

Weitere Informationen über Reisemöglichkeiten ab Bariloche siehe S. 447. Auskünfte über die Straßenverhältnisse im Nationalpark und auf den Zufahrtsstraßen können gebührenfrei bei **Parque Nacional Estado de Rutas** (☎ 105) über jedes Telefon erfragt werden.

EL BOLSÓN
☎ 02944 / 27 000 Ew. / 300 m

Es ist nicht schwer zu verstehen, warum sich hier seit den 1970er-Jahren so viele Hippies niedergelassen haben. El Bolsón ist ein ruhiges, kleines Städtchen, malerisch zwischen zwei Gebirgsketten gelegen. Lediglich im Sommer fallen Horden von argentinischen Touristen ein, die hier bündelweise Geld ausgeben und dann wieder verschwinden.

Während der letzten drei Jahrzehnte wurde El Bolsón sowohl zur „atomwaffenfreie Zone" als auch zur „ökologischen Gemeinde" für die Spontis und Rucksäckler erklärt. Direkt vor der Stadt liegen einige ausgezeichnete, leicht erreichbare Wanderwege, die durch eine der schönsten Landschaften Argentiniens (und vielleicht sogar der Welt) führen. Backpacker lieben den Ort, da er eine willkommene Abwechslung zum überrieben kommerzialisierten Bariloche bildet. Hier kann man nach Herzenslust vegetarisch essen, aber auch das exzellente Bier und Süßigkeiten, Marmeladen und Honig aus eigener Produktion konsumieren.

Die vielen Pappeln geben den einheimischen *chacras* (Höfen) einen geradezu mediterranen Touch. Die meisten Farmer bauen hier Obst und Hopfen an: In El Bolsón werden beinahe drei Viertel der gesamten Hopfenproduktion des Landes produziert!

Besonders für Autofahrer wichtig: El Bolsón ist der nördlichste Punkt, an dem man noch Benzin zu den günstigen patagonischen Preisen kaufen kann.

Orientierung

El Bolsón liegt eingerahmt von hohen Bergen in einem Talkessel an der südwestlichen Grenze der Provinz Río Negro. Im Osten liegen die längs verlaufenden Gebirgskämme des Cerro Piltriquitrón, im Westen zieht sich der Cordón Nevado entlang der chilenischen Grenze. El Bolsón liegt am Ostufer des Río Quemquemtreu auf halbem Weg zwischen Bariloche und Esquel.

Zu beiden Städten sind es jeweils etwa 130 km auf der RN 258.

Die aus Süden kommende RN 258 wird am Ortsanfang zur Avenida Belgrano und später zur nord-südlich verlaufenden Avenida San Martín. Die oval geformte Plaza Pagano ist das Wahrzeichen der Stadt. Alles was man als Tourist für den Aufenthalt so braucht, findet man in der näheren Umgebung des Platzes.

Praktische Informationen

ACA (Automóvil Club Argentino; ☎ 492260; Ecke Av. Belgrano & San Martín) Argentiniens Automobilclub verkauft gute Straßenkarten der Provinz.

Banco de la Nación (Ecke Av. San Martín & Pellegrini) Geldautomat vorhanden.

Club Andino Piltriquitrón (☎ 492600; www.capiltriquitron.com.ar; Sarmiento, zw. Roca & Feliciano; ☼ Dez.–März) Wer die Berge der Umgebung erkunden will, bekommt hier Informationen. In der Nebensaison ist das Büro manchmal nur von 18–20 Uhr besetzt.

La Burbuja (☎ 02944-15-639241; Paso 425; Waschen & Trocknen 15 Arg$; ☼ Mo–Sa) Wäscherei.

Patagonia Adventures (☎ 492513; www.patagonia adventure.bolsonweb.com.ar; Pablo Hube 418) Reisebüro.

Post (Av. San Martín 2806)

Rancho Net (Av. San Martín Ecke Av. Belgrano; Std. 3 Arg$) Internetzugang.

Touristeninformation (☎ 492604, 455336; www.elbolson.gov.ar; Av. San Martín & Roca; ☼ 9–21 Uhr, im Sommer 9–22 Uhr) Am nördlichen Ende der Plaza Pagano. Hier gibt es einen guten Stadtplan und viele Broschüren, dazu Informationen über Unterkünfte, Restaurants, Ausflüge und Dienstleistungen. Die Umgebungskarten sind einfach, aber nützlich. Tolle Mitarbeiter.

EL BOLSÓN

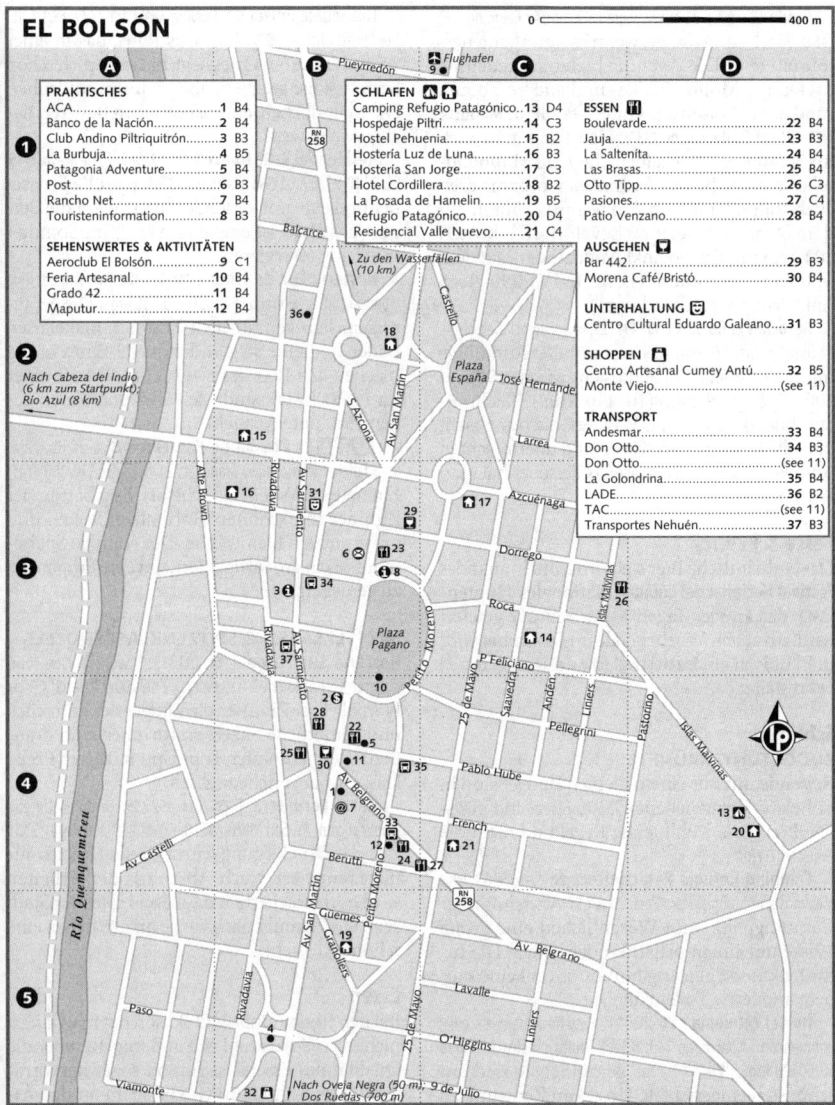

PRAKTISCHES
ACA	..1 B4
Banco de la Nación	..2 B4
Club Andino Piltriquitrón	..3 B3
La Burbuja	..4 B5
Patagonia Adventure	..5 B4
Post	..6 B3
Rancho Net	..7 B4
Touristeninformation	..8 B3

SEHENSWERTES & AKTIVITÄTEN
Aeroclub El Bolsón	..9 C1
Feria Artesanal	..10 B4
Grado 42	..11 B4
Maputur	..12 B4

SCHLAFEN
Camping Refugio Patagónico	..13 D4
Hospedaje Piltri	..14 C3
Hostel Pehuenia	..15 B2
Hostería Luz de Luna	..16 B3
Hostería San Jorge	..17 C3
Hotel Cordillera	..18 B2
La Posada de Hamelin	..19 B5
Refugio Patagónico	..20 D4
Residencial Valle Nuevo	..21 C4

ESSEN
Boulevarde	..22 B4
Jauja	..23 B3
La Saltenita	..24 B4
Las Brasas	..25 B4
Otto Tipp	..26 C3
Pasiones	..27 C4
Patio Venzano	..28 B4

AUSGEHEN
Bar 442	..29 B3
Morena Café/Bristó	..30 B4

UNTERHALTUNG
Centro Cultural Eduardo Galeano	..31 B3

SHOPPEN
Centro Artesanal Cumey Antú	..32 B5
Monte Viejo	..(see 11)

TRANSPORT
Andesmar	..33 B4
Don Otto	..34 B3
Don Otto	..(see 11)
La Golondrina	..35 B4
LADE	..36 B2
TAC	..(see 11)
Transportes Nehuén	..37 B3

DAS ARGENTINISCHE SEENGEBIET

Sehenswertes & Aktivitäten

Jeden Dienstag, Donnerstag und Samstag findet zwischen 10 und 16 Uhr am Südende der Plaza Pagano die **Feria Artesanal** statt. Dabei bieten einheimische Handwerker ihre selbstgefertigten Waren an. Angeblich sollen es mehr als 320 registrierte (und zahllose unregistrierte) Händler sein, und es wird fast alles verkauft, was man sich nur vorstellen kann: von geschnitzten Holzbrettchen und handgemachten Mate-Kalebassen bis hin zu Schmucksachen, Flöten und sogar Marionetten.

Dazu kommen jede Menge Imbissstände, die köstliche regionale Spezialitäten anbieten. An sonnigen Sonntagen findet die *feria* mit etwa der Hälfte der Stände statt.

Grado 42 (☎ 493124; www.grado42.com; Av. Belgrano 406) ist die richtige Adresse, wenn es um Abenteuertouren geht. Die Agentur bietet ausgedehnte Trekking-, Mountainbike- und andere Touren rund um El Bolsón an. Ähnliches gilt für **Maputur** (☎ 491440; Perito Moreno 2331). Hier kann man auch für 30/40 Arg\$ pro halbem Tag/Tag Mountainbikes leihen. Beide Veranstalter organisieren auch Rafting auf dem Río Manso. Touren auf dem Manso Inferior (Level II-III) kosten 200 Arg\$ pro Person (inkl. Mittagessen), auf dem Manso a la Frontera (Level II-IV) 290 Arg\$ (inkl. Mittag- & Abendessen).

Aeroclub El Bolsón (☎ 491125; www.aeroclubelbolson. 8k.com; San Martín & Puyrredon) veranstaltet Rundflüge in einer Cessna 182. Sie kosten zwischen 90 und 600 Arg\$ pro Person (10–110 Min.). Nachmittags bilden sich häufig Wolken, die beste Sicht über die Nationalparks, Seen und unerforschten (und deswegen namenlosen) Gletscher hat man am Vormittag.

Feste & Events

Das einheimische Bier steht im Mittelpunkt des **Festival Nacional del Lúpulo** (Nationales Hopfenfest), das an vier Tagen Mitte Februar gefeiert wird. An einem Wochenende im Dezember wird in El Bolsón ein **Jazzfestival** (www.elbolsonjazz.com.ar) veranstaltet.

Schlafen

BUDGETUNTERKÜNFTE

Reisende mit nur einem kleinen Budget sind in El Bolsón gerngesehene Gäste. Hier sind günstige Preise die wohltuende Regel und nicht die Ausnahme!

Camping Refugio Patagónico (☎ 15-635463; Islas Malvinas s/n; Stellplatz pro Pers. 20 Arg\$) Annehmbarer Campingplatz – im Wesentlichen eine große Wiese mit einem plätscherndem Bach. Die Infrastruktur ist gut, es gibt Asados und eine saubere, moderne Toilettenanlage.

Hostel Pehuenia (☎ 483010; www.hospedajepehuenia. unlugar.com; Azcuénaga 140; B/EZ/DZ mit Gemeinschaftsbad 40/60120 Arg\$; 🖳 🛜) Das gemütlichste und am schönsten eingerichtete Hostel im Zentrum. Es bietet einen großen Aufenthaltsraum, geräumige Bäder und freundliche Mitarbeiter.

Refugio Patagónico (☎ 483628; www.refugio patagonico.com; Islas Malvinas s/n; B/DZ 45/120 Arg\$; 🛜) Ein nettes modernes Hostel am Stadtrand (5 Min. Fußweg von der Plaza entfernt). In den Schlafsälen (mit eigenem Bad) stehen sechs Betten, die Doppelzimmer haben allerdings keine Heizung (sind also nichts in den Wintermonaten).

Hospedaje Piltri (☎ 455305; Saavedra 2729; EZ/DZ mit Gemeinschaftsbad 70/90 Arg\$) Das Piltri, das in einer ruhigen Ecke des Ortes liegt, hat sicherlich schon bessere Tage gesehen, aber Schwamm drüber: Die freundlichen, enthusiastischen Besitzer machen vieles wett.

Residencial Valle Nuevo (☎ 492087; 25 de Mayo 2345; EZ/DZ 100/120 Arg\$) Makellose Bäder, große Fernseher und eine umwerfende Aussicht auf die Berge – das Haus ist eine gute Wahl. Im Sommer frühzeitig reservieren.

Hostería Luz de Luna (☎ 491908; www.luzdeluna elbolson.com.ar; Dorrego 150; EZ/DZ 90/130 Arg\$) Die geräumigen, sehr gemütlichen Zimmer, makellosen Bäder und eine sehr individuelle Einrichtung machen den Reiz des Hauses aus. Die Zimmer im 1. Stockwerk sind alle heller und bieten zudem eine gute Aussicht.

LP Tipp **La Posada de Hamelin** (☎ 492030; www. posadadehamelin.com.ar; Granollers 2179; EZ/DZ 120/150 Arg\$) Ein netter, kleiner Zufluchtsort. Es gibt nur vier Zimmer mit schönen Holzbalkendecken und unverputzten Steinwände. Der sonnige Speiseraum ist ein großartiger Ort, um eine Empanada zu genießen.

MITTELKLASSE- & SPITZENKLASSEHOTELS

Hostería San Jorge (☎ 491313; www.elbolson.com/ sanjorge; Perito Moreno & Azcuénaga; EZ/DZ 200/230 Arg\$) Große, makellose Zimmer, ein sättigendes Frühstück und gemütliche Sitzecken (drinnen und draußen) – ein absoluter Top-Tipp in dieser Preisklasse. Man spricht englisch.

Hotel Cordillera (☎ /Fax 492235; cordillerahotel@ elbolson.com; Av. San Martín 3210; EZ/DZ 220/300 Arg\$) Zur Zeit der Drucklegung wurde dieses Hotel komplett renoviert. Nach Abschluss der Arbeiten wird es mit Sicherheit das beste Hotel der Stadt sein. Die Zimmer nach vorne hinaus haben eine schöne Aussicht.

Essen

Bei den Restaurants in El Bolsón hat man längst nicht so viel Auswahl wie in Bariloche, aber die Qualität des Essens ist gut, oft sogar hervorragend. Das liegt natürlich vor allem an den frischen Zutaten und der sorgfältigen Zubereitung. Regenbogenforelle (*Trucha arco iris*) ist die Spezialität der einheimischen Köche.

Auf der *feria artesanal* (s. S. 453) hat man die größte Auswahl an gutem und günstigem Essen. Zu den Köstlichkeiten, die hier angeboten werden, gehören frisches Obst, belgische Waffeln mit Sahne und Beerenfrüchten, riesige Empanadas für nur 2 Arg\$, Sandwiches, Frittatas, *mila-*

nesa de soja (Sojaschnitzel) sowie einheimisches Bier und regionale Desserts.

La Salteñita (☎ 493749; Belgrano 515; Empanadas 2-3 Arg$; ☼ 10–21 Uhr) Diese sehr günstige Rotisserie ist etwas für Freunde von richtig scharf gefüllter Empanadas.

Jauja (Av. San Martín 2867; Hauptgerichte 20–50 Arg$; ☼ Frühstück, Mittag- & Abendessen) Die Confitería ist bekannt für ihre gute Küche. Es gibt die üblichen Gerichte, aber auch Besonderheiten wie selbst gebackenes Brot und Erdbeersaft. Die Tagesgerichte sind immer lohnenswert – z. B. das Risotto mit Lamm und Wildpilzen.

Otto Tipp (☎ 493700; Ecke Roca & Islas Malvinas; Hauptgerichte 25–40 Arg$; ☼ Im Sommer Mittag- & Abendessen, sonst Mi–Sa nur Abendessen) Nach einem anstrengenden Urlaubstag mit zahlreichen Aktivitäten (oder auch ohne) gibt es kaum eine bessere Art, den Tag zu beschließen als mit den selbst gebrauten Bieren von Herrn Tipp. Gäste dürfen die sechs Sorten zunächst kostenlos probieren. Wer Hunger verspürt, kann regionale Spezialitäten wie geräucherte Forelle und patagonisches Lamm in Schwarzbiersauce bestellen.

Patio Venzano (Ecke Sarmiento & Pablo Hube; Hauptgerichte 25–40 Arg$; ☼ Mittag- & Abendessen) Wer hier an einem sonnigen Tag in der Hauptsaison einen Tisch im Freien ergattern möchte, der sollte früh kommen. Die Karte bietet die allseits bekannten Gerichte (Nudeln, Parrilla). Die Atmosphäre ist richtig gut.

Boulevarde (Ecke Av. San Martín & Pablo Hube; Pizzas 30 Arg$; ☼ Mittag- & Abendessen) Die Atmosphäre ähnelt einem irischen Pub, aber die Pizzas haben einen dünne, knusprigen Boden wie in Italien. Gegen Mitternacht wird es richtig voll und die Stimmung steigt.

Las Brasas (☎ 492923; Ecke Av. Sarmiento & Pablo Hube; Hauptgerichte 30–60 Arg$; ☼ Mittag- & Abendessen) Wahrscheinlich das beste Restaurant in der Stadt. Die Spezialität von Las Brasas ist patagonisches Lamm, aber auf der Karte finden sich auch alle anderen Parrilla-Gerichte und eine große Auswahl an Forellengerichten.

Pasiones (Ecke Belgrano & Beruti; Hauptgerichte 30–50 Arg$; ☼ Mittag- & Abendessen) Das nette kleine Restaurant bietet nicht nur leckere selbst gemachte Nudeln, sondern auch riesige Fenster mit der wahrscheinlich besten Aussicht der Stadt. Manchmal wird Livemusik gespielt.

Ausgehen & Unterhaltung

Morena Café/Bristó (☎ 455353; Ecke Av. San Martín & Pablo Hube) Freundliches Café mit Bar, in dem manchmal Livemusik gespielt wird.

Bar 442 (☎ 492313; Dorrego 442) Hier gibt es freitagabends Disko und samstagnachts häufig auch Livemusik.

Dos Ruedas (Av. San Martín 2538) Dieser Pub ist etwas abseits südlich des Stadtzentrums gelegen. Er verfügt über Billardtische, Sportsendungen auf dem Großbildschirm und über eine freundliche Atmosphäre.

Centro Cultural Eduardo Galeano (☎ 491503; Ecke Dorrego & Onelli; Eintritt variiert) Eine kleine Bühne, auf der einheimische (manchmal auch internationale) Künstler auftreten: meistens Theater- und Tanzvorführungen und Konzerte. Es lohnt sich, hier oder aber in der Stadt nach einem Programm zu fragen.

Shoppen

El Bolsón ist ein wahres Paradies für all diejenigen, die handgefertigte Sachen lieben. Neben der *feria artesanal* (s. S. 453) gibt es eine ganze Anzahl von Geschäften und Werkstätten, die sich in erster Linie auf regionale Kunst und Kunsthandwerk spezialisiert haben.

Centro Artesanal Cumey Antú (Av. San Martín 2020) Hier werden hochwertige Mapuche-Kleidung und -Webwaren verkauft.

Monte Viejo (Ecke Pablo Hube & Av. San Martín) Hier gibt es qualitativ hochwertige Keramiken, Holzschnitzereien, Silberwaren, Messer und textile Arbeiten der Mapuche.

An- & Weiterreise
BUS

El Bolsón besitzt leider keinen zentralen Busbahnhof, jedoch liegen die meisten Büros der Busunternehmen an oder nahe der Avenida San Martín.

Andesmar (☎ 492178; Av. Belgrano & Perito Moreno) fährt nach Bariloche (30 Arg$, 2 Std.) und Esquel (35 Arg$, 2–3 Std.) sowie in weiter nördlich gelegene Städte. Meist muss man in Neuquén (96 Arg$, 8 Std.) umsteigen.

TAC (☎ 493124; Ecke Av. Belgrano & Av. San Martín) fährt nach Bariloche (30 Arg$, 2 Std.) und Neuquén (96 Arg$, 9 Std.); die Gesellschaft verkauft auch Tickets nach Mendoza, Córdoba und andere wichtige Städte im Norden (ebenfalls mit Umsteigen in Neuquén).

Don Otto (☎ 493910; Av. Belgrano 406) fährt nach Bariloche und Comodoro Rivadavia (147 Arg$, 11 Std.), in Esquel gibt es Anschluss nach Trelew und Puerto Madryn.

Transportes Nehuén (☎ 491831; Ecke Sarmiento & Padre Feliciano) bringt seine Fahrgäste nach El Maitén, Bariloche und Los Alerces.

FLUGZEUG

LADE (☎ 492206; www.lade.com.ar; Sarmiento 3238) fliegt einmal wöchentlich nach Bariloche (76 Arg$), Comodoro Rivadavia (210 Arg$) und Esquel (76 Arg$). Alle Flüge starten von El Bolsóns kleinem **Flughafen** (☎ 492066) am Nordende der Avenida San Martín.

Unterwegs vor Ort
BUS

In den Sommermonaten gibt es viele Busverbindungen zu den nahegelegenen Sehenswürdigkeiten, im Herbst und Winter dünnt das Angebot jedoch ziemlich aus, sodass man dann auf ein Taxi oder eine organisierte Bustour ausweichen muss. Die Touristeninformation hat die aktuellsten Angebote. Busse innerhalb der Stadt kosten 1,50 Arg$.

Die Busse von **Transportes Nehuén** (☎ 491831; Ecke Sarmiento & Padre Feliciano) fahren im Sommer viele Ortschaften an, die vorwiegend in der näheren Umgebung liegen.

La Golondrina (☎ 492557; Pablo Hube & Perito Moreno) fährt zur Cascada Mallín Ahogado, Abfahrt ist am Südende der Plaza Pagano. Von der Ecke Avenida San Martín und Dorrego starten Busse zum Lago Puelo.

TAXI

Taxis (*remises*) sind eine günstige Möglichkeit, um zu den Startpunkten der nahegelegenen Wanderwege und zu den Campingplätzen zu gelangen: **Radio Taxi El Rusito** (☎ 491224), **Patagonia** (☎ 493907) und **Avenida** (☎ 493599) kommen auf Anruf.

RUND UM EL BOLSÓN

Rund um El Bolsón gibt es herrliche Berge, Wasserfälle und Wälder –allesamt lohnenswerte Wanderziele! Wer viel Zeit hat und seinen Rucksack mit reichlich Wasser und Proviant angefüllt hat, kann einige der hier vorgestellten Orte von der Stadt aus auch zu Fuß erwandern. Bequemer ist es aber, mit dem Bus oder einer *remises* zu den Ausgangspunkten der Wanderungen zu fahren. Mountainbikes sind eine gute Alternative, wenn man auf eigene Faust losziehen möchte; eine seriöse Adresse für Leihräder ist **Maputur** (s. S. 454) in El Bolsón.

Cabeza del Indio

Der Fels auf einem Gebirgskamm liegt 8 km westlich der Stadt. Er erinnert sowohl an einen zahnlosen Hippie der untergegangen Kultur als auch an das stereotype Profil des „edlen Wilden".

Letzterem verdankt er wohl auch seinen Namen: „Indianerkopf".

Den Beginn des etwa 7 km langen Wanderwegs auf den Fels erreicht man, wenn man auf der Azcuénaga aus der Stadt Richtung Westen läuft. Ein Teil des Weges führt über einen engen Felsvorsprung: Er bietet den schönsten Blick auf den Felsen. Vorher zweigt an einer Kreuzung ein weiterer Pfad auf den Felsen ab. Auf dieser Variante hat man die besseren Ausblicke auf den Río Azul und den Parque Nacional Lago Puelo weiter im Süden.

Cascada Mallín Ahogado

Der kleine Wasserfall am Arroyo del Medio liegt 10 km nördlich der Stadt und westlich der RN 258. Hinter dem Wasserfall führt eine Schotterpiste zum **Refugio Perito Moreno** (☎ in El Bolsón 492600; pro Nacht mit/ohne Bettwäsche 40/25 Arg$). Die Hütte des Club Andino Piltriquitrón ist ein guter Ausgangspunkt für mehrere tolle Wanderungen. Die Hütte verfügt über 80 Betten, Essen kostet 15 Arg$.

Vom *refugio* führt eine zweieinhalbstündige Tour zum 2206 m hohen Gipfel des **Cerro Perito Moreno** (☎ 493912; Skipass 50 Arg$, Leihski 40 Arg$/Snowboardverleih 60 Arg$). Hier befindet sich das Centro de Deportes Invernales Perito Moreno, wo es sich im Winter hervorragend Ski fahren lässt. Die Talstation liegt auf rund 1000 m Höhe, mehrere Schlepplifte bringen die Skifahrer bis auf 1450 m hinauf. Bei Redaktionsschluss wurde an einem neuen Sessellift gebaut, der in Kürze fertig sein müsste.

Flussabwärts von der Cascada Mallín Ahogado liegt der Wasserfall Cascada Escondida. Nach El Bolsón sind es 8 km. Ein Fußweg beginnt jenseits der Brücke über den Fluss am westlichen Ende der Avenida Pueyrredón.

Cerro Piltriquitrón

Der 2260 m hohe Gipfel des Granitkamms dominiert die Landschaft östlich von El Bolsón und bietet eine unvergleichliche Aussicht nach Westen über das Tal des Río Azul bis zum Andenkamm an der chilenischen Grenze. Nach einer Wanderung oder Taxifahrt bis auf 1100 m (die 11 km kosten ab El Bolsón 45 Arg$) und einer einstündigen steilen, staubigen Wanderung durch den eindrucksvollen **Bosque Tallado** (Skulpturenwald; Eintritt 8 Arg$) erreicht man das **Refugio Piltriquitrón** (☎ 492024; B 25 Arg$) des Club Andino. Die Betten hier sind sehr gut, aber man sollte dennoch den eigenen Schlafsack mitbringen. Auch preisgünstige Mahlzeiten werden angeboten.

Von der Hütte führt ein steiler, gut markierter Fußweg zunächst an einem rostigen Geländer entlang, wird dann wieder flacher und führt östlich um den Gipfel herum, bevor es steil über loses Geröll zum Gipfel hinaufführt (insg. 2 Std.). Dieser wird von einem knallbunt angemalten Betonklotz gekrönt. An klaren Tagen ist der Fernblick phantastisch: Nach Süden blickt man zum Lago Puelo, Richtung Nordwesten zum Monte Tronador und zum schneebedeckten Gipfel des kegelförmigen Volcán Osorno in Chile. Auf der Strecke zum Gipfel gibt es ausreichend Wasser (Trinkflasche nicht vergessen und geschmolzenen Schnee mit Mineralien anreichern), das Essen für das Gipfel-Picknick muss jeder jedoch selbst hinauftragen.

Cerro Lindo
Südwestlich von El Bolsón führt ein Wanderweg vom Camping Río Azul (der kleine Campingplatz liegt an einer Nebenstraße, die von El Bolsón kommt) zum **Refugio Cerro Lindo** (☎ 492763; B 30 Arg$; ☺ im Winter geschl.). Hier finden Wanderer ein gutes Bett, das Essen kostet allerdings extra. Der Aufstieg zum *refugio* dauert etwa vier Stunden, von hier aus lässt sich der 2150 m hohe Gipfel besteigen.

El Hoyo
Der Ort El Hoyo liegt direkt auf der anderen Seite der Provinzgrenze in Chubut. Seinem milden Klima, den Erdbeeren und Äpfeln, verdankt er den Beinamen „Obsthauptstadt". Am nahe gelegenen Lago Epuyén findet man gute Camping- und Wandermöglichkeiten. La Golondrina (s. S. 456) fährt täglich von El Bolsón nach El Hoyo (9 Arg$, 1 Std.).

Parque Nacional Lago Puelo
Der Nationalpark befindet sich in der Provinz Chubut, etwa 15 km südlich von El Bolsón gelegen. Der gewundene, azurblaue See eignet sich zum Schwimmen, Angeln, Boot fahren, Wandern und Camping.

Im Sommer fahren von El Bolsón regelmäßig Busse hierher, sonntags und außerhalb der Saison allerdings seltener, dann muss man eventuell trampen.

Das Ferienresort **Peuma Hue** (☎ 499372; www. peuma-hue.com.ar; DZ/DZ 100/120 Arg$) liegt zwischen zwei Flüssen und bietet einen tollen Blick auf die gewaltige Bergkette des Piltriquitrón. Sein Name bedeutet in der Mapuche-Sprache „Ort zum Träumen" Die Zimmer sind sehr rustikal und mit viel Holz eingerichtet, aber sie sind komfortabel und geräumig. Die leckeren Mahlzeiten werden fast ausschließlich aus heimischen Bioprodukten zubereitet. Das Hotelgelände ist bekannt für die vielen heimischen Pflanzenarten, die die Besitzer vor dem Aussterben bewahren wollen. Wer in den Sommermonaten kommt, sollte frühzeitig reservieren.

Am Parkeingang befinden sich sowohl kostenlose als auch gebührenpflichtige Campingplätze, darunter etwa den **Camping Lago Puelo** (☎ 499186; pro Pers. 15 Arg$).

Die argentinische Marine unterhält eine Außenstelle in der Nähe des Docks. Die Barkasse **Juana de Arco** (☎ 02944-15-633-838; juanadearcopaseos@ elbolson.com) bringt Passagiere über den See zu Argentiniens „Tor zum Pazifik" an der chilenischen Grenze (90 Arg$, 3 Std.). Von hier aus kann man zu Fuß oder mit einem Pferd zur chilenischen Stadt Puelo am Seno de Reloncaví weiterreisen (mit Anschlussverbindungen nach Puerto Montt). Die anstrengende Tour über den Bergkamm dauert ungefähr drei Tage. **Intendencia** (☎ 499432) in Lago Puelo hat Landkarten, informiert über den Zustand der Wege und empfiehlt einheimische Führer.

Für 60 Arg$ bringt die Barkasse Passagiere nach El Turbio am Südende des Sees; dort gibt es einen Campingplatz.

EL MAITÉN
☎ 02945 / 4500 Ew.
Der Ort liegt in offenem Weideland am Oberlauf des Río Chubut, ungefähr 70 km südöstlich von El Bolsón. Das kleine staubige El Maitén ist die Endstation der Bahnlinie La Trochita, einer alten Schmalspur-Dampfeisenbahn, die zwischen Esquel und El Maitén pendelt. Hier werden auch die Waggons gewartet. Der Friedhof für alte Dampfloks und anderes Eisenbahnmaterial ist das Paradies aller Eisenbahnfans.

Jeden Februar findet die **Fiesta Provincial del Trencito** statt: Sie erinnert an die Gründung der Eisenbahn, der El Maitén schließlich seine Existenz verdankt. Heute wird sie als **Fiesta Nacional del Tren a Vapor** („Nationales Dampfeisenbahnfest") gefeiert. Die zahlreichen Besucher strömen aus der ganzen Provinz und auch aus dem ganzen Land hierher.

Zum Programm gehören Wettbewerbe im Reiten und Pferdebändigen, Livemusik und zum nahrhaften Angebot ausgezeichnete einheimische Erzeugnisse wie selbst gekochte Marmeladen und Gelees.

In El Maitén gibt es eine hilfreiche **Touristeninformation** (☎ 495016; turismai@epuyem.net.ar).

Direkt am Fluss liegt der **Camping Municipal** (☎ 495129; pro Pers. 16 Arg$). Während des Festivals ist er überfüllt und oft sehr laut. Die **Hostería Refugio Andino** (☎ 495007; San Martín 1317; pro Pers. 40 Arg$; 🖳) ist einfach, aber sauber und besitzt ein eigenes Restaurant.

An- & Weiterreise

Die Busse von Transportes Jacobsen fahren dienstags, donnerstags und samstags um 16 Uhr von El Maitén nach Esquel. Die Minibusse von Grado 42 (s. S. 454) fahren täglich die Strecke von und nach El Bolsón.

Die Fahrpläne von **La Trochita** (☎ 495190; www.latrochita.org.ar) ändern sich permanent. Die aktuellen Pläne haben die Touristeninformation in El Bolsón (s. S. 452), Grado 42 in El Bolsón (s. S. 454), die Fahrkartenschalter in El Maitén und Esquel oder die Touristeninformation in Esquel. Bei Redaktionsschluss war der regelmäßige Zugverkehr zwischen El Maitén und Esquel auf unbestimmte Zeit eingestellt worden. Genauere Informationen findet man auf der Website. Aber nach wie vor fährt La Trochita auf den dreistündigen **Paseos Turísticos** (50 Arg$), die fast täglich in Esquel beginnen (s. S. 508).

Patagonien

Sternenübersäter Himmel und Gräsergewirr lassen den Reiter in der Steppe bedeutungslos erscheinen, während er dem Horizont entgegenreitet. Wild, karg und wunderschön präsentiert sich in Südamerikas südlichster Region die lange sich selbst überlassene Natur. Die riesigen Ebenen sind so gewaltig wie die Stille, die sie erfüllt. Die Begegnung mit solch einer Leere ist so phantastisch wie die zerklüfteten Gipfel, unberührten Flüsse und staubigen Oasen.

Der Ausbau der Ruta Nacional (RN 40) ist voll im Gang. Während lange Abschnitte glatt genug zum Radfahren sind, geht es auf manchen Strecken immer noch über Stock und Stein. Wie auch immer: Diese einsame Route bleibt eine faszinierende Straße ins Nirgendwo, die so gegensätzliche Persönlichkeiten wie Butch Cassidy und Bruce Chatwin beeindruckte. Entlang der Ostküste verläuft die RN 3, sie tangiert boomende Ölstädte mit Überresten alter versteinerter Wälder, walisische Siedlungen und die atemberaubende Península Valdés. Patagonien umfasst ein sehr großes Gebiet, doch die langen Autofahrten ermöglichen Einblicke der besonderen Art.

Patagoniens andere – trendige – Seite zeigt sich in den mit Designershops und Reggae-Bars gespickten Touristenzentren, wo man erst mal auf Dutzende Reisende trifft, bevor einem der erste Einheimische über den Weg läuft. El Calafate und El Chaltén sind spektakulär, aber eine ganz andere Welt als der „Mythos RN 40".

Dieses Kapitel umfasst die Region, die sich von der politischen Grenze an der Mündung des Río Negro südwärts über die Provinzen Chubut und Santa Cruz erstreckt, außerdem die chilenischen Gebiete Patagoniens: Punta Arenas, Puerto Natales und den phantastischen sowie weltbekannten Parque Nacional Torres del Paine.

PATAGONIEN

HIGHLIGHTS

- Den bläulich schimmernden **Glaciar Perito Moreno** (S. 540) bestaunen, wenn er mit Donnergetöse kalbt

- Den jahrhundertealten Wald im schier endlos grünen **Parque Nacional Los Alerces** (S. 514) erkunden

- Durch das Bergmassiv **Fitz Roy** (S. 529) wandern, das in der Nähe von El Chaltén mit seinen spitzen Gipfeln den Nordteil des Parque Nacional Los Glaciares beherrscht

- Südliche Glattwale (Südkaper) an der Küste der **Reserva Faunística Península Valdés** (S. 472) beobachten

- Über das weitläufige Gelände einer **Estancia** (S. 521) reiten und anschließend am Lagerfeuer Lammspieße grillen

Reserva Faunística Península Valdés

★ Parque Nacional Los Alerces

★ Estancias

★ Fitz Roy Range

★ Glaciar Perito Moreno

■ EINWOHNER: 839 000   ■ FLÄCHE: 475 000 KM²

Klima

Der argentinische Teil Patagoniens liegt im Regenschatten der chilenischen Anden, die die meisten Pazifikstürme abbremsen. Nachdem die Stürme ihre heftigen Niederschläge über den seewärts gelegenen Hängen der Anden abgeregnet haben, peitschen starke Westwinde unaufhörlich über die trockenen patagonischen Ebenen. Dort, wo der südamerikanische Kontinent sich nach Süden hin verengt, ist das Klima durch die Nähe zum Meer gemäßigter als in den weiter nördlich liegenden Landesteilen, doch auch hier fallen die Temperaturen im Winter oft deutlich unter den Gefrierpunkt.

Nationalparks & Schutzgebiete

Patagoniens Nationalparks bieten facettenreiche Landschaften, Einöden und eine unglaubliche Tierwelt. Der Küstennationalpark Monte León (S. 499) ist ein Juwel, ebenso bestechend sind die alten Wälder von Los Alerces (S. 514), die raue Schönheit des Perito Moreno (S. 540) und die glitzernden Gletscher und Gipfel von Los Glaciares (S. 540, 529). Zu den herausragenden Nationalparks auf chilenischem Boden zählen Torres del Paine (S. 561), der abgeschiedene Bernardo O'Higgins (S. 560) sowie der Pali Aike (S. 554), der Funde aus der Altsteinzeit aufzuweisen hat. Unter den Weltklasse-Naturschutzgebieten nimmt die Península Valdés (S. 472) den Spitzenplatz ein. Kein Besucher sollte Patagonien verlassen, ohne wenigstens einige dieser Naturwunder gesehen zu haben.

An- & Weiterreise

Patagonien ist gleichbedeutend mit schlecht gewarteten Schotterstraßen (camino de ripio), fehlenden Verkehrsverbindungen und endlosen, anstrengenden Busfahrten. Zum Glück verbindet das stetig wachsende Netz an Charter- und Linienflügen die Highlights des Landes miteinander – zumindest in den Sommermonaten. Leider belasten die Flüge die Reisekasse, doch Patagonien umfasst nun mal ein Drittel des achtgrößten Landes der Welt. Wer mit dem Bus an der Ostküste entlangfährt, wird bald merken, dass sich die Fahrpläne an den Interessen der Fahrgäste in Buenos Aires orientieren. In der Landeshauptstadt finden die Abfahrt und Ankunft zu angenehmen Zeiten statt, während sie in den Ortschaften weiter im Süden häufig mitten in der Nacht erfolgen. In der Hochsaison fahren mehr Busse, die aber trotzdem schnell ausgebucht sind. Infos zu organisierten Reisen entlang der RN 40 siehe S. 510.

PATAGONIENS OSTKÜSTE–ENTLANG DER RN 3

Patagoniens hoch aus dem Wasser springende Glattwale, seine Pinguinkolonien und die traditionellen walisischen Siedlungen sind über Argentiniens Küstenstraße RN 3 zu erreichen. Die Asphaltstraße, die in der Geschichte der Seefahrt eine faszinierende Rolle spielte, durchquert weite, gähnend leere Landschaften, die am Horizont verschwimmen wie ein endloses unbeschriebenes Blatt Papier.

Wen die Tierwelt begeistert, sollte die weltberühmte Península Valdés nicht auslassen. Sie beherbergt in der Reserva Provincial Punta Tombo die größte Kolonie von Magellanpinguinen der Welt und am Río Deseado zahlreiche Populationen verschiedener Meeresvögel. Zu beschaulichen Stunden an der Küste laden die ruhigen Dörfer Puerto San Julián und Camarones ein. Im Städtchen Gaiman lassen sich an einem trägen Nachmittag bei traditionellem Tee und Gebäck tiefe Einblicke in die Geschichte der walisischen Besiedlung gewinnen.

CARMEN DE PATAGONES

☎ 02920 / 14 600 Ew.

Steile Kopfsteinpflasterstraßen und koloniales Ambiente verleihen dieser verschlafenen, am Fluss gelegenen Stadt ein wenig Romantik. Patagones – wie es die Ortsansässigen schlicht und einfach nennen – ist das Einfallstor zu Patagonien und zugleich die südlichste Stadt der Provinz Buenos Aires. Der Weg zu der 950 km von der Hauptstadt entfernt liegenden Provinzstadt führt über die RN 3.

1779 gründete Francisco de Viedma am Südufer des Río Negro die Stadt Viedma. Am Nordufer errichtete er eine Festung, die sich später zu dem Ort Patagones entwickelte. Die ersten Kolonisten stammten aus dem Landstrich Maragatería in der spanischen Provinz León – deshalb werden die Einwohner von Patagones noch heute *maragatos* genannt. Ihre ersten Häuser errichteten sie an den Berghängen.

Zu Ruhm und Ehren kam Patagones 1827: Die zahlenmäßig unterlegenen und schlechter als der Gegner ausgerüsteten Streitkräfte der Stadt schlugen die weit überlegenen Invasoren zurück. Diesen Triumph feiert die Stadt jedes Jahr Anfang März, genau ab dem siebten Tag, zehn Tage lang mit der **Fiesta del Siete de Marzo**, wobei *música folklórica* (argentinische Folkloremusik), Paraden, traditionelle Speisen und das

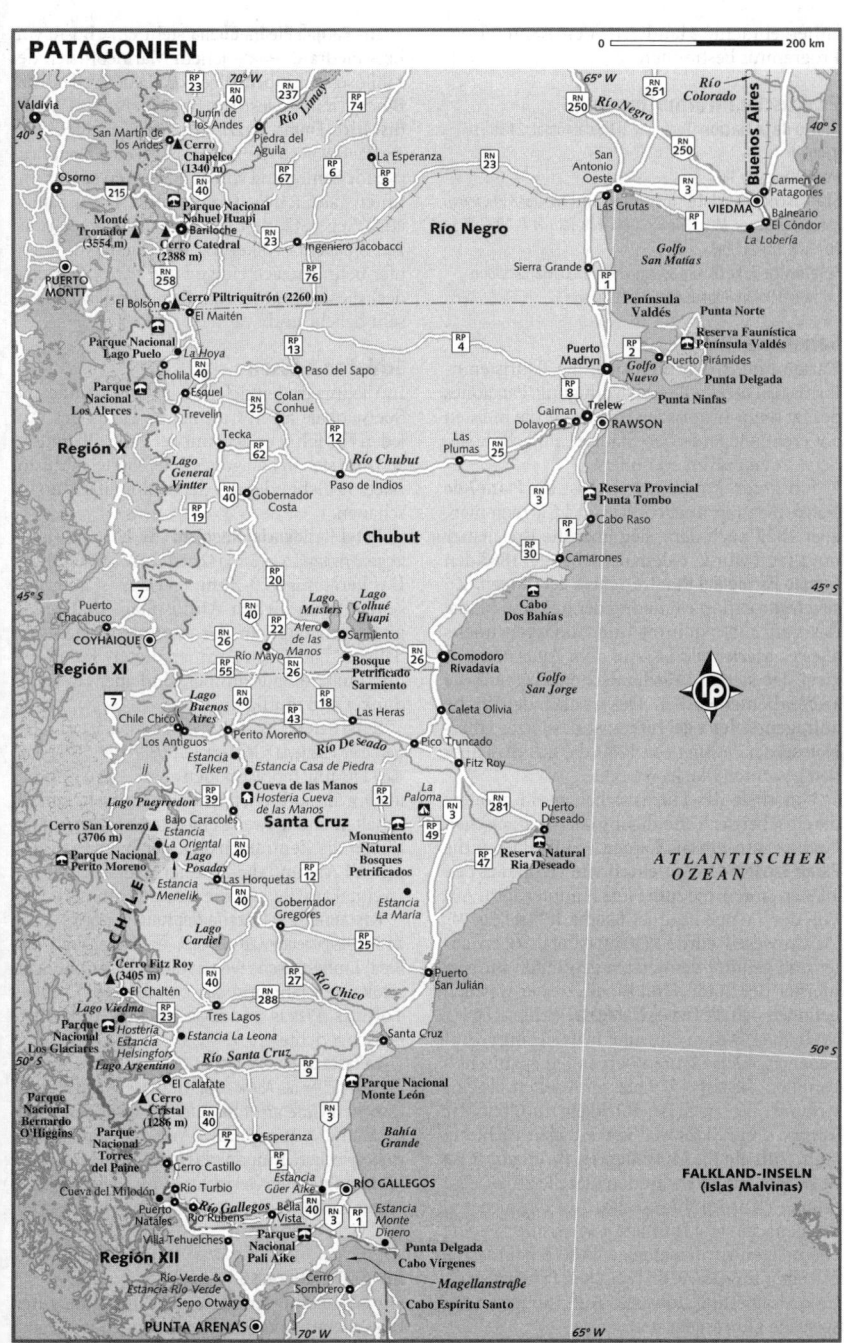

PATAGONIEN

0 — 200 km

PATAGONIEN

althergebrachte Handwerk den Rahmen des Programms bestimmen.

Praktische Informationen

Banco de la Nación (Paraguay 2) Geldautomat; 24 Std. zugänglich.

Post (Paraguay 38)

Städtische Touristeninformation (☎ 464819; www.patagones.gov.ar; Mitre 84; ☒ Dez.–Feb. Mo–Fr 7–19, Sa & So 10–13 & 18–21 Uhr)

Telefónica (Ecke Olivera & Comodoro Rivadavia) *Locutorio* (privater Telefonshop) und Internetzugang.

Sehenswertes

Karten und Broschüren stellt die Touristeninformation bereitwillig zur Verfügung. Patagones besitzt mehr historische Bauten als die meisten anderen patagonischen Städte. Es macht Spaß, den Ort zu Fuß zu erkunden.

Ein guter Ausgangspunkt ist die **Plaza 7 de Marzo**, die ursprünglich Plaza del Carmen hieß, aber 1827 nach dem Sieg über die Brasilianer umgetauft wurde. Salesianer erbauten 1883 den **Templo Parroquial Nuestra Señora del Carmen**. Zu sehen gibt es dort ein Bildnis der Jungfrau Maria, das von 1780 stammt und Südargentiniens ältestes Marienbild ist. Auf dem Altar prangen zwei der sieben brasilianischen Flaggen, die 1827 erbeutet wurden. Der westlich der Kirche aufragende **Torre del Fuerte** ist das letzte Überbleibsel der Festung von 1780, die sich einst über den gesamten Block erstreckte.

Unterhalb des Turms stehen zwei Kanonen, die einst bei der Verteidigung der patagonischen Grenze zum Einsatz kamen. Sie flankieren die **Pasaje San José de Mayo**, eine breite Treppe aus den 1960er-Jahren, die zum Fluss hinunterführt. Am Fuß der Treppe liegt der **Rancho de Rial** (Mitre 94). Das Anwesen wurde 1820 im Adobe-Stil errichtet und gehörte dem ersten gewählten Bürgermeister der Stadt. Drei Blocks weiter westlich befinden sich die **Cuevas Maragatas** (Maragatas-Höhlen; Rivadavia s/n). Die am Flussufer in den Hang gegrabenen Höhlen dienten den ersten spanischen Familien, die sich 1779 hier ansiedelten, als Unterkunft. Wer nach der Rückkehr zum Fuß der Treppe drei Blocks weit in westlicher Richtung läuft, trifft auf die im frühen 19. Jh. erbaute **Casa de la Cultura** (Mitre 27), an deren Stelle zuvor eine *tahona* (Kornmühle) stand. Auf der anderen Straßenseite steht **La Carlota** (Ecke Bynon & Mitre), eine ehemalige Privatresidenz – 1800 erbaut –, die mit einer für das 19. Jh. typischen Innenausstattung Möblierung aufwartet. Auf Anfrage finden spezielle Führungen statt.

Im **Parque Piedra Buena** steht eine Büste von Luis Piedra Buena – jenem Marineoffizier, der zahllosen Schiffbrüchigen das Leben rettete. Ein Block weiter westlich beherbergt das **Museo Histórico Emma Nozzi** (☎ 462729; Eintritt 2 Arg$; ☒ Mo–Fr 10–12 & 15–17, Sa 17–19 Uhr) eine beeindruckende Sammlung von Fundstücken aus Argentiniens südlichem Grenzgebiet. Dazu zählen auch Gegenstände, die von der früheren schwarzen Sklavenbevölkerung stammen. Am Flussufer befinden sich einige *balnearios* (Strandbäder), die im Sommer zum Baden und Picknicken sehr beliebt sind.

Schlafen & Essen

In Viedma finden sich bessere Unterkünfte und Speiselokale als in Carmen de Patagones. Auf jeden Fall lohnt es sich, mit der Fähre überzusetzen, um sich in Patagones' Flussviertel die historischen Gebäude aus der Kolonialzeit anzuschauen.

Hotel Residencial Reggiani (☎ 461065; residencial reggiani@hotmail.com; Bynon 422; EZ/DZ/3BZ 80/140/180 Arg$) Das geräumige 20-Zimmer-Haus ist aufgrund seiner freundlichen Atmosphäre und seiner günstigen Lage an der zentralen Plaza sehr beliebt. Die Gästezimmer bieten Kabel-TV und saubere Badezimmer, sind aber ein wenig dunkel und muffig.

Hotel Percaz (☎ 464104; www.hotelpercaz.com.ar; Ecke Comodoro Rivadavia & Irigoyen; EZ/DZ/3BZ 108/153/189 Arg$; ☐) Die mit Teppichboden ausgelegten Zimmer in dem altmodischen Eckhaus sind sehr einfach gehalten und teilweise eng. Zu den Pluspunkten zählen die Zentralheizung, der Internetzugang per WLAN und die Zimmermädchen, die sich zweimal am Tag um die Räume kümmern.

Restaurante & Pizzeria Neptuno (Comodoro Rivadavia 310; Hauptgerichte 20–32 Arg$; ☒ 20 Uhr bis spät in die Nacht) Einheimische wissen dieses klassische Speiselokal seit Jahr und Tag zu schätzen. Es bietet Tortillas, Pizzas und ausgezeichnet zubereitete Fleischgerichte.

La Tasca de Muelle Viejo (J. J. Biedma 30; Hauptgerichte 26–32 Arg$; ☒ nur Abendessen) In diesem unkonventionellen Café am Flussufer herrscht eine urgemütliche Atmosphäre. Auf dem Speiseplan stehen leckere Empanadas (gefüllte Teigtaschen) und traditionelle Gerichte wie *puchero* (ein herzhafter Eintopf mit verschiedenen Fleischsorten und viel Gemüse).

An- & Weiterreise

Die Mehrzahl der Reisenden nutzt die guten Bus-, Bahn- und Flugverbindungen im gegen-

CARMEN DE PATAGONES & VIEDMA

0 — 400 m

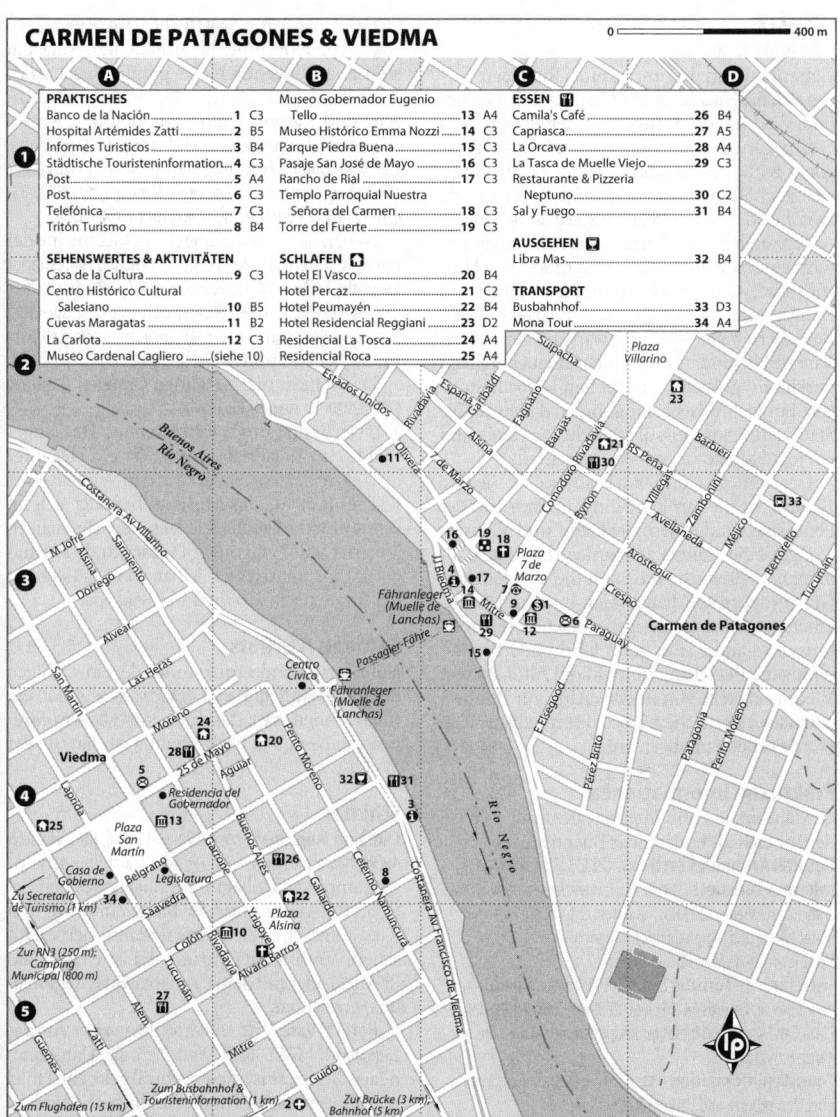

PRAKTISCHES

Banco de la Nación	**1** C3
Hospital Artémides Zatti	**2** B5
Informes Turisticos	**3** B4
Städtische Touristeninformation	**4** C3
Post	**5** A4
Post	**6** C3
Telefónica	**7** C3
Tritón Turismo	**8** B4

SEHENSWERTES & AKTIVITÄTEN

Casa de la Cultura	**9** C3
Centro Histórico Cultural Salesiano	**10** B5
Cuevas Maragatas	**11** B2
La Carlota	**12** C3
Museo Cardenal Cagliero	(siehe 10)

Museo Gobernador Eugenio Tello	**13** A4
Museo Histórico Emma Nozzi	**14** C3
Parque Piedra Buena	**15** C3
Pasaje San José de Mayo	**16** C3
Rancho de Rial	**17** C3
Templo Parroquial Nuestra Señora del Carmen	**18** C3
Torre del Fuerte	**19** C3

SCHLAFEN

Hotel El Vasco	**20** B4
Hotel Percaz	**21** C2
Hotel Peumayén	**22** B4
Hotel Residencial Reggiani	**23** D2
Residencial La Tosca	**24** A4
Residencial Roca	**25** A4

ESSEN

Camila's Café	**26** B4
Capriasca	**27** A5
La Orcava	**28** A4
La Tasca de Muelle Viejo	**29** C3
Restaurante & Pizzeria Neptuno	**30** C2
Sal y Fuego	**31** B4

AUSGEHEN

Libra Mas	**32** B4

TRANSPORT

Busbahnhof	**33** D3
Mona Tour	**34** A4

PATAGONIEN

über liegenden Viedma, das durch den Fluss Río Negro von Carmen de Patagones getrennt ist. Die meisten nordwärts fahrenden Busse halten aber auch am **Busbahnhof** (☎ 462666; Ecke Barbieri & Méjico) in Patagones; von dort aus gibt es zahlreiche Verbindungen nach Bahía Blanca und Buenos Aires. Die Tickets für den Tren Patagónico (von Viedma nach Bariloche) können am Bus-

bahnhof gekauft werden. Ein extrem langsamer Zug verkehrt einmal in der Woche zwischen Patagones und Bahía Blanca, allerdings fällt er immer wieder mal aus.

Zwei Brücken und eine Fähre verbinden Patagones mit Viedma. Die Fähre (1,50 Arg$) überquert zwischen 6.30 und 22 Uhr alle paar Minuten den Fluss.

VIEDMA

☎ 02920 / 47 900 Ew.

Getrennt durch den imposanten Río Negro, liegen sich die Nachbarstädte Carmen de Patagones und Viedma, die Hauptstadt der Provinz Río Negro, genau gegenüber. Im Vergleich zu Patagones geht es im wohlhabenderen Viedma weitaus geschäftiger zu. Die krassen Unterschiede zwischen den beiden Städten spiegeln sich in den Anlegestellen der Fähre wider: In Patagones führt eine baufällige Treppe aus morschem Holz zur Fähre, während Viedma mit einer modernen Rampe und Betontreppen aufwartet. Seinen Besuchern bietet Viedma zwar weniger malerische Anblicke, dafür aber mehr Bequemlichkeit durch sein größeres Angebot an Dienstleistungen. Für viel Abwechslung sorgen das attraktive Stadtviertel am Flussufer, exklusive Cafés und ein Joggingpfad unweit der Innenstadt.

Gegründet hat die Stadt Francisco de Viedma 1779, als er hier an Land ging. Er kam von der Península Valdés, wo Fiebertod und Wassermangel seine Männer zunehmend hinweggerafft hatten. 1879 wurde die Stadt die Residenz des Gouverneurs von Patagonien und zum politischen Zentrum des riesigen südlichen Territoriums des Landes. Ein gutes Jahrhundert später schlug die Regierung unter Raoúl Alfonsín vor, Viedma anstelle von Buenos Aires zur Bundeshauptstadt zu machen. Doch dieser radikale Plan wurde vehement abgelehnt.

Praktische Informationen

Geldautomaten und Internetcafés finden sich in der Innenstadt entlang der Buenos Aires.

Hospital Artémides Zatti (☎ 422333; Rivadavia 351)

Informes Turisticos (☎ 427171; www.viedma.gov.ar; Av. Francisco de Viedma 51) Das Touristenzentrum am Flussufer bietet lokale und regionale Informationen.

Post (Ecke 25 de Mayo & San Martín)

Secretaría de Turismo (☎ 422150; info@turismo.rio negro.gov.ar; Caseros 1425) Liegt 15 Blocks südwestlich der Plaza San Martín und bietet Infomationsmaterial über die ganze Provinz.

Touristeninformation (☎ 427171; Busbahnhof) Infos über Unterkünfte und Verkehrsverbindungen.

Tritón Turismo (☎ 431131; Ceferino Namuncurá 78) Umtausch von Reisechecks, Mietwagen und Buchung von Touren.

Sehenswertes & Aktivitäten

Zu den Aktivitäten im Sommer zählen **Kajakfahren** sowie **Katamarantouren** über das Wochenende (15 Arg$) auf dem Río Negro. Verschiedene Tourveranstalter informieren am Pier über Kajakverleih und Kreuzfahrten auf dem Fluss.

Die Saison für **Sportfischen** am Río Negro reicht von November bis Anfang Juli, Angelsind Regenbogenfische (es gilt die Regel: *catch and release* – „fangen und freilassen"), Ährenfische und Karpfen. Informationen und Angelschein sind zu erhalten bei Informes Turisticos, der **Direccion de Pesca de Río Negro** (☎ 420326) oder den Angelführern **Eduardo Urriza** (☎ 02920-15-626719) und **Constantino Mikitiuk** (☎ 426328).

Neben den Ausstellungen zur Geschichte der europäischen Siedler zeigt das **Museo Gobernador Eugenio Tello** (☎ 425900; San Martín 263; Eintritt frei; ☿ Mo–Fr 9–16.30, Sa 16–18 Uhr) auch Werkzeuge und Alltagsgegenstände der Tehuelche sowie deformierte Schädel und Skelete dieser Ureinwohner.

Das salesianische **Museo Cardenal Cagliero** (☎ 02920-15-308671; Rivadavia 34; Eintritt frei; ☿ Mo–Fr 8–13 Uhr) besitzt unglaublich schöne Deckengemälde. Im Kardinalszimmer ist ein eleganter Spazierstock zu sehen, der aus den Wirbeln eines Fisches besteht. Das Museum befindet sich im **Centro Histórico Cultural Salesiano**, dem ehemaligen Vikariat von Patagonien (Vicariato de la Patagonia). Der massive Ziegelbau von 1890 steht an der Straßenecke Colón und Rivadavia.

Festivals & Events

Mitte Januar findet im Rahmen der einwöchigen **Regata del Río Negro** (www.regatadelrionegro.com.ar) ein Kajakrennen statt, das mit seiner 500-km-Strecke von Neuquén nach Viedma das längste der Welt ist.

Schlafen

Camping Municipal (☎ 02920-15-524786; RN 3, Flussufer des Río Negro; pro Pers. 6 Arg$; ☿ Nov.–März) Der schattige Campingplatz liegt zehn Blocks westlich der RN 3 direkt am Fluss. Er bietet eintönige, mit Kies aufgeschüttete Zeltplätze und heiße Duschen. Vom Stadtzentrum aus ist er per Taxi (8 Arg$) oder mit dem Comarca-Bus (Regionalbus) erreichbar.

Hotel El Vasco (☎ 430459; hotelelvasco@yahoo.com.ar; 25 de Mayo 174; EZ/DZ 80/120/160 Arg$; ▯) Dank eines neuen Besitzers ist dieses zentral gelegene Hotel verhältnismäßig hell und freundlich. Die kleinen, aber picobello sauber gehaltenen Zimmer bieten Parkettböden und Kabel-TV.

Residencial La Tosca (☎ 428508; residencialtosca@ hotmail.com; Alsina 349; EZ/DZ/3BZ 95/130/175 Arg$) Eigenartige Statuen dekorieren die dunkle Empfangshalle des Hotels, die von Jahr zu Jahr schäbiger wirkt. Immerhin verfügen die Zimmer über ein eigenes Bad, sind sauber und mit einem kleinen Fernsehgerät ausgestattet.

Residencial Roca (☎ 431241; Roca 347; EZ/DZ/3BZ 103/160/225 Arg$; 🐾) Das familienfreundliche Hotel liegt etwas abseits vom Schuss – zu Viedmas Hauptattraktionen läuft man einige Blocks. Mit elegantem Ambiente kann das Roca nicht aufwarten, aber es ist sehr gepflegt und außerdem sehr gastfreundlich, wozu der aufmerksame Service an der Rezeption beiträgt. Das Frühstück kostet 10 Arg$ extra.

Hotel Peumayén (☎ 425222/234; www.hotelpeumayen. com.ar; Buenos Aires 334; EZ/DZ/3BZ 120/150/210 Arg$; 🖵) Das alte, auf Geschäftsreisende spezialisierte Hotel mit seiner kanariengelb gestrichenen Empfangshalle hat seine besten Zeiten bereits hinter sich, wirkt aber sehr gepflegt. In den Zimmern liegen Teppichböden, und auf jeder Etage findet sich eine kleine Küche zum Zubereiten von *mate*.

Essen & Ausgehen

Camila's Café (Ecke Saavedra & Buenos Aires; Snacks 10 Arg$; 🍴 Frühstück, Mittag- & Abendessen; 🐾) Das Café mit seiner freundlichen, anheimelnden Atmosphäre ist der beste Platz für ein ausgiebiges Frühstück mit Bergen von *medialunas* (Croissants), Früchten und Eiern.

La Ochava (☎ 426031; Ecke Alsina & 25 de Mayo; Sandwiches 20 Arg$; 🍴 Frühstück, Mittag- & Abendessen) Das Café-Pub mit hohen Decken und Originalholzdekor befindet sich in einem altehrwürdigen Eckhaus. Es macht Spaß, in seinem altmodischen Ambiente eine *cerveza artesanal* (Bier aus einer kleinen örtlichen Brauerei) zu trinken und ein Steak, einen Burger oder ein Sandwich zu essen.

Capriasca (☎ 426754; Alvaro Barros 685; Hauptgerichte 28–35 Arg$; 🍴 Mittag- & Abendessen) Was regionale Kost betrifft, ist das Capriasca ein Volltreffer. Auf der Speisekarte stehen raffiniert zubereitete Gerichte aus Forellen, Fleisch und Huhn. Auch die Weinkarte kann sich sehen lassen. Schöne Holzmöbel und weiß gedeckte Tische sorgen für eine stilvolle Atmosphäre.

Sal y Fuego (☎ 431259; Av. Villarino 55; Hauptgerichte 35–45 Arg$) Das hippe Lokal im Flussviertel bietet klassische argentinische Gerichte inklusive Überraschendem wie Hühnchen in süß-saurer Pflaumensauce. Das angrenzende Café del Sauce lädt am Nachmittag im Schatten einer Trauerweide zu einem gemütlichen Kaffee ein.

Libra Mas (☎ 427181; Ecke Av Villarino & Saavedra; Sandwiches 15 Arg$; 🍴 9–3 Uhr) Das moderne Café-Pub mit seinen bequemen weißen Ledersesseln lädt geradezu dazu ein, hier gemütlich bei einigen Drinks eine *tabla* (Fleisch und Käse auf einem Brett) oder gegrillte Calamares zu genießen.

An- & Weiterreise

BUS

Viedmas **Busbahnhof** (☎ 426850) liegt 13 Blocks südwestlich der Plaza und ist von dort aus zu Fuß in 20 Minuten erreichbar.

Don Otto (☎ 425952) und **El Cóndor** (☎ 423714) bieten die besten Busverbindungen nach Puerto Madryn. Die Busse von **3 de Mayo** (☎ 425839) fahren über die RN 23 nach Bariloche, während diejenigen aus **El Valle** (☎ 427501) die längere Strecke über die RN 22 und RP 6 nehmen.

Im Sommer fahren die Busse von **Ceferino** (☎ 426691) sechsmal täglich von der Plaza Alsina zum Balneario El Cóndor (4 Arg$, 30 Min.) und nach La Lobería.

Reiseziel	Fahrpreis (Arg$)	Fahrzeit (Std.)
Bahía Blanca	35	3
Bariloche	110–150	14–15
Buenos Aires	160–250	13
Comodoro Rivadavia	142–160	10–13
Las Grutas	25	2½
Puerto Madryn	72–84	5–6
Trelew	75–85	8

FÄHRE

Vom Pier am Anfang der 25 de Mayo pendelt eine Fähre (1,50 Arg$) von 6.30 bis 22 Uhr regelmäßig zwischen Viedma und Carmen de Patagones hin und her.

FLUGZEUG

Der **Aeropuerto Gobernador Castello** (VDM; ☎ 422001) liegt 15 km südwestlich der Stadt an der RP 51; das Taxi ins Stadtzentrum kostet 8 Arg$. **Aerolíneas Argentinas** (☎ 423033) fliegt zweimal wöchentlich nach Buenos Aires (600 Arg$). **LADE** (☎ 424420) macht hier montags und freitags eine Zwischenlandung auf der Strecke nach Comodoro Rivadavia (260 Arg$).

ZUG

Als einer der letzten von Argentiniens Fernverkehrszügen bietet der **Tren Patagónico** (☎ 422130; www.trenpatagonico-sa.com.ar, Video auf Spanisch; www.interpatagonia.com/trenpatagonico, Infos auf Spanisch und Englisch) noch einen Rundum-Service mit Speisewagen und Bordkino. Über die Ebenen fährt er von Viedma nach Bariloche (Economy/1. Klasse/Pullman/Bett 57/76/118/229 Arg$, 17 Std.). Kinder im Alter von fünf bis zwölf Jahren zahlen lediglich den halben Fahrpreis. Abfahrt des Zuges ist freitags um 18 Uhr vom Bahnhof am südöstlichen Stadtrand. Auf der Website lassen sich die aktuellen Fahrpläne erfahren, die sich aber häufig ändern.

PATAGONIEN

Tickets verkauft auch **Mona Tour** (☎ 432492; www.monatour.com.ar; Laprida 145).

DIE KÜSTE VON RÍO NEGRO

La Ruta de los Acantilados (Straße der steilen Klippen) erstreckt sich entlang der wunderschönen, 400 km langen Küste der Provinz Río Negro. Aus den steinalten Klippen (3–13 Mio. Jahre alt) hat die stete Brandung wahre Schätze an Fossilien freigelegt. Während im Sommer an diesem Küstenstreifen Hochbetrieb herrscht, versinkt er mit Ende der Saison in einen wahren „Winterschlaf".

In der Nähe von **Balneario El Cóndor** – einem Seebad, 31 km südöstlich von Viedma, im Norden der Mündung des Río Negro gelegen – hat sich die größte Papageienkolonie angesiedelt. In den Klippen drängen sich rund 35 000 Nisthöhlen. Eine Attraktion ist auch der jahrhundertealte Leuchtturm, Patagoniens ältester. Zu den Unterkunftsmöglichkeiten vor Ort zählen das **Hospedaje Río de los Sauces** (☎ 02920-497193; Calle 20; DZ 130 Arg$) sowie **Camping Ina Lauquen** (☎ 02920-497218; Ecke Calle 87 & Costanera; pro Pers. 8 Arg$; 🖳), ein für Wohnmobile bestens geeigneter Campingplatz mit Grillplätzen und Picknicktischen. Obendrein gibt es Fastfood und sogar einen Internetzugang.

La Lobería (Reserva Faunística de Punta Bermeja) liegt 160 km von Viedma entfernt, an der Nordküste des Golfos von San Matías. Dort lebt ständig eine Population Südamerikanischer Seelöwen (*Otaria byronia*). Die Anzahl der Tiere in der Kolonie erreicht ihren Höhepunkt, wenn im Frühjahr die Paarungszeit beginnt und die Seelöwenmännchen am Strand auftauchen, um miteinander zu kämpfen und einen Harem von bis zu zehn Weibchen zu gründen. Ab Dezember kommen die Jungen zur Welt. Ohne die Tiere zu stören, können Besucher das Geschehen von einer sicheren Beobachtungsplattform aus verfolgen; sie liegt direkt oberhalb der Paarungsstrände. Die Busse aus Viedma fahren in einer Entfernung von 3 km an der Kolonie vorbei.

Am nordwestlichen Rand des Golfo San Matías liegt 179 km westlich von Viedma (RN 3) der immer gut besuchte Badeort **Las Grutas** („Die Grotte"; www.balneariolasgrutas.com, spanische Website). Der Name bezieht sich auf die Unterwasserhöhlen beim Dorf. Wegen des ungewöhnlich großen Gezeitenhubs dehnen sich die Strände bei Ebbe Hunderte Meter weit ins Meer aus und schrumpfen bei Flut auf einige wenige Meter zusammen. Die **Touristeninformation** (☎ 02934-497470; Galería Antares, Primera Bajada) verteilt Gezeiten-

kalender mit den genauen Zeiten von Ebbe und Flut. Busse fahren stündlich nach San Antonio Oeste, 16 km nordöstlich von Las Grutas, wo es weitere Unterkünfte gibt.

Außer den kostenlosen Mahlzeiten für Busfahrer hat **Sierra Grande**, 125 km südlich von Las Grutas, nur ein Gutes: Hier gibt es Benzin zu subventionierten *precios patagónicos* („patagonischen Preisen"). Also füllt hier fast jeder seinen Tank auf, kauft sich schnell einen Billig-Snack gegen den gröbsten Hunger und fährt doppelt gefüllt weiter.

PUERTO MADRYN
☎ 02965 / 57 791 Ew.

Das geschützt in der Bucht des Golfo Nueco liegende Städtchen ist das Tor zum Tierschutzgebiet Península Valdés. Obwohl Tourismus und Industrie boomen, hat es seinen Kleinstadtcharakter bewahrt. Das Radio gibt Suchmeldungen nach vermissten Hunden durch, die Einheimischen sind gastfreundlich und gemütlich. Madryn betrachtet sich selbst als schlichtes Seebad, doch wenn von Juni bis Mitte Dezember die südpazifischen Glattwale auftauchen, rückt es ins Rampenlicht. Von Juli bis September schwimmen die Südkaper so nahe am Festland, dass sie sich von dem 500 m langen Hafendamm aus mit bloßem Auge beobachten lassen. Gute Beobachtungsplätze finden sich auch 20 km weiter nördlich an der Küste.

Die 1886 von walisischen Siedlern gegründete Stadt verdankt ihren Namen Love Parry, Baron von Madryn. Zwei Statuen an der *costanera* (Strandpromenade) erinnern an die Waliser. Die eine würdigt die Frauen und deren Leistungen bei der Besiedlung. Die andere steht am Südrand der Stadt und ehrt die Tehuelche, die den walisischen Einwanderern halfen, zu überleben.

Madryns Universität, die Universidad de la Patagonia, ist bekannt für ihr Meeresbiologisches Institut. Darüber hinaus fördern auch andere ökologische Zentren den Naturschutz und vermitteln naturkundliches Wissen. Die Stadt ist der zweitgrößte Fischereihafen des Landes und Standort von Aluar, Argentiniens erster Aluminiumfabrik (1974 errichtet).

Orientierung

Puerto Madryn liegt direkt östlich der RN 3 – 1371 km südlich von Buenos Aires und etwa 65 km nordöstlich von Trelew. Das geschäftige Leben der Stadt konzentriert sich auf die *costanera* (Uferpromenade) und zwei parallel verlaufende große Straßen, die Avenida Roca und

PATAGONIEN

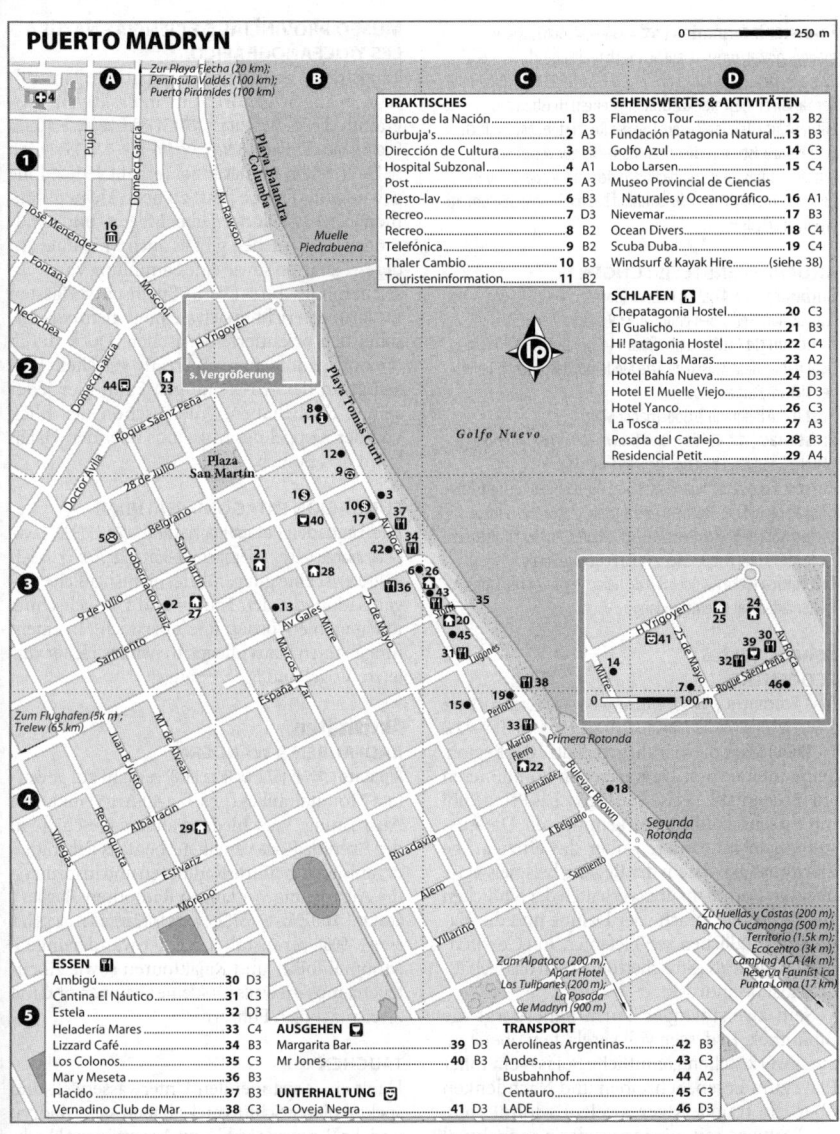

PUERTO MADRYN

0 ⸻ 250 m

Zur Playa Flecha (20 km);
Península Valdés (100 km);
Puerto Pirámides (100 km)

PRAKTISCHES

Banco de la Nación	**1** B3
Burbuja's	**2** A3
Dirección de Cultura	**3** B3
Hospital Subzonal	**4** A1
Post	**5** A3
Presto-lav	**6** B3
Recreo	**7** D3
Recreo	**8** B2
Telefónica	**9** B2
Thaler Cambio	**10** B3
Touristeninformation	**11** B2

SEHENSWERTES & AKTIVITÄTEN

Flamenco Tour	**12** B2
Fundación Patagonia Natural	**13** B3
Golfo Azul	**14** C3
Lobo Larsen	**15** C4
Museo Provincial de Ciencias Naturales y Oceanográfico	**16** A1
Nievemar	**17** B3
Ocean Divers	**18** C4
Scuba Duba	**19** C4
Windsurf & Kayak Hire	(siehe 38)

SCHLAFEN

Chepatagonia Hostel	**20** C3
El Gualicho	**21** B3
Hi! Patagonia Hostel	**22** C4
Hostería Las Maras	**23** A2
Hotel Bahía Nueva	**24** D3
Hotel El Muelle Viejo	**25** D3
Hotel Yanco	**26** C3
La Tosca	**27** A3
Posada del Catalejo	**28** B3
Residencial Petit	**29** A4

Muelle
Piedrabuena

s. Vergrößerung

Golfo Nuevo

Plaza
San Martín

H Yrigoyen

Zum Flughafen (5 km;
Trelew (65 km)

Primera Rotonda

Segunda
Rotonda

Zum Alpataco (200 m);
Apart Hotel
Los Tulipanes (200 m);
La Posada
de Madryn (900 m)

Zo Huellas y Costas (200 m);
Rancho Cucamonga (500 m);
Territorio (1.5 km);
Ecocentro (3 km);
Camping ACA (4 km);
Reserva Faunística
Punta Loma (17 km)

ESSEN

Ambigú	**30** D3
Cantina El Náutico	**31** C3
Estela	**32** D3
Heladería Mares	**33** C4
Lizzard Café	**34** B3
Los Colonos	**35** C3
Mar y Meseta	**36** B3
Placido	**37** B3
Vernadino Club de Mar	**38** C3

AUSGEHEN

Margarita Bar	**39** D3
Mr Jones	**40** B3

UNTERHALTUNG

La Oveja Negra	**41** D3

TRANSPORT

Aerolíneas Argentinas	**42** B3
Andes	**43** C3
Busbahnhof	**44** A2
Centauro	**45** C3
LADE	**46** D3

PATAGONIEN

die 25 de Mayo. Der Bulevar Brown, der entlang den Stränden südwärts verläuft, ist die Hauptstraße.

Praktische Informationen
NÜTZLICHES

Im Stadtzentrum von Puerto Madryn gibt es zahlreiche Telefonläden und Internetcafés. Manche Reisebüros akzeptieren Reiseschecks zur Bezahlung von Touren.

Banco de la Nación (9 de Julio 127) Die Bank bietet einen Geldautomaten und Umtausch von Reiseschecks.

Hospital Subzonal (☎ 451999; R Gómez 383)

Thaler Cambio (☎ 455858; Av Roca 497; ⏰ Mo–Fr 9.30–13 & 18–20, Sa & So 10–13 & 19–21 Uhr) Umtausch von Reiseschecks, aber zu ungünstigem Wechselkurs.

Touristeninformation (☎ 453504, 456067; www.
madryn.gov.ar/turismo, auf Spanisch und Englisch; Av.
Roca 223; ☺ Dez.–Feb. Mo–Fr 7–22, Sa & So 8–23 Uhr, außerhalb
der Saison eingeschränkte Öffnungszeiten) Hilfsbereites,
effizient arbeitendes Personal, in der Regel steht ein Englisch
oder Französisch sprechender Mitarbeiter zur Verfügung.
Nützliche Tipps für Reisende finden sich im *libro de reclamos*
(Beschwerdebuch). Am Busbahnhof hat die Touristinformati-
on einen Schalter.

ANDERE DIENSTLEISTUNGEN

Burbuja's (☎ 472217; Gobernador Maíz 440; ☺ So geschl.)
Waschsalon; Selbstbedienung oder Rundum-Service.

Dirección de Cultura (Av. Roca 444; pro Dusche 1,50 Arg$)
Liegt neben dem Museo de Arte Moderno; die Duschen befinden sich im Erdgeschoss.

Post (Ecke Belgrano & Gobernador Maíz)

Presto-lav (☎ 451526; Blvd Brown 605) Wäscherei; die
Wäsche kann abgeholt und geliefert werden.

Recreo (Ecke 28 de Julio & Av. Roca) Buchhandlung; gute Auswahl an regionalen Büchern und Karten, bietet auch einige
englischsprachige Romane und Reiseführer. An der Straßenecke
25 de Mayo und Roque Sáenz Peña liegt eine Filiale.

Telefónica (Ecke Av. Roca & 9 de Julio; ☺ 8–24 Uhr) Großer
Telefonladen mit Internetzugang.

Sehenswertes
ECOCENTRO

Das **Ecocentro** (☎ 457470; www.ecocentro.org.ar; J. Verne
3784; Erw./Kind bis 12 Jahren 32/20 Arg$; ☺ Mo–Fr 9–12 &
15–19Uhr) feiert die maritimen Schätze der Region.
Seine interaktiven Darstellungen kombinieren
auf meisterhafte Weise künstlerisches Feingefühl
mit wissenschaftlichen Erkenntnissen. Die Ausstellungen informieren über das einzigartige
maritime Ökosystem der Region, beispielsweise
über das Fortpflanzungsverhalten der Südlichen
Glattwale, die Sprache der Delfine und die Harems der Südlichen See-Elefanten. Ein Gezeiten-
becken dient als „Streichelzoo". Auch das Gebäude selbst beeindruckt.

Sein zweistöckiger Turm beherbergt die
Bibliothek. In dessen voll verglastem oberstem
Stockwerk stehen gemütliche Sofas – ein toller
Platz zum Lesen, Schreiben und Nachdenken
über die fragile Meereswelt. Es lohnt sich,
ein Fernglas mitzubringen, denn manchmal
ziehen hier Wale vorbei.

Das Ecocentro lässt sich über die *costanera*
(Uferpromenade) bequem zu Fuß in 40 Minuten
oder per Fahrrad in 15 Minuten erreichen. Alternativen sind der Shuttlebus, der dreimal täglich von der Touristeninformation in der Avenida Roca abfährt, oder die Buslinie 2 bis zur
Endhaltestelle (dann noch 1 km zu Fuß).

MUSEO PROVINCIAL DE CIENCIAS NATURA-
LES Y OCEANOGRÁFICO

Tangstränge anfassen und präparierte Tintenfi-
sche beäugen gehört zum interaktiven Programm dieses **Museums** (☎ 451139; Ecke Domecq García
& José Menéndez; Eintritt 8 Arg$; ☺ Mo–Fr 9–12 & 15–19, Sa &
So 15–19 Uhr) im Chalet Pujol (erbaut 1917). Eine
gewundene Treppe führt zu neun kleinen Räumen mit Ausstellungen über Meeres- und Land-
säugetiere. Zu sehen gibt es auch Präparate anderer Tierarten sowie eine Sammlung von wali-
schem Geschirr. Die in Spanisch verfassten
Erklärungen richten sich an junge, naturwissen-
schaftlich orientierte Menschen. Doch durch
die optisch informative, kreativ gestaltete Präsentation der Ausstellungen kann hier jeder
seinen Spaß haben. Allein schon der Blick
von der Kuppel des Museums über den Hafen
lohnt den Besuch.

FUNDACIÓN PATAGONIA NATURAL

Die **Fundación Patagonia Natural** (☎ 451920; www.
patagonianatural.org; auf Spanisch; Marcos A. Zar 760; ☺ Mo–Fr
9–16 Uhr) ist eine gut geführte, nichtstaatliche Organisation, die den Natur- und Umweltschutz
in Patagonien fördert und überwacht. In einem
umgebauten Haus pflegen freiwillige Helfer ver-
letzte Vögel und Meeressäuger.

Aktivitäten
RADFAHREN & WANDERN

Alpataco (☎ 451672; Av. Roca 1848) verleiht gut gewartete Mountainbikes (pro Tag 40 Arg$) inklusive
Ausrüstung. Verschiedene andere Geschäfte in
der Avenida Roca verleihen ebenfalls Fahrräder,
organisieren geführte Radtouren und inspizieren
die Ausrüstung vor langen Radtouren. **Huellas y
Costas** (☎ 02965-15-637826; www.huellasycostas.com; Blvd.
Brown 1900) veranstaltet Küstenwanderungen,
Mountainbike- und Kajaktouren sowie Aben-
teuercamps – jeweils für kleine Gruppen und mit
zweisprachigen Führern.

TAUCHEN

Dank einer spannenden Unterwasserwelt und
spektakulärer Schiffwracks haben sich Madryn
und die Península Valdés zu Argentiniens Hoch-
burgen des Tauchsports entwickelt. In den
Tauchbasen **Lobo Larsen** (☎ 470277, 02965-15-516314;
www.lobolarsen.com; Av. Roca 885, Local 2) und **Scuba Duba**
(☎ 452699; www.scubaduba.com.ar; Blvd Brown 893) arbeiten Tauchlehrer mit PADI-Qualifikation. Lobo
Larsen veranstaltet auch Tauchgänge für Anfänger. **Golfo Azul** (☎ 471649; www.pinosub.com; H. Yrigoyen
200) verkauft Tauchausrüstungen. In den meisten

balnearios werden Tauchgänge unter sachkundiger Leitung angeboten, z.B. von **Ocean Divers** (☎ 472569, 02965-15-660865; www.oceandivers.com.ar; Balneario Yoaquina). Die Preise, die für Tauchgänge zu entrichten, beginnen bei etwa 150 Arg$; einige Agenturen vermitteln Tauchkurse, Nachttauchgänge und mehrtägige Tauchexkursionen.

WINDSURFEN & KAYAK FAHREN

In der Hütte neben dem Vernardino Club de Mar (s. S. 471) kann man in der Hochsaison Unterricht im Kajakfahren nehmen. Außerdem werden hier Surfbretter (u. a. Wave- und Freeridebretter) und Kajaks stundenweise vermietet. Südlich vom Muelle Piedrabuena (einem Kai) liegt ein beliebter Windsurfer-Spot, die **Playa Tomás Curti**.

Geführte Touren

Zahllose Agenturen verkaufen Tagestouren zur Península Valdés (S. 472) für 140–180 Arg$. Hinzukommen 45 Arg$ Eintrittsgebühr. Die Preise für Wahlbeobachtungstouren liegen zwischen 120 und 150 Arg$. Auch die meisten Hotels und Hostels bieten Touren an. Bei der Vielfalt lohnt es sich, sich vor der Buchung mit anderen Reisenden auszutauschen, um gute Tipps zu bekommen.

Entscheidende Fragen sind beispielsweise: Wie groß ist der Bus? Welche Sprache außer Spanisch spricht der Tourführer? Wie sieht's mit dem Essen aus? Auch die Frage nach dem Besichtigungsprogramm ist wichtig, weil sich dessen Gestaltung je nach Veranstalter mehr oder weniger stark unterscheidet.

Wer sich besonders für Tiere interessiert, sollte ein gutes Fernglas mitnehmen und vielleicht auch eine Übernachtung in Puerto Pirámides (S. 473) ins Auge fassen, um die Tour angenehmer zu gestalten. Von Puerto Madryn aus kosten die Ausflüge nach Punta Tombo (S. 486) etwa so viel wie von Trelew (S. 477) aus, doch die Fahrt dauert länger, sodass weniger Zeit für die Pinguine selbst bleibt.

Empfehlenswerte Veranstalter:

Flamenco Tour (☎ 455505; www.flamencotour.com; Av. Roca 331) Das Angebot reicht von Walbeobachtungstouren über Schnorchelausflüge bis hin zu nächtlichen Geländewagentouren entlang der Küste zum Sternebeobachten (Teleskope werden gestellt). In der Regel sprechen die Tourenführer Spanisch und Englisch.

Nievemar (☎ 455544; www.nievemartours.com.ar; Av. Roca 493) Amex-Vertragspartner. Exkursionen inklusive Walbeobachtung, außerdem Besuch der Seelöwenkolonie und der versteinerten Wälder.

Schlafen

Eine Vorausbuchung ist ratsam, vor allem bei Doppelzimmern! Wer vor Ort eine Unterkunft sucht, geht am besten zur Touristeninformation im Busbahnhof oder in der Stadt. Dort gibt es eine umfassende Adressliste mit Preisen, in der auch nahe gelegene Estancias und Apartments (bei Belegung mit zwei Personen ab 160 Arg$ pro Tag) aufgeführt sind.

BUDGETUNTERKÜNFTE

Alle Hostels verfügen über Küchen. Viele bieten an, ihre Gäste vom Busbahnhof abzuholen, doch die meisten dieser Unterkünfte liegen nur wenige Fußminuten vom Bahnhof entfernt.

Camping ACA (☎ 452952; Camino al Indio; 1/2 Pers. pro Zeltplatz 25/30 Arg$; ☀ Mai–Aug. geschl.) Bäume schützen die 800 gekiesten Stellplätze vor dem ständigen Wind. Kochgelegenheiten stehen nicht zur Verfügung, aber es gibt eine begrenzte Auswahl an Snacks und manchmal auch Hauptgerichte zu kaufen. Vom und zum Stadtzentrum besteht eine Busverbindung: die Citybuslinie 2, deren Endhaltestelle (La Universidad) nur 500 m vom Campingplatz entfernt liegt.

Posada del Catalejo (☎ 475224; www.posadadelcatalejo.com.ar; Mitre 446; B/DZ ohne Bad 40/140 Arg$, DZ mit Bad 170 Arg$; 🖳) Im Gegensatz zu vielen anderen Hostels in Puerto Madryn befindet sich das Posada del Catalejo in einem altmodischen Gebäude mit einer Atmosphäre wie in einem günstigen B&B. Der kleine Innenhof ist ein herrliches Plätzchen zum Kaffeetrinken.

La Tosca (☎ 456133; www.latoscahostel.com; Sarmiento 437; B 45 Arg$, DZ 145–155 Arg$; 🖳) Das gemütliche Gästehaus ist das Werk eines reiseerfahrenen Ehepaare, das sich sehr um den einzelnen Gast bemüht. Die Betten in den Schlafräumen sind zwar etwas kurz, haben aber gute Matratzen und Lattenroste. Zu den Vorzügen zählen der grasbewachsene Innenhof, der Fahrradverleih und ein einladender Gemeinschaftsbereich.

Chepatagonia Hostel (☎ 455783; www.chepatagoniahostel.com.ar; Storni 16; B/DZ 48/150 Arg$; 🖳) Das gut geführte Hostel liegt nur einen Katzensprung vom Strand entfernt. Seine Besitzer, ein freundliches, jugendliches Ehepaar, organisieren Touren für die Gäste und veranstalten zweimal in der Woche eine Grillparty. Weitere Pluspunkte sind der kostenlose Internetzugang per WLAN, die bequemen Betten und die Möglichkeit, springende Wale vom Balkon aus zu beobachten.

LP Tipp Hi! Patagonia Hostel (☎ 450155; www.hipatagonia.com, auf Spanisch; Av Roca 1040; B/DZ 50/150 Arg$; 🖳) Ohne Vorausbuchung geht so gut wie nichts in diesem coolen, gemütlichen Haus. Das Hostel bietet Doppel- und Mehrbettzimmer – alle mit Daunendecken auf den Betten –, eine Cocktailbar im grasbewachsenen Innenhof und einen Fahrradverleih. Zweimal in der Woche wird ein Grillfest veranstaltet. Der freundliche Hausherr Gaston sorgt für eine herzliche, gesellige Atmosphäre und hilft seinen Gästen gerne bei der Ausflugsplanung.

El Gualicho (☎ 454163; www.elgualicho.com.ar, auch auf Deutsch; Marcos A. Zar 480; B/DZ 50/220 Arg$; 🖳) Mit seinem ausgesprochen zuvorkommenden Personal und der schicken, modernen Lobby ist dieses Hostel eine tolle Unterkunft für Rucksackreisende. In den Schlafräumen stehen Stockbetten aus Holz. Angenehm sind auch die großzügigen Gemeinschaftsbereiche, darunter ein Innenhof, die flotte Bar sowie die gemütlichen Aufenthalts- und Speiseräume.

MITTEL- & SPITZENKLASSEHOTELS

Hostería Las Maras (☎ 453215; www.hosterialasmaras.com.ar; Marcos A. Zar 64; EZ/DZ 150/220 Arg$; 🖳) Ziegelwände, frei liegende Deckenbalken und Korbmöbel schaffen zumindest in der Lobby eine heimelige Atmosphäre. Die Standardzimmer sind klein und nicht gerade gemütlich zu nennen, aber immerhin sehr sauber und zweckdienlich eingerichtet. Zur Ausstattung der Superior-Zimmer zählen extragroße Betten, Flachbildfernseher und stilvolle Wohnaccessoires.

Residencial Petit (☎ 451460; hotelpetit@arnet.com.ar; M. T. de Alvear 845; DZ 150 Arg$) Wie geradewegs aus Florida importiert wirken die in jungfräulichem Weiß gestrichenen Motelzimmer. Schreibtisch und Deckenventilator zählen zur Standardausstattung; das Personal ist zuvorkommend. Der Fußweg zur *costanera* dauert rund 10 Minuten.

Hotel El Muelle Viejo (☎ 471284; www.muelleviejo.com, auf Spanisch; H. Yrigoyen 38; DZ/3BZ 160/190 Arg$) Ein freundliches Ehepaar hält dieses schon etwas ältere Hotel, in dem gestärkte Leinenvorhänge, helle Holzmöbel und mollige Betten für ein schönes Ambiente sorgen, tipptopp in Schuss. Die Bäder haben Badewanne, die Zimmer Kabel-TV.

Hotel Yanco (☎ 471581; hotelyanco@hotmail.com; Av. Roca 626; EZ/DZ/3BZ 158/190/260 Arg$) Das Hotel mit nostalgischem Charme besitzt eine uralte Telefonzentrale, ein antiquiertes Klavier und kleine Zimmer, die nicht viel jünger aussehen. Die Zimmer mit Fenstern zur *avenida* sind laut, während bei denen mit Meerblick die Chance besteht, Wale zu beobachten.

La Posada de Madryn (☎ 453525; www.la-posada.com.ar; Mathews 2951; EZ/DZ 250/280 Arg$; 🖳) Das moderne,

von weitläufigen Rasenflächen umgebene Hotel bietet sich als ruhige Alternative zu den Unterkünften in der Stadt an. Seine sauberen, lichtdurchfluteten Zimmer sind mit hellen Möbeln und Kabel-TV ausgestattet. Im Garten befinden sich ein Pool und eine *parrilla* (ein Grill).

Apart Hotel Los Tulipanes (☎ 471845; www.lostulipanes.com.ar; Jones 150; DZ/3BZ 250/340 Arg$; 🖳 🖳) Wer sich mehr als ein paar Tage in der Stadt aufhält, wird das etwas abgelegene Hotel mit seinen geräumigen Apartments und schicken Kochnischen sehr genießen. Der Strand ist nah, aber der hübsche, hoteleigene Swimmingpool lockt ebenfalls zur Abkühlung.

Hotel Bahía Nueva (☎ 450045/145; www.bahianueva.com.ar; Av. Roca 67; EZ/DZ 260/335 Arg$; 🖳) Eine Bibliothek im Foyer und ein etwas verspieltes Ambiente zeichnen dieses Hotel aus, das an einen englischen Landsitz erinnert. Aussicht aufs Meer haben allerdings nur wenige der 40 gut gepflegten Zimmer. Zu den Highlights zählen die Bar mit Billardtischen und einem Fernseher (meist laufen Spiel- oder Dokumentarfilme) sowie die ausführlichen Informationen über Ausflüge.

Territorio (☎ 470050; Blvd. A. G. Brown 3251; www.hotelterritorio.com.ar/; DZ/3BZ 535/602 Arg$, Superior Suite 945 Arg$; 🖳) Das umweltfreundliche Boutiquehotel ist wahrscheinlich die schickste Unterkunft der Region. Seine insgesamt 36 eleganten Zimmer und Suiten haben alle Meerblick. Es liegt an der Punta Cuevas, also ziemlich weit von Puerto Madryns Zentrum entfernt. Eine coole Cocktailbar und eine ganze Reihe moderner Wellness-Einrichtungen machen die abgelegene Lage wett.

Essen & Ausgehen
GÜNSTIG & MITTELTEUER

Heladería Mares (☎ 470705; Martin Fierro 85; Eiscreme 10 Arg$; ⊙ 10–24 Uhr) In dem ausgezeichneten Eissalon am Strand brummt das Geschäft mit cremigen *helados* (Speiseeis). Einige Eisverkäufer bieten die kühle Leckerei auch am Strand an.

Lizzard Café (☎ 455306; Ecke Av. Roca & Av. Gales; Snacks 10–25 Arg$; ⊙ 7–2 Uhr) Das beliebte Café-Restaurant in einem Eckhaus lockt am Abend scharenweise junge Leute an: Sie trinken dort Bier oder bestellen sich eine Pizza oder Sandwiches. Verlockend ist auch der große Salat mit Eiern, Paprikaschoten, Ananas und Oliven – danach ist der Tagesbedarf an Vitaminen mit Sicherheit gedeckt (Grünkost ist in Patagonien häufig schwer zu bekommen).

Margarita Bar (☎ 475871; Roque Sáenz Peña; Hauptgerichte 28–35 Arg$; ⊙ 11–4 Uhr) Der angesagte Treff mit schummeriger Beleuchtung und Ziegelwänden erfreut seine Gäste mit einer gigantischen Cocktailauswahl, mit einer freundlichen Bedienung und mittwochs mit Livemusik (z. B. Jazz, Bossa Nova, Drumming).

Mr Jones (☎ 475368; 9 de Julio 116; Hauptgerichte 30 bis 35 Arg$; Abendessen) Mit einer üppigen Auswahl an leckerem Starkbier und köstlichen Rotweinen, hausgemachten Aufläufen und Würstchen kommt hier jeder auf seine Kosten.

Los Colonos (☎ 458486; Ecke Av. Roca & Storni; Hauptgerichte 30–40 Arg$; Mittag- & Abendessen) Das Ambiente des Ecklokals erinnert an ein Holzschiff – in der Nähe des Eingangs steht ein Miniatur-Leuchtturm. Über die Einrichtung kann man geteilter Meinung sein: Die einen bezeichnen sie als kitschig, die anderen als stimmungsvoll. Auf jeden Fall sind Fisch und Meeresfrüchte frisch und werden auf bewährte Art zubereitet.

LP Tipp Estela (☎ 451573; Roque Sáenz Peña 27; Hauptgerichte 30–42 Arg$; Di–So 12–14.30 & 20–24 Uhr) So manchen Gast lockt der süßliche Duft von Knoblauch, der in der Küche angedünstet wird, ins Estela. Das Lokal mit seiner gemütlichen, zwanglosen Atmosphäre gilt als die beste *parrilla* (Grillrestaurant) der Stadt – was sich auch in den vielen einheimischen Gästen spiegelt. Auf der Speisekarte stehen außerdem Pasta- und Fischgerichte.

Vernardino Club de Mar (☎ 474289; www.vernardinoclubdemar.com.ar; Blvd Brown 860; Hauptgerichte 35–42 Arg$; Frühstück, Mittag- & Abendessen) Mit seiner unschlagbaren, legeren Strandatmosphäre und den weiß gedeckten Tischen ist das Vernardino eine super Location, um Drinks und Wokgerichte zu genießen. Wer sich am frühen Morgen auf die Terrasse setzt, fühlt sich wie bei einem echten Strandfrühstück.

Cantina El Náutico (☎ 471404; www.cantinaelnautico.com.ar; Ecke Av. Roca & Lugones; Tagesgericht 40 Arg$) Der beliebte Treff, in dem auch argentinische Promis verkehren (wie Pressefotos zeigen), schmückt sich mit nostalgischem Ambiente, das von einer Hochglanz-Bar bis zu weißer Leinentischwäsche reicht. Wer sich mit ein, zwei Freunden eine *paella de mariscos* (Paella mit Reis und Meeresfrüchten) teilt, kommt sehr günstig weg.

TEUER

Mar y Meseta (☎ 458740; Av. Gales 32; Hauptgerichte 40 bis 50 Arg$; Mittag- & Abendessen) Farbenfroh und gemütlich ist das elegante Fischrestaurant, das an einer Hand voll Tischen pfiffige Fischgerichte serviert. Der ausgezeichnete Service fällt angenehm auf. Zu empfehlen sind die Spaghetti in dunkler Tintenfischsauce.

Plácido (☎ 455991; www.placido.com.ar; Av. Roca 506; Hauptgerichte 42–55 Arg$; Mittag- & Abendessen) Das Plácido mit seinem gepflegten, minimalistischen Ambiente gehört zu den neuen Restaurants an Puerto Madryns Strand. Auf den Tisch kommen herrlich angerichtete Varianten der traditionellen Küche, beispielsweise Shrimps mit Knoblauch oder *cordero patagónico* (patagonisches Lamm). Einen Versuch wert sind auch die Meeresfrüchteteller und eine Flasche Weißwein von der Bodega Fin del Mundo.

Ambigú (☎ 472451; www.ambiguresto.com.ar; Ecke Av. Roca & Roque Sáenz Peña; Hauptgerichte 45–52 Arg$) Die Küche kocht mit frischen Zutaten kreative Kombinationen, die Speisekarte ist umfangreich und bietet sowohl Fisch und Meeresfrüchte – die *langostinos* in Meersalz sind köstlich – als auch verschiedene Pizzas. Das in warmen Farben gehaltene Lokal befindet sich in einem geschmackvoll renovierten historischen Bankgebäude.

Unterhaltung

Bars und Tanzclubs kommen und gehen. Wer wissen will, was gerade *de moda* (in) ist, fragt am besten die Einheimischen.

Rancho Cucamonga (Ecke Blvd. Brown & Jenkins) Der Nachtclub (die ganze Nacht über geöffnet) war lange eine angesagte Location der einheimischen Partygänger. Wenn in den frühen Morgenstunden bekannte DJs auflegen, ist er gesteckt voll mit über Zwanzigjährigen.

La Oveja Negra (H. Yrigoyen 144) Die intime, witzige Bar ist hübsch herausgeputzt mit Sackleinen und Revolutionskrimskrams. Dauerbrenner der Rock- und Folkmusik bringen die Massen zum Kochen.

An- & Weiterreise

Wegen der beschränkten Verkehrsverbindungen ist es ratsam, Bus- oder Flugtickets im Voraus zu buchen, vor allem wenn die Weiterreise in die Anden geht.

Die Kosten für einen Mietwagen hängen von verschiedenen Faktoren ab, z.B. der vereinbarten Kilometerbegrenzung sowie Alter, Zustand und Art des Fahrzeugs. Der Familienbetrieb **Centauro** (☎ 02965-15-340400; www.centaurorentacar.com.ar; Av. Roca 733) hat einen guten Ruf als zuvorkommender Autoverleiher mit konkurrenzfähigen Preisen. Einfache Fahrzeuge kosten inklusive Versicherung pro Tag 268 Arg$ –, und man hat 400 Freikilometern. Richtung Norden reisende Autofahrer sollten daran denken, dass die letzte Tankstelle mit billigem Benzin 139 km weiter nördlich in Sierra Grande liegt.

BUS

Puerto Madryns **Busbahnhof** (☎ 451789; Doctor Avila, zwischen Independencia & Necochea) liegt hinter der historischen Estación del Ferrocarril Patagónico (1889 erbaut). Es gibt einen Geldautomaten, einen Schalter der Touristeninformation mit hilfsbereitem Personal und große, kostenpflichtige Gepäckschließfächer. Die Fahrpläne der Busse sind übersichtlich.

Zu den ortsansässigen Busunternehmen zählen **Andesmar/Central Argentino** (☎ 473764), **Don Otto** (☎ 451675), **28 de Julio** (☎ 472056), **Mar y Valle** (☎ 472056), **Que Bus** (☎ 455805), **Ruta Patagonia** (☎ 454572), **TAC** ☎ 474938) und **TUS** (☎ 451962).

Nach Puerto Pirámides (16,50 Arg$, 1½ Std.) fährt ein Bus ab Mar y Valle, er startet um 9.45 Uhr und kehrt um 18 Uhr nach Madryn zurück.

Weitere Verbindungen:

Reiseziel	Fahrpreis (Arg$)	Fahrtzeit (Std.)
Bariloche	145–190	14–15
Buenos Aires	240–290	18–20
Comodoro Rivadavia	60–88	6–8
Córdoba	180–240	18
Esquel	105–125	7–9
Mendoza	254–330	23–24
Neuquén	120–135	12
Río Gallegos	154–189	15–20
Trelew	10	1
Viedma	65–88	5–6

FLUGZEUG

Puerto Madryn besitzt einen eigenen modernen Flughafen, doch die meisten Passagierflugzeuge landen in Trelew (s. S. 483).

Madryns Flughafen, der **Aeropuerto El Tehuelche** (PMY; ☎ 456774), liegt 5 km westlich der Stadt an einer Abzweigung der RN 3. **LADE** (☎ 451256; Av. Roca 119) fliegt von hier aus nach Esquel (225 Arg$), El Calafate (474 Arg$), Río Gallegos (490 Arg$) und Ushuaia (616 Arg$).

Die noch nicht lange bestehende Fluggesellschaft **Andes** (☎ 452355; www.andesonline.com; Av Roca 624) fliegt mehrmals in der Woche zum Flughafen Aeroparque (558 Arg$) in Buenos Aires. **Aerolíneas Argentinas** (☎ 451998; Av Roca 427) bietet nur den kurzen Flug nach Trelew an, hat aber einen eigenen Ticketschalter im Flughafen.

Unterwegs vor Ort

Ein Leihfahrrad (s. S. 468) ist ideal für Streifzüge durch die Stadt und die nähere Umgebung.

AUTO

Eine Rundfahrt über die Península Valdés ist etwas über 300 km lang. Eine relativ preiswerte und flexiblere Alternative zur Bustour ist ein Mietwagen, den man sich als Gruppe mietet.

Wichtig: Auf die Anzahl der Freikilometer achten, denn jeder darüber hinausgehende Kilometer schlägt kräftig zu Buche.

Und auf keinen Fall die Kreditkarte zum Bezahlen zücken, bevor man nicht die Mietbedingungen genau studiert und verstanden hat.

ZUM/VOM FLUGHAFEN

Die südwärts nach Trelew fahrenden Busse des Busunternehmens 28 de Julio verkehren von Montag bis Samstag stündlich zwischen 6 und 22 Uhr. Auf Wunsch hält der Bus am Flughafen von Trelew.

Ruftaxis wie **La Nueva Patagonia** (☎ 476000) fahren Reisende für etwa 18 Arg$ von Madryn zum Flughafen von Trelew bzw. von dort in die Stadt. **Eben-Ezer** (☎ 472474) betreibt einen Shuttle-Service zwischen Madryn und dem Flughafen von Trelew (35 Arg$).

RUND UM PUERTO MADRYN

Eine Seelöwen- und eine Kormorankolonie hat sich dauerhaft in der **Reserva Faunística Punta Loma** (Eintritt 25 Arg$) angesiedelt. Zu dem 17 km südwestlich von Madryn liegenden Tierschutzgebiet führt eine gut ausgebaute, allerdings kurvenreiche Schotterstraße.

Nur 15 m trennen den Beobachtungsposten von den Tieren, die sich am besten bei Ebbe, wenn sie ruhen, beobachten lassen. Viele Reisebüros organisieren interessante zweistündige Beobachtungstouren in das Schutzgebiet (80 Arg$), wobei sich die Abfahrt jeweils nach den Gezeiten richtet. Wer sich per Leihwagen, Taxi oder Fahrrad auf den Weg machen will, sollte sich vorher unbedingt über die Gezeiten informieren.

Die Warte an der **Playa Flecha,** 20 km von Puerto Madryn entfernt (via RP 1 erreichbar), erweist sich als ein empfehlenswerter Platz zum Beobachten von Walen.

RESERVA FAUNÍSTICA PENÍN-SULA VALDÉS

Die von der Unesco zum Weltnaturerbe erhobene Península Valdés gehört zu den schönsten Tierschutzgebieten Südamerikas.

Jährlich besuchen 80 000 Menschen dieses Refugium, das 3600 km^2 umfasst und eine Küstenlinie von mehr als 400 km besitzt. Die Besucher bekommen wirklich Außergewöhnliches zu sehen: Auf der

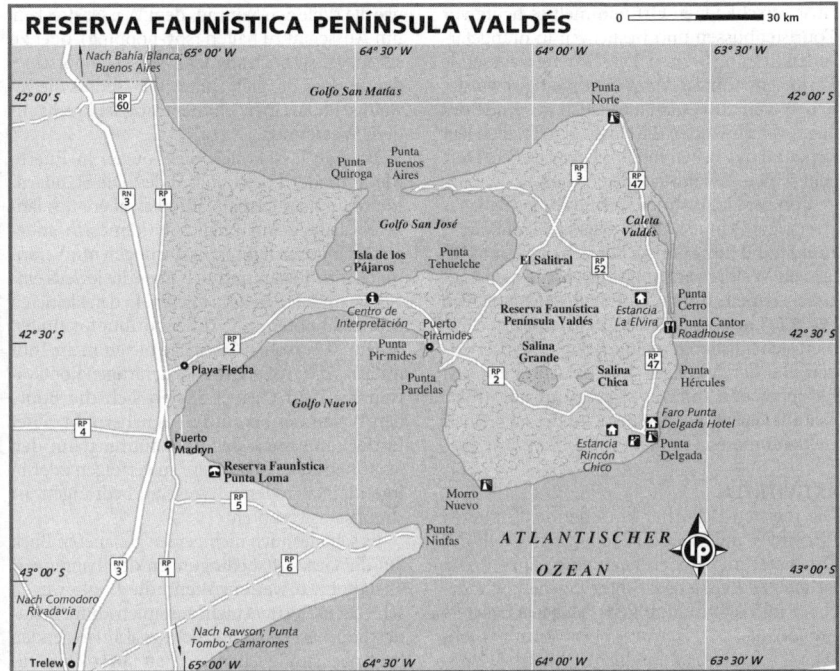

RESERVA FAUNÍSTICA PENÍNSULA VALDÉS

0 ▭▬ 30 km

Halbinsel leben Seelöwen, See-Elefanten, Guanakos, Nandus, Magellanpinguine und zahllose Meeresvögel. Die größte Attraktion – im doppelten Sinn – ist der riesige Südliche Glattwal *(Eubalaena australis),* der auch Südkaper genannt wird und auf Spanisch *ballena franca austral* heißt.

Zwischen Juni und Mitte Dezember sind die wärmeren, geschützten küstennahen Gewässer im Golfo Nuevo und Golfo San José und bei Caleta Valdés (von Punta Norte bis Punta Hércules) die wichtigsten Aufzuchtgebiete dieser Wale, die sich hier paaren und ihre Jungen gebären. Weitere Details über die regionale Tierwelt siehe Kasten S. 478.

Wohl kaum jemand erwartet Schafe in der Nähe von Pinguinen, doch der größte Teil der Halbinsel ist Weideland, das von den Estancias, die Schafzucht betreiben, bewirtschaftet wird. Außerdem befinden sich auf der Halbinsel die Salztonebenen Salina Grande und Salina Chica. Sie liegen 42 m unter dem Meeresspiegel und zählen damit zu den tiefsten Landsenken der Welt. In Puerto Pirámides, dem einzigen Dorf der Península Valdés, wurde um 1900 das aus der Salina Grande gewonnene Salz zum Transport auf Schiffe verladen.

Etwa 17 km nördlich von Puerto Madryn zweigt die befestigte RP 2 von der RN 3 ab und führt über den Istmo Carlos Ameghino (eine Landenge) zum Eingang des **Schutzgebiets** (Eintritt 45 Arg$; gilt für 2 aufeinanderfolgende Tage). Im **Centro de Interpretación** (⊗ 8–20 Uhr), 22 km vom Eingang entfernt, bilden naturkundliche Themen den Schwerpunkt. So zählt z. B. das vollständige Skelett eines Glattwals zu den Exponaten. Es widmet sich aber auch der regionalen Geschichte – von der ersten spanischen Ansiedlung bei Fuerte San José bis hin zur späteren Erforschung der Bodenschätze. Der Aussichtsturm eröffnet einen weiten, ungehinderten Panoramablick.

Wer in Puerto Madryn übernachtet, aber am nächsten Tag wiederkommen möchte, sollte sich von einem Parkaufseher die Gültigkeit der Eintrittskarte bestätigen lassen, ehe er das Gelände verlässt. So kostet der Eintritt am Folgetag nichts.

Puerto Pirámides
☎ 02965 / 250 Ew., 400–600 Wale
Der alte Salzexporthafen liegt, von Sandklippen umgeben, am strahlend blauen Meer. In dem

einst verschlafenen Ort wimmelt es heute vor Touristenbussen und Besuchern in orangefarbenen Rettungswesten. Dieser stetig wachsende Touristenboom ist den wieder häufig gewordenen Walen zu verdanken. Doch am Ende des Tages verschwinden die Busse, das Treiben legt sich, und das Leben in dem Drei-Straßen-Dorf geht seinen gewohnten trägen Gang.

Von der Hauptstraße Avenida de las Ballenas zweigt die Primera (1era) Bajada ab, die direkt zum Strand führt und an der sich die Veranstalter von Walbeobachtungstouren alle niedergelassen haben. Eine kleine **Touristeninformation** (☎ 495048; www.puertopiramides.gov.ar; 1era Bajada) kümmert sich hilfsbereit um die Belange der Reisenden. Bei der **Telefónica** (Av. de las Ballenas) können Besucher den Internetzugang nutzen; in der **Banco de Chubut** (Av. de las Ballenas) findet man einen Geldautomaten.

AKTIVITÄTEN

Die meisten Besucher kommen nach Puerto Pirámides, um Wale zu beobachten. Doch der Ort bietet inzwischen auch eine ganze Reihe weiterer Aktivitäten, darunter Tauchen, Schnorcheln und Mountainbiken. **Patagonia Explorers** (☎ 02965-15-340619; www.patagoniaexplorers.com; Av. de las Ballenas) – mit sehr freundlichen Mitarbeitern – veranstaltet geführte Wanderungen und kurze Seekajakfahrten (190 Arg$, 2 Std.). Möglich sind auch mehrtägige Touren auf dem Wasser, die drei, acht oder zehn Tage dauern können. Ausführliche Informationen finden sich auf der Website oder vor Ort im Büro des Veranstalters.

Örtliche Estancias bieten **Ausritte** an. Um ein kleines Abenteuer zu erleben, muss niemand weit laufen: Auf dem Hügel am Ende der zweiten (etwas schmaleren) Straße, die zum Strand führt, vergnügen sich die Kinder des Ortes mit **Sandboardfahren** – Mitmachen ist möglich.

Besucher können zu Fuß zu der knappe 5 km entfernten **Seelöwenkolonie** laufen (allerdings geht es vorwiegend bergauf) – und sollten bei Ebbe dort ankommen. Bei Flut schwimmen alle Seelöwen draußen im Meer, sodass es sich schon lohnt, den Ausflug auf die Gezeiten abzustimmen. Es ist auch ein toller Platz, um den Sonnenuntergang zu beobachten und den Blick über den Golfo Nuevo nach Puerto Madryn zu genießen. Manchmal tauchen hier auch Wale auf.

Walbeobachtungsfahrten

Auf einer **Walbeobachtungsfahrt** (120–180 Arg$, Kind unter 12 Jahren halber Preis) ist es jedes Mal von Neuem ein faszinierendes Naturschauspiel, zu erleben,

wie die Wale den Kopf aus dem Wasser strecken, um Ausschau zu halten (spy-hopping), oder zu sehen, wie sie hoch aus dem Wasser emporschießen und wieder steil eintauchen, sodass die gewaltige Fluke einen Moment lang senkrecht aus dem Wasser ragt.

Buchen lassen sich die Touren in Puerto Madryn oder Puerto Pirámides. Die Standardtour dauert anderthalb Stunden, aber auch längere Ausflüge sind möglich. Es lohnt sich, andere Reisende nach ihren Erfahrungen mit Veranstaltern zu fragen und sich über die jeweils eingesetzten Boote zu informieren! In den kleineren Schlauchbooten mit Außenbordmotor finden bis zu 20 Personen Platz. Sie bieten mehr Intimität als die größeren bulldozerartigen Bootsvarianten. Laut Gesetz dürfen sich die Boote den Walen nur bis auf 100 m nähern. In dieser Entfernung muss der Bootsführer dann den Motor abstellen. Die Tiere zu verfolgen oder in irgendeiner anderen Weise zu bedrängen, ist strengstens verboten.

Es schadet auch nicht, einen genaueren Blick auf die Geschäftsbedingungen des Tourenveranstalters zu werfen: Wenn die Boote wegen schlechten Wetters nicht auslaufen können, findet die gebuchte Tour in der Regel am folgenden bzw. nächstmöglichen Tag statt (an solchen Tagen herrscht dann allerdings mehr Betrieb). Außerhalb der Walsaison (Juni bis Dez.) sind die Bootsfahrten nur für Leute interessant, die sich für Seelöwen und Küstenvögel begeistern.

Die folgende Liste umfasst eine kleine Auswahl seriöser Veranstalter:

Bottazzi (☎ 495050; www.titobottazzi.com; 1era Bajada) Besonders lohnenswert ist eine Erkundungsfahrt durch die Bucht in der Begleitung von Tito Botazzi, einem alten Seebären mit großer Erfahrung. Bei den Sonnenuntergangstouren werden zum Abschluss im Restingas Hotel eine *picada* (gemischter Vorspeisenteller) und ein Glas Wein serviert (im Preis inbegriffen). Der Veranstalter hat auch ein Büro in Puerto Madryn.

Hydrosport (☎ 495065; www.hydrosport.com.ar; Veranstaltet Wal- und Delfinbeobachtungsfahrten in Begleitung von Naturforschern. Die Ausflugsboote sind mit einem Unterwasser-Audiosystem ausgestattet.

Whales Argentina (☎ 495015; www.whalesargentina. com.ar, auch auf Deutsch; 1era Bajada) Veranstaltet erstklassige Ausflüge mit mehrsprachigen – auch Deutsch sprechenden – Führern. Bietet auch individuelle Touren in einem viersitzigen Semi-Rigid-Boat, einem Schlauchboot, bei dem die Trageschläuche mit einem leichten Alu-Rumpf verbunden sind.

SCHLAFEN

Wer sich für Tierbeobachtungen interessiert, sollte nicht nur für einen Tag von Puerto Madryn anreisen und versuchen, alles innerhalb der paar Stunden zu sehen, sondern vor Ort übernachten. Camper schwärmen davon, dass sie nachts die sphärisch klingenden Walgesänge und das Ausblasen des Atemstrahls (den Blast) hören – das kann ein außergewöhnliches Erlebnis sein.

Mit einer Buchungsbescheinigung des Hotels können Besucher die Halbinsel verlassen und müssen bei der Rückkehr nicht noch einmal Eintritt bezahlen. Entlang der Hauptstraße hängen Schilder, die auf zu mietende Zimmer, Hütten und Apartments hinweisen.

Budgetunterkünfte

Camping Municipal (☎ 495084; pro Pers. 6 Arg$) Die Straße hinter der Tankstelle führt zu diesem komfortablen Campingplatz hinunter. Er bietet geschützte, mit Kies aufgeschüttete Zeltplätze, saubere Toiletten, heiße Duschen (2 Arg$) sowie einen Laden. Im Frühsommer sind die Chancen, einen Platz zu bekommen, am größten. Nicht am Strand campen, denn die Flut steigt hier extrem hoch!

Hostel Bahía Ballenas (☎ 02965-15-567104; www.bahiaballenas.com.ar; Av. de las Ballenas s/n; B 45 Arg$; 🖳) Der freundliche, langgestreckte eingeschossige Ziegelsteinbau ist kaum zu verfehlen, denn an der Straßenseite prangt unterhalb der Fenster in riesigen Buchstaben „BackPackers Hostel". Küchenbenutzung, Internetzugang, Schließfächer, TV und Internet sind im Preis inbegriffen.

La Casa de la Tía Alicia (☎ 495046; http://lacasadelatiaalicia.blogspot.com; Av de las Ballenas s/n; pro Pers. 75 Arg$) Rucksacktouristen loben die *buena onda* (gute Ausstrahlung) dieses alten Blechhauses, in dem alle Zimmer ein Fenster haben. Es gibt zwei Gemeinschaftsbäder und eine separat stehende Drei-Personen-Hütte.

Mittel- & Spitzenklassehotels

De Luna (☎ 495083; www.deluna.com.ar, auch auf Deutsch; Av. de las Ballenas s/n; DZ/Apt. 200/350 Arg$) Hier hat man die Wahl zwischen den geräumigen, einladenden Zimmern im Haupthaus oder einem kleinen, aber netten Apartment, das auf dem Haus thront und einen herrlichen Ausblick bietet.

Motel ACA (☎ 495004; www.motelacapiramides.com; Av. Roca s/n; EZ/DZ 240/295 Arg$) Die 16 lauten Zimmer dieses Strandmotels haben Heizung und Kabel-TV. Das hauseigene, auch fürs allgemeine Publikum geöffnete Restaurant hat riesige Fenster, die einen herrlichen Ausblick auf die Bucht erlauben. Auf der Speisekarte des Restaurants stehen vor allem Gerichte mit frischem Fisch und frischen Meeresfrüchten.

LP Tipp La Posta (☎ 495005; www.lapostapiramides.com.ar; 1era Bajada s/n; 4-/5-Pers.-Apt. 260/300 Arg$) Die bezaubernden Apartments im Hüttenstil sind in der Hochsaison schnell ausgebucht. Kein Wunder bei der Lage im Mittelpunkt des Strandgeschehens und angesichts der urgemütlichen Ausstattung! In den sauberen Apartments mit ihren blanken Ziegelwänden stehen einfache Holzmöbel, alle haben eine Kochnische sowie Kabel-TV.

Del Nomade Hostería Ecologica (☎ 495044; www.ecohosteria.com.ar, auch in Deutsch; Av. de las Ballenas s/n; DZ 650 Arg$; 🖳) In dieser eleganten, umweltfreundlichen Lodge mit acht Zimmern wird der Strom aus Solarenergie gewonnen und das Wasser wiederaufbereitet. Jedes der vier Zimmer im Erdgeschoss hat eine eigene Terrasse. Alle Zimmer verfügen über eine Fußbodenheizung, Internetzugang und eine unter ökologischen Gesichtspunkten angefertigte Ausstattung, inklusive Extras wie handgemachter Seife.

Paradise (☎ 495030; www.hosteriaparadise.com.ar; 2da Bajada; DZ 830 Arg$; 🖳) Die zwölf hübschen Zimmer mit Kachelboden und Ziegelwänden sind geräumig und kühl. Einige haben eine schöne Aussicht und einen Whirlpool. Außerhalb der Walsaison fallen die Übernachtungspreise deutlich.

Restingas Hotel (☎ 495101; www.lasrestingas.com; 1era Bajada; DZ mit Garten-/Meerblick 900/1175 Arg$; 🖳) Über dieses luxuriöse Spa-Hotel direkt am Strand gehen die Meinungen auseinander. Der Service zeigt sich eher von der laxen Seite. Ein dicker Pluspunkt: Von den Zimmern mit Meerblick aus lassen sich Wale beobachten. Einige Gäste loben das üppige Frühstücksbuffet. Hauptgerichte kosten um die 60 Arg$.

ESSEN & AUSGEHEN

Am Strand reihen sich mehrere Restaurants. Alle sind über die erste Straße, die gleich am Ortseingang rechts von der Hauptstraße abzweigt, erreichbar. Vorsicht: Hier wird entsalztes Meerwasser ausgeschenkt! Wer einen empfindlichen Magen hat, sollte zum professionell in Flaschen abgefüllten Mineralwasser greifen. Selbstversorger bringen ihre Lebensmittel am besten aus Puerto Madryn mit.

Towanda (1era Bajada; Hauptgerichte 20–25 Arg$; 🕙 9 bis 18 Uhr) Besucher, die auf die Abfahrt der Tourenboote warten, können sich in diesem freundlichen Café bei Espresso und Sandwiches gut die Zeit vertreiben.

Quimey Quipan (☎ 458609; 1era Bajada; Hauptgerichte 20–35 Arg$; 🕙 Frühstück, Mittag- & Abendessen) Das Durchschnittscafé, das Frühstück, dicke Sand-

DER KLEINE PRINZ

In einem Apartment in Manhattan schrieb ein französischer Luftwaffenpilot und Schriftsteller auf der Flucht vor den Schlachtfeldern Europas 1941 eine Erzählung: *Der kleine Prinz*. Das Büchlein wurde eine der meistgelesenen Kindererzählungen der Weltliteratur. Antoine de Saint Exupéry, damals 40 Jahre alt, hatte die letzten 20 Jahre fast ausschließlich im Flugzeug verbracht – bei Flügen über der Sahara, den Pyrenäen, Ägypten und Patagonien, wo er von 1929–31 Direktor der Aeroposta Argentina war. Zwischen den Zeilen über den kleinen Prinzen und seinen Heimatplaneten Asteroid B612 finden sich immer wieder Bilder von Patagonien, die ihn während seiner Flüge über die karge Landschaft und im Kampf mit den unablässigen Stürmen begleitet haben.

Eine populäre Legende besagt, dass die Form der Isla de los Pájaros vor der Küste der Península Valdés den Autor zur Erfindung der Elefanten verschlingenden *Boa constrictor* angeregt habe. Die konischen und perfekt geformten Vulkane auf dem Asteroiden verdanken ihre Form demnach den Vulkanen, über die Saint Exupéry auf dem Weg nach Punta Arenas in Chile geflogen war. Viele Illustrationen des Autors zeigen den kleinen Prinzen auf Berggipfeln sitzend: Sie ähneln denen des Fitz Roy. Deshalb wurde einer der Gipfel nach ihm benannt. Und vielleicht hat die Begegnung mit zwei jungen Töchtern eines französischen Immigranten nach einer Notlandung in Concordia nahe Buenos Aires dazu beigetragen, die Gestalt des Prinzen zu entwickeln.

Saint Exupéry hat die Wirkung, die seine mythische Königsgestalt ausüben sollte, nicht mehr erlebt. 1944, kurz nach der ersten Veröffentlichung seines Buches *Der kleine Prinz*, starb Saint Exupéry: Er blieb auf einem Aufklärungsflug im Auftrag der in Algier stationierten französischen Luftwaffe verschollen. Die patagonischen Jahre Saint Exupérys spiegeln sich auch in zwei weiteren hochgelobten Romanen wieder: *Nachtflug* und *Wind, Sand und Sterne*.

wiches und einfache Fischgerichte serviert, lockt viele der vorbeiziehenden Passanten an.

La Estación (☎ 495047; Av. de las Ballenas s/n; Hauptgerichte 25–38 Arg$; ☺ Frühstück bis spätnachts) In dieser fröhlichen Kneipe macht es Spaß, auf einen Drink einzukehren. Auf Wunsch gibt es leckere Pastagerichte und ein gutes Frühstück.

El Refugio (☎ 495031; www.elrefugiopiramides.com.ar; Av. de las Ballenas s/n; Hauptgerichte 30–45 Arg$; ☺ Mittag- & Abendessen) In dem kleinen, traditionellen Speiselokal kommen hausgemachte regionale Gerichte und frischer Fisch auf die rustikalen Holztische. Der Besitzer vermietet außerdem einfache Apartments für zwei bis fünf Personen (an der Rezeption erfährt man die Preise und ob gerade etwas frei ist).

AN- & WEITERREISE

Im Sommer fahren die Busse der Busgesellschaft Mar y Valle um 9.30 Uhr von Puerto Madryn nach Puerto Pirámides (11 Arg$, 1½ Std.) und kehren um 18.30 Uhr nach Puerto Madryn zurück, außerhalb der Saison wird seltener gefahren. Bei manchen der Bustouren ab Puerto Madryn können Reisende auch in Puerto Pirámides aussteigen.

Rund um Puerto Pirámides

Bei der Fahrt über die Halbinsel ist Geduld gefragt. Die Straßen bestehen aus *ripio* (Schotter),

sind oftmals Waschbrettpisten und mit Sandstellen durchsetzt, die die Räder versinken lassen. Wer mit dem Leihwagen unterwegs ist, sollte das Kleingedruckte genau lesen und prüfen, ob Schäden gedeckt sind. Per Anhalter weiterzukommen ist fast unmöglich, und zu Radtouren kann man auch nicht raten: Die Fahrt zieht sich endlos, und der ständige Wind nervt.

ISLA DE LOS PÁJAROS

Das Vogelschutzgebiet am Golfo San José liegt 800 m nördlich der Landenge. Es darf nicht betreten werden, doch mit einem starken Fernglas kann man schon einiges erkennen. Auf der Insel steht die Nachbildung einer Kapelle, die in Fuerte San José gebaut wurde. Im Kasten oben steht, welche Rolle diese Insel für den *Kleinen Prinz* von Antoine de Saint-Exupéry gespielt hat.

PUNTA DELGADA

An der südöstlichen Ecke der Halbinsel, 76 km südöstlich von Puerto Pirámides, lassen sich von den Klippen aus Seelöwen und im Frühjahr eine riesige Kolonie von See-Elefanten beobachten. Die Schotterstraße rechts vom Hotel führt zu den Aussichtspunkten.

Das **Faro Punta Delgada Hotel** (☎ 02965-458444, 02965-15-406304; www.puntadelgada.com, auch auf Deutsch; mit Halb-/Vollpension 1200/1550 Arg$), ein luxuriöser Hotelkomplex, liegt auf einem Gelände mit einem

Leuchtturm, das einst der argentinischen Post gehörte. Ausritte, Touren mit dem Geländewagen und viele andere Aktivitäten stehen auf dem hoteleigenen Programm. Auch alle auswärtigen Gäste können in dem edlen Spitzen-Restaurant hervorragende Estancia-Kost (Hauptgerichte 35–75 Arg$) genießen. In der Hauptsaison finden regelmäßig geführte Naturwanderungen zum Strand statt.

Die **Estancia Rincón Chico** (☎ 02965-471733, 02965-15-688302; www.rinconchico.com.ar, auch auf Deutsch; DZ mit Vollpension 2185 Arg$; ☻ Aug.–März) hat Stil und bietet erstklassige Möglichkeiten, Tiere zu beobachten. Daher beherbergt sie auch viele Meeresbiologen und forschende Studenten. In einem modernen, ländlichen Flachbau aus Wellblech reihen sich acht gut ausgestattete Doppelzimmer nebeneinander. Auch ein *quincho* (Grillplatz in einem strohgedeckten Gebäude) ist vorhanden. Neben den angebotenen geführten Touren können die Gäste auf eigene Faust Fahrradtouren oder Wanderungen unternehmen.

PUNTA CANTOR & CALETA VALDÉS
Im Frühjahr schleppen sich die See-Elefanten auf diese kiesbedeckte Landzunge in der geschützten Bucht, die 43 km nördlich von Punta Delgada liegt. Dort bringen die Weibchen im September ihre Jungen zur Welt. Ständig kämpfen die Männchen miteinander, um die Herrschaft über ihren Harem zu behalten – spektakuläre Motive, die sich von den Pfaden am Hang besonders gut fotografieren lassen. Ab und zu laufen auch Guanakos, die am Strand umherstreifen, vor die Linse.

Im **Roadhouse** (☎ 02965-15-406183; www.laelvira.com.ar; Hauptgerichte 35 Arg$) tummeln sich viele Reisegruppen. Das recht ordentliche Selbstbedienungsrestaurant bietet Salatbar, Kaffee, Getränke und Toiletten. Es gehört zur **Estancia La Elvira** (☎ 02965-15-669153; www.laelvira.com.ar; DZ 450 Arg$) mit komfortablen Unterkünften, untergebracht in einem modernen Bau, dem allerdings die Romantik der altbewährten Gästehäuser komplett fehlt. Auf dem Freizeitprogramm stehen Reiten, „Ferien auf dem Bauernhof" und Naturwanderungen. Einige Kilometer nördlich des Roadhouse liegt der Brutplatz einer stattlichen Magellanpinguin-Kolonie.

PUNTA NORTE
Am äußersten Ende der Halbinsel liegt Punta Norte, wo eine riesige gemischte Kolonie von Seelöwen und See-Elefanten lebt. Da sich wegen der großen Entfernung nur wenige Reisegruppen dorthin verirren, kommen die Besucher in den Genuss einer bestechenden Einsamkeit. Den wahren Kick liefern jedoch die Orcas, die sich von Mitte Februar bis Mitte April an den Seelöwen gütlich tun. Die Attacken dieser vermeintlichen „Killerwale" auf die nichtsahnenden Seelöwen erfolgen bei Flut, sodass kaum Chancen bestehen, das „mörderische" Geschehen zu beobachten. Doch allein der Anblick der mächtigen Rückenflossen („Schwertwale") reicht, um Gänsehaut zu erzeugen.

Es gibt ein kleines, aber feines und besuchenswertes Museum, das sich vornehmlich auf Meeressäuger konzentriert, aber auch einiges über die Tehuelche und die Geschichte des regionalen Robbenfangs erzählt.

TRELEW
☎ 02965 / 93 386 Ew.
Bei der von walisischem Erbe durchdrungenen Stadt kann von einer Postkartenidylle wahrlich nicht die Rede sein. Trotz seiner günstigen Lage zu so vielen touristischen Anziehungspunkten und trotz bestem Willen ist es diesem regionalen Knotenpunkt bisher nicht gelungen, sich selbst touristisch interessant zu machen. Ob das gut oder schlecht ist, sei dahingestellt, aber gerade in seiner Belanglosigkeit bietet Trelew den Reisenden eine willkommene Atempause. Nach dem obligatorischen Besuch des erstklassigen Dinosauriermuseums steht es einem frei, sich im Eissalon eine Leckerei zu kaufen, auf der begrünten Plaza abzuhängen oder sich auf den Weg zu machen, um die wenigen historischen Gebäude der Stadt zu inspizieren.

Dieses Wirtschaftszentrum der Region eignet sich bestens als Ausgangspunkt für Ausflüge zu den „walisischen" Dörfern Gaiman und Dolavon. Gegründet wurde die Stadt 1886 als Eisenbahnknotenpunkt, um das Tal des Río Chubut mit dem Golfo Nuevo zu verbinden. Seinen mitunter falsch ausgesprochenen Namen verdankt Trelew (tre-*ley*-uh) der walisischen Verbindung der Wörter *tre* (walisisch: Stadt, Heimstätte) und *lew* (nach Lewis Jones, der den Ausbau der Eisenbahn förderte). Im Verlauf der folgenden 30 Jahre erreichte die Bahnstrecke Gaiman und erbauten die heimwehkranken Waliser ihren Salón San David (einen Nachbau der St David's Cathedral in Pembrokeshire).

Außerdem siedelten sich spanische und italienische Einwanderer in der Gegend an. Als die Regierung 1956 die industrielle Entwicklung Patagoniens förderte, stieg die Einwohnerzahl von Trelew sprunghaft an.

DIE TIERWELT PATAGONIENS

Nicht nur Wale versetzen an der zerklüfteten Küste Südargentiniens in ehrfürchtiges Staunen. Die Chance, dort sehr viele wild lebende Tiere aus nächster Nähe zu sehen, ist groß. Neben vielen anderen Tieren bevölkern Pinguine, Delfine, Orcas (die sogenannten Killerwale), Seelöwen und See-Elefanten diese einsame Atlantikküste – das sollte sich niemand entgehen lassen.

Magellanpinguin

Was: *Sphenicus magellanicus,* spanisch: *pingüino magellánico*
Wann: August bis April, Hauptsaison Dezember bis Ende Februar
Wo: Península Valdés, Punta Tombo, Cabo Dos Bahías, Seno Otway (Chile)

Der Magellanpinguin hat eine schwarze bis braune Färbung und zwei schwarzweiße Bänder, die sich über die obere Brust ziehen. Er ist durchschnittlich 45 cm groß und wiegt etwa 3 kg.

Den Winter verbringen die Tiere im Meer. Im späten August gehen die Männchen dann an Land und kämpfen im September, wenn Höhlen und Nester gebaut werden müssen, um ihr Territorium. Der Oktober ist die Zeit der Eiablage. Mitte November, wenn die Jungen schlüpfen, teilen sich die Eltern die Aufzucht und Fütterung der Küken mit vorverdauten Tintenfischen und anderen kleinen Fischen. Im Dezember herrscht ein chaotisches Gewusel von hungrigen, erwartungsvollen Pinguinjungen. Elterntiere tauchen ins Meer und kommen mit Futter wieder zurück; Raubvögel versuchen, die Schwachen unter den Jungen aus der Menge herauszupicken. Im Januar unternehmen die Jungpinguine ihre ersten Schritte ins Meer, und im Februar kommt es am Strand zu Staus, wenn die Jungen alle gleichzeitig aufs Meer zuwackeln. Einen Monat später brechen die Jungtiere dann zu ihrem Zug nach Norden auf, im April folgen ihnen die erwachsenen Tiere.

An Land wirken Pinguine unbeholfen, doch im Wasser sind sie flink und anmutig und erreichen Geschwindigkeiten von bis zu 8 km/h. Sie sind von Natur aus neugierig: Bewegt sich aber etwas zu schnell auf sie zu, trippeln sie in ihre Höhlen zurück oder schlittern auf dem Bauch ins Wasser. Kommt man ihnen zu nahe, beißen sie zu. Am tierfreundlichsten ist es, sich still in die Nähe der Höhlen zu setzen und zu warten, bis sie sich von selbst nähern.

Es gibt über eine Million Paare, aber ihr Bestand ist durch menschliche Eingriffe und Ölverschmutzungen dennoch bedroht.

Südlicher Glattwal (Südkaper)

Was: *Eubalaena australis,* spanisch: *ballena franca austral*
Wann: Juni bis Mitte Dezember, Hauptsaison September und Oktober
Wo: Golfo Nuevo und Golfo San José, Península Valdés

Glattwale sind durchschnittlich 12 m lang und 30 t schwer. Im Frühling schwimmen sie in die flachen Gewässer rund um die Península Valdés, um dort ihre Jungen zur Welt zu bringen und aufzuziehen. Die Weibchen, die größer als die Männchen sind, werden ein Jahr nach der Geburt paarungsbereit. Sie wählen sich einen geeigneten Partner aus, indem sie die Horde Männchen, die sie stundenlang verfolgt, zunächst einmal abwehren – um dabei herauszufinden, wer von den Männchen die größte Ausdauer hat. In den vergangenen 30 Jahren konnten Forscher einzelne Wale identifizieren, indem sie die hornigen Hautwucherungen („Callosities") an Kopf und Körper der Wale fotografierten. Sie erscheinen wegen des Parasitenbefalls auf der schwarzen Haut weiß.

Glattwale haben keine Zähne, sondern fangen Krill und Plankton mit ihren fransigen Barten, die vom Oberkiefer herabhängen. Glattwale bewegen sich im Vergleich zu anderen Walen sehr langsam. Diese Langsamkeit und die Tatsache, dass ihre toten (fettreichen) Leiber im Gegensatz zu anderen Walarten auf der Wasseroberfläche treiben, machten sie zu einer bevorzugten Beute der Walfänger.

Seit einem halben Jahrhundert stehen die imposanten Tiere unter Schutz, sodass sich die Bestände allmählich zu erholen beginnen.

Schwertwal (Orca/Killerwal)

Was: *Ornicus orca,* spanisch: *orca*
Wann: Juni bis Mitte Dezember, Hauptsaison September und Oktober
Wo: Península Valdés

Die großen schwarzen Delfine mit ihrem weißen Unterbauch leben in sogenannten Schulen, die aus einem Männchen, einer Gruppe Weibchen und den Jungtieren bestehen. Mit der Geschlechts-reife verlassen die jungen Männchen diesen Verband, um eine eigene Schule zu gründen. Die 9 m langen und bis zu 6 t schweren Männchen werden im Durchschnitt 30 Jahre alt. Die Weibchen, die mit 7 m Länge und etwa 4 t Gewicht wesentlich kleiner als die Männchen sind, können dagegen 50 Jahre alt werden. Etwa alle zehn Jahre bringen sie ein Junges zur Welt. Die eindrucksvolle Rückenfinne kann fast 2 m groß werden. Zu ihrer Nahrung gehören Fische, Pinguine, Delfine und Robben, in Gruppen machen sie auch Jagd auf größere Wale. In Punta Norte nahe Península Valdés jagen sie Seelöwen und See-Elefanten, indem sie sich selbst ans Ufer spülen lassen und dort darauf warten, dass ihnen ein paar Unglückliche von den Fluten vors Maul gespült werden. In den 1970er-Jahren verlangten Tierschützer, die um den Bestand der Seelöwen besorgt waren, dass man auf die Schwertwale schießen solle – um sie entweder zu töten oder zumindest abzuschrecken. Doch glücklicherweise setzte sich schon bald die Erkenntnis durch, dass man nicht in diesen natürlichen Nahrungskreislauf eingreifen darf.

Südamerikanischer Seelöwe

Was: *Otaria flavescens*, spanisch: *lobo marino*
Wann: Ganzjährig
Wo: An den patagonischen Küsten weit verbreitet

Die aggressiven Südamerikanischen Seelöwen ernähren sich hauptsächlich von Tintenfischen und verspeisen gelegentlich einmal einen Pinguin. Da sie gefährlich sind, sollte man auf der Jagd nach tollen Fotos der Versuchung widerstehen, ihnen zu nahe zu kommen. Die Bullen haben einen massigen Hals mit großem Kopf und langer Behaarung um den Hals, die an eine Löwenmähne erinnert. Ein erwachsener Bulle wird bis zu 300 kg schwer und 2 m groß, die Weibchen wiegen etwa 200 kg. Die Bullen tragen zur Verteidigung ihres Harems Kämpfe aus und paaren sich pro Saison mit bis zu zehn Weibchen. Diese bringen in jeder Paarungssaison ein Junges zur Welt und sind schon nach wenigen Tagen wieder paarungsbereit. Im Gegensatz zu See-Elefanten saugen die Jungen ausschließlich bei der eigenen Mutter.

Südlicher See-Elefant

Was: *Mirounga leonina*, spanisch: *elefante marino*
Wann: Ganzjährig; Wurfzeit und Paarung zwischen September und November
Wo: An den patagonischen Küsten weit verbreitet

Der Name des See-Elefanten geht auf den großen Rüssel der Männchen zurück, der eine Ähnlichkeit mit einem winzigen Elefantenrüssel hat. Die Bullen werden fast 7 m lang und 3500 kg schwer, die Weibchen sind bedeutend kleiner. Die Tiere verbringen den Großteil des Jahres im Meer; man hat beobachtet, dass sie bis zu 1500 m tief tauchen und eine Stunde lang auf der Suche nach Tintenfischen und anderen Meereslebewesen unter Wasser bleiben können. (Die durchschnittliche Tauchtiefe und -dauer liegt bei 1000 m und 23 Minuten.)

Auf der Península Valdés liegt die einzige Brutkolonie der Südlichen See-Elefanten auf dem südamerikanischen Kontinent. Die Bullen kommen im späten Winter oder Anfang des Frühjahrs zur Paarung an Land, nachdem die trächtigen Weibchen zuvor zur Geburt ihrer Jungen an den Strand geschwommen sind. Dominante Männchen wachen über einen Harem von bis zu 100 Weibchen, müssen ihre Vorherrschaft aber ständig gegen haremlose Männchen verteidigen. Die Weibchen bringen pro Jahr ein Junges zur Welt, die Tragezeit dauert elf Monate. Nach der Geburt säugt das Weibchen ihr Junges 19 Tage lang, in dieser Zeit verliert sie fast 40 % ihres Körpergewichts, während das Gewicht des Jungtieres um 300 % zunimmt. Manchmal werden die Jungen auch von anderen Weibchen gesäugt. Nach 19 Tagen ist das Weibchen erneut paarungsbereit.

Commerson-Delfin

Was: *Cephalorhynchus commersonii*, auf Spanisch *tonina overa*
Wann: Ganzjährig; Paarungszeit November bis Februar
Wo: Puerto San Julián, Playa Unión, Puerto Deseado

Die kontaktfreudigen und akrobatischen Commerson-Delfine sind gern gesehene Gäste in den seichten Küstengewässern Patagoniens. Ausgewachsene Tiere sind mit einer Länge von 1,5 m recht klein und leuchtend schwarz und weiß gefleckt mit einer rundlichen Rückenfinne. Junge Weibchen sind grau, braun und schwarz; die braune Färbung verblasst allmählich, und die Graufärbung wird zu strahlendem Weiß. In kleinen Gruppen umspielen sie die Schiffe und durchbrechen häufig die Wasseroberfläche in hohen Bogensprüngen. Commerson-Delfine ernähren sich von Garnelen, Tintenfischen und am Meeresgrund lebenden Fischen.

Orientierung

Trelew liegt 65 km südlich von Puerto Madryn (über die RN 3). Das Stadtzentrum erstreckt sich rund um die Plaza Independencia. Die meisten für Besucher wichtigen Dienstleistungen (Bank, Reisebüro, Abfahrt der Busse) finden sich in der Calle 25 de Mayo, der Calle San Martín und der Avenida Fontana. Die von Ost nach West verlaufenden Straßen tragen diesseits bzw. jenseits der Avenida Fontana andere Namen.

Praktische Informationen

In der Innenstadt und rund um die Plaza befinden sich zahlreiche Geldautomaten und *locutorios* mit Internetnetzugang.

ACA (Automóvil Club Argentino; ☎ 435197; Ecke Av. Fontana & San Martín) Argentiniens Automobilclub; gute Quelle für regionale Straßenkarten.

Marva Lavadero Sarmiento (Sarmiento 363) Waschsalon mit Selbstbedienung sowie Rundum-Wäscheservice und chemischer Reinigung.

Post (Ecke 25 de Mayo & Mitre)

Touristeninformation (☎ 426819; www.trelewpatagonia.gov.ar, auch auf Deutsch; Mitre 387; ☯ 8–21 Uhr) Hilfsbereites, teilweise Englisch sprechendes Personal; gut ausgestattet mit Infomaterial.

Sehenswertes

In der Touristeninformation gibt es manchmal eine Broschüre mit informativen Stadtspaziergängen und Beschreibungen fast aller historischen Gebäude der Stadt (in englischer und spanischer Sprache).

MUSEO PALEONTOLÓGICO EGIDIO FERUGLIO

Die meisten der wichtigen fossilen Funde Patagoniens finden sich in diesem naturhistorischen **Museum** (☎ 420012; www.mef.org.ar; Av. Fontana 140; Eintritt 16 Arg$; ☯ 10–20 Uhr) ausgestellt. Seine Exponate zeigen Dinosaurier in Lebensgröße und mehr als 1700 fossile Reste von Pflanzen und Meerestieren. Naturklänge und ein Videofilm ergänzen die Informationstafeln. Führungen gibt es in mehreren Sprachen. Zur Sammlung zählen Dinosaurier aus der Region, z. B. der Tehuelchesaurus, Patagosaurus und der Titanosaurus. Die Forscher des Museums gehören zu einem internationalen Team, das eine neue, außergewöhnliche Spezies entdeckt hat: den *Brachytrachelopan mesai*, ein Sauropod mit einem relativ kurzen Hals. Der Namensgeber des Museums, der italienische Paläontologe Egido Feruglio, kam 1925 nach Argentinien, um als Geologe für die YPF zu arbeiten.

Das Programm *Exploradores en Pijama* („Forscher im Schlafanzug") lädt Kinder zwischen acht und zwölf Jahren ein, im Museum zu übernachten und dessen Räume im Schein von Taschenlampen auszukundschaften. Das Museum fördert auch Gruppenfahrten zum **Geoparque Paleontológico Bryn Gwyn** (Eintritt 8 Arg$; ☯ 9–16 Uhr), der in den Badlands (Verwitterungslandschaft, Ödland) am Ufer des Río Chubut liegt (25 km von Trelew oder 8 km südlich von Gaiman über die RP 5). Die Teilnehmer der dreistündigen Führungen machen auf einem gut konzipierten Naturlehrpfad eine Wanderung durch die Zeit. Dabei sehen sie eine Fülle freigelegter Fossilien, die teilweise aus dem Tertiär stammen, also rund 40 Millionen Jahre alt sind.

NOCH MEHR MUSEEN

Gleich neben der Touristeninformation liegt das kleine Kunstmuseum **Museo de Artes Visuales** (☎ 433774; Mitre 351; Eintritt frei; ☯ Mo–Fr 8–20, Sa & So 14–20 Uhr). Seine Ausstellungen umfassen Leihgaben des Museo Nacional de Bellas Artes in Buenos Aires sowie Kunstgegenstände aus der Zeit der walisischen Kolonisation.

Das **Museo Regional Pueblo de Luis** (☎ 424062; Av. Fontana & Lewis Jones; Eintritt 2 Arg$; ☯ Mo–Fr 8–13 & 15–20 Uhr) ist in einem ehemaligen Bahnhof untergebracht. Es zeigt historische Fotografien, Kleidung und Mobiliar der walisischen Siedler.

Geführte Touren

Mehrere Reisebüro in Trelew veranstalten Exkursionen zur Reserva Provincial Punta Tombo (ca. 150 Arg$ plus 40 Arg$ Eintritt). Wenn die Chancen gut stehen, stoppen einige auf dem Rückweg in Puerto Rawson, damit die Gäste die Commerson-Delfine (*toninas overas*) sehen können. In Punta Tombo selbst hält der Bus meistens nur 1½ Stunden. Ganztagestouren zur Península Valdés werden ebenfalls angeboten, aber lohnenswerter ist es, stattdessen nach Puerto Madryn zu fahren: Dort hat man die größere Auswahl, vergleichbare Preise und kürzere Fahrzeiten.

Empfehlenswerte Anbieter sind sind u. a.: Amex-Vertretung **Nievemar** (☎ 434 114; www.nievemartours.com.ar, auf Spanisch; Italia 20), die auch Reiseschecks akzeptiert, und **Alcamar Travel** (☎ 421448; San Martín 146).

Festivals & Events

Gwyl y Glaniad Alljährlich am 28. Juli wird der Landung der ersten Waliser gedacht, indem die Menschen in eine der vielen Kapellen gehen und dort Tee trinken.

PATAGONIEN

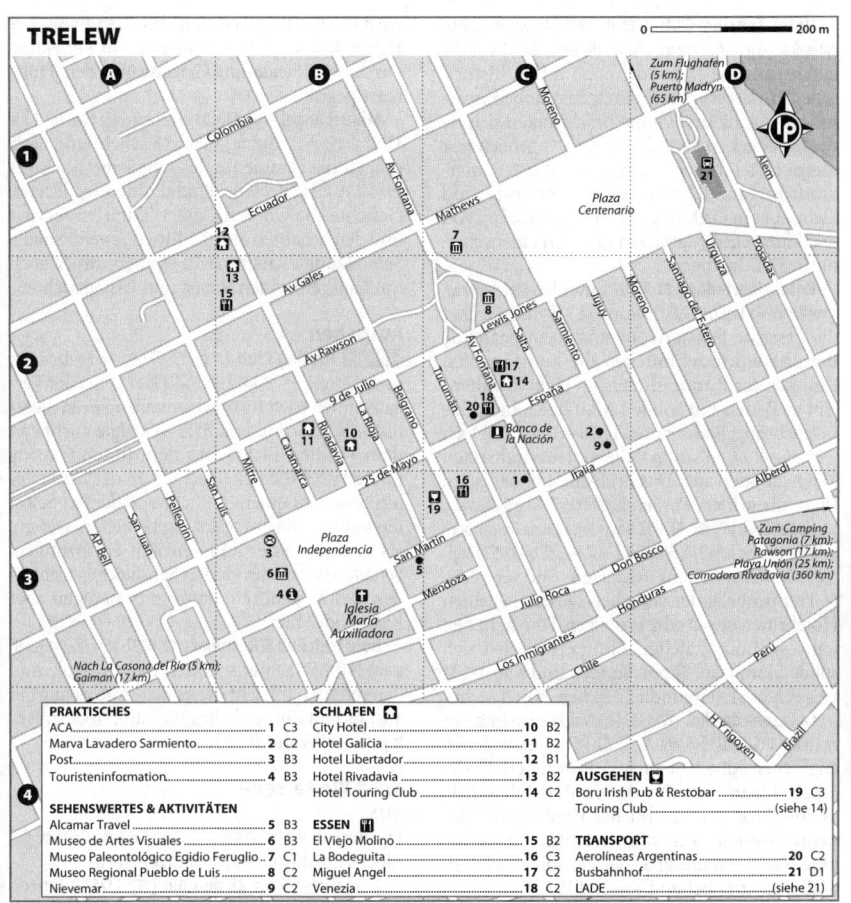

TRELEW

0 _____ 200 m

Eisteddfod de Chubut Das Festival der walisischen Literatur und Musik, das seit 1875 veranstaltet wird, findet jedes Jahr Ende Oktober statt.

Aniversario de la Ciudad Am 20. Oktober wird die Gründung der Stadt im Jahr 1886 gefeiert.

Schlafen

Trelews Unterkünfte sind größtenteils veraltet, außerdem richten sie sich hauptsächlich an Geschäftsreisende, sodass sie schnell ausgebucht sind. Eine bessere Auswahl findet sich im nahe gelegenen Puerto Madryn oder in Gaiman.

Camping Patagonia (☎ 02965-15-406907, 02965-15-350581; pro Pers. 8 Arg$) Der schattige, grüne Campingplatz bietet viel Platz, einen kleinen Gemischtwarenladen, Strom und heiße Duschen, aber nur schlechte Verbindungen mit öffentli-

chen Verkehrsmitteln. Er liegt 7 km außerhalb der Stadt an der RN 7 (Richtung Rawson).

Hotel Rivadavia (☎ 434472; www.cpatagonia.com/rivadavia; Rivadavia 55; EZ/DZ/3BZ 105/130/145 Arg$) Das kleine, familienbetriebene Hotel liegt auf einer Anhöhe. Es ist zwar preiswert, seine Zimmer mit durchscheinenden Gardinen sehen allerdings ziemlich abgewirtschaftet aus. Das Frühstück (13 Arg$) wird in der Lobby serviert, wo meistens ein Fernseher dudelt.

City Hotel (☎ 433951; hotelcitytrelew@speedy.com.ar; Rivadavia 254; EZ/DZ/3BZ 120/200/250 Arg$; 💻) Zwar trübt kein Staubkörnchen die Sauberkeit in diesem Vorstadthotel, aber es besitzt den Charme einer staatlichen Einrichtung. Die 33 Zimmer, alle mit Rollläden und TV, sind einfach, aber behaglich eingerichtet. Parken ist kostenlos.

Hotel Touring Club (☎ 433997/98; www.touring patagonia.com.ar; Av. Fontana 240; DZ 180 Arg$; ☐) Wer die geschwungene Marmortreppe dieses historischen Hotels emporschreitet, hegt hohe Erwartungen. Glanz und Glorie beschränken sich jedoch weitgehend auf die Lobby. Angeblich war dieses Hotel früher einmal die nobelste Unterkunft in ganz Patagonien. Die Zimmer sind klein, aber in Ordnung –, einmal abgesehen von den klumpigen Matratzen und den fadenscheinigen Handtüchern.

Hotel Libertador (☎ 420220; www.hotellibertadortw. com; Rivadavia 31; EZ/DZ 225/280 Arg$; ☐) Vorhänge über die gesamte Fensterfront und dazu passende Bettüberwürfe schmücken die komfortablen Zimmer des Businesshotels. In allen Zimmern gibt es Betten mit soliden Matratzen, indirekte Beleuchtung, Badewanne, Telefon und TV. Doch wer tauscht endlich mal diesen feuerwehrroten Teppichboden aus? Das Frühstücksbüfett ist im Preis inbegriffen, Parken kostet 12 Arg$ extra.

Hotel Galicia (☎ 433802; www.hotelgalicia.com.ar, auch auf Deutsch; 9 de Julio 214; EZ/DZ/3BZ/4BZ 342/457/495/570 Arg$; ☐) Ein Treppenhaus in Marmor und vergoldete Treppengeländer verleihen diesem beliebten Hotel einen etwas sehr protzigen Touch. In den teilweise holzgetäfelten Zimmern finden sich solide Matratzen, Teppichboden und Kabel-TV. Das Personal ist freundlich. Parken kostet nichts.

La Casona del Río (☎ 438343; www.lacasonadelrio.com. ar; Chacra 105; EZ/DZ 345/460 Arg$; ☐) Das reizvolle, im englischen Stil gehaltene B&B liegt außerhalb des Stadtzentrums am Ufer des Chubut. Bibliothek, Tennisplatz, ein gemütlicher Pavillon und der Fahrradverleih sorgen für reichlich Abwechslung. Zur Ausstattung der Gästezimmer gehören antike Holzmöbel und Kabel-TV.

Essen

Venezia (25 de Mayo 21; Snacks 6 Arg$; ✆ Mo–Sa 7.30–22, So 9–13 & 16–20 Uhr) Das Venezia – Bäckerei und Eisladen zugleich – ködert die Passanten mit einem Schaufenster, das den Blick auf Mousse- und Schokoladenkreationen lenkt, die einem das Wasser im Mund zusammmenlaufen lassen.

La Bodeguita (☎ 437777; Belgrano 374; Hauptgerichte 25–38 Arg$; ✆ Di–So) Seine Beliebtheit verdankt dieses Restaurant der familiären Atmosphäre, den guten Fleisch-, Pasta- und Fischgerichten sowie dem aufmerksamen Personal.

LP Tipp **El Viejo Molino** (☎ 428019; Av. Gales 250; Hauptgerichte 28–35 Arg$; ✆ Mo geschl.) Eiserne Lampen und Backsteinwände verleihen dieser restaurierten Kornmühle von 1914 einen romantischen Touch. Unbedingt hingehen! Am Wochenende

wird es allerdings meistens brechend voll. Die Hauptattraktion ist die *parrilla* – in Perfektion werden hier Steaks und Gemüse über dem Holzfeuer gegrillt.

Miguel Angel (☎ 430403;. Fontana 246; Hauptgerichte 32–38 Arg$; ✆ Mo geschl.) Glatte Kacheln und Holz prägen das Ambiente des schicken Lokals. Es verlässt ausgetretene Pfade, indem es leckere Gerichte wie Gnocchis mit Wildpilzen serviert und den beliebten Sushi-Mittwoch veranstaltet. Sein Hauptgeschäft macht es aber immer noch mit hausgemachten Pizzas und Pastagerichten.

Ausgehen

LP Tipp **Touring Club** (☎ 433997/98; Av. Fontana 240; Snacks 12 Arg$; ✆ 18.30–2 Uhr; ☐) Der Geist der Vergangenheit trieft förmlich aus allen Poren dieser historischen *confitería*. Die Nostalgie reicht von dem Wanted-Plakat, auf dem Butch Cassidy prangt, über die Reliefkacheln an der Decke bis hin zu der antiquierten Rückwand der Bar. Selbst die Kellner, die im Smoking bedienen, wirken, als seien sie einer anderen Zeit entsprungen. Schade, dass die servierten Sandwiches nicht zu den Besten gehören, dafür entschädigen aber Kaffee oder Bier.

Boru Irish Pub & Restobar (☎ 0297-15-477-2416; Belgrano 341) Mit seiner schönen Bar aus Holz und den roten Kojen sieht dieses neue Pub richtig gut aus! Es gibt dort eiskaltes Bier und hoch aufgehäufte Teller mit Pommes.

An- & Weiterreise

BUS

Der **Busbahnhof** (☎ 420121) von Trelew liegt sechs Blocks nordöstlich des Stadtzentrums.

Die Busse von **28 de Julio** (☎ 432429) fahren 18-mal täglich (Sa und So seltener) zwischen 7 und 23 Uhr nach Gaiman (3,80 Arg$), wobei die meisten Busse nach Dolavon (5 Arg$, 30 Min.) weiterfahren. Die Busse nach Rawson (3,15 Arg$, 15 Min.) verkehren alle 15 Minuten.

Mar y Valle (☎ 432429) und 28 de Julio bieten stündliche Busverbindungen nach Puerto Madryn (10 Arg$, 1 Std.). Mar y Valle fährt täglich um 8.15 Uhr nach Puerto Pirámides (22 Arg$, 2½ Std.), im Sommer werden weitere Busse eingesetzt. Die Busse von **El Ñandú** (☎ 427499) starten Montag, Mittwoch und Freitag um 8 Uhr nach Camarones (20 Arg$, 3 Std.).

Zu den Busunternehmen, die Langstreckenverbindungen anbieten, zählen **El Cóndor** (☎ 431675), **Que Bus** (☎ 422760), **Andesmar** (☎ 433535), **TAC** (☎ 431452), **TUS** (☎ 421343) und **Don Otto** (☎ 429496).

PATAGONIEN

Don Otto bietet die meisten (mehrmals täglich), komfortabelsten und schnellsten Verbindungen nach Buenos Aires. Nur Don Otto fährt nach Mar del Plata, während TAC La Plata ansteuert. TAC und Andesmar unterhalten Busverbindungen zu den meisten Städten. Mehrmals täglich starten Busse von TAC, Don Otto oder Andesmar nach Comodoro Rivadavia, alle fahren weiter nach Río Gallegos.

Reiseziel	Fahrpreis (Arg$)	Fahrzeit (Std.)
Bahía Blanca	120–136	12
Bariloche	165–200	13–16
Buenos Aires	230–345	18–21
Caleta Olivia	72–85	6
Comodoro Rivadavia	62–82	5–6
Córdoba	170–225	19
Esquel	90–135	8–9
La Plata	192–223	19
Mar del Plata	197–240	17–21
Mendoza	210–305	24
Neuquén	115–162	10
Puerto Madryn	10	1
Río Gallegos	165–202	14–17
Viedma	79–95	8

FLUGZEUG

Trelews **Airport** (TRE; ☎ 428021) liegt 5 km nördlich der Stadt an der RN 3. Die Flughafengebühren betragen 18 Arg$.

Aerolíneas Argentinas (☎ 420210; 25 de Mayo 33) fliegt täglich im Direktflug nach Buenos Aires (857 Arg$) und mehrmals in der Woche nach Esquel (425 Arg$), Bariloche, Ushuaia (1020 Arg$) und El Calafate (920 Arg$).

LADE (☎ 435740) fliegt sonntags nach Comodoro Rivadavia (193 Arg$; Buchung im Büro im Busbahnhof).

Unterwegs vor Ort

Das Taxi vom Flughafen in die Innenstadt kostet 20 Arg$, nach Gaiman 55 Arg$ und nach Puerto Madryn 150 Arg$. Am Flughafen sind u.a. die Autoverleiher **Hertz** (☎ 475247) und **Rent a Car Patagonia** (☎ 420898) vertreten.

RUND UM TRELEW

Rawson, 17 km östlich von Trelew, ist die Hauptstadt der Provinz Chubut. Das benachbarte **Playa Unión** ist der wichtigste Ort der Region mit der größten Attraktion: die Commerson-Delfine (*Cephalorhynchus commersonii*), die im Spanischen *toninas overas* heißen (s. S. 479). Playa Unión ist ein langgezogener Strand mit weißem Sand und unzähligen Sommerhäusern. Delfinbeobachtungstouren finden von April bis Dezember statt und starten im Fischerhafen **Puerto Rawson**. Buchungen nimmt **Toninas Adventure** (☎ 498372; toninasadventure@msn.com) vor.

Die Busse von Empresas Rawson und 28 de Julio fahren täglich in kurzen Abständen von Trelew nach Rawson (2,50 Arg$), am Wochenende allerdings nur alle 20 bis 30 Minuten. Wer zum Puerto Rawson will, steigt in Rawson am besten an der Plaza oder am Busbahnhof aus und nimmt dann zur Weiterfahrt einen grünen Bahía-Bus, der bis Puerto Rawson fährt, wo er dann wieder umdreht.

GAIMAN

☎ 02965 / 5753 Ew.

Cremetorte, feine Teekuchen, *torta negra* (ein reichhaltiger, fester Fruchtkuchen) und heißer schwarzer Tee gehören zu Gaimans Kulturgütern. Davon schlucken die meisten Besucher eine ordentliche Dosis, wenn sie diese urwalisische Ortschaft in dem idyllischen Flusstal besuchen. Gut ein Drittel ihrer heutigen Bewohner kann walisische Vorfahren vorweisen, der Besuch einer Teestube ist ein fest verankertes Nachmittagsritual, auch wenn die hohen Preise mitunter etwas den Spaß daran verderben.

Voller Stolz erzählen die Einheimischen von dem Tag, an dem 1995 Prinzessin Diana Gaiman besuchte, und dort Tee zu trinken. Im Vorfeld entbrannte natürlich über die Frage „Wo wird sie ihren Tee trinken?" ein heftiger Wettbewerb zwischen den Teestuben. Noch heute wird darüber genörgelt, dass die Wahl aus Sicherheitsgründen auf das große, schon modernere Ty Te Caerdydd fiel und nicht auf eine der traditionelleren Teestuben. Das Chinaporzellan inklusive anderer Utensilien, die Diana benutzt hat, wird im Ty Te Caerdydd nach wie vor in einem Schaukasten gehütet. Auch wenn Lady Di schon lange nicht mehr lebt, bleibt ihr Nachmittagsbesuch in Gaiman bis heute ein beliebtes Gesprächsthema der Bewohner.

Der Name des Dorfes bedeutet „steinerne Spitze" oder „Pfeilspitze" und stammt von den Tehuelche, die früher in dem Tal überwinterten. Nachdem die Waliser 1874 ihr erstes Haus errichtet hatten, lebten die beiden Gruppen eine Zeit lang friedlich zusammen. Später siedelten sich auch *criollos* an, und zu den Walisern gesellten sich Deutsche und Engländer. Seinen Besuchern bietet Gaiman schöne, gemütliche Unterkünfte, aber ansonsten wenig Abwechslung. Nach einem ausgiebigen Teestubenbesuch bleibt nicht sehr viel mehr, als auf Spaziergängen die Rosengärten der Backsteinhäuser zu bewundern.

PATAGONIEN

WALISISCHES ERBE

1865 setzten erstmals Waliser einen Fuß auf patagonischen Boden. Ihre neu gefundene Freiheit mussten sie jedoch teuer bezahlen. Einige dieser Einwanderer kamen aus der Landwirtschaft, doch mit dieser ausgedörrten Steppe wussten sie nichts anzufangen, war sie doch mit der fruchtbaren Erde ihres heimatlichen Wales nicht zu vergleichen. Dem Hungertod nahe, überlebten die Waliser nur mit Hilfe der Tehuelche. Die Überlebenden besiedelten vermutlich das gesamte untere Chubut-Tal und gründeten die Städte Rawson, Trelew, Puerto Madryn und Gaiman, wo sie später Teestuben eröffneten.

In den Adern von etwa 20 % der Bewohner der Provinz Chubut fließt walisisches Blut, auch wenn es sich logischerweise von Generation zu Generation verdünnte – es sei denn, „du heiratest ganz jung deine Cousine", wie einer der Nachkommen scherzt. Die „Wiederauferstehung" der walisischen Kultur, wie sie in jüngster Zeit erfolgt, hat niemand erwartet. Der walisische Historiker Fernando Coronato meint: „Im alten Fürstentum Wales galt die Auswanderung nach Patagonien als die tollkühnste Tat, die ein Mensch vollbringen konnte." Der erneuerte Draht zur alten Heimat spiegelt sich unübersehbar wider: British Council (Großbritanniens internationale Organisation für Kultur und Bildung) organisiert jährlich Zusammenkünfte von Walisischlehrern und fördert den patagonisch-britischen Studentenaustausch.

Viele walisische Touristen reisen wissbegierig an, um eine Zeitreise in ihre eigene Kultur zu unternehmen – ein Erlebnis, das Patagoniens lang währender Isolation zu verdanken ist.

Orientierung & Praktische Informationen

Gaiman liegt 17 km westlich von Trelew (über die RN 25). Sein touristisches Zentrum besteht aus kaum mehr als einem Gewirr von Straßen, die sich zwischen kargen Hügeln und dem Río Chubut in das Tal schmiegen. Die Avenida Eugenio Tello ist die Hauptstraße und verbindet den Hauptortseingang mit der begrünten Plaza Roca. Die meisten Teestuben und historischen Stätten finden sich rund um die Plaza in einem Umkreis von vier Blocks. Am anderen Flussufer liegt ein rasant wachsendes Wohn- und Industriegebiet.

Den einzigen Geldautomaten gibt's an der Plaza bei der Banco del Chubut, doch der funktioniert nicht immer, sodass Besucher besser ausreichend Bargeld mitbringen. Telefonläden, *locutorios*, und Internetzugang befinden sich in der Hauptstraße.

Post (Ecke Evans & Yrigoyen) Liegt gleich nördlich der Flussbrücke.

Touristeninformation (Informes Turísticos; ☎ 491571; www.gaiman.gov.ar; Belgrano 574; ☺ Mo–Sa 9–20, So 11–20 Uhr) Bietet Karten und geführte Touren zu historischen Gebäuden.

Sehenswertes

Gaiman eignet sich ausgezeichnet für einen gemütlichen Spaziergang, der an wunderschönen alten Häusern vorbeiführt; Rosen ranken malerisch an den schmiedeeisernen Zäunen. Architektonisch auffallende Kirchen und Kapellen liegen über den ganzen Ort verstreut. Die **Primera Casa** (Ecke Av. Eugenio Tello & Evans; Eintritt 3 Arg$) ist das allererste Wohnhaus des Ortes – es wurde 1874 von David Roberts gebaut. Der 1906 errichtete **Colegio Camwy** (Ecke M. D. Jones & Rivadavia) gilt als die erste weiterführende Schule Patagoniens.

Der alte Bahnhof beherbergt das **Museo Histórico Regional Gales** (☎ 491007; Ecke Sarmiento & 28 de Julio; Eintritt 2 Arg$; ☺ Di–So 15–18 Uhr), ein schönes, kleines Museum, das Gegenstände und Fotografien aus Gaimans Pionierzeit zeigt.

Eine ärmliche Hommage an die Geschichte und Kultur der Ureinwohner bietet das **Museo Antropológico** (Ecke Bouchard & Jones; Eintritt 2 Arg$). Besucher müssen zunächst zur Touristeninformation gehen, die den Einlass ins Museum regelt. Ganz in der Nähe erstreckt sich der 300 m lange **Túnel del Ferrocarril**, ein aus Ziegelsteinen gemauerter Tunnel, durch den 1914 der erste Zug nach Dolavon fuhr.

Wer nicht den **Parque El Desafío** (Av. Brown 52; Eintritt 10 Arg$, Kind unter 10 Jahren frei; ☺ Mo–Fr 15–19, Sa & So 9– 19 Uhr) besucht, verpasst etwas. Der um die 80 Jahre alte Parkbesitzer Joaquín Alonso wird auch spaßhalber der „Dali des Recyclings" genannt: In 30 000 Arbeitsstunden verwandelte er rund 80 000 Flaschen, Konserven- und Getränkedosen in eine Art skurrile Volkskunst. Auch wenn er den Park zunächst zur Unterhaltung seiner Enkelkinder begann, macht der Besuch des Parks auch Erwachsenen Spaß. Tafeln (einige in Englisch) mit Volksweisheiten und Zitaten von Seneca und Plato bringen nicht nur Witz, sondern auch Nachdenklichkeit in diese Junk-Symphonie. Auf einer Tafel steht beispielsweise: *„Si quieres vivir mejor, mezcla a tu sensatez unos gramos de locura"* (Wenn du besser leben willst, mische ein paar Gramm Verrücktheit unter deine Gefühle). 1998 kam der Park ins Guiness-Buch der Rekorde als „größter ‚recyclter' Park der Welt". Die meisten Besucher verlassen El Desafío (Die Herausforderung) nicht ohne ein Lächeln, eine witzige Idee oder eine Inspiration für eigene Recyclingkreationen. Der Park liegt am westlichen Ortseingang.

Schlafen

Camping Bomberos Voluntarios (☎ 491117; Ecke Av. Yrigoyen & Moreno; pro Pers. 6 Arg$, Kind unter 12 Jahren frei) Diesen angenehmen Campingplatz mit heißen Duschen und Feuerstellen hat die Freiwillige Feuerwehr angelegt.

Dyffryn Gwyrdd (☎ 491777; Av. Eugenio Tello 103; EZ/DZ/3BZ 100/120/140 Arg$) In dem kanariengelben Haus herrscht eine einladende Atmosphäre. Die hellen, einfachen Zimmer sind mit Teppichboden, Ventilatoren und vielen kleinen Kissen ausgestattet. Die Badezimmer sind zwar ziemlich veraltet, aber pieksauber. Eine ruhige Bar und ein Fernsehraum sind ebenfalls vorhanden.

LP Tipp **Yr Hen Ffordd** (☎ 491394; www.yrhenffordd.com.ar; Jones 342; DZ 140 Arg$) Ein junges Paar betreibt dieses charmante B&B. Die Gäste bekommen einen Hausschlüssel in die Hand gedrückt, sodass sie kommen und gehen können, wann sie wollen. Die Zimmer sind einfach, aber gemütlich. Alle haben Kabel-TV und ein eigenes Bad mit großer Dusche. Wer die himmlischen hausgemachten Scones zum Frühstück in vollen Zügen genießen will, sollte sich auf irgendeine Art und Weise vorher ordentlich Appetit holen.

Hostería Gwesty Tywi (☎ 491292; www.hosteria-gwestytywi.com.ar; Chacra 202; EZ/DZ/3BZ 140/180/210/240 Arg$; ▣) Diego und Brenda führen dieses wundervolle walisische B&B mit großem Garten und phantasievoll ausgestatteten Zimmern. Zum Frühstück servieren sie verschiedene Sorten von Marmelade, Aufschnitt und Brot. Ihren Gästen helfen sie gerne bei der Reiseplanung und heizen zu deren Freude immer wieder mal den Grill im Garten an.

Essen

Tarten afal, tarten gwstard, cacen ffrwythau, spwnj jam und *bara brith* und dazu jede Menge Tee – Appetit bekommen? Der Nachmittagstee wird in Gaiman wie eine heilige Handlung zelebriert, auch wenn ganze Busladungen von Touristen ohne Vorwarnung in die Teestuben einfallen. Am besten ist es, nach einer Teestube Ausschau zu halten, vor der kein Bus parkt, oder zu warten, bis sich die Horde wieder davon

gemacht hat. Die Teestuben sind in der Regel von 14 bis 19 Uhr geöffnet.

Breuddwyd (☎ 02965-15-697069; Yrigoyen 320; Snacks/Tee 10/40 Arg$) Das Beste an diesem einfachen – im Vergleich aber modernen – Café findet sich hinter dem Haus: der Garten mit einem Blütenmeer und einem plätschernden Springbrunnen. Wer eine Unterkunft sucht: Im oberen Stockwerk werden Zimmer vermietet.

Gwalia Lan (☎ 02965-15-682352; Ecke Av. Eugenio Tello & Jones; Hauptgerichte 20–30 Arg$; ☹ Di–Sa 8.30–24 Uhr, So 12.30–15 Uhr) Das Gwalia Lan gilt als Gaimans bestes Restaurant. Seine hausgemachte Pasta und die schmackhaft gewürzten Fleischgerichte sind immer sehr gut – Gleiches gilt für den zuvorkommenden Service.

El Ángel (☎ 491460; Rivadavia 241; Hauptgerichte 40 bis 45 Arg$) Köstliche kulinarische Kombinationen aus Süßem und Pikantem und ein stilvolles Ambiente machen dieses Lokal zu einem Favoriten für romantische *Tête-à-Têtes*. Wegen der unregelmäßigen Öffnungszeiten lohnt es sich, einen Tisch zu reservieren.

Ty Nain (☎ 491126; Yrigoyen 283; Tee 45 Arg$; ☹ Mai geschl.) Gut zehn Jahre sind inzwischen vergangen, seit das Ty Nain in der *Washington Post* und der *Los Angeles Times* beschrieben und bewertet wurde. Doch die gerahmten Auszeichnungen prangen immer noch auf dem Rasen im Vorgarten. Das Ty Nain findet man in einem efeubewachsenen Haus von 1890 – es zählt zu den traditionsreichsten Teestuben des Landes. Das daran angeschlossene Museum zeigt einige interessante Gegenstände und erläutert walisische Traditionen.

Ty Cymraeg (☎ 491010; www.gaimantea.com; Matthews 74; Tee 45 Arg$) Das Teetrinken in dieser Teestube am Flussufer schließt köstliche Kuchen und Konfitüren mit ein. Miguel, das jüngste Mitglied der walisischen Eigentümer, ist ein energiegeladener Mann in den Zwanzigern, der heute die Teestube führt. Bereitwillig erklärt Miquel walisische Traditionen – angefangen von den Literaturwettbewerben bis hin zur Bedeutung der holzgeschnitzten „Liebeslöffel". Seine mit Wissen voll gepackten Erzählungen bereichern den Teestubenbesuch.

Plas y Coed (☎ 491133; www.plasycoed.com.ar; Jones 123; Tee 50 Arg$) Diese Teestube in einem prächtigen Backsteinhaus wird heute von der Urenkelin des ersten Besitzers geführt. Mit freundlichem Service, frischem Kuchen und würdevollen gehäkelten Teehauben verwöhnt das Plas y Coed Leib und Seele. Wer ein Quartier sucht: Es bietet auch Zimmer (DZ 180 Arg$).

An- & Weiterreise

Von der Plaza Roca fahren die Busse ab der 28 de Julio unter der Woche regelmäßig nach Trelew (7–23 Uhr, 3,80 Arg$), am Wochenende jedoch seltener. Die meisten Busse nach Dolavon (3,50 Arg$) fahren über den Highway, einige nehmen aber die wesentlich längere Route über die Schotterstraße, die durch das Tal führt. Das Ruftaxi *(remise)* ist in Gaiman billiger als in Trelew. Die Fahrt von Gaiman nach Trelew kostet für bis zu vier Fahrgäste rund 110 Arg$.

RUND UM GAIMAN

Wer ein authentisches walisisches Landstädtchen erleben möchte, sollte unbedingt nach **Dolavon** (2500 Ew.; www.dolavon.com.ar) fahren. Es liegt 19 km westlich von Gaiman und ist über die befestigte RN 25 zu erreichen. Die vom Tourismus noch weitgehend unberührte Ortschaft, deren walisischer Name „Wiese am Fluss" bedeutet, ist eine ländliche Idylle! Hölzerne Wasserräder reihen sich an dem von sanft schwankenden Pappeln gesäumten Bewässerungskanal. Im Ortszentrum stehen die historischen Backsteinbauten, darunter die **Molino Harinero** (☎ 02965-492290; romanogi@infovia.com.ar; Maipú 61; Führung pro Pers. 10 Arg$), eine Kornmühle von 1880 mit einem immer noch funktionstüchtigen Mahlwerk. Das Café-Restaurant in der Mühle, **La Molienda** (Hauptgerichte 35 Arg$), serviert selbst gebackenes Brot und hausgemachte Pasta mit wohlschmeckenden Weinen und Käse aus der Region. Die Öffnungszeiten gibt der Besitzer Romano Giallatini bereitwillig telefonisch durch.

RESERVA PROVINCIAL PUNTA TOMBO

Punta Tombo (Eintritt 40 Arg$; ☼ Aug.–April, Morgen- bis Abenddämmerung) ist der größte Pinguin-Nistplatz ganz Südamerikas. In der Kolonie leben über eine halbe Million Magellanpinguine, doch auch andere Vögel werden angezogen, vor allem Kormorane wie Königs- und Felsenscharben, Riesensturmvögel, Dominikanermöwen, Dampfschifferten sowie schwarze Rußausternfischer.

In Trelew bieten Reisebüros Tagestouren an (150 Arg$ ohne Eintritt), die aber abgesagt werden, wenn die Schotterstraßen bei oder nach schlechtem Wetter unpassierbar sind. Da teilweise wahre Besuchermassen hierher kommen, lohnt es sich, möglichst früh am Morgen einzutreffen. Weite Teile des Brutgebiets im 200 ha großen Schutzgebiet sind eingezäunt, die Grenzen sollten von den Besuchern respektiert werden. Wenn sich Pinguine gestört fühlen, können sie kräftig zubeißen.

Es gibt zwar vor Ort eine Bar und *confitería,* aber das Beste ist, selbst einen gut gefüllten Picknickkorb mitzubringen.

Punta Tombo liegt 110 km südlich von Trelew (180 km südlich von Puerto Madryn). Der Weg dorthin geht über die RP 1 (gut gewartete Schotterstraße) und eine kurze, südöstlich verlaufende Nebenstraße. Wer selbst mit einem (Miet-) Auto fährt, kann weiter Richtung Süden über Cabo Raso, ein landschaftlich schönes, aber einsames Kap, weiter nach Camarones fahren.

CAMARONES
☎ 0297 / 1300 Ew.

Im dem harten Wettbewerb um Patagoniens verschlafenstes Küstendorf bringt Camarones garantiert die Goldmedaille nach Hause. Missachtung verdient sein verträumtes Dasein aber keineswegs, denn gerade darin liegt der Kick. Menschenleere Strände fördern die Lust auf lange Spaziergänge, und die kontaktfreudigen Dorfbewohner beherrschen die Kunst des Plauderns virtuos. Außerdem ist Camarones der nächstgelegene Ausgangspunkt für einen Besuch des kaum bekannten Naturschutzgebietes Cabo Dos Bahías (s. S. 487), in dem 25 000 Pinguinpaare ihre niedlichen flauschigen Jungen aufziehen.

An der Küste von Camarones ging der spanische Entdecker Don Simón de Alcazaba y Sotomayor 1545 vor Anker und erklärte den Ort geradewegs zum Teil seiner geplanten Provincia de Nueva León. Als die Wollindustrie Fuß fasste, entwickelte sich Camarones zum wichtigsten Regionalhafen für Wolle und Schaffelle. Die hohe Qualität der regionalen Wolle blieb dem Friedensrichter Don Mario Tomás Perón nicht verborgen. Er baute die größte Estancia der Region auf, der er den Namen Porvenir gab. Dort tollte sein Sohn Juanito – der spätere Präsident Juan Domingo Perón – in seiner Kindheit herum. Die Hafenstadt florierte, doch nachdem der gewaltige Hafen von Comodoro Rivadavia fertiggestellt worden war, verödete Camarones.

Die am Meer gelegene **Touristeninformation** (☎ 496-3040; Tomas Espora s/n) mit ausgesprochen hilfsbereiten Mitarbeitern bietet Karten, gute Tipps für Ausflüge in die malerische Landschaft und Informationen über Unterkünfte. **Jorge Kriegel** (☎ 496-3056) vom Camping Municipal organisiert Angeltouren sowie Ausflüge zu den finfinen und den nahen Inseln. Jedes Jahr im Februar bringt die **Fiesta Nacional del Salmón** Camarones ein Wochenende lang auf Hochtouren. Die Hauptattraktionen sind die Wettbewerbe im Hochseefischen, die als Zulieferer auch das kostenlose Fischessen für alle am Sonntag bestücken, sowie die Krönung der Miss Salmoncito.

Seit der 2009 erfolgten Asphaltierung der RN 1 existiert eine direkte Busverbindung mit Comodoro Rivadavia. Infolgedessen nimmt der Tourismus zu, wenn auch in einem langsamen Tempo. Wer sich also beeilt, kann noch das Camarones von einst kennenlernen.

Schlafen & Essen

Camping Camarones (☎ 431500; San Martín; pro Pers./Auto 3/5 Arg$) Der friedliche, schattige Campingplatz am Hafen kann nur wenige Camper aufnehmen. Heiße Duschen und Strom sind vorhanden.

El Viejo Torino (☎ 496-3003; Ecke Av. Costanera & Brown; Zi. pro Pers. 75 Arg$) Manchmal wird das reizvolle Haus am Wasser von Saisonarbeitern in Beschlag genommen. Es bietet preiswerte Zimmer und gelegentlich auch Mahlzeiten.

Hotel Indalo Inn (☎ 496-3004; www.indaloinn.com.ar; Ecke Sarmiento & Roca; DZ/Hütte 270/370 Arg$) Die renovierten Zimmer sind ein bisschen eng, haben aber eine behagliche Ausstattung, wozu auch die bequemen Betten zählen. Aus den Duschen prasselt das Wasser mit Hochdruck. Zum Frühstück wird *café con leche* (Kaffee mit viel Milch) serviert. Deutlich teurer als die Zimmer sind die hoteleigenen Hütten, dafür bieten sie Aussicht aufs Meer.

Lebensmittel verkauft der **Mercado Mica** (Ecke Roca & Sarmiento).

An- & Weiterreise

Rund 180 km südlich von Trelew zweigt an einer Kreuzung mit einer Tankstelle die RP 30 von der RN 3 ab und führt ostwärts ins 72 km entfernte Camarones. Von dort starten seit Jahren die Busse der Busgesellschaft El Ñandú montags, mittwochs und freitags um 16 Uhr nach Trelew (30 Arg$, 3 Std.). Möglicherweise fahren sie auch häufiger, Reisende sollten sich deshalb vor Ort informieren. Wer zum Cabo Dos Bahías will, fragt am besten Don Roberto im Hotel Indalo Inn nach den Fahrmöglichkeiten.

CABO DOS BAHÍAS

Rund 30 holprige Straßenkilometer führen zu dem südöstlich von Camarones gelegenen **Cabo Dos Bahías** (Eintritt 20 Arg$; ☼ ganzjährig). Zu dem einsamen Kap kommen wesentlich weniger Besucher als zur Punta Tombo – alleine deshalb schon ist es eine ausgezeichnete Alternative. Im Frühjahr und Sommer tummeln sich hier Orcas und eine riesige Kolonie brütender Pinguine. Im Winter tauchen andere Wale auf; Guanokos und Nandus streifen scharenweise durch die Gegend. zahlreiche Seevögel, Seelöwen, Füchse und Pelzrobben bevölkern das ganze Jahr über das Naturschutzgebiet.

Innerhalb des Schutzgebietes finden Besucher eine Unterkunft im freundlichen Touristenkomplex **Caleta Sara** (☎ 0297-447-1118; Stellplatz pro Pers. 20 Arg$, B 45 Arg$; ☼ Sept.–Feb.). Er bietet sowohl Betten mit Bettwäsche und Decken in Wohnwagen als auch Stellplätze zum Campen. Der Fischfang des Tages bestimmt den Speiseplan des Kochs in der Cafeteria. Auf Wunsch werden die Gäste mit dem Auto von der RN 3 an der Abfahrt zum Kap (180 Arg$) oder in Camarones (100 Arg$) abgeholt.

Auf dem Gelände, auf dem sich der Cabo Dos Bahías Club Náutico befindet, und an allen Stränden zwischen Camarones und dem Kap darf kostenlos gezeltet werden.

COMODORO RIVADAVIA

☎ 0297 / 140 682 Ew.

Ausgetrocknete Hügel, Ölfördertürme, Öltanks und Windräder umzingeln die staubige Hafenstadt Comodoro (wie sie hier im Allgemeinen kurz und bündig heißt). Die wichtigste Stadt der Provinz Chubet ufert weit in die Berge und Buchten ihrer Umgebung aus. Touristisch gesehen, animiert solch ein Szenario gerade mal für einen Bustransfer. Doch diese moderne, arbeitsame Stadt bietet mit ihren beachtlichen Verkehrsanbindungen einen guten Ausgangspunkt für Touren zu den Attraktionen in der näheren Umgebung oder einfach in die Reste der patagonischen Pampas. Außerdem liegt sie am östlichen Ende des Corredor Bioceánico, der Fernstraße, die in ihrer Fortsetzung bis nach Coyhaique in Chile führt.

Comodoro wurde 1901 als Umschlagplatz für die landwirtschaftlichen Produkte der Farmen des benachbarten Sarmiento gegründet. Als 1907 Arbeiter nach Trinkwasser bohrten und dabei auf Erdöl stießen, brach auf einen Schlag der Wohlstand in der Stadt aus. Mit der ersten Ölquelle des Landes vor der Haustür avancierte die Stadt zum Hätschelkind der Regierung. Sie bekam einen wesentlich größeren Hafen, einen Flughafen und asphaltierte Straßen. Heute bildet die Stadt das Machtzentrum der inzwischen privatisierten Ölindustrie. Die Rezession 2001 beutelte die Wirtschaftsmetropole zwar kräftig, aber sie kam schnell wieder auf die Füße, wovon das protzige Casino mit seinem Roulettebetrieb, die eleganten Läden und die frisierten Autos auf den Straßen zeugen.

Die Hauptgeschäftsstraßen sind die Avenida San Martín und Avenida Rivadavia. Zwischen der Mitre und der Belgrano liegen an der Avenida San Martín Edelboutiquen und Läden, die sonst nirgendwo in Patagonien zu finden sind. Für einen herrlichen Blick auf den Golfo San Jorge lohnt es sich, den **Cerro Chenque** zu erklimmen, den 212 m hohen Hügel, der mitten in der Stadt prangt.

Praktische Informationen

Locutorios (Telefonläden) sind im ganzen Stadtzentrum zu finden.

ACA (Automóvil Club Argentino; ☎ 446-0876; Ecke Dorrego & Alvear) Karten und Infos über die Straßenverhältnisse.

Banco de la Nación (Ecke Av. San Martín & Güemes) Fast alle Banken von Comodoro haben Geldautomaten und liegen in der Avenida San Martín oder in der Avenida Rivadavia.

Centro de Internet Comodoro (Rivadavia 245) Bis in die Nacht geöffnet.

Hospital Regional (☎ 444-2287; Av Hipólito Yrigoyen 950)

Laverap (Av. Rivadavia 287) Wäscherei in zentraler Lage.

Post (Ecke Av. San Martín & Moreno)

Thaler Cambio (Mitre 943) Umtausch von Reiseschecks.

Touristeninformation (☎ 447-4111; http://www.pata gonia.com.ar/chubut/comodororivadavia/imformes.php, auf Spanisch; Av. Rivadavia 430; ✆ Mo–Fr 8–15 Uhr) Freundlich, gut organisiert und gut mit Informationsmaterial bestückt. Der Schalter am Busbahnhof ist von 8 bis 21 Uhr geöffnet – so sollte es zumindest sein, verlassen kann man sich nicht darauf.

Sehenswertes

MUSEO NACIONAL DEL PETRÓLEO

Eingeschworene Erdölfans sollten ins **Museo Nacional del Petróleo** (☎ 455-9558; Eintritt 15 Arg$; ✆ Di–Fr 9–17, Sa 15–18 Uhr) gehen, um Insiderwissen über die sozialen und historischen Hintergründe der Erdölerschließung zu erfahren. Eine ausgewogene Betrachtung der Streitpunkte in Sachen Erdöl darf allerdings niemand erwarten, schließlich wurde das Museum von dem ehemaligen staatlichen Erdölunternehmen YPF errichtet. Heute steht es unter der Obhut der Universidad Nacional de Patagonia. Im Gegensatz zu den interessanten Fotos begeistern sich wohl eher Spezialisten für die detaillierten Modelle von Tankern, Raffinerien und des gesamten Fördergeländes. Führungen finden regelmäßig statt.

Das Museum befindet sich im Vorort General Mosconi, 3 km nördlich des Stadtzentrums. Fahrmöglichkeiten: Taxi *(remise)*, das von der Innenstadt aus 15 Arg$ kostet, sowie die Buslinie 7 Richtung Laprida oder die Linie 8 Richtung Palazzo (1,80 Arg$, 10 Min.), am Supermarkt La Anónima aussteigen.

MUSEO REGIONAL PATAGÓNICO

Konservierte naturkundliche Exponate verstellen in diesem **Museum** (☎ 477-7101; Ecke Avenida Rivadavia & Chacabuco; Eintritt frei; ✆ Mo–Fr 9–18, Sa & So 11–18 Uhr) im wahrsten Sinn des Wortes fast den Blick auf die wenigen, aber spannenden archäologischen und historischen Dinge. Dazu gehören z. B. kunstvoll gearbeitete Töpferwaren und Speerspitzen sowie Gegenstände, die von den burischen Einwanderern aus Südafrika stammen.

Geführte Touren

Mehrere Reisebüros organisieren Touren zum Bosque Petrificado Sarmiento (S. 492) und zur Cueva de las Manos (S. 522).

Ruta 40 (☎ 446-5337; www.ruta-40.com; auch auf Deutsch) bietet individuell gestaltete Touren im Geländewagen an, die über die RN 40 und in andere Teile Patagoniens führen. Die ausgesprochen kenntnisreichen Begleiter sind Mónica Jung und Pedro Mangini, ein dynamisches Duo, das Deutsch, Englisch und Italienisch spricht.

Der **Circuito Ferroportuario** (Eintritt frei) – eine Rundfahrt mit der alten Stadtbahn – startet an der Touristeninformation. Die Bahn fährt dann durch den Hafen, wo die Fahrgäste Container, Lagerhäuser, historische technische Anlagen und Werkstätten gezeigt bekommen.

Schlafen

Comodoros Unterkünfte orientieren sich hauptsächlich an den Belangen von Geschäftsleuten und Saisonarbeitern. Daraus ergeben sich zwei Kategorien: stinkvornehm und heruntergekommen (und häufig komplett belegt). Selbst einfache Doppelzimmer sind verhältnismäßig teuer. Besucher der Stadt müssen also einerseits hohe Preise einkalkulieren, andererseits aber ihre Erwartungen herunterschrauben. Lange im Voraus zu buchen ist hier fast schon ein Muss!

Camping Municipal (☎ 445-2918; Rada Tilly; www. radatilly.com.ar/turismo-camping.html, auf Spanisch; pro Pers. 5 Arg$) Auf dem Campingplatz des Strandresorts Rada Tilly 15 km südlich von Comodoro weht häufig eine steife Brise Dichte. Sträucher schützen aber die meisten Zeltplätze vor dem Wind. Der breite Strand gehört zu den längsten in Patagonien. An seinem südlichen Ende unterhalb der Halbinsel Punta del Marqués lebt eine Seelöwenkolonie.

Hospedaje Belgrano (☎ 447-8439; Belgrano 546; EZ ohne Bad 80 Arg$, DZ mit/ohne Bad 180/100 Arg$) Unter den Budgetunterkünften im Stadtzentrum ist diese noch einigermaßen in Ordnung. Wer seine Reisekasse schonen will, muss sich allerdings mit

COMODORO RIVADAVIA

0 — 500 m

PRAKTISCHES	
ACA	**1** A3
Banco de la Nación	**2** D2
Centro de Internet Comodoro	**3** D2
Hospital Regional	**4** B3
Laverap	**5** D2
Post	**6** D2
Thaler Cambio	**7** C2
Touristeninformation	**8** C2

SEHENSWERTES & AKTIVITÄTEN	
Museo Regional Patagónico	**9** B2

SCHLAFEN	
Hospedaje Belgrano	**10** C2
Hostería Rúa Marina	**11** C2
Hotel del Mar	**12** B2
Hotel Victoria	**13** C2
Lucania Palazzo Hotel	**14** D2

ESSEN	
Arroba @ Cafe & Resto Bar	**15** C2
Chocolates	**16** D2
Dolce Barile	**17** C2
La Barra	**18** C2
La Tradición	**19** C2
Malaespina	**20** C2
O'Connell's Irish Pub & Restaurant	**21** C2
Pizzería Giulietta	**22** C2

Zum Museo Nacional del Petróleo (3 km); Flughafen (9 km); Trelew (380 km)

Cerro Chenque

UNTERHALTUNG	
Cine Teatro Español	**25** C2

TRANSPORT	
Aerolíneas Argentinas	**26** D2
Flughafenbushaltestelle	**27** C2
Busbahnhof	**28** C2
Dubrovnik	**29** D2
LADE	**30** C2
Localiza	**31** C2

AUSGEHEN	
La Nueva Cabaña	**23** C2
Molly Malone	**24** C2

Zu Rada Tilly & Camping Municipal (15 km); Caleta Olivia (80 km); Río Gallegos (834 km)

Golfo San Jorge

PATAGONIEN

---

dem Zigarettengeruch in den Fluren abfinden. Während die Zimmer recht sauber sind, lässt das Bad einiges zu wünschen übrig: Um Platz zu sparen, hängt der Duschkopf über der Toilette!

Hotel del Mar (☎ 447-2025; Amegihno 750; EZ/DZ/EZ ohne Bad 90/160/195 Arg$, mit Bad 150/210/270 Arg$; 🖵) Das einfache, aber einladende kleine Hotel hat helle Zimmer und eine gemütliche Lobby mit imitierter Holztäfelung.

Hostería Rúa Marina (☎ 446-8777; Belgrano 738; EZ/DZ/3BZ/4BZ 92/193/243/286 Arg$) Balkendecken und Torbögen verleihen dem zentral gelegenen Gästehaus ein interessantes Flair – von außen betrachtet. Das Ambiente im Haus jedoch erinnert an eine Behörde und von den ohnehin kleinen Zimmern sind viele auch noch dunkel. Die besten sind die Zimmer Nummer 18, 19 und 20 mit Blick ins Freie.

Hotel Victoria (☎ 446-0725; Belgrano 585; EZ/DZ/3BZ 210/245/275 Arg$) Wenn der Duft nach frisch gebackenem Gebäck ein aussagekräftiges Indiz ist, dann lohnen sich die Extrakosten für das Frühstück (9 Arg$). Das freundlichste Hotel am Platze bietet geräumige, angenehme Zimmer mit Doppelbetten, die aus Einzelbetten bestehen, Schreibtisch und Kabel-TV.

Lucania Palazzo Hotel (☎ 449-9300; www.lucania-palazzo.com; Moreno 676; EZ/DZ/Suite 460/520/560 Arg$; 🖵) Der mondäne Palazzo ist Comodoros Antwort auf den Trump Tower. Alle Zimmer haben Meerblick und eine geschmackvolle Ausstattung. Die Belüftung könnte allerdings besser sein.

Essen

Bei den Restaurants ist die Auswahl größer als bei den Hotels. Mit dem Ölboom floss auch das Geld für einen Aufschwung der gastronomischen Szene. An der Rezeption einiger Hotels erhält man den Restaurantführer *Sabores del Sur* kostenlos.

Dolce Barile (Ecke Belgrano & Av. San Martín; Snacks 3–10 Arg$) Viele Einheimische kommen auf einen Sprung in dieses helle, moderne Eckcafé, um schnell einen Kaffee zu trinken und das appetitlich präsentierte Gebäck zu genießen.

Chocolates (Av. San Martín 231; Kugel 8 Arg$) Eiscreme-Fans werden die Auswahl an samtweichen Schokoladeneiscremes und zahlreichen anderen Geschmacksrichtungen der *„dulce-de-leche"*-Köstlichkeiten aus vollen Zügen genießen. Für die Kinder unter den Gästen steht obendrein noch ein kleines Karussell bereit.

La Barra (☎ 446-6551; Av. San Martín 686; Hauptgerichte 20–35 Arg$) In das moderne Café kommen Einheimische gerne nach der Arbeit, um noch einen *café con leche* zu trinken, bevor es wieder nach Hause geht. Zu den Mahlzeiten ist die Auswahl an Salaten, ausgefallenen Burgersorten und Fleischgerichten groß – ebenso üppig ist aber auch das Angebot an Cocktails.

LP Tipp **Arroba@Cafe & Resto Bar** (Ecke 25 de Mayo & Av. San Martín; Hauptgerichte 25–35 Arg$) Die gepflegte Café-Bar bietet für jeden etwas: guten Kaffee und leckeres Gebäck am Morgen, Salate und Cheeseburger am Mittag, kostenloses WLAN und Smoothies am Nachmittag. Und abends ist es eine gut besuchte Bar, in der auf Flachbildfernsehern Sportsendungen laufen.

Malaespina (☎ 446-0667; 9 de Julio 859; Hauptgerichte 25–40 Arg$; 🕑 Mo–Sa 10 Uhr bis spätnachts, So 19 Uhr bis spätnachts; 🖵) In der schicken Restaurant-Bar mit gedämpfter Beleuchtung und großer Lounge kommen Leute mit „wählerischem Gaumen" auf ihre Kosten. Die in großer Auswahl angebotenen Salate, Pizzas und Sandwiches haben Gourmetqualität. Mit *fútbol* (Fußball) und Musikvideos trägt ein riesiger Flachbildfernseher zur Unterhaltung bei.

Pizzería Giulietta (☎ 446-1201; Belgrano 851; Hauptgerichte 30–35 Arg$) Hier schmecken nicht nur die Pizza, sondern auch die Spinatpasta und die Gnocchi. Verschiedene Sahne- und Tomatensaucen können nach Belieben gewählt werden.

La Tradición (☎ 446-5800; Mitre 675; Hauptgerichte 32 bis 48 Arg$; 🕑 So geschl.) Die elegante *parrilla* (Grillrestaurant) bietet ausgezeichnetes Grillfleisch in einem von weißer Tischwäsche und Ölgemälden geprägten Ambiente (die meisten Bilder zeigen tatsächlich Bohrtürme!).

Ausgehen & Unterhaltung

Molly Malone (☎ 447-8333; Ecke 9 de Julio & Av. San Martín 292; Hauptgerichte 25–45 Arg$) Der Rugby-Club „Golden Oldies betreibt dieses kleine, abgefahrene Resto-Pub (Pub mit Restaurant). Dort zu frühstücken, Mittag zu essen oder abends ein Quilmes-Bier zu süffeln, macht richtig Spaß. Zwar bietet die Kneipe nur Durchschnittsessen, dafür aber eine besonders amüsante, einladende Atmosphäre.

O'Connell's Irish Pub & Restaurant (☎ 444-2369; www.oconnells.com.ar; Belgrano 734; Hauptgerichte 28–35 Arg$) Eine ausgelassene Stimmung herrscht in diesem irisch angehauchten Lokal, wo Sandwiches, Fleischeintöpfe und herzhafte amerikanische Klassiker wie *chicken pot pie* (Hühnerragout mit Gemüse im Teigmantel) auf der Speisekarte

stehen. Während der Happy Hour (19–21 Uhr) gilt bei Bier und Cocktails „Two for One" (zwei Getränke zum Preis von einem).

La Nueva Cabaña (9 de Julio 821; 🕑 Di–Do 20–6, Fr & Sa 22–6 Uhr) Mit *musica electronica*, Rock, Folk und Pop zieht dieses urige Pub und Tanzlokal ein junges Publikum an.

Cine Teatro Español (☎ 447-7700; www.cinecr.com.ar, auf Spanisch; Av. San Martín 668; Eintritt 15 Arg$) In dem imposanten, altmodischen Kino stehen häufig Hollywoodschinken auf dem Programm.

An- und Weiterreise

Der Corredor Bioceánico – RN 26, RP 20 und RP 55 – verbindet Comodoro direkt mit der chilenischen Stadt Coyhaique und dem Pazifikhafen Puerto Chacabuco. Diese wirtschaftlich wichtige Transportroute wird als Alternative zum Panamakanal gefeiert, weil die Strecke das ganze Jahr über befahrbar ist und den Kontinent an der Stelle durchquert, an der die Entfernung zwischen einem Atlantik- und einem Pazifikhafen am kürzesten ist. Die befestigten Straßen RN 26, RP 20 und RN 40 führen nach Esquel und Bariloche.

BUS

So gut wie alle Busse, die auf der RN 3 rauf- und runterfahren, steuern den chaotischen **Busbahnhof** (☎ 446-7305; Pellegrini 730) von Comodoro an. Als sehr nützlich erweist sich da der Schalter der Touristeninformation, der Karten und Reiseberatung bietet.

Die meisten Busfahrpläne sind in zwei Rubriken geteilt: Die eine enthält die Abfahrtszeiten Richtung Norden, die andere die in Richtung Süden. Die Busse von **Andesmar** (☎ 446-8894) steuern fünfmal täglich (Abfahrt zwischen 1.15 und 15 Uhr) nördliche Zielorte an, darunter Trelew, Rawson, Puerto Madryn und San Antonio Oeste, wo sie dann landeinwärts Richtung Córdoba fahren.

Diese in den Norden Patagoniens führende Route bedient auch **TAC** (☎ 444-3376). Allerdings fahren die Busse weiter nach Bahía Blanca, La Plata und Buenos Aires.

Die Busse von **Etap** (☎ 447-4841) starten viermal täglich nach Sarmiento, einmal pro Tag nach Esquel und Río Mayo, mittwochs und samstags nach Coyhaique und viermal wöchentlich nach Río Senguer.

Zweimal täglich fährt ein Bus von **La Unión** (☎ 446-2822) über Perito Moreno (City) nach Los Antiguo und von dort aus geh es weiter nach Chile Chico. Jeden Abend startet ein Bus von

Marga (☎ 447-0564) nach Los Antiguos und nach El Calafate. **Turíbus** (☎ 446-0058) fährt an jedem Mittwoch- und Samstagmorgen nach Coyhaique (Chile), wo es Busverbindungen zu anderen chilenischen Zielorten gibt.

Reiseziel	Fahrpreis (Arg$)	Fahrzeit (Std.)
Bahía Blanca	160–225	15
Bariloche	118–160	14
Buenos Aires	282–430	24
Caleta Olivia	14–18	1
Esquel	60–75	8
El Calafate	110	8
Los Antiguos	65–80	6
Puerto Deseado	50	4–5
Puerto Madryn	59–88	6–8
Río Gallegos	118–147	9–11
Trelew	65–78	5–6
Viedma	125–180	10–13

FLUGZEUG

Der **Aeropuerto General Mosconi** (CRD; ☎ 454-8190) liegt 9 km nördlich der Stadt.

Aerolíneas Argentinas (☎ 444-0050; Av. Rivadavia 156) fliegt mehrmals täglich nach Buenos Aires (398 Arg$) und mehrmals in der Woche nach Neuquén (1220 Arg$).

Comodoros Flughafen istvor allem die Domäne von **LADE** (☎ 447-0585; Av Rivadavia 360) – mindestens einmal in der Woche starten Flüge nach Bariloche (237 Arg$), El Calafate (248 Arg$), Esquel (178 Arg$), Río Gallegos (264 Arg$), Trelew (211 Arg$), Ushuaia (391 Arg$), Viedma (259 Arg$) und Buenos Aires (417 Arg$), wobei verschiedene Zwischenlandungen stattfinden. Die Flugpläne und -routen ändern sich allerdings so häufig wie Patagoniens Wind.

Unterwegs vor Ort

Vor dem Busbahnhof im Stadtzentrum startet der Bus 8 („Directo Palazzo"; 1,80 Arg$), der direkt zum Flughafen fährt.

Expreso Rada Tilly fährt an Werktagen alle 20 Minuten und an Wochenenden alle 30 Minuten vom Busbahnhof in Comodoro zum nahe gelegenen Strandresort (3 Arg$).

Mietwagen gibt es bei **Avis** (☎ 454-9471; am Flughafen) und **Localiza** (☎ 446-3526; Av Rivadavia 535). **Dubrovnik** (☎ 444-1844; www.rentacardubrovnik.com; Moreno 941) verleiht Geländewagen.

SARMIENTO

☎ 0297 / 10 000 Ew.

Das ländliche Städtchen ist ein verschlafener, malerischer Außenposten mit Beeren- und Kirschplantagen. Die Hälfte der Straßen ist lediglich geschottert, und die Autos müssen den Hunden ausweichen, die mitten auf der Straße ein Schläfchen halten. Sarmiento, Argentiniens südlichste Stadt, wurde 1897 auf einstigem Tehuelche-Gebiet gegründet. Seitdem ist die mit Wasser gesegnete Stadt ein bedeutendes landwirtschaftliches Zentrum. Die Bohrtürme ringsherum zeugen davon, dass heute hier auch das Erdöl eine wichtige Rolle spielt. Doch die meisten Farmer ziehen es vor, diese Realität einfach zu ignorieren. Für Besucher bildet der Ort einen guten Ausgangspunkt für Fahrten zu den versteinerten Wäldern. Sie liegen 30 km südöstlich von Sarmiento und sind ein ruhiges Fleckchen, an dem sich erschöpfte Autofahrer wieder regenerieren können.

Sarmiento liegt zwischen den beiden Seen Lago Musters und Lago Colhué Huapi. Dem Colhué Huapi erging es ähnlich wie Comodoros Wasserquellen: Im Vergleich zu seinen früheren Ausmaßen ist er heute nur noch eine Pfütze. Sein gefährdetes Ökosystem bereitet den Ökologen große Sorgen.

Die gefällige **Touristeninformation** (☎ 489-8220; turismo@coopsar.com.ar; Ecke Infanteria 25 & Pietrobelli; ☼ Mo-Fr 8–19, Sa & So 11–17 Uhr) leistet gute Dienste und versorgt die Besucher mit einem Stadtplan sowie regionalen Karten. Das Reisebüro **Santa Teresita** (☎ 489–3238; Ecke Roca & Uruguay) organisiert spezielle Ausflüge (70 Arg$), um die Felskunst am Alero de los Manos, 55 km von Sarmiento entfernt, zu besichtigen. Der Reiterhof **Cabaña el Futuro** (☎ 489-3036) bietet im Sommer Ausritte an (pro Std. 25 Arg$).

Das **Museo Regional Desiderio Torres** (20 de Junio 114; Eintritt frei; ☼ Mo-Sa 10–13 & 17–20, So 10–17 Uhr) ist in einem alten, stimmungsvollen Bahnhof untergebracht. Es zeigt interessante archäologische und paläontologische Ausstellungen sowie Exponate, die von den Ureinwohnern stammen, wobei Gewebtes im Mittelpunkt steht. Ganz in der Nähe der Stadt liegt auf dem Weg zum versteinerten Wald die **Granja San José** (☎ 489-3733; Führung 6 Arg$), eine Farm (granja), die Nutzpflanzen in Hydrokultur anbaut und diverse, ausgezeichnete Marmeladen verkauft.

Angler können sich die Zeit am **Lago Musters** vertreiben. In dem 60 m tiefen See mit sandigem Grund lassen sich rund ums Jahr Forellen, Barsche und Ährenfische fangen. Angelscheine verkauft die Touristeninformation.

Camping Río Senguer (☎ 489-8482; pro Zelt/Auto/Pers. 5/2/3 Arg$) bietet komfortable Zeltplätze. Der Campingplatz liegt 1 km vom Stadtzentrum entfernt an der RP 24. Direkt in der Stadt, b efindet sich das sauber geschrubbte **Hotel Ismar** (☎ 489-3293; Patagonia 248; EZ/DZ/3BZ 80/120/140 Arg$) mit minzgrüner Fassade, engen Motelzimmern und Linoleumfußböden.

Die Kirschfarm **Chacra Labrador** (☎ 489-3329, 0297-15-509-3537; www.hosterialabrador.com.ar; DZ 200 Arg$) bietet B&B-Zimmer in einem Bauernhaus aus den 1930er-Jahren. In den wenigen, aber prächtig ausgestatteten Zimmern finden sich große, bequeme Betten, antike Möbel, ein knisterndes Kaminfeuer und Kannen mit heißem Tee. Die Farm liegt 10 km westlich von Sarmiento (von Comodoro kommend nach der Abzweigung zur Stadt), 1 km vor der Brücke am Río Senguer. Wer sich aus der Stadt abholen lassen möchte, ruft einfach an.

Sarmiento liegt 148 km westlich von Comodoro, die Route verläuft über die RN 26 und RP 20. Etap-Busse fahren täglich um 8, 13, 19 und 22 Uhr nach Comodoro Rivadavia (15 Arg$, 2 Std.). Der Bus nach Río Mayo (26 Arg$, 1½ Std.) startet täglich um 21.30 Uhr.

BOSQUE PETRIFICADO SARMIENTO

Eine helle Sandsteinlandschaft, übersät mit gefallenen Baumriesen – so zeigt sich dieser **versteinerte Wald** (Eintritt 20 Arg$; ☽ Morgengrauen bis Dämmerung), der sich 30 km südöstlich von Sarmiento erstreckt. Vom Besucherzentrum führt ein Weg durch ein geisterhaftes Gelände, das wie ein skurriles Holzlager wirkt. Holzspäne bedecken den Boden, und zahllose gigantische, bis zu 100 m lange und 1 m dicke versteinerte Stämme liegen überall verstreut herum. Im Gegensatz zu den versteinerten Bäumen von Santa Cruz wuchsen diese Stämme allerdings nicht vor Ort, sondern wurden vor etwa 65 Mio. Jahren von reißenden Flüssen aus den Bergregionen an ihren heutigen Platz geschwemmt. Am eindrucksvollsten ist der Teil des Naturparks, in dem eine Handvoll riesiger Stämme an rot und orange gestreiften Felsen lehnt. Für Reisende ist dieser versteinerte Wald leichter erreichbar als das weiter südlich gelegene Monumento Natural Bosques Petrificados (S. 497).

Ausflugsbusse verkehren zwischen Sarmiento und dem Wald, aber weder regelmäßig noch nach einem zuverlässigen Fahrplan. Einfacher ist es, einen Mietwagen zu nehmen und mit diesem dorthin zu fahren oder bei der Touristeninformation in Sarmiento eine anderthalbstündige Parkrundfahrt zum *Remise*-Tarif zu buchen. Wer kann, sollte bis zum Sonnenuntergang bleiben, um zu erleben, wie die letzten Sonnenstrahlen die gestreiften Felsen des Cerro Abigarrado und die mehrfarbigen Hänge zum Leuchten bringen.

CALETA OLIVIA

☎ 0297 / 37 000 Ew.

Die etwas heruntergekommene, aber dennoch authentische Stadt lebt von ihren Erdölraffinerien und der Fischverarbeitung. Starker Wind plagt den Hafen, doch das ist nicht so schlimm wie die sporadischen Sandstürme. Caleta Olivia liegt südlich von Comodoro an der küstennahen RN 3 und ist ein bequemer Ort zum Umsteigen in die Busse, die zu inspirierenderen Plätzen fahren, z. B. zu den versteinerten Wäldern, nach Puerto Deseado oder Los Antiguos.

Der Hafen entstand 1901, als man plante, eine Telegrafenlinie entlang der Küste zu bauen. Seinen Namen verdankt der Ort der einzigen Frau, die damals an Bord des ersten Schiffes mitfuhr. Die Entdeckung von Erdöl führte im Jahr 1944 zu einer Neuorientierung der Wirtschaft: Aus dem Woll- und Schafhandelsplatz wurde ein Standort der Erdölindustrie. Daran erinnert tagtäglich das geisterhafte, 10 m hohe Monumento al Obrero Petrolero, das den Kreisverkehr in der Innenstadt beherrscht.

Orientierung

Kommt man von Norden her in die Stadt, wird die RN 3 zur Avenida Jorge Newbery, dann zur Avenida San Martín (Hauptdurchgangsstraße) und hinter dem Kreisverkehr schließlich zur südöstlichen, diagonal verlaufenden Avenida Eva Perón. Die südwestliche Diagonale Avenida Independencia – ein Teenagertreffpunkt – geht in die RP 12 über. Die meisten Straßen verlaufen diagonal zur San Martín. Eine Ausnahme bilden die Straßen im nordöstlichen Quadranten. Der Hafen und der Kiesstrand liegen vier Blocks östlich des Kreisverkehrs.

Praktische Informationen

Die Banken in der Avenida San Martín haben Geldautomaten, tauschen aber keine Reiseschecks um. In derselben Straße befinden sich zahlreiche *locutorios* und Internetcafés.

Post (Ecke 25 de Mayo & Yrigoyen)

Touristeninformation (☎ 485-0988; caletaolivia@santa cruz.gov.ar; Ecke San Martín & Güemes; ☽ 9–18 Uhr) Liegt in der Nähe des Monuments; engagiertes Personal; Stadtplan erhältlich.

Schlafen & Essen

In Caleta Olivia mangelt es an Unterkünften, vor allem an preiswerten. Ölarbeiter füllen die

Budgetunterkünfte bis unters Dach, sodass Reisende nur schwer ein Quartier finden. Außerdem sind die Preise viel zu hoch für das, was geboten wird. Das Frühstück kostet meistens extra. In der Avenida Independencia gibt es jede Menge Bars, Cafés und Eisdielen.

Camping Municipal (☎ 485-0988; Av. Costanera s/n; pro Pers./Auto 5/7 Arg$) Da der gekieste Campingplatz ungeschützt in der Nähe eines lebhaft bevölkerten Strandes liegt, fehlt es hier an Privatsphäre. Immerhin bewacht ein Sicherheitsdienst den Platz rund um die Uhr. Ein Pluspunkt sind die heißen Duschen und die Grillplätze.

Posada Don David (☎ 485-7661; Yrigoyen 2385; DZ mit/ ohne Bad 150/120 Arg$) In dem lebhaften Straßencafé vor dem Haus sitzen viele Männer, die dem Alkohol frönen. Die einfachen Zimmer liegen an einem engen Flur, die Bäder sind renovierungsbedürftig. Immerhin ist diese *posada* (Gasthof, Herberge) sauber.

Quequén Aike (☎ 485-5503; Tierra del Fuego 865; DZ 180 Arg$) Wer eine Unterkunft in der Nähe des Busbahnhofs möchte, kann es mit diesen kleinen Hütten aus Holz und Backstein versuchen. Vom Vordereingang des Bahnhofs liegen sie nur einen Steinwurf entfernt.

Hotel Capri (☎ 485-1132; Hernández 1145; EZ/DZ 180/ 220 Arg$) Seit gut einem halben Jahrhundert bieten die lebenslustigen Besitzer einfache Zimmer an (die oberen sind die besten) – alle gehen von einer zentralen Halle ab.

Buonna Pizza (☎ 485-5550; Independencia 52; Pizza 28 Arg$) Dieser familienfreundliche Pizzeria wartet mit einer tollen Auswahl an Pizzas und Empanadas auf. Außerdem ist sie nicht so stark verqualmt wie ihre benachbarten Konkurrenten.

El Puerto (☎ 485-1313; Independencia 1060; Hauptgerichte 40–48 Arg$) Frische Leinentischtücher und Fischteller vom Feinsten sind hier an der Tagesordnung. Wer erfahren will, was die Küche an fangfrischen Meeresprodukten zu bieten hat, fragt den Kellner: *„¿Que es lo más fresco?"*

An- & Weiterreise

Der **Busbahnhof** (Ecke Bequin & Tierra del Fuego) liegt 3 km nordwestlich des Stadtzentrums (*remise* 8 Arg$). Die wichtigsten Busse auf der Nord-Süd-Strecke nach Comodoro Rivadavia (20 Arg$, 1 Std.) fahren stündlich zwischen 7 und 23 Uhr (sonntags seltener). Die Busse nach Río Gallegos (120 Arg$, 7–10 Std.) fahren viermal täglich zwischen 20.30 und 2 Uhr und halten in Puerto San Julián (75 Arg$). Die Busse von **Sportsman** (☎ 485-1287) und **La Unión** (☎ 485-1134) starten frühmorgens und am späten Nachmittag

nach Puerto Deseado (50 Arg$, 3½ Std.), Perito Moreno (62 Arg$, 4 Std.) und Los Antiguos (59 Arg$, 5 Std.). Die aktuellen Fahrpläne findet man am Busbahnhof.

PUERTO DESEADO

☎ 0297 / 12 000 Ew.

Die RN 281 zweigt von der RN 3 ab und windet sich 125 km südostwärts durch raue, rosafarbene Felsentäler, vorbei an Grasland mit Büschelgräsern, auf dem Guanakos umherstreifen. Schließlich endet die Straße in der schönen Hafenstadt Puerto Deseado, in der die Hochseefischerei eine wichtige Rolle spielt. Obwohl die Stadt dringend einer Auffrischung bedarf, geht hier alles nur im Schneckentempo voran. Davon zeugen die vorsintflutlichen Lastwagen, die auf den Straßen, vor sich hin rostend, wie gestrandete Wale ihr Leben aushauchen. Doch das historische Stadtzentrum und das an einem überflutenden Flusstal liegende Meeresschutzgebiet Ría Deseado (S. 497) mit seiner Fülle an Seevögeln und Meerestieren sind unbedingt einen Abstecher wert.

Nach einem zerstörerischen Sturm im Jahr 1520 fand Fernão de Magalhães (Ferdinand Magellan) mit seiner angeschlagenen Flotte in der Flussmündung eine Zuflucht, die ihm ermöglichte, seine Schiffe zu reparieren. Er nannte das Mündungsgebiet *Río de los Trabajos* („Fluss der Arbeit"). Als 1586 der englische Freibeuter Cavendish die Mündung erkundete, gab er ihr den englischen Namen seines Schiffes: *Desire* (span. *deseo, deseado*), den sie bis heute (auf Spanisch) trägt. Flotten aus aller Welt zog es in den Hafen, um von hier aus zum Wal- und Robbenfang auszulaufen. Daher sah sich die spanische Krone gezwungen, eine Schwadron Kolonisten unter dem Kommando von Antonio de Viedma in den Hafen zu entsenden. Nach einem strengen Winter starben 30 Kolonisten an Skorbut. Die Überlebenden zogen landeinwärts und gründeten die Kolonie Floridablanca, die aber nicht lange bestand. 1834 erforschte Darwin die Flussmündung, und 1876 ging Perito Moreno auf Erkundungstour.

Orientierung

Von der RN 3 zweigt bei Fitz Roy die RN 281 ab, die nach zwei Stunden Fahrt in südöstlicher Richtung in Puerto Deseado endet. Die Hauptstraßen San Martín und Almirante Brown bilden die beiden Achsen des Zentrums, in dem sich das aktive Leben der Stadt abspielt, zu dem auch die Garnison beiträgt.

PATAGONIEN

PUERTO DESEADO   0 ⊨━━━━ 500 m

PRAKTISCHES		SEHENSWERTES & AKTIVITÄTEN		SCHLAFEN	
Banco de la Nación	1 C2	Club Náutico	7 B3	Cabañas Las Nubes	14 B2
CIS Tour	2 C2	Estación del Ferrocarril		Hotel Isla Chaffers	15 C2
Dirección Municipal de Turismo	3 B2	Patagónico	8 D2	Hotel Los Acantilados	16 A2
Ecowash	4 D2	Los Vikingos	9 B2	Residencial Las Bandurrias	17 B2
Hospital Distrital	5 C3	Museo Padre Beauvoir	10 C2	Residencial Los Olmos	18 D2
Post Office	6 C2	Museo Regional Mario Brozoski	11 C3		
		Sociedad Española	12 C2		
		Vagón Histórico	13 C2		

ESSEN	
El Pingüino	19 D1
Maca	20 C2
Puerto Cristal	21 A2
Sushy Delicatessen	22 C2

AUSGEHEN	
Quinto Elemento	23 C2

UNTERHALTUNG	
Jackaroe Boliche	24 C2

Praktische Informationen

Banken, Geldautomaten, *locutorios* und Internetzugang finden sich gebündelt in der Avenida San Martín.

Banco de la Nación (San Martín & Almirante Brown)

CIS Tour (☎ 487-2864; San Martin 916) Organisiert Touren in der Region und nimmt Flugbuchungen vor.

Dirección Municipal de Turismo (☎ 487-0220; http://www.deseado.gov.ar; auf Spanisch; San Martín 1525; ⓧ Mo–Fr 10–13 & 17–20 Uhr) Das Personal hier und die Angestellten an dem Schalter im Busbahnhof (nur zeitweise geöffnet) sprechen Englisch.

Ecowash (☎ 487-0490; Piedra Buena 859; ⓧ Mo–So) Wäscherei mit Rund-um-Service.

Hospital Distrital (☎ 487-0200; España 991)

Post (San Martín 1075)

Sehenswertes & Aktivitäten

Eine **Wanderung** ist ein guter Start, um die Ausstrahlung der Hafenstadt zu erfassen. Hilfreich ist die *Guía Historica* (eine Karte auf Spanisch), die in der Touristeninformation ausliegt.

Puerto Deseado war einst der Endbahnhof einer bedeutenden Güter- und Personenverkehrsroute. Die Züge transportierten Wolle von Pico Truncado und Blei chilenischer Minen aus dem 280 km nordwestlich gelegenen Las Heras. Eisenbahnfans wird der imposante Bahnhof, die **Estación del Ferrocarril Patagónico** (Eintritt: Spende; ⓧ Mo–Sa 16–19 Uhr), begeistern. Er liegt südlich nahe der Avenida Oneto. Das Bahnhofsgebäude wurde 1908 im englischen Stil von jugoslawischen Steinmetzen errichtet.

Im Stadtzentrum steht der restaurierte **Vagón Histórico** (Ecke San Martín & Almirante Brown) von 1898. In diesem berühmt gewordenen Eisenbahnwaggon bereitete der Rebellenführer Facón Grande die „Patagonische Rebellion" vor. 1979 sollte der Waggon verkauft und verschrottet werden, doch Bewohner der Stadt waren darüber sehr verärgert, blockierten die Straßen und verhinderten so dieses Vorhaben. Einige Blocks weiter westlich steht die schöne, 1915 erbaute **Sociedad Española** (San Martín 1176).

Das **Museo Regional Mario Brozoski** (☎ 487-1358; Ecke Colón & Belgrano; Eintritt frei; ⓧ Mo–Fr 10–17, Sa 15 bis 19 Uhr) zeigt Reste der englischen Korvette *Swift*, die 1778 vor der Küste von Deseado sank und 1982 entdeckt wurde. Taucher suchen noch immer nach weiteren Fundstücken. Das nach einem salesianischen Priester benannte **Museo Padre Beauvoir** (☎ 487-0147; 12 de Octubre 577; Eintritt frei;

(Mo–Fr 10–17 Uhr) zeigt eine eigenwillige Kombination von Fundstücken, die von Eingeborenen stammen, ausgestopften Vögeln und Gegenständen, die Pionierfamilien spendeten.

Zu den vergnüglichen sommerlichen Aktivitäten in Puerto Deseado gehören Paddeln und Windsurfen. Der **Club Naútico** (☎ 0297-15-419-0468) verleiht am Hafen Surfbretter und Kajaks (nur im Sommer). Wer Interesse am Sportangeln hat, kann sich am Pier über die diversen Möglichkeiten informieren.

Geführte Touren

Darwin Expediciones (☎ 0297-15-624-7554; www.darwin-expeditions.com; Av España 2601) Veranstaltet Seekajakfahrten, Tierbeobachtungstouren und mehrtägige Ausflüge mit den Schwerpunkten Natur und Archäologie. Die Touren werden von sachkundigen Führern begleitet. Der „Bestseller" ist die Tour zur Reserva Natural Ría Deseado (140 Arg$).

Los Vikingos (☎ 487-0020, 0297-15-624-5141/4283; www.losvikingos.com.ar; Estrada 1275) Bietet Exkursionen zu Land und auf dem Wasser, u.a. auch zur Reserva Natural Ría Deseado und zum Monumento Natural Bosques Petrificados. Einige Touren werden von Meeresbiologen begleitet.

Schlafen

Die Touristeninformation gibt Auskunft über (relativ) nahe gelegene *estancias*.

Camping Cañadón Giménez (☎ 0297-15-673-6051; RN 281; pro Pers./Zelt 4/15 Arg$, Hütte 100–125 Arg$; (ganzjährig) Der von einem Wald und hohen Felswänden geschützte Campingplatz liegt 4 km nordwestlich der Stadt. Die Entfernung bis zur Ría Deseado beträgt nur 50 m. Die schlichten Hütten bieten Platz für vier Personen, die teureren Varianten haben Heizung und eine einfache Kochgelegenheit. Es gibt Duschen, heißes Wasser und bescheidene Verpflegungsmöglichkeiten.

Residencial Las Bandurrias (☎ 487-0745; acantour@speedy.com.ar; Estrada 1530; EZ/DZ 110/145 Arg$) Mit seinen hallenartigen Abmessungen wirkt dieses gekachelten Gebäude ein wenig wie das Haus einer Behörde. Die einfachen Zimmer sind jedoch picobello sauber.

Residencial Los Olmos (☎ 487-0077; Gregores 849; EZ/DZ/3BZ/4BZ 120/160/210/240 Arg$) Eine wachsame Hausmutter hält diese solide Budgetunterkunft tadellos in Schuss. In dem Backsteinhaus finden sich 19 kleine Zimmer mit TV und Heizung und eigenem Bad.

Hotel Isla Chaffers (☎ 487-2246; Ecke San Martín & Mariano Moreno; EZ/DZ/3BZ 150/190/230 Arg$; ☐) Das in der Innenstadt gelegene Hotel ist freundlich und gepflegt, auch wenn es schon wesentlich bessere Tage gesehen hat. Durch die Panoramafenster

der ebenerdigen (öffentlichen) Café-Bar strömt morgens das Sonnenlicht – genau der richtige Platz, um den Tag mit einer heißen Schokolade zu beginnen.

Hotel Los Acantilados (☎ 487-2167; Ecke Pueyrredón & Av España; EZ/DZ Standard 190/230 Arg$, EZ/DZ Superior 280/320 Arg$; ☐) Von außen wirkt das Hotel auf einer Klippe inspirierender als von innen. Ein idealer Platz zum Entspannen ist die geräumige Lounge mit offenem Kamin. Die Superiorzimmer und der Speisesaal bieten Ausblick aufs Meer. Die Bäder der einfach ausgestatteten Standardzimmer könnten eine Modernisierung vertragen.

Cabañas Las Nubes (☎ 0297-15-403-2677; Ameghino 1351; 2B-/4B-Hütte 260/300 Arg$) Die derzeit wohl hübscheste Unterkunft der Stadt versetzt einen beinahe auf Wolke sieben. Die ein- und zweistöckigen Deluxe-Hütten aus Holz stehen auf einer Bergkuppe. Alle haben große Fenster, einige mit Ausblick zum Meer. Manche der Hütten verfügen über eine mit allem Drum und Dran ausgestattete Küche.

Essen

Maca (☎ 487-2134; San Martín 1263; Sandwiches 20 Arg$; (Di–So 13–15 & 19.30–22 Uhr) Egal welchen Alters: Fans von Sandwiches und Pizza mit richtig viel Käse liegen in diesem Café in einem Backhaus genau richtig. Auch die Eiscreme kann man nur wärmstens empfehlen.

LP Tipp **Sushy Delicatessen** (San Martín 1165; Snacks 20 Arg$; (Mo–Fr 9.30–14 & 16–2.30 Uhr, Sa & So geschl.) Die Kombination aus Weinhandlung und Feinkostladen hat Stil. Mit guten Malbec-Weinen und üppigen Käseplatten lockt es erschöpfte Reisende an. In einem freundlichen, schicken Ambiente reihen sich an den Wänden Regale voller patagonischer Weine. Lauschige Nischen laden zum Lesen, Schreiben oder zum Planen der nächsten Reiseetappe ein.

El Pingüino (☎ 487-2105; Piedra Buena 958; Hauptgerichte 21–28 Arg$; (So geschl.) Bei den Einheimischen genießt dieses Lokal in einem lebhaften Viertel seit Langem einen guten Ruf. Es verwöhnt seine Gäste mit fangfrischem Fisch und köstlichen Pastagerichten, dazu kommen noch ein Tagesmenü und eine gute Weinkarte.

Puerto Cristal (☎ 487-0387; Av. España 1698; Hauptgerichte 30–45 Arg$; (12–15 & 20–24 Uhr, Mittwochmittag geschl.) Gerichte mit Fisch und Meeresfrüchten (gegrillte Calamari, Paella und herzhafte Fischsuppen) überwiegen auf der Speisekarte dieses klassischen Lokals. Wer dessen Küstenlage in vollen Zügen genießen will, sollte versuchen, einen Platz am Fenster zu ergattern.

Puerto Darwin (☎ 247554; www.darwin-expeditions. com; Av. España 2581; Hauptgerichte 32–40 Arg$; ⊙ 9–2 Uhr; 🖳) Der Tourveranstalter Darwin Expediciones betreibt dieses coole Café, das schöne Ausblicke auf den Hafen bietet. In einer unbekümmerten und legeren Atmosphäre lassen sich die Gäste Sandwiches, *picadas* und Fischgerichte schmecken. Der Weg vom Stadtzentrum bis zum Café gleicht einer kleinen Wanderung, und von Hausnummern findet sich in der Avenida España keine Spur. Deshalb: einfach am Wasser entlang bis zum Ende eines eingezäunten Industriegeländes laufen.

Ausgehen & Unterhaltung

Tanzen und einen trinken können Nachtschwärmer z. B. in dem etwas heruntergekommene Pub **Quinto Elemento** (Ecke Don Bosco & 12 de Octubre) und in der protzigen Disko **Jackaroe Boliche** (Mariano Moreno 663), die sich in einem bedauernswert vernachlässigten Gebäude befindet.

An- & Weiterreise

LADE (☎ 487-2674) fliegt mittwochs und freitags nach Comodoro Rivadavia (260 Arg$).

Der **Busbahnhof** (Sargento Cabral 1302) liegt an der nordöstlichen Seite der Stadt, neun lange Blocks von den Avenidas San Martín und Oneto entfernt – der Weg verläuft leicht bergauf. Die Taxifahrt vom oder zum Stadtzentrum kostet um die 12 Arg$.

Die Busse nach Caleta Olivia (50 Arg$, 3 Std.) starten fünfmal am Tag: um 4.15, 6, 13, 19 und 19.30 Uhr. Alle fahren weiter nach Comodoro Rivadavia (50 Arg$, 4 Std.). Der Sportman-Bus nach Comodoro Rivadavia hat dort direkten Anschluss an den Sportman-Bus, der nach El Calafate fährt.

Die schnellste Verbindung nach Perito Moreno und Los Antiguos bietet der Mittagsbus (tgl. außer So). Wer nach San Julián reisen möchte, muss zunächst nach Caleta Olivia fahren und dort zur Weiterfahrt umsteigen. Die Fahrpläne ändern sich ständig, deshalb ist es wichtig, sich am Busbahnhof über die aktuellen Abfahrtszeiten zu informieren!

Wer daran denkt, in gottverlassenen Ortschaft Fitz Roy auszusteigen, um schneller nach Comodoro oder Río Gallegos zu kommen, sollte sich das wirklich dreimal überlegen. (Die Einheimischen sagen, dort gäbe es nichts anderes zu sehen als den Wind.) Die Busse landen in FitzRoy zur Geisterstunde! Einen Schlafplatz bietet lediglich der Campingplatz hinter dem Multirubro La Illusion.

Taxis (☎ 487-2288; 487-0645) sind in Puerto Deseado rar gesät, da die Stadt nicht besonders groß ist. Bei Kälte und Regen lohnt sich es, am Busbahnhof ein Taxi zu rufen.

RESERVA NATURAL RÍA DESEADO

Das von Sandklippen flankierte aquamarinblaue Wasser schuf ein Meerespanorama, das niemand so schnell vergisst. Darüber hinaus zählt diese Landschaft zu Patagoniens wichtigsten Meeresschutzgebieten. Ría Deseado entstand durch die Absenkung der Trichtermündung eines Flusses, wodurch das Wasser des Atlantik 40 km tief ins Landesinnere vordringen und einen geschützten Lebensraum für Meeresbewohner bilden konnte. Zum Zeitpunkt der Recherche stand die offizielle Erklärung der Isla de los Pingüinos und der umliegenden Inseln zum Parque Nacional Isla Pingüinos kurz bevor. Das wird sicher einen verstärkten Tourismus in dieser herrlichen ursprünglichen Region nach sich ziehen.

Tiere des Meeres leben hier in Hülle und Fülle. Etliche Inseln und die Uferbereiche bieten zahlreichen Seevögeln Nistplätze, darunter Magellanpinguinen, Sturmvögeln, Austernfischern, Reihern, Seeschwalben und fünf Kormoranarten. Die Isla Chaffers ist die Domäne der Pinguine, während auf Banco Cormorán zwei Kormoranarten – die Felsenscharbe und die markante Buntscharbe – Schutz finden. Auf der Isla de los Pingüinos nisten Felsenpinguine, Seeelefanten ziehen dort ihre Jungen auf. Auch Commerson-Delfine, Seelöwen, Guanakos und Nandus lassen sich auf der Tour durch die Ría Deseado beobachten.

Die Monate von Dezember bis April sind die beste Zeit für einen Besuch dieses Naturschutzgebietes. Darwin Expediciones (s. S. 495) veranstaltet Rundfahrten (140 Arg$, 2½ Std.). Die Tour umfasst die Commerson-Delfine, Isla Chaffers, Banco Cormorán und einen Spaziergang zur Pinguinkolonie. Die Attraktion der Tagestour zur Isla de los Pingüinos (350 Arg$) ist die Felsenpinguin-Unterart *Eudyptes chrysocome chrysocome* mit ihren stachelförmigen, gelben und schwarzen Schopfhaaren. Die Tour schließt auch die Beobachtung anderer Tiere sowie Segeln und Bergwandern ein. Die Mindestteilnehmerzahl, ab der die Touren stattfinden betragt vier bis fünf Personen. Die Abfahrt richtet sich nach den Gezeiten (entweder frühmorgens oder nachmittags). Ähnliche Exkursionen – in Begleitung von zweisprachigen Führern – und Überlandfahrten organisiert auch Los Vikingos (S. 495).

MONUMENTO NATURAL BOSQUES PETRIFICADOS

Im Jura (vor etwa 150 Mio. Jahren) herrschte in dieser Gegend ein feuchtwarmes Klima. Bei Vulkanausbrüchen wurden die üppig-grünen Wälder unter einem bis zu 20 m dicken Ascheregen begraben und im Laufe der Jahrmillionen mineralisiert. Durch Erosion (Wind und Regen) wurden die Bäume nach und nach wieder freigelegt. Sie haben teilweise einen Durchmesser von bis zu 3 m und eine Länge von 35 m. Die Bäume stammen aus der Familie der *Proaraucariaceae*, den Vorfahren der heutigen Araukarien (Andentannen), die nur in der südlichen Hemisphäre wachsen. Im 150 km² großen **Monumento Natural Bosques Petrificados** (Eintritt frei; ☾ ganzjährig 9–21 Uhr) gibt es ein kleines Besucherzentrum, eine informative Broschüre in englischer Sprache und einen kurzen Lehrpfad, der von der Parkverwaltung zur größten Gruppe versteinerter Bäume führt. Viele der schönsten Fundstücke wurden vor 1954 geplündert, erst dann wurde das Areal unter Schutz gestellt. Nun hofft man, dass die Besucher nicht weiter diese üble raffgierige Tradition fortsetzen.

Das Naturmonument liegt 157 km südwestlich von Caleta Olivia und ist über die gute Schotterstraße RP 49 erreichbar. Die Abzweigung von der RN 3 liegt bei Km 2074, von dort geht es etwa 50 km Richtung Westen. Es gibt leider keine öffentlichen Busse, die direkt zum Versteinerten Wald fahren. Busse von Caleta Olivia halten zwar an der Kreuzung, doch kann es häufig mehrere Stunden dauern, bis ein Auto anhält. Los Vikingos (S. 495) veranstaltet organisierte Fahrten ab Puerto Deseado.

20 km vor der Parkverwaltung liegt bei **La Paloma** ein einfacher **Campingplatz**. Hier werden auch ein paar Grundnahrungsmittel und Wasser verkauft. Im Park selbst ist das Zelten streng verboten.

PUERTO SAN JULIÁN

☎ 02962 / 6143 Ew.

Für einen Kunstfilm wäre dieses öde, dennoch sehr charismatische Nest eine ideale Umgebung. 350 km südlich von Caleta Olivia liegt die kleine Stadt, in helles Licht und Staub getaucht, blank und bloß unter dem überraschend blauen Himmel der Bahía San Julián. Der Hafen von San Julián gilt als Wiege der patagonischen Geschichte. 1520 ankerte Magellan, der berühmte portugiesische Seefahrer, als Erster im Hafen von San Julián. Magellans Begegnung mit den einheimischen Tehuelche verdankt die Region ihren mythischen Namen (s. Kasten unten). Der große Entdecker blieb jedoch nicht der Einzige, der hier seine Spuren hinterließ. Auch Viedma, Drake und Darwin wagten sich auf diese sandige Landzunge. Letzterer suchte hier nach Fossilien.

Während Menschen Geschichte schrieben, erzählt die Landschaft von einer geologischen Revolution, die sich an den verschiedenfarbigen Gesteinsschichten, den weiten, sanft auslaufenden Hügeln und den goldenen Klippen ablesen lässt. Hier kann man, neben anderen Mineralien, Kupfererze finden.

GROSSE FÜSSE – WAHRHEIT ODER LÜGE?

Manch einer denkt bei „Patagonia" an die Sportbekleidungsmarke, die für ihre Öko-Klamotten bekannt ist. Doch seit langem steht der Name „Patagonien" auch als Synonym für den Gedanken „am Ende der Welt sein" – und bis heute liefert er Stoff für heiße Debatten über seinen Ursprung.

Eine Theorie führt den Namen auf ein fiktives Ungeheuer zurück: den Riesen „Patagón", der in einem Ritterroman, einem Bestseller des 16. Jhs., auftaucht. Demnach habe Magellans Mannschaft jenen Name verwendet, um die Tehuelche zu beschreiben, als sie 1520 in Puerto San Julián überwinterten. Die Entstehung des Spitznamens lässt sich tatsächlich recht präzise zurückverfolgen, denn der italienische Adlige Antonio Pigafetta, Schriftsteller und Mitglied der Schiffscrew, beschrieb in seinem Reisebericht einen Tehuelche: Er war „so groß, dass wir ihm nur bis zur Taille reichten … Er war in Tierhäute gekleidet, die geschickt zusammengenäht waren … In eine schuhähnliche Form gebracht, bedeckte dieselbe Art von Häuten seine Füße … Der Kapitän [Magellan] nannte diese Leute Patagoni."

Eine andere Theorie besagt, der Name beruhe auf dem spanischen Wort *pata*, das „Pfote" oder „Fuß" bedeutet. Für die Behauptung, die Tehuelche hätten außergewöhnlich große Füße gehabt, gibt es auf jeden Fall keinen Beweis – vielleicht wirkten ihre Füße allein durch die Tierhäute, die die Tehuelche als Schuhe trugen, auffallend groß. Immerhin bildet die „Großfußtheorie" einen guten Stoff für das Genre der Reiseerzählungen, die von ersten subjektiven Eindrücken und nicht von der Realität leben.

Die ersten nicht einheimischen Siedler von Puerto San Julián kamen im späten 19. Jh. von den Falklandinseln (Islas Malvinas), als der Boom der Wollindustrie einsetzte. Schotten folgten im Zuge der Gründung der San Julián Sheep Farming Company, die fast ein Jahrhundert lang die wirtschaftliche Vormachtstellung in der Region einnahm. Den jüngsten, nie zuvor erlebten Aufschwung und Bevölkerungszuwachs erlebte die Stadt durch den Bergbau und die industrielle Verarbeitung von Meeresfrüchten. Für Reisende ist der Hafen ein entspannender Zwischenstopp, der zudem die Gelegenheit bietet, Commerson-Delfine zu beobachten.

Praktische Informationen

Banco Santa Cruz (Ecke San Martín & Moreno) Mit Geldautomaten.

Dirección de Turismo (☎ 454396; www.sanjulian.gov.ar, auf Spanisch; Av San Martín 135; ☉ Mo–Fr 7–21, Sa & So 17–21 Uhr) In der Hauptsaison gibt's auch einen Kiosk an der San Martín 500.

Post (Ecke San Martín & Belgrano)

Telefónica (Ecke San Martín & Rivadavia) Locutorio mit Internetzugang.

Sehenswertes & Aktivitäten

Ein kleines Abenteuer verspricht der **Circuito Costero**, der an der Bahía San Julián entlangführt und ein unglaublich malerisches Landschaftsbild bietet. Die Fahrt mit dem *remise* oder dem stattdessen missbrauchten eigenen Mietauto verläuft über eine 30 km lange, holprige Schotterstraße. Doch es lohnt sich: Goldfarbene Felsen unterbrechen wunderschöne Strände, an denen die Gezeiten in drastischem Ausmaß auftreten. In dieser Gegend gibt es eine Seelöwenkolonie und als Attraktion den Büßerweg am Monte Cristo (mit allen Stationen des Kreuzweges). Wer mit seinem Mietauto fährt, sollte sich vor der Fahrt vergewissern, dass der Ersatzreifen nicht nur vorhanden, sondern auch in Ordnung ist.

Das **Museo Nao Victoria** (Eintritt 8 Arg$), erweckt Magellans Landung wieder zum Leben. Es ist eine Kombination aus Museum und Themenpark, mit lebensgroßen Figuren in Rüstungen und Szenen von Zechgelagen und kämpfenden Meuterern. Spannend sind auch die Reproduktionen der Alltagsgegenstände. Das Museum ist nicht zu übersehen – es ankert als Nachbau des Entdeckungsschiffs *Nao Victoria* im Hafen.

Gemäß der letzten Zählung leben rund 130 000 Pinguine auf der **Banco Cormorán**, die Besucher mit dem Boot ansteuern können. Eine zweistündige Bootstour durch die Bahía San Julián in Begleitung von Meeresbiologen (pro Pers. 110 Arg$) mit Besuch der Pinguine bietet **Expediciones Pinocho** (☎ 454600; Ecke Mitre & 9 de Julio) an. Die Pinguine watscheln von September bis April auf zahlreichen Inselchen umher. Von verschiedenen Rahmenbedingungen hängt es ab, ob Besucher ein Inselchen betreten dürfen, auf dem Pinguine dösen, ihre Eier bewachen und zur Nahrungssuche ins Meer abtauchen. Das Ausflugsboot stoppt an der **Banco Justicia**, wo Königskormorane und viele andere Seevögel leben. Von Dezember bis März bestehen gute Chancen, Commerson-Delfine (S. 479) zu sehen – sie sind die weltweit kleinste Delfinart.

Weitere mögliche Aktivitäten sind **Küstenwanderungen** und das Erkunden der vielfältigen Vogelwelt. Wer zu weit unterwegs ist (oder nur eine Begleitung anlacht), kann ein **Tandemfahrrad** (☎ 02962-15-532312; pro Std. 15 Arg$) leihen und damit Streifzüge in die Umgebung unternehmen. Nähere Auskunft über diese und weitere Aktivitäten erhält man am Kiosk der Touristeninformation (Direcció de Turismo).

Schlafen & Essen

Camping Municipal (☎ 452806; Magallanes 650; pro Pers./Auto 3/5 Arg$) Der am Meer gelegene Campingplatz am nördlichen Ende der Vélez Sarsfield ist sehr gut ausgestattet – inklusive Windschutz, heißen Duschen (1,50 Arg$) und Waschmaschinen.

Hostería Miramar (☎ 454626; hosteriamiramar@uvc.com.ar; San Martín 210; EZ/DZ 130/200 Arg$; ☑) Tageslicht durchströmt dieses saubere, freundliche Hotel an der Küste. Seine elf Zimmer, darunter ein für Familien geeignetes Apartment, haben Teppichboden und eine von Minzgrün dominierte Ausstattung. In jedem Zimmer steht ein riesiger Fernseher.

Hotel Ocean (☎ 452350; San Martín 959; EZ/DZ/3BZ 140/180/200 Arg$) In den sauber geschrubbten, ansprechenden Zimmern des hellen, umgebauten Backsteinhauses mit tropischer Geräuschkulisse stehen solide Betten. Das freundliche, hilfsbereite Personal steht Reisenden mit Rat und Tat zur Seite. Wenn Gäste müde und hungrig mit dem Bus um Mitternacht in der Stadt ankommen (was häufig passiert), hilft ihnen hier jemand, ein Restaurant zu finden, das noch geöffnet hat.

Hotel Bahía (☎ 453144; www.hotelbahiasanjulian.com.ar, auf Spanisch; San Martín 1075; EZ/DZ/3BZ 170/205/240 Arg$; ☑) Mit seiner Glasfront wirkt das Hotel geradezu dekadent in einem Ort wie San Julián. In den modernen Zimmern stehen Betten mit festen Matratzen, weitere Pluspunkte sind die TVs und der Wäscheservice. In der Café-Bar, die auch für das allgemeine Publikum zugänglich ist, kann man gemütlich frühstücken oder einfach nur einen Kaffee trinken.

Costanera Hotel (☎ 452300; www.costanerahotel.com; 25 de Mayo 917; EZ/DZ/3BZ 185/220/255 Arg$; 🖳) Nach einer umfangreichen Renovierung sieht das Hotel am Meer wie neu aus. Die Doppelzimmer sind standardmäßig ausgestattet und sauber. Das Restaurant gehört zu den besseren der Stadt. Dass zwischen Hotel und Strand eine Straße verläuft, stört kaum einen.

La Rural (☎ 454066; Ameghino 811; Hauptgerichte 22 bis 30 Arg$) In diesem bescheidenen Lokal mit freundlicher Bedienung, aber mittelmäßigen deftigen Gerichten, scheint sich der ganze Ort zu versammeln. Die Kost reicht von Fleisch über Kartoffeln bis hin zu Fisch und Pasta.

Restaurante Costanera Hotel (☎ 454192; 25 de Mayo 917; Hauptgerichte 32–38 Arg$; ☽ Mittag- & Abendessen) Auf den ersten Blick wirkt das geräumige Speiselokal wie ein steriles Hotel-Restaurant. Doch am Abend füllt es sich mit humorvollen Einheimischen und Reisenden, die sich bei frisch gefangenem Fisch und einem guten Rotwein näherkommen.

La Juliana (☎ 452074; Zeballos 1134; Hauptgerichte 40 bis 50 Arg$; ☽ Di–So Abendessen) In diesem renovierten alten Lokal werden beliebte Gerichte ausgezeichnet zubereitet. Doch die meisten Gäste kommen vor allem wegen der coolen Atmosphäre.

An- & Weiterreise
BUS
Die meisten Busse, die auf der RN 3 fahren, machen am **Busbahnhof** (☎ 452082; San Martín 1552) von San Julián zu höchst unchristlichen Uhrzeiten halt. Wer nicht um vier Uhr morgens aus einem Bus klettern will, sollte es mit dem Busunternehmen **Don Otto** (☎ 452072) versuchen. Dessen Busse setzen südwärts Reisende zu einer zivilen Zeit am Abend in San Julián ab. Die Busse von **Via Tac** (☎ 02966-15-638883) fahren über Trelew (122 Arg$) nach Puerto Madryn (132 Arg$, 12 Std.). **Andesmar** (☎ 454403) bedient die Strecke nach Comodoro Rivadavia (65 Arg$). Die Busse von **Taqsa** (☎ 454667) fahren nach Río Gallegos (60 Arg$), wo es Anschlussbusse in den Süden gibt. Weitere Zielorte der Taqsa-Busse sind Caleta Olivia (55 Arg$), Perito Moreno (97 Arg$) und Los Antiguos (115 Arg$).

Etwas teurer sind die Fahrten mit den „Haus-zu-Haus-Bussen", die verschiedene Busunternehmen von Montag bis Samstag am frühen Morgen für etwa 70 Arg$ anbieten: **Sur Servicio** (☎ 454044, in Comodoro Rivadavia 02962-454044; San Martín 1380) fährt nach Comodoro Rivadavia, **Gold Tour** (☎ 452265; San Martín 1075) nach Río Gallegos und **Cerro San Lorenzo** (☎ 452403; Berutti 970) nach Gobernador Gregores.

Da sich die Busfahrpläne häufig ändern, ist es ratsam, sich vor Ort genau über die Abfahrtszeiten zu informieren.

ESTANCIA LA MARÍA
Rund 150 km nordwestlich von Puerto San Julián liegt mitten in der patagonischen Steppe die **Estancia La María** (www.arqueologialamaria.com.ar). Auf deren Gelände befindet sich eine archäologische Forschungsstätte, wo Funde über das Leben im Pleistozän erzählen. Es gibt insgesamt 84 Höhlen mit ausgezeichnet erhaltenen Höhlenmalereien, die 12 600 Jahre alt sind. Drei Kulturen aus der Zeit vor den Tehuelche schufen die *arte rupestre* (Höhlenmalerei), die heute als Patagoniens bedeutendste Entdeckung dieser Art gilt. Nur während einer Führung (130 Arg$) mit den Besitzern der Estancia bekommen Besucher diese Schätze zu Gesicht.

Für Budgetreisende ist der Abstecher hierher eine ausgezeichnete Gelegenheit, auf einer *estancia* zu übernachten. Zuständig für Reservierung und Transportmöglichkeiten sind die liebenswürdigen Besitzer **Pepa** und **Fernando Behm** (☎ in San Julián 452233, 02962-15-449827; Saavedra 1168; pro Zelt inkl. heißer Dusche 16 Arg$, DZ mit/ohne Bad 98/60 Arg$; ☽ Okt.–Mai). Der Weg zu „La María" führt über die RP 25 und die RP 77.

PARQUE NACIONAL MONTE LEÓN
Dieser großartige Küstennationalpark wurde 2004 eröffnet. Auf einer Fläche von 600 km^2 schützt er atemberaubende Kaps und eine charakteristische patagonische Steppe. Sein 40 km langer, umwerfend schöner Küstenabschnitt besticht mit Buchten, Stränden und Wattenmeer. In dem Gebiet gingen einst nomadisierende Ureinwohner auf die Jagd, später siedelten sich Tehuelche an. Bevor es zum Nationalpark erklärt wurde, gehörte das weitläufige Gelände zu einer Estancia. Heute beheimatet es unzählige Magellanpinguine, Seelöwen, Guanakos und einige Pumas. Bei den erstklassigen Möglichkeiten für Tierbeobachtungen sollte niemand das Fernglas vergessen.

Wenn bei Ebbe weite Bereiche des sandigen und steinigen Strands freigibt, lohnt sich eine Wanderung entlang der Küste, die außergewöhnliche geografische Besonderheiten aufweist, am meisten. Eine der markantesten Attraktionen des Parks, **La Olla** (eine riesige

PATAGONIEN

Brandungshöhle), hielt im Oktober 2006 den gewaltigen Kräften der Gezeiten nicht mehr stand und stürzte in sich zusammen. Bei Ebbe kann auch die **Isla Monte León**, die der Küste vorgelagert ist, betreten werden. Von ihren hohen Felsen wurde zwischen 1933 und 1960 intensiv Guano abgebaut. Heute leben hier wieder Kormorane, Dominikanermöwen, Raubmöwen und andere Seevögel. Vorsicht, der Tidenhub ist hier sehr groß, das Wasser kehrt also rasant schnell zurück. Jeder, der am Strand unterwegs sein will, muss sich deshalb vorher immer genau über die Tidezeiten informieren. Die bei Flut unter Wasser stehenden Felsen sind bei Ebbe glitschig!

Von der Hauptstraße zweigen Naturpfade ab, die zur Küste führen. Der **Pinguinweg** geht quer durch die Steppe bis zu einem Aussichtspunkt, von dem aus sich die Brutkolonie überblicken lässt. Es ist verboten, den Weg zu verlassen – und auch gar nicht notwendig, da die 75 000 Pinguinpaare problemlos zu sehen sind. Die Rundwanderung dauert 1½ Stunden. Wer will, kann mit dem Auto zum Kliff **Cabeza de León** („Löwenkopf") fahren und in 20 Minuten auf einem Pfad zur Seelöwenkolonie laufen.

Am Strand ist freies Campen erlaubt, inklusive der kostenlosen Nutzung der Picknicktische. Süßwasser, insbesondere Trinkwasser, müssen die Besucher allerdings selbst mitbringen. Eine Alternative ist die reizvolle **Hostería Monte León** (☎ in Buenos Aires 011-4621-4784, in Ushuaia 02901-431851; www.monteleon-patagonia.com; EZ/DZ inkl. Vollpension 800/1215 Arg$; ☼ Nov.–April). Das restaurierte, über 100 Jahre alte Gebäude ist das ehemalige Farmhaus *(casco)* der 1895 gegründeten Estancia und wird heute von den Enkeln des Gründers geführt. Die Ausstattung des Hauses mit vier Schlafräumen spiegelt den spartanischen patagonischen Farmhausstil wider: schmiedeeiserne Betten, minimale, aber geschmackvolle Möblierung und eine offene Küche mit einem eisernen Herd, der mit Holz beheizt wird. Die *hostería* organisiert außerdem ganztägige Bootstouren und Fliegenfischen, bei dem der Fang aus Stahlkopfforellen besteht.

Der Parkeingang liegt 30 km südlich von Comandante Luis Piedrabuena bzw. 205 km nördlich von Río Gallegos und direkt an der RN 3. Allerdings ist der Eingang sehr schlecht ausgeschildert, es heißt also: aufpassen.

RÍO GALLEGOS
☎ 02966 / 79 114 Ew.

Mit der Verschiffung von Kohle, den Ölraffinerien und Kränen für das Verladen von Wolle wirkt der Hafen von Río Gallegos nicht gerade anziehend auf Touristen. Im Hafen herrscht reger Betrieb, doch andere Vorzüge kann er kaum aufweisen. Unter der Regierung von Néstor Kirchner blühte die Hauptstadt seiner Heimatprovinz zu einem blitzblank aufpolierten Wirtschaftszentrum auf. Die Attraktionen für Besucher liegen in der Umgebung der Stadt: einige der besten Fischgründe des Kontinents zum Fliegenfischen, außerdem traditionelle Estancias und eine Küste mit extrem ausgeprägter Ebbe (das Wasser weicht 14 m zurück). Obwohl es in der Stadt an Dienstleistungen für Reisende nicht mangelt, fahren die meisten auf dem Weg nach El Calafate, Puerto Natales oder Ushuaia geradewegs durch.

Heute stehen die nahe gelegenen Ölfelder im Mittelpunkt der wirtschaftlichen Interessen der Stadt, während die Kohle größtenteils zu den Hochseefrachtern in Punta Loyola geschafft wird. Als Standort einer großen Militärbasis spielte Río Gallegos während des unseligen Falklandkrieges eine wichtige Rolle.

Praktische Informationen
NÜTZLICHES
Die Banken in der Avenida Roca verfügen über Geldautomaten. Internetzugang bieten zahlreiche Internetcafés und einige Restaurants.

ACA (Automóvil Club Argentino; ☎ 420477; Orkeke 10) Tankstelle, Karten und Reiseberatung.

Centro de Informes Turístico (☎ 422365; Av. San Martín s/n; ☼ Okt.–April) Nützlicher Informationskiosk auf dem Mittelstreifen der Straße.

Hospital Regional (☎ 420289; José Ingenieros 98)

Einwanderungsbehörde (☎ 420205; Urquiza 144; ☼ Mo–Fr 9–15 Uhr)

Städtische Touristeninformation (☎ 436920; http://www.riogallegos.gov.ar, auf Spanisch; Ecke Av. Roca & Córdoba; ☼ Mo–Fr 9–15 Uhr) Der Schalter im Busbahnhof hat länger geöffnet.

Touristeninformation der Provinz (☎ 422702; www.santacruz.gov.ar, auf Spanisch; Av. Roca 863; ☼ Mo–Fr 9–19, Sa & So 10–13 & 17–20 Uhr) Karten und detaillierte Informationen; das mehrsprachige Personal ist ausgesprochen hilfsbereit.

Thaler Cambio (Av. San Martín 484; ☼ Mo–Fr 10–15, Sa 10–13 Uhr) Umtausch von Reiseschecks.

ANDERE DIENSTLEISTUNGEN
Aike Lavar (☎ 420759; Corrientes 277) Wäscherei mit Service.

Post (Av. Roca 893)

Telefónica (Av. Roca 1328) Eine von mehreren bis spät in die Nacht geöffneten *locutorios* in der Avenida Roca, die auch Internetzugang bieten.

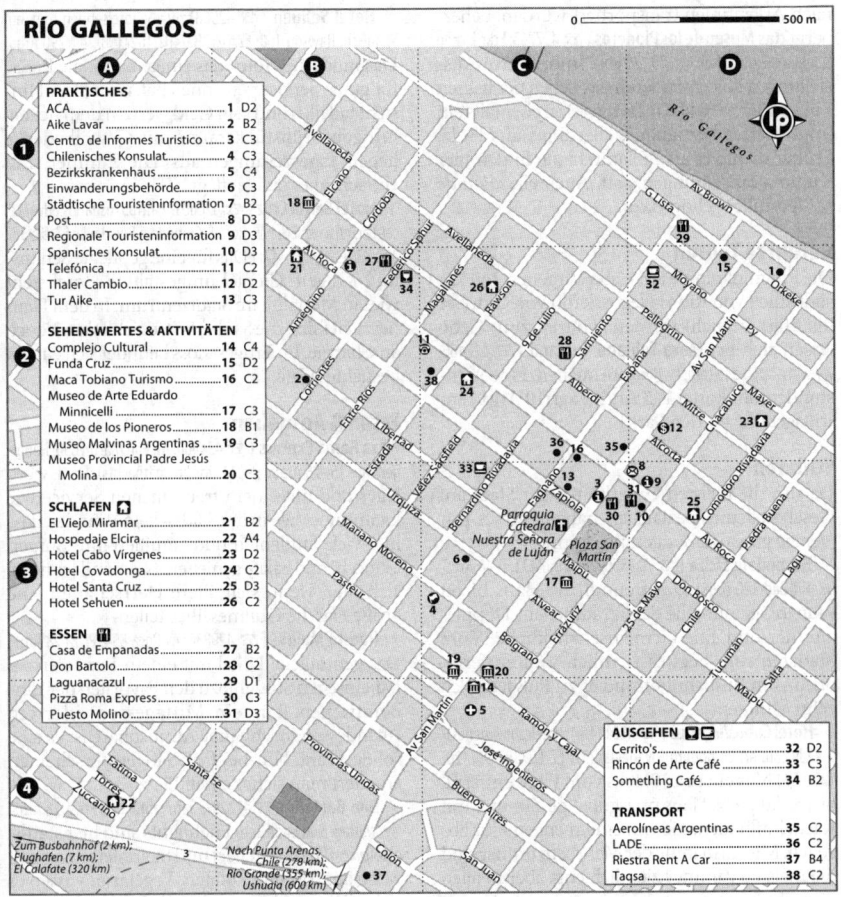

RÍO GALLEGOS

0 _____ 500 m

PRAKTISCHES
ACA	**1**	D2
Aike Lavar	**2**	B2
Centro de Informes Turístico	**3**	C3
Chilenisches Konsulat	**4**	C3
Bezirkskrankenhaus	**5**	C4
Einwanderungsbehörde	**6**	C3
Städtische Touristeninformation	**7**	B2
Post	**8**	D3
Regionale Touristeninformation	**9**	D3
Spanisches Konsulat	**10**	D3
Telefónica	**11**	C2
Thaler Cambio	**12**	D2
Tur Aike	**13**	C3

SEHENSWERTES & AKTIVITÄTEN
Complejo Cultural	**14**	C4
Funda Cruz	**15**	D2
Maca Tobiano Turismo	**16**	C2
Museo de Arte Eduardo Minnicelli	**17**	C3
Museo de los Pioneros	**18**	B1
Museo Malvinas Argentinas	**19**	C3
Museo Provincial Padre Jesús Molina	**20**	C3

SCHLAFEN
El Viejo Miramar	**21**	B2
Hospedaje Elcira	**22**	A4
Hotel Cabo Vírgenes	**23**	D2
Hotel Covadonga	**24**	C2
Hotel Santa Cruz	**25**	D3
Hotel Sehuen	**26**	C2

ESSEN
Casa de Empanadas	**27**	B2
Don Bartolo	**28**	C2
Laguanacazul	**29**	D1
Pizza Roma Express	**30**	C3
Puesto Molino	**31**	D3

AUSGEHEN
Cerrito's	**32**	D2
Rincón de Arte Café	**33**	C3
Something Café	**34**	B2

TRANSPORT
Aerolíneas Argentinas	**35**	C2
LADE	**36**	C2
Riestra Rent A Car	**37**	B4
Taqsa	**38**	C2

Zum Busbahnhof (2 km);
Flughafen (7 km);
El Calafate (320 km)

Nach Punta Arenas,
Chile (278 km);
Río Grande (355 km);
Ushuaia (600 km)

PATAGONIEN

Tur Aike (☎ 422436; turaiketurismo@ciudad.com.ar; Zapiola 63) Sehr nützlich für Flugbuchungen.

Sehenswertes

Auf der hübschen **Plaza San Martín** stehen Bänke in ruhigen Ecken im Schatten von Silberpappeln und purpurfarben blühenden Jacarandas (Río-Palisanderbäume), die sich für eine Erholungspause perfekt anbieten.

Die Lust auf Dinosaurier-Panoramen und moderne Kunst lässt sich im **Museo Provincial Padre Jesús Molina** (☎ 423290; Ecke Av San Martín & Ramón y Cajal; Eintritt frei; ☼ Mo–Fr 9–20, Sa 15–20 Uhr) befriedigen. Das Museum zeigt interessante Exponate aus den Bereichen Anthropologie, Paläontologie, Geologie und der bildenden Kunst. Die ethnologisch orientierte Tehuelche-Ausstellung um-

fasst faszinierende Fotos und Informationen zur Regionalgeschichte.

Mit dem Auftrag, Wissen über Kunst zu vermitteln, zeigt das **Museo de Arte Eduardo Minnicelli** (☎ 436323; Maipú 13; Eintritt frei; ☼ Di–Fr 8.30–19, Sa & So 14–18 Uhr) in Wechselausstellungen Leihsammlungen großer Museen und Gemälde von Künstlern der Provinz Santa Cruz. Außerdem bietet es die neuesten Nachrichten aus der lokalen Kulturszene.

Das **Museo Malvinas Argentinas** (☎ 420128; Ecke Pasteur & San Martín; Eintritt frei; ☼ Mo & Do 8–12, Di & Fr 13–17.30 Uhr, Mi geschl.) beschäftigt sich mit dem Besitzanspruch, den Argentinien auf die Islas Malvinas (Malwinen/Falklandinseln) erhebt.

Eines der gusseisernen, zerlegbaren Fertighäuser, die in den 1890er-Jahren von England nach Argentinien transportiert wurden, beherbergt das **Museo de los Pioneros** (☎ 437763; Ecke Elcano & Alberdi; Eintritt frei; ⏰ 10–20 Uhr). Informative Ausstellungen dokumentieren das Leben der frühen Einwanderer. **Funda Cruz** (G Lista 60) ist ebenfalls ein importiertes Fertighaus, allerdings aus Holz. Früher diente es als Zollamt, heute finden hier Kulturveranstaltungen statt. Auch ein *salón de té* (Teestube) gehört dazu.

Geführte Touren

Die Pinguinkolonie am Cabo Vírgenes, 140 km südöstlich von Río Gallegos, kann von Oktober bis März besucht werden. Touren zum Cabo lassen sich bei **Maca Tobiano Turismo** (☎ 422466; www.macatobiano.com; Av. Roca 998) buchen. Eine Achtstundentour kostet 145 Arg\$ (zzgl. 10 Arg\$ Eintrittsgebühr für den Park).

Schlafen

Da sich die meisten Unterkünfte der Stadt auf Geschäftsleute spezialisiert haben, gibt es nur wenige günstige Budgetunterkünfte.

Hospedaje Elcira (☎ 429856; Zucarino 431; B 40 Arg\$, DZ mit Bad 120 Arg\$) Das freundliche Haus bietet saubere, gemütliche Schlafräume, ein Doppelzimmer und eine Gemeinschaftsküche. Vom Stadtzentrum liegt es ziemlich weit entfernt, doch vom Busbahnhof sind es zu Fuß lediglich zehn Minuten.

Hotel Cabo Vírgenes (☎ 422134/41; hotelcabovirgenes@ speedy.com.ar; Comodoro Rivadavia 252; EZ/DZ/3BZ 90/120/ 180 Arg\$) Nur ein paar Blocks vom Fluss entfernt, bietet das gelbe Haus preisgünstige Zimmer mit Kachelfußboden, die von einem engen Flur abgehen. Mit Ausnahme der Mehrbettzimmer sind die meisten Zimmer ziemlich eng, aber in allen herrscht Ruhe.

Hotel Covadonga (☎ 420190; hotelcovadongargl@ hotmail.com; Av. Roca 1244; DZ/3BZ/4BZ mit Bad 120/150/ 180 Arg\$, DZ/3BZ ohne Bad 85/120 Arg\$) Das saubere, preiswerte Hotel hat eine anheimelnde Atmosphäre und ansprechende Zimmer mit knarrendem Fußboden. In dem sonnigen Aufenthaltsraum stehen abgewetzte Ledersofas. Der höhere Preis für die Zimmer mit Bad lohnt sich. Bei Barzahlung wird ein Rabatt gewährt.

El Viejo Miramar (☎ 430401; hotelviejomiramar@yahoo. com.ar; Av. Roca 1630; DZ 150 Arg\$) Wer sich für eines der behaglichen Gästezimmer mit Teppichboden und blitzblankem Bad entscheidet, trifft eine gute Wahl. Der leutselige Besitzer tut alles, damit sich seine Gäste wirklich wohlfühlen. Das Frühstück ist im Preis inbegriffen, allerdings ohne zweite Tasse Kaffee.

Hotel Sehuen (☎ 425683; www.hotelsehuen.com, auf Spanisch; Rawson 160; EZ/DZ/3BZ/4BZ 162/198/244/290 Arg\$) Das moderne Hotel, das einige nationale Preise für guten Service gewonnen hat, ist in jeder Hinsicht tadellos und sein Geld wert. In dem hellen, luftigen Frühstücksraum mit Gewölbedecke liegen Tageszeitungen aus. Die Zimmer sind einfach, aber gut gepflegt.

Hotel Santa Cruz (☎ 420601/2; http://usuarios.advance. com.ar/htlscruz; Ecke Av. Roca & Comodoro Rivadavia; EZ/DZ/3BZ 242/339/398 Arg\$; 🖳) Das für eine gepflegte Schlips- und Kragen-Klientel umgestaltete Hotel steht wie ein Monolith im Stadtzentrum. In dem Haus herrscht klinische Sauberkeit, es fehlt ihm jedoch an Charme. Im Erdgeschoss befindet sich ein gut besuchtes Café.

Essen & Ausgehen

Pizza Roma Express (☎ 434400; Av. San Martín 650; Hauptgerichte 15–25 Arg\$; ⏰ 11 Uhr bis spätnachts) Preiswert, leger und mit einem freundlichen Service wie kaum anderswo in der Stadt - kein Wunder, dass hier viele Studenten und Familien ihre Burger, Gnocchi und Salate genießen. Niemand wundert sich hier, wenn sich ältere Herrschaften eine große Flasche Quilmes-Bier teilen.

Puesto Molino (☎ 429836; Av Roca 854; Pizza 28 Arg\$) Das gemütliche Lokal mit einem Pizzaofen im italienischen Stil zählt zu den Favoriten der Einheimischen. Für ein Mittagessen oder ein Abendessen in lebhafter Atmosphäre ist es eine solide Wahl. Nur bei frühzeitigem Erscheinen ergattert man sicher einen Platz!

Don Bartolo (☎ 427297; Sarmiento 125; Pizza 28 Arg\$; ⏰ Mittag- & Abendessen) Highlights sind hier stattliche *parrilla* (Grillteller) und Steinofenpizzas mit Belag aus frischen Zutaten. Vegetarier wissen es sicherlich zu schätzen, dass sie Salate nach eigenem Gusto zusammenstellen können.

Casa de Empanadas (☎ 444955; Sphur 78; 1 Dutzend Empanadas 30 Arg\$) Ob als Proviant für eine lange Busfahrt oder als Kost fürs Relaxen im Hotelzimmer - mit einer Schachtel kochend heißer Empanadas ist jeder gut gewappnet. Unbedingt probieren: die Stromboli-Empanada und andere kreative Varianten von der Gourmetseite der Speisekarte.

Laguanacazul (☎ 444114; Ecke G Lista & Sarmiento; Hauptgerichte 30–50 Arg\$; ⏰ Mo geschl.) Innovativ und ideenreich stellt sich dieses Restaurant der Herausforderung, die patagonische Küche auf neue Füße zu stellen. Zu den kulinarischen Kreationen zählen pfannengerührte Forelle und Lamm mit Pestokruste. Während seine Lage in Flussnähe reizvoll und seine Ausstattung wirklich schick sind, trägt das Personal die Nase ziemlich hoch. In all zu legerem Look zu erscheinen, ist daher nicht ratsam.

Rincón del Arte Café (☎ 420035; Bernardino Rivadavia 131; Snacks 12 Arg$; Mo–Fr 15–20 Uhr) Das zu einer ausgezeichneten Galerie gehörende Café verleiht den kreativen Kräften Flügel. Im Café finden regelmäßig Kunst-Talks und -kurse statt. Außerdem werden wunderschöne Gegenstände und Schmuck aus mundgeblasenem Glas verkauft.

Cerrito's (☎ 422501; Ecke Moyano & Sarmiento; Snacks 15 Arg$; Mo–Fr 7–21 Uhr) Wie eine Miniaturburg wirkt das Haus mit hübscher Teestube. Es liegt ein paar Blocks vom Flussufer entfernt. Es lohnt sich, hier einzukehren, um mit Stil und großem Genuss einen Earl Grey zu trinken und ein (zwei oder drei) Stück des köstlichen Gebäcks zu probieren.

Something Café (☎ 431924; Sphur 40; Tapas 30 Arg$) Die kleine Café-Bar mit etwa zehn Tischen und ein paar Barhockern ist ein gemütliches Plätzchen, um einen langen und anstrengenden Reisetag mit einer Tasse heißer Schokolade oder mit ein paar Tapas und einem Glas Wein ausklingen zu lassen.

An- & Weiterreise

BUS

Der **Busbahnhof** (☎ 442159; Ecke RN 3 & Av. Eva Perón) von Río Gallego liegt etwa 3 km südwestlich des Stadtzentrums. Es gibt mehrere Busunternehmen, darunter **El Pingüino** (☎ 442169), **Líder** (☎ 442160), **Bus Sur** (☎ 442687), **Andesmar** (☎ 442195), **Sportman** (☎ 442595) und **TAC** (☎ 442042). Einige Busunternehmen steuern Orte in Chile an, z. B. **Ghisoni** (☎ 442687), **Pacheco** (☎ 442765) und **Tecni-Austral** (☎ 442427). Busse von **Taqsa** (☎ 423130; www.taqsa.com.ar, auf Spanisch; Estrada 71) fahren von Rio Gallegos' Flughafen direkt nach Puerto Natales und El Calafate.

Reiseziel	Fahrpreis (Arg$)	Fahrzeit (Std.)
Buenos Aires	380–530	36–40
Caleta Olivia	120	7–10
Comodoro Rivadavia	118–147	9–11
El Calafate	50–60	4–5
El Chaltén	72	9
Esquel	175	19
Los Antiguos	150–186	12–16
Puerto Madryn	154–189	15–20
Puerto Natales (Chile)	42	5–7
Puerto San Julián	50–60	4½
Punta Arenas (Chile)	60	5–6
Río Grande	105	7–8
Trelew	165–202	14–17
Ushuaia	150–175	12–14

FLUGZEUG

Río Gallegos' **Airport** (☎ 442340) liegt 7 km nordwestlich der Stadt.

Aerolíneas Argentinas (☎ 422020/21; Av. San Martín 545) fliegt täglich nach Buenos Aires (820 Arg$) und regelmäßig nach Ushuaia (376 Arg$). **LADE** (☎ 422316; Fagnano 53/57) fliegt mehrmals in der Woche nach Río Grande (114 Arg$), El Calafate (164 Arg$), Comodoro Rivadavia (264 Arg$), Ushuaia (227 Arg$) und Buenos Aires (447 Arg$).

Unterwegs vor Ort

Für die Fahrt in einem Taxi mit Taxameter zwischen Innenstadt und Busbahnhof oder Flughafen (22 Arg$) finden sich schnell Mitfahrer, die sich an den Kosten beteiligen. Im Stadtzentrum fahren von der Avenida Roca die mit „B" oder „Terminal" gekennzeichneten Busse zum Busbahnhof (1,80 Arg$).

Weil zu zahlreichen Sehenswürdigkeiten nur miserable Straßen führen, sind Mietwagen sehr teuer. Trotz des hohen Wechselkurses ist es häufig günstiger, in Punta Arenas in Chile (s. S. 500) einen Wagen zu mieten. Ein Autoverleih vor Ort ist **Riestra Rent A Car** (☎ 421321; www.riestrarentacar.com; Av. San Martín 1508).

ESTANCIAS RUND UM RÍO GALLEGOS

Der Besuch einer bewirtschafteten *estancia* gewährt einen Insiderblick in die einzigartige patagonische Lebensweise. Es gibt dort keine Luxushotels, aber Wohnhäuser, die zu komfortablen Unterkünften umgebaut wurden. Bei den Mahlzeiten sitzen Gäste und Besitzer häufig gemeinsam an einem Tisch. Wer mag, kann bei der täglichen Farmarbeit mit anpacken. Auskunft über die *estancias* in der Provinz Santa Cruz geben die regionale Touristeninformation in Río Gallegos (S. 500) und die Website www.estanciasdesantacruz.com.

Die **Estancia Güer Aike** (☎ in Río Gallegos 02966-423895, in Buenos Aires 011-4394-3486; truchaike@icqmail.com; 4 Übernachtungen (3 volle Tage) normal/Angler 1250/2600 Arg$; Okt.–April) ist auf Angler spezialisiert. Zu der liebevoll renovierten Lodge Truchaike gehört ein 12 km langer, privater Abschnitt eines Flusses, der zu den weltberühmten Forellenangelgründen zählt. Die *estancia* liegt an der Kreuzung, an der die RN 3 nach Norden abschwenkt und die RP 5 weiter in westliche Richtung verläuft (von Río Gallegos aus betrachtet).

Ihren Namen verdankt die **Estancia Monte Dinero** (☎ 02966-428922; www.montedinero.com.ar; Tagestour 345 Arg$, pro Pers. 495 Arg$, mit Vollpension 572 Arg$;

☽ Okt.–April) dem Gold, das früher einmal an der Küste gefunden wurde. Die komfortable Lodge mit „Altwelt-Touch" verfügt über kunstvoll bemalte Türen, Billardtische und gut ausgestattete Zimmer. Die Gäste können hier bei den typischen Arbeiten, die auf einer Schafsfarm anfallen, zusehen, z. B. der Schafschur oder dem Zusammentreiben der Schafe mittels Hunden. Wer mag, kann einen Ausflug zum nahe gelegenen **Cabo Vírgenes** unternehmen, wo Magellanpinguine zwischen September und März brüten und ihre Jungen aufziehen. Das Museum der *estancia* zeigt eine faszinierende Sammlung von Gegenständen, die aus einem Schiffswrack stammen. Das Schiff sank, kurz nachdem die Familie Greenshyls (die Gründer der *estancia*) 1886 von Irland hierher segelte. Reisebüros in Río Gallegos veranstalten ab Mitte November Tagestouren zur *estancia*, wobei am *casco del estancia* (Haupthaus) kurz halt gemacht wird.

PATAGONIENS INLAND – ENTLANG DER RN 40

Zwar führt die RN 40 zu den Touristenzentren El Calafate und El Chaltén, doch das Gefühl, durch ein Niemandsland zu fahren, drängt sich unterwegs immer wieder auf. Die von tiefen Spurrillen durchzogene Straße verläuft parallel zum Rücken der Andenkette. Sie durchquert Gegenden, wo Nandus durch Salbeigebüsch trotten, Lastwagen riesige Staubwolken aufwirbeln und Tankstellen erholsamen Oasen gleich am Horizont auftauchen. Es ist der ultimative Autotrip!

Der Ausbau der RN 40 wird wohl die Identität einer ganzen Generation prägen. Derzeit ist die Fahrt auf der RN 40 zwar noch lang und mühselig, allerdings profitieren davon die Dörfchen entlang der Strecke. Sobald die Asphaltierung beendet ist, werden die Autofahrer von A nach B zischen und die eigenartigen, bescheidenen Siedlungen links liegen lassen. Zurzeit befördern die öffentlichen Verkehrsmittel überwiegend Touristen und verkehren obendrein nur während der wenigen Sommermonate. Auf jeden Fall erfordert die Fahrt auf der RN 40 eine gute Vorbereitung und viel Geduld.

Die RN 40 beginnt im Norden von Bariloche und führt entlang der Anden bis an die chilenische Grenze in der Nähe von Puerto Natales. Dort macht die Straße einen Schwenk Richtung Osten zum Atlantischen Ozean. Zu den High-

lights der Strecke zählen die Nationalparks Perito Moreno und Los Glaciares, die Felsenmalereien in der Cueva de los Manos und einsam gelegene Estancias. Der im Folgenden beschriebene Abschnitt der RN 40 beginnt in Esquel und führt auf einem asphaltierten Stück weiter bis in die Gegend südlich von Gobernador Costa. Von dort an ist die RN 40 überwiegend Schotterstraße. Immer öfter tauchen aber inzwischen asphaltierte Abschnitte auf, meist in der Nähe größerer Ortschaften.

ESQUEL

☎ 02945 / 36 000 Ew. / 570 m

Wer von den Schokoladenläden und Zwergen in Bariloche ebenso genug hat wie von der süßlichen Idylle anderer Orte des argentinischen Seengebiets, der wird das gute alte Esquel wie eine frische Brise patagonischen Winds empfinden. Die Stadt liegt in den leicht zugänglichen westlichen Gebirgsausläufern der Provinz Chubut – einer pathetisch-malerischen Landschaft.

Das Ziel vieler Touristen, die sich von Esquel anlocken lassen, sind der Parque Nacional Los Alerces oder andere Erholungsgebiete der Anden. Die meisten rauschen jedoch auf ihrem Weg nach Bariloche oder Chile ohne einen Halt durch die Stadt. Dabei ist Esquel doch ein so entspannender, überaus freundlicher Ausgangspunkt für unzählige erlebnisreiche Aktivitäten – der ideale Ort, um sich einige Tage von den Strapazen der Fahrt auf der RN 40 zu erholen.

Die um die Wende zum 20. Jh. gegründete Stadt ist das Viehhandels- und Wirtschaftszentrum der Region. Außerdem liegt hier die südliche Endstation der Bahnstrecke von La Trochita, der historischen Schmalspurdampfbahn (s. Kasten S. 509). Der Name der Stadt stammt aus der Sprache der Mapuche und bedeutet „Sumpf" oder „Ort der Disteln".

Orientierung

Die RN 259 schlängelt sich durch die Stadt, bis sie auf die RN 40 stößt, die in nördlicher Richtung nach El Bolsón und südwärts nach Comodoro Rivadavia führt. Südlich der Stadt zweigt von der RN 259 auf der Strecke nach Trevelin eine Straße zum Parque Nacional Los Alerces ab.

Praktische Informationen

ACA (Automóvil Club Argentino; ☎ 452382; Ecke 25 de Mayo & Av. Ameghino) Befindet sich in der YPF-Tankstelle; verkauft Angelscheine.

Banco de la Nación (Ecke Av. Alvear & General Roca) Geldautomat; Umtausch von Reiseschecks.

Banco del Chubut (Av. Alvear 1147) Geldautomat.

Biblioteca Publica (San Martín, zwischen Mitre & Moreno; ☻ 8.30–19.30 Uhr) Kostenloser Internetzugang.

Cyber Club (Av. Alvear 961; ☻ Mo–Fr 10.30–24, Sa 12 bis 0.30, So 16–24 Uhr) Internetzugang.

Hospital Regional (☎ 450009; 25 de Mayo 150)

Laverap (Ecke General Roca & 9 de Julio; Waschmaschinenladung 12 Arg$) Wäscherei mit Selbstbedienung und Full-Service.

Post (Ecke Av. Fontana & Alvear)

Touristeninformation (☎ 451927; www.esquel.gov.ar; Ecke Av Alvear & Sarmiento; ☻ 7–23 Uhr) Gut organisiert, hilfsbereit, mehrsprachiges Personal; bietet eine beeindruckend große Auswahl an detaillierten Karten und Broschüren.

Sehenswertes & Aktivitäten

Esquels Hauptattraktionen liegen in der Umgebung der Stadt. An der Spitze stehen dabei zwei berühmte Nationalparks: der Parque Nacional Los Alerces und der Parque Nacional La Hoya. In der Stadt zeigt das **Museo de Culturas Originarias Patagónicas** (☎ 451929; Belgrano 330; Eintritt: Spende; ☻ Mo–Fr 9–12, Di, Do & Sa auch 15–17 Uhr) in einer bescheidenen Ausstellung Gegenstände, die von den Mapuche stammen.

Die Bahnstation Roca beherbergt ein **Eisenbahnmuseum** (☎ 451403; www.latrochita.org.ar; Ecke Roggero & Urquiza; ☻ Mo–Sa 8–14 Uhr). Der Eintritt in das Museum ist kostenlos. Auch Reisende, die mit dem Bus oder Flugzeug ankommen, sollten sich die Ankunft oder Abfahrt von *La Trochita*, Argentiniens berühmter Schmalspurdampfbahn (s. Kasten S. 509), ansehen. Im Sommer verkaufen mehrere Reisebüros in Esquel Tickets für eine Rundfahrt mit diesem antiquierten Zug.

Die in Esquels näherer Umgebung liegenden Seen und Flüsse bieten hervorragende Möglichkeiten, der Leidenschaft des **Fliegenfischens** zu frönen – die Saison reicht von November bis April. Die meisten Tankstellen verkaufen Angelscheine, z.B. die **YPF-Tankstelle** (Ecke 25 de Mayo & Av. Ameghino; ☻ bei Tageslicht), in der sich auch ein Büro des ACA (des argentinischen Automobilclubs) befindet.

Zu den Aktivitäten zählen auch ganztägige **Wildwasser-Raftingtouren** in Abschnitten des oberen und unteren Río Corcovado, der von Gletscherwasser gespeist wird. Die Teilstrecken bieten Wildwasserfahrten mit den Schwierigkeitsgraden II und IV (IV erfordert allerdings einige Erfahrung). **Mountainbiken** ist eine gute Möglichkeit, aus der Stadt herauszukommen und die Hügel und Wege in der Umgebung zu erkunden. Informationen zum **Skifahren** finden sich bei der Beschreibung des Wintersportgebiets La Hoya (s. S. 509).

Geführte Touren

Zahlreiche Reisebüros, darunter **Limits Adventure** (☎ 455811; www.limitsadventure.com.ar, auf Spanisch; Av. Alvear 1069), verkaufen Tickets für die Bootsrundfahrt Circuito Lacustre im Parque Nacional Los Alerces (s. S. 514). Wer sich sein Ticket bereits in Esquel kauft, sichert sich einen Platz auf der häufig ausgebuchten Tour. Ein Tagesausflug mit Rundfahrt auf dem See sowie der Transfer zum Park und wieder zurück kosten ab Puerto Chucao 110 Arg$ und ab Puerto Limonao 140 Arg$.

Andere Tagestouren (jeweils 85 Arg$) führen nach El Bolsón/Lago Puelo oder Corcovado/Carrenleufú. Auf dem Programm der Veranstalter stehen auch halbtägige Ausflüge in die nähere Umgebung, z.B. ins Wintersportgebiet La Hoya, zur walisischen Siedlung Trevelin, zum Wasserkraftwerk Futaleufú (40 Arg$) und eine Fahrt mit der Schmalspurbahn nach Nahuel Pan.

Eine Fülle von Freizeitaktivitäten organisiert **Expediciones Patagonia Aventura** (EPA; ☎ 457015; www.epaexpediciones.com.ar, auf Spanisch; Av Fontana 482), darunter Raftingtouren der Schwierigkeitsgrade II und III auf dem 90 km entfernten Río Corcovado. Man hat die Wahl zwischen einer zweistündigen Wildwasserfahrt auf dem Fluss (mit/ohne Transfer 150/100 Arg$) oder einer Tagestour, die das Mittagessen einschließt (mit/ohne Transfer 185/140 Arg$). Wer länger die friedliche Umgebung am Río Corcovado genießen will, kann sich in dem EPA-Hostel, das direkt am Fluss liegt, einquartieren.

EPA verfügt über ein Freizeitzentrum mit einer herrlichen Lodge aus Holz (Vollpension 380 Arg$) inmitten der Berglandschaft des Parque Nacional Los Alerces. Dort veranstaltet EPA im Sommer Kanutouren (Tagestour 110–130 Arg$, plus 40 Arg$ für den Transfer), Ausritte und Wanderungen. Gäste dürfen die hauseigenen Kajaks benutzen. Es besteht zudem die Möglichkeit zum Campen (pro Pers. 15–30 Arg$).

Wie eine ganze Reihe anderer Ausrüster in Esquel verleiht **Tierra** (☎ 454366; www.grupoepa.com, auf Spanisch; Av Fontana 482) im Winter Skier (Tag 40–90 Arg$), darunter Performance-Skier der Spitzenklasse. Mountainbikes samt detaillierten Routenbeschreibungen vermietet **Coyote Bike** (☎ 455505; Rivadavia 887) den Sommer über.

Festivals & Events

Semana de Esquel Im Februar feiert die 1906 gegründete Stadt eine Woche lang ihren Geburtstag.

Die **Fiesta Nacional de Esquí** ist ein nationales Skifestival, das Mitte September in La Hoya stattfindet.

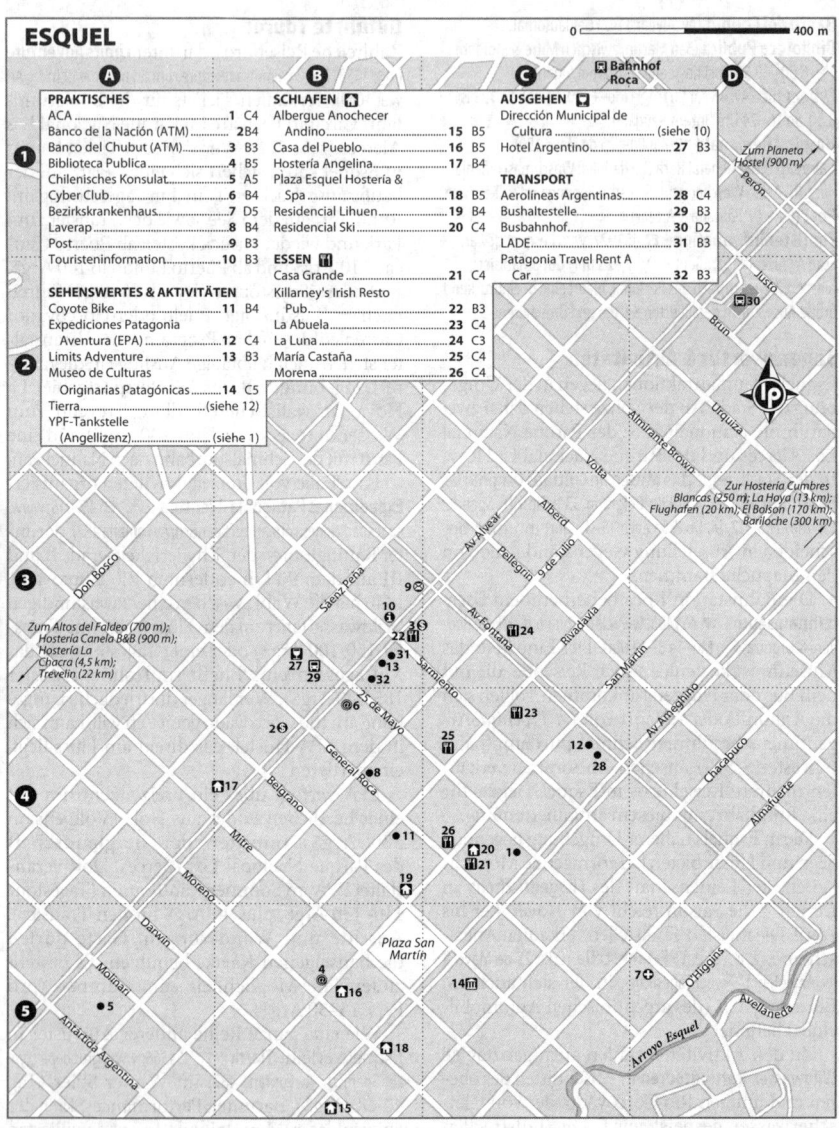

ESQUEL

0 ————————— 400 m

🚉 Bahnhof Roca

PRAKTISCHES

ACA	1 C4
Banco de la Nación (ATM)	2 B4
Banco del Chubut (ATM)	3 B3
Biblioteca Publica	4 B5
Chilenisches Konsulat	5 A5
Cyber Club	6 B4
Bezirkskrankenhaus	7 D5
Laverap	8 B4
Post	9 B3
Touristeninformation	10 B3

SEHENSWERTES & AKTIVITÄTEN

Coyote Bike	11 B4
Expediciones Patagonia Aventura (EPA)	12 C4
Limits Adventure	13 B3
Museo de Culturas Originarias Patagónicas	14 C5
Tierra	(siehe 12)
YPF-Tankstelle (Angellizenz)	(siehe 1)

SCHLAFEN 🏠

Albergue Anochecer Andino	15 B5
Casa del Pueblo	16 B5
Hostería Angelina	17 B4
Plaza Esquel Hostería & Spa	18 B5
Residencial Lihuen	19 B4
Residencial Ski	20 C4

ESSEN 🍴

Casa Grande	21 C4
Killarney's Irish Resto Pub	22 B3
La Abuela	23 C4
La Luna	24 C3
María Castaña	25 C4
Morena	26 C4

AUSGEHEN 🎭

Dirección Municipal de Cultura	(siehe 10)
Hotel Argentino	27 B3

TRANSPORT

Aerolíneas Argentinas	28 C4
Busbahnhof	29 B3
Busbahnhof	30 D2
LADE	31 B3
Patagonia Travel Rent A Car	32 B3

Zum Planeta Hostel (900 m)

Zum Altos del Faldeo (700 m); Hostería Canela B&B (900 m); Hostería La Chacra (4,5 km); Trevelin (22 km)

Zur Hostería Cumbres Blancas (250 m; La Hoya (13 km); Flughafen (20 km); El Bolson (170 km); Bariloche (300 km)

Plaza San Martín

Schlafen

Dank der großen Beliebtheit des nahe gelegenen Skigebiets La Hoya mangelt es in Esquel nicht an Unterkünften. Die Touristeninformation verfügt über eine lange Liste mit Hütten und Apartmenthotels in allen Preisklassen. Dieses Angebot richtet sich in erster Linie an Familien, die hier Skiurlaub machen. Doch auch für Rei-

sende, die einen längeren Aufenthalt planen, bilden diese Unterkünfte eine gute Alternative.

BUDGETUNTERKÜNFTE

Casa del Pueblo (☎ 450581; www.esquelcasadelpueblo.com. ar, auf Spanisch; San Martín 661; B/DZ/3BZ 45/100/130 Arg$) Dieses mit liebevoller Hingabe geführte, allerdings schon etwas abgewirtschaftete Hostel bietet ruhige Mehrbettzimmer. Unschön sind dagegen die Aschenbecher in den Räumen. Als Kooperationspartner des Tourveranstalters EPA hat das Hostel immer aktuelle Informationen über Aktivitäten parat.

Albergue Anochecer Andino (☎ 450498; www.anochecerandino.com.ar, auf Spanisch; Av. Ameghino 482; B/DZ 45/140 Arg$; 🖳) Das freundliche, schlichte Hostel bietet saubere Zimmer mit Gemeinschaftsbädern. Im Gemeinschaftsbereich lockt eine kleine DVD-Sammlung zum Filmeschauen. Federico, der Besitzer, serviert ein Abendessen (30 Arg$), das in der Regel aus hausgemachter Pasta oder Pizza, frischem Brot und Getränken besteht.

Planeta Hostel (☎ 456846; www.planetahostel.com; Av. Alvear 2833; B/DZ 50/130 Arg$; 🖳) Die Ausstattung dieses kleinen, hell angestrichenen Hotels liegt über dem Durchschnitt. Hervorzuheben sind beispielsweise die kuscheligen Bettdecken, die blitzsaubere, gut ausgestattete Gemeinschaftsküche und der Flachbildfernseher, der im Aufenthaltsbereich zur Verfügung steht.

Residencial Lihuen (☎ 452589; www.lihuenpatagonia.com.ar, auf Spanisch; San Martín 820; EZ/DZ 110/130 Arg$) Die geräumigen Zimmer mit Bad und Kabel-TV sind altmodisch und zusammengestoppelt, aber zweckdienlich. Das Haus liegt in der Nähe der begrünten Plaza San Martín.

Residencial Ski (☎ 451646; San Martín 961; EZ/DZ 110/140 Arg$; 🖳) Mit seinen Furnierholzpaneelen kann dieses saubere, freundliche Haus keinen Designpreis gewinnen. Immerhin bieten die Zimmer Kabel-TV, auch Parkplätze stehen zur Verfügung.

MITTEL- & SPITZENKLASSEHOTELS

Hostería Angelina (☎ 452763; www.hosteriaangelina.com.ar; Av. Alvear 758; EZ/DZ 160/200 Arg$; 🖳) Gastfreundlich, pieksauber, professioneller Service, gutes Frühstücksbüfett – das Angelina erfüllt internationalen Standard. Im Hof plätschert idyllisch ein Springbrunnen.

Hostería La Chacra (☎ 452802; www.lachacrapatagonia.com; RN 259, Km 5; DZ 200 Arg$; 🖳 🐾) Wer einen Schuss Lokalkolorit mag, fühlt sich in diesem ländlichen Gasthaus aus den 1970er-Jahren gut aufgehoben. In den geräumigen, hellen Zimmern liegen dicke Daunendecken auf den Betten. Morgens kommt ein üppiges Gringo-Frühstück auf den Tisch. La Chacra lässt sich per Taxi oder mit dem stündlich verkehrenden Bus Richtung Trevelin erreichen.

Altos del Faldeo (☎ 453108; www.altosdelfaldeo.com.ar, auf Spanisch; Amaya 45; DZ/3B-/4B-Apt. 220/280/320 Arg$, 2B-/3B-Suite 200/300 Arg$; 🖳) Das Gästehaus mit mehreren Suiten und Apartments verwöhnt seine Gäste mit Details wie Jacuzzis in den Bädern und einem erstklassigen Service.

Hostería Canela B&B (☎ 453890; www.canelaesquel.com; Ecke Los Notros & Los Radales, Villa Ayelén; DZ/3BZ 440/542 Arg$, 4B-Apt. 725 Arg$; 🖳) Dieses edle B&B liegt 2 km außerhalb der Stadt in einem Kiefernwald. Für Reisende, die etwas tiefer in die Reisekasse greifen können, ist es sehr empfehlenswert. Mit seinen hohen Holzdecken strahlt Veronicas und Jorges Lodge zugleich Eleganz und Gemütlichkeit aus. Die bequemen Betten sind mit blütenweißer Bettwäsche bezogen.

Plaza Esquel Hostería & Spa (☎ 457002; www.patagoniaandesgroup.com.ar, auf Spanisch; Av. Ameghino 713; DZ/3BZ 300/350 Arg$; 🖳) Als eines der neueren Hotels in Esquel bietet diese reizvolle *hostería* an der Plaza moderne Zimmer mit nagelneuem Inventar.

Hostería Cumbres Blancas (☎ 455100; www.cumbresblancas.com.ar, auf Spanisch; Av. Ameghino 1683; DZ 825 Arg$; 🖳) Trotz seines glanzvollen, verschwenderischen Ambientes verliert das Cumbres Blancas nicht die Bodenhaftung. Sportler genießen es, für ein paar Tage einen Teich zum Fliegenfischen und ein Putting-Green exklusiv für sich zu haben. Die Zimmer sind mit schönen Farben und bügelfrischer Bettwäsche herausgeputzt.

Essen

María Castaña (☎ 451752; Ecke 25 de Mayo & Rivadavia; Snacks 12 Arg$; ⏰ 9 Uhr bis spätnachts) Ein Hit in diesem verspielt ausgestatteten Café sind die Waffeln mit *dulce de leche*. Aber auch das Frühstück, die Sandwiches und die Eisbecher schmecken lecker. Wer besonders bequem sitzen will, versucht, einen der Polstersessel im hinteren Bereich zu ergattern.

La Abuela (☎ 451704; Rivadavia 1109; Hauptgerichte 15 Arg$; ⏰ Mittag- & Abendessen) Wer etwas für familiäre Atmosphäre und Spitzendecken auf den Tischen übrighat, zwängt sich in diese kleine Kneipe. Hier werden Gnocchi, Klassiker der Hausmannskost sowie *puchero* (Eintopf aus Gemüse und Fleisch) serviert, zudem ein passabler Hauswein, der in Karaffen ausgeschenkt wird.

Morena (☎ 02945-15-693856; Ecke San Martín & General Roca; Hauptgerichte 20–28 Arg$; ⏰ 12–24 Uhr) Eine entspannte, freundliche Atmosphäre herrscht zwischen den Ziegelsteinwänden dieser Yuppiekneipe – genau richtig, um ein Glas Wein oder ein Tässchen Kaffee zu schlürfen. Auf der Speisekarte stehen recht gute Sandwiches, Pizzas und Pastagerichte.

Killarney's Irish Resto Pub (☎ 457041; Ecke Sarmiento & Av. Alvear; Hauptgerichte 22–30 Arg$; ⏰ 12 Uhr bis spätnachts)

Auch wenn hier die Atmosphäre eines irischen Pubs herrscht, handelt es sich keineswegs um eine gewöhnliche Eckkneipe. In Killarney's Pub bekommen die Gäste neben Guinness auch leckere Mittagsmenüs sowie eine ganze Reihe Suppen, Salate und Sandwiches serviert.

La Luna (☎ 453800; Av. Fontana 656; Hauptgerichte 22 bis 30 Arg$, Pizza 35 Arg$; 🕑 12–16 & 19–1 Uhr) Diese urgemütlichen Rock-'n'-Roll-Restaurant-Bar serviert eine köstliche Spinatpizza und riesige Portionen Steak mit Pommes. Abends drängen sich die Leute in den von Holz und Ziegelstein gerahmten Nischen. Sie trinken patagonisches Bier, das aufgrund seiner etwas eigenwilligen Rezeptur aber wahrscheinlich nicht jedem Gast schmecken wird.

LP Tipp **Casa Grande** (☎ 02945-15-469712; General Roca 441; Hauptgerichte 30–38 Arg$; 🕑 Mittag- & Abendessen Mi–Mo) Aromatisches *jabalí* (Wildschwein), gebackene Forellen und Lamm mit Röstkartoffeln sind ein Genuss in diesem Nobelrestaurant, das sich auf die regionale Küche spezialisiert hat. Das geräumige Lokal mit Kronleuchtern aus Wurzelholz besitzt viel Atmosphäre.

Ausgehen & Unterhaltung

Dirección Municipal de Cultura (☎ 451929; Belgrano 330) Fördert traditionelle Musik, Kino, Theater und Tanzveranstaltungen.

Hotel Argentino (☎ 452237; 25 de Mayo 862; 🕑 16 bis 5 Uhr) Die anspruchslose Bar im Stil eines Wildwestsaloons eignet sich viel besser zum Trinken als das Hotel zum Übernachten. Doch auf einen Sprung vorbeizuschauen, lohnt sich dennoch, denn der Besitzer ist freundlich und hat das 1916 gebaute Haus liebevoll mit alten Sachen und Skulpturen verschönert. Am Wochenende geht hier die Post ab.

An- & Weiterreise

AUTO

Die Preise für einen Mietwagen beginnen bei 100 Arg$ pro Tag (inklusive 100 Freikilometer und Versicherung). Eine gute Auswahl an Fahrzeugen bietet z. B. das Unternehmen **Patagonia Travel Rent A Car** (☎ 455811, 02945-15-692174; patagonia travel@infovia.com.ar; Av. Alvear 1069).

BUS

Esquels **Busbahnhof** mit Rundum-Service (☎ 451477/79; Ecke Av. Alvear & Brun) liegt in der Nähe des Stadtzentrums.

Die Busse von **Transportes Jacobsen** (☎ 453528) fahren montags und freitags um 8 und 18 Uhr nach Futaleufú, Chile (25 Arg$, 1½ Std.). Die stündlich verkehrenden Busse nach Trevelin (3 Arg$, 30 Min.) halten auf dem Weg stadtauswärts an der Ecke Avenid Alvear und 25 de Mayo. Die Busse nach El Maitén (22 Arg$, 2 Std.) starten dienstags, donnerstags und samstags um 13.30 Uhr und fahren um 16 Uhr wieder zurück.

In Sommer fahren die Busse von **Transportes Esquel** (☎ 453529) durch den Parque Nacional Los Alerces (15 Arg$, 1¼ Std.) zum Lago Futalaufquen. Abfahrt ist täglich um 8 und 16 Uhr. Der 8-Uhr-Bus fährt weiter zum Lago Puelo (40 Arg$, 6 Std.) und hält unterwegs um 10.30 Uhr am Lago Verde (18 Arg$) und um 12 Uhr in Cholila. Wer die Gegend per Bus erkunden möchte, kauft sich am besten ein Pauschalticket, das Fahrtunterbrechungen auf der Strecke zwischen Esquel und dem Lago Puelo (sowohl hin als auch zurück) erlaubt. Außerhalb der Saison fahren auf der Strecke seltener Busse.

Täglich fahren Überlandbusse zu nachfolgenden Zielorten:

Reiseziel	Fahrpreis (Arg$)	Fahrzeit (Std.)
Bariloche	48–60	4¼
Buenos Aires	275-340	30
Comodoro Rivadavia	60–75	8–9
El Bolsón	30	2½
Neuquén	120	10
Puerto Madryn	105–125	7–9
Río Gallegos	175	19
Trelew	100	8–9

FLUGZEUG

Esquels **Flughafen** (ESQ; ☎ 451676) liegt 20 km östlich der Stadt an der RN 40. Das Taxi vom und zum Flughafen kostet 35 Arg$.

Aerolíneas Argentinas (☎ 453614; Av. Fontana 406) fliegt mehrmals in der Woche nach Bariloche (1539 Arg$) und nach Buenos Aires (1256 Arg$).

LADE (☎ 452124; Av. Alvear 1085) fliegt mehrmals in der Woche nach Bariloche (132 Arg$) und nach Comodoro Rivadavia (178 Arg$). Mindestens einmal in der Woche startet ein Flieger nach Puerto Madryn (229 Arg$) und nach El Calafate (535 Arg$).

ZUG

Die Schmalspurdampfbahn *La Trochita* („die kleine Spurweite") – auch *El Trencito* (Der kleine Zug) genannt – fährt vom kleinen **Bahnhof Roca** (☎ 451403; www.latrochita.org.ar; Ecke Roggero & Urquiza; 🕑 Mo–Sa 8–14 Uhr) ab. Als Service für die Touristen zuckelt der Zug regelmäßig nach Nahuel Pan (s. Kasten S. 509). Eine Fahrt mit dem *Old Patagonian Express* (so der dritte Name für diese Bahn) vermittelt ein ganz eigenes Gefühl von

---

LA TROCHITA: DER ALTE PATAGONIENEXPRESS

Im heutigen Jet-Zeitalter wirkt Ferrocarril Rocas **La Trochita** (☎ in Esquel 02945-451403; www.latrochita.org.ar) wie ein Anachronismus. Während ihrer Fahrt auf der kurvenreichen Strecke zwischen Esquel und El Maitén erreicht Argentiniens berühmte Schmalspurdampfeisenbahn eine Spitzengeschwindigkeit von knapp 30 km/h. Trotz der ewigen Finanznöte ihrer Betreiber hat sie bisher sämtliche Stilllegungsbestrebungen überlebt. Subventionen der Stadt Esquel und der Regierungen der Provinzen Río Negro und Chubut halten den Zug derzeit auf den Schienen. La Trochita – von dem US-amerikanischen Reiseschriftsteller Paul Theroux ironisch *Der alte Patagonienexpress* genannt – ist nicht nur eine Touristenattraktion, sondern auch ein Verkehrsmittel für die Bevölkerung vor Ort.

Wie viele andere staatliche Projekte, so schien sich auch die Fertigstellung der Eisenbahnlinie endlos in die Länge zu ziehen. 1906 genehmigte die Bundesregierung den Ausbau des südlichen Zweigs der Roca-Linie. 1922 begann die Ferrocarriles del Estado mit der Arbeit an dem Schmalspurabschnitt. Bis 1939 reichten die Schienen noch nicht einmal bis Ñorquinco, das auf halber Strecke lag. 1941 schafften es die Schienenleger bis zu den Werkstätten bei El Maitén, um dann 1945 endlich die Endstation der Bahnlinie in Esquel zu erreichen.

Seit jener Zeit musste die Bahnlinie einige der merkwürdigsten Unglücksfälle der Eisenbahngeschichte erleiden. Innerhalb eines Jahrzehnts, in den späten 1950er- und frühen 1960er-Jahren, hob starker Wind den Zug dreimal aus den Gleisen. Eis führte zu weiteren Zugentgleisungen. 1979 entgleiste der Zug durch den Zusammenstoß mit einer Kuh bei Km 243 südlich von El Maitén; der Lokführer hieß bezeichnenderweise Señor Bovino („Herr Rind").

Seit 1993 ist La Trochita auf der 402 km langen Strecke zwischen Esquel und Ingeniero Jacobacci ohne Unterbrechung in vollem Einsatz. Damit ist La Trochita vermutlich die dienstälteste Eisenbahn der Welt. An der Strecke liegen ein halbes Dutzend Bahnhöfe und neun *apeaderos* (Haltestellen, an denen der Zug nur kurz hält). Die 4000 l fassenden Wassertanks der belgischen Baldwin- und deutschen Henschel-Maschinen wurden an strategisch günstig platzierten *parajes* („Pumpen") alle 40 bis 45 km aufgefüllt. Die meisten der Personenwaggons, die mit Holzöfen beheizt werden, wurden wie die Güterwagen 1922 gebaut.

Während des Sommers fährt der **Tren Turístico** (Ticket 150 Arg$; ☺ Mo–Sa 10 Uhr, Jan.–Feb. 10 & 14 Uhr) vom Bahnhof Roca in Esquel nach Nahuel Pan, dem ersten Bahnhof auf der Strecke. Er liegt 20 km östlich der Stadt und wird nach 45 Minuten Zugfahrt erreicht. In Nahuel Pan haben die Reisenden Gelegenheit, Fotos zu machen und einen kleinen Kunsthandwerkermarkt zu besuchen. Auf dem Markt sollte man unbedingt die *tortas fritas* (Teigfladen) probieren, die einheimische Frauen an Ort und Stelle frisch backen. Wer sich zwischen den anderen Touristen beengt fühlt, kann sich in den Kaffeewagen zurückziehen und dort eine heiße Schokolade genießen.

Zeitlosigkeit. Wer das erleben möchte, fährt am besten mit dem Bus nach El Maitén, um von dort auf der weniger von Touristen frequentierten Bahnstrecke nach Desvio Thomae zu dampfen. Leider wird diese Fahrt nur hin und wieder durchgeführt. Aktuelle Fahrplanauskünfte finden sich bei der Touristeninformation und auf der oben genannten Website.

RUND UM ESQUEL
La Hoya

Nur 13 km nördlich von Esquel liegt in 1350 m Höhe **La Hoya** (☎ 02945-453018; www.cerrolahoya.com, auf Spanisch; Tages-Liftpass 110 Arg$), ein familienfreundliches Wintersportgebiet, das sowohl die Argentinier als auch die Chilenen zu ihrem Favoriten erkoren haben. Zusätzliche Lifte erschließen weiteres Terrain zum Skilaufen – die Pulverschneepisten gehören zu den besten des Landes.

Da das Gebiet weite Senken mit Wanderwegen oberhalb der Baumgrenze umfasst, bleibt es über die Skisaison hinaus auch im Sommer für Urlauber attraktiv. La Hoya ist preisgünstiger und nicht so überfüllt wie das größere Skigebiet in Bariloche. Erfahrene Skifahrer finden La Hoya allerdings im Vergleich zu Bariloche zu klein und zu zahm – ihnen fehlt hier der Kick. Die Skisaison dauert von Juni bis Oktober. In der zweiten Septemberwoche findet die **Fiesta Nacional de Esquí** (Nationales Skifestival) statt. Zu den Aktivitäten, die sich im Sommer unternehmen lassen, zählen Wandern, Reiten und vergnügliche Fahrten mit dem Sessellift.

Wer eine Skiausrüstung benötigt, kann sie vor Ort in La Hoya oder in den zahlreichen Sportgeschäften von Esquel ausleihen, z.B. bei Tierra (s. S. 505). Für die Fahrt mit dem Shuttle-Minibus von Esquel nach La Hoya werden pro Person

SURVIVALTRAINING FÜR DIE RUTA NACIONAL 40

Die Autofahrt auf Patagoniens RN 40 ist der ultimative Trip. Niemand kommt hier schnell voran – heimtückisch schlägt das Wetter um, die Festigkeit des Schotterbelags lässt mal mehr, mal weniger zu wünschen übrig. Es scheint, als würde die Fahrt niemals enden. Doch sie überrascht auch mit magischen Momenten: Stunde um Stunde rattern die Räder durch die endlos weite, endlos flache Steppe, und mit einem Mal, wie von Zauberhand, rücken eisbedeckte Gipfel und glitzernde Seen ins Blickfeld.

Streckenweise ist die Straße asphaltiert. Noch erzwingt das Flickwerk aus Schotter und Asphalt ein langsames Reisetempo – und erfordert so Zwischenstopps, die Leben in die Siedlungen und Städte entlang der RN 40 bringen. All das wird sich nach der (längst überfälligen) Vollendung der Asphaltierung ändern. Wer das alte, schmutzige Ungeheuer RN 40 noch bezwingen will, sollte sich also jetzt beeilen.

Von Dezember bis März sind die Straßenverhältnisse im Allgemeinen gut, allerdings können einzelne Abschnitte der RN 40 durch schwere Regenfälle unpassierbar werden. Die meisten dieser mythischen Schotterabschnitte sind breit und fest, während einige Asphaltstrecken jetzt schon ernst zu nehmende Straßenschäden aufweisen. Wer die Idee verwirft, sich mit dem Fahrrad oder Motorrad der RN 40 auszu-setzen, kann sich dazu nur selbst beglückwünschen.

Vorbereitung ist die halbe Miete

Niemand sollte ohne einen gut durchdacht gepackten Werkzeugkoffer losfahren. Wer einen Wagen mietet, sollte sicherstellen – sprich: genau überprüfen –, dass zwei Ersatzreifen (neumáticos), funktion-stüchtig und in Originalgröße, vorhanden und außerdem die Scheinwerfer, Stoßdämpfer, Reifen und Bremsen in gutem Zustand sind. Der Schotter kann kleine Löcher in den Tank schlagen, sodass unterwegs Benzin verloren geht. Daher unbedingt Ersatzkanister mit Benzin und außerdem einige Dosen Öl mitneh-men. Generell gilt auf dieser Strecke: unbedingt volltanken, wann immer sich die Gelegenheit bietet.

Aufgewirbelte Steinchen können erhebliche Schäden an Fahrzeugen anrichten. Vorsicht: nicht alle derartigen Schadensfälle sind durch die Versicherungspolicen der Autovermietungen abgedeckt. Daher gehört es auch zur Vorbereitung auf die Fahrt, mit dem Autovermieter den Umfang des Versicherungss-chutzes genau abzuklären.

Straßenverkehrsregeln

Das argentinische Gesetz schreibt vor, auch bei Tag stets mit Abblendlicht zu fahren. Das Tempolimit, das zwischen 65 und 80 km/h liegt, ist zu beachten, zumal es in einem sicheren Geschwindigkeitsrahmen liegt.

Schafe haben immer Vorfahrt. Die meisten Tiere trippeln eilig von der Bahn, einige lassen sich aber viel Zeit. Gefahrenquellen sind auch Guanakos und Nandus. Deshalb: runter mit der Geschwindigkeit, Abstand halten, bis die Tiere das Feld geräumt haben, und vor allem auch auf unbeschilderte guardaganados (Rinderkoppeln) achten.

Autofahrer-Etikette

Entgegenkommende Fahrzeuge verdienen einen Gruß; die einen blinken kurz auf, andere heben nur einen Zeigefinger vom Lenkrad. Ein ungeschriebenes Gesetz verlangt, anzuhalten und zu helfen, wenn ein Fahrzeug am Straßenrand liegen geblieben ist. Es gibt keinen Pannendienst, und Handys haben in den Bergen und auf den meisten von West nach Ost verlaufenden Streckenabschnitten keinen Empfang.

Vor einer unübersichtlichen Kurve sollte man immer kräftig hupen, das gilt vor allem für kurvenreiche Strecken. Wenn ein Fahrzeug entgegenkommt, heißt es, die Geschwindigkeit zu verringern und sich so weit wie möglich rechts zu halten, um einem eventuellem Steinflug (aufgewirbelten Steinen) zu entgehen. Für all jene, die gern auf der sicheren Seite sind: Das Glasbruchrisiko kann minimiert werden, indem eine Schutzfolie auf die Windschutzscheibe gezogen wird und die Scheinwerfer mit kräftigem, durchsichtigem Klebeband verklebt werden.

Wer überholen will, kündigt sein Vorhaben mit der Lichthupe an. Der Vordermann sollte dann mit der Geschwindigkeit runtergehen und sich ganz rechts halten. Wer selbst überholt wird, drosselt das Tempo, bis sich die aufgewirbelten Staubwolken gelegt haben. Und beim Bremsen gilt es, niemals ohne Not in die Eisen zu gehen, denn bei einer Vollbremsung gerät das Fahrzeug sehr schnell ins Schleudern. Das Beste ist, das Tempo langsam zu verringern, dabei runterzuschalten und den Wagen ausrollen zu lassen, bis er am Straßenrand sicher zum Stehen kommt.

Einfach andere fahren lassen

Eine Reihe von Reisebüros organisiert zwei- bis fünftägige Minivan-Fahrten auf der RN 40, die von El Calafate über El Chaltén, Perito Moreno und Los Antiguos nach Bariloche führen. Die Fahrten finden von Mitte Oktober bzw. Anfang November bis Anfang April statt, sind aber abhängig vom Wetter, den Straßenverhältnissen und der Nachfrage. Einige der angebotenen Touren schließen einen Besuch der Cueva de las Manos ein. Recht teuer sind die vier- bis fünftägigen geführten Touren, bei denen die Reisenden auch Streifzüge durch die einsamen Landschaften entlang der RN 40 unternehmen können. Die nachfolgend aufgelisteten kurzen Fahrten geben auch Leuten mit wenig Zeit und knappem Budget die Möglichkeit, die legendäre Fernstraße zu erleben.

Längere Touren auf der Strecke zwischen El Calafate und Bariloche bietet **Overland Patagonia** (www. overlandpatagonia.com). Eine fünftägige Tour kostet inklusive Übernachtung 1680 Arg$.

Las Loicas (☎ 02963-490272; www.lasloicas.com; Lago Posadas), ein Veranstalter mit sehr gutem Ruf, organisiert ebenfalls längere Touren, die auf der Strecke zwischen El Chaltén und Perito Moreno unterwegs sind. Eine fünftägige Tour mit zweisprachigem Führer, fünf Übernachtungen, voller Verpflegung und einem Abstecher zur Cueva de las Manos und in den Parque Nacional Perito Moreno kostet 2100 Arg$. Die Tour findet mehrmals im Monat statt und beginnt am nördlichen oder südlichen Ausgangspunkt. Detaillierte und stets aktualisierte Tourinformationen finden sich auf der Website des Veranstalters.

Eine achttägige Tour mit mehrsprachiger Begleitung arrangiert der kleine Tourveranstalter **Ruta 40** (☎ 0297-446-5337; www.ruta-40.com (auch auf Deutsch); Comodoro Rivadavia). Die Tour beginnt in Comodoro Rivadavia und führt über Puerto Deseado zur RN 40, auf der die Fahrt dann in südlicher Richtung bis nach El Calafate weitergeht. Ein Abstecher zur Cueva de las Manos gehört ebenso zur Tour wie Aufenthalte auf schönen *estancias*. Eine ausführliche Tourbeschreibung und die aktuellen Reisedaten finden sich auf der Website des Veranstalters.

Für zügige Touren in eine Richtung eignen sich die Shuttlebusse von **Chaltén Travel** (☎ 011-4326-7282; www.chaltentravel.com; Sarmiento 559, Piso 8, Buenos Aires), die auf der RN 40 pendeln. Für eine Zweitagestour starten die nordwärts fahrenden Busse in El Calafate an ungeraden Tagen um 8 Uhr. Die Übernachtung erfolgt in Perito Moreno. Die südwärts fahrenden Busse brechen in Bariloche an geraden Tagen um 6.45 Uhr zu einer Dreitagestour auf. Übernachtet wird in Perito Moreno und El Chaltén. Alle Busse halten in Los Antiguos. Die Preise für die einfache Strecke inklusive Übernachtung beginnen bei 450 Arg$. Die Fahrgäste können die Fahrt unterbrechen und einen der nächsten Busse nehmen, wobei allerdings dann ein freier Platz weder reserviert noch garantiert werden kann. Auch Touren mit Abstecher nach Puerto Madryn sind möglich. Chaltén Travel hat Niederlassungen in **El Calafate** (☎ 02902-492212; Av. Libertador 1174), **El Chaltén** (☎ 02962-493005; Ecke Guemes & Lago del Desierto) und **Bariloche** (☎ 02944-423809).

Während der Hochsaison pendeln auch die Busse von **Taqsa** (☎ 0297-432675) zwischen El Calafate (im Süden) und Bariloche (im Norden). Unterwegs machen sie in El Chaltén, Perito Moreno und Esquel halt. Dieser noch junge Service lief aber bei der Recherche zu diesem Buch noch nicht rund. Taqsa benutzt nicht die kleinen Shuttlebusse, sondern große Reisebusse. Auf der Fahrt von El Chaltén nach Perito Moreno hatte der Bus mehrere Pannen, was viel Zeit kostete und in einem etwas chaotischen Buswechsel endete. Zumindest auf dem Fahrplan steht, dass der montags und donnerstags von El Calafate kommende Taqsa-Bus um 23.25 Uhr in El Chaltén abfährt und gegen 13.30 Uhr in Perito Moreno ankommt. Bariloche soll er dann gut 13 Stunden später gegen 3 Uhr morgens erreichen.

25 Arg$ verlangt. Für Gruppen ist deshalb ein Taxi mitunter günstiger.

Cholila

Fest entschlossen, sich nunmehr an die Gesetzte zu halten und ein rechtschaffenes Leben zu führen, ließen sich Butch Cassidy, Sundance Kid und Ethel Place in der Nachbarschaft dieser ruhigen, bäuerlichen Gemeinde nieder, die vor dem nordöstlichen Tor des Parque Nacional Los

Alerces liegt (s. Kasten S. 510). Was aus dieser guten Absicht wurde, erzählt Bruce Chatwin in seinem Reiseklassiker *In Patagonien – Reise in ein fernes Land*. Das teilweise restaurierte Wohnhaus der Banditen liegt abseits der RP 71, 8 km nördlich von Cholila, ganz in der Nähe von Km 21 und der Abzweigung zur Teestube Casa de Piedra. Den Weg dorthin zeigen die engagierten Mitarbeiter der **Casa de Informes** (☎ 02945-498040/131; RP 71, nahe der RP 15; ☼ nur im Sommer) den

Besuchern gern auf einer großen regionalen Karte.

Einen kurzen Blick auf das Haus können die Fahrgäste werfen, die mit dem Transportes-Esquel-Bus von Esquel nach El Bolsón unterwegs sind – es taucht an der Westseite der RN 40 auf. Wer diese Strecke mit dem Auto fährt, sollte sich das wie ein Blockhaus zusammengezimmerte Gebäude einmal näher anschauen. Die Bauweise ist in Nordamerika gang und gäbe, doch für diese patagonische Region sehr ungewöhnlich. Eine Besichtigung des in der Regel geschlossenen Hauses ist nur in Begleitung des sympathischen Verwalters Daniel Sepulveda möglich. Er führt die Besucher gern herum – dabei muss jede Tür, die geöffnet wurde, sorgfältig wieder geschlossen werden. Wer ein wenig umherspazieren oder Fotos schießen möchte, muss ihn unbedingt vorher um Erlaubnis fragen.

Nach diesem Abstecher lohnt es sich, den Schildern zu folgen, die den Weg zur 1 km entfernten **Casa de Piedra** (☎ 02945-498056; RP 71, Km 20; ☿ Dez.–März) weisen – dem aus Natursteinen errichteten Farmhaus der Familie Calderón. In einer Teestube servieren sie den Calderóns Tee mit Gebäck, außerdem verkaufen sie Süßigkeiten und Konfitüren.

Bereitwillig geben sie auch Auskünfte über Land und Leute. Die gastfreundliche Familie, zu deren Vorfahren Spanier, Waliser, Engländer, Franzosen, Basken und Mapuche zählen, vermietet Doppelzimmer mit Frühstück (pro Pers. etwa 160 Arg$). Telefonische Anmeldung ist erforderlich.

Für den Rückweg nach Esquel holpern motorisierte Besucher auf der geschotterten RP 71 etwa 20 km weit Richtung Norden, fahren an der ersten Kreuzung auf die RN 40 und rollen auf glattem Asphalt 116 km weiter bis in die Stadt. Auf dem Weg liegt das **Museo Leleque** (☎ in Buenos Aires 011-4326-5156; www.benetton.com/patagonia; RN 40, Km 1440; ☿ März–Dez. Do–Di 11–17 Uhr, Jan. & Febr. 11–19 Uhr, Mi geschl.), das zahlreiche Werkzeuge und weitere Artefakte der Mapuche zeigt. Außerdem erzählen Exponate die Geschichte der Region aus der Perspektive der Familie Benetton.

TREVELIN
☎ 02945 / 6400 Ew. / in 735 m Höhe

Der Name des historischen Städtchens Trevelin (zweite Silbe lang und betont) setzt sich aus den walisischen Wörtern für Stadt (*tre*) und Mühle (*velin*) zusammen. Es ist die einzige Ortschaft, die im Hinterland der Provinz Chubut einen ausgeprägten walisischen Charakter aufweist.

Wer dem Getümmel von Esquel (nicht vergessen, hier ist alles relativ) ausweichen will, sucht sich in dieser ruhigen, idyllischen Postkartenschönheit eine Unterkunft. Zumindest lohnt sich ein Tagesausflug, um ein Tässchen Tee zu trinken und die Umgebung zu erkunden – die nur darauf wartet, entdeckt zu werden.

Orientierung

Trevelin liegt 22 km südlich von Esquel, die asphaltierte RN 259 führt dorthin. Der Grundriss Trevelins ist für eine argentinische Stadt ungewöhnlich: Am nördlichen Rand der Stadt strahlen acht Straßen wie die Speichen eines Rades von der zentralen Plaza Coronel Fontana aus. Die Hauptdurchgangsstraße Avenida San Martín ist die südliche Verlängerung der RN 259, die nach Westen zur 50 km entfernten chilenischen Grenze abzweigt und nach weiteren 12 km Futaleufú, den ersten Ort im westlichen Nachbarstaat, erreicht.

Praktische Informationen

Banco del Chubut (Ecke Av. San Martín & Brown) Liegt gleich südlich der Plaza; mit Geldautomat.

Gales al Sur (☎ 480427; www.galesalsur.com.ar; Patagonia 186) Die aus Esquel kommenden Busse halten an diesem Reisebüro, das Touren organisiert.

Post (Av. San Martín) Liegt gleich südlich der Plaza.

Telefónica (Ecke Av. San Martín & El Malacara) *Locutorio*, neben Gales al Sur. Bis spätabends geöffnet. Internetzugang mit Einwahlverbindung.

Touristeninformation (☎ 480120; www.trevelin.gob.ar, auf Spanisch; Plaza Fontana; ☿ 8–21 Uhr) Hilfsbereit, bietet einen kostenlosen Stadtplan, gibt Auskünfte über Wanderungen in die Umgebung. Das Personal spricht Englisch.

Sehenswertes & Aktivitäten

Das **Museo Regional Molino Viejo** (☎ 02945-480189; Ecke 25 de Mayo & Molino Viejo; Eintritt 3 Arg$; ☿ Dez.–März 11–20.30 Uhr, April–Nov. 11–18.30 Uhr) beherbergt die restaurierten Überreste einer Kornmühle von 1922. Darüber hinaus ist es vollgestopft mit historisch interessanten Exponaten. Dazu zählen ein altes Brautkleid und eine walisische Kaffeetasse, die extra für Männer mit Schnurrbart hergestellt wurde. Das Museum liegt ein paar Blocks östlich der zentralen Plaza am Ende der 25 de Mayo.

Pferdeliebhaber können am **Tumba de Malacara** (☎ 480108; www.caballomalacara.com.ar; Malacara s/n; Eintritt 10 Arg$; ☿ 10–20 Uhr) einem hoch geehrten Pferd ihren Respekt zollen. Das Denkmal enthält die sterblichen Überreste eines tapferen Gauls, der in einem rasanten gestreckten Galopp seinem

Besitzer die Haut rettete. Die Geschichte passierte während der Conquista del Desierto: Als die Araukaner mit einem Anschlag Vergeltung für einen Angriff der argentinischen Armee übten, konnte John Daniel Evans, der Gründer der Stadt, auf seinem Pferd Malacara der Mörderhand entfliehen. Das Monument steht zwei Blocks nordöstlich der Plaza Coronel Fontana. Dort befindet sich **Cartref Taid** (die Heimstatt des Ahnherrn), ein Nachbau von Evans' einstigem Wohnhaus.

Feste & Events

Im Sommer an jedem, während des restlichen Jahres an jedem zweiten Sonntag findet auf der Plaza Coronel Fontana ein **Kunsthandwerksmarkt** statt. Am 19. März feiert die Stadt den Tag ihrer Gründung, den **Aniversario de Trevelin**. Ende Oktober treten beim größten walisischen Fest des Jahres, dem mehrsprachigen **Eisteddfod**, Barden des Gesangs und der Literatur in den Wettstreit.

Auch an anderen Tagen wird die walisische Flagge gehisst, so am 28. Juli, dem Tag, an dem 1865 das erste Schiff mit 143 Pilgervätern in Patagonien landete. Den 30. April widmet die Stadt dem Gedenken an ihren Beschluss ihrer Bewohner, Argentinier (und nicht Chilenen) zu werden. Am 25. November fließt der Tee in Strömen, und abends erklingen Konzerte, um die Entdeckung des Tales, in dem Trevelin liegt, zu bejubeln.

Schlafen

Circulo Policial (☎ 480947; Costanera Río Percy & Holdich; Stellplatz pro Pers. 6 Arg$; ☽ im Winter geschl.) Wer zu diesem schönen, grasbewachsenen und schattigen Campingplatz will, läuft ab dem Block an der Avenida San Martín 600 zwei Blocks in westlicher Richtung bis zur Coronel Holdich und schwenkt dann links in die Schotterstraße ein. Der aus Esquel kommende Bus fährt an der Plaza entlang und hält an der Kreuzung der Holdich und der San Martín.

DIE PATAGONISCHE ZUFLUCHT VON BUTCH & SUNDANCE   *Daniel Buck & Anne Meadows*

An das Südamerika-Abenteuer der beiden legendären Banditen Butch Cassidy und Sundance Kid erinnert nur noch die Ranch, deren roh zusammengezimmerte Blockhäuser am Río Blanco, im Cholila-Tal in der südlichen Provinz Chubut, liegen.

Butch und Sundance kamen 1901 gemeinsam mit Sundances Busenfreundin Ethel Place ins Cholila-Tal. Damals zog Argentinien Einwanderer aus aller Welt an, und die Regierung war erpicht darauf, die spärlich besiedelten Gebiete im Süden des Landes zu bevölkern. Berichte in amerikanischen Zeitungen schwärmten von „einem Land mit wilden Äpfeln und wilden Erdbeeren, mit Bergen und Tälern, schönen Landschaften, Weiden und Bodenschätzen". Das Beste daran: Der Grund und Boden kostete nichts.

Nach allem Hörensagen hatten Butch und Sundance die ehrliche Absicht, ihr Gaunerleben aufzugeben und sich dauerhaft in Cholila niederzulassen. Sie kauften Vieh, reichten die Gesuche für die Landübertragung ein und bauten eine Ranch. 1902 schrieb Butch an einen Freund in Utah: „Das Land ist erstklassig", sie hätten „300 Rinder, 1500 Schafe und 28 gute Reitpferde", und bald könnten sie Rinder über die Anden zu einem Schlachthof in Chile treiben.

Ein weiterer Hinweis auf ihren Lebensstil wird von Primo Capraro, einem Architekten aus Bariloche, überliefert. Er verbrachte 1904 eine Nacht bei dem namhaften Trio auf der Ranch. Er erinnerte sich später: „Das Haus war einfach möbliert und peinlich sauber, alle Dinge waren geometrisch angeordnet. Die Bilder hingen in Rahmen aus Rohr, als Tapeten dienten Ausschnitte amerikanischer Zeitschriften, und es gab viele schöne Waffen und Lassos. Die Männer waren groß, schmal, sprachen kaum und blickten ständig nervös um sich. Die anwesende Dame, die gerade las, war gut gekleidet."

Die Nachbarn, deren Nachkommen zum Teil noch heute im Tal leben, stammten aus Wales, England, Irland, Schottland und Texas. Einer der Texaner war in seiner Heimat sogar Sheriff gewesen – aber in einer Auslandsgemeinde war Zusammenhalt das oberste Gebot. Als der Gouverneur des Territoriums auf einer Inspektionsreise vorbeikam, gaben Butch und Sundance eine Party. Der Gouverneur tanzte mit Ethel, während Sundance auf seiner Gitarre spielte.

Die Idylle zerbrach Anfang 1905, als die beiden allerdings zu Unrecht verdächtigt wurden, einen Bankraub in Río Gallegos verübt zu haben, und fliehen mussten. Wenige Monate später überfielen sie zum Abschied eine Bank in Villa Mercedes bei Mendoza. Ethel kehrte in die Vereinigten Staaten zurück, Butch und Sundance wanderten im November 1908 nach Chile und Bolivien aus. Nachdem sie ein paar Jahre in einem Bergwerk gearbeitet hatten, raubten sie die Lohngelder eines anderen Bergwerks und kamen bei einer Schießerei mit einer bolivianischen Militärpatrouille ums Leben.

LP Tipp **Casaverde Hostal** (☎ 480091; www.casaver
dehostel.com.ar; Los Alerces s/n; B HI-Mitglied/-Nichtmitglied
40/50 Arg$, DZ mit Bad 160 Arg$, 6-Pers.-Hütte 350 Arg$; 🖳)
Eine fröhliche Atmosphäre herrscht in diesem
gemütlichen, gastfreundlichen Hostel, das sich
oberhalb der Stadt befindet. Die Gäste relaxen
hier in geräumigen Zimmern und sonnigen Ge-
meinschaftsbereichen. Putzmunter macht das
üppige Frühstück mit selbst gebackenem Brot
und hausgemachter Marmelade und Bohnen-
kaffee, so viel, wie man will (12 Arg$). Von der
Avenida Fontana bis zur Casaverde sind es zu
Fuß rund 10 Minuten.

Cabañas Oregon (☎ 480408; www.oregontrevelin.com.
ar, auf Spanisch; Ecke Av. San Martín & J. M. Thomas; 4-Pers.-
Hütte 200 Arg$) Die ansprechenden Blockhütten mit
Küche, TV und Bad liegen verstreut in einem
Garten voller Apfelbäume im Süden der Stadt.

Hostería Casa de Piedra (☎ 480357; www.casadepie-
dratrevelin.com, auf Spanisch; Brown 244; DZ/3BZ 250/290 Arg$,
5-Pers.-Apt 350 Arg$, 6-Pers.-Hütte 390 Arg$) Die Lodge ist
ein Paradies für Angler, deren Fischzug zum Teil
aus Naturstein bestehen. Ein riesiger offener
Kamin, Ethnomotive und rustikale Elemente
schaffen ein behagliches Ambiente.

Cabañas Wilson (☎ 480803; www.wilsonpatagonia.com.
ar; RP 259, an der Abfahrt der RP 71; 2-/6-Pers.Hütte 382/420 Arg$)
Die Hütten aus Holz und Ziegelsteinen liegen in
einer wunderbar ruhigen Umgebung am Stadtrand. Zu den Vorzügen der Unterkunft zählen
der tägliche Reinigungsservice, die zusätzlichen
Decken und ein Grillplatz.

Essen
So wie die Besucher von Trelew in Scharen nach
Gaiman strömen, machen sich Esquels Gäste auf
den Weg, um in Trevelin walisischen Tee
zu trinken. In der Regel sind die Teestuben von
15 bis 20 Uhr geöffnet. Die meist riesigen Tee-
portionen reichen locker für zwei. Wer sie sich
mit seiner Begleitung teilen möchte, sollte vorher
die Bedienung fragen, ob das möglich ist.

Nain Maggie (☎ 480232; www.casadetenainmaggie.com;
Perito Moreno 179; Tee-Gedeck 45 Arg$; ⏱ 10–12.30 & 15 bis
20.30 Uhr) Trevelins ältestes Teehaus befindet sich
zwar in einem modernen Gebäude, aber Tradition wird hier ganz großgeschrieben. Neben dem
Tee in wohl nie leer werdenden Kannen hat man
die Wahl zwischen einer hervorragenden *torta
negra* (Schokoladentorte) und köstlichen ofen-
warmen Scones.

La Mutisia (☎ 480165; Av. San Martín 170; Tee-Gedeck
40 Arg$) Die zweite Teestube vor Ort, in der den
Gästen ausschließlich Hausgemachtes zum
Tee serviert wird.

An- & Weiterreise
Vom **Busbahnhof** (Ecke Roca & RN 40) starten täglich
außer Samstag um 23.30 Uhr Busse nach Comodoro Rivadavia (53 Arg$). Die Busse von **Gales
del Sur** (☎ 480427; RN 259) fahren stündlich nach
Esquel (3 Arg$, 30 Min.). Montags und freitags
fahren um 8.30 und 18 Uhr Busse in den auf
chilenischer Seite liegenden Grenzort Futaleufú
(22 Arg$, 1 Std.). Montags, mittwochs und
freitags starten um 10.30 Uhr die Busse
nach Carrenleufú (34 Arg$, 2 Std.) – die Ort-
schaft liegt kurz vor dem Grenzübergang, der ins
chilenische Palena führt.

PARQUE NACIONAL LOS ALERCES
☎ 02945
In diesem Naturpark spiegelt das Ensemble aus
schnell fließenden Bächen, sattgrünen Wäldern
und spiegelnden Seen die unverfälschten Anden
wider. Die Hauptattraktion bildet jedoch die
Alerce (*Fitzroya cupressoides*), die Patagonische
Zeder oder Zypresse, die zu den langlebigsten
Spezies der Welt zählt. Manche Exemplare sind
mehr als 4000 Jahre alt. In den bekannten Nacht-
parks weiter nördlich und südlich bekommen
die Wanderer diese Kostbarkeit der Natur
nicht zu sehen – Grund genug, den Besuch
des Parque Nacional Los Alerces ganz besonders
zu genießen.

Die Alerce, die in Aussehen und Wuchs dem
in Kalifornien wachsenden Riesenmammutbaum ähnelt, gedeiht in den gemäßigten Wäldern Westpatagoniens. Innerhalb von 20 Jahren
wächst sie um lediglich 1 cm. Einige dieser wunderschönen Bäume können einen Durchmesser
von 4 m und eine Höhe von 60 m erreichen.
Wegen ihres wertvollen Holzes erging es der
Alerce wie dem Riesenmammutbaum: Die
Bestände wurden Opfer der Überholzung. Heute schützt der Nationalpark auf einer Fläche
von 2630 km^2 die größten Alerce-Wälder, die
noch erhalten sind.

Natur & Klima
An den östlichen Andenhängen erreichen die
Berggipfel des Parque Nacional Los Alerces bis
zu 2300 m Höhe. Zu ihren Füßen liegen nahezu
unberührte Seen und Flüsse, die von den ab-
schmelzenden Gletschern gebildet wurden. Das
Wasser dieser Seen fließt südwärts über das riesige Wasserkraftwerk des Lago Amutui Quimei
in den Río Futaleufú, der westwärts nach Chile
strömt. Die Region bietet ihren Besuchern eine
wunderschöne Landschaft und ausgezeichnete
Möglichkeiten zum Angeln.

PARQUE NACIONAL LOS ALERCES   0 ▭▭▭▭ 20 km

PATAGONIEN

Da die Anden hier nicht besonders steil ansteigen, sondern eher flach sind, bringen die Weststürme jährlich fast 3000 mm Niederschlag mit sich. Der östliche Teil des Parks ist allerdings trockener. Die Durchschnittstemperatur liegt im Winter bei 2 °C (kann aber erheblich tiefer sinken) und im Sommer bei 24 °C, wobei die Nächte in der Regel ziemlich kühl sind.

Pflanzen & Tiere

Im urwüchsigen Hinterland des Nationalparks lebt eine ganze Reihe von Wildtieren, darunter der scheue, als bedroht geltende Südliche Huemul (Südandenhirsch). Doch die Hauptaufgabe von Los Alerces besteht darin, den Reichtum seiner Pflanzenwelt zu schützen. Neben der Alerce prägen auch andere immergrüne Koniferen und sommergrüne Laubbäume den dichten Valdivian-Wald (gemäßigter Regenwald), darunter die Ñire (*Nothofagus antarctica*), Coihue (*Nothofagus betuloides*) und Lenga (*Nothofagus pumilio*), allesamt Vertreter der Gattung der Scheinbuchen oder Südbuchen (*Nothofagus*), die nur auf der südlichen Hemisphäre verbreitet sind. Wanderer treffen mitunter auf fast undurchdringliches Unterholz, das aus einer Bambusart der Gattung *Chusquea* besteht oder auf die duftende Chilenische Flusszeder (*Austrocedrus chilensis*). Eine besonders interessante Baumart ist auch der Arrayán mit seiner glatten, zimtfarbenen Rinde, die leicht abblättert. Er ähnelt ein wenig dem Erdbeerbaum (*Arbutus menziesii*), der an der Westküste der USA und in British Columbia wächst.

Praktische Informationen

Während der Hochsaison (Weihnachten bis zur Karwoche) zahlen Ausländer für den Besuch des Parks 30 Arg$ Eintritt. Die Parkverwaltung, die **Intendencia** (Parkverwaltung; ☎ 471015/20; ☼ im Sommer 8–21 Uhr, während des restlichen Jahres 9–16 Uhr), findet sich in Villa Futalaufquen. Dort geben Ranger Auskunft zum Wandern und Campen im Park sowie zu geführten Exkursionen. Auch Angelscheine sind hier erhältlich. Die Intendencia beherbergt ein naturhistorisches Museum, das **Museo y Centro del Interpretación**. Das Besucherzentrum am nördlichen Ende des Parks ist nur von Dezember bis Februar geöffnet.

Aktivitäten

Die Reisebüros in Esquel bieten den Urlaubern alle möglichen Touren zum Segeln, Angeln, Wandern, Kanufahren, Mountainbiken, Schnorcheln und Reiten an.

SEGELN

Der **Circuito Lacustre** ist seit eh und je die beliebteste Tour im Parque Nacional Los Alerces. Dazu gehört auch ein Segeltörn von Puerto Limonao im Süden der Seenlandschaft zum Lago Futalaufquen und die Fahrt durch den engen Kanal des Río Arrayanes bis zum Lago Verde.

Wegen des niedrigen Wasserstands muss die kurze Strecke zwischen Puerto Mermoud (am nördlichen Ende des Lago Futalaufquen) und Puerto Chucao (am Lago Menéndez) zu Fuß zurückgelegt werden. Barkassen bringen die Tourteilnehmer zum zweiten Abschnitt der Route (1½ Std.), dem nördlich gelegenen Naturpfad **El Alerzal**, der den leichtesten Zugang zu den Alerce-Beständen bietet. Eine (empfehlenswerte) Alternative, um nach Puerto Chucao zu gelangen, ist der landschaftlich wunderschöne, 1,5 km lange Weg, der über die Brücke des Río Arrayanes führt.

Die Barkasse legt für eine gute Stunde am Ausgangspunkt von El Alerzal an – Zeit genug, um gemächlich den Rundweg zu erwandern. Der Weg führt am **Lago Cisne** und einem schönen Wasserfall vorbei und endet bei **El Abuelo** („der Großvater"), einer 57 m hohen, 2600 Jahre alten Alerce.

Ab Puerto Limonao kostet die Exkursion 140 Arg$, ab Puerto Chucao 110 Arg$. Die Abfahrt in Limonao ist vormittags, die Weiterfahrt startet mittags in Chucao. Um etwa 17 Uhr sind die Teilnehmer wieder in Chucao, um 19 Uhr in Limonao. Wer sich einen Sitzplatz sichern will, kauft die Tickets am besten schon in Esquel.

WANDERN

Wegen der großen Brandgefahr erlauben die regionalen Behörden das Campen im Park nur auf behördlich genehmigten Plätzen. Jeder, der im Los Alerces wandern will, muss sich in einer der Rangerstationen anmelden, ehe er losmarschiert – auch bei einer vermeintlich ganz kurzen Wanderung.

In der Nähe des **Lago Futalaufquen** verlaufen mehrere markierte Wege, die sich für Tageswanderungen eignen. Eine der Trekkingtouren führt über die 25 km lange Route von **Puerto Limonao** aus entlang dem Südufer des Lago Futalaufquen bis zum **Refugio Lago Krüger** (S. 517). Je nach Kondition lässt sich diese Strecke in einem strammen Tag schaffen oder unterwegs auf dem Campingplatz an der **Playa Blanca** unterbrechen. Bootsfahrten von Puerto Limonao zum Lago Krüger kosten pro Person 110 Arg$.

Der englischsprachige Lonely Planet Reiseführer *Trekking in the Patagonian Andes* informiert über viele andere empfehlenswerte und räumlich weitere Trekkingrouten durch die patagonischen Anden.

Schlafen & Essen

Auf der Strecke zum Park weisen Schilder an der Straße auf den Verkauf von Nahrungsmitteln hin, die für ein Picknick geeignet sind: hausgemachtes Brot, Käsespezialitäten der Provinz Chubut, frisches Obst und walisische Süßigkeiten. In Villa Futalaufquen gibt es eine ganze Reihe einfacher Lebensmittelläden und Restaurants, die aber nur im Sommer geöffnet sind. Am besten ist es jedoch, den Proviant selbst mitzubringen. Die nachfolgend genannten Unterkünfte sind von Nord nach Süd geordnet, nicht nach dem Preisniveau.

CAMPING

Der Nationalpark Los Alerces verfügt über mehrere Campingplätze mit komfortabler Infrastruktur, die sich auch mit einem Fahrzeug anfahren lassen. Alle verfügen über heiße Duschen sowie Lebensmittelläden und Restaurants direkt auf dem Platz (oder nicht weit davon entfernt). Im näheren Umkreis dieser gebührenpflichtigen Plätze liegen meistens auch minimal ausgestattete Campingplätze sowie kostenlose Plätze ohne irgendeine Ausstattung.

Camping Lago Rivadavia (☎ 454381; Erw./Kind 15/8 Arg$) Geschützt von schattenspendenden Bäumen erstreckt sich dieser idyllische Platz am südlichen Ende des Lago Rivadavia. Vorhanden sind u. a. Picknicktische, Stromanschluss und ein Bootssteg. Er liegt 42 km nördlich von Villa Futalaufquen.

Camping Lago Verde (☎ 454421; Stellplatz pro Pers. 20 Arg$, 6-Pers.-Hütte 1000 Arg$) Rund 35 km nordwestlich von Villa Futalaufquen säumt dieser mit allem Komfort ausgestattete Campingplatz das östliche Ufer seines Namengebers. Die neu gestalteten Hütten sind vom Allerfeinsten. Außer diesem Campingplatz gibt es an dem stillen See nur noch eine weitere Unterkunft: das nahe gelegene Lago Verde Wilderness Resort.

Complejo Turístico Bahía Rosales (☎ 471044; Stellplatz pro Pers. 20 Arg$, 4-Pers.-Hütte 180 Arg$, 6-Pers.-Hütte 400 Arg$) Auf dem weitläufigen Gelände des Resorts finden sich Zeltplätze am Wasser, Unterkünfte in verschiedenen Hütten und viele Möglichkeiten für sportliche Aktivitäten. Am Nordufer des Lago Futalaufquen führt ein 1,5 km langer staubiger Weg von der Hauptstraße aus zum Resort.

Autocamping Los Maitenes (☎ 471006; pro Pers. 18 Arg$) Nur 200 m von der Intendencia (Verwaltung) entfernt, schmiegt sich dieser grasbewachsene Campingplatz zwischen Hauptstraße und See. Er besticht mit einem wunderschönen Blick auf den See. Neben Schatten bietet er so nützliche Dinge wie Stromanschluss und Feuerstellen.

Camping & Refugio Lago Krüger (☎ 02945-15-4424-7964; www.lagokrugger.com.ar; Stellplatz pro Pers. 15 Arg$, Refugio mit Vollpension pro Pers. 380 Arg$) Der Campingplatz mit einem rustikalen *refugio* liegt im relativ abgeschiedenen Uferbereich des Lago Krüger. Erreichen lässt er sich nur über einen 25 km langen Wanderweg, der an der Hostería Futalaufquen (s. rechte Spalte) beginnt, oder mit dem Boot, das in Puerto Limonao abfährt.

CABAÑAS & HOSTERÍAS

Für Gruppen sind Hütten eine kostengünstige Alternative.

Lago Verde Wilderness Resort (☎ in Buenos Aires 011-4816-5348; www.hosteriaselaura.com; 2-/4-Pers.-Hütte mit Vollpension 1900/2300 Arg$) Rustikal und doch zugleich hochelegant sind die mit großen, bequemen Betten ausgestatteten Natursteinhütten, in denen Erdfarben vorherrschen. Die Panoramafenster gewähren freien Ausblick in den umliegenden Wald. Angler können ein motorisiertes Schlauchboot mieten und jeden Winkel des Sees abgrasen. Ein Gourmet-Restaurant und eine Teestube stehen auch allen Nicht-Gästen offen. Das Resort liegt 35 km nördlich von Villa Futalaufquen.

Cabañas Tejas Negras (☎ 471012, 471046; tejasnegras@infovia.com.ar; 4-/5-Pers.-Hütte 500/700 Arg$; ☼ ganzjährig) Seit 40 Jahren beherbergen Nilda und Hector Gäste in einer Handvoll Spitzdachhütten, die von einem Rasen Marke Golfplatz umgeben sind. Doch weder ein Golf- noch ein Fußballmatch stören hier die himmlische Ruhe.

Hostería Quime Quipan (☎ 471021; www.cpatagonia.com/quimequipan, auf Spanisch; DZ mit Halbpension 400 bis 450 Arg$ ☼ Nov.–April) In einer atemberaubenden Umgebung bietet dieses altmodische Gästehaus freundliche, aber veraltete Zimmer. Bei manchen Zimmern macht der Seeblick alles wett. In dem gemütlichen, sonnendurchfluteten Restaurant (Gerichte 45 Arg$) können auch Nicht-Gäste speisen. Bei Anglern ist es als letzter „Boxenstopp" vor dem Heimweg sehr beliebt.

Hostería Futalaufquen (☎ 02945-15-465941; www.brazosur.com.ar/hosteria.htm, auf Spanisch; DZ mit Halbpension 604–765 Arg$, 4-/5-Pers.-Apt. 1236/1840 Arg$) Dieser exklusive, elegante Landgasthof steht am ruhigeren Westufer des Sees. Man findet ihn 4,5 km nördlich von Villa Futalaufquen am Ende der Zufahrtsstraße. Der Gasthof vermietet neun gut ausgestattete Doppelzimmer, zusätzlich befinden sich auf dem Gelände noch drei Blockhütten (ohne Kochgelegenheit). Die Aktivitäten reichen vom Kajakfahren bis zum Abseilen an Felswänden. Zum Relaxen können sich die Gäste mit ihrem Dessert an den offenen Kamin zurückziehen. Reservierungen können bei Brazo Sur in Esquel (Av. Sarmiento 635) erfolgen.

An- & Weiterreise

Ausführliche Informationen zur An- und Abreise zum/vom Park siehe S. 508.

GOBERNADOR COSTA
☎ 02945 / 2000 Ew.

Wer in diesem verschlafenen Viehzüchterstädtchen landet, der wird angegafft, denn hierher verirrt sich kaum ein Tourist. Der Ort liegt an der gähnend langweiligen Strecke zwischen Esquel und Río Mayo, an der Kreuzung der RN 40 mit der RP 20, die nach Sarmiento und Comodoro Rivadavia führt. Etwa 20 km westlich der Ortschaft führt die RP 19 zum **Lago General Vintter** und zu anderen kleineren, strahlend blauen Seen nahe der chilenischen Grenze. An den Seeufern kann gezeltet werden.

Die rar gesäten Unterkünfte für Reisende sind ganz okay. **Camping Municipal** (pro Pers. 6 Arg$), am Rand der Felder gelegen, verfügt über Strom und heißes Wasser. Das motelähnliche **Mi Refugio** (☎ 491097; Av Roca s/n; EZ/DZ/3BZ/4BZ 60/85/105/130 Arg$) bietet dunkle, aber saubere Zimmer mit Zentralheizung und TV. In dem freundlichen Grillrestaurant im Erdgeschoss lässt sich auf jeden

Fall der Hunger vertreiben. Falls Mi Refugio ausgebucht ist, bietet sich als Alternative das **Residencial El Jair** (☎ 02945-15-680414; Ecke San Martín & Sarmiento; pro Pers. 45 Arg$) mit einfachen Zimmern und Sonderpreisen für anreisende Familien an.

Die **Bushaltestelle** (Av. Roca s/n) liegt gleich neben dem Mi Refugio. Von Sonntag bis Freitag fährt ein Bus frühmorgens um 3.45 Uhr nach Esquel (28 Arg$) und von dort weiter nach Bariloche. Montags bis samstags startet um 23.30 Uhr ein Bus nach Comodoro Rivadavia (65 Arg$). Die meisten Busse, die nach Río Mayo unterwegs sind, meiden diesen holprigen (und todlangweiligen) Abschnitt der RN 40 und nehmen lieber die RP 20, die entlang dem Río Senguer zur Abzweigung nach Río Mayo führt.

RÍO MAYO
☎ 02903 / 3500 Ew., 800 000 Schafe

Die nationale Hauptstadt der Schafschur erweist sich überraschenderweise als stumpfsinniges Kaff. Neben Ölarbeitern lungern Gauchos herum und erschrecken nichtsahnende *turistas* (Touristinnen) mit ihrem Wolfsgeheul. Der öde Zwischenstopp liegt 200 km südlich von Gobernador Costa und 135 km nördlich von Perito Moreno.

Die **Casa de Cultura** (☎ 420400; Ejército Argentino s/n; ☯ 9–12 & 15–18 Uhr) beherbergt eine Touristeninformation, die u. a. Auskunft über die Möglichkeiten zum Mountainbiken in der Umgebung gibt. Auf der **Website** der Provinz Chubut (http://www.chubutur.gov.ar/htm/destino_rio-mayo.htm, auf Spanisch) stehen einige Informationen über Río Mayo, die für Touristen ganz nützlich sind. In der **Banco del Chubut** (Ecke Yrigoyen & Argentina) befindet sich ein Geldautomat.

Während des **Festival Nacional de la Esquila**, das alljährlich im Januar stattfindet, laufen Wettbewerbe um die qualitativ beste Merinowolle und sogar im Scheren von Guanakos. Doch den Höhepunkt des Festes bildet die im Vorfeld stets heiß umkämpfte Krönung der nationalen Schafschur-Königin.

Camping Municipal (☎ 420400; Av. E Argentino s/n; pro Fahrzeug 16 Arg$) liegt am Fluss. Gleich um die Ecke von der YPF-Tankstelle stößt man auf das etwas heruntergekommene, aber dennoch solide **Amancay** (☎ 420193; Fontana 750; DZ ohne Bad 75 Arg$) mit vier sauberen Zimmern.

Die beiden nachfolgenden Unterkünfte bieten auch Essen, ansonsten ist die YPF-Tankstelle eine gute Anlaufstelle für Sandwiches und einen Kaffee auf die Schnelle. Abgefahren ist das weitläufige **El Viejo Covadonga** (☎ 420020; San Martín 573;

pro Pers. mit/ohne Bad 80/55 Arg$) mit Zimmern in unterschiedlicher Qualität – doch alle sind mit guten Daunendecken ausgestattet. Die begehrteste Einrichtung ist die Bar aus orangefarbenem Vinyl. Das **Hotel Akatá** (☎ 420054; San Martín 640; pro Pers. 80 Arg$; 💻) hat außer dem Internetzugang wenig zu bieten. Seine holzgetäfelten Zimmer sind dunkel und stickig.

Vom **Busbahnhof** (☎ 420174; Ecke Fontana & Irigoyen) fahren jeden Morgen Busse nach Comodoro Rivadavia, Sarmiento und Coyhaique (Chile). Die Abfahrtzeiten, die sich ständig ändern, sind im Busbahnhof zu erfahren. Die Shuttles für Rucksacktouristen (s. S. 519) sind auf diesem holprigen Abschnitt der RN 40 die einzige regelmäßige Verbindung nach Perito Moreno – und das auch ausschließlich während der Sommermonate.

PERITO MORENO
☎ 02963 / 3500 Ew.

Jetzt bloß nicht an den gleichnamigen, umwerfenden Nationalpark oder den Gletscher in der Nähe von El Calafate denken! Hier geht es um das triste Bauerndorf, in dem die einzige Touristenattraktion darin besteht, samstagnachts einen auf die Lampe zu gießen. Perito Moreno eignet sich als Zwischenstopp auf dem Weg zu der freundlicheren Andenoase Los Antiguos.

Der Ort gibt auch für Fahrten zur Cueva de las Manos und zum Parque Nacional Perito Moreno einen guten Ausgangspunkt ab. Die Hauptstraße San Martín führt nordwärts zur RP 43 und südwärts zur RN 40. Die Kleinstadt liegt 128 km südlich von Bajo Caracoles und 135 km nördlich von Río Mayo.

Ruhm erlangte die Stadt im Jahr 1898, als der Forschungsreisende Perito Moreno die chilenische Definition der Landesgrenze austrickste. Chile forderte *divortum aquarum continental*, was letztlich bedeutet: Alle Quellgebiete jener Flüsse, die in den Pazifik münden, gehören zu Chile. Also leitete Moreno kurzerhand den durch die Stadt fließenden, in den Pazifik mündenden Río Fénix zum Río Deseado um – und der mündet in den Atlantik. Die Region samt Fluss blieb somit argentinisch, und die Stadt erhielt den Namen des findigen „Grenzziehers".

Praktische Informationen

Avenida Kiosco y Anexo (Av. San Martín 2147) Internetzugang; im CTC (Perito Moreno 1062) und Ciber Café Loreto (Av. Perón & Sarmiento) funktioniert der Internetzugang nur zeitweise.

Banco de la Nación (Ecke San Martín & Perito Moreno)

Banco de Santa Cruz (Ecke San Martín & Rivadavia) Mit Geldautomat; Umtausch von Reiseschecks.

Hospital Distrital (☎ 432040; Colón 1237)

Locutorio Call Center (Rivadavia 1057)

Post (Ecke J. D. Perón & Belgrano)

Touristeninformation (☎ 432732; peritomoreno@santa cruzpatagonia.gob.ar; San Martín 1766; ☼ Mo–Fr 7 bis 23.30, Sa & So 8–15 Uhr) Hilfsbereit; bietet überraschend viel Infomaterial in Form von Broschüren und Faltblättern; betreibt auch einen Schalter im Busbahnhof.

Zoyen (☎ 432207; zoyenturismo@yahoo.com.ar; Ecke San Martín & Saveedra) Gutes örtliches Reisebüro, das in der Hochsaison Touren zur Cueva de las Manos organisiert.

Geführte Touren

Der erfahrene Tourveranstalter **GuanaCondor Tours** (☎ 432117, 02963-15-452-6224; jarinauta@santacruz.com.ar; Perito Moreno 1087; ☼ Mo–Mi & Sa 10–12 & 16–20, So 17 bis 20 Uhr) organisiert Touren zur Cueva de las Manos (pro Pers. 150 Arg$). Dabei führt der Weg zur Höhle über die ehemalige Estancia Los Toldos, was allerdings mit einer anstrengenden Wanderung verbunden ist. Der Veranstalter bietet auch einen Ausflug zum Monte Zeballos, einem Tafelberg mit herrlicher Aussicht, und eine Tour (die eine Übernachtung mit einschließt) zum Paso Tehuelche an.

Hugo Campañoli (☎ 432336) ist ein ansässiger Tourführer, der Tagestouren zur Cueva de las Manos in Gruppen mit drei oder mehr Teilnehmern durchführt (pro Pers. 160 Arg$).

Infos zu Shuttlebusverbindungen siehe unter „An- & Weiterreise", s. rechte Spalte.

Schlafen & Essen

Camping Municipal (Laguna de los Cisnes, bei der Av. Mariano Moreno; Stellplatz 30 Arg$ plus pro Pers. 5 Arg$, 4-Pers.-Hütte pro Pers. 100 Arg$) Für Rucksacktouristen ist der Campingplatz im Süden der Stadt das preisgünstigste Quartier. Er bietet heiße Duschen und rustikale Hütten. Pappeln spenden wohltuenden Schatten.

Posada el Caminante (☎ 432204; Rivadavia 937; EZ/ DZ/3BZ 120/160/200 Arg$) Als beste Unterkunft am Platz füllt sich Señora Ethiels Gasthof schnell. Die gastfreundliche Hausherrin vermietet vier geräumige Zimmer mit modernem Bad, bequemen Betten und Heizung. Das reichhaltige Frühstück lohnt sich (10 Arg$) – vor allem während der Obstsaison.

Hotel Belgrano (☎ 432019; San Martín 1001; EZ/DZ 120/180 Arg$) Das große kastenförmige Hotel hat geräumige Zimmer mit Betonwänden. Das Ambiente geht zwar gegen null, aber die Matratzen sind passabel. Viele, die im Morgengrauen mit den Chaltén-Travel-Bussen ankommen, übernachten hier. Das Frühstück kostet 10 Arg$.

Hotel Americano (☎ 432074; San Martín 1327; EZ/DZ/3BZ 150/220/280 Arg$) In dem gemütlichen, familiengeführten Hotel befindet sich ein recht gutes Restaurant. Die Zimmer unterscheiden sich in der Qualität erheblich, manche haben kein Fenster, andere sind dagegen urgemütlich – deshalb besser vorher eine Auswahl anschauen. Das Frühstück kostet 12 Arg$.

LP Tipp **Salón Iturrioz** (Ecke Rivadavia & San Martín; Snacks 8 Arg$) Das hübsche Café in dem Backsteinhaus an der Ecke beherbergt vorübergehend Antiquitäten und Fotografien, die im zukünftigen Museo Regional Cueva de las Manos ausgestellt werden sollen. Das Museum wird gerade auf der anderen Straßenseite gebaut. Wer auf seine heiße Schokolade wartet, kann sich zum Zeitvertreib reizvolle Gegenstände ansehen, darunter auch eine herrliche alte silberne Registrierkasse.

Restaurant Chee's 1 (☎ 432842; Ecke 25 de Mayo & Laguna del Desierto; Hauptgerichte 25–35 Arg$) In dieser einfachen, aber freundlichen Eckkneipe existiert keine Speisekarte. Ein paar einheimische Frauen servieren hier leckere Tagesgerichte wie Lasagne oder Steak mit Salat, dazu gibt es einen preiswerten Wein.

In der San Martín finden sich eine ganze Reihe gut sortierter *panaderías* (Bäckereien) und mehrere Lebensmittelläden.

An- & Weiterreise

LADE (☎ 432055; San Martín 1065) fliegt nach El Calafate, Río Gallegos, Río Grande und Ushuaia.

Der Busbahnhof liegt hinter dem YPF-Rundbau am nördlichen Stadtrand. Taxis (10 Arg$) sind das einzige Beförderungsmittel zwischen Busbahnhof und Stadtzentrum. Die Alternative ist ein 15-minütiger Fußmarsch. Mehrmals täglich fahren Busse nach Los Antiguos (25 Arg$, 40 Min.). Die Abfahrtzeiten sind jedoch nicht zuverlässig, da sich der Fahrplan nach den Bussen richtet, die von der RN 40 kommen – und die haben häufig Verspätung. Um 15.30 Uhr fahren mehrere Busse nach Comodoro Rivadavia (75 Arg$, 5 Std.) mit Halt in Caleta Olivia (50 Arg$, 4 Std.). Um 17.05 Uhr starten die Busse nach El Calafate (180 Arg$, 19 Std.), sie fahren über die RN 3 und halten ebenfalls in Caleta Olivia.

Mehrere Tourveranstalter bieten neben ihrem Ausflugsprogramm auch einen Touristen-Shuttleservice für diverse Streckenabschnitte der RN 40 an. Die Busse von **Chaltén Travel** (☎ /Fax in

PATAGONIEN

El Calafate 2902-492-212/492-480; www.chaltentravel.com) fahren von November bis April Richtung Norden nach Bariloche (11 Std.). Die Abfahrt erfolgt an jedem geraden Tag um 20 Uhr vor dem Hotel Belgrano in Perito Moreno. Ebenfalls vor dem Hotel Belgrano startet an jedem ungeraden Tag um 8 Uhr der Bus, der Richtung Süden nach El Chaltén (11 Std.) fährt. Für kleine Gruppen veranstaltet **Las Loicas** (☎ 02963-490272; www.lasloicas.com) mehrmals im Monat Busreisen, die über die RN 40 führen. Die in Perito Moreno beginnende fünftägige Tour umfasst die Fahrt, Übernachtung mit Halbpension und eine zweisprachige Reiseleitung.

Das Busunternehmen **Taqsa** (☎ 432675) bedient die ganze RN-40-Strecke zwischen El Calafate und Bariloche. Die Busse fahren ab Ende Oktober bis zum Ende der Saison und halten unterwegs in El Chaltén, Bajo Caracoles, Perito Moreno und Esquel. Weitere Informationen über die Busverbindungen von Taqsa und andere Reisemöglichkeiten siehe Kasten S. 511.

LOS ANTIGUOS
☎ 02963 / 2500 Ew.

Die ländliche Ortschaft liegt am windigen Ufer des Lago Buenos Aires. In Reih und Glied umgeben Pyramidenpappeln die *chacras*, die kleinen, selbstständigen Farmen, die vom Anbau von Kirschen, Erdbeeren, Äpfeln, Aprikosen und Pfirsichen leben. Vor der Ankunft der Europäer zogen die älteren Tehuelche in diesen „Bananengürtel". Der Name des Städtchens ist die fast wörtliche Übersetzung des Tehuelche-Namens *I-Keu-khon*, der „Ort der Alten" bedeutet. Viele Reisende kommen hierher, um die Grenze nach Chile zu überqueren, dabei ist allerdings bereits die Anreise über die RN 40 ein Abenteuer für sich – vor allem der Abschnitt zwischen Perito Moreno und Los Antiguos bietet wunderschöne Seeblicke.

Der Ausbruch des Volcán Hudson überzog zwar 1991 Los Antiguos samt seiner Umgebung mit Asche, doch die Farmen erholten sich wieder. Im Sommer ist der **Lago Buenos Aires**, Südamerikas zweitgrößter See, warm genug, um darin zu schwimmen. Forellen- und Lachsangler zieht es vorzugsweise an den atemberaubend schönen **Río Jeinemeni**.

Orientierung

Das Delta, in dem Los Antiguos liegt, wird vom Río Los Antiguos und Río Jeinemeni – den beiden Grenzflüssen – gebildet. Die meisten Busse fahren in der ostwestlich verlaufenden Avenida

11 de Julio oder in deren Nähe ab. Diese Straße führt in westlicher Richtung zu dem chilenischen Grenzübergang bei Chile Chico, dem bequemsten Übergang der Region. Die RN 40 und Perito Moreno liegen 60 km weiter östlich.

Praktische Informationen
Banco de Santa Cruz (Av. 11 de Julio 531) Mit Geldautomat, der rund um die Uhr zugänglich ist.
Locutorio (Alameda 436) Internetzugang.
Post (Gregores 19)
Touristeninformation (☎ 491261; www.losantiguos.gov. ar, auf Spanisch; Av. 11 de Julio 446; ☉ 8–20 Uhr) Hilfsbereit, bietet einen Stadtplan und eine Liste mit Farmen, die frische Produkte ab Hof verkaufen.

Feste & Events
Am zweiten Januarwochenende wird mit der fröhlichen **Fiesta de la Cereza** („Kirschfest") die regional so wichtige Kirschernte gefeiert. Rodeos, Livemusik und der Verkauf von Kunsthandwerk gehören zum Unterhaltungsprogramm. Die *peñas folkloricas* (Livekonzerte argentinischer Folkloremusik) auf den Farmen dauern oft bis tief in die Nacht. Detaillierte Auskünfte über die Fiesta gibt die Touristeninformation.

Schlafen & Essen
Camping Municipal (☎ 491265; RP 43; Stellplatz/Hütte pro Pers. 5/45 Arg$) Der windgeschützte Campingplatz liegt 1,5 km östlich der Stadt am Seeufer. Bei den fensterlosen Hütten handelt es sich um schlafsaalähnliche Unterkünfte. Abends kann heiß geduscht werden.

Albergue Padilla (☎ 491140; San Martín 44; B/DZ 40/100 Arg$) In diesem Familienbetrieb bringt Chaltén Travel die Teilnehmer von Bustouren unter. Die Busse kommen allerdings meistens erst nach Einbruch der Dunkelheit an. Albergue Padilla bietet Schlafräume mit Gemeinschaftsbädern, in denen das heiße Wasser in rauen Mengen fließt. Das Personal verkauft Bustickets für die RN-40-Routen und versorgt die Gäste mit den neuesten Informationen über den Grenzverkehr und die Fährverbindungen nach Chile.

Cabañas Rincon de los Poetas (☎ 491051; Patagonia Argentina 226; DZ/3BZ/4BZ 120/140/150 Arg$) Diese behaglichen Holzhütten mit Kochnische machen nicht viel her, sind aber bestens für zwei Personen und Familien geeignet. Sie liegen zwei Blocks vom Stadtzentrum entfernt.

Hotel Los Antiguos Cerezos (☎ 491132; hotel_losanti guoscerezos@hotmail.com; Av 11 de Julio 850; EZ/DZ 120/150 Arg$) Die modernen Zimmer verfügen alle über ein Bad und TV. Im Hotelrestaurant genie-

ESTANCIAS IN PATAGONIEN

Die meisten Leute nehmen an, auf den *estancias* drehe sich letztlich alles um das liebe Vieh. Doch die nachfolgenden *estancias* bieten darüber hinaus ganz besondere Erlebnisse.

Eine reiche Tierwelt

- Die Nachbarn der **Estancia Rincón Chico** (S. 477) auf der Península Valdés sind Pinguine, See-Elefanten und Seevögel.
- Die exklusive **Estancia Güer Aike** (S. 503) in der Nähe des Río Gallegos ist ein weltbekanntes El Dorado für Forellenangler – mit Fischgründen für den ganz großen Fang.
- Die **Hostería Monte León** (S. 500) ermöglicht faszinierende Einblicke in eine vielfältige Tierwelt, in der Magellanpinguine, Seelöwen, Guanakos und Pumas leben.

Atemberaubende Schönheit

- Inmitten von Gletschern und Seen – und mit dem Cerro Fitz Roy fast vor der Nase – verwöhnt die exklusive **Hostería Estancia Helsingfors** (S. 543) ihre Gäste nicht nur mit landschaftlicher Schönheit, sondern auch mit Komfort.
- Ausritte in den herrlichen, wildromantischen Parque Nacional Perito Moreno bietet die gastfreundliche **Estancia Menelik** (S. 524).
- Von der **Estancia Telken** (S. 522) aus führen Wanderwege durch enge Canyons und zu Plateaus, die zu wahren Begeisterungsausbrüchen animieren.

Wie Indiana Jones

- Die **Estancia La María** (S. 499) in der Nähe von Puerto San Julián bietet eine interessante Zeitreise ins Pleistozän – inklusive der Erkundung von 84 Höhlen mit prähistorischen Höhlenmalereien.
- Von der **Hostería Cueva de las Manos** (S. 523) führt ein Serpentinenweg durch den rötlich schimmernden Canyon am Río de las Pinturas zur Cueva de las Manos, die von der Unesco zum Weltnaturerbedenkmal erhoben wurde.

Auch für schmale Geldbeutel

- Wer seinen Allerwertesten in ein Etagenbett schwingt, kann einiges an Geld sparen. Die **Estancia Menelik** (S. 524), **La María** (S. 499) und die **Estancia Casa de Piedra** (S. 523) verfügen über preiswerte *refugios* (rustikale Hütten).

ßen zahlreiche Farmer, Gauchos und Geschäftsleute regelmäßig das herzhafte Essen.

Hostería Antigua Patagonia (☎ 491038; www.antiguapatagonia.com.ar, auf Spanisch; RP 43 Acceso Este; EZ/DZ 300/360 Arg$, Suite 390–440 Arg$) Rustikales Design prägt die Innenausstattung dieses feudalen Gebäudekomplexes am Seeufer. In den Zimmern stehen eiserne Himmelbetten und Möbel aus grobem Astholz. Das behaglichste Plätzchen findet sich vor dem offenen Kamin. Die *hostería* liegt 2 km östlich der Stadt.

LP Tipp **Viva El Viento** (☎ 491109; www.vivaelviento. com; Av 11 de Julio 447; Hauptgerichte 25–35 Arg$; ☺ Okt. bis April 9–21 Uhr) Dieses neue, elegante Café-Restaurant ist eine Oase für Reisende. Der Besitzer, ein Niederländer, und seine argentinische Freundin bieten frische Salate, starken Kaffee, freien Inter-

zugang per WLAN und einen überaus freundlichen Service. Auf der Speisekarte stehen Gourmetversionen von Klassikern wie *milanesas*, Burger, gegrillter Lachs und Steaks.

An- & Weiterreise

Die RN 40 wird Zug um Zug asphaltiert, wodurch sich auch die Busverbindungen dauernd ändern. Deshalb ist es sinnvoll, sich vor Ort über den aktuellen Stand der Dinge zu informieren.

Verschiedene Busunternehmen bedienen mehrmals täglich die Strecke ins nahe gelegene Perito Moreno (23 Arg$, 40 Min.). Am späteren Nachmittag fahren mehrere Busse in kurzem Abstand ab. Die Busse von **Sportman** (☎ 491175; Senador Molina 690) fahren täglich um 15.45 Uhr nach Río Gallegos (186 Arg$, 16 Std.) und Comodoro

PATAGONIEN

Rivadavia (98 Arg$, 6 Std.). Montags bis samstags starten ebenfalls um 15.45 Uhr die Busse nach El Calafate (240 Arg$). Die Busse von **La Unión** (☎ 491078; Ecke Perito Moreno & Patagonia Argentina) fahren von Montag bis Samstag um 6 und 15 Uhr sowie am Sonntag um 16 Uhr nach Comodoro Rivadavia (98 Arg$). An Wochentagen fahren um 12 Uhr Minibusse dieses Busunternehmens über die chilenische Grenze nach Chile Chico (10 Arg$).

Von Mitte November bis März fährt an jedem geraden Tag um 9 Uhr ein Bus von **Chaltén Travel** (www.chaltentravel.com) nach El Chaltén, seinen ersten Halt macht er in Perito Moreno. Weitere Informationen zu den Busverbindungen Richtung Norden siehe Kasten S. 511.

Die Fähre **El Pilchero** (☎ in Chile 56-67-411864) überquert mehrmals in der Woche den Lago Buenos Aires von Chile Chico nach Puerto Ibañez (6000 Chil$, Fahrzeug pro Meter 25 500 Chil$; 3–6 Std.). Die planmäßige Abfahrt erfolgt montags um 8 Uhr, donnerstags um 15.30 Uhr, freitags um 17.30 Uhr und sonntags um 14.30 Uhr. Die Abfahrtszeiten hängen allerdings vom Wetter ab, zudem ändert sich der Fahrplan immer wieder (ein vorheriger Anruf ist deshalb ratsam). Die Alternative zur Fähre ist die Fahrt mit dem Auto auf der Straße, die entlang des Südufers des Sees verläuft und nach Carretera Austral sowie Coyhaique führt.

Der Taxiservice **Leiva Remise** (☎ 491228) ist besonders nützlich, wenn es in Strömen regnet und man trockenen Fußes zurück ins Hotel möchte.

ESTANCIA TELKEN

Ein echtes Highlight auf diesem Abschnitt der RN 40 ist die **Estancia Telken** (☎ 02963-432079; telken patagonia@yahoo.com.ar; RN 40; Stellplatz pro Pers. /Zelt 22 Arg$, DZ mit/ohne Bad 380/305 Arg$; ☼ Okt.–April). Sie liegt – eingebettet in eine wunderschöne Landschaft – 25 km südlich von Perito Moreno und vergönnt Reisenden eine willkommene Erholungspause. Unter der Leitung des charmanten Ehepaars Coco und Petti Nauta läuft auf der 1915 gegründeten Schaf- und Pferderanch immer noch der volle landwirtschaftliche Betrieb. Cocos Familie stammt von niederländischen Siedlern ab, während Petti einem neuseeländischen Clan entstammt und gern lange Geschichten über das Farmleben erzählt. Die reichhaltigen, köstlichen Mahlzeiten genießen die Gäste in familiärer Atmosphäre. Auf der Farm wird neben Spanisch auch Englisch und Niederländisch gesprochen.

Ein Gelände von 210 km² bietet zahlreiche Möglichkeiten zum Reiten und Wandern. Ein toller Wanderweg schlängelt sich an einem Bach entlang bis zu einem Basaltplateau, der **Meseta de Lago Buenos Aires**. Auf Anfrage bringt Petti die Gäste zur **Cueva de Piedra**, einer kleinen Höhle in einem ruhigen Tal, wo Guanakos, Adler und manchmal auch Gürteltiere umherstreifen.

Wegen Kontroversen um behördlich genehmigte Goldschürfrechte dürfen Besucher den **Cañadon Arroyo del Feo** derzeit nicht betreten. Schade, denn der tiefe Canyon mit seinem rötlichen Gestein, der sich wie eine Klamm zu steilwandigen Schluchten verengt, ist wirklich sehenswert. Dafür bleibt so mehr Zeit für die gut erhaltenen Felsmalereien, die etwa 7000 Jahre alt sind.

Entsprechende Touren dorthin organisiert GuanaCondor Tours in Perito Moreno (S. 519).

CUEVA DE LAS MANOS

Die sagenhaften Höhlenmalereien der **Cueva de las Manos** (Höhle der Hände; Eintritt 50 Arg$; ☼ 9–19 Uhr) erklärte die Unesco 1999 zum Weltkulturerbe. Mehrfarbige Felsbilder bedecken die Einbuchtungen und Nischen der nahezu senkrechten Höhlenwände. Aus der Zeit um 7370 v. Chr. stammen die Darstellungen von Abdrücken menschlicher Hände und Guanakos, während eine Reihe abstrakterer Motive in einer späteren Periode entstanden sind. Mehr als 90 % der rund 800 Bilder zeigen linke Hände, darunter eine Hand mit sechs Fingern.

Erreichen lässt sich die Höhle über Nebenstraßen abseits der RN 40. Es sind raue Pisten, die aber durch malerische Landschaften entlang des Río de las Pinturas führen. Da hier unzählige Guanocos über die Steppe streifen, gilt für Autofahrer: Vorsicht Wildwechsel! Es gibt zwei Möglichkeiten, zum Eingang der Höhle zu gelangen: Die direkte Route verläuft über Bajo Caracoles (46 km von der Höhle entfernt) auf der Südseite des Flusses. Die zweite Möglichkeit ist ein Wanderweg, der an der Hostería Cueva de las Manos im Norden des Flusses beginnt und über eine Fußgängerbrücke zur Höhle führt. Tourveranstalter in Perito Moreno (S. 519) organisieren Tagesausflüge, die in der Regel pro Person 150 Arg$ (zuzüglich Eintritt) kosten. Führungen durch die Höhle in Begleitung sachkundiger Führer finden stündlich statt (im Eintritt inbegriffen). In dem Empfangsgebäude am südlichen Eingang gibt es ein Informationszentrum für Besucher und eine einfache *confitería*. Am besten ist es allerdings, seinen eigenen Proviant mitzubringen.

In der Nähe der Stätte, die Argentiniens beste Höhlenmalerei birgt, hat sich auf dem Gelände der ehemaligen Estancia Los Toldos die **Hostería Cueva de las Manos** (☎ 02963-432730, in Buenos Aires 011-5237-4043; www.cuevadelasmanos.net; B/DZ 106/400 Arg$, 2-/3-/4-/6-Pers.-Hütte 475/578/685/838 Arg$; ☯ Nov.–April) ausgebreitet. Sie liegt 52 km südlich von Perito Moreno und nur einen Steinwurf von der RN 40 entfernt. Unterkunft finden Gäste im Hauptgebäude der *hostería*, in Hütten oder in einem 20-Personen-Schlafsaal. Die Zimmer sind einfach, aber mit hübschen Hartholzdekors ausgestattet. An der *hostería* beginnt ein malerischer, aber schwieriger Wanderweg, auf dem (allerdings nur im Sommer) sowohl die Gäste des Hauses als auch Tagesausflügler zur Cueva de los Manos laufen können. Der Pfad windet sich zum Canyon hinunter und führt anschließend über eine Fußgängerbrücke, die den Río de las Pinturas überspannt, zum Höhleneingang.

Die rustikale, aber einladende **Estancia Casa de Piedra** (☎ 02963-432-199; abseits der RN 40; Stellplatz pro Pers. 30 Arg$, B 70 Arg$; ☯ Dez.–März) liegt 76 km südlich von Perito Moreno. Die schlichte Ranch bietet einfache Zimmer und die Möglichkeit zum Zelten. Sie eignet sich bestens als Ausgangspunkt für Wanderungen zu den in der Nähe liegenden Vulkanen oder für eine Tagestour, die über den Cañon de las Pinturas zur Cueva de las Manos führt. Von der *estancia* bis zum Canyon sind es 12 km, von dort geht es dann noch einmal 6 km weiter bis zur Höhle. Die Tour dauert mit Hin- und Rückweg einschließlich der Höhlenbesichtigung rund zehn Stunden. Wanderer sollten früh am Morgen aufbrechen und ausreichend Proviant mitnehmen. Der gut erkennbare Weg zur Höhle lässt sich auf eigene Faust bewerkstelligen, es stehen aber auch Führer zur Verfügung.

BAJO CARACOLES

Ein kurzes Blinzeln genügt, um diesen staubigen Tankstopp zu übersehen. Viel hat sich nicht verändert, seit Bruce Chatwin 1975 in seinem Buch *In Patagonien: Reise in ein fernes Land* dieses Dörfchen als „belanglose Wegkreuzung mit Straßen, die in sämtliche Richtungen anscheinend ins Nirgendwo führen", beschrieben hat. Wer Richtung Süden fährt, sollte in dem Kaff aber tunlichst tanken, denn hier steht die einzige verlässliche Zapfsäule zwischen Perito Moreno (128 km nördlich) und Tres Lagos (409 km südlich). Von Bajo Caracoles führt die RP 39 in westlicher Richtung über den Ort Lago Posadas zum Paso Roballos nach Chile.

Wer übernachten will, hat keine Wahl. Ihm bleibt nur das **Hotel Bajo Caracoles** (☎ 02963-490100; DZ 150 Arg$), eine völlig überteuerte, schäbige Ab-

steige mit einer alten Gasheizung, auf die ein wachsames Auge geworfen werden sollte. Im Hotel gibt es einige einfache Lebensmittel und einen anständigen Kaffee, und es verfügt über das einzige private Telefon des Dorfes.

Richtung Süden zeigt sich die RN 40 von ihrer schlimmsten Seite. Von Bajo Caracoles nach Las Horquetas, das nur ein leuchtendes Pünktchen auf dem Radarschirm ist, sind es 100 km. Dort kreuzen die RP 27 und RP 37 die RN 40. Wer nach Gobernador Gregores will, muss auf der RP 27 noch 128 km in südöstlicher Richtung weiterfahren.

PARQUE NACIONAL PERITO MORENO

Für Abenteuerlustige ist der verwilderte, vom Wind zerzauste Parque Nacional Perito Moreno ein Traum. Von der Steppe her gesehen, ragen die massiven, schneebedeckten Gipfel der Sierra Colorada wie Wachposten in die Höhe. Guanakos streifen durch das büschelige Gras, Kondore ziehen am Himmel ihre Kreise, während der Wind die Wasseroberfläche der aquamarin- und kobaltblauen Seen kräuselt. Wer hierherkommt, zählt zu den jährlich etwa 1200 Besuchern des Parks – das bedeutet: weit und breit keine Menschenseele, Einsamkeit führt das Regiment. Nur die örtlichen *estancias* bieten ihre Dienste an, ansonsten ist jeder auf sich allein gestellt.

Der abgelegene, zunehmend beliebter werdende Nationalpark trägt den Namen seines Gründers. Er umfasst eine Fläche von 1150 km² und liegt 310 km südwestlich der Stadt Perito Moreno. (Diesen Park nicht mit dem weiter südlich gelegenen, berühmten Parque Nacional Los Glaciares und dessen Perito-Moreno-Gletscher verwechseln!)

Das Sedimentgestein der Sierra Colorada leuchtet in allen erdenklichen rötlichen Farbtönen. Jenseits der Parkgrenze überragen hohe Berge mit gletscherbedeckten Gipfeln die Landschaft, darunter der 3706 m hohe **Cerro San Lorenzo**, der höchste Berg der Region. Der höchste Berg innerhalb des Parks ist der Cerro Mié, der 2254 m hoch aufragt.

Außer den Guanakos leben in dem Park auch Pumas, Füchse, Wildkatzen, Chinchillas und Huemuls (Andenhirsche). Zu den unzähligen Arten der reichen Vogelwelt zählen Kondore, Nandus, Flamingos, Schwarzhalsschwäne, Andengänse (*Cauquén*) und Schopfkarakaras (Geierfalken, *Caranchos*). Die Vorgänger der Tehuelche bezeugten ihre Anwesenheit in der Region durch Felsmalereien in einigen Höhlen am Lago Burmeister.

Da die Niederschläge Richtung Westen zunehmen, geht die patagonische Steppe an der östlichen Parkgrenze allmählich in subantarktische Wälder mit Südbuchen, Lenga und Coihue über. Auch die niedrigsten Parkareale liegen mindestens 900 m hoch – entsprechend schlecht kann das Wetter sein.

Im Sommer sind die Temperaturen in der Regel ganz angenehm, aber warme und wetterfeste Kleidung sind zu jeder Jahreszeit ratsam. Das Wasser ist klar und trinkbar, Lebensmittel und alle anderen Vorräte muss man selbst mitbringen.

Praktische Informationen

Besucher müssen sich im Informationszentrum des Parks an der Ostgrenze anmelden. Es hat viele informative Karten und Broschüren, und Ranger bieten einige geführte Wanderungen an. Man kann mit ihnen auch über das Nationalparkbüro in Gobernador Gregores Kontakt aufnehmen, die Leute dort können eventuell auch einen Ausritt organisieren.

Sehenswertes & Aktivitäten

Hinter dem Informationszentrum führt ein markierter Weg (1 Std.) zu einigen Höhlenmalereien, den **Pinturas Rupestres**, die auf Englisch erläutert werden. Die Parkranger geben Auskunft über Rucksacktouren und geführte Wanderungen zur **Casa de Piedra** am Lago Burmeister und zur **Playa de los Amonites** am Lago Belgrano, wo es Fossilien zu sehen gibt.

Von der Estancia La Oriental dauert die Wanderung zum Gipfel des 1434 m hohen **Cerro León** – mit einem atemberaubenden Panorama – etwa zweieinhalb Stunden. Unmittelbar östlich des Gipfels erhebt sich der vulkanische Aufschluss des **Cerro de los Cóndores**, wo ein Nistgebiet der Kondore, der Wappentiere der Anden, liegt. Hier wurden auch schon ganz vereinzelt Pumas gesichtet und weiter unten Guanakos.

Schlafen & Essen

Ein gebührenfreier Campingplatz liegt direkt am Informationszentrum des Parks. Er ist öde, ungeschützt, und Feuermachen ist verboten. Ein zweiter erstreckt sich 16 km davon entfernt am Lago Burmeister. Er liegt malerisch und gut geschützt durch dichten Lenga-Wald; Feuermachen ist hier im Gegensatz zum vorherigen erlaubt. Ein dritter Platz befindet sind in 15 km Entfernung am El Rincón (Feuermachen verboten). Duschen bietet keiner der drei Plätze, aber immerhin Plumpsklos.

Estancia Menelik (☎ Satellitentelefon 011-4152-5500 in Buenos Aires 011-4836-3502; www.cielospatagonicos.com; Refugio pro Pers. 63 Arg$, EZ/DZ/4BZ 188/251/377 Arg$; ☾ Okt.–März) Die 1920 gegründete *estancia* ist bis heute in Betrieb und ein wahres Reiterparadies. Neben dem wunderschönen Panoramablick auf den Parque Nacional Perito Moreno bietet sie z.B. Reittouren mit Übernachtung im hoch gelegenen Camp auf der Veranda de Jones.

An- & Weiterreise

Die öffentlichen Verkehrsverbindungen ändern sich ständig, doch die Touristeninformationen in Perito Moreno, Los Antiguos und El Calafate geben gern Auskunft über den aktuellen Stand der Dinge. Las Loicas (s. Kasten S. 511) befördert Touristen von Perito Moreno zum Nationalpark. Im Sommer ist es möglich, ab der Kreuzung der RN 40 zu trampen – doch angesichts der Größe des Parks kann es schwierig werden, per Anhalter zu den Ausgangspunkten der Wanderwege zu gelangen. Von April bis November ist die Straße teilweise unpassierbar. Autofahrer sollten sich mit vollen Benzinkanistern und Ersatzreifen eindecken.

GOBERNADOR GREGORES

☎ 02962 / 2521 Ew.

Wer sich auf der RN 40 mit fast leerem Tank in der Nähe von Gobernador Gregores befindet, dem bleibt derzeit keine andere Wahl, als in diesem verschlafenen Nest einen Tankstopp einzulegen. Wahrscheinlich wird die Ortschaft erst dann touristenorientierte Initiativen ergreifen, wenn die Asphaltierung der RN 40 irgendwann einmal abgeschlossen ist und die Autos am Ort einfach vorbeirauschen. Bis dahin bleibt die Siesta heilig – in der Zeit geht gar nichts.

Gregores liegt 60 km östlich von der RN 40 direkt an der RP 25. Von dort aus sind es bis zum Parque Nacional Perito Moreno noch 200 km in westlicher Richtung – noch näher am Park liegt keine andere Stadt. Als Versorgungsdepot und zum Arrangieren von Touren durch den Park eignet sich der Ort bestens. Sehr nützlich sind die **Touristeninformation** (☎ 491192; San Martín 409; ☾ Mo–Fr 8–14 Uhr) und das **Büro der Nationalparkverwaltung** (☎ 491477; San Martín 882; ☾ Mo–Fr 9–16 Uhr).

Die RP 29 führt zum 70 km westlich der Stadt gelegenen **Lago Cardiel**, der bei Anglern als Fischgrund für Lachse und Regenbogenforellen sehr beliebt ist. Von der Abzweigung zum See sind dann noch einmal 116 km bis nach **Tres Lagos**, wo ein gut gelauntes Ehepaar eine YPF-Tankstelle betreibt, die rund um die Uhr geöffnet hat. Weiter 123 km westlich liegt El Chaltén.

Camping Nuestra Señora del Valle (☎ 491398; Ecke Roca & Chile; Stellplatz 4 Arg$) mit heißen Duschen und Steingrills hat nur im Sommer geöffnet. **Cañadón León** (☎ 491082; Roca 397; EZ/DZ/3BZ 110/135/170 Arg$) bietet warme Mahlzeiten (der *plato del día*, das Tagesgericht, kostet 25 Arg$) und Betten mit festen Matratzen in elf tadellos sauberen, geräumigen Zimmer – wenn möglich, sollte man im Voraus buchen. Himmlische Ruhe bieten die **Cabañas María Abril** (☎ 491016; Av. Cañadon León 608; B ohne Bad 100 Arg$, DZ/3BZ/4BZ 140/170/250 Arg$) am Stadtrand. Die Giebeldachhütten bilden ein kleines Dorf inmitten hoher Pappeln.

Die Busse von **Cerro San Lorenzo** (Ecke San Martín & Alberdi) fahren montags bis samstags um 16 Uhr oder um 18 Uhr nach Puerto San Julián (60 Arg$, 5 Std.) – die genauen Abfahrtszeiten sind im Büro des Busunternehmens zu erfahren. Die Busse von **El Pulgarcito** (☎ 491474; San Martín 704) starten täglich um 7 Uhr nach Río Gallegos (75 Arg$, 6 Std.). Ebenfalls nach Río Gallegos (78 Arg$) fahren die Busse von **El Pegaso** (☎ 491494; Pejkovic 520) – die Abfahrt erfolgt Montag bis Samstag um 16 Uhr.

EL CHALTÉN
☎ 02962 / 600 Ew.

Das hübsche Dorf erstreckt sich am Eingang zum Nordteil des Parque Nacional Los Glaciares. Es fungiert als eine Art Basislager für Tausende Besucher, die im Sommer hierher pilgern, um das Bergmassiv zu erkunden. Alles wirkt sehr tou-

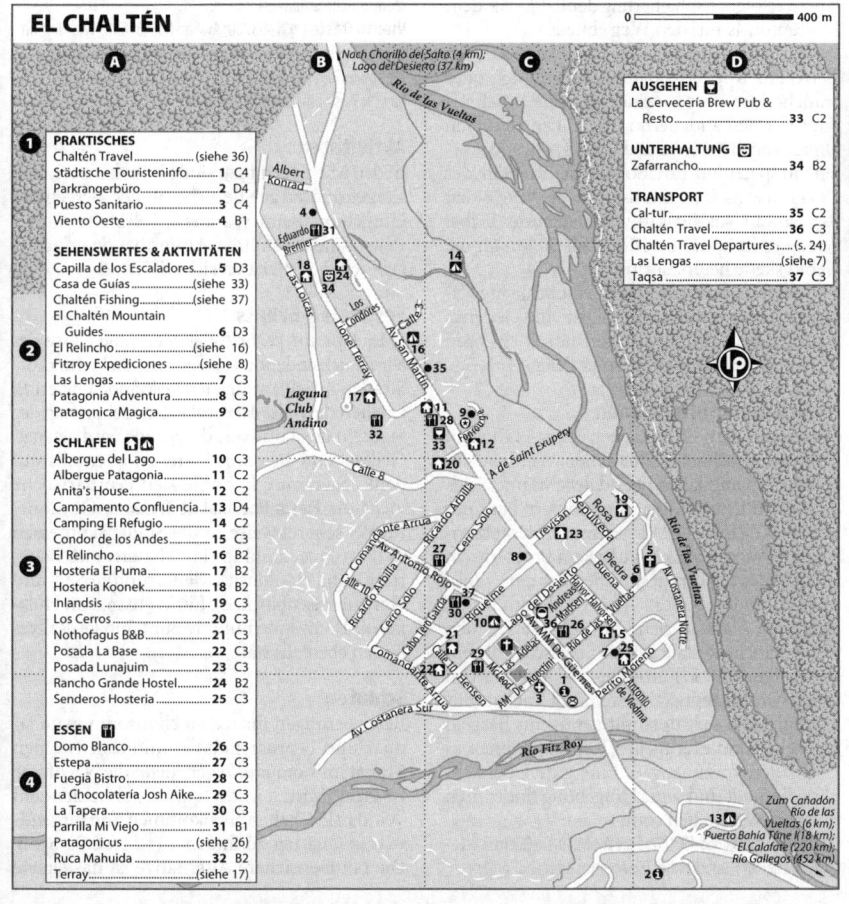

EL CHALTÉN

0   400 m

Nach Chorillo del Salta (4 km); Lago del Desierto (37 km)

PRAKTISCHES
Chaltén Travel	(siehe 36)
Städtische Touristeninfo	**1** C4
Parkrangerbüro	**2** D4
Puesto Sanitario	**3** C4
Viento Oeste	**4** B1

SEHENSWERTES & AKTIVITÄTEN
Capilla de los Escaladores	**5** D3
Casa de Guías	(siehe 33)
Chaltén Fishing	(siehe 37)
El Chaltén Mountain Guides	**6** D3
El Relincho	(siehe 16)
Fitzroy Expediciones	(siehe 8)
Las Lengas	**7** C3
Patagonia Adventura	**8** C3
Patagonica Magica	**9** C2

SCHLAFEN
Albergue del Lago	**10** C3
Albergue Patagonia	**11** C2
Anita's House	**12** C3
Campamento Confluencia	**13** D4
Camping El Refugio	**14** C2
Condor de los Andes	**15** C3
El Relincho	**16** B2
Hostería El Puma	**17** B2
Hostería Koonek	**18** B2
Inlandsis	**19** C3
Los Cerros	**20** C3
Nothofagus B&B	**21** C3
Posada La Base	**22** C3
Posada Lunajuim	**23** C3
Rancho Grande Hostel	**24** B2
Senderos Hostería	**25** C3

ESSEN
Domo Blanco	**26** C3
Estepa	**27** C3
Fuegia Bistro	**28** C2
La Chocolatería Josh Aike	**29** C3
La Tapera	**30** C3
Parrilla Mi Viejo	**31** B1
Patagonicus	(siehe 26)
Ruca Mahuida	**32** B2
Terray	(siehe 17)

AUSGEHEN
La Cervecería Brew Pub & Resto	**33** C2

UNTERHALTUNG
Zafarrancho	**34** B2

TRANSPORT
Cal-tur	**35** C2
Chaltén Travel	**36** C3
Chaltén Travel Departures	(s. 24)
Las Lengas	(siehe 7)
Taqsa	**37** C3

Río de las Vueltas

Albert Konrad

Eduardo Brenner

Los Loicas

Las Conderos

Laguna Club Andino

Calle B

Av. San Martín

Comandante Arrua

Ricardo Arbilla

Cerro Solo

Calle 18 Antonio Rojo

Calle Tehuelche

Cerro Solo

Comandante Arrua

Av. Costanera Sur

Río Firz Roy

A de Saint Exupery

Trevisán

Rosa

Piedra Buena

Río de las Vueltas

Av. Costanera Norte

Lago del Desierto

Av. M. de Güemes

Perito Moreno

Perito Antonio de Vielma

Zum Cañadón Río de las Vueltas (6 km); Puerto Bahía Túnel (18 km); El Calafate (220 km); Río Gallegos (452 km)

PATAGONIEN

ristenorientiert – beispielsweise sind die meisten Gebäude hübsche blockhausähnliche Bauten, alles bis in den letzten Winkel ist englisch beschriftet. Die in den Straßen rudelweise umherstreunenden Hunde erinnern daran, dass El Chaltén ein Grenzort ist – 1985 wurde er aus dem Boden gestampft, um Chiles Besitzansprüchen an diesem Landstrich den Wind aus den Segeln zu nehmen. Argentiniens jüngste Stadt muss noch einiges auf die Reihe bringen, dazu zählen die Straßen und das Thema Banken. Obwohl es bei der Infrastruktur noch hapert, zeigt sich in der Ortschaft interessanterweise ein stark ausgeprägtes Umweltbewusstsein. Überall stehen schicke Restmülltonnen – ein seltener Anblick in Argentinien. Die auf Reisende spezialisierten Dienstleister vermehren sich rasant. Vorschub leistet ihnen dabei die vor ein paar Jahren erfolgte Asphaltierung der RP 23, die dem Massentourismus den Weg ebnete.

El Chaltén ist der Tehuelche-Name für den Cerro Fitz Roy. Er bedeutet „Feuergipfel" oder „rauchender Berg" – eine passende Beschreibung für den andauernd in Wolken gehüllten Gipfel. Perito Moreno und Carlos Moyano tauften ihn später Fitz Roy. So hieß der Kapitän, der 1834 Darwins Expeditionsschiff, die *Beagle*, den Río Santa Cruz flussaufwärts steuerte. Dabei gelang es ihm, das Schiff bis auf 50 km an die Gebirgskette heranzubringen.

Die **Capilla de los Escaladores**, eine schlichte Kapelle in österreichischem Stil, ist eine Gedenkstätte für die vielen Bergsteiger, die seit 1953 den Gefahren der Berge zum Opfer fielen.

Praktische Informationen

Was die moderne Technik betrifft, ist El Chaltén ein widersprüchliches Phänomen: Während der Handyempfang gar nicht und der einsame Geldautomat nur manchmal funktioniert, läuft der Internetzugang per WLAN in den Hotelzimmern reibungslos. Es ist auch kein Problem, ein Call-Center für Ferngespräche oder eine Tankstelle zu finden. Kreditkarten wiederum haben sich noch nicht so richtig durchgesetzt, auch wenn manche Restaurants sie inzwischen akzeptieren. Reisescheck, Euro oder US-Dollar werden weitgehend akzeptiert. Wer von El Calafate aus anreist, sollte sich dort mit genügend Bargeld eindecken, um eventuellen Komplikationen in El Chaltén vorzubeugen. Eine gute Übersicht über die Stadt und seine Umgebung findet man unter www.elchalten.com.

Chaltén Travel (☎ 493092; Ecke Av. M. M. De Güemes & Lago del Desierto) Flugbuchung; Die Agentur bietet außerdem

Internetzugang, der allerdings wetterabhängig ist und nicht immer funktioniert (Std. 15 Arg$).

Städtische Touristeninformation (☎ 493270; com fomelchalten@yahoo.com.ar; Av. M. M. De Güemes 174; ☼ 8–20 Uhr) Freundlich und ausgesprochen hilfsbereit; bietet Listen mit Unterkünften und gute Informationen über El Chaltén sowie über Touren in die Umgebung. Das Personal spricht außerdem Englisch.

Parkrangerbüro/Besucherzentrum (☎ 493004/24; Spenden willkommen; ☼ 8–19 Uhr) Liegt direkt an der Brücke, die über den Río Fitz Roy führt. Zur ersten Orientierung halten die Busse mit Tagesausflüglern am Besucherzentrum. Die Parkranger verteilen Karten und Stadtführer an die Besucher. Außerdem informieren die Ranger ausgezeichnet über das Ökosystem des Parks (auch in Englisch). Täglich um 15 Uhr laufen Dokumentarfilme über Bergtouren – eine gute Unterhaltung an Regentagen!

Puesto Sanitario (☎ 493033; A. M. De Agostini 70) Bietet medizinische Grundversorgung.

Viento Oeste (☎ 493200; Av. San Martín 898) Wie viele andere Läden in El Chaltén verkauft auch dieser Shop Bücher, Karten sowie Souvenirs und verleiht Campingausrüstungen, wobei hier die Auswahl besonders groß ist.

Aktivitäten

In den Mittagsstunden sind El Chalténs Straßen leergefegt, weil alle Besucher in den Bergen der Umgebung beim Wandern, Felsklettern oder Reiten sind. Ausführliche Informationen zu den gebotenen Aktivitäten siehe S. 529.

Festivals & Events

Jedes Jahr am 12. Oktober, wenn die Nässe des allmählich endenden patagonischen Winters die Straßen in Schlammpisten verwandelt, feiert El Chaltén die **Fiesta del Pueblo**, den Geburtstag der Stadt. In der Turnhalle der Schule wird getanzt, Grillen und Livemusik stehen ebenfalls auf dem Programm. In der letzten Februarwoche lockt die **Fiesta Nacional de Trekking** Outdoor-Freaks scharenweise in die Stadt. Sie messen sich im Freeclimbing (Freiklettern mit Sicherung) und Bouldern (Klettern ohne Seil und Gurt an Felsenblöcken). Ein Wettstreit im Holzfällen, Wettrennen und Mountainbike-Rallyes finden ebenfalls statt.

Schlafen

Reservierungen für die Hochsaisonmonate Januar und Februar müssen mindestens einen Monat im Voraus erfolgen, denn die Nachfrage ist groß. Mitten in der Nacht bei heulendem Wind in El Chaltén anzukommen und nirgendwo ein Quartier zu finden, macht wenig Spaß. Die bombensichere Alternative ist das eigene

Zelt, denn auf den Campingplätzen findet sich garantiert noch ein freies Plätzchen.

BUDGETUNTERKÜNFTE
Camping

Campamento Confluencia (gebührenfrei) Der Zeltplatz liegt gegenüber vom Rangerbüro (Besucherzentrum) und hat keinerlei Ausstattung.

Albergue del Lago (☎ 493010; Lago del Desierto 152; Stellplatz pro Pers. 20 Arg$, B 40 Arg$) Auf dem Zeltplatz neben dem Hostel scheint Partymachen das Wichtigste zu sein. Er bietet eine Gemeinschaftsküche und urige Duschen.

Camping El Refugio (☎ 493221; Calle 3 s/n; Stellplatz pro Pers. 20 Arg$, B 45 Arg$) Dieser privat geführte, dem Wind ausgesetzte Campingplatz gehört zu einem einfachen Hostel. Camper dürfen die heißen Duschen des Hostels mitbenutzen, das Duschen ist in der Campinggebühr inbegriffen. Feuermachen ist zwar erlaubt, aber herumliegendes Brennholz eher rar.

El Relincho (☎ 493007; www.elrelinchopatagonia.com.ar; Av. San Martín 505; Stellplatz pro Pers. 20 Arg$) Auch dieser ebenfalls private Campingplatz bietet keinerlei Schutz vor dem Wind.

Hostels

In den Sommermonaten sind die Schlafsäle schnell ausgebucht. Falls nicht anders angegeben, sind dünne Wände, beengte Verhältnisse in den Schlafsälen und unzulängliche Gemeinschaftseinrichtungen die Norm.

Albergue Patagonia (☎ 493019; patagoniahostel@yahoo.com.ar; Av. San Martín 493; B 50 Arg$, DZ mit/ohne Bad 230/140 Arg$; ☼ Sept.–Mai; ☒) Dieses einladenden Hostel im Farmhausstil bietet in einem separaten Gebäude moderne, geräumige Schlafsäle und ansprechende Gemeinschaftseinrichtungen. Weitere Vorzüge sind der gute Service und die aufgeschlossene, gesellige Atmosphäre.

Condor de Los Andes (☎ 493101; www.condordelosandes.com; Ecke Río de las Vueltas & Halvor Halvorsen; B/DZ 50/220 Arg$; ☼ Okt.–April) Mit seinen etwas abgenutzten Stockbetten, den mollig warmen Räumen und dem prasselnden Kaminfeuer besitzt das gemütliche Hostel die Atmosphäre einer Skihütte. Neben gutem Service bietet es eine tadellose Gemeinschaftsküche und komfortable Aufenthaltsräume. Im Preis für die Doppelzimmer ist das Frühstück inbegriffen, die Gäste der Fünf- und Sechsbettzimmer zahlen 9 Arg$ extra.

Rancho Grande Hostel (☎ 493092; www.ranchogrande hostel.com; Av San Martín 724; B /DZ/3BZ Arg$ 60/140/160; ☒ 💻) In dieser Unterkunft für Rucksacktouristen geht es geschäftig zu, denn das Hostel dient

gewissermaßen auch als Chalténs Hauptbahnhof. Hier halten die Chaltén-Travel-Busse, und es bietet jedem irgendetwas – von der Busreservierung über Internetzugang (Std. 14 Arg$) bis hin zum Café, in dem man etwas trinken und eine Kleinigkeit essen kann. In den sauberen Vierbettzimmern stapeln sich die Decken (Frieren wird hier keiner), in den Bädern stehen ausreichend Duschen. Die Doppel- und Dreibettzimmer verfügen über ein eigenes Bad.

Inlandsis (☎ 493276; www.inlandsis.com.ar; Lago del Desierto 480; kleine/große DZ 160/210 Arg$, 2-/3-/4-/6-Pers.-Hütte 300/325/350/400 Arg$; ☼ Okt.–April) Das kleine, gemütliche Gästehaus bietet preiswerte Zimmer mit Stockbett, die teilweise ziemlich stickig sind (nach Möglichkeit vor der Buchung „reinriechen"). Die teureren Doppelzimmer sind mit französischen oder zwei getrennten Betten möbliert. Zur Ausstattung der doppelstöckigen Hütten zählen Küche, Badewanne und DVD-Player.

MITTELKLASSEHOTELS

Posada La Base (☎ 493031; www.elchaltenpatagonia.com. ar; Calle 10, No 16; DZ 160 Arg$) Die geräumigen, gut ausgestatteten Zimmer haben alle Türen zum Garten. Es gibt Gemeinschaftsküchen; die Zimmer Nummer 5 und 6 teilen sich eine eigene Küche mit Essecke, sodass sie sich für Gruppen besonders gut eignen. Im Empfangsbereich befindet sich eine bei den Gästen sehr beliebte Video-Loft mit einer umfangreichen, mehrsprachigen Videosammlung, die man anRegentagen nutzen kann.

LP Tipp Nothofagus B&B (☎ 493087; www.notho fagusbb.com.ar; Ecke Hensen & Riquelme, EZ/DZ ohne Bad 140/150 Arg$, EZ/DZ/3BZ mit Bad 200/210/260 Arg$; ☼ Sept. bis April; ☒) In diesem bezaubernden, gastfreundlichen Refugium im Chaletstil wird Umweltbewusstsein großgeschrieben: Es gehört zu den in Patagonien rar gesäten Unterkünften, in denen der Müll getrennt wird und die Handtücher bei Bedarf gewechselt werden. Die mit Holz verkleideten Gästezimmer sind mit Teppichboden ausgelegt. Meistens teilen sich zwei Zimmer ein Bad. Die aufmerksamen Besitzer, Eva und Gerardo (bei ehemalige Reiseführer), bieten einen Superservice.

Hostería Koonek (☎ 493304; www.hosteriakoonek.com. ar; Lionel Terray 415; DZ/3BZ 230/270 Arg$) Das schmucke und einladende Gästehaus steht in der Nähe eines Felsens, der bei Felskletterern sehr beliebt ist. Jedes der acht Zimmer bietet Platz für bis zu vier Personen. Alle Zimmer verfügen über ein eigenes kleines, aber sauberes Bad.

SPITZENKLASSEHOTELS

Anita's House (☎ 493288; www.anitashouse.com.ar; Av. San Martín 249; 2-/3-/5-Pers.-Hütte 310/330/360 Arg$; 🖳) Die gemütlichen, gut ausgestatteten Hütten in zentraler Lage eignen sich gut für Familien. Zu ihren Vorteilen zählen eine voll eingerichtete Küche, Kabel-TV und der Zimmerservice.

Posada Lunajuim (☎ 493047; www.posadalunajuim. com.ar; Trevisán 45; EZ/DZ 350/410 Arg$) Das Gasthaus verbindet modernen Komfort mit einem Hauch Exzentrik. Seine Gäste geben ihm gute Noten. Die Besitzer sind Künstler: Ihre Arbeiten – einfarbige Skulpturen und farbenprächtige Ölgemälde – säumen die Flure. Eine gemütliche Zuflucht, vor allem an Regentagen, ist die Bibliothek mit offenem Kamin aus Natursteinen.

Senderos Hostería (☎ 493336; www.senderoshosteria. com.ar; Perito Moreno s/n; EZ/DZ 435/550 Arg$; 🏊) Wer ein bisschen tiefer in die Reisekasse greifen kann, findet in diesem modernen B&B eine herrliche Unterkunft mit einigem Annehmlichkeiten. Dazu zählen eine gut besuchte Weinbar, ein Restaurant sowie Zimmer mit wunderschönen Holzmöbeln und einem atemberaubenden Blick auf die Berge.

Hostería El Puma (☎ 493095; www.hosteriaelpuma. ar; Lionel Terray 212; EZ/DZ/3BZ 495/610/725 Arg$) In dieser luxuriösen Lodge mit zwölf komfortablen Zimmern herrscht eine exklusive, aber keineswegs versnobte Atmosphäre. In der Lounge hängen Bilder von Gipfeln und Bergbesteigungen sowie Bergkarten, die Lust auf eigene Touren machen. Ein Traum ist der große offene Kamin – die schönste Art, den Tag ausklingen zu lassen.

Los Cerros (☎ 493182; www.loscerrosdelchalten.com; Av. San Martín s/n; EZ/DZ/3BZ 1058/1250/1632 Arg$; 🖳 Nov.–April; 🖳) Die schicke „hostería de luxe" thront auf einem Hügel mit einem umwerfenden Ausblick auf das Tal. Dicke gewebte Wandbehänge und Stoffe aus Naturfasern sind typisch für das Ambiente im modernen Ethnolook. Die Zimmer ohne Fernsehen und Telefon vermitteln ein Zurück-zur-Natur-Gefühl, doch Gourmetgerichte, die Weinauswahl und das WLAN bringen einen schnell wieder in die Zivilisation zurück.

Essen & Ausgehen

Lebensmittel, vor allem landwirtschaftliche Erzeugnisse, sind in El Chaltén rar und teuer. In El Calafate sieht es in dieser Hinsicht besser aus, deshalb sollte man so viel wie möglich von dort mitbringen.

Domo Blanco (☎ 493036; Av. MM De Güemes s/n; Eiskugel 8 Arg$; 🕑 14–24 Uhr) Hier gibt es hausgemachte Eiscreme! Das Fruchteis wird mit Früchten, die

von einer örtlichen *estancia* kommen, und den Beeren der Calafate-Sträucher, die rund um die Stadt wachsen, zubereitet.

La Chocolatería Josh Aike (☎ 493008; Lago del Desierto 105; Snacks 8–18 Arg$) Abbildungen an den Wänden dieser unwiderstehlichen Schokoladenmanufaktur erzählen die Geschichte legendärer Bergsteigergrößen des Ortes. Die leiblichen Genüsse reichen von heißer Schokolade mit Schuss über Wein bis hin zum Schoko-Fondue – also Zutaten für einen gemütlichen Abend.

LP Tipp **Fuegia Bistro** (☎ 493019; Av San Martín 342; Hauptgerichte 22–40 Arg$; 🕑 Mo–Sa Abendessen) Seine Beliebtheit verdankt dieses exklusive Speiselokal seiner gemütlichen Atmosphäre und den köstlichen Gerichten, bei denen auch Vegetarier nicht zu kurz kommen. Ausprobieren sollte man die Pasta mit Ricotta, Spinat und frischen Pilzen oder die Forelle mit Zitrone. Auch die Weinkarte ist vom Feinsten.

Parrilla Mi Viejo (☎ 493123; Av. San Martín 780; Hauptgerichte 22–40 Arg$; 🕑 Mittag- & Abendessen) Wer nach einem Tag in den Bergen keine Lust auf Haute Cuisine hat, findet in diesem traditionellen Steakhaus Bodenständiges. Auf der Speisekarte stehen gegrilltes Fleisch, diverse Salate, Pommes Frites sowie eine große Auswahl an Desserts und Weinen.

Estepa (☎ 493069; Ecke Cerro Solo & Av. Antonio Rojo; Hauptgerichte 25–45 Arg$; 🕑 Di–So 12–1 Uhr) In dem Lieblingslokal der Einheimischen kreieren die Köche regelmäßig schmackhafte Gerichte wie Lamm mit Calafate-Sauce, Forellen-Ravioli oder Spinat-Crêpes.

Patagonicus (☎ 493025; Av. M. M De Güemes 57; Pizza Arg$ 28; 🕑 Mi & Mai–Sept. geschl.) Die besten Pizzas der Stadt (20 Sorten) sowie Salate und Wein werden hier an rustikalen Holztischen serviert. Auch der Kaffee und der Kuchen sind nicht zu verachten. Der Gastraum hat ringsum Panoramafenster.

La Tapera (☎ 493195; Ecke Antonio Rojo & Riquelme; Hauptgerichte 30–42 Arg$; 🕑 Mittag- & Abendessen) Wie der Name schon sagt, hat sich dieser Newcomer in Chalténs Restaurantszene auf Tapas spezialisiert. Leckere winterliche Gerichte wie Kürbissuppe und gegrillte Steaks ergänzen das Angebot. An kalten Tagen sorgt der offene Kamin für mollige Wärme. Wer direkt davor sitzt, gerät ins Schwitzen und muss seine Jacke oder andere wärmende Hüllen ausziehen.

Terray (☎ 493095; www.hosteriaelpuma.com.ar; Lionel Terray 212; Hauptgerichte 32–48 Arg$; 🕑 Okt.–Mai 7.30 bis 22.30 Uhr) Das Lokal trägt seinen Namen zu Ehren des französischen Bergführers Lionel Terray, der die Erstbesteigung des Fitz Roy anführte. Das

Gourmetrestaurant in der Hostería El Puma wartet mit frisch zubereiteter Kost auf, z. B. Limabohnen-Risotto, Hühnchen mit Salat aus gegrillten Feigen oder Lamm-Ossobuco.

Ruca Mahuida (☎ 493018; Lionel Terray 55; Hauptgerichte 36–57 Arg$; ☺ 7–23 Uhr) Schade, dieses Restaurant hat auf Gourmetkost umgeschwenkt und dadurch viel von seinem urigen Charakter verloren. Andererseits sind Kürbissoufflé und Lachsravioli eine willkommene Abwechslung zu den Klassikern der Regionalküche. Immerhin sind die mit Schafsleder bezogenen Bänke noch Patagonien pur.

La Cervecería Brew Pub & Resto (☎ 493109; Av San Martín 320; Snacks 18 Arg$; ☺ Mittag- & Abendessen bis spätnachts) Die temperamentvolle Bierzapferin und ein sympathisches Personal sind häufig der Grund, dass der Absacker nach dem Wandern in dieser quirligen Après-Kneipe zu einer langen Nacht ausartet. Ein Genuss sind das kühle Pils oder Bockbier zu Pastagerichten oder *locro* (pikanter Eintopf aus Mais, Bohnen, Wurst, Rind- und Schweinefleisch).

Unterhaltung

Zafarrancho, hinter dem Rancho Grande Hostel (s. S. 527), ist ein Bar-Café mit Internetzugang und Filmvorführungen.

An- und Abreise

El Chaltén liegt 220 km von El Calafate entfernt. Der Weg führt über neu asphaltierte Straßen. Zum Zeitpunkt der Recherche zu diesem Buch stand der Busbahnhof gegenüber der Touristeninformation kurz vor der Eröffnung.

Nach El Calafate (70 Arg$, 3½ Std.) starten die Busse von **Chaltén Travel** (☎ 493005/92; Ecke Av. M. M. De Güemes & Lago del Desierto) im Sommer täglich um 6.30, 7, 13 und 18 Uhr am Rancho Grande Hostel. Auch die Busse von **Cal-tur** (☎ 493079; San Martín 520) und **Taqsa** (☎ 493068; Av Antonio Rojo 88) fahren diese Strecke. Reservierungen sind bei keinem dieser Busunternehmen möglich. Außerhalb der Saison verkehren weniger Busse.

Las Lengas (☎ 493023/227; Antonio de Viedma 95) betreibt Minivans, die um 5.30 Uhr abfahren und Küstenorte an der RN 3 ansteuern, darunter auch Piedrabuena (95 Arg$, 6 Std.). Hier findet man Transportmöglichkeiten zum Parque Nacional Monte León.

PARQUE NACIONAL LOS GLACIARES (NORDTEIL)

Der Parque Nacional Los Glaciares besteht aus einem Nord- und einem Südteil, die geografisch voneinander getrennt liegen. El Chaltén (s. S. 525) liegt am Eingang zum nördlichen Teil des Parks. Die dort ansässigen Veranstalter von Touren und anderen Aktivitäten konzentrieren auf diesen Teil des Parks. El Calafate (s. S. 534) ist das Tor zum Südteil, in dem sich auch der Glaciar Perito Moreno befindet.

Im Nordteil des Parks liegt Argentiniens Bergsteiger-Eldorado – das Bergmassiv des **Fitz Roy** mit seinen schroffen Felsen und seinen steilen, spitzen Gipfeln, die wie Haifischzähne in den Himmel ragen. Weltklasse-Bergsteiger versuchen sich an den schwierigen Besteigungen des Cerro Torre und Cerro Fitz Roy. Beide Massive sind vor allem wegen ihrer brutalen Witterungsverhältnisse berüchtigt. Das Fitz-Roy-Massiv, das die nördliche Hälfte des Parque Nacional Los Glaciares einnimmt, bietet zahlreiche, gut markierte Wanderwege und ein atemberaubendes Panorama – sofern die Wolken sich mal verziehen und den Blick freigeben.

Aktivitäten

BOOTSFAHRTEN AUF DEM SEE

Patagonia Aventura (☎ 493110; www.patagonia-aventura.com.ar, auf Spanisch; Av. San Martín 56, El Chaltén) organisiert Rundfahrten auf dem Lago Viedma. Ausgangspunkt für den Abstecher ist Puerto Bahía Túnel, ein Hafen am Nordufer des Sees. Die Bootsfahrt (pro Pers. 100 Arg$, zzgl. 50 Arg$ Transfer) bietet beeindruckende Ausblicke auf den 40 m hohen Glaciar Viedma. Das Boot legt in der Regel um 15.30 Uhr ab, die Fahrt dauert etwa zweieinhalb Stunden.

EISKLETTERN & EISTREKKING

Mehrere Tourveranstalter in El Chaltén organisieren Eiskletterkurse und Eistrekkingtouren, bei denen teilweise Schlitten mit Sibirischen Huskys zum Einsatz kommen. **Fitzroy Expediciones** (☎ 493178; www.fitzroyexpediciones.com.ar; Av. San Martín 56, El Chaltén) organisiert Gletscher-Trekkingtouren (ab 350 Arg$), die zur Südwand des Cerro Torre führen. Die Tour beginnt in El Chaltén meistens um 7 Uhr mit einer zweieinhalbstündigen Wanderung durch das Tal des Río Fitz Roy und führt am Lago Torre entlang bis zum Thorwood Camp. Direkt anschließend folgt eine dreistündige Gletscherwanderung, die etwa um 17 Uhr mit der Rückkehr ins Camp endet. Wer sich die morgendliche Wanderung von El Chaltén zum Camp ersparen möchte, kann sich bereits am Vortag zum Camp begeben und dort übernachten. Dann ist der Ausflugstag nicht ganz so lang und anstrengend. Das Personal des Veranstalters

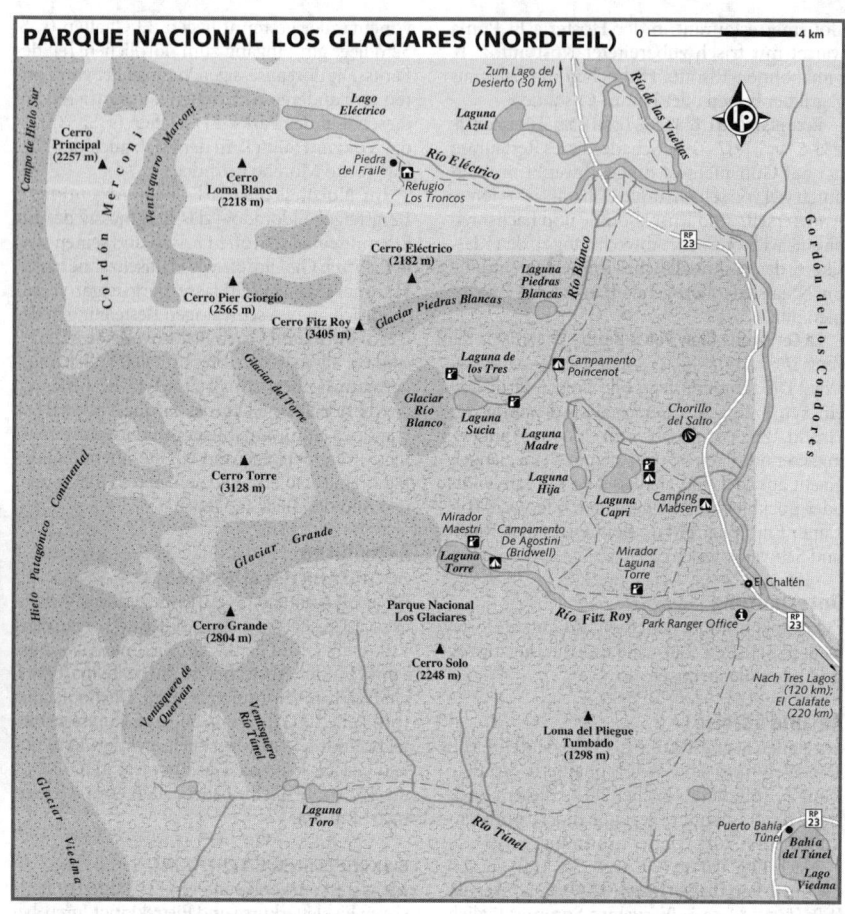

PARQUE NACIONAL LOS GLACIARES (NORDTEIL)

hilft, die Übernachtung im Camp zu arrangieren. Auf jeden Fall müssen die Tourteilnehmer für die Eiswanderung ausreichend Proviant und Wasser mitnehmen. Fitzroy Expediciones akzeptiert die Bezahlung mit Kreditkarten – im Gegensatz zu den meisten anderen Unternehmen in der Stadt.

Ebenfalls freundlich und professionell ist das Tourunternehmen **Casa de Guias** (☎ 493118; www.casadeguias.com.ar; Av. San Martín 310, El Chaltén). Dessen Bergführer sind AAGM-zertifiziert (Asociacion Argentina de Guías de Montaña Association, der offizielle argentinische Bergführerverband). Casa de Guías hat sich auf Bergwanderungen und Bergbesteigungen in kleinen Gruppen mit Übernachtung in einfachen Camps spezialisiert. Die Touren sind allerdings nur für sehr erfahrene

Bergfexe mit ausgesprochen guter Kondition und Trittsicherheit konzipiert.

Patagonia Aventura (☎ 493110; www.patagonia-aventura.com.ar, auf Spanisch; Av San Martín 56, El Chaltén) bietet Trekkingtouren (350 Arg$) und Eisklettern (400 Arg$) auf dem Glaciar Viedma an. Die Touren umfassen eine sechsstündige Wanderung (mit Ausblicken auf den Gletscher), eine zweieinhalbstündige Gletscherbegehung und die Vermittlung von Grundkenntnissen im Eisklettern. Die Teilnehmer müssen sich mit ihren Steigeisen durch eine teilweise furchterregende Mondlandschaft hangeln und erlernen das Einmaleins der Sicherung auf dem Eis.

Mehrtägige geführte Wanderungen über den Hielo Patagónico Continental (das patagonische Kontinentaleis) sind ein einzigartiges Erlebnis für alle, die nicht gerade häufig an einer Polarexpedition teilnehmen. Allerdings eignet sich solch eine Tour nur für Bergsteiger mit hervorragenden Kenntnissen in allen Techniken des Bergsteigens. Außerdem müssen die Teilnehmer nicht nur den Umgang mit Steigeisen beherrschen, sondern auch in der Lage sein, strapaziöse Flussüberquerungen zu meistern. **El Chaltén Mountain Guides** (☎ 493267; www.ecmg.com.ar; Rio de las Vueltas 218, El Chaltén) organisiert Trekkingtouren über die Eisfelder, deren Preise allerdings bei 2565 Arg$ anfangen. Seine lizenzierten Bergführer halten auch Kurse im Eisklettern (ab 220 Arg$) und begleiten Tagesausflügler zum Torre Glaciar (300 Arg$). Der Preis pro Person reduziert sich, wenn zwei oder mehrere Personen an der Tour teilnehmen. Ratsam ist es, sich vor der Buchung im Büro des Veranstalters genau nach den aktuellen Preisen zu erkundigen.

Der zertifizierte Bergführer **Paulo Gallego** (payosur@yahoo.com.ar) spricht Englisch und Französisch. Er führt Gruppen auf Touren, die weder eine aufwendige Ausrüstung noch einen besonders hohen Fitnesslevel erfordern. Sein Programm richtet sich, wie er selber sagt, an „ganz normale Wanderer". Sein Tagessatz von 460 Arg$ ist angemessen.

FELSKLETTERN
Eistrekking liegt in dem meistbesuchten Bergmassiv des Parque Nacional Los Glaciares derzeit im Trend. Nach wir vor begeistern sich die Bergsteiger jedoch auch für das herausfordernde Gelände und die steilen Felswände. Zahlreiche Ausrüster in El Chaltén verleihen deshalb das passende Equipment. Die freundlichen Experten von **Patagonia Mágica** (☎ 486261; www.patagonia magica.com; Fonrouge s/n, El Chaltén) veranstalten z. B. Workshops für Anfänger an einer natürlichen Felswand in der Nähe der Stadt. Erfahrene Kletterer können mit zertifizierten Bergführern eine Gletschertour auf dem Glaciar Laguna Torre unternehmen.

FLIEGENFISCHEN
Die freundlichen Jungs von **Chaltén Fishing** (☎ 493185; www.chaltenfishing.com.ar, auf Spanisch; Av. Antonio Rojo 88, El Chaltén) unternehmen mit Anglern Halbtagesausflüge zum Lago del Desierto oder eine Tagestour mit ein paar Stunden Aufenthalt an der Laguna Larga. Die Angelausrüstung wird den Teilnehmern gestellt. Interessenten bekommen telefonisch Auskunft über die aktuellen Preise für diese Ausflüge sowie Informationen zum Angelschein.

KAJAKTOUREN
Im gleichen Maße wie El Chaltén wächst, etablieren sich auch die Anbieter von Wassersportaktivitäten. **Fitzroy Expediciones** (☎ ☎ 493178; www. fitzroyexpediciones.com.ar; Av. San Martín 56, El Chaltén) veranstaltet halbtägige geführte Kajaktouren auf dem Río de las Vueltas mit Mittagessen im neuen „Abenteuercamp" des Unternehmens. Nähere Auskünfte über das Camp und die Unterkünfte in der Holzlodge und den acht Hütten, die Fitzroy Expediciones 17 km nördlich der Stadt betreibt, erteilt das Büro in El Chaltén. Möglich ist auch eine zweitägige Kajaktour auf dem Río La Leona mit Übernachtung auf einem Zeltplatz.

REITEN
Durch die Stadt darf jeder auf dem Rücken eines Pferdes traben oder mit einem Führer Ausrüstungen transportieren (Preis Verhandlungssache) – im Nationalpark dürfen sich jedoch Ross und Reiter nur in Begleitung eines autorisierten Führers bewegen. **El Relincho** (☎ 493007; www.el relinchopatagonia.com.ar; San Martín 545, El Chaltén) bietet beispielsweise Ausritte in das schöne Tal des Río de las Vueltas an (160 Arg$, 3 Std.). Eine anspruchsvollere Reittour führt zum Cerro Vizcacha (320 Arg$) und schließt ein Grillfest auf einer traditionellen Ranch ein. El Relincho vermietet auch Hütten (Arg$ 370 für vier Personen).

WANDERN
Ehe Wanderer sich auf den Weg machen, sollten sie sich im Büro der Parkranger über die aktuellen Wegeverhältnisse informieren. Die besten Wetterverhältnisse zum Wandern herrschen nicht im Sommer, sondern im März und April, wenn der Wind nicht ganz so ausdauernd und heftig bläst (und weniger Leute unterwegs sind). Während der Wintermonate Juni und Juli sind manche Wege ganz oder zeitweise gesperrt – Auskunft erhält man ebenfalls im Rangerbüro.

Dort können sich erfahrene Rucksacktouristen auch registrieren lassen, um Wanderungen in entlegene Gegenden zu unternehmen. Auf diesen Routen – jenseits der bekannten, ausgetretenen Pfade und fern der Massen – geht es über Stock und Stein, was einen guten, von entsprechenden Kenntnissen untermauerten Orientierungssinn erfordert. Für derartige Touren ist die Kontaktaufnahme mit den Parkrangern und eine Registrierung unbedingt notwendig. Detaillierte Informationen über Wanderungen in dieser Region finden sich im englischsprachigen Lonely Planet Wanderführer *Trekking in the Patagonian Andes*.

PATAGONIEN

Laguna Torre

Bei gutem Wetter – sprich: bei wenig Wind – und klarem Himmel sollte dieses Wanderziel (Hinweg 3 Std.) Vorrang genießen, denn an den hier üblicherweise vorherrschenden stürmischen Tagen ist der spitz zulaufende Gipfel des Cerro Torres selten zu sehen (und an eine Besteigung dieses schwierigsten Gipfels der Region ist gar nicht zu denken).

Für die Laguna-Torre-Tour gibt es zwei Wanderwege, die sich später vereinen. Der eine Weg beginnt am nordwestlichen Rand von El Chaltén: Von dem Wegweiser an der Avenida San Martín geht es auf der Eduardo Brenner in westlicher Richtung, bis rechter Hand der beschilderte Ausgangspunkt des Laguna-Torre-Wegs auftaucht. Der Weg windet sich westwärts um riesige Felsbrocken auf Hängen, die mit den typischen patagonischen Binnenlandpflanzen bedeckt sind. Nach einer 35 bis 45 Minuten langen Wanderung führt der Streckenverlauf südwärts an einer *mallín* (Feuchtwiese) vorbei zu einer Kreuzung, an der ein Weg von links kommt (der zweite Weg).

Wer den zweiten Weg wählt, startet im Süden von El Chaltén, folgt dem westlich des Stadtrandes gelegenen Ufer des Lago del Desierto bis hinunter zum Flussbett und läuft an dem kleinen Kraftwerk vorbei. An einem Wegweiser entfernt sich der Pfad vom Fluss und verläuft durch verstreut liegende Lenga- und Ñire-Haine (es handelt sich um eine kleine Verwandte der Südbuche); dabei muss ein eigenartiger Drahtzaun überstiegen werden. Der Pfad vereint sich schließlich im weiteren mit dem oben beschriebenen bekannteren – und markierten – Weg, der von rechts kommt.

An einem runden Felsen vorbei, geht es weiter hinauf zum **Mirador Laguna Torre**. Dieser Bergrücken eröffnet den ersten freien Blick auf das Tal, aus dem sich die 3128 m hohe Gipfelspitze des Cerro Torres aus den weiten Gletschermassen erhebt. Wie eine Mütze bedecken Eis und Schnee den Gipfel. Diese gefährliche Formation bildet das letzte Hindernis für die Extrembergsteiger, die oft wochenlang auf gutes Wetter warten, um den Gipfelsturm in Angriff nehmen zu können.

Anschließend führt der sanft absteigende Weg durch dichte, alte Lenga-Bestände, durchquert eine Flussebene mit Buschwerk und alte, wieder bewachsene Moränen. Nach 40 bis 50 Minuten erreichen die Wanderer eine beschilderte Wegkreuzung, an der sich Sendero Madre e Hija, eine Abkürzung zum Campamento Poincenot, abzweigt. Weiter geht es talwärts: An der nächsten

beschilderten Weggabelung hält man sich links, klettert über eine bewaldete Böschung hinweg, durchquert die anschließende schmale Schwemmlandebene und folgt nun dem langsam fließenden Gletscherwasser des Río Fitz Roy. Nach weiteren 30 bis 40 Minuten ist der **Campamento De Agostini** (ehemals Campamento Bridwell) erreicht. Auf diesem gebührenfreien Campingplatz (mit Plumpsklos) herrscht viel Betrieb. Er dient den Bergsteigern, die den Cerro Torre bezwingen wollen, als Basislager. In der näheren Umgebung findet sich nur noch ein einziger weiterer vom Park genehmigter Platz zum Campen. Er liegt am Fluss, in einem schönen Lenga-Hain am Fuß des Cerro Solo.

Der Weg entlang dem Nordufer des Sees (1 Std.) führt zum **Mirador Maestri**; dort ist Camping nicht erlaubt.

Laguna de los Tres

Diese Wanderung zu einem hoch gelegenen kleinen Bergsee ist recht anstrengend (Hinweg 4 Std.). Die Route beginnt an der gelb überdachten Packstation am ehemaligen **Campamento Madsen**. Nach einer Stunde trifft der Wanderpfad auf eine Abzweigung, an der ein Schild den Weg zu den ausgezeichneten, gebührenfreien **Campingplätzen** im Hinterland der Laguna Capri weist. Der Hauptwanderpfad führt durch windzerzauste Wälder, an kleinen Seen vorbei, und stößt auf den Weg, der von der Laguna Madre und Laguna Hija kommt. Weiter geht es durch einen vom Wind gebeutelten Ñire-Wald und über ein morastiges Gelände bis zum **Río Blanco** (3 Std.) und zu dem bewaldeten **Campamento Poincenot**. Dieser von einer Mäuseplage heimgesuchte Campingplatz ist ausschließlich für Bergsteiger reserviert. Am Río Blanco teilt sich der Weg und führt zum Río Eléctrico (der alternative, parallel verlaufende Weg jenseits des Río Blanco ist schlecht markiert und daher nicht zu empfehlen). Hier hält man sich links, um das andere Basislager der Bergsteiger zu erreichen. Von dort führt der Wanderweg steil an den Gletschersee hinauf, zur **Laguna de los Tres**, wo eine geradezu unheimliche Stille herrscht und der Blick auf den 3405 m hohen Cerro Fitz Roy fällt, der von hier aus zum Greifen scheint. Die Wolken schmiegen sich immer wieder in die Gletscherspalten, auch wenn jeder Windstoß sie vertreibt. Wanderer müssen hier mit gefährlichen Windböen rechnen. Auf jeden Fall sollten sie sich genügend Zeit einplanen, um sich zu erholen und die besinnliche Ruhe zu genießen. Wer von dem Aussichtspunkt aus nach links 200 m bergab geht, hat einen besonders schönen Blick auf die smaragd-grüne **Laguna Sucia**.

Piedra del Fraile

Am Campamento Poincenot zweigt der Wanderpfad zur Laguna de los Tres nach Westen ab, während der Hauptwanderweg in nordöstlicher Richtung entlang dem Río Blanco ins Valle Eléctrico und zur Piedra del Fraile (8 Std. ab El Chaltén; 5 Std. ab der Gabelung am Río Blanco) führt. Nach der Weggabelung geht es als Erstes zum **Glaciar Piedras Blancas** (4 Std.), dabei ist der letzte Wegabschnitt mit einer ziemlichen Kraxelei über massive Granitblöcke verbunden. Doch gleich darauf rückt eine Naturschönheit ins Blickfeld: ein türkisfarbener See mit Dutzenden treibender Eisschollen und Eisblöcken, die unaufhörlich lawinenartig von der Gletscherzunge abbrechen. Anschließend verläuft der Weg über Weideland und schwenkt dann nach links (westwärts) ins Tal des **Río Eléctrico** ein, den blanke Felswände säumen. Schließlich erreicht der Pfad das privat geführte **Refugio Los Troncos** (Zeltplatz 35 Arg$, B im Refugio 70–150 Arg$). Da es dort kein Telefon gibt, ist eine Reservierung nicht möglich – also einfach auf gut Glück vorbeischauen. Der Campingplatz bietet einen Kiosk, ein Restaurant und einen hervorragenden sowie stets freundlichen Service. Die Betreiber geben ihren Gästen sehr gern sachkundige Auskunft über empfehlenswerte Wanderrouten in der näheren Umgebung.

Wer nicht auf demselben Weg zum Río Blanco und zur Laguna de los Tres zurückkehren möchten, marschiert ostwärts und überquert dabei einige Bäche und Flüsschen, um zur RP 23 zu gelangen. Die Straße führt nach El Chaltén, dabei ist unterwegs der Wasserfall **Chorillo del Salto** zu sehen.

Die Busse zum Lago del Desierto (s. rechte Spalte) lassen Wanderer an der Brücke am Río Eléctrico aussteigen (50 Arg$).

Loma del Pliegue Tumbado & Laguna Toro

Der Wanderweg beginnt am Büro der Parkranger und verläuft südwestwärts, um die Ostwand des Loma del Pliegue Tumbado herum bis zum Río Túnel. Dort schwenkt der Pfad nach Westen und führt zur Laguna Tore – einem der besten Ausblicke auf den Cerro Torre und Cerro Fitz Roy. Diese Wanderung (Hinweg 4–5 Std.) ist die einzige in der gesamten Region, auf der diese beiden Gipfel gleichzeitig zu sehen sind. Die Route strengt nicht sonderlich an, allerdings muss jeder einkalkulieren, dass ihm der Wind sehr heftig um die Ohren pfeifen kann. Sehr wichtig: ausreichend Wasser mitnehmen!

Lago del Desierto & Umgebung

Nahe der chilenischen Grenze, 37 km nördlich von El Chaltén, liegt der Lago del Desierto. Regentage, an denen sich der Fitz Roy jedem Blick entzieht, lassen sich gut für eine Tagestour zu diesem See nutzen. Dort führt ein 500 m langer Weg zu einem Aussichtspunkt, von dem aus sich ein herrlicher Blick auf den See und bis hin zu den umliegenden Bergen und Gletschern bietet.

Die Minibusse von **Las Lengas** (☎ 493023; Viedma 95) fahren täglich um 8.30 und 15 Uhr von El Chaltén zum Lago del Desierto. Der Bus hält am Río Eléctrico (50 Arg$) und an der Laguna Los Huemules (50 Arg$), wo die Fahrt unterbrochen wird. Die Fahrgäste können zum Glaciar Huemul wandern oder eine Bootsfahrt (kostet extra) unternehmen, bevor es zum Lago del Desierto (80 Arg$) weitergeht. Es gibt eine Tagestour, bei der die Aufenthaltsdauer am Lago del Desierto sechs Stunden beträgt und die Rückkehr nach El Chaltén am späteren Abend erfolgt. Eine *remise* (Ruftaxi) kostet für drei Fahrgäste hin und zurück 180 Arg$ zuzüglich 10 Arg$ pro Stunde Wartezeit. Am südlichen Ende des Sees liegt die **Hostería El Pilar** (☎ 493002; www.hosteriaelpilar.com.ar), in deren einladendem Restaurant Ausflügler einkehren können.

Patagonia Aventura (☎ 493110; www.patagonia-aventura.com.ar; pro Pers. 90 Arg$) organisiert Bootstouren auf dem Lago del Desierto. Die Alternative dazu ist eine fünfstündige Wanderung zwischen dem Süd- und Nordende des Sees.

Beliebt ist die Wander- oder Radtour vom Nordende des Sees zum chilenischen Grenzposten, an dem inzwischen jährlich Hunderte von Reisenden die Grenze überqueren. Vor allem Radfahrer nutzen auf der Tour zu dem chilenischen Grenzposten Candelaria Mansilla gern das Frachtschiff, das von Villa O'Higgins, dem südlichsten Grenzposten in der chilenischen Region Aisén, über den Lago O'Higgins nach Candelaria Mansilla tuckert. Dort bietet eine Familie Mahlzeiten, Zeltplatz und einfache Unterkünfte in einem Farmhaus an (wenn möglich, sollte man sich vor dieser Tour in El Calafate chilenische Pesos besorgen). Wer in aller Herrgottsfrühe in El Chaltén aufbricht, kann innerhalb eines langen Tages die chilenische Grenze überqueren und Candelaria Mansilla erreichen.

Ein chilenisches **Ausflugsboot** (www.villaohiggins.com, auf Spanisch) bietet eine ganze Reihe von Fahrten an. Eine Rundfahrt führt z.B. von Candelaria

Mansilla zum Glaciar O'Higgins (50 000 Chil$) im südlichen Kontinentaleis. Auf einer anderen, etwas längeren Tour fährt das Boot weiter über Puerto Bahamondez bis nach Villa O'Higgins (60 000 Chil$). Der Bus von Puerto Bahamondez nach Villa O'Higgins kostet 3000 Chil$. Die **Municipalidad** (☎ 56-7721-1849) in Villa O'Higgins hat ausführlichere Informationen und einige Tipps für Unterkünfte zur Hand. In El Chaltén sind aktuelle Auskünfte über diese Fahrten (die sich ständig ändern) in der Albergue Patagonia (s. Hostels S. 527) und bei der Touristeninformation erhältlich.

Schlafen

Die Ausstattung der gebührenfreien Zeltplätze im Park geht gegen Null – vom Plumpsklo einmal abgesehen. Falls die Natur als Toilette herhalten muss, sollte jeder sein „Geschäft" so weit wie nur möglich von den Wasserstellen entfernt erledigen und alles unbedingt vergraben. Auf manchen Plätzen liegt totes Holz herum, aus dem sich ein Windschutz basteln lässt. Feuermachen ist allerdings streng verboten! Das Wasser ist so klar wie das Schmelzwasser der Gletscher, daher sollten Wasch- und Abwaschaktionen nur flussabwärts vom Zeltplatz erfolgen! Auf keinen Fall Müll liegen lassen, sondern alles aufzusammeln und wieder mitnehmen!

An- & Weiterreise

Der Nationalpark erstreckt sich direkt vor den Toren von El Chaltén. Am bequemsten gelangen Besucher mit dem eigenen Auto in den Park. Die meisten Tourveranstalter bieten den Hin- und Rücktransfer für ungefähr 40 Arg$ an. Weitere Informationen zu den Transportmöglichkeiten siehe S. 529.

EL CALAFATE
☎ 02902 / 15 000 Ew.

Der Volksmund sagt: Wer die Beere isst, der diese Stadt ihren Namen verdankt, kommt garantiert nach Patagonien zurück. Doch nicht die Beeren des Calafatestrauches sind der Magnet, der Besucher nach El Calafate zieht, sondern eine andere unwiderstehliche Attraktion: der Glaciar Perito Moreno im 80 km entfernt liegenden Parque Nacional Los Glaciares. In der Tat ist dieser Gletscher ein Muss. Seine enorme Popularität brachte dem einst so malerischen El Calafate einen rapiden Aufschwung. Zugleich vergrößerte sich der Ort so zügellos und unkontrolliert wie Wildwuchs. Seinen Besuchern bietet er aber jede Menge Spaß und touristische Dienst-

leister. Aufgrund ihrer strategisch günstigen Lage zwischen El Chaltén und Torres del Paine (Chile) bildet die Stadt zwangsläufig einen Zwischenstopp auf der Reise, die Richtung Süden nach Feuerland führt.

El Calafate liegt 320 km nordwestlich von Río Gallegos und 32 km westlich der Kreuzung, an der die RP 11 auf die nach Norden führende RN 40 stößt. Die Stadt flankiert das Südufer des Lago Argentino. Ihre von knorrigen Bäumen gesäumte Hauptstraße, die Avenida del Libertador General San Martín (meist zu Avenida Libertador abgekürzt), ist mit kitschigen Souvenirshops, Süßwarenläden, Restaurants und Tourveranstaltern gespickt. Jenseits der Flaniermeile schmilzt die ganze Pracht allerdings schnell dahin. Schlammige Straßen führen zu Gebäuden, die planlos aus dem Boden gestampft wurden, und zu offenem Weideland.

Januar und Februar sind die beliebtesten (und teuersten) Reisemonate, weil Patagonien in diesen Breiten dann sommerlich erscheint. Doch die Nebensaison gewinnt zunehmend an Attraktivität, was die Preise und manches andere in der Stadt auf den Prüfstand stellt.

Praktische Informationen
GELD
Vorausschauende Leute decken sich vor dem Wochenende mit ausreichend Bargeld ein, denn nicht selten sind die Geldautomaten, und es lässt sich nichts mehr abheben am Sonntag leer geräumt.

Banco Santa Cruz (Av. Libertador 1285) Mit Geldautomat; Umtausch von Reiseschecks.

Thaler Cambio (9 de Julio s/n; ◷ Mo–Fr 10–13, Sa & So 17.30–19.30 Uhr) Verlangt horrende Gebühren für den Umtausch von Reiseschecks, hat aber am Wochenende geöffnet.

INTERNETZUGANG
Cyberpoint (Av Libertador 1070; ◷ rund um die Uhr) Hat Skype-Software auf vielen Computern.

MEDIZINISCHE VERSORGUNG
Hospital Municipal Dr José Formenti (☎ 491001; Av. Roca 1487)

POST
Post (Av Libertador 1133)

REISEBÜROS
Die meisten Reisebüros vor Ort befassen sich ausschließlich mit Touren in die unmittelbare Umgebung, über andere Regionen wissen sie kaum Bescheid.

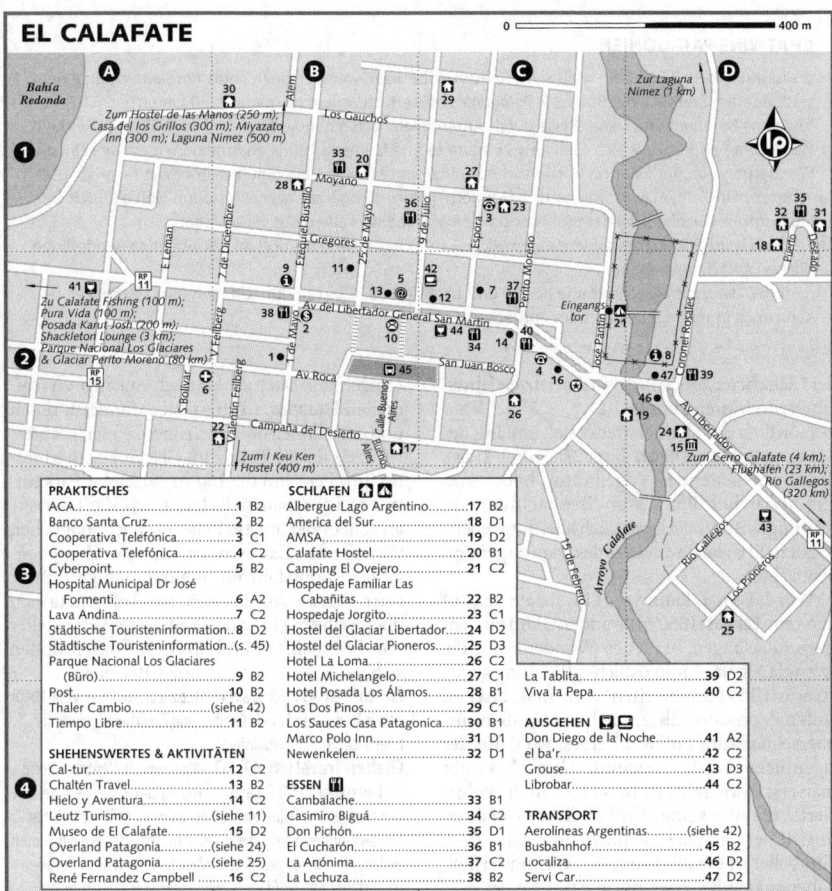

EL CALAFATE

0 _____ 400 m

PATAGONIEN

Tiempo Libre (☎ 491207; www.tiempolibreviajes.com.ar; 25 de Mayo 43) Nimmt Flugbuchungen vor.

TELEFON

Cooperativa Telefónica (CTC; Ecke Espora & Moyano) Eine Filiale befindet sich auch in der Avenida Libertador nahe der Perito Moreno.

TOURISTENINFORMATION

ACA (Automóvil Club Argentino; ☎ 491004; Ecke 1 de Mayo & Av. Roca) Argentiniens Automobilclub ist eine gute Quelle für regionale Straßenkarten.

Städtische Touristeninformation (☎ 491090/466; www.elcalafate.gov.ar, auf Spanisch; Ecke Rosales & Av. Libertador; ☉ 8–20 Uhr) Die städtische Touristeninformation hat auch einen Informationsstand im Busbahnhof; einige Mitarbeiter sprechen Englisch.

Büro des Parque Nacional Los Glaciares
(☎ 491005/755; www.parquesnacionales.gov.ar; Av. Libertador 1302; ☉ Mo–Fr 8–19, Sa & So 10–20 Uhr) Bietet Broschüren und eine ganz gute Karte vom Parque Nacional Los Glaciares; hier gibt es bessere Auskünfte als im Park selbst.

WASCHSALON

Lava Andina (☎ 493980; Espora 88; Maschinenladung 16 Arg$)

Sehenswertes & Aktivitäten

Das baufällige **Museo de El Calafate** (Av. Libertador 575; Spende erwünscht; ☉ Mo–Fr 8–19, Sa & So 10–16 Uhr) zeigt Pfeilspitzen, ausgestopfte Pinguine und alte Fotos. Spannend ist der Videofilm, der in einer Endlosschleife wiederholt wird: Er zeigt den größten Gletscherbruch (das Zusammenbrechen

---

CHATWINS PATAGONIEN

„Es ist ihre Bibel", flüstert ein walisischer Teestubenbesitzer, wenn er einen Touristen sieht, der in einem zerfledderten Exemplar des Buches *In Patagonien* blättert. Im Verlauf von mehr als 30 Jahren hat sich Bruce Chatwins Beschreibung seiner Reise durch Argentiniens äußersten Süden zum Pilgerführer entwickelt. Wer konnte ahnen, dass sich Chatwins verträumte Streifzüge zu Touristenattraktionen entwickeln: die Wanderung von der Estancia Harberton nach Viamonte (heute eine geführte Tour mit Essenspause), Teetrinken in Gaiman (was wöchentlich Hunderte tun) und sogar die heilige Mylodon-Höhle (durch eine lebensgroße Nachbildung des prähistorischen Riesenfaultiers allerdings verunstaltet).

Doch keine Sorge, Patagoniens eigenwillige Landschaften und die dort im Exil lebenden Sonderlinge bleiben noch lange erhalten.

Jeder, der gute Wanderschuhe besitzt und bereit ist, das Land zu durchstreifen (wie Chatwin es tat), kann noch immer viel Spannendes entdecken.

---

der Gletschereisbrücke), der in den letzten Jahren am Perito Moreno erfolgt ist.

Nördlich der Stadt erstreckt sich entlang des Seeufers die **Laguna Nimez** (Eintritt 2 Arg\$; 9–21 Uhr), die ein bedeutendes Vogelbiotop bildet und ein herrlicher Platz zum Beobachten von Flamingos ist. Vögel lassen sich allerdings ebenso gut in El Calafate am Ufer des Lago Argentino beobachten.

Wer Lust hat, kann von El Calafate aus auf den **Cerro Calafate** (850 m) wandern. Um zu dem Berg zu gelangen, brauchen Wanderer nur die Avenida Libertador in östlicher Richtung stadtauswärts bis zum zweiten Verkehrskreisel zu laufen. Von dort führen mehrere Straßen unübersehbar zum Fuß des Berges, wo dann der eigentliche Aufstieg beginnt. Allerdings trabt man erst einmal eine ganze Weile durch Wohnviertel, die zwar keine offensichtlichen Gefahren in sich bergen, aber ziemlich langweilig sind. Sinnvoller ist es von daher, sich von einem Taxi näher an den Berg heranbringen zu lassen.

Calafate Fishing (496545; www.calafatefishing.com; Av. Libertador 1826; Mo–Sa 10–19 Uhr) bietet Touren für Fliegenfischer an und transportiert Angler z.B. an den Lago Roca (Tagestour 450 Arg\$) oder den Lago Strobbel. Dort kann dann jeder selber testen, ob das Gerücht stimmt, dass in diesen Seen die größten Regenbogenforellen der Welt schwimmen.

Wer sich ein **Fahrrad** leiht und auf den Schotterpisten am See umherkurvt, bekommt einen intensiven Eindruck von der Gegend. Das Personal der Albergue Lago Argentino (s. S. 537) gibt bereitwillig Auskunft über die Fahrradverleiher der Stadt.

Geführte Touren

Etwa 40 Reisebüros organisieren Touren zum Gletscher und zu anderen Attraktionen in der Umgebung. Dazu zählen auch Ausflüge zu regionalen **Estancias**, wo Besucher wandern, reiten und entspannen oder auch übernachten können. Im Preis für die Tour zum Glaciar Perito Moreno (pro Pers. um die 150 Arg\$) ist der Parkeintritt nicht enthalten! Es lohnt sich, die Tourveranstalter oder andere Reisende nach möglichen vorteilhaften Extras zu fragen, etwa Zwischenstopps, Bootsfahrten, mehrsprachige Führer oder Verleih von Ferngläsern. Informationen über weitere in El Calafate ansässige Veranstalter von Bootsfahrten und diversen Touren finden sich auf S. 541; hier nur einige Beispiele:

Cal-tur (491368; www.caltur.com.ar; Av. Libertador 1080) Ist auf Touren rund um El Chaltén und Pauschalangebote für Übernachtungen spezialisiert.

Chaltén Travel (492212/480; www.chaltentravel.com; Av. Libertador 1174) Organisiert Touren zum Gletscher (werden von ehemaligen Teilnehmern empfohlen), mit Stopps für Tierbeobachtungen; Ferngläser werden gestellt. Ist auch auf Touren entlang der RN 40 spezialisiert. Manche Touren führt der Tourveranstalter Always Glaciers (www.alwaysglaciers.com, auf Spanisch) im Auftrag von Chaltén Travel durch.

Overland Patagonia (491243, 492243; www.glaciar. com) Hat Büros im Hostel del Glaciar Libertador und im Hostel del Glaciar Pioneros (s. S. 537); organisiert sehr empfohlene „alternative" Touren bei Vollmond zum Gletscher, außerdem geführte Wanderungen sowie eine Kombination aus Camping und Eistrekking in der Umgebung von El Chaltén.

Schlafen

Obwohl El Calafate über eine Menge Unterkünfte verfügt, kommt es angesichts der anstürmenden Besuchermassen ständig zu Engpässen. Im Voraus zu reservieren, ist also mehr als ratsam. Die Hochsaison sind die Monate Januar und Februar, in manchen Orten zieht sie sich aber auch von Mitte Oktober bis April. In der Nebensaison lohnt es sich, auf (teils erhebliche) Rabatte zu achten.

BUDGETUNTERKÜNFTE

Die meistens Hostels lassen ihre Gäste vom Busbahnhof abholen.

Camping El Ovejero (☎ 493422; José Pantín 64; Stellplatz pro Pers. 15–20 Arg$) Der charmante Humberto hält diesen bewaldeten (und ein wenig lauten) Campingplatz perfekt in Schuss. Die Duschen sind tadellos, und es gibt rund um die Uhr heißes Wasser. Zu den Extras zählen eigene Tische, Stromanschluss und Grills. Der Platz liegt am Bach nördlich der Brücke, die zur Stadt führt.

AMSA (☎ 492247; Olavarría 65; Stellplatz pro Pers. 15 Arg$) Dieser preiswerte und vor allem ruhige Campingplatz liegt südlich der Brücke, also ganz in der Nähe des Camping El Ovejero.

Los Dos Pinos (☎ 491271/632; www.losdospinos.com; 9 de Julio 358; Stellplatz pro Pers. 20 Arg$, B/DZ/3BZ 50/200/250 Arg$; 🖳) Auf dem labyrinthartigen Anwesen findet sich ein wahres Sammelsurium an Unterkünften – alle sind okay, manche sogar geradezu entzückend. Die Schlafsäle sind allerdings schlecht isoliert, haben aber saubere Bäder und Kochgelegenheiten.

Hostel de las Manos (☎ 492996; www.hosteldelasmanos. com.ar; Feruglio 59; B 42 Arg$, DZ mit Bad 205 Arg$; 🖳) Das makellose, sympathische Hostel liegt auf der anderen Seite der Fußgängerbrücke der 9 de Julio. Eine haushohe Glaswand durchflutet einen Teil des Hauses mit Tageslicht. Die Schlafsäle sind klein. Die Wände in den Doppelzimmern sind mit weißen Paneelen verkleidet, die Bettüberwürfe haben helle Farben, die Armaturen im Bad sind so gut wie neu.

Hospedaje Jorgito (☎ 491323; Moyano 943; B/DZ/3BZ mit Bad 45/120/140 Arg$) In diesem familienorientierten Haus schaffen alte Barbiepuppen, andere Püppchen und Plastikblumen das entsprechende Ambiente. Die Zimmer unterscheiden sich in der Größe, sind aber alle hell und gut gepflegt. Die Gäste dürfen die Küche benutzen.

Albergue Lago Argentino (☎ 491423; www.losglaciares. com/lagoargentino; Campaña del Desierto 1050; B/DZ ohne Bad 45/120 Arg$, EZ/DZ mit Bad 140/180 Arg$; 🖳) Das reiseerfahrene Ehepaar Javier und Veronica führt das Regiment auf dem Anwesen mit den rosafarben gestrichenen Gebäuden. Die Schlafsäle sind sauber, aber einfach. Besonders gut für Paare eignet sich ein Nebengebäude, die *albergue*, deren Zimmer direkten Zugang zu einem ruhigen Garten haben. Hier können die Gäste in einer dicht bepflanzten Ecke, in der ein uralter Holzofen steht, ihr Frühstück einnehmen.

Hostel del Glaciar Pioneros (☎ 491243; www.glaciar. com; Los Pioneros 251; B/DZ 46/170 Arg$; 🖳) Das gesellige Hostel mit komfortablen Gemeinschaftsräumen

und kleinen Schlafsälen liegt 15 Fußminuten von der Stadt entfernt. Hinter einer viktorianisch wirkenden Fassade verbirgt sich ein riesiger Komplex für Rucksacktouristen.

Calafate Hostel (☎ 492450/2; www.calafatehostels.com; Moyano 1226; B/EZ/DZ/3BZ/4BZ 47/150/200/240/275 Arg$; 🖳) Die bestens auf große Gruppe eingerichtete Mammut-Blockhütte hat der Konkurrenz einiges voraus. Die Schlafräume mit den Stockbetten sind urgemütlich, und der neue Anbau bietet schöne Doppelzimmer mit Ziegelsteinwänden.

Hostel del Glaciar Libertador (☎ 491792; www.glaciar. com; Av. Libertador 587; B/DZ 53/274 Arg$; ✖ 🖳) Von außen sieht das Hostel wie ein altes grünes viktorianisches Wohnhaus aus, drinnen jedoch herrscht die heutige Zeit mit modernen Einrichtungen. Dazu zählen eine große Küche im Dachgeschoss und ein Gemeinschaftsbereich mit Plasma-Fernseher, bei dem anscheinend nur der Sportkanal funktioniert. Die beste Wahl sind hier die Schlafräume mit den Stockbetten, auf denen dicke Decken liegen.

Marco Polo Inn (☎ 493899; www.marcopoloinncalafate. com; Calle 405, No 82; B/DZ/3BZ 55/200/220 Arg$; 🖳) In dem relativ neuen Hostel ist das Personal sehr zuvorkommend. Die Schlafräume mit Stockbetten aus Holz (das unterste mit Türen verblendet) sind geräumig. Zum Zudecken liegen Steppdecken bereit. Die Doppelzimmer haben alle ein eigenes Bad, außerdem Extras wie Haartrockner und TV.

I Keu Ken Hostel (☎ 495175; www.patagoniaikeuken. com.ar; F. M. Pontoriero 171; B/DZ 60/210 Arg$; 🖳) Das Hostel unterhalb des Gipfels eines steilen Hügels ist etwas teurer als andere in der Stadt. Bei Reisenden findet es jedoch großen Anklang, wozu der hilfsbereite Besitzer, die einladenden Gemeinschaftsräume und die erstklassigen Grillfeste mit Scherflein beitragen.

America del Sur (☎ 493525; www.americahostel.com.ar; Puerto Deseado 151; B/BZ 65/280 Arg$; 🖳) Dieser Rucksacktouristen-Favorit besticht mit einem Top-Service und der schicken Lodge mit tollem Panoramablick. Allerdings herrscht rund um die Uhr Rummel – von beschaulicher Einsamkeit kann also nicht die Rede sein. Abends findet eine All-you-can-eat-Grillsession (35 Arg$) statt.

MITTELKLASSEHOTELS

In der Touristeninformation gibt es eine vollständige Liste mit *cabañas* und Apartmenthotels, die sich für Gruppen und Familien besonders gut eignen.

Hospedaje Familiar Las Cabañitas (☎ 491118; www. lascabanitascalafate.com; Valentín Feilberg 218; DZ/3BZ 170/220 Arg$) Die liebenswerte Familie Giordano bietet ihren Gästen Giebeldachhütten wie aus dem Bilderbuch. Allerdings haben die Hütten ihren Zenit schon etwas überschritten, sind aber sehr sauber. Eine Wendeltreppe führt zur Bettplattform unter dem Giebeldach. Ringsum wachsender Lavendel und ein vor Pflanzen überquellender Innenhof als Essbereich gehören zu den charmanten Details.

Casa de los Grillos (☎ 491160; Las Bandurrias s/n; DZ mit Bad 230 Arg$) Zuvorkommender Service und saubere Zimmer mit weichen Betten zeichnen dieses ruhige B&B aus. Im Speiseraum können sich die Gäste ungefragt Kaffee, Tee und Mineralwasser nehmen. In der hinter dem Haus liegenden Hütte gibt es zottelige Bettüberwürfe und eine komplett neue Einrichtung. Mit dem *quincho* (strohgedecktes Gebäude) steht den Gästen außerdem ein geräumiges Koch- und Erholungszentrum zur Verfügung.

Hotel La Loma (☎ 491016; www.lalomahotel.com; Av. Roca 849; EZ/DZ 160/190 Arg$; 🖳) Koloniales Ambiente und ein hübscher Steingarten schmücken dieses Hotel im Ranchstil. Es liegt auf einem weitläufigen Anwesen in einer unbeschreiblich schönen Gegend. Die Superior-Zimmer sind geräumig und hell. Antiquitäten füllen die Flure, in denen die Dielen knarren. Im Empfangsbereich warten ein offener Kamin und unzählige Bücher auf erholungsbedürftige Leute.

Newenkelen (☎ 493943; www.newenkelen.com.ar; Puerto Deseado 223; EZ/DZ/3BZ 208/262/300 Arg$) Das auf einem Hügel über der Stadt thronende gemütliche Hotel bietet eine Handvoll tadelloser Zimmer mit Ziegelsteinwänden, geschmackvollem Bettzeug und Blick auf die Berge.

SPITZENKLASSEHOTELS
Die Luxushotels wurden hier im Eilverfahren hochgezogen, daher weisen sie nicht alle denselben guten Standard auf.

Posada Karut Josh (☎ 496444; www.posadakarutjosh.com.ar; Calle 12, Nr. 1882, Barrio Bahía Redonda; DZ/3BZ 260/310 Arg$) Die sechs lichtdurchfluteten Zimmer des friedlichen B&Bs haben alle ein eigenes Bad und große Fenster mit Ausblick auf die Berge oder den See. Wunderschön ist auch die Aussicht im Speiseraum, in dem ein erstklassiges kontinentales Frühstück serviert wird.

LP Tipp **Miyazato Inn** (☎ 491953; www.interpatagonia.com/miyazatoinn; Egidio Feruglio 150, Las Chacras; EZ/DZ 303/342 Arg$; 🖳) Das gemütliche B&B verdankt seine gute Noten, die ihm Reisende geben, dem freundlichen und persönlichen Service seiner Besitzer Jorge und Elizabeth. Vom Stadtzentrum bis zum Miyazato, dessen Atmosphäre ein wenig

an ein japanisches Gasthaus erinnert, sind es zu Fuß nur fünf Minuten. Alle fünf Zimmer verfügen über ein eigenes Bad.

Hotel Michelangelo (☎ 491045; www.michelangelohotel.com.ar; Moyano 1020; EZ/DZ 330/380 Arg$; 🖳) Das Hotel im Schweizer Chaletstil liegt im Stadtzentrum und gehört zu den Lieblingsunterkünften von Reisegruppen. Nach der kürzlich erfolgten Renovierung hat das Hotel eine schicke Lobby und einen Aufenthaltsbereich mit offenem Backsteinkamin und indirekter Beleuchtung. Die Zimmer mit ihren hohen Decken, schweren Vorhängen und geblümten Bettüberwürfen warten noch auf eine Auffrischung.

Hotel Posada Los Álamos (☎ 491144; www.posadalosalamos.com; Moyano 1355; EZ/DZ/Suite 835/918/1345 Arg$; 🖳) Mit feudalen Zimmern, dick gepolsterten Sofas, einer spektakulären Gartenanlage, Tennisplätzen, Putting Greens und Wellnessbereich schwimmt Calafates erstes Resort im Luxus. Bei so viel Komfort vergisst der eine oder andere Gast vielleicht am Ende sogar, dass er eigentlich dem Perito-Moreno-Gletscher einen Besuch abstatten wollte.

Los Sauces Casa Patagónica (☎ 495854 http://www.slh.com/lossauces; Los Gauchos 1352/1370; DZ 950 Arg$; 🖳) Sagenhaft, welcher Luxus sich hier findet! Das Restaurant ist preisgekrönt, keine Wünsche lässt der Wellnessbereich offen, exotische Vögel flattern durch die mehr als penibel gepflegten Gartenanlagen. Das Personal flitzt im Golfmobil umher. Eine prachtvolle Einrichtung – einschließlich erstklassiger Betten und riesigem Flachbildfernseher – schmückt die Gästezimmer. Steinfliesen sowie Jacuzzi finden sich in jedem Bad.

Essen

In mehreren Nebenstraßen der Avenida Libertador befinden sich kleine Läden, die frisches Brot, köstlichen Käse, Süßigkeiten und Wein verkaufen – genau richtig, um den Picknickkorb für den nächsten Ausflug zu füllen! Preiswerte Lebensmittel und Proviant verkauft **La Anónima** (Ecke Av. Libertador & Perito Moreno).

Cambalache (☎ 492603; www.cambalacherestobar.com.ar; Moyano 1258; Hauptgerichte 20–30 Arg$; 🕑 12–24 Uhr) Preiswerter Wein, günstige regionale Gerichte wie gegrillte Steaks oder Lammeintopf und eine fröhliche Atmosphäre machen dieses Speiselokal in einem restaurierten Wellblechhaus zum beliebten Treffpunkt für junge Reisende.

La Lechuza (☎ 491610; www.lalechuzapizzas.com.ar; Ecke Av. Libertador & 1 de Mayo; Pizza 25 Arg$; 🕑 Mo–Sa Mittag- & Abendessen) Die Pizzeria bietet eine klassische Auswahl an Empanadas, Pizzas und Salaten, die auf runden Holzplatten serviert werden. Ausprobieren sollte man z.B. die Pizza mit Schafskäse und Oliven und dazu ein einheimisches Brauhausbier bestellen. Am östlichen Ende der Avenida Libertador gibt es eine Filiale. Wenn dort *bownies con ganaché de chocolate y helado de calafate* auf der Dessertkarte stehen, sollten sich Schleckermäulchen diese Köstlichkeit auf gar keinen Fall entgehen lassen.

Viva la Pepa (☎ 491880; Amado 833; Hauptgerichte 25 bis 42 Arg$; ⊗ Fr–Mi 10–24 Uhr) Das mit Kinderzeichnungen geschmückte Café hat sich auf Crêpes spezialisiert. Es bietet aber auch superleckere Sandwiches aus hausgemachtem Brot (unbedingt die Version mit Hühnchen, Apfel und Blauschimmelkäse probieren), Fruchtsäfte und *mate* (in einer Kalebasse serviert).

La Tablita (☎ 491065; Coronel Rosales 24; Hauptgerichte 30–50 Arg$; ⊗ Do–Di Mittagessen, tgl. Abendessen) Saftige Steaks und Lamm vom Spieß in riesigen Portionen sind die Stars dieser *parrilla*. Für den Durchschnittshunger reicht ein halbes Steak mit frischem Salat, Knoblauch-Pommes und einem guten Malbec-Wein.

LP Tipp **El Cucharón** (☎ 495315; 9 de Julio 145; Hauptgerichte 35–40 Arg$; ⊗ Mittag- & Abendessen) Das raffinierte, kleine Speiselokal ist ein noch relativ unbekanntes Juwel, das sich ein paar Blocks von der Hauptstraße entfernt versteckt. Es ist genau richtig, um regionale Klassiker wie *cazuela de cordero* zu probieren. Köstlich schmeckt auch die Forelle mit Zitronensauce und gegrilltem Gemüse.

Pura Vida (☎ 493356; Av. Libertador 1876; Hauptgerichte 35–52 Arg$; ⊗ Do–Di Abendessen) Vollkornkost und eine gute Auswahl an vegetarischen Gerichten locken viele Reisende in dieses angenehme Lokal. Besonders lecker schmecken z.B. die Safran-Gnocchi, das Kaninchen mit Rahmsauce oder der Kürbiseintopf, der in einer monströsen Kalebasse serviert wird.

Casimiro Biguá (☎ 492590; www.casimirobigua.com; Av. Libertador 963; Hauptgerichte 35–52 Arg$; ⊗ 11–1 Uhr) Die Kombination aus schickem Restaurant und guter *vinoteca* (Weinstube) glänzt mit gemütlichen Kupferdekors und fleißig umherflitzenden Bedienungen. Auf der beeindruckenden Weinkarte stehen 180 argentinische Weine! Zu den wundervollen Kreationen des Küchenchefs zählen hausgemachte Pasta, Risotto, Lammeintopf und gegrillte Forellen. In der Nähe des Restaurants haben zwei Filialen eröffnet – eine Trattoria und eine *parrilla* –, die sich am Geldbeutel eines breiten Publikums orientieren.

Don Pichón (☎ 492577; www.donpichon.com.ar; Puerto Deseado 242; Hauptgerichte 40–45 Arg$; ⊗ Mittag- & Abendessen) Das Restaurant liegt am Stadtrand hoch über dem See. Sein im klassischen Lodge-Stil gehaltener Speiseraum mit hoher Holzdecke besitzt riesige Fenster, die eine atemberaubende, nahezu unschlagbare Aussicht gewähren. Von den Gerichten ist das Lamm, das förmlich auf der Zunge zergeht, bei Reisenden besonders beliebt. Nach vorheriger telefonischer Anmeldung werden die Gäste in der Stadt gratis abgeholt und wieder zurückgebracht.

Ausgehen

el ba'r (9 de Julio s/n; Snacks 8–17 Arg$; ⊗ Frühstück & Mittagessen) Das trendige Patio-Café ist genau richtig, um sich bei einem Espresso, *submarino* (heiße Milch, in der ein Riegel Bitterschokolade schwimmt und darin schmilzt) oder einem Grünen Tee und Sandwiches zu entspannen.

Grouse (☎ 491281; Av. Libertador 351; Getränke 12 bis 25 Arg$) „Marotten willkommen" lautet das Motto dieser Karaoke-Bar mit keltischem Touch. Im Sommer lockt sie mit Live-Veranstaltungen. Gefragt sind auch die großzügig bemessenen Mixgetränke und das Guinness aus der Dose.

Librobar (☎ 491464; Av Libertador 1015; ⊗ Mi–Mo) In der hippen „Buch-Bar" können sich die Gäste bei Kaffee, Flaschenbier und ziemlich teuren Drinks mit Bücherlesen vergnügen oder den vorhandenen überdimensionalen Bildband über die Tierwelt Patagoniens durchblättern. Wer seinen Laptop mitbringt, kann sich kostenlos per WLAN ins Internet einloggen.

Don Diego de la Noche (Av. Libertador 1603; ⊗ bis 5 Uhr) In dem Dauerfavoriten der Nachtschwärmer wird das Abendessen zu Tango- und Gitarrenklängen serviert. Live gespielte *folklore* – sprich: argentinische Volksmusik – beherrscht das Musikprogramm.

An- & Weiterreise

BUS

El Calafates **Busbahnhof** (Av. Roca s/n) liegt auf einem Hügel, ist aber leicht über die Treppe an der Ecke Avenida Libertador und 9 de Julio zu erreichen. In der Hochsaison können die Plätze in den Bussen knapp werden, eine Platzreservierung ist in dieser Zeit also besonders wichtig.

Mehrere Busunternehmen bedienen die Route nach El Chaltén (70 Arg$, 3½ Std.). Die Busse starten täglich um 7.30, 8 und 18.30 Uhr und halten auf halber Strecke an der Estancia La Leona, wo sich jeder mit Kaffee und leckerem Kuchen stärken kann.

PATAGONIEN

Die Busse von **Cootra** (☎ 491444) fahren täglich um 8.30 Uhr nach Puerto Natales (65 Arg$, 5 Std.) und überqueren die Grenze an der Grenzstation Cerro Castillo, wo es eventuell eine Anschlussverbindung nach Torres del Paine gibt.

Nach Río Gallegos (40–60 Arg$, 4 Std.) starten täglich Busse um 3 und 4 Uhr in der Früh sowie um 12, 12.30 und 14.30 Uhr. **Freddy** (☎ 452671) und Interlagos bieten Verbindungen nach Bariloche und Ushuaia an – allerdings fahren die Busse mitten in der Nacht ab, und man muss außerdem in Río Gallegos umsteigen.

Von Mitte Oktober bis April fahren Busse von **Chaltén Travel** (☎ 492212/480; www.chaltentravel.com; Av. Libertador 1174) täglich um 8 und 18.30 Uhr nach El Chaltén (hin & zurück 100 Arg$, 3 Std.). Die Shuttlebusse, die Chaltén Travel auf der RN 40 in Richtung Norden betreibt, fahren nach Perito Moreno und Los Antiguos (220 Arg$, 12 Std.), die Abfahrt erfolgt an allen geraden Tagen um acht Uhr. In Los Antiguos startet am nächsten Morgen der Chaltén-Travel-Anschlussbus nach Bariloche (430 Arg$, ab El Calafate 2 Tage). Den gleichen Service bietet Chaltén Travel auch ab El Chaltén an.

FLUGZEUG

Der moderne **Aeropuerto El Calafate** (ECA; ☎ 491220/30) liegt 23 km östlich der Stadt jenseits der RP 11. Die Flughafengebühr beträgt 38 US$.

Aerolíneas Argentinas (☎ 492814/16; 9 de Julio 57) fliegt täglich nach Bariloche (920 Arg$), Ushuaia (400 Arg$), Trelew (820 Arg$) und Buenos Aires (Aeroparque und Ezeiza; 380–675 Arg$).

LADE (☎ 491262; Busbahnhof) fliegt mehrmals in der Woche nach Río Gallegos (147 Arg$), Comodoro Rivadavia (230 Arg$), nach Ushuaia (362 Arg$) und Buenos Aires (429 Arg$) sowie zu mehreren kleineren Flughäfen innerhalb der Region.

Unterwegs vor Ort

Der Flughafenshuttle **Ves Patagonia** (☎ 494355; www.vespatagonia.com.ar) bringt Fluggäste von Haus zu Haus (einfach/hin & zurück 24/40 Arg$). Außerdem gibt es direkt im Flughafengebäude mehrere Autovermietungen. **Localiza** (☎ 491398, www.localiza.com.ar; Av. Libertador 687) und **Servi Car** (☎ 492541; www.servi4x4.com.ar; Av. Libertador 695) haben ihre Büros im Stadtzentrum.

RUND UM EL CALAFATE

Ab El Calafate verläuft die asphaltierte RN 40 in Richtung Südosten über 95 km quer durch die weite Steppe bis nach **El Cerrito**. Dort macht die Straße einen Schwenk nach Süden und verwandelt sich zugleich in eine Schotterpiste. Wer hier auf der asphaltierten RP 5 weiter südostwärts fährt, kommt nur langsam voran und landet nach fünf todlangweiligen Stunden und 224 km in **Río Gallegos**. Auf halber Strecke, bei Km 146, liegt das auf dieser Route höchst nützliche **Hotel La Esperanza** (☎ 02902-499200; pro Pers. 75 Arg$; ☺ ganzjährig) mit einer Tankstelle und einem Restaurant (Tagesgericht 30 Arg$), in dem die Bedienung schnell und freundlich ist. Wer hier übernachten möchte, sollte versuchen, ein Zimmer in der neueren Hütte zu bekommen. Von der RP 5 zweigt hier die asphaltierte RP 7 ab, die westwärts verläuft und auf die RN 40 stößt. Die RN 40 führt dann über die chilenische Grenzstation Cerro Castillo-Cancha Carrera in Richtung Parque Nacional Torres del Paine und Puerto Natales.

PARQUE NACIONAL LOS GLACIARES (SÜDTEIL)

Die absolute Attraktion im südlichen Teil des **Parque Nacional Los Glaciares** (Eintritt 75 Arg$) bildet der atemberaubende **Glaciar Perito Moreno**. Er zählt zu den dynamischsten und am leichtesten zugänglichen Gletscherfeldern der Welt. Der Glaciar Moreno (Moreno-Gletscher), wie er vor Ort kurz genannt wird, ist 30 km lang, 5 km breit und 60 m hoch. Doch er ist nicht aufgrund seiner Ausmaße so außergewöhnlich, sondern weil er kontinuierlich wächst – täglich schiebt er sich um 2 m vorwärts. Und er kalbt dabei riesige Eisbrocken, das bedeutet: Haushohe Eisberge brechen von seiner Gletscherzunge ab.

Der Gletscher entstand, als eine flache Vertiefung in den Anden den von Niederschlägen begleiteten Pazifikstürmen ermöglichte, ihre nassen Ladungen östlich des Gebirgskamms als Schnee abzusetzen. Dieser Schnee sammelte sich in der Vertiefung und wurde durch sein enormes Gewicht über Jahrtausende hinweg zu Eis gepresst. Mit der Zeit bewegten sich die Eismassen langsam ostwärts. Die 1600 km2 große Mulde des **Lago Argentino**, der größten zusammenhängenden Süßwassermasse des Landes, beweist eindeutig, dass der Gletscher einst eine viel größere Fläche einnahm als heute.

Während bei den meisten Gletschern das Eis schwindet (Gletscherschmelze), bleibt der Glaciar Moreno in sich konstant. Bei seinem Vordringen hat er zwischen 1917 und 2006 17-mal den Brazo Rico, einen Seitenarm des Lago Argentino, blockiert und den Wasserspiegel in die Höhe gejagt. Das vor dem Eis schmelzende und das nachdrängende (zufließende) Wasser erzeu-

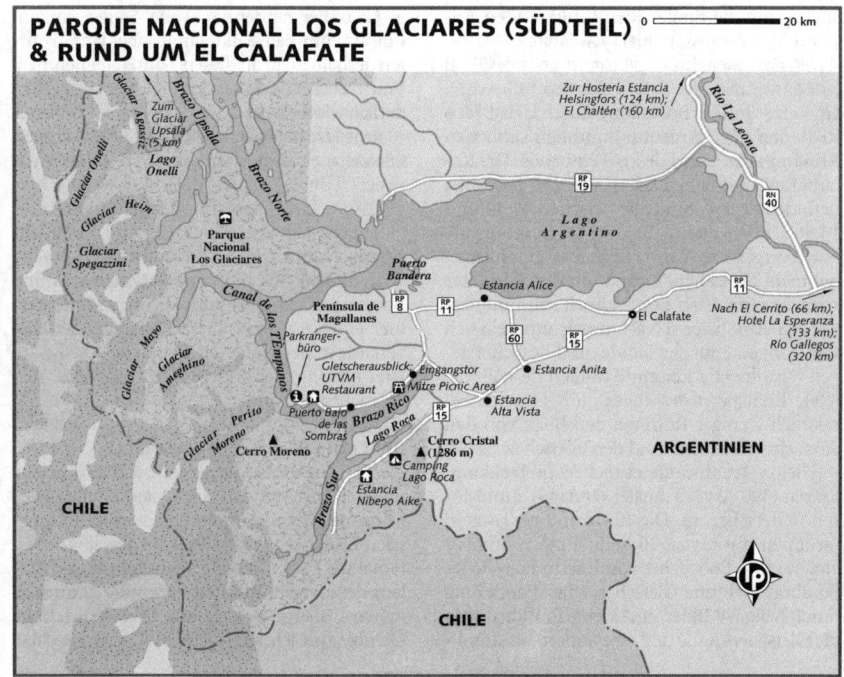

PARQUE NACIONAL LOS GLACIARES (SÜDTEIL) & RUND UM EL CALAFATE

gen einen Druck, dem diese Blockade schon mehrfach nicht standhalten konnte. Jedes Mal stürzte sie dann in einer gewaltigen Explosion aus Wasser und Eisbrocken in sich zusammen. Wer dieses spektakuläre und zugleich verheerende Ereignis schon einmal beobachten konnte, wird es sein Leben lang nicht vergessen.

Ein wenig Nervenkitzel kommt da schon auf, wenn der Gletscher so vor einem liegt, zumal er auch an ganz normalen Tagen nicht nur ein visuelles, sondern auch akustisches Spektakel bietet. Wenn er kalbt und die riesigen Eisberge von der Gletscherzunge abbrechen, stürzen sie mit einem Heidengetöse in den **Canal de los Témpanos** (Eisbergkanal). Dieses Naturschauspiel ist am besten von der Península de Magallanes aus zu beobachten – die Halbinsel ist nah genug, um einen grandiosen Ausblick zu garantieren, aber weit genug entfernt, um die Sicherheit der zahlreichen Besucher zu gewährleisten.

Eine ganze Reihe von Stegen und Aussichtspunkten, die in letzter Zeit verbessert wurden, ermöglicht den Schaulustigen, den Gletscher gut zu sehen, zu hören und zu fotografieren. Morgens strahlt die Sonne die Stirnseite des Gletschers an, und mit dem zunehmenden Schatten

verändert er im Lauf des Tages Zug um Zug sein faszinierenden Gesicht.

In der Umgebung des Gletschers sind nach wie vor große Veränderungen im Gang. Während sich das neue Hotel in der Nähe des Hauptaussichtspunkts immer noch im Planungsstadium befindet, hat die *confitería* **Nativos** (☎ 499144) ihren Betrieb inzwischen aufgenommen. Routiniert, aber dennoch etwas chaotisch, versorgt sie die zahlreichen Besucher mit Cappuccino und Sandwiches.

Nicht vergessen: Bitte sämtliche Abfälle mitnehmen, denn es ist enorm schwierig und teuer, den Müll aus diesem Gebiet zu entsorgen!

Das Einfallstor zum Südteil des Parks ist El Calafate (s. S. 534). Dort befinden sich auch alle Veranstalter, die Touren und andere Aktivitäten für diesen Teil der Parks organisieren. Die Stadt liegt 80 km östlich des Moreno-Gletschers und ist mit dem Nationalpark durch eine Straße verbunden.

Aktivitäten
GLACIAR PERITO MORENO
Bootsfahrten vermitteln einen sehr intensiven Eindruck von der Größe des Glaciar Moreno,

auch wenn die Boote einen gebührenden Abstand halten müssen. **Hielo y Aventura** (☎ 02902-492094/205; www.hieloyaventura.com; Av. Libertador 935, El Calafate) veranstaltet Safari Nautico (45 Arg$), eine einstündige Bootsfahrt durch den Brazo Rico, den Lago Argentino und den südlichen Abschnitt des Canal de los Témpanos. Die Katamarane, auf denen sich bis zu 130 Personen befinden, legen stündlich zwischen 11.30 und 15.30 Uhr in Puerto Bajo de las Sombras ab. Nicht vergessen: Warme Regenbekleidung mitnehmen! Da es häufig rund um den Gletscher schneit, kann es an Bord schnell kalt und nass werden. Am späteren Nachmittag tummeln sich weniger Leute auf den Lande- und Besucherstegen – zahlreiche Reisende wählen deshalb die letzte Bootsfahrt des Tages und genießen bei deutlich weniger Rummel den Blick von den Aussichtsplattformen auf den Gletscher.

Hielo y Aventura bietet auch Mini-Trekkingtouren (390 Arg$, Transfer 60 Arg$) zum Moreno-Gletscher an. Die fünfstündige Tour in Gruppen mit bis zu 20 Teilnehmern umfasst eine rasante Bootsfahrt von Puerto Bajo de las Sombras Richtung Gletscher, eine Wanderung durch Lenga-Wälder, eine kleine Einführung in die Gletscherkunde und eine anderthalbstündige Gletscherwanderung, wobei Steigeisen zum Einsatz kommen. Kinder unter acht Jahren dürfen deshalb nicht an diesen Touren teilnehmen. Eine rechtzeitige Reservierung ist ebenso erforderlich wie die Mitnahme des eigenen Proviants.

René Fernandez Campbell (☎ 02902-491155; www.fernandezcampbell.com; Av. Libertador 867, El Calafate) organisiert Touren zur Nordwand des Gletschers (50 Arg$). Der Katamaran, der bis zu 320 Passagiere fasst, legt zwischen 10.30 und 14.30 Uhr stündlich am UTVM-Restaurant ab.

In diesem Abschnitt des Nationalparks sind Boote das wichtigste Fortbewegungsmittel, denn hier gibt's nur zwei kurze Fußwege, der eine verläuft in der Nähe der Bootsanlegestelle am Ufer entlang, der andere führt hinauf zu den Aussichtsplattformen.

GLACIAR UPSALA & LAGO ONELLI

Der 595 km² große Glaciar Upsala ist 60 km lang und stellenweise 4 km breit. Majestätische, bizarr geformte Eisberge umrahmen diese monumentalen Eismassen. Vom Deck des gewaltigen Katamarans lassen sich die Gletschermassen entlang der so eigentümlich wie anmutig geformten, nahen Eisberge bewundern. Das ehrfürchtige Gefühl „nur ich und die Natur" kommt dabei

---

KLEINE GLETSCHERKUNDE

Glitzernde Eisbahnen, manchmal glatt gespannt wie ein Betttuch, häufiger von Wind und Wetter modelliert, zerklüftet, vom Druck gespalten – die nasskalte Pracht der Gletscher besitzt viele und vor allem atemberaubende Gesichter.

Gletscher nehmen ihren Anfang in einem Nährgebiet (Akkumulationsgebiet), das eine ganze Reihe von Voraussetzungen erfüllen muss. Wenn hier Schnee fällt, sammelt er sich an und wird mit der Zeit zu Eis gepresst. Die Schwerkraft zwingt die Eismassen, sich hangabwärts zu bewegen – dabei verformen sich die Eisschichten. Zugleich vermischt sich das unter dem Gletscher abfließende Schmelzwasser mit dem Gestein und der Erde des Untergrunds. Ein Teil dieser Mixtur wird zu einer Art Schmiermittel zerrieben, auf dem sich der Gletscher vorwärts schiebt. Geröll, das nicht zermahlen wurde, wird zur Seite gedrückt und bildet Moränen. Diese Bewegungsvorgänge verursachen auch die Oberflächenverformungen und die Gletscherspalten.

Der Bereich, in dem der Gletscher schmilzt, heißt Ablations- oder Zehrgebiet. Wenn die im Nährgebiet gefallene Schneemenge (die Akkumulation) größer ist als die im Zehrgebiet abgeschmolzene Eismenge (die Ablation), dehnt sich der Gletscher aus. Schmilzt im Zehrgebiet mehr Eis, als Schnee im Nährgebiet hinzukommt, schrumpft der Gletscher. Die globale Erderwärmung trägt zu dem verstärkten Gletscherschwund bei, der seit etwa 1980 weltweit auffällig zutage tritt.

Ein wahres Wunderwerk ist auch die Farbe der Gletscher. Wie entsteht ihr Blau? Antwort: durch die Wellenlänge des Lichts und die Luftblasen. Kompaktes Eis besitzt kaum Luftblasen, sodass von dem Spektrum des eindringenden Lichtes nur das kurzwellige Blau reflektiert – also sichtbar – wird. Die Lufteinschlüsse in dem weniger kompakten Eis streuen dagegen das Licht unabhängig von Wellenlängen der Farbe, deshalb sieht der Gletscher weiß aus. An den Stellen, an denen der Gletscher kalbt, tritt Abflusswasser aus. Dieses „Gletschermilch" genannte Wasser ist grau und milchig, weil es fein zerriebenes Gestein mit sich führt. In manchen Seen setzt sich dieses Sediment nicht ab und reflektiert das Sonnenlicht – so entsteht eine ganze Palette verblüffender Farben, die von Türkis über Blassgrün bis hin zu Azurblau reicht.

allerdings nur bedingt auf, denn auf dem Deck drängen sich rund 300 weitere Passagiere. Der Glaciar Upsala liegt an einer Verlängerung des Brazo Norte, des Nordarms des Lago Argentino. Von Puerto Bandera aus fährt eine Barkasse dorthin. Der kleine Ort liegt 45 km westlich von Calafate (über die RP 11 und RP 8).

René Fernandez Campbell (☎ 02902-492340; www. fernandezcampbell.com; Av. Libertador 867, El Calafate) bietet eine große Gletschertour an (295 Arg$), die in Punta Bandera beginnt und den Besuch der Gletscher Upsala, Bahía Onelli und Glaciar Spegazzini einschließt. Wenn die Eisberge mitspielen, können die Passagiere an der Bahía Onelli von Bord gehen und zum **Lago Onelli** laufen. Dort vereinigen sich die Gletscher Onelli und Agassiz. Der Weg von der Bucht zu dem mit Eisbergen gespickten See beträgt nur 500 m. Die während der Tour angebotenen Mahlzeiten sind recht teuer, aber jeder kann seinen eigenen Proviant mitbringen.

LAGO ROCA

Der stille Südarm des Lago Argentino eröffnet den Weg in Uferwälder und in die Berge. In diesem südlichsten Abschnitt des Nationalparks, in dem nur wenige Besucher unterwegs sind, befinden sich gute Wanderwege, angenehme Campingplätze und Unterkünfte auf einer *estancia*. Eintrittsgeld wird hier nicht erhoben. Wanderer können den **Cerro Cristal** erklimmen. Das ist zwar mit einem dreieinhalbstündigen Marsch über Fels und Stein verbunden – doch die Mühe lohnt sich. Die Route beginnt am Ausbildungslager bei La Jerónima, kurz vor dem Eingang zum Campingplatz Lago Roca, 55 km südwestlich von El Calafate an der RP 15. An klaren, schönen Tagen sind der Glaciar Moreno und die Torres del Paine zu sehen.

Cabalgatas del Glaciar (☎ 495447) und **Cal-tur** (☎ 02902-491368; Av. Libertador 1080, El Calafate) veranstalten Ausritte, die beeindruckende Panoramablicke auf die Gletscherlandschaft bieten. **Leutz Turismo** (☎ 02902-492316; leutzturismo@cotecal.com.ar; 25 de Mayo 43, El Calafate) organisiert Tagesausflüge von El Calafate zur Estancia Nibepo Aike (155 Arg$). Morgens oder nachmittags werden auf der Ranch Tee, *mate* und ofenfrisches Gebäck serviert. Auf dem Programm stehen auch die Vorführung einer Schafschur sowie ein einstündiger Ausritt.

Schlafen & Essen

Camping Lago Roca (☎ 02902-499500; www.losglaciares. com/campinglagoroca; Zelten pro Pers. 16 Arg$, Bett in 2-/4-Pers.-Hütte 100/160 Arg$) Der voll ausgestattete Campingplatz mit Restaurant-Bar liegt ein paar Kilometer vom Ausbildungscamp entfernt und ist ein guter Ausgangspunkt für Erkundungstouren in die Umgebung. Die sauberen Schlafräume in den gemauerten Hütten sind eine gute Alternative zum Zelt. Ringsherum liegen zahlreiche Wanderwege. Die Campingplatzverwaltung verleiht Angelausrüstungen und Fahrräder, mit denen sich die Landschaft erkunden lässt. Außerdem koordiniert sie Ausritte, die von der nahe gelegenen *estancia* ausgehen.

Estancia Nibepo Aike (☎ 02902-492797, in Buenos Aires 011-5031-0755; www.nibepoaike.com.ar; RP 15, Km 60; EZ/DZ mit Vollpension 856/1332 Arg$; ❤ Okt.–April) Die Schaf- und Rinderfarm bietet die ganze Palette an Aktivitäten einer *estancia* mit vollem landwirtschaftlichem Betrieb – für die Urlauber ein interessantes Erlebnis. Darüber hinaus können die Gäste ausreiten oder per Drahtesel die Umgebung erkunden.

Hostería Estancia Helsingfors (☎ in Buenos Aires 011-4315-1222; www.helsingfors.com.ar; EZ/DZ 1446/2215 Arg$; ❤ Okt.–April) Die Hostería am Lago Viedma hat eine spektakuläre Lage – und bietet überdies eine grandiose Aussicht auf den Cerro Fitz Roy. Auf der ehemaligen, einst von finnischen Siedlern gegründeten Ranch herrscht eine gemütliche, gastfreundliche Atmosphäre.

Vor allem aber ist die *estancia* eine hoch gelobte Luxusunterkunft mit zwanglosem, unaufdringlichem Ambiente, die keine der üblichen Annehmlichkeiten vermissen lässt. Die Gäste vertreiben sich die Zeit mit landschaftlich malerischen, aber anstrengenden Bergwanderungen und Ausritten oder Ausflügen zum Glaciar Viedma. Die *estancia* liegt am Südufer des Lago Viedma, 170 km von El Chaltén und 180 km von El Calafate entfernt.

An- & Weiterreise

Der Glaciar Moreno liegt 80 km westlich von El Calafate und ist über die asphaltierte RP 11 erreichbar. Alleine die Fahrt zum Gletscher ist schon ein spektakuläres Erlebnis, denn die Straße führt durch die atemberaubende Landschaft am Lago Argentino. In der Avenida Libertador, der Hauptstraße in El Calafate, befinden sich zahlreiche Veranstalter (s. S. 536), die im Sommer regelmäßig Busfahrten zum Gletscher anbieten (Rundfahrt 110 Arg$, nur Transfer 80 Arg$). Die Busse fahren am frühen Morgen in El Calafate los und kehren je nach gewählter Dauer gegen Mittag oder gegen Abend (19 Uhr) wieder zurück.

THUMB TAB

CHILENISCHES PATAGONIEN

Wilde Meereslandschaften, von eisbedeckten Gipfeln gesäumt, das atemberaubende Bergmassiv Torres del Paine und eine Steppe, durch die ein heulender Wind fegt, kennzeichnen die andere (westliche) Seite der Anden. Für jeden Reisenden, der sich in der Nähe aufhält, lohnt es sich, die Grenze zu überqueren. Das chilenische Patagonien umfasst eine vom Westwind gemeißelte Gebirgslandschaft, die in den Regionen Aisén und Magallanes liegt. Das südliche Kontinentaleisfeld trennt den chilenischen Teil Patagoniens vom restlichen Chile. Im Folgenden werden Punta Arenas, Puerto Natales und der spektakuläre Parque Nacional Torres del Paine vorgestellt. Ausführliche Informationen über Chile bietet der Lonely Planet Reiseführer *Chile & Osterinsel*.

Reisende aus Deutschland, Österreich und der Schweiz brauchen kein Visum für die Einreise. Beim Grenzübertritt stellt die Zollbehörde eine Touristenkarte aus. Sie ist 90 Tage gültig und kann bei Bedarf um weitere 90 Tage verlängert werden. Die chilenischen Behörden nehmen das allerdings sehr ernst: Jeder sollte die *Tarjeta de Turismo* deshalb sorgfältig aufbewahren, um sich die Mühe einer Neubeschaffung zu ersparen. Also: Was immer die Behörden an der Grenze in den Pass einlegen oder einheften, unbedingt dort drin lassen!

Wer Wärme liebt, stellt rasch einen wichtigen Unterschied zwischen Chile und dem mit Energie gut versorgten Argentinien fest: In öffentlichen Gebäuden und vielen preiswerten Unterkünften gibt es oft keine Zentralheizung; man sollte sich also gerade auch für den Aufenthalt in Häusern stets etwas wärmer anziehen.

Generell ist das Reisen in Chile ein klein wenig teurer als in Argentinien und US-Dollar werden nicht überall akzeptiert. Die Preise für Chile werden in chilenischen Pesos (Chil$) angegeben.

PUNTA ARENAS
☎ 61 / 130 200 Ew.

Das Punta Arenas von heute ist eine Mischung aus Grandezza und Kommerz, was sich in den kunstvollen Villen aus der Zeit des Wolbooms, in der florierenden Erdölindustrie und im Rang seines Hafens widerspiegelt. Reisende finden hier einen komfortablen Ausgangspunkt vor, inklusive guter touristischer Dienstleister, um die abgelegene Region Magallanes zu erkunden. Der zunehmende Wohlstand der Stadt hat ihren einstigen raubeinigen Charakter abgeschliffen und zu neuem Glanz aufpoliert. Auf den Barhockern sitzen heute Passagiere von Kreuzfahrtschiffen und Trekker anstelle der Forschungsreisenden, Robbenjäger und Seeleute von gestern. Ihr Herz für die alte Garde hat sich die Stadt jedoch bewahrt.

Punta Arenas wurde 1848 als Strafkolonie und Militärgarnison gegründet. Während des Goldrausches erwies es sich als günstiger Hafen für die Schiffe, die Alta California ansteuerten. In den ersten Jahren dümpelte die Wirtschaft der Stadt vor sich hin, bis sie im letzten Viertel des 19. Jhs. Aufwind bekam: Der Gouverneur der Region genehmigte den Kauf von 300 reinrassigen Schafen von den Falklandinseln (Islas Malvinas). Dieses erfolgreich verlaufende Experiment heizte die Gründung von Schaffarmen an. Um die Jahrhundertwende vom 19. zum 20. Jh. weideten fast zwei Millionen Schafe im Gebiet rund um Punta Arenas.

Praktische Informationen

Die zahlreichen Reisebüros im Stadtzentrum – in der Avenida Roca und Avenida Lautaro Navarro – tauschen Bargeld und Reiseschecks um. Alle haben von Montag bis Samstag geöffnet, einige auch am Sonntagmorgen. Banken mit Geldautomaten findet sich über das ganze Stadtzentrum verstreut.

NÜTZLICHES
Conaf (☎ 223841; José Menéndez 1147) Informiert im Detail über die Nationalparks der Region.
De Austro Internet (☎ 229297; Croacia 690, 1. Stock; ☼ 9.30–21 Uhr) Internetzugang, per WLAN kostenlos wie in fast allen Internetcafés in der Stadt.
Hospital Regional (☎ 205000; Ecke Arauco & Angamos)
Informationskiosk (☎ 200610; www.puntaarenas.cl, auf Spanisch; Plaza Muñoz Gamero; ☼ Mo–Sa 8–19, So 14–19 Uhr) An der Südseite der Plaza.
Oficina de Turismo (☎ 241330; www.sernatur.cl; Waldo Seguel 689; ☼ Dez.–Feb. Mo–Fr 8.15–20 Uhr; März–Nov. Mo–Do 8.15–18, Fr 8.15–17 Uhr) Freundliches, gut informiertes, mehrsprachiges Personal; bietet Listen mit Unterkünften, Transportmöglichkeiten und empfehlenswerten Ärzten.
Sur Cambios (☎ 225656; Lautaro Navarro 1001) Geldumtausch.

ANDERE DIENSTLEISTUNGEN
Lavasol (☎ 243607; O'Higgins 969) Waschsalon; der Wäscheservice der Hostels ist etwas preiswerter.
Post (Bories 911)
Telefónica (Nogueira 1116)

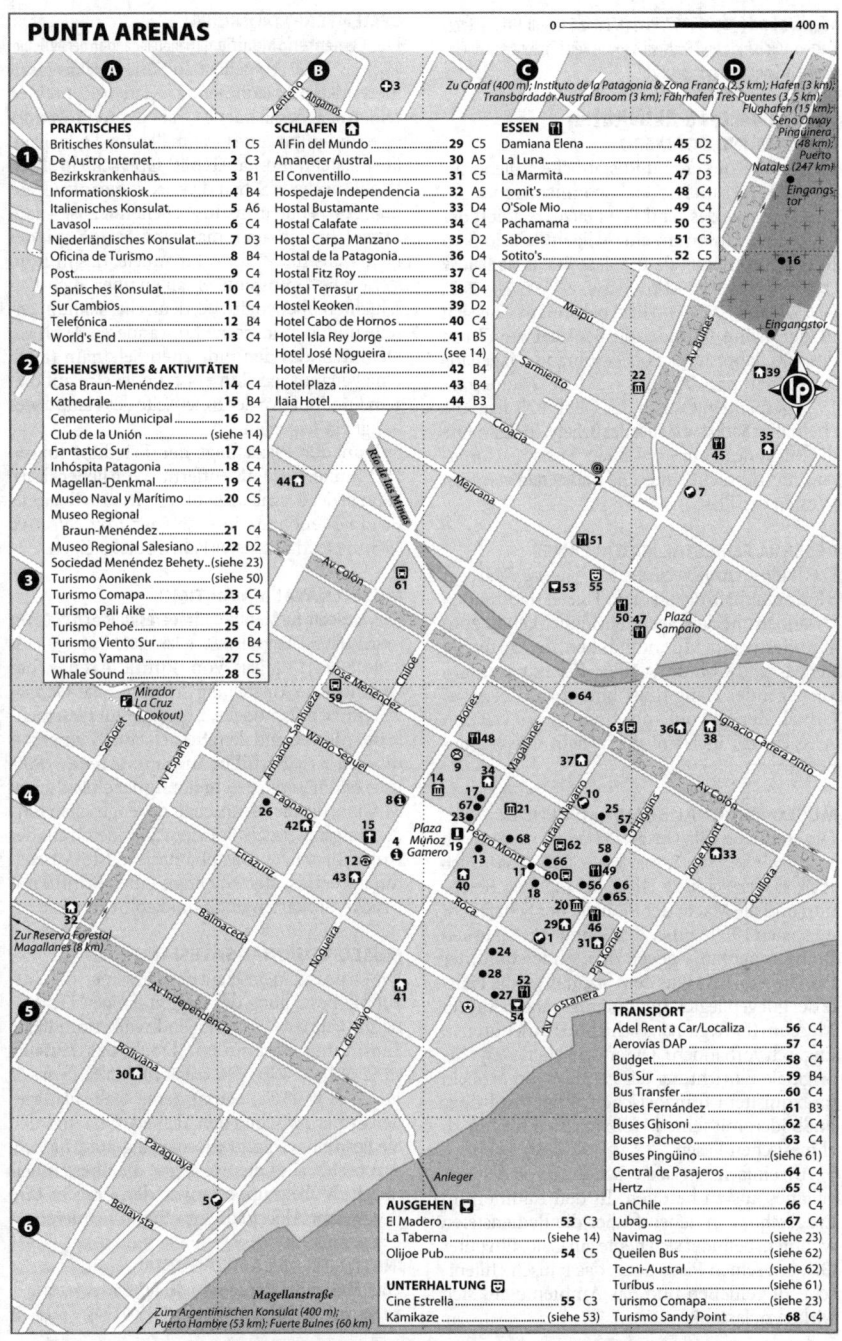

PUNTA ARENAS

0 — 400 m

PRAKTISCHES
Britisches Konsulat..................1 C5
De Austro Internet...................2 C3
Bezirkskrankenhaus................3 B1
Informationskiosk...................4 B4
Italienisches Konsulat.............5 A6
Lavasol...................................6 C4
Niederländisches Konsulat......7 D3
Oficina de Turismo..................8 B4
Post..9 C4
Spanisches Konsulat..............10 C4
Sur Cambios..........................11 C4
Telefónica..............................12 B4
World's End............................13 C4

SEHENSWERTES & AKTIVITÄTEN
Casa Braun-Menéndez............14 C4
Kathedrale.............................15 B4
Cementerio Municipal............16 D2
Club de la Unión..............(siehe 14)
Fantastico Sur.......................17 C4
Inhóspita Patagonia...............18 C4
Magellan-Denkmal.................19 C4
Museo Naval y Marítimo........20 C5
Museo Regional
  Braun-Menéndez.................21 C4
Museo Regional Salesiano.......22 D2
Sociedad Menéndez Behety..(siehe 23)
Turismo Aonikenk.............(siehe 50)
Turismo Comapa....................23 C4
Turismo Pali Aike...................24 C5
Turismo Pehoé.......................25 C4
Turismo Viento Sur................26 B4
Turismo Yamana....................27 C5
Whale Sound.........................28 C5

SCHLAFEN
Al Fin del Mundo....................29 C5
Amanecer Austral..................30 A5
El Conventillo........................31 C5
Hospedaje Independencia.......32 A5
Hostal Bustamante................33 D4
Hostal Calafate......................34 C4
Hostal Carpa Manzano...........35 D2
Hostal de la Patagonia............36 D4
Hostal Fitz Roy......................37 D4
Hostal Terrasur......................38 D4
Hostel Keoken.......................39 D2
Hotel Cabo de Hornos............40 C4
Hotel Isla Rey Jorge...............41 B5
Hotel José Nogueira..........(see 14)
Hotel Mercurio......................42 B4
Hotel Plaza............................43 B4
Ilaia Hotel.............................44 B3

ESSEN
Damiana Elena.......................45 D2
La Luna.................................46 C5
La Marmita............................47 D3
Lomit's..................................48 C4
O'Sole Mio............................49 C4
Pachamama...........................50 C3
Sabores.................................51 C3
Sotito's.................................52 C5

AUSGEHEN
El Madero..............................53 C3
La Taberna......................(siehe 14)
Olijoe Pub.............................54 C5

UNTERHALTUNG
Cine Estrella..........................55 C3
Kamikaze.........................(siehe 53)

TRANSPORT
Adel Rent a Car/Localiza.........56 C4
Aerovías DAP.........................57 C4
Budget..................................58 C4
Bus Sur.................................59 B4
Bus Transfer..........................60 C4
Buses Fernández....................61 B3
Buses Ghisoni........................62 C4
Buses Pacheco.......................63 C4
Buses Pingüino.................(siehe 61)
Central de Pasajeros...............64 C4
Hertz....................................65 C4
LanChile................................66 C4
Lubag...................................67 C4
Navimag..........................(siehe 23)
Queilen Bus.....................(siehe 62)
Tecni-Austral...................(siehe 62)
Turibús...........................(siehe 61)
Turismo Comapa...............(siehe 23)
Turismo Sandy Point..............68 C4

Zu Conaf (400 m); Instituto de la Patagonia & Zona Franca (2,5 km); Hafen (3 km);
Transbordador Austral Broom (3 km); Fährhafen Tres Puentes (3,5 km);
Flughafen (15 km);
Seno Otway
Pingüinera
(48 km);
Puerto
Natales (247 km)

Eingangstor

Mirador
La Cruz
(Lookout)

Zur Reserva Forestal
Magallanes (8 km)

Plaza
Sampaio

Plaza
Muñoz
Gamero

Anleger

Magellanstraße
Zum Argentinischen Konsulat (400 m);
Puerto Hambre (53 km); Fuerte Bulnes (60 km)

PATAGONIEN

World's End (☎ 213117; Plaza Muñoz Gamero 1011) Bietet Karten, Bildbände und Souvenirs sowie Reiseführer von Lonely Planet in Englisch und Spanisch.

Sehenswertes & Aktivitäten

PLAZA MUÑOZ GAMERO

Herrliche Koniferen und stattliche Villen säumen die Plaza im Herzen von Punta Arenas. An der Nordseite des zentralen Platzes residiert der Club de la Unión im ehemaligen Palacio Sara Braun, der heute als die **Casa Braun-Menéndez** (☎ 241489; Eintritt 1000 Chil$; ☯ Di–Fr 10.30–13 & 17–20.30, Sa 10.30–13 & 20–22, So 11–14 Uhr) bekannt ist. Das sich in der Nähe befindende **Denkmal** zu Ehren des 400. Jahrestages von Ferdinand Magellans Reise hat der Wollbaron José Menéndez 1920 gespendet. Östlich des Denkmals liegt die ehemalige **Sociedad Menéndez Behety**, in der heute die Büros des Tourvernstalters Turismo Comapa untergebracht sind. Die **Kathedrale** steht im Westen der Plaza.

RESERVA FORESTAL MAGALLANES

Das **Naturschutzgebiet** (Eintritt frei; ☯ bei Tageslicht) liegt 8 km außerhalb der Stadt und bietet stadtmüden Urlaubern hervorragende Möglichkeiten zum Wandern und Mountainbiken durch dichte Lenga- und Coihue-Wälder. Ein nur langsam ansteigender Hang führt hinauf zum Fenton-Gipfel, der sowohl mit einer spektakulären Aussicht als auch mit der Wucht des Windes beindruckt.

MUSEO REGIONAL BRAUN-MENÉNDEZ

Die stattliche **Villa** (☎ 244216; Magallanes 949; Eintritt 1000 Chil$, So frei; ☯ im Sommer Mo–Sa 10.30–17, So 10.30 bis 14 Uhr, im Winter tgl. 10.30–14 Uhr), bezeugt den Reichtum und die Macht der Pioniere der Schafzucht im späten 19. Jh. Einer der Söhne von Mauricio Braun schenkte – gegen den Widerstand der Familie – dieses Haus dem Staat. Etwa die Hälfte der gut gepflegten Innenräume beherbergt ein Museum für Regionalgeschichte (Broschüren in Englisch vorhanden). Die andere Hälfte zeigt die originale Einrichtung der Familie: von Möbeln in exquisitem französischem Jugendstil über Fußböden mit feinen Holzintarsien bis hin zu chinesischen Vasen.

Am einfachsten ist das Museum von der Magallanes aus zu betreten. In den Räumen im Erdgeschoss, in denen früher die Bediensteten wohnten, befindet sich heute ein Café. Ein guter Ort, um seinen Pisco Sour, das typisch chilenische zu genießen und das Ambiente auf sich wirken zu lassen!

CEMENTERIO MUNICIPAL

Der **Cementerio Municipal** (Haupteingang an der Av Bulnes 949; ☯ 7.30–20 Uhr) gehört zu Südamerikas faszinierendsten Friedhöfen. Zwischen Zypressen reihen sich bescheidene Gräber von Einwanderern und imposante Grabmäler. Im Tod wie im Leben stellte Punta Arenas' Oberschicht ihren Wohlstand zur Schau. Das extravagante Grabmal des Wollbarons José Menéndez ist – laut Bruce Chatwin – eine maßstabgetreue Kopie des Denkmals für Vittorio Emanuele, das in Rom steht. Die Grabsteine erzählen aber auch Geschichten über englische, deutsche, skandinavische und jugoslawische Einwanderer. Auch ein Denkmal, das den indigenen Selk'nam (auch Ona genannt) gewidmet ist, findet sich auf diesem Friedhof. An der Innenseite des Haupttores hängt ein Lageplan.

Von der Plaza liegt der Friedhof knapp 15 Minuten zu Fuß entfernt. Wer lieber fährt, kann in der Magallanes vor dem Museo Regional Braun-Menéndez in eines der *taxi colectivo* (Sammeltaxi mit fester Fahrtroute) steigen.

MUSEO NAVAL Y MARÍTIMO

Das **Museum für Marine und Meereskunde** (☎ 205479; Pedro Montt 981; Eintritt Erw./Kind 1800/1000 Chil$; ☯ Di–Sa 9.30–12.30, 15–18 Uhr) von Punta Arenas hat verschiedene Ausstellungsschwerpunke. Gezeigt werden Schiffsmodelle, Exponate zur Geschichte der Marine und dem Besuch von 27 amerikanischen Kriegsschiffen in Punta Arenas 1908. Interessant ist die Beschreibung der chilenischen Mission, die die Mannschaft des englischen Entdeckungsreisenden Sir Ernest Shackleton aus der Antarktis rettete. Das phantasievollste Ausstellungsstück ist der Nachbau eines Schiffs mit Brücke, Seekarten und Funkkabine.

MUSEO REGIONAL SALESIANO

Die Ordensgemeinschaft der Salesianer, die einst auf die Besiedlung der Region einigen Einfluss nahm, trug eine hervorragende völkerkundliche Sammlung zusammen. Doch das **Museum** (☎ 221001; Av Bulnes 336; Eintritt 2000 Chil$; ☯ Do–So 10–12.30 & 15–18 Uhr) betont deren Rolle als Friedensstifter zwischen den Yaghan, Ona und den Siedlern ein wenig zu selbstgefällig-aufdringlich. Am besten sind die Exponate, die über einheimische Volksgruppen sowie den Priester und Bergsteiger Alberto de Agostini informieren.

INSTITUTO DE LA PATAGONIA

Das **Museo del Recuerdo** (☎ 207056; www.umag.cl, auf Spanisch; Av. Bulnes 01890; Eintritt 1500 Chil$; ☯ Mo–Fr

PATAGONIEN

8.30–11 & 14.30–18 Uhr), das zum Patagonischen Institut der Universidad de Magallanes gehört, führt die Zeit der Pioniere vor Augen. Es zeigt eine Sammlung alter Landwirtschafts- und Industriemaschinen, ein typisches Wohnhaus der ersten Siedler, einen für die Schafschur ausgestatteten Schuppen und ein Fuhrwerk mit Holzrädern, wie es die Hirten verwendeten. Die Bibliothek beherbergt historische Karten sowie historische und wissenschaftliche Schriften.

Geführte Touren

Zu den lohnenswerten Tagesausflügen gehört die Tour zur **Pingüinera** (Pinguinkolonie, s. S. 553) am **Seno Otway** (Pinguinkolonie;), der 48 km nördlich von Punta Arenas liegt. Der Ausflug (ab 8000 Chil$) findet von Oktober bis März täglich statt und beginnt – sofern das Wetter es erlaubt – immer um 16 Uhr.

Die ebenfalls interessante Ausflugsfahrt zu den ersten Ansiedlungen in der Umgebung der Stadt, dem **Fuerte Bulnes & Puerto Hambre** (Eintritt 1000 Chil$), beginnt um 10 Uhr. Die Besichtigung beider Stätten an einem Tag ist möglich. Wer sich einen Mietwagen leiht (und aus Kostengründen mit anderen teilt), kann zu anderen Zeiten als die organisierten Touren fahren und so die reisegruppentypischen Warteschlangen umgehen. In den meisten Unterkünften hilft das Personal bereitwillig, Ausflüge zu arrangieren, oder organisiert sie sogar selbst, wenn die gewünschten Ziele im hauseigenen Veranstaltungsprogramm enthalten sind.

Die **Estancia Rio Corey** (www.estanciariocorey.com) bietet Tagestouren an, die in Punta Arenas beginnen und einen Ausritt sowie die Beobachtung der Pinguine am Seno Otway einschließen.

Anbieter von Touren in die Torres del Paine finden sich in Punta Arenas zuhauf. Wegen der großen Entfernung kann es aber ein extrem langer Tag werden. Bequemer ist es, nach Puerto Natales zu fahren und die dortigen Tour- bzw. Transportmöglichkeiten zu nutzen.

Wer genug Zeit hat, sollte sich die Bootsfahrt zum **Monumento Natural Los Pingüinos** (S. 553) gönnen: Diese imposante Magellanpinguinkolonie auf der Isla Magdalena strahlt noch mehr Atmosphäre aus als die Pinguinkolonie am Seno Otway. Nach einer fünfstündigen Fahrt ankert die *Barcaza Melinka* (Erw./Kind jeweils 25 000 Chil$) eine Stunde lange vor der Insel. Die Bootsfahrten starten von Dezember bis Februar dienstags, donnerstags und samstags am Hafen; die genauen Abfahrtszeiten muss man im Voraus erfragen. Buchungen bzw. Ticketverkauf

nimmt **Turismo Comapa** (☎ 200200; www.comapa.com; Magallanes 990) vor. Tipp: Ein Picknick mitnehmen.

Empfehlenswerte Tourveranstalter in Punta Arenas, die u.a. auch Touren zum Parque Nacional Pali Aike anbieten:

Fantástico Sur (☎ 710050; www.fantasticosur.com; Magallanes 960)

Inhóspita Patagonia (☎ 224510; Lautaro Navarro 1013) Bietet Trekkingtouren zum Cabo Froward, dem südlichsten Punkt des südamerikanischen Festlands.

Turismo Aonikenk (☎ 228332; www.aonikenk.com, auch auf Deutsch; Magallanes 619) Hat Englisch, Deutsch und Französisch sprechende Tourführer.

Turismo Pali Aike (☎ 223301; www.turismopaliaike.com; Lautaro Navarro 1129)

Turismo Pehoé (☎ 241373; www.pehoe.com; José Menéndez 918)

Turismo Viento Sur (☎ 226930; www.vientosur.com; Fagnano 565)

Turismo Yamana (☎ 221130; www.yamana.cl; Errázuriz 932) Organisiert Kajaktouren durch die Magellanstraße.

Whale Sound (☎ 221076; www.whalesound.com; Lautaro Navarro 1163) Bietet Studienfahrten mit dem Segelschiff in Begleitung von Wissenschaftlern und Forschern sowie Kajaktouren zum entlegenen Coloane Marine Park.

Schlafen

Da immer mehr Kreuzfahrtschiffe Punta Arenas ansteuern, schießen seit geraumer Zeit neue Hotels, B&Bs und Hostels wie Pilze aus dem Boden. Angesichts der großen Anzahl können hier nur ein paar Unterkünfte in der Stadt und ihrer Umgebung aufgeführt werden. In den nachfolgend angegebenen Preisen für die Mittel- und Spitzenklassehotels ist das Frühstück inbegriffen. Hinzukommen noch 19 % IVA (Mehrwertsteuer) – Budgetunterkünfte sind von dieser Steuer ausgenommen. Ausländer, die ihre Hotelrechnung mit US-Dollar oder Kreditkarte begleichen, brauchen die IVA nicht zu bezahlen (was allerdings nicht immer durchzusetzen ist). In der Nebensaison (Mitte April–Mitte Oktober) können die Preise um bis zu 40 % fallen.

BUDGETUNTERKÜNFTE

Hospedaje Independencia (☎ 227572; http://www.chileaustral.com/independencia; Av. Independencia 374; Zeltplatz/ B 2000/5000 Chil$) Reisende, die knapp bei Kasse sind, drängen sich in dieser Billiger-geht's-nicht-Unterkunft, die von einem jungen Ehepaar geführt wird. Die Zimmer, inklusive Küchenbenutzung, sind in Ordnung. Die Atmosphäre ist lässig, ein Leihfahrrad kostet die Welt nicht.

El Conventillo (☎ 242311; www.hostelelconventillo.com; Pasaje Korner 1034; B 8500 Chil$; 💻) Das Hostel liegt in

Punta Arenas' aufstrebendem Hafenviertel. Die Schlafräume in dem urigen Steinhaus sind von Grund auf renoviert und mit Teppichboden ausgelegt. In den Gemeinschaftsbädern mit aufgereihten Duschkabinen lässt die Sauberkeit nichts zu wünschen übrig. Sehr kräftige, leuchtende Farben täuschen über den Mangel an Tageslicht hinweg – die Zimmer haben keine Fenster. Joghurt und Müsli bilden einen festen Bestandteil des stattlichen Frühstücks.

Hostal Fitz Roy (☎ 240430; www.hostalfitzroy.com, auch auf Deutsch; Lautaro Navarro 850; B/EZ/DZ/3BZ ohne Bad 9000/14 000/22 000/27 000 ChilS; 💻) Das Landhaus im Stadtzentrum bietet geräumige, gut ausgestattete Zimmer und eine einladende, altmodische Wohnstube, in der sich die Gäste in Bücher oder Seekarten vertiefen können. In den Zimmern stehen Telefon und TV-Geräte

Hostel Keoken (☎ 244086; www.hostelkeoken.cl, auf Spanisch; Magallanes 209; EZ/DZ ohne Bad 9000/23 800 ChilS, mit Bad 15 000/24 900 ChilS 💻) Bei Rucksacktouristen gewinnt das Hostel zunehmend an Beliebtheit. Auf den komfortablen Betten liegen kuschelweiche, weiße Daunendecken, und zum Frühstück kommt hausgemachtes Gebäck auf den Tisch. Bis zum Stadtzentrum sind es zu Fuß nur ein paar Minuten.

Amanecer Austral (www.amaneceraustral.cl; Boliviana 533; EZ/DZ 10 000/18 000 ChilS, Familiensuite 30 000 ChilS; 💻) Reisende loben das üppige Frühstück und die zentrale, aber dennoch ruhige Lage des hostelähnlichen Gästehauses. Während die Familiensuite ein eigenes Bad hat, stehen in den meisten Einzel- und Doppelzimmern nur Gemeinschaftsbäder zur Verfügung. Kostenfreies Parken und Wäscheservice sind weitere Pluspunkte dieser Unterkunft.

Al Fin del Mundo (☎ 710185; www.alfindelmundo.cl; O'Higgins 1026; EZ/DZ/3BZ 16 700/28 000/36 500 ChilS) Im 1. und 2. Stock eines Hauses im Stadtzentrum vermietet dieses Hostel fröhlich ausgestattete Zimmer (alle ohne Bad), die allerdings mal einen neuen Teppichboden vertragen könnten. In den Gemeinschaftsbädern gibt es heiße Duschen. Angenehm geräumig sind auch die Gemeinschaftsküche und der Aufenthaltsraum mit großem Fernseher und DVD-Sammlung.

Hostal Bustamante (☎ 222774; www.hostalbustamante.cl; Jorge Montt 847; EZ/DZ 25 000/30 000 ChilS; 💻) In dem idyllischen, leicht knarzenden Holzhaus mit weiträumigem Treppenhaus schmücken zahlreiche, üppig gedeihene Pflanzen den Frühstücksraum. Dort stehen Tee und Kaffee den ganzen Tag über für die Gäste bereit. Die einfachen Doppelzimmer haben TV und ein eigenes

kleines Bad. In vielen Bädern funkeln die Armaturen nagelneuer Duschen.

MITTELKLASSEHOTELS

Hostal Calafate (☎ 241281; www.calafate.cl, auch auf Deutsch; Magallanes 922; EZ/DZ ohne Bad 17 500/27 500 ChilS, mit Bad 27 000/36 500 ChilS; 💻) Straßenverkehr umwogt dieses Hostel, das mitten im geschäftigen Stadtzentrum liegt. So bleibt keines der einfachen, aber gut ausgestatte Zimmer vollständig vom Verkehrslärm verschont. Zu den Vorzügen zählen Telefon, TV und Zentralheizung in den Zimmern.

Hostal Terrasur (☎ 247114; www.hostalterrasur.cl; O'Higgins 723; EZ/DZ 24 000/30 000 ChilS; 💻) Das Hostel zählt zur gehobenen Klasse und strahlt etwas die Atmosphäre eines geheimen Gartens aus. Dazu steuern wallende Gardinen, Blumenmuster und der begrünte Mini-Innenhof ihren Teil bei.

Hotel Mercurio (☎ 242300; www.chileaustral.com/mercurio; Fagnano 595; EZ/DZ/3BZ 26 000/35 000/50 000 ChilS; 💻) In einem Eckhaus befindet sich dieses gut gepflegte Hotel mit breiten Treppen und etwas altmodischen Zimmern im großbürgerlichen Plüschromantikstil. Das sehr zuvorkommende Personal spricht Englisch.

Hostal de la Patagonia (☎ 249970; www.ecotourpatagonia.com; O'Higgins 730; EZ/DZ 30 500/35 500 ChilS) Nicht verfehlen lässt sich dieses in knalligem Blau gestrichene Hostel mit sonnigen Gästezimmern, dezentem Holzdekor und einem guten Frühstücksüfett.

Hostal Carpa Manzano (☎ 710744; www.hotelcarpamanzano.com; Lautaro Navarro 336; EZ/DZ 35 500/43 100 ChilS) Die in frechen Farben ausgestatteten Zimmer verfügen allesamt über ein eigenes Bad, Teppichboden und Kabel-TV. Das komfortable Hotel wird eher wie ein Hotel geführt. Das Personal trägt uniformartige Kleidung, alles in allem geht es hier ziemlich förmlich zu.

Ilaia Hotel (☎ 223592; www.ilaia.cl; Ignacio Carrera Pinto 351; EZ/DZ 38 000/48 000 ChilS) Ja, das Ilaia ist ein Hotel, aber eines mit einer Art spirituellem Konzept. Yoga-Sessions, gesundes Frühstück, eine Ausstattung in dezentem Ethnolook und Zimmer ohne TV sollen dem Wohlbefinden von Leib und Seele dienen. Der Aufenthaltsraum mit Panoramafenster und Blick auf die Magellanstraße lädt zum Meditieren ein.

Hotel Isla Rey Jorge (☎ 248220; www.hotelislareyjorge.com; 21 de Mayo 1243; EZ/DZ 43 100/53 300 ChilS; 💻) Das elegante, 1918 errichtete Haus besitzt eine entspannte Atmosphäre und viel Charakter. Nur die Kanone auf dem Rasen wirkt etwas befremdlich. In den 25 schönen Zimmern bestimmt ein traditioneller britischer Stil das Ambiente, ebenso in der sonnigen Lounge, die sich bestens für ein Lesestündchen eignet.

SPITZENKLASSEHOTELS

Hotel Plaza (☎ 241300; www.hotelplaza.cl; Nogueira 1116; EZ/DZ 47 200/58 300 Chil$; 🖳) In diesem zum Hotel umgebauten herrschaftlichen Wohnhaus mit hohen Räumen und Blick auf die Plaza schmücken historische Fotos die Empfangshalle. Während der vornehme Service gut zu dem würdevollen Rahmen passt, wirkt die ländliche Einrichtung etwas deplaziert. Auf jeden Fall ist die Lage unschlagbar.

Hotel Cabo de Hornos (☎ 242134; www.hoteles-austra lis.com/cabo_hornos/html/ingles.asp; Plaza Muñoz Gamero 1039; EZ/DZ 83 700/99 000 Chil$; ✗ 🖳) Das smarte Businesshotel empfängt seine Gäste in einer von Schieferplatten und scharfen Winkeln dominierten Halle, die eine recht unterkühlte Atmosphäre ausstrahlt. Mehr Charme und Wärme bieten die Zimmer mit ihren hellen Farben und einer herrlichen Aussicht. Die gut sortierte Bar verführt zu dem einen oder anderen Gläschen Whisky.

Hotel José Nogueira (☎ 711000; www.hotelnogueira. com; Bories 959; EZ/DZ 86 200/96 400 Chil$; 🖳) Diesem Spitzenklassehotel in der Sara-Braun-Villa fehlt die einst im Gebäude vorherrschende Grandezza. Der vornehme Geist spiegelt sich aber immerhin im Personal. Auch der wunderschöne Speisesaal in einem romantischen Wintergarten rettet ein wenig von der alten Pracht. In den Zimmern verbinden sich Stilmöbel mit modernen Annehmlichkeiten.

Essen

Die fangfrischen Meeresfrüchte der Saison sind wahre Gaumenfreuden! Die *centolla* (Königskrabbe) hat zwischen Juli und November Saison, die *erizos* (Seeigel) von November bis Juli. Wer von Punta Arenas aus in den Nationalpark Torres del Paine fahren will, sollte sich vorher in der Stadt mit Lebensmitteln eindecken.

Lomit's (☎ 243399; José Menéndez 722; Hauptgerichte 3000–4000 Chil$; 🕒 10–2.30 Uhr) Im Mittelpunkt dieses recht gemütlichen Fastfoodladens steht eine Grillstation, an der die Köche mit virtuosem Schwung die Burger wenden.

Sabores (☎ 227369; Mejicana 702, 1. Stock; Hauptgerichte 3000–5000 Chil$; 🕒 10.30–24 Uhr) In zwangloser, gemütlicher Atmosphäre servieren die Angestellten des stets gut besuchten Lokals herzhafte chilenische Kost, darunter gegrillter Fisch, Pastagerichte oder Eintopf mit Meeresfrüchten. Den Hauswein kann man vergessen, aber die *machas*

a la parmesana (chilenische Trogmuscheln mit Parmesan überbacken) lohnen sich.

La Luna (☎ 228555; www.laluna.cl; O'Higgins 1017; Hauptgerichte 4000–7000 Chil$) Das bei Einheimischen sehr beliebte Lokal ist bekannt für seine Gerichte aus fangfrischen Meeresfrüchten und seine lebendige, farbenfrohe Atmosphäre. Inzwischen kehren hier auch viele (fast schon zu viele) Touristen ein. Wer nicht Spanisch spricht, wird froh sein über die Englischkenntnisse des Personals, wenn es gilt, sich zwischen Muscheln in Knoblauchsoße und *chupe de centolla* (geschmorte Krabben) zu entscheiden.

La Marmita (☎ 222056; Plaza Sampaio 678; Hauptgerichte 5000–8000 Chil$; 🕒 Mo–Sa Mittag- & Abendessen) Sowohl das ansprechende Ambiente als auch das köstliche Essen sind unschlagbar. Auf der Speisekarte stehen knackige Salate und ebenso frisch zubereitete herzhafte Gerichte.

Sotito's (☎ 243565; O'Higgins 1138; Hauptgerichte 5000–10 000 Chil$; 🕒 Mittag- & Abendessen) In diesen „Meeresfrüchte-Tempel" pilgern vor allem gut betuchte Einheimische und Kreuzfahrtpassagiere – vor allem wegen der Königskrabben. Die Ausstattung ist nicht gerade inspirierend, aber die Küche enttäuscht eigentlich nie.

LP Tipp **Damiana Elena** (☎ 222818; Magallanes 341; Hauptgerichte 7000–9000 Chil$; 🕒 Mo–Sa Abendessen) Das elegante Restaurant in einem romantischen, alten Haus liegt etwas abseits vom innerstädtischen Getriebe in einem Wohnviertel. Die behagliche, reizvolle Atmosphäre und die erstklassige chilenische Küche machen den relativ weiten Anmarschweg wett. Zu den Highlights zählen Lachs-Ceviche und gegrillter Tilapia (ein Speisefisch aus der Familie der Buntbarsche).

Ebenfalls empfehlenswert sind:

O'Sole Mio (☎ 242026; O'Higgins 974) Einfaches Lokal mit einer guten Auswahl an preiswerten Pastagerichten.

Pachamama (☎ 226171; Magallanes 619A) Knabbersnacks, z. B. Studentenfutter, und Bioprodukte.

Ausgehen

La Taberna (☎ 241317; Sara-Braun-Villa, Plaza Muñoz Gamero; 🕒 19–2 Uhr, am Wochenende 19–3 Uhr) Mit seinem polierten Mobiliar und den gemütlichen Nischen besitzt dieses dunkle, elegante Pub das Ambiente eines klassischen Altherrenclubs, *old boys* sind hier jedoch nicht in Sicht. Am späten Abend wabert zwar dichter Zigarrenrauch durch die Räume, aber einen Pisco Sour in der noblen Sara-Braun-Villa zu trinken, sollten Reisende sich nicht entgehen lassen.

Olijoe Pub (☎ 223728; Errázuriz 970; 🕒 18–2 Uhr) Lederbezogene Sitzecken und Mosaiktische ver-

DIE FALKLANDINSELN / ISLAS MALVINAS

☎ **500 / 3200 nicht zum Militär gehörende Ew., 600 000 Schafe**

Der Boom in der Schafzucht in Feuerland und Patagonien ging von einer Inselgruppe aus, die 500 km weiter östlich im südatlantischen Ozean liegt. Der von den Argentiniern Islas Malvinas und von den Briten Falkland Islands genannte Archipel wurde zwar von beiden Nationen erkundet, aber weder Argentinien noch Großbritannien erhoben zunächst einen ausdrücklichen Besitzanspruch auf die Inseln. Bis zum europäischen Wollboom des 19. Jhs. tat sich wenig, erst dann wurde die Falkland Islands Company (FIC) der größte Landbesitzer auf den Inseln. Durch die Ankunft englischer und schottischer Einwanderer stieg die Bevölkerung rapide, bis dahin bestand der Großteil der Bewohner aus gestrandeten Gauchos und Seemännern. In einer ungewöhnlichen Bekehrungsaktion verschleppte die South American Missionary Society 1853 außerdem Yaghan-Indianer von Feuerland nach Keppel Island.

Argentinien erhebt seit 1833 Anspruch auf die Inseln. Doch erst 1982 beschloss der argentinische Präsident Leopoldo Galtieri angesichts innenpolitischer Probleme, die Inseln für sein Land zurückzufordern. Er hoffte damals, mit diesem Coup die Bevölkerung wieder für sich gewinnen zu können. Die britische Premierministerin Margaret Thatcher (die ebenfalls mit schlechten Umfrageergebnissen zu kämpfen hatte) zögerte jedoch nicht einen Augenblick und schlug zurück: Durch den verhängnisvollen Falkland-Krieg fügte sie Argentinien eine tiefe Demütigung zu, der Krieg wurde zu einem schweren Schlag für das argentinische Nationalbewusstsein und führte zum Abbruch aller diplomatischen Beziehungen zwischen den beiden Nationen.

Am 14. Juli 1999 wurde in einer gemeinsamen Erklärung der Regierungen Großbritanniens, der Falklandinseln und Argentiniens eine engere Zusammenarbeit bei gemeinsamen wirtschaftlichen Interessen beschlossen. Im August 2001 besuchte der britische Premierminister Tony Blair Argentinien, um die Beziehungen zwischen den Ländern zu verbessern. Doch bis heute kann man die britischen Beziehungen zu Argentinien nicht anders als unterkühlt bezeichnen. Auch der Handel mit Südamerika wird weiterhin größtenteils über Chile abgewickelt.

Abgesehen vom politischen Hintergrund: Warum sind die Falklandinseln für abenteuerlustige Traveller überhaupt interessant? Buchten, Meeresarme, Mündungen und Strände bilden eine gewundene, faszinierende Küstenlinie, an der eine vielfältige Tierwelt zu Hause ist. Zwei Arten von Karakaras (Geierfalken), Kormorane, Austernfischer und verschiedene Pinguinarten (Magellan-, Goldschopf- und Eselspinguine) konkurrieren mit See-Elefanten, Seelöwen, Pelzrobben, sechs Delfinarten (einschließlich der Orcas oder Schwertwale) um den Rang der attraktivsten Tierstars.

Stanley (2000 Ew.), die Inselhauptstadt von East Falkland, besteht aus einem Haufen leuchtend bunt bemalter, mit Wellblech gedeckter Häuser und ist ein guter Ort, ein paar Gläser zu trinken und den zahlreichen spannenden Legenden der Insel zu lauschen. Die Ortschaften der anderen Inseln (die als „Camp" bezeichnet werden) sind aus sogenannten *company towns* hervorgegangen: Dort konnten die Küstenschiffe im 19. Jh. die Schafwolle laden. Heute bieten die Siedlungen den Reisenden rustikale Unterkünfte und vielfältige Möglichkeiten, die unberührte Pflanzen- und Tierwelt zu erleben. Es gibt sogar 400 km Straßen – aber keinerlei Straßenbeleuchtung.

Planung

Die beste Zeit für eine Reise zu den Falklandinseln sind die Monate Oktober bis März: Dann kehren die Zugvögel (darunter auch Pinguine) und Meeressäuger zu den Stränden und Landspitzen zurück. Die ersten Kreuzfahrtschiffe mit Kurs auf die Insel South Georgia und die Antarktis legen Anfang November an, die letzten fahren gegen Ende März ab. Einen Besuch lohnen die jährlichen Sporttreffen, die in Stanley zwischen Weihnachten und Neujahr und auf East Falkland und West Falkland zum Ende der Schafschursaison (meist Ende Feb.) veranstaltet werden. Dann gibt es Pferderennen, Bullenreiten und Geschicklichkeitsprüfungen für Hütehunde. Im Sommer ist es nie richtig heiß (Höchsttemperatur 24 °C), starke Winde können die Luft zusätzlich empfindlich abkühlen. Details stehen im Reiseführer *Antarctica* von Lonely Planet.

Praktische Informationen

Das **Jetty Visitors Center** (☎ 27019; jettycentre@horizon.co.fk) von Stanley steht an der Ross Road am Hafendamm. Es hat hervorragende Broschüren mit Tipps für Unternehmungen in und um Stanley. Der *Visitor Accommodation Guide* listet alle Unterkünfte und organisierte Campingplätze auf dem gesamten Inselgelände auf. Ganz hilfreich ist auch **Falkland Islands Tourism** (☎ 22215; www.tourism.org.fk).

Visa & Papiere

Reisende aus der EU und der Schweiz benötigen kein Visum, sondern nur einen noch sechs Monate gültigen Reisepass, ein Rückflugticket, den Nachweis reservierter Unterkünfte und ausreichender Geldmittel (Kreditkarten sind da ganz hilfreich). In der Praxis werden Einreisende, die keine gebuchten Unterkünfte nachweisen können, im Ankunftsterminal festgehalten.

Geld

Bargeld muss in ausreichender Menge vom Festland mitgebracht werden, denn auf den Inseln gibt es keine Geldautomaten und nur eine Bank in Stanley. Britisches Pfund und US$ in bar oder Reiseschecks werden überall akzeptiert, der Wechselkurs für US-Dollar ist allerdings schlecht. Es ist aber nicht notwendig, sein Geld in Falkländische Pfund umzutauschen, die nur auf den Inseln als Zahlungsmittel gültig sind. In der Hauptsaison belaufen sich die Ausgaben auf 150 bis 300 US$ pro Tag (die Flugkosten innerhalb der Inseln nicht eingerechnet). Wer auf Campingplätzen oder in Ferienhäusern mit Selbstversorgung schläft, kommt entsprechend billiger weg.

An- & Weiterreise

LanChile (www.lan.com) fliegt jeden Samstag von Santiago de Chile zum Mt. Pleasant International Airport (MPA) in der Nähe von Stanley. Dabei erfolgt eine Zwischenlandung in Puerto Montt sowie in Punta Arenas und an einem Samstag im Monat auch in Río Gallegos (Argentinien). Bei Vorausbuchung kostet der Hin- und Rückflug ab Santiago 455 000 Chil$, ab Punta Arenas sind es 354 000 Chil$.

Vom Airport **RAF Brize Norton** (www.raf.mod.uk/rafbrizenorton) in Oxfordshire, England, gibt es einen Linienflug der Royal Airforce zum Mt. Pleasant International Airport (MPA). Die Flugdauer beträgt 18 Stunden, inklusive 2 Stunden Tankstopp auf der winzigen Insel Ascension im Südatlantik. Der einfache Flug kostet 2222 £. Für Reisende, die nach Chile weiterfliegen, wird für den einfachen Flug lediglich der halbe Preis berechnet. In den Maschinen sind nur 28 Plätze für Zivilisten reserviert. Über die (eingeschränkten) Möglichkeiten für EU-Bürger, solch einen Flug zu buchen, informiert das **Falkland Islands Government Office** (☎ 020-7222-2542; Fax 020-7222-2375; travel@figo.u-net.com; Falkland House, 14 Broadway, Westminster, London SW1H 0BH).

Unterwegs vor Ort

Von Stanley aus fliegt **Figas** (☎ 27219; figas.fig@horizon.co.fk) mit achtsitzigen Flugzeugen zu abgelegenen Zielen auf den Inseln. Flüge innerhalb der Falklandinseln kosten rund 3 US$ pro Minute.

In Stanley organisieren mehrere Tourveranstalter Tagestouren zu Zielen auf Ostfalkland, darunter **Discovery Tours** (☎ 21027; www.discoveryfalklands.com) und **South Atlantic Marine Services** (☎ 21145; www.falklands-underwater.com).

Falkland Frontiers (☎ 51561; falklandfrontiers@horizon.co.fk) vermittelt Angel- und Tierbeobachtungstouren. **Adventure Falklands** (☎ 21383; pwatts@horizon.co.fk) ist auf Tierbeobachtungsfahrten, die zu Kolonien von Königs-, Esels- und Magellanpinguinen führen, und auf historische Themen spezialisiert.

Trekking und Zelten sind möglich, allerdings gibt es keine markierten Wanderwege; schon man Wanderer hat sich hier verlaufen. Wichtig: Vor dem Betreten von Privatgrund immer um Erlaubnis fragen.

PATAGONIEN

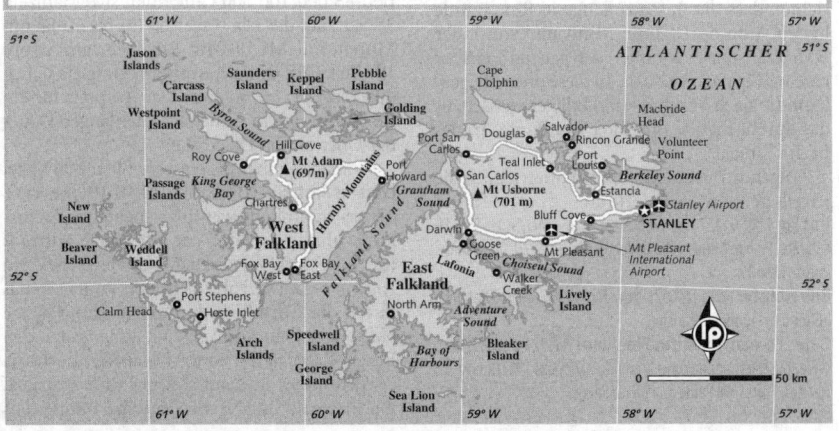

mitteln einen exklusiven Eindruck. Doch Olijoe ist ein ganz gewöhnliches Pub mit gutem Bier und schlechtem Service. Unbedingt die Spezialität des Hauses probieren: Glaciar – eine Mixtur aus Pisco, *horchata*, Milch und Curaçao.

El Madero (Bories 655) Heiße Disko – rappelvoll mit Leuten, die harte Getränke schlürfen.

Unterhaltung

Kamikaze (☎ 248744; Bories 655; Gedeck 3000 Chil$ mit Freigetränk) Die Musik der Tiki-Kultur (Polynesian Pop) heizt in diesem südlichsten Tanzclub des Landes den Gästen ein. Wer Glück hat, erlebt die Rockband, die hier gelegentlich live auftritt. Der Club liegt über dem El Madero

Cine Estrella (Mejicana 777) Hier werden die neuesten Kinofilme gezeigt.

An- & Weiterreise

In der Touristeninformation erhalten Besucher Broschüren mit Details über die Reisemöglichkeiten vor Ort.

BUS

Der seit Llangem versprochene zentrale Busbahnhof steckt noch immer im Planungsstadium. So fahren die Busse wie eh und je vor den Büros der Busgesellschaften ab, die fast alle innerhalb von ein oder zwei Blocks im Umkreis der Avenida Colón liegen. Die benötigten Bustickets sollten einige Stunden vor der Abfahrt gekauft werden, im Sommer sogar besser ein oder zwei Tage vorher. **Central de Pasajeros** (☎ 245811; Ecke Magallanes & Av. Colón) ist so etwas wie eine zentrale Vorverkaufsstelle.

Ghisoni bietet Direktverbindungen nach Ushuaia an, allerdings haben viele Reisende berichtet, dass die Busse zu lange in Río Grande halten. Von dort fahren Minivans (von Lider oder Transportes Montiel) den ganzen Tag über regelmäßig nach Ushuaia. In diese umzusteigen, kann (je nach Wechselkurs) billiger werden als das durchgehende Busticket von Punta Arenas nach Ushuaia.

Folgende Busunternehmen fahren täglich die jeweils genannten Zielorte an.

Bus Sur (☎ 614224; www.bus-sur.cl; José Menéndez 552) El Calafate, Puerto Natales, Río Gallegos, Río Turbio, Ushuaia und Puerto Montt.

Bus Transfer (☎ 229613; Pedro Montt 966) Puerto Natales, außerdem Flughafentransfer.

Buses Fernández/Buses Pingüino (☎ 221429/812; www.busesfernandez.com; Armando Sanhueza 745) Puerto Natales, Torres del Paine und Río Gallegos.

Buses Ghisoni/Queilen Bus (☎ 223205; Lautaro Navarro 971) Río Gallegos, Río Grande, Ushuaia und Puerto Montt.

Buses Pacheco (☎ 242174; www.busespacheco.com; Av. Colón 900) Puerto Natales, Puerto Montt, Río Gallegos, Río Grande und Ushuaia.

Tecni-Austral (☎ 222078; Lautaro Navarro 975) Río Grande.

Turíbus (☎ 227990; www.busescruzdelsur.cl, auf Spanisch; Armando Sanhueza 745) Puerto Montt, Osorno und Chiloé.

Reiseziel	Fahrpreis (Chil$)	Fahrzeit (Std.)
Puerto Montt	44 000	36
Puerto Natales	4500	3
Río Gallegos	7800	5–8
Río Grande	15 500	7
Ushuaia	26 000	10

FÄHRE

Die Fähre *Melinka* von **Transbordador Austral Broom** (☎ 218100; www.tabsa.cl; Av. Bulnes 05075) fährt vom Fährhafen Tres Puentes im Norden der Stadt nach Porvenir auf Feuerland (4900 Chil$, 2½–4 Std.). *Colectivos* fahren vom Museo Regional Braun-Menéndez dorthin. Boote legen üblicherweise am frühen Morgen ab und kehren am späten Nachmittag zurück; Pläne und Fahrtzeiten sind vom Wetter abhängig. Reservierungen zum Transport eines Autos (31 300 Chil$) nimmt das Büro telefonisch entgegen.

Schneller nach Feuerland kommt man bei der Überfahrt über die Magellanstraße von Punta Delgada (nordöstlich von Punta Arenas) nach Bahía Azul („Cruce Primera Angostura"). Broom-Fähren (1600 Chil$, 20 Min.) fahren zwischen 8.30 und 23.45 Uhr alle 90 Minuten. Wer ein Auto mitnehmen will (13 900 Chil$), sollte vorab reservieren.

Broom betreibt außerdem die Fähren von Tres Puentes nach Puerto Williams (Liegesitz/ Bett 88 000/106 500 Chil$ inklusive Mahlzeit, 38 Std.) auf der Isla Navarino (3- bis 4-mal pro Monat, nur Mi 19 Uhr, Rückkehr am Sa um 19 Uhr). Falls jemand ernsthaft erwägt, lediglich den Liegesitz zu buchen: Der Aufpreis für ein Bett lohnt sich in Anbetracht der langen Dauer der Überfahrt auf alle Fälle!

Von September bis einschließlich Mai bietet **Cruceros Australis** (☎ in Santiago 02-442-3110; www.australis.com) traumhafte vier- bis siebentägige Luxuskreuzfahrten an Bord der *MV Mare Australis* (für 130 Fahrgäste) und der brandneuen *MV Via Australis* an: Die Fahrt geht von Punta Arenas durch die Cordillera de Darwin zum Parque Nacional Alberto de Agostini, weiter durch den Beagle-Kanal nach Puerto Williams und Ushuaia (Argentinien) und auf gleicher Route zurück. Die Preise für drei Nächte liegen bei mindestens

979 000 Chil$ pro Person für eine Doppelkabine in der Nebensaison (Sept./Okt. und Mitte März/April) und steigen bis auf 2 025 000 Chil$ für eine Einzelkabine in der Hauptsaison. Die meisten Fahrgäste reisen nur eine Strecke. Bei der Rückfahrt von Ushuaia kann man eventuell am Kap Hoorn aussteigen. **Turismo Comapa** (☎ 200200; www.comoapa.com; Magallanes 990) nimmt Buchungen vor Ort entgegen.

Navimag (☎ 200200; www.navimag.com; Magallanes 990) betreibt Fähren von Puerto Natales nach Puerto Montt, die durch die spektakulären chilenischen Fjorde unterwegs sind; die Reederei wird auch von Turismo Comapa vertreten. Preise und Pläne siehe S. 559.

FLUGZEUG

Punta Arenas' Flughafen (PUQ) liegt 21 km nördlich der Stadt.

LanChile (☎ 241100, 600-526-2000; www.lan.com; Lautaro Navarro 999) fliegt mehrmals am Tag nach Santiago (204 000 Chil$) – mit Zwischenlandung in Puerto Montt (130 000 Chil$). Samstags geht ein Flug auf die Falklandinseln (hin & zurück 354 000 Chil$). Dreimal in der Woche gibt es einen Direktflug nach Ushuaia (115 500 Chil$). Bei Inlandflügen ist die Online-Buchung im Voraus ist oftmals günstiger. **Aerolineas Argentina** (☎ 0810-222-86527; www.aerolineas.com.ar) bietet regelmäßige Flugverbindungen in verschiedene argentinische Städte.

Von November bis März fliegt **Aerovías DAP** (☎ 223340, Flughafen 213776; www.dap.cl; O'Higgins 891) nach Porvenir (Mo–Sa, 20 000 Chil$) sowie nach Puerto Williams (Mo, Mi–Sa; 55 000 Chil$). Das Gepäck ist auf 10 kg pro Person begrenzt. DAP bietet auch Rundflüge über das Cabo de Hornos (Kap Hoorn; siebensitziges Flugzeug, 1 825 000 Chil$) sowie Charterflüge zu verschiedenen patagonischen Zielorten, darunter Ushuaia und El Calafate an.

Unterwegs vor Ort

AUTO

Mit dem Auto lassen sich die Torres del Paine ausgezeichnet erkunden. Doch mit einem in Chile gemieteten Auto die Grenze nach Argentinien zu überqueren, kostet aufgrund der internationalen Versicherungsbestimmungen ein Heidengeld – für viele unerschwinglich. Wer nach El Calafate will, mietet sich also besser ein Auto in Argentinien. Ein billiges Auto zu kaufen, lohnt nicht wirklich, da es im chilenischen Patagonien keine durchgehenden Straßenverbindungen zwischen dem Norden und Süden gibt. Um die argentinischen Straßen kommt also niemand herum, oder es fallen hohe Kosten für den Transfer mit der Fähre an.

Im chilenischen Patagonien sind die Mietwagenpreise in Punta Arenas am niedrigsten; die örtlichen Agenturen bieten meistens auch einen besseren Service. Empfehlenswert ist **Adel Rent a Car/Localiza** (☎ 235471/2, 09-882-7569; www.adel.cl; Pedro Montt 962) – der Autoverleiher hat aufmerksame Mitarbeiter, günstige Preise, bietet Abholung vom Flughafen und gute Reisetipps. Weitere Anbieter sind u.a. **Budget** (☎ 225983; O'Higgins 964), **Hertz** (☎ 248742; O'Higgins 987) und **Lubag** (☎ 710484; Magallanes 970).

BUS & TAXI COLECTIVO

Die *taxis colectivos* (Sammeltaxis mit festgelegten, nummerierten Routen) kosten nur geringfügig mehr als die Busse (um 700 Chil$, spätabends und So etwas teurer), sind aber weitaus bequemer und schneller unterwegs.

VOM/ZUM FLUGHAFEN

Wer nach Puerto Natales will, kann direkt am Flughafen in den entsprechenden Bus steigen, muss also nicht extra in die Stadt fahren. **Turismo Sandy Point** (☎ 222241; Pedro Montt 840) betreibt einen Haus-zu-Haus-Shuttlebus (3500 Chil$) zwischen Flughafen und Stadt, der auf den Flugplan abgestimmt ist. Die Fernández-Busse (3000 Chil$) bedienen die Route regelmäßig im Linienverkehr. Aerovías DAP bietet ebenfalls einen Shuttle-Service (2000 Chil$) an.

RUND UM PUNTA ARENAS
Pinguinkolonien

Es gibt zwei bedeutende Kolonien der Magellanpinguine in der Nachbarschaft von Punta Arenas: Leichter zu erreichen ist **Seno Otway** (Otway-Sund) mit rund 6000 Brutpaaren: Die Kolonie liegt etwa eine Stunde nordwestlich der Innenstadt. Die größere und interessantere Kolonie (50 000 Brutpaare) ist das **Monumento Natural Los Pingüinos** auf der Isla Magdalena in der Magellanstraße (s. S.547). Keine von beiden ist aber so eindrucksvoll wie die größeren Pinguinkolonien in Argentinien oder auf den Falklandinseln.

Ausflugsfahrten zum Seno Otway starten in der Regel nachmittags; ein Besuch am Morgen ist jedoch zum Fotografieren weitaus besser, da die Vögel nachmittags meistens im Gegenlicht zu sehen sind.

Da keine öffentlichen Busse planmäßig dorthin fahren, bleibt nur der Mietwagen oder die Teilnahme an einer organisierten Tour. Der Ein-

PATAGONIEN

tritt zum Seno Otway kostet 4500 Chil$, während der Eintritt zur Isla Magdalena im Tourpreis inbegriffen ist. Die Fahrt zur Kolonie auf der Isla Magdalena wird häufiger empfohlen. Wer mit dem eigenen Fahrzeug in nördlicher Richtung auf der Ruta 9 (RN 9) unterwegs ist, sollte den Straßenrand immer genau im Blick haben: Das kleine Schildchen, das auf die Abzweigung zur Pinguinkolonie hinweist, ist leicht zu übersehen.

Río Verde

☎ 61 / 300 Ew.

50 km nördlich von Punta Arenas führt eine Schotterstraße in nordwestlicher Richtung zum Seno Skyring (Skyring-Sund) und zum Teil an einer ehemaligen *estancia* vorbei, bevor sie sich wieder mit der Ruta 9 bei Villa Tehuelches (Km 100) verbindet. Der Umweg ist nur was für Leute mit eigenem Fahrzeug: Hier steht ein schönes Ensemble Magellanscher Architektur, das zu den besterhaltenen der ganzen Region zählt.

Auf der **Estancia Río Verde** (☎ 311131/23; www. estanciarioverde.d; Ruta Y50, Km 97) am Ufer des Seno Skyring (Skyring-Sund) fließt der Schweiß in Strömen, so hart wird dort gearbeitet. Für Besucher ist es jedoch ein interessanter Stopp: Die englischsprechenden Ranchbetreiber Josefina und Sergio bringen es fertig, eine entspannte Atmosphäre zu schaffen und liebenswürdige Gastgeber zu sein, während sie den auf vollen Touren laufenden Ranchbetrieb managen. Ein Ritt über das Anwesen gewährt einen Einblick in die Arbeit auf dieser *estancia,* auf der Schafe und edle chilenische Pferde gezüchtet werden. Auch Segel-, Angel- und Sightseeing-Ausflüge werden geboten. Reisende können hier auch einfach nur zum Mittagessen (15 000 Chil$) einkehren und sich das kleine Museum anschauen. Die *estancia* liegt 43 km nördlich von Punta Arenas, der Weg führt zunächst über die Ruta 9 bis zur Abzweigung der Y50, einer Schotterstraße, auf der es dann bis zum Km 97 weitergeht.

Río Rubens

Der Río Rubens liegt etwa auf halber Strecke zwischen Villa Tehuelches und Puerto Natales und begleitet eine Zeit lang die windgepeitschte, asphaltierte Ruta 9. Der Fluss eignet sich bestens zum Angeln von Forellen. Für Autofahrer bietet er ein paar ideale Zwischenstopps auf der 250 km langen Fahrt von Punta Arenas nach Puerto Natales.

Hotel Río Rubens (☎ 09-640-1583; Ruta 9, Km 183; EZ/DZ 12 000/18 000 Chil$, Hütte 45 000 Chil$) Dieses gemütliche, einladende Gasthaus in einem klassischen ländlichen Stil hat günstige Preise, ist aber ohne eigenes Auto nur schwer zu erreichen. Im Restaurant wird ausgezeichnetes Essen serviert, darunter Lamm und Fisch.

Parque Nacional Pali Aike

Schroffe vulkanische Steppenlandschaften mit Kratern, Höhlen und bizarren Gesteinsformationen prägen den Parque Nacional Pali Aike. Sein Name entstammt der Sprache der Tehuelche und bedeutet „Land des Teufels“. Dieser trockene, öde, rund 50 km² große Park erstreckt sich entlang der argentinischen Grenze westlich vom Grenzübergang Monte Aymond, der nach Río Gallegos führt. Je nach ihrem Mineraliengehalt sind die Lavafelsen rot, gelb oder graugrün. Zur Tierwelt des Parks zählen Scharen von Guanakos, Nandus sowie Graufüchse, Gürteltiere und Fledermäuse. In den 1930er-Jahren legte Junius Bird bei Ausgrabungen die 17 m tiefe **Cueva Pali Aike** (Pali Aike Höhle) frei. In der Höhle fand er die ersten paläoindianischen Artefakte, die Hinweise auf die neuweltliche Fauna gaben, z.B. auf das Milodon (Riesenfaultier) und das Urpferd *Onohippidium.*

Im **Nationalpark** (Eintritt 2000 Chil$) verlaufen mehrere Wanderwege, darunter der 1,7 km lange Pfad durch die zerklüfteten Lavabetten des **Escorial del Diablo,** der zum beeindruckenden **Crater Morada del Diablo** führt. Feste Schuhe mit dicken Sohlen sind auf dieser Route ein absolutes Muss, weil sonst die Gefahr besteht, dass die scharfkantige Lava die Füße zerschneidet. Hunderte Krater sind auf diesem Weg zu sehen, von denen manche die Höhe eines vierstöckigen Hauses erreichen. Ein 9 km langer Wanderweg verläuft von der Cueva Pali Aike bis zur **Laguna Ana.** Von dort führt ein kürzerer Pfad zu einer Ausgrabungsstätte an der Hauptstraße (5 km vom Parkeingang entfernt).

An der *portería* (Eingang) befindet sich ein schlichtes **Refugio** (6000 Chil$), das lediglich vier Gästen Platz bietet.

Der Parque Nacional Pali Aike liegt 200 km nordöstlich von Punta Arenas. Die Strecke zum Park führt über die Ch 9 (ein besserer Feldweg), die Ch 255 und eine Schotterpiste, die an der Cooperativa Villa O'Higgins, 11 km nördlich der Estancia Kimiri Aike, beginnt. Eine weitere Zufahrt beginnt beim chilenischen Grenzposten Monte Aymond. Öffentliche Verkehrsmittel fahren nicht zu diesem Park, aber die Reisebüros in Punta Arenas (s. S. 547) bieten Tagestouren an (ab 42 000 Chil$).

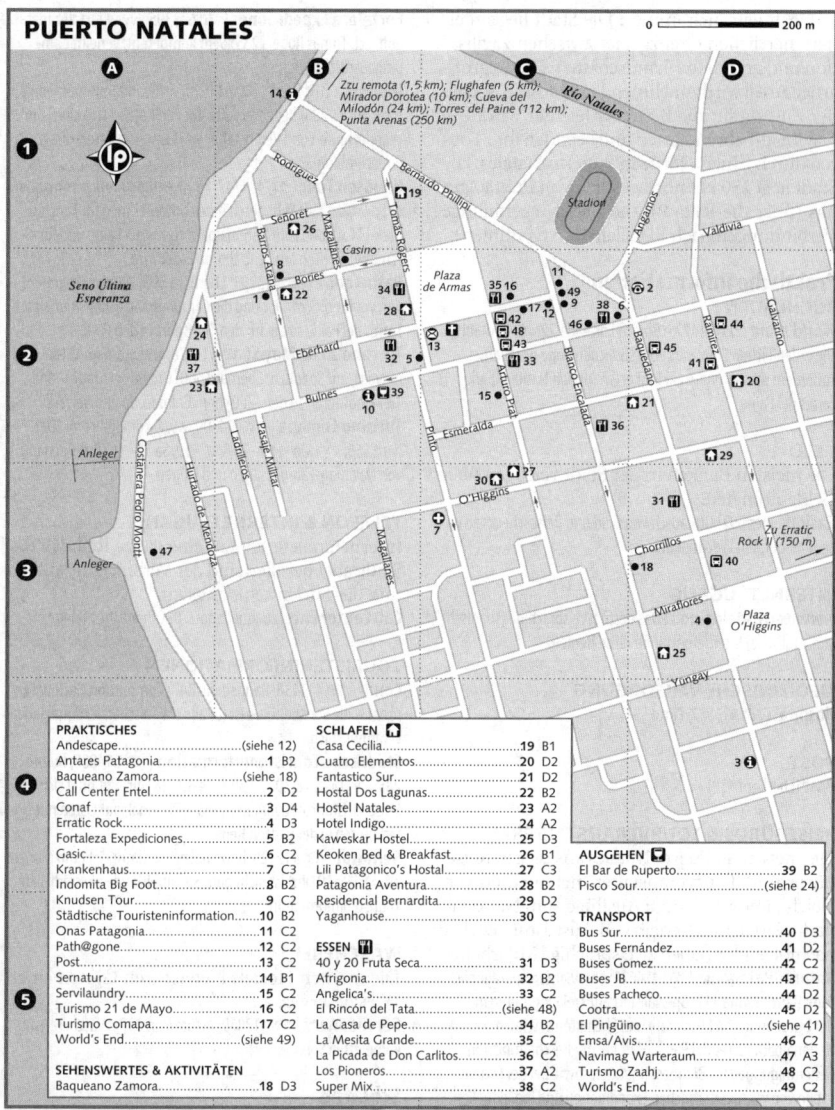

PUERTO NATALES

0 ————— 200 m

Zzu remota (1,5 km); Flughafen (5 km);
Mirador Dorotea (10 km); Cueva del
Milodón (24 km); Torres del Paine (112 km);
Punta Arenas (250 km)

Seno Última Esperanza

Río Natales

Stadion

Plaza de Armas

Casino

Anleger

Anleger

Zu Erratic Rock II (150 m)

Plaza O'Higgins

PATAGONIEN

PUERTO NATALES

☎ 61 / 15 800 Ew.

Das trostlose einstige Fischerstädtchen am windgepeitschten Seno Última Esperanza („Sund der letzten Hoffnung") steht unter gänzlich dem Regiment von Leuten, die scharenweise in praktischen Goretexklamotten und auf trittfesten Vibramsohlen daherkommen, um zur Nummer eins der Nationalparks des Kontinents zu pilgern: zum Parque Nacional Torre.

Dennoch gelingt es Puerto Natales, wenigstens seinen provinziellen Charme an den Tag zu legen (vor allem in der Nebensaison), auch wenn die Touristenindustrie die verrosteten Blechfassaden der Läden Zug um Zug in glanzvolle Häuserfronten verwandelt.

Doch wie auch immer: Die Stadt liegt in einem herrlichen Grenzgebiet zwischen Zivilisation und grandioser Landschaften. Dieses großartige Areal wird zunehmend erschlossen, sodass der Zugang für die Besucher leichter wird. Die Navimag-Fähren starten und beenden ihre Touren durch Chiles Fjorde in Punerto Natales. Die Stadt liegt 250 km nordwestlich von Punta Arenas (über die Ruta 9) und bietet regelmäßige Verbindungen nach El Calafate (Argentinien).

Praktische Informationen

BUCHLÄDEN

World's End (☎ 414725; Blanco Encalada 226-A) Verkauft alle erdenklichen Souvenirs vom südlichen Ende der Welt, außerdem Bücher und Trekkingkarten für den Nationalpark Torres del Paine.

GELD

Die meisten Banken in der Stadt verfügen über Geldautomaten.

Gasic (Bulnes 692) Umtausch von Geld und Reiseschecks zu einem moderaten Wechselkurs.

INTERNETZUGANG

www.torresdelpaine.cl Das beste zweisprachige (spanisch und englische) Internetportal für diese Region.

MEDIZINISCHE VERSORGUNG

Hospital (☎ 411582; Pinto 537)

POST

Post (Eberhard 429)

REISEBÜROS & TOURVERANSTALTER

Die meisten in Puerto Natales ansässigen Reisebüros und Tourveranstalter bieten einen vergleichbaren Service an: Ausflüge zum Nationalpark, Karten und Verleih von Ausrüstungen. Die nachfolgenden haben zweisprachige Mitarbeiter:

Antares Patagonia (☎ 414611; www.antarespatagonia. com; Barros Arana 111) Spezialisiert auf Trekkingtouren in der Umgebung von El Calafate und El Chaltén sowie im Nationalpark Torres del Paine. Hilft bei der Beschaffung von Genehmigungen für Bergbesteigungen sowie bei der Organisation von wissenschaftlichen Expeditionen und individuellen Touren.

Baqueano Zamora (☎ 613530; Baquedano 534) Organisiert Ausritte und betreibt die Posada Río Serrano im Nationalpark Torres del Paine.

Erratic Rock (☎ 410355; www.erraticrock.com; Baquedano 719) Gute Informationen über den Park; Verleih von Ausrüstungen; spezialisiert auf geführte Touren zum Cabo Froward und zur Isla Navarino sowie zu anderen, eher unbekannten Zielen innerhalb des Nationalparks und der Region.

Fortaleza Expediciones (☎ 613395; www.fortalezapatagonia.cl; Tomás Rogers 235) Sehr kompetent, verleiht Campingausrüstungen.

Indomita Big Foot (☎ 414525; www.indomitapatagonia. com; Bories 206) Beliebter Anbieter von Kajak-, Trekking- und Wandertouren und Veranstalter von Eis- und Kletterkursen (Freeclimbing).

Knudsen Tour (☎ 414747; knudsentour@yahoo.com; Blanco Encalada 284) Sehr geschätztes Unternehmen für Fahrten nach El Calafate, zum Nationalpark Torres del Paine und für alternative Routen am Seno Último Esperanza.

Path@gone (☎ 413291; Eberhard 595) Nimmt Reservierungen vor für die *refugios* und die Campingplätze im Nationalpark Torres del Paine sowie für den Transport in den Park.

Turismo 21 de Mayo (☎ 411978; www.turismo21de mayo.cl, auf Spanisch; Eberhard 560) Organisiert Tages- und Trekkingtouren zu den Gletschern Balmaceda und Serrano.

Turismo Comapa (☎ 414300; www.comapa.com; Eberhard 555; ☙ Mo–Fr 9–13 & 15–19, Sa 10–14 Uhr) Buchung von Navimag-Fährpassagen und Flügen.

TELEFON & INTERNETZUGANG

Internetanbieter gibt es eine ganze Reihe in der Stadt, aber bei allen sind der Verbindungsaufbau und das Surfen sehr langsam.

Call Center Entel (Baquedano 270) Öffentliches Telefon.

TOURISTENINFORMATIONEN

Conaf (☎ 411438; Baquedano 847) Corporacíon Nacional Forestal – die Forstbehörde ist für alle chilenischen Nationalparks verantwortlich.

Städtische Touristeninformation (☎ 614808; Bulnes 285; ☙ Di–So 8.30–12.30 & 14.30–18 Uhr) Befindet sich im Museo Histórico; zuvorkommendes Personal; hat Listen mit Unterkünften in der ganzen Region.

Sernatur (☎ 412125; infonatales@sernatur.cl; Pedro Montt 19; ☙ 9–19 Uhr) Ist nicht ganz so hilfreich wie die städtische Touristeninformation.

WÄSCHEREI

Die meisten Hostels bieten ihren Gästen einen Wäscheservice an.

Servilaundry (☎ 412869; Arturo Prat 337) Wäscherei mit komplettem Service.

Schlafen

Für eine so kleine Stadt bietet Puerto Natales Unterkünfte im Überfluss. Bei den nachfolgend genannten Preisen für Mittel- und Spitzenklassehotels kommen 19 % IVA (Mehrwertsteuer) hinzu; Budgetunterkünfte sind von dieser Steuer ausgenommen. Ausländer, die ihre Hotelrechnung mit US-Dollar oder Kreditkarte begleichen, brauchen die IVA nicht zu bezahlen. In der Nebensaison sinken die Übernachtungspreise in den Hotels um bis zu 40 %. Bei der Anreise mit der Fähre empfiehlt es sich, die Unterkunft im Voraus zu reservieren.

BUDGETUNTERKÜNFTE

Viele Budgetunterkünfte befinden sich in urigen Wohnhäusern. Eine ganze Reihe Hostels verleiht Ausrüstungen und hilft beim Organisieren von Touren. Ein einfaches Frühstück ist meistens im Preis inbegriffen.

Kaweskar Hostel (☎ 414553; Blanco Encalada 754; B 3000 Chil$) Ist ein preisgünstiges Hostel mit kahlen Zimmern, Küchenbenutzung, Gepäckaufbewahrung, Verleih von Ausrüstungen und Verkauf von Bustickets.

Lili Patagonico's Hostal (☎ 414063; www.lilipatagoni cos.com, auch auf Deutsch; Arturo Prat 479; B/DZ ohne Bad 4500/10 000 Chil$, DZ/3BZ mit Bad 16 000/24 000 Chil$; 🖳) Die Schlafsäle und Gemeinschaftsräume sind ein wenig eng. Doch die Doppelzimmer mit nagelneuem Bad, farbenfroh gestrichenen Wänden und kuscheligen Daunendecken sind in diesem freundlichen Hostel ein echtes Schnäppchen.

Patagonia Aventura (☎ 411028; www.apatagonia.com; Tomás Rogers 179; B/DZ 9000/21 000 Chil$; 🖳) Das komfortable Hostel mit kleinen, gemütlichen Zimmern liegt an der Plaza. Im gleichen Haus befinden sich auch ein Ausrüstungsladen und ein gutes Café mit einer phantasievollen Speisekarte. Zum Frühstück kommt selbst gebackenes Brot ofenfrisch auf den Tisch. Die Küche dürfen die Gäste nicht benutzen.

Yaganhouse (☎ 415553; www.yaganhouse.cl; O'Higgins 584; B/DZ 10 000/22 000 Chil$; 🖳) Kostenloser Willkommenstrunk, hochwertige Matratzen und leckeres Frühstück gehören zu den Vorzügen dieses attraktiven Hostels. Der hilfsbereite Besitzer verkauft Bustickets und organisiert Touren zum Nationalpark Torres del Paine. Bei gutem Wetter macht es Spaß, auf der Terrasse einen Pisco Sour zu trinken.

Hostal Dos Lagunas (☎ 415733; www.hostadoslagunas. com; Ecke Barros Arana & Bories; B/DZ 10°000/25 000 Chil$) Alejandro and Andrea, zwei alteingesessene Bewohner der Stadt, sind aufmerksame Gastgeber. Ihre Gäste verwöhnen sie mit einem rundum sättigenden Frühstück und Duschen mit konstantem Wasserdruck. Außerdem geben sie stets gute Reisetipps.

Residencial Bernardita (☎ 411162; www.residencialbernardita.cl; O'Higgins 765; EZ/DZ 12 000/20 000 Chil$) Ehemalige Gäste loben die ruhigen Zimmer und den guten Service im Bernardita in den höchsten Tönen. Frühstück und Küchenbenutzung sind

im Preis inbegriffen. Die Zimmer im hinteren Anbau bieten eine intimere Atmosphäre als die im Haupthaus.

Hostel Natales (☎ 414731; www.hostelnatales.cl; Ladrilleros 209; B/DZ/3BZ 15 400/44 000/64 000 Chil$; 🖳) Die geschmackvollen, mollig warmen Zimmer des ruhigen, hellgrün gestrichenen Hostels verfügen alle über ein eigenes Bad Die Atmosphäre ist nicht so lebendig wie in anderen Hostels, aber die Schlafsäle sind ihr Geld wert.

MITTELKLASSEHOTELS

Cuatro Elementos (☎ 415751; www.4elementos.cl, auf Spanisch; Esmeralda 811; EZ/DZ/3BZ 25 000/30 000/42°000 Chil$) Dieses umweltbewusst geführte, freundliche Gästehaus bietet nur wenige einfache Zimmer. Handgefertigte Gegenstände aus recyceltem Zink, phantasievoll verarbeitetes Treibholz, Holzöfen und die Konsequenz, mit der hier Recycling betrieben wird, machen dieses Hostel einzigartig. Auch bei den angebotenen geführten Touren durch den Nationalpark Torres del Paine und zu anderen Trekkingzielen stehen die Umwelt und ihr Schutz im Vordergrund. Es gibt kein Namensschild, aber über der Tür prangt in riesengroßen Zahlen die Hausnummer „811" und darunter der Straßenname „Esmeralda".

Erratic Rock II (☎ 414317; www.erraticrock2.com; Benjamin Zamora 732; B 30°000 Chil$; 🖳) Die Betreiber dieses gemütlichen Hauses heben selbst hervor, dass sich ihr Hostel besonders gut für Paare eignet. In den geräumigen, in freundlichen Farben gehaltenen Doppelzimmern stehen breite französische Betten, auf denen viele kleine Kissen liegen. Alle Zimmer haben ein hübsches, neu ausgestattetes Bad.

Casa Cecilia (☎ 613560; www.casaceciliahostal.com; Tomás Rogers 60; B mit/ohne Bad 35 000/24 000 Chil$; ✖) Die zentral gelegene, gut gepflegte Casa Cecilia ist eine solide Unterkunft mit guten Duschen und hilfsbereitem, stets freundlichem Personal. Zum Frühstück wird selbst gebackener Weizentoast serviert. Die einzigen Nachteile dieser Unterkunft sind die kleine Gemeinschaftsküche und die engen Zimmer.

Keoken Bed & Breakfast (☎ 413670; www.keoken patagonia.com; Señoret 267; EZ/DZ 40 000/50 000 Chil$; 🖳) Reisende loben das aufmerksame Personal in den höchsten Tönen, außerdem das schlichte, aber stilvolle Ambiente und die entspannte Atmosphäre. Das einladende B&B hat geräumige und gut ausgestattete Zimmer. Der offene Kamin im Aufenthaltsraum ist ein ideales Plätzchen zum Lesen bei einem Glas Wein.

SPITZENKLASSEHOTELS

Hotel Indigo (☎ 413609; www.indigopatagonia.com; Ladrilleros 105; DZ/Suite 132 000/147 000 Chil$; ☒ ▢) Eine Verwöhnoase nach einem anstrengenden Trekkingtag – Wanderer tigern als Erstes aufs Dach, wo Jacuzzis im Freien und ein großer Wellnessbereich warten. Doch auch der Rest des Haus hat sich der puren Entspannung verschrieben – angefangen von den abgedunkelten Fluren, in denen Hängematten zur Siesta einladen, über die vornehmen Zimmer mit Daunendecken auf den Betten bis hin zu aufgereihten Kerzenlichtern, die den Gästen „heimleuchten". Materialien wie Bambus, Schiefer und Eisen setzen in einem modernen Ambiente natürliche Akzente. Das Highlight bildet jedoch die Aussicht auf den Fjord, der sogar von der Dusche aus bewundert werden kann.

remota (☎ 414040, Buchungen in Santiago 02-387-1500; www.remota.cl; Ruta 9, Km 1,5; EZ/DZ 2 Nächte 750 600/ 1 047 000 Chil$; ▢ ▨) Im Gegensatz zu den meisten anderen Hotels macht das exklusive „remota" die Besonderheiten der Region bewusst: Stille unterstreicht den tosenden Wind, Holzelemente im Bereich der Fenster imitieren die alten Gatter der traditionellen Schaffarmen, und ein gewundener Durchgang zollt den Treibgängen für Schafe Tribut. Obwohl die Zimmer sehr gemütlich sind, kommt manch einer vom „Strand" – einer verglasten Lounge mit Lümmelsofas und Panoramblick in die wildromantische Umgebung – nicht so schnell wieder weg.

Essen

La Picada de Don Carlitos (☎ 415496; Blanco Encalada 444; Menú del día (Tagesmenü) 3000 Chil$; ☺ Mittag- & Abendessen) Herzhafte chilenische Hausmannskost wie Hühnereintopf mit einem Berg Kartoffelbrei kommen in diesem bodenständigen Speiselokal auf den Tisch. Während der Mittagszeit ist La Picada bis auf den letzten Platz mit Einheimischen gefüllt. Ausprobieren sollte man den phantastischen *caldillo de congrio* (Meeraal-Eintopf).

Los Pioneros (☎ 410783; Pedro Montt 166; Hauptgerichte 3500–5000 Chil$; ☺ Mittag- & Abendessen) Einfache Gerichte mit Fisch und Meeresfrüchten sind die Spezialität dieses bescheidenen, von einer Familie geführten Restaurants direkt am Wasser. Bei klarem Wetter kommt der herrliche Ausblick auf die schneebedeckten Berggipfel gratis hinzu. Eine Empfehlung sind der gegrillte Lachs und die *paila marina*, eine köstliche Fischpfanne.

La Casa de Pepe (☎ 410950; Tomás Rogers 131; Hauptgerichte 4500–6000 Chil$; ☺ Mittag- & Abendessen) Nach einem stürmischen Tag in den Torres del Paine

tut das herzhafte Essen in dieser Kneipe mit deutschem Ambiente richtig gut. Lecker schmecken der *pastél de papas* (Auflauf aus Hackfleisch und gestampften Kartoffeln) und das riesige Roastbeef-Sandwich.

El Rincón del Tata (☎ 614291; www.turismozaahj.co.cl/ eltata.htm, auf Spanisch); Arturo Prat 236; Hauptgerichte 4500–7000 Chil$; ☺ 12 Uhr bis spätnachts) In dem gemütlichen Restaurant wird eine regionale Spezialität serviert: ein Cocktail, zu dessen Zutaten die Beeren des Calafate-Strauches gehören. Auf der Speisekarte stehen ungewöhnliche Gerichte wie *shawarma* (ein Fleischgericht der arabischen Küche, das ähnlich wie Döner Kebab zubereitet wird) oder Hausmannskost wie Kürbissuppe mit Hühnchen und Möhren.

La Mesita Grande (Arturo Prat 196; Pizza 5500 Chil$; ☺ Mittag- & Abendessen) Hier verputzen glückliche Gäste gemeinsam an langen, abgenutzten Tischen Pizzas mit einem herrlich dünnen, knusprigen Boden oder entscheiden sich für gut zubereitete Pastagerichte und Bio-Salate.

Afrigonia (☎ 412232; Eberhard 343; Hauptgerichte 5500–7000 Chil$; ☺ Mittag- & Abendessen) Wem die regionale Kost langweilig geworden ist, findet hier im Afrigonia exotische Abwechslung: Die Besitzer, ein sambisch-chilenisches Ehepaar, servieren z.B. leckeres Lammfleisch vom Spieß (mit Minze gewürzt) oder Hühnchen mit Ingwerrahmsauce, ganz nach den Wünschen des Gastes gewürzt.

Angelica's (☎ 410365; Ecke Arturo Prat & Bulnes; Hauptgerichte 7000–8500 Chil$) Mit seinen flackernden Kerzen, der flinken, freundlichen Bedienung und der zum Gastraum hin offenen Küche will dieses zentrale gelegene Speiselokal eindeutig Touristen anlocken. Doch wer verschwendet daran auch nur einen Gedanken, wenn ein *corvino en papillote* (in Weißwein marinierter Fisch, in Folie gebacken), der auf der Zunge zergeht, auf den Tisch kommt?

Rucksacktouristen sind sich darüber einig, dass die Auswahl an Lebensmitteln in Puerto Natales größer ist als in El Chaltén oder El Calafate. Selbstversorger finden in mehreren gut sortierten Supermärkten alles, was sie für ihr leibliches Wohl brauchen, Trockenobst und Nüsse, das Kraftfutter für Wanderer, gibt es bei **40 y 20 Fruta Seca** (☎ 210661; Baquedano 443).

Ausgehen

El Bar de Ruperto (☎ 410863; Ecke Bulnes & Magallanes; ▢) Diese regionaltypische Bar bietet Unterhaltung bei Tischfußball, Schach und anderen Brettspielen – ideal für Regentage. Guinness und andere importierte Alkoholika vertreiben eventuell aufkommendes Heimweh.

Pisco Sour (Ladrilleros 105, 1. Stock; ☎ 10–23 Uhr; 💻)
In dieser stylischen Bar im Hotel Indigo berauschen nicht nur die Cocktails, sondern auch der Blick auf den Sonnenuntergang an dem von Bergen gesäumten Sund. Aufpassen, bei der Aussicht fällt leicht die eigene Kinnlade herab.

Absolut empfehlenswert ist der – namengebende – Pisco Sour mit japanischem Touch (mit grünem Tee gemischt).

An- & Weiterreise
BUS
Puerto Natales besitzt keinen zentralen Busbahnhof. Einige Busunternehmen nutzen daher die Kreuzung der Valdivia mit der Baquedano als feste Haltestelle. In der Hochsaison ist es wichtig, die Bustickets mindestens einen Tag vor der geplanten Abfahrt zu kaufen, insbesondere für die früh am Morgen abfahrenden Busse. Während der Nebensaison ist der Busverkehr stark eingeschränkt.

Zum Nationalpark Torres del Paine führt inzwischen eine weitere Straße, die zwar auch nur geschottert ist, aber direkter verläuft: am Lago del Toro entlang bis zur Administración (Parkverwaltung). Diese Route nutzen das Busunternehmen Via Terra, das eine regelmäßige Busverbindung zum Park und retour anbietet, sowie einige weitere Tourveranstalter.

Die Busse zum Nationalpark Torres del Paine fahren je nach Bedarf zwei- oder dreimal täglich, die planmäßigen Abfahrtszeiten sind 7, 8 und 14.30 Uhr (vorheriges Informieren lohnt sich immer, denn bisweilen ändern sich die Abfahrtszeiten). Viele Tourveranstalter bieten preisgünstige Plätze in ihren Minibussen an, die auch Besucher buchen können, die nicht an einer geführten Tour teilnehmen wollen, sondern nur eine Transportmöglichkeit benötigen. Wer in der Nebensaison zur Mountain Lodge Paine Grande will, muss den Morgenbus (9000 Chil$) nehmen, damit er den Katamaran (einfach 12 500 Chil$, 2 Std.) erwischt. Da sich die Fahrpläne so schnell ändern wie das Wetter, sollte man sich vorher genau über den aktuellen Plan informieren.

Nach Río Gallegos (Argentinien) starten die Busse von Bus Sur dienstags und donnerstags um 11 Uhr, während die El-Pingüino-Busse mittwochs und sonntags um 11 Uhr losfahren. Die besten Busverbindungen nach El Calafate bieten die Busunternehmen Zaahj, Cootra und Bus Sur.

Hier einige Busgesellschaften und die Zielorte, die sie ansteuern:

Bus Sur (☎ 614220; www.bus-sur.cl; Baquedano 668) Punta Arenas, Torres del Paine, Puerto Montt, El Calafate, Río Turbio und Ushuaia.

Buses Fernández/El Pingüino (☎ 411111; www.busesfernandez.com; Ecke Esmeralda & Ramírez) Torres del Paine und Punta Arenas.

Buses Gomez (☎ 415700; www.busesgomez.com, auf Spanisch; Arturo Prat 234) Torres del Paine.

Buses JB (☎ 410242; busesjb@hotmail.com; Arturo Prat 258) Torres del Paine.

Buses Pacheco (☎ 414800; www.busespacheco.com; Ramírez 224) Punta Arenas, Río Grande und Ushuaia.

Cootra (☎ 412785; Baquedano 244) Fährt täglich um 7.30 Uhr nach El Calafate.

Turismo Zaahj (☎ 412260/355; www.turismozaahj.co.cl, auf Spanisch; Arturo Prat 236/270) Torres del Paine und El Calafate.

Reiseziel	Fahrpreis (Chil$)	Fahrzeit (Std.)
El Calafate	12 000	5
Punta Arenas	4500	2–3
Torres del Paine	9000	2
Ushuaia	30 000	12

FÄHRE
Ein Highlight für viele Reisende ist die Fahrt durch Chiles spektakuläre Fjorde an Bord der Navimag-Fähre (die Auto- und Personenfähre wird vor Ort so genannt, weil sie von der Reederei Navimag stammt). Die viertägige Reise mit drei Übernachtungen führt nordwärts und ist mittlerweile so beliebt, dass nur eine frühzeitige Reservierung einen Platz auf dem Schiff sichert.

Man kann einfach einmal sein Glück versuchen. Die planmäßigen Abfahrtzeiten der Fähren erfährt man bei **Turismo Comapa** (S. 556) einige Tage vor dem erwarteten Eintreffen. Die *Magallanes* fährt freitags früh in Natales ab und hält auf dem Weg nach Puerto Montt in Puerto Edén (oder auf der Südroute beim Glaciar Pía XI). Die Boote kommen üblicherweise am gleichen Morgen in Natales an und fahren entweder später am Tag oder am folgenden Tag ab: Die Fahrpläne richten sich nach den Wetterbedingungen und Gezeiten.

Wer aussteigen will, muss an Bord bleiben, solange Frachten ein- und ausgeladen werden. Zusteigende Passagiere müssen die Nacht an Bord verbringen.

Die Hauptsaison dauert von November bis März, zur Zwischensaison werden die Monate Oktober und April gerechnet. Die Nebensaison dauert von Mai bis September. Viele Reisende enden in einer Koje in einem 22-Betten-Raum

PATAGONIEN

und wünschen sich oft, sie hätten stattdessen eine Einzelkabine gebucht.

Die Preise hängen von der Aussicht, der Kabinengröße und dem eigenen oder Gemeinschaftsbad ab. Im Preis inbegriffen sind alle Mahlzeiten (einschließlich vegetarischer Gerichte, wenn man diese bei der Buchung bestellt) sowie Vorträge. Wasser, Snacks und Getränke sollte man ohnehin selbst mitbringen. Die Preise pro Person variieren von etwa 200 000 Chil$, wenn man ein Bett in der Nebensaison bis zu 1 500 000 Chil$ für eine Kabine der Kategorie AAA in der Hauptsaison. Studenten und Senioren erhalten eine Ermäßigung von 10 bis 15 %. Aktuelle Pläne und Preise stehen im Internet (www.navimag.com).

FLUGZEUG

Aerovías DAP (www.dap.d) bietet Charterflüge nach El Calafate in Argentinien. Der Abflug erfolgt von dem kleinen Flugfeld (PNT), das einige Kilometer nördlich der Stadt an der Straße zum Nationalpark Torres del Paine liegt. Das nächstliegende Büro von LanChile befindet sich in Punta Arenas (s. S. 553).

Unterwegs vor Ort

Mietwagen sind teuer und schwer zu bekommen. In Punta Arenas (oder in Argentinien) sind sie günstiger als in Puerto Natales. **Emsa/Avis** (☎ 410775; Bulnes 632) ist eine der Mietwagenfirmen der Stadt. **World's End** (☎ 414725; Blanco Encalada 226-A) verleiht Fahrräder.

CUEVA DEL MILODÓN

Etwa 24 km nordwestlich von Puerto Natales entdeckte der deutsche Pionier Hermann Eberhard in den 1890er-Jahren die Überreste eines Riesenfaultiers: das Mylodon. Dieser fast 4 m große Pflanzenfresser ernährte sich von den fleischigen Blättern kleiner Bäume und starb im späten Pleistozän aus. Als Hommage an den früheren Bewohner steht in der 30 m hohen **Höhle** (Eintritt 4000 Chil$) eine lebensgroße Nachbildung des prähistorischen Tieres. Sonderlich geschmackvoll ist die Replik allerdings nicht. Dennoch lohnt sich ein Zwischenstopp an der Höhle, um die Umgebung zu bewundern und über ihre urzeitliche Vergangenheit zu sinnieren oder um zu dem Aussichtspunkt hinaufzuschlendern.

Auch Camping und Picknick sind erlaubt (Feuermachen verboten). Etwa 8 km vom Höhleneingang entfernt liegt die Straße, auf der die Busse zum Nationalpark Torres del Paine fahren

(aussteigen möglich; in der Nebensaison verkehren die Busse seltener). In Puerto Natales bieten Tourveranstalter Ausflüge zur Höhle an. Wer mag, kann auch trampen oder sich mit anderen ein Taxi teilen (18 000 Chil$).

PARQUE NACIONAL BERNARDO O'HIGGINS

Der Nationalpark mit atemberaubenden Gletschern und Heimat vieler Wasservögel ist nur per Boot erreichbar. Eintägige Fahrten zum Fuß des Glaciar Serrano (60 000 Chil$, inklusive Mittagessen) bietet **Turismo 21 de Mayo** (☎ 061-411978; www.turismo21demayo.cl, auf Spanisch; Eberhard 560, Puerto Natales) an. Eine längere Bootstour steht auf dem Programm von **Path@gone** (☎ 061-413291; Eberhard 595, Puerto Natales).

Mehrere Veranstalter bieten auch eine Tour an, bei der die Fahrt über den Glaciar Serrano hinaus bis zum Parque Nacional Torres del Paine geht. Ein Zodiac-Boot (Schlauchboot mit Außenbordmotor) bringt seine Passagiere zunächst zum Glaciar Serrano, anschließend wird für das Mittagessen die Estancia Balmaceda angesteuert. Nach dem Essen tuckert das Boot weiter auf dem Río Serrano flussaufwärts bis zur südlichen Grenze des Nationalparks Torres del Paine, die gegen 17 Uhr erreicht ist. Wer vom Park aus auf dem gleichen Weg in die Stadt zurückkehren möchte, muss in der Nähe von Río Serrano zelten, um am nächsten Morgen das Boot zu erwischen, das um 9 Uhr startet. Bei Turismo 21 de Mayo oder **Onas Patagonia** (☎ 061-614303; www.onaspatagonia.com; Blanco Encalada 211, Puerto Natales) kostet die Tour 85 000 Chil$. Im Preis inbegriffen ist die Eintrittsgebühr für den Parque Nacional Bernardo O'Higgins, nicht aber der Eintritt zum Parque Nacional Torres del Paine und die Kosten für Aktivitäten oder Fahrten innerhalb dieses Parks.

Für jene, die sich nicht entscheiden können, ob sie im Park lieber reiten, paddeln oder wandern möchten, bietet **Antares Patagonia Adventure** (☎ 061-414611; www.antarespatagonia.com; Barros Arana 111, Puerto Natales) in Zusammenarbeit mit **Indomita Big Foot** (☎ 061-414525; www.indomitapatagonia.com; Bories 206, Puerto Natales) eine sportliche Tour an, die alle oder bestimmte Sportarten und Aktivitäten kombiniert – darunter Kajakfahren, Reiten, Wandern und Mountainbiken. Die Preise beginnen bei 85 000 Chil$ für die kürzeste (eintägige) Tour, die Kajak fahren sowie Reiten umfasst. Verpflegung und Ausrüstung für die im Park geplanten Aktivitäten sind schon im Preis enthalten.

PARQUE NACIONAL TORRES DEL PAINE

☎ 61

Beinah senkrecht erheben sich die knapp 3000 m hohen Torres del Paine („Türme von Paine") über die patagonische Steppe. Diese spektakulären Granitsäulen beherrschen die Landschaft des vielleicht schönsten **Nationalparks** (www.pntp.cl, auf Spanisch; Hoch-/Nebensaison 15 000/5000 Chil$) Südamerikas.

Bevor das Gelände 1959 als Nationalpark ausgewiesen wurde, gehörte es zu einer großen *estancia,* auf der die Schafzucht fast 100 Jahre lang im Mittelpunkt stand. Damit war eine Ausbeutung der Weiden, Wälder und Tierwelt verbunden, von der sich die Natur noch heute erholen muss. Seitdem die Unesco 1978 den Park zum Biosphärenreservat erklärt hat, bietet er Darwinnandus, Kondoren, Chileflamingos und vielen anderen Vogelarten einen geschützten Lebensraum. Am deutlichsten zeigt sich der Erfolg des Artenschutzes beim Guanako *(Lama guanicoe).* Gelassen ziehen die Guanakos grasend durch die offene Steppe, in der ihr ärgster Fressfeind, der Puma, sich nicht unbemerkt anschleichen kann. Seit zehn Jahren erfolgreich vor Wilderern geschützt, vergrößern sich die Herden beständig. Nähern sich Menschen oder Fahrzeuge, weichen die Tiere nicht zurück.

Für Wanderer und Trekker ist der 1810 km² Park ein einzigartiges Erlebnis: Von einem Moment zum anderen ändert sich das Wetter in einem so häufigen Wechsel, dass manche sagen, hier könne man an einem einzigen Tag alle vier Jahreszeiten erleben. Das Überstehen von plötzlichen Regengüssen und Windböen, die fast jeden umhauen, gehört hier gewissermaßen zum derben „Einweihungsritus". Grund genug, sich von Kopf bis Fuß mit wirklich solider Schlechtwetterkleidung auszurüsten und als Camper einen Schlafsack aus Synthetikmaterial sowie ein stabiles Allwetterzelt mitzubringen.

Von Puerto Natales aus gibt es geführte Tageswanderungen, die aber nur ein winziges Schlaglicht auf das werfen, was dieser Nationalpark tatsächlich in sich birgt. Naturliebhaber sollten für den Park drei bis sieben Tage einplanen, um ausreichend Zeit zum Wandern und für andere Aktivitäten zu haben. Viele Reisende kommen im Rahmen einer geführten Tour in den Park, um sich einen Überblick über die Highlights zu verschaffen. Am Abend kehren sie jedoch nicht mit der Gruppe in die Stadt zurück, sondern bleiben noch einige weitere Tage im Park. Wer diesem Beispiel folgen möchte, sollte sich an einen der Tourveranstalter wenden – die meisten helfen gerne beim Umsetzen solch individueller Pläne.

Als 2005 der Wind einen unbeaufsichtigten Campingkocher umwarf, verbreitete sich dessen Flämmchen wie ein Lauffeuer und legte 10 % des Nationalparks in Schutt und Asche. Nachlässigkeiten beim Campen haben böse Konsequenzen. Als oberstes Gebot gilt daher: Unbedingt verantwortungsbewusstsein und Sorgfalt walten lassen! Jeder einzelne Besucher ist einer von über 120 000 Gästen, die jährlich den Park genießen wollen.

Orientierung & Praktische Informationen

Der Parque Nacional Torres del Paine liegt 112 km nördlich von Puerto Natales und ist über eine passable, wenn auch holprige Schotterstraße zu erreichen. Am Cerro Castillo befindet sich ein saisonaler Grenzübergang nach Cancha Carrera in Argentinien. Von hier aus verläuft die Straße erst nördlich, dann westlich bis zur 40 km entfernten **Portería Sarmiento:** An diesem Haupteingang wird die Eintrittsgebühr kassiert. Nach weiteren 37 km sind die Administración und das **Conaf Centro de Visitantes** (☻ im Sommer 9–20 Uhr) erreicht. Das Besucherzentrum der Conaf, der Forstbehörde des Landwirtschaftsministeriums, bietet gute Informationen über die Ökologie des Parks und den Zustand der Wege. Die neue Straße führt von Puerto Natales aus direkt zur Administración – sie ist nun der südliche, direktere Zugang zum Park.

Der Nationalpark ist ganzjährig geöffnet. Allerdings verkehren die Zubringerbusse in der Nebensaison wesentlich seltener als in der Hauptsaison. Auch erschweren die winterlichen Witterungsverhältnisse das Wandern erheblich. Zu den besten Trekkingmonaten zählen der November und der März. In dieser Zwischensaison tummeln sich deutlich weniger Besucher als sonst im Park. Im März sind die Windverhältnisse am günstigsten. Im Internet findet man Informationen über die erforderliche Ausrüstung für Rucksacktouristen, z. B. auf den Seiten www.torresdelpaine.com und www.erraticrock. com. Bei **Erratic Rock** (☎ 61-410355; www.erraticrock. com; Baquedano 719, Puerto Natales) findet jeden Tag um 15 Uhr eine ausgezeichnete Informationsveranstaltung statt, die potenzielle Parkbesucher über alles Wichtige aufklärt – vom Zustand der Wege bis hin zu Campingmöglichkeiten. Und wer noch eine Ausrüstung für den Besuchs des Parks braucht, kann sie sich gleich an Ort und Stelle leihen.

PATAGONIEN

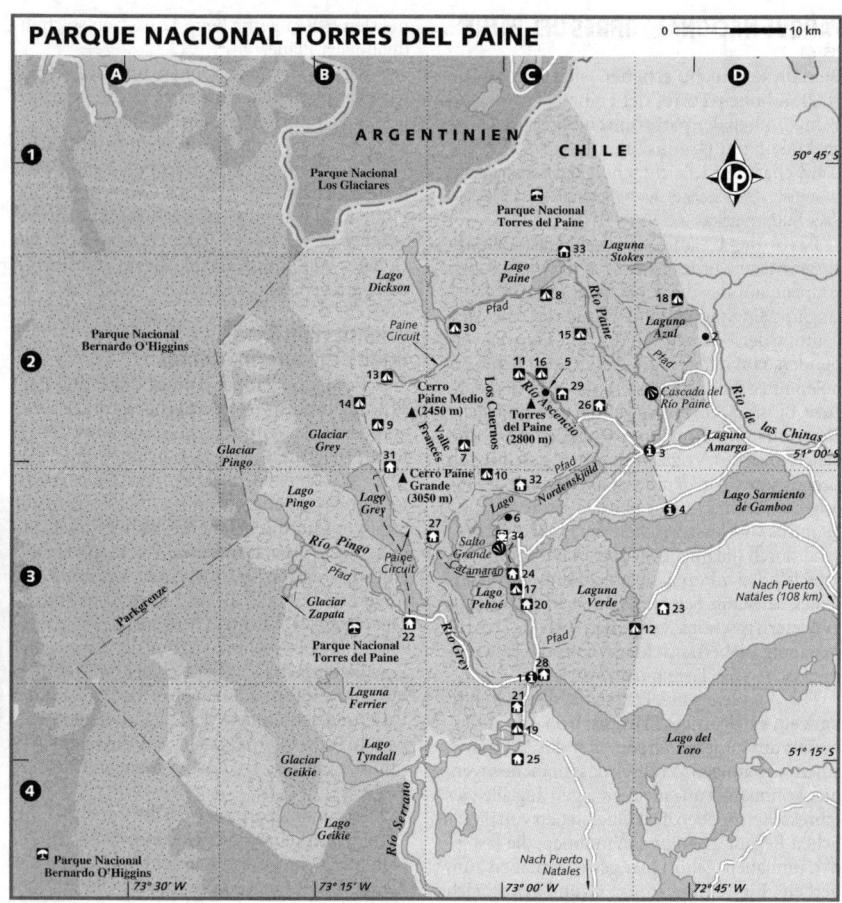

BÜCHER & KARTEN

Die besten Wanderkarten stammen von JLM sowie Luis Bertea Rojas und werden überall in Puerto Natales verkauft. Detaillierte Informationen und Karten über die Region bietet der Wanderführer *Trekking in the Patagonian Andes* von Lonely Planet.

Aktivitäten
FELSKLETTERN

Felskletterer können sich an Rustyn Mesdag bei **Erratic Rock** (☎ 061-410355; www.erraticrock.com; Baquedano 719, Puerto Natales) wenden. Er kennt die neuen Felsklettergebiete im Park. Für erfahrene Kletterer organisiert Erratic Rock mehrtägige Touren. Für Ungeübte werden leichte Tagestouren mit einer Einführung ins Klettern angeboten.

KAJAKFAHREN

Mehrtägige Kajaktouren zu unberührten Winkeln des Parks veranstaltet **Indomita Big Foot** (☎ 061-414525; www.indomitapatagonia.com; Bories 206, Puerto Natales). Die Tour auf dem Río Serrano schließt Sehenswertes und Aktivitäten an Land mit ein. Touren dieser Art gehen ins Geld, sind aber eine spannende Möglichkeit, dicht an die Gletscher heranzukommen.

REITEN

Der Nationalpark ist in der Tat ein herrlicher Platz zum Reiten. Wegen der Eigentumsverhältnisse innerhalb des Parks dürfen Reiter jedoch nicht von den Gebieten im Westen (Lago Grey, Lago Pehoé, Río Serrano) in den östlichen (von der Hostería Las Torres verwalteten) Teil des

Parks wechseln (oder umgekehrt). Die Trennlinie verläuft ungefähr am Refugio Los Cuernos. **Baqueano Zamora** (☎ 061-613530; www.baqueanozamora. com, auf Spanisch; Baquedano 534, Puerto Natales) veranstaltet Ausritte zum Lago Pingo, Lago Paine, Lago Azul und zur Laguna Amarga (halber Tag, 21 000 Chil$).

WANDERN

Die 2800 m hohen Granittürme der Torres del Paine ziehen alljährlich Heerscharen von Wanderern aus der ganzen Welt an. Um dieses herrliche Panorama zu genießen, entscheiden sich die meisten für die klassische „W-Route" und lassen andere unglaublich schöne Bereiche im Norden des Parks außen vor. Wer den Park intensiver kennenlernen möchte, sollte sich für den Paine Circuit entscheiden: Er umfasst sowohl das „W" als auch die spektakulären Strecken auf der Rückseite der Gipfel im Norden des Parks. Für diesen großen Rundweg sollte man sieben bis neun Tage kalkulieren, während die klassische „W-Route" nur vier bis fünf Tage dauert („W" steht für die Wege, die auf der Landkarte oder aus der Vogelperspektive in etwa diesen Buchstaben bilden). Für die notwendigen Fahrzeiten, um zu den Routen zu gelangen, sollten zwei zusätzliche Tage eingeplant werden.

Zu beiden Trekkingtouren brechen die Wanderer in der Regel von der Laguna Amarga auf und laufen dann westwärts. Es ist aber genau so möglich, an der Administración zu starten oder mit dem Katamaran von Pudeto zum Lago Pehoé zu fahren und dort dem „W" vom Südwesten bis zum Nordwesten zu folgen. Auf dieser Route ergeben sich die besten Ausblicke auf die Gipfel aus schwarzem Gestein, die den Namen Los Cuernos (2200–2600 m) tragen. Alleine sollte man sich niemals auf diese Trekkingtour aufmachen – vor allem nicht auf die Strecke auf der Rückseite der Berge! Gemäß den Bestimmungen der Conaf ist das auch nur in Ausnahmefällen erlaubt. Mehrere Tourveranstalter, darunter **Antares Patagonia** (☎ 061-414611; www.antarespatagonia. com; Barros Arana 111, Puerto Natales), bieten geführte Touren mit voller Verpflegung und Übernachtung in *refugios* der *hosterías* an. Die Preise pro Person beginnen bei 925 000 Chil$ für eine sechstägige Tour. Bei Gruppen mit drei oder mehr Personen verringert sich der Preis pro Person erheblich.

Die „W-Route"

Die meisten Wanderer starten an der Laguna Amarga – dorthin fährt von Puerto Natales zweimal täglich ein Bus (2½ Std.) –, um dem „W" von Ost nach West zu folgen. Wer jedoch im Westen aufbricht und ostwärts wandert, hat die Los Cuernos weitaus besser im Blickfeld, ganz besonders auf der Strecke zwischen dem Lago Pehoé und dem Valle Francés. Die im Westen startenden Wanderer überqueren mit dem Katamaran den Lago Pehoe, um dann in nördlicher Richtung am Ufer des Lago Grey entlang bis zum Campamento Italiano zu laufen. Von diesem Camp aus lassen sich auch schöne Tageswanderungen unternehmen, was einem das Schleppen von schwerem Gepäck erspart. Die nachfolgend beschriebenen Teilstrecken gehören zu den schönsten Abschnitten der „W-Route".

Vom Refugio Las Torres zum Mirador Las Torres Einfache Wegstrecke vier Stunden. Eine recht moderate Wanderung entlang des Río Ascencio bis zum baumlosen Ufer eines Bergsees unterhalb der Ostseite der Torres del Paine – so nahe an den „Türmen" liegt kein anderer Aussichtspunkt des Parks! Während der letzten Stunde dieser Tour geht es auf allen vieren über Geröll und Felsen (im Winter liegt hier der Schnee knie- bis taillenhoch). Bei Las Torres und Chileno gibt es Campingplätze und *refugios*, darunter der einfache Campamento Torres, der sich im Sommer besonders gut für Frühaufsteher (Sonnenauf-

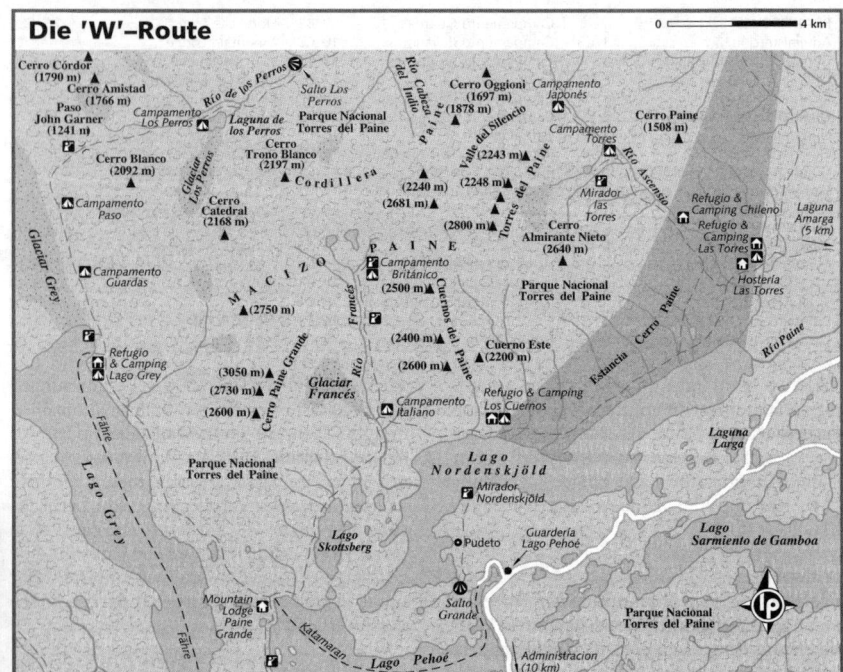

gang) eignet, die dem folgenden „Massenaufbruch" rechtzeitig entfliehen wollen.

Vom Refugio Las Torres zu den Los Cuernos Einfache Wegstrecke sieben Stunden. Wanderer sollten den unteren Weg nehmen, auf dem oberen, der ohnehin nicht auf der Karte verzeichnet ist, hat sich schon so mancher verirrt. Im Sommer kann der Wind in diesem Gebiet sehr heftig wehen. Am Ende dieser Tour warten ein Campingplatz und ein *refugio*.

Von den Los Cuernos/Lago Pehoé zum Valle Francés Einfache Wegstrecke fünf Stunden. Bei klarem Wetter ist diese Strecke atemberaubend schön, sie verläuft zwischen dem 3050 m hohen Cerro Paine Grande im Westen und den niedrigeren, aber genauso spektakulären Los Cuernos im Osten – und dazu Gletscher, so weit das Auge reicht. Im Herzen des Tals liegen der Campamento Italiano und der Campamento Británico.

Von der Mountain Lodge Paine Grande zum Refugio Lago Grey Einfache Wegstrecke ab dem Lago Pehoé 5 Stunden. Die Strecke verläuft über relativ einfache Wege, die keine schwierigen Abstiege erfordern. Eine weitere halbe Stunde dauert der Weg bis zum Gletscheraussichtspunkt. An beiden Wegenden befinden sich Campingplätze und *refugios*.

Von der Mountain Lodge Paine Grande zur Administración Einfache Wegstrecke 5 Stunden. Die Route führt hinauf zum Lago Pehoé und ein Stück weit am See entlang, um dann dem Río Grey über das weite Grasland zu folgen. Diese Strecke zählt nicht mehr zum „W", bietet jedoch die Möglich-

keit, zum Abschluss der Wanderung zur Administración zu gelangen, ohne wieder zur Laguna Amarga laufen zu müssen. Das Personal der Mountain Lodge Paine Grande kann per Funk sicherstellen, dass die Wanderer an der Administración den Bus für die Rückkehr nach Puerto Natales erreichen.

Paine Circuit (Rundweg)

Dieser Rundweg umfasst das „W" (wie zuvor beschrieben) und zusätzlich die nördliche Strecke zwischen dem Refugio Grey und dem Refugio Las Torres. Dort ist die Landschaft karg, aber dennoch wunderschön. Am Paso John Garner, dem allerschwierigsten Teil der Route, müssen sich die Wanderer mitunter durch knietiefen Schlamm und Schnee kämpfen. Unterwegs liegt nur ein einfaches *refugio* bei Los Perros – ansonsten heißt es Zelten auf rustikale Art.

Als Ausgangspunkt für den Paine Circuit wählen viele Wanderer ebenfalls die Laguna Amarga, zu der sie ein Bus bringt. Anschließend wandern sie zunächst zum Refugio & Camping Chileno, was ein paar Stunden dauert. Ab diesem Punkt verläuft der Weg entgegen dem Uhrzeigersinn bis zum Valle Frances und den Los Cuernos. Nachfolgend sind einige Teilstrecken innerhalb des Paine Circuit beschrieben.

Vom Refugio Lago Grey zum Campamento Paso Vier Stunden in nördlicher Richtung, zwei Stunden in südliche. Wanderer, die von Westen nach Osten laufen wollen, müssen den Pass hinaufsteigen, anstatt ihn abwärts zu schlittern.

Vom Campamento Paso zum Campamento Los Perros Vier Stunden. Auf dieser Strecke müssen Wanderer mit viel Schlamm und manchmal sogar mit Schnee rechnen. Nicht verwirren lassen: Was nach der Passüberquerung wie ein Campingplatz aussieht, ist keiner – also weiterwandern, bis eine Hütte in Sicht kommt.

Vom Campamento Los Perros zum Campamento Dickson Rund viereinhalb Stunden. Eine relativ leichte, aber windige Strecke.

Vom Campamento Lago Dickson zum Campamento Serón Sechs Stunden. Diese Route führt rund um den Lago Paine, wo der Wind sehr heftig wehen kann und sich der Weg teilweise schwer erkennen lässt. Daher sollten sich die Wanderer möglichst auf dem Pfad halten, der am weitesten vom See entfernt verläuft. Wer will, kann auf dem Campamento Coiron eine Pause einlegen, auch wenn der Platz nach dem Feuer von 2005 noch immer nicht vollständig wiederhergestellt ist.

Campamento Serón to Laguna Amarga Vier bis fünf Stunden. Nach dieser Wanderung bietet der Refugio Las Torres ein erholsames Nachtquartier und eine gute Mahlzeit.

Tageswanderungen

Eine einfache Wanderroute führt von der Guardería Lago Pehoé über die Hauptstraße des Parks zum **Salto Grande**, einem gewaltigen Wasserfall zwischen dem Lago Nordenskjöld und dem Lago Pehoé. Eine andere einstündige Wanderung führt zum **Mirador Nordenskjöld**, einem Aussichtspunkt mit einem grandiosen Ausblick auf den See und die Berge. Mehr Anstrengung erfordert die vierstündige Wanderung zum **Lago Paine**, dessen Nordufer nur von der Laguna Azul zugänglich ist. Diese Route verläuft durch eine stille, atemberaubende Landschaft.

Schlafen & Essen

Wichtig: Unbedingt reservieren! Wer ohne Reservierung in der Tasche im Park landet (vor allem in der Hochsaison), kommt nur auf den wenigen gebührenfreien Campingplätzen unter. Reisebüros bieten zwar Reservierungen an, besser ist es jedoch, direkt bei den verschiedenen Betreibergesellschaften zu reservieren (s. *refugios* rechts). Ausländer, die ihre Hotelrechnung mit US-Dollar oder Kreditkarte begleichen, brauchen die IVA nicht zu bezahlen (was sich allerdings nicht immer durchsetzen lässt).

Einige *refugios* verlangen zur Bestätigung der Reservierung beim Einchecken eine Fotokopie des Lichtbildausweises (Pass) des Gastes. Daher lohnt es sich, im Voraus Ausweis und Touristenpass (jeweils eine Kopie für jede Unterkunft) zu kopieren. In manchen Fällen kann das Personal per Funk die Reservierungsbestätigung an die nächste Unterkunft weitergeben. Da die Wanderer in großen Scharen eintreffen, lassen sich Warteschlangen nicht vermeiden – ein wenig Zen-Praxis kann da recht nützlich sein.

ZELTEN

Die Campingplätze bei den *refugios* kosten pro Zeltplatz 4000 Chil$. Die *Refugios* verleihen Campingausrüstungen – Zelt (6000 Chil$ pro Nacht), Schlafsack (3500 Chil$) und Isomatte (1500 Chil$). Doch während der Hauptsaison kann so mancher leer ausgehen, deshalb ist es besser, die eigene Ausrüstung mitzubringen. Kleine Kioske verkaufen für teures Geld Pasta, Tütensuppen und Butangas. Die von Conaf verwalteten Campingplätze sind gebührenfrei, allerdings auch sehr schlicht. Viele Camper berichten, dass Wildtiere – in Gestalt von Nagetieren – rund um die Campingplätze lauern. Deshalb: Keine Lebensmittel im Gepäck bzw. Zelt lassen, sondern irgendwo frei baumelnd aufhängen, z.B. an einem Baum.

Außer den Campingplätzen, die zu den bekannten *refugios* gehören oder von Tourveranstaltern (s. S. 566) betrieben werden, finden sich auch die nachfolgend genannten Plätze im Park. Die Campamentos Británico, Italiano und Torres liegen an der „W-Route".

Campamento Británico Sehr einfach, Plumpsklos.

Campamento Italiano Einfache Kochgelegenheiten und Gemeinschaftsbäder.

Campamento Laguna Verde Ist auf Gruppen eingerichtet und gut ausgestattet.

Campamento Los Perros Am Paine Circuit.

Campamento Paso Liegt im Schutz eines Waldes; herrliche Aussicht.

Campamento Serón In der Nähe der Laguna Azul.

Campamento Torres Die Kochbereiche sind vor Wind und Regen geschützt.

Camping Lago Pehoé Direkt am See, mit Restaurant, Verleih von Campingausrüstungen.

Camping Laguna Azul Verleiht Ruderboote.

Camping Río Serrano Im Sector Serrano, 7 km von der Administración entfernt.

Camping Serrano Wird vom Hotel Cabañas del Paine (s. S. 567) betrieben.

REFUGIOS

Die *refugios* bieten Zimmer mit vier bis acht Betten, Küchenbenutzung (zu bestimmten Uhrzeiten nur für Logiergäste), heiße Duschen und Mahlzeiten. Die Kosten für eine Übernachtung:

PATAGONIEN

Bett 19 000–26 000 Chil$, Schlafsack im Verleih 3500 Chil$, Mahlzeit 5500–10 000 Chil$. Falls ein *refugio* überbucht wurde, wird die nötige Ausrüstung fürs Zelten zur Verfügung gestellt. Die meisten *refugios* schließen Ende April. Nur die Mountain Lodge Paine Grande ist ganzjährig geöffnet, allerdings außerhalb der Saison mit eingeschränktem Betrieb.

Hinweise für die Buchung: **Vertice Patagonia** (☎ 061-412742; www.verticepatagonia.cl) ist Betreiber der Campingplätze am Lago Grey und Lago Dickson und Eigentümer der Mountain Lodge Paine Grande. **Fantastico Sur** (☎ 061-710050; www.fantasticosur.com; Esmeralda 661; ☽ Mo–Fr 9–13 & 15–18 Uhr) ist Eigentümer der *refugios* Las Torres, Chileno und Los Cuernos sowie der dazugehörigen Zeltplätze.

Bis auf eine Ausnahme können folgende *refugios* die Möglichkeit zum Zelten anbieten, wenn ihre Betten ausgebucht sind.

Refugio & Camping Chileno Ruhig; schöne Lage am Río Ascencio.

Refugio & Camping Lago Dickson Am Paine Circuit.

Refugio & Camping Lago Grey In der Nähe vom Cerro Paine Grande.

Refugio & Camping Las Torres Viel Trubel, verleiht Pferde.

Refugio & Camping Los Cuernos Am Lago Nordenskjöld.

Refugio Lago Paine Liegt ganz im Norden des Park.

HOTELS & HOSTERÍAS

Die im Folgenden genannten Preise gelten für die Hauptsaison.

Posada Río Serrano (☎ in Puerto Natales 061-613531; www.posadaserrano.com; B 21°000 Chil$, DZ mit/ohne Bad 75 000/55 000 Chil$) Das restaurierte, aber immer noch rustikale und geräumige Ranchhaus aus dem 19. Jh. bietet 13 Zimmer, ein Restaurant, eine Bar und einen gemütlichen Aufenthaltsraum, der von einem offenen Kamin beherrscht wird. Das Hotel arrangiert Ausritte und Angeltouren zu den nahe gelegenen Seen und Flüssen (Organisator der Touren und Eigentümer der Posada ist das Touristikunternehmen Baqueano Zamora).

Mountain Lodge Paine Grande (☎ 412742; www.verticepatagonia.cl; Zeltplatz pro Pers. 4500 Chil$, B 24 900 Chil$, mit Vollpension 45 000 Chil$; ☐) Der langgestreckte, gut ausgestattete Gebäudekomplex (ehemals Lodge Pehoé) ist so ausgerichtet, dass jedes Zimmer eine grandiose Aussicht auf die Los Cuernos hat. Vom Lago Grey und dem Valle Francés liegt die Lodge eine Tageswanderung entfernt. Über den Lago Pehoé lässt sich die Lodge direkt per Boot erreichen. Ein Teil des Hauses ist rund ums Jahr geöffnet – in nassen, kalten Wintern für Wanderer ein Geschenk des Himmels. Zur Lodge gehört ein Zeltplatz.

Hostería Tyndall (☎ 239401; www.hoteltyndall.cl; DZ 70 000–80 000 Chil$) Holz prägt das Aussehen dieser adretten Lodge am Río Serrano. Sie bietet Zimmer sowie voll ausgestattete Hütten und organisiert Touren für die Gäste des Hauses.

Hostería Mirador del Payne (☎ 226930; www.miradordelpayne.com; Buchungsadresse: Fagnano 585, Punta Arenas; EZ/DZ/3BZ 95 200/116 620/126 140 Chil$) Die *hostería* liegt auf dem Gelände der bewirtschafteten Estancia El Lazo in dem wenig besuchten Parkbereich an der Laguna Verde. Sie ist bekannt für ihre ruhige Lage, der Nähe zu spektakulären Aussichtspunkten und ihren erstklassigen Service. Allerdings ist es schwierig, sie zu erreichen. Zu den angebotenen Aktivitäten der Unterkunft zählen Vogelbeobachtungen, Ausritte und Sportfischen. Per Anruf lässt sich ein Ausritt ab der Straßenkreuzung arrangieren.

Hostería Pehoé (☎ 244506, in Santiago 02-235-0252; www.pehoe.cl; DZ 107 000 Chil$) Die *hostería* liegt auf einer kleinen Insel des gleichnamigen Sees (gegenüber der Luxusunterkunft explora), die mit dem Festland durch eine lange Fußgängerbrücke verbunden ist. Der Panoramablick auf die Los Cuernos und Paine Grande verdient mindestens fünf Sterne. Leider zeigen die Zimmer ein paar Alterserscheinungen und wirken abgewohnt. Restaurant und Bar sind auch für die Öffentlichkeit zugänglich.

Hotel Cabañas del Paine (☎ 220174; www.cabanasdelpaine.cl; DZ 124 800–142 800 Chil$) Die modernen Hütten mit moderner Hartholz-Möbeln stehen am Ufer des Río Serrano und bieten eine herrliche Aussicht auf das Torres-del-Paine-Massiv und den Fluss. Die Preise für Verpflegung bzw. Mahlzeiten beginnen bei 12 500 Chil$.

Hostería Lago Grey (☎ 410172; www.lagogrey.cl; Buchungsadresse: Lautaro Navarro 1061, Punta Arenas; DZ 174 000 Chil$) Die *hostería* liegt am Abfluss des Lago Grey, der mit Eisbergen gespickt ist. Große Bäume schützen zwar vor dem Wind, verwehren aber bei den meisten Zimmern den Ausblick auf den See. Vom Café (für die Öffentlichkeit zugänglich) aus lässt sich aber bei einer Tasse Tee auf jeden Fall die spektakuläre Szenerie genießen. Fahrten auf dem See mit Zodiac-Schlauchbooten sind möglich, die Boote fahren jedoch nicht zum Gletscher.

Hotel Las Torres (☎ 617450; www.lastorres.com; Buchungsadresse: Magallanes 960, Punta Arenas; DZ 135 000 Chil$) Eine luxuriöse Adresse 7 km westlich der Guardería Laguna Amarga. Aufenthaltsräume mit imposantem offenem Kamin verbinden die

Hotelflügel. An einem Ende des Hotels befindet sich ein spannendes Schulungszentrum, in dem sich viel über den Nationalpark lernen lässt. Auf der Speisekarte des Restaurants stehen raffinierte Lachs-, Krabben- und Fleischgerichte. Der Wellnessbereich bietet Sauna, Jacuzzi, Massage und andere fitmachende Anwendungen. Auf seiner Website bietet das Hotel diverse Arrangements für mehrere Nächte an, wobei die Preise sich häufig ändern.

explora (☎ in Santiago 02-206-6060; www.explora.com; DZ pro Pers. 4 Nächte inkl. Vollpension & Transfer 1 345 000 Chil$; 🖵 🐎) Die mondänste (und teuerste) Unterkunft des Nationalparks protzt mit Stil vom Keller bis zum Dach. Die Edelbude thront über einem Wasserfall am Ausfluss des Lago Pehoé. Im Preis inbegriffen sind Flughafentransfers, Vollpension in Gourmetqualität und ein breitgefächertes Programm an Touren, die von jungen, geselligen, mehrsprachigen Führern begleitet werden. Ringsherum gewähren Fenster Ausblicke auf das Torres-del-Paine-Massiv. Der Wellnessbereich mit beheiztem, rundem Pool, Sauna, Massageraum und Open-Air-Jacuzzi ist vom Allerfeinsten. Ob sich das lohnt, dafür so tief in die Tasche zu greifen, muss jeder selbst entscheiden.

An- & Weiterreise

Detaillierte Informationen über die Anreisemöglichkeiten zum Nationalpark finden sich auf S. 559. Zwischen dem Nationalpark und El Calafate besteht keine direkte Busverbindung. Wer am Tag des Parkbesuchs noch in die Stadt will, muss entweder an einer entsprechend organisierten Gruppentour teilnehmen oder das Ganze im Voraus sehr genau planen. Am besten ist es, nach Puerto Natales zurückzukehren.

Unterwegs vor Ort

Busse halten an der Laguna Amarga, am Bootssteg des Katamarans von Hielos Patagónicos in Pudeto und vor dem Gebäude der Administración (der Nationalparkverwaltung).

Der Katamaran von Pudeto zur Mountain Lodge Paine Grande (einfach, hin- & zurück pro Pers. 11 000/18°000 Chil$) startet von Dezember bis Mitte März um 9.30, 12 und 18 Uhr, von Ende März bis November um 12 und 18 Uhr, im September, Oktober und April nur um 12 Uhr. Ein anderes Boot pendelt mehrmals täglich auf dem Lago Grey zwischen der Hostería Lago Grey und dem Refugio Lago Grey (hin- & zurück 70 000 Chil$, 1½–2 Std.); der aktuelle Fahrplan ist in der *hostería* zu bekommen.

PATAGONIEN

Feuerland

Eine Aura des Geheimnisvollen prägt diesen Landstrich am Ende der Welt. Seine sagenumwobene Vergangenheit mit ihren Schiffskatastrophen, gescheiterten Missionsgründungen und Ausrottungsfeldzügen gegen die Ureinwohner trägt ihren Teil dazu bei. Touristen kommen hierher, um einen Blick auf die Südspitze des amerikanischen Kontinents zu werfen, und was sie zu sehen bekommen, ist in der Tat spektakulär. Auf die kargen Ebenen im Norden der Hauptinsel folgen Torfmoore und weite Südbuchenwälder mit moosbewachsenen Stämmen, über denen die schneebedeckten Felsspitzen hoher Berge aufragen. Bei Ushuaia fällt die Gebirgskette der Anden dann mit einem scharfen Schlenker ins südliche Polarmeer ab, wo verschiedene Meeresströmungen aufeinandertreffen.

Diese komplexe und zum Teil widersprüchliche Weltregion hat sich ihre Schönheit, ihr altertümliches Flair und ihre Merkwürdigkeiten bis heute bewahrt. Die vom Wind gebeugten Bandera-Bäume, die ihre zerzausten Kronen im Sturm schwenken wie ein Taschentuch, erinnern daran, dass hier ein höchst unbeständiges Wetter die Bedingungen vorgibt – auch für die Reisepläne der Besucher.

Abgelegen und schwer erreichbar, ist Feuerland dennoch keineswegs vom Festland isoliert. In seinen Häfen sorgt der Handel für geschäftiges Treiben, in den Ölraffinerien rauchen und brummen die Maschinen, und Scharen abenteuerlustiger Gäste kommen hierher – zum Wandern, Fliegenfischen oder um zu einer Kreuzfahrt in die Antarktis aufzubrechen. Vom Kontinent durch die Magellanstraße getrennt und durch die argentinisch-chilenische Grenze in zwei ungleiche Hälften geteilt, setzt sich der feuerländische Archipel aus einer großen Insel – der Isla Grande de Tierra del Fuego – und zahllosen kleinen, großenteils unbewohnten Inseln zusammen. In diesem Kapitel wird sowohl der argentinische als auch der chilenische Teil dieser Region vorgestellt, einschließlich der zu Chile gehörigen Isla Navarino.

FEUERLAND

HIGHLIGHTS

- Eine Kajaktour auf den stahlgrauen Fluten des **Beagle-Kanals** (S. 580) und dabei Seelöwen und Pinguine beobachten

- Eine Hundeschlittenfahrt durch verschneite Täler in der Nähe von **Ushuaia** (S. 580)

- Vieh auf einer der bis heute bewirtschafteten *estancias* rund um **Río Grande** (S. 574) zusammentreiben

- Besuch des **Museo Marítimo & Museo del Presidio in Ushuaia** (S. 579), in dem man den harten Zeiten nachspüren kann, die die Häftlinge der Strafkolonie früher durchleben mussten

- Eine Wanderung durch die alten feuerländischen Urwälder im **Parque Nacional Tierra del Fuego** (S. 588)

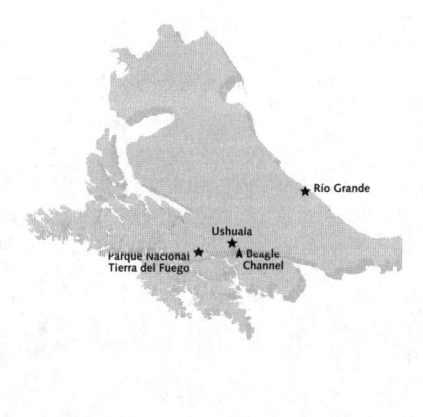

■ EINWOHNER: 106 000 (INKL. CHILEN. TEIL)   ■ FLÄCHE: 47 992 KM² (ISLA GRANDE)

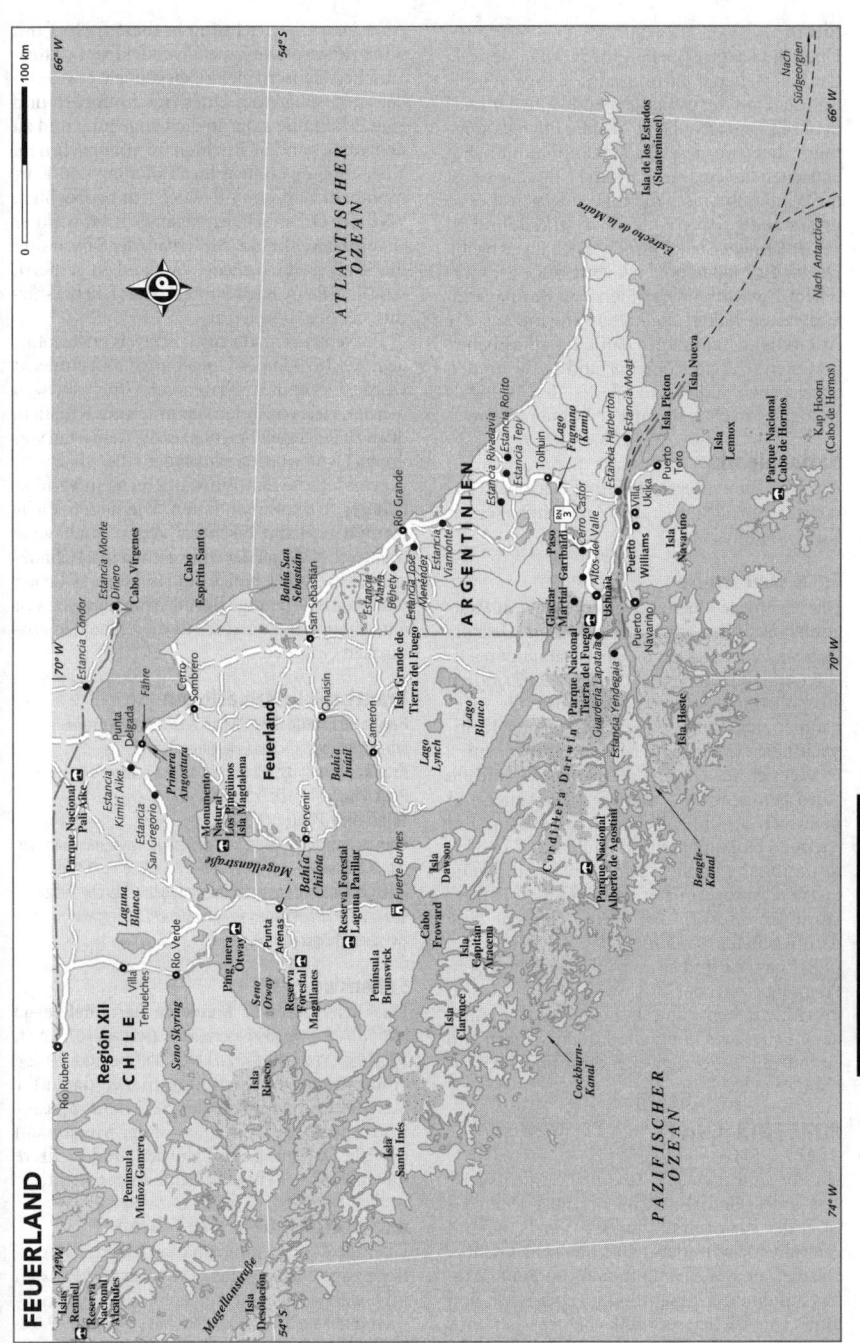

Klima

Über die kargen Ebenen im Norden der Isla Grande wehen erbarmungslos heftige Winde, während auf der gebirgigen Südhälfte der Insel der kräftige Regen dichte Wälder mit teils sommer-, teils immergrünen Laubbäumen hat entstehen lassen. Das maritime Klima ist selbst im Winter überraschend mild, zugleich aber so unbeständig, dass Schlechtwetterkleidung zu keiner Jahreszeit lange im Schrank hängen bleibt.

Die bis zu 2500 m hohen Gebirgszüge der Cordillera Darwin und der Sierra de Beauvoir im Südwesten halten die kalten Stürme aus der Antarktis auf und sorgen dafür, dass die Ebenen im Osten sehr viel trockener sind als die für den abgelegenen Süden und Westen des Archipels charakteristischen sturmgepeitschten Moore.

Nationalparks

Auf Isla Grande liegt der Parque Nacional Tierra del Fuego (s. S. 588), er ist Argentiniens erster Küstennationalpark.

An- & Weiterreise

Die wichtigste Überlandverbindung von Patagonien aus führt zur Fähre bei Punta Delgada (S. 563). Feuerland hat im Gegensatz zum restlichen Argentinien keine Provinzstraßen, sondern ausschließlich kleinere Landstraßen, die sogenannten *rutas complementarias*, die durch Kleinbuchstaben (z. B. RC-a) gekennzeichnet sind.

Wer sich auf dem argentinischen Festland ein Auto gemietet hat, überquert bis Feuerland mehrfach die chilenische Grenze. Dafür sind spezielle Dokumente und eine zusätzliche internationale Versicherung notwendig. Die meisten Autovermieter erledigen den Papierkram für ihre Kunden, wenn sie rechtzeitig darum gebeten werden.

Río Grande und Ushuaia sind auch mit dem Flugzeug erreichbar. Busse vom Festland setzen im chilenischen Punta Delgada mit der Fähre nach Feuerland über; alle Linien steuern Río Grande an, bevor es weiter zum Endziel nach Ushuaia geht.

PORVENIR (CHILE)
☎ 61 / 5465 Ew.

„In Porvenir (deutsch: Zukunft) ist nichts los", verkündete einmal ein Chilene, „aber genau das ist ja der springende Punkt!" Wer Feuerland ganz unverfälscht erleben möchte, ist hier richtig. Die meisten Besucher kommen von Punta Arenas auf einen Tagesausflug hierher, viele von ihnen ein bisschen seekrank von der Überfahrt.

Aber eine Übernachtung in diesem Dorf mit seinen angerosteten, metallverkleideten viktorianischen Häusern bietet Gelegenheit, etwas von der Atmosphäre des Ortes zu schnuppern und eine Erkundungstour in die Umgebung und zu den umliegenden Buchten zu unternehmen. Vogelfreunde können hier Kolonien von Kormoranen, Gänsen und Seevögeln beobachten. Weil der Ort so schwer zugänglich ist, wirkt er ein wenig weltfremd. Außerhalb der Saison sind die Straßen zum östlichen Festland oft gesperrt, selbst die Fähre nach Punta Arenas fällt bei stürmischer See zuweilen aus.

Porvenirs Vergangenheit ist etwas ungewöhnlich. Als 1879 in der Umgebung Gold entdeckt wurde, lockte dies Scharen von Glückssuchern hierher, viele von ihnen stammten aus Kroatien, doch zu Reichtum brachten es die wenigsten von ihnen. Dann wurden *estancias* für die Schafzucht gegründet, die den Einwanderern ein verlässlicheres Auskommen boten. Die neuen Viehfarmen und die Fischerei zogen auch Kleinchilotes (Bewohner der chilenischen Insel Chiloé) an, die hier die Chance auf ein besseres Leben witterten. Die heutige Bevölkerung des Ortes ist eine einzigartige Mixtur aus diesen beiden ethnischen Gruppen.

Praktische Informationen

Banco de Estado (Ecke Philippi & Croacia) Mit einem rund um die Uhr zugänglichen Geldautomaten.

Krankenhaus (☎ 580034; Wood, zw. Señoret & Guerrero)

Post (Philippi 176) Direkt an der Plaza.

Telefónica (Philippi 277) Neben der Bank.

Touristeninformation (☎ 580094/8; www.muniporvenir. com; Zavattaro 434; ☼ Mo–Fr 9–17, Sa & So 11–17 Uhr) Praktische Informationen für Reisende gibt es darüber hinaus im Kunsthandwerksladen an der *costanera* (Uferstraße) zwischen Philippi und Schythe.

Sehenswertes

Das faszinierende **Museo de Tierra del Fuego** (☎ 581800; www.museoporvenir.cl; Zavattaro 402; Eintritt 500 Chil$; ☼ Mo–Do 8–17, Fr 8–17 Uhr) besitzt einige erstaunliche Ausstellungsstücke, darunter Schädel und Mumien der Selk'nam, Musikinstrumente, die von ihnen in der Mission auf der Isla Dawson gebaut wurden, und mehrere Objekte aus der chilenischen Filmgeschichte.

Aktivitäten & Geführte Touren

Über die Touristeninformation lassen sich Ausflüge zum Goldwaschen, Ausritte und Fahrten im Geländewagen arrangieren. Das Unternehmen **Cordillera Darwin Expediciones** (☎ 580167, 09-888-

6380; www.cordilleradarwin.com; Bahía Chilota s/n) organisiert tolle Rundfahrten durch die Bahía Chilota in traditionellen Chilote-Fischerbooten (15 000 Chil$ inkl. Essen), bei denen sich mit etwas Glück Peale-Delfine beobachten lassen. Genauso empfehlenswert sind die mehrtägigen Camping- und Reitausflüge z. B. zum Río Condor (3 Tage und 2 Nächte 150 000 Chil$) oder die anspruchsvolle einwöchige Abenteuertour mit Kajakfahrt, Fang von *centollas* (Königskrabben) und Fliegenfischen sowie einem Ritt zum Glaciar Marinelli (Nov.–Mai, in Gruppen ab 7 Pers.). Diese Touren finden allerdings nur statt, wenn eine Mindestzahl an Teilnehmern zusammenkommt. Das Büro des Veranstalters liegt gegenüber der Anlegestelle der Fähre in einem Restaurant – Ansprechpartner für Buchungen ist der Tourleiter Pechuga.

Schlafen & Essen

Residencial Colón (☎ 581157; Riobó 198; pro Pers., mit Gemeinschaftsbad, 8000 Chil$) Die etwas abgerissene Pension ist das billigste Nachtquartier des Ortes und wird darum nicht selten von Fischereiarbeitern belegt. Auf Wunsch wird auch für ein günstiges Essen gesorgt.

Hotel Central (☎ 580077; Philippi 298; EZ/DZ 12 000/20 000 Chil$) Die Zimmer in dem bescheidenen Haus gegenüber vom Hotel Rosas versprühen einen eher betulichen Charme. Aber mit ihren Holzfußböden sind sie gemütlich, und in den Betten schläft es sich gut. Außerdem gibt's eine bequeme Sitzecke.

Hotel Rosas (☎ 580088; hotelrosas@chile.com; Philippi 296; EZ/DZ 14 000/20 000 Chil$) Eigentümer Alberto vermietet elf saubere und angenehme Zimmer mit Heizung, Kabelfernsehen und teilweise auch großartiger Aussicht. Er weiß so gut wie alles über die Gegend und arrangiert Ausflüge zum Circuito del Loro, einem historischen Bergwerk. Das Restaurant (*plato del día* –Tagesmenü – 4000 Chil$) wird zu den Essenszeiten ziemlich voll. Zu den Spezialitäten des Hauses zählen frischer Fisch und Meeresfrüchte.

Hotel España (☎ 580160; www.hotelespana.cl; Croacia 698; EZ/DZ/3BZ 15 000/25 000/30 000 Chil$) Die Zimmer des verwinkelten Hotels sind geräumig, mit Berberteppichen, Fernsehern und Zentralheizung ausgestattet und tadellos gepflegt; der Blick aus den Fenstern geht auf die Bucht. Im Untergeschoss befindet sich ein Café und hinter dem Haus ein Parkplatz.

El Chispa (☎ 580054; Señoret 202; plato del día 3500 Chil$; EZ/DZ 10 000/15 000 Chil$) In der aquamarinblauen hundertjährigen Feuerwache ein paar Blocks oberhalb der Uferpromenade versammeln sich abends viele Einheimische, um Lachsgerichte, Lammfleisch mit Kartoffelpüree und andere Hausmannskost zu genießen. Im Obergeschoss liegen einige einfache Zimmer, die allerdings oft von Arbeitern belegt sind.

Club Croata (☎ 580053; Señoret 542; Hauptgerichte 3500–6000 Chil$; Di–So 11–16 & 19–22.30 Uhr) Förmlich, ja fast ein wenig spießig geht es in dieser traditionsreichen Gaststätte zu, doch aus der Küche kommen leckere Fischgerichte und Meeresfrüchte sowie kroatische Spezialitäten wie Schweinekoteletts mit *chucrut* (Sauerkraut). Die blank gewienerte Bar hat ihren Tresen bis 3 Uhr morgens geöffnet.

An- und Weiterreise

Aerovías DAP (☎ 580089; www.dap.cl; Señoret, in der Nähe der Gamero) fliegt von November bis März täglich außer sonntags nach Punta Arenas im chilenischen Patagonien (20 000 Chil$, 15 Min.), in der Nebensaison seltener. Die Gesellschaft bietet einen Zubringerdienst (1800 Chil$) zum Flughafen an, der 6 km nördlich des Ortes liegt; die Fahrt mit dem Taxi kostet 3500 Chil$.

Transbordador Austral Broom (☎ 580089; www.tabsa. d) betreibt die Passagier- und Autofähre *Melinka* von und nach Punta Arenas (4900/31 000 Chil$ pro Pers./Fahrzeug, 2½–4 Std.). Die Fähre legt für gewöhnlich um 9 Uhr ab, manchmal aber auch am Nachmittag: Der jeweils gültige Fahrplan ist im Internet zu finden. Der Bus zur Anlegestelle 5 km außerhalb der Stadt (500 Chil$) startet eine Stunde vor Abfahrt der Fähre am Kiosk an der Uferpromenade.

Die Schotterstraße nach Südosten, die entlang der Bahía Inútil zur argentinischen Grenze bei San Sebastián führt (wo es eine Tankstelle und ein Motel gibt), ist in gutem Zustand. Wer von dort mit dem Auto nach Norden will, sollte den direkten Weg über die stark befahrene, ziemlich ramponierte Lkw-Piste meiden und stattdessen bis zum Ölhafen Cerro Sombrero die Nebenstraße über Onaisín nehmen. Von Cerro Sombrero geht's dann auf der Hauptstraße weiter zur Fährverbindung zwischen Puerto Espora und Punta Delgada über die Magellanstraße.

RÍO GRANDE
☎ 02964 / 68 776 Ew.
Eine riesenhafte Forellenskulptur am Ortseingang zeigt unübersehbar an, dass diese Stadt faktisch die Metropole des Fliegenfischens in Feuerland ist: Hier liegen einige der besten und preisgekrönten Angelplätze für den Meeresfore-

llenfang weltweit. Exklusive Nobelhütten auf den Estancias der Umgebung (mit eigenen Landeplätzen) locken zahlungskräftige Gäste an, darunter Hollywood-Stars und ehemalige US-Präsidenten, die hier von einem großen Fang träumen. Wer dagegen keine Angelrute im Gepäck hat, wird in der Regel höchstens ein paar Stunden in der windigen Stadt bleiben – so lange, bis der nächste Bus ins 230 km südwestlich gelegene Ushuaia abfährt.

Als der Wollbaron José Menéndez hier in der Nähe seine großen Schaffarmen (s. S. 574) gründete, entwickelte sich Río Grande zu einem behelfsmäßigen, aber dann zunehmend wichtigen Dienstleistungszentrum. 1893 errichtete der Salesianerorden eine Missionsstation unter der Leitung von Monsignore Fagnano im vergeblichen Bemühen um einen Schutz der Selk'nam vor der zunehmenden Verfolgung.

Als Ölhafen und Raffineriestandort hat Río Grande ein eindeutig industrielles Gepräge. Selbst die Kunstwerke im Straßenraum wirken wie grobschlächtig zusammengezimmerte Riesenspielzeuge. Der zollfreie Status der Stadt, der die Entwicklung der örtlichen Wirtschaft fördern sollte, hat zur Ansiedlung mehrerer Elektronikfabriken und Gerätegroßmärkten geführt. Im Falklandkrieg (April–Juni 1982) war der Ort ein wichtiger Militärstützpunkt; in der Stadt erinnern mehrere Gedenkstätten an die gefallenen Soldaten.

Praktische Informationen

Das meiste, was Reisende so brauchen, ist an den Avenidas San Martín und Belgrano zu finden.

Banco de la Nación (Ecke San Martín & 9 de Julio) Hier gibt es auch einen Geldautomaten; weitere stehen in der näheren Umgebung.

Don Pepe (Ecke 9 de Julio & Rosales; 🕒 0–24 Uhr) Supermarkt mit Burger-Gaststätte, *locutorio* (Telefonzelle) sowie Internetzugang.

El Lavadero (Moreno 221) Wäscherei.

Farmacia Central (Ecke San Martín & Piedrabuena; 🕒 0–24 Uhr) Apotheke.

Instituto Fueguino de Turismo (Infuetur; ☎ 424326; www.tierradelfuego.org.ar; Espora 533, 🕒 9–21 Uhr) An der Südseite der Plaza.

Mariani Travel (☎ 426010; Rosales 281) Vertritt verschiedene Estancias der Umgebung; auch Flüge können hier gebucht werden.

Post (Rivadavia, zwischen Moyano & Alberdi)

Städtische Touristeninformation (☎ 431324; rg-turismo@netcombbs.com.ar; 🕒 9–20 Uhr) In einem Kiosk an der Plaza, überaus nützlich: Hier gibt's Karten, Broschüren über die Estancias und detaillierte Informationen für Angler.

Thaler Cambio (☎ 421154; Rosales 259) Wechselstube für den Eintausch von Reiseschecks.

Sehenswertes

Das **Museo de la Ciudad** (☎ 430414; Alberdi 555; Eintritt frei; 🕒 Mo–Fr 9–17, Sa 15–19 Uhr) in einem restaurierten *galpón* (Schuppen für die Schafschur) zeigt eindrucksvolle Ausstellungsstücke. Die Bandbreite reicht vom Alltag der Holzfäller bis zu Militärparaden, von Postverbindungen bis zur Kartografie, vom Kunsthandwerk der Ureinwohner bis zum unvermeidlichen *milodón* (s. S. 560), dem vor Jahrtausenden ausgestorbenen Riesenfaultier.

10 km nördlich der Stadt liegt an der RN 3 die 1893 gegründete Misión Salesiana (Missionstation der Salesianer) mit dem **Museo Histórico y Natural Monseñor Fagnano** (☎ 421642; Erw./Kind 2/1 Arg\$; 🕒 Mo 15–18, Di–Fr 9–11.30, 15–18, Sa & So 16–18 Uhr), in dem neben ethnografischen Exponaten auch geologische und naturgeschichtliche Objekte zu sehen sind. Der Einsatz der Missionare für den Schutz der Selk'nam hatte sich mit deren Ausrottung Anfang des 20. Jhs. erledigt, und die Missionsstation wurde zu einer Landwirtschaftsschule umfunktioniert, die bis heute als die beste der Region gilt. Besucher können in der Teestube frischen Salesianerkäse und andere Lebensmittel kaufen. Manchmal stehen auch Pferde für einen Ausritt zur Verfügung, und die Schüler (bis 1997 waren an der Schule keine Schülerinnen zugelas-

GOLDGRÄBER, MENSCHENJÄGER

1886 landete der Abenteurer Julius Popper auf der Suche nach Gold an der Mündung des Río Grande, wo das Volk der Selk'nam (oder Ona) zu Hause war. Er gründete eine eigene Schürfgesellschaft, ließ sich an der Bahía San Sebastián nieder und stieß im wahrsten Sinne des Wortes auf eine Goldgrube – seine Angestellten entdeckten schon im ersten Jahr fast 70 kg des Edelmetalls. Poppers rücksichtsloses Vorgehen löste immer wieder Konflikte mit den Ureinwohnern und auch mit anderen Goldgräbern aus, doch gegen seine mit nagelneuen Gewehren bewaffnete Privatarmee hatten die Selk'nam keine Chance; selbst chilenische Regierungstruppen zogen gegen die aggressiven Söldner den Kürzeren. Julius Popper, der für seinen Privatstaat auf Feuerland sogar Goldmünzen prägen und Briefmarken drucken ließ, starb 1893 unter mysteriösen Umständen in Buenos Aires – keine 36 Jahre alt.

sen) bieten in lockerer Atmosphäre Führungen durch die Gewächshäuser und Milchviehställe des Schulgeländes an. Von Río Grande aus ist die Missionsstation mit dem *colectivo* (Stadtbus) der Linie B zu erreichen: Er fährt stündlich ab der Avenida San Martín.

Schlafen

Angesichts einer Kundschaft, die vor allem aus Geschäftsleuten und Anglern besteht, sind die wenigen verfügbaren Unterkünfte für andere Sterbliche meist ziemlich überteuert. Es gibt einige günstige, dafür aber auch etwas unappetitliche Herbergen; die empfehlenswerten Häuser dagegen sind in der Regel relativ schnell ausgebucht. Luxushotels gewähren bei Barzahlung einen Rabatt von 10 %.

Hostel Argentino (☎ 422546; www.hostelargentino.com; San Martín 64; B mit/ohne Bad 50/60 Arg$; DZ mit/ohne Bad; ❑) Reisende aus nah und fern geben sich in dieser freundlichen Pension die Klinke in die Hand. Die quirlige Graciela bietet ihren Gästen eine heiße Dusche, eine Gemeinschaftsküche, Frühstück und Gepäckaufbewahrung. Im neuen Flügel des Hauses sind saubere, frisch gestrichene kleine Doppelzimmer mit Doppelbetten untergebracht. Fahrradtouristen können sogar ihr Gefährt in einem Schuppen unterstellen.

Hotel Villa (☎ 424998; hotelvillarg@hotmail.com; San Martín 281; DZ/3BZ 240/280 Arg$; ❑) In dem frisch renovierten Haus gegenüber dem Casino Status finden sich ein Dutzend geräumige und stilvolle Zimmer mit Daunendecken auf den Betten. Das Restaurant kocht ordentliches Essen zu fairen Preisen und serviert zum Frühstück *medialunas* (Croissants).

Posada de los Sauces (☎ 432895; www.posadadelos sauces.com.ar; Elcano 839; EZ/DZ/3BZ 250/325/390 Arg$; ❑) Mit seiner rustikalen Atmosphäre samt Waldduft und anderen forstlichen Akzenten hat sich dieses freundliche, professionell geführte Hotel hauptsächlich auf eine Klientel aus betuchten Anglern eingestellt. In den besonders luxuriösen Zimmern darf darum auch ein Whirlpool nicht fehlen. Das in Grüntönen gehaltene Restaurant mit Bar im Obergeschoss ist mit dunklem Holz dekoriert und wartet geradezu darauf, dass sich die Luft mit Jäger- und Anglerlatein und dem Rauch dicker Zigarren füllt.

Essen & Ausgehen

Epa!!! (☎ 425334; Rosales 445; Hauptgerichte 8–25 Arg$) Sitzecken mit tiefen Ledersesseln und eine geschwungene Theke sind die Markenzeichen dieser beliebten Café-Bar. Wenn im Fernsehen

Fußball läuft, geht es hier ziemlich lebhaft zu. Das Mittagsmenü ist nicht teuer, und es gibt eine lange Liste von Cocktails, um die Abendgäste bei Laune zu halten.

LP Tipp **La Nueva Colonial** (☎ 425353; Ecke Lasserre & Belgrano; Hauptgerichte 18–30 Arg$) Chefkoch Césars unvergleichliche Pastagerichte (besonders empfehlenswert z. B. die *sorrentinos* – große, runde Nudeln – mit Pesto), serviert mit frischem Focaccia-Brot und einer Flasche Rotwein, sind für sich genommen schon ein Grund, länger in Río Grande zu bleiben. Wem es nicht schmeckt, der braucht nicht zu bezahlen (vorausgesetzt, ihm fallen genügend gute Gründe ein).

El Rincón de Julio (☎ 02964-15-604261; Elcano 805; All you can eat-Büfett 45 Arg$) In der Holzhütte vor der YPF-Tankstelle herrscht eine entspannte Atmosphäre. An den sieben Tischen wird das beste Grillfleisch der Stadt serviert.

Karma Café Bar (Ecke Lasserre & Belgrano; Drinks 7 Arg$) Das elegante kleine Eckcafé gleich neben dem Restaurant La Nueva Colonial bietet nur wenigen Tischen Platz. Doch für einen *café con leche* (Milchkaffee) oder ein Glas Wein ist das Lokal der ideale Ort.

An- & Weiterreise

Der **Flughafen** (RGA; ☎ 420699) liegt nur eine kurze Taxifahrt von der Stadt entfernt, ein Stück abseits der RN 3. **Aerolíneas Argentinas** (☎ 424467; San Martín 607) fliegt täglich direkt nach Buenos Aires (620 Arg$), **LADE** (☎ 422968; Lasserre 445) mehrmals pro Woche nach Río Gallegos (174 Arg$), El Calafate (280 Arg$) und ebenfalls Buenos Aires.

Zur Zeit der Recherche gab es in Río Grande keinen zentralen Busbahnhof, doch die Planungen für einen Neubau waren in Arbeit. Busse von **Tecni-Austral** (☎ 432885, 430610; Moyano 516) fahren nach Ushuaia (50 Arg$, 4 Std., 6–20 Uhr, mehrmals tgl.) – mit einem Zwischenstopp in Tolhuin (20 Arg$, 1½ Std.) –, Río Gallegos (90 Arg$, 8 Std., tgl.) und Punta Arenas (85 Arg$, 8 Std., Mo, Mi, Fr). Auch **Buses Pacheco** (☎ 425611; 25 de Mayo 712) bietet eine Verbindung nach Punta Arenas in Chile an (80 Arg$, 8 Std., mehrmals wöchentl.).

Die Unternehmen **Lider** (☎ 420003, 424-2000; Moreno 1056) und **Transportes Montiel** (☎ 427225; 25 de Mayo 712) betreiben einen Minivan-Service von Haus zu Haus, der mehrmals täglich nach Ushuaia (60 Arg$, 4 Std.) und Tolhuin (30 Arg$, 1½ Std.) verkehrt – eine günstige Alternative zum Überlandbus. Wer mitfahren will, muss telefonisch reservieren und seine Fahrkarte persönlich bezahlen.

FEUERLAND

FORELLEN FISCHEN AN FEUERLANDS FLÜSSEN

Wenn das Fremdenverkehrsamt eine Karte der örtlichen Angelgründe ins Internet stellt (www.tierradel fuego.org.ar/funcardio/trutamap.jpg), dann wissen Hobbyfischer: Hier sind sie richtig. Hollywoodstars, ehemalige US-Präsidenten und andere Staatsoberhäupter strömen scharenweise ins öde Umland von Río Grande, um einen dicken Fisch zu fangen. Meistens haben sie Glück.

Wegbereiter des Anglertourismus war der Siedler John Goodall, der im Jahr 1933 in den Flüssen rund um Río Grande Bachsaiblinge, Bach-, Meer- und Regenbogenforellen aussetzte. Die Fische vermehrten sich prächtig, und das Sportangeln wurde ein wichtiger Wirtschaftszweig der Region. Die aus Europa stammenden Meerforellen wanderten flussabwärts in den Südatlantik, kehrten aber zum Laichen wieder in die feuerländischen Flüsse zurück. Im Lauf der letzten Jahrzehnte haben diese Wanderungen hinaus ins Meer und zurück an die Laichplätze eines der besten Forellenfangreviere der Welt entstehen lassen: Einige der hier gefangenen Exemplare wiegen bis zu 15 kg! Ähnlich eindrucksvoll haben sich auch die ursprünglich in den westlichen USA heimischen Regenbogenforellen entwickelt – einzelne Exemplare bringen es auf stolze 9 kg.

Die meisten Angeltouren nach und in Feuerland werden von Reisebüros im Ausland – besonders in den USA – organisiert. Zu den Flüssen, an denen jedermann die Angel auswerfen kann und die auch von Tourveranstaltern angesteuert werden, gehören die Flüsse Fuego, Menéndez, Candelaria, Ewan und MacLennan. In der obersten Preisklasse werden die Hobbyfischer aber meist auf Estancias untergebracht, die sich die Exklusivrechte auf einige der ergiebigsten Wasserläufe Feuerlands gesichert haben.

Es gibt zwei Arten von Angellizenzen. Eine Lizenz der Kategorie 1 erlaubt das Angeln an allen Gewässern der Provinz mit Ausnahme des Nationalparks. Ausgestellt wird sie von der **Asociación Caza y Pesca** in Ushuaia (☎ 02901-423168; cazapescaush@infovia.com.ar; Maipú 822) und vom **Club de Pesca John Goodall in Río Grande** (☎ 02964-424324; Ricardo Rojas 606). Für den Nationalpark und einige Teilgebiete in Patagonien ist eine Lizenz der Kategorie 2 notwendig, die die **Nationalparkverwaltung** in Ushuaia (☎ 02901-421315; San Martín 1395) ausstellt. Hilfreiche Hinweise zum Angeln in Argentinien finden Interessierte auch im Internet über das Portal **Pesca Argentina** (www.pescaargentina.com.ar, auf Spanisch).

Nützliche Informationen im Überblick:

Fliegen Rubber Legs und Woolly Buggers.

Gebühren für die Angelerlaubnis 75 Arg$ pro Tag bzw. 350 Arg$ für die gesamte Saison, Zusatzgebühren für viele Angelreviere und fürs Schleppangeln (Trolling).

Beschränkungen Ein Fisch pro Person und Tag; alle weiteren sind nach dem Fang vorsichtig vom Haken zu lösen und gleich wieder zurückzusetzen (catch and release).

Techniken Spinnfischen und Fliegenfischen; nachts ist das Angeln verboten.

Saison 1. November bis 15. April; vom 1. bis 15. April nur catch and release (gefangene Fische müssen wieder zurückgesetzt werden; das ist problematisch für den Fisch, weil die Stelle, an der der Haken saß, leicht verpilzt).

ESTANCIAS RUND UM RÍO GRANDE

Weite Teile Feuerlands waren einst im Privatbesitz des Wollbarons José Menéndez. Seine erste Estancia war La Primera Argentina (gegründet 1897), heute bekannt als **Estancia José Menéndez.** Sie liegt 20 km südwestlich von Río Grande und ist von dort über die RN 3 und die RC-b zu erreichen. Damals erstreckte sie sich über 1600 km², auf denen in Hochzeiten mehr als 140 000 Schafe weideten. Nur wenig kleiner war mit 1500 km² sein zweites Anwesen, La Segunda Argentina, das ihm immer besonders am Herzen lag. Die später nach seiner Frau in **Estancia María Behety** (☎ in Buenos Aires: 011-4331-5061; www.maribety. com.ar, auf Spanisch) umbenannte Ranch ist nach wie vor in Betrieb und liegt etwa 17 km westlich von Río Grande (Anfahrt über die RC-c). Nach eigenen Angaben hat sie den weltweit größten Schuppen für die Schafschur, heute ist sie eine höchst exklusive Lodge vor allem für Reisegruppen und zahlungskräftige Angler. Die dazugehörige Anglerlodge La Villa ist ein hübsches kleines Haus im traditionellen Stil mit herrlichem Blick auf den Río Grande. Die Unterkunft hat allerdings lediglich sechs Zimmer.

In der näheren Umgebung haben sich noch einige weitere Estancias dem Tourismus geöffnet, wenn auch meist nur für niedrige Besucherzahlen. Der Aufenthalt auf einem solchen Betrieb ist eine optimale Gelegenheit, etwas über das Land und seine Geschichte zu erfahren und den einzigartigen Zauber dieser Farmen zu genießen. Dazu ist es allerdings notwendig, sich lange im Voraus anzumelden.

Die **Estancia Viamonte** (☎ 02964-430861, 02964-15-616813; www.estanciaviamonte.com; pro Pers. mit Frühstück & Abendessen 550 Arg$; ☒ Okt.–April & nach Vereinbarung) wurde 1902 von den Söhnen des frühen Siedlers und Missionars Thomas Bridges (s. S. 591) auf Bitten der Selk'nam gegründet, die sich hier Schutz vor der anhaltenden Verfolgung versprachen. Die Goodalls, Nachkommen der Familie Bridges, betreiben hier bis heute eine Viehfarm mit 22 000 Schafen, die eine Fläche von 400 km² beweiden. Die Gäste wohnen im Haus Sea View, einem komfortablen Wohnhaus im englischen Stil in Hörweite der tosenden Ozeanwellen – in denselben Zimmern, in denen einst Thomas Bridges' Sohn Lucas lebte. Zum Freizeitprogramm der Estancia (mit Begleitung) gehören Ausritte, Wanderungen und Fliegenfischen am Río Ewan.

Die von Kroaten gegründete Schaffarm **Estancia Rivadavia** (☎ 02901-492186; www.estanciarivadavia.com; RC-h, Km 22; Tagesaufenthalt/Pauschalpreis mit Übernachtung pro Pers. 420/875 Arg$) 100 km südöstlich von Río Grande umfasst rund 100 km² Täler, Seen und Berge. Der Weg hierher führt zunächst über die RN 3, dann über die RC-h (die frühere Ruta 18) bis zum Km 22. Urlaubsgäste können sich an der Farmarbeit beteiligen oder Wanderungen zu den Seen und eine Abenteuertour an den Río Claro unternehmen. Trotz seiner Abgeschiedenheit gelangte das Anwesen zu trauriger Berühmtheit, als 1999 der paraguayische Putschgeneral Lino Oviedo hier Zuflucht suchte.

Die im baskisch-provenzalischen Stil gehaltene, rund 100 km² große **Estancia Tepi** (☎ 02964-427245, 02964-15-504-2020; www.estanciatepi.com.ar, auf Spanisch; RC-a, Km 5; Tagesaufenthalt/Übernachtung mit Frühstück/Vollpension pro Pers. 420/685/800 Arg$; ☒ Dez.–März) liegt 80 km von Río Grande und 150 km von Ushuaia entfernt. Sie wurde vom ersten Landarzt in Feuerland gegründet und ist ebenfalls bis heute in Betrieb. Neben Reitmöglichkeiten jeder Schwierigkeitsstufe auf traditionellen patagonischen Pferden mit mehreren Schichten von Schaffellen auf dem Rücken werden den Besuchern hier Thermalbäder, Trekkingtouren und andere Ausflüge geboten.

Die faszinierende, gastliche **Estancia Rolito** (☎ 02901-437351, 02901-432419; www.tierradelfuego.org.ar/rolito, auf Spanisch; RC-a, Km 14; Zi. mit Halb-/Vollpension pro Pers. 188/251 Arg$) 100 km südöstlich von Río Grande und 150 km nordöstlich von Ushuaia präsentiert sich rustikal und sehr argentinisch. Besucher schwärmen von den Reitausflügen und Wanderungen durch die Wälder aus Antarktischen (Ñire-) und Lenga-Scheinbuchen. Von Ushuaia

aus organisiert das Unternehmen Turismo de Campo Tagesausflüge hierher, bei denen ein Mittag- oder Abendessen und ein begleiteter Ausritt auf dem Programm stehen.

TOLHUIN & LAGO FAGNANO
☎ 02901

Das 2000-Einwohner-Städtchen Tolhuin (der Name steht in der Sprache der Selk'nam für „herzförmig") liegt in der Mitte der Insel Feuerland am Ostufer des Lago Fagnano (Lago Kami). Auf der asphaltierten Hauptstraße befindet es sich 132 km südöstlich von Río Grande und 104 km nordöstlich von Ushuaia. Die meisten Touristen lassen die rasch wachsende Gemeinde mit ihren kleinen Plazas und schützenden immergrünen Bäumen schnell hinter sich, aber wer auf der Suche nach einem etwas anderen, ruhigen Ferienort ist, sollte hier ruhig einmal Station machen.

Die Ufer des 117 km langen Gletschersees, der im Westen bis nach Chile hineinreicht, sind größtenteils schwer zugänglich und nicht durch Straßen erschlossen. Es gibt Pläne, einen Katamaran auf dem See verkehren zu lassen: Dadurch ergäbe sich die Möglichkeit, eine Bootsfahrt mit einer Trekkingtour auf der anderen Seite des Sees zu kombinieren. Boote zum Ausfahren und Fischen gibt es bereits.

Tolhuins erst kürzlich röffnete **Touristeninformation** (☎ 492380, 492125; www.tierradelfuego.org.ar/tolhuin; Av de los Shelknam 80) hinter der örtlichen Tankstelle gibt Auskünfte über Ausflugsmöglichkeiten, Miet- und Leihangebote. Wer von Ushuaia aus anreist, ist bei der dortigen Touristeninformation (s. S. 579) vermutlich besser aufgehoben. Bei der **Banco de Feuerland** (Menkiol s/n) gibt es einen Geldautomaten.

Schlafen & Essen
Camping Hain (☎ 02901-15-603606; Lago Fagnano; Zelten pro Pers. 10 Arg$, refugio für 8 Pers. 130 Arg$) Auf dem erstklassigen Campingplatz am Lago Fagnano stehen die Zelte auf Grasflächen im Schutz hölzerner Windschirme. Dazu kommen ein riesiger Grillplatz und ein *fogón* (geschützte Feuerstelle mit Küchenbereich), Toiletten und Duschen mit heißem Wasser.

La Posada de los Ramirez (☎ 02901-492137; Av de los Shelknam 411, Tolhuin; B/Hütte für 4 Pers. 50/180 Arg$; ☒) Die einladende Familienpension liegt mitten im Ort, zusammen mit dem Restaurant des Eigentümers, in dem frische Forellen aus den örtlichen Gewässern, Nudel- und Fleischgerichte auf der Speisekarte stehen (Hauptgerichte 35–40 Arg$).

FEUERLAND

GEISTERBESCHWÖRUNG AUF FEUERLÄNDISCH

Spuren der geheimnisvollen, heute weitgehend verschwundenen Vergangenheit Feuerlands zu suchen, gehört zu einem Besuch in dieser Region dazu. In Souvenirläden wird eine Postkarte verkauft, die eine unbestimmte Faszination ausübt. Sie zeigt einen nackten, schwarz bemalten Mann, dessen Körper von der Brust bis zu den Füßen mit feinen weißen Streifen geschmückt ist. Sein Gesicht ist bedeckt und darum unsichtbar. Was hat es damit auf sich?

Für Menschen, die nahezu ungeschützt den Launen der Elemente ausgesetzt waren und nur mit Mut und Scharfsinn überleben konnten, waren Initiationsrituale immer schon eine große Sache. Und die sahen bei den an der Küste lebenden, mit dem Bootsbau und der Fischerei vertrauten Yahgan (Yámana) erstaunlicherweise nicht viel anders aus als bei ihren kriegerischen nördlichen Nachbarn, den Selk'nam (von den Yahgan Ona genannt) – nomadischen Jägern, mit denen die Yahgan möglichst wenig zu tun haben wollten. Beide zelebrierten für ihre jungen Männer einen Initiationsritus, bei dem eine alte Sage szenisch dargestellt wurde. Danach hatten sich einst die Männer gegen die Herrschaft der Frauen erhoben, ihre geheimen Zauberkräfte erbeutet und auf diese Weise die Macht gewonnen. Bei der Kina-Zeremonie der Yahgan färbten sich Männer mit Kohle schwarz und bemalten ihre Körper mit Streifen- und Punktmustern aus weißem und rotem Lehm, um in die Rolle von Geistern zu schlüpfen. Die Selk'nam schmückten sich für ihre Hain-Zeremonie ganz ähnlich. Sie führten ihre jungen Männer in eine Hütte, wo diese dann von den Geistern angegriffen wurden. In den Gesamtzusammenhang der Zeremonie waren aber auch die Frauen einbezogen, denen die Männer ihren Kampf gegen die Geister vorführten, wobei jeder die Rolle und die besonderen Eigenschaften eines bestimmten Geistes übernahm. Auf diese Weise demonstrierten sie den Frauen ihre überlegene Stärke, erneuerten aber auch deren Unterwerfung. Allerdings hatten diese Vorführungen nicht immer die gewünschte Wirkung: Die Geister, die die Männer ins Lager der Frauen schickten, sorgten dort statt für Furcht und Schrecken auch schon einmal für Heiterkeitsausbrüche ...

Mit dem Vordringen europäischer Einwanderer wurden die Zeremonien kürzer und verloren einen Großteil ihrer ursprünglichen Bedeutung. Als Anfang des 20. Jhs. in Anwesenheit christlicher Missionare die letzte Hain-Zeremonie der Selk'nam stattfand, war die Grenze vom religiösen Ritual zum bloßen Schauspiel bzw. zur Touristenunterhaltung bereits überschritten.

Hostería Kaikén (☎ 492372; www.hosteriakaiken.com.ar; Lago Fagnano, Km 2942; DZ/Hütte für 2 Pers. 235–290/175 Arg$; 💻) Der hinreißende Gasthof am Seeufer präsentiert sich rustikal und zugleich voller Raffinesse, mit gedeckten Farben, Möbeln im Kolonialstil und kuscheligen Daunendecken auf den Betten. Es gibt eine schicke Bar mit Panoramablick auf den See, und im Speisesaal werden exquisite Gerichte serviert.

Panadería La Unión (☎ 492202; www.panaderialaunion.com.ar, auf Spanisch; Jeujepen 450, Tolhuin; Snacks 3 Arg$; 🕒 0–24 Uhr) Erstklassige *facturas* (Gebäck) und zweitklassige Nescafé-Cappuccinos sorgen in diesem Lokal an der Durchgangsstraße für Zulauf. Die Porträts argentinischer Berühmtheiten an den Wänden sagen europäischen Gästen vermutlich nicht viel (die Herren sind in der Regel alternde Rockstars, die Damen Kundinnen von Schönheitschirurgen). Reisebusse machen hier Station, um Passagiere aufzunehmen und heißes Wasser für den *mate* zu tanken.

An- & Weiterreise

Den ganzen Tag über halten alle Busse und Minibusse, die auf der RN 3 zwischen Ushuaia und Río Grande unterwegs sind, an der Panadería La Unión. Eine Fahrkarte kostet 30 Arg$; in der Hochsaison sind die Gefährte allerdings oft schon voll besetzt.

USHUAIA

☎ 02901 / 59 000 Ew.

Die geschäftige Hafenstadt, in der sich abenteuerlustige Touristen in Scharen versammeln, ist ein schmale Streifen steiler Straßen und zusammengewürfelter Häuser zwischen Beagle-Kanal und dem schneebedeckten Bergmassiv des Glaciar Martial. Eine vergleichbare Lage können nur wenige Orte aufweisen, und je mehr Schiffe auf dem Weg in die Antarktis im Hafen anlegen, desto mehr Nutzen zieht Ushuaia aus seinem eifersüchtig gepflegten Nimbus, die letzte Stadt am Ende der Welt zu sein.

Der übereifrige Geschäftsgeist kennt keine Peinlichkeiten: Ein Souvenirladen ist nach Jemmy Button benannt – einem Yahgan, der 1830 nach England entführt wurde, um ihn zu „zivilisieren" – Humor ist, wenn es im Kopf wehtut.

Doch mit einem halben Liter Bier aus der südlichsten Kleinbrauerei der Welt in der Hand

USHUAIA

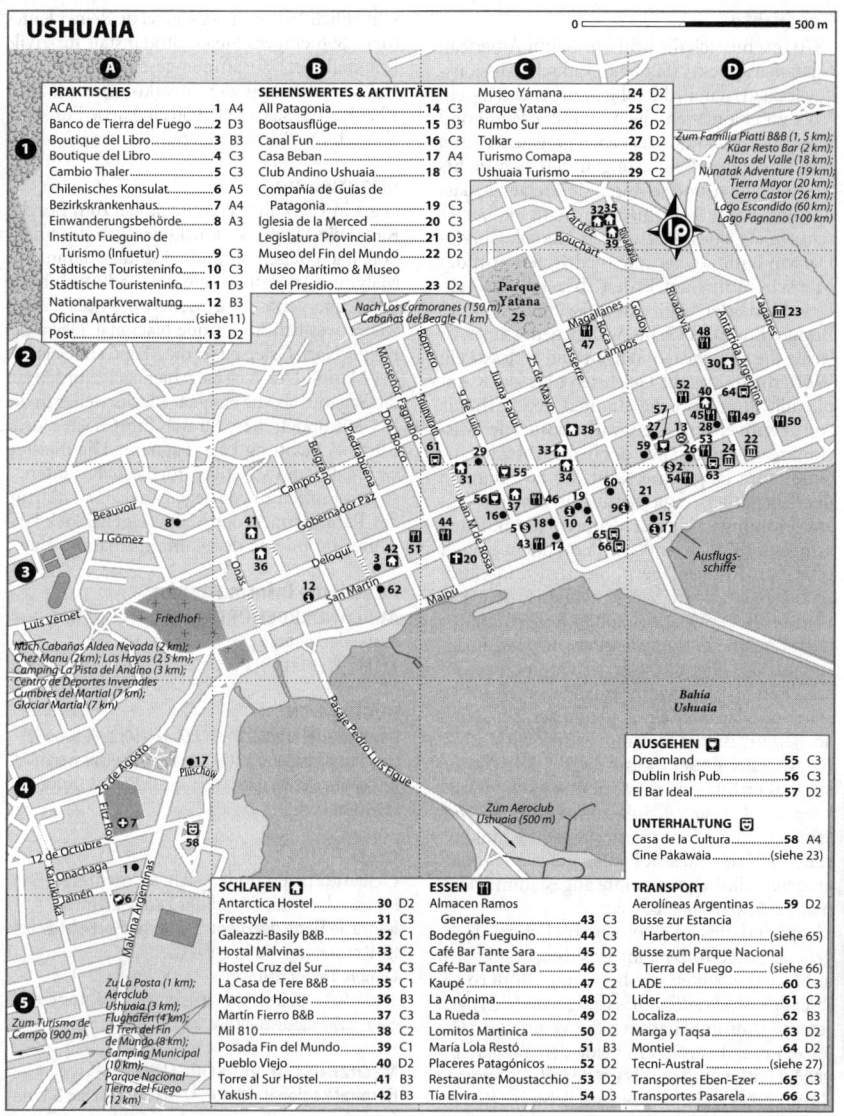

0 ——— 500 m

PRAKTISCHES

ACA	1 A4
Banco de Tierra del Fuego	2 D3
Boutique del Libro	3 B3
Boutique del Libro	4 C3
Cambio Thaler	5 C3
Chilenisches Konsulat	6 A5
Bezirkskrankenhaus	7 A4
Einwanderungsbehörde	8 A3
Instituto Fueguino de Turismo (Infuetur)	9 C3
Städtische Touristeninfo	10 C3
Städtische Touristeninfo	11 D3
Nationalparkverwaltung	12 B3
Oficina Antárctica	(siehe11)
Post	13 D2

SEHENSWERTES & AKTIVITÄTEN

All Patagonia	14 C3
Bootsausflüge	15 D3
Canal Fun	16 C3
Casa Beban	17 A4
Club Andino Ushuaia	18 C3
Compañia de Guías de Patagonia	19 C3
Iglesia de la Merced	20 C3
Legislatura Provincial	21 D3
Museo del Fin del Mundo	22 D2
Museo Marítimo & Museo del Presidio	23 D2

Museo Yámana	24 D2
Parque Yatana	25 C2
Rumbo Sur	26 C3
Tolkar	27 C3
Turismo Comapa	28 C3
Ushuaia Turismo	29 C2

Zum Familia Piatti B&B (1, 5 km);
Küar Resto Bar (2 km);
Altos del Valle (18 km);
Nunatak Adventure (19 km);
Tierra Mayor (20 km);
Cerro Castor (26 km);
Lago Escondido (60 km);
Lago Fagnano (100 km)

Parque Yatana 25

Nach Los Cormoranes (150 m);
Cabañas del Beagle (1 km)

Parque Nacional Tierra del Fuego

Bahia Ushuaia

Ausflugs-schiffe

Zum Aeroclub Ushuaia (500 m)

Nach Cabañas Aldea Nevada (2 km);
Chez Manu (2km); Las Hayas (2.5 km);
Camping La Pista del Andino (3 km);
Centro de Deportes Invernales
Cumbres del Martial (7 km);
Glaciar Martial (7 km)

Zu La Posta (1 km);
Aeroclub Ushuaia (3 km);
Flughafen (4 km);
El Tren del Fin de Mundo (8 km);
Camping Municipal (10 km);
Parque Nacional Tierra del Fuego (12 km)

Zum Turismo de Campo (900 m)

SCHLAFEN

Antarctica Hostel	30 D2
Freestyle	31 C3
Galeazzi-Basily B&B	32 C1
Hostal Malvinas	33 C2
Hostel Cruz del Sur	34 C3
La Casa de Tere B&B	35 C1
Macondo House	36 B3
Martín Fierro B&B	37 C3
Mil 810	38 C2
Posada Fin del Mundo	39 C1
Pueblo Viejo	40 D2
Torre al Sur Hostel	41 B3
Yakush	42 B3

ESSEN

Almacen Ramos Generales	43 C3
Bodegón Fueguino	44 C3
Café Bar Tante Sara	45 D2
Café-Bar Tante Sara	46 C3
Kaupé	47 C2
La Anónima	48 D2
La Rueda	49 D2
Lomitos Martinica	50 D2
María Lola Restó	51 B3
Placeres Patagónicos	52 D2
Restaurante Moustacchio	53 D2
Tía Elvira	54 D3

AUSGEHEN

Dreamland	55 C3
Dublin Irish Pub	56 C3
El Bar Ideal	57 D2

UNTERHALTUNG

Casa de la Cultura	58 A4
Cine Pakawaia	(siehe 23)

TRANSPORT

Aerolíneas Argentinas	59 D2
Busse zur Estancia Harberton	(siehe 65)
Busse zum Parque Nacional Tierra del Fuego	(siehe 66)
LADE	60 D2
Lider	61 C2
Localiza	62 B3
Marga & Taqsa	63 C3
Montiel	64 D2
Tecni-Austral	(siehe 27)
Transportes Eben-Ezer	65 C3
Transportes Pasarela	66 C3

FEUERLAND

lässt sich wunderbar eine Auswahl aus dem beachtlichen Angebot an sportlichen Aktivitäten treffen: Schon ein paar Minuten außerhalb der Stadt finden sich Möglichkeiten zum Wandern, Segeln, Ski- und Kajakfahren, ja sogar zum Gerätetauchen.

Die relativ hohen Löhne in Feuerland ziehen Argentinier aus allen Landesteilen an. Aus diesem Grund beklagen einige Einheimische den Verlust an kleinstädtischem Lokalkolorit, das noch bis vor wenigen Jahren den Ort geprägt hat. In der Tat führt Ushuaias rasantes Wachstum inzwischen zu einem Wildwuchs an Bauten, die sich mit und ohne Genehmigung überall dorthin ausbreiten, wohin es die beengte Lage der Stadt überhaupt erlaubt.

Geschichte

1870 machte sich die britische South American Missionary Society (Südamerikanische Missionsgesellschaft) daran, die Yahgan zu bekehren – ein Volk von Nomaden, die trotz Kälte, Wind und Regen fast nackt durchs Leben gingen. In ihren provisorischen Behausungen ließ sich nichts trocken halten, und so waren sie überzeugt, dass der natürliche Fettfilm ihrer Haut sie besser schütze als jedes durchnässte Tierfell. Charles Darwin hatte sie als „die niedrigste Form des Menschentums auf Erden" bezeichnet – ein Urteil, das der englische Missionar Thomas Bridges Ende des 19. Jhs. widerlegen konnte: Er lernte die Sprache der Yahgan und verfasste ein Wörterbuch, das die Gelehrten über die Komplexität ihrer Sprache staunen ließ. Ushuaia wurde zum ersten festen Außenposten der Missionare in Feuerland, doch die Yahgan, die 6000 Jahre lang ohne Kontakte zu Fremden überlebt hatten, reagierten auf die von den Neuankömmlingen eingeschleppten Krankheiten sehr empfindlich und wurden zudem immer öfter von Robbenjägern, Siedlern und Goldschürfern attackiert. Vier von ihnen waren 1830 vom britischen Marinekapitän Robert FitzRoy nach England entführt worden, um dort in europäischer Lebensart unterrichtet und der Gesellschaft als „kultivierte Wilde" vorgeführt zu werden – darunter ein Jugendlicher, der später als „Jemmy Button" bekannt wurde (ein Vorbild für Michael Endes „Jim Knopf"). Die Aktion stieß allerdings in der Öffentlichkeit immer wieder auf scharfe Kritik, zumal einer der vier sehr schnell an einer ansteckenden Krankheit starb, und so fand sich FitzRoy nach 15 Monaten bereit, die Yahgan in ihre angestammte Heimat zurückzubringen.

Heute sind die Ureinwohner von Ushuaia weitgehend ausgestorben; ihr Erbe beschränkt sich auf Muschelhaufen, das berühmte Wörterbuch ihrer Sprache von Thomas Bridges und den nach Jeremy Button benannten Souvenirladen. Die letzte Frau, deren Eltern beide den Yahgan angehört hatten und die als Letzte mit der Sprache ihres Volkes aufgewachsen war, lebte bei Redaktionsschluss noch im hohen Alter auf der chilenischen Isla Navarino.

Nach dem Vorbild der Briten in Australien machte der argentinische Staat neben der abgelegenen Isla de los Estados vor der Ostspitze Feuerlands auch Ushuaia 1884 zu einer Strafkolonie für politische Gefangene und besonders berüchtigte Kriminelle. Im Jahr 1906 kam auch das Militärgefängnis dorthin, das

schließlich 1911 mit der Carcel de Reincidentes (der 1896 eingerichteten Strafanstalt für zivile Rückfalltäter) zusammengeschlossen wurde. Nach Auflösung der Strafkolonie im Jahr 1947 hat die Stadt seit 1950 eine neue Funktion als wichtiger Marinestützpunkt.

Orientierung

Ganz in Ufernähe verläuft parallel zum Beagle-Kanal die Maipú; sie knickt westlich des Friedhofs nach Süden ab und wird kurz darauf zur Malvinas Argentinas, die am Stadtrand in die RN 3 übergeht; diese wiederum endet 12 km weiter westlich im Parque Nacional Tierra del Fuego. Nach Osten endet die Maipú am Gelände der Marine. Der Weg biegt hier nach Norden auf die Yaganes ab, die ein paar Blocks weiter in die RN 3 mündet; diese Straße führt nach Nordosten in Richtung Lago Fagnano. Die meisten Geschäfte und sonstigen für Besucher interessanten Einrichtungen liegen an der San Martín, der Parallelstraße der Maipú einen Block landeinwärts, oder in deren unmittelbarer Nähe.

Praktische Informationen

AUSLÄNDERBEHÖRDE
Ausländerbehörde (☎ 422334; Beauvoir 1536; ✈ Mo–Fr 9–12 Uhr)

BUCHLÄDEN
Boutique del Libro (☎ 432117, 424750; 25 de Mayo 62) Ein umfassendes Sortiment an Literatur, Reiseführern und Bildbänden in mehreren Sprachen; in der San Martín 1120 hat der Laden eine Filiale.

GELD
Geldautomaten finden sich bei mehreren Banken an der Maipú und der San Martín.
Banco de Tierra del Fuego (San Martín 396) Bietet die besten Umtauschkurse für Reisechecks.
Cambio Thaler (San Martín 778; ✈ Mo–Sa 10–13 & 17–20, So 17–20 Uhr) Der gute Service entschädigt für den etwas ungünstigeren Umtauschkurs.

MEDIZINISCHE VERSORGUNG
Hospital Regional (☎ 107, 423200; Ecke Fitz Roy & 12 de Octubre)

POST
Post (Ecke San Martín & Godoy)

TELEFON & INTERNETZUGANG
Die Telefonläden entlang der San Martín bieten in der Regel auch den Zugang ins Internet an (1 Std. ca. 4 Arg$).

TOURISTENINFORMATIONEN

ACA (Automóvil Club Argentino; ☎ 421121; Ecke Malvinas Argentinas & Onachaga) Argentiniens Automobilclub ist eine gute Bezugsquelle für Straßenkarten der einzelnen Provinzen.

Instituto Fueguino de Turismo (Infuetur; ☎ 421423; www.tierradelfuego.org.ar; Maipú 505) Im Erdgeschoss des Hotel Albatros.

Nationalparkverwaltung (Administración de Parques Nacionales; ☎ 421315; San Martín 1395; ⊙ Mo–Fr 9–16 Uhr)

Städtische Touristeninformation (☎ 432000, am Flughafen 423970, von außerhalb Feuerlands 0800-333-1476; www.turismoushuaia.com, nur auf Spanisch; San Martín 674) Die hilfsbereiten Mitarbeiter sprechen teilweise Englisch und Französisch; es gibt ein Schwarzes Brett für Nachrichten, mehrsprachige Informationsbroschüren und nützliche Auskünfte über Unterkünfte, Freizeitaktivitäten und Verkehrsmittel. Weitere Büros der Touristeninformation finden sich am Flughafen und im Hafen.

Sehenswertes

MUSEO MARÍTIMO & MUSEO DEL PRESIDIO

Als 1906 die Strafgefangenen von der Isla de los Estados nach Ushuaia verlegt wurden, mussten sie sich zunächst ihr eigenes Gefängnis bauen. 1920 war der Komplex mit seinen speichenförmig angeordneten Flügeln fertig. In den Einzelzellen des Kerkers sollten 380 Gefangene unterkommen, tatsächlich saßen hier jedoch bis zu 800 Mann ein. 1947 geschlossen, beherbergt das Gefängnis heute das **Museo Marítimo & Museo del Presidio** (☎ 437481; www.museomaritimo.com; Ecke Yaganes & Gobernador Paz; Erw./Stud. 50/35 Arg$; ⊙ 10–20 Uhr). Der Museumsbesuch empfiehlt sich vor allem dann, wenn draußen wieder einmal Wind und Regen wüten. Die Darstellungen des Gefangenenlebens sind faszinierend, die Erläuterungen allerdings ausschließlich spanisch gehalten. Zu den bekanntesten Insassen der Strafanstalt gehörten der Dichter und Schriftsteller Ricardo Rojas und der ukrainischstämmige Anarchist Simón Radowitzky.

Der vielleicht interessanteste Teil des Museums ist seine Sammlung unglaublich detailgetreuer, maßstabsgerechter Modelle von berühmten Schiffen aus 500 Jahren Seefahrtsgeschichte, die zugleich einen einmaligen Überblick über die Geschichte dieser Weltgegend bietet. Im Hof stehen die Überreste des Zuges, der die Gefangenen zur Arbeit ins Gelände und wieder zurück in den Kerker brachte. Seine Spurbreite war die schmalste aller Eisenbahnen der Welt.

MUSEO YÁMANA

Das kleine, aber sehr gewissenhaft geführte **Museo Yámana** (☎ 422874; Rivadavia 56; Eintritt 18 Arg$; ⊙ 10 bis 20 Uhr) verschafft seinen Besuchern eine exzellente Einführung in die Lebensweise der Yahgan (Yámana). Seine fachmännisch und mit Liebe zum Detail angefertigten Dioramen (mit Erläuterungen auf Spanisch und Englisch) zeigen, wie es früher in den für Besucher zugänglichen Buchten des Nationalparks ausgesehen hat: Erläutert wird, wie die Ureinwohner der Region ohne Kleidung mit dem harten Klima zurechtkamen, warum bei ihnen nur die Frauen schwimmen lernten und wie sie in einem fahrenden Kanu ein Lagerfeuer in Gang hielten. Wer vor einer Wanderung im Nationalpark das Museum besucht hat, wird die Landschaft des Parks mit ganz anderen Augen sehen!

MUSEO DEL FIN DEL MUNDO

Im Jahr 1903 für den Gebietsgouverneur Manuel Fernández Valdés errichtet, diente der massige Bau später lange als Zweigstelle der Banco de la Nación. 1979 wurde es dann zum Sitz des **Museo del Fin del Mundo** (☎ 421863; www.tierradelfuego.org.ar/ museo; Ecke Maipú & Rivadavia; Eintritt AR$20; ⊙ 9–20 Uhr). Seine Ausstellungsräume mit sehenswerten Exponaten zur Naturgeschichte Feuerlands, zum Leben der Ureinwohner und zu den einstigen Strafkolonien – mit ausgestopften Vögeln und Nachbauten eines alten Gemischtwarenladens sowie einer Bank – sind interessant, aber keine wirkliche Sensation, hier, am Ende der Welt.

PARQUE YATANA

Das entschlossene Engagement einer Familie hat ein häuserblockgroßes Stückchen Wald aus Lenga-Südbuchen vor dem gefräßigen Wachstum der Stadt gerettet: Der **Parque Yatana** (Fundación Cultiva; ☎ 425212; Ecke Magallanes & 25 de Mayo; Eintritt 20 Arg$; ⊙ Mi–Fr 15–18 Uhr) ist eine Mischung aus Kunstprojekt und grüner Oase inmitten der Häuserwüste. Besucher passieren das Eingangstor und können dann entweder auf den Waldwegen spazieren gehen oder sich auf kleinen Bänken ausruhen.

HISTORISCHE GEBÄUDE

Die Touristeninformation hat einen kostenlosen Plan mit einem Stadtrundgang und Informationen über viele historische Häuser der Stadt. In einem Gebäude von 1894 befindet sich die offizielle Residenz des Gouverneurs der Provinz Tierra del Fuego, die **Legislatura Provincial** (Provinzregierung; Maipú 465). Die 100 Jahre alte **Iglesia de la Merced** (San Martín & Don Bosco) wurde von Strafgefangenen gebaut. Für den Bau der **Casa Beban** (Ecke Maipú & Plúschow; Eintritt frei; ⊙ Mo–Fr 10–20, Sa & So

FEUERLAND

16–20 Uhr) 1911 bestellte man extra Bauteile in Schweden. Heute zeigen hier manchmal einheimische Künstler ihre Arbeiten.

Aktivitäten

KAJAK FAHREN

Ein professioneller Tourbegleiter mit jeder Menge Erfahrung ist **Daniel Urriza** (☎ 433613, 02901-15-618777; danyurriza@hotmail.com; Tagestour pro Pers. 450 Arg$), der z. B. das Kap Hoorn im Kajak umrundet hat. Er bietet auch maßgeschneiderte Touren an, die Touren umfassen im Allgemeinen aber Erkundungsfahrten im Beagle-Kanal (mit Besuchen bei Pinguinen und Seelöwen) sowie Ausflüge zum Lago Escondido. Kajakfahrten sind auch Bestandteil zahlreicher organisierter Touren im Parque Nacional Tierra del Fuego, z. B. bei Nunatak Adventure und Canal Fun (s. S. 583).

HUNDESCHLITTENFAHRTEN

Warme Winterkleidung ist Pflicht, wenn Fido und Bello für die Fortbewegung sorgen. Das Unternehmen **Nunatak Adventure** (☎ 430329; www.nunatakadventure.com; RN 3, Km 3018; Ausfahrt mit Hundeführer 75 Arg$) in Tierra Mayor lässt seine Hundeschlitten auf 2 und 6 km langen Strecken über den Talboden sausen. Wie schnell das Gefährt wird, hängt nicht nur von den Hunden ab (Sibirische und Alaska-Huskys), sondern auch vom Untergrund: Weicher Pappschnee sorgt für eine sanfte, nicht allzu rasante Fahrt, auf festem, gefrorenem Schnee dagegen scheint der Schlitten geradezu zu schweben.

Unterricht im Hundeschlittenfahren gibt es im privaten Skigebiet **Altos del Valle** (☎ 422234; www.gatocuruchet.com.ar), dessen Eigentümer Gato Curuchet als erster Südamerikaner beim Hundeschlittenrennen am Iditarod in Alaska antrat. Er ist auch der wichtigste Förderer des beliebten jährlichen Rennwettbewerbs Ende August, an dem sogar Kinder teilnehmen können.

SCHIFFSFAHRTEN

Eine Rundfahrt auf den stahlgrauen Fluten des Beagle-Kanals vor der Kulisse der Gletscher und Felseninseln bietet einen weiten Blick auf die Landschaft und außerdem gute Möglichkeiten zur Beobachtung wildlebender Tiere. Direkt am Pier liegen aufgereiht die Büros der verschiedenen Veranstalter, deren Angebote sich wenig voneinander unterscheiden: Meist handelt es sich um je zwei vierstündige Touren pro Tag zur Seelöwenkolonie auf der Isla de los Lobos und den ausgedehnten Kormoranbrutplätzen

auf der Isla de los Pájaros (120–190 Arg$); Abfahrt ist in der Regel etwa um 9.30 Uhr und um 15 Uhr. Eine Alternative für Wanderer ist die einfache Fahrt zum Parque Nacional Tierra del Fuego, dabei muss jeder nach dem Streifzug durch den Park auf eigene Faust nach Ushuaia zurückkehren. Qualitativ gibt es bei den Rundfahrten allerdings durchaus Unterschiede; es lohnt sich z. B. zu fragen, wie viele Passagiere mitfahren, welche Stellen besichtigt werden und ob es unterwegs etwas zu essen gibt. Zu den Höhepunkten einer solchen Tour zählt der Abstecher auf eine Insel mit einer kleinen Wanderung, z. B. zu den *conchales* (Muschelhaufen), die die Yahgan hinterlassen haben. Der Touristenpier mit den Anlegeplätzen der Ausflugsdampfer liegt an der Maipú gegenüber den Straßen Lasserre und Roca.

Bei **Patagonia Adventure Explorer** (☎ 02901-15-465842; www.patagoniaadvent.com.ar; Touristenpier) fahren die Ausflügler auf einem komfortablen Schiff, an Bord werden kleine Mahlzeiten serviert und auf der Isla Bridges außerdem eine kleine Wanderung unternommen. Wer es etwas abenteuerlicher mag, kann auch mit dem 5½ m langen Segelboot des Unternehmens in See stechen. Ganztägige Segeltörns mit Wein und Gourmetimbissen sowie mehrtägige Ausflüge sind ebenfalls möglich.

Das kleine, aber stabile Fahrzeug von **Tres Marías Excursiones** (☎ 436416; www.tresmariasweb.com; Touristenpier) sieht beinahe so aus wie ein Spielzeug für die Badewanne und kann höchstens acht Passagiere aufnehmen. Doch sein Betreiber ist der einzige mit einer Erlaubnis zum Anlanden auf der Isla „H", die im Naturschutzgebiet der Isla Bridges liegt, wo Muschelhaufen und eine Kolonie von Felsenscharben (Kormoranen) aufgesucht werden.

Zu den etwas anderen Angeboten zählen auch die teurere Fahrt mit einem Katamaran oder der Ausflug mit der historischen **Barracuda** (☎ 437606), die mit bis zu 70 Passagieren zum Leuchtturm Faro Les Eclaireurs, zur Isla de los Lobos und zur Isla de los Pájaros tuckert (120 Arg$, 3 Std.).

Von September bis Mai veranstaltet **Cruceros Australis** (☎ in Santiago: 02-442-3110; www.australis.com) vier- und fünftägige Luxuskreuzfahrten mit Besichtigungen (4 Tage, pro Pers. Neben-/Hauptsaison ab 3109/3925 Arg$) nach Punta Arenas und zurück, die sich vornehmlich an eine etwas reiferes Publikum richten. Als Nebensaison gelten dabei September, Oktober, die zweite Märzhälfte und April. Bei der Abfahrt am Samstag besteht die Möglichkeit, am Kap Hoorn von

Bord zu gehen. Das Schiff läuft mehrere Gletscher an, die sonst so gut wie unerreichbar sind, dafür besteht andererseits nur wenig Gelegenheit zum Wandern oder zu Aktionen nach eigener Wahl; der Schwerpunkt liegt hier eindeutig auf Ausflügen in der Gruppe und naturkundlichen Vorträgen. Für die Buchung vor Ort ist die Agentur **Turismo Comapa** (☎ 430727; www.comapa.com; San Martín 245) zuständig.

SKI FAHREN

Wenn die Berge rundum sich in Pulverschnee hüllen, sollten Besucher die Chance nutzen, einen Ausflug in die über die RN 3 erschlossenen Skigebiete zu machen. Dort bieten sich gute Voraussetzungen für alpine Abfahrten und Langlauf. Die Skisaison dauert von Juni bis September; der meiste Betrieb herrscht während der argentinischen Schulferien im Juli. Die bedeutendste Skisportveranstaltung in Ushuaia ist die jährliche **Marcha Blanca**, bei der General San Martíns historische Überquerung der Anden am 17. August 1817 symbolisch nachgestellt wird.

Größter Wintersportort der Region ist **Cerro Castor** (☎ 02901-15-605604/6; www.cerrocastor.com; Tagesticket für den Skilift Erw./Kind 156/107 Arg$). Er liegt 26 km von Ushuaia entfernt, bietet 15 Skipisten auf einer Fläche von 400 ha, ein Restaurant im Tal und eine Hütte am Gipfel (ein beliebter Treffpunkt für nachmittägliche Kaffeepausen). Die Besucher können Abfahrtskier und Langlaufskier, Snowboards und Schlittschuhe mieten.

Das Skigebiet von **Altos del Valle** (☎ 422234; www.gatocuruchet.com.ar) liegt am nächsten zur Stadt und ist besonders für Langläufer und Schneeschuhwanderer interessant. Die nötige Ausrüstung lässt sich problemlos ausleihen, etwas Besonderes sind die Vollmond-Skitouren. Wer es etwas extremer mag, kann sich mit der Pistenraupe auf abgelegene Hänge fahren lassen und abseits des Skizirkus talwärts sausen.

Noch dichter an der Stadt – nur 3 bzw. 5 km außerhalb – unterhält der Club Andino von Ushuaia (siehe rechts) eigene Loipen und Pisten. Einfache Pisten für Anfänger bietet auch das **Centro de Deportes Invernales Glaciar Martial** (☎ 421423, 423340) ca. 7 km nordwestlich der Stadt. Es ist vor allem bei Familien beliebt, auch hier kann die Ausrüstung fürs Skivergnügen ausgeliehen werden.

Busse der Unternehmen Transportes Pasarela und Buses Alvarez fahren täglich im Stundentakt von 9–14 Uhr von Ushuaia (Ecke Juana Fadul/Maipú) zu den Skigebieten entlang der RN 3 (30 Arg$). Jeder Wintersportort betreibt außerdem seinen eigenen Pendelverkehr von Ushuaia in sein Skigebiet.

WANDERN & BAUMKRONENTOUREN

Gelegenheiten zum Wandern gibt es nicht nur im Parque Nacional Tierra del Fuego: Die ganze Bergkette hinter Ushuaia ist mit ihren Seen und Flüssen ein Paradies für Wanderer. Die Wege sind allerdings nur spärlich oder gar nicht markiert, und manch einer, der ohne Probleme fröhlich bergauf marschiert ist, hat sich schon auf dem Rückweg schrecklich verlaufen.

Beim **Club Andino Ushuaia** (☎ 422335; www.clubandinoushuaia.com.ar, auf Spanisch; Juana Fadul 50; ☏ Mo–Fr 9–13, 15–20 Uhr) erhält man eine Karte der Region und einen zweisprachigen Trekking-, Bergsteiger- und Mountainbike-Führer mit Kartenskizzen und vielen Tourbeschreibungen. Dieser Verein kennt Bergführer und organisiert gelegentlich selbst Wanderungen. Wer sich ohne ortskundige Begleitung auf den Weg macht, sollte vor der Unternehmung auf jeden Fall beim Club Andino oder auch bei der Touristeninformation Bescheid geben – und sich nach der Rückkehr wieder zurückmelden! Im Notfall ist die **Polizei** (☎ 103, 22108) zu kontaktieren.

Die **Compañía de Guías de Patagonia** (☎ 437753; www.companiadeguias.com.ar; San Martín 654) organisiert Trekkingtouren und wird ebenfalls als zuverlässige Informationsquelle empfohlen. Auch verschiedene private Ausflugsveranstalter (s. S. 582) bieten Wanderungen und Trekkingtouren an.

Cerro Martial & Glaciar Martial

Ein steiler Anstieg führt von der Stadt zum Glaciar Martial, von wo aus sich ein spektakulärer Panoramablick über Ushuaia und den Beagle-Kanal bietet; im Grunde ist der Ausblick fast eindrucksvoller als der Gletscher selbst. Eine Taxifahrt hierher kostet weniger als 25 Arg$; von 8.30–18.30 Uhr fährt jede halbe Stunde ein Minibus ab der Ecke Maipú/Juana Fadul zum Cerro Martial hinauf (hin- & zurück 20 Arg$). Wer lieber eine ganztägige Wanderung unternehmen will, läuft zunächst auf der San Martín nach Westen und folgt der Straße dann im Zickzack bergauf. Dabei gibt es eine Menge Abkürzungen über Schleichwege, auf denen die Ausflügler allerdings Gefahr laufen, ganzen Rudeln wilder Hunde zu begegnen. Ab der Skipiste 7 km nordwestlich der Stadt geht es dann entweder mit Sessellift –der **aerosilla** (35 Arg$; ☏ 10–16 Uhr) – bergauf oder aber man läuft zwei weitere Stunden zu Fuß – damit die Wanderung auch wirklich zur Tagestour wird. Oben bei der

EWIGES EIS: ABSTECHER IN DIE ANTARKTIS

Eine Reise in die Antarktis ist für die meisten Besucher ein Abenteuer, das sie sich nur einmal im Leben gönnen, nicht zuletzt, weil es ziemlich teuer ist. Und doch bedeutet ein solcher Ausflug viel mehr als einfach nur einen weiteren Kontinent auf einer Liste abzuhaken. Unberührte, mehrere hundert Meter dicke Schneeschichten auf Land und Eisschelfen, von Wind und Wetter zu Bergen und Tälern geformt, Gletscher, die sich von Gebirgshängen ins Meer schieben, Eisberge, die haushohe Skulpturen bilden – das sind Bilder, die sich fest ins Gedächtnis einprägen. Auch die Tierwelt mit riesigen Kolonien possierlicher Pinguine und einer erstaunlichen Vielfalt unterschiedlicher Robben, Wale und fliegender Vögel ist ein faszinierendes Erlebnis.

Touristische Exkursionen in diese eisige Welt sind sehr en vogue und haben ständig wachsenden Zulauf. 2008 schifften sich bereits über 38 000 Menschen in Ushuaia zu einer Kreuzfahrt in die Antarktis ein – ein Vielfaches der Bevölkerung des Kontinents, der im Sommer gerade einmal 5000, im Winter sogar nur 1200 Einwohner zählt, die als Wissenschaftler oder Techniker auf rund 80 Stationen leben. Auch die modernsten Wasser- und Luftfahrzeuge sind jedoch nicht ohne Risiko: So erlitt am 23. November 2007 die MV *Explorer* Schiffbruch im Eis, konnte allerdings noch erfolgreich evakuiert werden, bevor sie im kalten Wasser versank. Zwar waren bei diesem Unglück höchst ungewöhnliche Umstände im Spiel, dennoch wird es vermutlich eine weitere Verbesserung der Sicherheitsmaßnahmen zur Folge haben, und es steht zu hoffen, dass ein umsichtiges Verhalten aller Beteiligten dazu beiträgt, diesen wunderschönen und empfindlichen Erdteil vor allzu großem Schaden zu bewahren.

Wer zwei bis drei Wochen Zeit und das nötige Kleingeld hat, kann im Prinzip ohne weiteres ein Kreuzfahrtschiff in Richtung Antarktis besteigen. Die Fahrtrouten sind unterschiedlich: Während einige Schiffe direkt und ausschließlich die Antarktische Halbinsel ansteuern, stehen bei anderen auch die Falkland-Inseln und Südgeorgien (wo 10–20 Menschen, aber schätzungsweise 2–3 Mio. Pinguine leben) auf dem Programm; wieder andere bewegen sich auf den Spuren historischer Expeditionen. Eine kleine, aber wachsende Schar von Reisenden besucht den Kontinent auch mit Privatfahrzeugen – zumeist Segelbooten, die jedoch durchweg mit Motoren für den Notfall ausgestattet sind.

Die Besuchersaison dauert in der Regel von Mitte Oktober bis Mitte März; ihre tatsächliche Dauer hängt von den Wetter- und Eisverhältnissen im Polarmeer ab. Waren bis vor wenigen Jahren nur zu Spitzenzeiten alle Plätze auf den Schiffen ausgebucht, gilt das heute für die meisten Fahrten. Wer nach einem passenden Angebot sucht, sollte einige wichtige Fragen nicht vergessen: Wie viele Tage wird das Schiff tatsächlich vor Ort in der Antarktis sein? Hin- und Rückfahrt können immerhin jeweils bis zu zwei Tage in Anspruch nehmen. Wie viele Landgänge sind vorgesehen? Im Allgemeinen können die Passagiere umso

Bergstation des Sessellifts angekommen, läuft man nochmals eine Stunde bis zu den besten Aussichtspunkten.

Im gemütlichen **Refugio de Montaña** (Snacks 7 Arg$) an der Talstation der Seilbahn werden neben Kaffee und süßen Leckereien auch Bier serviert. Das Skizentrum dort vermietet außerdem auch nützliche Ausrüstungsgegenstände, z. B. Schneeschuhe, die bei frischem Pulverschnee auf den Berghängen gute Dienste tun. Wegen des allzu launischen Wetters empfiehlt es sich daher für eine Wanderung in jedem Fall warme und wasserabweisende Kleidung in Signalfarben sowie festes Schuhwerk mitzunehmen.

Auch Seilrutschen fürs **Canopy/Baumwipfeltouren** (escuela@iterradelfuego.org.ar; Refugio de Montaña; 70–115 Arg$; Okt.–Juni 10–17.15 Uhr) starten an der Talstation der Seilbahn. Wer sich eine Stunde lang wie Tarzan fühlen will, kann über elf Seilrutschen und zwei Hängebrücken durch den dichten Wald sausen. Das höchste Kabel verläuft in etwa 8 m Höhe.

Geführte Touren

Touren der unterschiedlichsten Art in die Umgebung von Ushuaia bieten zahlreiche örtliche Reisebüros an. Zur Auswahl stehen u. a. Ausritte, Wanderungen, Kajak- und Kanufahrten, Ausflüge zu diversen Seen, beispielswesie den Lago Escondido und den Lago Fagnano, Aufenthalte auf Estancias, Vogel- und Biberbeobachtung sowie im Winter Ausfahrten mit von Huskys gezogenen Hundeschlitten.

All Patagonia (☎ 433622; www.allpatagonia.com; Juana Fadul 60) American-Express-Vertretung, die eher konventionelle und Luxustouren veranstaltet.

Canal Fun (☎ 437395; www.canalfun.com; 9 de Julio 118) Zu den beliebten Angeboten der von hippen jungen Typen geleiteten Agentur zählen Wanderungen und Kajakfahrten im Parque Nacional Tierra del Fuego (500 Arg$), Abenteuerfahrten

öfter von Bord gehen, je kleiner das Fahrzeug ist (auch das natürlich immer abhängig vom Wetter). Die Spannweite der Preise für eine Antarktistour ist groß. Zwischen umgerechnet 4500 und 45 000 € ist alles zu haben; in Einzelfällen gibt es günstige Plätze auch schon für knapp 3500 €.

Die meisten Kreuzfahrtschiffe legen in Ushuaia ab, da es relativ nahe an der Antarktischen Halbinsel liegt. Hier sind bei **Ushuaia Turismo** (☎ 02901-436003; www.ushuaiaturismoevt.com.ar; ushuaiaturismo@speedy. com.ar; Gobernador Paz 865) auch Last-Minute-Buchungen möglich. Zu den Reisebüros in Ushuaia, die Pauschalangebote vermitteln, gehören **Rumbo Sur** (☎ 02901-422275; www.rumbosur.com.ar; San Martín 350), **All Patagonia** (☎ 02901-433622; www.allpatagonia.com; Juana Fadul 60), **Canal Fun** (☎ 02901-437395; www.canalfun. com; 9 de Julio 118) und viele andere. Natürlich werden aber auch in Europa bei vielen Reisebüros Kreuzfahrten in die Antarktis angeboten, die sich preislich etwa im gleichen Rahmen bewegen wie die in den Argentinien verkauften – vereinzelt finden sich hier auch Sonderangebote ab etwa 2000 €.

Der Anbieter der Fahrt sollte auf jeden Fall der Internationalen Vereinigung der Veranstalter von Antarktisreisen **IAATO** (www.iaato.org) angehören, die ihren Mitgliedern strenge Richtlinien für ein verantwortungsbewusstes Verhalten auferlegt hat. Die folgenden Unternehmen sind nur eine kleine Auswahl aus der großen Zahl der Anbieter.

Adventure Associates (www.adventureassociates.com) Der älteste Veranstalter von Antarktisreisen in Australien, mit einem breitgefächerten Sortiment verschiedener Schiffstypen und Reiserouten.

Heritage Expeditions (www.heritage-expeditions.com) Preisgekröntes neuseeländisches Unternehmen, dessen Fahrzeuge auch das Rossmeer und die ostantarktischen Gebiete (südlich von Neuseeland) anlaufen.

Peregrine Adventures (www.peregrineadventures.com) Britischer Veranstalter mit einzigartigem Programm, das z. B. Fahrten bis zum Südlichen Polarkreis und Landgänge mit Gelegenheiten zum Kajakfahren und Zelten beinhaltet.

Quark Expeditions (www.quarkexpeditions.com) Amerikanischer Anbieter mit einer Flotte aus drei verschiedenen Schiffstypen – vom Eisbrecher bis zum kleinen Passagierdampfer für geschlossene Gruppen von bis zu 48 Personen.

WildWings Travel (www.wildwings.co.uk) Britische Gesellschaft, die sich auf die Beobachtung von Vögeln und anderen Tieren in der Antarktis spezialisiert hat.

Weitere und ausführlichere Informationen finden sich im englischsprachigen Lonely-Planet-Reiseführer *Antarctica*, aktuelle Hinweise und Artikel online auf der Internetseite www.70south.com. Eine große Hilfe für Antarktisreisende ist die **Oficina Antártica**, die zuständige Abteilung des **Instituto Fueguino de Turismo** (☎ 02901-421423; infoantartida@tierradelfuego.org.ar) am Pier in Ushuaia. Und noch ein Tipp: Fast alle, die in die Antarktis fahren, brauchen viel mehr Filme und/oder Speicherkarten als geplant. Wer sich reichlich mit dem nötigen Material eingedeckt hat, kommt nicht vor Ort in die Bredouille.

im Geländewagen rund um den Lago Fagnano (390 Arg$) und ein Aufenthalt auf der Estancia Harberton mit verschiedenen sportlichen Aktivitäten, u.a. Kajakfahrten im Gebiet der Estancia und der Besuch der Pinguinkolonie (625 Arg$).

Compañía de Guías de Patagonia (☎ 437753; www. companiadeguias.com.ar; San Martín 654) Die Trekkingspezialisten organisieren Tagestouren mit Klettern und Eiswanderungen auf dem Glaciar Vinciguerra (365 Arg$) und zweitägige Hochgebirgstouren zum Cerro Alvear mit Übernachtung im Zelt auf dem Gletscher (Preis auf Anfrage).

Nunatak Adventure (☎ 430329; www.nunatakadventure.com) Ein Anbieter von Abenteuertouren mit sehr wettbewerbsfähigen Preisen und eigener Hütte im Gebirge. Als besonderer Renner hat sich der Tagesausflug im Geländewagen zum Lago Fagnano mit Kanufahrt und zünftigem Grillabend erwiesen (300 Arg$).

Piratour (☎ 424834; www.piratour.com.ar; Touristenpier) Die Spezialität dieses Veranstalters sind Ausflüge zur Isla Martillo, auf der Kolonien von Magellan- und Eselspinguinen heimisch sind.

Rumbo Sur (☎ 422275; www.rumbosur.com.ar; San Martín 350) Ushuaias ältestes Reisebüro steht für ein eher konventionelles Ausflugsprogramm.

Tolkar (☎ 431408/12; www.tolkarturismo.com.ar; Roca 157) Diese beliebte und kundenfreundliche Agentur mit vielfältigem Programmangeboten gehört zum Busunternehmen Tecni-Austral.

Turismo Comapa (☎ 430727; www.comapa.com; San Martín 245) Eine wichtige Adresse für Passagiere der Reedereien Navimag und Cruceros Australis: Sie erhalten hier ihre Buchungsbestätigung.

Turismo de Campo (☎ 437351; www.turismodecampo. com, auf Spanisch; Fuegia Basket 414) Neben leichten Trekkingtouren, Segeltörns auf dem Beagle-Kanal und Fahrten zur Estancia Rolito bei Río Grande organisiert diese Agentur auch ein breites Sortiment an neun- bis zwölftägigen Schiffstouren in die Antarktis.

Ushuaia Turismo (☎ 436003; www.ushuaiaturismoevt. com.ar; Gobernador Paz 865) Spezialist für die Last-Minute-Buchung von Antarktiskreuzfahrten.

Schlafen

Während der sommerlichen Hochsaison im Januar und Februar und zur Zeit des Fin-del-Mundo-Marathons Anfang März sind freie Unterkünfte rar. Wer dann nach Ushuaia kommen will, muss sich sein Bett vorab reservieren. Die meisten Häuser bieten ihren Gästen bei der Anreise einen kostenlosen Abholdienst; am besten bei der Reservierung nachfragen. Im Winter sind mehrere Unterkünfte geschlossen; diejenigen, die offen bleiben, senken ihre Preise. In den Hotels gibt es zumeist einen Wäscheservice.

Die städtische Touristeninformation (S. 572) führt ein Verzeichnis der Frühstückspensionen und *cabañas* (Hütten) in Ushuaia. Nach Dienstschluss hängt vor der Tür eine Liste freier Unterkünfte aus.

BUDGETUNTERKÜNFTE

Das Angebot an einfachen Übernachtungsmöglichkeiten ist groß; eine Küche ist immer dabei, Zugang zum Internet meist auch. Außerhalb der Saison (d. h. von April bis Oktober) gehen die Preise in der Regel um 25 % nach unten.

Camping Municipal (RN 3) Auf dem attraktiv gelegenen Zeltplatz 10 km westlich der Stadt am Weg zum Parque Nacional Tierra del Fuego darf man kostenlos zelten, die Ausstattung ist dafür aber äußerst spärlich.

Camping La Pista del Andino (☎ 435890; www.lapistadelandino.com.ar, auf Spanisch; Alem 2873; Zelten pro Pers. 22 Arg$) Ein steiler Pfad führt etwa 3 km bergauf zu diesem hübschen Campingplatz im Skigebiet des Club Andino von Ushuaia. Wer hier zeltet, hat die Wahl zwischen Wiesen und Wald und beinahe überall eine schöne Aussicht. Duschen und Toiletten sind Mangelware, aber es gibt ordentliche Kochgelegenheiten und Gemeinschaftsbereiche, ein Restaurant mit Bar und Mietfahrräder (25 Arg$). Gäste können sich gratis vom Flughafen oder vom Stadtzentrum dorthin chauffieren lassen.

Torre al Sur Hostel (☎ 430745; www.torrealsur.com.ar; Gobernador Paz 1437; B HI-Mitglieder/Nichtmitglieder 46/49 Arg$; 💻) Der Turm im Zuckerbäckerstil auf dem Gipfel eines Hügels ist eine Jugendherberge. Die Schlafräume hier sind klein, verwinkelt, oft wird es laut, und es gibt keine Privatsphäre. In der großen Küche aber blinken Thekenoberflächen aus rostfreiem Stahl – ein guter Platz, um sich leckere Mahlzeiten zu zaubern.

Hostel Cruz del Sur (☎ 423110; www.xdelsur.com.ar; Deloquí 636; B 60 Arg$; 💻) Eng, aber richtig gemütlich, an den Wänden klare Farben und uralte Postkarten – so präsentiert sich das beliebte Hostel im Stadtzentrum. In den Sechs- bis Achtbettzimmern mit Heizgeräten, dünnen Matratzen und Bettzeug wird es manchmal laut, und bei vollem Haus herrscht in den Badezimmern großes Gedränge. Doch dafür verstehen es die gastfreundlichen Wirtsleute, Grüppchen zusammenzuführen, die gemeinsam die Gegend erkunden.

Freestyle (☎ 432874; www.ushuaiafreestyle.com; Gobernador Paz 866/868; B 60 Arg$; 💻) Stolz verweist das 5-Sterne-Hostel auf seine tadellosen Schlafräume mit kuscheligen Vliesdecken, der Küche mit marmornen Arbeitsflächen und den riesigen, sonnigen Tagesraum mit Kunstledersofas und eindrucksvollem Panoramablick. Wenn draußen die Stürme heulen, können die Gäste hier Billard spielen oder lässig auf einem bequemen Sitzsack abhängen.

Yakush (☎ 435807; www.hostelyakush.com.ar; Piedrabuena 118; B/DZ 60/180 Arg$) Gut geführt und ausgesprochen freundlich, strahlt das farbenfrohe, kunstvoll mit ulkigen Zeichnungen dekorierte Hostel Behaglichkeit und Wärme aus. Gute Betten mit frischen Laken in den Schlafräumen und angenehme Tagesräume, darunter eine geräumige Lounge im Obergeschoss mit Futons und Deckenschrägen, machen den Aufenthalt hier äußerst angenehm.

La Posta (☎ 444650; www.laposta-ush.com.ar; Perón Sur 864; B/DZ 60/180 Arg$; 💻) Freundlicher Service, eine heimelige Einrichtung, zwei makellose Küchenbereiche sowie frische *medialunas* (Croissants) und Kaffee zum Frühstück haben dieses behagliche Hostel und Pension am Stadtrand vor allem bei jungen Leuten zu enormer Beliebtheit verholfen. Ein weiterer Pluspunkt ist die malerische Lage vor einem Panorama schneebedeckter Berggipfel, ein Minuspunkt die weite Entfernung zur Innenstadt – die aber mit Bus oder Taxi gut zu erreichen ist.

Antarctica Hostel (☎ 435774; www.antarcticahostel.com; Antártida Argentina 270; B/DZ/3BZ 60/200/270 Arg$; 💻) In dem trendigen Rucksacktouristentreff finden Gäste schnell neue Freunde. Dafür sorgen der offene Grundriss, das Bier vom Fass, die Kartenspiele im Gemeinschaftsraum und eine schicke Balkonküche. Ein Nachteil sind die nüchternen Betonschlafzimmer: Sie sind zwar geräumig, aber in manchen riecht es nach Insektengift.

Los Cormoranes (☎ 423459; www.loscormoranes.com; Kamshen 788; B/DZ/3BZ 60/250/300 Arg$; 💻) Komfortabler und etwas behäbiger als die Konkurrenz ist Ushuaias zweite Jugendherberge. Sie liegt vom Stadtzentrum aus zu Fuß zehn Minuten nordwärts (d. h. bergauf). Die freundlichen, warmen

Sechsbettzimmer liegen an Außenkorridoren mit Bretterböden – der nächtliche Abstecher ins Badezimmer ist da nicht immer gemütlich. Bequemer sind die modernen Doppelzimmer mit blank polierten Steinböden und hellen Daunendecken (am schönsten ist das Zimmer 10 mit Ausblick auf die Bucht). Morgens wird ein üppiges Frühstück mit Toast, Kaffee, Eiern von eigenen Hühnern und frisch gepresstem Orangensaft serviert.

MITTELKLASSEHOTELS

Pueblo Viejo (☎ 432098; www.puebloviejo.info; Deloquí 242; EZ/DZ/3BZ 150/200/220 Arg$; 🖳) Gemütlich und entspannt geht es im Pueblo Viejo zu. Seine acht Zimmer verteilen sich auf zwei renovierte Häuser aus den Jahren 1920 und 1926, die über einen Durchgang miteinander verbunden sind. Sie sind geschmackvoll gestaltet, mit strammen Matratzen und Zentralheizung ausgestattet und auf jeden Fall ihren Preis wert, auch wenn es nur Gemeinschaftsbäder gibt. Bei der Autovermietung im Haus bekommen Pensionsgäste Rabatt.

Galeazzi-Basily B&B (☎ 423213; www.avesdelsur.com.ar; Valdéz 323; DZ 200 Arg$; 🖳) Das Beste an dieser friedlichen, eleganten Holzvilla ist die warmherzige Gastfreundschaft der Hausherren, die nicht nur Spanisch, sondern auch Englisch, Französisch, Italienisch und Portugiesisch sprechen. Die Zimmer sind klein, aber mit persönlicher Note eingerichtet; einige teilen sich das Bad mit dem Nachbarraum. Paare, die im Doppelbett schlafen wollen, sollten eine der modernen Hütten hinterm Haus mieten, denn im Hauptgebäude stehen nur Einzelbetten.

B&B La Casa de Tere (☎ 422312; www.lacasadetere.com.ar; Rivadavia 620; DZ mit/ohne Bad 210/180 Arg$) Hausherrin Tere widmet sich ihren Gästen mit Leib und Seele. Ihr hübsches modernes Haus mit wundervoller Aussicht liegt etwas oberhalb des Stadtzentrums – der Weg ist kurz, aber steil. Die drei sauber gepflegten Zimmer sind immer schnell belegt. Die Gäste dürfen selbst kochen, im Wohnzimmer gibt's Kabel-TV und einen offenen Kamin.

Familia Piatti B&B (☎ 437104; www.interpatagonia.com/familiapiatti, auf Spanisch; Bahía Paraíso 812, Bosque del Faldeo; EZ/DZ/3BZ 225/275/350 Arg$; 🖳) Wer sich nach einem ruhigen Plätzchen im Wald sehnt, wird hier fündig: Die Zimmer sind mit Möbeln aus heimischem Südbuchenholz eingerichtet, und auf den Betten liegen warme Daunendecken. Die freundlichen Eigentümer der Pension sprechen Englisch, Italienisch und Portugiesisch und arrangieren auf Wunsch Fahrgelegenheiten und geführte Touren. Ganz in der Nähe beginnen die Wanderwege in die Berge.

Hostal Malvinas (☎ 422626; www.hostalmalvinas.net; Deloquí 615; EZ/DZ/3BZ 280/320/360 Arg$) Das zentral gelegene Hotel bietet Standardqualität zu relativ günstigen Preisen und ordentliche Zimmer – z. T. mit schöner Aussicht auf den Hafen. Kleine Schönheitsfehler sind die klobigen Gasöfen, die abgewetzten Teppiche und die in die Jahre gekommene Dekoration. Doch das Personal ist nett, und im Frühstücksraum gibt's den ganzen Tag lang heiße Getränke und Gebäck.

Martín Fierro B&B (☎ 430525; www.martinfierrobyb.com.ar; 9 de Julio 175; DZ 280 Arg$) Eine Nacht in diesem zauberhaften Gasthof ist wie ein Besuch bei einem welterfahrenen Freund mit großer Büchersammlung und einer Vorliebe für starken Kaffee. Die Inneneinrichtung hat Eigentümer Javier selbst angefertigt; das Material stammt aus der Umgebung. Heute sorgt er für eine entspannte Atmosphäre, in der die Gäste am Frühstückstisch angenehme Gespräche führen.

SPITZENKLASSEHOTELS

Posada Fin del Mundo (☎ 437345; www.posadafindelmundo.com.ar; Ecke Rivadavia & Valdéz; DZ/3BZ 340/460 Arg$) Ein gastfreundliches, weit gereistes Ehepaar empfängt seine Gäste in diesem hübschen Haus in einer ruhigen Straße gut vier Häuserblocks oberhalb des Stadtzentrums. Besonders attraktiv ist der gemütliche Salon mit seinem weiten Panoramablick aufs Wasser. In den acht Zimmern mit Fliesenböden lässt es sich gut schlafen. Sie sind zwar etwas klein, dafür aber mit angenehm langen Betten möbliert. Zum Frühstück kommen Eier, Porridge, Obst und Joghurt in großzügigen Portionen auf den Tisch.

Macondo House (☎ 437576; www.macondohouse.com; Gobernador Paz 1410; DZ 350 Arg$) Dieses schicke rote Haus bietet wohltuende Ruhe und überwältigende Ausblicke auf die Bucht. Papierlaternen, Möbel in geometrischen Formen und abstrakte Kunst sorgen für ein kühl-modernes Flair. In den Zimmern machen Deckengewölbe, Fernseher und Riesenbetten mit Daunendecken den Luxus komplett.

Cabañas Aldea Nevada (☎ 422851; www.aldeanevada.com.ar; Martial 1430; DZ 380 Arg$ (mindestens 3 Nächte); 🖳) Hier würden sich auch die Elfen wohlfühlen: Auf einem hübschen Fleckchen Südbuchenwald finden sich diskret verteilt 13 Blockhütten, dazwischen Grillplätze und grob gezimmerte Bänke an kleinen Teichen. Die Innenräume sind rustikal, aber modern eingerichtet, mit praktischen Küchen, Holzöfen und Hartholzmöbeln.

Mil 810 (☎ 437710; www.hotel1810.com; 25 de Mayo 245; DZ/3BZ 410/475 Arg$; 💻) Die Architektur dieses schicken Boutiquehotels verbindet modernen Stil und natürliche Formen – und das nicht nur subtil: Schon am Eingang empfängt die Gäste eine Stützmauer aus Flusssteinen und eine Felswand mit rieselnden Wasserbächlein. Die 38 Zimmer sind mit Brokattapeten, edlen Stoffen, satten Farben und ein wenig abstrakter Kunst dekoriert; dazu kommen Fernseher mit Flachbildschirmen, Safes und auf den Fluren Überwachungskameras.

Cabañas del Beagle (☎ 432785; www.cabanasdelbeagle. com; Las Aljabas 375; Hütte für 2 Pers. 480 Arg$; ✗) Mit ihrem rustikalen Schick sind diese Blockhütten ein romantisches Plätzchen für Paare. Für Komfort sorgen beheizte Steinfußböden, knisternde Kaminfeuer und täglich frisch mit Brot, Kaffee und anderen Leckerbissen bestückte Kuchen. Der sympathische Eigentümer Alejandro wird für seinen aufmerksamen Service sehr geschätzt.

LP Tipp Cumbres del Martial (☎ 424779; www. cumbresdelmartial.com.ar; Martial 3560; Zi./Suite 730/1093 Arg$; 💻) Aus dem stilvollen Refugium am Fuß des Glaciar Martial wird mancher Gast gar nicht wieder abreisen wollen. Während die gewöhnlichen Zimmer sich am englischen Landhausstil orientieren, sind die zweigeschossigen Holzhütten schlicht imposant; dafür sorgen u. a. Kamine, Whirlpools und wundervolle gewölbte Fenster. Zu den besonderen Annehmlichkeiten beim Service gehören feudale Bademäntel, eine Zeitung aus der Heimat im Briefkasten und auf Wunsch Massagen (gegen Aufpreis).

Las Hayas (☎ 430710/8; www.lashayashotel.com; Martial 1650; DZ/Suite 1200/1562–2320 Arg$; 💻 🍴) Ushuaias einziges 5-Sterne-Hotel thront in spektakulärer Lage 3 km oberhalb der Stadt. Hier haben auch schon Staatsoberhäupter wie Nelson Mandela oder die Präsidenten der Wirtschaftsunion Mercosur genächtigt. Die eleganten Zimmer sind traditionell gestaltet, mit schönem monochromem Dekor sowie teilweise Himmelbetten und großartigen Ausblicken auf die Bucht.

Essen

La Anónima (Ecke Gobernador Paz & Rivadavia) Der Lebensmittelladen verkauft auch günstige Speisen zum Mitnehmen.

LP Tipp Almacen Ramos Generales (☎ 427317; www.ramosgeneralesushuaia.com; Maipú 749; Snacks 9 Arg$) Der besondere Knüller in dem rustikal-schicken Gemischtwarenladen und Café ist die Bäckerei: Ein französischer Bäckermeister produziert knusprige Baguettes, Croissants und Schokola-

denkuchen in Form von Magellanpinguinen. Bei einer köstlichen heißen Schokolade mit einem Schuss *dulce de leche* (Karamellmilchlikör) lassen sich gut ein paar Postkarten schreiben.

Lomitos Martinica (San Martín 68; Hauptgerichte 12–25 Arg$; ☪ 11.30–15 & 20.30–24 Uhr) Eine *parrilla* vom Feinsten: In diesem sympathischen, preisgünstigen Lokal sitzen die Gäste gleich neben der Feuerstelle. Auf dem Speisezettel stehen nicht nur Riesen-Sandwiches mit *milanesa* (panierter Fisch), sondern auch günstige Mittagsmenüs.

Café-Bar Tante Sara (☎ 433710; www.cafebartantesara. com.ar; Ecke San Martín & Juana Fadul; Hauptgerichte 22–35 Arg$) Burger, Cocktails und ein unschlagbarer Caesar-Salat mit Grillhühnchen gehören zu den Spezialitäten dieses beliebten Eckbistros mit klassischer Atmosphäre. Der Laden ist so beliebt, dass auch die Filiale unweit der Kreuzung San Martín und Rivadavia ein paar Blocks entfernt oft voll mit Einheimischen ist, die hier Kaffee und Süßigkeiten genießen.

Restaurante Moustacchio (☎ 423308; www.moustac chio.com.ar; Ecke San Martín & Godoy; Hauptgerichte 25–40 Arg$; ☪ Mittag- & Abendessen) In dem klassischen Ecklokal kommen frischer Fisch und Meeresfrüchte, leckere Krabbenomeletts, Fondue für zwei Personen und Steaks auf den Tisch, dazu wird offener Wein kredenzt. Zusätzliche Pluspunkte sind die vernünftigen Preise und ein angenehm altmodischer Service.

Bodegón Fueguino (☎ 431972; www.tierradehumos. com/bodegon; San Martín 859; Hauptgerichte 30–45 Arg$; ☪ Di–So) Sitzbänke mit einem Bezug aus Schafleder, Fässer aus Zedernholz und Farne sorgen in der Gaststube des hundertjährigen Hauses für Behaglichkeit – ein guter Treffpunkt, um Wein und Häppchen zu genießen. Zu einer *picada*, der Vorspeisenplatte für zwei Personen, gehören Auberginen, Lammfleischspießchen, Krabben und Pflaumen im Speckmantel.

María Lola Restó (☎ 421185; Deloquí 1048; Hauptgerichte 35–48 Arg$; ☪ Mo–Sa 12–24 Uhr) Das kreative, caféartige Restaurant in einem silberfarbenen Haus erfreut sich großer Beliebtheit bei den Einheimischen: In Scharen kommen sie hierher, um hausgemachte Nudeln mit Fisch oder Meeresfrüchten oder Porterhouse-Steaks mit üppiger Pilzsauce zu genießen. Die Portionen sind gigantisch, und ein Dessert reicht locker für zwei. Der gute Service rundet das Angebot ab.

Chez Manu (☎ 432253; www.chezmanu.com; Martial 2135; Hauptgerichte 45–55 Arg$) Auf dem Weg zum Glaciar Martial liegt 2 km außerhalb der Stadt ein gastronomisches Juwel. Chefkoch Emmanuel verleiht frischen regionalen Zutaten wie

Lammfleisch oder gemischten kalten *fruits de mer* einen französischen Touch. Das mittägliche Drei-Gänge-Tagesmenü ist immer eine sehr gute und günstige Wahl. Die Aussicht aus dem Fenster gibt es gratis dazu.

Placeres Patagónicos (☎ 433798; www.patagoni cosweb.com.ar; Ecke Godoy & Deloquí; Hauptgerichte 25–45 Arg$) Stilvoll und doch behaglich geht es in dieser Kombination aus Café und Feinkostlokal zu. Selbstgebackenes Brot und köstliche regionale Spezialitäten wie Räucherforelle, Wildschwein oder Lachs werden in üppigen Portionen auf Holzbrettern serviert, der dampfend heiße Kaffee kommt in riesigen Bechern.

Tía Elvira (☎ 424725; www.tiaelvira.com; Maipú 394; Hauptgerichte 38–65 Arg$; ⏰ Mo–Sa) Beliebte Fischgerichte verwöhnen wie z. B. gegrillte Forelle oder Jakobsmuscheln in Knoblauchsauce sind die Markenzeichen dieses angesehenen Traditionslokals. Vor einem Essen lohnt sich ein Gang durch das kleine Museum links und rechts vom Eingangsbereich.

La Rueda (☎ 436540; San Martín 193; Büfett 55 Arg$) In dem guten Restaurant mit Büfett (*tenedor libre, all you can eat*) steht neben leckeren, im Schaufenster auf Holzkohle zubereiteten Steaks, Fischen und Meeresfrüchten auch ein reiches Sortiment an Salaten zur Auswahl. Ein Dessert ist im Preis inbegriffen, während das Getränk, das zum Essen bestellt werden muss, extra kostet.

Kaupé (☎ 422704; www.kaupe.com.ar; Roca 470; Hauptgerichte 45–58 Arg$) Die Fische und Meeresfrüchte, die hier bei Kerzenschein auf den Tisch kommen, sorgen für geradezu überirdische Genüsse. Chefkoch Ernesto Vivian verwendet nur die frischesten Zutaten, der Service ist erstklassig, und aus den Fenstern blickt man über die Hafenbucht. Besondere Leckerbissen sind Jakobsmuscheln-Ceviche, Schwarzer Sägebarsch mit brauner Butter und Sashimi vom Schwarzen Seehecht (*mero*) mit einem Spritzer Sojasauce.

Trinken

Wer auf geografische Rekorde aus ist, sollte wissen, dass die südlichste Bar der Welt nicht in Ushuaia zu finden ist, sondern auf einer ukrainischen Forschungsstation in der Antarktis.

Dreamland (☎ 421246; Ecke 9 de Julio & Deloquí; Drinks 15 Arg$; ⏰ 11 Uhr bis spätnachts; 🖳) Die angesagte Bar mischt eine chillige Atmosphäre mit DJ-Specials, Gratis-Tangoabenden und Happy Hours. Tagsüber ist sie ein ruhiges Café mit vernünftigen Preisen für die Mittagsgerichte.

Dublin Irish Bar (☎ 430744; www.dublinushuaia.com; Ecke 9 de Julio & Deloquí) Jede Menge alkoholische

Getränke und lebhafte Kneipengespräche bei spärlichem Licht erinnern sehr an Irland – und viele Ausländer scheinen das zu mögen. Wenigstens eines der drei örtlichen Beagle-Biere sollte jeder Gast einmal probieren. Gelegentlich wird Livemusik gespielt.

El Bar Ideal (☎ 437860; Ecke San Martín & Roca) Nach einem kalten Tag beim Wandern oder auf dem Ausflugsdampfer ist diese gemütliche Eckkneipe ein guter Platz zum Aufwärmen. Dabei helfen ein Schmortopf mit Lammfleisch und ein großes Bier. Wenn es draußen dunkel ist, füllen sich die Plätze an den Holztischen und der Theke in der Mitte schnell. Ein Ecktisch bietet Aussicht auf das Hafenbecken.

Küar Resto Bar (☎ 437396; www.kuar.com.ar; Av. Perito Moreno 2232; ⏰ 18 Uhr bis spätnachts) Ein paar Kilometer außerhalb der Stadt versammelt sich hier das Après-Ski-Publikum zu frischen Cocktails, einheimischem Bier und Tapas. Das elegante Interieur der schicken neuen Blockhausbar am Meer ist nichts gegen die atemberaubende Aussicht aufs Wasser, vor allem bei Sonnenuntergang. Für die Heimfahrt sind die Gäste aufs Taxi angewiesen.

Ausgehen

Cine Pakawaia (☎ 436500; Ecke Yaganes & Gobernador Paz; Ticket 12 Arg$) Neue Filme zeigt der komplett restaurierte hangarartige Kinosaal des Presidio.

Casa de la Cultura (☎ 422417; Ecke Malvinas Argentinas & 12 de Octubre) Versteckt hinter einer Sporthalle liegt das Haus der Kultur - hier treten ab und zu Bands und Musiker auf.

An- & Weiterreise
BUS

Einen Busbahnhof gibt es in Ushuaia nicht. Wer mit dem Bus weiterreisen will, sollte sein Ticket so früh wie irgend möglich buchen; besonders während der Hochsaison haben schon viele Leser in der Stadt festgesessen und fanden das gar nicht lustig. Wer Pech hat, verbringt außerdem unterwegs mehrere Stunden am Grenzübergang.

Tecni-Austral (☎ 431408/12; Roca 157) und **Marga y Taqsa** (☎ 435453; Godoy 41) lassen ihre Busse nach Río Grande (50 Arg$, 4 Std.) – mit Zwischenstopp in Tolhuin – an den meisten Wochentagen um 5 oder 5.30 Uhr starten. Werktags gibt es von dort aus Anschluss nach Río Gallegos (145 Arg$, 12 Std.), an jedem zweiten Werktag auch nach Punta Arenas (140 Arg$, 11 Std.). In der Nebensaison fallen einige dieser Fahrten weg.

Lider (☎ 436421; Gobernador Paz 921) und **Montiel** (☎ 421366; Deloquí 110) betreiben Minibusse, die sechs- bis achtmal täglich von Tür zu Tür nach Tolhuin (30 Arg$, 2½ Std.) und Río Grande (60 Arg$, 4 Std.) verkehren. Sonntags fahren die Minibusse seltener.

Transportes Pasarela (☎ 433712; Ecke Maipú & 25 de Mayo) bietet einen Pendelverkehr zum Lago Esmeralda (40 Arg$), Lago Escondido (90 Arg$) und Lago Fagnano (100 Arg$) und zurück. Abfahrt ist etwa um 10 Uhr, Rückkehr um 14 Uhr und 18.30 Uhr. Wer über Nacht an einem der Seen bleiben will, sollte versuchen, nur für die einfache Fahrt zu bezahlen (das geht vor allem dann, wenn zahlreiche Passagiere mitfahren) und ein Arrangement für die Rückfahrt zu treffen. Ein ähnliches Angebot gibt es auch bei **Transportes Eben-Ezer**, dessen Fahrzeuge ganz in der Nähe starten.

Für Verbindungen zum Parque Nacional Tierra del Fuego siehe S. 590.

FLUGZEUG

Flugzeuge der Aerolíneas Argentinas (☎ 421218; Roca 116) starten mehrmals täglich nach Buenos Aires (983 Arg$, 3½ Std.), teilweise mit Zwischenlandung in El Calafate (700 Arg$, 70 Min.).

Die Gesellschaft **LADE** (☎ 421123; San Martín 542) fliegt ebenfalls nach Buenos Aires (503 Arg$) und El Calafate (362 Arg$) sowie zusätzlich nach Río Gallegos (210 Arg$) und Comodoro Rivadavia (373 Arg$). Die am Schalter erhobene Flughafensteuer beträgt 25 Arg$.

Die chilenische Fluggesellschaft **Aerovías DAP** (www.dap.d) bietet Charterflüge zu unterschiedlichen Orten in Patagonien, Rundflüge über das Kap Hoorn und Abstecher zur chilenischen Antarktisstation Frei an.

Touristische Rundflüge in der näheren Umgebung veranstaltet der **Aeroclub Ushuaia** (☎ 421717, 421892; www.aeroclubushuaia.org.ar) für 200 bis 400 Arg$ pro Person.

SCHIFF

Charterboote, die im Hafen von Ushuaia vor Anker gehen, nehmen beim Auslaufen manchmal Passagiere nach Puerto Williams in Chile mit (377 Arg$).

Einige private Yachten bieten Chartertouren zum Kap Hoorn oder in die Antarktis an, seltener auch zur Insel Südgeorgien. Diese Ausflüge müssen aber zeitig im Voraus arrangiert werden. Am beliebtesten ist ein einwöchiger Törn rund um Kap Hoorn, der ab 5400 Arg$ pro Person kostet. Empfohlen wird hierfür z. B. das Boot **Mago del Sur** (☎ 02901-15-5148-6463; www.magodelsur. com.ar; Chartergebühr pro Pers. & Tag 750 Arg$) mit dem

Skipper Alejandro Damilano, der dank jahrzehntelanger Erfahrung geschickt und sicher das Ruder führt. Einzelpersonen können sich gelegentlich auch bereits geplanten Fahrten zu den Malvinen (Falklandinseln), in die Antarktis, um Kap Hoorn, nach Puerto Natales oder noch weiter nach Norden anschließen.

Auch Kreuzfahrtschiffe (s. S. 580) nehmen zuweilen Fahrgäste auf einer Teilstrecke ihrer Reise mit.

Unterwegs vor Ort

Taxis zu und von Ushuaias modernem Flughafen (USH) 4 km südwestlich des Stadtzentrums kosten 18 Arg$. Für rund 60 Arg$ pro Stunde kann ein Taxi auch gemietet werden. Die Maipú entlang verkehrt ein Stadtbus.

Die Mietpreise für Kleinwagen (inkl. Versicherung) beginnen bei etwa 185 Arg$ für bis zu 200 km bzw. bei etwa 255 Arg$ ohne Kilometerbegrenzung. Gute Adressen sind **Pueblo Viejo** (s. S. 585) und **Localiza** (☎ 430739; Sarmiento 81). Einige Vermieter verzichten gelegentlich auf den üblichen Preisaufschlag, wenn das Auto an einem anderen Ort im argentinischen Teil Feuerlands zurückgegeben wird.

PARQUE NACIONAL TIERRA DEL FUEGO

Steil wie ein Damm über den Beagle-Kanal aufragend, sind die stillen Wälder im Süden der Insel Feuerland ein erstklassiges Terrain für Entdeckungstouren, z. B. in Argentiniens erstem Küstennationalpark. Rund 12 km westlich von Ushuaia und entlang der RN 3 erstreckt sich der **Parque Nacional Tierra del Fuego** (Eintritt 50 Arg$) über eine 630 km² große Fläche vom Beagle-Kanal im Süden bis jenseits des Lago Fagnano im Norden. Allerdings sind nur ein paar tausend Hektar entlang der Küste für Besucher zugänglich. Das äußerst spärliche Netz kurzer, leichter Wanderwege ist mehr auf Familien zugeschnitten, die einen Tagesausflug unternehmen, als auf erfahrene Wanderer, die mit großem Gepäck auf eine mehrtägige Tour gehen wollen. Ein Großteil des Nationalparks ist *reserva natural estricta* (Nationalpark Kernzone), d. h. für alle normalen Besucher gesperrt. Trotz dieser Einschränkungen lohnen sich die malerischen Wanderwege, die entlang der Buchten und Flüsschen und durch die dichten Urwälder aus immergrünen Coihue-Südbuchen, Winterlinden und sommergrünen Lenga-Südbuchen führen. Geradezu spektakuläre Farbenspiele sind im Herbst zu beobachten, wenn die Ñire-Südbuchen ganze Hügel in ein flammendes Rot tauchen.

PARQUE NACIONAL TIERRA DEL FUEGO (LAPATAIA SECTOR)

WANDERN
1 Senda Hito XXIV
2 Senda Costera
3 Senda Palestra
4 Senda Pampa Alta
5 Isla El Salmón
6 Laguna Negra

Besonders an der Küste gibt es eine reiche und vielfältige Vogelwelt. Hier leben Kondore, Albatrosse, Kormorane, Möwen, Seeschwalben, Austernfischer, Lappentaucher, Kelpgänse und die drolligen, flugunfähigen Dampfschiffenten, die sich wie Raddampfer bewegen, bei der Flucht schlagen sie rasch mit den kurzen Flügeln. Als Eindringlinge haben sich u. a. europäische Kaninchen und nordamerikanische Biber breitgemacht, die zwar putzig anzusehen sind, aber gewaltige ökologische Schäden anrichten. Gelegentlich sind auch Grau- und Rotfüchse zu beobachten, die sich von den reichlich vorhandenen Kaninchen ernähren.

Wandern

Am westlichen Ufer der Bahía Lapataia endet nach 3242 km die RN 3, die Feuerland mit Buenos Aires verbindet. Von hier schlängeln sich die Spazierwege **Paseo al Mirador Lapataia** (500 m, mit herrlichen Ausblicken) und **Paseo del Turbal** (400 m) durch Lenga-Südbuchenwälder die Bucht entlang. Ähnlich kurz sind u. a. der durch Torfmoore führende Naturlehrpfad **Paseo a la Laguna Negra** (950 m) und der **Paseo a la Castorera** (400 m), von dem aus an einigen Teichen beeindruckend große Biberdämme zu sehen sind. Ihre Erbauer sind allerdings mittlerweile weitergezogen – zur Freude der Naturschützer.

SENDA AL HITO XXIV (1)

Vom Campingplatz Lago Roca führt ein ca. 10 km langer Wanderweg (Hin- & Rückweg 4 Std.) ohne größere Steigungen am bewaldeten Nordostufer des Lago Roca entlang zum Hito XXIV (sprich spanisch: *veinticuatro*): Der Grenzstein markiert die Grenze zwischen Argentinien und Chile. Sie zu queren ist streng untersagt, regelmäßige Patrouillen überwachen die Einhaltung dieses Verbots.

Am genannten Campingplatz beginnt auch der Aufstieg zum 973 m hohen **Cerro Guanaco** – ein nach ihm benannter, steiler und beschwerlicher Bergpfad (Sendero Cerro Guanaco; 8 km) führt hinauf. Der Weg ist anstrengend, doch die herrliche Aussicht von oben entschädigt für die Plackerei.

SENDA COSTERA (2)

Dieser 8 km (4 Std.) lange Wanderweg beginnt in der Nähe des Bootsanlegers an der Bahía Ensenada und verläuft im Wesentlichen parallel zur

Küste. Sehenswert, aber nicht immer leicht zu erkennen, sind die archäologisch wertvollen Muschelhaufen der Yahgan, die sogenannten *conchales*: Sie sehen ein wenig aus wie grasbewachsene Abfallhaufen. Ein Stückchen östlich der Station der Parkaufsicht *(Guardería)* in Lapataia trifft der Weg auf die RN 3. Von hier aus sind es nur noch 1,2 km bis zum Startpunkt der Senda al Hito XXIV.

Wer am Ufer Muscheln sammeln möchte, sollte wissen, dass überall am Beagle-Kanal immer wieder eine Algenpest *(marea roja)* auftritt, die alle Weichtiere (inklusive der normalerweise essbaren Muscheln) vergiftet.

SENDA PALESTRA (3)

Der Bootsanleger an der Bahía Ensenada ist auch Ausgangspunkt für den 4 km langen Wanderweg (Hin- & Rückweg 3 Std.), der die Küste entlang nach Osten verläuft, vorbei an einer alten Kupfermine, bis zur beliebten Kletterfelswand Palestra in der Nähe eines nicht mehr genutzten *refugio* (Schutzhütte).

SENDA PAMPA ALTA (4)

Trotz einer eher mäßigen Höhe (315 m) bietet die Pampa Alta einen weiten Ausblick über den Beagle-Kanal auf die Isla Navarino und die Isla Hoste. Der 5 km lange Wanderweg auf den Höhenzug beginnt ebenfalls am Bootsanleger an der Bahía Ensenada und kreuzt ein Stück weiter nördlich die RN 3 (etwa 3 km westlich des Parkeingangs und 1,5 km westlich des Río Pipo und der Verbindungsstraße von der RN 3 zur Bucht). Vorbei an einem Biberdamm aus Holzstücken geht es dann weiter bergauf zu einem Aussichtspunkt; 300 m weiter beginnt ein Pfad, der parallel zum Río Pipo verläuft und schließlich die imposanten Wasserfälle des Flusses (Cascada Río Pipo) erreicht.

ISLA EL SALMÓN (5) & LAGUNA NEGRA (6)

Vom letzten Teilstück der RN 3, etwa 2 km südwestlich von Lapataia, zweigen zwei Wanderwege ab: Der eine verläuft nordwärts am Westufer des Río Lapataia entlang bis auf die Höhe der Isla El Salmón (dort können Angler ihrem Hobby nachgehen); der andere beginnt 200 m weiter südwestlich und führt im Verlauf einer 1 km langen Schleife zur Laguna Negra, einem hübschen Waldsee.

Schlafen & Essen

Campingplätze sind die einzigen Übernachtungsmöglichkeiten im Park. Die meisten sind kostenlos, haben keinen Komfort, sind schnell überfüllt und dementsprechend in einem etwas ungepflegten Zustand. Man sollte als Gast also unbedingt darauf achten, keine eigenen Abfälle zurückzulassen. Camping Ensenada liegt 16 km vom Eingang entfernt und am dichtesten am Costera-Wanderweg. Zum Camping Río Pipo sind es vom Parkeingang 6 km, er ist auch leicht von der Straße nach Cañadon del Toro und vom Pampa-Alta-Wanderweg aus zu erreichen. Die Zeltplätze Las Bandurrias, Laguna Verde und Los Cauquenes liegen alle drei auf den Inseln im Río Lapataia.

Der einzige gebührenpflichtige Campingplatz ist der **Camping Lago Roca** (pro Pers. mit Dusche 9 Arg$) – 9 km vom Parkeingang entfernt. Er ist der einzige Platz mit heißen Duschen, einer guten *confitería* (einem Café, das auch Kleinigkeiten zum Essen zubereitet) und einem kleinen (aber teuren) Lebensmittelladen. Der Park ist groß genug, um auch einmal wild zu zelten. Aber Achtung: Das Wasser am Lago Roca ist kein Trinkwasser, es muss auf jeden Fall vor Gebrauch noch abgekocht werden.

An- & Weiterreise

Mehrmals täglich zwischen 9 und 18 Uhr starten in Ushuaia an der Ecke Maipú/Juana Fadul Busse in den Nationalpark. In die Gegenrichtung fahren sie zwischen 8 und 20 Uhr ungefähr im Stundenrhythmus. Eine Rückfahrkarte kostet je nach Zielort 50–60 Arg$, auch wenn man nicht am selben Tag zurückkehren will. In einem privaten Ausflugsbus kosten Hin- und Rückfahrt 100 Arg$. Wenn sich mehrere Leute zusammentun, dann dürfte eine Taxifahrt in den Park nicht teurer werden als der Bus.

Ursprünglich als Transportmittel für Strafgefangene auf dem Weg zur Zwangsarbeit in der Wildnis gebaut, ist **El Tren del Fin del Mundo** (☎ 02901-431600; www.trendelfindelmundo.com.ar; 95 Arg$ plus Parkeintritt) heute eine reine Touristenattraktion und zugleich ein besonders langsames Transportmittel in den Nationalpark – nur zu Fuß dauert's noch länger. Drei- bis viermal täglich im Sommer und ein- bis zweimal täglich im Winter zuckelt das Bähnchen (ohne Gefangene) von der Estación del Fin del Mundo 8 km westlich von Ushuaia (Taxi 30 Arg$) in Richtung Park. Während der einstündigen Fahrt in der pittoresken Schmalspurbahn sind Erläuterungen zur Geschichte auf Spanisch und Englisch zu hören. In den Monaten Januar und Februar ist eine Reservierung notwendig, denn dann füllt sich der Zug regelmäßig mit den Passagieren der

Kreuzfahrtschiffe. Wer nicht gerade ein Eisenbahnfan ist, lässt es bei einer einfachen Fahrt bewenden und nimmt für den Rückweg nach Ushuaia den Minibus.

Trampen in den Nationalpark ist auch eine Möglichkeit, doch gerade auf dieser Strecke sind viele Autos voll besetzt, sodass kein Platz für einen Mitfahrer bleibt.

ESTANCIA HARBERTON

Die **Estancia Harberton** (☎ für Besichtigungstouren mit Aves del Sur 01901-423213; www.estanciaharberton.com; Besichtigungstour 30 Arg$; ⏰ 15. Okt.–15. April 10–19 Uhr) wurde im Jahr 1886 als erste Estancia Feuerlands von dem britischen Missionar Thomas Bridges und seiner Familie gegründet. Hier steht das älteste Haus der Insel – und wird bis heute bewohnt. Berühmt wurde das Anwesen durch die bewegenden Memoiren von Bridges' Sohn Lucas: *Uttermost Part of the Earth* („Äußerstes Ende der Erde"). Heute ist die Estancia im Besitz der Familie Goodall, Nachfahren der Gründer, die selbst hier leben und den landwirtschaftlichen Betrieb fortführen. Auf dem 200 km² großen Areal weiden allerdings nur noch eine Handvoll Schafe und rund 1000 Rinder.

Die Estancia ist ein faszinierendes Areal mit spannender Geschichte. Bei der einstündigen Führung (um 11, 13.30, 15 und 17 Uhr) werden u. a. der Friedhof der Familie und ein botanischer Garten gezeigt; die Pflanzen dort sind nicht nur auf Spanisch bezeichnet, sondern auch in den Sprachen der Yahgan und der Selk'nam. Weitere Angebote sind die Teestunde an einer reich gedeckten Tafel im Farmhaus (30 Arg$), ein komplettes Mittagessen (95 Arg$) und Abstecher zur Pinguinkolonie in der Reserva Yecapasela oder zum Nachbau einer Yahgan-Behausung. Auch wer gerne Vögel beobachtet, kommt hier auf seine Kosten.

Der Ausflug zur Estancia Harberton lohnt sich aber schon allein wegen des eindrucksvollen **Museo Acatushún** (www.acatushun.com; Eintritt 15 Arg$; ⏰ wechselnde Öffnungszeiten, bei der Estancia nachfragen), das der nordamerikanischen Biologin Natalie Prosser Goodall zu verdanken ist. Sie ist die Ehefrau eines Familienmitglieds und hat mit Helfern Tausende von Exemplaren verschiedener Vogel- und Säugetierarten inventarisiert. Den Schwerpunkt der Sammlung bilden einheimische Meeressäuger – zu den wertvollsten Stücken gehört ein äußerst seltener Hector-Schnabelwal. Ein

---

BERICHTE VOM ÄUSSERSTEN ENDE DER ERDE

Ein europäischer Junge verbringt seine Kindheit an der Südküste Feuerlands. Der Garten seines Elternhauses grenzt an den Beagle-Kanal, seine Spielkameraden sind nackte Yahgan-Kinder, und zu den Mutproben auf dem Weg ins Erwachsenenleben gehört die Jagd auf wilde Stiere, die Warnung vom Kentern bedrohter Schiffe und diverse lebensgefährliche Banditenüberfälle: Willkommen im Leben von Esteban Lucas Bridges, dessen Jugend so spannend und abenteuerlich verlief, als hätte Robert Louis Stevenson sie persönlich erfunden.

Bridges' Memoiren, die er *Uttermost Part of the Earth* („Äußerstes Ende der Erde") nannte, beginnen mit der Gründung einer anglikanischen Missionsstation durch seinen Vater Thomas auf dem Gebiet des heutigen Ushuaia – kein Ort für ein beschauliches Landleben. Als die Familie dann weiter nach Osten zog und die Estancia Harberton gründete, um Vieh zu züchten, lebte sie zunächst wie die Ureinwohner in zeltähnlichen Unterständen aus Zweigen, bis per Schiff aus England ein komplettes Haus in Einzelteilen eintraf (heute das älteste erhaltene Haus in Feuerland). Lucas Bridges wuchs dort in den 1980er-Jahren des 19. Jhs. in engem Kontakt mit den heute ausgestorbenen Yahgan und Selk'nam auf. Er erlernte ihre Sprachen und war einer der wenigen Europäer, der der Lebensweise der Einheimischen mit Respekt und Verständnis begegnete.

Als *Uttermost Part of the Earth* 1948 erschien, war die Anzahl der Ureinwohner in Feuerland auf weniger als 150 zurückgegangen. Das Buch schildert die letzten Jahre dieser Völker und die Verwandlung ihrer Heimat von einer unberührten Wildnis in eine Kolonie der Glücksritter, Missionare und Schafzüchter. Jahrelang vergriffen und erst vor kurzem neu aufgelegt, bewahrt es die bewegte Geschichte der Region und das Bild ihrer inzwischen völlig veränderten Landschaft vor dem Vergessen. Zugleich erinnert es an die Reichtümer, die noch erhalten, in ihrem Bestand aber nach wie vor gefährdet sind.

Auch wenn Lucas Bridges selbst auf dem Friedhof von Chacarita in Buenos Aires begraben liegt, sind seine Spuren in Feuerland noch überall gegenwärtig – vom Familiensitz der Estancia Harberton über die von ihm selbst gegründete Estancia Viamonte an der Ostküste bis zu den zerklüfteten Berggipfeln hinter Ushuaia, die seinen Namen tragen.

großer Teil des riesigen Bestandes stammt aus der Bahía San Sebastián nördlich von Río Grande, wo sich das Meer wegen des gewaltigen Tidenhubs bei Ebbe bis zu 11 km weit zurückzieht, wodurch immer wieder Wale und Delfine stranden und verenden.

Als Forschungsassistenten im Museum und Besucherführer sind vielfach Volontäre und Praktikanten tätig, zumeist Tourismus- oder Biologiestudenten höherer Semester. Sie bleiben einen Monat und erhalten neben Kost und Logis von Zeit zu Zeit Gelegenheit zur Feldforschung. Der Andrang ist gewaltig, argentinische Bewerber werden bevorzugt.

Wer sich vorab eine Genehmigung besorgt, kann am Río Lasifashaj, Río Varela oder Río Cambaceres unter sehr einfachen Bedingungen gratis zelten. Komfortabler ist die Übernachtung im 1950 erbauten früheren **Schafhirtenhaus** (pro Pers. 455 Arg$) oder in der renovierten ehemaligen **Landarbeiterkantine** (mit Gemeinschaftsbad, pro Pers. 265–342 Arg$); die dreigängigen Mittag- und Abendessen kosten jeweils 95 Arg$ extra. Da es auf der Estancia selbst kein Telefon gibt, empfiehlt sich eine frühzeitige Reservierung.

Harberton liegt 85 km östlich von Ushuaia und ist in 1½–2 Stunden über die RN 3 und die holprige RC-j erreichbar. Die Busse des Pendelverkehrs starten um 9 Uhr an der Busstation im Hafenbereich von Ushuaia (an der Avenida Maipú gegenüber der 25 de Mayo) und kehren etwa um 15 Uhr dorthin zurück (hin- & zurück 130 Arg$); teurer, aber flexibler ist eine Fahrt mit dem Taxi (hin- & zurück etwa 400 Arg$). Verschiedene Agenturen in Ushuaia bieten auch Tagestouren per Katamaran an.

PUERTO WILLIAMS (CHILE)

☎ 61 / 2500 Ew.

Ushuaia ist bei weitem nicht das Ende der Welt. Das beginnt in Puerto Williams, wo sich auf der Hauptstraße Pferdefohlen herumtreiben und Yachten vor oder nach dem Törn um das berühmt-berüchtigte Kap Hoorn im Hafen Zuflucht suchen. Der Marinestützpunkt ist die einzige Stadt auf der Isla Navarino, offizieller chilenischer Einreisehafen für Boote auf dem Weg um das Kap Hoorn oder in die Antarktis und Wohnort des letzten noch lebenden Sprechers der Yahgan-Sprache.

Das Zentrum der Stadt bilden ein frisch begrünter Verkehrskreisel und eine mit Betonplatten ausgelegte Plaza mit dem anspruchsvollen Titel Centro Comercial. Gleich hinter der Bebauungsgrenze aber beginnt eine der atemberaubendsten Landschaften der Region. Mit mehr als 150 km Wanderwegen, schieferfarbenen Seen, moosigen Lenga-Südbuchenwäldern und den zerklüfteten Felsgipfeln der Dientes de Navarino ist die Isla Navarino ein raues Outdoor-Paradies. Vorbei an Biberdämmen, Bunkern und Schützengräben führen die Pfade steil die Berge hinauf und tief in die Wälder. Die rund 40 000 Biber, deren Vorfahren in den 1940er-Jahren aus Kanada eingeführt wurden, sind für die Landschaft eine schwere Plage. Sie werden gejagt, und wer auf ein geöffnetes Restaurant stößt, findet sie sogar auf der Speisekarte.

Mitte des 19. Jhs. siedelten sich auf der Insel die ersten Europäer an – christliche Missionare, denen während des Goldrausches in den 1980er-Jahren die Glücksritter folgten. Die verbliebenen Nachfahren der Urbevölkerung vom Volk der Yahgan (Yámana), die sich weitgehend mit den Einwanderern vermischt haben, leben heute in dem kleinen Dorf Villa Ukika am Meer.

Praktische Informationen

Das Centro Comercial in der Nähe des zentralen Verkehrskreisels beherbergt u. a. ein Postamt, einen Internetladen, ein Büro der Fluggesellschaft Aerovías DAP und einige Telefonläden. Bei der Banco de Chile gibt es einen Geldautomaten und die Möglichkeit, Geld zu wechseln (nur US-Dollars in bar, und zwar mindestens 100 US-$). Bei Vorlage einer Visa-Karte wird auch Bargeld ausgezahlt.

Bei **Turismo SIM** (☎ 621150; www.simltd.com) erfahren Besucher alles Wissenswerte über die vielfältigen Angebote an Segeltörns, Trekkingtouren und Expeditionen südlich der 54. Breitengrades – sei es zum Kap Hoorn, in die Cordillera Darwin (Darwin-Kordillere), zur Isla Navarino, nach Südgeorgien oder auf die Antarktische Halbinsel. Die **municipalidad** (☎ 621011; O'Higgins 165), die Gemeindeverwaltung, betreibt ihrerseits einen **Touristeninformationskiosk** (☎ 621012) am Verkehrskreisel, der allerdings selten besetzt ist.

Sehenswertes & Aktivitäten

In der Nähe des Eingangs zum Militärgelände ist der Originalbug des Schiffes **Yelcho** aufgestellt, das 1916 die Mitglieder der von Ernest Shackleton geleiteten Antarktisexpedition von Elephant Island rettete.

Das **Museo Martín Gusinde** (☎ 621043; Ecke Araguay & Gusinde; Eintritt gegen Spende; ☉ Mo–Fr 9–13 & 14.30–19 Uhr) erinnert an den deutschen Priester und Völkerkundler, der 1918–23 bei den Yahgan lebte. Den Museumsschwerpunkt bilden dementsprechend ethnologische und naturgeschichtliche Exponate.

Ein 15-minütiger Spaziergang vom Stadtrand nach Osten am Ufer entlang führt zu der Siedlung Villa Ukika, in der Nachfahren der Yahgan leben. Ein bescheidener Laden für Kunsthandwerk namens **Kipa-Akar** (Haus der Frau) verkauft dort Schmuck und Messer aus Walknochen (deren Einfuhr nach Europa jedoch problematisch werden kann), aber auch Lehrbücher für die Sprache der Ureinwohner. Wenn er geschlossen ist, kann vielleicht ein Bewohner der Siedlung weiterhelfen.

Lateinamerikas südlichster botanischer Garten, der **Parque Etnobotánico Omora** (www.cabodehornos.org), liegt 4 km (1 Std. Fußweg) außerhalb des Ortes. Der Weg dorthin führt über die Straße nach Puerto Navarino, die an der rechten Seite des großen Marienbildstocks Virgen del Carmen beginnt. Im Park sind die Namen der Pflanzen nicht nur auf Lateinisch und Spanisch angegeben, sondern auch in der Sprache der Yahgan. Mit den Spenden der Besucher soll das Projekt eines Biosphärenreservats am Kap Hoorn unterstützt werden.

Weite Ausblicke auf den Beagle-Kanal eröffnen sich bei einer Wanderung auf den **Cerro Bandera**. Bergführer vermittelt die Agentur **Turismo Shila** (☎ 621745; Plaza de Ancla s/n). Der vierstündige Ausflug setzt auf der gleichen Strecke wie der sehr viel längere Höhenrundweg **Circuito Dientes de Navarino**. Durch Lenga-Südbuchenwälder geht es steil bergan auf die stürmischen, felsigen Anhöhen. Wetterresistente Backpacker mit der nötigen Ausrüstung können auch den gesamten Rundweg in Angriff nehmen, für den man vier bis fünf Tage planen sollte. Vor der Kulisse wie eine Zahnreihe gezackten Felsspitzen der Dientes de Navarino ("Navarino-Zähne") lernen sie hier unberührte Landschaften und großartige Aussichtspunkte kennen, über die die rauen Winde heulen.

Genaueres über Trekkingtouren auch in dieser Region steht im Lonely-Planet-Führer *Trekking in the Patagonian Andes*.

Ausflüge auf der Insel lassen sich meist in den verschiedenen Unterkünften arrangieren. Über Segeltörns in die Antarktis oder durch den Beagle-Kanal sowie Reitmöglichkeiten, Trekking- und Klettertouren informiert Turismo SIM (s. S. 592).

Schlafen

Refugio El Padrino (☎ 621136; Costanera 267; B 10 000 Chil$) Dieses direkt am Beagle-Kanal gelegene gepflegte Hostel ist ideal für Selbstversorger. Vor allem bei Sonnenuntergang ist der Ausblick auf die umgebende Landschaft großartig!

Hostal Lajuwa (☎ 621267; Villa Ukika; B 12 000 Chil$) Die sauberen Schlafsäle innerhalb einer Siedlung von hispanisierten Nachfahren der Yahgan liegen etwas außerhalb des Ortes, doch wer hier übernachtet, kann einen interessanten (wenn auch oberflächlichen) Einblick in eine unbekannte Kultur erleben.

Residencial Pusaki (☎ 621116; Piloto Pardo 242; EZ/DZ 10 500/21 000 Chil$) In der lustigen, gut geführten Familienpension dürfen die Gäste sich selbst verpflegen, sollten aber auch die Chance nutzen, die phantastischen Kreationen zu probieren, die Hausherrin Pati aus Fischen und Meeresfrüchten zaubert. Die leckeren Speisen gibt es übrigens nicht nur für Übernachtungsgäste (Hauptgerichte 4000–4500 Chil$).

Hotel Lakutaia (☎ 621733; www.lakutaia.cl; DZ 125 000 Chil$) Das moderne Hotel mit Rundumservice liegt 3 km außerhalb des Ortes in Richtung Flughafen. Die Betreiber kümmern sich nicht nur um die Anreise ihrer Gäste aus Punta Arenas, sondern organisieren auch Tagesausflüge auf dem Circuito Dientes de Navarino oder Fahrten zum Kap Hoorn. In der Bibliothek stehen ganze regale voller Bücher über die Geschichte und die Natur der Region. Der einzige Nachteil des Hauses ist seine abgeschiedene Lage. Wer hier logiert, bekommt von dem ungewöhnlichen Städtchen Puerto Williams möglicherweise nicht viel mit.

Essen

Dientes de Navarino (Plaza de Ancla; Hauptgerichte 3000–3500 Chil$) In diesem kleinen, dunklen und einfachen Lokal ist die Speisekarte zwar nicht allzu umfangreich, aber was es gibt, ist gut zubereitet. Fisch- und Meeresfrüchteplatten, *combinados* (Cocktails aus Pisco-Weinbrand und Cola) und Wein aus dem Getränkekarton sorgen dafür, dass man schnell satt und zufrieden ist.

Restaurant Cabo de Hornos (☎ 621067; Maragono 146; Hauptgerichte 3500–6500 Chil$) Was die Region an essbarem Fleisch bietet, hier kommt es auf den Tisch: Wildtiere wie Biber, Gänse, Guanakos, Kaninchen und Krabben ebenso wie Bio-Lachs, Lamm und andere feuerlandtypischen Fleischsorten. Dazu bietet das Restaurant eine schöne Aussicht über die Stadt.

Unter den wenigen Supermärkten des Ortes ist **Simon & Simon** sicher der beste. Hier gibt es das frischeste Gemüse, Fastfood und leckeres Gebäck zu kaufen.

FEUERLAND

Ausgehen

Club de Yates Micalvi (Bier 2500 Chil$; ☺ Sept.–Mai, bis spätnachts) Verglichen mit den anderen örtlichen Pinten ist dieses Lokal schon etwas ganz Besonderes. Der auf Grund gelaufene deutsche Frachtdampfer *Micalvi* diente seit dem Jahr 1976 als Marinemuseum, hat sich aber inzwischen sehr zu seinem Vorteil in eine schwimmende Bar verwandelt, die bei Marinesoldaten und Seglern überaus beliebt ist.

An- & Weiterreise

Wer von auswärts nach Puerto Williams will, muss ein Schiff, ein Boot oder ein Flugzeug besteigen. Die **Aerovías DAP** (☎ 621051; www.dap.cl; Plaza de Anda s/n) betreiben eine Flugverbindung von und nach Punta Arenas (65 000 Chil$, 1¼ Std.). Startzeit ist von November bis März samstags um 11.30 Uhr, im Winterhalbjahr seltener. Maschinen von DAP machen gelegentlich auch auf dem Weg in die Antarktis eine kurze Zwischenlandung in Puerto Williams.

Das Fährschiff Patagonia von **Transbordador Austral Broom** (www.tabsa.cl) legt drei- bis viermal im Monat mittwochs in Tres Puentes (dem Fährhafen von Punta Arenas) nach Puerto Williams ab und macht sich samstags auf den Rückweg

(Liegesitz/Etagenbett 88 000/105 000 Chil$ inkl. Mahlzeiten, 38 Std.). Viele Passagiere schwärmen von dieser Seereise, bietet sich doch bei gutem Wetter an Deck ein herrlicher Rundblick; manchmal lassen sich auch Delfine oder Wale sehen. Der höhere Preis für ein Etagenbett lohnt sich, denn die normalen Stockbetten sind klein und die verstellbaren Liegesitze nicht so komfortabel, wie es auf einer solch langen Fahrt wünschenswert wäre.

Von September bis März verkehren zwischen Puerto Navarino und Ushuaia täglich solide Festrumpfschlauchboote. Die 40-minütige Überfahrt ist ein teures Vergnügen: Hin- und Rückfahrt kosten bei **Ushuaia Boating** (☎ 02901-436193 (in Ushuaia); www.ushuaiaboating.com.ar; Godoy 190, Ushuaia) rund 104 000 Chil$. Eine Alternative bietet in Puerto Williams die Agentur **Akainij** (☎ 621173; www.turismoakainij.com; Centro Comercial Sur 156), bei der auch Ausflugsfahrten in der Umgebung des Ortes gebucht werden können. Die Boote nach Ushuaia legen in der Regel morgens ab, doch zuvor steht noch der Bustransfer von Puerto Williams nach Puerto Navarino (52 km) an. Im Club de Yates Micalvi finden sich manchmal auch Yachtbesitzer, die bereit sind, Passagiere privat über den Beagle-Kanal zu schippern.

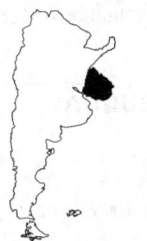

Uruguay

Uruguay, das kleinste spanischsprachige Land Südamerikas, wirkt wie eine winzige Traube, die zwischen dem riesigen Daumen von Brasilien und dem langen Zeigefinger Argentiniens am Atlantischen Ozean eingeklemmt ist. Uruguay wird leicht übersehen, doch es lohnt sich, das Land zu erkunden, auch wenn es mit seinen Pampas dem südlichen Nachbarn ähnelt. Die Spanier ignorierten Uruguay, später wurde das Land wie ein Pingpongball zwischen den mächtigeren Nachbarn hin- und hergeworfen, und die wenigsten Südamerikabesucher haben es heute auf ihrer Reisekarte stehen. Dennoch ist und bleibt Uruguay ein wunderbar gastfreundliches Land.

Das Land ist es überraschend vielseitig. Das kosmopolitische Montevideo strahlt jugendlichen Elan aus, bewahrt sich aber gleichzeitig viele Traditionen. Jedes Jahr im Februar bricht auf den Straßen während des Karnevals ein irres Getrommel los; das neu renovierte Teatro Solís ist einer von Dutzenden Veranstaltungsorten, in denen das ganze Jahr über ein Tanz-, Musik- und Theaterprogramm geboten wird. Die Kleinstadt Colonia im Stil des 17. Jhs. verzaubert die Besucher mit ihren Kopfsteinpflastergassen, während das Punta del Este mit seinen Sandstränden und Nachtclubs die Schönen und Reichen aus aller Welt anlockt.

Doch die drei Touristenziele sind längst nicht alles: Der unendliche Himmel des weiten Landesinneren hat etwas Magisches. Spaß macht es auch, bei Sonnenuntergang zu einem Fluss zu reiten, auf einer Estancia aus dem 19. Jh. den funkelnden Sternenhimmel zu betrachten oder den Mond über den Dünen der Seelöwenkolonien am Cabo Polonio aufgehen zu sehen.

HIGHLIGHTS

- Im **Karneval** (S. 611) von Montevideo, der munter einen Monat lang gefeiert wird, zum Rhythmus immer anderer Trommeln tanzen
- Sich an der wilden Küste von **Punta del Diablo** (S. 656) in die Wellen stürzen oder spät in der Nacht eine Strandparty feiern
- In den **Termas San Nicanor** (S. 636) im Thermalwasser die Einsamkeit in sich aufnehmen
- Sich in der **Estancia Yvytu Itaty** (S. 637) auf ein Pferd setzen, ein grillen und einfach mal schauen, wie sich das Gaucholeben eines so gestaltet
- Im malerischen **Colonia del Sacramento** (S. 621) auf der Stadtmauer ein Sonnenbad nehmen oder im Oldtimer über das Kopfsteinpflaster rattern

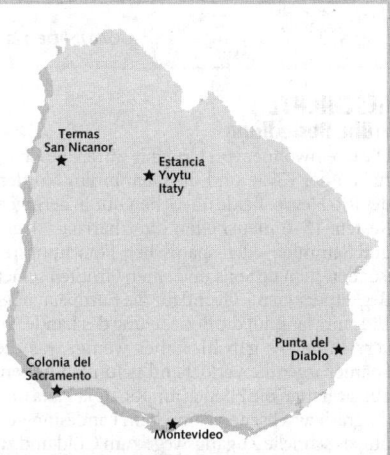

- EINWOHNER: 3.5 MIO.
- FLÄCHE: 176 220 KM²

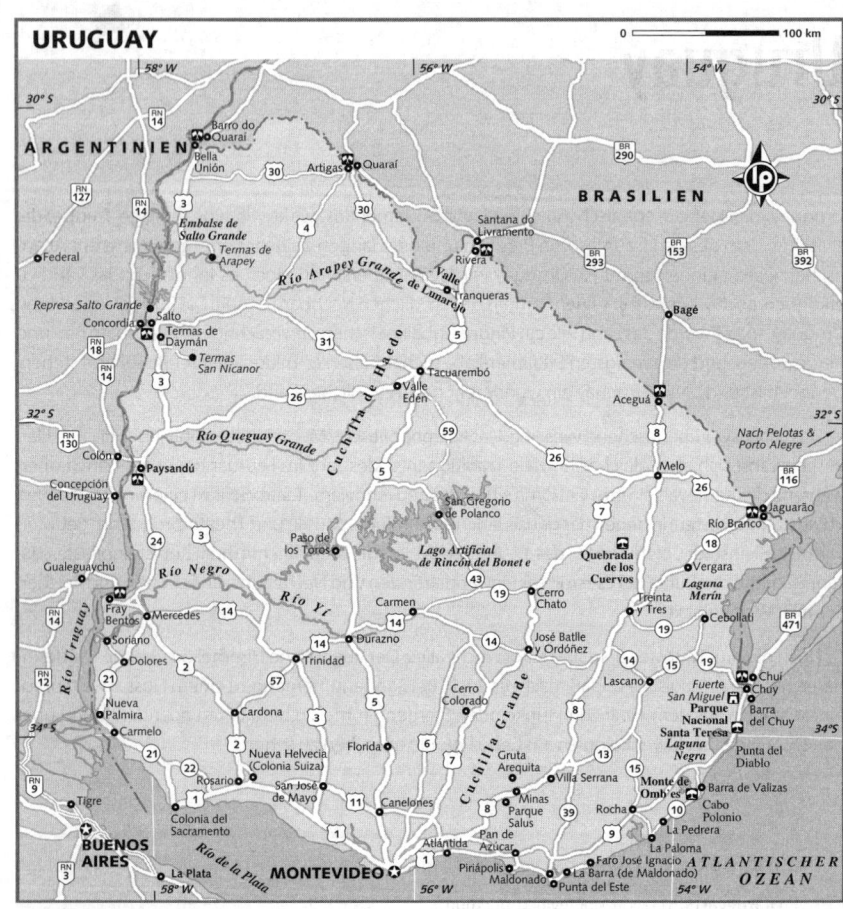

URUGUAY

GESCHICHTE
Frühe Besiedlung

Die Ureinwohner von Uruguay waren die Charrúa an der Küste und die Guaraní im Norden des Río Negro. Beide überleben nur in geringen Resten. 1516 meuchelten die Charrúa – Jäger und Sammler – den spanischen Forschungsreisenden Juan de Solís und einen Großteil seiner Begleitpersonen – Grund für die Europäer, über 100 Jahre lang auf die Besiedelung des Landes zu verzichten. Es gab hier aber wenig, was die Spanier irgendie verlockend gefunden hätten: Für sie hatten die Ebenen am Río de la Plata und die grasbewachsenen Pampas im Landesinneren nur als schnelle Zugangswege zum Gold und zu anderen Reichtümern in Richtung des heutigen Argentinien einen gewissen Wert.

Die ersten Europäer, die sich an der Banda Oriental (Ostküste) niederließen, waren die Jesuiten. Die Missionare siedelten in der Nähe des heutigen Soriano am Río Uruguay. Als Nächstes kamen die Portugiesen, die 1680 das heutige Colonia del Sacramento als eine Art Brückenpfeiler für den Schmuggel von Waren nach Buenos Aires gründeten. Spanien antwortete im beginnenden Wettstreit 1726 mit dem Bau einer eigenen Festung in Montevideo.

Geburt einer Nation

Die Portugiesen und Spanier kämpften 100 Jahre darum, hier Fuß zu fassen. Großbritannien versuchte ebenfalls sein Glück und nahm 1807 nach einer Invasion Montevideo ein. Bereits 1811 war das Land vorübergehend unabhängig.

Die meisten Charrúa fielen den von den Europäern eingeschleppten Krankheiten und ihrem gnadenlosen Streben nach Land zum Opfer. Am 11. April 1831 kamen die meisten der noch verbliebenen Charrúa einer offiziellen Einladung nach, an einer Konferenz in Salsipuedes teilzunehmen. Dort wurden die Charrúa dann auf hinterlistige Weise eingekreist, ihrer Waffen sowie Pferde beraubt und massakriert.

Gegen Ende des 19. Jhs. erwachte auch in Uruguay der Widerstand gegen die Kolonialmacht und führte zum Erstarken einer Unabhängigkeitsbewegung. José Gervasio Artigas, Uruguays größter Nationalheld, verbündete sich mit den Vereinigten Provinzen am Río de la Plata gegen Spanien, konnte jedoch nicht verhindern, dass Uruguay schließlich von Brasilien vereinnahmt wurde. Durch Artigas' Exil in Paraguay kam es zum Zusammenschluss der berühmten „33 Orientalen": Die Patrioten aus Uruguay überquerten unter der Führung von General Juan Lavalleja und mit Unterstützung Argentiniens am 19. April 1825 den Río Uruguay und kämpften für die Befreiung Uruguays von der brasilianischen Herrschaft. 1828 wurde Uruguay nach dreijährigem Ringen in einem von den Briten vermittelten Vertrag als relativ kleiner, unabhängiger Pufferstaat zwischen den entstehenden südamerikanischen Kontinentalmächten eingerichtet.

Im 19. Jh. war die Unabhängigkeit Uruguays ein zerbrechliches Gut. Zwischen den beiden politischen Parteien des Landes, den Grundbesitzern oder Colorados und den Blancos (benannt nach den roten bzw. weißen Armbinden, die die Mitglieder trugen), herrschte Bürgerkrieg; das nur durch den Fluss getrennte Argentinien belagerte Montevideo von 1838 bis 1851; Brasilien stellte eine stete Bedrohung dar.

Gegen Mitte des 19. Jhs. war die Wirtschaft weitgehend von der Rindfleischindustrie und Wollproduktion abhängig. Die zunehmende Bedeutung der Latifundios (große Ländereien) und die Kommerzialisierung der Viehzucht führten zum allmählichen Niedergang der unabhängigen Gauchos.

Wohlstand & Niedergang

Zu Beginn des 20. Jhs. führte Präsident José Batlle y Ordóñez, ein Mann mit Visionen, Innovationen wie Farmkredite, Arbeitslosenhilfe, Rente und den achtstündigen Arbeitstag ein. Interventionen vonseiten des Staates endeten mit der Verstaatlichung vieler Industrien. Aber es wurden auch neue Industriezweige geschaffen

– eine Epoche allgemeinen Wohlstands begann. Die Reformen von Batlle wurden jedoch größtenteils durch Steuern auf die Viehwirtschaft finanziert – als die Fleischexporte um 1950 rückläufig waren, ging es mit dem Wohlfahrtsstaat bergab.

In den 1960er-Jahren erreichten die wirtschaftliche Stagnation und die massive Inflation einen kritischen Punkt. Die sozialen Unruhen nahmen zu, vor allem in Montevideo, wo sich die Mittelschicht an ihren Wohlstand gewöhnt hatte. 1967 schlitterte das Land unter der Herrschaft des Präsidenten Jorge Pacheco allmählich in eine Diktatur. Pacheco erklärte die Linksparteien für verfassungswidrig, machte Zeitungen dicht und griff als Reaktion auf die Guerillabewegung der Tupamaros (eine sozialistische Untergrundgruppe mit Wurzeln in der städtischen Mittelschicht) zu drastischen Gegenmaßnahmen. Anfangs fanden die Tupermaros noch öffentliche Unterstützung, doch damit war schnell Schluss. Nachdem die Gruppe den als CIA-Agenten verdächtigten Dan Mitrione exekutiert und eine Massenflucht aus dem Gefängnis angezettelt hatten, rief Pacheco das Militär auf den Plan. Der Ausnahmezustand wurde verhängt. 1971 übergab Pachecos Nachfolger Juan Bordaberry die Regierungskontrolle der Armee.

Das Militär schaffte die freie Meinungsäußerung fast völlig ab. Folterung war an der Tagesordnung, und über 60 000 Bürger wurden willkürlich festgenommen. Die Streitkräfte bestimmten, inwieweit jemand für ein öffentliches Amt wählbar war, sie überstellten politische Delinquenten an die Militärgerichte, zensierten Bibliotheken und führten ein, dass selbst größere Familientreffen einer vorherigen Genehmigung bedurften.

Versuche seitens des Militärs, seine politische Rolle zu institutionalisieren, schlugen fehl. Die Wähler lehnten eine vom Militär entworfene Verfassung 1980 ab und wählten vier Jahre später den Colorado-Kandidaten Julio María Sanguinetti zum Präsidenten, und zwar auf der Basis der existierenden Verfassung. Sanguinettis Wahl bedeutete eine Rückkehr zu demokratischen Traditionen, obwohl er eine umstrittene Amnestie für vom Militär verübte Menschenrechtsverletzungen unterstützte. Sie wurde von den Wählern 1989 zähneknirschend ratifiziert.

Aufbruch ins 21. Jahrhundert

Im März 2000 wählten die Uruguayer den erklärten Colorado Jorge Batlle Ibáñez zum Präsidenten, er war ein Großneffe von José Batlle y Ordóñez. Ibáñez etablierte sich sogleich als

URUGUAYS ZELLULOSEKRIEG MIT ARGENTINIEN

Wer hätte je gedacht, dass eine Zellulosemühle eine internationale Krise heraufbeschwören kann? Bei Drucklegung dieses Reiseführers hatten die Beziehungen zwischen Uruguay und Argentinien so ziemlich ihren tiefsten Punkt seit 50 Jahren erreicht. Die permanenten Streitigkeiten drehen sich um den finnische Papierkonzern Botnia, der am Río Uruguay nördlich von Fray Bentos eine Papiermühle eröffnet hat. Seit das Vorhaben 2005 publik wurde, protestieren Umweltgruppen und Regierungsmitglieder in Argentinien wegen der Umweltbelastung auf der argentinischen Seite des Flusses in der Nähe von Gualeguaychú. Die Regierung von Uruguay, die das bedeutende ausländische Investitionsprojekt natürlich nicht aufgeben will, konterte mit dem Argument, dass die Mühle den internationalen Standards hinsichtlich Reinhaltung der Gewässer entspreche und absolut sicher sei.

Am 9. November 2007 ging die Papiermühle nach vielen Verzögerungen und ergebnislosen Verhandlungsversuchen von König Juan Carlos von Spanien in Betrieb, was die Spannungen weiter schürte. Fünf Sommer lang wurde die Brücke von Fray Bentos nach Gualeguaychú von Streikenden aus Argentinien für den Durchgangsverkehr blockiert; nur als die beiden Länder in einem *fútbol*-Spiel gegeneinander antraten, war sie kurzfristig geöffnet.

Im April 2010 wurde die Klage Argentiniens gegen Uruguay vom Internationalen Strafgerichtshof in Den Haag zurückgewiesen. Die *piqueteros* halten die Brücke allerdings weiterhin besetzt. Somit bleibt zu hoffen, dass die heikle Situation zu einer endgültigen Lösung kommt und bald wieder Normalität einkehrt. Jedenfalls bleibt es spannend ....

Freigeist und entließ den Kommandanten der Armee, nachdem dieser hatte anklingen lassen, dass ein weiterer Putsch durchaus in Ordnung sei; außerdem versprach Batlle, nach den sterblichen Überresten der Dissidenten zu suchen, die während der Militärherrschaft spurlos verschwunden waren. Er prangerte den Wohlfahrtsstaat Uruguay als zu umständlich an und begann, politische Maßnahmen einzuleiten, die auf Privatisierung und freien Handel abzielten. Im Gegenzug wurde die Frente Amplio (Breite Front) – eine Koalition diverser Linksparteien – zum ernsten politischen Gegner, der durch sein Konzept vom Wohlfahrtsstaat und gegen die Privatisierung öffentlicher Einrichtung zunehmend an Popularität gewann.

Im Juli 2002 führten die Auswirkungen der argentinischen Wirtschaftskrise zu einem Sturm auf die Banken in Uruguay. Die Bevölkerung musste mit Entsetzen zusehen, wie ihre Wirtschaft – einst eine der stärksten in ganz Südamerika – zunehmend verkam und die Inflation (2001: 3,6 %) Ende 2002 schwindelerregende 40 % erreichte. Die Tourismusindustrie, die ganz wesentlich von den zahlungskräftigen Argentiniern abhängig war, litt unter sinkenden Einnahmen. Der uruguayische Peso verlor an Wert, der Wirtschaftsminister trat zurück, und die Regierung ordnete zur Beruhigung kurzerhand einen Feiertag an, um weiteres Chaos zu vermeiden.

Eine gewaltige Rettungsaktion wurde eingeleitet. Die Notmaßnahmen von Batlle Ibáñez –

Kürzung der öffentlichen Ausgaben, Erhöhung der Umsatzsteuer – wurden mit einer Reihe von Darlehen gestützt durch die US-, IMF- und die Weltbank. Die Summe belief sich insgesamt auf 1,5 Mrd. US$.

Die jüngsten Ereignisse

Im März 2005 gelangte die links orientierte Frente Amplio unter Präsident Tabaré Vázquez an die Macht, getragen von einer Welle der Unterstützung vonseiten der Gewerkschaften, Jugendund kommunaler Gruppierungen. Zum ersten Mal in der 175-jährigen Geschichte Uruguays hatte eine dritte Partei die Präsidentschaft gewonnen. Und es sollte auch gleich drastisch zur Sache gehen: Vázquez bemühte sich sofort um ein Freihandelsabkommen mit den USA, was seine Handelspartner vom Mercosur-Bündnis ebenso erstaunte wie vor den Kopf stieß. Er erließ ein Rauchverbot in der Öffentlichkeit, was in diesem verqualmten Land so ziemlich alle verärgerte, und er erteilte zwei multinationalen Konzernen aus dem Ausland die Genehmigung, am Río Uruguay Papierfabriken zu errichten, was zu Streitigkeiten mit dem benachbarten Argentinien führte; siehe Kasten oben.

Innenpolitisch hat die Frente Amplio-Regierung mittlerweile diverse gesellschaftliche Veränderungen bewirkt, so z. B. die Legalisierung der Abtreibung im November 2007, die Akzeptanz gleichgeschlechtlicher Ehen im Januar 2008 sowie ein ehrgeiziges Programm mit dem Namen „Plan Ceibal": Jeder Schüler im

Land bekam als Lernmittel einen internetfähigen Laptop gestellt.

Im November 2009 sprachen die Uruguayer der Frente Amplio wieder ihr Vertrauen aus und wählten José Mujica zum neuen Präsidenten. Seinem altväterlichen Gebaren zum Trotz war Mujica aufgrund seiner Vergangenheit als Guerillaführer der Tupamaros ein umstrittener Kandidat. Bei Drucklegung dieses Reiseführers war damit zu rechnen, dass Mujica die linkslastige Gesellschaftspolitik seines Amtsvorgängers Vázquez größtenteils fortsetzt.

KULTUR
Mentalität

Eines stellen Uruguayer sofort klar: dass sie völlig anders als ihre Vettern jenseits des Río de la Plata, die *porteños*, sind. Und in vieler Hinsicht stimmt das ja auch: Wenn einige Argentinier manchmal dreist und arrogant wirken, so verhalten sich die Uruguayer eher bescheiden, umgänglich und entspannt. Während die Argentinier immer eine regionale Supermacht waren, standen die Uruguayer stets im Schatten der großen Nachbarn. Witzeleien, dass das noble Seebad Punta del Este ein Vorort von Buenos Aires sei, lassen sich auf dieser Seite der Grenze deshalb nicht ganz so leicht schlucken.

Aber es bestehen unbestritten auch viele Ähnlichkeiten: die generelle Wertschätzung von allem, was mit Kunst zu tun hat, der italienische Einfluss, das Erbe der Gauchos. Und ohne Zweifel können der Individualismus wie auch die Verachtung, die viele Uruguayer dem *neoliberalismo* (Neoliberalismus) gegenüber hegen, unmittelbar auf diese romantischen Latino-Cowboys zurückgeführt werden.

Lebensart

Die Uruguayer lassen sich nicht so schnell aus der Ruhe bringen und behaupten mit Stolz, das Gegenteil der angeblich so hitzköpfigen Latinos zu sein. Gesellligkeit schätzen alle.

Der Sonntag bleibt Familie und Freunden vorbehalten. Dann wird ein halbes Rind auf den *asado* (Grill) geworfen, alle machen es sich gemütlich und nippen an ihrem *mate*. Der Bildungsstand der Bevölkerung ist gut, und Kunst und Kultur erfahren in der Öffentlichkeit große Unterstützung.

Auch die Kluft zwischen Arm und Reich gestaltet sich hier längst nicht so krass wie in anderen Ländern Lateinamerikas, wenngleich die Wirtschaftskrise im 21. Jh. die Mittelschicht stark belastet.

Bevölkerung

Mit 3,5 Mio. Einwohnern ist Uruguay das kleinste spanischsprachige Land Südamerikas. Die Bevölkerung ist vorrangig weiß (88 %), 8 % sind Mestizos (mit einer Mischung aus spanischem und indigenem Blut) und 4 % Schwarze. Rein indigene Uruguayos gibt es praktisch nicht mehr. Die durchschnittliche Lebenserwartung ist mit gut 76 Jahren eine der höchsten in Lateinamerika. Lesen und schreiben können 98 %. Das Bevölkerungswachstum ist mit 0,5 % allerdings sehr niedrig. Die Bevölkerungsdichte liegt bei 19,8 Ew./km².

Sport

Sexo, droga y Peñarol
Ni patria ni Dios... NACIONAL NACIONAL

Graffiti in Montevideo

Die Uruguayer sind wie alle Lateinamerikaner verrückt nach Fußball (*fútbol*). Wer plötzlich feststellt, dass die Straßen wie leergefegt, die Kneipen aber voll sind, kann darauf wetten, dass gerade ein Fußballspiel gezeigt wird.

Uruguay hat zweimal die Weltmeisterschaften gewonnen, darunter das erste Turnier, das 1930 in Montevideo ausgetragen wurde. Bei der Weltmeisterschaft in Südafrika im Jahr 2010 errang das Land sogar einen vorher nicht erwarteten vierten Platz. Die bekanntesten Mannschaften sind Nacional und Peñarol, die beide in Montevideo ihre Heimat haben. Wer sich ein Spiel ansehen will, sollte sich einen Platz an den Seitenlinien suchen, auf keinen Fall aber hinter den Toren – es sei denn, man will sich so richtig ins Getümmel der Fans stürzen.

Die **Asociación Uruguayo de Fútbol** (☎ 02-400-7101; Guayabo 842) in Montevideo hält Informationen zu Fußballspielen und Austragungsorten bereit.

Religion

47 % der Uruguayer sind römisch-katholisch. Etwa ein Drittel gehört anderen christlichen Glaubensgemeinschaften an. Es gibt eine kleine jüdische Minderheit von rund 18 000 Gläubigen, die fast alle in Montevideo leben. Die Protestanten haben in den letzten Jahren etwas an Mitgliedern zugelegt. Die Unitarierkirche von Sun Myung Moon ist in Besitz der Zeitung *Últimas Noticias*, die jeden Nachmittag erscheint.

Kunst

Uruguay kann mit einer beeindruckenden literarischen und künstlerischen Tradition aufwarten – die geringe Bevölkerung bringt eine überraschende Fülle an talentierten Künstlern und Literaten hervor. Der wohl berühmteste Philosoph und Essayist Uruguays ist José Enrique Rodó: In seinem Essay *Ariel (1990)*, einem Klassiker der Landesliteratur, hat er die beiden Kulturen von Nord- und Lateinamerika verglichen. Zu den bedeutendsten zeitgenössischen Schriftstellern zählen Juan Carlos Onetti sowie der Dichter, Essayist und Romancier Mario Benedetti. Onettis Romane *Für ein Grab ohne Namen, Die Werft, Leichensammler* und *Das kurze Leben* liegen auch in deutscher Übersetzung vor, ebenso *Der Baum der roten Sterne*, der gefeierte Roman von Tessa Bridal, der im Montevideo der 1970er-Jahre spielt. Die meisten jungen Uruguayer haben ein Faible für Eduardo Galeano, der ebenfalls Unmengen Bücher und Gedichte geschrieben hat.

Der wohl berühmteste Film, der mit Uruguay in Verbindung steht, ist *Der unsichtbare Aufstand* (1973) von Costa-Gavras; er wurde im Chile zur Allende-Zeit gedreht und beschäftigt sich mit den Tupamaros, die den angeblichen CIA-Beamten Dan Mitrione kidnappten und dann exekutierten. Zu den besten neueren Filmen aus Uruguay gehören *Whisky* (2004), der in Cannes mehrfach prämiert wurde, sowie *El Baño del Papa* (2007).

Theater und andere Aufführungen stehen in Uruguay hoch im Kurs, und Dramaturgen wie Mauricio Rosencof sind prominent. Zu den renommiertesten Malern zählen der unlängst verstorbene Juan Manuel Blanes sowie Joaquín Torres García. Die lebensgroßen Bronzeskulpturen von José Belloni können in den Parks von Montevideo bewundert werden.

Tango ist in Montevideo sehr angesagt – die Uruguayer beanspruchen die Tangolegende Carlos Gardel als Sohn des Landes für sich. Einen der bekanntesten Tangos, „La Cumparsita", komponierte der Uruguayer Gerardo Matos Rodríguez. Im Karneval vibrieren die Straßen von Montevideo beim aufgeheizten Getrommel von *candombe*, einem Rhythmus, der seine Ursprünge in Afrika hat und ab 1750 von Sklaven nach Uruguay gebracht wurde. In der zeitgenössischen Musikszene haben mehrere Rockbands aus Uruguay ihre Fangemeinde auf beiden Seiten des Río de la Plata, so z. B. die Buitres, La Vela Puerca und No Te Va Gustar.

Kunst- und Kulturangebote sind in Uruguay recht preiswert. Die Museen kosten meist gar nichts, und für Theater und Musikveranstaltungen sind meist gerade einmal 100 UR$ lockerzumachen. Selbst die besten Plätze im eleganten

Teatro Solís von Montevideo kommen selten teurer als 500 UR$.

ESSEN & TRINKEN
Die uruguayische Küche

Unter Frühstück versteht der Uruguayer in der Regel *café con leche* (Milchkaffee) und ein oder zwei *medialuna* (Croissants), anschließend wird viel *mate* getrunken.

Ab etwa 10 Uhr warten bereits riesige Rindfleischteile auf die ersten Hungrigen, sie werden im Allgemeinen auf einer *parrilla* (Holzkohlegrill, Bezeichnung für die Vorrichtung und das Lokal) gebraten. Als beliebtestes Stück gilt das *asado de tira* (Rippchen), aber *pulpo* (Filetsteak) ist auch sehr lecker. Und die Meeresfrüchte sind entlang der ganzen Küste des Atlantiks natürlich hervorragend!

Das klassische Gericht für Zwischendurch ist in Uruguay eine ziemliche Cholesterin-Bombe: *chivito* (ein größeres Brötchen mit einem Steak samt Käse, Blattsalat, Tomaten, Speck, Schinken, Oliven usw.). Vegetarier müssen sich oft an Pizza und Pasta halten, obwohl es mittlerweile auch ein paar vegetarische Restaurants gibt.

Die Desserts aus Merengue, *dulce de leche* (Milchkaramell), geschmolzenem Zucker und Vanillesoße sind einfach traumhaft – oder ein Alptraum (das hängt vom Blickwinkel ab). Die genannten Zutaten für verschiedene Zuckerspeisen werden in unendlich vielen Kombinationen verwendet und haben dann so verführerische Namen wie *Principe Humberto* (Prinz Hubert), *Isla flotante* (dahintreibende Insel), *Massini* und *Chajá*.

In großen Touristenorten wie Punta del Este und Colonia werden *cubiertos* (Gedeck, 20 UR$ und mehr) in Rechnung gestellt. Theoretisch ist das der Preis für das Körbchen mit Brot, das vor dem Essen auf den Tisch kommt.

Getränke
ALKOHOLISCHE GETRÄNKE

Einheimische Biersorten wie Pilsener, Patricia und Zillertal sind okay, aber nichts Besonderes. Die 330-ml-Flaschen sind außerhalb der Touristenhochburgen eine Seltenheit – generell versteht man unter *cerveza* (Bier) eine Einliterflasche und werden dazu mehrere Gläser auf den Tisch gestellt – sehr angenehm, wenn eine Gruppe von Leuten unterwegs ist.

Tannat nennt man einen Rotwein, der hauptsächlich in Uruguay und im Südwesten Frankreichs gekeltert wird; er schmeckt hervorragend und ist überall erhältlich.

TAG DER GNOCCHI

Die meisten Restaurants in Uruguay machen ein Riesentamtam, wenn sie am 29. eines jeden Monats Gnocchi (oder *ñoquis*) auf den Tisch bringen. In manchen Lokalen gibt es sie ausschließlich an diesem Tag.

Die Tradition reicht in Zeiten zurück, als es mit der Wirtschaft nicht zum Besten stand und alle am Monatsende ihr Gehalt bekamen. Wenn sich dann der 29. näherte, konnten es sich die Leute gerade noch leisten, diese köstlichen Kartoffelklößchen zu kochen. Praktisch veranlagt, wie die Uruguayer nun einmal sind, machten sie aus der Not eine Tradition – und seitdem ist am 29. eben der Gnocchi-Tag. Wer zu Hause beim Lieblingsitaliener mal wieder 12 € für das Gericht hinblättert, sollte sich das durch den Kopf gehen lassen ...

Clericó ist eine beliebte Mischung aus Weißwein und Fruchtsaft, während unter einem *medio y medio* (halb und halb) eine Mischung aus Schaumwein und Weißwein zu verstehen ist.

Es lohnt sich, einmal einen *grappa con miel* (Grappa mit Honig) zu probieren – er schmeckt wirklich nicht übel.

NICHTALKOHOLISCHE GETRÄNKE

Das Leitungswasser lässt sich so ziemlich überall trinken; wer dennoch seine Zweifel hat, kauft das billige Mineralwasser. Preiswert sind auch einige Erfrischungsgetränke: *Pomelo* (Grapefruitgeschmack) ist sehr erfrischend und nicht so pappsüß wie erwartet. *Jugos* (Fruchtsäfte) und *licuados* (Säfte mit darin verquirlter Milch oder Wasser) sind fast überall erhältlich.

Der Kaffee ist gut und kommt meist *de la máquina* (ähnlich dem Espresso aus der Kaffeemaschine). Die Uruguayer konsumieren noch mehr Mate als die Argentinier oder die Paraguayer. Wenn sich die Gelegenheit bietet, sollte man ihn unbedingt probieren – es geht nichts über Mate mit ein paar Freunden.

NATUR & UMWELT
Geografie

Uruguay ist zwar eines der kleinsten Länder Südamerikas, nach europäischen Maßstäben aber trotzdem recht groß. Das Staatsgebiet umfasst 176 220 km² und ist somit größer als England und Wales zusammen.

Im Landesinneren liegen zwei Gebirgszüge: die Cuchilla de Haedo westlich von Tacuarembó

und die Cuchilla Grande südlich von Melo. Die Berge dort erreichen aber allesamt nicht einmal 500 m. Westlich von Montevideo ist das Land recht flach. Der Río Negro fließt durch die Landesmitte und stellt die natürliche Trennlinie zwischen dem Norden und dem Süden dar. An der Atlantikküste liegen beeindruckende Strände, Dünen, Landzungen und Lagunen. Die Steppen und Wälder in Uruguay erinnern an die Pampas in Argentinien oder Südbrasilien; im Osten haben sich an der brasilianischen Grenze entlang Inseln mit Palmensavanne erhalten.

Tiere & Pflanzen

Irgendwie ist es schon passend, dass sich der Name Uruguay als „Fluss der Vögel" übersetzen lässt. Das Land kann mit einer reichen Vogelwelt aufwarten, vor allem in der Provinz Rocha mit ihren vielen seichten Lagunen in Küstennähe. Die meisten großen Landtiere sind verschwunden, doch hin und wieder stolziert ein Nandu im Nordwesten Uruguays nach Heuschrecken pickend übers Weideland. Wale, Seelöwen und andere Robben lassen sich häufig an der Küste beobachten.

KLIMA

Da in Uruguay die Strände die Hauptattraktion sind, kommen die meisten Besucher natürlich im Sommer. An der Küste klettern die Temperaturen tagsüber im Januar im Durchschnitt auf 28 °C, nachts liegen sie bei rund 17 °C. Am Río Uruguay und in den Städten im Landesinneren, wie Tacuarembó, wird es im Sommer allerdings brütend heiß. Temperaturen von weit über 30 °C sind hier nichts Besonderes. Generell werden die Temperaturen aufgrund der enorm hohen Luftfeuchtigkeit (bis zu 90 %) allerdings als erheblich heißer empfunden.

Die Niederschläge von durchschnittlich 100 mm verteilen sich recht gleichmäßig über das ganze Land. Von Ende April bis November weht oft ein starker Wind, mit dem Regen und kühleren Temperaturen einhergeht; die Durchschnittstemperatur im Juli beträgt frische 11 °C.

NATIONALPARKS

Uruguay besitzt zwei Nationalparks, nämlich den Parque Nacional Santa Teresa (S. 658) unter Militärverwaltung sowie den Parque Nacional San Miguel, beide in der Provinz Rocha. Mehrere andere Naturschutzgebiete unterstehen offiziell dem Sistema Nacional de Áreas Protegidas (SNAP; Nationales System Geschützter Gebiete) – siehe Kasten S. 638.

URUGUAY

AN- & WEITERREISE

Es gibt diverse Direktflüge nach Montevideo (S. 553), die meisten Fluglinien nehmen die Route über Buenos Aires oder auch São Paulo. Viele Besucher setzen von Buenos Aires mit dem Schiff über, und zwar entweder nach Colonia (S. 625) oder nach Montevideo (S. 619).

MONTEVIDEO

☎ 02 / 1,3 Mio. Ew.

Die Hauptstadt von Uruguay ist mit Abstand die größte Metropole und Wirtschaftszentrum des Landes, die pulsierende, bunte Stadt hat ein abwechslungsreiches Kulturleben. Montevideo erstreckt sich rund 20 km von West nach Ost und hat viele Gesichter – angefangen vom Industriehafen bis hin zum exklusiven Wohnviertel Carrasco unweit des Flughafens.

Im historischen Geschäftsviertel im Kern der Innenstadt kämpfen Art-Deco-Gebäude und neoklassizistische Bauten neben verdreckten und vorzeitig vergammelten Hochhäusern um ihren Platz – sie erwecken den Eindruck, als hätte man sie geradewegs aus Havanna oder aus dem Rumänien zur Zeit Ceauşescus eingeflogen. Im Südosten der Stadt erinnern die Shopping Malls und modernen Hochhäuser von Punta Carretas und Pocitos eher an Miami oder die Copacabana von Rio de Janeiro.

Wer von Colonia im Westen oder von den Stränden im Osten Uruguays kommt, findet die verschmutzte Luft und die ständig hupenden Taxis in Montevideo vielleicht etwas nervig. Doch das sollte keinen von einem Besuch abhalten: Die rege Stadtkultur ist überall greifbar, die stolzen Einheimischen teilen sie gerne mit ihren Gästen. In der Ciudad Vieja, dem Herzen des historischen Montevideo, werden viele alte Gebäude restauriert, um bunt gestrichenen Cafés, Pensionen und Galerien Platz zu bieten. Unten am Hafen hat die Stadtverwaltung den Mercado del Puerto aufgemöbelt und darin eine neue Touristeninformation und das Karnevalsmuseum untergebracht. In Montevideo hat auch die größte Handelsgemeinschaft Südamerikas –Mercosur – ihre Hauptverwaltung; die vielen Botschaften und ausländischen Kulturzentren tragen das ihre zum internationalen Flair der Stadt bei. Unterdessen entwickelt sich die Musik-, Theater und Clubszene der Stadt weiter – es gibt elegante, ältere Theater und gemütliche kleine Tangobars, aber auch hypermoderne Diskotheken an der Strandpromenade.

ORIENTIERUNG

Montevideo liegt fast genau gegenüber von Buenos Aires auf der anderen Seite des Río de la Plata. Auf die meisten Besucher übt die Ciudad Vieja den größten Reiz aus: eine Landzunge ganz im Westen zwischen dem geschützten Hafen und dem breiten, offenen Fluss.

Ein Gitternetz an Gassen durchzieht die zur Kolonialzeit mit einer Mauer umgebene Altstadt. Sie wurde 1742 von Portugiesen gegründet. Gleich östlich von ihr beginnt hinter der Puerta de la Ciudadela (Altstadttor) das Centro (Innenstadt) an der Plaza Independencia; der weitläufige Platz ist von öffentlichen Gebäuden aus der repulikanischen Epoche gesäumt.

Die Avenida 18 de Julio – eine bedeutende Verkehrsader und seit jeher die wichtigste Geschäftsstraße (und auch die Amüsiermeile) – verläuft von der Plaza Independecia über die Plaza del Entrevero zur Plaza Cagancha, bevor sie die Intendencia (Rathaus) am östlichen Ende des Centro erreicht.

Die Hausnummern lassen sich einfach finden – jeder Block besteht aus rund 50 Nummern. Aber Achtung: Links und rechts von der Avenida 18 de Julio tragen die Straßen oft unterschiedliche Namen!

Von der Plaza del Entrevero führt die Avenida Libertador General Lavalleja diagonal gen Nordosten zum beeindruckenden Palacio Legislativo (Karte S. 603), wo das Parlament seinen Sitz hat. Am nordöstlichen Ende der Avenida 18 de Julio befinden sich Tres Cruces, der Busbahnhof von Montevideo sowie der Parque José Batlle y Ordóñez (beide Karte S. 603) mit seinem Fußballstadion, das 75 000 Fans Platz bietet. Eine weitere wichtige Verkehrsader, der Bulevar Artigas, verläuft vom Busbahnhof von Norden

---

WO SICH DIE FREIE NATUR URUGUAYS AM SCHÖNSTEN GENIESSEN LÄSST

- Cabo Polonio (S. 654)
- Villa Serrana (S. 641)
- Valle del Lunarejo (S. 638)
- Quebrada de los Cuervos (S. 638)
- Auf einer *estancia* (S. 630)
- Laguna de Castillos (S. 655)
- Termas San Nicanor (S. 636)
- Sierra de las Ánimas (S. 640)

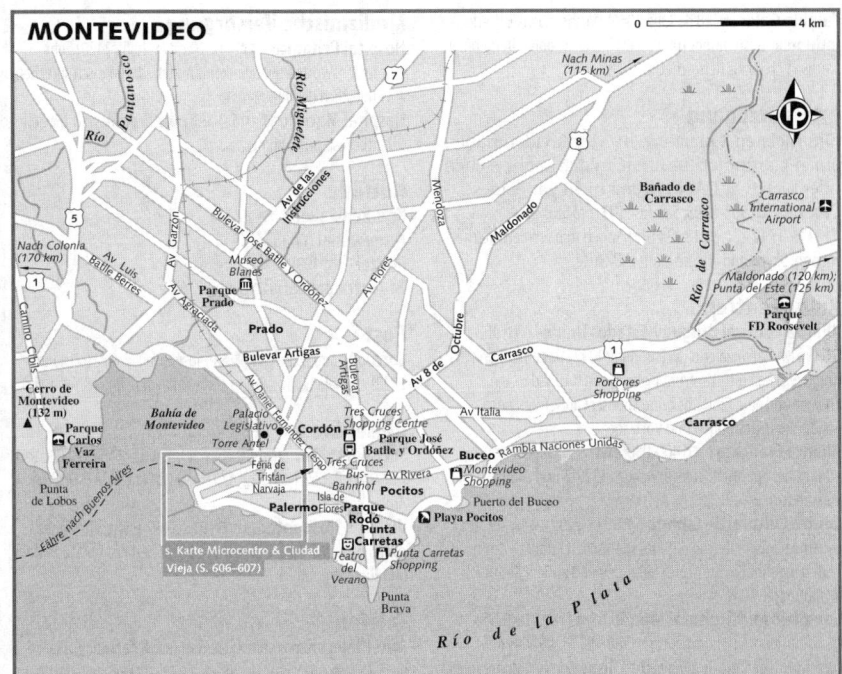

nach Süden zum Strand und zum Leuchtturm von Punta Carretas; ganz in der Nähe wird die Avenida Italia zur Interbalnearia, der wichtigsten Schnellstraße nach Punta del Este und weiter zur uruguayischen „Riviera".

Viele interessante Sehenswürdigkeiten liegen außerhalb der Innenstadt. Gen Westen diente der 132 m hohe Cerro de Montevideo (Karte S. 603) jenseits des Hafens den Schiffern einst als Wegweiser und bietet bis heute einen tollen Blick auf die Stadt. Im Osten führt die Rambla, also die Straße, die unmittelbar am Fluss entlang verläuft, an hübschen Parque Rodó (Karte S. 603) und am südlichen Ende des Bulevar Artigas vorbei. Dann schlängelt sie sich durch mehrere schicke Vororte, die im Sommer und am Wochenende bei den Montevideanern überaus bliebt sind, am Wasser entlang. Zu diesen Orten zählen Punta Carretas, Pocitos, Buceo (mit dem Yachtclub) und Carrasco, ein exklusives Wohnviertel in der Nähe des Flughafens.

PRAKTISCHE INFORMATIONEN
Ausländerbehörde
Dirección Nacional de la Migración (☎ 916-0471; Misiones 1513; ☺ Mo–Fr 9.15–14.30 Uhr)

Buchläden
Die Auswahl an fremdsprachigen Büchern hält sich generell in Grenzen.

Bookshop (☎ 401-1010; Rodó 1671) Montevideos beste Auswahl an Romanen und Reiseführern in englischer Sprache; östlich der Intendencia.

Librería Linardi y Risso (☎ 915-7129; Juan Carlos Gómez 1435) Gute Quelle für Titel zur Geschichte, aber auch Belletristik, anderswo vergriffene Bücher sowie Bildbände über Montevideo und Uruguay.

Librería Puro Verso Centro (☎ 901-6429; Av 18 de Julio 1199); Ciudad Vieja (☎ 915-2589; Peatonal Sarandí 675) Hervorragendes Buchgeschäft mit Café; hier sind auch ein paar Romane auf Englisch erhältlich.

Geld
Unzählige Wechselstuben säumen die Avenida 18 de Julio; die Kurse sind jeweils ausgehängt. Geldautomaten gibt es an jeder Ecke und natürlich auch am Busbahnhof.

Banco Comercial (Ecke Av 18 de Julio & Santiago de Chile) Am östlichen Rand der Innenstadt.

Banco de la Nación Argentina (Juan Carlos Gómez 1378) An der Plaza Constitución.

Banco Santander (Av 18 de Julio 999) Gegenüber der Plaza del Entrevero.

Cambio Gales (Av 18 de Julio 1046) Wechselt Reiseschecks.
Indumex (Busbahnhof Tres Cruces) Das Elektronikunternehmen wechselt ebenfalls Reiseschecks.

Internetzugang

Die meisten Quartiere in Montevideo haben einen Computer für Gäste in der Lobby stehen oder bieten WLAN – wenn nicht gar beides.
Cyberia (☎ 908-8808; San José 933; pro Std. 15 UR$; ☽ Mo–Fr 12–24, Sa 18–24 Uhr) Angeboten werden Internetzugang, Skype und andere digitale Dienste.

Kulturzentren

Alianza Cultural Uruguay-Estados Unidos (☎ 902-5160; www.alianza.edu.uy; Paraguay 1217) Das amerikanisch-uruguayische Kulturzentrum bietet einen Buchladen, ein Theater und eine Bibliothek und sponsert außerdem noch Sonderveranstaltungen und Vorträge.
Alianza Francesa (☎ 400-0505; www.alliancefrancaise. edu.uy, auf Spanisch; Bulevar Artigas 1229) Rund 2 km östlich vom Centro.
Centro Cultural de España (☎ 915-2250; www.cce.org. uy, auf Spanisch; Rincón 629) Im spanischen Kulturzentrum finden regelmäßig Kunstausstellungen und andere Kulturveranstaltungen statt.
Complejo Multicultural Mundo Afro (☎ 916-8779; coordinacionoma@hotmail.com; Ciudadela 1229) Das Kulturzentrum der afro-uruguayischen Gemeinde von Montevideo befindet sich oben im Mercado Central, ein Stück südlich der Plaza Independencia.
Instituto Cultural Anglo-Uruguayo (☎ 902-3773; www.anglo.edu.uy; San José 1426) Eine von 47 Zweigstellen im ganzen Land. Es gibt hier eine Bibliothek mit englischen Büchern sowie ein Theater.
Instituto de Cultura Uruguayo-Brasileño (☎ 901-1818; www.icub.edu.uy, auf Spanisch; Av. 18 de Julio 994, 6. St.) Brasilianisches Kulturzentrum, ausgestattet mit einer hervorragenden Bibliothek.
Instituto Goethe (☎ 410-5813; www.goethe.de/montevideo, auf Spanisch & Deutsch; Canelones 1524) Offizielles deutsches Kulturinstitut in Montevideo; östlich vom Centro. Es gibt Deutschkurse, Informationen und eine Bibliothek.
Instituto Italiano di Cultura (☎ 900-3354; www.iic montevideo.esteri.it, auf Spanisch & Italienisch; Paraguay 1177)

Medien

Die wichtigsten Tageszeitungen von Montevideo sind *El País* (www.elpais.com.uy), *La República* (www.larepublica.com.uy), *El Observador* (www.elobservador.com.uy) und *Últimas Noticias* (www.ultimasnoticias.com.uy). Das einmal wöchentlich erscheinende Blatt *Búsqueda* (www.busqueda.com.uy) ist ebenfalls an den meisten Kiosken erhältlich. Es existiert bereits seit 1972.

Medizinische Versorgung

Hospital Británico (☎ 487-1020; Av. Italia 2420) Sehr empfehlenswerte Privatklinik mit Ärzten, die Englisch sprechen; 2,5 km östlich der Innenstadt.
Hospital Maciel (☎ 915-3000; Ecke 25 de Mayo & Maciel) Öffentliches Krankenhaus.

Notfälle

Krankenwagen (☎ 105)
Feuerwehr (☎ 104)
Polizei (☎ 109)
Touristenpolizei (☎ 0800-8226)

Post

Correo Centro (Ecke Ejido & San José); Ciudad Vieja (Misiones 1328); Busbahnhof Tres Cruces (Ecke Bulevar Artigas & Av. Italia)

Reisebüros

Turisport (www.turisport.com.uy) Centro (☎ 902-0829; San José 930; Pocitos (☎ 712-4797; Juan B Blanco 837) Örtliche Amex-Vertretung.
Viajeros Sin Fronteras (☎ 916-5466; www.sinfronteras. com.uy; Buenos Aires 618, Oficina 001) Spezialist für Studenten- und Jugendreisen.

Telefon

Antel Telecentro Centro (Ecke San José & Paraguay); Ciudad Vieja (Rincón 501); Busbahnhof Tres Cruces (Ecke Bulevar Artigas & Av Italia)

Touristeninformationen

Städtische Touristeninformation Centro (☎ 1950-3157, 1950-3171; Ecke Av 18 de Julio & Ejido, 3. St.; ☽ Mo–Fr 10–16 Uhr); Ciudad Vieja (☎ 916-8434; Ecke Rambla 25 de Agosto & Maciel; ☽ 11–17 Uhr) Stadtpläne und allgemeine Informationen über Montevideo.
Nationales Touristenministerium Flughafen Carrasco (☎ 604-0386; ☽ 9–20 Uhr); Ciudad Vieja (☎ 188-5111; Rambla 25 de Agosto; ☽ Mo–Fr 8–18 Uhr); Busbahnhof Tres Cruces (☎ 409-7399; ☽ Mo–Fr 8–22, Sa & So 9–22 Uhr) Infos zu Montevideo und zu Zielen im ganzen Land.

Waschsalon

Lavadero Mis Niños (☎ 903-0369; Andes 1333; Waschen & trocknen der Wäsche pro Trommel 90 UR$; ☽ Mo–Fr 8–20, Sa bis 15 Uhr)

GEFAHREN & ÄRGERNISSE

Für lateinamerikanische Verhältnisse geht es in Montevideo recht ruhig zu, aber natürlich sollte man wie in jeder anderen Großstadt vorsichtig sein. In der Ciudad Vieja (Altstadt) kommt es durchaus vor, dass der Geldbeutel oder die Brieftasche geklaut wird, und einige Gegenden sollten Besucher nachts lieber ganz meiden, vor allem den Mercado del Puerto. In den Fußgängerzonen Bacacay und Sarandí werden Passanten oft recht aggressiv um Bargeld angegangen. Die *policia turística* (Touristenpolizei) von Montevideo ist in der ganzen Ciudad Vieja sowie im Centro auf Streife und hilft bei Problemen gern weiter.

SEHENSWERTES

Alle Sehenswürdigkeiten sind nachfolgend von Westen nach Osten aufgeführt. Und aufpassen: Viele der Museen in Montevideo sind unter ihren Anfangsbuchstaben bekannt. Der Eintritt ist frei, insofern nichts anders angegeben ist. Die meisten der Exponate werden nur auf Spanisch erklärt, also einen Sprachführer mitnehmen.

Ciudad Vieja

MUSEO DEL CARNAVAL

Dieses **Museum** (☎ 916-5493; Rambla 25 de Agosto 218; Eintritt 50 UR$, Di frei; ✆ Di–So 11–17 Uhr) präsentiert eine tolle Sammlung von Kostümen, Trommeln, Masken, Tonaufzeichnungen und Fotos aus der gut 100-jährigen Geschichte des Karnevals in Montevideo.

MERCADO DEL PUERTO

Wer Montevideo einen Besuch abstattet, sollte am Ende der Pérez Castellano das alte Marktgebäude am Hafen nicht versäumen. In dem beeindruckenden schmiedeeisernen Bau sind eine ganze Reihe *parrillas* (Grillrestaurants; s. S.642) mit durchaus anständigen Preisen zu Hause. Vor allem am Samstagnachmittag geht es hier lebendig und bunt zu, denn dann kommen die Künstler, Kunsthandwerker und Straßenmusikanten der Stadt hier zusammen.

MUSEO DE ARTE PRECOLOMBINO E INDÍGENA

Das **Museum** (MAPI; ☎ 916-9360; 25 de Mayo 279; ✆ Mo–Fr 13–18.30, Sa 12–17.30 Uhr) präsentiert in der ständigen Ausstellung Artefakte und Informationen über die ersten Einwohner Uruguays; außerdem sind Sonderausstellungen zu sehen, die sich mit der indigenen Bevölkerung Nord- und Südamerikas beschäftigen.

MUSEO DE ARTES DECORATIVAS

Der Palacio Taranco, das 1910 erbaute Domizil eines reichen Kaufmanns, beherbergt heute das Museo de Artes Decorativas (☎ 915-1101; 25 de Mayo 376; ✆ Di–Sa 12.30–18, So 14–18 Uhr). Das hochherrschaftliche Gebäude wurde von den berühmten französischen Architekten Charles Girault und Jules Chifflot entworfen und ist vollgestopft mit reich verzierten Stilmöbeln; vieles stammt aus Europa.

MUSEO HISTÓRICO NACIONAL

Das Nationalmuseum für Geschichte besteht aus drei Häusern, die in der Ciudad Vieja vestreut liegen. Mittelpunkt ist die **Casa Rivera** (☎ 915-1051; Rincón 437; ✆ Mo–Fr 11–17, Sa 10–15 Uhr) aus dem 19. Jh., das ehemalige Zuhause des ersten Präsidenten Uruguays und des Begründers der Partei Colorado, Fructuoso Rivera. Die Sammlung mit Gemälden, Dokumenten, Möbeln und Kunstobjekten spürt Uruguays Geschichte von den Anfängen bis zur Unabhängigkeit nach.

Das **Museo Romántico** (☎ 915-5361; 25 de Mayo 428; ✆ Mo–Fr 11–17 Uhr) ist randvoll mit Gemälden, Porzellan, Silber und antiken Möbeln. Die **Casa Lavalleja** (☎ 915-1028; Zabala 1469) ist derzeit geschlossen; sie war von 1830 bis zu seinem Tod 1853 das Zuhause von General Lavalleja.

PLAZA CONSTITUCIÓN

Der Platz ist eigentlich besser bekannt unter dem Namen Plaza Matriz. Hier schlug zur Kolonialzeit das Herz Montevideos. An der Ostseite steht der **Cabildo** (1812 vollendet), ein neoklassizistisches Steingebäude mit dem **Museo y Archivo Histórico Municipal** (Stadtarchiv & Historisches Museum; ☎ 915-9685; Juan Carlos Gómez 1362; ✆ Di–So 12.30 bis 17.30 Uhr). Gegenüber vom Cabildo ragt die **Iglesia Matriz** auf, das älteste öffentliche Gebäude Montevideos. Die Bauarbeiten begannen 1784, im Jahr 1799 wurde die Kirche dann fertiggestellt.

MUSEO TORRES GARCÍA

Das **Museum** (☎ 916-2663; Sarandí 683; Spende erbeten; ✆ Mo–Fr 9.30–19.30, Sa 10–18 Uhr) präsentiert die Arbeiten von Torres García, einem Maler des 20. Jhs. aus Uruguay. In Wechselausstellungen sind auch Werke anderer zeitgenössischer Künstler zu bewundern.

TEATRO SOLÍS

Ein paar Schritte von der Plaza Independencia entfernt liegt das **Teatro Solís** (☎ 1950 ext 3323; www.teatrosolis.org.uy, auf Spanisch; Buenos Aires 678), das als Montevideos beste Bühne gilt (s. S. 617 und S. 618). Das 1856 eröffnete Theater wurde in den letzten zehn Jahren renoviert; die Akustik ist hervorragend. Im Rahmen der Führungen (Di–So) bietet sich Gelegenheit, das Gebäude außerhalb einer Vorstellung zu besichtigen. Mittwochs sind Führungen auf Spanisch kostenlos, ansonsten müssen Besucher 20 UR$ berappen; Führungen auf Englisch kosten 40 UR$.

MICROCENTRO & CIUDAD VIEJA

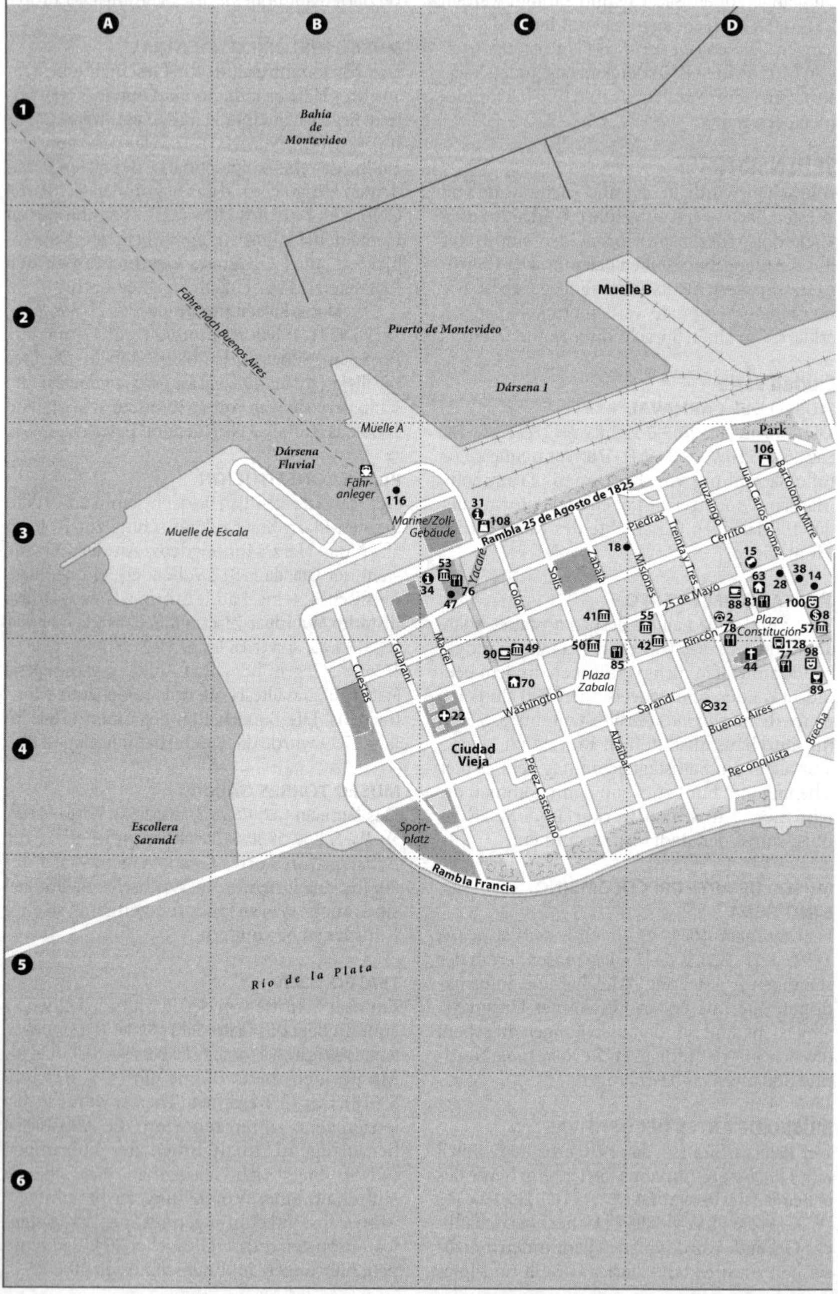

Bahía
de
Montevideo

Muelle B

Puerto de Montevideo

Dársena 1

Muelle A

Dársena
Fluvial

Fähr-
anleger

116

Marine/Zoll-
Gebäude

31
108

Rambla 25 de Agosto de 1825

Park

106

Bartolomé Mitre

Juan Carlos Gómez

Ituzaingó

Piedras

Treinta y Tres

Cerrito

18

Muelle de Escala

53
34 76
47

Colón

Solís

Zabala

Misiones

15
63 28 38 14
88 81 100
2 57
Plaza
Constitución

25 de Mayo

90 49

50

41

55
42

Rincón

85

78
128
77 98
44 89

70

Plaza
Zabala

Cuareim

Guaraní

Maciel

Washington

Sarandí

Buenos Aires

Brecha

32

22

Ciudad
Vieja

Pérez Castellano

Alzáibar

Reconquista

Escollera
Sarandí

Sport-
platz

Rambla Francia

Río de la Plata

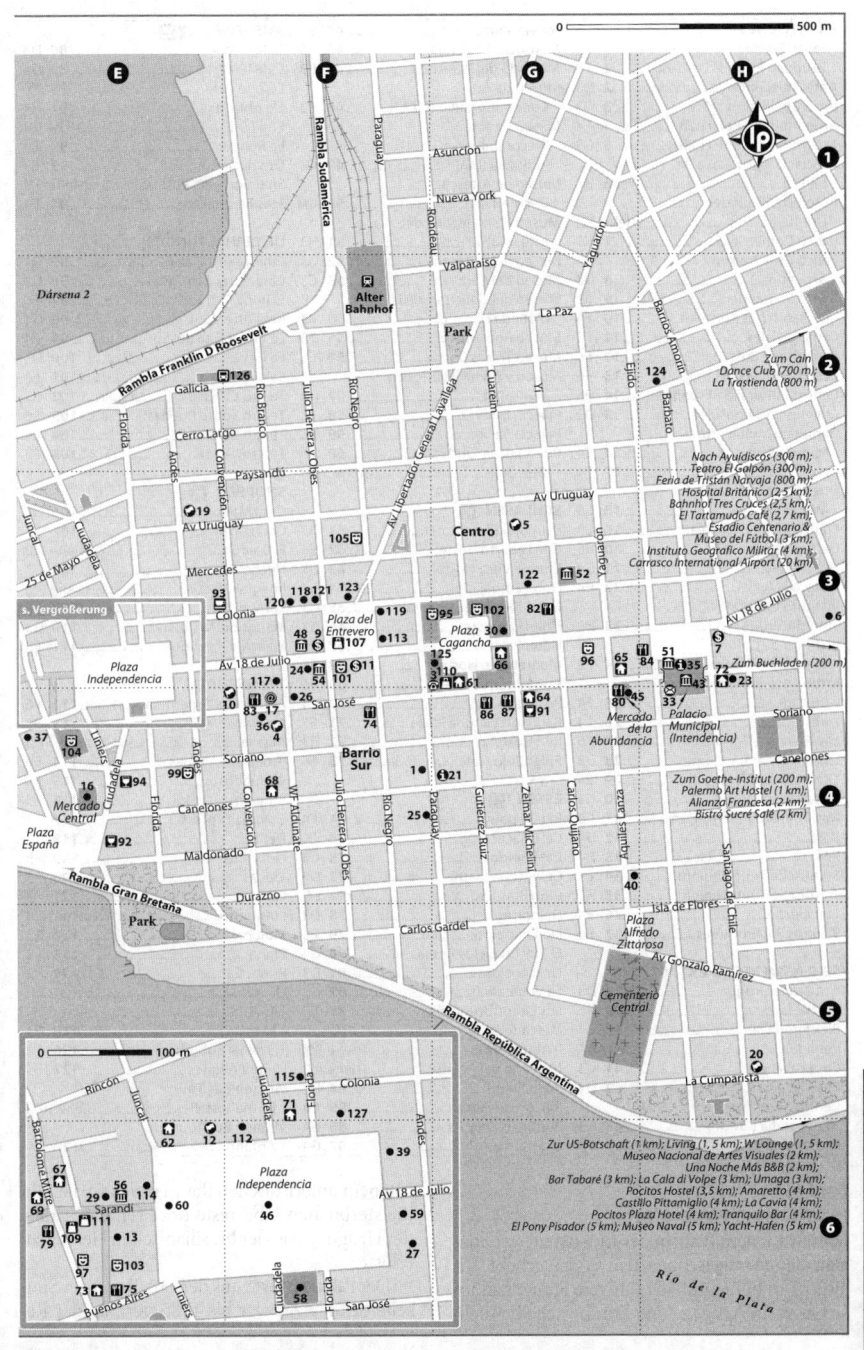

Centro

PLAZA INDEPENDENCIA

Mitten auf dem Platz in der Innenstadt steht das **Mausoleo de Artigas**, über dem Boden erhebt sich eine 17 m hohe und 30 t schwere Statue von José Gervasio Artigas. Eine Ehrenwache bewacht in einem unterirdischen Raum rund um die Uhr die sterblichen Überreste des Freiheitshelden, der Uruguay von der brasilianischen Herrschaft erlöste.

Der **Palacio Estévez** aus dem 18. Jh. an der Südseite des Platzes war bis 1985 der Sitz der Regierung. An der Ostseite des Platzes beeindruckt ein Gebäude mit 26 Stockwerken, das aussieht, als hätte es eine verrückte Hochfrisur in der Form eines Bienenstocks: Der **Palacio Salvo** war bei seiner Eröffnung 1927 mit 26 Stockwerken das höchste Gebäude des südamerikanischen Kontinents. An der Westseite des Platzes erinnert die **Puerta de la Ciudadela**, ein nüchternes Steintor, an die Zitadelle der Kolonialzeit – sie fiel zugunsten der Stadtentwicklung bis auf das Tor 1833 der Abrissbirne zum Opfer.

MUSEO DEL GAUCHO Y DE LA MONEDA
Das **Museo del Gaucho y de la Moneda** (☎ 900-8764; Av. 18 de Julio 998; ☾ Mo–Fr 10–17 Uhr) im prächtigen Palacio Heber vermittelt eingängig die tiefgründigen, auf Wechselseitigkeit beruhenden Beziehungen zwischen den Gauchos, ihren Tieren und dem Land. Die hervorragende und wirklich sehenswerte Sammlung zeigt diverse Artefakte aus der Gaucho-Vergangenheit Uruguays, darunter Pferdegeschirr, Silberarbeiten sowie *mate-Gefäße* und *bombillas* (Trinkhalm mit Metallfilter zum Trinken des *mate*) in ausgefallenen Designs. Unten sind noch Geldscheine, Münzen und Exponate zu sehen, die mit der instabilen Wirtschaftsgeschichte Uruguays zu tun haben.

MUSEO DE ARTE CONTEMPORÁNEO
Gegenüber vom Gaucho-Museum angesiedelt, präsentiert dieses winzige **Museum** (MAC; ☎ 900-6662; Av 18 de Julio 965, 2. St.; ☾ Di–So 14–20, Mo 14–18.30 Uhr) Wechselausstellungen mit zeitgenössischen Werken von Malern und Künstlern Bildhauern sowie anderen Künstlern aus Uruguay.

MUSEO DE LA HISTORIA DEL ARTE
Im Untergeschoss des Palacio Municipal (Rathaus, auch Intendencia genannt) zeigt das **Museo de la História del Arte** (MuHAr; ☎ 1950 Nebenstelle 2191; Ejido 1326; ☾ Di–So 12–17.30 Uhr) eine umfassende Kunstsammlung. Zu sehen sind sowohl Originale wie auch Reproduktionen berühmter Stücke aus Ägypten, Mesopotamien, Persien, Griechenland und Rom sowie von zahlreichen indigenen Kulturen Lateinamerikas.

WEITERE MUSEEN
Das **Museo del Automóvil** (☎ 902-4792; Colonia 1251, 6. St.; ☾ Di–So 14–19 Uhr) des Automóvil Club del Uruguay lässt das Herz aller Fans von Oldtimern höher schlagen – sogar ein minzefarbenes Hupmobile aus dem Jahr 1910 gehört zur Sammlung!

Wechselausstellungen zeitgenössischer Fotografien sind im **Centro Municipal de Fotografía** (CMDF; ☎ 1950 Nebenstelle 1219; San José 1360; ☾ Mo bis Fr 10–19, Sa 9.30–14.30 Uhr) zu sehen. An zwei Computern können die Besucher in der Sammlung herumstöbern, die sage und schreibe 100 000 historische Fotos umfasst.

Nördlich vom Centro
Wer einen tollen Blick über die ganze Stadt genießen will, nimmt den Aufzug auf die keilförmige **Torre Antel** (Karte S. 603; ☎ 928-4417; Guatemala 1075; ☾ Mo, Mi & Fr 15.30–17, Di & Do 10.30–12 Uhr), hinauf, den höchsten, modernsten und dramatischsten Wolkenkratzer Montevideos, der nordwestlich vom Hafen liegt. Kostenlose Führungen werden dienstags und donnerstags jeweils morgens angeboten, außerdem montags, mittwochs und freitags am Nachmittag.

Der dreigeschossige neoklassizistische **Palacio Legislativo** (☎ 924-1783; www.parlamento.gub.uy; Av. Libertador General Lavalleja) aus dem Jahr 1908 beherbergt bis heute Uruguays Asamblea General (Parlament) und ist eines der beeindruckendsten Wahrzeichen von Montevideo. Führungen (60 UR$) finden wochentags immer um 10.30 Uhr und 15 Uhr statt.

Das **Museo Blanes** (Karte S. 603; ☎ 336-2248; Av. Millán 4015; ☾ Di–So 12.15–17.45 Uhr), in einem alten Herrschaftshaus im Vorort Prado untergebracht, zeigt Werke des berühmtesten Malers aus Uruguay, Juan Manuel Blanes, darunter viele historische Szenen aus der Region Río de la Plata.

Östlich vom Centro
Für jeden Fußballfan ist das **Museo del Fútbol** (☎ 480-1259; Estadio Centenario, Av Ricaldoni s/n, Parque José Batlle y Ordóñez; Eintritt 60 UR$; ☾ Mo–Fr 10–17 Uhr) ein klares Muss. Zu bestaunen sind alle möglichen Erinnerungsstücke aus den Jahren 1930 und 1950, als Uruguay Weltmeister wurde. Im Preis enthalten ist ein Besuch der Tribünen, die einen guten Blick auf das Spielfeld ermöglichen.

Die größte Gemäldesammlung Uruguays befindet sich im **Museo Nacional de Artes Visuales** (MNAV; ☎ 711-6124; www.mnav.gub.uy; Ecke Av Herrera y Reissig & T Giribaldi; ☾ Di–So 14–18 Uhr) im Parque Rodó. In den weitläufigen Sälen hängen Werke von Blanes, Cúneo, Figari und Torres García.

La Rambla & die Strände im Osten
La Rambla, Montevideos mehrere Kilometer lange Promenade, zieht sich am Río de la Plata entlang. Der Fluss wirkt hier wie ein Meer und prägt mit seiner Promenade den Charakter der

Stadt. Die Promenade verbindet die Innenstadt mit den Vierteln am Strand: Punta Carretas, Pocitos, Buceo und Carrasco. Hier spielt sich am Sonntagnachmittag das gesellschaftliche Leben der Hauptstädter ab, denn dann treffen sie sich hier mit ihren Freunden. Unverzichtbares Utensil ist eine Thermoskanne mit Mate.

Das **Castillo Pittamiglio** (☎ 710-1089; Rambla Gandhi 633) an der Rambla zwischen Punta Carretas und Pocitos ist das exzentrische Vermächtnis des Alchimisten und Architekten Humberto Pittamiglio. Allein schon die spleenige Fassade lohnt einen Blick. Führungen auf Spanisch durch die Räumlichkeiten (50 UR$) finden dienstags und donnerstags jeweils um 16 Uhr statt, samstags um 17 Uhr.

Das **Museo Naval** (☎ 2-6221084; Ecke Rambla Costanera & LA de Herrera; ⌚ Fr–Mi 8–12 & 14–18 Uhr) an der Strandpromenade in Buceo beschäftigt sich mit der Rolle von Booten und Schiffen in der Geschichte Uruguays, beginnend bei der Kultur der indigenen Charrúa mit ihren Kanus bis hin zur dramatischen Versenkung der deutschen *Graf Spee* vor Montevideo (1939).

Der **Yachthafen** in Buceo, gleich im Osten des Strands von Pocitos, lädt zu einem malerischen Spaziergang ein und ist sonntags ein beliebter Treffpunkt der Hauptstädter.

AKTIVITÄTEN

Wer etwas erleben möchte, mietet sich am besten in der **Bicicleteria Sur** (☎ 901-0792; Aquiles Lanza 1100; pro Std./Tag 20/180 UR$; ⌚ Mo–Sa 9–13 & 15–19 Uhr) oder in einer der Jugendherbergen ein **Fahrrad** und fährt damit über den kombinierten Geh-, Jogging- und Radweg, der direkt an der Rambla am Strand entlang verläuft. Nach rund 2 km ist die Playa Pocitos erreicht, an der es sich toll **schwimmen** lässt; dort findet sicher gerade auch ein **Beach Volleyball**-Match statt – einfach mitmachen! Ein paar Buchten weiter besteht die Möglichkeit, im Yachtclub des Puerto del Buceo Unterricht im **Windsurfen** zu nehmen.

KURSE

Die folgenden Spanisch- und Tangokurse sind nichts für Leute, die bloß einmal kurz hineinschnuppern wollen. Nur wer mindestens einen Monat bleibt, hat etwas von den Kursen – ansonsten ist das Geld hinausgeschmissen.

Academia Uruguay (☎ 915-2496; www.academiauruguay.com; Juan Carlos Gómez 1408; Gruppen-/Einzelunterricht pro Std. 200/500 UR$) Spanischstunden in Form von Gruppen- oder Einzelunterricht; es werden auch Aufenthalte bei Gastfamilien, Apartments und Freiwilligenarbeit vermittelt.

Berlitz (☎ 901-5535; www.berlitz.com.uy; Plaza Independencia 1380) Spanisch-Privatunterricht.

Joventango (☎ 901-5561; www.joventango.org; Mercado de la Abundancia, Aquiles Lanza 1290) Tangounterricht für alle Leistungsstufen, vom Anfänger bis zum Meister.

GEFÜHRTE TOUREN

Die meisten Hostels, aber auch die besseren Hotels können Stadtführungen arrangieren.

Am Samstag um 12 Uhr startet ein fotogener (aber miefiger!) Oldtimer-Bus zu einer halbstündigen Rundfahrt mit Erklärungen durch die Ciudad Vieja (25 UR$); los geht's an der Plaza Constitución. Von 16 Uhr bis 20 Uhr fährt der gleiche Bus sonntags regelmäßig an der Plaza del Entrevero ab.

FESTE & EVENTS

Beim spätsommerlichen **Karneval** geht es in Montevideo erheblich fetziger zu als in Buenos Aires – er ist das kulturelle Highlight des Jahres, auf den alles hinfiebert; siehe Kasten S. 611.

Im Parque Prado, nördlich der Innenstadt, finden im Rahmen der Festlichkeiten während der Semana Criolla in der **Semana Santa** (Karwoche) auch Geschicklichkeitsvorführungen von Gauchos, *asados* auf großen Grillrosten und andere Veranstaltungen statt.

Am letzten Wochenende im September oder am ersten Wochenende im Oktober öffnen alle Museen, Kirchen und historischen Häuser kostenlos ihre Pforten. Gefeiert werden die **Días del Patrimonio** (Tage des Nationalerbes).

SCHLAFEN

Die florierende Hostel-Szene in Montevideo ist für Backpacker schlichtweg ein Traum. Im Centro befinden sich die älteren, etablierteren Hotels. In den Vierteln direkt am Strand wie Pocitos und Punta Carretas warten schöne neuere Unterkünfte auf Gäste.

Ciudad Vieja

Posada al Sur (☎ 916-5287; www.posadaalsur.com.uy; Pérez Castellano 1424; B 240–300 US$, EZ 700–800 US$, DZ 800–900 US$; 💻 📶) Ein paar Blocks oberhalb vom Mercado del Puerto bietet dieses liebevoll restaurierte ältere Gebäude einen Schlafsaal mit sechs Betten und drei Zimmer. Eine Ermäßigung bekommen Freunde, die gemeinsam reisen, oder auch Leute, die länger hier wohnen. Die Einnahmen helfen dem Besitzer bei der Finanzierung seines Geschäfts im Öko-Tourismus.

Ciudad Vieja Hostel (☎ 915-6192; www.ciudadviejahostel.com; Ituzaingó 1436; B HI-Mitglied/Nicht-Mitglied 290/

330 UR$, Zi. 840/990 UR$; 🖥 🛜) Nur ein paar Schritte sind es von diesem Hostel zum Nachtleben in der Altstadt. Die Mitarbeiter sind freundlich, die Atmosphäre hip und anheimelnd, und über die Lage kann auch keiner meckern. Das Hostel in einem älteren Gebäude in der Altstadt nimmt zwei Obergeschosse ein. In jeder Etage befinden sich eine separate Küche und ein Aufenthaltsbereich, außerdem gibt's noch eine DVD-Bibliothek, eine Dachterrasse, Mieträder, Stadtführungen und ein hilfreiches Schwarzes Brett mit allen möglichen Kulturtipps.

Spléndido Hotel (☎ 916-4900; www.splendidohotel.com. uy; Bartolomé Mitre 1314; EZ ohne Frühstück & Bad 360–600 UR$, DZ 560–1000 UR$, 3BZ/4BZ ohne Bad ab 700/880 UR$; 🖥 🛜) Das etwas abgewirtschaftete, aber trotzdem nette Spléndido bietet Backpackern, die mehr Wert auf Privatsphäre als auf Partystimmung legen, wirklich viel fürs Geld. Das Angebot an Zimmern ist überaus vielfältig, und alle haben WLAN. Die teureren verfügen über 5 m hohe Decken und Flügeltüren, die auf den Balkon hinausgehen; hier bietet sich ein hübscher Blick auf das Teatro Solís. Am Wochenende kann es auf der Straße unten wegen der vielen Kneipen enorm laut werden, und in der Früh probt nebenan oft das Philharmonische Orchester von Montevideo – aber vielleicht ist ja ein kostenloses Konzert genau das Richtige?

Hotel Palacio (☎ 916-3612; www.hotelpalacio.com.uy; Bartolomé Mitre 650 UR$, mit Balkon 750 UR$) In dem alten Hotel stehen durchgelegene Messingbetten und antike Möbel herum, außerdem gibt's einen nostalgischen Lift. Am besten versuchen, eines der beiden Zimmer im 6. Stock oben zu ergattern. Hier ist der Blick vom Balkon auf die Ciudad Vieja einfach sagenhaft.

Plaza Fuerte Hotel (☎ 915-6651; www.plazafuerte.com; Bartolomé Mitre 1361; Zi. 1600 UR$, Suite 2400–2800 UR$; 🍴 🖥 🛜) In dem herrschaftlichen Gebäude aus dem Jahr 1913 liegen auf den Marmortreppen rote Läufer, und die Bodenfliesen sind auch

---

KARNEVAL IN MONTEVIDEO

Wer gemeint hat, dass Brasilien die einzige Hochburg des Karnevals in Südamerika ist, wird im Folgenden eines Besseren belehrt! Die Montevideanos lassen jedes Jahr im Februar einen ganzen Monat lang bei Musik und Tanz krachen.

Anfang Februar ist das **Desfile de las Llamadas** ein Muss – ein Umzug mit *comparsas* (Karnevalsgesellschaften aus verschiedensten Vierteln), der die ganze Nacht durch die Straßen von Palermo und durchs Barrio Sur südöstlich vom Centro führt. Comparsas bestehen aus *negros* (Leuten afrikanischer Herkunft) und *lubolos* (Weißen, die sich im Karneval ihr Gesicht schwarz schminken, was in Uruguay seit ewigen Zeiten Tradition hat). Zwischen den einzelnen Gruppen besteht eine starke Rivalität; sie spielen sich gegenseitig an die Wand, wenn in Wellen Tänzer und Tänzerinnen zu den elektrisierenden Rhythmen der traditionellen afro-uruguayischen *candombe*-Trommeln umherwirbeln. Es gibt drei Arten von Trommeln: *chico* (Sopran), *repique* (Kontrabass) und *piano* (Tenor). Das eigentliche Herzstück der Umzugsroute ist die Straße Isla de Flores – zwischen Salto und Gaboto. Die Zuschauer können einen Sitzplatz am Straßenrand (40 UR$) mieten oder versuchen, einen Platz auf einem der Balkone zu ergattern, von dem aus der Blick auf die Straße hinunter besonders imposant ist.

Ein weiteres Schlüsselelement des Karnevals von Montevideo sind die *murgas*, Gruppen von 15 bis 17 Personen in knallbunten Kostümen, darunter drei Schlagzeuger, die oft satirische Musikstücke mit politischem Hintergrund darbieten. (Während der Diktatur in Uruguay waren die Murgas für ihre subversiven Kommentare berühmt.) Alle Murgas verwenden die gleichen drei Instrumente: *bombo* (Bass Drum), *redoblante* (kleine Trommel) und *platillos* (Zymbal/Becken). Murgas spielen in der ganzen Stadt auf verschiedenen Bühnen und treten im Februar bei einem Wettbewerb im **Teatro de Verano** (Karte S. 603; Eintritt ab 70 UR$) im Parque Rodó gegeneinander an. Der Wettbewerb besteht aus drei Runden; das Preisgericht bestimmt, welche Gruppe weiterkommt und welche ausscheidet.

Die spannende Geschichte des Karnevals in Montevideo ist im **Museo del Carnaval** (S. 605) sehr eingängig dokumentiert. Wer nicht am Karneval selbst teilnehmen kann, bekommt hier zumindest etwas von der Atmosphäre vermittelt. Ausgestellt sind Kostüme, Trommeln und Fotos – und das alles wird mit alten Musikmitschnitten von den lebhaftesten früheren Karnevalsveranstaltungen untermalt.

Eine andere Supermöglichkeit, den Karneval außerhalb der Saison kennenzulernen, ist, einfach mal zu einer Candombe-Probe zu gehen, die das ganze Jahr über spontan auf den Straßen stattfinden. Die Chancen stehen gut an der Ecke von Isla de Flores und Gaboto in Palermo. Die Trommler treffen sich meistens so ab 19 Uhr am Sonntagabend. Wer ein bisschen spät dran ist, folgt einfach dem Getrommel.

dekorativ. Die Aussicht von der Bar im 5. Stock, wo sich auch eine Terrasse befindet, ist toll. Alle Zimmer haben 5 m hohe Decken; die Suiten – einige gehen über zwei Etagen, manche haben einen Whirlpool – sind besonders elegant.

Centro

BUDGETUNTERKÜNFTE

Montevideo Hostel (☎ 908-1324; www.montevideohostel. com.uy, auf Spanisch; Canelones 935; B pro Pers. HI-Mitglied/Nicht-Mitglied 280/320 UR$; 🖳 🛜) In dem älteren Hostel sind überall Musikinstrumente verstreut, der Internetzugang ist gut, die Kellerbar prima, der Kamin hübsch, und alle drei Etagen des großzügigen Gemeinschaftsbereichs in der Mitte sind durch eine Wendeltreppe miteinander verbunden. Das Hostel wird seit Jahren von der gleichen Familie geleitet und ist und bleibt eine der besten Billigbleiben in Montevideo.

Che Lagarto Hostel (☎ 903-0175; www.chelagarto.com/ hostels-in-uruguay.php; Plaza Independencia 713; B 300 UR$, Zi. mit/ohne Bad 1100/900 UR$; 🖳 🛜) Das zentral gelegene Hostel im fröhlich gestrichenen neoklassizistischen Gebäude gehört zur South American-Kette. Der Gemeinschaftsbereich und die winzige Küche sind nicht so einladend wie in anderen Hostels, aber dafür genießen die Gäste von den Zimmern mit Balkon, die nach vorne hinausgehen, einen tollen Blick auf die Plaza Independencia. Wer übers Internet bucht, bekommt eine Ermäßigung von 20 bis 40 %.

Red Hostel (☎ 908-8514; www.redhostel.com; San José 1406; B/EZ/DZ 320/700/100 UR$; 🖳) Die leuchtend orangefarbenen Wände, die Dachterrasse, viele Pflanzen und das Tageslicht, das durch die Oberlichter aus Buntglas fällt, machen das Red zu einem der fröhlichsten Hostels von ganz Montevideo. Die vor Energie nur so strotzenden jungen Mitarbeiter beantworten gern alle Fragen und geben nützliche Tipps, was in der Stadt gerade los ist. Von den Computern mit Internet sind einige reif für die Pension, und das TV-Zimmer und die Küche könnten einen Tick größer sein, aber insgesamt ist das Hostel wirklich empfehlenswert.

MITTEL- & SPITZENKLASSEHOTELS

Hotel Klee Internacional (☎ 902-0606; www.klee.com.uy; San José 1303; EZ/DZ/3BZ/Suite 840/1160/1360/1600 UR$; 🞧) Das Klee mit anständigen 3-Sterne-Einrichtungen und prima Lage direkt gegenüber vom Mercado de la Abundancia ist eine gute Alternative mitten in der Stadt.

Hotel Lancaster (☎ 902-1054; www.lancasterhotel. uy; Plaza Cagancha 1334; EZ/DZ/3BZ/Suite 980/1200/1580/2640

UR$; 🞧 🛜) Das zentral an der Plaza Cagancha gelegene 3-Sterne-Hotel bietet viel fürs Geld. Das Haus wirkt von außen wenig vielversprechend und nüchtern, und auch die Lobby ist funktional gehalten, aber die Zimmer sind sauber, und von den meisten aus können die Gäste einen Blick nach unten auf die Plaza werfen.

Hotel Embajador (☎ 902-0012; www.hotelembajador. com; San José 1212; EZ/DZ ab 1060/1380 UR$; 🞧 🖳 🛜 🍴) Das 4-Sterne-Hotel bietet komfortable Zimmer, ohne Irrsinnspreise zu verlangen. In allen Zimmern gibt's WLAN, außerdem können sich die Gäste über den Pool, bequeme Liegen und die Sauna auf dem Dach sowie viele andere Annehmlichkeiten freuen.

Balmoral Plaza Hotel (☎ 902-2393; www.balmoral.com. uy; Plaza Cagancha 1126; EZ/DZ/3BZ ab 1400/1600/1800 UR$; 🞧 🖳) Alle Zimmer verfügen über eine Minibar, einen Safe, einen großen TV und doppelt verglaste Schallschutzfenster. Von vielen der oberen Räume bietet sich ein Blick hinunter auf die grüne Plaza Cagancha. Eine Garage, ein Fitnessraum, eine Sauna und ein Businesszentrum sind auch noch vorhanden.

Radisson Victoria Plaza (☎ 902-0111; www.radisson. com/montevideouy; Plaza Independencia 759; EZ/DZ/Suite 4200/4600/5000 UR$; 🞧 🖳 🛜 🍴) Ein wahres 5-Sterne-Hotel mit luxuriösen Zimmern, einem 25 m langen Pool und herrlichem Blick über die Stadt vom Restaurant im 25. Stock. Die zentrale Lage direkt an der Plaza Independencia ist schlichtweg unschlagbar.

Östlich vom Centro

Palermo Art Hostel (☎ 410-6519; www.palermoarthostel. com; Gaboto 1010; B 260–400 UR$, Zi. 800 UR$; 🖳 🛜) Das künstlerisch angehauchte Palermo macht seine Abgelegenheit mit einladenden Ideen wie bunt gestrichenen Zimmern und hübschen Bettüberwürfen wett. WLAN ist vorhanden, und den Gästen stehen eine attraktive Küche und unten ein Pub zur Verfügung. Außerdem gibt das Hostel den perfekten Standort ab, um sonntags die *candombe*-Trommel-Sessions (s. Kasten S. 611) mitzuerleben. HI-Mitglieder bekommen eine Ermäßigung von 20 %.

La Rambla & die Strände im Osten

Pocitos Hostel (☎ 711-8780; www.pocitos-hostel.com; Sarmiento 2641, Pocitos; B 260–360 UR$, EZ/DZ 500/720 UR$; 🖳) Ein paar Blocks von der Uferpromenade in Pocitos entfernt bietet das nette neue Hostel mehrere Vier- bis Sechsbett-Zimmer sowie einige Doppelzimmer in einem umfunktionierten alten Privathaus mit Kamin, Holzböden, hohen

Decken, Gästeküche, sowie einem Grillplatz im Hof. Und das Personal ist auch freundlich.

Una Noche Más B & B (☎ 096-227406; www.unano chemas.com.uy; Patria 712, Apt. 2, Punta Carretas; EZ/DZ/3BZ 760/880/1200 UR$; 💻 🛜) In Punta Carretas am Strand gelegen, ist dieses B & B etwas für Leute, die mitten in der Großstadt ein bisschen familiäres Flair schätzen. Die netten Wirtsleute Carla und Eduardo tun alles, damit sich die Gäste zu Hause fühlen; auf Wunsch besteht die Möglichkeit, Vollpension zu buchen. Aber bleiben muss man mindestens zwei Nächte.

Pocitos Plaza Hotel (☎ 712-3939; www.pocitosplaza hotel.com.uy; Benito Blanco 640, Pocitos; EZ/DZ Standard 1780/1980 UR$, Superior 2180/2500 UR$; 🅿 💻 🛜) Das komfortable 4-Sterne-Hotel bietet Geschäftsleuten jeden erdenklichen Service, aber auch Urlauber wissen die Sauna, die Sonnenterrasse und die Nähe zum Strand zu schätzen. Die Superior-Zimmer haben ein Sofa, eine Badewanne mit Whirlpool und große Wandschränke.

Cala di Volpe (☎ 710-2000; www.hotelcaladivolpe. uy; Ecke Rambla Gandhi & Parva Domus, Punta Carretas; EZ/DZ/Suite ab 2000/2200/3200 UR$; 🅿 💻 🛜 🍴) Diese neue Nobelherberge mit Stil gegenüber vom Strand ist eine der exklusivsten in ganz Montevideo. Annehmlichkeiten gibt es in Hülle und Fülle: bequeme Sofas, Schreibtische, WLAN, spiegelnde Bäder mit Fliesen und Marmor sowie Fenster von der Decke bis zum Boden hinunter mit tollem Blick auf den Río de la Plata. Auf dem Dach befinden sich ein kleiner Pool und ein nettes Restaurant.

ESSEN

Die Restaurants in Montevideo sind meist relativ schlicht und bieten wirklich sehr viel fürs Geld. Zu den stimmungsvollsten Orte für ein leckeres Menü gehören die umfunktionierten Markthallen: Da ist zum einen der **Mercado del Puerto** (Pérez Castellano) in der Ciudad Vieja am Wasser – *der* Kassiker schlechthin in Montevideo. Die immer vollen *parrillas* hier haben für jeden Geldbeutel etwas auf Lager und übertrumpfen sich gegenseitig mit ihren ewig langen Grills, auf denen jede Menge Fleisch, und manchmal Gemüse brutzelt. Am Wochenende macht es besonders Spaß, das pulsierende Leben hier zu genießen, aber auch unter der Woche sorgen die vielen Geschäftsleute und Touristen dafür, dass es hier nur so brummt. Etwas preiswerter und weniger touristisch ist dann der **Mercado de la Abundancia** (Ecke San José & Aquiles Lanza) mitten in der Innenstadt. Hier befinden sich vier eher bodenständige Lokale, die

sich um einen freien Platz gruppieren, auf dem die Einheimischen jeden Samstagabend Tango, Salsa und was sonst noch alles tanzen.

Ciudad Vieja
GÜNSTIG

Café Roldós (☎ 915-1520; Mercado del Puerto; Sandwiches 40 UR$; 🕙 9–17 Uhr) Das historische Café am Mercado del Puerto ist der wahre Dauerbrenner. Seit 1886 wird der berühmte *medio y medio* (pro Flasche/Glas 130/30 UR$) ausgeschenkt, eine erfrischende Mischung, die zu 50 % aus Wein und zu 50 % aus Schaumwein besteht. Wer sich dazu ein paar leckere Sandwiches zwischen die Zähne schiebt, hat prima gegessen!

Rincón de Zabala (☎ 915-1617; Rincón 387; Sandwiches 60–70 UR$, volle Mahlzeit inkl. Nachtisch 135–155 UR$; 🕙 Mo–Fr 9–17.30 Uhr; 🛜) Das moderne Ecklokal bietet kostenloses WLAN als Extra zu einem erschwinglichen Frühstück, außerdem Sandwiches und Tagesgerichte, wie sie in einer Cafeteria halt so üblich sind.

MITTELTEUER & TEUER

Don Peperone (☎ 915-7493; Sarandí 650; Gerichte 130–250 UR$; 🕙 ab 10 Uhr; 🛜) Das hochwertige Kettenrestaurant in der Ciudad Vieja bringt bis spät nachts hervorragendes Essen zu moderaten Preisen auf den Tisch. Vegetarier freuen sich über die Salatbar zu 205 UR$, inklusive Wein, Kaffee und Nachtisch – es darf bis zum Weiterschnallen des Gürtels gefuttert werden!

Cervecería Matriz (☎ 916-1582; Sarandí 582; Gerichte 130–290 UR$; 🕙 Mo–Sa 8–13 Uhr) Ein munteres Völkchen lässt sich in dem neuen Lokal am malerischen Platz in der Ciudad Vieja das Bier und die *chivitos* unter den Bäumen schmecken. Der Service ist flott und freundlich, und der Preis stimmt auch – eine gute Verbindung, die das schöne Erlebnis noch abrundet.

Café Bacacay (☎ 916-6074; Bacacay 1306; Gerichte 170–360 UR$; 🕙 Mo–Sa ab 9 Uhr) Das schicke kleine Café gegenüber vom Teatro Solís bringt eine derartige Fülle von Leckereien auf den Tisch, dass den Gästen das Wasser nur so im Munde zusammenläuft: z. B. den Fisch des Tages mit Wasabi-Rettich oder *limoncello*(Limonenlikör)-Soße; den Salat kann sich jeder selbst aus leckeren Zutaten wie gegrillten Auberginen, Spinat oder Räucherlachs zusammenstellen. Und die Getränkekarte ist mehr als üppig. Zum Nachtisch gibt's Schokoladenkuchen, Birnentorte oder Zitronenpastete.

Delnorte (☎ 915-8267; Rincón 510; Gerichte 200–260 UR$; 🕙 Mo–Fr Mittagessen) Das Dekor ist minimalistisch, im Hintergrund dudelt sanfter Jazz, und das Essen in diesem Bistro in der Ciudad Vieja ist einfach köstlich. Alles – natürlich auch die Fischkuchen und Steakpasteten – wird mit Liebe und Sorgfalt zubereitet. Und die Hausweine munden ebenfalls hervorragend. Unbedingt die *ensalada con lomo* (Salat mit Spinat, Endivien, an der Sonne getrockneten Tomaten, Ziegenkäse und in Koriander mariniertem Sirloinsteak mit asiatisch inspiriertem Dressing) probieren!

La Silenciosa (☎ 915-9409; Ituzaingó 1426; Gerichte 250–390 UR$; ☒ Mo–Sa Mittagessen, Fr Abendessen) Das Restaurant mit Wänden aus Stein und Ziegel, hohen Decken und Marmorböden im Schachbrettmuster hat eine faszinierende Geschichte: Es tat sich im 18. Jh. als Jesuitenseminar hervor und später als Schneiderei, in der Carlos Gardel und andere Berühmtheiten aus Uruguay sich ihre Hemden nähen ließen. Das Essen ist göttlich – von der hausgemachten Pasta bis hin zu den leckeren Fleisch- und Fischgerichten, aber auch die Nachspeisen wie beispielsweise der saftige Orangenkuchen mit Eis aus grünem Tee.

Centro
GÜNSTIG

Pizza Subte (☎ 902-3050; Ejido 1327; Pizza UR$40-119; ☒ Mo–Sa ab 10 Uhr, So ab 15 Uhr) Familien in legerer Kleidung strömen in diese freundliche, fröhliche 1950er-Jahre-Pizzeria mit Pizzas, *milanesas* (panierter Fisch), *chivitos* und anderen Standardgerichten aus Uruguay.

Shawarma Ashot (☎ 900-7250; Zelmar Michelini 1295; Gerichte 60–100 UR$) Dieses Lokal wurde erst unlängst eröffnet. Auf den Tisch kommen leckere Falafel und andere Köstlichkeiten aus dem Nahen Osten. Die Besitzer, die hier unter der Woche hinter dem Tresen arbeiten, hängen sich wirklich irre rein, denn am Wochenende ist dann Maloche im gut eingeführten Catering Service angesagt.

La Vegetariana (☎ 902-3178; Yí 1369; pro 500 gr 100 UR$) Am besten schnappt man sich einfach einen Teller und bedient sich dann am warmen Büffet, an der Salatbar und an dem Tisch mit vielerlei Desserts. Hier wird nicht fein gespeist, aber in einem Land, in dem alle schier verrückt nach Fleisch sind, ist das eine der wenigen wahren Alternativen für Vegetarier.

Bar Hispano (☎ 908-0045; San José 1050; Specials 125 UR$; ☒ 7–1 Uhr) *Confiterías* (Cafés, in denen es kleine Gerichte gibt) der alten Schule wie diese werden immer seltener. Die griesgrämigen Ober nehmen so ziemlich jede Bestellung an, die ihnen entgegenschallt – einen hochprozentigen Drink

zum Frühstück, eine komplette Mahlzeit um 5 Uhr nachmittags oder eine Orgie in Sachen Schokolade zu früher Stunde.

MITTELTEUER & TEUER

El Rincón de los Poetas (☎ 901-5102; Mercado de la Abundancia; Gerichte 125–159 UR$; ☒ Mo–Sa 11–24 Uhr) Serviert wird das in Uruguay so typische Dreigespann aus Pasta, Pizza und – wie könnte es anders sein? – Fleisch. Das Lokal mit seinen rot-weiß-karierten Tischtüchern ist jedenfalls ein Sinnbild für die gemütliche, entspannte Atmosphäre im Mercado de la Abundancia.

Ruffino Pizza y Pasta (☎ 908-3384; San José 1166; Gerichte 140–260 UR$; ☒ Mo–Fr Mittag- & Abendessen, Sa nur Abendessen, So nur Mittagessen) Der Italiener im mittleren Preissegment ist vor allem sonntags zum Mittagessen sehr beliebt. Empfehlenswert ist die Caruso-Soße mit Pilzen und Sahne, eine typisch uruguayische Spezialität; sie ist nach dem Tenor Enrico Caruso benannt, der 1915 Montevideo einen Besuch abgestattet hatte.

Los Leños Uruguayos (☎ 900-2285; San José 909; Gerichte 160–295 UR$; ☒ Mittag- & Abendessen) Das winzige Restaurant ist bei Geschäftsleuten der Renner. Die Salatbar kann sich sehen lassen, und immer brutzelt auf dem Grill vorne jede Menge Fleisch. Das *menú ejecutivo* (215 UR$) mittags und die *sugerencias del chef* (195 UR$) bieten beide wirklich viel fürs Geld, denn *cubierto*, Hauptgericht, Nachtisch und Kaffee sind im Preis inbegriffen.

Club Brasilero (☎ 902-4344; Av 18 de Julio 994, 2. St.; Tagesgerichte inkl. Getränk & Nachtisch 180 UR$; ☒ Mo–Sa 8–22 Uhr) Im brasilianischen Kulturzentrum werden in einem eleganten Salon mit hohen Decken und Buntglasfenstern im 2. Stock Mahlzeiten zu vernünftigen Preisen serviert. Am Freitagabend treten oft Gruppen auf, die brasilianische beschwingte Musik spielen.

Östlich vom Centro

Bistró Sucré Salé (☎ 402-7779; Blvd Artigas 1229, Parque Rodó; Gebäck ab 40 UR$, Sandwiches 50–85 UR$, Gerichte 225–315 UR$; ☒ Mo–Fr 9–19.30, Sa 10–14 Uhr) In diesem kleinen Café hinter der Alianza Francesa ist jede Menge europäisches Flair spürbar: französische Musik, Brioches, Torten, Illy-Espresso, van Gogh-Poster sowie ein Hof mit einem Brunnen, einer schmiedeeisernen Gartenlaube und Rosen, die daran hochklettern.

La Rambla & die Strände im Osten

Amaretto (☎ 711-9934; 21 de Setiembre 2998, Punta Carretas; Salate/Sandwiches 110/125 UR$; ☒ 8–23 Uhr) Der offensichtliche Haken an dieser Bäckerei mit Café sind die vielen verführerischen Gebäckstücke. Aber da die Gäste hier ganz gemütlich in Nischen sitzen, macht es auch Spaß, bei einer Suppe, einem Salat oder einem Sandwich eine Weile herumzuhängen.

Tranquilo Bar (☎ 711-2127; 21 de Setiembre 3000, Pocitos; Gerichte 120–190 UR$; ☾ 10–3 Uhr) Die gemütliche Eckbar mit viel dunklem Holz innen und einer Terrasse außen bietet sich als stimmungsvolles Ambiente für einen Drink an, außerdem gibt's auch einfaches, erschwingliches Essen.

La Cavia (☎ 706-8253; 26 de Marzo 1000, Pocitos; Gerichte 135–245 UR$; ☾ Mittag- & Abendessen) Seit diese *parrilla* Ende 2008 eröffnet hat, strömt die Fangemeinde nur so herbei. Der Grund? Die lockere Atmosphäre, die Tische im Freien und das *menú ejecutivo* mittags mit einem Hauptgericht, Salat, einem Glas Wein, Nachtisch und Kaffee für 175 UR$.

Umaga (☎ 712-3141; Ecke Luis de la Torre & Francisco Ros, Punta Carretas; Gerichte 250–370 UR$; ☾ Mo–Sa Abendessen) Das Umaga bietet eine ausgeklügelte Speisekarte mit wunderschön präsentierten Gourmet-Gerichten in einem herrlichen alten Gemäuer in Punta Carretas, das modern aufgestylt wurde. Die innovativen Speisen reichen von Lachs vom Grill mit Lauch und Erdbeeren bis hin zu Desserts wie einer mit Grappa flambierter Apfel-Zimt-Gewürznelken-Rolle.

Bar Tabaré (☎ 712-3242; Zorrilla de San Martín 152, Punta Carretas; Gerichte 260–390 UR$; ☾ Mo–Sa ab 20 Uhr) Diese geschmackvoll renovierte, traditionelle Bar öffnete 1919 erstmals ihre Pforten und bekommt seitdem immer 1A-Bewertungen für ihre Atmosphäre und die Bandbreite an internationalen Salaten, Pasta, Fleisch und Fischgerichten. Oft finden hier Veranstaltungen statt – vom Tango bis zu fetzigen Komödien.

AUSGEHEN

Die Ciudad Vieja und das Centro bieten eine verführerische Mischung aus ehrwürdigen alten Cafés und brandaktuellen Szenekneipen. Die Bars ballen sich in der Bartolomé Mitre in der Ciudad Vieja sowie südlich der Plaza Independencia im Centro.

Cafés

Café Irazú (☎ 915-7434; Juan Carlos Gomez 1315, Ciudad Vieja; ☾ Mo–Fr 9–21, Sa 12–19 Uhr) Nach dem ersten Schluck ist absolut klar, weshalb das Irazú immer wieder Preise für den besten Kaffee in ganz Uruguay gewinnt. Außerdem können sich die Gäste hier noch über eine Fülle von kleinen Gerichten

freuen, von Sandwiches (47–143 UR$) über Mini-Pizzas (65–80 UR$) bis hin zu den *platos del día* (135–150 UR$).

Oro del Rhin (☎ 902-2833; Convención 1403, Centro; ☾ Mo–Sa 8.30–20 Uhr) Da das Geschäft seit über 75 Jahren nur so brummt, steht fest, dass sie hier den Dreh raus haben! Jedenfalls lohnt das Café allein schon einen Besuch, um die herrlichen Kuchen und Torten im Schaufenster in Augenschein zu nehmen.

Café Brasilero (☎ 915-8120; Ituzaingó 1447, Ciudad Vieja; ☾ Mo–Mi 9–20, Do & Fr bis 2 Uhr) Ein herrlich altmodisches Literatencafé aus dem Jahr 1877 mit kleinen Holztischen und Stühlen, Lüstern sowie historischen Fotos und Postern an der Wand.

Diseño Café (☎ 916-0383; 25 de Mayo 263, Ciudad Vieja; ☾ Mo–Sa 10–19 Uhr) Das schicke Café in der Ciudad Vieja hat knallviolette Wände und jugendlichen Schwung – und, zur weiteren Anregung, gleich nebenan befindet sich die künstlerisch angehauchte Boutique Imaginario.

Bars

Shannon Irish Pub (☎ 916-9585; www.theshannon.com.uy; Bartolomé Mitre 1318, Ciudad Vieja; ☾ ab 19 Uhr) Dieser Pub ist der reinste Dauerbrenner. Hier wird ein anständiges Pint eingeschenkt, und allabendlich gibt's Livemusik – von Rock bis hin zu traditionellen Bands aus Irland.

Fun Fun (☎ 915-8005; www.barfunfun.com; Ciudadela 1229, Mercado Central, Ciudad Vieja; ☾ Mi–Sa ab 21 Uhr) Die lässige Bar im Mercado Central besteht schon seit 1895. Hier wird die berühmte *uvita* (eine Art Süßwein) kredenzt, während auf der winzigen Bühne Tango oder auch andere Musik gespielt wird. Sehr hübsch sitzt es sich auf der Terrasse vor dem Lokal.

La Ronda (☎ 902-6962; Ciudadela 1182, Centro; ☾ Mo–Sa ab 12 Uhr, So ab 19 Uhr) Das ultracoole Ronda ist immer unterhaltsam und dementsprechend knallvoll. Vom Plattenteller tönen hypnotisierende Klänge, die Stammgäste hocken auf den Fensterbrettern, der Raum ist dunkel und mit alten Plattencovern vollgepflastert, und über die Tische am Gehsteig draußen streicht eine kühle Brise von der Rambla.

Tras Bambalinas (☎ 903-2090; Ciudadela 1250, Ecke Soriano; ☾ Mo 9–1, Di–Do bis 2, Fr & Sa bis 4 Uhr) Das neu eröffnete Pub steht unter dem Motto Karneval in Uruguay. Dekoriert ist alles mit gigantischen Masken aus Pappmasche, Kostümen und Fotos vergangener Faschingsveranstaltungen, außerdem wird häufig live Murga-Musik gespielt (eine Art Wechselgesang, der typisch für den Karneval in Montevideo ist).

El Lobizón (☎ 901-1334; Zelmar Michelini 1264, Centro; ☽ 20–3 Uhr) Im Lobizón, das vom Flair her einer Kellerbar gleicht, fließen Sangría und *clericó* in Strömen. Leckere Snacks wie der berühmte *gramajo* (Kartoffeln, Schinken und Eier) haben das Lokal zu einem beliebten Treff von jungen Künstlertypen werden lassen.

UNTERHALTUNG

Der nützliche *Guía del Ocio* (18 UR$; jeden Freitag neu) enthält eine Übersicht über die Kulturveranstaltungen, Kinos, Theater und Restaurants in Montevideo und Umgebung. Folgende Websites (alle auf Spanisch) informieren ebenfalls allgemein über Kultur und Unterhaltung:
www.aromperlanoche.com
www.pimba.com.uy
www.espectador.com
www.cartelera.com.uy
www.socioespectacular.com.uy
Tangofans werden fündig unter www.montevideo-tango.com.

Nachtclubs

W Lounge (☎ 712-2671; Ecke Rambla Wilson & Sarmiento, Parque Rodó; ☽ Do–So 24–7 Uhr) Mit zwei Tanzflächen ausgestattet, auf denen sich locker 3000 Personen amüsieren können, ist dieser Nachtclub im Parque Rodó *die* Adresse schlechthin, um zu heißem Rock, *cumbia* und Techno voll abzutanzen. Ein Taxi von der Innenstadt hierher kostet so etwa 80 UR$.

Kalú After Club (☎ 915-8916; Juan Carlos Gómez 1323, Ciudad Vieja; ☽ Sa & So ab 3.30 Uhr) Wenn in der Cuidad Vieja alles dicht macht, geht hier die Party weiter. Die letzten Feierwütigen stolpern gegen Mittag nach Hause.

La City (☎ 916-7782; Rincón 614, Ciudad Vieja; ☽ Fr & Sa 23.30–7 Uhr) Die Leute stehen bis um den Block Schlange, um in diesem angesagten Club im Herzen der Ciudad Vieja abzutanzen.

Cain Dance Club (☎ 099-600427; Cerro Largo 1833, Cordón; ☽ Sa & So 24–7 Uhr) Das Cain ist Montevideos Nachtlokal Nummer eins für Schwule. In diesem Club auf mehreren Ebenen mit zwei Tanzflächen wird von Techno bis Latin alles gespielt.

Living (☎ 402-3795; Paullier 1050, Parque Rodó; ☽ ab 21 Uhr) Das Lokal präsentiert sich als persönliche Location für alternative Musik. Oft treten hier auch weniger bekannte Bands aus dem nahen Buenos Aires auf.

El Pony Pisador (☎ 915-7470; www.elponypisador.com.uy); Ciudad Vieja (Bartolomé Mitre 1324; ☽ Mo–Fr ab 17 Uhr, Sa & So ab 20 Uhr); Pocitos (José Iturriaga 3497; ☽ Do–Sa ab 20.30 Uhr) Diese gutgehende Bar und Diskothek gibt's in Montevideo gleich zweimal. Jeden Abend wird Livemusik gespielt, und je nach Ort und Stimmung tanzen die Gäste zu Blues, Flamenco, Oldies, Soul, Latin oder auch brasilianischer Musik sowie Rock auf Englisch in der spanischen Version. Das Lokal in Pocitos bringt manchmal auch Kabarett.

La Bodeguita del Sur (☎ 901-1034; Soriano 840, Centro; ☽ Fr–So ab 23 Uhr) Wer live Salsa hören – und auch dazu tanzen – will, schaut am Wochenende in dieser Kneipe vorbei.

Livemusik & Tanz

Der legendäre Carlos Gardel (1887–1935) hat eine gute Weile in Montevideo verbracht, wo der Tango nicht weniger populär ist als in Buenos Aires. Durch seine Musik lernt man das Genre richtig kennen. Musik- und Tanzveranstaltungen gibt es in Hülle und Fülle.

Die spanische Website www.montevideo-tango.com mit angesagten Kneipen, Kursen und allgemeinen Infos hilft weiter.

Teatro Solís (☎ 1950 Nebenstelle 3323; www.teatrosolis.org.uy, auf Spanisch; Buenos Aires 678, Ciudad Vieja; Eintritt ab 200 UR$) Das Theater ist die beste Adresse der Stadt; hier ist auch das Philharmonische Orchester Montevideo zu Hause. Gegeben werden Konzerte in festlichem Rahmen – so z. B. Klassik, Jazz, Tango, aber auch Oper und Ballett; außerdem finden Musikfestivals statt.

Sala Zitarrosa (☎ 901-7303; www.salazitarrosa.com.uy; Av 18 de Julio 1012, Centro) Im besten Konzertsaal Montevideos treten Musiker von Rang und Namen auf, außerdem werden Tanzvorführungen, darunter Zarzuela, Tango, Rock, Flamenco und Reggae, gegeben.

Cine Teatro Plaza (☎ 901-5385; Plaza Cagancha 1129, Centro) Hier treten gelegentlich internationale Stars auf wie der Brasilianer Milton Nascimento, der Franzose Jean-Luc Ponty oder Mike Stern and the Yellowjackets, bekannte Jazzvirtuosen aus den USA.

El Tartamudo Café (☎ 480-4332; www.eltartamudo.com.uy; Ecke 8 de Octubre & Presidente Berro, Tres Cruces; ☽ Di–So ab 21 Uhr) In diesem Café ein Stück östlich vom Busbahnhof Tres Cruces wird die ganze Musikpalette angeboten – von Rock über Tango bis zu *candombe* und Jazz.

La Trastienda (☎ 402-6929; www.latrastienda.com.uy; Fernández Crespo 1763, Cordón; ☽ Mi–Sa ab 21 Uhr) In dem beliebten Club lässt sich eine erlesene Mischung internationaler Musiker sehen, die von Rock bis Reggae, von Jazz bis Folk und von Tango bis E-Musik absolut alles draufhaben.

Kino

Cinemateca Uruguaya (☎ 900-9056; www.cinemateca.org.
uy; Av 18 de Julio 1280; Mitgliedschaft pro Monat 180 UR$) Film-
kunstfans können hier zu einem bescheidenen
Mitgliedsbeitrag in fünf Kinos ohne Ende Filme
gucken. Im März oder April findet zwei Wochen
lang das Festival Cinematográfico Internacional
del Uruguay statt, kleinere Filmfeste werden das
ganze Jahr über organisiert.

Große Kinokomplexe befinden sich in den
verschiedenen Shoppingmalls sowie vor allem
im Centro.

Theater

Die aktive Theaterszene von Montevideo umfasst ganz unterschiedliche Welten – von klassischen und kommerziellen bis hin zu Avantgarde-Produktionen wird wirklich alles geboten.

Teatro El Galpón (☎ 408-3366; www.teatroelgalpon.org.
uy; Av 18 de Julio 1618, Centro; Eintritt ab 150 UR$) Im kom-
merziellsten Theater von Montevideo stehen
immer gleich mehrere Shows gleichzeitig auf
dem Spielplan; es befindet sich nordöstlich der
Intendencia.

Teatro Sobre Ruedas (☎ 900-8618; www.barronegro.
com; Bacacay 1318, Ciudad Vieja; Eintritt 180 UR$) Das Ensem-
ble existiert schon seit 18 Jahren und ist noch
immer der Renner. Gezeigt wird *Barro Negro*,
ein interaktives Theaterstück, das in einem Bus
aufgeführt wird, der durch die Straßen von
Montevideo kurvt.

Teatro Victoria (☎ 901-9971; Rio Negro 1477, Centro;
Eintritt ab 120 UR$) Das Theater in der historischen
Innenstadt nördlich der Plaza del Entrevero
präsentiert sowohl Theaterstücke als auch Tanzvorführungen.

Teatro Solís (☎ 1950 Nebenstelle 3323; www.teatrosolis.
org.uy, auf Spanisch; Buenos Aires 678, Ciudad Vieja; Eintritt ab
100 UR$) In diesem Theater ist die Comedia Na-
cional zu Hause, die Theatertruppe des Staates
undder Stadt Montevideo.

Teatro Circular (☎ 901-5952; Rondeau 1388, Centro;
Eintritt ab 120 UR$) Das renommierte Theater gleich
nördlich der Plaza Cagancha existiert schon seit
mehr als 50 Jahren. Zu sehen sind Werke zeitgenössischer Autoren aus aller Welt.

Zuschauersport

Fußball, die Leidenschaft eines jeden Uruguayers, bringt regelmäßig jede Menge Volk auf die
Beine. Wichtigstes Stadion ist das **Estadio Centenario** (Karte S. 603; Av Ricaldoni, Parque José Batlle y Ordóñez).
Es wurde 1930 als Spielstätte für die erste Weltmeisterschaft gebaut, in der Uruguay Argentinien im Endspiel 4:2 schlug.

SHOPPEN

Die traditionelle Einkaufstraße in der Innenstadt
von Montevideo ist die Avenida 18 de Julio. Die
Montevideanos strömen aber auch gern in die
drei großen Shoppingmalls östlich vom Zen-
trum: Punta Carretas Shopping (Karte S. 603),
Tres Cruces Shopping (über dem Busbahnhof;
Karte S. 603) sowie Montevideo Shopping (Karte
S. 603) in Pocitos/Buceo.

Feria de Tristán Narvaja (Karte S. 603; Tristán Narvaja,
Cordón) Der bunte Markt unter freiem Himmel
findet am Sonntagmorgen statt und hat seit
Jahrzehnten Tradition; ins Leben gerufen wurde
er von Einwanderern aus Italien. Er erstreckt sich
von der Avenida 18 de Julio über die Calle
Tristán Narvaja in Richtung Norden und breitet
sich auch in einige Seitenstraßen aus. Hier werden an den vielen zusammengezimmerten
Ständen alte Bücher, CDs, Kleidung, Schmuck,
Antiquitäten sowie Andenken und sogar lebendige Tiere verkauft.

Flohmarkt am Samstag (Plaza Constitución, Ciudad Vieja)
Jeden Samstag ist der Hauptplatz in der Ciudad
Vieja fest in der Hand von Händlern, die antike
Türklopfer, Sättel, Haushaltswaren und allen nur
erdenklichen Trödel verhökern.

Manos del Uruguay Centro (☎ 900-4910; San José 1111);
Ciudad Vieja (☎ 915-5345; Sarandí 668) Diese nationale
Kooperative ist für ihre qualitativ hochwertigen
Waren bekannt, vor allem aber für die schönen
Wollsachen.

Imaginario Sur (☎ 916-0383; 25 de Mayo 265, Ciudad
Vieja) In dem bunten, angesagten Laden sind
Kunst, Mode und Designerartikel von Dut-
zenden Künstlern aus Uruguay erhältlich.

Hecho Acá (☎ 915-4341; Ecke Rambla 25 de Agosto &
Yacaré, Ciudad Vieja) Wollsachen und andere Handar-
beiten aus dem ganzen Land werden hier hübsch
präsentiert.

Ayuídiscos (☎ 403-1526; 18 de Julio 1618, Centro) Das
kleine Geschäft ist eine hervorragende Quelle für
Musik aus Uruguay, egal welche Stilrichtung.

Corazón al Sur (☎ 901-1714; Plaza del Entrevero, Centro)
In diesem Kiosk in der Innenstadt sind CDs
vieler einheimischer Künstler zu haben. Mit dem
Verkauf werden die Musiker gesponsert, die
freitags bis sonntags hier an der Plaza auftreten.

El Galeón (☎ 915-6139; Juan Carlos Gómez 1327, Ciudad
Vieja) Überall stapeln sich die Landkarten, Stiche
und Buchraritäten – das reinste Eldorado für
Leute, die gern herumstöbern.

Casa Mario (☎ 916-2356; Piedras 641, Ciudad Vieja) Das
Geschäft hat sich schon seit 1945 auf Leder aus
Uruguay spezialisiert. Touristisch ist der Laden
schon aber, die Auswahl ist trotzdem breit.

URUGUAY

Louvre (☎ 916-2686; Sarandí 652, Ciudad Vieja) Das Louvre mit seinen drei Etagen ist vollgestopft mit Antiquitäten, darunter Erinnerungsstücke von Gauchos, Gemälde, Möbel und Schmuck.

AN- & WEITEREISE
Bus

Der moderne **Busbahnhof Tres Cruces** (Karte S. 603; ☎ 401-8998; Ecke Bulevar Artigas & Av Italia) von Montevideo liegt rund 3 km östlich vom Zentrum. Hier finden sich eine Touristeninformation, anständige Restaurants, saubere Toiletten, eine Gepäckaufbewahrung (93 UR$ für 24 Std. bei bis zu drei Gepäckstücken; die ersten beiden Stunden sind für Fahrgäste von Tres Cruces nach Vorlage des Tickets kostenlos), öffentliche Telefone, Geldautomaten und eine Shopping-mall im Obergeschoss.

Ein Taxi vom Busbahnhof in die Innenstadt kostet 80 bis 100 UR$. Wer sich seine Pesos sparen will, nimmt den Stadtbus CA1; er fährt von Montag bis Samstag direkt an der Vorder-seite des Busbahnhofs (Ostseite) ab und verkehrt über die Avenida Uruguay in die Ciudad Vieja (9 UR$, 15 Min.). Sonntags geht man zur Bush-altestelle an der Südseite des Busbahnhofs und nimmt dort den Bus 21, 64, 187 oder 330; die Linien fahren alle über die Avenida 18 de Julio zur Plaza Independencia (16 UR$, 15 Min.), dem Tor zur Altstadt.

Wer in die am Wasser gelegenen Stadtviertel Punta Carretas und Pocitos gelangen möchte, nimmt den Stadtbus 174 oder 183 vor dem Bus-bahnhof (16 UR$). Ein Taxi in diese Viertel ko-stet nicht einmal 100 UR$.

Alle aufgelisteten Fahrtziele werden, wenn nicht anders vermerkt, täglich angefahren, die meisten smehrmals am Tag. Eine geringfügige *tasa de embarque* (Gebühr von 5–15 UR$) wird auf den Preis für die Fahrkarte aufgeschlagen. Die Fahrtzeiten sind nur Richtwerte.

Reiseziel	Fahrpreis (UR$)	Fahrzeit (Std.)
International		
Asunción (Par.)	2121	21
Buenos Aires (Arg.)	760	10
Córdoba (Arg.)	1493	15 ½
Curitiba (Bras.)	2857	24
Florianópolis (Bras.)	2347	18
Mendoza (Arg.)	2010	24
Paraná (Arg.)	1037	10
Pelotas (Bras.)	1098	8
Porto Alegre (Bras.)	1541	12
Santa Fe (Arg.)	1085	12
Santiago de Chile	2747	28
São Paulo (Bras.)	3303	28

Inland		
Barra de Valizas	294	4 ½
Carmelo	235	3 ¼
Chuy	333	5 ½
Colonia	176	2 ¾
Fray Bentos	303	4 ½
La Paloma	235	3 ½
La Pedrera	245	4
Maldonado	137	2
Mercedes	274	4
Minas	117	2
Nueva Helvecia	127	2
Pan de Azúcar	98	1 ½
Paysandú	372	4 ½
Piriápolis	98	1 ½
Punta del Diablo	294	5
Punta del Este	142	2 ¼
Rocha	206	3
Salto	490	6 ½
Tacuarembó	382	4 ½
Treinta y Tres	284	4 ½
Villa Serrana	137	2 ½

Das Unternehmen **EGA** (☎ 402-5164) bietet die besten Verbindungen ins benachbarte Ausland an; einmal wöchentlich verkehren Busse nach Santiago, Chile (Mo) und São Paulo, Brasilien (So), zweimal wöchentlich nach Asunción, Paraguay (Mi & Sa) und täglich außer samstags nach Porto Alegre, Brasilien.

Nach Argentinien fahren noch häufiger Busse. Es machen sich mehrere Unternehmen Konkurrenz, die alle täglich Buenos Aires anfahren. Natürlich werden auch noch an-dere Städte in Argentinien bedient, so z. B. Córdoba (mindestens 4-mal wöchentlich), Rosario (mindestens 3-mal wöchentlich) sowie Paraná, Santa Fe und Mendoza (jeweils mindestens 1-mal wöchentlich).

Flugzeug

Der 2009 um ein Terminal erweiterte **Carrasco International Airport** (☎ 604-0272) wird generell von weniger Fluglinien angeflogen als Ezeiza in Bue-nos Aires.

Pluna, Sol und Aerolíneas Argentinas ver-kehren häufig zwischen Carrasco und dem Aeroparque von Buenos Aires. Nonstop-Verbindungen von Montevideo zu anderen in-ternationalen Flughäfen bieten Lufthansa (über São Paulo zu diversen Flughäfen in Deutschland, Österreich und der Schweiz), Iberia (nach Ma-drid), Air France (nach Paris), Pluna (nach Ma-drid und zu verschiedenen Destinationen in Südamerika), American Airlines (nach Miami), Gol (nach Porto Alegre, Brasilien), LanChile (nach Santiago), TACA (nach Lima) und TAM (nach São Paulo).

Mehrere Fluglinien unterhalten Büros in Montevideo, bieten aber keine Direktflüge von oder nach Uruguay.

Aerolíneas Argentinas (☎ 902-0828; Plaza Independencia 749 bis, Centro)

Air France/KLM (☎ 902-5013; Río Negro 1354, 1. St., Centro)

American Airlines (☎ 916-3929) Ciudad Vieja (Sarandí 699 bis); Pocitos (Benito Blanco 1261)

Delta (☎ 900-7776; Colonia 981, 5. St., Centro)

Gol (☎ 000-405-5127, 606-0901; Carrasco Airport)

Iberia (☎ 908-1032; Colonia 975, Centro)

LanChile (☎ 902-3881; Colonia 993, 4. St., Centro)

Pluna (☎ 902-1414; Colonia 1021, Centro)

Qantas/Alitalia (☎ 903-1760; Río Negro 1354, 4. St., Centro)

Sol (☎ 000-405-210053; Carrasco Airport)

TACA (☎ 900-2624; Plaza Independencia 831, Oficina 807, Centro)

TAM (Transportes Aéreos de Mercosur; ☎ 901-8451; Plaza Cagancha 1335, 8. St., Centro)

United/Lufthansa (☎ 901-3370; Plaza Independencia 831, Oficina 409, Centro)

Schiff

Buquebus (☎ 130; www.buquebus.com.uy; Centro Ecke Colonia & Florida; Ciudad Vieja Terminal Puerto; Busbahnhof Tres Cruces Ecke Bulevar Artigas & Av Italia) betreibt täglich Schnellboote von Montevideo nach Buenos Aires (3 Std.). Der Fahrpreis beträgt in der Klasse *turista* 1765/1470 UR$ für Erwachsene/Senioren und Kinder unter zehn. In der ersten Klasse kostet der Aufschlag 720 UR$.

Buquebus bietet auch weniger kostspielige Kombiangebote mit Bus und Schiff nach Buenos Aires über Colonia an (langsames Schiff 856/707 UR$ Erw./Sen. oder Kind, 6 ¼ Std.; schnelles Schiff 1117/877 UR$, 4 ¼ Std.). Die Fahrkarten können direkt bei Buquebus oder im **Büro Ferryturismo** (☎ 900-6617; Río Negro 1400) an der Plaza del Entrevero erworben werden.

Noch preiswerter kommen die Kombiangebote mit Bus und Schiff von **Colonia Express** (www.coloniaexpress.com) Centro (☎ 901-9597; WF Aldunate 1341); Busbahnhof Tres Cruces (☎ 400-3939). Für die einfache Fahrt von 4 ¼ Stunden ist für ein Standardticket 930 UR$ pro Person zu löhnen, wer vorher übers Internet bucht, bekommt den Billigtarif von nur 395 UR$.

Trans Uruguay (☎ 401-9350; www.transuruguay.com, auf Spanisch; Busbahnhof Tres Cruces, Boletería 32) und sein Partner Cacciola bieten zweimal täglich malerische Bus- und Schiffsverbindungen nach Buenos Aires über das Städtchen Carmelo und das am argentinischen Flussdelta gelegene Tigre an. Die Fahrt dauert acht Stunden und kostet einfach 629 UR$.

UNTERWEGS VOR ORT
Auto

Avis, Hertz, Europcar und andere internationale Mietwagenfirmen haben am Flughafen Carrasco einen Schalter. In der Innenstadt von Montevideo können die folgenden uruguayischen Firmen mit Zweigstellen im ganzen Land mit guten Angeboten aufwarten:

Multicar (☎ 902-2555; www.redmulticar.com; Colonia 1227, Centro)

Punta Car (☎ 900-2772; www.puntacar.com; Cerro Largo 1383, Centro)

Bus

Die Stadtbusse in Montevideo fahren für 16 UR$ pro Fahrt so ziemlich überall hin. Im *Guía de Montevideo Eureka* (150 UR$), sind die Fahrpläne und Routen zusammengestellt; die Broschüre ist am Kiosk oder in der Buchhandlung erhältlich. Die Gelben Seiten des Telefonbuchs enthalten diese Informationen ebenfalls. Wer Detailfragen hat, wendet sich an **Cutcsa** (☎ 204-0000; www.cutcsa.com.uy).

Zum/vom Flughafen

Vom **Terminal Suburbana** (☎ 1975; Ecke Río Branco & Galicia), fünf Blocks nördlich der Plaza del Entrevero, fahren die Copsa-Busse 700, 701, 704, 710 und 711 zum Flughafen Carrasco (25 UR$, 45 Min.). Am Flughafen selbst starten diese Copsa-Busse an der Haltestelle vor der Ankunftshalle.

Ein Taxi vom Flughafen nach Montevideo kostet in die Ciudad Vieja 950 UR$, ins Centro 890 UR$ und nach Pocitos 700 UR$.

Taxi

Die schwarz-gelben Taxis in Montevideo verfügen alle über ein Taxameter und sind im weltweiten Vergleich preiswert. Die Grundgebühr liegt bei 22 UR$ (nachts und sonntags 26 UR$), darüber hinaus wird pro Zählereinheit etwas mehr als 1 UR$ fällig. In allen Taxis befinden sich zwei offizielle Fahrpreistabellen: Der eine Tarif gilt wochentags, der andere (20 % teurer) nachts (22–18 Uhr), sonntags und an Feiertagen. Selbst für eine lange Fahrt sind selten mehr als 150 UR$ zu bezahlen; nur zum Flughafen Carrasco wird es vom Zentrum aus beträchtlich teurer (ca. 400 UR$).

URUGUAY

COLONIA DEL SACRAMENTO

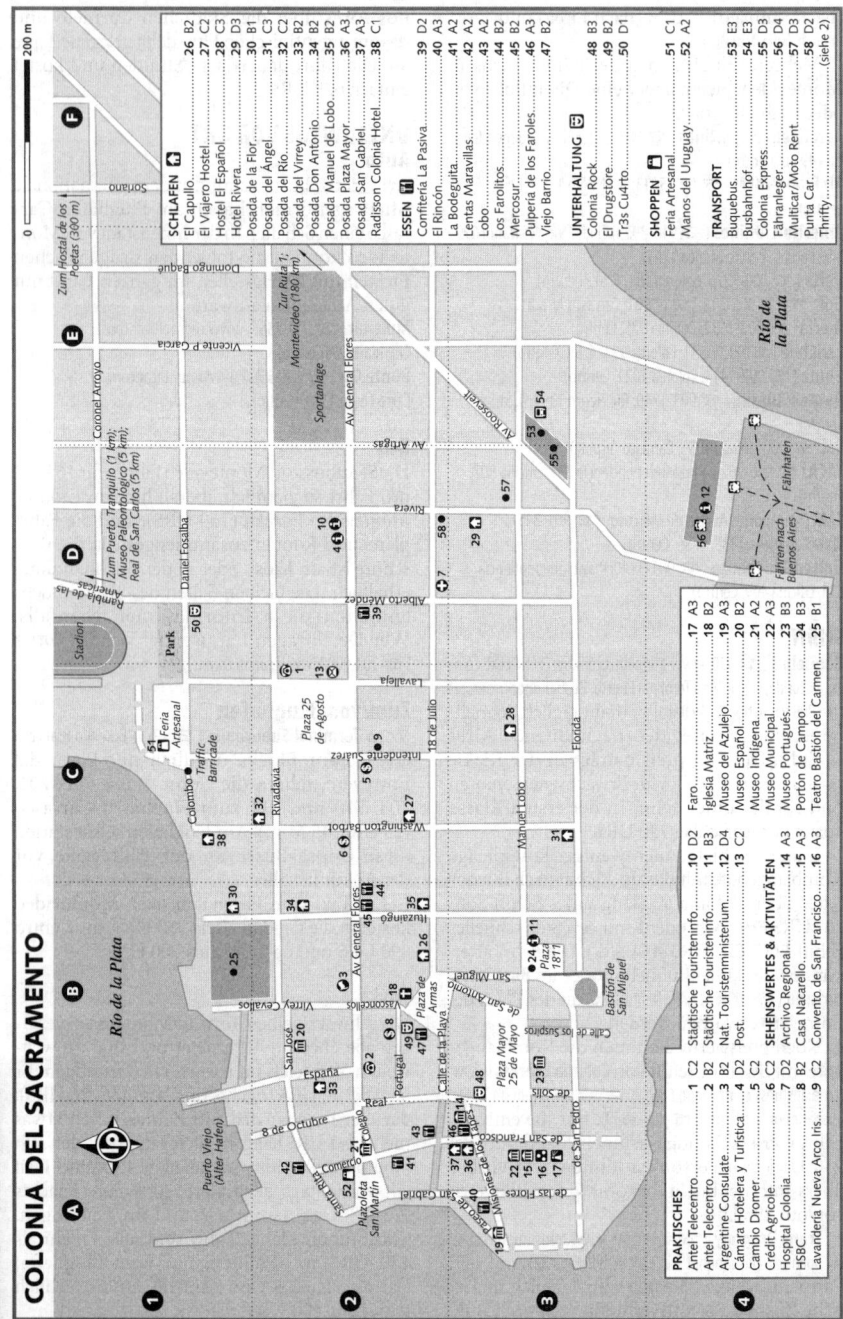

DER WESTEN VON URUGUAY

Von Colonia mit seinen Kopfsteinpflastergassen im Schatten der Bäume bis hin zu den heißen Quellen von Salto geht es in den Städten am Fluss im Westen von Uruguay überall recht beschaulich und angenehm entspannt zu, auch einiges Sehenswertes bieten sie.

Der Río de la Plata und der Río Uruguay markieren die Grenze zu Argentinien – die Gegend wird im Allgemeinen einfach als *el litoral* (die Küste) bezeichnet.

Weiter im Landesinneren findet sich der Kern dessen, was viele als das „unverfälschte" Uruguay betrachten: das Land der Gauchos rund um Tacuarembó. Hier liegen auch einige *Estancias* – verstreut über das Land und eingebettet in einigen der herrlichen, aber selten besuchten Naturschutzgebiete (*áreas protegidas*).

COLONIA DEL SACRAMENTO
☎ 052 / 22 000 Ew.

Dem Reiz des malerischen Colonia kann sich keiner entziehen: Das Barrio Histórico, das historische Altstadtviertel, wurde von der Unesco inzwischen zum Weltkulturerbe erklärt. Platanenalleen bieten im Sommer Schutz vor der Hitze, und der Río de la Plata bietet das perfekte Ambiente für tolle Sonnenuntergänge. Der Charme der Stadt, aber auch die Nähe zu Buenos Aires, locken Tausende von Argentiniern an. Am Wochenende, vor allem über die Sommermonate, steigen dann die Preise, und es kann schwierig werden, eine Unterkunft zu finden.

Colonia wurde 1680 von Manuel Lobo, dem portugiesischen Gouverneur von Rio de Janeiro, gegründet. Die Siedlung hatte durch ihre Lage fast exakt gegenüber von Buenos Aires eine strategisch wichtige Position am Río de la Plata. Die Stadt gewann an Bedeutung, als von hier aus geschmuggelte Handelswaren vertrieben wurden. Damit wurde Spaniens eifersüchtig verteidigtes Handelsmonopol unterlaufen, was immer wieder zu Belagerungen und Schlachten zwischen Spanien und Portugal führte.

1750 ging Colonia in den spanischen Besitz über, doch erst 1777 konnten die Spanier die Stadt wirklich unter ihre Kontrolle bringen. Ab diesem Zeitpunkt sank die wirtschaftliche Bedeutung Colonias, denn nun wurden die ausländischen Waren direkt nach Buenos Aires auf der anderen Flussseite transportiert.

Orientierung
Colonia del Sacramento liegt am Ostufer des Río de la Plata, 180 km westlich von Montevideo und mit dem Schiff nur 50 km von Buenos Aires entfernt. Sein Barrio Histórico, im Kolonialstil, ein wirres Durcheinander von schmalen Kopfsteinpflastergassen erstreckt sich über eine kleine Halbinsel, die in den Fluss hineinragt.

Das Wirtschaftszentrum der Stadt rund um die Plaza 25 de Agosto und der Flusshafen liegen ein paar Blocks weiter östlich, während die Rambla Costanera (ab dem Stadtrand heißt sie Rambla de las Américas) am Fluss entlang gen Norden nach Real de San Carlos, eine weitere interessante Region, führt. Die diagonal verlaufende Avenue Roosevelt wird zur Ruta 1, der wichtigsten Schnellstraße nach Montevideo.

Praktische Informationen
NÜTZLICHES
Cámara Hotelera y Turística (☎ 27302; Ecke Av General Flores & Rivera; ☽ 11–19, im Sommer bis 20 Uhr) Neben der größten städtischen Touristeninformation; ist bei Hotelbuchungen behilflich.
Cambio Dromer (Ecke Av General Flores & Intendente Suárez; ☽ Mo–Fr 9–19, Sa 9–18, So 10–13 Uhr) Wechselt Reiseschecks.
Crédit Agricole (Av General Flores 299) Einer von mehreren Geldautomaten in der Avenida General Flores.
Hospital Colonia (☎ 22994; 18 de Julio 462) Krankenhaus.
HSBC (Portugal 183) Praktischster Geldautomat im historischen Zentrum.
Städtische Touristeninformation (☽ 9–19, im Sommer bis 20 Uhr) Barrio Histórico (☎ 28506; Manuel Lobo 224); Centro (☎ 26141; Ecke Av General Flores & Rivera)
Nationales Tourismusministerium (☎ 24897) Soll bald im neuen Fährterminal eröffnen.

SONSTIGE ANGEBOTE
Antel Telecentro Barrio Histórico (Av General Flores 172); Centro (Ecke Lavalleja & Rivadavia)
Lavandería Nueva Arco Iris (Intendente Suárez 196; Waschen & Trocknen pro Korb 100 UR$; ☽ Mo–Fr 8–12 & 14–18, Sa 8–12 Uhr)
Post (Lavalleja 226)

Sehenswertes & Aktivitäten
BARRIO HISTÓRICO
Das Barrio Histórico von Colonia begeistert jeden – es macht Spaß, einfach durch die Gassen oder am Fluss entlang zu bummeln. Der eindrucksvollste Zugang zur Altstadt ist der **Portón de Campo** (Manuel Lobo), das rekonstruierte Stadttor von 1745. Von hier verläuft eine dicke Wehrmauer am Paseo de San Miguel entlang zum

Fluss hinunter; auf den mit Gras bewachsenen Böschungen aalen sich die Sonnenanbeter. Weitere berühmte Gassen sind der direkt am westlichen Flussufer liegende **Paseo de San Gabriel** und die schmale Kopfsteinpflastergasse **Calle de los Suspiros** (Seufzerstraße), die von kolonialen Häusern gesäumt wird.

Die beiden Hauptplätze im historischen Colonia sind die weitläufige **Plaza Mayor 25 de Mayo** und die schattige **Plaza de Armas**, die auch Plaza Manuel Lobo heißt; dort ragt die **Iglesia Matriz** auf. Der Bau der Kirche begann bereits 1680, und somit ist das Gotteshaus das älteste Uruguays, obwohl es zweimal komplett umgebaut wurde. An der Plaza befinden sich auch die Fundamente eines Hauses, das noch aus der Zeit der Portugiesen stammt.

An der Südwestecke der Plaza Mayor 25 de Mayo sind die Ruinen des **Convento de San Francisco** aus dem 17. Jh. zu bestaunen; in diesem Areal steht ein **Faro** (Leuchtturm; Eintritt 15 UR$; ☪ Mo–Fr 13 Uhr bis Sonnenuntergang, Sa & So 11 Uhr bis Sonnenuntergang) aus dem 19. Jh. Von diesem Leuchtturm aus bietet sich ein hervorragender Blick über die Altstadt.

Der **Puerto Viejo** (Alter Hafen) ist heute der Yachthafen von Colonia und lädt zu einem netten Bummel ein. Das **Teatro Bastión del Carmen** (Rivadavia 223; Eintritt frei; ☪ Di–So 10.30–22 Uhr) gleich in der Nähe ist ein Komplex, der aus einer Bühne mit Sitzreihen und einer Galerie besteht; ein Teil der alten Wehrmauern der Stadt wurden mit einbezogen. Hier finden Wechselausstellungen und in regelmäßigen Abständen auch Konzerte statt.

Museen

Mit einer einzigen Eintrittskarte zu 50 UR$ lassen sich alle acht historischen Museen (☎ 25609; museoscolonia@gmail.com; ☪ 11.15 bis 16.45 Uhr) in Colonia besichtigen. Sie haben allesamt dieselben Öffnungszeiten, allerdings hat jedes Museum, wie unten angegeben, an einem anderen Tag geschlossen.

Das **Museo Portugués** (Plaza Mayor 25 de Mayo 180; ☪ Mi geschl.), in einem wunderschönen alten Haus gelegen, präsentiert Relikte aus der Zeit der Portugiesen, darunter Porzellan, Möbel, Landkarten, den Familienstammbaum von Manuel Lobo sowie das alte Steinwappen, das einst den Portón de Campo schmückte.

Das **Museo Municipal** (Plaza Mayor 25 de Mayo 77; ☪ Di geschl.) beherbergt eine erlesene Sammlung von Schätzen wie z. B. ein Walskelett, ein riesiges Ruder von einem Schiffswrack, historische Zeit-

tafeln und ein maßstabsgetreues Modell von Colonia um 1762.

Am nordwestlichen Rand der Plaza sind im **Archivo Regional** (Misiones de los Tapes 115; ☪ Sa & So geschl.) historische Dokumente zu Hause, außerdem Töpferei und Glas, die aus der freigelegten Casa de los Gobernadores (18. Jh.) an der nicht weit entfernten Plaza de Armas stammen.

Die **Casa Nacarello** (Plaza Mayor 25 de Mayo 67; ☪ Di geschl.) gilt als eines der schönsten Kolonialhäuser der Stadt mit zeitgenössischen Möbeln, dicken weiß getünchten Mauern, geriffeltem Glas und den noch originalen Türstöcken (Achtung: Kopf einziehen!).

Das **Museo Indígena** (Comercio s/n; ☪ Do geschl.) beherbergt die Privatsammlung von Roberto Banchero: Steinwerkzeuge der Charrúa, Exponate zur Geschichte der indigenen Bevölkerung und eine amüsante Landkarte im Obergeschoss, die verdeutlicht, wie viele Länder Europas in Uruguay hineinpassen würden – mindestens sechs Stück! Lichtenstein, Luxemburg, Andorra, Monaco, San Marino und Belgien.

Das schnuckelige **Museo del Azulejo** (Ecke Misiones de los Tapes & Paseo de San Gabriel; ☪ Do geschl.) in einem Steingebäude aus dem 17. Jh. zeigt Kacheln aus Frankreich, Katalonien und Neapel.

Das **Museo Español** (San José 164; ☪ Do geschl.) war bei Drucklegung dieses Reiseführers noch wegen Renovierung geschlossen. Zu sehen gibt es hier sonst Töpferei der Kolonialzeit, Kleidung und Landkarten.

Das **Museo Paleontológico** (Real de San Carlos; ☪ Mo–Mi geschl.) besteht aus gerade einmal zwei Räumen. Zu bestaunen sind Glyptodon-Panzer, Knochen und andere vor Ort ausgegrabenen Funde der Privatsammlung von Armando Calcaterra, einem Hobby-Paläontologen.

REAL DE SAN CARLOS

Zu Beginn des 20. Jhs. ließ der argentinische Unternehmer Nicolás Mihanovich 1,5 Mio. US$ in einen gigantischen Touristenkomplex in Real de San Carlos fließen, 5 km nördlich von Colonia. Zur Anlage gehörte eine Stierkampfarena mit 10 000 Plätzen (in Uruguay wurden Stierkämpfe 1912 dann allerdings verboten), ein *frontón*-Platz für 3000 Zuschauer, um die baskische Sportart Jai alai zu pflegen, ein Hotel mit Casino sowie eine Pferderennbahn.

Heute ist nur noch die Rennbahn in Betrieb, aber die Ruinen der verbliebenen Gebäude geben ein interessantes Ausflugsziel ab, und der Strand nebenan ist an Sonn- und Feiertagen bei Einheimmischen sehr beliebt.

Geführte Touren

Die Touristeninformation vor dem Tor zur Altstadt organisiert gute **Stadtspaziergänge** mit ortskundigen Führern. Die Touren (100 UR$ pro Pers.) auf Spanisch beginnen jeweils um 11 Uhr und 15 Uhr, außerdem stehen freitags und samstags zusätzlich noch Spadtspaziergänge bei Sonnenuntergang auf dem Programm. Wer an einer Tour in einer anderen Sprache (150 UR$ pro Pers.) teilnehmen möchte, wendet sich an die Touristeninformation oder an die **Asociación de Guías Profesionales** (☎ 22309; asociacionguiascolonia@ gmail.com) in Colonia.

Gabriel Gaidano (☎ 099-806106; 1929vintage@gmail. com; pro 15 Min./Std. 200/600 UR$) bietet Spritztouren durch die Stadt für bis zu vier Personen in seinem Cabrio aus dem Jahr 1929 an, einem frühen Ford der Bauriehe Model A. Am besten an der Plaza de Armas nach ihm und seinen Limousinen Ausschau halten.

Schlafen

Einige Hotels nehmen von Freitag bis Sonntag höhere Tarife. Im Sommer ist es besser, die Wochenenden zu meiden oder das Quartier lange im Voraus zu buchen.

BUDGETUNTERKÜNFTE

Hostel El Español (☎ 30759; www.hostelelespaniol.com; Manuel Lobo 377; B/DZ ohne Bad 200/450 UR$, mit Bad 230/ 550 UR$; 🖳 🛜) Das Hostel ist bei jungen Latinos sehr beliebt. Die Zimmer sind dunkel, aber das macht der helle, geräumige Essbereich mit Internet dann wieder wett. HI-Mitglieder bekommen eine Ermäßigung von 10 %. Das Frühstück kostet 60 UR$ extra.

El Viajero Hostel (☎ 22683; www.elviajerocolonia.com; Washington Barbot 164; B HI-Mitglied 285–310 UR$, Nicht-Mitglied 320–360 UR$, DZ mit 2 B HI-Mitglied/Nicht-Mitglied 650/ 760 UR$, DZ HI-Mitglied/Nicht-Mitglied 1100/1260 UR$; 🔣 🖳 🛜) Das neueste Hostel von Colonia mit Fahrrad- und Mopedverleih, Ausritten, einer Bar für die Gäste und Klimaanlage in allen Zimmern ist heller, einfallsreicher und auch gemütlicher als die Konkurrenz, aber am besten vergleicht jeder selbst, bevor er ein paar Pesos mehr herausrückt.

Hostal de los Poetas (☎ 31643; www.guiacolonia.com. uy/hostaldelospoetas; Mangarelli 677; EZ/DZ/3BZ 400/640/ 880 UR$) Das einfache Hostel, ein Familienbetrieb, ist ein Schnäppchen für Leute, denen es nichts ausmacht, 1 km außerhalb der Stadt zu wohnen.

Der Frühstücksbereich, das Kaminzimmer und der Garten sind echt nett.

MITTELKLASSEHOTELS

Hotel Rivera (☎ 20807; riverahotel@adinet.com.uy; Rivera 131; EZ/DZ/3BZ/4BZ 850/1200/1600/1900 UR$; 🔣 🛜) Das Rivera, eines der preisgünstigsten Hotels von Colonia in mittlerer Preislage, ist nur einen Steinwurf vom Fährhafen und vom Busbahnhof entfernt. Alle Zimmer sind sauber und verfügen über Kabel-TV und WLAN.

Posada de la Flor (☎ 30794; www.posada-delaflor.com; Ituzaingó 268; Zi. 1200–1600 UR$; 🔣) Die Posada liegt hübsch an einer mit Platanen gesäumten Straße, die an einem kleinen Strand endet. Die eigentliche Attraktion hier ist jedoch die Terrasse im Obergeschoss mit Sonnenliegen und Blick über den Fluss.

Posada del Río (☎ 23002; www.hotelesencolonia.com; Washington Barbot 258; EZ/DZ/3BZ 850/1300/1700 UR$; 🔣) Diese beschauliche Posada in einer Sackgasse hat ihre besten Tage wohl gesehen, bietet aber dennoch viel fürs Geld. Vom winzigen Frühstückszimmer im Obergeschoss bietet sich zum Teil eine schöne Aussicht auf den Fluss.

Posada San Gabriel (☎ 23283; www.posadasangabriel. com.uy; Comercio 127; Zi. unten/oben 1400/1500 UR$; 🔣 🖳 🛜) Die schnuckelige Posada mit Steinwänden, Messingbetten und WLAN ist erstaunlich günstig für diese hervorragende Lage. Zwei der Zimmer im Obergeschoss bieten schönen Flussblick.

Posada Don Antonio (☎ 25344; www.posadadonantonio. com; Ituzaingó 232; EZ/DZ/3BZ/Suite 1200/1500/2000/3100 UR$; 🔣 🖳 🛜 🐾). Wer Interesse hat an wahren Begeisterungsstürme in zig Sprachen in Sachen Bequemlichkeit der Betten, Freundlichkeit des Personals und generell herzliche Atmosphäre, muss nur das Gästebuch dieses schicken neuen Hotels durchblättern. Der Innenhof mit einem Pool ist eine Oase der Ruhe – aber das Hotel ist trotzdem bloß einen halben Block von der Hauptstraße entfernt.

Posada del Ángel (☎ 24602; www.posadadelangel.net; Washington Barbot 59; Zi. Standard/Superior 1400/1900 UR$; 🔣 🖳 🐾) Das kleine Hotel ist fröhlich in Gelb und Blaugrün gestrichen und bietet Annehmlichkeiten wie Daunenbetten für Regentage und einen Pool für heiße Sommertage. Die Standardzimmer sind dunkel; am besten um eines mit Aussicht bitten.

SPITZENKLASSEHOTELS

El Capullo (☎ 30135; www.elcapullo.com; 18 de Julio 219; EZ/ DZ/3BZ 1200/1600/2200 UR$, Cabaña 1800 UR$; 🔣 🛜 🐾)

Die netten Besitzer sprechen Englisch, die Lage im Barrio Histórico ist super, und ein Hof mit Rasen und Pool sind weitere Attraktionen in dieser frisch renovierten Posada im Kolonialstil. Hübsch ist auch die Cabaña, eine völlig eigenständige Wohneinheit nur zehn Minuten von der Stadt entfernt.

Posada Manuel de Lobo (☎ 22463; www.posadamanueldelobo.com; Ituzaingó 160; DZ/3BZ/Suite 1600/1800/2200 URS; 🗶 🛜) Der historische Charme dieses 150 Jahre alten Hauses ist den schweren dunklen Holzmöbeln, den Balkendecken, unverputzten Wänden, Brunnen sowie zwei Patios zu verdanken. Alle Zimmer haben WLAN, und zu den Suiten gehört sogar ein Jacuzzi.

Posada del Virrey (☎ 22223; www.posadadelvirrey.com; España 217; EZ/DZ ab 1600/1900 URS, Suite EZ/DZ 3100/3400 URS; 🗶 🛜) Marmorböden, Steinwände, hohe Decken und antikes Mobiliar in den geräumigen Zimmern dieser Posada aus dem Jahr 1850 vermitteln den Gästen das Gefühl, eine Art „König moderner Zeiten" zu sein – so lautet zumindest das Motto. Überall gibt's WLAN, außerdem Jacuzzis, Blick auf den Fluss und sogar Kingsize-Betten in den Suiten der oberen Etage.

Posada Plaza Mayor (☎ 23193; www.posadaplazamayor.com; Comercio 111; Zi. ab 2000 URS; Suite 3600 URS; 🗶 🖥 🛜) Nicht weit vom Fluss entfernt im Herzen des kolonialen Colonia nimmt diese Posada zwei Kolonialgebäude ein. Die spanischen Zimmer aus dem 19. Jh. mit Steinwänden und hohen Decken gruppieren sich um einen Hof mit Brunnen; das portugiesische Gebäude direkt nebenan aus dem 18. Jh. beherbergt mehrere hübsche Gemeinschaftseinrichtungen.

Radisson Colonia Hotel (☎ 30460; www.radissoncolonia.com; Washington Barbot 283; EZ/DZ Wochenende ab 3480/4360 URS, wochentags 2300/2600 URS; 🗶 🖥 🛜 🐾) Wer den Komfort einer Hotelkette kolonialem Charme vorzieht, ist im Radisson genau richtig. Das Hotel bietet wirklich alles unter einem Dach: zwei Pools und eine großzügige Terrasse mit Blick auf den Fluss, dazu Sauna, ein Fitnesscenter, Solarium, Kinderspielplätze und eine Garage.

Essen
GÜNSTIG

Los Farolitos (Av General Flores 268; Chivitos ab 75 URS; 🕙 ab 12 Uhr) Diese Kneipe ohne viel Schnickschnack hat sich auf *chivitos* spezialisiert und macht mit den Einheimischen ein Bombengeschäft.

Mercosur (☎ 24200; Av General Flores 252; Hauptgerichte ab 99 URS; 🕙 9–1 Uhr) Die praktische Eckkneipe in der Nähe vom historischen Zentrum bietet sich für preiswertes Fast-Food an.

Confitería La Pasiva (☎ 28225; Av General Flores 444; Gerichte ab 100 URS; 🕙 8–24 Uhr) In dieser Filiale der hellen, gut besuchten *confitería*-Kette schmecken das Frühstück, die Pizza oder Sandwiches zu jeder Tageszeit prima.

MITTELTEUER & TEUER

La Bodeguita (☎ 25329; Comercio 167; Mini-Pizzas 75 URS, Gerichte 150–320 URS; 🕙 tgl. Abendessen, Sa & So Mittagessen) Am besten speist man an einem Tisch draußen auf dem Sonnendeck mit zwei Ebenen und lässt dann den tollen Blick über den Fluss auf sich wirken, während man seinen Sangría schlürft oder eine Pizza mampft – das Markenzeichen von La Bodeguita.

Lentas Maravillas (☎ 20636; Santa Rita 61; Sandwiches ab 100 URS, Mahlzeiten 260 URS; 🕙 Mo–Fr 13–20.30, Sa & So 12–21 Uhr) In diesem Lokal ist es so gemütlich wie bei einem Freund zu Hause, und so ist das Lentas Maravillas ideal, um bei Tee und Gebäck oder auch einem Glas Wein und einem Sandwich zwischen den Mahlzeiten einfach einmal alle Viere von sich zu strecken. Es macht Spaß, durch einen Kunstband aus der Privatbibliothek der Besitzerin Maggie Molnar zu blättern und den unvergleichlichen Flussblick vom Kaminzimmer im Obergeschoss zu genießen oder auch von der Rasenfläche unten, wo ein paar Stühle stehen. Was es abends zu essen gibt, hängt von der Laune des Küchenchefs ab.

Puerto Tranquilo (☎ 23475; Rambla de las Américas s/n; Gerichte 120–350 URS; 🕙 Dez.–April ab 10 Uhr, Mai–Nov. Fr–So 10 Uhr bis Sonnenuntergang) Diese „Resto-Bar" 1 km nördlich der Stadt bringt Sandwiches, Salate und fangfrischen Fisch auf den Tisch und ist eine nette Abwechslung vom touristischen Treiben im historischen Colonia. Der Fluss lässt sich schön vom Speiseraum oder von der Terrasse aus betrachten. Oder – was noch toller ist: Den Kellner überreden, das bestellte Futter zum Strand zu bringen! Dort kann man, ein Bierchen in der Hand, den Sonnenuntergang betrachten, während Musik vom Restaurant herübertönt und der Sand zwischen den Zehen rieselt.

El Rincón (☎ 099-675202; Misiones de los Tapes 41; Gerichte 170–280 URS; 🕙 Di–Do Mittagessen) *Parrillada* (Gegrilltes) lautet die Losung im El Rincón. Am schönsten ist es hier an einem sonnigen Nachmittag am Wochenende. Dann können die Gäste zwischen Steinmauern und mit rotem Stuck verzierten Wänden unter einem großen Baum speisen und dabei Musik aus Brasilien oder Tango hören und die Flussszenerie auf sich wirken lassen, während vom Grill duftend der Rauch aufsteigt.

Viejo Barrio (☎ 25399; Vasconcellos 169; Gerichte 180–270 UR$; ☺ Do–Mi Mittag- & Abendessen,Di Mittagessen) Ob man den exzentrischen Kellner mit seinem seltsamen Hut nun amüsant oder nervig findet: Das Viejo Barrio ist und bleibt jedenfalls der Renner in der Altstadt, denn die selbst gemachte Pasta ist ein Gedicht, und das malerische Ambiente an der historischen Plaza de Armas tut ein Übriges.

Pulpería de los Faroles (☎ 30271; Misiones de los Tapes 101; Gerichte 180–290 UR$; ☺ 12–24 Uhr) In dem von Lesern empfohlenen Restaurant gibt's als Spezialität des Hauses Meeresfrüchte und Pasta. Auf den Tischen im künstlerisch angehauchten Speiseraum liegen Tischdecken in allen Regenbogenfarben, außerdem stehen noch jede Menge Tische draußen auf der Plaza Mayor 25 de Mayo.

Lobo (☎ 29245; Ecke Comercio & Calle de la Playa; Gerichte 200–370 UR$; ☺ tgl. 12–16, Fr & Sa auch ab 20 Uhr) Das Lobo hat sich mit leckeren Kreationen wie *cordero marinado en vino tinto y miel con puré de hongos* (in Rotwein und Honig mariniertes Lamm mit Pilzpüree) seinen Namen als eines der besten Restaurants von Colonia gemacht.

Unterhaltung

El Drugstore (☎ 4-52-25241; Portugal 174; ☺ 12–24 Uhr) In dieser Eckkneipe an der Plaza de Armas wird häufig Livemusik gespielt. Sie gilt als das unterhaltsamste und flippigste Lokal von Colonia, hier treffen sich alle, die abends einen draufmachen wollen. Die Wände sind in lebhaften Farben gehalten und ausgefallen dekoriert. Dazu kommen noch eine offene Küche mit Kühlschränken, die mit Wolken und Elefanten bemalt sind, und ein Oldtimer, der auf dem Kopfsteinpflaster abgestellt ist – eine romantische Adresse, um essen zu gehen. Die Hälfte der 24 Seiten langen Speisekarte entfällt auf Getränke, die andere auf Tapas (ab 115 UR$) und Menüs (Gerichte 175–460 UR$); einige vegetarische Speisen sind auch darunter.

Colonia Rock (☎ 4-52-28189; Misiones de los Tapes 157; ☺ 11.30–1 Uhr) Das Lokal ist Colonias Variante des Hard Rock Café, hier es geht immer hoch her. Die Bar mit Restaurant befindet sich in einem Kolonialgebäude mit Tischen drinnen und draußen im Hof. Livemusik gibt es am Freitag- und Samstagabend.

Tr3s Cu4rto (☎ 4-52-29664; Alberto Méndez 295) Colonias Disko für umtriebiges Jungvolk.

Shoppen

Polierter Achat, verzierte *mate*-Gefäße und portugiesisch angehauchte Keramik gehören zu den beliebtesten Andenken in Colonia.

Feria Artesanal (Ecke Intendente Suárez & Daniel Fosalba; ☺ 10–19 oder 20 Uhr) Dieser Markt für Kunsthandwerk wird täglich an der nördlichen Flusspromenade abgehalten.

Manos del Uruguay (☎ 21793; Av. General Flores 89; ☺ 11–19 Uhr) Colonias Filiale dieses staatlichen Kunsthandwerksladens befindet sich im Barrio Histórico.

An- & Weiterreise

BUS

Der moderne **Busbahnhof** (Ecke Manuel Lobo & Av. Roosevelt) von Colonia verfügt über eine Wechselstube und Internetzugang und liegt praktisch in der Nähe vom Hafen und in Laufweite zum Barrio Histórico. Die folgenden Fahrtziele werden mindestens zweimal am Tag angefahren.

Reiseziel	Fahrpreis (UR$)	Fahrzeit (Std.)
Carmelo	78	1 ¼
Mercedes	176	3 ½
Montevideo	176	2 ¾
Nueva Helvecia	69	1
Paysandú	323	6
Salto	441	8

FÄHRE/SCHIFF

Vom nagelneuen Fährhafen am Ende der Rivera aus verkehren zahlreiche Fähren der Bus- und Schiffsgesellschaft **Buquebus** (☎ 22975; www.buquebus.com.uy; Ecke Manuel Lobo & Av FD Roosevelt) täglich nach Buenos Aires. Zwei der Schiffe sind langsamer (735 UR$, 3 Std.), außerdem fahren drei oder mehr schnellere Schiffe (1010 UR$, 1 Std.). Kinder und Senioren erhalten eine Ermäßigung von 15 % bis 25 %. Der Aufpreis für die erste Klasse beträgt 330 bis 350 UR$.

Colonia Express (☎ 29677; www.coloniaexpress.com) unterhält nicht so viele Verbindungen mit Schnellbooten, dafür sind sie aber preiswerter. Montags bis freitags verkehren je drei Schiffe, sonntags zwei sowie eines am Samstag. Die Überfahrt dauert 1 ¼ Stunden. Der Fahrpreis beträgt 620 UR$.

Beide Unternehmen gewähren bei frühzeitiger Buchung übers Internet einen erheblichen Preisnachlass.

Die Einwanderungsformalitäten in beiden Ländern werden im Hafen erledigt, bevor die Passagiere aufs Schiff gehen.

Unterwegs vor Ort

Im kompakten Colonia macht es Spaß, zu Fuß zu gehen. Beliebte Alternativen sind Motorroller, Fahrräder und mit Gas betriebene Bugggies. Stadtbusse fahren über die Avenida General

URUGUAY

Flores zu den Stränden und zur Stierkampfarena in Real de San Carlos (13 UR$).

Colonia gibt auch einen praktischen Ausgangsort ab, um mit dem Auto den Westen Uruguays zu erkunden – die Mietwagentarife liegen bei rund 900 UR$; aus Colonia herauszufahren ist absolut unkompliziert.

Thrifty (☎ 22939; Av. General Flores 172; Fahrrad/Motorroller/Golfmobil pro Std. 60/140/240 UR$, pro Tag 300/600/1000 UR$) vermietet alles – vom Tourenrad und motorroller bis zum Auto. Diverse andere Agenturen unweit vom Fährhafen und Busbahnhof bieten ebenfalls Mietautos und Motorräder, so z. B. **Multicar/Moto Rent** (☎ 24893; Manuel Lobo 505) und **Punta Car** (☎ 22353; 18 de Julio 496).

NUEVA HELVECIA
☎ 055 / 10 000 Ew.

Nueva Helvecia (Neue Schweiz) ist auch unter dem Namen Colonia Suiza bekannt. Und zweifellos hat das ruhige, nette Städtchen ganz eindeutig ein europäisches Flair – wo sonst in Uruguay findet man schon Straßennamen wie Guillermo (Wilhelm) Tell und Frau Vogel? Der Ort liegt 120 km westlich von Montevideo und wurde 1862 von Einwanderern aus der Schweiz gegründet, die sich vom milden Klima, dem guten Boden, der freien Religionsausübung und der Aussicht, die Staatsbürgerschaft von Uruguay erwerben zu können (ohne die eigene aufgeben zu müssen) angelockt fühlten. Als erste Landwirtschaftskolonie im Landesinneren versorgte Nueva Helvecia die Mühlen von Montevideo mit Weizen und produziert heute über die Hälfte des Käses in Uruguay.

Orientierung

Das Zentrum der Stadt bildet die Plaza de los Fundadores, der Platz der Gründer, mit einer Uhr aus Blumen und einer Skulptur, die an die einstigen Schweizer Pioniere erinnert. Das Hotelviertel von Nueva Helvecia liegt ein paar Kilometer südöstlich der Plaza.

Praktische Informationen

Antel (Dreyer 1127)

Banco de la República Oriental (Treinta y Tres 1210) Schräg gegenüber der Plaza im Zentrum.

Cyber Pez (☎ 47630; Treinta y Tres 1246; Internet pro Std. 15 UR$; ☙ Mo–Sa 9–12 & 16–22 Uhr)

Hospital (☎ 44057; Ecke 18 de Julio & C Cunier)

Post (F Gilomen 1257)

Touristeninformation (Plaza de los Fundadores; ☙ Mo, Mi, Do & Fr 9–19, Sa & So 10–14 Uhr) Im Gebäude Movimiento Nuevas Generaciones am Hauptplatz.

Feste & Events

Es lohnt sich, Nueva Helvecia zu besuchen wenn gerade eines seiner Feste stattfindet: Am 1. August lockt die **Fiesta Suiza** mit Tänzen aus der Schweiz und Kunsthandwerksausstellungen Besucher aus dem ganzen Land an. Jedes Jahr im Oktober wird Uruguays Rinderzucht bei der **Expoláctea** gefeiert: Das Landwirtschaftsfest wird mit Livemusik, Kochvorführungen, Wein- und Käseverkostung, Kinderprogramm sowie einem gigantischen Fondue am Abend zelebriert. Beim **Bierfest** im Dezember feiert die Stadt ihre alpenländische Tradition mit Musik, Fahnenschwingen, Tanzvorführungen und natürlich gewaltigen Maßkrügen voller Bier.

Schlafen & Essen

Die Hotels konzentrieren sich am südöstlichen Stadtrand, was für Leute, die ohne Auto unterwegs sind, ein gewisses Problem darstellen. Praktisch ist, dass fast alle Hotels ein eigenes Restaurant haben.

Hotel del Prado (☎ 44169; www.hoteldelprado.info; Erwin Hodel s/n; B mit HI-Ausweis 220 UR$, EZ/DZ/3BZ 450/750/1000 UR$; ▨) Das Hotel mit 80 Zimmern stammt aus dem Jahr 1896 und präsentiert sich als großartiges Gebäude mit Balkonen – seine beste Zeit allerdings ist wohl vorbei. Geboten werden ein Pool und ein paar Hostel-Zimmer (für Hostel-Tarif HI-Ausweis erforderlich). Die illustre Geschichte dokumentieren viele alte Fotos an den Wänden.

  Hostel Estancia El Galope (☎ 099-105985; www.elgalope.com.uy; Cno Concordia; Zi. pro Pers. mit/ohne HI-Ausweis 600/700 UR$) In diesem neuen Hostel ein paar Kilometer südöstlich von Nueva Helvecia bieten die Weltreisenden Mónica und Miguel ihren Gästen die Möglichkeit, das beschauliche Leben auf einer *estancia* kennenzulernen. Es werden Freizeitaktivitäten wie Reiten und Fahrradfahren angeboten (kostenlose Fahrräder). Auf Wunsch können sich die Gäste von der Bushaltestelle im nahen Colonia Valdense abholen lassen.

  Granja Hotel Suizo (☎ 44002; www.hotelsuizonuevahelvecia.com, auf Spanisch; Av Federico Fischer 355; EZ/DZ ab 1300/1700 UR$; ▨ ▨) Das älteste Touristenhotel von Nueva Helvecia liegt inmitten eines weitläufigen Grundstücks. Hier gibt's einen Pool, eine Sauna und ein renommiertes Restaurant. Alle Zimmer haben Balkon, TV und Heizung.

  Hotel Nirvana Resort & Spa (☎ 44081, in Montevideo 02-902-4124; www.hotelnirvana.com; auf Spanisch; EZ/DZ ab 2840/3380 UR$, Halb-/Vollpension zuzügl. pro Pers. 420/840 UR$; ▨ ▣ ▨ ▨) In diesem Hotel fühlen sich die Gäste wie in einer anderen Welt. Die Nobel-

URUGUAY

herberge bietet zwei Pools, Tennisplätze, Ausritte, eine herrlich angelegte Parklandschaft von 25 ha und ein Restaurant, in dem von *Rösti* bis zum Schokoladenfondue so ziemlich alles serviert wird.

Don Juan (☎ 45099; Ecke Treinta y Tres & 18 de Julio; Gerichte 130–250 UR$; ☽ Di–So Mittag- & Abendessen) Los geht die Völlerei mit selbst gebackenem Brot mit Butter, anschließend locken Kassler mit Sauerkraut, und abgerundet wird das Gelage dann noch mit einer dicken Schwarzwälderkirschtorte. Das beliebte Speiselokal befindet sich gegenüber vom Hauptplatz in Nueva Helvecia.

An- & Weiterreise

Einige Busfahrpläne bezeichnen die Stadt als Colonia Suiza. COT, Turil und Colonia bieten häufige Busverbindungen nach Montevideo (127 UR$, 2 Std.) und Colonia del Sacramento (69 UR$, 1 Std.) an. Die Büros aller drei Unternehmen liegen in der Nähe der Plaza.

CARMELO

☎ 0542 / 17 000 Ew.

Carmelo wurde 1816 gegründet und ist ein lässiges Städtchen mit Kopfsteinpflasterstraßen und niedrigen, alten Häusern. Angler und Segler nutzen es als Ausgangspunkt für Segeltörns und Angelausflüge im Delta des Paraná. Der Ort liegt am Delta ein Stück unterhalb der Stelle, an der der Río Uruguay und der Río de la Plata zusammenfließen. Colonia del Sacramento liegt 75 km südöstlich von Carmelo. Zwischen Carmelo und Tigre, einem 28 km nördlich gelegenen Vorort von Buenos Aires, pendeln Schiffe.

Orientierung

Carmelo liegt am linken und rechten Ufer de Arroyo de las Vacas, einem kleinen Fluss, der sich zu einem geschützten Hafen am Río de la Plata erweitert. Im Norden des Flusses bildet die schattige Plaza Independencia das Geschäftszentrum der Stadt.

Die meisten Geschäfte liegen in der Straße 19 de Abril, die zur Flussbrücke führt. Auf der anderen Seite des Flusses erstreckt sich ein großer Park mit einer Freifläche, einem Zeltplatz, Bademöglichkeiten an einem Sandstrand und einem riesigen Spielkasino.

Praktische Informationen

Antel (Barrios 329)

Banco Comercial (Uruguay 403) An der Plaza Independencia.

Hospital (☎ 2107; Ecke Uruguay & Artigas)

Städtische Touristeninformation (☎ 2001; Casa de

Cultura, 19 de Abril 246; ☽ 9–18.30 Uhr) Vier Blocks nördlich der Brücke über den *arroyo*.

New Generation Cyber Games (Uruguay 373; Internet pro Std. 20 UR$; ☽ 8–3 Uhr)

Post (Uruguay 360)

Sehenswertes & Aktivitäten

Der *arroyo*, an dem viele große, angerostete Boote ankern, bietet sich für einen tollen Spaziergang an. Ebenso viel Spaß macht es, 30 Minuten zu den Stränden auf der anderen Seite der Brücke zu marschieren.

Vor den Toren der Stadt bietet die **Bodega Irurtia** (☎ 2010; www.irurtia.com.uy; Av Paraguay, Km 2,3) am Wochenende Führungen (240–400 UR$) durch ihre Weingärten an, in denen Chardonnay und Pinot noir gedeihen. Und selbstverständlich dürfen die Gäste den einen oder anderen preisgekrönten Tropfen auch probieren.

Feste & Events

Die Weine der Region genießen einen hervorragenden Ruf, und so richtet die Stadt Anfang Februar die **Fiesta Nacional de la Uva** (Nationales Weintraubenfest) aus, eines von mehreren Festen dieser Art in Argentinien.

Schlafen & Essen

Camping Náutico Carmelo (☎ 2058; Arroyo de las Vacas s/n; pro Zelt 190 UR$; ☽ Dez.–März) Der Zeltplatz mit heißen Duschen südlich vom *arroyo* ist nur in den Sommermonaten geöffnet. Eigentlich ist er für die Segler hier gedacht, aber wenn etwas frei ist, sind natürlich auch andere Gäste willkommen.

Hotel Rambla (☎ 2390; www.ciudadcarmelo.com/ramblahotel; Uruguay 55; EZ/DZ/3BZ ab 560/740/960 UR$; ✹) Das klotzige Rambla gewinnt mit Sicherheit keinen Preis für sein Design, aber dafür liegt das Hotel praktisch gleich in der Nähe der Molen. Die Doppelzimmer in der oberen Etage mit Balkon und Blick auf den *arroyo* sind freundlicher als die nach innen liegenden Zimmer.

Hotel Casino Carmelo (☎ 2314; www.hotelcasino carmelo.com; Av Rodó s/n; EZ/DZ/Suite 960/1360/1920 UR$; ✹ ▢ ✹) Das Hotel mit Casino auf der anderen Seite des *arroyo* ist schon ein bisschen abgewirtschaftet, aber dafür ist der Blick auf den Fluss wirklich schön. Geboten werden zwei Pools, plus ein kleiner Tierpark mit Pfauen, Flamingos und Nandus.

Piccolino (☎ 4850; Ecke 19 de Abril & Roosevelt; Gerichte 70–150 UR$; ☽ 9–24 Uhr) In dieser Eckekneipe gibt's anständige *chivitos*, und der Blick auf den Platz ist auch nicht übel.

URUGUAY

Fay Fay (☎ 4827; 18 de Julio 358; Gerichte 70–180 UR$; ⌚ Di–So Mittag- & Abendessen) In dem kleinen Lokal direkt gegenüber vom Platz kommen Standard gerichte aus Uruguay und selbst gemachte Nachspeisen auf den Tisch.

An- & Weiterreise

Cacciola (☎ 7551; www.cacciolaviajes.com; Wilson Ferreira 263; ⌚ 8–19.30 Uhr) betreibt zweimal täglich Schiffe nach Tigre, unweit von Buenos Aires. Die einfache Fahrt (2 ½ Std.) kostet für Passagiere ab zehn Jahren/für Kinder von drei bis neun 429/391 UR$.

Alle Busunternehmen unterhalten ein Büro an oder unweit der Plaza Independencia. **Chadre** (☎ 2987) bietet die meisten Verbindungen, nämlich 7-mal täglich nach Montevideo (235 UR$, 3 ½ Std.) sowie 2-mal nach Colonia (78 UR$, 1 ½ Std.), Mercedes (98 UR$, 2 Std.), Fray Bentos (137 UR$, 2 ¾ Std.), Paysandú (235 UR$, 5 Std.) und Salto (352 UR$, 7 Std.). Wer nach Colonia möchte, ist mit **Berrutti** (☎ 2504; Uruguay 337) besser dran; von 6 Uhr morgens bis 19 Uhr verkehren die Busse fast im Stundentakt.

FRAY BENTOS

☎ 056 / 24 000 Ew.

Fray Bentos, die Hauptstadt der Provinz Río Negro, ist (oder war!) von Argentinien aus die südlichste Stelle, um auf dem Landweg den Río Uruguay zu überqueren.

Die ehemalige Industriestadt mit einer hübschen Promenade am Fluss wurde früher von einer riesigen Fleischfabrik unter englischer Leitung geprägt, nach ihrer Schließung wurde sie zu einem Museum umgebaut.

Die zwei großen Ereignisse in der Stadt waren der Bau der umstrittenen Papierfabrik der finnischen Firma Botonia im Nordosten der Stadt vor einigen Jahren und die damit einhergehenden regelmäßigen Sperrungen der Brücke über den Fluss. Sie verbindet Fray Bentos mit Gualeguaychú in Argentinien (s. Kasten S. 598).

Praktische Informationen

Antel (Zorrilla 1127)

Credit Uruguay (EckeTreinta y Tres & 18 de Julio) Eine von mehreren Banken in der Nähe der Plaza Constitución direkt im Zentrum.

Hospital Salúd Pública (☎ 23511; Ecke Oribe & Echeverría)

LA Cyber (18 de Julio 1106; Internet pro Std. 20 UR$; ⌚ Mo–Sa 9–22.30, So 16–22.30 Uhr) Ein Internetladen gleich westlich der Plaza Constitución.

Städtische Touristeninformation (☎ 22233; www.rionegro.gub.uy; 25 de Mayo 3400; ⌚ Mo–Fr 9–18, Sa 9–15 Uhr) Nördlich der Plaza Constitución.

Post (Treinta y Tres 3271)

Sehenswertes & Aktivitäten

Die Topattraktion von Fray Bentos an der Flusspromenade, 2 km westlich der Stadt, ist das **Museo de la Revolución Industrial** (☎ 23690; Barrio Histórico del Anglo; Eintritt 20 UR$; ⌚ März–Mitte Dez. Di–Fr 8–17.30, Sa & So 10–17.30 Uhr, Mitte Dez.–Feb. bis 19.30 Uhr) – Einzelheiten siehe Kasten S. 629. Führungen (Mo–Sa, 10 Uhr sowie verschiedentlich am Nachmittag) gewähren Zutritt zu einem komplexen Labyrinth aus Durchgängen, Gehegen und aufgelassenen Schlachthäusern hinter dem Museum.

Das städtische **Museo Solari** (☎ 26748; Treinta y Tres s/n; Eintritt frei; ⌚ Mo–Fr 9–19, Sa & So 13–17 Uhr) an der Westseite der Plaza Constitución zeigt die satirischen Arbeiten des Malers und Graveurs Luis Solari; viele davon stellen phantasievolle menschliche Körper mit Tierköpfen dar.

Einen Block vom Platz entfernt bietet das **Teatro Young** (Ecke 25 de Mayo & Zorrilla) 400 Zuschauern Platz. Es wurde Anfang 1900 erbaut und bietet nun das ganze Jahr über Kulturveranstaltungen. Besichtigungen lassen sich im Theater selbst oder auch in der Touristeninformation vereinbaren.

Schlafen & Essen

Balneario Las Cañas (☎ 24970; www.rionegro.gub.uy; Zeltplatz für 2/4/6 Pers. 175/210/240 UR$, DZ/3BZ/4BZ Bungalows ab 800/900/1000 UR$) Diese ausgedehnte städtische Anlage liegt 8 km südlich der Stadt am Fluss und kann mit einer Vielzahl an Unterkünften zu vernünftigen Preisen aufwarten.

Nuevo Hotel Colonial (☎ 22260; 25 de Mayo 3293; EZ/DZ/3BZ/4BZ mit Ventilator & ohne Bad 350/400/530/600 UR$, mit Bad 400/500/590/640 UR$, EZ/DZ mit Klimaanlage & Bad 500/700 UR$; ✖ 📶) Das einfache, aber gut geführte Hotel ist schon lange der Hit bei Backpackern. Geboten werden WLAN und Zimmer mit hohen Decken (leider oft ohne Fenster), die sich innen um einen sonnigen Patio gruppieren.

La Posada del Frayle Bentos (☎ 28541; www.posadadelfraylebentos.com.uy; 25 de Mayo 3434; EU/DZ/3BZ/4BZ 770/1190/1640/2090 UR$; ✖ 📶 🏊) Diese reizende Posada befindet sich in einem restaurierten Kolonialgebäude mit Patios, einem Brunnen, einem Pool und farbenfrohen Bougainvilleas. Die Zimmer sind mit vielen modernen Annehmlichkeiten ausgestattet.

Wolves (☎ 23604; Barrio Anglo; Gerichte 65–130 UR$; ⌚ Di–So Mittagessen) Das Lokal am Wasser direkt

EIN KLEINER WÜRFEL EROBERT DIE WELT

1865 eröffnete die Liebig Extract of Meat Company ihre erste Fabrik in Südamerika – ein Stück südwestlich der Innenstadt von Fray Bentos. Sie avancierte rasch zu Uruguays wichtigster Industrieanlage. In den 1920er-Jahren übernahm das britische El Anglo die Geschäfte, und bis zum Zweiten Weltkrieg hatte die Fabrik bereits 4000 Angestellte, die eine astronomische Anzahl von 2000 Tieren pro Tag ins Jenseits beförderten. Überwiegend wurde Rindvieh geschlachtet und in Brühkessel eingebracht.

Wer heute die aufgelassene Fabrik sieht, würde nie meinen, dass der Oxo-Würfel aus Rindfleischextrakt auf jedem Kontinent der Welt Einfluss auf Millionen Menschenleben genommen hat. Im Erdgeschoss der Fabrik wird im **Museo de la Revolución Industrial** die Geschichte anhand von abwechslungsreichen Exponaten lebendig; es entsteht ein spannendes Porträt von den Dimensionen dieser Firma und ihrem internationalen Einfluss.

Von Oxo-Würfeln ernährten sich die Soldaten im Schützengraben im Ersten Weltkrieg, Jules Verne sang ein Loblied auf sie in seinem Buch *Reise um den Mond,* Stanley nahm sie mit, als er nach Livingstone suchte, Scott und Hillary hatten sie in der Antarktis und auf dem Everest im Gepäck.

Über 25 000 Menschen aus über 60 Ländern haben in diesem Unternehmen gearbeitet; zu ihrer Blütezeit exportierte die Fabrik an die 150 verschiedene Produkte, wobei so ziemlich alles von einem Rind Verwendung fand – bis auf sein Muh.

Das Museum präsentiert eine breite Palette an Exponaten – Witziges, aber auch Erschütterndes: eine gigantische Viehwaage, auf der sich Schülergruppen selbst wiegen können, oder auch das alte Büro der Firma im Obergeschoss, das noch genauso aussieht wie damals, als das Unternehmen 1979 dichtgemacht wurde: mit Rillen im Boden, die von den Füßen eines Buchhalters stammen, der Jahrzehnte am gleichen Schreibtisch verbracht hatte.

neben dem Museo de la Revolución Industrial bringt Pasta, *chivitos* und *milanesas* auf den Tisch. Nach einem Museumsbesuch genau der richtige Ausklang.

Pizzería 33 (☎ 28617; Treinta y Tres 3188; Pizza ab 75 UR$; 🕑 Mittag- & Abendessen) Die beliebte Pizzeria gleich beim Hauptplatz kann eine zweisprachige Speisekarte vorweisen. Spezialitäten sind Pizza, Pasta und Sandwiches.

Unterhaltung

Teatro Municipal de Verano (Parque Roosevelt, 18 de Julio) Die Freilichtbühne mit 4000 Plätzen am Flussufer beeindruckt mit ihrer hervorragenden Akustik. Hier finden Konzerte statt.

An- & Weiterreise

Busse starten am **Busbahnhof** (18 de Julio, zwischen Varela & Blanes) zehn Blocks östlich der Plaza Constitución in der Stadtmitte.

Mehrere Busse pro Tag fahren in Richtung Mercedes (29 UR$, 45 Min.) und Montevideo (303 UR$, 4 ½ Std.). Das Unternehmen Chadre bietet zwei Busse am Tag, die die *línea litoral* (Route am Fluss entlang) in beiden Richtungen befahren: Nach Norden werden die Orte Salto (215 UR$, 4 Std.) und Paysandú (98 UR$, 2 Std.) angefahren; gen Süden halten die Busse in Mercedes, Carmelo (137 UR$, 3 Std.) und Colonia (215 UR$, 4 Std.). ETA bietet montags und donnerstags um Mitternacht einen Bus nach Tacuarembó (421 UR$, 6 Std.).

Bei Drucklegung des Reiseführers waren aufgrund der blockierten Brücke zwischen Argentinien und Uruguay noch nicht alle Busverbindungen nach Gualeguaychú ausgesetzt. Es bleibt zu hoffen, dass ETA seine Busse auf dieser Strecke von 1 ¼ Stunden bald wieder einsetzen kann.

MERCEDES

☎ 053 / Ew. 44 000

Nur 30 km östlich von Fray Bentos liegt Mercedes, die Hauptstadt der Provinz Soriano und Zentrum des Viehhandels. Rund um die Plaza Independencia in der Stadtmitte finden sich viele Straßen mit Kopfsteinpflaster und eine kleine Fußgängerzone. Die eigentliche Attraktion ist jedoch ganz klar die begrünte Flusspromenade.

Praktische Informationen

Antel (Roosevelt 681) Bietet Internet mit Kartenzugang.

Banco Comercial (Giménez 719) Geldautomat an der Plaza Independencia.

Hospital Mercedes (☎ 22177; Ecke Sánchez & Rincón)

Städtische Touristeninformation (☎ 22733; turismsoriano@adinet.com.uy; Detomasi 415; 🕑 April–Mitte Dez. Mo–Fr 12.30–18.30 Uhr, Mitte Dez.–März tgl. 8–20 Uhr) In einem verfallenen weißen Gebäude in der Nähe der Brücke, die zum Campingplatz führt.

Post (Ecke Rodó & 18 de Julio)

URUGUAY

Sehenswertes & Aktivitäten

Das Areal am Fluss entlang ist die größte Attraktion von Mercedes. An Freizeitaktivitäten bieten sich hier vor allem Bootfahren, und Schwimmen am Sandstrand an, aber es macht auch Spaß, einfach über die Rambla zu bummeln – besonders am Sonntagnachmittag ist hier die halbe Stadt unterwegs. Angler, die auf Flussfische aus sind, können hier den welsartigen *surubí* an Land ziehen, auch einige Atlantikfische ziehen den Río de la Plata hinauf.

An der Plaza Independencia ragt die imposante **Catedral de Nuestra Señora de las Mercedes** aus dem Jahr 1788 auf. Rund 6 km westlich der Stadt zeigt das **Museo Paleontológico Alejandro Berro** (☎ 23290; Zona Mauá; Eintritt frei; ♥ 11–17 Uhr), in einem alten weißen Gemäuer, das wie eine Burg aussieht, eine bemerkenswerte Fossiliensammlung.

Schlafen

Camping del Hum (☎ 22733; Isla del Puerto; Camping pro Pers. 20 UR\$, plus pro Zelt 40 UR\$; ♥ Mitte Nov. bis Ostern) Der weitläufige Campingplatz von Mercedes zählt zu den besten der Region und nimmt die halbe Isla del Puerto im Río Negro ein. Er ist mit dem Festland über eine Brücke verbunden und bietet 1A sanitäre Einrichtungen sowie supergute Möglichkeiten zum Schwimmen und Angeln.

Aparthotel La Armonia (☎ 25946; www.aparthotel armonia.com; Haedo 222; EZ/DZ/3BZ ohne Frühstück 380/750/880 UR\$, 4-Pers.-Apt. 1100 UR\$; ⚇ ☎) Die mit Mikrowelle, Kaffeemaschine, Kabel-TV und WLAN ausgestatteten Zimmer und Apartments dieses Familienbetriebs sind gemütlich; einige stinken allerdings nach Zigarettenrauch und sind durch den Lärm von der Straße recht laut.

LP Tipp **Estancia La Sirena** (☎ 02271, 099-102130; www.lasirena.com.uy, auf Spanisch; Ruta 14, Km 4,5; EZ mit Frühstück/Halb-/Vollpension 1800/2000/2700 UR\$, DZ mit Frühstück/Halb-/Vollpension 1800/3200/4400 UR\$) Diese *estancia* inmitten einer sanfthügeligen Landschaft 15 km flussaufwärts von Mercedes ist eine der ältesten und schönsten in ganz Uruguay. Das geräumige Farmgebäude aus dem Jahr 1830 mit gemütlichem Salon und Kamin ist das ideale Standquartier, um sich zu entspannen oder Ausflüge zum nahen Fluss zu unternehmen – zu Fuß oder

---

ESTANCIAS

Estancias, die riesigen Farmen im Landesinneren von Uruguay, sind ein nationales Kultursymbol und wetteifern heute wie wild um die Devisen der Touristen. Das Ministerium für Tourismus von Uruguay hat mittlerweile die „Estancia Turística" als Unterkunftskategorie eingeführt, und so haben in den letzten Jahren Dutzende solcher Estancias ihre Tore geöffnet – von traditionellen Farmen, wo ganz normal gearbeitet wird, bis hin zu Pseudohöfen, die sich den Trend zunutze machen. Ein Merkmal der Estancias ist jedenfalls, dass sie jeden Tag Freizeitaktivitäten organisieren, wobei der Hauptakzent auf Ausritten liegt. Viele bieten außerdem Übernachtungsmöglichkeiten an. Die meisten Estancias sind ohne einen fahrbaren Untersatz nur schwer zu erreichen; auf Wunsch werden die Gäste aber gerne abgeholt.

Urahn aller Touristen-Estancias in Uruguay ist **San Pedro de Timote** (☎ 031-08086; www.sanpedrode timote.com.uy, auf Spanisch; Zi. pro Pers. 2480 UR\$; ⚇). Diese Estancia in herrlicher Lage inmitten von sanften Hügeln ist 14 km von der Ortschaft Cerro Colorado entfernt; eine Staubstraße führt hin. Zum Reiz des Komplexes tragen diverse historische Gebäude bei, die zum Teil noch aus der Mitte des 19. Jhs. stammen: eine hübsche weiße Kapelle, ein Hof mit hoch in den Himmel ragenden Palmen, eine Bibliothek mit wunderschönen Kacheln sowie eine runde Steinkoppel. Die Gemeinschaftsbereiche haben Parkettboden, riesige Kamine und bequeme Ledersessel sorgen für Gemütlichkeit. Zwei Pools und eine Sauna bieten weiteren Luxus. Im Preis für die Unterkunft sind drei Mahlzeiten, Tee am Nachmittag sowie zwei Ausritte pro Tag inbegriffen – und bei Vollmond sogar Ausritte in der Nacht! Die 253 ha großen Ländereien bieten schier unerschöpfliche Möglichkeiten zur Freizeitgestaltung. Gäste, die nicht auf der Estancia logieren, können für 1100 UR\$ am Tag hier zu Mittag essen, Tee trinken und an einem Ausritt teilnehmen. Cerro Colorado liegt 160 km nordöstlich von Montevideo an der Ruta 7.

Weitere Touristen-Estancias sind in diesem Reiseführer jeweils unter der nächstgelegenen Stadt oder Ortschaft aufgeführt. Ein Erlebnis sind La Sirena in der Nähe von Mercedes (s. oben), Guardia del Monte (S. 655) sowie Yvytu Itaty nicht weit von Tacuarembó (S. 637).

In Montevideo haben sich die beiden Reisebüros **Lares** (☎ 02-901-9120; www.lares.com.uy; WF Aldunate 1320, Local 15) und **Cecilia Regules Viajes** (☎ 02-916-3011; www.ceciliaregulesviajes.com; Bacacay 1334, Local C) auf Ferien auf einer Estancia spezialisiert.

hoch zu Ross! Die abgelegene Lage ist super, um in den Sternenhimmel zu gucken; und das hausgemachte Essen, das oft auf dem gigantischen Grill im Freien zubereitet wird, ist einfach köstlich. Die Wirtsleute Rodney und Lucía Bruce sprechen Englisch, Französisch und Spanisch.

Essen

Parador Rambla (☎ 20877; Rambla Costanera s/n; Gerichte 105–250 UR$; ✆ Di–So Mittag- & Abendessen) Das Lokal direkt am Wasser am Ende der Avenida Colón bringt köstliche Spezialitäten aus Spanien auf den Tisch, so z. B. Shrimps in Knoblauchsoße, *patatas bravas* (Bratkartoffeln mit einer pikanten Soße) und Paella. Die sagenhaften Desserts wie Schokoladen-Crêpes, Tiramisu und Orangen-Flan können ihren französischen und italienischen Einfluss nicht leugnen.

Oveja Negra (☎ 22649; Lavalleja 178; Gerichte 180 bis 250 UR$; ✆ Mo–Sa Abendessen, So Mittagessen) Dieses Lokal ist eine der besten *parrillas* von Mercedes. Es bietet einen Besuch aber auch wegen der hausgemachten Pasta und der umfangreichen Weinkarte.

Casa Bordó (☎ 29817; Paysandú 654; Mahlzeiten mit Festpreis 310–410 UR$; ✆ Di–Sa Abendessen, So Mittagessen) Wer sein Geld sinnvoll verprassen will, geht in das pflaumenfarbige, französisch angehauchte Restaurant unterhalb vom Hauptplatz. Die Menüs mit Festpreis beinhalten eine Vorspeise, einen Nachtisch und ein Hauptgericht wie vegetarische Crêpes oder Brochettes, kleine Bratspießchen mit Schweinefleisch, in Rosmarin-Honig-Soße sowie Gemüse vom Grill.

Shoppen

LP Tipp Lanas de Soriano (☎ 22158; Colón 60; ✆ Mo–Sa 9–12, Mo–Fr 15–19 Uhr) Handgearbeitete Wollsachen in allen Regenbogenfarben sind in diesem Geschäft erhältlich, das sich in einem Wohnviertel unweit vom Wasser versteckt.

An- & Weiterreise

Der moderne **Busbahnhof** (Don Bosco) von Mercedes liegt etwa zehn Blocks von der Plaza Independencia entfernt. Dazu gehören ein Einkaufszentrum, ein Supermarkt, ein Geldautomat, eine Gepäckaufbewahrung und sogar eine Klinik für Notfälle. Ein Stadtbus (8 UR$) fährt regelmäßig direkt vor dem Busbahnhof ab und verkehrt auf einem Rundkurs durch die ganze Innenstadt; an der Plaza Independencia hält er auch.

Alle unten aufgeführten Fahrtziele werden mindestens einmal am Tag angefahren.

Reiseziel	Fahrpreis (UR$)	Fahrzeit (Std.)
Buenos Aires (Arg.)	561	7
Carmelo	101	2
Colonia	182	3
Fray Bentos	29	¾
Montevideo	274	3 ½– 4 ½
Paysandú	123	2
Salto	273	4
Tacuarembó	392	6 ½

PAYSANDÚ
☎ 072 / 77 000 Ew.

Für die meisten Backpacker ist die drittgrößte Stadt Uruguays nur ein Zwischenstopp auf dem Weg von oder nach Argentinien. Paysandú wurde in der Mitte des 18. Jhs. als Außenposten für Viehhirten von der Jesuitenmission in Yapeyú (heute in Argentinien) gegründet und entwickelte sich im Lauf der Zeit zu einem Zentrum der fleischverarbeitenden Industrie. In den turbulenten Jahren des 19. Jhs., vor allem 1864/65, wurde die Stadt mehrmals belagert, was ihr den Spitznamen „Troja Südamerikas" einbrachte.

Trotz seiner bewegten Geschichte und seines Status als bedeutendes Industriezentrum präsentiert sich das moderne Paysandú locker und erstaunlich ruhig. Wer die wilde Seite der Stadt kennenlernen möchte, sollte während des Karnevals herkommen oder zum **Bierfest** (Semana de la Cerveza), das jedes Jahr in der Karwoche veranstaltet wird.

Orientierung

Paysandú liegt am Ostufer des Río Uruguay; über die Ruta 3 sind es 390 km bis Montevideo, auf der Ruta 24 Richtung Süden 120 km bis Fray Bentos. Die Puente Internacional General Artigas, 15 km nördlich der Stadt, verbindet die Stadt mit der argentinischen Nachbarstadt Colón.

Das Leben spielt sich vor allem an der Plaza Constitución ab, sie liegt sechs Blocks nördlich vom Busbahnhof. Von hier verläuft die Hauptgeschäftsstraße 18 de Julio 2,5 km weit gen Westen zum Flusshafen. Abgesehen von einem bebauten Areal gleich westlich der Innenstadt ist das ganze Flussufer eine offene Parklandschaft, die regelmäßig überschwemmt wird.

Praktische Informationen

Antel (Montevideo 875)

Banco Santander (18 de Julio 1137) Einer von unzähligen Geldautomaten in der Hauptstraße von Paysandú.

Cambio Bacacay (18 de Julio 1039) Wechselt Reiseschecks.

Hospital Escuela del Litoral (☎ 24836; Montecaseros 520) Südlich vom Busbahnhof.

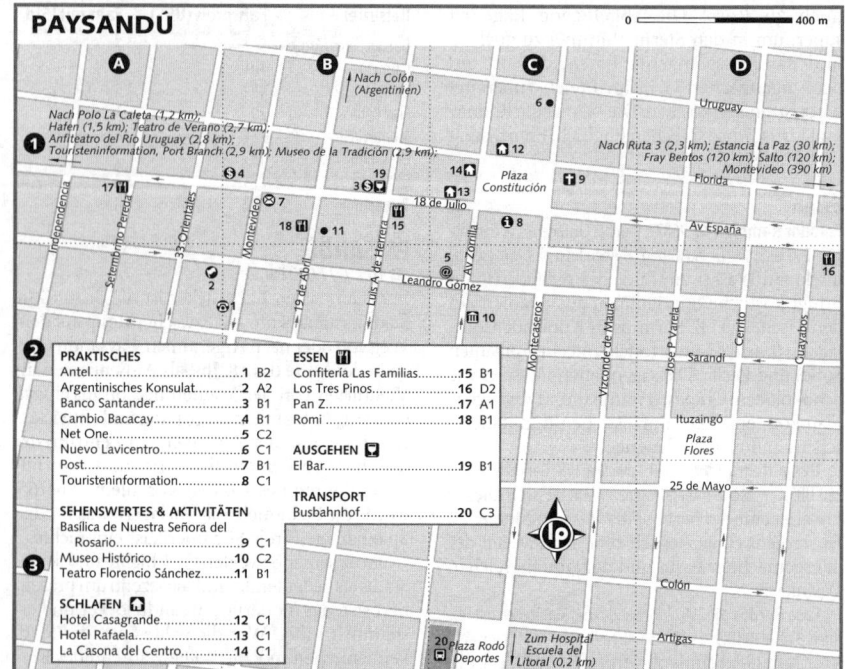

PAYSANDÚ

0 ——————— 400 m

PRAKTISCHES
Antel.................................1 B2
Argentinisches Konsulat...........2 A2
Banco Santander....................3 B1
Cambio Bacacay....................4 B1
Net One.............................5 C2
Nuevo Lavicentro..................6 C1
Post.................................7 B1
Touristeninformation...............8 C1

SEHENSWERTES & AKTIVITÄTEN
Basílica de Nuestra Señora del
Rosario...........................9 C1
Museo Histórico..................10 C2
Teatro Florencio Sánchez........11 B1

SCHLAFEN
Hotel Casagrande.................12 C1
Hotel Rafaela.....................13 C1
La Casona del Centro............14 C1

ESSEN
Confitería Las Familias............15 B1
Los Tres Pinos....................16 D2
Pan Z...............................17 A1
Romi................................18 B1

AUSGEHEN
El Bar..............................19 B1

TRANSPORT
Busbahnhof.......................20 C3

Net One (Leandro Gómez 1193; Internet pro Std. 12 UR\$; 24 Std.) Voll mit Jugendlichen, die Internetspiele machen, und laut, dafür aber die ganze Nacht geöffnet.

Nuevo Lavicentro (☎ 22826; Montecaseros 1043; pro Kilo 50 UR\$; Mo–Fr 8.15–12 & 15.15–18.30, Sa 8.15–12 Uhr) Die Wäsche ist noch am gleichen Tag fertig.

Post (Ecke 18 de Julio & Montevideo)

Touristeninformation Centro (☎ 26220 Nebenst. 184; turismo@paysandu.gub.uy; 18 de Julio 1226; Mo–Fr 8–19, Sa & So 9–19 Uhr); Hafen (☎ 29235; plandelacosta@paysandu.gub.uy; Av de Los Iracundos; Mo–Fr 12–18, Sa & So 14–19 Uhr) Die erste Info befindet sich an der Plaza Constitución, die zweite neben dem Museo de la Tradición.

Sehenswertes & Aktivitäten

Die gedrungene **Basílica de Nuestra Señora del Rosario** (Plaza Constitución) aus dem Jahr 1860 birgt einen der bestausgestattetsten Kirchenräume in ganz Uruguay.

Das **Teatro Florencio Sánchez** (☎ 26220 Nebenst. 170; 19 de Abril 926) wurde 1876 eröffnet und ist die älteste Bühne Uruguays außerhalb von Montevideo. Viel von der alten Ausstattung – so z. B. der Vorhang – ist noch original erhalten. Hier finden gelegentlich auch Musik- und Tanzveranstaltungen statt.

Das **Museo Histórico** (☎ 26220 Nebenstelle 247; Av Zorrilla 874; Eintritt frei; Mo–Fr 8–16.45, Sa 9–13.45 Uhr) präsentiert ausdrucksstarke Bilder von den vielfachen Belagerungen Paysandús im 19. Jh.: Frauen, die auf einer Insel im Exil sind und zuschauen, wie ihre Stadt bombardiert wird, das von Kugeln durchlöcherte Mauerwerk der Kathedrale und vieles mehr.

Das in der Parklandschaft am Fluss gelegene **Museo de la Tradición** (☎ 23125; Av de Los Iracundos 5; Eintritt frei; 9–17.45 Uhr) zeigt eine kleine, aber feine Auswahl an anthropologischen Artefakten sowie Gaucho-Ausrüstung.

Schlafen

Hotel Rafaela (☎ 24216; 18 de Julio 1181; EZ/DZ/3BZ/4BZ mit Ventilator & ohne Bad 340/480/610/710 UR\$, mit Klimaanlage & Bad 550/720/850/980 UR\$;) Im Rafaela nicht weit vom Hauptplatz bekommen die Gäste viel für ihr Geld. Die Zimmer sind dunkel, dafür aber groß, und einige haben sogar einen kleinen Patio.

La Casona del Centro (☎ 22998; Av Zorrilla 975; EZ/DZ/3BZ/4BZ 500/900/1200/1600 UR\$;) Das Quartier an der Plaza Constitución bietet saubere, sichere Zimmer mit familiärem Touch – die Besitzer haben die ehemaligen Kinderzimmer für Gäste

URUGUAY

umfunktioniert, und seitdem ist die Bleibe am Expandieren.

Hotel Casagrande (☎ 24994; www.hotelcasagrande.com. uy; Florida 1221; EZ/DZ/B 1100/1600/1775 UR$; ✖ ▣ ⛶) Das überaus anheimelnde und praktisch gelegene Casagrande ist das schönste Hotel im Zentrum von Paysandú. Gemütliche Lehnsessel, Tische mit Marmorplatte und große Messingbetten zählen zu den Annehmlichkeiten in diesem Boutiquehotel. Der höhere Preis erweist sich somit durchaus als gerechtfertigt.

Estancia La Paz (☎ 02272; www.estancialapaz.com.uy; Ruta 24, Km 86,5; DZ mit Frühstück 1760 UR$, DZ mit Ausritten, Nutzung des Wellnesscenters & Halb-/Vollpension 3600/4400 UR$; ✖ ▣ ⛶ ☙) Die Tennisplätze, der Pool und die Aufenthaltsbereiche mit Musikberieselung wollen irgendwie nicht so recht zu den historischen Gebäuden und zur unberührten Natur passen, in der diese Touristen-*estancia* 30 km südlich von Paysandú liegt. Passionierte Reiter wissen die Reitausflüge zu schätzen; sie dauern von einem Tag bis zu einer ganzen Woche. Die Estancia ist über eine lange Staubstraße zu erreichen: Auf der Ruta 24 bei Km 86,5 abbiegen oder auf der Ruta 3 bei Km 336.

Essen & Ausgehen

Confitería Las Familias (☎ 22181; 18 de Julio 1152; Chajá 40 UR$; ⛶ 9–20 Uhr) Wer auf Süßes steht – und zwar wirklich Zuckersüßes! –, sollte sich in dieser alten Bäckerei einen Stuhl heranziehen und einen klassischen Nachtisch aus Uruguay kosten: *chajá* – über die Mischung aus Merengue, Obst und Sahne, die hier 1927 erfunden wurde, freut sich bestimmt auch der Zahnarzt...

Los Tres Pinos (☎ 41211; Av España 1474; Gerichte 70 bis 270 UR$; ⛶ Mo–Sa Mittag- & Abendessen, So nur Mittagessen) Die *parrilla* hier ist vom Feinsten. Fleischesser laben sich an Spezialitäten wie *chuletas de cerdo con puré de manzana* (Schweinekoteletts mit Apfelsoße) und *pollo patrón* (mit Schinken, Ananas und Tomaten gefülltes Hähnchen).

Romi (☎ 42244; 19 de Abril 917; Gerichte 80–230 UR$; ⛶ Mittag- & Abendessen) Diese gut besuchte Pizzeria-*parrilla* direkt gegenüber vom alten Theater der Stadt erfreut ihre Gäste mit der ganzen Palette an Standardgerichten, wie sie in Uruguay üblich sind – von Pasta, *milanesas* und Pizza bis hin zu Fleisch vom Grill ist alles zu haben.

Pan Z (☎ 29551; Ecke 18 de Julio & Setembrino Pereda; Gerichte 90–300 UR$; ⛶ Mittag- & Abendessen) Im beliebten „Panceta" kommen Pizza, *chivitos*, die mit allen erdenklichen Zutaten üppig bestückt sind, sowie leckere Nachspeisen wie Erdbeerkuchen und Tiramisu auf den Tisch.

El Bar (☎ 37809; Luis A de Herrera 955; ⛶ ab 6.30 Uhr) Diese Eckkneipe ist eine Mischung aus Bar und Café mit einer schier endlos langen Getränkekarte. Am Wochenende wird hier hin und wieder auch mal Livemusik gespielt.

Unterhaltung

Polo la Caleta (☎ 30954; Av. Brasil 259; ⛶ Fr & Sa 24–7 Uhr) Mit seinen fünf Bars und zwei Tanzflächen ist das Polo la Caleta das beliebteste der diversen Nachtlokale am Hafen.

Ein Stück weiter entlang der Flusspromenade in Richtung Norden liegt das intime **Teatro de Verano** zwischen Bäumen. Auf der anderen Straßenseite stößt man auf das deutlich größere **Anfiteatro del Río Uruguay** mit Sitzplätzen für bis zu 20 000 Zuschauer. Hier werden beim alljährlichen Bierfest von Paysandú hochkarätige Konzerte veranstaltet. Die Touristeninformation weiß, wann die nächsten Events stattfinden.

An- & Weiterreise

Der **Busbahnhof** (☎ 23225; Ecke Artigas & Av. Zorrilla) von Paysandú liegt unmittelbar südlich der Plaza Constitución. Die nachfolgend gelisteten Fahrtziele in Uruguay werden alle mindestens einmal pro Tag angefahren, die im Ausland weniger häufig.

Reiseziel	Fahrpreis (UR$)	Fahrzeit (Std.)
Asunción (Par.)	2121	15
Buenos Aires (Arg.)	498	5 ½
Carmelo	237	5
Colón (Arg.)	62	¾
Colonia	325	6
Concepción del Uruguay (Arg.)	84	1 ½
Córdoba (Arg.)	1049	10
Fray Bentos	100	2
Mercedes	120	2
Montevideo	372	4 ½
Paraná (Arg.)	520	4 ½
Rosario (Arg.)	648	6
Salto	117	2
Santa Fe (Arg.)	560	5 ½
Tacuarembó	235	3 ½

Flecha-Busse fahren in Richtung Buenos Aires, und zwar dienstags und samstags mit bequemen *coche-camas* (Schlafsessel); an allen anderen Tagen haben *semi-camas* (Liegesitze).

EGA bietet Verbindungen nach Córdoba am Dienstag-, Donnerstag- und Sonntagabend über Rosario und am Freitagabend über Paraná und Santa Fe. EGA fährt am Mittwoch- und Samstagnachmittag auch nach Asunción (Paraguay). Von Empresa Paccot verkehren täglich

Busse nach Colón und Concepción del Uruguay (Argentinien).

Unterwegs vor Ort

Der Bus 104 mit dem Schild „Zona Industrial" verkehrt im 30-Minuten-Takt zwischen der Innenstadt und dem Flussufer.

SALTO

☎ 073 / Ew. 105 000

Salto, die zweitgrößte Stadt Uruguays und die nördlichste Grenzstadt nach Argentinien, wurde in der Nähe der Wasserfälle errichtet – dort, wo der Río Uruguay einen „riesigen Satz" (Salto Grande) macht. Der gemütliche Ort liegt inmitten von Zitronengärten, kann mit Architektur aus dem 19. Jh. und einer hübschen Flusspromenade aufwarten. Die Besucher kommen nach Salto, um in den nahe gelegenen heißen Quellen zu baden oder um sich im Erholungsgebiet oberhalb des gewaltigen Staudamms des Salto Grande vom Alltag zu entspannen. Dort wird der Río Uruguay zur Talsperre Embalse Salto Grande, die größer als der Bodensee ist.

Praktische Informationen

Antel (Grito de Asencio 33)

Banco Comercial (Ecke Uruguay & Lavalleja) Eine von mehreren Banken an dieser Kreuzung.

Cyberm@ni@ (☎ 23685; Uruguay 1082; pro Std. 18 UR$; ⏲ Mo–Sa 9–24 Uhr) Internetzugang mit Klimaanlage.

Hospital Regional Salto (☎ 32155; Ecke 18 de Julio & Varela)

Lavadero Magnolias (Agraciada 786; pro Trommel 90 UR$) Die Wäsche ist noch am gleichen Tag fertig.

Post (Ecke Artigas & Treinta y Tres)

Touristeninformation (turismo@salto.gub.uy) Busbahnhof (☎ 40843; ⏲ 6–24 Uhr); Centro (☎ 34096; Uruguay 1052; ⏲ Mo–Fr 8–17.45, Sa 8–12.45 Uhr)

Sehenswertes & Aktivitäten

Die Museen von Salto sind alle kostenlos.

Das **Museo de Bellas Artes y Artes Decorativas** (☎ 29898; Uruguay 1067; ⏲ Di–Sa 15–20, So 17–20 Uhr) zeigt eine schöne Sammlung an Malerei und Plastik von Künstlern aus Uruguay. Das Museum befindet sich in einem zweistöckigen historischen Gebäude mit einer beeindruckenden Treppe, Buntglasfenstern sowie einem Garten hinter dem Haus.

Das **Museo del Hombre y la Tecnología** (☎ 29898; Ecke Av Brasil & Zorrilla; ⏲ Di–So 14–19 Uhr) ist in einem historischen Marktgebäude untergebracht. Zu bewundern sind in der oberen Etage hervorragende Ausstellungen zur kulturellen Entwicklung der Region sowie zur Geschichte. Eine kleinere archäologische Abteilung befindet sich im Untergeschoss.

Das **Teatro Larrañaga** (☎ 29898 Nebenstelle 149; Joaquín Suárez 39; ⏲ Mo–Sa 12–18 Uhr) präsentiert sich in rotem Samt mit Unmengen an Lüstern. Es wurde 1882 eröffnet und kann auch heute noch außerhalb der Vorstellungen besichtigt werden. Gelegentlich finden Tanz- und Theateraufführungen (50–300 UR$) statt.

Schlafen

Die Quartiere in der Innenstadt von Salto sind generell etwas in die Jahre gekommen; schickere Alternativen bieten sich bei den vielen Thermen in der Nähe (s. S. 635), außerdem lockt noch das 5-Sterne-Hotel Horacio Quiroga am See Embalse Salto Grande.

Salto Hostel (☎ 37157; www.saltohostel.com; Uruguay 941; B/DZ ohne Bad 290/770 UR$; 💻 📶) Das gemütliche neue Hostel im historischen Zentrum von Salto verfügt über großzügige Aufenthaltsbereiche und praktische Computer, außerdem sind die Mitarbeiter alle sehr hilfsbereit. Die Schlafsäle nach vorne auf die belebte Hauptstraße hinaus haben hohe Fenster – Licht und Frischluftzufuhr sind somit super, aber nachts wird es oft laut. An der Rezeption sind verbilligte Bustickets nach Montevideo erhältlich, und HI-Mitglieder bekommen eine Ermäßigung von 15 % auf den Zimmerpreis.

Gran Hotel Concordia (☎ 4-73-32735; www.granhotelconcordia.com.uy; Uruguay 749; Zi. pro Pers. 600 UR$) Das Relikt aus den 1860er-Jahren ist inzwischen ein historisches Denkmal und zweifellos Saltos stimmungsvollstes Hotel in der Innenstadt. Der Tangointerpret Carlos Gardel, der einst in Zimmer 32 übernachtete, steht als lebensgroße Schnitzfigur am Ende eines Marmorgangs, der sich zu einem grünen Patio hin öffnet. Letzterer ist mit Wandmalereien und Skulpturen geschmückt und voller Katzen. Die Zimmer nach vorne zum Hof hinaus haben hohe Fenster mit Fensterläden. Die Zimmer nach hinten hinaus führen auf eine schmiedeeiserne Terrasse, die von Weinranken beschattet wird.

Hotel Horacio Quiroga (☎ 34411; www.hotelhoracioquiroga.com; Parque del Lago, Salto Grande; EZ/DZ/3BZ/4BZ ab 1820/2460/3080/3540 UR$, Vollpension ab 2620/ 4060/ 5480/6740 UR$; ❄ 💻 🏊) Das luxuriöse Hotel oberhalb des Damms verfügt über eigene Thermalbäder und Kureinrichtungen. Die Zimmer mit Aussicht auf den See sind besonders hübsch; vom Balkon bietet sich ein schöner Blick auf die Pools und das Grundstück mit vielen Blumen und Bäumen aus aller Welt. Auf Wunsch kann der Transfer von der Stadt mit einem Van organisiert werden.

Essen

La Trattoria (☎ 36660; Uruguay 754; Gerichte 65–190 UR$; ☯ Mittag- & Abendessen) Die Einheimischen strömen nur so hierher in die Innenstadt und in dieses Restaurant mit seinen hohen Decken, um sich Fisch, Fleisch und Pasta schmecken zu lassen. Die Gäste sitzen im holzgetäfelten Speiseraum oder draußen am Gehsteig; da in der Calle Uruguay immer viel los ist, hier lassen sich gut die vorbeiziehenden Leute beobachten.

La Caldera (☎ 24648; Uruguay 221; Gerichte 80–190 UR$; ☯ Di–So Mittag- & Abendessen) Diese *parrilla* mit einer sonnigen Terrasse und einem lauen Lüftchen, das vom Fluss herüberweht, ist ideal, um sich ein Mittagessen schmecken zu lassen. Abends lockt der Speiseraum mit knisterndem Kaminfeuer, aber auch sehr stimmungsvoll.

Casa de Lamas (☎ 29376; Chiazzaro 20; Gerichte 130 bis 290 UR$; ☯ Do–Mi Mittag- & Abendessen, Mi nur Abendessen) Das schicke Speiselokal in einem Gebäude aus dem 19. Jh. liegt ebenfalls nicht weit vom Wasser entfernt. Es ist auffällig lila gestrichen, und im Speiseraum sind die Ziegelgewölbe ein hübscher Anblick. Es gibt mehrere vegetarische Speisen und ein *menú de la casa* zu 230 UR$.

An- & Weiterreise

BUS

Am **Busbahnhof** (☎ 36200; Salto Shopping Center, Ecke Ruta 3 & Av. Batlle) von Salto östlich vom Zentrum finden sich Geldautomaten, Interneteinrichtungen sowie ein Supermarkt. Von Flecha Bus fahren täglich ein Nachtbus nach Buenos Aires (559 UR$, 6 ½ Std.) und zwei Busse tagsüber nach Concordia (73 UR$, 1 Std.); dort besteht Anschluss zu weiteren Orten in Argentinien. Chadre, Núñez und El Norteño unterhalten Verbindungen nach Montevideo (490 UR$, 6 ½ Std.) und Paysandú (117 UR$, 2 Std.). Chadre fährt auch zweimal täglich nach Colonia (441 UR$, 8 Std.). Montags und freitags verkehren Direktbusse nach Tacuarembó (285 UR$, 4 Std.).

SCHIFF

Transporte Fluvial San Cristóbal (☎ 32461; Ecke Av. Brasil & Costanera Norte) betreibt Schiffe, die 4-mal am Tag von 9.45 Uhr bis 19.30 Uhr über den Fluss nach Concordia (wochentags/samstags 75/ 85 UR$, 15 Min.) schippern; sonntags verkehren keine Schiffe auf dem Río Uruguay.

RUND UM SALTO

Represa Salto Grande

Das gewaltige **Wasserkraftwerk** (☎ 4-73-26131; ☯ 7–16.30 Uhr) am Salto Grande liegt 14 km nördlich der Stadt und liefert 65 % der Energie des Landes. Wen wundert es, dass die Uruguayer stolz darauf sind! Im Rahmen einer kostenlosen Besichtigung des Staudamms (1 Std.) lernt man die uruguayische wie auch die argentinische Seite kennen (keine Mindestbeteiligung, höchstens 20 Min. Wartezeit). Öffentliche Verkehrsmittel gibt es nicht; ein Taxi von Salto kostet rund 700 UR$ hin und zurück. Unterwegs lohnt ein Halt an den Ständen, wo frisch gepresster Orangensaft für nur 15 UR$ pro Liter angeboten wird.

Termas de Daymán

☎ 073

Etwa 8 km südlich von Salto präsentieren sich die Termas de Daymán als Disneyland der Thermalbäder. Es gibt im Nordwesten von Uruguay gleich mehrere solche Orte, dieser ist jedoch touristisch am besten erschlossen und von Motels und Restaurants umgeben. Jedenfalls stehen die Thermen bei Uruguayern, aber auch Touristen aus Argentinien hoch im Kurs – sie spazieren am liebsten gleich im Bademantel über die Hauptstraße.

Der **Complejo Médico Hidrotermal Daymán** (☎ 69090; Eintritt 150 UR$; ☯ Mo–Fr 10–19, Sa & So bis 20 Uhr) bietet Ganzkörperpackungen, Gesichtsbehandlungen, Massagen, Fango- und Schokoladenanwendungen sowie Physiotherapie. Ein einfaches Komplettangebot kostet einschließlich einer Massage von 30 Minuten 570 UR$. Am Ende einer Reihe von Hotels liegen die **Städtischen Bäder** (☎ 69711; Eintritt 70 UR$; ☯ 8–23 Uhr), ein weitläufiger Komplex mit unzähligen Pools, zwischen denen auf der Wiese Picknickplätze ausgewiesen sind. **Acuamanía** (☎ 69222; www.acua mania.com, auf Spanisch; Eintritt 150 UR$; ☯ 10.30–18.30 Uhr) ist ein Wasserpark mit Riesenrutschen.

Das ehemalige Kloster **La Posta del Daymán** (☎ 69801; www.lapostadeldayman.com; Zeltplatz pro Pers. ¡100 UR$, Hostel/Hotel Zi. pro Pers. HI-Mitglied/Nicht-Mitglied 500/650 UR$, Halbpension 730/880 UR$, Vollpension 920/1070 UR$; ☍ ☍) hat einfach alles – einen Campingplatz, ein Hostel, geräumige Hotelzimmer, einen Whirlpool, Sauna, einen Thermalpool sowie ein Restaurant mit gutem Preis-Leistungsverhältnis.

Hostal Canela (☎ 69121; www.hostalcanela.com.uy; Ruta 3, Km 479; Zi. pro Pers. HI-Mitglied/Nicht-Mitglied 360/400 UR$; ☍ ☍) Das HI-Hostel mit Pool in einer ruhigen Straße in einem Wohnviertel ist ein Familienbetrieb; es befindet sich 1 km nördlich der Quellen.

Von 6.30 Uhr bis 22.30 Uhr verkehren stündlich Busse aus Richtung Cottur (13,50 UR$); sie fahren vom Hafen in Salto zu den Bädern. Zurück geht es ebenfalls im Stundentakt von 7 Uhr bis 22 Uhr.

Die Haltestellen in Salto befinden sich stadtauswärts an der Avenida Brasil, stadteinwärts an der Avenida 19 de Abril.

Termas San Nicanor

Inmitten einer Landschaft mit Feldern, Kühen und Teichen, die an ein flämisches Gemälde erinnert, geht es in den **Termas San Nicanor** (☎ 0730-2209; www.sannicanor.com.uy, auf Spanisch; Ruta 3, Km 475; Zeltplatz pro Pers. 200 UR$, B/Zi. ohne Bad pro Pers. 400/600 UR$, Zi. mit Bad 1600 UR$, Cabaña mit Kitchenette für 2/3/4 Pers. 1800/2400/3000 UR$; ☎ ☎) viel beschaulicher zu als im benachbarten Daymán. Der von New-Age-Anhängern gepriesene Ort bietet einen gigantischen Thermalpool im Freien, außerdem einen Campingplatz, ein Hostel, Unterkünfte in Blockhütten sowie Zimmer mit tollen hohen Decken und einem großen Kamin in einem erst unlängst umfunktionierten *estancia*-Gebäude; über das Grundstück stolzieren die Pfauen.

Die 14 km lange ungepflasterte Zufahrtstraße befindet sich ein Stück südlich der Termas del Daymán.

Santa Lucia Bus (☎ 099-732368) betreibt vier Busse am Tag vom **Terminal Rural** (☎ 32909; Ecke Larrañaga & Latorre) in Salto zu den Termas San Nicanor (50 UR$); die Strecke führt über die Termas de Daymán.

Termas de Arapey

Mitten im Nirgendwo, nämlich 90 km nordöstlich von Salto, sind die Termas de Arapey ein weiterer beliebter Badeort. Die vielen Pools liegen inmitten von Gärten, Brunnen und Wegen, die zum Río Arapey Grande hinunterführen. Trotz der elektrischen Beleuchtung und der schier schwindelerregenden Menge an Unterkünften wirkt hier alles sehr entspannt.

Die Zimmer im **Hotel Municipal** (☎ 0768-2441, in Salto 073-34096; www.hoteltermasdelarapey.com, auf Spanisch; EZ/DZ/3DZ 960/1320/1560 UR$, mit Halbpension 1210/1820/2310 UR$; ☎) haben Telefon, Satelliten-TV sowie warmes und kaltes Thermalwasser. Außerdem gibt es hier noch preiswertere Quartiere in Motels und Bungalows sowie Campingplätze (200 UR$ für bis zu 2 Pers., plus 80 UR$ für jede weitere Pers.).

Argentur bietet eine tägliche Buslinie (Mo, Mi und Fr zwei) von Salto zu den Termas de Arapey (100 UR$, 1 ½ Std.).

TACUAREMBÓ

☎ 063 / Ew. 54 000

Das ist das Land der Gauchos. Und zwar nicht das Land der Typen, die sich für zwei Pesos in Positur schmeißen, sondern der echten Männer im Stil von „wir stopfen uns die weiten Hosen in die Stiefel und stülpen uns 'ne Kappe auf den Kopf, um mal schnell in den Laden hier zu gehen". Außerdem ist Tacuarembó angeblich die Geburtsstadt, eines weltbekannten Musikers, der Tangolegende Carlos Gardel.

Als Provinzhauptstadt bietet Tacuarembó von Pappeln gesäumte Straßen und hübsche, weite Plätze und zählt zu den angenehmsten Städten im Landesinnern.

Orientierung

In sanft hügeliger Landschaft, die sich an der Cuchilla de Haedo entlangzieht, liegt Tacuarembó 390 km nördlich von Montevideo. Der Ort wurde weitläufig angelegt. Das Stadtzentrum bildet die Plaza 19 de Abril; die Avendida 25 de Mayo und die Avenida 18 de Julio führen beide in Richtung Süden zu den ebenso bedeutenden Plazas Colón und Rivera.

Praktische Informationen

Antel (Sarandí 242)

Banco Santander (18 de Julio 258) Eine von mehreren Banken mit Geldautomat unweit der Plaza Colón in der Stadtmitte.

Touristeninformation der Provinz (☎ 27144; www.imtacuarembo.com/turismo; ☀ Mo–Fr 7.30–19, Sa 8–12 Uhr) Direkt vor dem Busbahnhof.

Hospital Regional (☎ 22955; Ecke Treinta y Tres & Catalogne)

Post (Ituzaingó 262)

Sehenswertes & Aktivitäten

Das **Museo del Gaucho y del Indio** (Ecke Flores & Artigas; Eintritt frei; ☀ Di, Mi & Fr 12.30–18.30, Do 8.30–18.30, Sa & So 13–17 Uhr) ist eine romantische Hommage an die Gauchos und indigenen Völker. Zur Sammlung gehören Schemel aus Leder und Kuhknochen, elegant gearbeitete Silbersporen und andere Gegenstände, die zum Landleben gehören.

Feste & Events

In der ersten Märzwoche lockt die bunte **Fiesta de la Patria Gaucha** fünf Tage lang Besucher aus dem ganzen Land an: Dann demonstrieren die Gauchos mit Reiterei und Lassowurf ihr Können, es gibt Musik und alle möglichen sonstigen Aktivitäten. Das Fest findet im Parque 25 de Agosto im Norden der Stadt statt.

URUGUAY

Schlafen & Essen

Hotel Plaza (☎ /fax 27988; 25 de Agosto 247; EZ/DZ/3BZ/4BZ 515/840/1150/1450 UR$; 🔲 🛜) Das zentral gelegene Plaza ist das einladendste Hotel in der ganzen Stadt. Es ist fröhlich gelb gestrichen, die Duschvorhänge zieren Fische, und in den Zimmern gibt's WLAN.

LP Tipp **Vyytu Itaty** (☎ 08421, 099-837555; www.viv14turismorural.com, yvytuitaty@hotmail.com; Zi. pro Pers. inkl. Vollpension, Farmaktivitäten & Ausritte 1300 UR$) Wer das Leben eines Gauchos aus erster Hand kennenlernen möchte, dem sei diese *estancia* 50 km südwestlich von Tacuarembó wärmstens empfohlen – hier wird nämlich normal gearbeitet! Seit 2006 heißen die Wirtsleute Pedro und Nahir Clariget auf ihrer schlichten Ranch Übernachtungsgäste willkommen und laden sie ein, aktiv am Alltag auf der *estancia* teilzunehmen.

Pedro und seine freundlichen Hirtenhunde freuen sich, die Gäste bei Ausritten durch ihre 636 ha großen Ländereien zu begleiten; unterwegs werden Pausen eingelegt, um die Gürteltiere, Ñandu-nester und andere Besonderheiten der Tierwelt in Augenschein zu nehmen. Zurück auf der Ranch schmeckt die Hausmannskost der Wirtin Nahir, so z. B. leckerer Eintopf mit Fleisch, aber auch eine Nachspeise wie *arroz con leche*. Und wenn die Gäste auf dem Patio bei Sonnenuntergang ihren *mate* trinken, kann es passieren, dass in den Nachrichten im Radio gerade etwas über die Besucher hier kommt – Fremde sind in dieser Gegend nämlich wirklich etwas Besonderes! Wer die Form besuchen will, sollte besser vorher anrufen und sich erklären lassen, wie man am besten herfindet. Es besteht auch die Möglichkeit, sich vom Busbahnhof in Tacuarembó abholen zu lassen (1000 UR$ Hin- und Rückfahrt).

La Rueda (☎ 22453; W Beltrán 251; Gerichte 65–190 UR$; 🕒 Mo–Sa Mittag- & Abendessen, So Mittagessen) Das La Rueda mit seinem Reetdach, den vielen Gaucho-Andenken an der Wand und den Tierfellen ist eine richtig nette *parrilla* im Viertel.

An- & Weiterreise

Der **Busbahnhof** (Ecke Ruta 5 & Av Victorino Pereira) liegt 1 km nordöstlich vom Zentrum. Ein Taxi in die Stadt kostet etwa 50 UR$. Turil, Chadre und Nuñez bieten Direktverbindungen nach Montevideo (382 UR$, 4½ Std.). Chadre und Toriani fahren direkt, aber selten nach Salto (284 UR$, 4 Std.), als Alternative bietet es sich an, einen der 2-mal täglich verkehrenden Busse nach Paysandú (235 UR$, 3½ Std.) zu nehmen und dort nach Salto umzusteigen.

VALLE EDÉN

☎ 063

Das Valle Edén ist ein Tal mit wild wuchernder Vegetation 24 km südwestlich von Tacuarembó. Das **Museo Carlos Gardel** (☎ 23520 Nebenstelle 30; Eintritt 20 UR$; 🕒 9.30–18 Uhr) lässt sich über einen mit dem Auto durchfahrbaren Wasserlauf erreichen, über den für Fußgänger eine Hängebrücke führt; es befindet sich in der ehemaligen *pulpería*, einem Krämerladen mit Kneipe, wie es sie früher auf vielen *estancias* gegeben hat. Das Museum belegt anhand von allen möglichen Dokumenten, weshalb Tacuarembó für sich in Anspruch nimmt, der Geburtsort des hochverehrten Tangosängers zu sein – ein Anspruch, den ihm Argentinien und Frankreich allerdings mit Vehemenz streitig machen!

An Unterkunftsmöglichkeiten bieten sich im Valle Edén der **Camping El Mago** (☎ 27144; Campingplatz pro Zelt 30 UR$, pro Pers. 15 UR$) an. Wenn der Magen knurrt, geht's ab in die hübsche **Posada Valle Edén** (☎ 02345, 099-810567; www.posadavalleeden.com.uy; Gerichte 150–200 UR$), ein altes Gemäuer aus Lehm und Stein. Wohnen kann man in den zugehörigen modernen *cabañas* (1200 UR$) auf der anderen Straßenseite.

Busse der Empresa Calebus fahren unregelmäßig von Tacuarembó ins Valle Edén (29 UR$, 20 Min.).

DER OSTEN VON URUGUAY

Östlich von Montevideo zieht ein 340 km langer Küstenstrich mit Stränden, Dünen, Wälder und Lagunen bis zur brasilianischen Grenze – er zählt zu den Naturschätzen des Landes.

Diesen Teil des Landes kennen eigentlich nur die Uruguayer und ihre unmittelbaren Nachbarn: Rund zehn Monate im Jahr liegt die Küste in einer Art Dornröschenschlaf, erst im Sommer (also zwischen Weihnachten und Karneval) erwacht die Region zum Leben: Dann hat es den Anschein, als würde jeder Bus in Montevideo zu einem der Küstenörtchen fahren. Wem der Sinn einfach nur nach Sonne und Unterhaltung steht, ist in der Hochsaison genau richtig. Wer nur wenige Wochen vorher oder nachher dorthin fährt, kann die Schönheit und Ruhe für sage und schreibe den halben Preis genießen.

In der Nähe der brasilianischen Grenze liegen mitten in der weiten, offenen Landschaft und

NATURSCHUTZGEBIETE ABSEITS DER TOURISTENPFADE

Das Landesinnere von Uruguay mit seinen endlosen Weiten ist der Traum eines jeden Naturfreunds. Die Regierung hat mehrere Areale im Land unter den Schutz ihres Programms Sistema Nacional de Áreas Protegidas (SNAP) gestellt. Leider fehlt es noch immer an den entsprechenden Finanzmitteln, um diese Gebiete wirklich zu erhalten. Die touristische Infrastruktur steckt noch in den Kinderschuhen, aber unerschrockene Backpacker werden begeistert sein, wenn sie diesen wenig besuchten Regionen einen Besuch abstatten. Zum Wandern genügen ein Fernglas und Proviant.

Hier nun zwei Schutzgebiete, die die Stimmung des wilden Gaucho-Lands in Uruguay am besten wiedergeben.

Valle del Lunarejo

Das herrliche Tal, 95 km nördlich von Tacuarembó, ist ein Sinnbild für Ruhe und Abgeschiedenheit. Einzige Geräuschkulisse hier sind die Vögel und das Plätschern des Wassers.

Die reizende **Posada Lunarejo** (☎ 099-826348; www.posadalunarejo.com, auf Spanisch; Ruta 30, km 238; Zi. mit Frühstück pro Pers. 540 UR$, weitere Mahlzeiten je 200 UR$) befindet sich in einem liebevoll restaurierten Gebäude aus dem Jahr 1880. Sie ist 2 km von der Hauptstraße entfernt, 3 km vom Fluss – und nur ein paar Schritte von einer Kolonie von kranichenähnlichen Seriemas. Ein Stück die Straße hinauf bietet Mario Padern mit seinem Unternehmen **Balcones de Lunarejo** (☎ 0650-6353, 099-450653; Ruta 30, km 230; Tour mit Mittagessen 350/520 UR$ zu Fuß/mit dem Pferd) Wandertouren und Ausritte an. Vom Rand des Canyon geht es hinunter zu mehreren natürlichen Wasserbecken in der Nähe des Quellgebiets des Flusses.

Das Valle del Lunarejo wird vom Busunternehmen Turil zweimal täglich auf der Strecke Montevideo–Tacuarembó–Artigas angefahren (ab Montevideo 419 UR$, 6 Std.; von Tacuarembó 92 UR$, 1 ½ Std.). Einfach den Fahrer bitten, am entsprechenden Kilometerstein anzuhalten und aussteigen. Es kommt dann – nach telefonischer Absprache! – jemand von der Posada Lunarejo vorbei, um die Gäste abzuholen.

Quebrada de los Cuervos

Die versteckte kleine Schlucht verläuft mitten durch eine sanfte Hügellandschaft 40 km nordwestlich von Treinta y Tres (325 km nordöstlich von Montevideo). Die unerwartet feuchte und kühle Gegend bietet einer Fülle von Tieren und Pflanzen Lebensraum. Durch den Park schlängelt sich ein Naturpfad (2 Std. Rundweg), außerdem befindet sich oben auf dem Berg bei der Parkverwaltung ein schattiger **Campingplatz** (pro Pers. 100 UR$).

Der ideale Standort, um diese Region zu erkunden, ist das **Cañada del Brujo** (☎ 099-297448; www.pleka.com/delbrujo; B 300 UR$, Mahlzeiten 130–190 UR$), ein ultrarustikales Hostel in einem alten Schulhaus, 12 km vom Park entfernt. Hostelbesitzer Pablo Rado organisiert für seine Gäste Wanderungen oder Ausritte zu den Wasserfällen gleich in der Nähe und führt in die einfachen Freuden des Gaucho-Daseins ein: Kerzenlicht, *mate*-Trinken, unter einem Wollponcho schlafen, sich die einfachen Gerichte schmecken lassen, die auf dem Holzofen zubereitet wurden, und die phantastischen Sonnenuntergänge unter dem ewig weiten Himmel beobachten. Nach Absprache holt Pablo seine Gäste in Treinta y Tres ab und bringt sie mit seinem alten VW-Käfer ins Hostel (250 UR$ pro Pers.).

Busse verkehren von Montevideo, Chuy (S. 659), Minas (S. 642) und Maldonado (S. 642) in die Provinzstadt Treinta y Tres.

---

den uneingeschränkt zugänglichen Stränden der Provinz Rocha verlassene Festungen auf den Hügeln, auch Schiffswracks sind stumme Zeugnisse einer Zeit, als sich Spanier und Portugiesen um die Herrschaft auf dem neuen Kontinent stritten. Wo einst Beobachtungsposten den weiten Horizont nach einfallenden Armeen absuchten, haben sich heute neue „Invasoren" breitgemacht: Touristen, die im Cabo Polonio mit dem Fernglas Wale beobachten, und Leute,

die in Punta del Este mit gezückter Kamera nach Prominenten Ausschau halten.

Dieser östliche Teil des Landes bietet jedenfalls jedem Uruguaybesucher genau das, was er sucht: Surfer strömen nach Punta del Diablo und La Paloma; Ornithologen sind vogelwild auf die schier endlosen Lagunen, die sich entlang der Küste aneinanderreihen, Familien mit Kindern tollen in den Wellen von La Pedrera oder Piriápolis und Partylöwen machen in der Clubszene von Punta del Este die Nacht zum Tag.

PIRIÁPOLIS

☎ 043 / 8400 Ew.

Mit seinem eleganten alten Hotel an der Strandpromenade und den niedrigen Bergen als Kulisse erinnert Piriápolis vage an einen Ort am Mittelmeer und ist zweifellos Uruguays malerischster Küstenort. Hier geht es nicht so vornehm zu wie in Punta del Este – entsprechend moderater sind auch die Preise. Der Ort wurde in den 1930er-Jahren vom argentinischen Unternehmer Francisco Piria als Ferienort konzipiert. Auf ihn geht auch das imposante Wahrzeichen des Ortes zurück, das Argentino Hotel, sowie sein eigenes exzentrisches Domizil ein Stück weiter oben in den Hügeln, das den Spitznamen Castillo de Piria trägt (S. 640).

In der ländlichen Umgebung findet sich viel Interessantes, darunter zwei der höchsten „Gipfel" des Landes.

Orientierung

Piriápolis ist sehr kompakt. Alle Aktivitäten spielen sich in der Nähe vom Strand in einem Abschnitt ab, der sich über zehn Blocks zwischen der Avenida Artigas (der Zufahrtstraße von der Ruta 9) und der Avenida Piria erstreckt. Hier vollzieht die Küste eine weite Kurve gen Süden. Die vom Strand entfernter liegenden Straßen sind meist reine Wohnstraßen.

Praktische Informationen

Antel (Ecke Dr Héctor Barrios & Buenos Aires; Internet pro Std. 19 UR$; ☾ 9–18 Uhr)

Asociación de Promoción Turística (☎ 25055; www. turismopiriapolis.com; Paseo de la Pasiva; ☾ Dez.–Feb. 9 bis 24 Uhr, März–Nov. 10–18 Uhr) Nagelneues Büro mit hilfsbereitem Personal – und anständige Toiletten gibt's auch noch. Am Wasser gleich beim Argentino Hotel.

Banco de la República (Rambla de los Argentinos, zwischen Sierra & Sanabria) Praktischer Geldautomat.

Centro de Hoteles y Restaurantes de Piriápolis (☎ 22218; chyrp@adinet.com.uy; Rambla de los Argentinos; ☾ Dez.–Feb. 9–24, März–Nov. 10–18 Uhr) Direkt neben der Touristeninformation. Verfügt über Hotelinformationen und ist bei der Buchung behilflich.

Lave-Lis (Ecke Piria & Reconquista; Waschen & Trocknen pro Trommel 85 UR$; ☾ 9–21 Uhr)

Post (Av. Piria s/n)

Sehenswertes & Aktivitäten

Schwimmen und **sonnen** sind die beiden beliebtesten Freizeitaktivitäten hier, außerdem ist es

möglich, von den Felsen am Ende des Strandes aus, wo die Rambla de los Argentinos in die Rambla de los Ingleses übergeht, in der Brandung des Atlantiks zu **angeln**.

Eine sagenhafte Sicht auf Piriápolis bietet sich Wagemutigen, die mit dem **Sessellift** (Erw./Kind 80/ 60 UR$; ☾ 9–21 Uhr) auf den Gipfel des **Cerro San Antonio** hinauffahren; der kleine Berg liegt am östlichen Ende der Stadt.

Schlafen

Die unten genannten Preise gelten für die Hauptsaison. In der Nebensaison liegen die Tarife bis zu 50 % niedriger.

Hostel Piriápolis (☎ 20394; www.hostelpiriapolis.com; Simón del Pino 1106-36; B/DZ/3BZ/4BZ HI-Mitglied 280/600/720/880 UR$, Nicht-Mitglied Aufschlag pro Pers. 100 UR$; 🖥 🛜) Das 236-Betten-Hostel, eines der größten in Südamerika, verfügt über mehrere Vier-Bett-Zimmer, Dutzende Doppelzimmer sowie eine Gästeküche. Wenn keine Gäste da sind, ist es hier so dröge wie in einem Flugzeug-Hangar, aber im Januar und Februar (meist so ziemlich ausgebucht) pulsiert das pralle Leben.

Bungalows Margariteñas (☎ 22245; www.margari tenias.com; Ecke Zufriategui & Piedras; DZ/3BZ/4BZ 1250/1400/1600 UR$; 🖥) Die Bungalows, in denen zwei bis vier Personen übernachten können, sind gut ausgestattet und individuell gestaltet. Bis zum Busbahnhof ist es nicht weit. Die nette Besitzerin Corina spricht Englisch und holt ihre Gäste auf Wunsch auch gern am Busbahnhof ab.

Hotel Colón (☎ 22508; www.hotelcolonpiriapolis.com; Rambla 950; Zi. mit/ohne Blick aufs Wasser 1900/1760 UR$; 🐾) Das 1910 von Francisco Piria im Pseudo-Tudor-Stil errichtete Anwesen direkt am Wasser bietet einen herrlichen Blick, sagenhafte Jugendstil-Verzierungen und einen altmodischen Salon mit Kamin.

Hotel Rex (☎ 22543; Manuel Freire 968; www.hotelrex. com.uy; EZ/DZ 1060/1960 UR$; 🍴 🖥 🛜 🐾) Das Rex mit seiner farbenfrohen Einrichtung, den blitzsauberen Räumlichkeiten und einem Pool liegt nur einen halben Block vom Strand entfernt und gewährleistet einen überaus angenehmen Aufenthalt.

Argentino Hotel (☎ 22791; www.argentinohotel.com.uy; Rambla de los Argentinos s/n; EZ/DZ mit Frühstück ab 2160/ 3120 UR$, Halbpension 2520/3840 UR$, Vollpension 2800/ 4400 UR$; 🍴 🖥 🐾) Wer nicht hier logiert, sollte diesem eleganten Kurhotel mit 350 Zimmern und zwei beheizten Pools mit Wasser aus dem Río de la Plata, einem Kasino, einem Eislaufstadion und anderem Luxus zumindest mal einen Besuch abstatten.

Essen

Die meisten Restaurants von Piriápolis befinden sich innerhalb eines Blocks an der Rambla.

LP Tipp **Café Picasso** (☎ 22597; Ecke Rojas & Caseros; Gerichte 100–220 UR$) Das Café versteckt sich in einer Straße mit vielen Wohnhäusern und ist ein paar Blocks vom Strand entfernt. Küchenchef und Besitzer Carlos hat seinen Autounterstand zu einem lässigen Lokal mit Grill im Freien umfunktioniert. Die Einheimischen hocken rittlings auf Plastikstühlen, quatschen und hören Tangomusik, während Carlos so ziemlich den besten Fisch an der ganzen Küste von Uruguay brutzelt. Alle Hauptgerichte werden mit Püree, Kürbismus, Pommes oder Salat serviert.

Restaurante Yoyo (☎ 22948; Ecke Sanabria & Tucumán; Gerichte 120–295 UR$; ☷ Mittag- & Abendessen) Spezialität im Yoyo sind Pizza und Meeresfrüchte, und im Sommer wird Livemusik gespielt.

Terra Nova (☎ 27879; Ecke Rambla de los Argentinos & Sanabria; Gerichte 130–410 UR$ ☷ 9–24 Uhr, im Sommer bis 3 Uhr) Die Ziegelwände in dieser schicken *parrilla* mitten auf der Uferpromenade sind türkis gestrichen und bilden den Rahmen für das knisternde Feuer vom Grill; hier herrscht das ganze Jahr über Hochbetrieb.

An- & Weiterreise

Der **Busbahnhof** (Ecke Misiones & Niza) liegt ein paar Blocks vom Strand entfernt. Busse von COT und COPSA fahren regelmäßig nach Montevideo (98 UR$, 1½ Std.), Maldonado (49 UR$, 40 Min.) und Punta del Este (59 UR$, 50 Min.). COOM betreibt täglich diverse Busse nach Minas (69 UR$, 1¼ Std.) und Pan de Azúcar, mit Anschluss nach Rocha und anderen Orten im Nordosten.

RUND UM PIRIÁPOLIS
Castillo de Piria & Pan de Azúcar

Im Norden der Stadt kann das **Castillo de Piria** (☎ 4-43-23268; Ruta 37, Km 4; Eintritt frei; ☷ Di–So 10 bis 17 Uhr), die bizarr überladene Residenz von Francisco Piria, besichtigt werden. Wer auf der Ruta 37 1 km weiter läuft, kann in der **Reserva de Fauna Autóctona** (Ruta 37, Km 5; Eintritt frei; ☷ Sonnenaufgang–Sonnenuntergang) einheimische Tierarten wie Capybaras, Graufüchse und Nandus beobachten. Sportliche können den vierthöchsten „Berg" des Landes besteigen: der **Cerro Pan de Azúcar** ist 389 m hoch. Der Weg (3 Std. für den Auf- und Abstieg) beginnt als Staubstraße und wird dann zu einem schmalen, steilen Pfad, der mit roten Pfeilen gekennzeichnet ist. Die Mitarbeiter im Parador Drago am Parkplatz

des Schutzgebietes haben genauere Informationen zum Weg.

Sierra de las Ánimas

Bei den Wandervögeln in Uruguay wird das private Naturschutzgebiet **Sierra de las Ánimas** (☎ 094-419891; www.sierradelasanimas.com; Ruta 9, Km 86; ☷ nur am Wochenende), immer beliebter. Es befindet sich an der Interbalnearia, von Piriápolis 25 km in Richtung Montevideo.

Als Freizeitaktivität bietet sich entweder an, den 501 m hohen Gipfel zu erklimmen, den zweithöchsten von Uruguay, oder im **Espejo del Guardián** zu schwimmen, einem natürlichen Wasserbecken unter einem Wasserfall oder auch Mountainbiking oder Zelten. Wer mit dem Bus von Montevideo kommt, steigt an dem Restaurant Parador Los Cardos aus und überquert die Schnellstraße.

SOS Rescate de Fauna Marina

10 km südlich von Piriápolis befindet sich Uruguays erstes Rettungs- und Rehabilitationszentrum für Meerestiere, das **SOS Rescate de Fauna Marina** (☎ 094-330795; sosfaunamarina@gmail.com; Eintritt 50 UR$; ☷ nach Voranmeldung). Es wird von freiwilligen Helfern betrieben. Der Schwerpunkt liegt auf pädagogischen Programmen für Schulkinder, die beim Füttern mithelfen dürfen und so Pinguine, Seelöwen, Schildkröten und andere gerettete Tiere kennenlernen. Besucher, die das Konzept des Zentrums mit einer Spende von 50 UR$ oder mehr unterstützen wollen, sind willkommen, müssen sich vorher anmelden.

MINAS
☎ 044 / Ew. 39 000

Wer in Uruguay Entzugserscheinungen in Sachen Berge hat, erlebt in Minas eine willkommene Überraschung. Die Stadt liegt inmitten der sanften Hügel der Cuchilla Grande in der Provinz Lavalleja, 60 km nordlich von Piriápolis: Ihren Namen hat die Stadt von den Granitsteinbrüchen und -minen gleich in der Nähe.

Praktische Informationen

Antel (Treinta y Tres 765; ☷ 8–20 Uhr) Gegenüber vom Busbahnhof.

Cyber Arroba (☎ 32122; Treinta y Tres 591; Internet pro Std. 15 UR$; ☷ Mo–Sa 9–2, So 14.30–24 Uhr) Gleich bei der Plaza Libertad.

Städtische Touristeninformation (www.lavalleja.gub.uy; ☷ 8–19 Uhr) Busbahnhof (☎ 29796; Treinta y Tres s/n); Plaza Libertad (☎ 20037; Roosevelt 625)

Post (W Beltrán 612) An der Ecke Avenida 25 de Mayo.

Sehenswertes & Aktivitäten

Zwischen Eukalyptushainen liegt 10 km westlich der Stadt der **Parque Salus** (☎ 31652; Ruta 8, Km 109; Eintritt frei; ✆ 9–17 Uhr). Von dort stammt das bekannteste Mineralwasser Uruguays, und auch die Brauerei Patricia ist hier zu Hause.

Vom Busbahnhof in Minas (19 UR$) starten regelmäßig Busse zu diesem Komplex, der aus einem gehobenen Hotel, einem anständigen Restaurant sowie einem kleinen botanischen Garten besteht.

Die **Gruta Arequita** (☎ 02731; www.complejoarequita. com; Führungen 60 UR$; ✆ Führungen Mo–Fr 11 & 16, Sa, So & Feiertage 11.30, 15 & 17 Uhr oder nach Vereinbarung) ist eine Höhle in Privathand, 10 km nördlich der Stadt, im wunderschönen Parque Arequita; Quartiere gibt es hier auch. Öffentliche Busse (25 UR$, 30 Min.) fahren mindestens einmal am Tag von/ nach Minas, im Sommer sogar öfter, allerdings nicht am Sonntag.

Feste & Events

Bis zu 70 000 Pilger besuchen jedes Jahr am 19. April den **Cerro y Virgen del Verdún** 6 km westlich der Stadt. Die Festivitäten haben seit Anfang des 20. Jhs. Tradition und locken Teilnehmer aus dem ganzen Land an: Sie feiern in den Bergen oberhalb von Minas diverse Messen und andere religiöse Rituale.

Schlafen & Essen

Parque Arequita (☎ 02503; Camping pro Pers. 64 UR$, 2-/3-/4-/6-Bett-Cabañas ohne Bad 250/345/440/700 UR$; 🅿) Der Stadtpark erstreckt sich 11 km nördlich der Stadt. Zeltplätze und Blockhütten liegen zwischen Bäumen, Hügeln und Felsen verstreut im Rasen; Lamas und Nandús (Früher auch Pampasstrauße genannt) streifen herum. Es gibt einen Pool mit kaltem Wasser, außerdem können die Gäste auch noch ein Pferd leihen oder zur Gruta Arequita in der Nähe wandern.

Posada Verdún (☎ 24563; posadaverdun@hotmail.com; W Beltrán 715; EZ/DZ/3BZ/4BZ 430/750/1100/1450 UR$, Frühstück pro Pers. 80 UR$; ❄ 🛜) Diese einladende Posada, ein Familienbetrieb, liegt praktisch gleich am Busbahnhof und ist schon seit über 25 Jahren gut im Geschäft. Die einfachen, sauberen Zimmer haben alle Kabel-TV, und im Patio blühen Blumen. In letzter Zeit wurden noch eine Klimaanlage, WLAN und ein Restaurant ergänzt.

Confitería Irisarri (☎ 22639; Treinta y Tres 618; Sandwiches 55–90 UR$; ✆ 9–21 Uhr) Das Café an der Plaza Libertad, seit 1898 ein Familienbetrieb, ist für seine *alfajores* (riesige Kekse mit Füllung) und seine *serranitos* (Süßigkeit aus Karamell mit Vanillearoma, Fruchtmark, Schokolade und Erdnüssen) berühmt.

Kijoia (☎ 25884; Domingo Pérez 483; Gerichte 95–300 UR$; ✆ 11.30–24 Uhr) Wem der köstlich rauchige Duft aus dieser *parrilla* an der Plaza Libertad in die Nase steigt, versteht sofort, weshalb das Lokal dermaßen beliebt ist.

An- & Weiterreise

Der **Busbahnhof** (Treinta y Tres s/n) befindet sich zwischen der Sarandí und der Williman. Busse von CUT und Minuano bieten mehrere Verbindungen nach Montevideo (117 UR$, 2 Std.). Minuano fährt zudem zweimal täglich nach Treinta y Tres (176 UR$, 2½ Std.). COOM bietet mehrmals täglich Verbindungen nach Piriápolis (69 UR$, 1¼ Std.). Emtur fährt nach Maldonado (78 UR$, 1½ Std.) und Punta del Este (88 UR$, 1¾ Std.). Nuñez bietet eine Verbindung am Tag nach Chuy (215 UR$, 4 Std.).

VILLA SERRANA
☎ 0440

Wer sich gern abseits der Touristenpfade aufhält, wird von diesem beschaulichen kleinen Dorf in den Hügeln oberhalb eines kleinen Sees begeistert sein; es befindet sich 25 km nordöstlich von Minas. Eine der Sehenswürdigkeiten gleich in der Nähe ist der **Salto del Penitente**, ein 60 m hoher Wasserfall.

Die malerisch über dem Tal gelegene Posada **La Calaguala** (☎ 2955, 099-387519; www.lacalaguala.com, auf Spanisch; Ruta 8, Km 145; Zeltplatz 150 UR$, Zi. pro Pers. mit Frühstück/Halb-/Vollpension 530/730/1000 UR$, Superior-Zi. pro Pers. zusätzl. 150 UR$) ist ein Familienbetrieb mit zugehörigem Restaurant. Auf Wunsch werden Ausritte und Wanderungen organisiert; die Gäste dürfen die beiden hauseigenen Pferde kostenlos nutzen. Das einen Tick teurere Zimmer mit Whirlpool-Badewanne und Kamin ist an einem kühlen Abend besonders gemütlich.

Die einfache, persönliche **LP Tipp** **Albergue Villa Serrana** (☎ 099-226911, 099-624098, in Montevideo 02-9005749; www.villaserranahostel.com; Camino Molle s/n; B HI-Mitglied/Nicht-Mitglied 170/210 UR$) mutet mit ihrem strohgedeckten Dach, dem Kamin und den Leitern, über die es zu den Schlafdecks unter dem Dach hinaufgeht, wie in einem Märchen an. Den Gästen steht eine winzige Küche zur Verfügung (Essen selber mitbringen!). Wichtig ist, lang im Voraus zu reservieren – im Sommer ist häufig alles ausgebucht. In der Nebensaison kann es allerdings passieren, dass man der einzige Gast ist und sich den Schlüssel beim Besitzer ein Stück die Straße hinunter abholen muss.

COSU (☎ 044-22256) bietet Busse von Minas direkt nach Villa Serrana (40 UR$, 30 Min.), nämlich dienstags und donnerstags jeweils um 9 Uhr sowie um 17.30 Uhr; zurück fährt der Bus um 9.45 Uhr sowie um 18.15 Uhr. An den anderen Tagen besteht die Möglichkeit, einen der Busse, die von Minas auf der Ruta 8 in Richtung Norden fahren, zu nehmen und sich bei Km 145 absetzen zu lassen; von dort geht es steil 4 km bergauf in den Ort.

MALDONADO
☎ 042 / Ew. 62 000
Maldonado, die Hauptstadt der gleichnamigen Provinz, wirkt heute im Vergleich ein bisschen wie der arme Vetter von Punta del Este. Die Stadt wurde 1755 gegründet und konnte sich ihr kolonialzeitliches Aussehen zum Teil bewahren; ein Nachmittag reicht allerdings locker aus, um alles zu besichtigen.

Früher galt Maldonado als preiswerte Alternative zu Punta, aber so günstig ist es hier längst nicht mehr. Allerdings gibt es einige schöne Museen und auch hervorragende Restaurants, die einen Besuch verdient haben.

Orientierung
Maldonado liegt 30 km östlich von Piriápolis. Von den Stränden südlich der Innenstadt abgesehen, finden sich die meisten Sehenswürdigkeiten innerhalb von ein paar Blocks an der Plaza San Fernando im Zentrum.

Praktische Informationen
Antel (Av. Florida 786; ☧ 9–19 Uhr)
Banco de la República (Av Florida 774) Geldautomat am Hauptplatz.
Cambio Maiorano (Av Florida 860; ☧ Mo–Sa 9–19.30 Uhr) Eine von zahlreichen Wechselstuben in der Avenida Florida.
Cyber Plaza (☎ 223346; 18 de Julio 841; Internet pro Std. 30 UR$; ☧ 8–2 Uhr)
Hospital Maldonado (☎ 225889; Ventura Alegre) Westlich vom Stadtzentrum.
Lavadero La Favorita (☎ 223763; Juan A Ledesma s/n) Wäscherei westlich der Sarandí.
Post (18 de Julio 965)
Touristeninformation (☎ 230050; www.maldonado. gub.uy; Parada 24; ☧ März–Dez. 8–18, Jan. & Feb. 8–24 Uhr) In der Rambla Claudio Williman auf der Strandseite.

Sehenswertes & Aktivitäten
Die **Catedral de Maldonado** (Plaza San Fernando) wurde 1895 nach einer Bauzeit von fast 100 Jahren vollendet. In der Rafael Pérez del Puerto liegt die **Plaza de la Torre del Vigía** mit einem Wachturm aus

der Kolonialzeit: Durch die Gucklöcher in der Turmmauer konnten anrückende Feinde rechtzeitig entdeckt werden.

Ein weiteres Relikt aus der Kolonialzeit ist der **Cuartel de Dragones**, eine Militärfestung mit dicken Wellen aus Stein und Eisentoren, die von 1771 bis 1797 errichtet wurde und einen ganzen Block einnimmt. Innen zeigt das **Museo Didáctico Artiguista** (☎ 42-225378; Eintritt frei; ☧ 10–18 Uhr) bunte Landkarten, die die weitläufigen Feldzügen des uruguayischen wenig bekannten Freiheitshelden aufzeigen. Nebenan ist im **Museo Nicolás García Uriburu** (☎ 42-225378; Ecke 25 de Mayo & 18 de Julio; Eintritt frei; ☧ Di–So 10.15–17.45 Uhr) eine beeindruckende Skulpturensammlung zu sehen, die in zwei kleinen Flügeln schön präsentiert wird.

Das **Museo Mazzoni** (☎ 42-221107; Ituzaingó 789; Eintritt frei; ☧ Di–So 10.15–17.45 Uhr) hat in einem Gebäude von 1782 seine Räumlichkeiten und vermittelt einen faszinierenden Einblick ins Leben wohlhabender Kolonialbürger anhand der Möbel und dem sonstigen Besitz der Familie, zu der der Autor F. Mazzoni gehörte.

Zu den beliebtesten Freizeitbeschäftigungen an der Küste zählen **Wellenreiten**, **Windsurfen**, **Tauchen** und **Sportfischen**. Die Touristeninformation publiziert eine Broschüre mit einem Stadtplan, in dem genau verzeichnet ist, wo welche Aktivität möglich sind.

Schlafen
Da die Hostel-Szene von Punta del Este jeden Tag größer wird, finden sich dort inzwischen oft preiswertere Quartiere als in Maldonado. Die drei folgenden sind akzeptabel.

Hotel Esteño (☎ 225222; hotelesteno@hotmail.com; Sarandí 881; EZ/DZ 700/1300 UR$) Die Zimmer im Esteño erfüllen mit ihren abgetragenen Teppichen und kleinen Bädern nicht die Erwartungen, die so mancher am Eingang noch gehegt haben mag. Aber die zentrale Lage ist praktisch.

Hotel Colonial (☎ 223346; www.elhotelcolonial.com; 18 de Julio 841; EZ/DZ/3BZ/4BZ 700/1400/1700/1900 UR$; ▣) Die Zimmer im Colonial sind einfach und sauber, manche gehen auf die Plaza hinaus. Das Internetcafé unten ist ein dickes Plus.

Hotel Catedral (☎ 242513; hotelcatedral@adinet.com.uy; Av. Florida 830; EZ/DZ/3BZ/4BZ ohne Frühstück 1600/1900/2260/2780 UR$, mit Frühstück 1760/2200/2780/3360 UR$) Das stilvollste Hotel in der Innenstadt von Maldonado bietet Bettüberwürfe mit japanischen Mustern, saubere Bäder und Kunstposter in den Gängen. Von den Zimmern nach vorne hinaus können die Übernachtungsgäste die Kathedrale zu sehen.

MALDONADO

0 ————— 400 m

To San Carlos (15km)

PRAKTISCHES
Antel...**1** B1
Banco de la República.................**2** B1
Cambio Maiorano.........................**3** A2
Cyber Plaza............................(siehe 11)
Lavadero La Favorita....................**4** B3
Post..**5** B1

SEHENSWERTES & AKTIVITÄTEN
Catedral de Maldonado.................**6** B2
Cuartel de Dragones....................**7** B2
Museo Didáctico Artiguista.....(siehe 7)
Museo Mazzoni.............................**8** B1
Museo Nicolás García Uriburu.....**9** B2

SCHLAFEN
Hotel Catedral............................**10** B1
Hotel Colonial.............................**11** B2
Hotel Esteño...............................**12** B1

ESSEN
Lo de Ruben...............................**13** C1
Mundo Natural............................**14** B1
Sumo..**15** B1
Taberna Patxi.............................**16** A1

TRANSPORT
Busbahnhof................................ **17** B3
Busse nach Punta del Este.........**18** B2
Busse nach Punta del Este.........**19** A2

Essen

Mundo Natural (☎ 251697; Román Guerra 918; salzige/süße Kuchen (Pasteten) 60/65 UR$; ⓨ Mo–Fr 10–19, Sa 10–14 Uhr) In dem fröhlichen kleinen Lokal kommen seit 1922 vegetarische Köstlichkeiten auf den Tisch.

Sumo (☎ 223959; Ecke Sarandí & Av Florida; Gerichte 78–290 UR$; ⓨ 8–1 Uhr) Das Eckrestaurant an der zur Fußgängerzone umgestalteten Hauptstraße von Maldonado liegt perfekt, um Leute zu beobachten, und ist beim einheimischen Jungvolk sehr beliebt.

Lo de Ruben (☎ 223059; Santa Teresa 846; Gerichte 140–420 UR$; ⓨ Mittag- & Abendessen) Die Anfänge vor 20 Jahren waren bescheiden, da verkaufte Ruben nämlich noch mit seinem Vater an einem Stand Würstchen. Mittlerweile hat er jedoch eine der beliebtesten *parrillas* in dieser Gegend aufgebaut – eine wahre Institution hier!

Taberna Patxi (☎ 238393; José Dodera 944; Gerichte 230–560 UR$; ⓨ Mi Abendessen, Do–Sa Mittag- & Abendessen, So Mittagessen) In der Taberna Patxi kommt leckeres baskisches Essen auf den Tisch, und zwar vor allem Fisch und Krustentiere. Der rustikale Speiseraum mit Wänden aus Stein und Ziegel, einer Holzdecke und rot-weiß-karierten Tischdecken ist wirklich reizend.

An- & Weitereise

Der **Busbahnhof** (☎ 225701; Ecke Av Roosevelt & Sarandí) liegt acht Blocks südlich der Plaza San Fernando.

Es befahren täglich Dutzende Busse die Strecke Maldonado–Punta del Este und auch nach Montevideo (137 UR$, 2 Std.); einige halten in Piriápolis (59 UR$, 50 Min.), die meisten auch am Internationalen Flughafen Carrasco rund 15 km von Montevideo entfernt. Von COT verkehren täglich zwei Busse nach Rocha (88 UR$, 1 ½ Std.) und Chuy (215 UR$, 3 ½ Std.). Emtur fährt viermal täglich nach Minas (84 UR$, 1 ½ Std.) und dreimal täglich nach Treinta y Tres (215 UR$, 3 ½ Std.).

Unterwegs vor Ort

Lokalbusse (blau von Codesa; grün von Maldonado Turismo) verkehren auf unterschiedlichen Strecken zwischen Maldonado und Punta del Este (14 UR$, 15–30 Min.). Im Sommer fahren sie rund um die Uhr, oft sogar im günstigen 15-Minuten-Takt.

Die Línea 8 von Codesa verbindet in Richtung Westen Maldonado mit Punta Ballena, Portezuelo und dem Flughafen von Punta del Este; die Línea 14 in Richtung Osten fährt zu den

URUGUAY

Busbahnhöfen in Maldonado und Punta del Este, zu den östlichen Stränden, La Barra und Faro José Ignacio. Der Fahrpreis beträgt bei beiden Linien 28 UR$.

PUNTA DEL ESTE
☎ 042 / Ew. 7000

Aber jetzt: Der typische Tagesablauf in „Punta" gestaltet sich so: bräunen, enthaaren, im Fitnesscenter den Body stählen – und dann am Strand zur Schau stellen. Und wenn das abgehakt ist, dann nichts wie ab in einen der berühmten Clubs der Stadt, um dort so richtig abzutanzen.

Punta del Este – ein bald 10 000 Einwohner zählender Stadtteil Maldonados – mit zahlreichen Stränden, eleganten Villen am Meer, einem Yachthafen, Apartmenthochhäusern, kostspieligen Hotels und Glamour-Restaurants – ist einer der nobelsten Ferienorte des südamerikanischen Kontinents und mit Abstand der teuerste Ort Uruguays. Punta steht bei den Argentiniern und Brasilianern hoch im Kurs. Während der Rezession in Uruguay und Argentinien erlebte Punta eine Flaute, langsam geht es aber wieder aufwärts.

Wer gern Ausschau nach Berühmtheiten hält, ist hier rund um die Uhr gut beschäftigt. Punta strotzt nur so vor großen Namen, und die Redakteure der Klatschspalten führen Tabellen, wer wo wann gesichtet wurde. Vom Mythos Punta profitieren natürlich auch die Orte in der Umgebung, so z. B. die berühmte Club-Zone von La Barra ein Stück weiter östlich oder Punta Ballena im Westen.

Orientierung

Das eigentliche Punta ist relativ klein und konzentriert sich auf eine schmale Halbinsel, die offiziell den Río de la Plata vom Atlantik trennt. Die Stadt besteht aus zwei separaten Teilen: Nördlich einer Landenge gleich östlich vom Yachthafen befindet sich die Hotelzone mit vielen Wolkenkratzern, südlich der Landenge liegt ein Wohnviertel. Die Straßenschilder haben Namen und Nummern, wobei die Einheimischen meist nur die Nummer benutzen. Eine Ausnahme stellt die Avenida Juan Gorlero (Calle 22) dar, die Hauptgeschäftsstraße, die alle bloß als „Gorlero" bezeichnen – und die keinesfalls mit der Calle 19, Comodoro Gorlero, verwechselt werden sollte.

Die Rambla Claudio Williman wie auch die Rambla Lorenzo Batlle Pacheco sind Durchgangsstraßen, die an der Küste entlang verlaufen und an der Spitze der Landenge vom Nordosten bzw. Nordwesten her zusammenführen. Die einzelnen Locations an den Ramblas werden anhand der nummerierten *paradas* (Bushaltestellen) identifiziert.

Praktische Informationen
BUCHLÄDEN
Librería El Virrey (☎ 448908; Calle 30, zwischen Gorlero & Calle 20; ☻ Dez.–März 9–2.30 Uhr, April–Nov. Do–Di 10 bis 21 Uhr) Freundliche Mitarbeiter und eine kleinere Auswahl an englischsprachigen Bestsellern.

GELD
Die vielen Banken und Wechselstuben in Punta liegen dicht an dicht in der wichtigsten Straße, der Avenida Gorlero.

Banco de la República Oriental (Ecke Gorlero & Calle 25) Einer von insgesamt zwei Geldautomaten an dieser Ecke.

Cambio Gales (Ecke Gorlero & Calle 29) Tauscht Währungen und löst Reiseschecks ein.

HSBC (Ecke Gorlero & Calle 28)

INTERNETZUGANG
Jeden Sommer schießen die Internetlokale wie Pilze aus dem Boden – um am Ende der Saison aber auch schon wieder dichtzumachen. WLAN ist in den meisten Hotels und in vielen Restaurants ganzjährig vorhanden.

Antel (Ecke Calles 25 & 24; pro Std. 19 UR$) Zuverlässigster Internetladen während der Nebensaison.

POST
Post (Gorlero 1035)

TELEFON
Antel (Ecke Calles 25 & 24)

TOURISTENINFORMATION
Centro de Hoteles y Restaurantes (☎ 440512; www. puntadelestehoteles.com; Plaza Artigas; ☻ Dez.–März 8–24, April–Nov. Mo–Sa 10–18 Uhr) Ist bei der Buchung eines Hotels behilflich.

Städtische Touristeninformation (☎ 446510; www. mal donado.gub.uy; Plaza Artigas; ☻ 15. Dez.–März 8–24, restl. Jahr 8–18 Uhr) Zweigstellen befinden sich am Busbahnhof und an der Ecke der Calle 31/Rambla.

Staatliches Tourismusministerium (☎ 441218; punta deleste@mintur.gub.uy; Gorlero 942; ☻ Dez.–März 10–22, April–Nov. Mo–Sa 10–17, So 12–16 Uhr)

WASCHSALON
Ultrarap 24 (☎ 445595; Calle 24, zwischen Calles 19 & 21) Waschen & Trocknen pro Korb mitgebrachter Wäsche Dez.–März 220 UR$, April–Nov. 160 UR$; ☻ Dez.–März 8.30–24, April–Nov. Mo–Sa 9.30–19 Uhr)

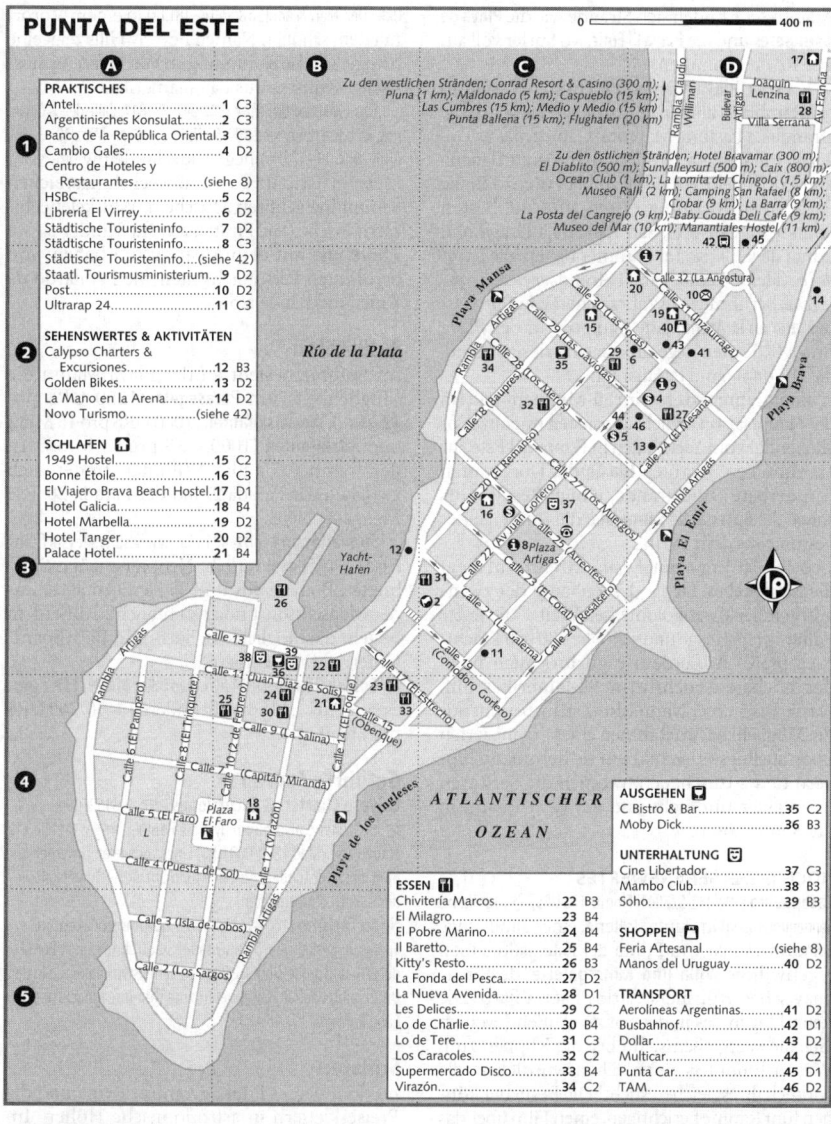

Sehenswertes
STRÄNDE & INSELN

Strände sind untertags die Hauptattraktion im sonnigen Punta del Este – die Gäste haben die Qual der Wahl. Im Westen der Stadt schlängelt sich die Rambla Artigas an der ruhigen **Playa Mansa** am Río de la Plata entlang, führt dann am lebhaften **Yachthafen** vorbei (der nur so überquillt vor Schiffen, Restaurants, Nachtclubs und schönen Menschen), bevor sie um die Halbinsel herum zum offenen Atlantik führt.

An der Ostseite der Halbinsel ist mehr Seegang, was der Name **Playa Brava** (Wilder Strand) schon ahnen lässt: Die Wellen und Strömungen haben hier schon mehrere Menschenleben gefordert, also Achtung. Ebenfalls auf der

URUGUAY

Atlantikseite finden sich Strände wie die **Playa de los Ingleses** und die **Playa El Emir**, wo Surfer voll auf ihre Kosten kommen.

Von der Playa Mansa in Richtung Westen an der Rambla Williman entlang erstrecken sich die Strände La Pastora, Marconi, Cantegril, Las Delicias, Pinares, La Gruta an der Punta Ballena und Portezuelo. An der Rambla Lorenzo Batlle Pacheco in Richtung Osten sind die besten Strände La Chiverta, San Rafael, La Draga und Punta de la Barra. Im Sommer bieten alle *paradores* (kleine Lokale) auch Strandservice.

Das berühmteste Wahrzeichen von Punta ist **La Mano en la Arena**, eine Skulptur an der Playa Brava (s. Kasten gegenüber): eine riesige Hand, die aus dem Sand herausragt.

Boote fahren so etwa im 30-Minuten-Takt (in der Hauptsaison täglich, ansonsten nur am Wochenende) vom Yachthafen in Punta del Este zur 15 Minuten entfernten **Isla Gorriti**. Dort warten wunderbare Sandstrände, einige Restaurants sowie die **Baterías de Santa Ana**, die Ruinen einer Festung aus dem 18. Jh.

Etwa 10 km vom Festland entfernt liegt die **Isla de Lobos**. Sie ist das Zuhause der zweitgrößten Seelöwenkolonie der Welt – die letzte Zählung ergab sage und schreibe 200 000 Prachtexemplare! Außerdem ragt dort auch noch der höchste Leuchtturm Südamerikas auf. Da die Insel unter Naturschutz steht, besteht nur die Möglichkeit, im Rahmen eines organisierten Bootsausflugs (s. rechts) um sie herumzuschippern und zuzuschauen, wie sich die Seelöwen im Wasser tummeln und auf dem Eiland in der Sonne dösen.

NOCH MEHR SEHENSWERTES

Casapueblo (☎ 042-578041; Eintritt 120 UR$; ⊙ 10 Uhr bis Sonnenuntergang) in Punta Ballena, einer Landzunge 15 km westlich von Punta del Este, ist die total eigenwillige **Villa und Kunstgalerie** des uruguayischen Künstlers Carlos Páez Vilaró. Die neun Etagen des in der Sonne gleißend weißen Gebäudes ergießen sich über die Klippen zum Wasser hinunter – eine Sehenswürdigkeit, die wirklich ihresgleichen sucht! Die Besucher können fünf Räume besichtigen, einen Film über das Leben des Künstlers und seine Reisen anschauen und von der Cafeteria mit Bar im Obergeschoss den irre tollen Blick genießen. Ein Hotel (S. 648) und ein Restaurant gehören auch noch dazu. Von der Kreuzung, wo die Busse der Línea 8 von Codesa halten, sind es 2 km zu Fuß.

Das **Museo Ralli** (☎ 483476; www.rallimuseums.org; Ecke Curupay & Los Arrayanes; Eintritt frei; ⊙ Jan. & Feb. Di–So 17–21,

Okt.–Dez. März & April Sa & So 14–18 Uhr) in einem Vorort mit dem schönen Namen Beverly Hills zeigt eine breitgefächerte Sammlung an Werken zeitgenössischer Künstler aus Lateinamerika.

Das **Museo del Mar** (☎ 042-771817; Calle de los Corsarios, La Barra; Erw./Kind 100/50 UR$; ⊙ Dez.–März 10–20.30, April–Nov. 11–17 Uhr) liegt 1 km landeinwärts vom Meer in La Barra. Zur abwechslungsreichen Sammlung gehören Muscheln, Walskelette, bizarre Fische, ein Piratensaal für Kinder sowie Zitate, die mit dem Meer zu tun haben, von berühmten Persönlichkeiten wie Leonardo da Vinci und Baudelaire.

Aktivitäten

Im Sommer besteht an der Playa Mansa die Möglichkeit zum **Parasegeln** (1250 UR$ pro 12 Min.), **Wasserskifahren** (1000 UR$ pro 15 Min.) und **Jetskifahren** (1000 UR$ pro 15 Min.). An der Rambla Claudio Williman finden sich zwischen der Parada 2 und der Parada 20 jede Menge Anbieter.

Sunvalleysurf (☎ 481388; www.sunvalleysurf.com; Parada 3, Playa Brava) verleiht Neoprenanzüge, Surfbretter, Bodyboards und so ziemlich alles, was der Mensch sonst noch so braucht. Außerdem besteht die Möglichkeit, Surf- und Bodyboard-Unterricht zu nehmen.

Golden Bikes (Calle 24, zwischen Calles 28 & 29) Hier gibt es eine Auswahl von Mieträdern für 50/200 UR$ pro Std./Tag.

Geführte Touren

Calypso Charters & Excursions (☎ 446152, 094-443600; www.calypso.com.uy; Ecke Rambla Artigas & Calle 21; Touren Erw./Kind 1200/600 UR$) Eines von vielen Unternehmen, die zweistündige Ausflüge rund um die Seelöwenkolonie der Isla de Lobos anbieten.

Novo Turismo (☎ 493154; www.novoturismo.com, auf Spanisch; Busbahnhof) Veranstaltet Stadtführungen in Punta del Este und organisiert Ausflüge zu Sehenswürdigkeiten in der Umgebung wie zum Casapueblo, zum Faro José Ignacio und ans Cabo Polonio.

Schlafen

Im Sommer ist Punta gerammelt voll, und die Preise klettern in astronomische Höhen. Im Winter wirkt der Ort dagegen wie eine Geisterstadt, und was dann noch offen hat, reduziert seine Preise erheblich. Die unten aufgeführten Preise gelten für die Hauptsaison. Da Punta unvergleichlich teurer ist als jeder andere Ferienort in Uruguay, nehmen Mittelklassehotels im Sommer eigentlich Preise, wie sie sonst von Spitzenklassehotels verlangt werden. Wer außerhalb der

---

DIE HAND IM SAND

Das berühmte Wahrzeichen von Punta del Este ist eine monströs große Hand, die an der Playa Brava aus dem Sand ragt. La Mano en la Arena (Die Hand im Sand) ist eine Skulptur aus Eisen und Beton des chilenischen Künstlers Mario Irarrazabal. Er schuf sie 1982 und gewann damit im gleichen Jahr den ersten Preis bei einem Bildhauerwettbewerb. Seitdem gehört die Skulptur zum Inventar von Punta. Die Hand übt auf jeden, dem Ort einen Besuch abstattet, eine schier magische Anziehungskraft aus. Die Leute klettern wie die Wilden auf den Fingern herum, hüpfen herunter und posieren alljährlich für Tausende von Fotos.

Aus der Nähe betrachtet lässt sich der Zahn der Zeit allerdings nicht leugnen. Alles ist mit Graffiti verschmiert, und das wenig elegante Betonfundament kommt bisweilen zum Vorschein, wenn der Sand weggeweht wird. Aber die Hand greift noch immer nach jedem!

Saison kommt, stellt fest, dass sich die Preise eher in dem auf S. 660 definierten Rahmen halten.

BUDGETUNTERKÜNFTE

Camping San Rafael (☎ 486715; www.campingsanrafael. com.uy; Zeltplatz pro Pers. 140-240 UR$, pro Fahrzeug 30 UR$; ☸ Nov.–April) Dieser bewaldete Campingplatz nahe der Brücke nach La Barra bietet gepflegte Einrichtungen, außerdem ein Geschäft, ein Restaurant, einen Waschsalon, rund um die Uhr heißes Wasser und andere Annehmlichkeiten..

El Viajero Brava Beach Hostel (☎ 480331; www.elvia jerobravabeach.com; Ecke Charrúa & Av Francia; B HI-Mitglied 280–420 UR$, Nicht-Mitglied 340–500 UR$, DZ HI-Mitglied 1020–1700 UR$, Nicht-Mitglied 1200–2000 UR$; ☸ ▯ ☏) Das neueste Hostel von Punta kann mit allen Markenzeichen der beliebten El Viajero-Kette aufwarten – farbenfrohes Dekor, eine lebhafte Bar, die rund um die Uhr geöffnet ist, Gemeinschaftsräume mit Musikbeschallung und viele andere Annehmlichkeiten wie Wäscheservice, Fahrradverleih und Surfunterricht. Die Lage an einer lauten Straßenecke ist nicht gerade berauschend, aber dafür ist der Busbahnhof nicht weit weg und die Wellen und das Nachtleben der Playa Brava auch nicht.

Manantiales Hostel (☎ 774427; www.manantiales hostel.com; Ruta 10, Km 164; B HI-Mitglied 280–440 UR$, Nicht-Mitglied 320–520 UR$, DZ HI-Mitglied 840–1760 UR$, Nicht-Mitglied 1000–2200 UR$; ☸ Nov.–Mitte April; ▯ ☏ ▣) Wer vor allem surfen und chillen möchte, ist mit

diesem Hostel gut beraten. Es liegt 12 km östlich von Punta in einer Seitenstraße, hat einen Pool und ist nur 15 Gehminuten vom Bikini Beach entfernt. Bis zur Hauptstraße sind es 400 m zu Fuß, plus 5/20 Minuten mit dem Bus nach La Barra/Punta. Die Küche ist auch gut, und die Leihgebühr für ein Surfbrett kostet 400 UR$ pro Tag.

1949 Hostel (☎ 440719; www.1949hostel.com; Ecke Calles 30 & 18; B ab 340 UR$; ▯ ☏) Das ultracoole Hostel zieht Jungvolk aus aller Welt magisch an. Kein Wunder, denn es gibt Hängematten vor dem Haus, Blick aufs Wasser, einen Surfboard-Verleih, Frühstück bis Mittag und eine Eckkneipe. Aber Achtung: Wer einen leichten Schlaf hat und nicht bis zum Morgengrauen abfeiern will, kann hier ein Problem kriegen. Die netten Mitarbeiter und die anheimelnde Atmosphäre machen das Hostel aber trotzdem zu einem der besten in ganz Uruguay.

La Lomita del Chingolo (☎ 099-758897; www.lalomita delchingolo.com; Las Acacias zwischen Los Eucaliptus & Le Mans; B 420–580 UR$, DZ 1400–1920 UR$; ▯ ☏) Das legere Quartier mit einem Schlafsaal mit sechs Betten und fünf weiteren Zimmern liegt in einem Wohnviertel nördlich vom Zentrum. Die gastfreundlichen Besitzer Rodrigo und Alejandra heißen die Gäste mit einem leckeren Frühstück und spontanen Grillfeten im Hinterhof willkommen. Und Internetzugang, eine Kochgelegenheit und Unmengen Infos zur Region werden auch noch angeboten.

MITTELKLASSEHOTELS

Hotel Galicia (☎ 444992; www.hotelgalicia.com.uy; Plaza El Faro; EZ/DZ/3BZ 1300/1800/2200 UR$) Das kleine 2-Sterne-Hotel liegt in einem ruhigen Wohnviertel südlich vom Hafen. Drei der bunt gestrichenen Zimmer gehen auf die Plaza hinaus mit einem schönen Blick auf den Leuchtturm.

Hotel Marbella (☎ 441814; www.hotelmarbella.tk; Calle 31, Nr. 615; EZ/DZ/3BZ/4BZ 1300/1800/2400/3000 UR$; ☸ ☏) Das Hotel in der Nähe vom Busbahnhof mit Kabel-TV und Kühlschrank mit Bar ist leider nur gerade noch so halbwegs erschwinglich, und das gilt für die meisten Hotels in der Innenstadt. Außerhalb der Hochsaison kosten die Zimmer aber bloß noch die Hälfte, dann stimmt das Preis-Leistungsverhältnis eher.

Hotel Bravamar (☎ 480559; www.hotelbravamar.com. uy, auf Spanisch; Parada 2, Playa Brava; EZ/DZ/3BZ 1400/1800/ 2400 UR$; ☸ ☏) Das Bravamar an der Playa Brava bietet mit am meisten fürs Geld. Die zwei Zimmer gehen auf den Strand hinaus – so in etwa jedenfalls. Leider tragen die kleinen roten Terrassen mit Bodenschutzmatten und die Autobahn nicht gerade dazu bei, den Blick nach draußen zu verschönern.

Palace Hotel (☎ 441919; palacepunta@hotmail.com; Ecke Gorlero & Calle 11; EZ/DZ/3BZ/4BZ 1800/1800/2600/3200 UR$, Suite 3200 UR$; ⚊ ⚊) Das Hotel ist nur einen Block vom Yachthafen entfernt, bietet einen zentralen Patio im Schatten von Palmen und eine hübsche Veranda, die auf die Calle 11 hinausgeht und für alle Gäste gedacht ist. Die Zimmer sind ein bisschen langweilig, aber an der Lage gibt's nun wirklich nichts zu meckern.

Bonne Étoile (☎ 440301; www.hotelbonneetoile.com; Calle 20, zwischen Calles 23 & 25; EZ/DZ/3BZ 2100/2300/2700 UR$; ⚊ ⚊) Zu dem Hotel in einem Strandhaus aus den 1940er-Jahren gehört gleich nebenan ein moderner, sechs Etagen hoher Turm. Die Zimmer sind sauber und geräumig, einige haben Blick aufs Wasser. Die Lage zwischen der Gorlero und dem Hafen lässt sich kaum überbieten.

Hotel Tanger (☎ 441333; www.hoteltanger.com; Calle 31, zwischen Calles 18 & 20; DZ/3BZ/4BZ 2400/3800/4400 UR$; ⚊ ⚊ ⚊ ⚊) Das empfehlenswerte Hotel, ein Familienbetrieb, bietet großzügige, komfortable Zimmer mit Minibar, Safe und WLAN: Von der Sonnenterrasse auf dem Dach mit Pool ist der Blick auf den Strand sehr hübsch.

SPITZENKLASSEHOTELS

LP Tipp Casapueblo (☎ 578611; www.clubhotel.com.ar; Punta Ballena; DZ/4BZ Apt. ohne Frühstück ab 3000/6000 UR$, Zi. mit Frühstück ab 3700 UR$, DZ/4BZ Suite ab 5400/10 900 UR$; ⚊ ⚊ ⚊ ⚊) Das kapriziöse architektonische Meisterwerk des Künstlers Carlos Páez Vilaró mutet wie ein mediterranes Märchenland an. Die Zimmer fallen wie ein Wasserfall über neun Etagen nach unten ab – nummeriert von null und negativen Zahlen bis minus neun. Ganz unten erwartet die Gäste ein schillernder türkisfarbener Pool mit Mosaikboden, den eine großzügige Sonnenterrasse umgibt.

La Posta del Cangrejo (☎ 770021; www.lapostadel cangrejo.com; La Barra; Zi. ab 3600 UR$, Suite 9200 UR$; ⚊ ⚊ ⚊ ⚊) Das Strandhotel im Herzen von La Barra hat weiß getünchte Adobemauern, ein preisgekröntes französisches Restaurant und eine Terrasse am Pool, wo sogar das Rauschen des Ozeans zu hören ist. Die Suiten im Obergeschoss sind besonders verlockend, denn sie verfügen über einen Kamin, Jacuzzi, TV mit 29 Programmen und ein gutes Soundsystem.

Las Cumbres (☎ 578689; www.cumbres.com.uy; Ruta 12, Km 3.9, Laguna del Sauce; Zi. 3800–5700 UR$, Suite 7800–11 900 UR$; ⚊ ⚊ ⚊ ⚊) Das Hotel in der Nähe von Punta Ballena präsentiert sich als ein

dezentes Luxusparadies oben auf einem Hügel und ist mit den Schätzen, die der Besitzer von seinen Weltreisen mirgebracht hat, erlesen ausgestattet. Die Zimmer bieten Extras wie einen Schreibtisch, einen Kamin und einen Whirlpool im Freien. Einstündige Kuranwendungen sind ab 960 UR$ erhältlich, und von der Terrasse des Teezimmers (auch für Nicht-Gäste) lässt sich wunderbar der Sonnenuntergang beobachten.

Conrad Resort & Casino (☎ 491111; www.conradhotels. com; Parada 4, Playa Mansa; DZ ab 10 000 UR$; ⚊ ⚊ ⚊ ⚊) Wem der Sinn nach 5-Sterne-Annehmlichkeiten in der Innenstadt von Punta steht, ist im ultramodernen Conrad, einem Hochhaus, genau richtig. Die besseren Zimmer verfügen über eine Terrasse mit Meerblick. Der Pool und das Kurcenter sind sagenhaft, und das Casino trägt mit seinem extravaganten Programm viel zur Unterhaltung bei.

Essen

GÜNSTIG & MITTELTEUER

Supermercado Disco (☎ 445130; Calle 17, zwischen Gorlero & Calle 24; ⏱ 8–22 Uhr) Wer sich vor den hohen Preisen in Punta wappnen möchte, stattet diesem Supermarkt einen Besuch ab, um Lebensmittel einzukaufen, oder gönnt sich in der *rotisería* einen frisch zubereiteten Snack.

El Milagro (☎ 443866; Calle 17, zwischen Gorlero & Calle 24; Gerichte 70–140 UR$; ⏱ Mittag- & Abendessen) Die bescheidene *chivitería* und Pizzeria ist so preiswert, wie es in Punta nur möglich ist. Es gibt ein *menu del día* (Tagesmenü) zu 70 UR$, und (hört, hört!) das Gedeck wird nicht extra berechnet.

La Fonda del Pesca (☎ 449165; Calle 29, zwischen Gorlero & Calle 24; Gerichte 120–300 UR$; ⏱ 12–23 Uhr) Die fröhlich gestrichene Kneipe hat sich auf Fisch spezialisiert, aber es landet auch jede Menge lokales Futter auf dem Teller. Der Besitzer und Küchenchef Pesca macht höchstpersönlich seine Aufwartung am Tisch, um sich zu vergewissern, dass seine Gäste auch wirklich zufrieden sind.

La Nueva Avenida (☎ 493229; Ecke Joaquin Lenzina & Francia; Gerichte 130–310 UR$; ⏱ Juni geschl.) Wer einen Einheimischen fragt, wo eine anständige Mahlzeit zu bekommen ist, die nicht gleich das Budget sprengt, wird auf dieses unauffällige Speiselokal nordöstlich vom Busbahnhof verwiesen. Die *milanesa Avenida* (Kalbsschnitzel mit Spiegelei, Pommes und Salat) zu 195 UR$ reicht für zwei Personen!

Chivitería Marcos (☎ 449932; Rambla Artigas, zwischen Calles 12 & 14; Chivitos 160 UR$; ⏱ Dez.–März 11–4, Ende April–Nov. 11–16 & ab 20 Uhr) Das Marcos hat seinen Stammsitz in Montevideo und ist berühmt für seine gigantischen Sandwiches, die nach Wunsch zubereitet werden. Die Gäste müssen dem *chivito*-Bildhauer hinter dem Thresen sagen, welcher der zwölf Beläge und welche der neun Soßen er verwenden soll, und dann gilt es, das Riesending irgendwie an den Tisch zu balancieren.

Baby Gouda Deli Café (☎ 771874; Ruta 10, Km 161, La Barra; Gerichte ab 160 UR$; ☺ 12–1 Uhr) Das ultracoole Deli mit einer einladenden Terrasse an der Hauptstraße von La Barra befindet sich bloß ein paar Blocks vom Strand entfernt.

El Pobre Marino (☎ 443306; Ecke Calles 11 & 12; Gerichte ab 175 UR$; ☺ Mittag- & Abendessen, Mai–Okt. Mo Abendessen & Di geschl.) Das Lokal mit Netzen und Glasschiffen ist eines der wenigen in der Nähe vom Hafen, in denen man sich getrost hinsetzen kann, ohne gleich Unsummen loszuwerden. Auf der Speisekarte stehen vor allem Meeresfrüchte.

Les Delices (☎ 443640; Ecke Calles 20 & 29; Kuchen ab 185 UR$; ☺ 7.30–20.30 Uhr, Mai geschl.) Die supergeten Säfte, Kuchen und Salate erklären den Erfolg dieser preisgekrönten *confitería* an der Ecke.

TEUER

Kitty's Resto (☎ 446197; Marina 3-4; Gerichte 250–420 UR$; ☺ April–Nov. Fr–Mi 10–17, Dez.–März 8–1 Uhr) Das Restaurant liegt so nah am Hafen, dass die Gäste schon das Gefühl haben, auf einer Yacht zu speisen. Meeresfrüchte sind die Spezialität hier, aber Backpacker schätzen auch das umfangreiche amerikanische Frühstück für 250 UR$.

Los Caracoles (☎ 440912; Ecke Calles 20 & 28; Gerichte 250–460 UR$; ☺ Mittag- & Abendessen) Ober in weißem Jackett mit Fliege prägen das klassische Ambiente dieser beliebten *parrilla* an der Ecke.

Virazón (☎ 443924; Ecke Rambla Artigas & Calle 28; Gerichte 265–595 UR$; ☺ ab 9 Uhr) Die Meeresfrüchte im Virazón sind ein Gedicht. Wer kann, sollte an einem der Tische auf der Terrasse am Strand Platz nehmen und die Ober beobachten, die sich um eine würdevolle Miene bemühen, während sie mit ihrem vollbeladenen Tablett die Straße überqueren.

Lo de Charlie (☎ 444183; Calle 12, Nr. 819; Gerichte 320–635 UR$; ☺ Dez.–März Mittag- & Abendessen, April–Nov. Mi–Mo Abendessen, Fr–So Mittagessen) Das Restaurant gehört einem Kumpel, mit dem der einheimische Künstler Carlos Páez Vilaró gern zum Angeln geht; einige seiner Werke zieren die Wände dieses Toplokals in Punta del Este. Zu den endlosen kulinarischen Köstlichkeiten gehören Gazpacho, Risotto, selbst gemachte Pasta, Fisch und Krustentiere.

Lo de Tere (☎ 440492; Rambla Artigas, zwischen Calles 19 & 21; Gerichte 340–890 UR$; ☺ Mittag- & Abendessen)

Selbst wer früh kommt und die Happy Hour mit einer Ermäßigung von 20 % bis 40 % nutzt, wird im Tere empfindlich viel Geld los. Bereits auf der Weinkarte stehen edle Tropfen, die allein schon ein paar hundert Dollar kosten. Aber das Essen hat wirklich Weltklasse!

Il Baretto (☎ 447243; Ecke Calles 9 & 10; Gerichte 395 bis 630 UR$; ☺ Dez.-& Abendessen) April–Nov. Do–So Mittag-& Abendessen) Auf der Speisekarte des Il Baretto steht mit die beste Pasta in Punta, und die Nachspeisen sind zum Sterben gut! Das Mittagsmenü (395 UR$, mit Gedeck, Hauptgericht und entweder Nachtisch oder Vorspeise) ist in Anbetracht der überzogenen Preise im Ferienort echt ein Schnäppchen.

Ausgehen & Unterhaltung

Vor zwei Uhr in der Früh kommt der Besuch eines Nachtclubs gesellschaftlichem Selbstmord gleich. Eine gute Location, um sich schon vorher mit ein paar Backpackern zusammenzusetzen, ist die Bar im 1949 Hostel (S. 647). Im Allgemeinen haben die Kneipen in Punta offen, solange noch ein paar Leute da sind, und manchmal wird am Wochenende Livemusik gespielt.

Die absolut angesagten Clubs ballen sich in der Hafengegend von Punta sowie an der Straße, die am Strand entlang nach La Barra führt. In Anbetracht des Rufes, in dem die Nachtleben von Punta nun mal steht, ist es die reinste Ironie, dass viele Clubs nur während der Hochsaison im Sommer offen haben. Zudem wechseln die Clubs häufig den Namen oder verschwinden von einem Jahr aufs andere gleich ganz aus der Szene.

Moby Dick (☎ 441240; Calle 13, zwischen Calles 10 & 12) Die klassische Bar unweit vom Hafen gehört in Punta zum Inventar. Hier läutet das dynamische Szenevolk allabendlich die Sause ein.

C Bistro & Bar (☎ 440130; Calle 29, zwischen Calles 18 & 20) Das Bistro in der Innenstadt von Punta hat ganzjährig geöffnet und lockt die Gäste mit Drinks und Livemusik an (in der Nebensaison allerdings bloß am Wochenende).

Soho (☎ 447315; Calle 13, zwischen Calles 10 & 12) Direkt neben dem Moby Dick gilt das Soho als zuverlässiges Tanzlokal, in dem das ganze Jahr Techno dröhnt (in der Nebensaison öffnet es nur am Wochenende).

Mambo Club (☎ 448956; zwischen Calles 13 & Calle 10) Noch ein Nachtclub unten am Hafen, allerdings mit heißen Latin-Rhythmen. Wie auf dem Schild zu lesen steht, steigt hier im Sommer jede Nacht eine Party.

Crobar (☎ 099-121591; Camino Urquiza, La Barra; ☺ 26. Dez.–31. Jan.) Das Tanzlokal bietet eine Mischung aus Livemusik und DJs. Es befindet sich ein Stück landeinwärts an der Straße nach San Carlos.

Medio y Medio (☎ 578791; Camino Lussich s/n, Punta Ballena) Der Jazzclub mit Restaurant in Strandnähe in Punta Ballena lockt Künstler aus Uruguay und den Nachbarländern, Argentinien und Brasilien auf die Bühne.

Cine Libertador (☎ 444437; Gorlero 796) Das Kino ist ganzjährig geöffnet und zeigt seine Filme in zwei Sälen.

Empfehlenswert sind auch die folgenden Clubs an der Playa Brava; alle haben in der Hauptsaison jeden Abend geöffnet, ansonsten nur am Wochenende.

Caix (☎ 098-637090; www.caixpunta.com; Parada 8, Playa Brava)
El Diablito (Parada 3, Playa Brava)
Ocean Club (☎ 484869; Parada 12, Playa Brava)

Shoppen

Manos del Uruguay (☎ 441953; Gorlero, zwischen Calles 30 & 31) In dieser Zweigstelle von Uruguays staatlicher Kooperative sind – wie überall – tolle Wollsachen erhältlich.

Feria Artesanal (Plaza Artigas) Am Hauptplatz im Zentrum von Punta findet dieser gut eingeführte Markt mit Kunsthandwerk statt.

An- & Weiterreise
BUS
Die meisten Verbindungen zum **Busbahnhof** (☎ 494042; Ecke Calle 32 & Bulevar Artigas) von Punta sind eine Erweiterung des Angebots von Maldonado; siehe S. 642.

FLUGZEUG
Der **Aeropuerto Internacional de Punta del Este** (☎ 559777) befindet sich an der Laguna del Sauce, 20 km westlich von Punta del Este.

Pluna (☎ 492050; Ecke Av Roosevelt & Parada 9; ☑ Mo bis Sa 9–17 Uhr) bietet die häufigsten Verbindungen von Punta del Este zum Stadtflughafen Aeroparque in Buenos Aires.

Aerolíneas Argentinas (☎ 444343; Edificio Santos Dumont, Gorlero, zwischen Calles 30 & 31; ☑ Dez.–März tgl. 9–23, April–Nov. Mo–Fr 10–12.30 & 14.30–18, Sa 10–14 Uhr) fliegt in der Hochsaison mehrmals am Tag zum Aeroparque, außerhalb der Saison freitags und sonntags einmal täglich.

TAM (☎ 442920; Calle 29, zwischen Gorlero & Calle 24; ☑ Ende Dez.–Mitte Feb.) bietet ausschließlich im Sommer zweimal wöchentlich Flüge von Punta nach Asunción, Paraguay, mit einem Zwischenstopp am Flughafen Ezeiza von Buenos Aires.

Unterwegs vor Ort
ZUM/VOM FLUGHAFEN
COT betreibt Minivans, die direkt vom Busbahnhof zum Flughafen verkehren (90 UR$, 30 Min.); sie fahren 1 ½ Stunden vor dem jeweiligen Flug ab.

Als Alternative stehen sämtliche Busse zur Verfügung, die nach Montevideo fahren; sie halten an der Einfahrt zum Flughafen direkt an der Autobahn (45 UR$, 30 Min.); bis zum Terminal sind es dann noch etwa 10 Minuten zu Fuß.

AUTO
In der Umgebung des Busbahnhofs und in der Avenida Juan Gorlero finden sich jede Menge Mietwagenfirmen. Zu den besseren zählen **Punta Car** (☎ 482112; Ecke Bulevar Artigas & Pedro Risso), **Multicar** (☎ 443143; Gorlero 860) und **Dollar** (☎ 443444; Gorlero 961).

BUS
Einzelheiten zu den häufig verkehrenden Bussen zwischen Punta und Maldonado siehe S. 642. *Micros* (Minibusse) fahren im Sommer alle 15 Minuten von der Bucht 1 im Busbahnhof von Punta zu den Stränden im Osten und zu den Nachtlokalen an der Rambla Batlle Pacheco auf dem Weg nach La Barra (25 UR$, 20 Min.). Andere verkehren in Richtung Westen nach Punta Ballena und Piriápolis.

RUND UM PUNTA DEL ESTE
Faro José Ignacio
Die Reichen und Berühmten strömen nur so in diesen immer angesagteren kleinen Ort am Meer mit seinem hüschen Leuchtturm 30 km östlich von Punta. Die touristische Infrastruktur hält sich bislang noch etwas in Grenzen, aber wer gern am Meer im Luxus schwelgen möchte, wird kaum eine schönere Bleibe finden als die **La Posada del Faro** (☎ 0486-2110; www.posadadelfaro.com; Ecke de la Bahía & Timonel; Zi. 5400 bis 10 400 UR$; ☒ ☐ ☒). Die teureren Zimmer haben Kamin und eine Terrasse mit Meerblick.

Im **Parador La Huella** (☎ 0486-2279; Playa Brava; ☑ Dez.–März Mittag- & Abendessen, Mai–Nov. Fr–So Mittagessen, Fr & Sa Abendessen) können die Gäste nobel am Strand speisen und in Sushi, Fisch vom Grill oder Holzofen-Pizza schwelgen. Es verkehren täglich zwei Busse von Punta del Este (49 UR$, 45 Min.); die Haltestellen liegen am Hauptplatz in der Nähe der **Touristeninformation** (☎ 0486-2409, 094-527300; www.ligadejoseignacio.org; ☑ Fr–So 9–14 Uhr).

ROCHA

☎ 047 / Ew. 27 000

Rocha ist die Hauptstadt der gleichnamigen Provinz und fungiert als Verkehrsknotenpunkt für Leute, die ins nahe La Paloma wollen.

Die Provinz unterhält eine hilfreiche **Touristeninformation** (☎ 23100; www.turismorocha.gub.uy; ☒ April–Nov. 10–18, Dez.–März 10–20 Uhr) an der Ruta 9, 2 km vom Stadtzentrum entfernt.

Alle anderen Dienstleitungsunternehmen ballen sich rund um die Plaza Independencia im Zentrum, darunter **Antel** (Ecke General Artigas & Rodó), die **Post** (18 de Julio 2085) sowie die **Banco Comercial** (Ecke General Artigas & 25 de Mayo).

Die Hotels in Rocha kommen besonders gelegen, wenn in La Paloma schon alles ausgebucht ist. Das **Hotel Trocadero** (☎ 22267; 25 de Agosto 114; EZ/DZ/3BZ 765/1415/1825 UR$; ☒ ☐) bietet geräumige Zimmer mit Parkettboden, Kabel-TV, einen Schreibtisch und altmodische Bäder im Stil der 1950er-Jahre.

Wer zwischen zwei Bussen einen Happen essen will, findet rund um den Hauptplatz einige anständige Restaurants. Im **El Pato** (☎ 25636; Ecke 25 de Mayo & Julian Graña; Gerichte 100–185 UR$; ☒ Mittag- & Abendessen) wird Tag und Nacht der Kochlöffel geschwungen. Auf den Tisch kommen Pizza, Fleisch vom Grill und Fisch.

Alle Busse halten an der Plaza Independencia. **Cynsa** (Ecke Ramírez & 25 de Mayo) fährt häufig nach La Paloma (36 UR$, 30 Min.). Von **Rutas del Sol** und **COT** (Ecke Ramírez & 25 de Agosto) verkehren mehrere Busse täglich nach Montevideo (206 UR$, 3 Std.) und Chuy (137 UR$, 2 Std.). Busse von Rutas del Sol fahren auch Punta del Diablo (98 UR$, 1½ Std.) an; von COT verkehren drei Busse täglich nach Maldonado (88 UR$, 1¼ Std.) und nach Punta del Este (98 UR$, 1½ Std.). Der Bus nach Barra de Valizas (88 UR$, 1½ Std.) hält in La Paloma, La Pedrera (49 UR$, 45 Min.) und am Abzweig zum Cabo Polonio (88 UR$, 1¼ Std.).

LA PALOMA

☎ 0479 / 3400 Ew.

Das beschauliche La Paloma, 28 km südlich von Rocha, ist weniger erschlossen, viel weniger teuer und auch erheblich weniger überlaufen als Punta del Este. Die Sandstrände sind schön, Surfer kommen hier auf ihre Kosten, und außer dem hyperaktiven Nachtleben von Punta muss hier keiner auf etwas verzichten. Im Sommer finden in dem Städtchen oft kostenlose Konzerte an der Esplanade des Strandes statt. Zu dieser Jahreszeit sollte die Unterkunft im Voraus reserviert werden.

Orientierung

La Paloma nimmt eine kleine Halbinsel am südlichen Ende der Ruta 15 ein. Das Stadtzentrum entlang der Avenida Nicolás Solari ist klein und kompakt. Die Straßen führen vom Zentrum diagonal durch den Ort und sind nach antiken Göttern benannt, was dann so witzige Kreuzungen wie Eros und Adonis ergibt.

Praktische Informationen

Antel (Av Nicolás Solari)

Banco de la República (Ecke Av. Nicolás Solari & Titania) Hat einen Geldautomaten.

Cyber del Navío (Av. del Navío; Internet pro Std. 15 UR$; ☒ Mo & Di ab 12.30 Uhr, Mi–So ab 10 Uhr)

Lavadero La Esquina (☎ 8176; Ecke Antares & Aries; waschen & trocknen mit mitgebrachtem Korb Wäsche 80 UR$; ☒ Mo–Sa 10.30–19 Uhr)

Liga de Fomento y Turismo (☎ 6088; Av. Nicolás Solari; ☒ Mitte Dez. bis Ostern tgl. 10–22, restl. Jahr Di–So 10 bis 16 Uhr) Am Kreisverkehr.

Post (Av. Nicolás Solari)

Sehenswertes & Aktivitäten

Die Fertigstellung des Leuchtturms, **El Faro del Cabo Santa María** (Eintritt 15 UR$; ☒ 8 Uhr bis Sonnenuntergang), im Jahr 1874 markiert La Palomas Aufstieg zum Ferienort. Der erste unvollendete Leuchtturm stürzte bei einem schlimmen Sturm ein und riss 17 Arbeiter aus Frankreich und Italien in den Tod – sie liegen in der Nähe begraben. Im Freien befindet sich eine Sonnenuhr, die mit Hilfe des Schattens vom Leuchtturm die Zeit anzeigt.

Die besten Strände zum Surfen sind Los Botes, Solari und Anaconda südwestlich der Stadt sowie La Aguada und La Pedrera im Norden. Ruben von supernetten **Peteco Surf Shop** (☎ 099-626726; petecosurf@adinet.com.uy; Av Nicolás Solari, zwischen Av El Sirio & Av del Navío) verleiht Surfbretter für 250 UR$ am Tag, bietet Surfunterricht zu 500 UR$ (einschließlich Ausrüstung) an und kann sogar mit ein paar Häuschen direkt am Strand aufwarten, die zu vermieten sind (s. S. 652). Seine Mitarbeiter sprechen Englisch.

Die **Organización para la Conservación de Cetáceos** (OCC; ☎ 099-124144; info@ballenasenuruguay.com) sponsert ein wissenschaftliches Forschungsprojekt und eine pädagogische Initiative, die sich für den Erhalt des Südlichen Glattwals einsetzt. Angeboten werden ganztägige Ausflüge zur Walbeobachtung (700 UR$ pro Pers., ab 10 Teilnehmern, beste Zeit: September).

Die **Laguna de Rocha**, ein ökologisches Naturschutzgebiet, das dem SNAP-Programm

(s. Kasten S. 638) von Uruguay untersteht, ist ein weitläufiges Feuchtgebiet 10 km westlich von La Paloma. Hier leben Schwarzhalsschwäne, Störche, Rosalöffler und andere Wasservögel. **Cecilia Olivet** (☎ 098-745708; colivet9@adinet.com.uy) bietet Touren auf Spanisch an.

Schlafen

Complejo Turístico La Aguada (☎ 6239; www.comple jolaaguada.com; Ruta 15, Km 2.5; Zeltplatz für 2/3/4/5 Pers. 260/340/420/460 UR$, 2-/4-/6-/8-Bett-Cabañas 840/1100/1600/2000 UR$) In der Anlage mit Zelt-plätzen und Blockhütten direkt vor den Toren der Stadt haben die Gäste einen prima Zugang zur Playa La Aguada. Busse von Rocha und *mi-cros* aus der Stadt halten direkt am Eingang.

La Paloma Hostel (☎ 6396; www.lapalomahostel.com; Parque Andresito; HI-Mitglied/Nicht-Mitglied 290/390UR$; ❤ im Winter unregelmäßig geschl.) Das Hostel mit Reetdach gleich nördlich der Stadt liegt im schattigen Parque Andresito. Geboten werden große Schlaf-säle mit Stockbetten, eine Küche draußen und drinnen sowie ein Aufenthaltsbereich mit offe-nem Kamin.

La Balconada Hostel (☎ 94-198686; www.labalconada hostel.com; Centauro s/n; B ab 400 UR$; 🛜) Das neueste Hostel von La Paloma liegt beneidenswert nur einen Steinwurf vom Strand La Balconada ent-fernt. Wer sich am Busbahnhof ins Taxi setzt, bekommt für diese Anreise als Gast vom Hostel das Geld erstattet. Langzeitgäste erhalten zusätz-liche Vergünstigungen wie kostenlose Fahrräder und einen Diskopass.

Hotel La Tuna (☎ 6083; hotellatuna@gmail.com; Ecke Neptuno & Juno; EZ/DZ/3BZ 1000/1300/1800 UR$, 4-Pers.-Apt. 2200 UR$; 🛜) Das Gebäude tut dem Auge weh, und einige Zimmer sind schon arg dunkel, aber viel näher kann man ans Wasser ohne Boot und Watstiefel nun sicher nicht herankommen. Vier Zimmer und der Speisesaal im 3. Stock gehen zum Meer hinaus.

Hotel Casino Cabo Santa María (☎ 6004; www. cabosantamaria.com; Av Nicolás Solari; EZ 1020–1260 UR$, DZ 1200–1400UR$; ❤ 🛜) Das weitläufige Hotel gehört zum Casino von La Paloma und bietet eine Fülle von Unterkunftsmöglichkeiten. Alle Zimmer haben WLAN, am Strand warten kostenlose Handtücher, Stühle und Schirme. Die teureren Zimmer haben Klimaanlage und Meerblick.

Hotel Bahía (☎ 6029; www.elbahia.com.uy; Ecke Av. del Navío & Av del Sol; EZ 1300–1500 UR$, DZ 1400–1600 UR$, 3BZ 1700–2000UR$; 🛜) Was die zentrale Lage und den allgemeinen Komfort angeht, lässt sich das Bahía kaum überbieten. Die Zimmer sind sauber und hell, die Betten haben feste Matratzen und Lese-

lampen, und WLAN gibt's auch noch. Die Su-perior-Zimmer kosten 200 UR$ extra: Sie haben Balkon und modernisierte Bäder.

De Cara al Sol (☎ 099-626726; petecosurf@adinet.com. uy; Playa La Aguada; Haus für 5/6 Pers. 3000/3800 UR$; ❤) Große Familien und Surfer, die in Gruppen an-reisen, werden sich über diese vollausgestatteten Häuser am Strand mit Küche, Waschmaschine und Kabel-TV direkt gegenüber der Playa La Aguada freuen. Ruben vom Peteco Surf Shop vermietet sie.

Essen

Insofern nicht anders angegeben, sind alle unten aufgeführten Restaurants ganzjährig geöffnet. Im Sommer machen noch viele andere Speiselokale auf.

Pizzeria Dacarlis (☎ 7873; Av. Nicolás Solari s/n; Pizza 58–210 UR$, Gerichte 120–310 UR$; ❤ ab Mittag) Wem der Sinn nach einer Holzofenpizza steht, sollte dieses beliebte Lokal in der Hauptstraße von La Paloma ausprobieren.

Rotisería Chivitería 7 Candelas (☎ 8253; Av. Delfin s/n; Gerichte 120–230 UR$; ❤ Dez.–März 8.30–3, April–Nov. Do–So 10–13.30 & 19–23 Uhr) In dem schlichten Lokal kom-men *chivitos*, Hühnchen und *milanesas* auf den Tisch. Gemampft wird in der fröhlich dekori-erten Gaststube oder auf der Terrasse vor dem Haus im Schatten von Bäumen.

Bahía Restaurante (☎ 6029; Ecke Av del Navío & Av del Sol; Gerichte 185–355 UR$; ❤ Mittag- & Abendessen) Das Restaurant wird von Einheimischen immer wieder als die beste Adresse in La Paloma emp-fohlen. Spezialität sind Meeresfrüchte.

Punto Sur (☎ 9462; Centauro s/n; Gerichte 190–320 UR$; ❤ Weihnachten bis Ostern 12–3 Uhr) Das Restaurant an der Playa La Balconada mit Meerblick hat nur im Sommer geöffnet. Am besten schmecken die Meeresfrüchte, aber auch die Tapas, die Paella, der Fisch vom Grill und die selbst gemachte Pasta sind lecker.

Unterhaltung

Im Sommer macht es Spaß, um Mitternacht einen Spaziergang zur Playa La Aguada zu un-ternehmen und dann einfach immer der Musik nachzugehen. So kommt man ganz automatisch zu den drei umtriebigen Tanzclubs von La Pa-loma: Hippie, Arachanes und Pogo heißen sie und reihen sich direkt aneinander. Ansonsten bieten sich noch folgende Unterhaltungsmögli-chkeiten an:

Perla Negra (Av del Puerto) In diesem Restaurant und Pub in der Stadt wird in der Hochsaison gelegentlich Livemusik gespielt.

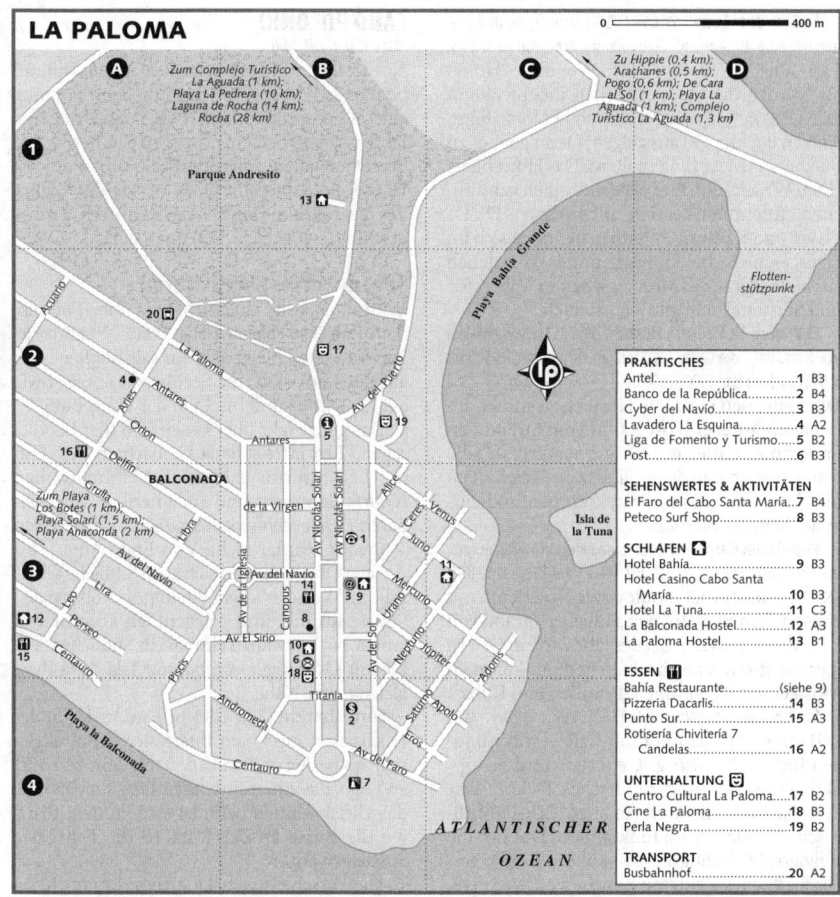

LA PALOMA

0 — 400 m

Zum Complejo Turístico
La Aguada (1 km);
Playa La Pedrera (10 km);
Laguna de Rocha (14 km);
Rocha (28 km)

Zu Hippie (0,4 km);
Arachanes (0,5 km);
Pogo (0,6 km); De Cara
al Sol (1 km); Playa La
Aguada (1 km); Complejo
Turístico La Aguada (1,3 km)

Parque Andresito

Playa Bahía Grande

Flotten-
stützpunkt

Acuario

La Paloma

Aries
Antares
Orion
Delfin
Grulla

BALCONADA

Zum Playa
Los Botes (1 km);
Playa Solari (1,5 km);
Playa Anaconda (2 km)

Antares

de la Virgen

Libra
Leo
Lira
Perseo
Centauro

Av del Navio
Av de la Iglesia
Av del Navio

Canopus
Av El Sirio
Pisos
Andromeda
Centauro

Playa la Balconada

Titania

Av del Sol
Av Nicolás Solari
Ceres
Venus
Juno
Alice
Mercurio
Urano
Neptuno
Júpiter
Saturno
Apolo
Eros
Adonis

Av del Faro

Isla de
la Tuna

ATLANTISCHER
OZEAN

PRAKTISCHES
Antel.....................................1 B3
Banco de la República............2 B4
Cyber del Navío.....................3 B3
Lavadero La Esquina..............4 A2
Liga de Fomento y Turismo....5 B2
Post.....................................6 B3

SEHENSWERTES & AKTIVITÄTEN
El Faro del Cabo Santa María..7 B4
Peteco Surf Shop....................8 B3

SCHLAFEN
Hotel Bahía............................9 B3
Hotel Casino Cabo Santa
  María..................................10 B3
Hotel La Tuna........................11 C3
La Balconada Hostel................12 A3
La Paloma Hostel....................13 B1

ESSEN
Bahía Restaurante.............(siehe 9)
Pizzeria Dacarlis....................14 B3
Punto Sur..............................15 A3
Rotisería Chivitería 7
  Candelas..............................16 A2

UNTERHALTUNG
Centro Cultural La Paloma....17 B2
Cine La Paloma......................18 B3
Perla Negra...........................19 B2

TRANSPORT
Busbahnhof...........................20 A2

Cine La Paloma (Av Nicolás Solari) Auf zwei Leinwänden flimmern den ganzen Sommer über alle möglichen Filme.

Centro Cultural La Paloma (Parque Andresito) In der Nebensaison sind hier freitags um 19 Uhr Filme zu sehen, außerdem finden Kulturveranstaltungen statt.

Anreise & Unterwegs vor Ort

Alle Busse fahren den neuen Busbahnhof in der Nähe der Aries und La Paloma ab. Mindestens sieben Busse am Tag verkehren in Richtung Montevideo (235 UR$, 4 Std.). Weitere Fahrtziele sind La Pedrera (29 UR$, 15 Min.), der Abzweig zum Cabo Polonio (59 UR$, 45 Min.), Barra de Valizas (59 UR$, 1 Std.), Punta del Diablo (117 UR$, 2 Std.) und Chuy (157 UR$,

3 Std.). Am häufigsten wird Rocha (32 UR$, 30 Min.) angefahren; von hier aus bestehen bessere Verkehrsverbindungen.

LA PEDRERA

☎ 0479 / Ew. 1000

Das herrlich gelegene La Pedrera ist bei Künstlern, Surfern und Familien der Renner. Die Hauptstraße beginnt an der Ruta 10 und endet als Sackgasse oben an der Steilküste. Von hier reicht der Blick weit gen Norden bis zum Cabo Polonio und gen Süden nach La Paloma. Die touristischen Einrichtungen sind eher dürftig.

Schlafen & Essen

Außerhalb der Hochsaison liegen die angegebenen Preise erheblich niedriger.

URUGUAY

La Casa de la Luna (☎ 094-602271; www.lacasadelaluna.com.uy; Ruta 10, km 230; Zeltplatz pro Pers. 200–240 UR$, B 300–560 UR$, DZ 500–600 UR$; 💻) Wer dieses Hostel im Norden der Stadt erreichen möchte, kann jeden Bus nehmen, der zum Cabo Polonio fährt, einfach bei km 230 aussteigen. Dann geht es zu Fuß bis ans Meer (links halten). Das Hotel bietet einen Waschsalon für Gäste und einen gemütlichen Aufenthaltsbereich mit Internet, DVD-Player und Kamin. Außerdem befinden sich im Obergeschoss drei Doppelzimmer, von denen aus in der Ferne das Meer zu sehen ist. Fahrräder und Surfunterricht gibt's auch noch.

El Viajero La Pedrera Hostel (☎ 2252; www.elviajerolapedrera.com; Ecke Calles 3 & 11; B pro Pers. 460 UR$, DZ mit Bad 1000–1600 UR$; 🌣 Nov.–März; 💻 🛜) Das nette, neu eröffnete Hostel liegt mitten im Zentrum, ist aber bloß 500 m vom Strand von La Pedrera entfernt. Die Sonnenterrasse, die Hängematten und der Grillplatz im Freien laden die Gäste ein, zusammenzukommen und einander kennenzulernen.

Posada del Barco (☎ 2028; posadadelbarco@adinet.com.uy; Playa del Barco; EZ/DZ/3BZ/4BZ 1480/1900/2520/3140 UR$; 🛇 🛜) Das stilvolle, konfortable Hotel kann mit einem tollen Blick auf den südlichen Strand von La Pedrera aufwarten. Jedes Jahr wird an Ostern hier die Jazzwoche abgehalten; dann kommen Musiker aus Argentinien, Brasilien und Kuba.

El Club (Calle Principal; Gerichte 125–195 UR$; 🌣 Dez.–März ab 11 Uhr) Das Restaurant mit Café verströmt jugendlichen Schwung. Geboten werden topaktuelle Musik und modisches Dekor, eine Terrasse im Freien und ein alter Kick-Fußball-Tisch, der sogar noch funktioniert. Das El Club fungiert gleichzeitig auch als kulturelles und gesellschaftliches Zentrum von La Pedrera: Livemusik, Kunstausstellungen, Yoga und Tanzunterricht, ein Kinderprogramm und sogar das alljährliche Kurzfilmfestival finden hier statt.

Costa Brava (☎ 2051; Gerichte 150–350 UR$; 🌣 Dez. bis März tgl. Mittag- & Abendessen, April–Nov. Fr & Sa Abendessen, Sa & So Mittagessen) Das Lokal thront oben auf den Klippen mit Blick auf den Atlantik. Auf den Tisch kommen Meeresfrüchte in allen Variationen – und den unübertrefflichen Meerblick gibt es gratis dazu.

An- & Weiterreise

Von Rocha und La Paloma aus verkehren regelmäßig Busse nach La Pedrera. Einige halten nur am Abzweig zum Ort an der Ruta 10; von dort sind es dann noch 15 Minuten zu Fuß. Andere Busse fahren die Hauptstraße von La Pedrera bis zum Strand hinunter.

CABO POLONIO
☎ 0470 / Ew. 500

Nordöstlich von La Paloma liegt an der Ruta 10 bei km 264,5 der Abzweig zum Cabo Polonio, einer der ursprünglichsten Gegenden Uruguays. Dort ist neben einem winzigen Fischerdorf in den Dünen die zweitgrößte Seelöwenkolonie zu Hause. Im September 2009 wurde die Region der Verwaltung des SNAP-Narturschutzprogramms (s. Kasten S. 638) unterstellt.

Sehenswertes & Aktivitäten

Vom auffälligen Leuchtturm von Cabo Polonio, dem **Faro Cabo Polonio** (Eintritt 15 UR$; 🌣 8.30 Uhr bis Sonnenuntergang), bietet sich ein sagenhafter Blick auf das Kap selbst, die Seelöwenkolonie sowie auf die Dünen und Inseln in der Umgebung.

Das ganze Jahr über lassen sich hier hervorragend **Tiere in freier Natur** beobachten. Am Fuß des Leuchtturms aalen sich Mähnenrobben (*Otaria flavescens*) und Südamerikanische Seebären (*Arctocephalus australis*) auf den Felsen – nur im Februar nicht. Von Ende August bis Anfang Oktober lassen sich auch Südliche Glattwale im Wasser blicken, Pinguine bevölkern den Strand im Juli, und gelegentlich kommt von Januar bis März auch einmal ein Südlicher See-Elefant (*Mirounga leonina*) zur Isla de la Raza gleich in der Nähe.

Surfunterricht (350 UR$ pro Std.) wird in der Hochsaison angeboten. Interessierte erkundigen sich am besten in dem Laden mit dem verrückten Logo, das einen surfenden Pinguin darstellt; das Unternehmen befindet sich an dem Platz, wo die Busse an der Ruta 10 die Fahrgäste aussteigen lassen.

Die verschiedenen Quartiere organisieren **Ausritte** (150–250 UR$ pro Std.) am Strand entlang und in die Dünen in der Umgebung.

Schlafen & Essen

Die hier aufgelisteten Quartiere haben ganzjährig geöffnet. Auch viele Einheimische vermieten **Häuser** (Winter ab 500 UR$, Sommer ab 1000 UR$). Eine Unterkunft zu finden ist in den beiden ersten Januarwochen am schwierigsten; außerhalb der Saison fallen die Preise drastisch.

Cabo Polonio Hostel (☎ 099-000305; www.cabopoloniohostel.com; B Mitte Dez.–Feb. 500 UR$, März–Mitte Dez. B/DZ 320/880 UR$) In diesem süßen kleinen Hotel werden die Kerzen und etwas Sonnenenergie als Lichtquellen verwendet. Jedenfalls ist es hier einfach zauberhaft! Die Wirtsleute sind nett, von den Hängematten aus ist der Strand zu sehen, innen sorgt ein Holzofen für kuschelige Wärme in stürmischen Nächten – und gekocht wird auf dem Ding natürlich auch. Das Hotel ist ideal für Gäste, die es am Cabo Polonio einfach und rustikal mögen.

Posada y Parador La Cañada (☎ 099-550595, 099-972410; posadalacaniada@gmail.com; B mit/ohne Bad 750/600 UR$) Am äußersten Ende des Südstrandes von Cabo Polonio bietet diese einladende Posada in einem zweistöckigen Haus mit großzügigen Terrassen und Blick auf Dünen und Meer mit ihren Schlafsälen und Zimmern eine gute Mischung. Die Gäste können sich über Annehmlichkeiten wie Angelausrüstung, Surfbretter, einen Kinderspielplatz und Mahlzeiten mit jeder Menge frischen Meeresfrüchten und sogar Biolebensmitteln aus dem Garten des Besitzers freuen.

Posada Mariemar (☎ 5164, 099-875260; posadamariemar@hotmail.com; Zi. unten/oben 1900/2000 UR$) Die Posada ist schon seit fast 50 Jahren gut im Geschäft. Sie liegt direkt am Strand, und alle Zimmer haben Meerblick. Im Restaurant wird köstlicher Fisch serviert, aber auch die selbst gemachten *buñuelos de algas* (frittierter Seetang) sind lecker. Die Posada liegt ein paar 100 m nördlich vom Leuchtturm; am besten einfach nach dem tollen Wandgemälde mit dem Engel Ausschau halten.

An- & Weiterreise

Die Busse, die von La Paloma nach Barra de Valizas verkehren, halten an der Zufahrtsstraße zum Cabo Polonio. Dort warten Geländefahrzeuge, die die Gäste durch die Dünen in den Ort fahren (60 UR$, 30 Min.). Es ist natürlich auch möglich, die 7 km von der Bushaltestelle zum Cabo Polonio zu Fuß zu gehen: ein recht anstrengender Marsch von fast zwei Stunden (Wasser mitnehmen). Eine weitere Alternative, das Cabo Polonio zu erreichen, ist eine schöne, 12 km lange Strandwanderung, die in Barra de Valizas beginnt (s. Kasten S. 656); in den Ortschaften in der Nähe werden auch geführte Touren mit Naturbeobachtung angeboten.

LAGUNA DE CASTILLOS

Nordwestlich vom Cabo Polonio erstreckt sich die Laguna de Castillos, eine weitläufige Lagune, die dem größten Bestand an *ombúes* in ganz Uruguay Schutz bietet. Die anmutigen baumartigen Pflanzen weisen aufgrund ihres unregelmäßigen Wachstums wirklich bizarre Formen auf. In anderen Regionen Uruguays treten die Ombú-Bäume als Solitärgewächse auf – sie stehen allein für sich; die Exemplare hier hingegen bilden Bauminseln aus. Geschützt durch die Lagune konnten die Rinder sie nicht niedertram-

peln. Jedenfalls sind einige dieser Bäume bereits ein paar hundert Jahre alt.

Am **Monte de Ombúes** (☎ 099-295177), am Westufer der Lagune (bei km 267 an der Ruta 10) bieten die Brüder Marcos und Juan Carlos Oliveros – die Familie erhielt das Land 1793 von der portugiesischen Krone – Exkursionen von 2 ½ bis 3 Stunden an (250 UR$ pro Pers., ab 5 Teilnehmern). Die Touren beginnen mit einer 20-minütigen Boostsfahrt durch ein Feuchtgebiet, in dem es vor Kormoranen, Ibissen und Schwarzschwänen nur so wimmelt. Anschließend wandern die Teilnehmer durch den Ombú-Wald. Im Sommer werden diese Ausflüge häufig durchgeführt – in der Regel, sobald fünf Personen zusammengekommen sind. Das übrige Jahr empfiehlt es sich, vorher anzurufen und einen Termin zu vereinbaren.

LP Tipp **Guardia del Monte** (☎ 0475-9064; www.guardiadelmonte.com; Ruta 9, km 261.5, Laguna de Castillos; Zi. pro Pers. inkl. 4 Mahlzeiten und Ausflüge 2000 UR$) Das hübsche Estancia-Gebäude mit Blick auf das Nordufer der Lagune befindet sich am Ende einer 10 km langen Sackgasse. Das abgelegene, beschauliche Anwesen entstand im 18. Jh. als Wachposten der Spanier, um den Camino Real und die Grenze an der Küste vor Piraten und Plünderern aus Portugal zu schützen. Das schöne Gebäude des Landguts verströmt viel historisches Flair – von der Diele mit Landkarten aus dem 18. Jh. und Vogelzeichnungen bis hin zum dänischen Holzofen, der 1884 aus einem Schiffswrack geborgen wurde. Die Gäste können das Seeufer mitten im Ombú-Wald zu Fuß oder hoch zu Ross erkunden. Das leckere Essen wird im alten Patio aus Ziegelstein serviert oder auch im gemütlichen Speiseraum, in dem an kalten Abenden ein Feuer knistert. Wie man zur Guardia del Monte hinkommt? Über die Zufahrt an der Ruta 9, ein paar Kilometer südlich vom Ort Castillos.

BARRA DE VALIZAS

Das winzige Nest am Strand, 4 km abseits der Ruta 10, ist bisher vom Bauboom, der sich von Punta del Este immer weiter nach Osten ausgebreitet hat, verschont geblieben. Hier in Valizas geht es noch gemütlich zu, freundliche Hunde und neugierige Pferde laufen durch die Straßen. Die Dünen erstrecken sich von hier bis zum Cabo Polonio.

Die Region rund um Valizas und das Kap sind geschichtsträchtig: Im Lauf der Jahrhunderte hat dieser trügerische Küstenabschnitt zig Schiffe auf Grund laufen lassen. In Richtung Cabo Polonio

WANDERUNGEN AN DEN STRÄNDEN IM SÜDOSTEN VON URUGUAY

Kilometerlang zieht sich der goldene Sand dahin – und so gibt Rocha, die Provinz im Osten des Landes, das perfekte Ambiente für tolle Strandwanderungen ab.

Von Barra de Valizas zum Cabo Polonio

Wer diese abenteuerliche Variante wählt, um sich dem Cabo Polonio zu nähern, kann die abgeschiedene Lage des Ortes und den dramatischen Blick auf den Leuchtturm so richtig genießen. Von Barra de Valizas geht's über den Strand in Richtung Süden zum Fluss (etwa 20 Min.). Ein Einheimischer bringt die Wanderer für rund 50 UR$ dann ans andere Ufer – im Notfall einfach an ein paar Türen klopfen und fragen. Hier beginnt dann eine beeindruckend wilde und wunderschöne 12 km lange Wanderung am Meer entlang. Der Strand ist mehr oder weniger flach, aber ein Stück in Richtung Innenland ragen steile Sanddünen auf. Je nach Jahreszeit lassen sich im Wasser Seelöwen oder Wale blicken, Kühe grasen die Dünengräser ab. Etwa auf halber Strecke geht's um eine Biegung – und dann kann man den ersten Blick auf den Leuchtturm vom Cabo Polonio werfen, der am anderen Ende eines scheinbar endlosen Strandes aufragt. Sein Licht weist den Weg in die Ortschaft hinein.

Von Punta del Diablo zum Parque Nacional Santa Teresa

Von der Bushaltestelle Punta del Diablo geht es zunächst ans Meer hinunter und dann in Richtung Nordosten. Innerhalb von einer Stunde ist eine Landzunge überquert, dann geht's zur Playa Grande hinunter, einem langen Sandstrand am äußersten südlichen Ende des Parque Nacional Santa Teresa. Gleich hinter einer Aussichtsplattform aus Holz links hält man nun nach einem Campingplatz Ausschau und nach einer Straße, die zum Strand hinunterführt. Wer will, kann am Strand weiter in Richtung Nordosten wandern (der Park erstreckt sich über mehrere Kilometer), oder man geht ein paar Minuten auf der Straße 45 landeinwärts durch einen hügeligen Eukalyptuswald bis nach Capatacía (Parkverwaltung), wo jeder Bus von Rutas del Sol oder Cynsa die Fußlahmen zurück nach Punta del Diablo (25 UR$, 15 Min.) bringt.

ist der höchste Punkt am Horizont der 58 m hohe **Cerro Buena Vista**: Der Fels im Sand markierte getreu dem Madrider Abkommen von 1750 die Grenze zwischen dem spanischen und dem portugiesischen Amerika. Der untere Teil des Steins, der die Grenze bezeichnete, ist noch vorhanden; die andere Hälfte, in die die Namen von Spanien und Portugal gemeißelt waren, wird in der Fortaleza de Santa Teresa (S. 658) ausgestellt, die liegt 35 km weiter östlich.

Die hier aufgeführten Geschäfte befinden sich in der staubigen Hauptstraße von Valiza, die senkrecht zur Küste verläuft. Die Bushaltestelle befindet sich in einer Parallelstraße, einen Block weiter südlich.

Das **Valizas Hostel** (☎ 0475-4045; hostelvalizas@hotmail.com; B 280 UR$; ⊗ Nov.–März) ist wahrlich sehr einfach. Die Gäste wohnen in Schlafsälen, aber es gibt eine Kochgelegenheit und immerhin heiße Duschen.

Nicht weit ist es zum Supermercado El Puente (Gemischtwarenladen, ganzjährig geöffnet) und zum **Restaurante Hipocampo** (☎ 0475-4053, 099-828601; Gerichte 100–190 UR$). Dieses Lokal hat im Sommer täglich geöffnet; außerhalb der Saison wird hier nur auf Wunsch der Kochlöffel geschwungen – einfach mal anklopfen!

Vom Busunternehmen Rutas del Sol fahren mindestens drei Busse pro Tag nach/von Montevideo (294 UR$, 4 ½ Std.).

PUNTA DEL DIABLO

☎ 0477 / Ew. 1000

Das früher verschlafene Fischerdorf Punta del Diablo, seit geraumer Zeit einer der beliebtesten Ferienorte der Uruguayer und Argentinier, hat sich als Zentrum der Backpacker-Szene etabliert. Landeinwärts, aber auch am Meer entlang wurde in den letzten Jahren immer mehr unkontrolliert gebaut. Die herrliche Küste ist dennoch größtenteils intakt geblieben, und der Einfluss der Alternativszene sorgt für viel jugendliche Ausstrahlung. Wer den Massen entgehen möchte, sollte die Zeit von Weihnachten bis Februar, wenn hier umtriebige Hochsaison herrscht, besser meiden.

Praktische Informationen & Orientierung

Die Busse steuern das traditionelle Ortszentrum an, eine „Plaza" mit Sandboden ein Stück vom Meer entfernt. Von hier führen kleine Staubstraßen in alle Richtungen. Wer zum kleinen Hafen und zu den unten aufgeführten Hotels möchte, geht auf der Hauptstraße rund 200 m bergab bis zum Meer und weiter in Richtung Osten am Wasser entlang.

Und Achtung: Bei Drucklegung dieses Reiseführers gab es in Punta del Diablo noch keinen Geldautomaten. Das sollte sich zwar alsbald ändern, aber es ist dennoch sinnvoll, sich ausreichend Bargeld einzustecken, zumal man in nur wenigen Geschäften mit Kreditkarte zahlen kann. Die nächste größere Stadt ist dann Chuy an der Grenze zu Brasilien.

Sehenswertes & Aktivitäten

Ein Großteil des Reizes von Punta del Diablo besteht in seinem Motto: Nimm das Leben so, wie es gerade kommt. Tagsüber werden am Hauptstrand des Ortes Surfbretter (aber auch Pferde) vermietet – wer will, kann alternativ einfach ein paar Stunden in Richtung Nordosten zum Parque Nacional Santa Teresa laufen (s. Kasten S. 656). Am Abend lässt sich bei einem Caipi der idyllische Sonnenuntergang beobachten, Straßenkünstler treten auf, Lagerfeuer knistern und Trommeln dröhnen ... na ja, alles klar, oder?

An den Ufern der Laguna Negra, 10 km nordwestlich des Ortes, lässt sich in der **Estación Biológica Potrerillo de Santa Teresa** eine Fülle an Vögeln und Pflanzen sehen, interessant sind auch die 3000 Jahre alten Grabstätten. Die Besichtigung dauert gute drei Stunden; telefonische Anmeldung ist unter ☎ 4-470-6028 möglich.

Schlafen

In Punta del Diablo wohnen die Urlauber in cabañas. Darunter ist hier allerdings so ziemlich alles zu verstehen – von klapprigen Holzhütten bis hin zu Designervillen mit allem modernen Schnickschnack. Die meisten *cabañas* haben eine Küche; das Bettzeug ist mitzubringen. Einige schöne Quartiere sind hier zusammengestellt, aber das Angebot ändert sich rasant von einem Monat zum anderen. Wer auf der Suche nach einer Bleibe Hilfe braucht, kann in der Apotheke, im Supermarkt oder am Zeitungskiosk anfragen oder auch im Internet unter www.portaldeldiablo.com.uy nachschauen.

Die Hostelszene von Punta del Diablo hat in den letzten Jahren ebenfalls einen enormen Aufschwung genommen, und so finden sich erheblich mehr Quartiere als nachfolgend gelistet. Die unten genannten Preise gelten alle für die Hauptsaison, also von Weihnachten bis Februar, wenn die Tarife nur so in die Höhe schießen. In der Nebensaison liegen die Preise um bis zu 75 drei Viertel niedriger.

La Casa de las Boyas (☎ 2074; www.lacasadelasboyas.com; Playa del Rivero; B 400–660 UR$, Apt. 2400–2800 UR$; 💻 📶 🏊) Das Hostel befindet sich von der Bushaltestelle aus zehn Minuten zu Fuß in Richtung Norden. Es liegt oberhalb vom Strand und bietet eine Gästeküche, einen Pool, unterschiedlich große Schlafsäle sowie zwei nagelneue Apartments mit Küche.

El Diablo Tranquilo (☎ 2647; www.eldiablotranquilo.com; B 440–560 UR$, DZ 1280–2320 UR$; 💻 📶) Das Hostel mit seinem ungewöhnlich schönen Design hat in Punta del Diablo neue Maßstäbe in Sachen Billigunterkunft gesetzt. Der Amerikaner Brian Meissner hat sich das alles einfallen lassen. Vom Eingang aus geht es immer dem teuflisch roten Lichtschein nach, vorbei an einem lustigen Völkchen, das es sich auf dem Sofa am Kamin gemütlich gemacht hat, und dann sind auch schon die diversen Schlafsäle und anheimelnden Doppelzimmer mit jeder Menge Schnickschnack erreicht. Neben WLAN, flotten Computern, Hängematten, einer Gästeküche und Wäscheservice gibt's hier Paypal-Geldanweisungen, einen Fahrrad- und Surfboardverleih, Yoga- und Sprachunterricht sowie Ausritte hoch zu Ross. Im Bar-Restaurant des Hostels werden Mahlzeiten zu akzeptablen Preisen angeboten – sogar mit Strandservice! –, und die neuesten Zimmer über dem Restaurant verfügen über einen Kamin, Meerblick und ein Soundsystem, das sich echt hören lassen kann. Kein Wunder also, dass die Gäste im Schnitt gleich eine ganze Woche bleiben und es hier sogar im Winter voll ist.

Del Norte Vengo y En El Sur Me Quedo (☎ 099-878357; jasypo2876@yahoo.com; DZ/4BZ 1800/2000 UR$) Die farbenfrohen einstöckigen *cabañas* befinden sich zwei Blocks nördlich der Bushaltestelle, verfügen über eine Terrasse im Obergeschoss, haben Meerblick und sind mit Satinvorhängen und Bettüberwürfen hübsch ausgestattet. Die jungen Besitzer haben eine Weile in den USA gelebt und sprechen deshalb gut Englisch.

Aieta & Yoquese (☎ 099-274604; www.portaldeldiablo.com.uy; Cabañas 2400 UR$) In den beiden einfachen *cabañas* am Meer können bis zu sieben Personen übernachten.

Essen

In der Hochsaison macht es Spaß, einfach eine Weile am Meer entlangzubummeln, denn hier finden sich dutzendweise Lokale, in denen Meeresfrüchte auf den Tisch kommen, aber auch kleine Kneipen, die alle möglichen Snacks anbieten. Die meisten Restaurants haben allerdings im Winter geschlossen. Ein guter Tipp ist das lebhafte Bar-Restaurant El Diablo Tranquilo; es hat ganzjährig geöffnet. Eine Alternative ist das ebenfalls ganzjährig betriebene **Il Tano** (☎ 2690; Calle 9 zwischen Calles 12 & 14), ein Restaurant im Paseo del Rivero-Shoppingareal, in dem immer andere einheimische Küchenchefs von Donnerstag bis Sonntag den Kochlöffel schwingen.

An- & Weiterreise

Von den beiden Busunternehmen Rutas del Sol und Cynsa verkehren pro Tag mindestens zwei Busse von Punta del Diablo nach Montevideo (294 UR$, 5 Std.), Rocha (98 UR$, 1 ½ Std.) und Chuy (49 UR$, 1 Std.). Wer zum Parque Nacional Santa Teresa (29 UR$, 15 Min.) möchte, kann jeden Bus nach Chuy nehmen und dann entweder in Capatacía (Nationalparkzentrale) oder an der Fortaleza de Santa Teresa (Festung an der Nordwestecke des Parks) aussteigen.

Wer von Montevideo anreist, sollte einen der Busse wählen, die auch wirklich in den Ort Punta del Diablo hineinfahren. Bei Drucklegung dieses Reiseführers boten zwei Busunternehmen diesen Service an: Die Busse von Rutas del Sol fahren in Montevideo um 7 Uhr und 14.30 Uhr ab, von Cynsa um 8.40 Uhr und 16.15 Uhr. Mehrere andere Busse halten nur am Abzweig zum Ort an der Ruta 9; bis Punta del Diablo sind es von dort dann noch 4 km zu Fuß.

PARQUE NACIONAL SANTA TERESA

Der **Nationalpark** (☎ 0477-2101; www.ejercito.mil.uy/cal/sepae/sta_teresa.htm) 35 km südlich von Chuy wird von der Armee verwaltet und lockt mit seinen relativ leeren Stränden viele Gäste aus Uruguay und Brasilien an. Es gibt hier 1200 Zeltplätze, die in Eukalyptus- und Pinienhainen verstreut liegen, außerdem einen kleinen Zoo und ein Treibhaus. Der „nackte" Zeltplatz kostet 50/30 UR$ pro Person im Sommer/Winter; Zeltplätze mit Wasser und Strom sind für 80/50 zu haben. Außerdem lasssen sich hier auch *cabañas* mit unterschiedlicher Ausstattung mieten. Im Januar liegen die Preise bei 1100 UR$ für eine einfache Hütte mit Spitzdach; 3220 UR$ sind für eine etwas einfallsreicheres Häuschen am Meer hinzublättern. Von März bis November halbieren sich diese Tarife.

Viele Busse, die auf der Strecke Chuy–Rocha verkehren, halten in Capatacía (Nationalparkzentrale); dort gibt's Telefon, eine Post, einen Markt, einen Bäcker und auch ein **Restaurant** (Gerichte 90–250 UR$; ☽ 10–21 Uhr).

Die eigentliche Attraktion des Nationalparks ist jedoch die 4 km weiter Richtung Norden an der Ruta 9 gelegene beeindruckende **Fortaleza de Santa Teresa** (Eintritt 15 UR$; ☽ Dez.–März tgl. 10–19, April–Nov. Do–So 10–18 Uhr). 1762 begannen die Portugiesen mit dem Bau dieser Festung; sie wurde dann von den Spaniern vollendet, nachdem sie die Anlage 1793 eingenommen hatten. Im Nordosten des Parks ist der **Cerro Verde** sehenswert. Die Klippe am Meer untersteht dem SNAP-Programm (s. Kasten S. 638).

CHUY

☎ 0474 / 11 000 Ew.

Eine Warnung vorab: Wer nicht gerade unterwegs nach Brasilien ist oder von dort nach Uruguay fährt, ist hier fehl am Platz! Kehrtwende und zurück. Wer aber schon mal da ist, kann auch genauso gut einen Blick auf die Stände mit Raubkopien von CDs, geschmuggelte Zigaretten und Duty-free-Läden an beiden Seiten der Hauptstraße werfen.

Orientierung

Die Avenida Artigas führt von der Ruta 9 kommend als Haupteinfallsstraße in die Innenstadt. Sie führt nach Norden über die Grenze nach Brasilien und heißt dort dann Avenida Argentina (in der Stadt gibt's Stadtpläne, denen die vielen geänderten Straßennamen zu entnehmen sind). Der Hauptplatz von Chuy liegt einen Block südlich der Grenze. In ost-westlicher Richtung verläuft an der Grenze entlang die vierspurige Hauptdurchgangsstraße der Stadt mit vielen Geschäften; auf der uruguayischen Seite heißt sie Avenida Brasil, auf der brasilianischen Seite Avenida Uruguaí.

Praktische Informationen

Wer nach Brasilien einreisen will, erledigt die Ausreiseformalitäten in Uruguay an der **Zollstation** (Ruta 9), 1 km südlich der Stadt. Dort befindet sich auch das **Nationale Tourismusministerium** (☎ 4599).

Der uruguayische Peso wird in Brasilien als Zahlungsmittel nicht anerkannt. Mehrere Wechselstuben finden sich an der Grenze sowie in der Avenida Artigas. Die **Banco de la República Oriental** (Ecke Av Artigas & Ventura) hat einen Geldautomaten gegenüber vom Hauptplatz.

Die **Post** (Av. Artigas 322) befindet sich ein paar Blocks weiter südlich.

Schlafen & Essen

Wer sich bis zur Weiterfahrt mit dem Anschlussbus noch etwas länger in Chuy aufhalten möchte, findet hier diverse erschwingliche Hotels und

Lokale sowie eine nette Touristen-*estancia* im Westen der Stadt.

Hotel Vitoria (☎ 2280; Numancia 143; Zi. pro Pers. 380 UR$) Das einfache, saubere Hotel ist ein Familienbetrieb und liegt weit genug östlich vom Trubel, sodass ein guter Nachtschlaf gewährleistet ist.

Fortín de San Miguel (☎ 6607; www.elfortin.com, auf Spanisch; Ruta 19, km 10; EZ/DZ 1100/1600 UR$; 🏊) Wer die prächtigen Zimmer und den Pool dieser *estancia* im Kolonialstil inmitten sattgrüner Landschaft gegenüber der Fuerte San Miguel sieht, meint vielleicht, dass er schon im Himmel der Reisenden ist – aber auf jeden Fall an einem schöneren Ort als Chuy. Die Preise im zugehörigen Restaurant sind auch okay.

Panaderia Gianinn (☎ 4390; Ecke Av Artigas & Guaiba; Snacks ab 15 UR$; 🕒 7.30–21 Uhr) Immer der Nase nach, und schon ist diese Bäckerei erreicht, in der es so herrlich duftet. Aber es gibt hier auch Sandwiches, Joghurt und Säfte.

Miravos (☎ 4180; Av Brasil 507; Gerichte 120–340 UR$) Auf der Speisekarte steht immer etwas anderes, und die Gäste können drinnen in gemütlichen, schattigen Nischen oder draußen am Gehsteig in der Sonne sitzen.

An- & Weiterreise

Die Busunternehmen **COT** (Olivera 111), **Cotec/Rutas del Sol** (Olivera 121) und **Cynsa/Núñez** (Olivera 125) haben ihre Büros einen halben Block südlich der Grenze, nämlich gleich an der Nordwestecke von Chuys Plaza im Zentrum. Es verkehren täglich Busse nach Montevideo (333 UR$, 5 ½ Std.), die unterwegs mehrmals an der Küste halten. **Tureste** (Mauro Silva 109) fährt zweimal täglich von seinem Büro zwei Blocks westlich der Plaza nach Treinta y Tres (157 UR$, 3 Std.).

Der brasilianische *rodoviária* (Busbahnhof) befindet sich an der Ecke Venezuela/Chile, zwei Blocks nördlich der Grenze.

Angefahren werden u. a. Rio Grande (34 R$, 4 Std.), Pelotas (37 R$, 4 Std.), Porto Alegre (74/87 R$ normal/mit Umsteigen, 7 Std.) und São Paulo (225 R$, 26 Std.).

FUERTE SAN MIGUEL

Diese **Festung** (Ruta 19, km 9; Eintritt 15 UR$; 🕒 Dez.–März tgl. 10–19, April–März Do–So 10–18 Uhr) aus rosafarbenem Granit liegt 9 km westlich von Chuy. Sie wurde 1734 zur Zeit der Spannungen zwischen Spanien und Portugal erbaut. Heute bildet sie den Mittelpunkt des Parque Nacional San Miguel. Vom einsamen Eingang hoch oben, den ein Burggraben sichert, reicht die Sicht bis über die Grenze. Falls die Festung geschlossen ist,

besteht die Möglichkeit, einen Blick in den Burghof zu werfen und dem **Museo Criollo/Museo Indígena** in der Nähe einen Besuch abzustatten. In den Räumlichkeiten, aber auch im Freien sind Exponate zu sehen, die sich mit dem Leben der Gauchos, der indigenen Bevölkerung und der Pioniere beschäftigen, außerdem sind alle möglichen interessanten Kutschen und Gerätschaften zu bestaunen. Ist die Festung geöffnet, können auch die verschiedenen rekonstruierten Räumlichkeiten mit Stilmöbeln besichtigt werden, außerdem bietet sich von den Wehrmauern ein schöner Blick.

Das Unternehmen Cotec schickt täglich ein paar Busse von Chuy zur Festung (29 UR$, 10 Min.); mit dem Taxi kommen Besucher für 100 UR$ aber ebenfalls dorthin.

ALLGEMEINE INFORMATIONEN

AKTIVITÄTEN

Die Atlantikküste von Uruguay ist ein Paradies für Surfer und Leute, die gern Tiere in freier Wildbahn sehen. Punta del Diablo, La Paloma und Punta del Este können mit sehr guten Wellen aufwarten, während Cabo Polonio und die Lagune am Meer in der Provinz Rocha sich hervorragend eignen, um Wale, Delfine oder Seevögel zu beobachten.

Punta del Este ist die richtige Adresse für alle, die die Schickimicki-Strand-Szene, Bars und extravagante bzw. geräteintensiven Strandaktivitäten wie Parasailing, Windsurfen und Jetskifahren mögen.

Im Landesinneren sind Ausritte sehr beliebt und werden von den meisten touristischen *estancias* (s. Kasten S. 630) organisiert.

PRAKTISCH & KONKRET

▪ Die Stromspannung in Uruguay beträgt 220 V, 50 Hz. Die gängigen Stecker haben zwei runde Stifte und keine Erdung.

▪ Üblich sind Sitztoiletten. Das Toilettenpapier wird in einen bereitgestellten Mülleimer geworfen.

▪ Die wichtigsten Zeitungen sind auf S. 604 zusammengestellt.

URUGUAY

BOTSCHAFTEN & KONSULATE

Wenn nicht anders vermerkt, befinden sich die angegebenen Adressen alle in Montevideo (Vorwahl ☎ 02); viele liegen östlich oder südlich der Innenstadt.

Argentinien Konsulat (Karte S. 606–607; ☎ 902-8623; WF Aldunate 1281); Botschaft (Karte S. 606–607; ☎ 902-8166; Cuareim 1470); Colonia (Karte S. 620; ☎ 052-22093; Av. General Flores 209); Fray Bentos (☎ 056-23225; Treinta y Tres 3237); Paysandú (Karte S. 632; ☎ 072-22253; Leandro Gómez 1034); Punta del Este (Karte S. 645; ☎ 446162; Ecke Gorlero & Calle 19; ☿ Mitte Dez.–Mitte März); Salto (☎ 073-32931; Artigas 1162)

Bolivien (☎ 708-3573; Prudencio de Pena 2469)

Brasilien (Karte S. 606–607; ☎ 901-2024; Convención 1343, 6. St.); Chuy (☎ 0474-2049; Fernández 147)

Chile (Karte S. 606–607; ☎ 916-2346; 25 de Mayo 575)

Deutschland (Karte S. 606–607; ☎ 902-5222; La Cumparsita 1435)

Frankreich (Karte S. 606–607; ☎ 1705-0000; Av. Uruguay 853) **Großbritannien** (☎ 622-3630; Marco Bruto 1073)

Israel (☎ 400-4164; Bulevar Artigas 1585)

Italien (☎ 480-7080; Jorge Canning 2535)

Japan (☎ 418-7645; Bulevar Artigas 953)

Kanada (Karte S. 606–607; ☎ 902-2030; Plaza Independencia 749, Oficina 102)

Niederlande (☎ 711-2956; Leyenda Patria 2880, 2. St.)

Österreich (☎ 915-5431; Misiones 1381, Of. 102)

Paraguay (☎ 707-2138; Bulevar Artigas 1256)

Peru (☎ 707-1420; Obligado 1384)

Schweiz (☎ 711-5545; Federico Abadie 2936, 11. St.)

Spanien (☎ 708-0048; Libertad 2738)

USA (☎ 418-7777; Lauro Muller 1776)

BÜCHER

Im Vergleich zu den Nachbarländern ist über Uruguay erstaunlich wenig auf Deutsch erhältlich. Der Roman *Das Vogelmädchen* (1916) von William Henry Hudson porträtiert das Leben im Uruguay des 19. Jhs. Schön zu lesen ist Hellmut Freunds *Vor dem Zitronenbaum*, ein autobiografischer Roman, in dem der Autor seine Jahre in Montevideo beschreibt, nachdem die jüdische Familie in der Nazizeit Deutschland verlassen musste. Ein guter Einstieg, um sich generell mit der Geschichte Lateinamerikas – und natürlich auch Uruguays – zu beschäftigen, ist der Klassiker des Uruguayers Eduardo Galeano *Die offenen Adern Lateinamerikas – Geschichte eines Kontinents von der Entdeckung bis zur Gegenwart*. Weitere interessante Titel sind *Uruguay – eine politische Landeskunde* von Stefan Thimmel, Gert Eisenbürger und Theo Bruns (Hrsg.) sowie von Veit Strassner *Die offenen Wunden. Lateinamerikas Vergangenheitspolitik im postau-*

toritären *Argentinien, Uruguay und Chile* sowie von Dietmar Klumpp *Der Rechtsstaat in Paraguay und Uruguay Vergleich und Erklärungsversuche*. Eine einfühlsame Erklärung für den Aufstieg der Guerilla-Bewegung in den 1960er-Jahren gibt María Esther Gilio in ihrem Buch *The Tupamaro Guerrillas* – das Buch liegt allerdings nur auf Englisch vor.

Literatur aus Uruguay siehe S. 599.

FEIERTAGE

Año Nuevo (Neujahrstag) 1. Januar

Día de los Reyes (Dreikönigstag) 6. Januar

Viernes Santo/Pascuas (Karfreitag/Ostern) März/April (Termine unterschiedlich)

Desembarco de los 33 (Jahrestag der Landung von 33 Exil-Uruguayern) 19. April; zu Ehren der 33 Exil-Uruguayer, die 1825 mit Hilfe der Argentinier nach Uruguay zurückkehrten, um das Land von der brasilianischen Herrschaft zu befreien

Día del Trabajador (Tag der Arbeit) 1. Mai

Batalla de Las Piedras (Schlacht von Las Piedras) 18. Mai; gedenkt dieser wichtigen Schlacht zur Erlangung der uruguayischen Unabhängigkeit

Natalicio de Artigas (Geburtstag von General José Gervasio Artigas) 19. Juni

Jura de la Constitución (Jahrestag der Verfassung) 18. Juli

Día de la Independencia (Unabhängigkeitstag) 25. August

Día de la Raza (Jahrestag der Entdeckung Amerikas durch Kolumbus) 12. Oktober

Día de los Muertos (Allerseelen) 2. November

Navidad (Weihnachtstag) 25. Dezember

FESTE & EVENTS

Der Karneval (s. S. 611) dauert in Uruguay über einen Monat und ist viel ausgelassener als in Argentinien. Die Semana Santa (Karwoche) hat sich unter dem Namen Semana del Turismo (Woche des Tourismus) eingebürgert. Viele Uruguayer machen dann Urlaub, und in dieser Woche ist es dann gar nicht so einfach, eine Unterkunft zu finden.

Weitere interessante Events sind das Bierfest in Paysandú (S. 631) und die Fiesta de la Patria Gaucha (S. 636) in Tacuarembó.

FRAUEN UNTERWEGS

Die Uruguayer sind keine Heiligen in Sachen *machismo*, in der Regel werden Frauen jedoch mit Respekt behandelt. Alleinreisende Frauen sind in Uruguay sicherer als in vielen anderen Ländern Lateinamerikas.

FREIWILLIGENARBEIT

Alle Organisationen in Uruguay, die Freiwillige akzeptieren, bestehen auf einer Mindestaufenthaltsdauer von einem Monat, außerdem werden Grundkenntnisse in Spanisch erwartet. Die beiden aufgeführten Gruppen sind in Montevideo stationiert:

Academia Uruguay (☎ 02-915-2496; www.academia uruguay.com; Juan Carlos Gómez 1408) Sprachschule, die Freiwillen in Montevideo diverse Möglichkeiten anbietet.

Karumbé (☎ 098-614201; www.karumbe.org) Schutz von Meeresschildkröten.

GEFAHREN & ÄRGERNISSE

Uruguay ist noch immer eines der sichersten Länder Südamerikas, die Straßenkriminalität hat in den letzten Jahren allerdings zugenommen. Wie in jeder Großstadt ist also auch in Montevideo Vorsicht geboten.

GELD

Uruguays Währung ist der *peso uruguayo* (UR$). Es sind Geldscheine zu 20, 50, 100, 200, 500 und 1000 UR$ in Umlauf. Außerdem gibt es Münzen zu 50 Centavos und zu einem, zwei, fünf und zehn Pesos.

In den Touristenhochburgen werden im Allgemeinen US-Dollar akzeptiert; dort geben Hotels der Spitzenklasse und sogar einige Budgetunterkünfte ihre Preise in US$ an. Aber Achtung: Der Wechselkurs im Hotel ist schlecht. In den meisten Fällen kommt derjenige besser weg, der in Pesos bezahlt.

Außerhalb der Touristenzentren werden Dollar kaum angenommen. Der Euro ist als Zahlungsmittel nicht eingeführt.

Die meisten Hotels, Restaurants und Geschäfte im höheren Preissegment akzeptieren Kreditkarten.

Geldautomaten

Von kleinen Orten im Landesinneren einmal abgesehen, lässt sich überall problemlos am Geldautomaten Bargeld ziehen. Automaten, die mit dem grünen Banred- oder blauen Redbrou-Logo versehen sind, nehmen alle internationalen Karten (mit Pin!) wie Cirrus, Visa, MasterCard und Maestro.

Die Geldautomaten geben generell hohe Scheine aus. Es macht also durchaus Sinn, lieber 900 UR$ abzuheben als (einen Schein zu) 1000 UR$ oder 1900 UR$ und nicht 2000 UR$ usw., denn sonst steht man am Ende mit ein oder zwei hohen Geldscheinen da. Selbst in Großstädten lassen sich 1000 UR$-Scheine aber oft nur schwer wechseln.

Viele Geldautomaten geben auch US-Dollar aus, allerdings nur in Form von Scheinen zu

jeweils 100 US$; diese Automaten sind mit US$ gekennzeichnet.

Geldwechsel

In Montevideo, Colonia, in den Ferienorten am Meer und in Grenzstädten wie Chuy gibt es überall *casas de cambio*, die fremde Währung (*moneda extranjero*). Diese Wechselstuben haben längere Öffnungszeiten als Banken, aber dafür ist der Kurs oft schlechter.

Wechselkurse

Bei Drucklegung dieses Reiseführers galten folgende Wechselkurse:

Land	Währung	UR$
Argentinien	1 AR$	4,94
Brasilien	1 R$	10,34
Euro-Zone	1 €	25,75
USA	1 US$	19,20

Reisechecks

Reisechecks lassen sich nur in wenigen Banken wechseln. Gute *casas de cambio* sind die Casa Cambiaria Gales und Indumex. Wer die Kommission sparen will, zieht sein Geld jedoch besser am Automaten.

INFOS IM INTERNET

Mercopress News Agency (www.mercopress.com) Internet-Nachrichtenagentur mit Sitz in Montevideo.

Nationales Tourismusministerium (www.turismo.gub.uy) Staatliche Touristeninformation.

Olas y Vientos (www.olasyvientos.com.uy, auf Spanisch) Alles, was man über die Surfszene in Uruguay wissen muss.

Auswärtiges Amt (www.ausaertiges-amt.de) Informationen zum Leben und Arbeiten in Uruguay.

INTERNETZUGANG

Internetcafés finden sich in größeren Städten an jeder Ecke (Std. 15–20 UR$).

Viele Filialen von Antel, der staatlichen Telefongesellschaft, bieten ebenfalls Internetzugang für 19 UR$ pro Std.

KARTEN & STADTPLÄNE

ITMB (http://shop.itmb.ca) veröffentlicht eine nützliche Karte mit dem Stadtplan von Montevideo auf der einen Seite und Uruguay auf der anderen. Gute Straßenkarten sind in Uruguay an den Ancap-Tankstellen erhältlich.

Zwei weitere hervorragende Quellen sind der **Automóvil Club del Uruguay** (☎ 02-1707; Yí 1422) sowie das **Instituto Geográfico Militar** (☎ 02-481-6868; Ecke 8 de Octubre & Abreu) östlich vom Zentrum.

URUGUAY

KURSE

In touristischen Regionen finden sich an den Schwarzen Brettern der Cafés oft Angebote für Spanischunterricht.

Offizielle Spanisch- oder Tangokurse können in Montevideo (S. 610) belegt werden.

ÖFFNUNGSZEITEN

Die meisten Geschäfte haben Montag bis Samstag von 8.30 bis 1 Uhr geöffnet, schließen dann zwei, drei Stunden über die Siesta und haben dann nochmals bis 19 oder 20 Uhr geöffnet. Die Shoppingcenter in Großstädten sind montags bis samstags von 10 bis 22 Uhr durchgehend geöffnet, sonntags öffnen sie eine Stunde später.

Banken sind nur wochentags und dann auch bloß am Nachmittag offen.

Restaurants, in denen es auch Frühstück gibt, öffnen ungefähr um 8 Uhr. Das Mittaggegessen wird von 12 bis 15 Uhr serviert, die Einheimischen essen dann eher wenig. Vor 21 Uhr isst in Uruguay niemand zu Abend. Manche Bars öffnen bereits um 18 Uhr, sind aber bis 1 Uhr leer. Der Uruguayo geht erst weit nach Mitternacht aus.

POST

Die Postgebühren sind soweit in Ordnung, allerdings dauert die Beförderung oft lang. Wichtige Sendungen sollten deshalb als Einschreiben oder per Kurier geschickt werden.

PREISE

In diesem Kapitel sind die diversen Unterkünfte nach ihrem jeweiligen Preis eingeteilt: Budgetunterkünfte (bis 750 UR$/DZ), Mittelklassehotels (750 UR$ bis 1500 UR$/DZ) und Spitzenklassehotels (über 1500 UR$/DZ). Wenn nicht anders angegeben, sind in den Preisen die Mehrwertsteuer und der Hochsaisonzuschlag inbegriffen. Im glamourösen Punta del Este muss man mit doppelt so hohen Preisen wie im übrigen Uruguay rechnen. Die Correo Uruguay berechnet für Briefe nach Europa 2€.

Lokale sind nach ihrem Durchschnittspreis für ein Hauptgericht kategorisiert: günstig (bis 125 UR$), mitteleuer (125–250 UR$) und teuer (über 250 UR$).

Generell liegen die Reisekosten ein wenig höher als in Argentinien.

RECHTSFRAGEN

In Uruguay sind Drogen an jeder Ecke erhältlich. Wer allerdings damit erwischt wird, hat ein Riesenproblem wie überall auf der Welt. Außer-

dem sind hier Polizisten und Beamte nicht so scharf auf ein Bestechungsgeld wie in vielen anderen Ländern Südamerikas.

REISEBÜROS

Diverse Reisebüros in Montevideo organisieren Aufenthalte in einer *estancia* mit Hauptgewicht auf Reiten, Vogelbeobachtung und anderen Freizeitaktivitäten im Freien. Genauere Informationen siehe Kasten S. 630.

REISEN MIT BEHINDERUNG

Langsam kümmert sich Uruguay auch um das Wohl von Reisenden mit einer Behinderung. In Montevideo finden sich mittlerweile Rampen und speziell ausgestattete WCs an wichtigen Punkten wie der Plaza Independencia und dem Teatro Solis; außerdem bietet die neue Buslinie CA1 einen Niederflureinstieg. Dennoch bleibt noch viel zu tun. Viele Budgetunterkünfte haben ein Treppenhaus, aber keinen Lift. Ein Plus sind dafür die billigen Taxis – und die liebenswürdigen Einheimischen helfen immer gern weiter!

SCHWULE & LESBEN

Uruguay ist in den letzten Jahren recht homofreundlich geworden. Es erkannte im Januar 2008 als erstes Land Lateinamerikas gleichgeschlechtliche Zivilehen an. (Buenos Aires erkannte als erste lateinamerikanische Stadt gleichgeschlechtliche Partnerschaften an.)

Eine hervorragende Website auf Englisch ist **Out in Uruguay** (www.outinuruguay.com).

SHOPPEN

Schnäppchen sind Lederkleidung und Lederaccessoirs, Kleidung und Stoffe aus Wolle, Achat- und Edelsteine, Keramik, Kunsthandwerk aus Holz und dekorative Mate-Gefäße.

In Uruguay hat das Feilschen keine Tradition – wer mit rotem Kopf und hervortretenden Adern an der Stirn den Preis zu drücken versucht, liegt für das Naturell des Uruguayers total daneben. In der Regel wird vom Normaltouristen der Preis bezahlt, der für die Einheimischen auch gilt.

SPRACHE

Spanisch ist die offizielle Landessprache, die jeder versteht. Die Uruguayer schwanken beim Gebrauch des *voseo* und *tuteo* in der Umgangssprache (s. Kasten S. 704), verstehen aber natürlich beides. An der brasilianischen Grenze sprechen viele Spanisch und Portugiesisch oder auch *portuñol*, eine etwas seltsame Mischung aus den beiden verwandten Sprachen. Unter dem Einfluss des brasilianischen Portugiesisch entstand in Uruguay die Redewendung „*ta*" – die Kurzform für „*está bien* („okay/gut"); sie wird oft auch als Frage verwendet. Einzelheiten zum lateinamerikanischen Spanisch, s. Kapitel Sprache (S. 711).

TELEFON

Die Landesvorwahl von Uruguay ist ☎ 598. Die staatliche Telefongesellschaft heißt Antel und hat in jeder Stadt eine Zweigstelle.

Außerdem gibt es überall noch private *locutorios* (Telefonläden).

Zur Nutzung der öffentlichen Telefone sind Telefonkarten erforderlich. Sie sind zu 25, 50, 100 und 200 Pesos bei Antel oder an Zeitungskiosken erhältlich.

Viele Internetcafés haben auf ihren Computern Skype installiert und bieten auch Kopfhörer und Mikro.

Handy

Viele Reisende bringen ein freies Handy ohne SIM-Lock mit (oder kaufen sich eines billig vor Ort) und legen dann eine urugayische SIM-Karte ein, anstatt teure Roaming-Gebühren zu zahlen. SIM-Karten der verschiedenen uruguayischen Anbieter sind in deren Filialen sowie in großen Einkaufszentren erhältlich. Prepaid-Karten zum Aufladen gibt's an jedem Kiosk und sogar im Supermarkt.

Das eigene Handy sollte bereits zu Hause entsperrt werden, da dieser Service in Uruguay nur selten angeboten wird. Außerdem sind die SIM-Card-Tarife relativ hoch (rund 7 UR$ pro Min. selbst bei Ortsgesprächen).

Wer sich länger hier aufhält, kann mit einem einheimischen Roaming-Angebot Geld sparen. So bieten beispielsweise Movistar und Ancel mit einer Gebühr von 2 UR$ bis 4 UR$ pro Minute besondere Tarife für internationale Gespräche an.

TOURISTENINFORMATION

Das **Nationale Tourismusministerium** (www.turismo.gub. uy) unterhält 13 Büros im ganzen Land. Dort sind hervorragende kostenlose Landkarten für alle 19 Provinzen Uruguays sowie Sonderbroschüren zu Themen wie Urlaub auf einer *estancia* oder Karneval erhältlich – und was für Reisende sonst noch alles von Interesse ist. In den meisten Städten findet sich auch eine städtische Touristeninformation, und zwar oft an der Plaza oder beim Busbahnhof.

UNTERKUNFT

Uruguay hat ein hervorragendes Netz an Hostels und Campingplätzen, vor allem am Meer. Wer einen ISIC- oder HI-Ausweis hat, bekommt häufig eine Ermäßigung. Allgemeine Informationen erteilt in Montevideo **HI Uruguay** (☎ 2-900-5749; www.hihostels.com; Paraguay 1212). Weitere preiswerte Unterkünfte neben Herberge und Zelt sind die *hospedajes* (Privatzimmer) und die *residenciales* (Billighotels).

Posadas (Gasthöfe) gibt es in allen Preisklassen, sie sind meist gemütlicher als Hotels. Die wiederum sind je nach Ausstattung mit einem bis zu fünf Sternen klassifiziert.

Auf dem Land bieten *estancias turísticas* (mit dem blauen Logo des Nationalen Tourismusministeriums gekennzeichnet) Unterkunft auf einer Farm (s. Kasten S. 630).

VISUM

Staatsbürger aus Deutschland, Österreich und der Schweiz erhalten automatisch eine Touristenkarte, die 90 Tage gültig ist und um weitere 90 Tage verlängert werden kann. Staatsbürger anderer Länder benötigen ggf. ein Visum. Verlängerungen nehmen die **Dirección Nacional de la Migración** (Karte S. 606–607; ☎ 02-916-0471; Misiones 1513; ⌚ Mo–Fr 9.15–14.30 Uhr) in Montevideo sowie ihre Büros in den Grenzstädten vor.

VERKEHRSMITTEL & -WEGE IN URUGUAY

AN- & WEITERREISE
Einreise

Alle Ausländer benötigen für Uruguay einen Reisepass. Der Pass muss bei vielen Gelegenheiten vorgelegt werden, zum Beispiel auch beim Einchecken in einem Hotel oder beim Einlösen eines Reiseschecks.

Flugzeug

Ausländische Passagiere, die vom Flughafen Carrasco in Montevideo abfliegen, müssen derzeit eine Steuer von 31 US$ bezahlen. Adressen und Telefonnummern der verschiedenen Fluglinien siehe S. 618.

EUROPA

Iberia und die uruguayische Fluglinie Pluna bieten Direktflüge von Montevideo nach Madrid an. Lufthansa und Air France fliegen von Montevideo mit Zwischenstopp in Buenos Aires bzw. São Paulo in diverse Städte Eurpas.

FLÜGE INNERHALB VON SÜDAMERIKA

Es bestehen viele Verbindungen von Montevideos Carrasco zum Aeroparque in Buenos Aires sowie vom Aeroparque nach Punta del Este. Pluna und Aerolíneas Argentinas haben das größte Angebot.

Direktflüge gibt's außerdem von Montevideo nach Brasilien, Chile, Paraguay und Peru. Einzelheiten siehe S. 618.

USA

American Airlines bietet Direktflüge von Montevideo nach Miami an. LanChile fliegt von Los Angeles, Miami und New York mit Umsteigen in Santiago. Andere Fluggesellschaften fliegen über Ezeiza in Buenos Aires oder São Paulo, Brasilien.

Auf dem Landweg & Übers Meer

Uruguay hat Grenzen zur Provinz Entre Ríos in Argentinien und zur Provinz Rio Grande do Sul in Brasilien. Die Schnellstraßen und Busverbindungen sind in der Regel gut.

ARGENTINIEN

Das am häufigsten gewählte Transportmittel, um von Uruguay nach Argentinien zu gelangen, sind Schiff oder Fähre (oft mit Bus über Colonia). Es gibt drei Routen: von Montevideo nach Buenos Aires (S. 619), von Colonia nach Buenos Aires (S. 625) und von Carmelo nach Tigre (S. 627).

Auf dem Landweg verbinden drei Brücken über den Río Uruguay die beiden Länder Uruguay und Argentinien: von Fray Bentos nach Gualeguaychú (bei Drucklegung dieses Reiseführers für unbestimmte Zeit geschlossen), von Paysandú nach Colón und von Salto nach Concordia. Die Busse (ohne Umsteigen) von Montevideo nach Buenos Aires (über Paysandú–Colón, bis die Brücke Fray Bentos–Gualeguaychú wieder geöffnet ist) sind langsamer und nicht so praktisch wie die Kombination aus Bus und Schiff über den Río de la Plata.

BRASILIEN

Es gibt insgesamt sechs Grenzübergänge von Uruguay nach Brasilien. Der beliebteste ist von Chuy in Uruguay nach Chuí in Brasilien (s. S. 658). Die anderen Übergänge sind von Osten nach Westen: von Río Branco nach Jaguarão, von Aceguá nach Bagé, von Rivera nach Santana

do Livramento, von Artigas nach Quaraí und von Bella Unión nach Barra do Quaraí. Wer zu den Iguazú-Wasserfällen möchte, kann den letzt genannten Übergang (Bella Ubión) nutzen; die Anreise durch Brasilien gestaltet sich allerdings lang und kompliziert.

UNTERWEGS VOR ORT
Auto & Motorrad

Wer sich weniger als 90 Tage in Uruguay aufhält, benötigt nur seinen gültigen Führerschein aus dem Heimatland. Der Fahrstil der Uruguayer ist generell sehr rücksichtsvoll, und selbst im brodelnden Montevideo geht es im Vergleich zu Buenos Aires sehr gesittet zu.

Uruguay importiert sein gesamtes Öl. Der Preis für bleifreies Benzin betrug bei Drucklegung dieses Reiseführers 29,60 UR$.

AUTOMOBILCLUBS

Beim **Automóvil Club del Uruguay** (☎ 02-902-4792; Av. Libertador General Lavalleja 1532, Montevideo) sind gute Landkarten und Informationen über den Zustand von Straßen zu haben.

MIETWAGEN

Preiswerte Mietwagen sind für rund 900 UR$ am Tag in der Nebensaison erhältlich, Steuer und Versicherung eingeschlossen. Wer sich etwas umschaut, bezahlt bei einem Angebot für mehrere Wochen oft noch weniger, nämlich schlappe 700 UR$ pro Tag; manchmal wird bei Barzahlung ein Preisnachlass gewährt. Wer übers Internet bucht, kann ebenfalls Geld sparen. Und Achtung: Die bei den meisten Kreditkartenfirmen automatisch inbegriffene Versicherung für Unfall/Schaden/Diebstahl gilt auch für Mietwagen in Uruguay.

VERKEHRSREGELN & GEFAHREN

Auf allen Schnell- und Autobahnen sind tagsüber die Scheinwerfer einzuschalten; wer es vergisst, wird angeblinzelt. Die meisten Städte haben ein Einbahnstraßensystem: Es darf abwechselnd nur in die eine oder in die andere Richtung gefahren werden, was jeweils ein Pfeil anzeigt. Außerhalb von Montevideo gibt es an Kreuzungen keine Stoppschilder und auch keine Ampeln. Wer zuerst kommt, der Vorfahrt – eine Nervenprobe für Uneingeweihte. Willkürliche Fahrzeugkontrollen und Durchsuchungen vonseiten der Polizei sind selten.

Außerhalb der Hauptstadt Montevideo und den Touristenzentren am Meer ist der Verkehr minimal und stellt kaum ein Problem dar. Die Straßen sind generell in gutem Zustand und nur im Landesinneren öfters ramponiert. Aufpassen sollte man auf umherlaufendes Vieh und wilde Tiere. Selbst in der Innenstadt von Montevideo sind noch Pferdewagen unterwegs, die Müll oder Waren aufsammeln.

Bus

Die Busse sind komfortabel, die Fahrpreise halten sich im Rahmen, und die Entfernungen sind kurz. Bei den meisten Unternehmen liegen kostenlose Fahrpläne aus.

In einigen Orten, die keinen eigenen Busbahnhof haben, haben die Unternehmen ihre Büros in Laufweite voneinander entfernt am Hauptplatz.

Busse fahren in guter Taktfrequenz zu allen wichtigen Destinationen im Land. Es ist nicht nötig, einen Platz zu reservieren – außer in der Hochsaison und zur Ferienzeit. In der Hauptreisezeit lassen die Unternehmen mehrere Busse gleichzeitig zu einem häufig nachgefragten Ziel fahren – auf dem Ticket ist dann auch die Nummer des jeweiligen Busses vermerkt. Beim Fahrer sollte man sich rückversichern, dass man in den richtigen Bus einsteigt, sonst kann es passieren, dass man womöglich auf dem richtigen Sitzplatz, aber im falschen Bus sitzt!

In den meisten Städten mit Busbahnhof gibt es eine kostenlose Gepäckaufbewahrung. Ist kein Busbahnhof vorhanden, besteht die Möglichkeit, das Gepäck bei dem Busunternehmen zu deponieren, mit dem man dann später weiterfährt.

Nahverkehr

Taxis, *remises* (vorbestellte Funktaxis) und Lokalbusse funktionieren in etwa so wie auch in Argentinien. Taxis haben ein Taxameter. Die Fahrer berechnen den Preis anhand des Taxameters und einer Fahrpreistabelle. Von 22 bis 6 Uhr morgens, am Wochenende und an Feiertagen liegen die Fahrpreise um 20 % höher. Für Gepäck wird eine geringfügige Gebühr erhoben, die Fahrgäste geben Trinkgeld, indem sie den Betrag um 5–10 Pesos aufrunden. In Montevideo sowie in Verkehrsknotenpunkten wie Maldonado und Punta del Este ist der Service der Stadtbusse bestens, während in kleineren Küstenstädten wie La Paloma *micros* (Minibusse oder umgebaute Vans) den Nahverkehr übernehmen.

Trampen

Auf dem Land sind Einheimische, die per Anhalter fahren, nichts Besonderes, denn Benzin ist teuer, und nur recht wenige Leute besitzen ein eigenes Auto. Bedenken in Sachen Sicherheit sind hier nicht so wichtig wie in anderen Ländern, aber Ausländer, die trampen, werden oft schief angeschaut. Zu Risiken beim Trampen siehe S. 692.

Allgemeine Informationen

INHALT

AKTIVITÄTEN

Gelegenheiten für Outdoor-Aktivitäten bietet Argentinien mehr als ausreichend.

Alles ist möglich: Trekking im Seengebiet und in Patagonien, Bergwandern in Mendoza und San Juan, aber auch Wintersport, Radfahren und Sportfischen, um nur einige zu nennen. Siehe dazu auch S. 59.

ALLEINREISENDE

Das Alleinreisen kann eine echte Erfahrung fürs Leben sein. Die Wahrscheinlichkeit, mit Einheimischen und anderen Reisenden in Kontakt zu kommen – und das ist es ja, was beim Reisen vor allem zählt –, ist sehr viel größer, denn eine Begleitung kann wie ein Panzer wirken.

Klar, man fühlt sich manchmal einsam, und es ist sicherlich angenehm, einen Gefährten zu haben, der auf die Sachen aufpasst oder einem beim Fotografieren zuguckt, doch diese Vorteile werden häufig durch das Vergnügen aufgewogen, Einheimische kennenzulernen.

Es dauert nicht lange, und schon laden Argentinier Alleinreisende zum *asado* oder anderswohin ein, noch schneller kommt man allerdings ins Gespräch.

Und in den vielen neuen Hostels, die es in ganz Argentinien gibt, dürfte es kein Problem sein, sich anderen Reisenden anzuschließen, wenn man sich unterwegs einmal einsam fühlt.

Für Frauen ist das Alleinreisen leider naturgemäß immer noch risikoreicher als für Männer. Doch unzählige Frauen sind Tag für Tag in Argentinien ungefährdet unterwegs; es gehört in dieser Hinsicht zu den sichersten Ländern Südamerikas.

Weitere Informationen zum Thema Frauen und Reisen siehe S. 668.

ARBEITEN

Argentinien bietet nur wenige Jobs – viele Einheimische sind arbeitslos oder unterbeschäftigt. Ausländische Reisende ohne Berufsausbildung sollten sich deshalb nur wenig Hoffnung auf Jobs machen.

Für deutsche Muttersprachler bietet sich immerhin die Möglichkeit, Deutsch als Fremdsprache zu unterrichten, etwa in Form eines von Deutschland aus organisierten Praktikums oder in Saisonjobs. Mit tollen Verdienstmöglichkeiten sollte allerdings keiner rechnen. Interessenten finden entsprechende Stellen über Internetrecherchen.

BOTSCHAFTEN & KONSULATE
Argentinische Botschaften & Konsulate

Argentinien hat diplomatische Vertretungen in der ganze Welt. Schon nach einer kurzen Suche im Internet wird man die entsprechende *embajada Argentina* (Argentinische Botschaft) bzw. das nächstgelegene Konsulat im Heimatland finden.

PRAKTISCH & KONKRET

- In Argentinien gilt bei Maßen und Gewichten das metrische System .

- Die Stromspannung liegt bei 220 Volt Wechselstrom, 50 Hz; es gibt zwei Arten von Steckern: entweder mit zwei runden Stiften oder mit drei flachen, eckigen Stiften. Für beide Arten lassen sich Adapter kaufen.

- Die beiden führenden Tageszeitungen von Buenos Aires – *Clarín* (www.clarin.com, auf Spanisch) und *La Nación* (www.lanacion.com.ar, auf Spanisch) – werden im ganzen Land verkauft. Zu den englischsprachigen Tageszeitungen zählen *Buenos Aires Herald* (www.buenosairesherald.com; die Zeitung findet man an den Zeitungsständen der meisten größeren Städte) und *Argentimes* (www.theargentimes.com; werden in Urlaubsorten verkauft). Siehe auch Medien S. 101.

- In Buenos Aires wird auf FM 92,7 rund um die Uhr Tango und auf FM 98,3 argentinische Rockmusik gesendet.

- Das Wort *local* in argentinischen Adressen meint eine Wohnung oder ein Büro. Ein "s/n" – die Abkürzung steht für *sin numero* (ohne Nummer) – bedeutet, dass eine Adresse keine Straßennummer hat.

Botschaften & Konsulate in Argentinien

Die folgende Liste gibt einen Überblick über die ausländischen Botschaften und Konsulate in Argentinien. Sie haben ihren Sitz zumeist in der Hauptstadt Buenos Aires.

Einige Staaten unterhalten sowohl eine Botschaft als auch ein Konsulat; im Folgenden wird nur die am zentralsten gelegene Adresse angegeben.

Deutschland Buenos Aires (Karte S. 96–97; ☎ 011-4778-2500; Villanueva 1055, Belgrano); Mendoza (Karte S. 374–375; ☎ 0261-429-6539; Montevideo 127, 2. Stock. Nr. 6); Posadas (Karte S. 237; ☎ 0387-422-9088; Caeros 1874); Tucumán (außerhalb von Karte S. 309; ☎ 0381-425-5528; Remedios de Escalada 680, Yerba Buena)

Österreich Buenos Aires (☼ 011-4807-9185, -9186; French 3671, 1425; ☼ Mo–Do 9–12 Uhr), Córdoba (☎ 0351-4720-450), San Carlos de Bariloche (☎ 02944-1560-8984)

Schweiz Buenos Aires (☼ 011-4311-6491, www.eda.admin.ch; Embajada de Suiza, Av. Santa Fe 846, 12°Piso 1059; ☼ Mo–Fr 9–12 Uhr), Córdoba (☎ 035-1423-2176), Rosario (☎ 037-1451-4444), Ruiz de Montoya (☎ 037-4349-5015)

ERMÄSSIGUNGEN

Ein Internationaler Studentenausweis (ISIC) kostet 43 Arg$ und wird von der Studenten- und Discount-Reiseagentur **Asatej** (Karte S. 92–93; ☎ 011-4114-7500; www.asatej.net; Florida 835, Raum 320, 2. OG, Buenos Aires) ausgestellt. Der Ausweis bietet Ermäßigungen in öffentlichen Verkehrsmitteln und beim Eintritt in Museen.

Häufig wird jedoch auch jede andere offiziell aussehende Bescheinigung einer Universität als Ersatz akzeptiert. Mit einem Jugendherbergsausweis (HI-Karte), der für 60 Arg$ im Büro von **Hostel International** (Karte S. 92–93; ☎ 011-4511-8723; www.hostels.org.ar; Florida 835, Raum 319, 2. OG, Buenos Aires) ausgestellt wird, reduzieren sich die Übernachtungspreise in allen HI-Einrichtungen (s. S. 681).

Die Karten von **minihostel** (www.minihostels.com) und **HoLa** (www.holahostels.com) haben eine ähnliche Funktion für die jeweils angeschlossenen Hostels.

Reisende über 60 Jahre bekommen häufig eine Seniorenermäßigung in Museen und vergleichbaren Einrichtungen. Im Allgemeinen genügt das Geburtsdatum im Pass als Altersnachweis.

ESSEN

Was die Reisenden in Argentinien an kulinarischen Köstlichkeiten erwartet, davon gibt die S. 67 einen Vorgeschmack. Verglichen mit Europa und Nordamerika sind die Restaurantpreise immer noch moderat. In touristischen Hotspots wie Buenos Aires und Patagonien sind Mahlzeiten, bei denen das Preis-Leistungs-Verhältnis stimmt, allerdings schon deutlich schwieriger zu finden.

In den Restaurant-Kapiteln sind die Einträge nach dem Preis gestaffelt, die günstigsten werden an erster Stelle genannt. Restaurants, die für ein Hauptgericht (im Adressteil als „Gericht" bezeichnet) bis zu 20 Arg$ verlangen, fallen in die Kategorie „günstig".

Diese Restaurants sind meist einfache (Familien-) Betriebe und haben in der Regel die Klassiker wie Pasta, *milanesas* (gebratenes Kalbfleisch oder Huhn) und Sandwiches auf der Speisekarte stehen. Wer den Hauswein im Glas oder in der Karaffe (*jarra*) bestellt, kommt günstig zu einem guten Schluck Wein. Ein Trost für alle, die ihre Pesos zählen müssen: Überall im Land gibt es günstige Restaurants, die die Reisekasse nicht zu sehr belasten.

Viele Argentinier müssen genauso kalkulieren wie Reisende.

In der Kategorie „mittelteuer" berechnen die Restaurants 20 bis 40 Arg$ für ein Hauptgericht. In diesen Restaurants kann man sehr gut essen und bezahlt oft für ein komplettes Essen einschließlich Dessert und Wein unter 60 Arg$. Spitzenrestaurants verlangen über 40 Arg$ für ein Hauptgericht, sie sind vor allem in der Hauptstadt anzutreffen, wo das meiste Geld vorhanden ist und die Lebenshaltungskosten höher liegen, aber auch in Patagonien (wegen der vielen Touristen und der isolierten Lage).

Die Standard-Öffnungszeiten finden sich auf dem vorderen Umschlag innen aufgelistet.

FEIERTAGE

An vielen Feiertagen sind die Behörden und Geschäfte geschlossen. Falls ein Feiertag auf einen Tag in der Wochenmitte oder auf ein Wochenende fällt, ist oft am nächst Folgenden Montag alles geschlossen.

Auch der öffentliche Nahverkehr wird dann nur eingeschränkt aufrechterhalten, Züge und Busse sind schnell randvoll. In der folgenden Aufzählung fehlen die regionalen Feiertage, die von Provinz zu Provinz sehr unterschiedlich ausfallen können. Eine Auflistung der besten argentinischen Feste und Events findet sich auf S. 23.

1. Januar Neujahr.

24. März Gedenktag an den Militärputsch 1976 und den darauffolgenden „Schmutzigen Krieg".

März/April Semana Santa (Karwoche) – wechselndes Datum; viele Geschäfte schließen am Gründonnerstag und Karfreitag; Haupturlaubswoche.

2. April Día de las Malvinas; Tag zu Ehren der gefallenen Soladaten im Falkland-Krieg 1982.

1. Mai Tag der Arbeit.

25. Mai Revolución de Mayo; erinnert an den Aufstand gegen Spanien 1810.

20. Juni Día de la Bandera (Tag der Flagge); Todestag des militärischen Führers Manuel Belgrano, der die argentinische Nationalflagge entworfen hat.

9. Juli Unabhängigkeitstag

17. August Día del Libertador San Martín; Todestag des Nationalhelden José de San Martín (1778–1850).

12. Oktober Día de la Raza (Kolumbustag)

8. Dezember Día de la Concepción Inmaculada; Tag des unbefleckten Empfängnis der Jungfrau Maria.

25. Dezember Weihnachten.

FOTOGRAFIEREN

Wer wissen will, wie man am besten Leute, Städte, Landschaften und sonstige Motive fotografiert, sollte sich den Lonely-Planet-Fotoguide *Travel Photography* von Richard I'Anson besorgen – er passt in jeden Rucksack. Auf keinen Fall sollte man militärische Einrichtungen, Soldaten und Polizisten fotografieren: Dabei riskiert man, dass die Kamera konfisziert wird!

Digitalfotografie

Wer mit einer Digitalkamera reist und viele Fotos schießen möchte, sollte sich eine transportable Festplatte kaufen. Damit lassen sich am einfachsten große Mengen an Daten speichern. Alternativ kann man die Fotos in einem Internetcafé (s. S. 672) auf CD oder DVD brennen. Fast alle Internetccafés haben zumindest ein Gerät mit USB-Anschluss und CD-Brenner.

Film

Filme sind hinsichtlich Qualität und Preis mit denen in Europa vergleichbar. Das Entwickeln ist in Argentinien aber günstiger als in Europa. Die Qualität der Abzüge ist sehr gut, sodass es sich lohnt, Filme schon vor der Heimreise entwickeln zu lassen. Für das Entwickeln von Diafilmen finden sich außerhalb von Buenos Aires aber nur wenige Fachgeschäfte.

FRAUEN UNTERWEGS

Argentinien ist für Frauen eine echte Herausforderung, insbesondere wenn sie jung und allein unterwegs sind und/oder sich nicht um Konventionen scheren. In mancherlei Hinsicht ist Argentinien für Frauen sicherer als Europa, die USA und die meisten anderen lateinamerikanischen Staaten, dennoch kann der Umgang mit dieser Machismo-Kultur wirklich auch sehr strapaziös sein.

Den Verstand vom Testosteronüberschuss vernebelt, lassen sich die Jungs oft völlig ungeniert über weibliche Reize aus – und das auf offener Straße, ganz gleich, ob das Objekt der Begierde allein oder in Gruppen unterwegs ist (außer natürlich, die Begleitung ist männlich). Die Anmache geht leider oft richtig unter die Gürtellinie, Schnalzen und Pfeifen ist noch das mindeste; *piropos* (anzügliche Kommentare) gelten als Kunst der Werbung. Häufig sind sie vulgär, manchmal aber auch wirklich originell und kreativ.

Das Bedürfnis, dem Betreffenden unmittelbar eins drüberzugeben, mag stark sein, besser aber ignoriert man als Frau solche Kommentare einfach. Diese Art ist schlicht Teil der Kultur: Die argentinischen Männer meinen sie nicht beleidigend, und die *porteñas* (Frauen aus Buenos Aires) verstehen sie so, wie sie gemeint sind – als Kompliment.

Frauen, die das aus ihrer Heimat nicht gewohnt sind, empfinden die ungenierte Zurschaustellung weiblicher Körperteile – in der Werbung, an Zeitungskiosken und auf Plakaten – als befremdlich und störend.

Am besten, man findet sich trotzdem ganz schnell damit ab und ignoriert diese Dinge dann einfach.

Zu den Pluspunkten des Machismo gehört übrigens, dass Männer selbstverständlich Frauen die Tür aufhalten und sie immer zuerst eintreten lassen, auch in den Bus; so bekommen Frauen eher einen Sitzplatz, wenn sie dieses Angebot rasch annehmen.

FREIWILLIGENARBEIT

Argentinien bietet viele Möglichkeiten, unentgeltlich im Land zu arbeiten – das Spektrum reicht von Lebensmittelausgaben über *villas miserias* und eine Mithilfe in der ökologischen Landwirtschaft bis hin zur Arbeit mit Affen. Viele argentinische NGOs bieten Reisenden die ehrenamtliche Mitarbeit an.

Argentinische Organisationen:

Conservación Patagonica (www.patagonialandtrust.org/volunteer.htm) Mithilfe beim Aufbau eines Nationalparks.

Eco Yoga Park Siehe Kasten S. 112.

Fundación Banco de Alimentos (www.bancodealimentos.org.ar) Einfache Mithilfe bei einer Lebensmittelausgabe, auch dann, wenn nur wenige Tage Zeit zur Verfügung stehen.

Parque Nacional Los Glaciares (☎ 02962-430004) Sommerarbeit mit den Nationalpark-Rangern in El Chaltén; die Interessierten sollten Spanisch sprechen.

Refugio del Caraya (www.volunteer-with-howler-monkeys.org)

Empfehlenswerte Organisationen:

Anda Responsible Travel (www.andatravel.com.ar)

Buenos Aires Volunteer (www.bavolunteer.org.ar)

Foundation for Sustainable Development (www.fsdinternational.org)

Fundación Fos (www.fundacionfos.org.ar) Freiwilligenarbeit in Córdoba.

La Montaña (www.lamontana.com/volunteer-work) Freiwilligenarbeit in Bariloche.

Organic Volunteers (www.organicvolunteers.org) Ökologischer Landbau in Argentinien.

Patagonia Volunteer (www.patagoniavolunteer.org) Mitarbeit in Patagonien.

South American Explorers (www.saexplorers.org/club houses/buenosaires)

Volunteer South America (www.volunteersouthamerica.net) Liste von NGOs.

WWOOF Argentina (www.wwoofargentina.com) Ökologischer Landbau in Argentinien.

Voluntario Global (www.voluntarioglobal.org.ar) Sozialdienste.

GEFAHREN & ÄRGERNISSE

Argentinien zählt zu den sichersten Ländern Lateinamerikas. Das heißt im Umkehrschluß natürlich nicht, dass man hier betrunken, den Geldgurt um den Kopf gebunden, durch die Straßen torkeln sollte, aber mit ein wenig gesundem Menschenverstand können argentinische Großstädte genau so sicher bereist werden wie London, Paris oder New York.

Allerdings ist die Kriminalitätesrate im Steigen begriffen.

Autofahrer

Als Fußgänger (unter Autofahrern) in Argentinien unterwegs zu sein, ist eine echte Herausforderung: Viele Autofahrer drücken schon aufs Gaspedal, wenn die Ampel gerade erst dabei ist, auf Grün umzuschalten, fahren extrem schnell und wechseln häufig völlig unkalkulierbar die Spur. Fußgänger haben von Rechts wegen an Straßenecken und Zebrastreifen „Vorfahrt" (haha!), doch nur die wenigsten Autofahrer respektieren diese Regel und verlangsamen für einen Fußgänger ihr Tempo.

Vor allem Bussen sollte man mit den nötigen Respekt begegnen, denn sie sind schon alleine wegen ihrer Größe ziemlich gefährliche Gegner und werden von Fahrern gelenkt, die ungern für einen Fußgänger auf die Bremse treten.

Kleinkriminalität

Die Wirtschaftskrise 1999 bis 2001 hat viele Leute in die Armut gestürzt, die Straßenkriminalität (Taschendiebstahl, Handtaschendiebstahl und bewaffnete Überfälle) ist auffallend gestiegen, vor allem in Buenos Aires (s. S. 102), neuerdings auch in Mendoza (s. S. 377). Nichtsdestotrotz fühlen sich die meisten Besucher auch in den Großstädten völlig sicher. Und in den kleineren Provinzsstädten müsste man schon lange suchen, bis man auf einen Gauner stößt, der einen ausrauben könnte.

Auf Busbahnhöfen besteht die größte Gefahr darin, dass Reisende ihr Gepäck verlieren. Die meisten Busbahnhöfe sind sicher und zumeist voll von Familien im Abschiedsstress. Aber sie sind natürlich auch ein Ort, in dem Taschendiebe ihr Unwesen treiben. Wer seine Sachen aufmerksam im Auge behält – das gilt vor allem für den Retiro-Bahnhof in Buenos Aires –, sollte keine Probleme haben.

Vorsichtig sein sollte man ansonsten an wichtigen Touristenzielen oder auch an Café- bzw. Restauranttischen, die auf dem Gehsteig aufgestellt sind.

Mahnwachen & Straßenproteste

Demonstrationen gehören inzwischen zum Alltagsbild in den Straßen Argentiniens, besonders häufig finden sie in der Hauptstadt und dort im Bereich der Plaza de Mayo statt. Von solchen politischen Protesten sollten man sich besserfernhalten. In der Regel erlebt man jedoch nur die Auswirkungen, etwa in Form des zusammenbrechenden Verkehrs, der eine Besichtigung der Plaza de Mayo und der Casa Rosada (wo fast jede Woche Proteste stattfinden) unmöglich macht.

Das Land hat viele Gewerkschaften (*gremios* oder *sindicatos*), manch Reisender bekommt den Eindruck, dass tagtäglich eine andere von ihnen streikt. Wenn die Transportgesellschaften streiken, sind Reisende oft auch persönlich betroffen, da Inlandsflüge oder Überlandbusfahrten ausfallen. Wer keine unliebsamen Überraschungen erleben will, sollte das politische Tagesgeschehen verfolgen und Einheimische fragen.

Polizei & Militär

Polizei und Militär eilt der Ruf voraus, entweder korrupt oder verantwortungslos zu sein. Touristen gegenüber sind sie aber meist hilfsbereit und höflich. Wer den Eindruck hat, er werde wegen eines Bestechungsgeldes festgehalten (vor allem, wenn er mit dem Auto unterwegs ist), hat zwei Möglichkeiten: Entweder er zahlt – diplomatisch und taktvoll (s. S. 675) –, oder er bittet den Beamten, mit ihm zur nächsten Polizeiwache zu gehen und die Sache dort zu erledigen. Vielleicht lässt der Beamte dann die Sache auf sich beruhen; es kann aber auch passieren, dass man eine echte Einführung in das bürokratische Labyrinth des argentinischen Polizeiwesens bekommt. Manchmal genügt aber auch schon der Vorwand, kein Spanisch zu verstehen, damit jemand von seinen Bitten um Bestechungsgeld absieht.

Rauchen

Viele Argentinier sind starke Raucher, und Reisende müssen sich leider darauf einstellen, Zigarettenrauch ausgesetzt zu sein. Die gute Nachricht für Nichtraucher: Die Regierung hat 2006 ein Rauchverbot in Restaurants, Cafés,

Internetcafés, Bars und anderen öffentlichen Gebäuden erlassen.

Die Umsetzung des Gesetzes und die Ahndung wird landesweit allerdings sehr unterschiedlich gehandhabt. In Bussen und auf allen Inlandsflügen ist Rauchen generell verboten, dort wird das Gesetz auch eingehalten.

GELD

Die argentinische Währung ist der Peso (Arg$). Alle Preisangaben in diesem Buch sind, wenn nicht anders vermerkt, in Pesos angegeben. Die Wechselkurse findet man auf der vorderen Umschlaginnenseite; um eine allgemeine Preisvorstellung zu bekommen, lohnt sich ein Blick auf die Tabelle auf S. 18.

Am besten reisen Urlauber mit Bargeld und Kreditkarte.

Bargeld

Banknoten gibt es in Scheinen zu 2, 5, 10, 20, 50 und 100 Pesos. Ein Peso entspricht 100 *centavos;* Münzen sind zu 1 (selten) 5, 10, 25 und 50 *centavos* sowie 1 Peso im Umlauf. Derzeit werden amerikanische Dollar von vielen touristischen Geschäften akzeptiert, man sollte aber zur Sicherheit immer auch mit Pesos zahlen können.

Falschgeld - sowohl in der lokalen Währung als auch in US$ – ist in den letzten Jahren ein immer größeres Problem geworden. Händler achten deshalb verstärkt darauf, dass nicht mit Falschgeld bezahlt wird – vor allem, wenn es um größere Summen geht. Das gilt besonders für den Besuch von Nachtclubs und für Taxifahrten, bei denen man das Bezahlen mit großen Scheinen unbedingt vermeiden sollte (s. S. 151).

Das Wechseln großer Scheine ist landesweit inzwischen ein echtes Problem, und zwar sowohl für Einheimische als auch für Ausländer. Wenn irgend möglich, sollte man in Banken 100- und 50-Peso-Scheine in kleinere Noten einwechseln. Ansonsten sind große Supermärkte und Restaurants die passenden Orte, um einen 100-Peso-Schein loszuwerden. Taxifahrer, Kioskbetreiber und Inhaber kleiner Läden werden nur selten wechseln können (und wollen), sodass man schnell vor einem Zahlungsproblem steht.

Geldautomaten

Cajeros automáticos (Geldautomaten) finden sich in fast jeder Stadt des Landes, mit einer gängigen Kreditkarte lässt sich an ihnen auch Bargeld abheben. In der Regel finden sich alle relevanten Hinweise auch in Englisch, mit den weltweit gängigen Systemen Cirrus, Plus oder

Link hat man keine Probleme. Der abhebbare Betrag beschränkt sich auf 300–1000 Arg$, man kann aber in mehreren Vorgängen bis zu 3000 Arg$ 3000 pro Tag abheben.

Wer Bargeld braucht, sollte einen ungeraden Betrag wie etwa 290 Pesos (statt 300) eingeben: So erhält man die dringend benötigte kleine Stückelung. Wer einmal versucht hat, 100 Pesos in 10-Peso-Scheine zu wechseln, weiß, warum an dieser Stelle darauf hingewiesen wird.

Die örtlichen Banken erheben bei *jeder* Geldabhebung am Automaten eine Bearbeitungsgebühr von rund 11,50 Arg$ (unabhängig davon, dass die Heimatbank ebenfalls eine Gebühr verlangt) – von daher sollte man immer den möglichen Höchstbetrag abheben.

Geldwechseln

Die eindeutig bevorzugte ausländische Währung ist der US-Dollar, aber auch der Umtausch von Pesos aus Chile und Uruguay ist an der Grenze problemlos möglich. Bargeld in Dollar oder Euro lässt sich in den meisten größeren Städten in Banken und *cambios* (Wechselstuben) in Pesos umtauschen. Mit anderen Währungen kann das außerhalb von Buenos Aires schwierig sein.

Kreditkarten

Die gängigsten Kreditkarten sind Visa und MasterCard, doch auch American Express und andere Karten werden akzeptiert. Eventuell kann es nützlich sein, das Kreditkartenunternehmen darauf hinzuweisen, dass man die Karte nun eine Zeitlang im Ausland verwendet – nur um auszuschließen, dass das Unternehmen einen Kartendiebstahl vermutet und die Karte sperrt.

Einige Geschäfte schlagen bei der Zahlung mit einer Kreditkarte ein *recargo* von 5 bis 10 % auf. Zu bedenken ist auch, dass für den Betrag, den man schließlich zahlt, nicht der Wechselkurs beim Kauf, sondern bei der Abrechnung den Ausschlag gibt; manchmal vergehen bis dahin einige Wochen.

Wer mit der Kreditkarte im Restaurant zahlt, sollte wissen, dass man Trinkgeld normalerweise nicht auf die Rechnung aufschlagen kann, sondern bar zahlt. Viele preiswerte Hotels und private Tourunternehmen akzeptieren keine Kreditkarten. Wer eine MasterCard oder eine Visa-Karte hat, bekommt damit bei argentinischen Banken und an den meisten Geldautomaten Bargeld.

Reiseschecks

Beim Einlösen von Reiseschecks wird eine hohe Gebühr erhoben. Sie sind nur sehr schwer zu Bargeld zu machen und ausdrücklich für die Reise nach Argentinien *nicht* zu empfehlen. Geschäfte akzeptieren *keine* Reiseschecks, und außerhalb von Buenos Aires ist ein Umtausch noch viel schwieriger.

Steuern & Rückerstattungen

Unter bestimmten Voraussetzungen bekommen ausländische Reisende eventuell die *impuesto al valor agregado* (IVA; Mehrwertsteuer) für Einkäufe in Argentinien bei der Ausreise erstattet. Geschäfte, die an dem Programm teilnehmen, sind am „Tax Free"-Aufkleber zu erkennen. Wer eine damit versehene Rechnung vorzeigt, erhält eine Erstattung in Buenos Aires bei Ezeiza, Aeroparque Jorge Newbery und beim Buquebus-

---

KLEINGELD SAMMELN

Schneller als einem lieb ist wird man feststellen, wie wichtig Wechselgeld –– vor allem Münzen – sind und wie schwer man diese vor allem in Buenos Aires bekommt. Manche Händler verzichten sogar auf ein Geschäft, wenn sie dafür zu viel Wechselgeld (*monedas*) herausgeben müssen. Es gibt viele Theorien, warum Wechselgeld solch ein Reizthema ist, ein Grund sind sicher die Busgesellschaften. In Bussen kann man nur mit Münzen zahlen, die aber nicht bei den Banken abgeliefert werden. Stattdessen kursieren sie auf einem Schwarzmarkt, wo sie mit einem Aufschlag von 5–10 % verhökert werden. Etwas Abhilfe schafft in Buenos Aires inzwischen das System der Magnetkarten.

So bleibt nur die Empfehlung, bei großen Barzahlungen (z. B. in Restaurants) an möglichst große Mengen von Kleingeld zu kommen. Reichlich Münzen und kleine Scheine in den Taschen für allerlei kleine Ausgaben erleichtern den Alltag. Wer nicht muss, sollte sie nie freiwillige herausrücken – es sei denn, man wird dringend ums Wechseln gebeten (und das wird man). Einige Leute stellen sich sogar in spezielle Schlangen an den Bahnhöfen Retiro und Constitució an, um dort bis zu 20 Arg$ in Münzen – ohne Aufschlag – zu tauschen. (Überraschenderweise rücken auch die Banken nur Münzen und kleine Scheine im Wert von wenigen Pesos heraus). Einen Vorteil hat die Sache ja: Mit Bergen schwerer Münzen muss man sich jedenfalls nicht herumplagen ...

Terminal in Darsena Norte. Weitere Hinweise siehe Kasten S. 143.

Trinkgeld & Handeln

In Restaurants sind 10 % des Rechnungsbetrags als Trinkgeld üblich, doch in Zeiten wirtschaftlicher Not halten sich Argentinier häufig nicht daran. Im Allgemeinen sind Kellner schlecht bezahlt. Wer es sich erlauben kann, auswärts zu essen, der sollte auch etwas fürs Trinkgeld übrig haben. Selbst eine kleine *propina* (Trinkgeld) weiß das Personal zu schätzen. Nicht vergessen, dass Trinkgeld im Restaurant nicht auf eine Rechnung, die mit Kreditkarte bezahlt wird, draufgeschlagen werden kann.

Taxifahrer erwarten kein Trinkgeld, doch es ist üblich, den Rechnungsbetrag auf den nächsten Peso aufzurunden.

Im Unterschied zu vielen anderen Ländern Südamerikas wird im Regelfall in Argentinien nicht um den Preis einer Ware gefeilscht.

INTERNETZUGANG

Im vorliegenden Buch sind alle Übernachtungsmöglichkeiten, die ihren Gästen einen Internetzugang bieten, mit dem Symbol 🖳 gekennzeichnet. Wenn ein Hotel WLAN anbietet, wird dies durch das Icon ☐ symbolisiert. Eine Liste mit weiteren nützlichen Internetadressen findet sich auf S. 20.

Inzwischen gibt es kaum noch eine argentinische Stadt – egal, wie klein sie auch sein mag –, in der sich nicht ein Internetcafé findet. In manchen Orten hat man geradezu das Gefühl, dass Internetcafés jedes nur mögliche freie Gebäude besetzen: Selbst winzige *locutorios* (Telefonzentren) haben zumindest eine Handvoll Computer herumstehen. Verlangt werden in der Regel 4–6 Arg$ pro Stunde. Das @-Zeichen *(arroba)* findet man auf der Tastatur, indem man die Alt-Taste gedrückt hält und die 64 tippt. Klappt das nicht, fragt man den Zuständigen: *¿Cómo se hace la arroba?* (Wie tippe ich das @-Zeichen?).

Kabelloser und kostenloser Internetzugang (WLAN) ist inzwischen in vielen Cafés und Hotels des Landes weit verbreitet – selbst in kleineren Orten. Für den, der mit dem eigenen Laptop unterwegs ist, kann das ganz bequem sein. Doch man sollte sich gut mit dem Gerät auskennen, sonst wird man möglicherweise mit einigen Problemen zu kämpfen haben.

In Argentinien liegt die Stromspannung bei 220 Volt, in der Regel braucht man deshalb einen Adapter. Beim Kauf eines Adapters sollte man genau hinschauen, was man für die eigenen Geräte benötigt – die Standard-Spannungswandler, die in Läden angeboten werden, die auch sonstiges Reisezubehör verkaufen, taugen häufig nur für Föhne, Batterieladegeräte und Ähnliches. Nützliche Informationen in Bezug auf Laptops und andere Elektronikgeräte im Ausland finden sich auf der hervorragenden Internetseite von Steve Kropla: www.kropla.com.

KARTEN & STADTPLÄNE

Die Touristeninformationen verteilen im ganzen Land kostenlose Stadtpläne, die in der Regel für eine Orientierung in der Stadt ausreichen. **International Travel Maps** (www.itmb.com) vertreibt ganz nützliche Stadtpläne von Buenos Aires und Landkarten für alle Landesteile.

Der argentinische Automobilclub – Automóvil Club Argentino (ACA; S. 687) – hat in fast jeder Stadt eine Niederlassung und publiziert hervorragende Provinzkarten und Stadtpläne. Sie sind ideal, um sich damit durchs Lands zu bewegen und die Reiseroute zu planen. Mitglieder ausländischer Automobilclubs bekommen die Karten zu einem ermäßigten Preis. Nicht ganz so gut, aber dennoch brauchbar sind die roten *Argenguide*-Karten, die in den meisten YPF-Tankstellen verkauft werden.

Wer sich für topografische Karten interessiert, sollte sich die Karten des **Instituto Geográfico Militar** (Karte S. 96–97; ☎ 011-4576-5576; www.igm.gob.ar; Cabildo 381, Palermo, Buenos Aires; ⏱ Mo–Fr 7–14 Uhr) besorgen. Leider sind sie nur selten außerhalb der Hauptstadt erhältlich.

KINDER

Argentinien ist extrem kinderfreundlich. Das gilt für Sicherheit (mit Ausnahme des Themas Kindersitze), Gesundheit, Einstellung der Leute und familienfreundliche Angebote. Argentinier haben außerdem wenig Berührungsängste: So kann es immer mal wieder passieren, dass der Nachwuchs liebevoll getätschelt wird.

In öffentlichen Verkehrsmitteln sind die Einheimischen meist sehr zuvorkommend. Häufig steht jemand auf, um einem Elternteil mit Kind Platz zu machen, ältere Fahrgäste bieten auch an, das Kind auf den Schoß zu nehmen.

Das Speisenangebot in einfachen Restaurants ist auch was für Kinder (Gemüse, Pasta, Fleisch, Hähnchen oder Pommes) – die Portionen der Erwachsenen sind aber in der Regel so groß, dass zumindest für kleine Kinder keine Extraportion bestellt werden muss. Die Kellner sind daran gewöhnt, für den Nachwuchs einen Extrateller und Besteck aufzulegen, manche verlangen allerdings für den Service eine kleine Gebühr. Der Hit für die Kleinen ist natürlich das leckere argentinische Speiseeis.

Stillen ist in der Öffentlichkeit nichts Ungewöhnliches – solange man es dezent macht. Öffentliche Toiletten sind leider meist in einem bedauernswertem Zustand. Es empfiehlt sich deshalb, sein eigenes Toilettenpapier und zum Windelwechseln feuchte Tücher bei sich zu haben. Eine Mutter kann ihren kleinen Sohn problemlos mit auf die Damentoilette nehmen, der Vater sein Töchterchen allerdings nicht auf die Herrentoilette – das ist ein Tabu.

In Bussen dürfen Kinder auf dem Schoß der Eltern ohne Aufpreis mitfahren, in den Nachtbussen (s. S. 689) ist das allerdings ziemlich unbequem.

KLIMATABELLEN

In Argentinien finden Reisende ganz unterschiedliche Klimazonen (s. S. 674 oben): in den Provinzen Chaco und Formosa kann es sengend heiß werden, während auf Feuerland ein frostiger Eiswind über das Land fegt. Über die beste

---

UNTERHALTUNG FÜR KIDS

Kunstmuseum? Langweilig. Kirchen (gähn). Busfahrten – nicht schon wieder! Aber keine Sorge: Argentinien bietet viel zur Unterhaltung mitreisender Kinder. Die folgenden Vorschläge ersparen Eltern so manchen Stress mit ihrem Nachwuchs.

- Dinosaurier-Ausstellung in Neuquén (s. Kasten S. 416) – einschließlich mehrere Stockwerke hoher Skelette und Riesen-Fußstapfen.
- Einkaufstour mit modebewussten Töchtern in Palermo Viejo, Buenos Aires (S. 146).
- Ausritte bei einem Aufenthalt auf einer *estancia* (S. 681).
- Der Parque Nacional Los Glaciares (S. 529) mit dem Gletscher Perito Moreno und imposanten Eisbergen.
- Tandem-Gleitflug in La Cumbre, Córdoba (S. 354).
- Eiscreme – die ist in Argentinien sagenhaft gut.

Weitere Tipps für den Aufenthalt mit Kindern in der Hauptstadt siehe S. 115.

Reisezeit in den verschiedenen Landesteilen ist auf S. 18 nachzulesen.

KURSE

Seit der Abwertung des Peso ist Argentinien bei Leuten, die Spanisch lernen wollen, ein sehr begehrtes Reiseziel. Die meisten Sprachschulen finden sich erwartungsgemäß in der Hauptstadt (s. S. 115), aber auch die anderen Großstädte wie Mendoza (S. 378) und Córdoba (S. 345) sind hervorragend für einen Sprachkurs geeignet. Córdoba ist eine Studentenstadt. Hier gibt es nicht nur eine Reihe von recht guten Sprachschulen, sondern auch viele Möglichkeiten, das Gelernte im Kontakt mit den einheimischen Studenten zu üben.

Unterricht in Kleingruppen und natürlich Einzelunterricht sind der beste Weg, die eigenen Sprachkenntnisse zu verbessern. Die Preise schwanken zwischen 60 und 75 Arg$ pro Stunde (Einzelunterricht) und 600 bis 800 Arg$ pro Unterrichtswoche.

Tango-Kurse sind in Buenos Aires sehr populär. Hier liegen die Gruppenstunden im Preis irgendwo zwischen um die 15 und 40 Arg$. Weitere Informationen siehe Kasten S. 137. Auch Kochkurse kann man in Buenos Aires belegen (s. S. 115), und zwar sowohl für argentinische als auch für internationale Küche.

ÖFFNUNGSZEITEN

Traditionell öffnen Geschäfte und Ämter in Argentinien um 8 Uhr und schließen mittags für drei oder sogar vier Stunden. Während dieser *siesta* gehen die Angestellten zum Mittagessen und einem Mittagsschläfchen nach Hause. Nach der Siesta ist bis 20 oder 21 Uhr wieder geöffnet. Auf dem Land sind solche Öffnungszeiten immer noch üblich, die Behörden und viele Geschäfte in der Hauptstadt haben ihre Öffnungszeiten jedoch inzwischen auf 8 bis 17 Uhr umgestellt, um eine „höhere Effizienz" zu erreichen.

Öffnungszeiten werden in diesem Buch immer dann genannt, wenn sie von den Standard-Öffnungszeiten, die auf dem vorderen Umschlag innen aufgelistet sind, ganz erheblich abweichen.

POST

Correo Argentino (www.correoargentino.com.ar), der privatisierte Postdienst, ist über die Jahre immer zuverlässiger geworden, doch auch heute noch werden Sendungen gelegentlich fehlgeleitet oder gehen komplett verloren. Internationale Briefe und Postkarten unter 20 g kosten 6 Arg$; Briefe zwischen 20 und 150 g 18 Arg$. Für Einschreiben

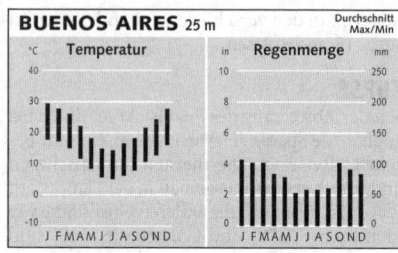

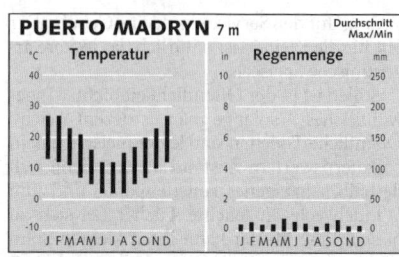

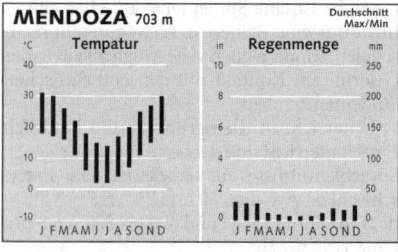

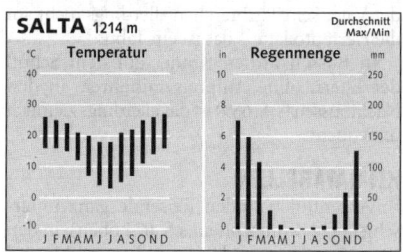

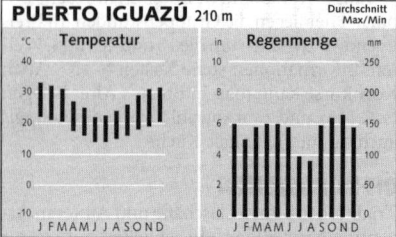

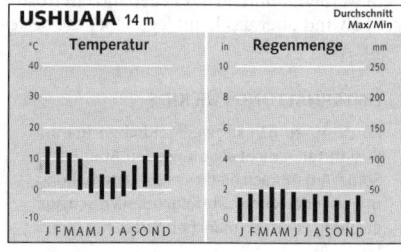

(certificado) ins Ausland werden 17 Arg$ (unter 20 g) bzw. 29 Arg$ (20–150 g) verlangt.

Nationale Zustelldienste wie **Andreani** (www.andreani.com.ar) und **OCA** (www.oca.com.ar) sowie internationale Kurierdienste wie DHL und FedEx sind immer noch zuverlässiger als die Post, aber auch sehr viel teurer. DHL und FedEx unterhalten Filialen in den Großstädten, die nationalen Kurierdienste sind landesweit vertreten.

Wer ein Paket erwartet, sollte damit rechnen, dass es lange dauert, bis es an Ort und Stelle ankommt oder man den aktuellen Standort abfragen kann. Alle Pakete nach Buenos Aires werden zum internationalen Retiro-Büro in der Nähe des Bahnhofs Buquebus geschickt. Wer eine Sendung abholen will, muss warten (oft Stunden), um zunächst einmal ins Gebäude eintreten zu können und dann nochmal einmal, um es durch den Zoll zu bekommen. Außerdem wird eine kleine Gebühr fällig. Auf keinen Fall Wertsachen verschicken!

Päckchen unter einem Gesamtgewicht von 2 kg können von jedem Postamt aus verschickt werden, alles, was im Gewicht darüber liegt, muss durch den Zoll *(aduana)*. In Buenos Aires findet man das Zollbüro in der Nähe des Busbahnhofs Retiro, man fragt nach dem Correo Internacional (s. S. 102).

RECHTSFRAGEN

Derzeit hat Argentinien eine Zivilregierung, Polizei und Militär aber spielen noch immer im Alltags- und Wirtschaftsleben eine große Rolle und gelten überdies als korrupt. Als Tourist wird man damit in der Regel nicht konfrontiert, sofern man sich an die Gesetze hält. Die Polizei kann allerdings jederzeit grundlos die Ausweise kontrollieren. Man sollte also immer seine Dokumente dabei haben und sich höflich und zuvorkommend verhalten.

Alkoholgenuss ist gesetzlich ab 18 Jahren erlaubt. Auch wenn man immer wieder Jugendliche mit Bierflaschen auf den Plätzen sieht, sollte man wissen, dass das nicht legal ist. Der Konsum von Kleinstmengen Marihuana ist inzwischen gestattet. Der Stoff sollte aber unter Ausschluss der Öffentlichkeit konsumiert werden. Kokain und in den meisten Ländern illegale Substanzen sind auch in Argentinien verboten. Laut Verfassung gilt auch hier bis zum Nachweis einer Schuld jeder als unschuldig, trotzdem kommt es immer wieder vor, dass Menschen ohne Prozess jahrelang einsitzen. Wer in Haft ist, hat das Recht auf einen Anwalt, zu telefonieren und die Aussage zu verweigern.

Keinem Argentinier würde es einfallen, einem Polizisten offen ein coima (Bestechungsgeld) anzubieten. Doch manches Problem lässt sich aus dem Weg räumen, wenn man den Uniformierten z. B. fragt: ¿Como podemos arreglar esto mas rápido? (Was können wir tun, um die Sache zu beschleunigen?) oder ¿Puedo pagar la multa ahora (Kann ich die Strafe sofort bezahlen?).

REISEN MIT BEHINDERUNG

Reisende mit Behinderung haben es in Argentinien nicht leicht. Besonders Rollstuhlfahrer werden schnell feststellen, dass das Fahren auf den engen, belebten und unebenen Bürgersteigen in vielen Städten sehr anstrengend ist.

Auch das Überqueren von Straßen ist ein Problem, denn es fehlen an vielen Straßenkreuzungen die notwendigen Rampen. Außerdem haben die Argentinier mit langsamen Fußgängern – ob behindert oder nicht – wenig Geduld. Trotzdem: Behinderte Argentiner kommen ans gewünschte Ziel, warum nicht auch ausländische.

In Buenos Aires gibt es einige Niederflurbusse, die piso bajo genannt werden, sie haben Einstiegshilfen (Hublifte) für Rollstuhlfahrer. Rampen für Rollstuhlfahrer gibt es theoretisch an vielen Ecken der Hauptstadt, doch sie sind häufig kaputt.

Mit Ausnahme der 4- und 5-Sterne-Hotels haben die meisten übrigen Hotels in der Regel keine behindertengerecht eingerichteten Gästezimmer, (zumindest nicht dergestalt, wie man sie aus anderen Teilen der Welt kennt). Das bedeutet häufig, dass die Türen für einen Rollstuhl oft zu schmal und die Räume zu klein sind. In Mittelklasse- und Budgethotels sind die Bäder notorisch so eng, dass man sich darin kaum rühren kann.

Wer also ein rollstuhlgeeignetes Hotelzimmer sucht, muss auf die teureren Hotels zurückgreifen. Auf jeden Fall empfehlenswert ist ein detail-

liertes Vorgespräch, um alle spezifischen Anforderungen und Wünsche mit den Hotelverantwortlichen abzuklären: Selbst wenn ein Hotel ein Zimmer als „behindertenrgerecht" deklariert, heißt das noch lange nicht, dass es den europäischen Standards entspricht.

Einmal abgesehen von der Brailleschrift bei Geldautomaten hat sich leider wenig zur Verbessung der Situation von Blinden in Argentinien getan. So sind nach wie vor nur wenige Ampeln mit einem akustischen Warnsignal ausgerüstet.

Die **Biblioteca Argentina Para Ciegos** (Argentinische Blindenbibliothek; BAC; Karte S. 90–91; ☎ 011-4981-0137; www.bac.org.ar; Lezica 3909, Buenos Aires) bietet über 3000 Buchtitel und weitere Hilfsmittel in der Brailleschrift an.

In Buenos Aires wirbt **QRV Transportes Especiales** (☎ 011-4306-6635, 011-15-6863-9555; www.qrvtranspor tes.com.ar) mit Privattransporten und Stadtrundfahrten in speziell für Rollstühle umgerüsteten Autos. **BA Cultural Concierge** (www.baculturalconcierge. com) bietet all jenen, die in ihrer Mobilität eingeschränkt sind, ihre Unterstützung bei Botengängen an.

Auch ein Blick auf die folgenden internationalen Hilfsorganisationen kann hilfreich sein, denn sie haben weitere Links ins Netz gestellt:
Access-able Travel Source www.access-able.com
Mobility International www.miusa.org
National Information Communication Awareness Network www.nican.com.au
Society for Accessible Travel & Hospitality www.sath. org

SCHWULE & LESBEN

Seit dem Ende der Militärherrschaft und dem abnehmenden Einfluss der katholischen Kirche ist Argentinien zunehmend schwulenfreundlicher. Buenos Aires zählt zu den Top-Destinationen für Schwule – mit speziellen Hotels und B&Bs, Bars und Nachtclubs, Restaurants und sogar speziellen Schiffsausflügen. In der Hauptstadt findet alljährlich Südamerikas größte Schwulenparade statt, es gibt viele Schwulen- und Lesben-Organisationen und -Clubs. 2002 war Buenos Aires die erste Stadt Lateinamerikas, die die Zivilehe gleichgeschlechtlicher Partner legalisierte und ihnen einige Rechte zugestand, die denen von Heteropaaren ähnelten. Am 28. Dezember 2009 heirateten zwei schwule Argentinier in Ushuaia – als erstes gleichgeschlechtliches Paar in Lateinamerika.

Obwohl Buenos Aires und, weniger ausgeprägt, die anderen Großstädte immer toleranter werden, fühlt sich die Mehrheit der ländlichen Bevölkerung beim Thema Homosexualität unwohl. Abneigung äußert sich selten in Form von Gewalt, eher in Witzen und entsprechenden Bemerkungen, wenn das Gepräch auf das Thema kommt. Alles in allem fährt die Mehrzahl der schwulen Reisenden nach einer Reise durch Argentinien mit einem relativ postitiven Gesamteindruck wieder nach Hause.

Argentinische Männer stellen ihre Körperlichkeit deutlich offener zur Schau als ihre Geschlechtsgenossen in Nordamerika und Europa. Einen gleichgeschlechtlichen Begrüßungskuss auf die Wange oder eine herzliche Umarmung finden auch eingefleischte Heteros keineswegs anrüchig. Lesben, die Hand in Hand durch die Straßen gehen, erregen wenig Aufmerksamkeit, denn das tun auch heterosexuelle Argentinierinnen in der Öffentlichkeit – bei Männern wäre ein solches Verhalten allerdings sehr auffällig. Im Zweifelsfall verhält man sich am besten diskret.

Weitere Infos zur Schwulenszene in der Hauptstadt siehe Kasten S. 141.

Auch die folgenden Websites lohnen einen Besuch:

Gayscape (www.gayscape.com) Eine Handvoll hilfreicher Links auf der Argentinienseite.

Global Gayz.com (www.globalgayz.com) Im Südamerika-Teil finden sich Neuigkeiten, Tipps und Links für schwule Reisende in der Region, darunter auch ein kleiner Abschnitt, der Argentinien gewidmet ist.

International Lesbian and Gay Association (ILGA; www.ilga.org) Auf „Countries" klicken und nach der Argentinienseite suchen: Neuigkeiten und Infos, außerdem Links zu internationalen Lesben-, Schwulen- und Transsexuellen-Organisationen.

Mundo Gay (www.mundogay.com) Hervorragende Online-Publikation aus Buenos Aires: Club-Listen, Chatrooms, Blogs und vieles mehr. Eher für Männer; alles auf Spanisch.

SHOPPEN

Argentinien ist ein Shoppingparadies, vor allem für Reisende, die mit einer harten Währung bezahlen können. In Sachen Mode ist Buenos Aires eine der besten Adressen der Welt, hier findet sich alles: von der kleinen Boutique und dem unabhängigen Designer, der seine Entwürfe zu Straßenpreisen verkauft, bis hin zu bekannten Modemarken in den schicken Einkaufsgalerien der Hauptstadt. Das Viertel Palermo Viejo ist derzeit die beste Einkaufsadresse.

Argentinien ist berühmt für seine Lederwaren. Im Zentrum von Buenos Aires finden sich unzählige Lederwarenläden (S. 146), die auf das Geschäft mit den Touristen hoffen und ein entsprechendes Angebot an Lederjacken, Lederhandtaschen und Lederschuhen anbieten. Hinsichtlich Qualität und Preisen gibt es große Unterschiede, ein Preisvergleich lohnt sich also.

Als Souvenir eignet sich alles, was mit Mate zu tun hat: Kürbisflaschen und *bombillas* (mit Filtern versehene Trinkhalme aus Metall, mit denen man Mate schlürft) gibt es in einfachen, preiswerten Ausführungen aus Aluminium, aber auch in kunstvollen, teuren Versionen aus Gold und Silber. Ebenfalls beliebte Souvenirs sind die traditionellen Gaucho- (oder Criollo-)Messer. Sie zeichnen sich durch kunstvoll gefertigte Griffe aus Leder oder Knochen aus, die Klingen gibt es ebenfalls in einer großen Auswahl. Messer werden im ganzen Land verkauft, Tandil (S. 146) ist jedoch besonders berühmt dafür.

Die Kunsthandwerksmärkte (*ferias*), die im ganzen Land stattfinden, zeigen die Vielfalt des Kunsthandwerks. Zu den besten zählen die *ferias* in Córdoba (S. 349) und El Bolsón (S. 455). Bariloche im Seengebiet (S. 439) ist vor allem für die hervorragende Schokolade berühmt. In der Provinz Salta lohnt es sich, nach den *ponchos de Güemes* zu schauen.

Argentinier sind sehr belesen und interessieren sich sowohl für nationale als auch internationale Literatur; vor allem in Buenos Aires findet man eine große Auswahl an Buchhandlungen mit allgemeinem Sortiment und Fachliteratur. Seit dem Ende der Militärdiktatur hat sich die Hauptstadt wieder zum Verlagsstandort entwickelt. Die alljährlich im April stattfindende Buchmesse Feria del Libro (S. 118) ist mit über 600 Ausstellern und über 1 Mio. Besuchern die größte Messe ihrer Art in Südamerika. Ausländische Bücher sind leider sehr teuer.

Auch Wein ist ein großartiges Souvenir, leider ist der Transport aber nicht mehr so einfach wie früher. Aufgrund der strengen Sicherheitsvorschriften im Flugverkehr dürfen Passagiere keine Flaschen im Handgepäck mitnehmen. Im aufgegebenen Koffer dürfen Flaschen zwar transportiert werden, müssen aber dann entsprechend sorgfältig verpackt sein.

Zur Rückerstattung der Mehrwertsteuer siehe S. 671.

TELEFON & FAX

Die beiden Telefongesellschaften Telecom und Telefónica haben den Markt unter sich aufgeteilt. Jederzeit wichtige Rufnummern sind: Notruf ☎ 107, Polizei ☎ 101 (oder in einigen Großstädten ☎ 911), Feuerwehr ☎ 100, Telefonauskunft ☎ 110.

Ein Ortsgespräch lässt sich am besten von einer Einzelzelle im *locutorio* führen; man erledigt seine Telefonate und bezahlt die angefallenen Einheiten sofort an der Kasse. Praktisch an jeder Straßenecke findet sich ein solches *locutorio*; das Telefonieren ist dort kaum teurer als an den öffentlichen Telefonen, aber ruhiger, und man braucht auch kein passendes Kleingeld. Die meisten *locutorios* sind mit Telefonbüchern ausgestattet.

Bei den öffentlichen Telefonen bezahlt man mit normalen Münzen oder *tarjetas telefónicas* (Telefonkarten, an vielen Kiosken erhältlich). Man kann nur eine begrenzte Zeit sprechen, dann wird die Verbindung unterbrochen; deshalb von vornherein auf ein ausreichendes Guthaben achten.

Am billigsten telefoniert man ins Ausland mit einer Telefonkarte (s. rechte Spalte). Internationale Anrufe können auch von *locutorios* aus getätigt werden.

Faxe lassen sich günstig verschicken, in fast allen *locutorios* stehen Faxgeräte.

INTERNETTELEFONIE
Dienstleister wie **Skype** (www.skype.com) und **Google Voice** (www.google.com/voice) sind günstige oder kostenlose Möglichkeiten, den Kontakt nach Hause zu halten. Ein Anruf ist von den Computern der meisten Internetcafés möglich.

HANDYS
Argentinien verwendet GSM 850/1900-Standard, mit einem Tri-Band-GSM -Handy ist das Telefonieren im Land kein Problem. Wer über seinen heimischen Provider telefonieren will, sollte sich vorab bei der Gesellschaft erkundigen, ob und zu welchen Bedingungen das in Argentinien möglich ist. Möglicherweise muss das Gerät entsperrt werden, um im Ausland zu funktionieren. Entsprechende Anrufe über das Handy können sehr teuer werden.

Günstiger ist daher ein ungesperrtes Tri-Band-GSM-Handy, für das man vor Ort eine SIM-Karte (rund 15 Arg$) kauft und ins Gerät einlegt. Auf diese Weise bekommt man auch eine argentinische Handynummer. Anschließend lädt man sie wie eine normale Prepaid-Karte auf. Die SIM-Karten und die Wertkarten werden in vielen Kiosken und *locutorios* verkauft: einfach nach dem Zeichen *recarga facil* Ausschau halten. Auch viele Argentinier nutzen diese Zahlweise für ihre Handys. Wer im Land sein ausländisches Handy entsperren lassen will, findet entsprechende Anbieter.

Wer mit einem iPhone oder anderen G3-Smart-Telefon unterwegs ist, sollte sich vor der Abreise über die möglicherweise anfallendenen Roaming-Gebühren informieren. Im Internet schaut man dafür am besten unter dem Stichwort "iPhone international use" nach.

Eine weitere Möglichkeit ist der Kauf eines neuen Handys in Argentinien. Dafür fallen Kosten um die 150 Arg$ an, meist sind im Kaufpreis schon einige Freiminuten enthalten. Viele Provider verlangen dafür allerdings den Abschluss eines Kaufvertrags. Miet-Handys findet man in Buenos Aires.

Eine weitere Möglichkeit besteht darin, noch zu Hause ein international einsetzbares Handy oder eine Prepaid-SIM-Karte bei einem heimischen Anbieter zu erwerben.

Technisch ist auf dem Handy-Markt so viel in Bewegung, dass eine aktuelle Recherche vor der eigenen Reise unabdingbar ist: Die Website www.kropla.com kann da weiterhelfen, außerdem die Internet-Recherche über GSM-Handys.

TELEFONKARTEN
Telefonkarten kann man praktisch an jedem Kiosk erwerben. Damit sind Fern- und Auslandsgespräche weitaus billiger. Das geht aber nur über einen festen Anschluss, etwa von einem Privathaus oder Hotel aus (sofern man im Hotel direkt wählen kann).

An den meisten öffentlichen Fernsprechern funktionieren diese Karten jedoch nicht. In manchen *locutorios* darf man sie benutzen, und auch wenn dort ein Zuschlag erhoben wird, ist der Anruf immer noch deutlich billiger als bei der Direktwahl.

Wer eine Karte kauft, sollte im Geschäft das Land nennen, in das er telefonieren möchte, dann bekommt er auch die richtige.

VORWAHLEN
Bei Gesprächen von Argentinien ins Ausland sind zunächst zwei Nullen zu wählen und dann die Vorwahl des entsprechenden Landes (s. Kasten unten). Die *característica* (Vorwahl) für Buenos Aires lautet ☎ 011, und die Telefonnummern im Großraum Buenos Aires bestehen aus insgesamt acht Ziffern, wobei am Anfang immer eine Null steht.

Bei kleineren Städten besteht die Vorwahl aus fünf Ziffern (am Anfang wiederum steht stets eine Null) und der jeweilige Anschluss aus sechs Ziffern. Im Grunde genommen muss man, wenn man in ein anderes Ortsnetz telefoniert, immer elf Ziffern wählen.

Handynummern beginnen in Argentinien immer mit einer „15". Dann wird es kompliziert: In der Regel wird die Regionalnummer gewählt, also die Nummer des Ortes, in dem der Anzurufende wohnt, also nicht der Ort, in dem das Telefon gekauft wurde. Manchmal muss aber auch die regionale Vorwahl des Ortes gewählt werden, in dem das Handy gekauft wurde. In der Praxis bedeutet das, dass mehrere Varianten ausprobiert werden müssen. Am meisten Erfolg verspricht folgendes Vorgehen: die regionale Vorwahl des Ortes wählen, in dem die anzurufende Person wohnt, dann die „15" und zu guter Letzt die Teilnehmernummer. Wer innerhalb der Region einen anderen Teilnehmer anruft, kann die regionale Vorwahl weglassen. Im vorliegenden Buch werden generell die regionalen Vorwahlen bei Handynummern aufgeführt, sie sind auf jeden Fall nötig, wenn von außerhalb einer Provinz aus angerufen wird. Hinweise zu Auslandsanrufen bei einer Handynummer siehe Kasten unten.

Gebührenfreie Nummern beginnen immer mit ☎ 0800.

TOILETTEN

Die öffentlichen Toiletten sind in Argentinien in der Regel besser als anderswo in Südamerika, aber es gibt sicherlich auch Ausnahmen. Wer in der Hinsicht wirklich empfindlich ist, sollte lieber die Toiletten in besseren Restaurants oder Cafés aufsuchen. In großen Einkaufszentren gibt es oft öffentliche Toiletten, außerdem in den Filialen internationaler Fastfood-Ketten.

Toilettenpapier sollte man grundsätzlich dabei haben, denn in den öffentlichen Toiletten fehlt es häufig. Seife, warmes Wasser, Papiertücher zum Abtrocknen und ähnlichen Luxus sollte man nicht erwarten. In kleineren Städten erheben manche öffentlichen Toiletten eine kleine Benutzungsgebühr.

LÄNDERVORWAHLEN

Wer von Europa nach Argentinien telefonieren möchte, muss die europäische Vorwahl für Auslandsgespräche (☎ 00), den Ländercode (☎ 54), die Vorwahl für die Region (ohne 0) und schließlich die Teilnehmernummer wählen.

Wer vom Ausland eine argentinische Handynummer erreichen will, wählt die ☎ 0054 für Argentinien, dann die ☎ 9, dann die regionale Vorwahlnummer (ohne 0) und schließlich die Teilnehmernummer (ohne die 15).

TOURISTINFORMATION

Die nationale argentinische Tourismusbehörde ist die Secretaría de Turismo de la Nación; sie hat ihr Hauptniederlassung in Buenos Aires (S. 102). In fast jeder Stadt oder Kleinstadt findet man eine Touristeninformation, meist liegen die Büros am Hauptplatz oder unweit des Busbahnhofs. Alle Provinzen sind mit ihrem eigenen Büro in der Hauptstadt vertreten. Die meisten (wenn auch nicht alle) sind gut organisiert und arbeiten mit einer computergestützten Datenbank. Ein Besuch der entsprechenden Provinzvertretung vor Antritt der Reise lohnt sich auf alle Fälle.

Eine weitere hervorragende Informationsquelle ist **South American Explorers** (Karte S. 92–93; ☎ 5275-0137; www.saexplorers.org; Roque Saénz Peña 1142, 7A); die Gesellschaft unterhält ein Clubhaus im Zentrum von Buenos Aires.

Die im Folgenden genannten Adressen sind die Büros der Touristeninformationen der einzelnen Provinzen in Buenos Aires (Vorwahl ☎ 011).

Buenos Aires (Karte S. 92–93; ☎ 011-4373-2508; www. bue.gov.ar; Av. Callao 237)

Catamarca (Karte S. 92–93; ☎ 011-4374-6891; www. catamarca.gov.ar; Córdoba 2080)

Chaco (Karte S. 92–93; ☎ 011-4372-5209; www.chaco.gov. ar; Av. Callao 322)

Chubut (Karte S. 92–93; ☎ 011-4382-2009; www.chubut. gov.ar; Sarmiento 1172)

Córdoba (Karte S. 92–93; ☎ 011-4371-1688; www.cba.gov. ar; 4373-4277; Av. Callao 332)

Corrientes (Karte S. 92–93; ☎ 011-4394-7418; www. corrientes.gov.ar; San Martín 333, 3. Stock)

Entre Ríos (Karte S. 92–93; ☎ 011-4328-2284; www. entrerios.gov.ar; Suipacha 844)

Formosa (Karte S. 92–93; ☎ 011-4381-7048; www.casade formosa.gov.ar; Hipólito Yrigoyen 1429)

Jujuy (Karte S. 92–93; ☎ 011-4393-6096; www.casade jujuy.gov.ar; Av. Santa Fe 967)

La Pampa (Karte S. 92–93; ☎ 011-4326-0511; www. lapampa.gov.ar; Suipacha 346)

La Rioja (Karte S. 92–93; ☎ 011-4815-1929; www.larioja. gov.ar; Av. Callao 745)

Mendoza (Karte S. 92–93; ☎ 011-4371-7301, 4371-0835; www.mendoza.gov.ar; Av. Callao 445)

Misiones (Karte S. 92–93; ☎ 011-4322-0686; www. misiones.gov.ar; Av. Santa Fe 989)

Neuquén (Karte S. 92–93; ☎ 011-4343-2324; www. neuquen.gov.ar; Maipú 48)

Río Negro (Karte S. 92–93; ☎ 011-4371-7273; www. rionegro.gov.ar; Tucumán 1916)

Salta (Karte S. 92–93; ☎ 011-4326-1314; www.turismos alta.gov.ar; Roque Saénz Peña 933)

San Juan (Karte S. 92–93; ☎ 011-4382-9241; www.
sanjuan.gov.ar; Sarmiento 1251)
San Luis (Karte S. 92–93; ☎ 011-5778-1621; www.sanluis.
gov.ar; Azcuénaga 1087)
Santa Cruz (Karte S. 92–93; ☎ 011-4343-8478; www.
casadesantacruz.gov.ar; 25 de Mayo 279)
Santa Fe (Karte S. 92–93; ☎ 011-4342-0408; www.santafe.
gov.ar; 25 de Mayo 178)
Santiago del Estero (Karte S. 92–93; ☎ 011-4326-3733;
www.sde.gov.ar; Florida 274)
Tierra del Fuego/Feuerland (Karte S. 92–93; ☎ 011-
4328-7040; www.tierradelfuego.org.ar; Esmeralda 783)
Tucumán (Karte S. 92–93; ☎ 011-4322-0010; www.
tucumanturismo.gov.ar; Suipacha 140)

Auch der Automóvil Club Argentino
(ACA) ist dank seiner vielen Büros im Land
eine hilfreiche Anlaufstelle: Hier erhält
man aktuelle Karten der Provinzen und
Stadtpläne; sie erleichtern das Autofahren
und die Reiseplanung. Weitere Informationen
siehe S. 687.

UMZUG NACH ARGENTINIEN

Nach der Abwertung des Peso im Jahr 2002 sind
viele Ausländer nach Argentinien gezogen: Für
alle, die Dollar, Euros oder Pfund verdienten,
waren die Lebenshaltungskosten niedrig. Und
obwohl die Preise für Essen, Wohnung und Nahverkehr wie auch für alles andere inzwischen
kräftig angestiegen sind, ist Argentinien nach wie
vor ein beliebtes Auswandererland. Manche
mieten sich für ein oder zwei Jahre eine Wohnung oder auch Apartements in Buenos Aires
und reisen dann alle drei Monate kurz aus, um
ihr Touristenvisum zu erneuern. Andere machen richtig ernst, verkaufen zu Hause ihren
Besitz und wandern offiziell ins Land ein. Wofür
auch immer sich der Einzelne entscheidet, er
sollte sich auf jeden Fall darüber klar sein, dass
ein Job in Argentinien nur sehr schwer zu finden
ist, es sei denn, man kommt im Auftrag einer
ausländischen Firma (s. S. 666) oder als eigen-
ständiger Unternehmer.

Die Eröffnung eines argentinischen Bankkon-
tos ist nervig: Eine Möglichkeit besteht darin,
mit 1000 Arg$ in die Bank zu marschieren und
ein Konto zu eröffnen. Die notwendigen Unterlagen variieren von Bank zu Bank, in der Regel
wird eine Mindestanlage von 5000 US$ verlangt,
außerdem ein Passfoto, der Reisepass, der Nachweis eines Wohnsitzes (z. B. in Form einer
Stromrechnung) und – und das ist der Knack-
punkt – eine CDI-Nummer (eine nationale In-
tentitätsnummer) und/oder eine CUIL/CUIT-
Nummer (Arbeits- und Steuernummer). Diese

geforderten Nummern erhält der Betroffene
beim Nachweis eines festen Wohnsitzes und/
oder einer legalen Arbeitsstelle in Argentinien.
Kurz gesagt: Wer nur ein Konto eröffnen will,
um sich den umständlichen Weg des Geldtrans-
fers über die Heimatbank zu ersparen, für den
lohnt sich der Aufwand nicht.

Wer für längere Zeit im Land leben möchte
und sich mit dem Gedanken trägt, ein Grundstück zu kaufen, der findet im Internet einige
interessante Links:

Argentina Residency & Citizenship Advisors (ARCA;
www.argentinaresidency.com) Hilft Ausländern beim Beantra-
gen eines legalen Wohnsitzes und der Einbürgerung.
BABlackJumpers (http://groups.yahoo.com/group/BA
BlackJumpers/) Einige Foren für Ausländer in Argentinien.
BANewcomers (http://groups.yahoo.com/group/BANew
comers/) Yahoo-Newsgroup: Gutes Forum, um Fragen an Aus-
länder im Land zu stellen.
Buenos Aires Expatriates Group (www.baexpats.org)
Beliebte Webseite.
Expatargentina (www.expatargentina.wordpress.com)
Hervorragende Seite von Ausländern, die von ihren Erfahrun-
gen in Buenos Aires berichten.
Just Landed (www.justlanded.com/english/Argentina)
Weitere Infos.
Transitions Abroad (www.transitionsabroad.com) Exzellen-
te, langjährige Quelle für Leute, die in Argentinien leben, arbei-
ten und studieren.

Eine hilfreiche Adressenliste mit Mietwoh-
nungsagenturen in Buenos Aires findet sich auf
S. 119. Internetadressen speziell für Buenos Aires
stehen auf S. 101.

UNTERKUNFT

Die Spannweite der Unterkünfte in Argentinien
reicht von Zeltplätzen bis zu 5-Sterne-Hotels der
Luxusklasse, und in allen Kategorien ist die Auswahl groß. In den Hotels, die stärker auf ausländische Touristen eingestellt sind, spricht das
Personal normalerweise ein paar Brocken Englisch, für die eher provinziellen Unterkünfte
muss man ein wenig Spanisch können.

Mit Ausnahme der billigsten haben alle Hotels
Zimmer mit eigenem Bad, und das Frühstück ist
meist im Preis inbegriffen – *medialunas* (Croissants) und dünner Kaffee oder Tee sind üblich.
Das gilt auch für die in diesem Buch aufgeführten Adressen. In vielen Hotels können Reisende
ihr Gepäck in die Aufbewahrung geben, wenn
sie erst am späten Nachmittag oder abends weiterfliegen oder mit dem Bus starten.

Einige Hotels fahren in ihrem Preissystem
zweigleisig und knöpfen Ausländern für ein und
dieselbe Leistung mehr ab als einheimischen

Gästen (s. Kasten rechte Spalte). Auf diese Praxis stäßt man insbesondere in touristischen Zentren wie Patagonien und dann, wenn die Unterkunft ohnehin nicht ganz billig ist.

Wer ein Apartment in der Hauptstadt sucht, findet Informationen auf S. 118, Details zu Umzügen nach Argentinien sind auf S. 679 nachzulesen. In vielen Hotels reduziert sich der Preis bei einem längeren Aufenthalt ab etwa einer Woche oder länger. Wichtig ist es, den Preisnachlass auszuhandeln, bevor man das Zimmer anmietet.

Preise

Im vorliegenden Buch sind die Unterkünfte durchgängig nach dem Preis kategorisiert: Budgethotels (bis 180 Arg$ pro Doppelzimmer), Mittelklassehotels (180–250 Arg$ pro Doppelzimmer) und Spitzenklassehotels (über 250 Arg$ pro Doppelzimmer).

Die Preise sind in Argentinien innerhalb der letzten paar Jahre kontinuierlich gestiegen (viele verlangen inzwischen das Doppelte der Preise von 2003) – ein Ende der Preissteigerung ist auch noch nicht in Sicht. Wer keine bösen Überraschungen erleben möchte, sollte zusätzlich zur Lektüre dieses Buch einen Blick ins Internet werfen: Dort lassen sich meist die aktuellen Preise finden. Informationen zu den steigenden Reisekosten in Argentinien siehe Kasten S. 19.

In Buenos Aires sind hervorragende Zimmer für unter 200 Arg$ zu bekommen, anderswo im Land sollte ein komfortables Doppelzimmer für 130 Arg$ zu finden sein. Hostels in Buenos Aires verlangen 25 bis 35 Arg$ pro Bett und rund 90 Arg$ oder mehr für ein Doppelzimmer. Außerhalb der Hauptstadt sind die Preise moderater: rund 22 Arg$ für ein Bett im Schlafsaal und 60 Arg$ für ein Doppelzimmer.

Die in diesem Buch genannten Preise für Unterkünfte gelten für die Hochsaison und schließen alle Steuern ein (ausgenommen sind nur die absoluten Spitzenzeiten wie Weihnachten und Ostern). Budget- und Mittelklassehotels führen ihre Preise fast immer inklusive Steuern auf. Wer sich auf eigene Faust in ein Spitzenklassehotel verirrt, sollte jedoch nachfragen; teurere Hotels nennen häufig die Preise ohne Steuern – was bedeutet, dass 21 % draufzuschlagen sind! Hochsaison ist in der Regel im Juli und August (außer in Patagonien), in der Semana Santa (Karwoche) sowie im Januar und Februar, wenn die meisten Argentinier ihren Sommerurlaub nehmen. Außerhalb dieser Zeiten können die Preise mehr als 40 % niedriger liegen.

ZWEIERLEI PREISE

Mit der Abwertung des Peso 2002 wurde Argentinien praktisch über Nacht ein erschwingliches Reiseland. Doch der dadurch ausgelöste Aufschwung im Tourismussektor führte zu einem doppelten Preissystem: Viele Läden – vor allem in Buenos Aires, aber auch in Patagonien und Teilen des Seengebiets – verlangen von Einheimischen niedrigere Preise als von Ausländern. Und das unabhängig davon, ob diese in Euro, Pfund oder Dollar bezahlen. Dieses System der zwei Preise findet man z. B. bei einigen *estancias*, Nationalparks, bei der staatlichen Fluglinie Aerolíneas Argentinas und in gehobenen Hotels im ganzen Land.

Viele Unterkünfte zeichnen ihre Preise in US-Dollar statt in Pesos aus. Das muss nicht zwangsläufig bedeuten, dass man mehr als die Einheimischen zahlt: Der Peso ist einfach so instabil, dass viele eine weniger starken Schwankungen unterworfene Währung im Geschäftsbetrieb bevorzugen.

Camping & Refugios

Argentinien lässt sich prima mit dem Zelt erkunden, insbesondere die Argentinische Schweiz und Patagonien, wo es viele hervorragende Campingplätze gibt. Fast jede Klein- oder Großstadt in Argentinien unterhält einen ziemlich zentral gelegenen kommunalen Campingplatz, auf dem man für weniger als 20 Arg$ pro Nacht sein Zelt aufschlagen kann. Diese Plätze sind manchmal echte Volltreffer, manchmal voll daneben, manchmal schön mit Bäumen bestanden, manchmal überlaufen und hässlich. Kostenlose Zeltplätze sind oft besonders nett, vor allem im Seengebiet, auch wenn sie über keinerlei Einrichtungen verfügen.

Privat betriebene Plätze sind normalerweise gut ausgestattet, mit Warmwasserduschen, Toiletten, Waschgelegenheiten, Grillplatz, Restaurant oder *confitería* (Café), Lebensmittelgeschäft und manchmal sogar einem Swimmingpool. Die eigenen Habseligkeiten sind dort in der Regel sicher, denn Wächter haben ein wachsames Auge auf den Platz. Man sollte aber trotzdem nichts herumliegen lassen.

Wer auf seiner Südamerikareise halbwegs bequem schlafen will, sollte vor Reisebeginn ein gutes Zelt kaufen. Denn vor Ort ist die Campingausrüstung teurer und das Angebot – selbst in Argentinien – beschränkt. Nicht fehlen sollten ein Schlafsack, der für alle Jahreszeiten geeignet ist, und ein zuverlässiger Benzin- oder Kerosinkocher. Gaskartuschen – sie heißen auf Spanisch *bencina* – sind teuer und nur in Baumärkten oder in speziellen Läden zu bekommen, die chemische Reinigungsmittel oder (in größeren Städten) Campingzubehör verkaufen.

Ein Mückenschutzmittel sollte immer dabei sein, da viele Zeltplätze in der Nähe von Flüssen oder Seen liegen. In heißeren Gebieten im zentralen Norden oder im Nordosten geht es gar nicht ohne.

In und rund um die Nationalparks befinden sich sehr viele Zeltplätze, die nur zu Fuß erreichbar und sehr entlegen sind; das gilt vor allem für das Seengebiet und den Süden. Einige Nationalparks bieten auch *refugios* (einfache Hütten für Wanderer im Hochland), sie verfügen über eine Möglichkeit zum Kochen und einfache Schlafgelegenheiten. Viele *refugios* kosten gar nichts, andere verlangen eine Gebühr. Viele sind in der Hochsaison schnell voll, deshalb ist es sinnvoll, sich vor Ort nach freien Plätzen zu erkundigen und entsprechend früh da zu sein.

Estancias

Es gibt kaum eine typischere Übernachtungsmöglichkeit als eine argentinische *Estancia* (traditionelles Farmhaus, das im Nordwesten auch *finca* genannt wird). *Estancias* sind eine wunderbare Gelegenheit, in einem abgelegenen Landesteil ein paar ruhige Tage zu verbringen – Wein, Pferde und ein *asado* (ein traditioneller Grillabend) sind dort fast schon selbstverständlich. *Estancias* finden sich vor allem in der Region um Buenos Aires, in der Nähe von Esteros del Iberá, überall im Seengebiet und in Patagonien. Vor allem in Patagonien sind sie häufig auf Angler und Sportfischer ausgerichtet.

Die Übernachtung ist nicht gerade billig, mit 250 Arg$ pro Tag muss man rechnen. Der Preis schließt in der Regel Vollpension und einige Aktivitäten mit ein. Wer sich dafür interessiert, findet in den Kästen auf S. 168, 340 und 521 einige Empfehlungen; zu Uruguay siehe S. 630. *Estancias* werden auch bei den Übernachtungsangeboten der jeweiligen Stadt/Region genannt. Wer weitere Adressen benötigt, kann bei den Touristeninformationen der Provinzen (S. 678) in Buenos Aires anfragen. Eine weitere hilfreiche Quelle für Auskünfte sind die Internetseiten www.estanciastravel.com und www.estancias argentinas.com.

Für all diejenigen, die keine Zeit oder kein Geld für eine Übernachtung auf einer *estancia* aufbringen können, bieten viele der Farmhäuser

UNTERKÜNFTE ONLINE BUCHEN

Weitere Hotelempfehlungen und kritische Kommentare von Lonely Planet Autoren bietet der Online-Buchungsservice unter www.lonely planet.com. Dort sind Insider-Tipps für die besten Übernachtungsmöglichkeiten abrufbar. Die Angaben sind unabhängig und sorgfältig recherchiert. Und das Beste: Man kann sie sofort online buchen.

einen *día de campo* (Tag auf dem Land) an. Ein solcher *día de campo* umfasst in der Regel einen üppigen *asado*, einen Ausritt und andere für *estancias* typische Aktivitäten.

Hospedajes, Pensiones & Residenciales

Sie sind, einmal abgesehen von den Hostels, die günstigste Unterkunftsmöglichkeit in Argentinien, und die Unterschiede zwischen den drei Kategorien sind fließend (oft werden sie einfach Hotel genannt). Wer sich allerdings durch eine Übernachtungsliste der Touristeninformationen durcharbeitet, wird sie dort vergeblich suchen.

Ein *hospedaje* ist in der Regel eine Privatunterkunft mit einigen Gästezimmern (und Gemeinschaftsbädern). Gleiches gilt für eine *pensión*, sie bietet Zimmer für Übernachtungsgäste an, hat aber auch Dauermieter. Manche Gastgeber servieren auch Mahlzeiten. *Residenciales* findet man häufiger in den Listen der Touristeninformationen: Meist sind es Häuser, die Zimmer für eine kurze Aufenthaltsdauer vermieten. Einige von ihnen (sie werden beschönigend *albergues transitorios* genannt) wenden sich allerdings an Kunden, die für *sehr* kurze Zeit – maximal zwei Stunden – eine Unterkunft suchen. Sie werden von Prostituierten, aber auch von jungen einheimischen Pärchen angemietet, die sonst (außer im Freien) keine Gelegenheit für ein Schäferstündchen haben, oder von Leuten, die – aus welchen Gründen auch immer – auf Räumlichkeiten außerhalb der eigenen vier Wände angewiesen sind.

Zimmer und Möblierung sind einfach, aber sauber, am günstigsten sind die Zimmer mit Gemeinschaftsbädern. *Hospedajes* und *residenciales* sind meist genau so gut oder sogar noch besser als 1-Sterne-Hotels.

Hostels

Hostels schießen in Argentinien aus dem Boden wie das Gras in den Pampas. Fast jeder Ort, der touristisch etwas auf sich hält, hat zumindest ein

Hostel. Viele sind hervorragende Übernachtungsplätze, hier treffen sich die Reisenden, tauschen nützliche Informationen aus und haben ihren Spaß beim *asado* (Grillabend), der praktisch täglich veranstaltet wird.

Wie vielerorts haben auch die argentinischen Hostels eine Gemeinschaftsküche, Gemeinschafts-Aufenthaltsräume, Gemeinschaftsbäder und – viel häufiger als vermutet – mindestens ein Doppelzimmer mit eigenem Bad.

Viele Hostels werden von einem engagierten Mitarbeiter-Team geführt, das hinsichtlich Reiseinfos am Puls der Zeit ist. Nirgendwoanders gibt es so viele gute Tipps, wo die schönsten Plätze des Landes liegen. Ein (möglicher) Nachteil: Argentinier sind Nachteulen, die Hostelgäste tun es ihnen nach – wer also lärmempfindlich ist, sollte an Ohrstöpsel denken.

Viele Hostels bieten auch Doppelzimmer – wenn sie die Zahl an Schlafsaalbetten übersteigen, werden sie im Buch unter den Mittelklassehotels aufgeführt.

Wer also die Geselligkeit eines Hostels schätzt, aber trotzdem Wert auf eine ruhige Nacht (und ein eigenes Bad) legt, sollte dort suchen. Viele von ihnen bieten die perfekte Kombination: die Geselligkeit des Hostels und die Privatsphäre eines Hotels.

Wer Mitglied bei **Hostelling International** (HI; www.hihostels.com) ist, spart ungefähr 10 % bis 20 % bei der Übernachtung in den HI-Hostels. Es gibt allerdings auch weitere Hostel-Verbände, darunter **minihostels** (www.minihostels.com)und **HoLa** (www.holahostels.com).

Hotels

Argentinische Hotels präsentieren sich in einer großen Bandbreite: Sie rangieren von zweckmäßigen Ein-Stern-Unterkünften bis zum 5-Sterne-Luxus. Häufig bekommt man in Häusern mit ein bis zwei Sternen mehr geboten als in 3- oder 4-Sterne-Hotels. In der Regel haben die Hotelzimmer ein eigenes Bad, häufig ein Telefon und meist auch einen Fernseher mit Kabelanschluss. Manchmal gibt es eine zum Hotel gehörende *confitería* oder ein Restaurant, fast immer ist das Frühstück im Preis inbegriffen. Bei den Hotels der höheren Preisklassen gibt es einen Zimmer- und Wäscheservice, einen Swimmingpool, eine Bar, eine Ladenzeile und manchmal auch einen Fitnessraum (in den 3- oder 4-Sterne-Hotels handelt es sich dabei meist um eher klägliche Einrichtungen).

Privatunterkünfte

Wer längere Zeit an einem Ort zu bleiben plant, kann viel Geld sparen, wenn er ein Haus oder Apartment mietet. In Urlaubsorten am Atlantik (Mar del Plata, Pinamar etc.) oder Bariloche bezahlen mehrere Personen in einem Selbstversorger-Apartment so viel wie sonst eine Person allein. Adressen halten die Touristeninformationen bereit oder lassen sich Zeitungen entnehmen. Angebote von Ferienwohnungen in Buenos Aires siehe S. 118.

Während der Saison vermieten besonders im Landesinneren viele Familien Zimmer an Urlaubsgäste. Häufig sind das gute Angebote: Man kann dort kochen, seine Wäsche waschen und warm duschen – und die Kontakte zu den Einheimischen vertiefen. Solche Adressen sind generell nicht im Buch genannt, da sie sich zu häufig ändern.

VERSICHERUNG

Zusätzlich zur Krankenversicherung (S. 694) und der Autoversicherung (S. 689) ist der Abschluß einer Reiseversicherung zu empfehlen, die auch Gepäckverlust oder -diebstahl, mitgeführte Wertsachen und ausgefallene Flüge absichert. Wichtig: Die Versicherung sollte nicht „gefährliche Sportarten" ausschließen, darunter fallen häufig auch Klettern oder Paragliden. Es lohnt sich, das Kleingedruckte gründlich zu lesen und nach der besten Police für die eigenen Bedürfnisse zu suchen.

Die Versicherungsunterlagen sollten immer gesondert von den anderen Wertsachen aufgehoben werden (ein ganz guter Trick ist, die Kopien an die eigene E-Mail-Adresse zu schicken und sie im Posteingang abrufbereit zu halten). Weltweit gültige Reiseversicherungen sind über www.lonelyplanet.com/travel_services erhältlich. Sie können jederzeit abgeschlossen, erweitert und nach den jeweiligen Wünschen geändert werden – sogar, wenn man schon unterwegs ist.

VISA

Deutsche, österreichische und schweizer Staatsangehörige benötigen kein Visum, wenn der Aufenthalt in Argentinien nicht länger als 90 Tage dauert und sie nicht zu Arbeits- oder Studienzwecken einreisen. Normalerweise bekommt man bei der Ankunft eine „Touristenkarte" – am Flughafen oder auf den Fähren und Tragflügelbooten, die zwischen Buenos Aires und Uruguay verkehren. Die Karte kann nach 90 Tagen verlängert werden. Man sollte diese Karte nicht wegwerfen – wenn man sie verliert, ist das allerdings keine Katastrophe; an den meisten Ausreisestellen wird sie ohne weitere Kosten sofort von den Grenzbeamten ersetzt.

Kinder brauchen einen eigenen Reisepass oder müssen (bis zum vollendeten 5. Lebensjahr) in den Pass der Eltern eingetragen werden. Für nicht volljährige Kinder, die nur mit einem Elternteil unterwegs sind, braucht man eine notariell beglaubigte Genehmigung des fehlenden Elternteils und/oder eine Kopie der Sorgerechtsbescheinigung; es kann allerdings gut sein, dass man weder das eine noch das andere Dokument jemals vorzeigen muss.

Wer nur Kurzaufenthalte in den Nachbarländern plant, braucht in der Regel kein Visum. Auch wenn manche Reisebüros etwas anderes behaupten: Für eine eintägige Stippvisite von der argentinischen Stadt Puerto Iguazú ins brasilianische Foz do Iguaçu und/oder nach Ciudad del Este in Paraguay braucht man nur den Reisepass. Weitere Informationen hinsichtlich der Einreise nach Brasilien stehen im Kasten auf S. 248.

Visaverlängerung

Wer das 90 Tage gültige Touristenvisum verlängern will, muss die **Dirección Nacional de Migraciones** (Einwanderungsbehörde; Karte S. 92–93; ☎ 011-4317-0200; Antártida Argentina 1355; ✆ Mo–Fr 7.30–13.30 Uhr) in Buenos Aires aufsuchen. Die Verlängerung muss in der Woche erfolgen, in der das Visum ausläuft (Gebühr: 300 Arg$).

Eine Alternative ist die ein- bis zweitägige Ausreise nach Colonia oder Montevideo (beide in Uruguay) oder nach Chile – ebenfalls kurz vor dem Ablauf des Visums. Bei der erneuten Einreise wird wieder eine Aufenthaltsgenehmigung für 90 Tage erteilt.

ZEIT

Argentinien ist im Verhältnis zur Mitteleuropäischen Zeit vier Stunden, im Verhältnis zur Mitteleuropäischen Sommerzeit fünf Stunden zurück. Wenn es in Argentinien 12 Uhr ist, ist es in Deutschland, Österreich und der Schweiz 16 Uhr, während der Mitteleuropäischen Sommerzeit 17 Uhr. Argentinien zählt die Uhrzeit nach dem 24-Stunden-System. Die Sommerzeit ist in Argentinien noch unbekannt, das kann sich allerdings jederzeit ändern.

ZOLL

Argentinische Beamte verhalten sich gegenüber ausländischen Touristen in der Regel höflich und angemessen. Elektronische Geräte (Laptops, Kameras und Handys) dürfen zollfrei ins Land eingeführt werden, vorausgesetzt, sie werden auch wieder ausgeführt. Zollfrei importiert werden dürfen außerdem bis zu 2 l Alkohol, 400 Zigaretten und 50 Zigarren – sofern man über 18 Jahre alt ist.

Wer mit einem sehr teuren Computer, einer hochwertigen Kamera oder sonstigem technischen Equipment einreist, sollte die Gegenstände zur Sicherheit deklarieren. In der Regel gibt es bei der handelsüblicher Elektronik keinerlei Probleme.

Worauf die Beamten achten, hängt davon ab, von wo man einreist: Reisende, die aus den Andenstaaten Richtung Süden fahren wollen, werden eher nach Drogen durchsucht, während bei der Einreise aus den anderen Nachbarländern verstärkt Obst und Gemüse konfisziert wird. Wer Drogen mit sich führt, gerät in jedem Fall in erhebliche Schwierigkeiten – egal, aus welcher Ecke er einreist.

Verkehrsmittel & -wege

VERKEHRSMITTEL & -WEGE

AN- & WEITERREISE

EINREISE

Die Einreise nach Argentinien ist völlig problemlos, die Einwanderungsbeamten an den Flughäfen arbeiten schnell und verlieren nicht viele Worte. Lediglich an den Grenzübergängen kann es etwas länger dauern, bis man seinen abgestempelten Pass zurückbekommt. Einen noch gültigen Reisepass braucht man jedoch in jedem Fall. Auch innerhalb Argentiniens hat die Polizei jederzeit das Recht, sich den Reisepass zeigen zu lassen. Es empfiehlt sich deshalb, zumindestens eine Fotokopie des Reisepasses ständig bei sich zu führen. Alles Sonstige über Visa steht auf S. 682.

Wer mit dem Flugzeug einreist, muss offiziell ein Rückflugticket vorweisen können, obwohl es meist nicht verlangt wird, wenn man einmal da ist. Viele Fluggesellschaften verlangen aber ein Hin- und Rückflug- oder Weiterflugticket und verweigern ggf. das Betreten des Flugzeuges. Der Grund: Im Fall einer verweigerten Einreise (was selten vorkommt) müsste die betreffende Fluggesellschaft für die Rückflugkosten aufkommen. Wer einen zeitlich unbegrenzten Aufenthalt mit Abstechern in Nachbarstaaten wie Chile plant, sollte sich in diesem Fall ein billiges, voll rückerstattungsfähiges Ticket für den Weiterflug be-

sorgen (zum Beispiel Mendoza–Santiago de Chile). Das kann dann entweder wirklich genutzt oder sonst rückerstattet werden. Eine solche Rückerstattung kann allerdings Monate in Anspruch nehmen.

FLUGZEUG
Flughäfen & Fluglinien

Die staatliche Fluggesellschaft Aerolíneas Argentinas genießt einen guten Ruf bei ihren internationalen Flügen, bei den nationalen Flügen ist sie aber wegen häufiger Verspätungen etwas in Verruf geraten (s. S. 691). Mit Ausnahme der Flüge von Santiago de Chile nach Mendoza bzw. Córdoba fliegen alle anderen internationalen Gesellschaften Buenos Aires' **Aeropuerto Internacional Ministro Pistarini** (Ezeiza; ☎ 011-5480-6111, Touristeninformation 011-4480-0224) an. Er liegt außerhalb des Stadtzentrums und ist mit dem Taxi oder Bus in rund 40 Minuten erreichbar. Informationen zu den Verbindungen zwischen dem Flughafen Ezeiza und der Innenstadt siehe S. 150.

Obwohl eine ganze Reihe von Flughäfen in den Hauptstädten der Provinzen und in Touristenorten als „international" gelten, werden sie nur von Flugzeugen aus den südamerikanischen Nachbarländern angeflogen. Einige wichtige Informationen zu den Hauptflughäfen des Landes finden sich auf der Website **Aeropuertos Argentina 2000** (www.aa2000.com.ar).

Argentinische Flughäfen (keine vollständige Liste):
Bariloche (Flughafen-Code BRC; ☎ 02944-405016)
Córdoba (COR; ☎ 0351-475-0871)
El Calafate (ECA; ☎ 02902-491-220)
Jujuy (JUJ; ☎ 0388-491-1103)

DIE DINGE ÄNDERN SICH

Die Informationen in diesem Kapitel sind besonders anfällig für Veränderungen. Es empfiehlt sich, Tarife unmittelbar bei der Fluggesellschaft oder im Reisebüro abzufragen. Die Sicherheitsbestimmungen im internationalen Reiseverkehr sind ebenfalls zu beachten. Aufgepasst beim Einkaufen! Die Angaben in diesem Kapitel sind als Richtwerte zu verstehen und ersetzen nicht die eigene sorgfältige und aktuelle Recherche vor Ort.

Mendoza (MDZ; ☎ 0261-520-6000)
Puerto Iguazú (IGR; ☎ 03757-421996)
Río Gallegos (RGL; ☎ 02966-442340)
Rosario (ROS; ☎ 0341-451-2997)
Salta (SLA; ☎ 0387-424-3115)
San Juan (UAQ; ☎ 0264-425-4133)
Tucumán (TUC; ☎ 0381-426-5072)
Ushuaia (USH; ☎ 0291-431232)

FLUGGESELLSCHAFTEN
Die folgenden Fluglinien fliegen alle nach und von Argentinien, genannt werden die Telefonnummern der Büros in Argentinien. Alle Nummern, die nicht gebührenfrei sind, sind Telefonnummern in Buenos Aires.

Aerolíneas Argentinas (Code ARG; ☎ 0810-222-86527; www.aerolineas.com)
AeroSur (ASU; ☎ 011-4516-0999; www.aerosur.com)
Air Canada (ACA; ☎ 011-4327-3640; www.aircanada.ca)
Air France (AFR; ☎ 011-4317-4700; www.airfrance.com)
Alitalia (AZA; ☎ 0810-777-2548; www.alitalia.com)
American Airlines (AAL; ☎ 011-4318-1111; www.aa.com)
Avianca (AVA; ☎ 011-4322-2731; www.avianca.com)
British Airways (BA; ☎ 011-4320-6600; www.britishairways.com)
Continental (COA; ☎ 0800-333-0425; www.continental.com)
Copa (CMP; ☎ 0810-222-2672; www.copaair.com)
Delta (DAL; ☎ 0800-666-0133; www.delta.com)
Gol (GLO; ☎ 0810-266-3232; www.voegol.com.br)
KLM (KLM; ☎ 011-4317-4711; www.klm.com)
LAN (LAN; ☎ 0800-999-9526; www.lan.com)
Líneas Aéreas del Estado (LADE) (LDE; ☎ 0810-810-5233; www.lade.com.ar)
Lufthansa (DLH; ☎ 011-4319-0600; www.lufthansa.com)
Pluna (PUA; ☎ 011-4120-0530; www.pluna.com.uy)
Qantas Airways (QFA; ☎ 011-4114-5800; www.qantas.com)
TACA (TAI; ☎ 0810-333-8222; www.taca.com)
Transportes Aéreos de Mercosur (TAM; ☎ 0810-333-3333; www.tam.com.py)
United Airlines (UAL; ☎ 0810-777-8648; www.united.com.ar)

Tickets
Südamerika ist eine relativ teure Destination, dank günstiger Angebote ist ein Flug aber meist doch erschwinglich. Die beste Adresse für Angebote sind in der Regel Reisebüros, die sich auf Lateinamerika spezialisiert haben.

ROUND-THE-WORLD-TICKETS (RTW-TICKETS)
Wer bei seiner Reise viele Länder auf verschiedenen Kontinenten besuchen will, sollte sich ein Round-the-World-Ticket (RTW) kaufen. Bei der Anreise aus den USA, Europa oder Australien sind in diesen Tickets fünf bis sechs Stop-overs inklusive, darunter auch Buenos Aires. RTW-Tickets sind aber in der Regel nur 12 Monate gültig.

Ähnlich verhält es sich bei den „Circle-Pacific"-Tickets, die Reisen zwischen Australien/Asien und Lateinamerika erlauben. Allerdings gibt es bei all diesen Tickets gewisse Einschränkungen: Also vorab gründlich recherchieren und das Kleingedruckte lesen! Wer eine ungefähre Vorstellung von den unterschiedlichen Preisen und Routenvorschriften bekommen möchte, sollte die folgenden Websites aufrufen:

Airtreks (www.airtreks.com, USA)
Air Brokers International (www.airbrokers.com; USA)
Round the World Flights (www.roundtheworldflights.com; GB)

Europa
Aerolíneas Argentinas und einige weitere internationale Fluglinien bieten von London (und anderen Hauptstädten) Direktflüge nach Buenos Aires an. **Journey Latin America** (☎ 020-8747 3108; www.journeylatinamerica.co.uk) hat sich auf Lateinamerikareisen spezialisiert und ist eine gute Adresse für die Recherche nach dem günstigsten Ticket.

Direktflüge von Europa nach Buenos Aires sind u. a. von Paris (Air France), Madrid (Iberia und Aerolíneas Argentinas), Rom (Aerolíneas Argentinas) und Frankfurt (Lufthansa) möglich. Flüge aus anderen europäischen Städten führen häufig über Sao Paolo (Brasilien) oder Santiago in Chile.

AUF DEM LANDWEG
Bus
Von allen Nachbarländern ist eine Einreise mit dem Bus möglich. Die Busse sind in der Regel komfortabel, modern und sauber. Mit gültigen Einreisepapieren (S. 682) ist der Grenzübertritt problemlos.

Grenzübergänge
Es gibt viele Grenzübergänge in die Nachbarländer Chile, Bolivien, Paraguay, Brasilien und Uruguay; im Folgenden werden aber nur die wichtigsten aufgezählt. Generell gilt, dass Grenzübertritte problemlos verlaufen, solange alle notwendigen Papiere in der korrekten Form zur Verfügung stehen. Hinweise zu den notwendigen Visa und sonstigen Reisedokumenten finden sich auf S. 682.

BOLIVIEN

La Quiaca nach Villazón Viele Busse fahren von Jujuy und Salta nach La Quiaca. Dort muss die bolivianische Grenze zu Fuß oder mit einem Taxi überquert werden.

Aguas Blancas nach Bermejo Von Orán aus, das von Bussen der Linien Salta und Jujuy angefahren wird, verkehrt ein Bus bis Aguas Blancas, von dort geht es weiter nach Bermejo. Dort stehen Busse nach Tarija bereit.

Pocitos nach Yacuiba Busse von Jujuy und Salta fahren nach Tartagal, von dort geht es mit anderen Bussen weiter zur bolivianischen Grenze nach Pocitos/Yacuiba. Dort gibt es dann Busanschluss nach Santa Cruz.

BRASILIEN

Der meist genutzte Grenzübergang ist der von Puerto Iguazú (S. 249) nach Foz do Iguaçu (S. 253). Bei der Beschreibung der beiden Orte stehen auch weitere Details zum Grenzübertritt und außerdem Informationen, welche Regeln für Tagesausflüge zur jeweils anderen Seite der Iguazú-Fälle gelten (s. auch Kasten S. 248). Die Grenze kann auch bei Paso de los Libres (Argentinien; S. 233) zur Weiterreise in die brasilianischen Städte Uruguaiana und São Borja überquert werden.

CHILE

Auch zwischen Argentinien und Chile gibt es eine ganze Reihe von Grenzübergängen. Mit Ausnahme von Patagonien müssen dabei jedoch auf dem Landweg immer die Anden überquert werden. Je nach den Wetterverhältnissen sind einige höher gelegene Passstraßen im Winter geschlossen – selbst die viel benutzte Strecke Mendoza–Santiago auf der RN 7 ist immer mal wieder wegen schwerer Stürme gesperrt. Vor allem bei Reisen über die Anden sollte man sich vorab über die Wetterprognosen informieren.

Bariloche nach Puerto Montt Die berühmte zwölfstündige Bus-Boots-Tour führt über die Anden nach Chile (im Winter dauert sie zwei Tage). Siehe dazu auch Kasten S. 448.

El Calafate nach Puerto Natales und zum Parque Nacional Torres del Paine Die wohl populärste Route der Region führt vom Glaciar Perito Moreno (bei El Calafate) zum Parque Nacional Torres del Paine (bei Puerto Natales). Im Sommer sind täglich mehrere Busse auf der Strecke unterwegs, in der Nebensaison ein bis zwei Fahrzeuge pro Tag.

Los Antiguos nach Chile Chico Wer von Chile aus einreist, kann über die anstrengende RN 40 Richtung El Chaltén und El Calafate weiterreisen. Die Fahrt empfiehlt sich allerdings nur im Sommer, wenn öffentliche Busse auf der Strecke unterwegs sind.

Mendoza nach Santiago Die beliebteste Busverbindung zwischen den beiden Andenstaaten führt am 6962 m hohen Aconcagua vorbei.

Salta nach San Pedro de Atacama (über Purmamarca) Die zwölfstündige Busfahrt über den Altiplano bietet eine traumhafte Landschaft gratis dazu.

Ushuaia nach Punta Arenas Im Sommer fahren täglich Busse, im Winter seltener. Die 12- bis 18-stündige Fahrt (je nach Wetter) beinhaltet eine Fährpassage – entweder von Porvenir oder Punta Delgada/Primera Angostura.

URUGUAY & PARAGUAY

Es gibt zwei direkte Grenzübergänge zwischen Argentinien und Paraguay: von Clorinda (S. 265) nach Asunción und von Posadas (S. 267) nach Encarnación. Auch von der argentinischen Seite (Puerto Iguazú) kann man via Brasilien nach Ciudad del Este in Paraguay reisen.

Grenzübergänge zwischen Argentinien und Uruguay sind u. a.: Gualeguaychú (S. 224) nach Fray Bentos, Colón (S. 228) nach Paysandú und Concordia (S. 262) nach Salto. Da der Rio Uruguay der Grenzfluss ist, muss jeweils eine Brücke überquert werden. Busse von Buenos Aires nach Montevideo und zu anderen Küstenstädten brauchen länger und sind weniger komfortabel als die Fähren oder die Bus-Fähre-Kombinationen über den Río de la Plata (s. unten). Der Grenzübergang bei Gualeguaychú ist wegen des politischen Konflikts um die Papierfabrik auf der uruguayischen Seite des Flusses zeitweilig geschlossen. Weitere Informationen dazu im Kasten S. 598.

FLUSS

Zwischen Uruguay und Buenos Aires verkehren mehrere Fähren und Tragflächenboote, teilweise ist eine Busfahrt eingeschlossen.

Buenos Aires nach Colonia Täglich legen Fähren (Fahrzeit 1–3 Std.) nach Colonia ab, von dort gibt es einen Busanschluss nach Montevideo (weitere 3 Std.). Siehe S. 625.

Buenos Aires nach Montevideo Hochgeschwindigkeitsfähren bringen die Fahrgäste in nur 2¾ Std. vom Zentrum in Buenos Aires in die Hauptstadt Uruguays; siehe S. 648.

Tigre nach Carmelo Regelmäßig fahrende Passagierfähren rasen von Buenos Aires' Vorort Tigre nach Carmelo (2½ Std., ab Tigre auch nach Montevideo); siehe S. 627.

ÜBERS MEER

Per Schiff nach Argentinien einzureisen ist wirklich ungewöhnlich. Vom chilenischen Puerto Montt (bei Bariloche) aus fährt die berühmte Fähre der chilenischen **Navimag** (www.navimag.com) die gesamte Küste des chilenischen Teils von Patagonien hinunter bis nach Puerto Natales, das ebenfalls zu Chile gehört. Von hier ist es nicht weit zum Parque Nacional Torres del Paine (Ankunft westlich des Río Gallegos).

KLIMAWANDEL & REISEN

Der Klimawandel stellt eine ernste Bedrohung für unsere Ökosysteme dar. Zu diesem Problem tragen Flugreisen immer stärker bei. Lonely Planet sieht im Reisen grundsätzlich einen Gewinn, ist sich aber der Tatsache bewusst, dass jeder seinen Teil dazu beitragen muss, um die globale Erwärmung zu verringern.

Fliegen & Klimawandel

Fast jede Art der motorisierten Fortbewegung erzeugt CO_2 (die Hauptursache für die globale Erwärmung), doch Flugzeuge sind mit Abstand die schlimmsten Klimakiller – nicht nur wegen der großen Entfernungen und der entsprechend großen CO_2-Mengen, sondern auch weil sie diese Treibhausgase direkt in hohen Schichten der Atmosphäre freisetzen. Die Zahlen sind erschreckend: Zwei Personen, die von Europa in die USA und wieder zurück fliegen, erhöhen den Treibhauseffekt in demselben Maße wie ein durchschnittlicher Haushalt in einem ganzen Jahr.

Emissionsausgleich

Die englische Website www.climatecare.org und die deutsche Internetseite www.atmosfair.de bieten sogenannte CO_2-Rechner. Damit kann jeder ermitteln, wie viel Treibhausgase seine Reise produziert. Das Programm errechnet den zum Ausgleich erforderlichen Betrag, mit dem der Reisende nachhaltige Projekte zur Reduzierung der globalen Erwärmung unterstützen kann, beispielsweise Projekte in Indien, Honduras, Kasachstan und Uganda.

Lonely Planet unterstützt gemeinsam mit Rough Guides und anderen Partnern aus der Reisebranche das CO_2-Ausgleichs-Programm von climatecare.org. Alle Reisen von Mitarbeitern und Autoren von Lonely Planet werden ausgeglichen.

Weitere Informationen zum Thema gibt's auf www.lonelyplanet.com.

UNTERWEGS VOR ORT

AUTO & MOTORRAD

Argentinien ist so groß, dass viele Landesteile trotz des reichhaltigen Angebots an öffentlichen Verkehrsmitteln nur mit dem Pkw zu erreichen sind. Das gilt insbesondere für Patagonien mit seinen großen Entfernungen und den zum Teil nur spärlichen Busverbindungen. Außerdem ist es mit einem eigenen fahrbaren Untersatz möglich, überall und jederzeit Zwischenstopps einzulegen, etwa wenn die Blase drückt oder das einzigartige Landschaftspanorama festgehalten werden muss.

Wer ein Motorrad in Buenos Aires leihen möchte, sollte Kontakt mit **Motocare** (S. 150) aufnehmen.

Autokauf

Bei einem mehrmonatigen Aufenthalt in Argentinien kann sich unter Umständen ein Autokauf lohnen. Wer es am Ende der Reise dann noch schafft, den fahrbaren Untersatz zu einem guten Preis zu verkaufen, kann vielleicht sogar Geld sparen. Der Kauf eines Gebrauchtwagens ist aber immer ein Risiko, vor allem wegen der rauen Pisten im Hinterland von Patagonien. Auch der Kauf und Verkauf eines Wagens hat schon manch einem Kopfschmerzen bereitet. Warum?

Die argentinische Bürokratie kann einem den letzten Nerv rauben: Zunächst einmal braucht der Käufer einen Fahrzeugschein (*tarjeta verde*), auch die notwendigen Versicherungen müssen noch gültig sein. Für Ausländer ist es sinnvoll, ein notariell beglaubigtes Dokument vorweisen zu können, das bestätigt, dass man der rechtmäßige Besitzer des Fahrzeugs ist: Die argentinische Bürokratie arbeitet nämlich sehr langsam und kann den Fahrzeugschein gar nicht so schnell umschreiben, wie man es gerne hätte. Viele Argentinier verzichten auch wegen der Kosten auf die Ummeldung der *tarjeta verde* auf ihren eigenen Namen.

Auch Ausländer ohne DNI (Nachweis der argentinischen Staatsbürgerschaft) dürfen in Argentinien ein eigenes Auto besitzen, allerdings benötigen sie dann eine notarielle Erlaubnis, das Auto ins Nachbarland auszuführen (die nicht so ganz einfach zu bekommen ist).

Automobilclubs

Wer plant, in Argentinien selbst Auto zu fahren, sollte Mitglied des **Automóvil Club Argentino** (ACA; Karte S. 96–97; ☎ 011-4802-6061; www.aca.org.ar, auf Spanisch; Av del Libertador 1850, Palermo, Buenos Aires) werden: Der Club unterhält Büros, Tankstellen und

Werkstätten im ganzen Land und bietet **Pannenhilfe** (☎ 0800-888-84253) in und rund um die wichtigsten touristischen Ziele an. Der ACA erkennt die Mitgliedschaft der meisten überseeischen Clubs an und gewährt ihnen Privilegien wie Pannenhilfe und ermäßigte Preise auf Straßenkarten und Unterkünfte. Auf jeden Fall die Mitgliedskarte des Heimatclubs mitbringen.

Mit dem eigenen Auto

Wer ein eigenes Auto aus Übersee in Südamerika einführen will, sollte das am besten über Chile tun. Möglich ist aber auch die direkte Verschiffung nach Argentinien. Das Auto durch den Zoll zu bringen, erfordert allerdings eine Menge Papierkram.

Benzin

Nafta (Benzin) kostet 3,15–3,60 Arg$ pro Liter. Wenn irgend möglich, sollte man das Tanken von *normal* bzw. *común* (Normalbenzin) vermeiden, da es von schlechterer Qualität ist. *Super* und *premium* (häufig auch Fangio genannt) sind unbedingt vorzuziehen. In Patagonien (wo die meisten der argentinischen Ölfelder liegen) kostet das Benzin nur halb so viel wie im übrigen Land. *Estaciones de servicio* (Tankstellen) sind weit verbreitet (vor allem YPFs), doch bei Fahrten über Land sollten Autofahrer jede Tankstelle nutzen, um den Wagen wieder aufzutanken. In Patagonien empfiehlt es sich sogar, zusätzliche Benzinkanister mitzunehmen.

Führerschein & sonstige Dokumente

Rein gesetzlich ist jeder ausländische Autofahrer verpflichtet, einen internationalen Führerschein zusätzlich zum nationalen Führerschein bei sich zu haben. Bei Polizeikontrollen verlangen die Beamten die gültigen Fahrzeug- und Versicherungspapiere sowie die Unterlagen zur Autosteuer. Außerhalb von Buenos Aires sind keine besonderen Sicherheitsmaßnahmen notwendig.

Fahrer argentinischer Fahrzeuge müssen eine grüne Karte *(tarjeta verde)* vorlegen. Bei einem Leihwagen sollte man sich unbedingt *vor* Fahrtantritt vergewissern, dass sie im Handschuhfach liegt. Bei ausländischen Fahrzeugen zeigt man stattdessen die Zollzulassung. Es besteht Versicherungspflicht, und die Polizei kontrolliert auch mit großer Vorliebe den Nachweis.

Mietwagen

Ein Mietwagen in Argentinien bietet viel Bewegungsfreiheit und die Möglichkeit, überall dort anzuhalten, wo man gerade Lust hat. Ein weiterer Vorteil: Mit dem Leihwagen können Reisende auch Ziele erreichen, die von öffentlichen Bussen nicht angesteuert werden. Wer ein Fahrzeug mieten möchte, muss ein Mindestalter von 21 Jahren (Fahrer) haben, außerdem muss der Fahrer einen gültigen Führerschein und eine Kreditkarte vorlegen können. Ein internationaler Führerschein ist verpflichtend; viele Verleiher verzichten aber darauf, ihn sich bei der Anmietung zeigen zu lassen.

Der billigste (und kleinste) Mietwagen kostet 190 Arg$ pro Tag (mit 150-200 Freikilometern). Mietverträge mit unbegrenzter Kilometerzahl sind meist teurer – das hängt allerdings auch von den Zielen ab. Allradwagen sind generell sehr viel teurer. Bariloche ist eine der Städte, in denen die Preise für Mietwagen besonders günstig sind. Wer eine Fahrt nach Patagonien plant oder länger im Land unterwegs sein will, sollte sich bei den dortigen Leihfirmen erkunden. Wird der Wagen schon von zu Hause aus bei einer der großen internationalen Mietwagenfirmen gebucht, sind die Tarife meist günstiger.

Verkehrsregeln & Gefahren

Jeder, der plant, Argentinien mit einem Auto zu bereisen, sollte sich darüber im Klaren sein, dass argentinische Autofahrer aggressiv fahren und in der Regel Geschwindigkeitsbegrenzungen, Straßenschilder und selbst Ampeln ignorieren. Außerhalb der Städte macht das Autofahren dagegen viel Spaß.

Auf den meisten argentinischen Schnellstraßen und Autobahnen gilt eine Höchstgeschwindigkeit von 80 km/h, manchmal auch von 100 km/h oder mehr. Während der Erntezeit in der Pampa verdienen landwirtschaftliche Nutzfahrzeuge, die über die Straßen kriechen, besondere Aufmerksamkeit – sie stellen zwar selbst keine Gefahr dar, aber die ungeduldigen argentinischen Autofahrer lassen sich durch sie zu den gewagtesten Manövern hinreißen. Nachtfahrten sind nicht empfehlenswert, da in vielen Regionen Tiere auf der Fahrbahn stehen, um sich aufzuwärmen. Und eine argentinische Kuh mit dem Auto umzupflügen ist ein Urlaubserlebnis, auf das sicher jeder gerne verzichtet.

Notscheinwerfer *(balizas)* und ein 1-kg-Feuerlöscher sollten im Wagen immer zur Hand sein. Kopfstützen sind für Fahrer und Beifahrer vorgeschrieben, und es besteht Anschnallpflicht (man ahnt es schon – die wenigsten halten sich dran). Motorradfahrer müssten eigentlich einen Helm tragen, aber auch diese Vorschrift interessiert allerdings kaum jemanden.

Auf den Schnellstraßen und Autobahnen des Landes sieht man nur selten Polizei. Dafür warten Polizisten häufig an größeren Kreuzungen und Checkpoints am Straßenrand, um Fahrzeugpapiere und Ausrüstung zu kontrollieren.

Verstöße gegen Vorschriften bei der Ausrüstung können mit deftigen Geldbußen geahndet werden, doch solche Kontrollen bilden in vielen Fällen nur das Vorspiel für Mauscheleien. Wenn die Polizei z. B. darum bittet, die Blinker (die kaum ein Argentinier je benutzt), die Bremsleuchten oder die Handbremse zu checken, dann könnte das darauf hindeuten, dass man abgezockt werden soll. Die Polizei behauptet dann vielleicht, das Bußgeld sei bei einer örtlichen Bank einzuzahlen, die erst am nächsten Tag oder – wenn sich der Vorfall am Wochenende ereignet – am Montag wieder geöffnet habe. Bei Unsicherheit über die eigenen Rechte sollte man in sachlichem Ton die Absicht kundtun, dass man mit der Botschaft oder dem Konsulat des Heimatlandes Kontakt aufnehmen will.

Wer glaubhaft machen kann, dass er keine Silbe Spanisch versteht, kann Glück haben: Die Polizei denkt dann vielleicht, dass sie mit einem solchen Ausländer mehr Ärger hat, als es die ganze Angelegenheit überhaupt wert ist. Wer ein Auge zudrückt und gleich vor Ort sein Geld loswerden will, fragt: *¿Puedo pagar la multa ahora?* („Kann ich die Strafe gleich zahlen?").

Versicherung

Eine gültige Versicherung ist in Argentinien Pflicht. Die Polizei kontrolliert an ihren Checkpoints die Versicherungspapiere. Eine Vollkasko-Versicherung ist relativ teuer. Wer vorhat, mit seinem argentinischen Leihwagen in die Nachbarländer zu fahren, sollte genau prüfen, ob Schäden, die im Nachbarland entstehen, durch die argentinische Versicherung gedeckt sind (meist muss für diesen Fall zusätzlich gezahlt werden). Zu den renommierten Versicherern zählen **Mapfre** (☎ 0800-999-7424; www.mapfre.com.ar) und **ACA** (☎ 011-4802-6061; www.aca.org.ar).

BUS

Wer länger in Argentinien unterwegs ist, wird schnell die Vorteile des hervorragenden argentinischen Busnetzes schätzen lernen, es verbindet fast alle Orte miteinander. Die Busse sind schnell, überraschend komfortabel und bieten teilweise ein fast schon luxuriöses Reiseerlebnis. Auch die Argentinier selbst sind mehrheitlich mit Bussen im Land unterwegs. Großes Reisegepäck wird fachkundig in den „Katakomben" der Busse verstaut. Vor allem in den Erste-Klasse-Bussen sind die Sicherheitsstandards hoch: Das Personal kümmert sich (gegen ein kleines Trinkgeld, natürlich) zuverlässig um die Taschen der Reisenden. Für längere Fahrten, zum Beispiel von Buenos Aires nach Mendoza, empfehlen sich Nachtbusse. Sie ersparen Übernachtungskosten und bieten herrliche Sonnenaufgänge in den frühen Morgenstunden.

Hunderte von Busgesellschaften decken die ganz unterschiedlichen Regionen im Land ab, einige wenige Busgesellschaften teilen sich den Markt der Überlandstrecken. Dazu zählen:

Andesmar (☎ 0261-429-5095, 011-6385-3031; www. andesmar.com) Verkehrt im ganzen Land.

Chevallier (☎ 011-4000-5255; www.nuevachevallier.com) Ist ebenfalls im ganzen Land unterwegs.

El Rápido International (☎ 0261-405-4344; www.elrapidoint.com.ar) Buenos Aires, Mendoza, Córdoba und Rosario. Internationale Fahrten nach Santiago und Viña del Mar (Chile) sowie Lima (Peru).

Via Bariloche (☎ 0800-333-7575; www.viabariloche.com. ar) Fährt zu vielen Zielen in der Provinz La Pampa, im Seengebiet und in Patagonien.

Viele Städte haben einen zentralen Busbahnhof, wo jede Busgesellschaft ihren eigenen Schalter besitzt. Einige Gesellschaften hängen ihre Fahrpläne gut sichtbar aus, der Fahrpreis und die Abfahrtszeiten stehen in der Regel auf dem Ticket. In so gut wie allen Bahnhöfen gibt es (argentinische) Toiletten, Möglichkeiten zur Gepäckaufbewahrung, Imbissstände, Kioske und Zeitungsverkäufer. In touristisch interessanten Großstädten unterhält meist auch die Touristeninformation ein Büro im Bahnhof. In der Regel sind nur wenige Hotelschlepper unterwegs – eine unrühmliche Ausnahme bildet leider El Calafate.

Eine ganz hilfreiche Suchmaschine hinsichtlich Busfahrplänen und -preisen ist die folgende Adresse: www.plataforma10.com.

Buskategorien

Argentinien ist ein Paradies für Busreisende: Gehobene Buslinien wie Chevallier und Andesmar (und das sind nur zwei unter mindestens einem Dutzend Anbietern) haben eine Flotte moderner Fahrzeuge, die geräumige und bequeme Sitze, große Panoramascheiben, Klimaanlage, TV, Toiletten (nicht wirklich luxuriös und ohne Toilettenpapier) bieten. Teilweise sind auf der Fahrt auch Angestellte mit Kaffee und Snacks im Bus unterwegs.

Bei Nachtfahrten lohnt es sich, für einen *coche cama* 50 Arg$ mehr auszugeben, auch wenn man

VERKEHRSMITTEL & -WEGE

mit dem billigeren *coche semi-cama* bestimmt auch zurechtkommt. Im *coche cama* sind die Sitze breiter und lassen sich so einstellen, dass sie fast eine durchgängige Fläche bilden. Total flach liegen kann man im *ejecutivo* oder im *coche super cama* (für gehobene Ansprüche), die auf ein paar beliebten Strecken wie Buenos Aires–Córdoba oder Buenos Aires–Rosario fahren. Mit dem *común*, der billigsten (Standard-)Klasse, kann man seine Pesos zusammenhalten. Bei Fahrten bis zu fünf Stunden hat man normalerweise sowieso keine Wahl – da fährt ein *común* oder allenfalls ein *semi-cama*.

Preise

Die Buspreise hängen von der Saison, der Klasse und der Busgesellschaft ab. Die in den jeweiligen Kapiteln An- & Weiterreise angegebenen Preise sind Richtwerte und gelten für die mittlere bzw. Hochsaison in der Kategorie *semi-cama*. Am teuersten sind die Busfahrten in Patagonien. Viele Busgesellschaften akzeptieren Kreditkarten als Zahlungsmittel. Hier einige Preisbeispiele ab Buenos Aires:

Reiseziel	Fahrpreis (Arg$)
Bariloche	245
Comodoro Rivadavia	308
Córdoba	150
Mar del Plata	90
Mendoza	250
Puerto Iguazú	280
Puerto Madryn	270
Rosario	50

Reservierung

Meistens muss man Busfahrkarten nicht im Voraus kaufen – außer bei Fahrten zwischen Großstädten am Freitag, denn da sind die *coche-cama*-Nachtbusse rasch ausgebucht. Auch in Ferienzeiten wie Ende September, Januar, Juli und August sind die Fahrkarten schnell weg, sodass man sich am besten durch frühen Ticketkauf einen Platz sichert. Insbesondere in einer Stadt mit schlechten Verbindungen bietet es sich an, gleich bei der Ankunft zu checken, welche Busgesellschaft wann das nächste geplante Reiseziel ansteuert. Dann lassen sich die weiteren Planungen danach ausrichten.

Wenn der Busbahnhof in den Außenbezirken einer Großstadt liegt, werden die Tickets häufig über Agenturen im Zentrum verkauft – ohne Kommissionsgebühren. Einige Agenturen werden im Buch genannt, ansonsten können die Adressen im Hotel oder bei der Touristeninformation erfragt werden.

Saison

In der Argentinischen Schweiz und in Nordpatagonien sind im Sommer (November bis März) unglaublich viele Busse unterwegs. Kleinbusse fahren Campingplätze an oder Rundstrecken um Seen ab. Sie bringen Reisende an die Startpunkte von Wanderungen und zu anderen beliebten Touristenzielen. Wenn der Sommer vorbei ist, werden die Verbindungen eingestellt, und dann wird die Fortbewegung sehr viel schwieriger.

Die berühmte RN 40 – die Ruta Nacional Cuarenta – südlich von Gobernador Costa ist in einem schlechten Zustand und wird (zumindest bisher) nicht von öffentlichen Bussen befahren. In letzter Zeit haben aber einige Unternehmen in der Hauptsaison auf der Strecke Fahrten mit Kleinbussen angeboten. Weitere Details siehe Kasten S. 540.

FÄHRE/SCHIFF

Die Möglichkeiten für Schiffstouren oder Flussreisen in und rund um Argentinien sind begrenzt. Es gibt reguläre internationale Verbindungen von und nach Uruquay (s. S. 686) und Chile quer durch das Seengebiet (s. S. 686). Nahezu ein Klassiker ist die Navimag-Schiffsreise Richtung Süden entlang der patagonischen Anden (s. S. 686). Sie verläuft zwar innerhalb der chilenischen Hoheitsgewässer, aber viele Reisende kombinieren sie mit einem Abstecher nach Argentinien. Weiter südlich organisieren Anbieter von Ushuaia aus Segeltörns auf dem Beagle-Kanal (s. S. 580) in Feuerland.

Wer unbedingt auf's Wasser möchte, kann auch vom hauptstädtischen Vorort Tigre (S. 153) mit der Fähre oder dem Boot das Mündungsdelta des Río de la Plata erkunden: In Tigre werden verschiedene Ausflüge angeboten.

FAHRRAD

Für Fahrradenthusiasten bietet Argentinien einige gute Möglichkeiten. Außerdem lässt sich auf diese Weise (vor allem in Kombination mit Zelten) viel Geld sparen. Für das Radfahren sprechen das intensivere Erlebnis der Landschaft, die Unabhängigkeit von öffentlichen Verkehrsmitteln und die größeren Kontaktmöglichkeiten zu den Einheimischen.

Straßenräder eignen sich für Fahrten auf den asphaltierten Straßen, die aber oft eng und nicht so gepflegt wie in Europa sind. Die bessere Wahl ist ein *todo terreno* (Mountainbike): Es ist sicherer, bequemer und besser geeignet für die schlecht asphaltierten Straßen und die unzähligen Schotterstraßen, die das ganze Land durchziehen. In den letzten Jahren sind die argentinischen Fahrräder qualitativ besser geworden, aber qualitativ immer noch ein gutes Stück von den europäischen Standards entfernt.

Bei längeren Radtouren innerhalb Argentiniens stößt man auf zwei Hauptprobleme: Da ist einmal der starke Gegenwind, der vor allem in Patagonien zur Kriechgeschwindigkeit zwingen kann, zum anderen die argentinischen Autofahrer, deren Fahrweise eine ständige Bedrohung für Radfahrer ist. Da hilft nur, sich als Radfahrer deutlich sichtbar zu kleiden und auf alle Fälle einen Schutzhelm zu tragen.

Unbedingt notwendig sind eigene Ersatzteile und Reparaturwerkzeuge (und das Wissen, wie sie zu benutzen sind). Gutes Kartenmaterial (s. S. 672) lässt sich vor allem in Buenos Aires an vielen Ecken mühelos kaufen. Doch selbst mit zehn Karten in der Hand macht es oft Sinn, sich vor Ort die Richtung bestätigen zu lassen, und nach den örtlichen Bedingungen zu fragen. Karten können veralten, die Straßenzustände ändern sich häufig. Eigentlich überflüssig zu sagen, dass in Patagonien Windjacke und warme Kleidung unerlässlich sind. Wer aus dem dicht besiedelten Europa kommt, vergisst schnell, dass der Verkehr dort auf Nebenstraßen sehr dünn werden kann: Mit Hilfe im Notfall ist also kaum zu rechnen!

Einige Vorschläge für Fahrradtouren finden sich auf S. 64.

Fahrradkauf

In vielen Städten gibt es Fahrradgeschäfte, doch auch in Argentinien sind qualitativ hochwertige Fahrräder sehr teuer und Ersatzteile oft nur schwer zu beschaffen. Wer sich dennoch in Argentinien ein Fahrrad kaufen möchte, sollte das in Buenos Aires tun. Selbst in Städten wie Córdoba oder Mendoza ist die Auswahl ziemlich dürftig; ausländische Qualitätsräder für längere und anspruchsvolle Fahrradtouren kosten wesentlich mehr als im Herstellungsland. Wer nur ein bisschen in der jeweiligen Stadt herumradeln möchte, kann problemlos auf argentinische Fahrräder zurückgreifen. Ein einfaches Rad bekommt man schon für etwa 600 Arg$, ein mehrgängiges Stadtfahrrad kostet rund 800 Arg$.

Mieträder

In vielen touristischen Regionen lassen sich Fahrräder (vor allem Mountainbikes) ausleihen, z. B. an der Atlantikküste, in Mendoza, Bariloche und anderen Städten des argentinischen Seengebiets und im Zentrum von Córdoba. Abgerechnet wird nach Stunden.

FLUGZEUG
Fluggesellschaften

Die meisten Inlandsflüge bietet die Staatslinie **Aerolíneas Argentinas/Austral** (☎ 0810-222-86527; www. aerolineas.com), sie ist aber nicht besser als ihre Mitbewerber. Die Linie hatte in der Vergangenheit einen sehr schlechten Ruf hinsichtlich Verspätungen, in letzter Zeit gab es aber wenig Grund zur Klage. **LAN** (LAN; ☎ 0800-999-9526; www.lan.com) und **Líneas Aéreas del Estado** (LADE; ☎ 0810-810-5233; www.lade.com.ar) sind zwei weitere Linien, die Inlandsflüge anbieten. Leztgenannte, der zivile Zweig der argentinischen Luftwaffe, bietet günstige Tickets an (möglicherweise, weil die Einrichtung der Büros immer noch die von 1974 ist ...) und hat sich auf Patagonien spezialisiert. Insgesamt ist die Zahl der Flüge sehr beschränkt.

Viele Inlandsfluglinien verkaufen ihre Tickets zu verschiedenen Preisen an Inländer und Ausländer (die mehr zahlen). Wer trotzdem in den Genuss eines billigen Tickets von Aerolíneas Argentinas kommen will, sollte mit Aerolíneas nach Argentinien fliegen. Wer die gewünschten Inlandstickets zusammen mit dem Überseeflug im Ausland kauft, erhält attraktive Rabatte auf die Inlandsflüge. Das Angebot ist allerdings nur für diejenigen praktisch, die schon im Vorfeld ihre Reise durchgeplant haben.

Wer Anschlussflüge innerhalb Argentiniens braucht, muss über den Inlandsflughafen **Aeroparque Jorge Newbery** (☎ 011-5480-6111; www. aa2000.com.ar), ein Stückchen nördlich vom Zentrum von Buenos Aires gelegen, fliegen. Nur die Kurzflüge von LADE innerhalb Patagoniens machen da eine Ausnahme. Manche der angebotenen Flüge sind durchaus preislich vergleichbar mit Busreisen oder sogar billiger, weshalb die Nachfrage natürlich groß ist und vor allem die Flüge nach Patagonien im Sommer schon frühzeitig ausverkauft sind.

ÖFFENTLICHER NAHVERKEHR
Bus

Die innerstädtischen Busse in Argentinien (*colectivos*) sind berüchtigt dafür, überfüllt die Straßen entlang zu röhren, jede Menge Münzen zu verschlingen und bei halsbrecherischem Tempo schwarzen Qualm auszustoßen. Unterwegs mit diesen Bussen erlebt man die jeweilige Stadt hautnah – sofern man das oft etwas komplexe Bussystem begreift. Die Busse sind eindeutig erkennbar nummeriert, auch das Endziel ist deutlich ausgeschrieben. Aber Achtung: Viele Busse haben gleiche Nummern, fahren aber teilweise andere Zwischenstationen an (vor allem in großen Städten). Deshalb auf die entsprechenden Hinweisschilder schauen. Um sicherzugehen, wohin der Bus fährt, lohnt sich die Frage: *¿Va este colectivo (al centro)?* Fährt dieser Bus (ins Zentrum)?

In den meisten Bussen wird beim Einsteigen mit Münzen bezahlt. In einigen Städten, dazu zählt z. B. Mendoza, muss der Fahrschein aber vorab gekauft werden. In Córdoba verkaufen die Kioske die sogenannten *cospeles* (Münzen) für die Busse.

Taxi & Remise

Die Hauptstädter fahren häufig mit Taxis, die mit Taxameter ausgestattet und für europäische Verhältnisse relativ billig sind. Auch außerhalb von Buenos Aires finden sich Taxen mit Taxameter, allerdings nicht überall. Ist keines vorhanden, müssen Fahrgäste im Voraus einen Fixpreis vereinbaren. Taxifahrer sind generell höflich und ehrlich, aber schwarze Schafe gibt es natürlich auch hier. Deshalb am besten persönlich vergewissern, dass das Taxameter zum Fahrtbeginn auf 0 steht und funktionstüchtig ist. Es ist Usus, als Trinkgeld den Fahrpreis aufzurunden. In Buenos Aires sollten Reisende möglichst nicht mit großen Scheinen bezahlen, denn viele Taxifahrer werden einen solchen Schein für Falschgeld halten und/oder möglicherweise ihrerseits dem Kunden Falschgeld andrehen. Weitere Informationen zum Taxifahren in Buenos Aires finden sich auf S. 150.

Dort, wo es nur wenige öffentliche Verkehrsmittel gibt, ist es auch möglich, ein Taxi für einen ganzen Tag zu mieten. Wer gut verhandeln kann, erzielt unter Umständen einen günstigeren Tarif als er für einen Mietwagen aufbringen müsste. Auf keinen Fall schon vor der Fahrt zahlen.

Remises sind Funktaxis ohne Taxameter, die zu festen Tarifen auf ebenfalls festgelegten Routen unterwegs sind. Weil sie nicht auf der Suche nach Kundschaft durch die Stadt kreuzen, sondern von Hotels und Restaurants angerufen werden, sind sie günstiger als ein Taxi.

U-Bahn

Es gibt sie nur in Buenos Aires unter dem Namen Subte – sie ist das schnellste Verkehrsmittel in der Innenstadt. Einzelheiten dazu finden sich auf S. 150.

TRAMPEN

In keinem Land der Welt ist das Trampen (*hacer dedo*) wirklich vollkommen sicher. Reisende, die sich dafür entscheiden, sollte allerdings klar sein,

dass sie ein kleines, doch möglicherweise ernsthaftes Risiko eingehen. Wer sich dadurch nicht abschrecken lässt, trampt zur eigenen Sicherheit besser zu zweit und informiert vor dem Antritt der Tour einen Dritten über das anvisierte Reiseziel.

Wahrscheinlich ist Argentinien – neben Chile – das Land in Südamerika, das am besten fürs Trampen geeignet ist. Abgesehen davon, dass die meisten einheimischen Autos sowieso bis unters Dach mit Kind und Kegel voll gestopft sind. Trucker nehmen häufig Backpacker mit. Gerade an *estaciones de servicio* (Tankstellen) an den Ausfallstraßen größerer Städte findet man oft leicht eine Mitfahrgelegenheit.

Frauen können durchaus allein trampen (Argentinierinnen tun das auch zur Genüge), wenn sie Vorsicht walten lassen und z. B. niemals in ein Auto einsteigen, in dem mehrere Männer sitzen. In Patagonien mit seinen großen Entfernungen und dem geringen Verkehrsaufkommen müssen sich Tramper auf lange Wartezeiten einstellen. Unbedingt warme, wetterfeste Kleidung mitnehmen!

Es gibt einige Routen, auf denen man auf das Trampen verzichten sollte, dazu zählt die RN 40 von El Calafate nach Perito Moreno und Río Mayo. Ähnliches gilt auf der malerischen Strecke im Norden von Tucumán nach Cafayate: Ab Tafí del Valle wird es schwierig. Dagegen ist das Seengebiet ein Tramper-Paradies: Vor allem im Landesinneren ist das Trampen auch für die Einheimischen eine Selbstverständlichkeit.

Gute Infos (allerdings ausschließlich in Spanisch) bietet die Internetseite: www.autostop argentina.com.ar.

ZUG

Über Jahrzehnte hinweg wurden immer mehr Langstreckenzüge gestrichen, in den letzten Jahren ist aber ein umgekehrter Trend festzustellen: Stillgelegte Linien werden wieder in Betrieb genommen. Eine gute Informationsquelle ist http://www.seat61.com/SouthAmerica.htm.

Fernzüge haben meistens auch Schlafwagen, sie fahren vor allem nach Buenos Aires und in einige der umliegenden Provinzen. Die wichtigsten Verbindungen ab Buenos Aires:

Buenos Aires–Bariloche Via Bahía Blanca, Carmen de Patagones/Viedma. Die wöchentliche Verbindung Bahía Blanca–Carmen de Patagones ist langsam und fällt auch immer mal wieder aus.

Buenos Aires–Córdoba Via San Isidro, Tigre und Rosario.

Buenos Aires–Mar del Plata

Buenos Aires–Pinamar/Tandil

Buenos Aires–Posadas Via Concordia und Paso de los Libres.

Buenos Aires–Tucumán Via San Isidro, Rosario und Córdoba.

Wer in Urlaubszeiten wie Weihnachten oder rund um die nationalen Feiertage eine Bahnfahrt plant, sollte das Ticket frühzeitig kaufen. Die Zugtickets sind auf vergleichbaren Strecken etwas günstiger als die Bustickets, dafür sind die Züge aber auch langsamer unterwegs, fahren seltener als die Busse und steuern zudem weniger Zielorte an. Informationen, von welcher Station in der Hauptstadt die Züge abfahren, finden sich auf S. 148.

Eisenbahnfans sollten eine Fahrt mit der Schmalspurbahn *La Trochita* (s. Kasten S. 461) einplanen, sie fährt zwischen Esquel und El Maitén. Ein weiterer legendärer Zug ist der spectakuläre *Tren a las Nubes* (Zug in die Wolken, S. 297) in der Provinz Salta. Er verkehrt anders als in früheren Jahren inzwischen relativ regelmäßig. Ebenfalls landschaftlich schön (und auf dem *Tren Patagónico* sogar richtig luxuriös) ist die Fahrt von Bariloche (S. 447) nach Viedma (S. 464) an der patagonischen Atlantikküste.

Gesundheit Dr. David Goldberg

GESUNDHEIT

Medizinisch betrachtet gibt es sozusagen zwei Südamerikas: das tropische Südamerika, das den Großteil des Kontinents – und damit auch den Norden Argentiniens– umfasst, und das gemäßigte Südamerika, zu dem auch Chile, Uruguay, Südargentinien und die Falklandinseln (Islas Malvinas) gehören. Im tropischen Südamerika finden sich ähnliche Krankheiten wie in den tropischen Regionen Afrikas und Asiens. Ein großes Risiko bilden hier vor allem Infektionen, die durch Mücken übertragen werden, darunter Malaria, Gelbfieber und Denguefieber. Diese Krankheiten spielen in den gemäßigten Zonen des südamerikanischen Kontinents normalerweise kaum eine Rolle, 2009 allerdings gab es Fälle von Denguefieber, und die Krankheit erreichte sogar Buenos Aires (s. S. 696).

Vorbeugen ist besser als heilen, sagt man – das gilt auch für Reisen nach Argentinien. Wer die empfohlenen Impfungen zuvor machen lässt und die üblichen Vorsichtsmaßnahmen beachtet, braucht allenfalls Montezumas Rache zu fürchten.

VOR DER REISE

Arzneien sollten immer in der Originalverpackung mit auf die Reise gehen. Eine gute Idee ist es auch, einen Brief des Hausarztes mit Datum und Unterschrift mitzunehmen, der Informationen zum Gesundheitszustand des Reisenden und zu den verordneten Medikamenten mitsamt Wirkstoffen enthält. Wer Spritzen im Reisegepäck hat, sollte sich vom Arzt bescheinigen lassen, dass er medizinisch auf sie angewiesen ist.

VERSICHERUNG

Wenn der Krankenversicherungsschutz Auslandsreisen nicht umfasst – was in Deutschland bei der gesetzlichen Krankenversicherung in der Regel der Fall ist –, ist eine Zusatzversicherung zu empfehlen.

Man sollte sich vorher informieren, ob die Versicherung direkt an die Ärzte oder das Krankenhaus zahlt oder dem Patienten die während der Reise vorgestreckten Kosten nach der Rückkehr erstattet. (In Argentinien erwarten die Ärzte Barzahlung.)

REISEAPOTHEKE

- Antibiotika (z. B. Levofloxacin (Tavanic) gegen Reisedurchfall und Entzündungen)
- Antihistaminika (gegen Heuschnupfen und andere allergische Reaktionen)
- Einwegspritzen
- entzündungshemmende Mittel (z. B. Ibuprofen)
- Fieberthermometer
- Micropur oder zweiprozentige Jodtinktur (um Wasser keimfrei zu machen)
- Mittel gegen Durchfall (z. B. Immodium)
- Mittel zur Elektrolytzufuhr (z. B. Elotrans)
- Mückenschutzmittel mit DEET oder Icaridin zum Auftragen auf die Haut
- Mullbinden, elastische Binden
- Paracetamol (Tylenol) oder Aspirin
- permethrinhaltiges Insektenspray für Kleidung, Zelt und Moskitonetz
- Pflaster
- Salbe gegen Hautjucken und -reizungen (z. B. Fenistil)
- Schere, Sicherheitsnadel, Pinzette
- Sonnenschutzmittel

EMPFOHLENE IMPFUNGEN

Da die meisten Impfungen ihre immunisierende Wirkungen erst nach mindestens zwei Wochen entfalten, sollte man den Arzt vier bis acht Wochen vor der Abreise aufsuchen. Für Argentinien sind keine Impfungen vorgeschrieben, aber einige empfohlen.

Impfung	Empfohlen für	Dosierung	Mögliche Nebenwirkungen
Gelbfieber	Reisen in die Wälder im Nordosten	1 Impfung, Impfschutz: 10 Jahre	Kopf-, Gliederschmerzen, heftigere Beschwerden selten
Hepatitis A	alle Reisende	1 Impfung vor der Reise, Auffrischung nach 6–12 Monaten	Rötung und Schmerzen an der Einstichstelle, Kopf- und Gliederschmerzen
Hepatitis B	Langzeitreisende mit engem Kontakt zur Bevölkerung vor Ort	3 Impfungen binnen 6 Monaten	Rötung und Schmerzen an der Einstichstelle, schwaches Fieber
Masern	Reisende, die nie daran erkrankt sind oder nie dagegen geimpft wurden	1 Impfung	Fieber, Ausschlag, Gelenkschmerzen, allergische Reaktion
Tetanus-/ Diphterie	Reisende, die in den letzten 10 Jahren keine Auffrischungsimpfung hatten	1 Impfung, Impfschutz: 10 Jahre	Rötung und Schmerzen an der Einstichstelle
Tollwut	Reisende, die mit Tieren in Kontakt kommen und keinen Zugang zu medizinischer Versorgung haben	3 Impfungen binnen 3–4 Wochen	Rötung und Schmerzen an der Einstichstelle, Kopfschmerzen, Gliederschmerzen
Typhus	alle Reisende	jeden 2. Tag insgesamt vier Kapseln schlucken	Schmerzen im Unterleib, Übelkeit, Ausschlag
Windpocken	Reisende, die nie daran erkrankt sind	2 Impfungen im Abstand von 6–8 Wochen	Fieber, milde Form der Windpocken

▪ Steroid- oder Cortisonsalbe (gegen Giftefeu und bei anderen allergischen Ausschlägen)

▪ Taschenmesser

▪ Wund- und Heilsalbe (z. B. Bepanthen; für Schnitt- und Schürfwunden)

INFOS IM INTERNET

Im Internet finden sich zahllose Hinweise zum Thema Gesundheit auf Reisen. Wer gezielt Informationen sucht, sollte mit der **Lonely-Planet-Website** (www.lonelyplanet.com) beginnen. Von der **Weltgesundheitsorganisation** (www.who.int/ith) gibt es ein ausgezeichnetes Buch mit dem Titel *International Travel and health*, das jedes Jahr aktualisiert wird. Es kann online bestellt werden und kostet nichts. Die Website **MD Travel Gesundheit** (www.mdtravelGesundheit.com) gibt für jedes Land umfassende Empfehlungen zum Thema Gesundheit und Reisen heraus und wird zudem täglich aktualisiert.

Ausführliche Länderinformationen mit medizinischen Hinweisen bietet die Website des deutschen Auswärtigen Amtes (www.auswaertiges-amt.de/www/de/laenderinfos). Aktuelle Hinweise findet man auch auf der amerikanischen Website www.cdc.gov/travel.

NOCH MEHR LEKTÜRE

Für weitere Informationen siehe Lonely Planet's *Gesundheity Travel Central & South America*. Für Reisen mit Kindern lohnt ein Blick in Lonely Planet's *Travel with Children*. Das *ABC of Gesundheity Travel* von E. Walker u. a. enthält ebenfalls wertvolle Hinweise.

UNTERWEGS

THROMBOSE

Während des Fliegens können sich, hauptsächlich wegen des Bewegungsmangels über lange Zeiträume, in den Beinen Blutpfropfen bilden. Wenn sie die Vene verstopfen, spricht man von einer Thrombose. Je länger der Flug dauert, desto größer ist das Risiko. Zwar werden die meisten Blutpfropfen ohne Zwischenfälle resorbiert, doch es kann vorkommen, dass sich einer löst und über den Blutstrom in die Lunge gelangt. Dort kann er dann lebensbedrohliche Komplikationen hervorrufen. Hauptsymptom der Thrombose sind Schwellungen oder Schmerzen im Fuß, am Fußknöchel oder in der Wade, normalerweise – jedoch nicht immer – nur auf einer

GESUNDHEIT

Körperseite. Wenn der Blutpfropfen durch die Lunge wandert, kann er Schmerzen in der Brust und Atembeschwerden hervorrufen. Reisende, die eines dieser Symptome (auch Tage nach dem Flug) bei sich beobachten, sollten sofort einen Arzt aufsuchen.

Zur Vorbeugung einer Thrombose sollte man auf Langstreckenflügen im Passagierraum immer wieder herumlaufen und zusätzlich isometrisches Muskeltraining betreiben (d. h. die Beinmuskeln im Sitzen be- und entlasten), viel Flüssigkeit zu sich nehmen und auf Alkohol und Zigaretten verzichten.

JETLAG & REISEÜBELKEIT

Beim Überqueren von mehr als fünf Zeitzonen kommt es sehr häufig zum Jetlag, der sich in Schlaflosigkeit, Müdigkeit, Unwohlsein und Übelkeit äußert. Als Vorbeugung hilft es zum einen viel zu trinken (keinen Alkohol) und zum anderen leichte Mahlzeiten zu sich zu nehmen. Bei der Ankunft sollte man sich dem natürlichen Sonnenlicht aussetzen und sich so schnell wie möglich in seinem Tageslauf (Essen, Schlaf usw.) an die Zeit vor Ort anpassen.

Gegen Reisekrankheit wirken Antihistaminika mit Dimenhydrinat oder Diphenhydramin, die allerdings müde machen. Eine Alternative aus der Kräutermedizin ist Ingwer – schon vor Jahrhunderten schworen die Seeleute darauf.

IN ARGENTINIEN

MEDIZINISCHE VERSORGUNG & KOSTEN

In Buenos Aires (s. S. 101) ist die medizinische Versorgung gesichert, im Rest des Landes nicht unbedingt, insbesondere in ländlichen Gebieten. Die meisten Ärzte und Krankenhäuser erwarten Barzahlung, auch wenn man eine Auslandskrankenversicherung hat.

Die Reisekrankenversicherung sollte unbedingt den Rücktransport im Notfall mit einschließen, damit man sich, wenn's ganz schlimm kommt, wenigstens keine Geldsorgen machen muss (Notruf ☎ 107).

Bei schwierigen Fragen bezüglich ärztlicher Maßnahmen kann man sich auch an die eigene Botschaft wenden. Die meisten Apotheken in Argentinien sind gut sortiert. Viele Medikamente, die in Deutschland, Österreich und der Schweiz verschreibungspflichtig sind, bekommt man dort ohne Rezept, wenn auch oft zu einem recht hohen Preis. Wer regelmäßig bestimmte

Medikamente einnimmt, sollte sich den wissenschaftlichen Namen des entsprechenden Wirkstoffs notieren, um das Mittel in Argentinien auch unter anderem Namen wiederzuerkennen.

INFEKTIONEN
Denguefieber

Das Denguefieber ist eine Virusinfektion, die überall in Südamerika auftritt. Denguefieber wird von Aedes-Mücken übertragen, die tag- und nachtaktiv sind und sich normalerweise in der Nähe von oder in menschlichen Behausungen aufhalten. Sie vermehren sich vor allem in Wasserbehältern, wie Fässer, Kanister, Zisternen, Metalltonnen, Plastikbehältern oder Altreifen. Infolgedessen ist Denguefieber in dicht besiedelten, städtischen Umgebungen besonders häufig.

2009 wurden im Norden Argentiniens mehrere Tausend Fälle von Denguefieber gemeldet. Am schlimmsten waren der Chaco und Catamarca betroffen. Selbst in Buenos Aires gab es mehrere Dutzend Erkrankungen. Zum Glück verliefen nur relativ wenige Fälle tödlich. In der Regel äußert sich Denguefieber in grippeähnlichen Symptomen wie Fieber, Glieder-, Gelenkund Kopfschmerzen, Übelkeit und Erbrechen, oft gefolgt von Ausschlag. Die Gliederschmerzen können dabei recht unangenehm sein, doch in den meisten Fällen lässt die Erkrankung innerhalb weniger Tage nach. Schwere Krankheitsverläufe treten oft bei Kindern unter 15 Jahren auf, die sich zum zweiten Mal mit Denguefieber angesteckt haben.

Es gibt keine spezielle Behandlung für Denguefieber; gegen die Symptome helfen Schmerzmittel wie Paracetamol (Tylenol) und viel trinken. In schweren Fällen kann ein Krankenhausaufenthalt erforderlich sein, wo zur Linderung der Symptome über den Tropf Flüssigkeit zugeführt wird. Eine Impfung ist nicht möglich. Die beste Vorsorge ist ein ausreichender Mückenschutz (s. S. 700).

Gelbfieber

Gelbfieber ist eine lebensbedrohliche Virusinfektion, die in Waldgebieten von Mücken übertragen wird. Die Krankheit äußert sich zunächst in grippeähnlichen Symptomen wie z. B. Fieber, Schüttelfrost, Kopf-, Glieder- und Rückenschmerzen, Appetitlosigkeit, Übelkeit und Erbrechen. Diese Symptome klingen in der Regel nach ein paar Tagen ab, doch bei einem von sechs Erkrankten folgt eine zweite Krankheitsphase, die durch erneuten Fieberanstieg, Erbrechen, Apathie, Gelbsucht, Nierenversagen und Blu-

---

SCHWEIN GEHABT?

Das H1N1-Virus (auch als Schweinegrippen-Virus bekannt) wurde im Juni 2009 von der Weltgesundheitsorganisation WHO mit der Warnstufe 6 etikettiert, gewarnt wurde also vor einer Pandemie. Manche Länder wie z. B. Deutschland trafen Vorsorge für Massenimpfungen, die dann allerdings kaum in Anspruch genommen wurden – und das Problem blieb gering und hatte sich bald von selbst erledigt. Auch Argentinien war von dem Erreger betroffen. Von Juni bis August 2009, also im argentinischen Winter, wurde viel darüber diskutiert, doch nachdem die Grippesaison abgeklungen war, spielte diese Erkrankung kaum noch eine Rolle. Zuvor waren Reisende eine Zeitlang an Flughäfen auf Grippesymptome hin untersucht oder befragt worden.

Ob die Schweinegrippe noch einmal bedrohlich wird und zu Reisebeeinträchtigungen führt, erfährt man auf der Homepage der WHO (www.who.int) oder auf den vergleichbaren Websites im eigenen Land.

---

tungen gekennzeichnet ist. Eine Behandlung gibt es nicht; man kann nur die Symptome lindern.

Eine Gelbfieberimpfung ist für alle Reisenden zu empfehlen (bei Babys ab einem Alter von neun Monaten), die Waldgebiete im Nordosten nahe der Grenze zu Brasilien und Paraguay besuchen wollen. Eine Karte zur aktuellen Verbreitung von Gelbfieber in Argentinien findet sich auf der Website des Center for Disease Control (CDC): www.cdc.gov/travel/diseases/maps/yellowfever_map2.htm.

Gelbfieberimpfungen werden nur in staatlich zugelassenen Gelbfieber-Impfstellen, z. B. in Tropeninstituten oder Gesundheitsämtern (Österreich), vorgenommen. Die Impfung sollte mindestens zehn Tage vor einem potenziellen Kontakt mit Gelbfieber erfolgen und bietet ungefähr zehn Jahre Schutz.

Die Reaktionen auf die Impfung sind im Allgemeinen leicht; es können Kopf- und Gliederschmerzen, Temperaturanstieg und Reaktionen an der Einstichstelle auftreten. Es gibt zwar auch Berichte über ernste, lebensbedrohliche Reaktionen, doch diese sind extrem selten. Generell gilt, dass das Risiko, durch die Impfung krank zu werden, weitaus geringer ist als die Gefahr, sich mit Gelbfieber anzustecken.

Ein ausreichender Mückenschutz in allen Situationen unterwegs (s. S. 700) gehört zur Gelbfieberprophylaxe unbedingt dazu.

Hepatitis A

Hepatitis A steht bei den Infektionen, die auf Reisen auftreten, an zweiter Stelle (hinter dem Reisedurchfall). Diese Virusinfektion der Leber zieht man sich in der Regel durch den Genuss von verunreinigten Lebensmitteln zu. Man kann sich aber auch durch den direkten Kontakt mit Infizierten anstecken. Die Krankheit tritt überall in der Welt auf, in Entwicklungsländern aber häufiger. Zu den Symptomen gehören Fieber,

Unwohlsein, Übelkeit, Erbrechen und Schmerzen im Unterleib. Meist verläuft die Krankheit ohne Komplikationen, doch gelegentlich kann Hepatitis A auch schwere Leberschäden verursachen. Es gibt keine Therapie.

Eine Impfung gegen Hepatitis A ist extrem gut verträglich und von hoher Wirksamkeit. Bei einer Wiederholungsimpfung innerhalb eines Zeitraums von sechs bis zwölf Monaten hält der Schutz mindestens über zehn Jahre an. Die Risiken der Impfung für Schwangere und Kinder unter zwei Jahren sind noch nicht erforscht; ihnen sollte stattdessen Gammaglobulin verabreicht werden.

Hepatitis B

Hepatitis B ist wie Hepatitis A eine Leberinfektion, die weltweit auftritt, in Entwicklungsländern allerdings wesentlich weiter verbreitet ist. Im Unterschied zur Hepatitis A wird die Krankheit in der Regel durch Geschlechtsverkehr oder durch Kontakt mit infiziertem Blut übertragen, im Allgemeinen über Bluttransfusionen oder infizierte Nadeln. Eine Impfung ist nur Reisenden zu empfehlen, die länger (mehr als sechs Monate) unterwegs sein wollen und davon ausgehen, dass sie in ländlichen Regionen leben und engen körperlichen Kontakt mit der Bevölkerung vor Ort haben werden. Ferner ist die Impfung für alle empfehlenswert, die auf Geschlechtsverkehr mit Einheimischen aus sind oder damit rechnen, dass sie möglicherweise unterwegs eine medizinische oder zahnmedizinische Behandlung brauchen, insbesondere Bluttransfusionen oder Spritzen.

Die Hepatitis-B-Impfung ist gut verträglich und höchst wirksam. Um einen vollständigen Schutz zu erreichen, sind allerdings insgesamt drei Impfungen erforderlich. In mehreren Ländern gehört die Hepatitis-B-Impfung seit den 1980er-Jahren zu den Routineimpfungen von

GESUNDHEIT

Kindern. Deshalb sind viele junge Erwachsene bereits geschützt.

Malaria

Malaria kommt auf dem argentinischen Festland, aber nicht auf den Falklandinseln vor. Die Krankheit wird – normalerweise in der Zeit vom Einbruch der Dämmerung bis zum Morgengrauen – durch Mücken übertragen. Hauptsymptom sind Schübe hohen Fiebers, die mit Schüttelfrost, Schweißausbrüchen, Kopf- und Gliederschmerzen, Schwäche, Erbrechen oder Durchfall einhergehen können. Bei einem schweren Krankheitsverlauf kann auch das zentrale Nervensystem betroffen sein, was zu Anfällen, Verwirrtheit und Koma führen und auch tödlich enden kann.

Was Argentinien betrifft, so sind Malariatabletten bei Reisen in ländliche Regionen an der Grenze zu Bolivien (Tiefland der Provinzen Salta und Jujuy) und Paraguay (Tiefland der Provinzen Misiones und Corrientes) empfehlen. Reisende haben die Wahl zwischen drei Arten von Malariatabletten, die alle ungefähr gleich wirksam sind. Mefloquin (Lariam) wird einmal wöchentlich in einer Dosis von 250 mg eingenommen. Die Einnahme beginnt ein oder zwei Wochen vor der Reise und wird bis vier Wochen nach der Rückkehr noch fortgesetzt. Nachteil: Als Nebenwirkung können leichte bis schwere neuropsychiatrische Störungen auftreten. Atovaquon/Proguanil (Malarone) ist ein kürzlich zugelassenes Kombipräparat. Die Einnahme von einer Tablette pro Tag (mit dem Essen) beginnt zwei Tage vor Reiseantritt und endet sieben Tage nach der Abreise. Die Nebenwirkungen sind typischerweise schwach. Doxycyclin stellt die dritte Alternative dar, kann aber zu einer deutlich erhöhten Lichtempfindlichkeit der Haut führen.

Weniger Nebenwirkungen als Mefloquin hat in der Regel Malarone, das immer beliebter wird. Lästiger Nachteil: Es muss täglich eingenommen werden. Für längere Reisen ist Mefloquin zweifellos praktischer; bei kürzeren Zeiträumen nimmt man die tägliche Pflicht eher in Kauf.

Der Mückenschutz ist ebenso wichtig wie die Einnahme von Malariatabletten (Empfehlungen s. S. 698), denn keines der Mittel kann hundertprozentigen Schutz bieten.

Wer draußen ausgeht, dass er unterwegs nicht immer Zugang zu medizinischer Behandlung haben wird, sollte ein paar zusätzliche Tabletten mitnehmen, um sich im Notfall selbst behandeln zu können. Sie sind dann einzunehmen, wenn ein Arzt nicht erreichbar ist und man Symptome

ALTERNATIVE MITTEL	
Eine Auswahl bewährter pflanzlicher Mittel:	
Problem	**Behandlung**
Höhenkrankheit	Gingko
Jetlag	Melatonin
Mückenschutz	Eukalyptusöl, Sojabohnenöl
Reiseübelkeit	Ingwer

an sich beobachtet, die auf Malaria hindeuten, z. B. Schübe hohen Fiebers. Eine Möglichkeit für den Notfall: Drei Tage lang täglich vier Malarone-Tabletten einnehmen. Malarone sollte allerdings nicht zur Behandlung verwendet werden, wenn es schon zur Prophylaxe eingenommen wird. Als Alternative empfiehlt sich eine Woche lang die Einnahme von 650 mg Chinin dreimal täglich und von 100 mg Doxycylin zweimal täglich. Bei Selbstmedikation sollte man bei der ersten sich bietenden Gelegenheit einen Arzt aufsuchen.

Wer nach der Heimkehr Fieber bekommt, sollte ebenfalls zum Arzt gehen. Es kann Monate dauern, bis Malariasymptome auftreten.

Tollwut

Tollwut ist eine Virusinfektion des Gehirns und der Wirbelsäule, die fast immer tödlich verläuft. Das Tollwutvirus ist im Speichel infizierter Tiere enthalten und wird typischerweise durch Tierbisse übertragen. Aber auch über eine Hautverletzung, die mit infiziertem Speichel in Berührung kommt, kann Tollwut übertragen werden. Die Krankheit tritt in allen Ländern Südamerikas auf.

Die Tollwutimpfung ist gut verträglich, aber recht teuer. Die Grundimmunisierung besteht aus drei Impfungen. Wer einer erhöhten Infektionsgefahr ausgesetzt ist, z. B. Tierhändler oder Hobby-Höhlenforscher, wird ohnehin geimpft sein. Unabdingbar ist die Impfung auch für Leute, die abgelegene Gegenden besuchen wollen, in denen die medizinische Versorgung nicht unbedingt gewährleistet ist. Ein Biss von einem möglicherweise tollwütigen Tier kann mit Tollwut-Immunoglobulin oder Tollwut-Impfstoff behandelt werden; die Behandlung ist aber nur dann wirksam, wenn sie unverzüglich erfolgt. Wer nichts mit Tieren zu tun hat und sich vom nächsten Krankenhaus bzw. Arzt nicht zu weit entfernt, der braucht sich nicht unbedingt impfen zu lassen.

In jedem Fall gilt: Bisse und Kratzer durch Tiere sofort und sorgfältig mit viel Wasser und

Seife auswaschen; die örtliche Gesundheitsbehörde kontaktieren, um abzuklären, ob eine weitere Behandlung erforderlich ist; siehe auch Hinweise auf Tierbisse auf der nachfolgenden Seite.

Typhus

Typhus wird durch eine Salmonellenart, die *Salmonella typhi*, verursacht, die man mit verunreinigten Lebensmitteln oder Wasser aufnimmt. Praktisch immer tritt bei dieser bakteriellen Darminfektion Fieber auf. Weitere mögliche Symptome sind Kopfschmerzen, Unwohlsein, Gliederschmerzen, Schwindel, Appetitlosigkeit, Übelkeit und Schmerzen im Unterleib. Es kann entweder Durchfall oder Verstopfung auftreten. Zu den möglichen Komplikationen gehören Darmdurchbruch, Darmblutungen, Verwirrtheit, Delirium oder (selten) Koma.

Wer nicht vorhat, ausschließlich im Hotel oder Restaurant zu essen, sollte sich impfen lassen. Normalerweise handelt es sich um eine Schluckimpfung, doch der Impfstoff kann auch injiziert werden. Weder der eine noch der andere Impfstoff ist für Kinder unter zwei Jahren geeignet.

Zur Behandlung von Typhus ist in der Regel ein Quinolon-Antibiotikum wie Levofloxacin (Tavanic) das Mittel der Wahl, das sonst vor allem bei Reisediarrhö eingesetzt wird. Aber absolute Vorsicht bei der Selbstmedikation: Typhussymptome ähneln fatal denen der Malaria.

Andere Infektionen

Argentinisches hämorrhagisches Fieber tritt vor allem von in den Monaten März bis Oktober in den Pampas aus. Infizieren kann man sich, indem man aufgewirbelten Staub einatmet, der mit Exkrementen von Nagetieren verunreinigt ist, oder durch den direkten Kontakt mit Nagern.

Brucellose ist eine Infektion von Haus- und Wildtieren, die durch direkten Kontakt mit den Tieren, den Verzehr von Rohmilch oder von nicht pasteurisierten Milchprodukten infizierter Tiere übertragen wird. Zu den häufigen Symptomen gehören Fieber, Unwohlsein, Depressionen, Appetitlosigkeit, Kopf-, Glieder- und Rückenschmerzen, zu den Komplikationen Arthritis, Hepatitis, Gehirnhaut- und Herzklappenentzündung.

Die **Chagas-Krankheit** ist eine parasitäre Infektion, die durch Raubwanzen übertragen wird. Diese Insekten leben in den Mauern und Dächern ärmlicher Behausungen in Süd- und Mittelamerika und sehen aus wie kleine Käfer mit langen Beinen. In Argentinien tritt die Chagas-Krankheit nördlich 44 Grad 45 südlicher Breite auf. Das höchste Ansteckungsrisiko besteht im späten Frühjahr (November und Dezember). Raubwanzen beißen meist nachts und hinterlassen dabei ihren Kot auf der Haut. Zur Ansteckung kommt es, wenn – etwa durch Kratzen – Kot mitsamt Erregern in die Bisswunde oder eine andere offene Körperwunde gerät. Bei Touristen kommt die Chagas-Krankheit allerdings extrem selten vor. Wer allerdings in einer Hütte übernachtet, sollte sich – insbesondere wenn die Wände aus Lehm, Schlick oder Stroh sind – durch ein Moskitonetz und ein gutes Insektenmittel schützen.

Cholera kommt in Argentinien höchst selten vor. Eine Choleraimpfung ist daher nicht erforderlich.

Das **Hantavirus-Lungensyndrom** ist eine rasch fortschreitende, lebensbedrohliche Infektion, die durch den Kontakt mit Exkrementen von wildlebenden Nagetieren übertragen wird. Meist tritt die Krankheit in ländlichen Gebieten und bei Menschen auf, deren Häuser voller Ratten und Mäuse sind. In Argentinien sind vor allem die nördliche Zentralregion und die südwestlichen Landesteile vom Hantavirus betroffen.

HIV/Aids kommt in allen Ländern Südamerikas vor. Bei sexuellen Kontakten *unter allen Umständen Kondome benutzen*.

Leishmaniose tritt in den Bergen und Urwäldern fast aller südamerikanischen Länder auf. Die Infektion wird durch den Stich von Schmetterlingsmücken (Sandmücken) übertragen, die etwa ein Drittel so groß wie normale Stechmücken sind. In Argentinien ist der nordöstliche Landesteil besonders betroffen. Die Infektion befällt die Haut und äußert sich in langsam wachsenden Geschwüren an bloßen Hautstellen, den sogenannten Orientbeulen. Neben der kutanen Leishmaniose gibt es die viszerale Leishmaniose (Kala Azar), die zusätzlich Knochenmark, Leber und Milz befällt. HIV-Infizierte durchleiden besonders schwere Krankheitsverläufe. Eine Impfung gibt es nicht. Zum Schutz vor Schmetterlingsmücken sind dieselben Vorsichtsmaßnahmen zu treffen wie beim Schutz vor normalen Stechmücken (s. S. 700), allerdings muss das Moskitonetz feinmaschiger sein (es sollte mindestens 18 Löcher auf 2,5 cm aufweisen).

Fleckfieber kommt in Bergregionen vor, das durch Rattenflöhe übertragene Rattenfleckfieber in wärmeren ländlichen und Urwaldregionen des Nordens.

Rückfallfieber wird von Zecken oder Läusen übertragen und durch ein ähnliches Bakterium verursacht wie Lyme-Borreliose und Syphilis. In Argentinien tritt die Krankheit in nördlichen Landesteilen auf. Typisch für sie sind Fieberschübe mit Schüttelfrost, Kopf-, Muskel- und Gliederschmerzen sowie Husten, unterbrochen von Perioden mit abklingendem Fieber, in denen sich die Betroffenen relativ wohlfühlen. Die beste Prophylaxe bieten folgende Maßnahmen: Schutz gegen Zecken (s. S. 701) und eiserne Disziplin bei der Körperhygiene.

DURCHFALLERKRANKUNGEN

Im Allgemeinen ist Leitungswasser in Argentinien trinkbar, man sollte aber sicherheitshalber zunächst die Einheimischen befragen. Will man auf Nummer sicher gehen und das Risiko von Durchfällen vermeiden, sollte man Leitungswasser nur trinken, wenn es vorher abgekocht, gefiltert und/oder (z. B. mit Micropur) chemisch gereinigt worden ist. Frisches Obst und Gemüse sollte man nur essen, wenn es gekocht oder geschält ist – Motto: „Boil it, peel it, or forget it!"; auch bei Rohmilchprodukten ist Vorsicht geboten, und wer eine Mahlzeit an einem Imbissstand zu sich nehmen will, sollte ihn sorgfältig auswählen.

Bei Durchfall empfiehlt es sich, viel zu trinken, am besten eine Elektrolytlösung, die viel Salz und Zucker enthält. Wer mehr als vier- oder fünfmal am Tag zur Toilette flitzen muss, sollte ein Antibiotikum (üblicherweise ein Quinolon-Antibiotikum) und ein Anti-Durchfall-Mittel wie Immodium einnehmen. Wenn der Stuhl blutig ist, der Durchfall länger als 72 Stunden anhält oder mit Fieber, Schüttelfrost oder starken Schmerzen im Unterleib verbunden ist, sollte man unbedingt einen Arzt aufsuchen.

UMWELTRISIKEN
Mückenstiche

Mückenstiche vermeidet man am besten durch langärmlige Hemden, Blusen oder T-Shirts, lange Hosen, Hüte und geschlossene Schuhe. Ein gutes Mittel zur Insektenabwehr, vorzugsweise auf der Basis von Diethyltoluamid (DEET), sollte man dabei haben. Solche sogenannten Repellentien werden auf Haut und Kleidung aufgetragen. Augen, Mund, Wunden und andere krankhaft veränderte Hautstellen sind auszusparen.

Mittel mit einem geringeren Anteil an DEET sind genauso sicher, wirken aber nicht so lange; in Europa verbreiteter ist das ähnlich wirksame Icaridin.

Für Erwachsene und Kinder über zwölf gibt es Mittel, die 25 bis 35 % DEET enthalten; ihr Schutz hält in der Regel etwa sechs Stunden an. Bei Kindern zwischen zwei und zwölf Jahren sind Mittel mit höchstens 10 % DEET empfohlen, die möglichst kleinflächig anzuwenden sind; ihre Wirkung hält etwa drei Stunden an. Es gibt Berichte über Nervenschädigungen durch DEET, besonders bei Kindern; sie sind aber sehr selten und zumeist auf eine Überdosierung zurückzuführen. Bei Kindern unter zwei Jahren sollte man kein DEET verwenden.

Mückenschutzmittel mit pflanzlichen Substanzen wie Eukalyptus- oder Sojabohnenöl sind ebenfalls wirksam, allerdings kaum länger als anderthalb bis zwei Stunden.

In Gegenden mit hohem Malaria- oder Gelbfieberrisiko sollte man sich unbedingt auf DEET-haltige Präparate verlassen. Produkte auf der Basis von Citronellaöl bieten keinen wirklich zuverlässigen Schutz.

Als zusätzlicher Schutz können Kleidung, Schuhe, Zelt und Moskitonetz mit Permethrin imprägniert werden. Die Wirkung hält zuverlässig mindestens zwei Wochen an, selbst wenn die Sachen gewaschen werden. Permethrin sollte jedoch nicht direkt auf die Haut aufgetragen werden.

Wenn es kein Mückengitter gibt, sollte man nicht bei offenem Fenster schlafen. Wer draußen oder in Unterkünften übernachtet, in die Mücken eindringen können, sollte ein – am besten vorher mit Permethrin imprägniertes – Moskitonetz mit einer Maschendichte unter 1,5 mm benutzen und den Saum unter die (Luft-)Matratze stopfen.

Wenn es keinen anderen Schutz des Schlafplatzes gibt, nimmt man eine Mückenspirale, die den Raum über Nacht mit einem Insektizid füllt. Mit Mückenschutzmitteln imprägnierte Schweißbänder haben kaum Schutzwirkung.

Tierbisse

Mit Ausnahme von zweifelsfrei gesunden Haustieren sollte man Tiere niemals streicheln, anfassen oder füttern, denn so kommen die meisten Verletzungen zustande.

Jeder Biss oder Kratzer durch Säugetiere, auch Fledermäuse, muss sofort und sorgfältig mit viel Wasser und Seife ausgewaschen werden. Danach ist ein Antiseptikum wie Jod oder Alkohol aufzutragen.

Die Gesundheitsbehörden vor Ort sollten sofort kontaktiert werden, damit unverzüglich eine nachträgliche Anti-Tollwut-Behandlung durchgeführt werden kann – das gilt für geimpfte wie für ungeimpfte Personen. Gegen entzündete Wunden hilft ein Antibiotikum, z. B. Levofloxacin (Tavanic), das in der Reiseapotheke als Mittel gegen Durchfall nicht fehlen sollte.

In einigen Gegenden Südamerikas muss man sich vor Schlangen und Blutegeln hüten. Hat eine Giftschlange zugebissen, ist Folgendes zu tun: Den Patienten ruhigstellen, sodass das Körperglied mit der Bissstelle fixiert ist, und ihn sofort zum Arzt bringen. Vom Abbinden der Wunde mit einem Tourniquet (Staubinde) wird heute abgeraten.

Wasser

Leitungswasser ist im Allgemeinen als Trinkwasser geeignet. Wer absolut sicher sein will, sollte das Wasser mindestens eine, in Höhen über 2000 m mindestens drei Minuten sprudelnd abkochen, damit es keimfrei wird.

Alternative: Von zu Hause Wasserreinigungstabletten oder -pulver mitbringen, das in Apotheken erhältlich ist (z. B. Micropur, Globaline oder Potable-Aqua), oder das Wasser mit zweiprozentiger Jodtinktur desinfizieren: Bei klarem Wasser fünf Tropfen, bei trübem zehn Tropfen pro 1 l Wasser zugeben, 30 Minuten stehenlassen. Der Geschmack von jodiertem Wasser kann durch die Beigabe von Vitamin C verbessert werden.

Solches Wasser sollte man aber höchstens ein paar Wochen zu sich nehmen. Schwangere, Personen mit (auch zurückliegenden) Schilddrüsenerkrankungen oder Jodallergie sollten jodiertes Wasser meiden.

Wasserfilter mit kleineren Poren (Umkehr-Osmose-Filter) bieten den besten Schutz, sind aber relativ groß und verstopfen leicht. Die Filter mit größeren Poren (Keramikfilter) schützen nicht vor Viren, wohl aber vor Bakterien und Protozoen. Unbedingt die Gebrauchsanweisung beachten.

Zeckenbisse

Zum Schutz vor Zeckenbissen sind dieselben Vorsichtsmaßnahmen zu beachten wie bei Mücken. Zusätzlich sollte man statt flachen Schuhen Stiefel tragen und die Hosen hineinstecken. Am Ende jeden Tages sollte man sich sorgfältig am ganzen Körper nach Zecken absuchen; am besten gegenseitig mit einem Partner oder zumindest vorm Spiegel.

Zum Entfernen die Zecke mit der Pinzette fest am Kopf packen und herausziehen. Mittel zur Insektenabwehr auf pflanzlicher Basis, wie oben beschrieben, sind auf ihre Wirkung gegen Zeckenbisse noch nicht genügend erforscht und können deshalb in diesem Zusammenhang nicht empfohlen werden.

MIT KINDERN REISEN

Bei Kleinkindern muss man ganz besonders auf die Ernährung achten, denn Durchfall kann für sie tödlich sein; außerdem sind Impfungen gegen Hepatitis A und Typhus für unter Zweijährige nicht angezeigt.

Mit Babys unter neun Monaten sollte man die Waldgebiete im Nordosten an der Grenze zu Brasilien und Paraguay meiden, denn dort tritt Gelbfieber auf, gegen das die Kleinen nicht geimpft werden können.

Als Malariaprophylaxe für Kinder ist Chloroquin geeignet (nach Rücksprache mit dem Arzt). Mückenschutzmittel müssen in der Regel in geringerer Konzentration verabreicht werden (Beschreibung beachten).

FRAUEN & GESUNDHEIT

Hebammen und Geburtshelfer gibt es natürlich auch in Argentinien; notfalls fragt man bei der Botschaft nach. Trotzdem: Schwangere, die alsbald mit der Ankunft ihres Babys rechnen, sollten möglichst keine Fernreisen mehr antreten, zumal die medizinischen Möglichkeiten in den meisten Fällen nicht den westeuropäischen Standard erreichen.

Sprache

Spanisch (in Argentinien und dem übrigen Südamerika *castellano* genannt) ist die offizielle Landessprache und wird im ganzen Land gesprochen.

Einige Gruppen von Einwanderern haben sich ihre Sprache als Merkmal ihrer Identität bewahrt. So finden sich beispielsweise in Zentralpatagonien einige Randgruppen, die Walisisch sprechen. Aber auch wenn diese Sprache in jüngster Zeit in Argentinien eine Neubelebung erfahren hat, so ist sie doch vom Aussterben bedroht. Die walisische Kultur und Tradition ist in diesen Regionen jedoch weiterhin stark und macht sich sogar im Tourismus bemerkbar.

Viele Argentinier lernen, sprechen und verstehen Englisch (vor allem in der Hauptstadt). Italienisch ist die Sprache der größten Einwanderungsgruppe, und so mancher kann auch Französisch. Und es gibt immerhin so viele Leute, die Deutsch sprechen, dass die in Buenos Aires erscheinende Wochenzeitung *Argentinisches Tageblatt* ihre Leserschaft hat.

In Argentinien finden sich außerdem über ein Dutzend indigene Sprachen, wobei einige jedoch nur von sehr wenigen Menschen gesprochen werden. In den Anden gibt es im Nordwesten viele Quechua-Sprecher, von denen die meisten auch Spanisch können. In den südlichen Anden leben mindestens 40 000 Mapuche-Sprecher. Und im Nordosten von Argentinien sprechen an die 15 000 Menschen sowohl Guaraní wie auch Toba.

ARGENTINISCHES SPANISCH

Ein Argentinier lässt sich, von seiner extravaganten Art einmal abgesehen, wegen seiner italienisch gefärbten Aussprache des Spanischen und anderer sprachlichen Besonderheiten schnell identifizieren. Das charakteristischste Merkmal ist die Verwendung des Pronomens *vos* anstelle von *tú* für das informelle „du". Zu beachten ist außerdem, dass im lateinamerikanischen Spanisch der Plural von *tú* oder *vos* („du") *ustedes* und nicht *vosotros* lautet, wie in Spanien. Zur Aussprache der Buchstabenfolge „ll" und des „y" im argentinischen Spanisch siehe die entsprechenden Hinweise in diesem Kapitel.

Auch im Wortschatz bestehen in Argentinien viele Unterschiede zum Spanischen in Europa und dem in den anderen lateinamerikanischen Ländern. Vor allem die Sprache von Buenos Aires ist reich an Wörtern und Ausdrücken, die aus dem bunten Slang dort, dem *lunfardo*, kommen. *Lunfardo*-Ausdrücke sollte man generell nicht benutzen (vor allem in formellen Situationen), außer man ist sich absolut sicher, was sie genau bedeuten und wie man sie verwenden darf. Aber den typischen, gängigen Wortschatz (siehe Kasten S. 706) sollte man schon kennen.

Wer in Argentinien zu Gast ist, sollte sich zumindest bemühen, Spanisch zu reden, denn die Grundlagen lassen sich leicht erlernen. Wenn möglich, sollte man vor der Reise einen kurzen Crashkurs zu Hause an der Volkshochschule oder Universität belegen. Selbst wenn man nicht gut spricht, sind die Argentinier immer nett und ermutigen einen, seine paar Sprachbrocken auch anzuwenden. Es muss einem also nicht peinlich sein, wenn es mit dem Wortschatz oder der Aussprache nicht so perfekt klappt. Außerdem bestehen einige Ähnlichkeiten zum Englischen. Wenn man hängenbleibt, kann man also einfach improvisieren und versuchen, ein englisches Wort spanisch umzufunktionieren.

SPRACHE

Ein wirklich peinlicher (*embarrassing*) Fauxpas unterläuft einem dabei selten. Dass man *embarazada* ist, sollte man allerdings nicht unbedingt sagen, außer eine Frau ist wirklich schwanger (siehe Kasten S. 708 zur Vermeidung von Wortverwechslungen).

SPANISCH FÜR DIE REISE & WÖRTERBÜCHER

Nützliche Redewendungen und Wörter nach Situationen geordnet bietet der *Sprachführer Spanisch* von Lonely Planet (Ostfildern 2008). Wer sich intensiver auf das in Argentinien gesprochene Spanisch vorbereiten will, zieht *Spanisch für Argentinien Wort für Wort* (Reise Know-How, Verlag Rump, Bielefeld 1999) zu Rate. Ein zuverlässiges Wörterbuch ist *Langenscheidts Taschenwörterbuch Spanisch-Deutsch/ Deutsch-Spanisch*. Hinweise zum Lesen der Speisekarte siehe S. 74.

AUSSPRACHE

Die Aussprache des Spanischen ist nicht schwierig, denn die Schreibung deckt sich weitgehend mit der Aussprache. Die unten aufgeführten Beispiele entsprechen der Phonetik der deutschen Hochsprache.

Vokale & Diphthonge

a	wie in „Tasse"
e	wie in „Messer"
i	wie in „Mitte"
o	wie in „Sonne"
u	wie in „Kur"
ai	wie in „Mai"
au	wie in „Haus"
ei	wie in im englischen „may"
ia	wie in „Piano" (zweisilbig)
ie	zweisilbig ausgesprochen
oi	wie in „heute"
ua	zweisilbig ausgesprochen
ue	zweisilbig ausgesprochen

Konsonanten

Die spanischen Konsonanten entsprechen generell ungefähr den deutschen. Ausnahmen sind unten aufgelistet. Die Konsonanten **ch**, **ll** und **ñ** gelten als eigene Buchstaben, in Wörterbüchern werden sie jedoch manchmal auch unter **c** und **l** integriert. Der Buchstabe **ñ** ist immer getrennt nach **n** im Alphabet aufgeführt.

b	wie „b" in „Baum"; wird als *b larga* bezeichnet
c	vor **e** und **i** wie scharfes „s" in „Messer"; vor **a**, **o**, **u** wie „k" in „König"
ch	wie **tsch** in „Pritsche"
d	wie „d" in „Dorf"; zwischen Vokalen und nach **l** oder **n** wie der englische, stimmhafte Reibelaut „th" in „other"
g	wie „g" in „Gast" vor **a**, **o**, **u** und vor Konsonanten; wie „ch" in „Loch" vor **e** und **i**
h	immer stumm
j	wie „ch" in „Bach"
ll	wie „j" in „ja"; in Argentinien wie ein stimmhaftes „sch" (Französisch: „Jean")
ñ	wie „nj"
r	wie ein gerolltes „r" in „Raum"
rr	stark gerolltes „r"
v	wie „b" im „Baum"
x	wie stimmloses „s" vor Konsonanten; vor Vokalen wie „gs"
y	wie ein deutsches „i" im Wortauslaut; wie „j" in „ja" im Wortanlaut und zwischen Vokalen; in Argentinien wie ein stimmhaftes „sch" (Französisch: „Jean")
z	wie „s" in „Sonne"

Das **h** ist im Spanischen immer stumm, wird also nicht ausgesprochen.

Im Spanischen klingen **b** und **v** fast gleich – wie ein sehr weiches **w**, das sich dem **b** nähert.

Die größten Abweichungen im gesprochenen lateinamerikanischen Spanisch findet man bei der Aussprache der Buchstabenfolge **ll**.

In vielen Ländern erklingt ein deutsches „j" (wie in „ja"), in manchen eher ein „lj" (wie in „Million").

In Argentinien und Uruguay werden **ll** und **y** als stimmhaftes „sch" gesprochen (wie in „Jeans" oder „Journalist"). Nur im Raum Buenos Aires ist das „sch" stimmlos (wie in „schön").

Betonung

Generell gilt: Wörter, die auf einen Vokal enden oder auf die Buchstaben **n** oder **s**, werden auf der vorletzten Silbe betont, bei allen anderen Endungen liegt die Betonung auf der letzten Silbe.

Trägt ein Wort einen Akzent, bedeutet das eine Abweichung von der oben erklärten Regel, zum Beispiel bei *sótano* (Keller), *América* und *porción* (Portion).

In der Aussprachehilfe deutet Kursivschreibung an, dass diese Silbe die Betonung trägt.

EL VOSEO

Das Spanisch der Río de la Plata-Region unterscheidet sich vom Spanisch in Spanien und dem übrigen Lateinamerika, und zwar am auffälligsten, was die Verwendung der Anrede „du" angeht. Anstatt des *tuteo* (Gebrauch von *tú*), benutzen die Argentinier in der Regel den *voseo* (Gebrauch von *vos*); es handelt sich dabei um ein Relikt aus dem Spanisch des 16. Jahrhunderts, das eine etwas veränderte Grammatik erforderlich macht. Alle Verben verändern Schreibung, Betonung und Aussprache. Beispiele für Verben auf -*ar*, -*er* und -*ir* sind unten aufgelistet – das Pronomen *tú* ist der Unterscheidung halber mit angegeben. Die Imperativformen (Befehlsform) sind auch anders, der verneinte Imperativ hingegen ist im *tuteo* und *voseo* identisch.

Die spanischen Phrasen in diesem Buch verwenden die Form *vos*. Bittet ein Argentinier einen Fremden, ihn zu duzen, sagt er „*Me podés tutear*", auch wenn er selbst im Gespräch weiterhin die *vos*-Formen nimmt.

Verb	Tuteo	Voseo
hablar (sprechen): **Du sprichst/Sprich!**	*Tú hablas/¡Habla!*	*Vos hablás/¡Hablá!*
soñar (träumen): **Du träumst/Träume!**	*Tú sueñas/¡Sueña!*	*Vos soñás/¡Soñá!*
comer (essen): **Du isst/Iss!**	*Tú comes/¡Come!*	*Vos comés/¡Comé!*
poner (tun): **Du tust/Tu!**	*Tú pones/¡Pon!*	*Vos ponés/¡Poné!*
admitir (zugeben): **Du gibst zu/Gib zu!**	*Tú admites/¡Admite!*	*Vos admitís/¡Admiti!*
venir (kommen): **Du kommst/Komm!**	*Tú vienes/¡Ven!*	*Vos venís/¡Vení*

GESCHLECHT & PLURAL

Im Spanischen sind die Substantive (Hauptwörter) maskulin oder feminin; es gibt einige Regeln, die helfen, das Geschlecht festzulegen (wobei natürlich jede Menge Ausnahmen vorkommen). Feminine Wörter enden generell auf -a oder gehören der Gruppe auf -ad, -z oder -ión an. Alle anderen Endungen, vor allem auf –o, kennzeichnen ein maskulines Substantiv. Die Endungen der Adjektive (Eigenschaftswörter) richten sich nach dem Substantiv (maskulin/feminin -o/-a), zu dem sie gehören. Ist in diesem Sprachführer die maskuline und die feminine Form aufgeführt, erscheinen beide Varianten durch einen Schrägstrich getrennt, wobei die maskuline Form in der Regel zuerst genannt wird, zum Beispiel: *perdido/a*.

Endet ein Substantiv oder Adjektiv auf einen Vokal, wird in der Pluralform ein s am Ende hinzugefügt. Endet es auf einen Konsonanten, wird der Plural durch das Anhängen von es gebildet.

ESSEN GEHEN

Ich würde gern reservieren.
> *Quisiera hacer* — ki·*sie*·ra a·*ser*
> *una reserva.* — u·na re·*ser*·va

Akzeptieren Sie Kreditkarten?
> *¿Aceptan tarjetas* — a·*sep*·tan tar·*che*·tas
> *de crédito?* — de *kre*·di·to

Wann bekommt man etwas zu essen?
> *¿A qué hora sirven* — a ke o·ra *sir*·ven
> *comidas?* — ko·*i*·das

Ein Tisch für ..., bitte.
> *Una mesa para . . .,* — u·na *me*·sa *pa*·ra . . .
> *por fabor.* — por fa·*bor*

Könnte ich bitte die Speisekarte bekommen?
> *¿Puedo ver el menú,* — *pue*·do ver el me·*nu*
> *por favor?* — por fa·*bor*

Was empfehlen Sie?
> *¿Qué me aconseja?* — ke me a·kon·*se*·cha

Welches ist das Tagesgericht?
> *¿Cuál es el plato del día?* — kual es el *pla*·to del *di*·a

Welches ist die Tagessuppe?
> *¿Cuál es la sopa del día?* — kual es la *so*·pa del *di*·a

Ich nehme das, was er/sie hat.
> *Probaré lo que él/ella* — pro·ba·*re* lo ke el/*e*·dscha
> *está comiendo.* — es·*ta* ko·*mien*·do

Ich bin Vegetarier.
> *Soy vegetariano/a.* — soi we·dsche·ta·*ria*·no/a

Wir möchten uns (den Salat) teilen.
> *Quisiéramos compartir* — ki·*sie*·ra·mos kom·par·*tir*
> *(la ensalada).* — (la en·sa·*la*·da)

Woraus besteht das Gericht?
> *¿Qué ingredientes tiene* — ke in·gre·*dien*·tes *tie*·ne
> *este plato?* — es·te *pla*·to

Kann ich bitte (ein Bier) bekommen?
> *Una (cerveza), por favor.* — u·na (ser·*ve*·sa) por fa·*bor*

Ist die Bedienung in der Rechnung enthalten?
> *¿El precio en el menú* — el *pre*·sio en el me·*nu*
> *incluye el servicio* — in·*klu*·dsche el ser·*vi*·sio
> *de cubierto?* — de ku·*bier*·to

Das war köstlich.
> *Estaba buenísimo.* — es·*ta*·ba bue·*ni*·si·mo

Die Rechnung bitte.
> *La cuenta, por favor.* — la *kuen*·ta por fa·*bor*

NOTFÄLLE

| Hilfe! | ¡Ayuda! | a·schuh·da |
| Gehen Sie weg! | ¡Déjeme! | de·che·me |

Rufen Sie ...!	¡Llame a ...!	scha·me a
einen Kranken-	una	u·na
wagen	ambulancia	am·bu·lan·sia
einen Arzt	un médico	un me·di·ko
die Polizei	la policí	la po·li·si·a

Das ist ein Notfall.
Es una emergencia.   es u·na e·mer·chen·sia
Könnten Sie mir helfen, bitte?
¿Me puede ayudar, por favor?
me pue·de a·schu·dar por fa·bor
Ich habe mich verirrt.
Estoy perdido/a.   es·toi per·di·do/a
Wo sind die Toiletten?
¿Dónde están los baños?   don·de es·tan los ba·njos

Ich hätte gern ...	Quiero ...	kie·ro ...
ein Messer	un cuchillo	un ku·tschi·dscho
eine Gabel	un tenedor	un te·ne·dor
einen Löffel	una cuchara	u·na ku·cha·ra

GESUNDHEIT

Ich bin krank.
Estoy enfermo/a.   es·toi en·fer·mo/a
Ich brauche einen Arzt.
Necesito un médico.   ne·se·si·to un me·di·ko
Wo ist das Krankenhaus?
¿Dónde está el hospital?   don·de es·ta el os·pi·tal
Ich bin schwanger.
Estoy embarazada.   es·toi em·ba·ra·sa·da
Ich bin geimpft.
Estoy vacunado/a.   es·toi va·kuo·na·do/a
Ich bin allergisch gegen ...
Soy alérgico/a a ... soi a·ler·chi·ko/a ...

Antibiotika	los antibióticos	los an·ti·bio·ti·kos
Nüsse	las frutas secas	las fru·tas se·kas
Penizillin	la penicilina	la pe·ni·si·li·na

Ich bin ...	Soy ...	soi ...
Asthmatiker/in	asmático/a	as·ma·ti·ko/a
Diabetiker/in	diabético/a	dia·be·ti·ko/a
Epileptiker/in	epiléptico/a	e·pi·lep·ti·ko/a

Ich habe ...	Tengo ...	ten·go ...
Husten	tos	tos
Durchfall	diarrea	dia·re·a
Kopfweh	dolor de cabeza	do·lor de ka·be·sa
Mir ist übel.	Tengo náusea	ten-·go na·u·se·a

KONVERSATION & NÜTZLICHES

Hallo.	Hola.	o·la
Guten Morgen.	Buenos días.	bue·nos di·as
Guten Tag (nach 12 Uhr)		
	Buenas tardes.	bue·nas tar·des
Guten Abend/ Gute Nacht.		
	Buenas noches.	bue·nas no·tsches
Tschüss.	Chau.	tschau
Auf Wiedersehen.	Adiós.	a dios
Bis dann.	Hasta luego.	as·ta lue·go
Ja.	Sí.	si
Nein.	No.	no
Bitte.	Por favor.	por fa·bor
Danke.	Gracias.	gra·sias
Vielen Dank.	Muchas gracias.	mu·tschas gra·sias
Keine Ursache.	De nada.	de na·da
Verzeihung.	Perdón.	er·don
Entschuldigung.	Permiso.	per·mi·so
(als höfliche Bitte)		
Entschuldigung.	Disculpe.	dis·kul·pe
(um sich für etwas zu entschuldigen)		

Wie geht es Ihnen?/Wie geht es dir?
¿Cómo está?/ ¿Cómo estás?
co·mo es·ta/co·mo es·tas
Wie heißen Sie?/Wie heißt du?
¿Cómo se llama? / ¿Cómo te llamás?)
ko·mo se scha·ma/ko·mo te scha·mas

Ich heiße ...	Me llamo ...	me scha·mo
Sehr angenehm.	Mucho gusto.	mu·tscho gus·to
Ganz meinerseits.	El gusto es mío.	el gus·to es mi·o

Wo kommen Sie/kommst du her?
¿De dónde sos?/ ¿De dónde es?
de don·de sos/de don·de es
Ich komme aus ...   Soy de ...   soy de ...
Darf ich ein Foto machen?
¿Puedo tomar una foto?
pue·do to·mar u·na fo·to

MIT KINDERN REISEN

Haben Sie etwas dagegen, wenn ich hier stille?
¿Le molesta que dé de pecho aquí?
le mo·les·ta ke de de pe·tscho a·ki
Dürfen Kinder hinein?
¿Se admiten niños?   se ad·mi·ten nin·jos
Ich brauche ...   Necesito ...   ne·se·si·to ...
Haben Sie ...?   ¿Hay ...?   ai ...
einen Autositz für Kinder
un asiento de seguridad para bebés
un a·sien·to de se·gu·ri·dad pa·ra be·bes
Kinderbetreuung
un servicio de cuidado de niños
un ser·vi·sio de cui·da·do de nin·jos
eine Kinderkrippe
una guardería   u·na guar·de·ri·a

SPRACHE

LUNFARDO

Unten finden sich ein paar derbe Ausdrücke aus dem argentinischen Slang *lunfardo*, die man auch als Tourist gelegentlich zu hören bekommt.

boliche – Kneipe, auch: Disko
boludo – Spinner, Arschloch, Idiot; unter Freunden oft nett gemeint, jedoch bei Fremden eine absolute Beleidigung
bondi – Bus
buena onda – gute Welle, guter Kontakt
carajo – Arschloch, Schwanz, verdammte Scheiße
chabón/chabona – Junge/Mädel (liebevoll)
che – he
diez puntos – OK, cool, prima (wörtlich: zehn Punkte)
fiaca – Faulheit
guita – Geld
macanudo – klasse, prima
mango – ein Peso
masa – super, coole Sache
mina – Frau
morfar – essen
pendejo – Idiot
piba/pibe – cooles junges Mädchen/Typ
piola – cool, clever
pucho – Zigarette
re – sehr wie in *re interessante* (sehr interessant)

¡Ponete las pilas! – Na mach schon! (wörtlich: Tu dir die Batterien rein.)
Me mataste. – Ich weiß nicht; keine Ahnung (wörtlich: Du hast mich umgebracht.)
Le faltan un par de jugadores. – Er spielt nicht mit vollem Einsatz (wörtlich: Ihm fehlen ein paar Mitspieler.)
che boludo – der typischste *porteño*-Ausdruck überhaupt. Ein netter Einheimischer gibt sicher gern Auskunft.

(Wegwerf-)Windeln		
pañales (de usar y tirar)		
	pa·*nja*·les (de u·*sar* i ti·*rar*)	
einen (deutschsprachigen) Babysitter		
una niñera (de habla alemán)		
	u·na ni·*nje*·ra (de a·bla a·*le*·man)	
Milchpulver	*leche en polvo*	*le*·tsche en *pol*·vo
einen Kinderstuhl	*una trona*	u·na *tro*·na
einen Topf	*una pelela*	u·na pe·*le*·la
einen Kinderwagen	*un cochecito*	un ko·tsche·*si*·to

SHOPPEN & SERVICE

Ich würde gern ... kaufen.
Quisiera comprar ...   ki·*sie*·ra kom·*prar* ...

Ich schaue nur.		
Sólo estoy mirando.	so·lo es·*toi* mi·*ran*·do	
Kann ich das ansehen?		
¿Puedo mirarlo?	*pue*·do mi·*rar*·lo	
Wie viel kostet es?		
¿Cuánto cuesta?	*kuan*·to *kues*·ta	
Das ist mir zu teuer.		
Es demasiado caro para mí.		
	es de·ma·*sia*·do *ka*·ro *pa*·ra mi	
Könnten Sie den Preis etwas nachlassen?		
¿Podría bajar un poco el precio?		
	po·*dri*·a ba·*char* un *po*·ko el *pre*·sio	
Es gefällt mir nicht.	*No me gusta.*	no me *gus*·ta
Ich nehme es.	*Lo llevo.*	lo *sche*·bo
weniger	*menos*	*me*·nos
mehr	*más*	mas
groß	*grande*	*gran*·de
klein	*pequeño*	pe·*ke*·njo

Nehmen Sie ...?	*¿Aceptan ...?*	a·*sep*·tan ...
US-Dollar	*dólares*	*do*·la·res
Kreditkarten	*tarjetas de*	*crédito* tar·*che*·tas de *kre*·di·to
Reiseschecks	*cheques de viaje*	*tsche*·kes de *bia*·che

Ich suche ...	*Estoy buscando ...*	es·*toi* bus·*kan*·do
die Apotheke	*la farmacia*	la far·*ma*·sia
die Bank	*el banco*	el *ban*·ko
die Botschaft	*la embajada*	la em·ba·*cha*·da
die Buchhandlung	*la librería*	la li·bre·*ri*·a
den Geldautomaten	*el cajero automático*	el ka·*che*·ro au·to·*ma*·ti·ko
den Gemischtwarenladen	*la tienda*	la *tien*·da
den Markt	*el mercado*	el mer·*ka*·do
das Postamt	*los correos*	los ko·*re*·os
den (Super)markt	*el (super)mercado*	el (su·per)·mer·*ka*·do
die Touristeninformation	*la oficina de turismo*	la o·fi·*si*·na de tu·*ris*·mo
die Wechselstube	*la casa de cambio*	la *ka*·sa de *kam*·bio
die Wäscherei	*la lavandería*	la la·ban·de·*ri*·a

Um wie viel Uhr öffnet/schließt ...?
¿A qué hora abre/cierra ...?   a ke *o*·ra *a*·bre/*sie*·ra
Ich möchte Geld/Reiseschecks wechseln.
Quiero cambiar dinero/cheques de viaje.
kie·ro kam·*biar* di·*ne*·ro/*tsche*·kes de *via*·che
Wie ist der Wechselkurs?
¿Cuál es el tipo de cambio?
kual es el *ti*·po de *kam*·bio

SCHILDER

Abierto	Offen
Baños	Toiletten
Hombres/Caballeros	Männer/Herren
Mujeres/Damas	Frauen/Damen
Cerrado	Geschlossen
Comisaria	Polizeiwache
Entrada	Eingang
Información	Information
Prohibido	Verboten
Salida	Ausgang

Ich möchte in ... anrufen.

    Quiero llamar a ...   kie·ro scha·*mar* a ...

Wo ist das nächste Internetcafé?

  ¿Dónde hay un cibercafé por acá?

    don·de ai un si·*ber*·ka·fe por a·*ka*

Ich würde gern das Internet nutzen.

  Quisiera usar internet.   ki·*sie*·ra u·*sar* in·ter·net

Luftpost	*correo aéreo*	ko·*re*·o a·e·re·o
Brief	*carta*	kar··ta
Einschreiben	*certificado*	ser·ti·fi·*ka*·do
Briefmarken	*estampillas*	es·tam·*pi*·schas

UHRZEIT & DATUM

Wie viel Uhr ist es?	*¿Qué hora es?*	ke *o*·ra es
Es ist ein Uhr.	*Es la una.*	es la *u*·na
Es ist (sechs) Uhr.	*Son las (seis).*	son las (seis)
Mitternacht	*medianoche*	me·dia·*no*·tsche
Halb drei	*dos y media*	dos i *me*·dia
heute	*hoy*	oi
heute Abend	*esta noche*	es·ta *no*·tsche
morgen	*mañana*	ma·*nja*·na
Montag	*lunes*	*lu*·nes
Dienstag	*martes*	*mar*·tes
Mittwoch	*miércoles*	*mier*·ko·les
Donnerstag	*jueves*	*chue*·bes
Freitag	*viernes*	*bier*·nes
Samstag	*sábado*	*sa*·ba·do
Sonntag	*domingo*	do·*min*·go
Januar	*enero*	e·*ne*·ro
Februar	*febrero*	fe·*bre*·ro
März	*marzo*	*mar*·so
April	*abril*	a·*bril*
Mai	*mayo*	*ma*·scho
Juni	*junio*	*chu*·nio
Juli	*julio*	*chu*·lio
August	*agosto*	a·*gos*·to
September	*septiembre*	sep·*tiem*·bre
Oktober	*octubre*	ok·*tu*·bre
November	*noviembre*	no·*biem*·bre
Dezember	*diciembre*	di·*siem*·bre

RESERVIEREN

(telefonisch oder schriftlich)

Von ...	*De ...*
An ...	*A ...*
Datum	*Fecha*
Ich möchte reservieren ...	*Quisiera reservar ...*
unter dem Namen ...	*en nombre de ...*
für die Nächte ab ...	*para las noches del ...*
Kreditkarte	*tarjeta de crédito*
gültig bis	*fecha de vencimiento*
Nummer	*número*
Bitte bestätigen Sie ...	*¿Puede confirmar ...?*
Verfügbarkeit	*la disponibilidad*
Preis	*el precio*

UNTERKUNFT

Ich suche nach ...

  Estoy buscando ... e·*stoi* bus·kan·do ...

Wo ist ...?

  ¿Dónde hay ...? don·de ai ...

ein Hotel	*un hotel*	un o·*tel*
eine Pension	*una residencial*	u·na re·si·den·si·al
eine Jugend-	*un albergue de*	un al·*ber*·ge de
herberge	*juventud*	chu·ben·*tud*

Haben Sie freie Zimmer?

  ¿Tienen habitaciones libres? tie·nen a·bi·ta·sion·es *li*·bres

Ich hätte gern ein ...

Quisiera una ...		ki·*sie*·ra u·na
Doppelzimmer	*habitación doble*	a·bi·ta·sion *do*·ble
Einzelzimmer	*habitación individual*	a·bi·ta·sion in·di·bi·du·al
Doppelzimmer mit zwei Betten	*habitación con dos camas*	a·bi·ta·sion kon dos ka·mas

Wie viel kostet es pro ...?	*¿Cuánto cuesta por ...?*	kuan·to kues·ta por ...
Nacht	*noche*	*no*·tsche
Person	*persona*	per·*so*·na
Woche	*semana*	se·*ma*·na

Eigenes Bad/ Gemeinschafts- bad	*baño privado banjo ompartido*	ban·jo pri·*ba*·do ban·jo kom·par·ti·do
Vollpension	*pensión completa*	pen·sion kom·*ple*·ta
zu teuer	*demasiado caro*	de·ma·sia·do ka·ro

SPRACHE

FALSCHE FREUNDE

So genannte falsche Freunde sind Wörter, die sich in verschiedenen Sprachen ähneln, aber unterschiedliche Bedeutung haben. Manchmal können diese Unterschiede zu ernsthaften Missverständnissen führen. Nachfolgend sind einige Beispiele aufgeführt, und zwar jeweils das deutsche Wort mit dem falschen Freund auf Spanisch sowie die korrekte Bedeutung.

Das Spanisch Südamerikas ist außerdem nicht immer identisch mit den spanischen Spanisch; manche Wörter haben eine andere oder eingeschränkte Bedeutung, wie zum Beispiel *coger*, „nehmen"; in Südamerika wird das Verb ausschließlich im Sinn von „eine Frau nehmen", also „vögeln", verwendet. Man macht sich schnell zum Gespött, wenn man „einen Bus vögelt" – aber so was passiert in der Regel nur einmal.

Deutsch	Spanisch	Bedeutung auf Spanisch
Karte	*carta*	Brief
Dessert	*desierto*	Wüste
Tresor	*tesoro*	Schatz
prima	*prima*	Cousine
kalt	*caldo*	(Fleisch)Brühe
Papa	*papa*	Kartoffel
Taille	*talla*	Konfektionsgröße

Verwechslungsgefahr mit dem Englischen besteht zum Beispiel bei dem Wort *éxito*, das auf Spanisch „Erfolg" bedeutet, nicht „Ausgang" („exit").

billiger	*más económico*	mas e·ko·*no*·mi·ko
Ermäßigung	*descuento*	des·*kuen*·to

Ist das Frühstück enthalten?
¿Incluye el desayuno?   in·*klu*·sche el de·sa·*schu*·no
Kann ich das Zimmer sehen?
¿Puedo ver la habitación?   *pue*·do ver la a·bi·ta·*sion*

Es gefällt mir nicht.	*No me gusta.*	no me *gus*·ta
Es ist in Ordnung.	*Está bien.*	es·*ta* bien la
Ich nehme es.	*La alquilo.*	al·*ki*·lo
Ich gehe jetzt.	*Me voy ahora.*	me *voi* a·o·ra

VERKEHR
Öffentliche Verkehrsmittel
Um wie viel Uhr fährt ... ab/kommt ... an?
¿A qué hora ... sale/llega?   a ke o·ra ... *sa*·le/*sche*·ga

der Bus	*el autobus*	el au·to·*bus*
das Flugzeug	*el avión*	el a·*vion*

VERKEHRSZEICHEN

Acceso	Zugang
Ceda el Paso	Vorfahrt achten
Despacio	Langsam
Dirección Única	Einbahnstraße
Estacionamiento	Parkplatz
Mantenga Su Derecha	Rechts fahren
No Adelantar	Keine Durchfahrt
Peaje	Maut
Peligro	Gefahr
Prohibido Estacionar	Parken verboten
Prohibido el Paso	Durchfahrt verboten
Salida de Autopista	Autobahnausfahrt

das Schiff	*el barco*	el *bar*

Ich möchte eine Fahrkarte nach ...
Quiero un boleto a ...   *kie*·ro un bo·*le*·to a ...
Wie viel kostet es nach ...?
¿Cuánto cuesta hasta ...?   *kuan*·to *kues*·ta a·sta ...
Studentenkategorie

	de estudiante	de es·tu·*dian*·te
erste Klasse	*primera clase*	pri·*me*·ra *kla*·se
zweite Klassse	*segunda clase*	se·*gun*·da *kla*·se
einfache Fahrt	*ida*	*i*·da
Hin- und Rückfahrkarte	*ida y vuelta*	*i*·da i *vuel*·ta
Taxi	*taxi*	*tak*·si
Bahnhof	*la estacion de ferrocarril*	la es ta *sion* de fe ro ka *ril*

Busbahnhof
la estación de autobuses   la es·ta·*sion* de au·to·*bu*·ses
Bushaltestelle
la parada de autobuses   la pa·*ra*·da de au·to·*bu*·ses
Fahrkartenschalter

	la boletería	la bo·le·te·*ri*·a
Flughafen	*el aeropuerto*	el a·e·ro·*puer*·to
Gepäckaufbewahrung	*guardería equipaje*	guar·de·*ri*·a e·ki·*pa*·che

Private Transportmittel
Transporter/Pickup

	camioneta	ka·mio·*ne*·ta
Lastwagen	*camión*	ka·*mion*

Per Anhalter fahren
hacer dedo   a·ser de·do

Ich würde gern ein/eine/einen ... mieten.

	Quisiera alquilar ...	ki·*sie*·ra al·ki·*lar* ...
Auto	*un auto*	un *au*·to
Fahrrad	*una bicicleta*	u·na bi·si·*kle*·ta
Geländewagen	*un todo terreno*	un *to*·do te·*re*·no
Motorrad	*una moto*	u·na *mo*·to

Ist das die Straße nach ...?
¿Se va a ... por esta carretera?   se ba a ... por es·ta ka·re·te·ra
Wo ist eine Tankstelle?
¿Dónde hay una gasolinera?   don·de ai u·na ga·so·li·ne·ra
Bitte volltanken.
Lleno, por favor.   sche·no por fa·bor
Ich möchte (20) Liter.
Quiero (veinte) litros.   kie·ro (vein·te) li·tros

Benzin	*gasolina*	ga·so·li·na
Diesel	*diesel*	di·sel
Normalbenzin	*gasolina con*	ga·so·li·na kon
(verbleit)	*plomo*	plo·mo
bleifrei	*gasolina sin*	ga·so·li·na sin
	plomo	plo·mo

(Wie lange) Kann ich hier parken?
¿(Por cuánto tiempo)   (por kuan·to tiem·po)
Puedo estacionar aquí?   pue·do e·sta·sion·ar a·ki
Wo zahle ich?   *¿Dónde se paga?*   don·de se pa·ga
Ich brauche einen Mechaniker.
Necesito un mecánico.   ne·se·si·to un me·ka·ni·ko
Ich habe eine Autopanne (in ...).
El auto se ha averiado (en ...).
el au·to se a a·be·ria·do (en ...)
Das Motorrad springt nicht an.
No arranca la moto.   no a·ran·ka la mo·to
Ich habe eine Reifenpanne.
Tengo un pinchazo.   ten·go un pin·tscha·so
Mir ist das Benzin ausgegangen.
Me quedé sin gasolina.   me ke·de sin ga·so·li·na
Ich hatte einen Unfall.
Tuve un accidente.   tu·be un ak·si·den·te

VERSTÄNDIGUNG

Sprechen Sie/sprichst du (Deutsch)?
¿Habla/Hablás (alemán)?   a·bla/a·blas
                             (a·le·man)
Spricht hier jemand Deutsch?
¿Hay alguien que hable alemán?   ai al·gien ke a·ble
                                   a·le·man
Ich verstehe (nicht).
(No) Entiendo.   (no) en·tien·do
Wie sagt man ...?
¿Cómo se dice ...?   ko·mo se di·se ...
Was bedeutet ...?
¿Qué quiere decir ...?   ke kie·re de·sir ...
Könnten Sie/könnest du, bitte ...?
¿Puede/puedes ..., por favor ...?
pue·de/pue·des ... por fa·bor
  das wiederholen
  repetirlo   re·pe·tir·lo
  langsamer sprechen
  hablar más despacio   a·blar mas des·pa·sio
  das aufschreiben
  escribirlo   es·kri·bir·lo

WEGWEISER

Wie komme ich nach/zum ...?
¿Cómo puedo llegar a ...?   ko·mo pue·do sche·gar a ...
Ist es weit?
¿Está lejos?   es·ta le·chos
Gehen Sie/gehe geradeaus.
Siga/sigue todo derecho.   si·ga/si·ge to·do de·re·tscho
Wie lautet die Adresse?
¿Cuál es la dirección?   kwal es la direksi on
Biegen Sie/biege links ab.
Doble/dobla a la izquierda.   do·ble/do·bla a la
                                is·kier·da
Biegen Sie/biege rechts ab.
Doble/dobla a la derecha.   do·ble/do·bla a la
                              de·re·tscha
Können Sie/kannst du mir das (auf der Karte) zeigen?
¿Me lo podría/podrías indicar (en el mapa) ?
me lo po·dri·a/po·dri·as in·di·kar (en el ma·pa)

Norden	*norte*	nor·te
Süden	*sur*	sur
Osten	*este*	es·te
Westen	*oeste*	o·es·te
hier	*aquí*	a·ki
dort	*allí*	a·schi
Allee	*avenida*	a·be·ni·da
Block	*cuadra*	kua·dra
Straße	*calle*	ka·sche

ZAHLEN

0	*cero*	se·ro
1	*uno/a*	u·no/a
2	*dos*	dos
3	*tres*	tres
4	*cuatro*	kua·tro
5	*cinco*	sin·ko
6	*seis*	seis
7	*siete*	sie·te
8	*ocho*	o·tscho
9	*nueve*	nue·be
10	*diez*	dies
11	*once*	on·se
12	*doce*	do·se
13	*trece*	tre·se
14	*catorce*	ka·tor·se
15	*quince*	kin·se
16	*dieciséis*	die·si·seis
17	*diecisiete*	die·si·sie·te
18	*dieciocho*	die·si·o·tscho
19	*diecinueve*	die·si·nue·be
20	*veinte*	vein·te
21	*veintiuno*	vein·ti·u·no
30	*treinta*	trein·ta

40	cuarenta	kua·ren·ta
50	cincuenta	sin·kuen·ta
60	sesenta	se·sen·ta
70	setenta	se·ten·ta
80	ochenta	o·tschen·ta
90	noventa	no·ben·ta
100	cien	sien

101	ciento uno	sien·to u·no
200	doscientos	do·sien·tos
1000	mil	mil
10 000	diez mil	dies mil

Glossar

Wörter zum Thema Essen & Ausgehen sowie Unterkunft finden sich in den entsprechenden Kapiteln (S. 67 bzw. S. 679), allgemeine Begriffe stehen im Kapitel Sprache (S. 707).

abuelos – Großeltern
ACA – Automóvil Club Argentino; bietet Kartenmaterial, Pannendienst, Versicherung und andere Dienstleistungen und betreibt im ganzen Land Hotels und Campingplätze
acequia – Bewässerungsgraben
aerosilla – Sessellift
alcalde – Bürgermeister
alerce – Lärche; der Parque Nacional Los Alerces in Argentinien ist nach diesem Baum benannt
apeadero – Zwischenstation
arrayán – Baum aus der Familie der Myrten; der Parque Nacional Los Arrayanes in Argentinien ist nach ihm benannt
arroyo – Bach, kleiner Fluss
arte rupestre – Höhlenmalerei
asado – Fleisch vom Grill
autopista – Autobahn

baliza – Rückstrahler
balneario – Ferienort am Meer, Fluss oder See mit Strand; auch schwimmendes Hotel
balsa – Fähre
bandoneón – Instrument im Stil einer Ziehharmonika, das beim Tango verwendet wird
barra brava – fanatischer Fußballfan, Hooligan
bencina – Benzin; auch *nafta blanca genannt*
bicho – „Viech" – vom Insekt bis zum Säugetier; auch: seltsamer Kauz
boleadoras – schwerer, an einem Seil befestigter Lederball, der früher von Gauchos und von einem Teil der indigenen Bevölkerung als Jagdwaffe benutzt wurde; er wird wilden Lamas oder Nandus zwischen die Beine geworfen, sodass die Tiere zu Fall kommen
boliche – Kneipe, Disko
bombacha – weit geschnittene Hose eines Gaucho; auch: Damenslip
bombilla – Strohhalm aus Metall mit Filter, um *mate* zu trinken
buena onda – „gute Wellenlänge", guter Kontakt

cabildo – Rathaus aus der Kolonialzeit; auch das Gebäude, in dem der Stadtrat zusammentrat
cacerolazo – Form des Protests; im Dezember 2001 schlugen die Menschen von Buenos Aires auf ihren Balkonen auf Töpfe und Pfannen (*cacerolas*), um ihrem Unmut Ausdruck zu verleihen. Das Getrommel wurde alsbald auf die Straße verlegt und in allen Städten Argentiniens praktiziert. Seinen Höhepunkt fand es beim Rücktritt von Präsident de la Rua
cajero automático – Geldautomat
caldén – typische Baumart, die in der trockenen Pampa gedeiht
camarote – Schlafwagen erster Klasse
cambio – Wechselstube; auch: *casa de cambio*
campo – Land; auch: Feld oder Koppel
característica – Telefonvorwahl
carnavalito – traditioneller Volkstanz
carpincho – Wasserschwein; großes, freundliches Nagetier, das am Paraná und anderen subtropischen Flüssen lebt
carrovelismo – Segeln zu Lande
cartelera – Agentur für Billigtickets
casa de cambio – Wechselstube, oft als *cambio* abgekürzt
casa de familia – Familienunterkunft
casa de gobierno – wörtlich „Regierungsgebäude", heute oft als Museum, Bürokomplex etc. genutzt
castellano – Begriff, der in Südamerika für die spanische Sprache verwendet wird, wie sie in ganz Lateinamerika gesprochen wird; wörtlich bezieht er sich auf das kastilische Spanisch
catarata – Wasserfall
caudillo – Ausdruck für mächtige Provinzführer im Argentinien des 19. Jhs., deren Macht sich eher auf die Loyalität gegenüber ihrer Person als durch politische Ideale oder Parteizugehörigkeit begründete
centro cívico – Bürgerzentrum
cerro – Hügel, kleinerer Berg
certificado – Einschreibesendung (Post)
chacarera – traditioneller Volkstanz
chacra – kleiner, unabhängiger Hof
chamamé – Volksmusik aus Corrientes
chusquea – massiver Bambus aus dem Regenwald der Halbinsel Vadés in Patagonien
coche cama – Bus mit Liegesesseln
coima – Bestechungsgeld; derjenige, der besticht, wird als *coimero* bezeichnet
colectivo – Bus innerhalb einer Ortschaft
combi – Reisebus
comedor – einfaches Esslokal
común – Standardkategorie (Bus, Zug etc.)
Conaf – Corporación Nacional Forestal; Ministerium in Chile, das für Forst und Naturschutz zuständig ist und dem auch das Management der Nationalparks untersteht, z. B. des Torres del Paine
confitería – Café, in dem auch kleine Gerichte zu haben sind
conjunto – Musikgruppe
Conquista del Desierto – Eroberung der Wüste; Euphemismus für den Vernichtungsfeldzug, den General Julio Argentino

Roca Ende des 19. Jhs. gegen die Mapuche im Norden Patagoniens führte

contrabajo – Kontrabass

correo – Postamt

corriente – Strömung

cospel – spezielle Münze für öffentliche Telefone

costanera – Straße oder Spazierweg am Ufer eines Sees, Flusses oder am Meer

criollo – in der Kolonialzeit Bezeichnung für einen in Südamerika geborenen Spanier, heute für einen Lateinamerikaner europäischer Herkunft; der Begriff wird auch für die halbwilden Rinder und Pferde der Pampa verwendet

cruce – Straßenkreuzung

cuatrerismo – Diebstahl von Vieh ohne Brandzeichen

desaparecidos (los) – die Verschwundenen; während des Schmutzigen Krieges in Argentinien wurden bis zu 30 000 Menschen verschleppt, die nie wieder auftauchten

día de campo – ein "Tag auf dem Lande", normalerweise auf einer *estancia*; dazu gehören normalerweise ein *asado* und ein Ausritt

dique – Damm, Deich; so entstandene Stauseen werden gern als Erholungsgebiet genutzt; auch: Trockendock

dorado – großer Flussfisch im Mündungsgebiet des Paraná; von Fischliebhabern wegen seines Kampfgeists „Tiger des Paraná" genannt

duende – Kobold, Gnom

edificio – Gebäude

ejecutivo – gehobene Klasse (Zug, Bus, Hotel etc.)

encomienda – System der Zwangsarbeit in der Kolonialzeit: Die indigene Bevölkerung musste für die Spanier schuften *(als encomenderos)* und wurde als Dank zum Christentum bekehrt

epa – Ausruf mit der Bedeutung „He! Sieh mal an!'

ERP – Ejército Revolucionario del Pueblo; eine revolutionäre linke Gruppierung in der Provinz Tucumán in den 1970er-Jahren, die sich am Vorbild der kubanischen Revolution orientierte und im Schmutzigen Krieg von der argentinischen Armee ausgelöscht wurde

esquina – Straßenecke

estación de servicio – Tankstelle

estancia – weitläufige Ranch mit Rindern und Schafen, die vom Eigentümer oder einem Verwalter *(estanciero)* und Arbeitern bewirtschaftet wird; heute oft luxuriöse Hotelanlagen, wo man reiten, Tennis spielen und schwimmen kann – übers Wochenende oder länger

este – Osten

facón – von Gauchos verwendetes Messer, das hinten am Rücken in den Gürtel gesteckt wurde

folklore – argentinische Volksmusik; auch: *folklórico*

fútbol – Fußball

gasolero – Fahrzeug, das mit Diesel betrieben wird, was in Argentinien viel billiger kommt als Normalbenzin

guardaganado – Gitter in der Fahrbahn, das Vieh am Überqueren der Straße bzw. der Autobahn hindern soll

guardia – Wachmann, Aufsicht

Guerra Sucia – der Schmutzige Krieg der 1970er-Jahre; Feldzug des argentinischen Militärs gegen linke Revolutionäre und ihre Sympathisanten; gilt als Synonym für die Zeit der Militärdiktatur

guitarrón – Riesengitarre, die wie ein Bass eingesetzt wird

horario – Stundenplan, Zeitplan

ichu – Punagras auf dem Altiplano der Anden

ida – einfache Fahrt

ida y vuelta – Hin- und Rückfahrt

iglesia – Kirche

interno – Nummern interner Buslinien; auch: Telefondurchwahl

IVA – *impuesto al valor agregado*, Mehrwertsteuer

jejenes – Gnitzen (*Hematophagous Ceratopogonidae*); kleine beißende Insekten, den No-see-ums ähnlich

jineteada – Rodeo

libro de reclamos – Beschwerdebuch

locutorio – privater Telefonladen für Ferngespräche; oft mit Fax- und Internet-Service

lunfardo – Gossensprache, derber Slang

manta – Schal oder Bettüberwurf

manzana – wörtl. Apfel; auch: Wohnblock

Maragatos – Einwohner von Carmen de Patagones

mate – Tee aus *yerba mate*-Blättern; Argentinien ist der weltgrößte Hersteller und Konsument von *mate*; das Getränk zuzubereiten und zu trinken ist ein wichtiges gesellschaftliches Ritual; das Wort bezeichnet auch das *mate*-Gefäß, in dem der Tee zubereitet wird

mazorca – politische Polizei des Diktators Juan Manuel de Rosas im Argentinien des 19. Jhs.

mercado artesanal – Markt für Kunsthandwerk

meseta – ostpatagonische Steppe

mestizo – Person halb indianischer, halb spanischer Herkunft

milonga – Tangotanzveranstaltung oder Tanz

minutas – Imbiss

mirador – Aussichtspunkt, meist auf einem Berg, aber auch von Gebäuden aus

monte – Buschwald; der Begriff wird gern für Gebiete mit üppiger Vegetation verwendet

Montoneros – linke Gruppierung der Perron-Partei, die sich in den 1970er-Jahren zu einer städtischen Guerillabewegung entwickelte

municipalidad – Rathaus

nafta – Benzin

neumático – Ersatzreifen

norte – Norden

oeste – Westen

Ovnis – UFOs

parada – Bushaltestelle
paraje – Gegend, Landschaft
parrilla – Grillrestaurant oder Steakhaus; auch: *parrillada*
paseo – Ausflug, aber auch Stadtbummel oder Spaziergang
pato – Ente; auch Sportart der Gauchos; die Mitspieler kämpfen hoch zu Ross um einen Ball in einem Ledergeschirr mit Griffen
peatonal – Fußgängerzone, meist in der Innenstadt größerer Städte in Argentinien
pehuén – Araukarie; Baumart im Süden von Patagonien
peña – Lokal, in dem oft spontan Volksmusik gespielt wird
percha – Flussbarsch; auch: Kleiderbügel
picada – in ländlichen Gebieten Weg durch dichte Wälder oder Berge; auch: Knabberzeug, Imbiss
pingüinera – Kolonie von Pinguinen
piqueteros – Streikposten
piropo – Kompliment
piso – Stockwerk
porteño/a – Einwohner/in von Buenos Aires, nämlich Anwohner des *puerto*, Hafen
precios patagónicos – patagonische Preise
precordillera – Ausläufer der Anden
primera – erste Klasse im Zug
Proceso – Abkürzung für El Proceso de Reorganización Nacional; euphemistische Ausdrucksweise des Militärs für die Zeit von 1976 bis 1983, als die politische und wirtschaftliche Kultur Argentiniens ohne Rücksicht auf Verluste umgekrempelt wurde
propina – Trinkgeld, zum Beispiel im Restaurant oder Taxi
pucará – präkolumbische Festung im Nordwesten der Anden; meist in großer Höhe mit guter Aussicht in alle Himmelsrichtungen
pulpería – Laden oder Kneipe auf dem Land
puna – Hochland der Anden, meist über 3000 m
puntano – jemand, der in der Provinz San Luis geboren ist oder dort wohnt
quebracho – Quebrachobaum; im Chaco häufige Baumart; Lieferant von Tannin, das in der Lederindustrie benötigt wird
quebrada – Schlucht
quincho – Hütte mit Reetdach; Gartenhäuschen für Partys (oft mit Grill)

rambla – Promenade
rancho – Landhaus oder Farm aus Stein mit Reetdach
recargo – Preisaufschlag von meist zehn Prozent, der bei Bezahlung mit Kreditkarte in Geschäften hinzukommt
reducción – indianische Siedlung, die von spanischen Missionaren während der Kolonialzeit gegründet wurde; am berühmtesten sind die Jesuiten-Missionen im Dreiländereck Argentinien, Paraguay und Brasilien
refugio – Hütte in einem Nationalpark oder in einer abgelegenen Gegend
remise – Funktaxi ohne Taxameter mit Festpreisen für bestimmte Strecken; auch: *remís*
riacho – Bach

ripio – Kies
rotisería – Gegrilltes zum Mitnehmen
rotonda – Kreisverkehr
RN – Ruta Nacional; Nationalstraße
RP – Ruta Provincial; Provinzstraße
ruta – Straße

s/n –*sin número*, Adresse mit einer Straße ohne Hausnummer
sábalo – beliebter Süßwasserfisch im Mündungsgebiet des Paraná
salar – Salzsee oder Salzpfanne, meist im Hochland der Anden oder in Patagonien
samba – Tanz
semi-cama – Bus mit Schlafsesseln
sendero – Trekkingpfad im Wald
servicentro – Tankstelle
siesta – längere Mittagspause, um zu essen und ein Nickerchen zu halten
Subte – U-Bahn von Buenos Aires
sur – Süden
surubí – beliebter Flussfisch, den man häufig auf der Speisekarte findet

tahona – Getreidemühle
tapir – Tapir; großes Säugetier mit Hufen aus den subtropischen Wäldern in Nordargentinien und Paraguay; entfernt mit dem Pferd verwandt
tarjeta magnética – Busfahrkarte mit Magnetstreifen
tarjeta telefónica – Telefonkarte
tarjeta verde – grüne Karte; Fahrzeugdokument, das der Autofahrer bei sich führen muss
teleférico – Seilbahn
telera – Textilwerkstätte
tenedor libre – wörtl.: „freie Gabel"; All-you-can-eat-Buffet-restaurant
todo terreno – Geländewagen, Pkw mit Allradantrieb
tola – Gebüsch, das im Altiplano im Nordwesten von Argentinien auf großer Höhe wächst
torrontés – ein argentinischer Weißwein
trapiche – Zuckermühle
turista – zweite Klasse im Zug, meist nicht besonders bequem

vicuña – Vikunja; artverwandt mit Lama und Alpaca; lebt wild in großen Höhen im Nordwesten der argentinischen Anden
vinoteca – Weinbar
vino tinto – Rotwein

yacaré – südamerikanische Kaimanart, die in feuchten, subtropischen Regionen zu Hause ist
YPF – Yacimientos Fiscales Petrolíferos; ehemalige staatliche Ölgesellschaft von Argentinien
yungas – subtropische Wälder im Tiefland im Nordwesten von Argentinien

zapateo – folkloristischer Stepptanz
zona franca – Freihandelszone
zonda – heißer, trockener Wind aus den Anden

Die Autoren

SANDRA BAO
Hauptautorin,
Buenos Aires, Die Pampas & die Atlantikküste

Als Kind chinesischer Eltern wuchs Sandra in Buenos Aires auf und zog mit neun Jahren in die USA. Mitten im Winter kam sie in Toledo, Ohio an – und war begeistert vom Schnee. Das Reisefieber packte sie nach dem College: Reisen in über 50 Länder folgten. So war der Job bei Lonely Planet eigentlich schon vorprogrammiert. Sandra kehrte seit ihrer Kindheit rund ein Dutzend Mal nach Argentinen zurück, erlebte große und kleine Veränderungen im Land und lernte jedes Mal tolle neue Leute kennen. Sandra ist als Autorin an rund 25 Lonely Planet Führern beteiligt, darunter natürlich der Band über *Buenos Aires*.

GREGOR CLARK
Uruguay

Sein Spanischlehrer infizierte ihn mit seinen Berichten von den Wanderungen auf dem Inka-Trail mit dem Südamerikavirus - seither lässt der Kontinent Gregor nicht mehr los. Seine große Liebe zu Uruguay entdeckte er bei den Recherchen zu den letzten zwei Ausgaben dieses Buches. Ganz besonders gern erinnert er sich an die Ausritte rund um Tacuarembó, den Vollmond über den heißen Quellen von San Nicanor und die lebendige urbane Kultur von Montevideo. Gregor war an den Lonely Planet Titeln *Brasilien* und *South America on a Shoestring* beteiligt und hat an anderer Stelle Beiträge über Machu Picchu und die Osterinseln verfasst.

BRIDGET GLEESON
Patagonien, Feuerland

Als Kind lauschte Bridget ihrer Mutter voller Begeisterung, wenn diese von ihren Reisen per Anhalter durch Bolivien und von den Segeltörns nach Kolumbien erzählte. Ihre eigenen Südamerika-Erfahrungen sind dagegen sehr viel gediegener: Sie lebt in Buenos Aires und schreibt über Essen, Wein und Luxusreisen. Als sie das letzte Mal für eine Geschichte in Patagonien unterwegs war, hatte sie ihren persönlichen Fliegenfischer-Trainer dabei und bekam vom französischen Küchenchef ein Vier-Gänge-Menü vorgesetzt. Überflüssig zu sagen, dass sie natürlich nicht die Chance ausließ, für Lonely Planet nach Patagonien und Feuerland zu reisen. Bridget ist die Autorin des Lonely Planet Bandes *Buenos Aires Encounter*; außerdem schreibt sie für *Delta Sky*, *Continental* und *AOL Travel*.

DIE AUTOREN VON LONELY PLANET

Warum unsere Reiseführer die besten der Welt sind? Ganz einfach: Unsere Autoren sind unabhängig und leidenschaftliche Globetrotter. Sie recherchieren nicht einfach nur übers Internet oder Telefon, und sie lassen sich nicht mit Werbegeschenken für positive Berichterstattung schmieren. Sie reisen weit, zu touristischen Highlights und entlegenen Orten. Sie besuchen persönlich Tausende von Hotels, Restaurants, Cafés, Bars, Galerien, Schlösser, Museen und mehr – und schildern ihre Eindrücke gnadenlos ehrlich, ohne Schönfärberei. Weitere Informationen gibt's auf www.lonelyplanet.com im Autorenbereich.

ANDY SYMINGTON Der Nordosten, Der andine Nordwesten

Andys Beziehung zu Argentinien umfasst mittlerweile vier Generationen seiner Familie: Seine Großmutter lebte dort in den 1920er-Jahren, sein Vater hatte eine Mate-Plantage in Misiones. Andy hat das Land zum ersten Mal in Begleitung seines Vaters bereist; seither ist er dem Kontinent praktisch verfallen, und er hat auch schon in Buenos Aires gearbeitet. Seine besondere Liebe gilt dem ländlichen Argentinien. Andy stammt eigentlich aus Australien, er lebt jetzt in Nordspanien und hat schon an vielen Büchern von Lonely Planet mitgearbeitet.

LUCAS VIDGEN Córdoba & Die Pampinen Sierren, Mendoza & Die Zentralen Anden, das argentinische Seengebiet

Lucas trennte sich mit fünf Jahren zum ersten Mal von seiner Mutter – bei einem Einkaufsbummel in einer Mall. Seitdem ist er nicht mehr zu halten und hat inzwischen in über 20 Ländern gelebt und gearbeitet. In Argentinien begeistern ihn die weiten Landschaften und die kosmopolitischen Städte. Seit 2001 nutzt er jede Gelegenheit, dorthin zurückzukehren. Unter anderem war Lucas an den folgenden Lonely-Planet-Titeln beteiligt: *Südamerika, Guatemala, Nicaragua* und *Central America*. Derzeit lebt er in Quetzaltenango, Guatemala, wo er das wichtigste Unterhaltungs- und Kulturmagazin der Stadt, *XelaWho*, herausgibt, für das er auch eigene Artikel schreibt.

Hinter den Kulissen

ÜBER DIESES BUCH

Dies ist die 3. deutsche Auflage von *Argentinien*, basierend auf der mittlerweile 7. englischen Auflage von *Argentina*. Verantwortlich für diese Ausgabe sind Sandra Bao (Hauptautorin), Gregor Clark, Bridget Gleeson, Andy Symington und Lucas Vidgen. Sandra, Gregor, Andy und Lucas waren schon als Autoren an der vorhergehenden Auflage beteiligt, damals unterstützt von Danny Palmerlee, Sarah Gilbert und Carolyn McCarthy. Das Kapitel zur Gesundheit basiert auf einem Beitrag von David Goldberg. Weitere Einzelbeiträge zu diesem Band stammen von David Labi (Fußball-Kasten im Kapitel „Buenos Aires"), Daniel Buck und Anne Meadows (der Kasten über Butch & Sundance im Kapitel „Patagonien").

In Auftrag gegeben wurde dieser Band vom Lonely Planet Büro in Oakland; daran haben als Mitarbeiter mitgewirkt:

Leitende Redakteure Kathleen Munnelly, Emily Wolman
Projektredaktion Evan Jones
Kartografieleitung Peter Shields
Layout-Leitung Yvonne Bischofberger
Redaktion Brigitte Ellemor
Kartografie David Connolly, Hunor Csutoros, Alison Lyall
Layout Celia Wood

Redaktionsassistenz Peter Cruttenden, Martine Power, Kristin Odijk, Anne Mulvaney, Angela Tinson, Jeanette Wall
Assistenz der Kartografie Joelene Kowalski, Anthony Phelan, Valeska Cañas, Andrew Smith
Layout-Assistenz Frank Deim, Jacqui Saunders
Umschlag Naomi Parker, lonelyplanetimages.com
Bildredaktion Aude Vauconsant, lonelyplanetimages.com
Projektleitung Rachel Imeson
Sprache Branislava Vladisavljevic, Annelies Mertens

Dank an Juan Winata, John Taufa, Lisa Knights, Raphael Richards, Melanie Dankel

DANK DER AUTOREN
SANDRA BAO

Ich bin vielen Leuten zu Dank verpflichtet. Graciela Guzmán, Sylvia Zapiola, Totty Pease, Alan Patrick, Jed Rothenburg und Madi Lang hatten die schwierige Aufgabe, mich bei der Beurteilung der Restaurants in Buenos Aires zu unterstützen. Sally Blake kennt die Tango-Szene in- und auswendig, Cintia Stella dagegen ist unschlagbar, was das Reisen in Argentinien betrifft. Alejo Mendez Guerin möchte ich dafür danken, dass er mich in die Szene der Vollwert-Küche eingeführt hat. Ein Gracias geht natürlich auch an Daniel Karlin, Gastón

---

DIE LONELY PLANET STORY

Am Küchentisch fing alles an – nachdem Tony und Maureen Wheeler 1972 eine lange, abenteuerliche Reise durch Europa, Asien und Australien unternommen hatten, trugen sie all ihre Informationen und Notizen zusammen. So entstand der erste Lonely Planet Reiseführer *Across Asia on the Cheap*.

Der Reiseführer wurde von Travellern geradezu verschlugen. Ermutigt durch ihren Erfolg, veröffentlichten die Wheelers weitere Bücher über Südostasien, Indien und andere Länder. Die Nachfrage war so ungeheuerlich groß, dass die Wheelers ihr Unternehmen erweiterten. Über die Jahre deckten sie mit ihrer Reiseliteratur den ganzen Globus ab und sie dehnten ihre Berichterstattung auf die virtuelle Welt von lonelyplanet.com und das Lonely Planet Messageboard Thorn Tree aus.

Lonely Planet wurde ein immer beliebterer Reisebuchverlag und Tony und Maureen konnten sich vor Aufträgen kaum mehr retten. Doch erst 2007 fanden sie einen verlässlichen Partner, bei dem sie sich sicher sein konnten, dass er dem Prinzip abenteuerlustiger, aber umweltbewusster Reisen treu blieb. Im Oktober dieses Jahres erwarb BBC Worldwide 75% der Anteile von Lonely Planet, mit dem Versprechen, die Grundsätze unabhängiges Reisen, vertrauenswürdige Auskünfte und redaktionelle Unabhängigkeit aufrechtzuerhalten.

Heute hat Lonely Planet Büros in Melbourne (Australien), London und Oakland (USA) mit über 500 Mitarbeitern und 300 Autoren. Tony und Maureen engagieren sich immer noch aktiv bei Lonely Planet. Sie reisen mehr als je zuvor und in ihrer Freizeit widmen sie sich wohltätigen Projekten. Das Unternehmen wird nach wie vor von der Philosophie von *Across Asia on the Cheap* getragen: „Wichtig ist, dass du dich entscheidest zu gehen, dann hast du den härtesten Teil geschafft. Also, los geht's."

Cernadas, Steve Finder und Sammy Ward, die mich begleitet und meine vielen Fragen beantwortet haben. Judy Hutton und Katie Alley – ich mag euch wirklich sehr. Und natürlich waren meine Mitautoren mir eine große Hilfe, außerdem die beste Redakteurin der Welt, Kathleen Munnelly. Schließlich danke ich von Herzen meiner Patentante Elsa, meinem Mann Ben, meinen Eltern David und Fung – und meinem Bruder Daniel.

GREGOR CLARK

Ich danke Dutzenden von freundlichen Uruguayern und dort lebenden Ausländern, die mich durch das Land begleitet haben, darunter besonders Lucia und Rodney Bruce, Pedro und Nahir Clariget, Dahianna und José Assanelli, Alicia Fernandez, Fernando Rocca, Alejandra Carrau Bergengruen, Danilo Ruglio und Luciana Mestre in Montevideo sowie Gloria in Colonia. Ein herzliches Dankeschön auch an unsere Redakteurin Kathleen Munnelly, an die Hauptautorin Sandra Bao und an all die wunderbaren Leute bei Lonely Planet. Und schließlich ein ganz großes Dankeschön an Gaen, Meigan und Chloe, die dafür sorgen, dass die Heimkehr immer noch der schönste Teil der Reise ist.

BRIDGET GLEESON

Meine Reise wäre nur halb so schön gewesen ohne meine reizende Begleiterin Margaret Gleeson, der auch eine Reifenpanne am Bus auf der Ruta Nacional 40 und kleine Tornados in Torres del Paine nicht die gute Laune verderben konnten. Außerdem danke ich meinen Freunden und Journalistenkollegen in Buenos Aires für ihre guten Ratschläge, und ich danke denjenigen, die ich unterwegs kennengelernt habe, insbesondere Miguel Clavero Owen und Izabela Ratajewska – und dem freundlichen Unbekannten in Ushuaia, der uns mitgenommen hat, als wir dringend eine Fahrgelegenheit benötigten. Ein besonderer Dank geht an Rodolfo Diaz für seine hilfreiche Unterstützung. Vor allem aber danke ich allen Lonely Planet Lesern, die ich unterwegs getroffen habe: Eure Abenteuerlust hat mich inspiriert und meine Reisebegeisterung neu geweckt!

ANDY SYMINGTON

Viele freundliche Menschen haben mir diese Reise sehr angenehm gemacht, und einige haben weit mehr als ihre Pflicht getan und mir sehr geholfen. Dazu zählen: Jorge Guasp, Héctor Morales, Sebastián Clerico, Gloria in El Palmar, die fachkundigen Mitarbeiterinnen und Mitarbeiter in vielen Touristeninformationen und Dutzende Taxi- und *Remise*-Fahrer, deren Ortskenntnis sehr wertvoll für mich war. Ein Dankeschön an Amy Chester und Pam Chen für ihre Hilfe beim Weinverkosten und an Magdalena Bidabehere, Laura Hoogen und Karin Idelson für wunderschöne Reiseerlebnisse. Sehr dankbar bin ich meiner Familie und besonders Ruth Nieto

Huerta, außerdem Kathleen Munnelly und dem Team von Lonely Planet, Sandra Bao für ihre gute Koordinationsarbeit und meinen Mitautoren.

LUCAS VIDGEN

Danke natürlich zuerst einmal allen Argentiniern dafür, dass sie ein so schönes Land geschaffen haben, im dem das Reisen und Arbeiten eine wahre Freude ist. Insbesondere danke ich Charlie O'Malley in Mendoza, der sich wieder einmal als unerschöpfliche Informationsquelle erwiesen hat, ebenso Ana Navarta in Córdoba. Außerdem dankbar bin ich Marcos Alvarez, Sergio Bianchi, Daniel Sierra, Crisitina Pereyra, Paula Moreno, Valeria Rubio und Dario Carri für gute Reisetipps. Und natürlich danke ich allen Lesern, die interessante Hinweise geschickt haben: Wir lesen all diese E-Mails, und sie sind (fast) immer eine echte Hilfe. Wie immer danke ich natürlich América und Sofía, die immer für mich da waren – vor allem bei meiner Rückkehr.

HINTER DEN KULISSEN

DANK VON LONELY PLANET

Wir möchten uns bei den Reisenden bedanken, die mit der letzte Ausgabe unterwegs waren und uns wertvolle Hinweise, nützliche Tipps und interessante Begebenheiten mitgeteilt haben:

A Katherine Adams, Xavier Alcober, Giuseppe Amato, Emanuela Appetiti **B** Victoria Barber, Lisa Barker, Rebecca Barnshaw, Rick Benito, Antony Benois, Antony Benois, Yvonne Bierings, Irene Billeter Sauter, Sian Bishop, Hanna Blander, Sven Boell, Jose Alberto Bogado, James

---

WIR FREUEN UNS ÜBER EIN FEEDBACK

Post von Travellern zu bekommen ist für uns ungemein hilfreich – Kritik und Anregungen halten uns auf dem Laufenden und helfen, unsere Bücher zu verbessern. Unser reiseerfahrenes Team liest alle Zuschriften genau durch, um zu erfahren, was an unseren Reiseführern gut und was schlecht ist. Wir können solche Post zwar nicht individuell beantworten, aber jedes Feedback wird garantiert schnurstracks an die jeweiligen Autoren weitergeleitet, rechtzeitig vor der nächsten Nachauflage.

Wer uns schreiben will, erreicht uns über **www.lonelyplanet.de/kontakt**.

Hinweis: Da wir Beiträge möglicherweise in Lonely Planet Produkten (Reiseführer, Websites, digitale Medien) veröffentlichen, ggf. auch in gekürzter Form, bitten wir um Mitteilung, falls ein Kommentar nicht veröffentlicht oder ein Name nicht genannt werden soll. Wer Näheres über unsere Datenschutzpolitik wissen will, erfährt das unter www.lonelyplanet.com/privacy.

Booth, Steve Brosnan, Rudy Buelens, Angela Burke **C** Sven C,
Ray Calver, Christopher Carriero, Geoffrey Clifford, Miles Cohen, Nick
Creagh-Osborne, Andrea Cross **D** Allan Darwent, James Davey,
Alexandra De Groote, Hector Del Olmo, Mark Draper, Meredith Dundas,
Gerhard Ebner **E** Tim Edwards, Christine Ehrnsperger, Johan Elmström
F Mick Falk, Francisco Ferrer, Stephan Formella, Jonathan Freeman,
June Fujimoto, Alice and Chris Fuller **G** Peter Gernsheimer, Nili Grothe
H Nicole Halbeisen, Daphne Hameeteman, Isabel and Andrew
Heim Vadis, Michael Hentschke, Mirko Hohmann, Søren Holm, Esther
Huijsmans, Esther Huijsmans, Gretchen Hurlbutt, Eric Hutchinson,
Helene Hvid-Jensen **J** Eden Janzen, Johana Javrková, Susanna
Jordan **K** Carolyn Kegeris, Bjarke Lindø Kristensen **L** Francois Laneu-
ville, Cestmir Lang, Tim Laslavic, Gaetan Lauzon, Eva Lecat, Kar-Soon
Lim, Don Lindsay, Jonathan Lischke **M** Christie Maccallum, Amanda
Mallon, Monica Manjarin, Jack Martin, Fernando Martinez Latorre,
Betsy Masi, Sandra Mathews, Margaret McAspurn, Elsa McCargar,
Roberto McKenna, Mick Meegan, Michael Menz, Laura Merle, Nina
Mobaek, Catherine Murphy **N** Carol Nanson, Bryce Newman, Rachel
Newton, Kate Noble **O** Marla Olson **P** Andy Parkin, Rafel Pascual De

La Cruz, Denisse Isabel Pastorino, Matt Pepe, Mercedes Perez, Peter
Phillips, Neil Pike **R** Mohammad Husam Rezek, Lies Rijniers, Alejandro
Rivera, Warren Rodwell, Patrick Roman, Sophia Rome, Jeff Rothman,
Camiel Rouweler **S** Mathews Sandra, Debbie Schatz, Rainer Schlager,
Christopher Schulz, Lisette Schulz, Selina Shah, Emma Shanley,
Peter Shorett, Guillaume Sillon, Niels Smit, Dominik Spoden, Annette
Suter, Helga Svendsen **T** Olivia Taylor, Nicola Thomson, Stephen Ton-
nison, Eliza Toornstra, Leon Tretjakewitsch, Kariina Tshursin, Denise
Turcinov, Martina Und Thomas **V** Jorge Vallejos, Maximiliano Vallés,
Alet Van'T Eind, Ine Van Der Stock, Marianne Van Der Walle, Stephanie
Van Elven, Jan Willem Van Hofwegen, Tomarchio Vasta Gianluca, David
Versteeg, Christy Visaggi **W** Tod Western, Robert Wilson, Ben Wintle
Z Hardy Zantke, Oliver Zoellner

QUELLENNACHWEIS
Wir danken für die freundliche Abdruckgenehmigung:
Globus auf S. 1 ©Mountain High Maps 1993 Digital
Wisdom, Inc.

Register

REGISTER

000 Kartenseiten
000 Abbildungen

REGISTER

REGISTER

GreenDex

UMWELTBEWUSST REISEN

Das Konzept des umweltbewussten Reisens ist in Argentinien noch relativ neu, und trotzdem schwenkt dort schon so mancher Reiseveranstalter weithin sichtbar sein Öko-Fähnchen. Wie aber soll man als Besucher den Unterschied zwischen einem tatsächlich nachhaltigen und umweltgerechten Angebot und einem puren Werbegag erkennen?

Unsere Autorinnen und Autoren haben solche Unternehmen herausgefiltert, die sich dem umweltgerechten Tourismus wirklich verpflichtet fühlen – egal, ob sie nun alternative Energien nutzen, in ihren Gemeinden oder in den Wohngebieten der Ureinwohner eine nachhaltige Entwicklung fördern oder ob sie sich für die Bewahrung des kulturellen und architektonischen Erbes in Argentinien einsetzen. Die meisten der hier empfohlenen Einrichtungen befinden sich im Besitz von Argentiniern, und viele der Betreiber sind sehr darum bemüht, den Reisenden die Natur und Kultur ihres Landes wirklich nahezubringen.

Umweltbewusstes Reisen wird immer wichtiger; Reisende – und dazu zählen auch unsere Autorinnen und Autoren – finden aber oft genug nicht gleich auf Anhieb die wirklich passenden Anbieter. Für ergänzende Hinweise und Rückmeldungen sind wir daher sehr dankbar; Leser senden ihre Anregungen gern per E-Mail an talk2us@lonelyplanet.com.au. Mehr Infos zu umweltverträglichem Tourismus und Lonely Planet finden sich unter www.lonelyplanet.com/responsibletravel.

738

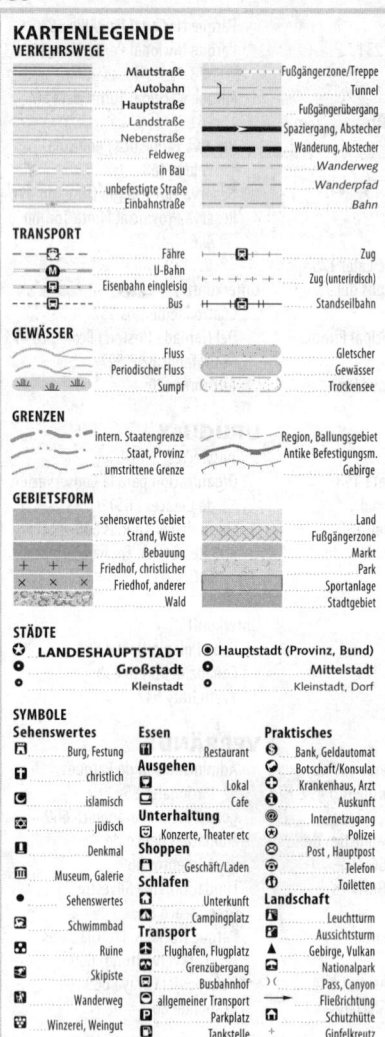

KARTENLEGENDE
VERKEHRSWEGE

Mautstraße	Fußgängerzone/Treppe
Autobahn	Tunnel
Hauptstraße	Fußgängerübergang
Landstraße	Spaziergang, Abstecher
Nebenstraße	Wanderung, Abstecher
Feldweg	Wanderweg
in Bau	Wanderpfad
unbefestigte Straße	Bahn
Einbahnstraße	

TRANSPORT

Fähre	Zug
U-Bahn	Zug (unterirdisch)
Eisenbahn eingleisig	
Bus	Standseilbahn

GEWÄSSER

Fluss	Gletscher
Periodischer Fluss	Gewässer
Sumpf	Trockensee

GRENZEN

intern. Staatengrenze	Region, Ballungsgebiet
Staat, Provinz	Antike Befestigungsm.
umstrittene Grenze	Gebirge

GEBIETSFORM

sehenswertes Gebiet	Land
Strand, Wüste	Fußgängerzone
Bebauung	Markt
Friedhof, christlicher	Park
Friedhof, anderer	Sportanlage
Wald	Stadtgebiet

STÄDTE

LANDESHAUPTSTADT	Hauptstadt (Provinz, Bund)
Großstadt	Mittelstadt
Kleinstadt	Kleinstadt, Dorf

SYMBOLE

Sehenswertes
Burg, Festung
christlich
islamisch
jüdisch
Denkmal
Museum, Galerie
Sehenswertes
Schwimmbad
Ruine
Skipiste
Wanderweg
Winzerei, Weingut
Zoo, Vogelschutzgebiet

Essen
Restaurant
Ausgehen
Lokal
Cafe
Unterhaltung
Konzerte, Theater etc
Shoppen
Geschäft/Laden
Schlafen
Unterkunft
Campingplatz
Transport
Flughafen, Flugplatz
Grenzübergang
Bushahnhof
allgemeiner Transport
Parkplatz
Tankstelle
Taxistand

Praktisches
Bank, Geldautomat
Botschaft/Konsulat
Krankenhaus, Arzt
Auskunft
Internetzugang
Polizei
Post, Hauptpost
Telefon
Toiletten
Landschaft
Leuchtturm
Aussichtsturm
Gebirge, Vulkan
Nationalpark
Pass, Canyon
Fließrichtung
Schutzhütte
Gipfelkreuz
Wasserfall

Lonely Planet Publications,
Locked Bag 1, Footscray,
Melbourne, Victoria 3011,
Australia

Verlag der deutschen Ausgabe:
MAIRDUMONT, Marco-Polo-Str. 1, 73760 Ostfildern,
www.mairdumont.com, lonelyplanet@mairdumont.com

Chefredakteurin deutsche Ausgabe: Birgit Borowski
Übersetzung: Brigitte Beier, Beatrix Gehlhoff, Marion Gieseke, Waltraud Horbas, Christel Klink, Dr. Horst Leisering, Guido Meister, Raphaela Moczynski, Dr. Thomas Pago, Jutta Ressel M.A., Cristoforo Schweeger, Beatrix Thunich, Dr. Heinz Vestner, Renate Weinberger
Redaktion: CLP Carlo Lauer & Partner, Aschheim
Technischer Support: CDN Media, München

Argentinien
3. deutsche Auflage Dezember 2010, übersetzt von *Argentina 7th edition*, August 2010, Lonely Planet Publications Pty

Deutsche Ausgabe © Lonely Planet Publications Pty, Dezember 2010
Fotos © wie angegeben 2010

Printed in China

Titelfoto: Cerro Torre im Norden des Parque Nacional Los Glaciares in Patagonien; Richard I'Anson/Lonely Planet Images.